CLT
COMENTADA

GUSTAVO FILIPE BARBOSA GARCIA

CLT COMENTADA

12ª Edição revista atualizada ampliada

2024

EDITORA *Jus*PODIVM

www.editorajuspodivm.com.br

EDITORA
JusPODIVM
www.editorajuspodivm.com.br

Rua Canuto Saraiva, 131 – Mooca – CEP: 03113-010 – São Paulo – São Paulo
Tel: (11) 3582.5757
• Contato: https://www.editorajuspodivm.com.br/central-de-relacionamento

Diagramação: Futura *(rogerio@futuraeditoracao.com)*

Capa: Ana Caquetti

G216c Garcia, Gustavo Filipe Barbosa
CLT Comentada. / Gustavo Filipe Barbosa Garcia – 12. ed., rev., atual. e ampl. - São Paulo: Juspodivm, 2024.
1.568 p

ISBN 978-85-442-5059-4

1. Direito do Trabalho. 2. Direito Processual do Trabalho. I. Garcia, Gustavo Filipe Barbosa. II. Título.

CDD 342.6

Bibliotecária responsável:
Ana Carolina Ribeiro Mois – CRB7 – RJ 007348/0

“O que segue a justiça e a bondade achará
a vida, a justiça e a honra” (Pv. 21:21).

APRESENTAÇÃO

A Consolidação das Leis do Trabalho, no plano infraconstitucional, é certamente o principal diploma legal que disciplina o Direito do Trabalho e o Direito Processual do Trabalho no Brasil.

Ainda assim, a sua interpretação deve sempre acompanhar a evolução jurídica e social, observando os preceitos constitucionais, com destaque aos direitos humanos e fundamentais, incidentes nas relações trabalhistas.

Nesse enfoque, esta publicação tem como objetivo o exame mais específico e aprofundado da CLT, procurando realizar a interpretação dos seus principais dispositivos, voltados ao Direito Material e Processual do Trabalho, em consonância com o sistema jurídico em vigor, sem perder a visão de conjunto, observando a doutrina e a jurisprudência atuais.

A presente edição está atualizada com os diplomas legais mais recentes.

Espera-se, portanto, que a presente obra mereça a mesma acolhida das anteriores e que possa contribuir para o avanço da Ciência do Direito.

Gustavo Filipe Barbosa Garcia

ÍNDICE GERAL

INDICE SISTEMÁTICO

CONSOLIDAÇÃO DAS LEIS DO TRABALHO

DECRETO-LEI 5.452, DE 1.º DE MAIO DE 1943

CONSOLIDAÇÃO DAS LEIS DO TRABALHO

DECRETO-LEI 5.452, DE 1.º DE MAIO DE 1943

Aprova a Consolidação das Leis do Trabalho.

O PRESIDENTE DA REPÚBLICA, usando da atribuição que lhe confere o art. 180 da Constituição,

DECRETA:

Art. 1.º Fica aprovada a Consolidação das Leis do Trabalho, que a este decreto-lei acompanha, com as alterações por ela introduzidas na legislação vigente.

Parágrafo único. Continuam em vigor as disposições legais transitórias ou de emergência, bem como as que não tenham aplicação em todo o território nacional.

Art. 2.º O presente decreto-lei entrará em vigor em 10 de novembro de 1943.

Rio de Janeiro, 1.º de maio de 1943, 122.º da Independência e 55.º da República.

GETULIO VARGAS.
Alexandre Marcondes Filho.

TÍTULO I – INTRODUÇÃO

Art. 1.º Esta Consolidação estatui as normas que regulam as relações individuais e coletivas de trabalho, nela previstas.

1. AUTONOMIA DO DIREITO DO TRABALHO

No Brasil, não se verifica a existência de um verdadeiro Código do Trabalho. Isso porque a Consolidação das Leis do Trabalho, embora também apresente disposições pertinentes ao Direito Processual do Trabalho, regula diversos aspectos do Direito do Trabalho. Além disso, a CLT, como o próprio nome indica, representou uma reunião de leis trabalhistas esparsas existentes à época, não se identificando com a criação de um Direito integralmente novo[1]. Existem, ainda, diversas leis esparsas sobre esse tema. Assim, pode-se dizer que a legislação trabalhista é ampla e se destaca dos demais ramos do Direito.

---

[1] Cf. MARTINS, Sergio Pinto. *Direito do trabalho*. 28. ed. São Paulo: Atlas, 2012. p. 12.

No campo jurisprudencial, a Justiça do Trabalho, com competência para solucionar conflitos trabalhistas na forma do art. 114 da Constituição Federal de 1988, é o ramo do Poder Judiciário que aplica, de forma preponderante, o Direito do Trabalho.

O Direito do Trabalho pode ser definido como o ramo do Direito que regula as relações de emprego e outras situações semelhantes.

Como ramo do Direito, ele é composto de normas jurídicas, aqui incluídas as regras e os princípios, além de instituições, como entes que criam e aplicam as referidas normas, no caso, o Estado e certas organizações profissionais e econômicas. No Direito do Trabalho, em razão do pluralismo das fontes normativas, observa-se a existência de normas estatais e não estatais.

O Direito do Trabalho, assim, é esse sistema de regras, princípios e instituições pertinentes à relação de emprego. No entanto, outras relações de trabalho semelhantes também são reguladas pelo ramo do Direito aqui definido, como ocorre com o trabalhador avulso.

A finalidade do Direito do Trabalho é estabelecer medidas protetoras ao trabalho, assegurando condições dignas de labor. Esse ramo do Direito apresenta disposições de natureza tutelar à parte vulnerável, em regra economicamente mais fraca da relação jurídica, de forma a possibilitar uma melhoria das condições sociais do trabalhador.

2. DIVISÃO DA MATÉRIA PARA FINS DIDÁTICOS

Para fins didáticos, no Direito do Trabalho observa-se uma Teoria Geral, o Direito Individual do Trabalho e o Direito Coletivo do Trabalho.

Não pertence ao Direito do Trabalho o Direito Processual do Trabalho, pois este apresenta natureza e características distintas, relacionadas ao Direito Processual. O Direito Internacional do Trabalho, na realidade, é segmento do Direito Internacional. O Direito da Seguridade Social também é considerado autônomo do Direito do Trabalho, apresentando natureza e matéria distintas.

A Teoria Geral do Direito do Trabalho engloba, entre outras, as questões pertinentes à autonomia, natureza jurídica, fontes, interpretação, integração e eficácia desse ramo do Direito.

O Direito Individual do Trabalho, em linhas gerais, trata sobre a relação individual de trabalho, tendo como figura nuclear o contrato de trabalho, seu início, desenvolvimento e término.

Cabe destacar que parte da doutrina faz menção ao Direito Tutelar do Trabalho, englobando normas de proteção ao trabalhador, como as pertinentes à Segurança e Medicina do Trabalho, jornada de trabalho e repousos do trabalhador[2]. Entretanto, entende-se que os referidos temas são pertinentes ao conteúdo do contrato de trabalho, integrando o próprio Direito Individual do Trabalho.

O Direito Coletivo do Trabalho, por sua vez, tem por objeto os diversos aspectos das relações coletivas de trabalho, com destaques à organização sindical, à negociação coletiva e aos instrumentos normativos decorrentes, bem como à representação dos trabalhadores na empresa, aos conflitos coletivos e à greve.

Por fim, as questões pertinentes à inspeção do trabalho, realizada pelos órgãos do Ministério do Trabalho, integram o que parte da doutrina denomina de Direito Público do Trabalho, disciplinando as relações do Estado com empregadores e do Estado com traba-

[2] Cf. MARTINS, Sergio Pinto. *Direito do trabalho*. 28. ed. São Paulo: Atlas, 2012. p. 20.

lhadores. Assim, a matéria também pode receber a denominação de Direito Administrativo do Trabalho, desde que presente a distinção quanto às questões envolvendo o regime administrativo de certos servidores públicos.

3. ATOS DO PODER EXECUTIVO

Além das leis que regulam o Direito do Trabalho (art. 22, inciso I, da Constituição da República), a legislação trabalhista, originada do Estado, também inclui disposições inseridas em atos do Poder Executivo.

Nesse aspecto, cabe fazer menção aos regulamentos presidenciais, ou seja, decretos que regulamentam certas leis pertinentes ao Direito do Trabalho. Cabe destacar que referidas disposições não podem alterar normas legais, nem versar sobre questões de competência da lei propriamente, mas apenas regulamentar a sua fiel execução (art. 84, inciso IV, da Constituição Federal de 1988).

O Decreto 99.684/1990 consolida as normas regulamentares do Fundo de Garantia do Tempo de Serviço (FGTS).

Ademais, diversas disposições oriundas do Ministério do Trabalho versam sobre questões trabalhistas, inspeção do trabalho, bem como Segurança e Medicina do Trabalho. O art. 87, parágrafo único, inciso II, da Constituição Federal, estabelece competir ao Ministro de Estado a expedição de instruções para a execução de leis, decretos e regulamentos.

A Portaria 3.214, de 8 de junho de 1978, aprovou as Normas Regulamentadoras (NRs) relativas à Segurança e Medicina do Trabalho.

A Portaria 671/2021 do Ministério do Trabalho e Previdência disciplina matérias referentes à legislação trabalhista, à inspeção do trabalho, às políticas públicas e às relações de trabalho no que se refere a:

I – Carteira de Trabalho e Previdência Social (CTPS);

II – contrato de trabalho, em especial: a) registro de empregados e anotações na CTPS; b) trabalho autônomo; c) trabalho intermitente; d) consórcio de empregadores rurais; e) contrato e nota contratual de músicos profissionais, artistas e técnicos de espetáculos de diversões;

III – contrato de parceria entre os salões de beleza e os profissionais;

IV – autorização de contratação de trabalhador por empresa estrangeira para trabalhar no exterior;

V – jornada de trabalho, em especial: a) autorização transitória para trabalho aos domingos e feriados; b) autorização permanente para trabalho aos domingos e feriados; c) prorrogação de jornada em atividades insalubres; d) anotação da hora de entrada e de saída em registro manual, mecânico ou eletrônico;

VI – apuração de parcelas variáveis de remuneração;

VII – efeitos de débitos salariais, de mora de Fundo de Garantia do Tempo de Serviço (FGTS), de mora contumaz salarial e de mora contumaz de FGTS;

VIII – local para guarda e assistência dos filhos no período da amamentação;

IX – reembolso-creche;

X – registro profissional;

XI – registro de empresa de trabalho temporário;

XII – sistemas e cadastros, em especial: a) domicílio eletrônico trabalhista (DET) e livro de inspeção do trabalho eletrônico (eLIT); b) substituição de informações nos sistemas do Cadastro Geral de Empregados e Desempregados (CAGED) e da Relação Anual de Informações Sociais (RAIS); c) RAIS; d) CAGED; e) disponibilização e utilização de informações contidas nas bases de dados do CAGED, da RAIS, do seguro-desemprego, do benefício emergencial de preservação do emprego e da renda (BEm) e do novo benefício emergencial de preservação do emprego e da renda (Novo BEm); f) cadastro de empregados por meio da Caixa Econômica Federal; g) Classificação Brasileira de Ocupações (CBO);

XIII – medidas contra a discriminação no trabalho;

XIV – trabalho em condições análogas às de escravo;

XV – atividades de direção, assessoramento e apoio político-partidário;

XVI – entidades sindicais e instrumentos coletivos de trabalho, em especial: a) registro no Cadastro Nacional de Entidades Sindicais (CNES) e certidão sindical; b) recolhimento e distribuição da contribuição sindical urbana; c) registro de instrumentos coletivos de trabalho; d) mediação na negociação coletiva de natureza trabalhista;

XVII – fiscalização orientadora em microempresas e empresas de pequeno porte;

XVIII – simulação de rescisão contratual e levantamento do FGTS em fraude à lei;

XIX – procedimentos e requisitos para o cadastro das entidades autorizadas a operar ou participar do Programa Nacional de Microcrédito Produtivo Orientado (PNMPO);

XX – diretrizes para execução da aprendizagem profissional e o Cadastro Nacional de Aprendizagem Profissional (CNAP);

XXI – diretrizes para execução da modalidade qualificação presencial no âmbito do Programa Brasileiro de Qualificação Social e Profissional (QUALIFICAÇÃO BRASIL).

Ainda a respeito do tema, segundo o art. 29 da Lei de Introdução às Normas do Direito Brasileiro, incluído pela Lei 13.655/2018, em qualquer órgão ou Poder, a edição de *atos normativos por autoridade administrativa*, salvo os de mera organização interna, pode ser precedida de *consulta pública para manifestação de interessados*, preferencialmente por meio eletrônico, a qual deve ser considerada na decisão. A *convocação* deve conter a minuta do ato normativo e fixará o prazo e demais condições da consulta pública, observadas as normas legais e regulamentares específicas, se houver.

As autoridades públicas devem atuar para aumentar a *segurança jurídica na aplicação das normas*, inclusive por meio de *regulamentos, súmulas administrativas e respostas a consultas* (art. 30 da Lei de Introdução às Normas do Direito Brasileiro, acrescentado pela Lei 13.655/2018). Os mencionados instrumentos terão *caráter vinculante em relação ao órgão ou à entidade a que se destinam*, até ulterior revisão.

Ademais, conforme o art. 26 da Lei de Introdução às Normas do Direito Brasileiro, incluído pela Lei 13.655/2018, para eliminar irregularidade, incerteza jurídica ou situação contenciosa na *aplicação do Direito Público*, inclusive no caso de expedição de licença, a autoridade administrativa pode, após oitiva do órgão jurídico e, quando for o caso, após realização de consulta pública, e presentes razões de relevante interesse geral, *celebrar compromisso com os interessados*, observada a legislação aplicável, o qual só deve produzir efeitos a partir de sua publicação oficial.

Embora esse dispositivo mencione Direito Público, é possível entender que a sua previsão também se aplica, de forma extensiva, às *normas de ordem pública*.

O referido *compromisso*: deve buscar solução jurídica proporcional, equânime, eficiente e compatível com os interesses gerais; não pode conferir desoneração permanente de dever ou condicionamento de direito reconhecidos por orientação geral; deve prever com clareza as obrigações das partes, o prazo para seu cumprimento e as sanções aplicáveis em caso de descumprimento.

4. REGULAMENTAÇÃO DE DISPOSIÇÕES RELATIVAS À LEGISLAÇÃO TRABALHISTA

O art. 16 da Lei Complementar 95/1998 estabelece que os órgãos diretamente subordinados à Presidência da República e os Ministérios, assim como as entidades da administração indireta, devem adotar as providências necessárias para ser efetuada a triagem, o exame e a consolidação dos decretos de conteúdo normativo e geral e demais atos normativos inferiores em vigor, vinculados às respectivas áreas de competência, remetendo os textos consolidados à Presidência da República, que os examinará e reunirá em coletâneas, para posterior publicação.

Nesse contexto, o Decreto 10.854/2021 regulamenta disposições relativas à legislação trabalhista sobre os seguintes temas: I – Programa Permanente de Consolidação, Simplificação e Desburocratização de Normas Trabalhistas Infralegais; II – Prêmio Nacional Trabalhista; III – domicílio eletrônico trabalhista (DET) e livro de inspeção do trabalho eletrônico (eLIT); IV – fiscalização das normas de proteção ao trabalho e de segurança e saúde no trabalho; V – diretrizes para elaboração e revisão das Normas Regulamentadoras de Segurança e Saúde no Trabalho; VI – certificado de aprovação do equipamento de proteção individual, nos termos do disposto no art. 167 da CLT; VII – registro eletrônico de controle de jornada, nos termos do disposto no art. 74 da CLT; VIII – mediação de conflitos coletivos de trabalho; IX – empresas prestadoras de serviços a terceiros, nos termos do disposto na Lei 6.019/1974; X – trabalho temporário, nos termos do disposto na Lei 6.019/1974; XI – gratificação de Natal, nos termos do disposto na Lei 4.090/1962 e na Lei 4.749/1965; XII – relações individuais e coletivas de trabalho rural, nos termos do disposto na Lei 5.889/1973; XIII – vale-transporte, nos termos do disposto na Lei 7.418/1985; XIV – Programa Empresa Cidadã, destinado à prorrogação da licença-maternidade e da licença-paternidade, nos termos do disposto na Lei 11.770/2008; XV – situação de trabalhadores contratados ou transferidos para prestar serviços no exterior, nos termos do disposto no § 2.º do art. 5.º, nos §§ 1.º a 4.º do art. 9.º e no art. 12 da Lei 7.064/1982; XVI – repouso semanal remunerado e pagamento de salário nos feriados civis e religiosos, nos termos do disposto na Lei 605/1949; XVII – Relação Anual de Informações Sociais (RAIS); XVIII – Programa de Alimentação do Trabalhador (PAT).

5. PROGRAMA PERMANENTE DE CONSOLIDAÇÃO, SIMPLIFICAÇÃO E DESBUROCRATIZAÇÃO DE NORMAS TRABALHISTAS INFRALEGAIS

Foi instituído o Programa Permanente de Consolidação, Simplificação e Desburocratização de Normas Trabalhistas Infralegais no âmbito do Ministério do Trabalho e Previdência (art. 2.º do Decreto 10.854/2021).

Sendo assim, o Programa Permanente de Consolidação, Simplificação e Desburocratização de Normas Trabalhistas Infralegais deve abranger iniciativas de revisão, compilação e consolidação de normas trabalhistas infralegais (art. 3.º do Decreto 10.854/2021).

A compilação e a consolidação dos atos normativos em vigor vinculados à área trabalhista devem obedecer ao disposto no Decreto 9.191/2017 e no Decreto 10.139/2019 (art. 4.º do Decreto 10.854/2021).

O Decreto 9.191/2017 estabelece as normas e as diretrizes para elaboração, redação, alteração, consolidação e encaminhamento de propostas de atos normativos ao Presidente da República pelos Ministros de Estado (art. 1.º). Incumbe aos Ministros de Estado a proposição de atos normativos, conforme as áreas de competências dos órgãos (art. 22 do Decreto 9.191/2017).

O Decreto 10.139/2019 dispõe sobre a revisão e a consolidação dos atos normativos inferiores a decreto editados por órgãos e entidades da administração pública federal direta, autárquica e fundacional (art. 1.º).

São objetivos gerais do Programa Permanente de Consolidação, Simplificação e Desburocratização de Normas Trabalhistas Infralegais: I – promover a conformidade às normas trabalhistas infralegais e o direito ao trabalho digno; II – buscar a simplificação e a desburocratização do marco regulatório trabalhista, de modo a observar o respeito aos direitos trabalhistas e a redução dos custos de conformidade das empresas; III – promover a segurança jurídica; IV – alcançar marco regulatório trabalhista infralegal harmônico, moderno e dotado de conceitos claros, simples e concisos; V – aprimorar a interação do Ministério do Trabalho e Previdência com os administrados; VI – ampliar a transparência do arcabouço normativo aos trabalhadores, aos empregadores, às entidades sindicais e aos operadores do direito por meio do acesso simplificado ao marco regulatório trabalhista infralegal; VII – promover a integração das políticas de trabalho e de previdência; VIII – melhorar o ambiente de negócios, o aumento da competitividade e a eficiência do setor público, para a geração e a manutenção de empregos (art. 5.º do Decreto 10.854/2021).

São objetivos específicos do Programa Permanente de Consolidação, Simplificação e Desburocratização de Normas Trabalhistas Infralegais: I – triar e catalogar a legislação trabalhista infralegal com matérias conexas ou afins; II – garantir, por meio da articulação entre as áreas, que o repositório de normas trabalhistas infralegais seja disponibilizado em ambiente único e digital, constantemente atualizado; III – promover a participação social, inclusive por meio de consultas públicas; IV – buscar a harmonização das normas trabalhistas e previdenciárias infralegais; V – revogar atos normativos exauridos ou tacitamente revogados (art. 6.º do Decreto 10.854/2021).

As normas trabalhistas infralegais analisadas no âmbito do Programa Permanente de Consolidação, Simplificação e Desburocratização de Normas Trabalhistas Infralegais devem ser organizadas e compiladas em coletâneas, de acordo com os seguintes temas: I – legislação trabalhista, relações de trabalho e políticas públicas de trabalho; II – segurança e saúde no trabalho; III – inspeção do trabalho; IV – procedimentos de multas e recursos de processos administrativos trabalhistas; V – convenções e recomendações da Organização Internacional do Trabalho (OIT); VI – profissões regulamentadas; VII – normas administrativas (art. 7.º do Decreto 10.854/2021). O Ministério do Trabalho e Previdência pode incluir outros temas para a organização de normas infralegais relacionados à sua área de atuação.

Nos termos do art. 8.º do Decreto 10.854/2021, os atos normativos infralegais de natureza trabalhista editados pelo Ministério do Trabalho e Previdência devem ser incorporados aos atos normativos consolidados ou revistos de acordo com os temas de que trata o art. 7.º do Decreto 10.854/2021.

É vedada a edição de atos normativos autônomos quando houver ato normativo consolidado ou compilado que trate do mesmo tema. Os atos normativos infralegais de matéria trabalhista a serem editados pelo Ministério do Trabalho e Previdência, incluídos aqueles relativos à inspeção do trabalho, devem ser redigidos com clareza, precisão e ordem lógica, e devem apresentar conceitos técnicos e objetivos, em observância ao disposto no Decreto 9.191/2017 e no Decreto 10.139/2019.

Apenas serão admitidos os atos normativos inferiores a decreto editados nos termos do disposto no art. 2.º do Decreto 10.139/2019[3]. Quaisquer outros documentos existentes, no âmbito da Secretaria de Trabalho do Ministério do Trabalho e Previdência, que não tenham adotado a denominação prevista no art. 2.º do Decreto 10.139/2019, tais como manuais, recomendações, ofícios circulares, diretrizes e congêneres, perdem validade a partir da data de publicação do Decreto 10.854/2021 (11.11.2021).

O Ministério do Trabalho e Previdência deve avaliar e monitorar, a cada biênio, os resultados obtidos quanto à aderência aos objetivos específicos do Programa Permanente de Consolidação, Simplificação e Desburocratização de Normas Trabalhistas Infralegais previstos no art. 6.º do Decreto 10.139/2019 (art. 9.º).

Art. 2.º Considera-se empregador a empresa, individual ou coletiva, que, assumindo os riscos da atividade econômica, admite, assalaria e dirige a prestação pessoal de serviço.

1. EMPRESA

Diante da redação do art. 2.º da CLT, mostra-se relevante verificar o significado e a definição de empresa no âmbito do Direito, especialmente para fins trabalhistas.

Empresa é a atividade econômica *organizada*, presentes a coordenação e a organização dos fatores de produção, destinada à produção ou à circulação de bens ou de serviços no mercado.

Empresário é quem exerce profissionalmente esta atividade (art. 966 do Código Civil de 2002). Portanto, há aqueles que, mesmo exercendo atividade econômica, não são considerados empresários, seja por expressa exclusão prevista em lei (parágrafo único do art. 966 do Código Civil de 2002), seja pela ausência de organização dos fatores de produção ao desenvolver a atividade. Frise-se que o empresário, ou seja, aquele que exerce a atividade empresarial, tanto pode ser uma pessoa jurídica como uma pessoa física.

De acordo com o parágrafo único do art. 966 do Código Civil de 2002, aqueles que exercem profissão intelectual, de natureza científica, literária ou artística, ainda com o concurso de auxiliares ou colaboradores, em princípio, não são considerados empresários e, por consequência, sua atividade não é considerada empresarial. No entanto, a parte final do mesmo dispositivo ressalva a hipótese de o exercício da referida profissão constituir

[3] A partir da entrada em vigor do Decreto 10.139/2019 (03.02.2020), os atos normativos inferiores a decreto devem ser editados sob a forma de: I – portarias: atos normativos editados por uma ou mais autoridades singulares; II – resoluções: atos normativos editados por colegiados; ou III – instruções normativas: atos normativos que, sem inovar, orientem a execução das normas vigentes pelos agentes públicos (art. 2.º do Decreto 10.139/2019).

elemento de empresa, de forma que, se presente a *organização* da atividade econômica, típica da atividade empresarial, esta passa a ser assim reconhecida.

No âmbito da Consolidação das Leis do Trabalho, o empregador é considerado como a própria empresa. Essa previsão é objeto de crítica por parte da doutrina, justamente porque a empresa, como mencionado, em termos técnicos, seria a atividade econômica organizada, não apresentando personalidade jurídica para figurar em um dos polos da relação jurídica de emprego.

No entanto, a definição adotada pelo art. 2.º, *caput*, da CLT apresenta importantes efeitos práticos em questões envolvendo a sucessão trabalhista, no sentido de que o empregador é a empresa, independentemente de modificações na sua titularidade ou propriedade (arts. 10 e 448 da CLT).

Na realidade, pode-se dizer que empregador é toda pessoa jurídica, pessoa natural ou ente despersonalizado que contrate empregado, mantendo relação jurídica com este, ou seja, todo ente que se utilize de empregados para a realização de seu objetivo social.

> § 1.º Equiparam-se ao empregador, para os efeitos exclusivos da relação de emprego, os profissionais liberais, as instituições de beneficência, as associações recreativas ou outras instituições sem fins lucrativos, que admitirem trabalhadores como empregados.

2. EMPREGADOR POR EQUIPARAÇÃO

É possível existir empregador que não apresenta os elementos da empresa, sem exercer atividade econômica, ou que não tenha atividade com fins lucrativos, mas que, mesmo assim, precisa contratar empregado.

Tendo em vista esse aspecto, o § 1.º apresenta a figura do *empregador por equiparação*.

Como se nota, os entes indicados no dispositivo em questão estão inseridos em rol meramente exemplificativo.

Quanto aos profissionais liberais, o dispositivo trabalhista adotou, de certa forma, a mesma orientação do parágrafo único do art. 966 do Código Civil de 2002, ao estabelecer que, em regra, aqueles que exercem profissão intelectual, de natureza científica, literária ou artística, ainda com o concurso de auxiliares ou colaboradores, não são reputados empresários e, por consequência, a atividade não é considerada empresarial.

O condomínio também pode ser empregador, ainda que não exerça atividade econômica ou lucrativa propriamente, não sendo, portanto, empresa no sentido técnico do termo. É óbvio que não se pode confundir o condomínio com a empresa que administra condomínios.

Cabe ressaltar que o art. 7.º, "a", da CLT estabelece que os preceitos contidos na Consolidação das Leis do Trabalho não se aplicam "aos empregados domésticos", sendo que estes possuem lei específica. Atualmente, observadas as peculiaridades do trabalho doméstico, a ele também se aplica, subsidiariamente, a CLT, conforme art. 19 da Lei Complementar 150/2015.

A Lei 2.757, de 23 de abril de 1956, em seu art. 1.º, esclareceu que são excluídos das disposições do art. 7.º, "a", da CLT "os empregados porteiros, zeladores, faxineiros e serventes de prédios de apartamentos residenciais, desde que a serviço da administração do edifício e não de cada condômino em particular". Assim, o condomínio encontra-se inserido como empregador por equiparação (art. 2.º, § 1.º, *in fine*, da CLT).

Frise-se que somente os empregados a serviço de condômino em particular é que, em tese, serão empregados domésticos. Quanto aos empregados arrolados pela Lei 2.757/1956, não são domésticos. Portanto, o condomínio, por expressa disposição de lei, é verdadeiro empregador, não doméstico, quando possua empregado, aplicando-se as disposições da CLT.

§ 2.º Sempre que uma ou mais empresas, tendo, embora, cada uma delas, personalidade jurídica própria, estiverem sob a direção, controle ou administração de outra, ou ainda quando, mesmo guardando cada uma sua autonomia, integrem grupo econômico, serão responsáveis solidariamente pelas obrigações decorrentes da relação de emprego.

§ 3.º Não caracteriza grupo econômico a mera identidade de sócios, sendo necessárias, para a configuração do grupo, a demonstração do interesse integrado, a efetiva comunhão de interesses e a atuação conjunta das empresas dele integrantes.

3. GRUPO DE EMPRESAS

O art. 2.º, § 2.º, da Consolidação das Leis do Trabalho versa sobre o grupo de empresas no âmbito da relação de emprego, sendo a atual redação dada pela Lei 13.467/2017.

No Direito do Trabalho não são exigidos requisitos formais para a configuração do grupo de empresas, que pode decorrer de situação de fato, mesmo porque incide o princípio da primazia da realidade. Ainda na esfera trabalhista, entende-se que os integrantes do grupo econômico podem ser, de forma ampla, não apenas sociedades, mas também outras modalidades de pessoas jurídicas, organizações e mesmo pessoas naturais[4].

O grupo econômico é formado por duas ou mais empresas, cada uma com personalidade jurídica própria.

A rigor, quem tem personalidade jurídica é a pessoa física ou natural (art. 2.º do Código Civil) ou a pessoa jurídica (art. 44 do Código Civil) que integra o grupo econômico, sabendo-se que a *empresa* é a *atividade econômica* organizada para oferecer bens e serviços ao mercado, normalmente com fim de lucro (cf. art. 966, *caput*, do Código Civil).

Por se tratar de grupo econômico, integrado por empresas, não se admite a sua constituição exclusivamente por entidades assim não consideradas, que não exerçam atividades econômicas e empresariais.

Nesse sentido, a rigor, não se configuraria grupo de empresas quando presentes apenas entidades consideradas empregadores por equiparação, que não exerçam atividades econômicas ou não tenham fins lucrativos, conforme art. 2.º, § 1.º, da CLT. Em sentido mais ampliativo, cf. TST, 8.ª T., RR – 101607-86.2016.5.01.0052. Ainda assim, é possível a existência de grupo que tenha atividade econômica em seu todo, embora de natureza mista, por ser composto de empresas e também de entidades consideradas empregadores por equiparação, isto é, com a presença também de entes que não exercem atividade tipicamente econômica, o que não afastaria a existência do grupo para fins trabalhistas.

Da mesma forma, admite-se a existência de grupo econômico em que as empresas exercem atividades econômicas de diversas naturezas, inclusive o grupo formado de empresas urbanas e de pessoas físicas ou jurídicas que exerçam atividade agroeconômica (empregadores rurais).

---

4 Cf. MARTINS, Sergio Pinto. *Direito do trabalho*. 28. ed. São Paulo: Atlas, 2012. p. 203-204.

O grupo econômico, em tese, pode ser configurado de dois modos alternativos:

1) quando as empresas envolvidas estão sob a direção, controle ou administração de outra; ou
2) quando, mesmo guardando cada uma das empresas a sua autonomia, integrem grupo econômico.

A primeira hipótese refere-se ao *grupo econômico hierarquizado ou sob subordinação*, em que uma das empresas exerce o poder de dominação em face das demais.

Essa *dominação* da empresa principal é exercida sob a forma de *direção, controle ou administração* das empresas subordinadas.

Logo, no grupo econômico hierarquizado, a empresa principal, ao exercer o seu poder de dominação:

a) *dirige* as empresas subordinadas, determinando o que fazer e como elas devem exercer as suas atividades; ou
b) *controla* as empresas subordinadas, decidindo a respeito dos rumos a serem tomados ou das diretrizes a serem observadas por elas (como ocorre, por exemplo, quando a empresa controladora detém quantidade de ações suficiente para exercer o controle das empresas controladas); ou
c) *administra* as empresas subordinadas, gerindo as suas atividades e organizando o modo de atuarem no mercado.

A segunda hipótese diz respeito ao *grupo econômico não hierarquizado*, ou seja, em que as empresas mantêm relação horizontal[5], isto é, de coordenação, e não de dominação, inexistindo uma empresa principal e outras a ela subordinadas.

Entretanto, em qualquer caso, a mera identidade de sócios não caracteriza o grupo econômico, pois são necessários para a configuração do grupo três requisitos, quais sejam: a demonstração do interesse integrado, a efetiva comunhão de interesses e a atuação conjunta das empresas dele integrantes (art. 2.º, § 3.º, da CLT).

Portanto, a existência de sócios comuns, por si só, não configura o grupo de empresas, embora possa ser um indício da sua presença, a qual exige a efetiva comprovação dos três requisitos indicados. Cf. TST, SBDI-I, E-ED-RR-214940-39.2006.5.02.0472.

Assim, mesmo quando as empresas mantêm a autonomia entre si, a presença de interesses comuns e compartilhados entre elas, fazendo com que exerçam as suas atividades de modo conjunto, configura a existência do grupo econômico para fins trabalhistas.

A respeito do tema, cf. ainda a Súmula 239 do TST.

No âmbito rural, nos termos do art. 3.º, § 2.º, da Lei 5.889/1973, sempre que uma ou mais empresas, embora tendo cada uma delas personalidade jurídica própria, estiverem sob direção, controle ou administração de outra, ou ainda quando, mesmo guardando cada uma sua autonomia, integrem grupo econômico ou financeiro rural, serão responsáveis solidariamente nas obrigações decorrentes da relação de emprego.

Como se pode notar, na esfera rural também se admite o grupo econômico hierarquizado, ou seja, por dominação, e o grupo econômico em que as empresas mantêm entre si relação de coordenação[6].

---

5 Cf. RUSSOMANO, Mozart Victor. *Curso de direito do trabalho*. 6. ed. Curitiba: Juruá, 1997. p. 67; NASCIMENTO, Amauri Mascaro. *Iniciação ao direito do trabalho*. 28. ed. São Paulo: LTr, 2002. p. 199.

6 Cf. MAGANO, Octavio Bueno. *Manual de direito do trabalho*: direito individual do trabalho. 3. ed. São Paulo: LTr, 1992. v. 2, p. 88. Cf. ainda MARTINS, Sergio Pinto. *Direito do trabalho*. 5. ed. São Paulo: Malheiros, 1998. p. 143.

A consequência da existência de grupo econômico é que todas as empresas que o integram são *solidariamente responsáveis* pelas obrigações decorrentes da relação de emprego.

Isso significa que tanto a empresa principal como as empresas subordinadas (no grupo econômico hierarquizado) e todas as empresas que mantêm relação de coordenação entre si (no grupo econômico não hierarquizado) são responsáveis solidárias pelos direitos devidos aos empregados do grupo econômico e das empresas que o integrem.

Trata-se, no caso, de *solidariedade passiva*, decorrente de expressa previsão legal.

Nos termos do art. 265 do Código Civil, a solidariedade não se presume, pois resulta da lei (como ocorre no caso) ou da vontade das partes.

Por consequência, o credor (empregado) tem direito a exigir e receber de um ou de alguns dos devedores (empresas integrantes do grupo econômico), parcial ou totalmente, a dívida comum. Se o pagamento tiver sido parcial, todos os demais devedores continuam obrigados solidariamente pelo restante (art. 275 do Código Civil).

Além disso, não importa renúncia da solidariedade a propositura de ação pelo credor em face de um ou alguns dos devedores (uma ou algumas das empresas que integram o grupo econômico).

O empregado, assim, pode exigir os créditos trabalhistas da empresa a quem prestou serviços e (ou) das demais empresas que compõem o grupo econômico.

Não se observa benefício de ordem entre as empresas, pois a responsabilidade é solidária, e não subsidiária.

Discute-se, entretanto, se o grupo de empresas é o *empregador único*. Vale dizer, questiona-se se a relação jurídica do empregado é mantida com a empresa ou com o grupo econômico. Cabe verificar, assim, se o empregador é a empresa que integra o grupo econômico ou se é o próprio grupo econômico.

A questão envolve a temática de saber se no grupo de empresas também há *solidariedade ativa*, em que cada um dos credores solidários tem direito a exigir do devedor o cumprimento da prestação por inteiro (art. 267 do Código Civil).

Enquanto para certa corrente também incide a solidariedade ativa, por ser o grupo o empregador único[7], para outros a solidariedade é apenas passiva[8].

A atual redação do art. 2.º, § 2.º, da CLT parece indicar que a responsabilidade das empresas que integram o grupo econômico é apenas passiva, ao prever que elas "serão responsáveis solidariamente pelas *obrigações* decorrentes da relação de emprego" (destaquei).

Ainda assim, defende-se o entendimento de que essa questão deve ser analisada em cada caso concreto, tendo em vista a incidência do princípio da primazia da realidade.

Há situações em que o poder de direção é exercido pelo grupo econômico como um todo, de modo que o empregado irá prestar serviços de forma subordinada às empresas que o integram. Com isso, o tempo de serviço prestado a uma das empresas é computado (como para fins de férias, 13.º salário e indenizações) quando o empregado é transferido e passa a prestar serviços para outra empresa do mesmo grupo econômico. Nesse caso, a relação de emprego existe e se desenvolve entre o empregado e o grupo econômico, o qual figura como

---

7 Cf. MAGANO, Octavio Bueno. *Manual de direito do trabalho*: direito individual do trabalho. 3. ed. São Paulo: LTr, 1992. v. 2, p. 97-101. Cf. ainda MARTINS, Sergio Pinto. *Direito do trabalho*. 5. ed. São Paulo: Malheiros, 1998. p. 145.

8 Cf. NASCIMENTO, Amauri Mascaro. *Iniciação ao direito do trabalho*. 28. ed. São Paulo: LTr, 2002. p. 201.

o verdadeiro empregador. Ou seja, o contrato de trabalho é mantido entre o empregado e o grupo econômico, como empregador único. A respeito do tema, cf. Súmula 129 do TST.

Diversamente, há situações em que o empregado é juridicamente subordinado apenas a uma empresa, a qual exerce o poder diretivo e figura como o efetivo empregador. Nesse caso, o contrato de trabalho tem como sujeitos o empregado e a empresa. As demais empresas que integram o grupo econômico, ainda assim, respondem solidariamente pelos créditos trabalhistas.

4. CONSÓRCIO DE EMPREGADORES

O "consórcio de empregadores rurais" surgiu inicialmente, de forma oficial, na Portaria 1.964 do Ministério do Trabalho, de 1.º de dezembro de 1999 (revogada pela Portaria 671/2021).

Em conformidade com o art. 40 da Portaria 671/2021 do Ministério do Trabalho e Previdência, considera-se consórcio de empregadores rurais a união de produtores rurais, pessoas físicas, com a finalidade única de contratar, gerir e demitir trabalhadores para prestação de serviços, exclusivamente, aos seus integrantes.

A Lei 10.256, de 9 de julho de 2001, acrescentou à Lei 8.212/1991 o art. 25-A, estabelecendo sobre o tema que:

> Equipara-se ao empregador rural pessoa física o consórcio simplificado de produtores rurais, formado pela união de produtores rurais pessoas físicas, que outorgar a um deles poderes para contratar, gerir e demitir trabalhadores para prestação de serviços, exclusivamente, aos seus integrantes, mediante documento registrado em cartório de títulos e documentos.

Com isso, o tema passou a contar com tratamento legislativo, em plena observância do princípio da legalidade.

O objetivo desse instituto é estabelecer um novo modelo de contratação de empregados rurais, de forma conjunta, por vários produtores rurais. Procura-se evitar a informalidade no referido labor, bem como a intensa rotatividade de mão de obra, a incerteza quanto ao trabalho e o próprio desemprego (especialmente em períodos de entressafra).

Cabe esclarecer que na expressão "consórcio de empregadores rurais" o termo consórcio não está sendo utilizado em seu conceito técnico, do Direito Comercial e Empresarial, tal como previsto no art. 278 da Lei 6.404/1976.

Na realidade, o consórcio aqui mencionado é representado por um "pacto de solidariedade", devidamente registrado em cartório de títulos e documentos, na forma do art. 265 do Código Civil de 2002, o que é previsto no art. 42, inciso II, da Portaria 671/2021 do Ministério do Trabalho e Previdência.

O art. 25-A, § 3.º, da Lei 8.212/1991 ratifica que os produtores rurais integrantes do consórcio serão "responsáveis solidários em relação às obrigações previdenciárias".

No pacto de solidariedade, em que os produtores rurais se responsabilizam solidariamente pelas obrigações trabalhistas e previdenciárias decorrentes da contratação dos trabalhadores comuns, deve constar a identificação de todos os consorciados com: nome completo; Cadastro de Pessoas Físicas (CPF); documento de identidade; matrícula do Cadastro de Atividade Econômica da Pessoa Física (CAEPF); endereço e domicílio; endereço das propriedades rurais onde os trabalhadores exercerão atividades (art. 42, § 2.º, da Portaria 671/2021 do Ministério do Trabalho e Previdência).

Como confirma e acrescenta o art. 25-A, § 1.º, da Lei 8.212/1991, o documento (a ser registrado em cartório de títulos e documentos) de outorga, a um dos produtores, de poderes para contratar, gerir e demitir trabalhadores para prestação de serviços, exclusivamente, aos seus integrantes, deverá conter a identificação de cada produtor, seu endereço pessoal e o de sua propriedade rural, *bem como o respectivo registro no Instituto Nacional de Colonização e Reforma Agrária – INCRA ou informações relativas a parceria, arrendamento ou equivalente* e a matrícula no Instituto Nacional do Seguro Social – INSS de cada um dos produtores rurais.

O consórcio de empregadores rurais deve obter uma matrícula coletiva no Cadastro Específico do INSS (CEI), a ser deferida pela autarquia previdenciária. Efetivamente, em conformidade com o art. 25-A, § 2.º, da Lei 8.212/1991, o consórcio "deverá ser matriculado no INSS em nome do empregador a quem hajam sido outorgados os poderes".

Como se nota, o consórcio de empregadores rurais, integrado por pessoas físicas, não se confunde com o grupo de empresas, pois não são exigidos os requisitos específicos do art. 2.º, § 2.º, da CLT, ou mesmo do art. 3.º, § 2.º, Lei 5.889/1973.

Mesmo assim, há traços de semelhança entre essas duas figuras, como a regra da responsabilidade solidária, e o fato de se considerar o consórcio de empregadores como "empregador único", pois o contrato de trabalho, mantido com o empregado rural, no caso, é um só, na mesma linha da previsão da Súmula 129 do TST.

Por meio desse novo instituto, possibilita-se um único contrato de trabalho, firmado entre o empregado rural e o "consórcio de empregadores rurais", concretizando o princípio da continuidade da relação de emprego, possibilitando que aquele preste os serviços a todos os integrantes do consórcio, que respondem, de forma solidária, em face da prestação do serviço como um todo.

Assim, não se verifica prejuízo ao empregado, mas a vantagem de não ficar na dependência de contratos precários, de curta duração, evitando, ainda, a incerteza quanto a conseguir uma nova contratação.

Para os produtores rurais, o sistema também é de interesse, pois evita ter de realizar sucessivas contratações de empregados que ainda não se conhece; o trabalhador, no sistema em questão, após concluir o serviço para um dos integrantes, pode dirigir-se ao outro produtor rural que necessita da mão de obra, e assim sucessivamente.

Cada produtor deve ir quitando os direitos trabalhistas do período em que utilizou o serviço do empregado, mas, havendo inadimplência, o empregado tem a seu favor o pacto de responsabilidade solidária, autorizando-o a cobrar o crédito de todos ou de certos integrantes do consórcio, na forma do art. 275 do Código Civil de 2002.

Além disso, devem ser organizados os documentos relativos à administração do consórcio, inclusive de outorga de poderes pelos produtores a um deles para contratar e gerir a mão de obra a ser utilizada nas propriedades integrantes do grupo (art. 42, inciso III, da Portaria 671/2021 do Ministério do Trabalho e Previdência).

Por fim, há quem defenda a possibilidade do consórcio de empregadores também no meio urbano, por não se verificar prejuízos ao empregado, mas, pelo contrário, os benefícios acima destacados, não ocorrendo, ainda infração à legislação trabalhista e previdenciária.

Nessa linha, para o âmbito urbano, sustenta-se a aplicação da legislação já existente, referente ao consórcio de produtores rurais, por meio da analogia, o que é autorizado pelo art. 8.º da CLT, tendo em vista a semelhança entre as duas situações de fato e a ausência de regulação legal específica para o caso do consórcio de empregadores urbanos.

5. PRESERVAÇÃO DO SIGILO SOBRE DOENÇAS E CONDIÇÕES DE SAÚDE

A Lei 14.289, de 3 de janeiro de 2022, dispõe sobre a obrigatoriedade de preservação do sigilo sobre a condição de pessoa que vive com infecção pelos vírus da imunodeficiência humana (HIV) e das hepatites crônicas (HBV e HCV) e de pessoa com hanseníase e com tuberculose, nos casos que estabelece.

Trata-se de diploma legal que tem como objetivo assegurar o sigilo das mencionadas situações sobre a saúde da pessoa, em respeito à privacidade e à intimidade (art. 5.º, inciso X, da Constituição da República), evitando-se, ainda, a discriminação (art. 3.º, inciso IV, e art. 5.º, inciso XLI, da Constituição Federal de 1988).

Nesse contexto, é vedada a divulgação, pelos agentes públicos ou privados, de informações que permitam a identificação da condição de pessoa que vive com infecção pelos vírus da imunodeficiência humana (HIV) e das hepatites crônicas (HBV e HCV) e de pessoa com hanseníase e com tuberculose, nos seguintes âmbitos: I – serviços de saúde; II – estabelecimentos de ensino; III – *locais de trabalho*; IV – administração pública; V – segurança pública; VI – processos judiciais; VII – mídia escrita e audiovisual (art. 2.º da Lei 14.289/2022).

O sigilo profissional sobre a condição de pessoa que vive com infecção pelos vírus da imunodeficiência humana (HIV) e das hepatites crônicas (HBV e HCV) e de pessoa com hanseníase e com tuberculose somente pode ser quebrado nos casos determinados por lei, por justa causa ou por autorização expressa da pessoa acometida ou, quando se tratar de criança, de seu responsável legal, mediante assinatura de termo de consentimento informado, observado o disposto no art. 11 da Lei 13.709/2018 (Lei Geral de Proteção de Dados Pessoais – LGPD), sobre tratamento de dados pessoais sensíveis.

Em casos de outras doenças graves ou similares, que possam gerar estigma ou preconceito, defende-se a possibilidade de interpretação extensiva das referidas previsões normativas, por não se tratar de rol taxativo. Cf. ainda Súmula 443 do TST. Cf. comentários ao art. 453 da CLT.

Os serviços de saúde, públicos ou privados, e as operadoras de planos privados de assistência à saúde estão obrigados a proteger as informações relativas a pessoas que vivem com infecção pelos vírus da imunodeficiência humana (HIV) e das hepatites crônicas (HBV e HCV) e a pessoas com hanseníase e com tuberculose, bem como a garantir o sigilo das informações que eventualmente permitam a identificação dessa condição (art. 3.º da Lei 14.289/2022).

Esclareça-se que a obrigatoriedade de preservação do sigilo sobre a condição de pessoa que vive com infecção pelos vírus da imunodeficiência humana (HIV) e das hepatites crônicas (HBV e HCV) e de pessoa com hanseníase e com tuberculose usuárias dos serviços de saúde recai sobre todos os profissionais de saúde e os trabalhadores da área de saúde.

O atendimento nos serviços de saúde, públicos ou privados, deve ser organizado de forma a não permitir a identificação, pelo público em geral, da condição de pessoa que vive com infecção pelos vírus da imunodeficiência humana (HIV) e das hepatites crônicas (HBV e HCV) e de pessoa com hanseníase e com tuberculose.

O descumprimento das disposições da Lei 14.289/2022 sujeita o agente público ou privado infrator às sanções previstas no art. 52 da Lei 13.709/2018, bem como às demais sanções administrativas cabíveis, e obriga-o a indenizar a vítima por danos materiais e morais, nos termos do art. 927 do Código Civil (art. 6.º da Lei 14.289/2022).

Entende-se que os danos morais (extrapatrimoniais) decorrem da violação dos direitos da personalidade envolvidos (privacidade, intimidade e sigilo), tornando devida a respectiva indenização. A obrigação de reparar os danos materiais, por sua vez, exige que a conduta do agente tenha causado prejuízos patrimoniais à vítima.

Nas situações em que for divulgada informação sobre a condição de pessoa que vive com infecção pelos vírus da imunodeficiência humana (HIV) e das hepatites crônicas (HBV e HCV) e de pessoa com hanseníase e com tuberculose por agentes que, por força de sua profissão ou do cargo que ocupam, estão obrigados à preservação do sigilo, e essa divulgação ficar caracterizada como intencional e com o intuito de causar dano ou ofensa, devem ser aplicadas em dobro: I – as penas pecuniárias ou de suspensão de atividades previstas no art. 52 da Lei 13.709/2018 (sanções administrativas); II – as indenizações pelos danos morais causados à vítima (art. 6.º, parágrafo único, da Lei 14.289/2022).

Nessas hipóteses, em decorrência do descumprimento do dever funcional e da presença de dolo específico do agente, as consequências do ato ilícito (ou seja, da referida divulgação) são mais acentuadas (dobradas), em consonância com o critério de justiça substancial.

✦ Jurisprudência

A) Agravo de instrumento em recurso de revista. Responsabilidade solidária. Grupo econômico. Entidade sem fins lucrativos. Ante a demonstração de aparente violação do art. 2.º, § 2.º, da CLT, impõe-se o processamento do recurso de revista, a fim de melhor examinar a questão. Agravo de instrumento conhecido e provido. **B) Recurso de revista. Responsabilidade solidária. Grupo econômico. Entidade sem fins lucrativos. Possibilidade.** No caso, não se constata efetiva violação do § 2.º do artigo 2.º da CLT, na medida em que, segundo a dicção do § 1.º do referido dispositivo legal, as instituições sem fins lucrativos equiparam-se ao conceito de empregador para todos os efeitos legais trabalhistas. Logo, numa interpretação sistemática e teleológica da referida norma, não há como afastar a aplicação do § 2.º às instituições sem fins lucrativos, pois a ausência de finalidade lucrativa não inviabiliza a formação de grupo econômico. Na mesma linha, inclusive, já se posicionou a SDI-1 desta Corte, sendo reiterado o mesmo entendimento no âmbito das Turmas deste Tribunal Superior. Recurso de revista não conhecido (TST, 8.ª T., RR – 101607-86.2016.5.01.0052, Red. Min. Dora Maria da Costa, *DEJT* 10.05.2019).

Recurso de embargos em recurso de revista. Configuração de grupo econômico. Art. 2.º, § 2.º, da CLT. Existência de sócios em comum. A interpretação do art. 2.º, § 2.º, da CLT conduz à conclusão de que, para a configuração de grupo econômico, não basta a mera situação de coordenação entre as empresas. É necessária a presença de relação hierárquica entre elas, de efetivo controle de uma empresa sobre as outras. O simples fato de haver sócios em comum não implica por si só o reconhecimento do grupo econômico. No caso, não há elementos fáticos que comprovem a existência de hierarquia ou de laços de direção entre as reclamadas que autorize a responsabilidade solidária. Recurso de Embargos conhecido por divergência jurisprudencial e desprovido (TST, SBDI-I, E-ED-RR-214940-39.2006.5.02.0472, Rel. Min. Horácio Raymundo de Senna Pires, *DEJT* 15.08.2014).

✦ Súmulas, Orientações Jurisprudenciais e Precedentes Normativos

Súmula 93 do TST: Bancário. Integra a remuneração do bancário a vantagem pecuniária por ele auferida na colocação ou na venda de papéis ou valores mobiliários de empresas pertencentes ao mesmo grupo econômico, se exercida essa atividade no horário e no local de trabalho e com o consentimento, tácito ou expresso, do banco empregador.

Súmula 129 do TST: A prestação de serviços a mais de uma empresa do mesmo grupo econômico, durante a mesma jornada de trabalho, não caracteriza a coexistência de mais de um contrato de trabalho, salvo ajuste em contrário.

Súmula 239 do TST: Bancário. Empregado de empresa de processamento de dados. É bancário o empregado de empresa de processamento de dados que presta serviço a banco integrante do mesmo grupo econômico, exceto quando a empresa de processamento de dados presta serviços a banco e a empresas não bancárias do mesmo grupo econômico ou a terceiros.

Art. 3.º Considera-se empregado toda pessoa física que prestar serviços de natureza não eventual a empregador, sob a dependência deste e mediante salário.

1. EMPREGADO

Empregado é todo trabalhador que presta serviço ao empregador. Nos polos da relação jurídica de emprego figuram, justamente, o empregado e o empregador.

Cabe ressaltar que o empregado é sempre uma pessoa física ou natural, que presta serviços com subordinação ("dependência"), não eventualidade, onerosidade (prestação de serviço "mediante salário") e pessoalidade, sendo este último aspecto mencionado no art. 2.º, *caput*, da CLT.

2. REQUISITOS DA RELAÇÃO DE EMPREGO

Os requisitos fático-jurídicos, ou seja, para a verificação de vínculo de emprego no plano dos fatos, são os seguintes: a prestação de serviços por pessoa física (pessoa natural), com pessoalidade, de forma não eventual, subordinada e com onerosidade (arts. 2.º e 3.º da CLT).

Esses são os requisitos fático-jurídicos, ou seja, para a verificação de vínculo de emprego no plano dos fatos.

A exclusividade não é exigida como elemento imprescindível para a configuração da relação de emprego, embora a sua existência possa reforçar a presença do contrato de trabalho.

Especificamente quanto ao aeronauta (piloto de aeronave, comissário de voo e mecânico de voo), conforme o art. 20, § 1.º, da Lei 13.475/2017, o tripulante de voo ou de cabine só pode exercer função remunerada a bordo de aeronave de um operador ao qual não esteja diretamente vinculado por contrato de trabalho quando o serviço aéreo não constituir atividade fim, e desde que por prazo não superior a 30 dias consecutivos, contado da data de início da prestação dos serviços. Essa prestação de serviço remunerado não pode ocorrer por mais de uma vez ao ano e deve ser formalizada por contrato escrito, sob pena de presunção de vínculo empregatício do tripulante diretamente com o operador da aeronave.

Logo, observa-se certa restrição quanto ao tripulante de voo ou de cabine a respeito do exercício de labor remunerado a bordo de aeronave para outro operador que não seja o empregador, isto é, com quem não seja mantido diretamente o contrato de trabalho.

Frise-se que o disposto no art. 20 da Lei 13.475/2017 não se aplica quando o operador da aeronave for órgão ou entidade da administração pública, no exercício de missões institucionais ou de poder de polícia (art. 20, § 3.º, da Lei 13.475/2017, incluído pela Lei 14.163/2021).

2.1 Pessoa natural

O empregado é sempre *pessoa física* (pessoa natural).

O Direito do Trabalho estabelece normas jurídicas em proteção da pessoa humana do trabalhador, garantindo o preceito maior de dignidade nas relações de trabalho.

Nos termos do art. 129 da Lei 11.196/2005, para fins fiscais e previdenciários, a prestação de serviços intelectuais, inclusive os de natureza científica, artística ou cultural, em caráter personalíssimo ou não, com ou sem a designação de quaisquer obrigações a sócios ou empregados da *sociedade prestadora de serviços*, quando por esta realizada, se sujeita tão somente à legislação aplicável às pessoas jurídicas, sem prejuízo da observância do disposto no art. 50 do Código Civil.

O referido dispositivo legal estabelece que as *pessoas jurídicas* prestadoras de *serviços intelectuais*, incluídos os de natureza científica, artística ou cultural, sujeitam-se apenas ao regime fiscal e previdenciário das pessoas jurídicas. Admite-se, entretanto, a desconsideração da personalidade jurídica da sociedade, em caso de abuso da personalidade jurídica, caracterizado pelo desvio de finalidade ou pela confusão patrimonial.

O Supremo Tribunal Federal declarou a *constitucionalidade* do art. 129 da Lei 11.196/2005 (STF, Pleno, ADC 66/DF, Rel. Min. Cármen Lúcia, j. 21.12.2020).

Prevaleceu o entendimento de que essa norma legal está em harmonia com os preceitos constitucionais, notadamente com o art. 1.º, inciso IV, da Constituição Federal de 1988, ao prever que a República Federativa do Brasil tem como fundamentos, entre outros, os valores sociais do trabalho e da livre iniciativa. Nesse contexto, é livre o exercício de qualquer trabalho, ofício ou profissão, atendidas as qualificações profissionais que a lei estabelecer (art. 5.º, inciso XIII, da Constituição da República). Além disso, é assegurado a todos o livre exercício de qualquer atividade econômica, independentemente de autorização de órgãos públicos, salvo nos casos previstos em lei (art. 170, parágrafo único, da Constituição Federal de 1988).

Ainda assim, a contratação de pessoa jurídica para a prestação de serviços intelectuais, conforme o caso concreto, pode ser objeto de verificação quanto à legalidade e regularidade, mesmo na esfera trabalhista (art. 9.º da CLT), por não se admitir a fraude à lei (art. 166, inciso VI, do Código Civil), o abuso de direito (art. 187 do Código Civil) e o abuso da personalidade jurídica (art. 50 do Código Civil).

2.2 Pessoalidade

A *pessoalidade* significa a prestação dos serviços pelo próprio trabalhador, sem que seja substituído constantemente por terceiros, aspecto este relevante ao empregador, que o contratou tendo em vista a sua pessoa.

O contrato de trabalho, portanto, é *intuitu personae*. Mesmo assim, a substituição, em uma ou outra ocasião, do empregado, com a anuência do empregador, não é apta a descaracterizar um longo vínculo de emprego.

2.3 Não eventualidade

Trabalho *não eventual*, em um primeiro enfoque, é aquele habitual, contínuo.

Pode-se dizer, entretanto, que a não eventualidade significa a prestação de serviços ligados às atividades normais do empregador, ou seja, realizando serviços permanentemente necessários à atividade do empregador ou ao seu empreendimento.

A não eventualidade também pode significar a fixação do empregado em certa fonte de trabalho, que toma os seus serviços.

2.4 Subordinação

A *subordinação*, considerado o requisito de maior relevância na caracterização da relação de emprego, significa que a prestação dos serviços é feita de forma dirigida pelo empregador, o qual exerce o poder de direção. O empregado, inserido na organização da atividade do empregador, deve seguir as suas determinações e orientações, estabelecidas dentro dos limites legais.

O empregador é quem corre os riscos da atividade exercida. O empregado, assim, presta serviços por conta alheia, o que corresponde à "alteridade", presente no contrato de trabalho.

A subordinação, no caso, decorre do contrato de trabalho, referindo-se ao modo de o empregado prestar os serviços ao empregador. Trata-se, assim, de *subordinação jurídica*, que é a modalidade de subordinação essencial para caracterizar a relação de emprego.

No entanto, a subordinação também pode ser vista no aspecto econômico, no sentido de que o empregado estaria subordinado, em termos econômicos, ao empregador. Porém, a relação de emprego pode perfeitamente existir sem que esta situação esteja presente.

A subordinação social significa que o empregado estaria em posição social inferior em relação ao empregador, por ser este o titular do empreendimento. Também aqui tal situação não é obrigatoriamente exigida no contrato de trabalho.

A subordinação técnica indica que o empregador estaria em posição superior ao empregado, no que tange ao conhecimento técnico referente à atividade exercida. Mais uma vez, tal hipótese pode deixar de existir na relação de emprego, bastando imaginar o caso em que o empregado, altamente especializado, é contratado justamente por ter os conhecimentos que faltam e são necessários ao titular do empreendimento.

Frise-se que a relação de emprego, na qualidade de advogado, não retira a isenção técnica nem reduz a independência profissional inerentes à advocacia (art. 18 da Lei 8.906/1994). O advogado empregado não está obrigado à prestação de serviços profissionais de interesse pessoal dos empregadores, fora da relação de emprego.

Por fim, tem-se a subordinação hierárquica, no sentido de que o empregado estaria inserido na hierarquia da instituição da empresa, devendo, assim, obedecer às suas regras.

Tendo em vista as novas formas de organização do trabalho, parte da doutrina e da jurisprudência reconhece não apenas a *subordinação objetiva* (presente quando os serviços prestados integram os objetivos da atividade empresarial), mas também a chamada *subordinação estrutural*, principalmente em questões relacionadas à terceirização e ao trabalho a distância (como o teletrabalho). Nesse enfoque, reconhece-se a subordinação, inerente à relação de emprego, quando o empregado desempenha atividades que se encontram integradas à estrutura e à dinâmica organizacional da empresa, ao seu processo produtivo ou às suas atividades essenciais, não mais se exigindo a subordinação jurídica clássica, em que se verificavam ordens diretamente emanadas do empregador. Cf. TST, 3.ª T., RR-710-60.2017.5.09.0127, Rel. Min. Mauricio Godinho Delgado, *DEJT* 06.06.2019.

Ainda assim, prevalece o entendimento de que a subordinação estrutural não é suficiente para a configuração do vínculo de emprego, exigindo-se a presença de subordinação jurídica, relativa ao modo de prestação do serviço pelo empregado[9], em que o empregador exerce o poder de direção, como decorrência do contrato de trabalho. Cf. TST, 2.ª T., RR-1893-51.2017.5.10.0802, Rel. Min. Maria Helena Mallmann, *DEJT* 03.11.2021. TST, 4.ª T., RR-21078-11.2015.5.04.0221, Rel. Min. Guilherme Augusto Caputo Bastos, *DEJT* 08.10.2021. TST, 1.ª T., RR-714-33.2014.5.12.0026, Rel. Min. Hugo Carlos Scheuermann, *DEJT* 04.08.2021.

A respeito da controvérsia sobre a configuração do vínculo de emprego entre motorista de aplicativo e empresa responsável por plataforma digital de transporte de passageiros, cf. TST, E-RR-1000123-89.2017.5.02.0038 e E-RR-100353-02.2017.5.01.0066. Cf. ainda STF, Rcl 64.018/MG, Rcl 60.347/MG, Rcl 59.795/MG, Rel. Min. Alexandre de Moraes.

2.5 Onerosidade

A *onerosidade* significa que os serviços prestados têm como contraprestação o recebimento da remuneração, não se tratando, assim, de trabalho gratuito. O empregado trabalha com o fim de receber salário, sendo este seu objetivo ao firmar o pacto laboral.

Isso significa a existência do chamado *animus contrahendi*, no sentido de intenção de formar o pacto laboral, com o intuito do empregado, ao contratar, de receber a contraprestação pela prestação de seu serviço, ou seja, a remuneração, para que se possa falar em relação de emprego.

Cf. ainda art. 442, §§ 2.º e 3.º, da CLT, incluídos pela Lei 14.647/2023.

A onerosidade pode estar presente mesmo que a remuneração, em si, não tenha sido quitada, encontrando-se o empregador inadimplente com esta obrigação.

A Lei 9.608/1998, em seu art. 1.º, com redação dada pela Lei 13.297/2016, define o serviço voluntário como "a atividade não remunerada prestada por pessoa física a entidade pública de qualquer natureza ou a instituição privada de fins não lucrativos que tenha objetivos cívicos, culturais, educacionais, científicos, recreativos ou de assistência à pessoa". O serviço voluntário não gera vínculo empregatício nem obrigação de natureza trabalhista previdenciária ou afim.

Ainda quanto ao tema, os estudantes matriculados em curso de graduação e associados à respectiva "empresa júnior" exercem *trabalho voluntário*, nos termos da Lei 9.608/1998 (art. 3.º, § 2.º, da Lei 13.267/2016, que disciplina a criação e a organização das associações denominadas "empresas juniores", com funcionamento perante instituições de ensino superior).

Considera-se "empresa júnior" a entidade organizada nos termos da Lei 13.267/2016, sob a forma de associação civil gerida por estudantes matriculados em cursos de graduação de instituições de ensino superior, com o propósito de realizar projetos e serviços que contribuam para o desenvolvimento acadêmico e profissional dos associados, capacitando-os para o mercado de trabalho (art. 2.º).

Na mesma linha, o Supremo Tribunal Federal fixou a seguinte tese de repercussão geral: "O sistema de prestação voluntária de serviço auxiliar de Polícia Militar, previsto pela Lei Federal 10.029/2000 e instituído no Estado de São Paulo pela Lei 11.064/2002, cujas

---

9 Cf. MANUS, Pedro Paulo Teixeira. A subordinação jurídica e o vínculo de emprego. Consultor Jurídico, 3 de dezembro de 2021. Disponível em: <https://www.conjur.com.br/2021-dez-03/reflexoes-trabalhistas--subordinacao-juridica-vinculo-emprego>.

despesas são custeadas por auxílio mensal, de natureza meramente indenizatória, não gera vínculo empregatício nem obrigação de natureza trabalhista, previdenciária ou afim" (STF, Pleno, RE 1.231.242/SP, Rel. Min. Luiz Fux, *Dje* 19.11.2020).

A Lei 14.370/2022 instituiu o Programa Nacional de Prestação de Serviço Civil Voluntário e o Prêmio Portas Abertas, vinculados ao Ministério do Trabalho e Previdência, com o objetivo de auxiliar na inclusão produtiva de pessoas em situação de vulnerabilidade e de reduzir os impactos sociais e no mercado de trabalho causados pela emergência de saúde pública de importância internacional relacionada ao coronavírus responsável pela covid-19. O referido Programa tem duração de 24 meses a contar da entrada em vigor da Lei 14.370/2022 (15.06.2022).

O Programa Nacional de Prestação de Serviço Civil Voluntário tem o objetivo de incentivar os Municípios e o Distrito Federal a ofertar atividades de interesse público, sem vínculo empregatício ou profissional de qualquer natureza, para: I – jovens com idade entre 18 e 29 anos; II – pessoas com idade superior a 50 anos sem vínculo formal de emprego há mais de 24 meses; III – pessoas com deficiência, nos termos do art. 2.º da Lei 13.146/2015 - Estatuto da Pessoa com Deficiência (art. 2.º da Lei 14.370/2022).

Têm prioridade para aderir ao Programa Nacional de Prestação de Serviço Civil Voluntário os trabalhadores que: I – forem beneficiários dos programas de transferência de renda de que trata a Lei 14.284/2021 (Programa Auxílio Brasil e Programa Alimenta Brasil), ou de outros que venham a substituí-los; ou II – pertencerem à família de baixa renda inscrita no Cadastro Único para Programas Sociais do Governo Federal (CadÚnico), de que trata o art. 6.º-F da Lei 8.742/1993.

São consideradas atividades de interesse público aquelas identificadas pelo Município ou pelo Distrito Federal com a finalidade de cumprir os objetivos do Programa Nacional de Prestação de Serviço Civil Voluntário, desde que a conveniência e a oportunidade da sua escolha sejam fundamentadas pelo gestor municipal ou distrital.

Não podem participar do Programa Nacional de Prestação de Serviço Civil Voluntário aqueles que receberem benefício de natureza previdenciária do Regime Geral de Previdência Social ou dos Regimes Próprios de Previdência Social (art. 3.º da Lei 14.370/2022). Essa previsão não se aplica aos beneficiários de pensão por morte ou auxílio-acidente.

O Prêmio Portas Abertas, por sua vez, tem a finalidade de reconhecer e condecorar os entes federativos que se destacarem na implementação do Programa Nacional de Prestação de Serviço Civil Voluntário (art. 15 da Lei 14.370/2022).

O mencionado Programa é passível de questionamento, notadamente quanto à constitucionalidade, pois desvirtua a concepção de serviço voluntário, ao estabelecer, entre outros aspectos: o pagamento de auxílio pecuniário de natureza indenizatória, a título de bolsa (art. 6.º, inciso IV, da Lei 14.370/2022), em valor equivalente ao salário mínimo por hora (art. 6.º, § 2.º, da Lei 14.370/2022); o pagamento de vale-transporte ou o oferecimento de outra forma de transporte (art. 6.º, inciso V, da Lei 14.370/2022); a contratação de seguro contra acidentes pessoais (art. 6.º, inciso VI, da Lei 14.370/2022); o encaminhamento para os serviços de intermediação de mão de obra (art. 6.º, inciso VIII, da Lei 14.370/2022); a carga horária máxima para o desempenho de atividades de interesse público no âmbito de órgãos e entidades municipais e distritais (art. 5.º, inciso I, da Lei 14.370/2022); a carga horária mínima para a oferta de cursos de formação inicial e continuada ou de qualificação profissional (art. 5.º, inciso II, da Lei 14.370/2022); o período de recesso, a ser gozado preferencialmente durante as férias escolares (art. 6.º, § 5.º, da Lei 14.370/2022).

As disposições da Lei 14.370/2022 indicam, na realidade, a presença de caráter oneroso na relação jurídica em questão, mais próxima do vínculo de emprego precário, sem a garantia plena dos direitos trabalhistas e previdenciários, em desacordo com o art. 7.º da Constituição da República, distanciando-se do genuíno serviço voluntário e do trabalho gratuito.

O auxílio pecuniário devido ao beneficiário, a título de bolsa, embora formalmente de natureza indenizatória, é pago "pelo desempenho das atividades" (art. 6.º, inciso IV, da Lei 14.370/2022), ou seja, como contraprestação pelo serviço prestado, o que indica a existência de onerosidade (art. 3.º da CLT). Não se trata, assim, de valor destinado ao custeio das despesas necessárias à execução do serviço voluntário, como se observa no art. 6.º da Lei 10.029/2000, ou de ressarcimento pelas despesas comprovadamente realizadas no desempenho das atividades voluntárias (art. 3.º da Lei 9.608/1998).

O art. 10 da Lei 14.370/2022, sobre as entidades que devem realizar a qualificação para o trabalho dos beneficiários (Serviço Nacional de Aprendizagem dos Industriários, Serviço Nacional de Aprendizagem Comercial, Serviço Nacional de Aprendizagem Rural, Serviço Nacional de Aprendizagem do Transporte, Serviço Nacional de Aprendizagem do Cooperativismo, Serviço Brasileiro de Apoio às Micro e Pequenas Empresas), confirma o desvirtuamento do serviço voluntário decorrente desse diploma legal, pois mesmo o aprendiz, inscrito em programa de aprendizagem de formação técnico-profissional metódica, normalmente oferecido pelos Serviços Nacionais de Aprendizagem, é considerado empregado, regido por contrato de trabalho especial (art. 428 da CLT).

Além disso, a previsão de que o referido Programa será ofertado pelo Município ou pelo Distrito Federal por meio de processo seletivo público simplificado, que dispensará a realização de concurso público (art. 4.º, § 1.º, da Lei 14.370/2022), pode gerar a violação do art. 37, inciso II, da Constituição Federal de 1988.

Frise-se ainda que o beneficiário será desligado do Programa Nacional de Prestação de Serviço Civil Voluntário nas seguintes hipóteses: I – admissão em emprego, na forma prevista no art. 3.º da Consolidação das Leis do Trabalho; II – posse em cargo público; III – frequência inferior à mínima estabelecida no curso de formação inicial e continuada ou de qualificação profissional; ou IV – aproveitamento insuficiente (art. 14 da Lei 14.370/2022). O edital de seleção pública pode prever outras hipóteses de desligamento do Programa Nacional de Prestação de Serviço Civil Voluntário.

Parágrafo único. Não haverá distinções relativas à espécie de emprego e à condição de trabalhador, nem entre o trabalho intelectual, técnico e manual.

3. TRABALHO MANUAL, TÉCNICO E INTELECTUAL

O art. 7.º, no inciso XXXII, da Constituição Federal de 1988 proíbe a distinção entre trabalho manual, técnico e intelectual ou entre os profissionais respectivos.

O *princípio da não discriminação* significa não ser admitido o tratamento desigual sem razoabilidade nem justificativa lógica, caracterizando injusta diferenciação sem parâmetros que possam ser admitidos ou mesmo justificados.

A Convenção Interamericana contra o Racismo, a Discriminação Racial e Formas Correlatas de Intolerância, firmada na 43.ª Sessão Ordinária da Assembleia Geral da Organização dos Estados Americanos, na Guatemala, em 5 de junho de 2013, foi aprovada por meio do Decreto Legislativo 1/2021, conforme o procedimento de que trata o § 3.º do art. 5.º da Constituição da República, e promulgada pelo Decreto 10.932/2022. Sendo assim, tem hierarquia equivalente às emendas constitucionais.

Para os efeitos da referida Convenção (artigo 1):

1. *Discriminação racial* é qualquer distinção, exclusão, restrição ou preferência, em qualquer área da vida pública ou privada, cujo propósito ou efeito seja anular ou restringir o reconhecimento, gozo ou exercício, em condições de igualdade, de um ou mais direitos humanos e liberdades fundamentais consagrados nos instrumentos internacionais aplicáveis aos Estados Partes. A discriminação racial pode basear-se em raça, cor, ascendência ou origem nacional ou étnica.

2. *Discriminação racial indireta* é aquela que ocorre, em qualquer esfera da vida pública ou privada, quando um dispositivo, prática ou critério aparentemente neutro tem a capacidade de acarretar uma desvantagem particular para pessoas pertencentes a um grupo específico, com base nas razões estabelecidas no artigo 1.1, ou as coloca em desvantagem, a menos que esse dispositivo, prática ou critério tenha um objetivo ou justificativa razoável e legítima à luz do Direito Internacional dos Direitos Humanos.

3. *Discriminação múltipla ou agravada* é qualquer preferência, distinção, exclusão ou restrição baseada, de modo concomitante, em dois ou mais critérios dispostos no artigo 1.1, ou outros reconhecidos em instrumentos internacionais, cujo objetivo ou resultado seja anular ou restringir o reconhecimento, gozo ou exercício, em condições de igualdade, de um ou mais direitos humanos e liberdades fundamentais consagrados nos instrumentos internacionais aplicáveis aos Estados Partes, em qualquer área da vida pública ou privada.

4. *Racismo* consiste em qualquer teoria, doutrina, ideologia ou conjunto de ideias que enunciam um vínculo causal entre as características fenotípicas ou genotípicas de indivíduos ou grupos e seus traços intelectuais, culturais e de personalidade, inclusive o falso conceito de superioridade racial. O racismo ocasiona desigualdades raciais e a noção de que as relações discriminatórias entre grupos são moral e cientificamente justificadas. Toda teoria, doutrina, ideologia e conjunto de ideias racistas descritas no artigo 1.4 são cientificamente falsas, moralmente censuráveis, socialmente injustas e contrárias aos princípios fundamentais do Direito Internacional e, portanto, perturbam gravemente a paz e a segurança internacional, sendo, dessa maneira, condenadas pelos Estados Partes.

5. As *medidas especiais ou de ação afirmativa* adotadas com a finalidade de assegurar o gozo ou exercício, em condições de igualdade, de um ou mais direitos humanos e liberdades fundamentais de grupos que requeiram essa proteção não constituirão discriminação racial, desde que essas medidas não levem à manutenção de direitos separados para grupos diferentes e não se perpetuem uma vez alcançados seus objetivos.

6. *Intolerância* é um ato ou conjunto de atos ou manifestações que denotam desrespeito, rejeição ou desprezo à dignidade, características, convicções ou opiniões de pessoas por serem diferentes ou contrárias. Pode manifestar-se como a marginalização e a exclusão de grupos em condições de vulnerabilidade da participação em qualquer esfera da vida pública ou privada ou como violência contra esses grupos.

A Lei 10.741, de 1.º de outubro de 2003 (com entrada em vigor decorridos 90 dias da sua publicação, ocorrida no *DOU* de 03.10.2003), dispõe sobre o "Estatuto da Pessoa

Idosa" (redação dada pela Lei 14.423/2022), regulando os direitos assegurados às pessoas com idade igual ou superior a 60 anos (art. 1.º).

Nenhuma pessoa idosa pode ser vítima de qualquer tipo de negligência, discriminação, violência, crueldade ou opressão, e todo atentado aos seus direitos, por ação ou omissão, será punido na forma da lei (art. 4.º da Lei 10.741/2003).

A pessoa idosa tem direito ao exercício de atividade profissional, respeitadas suas condições físicas, intelectuais e psíquicas (art. 26 da Lei 10.741/2003).

De acordo com o art. 27 da referida Lei 10.741/2003, na admissão da pessoa idosa em qualquer trabalho ou emprego, é vedada a discriminação e a fixação de limite máximo de idade, inclusive para concursos, ressalvados os casos em que a natureza do cargo o exigir. O primeiro critério de desempate em concurso público será a idade, dando-se preferência ao de idade mais elevada.

A Lei Brasileira de Inclusão da Pessoa com Deficiência (Estatuto da Pessoa com Deficiência), instituída pela Lei 13.146, de 6 de julho de 2015, com início de vigência após 180 dias de sua publicação oficial (art. 127), ocorrida no *DOU* de 07.07.2015, é destinada a assegurar e promover, em condições de igualdade, o exercício dos direitos e das liberdades fundamentais pela pessoa com deficiência, visando à sua inclusão social e cidadania (art. 1.º).

Toda pessoa com deficiência tem direito à igualdade de oportunidades com as demais pessoas e não deve sofrer nenhuma espécie de discriminação (art. 4.º da Lei 13.146/2015).

Considera-se *discriminação em razão da deficiência* toda forma de distinção, restrição ou exclusão, por ação ou omissão, que tenha o propósito ou o efeito de prejudicar, impedir ou anular o reconhecimento ou o exercício dos direitos e das liberdades fundamentais de pessoa com deficiência, incluindo a recusa de adaptações razoáveis e de fornecimento de tecnologias assistivas[10].

A pessoa com deficiência não está obrigada à fruição dos benefícios decorrentes de ação afirmativa. Trata-se, portanto, de um direito subjetivo da pessoa com deficiência, que pode ser exercido pelo titular.

A pessoa com deficiência deve ser protegida de toda forma de negligência, discriminação, exploração, violência, tortura, crueldade, opressão, tratamento desumano ou degradante (art. 5.º da Lei 13.146/2015).

Para os fins dessa proteção, são considerados especialmente vulneráveis a criança, o adolescente, a mulher e o idoso, com deficiência.

É dever do Estado, da sociedade e da família assegurar à pessoa com deficiência, com prioridade, a efetivação dos direitos referentes à vida, à saúde, à sexualidade, à paternidade e à maternidade, à alimentação, à habitação, à educação, à profissionalização, *ao trabalho*, à previdência social, à habilitação e à reabilitação, ao transporte, à acessibilidade, à cultura, ao desporto, ao turismo, ao lazer, à informação, à comunicação, aos avanços científicos e tecnológicos, à dignidade, ao respeito, à liberdade e à convivência familiar e comunitária,

[10] Consideram-se tecnologia assistiva ou ajuda técnica: produtos, equipamentos, dispositivos, recursos, metodologias, estratégias, práticas e serviços que objetivem promover a funcionalidade, relacionada à atividade e à participação da pessoa com deficiência ou com mobilidade reduzida, visando à sua autonomia, independência, qualidade de vida e inclusão social (art. 3.º, inciso III).

entre outros decorrentes da Constituição da República Federativa do Brasil, da Convenção sobre os Direitos das Pessoas com Deficiência e seu Protocolo Facultativo e das leis e de outras normas que garantam seu bem-estar pessoal, social e econômico (art. 8.º da Lei 13.146/2015).

A pessoa com deficiência tem *direito ao trabalho de sua livre escolha e aceitação*, em ambiente acessível e inclusivo, em igualdade de oportunidades com as demais pessoas (art. 34).

As pessoas jurídicas de direito público, privado ou de qualquer natureza são obrigadas a garantir ambientes de trabalho acessíveis e inclusivos.

A pessoa com deficiência tem direito, em igualdade de oportunidades com as demais pessoas, a *condições justas e favoráveis de trabalho, incluindo igual remuneração por trabalho de igual valor*.

É vedada restrição ao trabalho da pessoa com deficiência e qualquer discriminação em razão de sua condição, inclusive nas etapas de recrutamento, seleção, contratação, admissão, exames admissional e periódico, permanência no emprego, ascensão profissional e reabilitação profissional, bem como exigência de aptidão plena.

A pessoa com deficiência tem direito à participação e ao acesso a cursos, treinamentos, educação continuada, planos de carreira, promoções, bonificações e incentivos profissionais oferecidos pelo empregador, em igualdade de oportunidades com os demais empregados.

É garantida aos trabalhadores com deficiência a acessibilidade nos cursos de formação e de capacitação.

É finalidade primordial das políticas públicas de trabalho e emprego promover e garantir condições de acesso e de permanência da pessoa com deficiência no campo do trabalho (art. 35 da Lei 13.146/2015).

Os programas de estímulo ao empreendedorismo e ao trabalho autônomo, incluídos o cooperativismo e o associativismo, devem prever a participação da pessoa com deficiência e a disponibilização de linhas de crédito, quando necessárias.

Constitui modo de *inclusão da pessoa com deficiência no trabalho* a colocação competitiva, em igualdade de oportunidades com as demais pessoas, nos termos da legislação trabalhista e previdenciária, na qual devem ser atendidas as regras de acessibilidade, o fornecimento de recursos de tecnologia assistiva e a adaptação razoável no ambiente de trabalho (art. 37 da Lei 13.146/2015).

A colocação competitiva da pessoa com deficiência pode ocorrer por meio de trabalho com apoio, observadas as seguintes diretrizes: prioridade no atendimento à pessoa com deficiência com maior dificuldade de inserção no campo de trabalho; provisão de suportes individualizados que atendam a necessidades específicas da pessoa com deficiência, inclusive a disponibilização de recursos de tecnologia assistiva, de agente facilitador e de apoio no ambiente de trabalho; respeito ao perfil vocacional e ao interesse da pessoa com deficiência apoiada; oferta de aconselhamento e de apoio aos empregadores, com vistas à definição de estratégias de inclusão e de superação de barreiras, inclusive atitudinais; realização de avaliações periódicas; articulação intersetorial das políticas públicas; possibilidade de participação de organizações da sociedade civil.

A entidade contratada para a realização de processo seletivo público ou privado para cargo, função ou emprego está obrigada à observância do disposto na Lei Brasileira de Inclusão da Pessoa com Deficiência e em outras normas de acessibilidade vigentes (art. 38 da Lei 13.146/2015).

Cabe esclarecer que os direitos, os prazos e as obrigações previstos na Lei Brasileira de Inclusão da Pessoa com Deficiência não excluem os já estabelecidos em outras legislações, inclusive em pactos, tratados, convenções e declarações internacionais aprovados e promulgados pelo Congresso Nacional, e devem ser aplicados em conformidade com as demais normas internas e acordos internacionais vinculantes sobre a matéria (art. 121 da Lei 13.146/2015). Prevalece, assim, a *norma mais benéfica* à pessoa com deficiência.

A Lei 14.238/2021 institui o Estatuto da Pessoa com Câncer, destinado a assegurar e a promover, em condições de igualdade, o acesso ao tratamento adequado e o exercício dos direitos e das liberdades fundamentais da pessoa com câncer, com vistas a garantir o respeito à dignidade, à cidadania e à sua inclusão social (art. 1.º).

Nenhuma pessoa com câncer será vítima de qualquer tipo de negligência, discriminação ou violência, e todo atentado aos seus direitos, por ação ou omissão, deve ser punido na forma da lei (art. 6.º da Lei 14.238/2021). Considera-se discriminação qualquer distinção, restrição ou exclusão em razão da doença, mediante ação ou omissão, que tenha o propósito ou o efeito de prejudicar, de impedir ou de anular o reconhecimento dos direitos assegurados na Lei 14.238/2021.

Para os efeitos da Lei 14.238/2021, considera-se pessoa com câncer aquela que tenha o regular diagnóstico, nos termos de relatório elaborado por médico devidamente inscrito no conselho profissional, acompanhado pelos laudos e exames diagnósticos complementares necessários para a correta caracterização da doença (art. 4.º, § 1.º, da Lei 14.238/2021).

Conforme o art. 187 da Portaria 671/2021 do Ministério do Trabalho e Previdência, as seguintes práticas discriminatórias são vedadas ao empregador para fins de seleção, contratação, remuneração, promoção, formação profissional e manutenção do emprego, além de outras previstas em legislações específicas: I – considerar como variável determinante idade, raça, cor, etnia, sexo, situação familiar, religião, procedência nacional, condição de portador do vírus da imunodeficiência adquirida (HIV), condição de pessoa com deficiência ou reabilitado, entre outras previstas na legislação; II – fazer exigência de quaisquer documentos com fins discriminatórios ou obstativos, como certidão negativa de reclamatória trabalhista, teste, exame, perícia, laudo, atestado ou declaração relativos à esterilização ou a estado de gravidez.

As políticas, programas e projetos desenvolvidos no âmbito da Secretaria de Trabalho devem contemplar ações de estímulo a inclusão da população negra do mercado de trabalho na forma prevista no Capítulo V da Lei 12.288/2010, que institui o Estatuto da Igualdade Racial (art. 188 da Portaria 671/2021 do Ministério do Trabalho e Previdência).

As referidas práticas discriminatórias são passíveis das sanções previstas nas respectivas legislações específicas (art. 189 da Portaria 671/2021 do Ministério do Trabalho e Previdência).

Os arts. 190 a 206 da Portaria 671/2021 do Ministério do Trabalho e Previdência estabelecem orientações sobre o combate à discriminação relacionada ao HIV e à Aids nos locais de trabalho.

O disposto nos arts. 185 a 206 da Portaria 671/2021 do Ministério do Trabalho e Previdência, sobre medidas contra a discriminação no trabalho, abrange todos os trabalhadores que atuem sob todas as formas ou modalidades, e em todos os locais de trabalho, inclusive: as pessoas que exercem qualquer emprego ou ocupação; as pessoas em formação, incluídos os estagiários e aprendizes; os voluntários; as pessoas que estão à procura de um emprego e os candidatos a um emprego; os trabalhadores desligados ou suspensos do trabalho (art. 186 da Portaria 671/2021 do Ministério do Trabalho e Previdência).

✦ Jurisprudência

Ação declaratória de constitucionalidade. Regime jurídico fiscal e previdenciário aplicável a pessoas jurídicas prestadoras de serviços intelectuais, incluindo os de natureza científica, artística e cultural. Compatibilidade constitucional. Livre iniciativa e valorização do trabalho. Liberdade econômica na definição da organização empresarial. Ação julgada procedente. 1. A comprovação da existência de controvérsia judicial prevista no art. 14 da Lei n. 9.868/1999 demanda o cotejo de decisões judiciais antagônicas sobre a validade constitucional na norma legal. Precedentes. 2. É constitucional a norma inscrita no art. 129 da Lei n. 11.196/2005 (STF, Pleno, ADC 66/DF, Rel. Min. Cármen Lúcia, *DJe* 19.03.2021).

Registre-se que a subordinação enfatizada pela CLT (arts. 2.º e 3.º) não se circunscreve à dimensão tradicional, subjetiva, com profundas, intensas e irreprimíveis ordens do tomador ao obreiro. Pode a subordinação ser do tipo objetivo, em face da realização pelo trabalhador dos objetivos sociais da empresa. Ou pode ser simplesmente do tipo estrutural, harmonizando-se o obreiro à organização, dinâmica e cultura do empreendimento que lhe capta os serviços. Presente qualquer das dimensões da subordinação (subjetiva, objetiva ou estrutural), considera-se configurado esse elemento fático-jurídico da relação de emprego (TST, 3.ª T., RR-710-60.2017.5.09.0127, Rel. Min. Mauricio Godinho Delgado, *DEJT* 06.06.2019).

Recurso de revista interposto sob a égide da Lei n.º 13.015/2014. Contrato de parceria para cessão de uso de táxi. Lei n.º 6.094/74. Vínculo de emprego. Ausência de subordinação à luz do art. 3.º da CLT. O Tribunal Regional reformou a sentença para reconhecer a existência de vínculo de emprego entre as partes. Contudo, depreende-se do consignado no acórdão que a situação dos autos trata de contrato de parceria entre as partes, previsto na Lei 6.094/74, para a utilização do táxi, em regime de colaboração, em que, embora presente subordinação estrutural, não se verifica, no caso, a existência do requisito da subordinação jurídica, à luz do art. 3.º da CLT, a possibilitar o reconhecimento de vínculo de emprego. A subordinação estrutural não é critério de distinção, para a configuração da subordinação jurídica. Recurso de revista da parte reclamada conhecido e provido (TST, 2.ª T., RR-1893-51.2017.5.10.0802, Rel. Min. Maria Helena Mallmann, *DEJT* 03.11.2021).

Ora, todo empregado terceirizado se submete, de alguma forma, à dinâmica empresarial do tomador, porque é este o beneficiário final dos serviços prestados pelo trabalhador. Sendo assim, pode ele perfeitamente supervisionar e determinar a forma de execução das atividades. Tal situação, contudo, não configura subordinação jurídica. Quando muito, poderia caracterizar a denominada subordinação estrutural, que com aquela não se confunde (TST, 4.ª T., RR-21078-11.2015.5.04.0221, Rel. Min. Guilherme Augusto Caputo Bastos, *DEJT* 08.10.2021).

2. Nada obstante o posicionamento até então abraçado por esta Corte Superior, o Supremo Tribunal Federal, no julgamento da ADPF 324 e do RE 958.252, de repercussão geral, firmou entendimento no sentido de que "é lícita a terceirização ou qualquer outra forma de divisão do trabalho entre pessoas jurídicas distintas, independentemente do objeto social das empresas envolvidas, mantida a responsabilidade subsidiária da empresa contratante". 3. No caso, não há no acórdão regional qualquer registro concernente à existência de pessoalidade e/ou subordinação direta ao tomador dos serviços, sendo certo que a mera subordinação estrutural não é suficiente a atrair o vínculo empregatício entre o trabalhador e a empresa tomadora, não havendo como reputar ilícita a terceirização empreendida (TST, 1.ª T., RR-714-33.2014.5.12.0026, Rel. Min. Hugo Carlos Scheuermann, *DEJT* 04.08.2021).

Terceirização e subordinação estrutural. No exercício da função de instalador/emendador de cabos telefônicos, o autor exercia função perfeita e essencialmente inserida nas atividades *empresariais* da companhia telefônica [...]. E uma vez inserido nesse contexto essencial da atividade produtiva da empresa pós-industrial e flexível, não há mais necessidade de ordem direta do empregador, que passa a ordenar apenas a produção. Nesse ambiente pós-grande indústria, cabe ao trabalhador ali inserido habitualmente apenas "*colaborar*". A nova organização do trabalho, pelo sistema da acumulação flexível, imprime uma espécie de cooperação competitiva entre os trabalhadores que prescinde do sistema de hierarquia clássica. Em certa medida, desloca-se a concorrência do campo do capital, para introjetá-la no seio da esfera do trabalho, pois a própria equipe de trabalhadores se encarrega de cobrar, uns dos outros, o aumento da produtividade do grupo; processa-se uma espécie de sub-rogação horizontal do comando empregatício. A subordinação jurídica tradicional foi desenhada para a realidade da produção fordista e taylorista, fortemente hierarquizada e segmentada. Nela prevalecia o binômio *ordem-subordinação*. Já no sistema *ohnista*, de gestão flexível, prevalece o binômio *colaboração-dependência*, mais compatível com uma concepção estruturalista da subordinação. Nessa ordem de ideias, é irrelevante a discussão acerca da ilicitude ou não da terceirização, como também a respeito do disposto no art. 94, II, da Lei 9.472/1997, pois no contexto fático em que se examina o presente caso ressume da prova a subordinação do reclamante-trabalhador ao *empreendimento* de telecomunicação, empreendimento esse que tem como beneficiário final do excedente do trabalho humano a companhia telefônica. Vale lembrar que na feliz e contemporânea conceituação da CLT – art. 2.º, *caput* – o empregador típico é a *empresa* e não um ente determinado dotado de personalidade jurídica. A relação de emprego exsurge da realidade econômica da empresa e do empreendimento, mas se aperfeiçoa em função da entidade final beneficiária das atividades empresariais (TRT da 3.ª Região, RO, Processo 00059-2007-011-03-00-0, Rel. Juiz Convocado José Eduardo de Resende Chaves Júnior, *DJMG* 03.08.2007).

Art. 4.º Considera-se como de serviço efetivo o período em que o empregado esteja à disposição do empregador, aguardando ou executando ordens, salvo disposição especial expressamente consignada.

1. TEMPO DE SERVIÇO EFETIVO

Computa-se como tempo de serviço efetivo o período em que o empregado esteve à disposição do empregador, aguardando ou executando ordens.

Pode-se conceituar a jornada de trabalho como o montante de horas de um dia de labor.

Na realidade, são computados na jornada de trabalho não só o tempo efetivamente trabalhado, mas também o tempo à disposição do empregador.

Em termos teóricos e puros, há três correntes sobre a abrangência da jornada de trabalho[11].

A teoria do tempo efetivamente trabalhado não computa na jornada de trabalho as paralisações do empregado, como os intervalos.

A teoria do tempo à disposição do empregador é mais abrangente, pois considera jornada de trabalho não só o tempo de efetivo serviço, como o tempo à disposição do empregador.

A respeito do tema, cf. Súmula 118 do TST.

A teoria do tempo *in itinere* é a que considera como jornada de trabalho todo o período, desde o momento em que o empregado se dirige ao trabalho, até quando ele retorna para sua casa.

No Direito do Trabalho em vigor, não se pode dizer que somente uma dessas teorias seja aquela adotada, mas verifica-se, na realidade, um sistema híbrido, considerando-se

[11] Cf. MARTINS, Sergio Pinto. *Direito do trabalho*. 28. ed. São Paulo: Atlas, 2012. p. 520-521.

jornada de trabalho não só o tempo de serviço efetivo, mas adotando certos aspectos da teoria do tempo à disposição do empregador.

Em consonância com o art. 4.º da CLT, considera-se como de serviço efetivo o período em que o empregado esteja à disposição do empregador, aguardando ou executando ordens, salvo disposição especial expressamente consignada.

Considerava-se à disposição do empregador, na forma do art. 4.º da CLT, o tempo necessário para o deslocamento do trabalhador entre a portaria da empresa e o local de trabalho, desde que superasse o limite de 10 minutos diários (Súmula 429 do TST). Entretanto, o art. 58, § 2.º, da CLT, com redação dada pela Lei 13.467/2017, prevê que o tempo despendido pelo empregado desde a sua residência *até a efetiva ocupação do posto de trabalho* e para o seu retorno, caminhando ou por qualquer meio de transporte, inclusive o fornecido pelo empregador, não será computado na jornada de trabalho, por não ser tempo à disposição do empregador. Logo, entende-se que a Súmula 429 do TST fica superada.

2. INTERVALOS DURANTE OS JOGOS

Por se tratar de tempo à disposição do empregador, os intervalos durante os jogos são computados na jornada de trabalho do atleta profissional, na forma do art. 4.º da CLT, e não se confundem com os intervalos interjornada e intrajornada, previstos nos arts. 66 e 71 da CLT.

> § 1.º Computar-se-ão, na contagem de tempo de serviço, para efeito de indenização e estabilidade, os períodos em que o empregado estiver afastado do trabalho prestando serviço militar e por motivo de acidente do trabalho.

3. AFASTAMENTO POR ACIDENTE DE TRABALHO E POR SERVIÇO MILITAR OBRIGATÓRIO

Todo o período em questão é considerado na contagem do tempo de serviço, sendo devidos os respectivos depósitos do FGTS (Lei 8.036/1990, art. 15, § 5.º, acrescentado pela Lei 9.711/1998).

Entretanto, segundo a jurisprudência do Tribunal Superior do Trabalho, os depósitos do FGTS não são devidos em caso de concessão de aposentadoria por invalidez, mesmo que decorrente de acidente de trabalho. Cf. TST, SBDI-I, Ag-E-Ag-RR-120400-85.2009.5.03.0077, Rel. Min. José Roberto Freire Pimenta, *DEJT* 17.05.2019.

> § 2.º Por não se considerar tempo à disposição do empregador, não será computado como período extraordinário o que exceder a jornada normal, ainda que ultrapasse o limite de cinco minutos previsto no § 1.º do art. 58 desta Consolidação, quando o empregado, por escolha própria, buscar proteção pessoal, em caso de insegurança nas vias públicas ou más condições climáticas, bem como adentrar ou permanecer nas dependências da empresa para exercer atividades particulares, entre outras:
>
> I – práticas religiosas;
>
> II – descanso;

III – lazer;

IV – estudo;

V – alimentação;

VI – atividades de relacionamento social;

VII – higiene pessoal;

VIII – troca de roupa ou uniforme, quando não houver obrigatoriedade de realizar a troca na empresa.

4. PERÍODO QUE NÃO SE CONSIDERA À DISPOSIÇÃO DO EMPREGADOR

O § 2.º do art. 4.º da CLT, com redação dada pela Lei 13.467/2017, dispõe que, por não se considerar tempo à disposição do empregador, não é computado como período extraordinário o que exceder a jornada normal, ainda que ultrapasse o limite de cinco minutos previsto no § 1.º do art. 58 da CLT, quando o empregado, por escolha própria, buscar proteção pessoal, em caso de insegurança nas vias públicas ou más condições climáticas, bem como adentrar ou permanecer nas dependências da empresa para exercer atividades particulares, entre outras: práticas religiosas; descanso; lazer; estudo; alimentação; atividades de relacionamento social; higiene pessoal; troca de roupa ou uniforme, quando não houver obrigatoriedade de realizar a troca na empresa.

Trata-se, assim, de disposição prejudicial ao empregado, que flexibiliza a favor do empregador o limite relativo às variações de horário no registro de ponto estabelecido no art. 58, § 1.º, da CLT.

✦ Jurisprudência

Agravo em embargos regidos pela Lei n.º 13.015/2014, pelo CPC/2015 e pela Instrução Normativa nº 39/2016 do Tribunal Superior do Trabalho. FGTS. Depósitos. Suspensão do contrato de trabalho. Recebimento de aposentadoria por invalidez decorrente de acidente de trabalho. Artigos 475 da CLT e 15, § 5.º, da Lei n.º 8.036/90. Pagamento indevido. Discute-se, *in casu*, se os depósitos de FGTS são devidos na hipótese em que há concessão de aposentadoria por invalidez decorrente de acidente de trabalho. Esta Subseção, em sua composição completa, no julgamento do E-ED-RR - 133900-84.2009.5.03.0057, Relator Ministro Horácio Raymundo de Senna Pires, julgado em 24/5/2012, publicado no *DEJT* em 5/10/2012, com ressalva de entendimento pessoal deste Relator, pacificou o entendimento de que, não obstante o artigo 475 da CLT disponha acerca da suspensão do contrato de trabalho do empregado aposentado por invalidez, é inaplicável, nesse caso, o disposto no artigo 15, § 5.º, da Lei n.º 8.036/90 quanto à continuidade de pagamento dos depósitos do FGTS, o qual tem a seguinte redação: "O depósito de que trata o *caput* deste artigo é obrigatório nos casos de afastamento para prestação do serviço militar obrigatório *e licença por acidente do trabalho*" (destacou-se). Com efeito, a parte final do citado dispositivo deve ser interpretada restritivamente no que concerne à licença por acidente de trabalho. Ou seja, o afastamento do trabalho citado nesse dispositivo corresponde apenas àquele decorrente do gozo do benefício de auxílio-doença acidentário, não abarcando o período em que o trabalhador se encontra aposentado por invalidez. Vale salientar, por oportuno, que o artigo 20, inciso III, da Lei n.º 8.036/90 permite, expressamente, que a conta vinculada do empregado no FGTS seja movimentada quando esse tiver sua aposentadoria concedida pela Previdência Social, incluída, nessa hipótese, a aposentadoria por invalidez decorrente de acidente de trabalho. Agravo desprovido (TST, SBDI-I, Ag-E-Ag-RR-120400-85.2009.5.03.0077, Rel. Min. José Roberto Freire Pimenta, *DEJT* 17.05.2019).

Recurso de revista da reclamada. Interposto antes da Lei 13.015/2014. Aposentadoria por invalidez. Doença ocupacional equiparada a acidente de trabalho. Contrato de trabalho suspenso. Depósitos do FGTS do período de afastamento. Indevidos. A discussão gira em torno da suspensão do contrato de trabalho, ante a concessão de aposentadoria por invalidez decorrente de acidente de trabalho, e o devido depósito do Fundo de Garantia do Tempo de Serviço no período de afastamento. A jurisprudência desta Corte formou-se no sentido de que a norma de regência do FGTS não obriga o empregador a recolher os depósitos durante a suspensão do contrato de emprego em razão do gozo da aposentadoria por invalidez. Trata-se de norma classificada como *numerus clausus* e não exemplificativa, não deixando margem para interpretação ampliativa. Há precedentes da SBDI-1. Recurso de revista conhecido e provido (TST, 6.ª T., ARR-947-88.2011.5.05.0039, Rel. Min. Augusto César Leite de Carvalho, *DEJT* 07.06.2019).

✦ Súmulas, Orientações Jurisprudenciais e Precedentes Normativos

Súmula 118 do TST: Jornada de trabalho. Horas extras. Os intervalos concedidos pelo empregador na jornada de trabalho, não previstos em lei, representam tempo à disposição da empresa, remunerados como serviço extraordinário, se acrescidos ao final da jornada.

Súmula 429 do TST: Tempo à disposição do empregador. Art. 4.º da CLT. Período de deslocamento entre a portaria e o local de trabalho. Considera-se à disposição do empregador, na forma do art. 4.º da CLT, o tempo necessário ao deslocamento do trabalhador entre a portaria da empresa e o local de trabalho, desde que supere o limite de 10 (dez) minutos diários (*DEJT* 27.05.2011).

Art. 5.º A todo trabalho de igual valor corresponderá salário igual, sem distinção de sexo.

1. IGUALDADE DE SALÁRIOS

O inciso XXX do art. 7.º da Constituição Federal de 1988 estabelece a "proibição de diferença de salários, de exercício de funções e de critério de admissão por motivo de sexo, idade, cor ou estado civil".

Essa norma é uma especificação do mandamento mais genérico, previsto no art. 5.º, inciso I, da Constituição Federal em vigor, no sentido de que "homens e mulheres são iguais em direitos e obrigações, nos termos desta Constituição".

O tratamento igual exige igualdade de condições, a que se verifica quando presentes os requisitos legais da equiparação salarial.

Por ser a "igualdade" um direito de ordem fundamental, integrando (em classificação de fins meramente didáticos) os direitos humanos de segunda dimensão ou geração, e por ser o direito à equiparação salarial uma concretização da igualdade na esfera dos direitos sociais (no caso, trabalhistas), pode-se estabelecer a seguinte conclusão, que merece destaque: a equiparação salarial representa uma aplicação dos direitos humanos e fundamentais no plano da relação jurídica de emprego.

Isso representa a chamada "eficácia horizontal" dos direitos fundamentais, ou seja, a sua aplicação entre particulares[12], no caso, empregador e empregado, que figuram como sujeitos da relação jurídica de natureza de direito privado.

No plano internacional, a Convenção 100 da OIT, ratificada pelo Brasil e promulgada pelo Decreto 41.721/1957 (atualmente Decreto 10.088/2019), também prevê a igualdade de remuneração entre homens e mulheres.

[12] Cf. SARLET, Ingo Wolfgang. *A eficácia dos direitos fundamentais*. 7. ed. Porto Alegre: Livraria do Advogado, 2007. p. 398: "Para além de vincularem todos os poderes públicos, os direitos fundamentais exercem sua eficácia vinculante também na esfera jurídico-privada, isto é, no âmbito das relações jurídicas entre particulares. Esta temática, por sua vez, tem sido versada principalmente sob os títulos eficácia privada, eficácia externa (ou eficácia em relação a terceiros) ou horizontal dos direitos fundamentais".

A Convenção 111 da OIT, também ratificada pelo Brasil e promulgada pelo Decreto 62.150/1968 (atualmente Decreto 10.088/2019), veda a discriminação no emprego e qualquer distinção, exclusão ou preferência, baseada em sexo.

Por sua vez, a Convenção 117 da OIT, promulgada pelo Decreto 66.496/1970 (atualmente Decreto 10.088/2019), prevê que um dos fins da política social deve ser o de suprimir qualquer discriminação entre trabalhadores por motivo de raça, cor, sexo, crença, filiação sindical, no que se refere ao contrato de trabalho, inclusive quanto à remuneração.

✦ Súmulas, Orientações Jurisprudenciais e Precedentes Normativos

Súmula 6 do TST: Equiparação salarial. Art. 461 da CLT (redação do item VI alterada na sessão do Tribunal Pleno realizada em 14.09.2012) Res. 185/2012, *DEJT* divulgado em 25, 26 e 27.09.2012.

I – Para os fins previstos no § 2.º do art. 461 da CLT, só é válido o quadro de pessoal organizado em carreira quando homologado pelo Ministério do Trabalho, excluindo-se, apenas, dessa exigência o quadro de carreira das entidades de direito público da administração direta, autárquica e fundacional aprovado por ato administrativo da autoridade competente (ex-Súmula 06 – alterada pela Res. 104/2000, *DJ* 20.12.2000).

II – Para efeito de equiparação de salários em caso de trabalho igual, conta-se o tempo de serviço na função e não no emprego (ex-Súmula 135 – RA 102/1982, *DJ* 11.10.1982 e *DJ* 15.10.1982).

III – A equiparação salarial só é possível se o empregado e o paradigma exercerem a mesma função, desempenhando as mesmas tarefas, não importando se os cargos têm, ou não, a mesma denominação (ex-OJ da SBDI-1 328 – *DJ* 09.12.2003).

IV – É desnecessário que, ao tempo da reclamação sobre equiparação salarial, reclamante e paradigma estejam a serviço do estabelecimento, desde que o pedido se relacione com situação pretérita (ex-Súmula 22 – RA 57/1970, *DO-GB* 27.11.1970).

V – A cessão de empregados não exclui a equiparação salarial, embora exercida a função em órgão governamental estranho à cedente, se esta responde pelos salários do paradigma e do reclamante (ex-Súmula 111 – RA 102/1980, *DJ* 25.09.1980).

VI – Presentes os pressupostos do art. 461 da CLT, é irrelevante a circunstância de que o desnível salarial tenha origem em decisão judicial que beneficiou o paradigma, exceto: a) se decorrente de vantagem pessoal ou de tese jurídica superada pela jurisprudência de Corte Superior; b) na hipótese de equiparação salarial em cadeia, suscitada em defesa, se o empregador produzir prova do alegado fato modificativo, impeditivo ou extintivo do direito à equiparação salarial em relação ao paradigma remoto, considerada irrelevante, para esse efeito, a existência de diferença de tempo de serviço na função superior a dois anos entre o reclamante e os empregados paradigmas componentes da cadeia equiparatória, à exceção do paradigma imediato.

VII – Desde que atendidos os requisitos do art. 461 da CLT, é possível a equiparação salarial de trabalho intelectual, que pode ser avaliado por sua perfeição técnica, cuja aferição terá critérios objetivos (ex-OJ da SBDI-1 298 – *DJ* 11.08.2003).

VIII – É do empregador o ônus da prova do fato impeditivo, modificativo ou extintivo da equiparação salarial (ex-Súmula 68 – RA 9/1977, *DJ* 11.02.1977).

IX – Na ação de equiparação salarial, a prescrição é parcial e só alcança as diferenças salariais vencidas no período de 5 (cinco) anos que precedeu o ajuizamento (ex-Súmula 274 – alterada pela Res. 121/2003, *DJ* 21.11.2003).

X – O conceito de "mesma localidade" de que trata o art. 461 da CLT refere-se, em princípio, ao mesmo município, ou a municípios distintos que, comprovadamente, pertençam à mesma região metropolitana (ex-OJ da SBDI-1 252 – inserida em 13.03.2002).

Orientação Jurisprudencial 25 da SDC do TST: Salário normativo. Contrato de experiência. Limitação. Tempo de serviço. Possibilidade. Não fere o princípio da isonomia salarial (art. 7.º, XXX, da CF/88) a previsão de salário normativo tendo em vista o fator tempo de serviço.

Orientação Jurisprudencial 26 da SDC do TST: Salário normativo. Menor empregado. Art. 7.º, XXX, da CF/88. Violação. Os empregados menores não podem ser discriminados em cláusula que fixa salário mínimo profissional para a categoria.

Orientação Jurisprudencial 297 da SBDI-1 do TST: Equiparação salarial. Servidor público da administração direta, autárquica e fundacional. Art. 37, XIII, da Constituição Federal de 1988 (*DJ* 11.08.2003). O art. 37, inciso XIII, da Constituição Federal de 1988, veda a equiparação de qualquer natureza para o efeito de remuneração do pessoal do serviço público, sendo juridicamente impossível a aplicação da norma infraconstitucional prevista no art. 461 da CLT quando se pleiteia equiparação salarial entre servidores públicos, independentemente de terem sido contratados pela CLT.

Art. 6.º Não se distingue entre o trabalho realizado no estabelecimento do empregador, o executado no domicílio do empregado e o realizado a distância, desde que estejam caracterizados os pressupostos da relação de emprego.

1. EMPREGADO EM DOMICÍLIO

Empregado em domicílio, como o nome já indica, é aquele que trabalha em sua própria residência.

O art. 83 da CLT além de assegurar ao empregado em domicílio o salário mínimo, define tal trabalho como aquele "executado na habitação do empregado ou em oficina de família, por conta de empregador que o remunere".

Para ser empregado, o trabalho precisa ser prestado por conta do empregador, ou seja, de forma não autônoma, mas sim com subordinação e onerosidade. Nesse sentido dispõe o art. 6.º, *caput*, da CLT, com redação dada pela Lei 12.551/2011.

A parte final do dispositivo em questão se justifica, tendo em vista que no trabalho em domicílio os requisitos da relação de emprego podem ser de mais difícil aferição.

Justamente porque o empregado estará prestando serviços fora do estabelecimento, no caso, em sua própria residência, a subordinação e a pessoalidade podem se tornar mais tênues. Por isso, apenas se presentes os requisitos fático-jurídicos do vínculo de emprego é que se tem, na hipótese, um verdadeiro empregado em domicílio, o qual tem os mesmos direitos do empregado que labora no estabelecimento do empregador, vedando-se qualquer discriminação a respeito.

Mesmo assim, o direito a horas extras, no caso do empregado em domicílio, apresenta maior dificuldade de se caracterizar como devido, justamente em razão do labor na própria residência do empregado, o que significa, em tese, poder trabalhar no horário que entender mais adequado. Assim, somente se devidamente caracterizado o efetivo labor em sobrejornada é que o respectivo direito pode ser assegurado.

Parágrafo único. Os meios telemáticos e informatizados de comando, controle e supervisão se equiparam, para fins de subordinação jurídica, aos meios pessoais e diretos de comando, controle e supervisão do trabalho alheio.

2. TELETRABALHO

O *teletrabalho* é uma modalidade de trabalho a distância, típica dos tempos contemporâneos, em que o avanço da tecnologia permite o labor fora do estabelecimento do empregador (normalmente na própria residência do empregado), embora mantendo o contato com este por meio de recursos eletrônicos e de informática, principalmente o computador e a *internet*. No entanto, enquanto o trabalho em domicílio é mais comum em atividades manuais, o *teletrabalho*, normalmente, é desenvolvido em diversas atividades que exigem conhecimentos mais especializados, como auditoria, gestão de recursos, tradução, jornalismo, digitação.

Embora o trabalho a distância seja normalmente realizado na própria residência do empregado, segundo a doutrina, não se restringe a essa hipótese. Efetivamente, há centros de trabalho que estão situados fora do estabelecimento do empregador, os quais também podem ser considerados "unidades de fornecimento de trabalho a distância", podendo haver "centros de atendimento de serviços fora das empresas beneficiadas"[13].

Na realidade, pode-se dizer que o trabalho a distância é gênero, tendo como uma de suas espécies o *teletrabalho*. Em termos doutrinários, o trabalho em domicílio, de certa forma, também seria uma modalidade de trabalho a distância.

O *teletrabalho*, como modalidade especial, diferencia-se da figura mais genérica do trabalho a distância, justamente em razão da ênfase na utilização de recursos eletrônicos, de informática e de comunicação.

O Código do Trabalho de Portugal, de 2009, no art. 165.º, dispõe que *teletrabalho* é "a prestação laboral realizada com subordinação jurídica, habitualmente fora da empresa e através do recurso a tecnologias de informação e de comunicação".

No âmbito da Organização Internacional do Trabalho, a Convenção 177, de 1996, dispõe sobre o trabalho em domicílio.

Tendo em vista a semelhança entre o *teletrabalho* e o trabalho em domicílio, cabe ainda ressaltar que, nos termos do art. 4.º da referida Convenção da OIT, na medida do possível, a política nacional em matéria de trabalho em domicílio deve promover a *igualdade de tratamento entre os trabalhadores em domicílio e os outros trabalhadores assalariados*, levando em conta as características particulares do trabalho em domicílio e, se for o caso, as condições aplicáveis a um trabalho idêntico ou similar realizado na empresa.

Sendo assim, quando presentes os requisitos do vínculo de emprego, deve ser observada a igualdade de tratamento entre os trabalhadores a distância e os demais empregados, com fundamento nos arts. 5.º, *caput*, e 7.º, inciso XXXII, da Constituição da República, e arts. 6.º e 83 da Consolidação das Leis do Trabalho.

No *teletrabalho* é frequente ocorrer uma flexibilização do horário de trabalho. Além disso, evita-se a necessidade de deslocamento até o estabelecimento do empregador, o que economiza tempo, principalmente em grandes cidades, possibilitando maior tempo livre ao empregado. Para a empresa, há economia quanto à manutenção de local de trabalho e sua infraestrutura.

No entanto, podem ocorrer desvantagens no *teletrabalho*, como a maior dificuldade de inserção do empregado no grupo dos demais trabalhadores, bem como na sua participação de atuações coletivas e sindicais. São possíveis, ainda, prejuízos na vida íntima e familiar do empregado, bem como eventuais situações de cansaço e esgotamento daqueles que apresentem maior dificuldade em delimitar o período de trabalho e o tempo livre, por estarem constantemente conectados com o empregador. Para este, também podem surgir certas dificuldades de fiscalização e controle do trabalho a ser desempenhado, justamente em razão da forma diferenciada de trabalho em questão.

Mesmo sendo realizado o trabalho fora do estabelecimento do empregador, na modalidade *teletrabalho*, caso estejam presentes os requisitos dos arts. 2.º e 3.º da CLT, tem-se a existência da relação de emprego.

---

13 NASCIMENTO, Amauri Mascaro. *Curso de direito do trabalho*. 24. ed. São Paulo: Saraiva, 2009. p. 825.

Em razão das peculiaridades da forma de exercício do referido labor, a subordinação e a pessoalidade podem exigir um exame mais cuidadoso do caso concreto. De todo modo, havendo o controle e a direção quanto à forma do trabalho, mesmo que por meio de instrumentos eletrônicos, fica reconhecida a presença da subordinação jurídica.

A atual redação do art. 6.º, *caput*, da CLT faz menção ao trabalho em domicílio e ao trabalho a distância (sob o nítido enfoque do *teletrabalho*), embora a disciplina jurídica possa ser semelhante ou coincidente.

Com isso, observa-se o expresso reconhecimento legislativo de que o *teletrabalho*, como modalidade de trabalho a distância, quando presentes os requisitos da relação de emprego, com destaque à subordinação jurídica, não se diferencia das demais modalidades de vínculo empregatício.

No caso do *teletrabalho*, em razão das peculiaridades quanto à forma da prestação do serviço pelo empregado, e do exercício do poder de direção pelo empregador, como explicita o parágrafo único do art. 6.º da CLT, a subordinação pode ser decorrente de meios telemáticos e informatizados de comando, controle e supervisão, os quais são equiparados aos tradicionais meios pessoais e diretos de comando, controle e supervisão do trabalho alheio.

O poder de controle do empregador, assim, pode ser exercido por meio de recursos da telefonia e da informática, em especial com a utilização da *internet*.

Presente o vínculo de emprego, a forma diferenciada de exercício do labor, verificada no teletrabalho, não afasta a incidência dos demais direitos trabalhistas assegurados ao empregado.

Cf. ainda arts. 75-A até 75-F da CLT.

Art. 7.º Os preceitos constantes da presente Consolidação salvo quando for em cada caso, expressamente determinado em contrário, não se aplicam:

a) aos empregados domésticos, assim considerados, de um modo geral, os que prestam serviços de natureza não econômica à pessoa ou à família, no âmbito residencial destas;

1. EMPREGADO DOMÉSTICO

O empregado doméstico, de acordo com a definição contida no art. 1.º da Lei Complementar 150/2015, que dispõe sobre o contrato de trabalho doméstico, é "aquele que presta serviços de forma contínua, subordinada, onerosa e pessoal e de finalidade não lucrativa à pessoa ou à família, no âmbito residencial destas, por mais de 2 (dois) dias por semana".

Pode-se entender que o empregado doméstico presta serviços, de natureza não econômica, à pessoa física ou à família, para o âmbito residencial destas. É doméstico não só o empregado que exerce funções internamente, na residência do empregador, como de limpeza, de faxina, de cozinha, cuidando de crianças ou idosos, mas também o jardineiro, o vigia da casa, o motorista etc. O empregador doméstico, portanto, não é uma empresa, não exercendo atividades econômicas ou lucrativas, mas sim é a pessoa natural ou a família.

Cabe ressaltar que a norma legal em questão específica do empregado doméstico, exige, para a existência do vínculo de emprego em questão, a *continuidade* na prestação de serviços.

Assim, embora existisse entendimento de que o referido termo tem o mesmo sentido da não eventualidade, prevista no art. 3.º da CLT, a posição que prevalece é no sentido de que as duas expressões não apresentam o mesmo alcance. No caso do empregado doméstico, em particular, a lei exige a efetiva habitualidade na prestação de serviços, de forma contínua, e não intermitente, ao longo da semana. Nessa linha, não é empregado doméstico aquele que presta serviços esporádicos, ou mesmo intermitentes, ou seja, em um ou dois dias na semana. A Lei Complementar 150/2015, sobre o contrato de trabalho doméstico, atualmente em vigor, exige a continuidade na prestação de serviços *por mais de dois dias por semana* para a configuração dessa modalidade de vínculo de emprego.

O art. 7.º, parágrafo único, da Constituição Federal de 1988, com redação dada pela Emenda Constitucional 72, publicada em abril de 2013, indica os direitos assegurados aos domésticos. Frise-se que o art. 7.º, *caput*, da Constituição da República reconhece a possibilidade de outros direitos que visem à melhoria da condição do trabalhador, devendo o parágrafo único do mesmo dispositivo ser interpretado nesse contexto.

A Convenção 189 da Organização Internacional do Trabalho, de 2011, dispõe sobre o trabalho doméstico. Para o propósito da referida Convenção, o termo "trabalho doméstico" designa o trabalho executado *em* ou *para* um domicílio ou domicílios. O termo "trabalhadores domésticos" designa toda pessoa, do sexo feminino ou masculino, que realiza um trabalho doméstico no marco de uma relação de trabalho. Entretanto, para os fins da Convenção 189 da OIT, uma pessoa que executa o trabalho doméstico *apenas ocasionalmente ou esporadicamente*, sem que este trabalho seja uma ocupação profissional, não é considerada trabalhador doméstico (art. 1.º). Como se pode notar, a Convenção 189 da OIT utiliza a expressão "trabalhador doméstico" com nítido sentido de empregado doméstico.

Nesse enfoque, a Convenção 189 é aplicável a todos os trabalhadores (ou seja, empregados) domésticos (art. 2.º).

De acordo com o art. 7.º, parágrafo único, da Constituição da República, com redação dada pela Emenda Constitucional 72/2013, são assegurados à categoria dos trabalhadores domésticos os direitos previstos no art. 7.º, incisos IV, VI, VII, VIII, X, XIII, XV, XVI, XVII, XVIII, XIX, XXI, XXII, XXIV, XXVI, XXX, XXXI e XXXIII da Constituição Federal de 1988 e, atendidas as condições estabelecidas em lei e observada a simplificação do cumprimento das obrigações tributárias, principais e acessórias, decorrentes da relação de trabalho e suas peculiaridades, os previstos no art. 7.º, incisos I, II, III, IX, XII, XXV e XXVIII, da Constituição da República, bem como a sua integração à Previdência Social.

Desse modo, são assegurados ao empregado doméstico os seguintes direitos previstos no art. 7.º da Constituição Federal de 1988:

- *salário mínimo*, fixado em lei, nacionalmente unificado, capaz de atender às suas necessidades vitais básicas e às de sua família com moradia, alimentação, educação, saúde, lazer, vestuário, higiene, transporte e previdência social, com reajustes periódicos que lhe preservem o poder aquisitivo, sendo vedada sua vinculação para qualquer fim (inciso IV);
- *irredutibilidade do salário*, salvo o disposto em convenção ou acordo coletivo (inciso VI),

– garantia de salário, nunca inferior ao mínimo, para os que percebem *remuneração variável* (inciso VII);

Na relação de emprego do doméstico, de todo modo, não é tão comum estabelecer a remuneração de forma variável.

– *décimo terceiro salário* com base na remuneração integral ou no valor da aposentadoria (inciso VIII);
– *proteção do salário* na forma da lei, constituindo crime sua retenção dolosa (inciso X);
– *duração do trabalho* normal não superior a oito horas diárias e quarenta e quatro semanais, facultada a compensação de horários e a redução da jornada, mediante acordo ou convenção coletiva de trabalho (inciso XIII);
– *repouso semanal remunerado*, preferencialmente aos domingos (inciso XV);
– *remuneração do serviço extraordinário* superior, no mínimo, em 50% à do normal (inciso XVI);
– *gozo de férias anuais remuneradas* com, pelo menos, um terço a mais do que o salário normal (inciso XVII);
– *licença à gestante*, sem prejuízo do emprego e do salário, com a duração de cento e vinte dias (inciso XVIII);
– *licença-paternidade*, nos termos fixados em lei (inciso XIX);

Conforme o art. 10, § 1.º, do Ato das Disposições Constitucionais Transitórias, até que a lei venha a disciplinar o disposto no art. 7.º, inciso XIX, da Constituição Federal de 1988, o prazo da licença-paternidade a que se refere esse dispositivo é de cinco dias.

– *aviso prévio proporcional ao tempo de serviço*, sendo no mínimo 30 dias, nos termos da lei (inciso XXI);
– *redução dos riscos inerentes ao trabalho*, por meio de normas de saúde, higiene e segurança (inciso XXII);

São aplicáveis à relação de emprego doméstico, assim, as normas voltadas ao meio ambiente de trabalho hígido, salubre e seguro, especialmente aquelas aprovadas pelo Ministério do Trabalho.

– *aposentadoria* (inciso XXIV);
– reconhecimento das *convenções e acordos coletivos de trabalho* (inciso XXVI);

Observa-se certa dificuldade na concretização do preceito em destaque, principalmente quanto à legitimidade das entidades sindicais que representam as categorias patronais domésticas, ou seja, de empregadores domésticos. Há argumentos de que estes, por definição legal, não prestam serviços de natureza econômica ou lucrativa, para serem considerados uma "categoria", nos termos do art. 511, § 1.º, da CLT.

Não obstante, segundo a vertente mais atual, adotada pela Convenção 189, de 2011, da OIT, todo Estado-Membro deve, no que diz respeito aos trabalhadores domésticos, adotar medidas previstas na referida Convenção para respeitar, promover e tornar realidade os princípios e direitos fundamentais no trabalho, a saber: (a) *a liberdade de associação e a liberdade sindical e o reconhecimento efetivo do direito à negociação coletiva*; (b) a eliminação de todas as formas de trabalho forçado ou obrigatório; (c) a erradicação efetiva do trabalho infantil; e (d) a eliminação da discriminação em matéria de emprego e ocupação (art. 3.º, item 2).

Ainda quanto ao tema, ao adotar medidas para assegurar que os trabalhadores domésticos e os empregadores dos trabalhadores domésticos usufruam da liberdade sindical, da liberdade de associação e do reconhecimento efetivo do *direito à negociação coletiva*, os Estados-Membros devem proteger o direito dos trabalhadores domésticos e dos empregadores dos trabalhadores domésticos de constituir organizações, federações e confederações, que julguem pertinentes, e, a partir da condição de observar os estatutos destas organizações, afiliar-se a elas (art. 3.º, item 3, da Convenção 189/2011).

- proibição de diferença de salários, de exercício de funções e de critério de admissão por motivo de sexo, idade, cor ou estado civil (inciso XXX);

Trata-se de previsão em harmonia com o direito à igualdade e a proibição da discriminação, os quais são previstos nos arts. 3.º, inciso IV, e 5.º, *caput* e inciso XLI, da Constituição da República Federativa do Brasil.

- *proibição de qualquer discriminação* no tocante a salário e critérios de admissão do trabalhador portador de deficiência (inciso XXXI);
- proibição de trabalho noturno, perigoso ou insalubre a menores de 18 e de qualquer trabalho a menores de 16 anos, salvo na condição de aprendiz, a partir de 14 anos (inciso XXXIII).

O Decreto 6.481/2008 aprovou a chamada "Lista das Piores Formas de Trabalho Infantil" (Lista TIP), conforme o seu Anexo, de acordo com o disposto nos arts. 3.º, "d", e 4.º da Convenção 182 da Organização Internacional do Trabalho (aprovada pelo Decreto Legislativo 178/1999 e promulgada pelo Decreto 3.597/2000, atualmente Decreto 10.088/2019). Nos termos do art. 2.º do Decreto 6.481/2008, fica proibido o trabalho do menor de 18 anos nas atividades descritas na "Lista TIP", salvo nas hipóteses previstas nesse mesmo Decreto.

Com isso, a referida proibição de trabalho ao menor de 18 anos (nas atividades descritas na "Lista TIP") pode ser elidida (art. 2.º, § 1.º): na hipótese de ser o emprego ou trabalho, *a partir da idade de 16 anos*, autorizado pelo Ministério do Trabalho, após consulta às organizações de empregadores e de trabalhadores interessadas, desde que fiquem plenamente garantidas a saúde, a segurança e a moral dos adolescentes; e na hipótese de aceitação de parecer técnico circunstanciado, assinado por profissional legalmente habilitado em segurança e saúde no trabalho, que ateste a não exposição a riscos que possam comprometer a saúde, a segurança e a moral dos adolescentes, depositado na unidade descentralizada do Ministério do Trabalho da circunscrição onde ocorrerem as referidas atividades.

O Anexo do mencionado Decreto 6.481/2008, ao estabelecer a "Lista das Piores Formas de Trabalho Infantil" (Lista TIP), prevê, justamente, o "serviço doméstico", estabelecendo, como "prováveis riscos ocupacionais dessa atividade": "Esforços físicos intensos; isolamento; abuso físico, psicológico e sexual; longas jornadas de trabalho; trabalho noturno; calor; exposição ao fogo, posições antiergonômicas e movimentos repetitivos; tracionamento da coluna vertebral; sobrecarga muscular e queda de nível". Da mesma forma, o mesmo Anexo dispõe, como "prováveis repercussões à saúde dessa atividade": "Afecções musculoesqueléticas (bursites, tendinites, dorsalgias, sinovites, tenossinovites); contusões; fraturas; ferimentos; queimaduras; ansiedade; alterações na vida familiar; transtornos do ciclo vigília-sono; DORT/LER; deformidades da coluna vertebral (lombalgias, lombociatalgias, escolioses, cifoses, lordoses); síndrome do esgotamento profissional e neurose profissional; traumatismos; tonturas e fobias".

Ainda em consonância com o art. 7.º, parágrafo único, da Constituição da República, com redação dada pela Emenda Constitucional 72/2013, são assegurados aos empregados domésticos, *atendidas as condições estabelecidas em lei e observada a simplificação do cumprimento das obrigações tributárias, principais e acessórias, decorrentes da relação de trabalho e suas peculiaridades*, os seguintes direitos previstos no art. 7.º:

- *relação de emprego protegida contra despedida arbitrária ou sem justa causa*, nos termos de lei complementar, que preverá indenização compensatória, dentre outros direitos (inciso I);
- *seguro-desemprego*, em caso de desemprego involuntário (inciso II);
- *fundo de garantia do tempo de serviço* (inciso III);
- *remuneração do trabalho noturno* superior à do diurno (inciso IX);
- *salário-família* pago em razão do dependente do trabalhador de baixa renda nos termos da lei (inciso XII);
- assistência gratuita aos filhos e dependentes desde o nascimento até cinco anos de idade em *creches e pré-escolas* (inciso XXV);

A respeito da matéria, o art. 208, inciso IV, da Constituição da República, prevê que o dever do Estado com a educação deve ser efetivado mediante a garantia de "educação infantil, em creche e pré-escola, às crianças até 5 (cinco) anos de idade".

- *seguro contra acidentes de trabalho*, a cargo do empregador, sem excluir a indenização a que este está obrigado, quando incorrer em dolo ou culpa (inciso XXVIII);
- integração à Previdência Social.

Vejamos, assim, de forma sistemática, a disciplina legal do contrato de trabalho doméstico, bem como dos direitos e deveres aplicáveis, conforme a Lei Complementar 150/2015.

Como já mencionado, ao empregado doméstico, assim considerado *aquele que presta serviços de forma contínua, subordinada, onerosa e pessoal e de finalidade não lucrativa à pessoa ou à família, no âmbito residencial destas, por mais de dois dias por semana*, aplica-se o disposto na Lei Complementar 150/2015 (art. 1.º).

É *vedada a contratação de menor de 18 anos para desempenho de trabalho doméstico*, de acordo com a Convenção 182, de 1999, da Organização Internacional do Trabalho (OIT) e com o Decreto 6.481/2008.

A *duração normal do trabalho doméstico* não excederá 8 horas diárias e 44 semanais, observado o disposto na Lei Complementar 150/2015 (art. 2.º).

A *remuneração da hora extraordinária* será, no mínimo, 50% superior ao valor da hora normal (art. 2.º, § 1.º, da Lei Complementar 150/2015).

O *salário-hora normal*, em caso de empregado mensalista, é obtido dividindo-se o salário mensal por 220 horas, salvo se o contrato estipular jornada mensal inferior que resulte em divisor diverso (art. 2.º, § 2.º).

O *salário-dia normal*, em caso de empregado mensalista, é obtido dividindo-se o salário mensal por 30 e serve de base para pagamento do repouso remunerado e dos feriados trabalhados (art. 2.º, § 3.º).

Pode ser dispensado o acréscimo de salário e instituído regime de *compensação de horas*, mediante *acordo escrito* entre empregador e empregado, se o excesso de horas de um dia for compensado em outro dia (art. 2.º, § 4.º, da Lei Complementar 150/2015).

Nesse regime de compensação de horas:

> I – é devido o pagamento, como horas extraordinárias (com o adicional de no mínimo 50%) das primeiras 40 horas mensais excedentes ao horário normal de trabalho;
>
> II – das 40 horas referidas no inciso I, podem ser deduzidas, sem o correspondente pagamento, as horas não trabalhadas, em função de redução do horário normal de trabalho ou de dia útil não trabalhado, *durante o mês*;
>
> III – o saldo de horas que excederem as 40 primeiras horas mensais de que trata o inciso I, com a dedução prevista no inciso II, quando for o caso, deve ser compensado no período máximo de um ano (art. 2.º, § 5.º).

Na hipótese de rescisão do contrato de trabalho sem que tenha havido a compensação integral da jornada extraordinária, o empregado faz jus ao pagamento das horas extras não compensadas, calculadas sobre o valor da remuneração na data de rescisão (art. 2.º, § 6.º).

Os intervalos previstos na Lei Complementar 150/2015, o tempo de repouso, as horas não trabalhadas, os feriados e os domingos livres em que o empregado que mora no local de trabalho nele permaneça *não são computados como horário de trabalho* (art. 2.º, § 7.º, da Lei Complementar 150/2015).

O trabalho não compensado prestado em domingos e feriados deve ser pago *em dobro*, sem prejuízo da remuneração relativa ao repouso semanal (art. 2.º, § 8.º, da Lei Complementar 150/2015).

Considera-se *trabalho em regime de tempo parcial* aquele cuja duração não exceda 25 horas semanais (art. 3.º da Lei Complementar 150/2015).

O salário a ser pago ao empregado sob regime de tempo parcial é *proporcional a sua jornada*, em relação ao empregado que cumpre, nas mesmas funções, tempo integral.

A duração normal do trabalho do empregado em regime de tempo parcial pode ser acrescida de horas suplementares, em número *não excedente a uma hora diária*, mediante *acordo escrito* entre empregador e empregado, aplicando-se, ainda, o disposto no art. 2.º, §§ 2.º e 3.º, que versam sobre o salário-hora normal e o salário-dia normal, com o limite máximo (da duração do trabalho) de seis horas diárias.

Na modalidade do regime de tempo parcial, após cada período de 12 meses de vigência do contrato de trabalho, o empregado tem direito a *férias*, na seguinte proporção:

> I – 18 dias, para a duração do trabalho semanal superior a 22 horas, até 25 horas;
>
> II – 16 dias, para a duração do trabalho semanal superior a 20 horas, até 22 horas;
>
> III – 14 dias, para a duração do trabalho semanal superior a 15 horas, até 20 horas;
>
> IV – 12 dias, para a duração do trabalho semanal superior a 10 horas, até 15 horas;
>
> V – 10 dias, para a duração do trabalho semanal superior a 5 horas, até 10 horas;
>
> VI – 8 dias, para a duração do trabalho semanal igual ou inferior a 5 horas.

É facultada a contratação, *por prazo determinado*, do empregado doméstico:

> I – mediante *contrato de experiência*;
>
> II – para atender *necessidades familiares de natureza transitória* e para *substituição temporária de empregado doméstico com contrato de trabalho interrompido ou suspenso* (art. 4.º da Lei Complementar 150/2015).

No caso do inciso II, a duração do contrato de trabalho é limitada ao término do evento que motivou a contratação, obedecido o limite máximo de dois anos.

O *contrato de experiência* não pode exceder 90 dias (art. 5.º da Lei Complementar 150/2015).

O contrato de experiência pode ser prorrogado uma vez, desde que a soma dos dois períodos não ultrapasse 90 dias.

O contrato de experiência que, havendo continuidade do serviço, não for prorrogado após o decurso de seu prazo previamente estabelecido ou que ultrapassar o período de 90 dias passa a vigorar como contrato de trabalho por prazo indeterminado.

Durante a vigência dos contratos previstos no art. 4.º, incisos I e II, o empregador que, sem justa causa, despedir o empregado é obrigado a pagar-lhe, a título de indenização, metade da remuneração a que teria direito até o termo do contrato (art. 6.º da Lei Complementar 150/2015).

Durante a vigência dos contratos previstos no art. 4.º, incisos I e II, o empregado não pode se desligar do contrato sem justa causa, sob pena de ser obrigado a indenizar o empregador dos prejuízos que desse fato lhe resultarem (art. 7.º da Lei Complementar 150/2015).

A indenização não pode exceder aquela a que teria direito o empregado em idênticas condições.

Durante a vigência dos contratos previstos no art. 4.º, incisos I e II, não será exigido aviso prévio (art. 8.º da Lei Complementar 150/2015).

A *Carteira de Trabalho e Previdência Social* deve ser obrigatoriamente apresentada, contra recibo, pelo empregado ao empregador que o admitir, o qual tem o prazo de 48 horas para nela anotar, especificamente, a data de admissão, a remuneração e, quando for o caso, os contratos por prazo determinado previstos no art. 4.º, incisos I e II (art. 9.º da Lei Complementar 150/2015).

É facultado às partes do contrato e trabalho doméstico, mediante *acordo escrito* entre essas, estabelecer horário de trabalho de 12 horas seguidas por 36 horas ininterruptas de descanso, observados ou indenizados os intervalos para repouso e alimentação (art. 10 da Lei Complementar 150/2015).

Nesse caso, portanto, há autorização legal para que os intervalos para repouso e alimentação possam ser *usufruídos* ou *indenizados*.

A remuneração mensal pactuada pelo horário de trabalho de 12 horas seguidas por 36 horas ininterruptas de descanso *abrange os pagamentos devidos pelo descanso semanal remunerado e pelo descanso em feriados*, e são *considerados compensados os feriados e as prorrogações de trabalho noturno*, quando houver, de que tratam o art. 70 e o art. 73, § 5.º, da Consolidação das Leis do Trabalho, bem como o art. 9.º da Lei 605/1949 (art. 10, § 1.º, da Lei Complementar 150/2015).

Em relação ao empregado responsável por acompanhar o empregador prestando serviços *em viagem*, são consideradas apenas as horas efetivamente trabalhadas no período, podendo ser compensadas as horas extraordinárias em outro dia, observado o art. 2.º da Lei Complementar 150/2015 (art. 11 da Lei Complementar 150/2015).

O acompanhamento do empregador pelo empregado em viagem é condicionado à prévia existência de *acordo escrito* entre as partes.

A remuneração-hora do serviço em viagem deve ser, no mínimo, 25% superior ao valor do salário-hora normal. Essa previsão pode ser, mediante acordo, convertida em acréscimo no banco de horas, a ser utilizado a critério do empregado.

É *obrigatório o registro do horário de trabalho do empregado doméstico* por qualquer meio manual, mecânico ou eletrônico, desde que idôneo (art. 12 da Lei Complementar 150/2015).

É obrigatória a concessão de *intervalo para repouso ou alimentação* pelo período de, no mínimo, uma hora e, no máximo, duas horas, admitindo-se, mediante *prévio acordo escrito* entre empregador e empregado, a sua *redução* a 30 minutos (art. 13 da Lei Complementar 150/2015).

Caso o empregado resida no local de trabalho, o período de intervalo pode ser *desmembrado* em dois períodos, desde que cada um deles tenha, no mínimo, uma hora, até o limite de quatro horas ao dia.

Em caso de modificação do intervalo, na forma do art. 13, § 1.º (desmembramento em dois períodos), é obrigatória a sua anotação no registro diário de horário, vedada sua prenotação.

Considera-se *noturno*, para os efeitos da Lei Complementar 150/2015, o trabalho executado entre as 22 horas de um dia e as 5 horas do dia seguinte (art. 14 da Lei Complementar 150/2015).

A hora de trabalho noturno terá duração de 52 minutos e 30 segundos.

A remuneração do trabalho noturno deve ter acréscimo de, no mínimo, 20% sobre o valor da hora diurna.

Em caso de contratação, pelo empregador, de empregado exclusivamente para desempenhar trabalho noturno, o acréscimo deve ser calculado sobre o salário anotado na Carteira de Trabalho e Previdência Social.

Conforme o art. 14, § 4.º, da Lei Complementar 150/2015, nos *horários mistos*, assim entendidos os que abrangem períodos diurnos e noturnos, aplica-se às horas de trabalho noturno o disposto no art. 14 e seus parágrafos da Lei Complementar 150/2015.

Desse modo, nos termos da Súmula 60 do TST, especialmente em seu inciso II, aplicável à hipótese: "Adicional noturno. Integração no salário e prorrogação em horário diurno. I – O adicional noturno, pago com habitualidade, integra o salário do empregado para todos os efeitos. II – Cumprida integralmente a jornada no período noturno e prorrogada esta, devido é também o adicional quanto às horas prorrogadas. Exegese do art. 73, § 5.º, da CLT".

Entre duas jornadas de trabalho deve haver período mínimo de 11 horas consecutivas para descanso (art. 15 da Lei Complementar 150/2015).

É devido ao empregado doméstico *descanso semanal remunerado* de, no mínimo, 24 horas consecutivas, preferencialmente aos domingos, além de descanso remunerado em *feriados* (art. 16 da Lei Complementar 150/2015).

O empregado doméstico tem direito a *férias anuais remuneradas* de 30 dias, salvo o disposto no art. 3.º, § 3.º (que dispõe sobre férias no regime de tempo parcial), com acréscimo de, pelo menos, *um terço do salário normal*, após cada período de 12 meses de trabalho prestado à mesma pessoa ou família (art. 17 da Lei Complementar 150/2015).

Na cessação do contrato de trabalho, o empregado, desde que não tenha sido demitido por justa causa, tem direito à remuneração relativa ao período incompleto de férias, na proporção de 1/12 (um doze avos) por mês de serviço ou fração superior a 14 dias.

O período de férias pode, a critério do empregador, ser *fracionado em até dois períodos*, sendo um deles de, no mínimo, 14 dias corridos.

É facultado ao empregado doméstico converter 1/3 (um terço) do período de férias a que tiver direito em *abono pecuniário*, no valor da remuneração que lhe seria devida nos dias correspondentes.

O abono de férias deve ser requerido até 30 dias antes do término do período aquisitivo.

É lícito ao empregado que reside no local de trabalho nele permanecer durante as férias.

As férias devem ser concedidas pelo empregador nos 12 meses subsequentes à data em que o empregado tiver adquirido o direito.

É vedado ao empregador doméstico efetuar *descontos no salário* do empregado por fornecimento de alimentação, vestuário, higiene ou moradia, bem como por despesas com transporte, hospedagem e alimentação em caso de acompanhamento em viagem (art. 18 da Lei Complementar 150/2015).

É facultado ao empregador efetuar descontos no salário do empregado em caso de adiantamento salarial e, mediante acordo escrito entre as partes, para a inclusão do empregado em planos de assistência médico-hospitalar e odontológica, de seguro e de previdência privada, não podendo a dedução ultrapassar 20% do salário.

Podem ser descontadas as despesas com moradia quando essa se referir a local diverso da residência em que ocorrer a prestação de serviço, desde que essa possibilidade tenha sido expressamente acordada entre as partes.

As despesas referidas no art. 18, *caput*, da Lei Complementar 150/2015 *não têm natureza salarial* nem se incorporam à remuneração para quaisquer efeitos.

O fornecimento de moradia ao empregado doméstico na própria residência ou em morada anexa, de qualquer natureza, não gera ao empregado qualquer direito de posse ou de propriedade sobre a referida moradia.

Observadas as peculiaridades do trabalho doméstico, a ele também se aplicam a Lei 605/1949 (sobre o repouso semanal remunerado), a Lei 4.090/1962 (sobre a gratificação natalina), a Lei 4.749/1965 (sobre a gratificação natalina) e a Lei 7.418/1985 (sobre o vale-transporte), e, subsidiariamente, a Consolidação das Leis do Trabalho (art. 19 da Lei Complementar 150/2015).

A obrigação prevista no art. 4.º da Lei 7.418/1985[14], sobre o *vale-transporte*, pode ser substituída, a critério do empregador, pela concessão, mediante recibo, dos valores para a

[14] "Art. 4.º A concessão do benefício ora instituído implica a aquisição pelo empregador dos Vales-Transportes necessários aos deslocamentos do trabalhador no percurso residência-trabalho e vice-versa, no serviço

aquisição das passagens necessárias ao custeio das despesas decorrentes do deslocamento residência-trabalho e vice-versa (art. 19, parágrafo único, da Lei Complementar 150/2015).

O empregado doméstico é *segurado obrigatório da Previdência Social*, sendo-lhe devidas, na forma da Lei 8.213/1991, as prestações nela arroladas, atendido o disposto na Lei Complementar 150/2015 e observadas as características especiais do trabalho doméstico (art. 20 da Lei Complementar 150/2015).

É devida a inclusão do empregado doméstico no *Fundo de Garantia do Tempo de Serviço* (FGTS), na forma do regulamento a ser editado pelo Conselho Curador e pelo agente operador do FGTS, no âmbito de suas competências, conforme disposto nos arts. 5.º e 7.º da Lei 8.036/1990, inclusive no que tange aos aspectos técnicos de depósitos, saques, devolução de valores e emissão de extratos, entre outros determinados na forma da lei (art. 21 da Lei Complementar 150/2015).

O empregador doméstico somente passa a ter obrigação de promover a inscrição e de efetuar os recolhimentos referentes a seu empregado após a entrada em vigor do regulamento referido acima.

O empregador doméstico deve depositar a importância de *3,2%* sobre a remuneração devida, no mês anterior, a cada empregado, destinada ao pagamento da indenização compensatória da perda do emprego, sem justa causa ou por culpa do empregador, não se aplicando ao empregado doméstico o disposto nos §§ 1.º a 3.º do art. 18 da Lei 8.036/1990 (art. 22 da Lei Complementar 150/2015).

Nas hipóteses de dispensa por justa causa ou a pedido, de término do contrato de trabalho por prazo determinado, de aposentadoria e de falecimento do empregado doméstico, os valores previstos no art. 22, *caput*, da Lei Complementar 150/2015 devem ser movimentados pelo empregador.

Na hipótese de culpa recíproca, metade dos valores previstos no art. 22, *caput*, deve ser movimentada pelo empregado, enquanto a outra metade será movimentada pelo empregador.

Os valores previstos no art. 22, *caput*, devem ser depositados na conta vinculada do empregado, em variação distinta daquela em que se encontrarem os valores oriundos dos depósitos de que trata o art. 34, inciso IV, da Lei Complementar 150/2015 (ou seja, 8% de recolhimento para o FGTS), e somente podem ser movimentados por ocasião da rescisão contratual.

À importância monetária de que trata o art. 22, *caput*, aplicam-se as disposições da Lei 8.036/1990 (sobre o Fundo de Garantia do Tempo de Serviço), e da Lei 8.844/1994 (sobre a fiscalização, apuração e cobrança judicial as contribuições e multas devidas ao FGTS), inclusive quanto a sujeição passiva e equiparações, prazo de recolhimento, administração, fiscalização, lançamento, consulta, cobrança, garantias, processo administrativo de determinação e exigência de créditos tributários federais.

Pode-se dizer que a extensão do regime do FGTS, de forma obrigatória, também para a relação de emprego doméstico, é um modo de concretizar o mandamento constitucional de melhoria das condições sociais dos referidos empregados (art. 7.º, *caput*, da Constituição Federal de 1988), em consonância, ainda, com os ditames da valorização do trabalho e da

de transporte que melhor se adequar. Parágrafo único. O empregador participará dos gastos de deslocamento do trabalhador com a ajuda de custo equivalente à parcela que exceder a 6% (seis por cento) de seu salário básico".

dignidade da pessoa humana (arts. 1.º, incisos III e IV, e 3.º, incisos I, III e IV, da Constituição Federal de 1988).

Não havendo prazo estipulado no contrato, a parte que, sem justo motivo, quiser rescindi-lo deverá *avisar* a outra de sua intenção (art. 23 da Lei Complementar 150/2015).

O *aviso prévio* deve ser concedido na proporção de 30 dias ao empregado que conte com até um ano de serviço para o mesmo empregador (art. 23, § 1.º, da Lei Complementar 150/2015).

Ao aviso prévio previsto no art. 23 da Lei Complementar 150/2015, devido ao empregado, devem ser acrescidos três dias por ano de serviço prestado para o mesmo empregador, até o máximo de 60 dias, perfazendo um total de até 90 dias (art. 23, § 2.º, da Lei Complementar 150/2015).

A falta de aviso prévio por parte do empregador dá ao empregado o direito aos salários correspondentes ao prazo do aviso, garantida sempre a integração desse período ao seu tempo de serviço (art. 23, § 3.º, da Lei Complementar 150/2015).

A falta de aviso prévio por parte do empregado dá ao empregador o direito de descontar os salários correspondentes ao prazo respectivo (art. 23, § 4.º, da Lei Complementar 150/2015).

O valor das horas extraordinárias habituais integra o aviso prévio indenizado (art. 23, § 5.º, da Lei Complementar 150/2015).

O horário normal de trabalho do empregado durante o aviso prévio, quando a rescisão tiver sido promovida pelo empregador, deve ser reduzido de duas horas diárias, sem prejuízo do salário integral (art. 24 da Lei Complementar 150/2015).

É facultado ao empregado trabalhar sem a redução das duas horas diárias, caso em que pode faltar ao serviço, sem prejuízo do salário integral, por sete dias corridos, na hipótese dos §§ 1.º e 2.º do art. 23 da Lei Complementar 150/2015.

A empregada doméstica gestante tem direito a *licença-maternidade de 120 dias, sem prejuízo do emprego e do salário*, nos termos dos arts. 391 e seguintes da CLT, ou seja, da Seção V do Capítulo III do Título III da Consolidação das Leis do Trabalho (art. 25 da Lei Complementar 150/2015).

A confirmação do estado de gravidez durante o curso do contrato de trabalho, ainda que durante o prazo do aviso prévio trabalhado ou indenizado, garante à empregada gestante a estabilidade provisória prevista no art. 10, inciso II, alínea "b", do Ato das Disposições Constitucionais Transitórias (art. 25, parágrafo único, da Lei Complementar 150/2015).

Com isso, a empregada doméstica também tem direito à garantia de emprego prevista no art. 10, inciso II, "b", do Ato das Disposições Constitucionais Transitórias, válido até a promulgação da lei complementar a que se refere o art. 7.º, inciso I, da Constituição Federal de 1988.

A Lei Complementar 146/2014 dispõe que o direito previsto no art. 10, inciso II, alínea "b", do Ato das Disposições Constitucionais Transitórias deve ser assegurado, nos casos em que ocorrer o falecimento da trabalhadora gestante, a quem detiver a guarda do seu filho.

Ainda assim, tendo em vista que a relação de emprego doméstico envolve o labor no âmbito residencial, resultando em contato com a privacidade ou mesmo intimidade da pessoa natural ou da família, há entendimento de que no caso de reconhecimento judicial da referida estabilidade provisória, não sendo possível a reintegração voluntária, não seria adequado impor a reintegração *forçada* propriamente, inserindo a obreira no âmbito familiar sem a concordância de seus membros, devendo-se deferir à empregada doméstica o direito à respectiva indenização do período de estabilidade (conforme Súmula 396 do TST).

O empregado doméstico que for dispensado sem justa causa fará jus ao benefício do *seguro-desemprego*, na forma da Lei 7.998/1990, no valor de um salário mínimo, por período máximo de três meses, de forma contínua ou alternada (art. 26 da Lei Complementar 150/2015).

O benefício do seguro-desemprego deve ser concedido ao empregado nos termos do regulamento do Conselho Deliberativo do Fundo de Amparo ao Trabalhador (Codefat).

O benefício do seguro-desemprego deve ser *cancelado*, sem prejuízo das demais sanções cíveis e penais cabíveis: pela recusa, por parte do trabalhador desempregado, de outro emprego condizente com sua qualificação registrada ou declarada e com sua remuneração anterior; por comprovação de falsidade na prestação das informações necessárias à habilitação; por comprovação de fraude visando à percepção indevida do benefício do seguro-desemprego; por morte do segurado.

Para se habilitar ao benefício do seguro-desemprego, o trabalhador doméstico deve apresentar ao órgão competente do Ministério do Trabalho: I – Carteira de Trabalho e Previdência Social, na qual devem constar a anotação do contrato de trabalho doméstico e a data de dispensa, de modo a comprovar o vínculo empregatício, como empregado doméstico, durante pelo menos 15 meses nos últimos 24 meses; II – termo de rescisão do contrato de trabalho; III – declaração de que não está em gozo de benefício de prestação continuada da Previdência Social, exceto auxílio-acidente e pensão por morte; IV – declaração de que não possui renda própria de qualquer natureza suficiente à sua manutenção e de sua família (art. 28 da Lei Complementar 150/2015).

O seguro-desemprego deve ser requerido no prazo de sete até 90 dias contados da data de dispensa (art. 29 da Lei Complementar 150/2015).

Novo seguro-desemprego só pode ser requerido após o cumprimento de novo período aquisitivo, cuja duração é definida pelo Codefat (art. 30 da Lei Complementar 150/2015).

No caso do empregado doméstico, considera-se *justa causa* para os efeitos da Lei Complementar 150/2015 (art. 27):

> I – submissão a maus-tratos de idoso, de enfermo, de pessoa com deficiência ou de criança sob cuidado direto ou indireto do empregado;
>
> II – prática de ato de improbidade;
>
> III – incontinência de conduta ou mau procedimento;
>
> IV – condenação criminal do empregado transitada em julgado, caso não tenha havido suspensão da execução da pena;
>
> V – desídia no desempenho das respectivas funções;
>
> VI – embriaguez habitual ou em serviço;
>
> VII – (vetado);
>
> VIII – ato de indisciplina ou de insubordinação;
>
> IX – abandono de emprego, assim considerada a ausência injustificada ao serviço por, pelo menos, 30 dias corridos;
>
> X – ato lesivo à honra ou à boa fama ou ofensas físicas praticadas em serviço contra qualquer pessoa, salvo em caso de legítima defesa, própria ou de outrem;

XI – ato lesivo à honra ou à boa fama ou ofensas físicas praticadas contra o empregador doméstico ou sua família, salvo em caso de legítima defesa, própria ou de outrem;

XII – prática constante de jogos de azar.

No caso do empregado doméstico, o contrato de trabalho pode ser rescindido por *culpa do empregador* quando (art. 27, parágrafo único, da Lei Complementar 150/2015):

I – o empregador exigir serviços superiores às forças do empregado doméstico, defesos por lei, contrários aos bons costumes ou alheios ao contrato;

II – o empregado doméstico for tratado pelo empregador ou por sua família com rigor excessivo ou de forma degradante;

III – o empregado doméstico correr perigo manifesto de mal considerável;

IV – o empregador não cumprir as obrigações do contrato;

V – o empregador ou sua família praticar, contra o empregado doméstico ou pessoas de sua família, ato lesivo à honra e à boa fama;

VI – o empregador ou sua família ofender o empregado doméstico ou sua família fisicamente, salvo em caso de legítima defesa, própria ou de outrem;

VII – o empregador praticar qualquer das formas de violência doméstica ou familiar contra mulheres de que trata o art. 5.º da Lei 11.340/2006[15].

Foi instituído o *regime unificado de pagamento de tributos, de contribuições e dos demais encargos do empregador doméstico* (Simples Doméstico), regulamentado no prazo de 120 dias a contar da data de entrada em vigor da Lei Complementar 150, publicada no Diário Oficial da União de 02.06.2015 (art. 31).

A *inscrição do empregador* e a entrada única de dados cadastrais e de informações trabalhistas, previdenciárias e fiscais no âmbito do Simples Doméstico dar-se-ão mediante registro em *sistema eletrônico* a ser disponibilizado em portal na internet, conforme regulamento (art. 32 da Lei Complementar 150/2015).

A impossibilidade de utilização do sistema eletrônico deve ser objeto de regulamento, a ser editado pelo Ministério da Fazenda e pelo agente operador do FGTS.

O Simples Doméstico é disciplinado por ato conjunto dos Ministros de Estado da Fazenda, da Previdência Social e do Trabalho que dispõe sobre a apuração, o recolhimento e a distribuição dos recursos recolhidos por meio do Simples Doméstico, observadas as disposições do art. 21 da Lei Complementar 150/2015 (art. 33 da Lei Complementar 150/2015).

Esse ato conjunto deve dispor também sobre o sistema eletrônico de registro das obrigações trabalhistas, previdenciárias e fiscais e sobre o cálculo e o recolhimento dos tributos e encargos trabalhistas vinculados ao Simples Doméstico. As informações prestadas nesse sistema eletrônico:

[15] "Art. 5.º Para os efeitos desta Lei, configura violência doméstica e familiar contra a mulher qualquer ação ou omissão baseada no gênero que lhe cause morte, lesão, sofrimento físico, sexual ou psicológico e dano moral ou patrimonial: I – no âmbito da unidade doméstica, compreendida como o espaço de convívio permanente de pessoas, com ou sem vínculo familiar, inclusive as esporadicamente agregadas; II – no âmbito da família, compreendida como a comunidade formada por indivíduos que são ou se consideram aparentados, unidos por laços naturais, por afinidade ou por vontade expressa; III – em qualquer relação íntima de afeto, na qual o agressor conviva ou tenha convivido com a ofendida, independentemente de coabitação. Parágrafo único. As relações pessoais enunciadas neste artigo independem de orientação sexual".

I – têm caráter declaratório, constituindo instrumento hábil e suficiente para a exigência dos tributos e encargos trabalhistas delas resultantes e que não tenham sido recolhidos no prazo consignado para pagamento; e

II – devem ser fornecidas até o vencimento do prazo para pagamento dos tributos e encargos trabalhistas devidos no Simples Doméstico em cada mês, relativamente aos fatos geradores ocorridos no mês anterior.

O sistema eletrônico de registro das obrigações trabalhistas, previdenciárias e fiscais (art. 33, § 1.º) e o sistema eletrônico de inscrição do empregador no Simples Doméstico (art. 32) substituem, na forma regulamentada pelo ato conjunto mencionado, a obrigatoriedade de entrega de todas as informações, formulários e declarações a que estão sujeitos os empregadores domésticos, inclusive os relativos ao recolhimento do FGTS.

O Simples Doméstico assegura o recolhimento mensal, mediante *documento único de arrecadação*, dos seguintes valores (art. 34 da Lei Complementar 150/2015):

I – 8% a 11% de contribuição previdenciária, a cargo do segurado empregado doméstico, nos termos do art. 20 da Lei 8.212/1991;

II – 8% de contribuição patronal previdenciária para a Seguridade Social, a cargo do empregador doméstico, nos termos do art. 24 da Lei 8.212/1991;

III – 0,8% de contribuição social para financiamento do seguro contra acidentes do trabalho;

IV – 8% de recolhimento para o FGTS;

V – 3,2%, na forma do art. 22 da Lei Complementar 150/2015; e

VI – Imposto sobre a Renda Retido na Fonte de que trata o art. 7.º, inciso I, da Lei 7.713/1988, se incidente.

As contribuições, os depósitos e o imposto arrolados nos incisos I a VI incidem sobre a remuneração paga ou devida no mês anterior, a cada empregado, incluída na remuneração a gratificação de Natal a que se referem a Lei 4.090/1962 e a Lei 4.749/1965.

A contribuição e o imposto previstos nos incisos I e VI devem ser descontados da remuneração do empregado pelo empregador, que é responsável por seu recolhimento.

O produto da arrecadação das contribuições, dos depósitos e do imposto referidos deve ser centralizado na Caixa Econômica Federal.

A Caixa Econômica Federal, com base nos elementos identificadores do recolhimento, disponíveis no *sistema eletrônico de registro das obrigações trabalhistas, previdenciárias e fiscais* (previsto no art. 33, § 1.º), deve transferir para a Conta Única do Tesouro Nacional o valor arrecadado das contribuições e do imposto previstos nos incisos I, II, III e VI.

O recolhimento por meio do Simples Doméstico (conforme art. 33) deve ser efetuado em instituições financeiras integrantes da rede arrecadadora de receitas federais.

O empregador deve fornecer, mensalmente, ao empregado doméstico cópia do *documento único de arrecadação*, previsto no art. 34 da Lei Complementar 150/2015.

O recolhimento mensal, mediante documento único de arrecadação, e a exigência das contribuições, dos depósitos e do imposto, nos valores definidos nos incisos I a VI, somente são devidos após 120 dias da data de publicação da Lei Complementar 150/2015.

Fica o empregador doméstico obrigado a:

I – pagar a remuneração devida ao empregado doméstico até o sétimo dia do mês seguinte ao da competência;

II – arrecadar e recolher a contribuição prevista no art. 34, inciso I, da Lei Complementar 150/2015, e arrecadar e recolher as contribuições, os depósitos e o imposto a seu cargo de que tratam os incisos II, III, IV, V e VI do art. 34 da Lei Complementar 150/2015, até o vigésimo dia do mês seguinte ao da competência (art. 10 da Lei 14.438/2022). Quanto ao prazo, como o art. 35 da Lei Complementar 150/2015 previa até o dia 7 do mês seguinte ao da competência, essa alteração produz efeitos a partir da data de início da arrecadação por meio da prestação dos serviços digitais de geração de guias do FGTS, para fatos geradores ocorridos a partir dessa data (art. 19, inciso I, alínea "b", da Lei 14.438/2022).

Os valores previstos no art. 34, incisos I, II, III e VI, da Lei Complementar 150/2015 não recolhidos até a data de vencimento ficam sujeitos à incidência de encargos legais na forma prevista na legislação do imposto sobre a renda.

Os valores previstos no art. 34, incisos IV e V, da Lei Complementar 150/2015, referentes ao FGTS, não recolhidos até a data de vencimento devem ser corrigidos e terão a incidência de multa, conforme disposto na Lei 8.036/1990.

O direito de ação quanto a créditos resultantes das relações de trabalho *prescreve* em cinco anos até o limite de dois anos após a extinção do contrato de trabalho (art. 43 da Lei Complementar 150/2015).

É de responsabilidade do empregador o arquivamento de documentos comprobatórios do cumprimento das obrigações fiscais, trabalhistas e previdenciárias, enquanto essas não prescreverem (art. 42 da Lei Complementar 150/2015).

No caso da relação de emprego doméstico, observa-se certa dificuldade quanto ao exercício das atividades da inspeção do trabalho, tendo em vista que o local a ser fiscalizado é, justamente, a residência do empregador. Isso porque, nos termos do art. 5.º, inciso XI, da Constituição Federal de 1988, "a casa é asilo inviolável do indivíduo, ninguém nela podendo penetrar sem consentimento do morador, salvo em caso de flagrante delito ou desastre, ou para prestar socorro, ou, durante o dia, por determinação judicial".

Desse modo, a verificação, pelo Auditor-Fiscal do Trabalho, do cumprimento das normas que regem o trabalho do empregado doméstico, no âmbito do domicílio do empregador, depende de agendamento e de entendimento *prévios* entre a fiscalização e o empregador (art. 11-A da Lei 10.593/2002, acrescentado pelo art. 44 da Lei Complementar 150/2015).

A fiscalização deve ter natureza *prioritariamente orientadora*.

Deve ser observado o critério de *dupla visita* para lavratura de auto de infração, salvo quando for constatada infração por falta de anotação na Carteira de Trabalho e Previdência Social ou, ainda, na ocorrência de reincidência, fraude, resistência ou embaraço à fiscalização.

Durante a inspeção do trabalho do empregado doméstico, o Auditor-Fiscal do Trabalho deve fazer-se acompanhar pelo empregador ou por alguém de sua família por este designado.

As matérias tratadas na Lei Complementar 150/2015, que dispõe sobre o contrato de trabalho doméstico, que não sejam reservadas constitucionalmente a lei complementar podem ser objeto de alteração por lei ordinária (art. 45 da Lei Complementar 150/2015).

Frise-se ainda que a política urbana tem por objetivo ordenar o pleno desenvolvimento das funções sociais da cidade e da propriedade urbana, tendo como uma de suas seguintes diretrizes gerais a garantia de condições condignas de acessibilidade, utilização e conforto nas dependências internas das edificações urbanas, *inclusive nas destinadas à moradia e ao serviço dos trabalhadores domésticos*, observados requisitos mínimos de dimensionamento, ventilação, iluminação, ergonomia, privacidade e qualidade dos materiais empregados (art. 2.º, inciso XIX, da Lei 10.257/2001, incluído pela Lei 13.699/2018).

> b) aos trabalhadores rurais, assim considerados aqueles que, exercendo funções diretamente ligadas à agricultura e à pecuária, não sejam empregados em atividades que, pelos métodos de execução dos respectivos trabalhos ou pela finalidade de suas operações, se classifiquem como industriais ou comerciais;

2. EMPREGADO RURAL

O art. 7.º da Constituição Federal de 1988, ao arrolar direitos dos trabalhadores, faz previsão quanto aos "trabalhadores urbanos e rurais" (*caput*).

A Lei 5.889, de 8 de junho de 1973, estatui normas reguladoras do trabalho rural. O Decreto 7.943/2013 institui a Política Nacional para os Trabalhadores Rurais Empregados, com a finalidade de fortalecer os direitos sociais e a proteção social dos trabalhadores rurais empregados.

O empregado rural é definido pelo art. 2.º do referido diploma legal, como "toda pessoa física que, em propriedade rural ou prédio rústico, presta serviços de natureza não eventual a empregador rural, sob a dependência deste e mediante salário".

Por ser um empregado, aplicam-se ao rural os requisitos da relação de emprego: pessoa física, pessoalidade, não eventualidade, subordinação e onerosidade.

Analisando o art. 2.º da Lei 5.889/1973, observa-se a menção de que o empregado rural presta serviços "em propriedade rural ou prédio rústico". A propriedade rural é aquela situada na zona rural. O prédio rústico pode ser entendido como aquele que, situado na zona rural ou mesmo em zona urbana, tem como destinação a exploração de atividade agroeconômica. Assim, o fator principal, na definição do empregado rural, não é local da prestação de serviços.

Ainda pela definição do referido art. 2.º, verifica-se que, na realidade, empregado rural é aquele que presta serviços a empregador rural. Por isso, é imprescindível verificar o conceito legal deste último sujeito da relação jurídica.

O art. 3.º, *caput*, da Lei 5.889/1973 define empregador rural como "a pessoa física ou jurídica, proprietária ou não, que explore atividade agroeconômica, em caráter permanente ou temporário, diretamente ou através de prepostos e com auxílio de empregados".

Como se nota, a questão, essencial, para saber se o empregador é rural, e, por consequência, o empregado também, é a finalidade da atividade explorada por aquele, de natureza agroeconômica, ou seja, direcionada à agricultura ou à pecuária.

A função, em si, desempenhada pelo empregado, não é o fator relevante na referida caracterização do empregado como rural, mas sim a natureza da atividade desempenhada pelo empregador. Portanto, não mais prevalece a orientação da alínea "b" do art. 7.º.

Pelo critério da lei em vigor, é empregado rural todo aquele que presta serviços ao empregador que explora atividade de natureza (finalidade) agroeconômica, mesmo que a função do empregado não seja, por exemplo, diretamente exercida no plantio, na safra, na criação de gado etc., mas sim no escritório da fazenda.

No entanto, deve-se destacar que, para ser o empregado rural, o empregador deve exercer atividade econômica, de natureza agrária. Por isso, se a prestação dos serviços, pelo empregado, ocorre em sítio ou chácara de simples lazer, sem qualquer atividade econômica, o empregado, presentes os requisitos já estudados, será considerado doméstico, independentemente de o local estar situado na zona rural.

Cabe destacar, ainda, o § 1.º do art. 3.º da Lei 5.889/1973, que inclui na atividade econômica referida no *caput* desse mesmo dispositivo (ou seja, também sendo considerada como de empregador rural), a exploração industrial em estabelecimento agrário não compreendido na Consolidação das Leis do Trabalho, bem como a exploração do turismo rural "ancilar" (ou seja, de forma acessória) à exploração agroeconômica.

Para a devida compreensão desse dispositivo, deve-se observar o disposto no art. 84, §§ 4.º e 5.º, do Decreto 10.854/2021, que regulamenta a Lei 5.889/1973.

Assim, consideram-se como exploração industrial em estabelecimento agrário as atividades que compreendem o primeiro tratamento dos produtos agrários *in natura* sem transformá-los em sua natureza, tais como: I – o beneficiamento, a primeira modificação e o preparo dos produtos agropecuários e hortigranjeiros e das matérias-primas de origem animal ou vegetal para posterior venda ou industrialização; II – o aproveitamento dos subprodutos provenientes das operações de preparo e modificação dos produtos *in natura* de que trata o inciso I.

Para fins do disposto acima, não se considera indústria rural aquela que, ao operar a primeira modificação do produto agrário, transforme a sua natureza a ponto de perder a condição de matéria-prima.

Desse modo, a chamada indústria rural, em que o empregador também é considerado rural, é aquela em que o produto agrário recebe o primeiro tratamento, desde que não ocorra a transformação de sua condição *in natura*. É o exemplo do primeiro beneficiamento do arroz. Por isso, se ocorrer a mudança da referida natureza do produto, como acontece com a produção (industrialização) de farinha, a atividade não pode ser considerada rural, mas sim industrial urbana.

Há entendimento de que, em casos como de usina de cana-de-açúcar, para fins de enquadramento do empregado como urbano ou rural, deve-se verificar qual a atividade preponderante do empregador, e não as peculiaridades da atividade exercida pelo trabalhador. Nesse sentido, destaca-se o seguinte julgado: TST, SBDI-I, E-ED-RR 63600-16.2002.5.15.0120, Rel. Min. João Batista Brito Pereira, *DEJT* 24.02.2012. Cf. ainda a Súmula 578 do STJ.

De acordo com essa posição, sendo o empregador uma usina de cana-de-açúcar, considerada empresa agroindustrial, com atividade preponderantemente agrícola, os seus empregados são considerados trabalhadores rurais.

Na realidade, nessas circunstâncias, o melhor critério seria diferenciar os empregados que exercem as suas funções no âmbito da atividade agroeconômica (considerados empregados rurais), dos empregados que laborem na atividade industrial não rural (considerados urbanos).

Na atualidade, tem-se admitido, mesmo no âmbito rural, a presença de *categoria profissional diferenciada* (ou seja, que se forma dos empregados que exerçam profissões ou funções diferenciadas por força de estatuto profissional especial ou em consequência de condições de vida singulares), conforme o art. 511, § 3.º, da CLT e o art. 19 da Lei 5.889/1973.

Equipara-se ao empregador rural a pessoa física ou jurídica que, habitualmente, em caráter profissional, e por conta de terceiros, execute serviços de natureza agrária, mediante utilização do trabalho de outrem (Lei 5.889/1973, art. 4.º).

Por fim, cabe registrar que, de acordo com o art. 17 da Lei 5.889/1973: "As normas da presente Lei são aplicáveis, no que couber, aos trabalhadores rurais não compreendidos na definição do art. 2.º, que prestem serviços a empregador rural". Como se nota, a previsão legal específica, certamente com o objetivo de garantir um patamar mínimo de direitos no âmbito das relações de trabalho rural, estendeu aos trabalhadores rurais, mesmo que não forem empregados propriamente (mas sim, por exemplo, trabalhadores rurais autônomos ou eventuais), ao prestarem serviços a empregador rural, no que couber, os direitos trabalhistas ali previstos, o que é uma forma de concretizar o mandamento constitucional da dignidade da pessoa humana no âmbito das relações de trabalho rural.

Nessa linha, aplicam-se aos trabalhadores rurais sem vínculo empregatício que prestem serviços a empregadores rurais, entre outras, as normas referentes: à segurança e à saúde no trabalho; à jornada de trabalho; ao trabalho noturno; ao trabalho do menor de idade (art. 94 do Decreto 10.854/2021).

Especificamente quanto ao trabalhador avulso, a Constituição Federal de 1988 assegura a igualdade de direitos com o trabalhador com vínculo empregatício permanente (art. 7.º, inciso XXXIV).

c) aos funcionários públicos da União, dos Estados e dos Municípios e aos respectivos extranumerários em serviço nas próprias repartições;

3. EMPREGADO PÚBLICO

Os *agentes públicos* são "todas as pessoas físicas incumbidas, definitiva ou transitoriamente, do exercício de alguma função estatal"[16]. Trata-se de gênero composto de cinco espécies: agentes políticos; agentes administrativos; agentes honoríficos; agentes delegados e agentes credenciados.

Os *agentes administrativos*, por sua vez, englobam: os servidores públicos investidos em cargos ou empregos públicos, cuja investidura depende de aprovação prévia em concurso público (art. 37, inciso II, da Constituição Federal de 1988); os servidores públicos nomeados para funções de confiança e cargos em comissão (art. 37, incisos II, parte final, e V, da Constituição Federal de 1988); os servidores temporários, contratados na forma do art. 37, inciso IX, da Constituição da República[17].

Reputa-se agente público, para os efeitos da Lei 13.869/2019 (que dispõe sobre os crimes de abuso de autoridade), todo aquele que exerce, ainda que transitoriamente ou sem remuneração, por eleição, nomeação, designação, contratação ou qualquer outra forma de investidura ou vínculo, mandato, cargo, emprego ou função em órgão ou entidade abrangidos pelo art. 2.º

16 MEIRELLES, Hely Lopes. *Direito administrativo brasileiro*. 26. ed. atual. por Eurico de Andrade Azevedo, Délcio Balestero Aleixo e José Emmanuel Burle Filho. São Paulo: Malheiros, 2001. p. 69.

17 Cf. MEIRELLES, Hely Lopes. *Direito administrativo brasileiro*. 26. ed. atual. por Eurico de Andrade Azevedo, Délcio Balestero Aleixo e José Emmanuel Burle Filho. São Paulo: Malheiros, 2001. p. 70-74

do mencionado diploma legal (administração direta, indireta ou fundacional de qualquer dos Poderes da União, dos Estados, do Distrito Federal, dos Municípios e de Território).

Cabe destacar que, de acordo com o art. 37, inciso V, da Constituição Federal, as funções de confiança (a serem exercidas exclusivamente por servidores ocupantes de cargos efetivos) e os cargos em comissão (a serem preenchidos por servidores de carreira nos casos, condições e percentuais mínimos previstos em lei) "destinam-se *apenas* às atribuições de *direção, chefia* e *assessoramento*" (redação determinada pela Emenda Constitucional 19/1998).

Assim, não se pode admitir o preenchimento de cargos em comissão para o exercício de atribuições que não sejam as expressamente previstas na Constituição da República, sob pena de grave afronta à exigência constitucional de prévia aprovação em concurso público, bem como dos princípios da eficiência, impessoalidade e da moralidade administrativa (art. 37, *caput*, da Constituição Federal de 1988)[18].

De forma semelhante, é vedada a contratação por tempo determinado de servidores públicos temporários, na forma do art. 37, inciso IX, da Constituição da República, fora da hipótese estrita de "necessidade temporária de excepcional interesse público", conforme previsão em lei própria, sob pena de grave violação da norma constitucional que impõe a necessidade de prévia aprovação em concurso público.

Mesmo no tocante aos Conselhos responsáveis pela fiscalização do exercício de profissões, o entendimento mais acertado, que tem prevalecido, é no sentido de que integram a Administração Pública indireta, como autarquias federais profissionais, sendo dotados de personalidade jurídica de direito público. Desse modo, exige-se a prévia aprovação em concurso público para a admissão dos seus servidores, na forma do art. 37, inciso II, da Constituição Federal de 1988.

No entanto, a assertiva acima não se aplica à Ordem dos Advogados do Brasil, em razão de sua natureza diferenciada, conforme decidido pelo Supremo Tribunal Federal na ADI 3.026/DF (Pleno, Rel. Min. Eros Grau, *DJ* 29.06.2006).

Registre-se o entendimento de que "os servidores dos conselhos de fiscalização profissional submetem-se ao regime jurídico único" (STJ, AgInt na AR 6.257/RJ, Rel. Min. Og Fernandes). Nesse sentido, o regime jurídico dos servidores dos conselhos profissionais deve ser o estatutário (Cf. STJ, AgInt no REsp 1.667.851/RJ, Rel. Min. Regina Helena Costa). Entretanto, o art. 58, § 3.º, da Lei 9.649/1998 estabelece que os empregados dos conselhos de fiscalização de profissões regulamentadas são regidos pela *legislação trabalhista*, sendo vedada qualquer forma de transposição, transferência ou deslocamento para o quadro da Administração Pública direta ou indireta. Cf. STF, Pleno, ADC 36/DF, ADPF 367/DF e ADI 5.367/DF. Em se tratando de empregado, regido pela legislação trabalhista, ainda que exigida aprovação prévia em concurso público (art. 37, inciso II, da Constituição da República), o regime é de Direito do Trabalho.

---

18 O Supremo Tribunal Federal fixou a seguinte tese de repercussão geral: "a) A criação de cargos em comissão somente se justifica para o exercício de funções de direção, chefia e assessoramento, não se prestando ao desempenho de atividades burocráticas, técnicas ou operacionais; b) tal criação deve pressupor a necessária relação de confiança entre a autoridade nomeante e o servidor nomeado; c) o número de cargos comissionados criados deve guardar proporcionalidade com a necessidade que eles visam suprir e com o número de servidores ocupantes de cargos efetivos no ente federativo que os criar; e d) as atribuições dos cargos em comissão devem estar descritas, de forma clara e objetiva, na própria lei que os instituir" (STF, Pleno, RG-RE 1.041.210/SP, Rel. Min. Dias Toffoli, *DJe* 22.05.2019).

Nesse sentido, o Supremo Tribunal Federal declarou a constitucionalidade do art. 58, § 3.º, da Lei 9.649/1998, bem como da legislação que permite a contratação no âmbito dos conselhos profissionais sob o regime celetista (STF, Pleno, ADC 36/DF, ADI 5.367/DF, Red. p/ ac. Min. Alexandre de Moraes, j. 08.09.2020).

Cabe frisar que a Emenda Constitucional 19/1998 retirou a exigência do regime jurídico único no serviço público. Assim, podem ser encontrados empregados públicos (servidores públicos regidos pela legislação trabalhista) na administração federal, estadual, do Distrito Federal e municipal, direta, autárquica e fundacional[19]. No âmbito da administração federal direta, autárquica e fundacional, a Lei 9.962, de 22 de fevereiro de 2000, disciplina o regime de emprego público.

No entanto, o Supremo Tribunal Federal, na Ação Direta de Inconstitucionalidade 2.135/DF, em seu Pleno, deferiu, em 02.08.2007, cautelar para suspender a vigência do art. 39, *caput*, da Constituição Federal, em sua redação determinada pela Emenda Constitucional 19/1998, sob o fundamento de não ter a referida mudança passado em dois turnos na Câmara dos Deputados (inconstitucionalidade formal). Desse modo, voltou a vigorar a redação anterior do mencionado art. 39, *caput*, da Constituição Federal de 1988, o qual impõe o regime jurídico único, tendo o STF decidido ser este "incompatível com a figura do emprego público". Anteriormente, havia entendimento de que o mencionado regime jurídico único deveria ser considerado em cada esfera da República Federativa (União, Estados, Distrito Federal e Municípios), podendo ser de natureza estatutária, ou seja, administrativa, ou mesmo trabalhista, embora já houvesse o entendimento de ser a primeira modalidade a mais adequada para reger as relações jurídicas entre os servidores e a Administração Pública. Esclareça-se que a mencionada decisão do STF tem efeito *ex nunc*, ou seja, passa a valer somente a partir de então. Com isso, ressalvou-se a subsistência, até o julgamento definitivo da ação, da validade dos atos anteriormente praticados com base em legislações eventualmente editadas durante a vigência do art. 39, *caput*, da Constituição Federal, com a redação dada pela Emenda Constitucional 19/1998.

Quanto às empresas públicas, sociedades de economia mista e suas subsidiárias que explorem atividade econômica de produção ou comercialização de bens ou de prestação de serviços, tendo natureza de direito privado (art. 173, § 1.º, inciso II, da Constituição Federal), integrando a administração pública indireta, o regime aplicável ao pessoal das empresas estatais é o da Consolidação das Leis do Trabalho.

Assim, o *servidor público*, espécie de agente administrativo, engloba diversos agentes públicos vinculados à Administração Pública, sob o regime estatutário, da Consolidação das Leis do Trabalho e administrativo especial.

Os servidores estatutários são aqueles que ocupam cargos públicos de provimento efetivo ou em comissão. Os empregados públicos são servidores regidos pela legislação trabalhista.

Os servidores contratados por tempo determinado são "servidores públicos, submetidos ao *regime jurídico administrativo especial* da lei prevista no art. 37, IX, da Carta Magna"[20] (destaquei). Trata-se de regime administrativo, mas especial, sem se confundir, ainda, com os servidores públicos estatutários (art. 37, inciso II, da Constituição Federal de 1988).

---

[19] Cf. BARROS, Alice Monteiro de. *Curso de direito do trabalho*. 2. ed. São Paulo: LTr, 2006. p. 501-502.

[20] MEIRELLES, Hely Lopes. *Direito administrativo brasileiro*. 26. ed. atual. por Eurico de Andrade Azevedo, Délcio Balestero Aleixo e José Emmanuel Burle Filho. São Paulo: Malheiros, 2001. p. 385.

A respeito do tema, o Supremo Tribunal Federal fixou a seguinte tese de repercussão geral: "Nos termos do art. 37, IX, da Constituição Federal, para que se considere válida a contratação temporária de servidores públicos, é preciso que: a) os casos excepcionais estejam previstos em lei; b) o prazo de contratação seja predeterminado; c) a necessidade seja temporária; d) o interesse público seja excepcional; e) a contratação seja indispensável, sendo vedada para os serviços ordinários permanentes do Estado que estejam sob o espectro das contingências normais da Administração" (STF, Pleno, RE 658.026/MG, Rel. Min. Dias Toffoli, *DJe* 31.10.2014).

No âmbito da administração *federal* direta, autarquias e fundações públicas, a Lei 8.745, de 9 de dezembro de 1993, dispõe sobre a contratação por prazo determinado para atender a necessidade temporária de excepcional interesse público, prevista no art. 37, inciso IX, da Constituição Federal de 1988. O art. 3.º prevê o recrutamento do pessoal por meio de "processo seletivo simplificado", "prescindindo de concurso público", sem a necessidade do primeiro em contratação para "atender as necessidades decorrentes de calamidade pública, de emergência ambiental e de emergências em saúde pública" (§ 1.º).

Tratando-se de servidor público regido pela Consolidação das Leis do Trabalho (legislação trabalhista), ou seja, pelo Direito do Trabalho, tem-se a figura do *empregado público*, cuja relação jurídica com a Administração Pública não é, portanto, estatutária, ou seja, de Direito Administrativo.

Como prescreve o art. 22, inciso I, da Constituição Federal de 1988, a competência para legislar sobre Direito do Trabalho é privativa da União. Assim, os direitos trabalhistas dos empregados públicos são, em princípio, aqueles previstos na legislação federal, aprovada pela União. Sobre o tema, cabe destacar a seguinte decisão: STF, Tribunal Pleno, RE 164.715/MG, Rel. Min. Sepúlveda Pertence, j. 13.06.1996, *DJ* 21.02.1997. Mesmo assim, cabe registrar o entendimento no sentido de que a "competência legislativa para instituir normas sobre Direito do Trabalho é da União (competência privativa – art. 22, I, CF), sendo que tais normas, via de regra, se estendem a todos os empregados celetistas, de modo que normas editadas pelos Entes de Direito Público, tratando de questões trabalhistas aplicáveis aos seus empregados, equivalem-se ao regulamento de empresa, obrigando apenas as partes ao seu cumprimento, desde que não esbarrem no sistema jurídico-normativo federal trabalhista"[21].

Deve-se destacar que, de acordo com o art. 198, §§ 4.º e 5.º, da Constituição da República, e regulamentação prevista na Lei 11.350/2006, arts. 8.º e 9.º, os agentes comunitários de saúde e os agentes de combate às endemias são admitidos por meio de processo seletivo público (de provas ou de provas e títulos, de acordo com a natureza e a complexidade de suas atribuições e requisitos específicos para o exercício das atividades, que atenda aos princípios de legalidade, impessoalidade, moralidade, publicidade e eficiência), submetendo-se ao regime jurídico estabelecido pela Consolidação das Leis do Trabalho – CLT, salvo se, no caso dos Estados, do Distrito Federal e dos Municípios, lei local dispuser de forma diversa.

O *consórcio público*, com personalidade jurídica de direito público ou privado, deve observar as *normas de direito público* no que concerne à realização de licitação, à celebração de contratos, à prestação de contas e à *admissão de pessoal*, que será regido pela Consolidação das Leis do Trabalho (art. 6.º, § 2.º, da Lei 11.107/2005, com redação dada pela Lei

21 CAVALCANTE, Jouberto de Quadros Pessoa; JORGE NETO, Francisco Ferreira. *O empregado público*. São Paulo: LTr, 2002. p. 57.

13.822/2019). Logo, nessa hipótese, mesmo havendo a exigência, em regra, de concurso público, aplica-se o regime jurídico da CLT.

Esclareça-se que as entidades de serviço social e de formação profissional, integrantes do chamado sistema "S" (art. 240 da Constituição Federal de 1988), são pessoas jurídicas de direito privado e não integram a Administração Pública. Cf. STF, AgR-ACO 1.953/ES, Rel. Min. Ricardo Lewandowski.

Prevendo medida jurídica em proteção às pessoas com deficiência, a Constituição Federal de 1988, no art. 37, inciso VIII, prevê que "a lei reservará percentual dos *cargos e empregos públicos* para as pessoas portadoras de deficiência e definirá os critérios de sua admissão".

Tem-se aqui previsão que integra as chamadas "ações afirmativas". O objetivo é estabelecer uma posição jurídica ou um direito diferenciado, em benefício da pessoa com deficiência, justamente por se encontrar em situação de desvantagem, buscando-se, com isso, alcançar a igualdade material, no caso, especialmente quanto à oportunidade de trabalho.

No âmbito federal, a Lei 8.112, de 11 de dezembro de 1990, a qual dispõe sobre o regime jurídico dos servidores públicos civis da União, das autarquias e das fundações públicas federais, em seu art. 5.º, § 2.º, assim prevê: "Às pessoas portadoras de deficiência é assegurado o direito de se inscrever em concurso público para provimento de cargo cujas atribuições sejam compatíveis com a deficiência de que são portadoras; para tais pessoas serão reservadas até 20% (vinte por cento) das vagas oferecidas no concurso".

Fica assegurado à pessoa com deficiência o direito de se inscrever, no âmbito da administração pública federal direta e indireta e em igualdade de oportunidade com os demais candidatos, nas seguintes seleções: em concurso público para o provimento de cargos efetivos e de empregos públicos; em processos seletivos para a contratação por tempo determinado para atender necessidade temporária de excepcional interesse público, de que trata a Lei 8.745/1993 (art. 1.º do Decreto 9.508/2018).

Ficam reservados às pessoas com deficiência, no mínimo, 5% das vagas oferecidas para o provimento de cargos efetivos e para a contratação por tempo determinado para atender necessidade temporária de excepcional interesse público, no âmbito da administração pública federal direta e indireta (art. 1.º, § 1.º, do Decreto 9.508/2018).

Ficam reservados às pessoas com deficiência os percentuais de cargos de que trata o art. 93 da Lei 8.213/1991 às empresas públicas e às sociedades de economia mista (art. 1.º, § 2.º, do Decreto 9.508/2018).

Na hipótese de o quantitativo a que se referem os §§ 1.º e 2.º do art. 1.º do Decreto 9.508/2018 resultar em número fracionado, este deve ser aumentado para o primeiro número inteiro subsequente.

A reserva do percentual de vagas a que se referem os §§ 1.º e 2.º do art. 1.º do Decreto 9.508/2018 deve observar as seguintes disposições: na hipótese de concurso público ou de processo seletivo regionalizado ou estruturado por especialidade, o percentual mínimo de reserva será aplicado ao total das vagas do edital, ressalvados os casos em que seja demonstrado que a aplicação regionalizada ou por especialidade não implicará redução do número de vagas destinadas às pessoas com deficiência; o percentual mínimo de reserva será observado na hipótese de aproveitamento de vagas remanescentes e na formação de cadastro de reserva.

As vagas reservadas às pessoas com deficiência nos termos do disposto no art. 1.º do Decreto 9.508/2018 podem ser ocupadas por candidatos sem deficiência na hipótese de não haver inscrição ou aprovação de candidatos com deficiência no concurso público ou no processo seletivo de que trata a Lei 8.745/1993.

Ressalvadas as disposições previstas em regulamento, a pessoa com deficiência participará de concurso público ou de processo seletivo de que trata a Lei 8.745/1993 em igualdade de condições com os demais candidatos no que diz respeito: ao conteúdo das provas; à avaliação e aos critérios de aprovação; ao horário e ao local de aplicação das provas; à nota mínima exigida para os demais candidatos (art. 2.º do Decreto 9.508/2018).

Os editais dos concursos públicos e dos processos seletivos de que trata a Lei 8.745/1993 devem indicar: I – o número total de vagas previstas e o número de vagas correspondentes à reserva para pessoas com deficiência, discriminada, no mínimo, por cargo; II – as principais atribuições dos cargos e dos empregos públicos; III – a previsão de adaptação das provas escritas e práticas, inclusive durante o curso de formação, se houver, e do estágio probatório ou do período de experiência, estipuladas as condições de realização de cada evento e respeitados os impedimentos ou as limitações do candidato com deficiência; IV – a exigência de apresentação pelo candidato com deficiência, no ato da inscrição, de comprovação da condição de deficiência nos termos do disposto no § 1.º do art. 2.º da Lei 13.146/2015[22], sem prejuízo da adoção de critérios adicionais previstos em edital; V – a sistemática de convocação dos candidatos classificados, respeitado o disposto nos §§ 1.º e 2.º do art. 1.º do Decreto 9.508/2018; e VI – a previsão da possibilidade de uso, nas provas físicas, de tecnologias assistivas que o candidato com deficiência já utilize, sem a necessidade de adaptações adicionais, inclusive durante o curso de formação, se houver, e no estágio probatório ou no período de experiência (art. 3.º do Decreto 9.508/2018).

Fica assegurada a adequação de critérios para a realização e a avaliação das provas de que trata o inciso III do art. 3.º do Decreto 9.508/2018 à deficiência do candidato, a ser efetivada por meio do acesso a tecnologias assistivas e a adaptações razoáveis, observado o disposto no Anexo do Decreto 9.508/2018 (art. 4.º).

O candidato com deficiência que necessitar de tratamento diferenciado na realização das provas deve requerê-lo, no ato de inscrição no concurso público ou no processo seletivo de que trata a Lei 8.745/1993 em prazo determinado em edital, e indicará as tecnologias assistivas e as condições específicas de que necessita para a realização das provas (art. 4.º, § 1.º, do Decreto 9.508/2018).

O candidato com deficiência que necessitar de tempo adicional para realização das provas deve requerê-lo, com justificativa acompanhada de parecer emitido por equipe multiprofissional ou por profissional especialista nos impedimentos apresentados por cada candidato, no prazo estabelecido em edital (art. 4.º, § 2.º, do Decreto 9.508/2018).

22 "Art. 2.º Considera-se pessoa com deficiência aquela que tem impedimento de longo prazo de natureza física, mental, intelectual ou sensorial, o qual, em interação com uma ou mais barreiras, pode obstruir sua participação plena e efetiva na sociedade em igualdade de condições com as demais pessoas. § 1.º A avaliação da deficiência, quando necessária, será biopsicossocial, realizada por equipe multiprofissional e interdisciplinar e considerará: I – os impedimentos nas funções e nas estruturas do corpo; II – os fatores socioambientais, psicológicos e pessoais; III – a limitação no desempenho de atividades; e IV – a restrição de participação".

As fases dos concursos públicos ou dos processos seletivos em que se fizerem necessários serviços de assistência de interpretação por terceiros aos candidatos com deficiência devem ser registradas em áudio e vídeo e disponibilizadas nos períodos de recurso estabelecidos em edital (art. 4.º, § 3.º, do Decreto 9.508/2018).

Os critérios de aprovação nas provas físicas para os candidatos com deficiência, inclusive durante o curso de formação, se houver, e no estágio probatório ou no período de experiência, podem ser os mesmos critérios aplicados aos demais candidatos, conforme previsto no edital (art. 4.º, § 4.º, do Decreto 9.508/2018).

O Supremo Tribunal Federal, quanto aos art. 3.º, inciso VI, e art. 4.º, § 4.º, do Decreto 9.508/2018, fixou interpretação conforme a Constituição, tendo proferido a seguinte decisão: "2. De acordo com o art. 2.º da Convenção de Direitos das Pessoas com Deficiência – CDPD, a recusa de adaptação razoável é considerada discriminação por motivo de deficiência. 3. O art. 3.º, VI, do Decreto n.º 9.508/2018 estabelece uma faculdade em benefício do candidato com deficiência, que pode utilizar suas próprias tecnologias assistivas e adaptações adicionais, se assim preferir. É inconstitucional a interpretação que exclua o direito desses candidatos à adaptação razoável. 4. O art. 4.º, § 4.º, do Decreto n.º 9.508/2018, que estabelece que os critérios de aprovação nas provas físicas poderão ser os mesmos para candidatos com e sem deficiência, somente é aplicável às hipóteses em que essa exigência for indispensável ao exercício das funções próprias de um cargo público específico. É inconstitucional a interpretação que submeta candidatos com e sem deficiência aos mesmos critérios nas provas físicas, sem a demonstração da sua necessidade para o desempenho da função pública" (STF, Pleno, ADI 6.476/DF, Rel. Min. Roberto Barroso, *DJe* 16.09.2021).

O órgão ou a entidade da administração pública federal responsável pela realização do concurso público ou do processo seletivo de que trata a Lei 8.745/1993 terá a assistência de equipe multiprofissional composta por três profissionais capacitados e atuantes nas áreas das deficiências que o candidato possuir, dentre os quais um deve ser médico, e três profissionais da carreira a que concorrerá o candidato (art. 5.º do Decreto 9.508/2018).

A equipe multiprofissional deve emitir parecer que observará: as informações prestadas pelo candidato no ato da inscrição no concurso público ou no processo seletivo; a natureza das atribuições e das tarefas essenciais do cargo, do emprego ou da função a desempenhar; a viabilidade das condições de acessibilidade e as adequações do ambiente de trabalho na execução das tarefas; a possibilidade de uso, pelo candidato, de equipamentos ou de outros meios que utilize de forma habitual; o resultado da avaliação com base no disposto no § 1.º do art. 2.º da Lei 13.146/2015, sem prejuízo da adoção de critérios adicionais previstos em edital.

As entidades contratadas para a realização de concurso público ou de processo seletivo de que trata a Lei 8.745/1993, em qualquer modalidade, ficam obrigadas a observar o disposto no Decreto 9.508/2018 no momento da elaboração e da execução do edital (art. 6.º).

É vedado obstar a inscrição de pessoa com deficiência em concurso público ou em processo seletivo de que trata a Lei 8.745/1993 que atenda aos requisitos mínimos exigidos em edital, para ingresso em cargo ou emprego público da administração pública federal direta e indireta (art. 7.º do Decreto 9.508/2018).

O resultado do concurso público ou do processo seletivo de que trata a Lei 8.745/1993 deve ser publicado em lista única com a pontuação dos candidatos e a sua classificação, observada a reserva de vagas às pessoas com deficiência de que trata o Decreto 9.508/2018 (art. 8.º).

A nomeação dos aprovados no concurso público ou no processo seletivo deve obedecer à ordem de classificação, observados os critérios de alternância e de proporcionalidade entre a classificação de ampla concorrência e da reserva para as pessoas com deficiência, e o disposto nos §§ 1.º e 2.º do art. 1.º do Decreto 9.508/2018.

A desclassificação, a desistência ou qualquer outro impedimento de candidato ocupante de vaga reservada implica a sua substituição pelo próximo candidato com deficiência classificado, desde que haja candidato com deficiência classificado.

Os órgãos da administração pública federal direta e indireta, as empresas públicas e as sociedades de economia mista devem providenciar a acessibilidade no local de trabalho e a adaptação razoável, quando requerida, para o efetivo exercício laboral da pessoa com deficiência (art. 9.º do Decreto 9.508/2018).

Ainda no contexto das *ações afirmativas*, ficam reservadas aos negros 20% das vagas oferecidas nos concursos públicos para provimento de cargos efetivos e empregos públicos no âmbito da administração pública federal, das autarquias, das fundações públicas, das empresas públicas e das sociedades de economia mista controladas pela União, na forma da Lei 12.990/2014 (art. 1.º).

A reserva de vagas deve ser aplicada sempre que o número de vagas oferecidas no concurso público for igual ou superior a três. Na hipótese de quantitativo fracionado para o número de vagas reservadas a candidatos negros, esse deve ser aumentado para o primeiro número inteiro subsequente, em caso de fração igual ou maior que 0,5 (cinco décimos), ou diminuído para número inteiro imediatamente inferior, em caso de fração menor que 0,5 (cinco décimos). A reserva de vagas a candidatos negros deve constar expressamente dos editais dos concursos públicos, que devem especificar o total de vagas correspondentes à reserva para cada cargo ou emprego público oferecido.

A respeito do tema, cf. STF, ADC 41/DF.

> d) aos servidores de autarquias paraestatais, desde que sujeitos a regime próprio de proteção ao trabalho que lhes assegure situação análoga à dos funcionários públicos.

4. REGIME PRÓPRIO DE PROTEÇÃO AO TRABALHO

A CLT, assim como o Direito do Trabalho em seu todo, não se aplica aos servidores públicos estatutários, nem aos servidores admitidos por regime administrativo especial, integrantes da Administração Pública Direta, autárquica e fundacional, abrangidos que são pelas normas de Direito Administrativo.

> f) às atividades de direção e assessoramento nos órgãos, institutos e fundações dos partidos, assim definidas em normas internas de organização partidária.

5. PARTIDOS POLÍTICOS E PRESTAÇÃO DE SERVIÇOS NAS CAMPANHAS ELEITORAIS

Os preceitos da Consolidação das Leis do Trabalho, em regra, não se aplicam às atividades de *direção e assessoramento* nos órgãos, institutos e fundações dos *partidos* (políticos), assim definidas em normas internas de organização partidária (art. 7.º, alínea "f", da CLT, incluída pela Lei 13.877/2019).

Além disso, nos termos do art. 100 da Lei 9.504/1997, com redação dada pela Lei 13.165/2015, a contratação de pessoal para prestação de serviços nas *campanhas eleitorais* não gera vínculo empregatício com o candidato ou partido contratantes, aplicando-se à pessoa física contratada o disposto na alínea "h" do inciso V do art. 12 da Lei 8.212/1991, que prevê o *trabalhador autônomo* (ou seja, "a pessoa física que exerce, por conta própria, atividade econômica de natureza urbana, com fins lucrativos ou não") como segurado obrigatório da Previdência Social, na modalidade de contribuinte individual.

Não se aplica aos *partidos políticos*, para fins da contratação de pessoal para prestação de serviços nas campanhas eleitorais, o disposto no parágrafo único do art. 15 da Lei 8.212/1991, que versa sobre entidades equiparadas à empresa para os efeitos da Previdência Social.

Com fundamento no *princípio da primazia da realidade*, defende-se que a correta interpretação dessas previsões legais deve ser no sentido da ausência de vínculo emprego quando os seus requisitos realmente não estiverem presentes no caso concreto.

Parágrafo único. Revogado pelo Decreto-Lei 8.249, de 1945.

✦ Jurisprudência

Enquadramento. Trabalhador rural. Critério para definição. Usina de cana-de-açúcar. Prescrição. Para o enquadramento do empregado como trabalhador urbano ou rural é irrelevante a análise das peculiaridades da atividade por ele exercida, devendo-se observar a atividade preponderante do empregador. Recurso de Embargos de que se conhece e a que se dá provimento (TST, SBDI-I, E-ED-RR 63600-16.2002.5.15.0120, Rel. Min. João Batista Brito Pereira, *DEJT* 24.02.2012).

Agravo de instrumento. Recurso de revista. Processo sob a égide da Lei 13.015/2014. 1. Enquadramento. Empregado que exerce atividade em empresa agroindustrial. Definição pela atividade preponderante da empresa. 2. Horas *in itinere*. Acordo coletivo de trabalho. Supressão. Impossibilidade. 3. Adicional de insalubridade. Atividade a céu aberto. Exposição ao sol e calor. OJ 173, II/SBDI-I/TST. 4. Jornada de trabalho. Horas extras. Registro britânico. Apresentação parcial dos cartões de ponto. Súmula 338, I, do TST. Decisão denegatória. Manutenção. Os empregados do agronegócio, tais como usinas de açúcar e de álcool, são enquadrados como rurícolas, independentemente da função que efetivamente exercem, por serem agroeconômicos seus empregadores (art. 3.º, *caput*, § 1.º, Lei n. 5.889/1973). Nesse enquadramento, prevalece o critério da lei imperativa (arts. 2.º e 3.º, *caput*, § 1.º, Lei n.º 5.889/1973), ao invés do critério sugerido pelo Decreto regulamentador da Lei de Trabalho Rural. Assim, consignado pelo TRT que o Reclamante é empregado de empresa agroindustrial, forçoso concluir que o seu enquadramento deve ser conferido como trabalhador rural (art. 2.º, Lei n. 5.889/1973). Dessa forma, sendo rurícola a atividade empresarial desenvolvida pela Reclamada, aplicam-se ao contrato de trabalho firmado com o Reclamante as normas coletivas do setor rural, durante seus respectivos períodos de vigência. Nesse ver, não há como assegurar o processamento do recurso de revista quando o agravo de instrumento interposto não desconstitui os termos da decisão denegatória, que subsiste por seus próprios fundamentos. Agravo de instrumento desprovido (TST, 3.ª T., AIRR 1258-69.2013.5.18.0129, Rel. Min. Mauricio Godinho Delgado, *DEJT* 18.12.2015).

Recurso de revista em face de decisão publicada antes da vigência da Lei 13.015/2014. Empresa agroindustrial. Enquadramento. Prescrição. Empregador urbano. A jurisprudência desta Corte estava cristalizada na Orientação Jurisprudencial 419 da SBDI-I, segundo a qual se considera "rurícola empregado que, a despeito da atividade exercida, presta serviços a empregador agroindustrial (art. 3.º, § 1.º, da Lei 5.889, de 08.06.1973), visto que, neste caso, é a atividade preponderante da empresa que determina o enquadramento". Contudo, na sessão do dia 27/10/2015, do Tribunal Pleno desta Corte, referida orientação jurisprudencial foi cancelada. A partir de então, a questão passa a ser dirimida caso a caso, considerando, inclusive, a atividade desenvolvida pelo trabalhador. Na hipótese dos autos, a Corte de origem registrou, com base nos documentos constitutivos juntados, tratar-se de empresa agroindustrial de produção de cana-de-açúcar e fabricação e comércio de açúcar e álcool. Resultou incontroverso ainda que o reclamante executava as funções de operador, operador carregamento, en carregado e líder logística interna, todas na indústria da transformação, não havendo labor em estabelecimento rústico no tratamento inicial da cana-de-açúcar. Nesse contexto, não há como afastar a condição de empregado urbano e aplicação da prescrição quinquenal, conforme determinado na decisão recorrida. Recurso de revista de que se conhece e a que se nega provimento. [...] (TST, 7.ª T., RR 152200-24.2004.5.15.0029, Rel. Min. Cláudio Mascarenhas Brandão, *DEJT* 10.06.2016).

Conselho de fiscalização profissional. Nulidade da contratação. Necessidade de concurso público após o julgamento da ADIn 1.717/DF pelo STF. Submissão às regras do artigo 37, II, da CF. Conforme entendimento atual da SDI-1 deste Tribunal Superior do Trabalho, os conselhos de fiscalização profissional possuem personalidade jurídica de direito público, inclusive sendo necessária a aprovação em concurso público para ingresso em seus quadros. Precedentes. Nessa seara, não merece reparos a decisão do Regional que entendeu aplicável o artigo 37, I e II, da CF e, assim, declarou nula a contratação do reclamante para considerar devido apenas o pagamento da contraprestação pactuada em relação ao número de horas trabalhadas e dos valores referentes aos depósitos do FGTS. Saliente-se, ainda, que o Regional não examinou a controvérsia sob o enfoque de que a contratação do reclamante se deu com a finalidade de atender situação emergencial e temporária prevista no artigo 37, IX, da Constituição Federal, razão pela qual é evidente a falta de prequestionamento, nos termos da Súmula n.º 297 do TST. Divergência jurisprudencial inválida. Agravo de instrumento conhecido e não provido (TST, 8.ª T., AIRR – 305-17.2014.5.04.0661, Rel. Min. Dora Maria da Costa, *DEJT* 14.12.2018).

Agravo. Recurso de revista. Contrato reputado nulo. Adicional de horas extras indevido. Consoante o entendimento que se extrai da Súmula 363 do TST, por contraprestação pactuada tem-se, tão somente, a retribuição pelo trabalho prestado. Assim, as horas extras porventura trabalhadas devem, sim, ser remuneradas, mas de forma simples, ou seja, sem o acréscimo do adicional legal, não havendo falar em ofensa ao art. 7.º, inciso XVI, da Constituição da República (TST, 3.ª T., RR 921/2002-019-03-00.0, Rel. Min. Maria Cristina Irigoyen Peduzzi, *DJ* 26.10.2007).

Recurso de embargos em recurso de revista. Acórdão embargado publicado antes da entrada em vigor da Lei 11.496/2007. Contrato nulo. Saldo de salários. Contribuições previdenciárias. À luz da jurisprudência sedimentada nesta Corte, inquinada de nulidade *pleno jure* a contratação de trabalhador por ente público sem a prévia aprovação em concurso público, em obediência ao art. 37, II, e § 2.º, da Lei Maior, de sorte que, dada a irreversibilidade do labor prestado, apenas há direito à contraprestação das horas trabalhadas e não pagas e aos depósitos do FGTS. Indevido o recolhimento de contribuições previdenciárias. Recurso de embargos conhecido e provido (TST, SBDI-I, E-RR-982/2006-007-18-00.0, Rel. Min. Rosa Maria Weber Candiota da Rosa, *DJ* 20.03.2009).

Recurso de revista. Conselho Federal de Contabilidade. Autarquia corporativa. Ausência de concurso público. Os conselhos responsáveis pela fiscalização do exercício de profissões têm natureza jurídica de autarquias profissionais ou corporativas, com personalidade jurídica de direito público, sendo parte da Administração Pública Indireta, donde resulta sua necessária submissão aos preceitos do art. 37 da Constituição Federal, dentre os quais a exigência contida no inciso II, de realização de concurso público para a investidura em cargo ou emprego público. Recurso conhecido e provido (TST, 3.ª T., RR 1227/2003-007-10-85.6, Rel. Min. Carlos Alberto Reis de Paula, *DJ* 1.º.06.2007).

VII. Esta Corte Superior, nesse contexto, encampou orientação segundo a qual o regime jurídico dos servidores dos Conselhos Profissionais deve ser, obrigatoriamente, o estatutário. Precedentes (STJ, 1.ª T., AgInt no REsp 1.667.851/RJ, 2017/0099322-3, Rel. Min. Regina Helena Costa, *DJe* 30.08.2017).

4. O acórdão rescindendo dirimiu a controvérsia em consonância com precedentes do STJ aplicáveis à matéria, no sentido de que os servidores dos conselhos de fiscalização profissional submetem-se ao regime jurídico único, de modo que a aposentadoria ocorrida após o deferimento da liminar nas ADIs n. 1.717/DF e 2.135/DF, como se verificou na espécie, segue o regime próprio de previdência. Existindo margem interpretativa para a conclusão obtida pelo julgado rescindendo, não se admite a ação rescisória, devendo prevalecer a coisa julgada (STJ, 1.ª Seção, AgInt na AR 6.257/RJ, 2018/0100236-0, Rel. Min. Og Fernandes, *DJe* 22.11.2018).

Ação direta de inconstitucionalidade. § 1.º do art. 79 da Lei 8.906, 2.ª Parte. "Servidores" da Ordem dos Advogados do Brasil. Preceito que possibilita a opção pelo regime celetista. Compensação pela escolha do regime jurídico no momento da aposentadoria. Indenização. Imposição dos ditames inerentes à administração pública direta e indireta. Concurso público (art. 37, II, da Constituição do Brasil). *Inexigência de concurso público para a admissão dos contratados pela OAB*. Autarquias especiais e agências. Caráter jurídico da OAB. Entidade prestadora de serviço público independente. Categoria ímpar no elenco das personalidades jurídicas existentes no direito brasileiro. Autonomia e independência da entidade. Princípio da moralidade. Violação do art. 37, *caput*, da Constituição do Brasil. Não ocorrência. 1. A Lei 8.906, art. 79, § 1.º, possibilitou aos "servidores" da OAB, cujo regime outrora era estatutário, a opção pelo regime celetista. Compensação pela escolha: indenização a ser paga à época da aposentadoria. 2. Não procede a alegação de que a OAB se sujeita aos ditames impostos à Administração Pública Direta e Indireta. 3. A OAB não é uma entidade da Administração Indireta da União. A Ordem é um serviço público independente, categoria ímpar no elenco das personalidades jurídicas existentes no direito brasileiro. 4. A OAB não está incluída na categoria na qual se inserem essas que se tem referido como "autarquias especiais" para pretender-se afirmar equivocada independência das hoje chamadas "agências". 5. Por não consubstanciar uma entidade da Administração Indireta, a OAB não está sujeita a controle da Administração, nem a qualquer das suas partes está vinculada. Essa não vinculação é formal e materialmente necessária. 6. A OAB ocupa-se de atividades atinentes aos advogados, que exercem função constitucionalmente privilegiada, na medida em que são indispensáveis à administração da Justiça [art. 133 da CB/1988]. É entidade cuja finalidade é afeita a atribuições, interesses e seleção de advogados. Não há ordem de relação ou dependência entre a OAB e qualquer órgão público. 7. A Ordem dos Advogados do Brasil, cujas características são autonomia e independência, não pode ser tida como congênere dos demais órgãos de fiscalização profissional. A OAB não está voltada exclusivamente a finalidades corporativas. Possui finalidade institucional. 8. Embora decorra de determinação legal, o regime estatutário imposto aos empregados da OAB não é compatível com a entidade, que é autônoma e independente. 9. Improcede o pedido do requerente no sentido de que se dê interpretação conforme o art. 37, inciso II, da Constituição do Brasil ao *caput* do art. 79 da Lei 8.906, que determina a aplicação do regime trabalhista aos servidores da OAB. 10. *Incabível a exigência de concurso público para admissão dos contratados sob o regime trabalhista pela OAB*. 11. Princípio da moralidade. Ética da legalidade e moralidade. Confinamento do princípio da moralidade ao âmbito da ética da legalidade, que não pode ser ultrapassada, sob pena de dissolução do próprio sistema. Desvio de poder ou de finalidade. 12. Julgo improcedente o pedido (STF, Pleno, ADI 3.026/DF, Rel. Min. Eros Grau, *DJ* 29.06.2006).

Constitucional e Administrativo. Organização do Estado. Regime jurídico administrativo. Natureza *sui generis* dos Conselhos de fiscalização profissional. Possibilidade de contratação de funcionários pelo regime da Consolidação das Leis do Trabalho. Constitucionalidade. 1. Os Conselhos Profissionais, enquanto autarquias corporativas criadas por lei com outorga para o exercício de atividade típica do Estado, têm maior grau de autonomia administrativa e financeira, constituindo espécie *sui generis* de pessoa jurídica de direito público não estatal, a qual não se aplica a obrigatoriedade do regime jurídico único preconizado pelo artigo 39 do texto constitucional. 2. Trata-se de natureza peculiar que justifica o afastamento de algumas das regras ordinárias impostas às pessoas jurídicas de direito público. Precedentes: RE 938.837 (Rel. Min. Edson Fachin, redator p/ acórdão Min. Marco Aurélio, Tribunal Pleno, julgado em 19/4/2017, *DJe* de 25/9/2017; e ADI 3.026 (Rel. Min. Eros Grau, Tribunal Pleno, *DJ* de 29/9/2006. 3. Constitucionalidade da legislação que permite a contratação no âmbito dos Conselhos Profissionais sob o regime celetista. ADC 36 julgada procedente, para declarar a constitucionalidade do art. 58, § 3.º, da Lei 9.649/1998. ADI 5367 e ADPF 367 julgadas improcedentes (STF, Pleno, ADC 36/DF, ADI 5.367/DF, Red. p/ ac. Min. Alexandre de Moraes, *DJe* 16.11.2020).

Medida cautelar em ação direta de inconstitucionalidade. Poder constituinte reformador. Processo legislativo. Emenda constitucional 19, de 04.06.1998. Art. 39, *caput*, da Constituição Federal. Servidores públicos. Regime jurídico único. Proposta de implementação, durante a atividade constituinte derivada, da figura do contrato de emprego público. Inovação que não obteve a aprovação da maioria de três quintos dos membros da Câmara dos deputados quando da apreciação, em primeiro turno, do destaque para votação em separado (DVS) 9. Substituição, na elaboração da proposta levada a segundo turno, da redação original do *caput* do art. 39 pelo texto inicialmente previsto para o § 2.º do mesmo dispositivo, nos termos do substitutivo aprovado. Supressão, do texto constitucional, da expressa menção ao sistema de regime jurídico único dos servidores da administração pública. Reconhecimento, pela maioria do plenário do Supremo Tribunal Federal, da plausibilidade da alegação de vício formal por ofensa ao art. 60, § 2.º, da Constituição Federal. Relevância jurídica das demais alegações de inconstitucionalidade formal e material rejeitada por unanimidade. 1. A matéria votada em destaque na Câmara dos Deputados no DVS 9 não foi aprovada em primeiro turno, pois obteve apenas 298 votos e não os 308 necessários. Manteve-se, assim, o então vigente *caput* do art. 39, que tratava do regime jurídico único, incompatível com a figura do emprego público. 2. O deslocamento do texto do § 2.º do art. 39, nos termos do substitutivo aprovado, para o *caput* desse mesmo dispositivo representou, assim, uma tentativa de superar a não aprovação do DVS 9 e evitar a permanência do regime jurídico único previsto na redação original suprimida, circunstância que permitiu a implementação do contrato de emprego público ainda que à revelia da regra constitucional que exige o *quorum* de três quintos para aprovação de qualquer mudança constitucional. 3. Pedido de medida cautelar deferido, dessa forma, quanto ao *caput* do art. 39 da Constituição Federal, ressalvando-se, em decorrência dos efeitos *ex nunc* da decisão, a subsistência, até o julgamento definitivo da ação, da validade dos atos anteriormente praticados com base em legislações eventualmente editadas durante a vigência do dispositivo ora suspenso. 4. Ação direta julgada prejudicada quanto ao art. 26 da EC 19/1998, pelo exaurimento do prazo estipulado para sua vigência. 5. Vícios formais e materiais dos demais dispositivos constitucionais impugnados, todos oriundos da EC 19/1998, aparentemente inexistentes ante a constatação de que as mudanças de redação promovidas no curso do processo legislativo não alteraram substancialmente o sentido das proposições ao final aprovadas e de que não há direito adquirido à manutenção de regime jurídico anterior. 6. Pedido de medida cautelar parcialmente deferido (STF, Pleno, ADI-MC 2.135-4/DF, Rel. originário Min. Néri da Silveira, Rel. p/ ac. Min. Ellen Gracie, *DJ* 07.03.2008).

Administrativo. Recurso extraordinário. Servidor público contratado por tempo determinado para atendimento de necessidade temporária de excepcional interesse público. Requisitos de validade (RE 658.026, rel. Min. Dias Toffoli, DJE de 31/10/2014, Tema 612). Descumprimento. Efeitos jurídicos. Direito à percepção dos salários referentes ao período trabalhado e, nos termos do art. 19-A da Lei 8.036/1990, ao levantamento dos depósitos efetuados no Fundo de Garantia do Tempo de Serviço – FGTS. 1. Reafirma-se, para fins de repercussão geral, a jurisprudência do Supremo Tribunal Federal no sentido de que a contratação por tempo determinado para atendimento de necessidade temporária de excepcional interesse público realizada em desconformidade com os preceitos do art. 37, IX, da Constituição Federal não gera quaisquer efeitos jurídicos válidos em relação aos servidores contratados, com exceção do direito à percepção dos salários referentes ao período trabalhado e, nos termos do art. 19-A da Lei 8.036/1990, ao levantamento dos depósitos efetuados no Fundo de Garantia do Tempo de Serviço – FGTS. 2. Recurso extraordinário a que se dá parcial provimento, com o reconhecimento da repercussão geral do tema e a reafirmação da jurisprudência sobre a matéria (STF, Pleno, RG-RE 765.320/MG, Rel. Min. Teori Zavascki, *DJe* 23.09.2016).

Embargos de declaração. Servidor contratado por tempo determinado para atender a necessidade temporária de excepcional interesse público. Nulidade do vínculo. Direito aos depósitos do FGTS. Jurisprudência reafirmada. Inexistência de vícios de fundamentação no acórdão embargado. Rejeição. 1. O acórdão embargado contém fundamentação apta e suficiente a resolver todos os pontos do recurso que lhe foi submetido. 2. A aplicação do art. 19-A da Lei 8.036/1990 aos servidores irregularmente contratados na forma do art. 37, IX, da CF/88 não se restringe a relações regidas pela Consolidação das Leis do Trabalho. 3. Ausentes omissão, contradição, obscuridade ou erro material no julgado, não há razão para qualquer reparo. 4. Pedido de ingresso de *amicus curiae* indeferido. Embargos de declaração rejeitados (STF, Pleno, ED-RE 765.320/MG, Rel. Min. Alexandre de Moraes, *DJe* 21.09.2017).

Direito do Trabalho: Legislação federal sobre reajuste de salário ("gatilho salarial"): incidência direta sobre as relações contratuais trabalhistas do Estado-membro e suas autarquias. No âmbito da competência privativa da União para legislar sobre Direito do Trabalho – que abrange as normas de reajuste salarial compulsório – a lei federal incide diretamente sobre as relações contratuais dos servidores dos Estados, dos Municípios e das respectivas autarquias: uma coisa é repelir – por força da autonomia do Estado ou da vedação de vinculações remuneratórias –, que a legislação local possa atrelar os ganhos dos servidores estaduais, estatutários ou não, a vencimentos da União ou índices federais de qualquer sorte. Outra coisa bem diversa é afirmar a incidência direta sobre os salários de servidores locais, regidos pelo Direito do Trabalho, de lei federal sobre reajustes salariais: aqui, o problema não é de vinculação; nem de usurpação ou renúncia indevida à autonomia do Estado; é, sim, de competência da União para legislar sobre Direito do Trabalho (STF, Pleno, RE 164.715/MG, Rel. Min. Sepúlveda Pertence, j. 13.06.1996, *DJ* 21.02.1997).

I – [...] Os serviços sociais autônomos do denominado sistema "S", embora compreendidos na expressão de entidade paraestatal, são pessoas jurídicas de direito privado, definidos como entes de colaboração, mas não integrantes da Administração Pública. II – Quando o produto das contribuições ingressa nos cofres dos Serviços Sociais Autônomos perde o caráter de recurso público. Precedentes. (STF, Pleno, AgR-ACO 1.953/ES, Rel. Min. Ricardo Lewandowski, *DJe* 19.02.2014).

Direito Constitucional e Administrativo. Ação Direta de Inconstitucionalidade. Referendo da Medida Cautelar. Conversão em Julgamento de Mérito. Concurso Público. Decreto que exclui a adaptação de provas físicas para candidatos com deficiência. 1. Ação direta contra decreto que tem por objeto "excluir a previsão de adaptação das provas físicas para candidatos com deficiência e estabelecer que os critérios de aprovação dessas provas poderão seguir os mesmos critérios aplicados aos demais candidatos". 2. De acordo com o art. 2.º da Convenção de Direitos das Pessoas com Deficiência – CDPD, a recusa de adaptação razoável é considerada discriminação por motivo de deficiência. 3. O art. 3.º, VI, do Decreto n.º 9.508/2018 estabelece uma faculdade em benefício do candidato com deficiência, que pode utilizar suas próprias tecnologias assistivas e adaptações adicionais, se assim preferir. É inconstitucional a interpretação que exclua o direito desses candidatos à adaptação razoável. 4. O art. 4.º, § 4.º, do Decreto n.º 9.508/2018, que estabelece que os critérios de aprovação nas provas físicas poderão ser os mesmos para candidatos com e sem deficiência, somente é aplicável às hipóteses em que essa exigência for indispensável ao exercício das funções próprias de um cargo público específico. É inconstitucional a interpretação que submeta candidatos com e sem deficiência aos mesmos critérios nas provas físicas, sem a demonstração da sua necessidade para o desempenho da função pública. 5. Referendo da medida cautelar convertido em julgamento de mérito. Pedido julgado procedente, com a fixação das seguintes teses de julgamento: 1. É inconstitucional a interpretação que exclui o direito de candidatos com deficiência à adaptação razoável em provas físicas de concursos públicos; 2. É inconstitucional a submissão genérica de candidatos com e sem deficiência aos mesmos critérios em provas físicas, sem a demonstração da sua necessidade para o exercício da função pública (STF, Pleno, ADI 6.476/DF, Rel. Min. Roberto Barroso, *DJe* 16.09.2021).

Direito Constitucional. Ação Direta de Constitucionalidade. Reserva de vagas para negros em concursos públicos. Constitucionalidade da Lei n.º 12.990/2014. Procedência do pedido. 1. É constitucional a Lei n.º 12.990/2014, que reserva a pessoas negras 20% das vagas oferecidas nos concursos públicos para provimento de cargos efetivos e empregos públicos no âmbito da administração pública federal direta e indireta, por três fundamentos. 1.1. Em primeiro lugar, a desequiparação promovida pela política de ação afirmativa em questão está em consonância com o princípio da isonomia. Ela se funda na necessidade de superar o racismo estrutural e institucional ainda existente na sociedade brasileira, e garantir a igualdade material entre os cidadãos, por meio da distribuição mais equitativa de bens sociais e da promoção do reconhecimento da população afrodescendente. 1.2. Em segundo lugar, não há violação aos princípios do concurso público e da eficiência. A reserva de vagas para negros não os isenta da aprovação no concurso público. Como qualquer outro candidato, o beneficiário da política deve alcançar a nota necessária para que seja considerado apto a exercer, de forma adequada e eficiente, o cargo em questão. Além disso, a incorporação do fator "raça" como critério de seleção, ao invés de afetar o princípio da eficiência, contribui para sua realização em maior extensão, criando uma "burocracia representativa", capaz de garantir que os pontos de vista e interesses de toda a população sejam considerados na tomada de decisões estatais. 1.3. Em terceiro lugar, a medida observa o princípio da proporcionalidade em sua tríplice dimensão. A existência de uma política de cotas para o acesso de negros à educação superior não torna a reserva de vagas nos quadros da administração pública desnecessária ou desproporcional em sentido estrito. Isso porque: (i) nem todos os cargos e empregos públicos exigem curso superior; (ii) ainda quando haja essa exigência, os beneficiários da ação afirmativa no serviço público podem não ter sido beneficiários das cotas nas universidades públicas; e (iii) mesmo que o concorrente tenha ingressado em curso de ensino superior por meio de cotas, há outros fatores que impedem os negros de competir em pé de igualdade nos concursos públicos, justificando a política de ação afirmativa instituída pela Lei n.º 12.990/2014. 2. Ademais, a fim de garantir a efetividade da política em questão, também é constitucional a instituição de mecanismos para evitar fraudes pelos candidatos. É legítima a utilização, além da autodeclaração, de critérios subsidiários de heteroidentificação (e.g., a exigência de autodeclaração presencial perante a comissão do concurso), desde que respeitada a dignidade da pessoa humana e garantidos o contraditório e a ampla defesa. 3. Por fim, a administração pública deve atentar para os seguintes parâmetros: (i) os percentuais de reserva de vaga devem valer para todas as fases dos concursos; (ii) a reserva deve ser aplicada em todas as vagas oferecidas no concurso público (não apenas no edital de abertura); (iii) os concursos não podem fracionar as vagas de acordo com a especialização exigida para burlar a política de ação afirmativa, que só se aplica em concursos com mais de duas vagas; e (iv) a ordem classificatória obtida a partir da aplicação dos critérios de alternância e proporcionalidade na nomeação dos candidatos aprovados deve produzir efeitos durante toda a carreira funcional do beneficiário da reserva de vagas. 4. Procedência do pedido, para fins de declarar a integral constitucionalidade da Lei n.º 12.990/2014. Tese de julgamento: "É constitucional a reserva de 20% das vagas oferecidas nos concursos públicos para provimento de cargos efetivos e empregos públicos no âmbito da administração pública direta e indireta. É legítima a utilização, além da autodeclaração, de critérios subsidiários de heteroidentificação, desde que respeitada a dignidade da pessoa humana e garantidos o contraditório e a ampla defesa" (STF, Pleno, ADC 41/DF, Rel. Min. Roberto Barroso, *DJe* 17.08.2017).

A Turma Nacional de Uniformização dos Juizados Especiais Federais fixou a seguinte tese (Tema 209): "O labor prestado à Administração Pública, sob contratação reputada nula pela falta de realização de prévio concurso público, produz efeitos previdenciários, desde que ausente simulação ou fraude na investidura ou contratação, tendo em vista que a relação jurídica previdenciária inerente ao RGPS [Regime Geral de Previdência Social], na modalidade de segurado empregado, é relativamente independente da relação jurídica de trabalho a ela subjacente" (TNU, PEDILEF 0502656-69.2018.4.05.8404/RN, Rel. Juiz Federal José Francisco Andreotti Spizzirri, *DJe* 23.09.2019).

✦ Súmulas, Orientações Jurisprudenciais e Precedentes Normativos

Súmula 60 do TST: Adicional noturno. Integração no salário e prorrogação em horário diurno. I – O adicional noturno, pago com habitualidade, integra o salário do empregado para todos os efeitos. II – Cumprida integralmente a jornada no período noturno e prorrogada esta, devido é também o adicional quanto às horas prorrogadas. Exegese do art. 73, § 5.º, da CLT.

Súmula 363 do TST: Contrato nulo. Efeitos. A contratação de servidor público, após a CF/1988, sem prévia aprovação em concurso público, encontra óbice no respectivo art. 37, II e § 2.º, somente lhe conferindo direito ao pagamento da contraprestação pactuada, em relação ao número de horas trabalhadas, respeitado o valor da hora do salário mínimo, e dos valores referentes aos depósitos do FGTS.

Súmula 396 do TST: Estabilidade provisória. Pedido de reintegração. Concessão do salário relativo ao período de estabilidade já exaurido. Inexistência de julgamento "extra petita" (conversão das Orientações Jurisprudenciais 106 e 116 da SBDI-1) – Res. 129/2005, *DJ* 20, 22 e 25.04.2005. I – Exaurido o período de estabilidade, são devidos ao empregado apenas os salários do período compreendido entre a data da despedida e o final do período de estabilidade, não lhe sendo assegurada a reintegração no emprego (ex-OJ 116 da SBDI-1 – inserida em 1.º.10.1997). II – Não há nulidade por julgamento "extra petita" da decisão que deferir salário quando o pedido for de reintegração, dados os termos do art. 496 da CLT (ex-OJ 106 da SBDI-1 – inserida em 20.11.1997).

Súmula 430 do TST: Administração Pública Indireta. Contratação. Ausência de concurso público. Nulidade. Ulterior privatização. Convalidação. Insubsistência do vício. Convalidam-se os efeitos do contrato de trabalho que, considerado nulo por ausência de concurso público, quando celebrado originalmente com ente da Administração Pública Indireta, continua a existir após a sua privatização.

Súmula 578 do STJ: Os empregados que laboram no cultivo da cana-de-açúcar para empresa agroindustrial ligada ao setor sucroalcooleiro detêm a qualidade de rurícola, ensejando a isenção do FGTS desde a edição da Lei Complementar n.º 11/1971 até a promulgação da Constituição Federal de 1988.

Orientação Jurisprudencial 38 da SBDI-I do TST: Empregado que exerce atividade rural. Empresa de reflorestamento. Prescrição própria do rurícola (Lei n.º 5.889, de 08.06.1973, art. 10, e Decreto n.º 73.626, de 12.02.19/1974, art. 2.º, § 4.º). O empregado que trabalha em empresa de reflorestamento, cuja atividade está diretamente ligada ao manuseio da terra e de matéria-prima, é rurícola e não industriário, nos termos do Decreto n.º 73.626, de 12.02.1974, art. 2.º, § 4.º [Decreto 10.854/2021, art. 84, § 4.º], pouco importando que o fruto de seu trabalho seja destinado à indústria. Assim, aplica-se a prescrição própria dos rurícolas aos direitos desses empregados.

Orientação Jurisprudencial 362 da SBDI-I do TST: Contrato nulo. Efeitos. FGTS. Medida Provisória 2.164-41, de 24.08.2001, e art. 19-A da Lei n.º 8.036, DE 11.05.1990. Irretroatividade. Não afronta o princípio da irretroatividade da lei a aplicação do art. 19-A da Lei n.º 8.036, de 11.05.1990, aos contratos declarados nulos celebrados antes da vigência da Medida Provisória n.º 2.164-41, de 24.08.2001.

Art. 8.º As autoridades administrativas e a Justiça do Trabalho, na falta de disposições legais ou contratuais, decidirão, conforme o caso, pela jurisprudência, por analogia, por equidade e outros princípios e normas gerais de direito, principalmente do direito do trabalho, e, ainda, de acordo com os usos e costumes, o direito comparado, mas sempre de maneira que nenhum interesse de classe ou particular prevaleça sobre o interesse público.

1. INTEGRAÇÃO DO DIREITO DO TRABALHO

Conforme a Lei de Introdução às Normas do Direito Brasileiro, art. 4.º, quando a lei for omissa, o juiz decidirá o caso de acordo com a analogia, os costumes e os princípios gerais de Direito.

Especificamente quanto ao Direito do Trabalho, o art. 8.º, *caput*, da CLT estabelece que na falta de disposições legais ou contratuais as autoridades administrativas e a Justiça do Trabalho decidirão, conforme o caso: pela jurisprudência, por analogia, por equidade e outros princípios e normas gerais do Direito, principalmente do Direito do Trabalho, e, ainda, de acordo com os usos e costumes e o Direito comparado.

Como se nota, o art. 8.º da CLT faz menção a fontes supletivas, no Direito do Trabalho, de forma mais ampla do que no Direito comum.

A *jurisprudência* significa a reiteração de decisões dos tribunais, aplicando e interpretando as normas jurídicas. No Direito do Trabalho, as Súmulas do Supremo Tribunal

Federal sobre questões trabalhistas, bem como as Súmulas e as Orientações Jurisprudenciais do Tribunal Superior do Trabalho exercem grande influência na aplicação do Direito, merecendo destaque na uniformização da jurisprudência, o que também pode se verificar no âmbito dos Tribunais Regionais do Trabalho.

Frise-se que, no presente, a jurisprudência passou a ter certa conotação obrigatória e força nitidamente vinculante em diversas situações, e quanto a certas modalidades de precedentes[23], como se observa nos arts. 489, § 1.º, inciso VI[24], e 927 do CPC de 2015[25], o que confirma a sua natureza de fonte do Direito, inclusive na esfera jurídica trabalhista (art. 15 do CPC de 2015 e art. 769 da CLT).

Ressalte-se que todas as decisões do Poder Judiciário devem ser *fundamentadas*, sob pena de nulidade (art. 93, inciso IX, da Constituição da República e art. 11 do CPC).

A respeito do tema, o Supremo Tribunal Federal fixou a seguinte tese de repercussão geral: "O art. 93, IX, da Constituição Federal exige que o acórdão ou decisão sejam fundamentados, ainda que sucintamente, sem determinar, contudo, o exame pormenorizado de cada uma das alegações ou provas" (STF, Pleno, QO-RG-AI 791.292/PE, Rel. Min. Gilmar Mendes, *DJe* 13.08.2010).

A jurisprudência do STF é no sentido de que não viola a exigência constitucional da motivação o acórdão de segunda instância que adota como razões de decidir fundamentos contidos na sentença recorrida (AgR-RE 1.099.396/SC, Rel. Min. Roberto Barroso). Nessa linha, prevalece o entendimento de que a técnica da fundamentação *per relationem*, na qual o juiz se utiliza de trechos de decisão anterior ou de parecer ministerial como razão de decidir, não configura ofensa ao disposto no art. 93, inciso IX, da Constituição Federal de 1988 (STF, AgR-RHC 138.648/SC, Rel. Min. Roberto Barroso). No Superior Tribunal de Justiça, há entendimento de que "a mera transcrição de outra decisão ou de manifestação nos autos, sem qualquer acréscimo de fundamentação, não é apta a suprir a exigência de fundamentação das decisões judiciais, prevista no art. 93, IX, da Constituição Federal" (STJ, 3.ª Seção, EREsp 1.384.669/RS, Rel. Min. Nefi Cordeiro).

A Administração Pública também deve obedecer ao *princípio da motivação* (art. 2.º da Lei 9.784/1999), pois os atos administrativos, em regra, devem ser *motivados* (art. 50 da Lei 9.784/1999). Trata-se de exigência inerente ao Estado Democrático de Direito.

Nos termos do art. 20 da Lei de Introdução às Normas do Direito Brasileiro, incluído pela Lei 13.655/2018, nas esferas administrativa, controladora e judicial, não se deve decidir com base em valores jurídicos abstratos sem que sejam consideradas as *consequências práticas da decisão*.

---

[23] Cf. DINAMARCO, Cândido Rangel; LOPES, Bruno Vasconcelos Carrilho. *Teoria geral do novo processo civil*. São Paulo: Malheiros, 2016. p. 251: "Precedente. Decisão proferida em um caso concreto cuja *ratio decidendi* serve de parâmetro para o julgamento de outros casos".

[24] "§ 1.º Não se considera fundamentada qualquer decisão judicial, seja ela interlocutória, sentença ou acórdão, que: [...] VI – deixar de seguir enunciado de súmula, jurisprudência ou precedente invocado pela parte, sem demonstrar a existência de distinção no caso em julgamento ou a superação do entendimento".

[25] "Art. 927. Os juízes e os tribunais observarão: I – as decisões do Supremo Tribunal Federal em controle concentrado de constitucionalidade; II – os enunciados de súmula vinculante; III – os acórdãos em incidente de assunção de competência ou de resolução de demandas repetitivas e em julgamento de recursos extraordinário e especial repetitivos; IV – os enunciados das súmulas do Supremo Tribunal Federal em matéria constitucional e do Superior Tribunal de Justiça em matéria infraconstitucional; V – a orientação do plenário ou do órgão especial aos quais estiverem vinculados".

Consideram-se *valores jurídicos abstratos* aqueles previstos em normas jurídicas com alto grau de indeterminação e abstração (art. 3.º, § 1.º, do Decreto 9.830/2019).

A *motivação* deve demonstrar a *necessidade* e a *adequação* da medida imposta ou da invalidação de ato, contrato, ajuste, processo ou norma administrativa, inclusive em face das possíveis alternativas (art. 20, parágrafo único, da Lei de Introdução às Normas do Direito Brasileiro).

A *decisão* deve ser motivada com a contextualização dos fatos, quando cabível, e com a indicação dos fundamentos de mérito e jurídicos (art. 2.º do Decreto 9.830/2019).

A *motivação da decisão* deve conter os seus fundamentos e apresentará a congruência entre as normas e os fatos que a embasaram, de forma argumentativa. A motivação indicará as normas, a interpretação jurídica, a jurisprudência ou a doutrina que a embasaram. A motivação pode ser constituída por declaração de concordância com o conteúdo de notas técnicas, pareceres, informações, decisões ou propostas que precederam a decisão (art. 2.º, §§ 1.º a 3.º, do Decreto 9.830/2019).

A *decisão* que, nas esferas administrativa, controladora ou judicial, decretar a invalidação de ato, contrato, ajuste, processo ou norma administrativa deve indicar de modo expresso suas *consequências jurídicas e administrativas* (art. 21 da Lei de Introdução às Normas do Direito Brasileiro, acrescentado pela Lei 13.655/2018).

A decisão mencionada deve, quando for o caso, indicar as condições para que a regularização ocorra de modo *proporcional e equânime* e sem prejuízo aos interesses gerais, não se podendo impor aos sujeitos atingidos ônus ou perdas que, em função das peculiaridades do caso, sejam anormais ou excessivos.

A *decisão do processo*, nas esferas administrativa, controladora ou judicial, pode impor *compensação por benefícios indevidos ou prejuízos anormais ou injustos* resultantes do processo ou da conduta dos envolvidos (art. 27 da Lei de Introdução às Normas do Direito Brasileiro, incluído pela Lei 13.655/2018).

A decisão sobre a compensação deve ser *motivada*, ouvidas previamente as partes sobre seu cabimento, sua forma e, se for o caso, seu valor. Para prevenir ou regular a compensação, pode ser celebrado *compromisso processual* entre os envolvidos.

O agente público responde *pessoalmente* por suas decisões ou opiniões técnicas em caso de *dolo ou erro grosseiro* (art. 28 da Lei de Introdução às Normas do Direito Brasileiro, acrescentado pela Lei 13.655/2018). Considera-se *erro grosseiro* aquele manifesto, evidente e inescusável praticado com *culpa grave*, caracterizado por ação ou omissão com elevado grau de negligência, imprudência ou imperícia (art. 12, § 1.º, do Decreto 9.830/2019).

Especificamente quanto à esfera jurisdicional, o juiz responde, *civil e regressivamente*, por perdas e danos quando: I – no exercício de suas funções, proceder com dolo ou fraude; II – recusar, omitir ou retardar, sem justo motivo, providência que deva ordenar de ofício ou a requerimento da parte (art. 143 do CPC). As hipóteses previstas no inciso II somente serão verificadas depois que a parte requerer ao juiz que determine a providência e o requerimento não for apreciado no prazo de 10 dias.

Nesse contexto, cabe salientar que as pessoas jurídicas de direito público e as de direito privado prestadoras de serviços públicos respondem pelos danos que seus agentes, nessa qualidade, causarem a terceiros, *assegurado o direito de regresso contra o responsável nos casos de dolo ou culpa* (art. 37, § 6.º, da Constituição da República)[26]. Trata-se, quanto à parte inicial, de responsabilidade objetiva do Estado, adotando-se a *teoria do risco administrativo*[27].

Ainda assim, segundo a jurisprudência do Supremo Tribunal Federal: "A responsabilidade objetiva do Estado por atos judiciais só é possível nas hipóteses previstas em lei, sob pena de contenção da atividade do Estado na atividade jurisdicional regular" (STF, 1.ª T., AgR-ARE 833.909/SC, Rel. Min. Roberto Barroso, *DJe* 19.05.2017)[28].

A divergência na interpretação de lei ou na avaliação de fatos e provas não configura abuso de autoridade (art. 1.º, § 2.º, da Lei 13.869/2019).

Princípios gerais de direito são verdades que dão sustentação ao sistema jurídico como um todo, por exemplo: a ninguém se deve lesar; dar a cada um aquilo que é seu; viver honestamente.

Os *princípios do Direito do Trabalho* são o da proteção (que abrange a aplicação da norma mais favorável, a condição mais benéfica e o *in dubio pro operario*), o da irrenunciabilidade, o da primazia da realidade e o da continuidade da relação de emprego, podendo-se fazer referência, ainda, aos princípios da boa-fé, da razoabilidade e da não discriminação[29].

A *analogia* é o principal método de integração do ordenamento jurídico, significando a aplicação de certa norma jurídica para situação de fato sem tratamento específico, mas semelhante à relação regulada pela disposição normativa.

A doutrina menciona a existência de duas modalidades de analogia, ou seja, *legis* e *juris*.

Na analogia *legis*, a lacuna é preenchida por meio da aplicação de norma jurídica específica, a qual regula situação de fato semelhante àquela não regulada expressamente.

Na analogia *juris*, a integração ocorre aplicando-se ao fato não regulado o preceito jurídico extraído de um conjunto de normas presentes no ordenamento jurídico, bem como dos princípios gerais de direito.

A analogia pode ser *interna*, quando a norma supletiva, a ser aplicada ao caso em que se verificou a omissão normativa, integra o mesmo ramo do Direito em que se observou a lacuna. Na analogia *externa*, por sua vez, a norma que se aplica ao caso omisso integra outro ramo do Direito.

Mesmo na analogia *juris*, esta também pode ser: *interna*, mediante a aplicação de princípios e normas gerais de Direito do Trabalho; *externa*, incidindo os princípios gerais de Direito para a integração da lacuna jurídica.

Os usos e costumes são condutas reiteradamente praticadas e observadas pelo grupo social ou comunidade, que as considera juridicamente obrigatória.

---

26 A respeito do tema, o Supremo Tribunal Federal fixou a seguinte tese de repercussão geral: "A teor do disposto no art. 37, § 6.º, da Constituição Federal, a ação por danos causados por agente público deve ser ajuizada contra o Estado ou a pessoa jurídica de direito privado prestadora de serviço público, sendo parte ilegítima para a ação o autor do ato, assegurado o direito de regresso contra o responsável nos casos de dolo ou culpa" (STF, Pleno, RE 1.027.633/SP, Rel. Min. Marco Aurélio, j. 14.08.2019).

27 Cf. MEIRELLES, Hely Lopes. *Direito administrativo brasileiro*. 26. ed. atualizada por Eurico de Andrade Azevedo, Délcio Balestero Aleixo e José Emmanuel Burle Filho. São Paulo: Malheiros, 2001. p. 614.

28 "A jurisprudência deste Supremo Tribunal Federal consolidou-se no sentido de que, salvo nos casos previstos no art. 5.º, LXXV, da Magna Carta – erro judiciário e prisão além do tempo fixado na sentença –, e daqueles expressamente previstos em lei, a responsabilidade objetiva do Estado não se aplica aos atos jurisdicionais. Precedentes" (STF, 1.ª T., AgR-RE 765.139/RN, Rel. Min. Rosa Weber, *DJe* 21.11.2017).

29 Cf. PLÁ RODRIGUEZ, Américo. *Princípios de direito do trabalho*. 3. ed. Tradução e revisão técnica de Wagner D. Giglio. Tradução das atualizações de Edilson Alkmim Cunha. São Paulo: LTr, 2004. p. 61.

O costume pode ser enfocado como conduta que abrange grupo de maior alcance, enquanto o uso é mais restrito.

O costume *contra legem* é aquele que viola a norma legal, não sendo, por isso, válido. O costume *secundum legem* refere-se à conduta que já está prevista na própria lei. Por fim, o costume *praeter legem* significa aquele que, embora não previsto em lei, não a afronta, sendo aceito pelo sistema jurídico, podendo, ainda, ser aplicado no caso de lacuna da lei.

No Direito do Trabalho, a conduta habitual do empregador que seja mais benéfica do que a previsão mínima contida na lei passa a ser obrigatória, em face do princípio da condição mais benéfica e do disposto no art. 468 da CLT. Além disso, um dos requisitos do salário *in natura* é justamente a habitualidade na concessão da utilidade (art. 458, *caput*, da CLT). Da mesma forma, o art. 460 da CLT estabelece que, na falta de estipulação do salário ou não havendo prova sobre a importância ajustada, o empregado terá direito a perceber salário igual ao daquele que, na mesma empresa, fizer serviço equivalente, ou do que for *habitualmente* (ou seja, costumeiramente) pago para serviço semelhante. Isso revela a importância do costume no âmbito da relação de emprego.

O art. 8.º, *caput*, da CLT explicita que os usos e costumes também podem ser utilizados na falta de disposições legais e contratuais, ou seja, como forma de integração do ordenamento jurídico no Direito do Trabalho.

A *equidade* pode ser entendida de duas formas[30]. A primeira, de origem grega (*epieikeia*), significa a amenização do rigor da norma jurídica, retificando distorções, ou seja, envolve a interpretação mais branda, equitativa, corrigindo as injustiças da norma abstrata na aplicação sobre situações em concreto, levando em conta suas particularidades. Dessa forma, o art. 852-I, § 1.º, da CLT, que se refere ao procedimento sumaríssimo, estabelece que o juiz adotará, em cada caso, a decisão que reputar mais *justa e equânime*, atendendo aos fins sociais da lei e as exigências do bem comum.

A segunda concepção da equidade, de origem romana (*aequitas*), significa a criação de regra jurídica para o caso concreto, possibilitando a decisão sem vinculação às disposições legais, mas sim de acordo com os critérios de justiça. Conforme o art. 140, parágrafo único, do Código de Processo Civil de 2015, a decisão por equidade depende de expressa autorização no ordenamento jurídico. Nessa linha, o art. 766 da CLT estabelece que, nos dissídios sobre estipulação de salários, serão estabelecidas condições que, assegurando *justos* salários aos trabalhadores, permitam também *justa* retribuição às empresas interessadas, indicando a importância da equidade no exercício do Poder Normativo pela Justiça do Trabalho.

O *Direito Comparado*, por sua vez, significa o confronto das leis de diversos países, levando em conta as estruturas sociais, históricas e políticas de cada um deles, as quais condicionam a formação dos diferentes sistemas jurídicos. O Direito Comparado, desse modo, não se confunde com a Legislação Comparada, tendo como objeto indicar as semelhanças entre o Direito e os institutos jurídicos de cada povo[31].

Entende-se por *autointegração* o preenchimento da lacuna normativa com a aplicação das próprias fontes principais do Direito, quer dizer, por meio da *analogia*, de modo que a lacuna seja integrada mediante normas internas, presentes no interior do próprio ordenamento jurídico.

30 Cf. DELGADO, Mauricio Godinho. *Curso de direito do trabalho*. 15. ed. São Paulo: LTr, 2016. p. 178-179.

31 Cf. REALE, Miguel. *Lições preliminares de direito*. 18. ed. São Paulo: Saraiva, 1991. p. 305.

Na *heterointegração*, a lacuna normativa é suprida por outros meios, não inseridos nas fontes principais do Direito, ou seja, com a incidência da jurisprudência, da equidade, dos princípios gerais de direito e do Direito do Trabalho, dos usos e costumes e do Direito comparado.

Embora a analogia seja apontada como forma de autointegração, observa-se que a modalidade da analogia *juris*, preenchendo-se a lacuna com a incidência de princípios gerais de direito, acaba por se confundir com a heterointegração[32].

✦ Jurisprudência

Motivação *per relationem*. Legitimidade jurídico-constitucional dessa técnica de motivação. Ausência de violação ao art. 93, IX, da Constituição. 1. Para chegar a conclusão diversa do acórdão recorrido, imprescindíveis seriam a análise da legislação infraconstitucional pertinente e uma nova apreciação dos fatos e do material probatório constante dos autos (Súmula 279/STF), procedimentos inviáveis em recurso extraordinário. 2. A jurisprudência desta Corte é no sentido de que não viola a exigência constitucional da motivação o acórdão de segunda instância que adota como razões de decidir fundamentos contidos na sentença recorrida. Precedentes. 3. A decisão está devidamente fundamentada, embora em sentido contrário aos interesses da parte agravante. 4. Agravo interno a que se nega provimento (STF, 1.ª T., AgR-RE 1.099.396/SC, Rel. Min. Roberto Barroso, *DJe* 12.04.2018).

1. A orientação jurisprudencial do Supremo Tribunal Federal é no sentido de que "a técnica da fundamentação *per relationem*, na qual o magistrado se utiliza de trechos de decisão anterior ou de parecer ministerial como razão de decidir, não configura ofensa ao disposto no art. 93, IX, da CF" (RHC 116.166, Rel. Min. Gilmar Mendes) (STF, 1.ª T., AgR-RHC 138.648/SC, Rel. Min. Roberto Barroso, *DJe* 09.11.2018).

Embargos de divergência em recurso especial. Apelação. Preliminares. Adoção do parecer ministerial. Fundamentação *per relationem*. Insuficiência. Precedente da Terceira Seção. Embargos acolhidos. 1. A Terceira Seção do Superior Tribunal de Justiça, no julgamento do HC 216.659/SP, ressalvada compreensão pessoal, decidiu que a mera transcrição de outra decisão ou de manifestação nos autos, sem qualquer acréscimo de fundamentação, não é apta a suprir a exigência de fundamentação das decisões judiciais, prevista no art. 93, IX, da Constituição Federal. 2. A Corte de origem, ao apreciar o apelo defensivo, limitou-se a fazer remissão ao parecer ministerial, sequer transcrito no acórdão, sem tecer qualquer consideração acerca das preliminares arguidas, o que não se coaduna com o imperativo da necessidade de fundamentação adequada das decisões judiciais. 3. Embargos de divergência acolhidos para dar provimento ao recurso especial defensivo, determinando o retorno dos autos à Corte de origem para que profira novo julgamento, como entender de direito, inclusive apreciando as preliminares arguidas no apelo defensivo (STJ, 3.ª Seção, EREsp 1.384.669/RS, 2012/0274444-0, Rel. Min. Nefi Cordeiro, *DJe* 02.09.2019).

§ 1.º O direito comum será fonte subsidiária do direito do trabalho.

2. DIREITO COMUM

O § 1.º do art. 8.º da CLT, com redação dada pela Lei 13.467/2017, estabelece que o Direito comum será fonte subsidiária do Direito do Trabalho.

Como toda aplicação subsidiária, entende-se que persiste a necessidade de compatibilidade ou harmonia com o sistema jurídico trabalhista.

Efetivamente, não há como se admitir a aplicação de previsões legais de outros ramos do Direito, de forma subsidiária, sem que elas sejam compatíveis com a sistemática própria do Direito do Trabalho, sob pena de desarmonia e desajuste do ordenamento jurídico, o qual deve manter a coerência, justamente por ser um sistema normativo de regras e princípios.

32 Cf. BARROS, Alice Monteiro de. *Curso de direito do trabalho*. 2. ed. São Paulo: LTr, 2006. p. 140 e 146.

Assim, omisso o Direito do Trabalho, é possível a aplicação do Direito comum, abrangendo o Direito Civil e Empresarial, desde que compatível com os princípios fundamentais daquele ramo do Direito.

Quanto ao Direito Civil, o contrato de trabalho, como figura central no Direito do Trabalho, tem origem naquele ramo do Direito Privado. O Direito Civil, principalmente quanto à sua Parte Geral e ao Direito das Obrigações, apresenta disposições subsidiariamente aplicáveis no âmbito trabalhista.

O Direito Empresarial (Direito Comercial) relaciona-se com o Direito do Trabalho ao regular o empresário e as diversas sociedades empresariais. Frise-se que o art. 2.º, *caput*, da CLT indica a empresa como empregador. Além disso, questões reguladas pelo Direito Falimentar também apresentam repercussões nas relações de trabalho.

§ 2.º Súmulas e outros enunciados de jurisprudência editados pelo Tribunal Superior do Trabalho e pelos Tribunais Regionais do Trabalho não poderão restringir direitos legalmente previstos nem criar obrigações que não estejam previstas em lei.

3. JURISPRUDÊNCIA

A jurisprudência, em consonância com o art. 8.º, *caput*, da CLT, é *fonte supletiva* do Direito do Trabalho.

O art. 8.º, § 2.º, da CLT, acrescentado pela Lei 13.467/2017, estabelece que as Súmulas e outros enunciados de jurisprudência editados pelo Tribunal Superior do Trabalho e pelos Tribunais Regionais do Trabalho não podem restringir direitos legalmente previstos nem criar obrigações que não estejam previstas em lei.

É certo que, tendo em vista o *princípio da legalidade*, "ninguém será obrigado a fazer ou deixar de fazer alguma coisa senão em virtude de lei" (art. 5.º, inciso II, da Constituição da República).

A jurisdição, que é exercida pelos tribunais, assim, não pode legislar, em respeito ao princípio da separação de poderes.

Nesse sentido, são Poderes da União, independentes e harmônicos entre si, o Legislativo, o Executivo e o Judiciário (art. 2.º da Constituição Federal de 1988).

Entretanto, cabe registrar não só a existência do poder normativo da Justiça do Trabalho no âmbito dos dissídios coletivos (art. 114, §§ 2.º e 3.º, da Constituição da República), mas principalmente que o Direito não é sinônimo de lei, a ela não se reduzindo, por englobar as vertentes social (fatos), axiológica (valores) e normativa[33].

Além disso, a jurisprudência interpreta e aplica o sistema jurídico, o qual, mesmo no aspecto normativo, é formado de regras e princípios, presentes nas esferas constitucional e infraconstitucional, internacional e interna, não se restringindo às leis.

A decisão judicial é considerada a *norma jurídica individual*, que rege o caso concreto, sendo obrigatória para as partes.

[33] Cf. REALE, Miguel. *Filosofia do direito*. 5. ed. São Paulo: Saraiva, 1969. v. 2, p. 447-452, 476-482.

Assim, deve-se reconhecer a função da jurisprudência de ajustar a ordem jurídica em consonância com a evolução social.

Os tribunais devem uniformizar sua jurisprudência e mantê-la *estável*, *íntegra* e *coerente* (art. 926 do CPC de 2015).

§ 3.º No exame de convenção coletiva ou acordo coletivo de trabalho, a Justiça do Trabalho analisará exclusivamente a conformidade dos elementos essenciais do negócio jurídico, respeitado o disposto no art. 104 da Lei n.º 10.406, de 10 de janeiro de 2002 (Código Civil), e balizará sua atuação pelo princípio da intervenção mínima na autonomia da vontade coletiva.

4. EXAME DE CONVENÇÃO COLETIVA PELA JUSTIÇA DO TRABALHO

O art. 8.º, § 3.º, da CLT, acrescentado pela Lei 13.467/2017, prevê que, no exame de convenção coletiva ou acordo coletivo de trabalho, a Justiça do Trabalho deve analisar *exclusivamente a conformidade dos elementos essenciais do negócio jurídico*, respeitado o disposto no art. 104 do Código Civil, e balizará sua atuação pelo princípio da intervenção mínima na autonomia da vontade coletiva.

O art. 611-A, § 1.º, da CLT, acrescentado pela Lei 13.467/2017, dispõe que, no exame da convenção coletiva ou do acordo coletivo de trabalho, a Justiça do Trabalho deve observar o disposto no § 3.º do art. 8.º da Consolidação das Leis do Trabalho.

Os *elementos essenciais do negócio jurídico* são a declaração de vontade, as partes, o objeto e a forma[34].

A convenção e o acordo coletivo são negócios jurídicos com eficácia normativa, produzidos em razão do exercício da *autonomia privada coletiva*, a qual é considerada o poder jurídico e social que pode dar origem a normas decorrentes de negociação coletiva de trabalho.

O art. 7.º, inciso XXVI, da Constituição da República assegura o direito ao reconhecimento das convenções e acordos coletivos de trabalho.

Desse modo, aplica-se o art. 104 do Código Civil, ao prever que a validade do negócio jurídico requer: I – agente capaz; II – objeto lícito, possível, determinado ou determinável; III – forma prescrita ou não defesa em lei.

Tendo em vista que um dos elementos essenciais do negócio jurídico normativo em questão é o seu objeto ser lícito, os instrumentos coletivos negociados trabalhistas, inclusive quanto ao conteúdo, devem estar em conformidade com preceitos constitucionais e legais de ordem pública.

5. DIREITO DO TRABALHO NO CONTEXTO DOS DIREITOS HUMANOS E FUNDAMENTAIS

Os direitos trabalhistas, como *direitos sociais*, são assegurados no rol dos *direitos fundamentais* no âmbito constitucional (arts. 6.º a 11 da CF/1988) e reconhecidos como

34 Cf. RODRIGUES, Silvio. *Direito civil*: parte geral. 28. ed. São Paulo. Saraiva, 1998. v. 1, p. 171.

direitos humanos no plano internacional, conforme se observa na Declaração Universal dos Direitos Humanos (arts. 22 a 25).

Nessa linha, o Pacto Internacional sobre Direitos Econômicos, Sociais e Culturais, de 1966, aprovado e promulgado pelo Decreto 591/1992, garante os direitos sociais, nestes incluídos os direitos trabalhistas (arts. 6.º a 8.º), como integrantes do Direito Internacional dos Direitos Humanos.

Os direitos humanos, na realidade, são universais, indivisíveis, interdependentes e inter-relacionados, o que é confirmado pela Declaração de Viena, de 1993 (art. 5.º)[35], mesmo porque decorrentes da dignidade, como atributo inerente à pessoa humana (art. 1.º da Declaração Universal dos Direitos Humanos, de 1948).

Ainda quanto ao tema, o Decreto 9.571/2018 estabelece as Diretrizes Nacionais sobre Empresas e Direitos Humanos.

As Diretrizes em questão serão implementadas "voluntariamente" pelas empresas (art. 1.º, § 2.º, do Decreto 9.571/2018). Apesar dessa previsão, cabe ressaltar que os direitos humanos, em si, são prerrogativas essenciais à dignidade da pessoa humana e devem ser observados imperativamente por todos, inclusive pelas empresas.

São *eixos orientadores* das Diretrizes Nacionais sobre Empresas e Direitos Humanos: a obrigação do Estado com a proteção dos direitos humanos em atividades empresariais; a responsabilidade das empresas com o respeito aos direitos humanos; o acesso aos mecanismos de reparação e remediação para aqueles que, nesse âmbito, tenham seus direitos afetados; a implementação, o monitoramento e a avaliação das Diretrizes (art. 2.º do Decreto 9.571/2018).

A responsabilidade do Estado com a proteção dos direitos humanos em atividades empresariais deve ser pautada, entre outras, pelas seguintes diretrizes: garantia de condições de trabalho dignas para seus recursos humanos, por meio de ambiente produtivo, com remuneração adequada e em condições de liberdade, equidade e segurança, com estímulo à observância desse objetivo pelas empresas; combate à discriminação nas relações de trabalho e promoção da valorização da diversidade; promoção e apoio às medidas de inclusão e de não discriminação, com criação de programas de incentivos para contratação de grupos vulneráveis; estímulo à negociação permanente sobre as condições de trabalho e a resolução de conflitos, a fim de evitar litígios; aperfeiçoamento dos programas e das políticas públicas de combate ao trabalho infantil e ao trabalho análogo à escravidão (art. 3.º, incisos XI a XV, do Decreto 9.571/2018).

Cabe às empresas o respeito: aos direitos humanos protegidos nos tratados internacionais dos quais o seu Estado de incorporação ou de controle sejam signatários; aos direitos e às garantias fundamentais previstos na Constituição da República (art. 4.º do Decreto 9.571/2018).

Em verdade, se a empresa tem atuação no Brasil, os direitos humanos assegurados em tratados internacionais em vigor no País, evidentemente, também devem ser respeitados. Nesse sentido, os direitos e garantias expressos na Constituição Federal de 1988 não excluem outros decorrentes do regime e dos princípios por ela adotados, ou dos tratados internacionais em que a República Federativa do Brasil seja parte (art. 5.º, § 2.º, da CF/1988).

[35] Cf. PIOVESAN, Flávia. *Direitos humanos e o direito constitucional internacional*. 11. ed. São Paulo: Saraiva, 2010. p. 13, 145-148.

Cabe, ainda, às empresas:

I – monitorar o respeito aos direitos humanos na *cadeia produtiva vinculada à empresa*;

II – divulgar internamente os instrumentos internacionais de responsabilidade social e de direitos humanos, tais como: a) os Princípios Orientadores sobre Empresas e Direitos Humanos da Organização das Nações Unidas; b) as Diretrizes para Multinacionais da Organização para a Cooperação e Desenvolvimento Econômico; c) as *Convenções da Organização Internacional do Trabalho*;

III – implementar atividades educativas em direitos humanos para seus recursos humanos e seus "colaboradores", com disseminação da legislação nacional e dos parâmetros internacionais, com foco nas normas relevantes para a prática dos indivíduos e os riscos para os direitos humanos;

IV – utilizar mecanismos de educação, de conscientização e de treinamento, tais como cursos, palestras e avaliações de aprendizagem, para que seus dirigentes, empregados, "colaboradores", distribuidores, parceiros comerciais e terceiros conheçam os valores, as normas e as políticas da empresa e conheçam seu papel para o sucesso dos programas;

V – redigir código de conduta publicamente acessível, aprovado pela alta administração da empresa, que deve conter os seus engajamentos e as suas políticas de implementação dos direitos humanos na atividade empresarial (art. 5.º do Decreto 9.571/2018).

É responsabilidade das empresas não violar os direitos de sua força de trabalho, de seus clientes e das comunidades, mediante o controle de riscos e o dever de enfrentar os impactos adversos em direitos humanos com os quais tenham algum envolvimento (art. 6.º do Decreto 9.571/2018).

Compete às empresas garantir *condições decentes de trabalho*, por meio de ambiente produtivo, com remuneração adequada, em condições de liberdade, equidade e segurança, com iniciativas para:

I – manter ambientes e locais de trabalho acessíveis às pessoas com deficiência, mesmo em áreas ou atividades onde não há atendimento ao público, a fim de que tais pessoas encontrem, no ambiente de trabalho, as condições de acessibilidade necessárias ao desenvolvimento pleno de suas atividades;

II – observar os direitos de seus "colaboradores" de: a) se associar livremente; b) afiliar-se a sindicatos de trabalhadores; c) participar dos conselhos de trabalho; d) envolver-se em negociações coletivas; e) receber os benefícios previstos em lei, incluídos os repousos legais; f) não exceder a jornada de trabalho legal;

III – manter compromisso com as políticas de erradicação do trabalho análogo à escravidão e garantir ambiente de trabalho saudável e seguro;

IV – não manter relações comerciais ou relações de investimentos, seja de subcontratação, seja de aquisição de bens e serviços, com empresas ou pessoas que violem os direitos humanos;

V – respeitar os direitos de crianças e adolescentes, de forma a incluir, em seus planos de trabalho, assim como exigir de seus fornecedores, empresas coligadas, controladas, subsidiárias e parceiras, ações preventivas e reparatórias para evitar riscos, impactos e violações a direitos de crianças e adolescentes, especialmente as de enfrentamento, erradicação do trabalho infantil e exploração sexual de crianças e adolescentes;

VI – avaliar e monitorar os contratos firmados com seus fornecedores de bens e serviços, parceiros e clientes que contenham cláusulas de direitos humanos que impeçam o trabalho infantil ou o trabalho análogo à escravidão;

VII – adotar medidas de prevenção e precaução, para evitar ou minimizar os impactos adversos que as suas atividades podem causar direta ou indiretamente sobre os direitos humanos, a saúde e a segurança de seus empregados;

VIII – assegurar a aplicação vertical de medidas de prevenção a violações de direitos humanos (art. 7.º do Decreto 9.571/2018).

A inexistência de certeza científica absoluta não será invocada como argumento para adiar a adoção de medidas para evitar violações aos direitos humanos, à saúde e à segurança dos empregados.

As medidas de prevenção e precaução a violações aos direitos humanos devem ser adotadas em toda a cadeia de produção dos grupos empresariais.

Cabe às empresas *combater a discriminação nas relações de trabalho* e promover a valorização e o respeito da diversidade em suas áreas e hierarquias, com ênfase em: resguardar a igualdade de salários e de benefícios para cargos e funções com atribuições semelhantes, independentemente de critério de gênero, orientação sexual, étnico-racial, de origem, geracional, religiosa, de aparência física e de deficiência; adotar políticas de metas percentuais crescentes de preenchimento de vagas e de promoção hierárquica para essas pessoas, contempladas a diversidade e a pluralidade, ainda que para o preenchimento dessas vagas seja necessário proporcionar cursos e treinamentos específicos; promover o acesso da juventude à formação para o trabalho em condições adequadas; respeitar e promover os direitos das pessoas idosas e promover a sua empregabilidade; respeitar e promover os direitos das pessoas com deficiência e garantir a acessibilidade igualitária, a ascensão hierárquica, a sua empregabilidade e a realização da política de cotas; respeitar e promover o direito de grupos populacionais que tiveram dificuldades de acesso ao emprego em função de práticas discriminatórias; respeitar e promover os direitos das mulheres para sua plena cidadania, empregabilidade e ascensão hierárquica; buscar a erradicação de todas as formas de desigualdade e discriminação; respeitar a livre orientação sexual, a identidade de gênero e a igualdade de direitos em âmbito empresarial; efetivar os direitos sociais, econômicos e culturais das comunidades locais e dos povos tradicionais, respeitadas a sua identidade social e cultural e a sua fonte de subsistência e promover consulta prévia e diálogo constante com a comunidade (art. 8.º do Decreto 9.571/2018).

Compete às empresas identificar os riscos de impacto e a violação a direitos humanos no contexto de suas operações, com a adoção de ações de prevenção e de controle adequadas e efetivas (art. 9.º do Decreto 9.571/2018).

É responsabilidade das empresas estabelecer mecanismos operacionais de denúncia e de reclamação que permitam identificar os riscos e os impactos e reparar as violações, quando couber, em especial:

I – instituir mecanismos de denúncia, apuração e medidas corretivas, assegurados o sigilo e o anonimato aos denunciantes de boa-fé, de modo que tais instrumentos estejam acessíveis a "colaboradores", fornecedores, parceiros e comunidade de entorno e sejam transparentes, imparciais e aptos a tratar de questões que envolvam ameaças aos direitos humanos, além de terem fluxos e prazos para a resposta previamente estabelecidos e amplamente divulgados;

II – implementar sistema de gerenciamento de riscos de abusos de direitos humanos, incluídos o *gerenciamento de riscos sobre a saúde e a segurança dos empregados*, com a identificação dos impactos negativos sobre os direitos humanos, direta ou indiretamente relacionados com a sua atividade;

III – adotar política de comunicação, fiscalização e sanção direcionada aos seus "colaboradores" e buscar a promoção do respeito aos direitos humanos e à prevenção de riscos e violações;

IV – divulgar os canais internos de denúncia e os canais públicos de denúncias de ofensas a direitos humanos;

V – adequar a empresa e suas coligadas, controladas, suas subsidiárias, suas parceiras e seus fornecedores às exigências e às proibições legais em relação ao combate à corrupção, aos comportamentos antiéticos e ao *assédio moral*, entre outros;

VI – fomentar cultura de ética e de respeito às leis, notadamente aquelas que dizem respeito à lisura do processo de contratação pública, por meio de declarações documentadas da alta administração da empresa aos seus empregados, "colaboradores" e parceiros e esclarecer os padrões éticos da empresa;

VII – criar e manter: a) programa de integridade na empresa; b) instância responsável pelo referido programa de integridade, dotada de autonomia, imparcialidade, recursos materiais, humanos e financeiros, com possibilidade de acesso direto ao maior nível decisório da empresa e com a atribuição de rever o programa periodicamente;

VIII – estabelecer procedimentos de controle interno e de verificação de aplicabilidade do programa de integridade, inclusive com a apresentação de relatórios frequentes e a publicação de demonstrações financeiras;

IX – instituir processos internos que permitam investigações para atender prontamente às denúncias de comportamentos antiéticos, de forma a garantir que os fatos sejam identificados e averiguados com credibilidade, de forma rigorosa, independente e analítica e que os culpados sejam devidamente responsabilizados, admitidas a advertência e a "demissão";

X – publicar anualmente as ações realizadas para promoção da integridade e controle de corrupção (art. 10 do Decreto 9.571/2018).

É responsabilidade das empresas adotar medidas de garantia de transparência ativa, com divulgação de informações relevantes, de documentos acessíveis às partes interessadas, quanto aos mecanismos de proteção de direitos humanos e de prevenção e de reparação de violações de direitos humanos na cadeia produtiva (art. 11 do Decreto 9.571/2018).

O Estado deve manter mecanismos de denúncia e reparação judiciais e não judiciais, de modo a produzir levantamento técnico sobre mecanismos estatais de reparação das violações de direitos humanos relacionadas com empresas, como fortalecer as ações de fiscalização na hipótese de infração de direitos trabalhistas e ambientais (art. 13, inciso XII, do Decreto 9.571/2018).

Compete à administração pública incentivar que as empresas estabeleçam ou participem de mecanismos de denúncia e reparação efetivos e eficazes, que permitam propor reclamações e reparar violações dos direitos humanos relacionadas com atividades empresariais.

A *reparação integral* de pessoas e comunidades atingidas pode incluir as seguintes medidas, exemplificativas e passíveis de aplicação, que podem ser cumulativas: pedido público de desculpas; restituição; reabilitação; compensações econômicas ou não econômicas; sanções punitivas, como multas, sanções penais ou sanções administrativas; medidas de prevenção de novos danos como liminares ou garantias de não repetição (art. 15 do Decreto 9.571/2018).

Os procedimentos de reparação devem ser claros e transparentes em suas etapas, amplamente divulgados para todas as partes interessadas, com garantia da imparcialidade, da equidade de tratamento entre os indivíduos e ser passíveis de monitoramento de sua efetividade a partir de indicadores quantitativos e qualitativos de direitos humanos.

Foi instituída a Política Nacional de Trabalho Digno e Cidadania para a População em Situação de Rua (PNTC PopRua), destinada a promover os direitos humanos de pessoas em situação de rua ao trabalho, à renda, à qualificação profissional e à elevação da escolaridade (art. 1.º da Lei 14.821/2024).

Considera-se população em situação de rua o grupo populacional heterogêneo que tem em comum a falta de moradia e utiliza os logradouros públicos como espaço de moradia e de sustento, bem como as unidades de acolhimento institucional para pernoite eventual ou provisório, podendo tal condição estar associada a outras vulnerabilidades como a pobreza e os vínculos familiares interrompidos ou fragilizados.

São princípios da Política Nacional de Trabalho Digno e Cidadania para a População em Situação de Rua (PNTC PopRua): I – respeito à dignidade da pessoa humana; II – valorização e respeito à vida e à cidadania; III – estabelecimento de condições de *trabalho decente*; IV – articulação entre trabalho, educação e desenvolvimento; V – sustentabilidade ambiental; VI – atendimento humanizado e universalizado; VII – participação e controle sociais; VIII – direito à convivência familiar e busca da inserção comunitária; IX – transparência na execução dos programas e ações e na aplicação dos recursos a ela destinados; X – respeito às condições sociais e às diferenças de origem, de raça, de idade, de nacionalidade e de religião, com atenção especial às pessoas com deficiência ou com comorbidades e às famílias monoparentais com crianças; XI – promoção de igualdade de oportunidades e não discriminação (art. 2.º da Lei 14.821/2024).

Uma das diretrizes da Política Nacional de Trabalho Digno e Cidadania para a População em Situação de Rua (PNTC PopRua) é o fomento de ações de enfrentamento do preconceito, da discriminação e da violência contra pessoas em situação de rua no *ambiente de trabalho* (art. 3.º, inciso III, da Lei 14.821/2024).

A Política Nacional de Trabalho Digno e Cidadania para a População em Situação de Rua (PNTC PopRua) deve instituir mecanismos que garantam os direitos da população em situação de rua, por meio da criação de incentivos à sua contratação, na forma da Lei 14.821/2024, sem prejuízo de outras legislações específicas, bem como fomentar a produção de circuitos de economia solidária (art. 5.º da Lei 14.821/2024).

A União, por meio do Poder Executivo federal, e os demais entes federativos podem firmar convênios com entidades públicas e privadas sem fins lucrativos para o desenvolvimento e a execução de projetos que beneficiem a população em situação de rua e estejam de acordo com os princípios, as diretrizes e os objetivos que orientam a Política Nacional de Trabalho Digno e Cidadania para a População em Situação de Rua (PNTC PopRua).

A contratação de pessoas em situação de rua deve respeitar a legislação trabalhista e previdenciária, especialmente a proibição, em qualquer hipótese, da remuneração por diária de trabalho abaixo do mínimo definido pelas convenções coletivas de trabalho, bem como o devido fornecimento, quando necessário, de equipamentos de proteção individual (art. 5.º, § 2.º, da Lei 14.821/2024).

O poder público, em todas as esferas federativas que aderirem à Política Nacional de Trabalho Digno e Cidadania para a População em Situação de Rua (PNTC PopRua), deve instituir rede de Centros de Apoio ao Trabalhador em Situação de Rua (CatRua) com o objetivo de prestar atendimento às pessoas em situação de rua que buscam orientação profissional e inserção no mercado de trabalho (art. 6.º da Lei 14.821/2024).

São atribuições dos Centros de Apoio ao Trabalhador em Situação de Rua (CatRua), sem prejuízo de regulamentação posterior: I – captar, cadastrar e oferecer aos desempregados e aos trabalhadores em situação de rua vagas para reinserção no mercado de trabalho; II – captar, cadastrar e encaminhar pessoas em situação de rua para vagas de qualificação profissional; III – garantir acesso das pessoas em situação de rua ao Programa Nacional de Acesso ao Ensino Técnico e Emprego (Pronatec) e ao Sistema Nacional de Emprego (Sine); IV – facilitar e auxiliar a emissão de segunda via de documentos como Registro Geral (RG), certidão de nascimento e certidão de casamento, bem como o registro no Cadastro de Pessoas Físicas (CPF), para pessoas em situação de rua; V – facilitar a emissão de Carteira de Trabalho e Previdência Social (CTPS) para pessoas em situação de rua; VI – prestar os serviços de orientação trabalhista e previdenciária às pessoas em situação de rua; VII – prestar informação, assessoria e orientação aos empregadores sobre as necessidades de apoio e de adaptações do ambiente de trabalho ao trabalhador em situação de rua; VIII – realizar ações de apoio às pessoas em situação de rua nos postos de trabalho, na formação ou treinamento, no desenvolvimento de habilidades socioemocionais e relacionais e no acompanhamento do processo de inserção e continuidade no ambiente de trabalho, conforme a necessidade individualizada de cada trabalhador em situação de rua; IX – indicar para o órgão público gestor possíveis beneficiários das Bolsas de Qualificação para o Trabalho e Ensino da População em Situação de Rua (Bolsas QualisRua), de que trata o art. 12 da Lei 14.821/2024 (art. 7.º).

Os entes federativos podem instituir o Programa Selo Amigo PopRua, com o objetivo de promover as *ações afirmativas* específicas da iniciativa privada, a fim de estimular a contratação de pessoas em situação de rua (art. 8.º da Lei 14.821/2024).

A Política Nacional de Trabalho Digno e Cidadania para a População em Situação de Rua (PNTC PopRua) deve criar mecanismos para garantir a inclusão de adolescentes e jovens, com idade entre 15 e 29 anos, conforme a Lei 12.852/2013 (Estatuto da Juventude), em situação de rua, nos programas de aprendizagem, de qualificação profissional e de inserção segura no mercado de trabalho (art. 10 da Lei 14.821/2024).

A Política Nacional de Trabalho Digno e Cidadania para a População em Situação de Rua (PNTC PopRua) deve adotar medidas para incentivar as empresas vencedoras de licitações públicas a priorizar a contratação de aprendizes adolescentes, com idade entre 14 e 18 anos, em situação de rua.

As crianças e os adolescentes com as idades previstas no art. 2.º da Lei 8.069/1990 (considera-se criança a pessoa até 12 anos de idade incompletos, e adolescente a pessoa entre 12 e 18 anos de idade) em situação de rua identificados em situação de trabalho infantil devem ser incluídos no Programa de Erradicação do Trabalho Infantil (Peti).

A Política Nacional de Trabalho Digno e Cidadania para a População em Situação de Rua (PNTC PopRua) deve criar mecanismos para ofertar permanentemente cursos para a população em situação de rua com o objetivo de promover gradativamente o direito dos trabalhadores em situação de rua à capacitação, à profissionalização e à qualificação e requalificação profissional (art. 11 da Lei 14.821/2024).

A Política Nacional de Trabalho Digno e Cidadania para a População em Situação de Rua (PNTC PopRua) deve criar fluxos de trabalho específicos com os órgãos de fiscalização entre a União, os Estados, o Distrito Federal e os Municípios, a fim de garantir o cumprimento da Lei 14.821/2024, de combater as violações de direitos e de promover o *trabalho decente* de pessoas em situação de rua, especialmente por meio da efetivação de seus direitos trabalhistas e previdenciários (art. 31 da Lei 14.821/2024).

É assegurado, nos termos da lei, o direito à proteção dos dados pessoais, inclusive nos meios digitais (art. 5.º, inciso LXXIX, da Constituição Federal de 1988, incluído pela Emenda Constitucional 115/2022).

Frise-se que compete à União organizar e fiscalizar a proteção e o tratamento de dados pessoais, nos termos da lei (art. 21, inciso XXVI, incluído pela Emenda Constitucional 115/2022). Além disso, compete privativamente à União legislar sobre proteção e tratamento de dados pessoais (art. 22, inciso XXX, incluído pela Emenda Constitucional 115/2022).

A Lei 13.709/2018 dispõe sobre o tratamento de dados pessoais, inclusive nos meios digitais, por pessoa natural ou por pessoa jurídica de direito público ou privado, com o objetivo de proteger os direitos fundamentais de liberdade e de privacidade e o livre desenvolvimento da personalidade da pessoa natural. Desse modo, no âmbito trabalhista, cabe ao empregador observar as normas relativas à proteção de dados pessoais do empregado.

6. DECLARAÇÃO DE DIREITOS DE LIBERDADE ECONÔMICA E DIREITO DO TRABALHO

Foi instituída a *Declaração de Direitos de Liberdade Econômica*, que estabelece normas de proteção à livre iniciativa e ao livre exercício de atividade econômica e disposições sobre a atuação do Estado como agente normativo e regulador, nos termos do inciso IV do art. 1.º, do parágrafo único do art. 170 e do *caput* do art. 174 da Constituição Federal de 1988 (art. 1.º da Lei 13.874/2019).

Entretanto, deve-se ressaltar que a livre iniciativa não é o único fundamento do Estado Democrático de Direito, merecendo destaque a dignidade da pessoa humana e o valor social do trabalho.

Nesse sentido, a República Federativa do Brasil constitui-se em Estado Democrático de Direito e tem como fundamentos: I – a soberania; II – a cidadania; III – a dignidade da pessoa humana; IV – os valores sociais do trabalho e da livre iniciativa; V – o pluralismo político (art. 1.º da Constituição da República).

Mesmo a ordem econômica não é fundada apenas na livre iniciativa.

Na verdade, a ordem econômica é fundada na *valorização do trabalho humano* e na livre iniciativa, tendo por fim assegurar a todos existência digna, conforme os ditames da justiça social, observados os seguintes princípios: I – soberania nacional; II – propriedade privada; III – função social da propriedade; IV – livre concorrência; V – defesa do consumidor; VI – defesa do meio ambiente, inclusive mediante tratamento diferenciado conforme o impacto ambiental dos produtos e serviços e de seus processos de elaboração e prestação; VII – redução das desigualdades regionais e sociais; VIII – busca do pleno emprego; IX – tratamento favorecido para as empresas de pequeno porte constituídas sob as leis brasileiras e que tenham sua sede e administração no País (art. 170 da Constituição Federal de 1988).

É assegurado a todos o livre exercício de qualquer atividade econômica, independentemente de autorização de órgãos públicos, salvo nos casos previstos em lei (art. 170, parágrafo único, da Constituição da República).

Nesse contexto, são princípios que norteiam o disposto na Lei 13.874/2019: I – a liberdade como uma garantia no exercício de atividades econômicas; II – a boa-fé do particular perante o poder público; III – a intervenção subsidiária e excepcional do Estado sobre o exercício de atividades econômicas; IV – o reconhecimento da vulnerabilidade do particular perante o Estado (art. 2.º da Lei 13.874/2019). Cabe ao regulamento dispor sobre os critérios de aferição para afastamento do inciso IV, limitados a questões de má-fé, hipersuficiência ou reincidência.

Como agente normativo e regulador da atividade econômica, o Estado deve exercer, na forma da lei, as funções de fiscalização, incentivo e planejamento, sendo este determinante para o setor público e indicativo para o setor privado (art. 174 da Constituição Federal de 1988).

O disposto na Lei 13.874/2019 deve ser observado na aplicação e na interpretação do Direito Civil, Empresarial, Econômico, Urbanístico e do Trabalho nas relações jurídicas que se encontrem no seu âmbito de aplicação e na ordenação pública, inclusive sobre exercício das profissões, comércio, juntas comerciais, registros públicos, trânsito, transporte e proteção ao meio ambiente (art. 1.º, § 1.º, da Lei 13.874/2019).

Na realidade, os mandamentos constitucionais, notadamente os *objetivos fundamentais* da República Federativa do Brasil, é que devem nortear a aplicação e a interpretação do Direito, inclusive do Direito Civil, Empresarial, Econômico, Urbanístico e do Trabalho.

Portanto, em consonância com o art. 3.º da Constituição Federal de 1988, constituem objetivos fundamentais da República Federativa do Brasil: I – construir uma sociedade livre, justa e solidária; II – garantir o desenvolvimento nacional; III – erradicar a pobreza e a marginalização e reduzir as desigualdades sociais e regionais; IV – promover o bem de todos, sem preconceitos de origem, raça, sexo, cor, idade e quaisquer outras formas de discriminação.

Interpretam-se em favor da liberdade econômica, da boa-fé e do respeito aos contratos, aos investimentos e à propriedade todas as normas de ordenação pública sobre atividades econômicas privadas (art. 1.º, § 2.º, da Lei 13.874/2019).

Ainda assim, cabe salientar que no Estado Democrático de Direito os contratos e a propriedade devem atender a sua *função social* (arts. 5.º, inciso XXIII, 170, inciso III, 182, § 2.º, e 186 da Constituição da República), respeitando as normas de ordem pública.

A liberdade contratual deve ser exercida nos limites da função social do contrato (art. 421 do Código Civil, com redação dada pela Lei 13.874/2019).

Frise-se que um dos direitos de toda pessoa, natural ou jurídica, essencial para o desenvolvimento e o crescimento econômicos do País, observando-se o disposto no parágrafo único do art. 170 da Constituição Federal de 1988, é o de desenvolver atividade econômica em qualquer horário ou dia da semana, inclusive feriados, sem que para isso esteja sujeita a cobranças ou encargos adicionais, observadas, entre outras, as normas de proteção ao meio ambiente e a *legislação trabalhista* (art. 3.º, inciso II, alíneas "a" e "c", da Lei 13.874/2019).

Quando o local onde se exerce a atividade empresarial for físico, a fixação do horário de funcionamento competirá ao Município[36], observada a regra geral prevista no art. 3.º, inciso II, da Lei 13.874/2019, sobre direitos de liberdade econômica (art. 1.142, § 3.º, do Código Civil, incluído pela Lei 14.382/2022).

Além disso, é direito de toda pessoa, natural ou jurídica, essencial para o desenvolvimento e o crescimento econômicos do País, observado o disposto no parágrafo único do

[36] Cf. Súmula Vinculante 38 do STF: "É competente o Município para fixar o horário de funcionamento de estabelecimento comercial"

art. 170 da Constituição Federal de 1988, o de desenvolver *atividade econômica de baixo risco*, para a qual se valha exclusivamente de propriedade privada própria ou de terceiros consensuais, sem a necessidade de quaisquer atos públicos de liberação da atividade econômica (art. 3.º, inciso I, da Lei 13.874/2019). Cf. comentários ao art. 160 da CLT.

Saliente-se, por fim, que os preceitos relativos à ordem econômica devem estar em harmonia com a ordem social, a qual tem como base o *primado do trabalho*, e como objetivo o bem-estar e a justiça sociais (art. 193 da Constituição da República).

✦ Jurisprudência

Os valores sociais do trabalho constituem: a) fundamento da República Federativa do Brasil (inciso IV do artigo 1.º da CF); b) alicerce da Ordem Econômica, que tem por finalidade assegurar a todos existência digna, conforme os ditames da justiça social, e, por um dos seus princípios, a busca do pleno emprego (artigo 170, *caput* e inciso VIII); c) base de toda a Ordem Social (artigo 193). Esse arcabouço principiológico, densificado em regras como a do inciso I do artigo 7.º da Magna Carta e as do artigo 10 do ADCT/88, desvela um mandamento constitucional que perpassa toda relação de emprego, no sentido de sua desejada continuidade (STF, Pleno, ADI 1.721/DF, Rel. Min. Carlos Britto, j. 11.10.2006, *DJe* 29.06.2007).

Art. 9.º Serão nulos de pleno direito os atos praticados com o objetivo de desvirtuar, impedir ou fraudar a aplicação dos preceitos contidos na presente Consolidação.

1. PRINCÍPIO DA PRIMAZIA DA REALIDADE

A *fraude à lei* significa a conduta praticada com o objetivo de fraudar, ou seja, desrespeitar, violar e descumprir a norma jurídica imperativa. Trata-se de vício do negócio jurídico, acarretando, no plano da validade, a nulidade absoluta (art. 166, inciso VI, do Código Civil de 2002), que deve ser conhecida até mesmo de ofício pelo juiz (art. 168, parágrafo único, do Código Civil de 2002). Cf. ainda os comentários ao art. 10-A da CLT.

As normas jurídicas trabalhistas, em regra, são de ordem pública. Um dos princípios do Direito do Trabalho é justamente o da irrenunciabilidade, impedindo que o empregado abra mão de seus direitos, essenciais para a preservação de sua dignidade e do equilíbrio nas relações sociais. Com isso, os atos voltados a desvirtuar, impedir ou fraudar os seus preceitos cogentes são considerados nulos de pleno direito, ou seja, inválidos, não devendo, em regra, produzir efeitos.

Deve-se aplicar o art. 9.º da CLT, por exemplo, para a configuração do grupo de empresas para os fins do Direito do Trabalho, devendo prevalecer o princípio da primazia da realidade, e não mera roupagem que pretenda afastar a sua existência.

O princípio da primazia da realidade indica que, na relação de emprego, deve prevalecer a efetiva realidade dos fatos, e não eventual forma construída em desacordo com a verdade.

Em razão disso é que, por exemplo, na avaliação de certo documento pertinente à relação de emprego deve-se verificar se ele corresponde ao ocorrido no plano dos fatos, pois deve prevalecer a verdade real.

Quando se discute se determinada relação de trabalho, em gênero, corresponde, ou não, a um vínculo de emprego, nem sempre a roupagem atribuída à contratação corresponde à realidade. Aliás, pode ocorrer que mesmo no ajuste de vontades, pertinente à prestação do trabalho, as partes indiquem não se tratar de relação de emprego. No entanto, por meio da noção de "contrato-realidade", deve prevalecer o reconhecimento do vínculo empregatício, caso presentes os seus requisitos (arts. 2.º e 3.º da CLT), ou seja, incide a "vontade da lei"[37].

✦ Súmulas, Orientações Jurisprudenciais e Precedentes Normativos

Orientação Jurisprudencial 30 da SDC do TST: Estabilidade da gestante. Renúncia ou transação de direitos constitucionais. Impossibilidade. Nos termos do art. 10, II, "b", do ADCT, a proteção à maternidade foi erigida à hierarquia constitucional, pois retirou do âmbito do direito potestativo do empregador a possibilidade de despedir arbitrariamente a empregada em estado gravídico. Portanto, a teor do artigo 9.º, da CLT, torna-se nula de pleno direito a cláusula que estabelece a possibilidade de renúncia ou transação, pela gestante, das garantias referentes à manutenção do emprego e salário.

Orientação Jurisprudencial 31 da SDC do TST: Estabilidade do acidentado. Acordo homologado. Prevalência. Impossibilidade. Violação do art. 118 da Lei n.º 8.213/91. Não é possível a prevalência de acordo sobre legislação vigente, quando ele é menos benéfico do que a própria lei, porquanto o caráter imperativo dessa última restringe o campo de atuação da vontade das partes.

Art. 10. Qualquer alteração na estrutura jurídica da empresa não afetará os direitos adquiridos por seus empregados.

1. SUCESSÃO TRABALHISTA

A mudança na estrutura jurídica formal da empresa (por exemplo, a alteração da modalidade de sociedade) não afeta os contratos de trabalho dos respectivos empregados (art. 448), nem os direitos por eles adquiridos (art. 10).

A *transformação*, assim, é a operação pela qual a sociedade passa, independentemente de dissolução e liquidação, de um tipo para outro (art. 220 da Lei 6.404/1976).

Desse modo, o ato de transformação independe de dissolução ou liquidação da sociedade e obedecerá aos preceitos reguladores da constituição e inscrição próprios do tipo em que vai se converter (art. 1.113 do Código Civil). Como mencionado, a transformação da sociedade não modificará nem prejudicará, em qualquer caso, os direitos dos credores (art. 1.115 do Código Civil).

Da mesma forma, a transferência de titularidade da empresa não atinge os contratos de trabalho.

Para a caracterização da sucessão trabalhista é necessária a transferência de uma "unidade econômico-jurídica"[38], ou seja, de "*parte significativa do(s) estabelecimento(s) ou da empresa*"[39], permanecendo, ainda, a prestação de serviços pela empresa (continuidade da atividade empresarial).

A sucessão empresarial pode decorrer de incorporação, de fusão e mesmo de cisão de sociedades. Na *incorporação*, uma ou várias sociedades são absorvidas por outra, que lhes sucede em todos os direitos e obrigações (art. 1.116 do Código Civil). A *fusão* determina a extinção das sociedades que se unem, para formar sociedade nova, que a elas sucederá nos direitos e obrigações (art. 1.119 do Código Civil). A *cisão* é a operação pela qual a companhia transfere parcelas do seu patrimônio para uma ou mais sociedades, constituídas para esse

---

[37] SOUTO MAIOR, Jorge Luiz. *O direito do trabalho como instrumento de justiça social*. São Paulo: LTr, 2000. p. 300.

[38] MARANHÃO, Délio. *Instituições de direito do trabalho*. 18. ed. São Paulo: LTr, 1999. v. 1, p. 315.

[39] DELGADO, Mauricio Godinho. *Curso de direito do trabalho*. São Paulo: LTr, 2002. p. 399 (destaques do original).

fim ou já existentes, extinguindo-se a companhia cindida, se houver versão de todo o seu patrimônio, ou dividindo-se o seu capital, se parcial a versão (art. 229 da Lei 6.404/1976). A sociedade que absorver parcela do patrimônio da companhia cindida sucede a esta nos direitos e obrigações relacionados no ato da cisão.

Ocorrendo a sucessão trabalhista, o sucessor responde por todos os direitos trabalhistas do empregado, ainda que referentes a período anterior à sucessão, e mesmo que o contrato de trabalho tenha cessado anteriormente a ela. Nesse sentido, decidiu o TRT da 2.ª Região (RO 09792200390202004, 9.ª T., 20030589163, Rel. Juíza Jane Granzoto Torres da Silva, *DJSP* 14.11.2003, p. 42).

Nos termos do art. 448-A da CLT, acrescentado pela Lei 13.467/2017, caracterizada a sucessão empresarial ou de empregadores prevista nos arts. 10 e 448 da Consolidação das Leis do Trabalho, as obrigações trabalhistas, inclusive as contraídas à época em que os empregados trabalhavam para a empresa sucedida, são de responsabilidade do sucessor.

A empresa sucedida responde solidariamente com a sucessora quando ficar comprovada *fraude* na transferência (art. 448-A, parágrafo único, da CLT, acrescentado pela Lei 13.467/2017).

Eventual cláusula contratual entre sucessor e sucedido, dispondo de forma distinta, não produz efeitos quanto aos empregados, até porque as normas dos arts. 10 e 448 da CLT são de ordem pública.

2. DIREITO ADQUIRIDO

A Constituição Federal de 1988, no art. 5.º, inciso XXXVI, estabelece que a lei não prejudicará o direito adquirido, o ato jurídico perfeito e a coisa julgada, resguardando os atos consumados à época da lei anterior, os direitos já integrados definitivamente ao patrimônio das pessoas antes da vigência da nova disposição, bem como as questões definitivamente decididas pelos tribunais. O direito adquirido é aquele que integra o patrimônio jurídico da pessoa, por ter o titular preenchido os seus requisitos.

Por isso, pode-se dizer que o direito adquirido, o ato jurídico perfeito e a coisa julgada "marcam a segurança e a certeza das relações que, na sociedade, os indivíduos, por um imperativo da própria convivência social, estabelecem"[40]. Cf. ainda os comentários ao art. 912 da CLT.

✦ Jurisprudência

Sucessão de empresas. Responsabilidade do sucessor. O fato de a reclamante não ter prestado serviços à empresa sucessora em nada altera a situação jurídica da sucessão empresarial nos moldes trabalhistas, na medida em que os arts. 10 e 448, da CLT visam garantir ao empregado a possibilidade de voltar-se contra quem possuir a empresa – não somente contra quem foi seu empregador originário – para facilitar-lhe e garantir-lhe o recebimento de seus créditos (TRT da 2.ª Região, RO 09792200390202004, 9.ª T., 20030589163, Rel. Juíza Jane Granzoto Torres da Silva, *DJSP* 14.11.2003).

Art. 10-A. O sócio retirante responde subsidiariamente pelas obrigações trabalhistas da sociedade relativas ao período em que figurou como sócio, somente em ações ajuizadas até dois anos depois de averbada a modificação do contrato, observada a seguinte ordem de preferência:

[40] DINIZ, Maria Helena. *Lei de Introdução ao Código Civil brasileiro interpretada*. 11. ed. São Paulo: Saraiva, 2005. p. 202.

I – a empresa devedora;

II – os sócios atuais; e

III – os sócios retirantes.

Parágrafo único. O sócio retirante responderá solidariamente com os demais quando ficar comprovada fraude na alteração societária decorrente da modificação do contrato.

Em consonância com o art. 10-A da CLT, acrescentado pela Lei 13.467/2017, o *sócio retirante* responde *subsidiariamente* pelas obrigações trabalhistas da sociedade relativas ao período em que figurou como sócio, somente em ações ajuizadas até dois anos depois de averbada a modificação do contrato, observada a seguinte *ordem de preferência*: a empresa devedora; os sócios atuais; os sócios retirantes.

O sócio retirante, assim, responde subsidiariamente apenas quanto aos direitos trabalhistas relativos ao período em que integrou a sociedade.

A cobrança dos créditos trabalhistas deve ser feita, primeiramente, em face do devedor principal, ou seja, da *empresa devedora* (art. 2.º da CLT).

Caso o empregador não tenha bens suficientes, a responsabilidade passa a ser dos *sócios atuais* da pessoa jurídica que exerce a atividade empresarial, podendo a execução relativa ao valor devido ao empregado ser assim direcionada.

Apenas em terceiro plano é que os sócios retirantes podem ser subsidiariamente responsabilizados, tendo que satisfazer os direitos trabalhistas inadimplidos.

Trata-se, no caso, de regra específica de *responsabilidade patrimonial* na esfera trabalhista, estabelecida na CLT.

Em termos processuais, entende-se necessária a instauração do *incidente de desconsideração da personalidade jurídica* (art. 855-A da CLT e arts. 133 a 137 do CPC), em respeito ao contraditório, à ampla defesa e ao devido processo legal (art. 5.º, incisos LIV e LV, da Constituição Federal de 1988).

A desconsideração da personalidade jurídica é prevista no art. 50 do Código Civil (com redação dada pela Lei 13.874/2019) e no art. 28 do Código de Defesa do Consumidor (Lei 8.078/1990). Cf. comentários ao art. 855-A da CLT.

A responsabilidade *subsidiária* do sócio retirante apenas incide no prazo de dois anos depois da averbação da modificação do contrato social.

Essa limitação temporal certamente leva em consideração o disposto nos arts. 1.003, parágrafo único, e 1.032 do Código Civil.

Entretanto, o Código Civil estabelece a responsabilidade solidária do sócio retirante, de modo que o dispositivo acrescentado à CLT, nesse aspecto, é menos benéfico ao empregado do que a previsão do Direito Comum.

O referido prazo de dois anos deve ser contado a partir da averbação da modificação do contrato social até o ajuizamento da ação trabalhista, ainda que em face da empresa devedora, com posterior responsabilização patrimonial do sócio retirante, tendo em vista a aplicação extensiva e analógica do art. 204, §§ 1.º e 3.º, do Código Civil.

Nesse sentido, o art. 10-A da CLT, acrescentado pela Lei 13.467/2017, prevê a responsabilidade do sócio retirante em ações ajuizadas até dois anos depois de averbada a modificação do contrato.

O sócio retirante responde *solidariamente* com os demais quando ficar comprovada *fraude* na alteração societária decorrente da modificação do contrato (art. 10-A, parágrafo único, da CLT, acrescentado pela Lei 13.467/2017).

Entende-se que na fraude o sujeito utiliza-se de subterfúgio formal e aparentemente lícito, mas, na realidade, para alcançar um fim ilícito, ou seja, que contraria o sistema jurídico.

Nesse enfoque, são considerados nulos de pleno direito os atos praticados com o objetivo de desvirtuar, impedir ou fraudar a aplicação dos preceitos contidos na legislação trabalhista (art. 9.º da CLT).

A fraude, assim, significa conduta de alguém que, para burlar a lei, fugir da sua incidência ou descumprir um dever jurídico, usa de procedimento aparentemente lícito, causando prejuízo a terceiros[41].

No caso em questão, isso pode ocorrer se o sócio se retira da sociedade apenas com o objetivo de deixar esta sem qualquer patrimônio que possa adimplir os créditos trabalhistas.

A fraude, entretanto, não se presume, devendo ser demonstrada.

Caracterizada a fraude na modificação societária, impõe-se a responsabilidade solidária do sócio retirante, o que está em harmonia com o art. 942 do Código Civil.

Art. 11. A pretensão quanto a créditos resultantes das relações de trabalho prescreve em cinco anos para os trabalhadores urbanos e rurais, até o limite de dois anos após a extinção do contrato de trabalho.

I – Revogado pela Lei 13.467/2017;

II – Revogado pela Lei 13.467/2017.

§ 1.º O disposto neste artigo não se aplica às ações que tenham por objeto anotações para fins de prova junto à Previdência Social.

§ 2.º Tratando-se de pretensão que envolva pedido de prestações sucessivas decorrente de alteração ou descumprimento do pactuado, a prescrição é total, exceto quando o direito à parcela esteja também assegurado por preceito de lei.

§ 3.º A interrupção da prescrição somente ocorrerá pelo ajuizamento de reclamação trabalhista, mesmo que em juízo incompetente, ainda que venha a ser extinta sem resolução do mérito, produzindo efeitos apenas em relação aos pedidos idênticos.

1. PRESCRIÇÃO

A prescrição torna *inexigível* a pretensão referente ao direito subjetivo material, em razão de inércia do seu titular.

Violado o direito subjetivo, o seu titular passa a ter a *pretensão* na sua satisfação; após o prazo prescricional, essa pretensão torna-se inexigível.

Nesse sentido, de acordo com o art. 189 do Código Civil de 2002: "Violado o direito, nasce para o titular a pretensão, a qual se extingue, pela prescrição".

[41] Cf. RODRIGUES, Silvio. *Direito civil*: parte geral. 28. ed. São Paulo: Saraiva, 1998. v. 1, p. 226.

A prescrição atinge a pretensão de natureza condenatória, normalmente exercida por meio da respectiva ação judicial. Por isso, mesmo sendo instituto de direito material, a prescrição, normalmente, produz os seus efeitos no âmbito processual; ou seja, a prescrição é pronunciada no curso da ação, ajuizada com pedido de satisfação do direito material (que se alega) violado.

O principal fundamento do instituto em questão refere-se à necessidade de estabilidade e segurança nas relações jurídico-sociais. A prescrição, de certo modo, também acaba penalizando a inércia do sujeito quanto à defesa de seu direito.

Mesmo sendo instituto com natureza de direito material, a prescrição, normalmente, produz os seus efeitos no âmbito processual, ou seja, a prescrição é pronunciada no curso da ação, ajuizada com pedido de satisfação do direito material (que se alega) violado.

Desse modo, de acordo com o art. 487, inciso II, do CPC de 2015 (art. 269, inciso IV, do CPC de 1973), há resolução de mérito quando o órgão jurisdicional "decidir, de ofício ou a requerimento, sobre a ocorrência de decadência ou prescrição".

Isso explica o tratamento de certos aspectos da matéria em questão no âmbito do Código de Processo Civil, com repercussões, ainda, no Direito Processual do Trabalho (art. 769 da CLT).

2. DISTINÇÃO ENTRE DECADÊNCIA E PRESCRIÇÃO

Atualmente, entende-se que a prescrição atinge a pretensão de natureza condenatória, a ser normalmente exercida por meio da respectiva ação judicial.

As ações declaratórias não estão sujeitas, em princípio, à prescrição, e as ações constitutivas com prazo previsto em lei para seu ajuizamento estão sujeitas, quanto ao direito potestativo a ser exercido, à decadência.

Os prazos de natureza prescricional podem ser suspensos e interrompidos (uma vez, conforme art. 202, *caput*, do CC/2002), de acordo com os arts. 197 a 204 do Código Civil em vigor[42], merecendo destaque, ainda, a Súmula 268 do TST, o parágrafo único do art. 10 da Lei 5.889/1973 e o art. 440 da CLT, bem como o art. 625-G, da CLT. Cf. ainda Orientação Jurisprudencial 392 da SBDI-I do TST.

Conforme o art. 11, § 3.º, da CLT, a interrupção da prescrição somente ocorrerá pelo ajuizamento de reclamação trabalhista, mesmo que em juízo incompetente, ainda que venha a ser extinta sem resolução do mérito, produzindo efeitos apenas em relação aos pedidos idênticos. Ainda assim, pode-se dizer que o protesto ajuizado na Justiça do Trabalho não deixa de ser uma ação trabalhista em sentido amplo.

Cabe registrar, ainda, que o Enunciado 47, aprovado na "1.ª Jornada de Direito Material e Processual na Justiça do Trabalho", ocorrida no TST, em Brasília, em 23.11.2007, assim prevê: "Acidente do trabalho. Prescrição. Suspensão do contrato de trabalho. Não corre prescrição nas ações indenizatórias nas hipóteses de suspensão e/ou interrupção do contrato de trabalho decorrentes de acidentes do trabalho".

---

42 De acordo com o art. 204, § 1.º, do Código Civil de 2002, a interrupção da prescrição efetuada contra o devedor solidário envolve os demais e seus herdeiros. Aplica-se essa regra no âmbito trabalhista, por exemplo, no caso do grupo econômico (art. 2.º, § 2.º, da CLT), e em outras hipóteses de responsabilidade solidária, ou mesmo subsidiária (ou seja, de solidariedade com benefício de ordem).

No entanto, pode-se entender diversamente, uma vez que a previsão do art. 199, inciso I, do Código Civil de 2002 apenas se refere à hipótese em que o próprio direito subjetivo esteja pendente de condição suspensiva, a qual é definida como a cláusula que, derivando exclusivamente da vontade das partes, subordina o efeito do negócio jurídico a evento futuro e incerto (art. 121 do CC/2002). Isso não se verifica na suspensão ou interrupção do contrato de trabalho, decorrente de acidente do trabalho, pois o direito subjetivo, pertinente à respectiva indenização, não se encontra sujeito a qualquer evento futuro e incerto (condição suspensiva), até porque já existe desde a lesão ao direito do trabalhador acidentado, podendo ser prontamente postulado em juízo.

Já os prazos decadenciais, em regra, não estão sujeitos à suspensão e à interrupção (art. 207 do CC/2002)[43]. Apenas na hipótese do art. 208 do Código Civil de 2002 é que se aplica, ao prazo decadencial, a previsão do art. 198, inciso I, do mesmo diploma legal. Desse modo, no caso do menor de 16 anos (art. 3.º do CC/2002), eventual prazo decadencial não se inicia, só começando a correr ao completar 16 anos.

Cabe lembrar que, de acordo com o art. 440 da CLT, não corre prazo prescricional contra o menor de 18 anos. Assim, apenas quando o empregado completar a referida idade é que a prescrição tem início, inclusive para fins de exigibilidade de férias não concedidas ou não remuneradas.

Reconhece-se como de natureza decadencial o prazo de 30 dias (art. 853 da CLT) para o ajuizamento da ação de inquérito para apuração de falta grave, na hipótese em que o empregado titular da estabilidade foi suspenso na forma do art. 494 da CLT. Tem-se, no caso, ação judicial de natureza constitutiva negativa, pois o objeto é a cessação do contrato de trabalho do referido empregado titular da estabilidade específica. Nesse sentido é a redação da Súmula 403 do STF.

A natureza decadencial também se faz presente no prazo de dois anos (a contar do trânsito em julgado) para o ajuizamento de ação rescisória (art. 975 do CPC de 2015 e art. 495 do CPC de 1973, c/c art. 836 da CLT), até porque visa a desconstituir a coisa julgada material. Nesse sentido prevê a Súmula 100 do TST.

Frise-se, ainda, que a Lei 12.016/2009, no art. 23, assim prevê: "O direito de requerer mandado de segurança extinguir-se-á decorridos 120 (cento e vinte) dias contados da ciência, pelo interessado, do ato impugnado". Sobre essa questão, cf. a Súmula 632 do STF.

A Lei 14.010/2020 institui normas de caráter transitório e emergencial para a regulação de relações jurídicas de Direito Privado em virtude da pandemia do coronavírus (Covid-19).

Nos termos do art. 3.º da Lei 14.010/2020, os prazos prescricionais consideram-se impedidos ou suspensos, conforme o caso, a partir da entrada em vigor da Lei 14.010/2020 (12.06.2020) até 30 de outubro de 2020.

O art. 3.º da Lei 14.010/2020 não se aplica enquanto perdurarem as hipóteses específicas de impedimento, suspensão e interrupção dos prazos prescricionais previstas no ordenamento jurídico nacional (art. 3.º, § 1.º, da Lei 14.010/2020).

O art. 3.º da Lei 14.010/2020 aplica-se à decadência, conforme ressalva prevista no art. 207 do Código Civil (art. 3.º, § 2.º, da Lei 14.010/2020).

---

43 "Art. 207. Salvo disposição legal em contrário, não se aplicam à decadência as normas que impedem, suspendem ou interrompem a prescrição".

Defende-se a incidência dessas previsões legais na esfera trabalhista, com fundamento no art. 8.º, § 1.º, da CLT.

3. PRESCRIÇÃO TOTAL E PARCIAL NO DIREITO DO TRABALHO

De acordo com o art. 7.º, inciso XXIX, da Constituição Federal de 1988, os créditos trabalhistas podem ser exigidos no prazo de cinco anos no curso do contrato de trabalho, mas até dois anos do seu término.

O art. 11 da CLT, com redação dada pela Lei 13.467/2017, dispõe que a pretensão quanto a créditos resultantes das relações de trabalho prescreve em cinco anos para os trabalhadores urbanos e rurais, até o limite de dois anos após a extinção do contrato de trabalho.

Trata-se de previsão com o mesmo conteúdo da norma constitucional que trata dos prazos prescricionais na esfera trabalhista, apenas com a adequação formal de redação.

Tendo em vista o princípio da *actio nata*, violado o direito trabalhista, o empregado (urbano ou rural) terá cinco anos para exigir o seu direito material subjetivo. No entanto, se extinto o contrato de trabalho, o prazo prescricional é de dois anos. Decorrido este biênio, há prescrição total da pretensão quanto a quaisquer direitos decorrentes do contrato de trabalho extinto. Nesse sentido prevê a Súmula 308 do TST.

É comum a classificação da prescrição em total e parcial, inclusive quanto aos créditos trabalhistas.

Primeiramente, deve-se precisar o que se entende por prescrição total.

No âmbito trabalhista, observam-se dois prazos prescricionais distintos.

O bienal é contado da extinção da relação de emprego (art. 7.º, inciso XXIX, parte final, da Constituição Federal de 1988), sendo a prescrição total por excelência. Após esses dois anos, estão atingidas pela prescrição todas as pretensões relativas ao extinto pacto laboral (cf. Súmula 382 do TST).

A prescrição quinquenal, por sua vez, tem aplicabilidade para lesões de direito ocorridas durante a vigência do contrato de trabalho (art. 7.º, inciso XXIX, da Constituição Federal de 1988).

Deve-se ressaltar que, mesmo já em curso o prazo de prescrição quinquenal, cessado o vínculo de emprego, tem início o biênio prescricional, com o que ambos os prazos deverão ser observados para se poder exigir a satisfação do direito.

Embora a prescrição bienal, contada do término do pacto laboral, seja, por sua própria natureza, total (pois fulmina todas as pretensões relativas ao vínculo de emprego já cessado), nem toda prescrição total é bienal.

Efetivamente, há situações em que incide a prescrição quinquenal, porém nuclear.

Por outras palavras: a prescrição quinquenal pode ser parcial ou total. A primeira é a mais comum, e vem prevista, por exemplo, na Súmula 6, inciso IX, do TST.

A CLT, na redação originária de seu art. 11, previa o prazo prescricional de dois anos, o que foi alterado pela Constituição Federal de 1988 (Súmula 308 do TST).

Assim, nas demandas de equiparação salarial e nas que objetivem corrigir desvio funcional, a prescrição só alcança as diferenças salariais vencidas no período anterior aos cinco anos que precederam o ajuizamento da ação. Isso, obviamente, se o prazo prescricional de dois anos, contados da extinção do contrato de trabalho, tiver sido observado (art. 7.º, inciso XXIX, parte final, da Constituição Federal de 1988).

Nos exemplos acima, como se nota, a pretensão refere-se a prestações sucessivas, sendo a prescrição quinquenal e parcial.

Na relação de emprego doméstico, o direito de ação quanto a créditos resultantes das relações de trabalho também prescreve em cinco anos até o limite de dois anos após a extinção do contrato de trabalho (art. 43 da Lei Complementar 150/2015).

O trabalhador avulso se caracteriza por prestar serviços a diversas empresas (sem fixação a uma única fonte tomadora), com a intermediação do sindicato ou do órgão de gestão de mão de obra (trabalhador portuário avulso). O art. 7.º, inciso XXXIV, da Constituição Federal de 1988 assegura a igualdade de direitos entre o trabalhador com vínculo empregatício permanente e o trabalhador avulso.

A Lei 12.815/2013, no art. 37, § 4.º, assim dispõe: "As ações relativas aos créditos decorrentes da relação de trabalho avulso prescrevem em 5 (cinco) anos até o limite de 2 (dois) anos após o cancelamento do registro ou do cadastro no órgão gestor de mão de obra".

O Supremo Tribunal Federal decidiu que é constitucional o referido art. 37, § 4.º, da Lei 12.815/2013, inclusive quanto ao início do prazo prescricional bienal na relação de trabalho portuário avulso, em razão de suas particularidades e condições próprias (STF, Pleno, ADI 5.132/DF, Red. p/ ac. Min. Edson Fachin, j. 29.03.2021).

4. PRESCRIÇÃO QUINQUENAL PARCIAL E TOTAL

Conforme o art. 11, § 2.º, da CLT, acrescentado pela Lei 13.467/2017, tratando-se de pretensão que envolva pedido de prestações sucessivas decorrente de *alteração ou descumprimento do pactuado*, a prescrição é total, exceto quando o direito à parcela esteja também assegurado por preceito de lei.

Frise-se que, se o contrato de trabalho estiver em vigor quando da alteração ou descumprimento do pactuado, somente corre o prazo prescricional quinquenal, nos termos do art. 7.º, inciso XXIX, primeira parte, da Constituição Federal de 1988.

Tratando-se de prestação sucessiva em que o direito à parcela não é assegurado por preceito de lei, após o decurso de cinco anos contados da alteração ou descumprimento do pactuado (lesão do direito), consuma-se a prescrição total, embora quinquenal.

Evidentemente, caso o contrato de trabalho se extinga, mas antes dos cinco anos (contados da violação do direito, ou seja, da alteração ou descumprimento do pactuado) transcorra a prescrição bienal, também total, esta faz com que a prescrição quinquenal fique prejudicada. A respeito do tema, cf. ainda Súmula 294 do TST.

Como se pode notar, nas pretensões decorrentes do contrato de trabalho relativas a *prestações sucessivas*, o mesmo critério adotado pela jurisprudência quanto à *alteração do pactuado* foi estendido também para o seu *descumprimento* para fins de prescrição.

Vale dizer, se o direito postulado estiver assegurado em dispositivo de lei, a prescrição é parcial, ou seja, renova-se periodicamente. Caso contrário, a prescrição é total, extinguindo-se por completo a pretensão.

Em harmonia com o exposto, cf. Orientação Jurisprudencial 175 da SBDI-I do TST, Súmula 199, inciso II, do TST, Orientação Jurisprudencial 76 da SBDI-I do TST, Orientação Jurisprudencial 242 da SBDI-I do TST e Orientação Jurisprudencial 243 da SBDI-I do TST.

Com isso, deixa de prevalecer o entendimento constante na Súmula 452 do TST. Nessa hipótese, a prescrição também passa a ser total, pois o direito pretendido não está assegurado em preceito de lei, mas sim em Plano de Cargos e Salários.

O prazo prescricional tem início a partir do descumprimento dos critérios de promoção estabelecidos no Plano de Cargos e Salários e após cinco anos dessa violação ao direito ocorre a prescrição total da pretensão.

Como o direito à diferença salarial decorrente de equiparação salarial é assegurado pelo art. 461 da CLT, o pedido de prestações sucessivas está sujeito à prescrição parcial.

Nesse sentido, cf. Súmula 6, inciso IX, do TST.

Em se tratando de pedido de reenquadramento, a prescrição é total, contada da data do enquadramento do empregado (Súmula 275, inciso II, do TST), justamente porque o referido direito não é assegurado por preceito de lei.

Como o art. 11, § 2.º, da CLT abrange pedidos de prestações sucessivas decorrentes não apenas de alteração, mas também de *descumprimento do pactuado*, pode-se dizer que na ação que objetive corrigir desvio funcional a prescrição também passa a ser total, e não mais parcial, ficando superado o entendimento constante na Súmula 275, inciso I, do TST, pois o direito pretendido não está assegurado por preceito de lei.

Em razão do mesmo fundamento, é possível dizer que a pretensão a diferenças de complementação de aposentadoria passa a se sujeitar à prescrição total, tornando superado o entendimento constante na Súmula 327 do TST, por envolver prestação decorrente de alteração ou descumprimento do pactuado e direito não assegurado por preceito de lei, mas sim em regulamento empresarial ou norma interna do empregador.

Cf. ainda Súmula 326 do TST.

Tratando-se de pedido de diferença de gratificação semestral que teve seu valor congelado, pode-se dizer que a prescrição aplicável é parcial quando o reajuste for assegurado por preceito de lei (Súmula 373 do TST). Caso contrário, a prescrição passa a ser total.

5. PRESCRIÇÃO DO FGTS

O Supremo Tribunal Federal, no Recurso Extraordinário com Agravo 709.212/DF, com repercussão geral reconhecida, decidiu que o prazo prescricional aplicável às cobranças dos depósitos do Fundo de Garantia do Tempo de Serviço é o previsto no art. 7.º, inciso XXIX, da Constituição da República, por se tratar de direito dos trabalhadores urbanos e rurais, expressamente arrolado no inciso III do referido dispositivo constitucional.

Prevaleceu, assim, o entendimento de ser aplicável ao FGTS o prazo de prescrição de *cinco anos*, a partir da lesão do direito (e não apenas o prazo prescricional bienal, a contar da extinção do contrato de trabalho), tendo em vista, inclusive, a necessidade de certeza e estabilidade nas relações jurídicas. Vale dizer, uma vez respeitado o prazo prescricional de dois anos, que se inicia com o término da relação de emprego, somente são exigíveis os valores devidos nos últimos cinco anos que antecedem o ajuizamento da ação.

Com isso, decidiu-se que o prazo prescricional de 30 anos, previsto no art. 23, § 5.º, da Lei 8.036/1990 (e no art. 55 do Regulamento do FGTS, aprovado pelo Decreto 99.684/1990), é *inconstitucional*, por violar o já mencionado art. 7.º, inciso XXIX, da Constituição Federal de 1988. Ademais, prevaleceu no STF o entendimento de que não se aplica ao caso o princípio da proteção, por não se tratar de direito mínimo, que possa ser ampliado por meio de lei ordinária. Quanto ao tema, a Constituição da República determinou, de forma expressa e precisa, o prazo prescricional para se exigir a cobrança dos créditos resultantes das relações de trabalho, como ocorre justamente quanto ao FGTS, que tem natureza jurídica de direito social e trabalhista.

Tendo em vista a exigência de segurança jurídica e a necessidade de modulação dos efeitos da decisão (art. 27 da Lei 9.868/1999), decidiu-se no sentido da declaração de inconstitucionalidade com efeitos *ex nunc*. Cf. STF, Pleno, ARE 709.212/DF, Rel. Min. Gilmar Mendes, j. 13.11.2014, *DJe* 19.02.2015. Cf. ainda STF, Pleno, RE 522.897/RN, Rel. Min. Gilmar Mendes, *DJe* 26.09.2017.

Em razão do exposto, foi modificada a redação da Súmula 362 do TST.

A aplicação desse entendimento incide em demandas que objetivem a cobrança do FGTS, independentemente da natureza jurídica da parte demandada. Cf. STJ, 1.ª T., REsp 1.841.538/AM, 2019/0297438-7, Rel. p/ ac. Min. Regina Helena Costa, *DJe* 24.08.2020.

A notificação do empregador relativa aos débitos com o FGTS, o início de procedimento administrativo ou a medida de fiscalização interrompem o prazo prescricional (art. 23-A da Lei 8.036/1990, incluído pela Lei 13.932/2019).

O contencioso administrativo é causa de suspensão do prazo prescricional.

A data de publicação da liquidação do crédito será considerada como a data de sua constituição definitiva, a partir da qual será retomada a contagem do prazo prescricional.

Todos os documentos relativos às obrigações perante o FGTS, referentes a todo o contrato de trabalho de cada trabalhador, devem ser mantidos à disposição da fiscalização por até cinco anos após o fim de cada contrato.

6. EMENDA CONSTITUCIONAL 28/2000 E PRESCRIÇÃO DO TRABALHADOR RURAL

Com a Emenda Constitucional 28/2000, em vigor desde 26 de maio de 2000 (data de sua publicação, conforme art. 3.º), os empregados urbanos e rurais passaram a ter o mesmo tratamento quanto à prescrição.

Antes dessa alteração, o trabalhador rural apenas se sujeitava ao prazo prescricional de dois anos após a extinção de seu contrato de trabalho. A grande mudança é que esta modalidade de empregado também passou a se sujeitar à prescrição quinquenal, durante a vigência do contrato de trabalho.

Com isso, empregados urbanos e rurais passaram a ter o prazo prescricional de cinco anos para a defesa de seus direitos trabalhistas, na vigência do pacto laboral.

Sendo assim, mesmo no âmbito rural, a pretensão quanto a créditos resultantes das relações de trabalho prescreve em cinco anos, até o limite de dois anos após a extinção do contrato de trabalho (art. 103 do Decreto 10.854/2021). Essa previsão não se aplica ao menor de 18 anos de idade.

A prescrição não representa um direito trabalhista propriamente dito. Além disso, a Lei Maior estabeleceu o prazo prescricional de forma cogente, não dando margem a admitir a manutenção da norma infraconstitucional anterior, o que resulta na derrogação do inciso II do art. 11 da CLT, com redação determinada pela Lei 9.658/1998, que já havia revogado, implicitamente, o art. 10, *caput*, da Lei 5.889/1973.

A prescrição, visando à segurança jurídica, estabelece limite temporal para a exigibilidade dos direitos violados, sendo tema de interesse geral para a coletividade. Por isso, as referidas disposições infraconstitucionais, que dispunham de modo diverso a respeito da prescrição trabalhista do empregado rural, tornaram-se incompatíveis com o art. 7.º, inciso XXIX, da Constituição Federal, na redação determinada pela Emenda Constitucional 28/2000, respeitado o critério de aplicação no tempo dessa norma constitucional. Sobre essa última questão, cabe destacar a Orientação Jurisprudencial 271 da SBDI-I do TST.

Com a Emenda Constitucional 28/2000, preferiu-se equiparar a prescrição do empregado rural à do urbano, estabelecendo, com isso, regra menos favorável do que a anterior. Deu-se ênfase à estabilidade na relação jurídica, em prejuízo, no entanto, da efetiva possibilidade de reparação dos direitos trabalhistas violados.

A aplicação imediata da nova norma constitucional, perante a relação jurídica de trato sucessivo, impõe que opere efeitos somente quanto aos fatos ocorridos a partir de sua entrada em vigor.

No caso, *apenas quanto às lesões de direitos – que são fatos – ocorridas a partir da vigência da Emenda Constitucional (26.05.2000) é que esta opera efeitos*. Eventual aplicação desta norma constitucional perante as lesões de direito verificadas *antes* da sua vigência significaria cristalina retroação de seus efeitos, o que é intolerável e inconstitucional.

A lesão do direito, sendo fato, decorre da prática de ato (antijurídico) pelo devedor (no caso, o empregador), ou pelo qual ele seja o responsável, sendo este estado de lesão uma situação jurídica. Esse ato/fato lesivo (ao direito subjetivo do empregado, no caso, rural) significa uma situação que, portanto, estará "consumada", ou seja, haverá a consumação da (prática de) lesão do direito.

No âmbito da relação de emprego rural, podem ocorrer, sucessivamente, condutas lesivas a direitos do empregado, praticadas por seu empregador (ou pelas quais ele responde).

Quanto às lesões operadas antes de 26 de maio de 2000 (data do início da vigência da Emenda Constitucional 28/2000), a exigibilidade do direito é regulada pela norma então vigente, qual seja o art. 7.º, inciso XXIX, "b", com redação anterior à Emenda, não havendo, assim, prazo prescricional no decorrer do contrato de trabalho rural.

Somente os direitos subjetivos do empregado rural que foram lesados a partir de 26 de maio de 2000 é que se sujeitam ao prazo de exigibilidade quinquenal, ou seja, à prescrição de cinco anos no curso do pacto laboral.

Frise-se, ainda, que a Emenda Constitucional 28/2000, na realidade, não reduziu o prazo prescricional referente ao empregado rural, mas sim criou um novo critério, passando a correr a prescrição mesmo na vigência do contrato de trabalho, o que não existia anteriormente. É inaplicável, portanto, qualquer lição doutrinária ou jurisprudencial pertinente à redução, propriamente, de prazo prescricional. Anteriormente, este não fluía durante a relação de emprego rural.

Portanto, houve verdadeira instituição de novo prazo de prescrição. Como isso, enfatize-se, ele não é aplicável aos fatos anteriores à sua vigência, sob pena de retroatividade no tempo.

De todo modo, para os contratos de trabalho em andamento quando da promulgação da Emenda Constitucional 28/2000, o entendimento que prevaleceu na jurisprudência é o constante da Orientação Jurisprudencial 417 SBDI-I do TST.

7. PRESCRIÇÃO PARA EXIGIR A ANOTAÇÃO DE CARTEIRA PROFISSIONAL

Tema que pode gerar dúvidas refere-se à existência de prazo prescricional quanto à pretensão de anotação da Carteira de Trabalho e Previdência Social.

O antigo Enunciado 64 do TST, já cancelado pela Resolução 121/2003, previa que: "A prescrição para reclamar contra anotação de carteira profissional, ou omissão desta, flui da data de cessação do contrato de trabalho".

No entanto, a anotação na CTPS apenas reflete a pretensão principal, de natureza declaratória, referente ao reconhecimento de certa relação jurídica, no caso, pertinente ao contrato de trabalho.

A referida pretensão, por ser de natureza declaratória, não se encontra sujeita ao prazo prescricional quanto à exigibilidade.

Tanto é assim que o § 1.º do art. 11 da CLT, acrescentado pela Lei 9.658/1998, confirma que a disposição do *caput* do referido art. 11, a qual versa sobre os prazos prescricionais dos créditos trabalhistas, não se aplica às ações cujo objeto seja anotações para fins de prova junto à Previdência Social.

8. PRESCRIÇÃO NA AÇÃO CIVIL PÚBLICA

Prevalece na jurisprudência o entendimento de que deve ser aplicado o prazo prescricional de cinco anos para a *ação civil pública*, com fundamento no prazo prescricional da ação popular (art. 21 da Lei 4.717/1965). A prescrição, de todo modo, incide quanto a pretensões de natureza condenatória. Cf. TST, 5.ª T., RR – 353-89.2015.5.12.0055.

Especificamente quanto aos *direitos individuais homogêneos*, por serem essencialmente individuais, ainda que tutelados de forma coletiva (art. 81, parágrafo único, inciso III, da Lei 8.078/1990), entende-se que se aplica, no âmbito trabalhista, o prazo de prescrição previsto no art. 7.º, inciso XXIX, da Constituição Federal de 1988. Cf. TST, 5.ª T., RR-918-26.2019.5.17.0006, Rel. Min. Breno Medeiros, *DEJT* 02.09.2022.

✦ Jurisprudência

Embargos. Auxílio-doença. Suspensão do prazo prescricional. Suspenso o contrato de trabalho, em virtude de o empregado haver sido acometido de doença profissional, com percepção de auxílio-doença, não se pode afirmar que ocorra, igualmente, a suspensão do fluxo prescricional, porque esta hipótese não está contemplada no art. 199 do Código Civil, como causa interruptiva ou suspensiva do instituto prescricional. O referido preceito legal não comporta interpretação extensiva ou analógica para a inclusão de outras causas de suspensão não previstas pelo legislador ordinário, sob pena de ofensa ao princípio da segurança jurídica. Embargos conhecidos e providos (TST, SBDI-I, E-RR-3319/1999-070-02-00.0, Carlos Alberto Reis de Paula, *DJ* 27.04.2007).

Trabalhador portuário avulso. Prescrição quinquenal. A prescrição bienal a que alude o art. 7.º, XXIX, da CF tem aplicação ao trabalhador avulso somente quando houver o descredenciamento do trabalhador do órgão Gestor de Mão de Obra. Em caso contrário, permanece a aplicação da prescrição quinquenal, em razão do liame contínuo que se estabelece entre o trabalhador portuário e OGMO. Ressalva de entendimento deste relator. Recurso de revista conhecido e não provido (TST, 6.ª T., RR 458-57.2012.5.09.0022, Rel. Min. Aloysio Corrêa da Veiga, *DEJT* 02.05.2014).

Progressão salarial. Inobservância dos critérios previstos no plano de cargos e salários. O descumprimento do regulamento empresarial que disciplina as regras de promoção, a embasar o pedido de diferenças salariais, não se confunde com a ocorrência de alteração do pactuado, sendo inaplicável, à hipótese, o aludido verbete sumular [Súmula 294 do TST], e parcial a prescrição incidente. Nesse caso, da mesma forma, não cabe falar em contrariedade ao item II da Súmula 275 do TST, porquanto, conforme consignado na decisão turmária, não se trata de pedido de diferenças salariais diretamente decorrentes de reenquadramento, e sim da inobservância dos critérios de progressão salarial previstos no Plano de Cargos e Salários instituído pela ré (TST, SBDI-I, RR 794844-77.2001.5.03.5555, Rel. Min. Rosa Maria Weber, *DEJT* 12.06.2009).

Prescrição prevista pela EC 28/2000, que altera o art. 7.º, XXIX, "b", Constituição Federal. O Direito brasileiro consagrou a irretroatividade das leis, preservando o direito adquirido, o ato jurídico perfeito e a coisa julgada. Assim, os efeitos produzidos pela lei velha no tempo passado não podem ser atingidos por lei nova. Não há qualquer incoerência com o princípio da eficácia imediata, à medida que a lei nova se aplicará aos direitos nascidos sob sua égide. Quando se está diante de restrição de direitos, como é o caso da prescrição em foco, seus efeitos não podem atingir situações pretéritas, que se encontravam sob a segurança da lei velha, aplicando-se-lhe a redação em vigor à época dos fatos (TRT da 15.ª Região – Campinas, Processo 005780/2001-RO-3, Rel. Juíza Luciane Storel da Silva).

Recurso extraordinário. Direito do Trabalho. Fundo de Garantia do Tempo de Serviço (FGTS). Cobrança de valores não pagos. Prazo prescricional. Prescrição quinquenal. Art. 7.º, XXIX, da Constituição. Superação de entendimento anterior sobre prescrição trintenária. Inconstitucionalidade dos arts. 23, § 5.º, da Lei 8.036/1990 e 55 do Regulamento do FGTS aprovado pelo Decreto 99.684/1990. Segurança jurídica. Necessidade de modulação dos efeitos da decisão. Art. 27 da Lei 9.868/1999. Declaração de inconstitucionalidade com efeitos *ex nunc*. Recurso extraordinário a que se nega provimento (STF, Pleno, ARE 709.212/DF, Rel. Min. Gilmar Mendes, *DJe* 19.02.2015).

II – No julgamento do ARE n. 709.212/DF (Tema n. 608), em 13.11.2014, o Supremo Tribunal Federal, por maioria, declarou a inconstitucionalidade dos arts. 23, § 5.º, da Lei n. 8.036/1990, e 55 do Decreto n. 99.684/1990, na parte em que ressalvam o "privilégio do FGTS à prescrição trintenária", e fixou a seguinte tese: "O prazo prescricional aplicável à cobrança de valores não depositados no Fundo de Garantia por Tempo de Serviço (FGTS) é quinquenal, nos termos do art. 7.º, XXIX, da Constituição Federal". III – A aplicação do Tema n. 608/STF não se restringe aos litígios que envolvam pessoa jurídica de direito privado, incidindo também em demandas que objetivam a cobrança do FGTS, independentemente da natureza jurídica da parte ré. Precedentes. IV – O Supremo Tribunal Federal, com o objetivo de garantir a segurança jurídica e evitar surpresa, modulou o entendimento firmado no ARE n. 709.212/DF, adotando efeitos *ex nunc* de forma que aos contratos de trabalho em curso no momento do julgamento da repercussão geral submetam-se a uma de duas hipóteses: (i) se o ajuizamento da ação, objetivando o recebimento das parcelas do FGTS, ocorreu até 13.11.2019, aplica-se a prescrição trintenária, ou seja, o trabalhador tem direito ao recebimento das parcelas vencidas no período de 30 anos antes do ajuizamento da ação; e (ii) se o ajuizamento da ação, objetivando o recebimento das parcelas do FGTS, ocorreu após 13.11.2019, aplica-se a prescrição quinquenal, ou seja, o trabalhador faz jus somente ao recebimento das parcelas vencidas no período de 5 anos antes do ajuizamento da ação. V – Recurso Especial improvido (STJ, 1.ª T., REsp 1.841.538/AM, 2019/0297438-7, Rel. p/ ac. Min. Regina Helena Costa, *DJe* 24.08.2020).

Agravo de instrumento em recurso de revista. Prescrição. Ação civil pública. Dano moral coletivo. Fixação do prazo prescricional de 5 anos previsto na Lei da Ação Popular (4.717/65). Em razão de provável afronta ao artigo 7.º, inciso XXIX, da CF/88, dá-se provimento ao agravo de instrumento para determinar o prosseguimento do recurso de revista. Agravo de instrumento conhecido e provido. Recurso de revista. Acórdão publicado na vigência da Lei n.º 13.015/2014. Legitimidade ativa do Ministério Público do Trabalho. O entendimento jurisprudencial desta Casa já se pacificou no sentido de que o Ministério Público tem legitimidade para o ajuizamento de ação civil pública inclusive para a defesa de interesses individuais homogêneos. Precedentes. *In casu*, os interesses defendidos pelo Ministério Público do Trabalho ultrapassam a esfera individual, sendo coletivos e mesmo difusos, uma vez que se relacionam ao constatado extrapolamento da jornada de trabalho além do limite legal. Registre-se, ainda, que a determinação dos sujeitos envolvidos não constitui óbice ao exercício do direito de ação pelo Ministério Público, uma vez que o direito tem origem comum e afeta vários indivíduos da categoria, não podendo ser considerado individual heterogêneo, sendo certo que o fato de ser necessária a individualização para apuração do valor devido a cada empregado não descaracteriza a natureza homogênea da pretensão. Precedentes. Incidem, portanto, a Súmula n.º 333 desta Corte e o art. 896, § 7.º, da CLT como óbices ao prosseguimento da revista, a pretexto da alegada ofensa aos dispositivos apontados, bem como da divergência jurisprudencial transcrita. Recurso de revista não conhecido. Prescrição. Ação civil pública. Dano moral coletivo. Fixação do prazo prescricional de 5 anos previsto na Lei da Ação Popular (4.717/65). O e. TRT consignou que diante da natureza dos direitos tutelados, a ação civil pública possui caráter de imprescritibilidade. Em que pesem tais considerações, certo é que esta Corte, na esteira do entendimento firmado pelo Superior Tribunal de Justiça, no que refere à existência de prazo prescricional para fins de proposição de ação civil pública, firmou entendimento sobre a adoção do prazo prescricional de 5 anos para a ação civil pública. Precedentes. Prejudicada a análise dos temas remanescentes. Recurso de revista conhecido e provido (TST, 5.ª T., RR – 353-89.2015.5.12.0055, Rel. Min. Breno Medeiros, *DEJT* 23.11.2018).

✦ Súmulas, Orientações Jurisprudenciais e Precedentes Normativos

Súmula 403 do STF: É de decadência o prazo de 30 (trinta) dias para instauração do inquérito judicial, a contar da suspensão, por falta grave, de empregado estável.

Súmula 632 do STF: É constitucional lei que fixa o prazo de decadência para a impetração de mandado de segurança.

Súmula 6, IX, do TST: Na ação de equiparação salarial, a prescrição é parcial e só alcança as diferenças salariais vencidas no período de 5 (cinco) anos que precedeu o ajuizamento (ex-Súmula 274, alterada pela Res. 121/2003, *DJ* 21.11.2003).

Súmula 100 do TST: Ação rescisória. Decadência (incorporadas as Orientações Jurisprudenciais 13, 16, 79, 102, 104, 122 e 145 da SDI-II – Res. 137/2005 – *DJ* 22.08.2005). I – O prazo de decadência, na ação rescisória, conta-se do dia imediatamente subsequente ao trânsito em julgado da última decisão proferida na causa, seja de mérito ou não (ex-Súmula 100 – Res. 109/2001, *DJ* 18.04.2001). II – Havendo recurso parcial no processo principal, o trânsito em julgado dá-se em momentos e em tribunais diferentes, contando-se o prazo decadencial para a ação rescisória do trânsito em julgado de cada decisão, salvo se o recurso tratar de preliminar ou prejudicial que possa tornar insubsistente a decisão recorrida, hipótese em que flui a decadência a partir do trânsito em julgado da decisão que julgar o recurso parcial (ex-Súmula 100 – Res. 109/2001, *DJ* 18.04.2001). III – Salvo se houver dúvida razoável, a interposição de recurso intempestivo ou a interposição de recurso incabível não protrai o termo inicial do prazo decadencial (ex-Súmula 100 – Res. 109/2001, *DJ* 18.04.2001). IV – O juízo rescindente não está adstrito à certidão de trânsito em julgado juntada com a ação rescisória, podendo formar sua convicção através de outros elementos dos autos quanto à antecipação ou postergação do *dies a quo* do prazo decadencial (ex-OJ 102 – *DJ* 29.04.2003). V – O acordo homologado judicialmente tem força de decisão irrecorrível, na forma do art. 831 da CLT. Assim sendo, o termo conciliatório transita em julgado na data da sua homologação judicial (ex-OJ 104 – *DJ* 29.04.2003). VI – Na hipótese de colusão das partes, o prazo decadencial da ação rescisória somente começa a fluir para o Ministério Público, que não interveio no processo principal, a partir do momento em que tem ciência da fraude (ex-OJ 122 – *DJ* 11.08.2003). VII – Não ofende o princípio do duplo grau de jurisdição a decisão do TST que, após afastar a decadência em sede de recurso ordinário, aprecia desde logo a lide, se a causa versar questão exclusivamente de direito e estiver em condições de imediato julgamento (ex-OJ 79 – inserida em 13.03.2002). VIII – A exceção de incompetência, ainda que oposta no prazo recursal, sem ter sido aviado o recurso próprio, não tem o condão de afastar a consumação da coisa julgada e, assim, postergar o termo inicial do prazo decadencial para a ação rescisória (ex-OJ 16 – inserida em 20.09.2000). IX – Prorroga-se até o primeiro dia útil, imediatamente subsequente, o prazo decadencial para ajuizamento de ação rescisória quando expira em férias forenses, feriados, finais de semana ou em dia em que não houver expediente forense. Aplicação do art. 775 da CLT (ex-OJ 13 – inserida em 20.09.2000). X – Conta-se o prazo decadencial da ação rescisória, após o decurso do prazo legal previsto para a interposição do recurso extraordinário, apenas quando esgotadas todas as vias recursais ordinárias (ex-OJ 145 – *DJ* 10.11.2004)

Súmula 199 do TST: Bancário. Pré-contratação de horas extras. I – A contratação do serviço suplementar, quando da admissão do trabalhador bancário, é nula. Os valores assim ajustados apenas remuneram a jornada normal, sendo devidas as horas extras com o adicional de, no mínimo, 50% (cinquenta por cento), as quais não configuram pré-contratação se pactuadas após a admissão do bancário. II – Em se tratando de horas extras pré-contratadas, opera-se a prescrição total se a ação não for ajuizada no prazo de cinco anos, a partir da data em que foram suprimidas.

Súmula 268 do TST: Prescrição. Interrupção. Ação trabalhista arquivada. A ação trabalhista, ainda que arquivada, interrompe a prescrição somente em relação aos pedidos idênticos (redação determinada pela Resolução 121/2003).

Súmula 275 do TST: I – Na ação que objetive corrigir desvio funcional, a prescrição só alcança as diferenças salariais vencidas no período de 5 (cinco) anos que precedeu o ajuizamento. II – Em se tratando de pedido de reenquadramento, a prescrição é total, contada da data do enquadramento do empregado (ex-OJ 144, da SBDI-I, inserida em 27.11.1998).

Súmula 294 do TST: Tratando-se de ação que envolva pedido de prestações sucessivas decorrentes de alteração do pactuado, a prescrição é total, exceto quando o direito à parcela esteja também assegurado por preceito de lei.

Súmula 308 do TST: Prescrição quinquenal. I – Respeitado o biênio subsequente à cessação contratual, a prescrição da ação trabalhista concerne às pretensões imediatamente anteriores a cinco anos, contados da data do ajuizamento da reclamação e, não, às anteriores ao quinquênio da data da extinção do contrato. II – A norma constitucional que ampliou o prazo de prescrição da ação trabalhista para 5 (cinco) anos é de aplicação imediata e não atinge pretensões já alcançadas pela prescrição bienal quando da promulgação da Constituição Federal de 1988.

Súmula 326 do TST: Complementação de aposentadoria. Prescrição total (nova redação) – Res. 174/2011, *DEJT* divulgado em 27, 30 e 31.05.2011. A pretensão à complementação de aposentadoria jamais recebida prescreve em 2 (dois) anos contados da cessação do contrato de trabalho.

Súmula 327 do TST: Complementação de aposentadoria. Diferenças. Prescrição parcial (nova redação) – Res. 174/2011, *DEJT* divulgado em 27, 30 e 31.05.2011 A pretensão a diferenças de complementação de aposentadoria sujeita-se à prescrição parcial e quinquenal, salvo se o pretenso direito decorrer de verbas não recebidas no curso da relação de emprego e já alcançadas pela prescrição, à época da propositura da ação.

Súmula 362 do TST: FGTS. Prescrição: I – Para os casos em que a ciência da lesão ocorreu a partir de 13.11.2014, é quinquenal a prescrição do direito de reclamar contra o não recolhimento de contribuição para o FGTS, observado o prazo de dois anos após o término do contrato; II – Para os casos em que o prazo prescricional já estava em curso em 13.11.2014, aplica-se o prazo prescricional que se consumar primeiro: trinta anos, contados do termo inicial, ou cinco anos, a partir de 13.11.2014 (STF-ARE-709212/DF).

Súmula 373 do TST: Gratificação semestral. Congelamento. Prescrição parcial. Tratando-se de pedido de diferença de gratificação semestral que teve seu valor congelado, a prescrição aplicável é a parcial.

Súmula 382 do TST (conversão da Orientação Jurisprudencial 128 da SBDI-I, conforme Resolução 129/2005): Mudança de regime celetista para estatutário. Extinção do contrato. Prescrição bienal. A transferência do regime jurídico de celetista para estatutário implica extinção do contrato de trabalho, fluindo o prazo da prescrição bienal a partir da mudança de regime.

Súmula 409 do TST: Ação rescisória. Prazo prescricional. Total ou parcial. Violação do art. 7.º, XXIX, da Constituição Federal de 1988. Matéria infraconstitucional (conversão da OJ 119 da SDI-II). Não procede ação rescisória calcada em violação do art. 7.º, XXIX, da Constituição Federal de 1988 quando a questão envolve discussão sobre a espécie de prazo prescricional aplicável aos créditos trabalhistas, se total ou parcial, porque a matéria tem índole infraconstitucional, construída, na Justiça do Trabalho, no plano jurisprudencial.

Súmula 452 do TST: Diferenças salariais. Plano de cargos e salários. Descumprimento. Critérios de promoção não observados. Prescrição parcial. Tratando-se de pedido de pagamento de diferenças salariais decorrentes da inobservância dos critérios de promoção estabelecidos em Plano de Cargos e Salários criado pela empresa, a prescrição aplicável é a parcial, pois a lesão é sucessiva e se renova mês a mês.

Orientação Jurisprudencial 38 da SBDI-I do TST: Empregado que exerce atividade rural. Empresa de reflorestamento. Prescrição própria do rurícola (Lei n.º 5.889, de 08.06.1973, art. 10, e Decreto n.º 73.626, de 12.02.1974, art. 2.º, § 4.º). O empregado que trabalha em empresa de reflorestamento, cuja atividade está diretamente ligada ao manuseio da terra e de matéria-prima, é rurícola e não industriário, nos termos do Decreto n.º 73.626, de 12.02.1974, art. 2.º, § 4.º [Decreto 10.854/2021, art. 84, § 4.º], pouco importando que o fruto de seu trabalho seja destinado à indústria. Assim, aplica-se a prescrição própria dos rurícolas aos direitos desses empregados.

Orientação Jurisprudencial 76 da SBDI-I do TST (Redação determinada pela Resolução 129/2005): Substituição dos avanços trienais por quinquênios. Alteração do contrato de trabalho. Prescrição total. CEEE. A alteração contratual consubstanciada na substituição dos avanços trienais por quinquênios decorre de ato único do empregador, momento em que começa a fluir o prazo fatal de prescrição.

Orientação Jurisprudencial 175 da SBDI-I do TST (nova redação determinada em 10.11.2005, em decorrência da incorporação da OJ 248 da SDI-I): Comissões. Alteração ou supressão. Prescrição total. A supressão das comissões, ou a alteração quanto à forma ou ao percentual, em prejuízo do empregado, é suscetível de operar a prescrição total da ação, nos termos da Súmula 294 do TST, em virtude de cuidar-se de parcela não assegurada por preceito de lei.

Orientação Jurisprudencial 242 da SBDI-I do TST: Prescrição total. Horas extras. Adicional. Incorporação. Embora haja previsão legal para o direito à hora extra, inexiste previsão para a incorporação ao salário do respectivo adicional, razão pela qual deve incidir a prescrição total.

Orientação Jurisprudencial 271 da SBDI-I do TST: Rurícola. Prescrição. Contrato de emprego extinto. Emenda Constitucional 28/2000. Inaplicabilidade. Inserida em 27.09.2002 (alterada, *DJ* 22.11.2005). O prazo prescricional da pretensão do rurícola, cujo contrato de emprego já se extinguira ao sobrevir a Emenda Constitucional 28, de 26.05.2000, tenha sido ou não ajuizada a ação trabalhista, prossegue regido pela lei vigente ao tempo da extinção do contrato de emprego.

Orientação Jurisprudencial 359 da SBDI-I do TST: Substituição processual. Sindicato. Legitimidade. Prescrição. Interrupção. A ação movida por sindicato, na qualidade de substituto processual, interrompe a prescrição, ainda que tenha sido considerado parte ilegítima "ad causam" (*DJ* 14.03.2008).

Orientação Jurisprudencial 375 da SBDI-I do TST: Auxílio-doença. Aposentadoria por invalidez. Suspensão do contrato de trabalho. Prescrição. Contagem. A suspensão do contrato de trabalho, em virtude da percepção do auxílio-doença ou da aposentadoria por invalidez, não impede a fluência da prescrição quinquenal, ressalvada a hipótese de absoluta impossibilidade de acesso ao Judiciário (*DEJT* 19.04.2010).

Orientação Jurisprudencial 392 da SBDI-I do TST: Prescrição. Interrupção. Ajuizamento de protesto judicial. Marco inicial. O protesto judicial é medida aplicável no processo do trabalho, por força do art. 769 da CLT e do art. 15 do CPC de 2015. O ajuizamento da ação, por si só, interrompe o prazo prescricional, em razão da inaplicabilidade do § 2.º do art. 240 do CPC de 2015 (§ 2.º do art. 219 do CPC de 1973), incompatível com o disposto no art. 841 da CLT.

Orientação Jurisprudencial 417 SBDI-1 do TST: Prescrição. Rurícola. Emenda Constitucional 28, de 26.05.2000. Contrato de trabalho em curso. Não há prescrição total ou parcial da pretensão do trabalhador rural que reclama direitos relativos a contrato de trabalho que se encontrava em curso à época da promulgação da Emenda Constitucional 28, de 26.05.2000, desde que ajuizada a demanda no prazo de cinco anos de sua publicação, observada a prescrição bienal.

Art. 11-A. Ocorre a prescrição intercorrente no processo do trabalho no prazo de dois anos.

§ 1.º A fluência do prazo prescricional intercorrente inicia-se quando o exequente deixa de cumprir determinação judicial no curso da execução.

§ 2.º A declaração da prescrição intercorrente pode ser requerida ou declarada de ofício em qualquer grau de jurisdição.

1. PRESCRIÇÃO INTERCORRENTE

O art. 11-A da CLT, acrescentado pela Lei 13.467/2017, dispõe que ocorre a *prescrição intercorrente* no processo do trabalho no prazo de dois anos.

Adota-se o prazo bienal no caso da prescrição intercorrente, independentemente de o contrato de trabalho estar extinto ou não. Cabe registrar que o art. 7.º, inciso XXIX, da Constituição da República não trata especificamente de prescrição intercorrente.

Na esfera cível, a prescrição intercorrente observará o mesmo prazo de prescrição da pretensão, observadas as causas de impedimento, de suspensão e de interrupção da prescrição previstas no Código Civil e observado o disposto no art. 921 do Código de Processo Civil (art. 206-A do Código Civil, com redação dada pela Lei 14.382/2022).

A fluência do prazo prescricional intercorrente inicia-se quando o exequente deixa de cumprir determinação judicial no curso da execução (art. 11-A, § 1.º, da CLT, acrescentado pela Lei 13.467/2017).

Portanto, o início da prescrição intercorrente no processo do trabalho ocorre a partir de descumprimento de determinação judicial pelo exequente no curso da execução trabalhista.

O fluxo da prescrição intercorrente conta-se a partir do descumprimento da determinação judicial a que alude o § 1.º do art. 11-A da CLT, desde que feita após 11 de novembro de 2017, por ser a data da entrada em vigor da Lei 13.467/2017 (art. 2.º da Instrução Normativa 41/2018 do TST).

A declaração da prescrição intercorrente pode ser requerida ou declarada de ofício em qualquer grau de jurisdição (art. 11-A, § 2.º, da CLT, acrescentado pela Lei 13.467/2017).

Foi adotada a posição da Súmula 327 do STF.

Deixa de prevalecer, assim, o entendimento firmado na Súmula 114 do TST.

Desse modo, extingue-se a execução quando ocorrer a prescrição intercorrente (art. 924, inciso V, do CPC de 2015). A extinção só produz efeito quando declarada por sentença (art. 925 do CPC de 2015).

Anteriormente, o art. 2.º, inciso VIII, da Instrução Normativa 39/2016 do TST previa que não se aplicavam ao processo do trabalho, em razão de inexistência de omissão ou por incompatibilidade, os arts. 921, §§ 4.º e 5.º, e 924, inciso V, do CPC, sobre prescrição intercorrente. Essa previsão foi revogada pela Instrução Normativa 41/2018 do TST, pois o art. 11-A da CLT, incluído pela Lei 13.467/2017, passou a versar sobre a prescrição intercorrente, ou seja, no curso da execução trabalhista.

No caso da prescrição intercorrente, a sua declaração pode decorrer de requerimento da parte ou ser feita de ofício pelo juiz.

A declaração da prescrição intercorrente de ofício também é prevista no art. 921, § 5.º, do CPC de 2015 e no art. 40, § 4.º, da Lei 6.830/1980.

Em se tratando de execução fiscal de competência da Justiça do Trabalho (art. 114, inciso VII, da Constituição da República), é possível declarar a prescrição intercorrente, inclusive de ofício, em desfavor da Fazenda Pública, com fundamento no art. 40, § 4.º, da Lei 6.830/1980. A respeito do tema, cf. Súmula 314 do STJ.

A declaração da prescrição intercorrente, ademais, pode ocorrer em qualquer grau de jurisdição.

Ainda assim, em caso de apelo de natureza extraordinária, como é o caso do recurso de revista, entende-se necessário o *prequestionamento*, mesmo em se tratando de questão que possa ser conhecida de ofício, tal como ocorre na hipótese de incompetência absoluta (cf. Orientação Jurisprudencial 62 da SBDI-I do TST).

Diversamente, quanto à prescrição a ser arguida na fase de conhecimento, prevalece o entendimento de que no processo do trabalho ela não pode ser conhecida de ofício pelo juiz, cabendo à parte interessada argui-la em defesa (art. 847 da CLT) ou no recurso ordinário (ou mesmo em suas contrarrazões). Nesse sentido, cf. Súmula 153 do TST.

Por isso, o juiz pode julgar liminarmente improcedente o pedido (art. 332 do CPC de 2015) se verificar, desde logo, a ocorrência de *decadência* (art. 7.º, parágrafo único, da Instrução Normativa 39/2016 do TST), mas não de prescrição.

Prevalece no processo do trabalho, assim, o entendimento de que o juiz não é autorizado a reconhecer, de ofício, a prescrição na fase de conhecimento, por ser matéria de defesa, que deve ser arguida pelo réu, o que impede de julgar liminarmente improcedente o pedido com esse fundamento.

A prescrição intercorrente prevista no art. 11-A da CLT somente deve ser reconhecida após expressa intimação do exequente para cumprimento de determinação judicial no curso da execução (art. 1.º da Recomendação 3/2018 da Corregedoria-Geral da Justiça do Trabalho).

O juiz ou relator deve indicar, com precisão, qual determinação deve ser cumprida pelo exequente, com expressa cominação das consequências do descumprimento (art. 2.º da Recomendação 3/2018 da Corregedoria-Geral da Justiça do Trabalho).

Antes de decidir sobre a ocorrência da prescrição intercorrente, o juiz ou o relator deve conceder prazo à parte interessada para se manifestar sobre o tema, nos termos dos arts. 9.º, 10 e 921, § 5.º, do Código de Processo Civil (art. 4.º da Recomendação 3/2018 da Corregedoria-Geral da Justiça do Trabalho).

Não correrá o prazo de prescrição intercorrente nas hipóteses em que não for localizado o devedor ou encontrados bens sobre os quais possa recair a penhora, devendo o juiz, nesses casos, suspender o processo (art. 40 da Lei 6.830/1980). Nessa hipótese, os autos podem ser remetidos ao arquivo provisório, assegurando-se ao credor o desarquivamento oportuno com vistas a dar seguimento à execução (art. 40, § 3.º, da Lei 6.830/1980). Decidindo o juízo da execução pelo arquivamento definitivo do feito, deve expedir certidão de crédito trabalhista, sem extinção da execução. Não se determinará o arquivamento dos autos, provisório ou definitivo, antes da realização dos atos de pesquisa patrimonial, com uso dos sistemas eletrônicos (como o BACENJUD, atualmente o SISBAJUD, o INFOJUD, o RENAJUD e o SIMBA, entre outros disponíveis aos órgãos do Poder Judiciário), e da desconsideração da personalidade jurídica da sociedade reclamada, quando pertinente. Antes do arquivamento, provisório ou definitivo, o juízo da execução determinará a inclusão do nome do(s) executado(s) no Banco Nacional dos Devedores Trabalhistas (BNDT) e nos cadastros de inadimplentes, e promoverá o protesto extrajudicial da decisão judicial, observado o disposto no art. 883-A da CLT. Uma vez incluído(s) o(s) nome(s) do(s) executado(s) no BNDT e nos cadastros de inadimplentes, sua exclusão só ocorrerá em caso de extinção da execução (art. 5.º da Recomendação 3/2018 da Corregedoria-Geral da Justiça do Trabalho).

Reconhecida a prescrição intercorrente, deve ser promovida a extinção da execução, consoante dispõe o art. 924, inciso V, do CPC (art. 6.º da Recomendação 3/2018 da Corregedoria-Geral da Justiça do Trabalho).

✦ Jurisprudência

Agravo de instrumento em recurso de revista. Execução fiscal. Multa administrativa. Prescrição intercorrente. O Tribunal *a quo* manteve a sentença que pronunciou a prescrição intercorrente, consignando que o feito ficou paralisado por mais de 5 anos, sem que a exequente indicasse qualquer meio de prosseguimento da execução, ressaltando que a suspensão do feito se deu em atendimento ao pedido formulado pela própria União, nos moldes previstos no art. 40 da Lei n.º 6.830/80. Assim, resta irremediavelmente prescrita a pretensão executiva. Não se vislumbra, pois, ofensa aos dispositivos invocados, uma vez que foram cumpridas as disposições neles contidas. Agravo de instrumento conhecido e não provido (TST, 8.ª T., AIRR 3900-68.2005.5.05.0028, Rel. Min. Dora Maria da Costa, *DEJT* 11.03.2016).

Agravo de instrumento. Recurso de revista. Execução fiscal. Prescrição intercorrente. A Agravante pleiteia a reforma do acórdão regional, sob o argumento de que foi reconhecida a prescrição intercorrente sem o arquivamento dos autos. Consta do acórdão regional que houve o arquivamento dos autos e, passados mais de 5 anos, a União foi intimada para se manifestar acerca da prescrição intercorrente, motivo por que o Tribunal Regional declarou a ocorrência da prescrição, e, assim, não se divisa ofensa ao art. 40, §§ 1.º, 2.º e 4.º, da Lei 6.830/80. Agravo de instrumento de que se conhece e a que se nega provimento (TST, 4.ª T., AIRR 815840-13.2005.5.10.0010, Rel. Des. Conv. Cilene Ferreira Amaro Santos, *DEJT* 11.03.2016).

Recurso de embargos regido pela Lei n.º 11.496/2007. Recurso de revista. Prescrição. Pronúncia de ofício. Impossibilidade. Incompatibilidade do artigo 219, § 5.º, do CPC [de 1973] com o processo do trabalho. O artigo 219, § 5.º, do CPC [de 1973], que possibilita a pronúncia de ofício da prescrição pelo juiz, não se aplica subsidiariamente ao Processo do Trabalho, porque não se coaduna com a natureza alimentar dos créditos trabalhistas e com o princípio da proteção ao hipossuficiente. Precedentes desta Subseção Especializada. Recurso de embargos conhecido e não provido (TST, SBDI-I, E-RR 82841-64.2004.5.10.0016, Rel. Min. Dora Maria da Costa, *DEJT* 07.03.2014).

Recurso de embargos. Regência pela Lei n.º 11.496/2007. Prescrição. Decretação de ofício. Inaplicabilidade do art. 219, § 5.º, do CPC [de 1973] na esfera trabalhista. A prescrição é instituto de direito material, cuja aplicação na esfera trabalhista está condicionada às condições estabelecidas no art. 8.º e parágrafo único da CLT. A disposição contida no art. 219, § 5.º, do CPC [de 1973], ao determinar a decretação de ofício da prescrição, não se compatibiliza com os princípios que regem o Direito do Trabalho, notadamente o da proteção, que busca reequilibrar a disparidade de forças entre reclamante e reclamada. Precedentes desta Subseção. Recurso de embargos conhecido e desprovido (TST, SBDI-I, E-RR 10900-71.2008.5.04.0019, Rel. Min. Luiz Philippe Vieira de Mello Filho, *DEJT* 21.02.2014).

Embargos interpostos antes da vigência da Lei n.º 11.496/2007. [...] Prescrição quinquenal. Declaração de ofício. Prejudicial não arguida em contestação. Matéria trazida apenas em embargos de declaração contra o acórdão regional. Aplicação da Súmula n.º 153 do TST e incompatibilidade do artigo 219, § 5.º, do CPC [de 1973] com o processo trabalhista. Violação do artigo 896 da CLT não configurada. O artigo 219, § 5.º, do CPC [de 1973] trata da decretação da prescrição de ofício pelo juiz. No entanto, esse dispositivo processual civil não se aplica subsidiariamente ao processo trabalhista, pois é incompatível com os princípios que norteiam o Direito do Trabalho, notadamente o princípio tuitivo ou de proteção ao hipossuficiente, conforme entendimento pacífico desta Subseção. Ademais, vale destacar que esta Corte uniformizadora já sedimentou entendimento de que, em sede extraordinária, não é possível analisar a aplicação de prescrição quando essa prejudicial de mérito não tiver sido arguida nas instâncias ordinárias, nos termos da Súmula n.º 153 do TST, bem aplicada pela Turma para afastar a ofensa ao artigo 193 do Código Civil. Diante do exposto, verifica-se que está correta a decisão da Turma, ao não conhecer dos embargos por violação dos artigos 219, § 5.º, do CPC e 193 do Código Civil, ficando intacto o artigo 896 da CLT. Embargos não conhecidos (TST, SBDI-I, E-ED-RR 50600-16.2002.5.04.0811, Rel. Min. José Roberto Freire Pimenta, *DEJT* 28.09.2012).

✦ Súmulas, Orientações Jurisprudenciais e Precedentes Normativos

Súmula 150 do STF: Prescreve a execução no mesmo prazo de prescrição da ação.

Súmula 327 do STF: O direito trabalhista admite a prescrição intercorrente.

Súmula 314 do STJ: Em execução fiscal, não localizados bens penhoráveis, suspende-se o processo por um ano, findo o qual se inicia o prazo da prescrição quinquenal intercorrente.

Súmula 114 do TST: Prescrição intercorrente. É inaplicável na Justiça do Trabalho a prescrição intercorrente.

Súmula 153 do TST: Prescrição. Não se conhece de prescrição não arguida na instância ordinária.

Orientação Jurisprudencial 62 da SBDI-I do TST: Prequestionamento. Pressuposto de admissibilidade em apelo de natureza extraordinária. Necessidade, ainda que se trate de incompetência absoluta. É necessário o prequestionamento como pressuposto de admissibilidade em recurso de natureza extraordinária, ainda que se trate de incompetência absoluta.

Art. 12. Os preceitos concernentes ao regime de seguro social são objeto de lei especial.

1. SEGURIDADE SOCIAL

A relação do Direito do Trabalho com o Direito da Seguridade Social é verificada principalmente quanto à previdência social e às diversas repercussões de seus institutos no contrato de trabalho, como a ocorrência de acidente do trabalho, a aposentadoria, o salário-maternidade e outros afastamentos previdenciários. As contribuições previdenciárias, da mesma forma, podem incidir sobre verbas remuneratórias pertinentes ao contrato de trabalho, conforme legislação específica. Sobre o assunto dispõe a Súmula 368 do TST. O Regime Geral da Previdência Social é tratado, quanto ao custeio e às prestações (benefícios e serviços), em essência, nas Leis 8.212/1991 e 8.213/1991, respectivamente.

✦ Súmulas, Orientações Jurisprudenciais e Precedentes

Súmula Vinculante 53 do STF: A competência da Justiça do Trabalho prevista no artigo 114, VIII, da Constituição Federal alcança a execução de ofício das contribuições previdenciárias relativas ao objeto da condenação constante das sentenças que proferir e acordos por ela homologados (*DJe* 23.06.2015).

Súmula 368 do TST: Descontos previdenciários. Imposto de renda. Competência. Responsabilidade pelo recolhimento. Forma de cálculo. Fato gerador. I – A Justiça do Trabalho é competente para determinar o recolhimento das contribuições fiscais. A competência da Justiça do Trabalho, quanto à execução das contribuições previdenciárias, limita-se às sentenças condenatórias em pecúnia que proferir e aos valores, objeto de acordo homologado, que integrem o salário de contribuição. II – É do empregador a responsabilidade pelo recolhimento das contribuições previdenciárias e fiscais, resultantes de crédito do empregado oriundo de condenação judicial. A culpa do empregador pelo inadimplemento das verbas remuneratórias, contudo, não exime a responsabilidade do empregado pelos pagamentos do imposto de renda devido e da contribuição previdenciária que recaia sobre sua quota-parte. III – Os descontos previdenciários relativos à contribuição do empregado, no caso de ações trabalhistas, devem ser calculados mês a mês, de conformidade com o art. 276, § 4.º, do Decreto n.º 3.048/1999 que regulamentou a Lei n.º 8.212/1991, aplicando-se as alíquotas previstas no art. 198, observado o limite máximo do salário de contribuição. IV – Considera-se fato gerador das contribuições previdenciárias decorrentes de créditos trabalhistas reconhecidos ou homologados em juízo, para os serviços prestados até 4.3.2009, inclusive, o efetivo pagamento das verbas, configurando-se a mora a partir do dia dois do mês seguinte ao da liquidação (art. 276, "caput", do Decreto n.º 3.048/1999). Eficácia não retroativa da alteração legislativa promovida pela Medida Provisória n.º 449/2008, posteriormente convertida na Lei n.º 11.941/2009, que deu nova redação ao art. 43 da Lei n.º 8.212/91. V – Para o labor realizado a partir de 5.3.2009, considera-se fato gerador das contribuições previdenciárias decorrentes de créditos trabalhistas reconhecidos ou homologados em juízo a data da efetiva prestação dos serviços. Sobre as contribuições previdenciárias não recolhidas a partir da prestação dos serviços incidem juros de mora e, uma vez apurados os créditos previdenciários, aplica-se multa a partir do exaurimento do prazo de citação para pagamento, se descumprida a obrigação, observado o limite legal de 20% (art. 61, § 2.º, da Lei n.º 9.430/96). VI – O imposto de renda decorrente de crédito do empregado recebido acumuladamente deve ser calculado sobre o montante dos rendimentos pagos, mediante a utilização de tabela progressiva resultante da multiplicação da quantidade de meses a que se refiram os rendimentos pelos valores constantes da tabela progressiva mensal correspondente ao mês do recebimento ou crédito, nos termos do art. 12-A da Lei n.º 7.713, de 22/12/1988, com a redação conferida pela Lei n.º 13.149/2015, observado o procedimento previsto nas Instruções Normativas da Receita Federal do Brasil.

TÍTULO II – DAS NORMAS GERAIS DE TUTELA DO TRABALHO

CAPÍTULO I – DA IDENTIFICAÇÃO PROFISSIONAL

Seção I – Da Carteira de Trabalho e Previdência Social

Art. 13. A Carteira de Trabalho e Previdência Social é obrigatória para o exercício de qualquer emprego, inclusive de natureza rural, ainda que em caráter temporário, e para o exercício por conta própria de atividade profissional remunerada.

§ 1.º O disposto neste artigo aplica-se, igualmente, a quem:

I – proprietário rural ou não, trabalhe individualmente ou em regime de economia familiar, assim entendido o trabalho dos membros da mesma família, indispensável à própria subsistência, e exercido em condições de mútua dependência e colaboração;

II – em regime de economia familiar e sem empregado, explore área não excedente do módulo rural ou de outro limite que venha a ser fixado, para cada região, pelo Ministério do Trabalho e Previdência Social.

§ 2.º A Carteira de Trabalho e Previdência Social (CTPS) obedecerá aos modelos que o Ministério da Economia adotar.

§ 3.º Revogado pela Lei 13.874/2019.

§ 4.º Revogado pela Lei 13.874/2019.

1. CARTEIRA DE TRABALHO E PREVIDÊNCIA SOCIAL

A Carteira de Trabalho e Previdência Social, conhecida como CTPS, é documento pessoal e essencial do empregado, com destinação não só trabalhista, mas também previdenciária, cujo registro é mantido pela empresa, podendo ser feito de diversas formas autorizadas em lei.

A CTPS tem a finalidade de documentar e comprovar o contrato de trabalho, bem como o tempo de serviço do empregado, para fins trabalhistas e previdenciários.

A Carteira de Trabalho e Previdência Social (CTPS) obedecerá aos modelos que o Ministério da Economia (Ministério do Trabalho) adotar (art. 13, § 2.º, da CLT, com redação da Lei 13.874/2019).

Pode-se conceituar a Carteira de Trabalho e Previdência Social como o documento de identificação profissional do trabalhador, provando a existência de contrato de trabalho e o tempo de serviço.

A CTPS não se destina apenas aos empregados, mas, na realidade, é obrigatória para o exercício do trabalho em sentido lato, podendo ser utilizada não só por empregados urbanos, rurais, domésticos, como por trabalhadores temporários (Lei 6.019/1974, art. 12, § 1.º), ou mesmo trabalhadores autônomos.

Seção II – Da Emissão da Carteira

Art. 14. A CTPS será emitida pelo Ministério da Economia preferencialmente em meio eletrônico.

Parágrafo único. Excepcionalmente, a CTPS poderá ser emitida em meio físico, desde que:

I – nas unidades descentralizadas do Ministério da Economia que forem habilitadas para a emissão;

II – mediante convênio, por órgãos federais, estaduais e municipais da administração direta ou indireta;

III – mediante convênio com serviços notariais e de registro, sem custos para a administração, garantidas as condições de segurança das informações.

Art. 15. Os procedimentos para emissão da CTPS ao interessado serão estabelecidos pelo Ministério da Economia em regulamento próprio, privilegiada a emissão em formato eletrônico.

Art. 16. A CTPS terá como identificação única do empregado o número de inscrição no Cadastro de Pessoas Físicas (CPF).

I a IV– Revogados pela Lei 13.874/2019;

Parágrafo único. Revogado pela Lei 13.874/2019.

Art. 17. Revogado pela Lei 13.874/2019.

Arts. 18 e 19. Revogados pela Lei 7.855, de 24.10.1989.

Arts. 20 a 21. Revogados pela Lei 13.874/2019.

Arts. 22 a 24. Revogados pelo Decreto-lei 926, de 10.10.1969.

1. EMISSÃO DA CTPS

A Carteira de Trabalho e Previdência Social (CTPS) deve ser emitida pelo Ministério da Economia (Ministério do Trabalho) *preferencialmente em meio eletrônico* (art. 14 da CLT, com redação da Lei 13.874/2019).

Excepcionalmente, a CTPS pode ser emitida em meio físico, desde que: I – nas unidades descentralizadas do Ministério da Economia (Ministério do Trabalho) que forem habilitadas para a emissão; II – mediante convênio, por órgãos federais, estaduais e municipais da administração direta ou indireta; III – mediante convênio com serviços notariais e de registro, sem custos para a administração, ficando garantidas as condições de segurança das informações (art. 14, parágrafo único, da CLT, com redação da Lei 13.874/2019).

A regra, assim, em consonância com a contemporaneidade e os avanços da tecnologia, passa a ser a emissão da Carteira de Trabalho e Previdência Social em meio eletrônico.

Em harmonia com o exposto, os procedimentos para emissão da CTPS ao interessado serão estabelecidos pelo Ministério da Economia (Ministério do Trabalho) em regulamento próprio, privilegiada a emissão em formato eletrônico (art. 15 da CLT, com redação da Lei 13.874/2019).

Os arts. 2.º a 12 da Portaria 671/2021 do Ministério do Trabalho e Previdência versam sobre Carteira de Trabalho e Previdência Social (CTPS).

A CTPS emitida em meio eletrônico, de que trata o art. 14 da CLT, é denominada Carteira de Trabalho Digital (art. 3.º da Portaria 671/2021 do Ministério do Trabalho e Previdência).

Para fins do disposto na CLT, a Carteira de Trabalho Digital é equivalente à CTPS emitida em meio físico. A Carteira de Trabalho Digital é previamente emitida a todos os inscritos no Cadastro de Pessoas Físicas (CPF), sendo necessária sua habilitação. A Carteira de Trabalho Digital não se equipara aos documentos de identificação civis de que trata o art. 2.º da Lei 12.037/2009.

A habilitação da Carteira de Trabalho Digital é realizada por meio de: aplicativo eletrônico específico, denominado Carteira de Trabalho Digital, disponibilizado gratuitamente para dispositivos móveis; ou serviço específico da Carteira de Trabalho Digital diretamente no portal gov.br (art. 4.º da Portaria 671/2021 do Ministério do Trabalho e Previdência).

A CTPS em meio físico é emitida por meio do sistema informatizado de emissão de Carteira de Trabalho e Previdência Social (art. 5.º da Portaria 671/2021 do Ministério do Trabalho e Previdência).

A Carteira de Trabalho e Previdência Social (CTPS) terá como identificação única do empregado o número de inscrição no Cadastro de Pessoas Físicas (CPF), nos termos do art. 16 da CLT, com redação dada pela Lei 13.874/2019.

Seção III – Da Entrega das Carteiras de Trabalho e Previdência Social

Arts. 25 e 26. Revogados pela Lei 13.874/2019.

Arts. 27 e 28. Revogados pela Lei 7.855, de 24.10.1989.

Seção IV – Das Anotações

Art. 29. O empregador terá o prazo de 5 (cinco) dias úteis para anotar na CTPS, em relação aos trabalhadores que admitir, a data de admissão, a remuneração e as condições especiais, se houver, facultada a adoção de sistema manual, mecânico ou eletrônico, conforme instruções a serem expedidas pelo Ministério da Economia.

§ 1.º As anotações concernentes à remuneração devem especificar o salário, qualquer que seja sua forma de pagamento, seja ele em dinheiro ou em utilidades, bem como a estimativa da gorjeta.

§ 2.º As anotações na Carteira de Trabalho e Previdência Social serão feitas:

a) na data-base;

b) a qualquer tempo, por solicitação do trabalhador;

c) no caso de rescisão contratual; ou

d) necessidade de comprovação perante a Previdência Social.

§ 3.º A falta de cumprimento pelo empregador do disposto neste artigo acarretará a lavratura do auto de infração, pelo Fiscal do Trabalho, que deverá, de ofício, comunicar a falta de anotação ao órgão competente, para o fim de instaurar o processo de anotação.

§ 4.º É vedado ao empregador efetuar anotações desabonadoras à conduta do empregado em sua Carteira de Trabalho e Previdência Social.

§ 5.º O descumprimento do disposto no § 4.º deste artigo submeterá o empregador ao pagamento de multa prevista no art. 52 deste Capítulo.

§ 6.º A comunicação pelo trabalhador do número de inscrição no CPF ao empregador equivale à apresentação da CTPS em meio digital, dispensado o empregador da emissão de recibo.

§ 7.º Os registros eletrônicos gerados pelo empregador nos sistemas informatizados da CTPS em meio digital equivalem às anotações a que se refere esta Lei.

§ 8.º O trabalhador deverá ter acesso às informações da sua CTPS no prazo de até 48 (quarenta e oito) horas a partir de sua anotação.

Art. 29-A. O empregador que infringir o disposto no *caput* e no § 1.º do art. 29 desta Consolidação ficará sujeito a multa no valor de R$ 3.000,00 (três mil reais) por empregado prejudicado, acrescido de igual valor em cada reincidência.

§ 1.º No caso de microempresa ou de empresa de pequeno porte, o valor final da multa aplicada será de R$ 800,00 (oitocentos reais) por empregado prejudicado.

§ 2.º A infração de que trata o *caput* deste artigo constitui exceção ao critério da dupla visita.

Art. 29-B. Na hipótese de não serem realizadas as anotações a que se refere o § 2.º do art. 29 desta Consolidação, o empregador ficará sujeito a multa no valor de R$ 600,00 (seiscentos reais) por empregado prejudicado.

Arts. 30 a 34. Revogados pela Lei 13.874/2019.

Art. 35. Revogado pela Lei 6.533, de 24.5.1978.

1. ANOTAÇÕES NA CTPS

O empregador terá o prazo de cinco dias úteis para anotar na Carteira de Trabalho e Previdência Social (CTPS), em relação aos trabalhadores que admitir, a data de admissão, a remuneração e as condições especiais, se houver, facultada a adoção de sistema manual, mecânico ou eletrônico, conforme instruções a serem expedidas pelo Ministério da Economia (Ministério do Trabalho) (art. 29 da CLT, com redação dada pela Lei 13.874/2019).

A ausência de anotações relacionadas às condições especiais não torna inválido o contrato a prazo certo, se devidamente pactuado, o qual pode ser provado por outros meios, podendo a omissão, no entanto, acarretar a aplicação de penalidade administrativa.

As anotações concernentes à remuneração devem especificar o salário, qualquer que seja sua forma de pagamento, seja ele em dinheiro ou em utilidades, bem como a estimativa da gorjeta (art. 29, § 1.º, da CLT).

As empresas que cobrarem a gorjeta de que trata o art. 457, § 3.º, da CLT devem anotar na Carteira de Trabalho e Previdência Social e no contracheque de seus empregados o salário contratual fixo e o percentual percebido a título de gorjeta (art. 457, § 6.º, inciso III, da CLT, acrescentado pela Lei 13.419/2017).

As empresas devem anotar na CTPS de seus empregados o salário fixo e a média dos valores das gorjetas referente aos últimos 12 meses (art. 457, § 8.º, da CLT, acrescentado pela Lei 13.419/2017).

O empregador que infringir o disposto no *caput* e no § 1.º do art. 29 da CLT fica sujeito a multa no valor de R$ 3.000,00 por empregado prejudicado, acrescido de igual valor em cada reincidência (art. 29-A da CLT, incluído pela Lei 14.438/2022). No caso de microempresa ou de empresa de pequeno porte, o valor final da multa aplicada é de R$ 800,00 por empregado prejudicado (art. 29-A, § 1.º, da CLT).

A infração de que trata o art. 29-A da CLT, sobre anotação da data de admissão, da remuneração e das condições especiais, se houver, na CTPS do empregado pelo empregador, constitui exceção ao critério da dupla visita (art. 29-A, § 2.º, da CLT, incluído pela Lei 14.438/2022).

A Lei 12.790/2013, ao dispor sobre a regulamentação do exercício da profissão de comerciário, no art. 2.º, estabelece que na Carteira de Trabalho e Previdência Social (CTPS) a atividade ou função desempenhada pelos empregados do comércio deve ser especificada, desde que inexista a possibilidade de classificação por similaridade.

As anotações na Carteira de Trabalho e Previdência Social serão feitas (art. 29, § 2.º, da CLT): a) na data-base; b) a qualquer tempo, por solicitação do trabalhador; c) no caso de rescisão contratual; ou d) necessidade de comprovação perante a Previdência Social.

Na hipótese de não serem realizadas as anotações a que se refere o art. 29, § 2.º, da CLT, o empregador fica sujeito a multa no valor de R$ 600,00 por empregado prejudicado (art. 29-B da CLT, incluído pela Lei 14.438/2022).

A falta de cumprimento pelo empregador do disposto no art. 29 da CLT acarretará a lavratura do auto de infração, pelo Auditor-Fiscal do Trabalho, que deverá, de ofício, comunicar a falta de anotação ao órgão competente, para o fim de instaurar o processo de anotação (art. 29, § 3.º, da CLT).

É vedado ao empregador efetuar anotações desabonadoras à conduta do empregado em sua Carteira de Trabalho e Previdência Social (art. 29, § 4.º, da CLT). O descumprimento dessa regra pode acarretar ao empregador o dever de: pagamento de multa administrativa; indenização por danos morais, se houver violação de direito de personalidade do empregado.

Cabe destacar que a justa causa, ou o motivo da terminação do contrato de trabalho, não deve ser objeto de anotação na Carteira de Trabalho e Previdência Social. Trata-se de informação restrita à relação entre empregado e empregador, que não deve ser inserida no referido documento do empregado.

A anotação da justa causa em CTPS, pelo empregador, pode acarretar, em tese, danos morais e materiais ao empregado, passando a ser devida a respectiva indenização, tendo em vista a violação de direitos de personalidade, bem como por acarretar maior dificuldade de obtenção de novo emprego (arts. 29, §§ 4.º e 5.º, da CLT e 5.º, inciso X, da Constituição Federal de 1988).

Esclareça-se que a comunicação pelo trabalhador do número de inscrição no CPF ao empregador equivale à apresentação da CTPS em meio digital, dispensado o empregador da emissao de recibo (art. 29, § 6.º, da CLT, incluído pela Lei 13.874/2019).

Os registros eletrônicos gerados pelo empregador nos sistemas informatizados da CTPS em meio digital equivalem às anotações a que se refere a Consolidação das Leis do Trabalho (art. 29, § 7.º, da CLT, incluído pela Lei 13.874/2019).

O trabalhador deve ter acesso às informações da sua CTPS no prazo de até 48 horas a partir de sua anotação (art. 29, § 8.º, da CLT, incluído pela Lei 13.874/2019).

Para os empregadores que têm a obrigação de uso do Sistema Simplificado de Escrituração Digital das Obrigações Previdenciárias, Trabalhistas e Fiscais (eSocial), a comunicação pelo empregado do número de inscrição no Cadastro de Pessoas Físicas (CPF) equivale à apresentação da Carteira de Trabalho Digital e dispensa a emissão de recibo pelo empregador (art. 6.º da Portaria 671/2021 do Ministério do Trabalho e Previdência).

O trabalhador deve ter acesso às informações de seu contrato de trabalho na Carteira de Trabalho Digital após o processamento das respectivas anotações.

A CTPS em meio físico deve ser utilizada, em caráter excepcional, pelos empregados das pessoas jurídicas de direito público da administração direta, autárquica e fundacional, que adotem o regime jurídico previsto na CLT, bem como das organizações internacionais, das fundações públicas de direito privado, dos consórcios públicos, dos fundos públicos e das comissões polinacionais, enquanto estes entes não forem obrigados ao envio de eventos periódicos ao eSocial.

Seção V – Das Reclamações por Falta ou Recusa de Anotação

Art. 36. Recusando-se a empresa a fazer as anotações a que se refere o art. 29 ou a devolver a Carteira de Trabalho e Previdência Social recebida, poderá o empregado comparecer, pessoalmente ou por intermédio de seu sindicato perante a Delegacia Regional ou órgão autorizado, para apresentar reclamação.

Art. 37. No caso do art. 36, lavrado o termo de reclamação, determinar-se-á a realização de diligência para instrução do feito, observado, se for o caso, o disposto no § 2.º do art. 29, notificando-se posteriormente o reclamado por carta registrada, caso persista a recusa, para que, em dia e hora previamente designados, venha prestar esclarecimentos ou efetuar as devidas anotações na Carteira de Trabalho e Previdência Social ou sua entrega.

Parágrafo único. Não comparecendo o reclamado, lavrar-se-á termo de ausência, sendo considerado revel e confesso sobre os termos da reclamação feita, devendo as anotações ser efetuadas por despacho da autoridade que tenha processado a reclamação.

Art. 38. Comparecendo o empregador e recusando-se a fazer as anotações reclamadas, será lavrado um termo de comparecimento, que deverá conter, entre outras indicações, o lugar, o dia e hora de sua lavratura, o nome e a residência do empregador, assegurando-se-lhe o prazo de 48 (quarenta e oito) horas, a contar do termo, para apresentar defesa.

Parágrafo único. Findo o prazo para a defesa, subirá o processo à autoridade administrativa de primeira instância, para se ordenarem diligências, que completem a instrução do feito, ou para julgamento, se o caso estiver suficientemente esclarecido.

Art. 39. Verificando-se que as alegações feitas pelo reclamado versam sobre a não existência de relação de emprego ou sendo impossível verificar essa condição pelos meios administrativos, será o processo encaminhado à Justiça do Trabalho ficando, nesse caso, sobrestado o julgamento do auto de infração que houver sido lavrado.

§ 1.º Se não houver acordo, a Junta de Conciliação e Julgamento, em sua sentença ordenará que a Secretaria efetue as devidas anotações uma vez transitada em julgado, e faça a comunicação à autoridade competente para o fim de aplicar a multa cabível.

§ 2.º Igual procedimento observar-se-á no caso de processo trabalhista de qualquer natureza, quando for verificada a falta de anotações na Carteira de Trabalho e Previdência Social, devendo o Juiz, nesta hipótese, mandar proceder, desde logo, àquelas sobre as quais não houver controvérsia.

1. RECLAMAÇÃO POR FALTA OU RECUSA DE ANOTAÇÃO

A CLT prevê procedimento específico para os casos em que o empregador se recusa a fazer as devidas anotações na CTPS, ou a devolvê-la.

Cabe destacar que o referido processo, de natureza administrativa, não é obrigatório, nem representa uma condição para o ajuizamento de ação perante a Justiça do Trabalho, mesmo tratando-se de pedido de anotação na CTPS ou sua devolução. Pode o trabalhador, assim, ajuizar a ação diretamente, perante a Justiça do Trabalho.

De acordo com o art. 36 da CLT, o empregado pode comparecer, pessoalmente ou por intermédio de seu sindicato perante a Delegacia Regional ou órgão autorizado (Superintendências Regionais do Trabalho, Gerências Regionais do Trabalho e Agências Regionais do Trabalho), para apresentar reclamação.

Lavrado o termo de reclamação, determina-se a realização de diligência para instrução do feito, notificando-se posteriormente o reclamado por carta registrada, caso persista a recusa, para que, em dia e hora previamente designados, venha prestar esclarecimentos ou efetuar as devidas anotações na Carteira de Trabalho e Previdência Social ou sua entrega (art. 37 da CLT).

Caso o reclamado não compareça, lavrar-se-á termo de sua ausência e será considerado revel e confesso sobre os termos da reclamação feita. A autoridade que tenha processado a reclamação determinará, por meio de despacho, que se processem as anotações.

No entanto, por se tratar de processo administrativo, e não de processo judicial propriamente, não se encontram empregadas em seu sentido técnico as expressões "revel e confesso", as quais pertencem, originalmente, ao âmbito jurisdicional.

Comparecendo o empregador e recusando-se a fazer as anotações reclamadas, é lavrado um termo de comparecimento, que deve conter, entre outras indicações, o lugar, o dia e hora de sua lavratura, o nome e a residência do empregador, assegurando-se o prazo de 48 horas, a contar do termo, para apresentar defesa (art. 38 da CLT).

Findo o prazo para a defesa, o processo deve seguir à autoridade administrativa de primeira instância, para se ordenarem diligências, que completem a instrução do feito, ou para julgamento, se o caso estiver suficientemente esclarecido.

Verificando-se que as alegações feitas pelo reclamado versam sobre a não existência de relação de emprego ou sendo impossível verificar essa condição pelos meios administrativos, será o processo encaminhado à Justiça do Trabalho ficando, nesse caso, sobrestado o julgamento do auto de infração que houver sido lavrado (art. 39 da CLT).

Referido encaminhamento transforma o processo, inicialmente de natureza administrativa, em processo judicial, em consonância com o art. 114, inciso I, da Constituição Federal, por ser a Justiça do Trabalho competente para decidir a respeito da efetiva existência, ou não, de relação de emprego.

Se não houver acordo, a Vara do Trabalho ordenará em sua sentença que a Secretaria efetue as devidas anotações quando do trânsito em julgado, e faça a comunicação à autoridade competente para o fim de aplicar a multa cabível, de natureza administrativa (art. 39, § 1.º, da CLT).

Igual procedimento deve ser observado no caso de processo trabalhista de qualquer natureza, quando for verificada a falta de anotações na Carteira de Trabalho e Previdência Social, devendo o juiz, nessa hipótese, mandar proceder, desde logo, àquelas sobre as quais não houver controvérsia (art. 39, § 2.º, da CLT).

A anotação na CTPS, portanto, decorre de norma de ordem pública, sendo dever imposto ao empregador, e não ao empregado, podendo, assim, ser determinada pelo juiz de ofício.

Ainda quanto à necessária anotação da Carteira de Trabalho e Previdência Social, cabe lembrar a previsão do art. 297, § 4.º, do Código Penal, acrescentado pela Lei 9.983/2000, que determina incorrer nas mesmas penas do crime de "falsificação de documento público" (ou seja, reclusão de dois a seis anos e multa) quem omite, na folha de pagamento, na Carteira de Trabalho e Previdência Social do empregado, em documento contábil ou em qualquer outro documento que deva produzir efeito perante a previdência social, "nome do segurado e seus dados pessoais, a remuneração, a *vigência do contrato de trabalho* ou de prestação de serviços" (destaquei).

Seção VI – Do Valor das Anotações

Art. 40. A CTPS regularmente emitida e anotada servirá de prova:

I – Nos casos de dissídio na Justiça do Trabalho entre a empresa e o empregado por motivo de salário, férias ou tempo de serviço;

II – Revogado pela Lei 13.874/2019.

III – Para cálculo de indenização por acidente do trabalho ou moléstia profissional.

1. VALOR DAS ANOTAÇÕES

As anotações feitas na CTPS servem de prova do contrato de trabalho, do tempo de serviço do trabalhador, bem como das informações regularmente constantes do mencionado documento.

A Carteira de Trabalho e Previdência Social (CTPS) regularmente emitida e anotada servirá de prova: nos casos de dissídio na Justiça do Trabalho entre a empresa e o empregado por motivo de salário, férias ou tempo de serviço; para cálculo de indenização por acidente do trabalho ou doença profissional (art. 40 da CLT).

O art. 456 da CLT determina que a "prova do contrato individual do trabalho será feita pelas anotações constantes da carteira profissional ou por instrumento escrito", podendo tal prova ser suprida por todos os meios permitidos em direito.

As anotações na CTPS possuem presunção relativa de veracidade. Isso significa que essas anotações podem ser elididas por prova em contrário, as quais, se não produzidas, fazem com que prevaleça a informação constante da Carteira de Trabalho e Previdência Social. Nesse sentido, cf. as Súmulas 12 do TST e 225 do STF.

Há discussão se a referida presunção meramente relativa também se aplica contra o próprio empregador, ou seja, se este pode provar em sentido diverso ao que foi anotado na CTPS. O entendimento mais adequado é no sentido positivo, pois nada impede que a anotação, mesmo tendo origem em algum setor da empresa, revele-se falsa, tendo o empregador o direito de comprovar eventual fraude nesse sentido.

Além disso, as mencionadas Súmulas do TST e do STF estabelecem a presunção relativa de veracidade das anotações feitas na CTPS, sem distinguir quanto ao empregado e ao empregador, de modo que a sua orientação se aplica a ambos.

✦ Súmulas, Orientações Jurisprudenciais e Precedentes

Súmula 225 do STF: Não é absoluto o valor probatório das anotações da Carteira Profissional.

Súmula 12 do TST: As anotações apostas pelo empregador na carteira profissional do empregado não geram presunção *juris et de jure*, mas apenas *juris tantum*.

Seção VII – Dos Livros de Registro de Empregados

Art. 41. Em todas as atividades será obrigatório para o empregador o registro dos respectivos trabalhadores, podendo ser adotados livros, fichas ou sistema eletrônico, conforme instruções a serem expedidas pelo Ministério do Trabalho.

Parágrafo único. Além da qualificação civil ou profissional de cada trabalhador, deverão ser anotados todos os dados relativos à sua admissão no emprego, duração e efetividade do trabalho, a férias, acidentes e demais circunstâncias que interessem à proteção do trabalhador.

Art. 42. Revogado pela Lei 10.243, de 19.6.2001.

Arts. 43 e 44. Revogados pela Lei 7.855, de 24.10.1989.

Arts. 45 e 46. Revogados pelo Decreto-Lei 229, de 28.2.1967.

Art. 47. O empregador que mantiver empregado não registrado nos termos do art. 41 desta Consolidação ficará sujeito a multa no valor de R$ 3.000,00 (três mil reais) por empregado não registrado, acrescido de igual valor em cada reincidência.

§ 1.º Especificamente quanto à infração a que se refere o *caput* deste artigo, o valor final da multa aplicada será de R$ 800,00 (oitocentos reais) por empregado não registrado, quando se tratar de microempresa ou empresa de pequeno porte.

§ 2.º A infração de que trata o *caput* deste artigo constitui exceção ao critério da dupla visita.

1. REGISTRO DE EMPREGADOS

Além da Carteira de Trabalho e Previdência Social, a identificação profissional é feita, também, pelo registro de empregados, o qual deve ser feito e mantido pelo empregador.

Nesse sentido, em todas as atividades será obrigatório para o empregador o registro dos respectivos trabalhadores, podendo ser adotados livros, fichas ou sistema eletrônico, conforme instruções a serem expedidas pelo Ministério do Trabalho (art. 41 da CLT).

Além da qualificação civil ou profissional de cada trabalhador, deverão ser anotados todos os dados relativos à sua: admissão no emprego; duração e efetividade do trabalho; férias; acidentes e demais circunstâncias que interessem à proteção do trabalhador (art. 41, parágrafo único, da CLT).

Os arts. 13 a 23 da Portaria 671/2021 do Ministério do Trabalho e Previdência versam sobre registro de empregados e das anotações na Carteira de Trabalho e Previdência Social.

O registro de empregados de que trata o art. 41 da CLT, ressalvado o disposto no art. 17 da Portaria 671/2021, e as anotações na Carteira de Trabalho Digital de que trata o art. 29 da CLT devem ser realizados pelo empregador por meio do Sistema Simplificado de Escrituração Digital das Obrigações Previdenciárias, Trabalhistas e Fiscais (eSocial) (art. 13 da Portaria 671/2021 do Ministério do Trabalho e Previdência).

Para a utilização de sistema de registro eletrônico de empregados previsto no art. 41 da CLT é obrigatório o uso do eSocial, vedados outros meios de registro (art. 16 da Portaria 671/2021 do Ministério do Trabalho e Previdência). Essa previsão não se aplica aos empregadores ainda não obrigados ao eSocial.

O empregador já obrigado ao eSocial que optar por não realizar o registro dos empregados por meio eletrônico deve anotar, nos mesmos prazos, as informações legais em livro ou ficha de registro, que permanecerá no estabelecimento ao qual o trabalhador estiver vinculado (art. 17 da Portaria 671/2021 do Ministério do Trabalho e Previdência).

O poder público deve promover ações que assegurem a igualdade de oportunidades no mercado de trabalho para a população negra, inclusive mediante a implementação de medidas visando à promoção da igualdade nas contratações do setor público e o incentivo à adoção de medidas similares nas empresas e organizações privadas (art. 39 da Lei 12.288/2010, que institui o Estatuto da Igualdade Racial).

Nesse contexto, os registros administrativos direcionados a órgãos e entidades da administração pública, a empregadores privados e a trabalhadores que lhes sejam subordinados devem conter campos destinados a identificar o segmento étnico e racial a que pertence o trabalhador retratado no respectivo documento, com utilização do critério da autoclassificação em grupos previamente delimitados (art. 39, § 8.º, da Lei 12.288/2010, incluído pela Lei 14.553/2023).

Sem prejuízo de extensão obrigatória a outros documentos ou registros de mesma natureza identificados em regulamento, aplica-se o disposto acima a: I – formulários de admissão e demissão no emprego; II – formulários de acidente de trabalho; III – instrumentos de registro do Sistema Nacional de Emprego (Sine), ou de estrutura que venha a suceder-lhe em suas finalidades; IV – Relação Anual de Informações Sociais (Rais), ou outro documento criado posteriormente com conteúdo e propósitos a ela assemelhados; V – documentos, inclusive os disponibilizados em meio eletrônico, destinados à inscrição de segurados e dependentes no Regime Geral de Previdência Social; VI – questionários de pesquisas levadas a termo pela Fundação Instituto Brasileiro de Geografia e Estatística (IBGE), ou por órgão ou entidade posteriormente incumbida das atribuições imputadas a essa autarquia (art. 39, § 9.º, da Lei 12.288/2010, incluído pela Lei 14.553/2023).

2. MULTA POR EMPREGADO NÃO REGISTRADO

A empresa que mantiver empregado não registrado nos termos do art. 41 da CLT incorrerá em multa administrativa, a ser aplicada pelos órgãos de fiscalização do trabalho (art. 47 da CLT).

O valor da multa administrativa em caso de *empregado sem registro* é aumentado e atualizado pela Lei 13.467/2017.

Anteriormente, a multa administrativa por falta de registro de empregado era de 378,2847 Unidades de Referência Fiscal (UFIRs), por empregado, valor este dobrado na reincidência, conforme Portaria 290/1997 do Ministério do Trabalho, Anexo I.

Como a Unidade de Referência Fiscal (UFIR), instituída pelo art. 1.º da Lei 8.383/1991, observada a atualização efetuada para o ano de 2000, foi extinta (art. 29, § 3.º, da

Lei 10.522/2002), e o valor da UFIR em 2000 era de R$ 1,0641[44], tem-se que a referida multa, por violação ao art. 41 da CLT, era de R$ 402,53.

A Portaria 290/1997 foi revogada pela Portaria 667/2021 do Ministério do Trabalho e Previdência.

Segundo o art. 47 da CLT, com redação dada pela Lei 13.467/2017, o empregador que mantiver empregado não registrado nos termos do art. 41 do mesmo diploma legal ficará sujeito a multa no valor de R$ 3.000,00 por empregado não registrado, acrescido de igual valor em cada reincidência.

Efetivamente, em todas as atividades será obrigatório para o empregador o *registro* dos respectivos trabalhadores, podendo ser adotados livros, fichas ou sistema eletrônico, conforme instruções a serem expedidas pelo Ministério do Trabalho (art. 41 da CLT).

Especificamente quanto à infração a que se refere o art. 47, *caput*, da CLT, o valor final da multa aplicada será de R$ 800,00 por empregado não registrado, quando se tratar de *microempresa ou empresa de pequeno porte* (art. 47, § 1.º, da CLT, acrescentado pela Lei 13.467/2017).

A previsão tem como fundamento o art. 179 da Constituição da República, ao prever que a União, os Estados, o Distrito Federal e os Municípios devem dispensar às microempresas e às empresas de pequeno porte, assim definidas em lei, *tratamento jurídico diferenciado*, visando a incentivá-las pela simplificação de suas obrigações administrativas, tributárias, previdenciárias e creditícias, ou pela eliminação ou redução destas por meio de lei.

A capacidade econômica, financeira, administrativa, organizacional, entre outros aspectos, das microempresas e empresas de pequeno porte, justamente em face de suas peculiaridades, é diversa da realidade observada naquelas com receitas brutas mais elevadas.

Cabe ao Direito, ao fazer incidir o princípio da igualdade em sua vertente material (art. 5.º, *caput*, da Constituição da República Federativa do Brasil), levar em consideração as peculiaridades das situações e dos sujeitos envolvidos, estabelecendo a disciplina compatível e diferenciada cabível no caso.

Consequentemente, quanto às microempresas e empresas de pequeno porte, assim definidas em lei, além da necessidade de aplicação do princípio da igualdade, em seu aspecto material, prevendo tratamento jurídico diferenciado, o que se observa é a nítida tendência, no plano jurídico, de incentivo à simplificação (e, em certos casos, até mesmo à eliminação ou à redução) das obrigações administrativas, tributárias, previdenciárias e creditícias, por meio de lei.

A respeito do tema, a Lei Complementar 123/2006 estabelece normas gerais relativas ao tratamento diferenciado e favorecido a ser dispensado às microempresas e empresas de pequeno porte no âmbito dos Poderes da União, dos Estados, do Distrito Federal e dos Municípios, inclusive no que se refere ao cumprimento de obrigações trabalhistas e previdenciárias, inclusive obrigações acessórias (art. 1.º, inciso II).

O § 2.º do art. 47 da CLT, acrescentado pela Lei 13.467/2017, dispõe que a infração relativa ao empregador que mantiver empregado não registrado constitui *exceção à dupla visita*, o que já é previsto no art. 6.º, § 3.º, segunda parte, da Lei 7.855/1989, bem como no art. 55, § 1.º, segunda parte, da Lei Complementar 123/2006.

---

44 Disponível em: <http://idg.receita.fazenda.gov.br/orientacao/tributaria/pagamentos-e-parcelamentos/valor-da-ufir>.

Art. 47-A. Na hipótese de não serem informados os dados a que se refere o parágrafo único do art. 41 desta Consolidação, o empregador ficará sujeito à multa de R$ 600,00 (seiscentos reais) por empregado prejudicado.

1. MULTA POR AUSÊNCIA DE ANOTAÇÃO DE DADOS DO EMPREGADO

O art. 47-A da CLT, acrescentado pela Lei 13.467/2017, prevê que, na hipótese de não serem informados os dados a que se refere o parágrafo único do art. 41 do mesmo diploma legal, o empregador ficará sujeito à multa de R$ 600,00 por empregado prejudicado.

Esclareça-se que o art. 41, parágrafo único, da CLT dispõe que além da qualificação civil ou profissional de cada trabalhador, devem ser anotados todos os dados relativos à sua admissão no emprego, duração e efetividade do trabalho, a férias, acidentes e demais circunstâncias que interessem à proteção do trabalhador.

O art. 634, § 2.º, da CLT, com redação dada pela Lei 13.467/2017, prevê que os valores das multas administrativas expressos em moeda corrente serão *reajustados anualmente* pela Taxa Referencial (TR), divulgada pelo Banco Central do Brasil ou pelo índice que vier a substituí-lo.

Trata-se de disposição que tem como objetivo, a cada ano, reajustar, ou seja, *corrigir monetariamente* os valores das multas administrativas decorrentes de violação a preceitos normativos trabalhistas, tendo em vista os efeitos da inflação, com o fim de preservar o seu valor real, sem a necessidade da constante aprovação de sucessivas e novas leis apenas com essa finalidade.

Nesse enfoque, a *correção monetária*, como o próprio nome indica, visa à mera atualização do valor em razão do tempo transcorrido[45].

Entretanto, o índice adotado é passível de crítica, uma vez que a Taxa Referencial (TR), a qual é o índice oficial de remuneração básica da caderneta de poupança, nem sempre representa a verdadeira inflação do período.

Tanto é assim que o Supremo Tribunal Federal, nas Ações Diretas de Inconstitucionalidade 4.357 e 4.425, considerou inconstitucional a previsão do § 12 do art. 100 da Constituição da República, acrescentado pela Emenda Constitucional 62/2009, o qual estabelece o índice da caderneta de poupança como taxa de correção monetária dos precatórios, por se ter entendido que ele não é suficiente para recompor as perdas inflacionárias.

Seria mais adequada, assim, a adoção do Índice Nacional de Preços ao Consumidor Amplo (IPCA) do Instituto Brasileiro de Geografia e Estatística (IBGE).

Cf. ainda os comentários aos arts. 879, § 7.º, e 883 da CLT.

Art. 48. As multas previstas nesta Seção serão aplicadas pela autoridade de primeira instância no Distrito Federal, e pelas autoridades regionais do Ministério do Trabalho, Indústria e Comércio, nos Estados e no Território do Acre.

---

45 Cf. Orientação Jurisprudencial 28 da SBDI-I do TST: "Correção monetária sobre as diferenças salariais. Universidades federais. Devida. Lei 7.596/1987 (nova redação) – *DJ* 20.04.2005. Incide correção monetária sobre as diferenças salariais dos servidores das universidades federais, decorrentes da aplicação retroativa dos efeitos financeiros assegurados pela Lei 7.596/1987, pois *a correção monetária tem como escopo único minimizar a desvalorização da moeda em decorrência da corrosão inflacionária*" (destaquei).

1. REGISTRO DE EMPREGADOS

Além da Carteira de Trabalho e Previdência Social, a identificação profissional é realizada, também, pelo chamado registro de empregados, o qual deve ser feito e mantido pelo empregador.

Devem ser anotados no registro de empregados, além da qualificação civil ou profissional de cada trabalhador, todos os dados relativos à sua: admissão no emprego; duração e efetividade do trabalho; férias; acidentes e demais circunstâncias que interessem à proteção do trabalhador.

O empregador que mantiver empregado não registrado nos termos do art. 41 da CLT fica sujeito a multa administrativa, a ser aplicada pelos órgãos de fiscalização do trabalho.

✦ Jurisprudência

Auto de infração. Multa administrativa. I – Da leitura dos dispositivos da CLT relativos à anotação da Carteira de Trabalho e Previdência Social (arts. 41 e seguintes) extrai-se a previsão de imposição de multa ao empregador que mantiver empregado não registrado (art. 47), a ser aplicada pelas Delegacias Regionais do Trabalho (art. 48). II – A própria CLT preconiza, no Título VII (Do Processo de Multas Administrativas), que às autoridades competentes do Ministério do Trabalho compete fiscalizar o fiel cumprimento das normas de proteção do trabalho (art. 626), e que o Auditor Fiscal, verificando a ocorrência de violação a preceito legal, deve lavrar o auto de infração, sob pena de responsabilidade administrativa (art. 628) (TST, 4.ª T., RR 54940-36.2006.5.05.0002, Rel. Min. Antônio José de Barros Levenhagen, *DEJT* 03.12.2010).

Seção VIII – Das Penalidades

Art. 49. Para os efeitos da emissão, substituição ou anotação de Carteiras de Trabalho e Previdência Social, considerar-se-á, crime de falsidade, com as penalidades previstas no art. 299 do Código Penal:

I – fazer, no todo ou em parte, qualquer documento falso ou alterar o verdadeiro;

II – afirmar falsamente a sua própria identidade, filiação, lugar de nascimento, residência, profissão ou estado civil e beneficiários, ou atestar os de outra pessoa;

III – servir-se de documentos, por qualquer forma falsificados;

IV – falsificar, fabricando ou alterando, ou vender, usar ou possuir Carteira de Trabalho e Previdência Social assim alteradas;

V – anotar dolosamente em Carteira de Trabalho e Previdência Social ou registro de empregado, ou confessar ou declarar em juízo ou fora dele, data de admissão em emprego diversa da verdadeira.

Art. 50. Comprovando-se falsidade, quer nas declarações para emissão de Carteira de Trabalho e Previdência Social, quer nas respectivas anotações, o fato será levado ao conhecimento da autoridade que houver emitido a carteira, para fins de direito.

Art. 51. Incorrerá em multa de valor igual a 3 (três) vezes o salário mínimo regional aquele que, comerciante ou não, vender ou expuser à venda qualquer tipo de carteira igual ou semelhante ao tipo oficialmente adotado.

Art. 52. O extravio ou inutilização da Carteira de Trabalho e Previdência Social por culpa da empresa sujeitará esta à multa de valor igual à metade do salário mínimo regional.

Arts. 53 e 54. Revogados pela Lei 13.874/2019.

Art. 55. Incorrerá na multa de valor igual a 1 (um) salário mínimo regional a empresa que infringir o art. 13 e seus parágrafos.

Art. 56. Revogado pela Lei 13.874/2019.

1. CTPS E ILÍCITO CRIMINAL

Discute-se se a ausência de anotação do contrato de trabalho na CTPS do empregado, além de infração trabalhista e administrativa, também configura ilícito de natureza criminal, sabendo-se que cabe ao Direito Penal a tutela dos valores essenciais à vida em sociedade.

O art. 49 da CLT dispõe que para os efeitos da emissão, substituição ou anotação de Carteiras de Trabalho e Previdência Social, deve-se considerar *crime de falsidade*, com as penalidades previstas no art. 299 do Código Penal: fazer, no todo ou em parte, qualquer documento falso ou alterar o verdadeiro; afirmar falsamente a sua própria identidade, filiação, lugar de nascimento, residência, profissão ou estado civil e beneficiários, ou atestar os de outra pessoa; servir-se de documentos por qualquer forma falsificados; falsificar, fabricando ou alterando, ou vender, usar ou possuir Carteira de Trabalho e Previdência Social que assim tiver sido alterada; anotar dolosamente em Carteira de Trabalho e Previdência Social ou registro de empregado, ou confessar ou declarar em juízo ou fora dele, data de admissão em emprego diversa da verdadeira.

O Código Penal, ao tipificar o crime de *falsidade ideológica*, assim prevê:

> Art. 299. Omitir, em documento público ou particular, declaração que dele devia constar, ou nele inserir ou fazer inserir declaração falsa ou diversa da que devia ser escrita, com o fim de prejudicar direito, criar obrigação ou alterar a verdade sobre fato juridicamente relevante:
>
> Pena – reclusão, de um a cinco anos, e multa, se o documento é público, e reclusão de um a três anos, e multa, se o documento é particular.
>
> Parágrafo único. Se o agente é funcionário público, e comete o crime prevalecendo-se do cargo, ou se a falsificação ou alteração é de assentamento de registro civil, aumenta-se a pena de sexta parte.

De forma mais específica, o Código Penal, no art. 297, dispõe sobre o crime de *falsificação de documento público*, com a seguinte redação:

Art. 297. Falsificar, no todo ou em parte, documento público, ou alterar documento público verdadeiro:

Pena – reclusão, de dois a seis anos, e multa. [...]

§ 3.º Nas mesmas penas incorre quem insere ou faz inserir: I – na folha de pagamento ou em documento de informações que seja destinado a fazer prova perante a previdência social, pessoa que não possua a qualidade de segurado obrigatório; II – na Carteira de Trabalho e Previdência Social do empregado ou em documento que deva produzir efeito perante a previdência social, declaração falsa ou diversa da que deveria ter sido escrita; III – em documento contábil ou em qualquer outro documento relacionado com as obrigações da empresa perante a previdência social, declaração falsa ou diversa da que deveria ter constado.

§ 4.º *Nas mesmas penas incorre quem omite, nos documentos mencionados no § 3.º, nome do segurado e seus dados pessoais, a remuneração, a vigência do contrato de trabalho ou de prestação de serviços* (incluído pela Lei 9.983/2000).

O crime previsto no art. 297, § 3.º, do Código Penal é comissivo, no sentido de inserir ou fazer inserir dados falsos. Diversamente, o crime previsto no art. 297, § 4.º, do Código Penal é omissivo. Nas duas hipóteses os crimes são *formais*, não havendo necessidade de se concretizar o resultado ou eventual prejuízo.

Frise-se que a hipótese em estudo não está prevista nos "crimes contra a organização do trabalho", conforme arts. 197 a 207 do Código Penal, por se tratar, na verdade, de "crime contra a fé pública", mais especificamente de "falsidade documental". Em consonância com o art. 109, inciso IV, da Constituição da República, aos juízes federais compete processar e julgar "os crimes políticos e as infrações penais praticadas em detrimento de bens, serviços ou interesse da União ou de suas entidades autárquicas ou empresas públicas, excluídas as contravenções e ressalvada a competência da Justiça Militar e da Justiça Eleitoral".

A rigor, no caso do art. 297, § 4.º, do Código Penal, pode-se dizer que o tipo penal envolve interesse da Previdência Social, mais especificamente da autarquia previdenciária, integrante da administração federal indireta, tanto que se trata de falsificação de *documento público*.

Como se pode notar, em tese, a ausência de anotação na Carteira de Trabalho e Previdência Social da vigência do contrato de trabalho é considerada crime de falsificação de documento público. De todo modo, quando a própria existência da relação de emprego é verdadeiramente controvertida e duvidosa, não havendo a intenção do agente de omitir em CTPS a anotação da vigência de contrato de trabalho, pode-se dizer que não se observam os elementos do tipo penal em questão.

2. FALSIFICAÇÃO DE CARTEIRA DE TRABALHO

Na esfera penal, considera-se crime falsificar, no todo ou em parte, documento público, ou alterar documento público verdadeiro, sendo prevista a pena de reclusão, de dois a seis anos, e multa (art. 297 do Código Penal). Se o agente é funcionário público, e comete o crime prevalecendo-se do cargo, aumenta-se a pena de sexta parte.

3. EXTRAVIO OU INUTILIZAÇÃO DE CTPS

O extravio ou inutilização da Carteira de Trabalho e Previdência Social por culpa da empresa sujeitará esta à aplicação de multa administrativa (art. 52 da CLT).

4. EMPRESA QUE ADMITE EMPREGADO SEM CTPS

Incorrerá em multa administrativa a empresa que infringir o art. 13 da CLT (art. 55 da CLT).

O art. 13 da CLT dispõe que a Carteira de Trabalho e Previdência Social é obrigatória para o exercício de qualquer emprego, inclusive de natureza rural, ainda que em caráter temporário, e para o exercício por conta própria de atividade profissional remunerada.

5. REVOGAÇÕES

Foram revogados pela Lei 13.874/2019 os seguintes dispositivos da CLT sobre Carteira de Trabalho e Previdência Social e CTPS do menor: §§ 3.º e 4.º do art. 13; incisos I a IV do art. 16; parágrafo único do art. 16; art. 17; art. 20; art. 21; art. 25; art. 26; art. 30; art. 31; art. 32; art. 33; art. 34; inciso II do art. 40; art. 53; art. 54; art. 56; parágrafo único do art. 415; art. 417; art. 419; art. 420; art. 421; art. 422.

✦ Jurisprudência

Multa diária. Extravio de CTPS. A aplicação de multa diária face à falta de restituição da CTPS ao empregado deve ser aplicada com moderação, não havendo se falar em dano moral, face à possibilidade de obtenção de segunda via do documento (TRT da 2.ª Região, 8.ª T., RO em RS 00295-2008-401-02-00-8, j. 07.08.2008, Rel. Lilian Lygia Ortega Mazzeu, *DJ* 19.08.2008).

Duplicidade de CTPS. Falsidade ideológica. Entendendo a Corte de origem que houve evidente emissão de uma segunda CTPS com finalidade dúbia, não há margem à conclusão no sentido da ofensa à literalidade do art. 49 da CLT (TST, 2.ª T., AIRR 532121-79.1999.5.10.5555, j. 08.09.1999, Rel. Juiz Convocado Aloysio Silva Corrêa da Veiga, *DJ* 24.09.1999).

Conflito negativo de competência. Penal. Art. 297, §§ 3.º, II, e 4.º do Código Penal. Omissão de lançamento de registro ou declarações falsas na Carteira de Trabalho e Previdência Social. Interesse da Previdência Social. Competência da Justiça Federal. 1. O agente que omite dados ou faz declarações falsas na Carteira de Trabalho e Previdência Social atenta contra interesse da Autarquia Previdenciária e estará incurso nas mesmas sanções do crime de falsificação de documento público, nos termos dos §§ 3.º, II, e 4.º do art. 297 do Código Penal. Competência da Justiça Federal. 2. Sujeito passivo principal do delito é o Estado, ficando o empregado na condição de vítima secundária. 3. Conflito conhecido para declarar competente o Juízo Federal da 5.ª Vara Criminal da Seção Judiciária do Estado de São Paulo, ora suscitado (STJ, 3.ª Seção, CC 97.485/SP, Rel. Min. Og Fernandes, *DJe* 17.10.2008).

Competência. Conflito negativo de atribuição. Ministério Público Estadual e Federal. Omissão de anotação de dados em Carteira de Trabalho. Definição. [...] O conflito negativo de atribuição concerne a procedimento voltado a apurar a suposta prática de crime de omissão de anotação de dados relativos a contrato de trabalho na Carteira de Trabalho e Previdência Social – CTPS (artigo 297, § 4.º, do Código Penal). [...] Define-se o conflito considerada a matéria objeto do procedimento de origem, devendo ser levados em conta os fatos motivadores da atuação do Ministério Público. Quando se trata de investigar prática de possível crime de omissão de anotação de dados relativos a contrato de trabalho na Carteira de Trabalho e Previdência Social – CTPS (artigo 297, § 4.º, do Código Penal), a atribuição, para qualquer ação, é do Ministério Público estadual, e não do Federal, pois inexiste lesão a bem ou interesse da União bastante a potencializar a atração da Competência da Justiça Federal, o que direciona à competência da Justiça Comum estadual para processar e julgar eventual ação penal, consoante, inclusive, enuncia o Verbete n.º 107 da Súmula do Superior Tribunal de Justiça. 3. Ante o quadro, resolvo o conflito no sentido de reconhecer a atribuição do Ministério Público estadual (STF, Pet 5.084/SP, Rel. Min. Marco Aurélio, Decisão monocrática, *DJe* 28.09.2015).

✦ Súmulas, Orientações Jurisprudenciais e Precedentes

Súmula 62 do STJ: Compete à Justiça Estadual processar e julgar o crime de falsa anotação na Carteira de Trabalho e Previdência Social, atribuído à empresa privada.

Súmula 107 do STJ: Compete à Justiça Comum Estadual processar e julgar crime de estelionato praticado mediante falsificação das guias de recolhimento das contribuições previdenciárias, quando não ocorrente lesão a autarquia federal.

Súmula 165 do STJ: Compete à Justiça Federal processar e julgar crime de falso testemunho cometido no processo trabalhista.

✦ Referência Legislativa

- Art. 297 do Código Penal.

CAPÍTULO II – DA DURAÇÃO DO TRABALHO

Seção I – Disposição Preliminar

Art. 57. Os preceitos deste Capítulo aplicam-se a todas as atividades, salvo as expressamente excluídas, constituindo exceções as disposições especiais, concernentes estritamente a peculiaridades profissionais constantes do Capítulo I do Título III.

1. JORNADAS DE TRABALHO ESPECIAIS

Certas profissões e categorias, como os bancários (art. 224 da CLT), os jornalistas (art. 303 da CLT), os músicos (art. 232 da CLT), os rurais (Lei 5.889/1973) e os telefonistas (art. 227 da CLT), têm jornadas de trabalho especiais, inferiores ao limite constitucional (não superior a oito horas diárias e quarenta e quatro semanais).

Cabe esclarecer que, de acordo com a Súmula 370 do TST, médicos e engenheiros não possuem jornada de trabalho reduzida propriamente, apenas havendo fixação de salário mínimo profissional, o qual é devido para uma jornada de trabalho fixada na respectiva lei.

Observam-se, ainda, jornadas de trabalho especiais, como do jornalista empregado, caso em que, de acordo com o art. 303 da CLT, a "duração normal do trabalho" não deve exceder de cinco horas, "tanto de dia como à noite". Quanto ao tema, cf. Orientação Jurisprudencial 407 da SBDI-I do TST.

✦ Jurisprudência

Agravo de instrumento em recurso de revista. Jornada de trabalho móvel e variável. Abuso de direito. Súmulas n.os 23, 221, II, e 296 do TST. Conforme noticia a decisão recorrida consta do contrato de trabalho cláusula estipulando jornada móvel e variável, recebendo o empregado apenas por aquelas horas trabalhadas. O respectivo modelo de jornada incorpora benefícios à empresa, atendendo, todavia, apenas às suas necessidades e preterindo os interesses dos empregados. A possibilidade de contratação para jornada inferior ao limite legal com salário proporcional obviamente resta autorizada, mas não se admite a ausência da prefixação daquela jornada, ainda que reduzida, porquanto é direito do empregado ter a efetiva ciência prévia de sua jornada diária de trabalho e, consequentemente, do seu salário mensal. Na hipótese dos autos a contratação previa a possibilidade de jornada diária de até oito horas, razão pela qual ficava o empregado vinculado a todo aquele período, não lhe cabendo ativar-se em outra atividade. No mesmo diapasão, não tinha conhecimento prévio do valor de seu salário mensal, pois percebia pelas horas efetivamente trabalhadas, apenas com a garantia mínima de duas horas diárias. Dessume-se desse contexto que o benefício do referido regime de contratação dirigia-se única e exclusivamente ao interesse do empregador, sabedor de que contaria com o empregado pela jornada integral de oito horas diárias conforme lhe aprouvesse e, ainda, podendo estender as jornadas com o pagamento de horas extraordinárias. Assim, a empregadora geria um regime de otimização das horas de trabalho de seus empregados e de escalas conforme a movimentação e a necessidade dos serviços em seu estabelecimento. Nos períodos de pequena frequência de clientes o empregado trabalharia por poucas horas, e a reclamada não necessitaria pagar pelo tempo no qual o trabalhador, embora não se ativasse na função, fosse obrigado a reservar o seu dia para atender à possível convocação para a jornada de oito horas. Dessa fixação da jornada, ainda que proporcional e inferior ao limite legal, deve atender às exigências de ambas as partes, com método fixo e não aleatório, como fez a empresa, focada que estava tão somente na diminuição de seus custos operacionais, infringindo, inequivocamente, os princípios basilares de proteção ao trabalhador e da dignidade da pessoa humana, e sujeitando o empregado tão somente ao livre arbítrio patronal, sem a menor segurança quanto aos aspectos mínimos e formais da relação contratual, com execrável transferência dos riscos da atividade econômica para o empregado. Agravo de instrumento desprovido (TST, 7.ª T., AIRR 137000-70.2008.5.01.0014, Rel. Min. Luiz Philippe Vieira de Mello Filho, *DEJT* 06.06.2014).

Recurso de revista do Ministério Público do Trabalho. Ação civil pública. Jornada móvel e variável. Invalidade. Entende-se pela invalidade de cláusula prevista em contrato de trabalho que fixa jornada móvel e variável porque prejudicial ao trabalhador, pois, embora não exista vedação expressa sobre a prática adotada pela requerida, percebesse que a contratação efetivada visa a que o trabalhador fique sujeito a ato imperativo do empregador que pode desfrutar do labor de seus empregados quando bem entender, em qualquer horário do dia, pagando o mínimo possível para auferir maiores lucros. Esta prática, contratação na qual os trabalhadores ficam à disposição da empresa durante 44 horas semanais, em que pese esta possa utilizar-se de sua força laborativa por apenas 8 horas semanais, na medida de suas necessidades, é ilegal, porquanto a empresa transfere o risco do negócio para os empregados, os quais são dispensados dos seus serviços nos períodos de menor movimento sem nenhum ônus e os convoca para trabalhar nos períodos de maior movimento sem qualquer acréscimo nas suas despesas. Entender o contrário implicaria desconsiderar as disposições contidas nos artigos 4.º, *caput*, e 9.º da CLT, que disciplinam o tempo à disposição do empregador e nulificam os atos praticados com o objetivo de desvirtuar ou fraudar os dispositivos regulamentadores da CLT. Recurso de revista conhecido e provido (TST, 8.ª T., RR 989190016.2005.5.09.0004, Rel. Min. Dora Maria da Costa, *DEJT* 25.02.2011).

Recurso de embargos. Ação civil pública. Determinação de respeito ao piso salarial da categoria profissional independentemente do número de horas trabalhadas. Orientação Jurisprudencial n.º 358 DA SBDI-1. A controvérsia cinge-se à análise da licitude de cláusula de contratos individuais de trabalho, realizados entre os empregados da reclamada e suas franqueadas, que estabelecem jornada laboral semanal móvel e variável não superior ao limite de 44 horas e inferior ao mínimo de 8 horas, com o pagamento apenas das horas efetivamente trabalhadas. No caso, conforme se infere do acórdão do Tribunal *a quo*, é inconteste que os empregados sujeitos à jornada móvel e variável são horistas e recebem a remuneração de acordo com as horas trabalhadas. Consta no acórdão da Turma que a jornada "pode ser de oito horas diárias, bem como de apenas duas horas diárias" e, ainda, que "o salário-hora não foi reduzido pelo réu e que os trabalhadores sempre tiveram a garantia de receber a remuneração correspondente à jornada mínima". Diante do contexto fático delineado pelo TRT, verifica-se que a situação examinada não envolve empregados cuja remuneração é fixada por produção, matéria versada especificamente na Lei n.º 8.716/1993. Repise-se, no caso, conforme estabelecido contratualmente, a remuneração é fixada por horas de trabalho, sendo incontroverso que houve pagamento de salário mínimo proporcional à duração do trabalho. Nos termos do disposto na Orientação Jurisprudencial n.º 358 da SBDI-1, "Havendo contratação para cumprimento de jornada reduzida, inferior à previsão constitucional de oito horas diárias ou quarenta e quatro semanais, é lícito o pagamento do piso salarial ou do salário mínimo proporcional ao tempo trabalhado". Esta é exatamente a hipótese versada nos presentes autos, em que a Turma desta Corte, contrariando os seus termos, deu provimento ao recurso de revista do Ministério Público do Trabalho da 9.ª Região para julgar procedente a ação civil pública de forma a determinar que a reclamada garanta, "pelo menos, o pagamento do salário mínimo da categoria profissional, de acordo com a Convenção Coletiva do Trabalho, independentemente do número de horas trabalhadas". Isto porque o principal argumento que levou a Turma a julgar procedente a presente ação coletiva – ilicitude da adoção, pela reclamada, de jornada móvel e variável, por submeter os trabalhadores ao seu puro arbítrio durante 44 horas semanais, o que, no seu entender, ensejou a nulidade de todo o regime de trabalho, inclusive no que tange ao pagamento de salário mínimo convencional proporcional à jornada de trabalho – não mais remanesce nos presentes autos, em razão de acordo de abrangência nacional firmado nos autos do Processo n.º 1040-74.2012.5.06.0011, perante a 11.ª Vara do Trabalho do Recife. Tanto que, mediante o despacho de fls. 957/957-v, julgou-se "extinto o processo, por perda de objeto, tão somente quanto à questão referente à obrigação de não contratar empregados mediante a adoção da chamada 'jornada móvel variável'". Assim, partindo-se do pressuposto da adoção de jornadas de trabalho fixas e compulsando os precedentes que levaram à edição da Orientação Jurisprudencial n.º 358 da SBDI-1, verifica-se que se buscou, na ocasião, afastar a afronta ao artigo 7.º, IV, da Constituição Federal – em razão do contido no inciso

XIII do mesmo dispositivo – nas hipóteses em que a empresa tenha fixado salário inferior ao mínimo legal ou ao piso salarial em razão do estabelecimento de jornada inferior à prevista no artigo 7.º, IV, da Constituição Federal, hipótese dos autos. Ora, se se considera lícito o pagamento de salário proporcional à jornada de trabalho, ainda que inferior ao mínimo legal e/ou convencional, não há amparo jurídico à pretensão do Ministério Público de ver remunerados de forma idêntica os trabalhadores sujeitos a jornadas de duas, quatro, seis e oito horas diárias, sob pena de contrariedade ao referido verbete e de ofensa ao princípio da isonomia insculpido no artigo 5.º, *caput*, da Constituição Federal, já que empregados sujeitos ao mesmo tipo de trabalho em jornadas distintas estariam recebendo a mesma contraprestação salarial. Recurso de embargos conhecido e provido (TST, SBDI-I, E-ED-RR 9891900-16.2005.5.09.0004, Rel. Min. Renato de Lacerda Paiva, *DEJT* 18.12.2015).

✦ Súmulas, Orientações Jurisprudenciais e Precedentes Normativos

Súmula 370 do TST: Médico e engenheiro. Jornada de trabalho. Leis 3.999/1961 e 4.950/1966-A. Tendo em vista que as Leis 3.999/1961 e 4.950-A/1966 não estipulam a jornada reduzida, mas apenas estabelecem o salário mínimo da categoria para uma jornada de 4 horas para os médicos e de 6 horas para os engenheiros, não há que se falar em horas extras, salvo as excedentes à oitava, desde que seja respeitado o salário mínimo/horário das categorias.

Orientação Jurisprudencial 407 da SBDI-I do TST: Jornalista. Empresa não jornalística. Jornada de trabalho reduzida. Arts. 302 e 303 da CLT. O jornalista que exerce funções típicas de sua profissão, independentemente do ramo de atividade do empregador, tem direito à jornada reduzida prevista no art. 303 da CLT (*DEJT* 22.10.2010).

Seção II – Da Jornada de Trabalho

Art. 58. A duração normal do trabalho, para os empregados em qualquer atividade privada, não excederá de 8 (oito) horas diárias, desde que não seja fixado expressamente outro limite.

1. JORNADA DE TRABALHO. CONCEITO E NATUREZA JURÍDICA

A jornada de trabalho refere-se ao *número de horas diárias de trabalho*, ou seja, o montante de horas de trabalho em um dia. Exemplo, jornada de trabalho de oito horas.

Quando se fala no número de horas de trabalho semanal, mensal ou mesmo anual, o correto é utilizar a referida denominação, pois não é restrita ao trabalho diário. Exemplo: duração do trabalho de 44 horas semanais.

O *horário de trabalho*, por sua vez, refere-se à hora de início e término do labor, indicando-se o horário de intervalo inserido no interior da jornada. Exemplo: horário de trabalho das 9 às 13 horas e das 14 às 18 horas.

Tendo em vista as especificações mencionadas, pode-se conceituar a jornada de trabalho como o montante de horas de um dia de labor.

Na realidade, são computadas na jornada de trabalho não só o tempo efetivamente trabalhado, mas também o tempo à disposição do empregador. As chamadas horas *in itinere*, presentes certos requisitos, também são computadas na jornada de trabalho.

Em termos teóricos, há três correntes sobre a abrangência da jornada de trabalho.

A teoria do tempo efetivamente trabalhado não computa na jornada de trabalho as paralisações do empregado, como os intervalos.

A teoria do tempo à disposição do empregador é mais abrangente, pois considera como jornada de trabalho não só o tempo de efetivo serviço, como o tempo à disposição do empregador, de acordo com a Súmula 118 do TST.

A teoria do tempo *in itinere* é a que considera como jornada de trabalho todo o período, desde o momento em que o empregado se dirige ao trabalho, até quando ele retorna para sua casa.

No Direito do Trabalho em vigor, não se pode dizer que somente uma dessas teorias seja aquela adotada, mas verifica-se, na realidade, um sistema híbrido, considerando-se jornada de trabalho não só o tempo de serviço, mas adotando certos aspectos das teorias do tempo à disposição do empregador e do tempo *in itinere*.

Ao se buscar a natureza jurídica da jornada de trabalho, procura-se a sua subsunção em certas categorias jurídicas conhecidas e mais genéricas.

Pode-se dizer que a jornada de trabalho, a qual é regulada pelo Direito, tem natureza de norma de ordem pública, pois há interesse social na sua limitação, em proteção da saúde, da segurança e da vida do trabalhador, preservando e concretizando a sua dignidade como pessoa.

No entanto, sob outro enfoque, a jornada de trabalho é uma das condições de trabalho de grande importância na relação jurídica de emprego, a qual, como estudado anteriormente, apresenta natureza contratual, por se reportar ao gênero dos negócios jurídicos. Assim, há certa natureza jurídica privada também quanto à jornada de trabalho, sendo possível convencionar a respeito no âmbito das condições do contrato de trabalho, desde que observadas as garantias e normas de proteção trabalhista (art. 444 da CLT).

Portanto, dependendo do enfoque, notam-se a natureza de ordem pública e a natureza jurídica privada quanto à jornada de trabalho, no que tange ao seu aspecto jurídico e normativo.

2. FUNDAMENTOS PARA A LIMITAÇÃO DA JORNADA DE TRABALHO

A doutrina indica diversos fundamentos para a limitação da jornada de trabalho pelas normas jurídicas, com natureza cogente[46].

Podem ser arrolados, assim, os seguintes *fundamentos*, de natureza:

a) psíquica e psicológica, pois o trabalho intenso, com jornadas extenuantes, pode causar o esgotamento psíquico-psicológico do trabalhador, afetando a sua saúde mental e a capacidade de concentração, o que pode até mesmo gerar doenças ocupacionais de ordem psíquica, como a chamada síndrome do esgotamento profissional (*burnout*);

b) física, uma vez que o labor em jornadas de elevada duração também pode acarretar a fadiga somática do empregado, resultando em cansaço excessivo, bem como aumentando o risco de acidentes de trabalho e doenças ocupacionais, colocando a saúde e a vida do trabalhador em risco;

46 Cf. MARTINS, Sergio Pinto. *Direito do trabalho*. 28. ed. São Paulo: Atlas, 2012. p. 523.

c) social, tendo em vista ser necessário, também para a sociedade, que a pessoa, além de trabalhar, exerça outras relevantes atividades na comunidade em que vive, inclusive no seio familiar, por ser a própria base da sociedade;

d) econômica, pois jornadas de trabalho de elevada duração podem fazer com que a empresa deixe de contratar outros empregados, passando a exigir trabalho somente daqueles poucos que ali prestam serviços, aumentando o desemprego e, por consequência, gerando crises na economia;

e) humana, uma vez que o trabalhador, para ter sua dignidade preservada, não pode ser exposto a jornadas de trabalho extenuantes, o que afetaria a sua saúde e colocaria em risco a sua própria vida, inclusive em razão de riscos quanto a acidentes de trabalho.

3. DURAÇÃO NORMAL DA JORNADA DE TRABALHO

A Constituição Federal de 1988, em seu art. 7.º, inciso XIII, prevê a duração do trabalho normal não superior a oito horas diárias e quarenta e quatro semanais, facultadas a compensação de horários e a redução da jornada, mediante acordo ou convenção coletiva de trabalho.

Trata-se de certa inovação, especialmente quanto ao referido limite semanal.

Além do referido limite diário, a partir da vigência da Constituição de 1988, também deve ser observado o limite semanal de 44 horas. Assim, admite-se, por exemplo: a jornada de trabalho de oito horas de segunda-feira a sexta-feira e de quatro horas aos sábados; a jornada de trabalho de 7 horas e 20 minutos de segunda-feira a sábado etc.

Havendo trabalho acima de algum dos referidos limites (diário ou semanal), já se verifica o labor em horas extras.

Cabe destacar que, de acordo com o art. 4.º, *caput*, da CLT: "Considera-se como de serviço efetivo o período em que o empregado esteja à disposição do empregador, aguardando ou executando ordens, salvo disposição especial expressamente consignada".

4. HORÁRIOS DE ENTRADA E SAÍDA FLEXÍVEIS

No âmbito dos poderes diretivo e gerencial dos empregadores, e considerada a vontade expressa dos empregados e das empregadas, haverá priorização na concessão de horários de entrada e de saída flexíveis, como medida de flexibilização da jornada de trabalho, aos empregados e às empregadas que tenham filho, enteado ou pessoa sob sua guarda com até seis anos de idade ou com deficiência, com vistas a promover a conciliação entre o trabalho e a parentalidade (art. 8.º, inciso V, da Lei 14.457/2022).

A referida medida deve ser formalizada por meio de acordo individual, de acordo coletivo ou de convenção coletiva de trabalho (art. 8.º, § 2.º, da Lei 14.457/2022).

Sendo assim, nos termos do art. 14 da Lei 14.457/2022, quando a atividade permitir, os horários fixos da jornada de trabalho podem ser flexibilizados ao empregado ou à empregada que se enquadre nos critérios estabelecidos no art. 8.º da Lei 14.457/2022 (ou seja, que tenha filho, enteado ou pessoa sob sua guarda com até seis anos de idade ou com deficiência). A referida flexibilização ocorrerá em intervalo de horário previamente estabelecido, considerados os limites inicial e final de horário de trabalho diário.

A opção por acordo individual para formalizar as medidas previstas no art. 8.º, § 2.º, da Lei 14.457/2022, somente pode ser realizada: I – nos casos de empresas ou de categorias de trabalhadores para as quais não haja acordo coletivo ou convenção coletiva de trabalho celebrados; ou II – se houver acordo coletivo ou convenção coletiva de trabalho celebrados, se o acordo individual a ser celebrado contiver medidas mais vantajosas à empregada ou ao empregado que o instrumento coletivo vigente (art. 21 da Lei 14.457/2022).

Na adoção da referida medida de flexibilização (horários de entrada e de saída flexíveis), deve sempre ser levada em conta a vontade expressa da empregada ou do empregado beneficiado pela medida de apoio ao exercício da parentalidade (art. 22 da Lei 14.457/2022).

> § 1.º Não serão descontadas nem computadas como jornada extraordinária as variações de horário no registro de ponto não excedentes de cinco minutos, observado o limite máximo de dez minutos diários.

5. VARIAÇÃO DE HORÁRIO NO REGISTRO DE PONTO

Na realidade, o art. 58 da CLT trata da duração do trabalho, sendo que o seu § 1.º, acima transcrito, é norma aplicável para situações em que o horário de labor é registrado em controle de ponto.

Para os estabelecimentos com mais de 20 trabalhadores é obrigatória a anotação da hora de entrada e de saída, em registro manual, mecânico ou eletrônico, conforme instruções expedidas pela Secretaria Especial de Previdência e Trabalho do Ministério da Economia (Ministério do Trabalho), permitida a pré-assinalação do período de repouso (art. 74, § 2.º, da CLT, com redação dada pela Lei 13.874/2019).

Se o trabalho for executado fora do estabelecimento, o horário dos empregados deve constar do registro manual, mecânico ou eletrônico em seu poder, sem prejuízo do que dispõe o *caput* do art. 74 da CLT, no sentido de que o horário de trabalho deve ser anotado em registro de empregados (art. 74, § 3.º, da CLT, com redação dada pela Lei 13.874/2019).

Fica permitida a utilização de registro de ponto por exceção à jornada regular de trabalho, mediante acordo individual escrito, convenção coletiva ou acordo coletivo de trabalho (art. 74, § 4.º, da CLT, incluído pela Lei 13.874/2019).

Caso o registro de ponto indique horários de efetivo labor (*v.g.*, de entrada e de saída) inferiores ao correto e ajustado horário de trabalho, desde que estas variações não excedam o limite legal (cinco minutos, observado o máximo de dez minutos diários), não serão debitadas, com o que o empregado não deverá sofrer descontos salariais, nem na remuneração do descanso semanal, por tal motivo.

Por exemplo, se o horário de entrada é às 10 horas, mas consta no cartão de ponto o registro como 10h04, essa variação não será descontada.

Na mesma linha, atrasos na entrada para trabalhar ou saídas antecipadas, se dentro do limite legal, não podem, por si, ser considerados violação de deveres do empregado (especialmente o de prestação de serviço com pontualidade), em face da expressa permissão legal. Ainda que esse fato seja reiterado, não se pode considerar praticada justa causa para a dispensa, pois o empregado teria agido com supedâneo na própria lei.

Observe-se que embora o limite máximo seja de dez minutos diários, não se admite a variação superior a cinco minutos em cada registro de horário.

Não serão descontadas nem computadas como jornada extraordinária as variações de horário do registro de ponto não excedentes de cinco minutos, observado o limite máximo de dez minutos diários. Se ultrapassado esse limite, será considerada como extra a totalidade do tempo que exceder a jornada normal, pois configurado tempo à disposição do empregador (Súmula 366 do TST).

Se o art. 58, § 1.º, da CLT condiciona a sua disposição à observância do limite estabelecido, a conclusão lógica só pode ser que, uma vez sendo este ultrapassado, a totalidade da variação será levada em conta para fins de cálculo das horas de efetivo trabalho. Cf. ainda a Súmula 449 do TST.

Caso as variações de horário lançadas no registro de ponto, excedentes do limite legal, resultem em horário de trabalho efetivo *inferior* à jornada normal, ficará afastada a vedação de serem "descontadas" da jornada de trabalho, com as consequências jurídicas daí decorrentes.

Se o empregado violar o seu dever de prestação de serviço com pontualidade, isso em tese pode acarretar consequências, por exemplo, na remuneração do descanso semanal.

§ 2.º O tempo despendido pelo empregado desde a sua residência até a efetiva ocupação do posto de trabalho e para o seu retorno, caminhando ou por qualquer meio de transporte, inclusive o fornecido pelo empregador, não será computado na jornada de trabalho, por não ser tempo à disposição do empregador.

§ 3.º Revogado pela Lei 13.467/2017.

6. HORAS *IN ITINERE*

O art. 58, § 2.º, da CLT, em sua atual redação, decorrente da Lei 13.467/2017, prevê que o tempo despendido pelo empregado desde a sua residência até a efetiva ocupação do posto de trabalho e para o seu retorno, caminhando ou por qualquer meio de transporte, *inclusive o fornecido pelo empregador*, não será computado na jornada de trabalho, por não ser tempo à disposição do empregador.

Deixam de ser devidas, assim, as horas *in itinere* ou de trajeto.

Anteriormente, o art. 58, § 2.º, da CLT, com redação decorrente da Lei 10.243/2001, previa que o tempo despendido pelo empregado até o local de trabalho e para o seu retorno, por qualquer meio de transporte, não será computado na jornada de trabalho, salvo quando, tratando-se de local de difícil acesso ou não servido por transporte público, o empregador fornecer a condução.

Portanto, o tempo despendido pelo empregado, em condução fornecida pelo empregador, até o local de trabalho de difícil acesso, ou não servido por transporte público regular, e para o seu retorno era computável na jornada de trabalho (Súmula 90, inciso I, do TST), o que passa a não mais ocorrer.

Para que as horas de trajeto integrassem a jornada de trabalho, eram exigidos dois requisitos, quais sejam: local de trabalho de difícil acesso ou não servido por transporte público regular; *e* condução fornecida pelo empregador.

Cabe esclarecer que a incompatibilidade entre os horários de início e término da jornada do empregado e os do transporte público regular era circunstância que também gerava o direito às horas *in itinere* (Súmula 90, inciso II, do TST).

Entretanto, a mera *insuficiência* de transporte público não ensejava o pagamento de horas *in itinere* (Súmula 90, inciso III, do TST).

Se houvesse transporte público regular em parte do trajeto percorrido em condução da empresa, as horas *in itinere* remuneradas limitavam-se ao trecho não alcançado pelo transporte público (Súmula 90, inciso IV, do TST).

Ademais, fica superada a Súmula 320 do TST.

Como as horas *in itinere*, quando presentes os mencionados requisitos legais, eram computadas na jornada de trabalho, a rigor, deveriam ser remuneradas integralmente, sob pena de se admitir algo próximo ao labor sem a correspondente remuneração.

Reitere-se que se considera como de *serviço efetivo* o período em que o empregado esteja à disposição do empregador, aguardando ou executando ordens, salvo disposição especial expressamente consignada (art. 4.º da CLT).

Nesse sentido, sabendo-se que as horas *in itinere* eram computáveis na jornada de trabalho, o tempo que extrapolava a jornada legal era considerado como extraordinário e sobre ele deve incidir o adicional respectivo (Súmula 90, inciso V, do TST).

O art. 58, § 3.º, da CLT previa que poderiam ser fixados, para as microempresas e empresas de pequeno porte, *por meio de acordo ou convenção coletiva*, em caso de transporte fornecido pelo empregador, em local de difícil acesso ou não servido por transporte público, o *tempo médio* despendido pelo empregado, bem como a forma e a natureza da remuneração. Essa previsão foi *revogada* pela Lei 13.467/2017.

Anteriormente, mesmo não se tratando de microempresas e empresas de pequeno porte, a jurisprudência admitia a fixação da quantidade de horas *in itinere* a serem remuneradas por meio de negociação coletiva de trabalho.

Embora a tendência do Tribunal Superior do Trabalho fosse de decidir pela validade da fixação ou limitação, em termos razoáveis, da jornada *in itinere*, em norma coletiva negociada (desde que observado o princípio da proporcionalidade entre o tempo fixado e aquele efetivamente gasto), a jurisprudência da referida Corte considerava inválida a simples supressão (de forma integral) do referido direito, ainda que por meio de negociação coletiva de trabalho.

Sendo assim, o Tribunal Superior do Trabalho considerava razoável a fixação de horas *in itinere*, por meio de negociação coletiva, que corresponda pelo menos a 50% do tempo de deslocamento, mas considerava inválida a cláusula de norma coletiva que estabelecia patamar inferior a isso, por não atender aos princípios da razoabilidade e da proporcionalidade.

Entretanto, em sentido divergente, cabe fazer referência à seguinte decisão do STF, sobre a validade da supressão da remuneração de horas *in itinere* por meio de acordo coletivo: RE 895.759/PE, Rel. Min. Teori Zavascki, Decisão monocrática, *DJe* 13.09.2016.

Frise-se que houve interposição de agravos regimentais, mas a 2.ª Turma do STF, por unanimidade, negou-lhes provimento (*DJE* 16.12.2016), de modo que a referida decisão foi mantida.

Não obstante, cabe notar que o próprio Supremo Tribunal Federal já havia decidido no sentido da ausência de repercussão geral quanto ao mencionado tema, salientando que a matéria envolve a interpretação de normas infraconstitucionais (STF, Pleno, RG-RE

820.729/DF, Rel. Min. Teori Zavascki, *DJe* 03.10.2014; STF, 2.ª T., AgR-ARE 923.188/DF, Rel. Min. Dias Toffoli, *DJe* 08.03.2016; STF, 2.ª T., AgR-RE 820.505/DF, Rel. Min. Teori Zavascki, *DJe* 01.12.2015; STF, 2.ª T., AgR-ARE 654.467/PE, Rel. Min. Ayres Britto, *DJe* 16.12.2011).

De todo modo, o art. 58, § 2.º, da CLT, em sua atual redação, exclui por completo o direito à remuneração das horas *in itinere*.

A medida, entretanto, é contrária ao mandamento constitucional de melhoria das condições de trabalho, ao princípio de progressividade na efetivação dos direitos sociais (art. 5.º, §§ 1.º e 2.º, e art. 7.º, *caput*, da Constituição da República) e ao valor social do trabalho, previsto como fundamento do Estado Democrático de Direito (art. 1.º, inciso IV, da Constituição Federal de 1988).

A matéria em questão, ainda assim, pode ser versada em convenções e acordos coletivos de trabalho, decorrentes de *negociação coletiva*, com fundamento no art. 7.º, inciso XXVI, da Constituição da República e no art. 611-A, inciso I, da CLT, acrescentado pela Lei 13.467/2017. Aliás, nada impede a sua previsão, também *de forma mais benéfica ao empregado* (art. 7.º, *caput*, da Constituição Federal de 1988), em cláusula do contrato individual de trabalho ou em regulamento de empresa.

De todo modo, especificamente quanto ao *trabalho em minas de subsolo*, segundo a previsão especial do art. 294 da CLT, o tempo despendido pelo empregado da boca da mina ao local do trabalho e vice-versa deve ser computado para o efeito de pagamento do salário.

No que se refere aos *aeronautas* (tripulantes de aeronave), o art. 25 da Lei 13.475/2017 prevê que deve ser fornecido pelo empregador transporte gratuito aos tripulantes de voo (pilotos de aeronave e mecânicos de voo) e aos tripulantes de cabine (comissários de voo) sempre que se iniciar ou finalizar uma programação de voo em aeroporto situado a mais de 50 quilômetros de distância do aeroporto definido como base contratual.

O *tempo de deslocamento* entre o aeroporto definido como base contratual e o aeroporto designado para o início do voo deve ser computado na jornada de trabalho e não será remunerado (art. 25, § 1.º, da Lei 13.475/2017).

Essa regra específica dos aeronautas, ao mesmo tempo em que prevê a integração do referido tempo de deslocamento entre aeroportos na jornada de trabalho, de modo atípico, exclui o direito à correspondente remuneração (não gerando, assim, direito ao recebimento de horas extras).

✦ Jurisprudência

3. No presente caso, a recorrente firmou acordo coletivo de trabalho com o sindicato da categoria à qual pertence a parte recorrida para que fosse suprimido o pagamento das horas *in itinere* e, em contrapartida, fossem concedidas outras vantagens aos empregados, "tais como fornecimento de cesta básica durante a entressafra; seguro de vida e acidentes além do obrigatório e sem custo para o empregado; pagamento do abono anual aos trabalhadores com ganho mensal superior a dois salários mínimos; pagamento do salário-família além do limite legal; fornecimento de repositor energético; adoção de tabela progressiva de produção além da prevista na Convenção Coletiva" (fl. 7, doc. 29). O Tribunal de origem entendeu, todavia, pela invalidade do acordo coletivo de trabalho, uma vez que o direito às horas *in itinere* seria indisponível em razão do que dispõe o art. 58, § 2.º, da CLT: Art. 58 [...] § 2.º O tempo despendido pelo empregado até o local de trabalho e para o seu retorno, por qualquer meio de transporte, não será computado na jornada de trabalho, salvo quando, tratando-se de local de difícil acesso ou não servido por transporte público, o empregador fornecer a condução. O acórdão recorrido não se encontra em conformidade com a *ratio* adotada no julgamento do RE 590.415, no qual esta Corte confe-

riu especial relevância ao princípio da autonomia da vontade no âmbito do direito coletivo do trabalho. Ainda que o acordo coletivo de trabalho tenha afastado direito assegurado aos trabalhadores pela CLT, concedeu-lhe outras vantagens com vistas a compensar essa supressão. Ademais, a validade da votação da Assembleia Geral que deliberou pela celebração do acordo coletivo de trabalho não foi rechaçada nesta demanda, razão pela qual se deve presumir legítima a manifestação de vontade proferida pela entidade sindical. Registre-se que a própria Constituição Federal admite que as normas coletivas de trabalho disponham sobre salário (art. 7.º, VI) e jornada de trabalho (art. 7.º, XIII e XIV), inclusive reduzindo temporariamente remuneração e fixando jornada diversa da constitucionalmente estabelecida. Não se constata, por outro lado, que o acordo coletivo em questão tenha extrapolado os limites da razoabilidade, uma vez que, embora tenha limitado direito legalmente previsto, concedeu outras vantagens em seu lugar, por meio de manifestação de vontade válida da entidade sindical. 4. Registre-se que o requisito da repercussão geral está atendido em face do que prescreve o art. 543-A, § 3.º, do CPC/1973: "Haverá repercussão geral sempre que o recurso impugnar decisão contrária a súmula ou jurisprudência dominante do Tribunal." 5. Diante do exposto, com base no art. 557, § 1.º-A, do CPC/1973, dou provimento ao recurso extraordinário para afastar a condenação da recorrente ao pagamento das horas *in itinere* e dos respectivos reflexos salariais. Após o trânsito em julgado, oficie-se à Vice-Presidência do Tribunal Superior do Trabalho, encaminhando-lhe cópia desta decisão para as devidas providências, tendo em conta a indicação do presente apelo como representativo de controvérsia (STF, RE 895.759/PE, Rel. Min. Teori Zavascki, Decisão monocrática, *DJe* 13.09.2016).

Agravo de instrumento. Recurso de revista. Rito sumaríssimo. Horas *in itinere*. Acordo coletivo de trabalho. Período posterior à edição da Lei 10.243/2001. Validade. A Lei 10.243/2001 acrescentou o § 2.º ao art. 58 da CLT, passando o conceito de horas *in itinere*, que decorria de construção jurisprudencial, a ser um direito legalmente assegurado aos trabalhadores. O entendimento que vem sendo firmado nesta Corte é o de que normas coletivas que reduzem o pagamento das horas *in itinere*, ajustadas após a vigência da Lei 10.243/2001, não são válidas (TST, 6.ª T., AIRR 51019/2004-025-09-40, Rel. Min. Rosa Maria Weber Candiota da Rosa, *DJ* 30.11.2007).

Recurso de revista. Horas *in itinere*. Norma coletiva. O entendimento externado pelo Órgão uniformizador de jurisprudência *interna corporis* desta Corte Superior, a SBDI-1, segue no sentido de que deve ser considerada válida a negociação coletiva estabelecendo o pagamento de horas *in itinere* em determinado número de horas, independentemente do efetivo tempo gasto pelo empregado no transporte fornecido pelo empregador, sob pena de violação do art. 7.º, XXVI, da CF. Recurso de revista parcialmente conhecido e provido (TST, 8.ª T., RR 243500-51.2005.5.09.0562, Rel. Min. Dora Maria da Costa, *DEJT* 07.05.2010).

Embargos em recurso de revista. Acórdão embargado publicado na vigência da Lei 11.496/2007. Horas *in itinere*. Norma coletiva que prevê a supressão do direito. Invalidade. Princípio da valorização social do trabalho. O pacto coletivo, também garantido pela Lei Maior, não empresta validade, por si só, à supressão ou diminuição de direitos trabalhistas indisponíveis. A flexibilização das condições de trabalho, em princípio possível em matéria de jornada de trabalho, não pode se sobrepor ao princípio da valorização social do trabalho (art. 1.º, IV, da CF). Nesse contexto, inviável o reconhecimento de norma coletiva que retira direitos mínimos do empregado. Acrescente-se, por fim, que o art. 58 da CLT foi alterado pela Lei Complementar 123/2006, sendo acrescentado o § 3.º, que passou a admitir a flexibilização de horas *in itinere* para empresas de pequeno porte e microempresas, e em situações fixadas na própria Lei, mas não autorizou a supressão do direito definido no parágrafo anterior. Recurso de embargos conhecido e desprovido (TST, SBDI-I, E-RR 235400-10.2005.5.09.0562, Rel. Min. Horácio Raymundo de Senna Pires, *DEJT* 27.11.2009).

Agravo de instrumento em recurso de revista. Horas *in itinere*. Ao rejeitar a validade da norma coletiva que excluiu o direito dos trabalhadores às horas *in itinere*, o Tribunal Regional decidiu em conformidade com a iterativa e notória jurisprudência desta Corte Superior, que, apesar de admitir a limitação do referido direito, pela via da negociação coletiva, não reconhece a validade da norma que o suprime. Precedentes. Assim, não se verifica ofensa ao art. 7.º, XXVI, da Constituição Federal. A tese recursal, no sentido de que as horas *in itinere* não devem ser remuneradas como labor extraordinário, encontra-se superada pelo item V da Súmula 90 do TST. Inviável, portanto, o processamento do recurso de revista, por dissenso pretoriano, ante o teor da Súmula 333 desta Corte. Agravo de instrumento a que se nega provimento (TST, 7.ª T., AIRR 60440-33.2005.5.03.0048, Rel. Min. Pedro Paulo Manus, *DEJT* 14.05.2010).

Recurso de embargos em recurso de revista. Interposição sob a égide da Lei n.º 11.496/2007. Horas *in itinere*. Negociação coletiva. Limitação quantitativa. Lapso temporal fixado coletivamente que não corresponde a cinquenta por cento do tempo despendido no deslocamento. Invalidade. 1. No tema, o Colegiado Turmário não conheceu do recurso de revista da reclamada, ao registro de que "o trabalhador gastava uma hora e meia no percurso de sua casa ao local de trabalho e vice-versa, totalizando assim três horas em deslocamento diário, tendo sido fixado, em acordo coletivo, o limite de pagamento de apenas uma hora de percurso por dia, de modo que o empregado arcava com o prejuízo de duas horas *in itinere* por dia, não se podendo considerar razoável a limitação havida". 2. Esta Corte tem admitido a limitação do número de horas *in itinere* por norma coletiva, desde que observados os princípios da razoabilidade e proporcionalidade entre o tempo fixado e aquele efetivamente gasto. Nesse sentido, por maioria, decidiu a SDI-I em sua composição completa, ao julgar o E-RR 470-29.2010.5.09.0091. 3. E, nessa trilha, este Tribunal tem considerado razoável o lapso fixado coletivamente que corresponda a, pelo menos, 50% (cinquenta por cento) do tempo despendido no deslocamento. 4. No caso dos autos, o acórdão embargado revela que a norma coletiva fixou em uma hora diária o pagamento a título de horas *in itinere*, enquanto o tempo de percurso despendido pelo reclamante era de três horas. Tem-se, assim, à luz da jurisprudência desta Corte, que a referida cláusula coletiva não atendeu aos princípios da razoabilidade e da proporcionalidade – pois o lapso negociado coletivamente corresponde a menos de 50% (cinquenta por cento) do tempo gasto no deslocamento –, razão pela qual é efetivamente inviável concluir pela sua validade. 5. Estando o acórdão recorrido em conformidade com decisão proferida por esta Subseção em sua composição completa, inviável o recurso de embargos, não se cogitando de divergência jurisprudencial (TST, E-RR 109700-68.2008.5.09.0093, Rel. Min. Hugo Carlos Scheuermann, *DEJT* 29.01.2016).

✦ Súmulas, Orientações Jurisprudenciais e Precedentes Normativos

Súmula 90 do TST: Horas *in itinere*. Tempo de serviço (incorporadas as Súmulas 324 e 325 e as Orientações Jurisprudenciais 50 e 236 da SBDI-1) – Resolução 129/2005 – *DJ* 20.04.2005. I – O tempo despendido pelo empregado, em condução fornecida pelo empregador, até o local de trabalho de difícil acesso, ou não servido por transporte público regular, e para o seu retorno é computável na jornada de trabalho (ex-Súmula 90 – RA 80/78, *DJ* 10.11.1978). II – A incompatibilidade entre os horários de início e término da jornada do empregado e os do transporte público regular é circunstância que também gera o direito às horas *in itinere* (ex-OJ 50 – Inserida em 01.02.1995). III – A mera insuficiência de transporte público não enseja o pagamento de horas *in itinere* (ex-Súmula 324 – RA 16/1993, *DJ* 21.12.1993). IV – Se houver transporte público regular em parte do trajeto percorrido em condução da empresa, as horas *in itinere* remuneradas limitam-se ao trecho não alcançado pelo transporte público (ex-Súmula 325 RA 17/1993, *DJ* 21.12.1993). V – Considerando que as horas *in itinere* são computáveis na jornada de trabalho, o tempo que extrapola a jornada legal é considerado como extraordinário e sobre ele deve incidir o adicional respectivo (ex OJ 236 Inserida em 20.06.2001).

Súmula 118 do TST: Jornada de trabalho. Horas extras. Os intervalos concedidos pelo empregador na jornada de trabalho, não previstos em lei, representam tempo à disposição da empresa, remunerados como serviço extraordinário, se acrescidos ao final da jornada.

Súmula 320 do TST: Horas *in itinere*. Obrigatoriedade de cômputo na jornada de trabalho. O fato de o empregador cobrar, parcialmente ou não, importância pelo transporte fornecido, para local de difícil acesso ou não servido por transporte regular, não afasta o direito à percepção das horas *in itinere*.

Súmula 366 do TST: Cartão de ponto. Registro. Horas extras. Minutos que antecedem e sucedem a jornada de trabalho. Não serão descontadas nem computadas como jornada extraordinária as variações de horário do registro de ponto não excedentes de cinco minutos, observado o limite máximo de dez minutos diários. Se ultrapassado esse limite, será considerada como extra a totalidade do tempo que exceder a jornada normal, pois configurado tempo à disposição do empregador, não importando as atividades desenvolvidas pelo empregado ao longo do tempo residual (troca de uniforme, lanche, higiene pessoal etc.).

Súmula 449 do TST: Minutos que antecedem e sucedem a jornada de trabalho. Lei 10.243, de 19.06.2001. Norma coletiva. Flexibilização. Impossibilidade. A partir da vigência da Lei 10.243, de 19.06.2001, que acrescentou o § 1.º ao art. 58 da CLT, não mais prevalece cláusula prevista em convenção ou acordo coletivo que elastece o limite de 5 minutos que antecedem e sucedem a jornada de trabalho para fins de apuração das horas extras.

Art. 58-A. Considera-se trabalho em regime de tempo parcial aquele cuja duração não exceda a trinta horas semanais, sem a possibilidade de horas suplementares semanais, ou, ainda, aquele cuja duração não exceda a vinte e seis horas semanais, com a possibilidade de acréscimo de até seis horas suplementares semanais.

1. TRABALHO EM REGIME DE TEMPO PARCIAL

O trabalho em regime de tempo parcial sempre foi passível de ser objeto de avença na contratação do empregado, estabelecendo-se jornada de trabalho reduzida, com o pagamento do salário na proporção correspondente. Tanto é assim que o próprio salário mínimo apresenta um valor por hora, e da mesma forma podem ser calculados os demais pisos salariais.

Nesse sentido, autorizando o pagamento de piso salarial ou salário mínimo proporcional ao tempo trabalhado na esfera privada, cabe destacar a Orientação Jurisprudencial 358, inciso I, da SBDI-I do TST.

Mesmo assim, certamente como forma de fomentar a contratação no mencionado regime de tempo parcial, objetivando-se combater o desemprego, o art. 58-A da CLT regula expressamente a matéria.

É possível entender que a contratação de empregados a tempo parcial pode fazer com que mais pessoas trabalhem, embora em jornada reduzida, diminuindo o desemprego e possibilitando alguma renda para maior número de pessoas.

De acordo com a atual redação do art. 58-A da CLT, decorrente da Lei 13.467/2017, considera-se trabalho em regime de tempo parcial aquele cuja duração não exceda a 30 horas semanais, sem a possibilidade de horas suplementares semanais, ou, ainda, aquele cuja duração não exceda a 26 horas semanais, com a possibilidade de acréscimo de até seis horas suplementares semanais.

§ 1.º O salário a ser pago aos empregados sob o regime de tempo parcial será proporcional à sua jornada, em relação aos empregados que cumprem, nas mesmas funções, tempo integral.

2. SALÁRIO DO EMPREGADO SOB REGIME DE TEMPO PARCIAL

Trata-se de regra justa que observa o princípio da igualdade material, pois, se o empregado trabalha em jornada reduzida, deve receber o salário proporcional ao tempo trabalhado, levando em conta o valor do salário daqueles empregados que exercem a mesma função.

§ 2.º Para os atuais empregados, a adoção do regime de tempo parcial será feita mediante opção manifestada perante a empresa, na forma prevista em instrumento decorrente de negociação coletiva.

§ 3.º As horas suplementares à duração do trabalho semanal normal serão pagas com o acréscimo de 50% (cinquenta por cento) sobre o salário-hora normal.

§ 4.º Na hipótese de o contrato de trabalho em regime de tempo parcial ser estabelecido em número inferior a vinte e seis horas semanais, as horas suplementares a este quantitativo serão consideradas horas extras para fins do pagamento estipulado no § 3.º, estando também limitadas a seis horas suplementares semanais.

§ 5.º As horas suplementares da jornada de trabalho normal poderão ser compensadas diretamente até a semana imediatamente posterior à da sua execução, devendo ser feita a sua quitação na folha de pagamento do mês subsequente, caso não sejam compensadas.

§ 6.º É facultado ao empregado contratado sob regime de tempo parcial converter um terço do período de férias a que tiver direito em abono pecuniário.

§ 7.º As férias do regime de tempo parcial são regidas pelo disposto no art. 130 desta Consolidação.

3. ALTERAÇÃO PARA O LABOR EM REGIME PARCIAL

Mesmo já tendo sido contratado para trabalhar em tempo integral, é possível a alteração para o labor em regime parcial.

Como se nota da redação do art. 58-A, § 2.º, exige-se não só: (1) a manifestação de vontade, sem vícios, do empregado, no sentido de optar pelo trabalho em regime de tempo parcial, como também (2) a prévia autorização de se adotar o labor parcial, pelos atuais empregados, em acordo coletivo ou convenção coletiva.

Essa necessidade de prévia autorização fica evidente, uma vez que a referida opção do empregado deve ser manifestada perante o empregador "na forma prevista" nos referidos instrumentos normativos negociados coletivamente. Assim, pressupõe-se a existência da mencionada autorização na norma coletiva negociada, regulando a forma de declaração da vontade no caso em questão.

Na realidade, essa exigência legal, quanto ao acordo coletivo ou à convenção coletiva, decorre de verdadeiro mandamento constitucional, que veda a redução de salário, mesmo que acompanhada de redução da jornada de trabalho, exceto por meio de negociação coletiva. Nesse sentido são as disposições do art. 7.º, incisos VI e XIII, da Constituição da República, ambos em sua parte final.

Efetivamente, o empregado, ao trabalhar em regime de tempo parcial, recebe o salário proporcional às horas trabalhadas.

Assim, se o empregado trabalhava, até então, em tempo integral, ao passar para o tempo parcial, o salário irá sofrer a mencionada redução proporcional à redução na jornada. Por isso, faz-se necessária a prévia autorização, em norma coletiva decorrente de negociação coletiva, da alteração na mencionada condição de trabalho, por afetar duas importantes cláusulas contratuais, pertinentes à jornada e ao salário.

No trabalho em regime de tempo parcial, as horas suplementares à duração do trabalho semanal normal devem ser pagas com o acréscimo de 50% sobre o salário-hora normal (art. 58-A, § 3.º, da CLT, acrescentado pela Lei 13.467/2017).

Passa-se a admitir a prorrogação da duração do trabalho mesmo em caso de trabalho em regime de tempo parcial, o que anteriormente não era permitido (art. 59, § 4.º, da CLT, revogado pelo art. 5.º, inciso I, "b", da Lei 13.467/2017).

Na hipótese de o contrato de trabalho em regime de tempo parcial ser estabelecido em número inferior a 26 horas semanais, as horas suplementares a esse quantitativo devem ser consideradas horas extras para fins do pagamento estipulado no § 3.º do art. 58-A da CLT, estando também limitadas a seis horas suplementares semanais (art. 58-A, § 4.º, da CLT, com redação dada pela Lei 13.467/2017).

As horas suplementares da jornada de trabalho normal podem ser compensadas *diretamente* até a semana imediatamente posterior à da sua execução, devendo ser feita a sua quitação na folha de pagamento do mês subsequente, caso não sejam compensadas (art. 58-A, § 5.º, da CLT, acrescentado pela Lei 13.467/2017).

Nessa hipótese de compensação simplificada das horas suplementares, ou seja, até a semana imediatamente seguinte à sua realização, é possível entender que não há necessidade de acordo formal de compensação, justamente em razão da expressa determinação legal.

Além disso, o art. 5.º, inciso I, "e", da Lei 13.467/2017 revogou o art. 130-A da CLT, que estabelece duração diferenciada das férias do regime de tempo parcial, passando-se a aplicar o disposto no art. 130 da CLT (art. 58-A, § 7.º, da CLT, acrescentado pela Lei 13.467/2017).

Portanto, após cada período de 12 meses de vigência do contrato de trabalho, o empregado, mesmo em regime de trabalho a tempo parcial, terá direito a férias, na seguinte proporção: I – 30 (trinta) dias corridos, quando não houver faltado ao serviço mais de 5 (cinco) vezes; II – 24 (vinte e quatro) dias corridos, quando houver tido de 6 (seis) a 14 (quatorze) faltas; III – 18 (dezoito) dias corridos, quando houver tido de 15 (quinze) a 23 (vinte e três) faltas; IV – 12 (doze) dias corridos, quando houver tido de 24 (vinte e quatro) a 32 (trinta e duas) faltas (art. 130 da CLT).

É vedado descontar, do período de férias, as faltas do empregado ao serviço. O período das férias é computado, para todos os efeitos, como tempo de serviço.

É facultado ao empregado contratado sob o regime de tempo parcial converter 1/3 do período de férias a que tiver direito em *abono pecuniário* (art. 58-A, § 6.º, da CLT, acrescentado pela Lei 13.467/2017).

Isso é confirmado pela revogação (conforme art. 5.º, inciso I, "g", da Lei 13.467/2017) do art. 143, § 3.º, da CLT, no sentido de que a conversão de 1/3 (um terço) do período de férias a que tiver direito em abono pecuniário não se aplicava aos empregados sob o regime de tempo parcial.

No âmbito dos poderes diretivo e gerencial dos empregadores, e considerada a vontade expressa dos empregados e das empregadas, haverá priorização na concessão de regime de tempo parcial, nos termos do art. 58-A da CLT, como medida de flexibilização da jornada de trabalho, aos empregados e às empregadas que tenham filho, enteado ou pessoa sob sua guarda com até seis anos de idade ou com deficiência, com vistas a promover a conciliação entre o trabalho e a parentalidade (art. 8.º, inciso I, da Lei 14.457/2022).

A referida medida somente pode ser adotada até o segundo ano: do nascimento do filho ou enteado; da adoção; ou da guarda judicial (art. 8.º, § 1.º, da Lei 14.457/2022). Esse prazo aplica-se inclusive para o empregado ou a empregada que tiver filho, enteado ou pessoa sob guarda judicial com deficiência.

A medida em questão deve ser formalizada por meio de acordo individual, de acordo coletivo ou de convenção coletiva de trabalho (art. 8.º, § 2.º, da Lei 14.457/2022).

Na adoção da referida medida de flexibilização (regime de tempo parcial), deve sempre ser levada em conta a vontade expressa da empregada ou do empregado beneficiado pela medida de apoio ao exercício da parentalidade (art. 22 da Lei 14.457/2022).

✦ Jurisprudência

Agravo regimental no agravo de instrumento. Servidor público. Jornada reduzida. Remuneração inferior a um salário mínimo. Impossibilidade. Precedentes. 1. A Suprema Corte vem se pronunciando no sentido de que a remuneração do servidor público não pode ser inferior a um salário mínimo. Esse entendimento se aplica ao servidor que trabalha em regime de jornada reduzida. 2. Agravo regimental não provido (STF, 1.ª T., AgR-AI 815.869/PR, Rel. Min. Dias Toffoli, *DJe* 24.11.2014).

✦ **Súmulas, Orientações Jurisprudenciais e Precedentes Normativos**

Orientação Jurisprudencial 358 da SBDI-I do TST: Salário mínimo e piso salarial proporcional à jornada reduzida. Possibilidade. Empregado. Servidor público. I – Havendo contratação para cumprimento de jornada reduzida, inferior à previsão constitucional de oito horas diárias ou quarenta e quatro semanais, é lícito o pagamento do piso salarial ou do salário mínimo proporcional ao tempo trabalhado. II – Na Administração Pública Direta, autárquica e fundacional não é válida remuneração de empregado público inferior ao salário mínimo, ainda que cumpra jornada de trabalho reduzida. Precedentes do Supremo Tribunal Federal.

Art. 59. A duração diária do trabalho poderá ser acrescida de horas extras, em número não excedente de duas, por acordo individual, convenção coletiva ou acordo coletivo de trabalho.

1. ACORDO DE PRORROGAÇÃO DA JORNADA DE TRABALHO

A rigor, como se pode inferir pela dicção do art. 7.º, inciso XVI, da Constituição Federal de 1988, a prorrogação da jornada de trabalho somente deveria ser autorizada em caso "extraordinário", tornando devida a remuneração "superior, no mínimo, em cinquenta por cento à do normal".

No entanto, o que se verifica muitas vezes na prática são horas extras prestadas de forma habitual, o que não seria desejável nem à saúde e segurança do empregado individualmente, nem à sociedade como um todo.

A CLT, em seu art. 59, *caput*, admite o acordo de prorrogação de trabalho.

O art. 59 da CLT, com redação dada pela Lei 13.467/2017, dispõe que a duração diária do trabalho pode ser acrescida de horas extras, em número não excedente de duas, por acordo individual, convenção coletiva ou acordo coletivo de trabalho.

O art. 59 da CLT, na redação anterior, previa que a duração normal do trabalho podia ser acrescida de horas suplementares, em número não excedente de duas, mediante *acordo escrito* entre empregador e empregado, ou mediante contrato coletivo de trabalho.

Com a Lei 13.467/2017, a prorrogação da jornada de trabalho pode ser feita por meio de *acordo individual*, o qual, em tese, pode ser verbal ou escrito, embora essa última forma seja mais adequada, inclusive para fins de prova. Além disso, o acréscimo de horas extras também pode ser pactuado em convenção coletiva ou acordo coletivo de trabalho.

O limite de horas extras a serem prestadas é de até duas por dia.

No entanto, a norma em questão, que procura evitar o excesso de labor em sobrejornada, não pode ser interpretada em prejuízo do próprio empregado. Assim, se forem prestadas horas extras acima do referido limite, ou mesmo sem a existência de acordo de prorrogação, o empregado faz jus ao seu regular recebimento, ficando o empregador sujeito também à aplicação da penalidade administrativa, conforme Súmula 376 do TST. Assim, mesmo sendo desrespeitados os referidos limites legais, todas as horas extras devem ser corretamente pagas (com o adicional devido) ao empregado (Súmula 376 do TST), que não pode ser prejudicado pelo empregador, o qual também responde pela respectiva penalidade administrativa, a ser aplicada pela fiscalização do trabalho.

A Lei 12.790/2013, ao dispor sobre a regulamentação do exercício da profissão de comerciário, no art. 3.º, *caput*, estabelece que a jornada normal de trabalho dos empregados no comércio é de oito horas diárias e 44 semanais. O § 1.º desse mesmo dispositivo, por seu turno, determina que "somente mediante convenção coletiva ou acordo coletivo de trabalho poderá ser alterada a jornada normal de trabalho estabelecida no *caput* deste artigo".

Logo, a jornada normal de trabalho do comerciário é que só pode ser alterada por meio de instrumento normativo decorrente de negociação coletiva de trabalho. O dispositivo em questão não trata, de forma específica, da prorrogação nem da compensação da jornada de trabalho, o que acarreta a aplicação da regra geral, prevista no art. 59 da CLT, já estudada.

Na esfera criminal, cabe fazer menção ao art. 149 do Código Penal, com redação determinada pela Lei 10.803, de 11 de dezembro de 2003, pertinente à "redução a condição análoga à de escravo". Efetivamente, o referido tipo penal não mais se restringe à figura tradicional, de trabalho forçado em sentido estrito, sob coação ou com restrição da liberdade, mas expressamente prevê, também, a "jornada exaustiva", apta a configurar o trabalho em condições degradantes. Nesse sentido, vejamos a previsão do *caput* do art. 149 do Código Penal:

> Art. 149. Reduzir alguém a condição análoga à de escravo, quer *submetendo-o* a trabalhos forçados ou *a jornada exaustiva*, quer sujeitando-o a condições degradantes de trabalho, quer restringindo, por qualquer meio, sua locomoção em razão de dívida contraída com o empregador ou preposto:
>
> Pena: reclusão, de dois a oito anos, e multa, além da pena correspondente à violência.

Desse modo, pode-se dizer que o empregado, ao ter de trabalhar constantemente, por exemplo, 15, 16 horas ou mais por dia, estaria sendo submetido a uma jornada de trabalho exaustiva, em prejuízo de sua saúde e segurança, colocando-o em grave risco de sofrer acidentes e doenças ocupacionais. Como se nota, a violação dos limites da duração do trabalho, com horas extras em quantidade e frequência abusivas (mesmo que pagas em sua integralidade ao empregado), bem como a ausência de concessão das folgas previstas em lei, resultam em grave afronta ao sistema jurídico, em prejuízo da integridade do trabalhador e da sociedade como um todo, a ponto de merecer previsão da tutela de ordem penal. É dever do empregador fazer com que as normas de ordem pública, que limitam a jornada de trabalho e o labor extraordinário, sejam fielmente respeitadas. Eventuais argumentos no sentido de que não há mão de obra suficientemente qualificada para a eliminação das horas extras ilegais não afastam a incidência das normas acima indicadas, pois o risco do empreendimento é do empregador (art. 2.º, *caput*, da CLT), que necessariamente tem de se ajustar às previsões contidas no ordenamento jurídico.

Ainda relacionado ao tema, o crime de *tráfico de pessoas* é previsto no art. 149-A do Código Penal, acrescentado pela Lei 13.344/2016, assim tipificado: "Agenciar, aliciar, recrutar, transportar, transferir, comprar, alojar ou acolher pessoa, mediante grave ameaça, violência, coação, fraude ou abuso, com a finalidade de: I – remover-lhe órgãos, tecidos ou partes do corpo; II – *submetê-la a trabalho em condições análogas à de escravo*; III – submetê-la a qualquer tipo de servidão; IV – adoção ilegal; ou V – exploração sexual. Pena – reclusão, de 4 (quatro) a 8 (oito) anos, e multa".

A pena é aumentada de um terço até a metade se: I – o crime for cometido por funcionário público no exercício de suas funções ou a pretexto de exercê-las; II – o crime for cometido contra criança, adolescente ou pessoa idosa ou com deficiência; III – o agente se prevalecer de relações de parentesco, domésticas, de coabitação, de hospitalidade, de dependência econômica, de autoridade ou de superioridade hierárquica inerente ao exercício de emprego, cargo ou função; ou IV – a vítima do tráfico de pessoas for retirada do território nacional (art. 149-A, § 1.º, do Código Penal).

A pena é reduzida de um a dois terços se o agente for primário e não integrar organização criminosa (art. 149-A, § 2.º, do Código Penal).

> § 1.º A remuneração da hora extra será, pelo menos, 50% (cinquenta por cento) superior à da hora normal.

2. REMUNERAÇÃO DA HORA SUPLEMENTAR

A remuneração da hora extra deve ser, pelo menos, 50% superior à da hora normal (art. 59, § 1.º, da CLT). Trata-se de percentual mínimo estabelecido também no art. 7.º, inciso XVI, da Constituição Federal de 1988. Para a prorrogação da jornada de trabalho, exige-se acordo individual, acordo coletivo ou convenção coletiva de trabalho.

Como mencionado, o art. 59, *caput*, da CLT, com redação dada pela Lei 13.467/2017, deixa de exigir que o acordo individual de prorrogação da jornada de trabalho seja escrito, significando que pode ser verbal e tácito. Entretanto, para fins probatórios, a forma escrita é mais indicada.

> § 2.º Poderá ser dispensado o acréscimo de salário se, por força de acordo ou convenção coletiva de trabalho, o excesso de horas em um dia for compensado pela correspondente diminuição em outro dia, de maneira que não exceda, no período máximo de um ano, à soma das jornadas semanais de trabalho previstas, nem seja ultrapassado o limite máximo de dez horas diárias.

3. COMPENSAÇÃO DA JORNADA DE TRABALHO

A compensação da jornada de trabalho é uma forma de sua prorrogação, mas sem o pagamento de horas extras, por serem objeto de dedução ou abatimento (labor reduzido) em dia diverso.

A Constituição Federal de 1988, no art. 7.º, inciso XIII, facultada "a *compensação de horários* e a redução da jornada, mediante acordo ou convenção coletiva de trabalho".

Há grande discussão na interpretação da parte final do referido dispositivo, quanto ao termo "acordo", no sentido de saber se este deve ser coletivo, ou pode ser individual.

O tema é regulado no art. 59, § 2.º, da CLT, com redação determinada pela Medida Provisória 2.164-41/2001.

Na compensação de jornada, desde que regular, não são devidas horas extras, justamente porque o excesso de horas em um dia é compensado pela diminuição do trabalho em outro dia.

O acordo de compensação deve observar, ainda, o limite de dez horas de trabalho por dia, o que significa o máximo de duas horas prorrogadas (considerando a jornada normal de oito horas). O entendimento majoritário é no sentido de que, mesmo se a jornada de trabalho normal for inferior a oito horas, deve-se observar o limite máximo de duas horas prorrogadas por dia, para não expor o empregado a longas prorrogações de jornada, em prejuízo à sua saúde e segurança no trabalho.

Registre-se, ainda, que a Lei 11.901, de 12 de janeiro de 2009, sobre a profissão de Bombeiro Civil, no art. 5.º, passou a prever de forma expressa a jornada 12 x 36, ao assim dispor: "A jornada do Bombeiro Civil é de 12 (doze) horas de trabalho por 36 (trinta e seis) horas de descanso, num total de 36 (trinta e seis) horas semanais". O Supremo Tribunal Federal julgou ser constitucional esse dispositivo (STF, Pleno, ADI 4.842/DF, Rel. Min. Edson Fachin, j. 14.09.2016).

De acordo com o art. 2.º da Lei 11.901/2009: "Considera-se Bombeiro Civil aquele que, habilitado nos termos desta Lei, exerça, em caráter habitual, função remunerada e exclusiva de prevenção e combate a incêndio, como empregado contratado diretamente por empresas privadas ou públicas, sociedades de economia mista, ou empresas especializadas em prestação de serviços de prevenção e combate a incêndio".

O art. 235-F da CLT, com redação dada pela Lei 13.103/2015, ao dispor sobre o serviço do motorista profissional empregado, por seu turno, estabelece que "Convenção e acordo coletivo poderão prever jornada especial de 12 (doze) horas de trabalho por 36 (trinta e seis) horas de descanso para o trabalho do motorista profissional empregado em regime de compensação".

A Lei Complementar 150/2015, que dispõe sobre o *contrato de trabalho doméstico*, prevê, no art. 10, ser facultado às partes, mediante *acordo escrito* entre essas, estabelecer horário de trabalho de 12 horas seguidas por 36 horas ininterruptas de descanso, observados ou indenizados os intervalos para repouso e alimentação. Além disso, nesse caso, há autorização legal para que os intervalos para repouso e alimentação possam ser *usufruídos ou indenizados*.

A remuneração mensal pactuada pelo referido horário de trabalho de 12 horas seguidas por 36 horas ininterruptas de descanso *abrange os pagamentos devidos pelo descanso semanal remunerado e pelo descanso em feriados, considerando-se compensados os feriados e as prorrogações de trabalho noturno*, quando houver, de que tratam o art. 70 e o art. 73, § 5.º, da CLT, bem como o art. 9.º da Lei 605/1949 (art. 10, § 1.º, da Lei Complementar 150/2015).

Outro importante limite refere-se ao prazo para se compensarem as horas prorrogadas.

Na redação original do art. 59, § 2.º, da CLT, exigia-se que fosse observado o horário normal da semana na referida compensação que, portanto, era semanal. Tem-se aqui, por exemplo, o tradicional caso do empregado que trabalha de segunda-feira a sexta-feira prorrogando a jornada, para compensar com o descanso também no sábado.

A Lei 9.601/1998, alterando a redação do referido dispositivo, passou a autorizar que a compensação fosse feita no limite máximo de cento e vinte dias, correspondendo à soma das jornadas semanais de trabalho previstas.

Por fim, a Medida Provisória 2.164-41/2001 passou a autorizar a compensação de horas em módulo anual, ou seja, fixando-se o período de um ano para que o empregado prorrogue a jornada e as compense.

De todo modo, cabe ao acordo fixar o seu prazo de duração, observando o referido limite máximo estabelecido pela lei, prazo este que tem início, em princípio, justamente quando se iniciam as prorrogações a serem objeto da compensação pactuada.

Mesmo sendo o acordo de compensação anual, ou por prazo inferior, deve ser respeitado o número total de horas decorrente da soma das jornadas semanais de trabalho, conforme a já mencionada previsão constitucional.

A Orientação Jurisprudencial 323 da SBDI-I do TST dispõe sobre a chamada "semana espanhola".

§ 3.º Na hipótese de rescisão do contrato de trabalho sem que tenha havido a compensação integral da jornada extraordinária, na forma dos §§ 2.º e 5.º deste artigo, o trabalhador terá direito ao pagamento das horas extras não compensadas, calculadas sobre o valor da remuneração na data da rescisão.

4. HORAS EXTRAS NÃO COMPENSADAS

Na hipótese de rescisão do contrato de trabalho sem que tenha havido a compensação integral da jornada extraordinária, na forma dos §§ 2.º e 5.º do art. 59, o trabalhador tem direito ao pagamento das horas extras não compensadas, calculadas sobre o valor da remuneração na data da rescisão (art. 59, § 3.º, da CLT, com redação dada pela Lei 13.467/2017).

Como se pode notar, o empregado tem o direito de receber a remuneração das horas extras não compensadas, com o respectivo adicional. A mencionada previsão legal não distingue quanto à forma de término do pacto laboral, de modo que é aplicada não só na dispensa sem justa causa, mas também, por exemplo, na despedida indireta, na dispensa com justa causa, na culpa recíproca e no pedido de demissão.

Caso ocorra a hipótese inversa, ou seja, a extinção do contrato de trabalho com crédito de horas a favor do empregador, dois são os possíveis entendimentos. O primeiro defendendo que, nesse caso, o referido crédito de horas a favor do empregador pode ser compensado com outro crédito do empregado na rescisão, pois, do contrário, haveria enriquecimento sem causa do empregado, devendo-se observar o limite de um mês de remuneração, na forma do art. 477, § 5.º, da CLT[47]. Entretanto, é possível entender que, na mencionada situação, o risco do empreendimento é do empregador, não havendo autorização para a referida compensação com as verbas rescisórias, a qual, portanto, não é autorizada. Não se pode aplicar o instituto civilista do enriquecimento sem causa sem atentar para as particularidades da relação de emprego. Além disso, o saldo negativo de horas, decorrente do sistema de compensação de jornada, não é propriamente um débito do empregado em face do empregador, nem se identifica com valor já pago ao trabalhador que possa ser objeto de compensação ou dedução.

§ 4.º Revogado pela Lei 13.467/2017.

§ 5.º O banco de horas de que trata o § 2.º deste artigo poderá ser pactuado por acordo individual escrito, desde que a compensação ocorra no período máximo de seis meses.

§ 6.º É lícito o regime de compensação de jornada estabelecido por acordo individual, tácito ou escrito, para a compensação no mesmo mês.

5. MODALIDADES DE ACORDO DE COMPENSAÇÃO

O banco de horas de que trata o § 2.º do art. 59 da CLT pode ser pactuado por *acordo individual escrito*, desde que a compensação ocorra no período máximo de 6 meses (art. 59, § 5.º, da CLT, acrescentado pela Lei 13.467/2017).

[47] Cf. MARTINS, Sergio Pinto. *Direito do trabalho*. 22. ed. São Paulo: Atlas, 2006. p. 503.

É lícito o regime de compensação de jornada estabelecido por acordo individual, *tácito ou escrito*, para a compensação no mesmo mês (art. 59, § 6.º, da CLT, acrescentado pela Lei 13.467/2017).

O acordo de compensação de horas ajustado de forma tácita, entretanto, é passível de críticas, por gerar incertezas a respeito de sua existência e de suas consequências, notadamente para o empregado, acarretando insegurança jurídica.

O banco de horas pactuado por meio de acordo *individual* escrito, para compensações de até seis meses, também se revela inadequado, por não se tratar de acordo de compensação favorável ao empregado, inclusive porque a sua duração é superior a um mês.

Efetivamente, esse tipo de compensação de horas pode gerar a prorrogação da jornada de trabalho por vários meses pelo empregado, mas sem o recebimento da correspondente remuneração das horas extras com o adicional de, no mínimo, 50% (art. 7.º, inciso XVI, da Constituição Federal de 1988), tendo em vista o objetivo de futura compensação, o que pode acarretar maior desgaste físico e psíquico ao trabalhador.

A rigor, conforme o art. 7.º, inciso XIII, da Constituição da República, o banco de horas nesses moldes só poderia ser pactuado por meio de acordo coletivo ou de convenção coletiva de trabalho, ou seja, como decorrência de negociação coletiva (art. 7.º, inciso XXVI, da Constituição Federal de 1988), com a presença do sindicato da categoria profissional (art. 8.º, inciso VI, da Constituição da República).

De todo modo, conclui-se que o banco de horas *anual* exige acordo coletivo ou convenção coletiva de trabalho para ser instituído.

Com a Lei 13.467/2017, observam-se as seguintes modalidades de acordo de compensação:

- *banco de horas mensal* (compensação no mesmo mês), o qual pode ser pactuado por meio de acordo individual, tácito ou escrito (bem como, naturalmente, por meio de acordo coletivo e de convenção coletiva de trabalho);
- *banco de horas semestral* (compensação no período máximo de seis meses), o qual pode ser pactuado por meio de acordo individual escrito (bem como, evidentemente, por meio de acordo coletivo e de convenção coletiva de trabalho);
- *banco de horas anual* (compensação no período máximo de um ano), o qual exige acordo coletivo ou convenção coletiva de trabalho.

Naturalmente, também se admite o *acordo de compensação semanal*, em que as horas prorrogadas são compensadas na mesma semana, o que pode ser pactuado por meio de acordo individual, tácito ou escrito (bem como por meio de acordo coletivo e de convenção coletiva de trabalho).

O art. 235-C, § 5.º, da CLT, com redação decorrente da Lei 13.103/2015, ao tratar do serviço do motorista profissional empregado, prevê que as horas consideradas extraordinárias devem ser pagas com o acréscimo estabelecido na Constituição Federal ou compensadas na forma do § 2.º do art. 59 da Consolidação das Leis do Trabalho. Logo, também nessa hipótese, aplicam-se as conclusões indicadas anteriormente para a compensação de horas.

6. REGIME ESPECIAL DE COMPENSAÇÃO DE JORNADA DE TRABALHO POR MEIO DE BANCO DE HORAS

No âmbito dos poderes diretivo e gerencial dos empregadores, e considerada a vontade expressa dos empregados e das empregadas, haverá priorização na concessão de regime especial de compensação de jornada de trabalho por meio de banco de horas, nos termos do art. 59 da CLT, como medida de flexibilização da jornada de trabalho, aos empregados e às empregadas que tenham filho, enteado ou pessoa sob sua guarda com até seis anos de idade ou com deficiência, com vistas a promover a conciliação entre o trabalho e a parentalidade (art. 8.º, inciso II, da Lei 14.457/2022).

A referida medida somente pode ser adotada até o segundo ano: do nascimento do filho ou enteado; da adoção; ou da guarda judicial (art. 8.º, § 1.º, da Lei 14.457/2022). Esse prazo aplica-se inclusive para o empregado ou a empregada que tiver filho, enteado ou pessoa sob guarda judicial com deficiência.

A medida em questão deve ser formalizada por meio de acordo individual, de acordo coletivo ou de convenção coletiva de trabalho (art. 8.º, § 2.º, da Lei 14.457/2022).

Na hipótese de rescisão do contrato de trabalho de empregado ou empregada em regime de compensação de jornada por meio de banco de horas, as horas acumuladas ainda não compensadas serão: I – descontadas das verbas rescisórias devidas ao empregado ou à empregada, na hipótese de banco de horas em favor do empregador, quando a demissão for a pedido e o empregado ou empregada não tiver interesse ou não puder compensar a jornada devida durante o prazo do aviso prévio; ou II – pagas juntamente com as verbas rescisórias, na hipótese de banco de horas em favor do empregado ou da empregada (art. 9.º da Lei 14.457/2022).

Na adoção da referida medida de flexibilização (regime especial de compensação de jornada de trabalho por meio de banco de horas), deve sempre ser levada em conta a vontade expressa da empregada ou do empregado beneficiado pela medida de apoio ao exercício da parentalidade (art. 22 da Lei 14.457/2022).

✦ Jurisprudência

Agravo de instrumento. Recurso de revista. Compensação de jornada. -Semana espanhola-. Acordo individual. Invalidade. Decisão denegatória. Manutenção. Em se tratando da situação específica da chamada "semana espanhola", é condição indispensável a existência de negociação coletiva prévia (acordo coletivo de trabalho ou convenção coletiva) contemplando expressamente a compensação da jornada, consoante entendimento desta Corte (OJ 323/SBDI1/TST). Desse modo, não há como assegurar o processamento do recurso de revista quando o agravo de instrumento interposto não desconstitui os termos da decisão denegatória, que subsiste por seus próprios fundamentos. Agravo de instrumento desprovido (TST, 3.ª T., AIRR 1945-15.2012.5.03.0027, Rel. Min. Mauricio Godinho Delgado, *DEJT* 17.10.2014).

Recurso de Revista. Compensação anual de jornada firmada por acordo individual plúrimo. Banco de horas. No caso da jornada semanal, a validade do acordo individual de compensação de jornada já se encontra pacificada, no âmbito desta Corte, mediante a edição da Súmula 85, cujos itens I e II apresentam a seguinte redação: I. A compensação de jornada de trabalho deve ser ajustada por acordo individual escrito, acordo coletivo ou convenção coletiva. II. O acordo individual para compensação de horas é válido, salvo se houver norma coletiva em sentido contrário. Todavia, em se tratando de compensação anual de jornada de trabalho (banco de horas), a questão deverá ter um tratamento diferenciado, pois, tal como disposto na v. decisão do e. Tribunal Regional, trata-se de uma condição bem mais gravosa para o trabalhador que a compensação semanal, em relação à qual o entendimento jurisprudencial susoindicado autoriza o ajuste individual. Precedente. Recurso de Revista parcialmente conhecido e não provido (TST, 6.ª T., RR 1251/2001-032-03-00.9, Rel. Min. Horácio Senna Pires, *DEJT* 21.08.2009).

Recurso de revista. Horas extras. Acordo individual de compensação de jornada banco de horas. Validade. O Regime de compensação de jornada denominado banco de horas (art. 59, § 2.º, da CLT) responde a uma questão macro da empresa, não a uma questão individual. Com este enfoque, somente pode ser pactuado pelos instrumentos formais de negociação coletiva trabalhista. Recurso de Revista não conhecido (TST, 3.ª T., RR 961/2004-019-12-00.5, Redator Min. Carlos Alberto Reis de Paula, *DJ* 19.12.2006).

✦ Súmulas, Orientações Jurisprudenciais e Precedentes Normativos

Súmula 85 do TST: I. A compensação de jornada de trabalho deve ser ajustada por acordo individual escrito, acordo coletivo ou convenção coletiva. II. O acordo individual para compensação de horas é válido, salvo se houver norma coletiva em sentido contrário. III. O mero não atendimento das exigências legais para a compensação de jornada, inclusive quando encetada mediante acordo tácito, não implica a repetição do pagamento das horas excedentes à jornada normal diária, se não dilatada a jornada máxima semanal, sendo devido apenas o respectivo adicional. IV. A prestação de horas extras habituais descaracteriza o acordo de compensação de jornada. Nesta hipótese, as horas que ultrapassarem a jornada semanal normal deverão ser pagas como horas extraordinárias e, quanto àquelas destinadas à compensação, deverá ser pago a mais apenas o adicional por trabalho extraordinário. V. As disposições contidas nesta súmula não se aplicam ao regime compensatório na modalidade "banco de horas", que somente pode ser instituído por negociação coletiva. VI. Não é válido acordo de compensação de jornada em atividade insalubre, ainda que estipulado em norma coletiva, sem a necessária inspeção prévia e permissão da autoridade competente, na forma do art. 60 da CLT.

Súmula 376 do TST: Horas extras. Limitação. Art. 59 da CLT. Reflexos. I – A limitação legal da jornada suplementar a duas horas diárias não exime o empregador de pagar todas as horas trabalhadas. II – O valor das horas extras habitualmente prestadas integra o cálculo dos haveres trabalhistas, independentemente da limitação prevista no *caput* do art. 59 da CLT.

Orientação Jurisprudencial 323 da SBDI-I do TST: É válido o sistema de compensação de horário quando a jornada adotada é a denominada "semana espanhola", que alterna a prestação de 48 horas em uma semana e 40 horas em outra, não violando os arts. 59, § 2.º, da CLT e 7.º, XIII, da Constituição Federal de 1988 o seu ajuste mediante acordo ou convenção coletiva de trabalho.

Art. 59-A. Em exceção ao disposto no art. 59 desta Consolidação, é facultado às partes, mediante acordo individual escrito, convenção coletiva ou acordo coletivo de trabalho, estabelecer horário de trabalho de doze horas seguidas por trinta e seis horas ininterruptas de descanso, observados ou indenizados os intervalos para repouso e alimentação. (incluído pela Lei 13.467/2017)

Parágrafo único. A remuneração mensal pactuada pelo horário previsto no *caput* deste artigo abrange os pagamentos devidos pelo descanso semanal remunerado e pelo descanso em feriados, e serão considerados compensados os feriados e as prorrogações de trabalho noturno, quando houver, de que tratam o art. 70 e o § 5.º do art. 73 desta Consolidação. (incluído pela Lei 13.467/2017)

1. JORNADA 12 X 36

Em exceção ao disposto no art. 59 da CLT, é facultado às partes, mediante acordo individual escrito, convenção coletiva ou acordo coletivo de trabalho, estabelecer horário de trabalho de 12 horas seguidas por 36 horas ininterruptas de descanso, observados ou indenizados os intervalos para repouso e alimentação (art. 59-A da CLT, acrescentado pela Lei 13.467/2017).

A remuneração mensal pactuada pelo horário previsto no art. 59-A, *caput*, da CLT abrange os pagamentos devidos pelo descanso semanal remunerado e pelo descanso em feriados, e serão considerados compensados os feriados e as prorrogações de trabalho noturno, quando houver, de que tratam o art. 70 e o § 5.º do art. 73 da CLT (art. 59-A, parágrafo único, da CLT, acrescentado pela Lei 13.467/2017).

Anteriormente, admitia-se o regime de trabalho na escala de 12 por 36 horas, desde que assim previsto em lei ou instrumento normativo decorrente de negociação coletiva.

Com a Lei 13.467/2017, passou a ser permitido que as partes estabelecessem o horário de trabalho de 12 horas seguidas por 36 horas ininterruptas de descanso por meio de *acordo individual escrito*, convenção coletiva ou acordo coletivo de trabalho (art. 59-A da CLT).

Na referida hipótese, os intervalos intrajornada, ou seja, para repouso e alimentação, podem ser observados (usufruídos) ou indenizados.

Com isso, ficou em parte superada a Súmula 444 do TST.

Essa possibilidade de se pactuar horário de trabalho de 12 horas seguidas por 36 horas de descanso, em quaisquer atividades, por meio de acordo individual escrito, é passível de crítica e de questionamento quanto à constitucionalidade.

Efetivamente, o labor por 12 horas pode gerar nítido esgotamento físico e mental ao empregado, tornando mais frequentes os adoecimentos ocupacionais e os acidentes do trabalho.

Além disso, segundo o art. 7.º, inciso XIII, da Constituição da República, um dos direitos dos trabalhadores urbanos e rurais é a duração do trabalho normal não superior a oito horas diárias e 44 semanais, "facultada a compensação de horários e a redução da jornada, mediante acordo ou convenção coletiva de trabalho".

A mencionada escala 12 por 36, como é evidente, não observa o referido limite de oito horas diárias de trabalho e, portanto, apenas poderia ser admitida, como modalidade excepcional de compensação de horários, em casos justificados, por meio de negociação coletiva (dando origem a acordo coletivo ou convenção coletiva de trabalho) ou previsão legal específica de determinada *profissão* com particularidades que justifiquem a medida.

Considera-se que a remuneração mensal pactuada pelo referido horário diferenciado de trabalho (12 x 36) já abrange os pagamentos do descanso semanal remunerado e do descanso em feriados.

Além disso, consideram-se compensados os feriados (art. 70 da CLT) e as prorrogações de trabalho noturno (art. 73, § 5.º, da CLT), quando houver (art. 59-A, parágrafo único, da CLT).

O Supremo Tribunal Federal julgou válida a previsão do art. 59-A da CLT, de modo que considerou constitucional a possibilidade de estabelecer horário de trabalho de 12 horas seguidas por 36 horas ininterruptas de descanso mesmo que por meio de acordo individual escrito (STF, Pleno, ADI 5.994/DF, Red. p/ ac. Min. Gilmar Mendes, j. 03.07.2023).

No âmbito dos poderes diretivo e gerencial dos empregadores, e considerada a vontade expressa dos empregados e das empregadas, haverá priorização na concessão de jornada de 12 horas trabalhadas por 36 horas ininterruptas de descanso, nos termos do art. 59-A da CLT, como medida de flexibilização da jornada de trabalho, aos empregados e às empregadas que tenham filho, enteado ou pessoa sob sua guarda com até seis anos de idade ou com deficiência, com vistas a promover a conciliação entre o trabalho e a parentalidade (art. 8.º, inciso III, da Lei 14.457/2022).

A referida medida somente pode ser adotada até o segundo ano: do nascimento do filho ou enteado; da adoção; ou da guarda judicial (art. 8.º, § 1.º, da Lei 14.457/2022). Esse prazo aplica-se inclusive para o empregado ou a empregada que tiver filho, enteado ou pessoa sob guarda judicial com deficiência.

A medida em questão deve ser formalizada por meio de acordo individual, de acordo coletivo ou de convenção coletiva de trabalho (art. 8.º, § 2.º, da Lei 14.457/2022).

Na adoção da referida medida de flexibilização (jornada de 12 horas trabalhadas por 36 horas ininterruptas de descanso), deve sempre ser levada em conta a vontade expressa da empregada ou do empregado beneficiado pela medida de apoio ao exercício da parentalidade (art. 22 da Lei 14.457/2022).

No *contrato de trabalho doméstico* é facultado às partes, mediante *acordo escrito* entre estas, estabelecer horário de trabalho de 12 horas seguidas por 36 horas ininterruptas de descanso, observados ou indenizados os intervalos para repouso e alimentação (art. 10 da Lei Complementar 150/2015).

Nesse caso, a remuneração mensal pactuada pelo horário previsto abrange os pagamentos devidos pelo descanso semanal remunerado e pelo descanso em feriados, e serão considerados compensados os feriados e as prorrogações de trabalho noturno, quando houver, de que tratam o art. 70 e o § 5.º do art. 73 da CLT e o art. 9.º da Lei 605/1949 (art. 10, § 1.º, da Lei Complementar 150/2015).

Sendo assim, o horário de trabalho de 12 horas por 36 de descanso, nesse caso específico, não exige previsão em convenção coletiva de trabalho, nem em acordo coletivo de trabalho, mas sim em acordo escrito entre empregado doméstico e empregador doméstico. Além disso, nessa hipótese, há autorização legal para que os intervalos para repouso e alimentação possam ser usufruídos ou indenizados.

A Lei 11.901/2009, no art. 5.º, prevê que a jornada do *bombeiro civil* é de 12 horas de trabalho por 36 horas de descanso, em um total de 36 horas semanais. Frise-se que o Supremo Tribunal Federal julgou ser constitucional esse dispositivo (STF, Pleno, ADI 4.842/DF, Rel. Min. Edson Fachin, j. 14.09.2016).

Ainda quanto ao tema, o art. 235-F da CLT, com redação dada pela Lei 13.103/2015, ao dispor sobre o serviço do *motorista profissional* empregado, estabelece que a convenção e o acordo coletivo podem prever jornada especial de 12 horas de trabalho por 36 horas de descanso para o trabalho do motorista profissional empregado em regime de compensação.

Art. 59-B. O não atendimento das exigências legais para compensação de jornada, inclusive quando estabelecida mediante acordo tácito, não implica a repetição do pagamento das horas excedentes à jornada normal diária se não ultrapassada a duração máxima semanal, sendo devido apenas o respectivo adicional.

Parágrafo único. A prestação de horas extras habituais não descaracteriza o acordo de compensação de jornada e o banco de horas.

1. ACORDO DE COMPENSAÇÃO IRREGULAR

O não atendimento das exigências legais para compensação de jornada, *inclusive quando estabelecida mediante acordo tácito*, não implica a repetição do pagamento das horas excedentes à jornada normal diária se não ultrapassada a duração máxima semanal, sendo devido apenas o respectivo adicional (art. 59-B da CLT, acrescentado pela Lei 13.467/2017). No mesmo sentido, cf. Súmula 85, inciso III, do TST.

Além disso, a prestação de horas extras habituais *não descaracteriza* o acordo de compensação de jornada e o banco de horas (art. 59-B, parágrafo único, da CLT, acrescentado pela Lei 13.467/2017). Com isso, fica superada a Súmula 85, inciso IV, do TST.

Frise-se que, como mencionado anteriormente, observam-se as seguintes modalidades de acordo de compensação de horas: acordo de compensação semanal; banco de horas mensal; banco de horas semestral; banco de horas anual.

Art. 60. Nas atividades insalubres, assim consideradas as constantes dos quadros mencionados no capítulo "Da Segurança e da Medicina do Trabalho", ou que neles venham a ser incluídas por ato do Ministro do Trabalho, Indústria e Comércio, quaisquer prorrogações só poderão ser acordadas mediante licença prévia das autoridades competentes em matéria de higiene do trabalho, as quais, para esse efeito, procederão aos necessários exames locais e à verificação dos métodos e processos de trabalho, quer diretamente, quer por intermédio de autoridades sanitárias federais, estaduais e municipais, com quem entrarão em entendimento para tal fim.

Parágrafo único. Excetuam-se da exigência de licença prévia as jornadas de doze horas de trabalho por trinta e seis horas ininterruptas de descanso.

1. PRORROGAÇÃO DA JORNADA EM ATIVIDADES INSALUBRES

Nas atividades insalubres, assim consideradas as constantes em normas de segurança e medicina do trabalho, quaisquer prorrogações só podem ser acordadas mediante *licença prévia* das autoridades competentes em matéria de higiene do trabalho, as quais, para esse efeito, devem proceder aos necessários exames locais e à verificação dos métodos e processos de trabalho, quer diretamente, quer por intermédio de autoridades sanitárias federais, estaduais e municipais, com quem entrarão em entendimento para tal fim (art. 60 da CLT).

Desse modo, quaisquer prorrogações de jornada, o que inclui a compensação de horários, só podem ser acordadas mediante licença prévia das autoridades competentes em matéria de segurança e medicina do trabalho.

Para a concessão dessa licença prévia, cabe à autoridade competente, no âmbito do Ministério do Trabalho, proceder aos necessários exames locais e à verificação dos métodos e processos de trabalho, diretamente ou por intermédio de autoridades sanitárias federais, estaduais e municipais.

A análise do pedido de autorização para a prorrogação de jornada em atividade insalubre deve considerar o possível impacto da prorrogação na saúde dos trabalhadores alcançados (art. 66 da Portaria 671/2021 do Ministério do Trabalho e Previdência).

Entretanto, *excetuam-se* da exigência de licença prévia as jornadas de 12 horas de trabalho por 36 horas ininterruptas de descanso (art. 60, parágrafo único, da CLT, acrescentado pela Lei 13.467/2017).

Essa previsão, em verdade, merece fundadas críticas, ao permitir a referida escala de 12 por 36 horas, em si já desgastante ao empregado, por envolver a prorrogação excessiva e habitual de jornada de trabalho, sem a necessidade de licença prévia do Ministério do Trabalho.

O dispositivo, assim, desrespeita o direito fundamental dos trabalhadores de redução dos riscos inerentes ao trabalho, por meio de normas de saúde, higiene e segurança (art. 7.º, inciso XXII, da Constituição da República).

O art. 611-A, inciso XIII, da CLT, acrescentado pela Lei 13.467/2017, prevê que a convenção coletiva e o acordo coletivo de trabalho têm prevalência sobre a lei quando dispuserem sobre *prorrogação de jornada em ambientes insalubres, sem licença prévia das autoridades competentes do Ministério do Trabalho*. Portanto, fica em parte superada a Súmula 85, inciso VI, do TST.

De acordo com o art. 64 da Portaria 671/2021 do Ministério do Trabalho e Previdência, nas atividades insalubres, quaisquer prorrogações de jornada só podem ser praticadas mediante autorização da chefia da unidade de segurança e saúde no trabalho da unidade descentralizada da inspeção do trabalho correspondente, salvo nas hipóteses de: I – jornada de 12 horas de trabalho por 36 horas ininterruptas de descanso; ou II – haver acordo ou convenção coletiva de trabalho autorizando expressamente a prorrogação.

✦ Súmulas, Orientações Jurisprudenciais e Precedentes Normativos

Súmula 85 do TST: Compensação de jornada. [...] VI – Não é válido acordo de compensação de jornada em atividade insalubre, ainda que estipulado em norma coletiva, sem a necessária inspeção prévia e permissão da autoridade competente, na forma do art. 60 da CLT.

Súmula 349 do TST (cancelada): Acordo de compensação de horário em atividade insalubre, celebrado por acordo coletivo. Validade. A validade de acordo coletivo ou convenção coletiva de compensação de jornada de trabalho em atividade insalubre prescinde da inspeção prévia da autoridade competente em matéria de higiene do trabalho (art. 7.º, XIII, da Constituição Federal de 1988; art. 60 da CLT) (Cancelada. Res. 174/2011, *DEJT* divulgado em 27, 30 e 31.05.2011).

Art. 61. Ocorrendo necessidade imperiosa, poderá a duração do trabalho exceder do limite legal ou convencionado, seja para fazer face a motivo de força maior, seja para atender à realização ou conclusão de serviços inadiáveis ou cuja inexecução possa acarretar prejuízo manifesto.

1. HORAS EXTRAS DECORRENTES DE NECESSIDADE IMPERIOSA

O art. 61, *caput* e §§ 1.º e 2.º, regulam as horas extras decorrentes de necessidade imperiosa.

Pode-se entender a necessidade imperiosa como um gênero, do qual são espécies: a) motivo de força maior, como exemplo, uma tempestade que atinge parte da obra em construção, necessitando que os empregados prorroguem a jornada de trabalho para realizar os reparos mais urgentes; b) realização ou conclusão de serviços inadiáveis ou cuja inexecução possa acarretar prejuízo manifesto, como a empresa do gênero de alimentos, ao receber mercadorias que devem ser mantidas congeladas, exigindo-se que os empregados, mesmo prorrogando a jornada, concluam essa tarefa antes de cessar a prestação do serviço.

Nesses dois casos, como não se podia prever a necessidade das horas extras, a prorrogação da jornada de trabalho pode ser exigida, ainda que sem convenção coletiva ou acordo coletivo de trabalho.

§ 1.º O excesso, nos casos deste artigo, pode ser exigido independentemente de convenção coletiva ou acordo coletivo de trabalho.

2. AVISO DE PRORROGAÇÃO DA JORNADA DE TRABALHO

O excesso, nos casos do art. 61 da CLT, pode ser exigido independentemente de convenção coletiva ou acordo coletivo de trabalho (art. 61, § 1.º, da CLT, acrescentado pela Lei 13.467/2017).

O art. 61, § 1.º, da CLT, na redação original, previa que o excesso nos casos do referido dispositivo poderia ser exigido independentemente de acordo ou contrato coletivo e deveria ser comunicado, dentro de 10 dias, à autoridade competente em matéria de trabalho, ou, antes desse prazo, deveria ser justificado no momento da fiscalização sem prejuízo dessa comunicação.

Essa exigência formal de comunicação, assim, fica excluída no caso de prorrogação da jornada de trabalho decorrente de necessidade imperiosa.

§ 2.º Nos casos de excesso de horário por motivo de força maior, a remuneração da hora excedente não será inferior à da hora normal. Nos demais casos de excesso previstos neste artigo, a remuneração será, pelo menos, 25% (vinte e cinco por cento) superior à da hora normal, e o trabalho não poderá exceder de 12 (doze) horas, desde que a lei não fixe expressamente outro limite.

3. PRORROGAÇÃO EM VIRTUDE DE SERVIÇOS INADIÁVEIS

Pelo que se interpreta da parte final do § 2.º do art. 61 da CLT, na hipótese de serviços inadiáveis ou cuja inexecução possa acarretar prejuízo manifesto, o trabalho não pode exceder 12 horas, o que significa, em jornada normal de oito horas, o trabalho extraordinário de até mais quatro horas.

Entretanto, a referida norma não fixa o limite de horas extras para o caso de força maior. Mesmo assim, embora haja entendimento de que para a referida situação não há limitação, pode-se aplicar o limite de prorrogação da jornada de trabalho previsto para o caso semelhante, ou seja, o serviço inadiável. Desse modo, conclui-se, por interpretação analógica, que na força maior somente mais quatro horas extras podem ser prestadas.

Obviamente, caso o limite estabelecido seja ultrapassado, o empregado deve receber todas as horas extras prestadas, sem prejuízo da aplicação de pena administrativa contra o empregador.

O entendimento mais adequado e majoritário é no sentido de que, com a Constituição Federal de 1988 (art. 7.º, inciso XVI), as horas extras devem ser sempre remuneradas com o adicional de no mínimo 50%, sem qualquer distinção quanto a se tratar de motivo de força maior, serviço inadiável ou necessidade imperiosa.

Por isso, o § 2.º do art. 61 da CLT, ao deixar de garantir o pagamento do adicional de horas extras para a hipótese de força maior, bem como ao fixar o percentual (inferior) de 25% para a hipótese de realização ou conclusão de serviços inadiáveis ou cuja inexecução possa acarretar prejuízo manifesto, não foi recepcionado pela Constituição Federal de 1988.

Confirmando o exposto, no trabalho rural, de acordo com o art. 90 do Decreto 10.854/2021, a duração da jornada de trabalho pode, caso ocorra necessidade imperiosa, exceder ao limite legal ou convencionado, seja por motivo de força maior, seja para atender à realização ou à conclusão de serviços inadiáveis ou cuja inexecução possa acarretar prejuízo manifesto.

Nas referidas hipóteses, o excesso pode ser exigido independentemente de convenção coletiva ou acordo coletivo de trabalho (art. 90, § 1.º, do Decreto 10.854/2021).

Nas hipóteses de excesso de horário por motivo de força maior, a remuneração da hora excedente deve ser de, no mínimo, 50% superior à hora normal (art. 90, § 2.º, do Decreto 10.854/2021). Nas demais hipóteses de excesso (ou seja, para atender à realização ou à conclusão de serviços inadiáveis ou cuja inexecução possa acarretar prejuízo manifesto), as horas que excederem à jornada de trabalho devem ser remuneradas com acréscimo de, no mínimo, 50%, e o trabalho não pode exceder a 12 horas, desde que a lei não estabeleça expressamente outro limite (art. 90, § 3.º, do Decreto 10.854/2021).

> § 3.º Sempre que ocorrer interrupção do trabalho, resultante de causas acidentais, ou de força maior, que determinem a impossibilidade de sua realização, a duração do trabalho poderá ser prorrogada pelo tempo necessário até o máximo de 2 (duas) horas, durante o número de dias indispensáveis à recuperação do tempo perdido, desde que não exceda de 10 (dez) horas diárias, em período não superior a 45 (quarenta e cinco) dias por ano, sujeita essa recuperação à prévia autorização da autoridade competente.

4. PRORROGAÇÃO PARA RECUPERAÇÃO DE TEMPO DE NÃO REALIZAÇÃO DO TRABALHO

O § 3.º do art. 61 da CLT versa sobre a prorrogação de jornada para recuperação do trabalho, em hipótese bem específica.

O dispositivo em destaque, embora inserido como parágrafo do art. 61 da CLT, trata de situação autônoma e diferente daquelas anteriormente analisadas.

A sua aplicação é restrita aos casos de paralisação da atividade da empresa e impossibilidade de realização do trabalho, por causas acidentais ou de força maior, em que se admite a prorrogação da jornada para recuperar o tempo perdido.

Pode-se imaginar como exemplo a situação da empresa que fica com suas atividades paradas, em razão de tempestade que danifica o estabelecimento. Nesse caso, o empregador, mesmo sem a existência de acordo de prorrogação de jornada, pode prorrogá-la, com o intuito de recuperar o tempo perdido, em que o trabalho não pôde ser realizado.

Essa modalidade de horas extras, no entanto, além de ser autorizada apenas durante o número de dias indispensáveis à recuperação do tempo perdido, sofre duas limitações, que devem ser observadas simultaneamente: até duas horas extras por dia, não devendo exceder a dez horas de trabalho; até 45 dias por ano.

Além disso, essa forma de prorrogação deve ser objeto de prévia autorização da autoridade competente, no caso, o órgão de fiscalização do trabalho.

Da mesma forma, no trabalho rural, a duração da jornada de trabalho, sempre que ocorrer interrupção resultante de causas acidentais ou de força maior que determinem a impossibilidade de sua realização, pode ser prorrogada pelo tempo necessário até o máximo de duas horas, durante o número de dias indispensáveis à recuperação do tempo perdido, desde que não exceda a 10 horas diárias, em período não superior a 45 dias por ano, sujeita essa recuperação à autorização prévia da autoridade competente (art. 90, § 4.º, do Decreto 10.854/2021).

Ainda aqui, o entendimento que se mostra mais adequado é no sentido de que, com a Constituição Federal de 1988 (art. 7.º, inciso XVI), as horas extras devem ser *sempre* remuneradas com o adicional de no mínimo 50%, sem qualquer distinção, ou seja, mesmo quando se tratar de recuperação do tempo de interrupção do trabalho, resultante de causas acidentais, ou de força maior, que tenham impossibilitado a sua realização, inclusive porque o risco do empreendimento é do empregador, não podendo ser transferido em prejuízo do empregado.

Art. 62. Não são abrangidos pelo regime previsto neste capítulo:

1. EMPREGADO SUJEITO A REGIME ESPECIAL DE DURAÇÃO DE TRABALHO

A Consolidação das Leis do Trabalho, no art. 62, exclui certos empregados do regime de duração de trabalho, regulado pelo Capítulo II, do Título II, do referido diploma legal.

Como consequência, os referidos empregados, indicados nos incisos do art. 62 da CLT, não têm direito à limitação de jornada de trabalho, ao recebimento de horas extras, nem de adicional por trabalho noturno.

Por isso, é possível questionar a constitucionalidade da referida exclusão, uma vez que a Constituição Federal de 1988 assegura não só o direito à duração do trabalho limitada a oito horas diárias e quarenta e quatro semanais (art. 7.º, inciso XIII), mas também à remuneração do trabalho noturno superior à do diurno (art. 7.º, inciso IX) e à remuneração do serviço extraordinário superior, no mínimo, em 50% à do normal (art. 7.º, inciso XVI), sem estabelecer quaisquer exceções.

No entanto, o entendimento que prevalece, inclusive na jurisprudência, é de que a mencionada exclusão é válida, não afrontando as normas constitucionais, por se tratar de hipóteses verdadeiramente excepcionais, muito especiais, não versadas na regra geral prevista na Constituição da República.

A exclusão, por lei, do direito à limitação da jornada de trabalho, bem como do direito à remuneração pelo labor extraordinário e noturno, seria uma decorrência das próprias condições especiais em que o trabalho é desempenhado, nos casos excepcionais, previstos no art. 62 da CLT, tornando as disposições pertinentes à duração do trabalho incompatíveis com o regime diferenciado dos referidos trabalhadores.

Destaca-se que a exclusão é concernente a todo o Capítulo II, do Título II, da CLT, que regula toda a duração do trabalho, abrangendo, assim, não só as horas extras, como também o adicional noturno e os intervalos intrajornada e interjornada.

Entende-se, no entanto, que mesmo os referidos empregados fazem jus ao descanso semanal remunerado, por ser direito distinto, previsto no art. 7.º, inciso XV, da Constituição Federal de 1988 e regulado pela Lei 605/1949.

Cabe analisar, assim, com maiores detalhes, as duas modalidades de empregados mencionados na regra de exclusão.

I – os empregados que exercem atividade externa incompatível com a fixação de horário de trabalho, devendo tal condição ser anotada na Carteira de Trabalho e Previdência Social e no registro de empregados;

2. EMPREGADOS QUE EXERCEM ATIVIDADE EXTERNA INCOMPATÍVEL COM A FIXAÇÃO DE HORÁRIO

A primeira hipótese refere-se aos empregados que exercem atividade externa incompatível com a fixação de horário de trabalho.

Como se nota, não basta que a atividade exercida seja simplesmente externa. Faz-se necessário que essa atividade seja incompatível com a fixação de horário, como ocorre com o vendedor viajante, que não tem qualquer horário fixo, trabalhando exclusivamente de forma externa, em viagens a diversos locais, com absoluta liberdade de horários, tornando impossível qualquer tentativa de controle de sua jornada de trabalho pelo empregador.

O art. 62, inciso I, da CLT, em sua parte final, estabelece o dever – do empregador – de anotar a referida condição de trabalho (externo e incompatível com a fixação de horário de trabalho) na CTPS e no registro de empregados.

Discute-se se a referida formalidade é da essência do ato ou apenas um elemento de prova, que pode ser suprido.

Embora a questão possa não ser unânime, o melhor entendimento é de que a referida anotação e registro configuram apenas elementos probatórios, sem constituir elementos da substância do ato, podendo ser supridos por outras provas admitidas em direito.

Essa conclusão se amolda ao princípio da primazia da realidade, inerente ao Direito do Trabalho, no sentido de que mais importa a efetiva verdade dos fatos do que eventual presença ou ausência da forma do instrumento jurídico.

Além disso, o referido entendimento está em consonância com o art. 456 da CLT, pois se o próprio contrato de trabalho pode ser provado "por todos os meios permitidos em direito", com muito mais razão uma de suas condições também o pode. Sobre o tema, merece destaque, ainda, a Orientação Jurisprudencial 332 da SBDI-I do TST.

A contrario sensu, se houver outros elementos que sirvam para controlar a jornada de trabalho, mesmo sendo empregado que tem atividade externa, não se pode aplicar a regra excepcional, de exclusão, do art. 62, inciso I, da CLT.

Nesse sentido, fazem jus à aplicação das regras de duração do trabalho, por configurar o controle de jornada, os empregados que, por exemplo: têm o dever de comparecer à empresa no início e no término do expediente, prestando conta das vendas do dia; cumprem roteiro predeterminado pelo empregador, com fixação de horários a serem obedecidos pelo empregado, nas visitas aos clientes; têm o dever de informar, durante a jornada de trabalho, o local e a venda, em andamento ou concluída, bem como o horário de início e término do labor.

Ainda quanto ao tema, o art. 2.º, inciso V, "b", da Lei 13.103/2015, ao arrolar os direitos dos motoristas profissionais (de veículos automotores de transporte rodoviário de passageiros e de transporte rodoviário de cargas), prevê, em se tratando de empregados, o direito de ter jornada de trabalho controlada e registrada de maneira fidedigna mediante anotação em diário de bordo, papeleta ou ficha de trabalho externo, ou sistema e meios eletrônicos instalados nos veículos, a critério do empregador.

Em razão dessa expressa previsão legal, pode-se dizer que a exceção prevista no art. 62, inciso I, da CLT não mais tem como incidir no caso de motorista profissional, consoante as previsões da Lei 13.103/2015 (e da anterior Lei 12.619/2012), em face da necessária existência de controle da jornada de trabalho.

> II – os gerentes, assim considerados os exercentes de cargos de gestão, aos quais se equiparam, para efeito do disposto neste artigo, os diretores e chefes de departamento ou filial.

3. EMPREGADOS GERENTES

A segunda hipótese em que se exclui a aplicação das normas de duração do trabalho refere-se aos gerentes.

Assim, têm-se, no caso, empregados que realizam suas atividades possuindo um vínculo fidúcia especial com o empregador.

Isso fica evidente quando se verifica tratar-se de empregados que exercem cargos de gestão na empresa, ou seja, atuam na sua administração, representando e agindo como se fossem o próprio empregador. Por isso, obviamente, a própria subordinação na forma de prestar os serviços tende a ficar menos intensa.

A função exercida, por sua vez, apresenta grau de responsabilidade elevado, podendo inclusive colocar a empresa em risco. De todo modo, para que se possa falar no efetivo empregado gerente, tal como previsto na mencionada regra de exceção, este deve ter maior autonomia em seu trabalho, o que justificaria a ausência de controle de jornada e, por consequência, a inaplicabilidade das disposições sobre a duração do trabalho.

Assim, para ser gerente, o empregado deve ter poderes para representar o empregador, na tomada de decisões de grande relevância para a empresa, como admitir e dispensar empregados, aplicar penalidades disciplinares, efetuar compras e transações em nome da empresa. Evidentemente, para que se possa considerar o empregado como gerente, este também deve ter subordinados, a quem são passadas determinações e diretrizes a serem cumpridas.

Além disso, não há como aplicar a excepcional regra em questão quando o empregado, ainda que se alegue ser "gerente", tenha a sua jornada de trabalho controlada pelo empregador.

Frise-se que, para a incidência do art. 62, inciso II, da CLT, não se pode exigir total autonomia na prestação dos serviços, até porque um dos requisitos da relação de emprego é a subordinação (art. 3.º da CLT), sendo possível e normal que exista algum superior no âmbito da estrutura empresarial como um todo. Nesse sentido, cabe mencionar o julgado do TRT-SP: 20000217853, 1.ª T., Rel. Juiz Eduardo de Azevedo Silva.

Cabe reiterar que o citado art. 62 da CLT afasta não só o direito às horas extras, a incidência do art. 71 da CLT (sobre intervalo intrajornada), como também retira o direito a adicional noturno, eis que o art. 73 da CLT encontra-se no mesmo "Capítulo II – Da Duração do Trabalho", expressamente excluído por aquele dispositivo legal.

Merece destaque, ainda, que o dispositivo em questão não abrange somente o gerente geral de toda a empresa, pois prevê, expressamente, "os diretores e chefes de departamento ou filial".

> III – os empregados em regime de teletrabalho que prestam serviço por produção ou tarefa.

4. EMPREGADOS EM REGIME DE TELETRABALHO QUE PRESTAM SERVIÇO POR PRODUÇÃO OU TAREFA

O art. 62, inciso III, com redação dada pela Lei 14.442/2022, dispõe que não são abrangidos pelo regime de duração do trabalho os *empregados em regime de teletrabalho que prestam serviço por produção ou tarefa*.

Anteriormente, o art. 62, inciso III, da CLT, incluído pela Lei 13.467/2017, previa os empregados em regime de teletrabalho, sem fazer essa delimitação quanto à prestação do serviço por produção ou tarefa. Sendo assim, com a Lei 14.442/2022, passam a ser abrangidos pelos preceitos sobre duração do trabalho os empregados em regime de teletrabalho que prestam serviço por jornada (art. 75-B, § 2.º, da CLT).

O art. 7.º da Constituição da República assegura aos trabalhadores urbanos e rurais os direitos à remuneração do trabalho noturno superior à do diurno (inciso IX), à duração do trabalho normal não superior a 8 horas diárias e 44 semanais (inciso XIII) e à remuneração do serviço extraordinário superior, no mínimo, em 50% à remuneração do trabalho normal (inciso XVI).

Logo, apenas em razão de especificidades da forma de trabalho, que tornem incompatível com a incidência das normas sobre a duração do labor, é que podem ser afastados os direitos decorrentes, como os relativos a intervalos e remuneração de horas extras e de trabalho em horário noturno com os respectivos adicionais. Na verdade, o empregado não terá direito às previsões relativas à duração do trabalho somente em hipóteses excepcionais.

Conforme o art. 75-B da CLT, com redação dada pela Lei 14.442/2022, considera-se teletrabalho ou trabalho remoto a prestação de serviços fora das dependências do empregador, de maneira preponderante ou não, com a utilização de tecnologias de informação e de comunicação, que, por sua natureza, não configure trabalho externo. Cf. comentários ao art. 75-B da CLT.

O art. 62, inciso III, da CLT, desse modo, deve ser interpretado conforme a Constituição.

Para que o mencionado dispositivo não afronte as normas constitucionais que asseguram os direitos relativos à duração do trabalho, embora o teletrabalho não se confunda com o trabalho externo, defende-se o entendimento de que a exclusão das disposições sobre duração do trabalho (art. 62, inciso III, da CLT) somente ocorre quando as atividades exercidas pelo teletrabalhador que presta serviço por produção ou tarefa forem incompatíveis com a fixação de horário de trabalho.

Nesse enfoque, o trabalho a distância, como ocorre no labor em domicílio e no teletrabalho (mesmo que o serviço seja prestado por produção ou tarefa), por si, não é suficiente para excluir os direitos relativos à jornada de trabalho.

Desse modo, aplicando-se de forma extensiva e analógica as exigências do art. 62, inciso I, da CLT, apenas se o empregado exercer atividade que seja *incompatível com a fixação de horário de trabalho*, devendo essa condição ser anotada na Carteira de Trabalho e Previdência Social e no registro de empregados, é que não haverá direito ao regime de jornada de trabalho e, portanto, à remuneração de horas extras e de trabalho em horário noturno, à hora noturna reduzida e aos intervalos.

Portanto, se houver controle da jornada de trabalho, ainda que por meio remoto, com a utilização de recursos tecnológicos e de informática (art. 6.º, parágrafo único, da CLT), defende-se o entendimento de que haverá direito à remuneração de labor em prorrogação de jornada, em horário noturno (inclusive hora noturna reduzida) e de intervalos não usufruídos.

Nesse sentido, sabendo-se que o art. 8.º da CLT autoriza a aplicação subsidiária do Direito Comparado, o Código do Trabalho de Portugal, de 2009, no art. 169.º, n. 1, dispõe que: "O trabalhador em regime de teletrabalho tem os mesmos direitos e deveres dos demais trabalhadores, nomeadamente no que se refere a formação e promoção ou carreira profissionais, limites do período normal de trabalho e outras condições de trabalho, segurança e saúde no trabalho e reparação de danos emergentes de acidente de trabalho ou doença profissional" (destaquei).

Vale dizer, se o empregado estiver em conexão permanente com a empresa, com a existência de controle do tempo de labor e da atividade desempenhada, as regras sobre a duração do trabalho devem incidir normalmente, o que não pode ser validamente excluído nem mesmo por meio de negociação coletiva.

Cabe ressaltar que, nos termos do art. 4.º, *caput*, da CLT, considera-se "como de serviço efetivo o período em que o empregado esteja à disposição do empregador, aguardando ou executando ordens, salvo disposição especial expressamente consignada".

Não se distingue entre o trabalho realizado no estabelecimento do empregador, o executado no domicílio do empregado e o realizado a distância, desde que estejam caracterizados os pressupostos da relação de emprego (art. 6.º da CLT). Ademais, em consonância com o art. 6.º, parágrafo único, da CLT, os "meios telemáticos e informatizados de comando, controle e supervisão se equiparam, para fins de subordinação jurídica, aos meios pessoais e diretos de comando, controle e supervisão do trabalho alheio".

Em razão disso, pode-se dizer que o período em que o empregado está sujeito ao comando, controle e supervisão, por meios telemáticos ou informatizados, portando dispositivos móveis da empresa, instrumentos telemáticos ou informatizados (como telefone celular), deve ser remunerado como horas de sobreaviso (se o trabalhador ficar de plantão, aguardando ser chamado), ou como horas extras (se o trabalhador estiver laborando a distância, com a utilização dos recursos tecnológicos mencionados).

No âmbito da Organização Internacional do Trabalho, a Convençao 177, de 1996, dispõe sobre o trabalho em domicílio, embora ainda não tenha sido aprovada internamente e ratificada pelo Brasil.

Nos termos do art. 1.º, "a", dessa norma internacional, *trabalho em domicílio* significa o trabalho que uma pessoa, designada como trabalhador em domicílio, realiza: em seu domicílio ou em outros locais que escolher, mas distintos dos locais de trabalho do empregador; em troca de remuneração; com o fim de elaborar um produto ou prestar um serviço, conforme as especificações do empregador (independentemente de quem proporcione os equipamentos, materiais ou outros elementos utilizados). Excepciona-se dessa condição aquele que tiver nível de autonomia e de independência econômica suficiente para ser considerado trabalhador independente, em virtude da legislação nacional ou de decisões judiciais.

Ademais, uma pessoa que tenha a condição de assalariado não deve ser considerada trabalhador em domicílio, para os fins da Convenção 177 da OIT, pelo mero fato de realizar ocasionalmente o seu trabalho (como assalariado) em seu domicílio, em vez de realizá-lo em seu local de trabalho habitual (art. 1.º, "b").

O empregador, por sua vez, é entendido como uma pessoa física ou jurídica que, de modo direto ou por um intermediário (esteja ou não prevista essa figura na legislação nacional), oferece trabalho em domicílio por conta de sua empresa (art. 1.º, "c").

Tendo em vista a semelhança entre o *teletrabalho* e o trabalho em domicílio, cabe ressaltar que, nos termos do art. 4.º da referida Convenção da OIT, na medida do possível, a política nacional em matéria de trabalho em domicílio deve promover a *igualdade de tratamento entre os trabalhadores em domicílio e os outros trabalhadores assalariados*, levando em conta as características particulares do trabalho em domicílio e, se for o caso, as condições aplicáveis a um trabalho idêntico ou similar realizado na empresa.

Portanto, quanto ao tema em estudo, quando presentes os requisitos do vínculo de emprego, deve ser observada a igualdade de tratamento entre os trabalhadores a distância e os demais empregados, com fundamento nos arts. 5.º, *caput*, e 7.º, inciso XXXII, da Constituição da República e nos arts. 6.º e 83 da Consolidação das Leis do Trabalho.

Parágrafo único. O regime previsto neste capítulo será aplicável aos empregados mencionados no inciso II deste artigo, quando o salário do cargo de confiança, compreendendo a gratificação de função, se houver, for inferior ao valor do respectivo salário efetivo acrescido de 40% (quarenta por cento).

5. REMUNERAÇÃO DO EMPREGADO GERENTE

O parágrafo único do art. 62 da CLT prevê matéria pertinente ao empregado que exerce cargo de gestão, versando de forma específica quanto à sua remuneração. No entanto, reconhece-se que a sua redação pode dar margem a divergências de interpretação.

Desse modo, entende-se que os empregados indicados no inciso II do art. 62 da CLT (gerentes) somente são excluídos do regime de duração de trabalho, quando a totalidade do salário do cargo de confiança, compreendendo a gratificação de função, *se houver*, for superior ao valor do respectivo salário efetivo acrescido de 40%.

Em outras palavras, o gerente é excluído do regime de duração de trabalho, quando recebe salário efetivo do cargo de confiança e gratificação de função de 40% ou mais sobre a referida base, *se houver* pagamento da referida gratificação.

Nota-se, portanto, que o dispositivo indica não ser o recebimento da referida gratificação algo essencial ou obrigatório, podendo, assim, não ser devida. Isso, no entanto, poderia parecer contraditório, pois o gerente, para ser excluído das disposições sobre a duração do trabalho, como é natural, necessariamente deve receber remuneração superior, diferenciada.

A questão pode, no entanto, ser solucionada da seguinte forma: não existe obrigatoriedade de receber o empregado (gerente) a gratificação de função, para se incluir na disposição do art. 62, inciso II, da CLT. Mesmo assim, não havendo a referida gratificação, deve o empregado, para ser considerado verdadeiro gerente (sem direito a horas extras e demais direitos decorrentes da duração do trabalho), receber salário em valor diferenciado, em quantia consideravelmente superior ao que recebem os demais empregados. Nesse caso, não há um critério objetivo e fixo para estabelecer o valor da remuneração global, incidindo, no entanto, os princípios da proporcionalidade e da razoabilidade, na análise de cada caso concreto.

Por outro lado, se o empregado for gerente e receber gratificação de função, o critério de determinação do seu valor, para fins de incidência do art. 62, inciso II, da CLT, é mais objetivo, pois a gratificação deve ser no valor de 40% ou mais do salário efetivo do cargo de confiança.

✦ Jurisprudência

Recurso extraordinário. Inadmissibilidade. Cargo de gestão. Ausência de controle da jornada de trabalho. Possibilidade. Art. 62, II, da CLT. Decisão mantida. Agravo regimental improvido. Não afronta o art. 7.º, XIII, da Constituição da República, a decisão que excepciona os ocupantes de cargos de gestão do controle de jornada de trabalho (STF, 2.ª T., AgR-RE 563.851/RS, Rel. Min. Cezar Peluso, *DJe* 28.03.2008).

Cargo de confiança. Caracterização. A caracterização do cargo de confiança não exige que o empregado faça as vezes do dono. Essa tal concentração de poderes já não existe – e há muito tempo – nas empresas de hoje. Nem mesmo os diretores decidem sozinho os rumos da empresa. O conceito já se flexibilizou para se ajustar a essa nova realidade, bastando, como diz a lei, que o empregado exerça efetivamente cargo de chefia, que tenha sob sua orientação e coordenação "departamento ou filial" (TRT-SP 20000217853, 1.ª T., Rel. Juiz Eduardo de Azevedo Silva).

✦ Súmulas, Orientações Jurisprudenciais e Precedentes Normativos

Súmula 287 do TST: Jornada de trabalho. Gerente bancário. A jornada de trabalho do empregado de banco gerente de agência é regida pelo art. 224, § 2.º, da CLT. Quanto ao gerente-geral de agência bancária, presume-se o exercício de encargo de gestão, aplicando-se-lhe o art. 62 da CLT.

Orientação Jurisprudencial 332 da SBDI-I do TST: Motorista. Horas extras. Atividade externa. Controle de jornada por tacógrafo. Resolução 816/1986 do CONTRAN. O tacógrafo, por si só, sem a existência de outros elementos, não serve para controlar a jornada de trabalho de empregado que exerce atividade externa.

Art. 63. Não haverá distinção entre empregados e interessados, e a participação em lucros e comissões, salvo em lucros de caráter social, não exclui o participante do regime deste Capítulo.

Cf. comentários ao art. 457 da CLT.

✦ Jurisprudência

Agravo de instrumento em recurso de revista. Parcela intitulada participação nos lucros e resultados. Natureza. Gratificação. Não ofende a literalidade dos arts. 7.º, inciso XXXII, da Constituição Federal; 3.º, parágrafo único, e 63 da CLT; nem contraria a Súmula 251 desta Corte a decisão que examina a matéria concernente à parcela mensalmente paga a alguns empregados sob o título de participação nos lucros e resultados à luz do conjunto fático-probatório constante dos autos, pelo que a aferição das alegações recursais depende do reexame dos fatos e da prova, procedimento vedado nesta instância recursal, nos termos da Súmula 126 do TST. Também não há que se determinar o processamento do Recurso de Revista com fundamento na alínea "a" do art. 896 da Consolidação das Leis do Trabalho, já que os arestos colacionados para cotejo de teses são inservíveis ou inespecíficos. Incidência da Súmula 296, I, desta Corte. Agravo de Instrumento a que se nega provimento (TST, 2.ª T., AIRR 2169040-56.2002.5.09.0015, j. 05.09.2007, Rel. Min. José Simpliciano Fontes de F. Fernandes, *DJ* 28.09.2007).

Art. 64. O salário-hora normal, no caso de empregado mensalista, será obtido dividindo-se o salário mensal correspondente à duração do trabalho, a que se refere o art. 58, por 30 (trinta) vezes o número de horas dessa duração.

Parágrafo único. Sendo o número de dias inferior a 30 (trinta), adotar-se-á para o cálculo, em lugar desse número, o de dias de trabalho por mês.

1. CÁLCULO DAS HORAS EXTRAS

O inciso XVI do art. 7.º da Constituição Federal de 1988 estabelece o adicional *mínimo* de 50% sobre a hora normal, afastando a possibilidade de ser fixado em nível inferior, ainda que por meio de negociação coletiva.

A Súmula 264 do TST, em conformidade com os arts. 64 e 457 da CLT, estabelece que as horas extras devem ser calculadas sobre a globalidade salarial recebida pelo empregado.

Por isso, em conformidade com a atual Súmula 132 do TST, inciso I, o adicional de periculosidade, pago em caráter permanente, integra o cálculo de indenização e de horas extras.

Nessa linha, a Orientação Jurisprudencial 97 da SBDI-I do TST confirma que o adicional noturno integra a base de cálculo das horas extras prestadas no período noturno.

Quanto aos trabalhadores portuários, tendo em vista a previsão específica, contida na Lei 4.860/1965, arts. 4.º e 7.º, § 5.º, para o cálculo das horas extras prestadas observar-se-á somente o salário básico percebido, excluídos os adicionais de risco e produtividade (Orientação Jurisprudencial 60, inciso II, da SBDI-I do TST).

Já o empregado, sujeito ao controle de horário, remunerado à base de comissões, tem direito ao adicional de, no mínimo, 50% pelo trabalho em horas extras, calculado sobre o valor-hora das comissões recebidas no mês, considerando-se como divisor o número de horas efetivamente trabalhadas (Súmula 340 do TST, na redação determinada pela Resolução 121/2003).

O "comissionista misto", significando o empregado que recebe "remuneração mista", ou seja, uma parte fixa e outra variável, de acordo com a Orientação Jurisprudencial 397 da SBDI-I do TST, tem direito a horas extras pelo trabalho em sobrejornada.

De forma semelhante, no caso do empregado que tem a remuneração calculada e recebida por hora trabalhada ("empregado horista"), havendo labor em sobrejornada, mas já tendo sido pagas todas as horas trabalhadas (inclusive as excedentes à jornada normal) de forma simples, apenas o adicional é ainda devido quanto às horas extras, *desde que não se trate de empregado submetido a turno ininterrupto de revezamento*.

Ou seja, na hipótese de trabalhador que recebe salário-hora, mas as horas trabalhadas após a oitava diária já foram pagas como normais, *caso não se trate de turno ininterrupto de revezamento*, entende-se que somente o adicional de horas extras, em relação às horas excedentes à jornada normal de trabalho, ainda permanece devido, até mesmo para que não ocorra o pagamento duplicado das horas em si.

Por outro lado, as horas extras habituais devem ser integradas ao cálculo da indenização por antiguidade (Súmula 24 do TST).

Da mesma forma, computam-se no cálculo do repouso remunerado as horas extras habitualmente prestadas (Súmula 172 do TST), em conformidade com a Lei 605/1949, art. 7.º, "a" e "b".

Como prevê a Súmula 113 do TST, o sábado do bancário é dia útil não trabalhado, não dia de repouso remunerado. Desse modo, se inexistir norma mais benéfica, não cabe a repercussão do pagamento de horas extras habituais em sua remuneração.

As férias também devem ser remuneradas levando-se em conta as horas extras recebidas (art. 142, § 5.º, da CLT).

Cabe esclarecer que, em razão do art. 7.º, inciso XIII, da Constituição Federal de 1988, estabelecendo a duração normal do trabalho não superior a oito horas diárias e 44 horas semanais, para o cálculo de horas extras, tem-se o divisor de 220 horas por mês, conforme o art. 64 da CLT (44 h : 6 dias x 30 = 220).

Entretanto, na hipótese em que o empregado está sujeito a 40 horas de trabalho por semana, em razão de previsão ou cláusula (expressa ou tácita) mais benéfica no contrato de trabalho, por exemplo, trabalhando 8 horas por dia, cinco dias por semana, entende-se que o divisor a ser aplicado é 200 (40 h: 6 dias x 30 = 200), de acordo com o cálculo decorrente do mencionado art. 64 da CLT. Nesse sentido prevê a Súmula 431 do TST.

O cálculo do valor das horas extras habituais, para efeito de reflexos em verbas trabalhistas, observará a chamada média física, ou seja, o número de horas efetivamente prestadas, a ele aplicando-se o valor do salário-hora da época do pagamento daquelas verbas, conforme Súmula 347 do TST. Sobre a limitação legal da jornada suplementar, cf. Súmula 376 do TST. E quanto à possibilidade de supressão (total ou parcial) das horas extras habitualmente prestadas, consultar a Súmula 291 do TST.

Como se pode notar, a atual redação do referido verbete jurisprudencial inclui, ao lado da supressão total das horas extras habituais pelo empregador, a de natureza parcial, ou seja, que acarreta redução do labor habitual em sobrejornada, com a consequente diminuição dos valores recebidos pelo empregado a esse título. A referida orientação aplica, por analogia, a previsão do art. 9.º da Lei 5.811, de 11 de outubro de 1972, que dispõe sobre o regime de trabalho das atividades de exploração, perfuração, produção e refinamento de petróleo, industrialização do xisto, indústria petroquímica e transporte de petróleo e seus derivados por meio de dutos.

A mencionada Súmula 291 reviu e substituiu a orientação do antigo Enunciado 76 do TST, já cancelado pela Resolução 121/2003, o qual estabelecia que: "O valor das horas suplementares prestadas habitualmente, por mais de 2 (dois) anos, ou durante todo o contrato, se suprimidas, integra-se ao salário para todos os efeitos legais".

No entendimento atual, portanto, não se verifica a referida integração, pois, uma vez cessado o fato gerador (labor extraordinário), não há como falar em direito adquirido de permanecer recebendo horas extras, mesmo sem o correspondente trabalho em sobrejornada.

✦ Súmulas, Orientações Jurisprudenciais e Precedentes Normativos

Súmula 24 do TST: Cálculo. Indenização. Serviço extraordinário. Insere-se no cálculo da indenização por antiguidade o salário relativo a serviço extraordinário, desde que habitualmente prestado.

Súmula 113 do TST: Sábado do bancário. Remuneração. Dia útil. O sábado do bancário é dia útil não trabalhado e não dia de repouso remunerado, não cabendo assim a repercussão do pagamento de horas extras habituais sobre a sua remuneração.

Súmula 132, I, do TST: O adicional de periculosidade, pago em caráter permanente, integra o cálculo de indenização e de horas extras.

Súmula 172 do TST: Repouso remunerado. Horas extras. Cálculo. Computam-se no cálculo do repouso remunerado as horas extras habitualmente prestadas.

Súmula 226 do TST: Bancário. Gratificação por tempo de serviço. Integração no cálculo das horas extras. A gratificação por tempo de serviço integra o cálculo das horas extras.

Súmula 264 do TST: Hora suplementar. Cálculo. A remuneração do serviço suplementar é composta do valor da hora normal, integrado por parcelas de natureza salarial e acrescido do adicional previsto em lei, contrato, acordo, convenção coletiva ou sentença normativa.

Súmula 291 do TST: Horas extras. Habitualidade. Supressão. Indenização (nova redação em decorrência do julgamento do processo TST-IUJERR 10700-45.2007.5.22.0101). A supressão total ou parcial, pelo empregador, de serviço suplementar prestado com habitualidade, durante pelo menos 1 (um) ano, assegura ao empregado o direito à indenização correspondente ao valor de 1 (um) mês das horas suprimidas, total ou parcialmente, para cada ano ou fração igual ou superior a seis meses de prestação de serviço acima da jornada normal. O cálculo observará a média das horas suplementares nos últimos 12 (doze) meses anteriores à mudança, multiplicada pelo valor da hora extra do dia da supressão (*DEJT* 27.05.2011).

Súmula 340 do TST: Comissionista. Horas Extras. Para o cálculo das horas extras prestadas pelos trabalhadores portuários, observar-se-á somente o salário básico percebido, excluídos os adicionais de risco e produtividade (ex-OJ 61 da SBDI-1, inserida em 14.03.1994).

Súmula 347 do TST: Horas extras habituais. Apuração. Média física. O cálculo do valor das horas extras habituais, para efeito de reflexos em verbas trabalhistas, observará o número de horas efetivamente prestadas e a ele aplica-se o valor do salário-hora da época do pagamento daquelas verbas.

Súmula 376 do TST: Horas extras. Limitação. Art. 59 da CLT. Reflexos. I – A limitação legal da jornada suplementar a duas horas diárias não exime o empregador de pagar todas as horas trabalhadas. II – O valor das horas extras habitualmente prestadas integra o cálculo dos haveres trabalhistas, independentemente da limitação prevista no *caput* do art. 59 da CLT.

Súmula 431 do TST: Salário-hora. Empregado sujeito ao regime geral de trabalho (art. 58, *caput*, da CLT). 40 horas semanais. Cálculo. Aplicação do divisor 200. Para os empregados a que alude o art. 58, *caput*, da CLT, quando sujeitos a 40 horas semanais de trabalho, aplica-se o divisor 200 para o cálculo do valor do salário-hora.

Orientação Jurisprudencial 60 da SBDI-I do TST: [...] II – Para o cálculo das horas extras prestadas pelos trabalhadores portuários, observar-se-á somente o salário básico percebido, excluídos os adicionais de risco e produtividade (ex-OJ 61 da SBDI-1, inserida em 14.03.1994).

Orientação Jurisprudencial 97 da SBDI-I do TST: Horas extras. Adicional noturno. Base de cálculo. O adicional noturno integra a base de cálculo das horas extras prestadas no período noturno.

Orientação Jurisprudencial 235 da SBDI-I do TST: Horas extras. Salário por produção (redação alterada na sessão do Tribunal Pleno realizada em 16.04.2012). O empregado que recebe salário por produção e trabalha em sobrejornada tem direito à percepção apenas do adicional de horas extras, exceto no caso do empregado cortador de cana, a quem é devido o pagamento das horas extras e do adicional respectivo.

Orientação Jurisprudencial 397 da SBDI-I do TST: O empregado que recebe remuneração mista, ou seja, uma parte fixa e outra variável, tem direito a horas extras pelo trabalho em sobrejornada. Em relação à parte fixa, são devidas as horas simples acrescidas do adicional de horas extras. Em relação à parte variável, é devido somente o adicional de horas extras, aplicando-se à hipótese o disposto na Súmula 340 do TST.

Art. 65. No caso do empregado diarista, o salário-hora normal será obtido dividindo-se o salário diário correspondente à duração do trabalho, estabelecido no art. 58, pelo número de horas de efetivo trabalho.

1. EMPREGADO DIARISTA É AQUELE QUE RECEBE POR DIA TRABALHADO

Nesse caso, o salário-hora normal é obtido dividindo-se o salário diário correspondente à duração do trabalho, estabelecido no art. 58 da CLT, isto é, de oito horas diárias (desde que não seja fixado expressamente outro limite), pelo número de horas de efetivo trabalho.

✦ Jurisprudência

Horista. Turnos de revezamento. Horas extras. O salário-hora é o quociente de uma operação que tem como divisor o total de horas ordinárias (CLT, art. 65). Remunera, pois, as horas ordinárias, não as extraordinárias (TRT da 2.ª Região, RO 20050693080, Rel. Rafael E. Pugliese Ribeiro, *DJ* 14.10.2005).

Seção III – Dos Períodos de Descanso

Art. 66. Entre 2 (duas) jornadas de trabalho haverá um período mínimo de 11 (onze) horas consecutivas para descanso.

1. INTERVALO INTERJORNADA

O intervalo interjornada é aquele que ocorre entre uma jornada e outra de trabalho. Em conformidade com o art. 66 da CLT.

Referido intervalo tem natureza distinta do descanso semanal remunerado e dos feriados, de acordo com a Súmula 110 do TST.

O intervalo interjornada não é computado como tempo de serviço; o respectivo período não é remunerado, sendo hipótese de suspensão do contrato de trabalho.

Por isso, há grande discussão quanto às consequências de não se observar o mencionado intervalo em sua integralidade.

Há corrente de entendimento, seguindo mais a literalidade da lei, no sentido de que, por não se tratar de prorrogação de jornada de trabalho, o mencionado descumprimento apenas gera infração administrativa. Por não se tratar de intervalo intrajornada, não se poderia aplicar a previsão do art. 71, § 4.º, até porque a penalidade deve ser interpretada restritivamente.

O entendimento oposto, que demonstra tendência em prevalecer, mostra-se mais adequado, ao imprimir interpretação teleológica ao dispositivo analisado, bem como ao assegurar maior eficácia ao seu comando.

Assim, defende-se que a não observância da integralidade do intervalo interjornada, de 11 horas, acarreta o direito ao recebimento do tempo de intervalo não usufruído como se fosse hora extra, por equiparação, uma vez que o empregado deveria estar descansando, mas prestou serviços em favor do empregador, em prejuízo de sua segurança e saúde. Essa orientação é, de certa forma, também adotada na referida Súmula 110 do TST.

Frise-se que o entendimento acima defendido foi adotado pela Orientação Jurisprudencial 355 da SBDI-I do TST.

Da mesma forma, no âmbito rural, entre duas jornadas de trabalho deve haver um período mínimo de 11 horas consecutivas para descanso (art. 5.º, parte final, da Lei 5.889/1973 e art. 88 do Decreto 10.854/2021).

✦ Súmulas, Orientações Jurisprudenciais e Precedentes Normativos

Súmula 110 do TST: Jornada de trabalho. Intervalo. No regime de revezamento, as horas trabalhadas em seguida ao repouso semanal de 24 horas, com prejuízo do intervalo mínimo de 11 horas consecutivas para descanso entre jornadas, devem ser remuneradas como extraordinárias, inclusive com o respectivo adicional.

Orientação Jurisprudencial 355 da SBDI-I do TST: Intervalo interjornadas. Inobservância. Horas extras. Período pago como sobrejornada. Art. 66 da CLT. Aplicação analógica do § 4.º do art. 71 da CLT. O desrespeito ao intervalo mínimo interjornadas previsto no art. 66 da CLT acarreta, por analogia, os mesmos efeitos previstos no § 4.º do art. 71 da CLT e na Súmula 110 do TST, devendo-se pagar a integralidade das horas que foram subtraídas do intervalo, acrescidas do respectivo adicional (*DJ* 14.03.2008).

Art. 67. Será assegurado a todo empregado um descanso semanal de 24 (vinte e quatro) horas consecutivas, o qual, salvo motivo de conveniência pública ou necessidade imperiosa do serviço, deverá coincidir com o domingo, no todo ou em parte.

1. REPOUSO SEMANAL REMUNERADO

É possível estabelecer, como gênero, os chamados dias de repouso remunerado, tendo como espécies o descanso semanal remunerado e os feriados legais.

O repouso semanal remunerado pode ser conceituado como o período de ausência de trabalho por 24 horas, com direito à remuneração, para o descanso do empregado, que deve ocorrer uma vez por semana, preferencialmente aos domingos. Trata-se de conceito adaptado à realidade de nosso sistema jurídico em vigor, como será visto ao longo do presente estudo.

De todo modo, cabe destacar que: o período de repouso semanal é de no mínimo 24 horas; em cada semana o empregado faz jus a no mínimo uma folga; o mencionado repouso deve ser preferencialmente aos domingos; a remuneração do dia de descanso é devida se observados os requisitos de frequência e pontualidade.

Os feriados, por sua vez, são dias fixados em lei, em que não há o dever de prestar serviços, mas o empregado permanece com o direito de receber a respectiva remuneração.

O repouso semanal remunerado, no enfoque do período em si, por ser remunerado, tem a natureza jurídica de interrupção do contrato de trabalho.

Sob o aspecto do valor recebido pelo empregado, durante o mencionado período, a natureza jurídica é salarial.

Além disso, pode-se dizer que o descanso semanal remunerado é um direito trabalhista, de ordem fundamental, com previsão constitucional.

Por outro lado, trata-se de dever jurídico que se impõe ao empregador, quanto à concessão do descanso semanal ao empregado, bem como de pagar a remuneração correspondente ao dia de descanso.

Essas mesmas conclusões são aplicáveis aos feriados.

Parágrafo único. Nos serviços que exijam trabalho aos domingos, com exceção quanto aos elencos teatrais, será estabelecida escala de revezamento, mensalmente organizada e constando de quadro sujeito à fiscalização.

2. DESCANSO SEMANAL REMUNERADO E TRABALHO AOS DOMINGOS

A Constituição Federal de 1988 assegura em seu art. 7.º, inciso XV, o direito ao "repouso semanal remunerado, preferencialmente aos domingos".

Ou seja, apenas "preferencialmente" é que o repouso semanal remunerado deve coincidir com o domingo, não havendo exigência constitucional, nem legal, de que recaia sempre nesse dia da semana. O art. 1.º da Lei 605/1949 confirma a mesma assertiva.

Assegura-se ao *radialista* uma folga semanal remunerada de 24 horas consecutivas, de preferência aos domingos (art. 20 da Lei 6.615/1978). As empresas devem organizar escalas de revezamento de modo a favorecer o empregado com um repouso dominical mensal, pelo menos, salvo quando, pela natureza do serviço, a atividade do radialista for desempenhada habitualmente aos domingos.

Nos termos do art. 6.º da Lei 10.101/2000, com redação dada pela Lei 11.603/2007: "Art. 6.º Fica autorizado o trabalho aos domingos nas atividades do comércio em geral, observada a legislação municipal, nos termos do art. 30, inciso I, da Constituição. Parágrafo único. O repouso semanal remunerado deverá coincidir, pelo menos uma vez no período máximo de três semanas, com o domingo, respeitadas as demais normas de proteção ao trabalho e outras a serem estipuladas em negociação coletiva".

Portanto, conforme a Lei 10.101/2000 (art. 6.º, *caput*), autoriza-se o trabalho aos domingos no comércio em geral, observado o art. 30, inciso I, da Constituição (de acordo com o qual compete aos Municípios "legislar sobre assuntos de interesse local")[48], independentemente de autorização em acordo (individual ou coletivo), convenção coletiva, regulamento, decreto, portaria ou qualquer outra norma.

Nesse sentido, cabe transcrever os incisos I, III e V do Precedente Administrativo 45 da Secretaria de Inspeção do Trabalho (Ato Declaratório SIT/DFT 4/2002), em sua atual redação (Ato Declaratório 12/2011): "I – O comércio em geral pode manter empregados trabalhando aos domingos, independentemente de convenção ou acordo coletivo e de autorização municipal. [...] III – Por sua vez, a abertura do comércio aos domingos é de competência municipal e a verificação do cumprimento das normas do município incumbe à fiscalização de posturas local. [...] V Os *shopping centers*, mercados, supermercados, hipermercados e congêneres estão compreendidos na categoria 'comércio em geral' referida pela Lei 10.101/2000, com redação dada pela Lei 11.603/2007. [...]. Referência normativa: Lei 11.603, de 05 de dezembro de 2007, que altera e acrescenta dispositivos ao art. 6.º da Lei 10.101 de 19 de dezembro de 2000".

As infrações ao disposto nos arts. 6.º e 6.º-A da Lei 10.101/2000 são punidas com a multa prevista no art. 75 da Consolidação das Leis do Trabalho.

Mesmo não se tratando de comércio, em certas atividades, nem sempre todo descanso semanal remunerado coincide com o domingo.

Os arts. 154 a 156 do Decreto 10.854/2021, regulamentando a Lei 605/1949, disciplinam de modo uniforme a permissão do trabalho nos dias de repouso semanal e nos feriados.

Sendo assim, comprovado o cumprimento das exigências técnicas, nos termos do disposto no art. 1.º da Lei 605/1949, será admitido o trabalho nos dias de repouso, garantida a remuneração correspondente (art. 154 do Decreto 10.854/2021).

Constituem exigências técnicas aquelas que, em razão do interesse público ou das condições peculiares às atividades da empresa ou ao local onde estas atuem, tornem indispensável a continuidade do trabalho, em todos ou alguns de seus serviços (art. 154, § 1.º, do Decreto 10.854/2021).

---

48 Cf. Súmula Vinculante 38 (conversão da Súmula 645) do STF: "É competente o Município para fixar o horário de funcionamento de estabelecimento comercial". O art. 69 da CLT dispõe que na regulamentação do funcionamento de atividades sujeitas ao regime do Capítulo II, sobre *duração do trabalho*, os municípios devem atender aos preceitos nele estabelecidos, e as regras que venham a fixar não podem contrariar tais preceitos nem as instruções que, para seu cumprimento, forem expedidas pelas autoridades competentes em matéria de trabalho.

Nos serviços que exijam trabalho aos domingos, com exceção dos elencos teatrais e congêneres, será estabelecida escala de revezamento, mensalmente organizada, que constará de quadro sujeito à fiscalização (art. 154, § 2.º, do Decreto 10.854/2021).

Nos serviços em que for permitido o trabalho nos dias de repouso, a remuneração dos empregados que trabalharem nesses dias deve ser paga em dobro, exceto se a empresa determinar outro dia de folga (art. 154, § 3.º, do Decreto 10.854/2021).

Cabe a ato do Ministro de Estado do Trabalho e Previdência conceder, em caráter permanente, permissão para o trabalho nos dias de repouso às atividades que se enquadrarem nas exigências técnicas (art. 154, § 4.º, do Decreto 10.854/2021).

Além disso, será admitido, excepcionalmente, o trabalho em dia de repouso quando: ocorrer motivo de força maior; ou para atender à realização ou à conclusão de serviços inadiáveis ou cuja inexecução possa acarretar prejuízo manifesto, a empresa obtiver autorização prévia da autoridade competente em matéria de trabalho, com discriminação do período autorizado, o qual, de cada vez, não excederá a 60 dias (art. 155 do Decreto 10.854/2021).

Para os bancários, se não houver previsão em norma mais benéfica, aplica-se a Súmula 113 do TST.

Caso exista labor no dia de descanso semanal remunerado, sem folga compensatória, segundo construção jurisprudencial e doutrinária, com fundamento nos arts. 7.º e 9.º da Lei 605/1949, o empregado faz jus à remuneração em dobro, "sem prejuízo da remuneração relativa ao repouso semanal" (Súmula 146 do TST).

Essa remuneração em dobro, na realidade, não possui natureza jurídica de horas extras, mas sim de penalidade[49], pela ausência da concessão do descanso, com trabalho realizado em dia de repouso, acarretando direito pecuniário em favor do empregado.

Registre-se o entendimento de que o termo "remunerar" em dobro não está utilizado em seu sentido técnico (art. 457 da CLT), mas com a simples conotação de pagamento. A natureza jurídica da parcela, como se sabe, decorre de seus contornos e características, não se podendo adotar a mera literalidade. Sendo assim, não há que falar em reflexos desse pagamento em outras parcelas trabalhistas[50].

A respeito dessa compensação de dia de descanso trabalhado, cabe ressaltar que não se confunde com a compensação de horas (prevista na Constituição Federal de 1988, art. 7.º, inciso XIII, e na CLT, art. 59, § 2.º), por se referir ao dia de repouso não gozado, não sendo exigido "acordo ou convenção coletiva de trabalho", bastando a concessão de folga em outro dia durante a semana.

No caso do empregado doméstico, que também faz jus ao repouso semanal remunerado, o art. 7.º, parágrafo único, da Constituição Federal de 1988, com redação dada pela Emenda Constitucional 72/2013, passou a prever o direito à duração do trabalho normal não superior a oito horas diárias e quarenta e quatro semanais, facultada a compensação de horários e a redução da jornada, mediante acordo ou convenção coletiva de trabalho (art. 7.º, inciso XIII).

O mais adequado é entender no sentido da necessidade de concessão do descanso semanal remunerado até o sétimo dia (ou seja, imediatamente após o sexto dia de trabalho), pois a Convenção 106 da OIT, relativa ao repouso semanal no comércio e nos escritórios, promulgada pelo Decreto 58.823, de 14 de julho de 1966 (atualmente Decreto 10.088/2019),

49 Cf. MARTINS, Sergio Pinto. *Comentários à CLT*. 5. ed. São Paulo: Atlas, 2002. p. 128.

50 Cf. MARTINS, Sergio Pinto. *Comentários à CLT*. 5. ed. São Paulo: Atlas, 2002. p. 128.

no art. 6.º, prevê o direito a um período de repouso semanal, compreendendo um mínimo de vinte e quatro horas consecutivas, "no decorrer de cada período de sete dias". Nesse sentido, cf. Orientação Jurisprudencial 410 da SBDI-I do TST.

Cabe ainda destacar que o atleta profissional de futebol, em razão das peculiaridades da atividade que desenvolve, conforme art. 28, § 4.º, inciso IV, c/c art. 94 da Lei 9.615/1998, com redação dada pela Lei 12.395/2011, tem direito ao repouso semanal remunerado de 24 horas ininterruptas, preferentemente em dia subsequente à participação do atleta na partida, prova ou equivalente, quando realizada no final de semana.

3. REMUNERAÇÃO DO DESCANSO SEMANAL

Para os que trabalham por dia, semana, quinzena ou mês, a remuneração do repouso semanal deve ser correspondente à remuneração de um dia de serviço, computadas as horas extraordinárias habitualmente prestadas (art. 7.º, *a*, da Lei 605/1949).

O repouso semanal do empregado que não trabalha todos os dias da semana deve ser calculado proporcionalmente aos dias trabalhados.

Quanto ao empregado que recebe por hora trabalhada, tem direito à remuneração do repouso semanal correspondente à de sua jornada normal de trabalho, devendo ser computadas as horas extraordinárias habitualmente prestadas (art. 7.º, *b*, da Lei 605/1949). Cf. ainda Súmula 172 do TST.

De acordo com a atual redação da Orientação Jurisprudencial 394 da SBDI-I do TST: "Repouso semanal remunerado. Integração das horas extras. Repercussão no cálculo das férias, décimo terceiro salário, aviso prévio e depósitos do FGTS (TST--IncJulgRREmbRep-10169-57.2013.5.05.0024, Pleno, Rel. Min. Amaury Rodrigues Pinto Junior, *DEJT* 31.03.2023). I – A majoração do valor do repouso semanal remunerado, decorrente da integração das horas extras habituais, deve repercutir no cálculo, efetuado pelo empregador, das demais parcelas que têm como base de cálculo o salário, não se cogitando de *bis in idem* por sua incidência no cálculo das férias, da gratificação natalina, do aviso prévio e do FGTS. II – O item I será aplicado às horas extras trabalhadas a partir de 20/03/2023"[51].

As gorjetas não integram a base de cálculo do descanso semanal remunerado. Cf. Súmula 354 do TST.

A respeito do Professor, cf. art. 320 da CLT e Súmula 351 do TST.

[51] Prevalecia, anteriormente, o entendimento de que o reflexo (repercussão) das horas extras no repouso semanal remunerado, por sua vez, não geraria direito a novos reflexos, em outras verbas trabalhistas. Nessa linha destaca-se a seguinte decisão: "Horas extras. Repouso semanal remunerado. Integração e reflexos. Esta Corte tem adotado o entendimento de que a repercussão das diferenças da remuneração do repouso semanal – decorrentes dos reflexos das horas extras deferidas – nas demais parcelas trabalhistas e rescisórias representa bis in idem. Recurso de Embargos de que se conhece e a que se nega provimento" (TST, SBDI-I, E-RR 201/2004-051-02-00.0, Rel. Min. João Batista Brito Pereira, *DEJT* 18.09.2009). Nesse sentido, conforme a redação original da Orientação Jurisprudencial 394 da SBDI-I do TST: "Repouso semanal remunerado – RSR. Integração das horas extras. Não repercussão no cálculo das férias, do décimo terceiro salário, do aviso prévio e dos depósitos do FGTS. A majoração do valor do repouso semanal remunerado, em razão da integração das horas extras habitualmente prestadas, não repercute no cálculo das férias, da gratificação natalina, do aviso prévio e do FGTS, sob pena de caracterização de 'bis in idem'" (*DEJT* 09.06.2010). Entretanto, em sentido divergente dessa redação original, em âmbito de recurso repetitivo, cf. TST, SBDI-I, IRR 10169-57.2013.5.05.0024, Rel. Min. Márcio Eurico Vitral Amaro.

O empregado que recebe por tarefa ou peça faz jus ao repouso semanal remunerado em valor equivalente ao salário correspondente às tarefas ou peças feitas durante a semana, no horário normal de trabalho, dividido pelos dias de serviço efetivamente prestados ao empregador (art. 7.º, *c*, da Lei 605/1949).

Para o cálculo da remuneração do dia de descanso no caso do comissionista, deve-se utilizar o critério mais próximo ou similar, ou seja, o previsto no art. 7.º, *c*, da Lei 605/1949, pertinente ao trabalho por tarefa ou peça. Cf. ainda Súmula 27 do TST.

O empregado em domicílio tem direito à remuneração do descanso, equivalente ao quociente da divisão por seis da importância total da sua produção na semana (art. 7.º, *d*, da Lei 605/1949).

Se certa verba da remuneração já é paga de forma mensal (ou quinzenal), entende-se que a remuneração do repouso semanal já se encontra inserida na referida parcela (Lei 605/1949, art. 7.º, § 2.º), como se observa na Súmula 225 do TST.

Pela mesma razão, os adicionais de insalubridade e de periculosidade não geram reflexos em repouso semanal remunerado e remuneração de feriados, pois os mencionados adicionais já são pagos em valor mensal. Nesse sentido, cf. Orientação Jurisprudencial 103 da SBDI-I do TST.

A remuneração relativa ao repouso semanal, que possui natureza salarial, é devida desde que presentes os dois requisitos previstos no art. 6.º da Lei 605/1949, quais sejam: assiduidade (ausência de faltas injustificadas) durante a semana anterior ao dia de repouso semanal; pontualidade (observância dos horários de trabalho, ou seja, de entrada, saída e intervalos) durante a semana anterior ao dia de repouso semanal.

A justificação da ausência do empregado motivada por doença, para a percepção do auxílio por incapacidade temporária e da remuneração do repouso semanal, deve observar a ordem preferencial dos atestados médicos estabelecida em lei (Súmula 15 do TST).

A empresa que dispuser de serviço médico, próprio ou em convênio, tem a seu cargo o exame médico e o abono das faltas correspondentes ao período correspondente aos primeiros 15 dias consecutivos ao do afastamento da atividade por motivo de incapacidade, somente devendo encaminhar o segurado (empregado) à perícia médica da Previdência Social quando a incapacidade ultrapassar 15 dias (art. 60, § 4.º, da Lei 8.213/1991). Nesse sentido, ao serviço médico da empresa ou ao mantido por esta última mediante convênio compete abonar os primeiros 15 dias de ausência ao trabalho (Súmula 282 do TST).

Registre-se que durante o período de emergência em saúde pública decorrente da covid-19, a imposição de isolamento dispensa o empregado da comprovação de doença por sete dias (art. 6.º, § 4.º, da Lei 605/1949, incluído pela Lei 14.128/2021). No caso de imposição de isolamento em razão da covid-19, o trabalhador pode apresentar como justificativa válida, no oitavo dia de afastamento, além do atestado médico, documento de unidade de saúde do Sistema Único de Saúde (SUS) ou documento eletrônico regulamentado pelo Ministério da Saúde (art. 6.º, § 5.º, da Lei 605/1949, incluído pela Lei 14.128/2021).

Foi declarado o encerramento da emergência em saúde pública de importância nacional (Espin) em decorrência da infecção humana pelo novo coronavírus (2019-nCov), de que tratava a Portaria 188/2020 (Portaria 913/2022 do Ministério da Saúde, com entrada em vigor 30 dias após a data de sua publicação, ocorrida em 22.04.2022).

O trabalhador que, sem motivo justificado ou em razão de punição disciplinar, não tiver trabalhado durante toda a semana e cumprido integralmente o seu horário de trabalho perde a remuneração do dia de repouso (art. 158 do Decreto 10.854/2021).

Nas empresas em que vigorar regime de trabalho reduzido, a frequência exigida corresponde ao número de dias em que houver trabalho (art. 158, § 1.º, do Decreto 10.854/2021). As ausências decorrentes de férias não prejudicam a frequência exigida (art. 158, § 2.º, do Decreto 10.854/2021).

Considera-se semana, para fins de pagamento de remuneração, o período de segunda-feira a domingo que antecede o dia determinado como repouso semanal remunerado (art. 158, § 4.º, do Decreto 10.854/2021).

Cabe ressaltar que se consideram já remunerados os dias de repouso semanal do mensalista ou quinzenalista cujo cálculo de salário mensal ou quinzenal, ou cujos descontos por faltas sejam efetuados na base do número de dias do mês ou de 30 e 15 diárias, respectivamente (art. 7.º, § 2.º, da Lei 605/1949).

Logo, para o empregado que recebe salário mensal ou por quinzena, cujo valor inclui a remuneração de todos os dias do mês, os dias de descanso semanal remunerado já se encontram naturalmente remunerados.

✦ Súmulas, Orientações Jurisprudenciais e Precedentes Normativos

Súmula Vinculante 38 (conversão da Súmula 645) do STF: É competente o Município para fixar o horário de funcionamento de estabelecimento comercial.

Súmula 27 do TST: É devida a remuneração do repouso semanal e dos dias feriados ao empregado comissionista, ainda que pracista.

Súmula 113 do TST: Bancário. Sábado. Dia útil. O sábado do bancário é dia útil não trabalhado, não dia de repouso remunerado. Não cabe a repercussão do pagamento de horas extras habituais em sua remuneração.

Súmula 146 do TST: Trabalho em domingos e feriados, não compensado (incorporada a Orientação Jurisprudencial 93 da SBDI-1) – Res. 121/2003, *DJ* 19, 20 e 21.11.2003. O trabalho prestado em domingos e feriados, não compensado, deve ser pago em dobro, sem prejuízo da remuneração relativa ao repouso semanal.

Súmula 172 do TST: Repouso remunerado. Horas extras. Cálculo. Computam-se no cálculo do repouso remunerado as horas extras habitualmente prestadas.

Súmula 225 do TST: As gratificações por tempo de serviço e produtividade, pagas mensalmente, não repercutem no cálculo do repouso semanal remunerado.

Súmula 351 do TST: Professor. Repouso semanal remunerado. Art. 7.º, § 2.º, da Lei 605, de 05.01.1949 e art. 320 da CLT. O professor que recebe salário mensal à base de hora-aula tem direito ao acréscimo de 1/6 a título de repouso semanal remunerado, considerando-se para esse fim o mês de quatro semanas e meia.

Súmula 354 do TST: Gorjetas. Natureza jurídica. Repercussões. As gorjetas, cobradas pelo empregador na nota de serviço ou oferecidas espontaneamente pelos clientes, integram a remuneração do empregado, não servindo de base de cálculo para as parcelas de aviso prévio, adicional noturno, horas extras e repouso semanal remunerado.

Orientação Jurisprudencial 103 da SBDI-I do TST: Adicional de insalubridade. Repouso semanal e feriados. O adicional de insalubridade já remunera os dias de repouso semanal e feriados.

Orientação Jurisprudencial 394 da SBDI-I do TST: Repouso semanal remunerado. Integração das horas extras. Repercussão no cálculo das férias, décimo terceiro salário, aviso prévio e depósitos do FGTS (nova redação - TST--IncJulgRREmbRep-10169-57.2013.5.05.0024, Pleno, Rel. Min. Amaury Rodrigues Pinto Junior, *DEJT* 31.03.2023). I – A majoração do valor do repouso semanal remunerado, decorrente da integração das horas extras habituais, deve repercutir no cálculo, efetuado pelo empregador, das demais parcelas que têm como base de cálculo o salário, não se cogitando de *bis in idem* por sua incidência no cálculo das férias, da gratificação natalina, do aviso prévio e do FGTS; II – O item I será aplicado às horas extras trabalhadas a partir de 20/03/2023.

Orientação Jurisprudencial 410 da SBDI-I do TST: Repouso semanal remunerado. Concessão após o sétimo dia consecutivo de trabalho. Art. 7.º, XV, da CF. Violação. Viola o art. 7.º, XV, da CF a concessão de repouso semanal remunerado após o sétimo dia consecutivo de trabalho, importando no seu pagamento em dobro (*DEJT* 22.10.2010).

Orientação Jurisprudencial Transitória 72 da SBDI-I do TST: Petrobras. Domingos e feriados trabalhados. Regime de turnos ininterruptos de revezamento. Pagamento em dobro concedido por liberalidade do empregador. Incorporação ao contrato de trabalho. Supressão unilateral. Acordo coletivo posterior que valida a supressão. Retroação da norma coletiva. Impossibilidade. O pagamento em dobro, concedido por liberalidade da empresa, dos domingos e feriados trabalhados de forma habitual pelo empregado da Petrobras submetido ao regime de turnos ininterruptos de revezamento não pode ser suprimido unilateralmente, pois é vantagem incorporada ao contrato de trabalho, nos termos do art. 468 da CLT. Assim, o acordo coletivo, posteriormente firmado, somente opera efeitos a partir da data de sua entrada em vigor, sendo incabível a utilização da norma coletiva para regular situação pretérita.

Art. 68. O trabalho em domingo, seja total ou parcial, na forma do art. 67, será sempre subordinado à permissão prévia da autoridade competente em matéria de trabalho.

Parágrafo único. A permissão será concedida a título permanente nas atividades que, por sua natureza ou pela conveniência pública, devem ser exercidas aos domingos, cabendo ao Ministro do Trabalho, Indústria e Comércio, expedir instruções em que sejam especificadas tais atividades. Nos demais casos, ela será dada sob forma transitória, com discriminação do período autorizado, o qual, de cada vez, não excederá de 60 (sessenta) dias.

1. AUTORIZAÇÃO PARA TRABALHO AOS DOMINGOS E FERIADOS

Assegura-se a todo empregado um descanso semanal de 24 horas consecutivas, o qual, salvo motivo de conveniência pública ou necessidade imperiosa do serviço, deve coincidir com o domingo, no todo ou em parte (art. 67 da CLT).

Nos serviços que exijam trabalho aos domingos, com exceção quanto aos elencos teatrais, deve ser estabelecida escala de revezamento, mensalmente organizada e constando de quadro sujeito à fiscalização (art. 67, parágrafo único, da CLT).

O trabalho em domingo, seja total ou parcial, na forma do art. 67 da CLT, será sempre subordinado à permissão prévia da autoridade competente em matéria de trabalho (art. 68 da CLT).

A permissão será concedida a título permanente nas atividades que, por sua natureza ou pela conveniência pública, devem ser exercidas aos domingos, cabendo ao Ministro do Trabalho expedir instruções em que sejam especificadas tais atividades. Nos demais casos, ela será dada sob a forma transitória, com discriminação do período autorizado, o qual, de cada vez, não excederá de 60 dias (art. 68, parágrafo único, da CLT).

A autorização transitória para trabalho aos domingos e feriados civis e religiosos a que se refere o parágrafo único do art. 68 da CLT é regida de acordo com os procedimentos previstos nos arts. 56 a 61 da Portaria 671/2021 do Ministério do Trabalho e Previdência.

A referida autorização pode ser concedida nas seguintes hipóteses: I – para atender à realização ou conclusão de serviços inadiáveis ou necessidade imperiosa de serviço; II – quando a inexecução das atividades puder acarretar prejuízo manifesto.

A autorização transitória para trabalho aos domingos e feriados civis e religiosos será concedida pelo chefe da unidade descentralizada da inspeção do trabalho, com circunscrição no local da prestação de serviço, mediante fundamentação técnica que leve à conclusão pela realização ou conclusão de serviços inadiáveis ou cuja inexecução possa acarretar prejuízo manifesto à requerente (art. 57 da Portaria 671/2021 do Ministério do Trabalho e Previdência). A autorização transitória pode ser concedida pelo prazo de até 60 dias.

O requerimento para solicitar a autorização transitória deve ser instruído por laudo técnico fundamentado, com indicação da necessidade de ordem técnica e os setores que exigem a continuidade do trabalho (art. 58 da Portaria 671/2021 do Ministério do Trabalho e Previdência).

Nos serviços que exijam trabalho aos domingos, com exceção quanto aos elencos teatrais, deve ser estabelecida escala de revezamento, mensalmente organizada e sujeito à fiscalização (art. 58, § 1.º, da Portaria 671/2021).

O repouso semanal remunerado deve coincidir, pelo menos uma vez no período máximo de sete semanas, com o domingo, respeitadas as demais normas de proteção ao trabalho (art. 58, § 2.º, da Portaria 671/2021).

Nas atividades do comércio em geral, o repouso semanal remunerado deve coincidir, pelo menos uma vez no período máximo de três semanas, com o domingo, respeitadas as demais normas de proteção ao trabalho e outras a serem estipuladas em negociação coletiva, nos termos da Lei 10.101/2000 (art. 58, § 3.º, da Portaria 671/2021).

A autorização transitória pode ser cancelada a qualquer momento pelo chefe da unidade descentralizada da inspeção do trabalho, após oitiva da empresa, mediante despacho fundamentado e baseado em relatório da inspeção do trabalho, desde que observada a ocorrência de uma das seguintes hipóteses no curso da referida autorização: I – descumprimento das exigências constantes dos arts. 56 a 61 da Portaria 671/2021; II – infração nos atributos de jornada e descanso, constatada pela Inspeção do Trabalho; ou III – situação de grave e iminente risco à segurança e saúde do trabalhador constatada pela inspeção do trabalho (art. 59 da Portaria 671/2021 do Ministério do Trabalho e Previdência).

Deferida a autorização transitória para trabalho aos domingos e feriados, o início das atividades das empresas nesses dias independe de inspeção prévia (art. 60 da Portaria 671/2021 do Ministério do Trabalho e Previdência).

A escala de revezamento será efetuada por livre escolha do empregador (art. 61 da Portaria 671/2021 do Ministério do Trabalho e Previdência).

É concedida, em caráter permanente, autorização para o trabalho aos domingos e feriados, de que tratam os arts. 68 e 70 da CLT, às atividades constantes do Anexo IV da Portaria 671/2021 do Ministério do Trabalho e Previdência (art. 62).

Os §§ 1.º, 2.º e 3.º do art. 58 da Portaria 671/2021 também se aplicam à autorização permanente para trabalho aos domingos e feriados (art. 63 da Portaria 671/2021 do Ministério do Trabalho e Previdência).

Art. 69. Na regulamentação do funcionamento de atividades sujeitas ao regime deste Capítulo, os municípios atenderão aos preceitos nele estabelecidos, e as regras que venham a fixar não poderão contrariar tais preceitos nem as instruções que, para seu cumprimento, forem expedidas pelas autoridades competentes em matéria de trabalho.

Art. 70. Salvo o disposto nos arts. 68 e 69, é vedado o trabalho em dias feriados nacionais e feriados religiosos, nos termos da legislação própria.

1. TRABALHO EM FERIADOS

O art. 7.º, inciso XV, da Constituição Federal de 1988, ao menos expressamente, versa apenas sobre o "repouso semanal remunerado", não fazendo menção aos feriados. Estes podem ser civis e religiosos, e a Convenção 132 da OIT, ratificada pelo Brasil (promulgada Decreto 3.197, de 5 de outubro de 1999, atualmente Decreto 10.088/2019), que versa sobre férias, menciona a figura dos feriados "costumeiros".

Na realidade, o direito ao repouso remunerado nos feriados é assegurado, de forma expressa, no âmbito infraconstitucional, ou seja, pela Lei 605/1949, art. 8.º.

Nesse contexto, salvo o disposto nos arts. 68 e 69 da CLT, é vedado o trabalho em dias feriados nacionais e feriados religiosos, nos termos da legislação própria (art. 70 da CLT).

A regra é a impossibilidade de trabalho em feriados, nos termos do art. 1.º da Lei 605/1949. Efetivamente, conforme o art. 8.º do mesmo diploma legal, "é vedado o trabalho em dias feriados, civis e religiosos, garantida, entretanto, aos empregados a remuneração respectiva". O labor nesses dias é uma exceção, segundo dispõe a parte inicial desse dispositivo.

Como mencionado, excepcionalmente, possibilita-se o trabalho nos feriados em razão de execução de serviço imposta por exigências técnicas das empresas (arts. 8.º e 9.º da Lei 605/1949).

O art. 6.º-A da Lei 10.101/2000, incluído pela Lei 11.603/2007, assim dispõe: "Art. 6.º-A É permitido o trabalho em feriados nas atividades do comércio em geral, desde que autorizado em convenção coletiva de trabalho e observada a legislação municipal, nos termos do art. 30, inciso I, da Constituição".

Logo, passou a existir permissão para o labor em feriados nas "atividades do comércio em geral", desde que presente a autorização em "convenção coletiva de trabalho". Deve-se, ainda, observar a legislação municipal a respeito da matéria, conforme o art. 30, inciso I, da Constituição Federal de 1988 (de acordo com o qual compete aos Municípios "legislar sobre assuntos de interesse local"). Cf. Súmula Vinculante 38 do STF.

Mesmo tratando-se de labor em feriado, autorizado pela legislação, "a remuneração será paga em dobro, salvo se o empregador determinar outro dia de folga" (art. 9.º, *in fine*, da Lei 605/1949). Ou seja, caso não haja a concessão de folga compensatória, deve-se remunerar o trabalho em feriados em dobro, mesmo que não se trate de violação da lei. Sobre o assunto dispõe a Súmula 146 do TST.

Como a norma não pode ser interpretada em desfavor de quem visa a tutelar, caso o trabalhador preste serviços em feriado, mas a empresa não possua autorização para a execução do serviço, embora se esteja diante de violação da legislação específica, só resta deferir ao empregado o direito à remuneração em dobro (observando-se os termos da Súmula 146 do TST), caso não tenha havido concessão de folga compensatória.

Evidentemente, o obreiro não pode ser prejudicado com a conduta ilegal do empregador, pois o trabalho já ocorreu em favor deste, produzindo os seus efeitos, sob pena de enriquecimento ilícito. Nessa situação de labor em feriados, fora das hipóteses autorizadas pela legislação, a empresa ainda fica sujeita às penalidades administrativas cabíveis, a serem aplicadas pela fiscalização trabalhista (arts. 12 a 14 da Lei 605/1949,).

As infrações ao disposto na Lei 605/1949 são punidas com multa de R$ 40,25 a R$ 4.025,33, segundo a natureza da infração, sua extensão e a intenção de quem a praticou, aplicada em dobro no caso de reincidência e oposição à fiscalização ou desacato à autoridade (art. 12 da Lei 605/1949, com redação dada pela Lei 12.544/2011).

Obviamente, a decisão na esfera administrativa não afasta a garantia constitucional do controle jurisdicional, a qual estará franqueada àquele que sofrer lesão ou ameaça de lesão a direito (Constituição Federal de 1988, art. 5.º, inciso XXXV). Isso quer dizer que a decisão administrativa, em tese, pode ser contestada no âmbito jurisdicional, tanto que o Precedente Administrativo 17 da Secretaria de Inspeção do Trabalho (Ato Declaratório SIT/DFT 4/2002) assim estabelece: "Descanso. Trabalho em feriados. Decisão judicial. São insubsistentes os autos lavrados contra empregadores amparados por decisão judicial que os permita manter trabalhadores em atividade em dias feriados".

Cabe esclarecer que o art. 6.º-A da Lei 10.101/2000, incluído pela Lei 11.603/2007, não revogou, tacitamente, as demais permissões de trabalho em feriados.

A Lei 605/1949 (arts. 8.º a 10) e sua regulamentação tratam de matéria distinta da Lei 11.603/2007. Enquanto a Lei 605/1949 disciplina a autorização, pelo Estado (Ministério do Trabalho), de trabalho aos feriados em razão de exigências técnicas da empresa, o art. 6.º-A da Lei 10.101/2000, incluído pela Lei 11.603/2007, regula a autorização, por negociação coletiva, de trabalho aos feriados nas atividades do comércio em geral, sem qualquer relação com necessidades de ordem técnica da empresa, mas sim, certamente, para atender os interesses da categoria, facilitar o consumo pela população ativa e fomentar o desenvolvimento da economia.

Sendo assim, excetuados os casos em que a execução do serviço for imposta pelas exigências técnicas das empresas, é vedado o trabalho em dias feriados, civis e religiosos, garantida, entretanto, aos empregados a remuneração respectiva (art. 8.º da Lei 605/1949).

Nas atividades em que não for possível, em virtude das exigências técnicas das empresas, a suspensão do trabalho, nos dias feriados civis e religiosos, a remuneração deve ser paga em dobro, salvo se o empregador determinar outro dia de folga (art. 9.º da Lei 605/1949).

Na verificaçao das exigências técnicas, deve-se ter em vista as de ordem econômica, permanentes ou ocasionais, bem como as peculiaridades locais (art. 10 da Lei 605/1949). Cabe ao Poder Executivo definir as mencionadas exigências e especificar, tanto quanto possível, as empresas a elas sujeitas, ficando desde já incluídas entre elas as de serviços públicos e de transportes.

O Precedente Administrativo 45, incisos IV e V, da Secretaria de Inspeção do Trabalho assim dispõe: "Domingos e feriados. Comércio varejista em geral. [...] IV – O comércio em geral pode manter empregados trabalhando em feriados, desde que autorizado em convenção coletiva de trabalho. V – Os *shopping centers*, mercados, supermercados, hipermercados e congêneres estão compreendidos na categoria 'comércio em geral' referida pela Lei 10.101/2000, com redação dada pela Lei 11.603/2007 (Referência normativa: Lei 11.603, de 05 de dezembro de 2007, que altera e acrescenta dispositivos ao art. 6.º da Lei 10.101, de 19 de dezembro de 2000)".

Conforme o art. 1.º da Lei 662/1949, com redação dada pela Lei 10.607/2002, são feriados nacionais os dias 1.º de janeiro, 21 de abril, 1.º de maio, 7 de setembro, 2 de novembro, 15 de novembro e 25 de dezembro. A Lei 9.093/1995 dispõe que são feriados civis: os declarados em lei federal; a data magna do Estado fixada em lei estadual; os dias do início e do término do ano do centenário de fundação do Município, fixados em lei municipal (art. 1.º). São feriados religiosos, por sua vez, os dias de guarda, declarados em lei municipal, de acordo com a tradição local e em número não superior a quatro, neste incluída a Sexta-Feira da Paixão (art. 2.º).

2. REMUNERAÇÃO DOS FERIADOS

O direito à remuneração quanto aos dias de feriados também depende do preenchimento dos mencionados requisitos do art. 6.º da Lei 605/1949, tratando-se de típico caso de interrupção contratual: assiduidade; pontualidade durante a semana anterior.

O valor da remuneração do feriado é calculado em conformidade com o art. 7.º da Lei 605/1949, como já analisado acima quanto ao descanso semanal remunerado.

Não serão acumuladas a remuneração do repouso semanal e a do feriado civil ou religioso que recaírem no mesmo dia (art. 158, § 3.º, do Decreto 10.854/2021).

Como o art. 8.º da Lei 605/1949, regulando os feriados, remete à aplicação dos arts. 6.º e 7.º do mesmo diploma legal, pode-se defender que as horas extras habituais também refletem sobre a remuneração dos feriados, conforme previsto no art. 7.º, aplicando-se a mesma orientação da Súmula 172 do TST.

✦ Jurisprudência

Recurso de revista. Feriado. Pagamento em dobro. Carnaval. *Corpus christi*. **Ausência de previsão em lei federal e em lei municipal.** Discute-se o pagamento em dobro dos dias em que o reclamante trabalhou no carnaval e no de *corpus christi*. No caso, o Tribunal Regional entendeu que, sendo o direito costumeiro fonte formal autônoma do Direito do Trabalho, deve ser reconhecida como válida a suspensão do trabalho no carnaval e no dia de *corpus christi*, diante da sua prática reiterada, uniforme e geral. Acresceu que a suspensão do trabalho naquelas datas é fato notório, que independe de prova. Porém, os arts. 1.º e 2.º da Lei 9.093/95 dispõem, respectivamente, que são feriados civis os declarados em lei federal e feriados religiosos os declarados em lei municipal. Nesse contexto, embora exista a tradição em vários municípios estabelecendo o não expediente nas empresas, a legislação não trata o carnaval como feriado. Quanto ao dia de corpus christi, infere-se da tese regional não haver lei municipal definindo-o como feriado. Precedente desta Turma. Recurso de revista conhecido e provido (TST, 2.ª T., RR 607-52.2011.5.18.0082, Rel. Min. Delaíde Miranda Arantes, *DEJT* 12.09.2014).

✦ Súmulas, Orientações Jurisprudenciais e Precedentes Normativos

Súmula Vinculante 38 (conversão da Súmula 645) do STF: É competente o Município para fixar o horário de funcionamento de estabelecimento comercial.

Súmula 146 do TST: O trabalho prestado em domingos e feriados, não compensado, deve ser pago em dobro, sem prejuízo da remuneração relativa ao repouso semanal.

Súmula 172 do TST: Repouso remunerado. Horas extras. Cálculo. Computam-se no cálculo do repouso remunerado as horas extras habitualmente prestadas.

Art. 71. Em qualquer trabalho contínuo, cuja duração exceda de 6 (seis) horas, é obrigatória a concessão de um intervalo para repouso ou alimentação, o qual será, no mínimo, de 1 (uma) hora e, salvo acordo escrito ou contrato coletivo em contrário, não poderá exceder de 2 (duas) horas.

1. INTERVALO PARA DESCANSO E REFEIÇÃO

O intervalo para descanso pode ser conceituado como o período de ausência de trabalho, destinado ao repouso e à alimentação do empregado, podendo ocorrer no curso da jornada de trabalho ou entre uma jornada de trabalho e outra[52].

[52] Cf. MARTINS, Sergio Pinto. *Direito do trabalho*. 28. ed. São Paulo: Atlas, 2012. p. 565.

A finalidade dos intervalos é possibilitar que o empregado recomponha as suas forças, podendo descansar e se alimentar, possibilitando, conforme o caso, que prossiga com o seu labor durante a jornada de trabalho ou em dia seguinte.

Ao mesmo tempo, os intervalos constituem relevante direito do empregado, com previsão em normas de ordem pública, por conterem medidas de proteção à saúde, higiene e segurança do trabalhador.

Como se nota, os intervalos para descanso podem revelar múltiplos aspectos quanto à natureza jurídica, dependendo do enfoque adotado. Trata-se de direito trabalhista, de ordem fundamental, bem como de instituto essencial na segurança e medicina do trabalho.

No aspecto do período em si, o intervalo para descanso apresenta a natureza de suspensão ou interrupção do contrato de trabalho.

Cabe registrar que a Lei 13.645/2018 instituiu o "Dia Nacional do Desafio", a ser comemorado na última quarta-feira do mês de maio de cada ano. A referida comemoração compõe-se de atividades físicas e esportivas orientadas, a serem realizadas por, no mínimo, 15 minutos, em *empresas privadas*, em *órgãos da administração pública, direta e indireta*, em *estabelecimentos escolares*, nos lares, nos espaços públicos e em quaisquer outros lugares que permitam o convívio saudável entre as pessoas (art. 1.º, parágrafo único, da Lei 13.645/2018).

Embora não haja previsão clara e expressa, defende-se o entendimento de que a pausa na jornada de trabalho para a realização das atividades indicadas, decorrente do cumprimento da mencionada previsão legal, deva ser remunerada pelo empregador, por assumir os riscos da sua atividade (art. 2.º da CLT).

Primeiramente, cabe destacar que, se a duração do trabalho excede seis horas, é obrigatório o intervalo intrajornada de, no mínimo, uma hora e, no máximo, duas horas. Este limite máximo pode ser ultrapassado, excepcionalmente, mediante acordo escrito, acordo coletivo ou convenção coletiva.

Como se nota, a lei autoriza o acordo escrito para o referido aumento do período de intervalo, significando o acordo individual entre empregado e empregador, desde que estabelecido de forma válida, ou seja, sem vício na manifestação de vontade.

No âmbito rural, a Lei 5.889/1973, no art. 5.º, também prevê que em qualquer trabalho contínuo de duração superior a seis horas é obrigatória a concessão de um intervalo para repouso ou alimentação, observados os usos e costumes da região. Ao regulamentar esse dispositivo, o art. 87, § 1.º, do Decreto 10.854/2021 estabelece ser obrigatória, em qualquer trabalho contínuo de duração superior a seis horas, a concessão de intervalo mínimo de uma hora para repouso ou alimentação, observados os usos e os costumes da região. Mesmo assim, cabe mencionar o entendimento, não majoritário (e não adotado pela atual jurisprudência do TST), de que a referida delimitação do intervalo intrajornada do empregado rural por Decreto seria inválida, por ter avançado em matéria reservada à lei.

Prevalece o entendimento de que é válida a concessão de forma fracionada do referido intervalo intrajornada do trabalhador rural (como no caso de dois intervalos, sendo o primeiro para o almoço e o segundo, de 30 minutos, para o café), pois o art. 5.º da Lei 5.889/1973 remete aos usos e costumes da região (TST, SBDI-I, E-RR 932-60.2010.5.09.0325, Rel. Min. Renato de Lacerda Paiva, *DEJT* 12.05.2017).

Nos serviços rurais caracteristicamente intermitentes, não são computados como de efetivo exercício os intervalos entre uma e outra parte da execução da tarefa diária, desde que isso seja expressamente ressalvado na Carteira de Trabalho e Previdência Social (art.

6.º da Lei 5.889/1973). Considera-se serviço intermitente aquele que, por sua natureza, seja normalmente executado em duas ou mais etapas diárias distintas, desde que haja interrupção da jornada de trabalho de, no mínimo, cinco horas, entre uma e outra parte da execução da tarefa (art. 91, parágrafo único, do Decreto 10.854/2021).

Ainda na esfera rural, como medida de ergonomia, a Norma Regulamentadora 31, no item 31.8.6, assim prevê: "Para as atividades que forem realizadas necessariamente em pé, devem ser garantidas pausas para descanso". A NR 31, no item 31.8.7, estabelece ainda da seguinte forma: "Nas atividades que exijam sobrecarga muscular estática ou dinâmica, devem ser incluídas pausas para descanso e outras medidas organizacionais e administrativas". Essas "pausas" (no plural, indicando a necessidade de concessão de, pelo menos, duas no decorrer da jornada de trabalho, por exemplo, de 10 minutos cada) não se confundem com o intervalo intrajornada, não sendo descontadas da jornada de trabalho. Para que se cumpra o importante objetivo da referida norma de ergonomia, proporcionando o necessário descanso e bem-estar ao empregado, as referidas pausas *não devem ser concedidas em momentos próximos aos horários de entrada, de almoço e de saída*, pois isso desvirtuaria a sua finalidade por completo. Por exemplo, caso fosse (irregularmente) concedida a pausa no final da jornada, o trabalhador, certamente, até estaria voltando para casa mais cedo, no entanto cansado da mesma forma, pois não teria usufruído as pausas durante o trabalho. Na atualidade, o item 31.8.8 da NR 31, com redação dada pela Portaria 22.677/2020, dispõe que as pausas previstas nos itens 31.8.6 e 31.8.7 devem ser definidas no Programa de Gerenciamento de Riscos no Trabalho Rural (PGRTR).

Interessante mencionar controvertida questão, quanto aos empregados cuja jornada de trabalho prevista em lei é reduzida, como o bancário (art. 224, *caput*, da CLT), mas que, laborando em horas extras, acabam trabalhando, em efetivo, mais de seis horas por dia.

Embora haja posição diversa, o entendimento mais adequado, e que prevalece, é o de que, se o empregado trabalha em jornada superior a seis horas por dia, torna-se obrigatória a concessão de intervalo para refeição e descanso de no mínimo uma hora (art. 71, *caput*, da CLT), independentemente de a jornada normal, prevista em lei, ser reduzida, pois se deve atentar à primazia da realidade. Assim, torna-se aplicável inclusive o disposto no § 4.º do mesmo art. 71 da CLT, tese adotada no Precedente Administrativo 29 da Secretaria da Inspeção do Trabalho (Ato Declaratório SIT/DFT 4, de 21.02.2002). Nessa linha dispõe a Súmula 437, inciso IV, do TST.

✦ Jurisprudência

Horas extras. Empregado rural. Atividade de corte de cana-de-açúcar. Pausas previstas na NR-31 do Ministério do Trabalho e Emprego. Aplicação analógica do art. 72 da CLT. 1. A NR-31 do Ministério do Trabalho e Emprego, aprovada pela Portaria GM 86, de 03.03.2005, prevê a obrigatoriedade de concessão de pausas para descanso aos empregados rurais que realizem atividades em pé ou se submetam a sobrecarga muscular. A norma regulamentar, no entanto, não especifica as condições ou o tempo de duração de tais pausas. 2. A lacuna da norma regulamentar e da própria legislação trabalhista sobre aspecto de menor importância, relativo ao *modus operandi* das aludidas pausas, não pode servir de justificativa para a denegação de direitos fundamentais constitucionalmente assegurados ao empregado, relativos à "redução dos riscos inerentes ao trabalho, por meio de normas de saúde, higiene e segurança" (art. 7.º, XXII, CF) e ao meio ambiente do trabalho equilibrado (art. 225, *caput*, CF). Necessidade de utilização da técnica processual de integração da ordem jurídica, mediante analogia. Aplicação das disposições dos arts. 8.º da CLT, 126 do CPC e 4.º da Lei de Introdução ao Código Civil. 3. Ante a ausência de previsão, na NR-31 do MTE, quanto ao tempo de descanso devido nas condições de trabalho lá especificadas, aplica-se ao empregado que labora em atividade de corte de cana-de-açúcar, por analogia, a norma do art. 72 da CLT. Precedentes das Turmas e da SBDI-1 do TST. 4. Embargos de que se conhece, por divergência jurisprudencial, e a que se dá provimento (TST, SBDI-I, E-RR 1943-81.2010.5.15.0156, Rel. Min. João Oreste Dalazen, *DEJT* 09.05.2014).

Recurso de embargos regido pela Lei 11.496/2007. Cortador de cana-de-açúcar. Pausas para descanso. NR-31 do MTE. Art. 72 da CLT. A NR-31 do Ministério do Trabalho e Emprego, aprovada pela Portaria 86, de 03.03.2005, estabelece pausas para descanso nas atividades realizadas necessariamente em pé ou que exijam sobrecarga muscular estática ou dinâmica (itens 31.10.7 e 31.10.9), a fim de garantir a segurança e a saúde no trabalho na agricultura, pecuária, silvicultura, exploração florestal e aquicultura. Contudo, a referida norma não detalhou as condições e o tempo em que esse período de descanso deveria ser observado. Em face da lacuna da norma, a jurisprudência desta Corte vem se firmando pela aplicação analógica do art. 72 da CLT, nos termos dos arts. 8.º da CLT e 4.º da LINDB, de modo a conceder ao empregado um intervalo de dez minutos de descanso a cada noventa minutos de trabalho consecutivo, não se deduzindo o referido período da duração normal do trabalho. Com efeito, a aplicação analógica do art. 72 da CLT se impõe não em razão do tipo de atividade desempenhada, relativa aos serviços de mecanografia em comparação com a de cortador manual de cana-de-açúcar, mas sim em razão do fator repetitividade de movimento, presente em ambos os métodos de trabalho, como fator de risco para doenças ocupacionais. É de conhecimento geral que o trabalho no corte da cana-de-açúcar é uma das mais penosas e extenuantes atividades laborais. Soma-se ao esforço excessivo pela repetitividade dos golpes de facão a rotina operacional permeada por agentes penosos. A soma desses fatores de risco impõe, com maior razão, a aplicação analógica do art. 72 da CLT, a fim de que se torne efetivo o direito fundamental de proteção à saúde do trabalhador. Recurso de embargos conhecido e provido (TST, SBDI-I, E-RR 3853-46.2010.5.15.0156, Rel. Min. Augusto César Leite de Carvalho, *DEJT* 28.03.2014).

§ 1.º Não excedendo de 6 (seis) horas o trabalho, será, entretanto, obrigatório um intervalo de 15 (quinze) minutos quando a duração ultrapassar 4 (quatro) horas.

2. INTERVALO DE JORNADA INFERIOR A 6 HORAS

Se a jornada de trabalho não excede seis horas, é obrigatório um intervalo de 15 minutos, desde que a duração ultrapasse quatro horas. Portanto, se o trabalho for de até quatro horas, ou menos, o empregado não tem direito a nenhum intervalo intrajornada.

§ 2.º Os intervalos de descanso não serão computados na duração do trabalho.

3. INTERVALO NÃO COMPUTADO NA DURAÇÃO DO TRABALHO

Cabe lembrar que os referidos intervalos intrajornada "não serão computados na duração do trabalho". Isso significa que o empregado, durante o referido tempo de descanso no curso da jornada de trabalho, não presta serviço, mas também não recebe a respectiva remuneração. Trata-se, portanto, de intervalo não remunerado, ou seja, hipótese de suspensão do contrato de trabalho.

§ 3.º O limite mínimo de uma hora para repouso ou refeição poderá ser reduzido por ato do Ministro do Trabalho, Indústria e Comércio, quando ouvido o Serviço de Alimentação de Previdência Social, se verificar que o estabelecimento atende integralmente às exigências concernentes à organização dos refeitórios, e quando os respectivos empregados não estiverem sob regime de trabalho prorrogado a horas suplementares.

4. REDUÇÃO DO INTERVALO PARA DESCANSO E REFEIÇÃO

Questão muito debatida refere-se à possibilidade de redução do intervalo para descanso e refeição.

Verifica-se, no dispositivo em estudo, regra específica possibilitando a referida redução, o que depende de autorização do Ministério do Trabalho, após verificar se o estabelecimento preenche os requisitos da parte final da norma acima transcrita. Mesmo assim, não se pode esquecer que eventual a deliberação tomada administrativamente pode ser contestada em juízo (art. 5.º, inciso XXXV, da Constituição Federal de 1988).

Ainda nesse tema, discute-se se a norma coletiva decorrente de negociação coletiva pode estabelecer, de forma válida, a referida redução.

Segundo o art. 611-A, inciso III, da CLT, acrescentado pela Lei 13.467/2017, a convenção coletiva e o acordo coletivo de trabalho têm prevalência sobre a lei quando, entre outros, dispuserem sobre intervalo intrajornada, respeitado o limite mínimo de 30 minutos para jornadas superiores a seis horas.

O art. 611-B, parágrafo único, da CLT, acrescentado pela Lei 13.467/2017, estabelece que as regras sobre duração do trabalho e intervalos *não são consideradas como normas de saúde, higiene e segurança do trabalho* para os fins do disposto no art. 611-B da CLT (que versa sobre objeto ilícito de convenção coletiva ou de acordo coletivo de trabalho).

Desse modo, ficou superada a Súmula 437, inciso II, do TST.

> § 4.º A não concessão ou a concessão parcial do intervalo intrajornada mínimo, para repouso e alimentação, a empregados urbanos e rurais, implica o pagamento, de natureza indenizatória, apenas do período suprimido, com acréscimo de 50% (cinquenta por cento) sobre o valor da remuneração da hora normal de trabalho.

5. INTERVALO PARA REPOUSO E ALIMENTAÇÃO NÃO CONCEDIDO

O art. 71, § 4.º, da CLT, acrescentado pela Lei 13.467/2017, prevê que a não concessão ou a concessão parcial do intervalo intrajornada mínimo, para repouso e alimentação, a empregados urbanos e rurais, implica o pagamento, de *natureza indenizatória, apenas do período suprimido*, com acréscimo de 50% sobre o valor da remuneração da hora normal de trabalho.

Tendo em vista a natureza indenizatória do pagamento do intervalo não concedido ou concedido parcialmente, deixa de haver incidências e reflexos em outras verbas trabalhistas.

Com a Lei 13.467/2017, apenas o período de intervalo para descanso e refeição não concedido é que deve ser pago com o adicional de 50%, inclusive em face da isonomia no sentido substancial. Quanto ao período de intervalo usufruído, portanto, não há mais direito ao referido pagamento.

O empregado que não teve o intervalo concedido e o empregado que teve o intervalo concedido parcialmente estão em situações desiguais, não podendo ser tratados de forma idêntica.

O instituto das horas extras, decorrentes de prorrogação da jornada, não se confunde com a regra específica, aqui estudada, de pagamento do período de intervalo intrajornada não concedido (art. 71, § 4.º, da CLT).

O período de intervalo não concedido deve ser pago *com* o acréscimo de 50%, e não somente o adicional de 50%.

Ainda que não ocorra a prorrogação da jornada de trabalho propriamente, se o intervalo intrajornada mínimo para repouso e alimentação não é concedido, torna-se devido o pagamento, de natureza indenizatória, apenas do período suprimido, com acréscimo de 50% sobre o valor da remuneração da hora normal de trabalho.

Evidentemente, a inobservância do intervalo para descanso e refeição *também* pode sujeitar o empregador à penalidade administrativa pelo descumprimento da referida norma de ordem pública. Ou seja, o pagamento do período de intervalo mínimo intrajornada não concedido, com o adicional de 50%, não significa a autorização da referida conduta patronal, podendo ser penalizado administrativamente pelo descumprimento do intervalo necessário à preservação da saúde e da segurança do empregado.

Esclareça-se que, se for ultrapassada habitualmente a jornada de seis horas de trabalho, torna-se devido o gozo do intervalo intrajornada mínimo de uma hora, obrigando o empregador a pagar o período para descanso e alimentação não usufruído, *com o acréscimo* do adicional de 50% sobre o valor da remuneração da hora normal de trabalho, na forma prevista no art. 71, *caput* e § 4.º, da CLT (Súmula 437, inciso IV, do TST).

Ainda quanto ao tema, o Tribunal Superior do Trabalho fixou a seguinte tese jurídica em julgamento de incidente de recurso repetitivo: "A redução eventual e ínfima do intervalo intrajornada, assim considerada aquela de até 5 (cinco) minutos no total, somados os do início e término do intervalo, decorrentes de pequenas variações de sua marcação nos controles de ponto, não atrai a incidência do artigo 71, § 4.º, da CLT. A extrapolação desse limite acarreta as consequências jurídicas previstas na lei e na jurisprudência" (TST, Pleno, IRR-1384-61.2012.5.04.0512, Rel. Min. Kátia Magalhães Arruda, j. 25.03.2019, *DEJT* 10.05.2019).

✦ Súmulas, Orientações Jurisprudenciais e Precedentes Normativos

Súmula 446 do TST: Maquinista ferroviário. Intervalo intrajornada. Supressão parcial ou total. Horas extras devidas. Compatibilidade entre os arts. 71, § 4.º, e 238, § 5.º, da CLT. A garantia ao intervalo intrajornada, prevista no art. 71 da CLT, por constituir-se em medida de higiene, saúde e segurança do empregado, é aplicável também ao ferroviário maquinista integrante da categoria "c" (equipagem de trem em geral), não havendo incompatibilidade entre as regras inscritas nos arts. 71, § 4.º, e 238, § 5.º, da CLT.

§ 5.º O intervalo expresso no *caput* poderá ser reduzido e/ou fracionado, e aquele estabelecido no § 1.º poderá ser fracionado, quando compreendidos entre o término da primeira hora trabalhada e o início da última hora trabalhada, desde que previsto em convenção ou acordo coletivo de trabalho, ante a natureza do se3rviço e em virtude das condições especiais de trabalho a que são submetidos estritamente os motoristas, cobradores, fiscalização de campo e afins nos serviços de operação de veículos rodoviários, empregados no setor de transporte coletivo de passageiros, mantida a remuneração e concedidos intervalos para descanso menores ao final de cada viagem.

6. FRACIONAMENTO DO INTERVALO INTRAJORNADA

A atual disposição legal passou a admitir, quanto ao intervalo para repouso ou alimentação de no mínimo uma hora, devido no caso de trabalho contínuo, cuja duração exceda de seis horas (art. 71, *caput*, da CLT), *a redução e/ou o fracionamento do intervalo intrajornada.*

Diversamente, quanto ao intervalo de 15 minutos, devido quando o trabalho ultrapassa quatro horas e não excede de seis horas (art. 71, § 1.º, da CLT), admite-se apenas o *fracionamento do intervalo intrajornada*, mas não a sua redução, justamente porque o seu tempo já é curto.

As mencionadas hipóteses de redução e fracionamento exigem que o intervalo intrajornada esteja compreendido entre o término da primeira hora trabalhada e o início da última hora trabalhada, bem como a previsão em instrumento normativo decorrente de negociação coletiva de trabalho, sendo admitidas em razão da natureza do serviço e em virtude das condições especiais de trabalho a que são submetidos, estritamente, os motoristas, cobradores, fiscalização de campo e afins nos serviços de operação de veículos rodoviários, empregados no setor de transporte coletivo de passageiros.

Mesmo havendo a redução e/ou o fracionamento do intervalo intrajornada, deve ser mantida a remuneração, bem como devem ser concedidos intervalos para descanso menores e fracionados ao final de cada viagem.

O art. 235-C, § 2.º, da CLT, com redação dada pela Lei 13.103/2015, prevê que deve ser assegurado ao motorista profissional empregado intervalo mínimo de uma hora para refeição, podendo esse período coincidir com o tempo de parada obrigatória na condução do veículo estabelecido pela Lei 9.503/1997 (Código de Trânsito Brasileiro)[53], exceto quando se tratar do motorista profissional enquadrado no § 5.º do art. 71 da Consolidação das Leis do Trabalho.

Ainda quanto ao motorista profissional empregado, frise-se que, especificamente para o *transporte de passageiros*, devem ser observados os seguintes dispositivos:

---

[53] Cf. Lei 9.503, de 23 de setembro de 1997 (Código de Trânsito Brasileiro): "Art. 67-C. É vedado ao motorista profissional dirigir por mais de 5 (cinco) horas e meia ininterruptas veículos de transporte rodoviário coletivo de passageiros ou de transporte rodoviário de cargas. § 1.º Serão observados 30 (trinta) minutos para descanso dentro de cada 6 (seis) horas na condução de veículo de transporte de carga, sendo facultado o seu fracionamento e o do tempo de direção desde que não ultrapassadas 5 (cinco) horas e meia contínuas no exercício da condução. § 1.º-A. Serão observados 30 (trinta) minutos para descanso a cada 4 (quatro) horas na condução de veículo rodoviário de passageiros, sendo facultado o seu fracionamento e o do tempo de direção. § 2.º Em situações excepcionais de inobservância justificada do tempo de direção, devidamente registradas, o tempo de direção poderá ser elevado pelo período necessário para que o condutor, o veículo e a carga cheguem a um lugar que ofereça a segurança e o atendimento demandados, desde que não haja comprometimento da segurança rodoviária. § 3.º O condutor é obrigado, dentro do período de 24 (vinte e quatro) horas, a observar o mínimo de 11 (onze) horas de descanso. § 4.º Entende-se como tempo de direção ou de condução apenas o período em que o condutor estiver efetivamente ao volante, em curso entre a origem e o destino. § 5.º Entende-se como início de viagem a partida do veículo na ida ou no retorno, com ou sem carga, considerando-se como sua continuação as partidas nos dias subsequentes até o destino. § 6.º O condutor somente iniciará uma viagem após o cumprimento integral do intervalo de descanso previsto no § 3.º deste artigo. § 7.º Nenhum transportador de cargas ou coletivo de passageiros, embarcador, consignatário de cargas, operador de terminais de carga, operador de transporte multimodal de cargas ou agente de cargas ordenará a qualquer motorista a seu serviço, ainda que subcontratado, que conduza veículo referido no *caput* sem a observância do disposto no § 6.º". O Supremo Tribunal Federal declarou inconstitucional a expressão "que podem ser fracionadas, usufruídas no veículo e coincidir com os intervalos mencionados no § 1.º, observadas no primeiro período 8 (oito) horas ininterruptas de descanso", prevista no § 3.º do art. 67-C do CTB, com redação dada pelo art. 7.º da Lei 13.103/2015 (STF, Pleno, ADI 5.322/DF, Rel. Min. Alexandre de Moraes, j. 05.07.2023).

I – é facultado o fracionamento do intervalo de condução do veículo previsto na Lei 9.503/1997 (Código de Trânsito Brasileiro), em períodos de no mínimo cinco minutos;

II – deve ser assegurado ao motorista intervalo mínimo de uma hora para refeição, podendo ser *fracionado* em dois períodos e coincidir com o tempo de parada obrigatória na condução do veículo estabelecido pela Lei 9.503/1997 (Código de Trânsito Brasileiro), exceto quando se tratar do motorista profissional enquadrado no § 5.º do art. 71 da CLT (art. 235-E da CLT).

De acordo com o art. 235-E, inciso III, da CLT, nos casos em que o empregador adotar dois motoristas no curso da mesma viagem, o descanso pode ser feito com o veículo em movimento, respeitando-se os horários de jornada de trabalho, assegurado, após 72 horas, o repouso em alojamento externo ou, se em poltrona correspondente ao serviço de leito, com o veículo estacionado. No entanto, o Supremo Tribunal Federal declarou inconstitucional o inciso III do art. 235-E da CLT (STF, Pleno, ADI 5.322/DF, Rel. Min. Alexandre de Moraes, j. 05.07.2023). Portanto, não se admite que o descanso seja usufruído com o veículo em movimento.

Mesmo havendo o fracionamento do intervalo intrajornada, deve ser mantida a mesma remuneração, bem como devem ser concedidos intervalos para descanso menores e fracionados ao final de cada viagem, não descontados da jornada.

O intervalo expresso no art. 71, *caput*, da CLT pode ser reduzido e/ou fracionado, e aquele estabelecido no art. 71, § 1.º, da CLT pode ser fracionado, quando compreendidos entre o término da primeira hora trabalhada e o início da última hora trabalhada, desde que previsto em convenção ou acordo coletivo de trabalho, ante a natureza do serviço e em virtude das condições especiais de trabalho a que são submetidos estritamente os motoristas, cobradores, fiscalização de campo e afins nos serviços de operação de veículos rodoviários, empregados no setor de transporte coletivo de passageiros, mantida a remuneração e concedidos intervalos para descanso menores ao final de cada viagem (art. 71, § 5.º, com redação dada pela Lei 13.103/2015).

✦ Jurisprudência

Recurso de embargos regido pela Lei n.º 13.015/2014. Trabalhador rural. Horas extras. Intervalo fracionado. Intervalo para o café. No caso, restou incontroverso que o embargado usufruía de dois intervalos intrajornadas, a saber: o primeiro, para o almoço, e o segundo, de 30 minutos, para o café. O artigo 5.º da Lei n.º 5.889/73, que estatui normas reguladoras do trabalho rural, dispõe expressamente que: "Em qualquer trabalho contínuo de duração superior a seis horas, será obrigatória a concessão de um intervalo para repouso ou alimentação observados os usos e costumes da região, não se computando este intervalo na duração do trabalho". Da análise do dispositivo legal acima, extrai-se que não houve vedação para a concessão de intervalo intrajornada de forma fracionada, como na presente hipótese, onde havia a concessão de dois intervalos, o primeiro para o almoço e o segundo, de 30 minutos, para o café. Pelo contrário, o referido preceito legal estabelece a possibilidade de concessão do período destinado ao repouso e alimentação do trabalhador rural, tomando-se o cuidado de observar os usos e costumes da região. É notório que no meio rural o costume é a concessão de mais de um intervalo para alimentação, sendo que o segundo intervalo é condição mais benéfica ao trabalhador, por se tratar de trabalho braçal que causa enorme desgaste físico ao mesmo. Na realidade, o que o legislador ordinário visava garantir é que o período destinado a repouso e alimentação do trabalhador rural não pode ser inferior a uma hora e não vedar a possibilidade de fracionar esse intervalo em duas vezes ou mais. Assim, não há que se falar que o artigo 5.º da Lei n.º 5.889/1973 não autoriza a dedução de mais de um intervalo intrajornada, pelo que, no presente caso, válido o segundo intervalo concedido para café, de 30 minutos, não devendo este ser computado na jornada de trabalho do empregado. De outra parte, a diretriz inscrita na Súmula/TST n.º 118 não guarda pertinência com a hipótese, pois o intervalo referido nos autos é remunerado e está previsto em norma legal. Precedentes do TST. Recurso de embargos conhecido e provido (TST, SBDI-I, E-RR 932-60.2010.5.09.0325, Rel. Min. Renato de Lacerda Paiva, *DEJT* 12.05.2017).

✦ Súmulas, Orientações Jurisprudenciais e Precedentes Normativos

Súmula 118 do TST: Jornada de trabalho. Horas extras. Os intervalos concedidos pelo empregador na jornada de trabalho, não previstos em lei, representam tempo à disposição da empresa, remunerados como serviço extraordinário, se acrescidos ao final da jornada.

Súmula 437 do TST: I – Após a edição da Lei 8.923/1994, a não concessão ou a concessão parcial do intervalo intrajornada mínimo, para repouso e alimentação, a empregados urbanos e rurais, implica o pagamento total do período correspondente, e não apenas daquele suprimido, com acréscimo de, no mínimo, 50% sobre o valor da remuneração da hora normal de trabalho (art. 71 da CLT), sem prejuízo do cômputo da efetiva jornada de labor para efeito de remuneração. II – É inválida cláusula de acordo ou convenção coletiva de trabalho contemplando a supressão ou redução do intervalo intrajornada porque este constitui medida de higiene, saúde e segurança do trabalho, garantido por norma de ordem pública (art. 71 da CLT e art. 7.º, XXII, da Constituição Federal de 1988), infenso à negociação coletiva. III – Possui natureza salarial a parcela prevista no art. 71, § 4.º, da CLT, com redação introduzida pela Lei 8.923, de 27 de julho de 1994, quando não concedido ou reduzido pelo empregador o intervalo mínimo intrajornada para repouso e alimentação, repercutindo, assim, no cálculo de outras parcelas salariais. IV – Ultrapassada habitualmente a jornada de seis horas de trabalho, é devido o gozo do intervalo intrajornada mínimo de uma hora, obrigando o empregador a remunerar o período para descanso e alimentação não usufruído como extra, acrescido do respectivo adicional, na forma prevista no art. 71, *caput* e § 4.º da CLT.

Precedente Administrativo 29: Jornada. Bancários. Prorrogação de jornada. Intervalo para repouso ou alimentação. Ao estabelecer que a jornada normal de seis horas dos bancários poderá ser excepcionalmente prorrogada até oito horas diárias, observados os preceitos gerais sobre duração do trabalho, o art. 225 da CLT atraiu a incidência da regra do art. 71 do mesmo diploma, que prevê a obrigatoriedade de concessão de intervalo para repouso ou alimentação de, no mínimo, uma e, no máximo, duas horas.

✦ Referência legislativa

- Arts. 71 e 225, ambos da CLT.

Art. 72. Nos serviços permanentes de mecanografia (datilografia, escrituração ou cálculo), a cada período de 90 (noventa) minutos de trabalho consecutivo corresponderá um repouso de 10 (dez) minutos não deduzidos da duração normal de trabalho.

1. SERVIÇO DE MECANOGRAFIA E DIGITAÇÃO

Certos empregados que exercem certas funções e atividades específicas, normalmente mais penosas, cansativas ou potencialmente prejudiciais ao regular funcionamento do organismo, têm direito a intervalos diferenciados no curso da jornada de trabalho, conforme previsão em dispositivos próprios.

Em razão dos avanços e da tecnologia, as atividades de mecanografia vêm sendo aprimoradas e substituídas pela digitação, não constante do art. 72 da CLT, pois este ainda se apresenta com a mesma redação original, que remonta à década de 40. Sobre a atividade do digitador, cf. Súmula 346 do TST.

Esse intervalo intrajornada especial, que é devido aos empregados em serviço permanente de mecanografia, por não ser deduzido da duração normal do trabalho, é um intervalo remunerado. Ou seja, o empregado permanece em repouso, mas recebe a remuneração durante o período em questão, tratando-se de hipótese de interrupção do contrato de trabalho.

Sendo assim, se o empregado, mesmo preenchendo os requisitos do art. 72 da CLT, não usufrui o intervalo remunerado em destaque, este deve ser remunerado como hora extra, ou seja, com o adicional de (no mínimo) 50%, pois a referida pausa integra a jornada de trabalho, configurando verdadeiro e efetivo trabalho em sobrejornada.

Nesse caso, o empregador também fica sujeito à penalidade administrativa, decorrente de infração da referida norma, pertinente à segurança e medicina do trabalho.

Cabe destacar que o art. 72 da CLT exige que os serviços sejam "permanentes de mecanografia" ou digitação.

Assim, o empregado, para fazer jus ao referido intervalo intrajornada, remunerado, deve exercer a digitação de forma permanente, e não eventual ou intercalada com outras atividades.

A Norma Regulamentadora 17, sobre ergonomia, instituída pela Portaria 3.214/1978, no item 17.6.4, em sua redação anterior, previa que nas atividades de processamento eletrônico de dados, salvo o disposto em convenções e acordos coletivos, *o tempo efetivo de trabalho de entrada de dados não deve exceder o limite máximo de cinco horas*, sendo que no período de tempo restante da jornada o trabalhador poderá exercer outras atividades, observado o art. 468 da CLT, desde que não exijam movimentos repetitivos (alínea "c"). Além disso, *nas atividades de entrada de dados deve haver, no mínimo, uma pausa de 10 minutos para cada 50 minutos trabalhados, não deduzidos da jornada normal de trabalho* (alínea "d").

Há certa controvérsia quanto à validade e à eficácia das referidas previsões normativas.

A primeira corrente entende que as disposições destacadas apenas constituem preceitos administrativos, voltados à ergonomia, mas que não geram direito subjetivo do empregado à jornada de trabalho reduzida, ou ao mencionado intervalo intrajornada. Como referidas matérias são tipicamente de Direito do Trabalho, a norma administrativa, que não se confunde com a lei federal, não pode legislar a seu respeito, conforme o art. 22, inciso I, da Constituição Federal de 1988 (bem como o art. 84, IV, da Constituição Federal de 1988 e o art. 25, I, do ADCT). Para essa vertente, não há direito a horas extras decorrentes do labor em desacordo com o item 17.6.4 da NR 17.

A segunda corrente defende que essas disposições da NR 17, estabelecendo normas de ergonomia, mesmo ao estabelecer jornada de trabalho reduzida e intervalo especial, estão versando sobre matéria referente à *segurança e medicina do trabalho*. Nesse enfoque, o art. 7.º, inciso XXII, da Constituição da República estabelece o direito à "redução dos riscos inerentes ao trabalho, por meio de normas de saúde, higiene e segurança". Como se pode notar, o dispositivo constitucional prevê a disciplina da matéria por meio de "normas" jurídicas, de forma ampla, e não apenas de leis. Desse modo, não há violação ao art. 22, inciso I, da Constituição Federal, tratando-se de normas válidas e de plena eficácia, voltadas à proteção do meio ambiente do trabalho, visando à preservação da saúde, segurança, vida e higidez física e mental do trabalhador (arts. 196, 197, 200, II, da Constituição Federal de 1988), ao "reduzir o tempo de exposição do trabalhador a certos ambientes ou atividades". Nessa linha, caso não sejam observados a jornada de trabalho especial e o intervalo intrajornada mencionado, há o direito de receber as horas extras decorrentes, com o acréscimo de, no mínimo, 50%.

Na atualidade, a Norma Regulamentadora 17, sobre ergonomia, com redação dada pela Portaria 423/2021, estabelece que devem ser implementadas medidas de prevenção, as quais devem incluir duas ou mais das seguintes alternativas: a) pausas para propiciar a recuperação psicofisiológica dos trabalhadores, que devem ser computadas como *tempo de trabalho efetivo*; b) alternância de atividades com outras tarefas que permitam variar as posturas, os grupos musculares utilizados ou o ritmo de trabalho; c) alteração da forma de execução ou organização da tarefa; d) outras medidas técnicas aplicáveis, recomendadas na avaliação ergonômica preliminar ou na análise ergonômica do trabalho (item 17.4.3.1).

Quando não for possível adotar as alternativas previstas nas alíneas "c" e "d", devem ser obrigatoriamente adotadas pausas e alternância de atividades, previstas nas alíneas "a" e "b".

Para que as pausas possam propiciar descanso e recuperação psicofisiológica dos trabalhadores, devem ser observados os requisitos mínimos: a) a introdução das pausas não pode ser acompanhada de aumento da cadência individual; b) as pausas devem ser usufruídas fora dos postos de trabalho.

Deve ser assegurada a saída dos postos de trabalho para satisfação das necessidades fisiológicas dos trabalhadores, nos termos da Norma Regulamentadora 24, sobre condições sanitárias e de conforto nos locais de trabalho, independentemente da fruição das pausas.

Anteriormente, a Orientação Jurisprudencial 273 da SBDI-I do TST, atualmente *cancelada* (Resolução 175/2011), assim dispunha: "*Telemarketing*. Operadores. Art. 227 da CLT. Inaplicável (Inserida em 27.09.2002). A jornada reduzida de que trata o art. 227 da CLT não é aplicável, por analogia, ao operador de televendas, que não exerce suas atividades exclusivamente como telefonista, pois, naquela função, não opera mesa de transmissão, fazendo uso apenas dos telefones comuns para atender e fazer as ligações exigidas no exercício da função".

A Norma Regulamentadora 17, com redação dada pela Portaria 423/2021, no Anexo II, versa sobre trabalho em teleatendimento/telemarketing.

O Anexo II da NR 17 tem como objetivo estabelecer os requisitos para o trabalho em atividades de teleatendimento/telemarketing, nas diversas modalidades desse serviço, de modo a proporcionar o máximo de conforto, segurança, saúde e desempenho eficiente.

As disposições constantes do Anexo II da NR 17 aplicam-se a todas as organizações que mantêm serviço de teleatendimento/telemarketing, nas modalidades ativo ou receptivo, em centrais de atendimento telefônico e/ou centrais de relacionamento com clientes (*call centers*), para prestação de serviços, informações e comercialização de produtos. Entende-se como *call center* o ambiente de trabalho no qual a principal atividade é conduzida via telefone/rádio, com utilização simultânea de terminais de computador. O contido no Anexo II da NR 17 aplica-se, inclusive, a setores de organizações e postos de trabalho dedicados a essa atividade, além daquelas organizações especificamente voltadas para essa atividade-fim.

Entende-se como trabalho de teleatendimento/telemarketing aquele cuja comunicação com interlocutores clientes e usuários é realizada a distância, por intermédio da voz/mensagens eletrônicas, com a utilização simultânea de equipamentos de audição/escuta e fala telefônica e sistemas informatizados ou manuais de processamento de dados.

A organização do trabalho deve ser feita de forma a não haver atividades aos domingos e feriados, seja total ou parcial, com exceção das organizações autorizadas previamente pela autoridade competente em matéria de trabalho, conforme o previsto no art. 68 da CLT, e das atividades previstas em lei (item 6.1).

Aos trabalhadores é assegurado, nos casos previamente autorizados, pelo menos um dia de repouso semanal remunerado coincidente com o domingo, a cada mês, independentemente de metas, faltas e/ou produtividade.

As escalas de fins de semana e de feriados devem ser especificadas e informadas aos trabalhadores com a antecedência necessária, de conformidade com o parágrafo único do art. 67 e o art. 386 da CLT, ou por intermédio de acordos ou convenções coletivas.

A organização deve levar em consideração as necessidades dos operadores na elaboração das escalas laborais que acomodem necessidades especiais da vida familiar dos trabalhadores com dependentes sob seus cuidados, especialmente nutrizes, incluindo flexibilidade especial para trocas de horários e utilização das pausas.

A duração das jornadas de trabalho somente pode se prolongar além do limite previsto nos termos da lei em casos excepcionais, por motivo de força maior, necessidade imperiosa ou para a realização ou conclusão de serviços inadiáveis ou cuja inexecução possa acarretar prejuízo manifesto, conforme dispõe o art. 61 da CLT.

O contingente de operadores deve ser dimensionado às demandas da produção, no sentido de não gerar sobrecarga habitual ao trabalhador (item 6.2). O contingente de operadores em cada estabelecimento deve ser suficiente para garantir que todos possam usufruir as pausas e intervalos previstos no Anexo II da NR 17.

O tempo de trabalho em efetiva atividade de teleatendimento/telemarketing é de, no máximo, seis horas diárias, nele incluídas as pausas, sem prejuízo da remuneração (item 6.3). A prorrogação do tempo previsto no mencionado item só é admissível nos termos da legislação, sem prejuízo das pausas previstas no Anexo II da NR 17, respeitado o limite de 36 horas semanais de tempo efetivo em atividade de teleatendimento/telemarketing.

Para o cálculo do tempo efetivo em atividade de teleatendimento/telemarketing, devem ser computados os períodos em que o operador se encontra no posto de trabalho, os intervalos entre os ciclos laborais e os deslocamentos para solução de questões relacionadas ao trabalho.

Para prevenir sobrecarga psíquica e muscular estática de pescoço, ombros, dorso e membros superiores, a organização deve permitir a fruição de pausas de descanso e intervalos para repouso e alimentação aos trabalhadores (item 6.4).

As pausas devem ser concedidas: a) fora do posto de trabalho; b) em dois períodos de 10 minutos contínuos; c) após os primeiros e antes dos últimos 60 minutos de trabalho em atividade de teleatendimento/telemarketing.

A instituição de pausas não prejudica o direito ao intervalo obrigatório para repouso e alimentação previsto no § 1.º do art. 71 da CLT. O intervalo para repouso e alimentação para a atividade de teleatendimento/telemarketing deve ser de 20 minutos.

Para tempos de trabalho efetivo de teleatendimento/telemarketing de até quatro horas diárias, deve ser observada a concessão de uma pausa de descanso contínua de 10 minutos.

As pausas para descanso devem ser consignadas em registro impresso ou eletrônico. O registro eletrônico de pausas deve ser disponibilizado impresso para a fiscalização do trabalho no curso da inspeção, sempre que exigido. Os trabalhadores devem ter acesso aos seus registros de pausas.

Devem ser garantidas pausas no trabalho imediatamente após operação em que tenham ocorrido ameaças, abuso verbal ou agressões, ou que tenha sido especialmente desgastante, que permitam ao operador recuperar-se e socializar conflitos e dificuldades com colegas, supervisores ou profissionais de saúde ocupacional especialmente capacitados para tal acolhimento.

O tempo necessário para a atualização do conhecimento do operador e para o ajuste do posto de trabalho é considerado como parte da jornada normal (item 6.5).

A participação em quaisquer modalidades de atividade física, quando adotadas pela organização, não é obrigatória, e a recusa do trabalhador em praticá-la não pode ser utilizada para efeito de qualquer punição (item 6.6).

Com o fim de permitir a satisfação das necessidades fisiológicas, a organização deve permitir que os operadores saiam de seus postos de trabalho a qualquer momento da jornada, sem repercussões sobre suas avaliações e remunerações (item 6.7).

Como destacado, entendendo-se que as referidas disposições versam sobre matéria de Direito do Trabalho, afrontariam o art. 22, inciso I, da Constituição Federal de 1988, carecendo, assim, de validade. No entanto, interpretando-se essa regulamentação como normas de segurança e medicina do trabalho, voltadas à preservação da saúde do trabalhador (art. 7.º, inciso XXII, da Constituição Federal de 1988), tem-se a sua validade e plena eficácia.

Além disso, em face do cancelamento da Orientação Jurisprudencial 273 da SBDI-I do TST, por meio da Resolução 175/2011 (*DEJT* de 27.05.2011), ganhou força a corrente que defende a aplicabilidade da jornada de trabalho reduzida do telefonista ao operador de "telemarketing", conforme o art. 227 da CLT, tendo em vista a nítida semelhança entre as funções exercidas. Cf. comentários ao art. 227 da CLT. Na jurisprudência, cf. TST, 3.ª T., ARR-244-60.2010.5.04.0221, Rel. Min. Alexandre de Souza Agra Belmonte, *DEJT* 25.10.2019.

✦ Jurisprudência

Digitador. Jornada de trabalho. Conforme entendimento pacífico deste C. Tribunal, o empregado que exerce as funções de digitador não faz jus à jornada de trabalho de cinco horas, por ausência de dispositivo de lei que estabeleça tal vantagem para aquela categoria, cuja jornada é, portanto, aquela prevista no art. 7.º, XIII, da Constituição Federal de 1988 – oito horas diárias ou quarenta e quatro semanais. Acrescente-se que as Normas Regulamentadoras do Ministério do Trabalho são editadas com a finalidade única de definir as condições de insalubridade no trabalho, nos termos do art. 190 da CLT, não podendo inovar no mundo jurídico por meio do estabelecimento de vantagem de natureza *praeter legem*. Recurso de revista conhecido e provido (TST, 6.ª T., RR 625669/2000.4, Min. Horácio Senna Pires, *DJ* 20.04.2007).

Digitador. Intervalos intrajornada. Aplicação analógica do art. 72 da Consolidação das Leis do Trabalho. Os digitadores, por aplicação analógica do art. 72 da CLT, equiparam-se aos trabalhadores nos serviços de mecanografia (datilografia, escrituração ou cálculo), razão pela qual têm direito a intervalos de descanso de 10 (dez) minutos a cada 90 (noventa) de trabalho consecutivo (Súmula 346 desta Corte superior). A Norma Regulamentadora 17 do Ministério do Trabalho e Emprego, conquanto mais benéfica que o disposto no art. 72 da CLT, pois estabelece repouso maior para os digitadores, não se sobrepõe a esta, por não ser lei em sentido estrito. Tal norma constitui, apesar de louvável o seu caráter protetivo, mera recomendação. Precedentes da Corte. Recurso de revista provido (TST, 1.ª T., RR 1.412/2002-061-02-00.6, Rel. Min. Lelio Bentes Corrêa, *DJ* 29.06.2007).

✦ Súmulas, Orientações Jurisprudenciais e Precedentes Normativos

Súmula 346 do TST: Digitador. Intervalos intrajornada. Aplicação analógica do art. 72 da CLT. Os digitadores, por aplicação analógica do art. 72 da CLT, equiparam-se aos trabalhadores nos serviços de mecanografia (datilografia, escrituração ou cálculo), razão pela qual têm direito a intervalos de descanso de 10 (dez) minutos a cada 90 (noventa) de trabalho consecutivo.

Seção IV – Do Trabalho Noturno

Art. 73. Salvo nos casos de revezamento semanal ou quinzenal, o trabalho noturno terá remuneração superior à do diurno e, para esse efeito, sua remuneração terá um acréscimo de 20% (vinte por cento), pelo menos, sobre a hora diurna.

1. ADICIONAL (PELO TRABALHO) NOTURNO

O trabalho noturno assegura ao empregado o direito de receber o adicional respectivo (art. 7.º, inciso IX, da Constituição Federal de 1988).

Para o empregado urbano, o adicional pelo trabalho noturno é de 20% sobre a hora diurna, conforme o art. 73, *caput*, da CLT.

O adicional noturno, pago com habitualidade, integra o salário do empregado para todos os efeitos (Súmula 60, inciso I, do TST).

O adicional pelo trabalho noturno do empregado rural será de 25% sobre a remuneração normal (art. 7.º, parágrafo único da Lei 5.889/1973).

A norma do *caput* do art. 73 da CLT, que excluía o direito de adicional noturno para os casos de revezamento de pessoal, não foi recepcionada pela Constituição de 1946, não estando, assim, em vigor, até porque violaria os princípios da igualdade e da razoabilidade. Nesse sentido prevê a Súmula 213 do STF.

2. MUDANÇA PARA O TURNO DIURNO

Quanto à mudança do turno noturno para o diurno, o entendimento que prevalece é no sentido de sua possibilidade (obviamente, desde que não se trate de ato de perseguição ou discriminatório), até porque o trabalho no período da noite pode ser prejudicial à saúde do empregado. Além disso, a referida alteração tem como fundamento o *jus variandi*, assegurando ao empregador o poder de ordenar o trabalho e administrar a empresa.

§ 1.º A hora do trabalho noturno será computada como de 52 (cinquenta e dois) minutos e 30 (trinta) segundos.

3. HORA NOTURNA REDUZIDA

O trabalho noturno, no caso do empregado urbano, também assegura a chamada redução da hora noturna, prevista no art. 73, § 1.º, da CLT.

Ainda que o texto constitucional só faça menção ao adicional noturno, o rol do seu art. 7.º apenas arrola direitos mínimos, podendo outras fontes formais do direito, como a lei ordinária, prever de forma mais benéfica ao trabalhador, como é o caso em questão.

Assim, a hora noturna reduzida encontra-se em vigor, mesmo depois da Constituição Federal de 1988, conforme Orientação Jurisprudencial 127 da SBDI-I do TST.

Por ficção legal, cada período de 52 minutos e 30 segundos é considerado uma hora, quando do trabalho no período noturno. Com isso, trabalhando-se sete horas no período noturno (22 às 5), por ter de ser observada a referida redução, alcança-se o total de oito horas trabalhadas.

A hora noturna reduzida é aplicada mesmo no caso de turno ininterrupto de revezamento, conforme Orientação Jurisprudencial 395 da SBDI-I do TST.

No âmbito rural, não há previsão da hora noturna reduzida. Por isso, de acordo com o entendimento praticamente pacífico, a hora noturna reduzida só se aplica ao empregado urbano, até porque o trabalhador rural já recebe o adicional noturno em percentual superior.

§ 2.º Considera-se noturno, para os efeitos deste artigo, o trabalho executado entre as 22 (vinte e duas) horas de um dia e as 5 (cinco) horas do dia seguinte.

4. HORÁRIO NOTURNO

O § 2.º do art. 73 aplica-se aos empregados urbanos regidos pela CLT. Para os trabalhadores rurais, deve-se observar a disposição específica, presente na Lei 5.889/1973, art. 7.º, de modo a considerar-se trabalho noturno: a) na lavoura, aquele realizado entre as 21 horas de um dia e as 5 horas do dia seguinte; b) na pecuária, aquele realizado entre as 20 horas de um dia e as 4 horas do dia seguinte.

Se o empregado trabalhar nas duas atividades rurais acima, deve-se aplicar a previsão específica para o trabalho realizado no dia em questão. Se no mesmo dia forem exercidas ambas as atividades (lavoura e pecuária), de forma simultânea, impossibilitando a aplicação de uma única previsão específica, pode-se adotar o critério da preponderância da atividade desempenhada pelo trabalhador.

Quanto ao trabalho noturno dos empregados nas atividades de exploração, perfuração, produção e refinação do petróleo, industrialização do xisto, indústria petroquímica e transporte de petróleo e seus derivados, por meio de dutos, por ser regulado pela Lei 5.811, de 11 de outubro de 1972, não se lhe aplicando a hora reduzida de 52 minutos e 30 segundos prevista no art. 73, § 1.º, da CLT (Súmula 112 do TST).

Para os trabalhadores portuários, a previsão específica da Lei 4.860/1965, arts. 4.º e 7.º, § 5.º, dispõe que a hora noturna no regime de trabalho no porto, compreendida dezenove horas e sete horas do dia seguinte, é de sessenta minutos (Orientação Jurisprudencial 60, inciso I, da SBDI-I do TST).

§ 3.º O acréscimo a que se refere o presente artigo, em se tratando de empresas que não mantêm, pela natureza de suas atividades, trabalho noturno habitual, será feito tendo em vista os quantitativos pagos por trabalhos diurnos de natureza semelhante. Em relação às empresas cujo trabalho noturno decorra da natureza de suas atividades, o aumento será calculado sobre o salário mínimo geral vigente na região, não sendo devido quando exceder desse limite, já acrescido da percentagem.

A disposição do § 3.º do art. 73 da CLT não mais prevalece, conforme determinação da Súmula 313 do STF.

§ 4.º Nos horários mistos, assim entendidos os que abrangem períodos diurnos e noturnos, aplica-se às horas de trabalho noturno o disposto neste artigo e seus parágrafos.

5. HORÁRIOS MISTOS

Não se pode confundir a prorrogação do trabalho noturno com o chamado horário misto, sendo este último previsto no § 4.º do art. 73.

Exemplo de horário misto é aquele cujo trabalho inicia-se às 21 horas, terminando às 4 horas. Nesse caso, apenas das 22 às 4 horas é que se verifica o trabalho noturno, com o direito ao respectivo adicional e hora reduzida. O trabalho das 21 às 22 horas é diurno, não gerando os referidos direitos.

Hipótese que poderia gerar dúvida é aquela em que o empregado inicia o trabalho às 20 horas, saindo somente às 7 horas. Em casos assim, os §§ 2.º, 4.º e 5.º do art. 73 da CLT devem ser interpretados de forma harmônica. Por isso, das 20 às 22 horas, o trabalho é diurno, sem direito ao adicional noturno e à hora noturna reduzida. Das 22 às 5 horas tem-se o horário noturno, com direito ao adicional e à redução. Por fim, das 5 às 7 horas verifica-se prorrogação do trabalho noturno, que também dá direito ao adicional noturno e à hora noturna reduzida.

Ademais, em se tratando de jornada 12 x 36, autorizada por norma coletiva negociada, o adicional noturno será devido, de acordo com a Orientação Jurisprudencial 388 da SBDI-I do TST.

§ 5.º Às prorrogações do trabalho noturno aplica-se o disposto neste Capítulo.

6. PRORROGAÇÃO DO TRABALHO NOTURNO

O art. 73, § 5.º, da CLT apresenta disposição que gera diversas controvérsias em sua interpretação. A primeira questão encontra-se na remissão feita ao "Capítulo", e não à Seção IV ("Do Trabalho Noturno"), como seria o mais adequado. Isso pode refletir em entendimento, embora bem minoritário, de que para o trabalho após as 5 horas, mesmo tratando-se de prorrogação do trabalho noturno, passaria a ser considerado o trabalho diurno, afastando os direitos ao adicional noturno e à hora noturna reduzida. Este entendimento não se mostra adequado, por tornar a norma do § 5.º do art. 73 sem qualquer conteúdo e eficácia.

Na realidade, a mencionada disposição deve ser interpretada de forma teleológica. O que se imagina é a hipótese do empregado que trabalha durante a noite, prorrogando a jornada após as cinco horas. Mesmo ultrapassando o horário noturno previsto no § 2.º do art. 73, o referido labor, pela manhã, é até mais penoso do que aquele realizado até as 5 horas, quando o empregado já se encontra, certamente, até mais cansado.

Por isso, nada mais justo e razoável do que aplicar as disposições do trabalho noturno, especialmente o adicional e a hora reduzida, também para as prorrogações do trabalho que se realizou no período noturno. É o exemplo do empregado que começa a trabalhar às 22 horas, só parando às 6 horas. Nesse caso, o labor das cinco às seis horas da manhã é prorrogação do trabalho noturno, gerando o direito à hora noturna reduzida e ao adicional noturno também neste período. Nesse sentido, cf. a Súmula 60 do TST (que incorporou a Orientação Jurisprudencial 6 da SBDI-I do TST), em seu inciso II.

✦ Súmulas, Orientações Jurisprudenciais e Precedentes Normativos

Súmula 213 do STF: Adicional de serviço noturno. Regime de revezamento. É devido o adicional de serviço noturno, ainda que sujeito o empregado ao regime de revezamento.

Súmula 313 do STF: Provada a identidade entre o trabalho diurno e o noturno, é devido o adicional, quanto a este, sem a limitação do art. 73, § 3.º, da Consolidação das Leis do Trabalho, independentemente da natureza da atividade do empregador.

Súmula 60 do TST: I – O adicional noturno, pago com habitualidade, integra o salário do empregado para todos os efeitos. II – Cumprida integralmente a jornada no período noturno e prorrogada esta, devido é também o adicional quanto às horas prorrogadas. Exegese do art. 73, § 5.º, da CLT.

Súmula 112 do TST: O trabalho noturno dos empregados nas atividades de exploração, perfuração, produção e refinação do petróleo, industrialização do xisto, indústria petroquímica e transporte de petróleo e seus derivados por meio de dutos é regulado pela Lei 5.811, de 1972, não se lhe aplicando a hora reduzida de 52' e 30" (cinquenta e dois minutos e trinta segundos) do art. 73, § 1.º, da CLT.

Súmula 265 do TST: Adicional noturno. Alteração de turno de trabalho. Possibilidade de supressão. A transferência para o período diurno de trabalho implica a perda do direito ao adicional noturno.

Orientação Jurisprudencial 60, inciso I, da SBDI-I do TST: A hora noturna no regime de trabalho no porto, compreendida entre dezenove horas e sete horas do dia seguinte, é de sessenta minutos.

Orientação Jurisprudencial 127 da SBDI-I do TST: Hora noturna reduzida. Subsistência após a Constituição Federal de 1988 (inserida em 20.04.98). O art. 73, § 1.º, da CLT, que prevê a redução da hora noturna, não foi revogado pelo inciso IX do art. 7.º da Constituição Federal de 1988.

Orientação Jurisprudencial 388 da SBDI-I do TST: Jornada 12x36. Jornada mista que compreenda a totalidade do período noturno. Adicional noturno. Devido. O empregado submetido à jornada de 12 horas de trabalho por 36 de descanso, que compreenda a totalidade do período noturno, tem direito ao adicional noturno, relativo às horas trabalhadas após as 5 horas da manhã.

Orientação Jurisprudencial 395 da SBDI-I do TST: Turno ininterrupto de revezamento. Hora noturna reduzida. Incidência. O trabalho em regime de turnos ininterruptos de revezamento não retira o direito à hora noturna reduzida, não havendo incompatibilidade entre as disposições contidas nos arts. 73, § 1.º, da CLT e 7.º, XIV, da Constituição Federal.

Seção V – Do Quadro de Horário

Art. 74. O horário de trabalho será anotado em registro de empregados.

§ 1.º Revogado pela Lei 13.874/2019.

1. HORÁRIO DE TRABALHO

Por meio do poder de controle, autoriza-se que o empregador gerencie a atividade laboral dos empregados, no que tange à prestação de serviços, no sentido de observarem as diversas regras e ordens exigidas.

Nos termos do art. 74 da CLT, o empregador pode controlar se os empregados estão respeitando o horário de trabalho estipulado. Dessa forma, o empregador pode, dentro dos limites estabelecidos pelo ordenamento jurídico, verificar se os empregados estão respeitando as exigências e diretrizes estabelecidas para o desempenho da atividade laborativa.

O horário de trabalho deve ser anotado em registro de empregados (art. 74 da CLT, com redação dada pela Lei 13.874/2019). Não há mais referência a quadro de horário de trabalho, que era "afixado em lugar bem visível" (art. 74 da CLT, em sua redação original).

§ 2.º Para os estabelecimentos com mais de 20 (vinte) trabalhadores será obrigatória a anotação da hora de entrada e de saída, em registro manual, mecânico ou eletrônico, conforme instruções expedidas pela Secretaria Especial de Previdência e Trabalho do Ministério da Economia, permitida a pré-assinalação do período de repouso.

2. ANOTAÇÃO DA HORA DE ENTRADA E DE SAÍDA

Para os estabelecimentos com *mais de 20 trabalhadores* é obrigatória a anotação da hora de entrada e de saída, em registro manual, mecânico ou eletrônico, conforme instruções expedidas pela Secretaria Especial de Previdência e Trabalho do Ministério da Economia

(Ministério do Trabalho), permitida a pré-assinalação do período de repouso (art. 74, § 2.º, da CLT, com redação dada pela Lei 13.874/2019).

Cabe ao empregador, quando o estabelecimento tiver mais de 20 trabalhadores, juntar os controles de jornada de trabalho. Se assim não fizer, presume-se verdadeira a jornada de trabalho alegada pelo autor na petição inicial. Entretanto, por se tratar de presunção relativa, pode ser elidida por prova em contrário, por exemplo, testemunhal (Súmula 338, inciso I, do TST).

O registro eletrônico de controle de jornada, nos termos do disposto no art. 74 da CLT, deve ser realizado por meio de sistemas e de equipamentos que atendam aos requisitos técnicos, na forma estabelecida em ato do Ministro de Estado do Trabalho e Previdência, de modo a coibir fraudes, a permitir o desenvolvimento de soluções inovadoras e a garantir a concorrência entre os ofertantes desses sistemas (art. 31 do Decreto 10.854/2021).

Os procedimentos de análise de conformidade dos mencionados equipamentos e sistemas devem considerar os princípios da temporalidade, da integridade, da autenticidade, da irrefutabilidade, da pessoalidade e da auditabilidade, na forma estabelecida em ato do Ministro de Estado do Trabalho e Previdência.

Os equipamentos e os sistemas de registro eletrônico de jornada, sem prejuízo do disposto no art. 31 do Decreto 10.854/2021, devem registrar fielmente as marcações efetuadas e atender aos seguintes critérios:

I – não permitir: a) alteração ou eliminação dos dados registrados pelo empregado; b) restrições de horário às marcações de ponto; c) marcações automáticas de ponto, tais como horário predeterminado ou horário contratual;

II – não exigir autorização prévia para marcação de sobrejornada;

III – permitir: a) pré-assinalação do período de repouso; b) assinalação de ponto por exceção à jornada regular de trabalho.

Para fins de fiscalização, os sistemas de registro eletrônico de jornada devem: permitir a identificação de empregador e empregado; possibilitar a extração do registro fiel das marcações realizadas pelo empregado (art. 32 do Decreto 10.854/2021).

Os arts. 73 a 92 da Portaria 671/2021 do Ministério do Trabalho e Previdência dispõem sobre controle de jornada eletrônico.

Sistema de registro eletrônico de ponto é o conjunto de equipamentos e programas informatizados destinados à anotação da hora de entrada e de saída dos trabalhadores em registro eletrônico, de que trata o § 2.º do art. 74 da CLT (art. 73 da Portaria 671/2021 do Ministério do Trabalho e Previdência).

O sistema de registro eletrônico de ponto deve registrar fielmente as marcações efetuadas, não sendo permitida qualquer ação que desvirtue os fins legais a que se destina, tais como: restrições de horário à marcação do ponto; marcação automática do ponto, utilizando-se horários predeterminados ou o horário contratual, não se confundindo com o registro por exceção previsto no art. 74, § 4.º, da CLT; exigência, por parte do sistema, de autorização prévia para marcação de sobrejornada; existência de qualquer dispositivo que permita a alteração dos dados registrados pelo empregado (art. 74 da Portaria 671/2021 do Ministério do Trabalho e Previdência).

O comprovante de registro de ponto do trabalhador pode ter o formato impresso ou de arquivo eletrônico (art. 80 da Portaria 671/2021 do Ministério do Trabalho e Previdência).

Frise-se que o registro de ponto pode ser manual, mecânico ou eletrônico. O registro manual deve espelhar a real jornada praticada pelo trabalhador, vedada a mera assinalação do horário contratual, salvo a possibilidade de pré-assinalação do período de repouso, autorizada pelo art. 74, § 2.º, da CLT (art. 93 da Portaria 671/2021 do Ministério do Trabalho e Previdência).

É "permitida" a pré-assinalação do período de repouso, conforme art. 74, § 2.º, parte final, da CLT. Por se tratar de permissão (faculdade), nada impede que o empregador, utilizando-se de seu poder de direção, institua o registro específico também do horário de repouso.

Na hipótese de contrato de trabalho doméstico, é obrigatório o registro do horário de trabalho do empregado doméstico por qualquer meio manual, mecânico ou eletrônico, desde que idôneo (art. 12 da Lei Complementar 150/2015).

> § 3.º Se o trabalho for executado fora do estabelecimento, o horário dos empregados constará do registro manual, mecânico ou eletrônico em seu poder, sem prejuízo do que dispõe o *caput* deste artigo.

3. TRABALHO FOR EXECUTADO FORA DO ESTABELECIMENTO

O art. 2.º, inciso V, "b", da Lei 13.103/2015, ao arrolar os direitos dos motoristas profissionais (de veículos automotores de transporte rodoviário de passageiros e de transporte rodoviário de cargas), prevê, em se tratando de empregados, o direito de ter jornada de trabalho controlada e registrada de maneira fidedigna mediante anotação em diário de bordo, papeleta ou ficha de trabalho externo, ou sistema e meios eletrônicos instalados nos veículos, a critério do empregador.

Se o trabalho for executado fora do estabelecimento, o horário dos empregados deve constar do registro manual, mecânico ou eletrônico em seu poder, sem prejuízo do que dispõe o *caput* do art. 74 da CLT, no sentido de que o horário de trabalho deve ser anotado em registro de empregados (art. 74, § 3.º, da CLT, com redação dada pela Lei 13.874/2019).

> § 4.º Fica permitida a utilização de registro de ponto por exceção à jornada regular de trabalho, mediante acordo individual escrito, convenção coletiva ou acordo coletivo de trabalho.

4. REGISTRO DE PONTO POR EXCEÇÃO À JORNADA REGULAR DE TRABALHO

Fica permitida a utilização de *registro de ponto por exceção à jornada regular de trabalho*, mediante acordo individual escrito, convenção coletiva ou acordo coletivo de trabalho (art. 74, § 4.º, da CLT, incluído pela Lei 13.874/2019).

Com isso, permite-se o registro de ponto por exceção à jornada normal de trabalho, em que os horários de entrada e de saída do empregado são registrados apenas quando diferentes do pactuado, ou seja, se houver situações como horas extras, atrasos, saídas antecipadas e faltas (ausências).

A autorização para a utilização dessa modalidade de registro de ponto pode ser feita por meio de *acordo individual escrito*, convenção coletiva ou acordo coletivo de trabalho. Logo, além da possibilidade de previsão em instrumento normativo decorrente de negociação coletiva de trabalho, de forma alternativa, a autorização do ponto por exceção pode decorrer de acordo individual escrito, ou seja, entre empregado e empregador.

Nos termos da Súmula 338, inciso II, do TST: "A presunção de veracidade da jornada de trabalho, ainda que prevista em instrumento normativo, pode ser elidida por prova em contrário".

Pode-se dizer que no registro de ponto por exceção à jornada regular de trabalho (art. 74, § 4.º, da CLT) o entendimento constante no inciso III da Súmula 338 do TST (sobre cartões de ponto com horários de entrada e saída uniformes serem inválidos como meio de prova) não seria aplicável, pois nesse sistema os horários de entrada e de saída do empregado são registrados apenas quando diferentes do normal.

✦ Jurisprudência

Recurso de revista. Horas extras. Ônus da prova. Cartões de ponto sem assinatura. Segundo o entendimento desta Corte, a falta de assinatura do empregado nos cartões-de-ponto não enseja a conclusão de que esses são inválidos nem que o ônus da prova deve ser invertido automaticamente, com a consequente validação da jornada descrita na inicial, por ausência de amparo legal. Nesse contexto, considerando que o TRT, no acórdão recorrido, entendeu que declaração apócrifa não é documento válido e inverteu o ônus da prova, concluindo que permaneceu com a empresa o ônus de provar a jornada por ela alegada em sua defesa, a qual não se desincumbiu de seu mister, de modo a condená-la ao pagamento de horas extras, houve violação dos arts. 333, I, do CPC [de 1973] e do art. 818 da CLT. Recurso de revista a que se dá provimento (TST, 6.ª T., RR 286-61.2012.5.05.0464, Rel. Min. Kátia Magalhães Arruda, *DEJT* 20.06.2014).

✦ Súmulas, Orientações Jurisprudenciais e Precedentes Normativos

Súmula 338 do TST: I – É ônus do empregador que conta com mais de 10 (dez) empregados [20, cf. Lei 13.874/2019] o registro da jornada de trabalho na forma do art. 74, § 2.º, da CLT. A não apresentação injustificada dos controles de frequência gera presunção relativa de veracidade da jornada de trabalho, a qual pode ser elidida por prova em contrário. II – A presunção de veracidade da jornada de trabalho, ainda que prevista em instrumento normativo, pode ser elidida por prova em contrário. III – Os cartões de ponto que demonstram horários de entrada e saída uniformes são inválidos como meio de prova, invertendo-se o ônus da prova, relativo às horas extras, que passa a ser do empregador, prevalecendo a jornada da inicial se dele não se desincumbir.

Seção VI – Das Penalidades

Art. 75. Os infratores dos dispositivos do presente Capítulo incorrerão na multa de cinquenta a cinco mil cruzeiros, segundo a natureza da infração, sua extensão e a intenção de quem a praticou, aplicada em dobro no caso de reincidência e oposição à fiscalização ou desacato à autoridade.

Parágrafo único. São competentes para impor penalidades, no Distrito Federal, a autoridade de 1.ª instância do Departamento Nacional do Trabalho e, nos Estados e no Território do Acre, as autoridades regionais do Ministério do Trabalho, Indústria e Comércio.

1. APLICAÇÃO DA MULTA

Trata-se de multa de natureza administrativa, aplicada pelas Delegacias Regionais do Trabalho e Subdelegacias do Trabalho (atualmente denominadas Superintendências Regionais do Trabalho e Gerências Regionais do Trabalho), por descumprimento das previsões dos arts. 57 a 74 da CLT.

A Portaria 667/2021 do Ministério do Trabalho e Previdência, quanto ao art. 75 da CLT, estabelece a multa administrativa no valor mínimo de R$ 40,25 e valor máximo de R$ 4.025,33, dobrado na reincidência, oposição ou desacato.

As infrações aos arts. 6.º e 6.º-A da Lei 10.101/2000 são punidas com a multa prevista no art. 75 da CLT (art. 6.º-B da Lei 10.101/2000, acrescentado pela Lei 11.603/2007). O processo de fiscalização, de autuação e de imposição de multas reger-se-á pelo disposto no Título VII da CLT, ou seja, pelos seus arts. 626 a 642.

CAPÍTULO II-A – DO TELETRABALHO

Art. 75-A. A prestação de serviços pelo empregado em regime de teletrabalho observará o disposto neste Capítulo.

1. TELETRABALHO E TRABALHO A DISTÂNCIA

A Lei 13.467/2017 acrescentou ao Título II da CLT, sobre normas gerais de tutela do trabalho, o Capítulo II-A, a respeito do *teletrabalho*.

Desse modo, a prestação de serviços pelo empregado em regime de teletrabalho deve observar o disposto no referido Capítulo da Consolidação das Leis do Trabalho (art. 75-A da CLT, acrescentado pela Lei 13.467/2017).

O *trabalho a distância* é o gênero que engloba o trabalho em domicílio e o *teletrabalho*.

O trabalho em domicílio é o executado na habitação do empregado ou em oficina de família, por conta de empregador que o remunere (art. 83 da CLT).

Conforme o art. 6.º da CLT, com redação dada pela Lei 12.551/2011, não se distingue entre o trabalho realizado no estabelecimento do empregador, o executado no domicílio do empregado e o realizado a distância, desde que estejam caracterizados os pressupostos da relação de emprego.

Os meios telemáticos e informatizados de comando, controle e supervisão se equiparam, para fins de subordinação jurídica, aos meios pessoais e diretos de comando, controle e supervisão do trabalho alheio (art. 6.º, parágrafo único, incluído pela Lei 12.551/2011).

O poder de controle do empregador, assim, pode ser exercido por meio de recursos da telefonia e da informática, em especial com a utilização da *internet*.

Embora o trabalho a distância seja normalmente desempenhado na própria residência do empregado, não se restringe a essa hipótese. Efetivamente, há os chamados *centros de trabalho*, os quais estão situados fora do estabelecimento do empregador.

O Código do Trabalho de Portugal, de 2009, no art. 165.º, dispõe que teletrabalho é "a prestação laboral realizada com subordinação jurídica, habitualmente fora da empresa e através do recurso a tecnologias de informação e de comunicação".

Art. 75-B. Considera-se teletrabalho ou trabalho remoto a prestação de serviços fora das dependências do empregador, de maneira preponderante ou não, com a utilização de tecnologias de informação e de comunicação, que, por sua natureza, não configure trabalho externo.

§ 1.º O comparecimento, ainda que de modo habitual, às dependências do empregador para a realização de atividades específicas que exijam a presença do empregado no estabelecimento não descaracteriza o regime de teletrabalho ou trabalho remoto.

§ 2.º O empregado submetido ao regime de teletrabalho ou trabalho remoto poderá prestar serviços por jornada ou por produção ou tarefa.

§ 3.º Na hipótese da prestação de serviços em regime de teletrabalho ou trabalho remoto por produção ou tarefa, não se aplicará o disposto no Capítulo II do Título II desta Consolidação.

§ 4.º O regime de teletrabalho ou trabalho remoto não se confunde nem se equipara à ocupação de operador de *telemarketing* ou de teleatendimento.

§ 5.º O tempo de uso de equipamentos tecnológicos e de infraestrutura necessária, bem como de *softwares*, de ferramentas digitais ou de aplicações de internet utilizados para o teletrabalho, fora da jornada de trabalho normal do empregado não constitui tempo à disposição ou regime de prontidão ou de sobreaviso, exceto se houver previsão em acordo individual ou em acordo ou convenção coletiva de trabalho.

§ 6.º Fica permitida a adoção do regime de teletrabalho ou trabalho remoto para estagiários e aprendizes.

§ 7.º Aos empregados em regime de teletrabalho aplicam-se as disposições previstas na legislação local e nas convenções e nos acordos coletivos de trabalho relativas à base territorial do estabelecimento de lotação do empregado.

§ 8.º Ao contrato de trabalho do empregado admitido no Brasil que optar pela realização de teletrabalho fora do território nacional aplica-se a legislação brasileira, excetuadas as disposições constantes da Lei n.º 7.064, de 6 de dezembro de 1982, salvo disposição em contrário estipulada entre as partes.

§ 9.º Acordo individual poderá dispor sobre os horários e os meios de comunicação entre empregado e empregador, desde que assegurados os repousos legais.

1. CONCEITO DE TELETRABALHO

Considera-se teletrabalho ou trabalho remoto a prestação de serviços fora das dependências do empregador, de maneira preponderante ou não, com a utilização de tecnologias de informação e de comunicação, que, por sua natureza, não configure trabalho externo (art. 75-B da CLT, com redação dada pela Lei 14.442/2022).

Sendo assim, inclui-se no conceito de teletrabalho ou trabalho remoto a prestação de serviços pelo empregado de forma híbrida ou mista, isto é, dentro e fora das dependências do empregador, sem que se exija a preponderância desta última situação.

O teletrabalho é realizado em local diverso do estabelecimento do empregador, de forma preponderante ou não, com a utilização de recursos tecnológicos, de informática e de comunicação eletrônica, como ocorre no *home office* e no labor em centros ou estações de trabalho.

O comparecimento, ainda que de modo habitual, às dependências do empregador para a realização de atividades específicas que exijam a presença do empregado no estabelecimento não descaracteriza o regime de teletrabalho ou trabalho remoto (art. 75-B, § 1.º, da CLT, incluído pela Lei 14.442/2022).

O empregado submetido ao regime de teletrabalho ou trabalho remoto pode prestar serviços por jornada ou por produção ou tarefa (art. 75-B, § 2.º, da CLT, incluído pela Lei 14.442/2022).

Essa previsão é passível de crítica, uma vez que mesmo no teletrabalho ou trabalho remoto, por envolver empregado, a jornada de trabalho não se confunde com as formas de fixação do salário. Trata-se, assim, de institutos distintos, voltados à duração do trabalho e à remuneração. Vale dizer, a jornada de trabalho não é excluída em decorrência de o salário ser fixado por produção ou tarefa (art. 78, art. 142, § 2.º, art. 478, § 5.º, art. 483, *g*, art. 487, § 3.º, e art. 582, § 1.º, *b*, da CLT). Cf. Orientação Jurisprudencial 235 da SBDI-I do TST. Na verdade, o salário pode ser fixado por unidade de tempo, por unidade de obra (produção) ou por tarefa, o que se distingue da jornada de trabalho propriamente.

Na hipótese da prestação de serviços em regime de teletrabalho ou trabalho remoto por produção ou tarefa, não se aplica o disposto no Capítulo II do Título II da Consolidação das Leis do Trabalho (arts. 57 a 75), sobre duração do trabalho (art. 75-B, § 3.º, da CLT, incluído pela Lei 14.442/2022).

No mesmo sentido, o art. 62, inciso III, da CLT, com redação dada pela Lei 14.442/2022, dispõe que não são abrangidos pelo regime de duração do trabalho os empregados em regime de teletrabalho que prestam serviço por produção ou tarefa. Cf. comentários ao art. 62 da CLT, item 4.

O regime de teletrabalho ou trabalho remoto não se confunde nem se equipara à ocupação de operador de *telemarketing* ou de teleatendimento (art. 75-B, § 4.º, da CLT, incluído pela Lei 14.442/2022).

A rigor, o *telemarketing* ou o teleatendimento diz respeito à função ou atividade exercida pelo trabalhador, enquanto o teletrabalho ou trabalho remoto envolve o regime ou modalidade de trabalho. Logo, em tese, é possível que o operador de telemarketing ou de teleatendimento realize a prestação de serviços em regime presencial (dentro das dependências do empregador) ou na modalidade de teletrabalho ou trabalho remoto (fora das dependências do empregador, de maneira preponderante ou não, com a utilização de tecnologias de informação e de comunicação, sem configurar trabalho externo).

O tempo de uso de equipamentos tecnológicos e de infraestrutura necessária, bem como de *softwares*, de ferramentas digitais ou de aplicações de internet utilizados para o teletrabalho, fora da jornada de trabalho normal do empregado não constitui tempo à disposição ou regime de prontidão ou de sobreaviso, exceto se houver previsão em acordo individual ou em acordo ou convenção coletiva de trabalho (art. 75-B, § 5.º, da CLT, incluído pela Lei 14.442/2022).

Essa previsão é questionável, pois se o uso de equipamentos tecnológicos e de infraestrutura necessária, bem como de *softwares*, de ferramentas digitais ou de aplicações de internet ocorrer em razão do trabalho, ou seja, para fins da prestação de serviço, ainda que fora da jornada de trabalho formalmente convencionada, a rigor, deve ser nela computado (art. 4.º da CLT).

Fica permitida a adoção do regime de teletrabalho ou trabalho remoto para estagiários e aprendizes (art. 75-B, § 6.º, da CLT, incluído pela Lei 14.442/2022).

Aos empregados em regime de teletrabalho aplicam-se as disposições previstas na legislação local e nas convenções e nos acordos coletivos de trabalho relativas à base territorial do estabelecimento de lotação do empregado (art. 75-B, § 7.º, da CLT, incluído pela Lei 14.442/2022).

Logo, seguindo o critério da territorialidade, devem ser aplicadas, em princípio, as normas legais do local da prestação do serviço e as normas coletivas que incidem na localidade do estabelecimento em que o empregado em regime de teletrabalho está lotado, ou seja, vinculado. Considera-se estabelecimento todo complexo de bens organizado para o exercício de atividade econômica ou social do empregador (art. 51, § 2.º, do Decreto 9.579/2018 e art. 1.142 do Código Civil).

Ao contrato de trabalho do empregado admitido no Brasil que optar pela realização de teletrabalho fora do território nacional aplica-se a legislação brasileira, excetuadas as disposições constantes da Lei 7.064/1982, salvo disposição em contrário estipulada entre as partes (art. 75-B, § 8.º, da CLT, incluído pela Lei 14.442/2022).

Quanto a essa ressalva final, entende-se que a estipulação pelas partes da legislação aplicável, com fundamento na autonomia da vontade, apenas deve prevalecer se mais benéfica ao empregado, em consonância com o princípio da norma mais favorável, inerente ao Direito do Trabalho, que decorre do princípio da proteção (art. 7.º, *caput*, da Constituição Federal de 1988). Logo, mesmo na hipótese indicada, não se admite que as partes do contrato de trabalho afastem a incidência de normas cogentes que regulam a relação de emprego, as quais limitam o exercício da autonomia privada individual (art. 444, *caput*, da CLT).

A Lei 7.064/1982, por sua vez, regula a situação de trabalhadores contratados no Brasil ou transferidos por seus empregadores para prestar serviço no exterior (art. 1.º da Lei 7.064/1982, com redação dada pela Lei 11.962/2009)[54].

Para os efeitos da Lei 7.064/1982, considera-se transferido: o empregado removido para o exterior, cujo contrato estava sendo executado no território brasileiro; o empregado cedido à empresa sediada no estrangeiro, para trabalhar no exterior, desde que mantido o vínculo trabalhista com o empregador brasileiro; o empregado contratado por empresa sediada no Brasil para trabalhar a seu serviço no exterior (art. 2.º da Lei 7.064/1982).

A empresa responsável pelo contrato de trabalho do empregado transferido deve assegurar-lhe, independentemente da observância da legislação do local da execução dos serviços: I – os direitos previstos na Lei 7.064/1982; II – a aplicação da legislação brasileira de proteção ao trabalho, naquilo que não for incompatível com o disposto na Lei 7.064/1982, quando mais favorável do que a legislação territorial, no conjunto de normas e em relação a cada matéria (art. 3.º da Lei 7.064/1982). Respeitadas as disposições especiais da Lei 7.064/1982, deve-se aplicar a legislação brasileira sobre Previdência Social, Fundo de Garantia do Tempo de Serviço (FGTS) e Programa de Integração Social (PIS/PASEP).

A contratação de trabalhador, por empresa estrangeira, para trabalhar no exterior está condicionada à prévia autorização do Ministério do Trabalho (art. 12 da Lei 7.064/1982). Nos termos do art. 14 da Lei 7.064/1982, sem prejuízo da aplicação das leis do país da prestação dos serviços, no que respeita a direitos, vantagens e garantias trabalhistas e previdenciárias, a empresa estrangeira deve assegurar ao trabalhador os direitos a ele conferidos nos arts. 12 a 20 da Lei 7.064/1982. Cf. comentários ao art. 470 da CLT, item 2.

---

[54] Fica excluído do regime da Lei 7.064/1982 o empregado designado para prestar serviços de natureza transitória, por período não superior a 90 dias, desde que: a) tenha ciência expressa dessa transitoriedade; b) receba, além da passagem de ida e volta, diárias durante o período de trabalho no exterior, as quais, seja qual for o respectivo valor, não terão natureza salarial (art. 1.º, parágrafo único, da Lei 7.064/1982).

Acordo individual pode dispor sobre os horários e os meios de comunicação entre empregado e empregador, desde que assegurados os repousos legais (art. 75-B, § 9.º, da CLT, incluído pela Lei 14.442/2022). Mesmo no teletrabalho ou trabalho remoto, devem ser observados os períodos de descanso previstos em lei, assegurando-se ao empregado, assim, o direito à desconexão. Cf. comentários ao art. 611-A, inciso VIII, da CLT.

Art. 75-C. A prestação de serviços na modalidade de teletrabalho deverá constar expressamente do instrumento de contrato individual de trabalho.

§ 1.º Poderá ser realizada a alteração entre regime presencial e de teletrabalho desde que haja mútuo acordo entre as partes, registrado em aditivo contratual.

§ 2.º Poderá ser realizada a alteração do regime de teletrabalho para o presencial por determinação do empregador, garantido prazo de transição mínimo de quinze dias, com correspondente registro em aditivo contratual.

§ 3.º O empregador não será responsável pelas despesas resultantes do retorno ao trabalho presencial, na hipótese de o empregado optar pela realização do teletrabalho ou trabalho remoto fora da localidade prevista no contrato, salvo disposição em contrário estipulada entre as partes.

1. TELETRABALHO E CONTRATO INDIVIDUAL DE TRABALHO

A prestação de serviços na modalidade de teletrabalho deve constar expressamente do instrumento de contrato individual de trabalho (art. 75-C da CLT, com redação dada pela Lei 14.442/2022).

Pode ser realizada a alteração entre regime presencial e de teletrabalho desde que haja mútuo acordo entre as partes, registrado em aditivo contratual (art. 75-C, § 1.º, da CLT, acrescentado pela Lei 13.467/2017).

Pode ser realizada a alteração do regime de teletrabalho para o presencial por determinação do empregador, garantido prazo de transição mínimo de 15 (quinze) dias, com correspondente registro em aditivo contratual (art. 75-C, § 2.º, da CLT, acrescentado pela Lei 13.467/2017).

A norma legal, como se pode notar, não autoriza que a modificação para o regime presencial ocorra em razão apenas da vontade do empregado, mas apenas por determinação do empregador, no exercício do seu poder de direção e de organização.

O empregador não será responsável pelas despesas resultantes do retorno ao trabalho presencial, na hipótese de o empregado optar pela realização do teletrabalho ou trabalho remoto fora da localidade prevista no contrato, salvo disposição em contrário estipulada entre as partes (art. 75-C, § 3.º, da CLT, incluído pela Lei 14.442/2022).

Portanto, conforme a ressalva indicada, no exercício da autonomia da vontade, as partes do contrato de trabalho podem estipular, de forma mais benéfica ao empregado, que o empregador será responsável pelas despesas decorrentes do retorno ao trabalho presencial, caso o empregado tenha optado pela realização do teletrabalho ou trabalho remoto fora do local previsto no contrato. Além disso, entende-se que o empregador será responsável pelas despesas resultantes do retorno ao trabalho presencial, se o empregado realizou o teletrabalho ou trabalho remoto fora da localidade prevista no contrato por exigência ou determinação do empregador.

Art. 75-D. As disposições relativas à responsabilidade pela aquisição, manutenção ou fornecimento dos equipamentos tecnológicos e da infraestrutura necessária e adequada à prestação do trabalho remoto, bem como ao reembolso de despesas arcadas pelo empregado, serão previstas em contrato escrito.

Parágrafo único. As utilidades mencionadas no *caput* deste artigo não integram a remuneração do empregado.

1. REEMBOLSO DE DESPESAS

As disposições relativas à responsabilidade pela aquisição, manutenção ou fornecimento dos equipamentos tecnológicos e da infraestrutura necessária e adequada à prestação do trabalho remoto, bem como ao reembolso de despesas arcadas pelo empregado, devem ser previstas em contrato escrito (art. 75-D da CLT, acrescentado pela Lei 13.467/2017).

Sabendo-se que a empresa corre os riscos do empreendimento e da atividade desenvolvida, conforme mandamento de ordem pública decorrente do art. 2.º, *caput*, da CLT, defende-se o entendimento de que a mencionada responsabilidade é do empregador, o que deve ser explicitado em contrato escrito firmado com o empregado.

Confirmando o exposto, o dispositivo em questão é expresso ao prever, em sua parte final, o *reembolso* (pelo empregador) das despesas arcadas pelo empregado.

As utilidades mencionadas no art. 75-D, *caput*, da CLT não integram a remuneração do empregado (art. 75-D, parágrafo único, da CLT, acrescentado pela Lei 13.467/2017).

Desse modo, as referidas utilidades não têm natureza salarial, por se tratar de utilidades fornecidas para o trabalho, e não como contraprestação pelo serviço prestado pelo empregado em regime de teletrabalho.

Art. 75-E. O empregador deverá instruir os empregados, de maneira expressa e ostensiva, quanto às precauções a tomar a fim de evitar doenças e acidentes de trabalho.

Parágrafo único. O empregado deverá assinar termo de responsabilidade comprometendo-se a seguir as instruções fornecidas pelo empregador.

1. PRECAUÇÕES

O empregador deve instruir os empregados, de maneira expressa e ostensiva, quanto às precauções a tomar a fim de evitar doenças e acidentes de trabalho (art. 75-E da CLT, acrescentado pela Lei 13.467/2017).

O empregado deve assinar termo de responsabilidade comprometendo-se a seguir as instruções fornecidas pelo empregador (art. 75-E, parágrafo único, da CLT, acrescentado pela Lei 13.467/2017).

O descumprimento dos mencionados deveres pelo empregado, se presentes os requisitos legais, pode configurar indisciplina, permitindo a despedida por justa causa (art. 482, "h", da CLT).

Art. 75-F. Os empregadores deverão dar prioridade aos empregados com deficiência e aos empregados com filhos ou criança sob guarda judicial até 4 (quatro) anos de idade na alocação em vagas para atividades que possam ser efetuadas por meio do teletrabalho ou trabalho remoto.

1. PRIORIDADE

Os empregadores devem dar prioridade aos empregados com deficiência e aos empregados com filhos ou criança sob guarda judicial até quatro anos de idade na alocação em vagas para atividades que possam ser efetuadas por meio do teletrabalho ou trabalho remoto (art. 75-F da CLT, incluído pela Lei 14.442/2022).

Essa preferência tem como fundamento a situação específica dos mencionados empregados, tendo em vista que no teletrabalho ou trabalho remoto evita-se a necessidade de deslocamentos mais frequentes para as dependências do empregador.

Ainda nesse contexto, na alocação de vagas para as atividades que possam ser efetuadas por meio de teletrabalho, trabalho remoto ou trabalho a distância, nos termos do Capítulo II-A do Título II da Consolidação das Leis do Trabalho (arts. 75-A a 75-F), os empregadores devem conferir prioridade: I – às empregadas e aos empregados com filho, enteado ou criança sob guarda judicial com até seis anos de idade; II – às empregadas e aos empregados com filho, enteado ou pessoa sob guarda judicial com deficiência, sem limite de idade (art. 7.º da Lei 14.457/2022).

Trata-se de medida de apoio à parentalidade por meio da flexibilização do regime de trabalho. Para os efeitos da Lei 14.457/2022, parentalidade é o vínculo socioafetivo maternal, paternal ou qualquer outro que resulte na assunção legal do papel de realizar as atividades parentais, de forma compartilhada entre os responsáveis pelo cuidado e pela educação das crianças e dos adolescentes, nos termos do art. 22, parágrafo único, da Lei 8.069/1990 (Estatuto da Criança e do Adolescente).

Na priorização para vagas em regime de teletrabalho, trabalho remoto ou trabalho a distância, deve sempre ser levada em conta a vontade expressa da empregada ou do empregado beneficiado pela medida de apoio ao exercício da parentalidade (art. 22 da Lei 14.457/2022).

2. REGIME DE TRABALHO DO ADVOGADO EMPREGADO

De forma mais específica, as atividades do advogado empregado podem ser realizadas, a critério do empregador, em qualquer um dos seguintes regimes:

I – *exclusivamente presencial*: modalidade na qual o advogado empregado, desde o início da contratação, realiza o trabalho nas dependências ou locais indicados pelo empregador;

II – *não presencial, teletrabalho ou trabalho a distância*: modalidade na qual, desde o início da contratação, o trabalho é preponderantemente realizado fora das dependências do empregador, observado que o comparecimento nas dependências de forma não permanente, variável ou para participação em reuniões ou em eventos presenciais não descaracteriza o regime não presencial;

III – *misto*: modalidade na qual as atividades do advogado podem ser presenciais, no estabelecimento do contratante ou onde este indicar, ou não presenciais, conforme as condições definidas pelo empregador em seu regulamento empresarial, independentemente de preponderância ou não (art. 18, § 2.º, da Lei 8.906/1994, incluído pela Lei 14.365/2022).

Na vigência da relação de emprego, as partes podem pactuar, por acordo individual simples, a alteração de um regime para outro (art. 18, § 3.º, da Lei 8.906/1994, incluído pela Lei 14.365/2022).

3. REGIME DE TRABALHO DA EMPREGADA GESTANTE

Durante a emergência de saúde pública de importância nacional decorrente do coronavírus SARS-CoV-2, a empregada gestante que ainda não tenha sido totalmente imunizada contra o referido agente infeccioso, de acordo com os critérios definidos pelo Ministério da Saúde e pelo Plano Nacional de Imunizações (PNI), deve permanecer afastada das atividades de trabalho presencial (art. 1.º da Lei 14.151/2021, com redação dada pela Lei 14.311/2022).

A empregada gestante afastada nos termos mencionados ficará à disposição do empregador para exercer as atividades em seu domicílio, por meio de teletrabalho, trabalho remoto ou outra forma de trabalho a distância, sem prejuízo de sua remuneração (art. 1.º, § 1.º, da Lei 14.151/2021, incluído pela Lei 14.311/2022).

Para o fim de compatibilizar as atividades desenvolvidas pela empregada gestante na forma indicada, o empregador pode, respeitadas as competências para o desempenho do trabalho e as condições pessoais da gestante para o seu exercício, alterar as funções por ela exercidas, sem prejuízo de sua remuneração integral e assegurada a retomada da função anteriormente exercida, quando retornar ao trabalho presencial (art. 1.º, § 2.º, da Lei 14.151/2021, incluído pela Lei 14.311/2022). Autoriza-se, assim, o exercício do poder de direção pelo empregador, quanto ao aspecto da organização da sua atividade, na linha do previsto no art. 392, § 4.º, inciso I, da CLT. Caso essa alteração de função também não seja possível, não havendo nenhum modo de realizar o trabalho a distância, entende-se que a empregada gestante deve permanecer afastada das atividades de trabalho presencial, sem prejuízo de sua remuneração. Logo, nessa hipótese, ocorrerá a interrupção do contrato de trabalho, cabendo ao empregador pagar o salário durante o referido período de afastamento.

Salvo se o empregador optar por manter o exercício das suas atividades nos termos do § 1.º do art. 1.º da Lei 14.151/2021, a empregada gestante deve retornar à atividade presencial nas seguintes hipóteses: I – após o encerramento do estado de emergência de saúde pública de importância nacional decorrente do coronavírus SARS-CoV-2; II – após sua vacinação contra o coronavírus SARS-CoV-2, a partir do dia em que o Ministério da Saúde considerar completa a imunização; III – mediante o exercício de legítima opção individual pela não vacinação contra o coronavírus SARS-CoV-2 que lhe tiver sido disponibilizada, conforme o calendário divulgado pela autoridade de saúde e mediante termo de responsabilidade (art. 1.º, § 3.º, da Lei 14.151/2021, incluído pela Lei 14.311/2022).

Na hipótese de que trata o inciso III do § 3.º do art. 1.º da Lei 14.151/2021, a empregada gestante deve assinar termo de responsabilidade e de livre consentimento para exercício do trabalho presencial, comprometendo-se a cumprir todas as medidas preventivas adotadas pelo empregador (art. 1.º, § 6.º, da Lei 14.151/2021, incluído pela Lei 14.311/2022).

O exercício da opção a que se refere o inciso III do § 3.º do art. 1.º da Lei 14.151/2021 é uma expressão do direito fundamental da liberdade de autodeterminação individual, e não pode ser imposta à gestante que fizer a escolha pela não vacinação qualquer restrição de direitos em razão dela (art. 1.º, § 7.º, da Lei 14.151/2021, incluído pela Lei 14.311/2022).

Foi declarado o encerramento da emergência em saúde pública de importância nacional (Espin) em decorrência da infecção humana pelo novo coronavírus (2019-nCov), de que tratava a Portaria 188/2020 (Portaria 913/2022 do Ministério da Saúde, com entrada em vigor 30 dias após a data de sua publicação, ocorrida em 22.04.2022). Com isso, deixam de ser aplicadas as mencionadas previsões da Lei 14.151/2021, nos termos do seu art. 1.º.

CAPÍTULO III – DO SALÁRIO MÍNIMO

Seção I – Do Conceito

Art. 76. Salário mínimo é a contraprestação mínima devida e paga diretamente pelo empregador a todo trabalhador, inclusive ao trabalhador rural, sem distinção de sexo, por dia normal de serviço, e capaz de satisfazer, em determinada época e região do País, as suas necessidades normais de alimentação, habitação, vestuário, higiene e transporte.

1. SALÁRIO MÍNIMO

O salário é a quantia paga "diretamente pelo empregador" (art. 457, *caput*, da CLT), decorrendo do contrato de trabalho. É pago e devido não só como contraprestação do efetivo serviço prestado, mas também dos períodos em que o empregado esteve à disposição do empregador, aguardando ou executando ordens (art. 4.º, *caput*, da CLT), bem como de certos períodos de descanso remunerado (hipóteses de interrupção do contrato de trabalho como ocorre nas férias e nos descansos semanais e feriados remunerados).

Atualmente, o art. 7.º, inciso IV, da Constituição Federal de 1988 alterou certos aspectos da definição do art. 76, além de ter ampliado o rol de necessidades que o salário mínimo deve atender, assegurando o direito ao: "salário mínimo, fixado em lei, nacionalmente unificado, capaz de atender a suas necessidades vitais básicas e às de sua família como moradia, alimentação, educação, saúde, lazer, vestuário, higiene, transporte e previdência social, com reajustes periódicos que lhe preservem o poder aquisitivo, sendo vedada sua vinculação para qualquer fim".

Portanto, o salário mínimo não é mais regional, e sim nacionalmente unificado, estabelecido por lei federal (lembrando-se que medida provisória tem força de lei, na forma do art. 62, *caput*, da Constituição Federal de 1988).

Assim, o salário mínimo seria o menor valor que a lei permite que seja pago pelo empregador ao empregado, para que este possa satisfazer as suas "necessidades vitais básicas e às de sua família".

Por se tratar das necessidades básicas, não se confunde o salário mínimo com o conceito, de certa forma indeterminado, de "salário justo". Este seria o salário no valor equitativo, ou seja, em consonância com as regras para a harmoniosa convivência em sociedade, atendendo aos objetivos e às necessidades de plena satisfação ao empregado.

As necessidades básicas que o salário mínimo deve atender são, justamente, aquelas referentes a: moradia, alimentação, educação, saúde, lazer, vestuário, higiene, transporte e previdência social.

Cabe lembrar que há os valores mensal, diário e horário do salário mínimo.

Nas hipóteses em que há o recebimento de salário-base, mais outras parcelas de natureza salarial (como gratificações habituais legais), o entendimento pacificado pela jurisprudência é no sentido de que devem ser somadas todas as verbas de natureza salarial, para se verificar o respeito ao direito ao valor do salário mínimo. Dessa forma, não se exige que o salário-base, em si, seja no valor do salário mínimo, o qual pode ser alcançado pelo conjunto salarial. Nesse sentido: Orientação Jurisprudencial 272 da SBDI-I do TST e a Súmula Vinculante 16 do STF.

O Supremo Tribunal Federal fixou a seguinte tese de repercussão geral: "É defeso o pagamento de remuneração em valor inferior ao salário mínimo ao servidor público, ainda que labore em jornada reduzida de trabalho" (STF, Pleno, RE 964.659/RS, Rel. Min. Dias Toffoli, j. 08.08.2022).

Para a preservação do poder aquisitivo do salário mínimo, em decorrência de efeito inflacionário na economia, a mesma norma constitucional assegura a existência de "reajustes periódicos". No entanto, a concretização dessa garantia depende de leis estabelecendo o mencionado reajuste no valor do mínimo salarial.

Por fim, a disposição constitucional veda a vinculação do salário mínimo para qualquer fim. Assim, o seu valor não pode ser utilizado como fator indexador da economia, em avenças e contratos (como de locação), pois isso poderia acarretar desequilíbrios na economia, como a inflação, em prejuízo do País.

Assim, quando se verifica reajuste do salário mínimo, pressupõe-se que todas as possíveis e naturais repercussões advindas tenham sido sopesadas.

O STF decidiu no Recurso Extraordinário 56.5714 (Rel. Min. Cármen Lúcia, *DJ* 22.02.2008), o qual teve reconhecimento da existência de repercussão geral da questão constitucional discutida, que a parte final do art. 7.º, inciso IV, da Constituição Federal de 1988 proíbe expressamente a vinculação do salário mínimo *para qualquer fim*, explicitando que o objetivo da norma constitucional é de impedir que haja pressões que levem a reajustes menores no salário mínimo.

Confirmando essa tendência e definindo a questão, o Supremo Tribunal Federal aprovou a Súmula Vinculante 4 e a Súmula Vinculante 15 do STF.

Isso significa que se o ente público paga ao servidor público um "abono", com o objetivo de que o conjunto salarial respeite o valor do salário mínimo, no caso de serem previstas, ainda, gratificações ou outras vantagens, incidentes sobre o salário-base, não há como incluir o referido "abono" na base de cálculo das referidas gratificações e vantagens. Caso contrário, a elevação do salário mínimo acarretaria o aumento automático dessas verbas, significando a sua vinculação ao salário mínimo, o que é vedado pela Constituição Federal de 1988 (art. 7.º, inciso IV, parte final).

Cabe registrar, ainda, que a Lei 12.382, de 25 de fevereiro de 2011, estabeleceu as diretrizes para a política de valorização do salário mínimo a vigorar entre 2012 e 2015, a serem aplicadas em 1.º de janeiro do respectivo ano (art. 2.º). Os reajustes para a preservação do poder aquisitivo do salário mínimo deverão corresponder à variação do Índice Nacional de Preços ao Consumidor (INPC), calculado e divulgado pela Fundação Instituto Brasileiro de Geografia e Estatística (IBGE), acumulada nos doze meses anteriores ao mês do reajuste (art. 2.º, § 1.º). O mesmo diploma legal também estabeleceu a aplicação de percentuais a título de aumento real em cada ano, levando em conta taxa de crescimento real do Produto Interno Bruto (PIB), apurada pelo IBGE (art. 2.º, § 4.º).

O art. 3.º, por sua vez, prevê que: "Os reajustes e aumentos fixados na forma do art. 2.º serão estabelecidos pelo Poder Executivo, por meio de decreto, nos termos desta Lei". Apesar da previsão constitucional no sentido de que o salário mínimo deve ser "fixado em lei" (art. 7.º, inciso IV, da Constituição Federal de 1988), o Supremo Tribunal Federal, em 03.11.2011, julgou improcedente a Ação Direta de Inconstitucionalidade 4.568, que questionava o referido dispositivo legal. Nesse sentido, prevaleceu o entendimento de que o Decreto presidencial relativo à divulgação anual do salário mínimo é simples aplicação de fórmula, índice e periodicidade estabelecidos pela Lei 12.382/2011.

As mesmas diretrizes foram estabelecidas para a política de valorização do salário mínimo a vigorar entre 2016 e 2019, aplicadas em 1.º de janeiro do respectivo ano, quanto a reajustes do salário mínimo e aumentos reais, a serem estabelecidos pelo Poder Executivo, por meio de decreto (Lei 13.152/2015).

Foram estabelecidas as diretrizes para a política de valorização do salário mínimo a vigorar a partir de 2024, a serem aplicadas em 1.º de janeiro do respectivo ano, considerando que o valor deve decorrer da soma do índice de medida da inflação do ano anterior, para a preservação do poder aquisitivo, com o índice correspondente ao crescimento real do Produto Interno Bruto (PIB) de dois anos anteriores, para fins de aumento real, conforme apuração nos termos do art. 3.º da Lei 14.663/2023.

Os reajustes para a preservação do poder aquisitivo do salário mínimo devem corresponder à variação do Índice Nacional de Preços ao Consumidor (INPC), calculado e divulgado pela Fundação Instituto Brasileiro de Geografia e Estatística (IBGE), acumulada nos 12 meses encerrados em novembro do exercício anterior ao do reajuste. Em caso de taxa de crescimento real negativa do PIB, o salário mínimo deve ser reajustado apenas pelo INPC vigente à época.

Os reajustes e os aumentos fixados na forma do art. 3.º serão estabelecidos pelo Poder Executivo federal por meio de decreto, nos termos da Lei 14.663/2023 (art. 4.º).

2. SALÁRIO PROFISSIONAL E PISO DA CATEGORIA

O chamado "salário profissional" é aquele "de certas *profissões legalmente regulamentadas*"[55], ou seja, "é fixado por lei e deferido a profissionais cujo ofício seja regulamentado também em diploma legal"[56] (art. 511, § 3.º, da CLT).

O salário profissional é também chamado de salário *mínimo* profissional. Trata-se, portanto, de patamar *mínimo* salarial, específico de certas profissões[57]. Na lição de Amauri Mascaro Nascimento: "Denomina-se salário profissional aquele fixado como o mínimo de uma profissão com o que se caracteriza como uma espécie do gênero *mínimo salarial*"[58].

---

55 DELGADO, Mauricio Godinho. *Salário*: teoria e prática. Belo Horizonte: Del Rey, 1997. p. 205 (destaques do original).

56 DELGADO, Mauricio Godinho. *Salário*: teoria e prática. Belo Horizonte: Del Rey, 1997. p. 205.

57 Cf. RUSSOMANO, Mozart Victor. *Curso de direito do trabalho*. 6. ed. Curitiba: Juruá, 1997. p. 324: "os salários profissionais – como já sublinhamos – nada mais são do que salários mínimos".

58 NASCIMENTO, Amauri Mascaro. *Teoria jurídica do salário*. 2. ed. São Paulo: LTr, 1997. p. 321 (destaques do original).

Já o "salário mínimo normativo" é o fixado por sentença normativa, e o "salário mínimo convencional" é o fixado por convenção coletiva e acordo coletivo[59].

O "piso da categoria", por sua vez, representa o salário de toda uma categoria dos empregados (art. 511, § 2.º, da CLT) que trabalham em determinado setor da atividade econômica, em certa base territorial (não se referindo à categoria profissional diferenciada).

Cf. ainda as Orientações Jurisprudenciais 25 e 26 da SDC do TST.

A Lei 12.790/2013, ao dispor sobre a regulamentação do exercício da profissão de comerciário, no art. 4.º, estabelece que o piso salarial deve ser fixado em convenção ou acordo coletivo de trabalho, nos termos do inciso V do art. 7.º da Constituição Federal.

Importante lembrar, ainda, a existência de leis infraconstitucionais, anteriores à Constituição Federal de 1988, fixando o salário profissional por meio de número múltiplo de salários mínimos, o que ocorre, por exemplo, com os médicos (Lei 3.999/1961, art. 5.º), engenheiros (Lei 4.950-A/1966, art. 5.º) e técnicos em radiologia (Lei 7.394/1985, art. 16), segundo Orientação Jurisprudencial 71 da SBDI-II do TST. Sobre o assunto dispõe a Súmula 370 do TST.

O Supremo Tribunal Federal julgou parcialmente procedente o pedido formulado em arguição de descumprimento de preceito fundamental, para atribuir interpretação conforme a Constituição ao art. 5.º da Lei 4.950-A/1966, de modo a congelar a base de cálculo dos pisos profissionais nele fixados (de engenharia, química, arquitetura, agronomia e veterinária) na data da publicação da ata da sessão do referido julgamento (STF, Pleno, ADPF 53/PI, ADPF 149/DF e ADPF 171/MA, Rel. Min. Rosa Weber, j. 21.02.2022).

Na mesma linha, o Supremo Tribunal Federal julgou parcialmente procedente o pedido formulado em arguição de descumprimento fundamental, para reconhecer a compatibilidade do art. 5.º da Lei 3.999/1961 com o texto constitucional e, com apoio na técnica da interpretação conforme a Constituição, determinar o congelamento do valor dos pisos salariais (de médicos, cirurgiões-dentistas e respectivos auxiliares), devendo o *quantum* ser calculado com base no valor do salário mínimo vigente na data da publicação da ata da sessão do referido julgamento (STF, Pleno, ADPF 325/DF, Rel. Min. Rosa Weber, j. 21.03.2022).

O vencimento dos agentes comunitários de saúde e dos agentes de combate às endemias não será inferior a dois salários mínimos, repassados pela União aos Municípios, aos Estados e ao Distrito Federal (art. 198, § 9.º, da Constituição da República, incluído pela Emenda Constitucional 120/2022). Trata-se, assim, de piso salarial profissional nacional.

Lei federal instituirá pisos salariais profissionais nacionais para o enfermeiro, o técnico de enfermagem, o auxiliar de enfermagem e a parteira, a serem observados por pessoas jurídicas de direito público e de direito privado (art. 198, § 12, da Constituição da República, incluído pela Emenda Constitucional 124/2022).

A União, os Estados, o Distrito Federal e os Municípios, até o final do exercício financeiro em que for publicada a lei de que trata o art. 198, § 12, da Constituição Federal, devem adequar a remuneração dos cargos ou dos respectivos planos de carreiras, quando houver, de modo a atender aos pisos estabelecidos para cada categoria profissional (art. 198, § 13, da Constituição da República, incluído pela Emenda Constitucional 124/2022).

---

59 DELGADO, Mauricio Godinho. *Salário*: teoria e prática. Belo Horizonte: Del Rey, 1997. p. 206.

Mesmo sendo da União a competência legislativa sobre Direito do Trabalho, o parágrafo único do art. 22 da Constituição estabelece que a lei complementar pode autorizar os Estados a legislar sobre questões específicas das matérias ali relacionadas, o que abrange o Direito do Trabalho (inciso I). Nesse sentido, a Lei Complementar 103, de 14 de julho de 2000, autorizou os Estados e o Distrito Federal a instituir o piso salarial a que se refere o inciso V do art. 7.º da Constituição Federal, ou seja, "piso salarial proporcional à extensão e à complexidade do trabalho".

Trata-se, assim, do chamado *piso salarial estadual*, o qual não se confunde com o salário mínimo, pois este é nacionalmente unificado (inciso IV do art. 7.º da Constituição Federal de 1988). Desse modo, a lei estadual, ao fixar o piso salarial estadual, deve prever valores diferenciados para as diferentes funções ou categorias profissionais, conforme a extensão e a complexidade do respectivo trabalho.

De acordo com as previsões da mencionada Lei Complementar 103/2000: "Art. 1.º Os Estados e o Distrito Federal ficam autorizados a instituir, mediante lei de iniciativa do Poder Executivo, o piso salarial de que trata o inciso V do art. 7.º da Constituição Federal *para os empregados que não tenham piso salarial definido em lei federal, convenção ou acordo coletivo de trabalho.* § 1.º A autorização de que trata este artigo *não poderá ser exercida:* I – no segundo semestre do ano em que se verificar eleição para os cargos de Governador dos Estados e do Distrito Federal e de Deputados Estaduais e Distritais; II – *em relação à remuneração de servidores públicos municipais.* § 2.º O piso salarial a que se refere o *caput* poderá ser estendido aos empregados domésticos".

Como se pode notar, o piso salarial estabelecido por meio de lei estadual apenas é aplicável na ausência de piso salarial previsto em lei federal, convenção ou acordo coletivo de trabalho.

Por sua vez, sobre o pagamento de piso salarial ou salário mínimo proporcional ao tempo trabalhado, é importante destacar, ainda, a Orientação Jurisprudencial 358 da SBDI-I do TST. Entretanto, no caso do professor, cabe verificar a previsão constante da Orientação Jurisprudencial 393 da SBDI-I do TST.

Como as gorjetas integram a remuneração (Súmula 354 do TST), mas não têm natureza salarial (art. 457 da CLT), pois são pagas pelos clientes, entende-se que o empregado não pode receber apenas gorjetas, tendo direito ao salário mínimo, ao salário profissional, normativo ou ao piso da categoria, a ser pago diretamente pelo empregador.

A Lei 11.738/2008 regulamenta o piso salarial profissional nacional para os profissionais do magistério público da educação básica a que se refere a alínea "e" do inciso III do *caput* do art. 60 do Ato das Disposições Constitucionais Transitórias.

O piso salarial profissional nacional é o valor abaixo do qual a União, os Estados, o Distrito Federal e os Municípios não podem fixar o vencimento inicial das carreiras do magistério público da educação básica, para a jornada de, no máximo, 40 horas semanais (art. 2.º, § 1.º, da Lei 11.738/2008).

Por profissionais do magistério público da educação básica entendem-se aqueles que desempenham as atividades de docência ou as de suporte pedagógico à docência, isto é, direção ou administração, planejamento, inspeção, supervisão, orientação e coordenação educacionais, exercidas no âmbito das unidades escolares de educação básica, em suas diversas etapas e modalidades, com a formação mínima determinada pela legislação federal de diretrizes e bases da educação nacional (art. 2.º, § 2.º, da Lei 11.738/2008).

Os vencimentos iniciais referentes às demais jornadas de trabalho devem ser, no mínimo, proporcionais ao valor mencionado no art. 2.º da Lei 11.738/2008 (art. 2.º, § 3.º, da Lei 11.738/2008).

Na composição da jornada de trabalho, deve-se observar o limite máximo de 2/3 da carga horária para o desempenho das atividades de interação com os educandos (art. 2.º, § 4.º, da Lei 11.738/2008).

A respeito do professor, cf. ainda comentários ao art. 318 da CLT.

✦ Jurisprudência

Constitucional. Financeiro. Pacto federativo e repartição de competência. Piso nacional para os professores da educação básica. Conceito de piso: vencimento ou remuneração global. Riscos financeiro e orçamentário. Jornada de trabalho: fixação do tempo mínimo para dedicação a atividades extraclasse em 1/3 da jornada. Arts. 2.º, §§ 1.º e 4.º, 3.º, *caput*, II e III e 8.º, todos da Lei 11.738/2008. Constitucionalidade. Perda parcial de objeto. 1. Perda parcial do objeto desta ação direta de inconstitucionalidade, na medida em que o cronograma de aplicação escalonada do piso de vencimento dos professores da educação básica se exauriu (arts. 3.º e 8.º da Lei 11.738/2008). 2. É constitucional a norma geral federal que fixou o piso salarial dos professores do ensino médio [educação básica] com base no vencimento, e não na remuneração global. Competência da União para dispor sobre normas gerais relativas ao piso de vencimento dos professores da educação básica, de modo a utilizá-lo como mecanismo de fomento ao sistema educacional e de valorização profissional, e não apenas como instrumento de proteção mínima ao trabalhador. 3. É constitucional a norma geral federal que reserva o percentual mínimo de 1/3 da carga horária dos docentes da educação básica para dedicação às atividades extraclasse. Ação direta de inconstitucionalidade julgada improcedente (STF, Pleno, ADI 4.167/DF, Rel. Min. Joaquim Barbosa, j. 27.04.2011, *DJe* 24.08.2011).

Agravo regimental no agravo de instrumento. Servidor público. Jornada reduzida. Remuneração inferior a um salário mínimo. Impossibilidade. Precedentes. 1. A Suprema Corte vem se pronunciando no sentido de que a remuneração do servidor público não pode ser inferior a um salário mínimo. Esse entendimento se aplica ao servidor que trabalha em regime de jornada reduzida. 2. Agravo regimental não provido (STF, 1.ª T., AgR-AI 815.869/PR, Rel. Min. Dias Toffoli, *DJe* 24.11.2014).

Arguição de descumprimento de preceito fundamental. Conversão da apreciação do referendo de liminar em julgamento final de mérito. Piso salarial dos profissionais diplomados em curso superior de engenharia, química, arquitetura, agronomia e veterinária (Lei n.º 4.950-A, de 22 de abril de 1966). Salário profissional fixado em múltiplos do salário mínimo nacional. Alegada transgressão à norma que veda a vinculação do salário mínimo "para qualquer finalidade" (CF, art. 7.º, IV, *fine*). Inocorrência de tal violação. Cláusula constitucional que tem o sentido de proibir o uso indevido do salário mínimo como indexador econômico. Precedentes. 1. Conversão do referendo de medida cautelar em julgamento definitivo do mérito. Precedentes. 2. Distinções entre o tratamento normativo conferido pelo texto constitucional às figuras jurídicas do salário mínimo (CF, art. 7.º, IV) e do piso salarial (CF, art. 7.º, IV). 3. A cláusula constitucional que veda a vinculação do salário mínimo "para qualquer finalidade" (CF, art. 7.º, IV, *fine*) tem o sentido proibir a sua indevida utilização como indexador econômico, de modo a preservar o poder aquisitivo inerente ao salário mínimo contra os riscos decorrentes de sua exposição às repercussões inflacionárias negativas na economia nacional resultantes da indexação de salários e preços. 4. Além disso, a norma protetiva inserida no quadro do sistema constitucional de garantias salariais (CF, art. 7.º, IV, *fine*) protege os trabalhadores em geral contra o surgimento de conjunturas político-econômicas que constituam obstáculo ou tornem difícil a implementação efetiva de planos governamentais de progressiva valorização do salário mínimo, motivadas pela aversão aos impactos econômicos indesejados que, por efeito da indexação salarial, atingiriam as contas públicas, especialmente as despesas com o pagamento de servidores e empregados públicos. 5. O texto constitucional (CF, art. 7.º, IV, *fine*) não proíbe a utilização de múltiplos do salário mínimo como mera referência paradigmática para definição do valor justo e proporcional do piso salarial destinado à remuneração de categorias profissionais especializadas (CF, art. 7.º, V), impedindo, no entanto, reajustamentos automáticos futuros, destinados à adequação do salário inicialmente contratado aos novos valores vigentes para o salário mínimo nacional. 6. Fixada interpretação conforme à Constituição, com adoção da técnica do congelamento da base de cálculo dos pisos salariais, a fim de que sejam calculados de acordo com o valor do salário mínimo vigente na data da publicação da ata da sessão de julgamento. Vencida, no ponto, e apenas quanto ao marco referencial do congelamento, a Ministra Relatora, que o fixava na data do trânsito em julgado da decisão. 7. Arguição de descumprimento conhecida, em parte. Pedido parcialmente procedente (STF, Pleno, ADPF 53/PI, Rel. Min. Rosa Weber, *DJe* 18.03.2022).

Arguição de descumprimento de preceito fundamental. Piso salarial dos médicos, cirurgiões dentistas e respectivos auxiliares (Lei n.º 3.999/1961). Salário profissional fixado em múltiplos do salário mínimo nacional. Alegada transgressão à norma que veda a vinculação do salário mínimo "para qualquer finalidade" (CF, art. 7.º, IV, *fine*). Inocorrência. Cláusula constitucional que tem o sentido de proibir o uso indevido do salário mínimo como indexador econômico. Precedentes. Jornada especial de trabalho. Competência da União para legislar sobre direito do trabalho (CF, art. 22, I). Precedentes. 1. Distinções entre o tratamento normativo conferido pelo texto constitucional às figuras jurídicas do salário mínimo (CF, art. 7.º, IV) e do piso salarial (CF, art. 7.º, IV). 2. A cláusula constitucional que veda a vinculação do salário mínimo "para qualquer finalidade" (CF, art. 7.º, IV, *fine*) tem o sentido proibir a sua indevida utilização como indexador econômico, de modo a preservar o poder aquisitivo inerente ao salário mínimo contra os riscos decorrentes de sua exposição às repercussões inflacionárias negativas na economia nacional resultantes da indexação de salários e preços. 3. Além disso, a norma protetiva inserida no quadro do sistema constitucional de garantias salariais (CF, art. 7.º, IV, *fine*) protege os trabalhadores em geral contra o surgimento de conjunturas político-econômicas que constituam obstáculo ou tornem difícil a implementação efetiva de planos governamentais de progressiva valorização do salário mínimo, motivadas pela aversão aos impactos econômicos indesejados que, por efeito da indexação salarial, atingiriam as contas públicas, especialmente as despesas com o pagamento de servidores e empregados públicos. 4. O texto constitucional (CF, art. 7.º, IV, *fine*) não proíbe a utilização de múltiplos do salário mínimo como mera referência paradigmática para definição do valor justo e proporcional do piso salarial destinado à remuneração de categorias profissionais especializadas (CF, art. 7.º, V), impedindo, no entanto, reajustamentos automáticos futuros, destinados à adequação do salário inicialmente contratado aos novos valores vigentes para o salário mínimo nacional. 5. Fixada interpretação conforme à Constituição, com adoção da técnica do congelamento da base de cálculo dos pisos salariais, a fim de que sejam calculados de acordo com o valor do salário mínimo vigente na data da publicação da ata da sessão de julgamento. Precedentes (ADPF 53-MC-Ref, ADPF 149 e ADPF 171, todos da minha Relatoria). 6. Compatível com o princípio da autonomia da vontade coletiva (CF, art. 7.º, XXVI) a estipulação, em lei nacional (CF, art. 22, I), de jornada especial a determinada categoria de trabalhadores, consideradas as peculiaridades e as condições a que estão sujeitos no desempenho de suas atividades profissionais. Precedentes. 7. Arguição de descumprimento conhecida. Pedido parcialmente procedente (STF, Pleno, ADPF 325/DF, Rel. Min. Rosa Weber, *DJe* 28.04.2022).

Recurso de embargos. Professor. Carga horária semanal. Não observância da proporcionalidade entre o tempo em sala de aula e as atividades extraclasse. Direito ao adicional de horas extraordinárias. 1. O art. 2.º, § 4.º, da Lei n.º 11.738/2008 cuida da jornada de trabalho dos professores do ensino público básico, consoante se depreende da literalidade do dispositivo legal, dos termos da declaração de constitucionalidade proferida pelo STF no julgamento da ADI 4.167/DF, e, ainda, a título complementar, dos próprios debates legislativos que envolveram a matéria. 2. O referido dispositivo legal não conflita com a norma contida no art. 320, *caput*, da CLT, mas apenas inscreve no ordenamento jurídico regra especial para os professores do ensino público básico. 3. Dessa forma, pelo critério da especialidade, prevalece a disposição particularizada que estabelece a distribuição matemática das horas em classe e extraclasse, ainda que estejam ambas englobadas pela remuneração mensal do professor, como preceitua o art. 320, *caput*, da CLT. 4. A consequência jurídica do descumprimento de regra que disciplina a composição interna da jornada de trabalho, quando não extrapolado o limite semanal de duração da jornada, é o pagamento do adicional de 50% para as horas trabalhadas em sala de aula além do limite de 2/3 da jornada. 5. Entendimento aplicável para o trabalho prestado após 27/4/2011, em respeito à modulação dos efeitos da decisão do STF. Recurso de embargos conhecido e desprovido (TST, Pleno, E-RR – 10314-74.2015.5.15.0086, Rel. Min. Luiz Philippe Vieira de Mello Filho, *DEJT* 16.10.2019).

Recurso de revista. Diferenças salariais. Piso salarial previsto na Lei estadual n.º 16.807/2011 maior que o piso salarial previsto em instrumento coletivo. Ação Direta de Inconstitucionalidade n.º 4391-RJ. O TST, seguindo o entendimento do STF, no julgamento da ADI n.º 4391, tem firmado jurisprudência de que prevalece o piso salarial fixado em instrumento coletivo em detrimento do previsto em lei estadual, ainda que o piso da norma estadual seja mais favorável, pois, de acordo com aquela Corte, não há delegação para que as leis estaduais sejam aplicáveis às categorias que já tenham o piso salarial fixado por negociação coletiva, uma vez que a lei estadual somente será aplicada em caso de lacuna na lei federal ou nas normas coletivas de trabalho pertinentes, o que não é o caso dos autos, em que há Acordo Coletivo de Trabalho tratando sobre o piso salarial da reclamante. Precedentes. Recurso de revista de que se conhece e a que se dá provimento (TST, 6.ª T., RR 978-96.2012.5.09.0028, Rel. Min. Kátia Magalhães Arruda, *DEJT* 14.03.2014).

Recurso de revista. Gorjetas. Ausência de pagamento de salário. O artigo 457 da CLT define salário como a parte da remuneração que é contraprestacional e é paga diretamente pelo empregador. No conjunto da remuneração, o que excede o seu elemento mais restrito, o salário, é a gorjeta paga por terceiros. O legislador teve a clara intenção de não permitir que a gorjeta, ou seja, a parte da remuneração paga por terceiro, compusesse o salário mínimo. Retirou-lhe, assim, a natureza salarial. Portanto, não pode o empregador deixar de pagar o salário, ainda que as gorjetas recebidas pelo empregado superem o valor do salário mínimo ou do salário normativo da categoria. Recurso de revista conhecido e provido (TST, 6.ª T., RR 668-35.2011.5.15.0133, Rel. Min. Augusto César Leite de Carvalho, *DEJT* 22.09.2017).

✦ Súmulas, Orientações Jurisprudenciais e Precedentes Normativos

Orientação Jurisprudencial 25 da SDC do TST: Salário normativo. Contrato de experiência. Limitação. Tempo de serviço. Possibilidade. Não fere o princípio da isonomia salarial (art. 7.º, XXX, da CF/88) a previsão de salário normativo tendo em vista o fator tempo de serviço.

Orientação Jurisprudencial 26 da SDC do TST: Salário normativo. Menor empregado. Art. 7.º, XXX, da CF/88. Violação. Os empregados menores não podem ser discriminados em cláusula que fixa salário mínimo profissional para a categoria.

Súmula Vinculante 4 do STF: Salvo nos casos previstos na Constituição, o salário mínimo não pode ser usado como indexador de base de cálculo de vantagem de servidor público ou de empregado, nem ser substituído por decisão judicial.

Súmula Vinculante 15 do STF: O cálculo de gratificações e outras vantagens não incide sobre o abono utilizado para se atingir o salário mínimo do servidor público.

Súmula Vinculante 16 do STF: Os arts. 7.º, IV, e 39, § 3.º (redação da EC 19/1998), da Constituição, referem-se ao total da remuneração percebida pelo servidor público.

Súmula 370 do TST: Médico e engenheiro. Jornada de trabalho. Leis 3.999/1961 e 4.950-A/1966. Tendo em vista que as Leis 3.999/1961 e 4.950-A/1966 não estipulam a jornada reduzida, mas apenas estabelecem o *salário mínimo da categoria* para uma jornada de 4 horas para os médicos e de 6 horas para os engenheiros, não há que se falar em horas extras, salvo as excedentes à oitava, desde que seja respeitado o salário mínimo/horário das categorias (ex-OJs 39 e 53, inseridas respectivamente em 07.11.1994 e 29.04.1994).

Orientação Jurisprudencial 71 da SBDI-II do TST: Ação rescisória. Salário profissional. Fixação. Múltiplo de salário mínimo. Art. 7.º, IV, da Constituição Federal de 1988. A estipulação do salário profissional em múltiplos do salário mínimo não afronta o art. 7.º, IV, da Constituição Federal de 1988, só incorrendo em vulneração do referido preceito constitucional a fixação de correção automática do salário pelo reajuste do salário mínimo.

Orientação Jurisprudencial 272 da SBDI-I do TST: Salário mínimo. Servidor. Salário-base inferior. Diferenças. Indevidas. A verificação do respeito ao direito ao salário mínimo não se apura pelo confronto isolado do salário-base com o mínimo legal, mas deste com a soma de todas as parcelas de natureza salarial recebidas pelo empregado diretamente do empregador.

Orientação Jurisprudencial 358 da SBDI-I do TST: Salário mínimo e piso salarial proporcional à jornada reduzida. Possibilidade. Empregado. Servidor público. I – Havendo contratação para cumprimento de jornada reduzida, inferior à previsão constitucional de oito horas diárias ou quarenta e quatro semanais, é lícito o pagamento do piso salarial ou do salário mínimo proporcional ao tempo trabalhado. II – Na Administração Pública Direta, autárquica e fundacional não é válida remuneração de empregado público inferior ao salário mínimo, ainda que cumpra jornada de trabalho reduzida. Precedentes do Supremo Tribunal Federal.

Orientação Jurisprudencial 393 da SBDI-I do TST: Professor. Jornada de trabalho especial. Art. 318 da CLT. Salário mínimo. Proporcionalidade. A contraprestação mensal devida ao professor, que trabalha no limite máximo da jornada prevista no art. 318 da CLT, é de um salário mínimo integral, não se cogitando do pagamento proporcional em relação à jornada prevista no art. 7.º, XIII, da Constituição Federal (*DEJT* 09.06.2010).

Art. 77. Revogado pela Lei 4.589, de 11.12.1964.

Art. 78. Quando o salário for ajustado por empreitada, ou convencionado por tarefa ou peça, será garantida ao trabalhador uma remuneração diária nunca inferior à do salário mínimo por dia normal da região, zona ou subzona.

Parágrafo único. Quando o salário mínimo mensal do empregado a comissão ou que tenha direito a percentagem for integrado por parte fixa e parte variável, ser-lhe-á sempre garantido o salário mínimo, vedado qualquer desconto em mês subsequente a título de compensação.

1. SALÁRIO POR UNIDADE DE OBRA

Essa modalidade de salário, em que o empregado recebe de acordo com a quantidade produzida, pode se revelar, de certa forma, prejudicial à saúde e à segurança do empregado, ao incentivá-lo a prestar serviços além de suas forças físicas e psíquicas, com o fim de receber maior remuneração, levando-o à exaustão ou esgotamento, com as péssimas consequências disso decorrentes.

A respeito do tema, o art. 235-G da CLT, com redação decorrente da Lei 13.103/2015, ao tratar do serviço do motorista profissional empregado, passou a prever que é "permitida a remuneração do motorista em função da distância percorrida, do tempo de viagem ou da natureza e quantidade de produtos transportados, inclusive mediante oferta de comissão ou qualquer outro tipo de vantagem, desde que essa remuneração ou comissionamento não comprometa a segurança da rodovia e da coletividade ou possibilite a violação das normas previstas nesta Lei".

2. EMPREITADA

A empreitada é um contrato civil, que "consiste na realização de uma determinada obra (material ou imaterial) por meio de ação de outrem, remunerado para tanto pelo interessado"[60]. Diferencia-se do contrato de prestação de serviços, regido pelo Direito Civil, pois neste um serviço ou trabalho é pactuado (art. 594 do Código Civil de 2002), enquanto na empreitada, o que se contrata é a edificação ou a criação de uma obra. É certo que a empreitada pode ser sem o fornecimento de material, ou seja, apenas de lavor, ou acompanhada de fornecimento de material, mas sempre tendo por objeto a contratação de uma obra (art. 610 do Código Civil de 2002).

O contrato de empreitada, assim como o contrato civil de prestação de serviço, não se confunde com a relação de emprego, por ausência de subordinação jurídica.

3. SALÁRIO POR TAREFA

No salário por tarefa, verifica-se uma forma mista de pagamento do salário, ou seja, o empregado recebe conforme o serviço estipulado, a ser realizado em certo período de tempo. Se o empregado termina a tarefa antes do tempo determinado, fica com o tempo restante livre, podendo deixar a empresa, em concordância com o que estabelece a Súmula 149 do TST.

O salário pode ser *classificado* em: a) *salário fixo*, no qual o empregado recebe o valor já fixado com antecedência, sem poder sofrer variações; b) *salário variável*, cujo valor pode variar, como ocorre no salário por produção, por tarefa, fixado em comissões etc. De acordo com o art. 7.º, inciso VII, da Constituição Federal de 1988, fica garantido o salário, nunca inferior ao mínimo, "para os que percebem remuneração variável".

[60] BITTAR, Carlos Alberto. *Curso de direito civil*. Rio de Janeiro: Forense Universitária, 1994. v. 2, p. 713.

O empregado que recebe por tarefa ou peça faz jus ao repouso semanal remunerado em valor equivalente ao salário correspondente às tarefas ou peças feitas durante a semana, no horário normal de trabalho, dividido pelos dias de serviço efetivamente prestados ao empregador (art. 7.º, "c", da Lei 605/1949).

4. COMISSÃO OU PERCENTAGEM

As comissões e percentagens, de acordo com o art. 4.º da Lei 3.207/1957, deverão ser pagas mensalmente, conforme ocorra a conclusão dos respectivos negócios. No entanto, de acordo com o parágrafo único desse dispositivo, as partes podem fixar outra época para pagamento das comissões e percentagens, desde que não exceda a um trimestre, contado da aceitação do negócio.

✦ Súmulas, Orientações Jurisprudenciais e Precedentes Normativos

Súmula 149 do TST: Tarefeiro. Férias. A remuneração das férias do tarefeiro deve ser calculada com base na média da produção do período aquisitivo, aplicando-se-lhe a tarifa da data da concessão.

Art. 79. Revogado pela Lei 4.589, de 11.12.1964.

Art. 80. Revogado pela Lei 10.097, de 19.12.2000.

Art. 81. O salário mínimo será determinado pela fórmula Sm = a + b + c + d + e, em que "a", "b", "c", "d" e "e" representam, respectivamente, o valor das despesas diárias com alimentação, habitação, vestuário, higiene e transporte necessários à vida de um trabalhador adulto.

§ 1.º A parcela correspondente à alimentação terá um valor mínimo igual aos valores da lista de provisões, constantes dos quadros devidamente aprovados e necessários à alimentação diária do trabalhador adulto.

§ 2.º Poderão ser substituídos pelos equivalentes de cada grupo, também mencionados nos quadros a que alude o parágrafo anterior, os alimentos, quando as condições da região, zona ou subzona o aconselharem, respeitados os valores nutritivos determinados nos mesmos quadros.

§ 3.º O Ministério do Trabalho, Indústria e Comércio fará, periodicamente, a revisão dos quadros a que se refere o § 1.º deste artigo.

1. SALÁRIO-UTILIDADE

O salário-utilidade também é denominado salário *in natura*.

Saber se determinada utilidade recebida pelo empregado detém natureza salarial, ou não, possui interesse não só teórico, mas, essencialmente, prático, em razão das diversas decorrências advindas para o contrato de trabalho, em face da sua integração ao salário, no cálculo de diversos direitos trabalhistas.

Ilustrando, cabe mencionar que, se a prestação for salário-utilidade, será devido o depósito do FGTS sobre ela incidente (Lei 8.036/1990, art. 15, *caput*). Além disso, no âmbito previdenciário, haverá incidência da respectiva contribuição (Lei 8.212/1991, art. 28, inciso I).

2. CARACTERIZAÇÃO DO SALÁRIO-UTILIDADE

O primeiro requisito para a utilidade concedida pelo empregador ser considerada salário é o caráter de contraprestação pelo serviço prestado. Se a prestação é fornecida *para* o trabalho, não tem natureza salarial; caso o seja *pelo* trabalho, considera-se salário-utilidade.

A diferenciação aqui, portanto, é pela indispensabilidade, ou não, da utilidade fornecida pelo empregador, para a prestação dos serviços pelo empregado, o que, em realidade, vai depender, fundamentalmente, das condições e circunstâncias do caso concreto. Sobre o assunto, cf. Súmula 367 do TST, inciso I.

Se a utilidade é fornecida de modo a possibilitar a prestação dos serviços, sendo imprescindível para tanto, o empregador não poderá descontar do salário do empregado o valor respectivo, sob pena de violação do princípio da intangibilidade salarial. Inversamente, se caracterizada a natureza salarial, facultada será a dedução do respectivo valor.

Além disso, apenas quando a utilidade é fornecida habitualmente é que se considera salário. Ou seja, a eventualidade no seu fornecimento indica não representar a prestação salário *in natura*.

Essa habitualidade decorre do contrato ou do costume. Assim, não só a pactuação expressa da concessão da utilidade, mas também a repetição do seu fornecimento, durante a relação de emprego, geram a sua natureza salarial.

Esses dois requisitos devem existir simultaneamente para que a prestação corresponda a salário *in natura*: a utilidade deve ser fornecida pelo trabalho *e* de forma habitual ao empregado.

Quando utilidades são fornecidas ao empregado, no âmbito do pacto laboral, sem que haja descontos, deduções salariais ou devoluções ao empregador, presentes os já apontados requisitos da habitualidade e da natureza de contraprestação pelo serviço, não haverá maiores dificuldades para concluir tratar-se de salário *in natura*.

Há entendimento doutrinário e jurisprudencial no sentido de que, para que a prestação seja considerada salário-utilidade, ela deve ser fornecida gratuitamente pelo empregador. Segundo essa corrente, se houver cobrança, pelo empregador, quanto à utilidade fornecida, de modo que o trabalhador não a receba de forma gratuita, deixará de ser salário.

Na realidade, o relevante é verificar se a utilidade é *fornecida* pelo empregador – hipótese em que poderá caracterizar-se como salário, se preenchidos os demais requisitos pertinentes – ou se é o empregado quem, manifestando seu desejo de adquirir, o bem ou o serviço, paga por ele, às vezes em um autêntico contrato de compra e venda. Quanto ao tema, cabe mencionar o seguinte julgado: TST, 1.ª T., Acórdão 2.312, RR 4.952, Rel. Min. Marco Aurélio, *DJ* 03.09.1982.

Neste último caso, não há que falar em salário-utilidade, mas sim em contrato de natureza civil, paralelo ao contrato de trabalho. Aqui, o empregado estará pagando o preço de bem que ele desejou adquirir, e não que foi fornecido pelo empregador.

Diante do princípio da primazia da realidade, aplicável ao Direito do Trabalho, cabe ressaltar que vai interessar não a formalidade porventura existente ou forjada, mas sim o que, efetivamente, ocorreu na realidade dos fatos, inclusive qual foi a intenção das partes quando da avença em questão.

Assim é que algumas das prestações indicadas, por exemplo, na Súmula 342 do TST, apesar dos respectivos "descontos salariais", serão ou não consideradas salário-utilidade conforme a situação em concreto. Ainda que haja habitualidade no recebimento do bem (ou da prestação) e ele não seja imprescindível para a prestação do trabalho, se não foi fornecido pelo empregador, mas sim verdadeiramente adquirido pelo empregado, por vontade e interesse seus, não estaremos diante de salário-utilidade, mas sim de contrato, paralelo, de natureza civil. Aqui sim há, efetivamente, um desconto salarial, e não mera dedução para efeitos contábeis.

De todo modo, prevalece o entendimento de que a utilidade fornecida de forma não gratuita pelo empregador, por meio de desconto na remuneração (ainda que simbólico ou irrisório), como forma de coparticipação do empregado no custeio da utilidade, descaracteriza a sua natureza salarial. Nesse sentido, cf.: TST, ARR – 20925-70.2016.5.04.0664.

3. SALÁRIO-UTILIDADE NA RELAÇÃO DE EMPREGO DOMÉSTICO

É vedado ao empregador doméstico efetuar *descontos no salário* do empregado por fornecimento de alimentação, vestuário, higiene ou moradia, bem como por despesas com transporte, hospedagem e alimentação em caso de acompanhamento em viagem (art. 18 da Lei Complementar 150/2015).

É facultado ao empregador efetuar descontos no salário do empregado em caso de adiantamento salarial e, mediante acordo escrito entre as partes, para a inclusão do empregado em planos de assistência médico-hospitalar e odontológica, de seguro e de previdência privada, não podendo a dedução ultrapassar 20% do salário (art. 18, § 1.º, da Lei Complementar 150/2015).

Podem ser descontadas as despesas com moradia quando essa se referir a local diverso da residência em que ocorrer a prestação de serviço, desde que essa possibilidade tenha sido expressamente acordada entre as partes (art. 18, § 2.º, da Lei Complementar 150/2015).

As despesas referidas no art. 18, *caput*, da Lei Complementar 150/2015 *não têm natureza salarial* nem se incorporam à remuneração para quaisquer efeitos (art. 18, § 3.º, da Lei Complementar 150/2015).

O fornecimento de moradia ao empregado doméstico na própria residência ou em morada anexa, de qualquer natureza, *não gera ao empregado qualquer direito de posse ou de propriedade sobre a referida moradia* (art. 18, § 4.º, da Lei Complementar 150/2015).

O referido art. 18, *caput*, da Lei Complementar 150/2015 concretiza o chamado *princípio da intangibilidade salarial* no âmbito da relação de emprego doméstico. Como já mencionado, as parcelas *in natura* fornecidas aos empregados e utilizadas no local de trabalho, "para a prestação do serviço" (art. 458, § 2.º, inciso I, da CLT), não podem ser objeto de descontos salariais, pois são disponibilizadas justamente *para* viabilizar o trabalho, o que também afasta a natureza salarial, conforme orientação presente na Súmula 367, inciso I, do TST.

Para possibilitar o desconto da moradia fornecida, são exigidos dois requisitos, cumulativamente: que o local da moradia seja diverso da residência em que ocorrer o labor; *e* a possibilidade de desconto ter sido expressamente acordada entre as partes.

De acordo com o art. 18, § 3.º, da Lei Complementar 150/2015, não têm natureza salarial as utilidades arroladas no *caput*, quais sejam: alimentação, vestuário, higiene ou moradia, bem como despesas com transporte, hospedagem e alimentação em caso de acompanhamento em viagem. Essas utilidades são normalmente fornecidas *para* possibilitar ou viabilizar a própria prestação dos serviços domésticos, o que já afasta o seu caráter salarial, na mesma linha do que prevê o art. 458, § 2.º, inciso I, da CLT.

Como o § 3.º do art. 18 da Lei Complementar 150/2015 estabelece que "as despesas referidas no *caput* deste artigo" é que não têm natureza salarial (nem se incorporam à remuneração para quaisquer efeitos), pode-se interpretar, *a contrario sensu*, que a moradia, quando presentes os requisitos do § 2.º do art. 18 da Lei Complementar 150/2015, possui natureza salarial. Da mesma forma, *outras* utilidades (embora difíceis de serem verificadas, na prática, na relação de emprego doméstico), caso tenham natureza salarial e sejam de modalidades diversas daquelas previstas no art. 18, *caput*, da Lei Complementar 150/2015, também podem ser objeto de descontos; além disso, se presentes os requisitos do salário *in natura* e não houver o respectivo desconto (que não seja vedado por lei), o valor da utilidade deve ser computado no salário, para cálculo de outras verbas trabalhistas e previdenciárias.

✦ Jurisprudência

Salário-utilidade. O fato de o empregador não efetuar descontos relativos a prestações como alimentação, está a reforçar convencimento sobre o caráter das mesmas – salário utilidade. Assim o é, porquanto o art. 458, da CLT, cogita de fornecimento habitual ao empregado e não aquisição por parte deste. Tendo em vista que as exceções devem ser interpretadas estritamente, impossível é em tal caso ver tais parcelas alcançadas pelo parágrafo segundo do mencionado artigo, mormente quando inexistam aspectos suficientes à conclusão sobre ser indispensáveis tais prestações ao desenvolvimento dos serviços (TST, 1.ª T., Acórdão 2.312, RR 4.952, 1981, Rel. Min. Marco Aurélio, *DJ* 03.09.1982).

Recurso de revista. Auxílio-alimentação. Natureza jurídica. Coparticipação do empregado no custeio. Cinge-se a controvérsia à natureza jurídica do auxílio-alimentação fornecido ao longo da contratualidade, mediante coparticipação do empregado no custeio do benefício. A controvérsia não comporta maiores debates, consoante o entendimento jurisprudencial firmado no âmbito deste Tribunal Superior, no sentido de que a alimentação fornecida de forma não gratuita pelo empregador, mediante contribuição do empregado no custeio da parcela, descaracteriza a sua natureza salarial. Precedentes. Recurso de revista conhecido e provido (TST, 8.ª T., ARR – 20925-70.2016.5.04.0664, Rel. Min. Dora Maria da Costa, *DEJT* 15.03.2019).

✦ Súmulas, Orientações Jurisprudenciais e Precedentes Normativos

Súmula 342 do TST: Descontos salariais. Art. 462 da CLT (mantida) – Res. 121/2003, *DJ* 19, 20 e 21.11.2003. Descontos salariais efetuados pelo empregador, com a autorização prévia e por escrito do empregado, para ser integrado em planos de assistência odontológica, médico-hospitalar, de seguro, de previdência privada, ou de entidade cooperativa, cultural ou recreativo-associativa de seus trabalhadores, em seu benefício e de seus dependentes, não afrontam o disposto no art. 462 da CLT, salvo se ficar demonstrada a existência de coação ou de outro defeito que vicie o ato jurídico.

Súmula 367 do TST, inciso I: A habitação, a energia elétrica e veículo fornecidos pelo empregador ao empregado, quando indispensáveis para a realização do trabalho, não têm natureza salarial, ainda que, no caso de veículo, seja ele utilizado pelo empregado também em atividades particulares.

Art. 82. Quando o empregador fornecer, *in natura*, uma ou mais das parcelas do salário mínimo, o salário em dinheiro será determinado pela fórmula Sd = Sm – P, em que Sd representa o salário em dinheiro, Sm o salário mínimo e P a soma dos valores daquelas parcelas na região, zona ou subzona.

Parágrafo único. O salário mínimo pago em dinheiro não será inferior a 30% (trinta por cento) do salário mínimo fixado para a região, zona ou subzona.

1. LIMITES DO SALÁRIO-UTILIDADE

Estabelece o art. 458, § 1.º, da CLT que os valores atribuídos às prestações *in natura* deverão ser justos e razoáveis, não podendo exceder, em cada caso, os dos percentuais das parcelas componentes do salário mínimo (arts. 81 e 82).

Quanto ao valor da utilidade de natureza salarial, cf. a Súmula 258 do TST (com redação determinada pela Resolução 121/2003).

Mesmo assim, embora correto que se deva considerar o "real valor da utilidade", conforme o § 3.º do art. 458 da CLT, acrescentado pela Lei 8.860/1994: "A habitação e a alimentação fornecidas como salário-utilidade deverão atender aos fins a que se destinam e não poderão exceder, respectivamente, a 25% (vinte e cinco por cento) e 20% (vinte por cento) do salário contratual". Nestes casos, portanto, o montante máximo das mencionadas utilidades tem sua forma de cálculo fixada pela lei.

Já no caso do empregado rural a Lei 5.889/1973, no art. 9.º, apresenta disposição específica, permitindo descontos apenas nas hipóteses de "autorização legal ou decisão judiciária", bem como das seguintes parcelas, calculadas sobre o salário mínimo: até o limite de 20% pela ocupação da morada; até 25% pelo fornecimento de alimentação; adiantamentos em dinheiro. As referidas deduções devem ser previamente autorizadas, "sem o que serão nulas de pleno direito" (art. 9.º, § 1.º). Sempre que mais de um empregado residir na mesma morada, o desconto de 20% sobre o salário mínimo deve ser dividido proporcionalmente ao número de empregados, "vedada, em qualquer hipótese, a moradia coletiva de famílias" (art. 9.º, § 2.º).

2. SALÁRIO PAGO EM DINHEIRO

Mesmo sendo o salário contratual superior ao mínimo legal, aplica-se, ainda que por analogia, a regra do art. 82, parágrafo único, da CLT, com o que no mínimo 30% do salário global deve ser pago em dinheiro, sendo os 70% restantes representados por salário-utilidade.

✦ Súmulas, Orientações Jurisprudenciais e Precedentes Normativos

Súmula 258 do TST (com redação determinada pela Resolução 121/2003): Os percentuais fixados em lei relativos ao salário *in natura* apenas se referem às hipóteses em que o empregado percebe salário mínimo, apurando-se, nas demais, o real valor da utilidade.

Art. 83. É devido o salário mínimo ao trabalhador em domicílio, considerado este como o executado na habitação do empregado ou em oficina de família, por conta de empregador que o remunere.

1. EMPREGADO EM DOMICÍLIO

Empregado em domicílio, como já estudado no art. 6.º da CLT, é aquele que trabalha em sua própria residência.

O art. 83 define o trabalho em domicílio e também assegura o salário mínimo ao empregado. Como se percebe da redação do artigo, o trabalho precisa ser prestado por conta do empregador, ou seja, de forma não autônoma, mas sim com subordinação e onerosidade pelo empregado.

Seção II – Das Regiões, Zonas e Subzonas

Art. 84. Revogado pela Lei 13.467/2017.

1. SALÁRIO MÍNIMO NACIONALMENTE UNIFICADO

O dispositivo em questão foi revogado pela Lei 13.467/2017 (art. 5.º, inciso I, "c").

A Constituição Federal de 1988, em seu art. 7.º, inciso IV, elencou como direito dos trabalhadores urbanos e rurais, entre outros, "salário mínimo, fixado em lei, *nacionalmente unificado*, capaz de atender a suas necessidades vitais básicas e às de sua família com moradia, alimentação, educação, saúde, lazer, vestuário, higiene, transporte e previdência social, com reajustes periódicos que lhe preservem o poder aquisitivo, sendo vedada sua vinculação para qualquer fim" (destaquei).

Art. 85. Revogado pela Lei 4.589, de 11.12.1964.

Art. 86. Revogado pela Lei 13.467/2017.

Seção III – Da Constituição das Comissões

Arts. 87 a 100. Revogados pela Lei 4.589, de 11.12.1964.

Seção IV – Das Atribuições das Comissões de Salário Mínimo

Arts. 101 a 111. Revogados pela Lei 4.589, de 11.12.1964.

Seção V – Da Fixação do Salário Mínimo

Arts. 112 a 116. Revogados pela Lei 4.589, de 11.12.1964.

Seção VI – Disposições Gerais

Art. 117. Será nulo de pleno direito, sujeitando o empregador às sanções do art. 120, qualquer contrato ou convenção que estipule remuneração inferior ao salário mínimo estabelecido na região, zona ou subzona, em que tiver de ser cumprido.

Art. 118. O trabalhador a quem for pago salário inferior ao mínimo terá direito, não obstante qualquer contrato ou convenção em contrário, a reclamar do empregador o complemento de seu salário mínimo estabelecido na região, zona ou subzona, em que tiver de ser cumprido.

Art. 119. Prescreve em 2 (dois) anos a ação para reaver a diferença, contados, para cada pagamento, da data em que o mesmo tenha sido efetuado.

Art. 120. Aquele que infringir qualquer dispositivo concernente ao salário mínimo será passível da multa de cinquenta e dois mil cruzeiros, elevada ao dobro na reincidência.

Art. 121. Revogado pelo Decreto-Lei 229, de 28.2.1967.

Arts. 122 e 123. Revogados pela Lei 4.589, de 11.12.1964.

Art. 124. A aplicação dos preceitos deste Capítulo não poderá, em caso algum, ser causa determinante da redução do salário.

Art. 125. Revogado pela Lei 4.589, de 11.12.1964.

Art. 126. O Ministro do Trabalho, Indústria e Comércio, expedirá as instruções necessárias à fiscalização do salário mínimo, podendo cometer essa fiscalização a qualquer dos órgãos componentes do respectivo Ministério, e, bem assim, aos fiscais dos Institutos de Aposentadoria e Pensões na forma da legislação em vigor.

Arts. 127 e 128. Revogados pelo Decreto-Lei 229, de 28.2.1967.

1. PENALIDADES

Em caso de infração aos arts. 76 a 126 da CLT, a Portaria 667/2021 do Ministério do Trabalho e Previdência, quanto ao art. 120 da CLT, estabelece a multa administrativa no valor mínimo de R$ 40,25 e valor máximo de R$ 1.610,13, dobrado na reincidência.

✦ Jurisprudência

Prescrição. Art. 119 da CLT. Não aplicável por existir norma própria na Carta Magna. Recurso conhecido e improvido (TRT da 16.ª Região, RO 00485-2006-018-16-00-6, Rel. Des. Alcebíades Tavares Dantas, *DJ* 04.02.2008).

Multa do art. 120 da CLT. A sentença merece reforma no que tange à multa do art. 120 da CLT, pois tal penalidade é de cunho administrativo, não revertendo em favor do empregado, o qual, portanto, carece de legitimidade para reclamá-la (TRT da 7.ª Região, RO 387002820065070030, Rel. Des. Jose Ronald Cavalcante Soares, *DOJT* 08.05.2009).

CAPÍTULO IV – DAS FÉRIAS ANUAIS

Seção I – Do Direito a Férias e da sua Duração

Art. 129. Todo empregado terá direito anualmente ao gozo de um período de férias, sem prejuízo da remuneração.

1. PERÍODO AQUISITIVO

Para obter direito às férias remuneradas, o empregado deve trabalhar durante o chamado *período aquisitivo*.

Em termos genéricos, o empregado tem direito a férias a cada ano, como prevê o art. 129 da CLT.

As férias possuem o evidente objetivo de proporcionar período mais extenso de descanso ao empregado, de modo a evitar problemas de saúde decorrentes do cansaço excessivo, apresentando relevância, também, como medida de saúde e segurança ocupacional.

Há comprovação científica de que, para o total restabelecimento das forças físicas e psíquicas da pessoa, é necessário período mais extenso de descanso, como ocorre nas férias.

Em razão desses e outros aspectos, as normas que regulam o direito às férias apresentam natureza de ordem pública.

As férias podem ser conceituadas, de forma mais genérica, como o período mais prolongado de descanso, em que o empregado não presta serviços, mas tem direito de receber a remuneração. São vistas como o período de ausência de trabalho, mas com o recebimento da respectiva remuneração, apresentando natureza de interrupção do contrato de trabalho.

Por outro lado, é inegável que as férias possuem natureza de direito social e trabalhista, de ordem fundamental, pois necessário à saúde e segurança do trabalhador.

Do ponto de vista do empregador, as férias constituem um dever a ser cumprido, ou seja, uma obrigação de fazer, no sentido de conceder as férias ao empregado, acompanhado de uma obrigação de pagar a respectiva remuneração.

Tendo em vista a efetiva relevância social das férias, para a saúde, o bem-estar e a vida da pessoa, as normas que preveem e regulam esse direito possuem evidente caráter fundamental, preservando a dignidade da pessoa do trabalhador.

Art. 130. Após cada período de 12 (doze) meses de vigência do contrato de trabalho, o empregado terá direito a férias, na seguinte proporção:

I – 30 (trinta) dias corridos, quando não houver faltado ao serviço mais de 5 (cinco) vezes;

II – 24 (vinte e quatro) dias corridos, quando houver tido de 6 (seis) a 14 (quatorze) faltas;

III – 18 (dezoito) dias corridos, quando houver tido de 15 (quinze) a 23 (vinte e três) faltas;

IV – 12 (doze) dias corridos, quando houver tido de 24 (vinte e quatro) a 32 (trinta e duas) faltas.

1. DURAÇÃO DAS FÉRIAS

O período aquisitivo de férias é de 12 meses de vigência do contrato de trabalho, como estabelece o art. 130 da CLT. Mesmo adquirido o direito às férias remuneradas, resta definir a duração delas.

Se o empregado tiver mais de 32 faltas injustificadas, passa a não ter direito a férias.

2. FERIADOS NO CURSO DAS FÉRIAS

Cabe analisar, neste item, a questão dos feriados existentes no decorrer do período de fruição das férias.

A Súmula 147 do TST assim previa: "Férias. Indenização. Indevido o pagamento dos repousos semanais e feriados intercorrentes nas férias indenizadas". No entanto, referido verbete foi cancelado pela Resolução 121/2003 do TST.

O art. 6.1 da Convenção 132 da OIT trata a respeito da matéria: "Os dias feriados oficiais ou costumeiros, quer se situem ou não dentro do período de férias anuais, não serão computados como parte do período mínimo de férias anuais remuneradas previsto no parágrafo 3 do Artigo 3 acima".

Essa disposição poderia dar a entender que os feriados ocorridos durante as férias não mais estariam englobados no seu período, devendo ser objeto de gozo em separado, alongando os dias de descanso.

Na verdade, uma leitura atenta deste art. 6.1 demonstra que os feriados "não serão computados como parte do período *mínimo* de férias anuais remuneradas", ou seja, "não serão computados como parte do período [...] previsto no parágrafo 3 do Artigo 3", que é de três semanas (21 dias).

Portanto, conforme a norma da OIT, obstado é englobar os feriados nas férias, mas apenas quanto ao período mínimo de 21 dias. Ou seja, o país que ratifica a Convenção 132 deve não só observar o referido período mínimo, mas, *caso adote este patamar mínimo*, deve estendê-lo na hipótese de feriados em seu curso. Não pode o país estabelecer o período de férias de 21 dias, já computados os feriados existentes quando da fruição. Inversamente, caso não se esteja diante de período *mínimo* do art. 3.3, o art. 6.1 não tem aplicabilidade.

Certamente, a intenção é de que o período mínimo de férias, estabelecido no art. 3.3, não seja objeto de qualquer "adulteração", ainda que indireta, em razão de feriados.

Em assim sendo, tem-se que o Brasil, ao adotar o período de férias de 30 dias (obviamente, não havendo ausências injustificadas, ou até o limite legal), não há que falar em aplicação "do período mínimo de férias anuais remuneradas previsto no parágrafo 3 do artigo 3 acima", restando obstada, portanto, a incidência do art. 6.1 da Convenção 132 da OIT.

Com isso, os feriados ocorridos durante o gozo das férias permanecem englobados nelas, não havendo alteração, a respeito, na CLT (art. 130).

Cabe acentuar que a tabela prevista no art. 130 da CLT também não sofreu alteração com a Convenção 132. Essa norma internacional geral não trata da questão específica, pertinente às ausências não justificadas, que é regulamentada pelo mencionado dispositivo consolidado.

Além disso, o art. 5.4 da Convenção, interpretado *a contrario sensu*, autoriza que a norma do país reduza o período de gozo das férias. Se as faltas justificadas não poderão ser computadas como parte das férias remuneradas, tem-se que aquelas injustificadas podem reduzi-las.

Por fim, o princípio da igualdade e o próprio bom senso indicam não se poder tratar de forma igual os desiguais, não sendo razoável garantir idêntico período de férias tanto para quem teve faltas não justificadas, como para quem não as teve no período aquisitivo, privilegiando-se aquele que não foi tão zeloso.

§ 1.º É vedado descontar, do período de férias, as faltas do empregado ao serviço.

3. DESCONTO DE FALTAS

É vedado descontar, do período de férias, as faltas do empregado ao serviço. O que se admite é a aplicação do art. 130 da CLT, acima comentado.

§ 2.º O período das férias será computado, para todos os efeitos, como tempo de serviço.

4. FÉRIAS COMPUTADAS COMO TEMPO DE SERVIÇO

As férias representam hipótese de interrupção do contrato de trabalho: trata-se de período em que, mesmo não havendo a prestação de serviços, a remuneração é devida e integra o tempo de serviço do empregado.

✦ **Jurisprudência**

Feriado durante o gozo das férias. Se o período de férias tem duração superior ao mínimo a que se refere o art. 3.º, item 3.º, da Convenção 132 da OIT (três semanas), não há por que dele excluir os dias feriados (TRT da 12.ª Região, 2.ª T., ROV 00599-2002-010-12-00-3, Rel. Juiz José Luiz Moreira Cacciari, j. 09.12.2002).

Art. 130-A. Revogado pela Lei 13.467/2017.

1. FÉRIAS DO EMPREGADO CONTRATADO EM REGIME DE TEMPO PARCIAL

A Lei 13.467/2017 (art. 5.º, inciso I, *e*) revogou o art. 130-A da CLT, que estabelecia duração diferenciada das férias do regime de tempo parcial, passando-se a aplicar o disposto no art. 130 da CLT (art. 58-A, § 7.º, da CLT, acrescentado pela Lei 13.467/2017).

Portanto, após cada período de 12 (doze) meses de vigência do contrato de trabalho, o empregado, mesmo em regime de trabalho a tempo parcial, terá direito a férias, na seguinte proporção: I – 30 (trinta) dias corridos, quando não houver faltado ao serviço mais de 5 (cinco) vezes; II – 24 (vinte e quatro) dias corridos, quando houver tido de 6 (seis) a 14 (quatorze) faltas; III – 18 (dezoito) dias corridos, quando houver tido de 15 (quinze) a 23 (vinte e três) faltas; IV – 12 (doze) dias corridos, quando houver tido de 24 (vinte e quatro) a 32 (trinta e duas) faltas (art. 130 da CLT).

Art. 131. Não será considerada falta ao serviço, para os efeitos do artigo anterior, a ausência do empregado:

1. FALTA AO SERVIÇO

O art. 131 da CLT prevê diversas situações em que a ausência do empregado não é considerada falta ao serviço, para fins do período de férias adquiridas. Ainda sobre o tema, cf. a Súmula 89 do TST.

I – nos casos referidos no art. 473;

2. SITUAÇÕES PREVISTAS NO ART. 473

Cabe relembrar as situações previstas no art. 473: "O empregado poderá deixar de comparecer ao serviço sem prejuízo do salário: I – até 2 (dois) dias consecutivos, em caso de falecimento do cônjuge, ascendente, descendente, irmão ou pessoa que, declarada em sua carteira de trabalho e previdência social, viva sob sua dependência econômica; II – até 3 (três) dias consecutivos, em virtude de casamento; III – por um dia, em caso de nascimento de filho no decorrer da primeira semana; IV – por um dia, em cada 12 (doze) meses de trabalho, em caso de doação voluntária de sangue devidamente comprovada; V – até 2 (dois) dias consecutivos ou não, para o fim de se alistar eleitor, nos termos da lei respectiva; VI – no período de tempo em que tiver de cumprir as exigências do Serviço Militar referidas na letra *c* do art. 65 da Lei 4.375, de 17 de agosto de 1964 (Lei do Serviço Militar); VII – nos dias em que estiver comprovadamente realizando provas de exame vestibular para ingresso em estabelecimento de ensino superior; VIII – pelo tempo que se fizer necessário, quando tiver que comparecer a juízo; IX – pelo tempo que se fizer necessário, quando, na qualidade de representante de entidade sindical, estiver participando de reunião oficial de organismo internacional do qual o Brasil seja membro; X – até 2 (dois) dias para acompanhar consultas médicas e exames complementares durante o período de gravidez de sua esposa ou companheira; XI – por 1 (um) dia por ano para acompanhar filho de até 6 (seis) anos em consulta médica; XII – até 3 (três) dias, em cada 12 (doze) meses de trabalho, em caso de realização de exames preventivos de câncer devidamente comprovada".

II – durante o licenciamento compulsório da empregada por motivo de maternidade ou aborto, observados os requisitos para percepção do salário-maternidade custeado pela Previdência Social;

3. FALTA EM VIRTUDE DE ABORTO

O inciso II do art. 131, com redação determinada pela Lei 8.921/1994, estabelece não se considerar falta ao serviço, para efeito de aquisição do direito a férias, a ausência durante o "licenciamento compulsório da empregada por motivo de maternidade ou aborto, observados os requisitos para percepção do salário-maternidade custeado pela Previdência Social". A interpretação lógico-sistemática desse dispositivo indica estar se tratando apenas do aborto não criminoso, hipótese em que o salário-maternidade é devido.

Mostra-se correto estabelecer o recebimento do benefício previdenciário em questão, inclusive para evitar toda forma de discriminação da mulher no mercado de trabalho.

Por se tratar de período sem prestação de trabalho, mas devidamente remunerado (ainda que, atualmente, isso se verifique pelo recebimento do salário-maternidade, de natureza previdenciária), tem-se hipótese de interrupção do contrato de trabalho.

> III – por motivo de acidente do trabalho ou enfermidade atestada pelo Instituto Nacional do Seguro Social – INSS, excetuada a hipótese do inciso IV do art. 133;

4. FALTA EM VIRTUDE DE ACIDENTE DE TRABALHO OU DE ENFERMIDADE ATESTADA PELO INSS

Não é considerada falta ao serviço, para efeito do direito de aquisição das férias, a ausência do empregado por motivo de acidente do trabalho (inciso III). No entanto, de acordo com o art. 133, inciso IV, da CLT não terá direito a férias o empregado que, no curso do período aquisitivo, tiver percebido da Previdência Social prestações de acidente do trabalho por mais de seis meses, ainda que descontínuos.

Além disso, cabe frisar que não é considerada falta ao serviço, para efeito do direito de aquisição das férias, a ausência do empregado por motivo de enfermidade atestada pelo INSS, excetuada a hipótese do inciso IV do art. 133.

Na realidade, mesmo depois do 16.º dia de afastamento, a suspensão não se apresenta de forma pura, pois o tempo de licença por motivo de doença, com a exceção da situação acima verificada (art. 133, inciso IV), é contado para fins de férias (o que seria elemento da interrupção).

Ainda assim, o entendimento majoritário, aqui adotado, é de que há nítida preponderância do caráter de suspensão do contrato de trabalho, a partir do 16.º dia de afastamento por doença do empregado.

Cabe registrar que a Lei 13.103/2015, no art. 2.º, inciso V, "c", prevê o direito dos motoristas profissionais (de veículos automotores de transporte rodoviário de passageiros e de transporte rodoviário de cargas), se empregados, de ter benefício de *seguro de contratação obrigatória*, assegurado e custeado pelo empregador, destinado à cobertura de morte natural, morte por acidente, invalidez total ou parcial decorrente de acidente, traslado e auxílio para funeral, referentes às suas atividades, no valor mínimo correspondente a 10 vezes o piso salarial de sua categoria ou valor superior fixado em convenção ou acordo coletivo de trabalho.

> IV – justificada pela empresa, entendendo-se como tal a que não tiver determinado o desconto do correspondente salário;

5. FALTA JUSTIFICADA PELA EMPRESA

O inciso IV, regulando matéria pertinente às férias, estabelece não ser considerada falta ao serviço, para os efeitos da aquisição do direito de férias, a ausência do empregado justificada pela empresa.

Pode-se aplicar a mesma orientação não só quanto ao tema específico das férias, mas para as outras questões envolvendo o contrato de trabalho, pois, se o empregador, mesmo diante da falta do empregado, a considera justificada, não descontando a ausência do salário, tem-se verdadeira hipótese de interrupção do contrato de trabalho.

V – durante a suspensão preventiva para responder a inquérito administrativo ou de prisão preventiva, quando for impronunciado ou absolvido; e

6. SUSPENSÃO PREVENTIVA PARA RESPONDER A INQUÉRITO

Embora haja entendimento no sentido de se tratar do inquérito judicial para falta grave, no caso, por se fazer menção ao "inquérito administrativo", trata-se da hipótese regulada no art. 472, §§ 3.º, 4.º e 5.º, bem como no art. 482, parágrafo único, da CLT.

VI – nos dias em que não tenha havido serviço, salvo na hipótese do inciso III do art. 133.

7. HIPÓTESE PREVISTA NO ART. 133, III

O inciso III do art. 133 prevê que não terá direito a férias o empregado que "deixar de trabalhar, com percepção do salário, por mais de 30 (trinta) dias, em virtude de paralisação parcial ou total dos serviços da empresa".

✦ **Súmulas, Orientações Jurisprudenciais e Precedentes Normativos**

Súmula 89 do TST: Falta ao serviço. Se as faltas já são justificadas pela lei, consideram-se como ausências legais e não serão descontadas para o cálculo do período de férias.

Art. 132. O tempo de trabalho anterior à apresentação do empregado para serviço militar obrigatório será computado no período aquisitivo, desde que ele compareça ao estabelecimento dentro de 90 (noventa) dias da data em que se verificar a respectiva baixa.

1. FÉRIAS DO MILITAR

O tempo de trabalho anterior à apresentação do empregado para serviço militar obrigatório será computado no período aquisitivo, desde que ele compareça ao estabelecimento dentro de 90 dias da data em que se verificar a respectiva baixa. No caso de serviço militar obrigatório, o tempo anterior à apresentação do empregado deve ser computado no período aquisitivo de férias, mas é necessário que o trabalhador compareça à empresa, no prazo de 90 dias, prazo este contado da data em que se verificar a baixa no serviço militar.

Art. 133. Não terá direito a férias o empregado que, no curso do período aquisitivo:

I – deixar o emprego e não for readmitido dentro de 60 (sessenta) dias subsequentes à sua saída;

II – permanecer em gozo de licença, com percepção de salários, por mais de 30 (trinta) dias;

III – deixar de trabalhar, com percepção do salário, por mais de 30 (trinta) dias, em virtude de paralisação parcial ou total dos serviços da empresa; e

IV – tiver percebido da Previdência Social prestações de acidente de trabalho ou de auxílio-doença por mais de 6 (seis) meses, embora descontínuos.

§ 1.º A interrupção da prestação de serviços deverá ser anotada na Carteira de Trabalho e Previdência Social.

§ 2.º Iniciar-se-á o decurso de novo período aquisitivo quando o empregado, após o implemento de qualquer das condições previstas neste artigo, retornar ao serviço.

§ 3.º Para os fins previstos no inciso III deste artigo a empresa comunicará ao órgão local do Ministério do Trabalho, com antecedência mínima de 15 (quinze) dias, as datas de início e fim da paralisação total ou parcial dos serviços da empresa, e, em igual prazo, comunicará, nos mesmos termos, ao sindicato representativo da categoria profissional, bem como afixará aviso nos respectivos locais de trabalho.

§ 4.º Vetado.

1. PERDA DO DIREITO A FÉRIAS

Embora o direito às férias seja de grande importância social e individual ao empregado, este pode perdê-lo se verificada alguma das situações previstas no art. 133 da CLT.

Na primeira hipótese, não terá direito a férias o empregado que deixe o emprego e não seja readmitido em até 60 dias após sua saída. Da mesma forma, não terá direito a férias o empregado que estiver em licença por mais de 30 dias e recebendo salário.

Para os fins previstos no inciso III, a empresa comunicará ao órgão local do Ministério do Trabalho, com antecedência mínima de 15 dias, as datas de início e fim da paralisação total ou parcial dos serviços da empresa, e, em igual prazo, comunicará, nos mesmos termos, ao sindicato representativo da categoria profissional, bem como afixará aviso nos respectivos locais de trabalho (§ 3.º do art. 133).

O inciso IV prevê a perda do direito a férias quando o empregado tiver percebido da Previdência Social prestações de auxílio-doença por mais de seis meses, ainda que descontínuos. Há entendimento (não majoritário) de que essa restrição não mais prevalece em razão da Convenção 132 da OIT (art. 5, n. 4), sobre férias anuais remuneradas, ratificada pelo Brasil (Decreto 3.197/1999). Entretanto, entende-se que o mencionado dispositivo da CLT se mantém em vigor, pois, além de regular hipótese específica e diferenciada, a previsão da Convenção 132 da OIT remete às "condições a serem determinadas pela autoridade competente ou pelo órgão apropriado de cada país".

A interrupção da prestação de serviços deverá ser anotada na Carteira de Trabalho e Previdência Social (§ 1.º do art. 133).

Iniciar-se-á o decurso de novo período aquisitivo quando o empregado, após incidir em qualquer das condições previstas no art. 133 da CLT, retornar ao serviço (§ 2.º do art. 133).

✦ Jurisprudência

Férias. Licença remunerada. Compensação. 1. A exegese que se extrai do art. 133, III, da CLT é que somente não terá direito às férias o empregado que, no curso do período aquisitivo, deixar de trabalhar, por mais de 30 (trinta) dias contínuos, em virtude de paralisação parcial ou total dos serviços da empresa (TRT da 15.ª Região, RO 00031-2007-086-15-00-0, Rel. Des. Luiz Antonio Lazarin).

Seção II – Da Concessão e da Época das Férias

Art. 134. As férias serão concedidas por ato do empregador, em um só período, nos 12 (doze) meses subsequentes à data em que o empregado tiver adquirido o direito.

1. CONCESSÃO DAS FÉRIAS

Após a aquisição do direito às férias, elas devem ser concedidas pelo empregador, respeitando o período concessivo, que é de 12 meses seguintes ao término do período aquisitivo.

§ 1.º Desde que haja concordância do empregado, as férias poderão ser usufruídas em até três períodos, sendo que um deles não poderá ser inferior a quatorze dias corridos e os demais não poderão ser inferiores a cinco dias corridos, cada um.

2. FÉRIAS FRACIONADAS

Conforme o art. 134, § 1.º, da CLT, com redação dada pela Lei 13.467/2017, desde que haja concordância do empregado, as férias podem ser usufruídas em até três períodos, sendo que um deles não pode ser inferior a 14 dias corridos e os demais não podem ser inferiores a cinco dias corridos, cada um.

Essa divisão do período de gozo das *férias individuais*, portanto, exige a anuência do empregado.

Em termos práticos, entretanto, sabendo-se que o empregado presta serviços de forma subordinada ao empregador, nem sempre a vontade daquele tem como ser manifestada de forma autêntica e hígida, mesmo porque normalmente precisa do emprego para manter a própria subsistência e de sua família.

Anteriormente, quanto às férias individuais, o art. 134, § 1.º, da CLT, na redação decorrente do Decreto-lei 1.535/1977, previa que somente em casos excepcionais serão as férias concedidas em dois períodos, um dos quais não pode ser inferior a 10 dias corridos.

Especificamente quanto às *férias coletivas*, o art. 139, § 1.º, da CLT, o qual não é modificado pela Lei 13.467/2017, dispõe que as férias podem ser gozadas em dois períodos anuais, desde que nenhum deles seja inferior a 10 dias corridos.

Cabe esclarecer que podem ser concedidas férias coletivas a todos os empregados de uma empresa ou de determinados estabelecimentos ou setores da empresa (art. 139 da CLT).

Como se pode notar, passa-se a autorizar, desde que haja anuência do empregado, o parcelamento do gozo das *férias individuais* em até três períodos.

Entretanto, um dos períodos não pode ser inferior a 14 dias corridos e os demais não podem ser inferiores a cinco dias corridos.

Exemplificando, poderíamos passar a ter férias de 30 (trinta) dias fracionadas da seguinte forma: 14 (quatorze) dias, 8 (oito) dias e 8 (oito) dias.

Não obstante, deve-se registrar que nem sempre o empregado tem direito a 30 dias de férias. Nesse enfoque, segundo o art. 130 da CLT, após cada período de 12 (doze) meses de vigência do contrato de trabalho, o empregado terá direito a férias, na seguinte proporção: 30 (trinta) dias corridos, quando não houver faltado ao serviço mais de 5 (cinco) vezes; 24

(vinte e quatro) dias corridos, quando houver tido de 6 (seis) a 14 (quatorze) faltas; 18 (dezoito) dias corridos, quando houver tido de 15 (quinze) a 23 (vinte e três) faltas; 12 (doze) dias corridos, quando houver tido de 24 (vinte e quatro) a 32 (trinta e duas) faltas.

Como se pode notar, apenas quando o período de férias é de 30 ou de 24 dias é que se permite o parcelamento em três períodos, pois um dos períodos não pode ser inferior a 14 dias corridos e os demais não podem ser inferiores a cinco dias corridos.

Os períodos de férias mais curtos são passíveis de crítica, pois dificilmente irão atender à finalidade social do direito em questão, que seria de possibilitar o efetivo descanso ao empregado.

Cabe lembrar que a Convenção 132 da Organização Internacional do Trabalho, sobre *férias anuais remuneradas*, de 1970, foi aprovada pelo Congresso Nacional por meio do Decreto Legislativo 47/1981 e promulgada pelo Decreto 3.197/1999.

O art. 8.º da referida Convenção da OIT dispõe que o *fracionamento do período de férias anuais remuneradas* pode ser autorizado pela autoridade competente ou pelo órgão apropriado de cada país. Além disso, salvo estipulação em contrário contida em acordo que vincule o empregador e a pessoa empregada, e desde que a duração do serviço dessa pessoa lhe dê direito a tal período de férias, em uma das frações do referido período deve corresponder *pelo menos a duas semanas* de trabalho ininterrupto.

Cabe destacar que a Convenção 132 da OIT não versa sobre férias coletivas, com o que a regulamentação destas, pela CLT, não foi alterada (arts. 139 a 141).

§ 2.º Revogado pela Lei 13.467/2017.

3. FÉRIAS DOS MENORES DE 18 E MAIORES DE 50 ANOS

O art. 134, § 2.º, da CLT, o qual previa que aos menores de 18 anos e aos maiores de 50 anos de idade as férias são sempre concedidas de uma só vez, foi *revogado* pelo art. 5.º, inciso I, "f", da Lei 13.467/2017. Com isso, essa obrigatoriedade não mais existe.

§ 3.º É vedado o início das férias no período de dois dias que antecede feriado ou dia de repouso semanal remunerado.

4. INÍCIO DAS FÉRIAS

É vedado o início das férias no período de dois dias que *antecede* feriado ou dia de repouso semanal remunerado (art. 134, § 3.º, da CLT, acrescentado pela Lei 13.467/2017).

Essa previsão tem como objetivo não prejudicar o empregado quanto ao gozo das *férias individuais*, evitando que estas iniciem no período de dois dias antes de feriado ou repouso semanal remunerado, pois nesses dias o empregado já estaria descansando de forma remunerada.

Ainda assim, evidentemente, admite-se que o início das férias ocorra em período *posterior* ao feriado ou dia de repouso semanal remunerado.

Art. 135. A concessão das férias será participada, por escrito, ao empregado, com antecedência de, no mínimo, 30 (trinta) dias. Dessa participação o interessado dará recibo.

§ 1.º O empregado não poderá entrar no gozo das férias sem que apresente ao empregador sua Carteira de Trabalho e Previdência Social, para que nela seja anotada a respectiva concessão.

§ 2.º A concessão das férias será, igualmente, anotada no livro ou nas fichas de registro dos empregados.

§ 3.º Nos casos em que o empregado possua a CTPS em meio digital, a anotação será feita nos sistemas a que se refere o § 7.º do art. 29 desta Consolidação, na forma do regulamento, dispensadas as anotações de que tratam os §§ 1.º e 2.º deste artigo.

1. ANTECEDÊNCIA NA COMUNICAÇÃO DAS FÉRIAS

O empregado deve ser comunicado com antecedência quanto à concessão das férias, para que possa se programar para o referido período de descanso e lazer. Nesse sentido dispõe o art. 135 da CLT.

Questiona-se quanto à consequência de não se observar a referida comunicação no prazo indicado. Se as férias forem efetivamente gozadas pelo empregado, não há como considerar ineficaz a fruição, de modo que o empregador fica sujeito a penalidade administrativa.

Em tese, o que o empregado poderia ter direito é quanto a eventuais perdas e danos, por não ter havido possibilidade de se programar para as férias com antecedência, por culpa do empregador que não o avisou no prazo legal. Trata-se, no entanto, de situação rara e não indicada pela doutrina tradicional.

Observada a referida antecedência na comunicação das férias, cabe destacar que o empregado não poderá entrar no gozo das férias sem que apresente ao empregador sua Carteira de Trabalho e Previdência Social, para que nela seja anotada a respectiva concessão (§ 1.º do art. 135 da CLT).

A concessão das férias também deve ser anotada no livro ou nas fichas de registro dos empregados (art. 135, § 2.º, da CLT). De acordo com a Lei Complementar 123/2006, art. 51, inciso II, as microempresas e as empresas de pequeno porte são dispensadas da anotação das férias dos empregados nos respectivos livros ou fichas de registro.

Conforme o art. 135, § 3.º, da CLT, incluído pela Lei 13.874/2019, nos casos em que o empregado possua a CTPS em meio digital, a anotação (da concessão das férias) deve ser feita nos sistemas a que se refere o § 7.º do art. 29 da Consolidação das Leis do Trabalho (ou seja, nos sistemas informatizados da CTPS em meio digital), na forma do regulamento, dispensadas as anotações de que tratam os §§ 1.º e 2.º do art. 135 da CLT.

Do mesmo modo, se as referidas anotações não forem efetuadas na CTPS e no registro do empregado, mas as férias forem efetivamente usufruídas, o empregador fica sujeito à aplicação de penalidade administrativa, mas podendo provar a concessão por todos os elementos legítimos admitidos em direito.

Art. 136. A época da concessão das férias será a que melhor consulte os interesses do empregador.

§ 1.º Os membros de uma família, que trabalharem no mesmo estabelecimento ou empresa, terão direito a gozar férias no mesmo período, se assim o desejarem e se disto não resultar prejuízo para o serviço.

§ 2.º O empregado estudante, menor de 18 (dezoito) anos, terá direito a fazer coincidir suas férias com as férias escolares.

1. ÉPOCA DA CONCESSÃO DAS FÉRIAS

Desde que observado o período concessivo, a época da concessão das férias será a que melhor consulte os interesses do empregador.

Aos atletas profissionais da modalidade futebol são devidas férias anuais remuneradas de 30 dias, acrescidas do abono de férias, ficando a critério da entidade de prática de futebol conceder as férias coincidindo ou não com o recesso das atividades esportivas, admitido ajuste individual entre as partes de forma diversa (art. 97, inciso V, da Lei 14.597/2023).

Cabe salientar que convenção ou acordo coletivo pode dispor de forma diversa ao estabelecido no art. 97 da Lei 14.597/2023. Ainda assim, deve-se respeitar o art. 7.º, inciso XVII, da Constituição da República, ao prever o direito de férias anuais remuneradas com, pelo menos, um terço a mais do que o salário normal.

Além disso, disposição contratual ou constante de convenção ou acordo coletivo pode estender aos atletas profissionais de outras modalidades as previsões do art. 97 da Lei 14.597/2023.

Os membros de uma família, que trabalharem no mesmo estabelecimento ou empresa, terão direito a gozar férias no mesmo período, se assim o desejarem e se disto não resultar prejuízo para o serviço (§ 1.º do art. 136 da CLT). O empregado estudante, menor de 18 anos, terá direito a fazer coincidir suas férias com as férias escolares (§ 2.º do art. 136 da CLT).

É possível entender que as mencionadas previsões dos §§ 1.º e 2.º do art. 136 da CLT também seriam aplicáveis para as férias coletivas, pois os mencionados preceitos são de ordem geral. Além disso, o interesse econômico do empregador não poderia prevalecer sobre as relevantes normas de proteção em análise, que asseguram valores sociais de destaque, relacionados à família, ao ensino e à idade, no gozo das férias.

Art. 137. Sempre que as férias forem concedidas após o prazo de que trata o art. 134, o empregador pagará em dobro a respectiva remuneração.

§ 1.º Vencido o mencionado prazo sem que o empregador tenha concedido as férias, o empregado poderá ajuizar reclamação pedindo a fixação, por sentença, da época de gozo das mesmas.

§ 2.º A sentença cominará pena diária de 5% (cinco por cento) do salário mínimo da região, devida ao empregado até que seja cumprida.

§ 3.º Cópia da decisão judicial transitada em julgado será remetida ao órgão local do Ministério do Trabalho, para fins de aplicação da multa de caráter administrativo.

1. FÉRIAS CONCEDIDAS APÓS O PERÍODO CONCESSIVO

O empregador deve conceder as férias no período concessivo de 12 meses subsequentes à aquisição do referido direito. Cabe verificar, no entanto, a consequência da concessão das férias após o referido prazo.

Na hipótese do art. 137 da CLT, o empregador, além de ter de conceder as férias com a respectiva remuneração, atualmente acrescida do 1/3 constitucional, deve pagar ao empregado a chamada dobra das férias, também com o 1/3 do art. 7.º, inciso XVII, da Constituição Federal de 1988 (pois este acessório segue o principal, que é a remuneração das férias).

Mesmo que o empregado receba a remuneração das férias, com 1/3, mas não as usufrua efetivamente, deve ser paga a dobra em questão, pois as férias não foram efetivamente concedidas na época devida.

A dobra das férias, acrescida da remuneração normal das férias, ambas com o acréscimo de 1/3, resulta no pagamento em dobro, determinado pelo art. 137 da CLT.

Quanto à natureza jurídica, entende-se que a dobra das férias, em si, com 1/3, possui natureza de penalidade, por não ter o empregador observado o período de concessão. Além disso, trata-se de indenização, devida ao empregado, por não ter usufruído as férias no período devido. Nesse sentido, confirma a previsão da Lei 8.212/1991, art. 28, § 9.º, *d*.

Logo, a natureza remuneratória restringe-se à remuneração das férias com 1/3.

No entanto, nem sempre todos os dias de férias são concedidos fora do período concessivo. Pode ocorrer de o período concessivo terminar dia 10 de fevereiro, mas as férias de 30 dias serem concedidas com início no dia 2 de fevereiro. Nesse caso, do dia 2 ao dia 10, as férias estão dentro do período de concessão. A solução para o referido caso encontra-se na Súmula 81 do TST, que estabelece que apenas os dias de férias usufruídos após o período de concessão é que devem ser pagos em dobro.

Obviamente, se as férias não puderam ser concedidas dentro do período de concessão, mas não por culpa ou por causa do empregador, como nos casos em que o empregado ficou afastado por acidente do trabalho ou licença-maternidade, não se pode penalizar o empregador de boa-fé, de modo que não incide, no caso, o direito de pagamento das férias em dobro.

Seria possível defender o entendimento de que as férias só podem ser consideradas efetivamente usufruídas se devidamente remuneradas, sob pena de inviabilizar que o empregado delas desfrute de forma verdadeira. Assim, em interpretação teleológica das normas sobre a questão, entende-se que no caso de concessão de férias, mas sem o respectivo pagamento no prazo devido, a dobra das férias passa a ser devida. Nesse sentido cabe destacar a Súmula 450 do TST.

O Tribunal Superior do Trabalho decidiu que deve ser dada interpretação restritiva à Súmula 450 do TST, para afastar sua aplicação às hipóteses de atraso ínfimo no pagamento das férias, como de dois dias, não implicando na condenação à dobra nesses casos (TST, Pleno, E-RR-10128-11.2016.5.15.0088, Rel. Min. Ives Gandra Martins Filho, *DEJT* 08.04.2021).

O Supremo Tribunal Federal julgou procedente o pedido em arguição de descumprimento de preceito fundamental para: (a) declarar a inconstitucionalidade da Súmula 450 do Tribunal Superior do Trabalho; e (b) invalidar decisões judiciais não transitadas em julgado que, amparadas no texto sumular, tenham aplicado a sanção de pagamento em dobro com base no art. 137 da CLT (STF, Pleno, ADPF 501/SC, Rel. Min. Alexandre de Moraes, j. 08.08.2022). Logo, em caso de descumprimento do dever específico de pagamento da remuneração das férias até dois dias antes do início do respectivo período (art. 145 da CLT), o que incide é a multa administrativa prevista no art. 153 da CLT.

Os §§ 1.º e 2.º do art. 137 da CLT preveem o procedimento para obrigar o empregador a conceder as férias, quando já ultrapassado o período de concessão. Desse modo, vencido o prazo de concessão sem que o empregador tenha concedido as férias, o empregado poderá ajuizar reclamação pedindo a fixação, por sentença, da época de seu gozo (§ 1.º do art. 137).

Reconhecido o direito do empregado, de usufruir as férias, pela sentença trabalhista esta cominará pena diária de 5% do salário mínimo, devida ao empregado até que o mandamento contido na decisão seja cumprido (§ 2.º do art. 137).

Trata-se, no caso, de medida de execução indireta, imposta pela sentença, com natureza de *astreintes*, para forçar o empregador a cumprir o comando decisório, referindo-se a obrigações de fazer (conceder as férias) e de pagar (remunerar as férias com 1/3 em dobro).

Além disso, a cópia da decisão judicial transitada em julgado será remetida ao órgão local do Ministério do Trabalho, para fins de aplicação da multa de caráter administrativo (§ 3.º do art. 137).

Como se nota, o juiz do trabalho, além de condenar o empregador a conceder as férias, a serem pagas em dobro, acrescidas com o 1/3 constitucional, deve expedir ofício ao órgão de fiscalização do trabalho, enviando cópia da sentença quando do trânsito em julgado, para a aplicação da respectiva penalidade administrativa contra o empregador.

✦ Jurisprudência

Embargos em recurso de revista. Atraso ínfimo no pagamento das férias. Inaplicabilidade da sanção da Súmula 450 do TST quanto ao pagamento em dobro. Princípios da razoabilidade e proporcionalidade. Interpretação do verbete sumulado à luz dos precedentes que o embasaram. Não conhecimento. 1. A Súmula 450 do TST estabelece que "é devido o pagamento em dobro da remuneração de férias, incluído o terço constitucional, com base no art. 137 da CLT, quando, ainda que gozadas na época própria, o empregador tenha descumprido o prazo previsto no art. 145 do mesmo diploma legal". 2. A 8.ª Turma do TST entendeu que o atraso ínfimo de dois dias no pagamento das férias não deve implicar a condenação à dobra, razão pela qual conheceu e deu provimento ao recurso de revista patronal, por má aplicação da Súmula 450. Têm seguido nessa linha também as 4.ª, 5.ª e 7.ª Turmas do TST. Já as 1.ª, 2.ª, 3.ª e 6.ª Turmas não têm afastado a aplicação da Súmula 450, mesmo na hipótese de atraso ínfimo no pagamento das férias. 3. Ora, as súmulas, como síntese da jurisprudência pacificada dos Tribunais, devem ser interpretadas à luz dos precedentes que lhes deram origem, na medida em que apenas estampam o comando interpretativo da norma legal, mas não a "ratio decidendi" e as circunstâncias fáticas que justificaram a fixação da jurisprudência nesse ou naquele sentido. Nesse sentido, a Súmula 450 do TST também deve ser aplicada segundo as hipóteses fáticas e os fundamentos jurídicos que lhe deram respaldo. 4. Assim, os argumentos que militam a favor da interpretação restritiva da Súmula 450 do TST, no sentido de não ser aplicável às hipóteses de atraso ínfimo no pagamento das férias, são, basicamente, os seguintes: a) não há norma legal específica que estabeleça a penalidade da dobra das férias por atraso no seu pagamento; b) a sanção da Súmula 450 do TST decorre de construção jurisprudencial por analogia, a partir da conjugação de norma legal que estabelece a obrigação do pagamento das férias com a antecedência de 2 dias de seu gozo (CLT, art. 145) com outro dispositivo celetista que estabelece sanção para a hipótese de gozo das férias fora do período concessivo (CLT, art. 137); c) o comando do § 2.º do art. 7.º da Convenção 132 da OIT, ratificada pelo Brasil, tem ressonância em nosso art. 145 da CLT, mas a referida convenção não estabelece qualquer sanção para a sua não observância; d) norma que alberga penalidade deve ser interpretada restritivamente, de modo a que o descumprimento apenas parcial da norma não enseje penalidade manifestamente excessiva (CC, art. 413); e) verbete sumulado deve ser aplicado à luz dos precedentes jurisprudenciais que lhe deram origem, sendo que a Súmula 450 do TST, oriunda da conversão da Orientação Jurisprudencial 386 da SDI-1, teve como precedentes julgados que enfrentaram apenas a situação de pagamento de férias após o seu gozo, concluindo que, em tal situação, frustrava-se o gozo adequado das férias sem o seu aporte econômico; f) não acarreta prejuízo ao trabalhador o atraso ínfimo no pagamento das férias, quando este coincide com o início do seu gozo, pois o objetivo da norma, de ofertar ao trabalhador recursos financeiros suplementares para melhor poder usufruir de suas férias, não deixou de ser alcançado; g) a jurisprudência desta Corte tem atenuado a literalidade de verbetes sumulados, ampliando ou restringindo seu teor, com base em princípios gerais de proteção, isonomia e boa-fé (*v.g.* Súmulas 294, 363 e 372), não se cogitando, nesses casos, de hipótese de cancelamento, alteração redacional ou criação de verbete sumulado, que exigiriam o rito do art. 702, § 3.º, da CLT; h) atenta contra os princípios da razoabilidade e proporcionalidade, além de gerar enriquecimento sem causa, a imposição de condenação ao pagamento dobrado de férias por atraso ínfimo, de 2 dias, mormente quando fixado o pagamento das férias no dia de seu gozo por entidades estatais, em face das normas orçamentárias a que estão sujeitas; i) o próprio STF, ao acolher para julgamento a ADPF 501, ajuizada contra a Súmula 450 do TST, reconheceu que tal verbete sumulado tem gerado "controvérsia judicial relevante" a ensejar o controle concentrado de constitucionalidade do ato pela Suprema Corte (Red. Min. Ricardo Lewandowski, sessão virtual encerrada em 14/09/20). 5. *In casu*, o que se verifica é que a praxe empresarial era a do pagamento das férias coincidindo com o seu gozo, hipótese que, além de não trazer prejuízo ao trabalhador, acarretaria enriquecimento ilícito se sancionada com o pagamento em dobro, sem norma legal específica previsora da sanção. 6. Nesses termos, é de se dar interpretação restritiva à Súmula 450 do TST, para afastar sua aplicação às hipóteses de atraso ínfimo, e não conhecer dos embargos calcados em contrariedade da decisão turmária ao verbete sumulado em tela. Embargos não conhecidos" (TST, Pleno, E-RR-10128-11.2016.5.15.0088, Rel. Min. Ives Gandra Martins Filho, *DEJT* 08.04.2021).

✦ Súmulas, Orientações Jurisprudenciais e Precedentes Normativos

Súmula 81 do TST: Férias. Os dias de férias gozados após o período legal de concessão deverão ser remunerados em dobro.

Súmula 450 do TST: Férias. Gozo na época própria. Pagamento fora do prazo. Dobra devida. Arts. 137 e 145 da CLT. É devido o pagamento em dobro da remuneração de férias, incluído o terço constitucional, com base no art. 137 da CLT, quando, ainda que gozadas na época própria, o empregador tenha descumprido o prazo previsto no art. 145 do mesmo diploma legal (*DEJT* 09.06.2010). Cf. STF, ADPF 501/SC.

Art. 138. Durante as férias, o empregado não poderá prestar serviços a outro empregador, salvo se estiver obrigado a fazê-lo em virtude de contrato de trabalho regularmente mantido com aquele.

1. SERVIÇOS PRESTADOS A OUTRO EMPREGADOR DURANTE AS FÉRIAS

Observa-se certa controvérsia na interpretação do alcance da norma acima transcrita.

Há quem entenda que o empregado, durante as férias, não pode prestar serviços a outro empregador, devendo descansar durante o seu período, o que seria de interesse do empregador que as concedeu.

Nesse sentido, se o empregado tiver as férias concedidas, mas firmar outro contrato de trabalho, com outro empregador, estaria praticando falta disciplinar, por desrespeitar o mencionado comando.

Apenas se o empregado já mantivesse, antes da concessão das férias, outro contrato de trabalho, é que, excepcionalmente, poderia prestar serviço ao respectivo empregador, durante as férias concedidas pelo outro.

A outra corrente de entendimento interpreta a parte final do art. 138 da CLT de forma mais ampla.

Esse dispositivo, ao permitir a prestação de serviços a outro empregador, se o empregado estiver obrigado a fazê-lo em virtude de contrato de trabalho regularmente mantido, pode ser perfeitamente aplicado na hipótese do trabalhador que, durante as férias, é admitido em outro vínculo de emprego.

Essa posição revela-se mais razoável e próxima da realidade. Além disso, não se pode dizer que o empregado tem o dever de descansar, mas sim o direito de usufruir as férias livremente, podendo se ativar em atividades lícitas.

Referida liberdade não pode ser cerceada pelo empregador, nem se verifica a possibilidade de inusitada punição disciplinar do empregado, por não ter descansado tal como o empregador eventualmente desejava em seu íntimo.

Seção III – Das Férias Coletivas

Art. 139. Poderão ser concedidas férias coletivas a todos os empregados de uma empresa ou de determinados estabelecimentos ou setores da empresa.

1. FÉRIAS COLETIVAS

As férias coletivas podem ser de três modalidades específicas: férias de todos os empregados da empresa; férias de todos empregados de determinados estabelecimentos (ou seja, unidades) da empresa; e férias de todos empregados de determinados setores da empresa.

§ 1.º As férias poderão ser gozadas em 2 (dois) períodos anuais desde que nenhum deles seja inferior a 10 (dez) dias corridos.

§ 2.º Para os fins previstos neste artigo, o empregador comunicará ao órgão local do Ministério do Trabalho, com a antecedência mínima de 15 (quinze) dias, as datas de início e fim das férias, precisando quais os estabelecimentos ou setores abrangidos pela medida.

2. PERÍODOS DE FÉRIAS COLETIVAS

As férias coletivas podem ser gozadas em dois períodos anuais. *Nenhum* dos períodos de férias coletivas pode ser inferior a 10 dias corridos.

3. COMUNICAÇÃO DAS FÉRIAS COLETIVAS AO ÓRGÃO DO MINISTÉRIO DO TRABALHO

Para que as férias coletivas sejam concedidas, o empregador deve comunicar ao órgão local do Ministério do Trabalho, com a antecedência mínima de 15 dias, as datas de início e fim das férias, precisando quais os estabelecimentos ou setores abrangidos pela medida. De acordo com a Lei Complementar 123, de 14 de dezembro de 2006, as microempresas e as empresas de pequeno porte são dispensadas de comunicar ao Ministério do Trabalho a concessão de férias coletivas (art. 51, inciso V).

§ 3.º Em igual prazo, o empregador enviará cópia da aludida comunicação aos sindicatos representativos da respectiva categoria profissional, e providenciará a afixação de aviso nos locais de trabalho.

4. COMUNICAÇÃO DAS FÉRIAS COLETIVAS AOS SINDICATOS

No prazo de 15 dias, o empregador enviará cópia da aludida comunicação aos sindicatos representativos da respectiva categoria profissional, e providenciará a afixação de aviso nos locais de trabalho.

Se essas exigências formais não forem observadas pelo empregador, quando da concessão das férias coletivas, este fica sujeito à aplicação de penalidade administrativa.

No entanto, se as férias coletivas forem efetivamente usufruídas pelos empregados, não há como considerar nula a sua concessão, mesmo que as mencionadas formalidades não tenham se verificado.

Art. 140. Os empregados contratados há menos de 12 (doze) meses gozarão, na oportunidade, férias proporcionais, iniciando-se, então, novo período aquisitivo.

1. INÍCIO DO PERÍODO AQUISITIVO DAS FÉRIAS COLETIVAS

A parte final desse dispositivo gera certa controvérsia na interpretação. Há entendimento de que a "palavra *então* refere-se ao término das férias proporcionais coletivas e não ao início delas"[61]. Essa posição defende a aplicação da mesma orientação prevista no art. 133, § 2.º, da CLT.

No entanto, parece mais adequado e razoável interpretar no sentido inverso, ou seja, de que os empregados com menos de 12 meses de serviço gozarão férias proporcionais coletivas, iniciando-se novo período concessivo simultaneamente ao início das referidas férias. Isso porque, do contrário, o empregado estaria de férias (proporcionais coletivas), mas sem contar o tempo de serviço para novas férias, o que contraria a literalidade do art. 130, § 2.º, da CLT, de acordo com o qual o "período das férias será computado, para todos os efeitos, como tempo de serviço".

Além disso, caso se entenda que o novo período se inicia somente quando do término das férias proporcionais coletivas, tem-se a situação inusitada de tempo considerado como de serviço, mas que não estaria computado para fins de férias.

Se a interpretação do art. 140 da CLT fosse de início de novo período aquisitivo somente depois do término de gozo das férias coletivas, o empregado iria ficar com um período "em branco", verdadeiro intervalo prejudicial, pois não considerado para efeito de aquisição de férias, somente porque o empregador concedeu férias proporcionais coletivas.

Assim, entende-se que o início do período aquisitivo, na hipótese analisada (art. 140), ocorre com o início de gozo das férias coletivas proporcionais. O critério do art. 133, § 2.º, da CLT não se aplica ao caso específico em análise, pois as hipóteses de perda do direito de férias em nada se assemelham com a concessão de férias coletivas pelo empregador.

Se as férias coletivas forem concedidas em período superior àquele que o empregado tem direito, os dias restantes devem ser considerados como licença remunerada, pois o risco da atividade é do empregador. Este, ao decidir pela concessão de férias coletivas, não pode prejudicar o empregado em seu direito de receber a remuneração.

Art. 141. Revogado pela Lei 13.874/2019.

1. REVOGAÇÃO

O art. 141 da CLT, sobre a anotação da concessão de férias coletivas, por meio de carimbo, na CTPS, foi revogado pela Lei 13.874/2019.

---

61 MARTINS, Sergio Pinto. *Direito do trabalho*. 22. ed. São Paulo: Atlas, 2006. p. 558.

Seção IV – Da Remuneração e do Abono de Férias

Art. 142. O empregado perceberá, durante as férias, a remuneração que lhe for devida na data da sua concessão.

1. REMUNERAÇÃO DAS FÉRIAS

A Constituição Federal de 1988 passou a estabelecer que o empregado, além da remuneração, também tem direito ao acréscimo de pelo menos 1/3, ao usufruir as férias (art. 7.º, inciso XVII). Ao referido acréscimo, por ser acessório da remuneração, aplicam-se as disposições pertinentes a esta.

A Orientação Jurisprudencial Transitória 50 da SBDI-I do TST esclarece importante aspecto sobre o adicional de 1/3, no caso de empresas que, mesmo antes da Constituição Federal de 1988, já pagavam um abono de férias.

Embora a Constituição de 1988 assegure o referido adicional de 1/3 da remuneração para o "gozo de férias anuais", não se pode fazer uma interpretação literal e restritiva do dispositivo. Quanto ao tema, dispõe a Súmula 328 do TST.

Trata-se de correta interpretação teleológica da norma constitucional, pois o empregado não pode ser prejudicado por não ter usufruído as férias, ou completado o período aquisitivo, quando da extinção do contrato de trabalho.

§ 1.º Quando o salário for pago por hora com jornadas variáveis, apurar-se-á a média do período aquisitivo, aplicando-se o valor do salário na data da concessão das férias.

§ 2.º Quando o salário for pago por tarefa tomar-se-á por base a média da produção no período aquisitivo do direito a férias, aplicando-se o valor da remuneração da tarefa na data da concessão das férias.

§ 3.º Quando o salário for pago por percentagem, comissão ou viagem, apurar-se-á a média percebida pelo empregado nos 12 (doze) meses que precederem à concessão das férias.

§ 4.º A parte do salário paga em utilidades será computada de acordo com a anotação na Carteira de Trabalho e Previdência Social.

§ 5.º Os adicionais por trabalho extraordinário, noturno, insalubre ou perigoso serão computados no salário que servirá de base ao cálculo da remuneração das férias.

§ 6.º Se, no momento das férias, o empregado não estiver percebendo o mesmo adicional do período aquisitivo, ou quando o valor deste não tiver sido uniforme será computada a média duodecimal recebida naquele período, após a atualização das importâncias pagas, mediante incidência dos percentuais dos reajustamentos salariais supervenientes.

2. REMUNERAÇÃO DAS FÉRIAS E SALÁRIO PAGO POR HORA

Quando o salário for pago por hora, se a jornada de trabalho for variável, deve ser apurada a média do período aquisitivo e, em seguida, aplicar o valor do salário na data da concessão das férias.

3. REMUNERAÇÃO DAS FÉRIAS E SALÁRIO PAGO POR TAREFA

Na hipótese em que o salário é pago por tarefa, para o cálculo da remuneração das férias, deve-se observar a média da produção no período aquisitivo do direito a férias e aplicar o valor da remuneração da tarefa na data da concessão das férias, como dispõe a Súmula 149 do TST.

4. REMUNERAÇÃO DAS FÉRIAS E SALÁRIO PAGO POR PERCENTAGEM OU COMISSÃO

Quando o salário for pago por percentagem, comissão ou viagem, a remuneração das férias deve ser calculada conforme a média recebida pelo empregado nos 12 meses que antecederem a concessão das férias. A Orientação Jurisprudencial 181 da SBDI-I do TST segue essa mesma linha.

5. REMUNERAÇÃO DAS FÉRIAS E SALÁRIO-UTILIDADE

A parte do salário em utilidades deve ser computada de acordo com a anotação na Carteira de Trabalho e Previdência Social. No entanto, pode-se dizer que, se a utilidade permanece sendo usufruída pelo empregado no curso das férias, deixa de ser devido o seu pagamento em dinheiro; no entanto, mesmo nessa última hipótese, é razoável entender que o adicional de 1/3, calculado sobre o valor da utilidade que persiste sendo usufruída nas férias, deve ser pago.

6. REMUNERAÇÃO DAS FÉRIAS E ADICIONAIS AO SALÁRIO

Os adicionais por trabalho extraordinário, noturno, insalubre ou perigoso devem ser computados no salário que servirá de base ao cálculo da remuneração das férias.

7. REMUNERAÇÃO DAS FÉRIAS E MODIFICAÇÃO DE ADICIONAIS AO SALÁRIO

Se, no momento das férias, o empregado não estiver percebendo o mesmo adicional do período aquisitivo, ou quando o valor deste não tiver sido uniforme, deve ser computada a média duodecimal recebida naquele período, após a atualização das importâncias pagas, mediante incidência dos percentuais dos reajustamentos salariais supervenientes.

Esclarece a Súmula 253 do TST que a gratificação semestral não repercute no cálculo das horas extras, das férias e do aviso prévio, ainda que indenizados. Repercute, contudo, pelo seu duodécimo na indenização por antiguidade e na gratificação natalina.

✦ Súmulas, Orientações Jurisprudenciais e Precedentes Normativos

Súmula 7 do TST: A indenização pelo nãodeferimento das férias no tempo oportuno será calculada com base na remuneração devida ao empregado na época da reclamação ou, se for o caso, na da extinção do contrato.

Súmula 149 do TST: Tarefeiro. Férias. A remuneração das férias do tarefeiro deve ser calculada com base na média da produção do período aquisitivo, aplicando-se-lhe a tarifa da data da concessão.

Súmula 328 do TST: Férias. Terço constitucional. O pagamento das férias, integrais ou proporcionais, gozadas ou não, na vigência da Constituição Federal de 1988, sujeita-se ao acréscimo do terço previsto no respectivo art. 7.º, XVII.

Orientação Jurisprudencial Transitória 50 da SBDI-I do TST: Férias. Abono instituído por instrumento normativo e terço constitucional. Simultaneidade inviável. O abono de férias decorrente de instrumento normativo e o abono de 1/3 (um terço) previsto no art. 7.º, XVII, da Constituição Federal de 1988 têm idêntica natureza jurídica, destinação e finalidade, constituindo-se "bis in idem" seu pagamento simultâneo, sendo legítimo o direito do empregador de obter compensação de valores porventura pagos.

Orientação Jurisprudencial 181 da SBDI-I do TST: Comissões. Correção monetária. Cálculo. O valor das comissões deve ser corrigido monetariamente para em seguida obter-se a média para efeito de cálculo de férias, 13.º salário e verbas rescisórias.

Art. 143. É facultado ao empregado converter 1/3 (um terço) do período de férias a que tiver direito em abono pecuniário, no valor da remuneração que lhe seria devida nos dias correspondentes.

1. ABONO PECUNIÁRIO DE FÉRIAS

As férias, essencialmente, devem ser gozadas pelo empregado, para que o referido instituto atenda à sua destinação de possibilitar repouso e restabelecimento do vigor físico e mental. A própria Constituição Federal de 1988 assegura o direito de "*gozo* de férias anuais remuneradas", confirmando a necessidade de serem, em princípio, usufruídas pelo empregado.

No entanto, a Consolidação das Leis do Trabalho, no art. 143, faculta ao empregado converter 1/3 do período de férias a que tiver direito em abono pecuniário, no valor da remuneração que lhe seria devida nos dias correspondentes.

O entendimento já pacificado é de que a referida possibilidade foi recepcionada pela Constituição de 1988, pois apenas 1/3 do período de férias é convertido em abono pecuniário, de modo que elas permanecem sendo gozadas, ainda que em período reduzido.

Não se pode confundir o abono pecuniário de férias, que se refere à conversão de 1/3 do seu período de gozo em pecúnia, com o adicional constitucional de 1/3, a ser acrescido à remuneração das férias.

✦ Jurisprudência

Recurso de revista. Férias. Cálculo do abono pecuniário. O empregado que converte 10 dias de férias em pecúnia, nos moldes do art. 143 da CLT, faz jus ao pagamento do valor correspondente a 30 dias de férias (salário + 1/3), além da remuneração normal dos 10 dias trabalhados. O equívoco da decisão regional está em aplicar o acréscimo de 1/3 também na remuneração dos dias trabalhados, procedimento que não se coaduna com a legislação aplicável. Precedentes. Recurso de revista de que se conhece e a que se dá provimento (TST, 7.ª T., RR 102-98.2011.5.07.0007, Rel. Des. Conv. Valdir Florindo, *DEJT* 14.06.2013).

§ 1.º O abono de férias deverá ser requerido até 15 (quinze) dias antes do término do período aquisitivo.

§ 2.º Tratando-se de férias coletivas, a conversão a que se refere este artigo deverá ser objeto de acordo coletivo entre o empregador e o sindicato representativo da respectiva categoria profissional, independendo de requerimento individual a concessão do abono.

§ 3.º Revogado pela Lei 13.467/2017.

2. REQUERIMENTO DO ABONO

O abono pecuniário de férias deve ser requerido pelo empregado até 15 dias antes de terminar o período aquisitivo.

3. CONVERSÃO DAS FÉRIAS COLETIVAS EM ABONO PECUNIÁRIO

No caso de férias coletivas, a referida conversão em abono pecuniário deve ser objeto de acordo coletivo entre o empregador e o sindicato representativo da respectiva categoria profissional, não dependendo, assim, de requerimento individual para a concessão do referido abono.

4. EMPREGADOS SOB REGIME DE TEMPO PARCIAL

É facultado ao empregado contratado sob o regime de tempo parcial converter 1/3 do período de férias a que tiver direito em *abono pecuniário* (art. 58-A, § 6.º, da CLT, acrescentado pela Lei 13.467/2017).

Isso é confirmado pela revogação (pelo art. 5.º, inciso I, "g", da Lei 13.467/2017) do art. 143, § 3.º, da CLT, no sentido de que a conversão de 1/3 do período de férias a que tiver direito em abono pecuniário não se aplicava aos empregados sob o regime de tempo parcial.

Art. 144. O abono de férias de que trata o artigo anterior, bem como o concedido em virtude de cláusula do contrato de trabalho, do regulamento da empresa, de convenção ou acordo coletivo, desde que não excedente de vinte dias do salário, não integrarão a remuneração do empregado para os efeitos da legislação do trabalho.

1. ABONO NÃO EXCEDENTE A 20 DIAS

De acordo com o art. 144 da CLT, o abono de férias de que trata o art. 143 (abono pecuniário), bem como o concedido em virtude de cláusula do contrato de trabalho, do regulamento da empresa, de convenção ou acordo coletivo, desde que não excedente de 20 dias do salário, não integrarão a remuneração do empregado para os efeitos da legislação do trabalho.

Essa disposição precisa ser devidamente interpretada, sob pena de se tornar contraditória com as outras normas sobre o abono pecuniário de férias.

Na realidade, o art. 144 da CLT faz menção a duas modalidades distintas de abonos de férias: a) abono pecuniário de férias, previsto no art. 143, no qual o empregado tem a faculdade de converter 1/3 do período de férias em dinheiro, não possuindo natureza remuneratória para fins de legislação trabalhista (art. 144), nem para efeito de contribuição previdenciária (Lei 8.212/1991, art. 28, § 9.º, "*e*", 6); b) abono de férias especial, previsto em cláusula do contrato de trabalho, do regulamento de empresa, de convenção ou acordo coletivo.

Esse abono em específico, pago em razão das férias do empregado, para que melhor pudesse usufruí-las, era mais frequente antes da promulgação da Constituição Federal de 1988, pois a partir de 05.10.1988 todos os empregados passaram a fazer jus ao acréscimo de 1/3 na remuneração das férias.

De todo modo, se o empregado tiver direito de receber o mencionado abono especial de férias, desde que ele não exceda 20 dias do salário, não integra a remuneração do empregado para os efeitos da legislação do trabalho, nem o salário de contribuição, para fins de incidência de contribuição previdenciária (Lei 8.212/1991, art. 28, § 9.º, "*e*", 6).

Art. 145. O pagamento da remuneração das férias e, se for o caso, o do abono referido no art. 143 serão efetuados até 2 (dois) dias antes do início do respectivo período.

Parágrafo único. O empregado dará quitação do pagamento, com indicação do início e do termo das férias.

1. PAGAMENTO DO ABONO DE FÉRIAS

Assim como o pagamento da remuneração das férias, o abono pecuniário de férias também deve ser efetuado até dois dias antes do início do respectivo período.

Seção V – Dos Efeitos da Cessação do Contrato de Trabalho

Art. 146. Na cessação do contrato de trabalho, qualquer que seja a sua causa, será devida ao empregado a remuneração simples ou em dobro, conforme o caso, correspondente ao período de férias cujo direito tenha adquirido.

1. CESSAÇÃO DO CONTRATO DE TRABALHO E EFEITOS QUANTO ÀS FÉRIAS

Ocorrendo a terminação do contrato de trabalho, as férias adquiridas, mas ainda não gozadas, são sempre devidas, de forma indenizada, com o acréscimo constitucional de 1/3 (Súmula 328 do TST), independentemente do motivo do término do vínculo de emprego.

Aliás, se o período concessivo já tiver encerrado quando da extinção contratual, as referidas férias indenizadas com 1/3 são devidas em dobro, na forma do art. 137, *caput*, da CLT. Isso é confirmado pela redação do art. 146, *caput*, da CLT.

Parágrafo único. Na cessação do contrato de trabalho, após 12 (doze) meses de serviço, o empregado, desde que não haja sido demitido por justa causa, terá direito à remuneração relativa ao período incompleto de férias, de acordo com o art. 130, na proporção de 1/12 (um doze avos) por mês de serviço ou fração superior a 14 (quatorze) dias.

2. CÁLCULO DAS FÉRIAS PROPORCIONAIS

Para o cálculo das férias proporcionais, utiliza-se o critério previsto no art. 146, parágrafo único, parte final, da CLT. Assim, o direito à remuneração relativa ao período incompleto de férias, de acordo com o art. 146, parágrafo único, é feito na proporção de 1/12 por mês de serviço ou fração superior a 14 dias.

As férias proporcionais com 1/3 possuem natureza indenizatória, pois não se referem às férias usufruídas, mas sim à indenização do período ainda não completo, e são pagas na rescisão do contrato de trabalho. A respeito do tema, dispõe a Súmula 261 do TST, com redação determinada pela Resolução 121/2003.

Observa-se que o entendimento jurisprudencial passou a ser justamente o inverso do anterior, pois a redação originária desse verbete afastava o direito às férias proporcionais ao empregado que pedia demissão antes de completar 12 meses de serviço, o que representava a interpretação restritiva do art. 146, parágrafo único, da CLT.

Essa mudança de orientação certamente também decorreu da aplicação da Convenção 132 da OIT (arts. 4.1 e 11), que estabelece o direito às férias proporcionais, sem fazer restrições quanto a pedido de demissão.

No tocante ao tempo de trabalho para a aquisição do direito às férias, cada "mês de serviço ou fração superior a 14 (quatorze) dias" resulta no direito à proporção de 1/12 de férias, conforme redação do parágrafo único do art. 146. Assim, a regra mais benéfica do sistema jurídico brasileiro afasta qualquer exigência de prestação de serviços por período superior para fazer jus a férias proporcionais.

Obviamente, a aquisição do direito a 12/12 de férias (integrais) ocorre após cada período de 12 meses de vigência do contrato de trabalho (art. 130 da CLT).

O próprio art. 3.3 da Convenção confirma que o período aquisitivo para o gozo das férias integrais é de "1 (um) ano de serviço".

Não se pode confundir período para adquirir o direito ao gozo das férias (art. 130 da CLT e art. 3.3 da Convenção 132 da OIT) com período mínimo para adquirir (remuneração de) férias proporcionais (art. 146, parágrafo único, da CLT e arts. 5.1. e 5.2 da Convenção 132 da OIT).

Cabe lembrar que, existindo aviso prévio indenizado, como este sempre integra o tempo de serviço (art. 487, § 1.º, da CLT), deve-se computá-lo para efeito do cálculo (projeção) de férias devidas na rescisão contratual.

Relevante frisar que a atual redação da Súmula 171 do TST manteve a exclusão do direito às férias proporcionais na hipótese de dispensa por justa causa, o que encontra amparo no art. 146, parágrafo único, da CLT.

Foi excluída a expressão "com mais de um ano", constante da redação anterior desse verbete, justamente porque, como visto, mesmo tratando-se de pedido de demissão antes de 12 meses de serviço, o empregado faz jus às férias proporcionais.

✦ Súmulas, Orientações Jurisprudenciais e Precedentes Normativos

Súmula 171 do TST: Férias proporcionais. Contrato de trabalho. Extinção. Salvo na hipótese de dispensa do empregado por justa causa, a extinção do contrato de trabalho sujeita o empregador ao pagamento da remuneração das férias proporcionais, ainda que incompleto o período aquisitivo de 12 (doze) meses (art. 147 da CLT).

Súmula 261 do TST: Férias proporcionais. Pedido de demissão. Contrato vigente há menos de um ano. O empregado que se demite antes de completar 12 (doze) meses de serviço tem direito a férias proporcionais.

Súmula 328 do TST: Pagamento das Férias. Remuneração. Terço Constitucional. O pagamento das férias, integrais ou proporcionais, gozadas ou não, na vigência da Constituição da República de 1988, sujeita-se ao acréscimo do terço previsto em seu art. 7.º, inciso XVII.

Art. 147. O empregado que for despedido sem justa causa, ou cujo contrato de trabalho se extinguir em prazo predeterminado, antes de completar 12 (doze) meses de serviço, terá direito à remuneração relativa ao período incompleto de férias, de conformidade com o disposto no artigo anterior.

1. DIREITO A FÉRIAS PROPORCIONAIS

Quanto à dispensa sem justa causa e o término do contrato de trabalho por prazo determinado, o art. 147 da CLT expressamente assegura o direito às férias proporcionais. Estas, obviamente, também são devidas na despedida indireta (art. 483 da CLT).

✦ Súmulas, Orientações Jurisprudenciais e Precedentes Normativos

Súmula 171 do TST: Férias proporcionais. Contrato de trabalho. Extinção. Salvo na hipótese de dispensa do empregado por justa causa, a extinção do contrato de trabalho sujeita o empregador ao pagamento da remuneração das férias proporcionais, ainda que incompleto o período aquisitivo de 12 (doze) meses (art. 147 da CLT).

Art. 148. A remuneração das férias, ainda quando devida após a cessação do contrato de trabalho, terá natureza salarial, para os efeitos do art. 449.

1. NATUREZA JURÍDICA DAS FÉRIAS INDENIZADAS

Quanto à natureza jurídica das férias indenizadas, deve-se interpretar com o devido cuidado o art. 148 da CLT. Na realidade, o dispositivo apenas estabelece que as férias, mesmo quando devidas após a cessação contratual (férias indenizadas e férias proporcionais com 1/3), integram as verbas de natureza trabalhista, com preferência de quitação quando da falência da empresa ou de sua recuperação judicial.

Assim, referidas férias indenizadas com 1/3 (de forma simples ou em dobro) não possuem natureza remuneratória, mas sim indenizatória, inclusive para fins previdenciários (Lei 8.212/1991, art. 28, § 9.º, *d*).

Por isso, de acordo com a Orientação Jurisprudencial 195 da SBDI-I do TST, não incide a contribuição para o FGTS sobre as férias indenizadas.

Ademais, pode ocorrer a situação em que, quando o contrato de trabalho termina, existe período aquisitivo de férias ainda não completo. Trata-se das chamadas férias proporcionais, as quais, quando devidas, também devem ser pagas com o adicional constitucional de 1/3 (Súmula 328 do TST).

2. ANTECIPAÇÃO DE FÉRIAS INDIVIDUAIS

No âmbito dos poderes diretivo e gerencial dos empregadores, e considerada a vontade expressa dos empregados e das empregadas, haverá priorização na antecipação de férias individuais, como concessão de medida de flexibilização, aos empregados e às empregadas que tenham filho, enteado ou pessoa sob sua guarda com até seis anos de idade ou com deficiência, com vistas a promover a conciliação entre o trabalho e a parentalidade (art. 8.º, inciso IV, da Lei 14.457/2022).

A referida medida somente pode ser adotada até o segundo ano: do nascimento do filho ou enteado; da adoção; ou da guarda judicial (art. 8.º, § 1.º, da Lei 14.457/2022). Esse prazo aplica-se inclusive para o empregado ou a empregada que tiver filho, enteado ou pessoa sob guarda judicial com deficiência.

A medida em questão deve ser formalizada por meio de acordo individual, de acordo coletivo ou de convenção coletiva de trabalho (art. 8.º, § 2.º, da Lei 14.457/2022).

Sendo assim, a antecipação de férias individuais pode ser concedida ao empregado ou à empregada que se enquadre nos critérios estabelecidos no art. 8.º, § 1.º, da Lei 14.457/2022 (ou seja, até o segundo ano do nascimento do filho ou enteado, da adoção ou da guarda judicial), ainda que não tenha transcorrido o seu período aquisitivo (art. 10 da Lei 14.457/2022). As férias antecipadas não podem ser usufruídas em período inferior a cinco dias corridos.

Para as férias concedidas na forma prevista no art. 10 da Lei 14.457/2022, o empregador pode optar por efetuar o pagamento do adicional de 1/3 de férias após a sua concessão, até a data em que for devida a gratificação natalina prevista no art. 1.º da Lei 4.749/1965 (art. 11 da Lei 14.457/2022).

O pagamento da remuneração da antecipação das férias na forma do art. 10 da Lei 14.457/2022 pode ser efetuado até o quinto dia útil do mês subsequente ao início do gozo das férias, hipótese em que não se aplica o disposto no art. 145 da Consolidação das Leis do Trabalho (art. 12 da Lei 14.457/2022).

Na hipótese de rescisão do contrato de trabalho, os valores das férias ainda não usufruídas devem ser pagos juntamente com as verbas rescisórias devidas (art. 13 da Lei 14.457/2022).

Na hipótese de período aquisitivo não cumprido, as férias antecipadas e usufruídas serão descontadas das verbas rescisórias devidas ao empregado no caso de pedido de demissão.

Na adoção da referida medida de flexibilização (antecipação de férias individuais), deve sempre ser levada em conta a vontade expressa da empregada ou do empregado beneficiado pela medida de apoio ao exercício da parentalidade (art. 22 da Lei 14.457/2022).

✦ Súmulas, Orientações Jurisprudenciais e Precedentes Normativos

Súmula 328 do TST: Férias. Terço constitucional (mantida) – Res. 121/2003, *DJ* 19, 20 e 21.11.2003. O pagamento das férias, integrais ou proporcionais, gozadas ou não, na vigência da Constituição Federal de 1988, sujeita-se ao acréscimo do terço previsto no respectivo art. 7.º, XVII.

Orientação Jurisprudencial 195 da SBDI-I do TST: Férias indenizadas. FGTS. Não incidência. Não incide a contribuição para o FGTS sobre as férias indenizadas.

Seção VI – Do Início da Prescrição

Art. 149. A prescrição do direito de reclamar a concessão das férias ou o pagamento da respectiva remuneração é contada do término do prazo mencionado no art. 134 ou, se for o caso, da cessação do contrato de trabalho.

1. PRESCRIÇÃO DA PRETENSÃO QUANTO ÀS FÉRIAS

Violado o direito de usufruir as férias ou de receber a remuneração de férias, nasce ao empregado a pretensão de exigir a satisfação do referido direito, que deve ser exercida no prazo prescricional pertinente aos créditos decorrentes da relação de emprego (art. 7.º, inciso XXIX, da Constituição Federal de 1988).

Sobre o tema, o art. 149 da CLT estabelece regra especial para o início do referido prazo prescricional. Como se nota da redação do artigo, após dois anos do término do contrato de trabalho, ocorre a chamada prescrição bienal total.

No curso do contrato de trabalho, as pretensões devem ser exigidas no prazo prescricional de cinco anos, contados da violação do direito. No caso das férias, seja quanto à concessão, ou em relação ao pagamento de sua remuneração, o prazo prescricional, durante a vigência da relação de emprego, inicia-se somente após o término do período concessivo das férias (que é de 12 meses subsequentes ao período aquisitivo).

Seção VII – Disposições Especiais

Art. 150. O tripulante que, por determinação do armador, for transferido para o serviço de outro, terá computado, para o efeito de gozo de férias, o tempo de serviço prestado ao primeiro, ficando obrigado a concedê-las o armador em cujo serviço ele se encontra na época de gozá-las.

§ 1.º As férias poderão ser concedidas, a pedido dos interessados e com aquiescência do armador, parceladamente, nos portos de escala de grande estadia do navio, aos tripulantes ali residentes.

§ 2.º Será considerada grande estadia a permanência no porto por prazo excedente de 6 (seis) dias.

§ 3.º Os embarcadiços, para gozarem férias nas condições deste artigo, deverão pedi-las, por escrito, ao armador, antes do início da viagem, no porto de registro ou armação.

§ 4.º O tripulante, ao terminar as férias, apresentar-se-á ao armador, que deverá designá-lo para qualquer de suas embarcações ou o adir a algum dos seus serviços terrestres, respeitadas a condição pessoal e a remuneração.

§ 5.º Em caso de necessidade, determinada pelo interesse público, e comprovada pela autoridade competente, poderá o armador ordenar a suspensão das férias já iniciadas ou a iniciar-se, ressalvado ao tripulante o direito ao respectivo gozo posteriormente.

§ 6.º O Delegado do Trabalho Marítimo poderá autorizar a acumulação de 2 (dois) períodos de férias do marítimo, mediante requerimento justificado:

I – do sindicato, quando se tratar de sindicalizado; e

II – da empresa, quando o empregado não for sindicalizado.

1. FÉRIAS DO MARÍTIMO

Se, por determinação do armador, o tripulante for transferido para o serviço de outro, para fins de gozo de férias, deve ter computado o tempo de serviço prestado ao primeiro, ficando obrigado a concedê-las o armador a quem o tripulante está prestando serviço na época de gozá-las.

As férias podem ser concedidas, a pedido dos interessados e com aquiescência do armador, de forma parcelada, nos portos de escala de grande estadia do navio, aos tripulantes ali residentes.

Deve ser considerada grande estadia a permanência no porto por prazo excedente de seis dias.

Os embarcadiços, para gozarem férias nas condições do art. 150 da CLT, devem pedi-las, por escrito, ao armador, antes do início da viagem, no porto de registro ou armação.

O tripulante, ao terminar as férias, deve se apresentar ao armador, que deverá designá-lo para qualquer de suas embarcações ou o agrupar a algum dos seus serviços terrestres, respeitadas a condição pessoal e a remuneração.

Em caso de necessidade, determinada pelo interesse público, e comprovada pela autoridade competente, poderá o armador ordenar a suspensão das férias já iniciadas ou a iniciar-se, ressalvado ao tripulante o direito ao respectivo gozo posteriormente.

O Delegado do Trabalho Marítimo podia autorizar a acumulação de dois períodos de férias do marítimo, mediante requerimento justificado do sindicato, quando se tratar de sindicalizado; e da empresa, quando o empregado não for sindicalizado (art. 150, § 6.º, da CLT).

O Conselho Superior de Trabalho Marítimo e as respectivas Delegacias foram extintos pela Lei 7.731/1989. O Decreto-lei 3.346/1941, sobre Delegacias de Trabalho Marítimo, foi revogado pela Lei 9.537/1997, que dispõe sobre a segurança do tráfego aquaviário em águas sob jurisdição nacional, não havendo mais referência a Delegado do Trabalho Marítimo. Sendo assim, entende-se que deixa de ser aplicável o art. 150, § 6.º, da CLT.

A fiscalização do trabalho aquaviário, que abrange o marítimo (art. 1.º, inciso I, do Decreto 2.596/1998), é realizada pelos órgãos da inspeção do trabalho (art. 21, inciso XXIV, da Constituição da República).

Art. 151. Enquanto não se criar um tipo especial de caderneta profissional para os marítimos, as férias serão anotadas pela Capitania do Porto na caderneta-matrícula do tripulante, na página das observações.

Até a instituição de caderneta profissional para os marítimos, as suas férias devem ser anotadas, pela Capitania do Porto, na caderneta-matrícula do tripulante.

Na atualidade, a concessão das férias deve ser anotada na Carteira de Trabalho e Previdência Social e no registro do empregado, conforme art. 135, §§ 1.º e 2.º, da CLT. Nos termos do art. 135, § 3.º, da CLT, incluído pela Lei 13.874/2019, nos casos em que o empregado possua a CTPS em meio digital, a anotação da concessão das férias deve ser feita nos seus sistemas informatizados (art. 29, § 7.º, da CLT), na forma do regulamento, dispensadas as anotações de que tratam os §§ 1.º e 2.º do art. 135 da CLT.

Art. 152. A remuneração do tripulante, no gozo de férias, será acrescida da importância correspondente à etapa que estiver vencendo.

A remuneração das férias do tripulante deve ser acrescida do valor da etapa que estiver vencendo nesse período.

A Convenção 186 da Organização Internacional do Trabalho, de 2006, sobre trabalho marítimo, foi promulgada pelo Decreto 10.671/2021. Todo Estado-membro deve exigir que a gente do mar empregada em navios que arvoram sua bandeira tenha férias anuais remuneradas, em condições apropriadas. A gente do mar terá direito a permissão para ir a terra em benefício de sua saúde e bem-estar e segundo as exigências operacionais de suas funções (Convenção 186 da OIT, Título 2, Regra 2.4).

Seção VIII – Das Penalidades

Art. 153. As infrações ao disposto neste Capítulo serão punidas com multas de valor igual a 160 BTN por empregado em situação irregular.

Parágrafo único. Em caso de reincidência, embaraço ou resistência à fiscalização, emprego de artifício ou simulação com o objetivo de fraudar a lei, a multa será aplicada em dobro.

1. MULTA

A multa a ser aplicada é calculada por empregado que esteja em situação irregular, isto é, quando ocorre o descumprimento de previsões legais sobre as férias (arts. 129 a 152 da CLT).

O parágrafo único do art. 153 da CLT estabelece as hipóteses em que o valor da multa deve ser aplicado em dobro.

Reincidência significa repetição do ato, ou seja, praticar novamente a irregularidade. *Embaraçar*, por sua vez, significa opor obstáculo. *Resistência* é a oposição ao ato de fiscalização. *Artifício*, por seu turno, tem o sentido de dolo ou engano. *Simulação*, por fim, quer dizer disfarce, apresentando uma situação formal que não corresponde à realidade.

As multas em questão têm natureza administrativa, e são fixadas pela autoridade do Ministério do Trabalho, não revertendo, assim, em favor do empregado.

A Portaria 667/2021 do Ministério do Trabalho e Previdência, quanto ao art. 153 da CLT, estabelece a multa administrativa no valor de R$ 170,26 por empregado em situação irregular, dobrado em caso de reincidência, embaraço ou resistência à fiscalização, emprego de artifício ou simulação com o objetivo de fraudar a lei.

✦ Jurisprudência

Férias. Pagamento antecipado. Multa do art. 153 da CLT. Se o empregado goza as férias e recebe a remuneração respectiva, embora sem a antecipação que a lei determina, o efeito é a multa prevista no art. 153 da CLT. Recurso de Revista conhecido e não provido (TST, 5.ª T., RR-579.912/1999.9, Rel. Min. Maria de Assis Calsing, j. 09.10.2002, *DJ* 25.10.2002).

CAPÍTULO V – DA SEGURANÇA E DA MEDICINA DO TRABALHO

Seção I – Disposições Gerais

Art. 154. A observância, em todos os locais de trabalho, do disposto neste Capítulo, não desobriga as empresas do cumprimento de outras disposições que, com relação à matéria, sejam incluídas em códigos de obras ou regulamentos sanitários dos Estados ou Municípios em que se situem os respectivos estabelecimentos, bem como daquelas oriundas de convenções coletivas de trabalho.

1. SEGURANÇA E MEDICINA DO TRABALHO (SEGURANÇA E SAÚDE NO TRABALHO)

Pode-se conceituar a Segurança e Saúde no Trabalho (ou Segurança e Medicina do Trabalho) como o ramo interdisciplinar da ciência, vinculado ao Direito do Trabalho, tendo por objeto a proteção, a prevenção e a recuperação da saúde e a segurança do trabalhador.

Meio ambiente, na definição da Lei 6.938, de 31 de agosto de 1981 (Lei de Política Nacional do Meio Ambiente), é o "conjunto de condições, leis, influências e interações de ordem física, química e biológica, que permite, abriga e rege a vida em todas as suas formas" (art. 3.º, inciso I).

O meio ambiente do trabalho insere-se no meio ambiente como um todo (art. 200, inciso VIII, Constituição Federal de 1988), o qual, por sua vez, integra o rol dos direitos humanos e fundamentais, inclusive por ter como objetivo o respeito à "dignidade da pessoa humana", valor supremo que revela o "caráter único e insubstituível de cada ser humano"[62], figurando, ainda, como verdadeiro fundamento da República Federativa do Brasil (art. 1.º, inciso III, da Constituição Federal de 1988).

O meio ambiente do trabalho pode ser entendido como o local em que se realiza a atividade laboral, abrangendo as condições de trabalho, a sua organização e as relações intersubjetivas ali presentes[63].

Ao mesmo tempo, importantes direitos trabalhistas, diretamente relacionados à segurança e medicina do trabalho[64], fazem parte dos direitos sociais, os quais também figuram como direitos humanos e fundamentais.

Assim, observa-se nítida interdependência entre o meio ambiente do trabalho, a segurança e saúde no trabalho, o Direito do Trabalho, os direitos sociais, os direitos fundamentais e o Direito Constitucional.

Cabe destacar que os mencionados direitos (sociais) trabalhistas, e mesmo direitos como aos adicionais de insalubridade e periculosidade, estão expressamente previstos no art. 7.º da Constituição Federal de 1988. Nesse aspecto, destaca-se o mandamento constitucional de "redução dos riscos inerentes ao trabalho, por meio de normas de saúde, higiene e segurança" (art. 7.º, inciso XXII, da Constituição Federal de 1988).

Tem-se, assim, verdadeiro *sistema jurídico de tutela do meio ambiente do trabalho*, reconhecido pela Constituição da República, em seu art. 200, inciso VIII, e que integra o meio ambiente em sentido global (art. 225 da Constituição Federal de 1988); a par disso, está incluído no importante rol dos *direitos humanos e fundamentais* (art. 5.º, § 2.º, da Constituição Federal de 1988), aspecto este também reconhecido no âmbito internacional.

Há ainda diversas Convenções da OIT em relação a diferentes aspectos da referida matéria. Merece destaque a Convenção 155 da OIT, sobre segurança e saúde dos trabalhadores

---

62 COMPARATO, Fábio Konder. *A afirmação histórica dos direitos humanos*. 3. ed. São Paulo: Saraiva, 2004. p. 31.

63 Cf. MARANHÃO, Ney. Meio ambiente do trabalho: descrição jurídico-conceitual. *Revista LTr*, São Paulo, LTr, ano 80, n. 04, p. 420-430, abr. 2016: "juridicamente, *meio ambiente do trabalho* é a resultante da interação sistêmica de fatores naturais, técnicos e psicológicos ligados às condições de trabalho, à organização do trabalho e às relações interpessoais que condicionam a segurança e a saúde física e mental do ser humano exposto a qualquer contexto *jurídico-laborativo*" (p. 430, destaques do original).

64 Cf. MAGANO, Octavio Bueno. *Manual de direito do trabalho*: direito tutelar do trabalho. 2. ed. São Paulo, LTr, 1992. v. 4, p. 155-174

e o meio ambiente de trabalho, de 1981, promulgada pelo Decreto 1.254/1994 (atualmente Decreto 10.088/2019). A Convenção 187 da OIT, de 2006, dispõe sobre o marco promocional para a segurança e saúde no trabalho.

A Organização Internacional do Trabalho, na 110.ª sessão da sua Conferência Internacional do Trabalho, em junho de 2022, adotou a inclusão de um ambiente de trabalho seguro e saudável na Declaração relativa aos princípios e direitos fundamentais no trabalho, de 1998. Com isso, passam a ser fundamentais a Convenção 155 e a Convenção 187.

Mesmo no âmbito do Estatuto da Cidade, a política urbana tem por objetivo ordenar o pleno desenvolvimento das funções sociais da cidade e da propriedade urbana, tendo como uma de suas seguintes diretrizes gerais a garantia de condições condignas de acessibilidade, utilização e conforto nas dependências internas das edificações urbanas, *inclusive nas destinadas à moradia e ao serviço dos trabalhadores domésticos*, observados requisitos mínimos de dimensionamento, ventilação, iluminação, ergonomia, privacidade e qualidade dos materiais empregados (art. 2.º, inciso XIX, da Lei 10.257/2001, incluído pela Lei 13.699/2018).

O Decreto 9.571/2018 estabelece as Diretrizes Nacionais sobre Empresas e Direitos Humanos. Cf. os comentários ao art. 8.º da CLT, item 5.

Art. 155. Incumbe ao órgão de âmbito nacional competente em matéria de segurança e medicina do trabalho:

I – estabelecer, nos limites de sua competência, normas sobre a aplicação dos preceitos deste Capítulo, especialmente os referidos no art. 200;

II – coordenar, orientar, controlar e supervisionar a fiscalização e as demais atividades relacionadas com a segurança e a medicina do trabalho em todo o território nacional, inclusive a Campanha Nacional de Prevenção de Acidentes do Trabalho;

III – conhecer, em última instância, dos recursos, voluntários ou de ofício, das decisões proferidas pelos Delegados Regionais do Trabalho, em matéria de segurança e medicina do trabalho.

Art. 156. Compete especialmente às Delegacias Regionais do Trabalho, nos limites de sua jurisdição:

I – promover a fiscalização do cumprimento das normas de segurança e medicina do trabalho;

II – adotar as medidas que se tornem exigíveis, em virtude das disposições deste Capítulo, determinando as obras e reparos que, em qualquer local de trabalho, se façam necessárias;

III – impor as penalidades cabíveis por descumprimento das normas constantes deste Capítulo, nos termos do art. 201.

1. NORMAS DE SEGURANÇA E SAÚDE NO TRABALHO

A Constituição Federal de 1988, no art. 7.º, inciso XXII, assegura o direito de redução dos riscos inerentes ao trabalho, por meio de *normas* de saúde, higiene e segurança.

Compete à União organizar, manter e executar a inspeção do trabalho (art. 21, inciso XXIV, da Constituição da República).

A CLT, no art. 155, inciso I, prevê que incumbe ao órgão de âmbito nacional competente em matéria de segurança e medicina do trabalho estabelecer, nos limites de sua competência, normas sobre a aplicação dos preceitos relativos ao tema, especialmente os referidos no art. 200 do mencionado diploma legal.

Esse último dispositivo, por seu turno, dispõe que cabe ao Ministério do Trabalho estabelecer disposições complementares às normas de que trata o Capítulo V, do Título II, da CLT, sobre Segurança e Medicina do Trabalho, tendo em vista as peculiaridades de cada atividade ou setor de trabalho, especialmente sobre os aspectos ali indicados.

O órgão de âmbito nacional competente em matéria de segurança e medicina do trabalho, ao qual são atribuídos os deveres aqui arrolados, integra o Ministério do Trabalho.

A Portaria 3.214/1978 do Ministério do Trabalho aprovou as Normas Regulamentadoras (NRs) do Capítulo V, do Título II, da Consolidação das Leis do Trabalho (arts. 154 e seguintes), relativas à Segurança e Medicina do Trabalho.

O objetivo da Norma Regulamentadora 1 é estabelecer as disposições gerais, o campo de aplicação, os termos e as definições comuns às Normas Regulamentadoras relativas à segurança e saúde no trabalho e as diretrizes e os requisitos para o gerenciamento de riscos ocupacionais e as medidas de prevenção em segurança e saúde no trabalho.

A Portaria 672/2021 do Ministério do Trabalho e Previdência disciplina procedimentos, programas e condições de segurança e saúde no trabalho no que se refere a: I – procedimentos de avaliação de equipamentos de proteção individual, previstos na Norma Regulamentadora 6 (NR 6); II – regulamento técnico sobre o uso de equipamentos para proteção respiratória; III – segurança e saúde dos motoristas profissionais do transporte rodoviário de cargas e coletivo de passageiros; IV – cadastramento de empresas e instituições que utilizam benzeno e indicador biológico de exposição ocupacional ao benzeno; V – embargos e interdições; VI – estrutura, classificação e regras de aplicação das Normas Regulamentadoras de Segurança e Saúde no Trabalho; VII – procedimentos para elaboração e revisão das Normas Regulamentadoras de Segurança e Saúde no Trabalho; VIII – Programa de Alimentação do Trabalhador (PAT).

As Normas Regulamentadoras de Segurança e Saúde no Trabalho devem ser estruturadas em quatro partes básicas: I – sumário; II – objetivo; III – campo de aplicação; IV – requisitos gerais, técnicos e administrativos (art. 114 da Portaria 672/2021 do Ministério do Trabalho e Previdência).

As Normas Regulamentadoras de Segurança e Saúde no Trabalho podem conter: I – disposições transitórias e finais; II – glossário; III – anexo, representando parte especial ao corpo da norma (art. 115 da Portaria 672/2021 do Ministério do Trabalho e Previdência).

As Normas Regulamentadoras de Segurança e Saúde no Trabalho devem observar as seguintes regras de articulação e formatação: I – a unidade básica de articulação será o capítulo; II – o capítulo se desdobrará em itens; III – os itens se desdobrarão em subitens; IV – os itens ou subitens podem se desdobrar em alíneas; V – as alíneas podem se desdobrar em incisos; VI – os incisos podem se desdobrar em números; VII – o agrupamento dos itens pode constituir Título (art. 116 da Portaria 672/2021 do Ministério do Trabalho e Previdência). Os dispositivos que tratam do mesmo assunto, sempre que possível, devem ser agrupados em alíneas ou incisos.

As Normas Regulamentadoras de Segurança e Saúde no Trabalho são classificadas em: I – normas gerais: normas que regulamentam aspectos decorrentes da relação jurídica prevista em Lei, sem estarem condicionadas a outros requisitos, como atividades, instalações, equipamentos ou setores e atividades econômicos específicos; II – normas especiais: normas que regulamentam a execução do trabalho considerando as atividades, instalações ou equipamentos empregados, sem estarem condicionadas a setores ou atividades econômicas específicos; III – normas setoriais: normas que regulamentam a execução do trabalho em setores ou atividades econômicas específicos (art. 117 da Portaria 672/2021 do Ministério do Trabalho e Previdência).

Os Anexos das Normas Regulamentadoras de Segurança e Saúde no Trabalho são classificados em: I – anexo tipo 1: complementa diretamente a parte geral da Norma Regulamentadora de segurança e saúde no trabalho, exemplifica ou define seus termos; II – anexo tipo 2: dispõe sobre situação específica (art. 118 da Portaria 672/2021 do Ministério do Trabalho e Previdência).

A classificação da Norma Regulamentadora de Segurança e Saúde no Trabalho e de seu Anexo deve constar na sua portaria de publicação (art. 119 da Portaria 672/2021 do Ministério do Trabalho e Previdência). A tabela com a classificação de todas as Normas Regulamentadoras de segurança e saúde no trabalho será disponibilizada no sítio institucional do Ministério do Trabalho e Previdência.

O Decreto 7.602/2011 dispõe sobre a Política Nacional de Segurança e Saúde no Trabalho (PNSST), a qual tem por objetivo a promoção da saúde, a melhoria da qualidade de vida do trabalhador e a prevenção de acidentes e de danos à saúde advindos, relacionados ao trabalho ou que ocorram no curso dele, por meio da eliminação ou redução dos riscos nos ambientes de trabalho.

Devem ser observadas as ações de segurança e de saúde do trabalhador, notadamente o uso de equipamentos de proteção individual e a realização dos exames de saúde ocupacional, na execução das atividades dos Agentes Comunitários de Saúde e dos Agentes de Combate às Endemias (art. 4.º-B da Lei 11.350/2006, incluído pela Lei 13.595/2018).

2. DIRETRIZES PARA ELABORAÇÃO E REVISÃO DAS NORMAS REGULAMENTADORAS DE SEGURANÇA E SAÚDE NO TRABALHO

São diretrizes para elaboração e revisão das Normas Regulamentadoras de Segurança e Saúde no trabalho, nos termos do disposto no art. 200 da CLT, no art. 13 da Lei 5.889/1973 (sobre trabalho rural) e no art. 9.º da Lei 9.719/1998 (sobre trabalho portuário):

I – redução dos riscos inerentes ao trabalho, prevenção de acidentes de trabalho e doenças ocupacionais e promoção da segurança e saúde do trabalhador;

II – a dignidade da pessoa humana, o valor social do trabalho, a valorização do trabalho humano, o livre exercício da atividade econômica e a busca do pleno emprego, nos termos do disposto no art. 1.º, incisos III e IV, e no art. 170, incisos IV e VIII, da Constituição Federal de 1988;

III – o embasamento técnico ou científico, a atualidade das normas com o estágio corrente de desenvolvimento tecnológico e a compatibilidade dos marcos regulatórios brasileiro e internacionais;

IV – a harmonização, a consistência, a praticidade, a coerência e a uniformização das normas;

V – a transparência, a razoabilidade e a proporcionalidade no exercício da competência normativa;

VI – a simplificação e a desburocratização do conteúdo das Normas Regulamentadoras;

VII – a intervenção subsidiária e excepcional do Estado sobre o exercício de atividades econômicas, nos termos do disposto no art. 2.º, inciso III, da Lei 13.874/2019, incluído o tratamento diferenciado à atividade econômica de baixo risco à saúde e à segurança no ambiente de trabalho (art. 24 do Decreto 10.854/2021).

Pode ser previsto tratamento diferenciado e favorecido para as microempresas e empresas de pequeno porte, nos termos do disposto no art. 170, inciso IX, da Constituição Federal de 1988, e na Lei Complementar 123/2006, quando o nível de risco ocupacional assim permitir.

Conforme o art. 25 do Decreto 10.854/2021, são vedadas as seguintes condutas na elaboração e na revisão de Normas Regulamentadoras, exceto se em estrito cumprimento a previsão legal: I – criar reserva de mercado ao favorecer segmento econômico em detrimento de concorrentes; II – exigir especificação técnica que não seja necessária para atingir o fim pretendido; III – redigir enunciados que impeçam ou retardem a inovação e a adoção de novas tecnologias, processos ou modelos de negócios, observado o disposto no inciso I do art. 24 do Decreto 10.854/2021.

A atuação normativa relacionada à segurança e à saúde no trabalho deve compreender todas as atividades e situações de trabalho e priorizar as situações de alto risco ocupacional e aquelas com maior propensão a gerar adoecimentos e acidentes de trabalho graves, em especial aqueles que gerem incapacidades permanentes para o trabalho ou que sejam fatais (art. 26 do Decreto 10.854/2021).

Nos termos do art. 27 do Decreto 10.854/2021, as Normas Regulamentadoras devem ser redigidas com clareza, precisão e ordem lógica, e devem apresentar conceitos técnicos e objetivos, em observância ao disposto nos Decreto 9.191/2017 (estabelece as normas e as diretrizes para elaboraçao, redação, alteração, consolidação e encaminhamento de propostas de atos normativos ao Presidente da República pelos Ministros de Estado) e Decreto 10.139/2019 (dispõe sobre a revisão e a consolidação dos atos normativos inferiores a decreto editados por órgãos e entidades da administração pública federal direta, autárquica e fundacional).

A elaboração e a revisão das Normas Regulamentadoras de Segurança e Saúde no Trabalho devem incluir mecanismos de consulta à sociedade em geral e às organizações sindicais mais representativas de trabalhadores e empregadores, seja por meio de procedimentos de audiência e consulta pública, seja por consulta à Comissão Tripartite Paritária Permanente, prevista no Decreto 10.905/2021 (art. 28 do Decreto 10.854/2021).

A Secretaria de Trabalho do Ministério do Trabalho e Previdência pode solicitar à Fundação Jorge Duprat Figueiredo (Fundacentro) a elaboração de parecer com a indicação de parâmetros técnicos, estudos e pesquisas nacionais e internacionais atualizados sobre a área a ser regulada para instruir o processo de elaboração ou revisão de Normas Regulamentadoras (art. 29 do Decreto 10.854/2021).

3. COMPETÊNCIA DA DRT

Compete às Delegacias Regionais do Trabalho, atualmente denominadas Superintendências Regionais do Trabalho: promover a fiscalização do cumprimento das normas de segurança e medicina do trabalho; adotar as medidas que se tornem exigíveis, em virtude das disposições sobre segurança e medicina do trabalho, determinando as obras e reparos que, em qualquer local de trabalho, se façam necessárias; impor as penalidades cabíveis por descumprimento das normas de segurança e medicina do trabalho, nos termos do art. 201 da CLT.

De modo mais detalhado, a Secretaria de Trabalho (STRAB), por meio da Subsecretaria de Inspeção do Trabalho (SIT), é o órgão de âmbito nacional competente em matéria de segurança e saúde no trabalho para: a) formular e propor as diretrizes, as normas de atuação e supervisionar as atividades da área de segurança e saúde do trabalhador; b) promover a Campanha Nacional de Prevenção de Acidentes do Trabalho (CANPAT); c) coordenar e fiscalizar o Programa de Alimentação do Trabalhador (PAT); d) promover a fiscalização do cumprimento dos preceitos legais e regulamentares sobre Segurança e Saúde no Trabalho (SST) em todo o território nacional; e) participar da implementação da Política Nacional de Segurança e Saúde no Trabalho (PNSST); f) conhecer, em última instância, dos recursos voluntários ou de ofício, das decisões proferidas pelo órgão regional competente em matéria de segurança e saúde no trabalho, salvo disposição expressa em contrário (NR 1, item 1.3.1).

Compete à Subsecretaria de Inspeção do Trabalho (SIT) e aos órgãos regionais a ela subordinados em matéria de segurança e saúde no Trabalho, nos limites de sua competência, executar: a) fiscalização dos preceitos legais e regulamentares sobre segurança e saúde no trabalho; b) as atividades relacionadas com a Campanha Nacional de Prevenção de Acidentes do Trabalho (CANPAT) e o Programa de Alimentação do Trabalhador (PAT) (NR 1, item 1.3.2).

Cabe à autoridade regional competente em matéria de trabalho impor as penalidades cabíveis por descumprimento dos preceitos legais e regulamentares sobre segurança e saúde no trabalho (NR 1, item 1.3.3).

Nos termos do art. 19 do Decreto 10.854/2021, o planejamento da inspeção do trabalho deve contemplar atuação estratégica por meio de ações especiais setoriais para a prevenção de acidentes de trabalho, de doenças relacionadas ao trabalho e de irregularidades trabalhistas, a partir da análise dos dados de acidentalidade e adoecimento ocupacionais e do mercado de trabalho, na forma estabelecida em ato do Ministro de Estado do Trabalho e Previdência.

A atuação estratégica por meio das ações especiais setoriais deve incluir a realização de ações coletivas para prevenção e saneamento das irregularidades.

As ações coletivas para prevenção e saneamento de irregularidades são iniciativas fora do âmbito das ações de fiscalização, que permitem o diálogo setorial e interinstitucional, e a construção coletiva de soluções.

São ações coletivas para prevenção, entre outras: I – o estabelecimento de parcerias com entidades representativas de trabalhadores e empregadores; II – o compartilhamento de diagnóstico setorial sobre os índices de informalidade, acidentalidade e adoecimento ocupacionais; III – a realização de eventos de orientação às representações das partes interessadas; IV – a elaboração de cartilhas e manuais; V – a promoção do diálogo social por meio da realização de encontros periódicos para construção coletiva de soluções para a superação dos problemas identificados; VI – a realização de visita técnica de instrução, no âmbito das competências previstas no art. 18, inciso II, do Regulamento da Inspeção do Trabalho, aprovado pelo Decreto 4.552/2002[65] e da Convenção 81 da OIT, nos termos do disposto no Decreto 10.088/2019; VII – a atuação integrada com outros órgãos da administração pública federal, estadual,

[65] "Art. 18. Compete aos Auditores-Fiscais do Trabalho, em todo o território nacional: [...] II – ministrar orientações e dar informações e conselhos técnicos aos trabalhadores e às pessoas sujeitas à inspeção do trabalho, atendidos os critérios administrativos de oportunidade e conveniência".

distrital e municipal, com vistas ao compartilhamento de informações e à atuação conjunta na construção coletiva de soluções para os problemas concernentes a cada área de atuação.

O monitoramento das referidas ações coletivas para prevenção deve ser realizado na forma estabelecida pelo responsável de cada projeto.

A visita técnica de instrução a que se refere o inciso VI, acima indicado, consiste em atividade excepcional coletiva relacionada ao objeto do projeto ou da ação especial setorial, agendada previamente pela autoridade nacional ou máxima regional em matéria de inspeção do trabalho.

Não cabe lavratura de auto de infração no âmbito das ações coletivas de prevenção previstas no art. 19 do Decreto 10.854/2021.

✦ **Referência legislativa**

- Art. 7.º, XXII e XXIII, da CF.

Art. 157. Cabe às empresas:

I – cumprir e fazer cumprir as normas de segurança e medicina do trabalho;

II – instruir os empregados, através de ordens de serviço, quanto às precauções a tomar no sentido de evitar acidentes do trabalho ou doenças ocupacionais;

III – adotar as medidas que lhes sejam determinadas pelo órgão regional competente;

IV – facilitar o exercício da fiscalização pela autoridade competente.

1. DEVERES DA EMPRESA

Há diversas normas pertinentes à segurança e medicina do trabalho, estabelecendo deveres ao empregador, ao empregado, bem como fixando atribuições dos órgãos de fiscalização do trabalho. No que tange à segurança e à medicina do trabalho, cabe às empresas: cumprir e fazer cumprir as normas de segurança e medicina do trabalho; instruir os empregados, por meio de ordens de serviço, quanto às precauções a tomar no sentido de evitar acidentes do trabalho ou doenças ocupacionais; adotar as medidas que lhes sejam determinadas pelo órgão regional competente; facilitar o exercício da fiscalização pela autoridade competente.

De modo mais detalhado, cabe ao empregador:

a) cumprir e fazer cumprir as disposições legais e regulamentares sobre segurança e saúde no trabalho;

b) informar aos trabalhadores: I) os riscos ocupacionais existentes nos locais de trabalho; II) as medidas de prevenção adotadas pela empresa para eliminar ou reduzir tais riscos; III) os resultados dos exames médicos e de exames complementares de diagnóstico aos quais os próprios trabalhadores forem submetidos; IV) os resultados das avaliações ambientais realizadas nos locais de trabalho;

c) elaborar ordens de serviço sobre segurança e saúde no trabalho, dando ciência aos trabalhadores;

d) permitir que representantes dos trabalhadores acompanhem a fiscalização dos preceitos legais e regulamentares sobre segurança e saúde no trabalho;

e) determinar procedimentos que devem ser adotados em caso de acidente ou doença relacionada ao trabalho, incluindo a análise de suas causas;

f) disponibilizar à inspeção do trabalho todas as informações relativas à segurança e saúde no trabalho;

g) implementar medidas de prevenção, ouvidos os trabalhadores, de acordo com a seguinte ordem de prioridade: I) eliminação dos fatores de risco; II) minimização e controle dos fatores de risco, com a adoção de medidas de proteção coletiva; III) minimização e controle dos fatores de risco, com a adoção de medidas administrativas ou de organização do trabalho; IV) adoção de medidas de proteção individual (NR 1, item 1.4.1).

Fica autorizado o armazenamento, em meio eletrônico, óptico ou equivalente, de documentos relativos a deveres e obrigações trabalhistas, incluídos aqueles relativos a Normas Regulamentadoras de saúde e segurança no trabalho, compostos por dados ou por imagens, nos termos do disposto no art. 2.º-A da Lei 12.682/2012, no Decreto 10.278/2020, no art. 3.º, inciso X, da Lei 13.874/2019[66] e na Lei 13.709/2018 – Lei Geral de Proteção de Dados Pessoais (art. 184 do Decreto 10.854/2021).

As instituições de saúde, públicas e privadas, devem ofertar aos profissionais de enfermagem (enfermeiro, técnico de enfermagem, auxiliar de enfermagem e parteira) condições adequadas de repouso, durante todo o horário de trabalho (art. 15-E da Lei 7.498/1986, incluído pela Lei 14.602/2023).

Os locais de repouso dos profissionais de enfermagem devem, na forma do regulamento: I – ser destinados especificamente para o descanso dos profissionais de enfermagem; II – ser arejados; III – ser providos de mobiliário adequado; IV – ser dotados de conforto térmico e acústico; V – ser equipados com instalações sanitárias; VI – ter área útil compatível com a quantidade de profissionais diariamente em serviço.

Em matéria pertinente aos acidentes do trabalho e doenças ocupacionais, deve-se priorizar a *prevenção*.

Nesse sentido, todos os esforços devem ser direcionados, inclusive pela inspeção do trabalho, para a prevenção do infortúnio, no sentido de evitar que ocorram acidentes do trabalho e que os empregados venham a ter alguma doença do trabalho ou profissional.

O Tratado de Versalhes, de 1919, ao criar a Organização Internacional do Trabalho, "incluiu na sua competência a proteção contra os acidentes de trabalho e as doenças profissionais, cujos riscos devem ser eliminados, neutralizados ou reduzidos por medidas apropriadas da engenharia de segurança e da medicina do trabalho"[67].

✦ Súmulas, Orientações Jurisprudenciais e Precedentes

Súmula 289 do TST: Insalubridade. Adicional. Fornecimento do aparelho de proteção. Efeito. O simples fornecimento do aparelho de proteção pelo empregador não o exime do pagamento do adicional de insalubridade. Cabe-lhe tomar as medidas que conduzam à diminuição ou eliminação da nocividade, entre as quais as relativas ao uso efetivo do equipamento pelo empregado.

---

66 "Art. 3.º São direitos de toda pessoa, natural ou jurídica, essenciais para o desenvolvimento e o crescimento econômicos do País, observado o disposto no parágrafo único do art. 170 da Constituição Federal: [...] X – arquivar qualquer documento por meio de microfilme ou por meio digital, conforme técnica e requisitos estabelecidos em regulamento, hipótese em que se equiparará a documento físico para todos os efeitos legais e para a comprovação de qualquer ato de direito público".

67 SÜSSEKIND, Arnaldo. *Direito internacional do trabalho*. 3. ed. São Paulo: LTr, 2000. p. 388.

Art. 158. Cabe aos empregados:

I – observar as normas de segurança e medicina do trabalho, inclusive as instruções de que trata o item II do artigo anterior;

II – colaborar com a empresa na aplicação dos dispositivos deste Capítulo.

Parágrafo único. Constitui ato faltoso do empregado a recusa injustificada:

a) à observância das instruções expedidas pelo empregador na forma do item II do artigo anterior;

b) ao uso dos equipamentos de proteção individual fornecidos pela empresa.

1. DEVERES DO EMPREGADO

Quanto à segurança e à medicina do trabalho, são deveres dos empregados: observar as normas que as regem, inclusive as instruções expedidas pelo empregador; colaborar com a empresa na aplicação das normas sobre segurança e medicina do trabalho.

De modo mais detalhado, cabe ao trabalhador: a) cumprir as disposições legais e regulamentares sobre segurança e saúde no trabalho, inclusive as ordens de serviço expedidas pelo empregador; b) submeter-se aos exames médicos previstos nas Normas Regulamentadoras; c) colaborar com a organização na aplicação das Normas Regulamentadoras; d) usar o equipamento de proteção individual fornecido pelo empregador (NR 1, item 1.4.2).

O trabalhador pode interromper suas atividades quando constatar uma situação de trabalho em que, a seu ver, por motivos razoáveis, envolva um risco grave e iminente para a sua vida ou saúde, informando imediatamente ao seu superior hierárquico (NR 1, item 1.4.3).

O empregador não pode exigir o retorno dos trabalhadores à atividade enquanto não sejam adotadas as medidas corretivas da situação de grave e iminente risco para sua vida ou saúde (NR 1, item 1.4.3.1).

O trabalhador deve ser protegido de consequências injustificadas, em decorrência da interrupção prevista no item 1.4.3 da NR 1 (item 1.4.3.2).

O trabalhador deve comunicar, imediatamente, ao seu superior hierárquico as situações de trabalho que envolvam um risco grave e iminente para a sua vida ou saúde, bem como de terceiros (NR 1, item 1.4.3.3).

Nos termos do art. 13 da Convenção 155 da OIT, em conformidade com a prática e as condições nacionais, deve ser protegido de consequências injustificadas todo trabalhador que julgar necessário interromper uma situação de trabalho por considerar, por motivos razoáveis, que ela envolve um perigo iminente e grave para sua vida ou sua saúde.

2. ATO FALTOSO DO EMPREGADO

O parágrafo único do art. 158 da CLT trata de disposições pertinentes às regras de medicina e segurança do trabalho, a serem observadas pelo empregado.

Assim, a recusa *injustificada* do empregado: à observância das instruções expedidas pelo empregador (quanto às precauções a tomar no sentido de evitar acidentes do trabalho ou doenças ocupacionais), e ao uso de equipamentos de proteção individual fornecidos pela empresa, representam hipóteses específicas de justa causa.

Havendo justificativa (razoável e legítima) para tal inobservância, fica afastada a justa causa, por inexigibilidade de conduta diversa, como nos casos de instrução do empregador manifestamente equivocada, colocando a vida do empregado em risco, ou de fornecimento de equipamento de proteção individual totalmente inadequado, prejudicando a segurança no trabalho (em vez de protegê-lo)

Na realidade, as condutas indicadas no art. 158, parágrafo único, da CLT correspondem a modalidades de indisciplina (prevista no art. 482, "h", da CLT), por representarem o descumprimento de ordens gerais quanto à prestação do serviço.

Art. 159. Mediante convênio autorizado pelo Ministro do Trabalho, poderão ser delegadas a outros órgãos federais, estaduais ou municipais atribuições de fiscalização ou orientação às empresas quanto ao cumprimento das disposições constantes deste Capítulo.

1. ATRIBUIÇÕES E FISCALIZAÇÃO

A Consolidação das Leis do Trabalho versa sobre a segurança e medicina do trabalho (ou segurança e saúde no trabalho) em seu Título II, Capítulo V, conforme os arts. 154 e seguintes (com redação dada pela Lei 6.514/1977).

A observância, em todos os locais de trabalho, do disposto nos arts. 154 a 201 da CLT, sobre segurança e medicina do trabalho, não desobriga as empresas do cumprimento de outras disposições que, em relação à matéria, sejam incluídas em códigos de obras ou regulamentos sanitários dos Estados ou Municípios em que se situem os respectivos estabelecimentos, bem como das disposições oriundas de convenções coletivas de trabalho (art. 154 da CLT).

Cabe salientar a possibilidade de serem estabelecidos convênios, devidamente autorizados pelo Ministério do Trabalho, para o exercício das atribuições de fiscalização ou orientação às empresas quanto ao cumprimento das previsões dos arts. 154 a 201 da CLT, sobre segurança e medicina do trabalho. Esses convênios podem ser firmados com outros órgãos federais, estaduais ou municipais (art. 159 da CLT).

Deve-se ressaltar ainda que, nos termos do art. 23, parágrafo único, da Constituição da República Federativa de 1988, leis complementares devem fixar normas para a cooperação entre a União e os Estados, o Distrito Federal e os Municípios, tendo em vista o equilíbrio do desenvolvimento e do bem-estar em âmbito nacional.

Frise-se que ao Sistema Único de Saúde compete, além de outras atribuições, nos termos da lei: executar as ações de vigilância sanitária e epidemiológica, bem como as ações de saúde do trabalhador; colaborar na proteção do meio ambiente, nele compreendido o meio ambiente do trabalho (art. 200, incisos II e VIII, da CF/1988).

Sendo assim, estão incluídas no campo de atuação do Sistema Único de Saúde (SUS): a execução de ações, entre outras, de vigilância sanitária, de vigilância epidemiológica e de saúde do trabalhador; a colaboração na proteção do meio ambiente, nele compreendido o meio ambiente do trabalho (art. 6.º, incisos I, *a*, *b*, *c*, e V, da Lei 8.080/1990).

Entende-se por *vigilância sanitária* um conjunto de ações capaz de eliminar, diminuir ou prevenir riscos à saúde e de intervir nos problemas sanitários decorrentes do meio ambiente, da produção e circulação de bens e da prestação de serviços de interesse da saúde, abrangendo: I – o controle de bens de consumo que, direta ou indiretamente, se relacionem com a saúde, compreendidas todas as etapas e processos, da produção ao consumo; II – o controle da prestação de serviços que se relacionam direta ou indiretamente com a saúde (art. 6.º, § 1.º, da Lei 8.080/1990).

O Sistema Nacional de Vigilância Sanitária compreende o conjunto de ações definido pelo art. 6.º, § 1.º, e pelos arts. 15 a 18 da Lei 8.080/1990 (sobre atribuições e competência no Sistema Único de Saúde), executado por instituições da Administração Pública direta e indireta da União, dos Estados, do Distrito Federal e dos Municípios, que exerçam atividades de regulação, normatização, controle e fiscalização na área de vigilância sanitária (art. 1.º da Lei 9.782/1999).

Entende-se por *vigilância epidemiológica* um conjunto de ações que proporcionam o conhecimento, a detecção ou prevenção de qualquer mudança nos fatores determinantes e condicionantes de saúde individual ou coletiva, com a finalidade de recomendar e adotar as medidas de prevenção e controle das doenças ou agravos (art. 6.º, § 2.º, da Lei 8.080/1990).

Entende-se por *saúde do trabalhador*, para fins da Lei 8.080/1990, um conjunto de atividades que se destina, por meio das ações de vigilância epidemiológica e vigilância sanitária, à promoção e proteção da saúde dos trabalhadores, assim como visa à recuperação e reabilitação da saúde dos trabalhadores submetidos aos riscos e agravos advindos das condições de trabalho, abrangendo: I – assistência ao trabalhador vítima de acidentes de trabalho ou portador de doença profissional e do trabalho; II – participação, no âmbito de competência do Sistema Único de Saúde (SUS), em estudos, pesquisas, avaliação e controle dos riscos e agravos potenciais à saúde existentes no processo de trabalho; III – participação, no âmbito de competência do Sistema Único de Saúde (SUS), da normatização, fiscalização e controle das condições de produção, extração, armazenamento, transporte, distribuição e manuseio de substâncias, de produtos, de máquinas e de equipamentos que apresentam riscos à saúde do trabalhador; IV – avaliação do impacto que as tecnologias provocam à saúde; V – informação ao trabalhador e à sua respectiva entidade sindical e às empresas sobre os riscos de acidentes de trabalho, doença profissional e do trabalho, bem como os resultados de fiscalizações, avaliações ambientais e exames de saúde, de admissão, periódicos e de demissão, respeitados os preceitos da ética profissional; VI – participação na normatização, fiscalização e controle dos serviços de saúde do trabalhador nas instituições e empresas públicas e privadas; VII – revisão periódica da listagem oficial de doenças originadas no processo de trabalho, tendo na sua elaboração a colaboração das entidades sindicais; VIII – a garantia ao sindicato dos trabalhadores de requerer ao órgão competente a interdição de máquina, de setor de serviço ou de todo ambiente de trabalho, quando houver exposição a risco iminente para a vida ou saúde dos trabalhadores (art. 6.º, § 3.º, da Lei 8.080/1990).

✦ Jurisprudência

Recurso de revista interposto pelo Ministério Público do Trabalho da 15.ª Região. Atuação como interveniente. Competência de órgão municipal para fiscalizar o cumprimento de normas de segurança e medicina do trabalho. A jurisprudência em formação nesta Corte Superior segue no sentido de que o CEREST - Centro de Referência em Saúde do Trabalhador, órgão de âmbito municipal, detém competência para orientar, fiscalizar e autuar empresas pelo descumprimento de normas de segurança e medicina do trabalho, em razão do disposto nos arts. 154 e 159 da CLT, com redação atual dada pela Lei 6.514/1977, além do estabelecido no art. 1.º da Lei 9.782/1999. Recurso de revista conhecido e provido (TST, 1.ª T., ARR-167000-79.2006.5.15.0096, Rel. Min. Walmir Oliveira da Costa, *DEJT* 25.08.2017).

Competência do Centro de Referência em Saúde do Trabalhador - CEREST para realizar inspeção, fiscalização e autuação de empresas. A iterativa, notória e atual jurisprudência do Tribunal Superior do Trabalho é a de que o CEREST - Centro de Referência em Saúde do Trabalhador, órgão municipal, possui competência para fiscalizar e autuar empresas por descumprimento de normas atinentes à segurança, saúde e medicina do trabalho. Precedentes. Agravo de instrumento conhecido e desprovido (TST, 3.ª T., ARR-4011-25.2013.5.12.0045, Rel. Min. Alexandre de Souza Agra Belmonte, *DEJT* 12.11.2021).

Em sentido divergente: TST, 8.ª T., RR-10420-06.2015.5.15.0096, Rel. Min. Dora Maria da Costa, *DEJT* 07.06.2019.

Seção II – Da Inspeção Prévia e do Embargo ou Interdição

Art. 160. Nenhum estabelecimento poderá iniciar suas atividades sem prévia inspeção e aprovação das respectivas instalações pela autoridade regional competente em matéria de segurança e medicina do trabalho.

§ 1.º Nova inspeção deverá ser feita quando ocorrer modificação substancial nas instalações, inclusive equipamentos, que a empresa fica obrigada a comunicar, prontamente, à Delegacia Regional do Trabalho.

§ 2.º É facultado às empresas solicitar prévia aprovação, pela Delegacia Regional do Trabalho, dos projetos de construção e respectivas instalações.

1. INSPEÇÃO PRÉVIA

Nenhum estabelecimento pode iniciar as suas atividades sem prévia inspeção e aprovação das respectivas instalações pela autoridade regional competente em matéria de segurança e medicina do trabalho (art. 160 da CLT).

Quando ocorrer modificação substancial nas instalações, inclusive equipamentos, a empresa fica obrigada a comunicar, prontamente, à Delegacia Regional do Trabalho (atualmente Superintendência Regional do Trabalho), e, assim, nova inspeção deve ser feita.

Faculta-se às empresas solicitar prévia aprovação, pela Delegacia Regional do Trabalho (Superintendência Regional do Trabalho), dos projetos de construção e respectivas instalações.

É direito de toda pessoa, natural ou jurídica, essencial para o desenvolvimento e o crescimento econômicos do País, observando-se o disposto no parágrafo único do art. 170 da Constituição Federal de 1988, o de desenvolver *atividade econômica de baixo risco*, para a qual se valha exclusivamente de propriedade privada própria ou de terceiros consensuais, sem a necessidade de quaisquer atos públicos de liberação da atividade econômica (art. 3.º, inciso I, da Lei 13.874/2019).

Para fins do disposto na Lei 13.874/2019, consideram-se *atos públicos de liberação* a licença, a autorização, a concessão, a inscrição, a permissão, o alvará, o cadastro, o credenciamento, o estudo, o plano, o registro e os demais atos exigidos, sob qualquer denominação, por órgão ou entidade da administração pública na aplicação de legislação, como condição para o exercício de atividade econômica, inclusive o início, a continuação e o fim para a instalação, a construção, a operação, a produção, o funcionamento, o uso, o exercício ou a realização, no âmbito público ou privado, de atividade, serviço, estabelecimento, profissão, instalação, operação, produto, equipamento, veículo, edificação e outros (art. 1.º, § 6.º, da Lei 13.874/2019).

Logo, em se tratando de empresa que desenvolva atividade econômica de baixo risco (conforme classificação em ato do Poder Executivo federal, nos termos do art. 3.º, § 1.º, da Lei 13.874/2019 e do art. 4.º, § 5.º, da Lei 11.598/2007), a referida previsão pode afastar a incidência do art. 160 da CLT.

Além disso, é direito de toda pessoa, natural ou jurídica, essencial para o desenvolvimento e o crescimento econômicos do País, observando-se o disposto no parágrafo único do art. 170 da Constituição Federal de 1988, ter a garantia de que, nas *solicitações de atos públicos de liberação da atividade econômica* que se sujeitam ao disposto na Lei 13.874/2019, apresentados todos os elementos necessários à instrução do processo, o particular deve ser cientificado expressa e imediatamente do prazo máximo estipulado para a análise de seu pedido e de que, transcorrido o prazo fixado, o silêncio da autoridade competente importará *aprovação tácita* para todos os efeitos, sendo ressalvadas as hipóteses expressamente vedadas em lei (art. 3.º, inciso IX, da Lei 13.874/2019).

A Norma Regulamentadora 2, sobre inspeção prévia, foi *revogada* (art. 2.º da Portaria 915/2019 da Secretaria Especial de Previdência e Trabalho do Ministério da Economia).

Art. 161. O Delegado Regional do Trabalho, à vista do laudo técnico do serviço competente que demonstre grave e iminente risco para o trabalhador, poderá interditar estabelecimento, setor de serviço, máquina ou equipamento, ou embargar obra, indicando na decisão, tomada com a brevidade que a ocorrência exigir, as providências que deverão ser adotadas para prevenção de infortúnios de trabalho.

§ 1.º As autoridades federais, estaduais e municipais darão imediato apoio às medidas determinadas pelo Delegado Regional do Trabalho.

§ 2.º A interdição ou embargo poderão ser requeridos pelo serviço competente da Delegacia Regional do Trabalho e, ainda, por agente da inspeção do trabalho ou por entidade sindical.

§ 3.º Da decisão do Delegado Regional do Trabalho poderão os interessados recorrer, no prazo de 10 (dez) dias, para o órgão de âmbito nacional competente em matéria de segurança e medicina do trabalho, ao qual será facultado dar efeito suspensivo ao recurso.

§ 4.º Responderá por desobediência, além das medidas penais cabíveis, quem, após determinada a interdição ou embargo, ordenar ou permitir o funcionamento do estabelecimento ou de um dos seus setores, a utilização de máquina ou equipamento, ou o prosseguimento de obra, se, em consequência, resultarem danos a terceiros.

§ 5.º O Delegado Regional do Trabalho, independente de recurso, e após laudo técnico do serviço competente, poderá levantar a interdição.

§ 6.º Durante a paralisação dos serviços, em decorrência da interdição ou embargo, os empregados receberão os salários como se estivessem em efetivo exercício.

1. EMBARGO E INTERDIÇÃO

As autoridades federais, estaduais e municipais devem dar imediato apoio às medidas determinadas pelo Delegado Regional do Trabalho (Superintendente Regional do Trabalho).

A interdição ou embargo podem ser requeridos pelo serviço competente da Delegacia Regional do Trabalho (Superintendência Regional do Trabalho) e, ainda, por agente da inspeção do trabalho ou por entidade sindical.

Da decisão do Delegado Regional do Trabalho (Superintendente Regional do Trabalho) podem os interessados recorrer, no prazo de dez dias, para o órgão de âmbito nacional competente em matéria de segurança e medicina do trabalho, ao qual será facultado dar efeito suspensivo ao recurso.

Responde por desobediência, além das medidas penais cabíveis, quem, após determinada a interdição ou embargo, ordenar ou permitir o funcionamento do estabelecimento ou de um dos seus setores, a utilização de máquina ou equipamento, ou o prosseguimento de obra, se, em consequência, resultarem danos a terceiros.

O Delegado Regional do Trabalho (atualmente Superintendente Regional do Trabalho), independentemente de recurso, e após laudo técnico do serviço competente, pode levantar a interdição ou o embargo.

Durante a paralisação dos serviços, em decorrência da interdição ou embargo, os empregados devem receber os salários como se estivessem em efetivo exercício.

A Norma Regulamentadora 3, com redação dada pela Portaria 1.068/2019, estabelece as diretrizes para caracterização do grave e iminente risco e os requisitos técnicos objetivos de embargo e interdição.

Considera-se grave e iminente risco toda condição ou situação de trabalho que possa causar acidente ou doença com lesão grave ao trabalhador.

Embargo e interdição são medidas de urgência adotadas a partir da constatação de condição ou situação de trabalho que caracterize grave e iminente risco ao trabalhador.

O embargo implica a paralisação parcial ou total da obra.

A interdição implica a paralisação parcial ou total da atividade, da máquina ou equipamento, do setor de serviço ou do estabelecimento.

Os arts. 77 a 113 da Portaria 672/2021 do Ministério do Trabalho e Previdência disciplinam os procedimentos de embargo e interdição previstos na CLT e na Norma Regulamentadora 3.

Os Auditores-Fiscais do Trabalho estão autorizados, em todo o território nacional, a ordenar a adoção de medidas de interdições e embargos, e seu consequente levantamento posterior, quando se depararem com uma condição ou situação de risco iminente à vida, à saúde ou à segurança dos trabalhadores (art. 80 da Portaria 672/2021 do Ministério do Trabalho e Previdência). Para o início ou manutenção da produção de seus efeitos, o embargo ou interdição não depende de prévia autorização ou confirmação por autoridade diversa não envolvida na ação fiscal, ressalvada, exclusivamente, a possibilidade de recurso.

✦ **Referências legislativas**

- NR 3 (embargo e interdição).

Seção III – Dos Órgãos de Segurança e de Medicina do Trabalho nas Empresas

Art. 162. As empresas, de acordo com normas a serem expedidas pelo Ministério do Trabalho, estarão obrigadas a manter serviços especializados em segurança e em medicina do trabalho.

Parágrafo único. As normas a que se refere este artigo estabelecerão:

a) classificação das empresas segundo o número de empregados e a natureza do risco de suas atividades;

b) o número mínimo de profissionais especializados exigido de cada empresa, segundo o grupo em que se classifique, na forma da alínea anterior;

c) a qualificação exigida para os profissionais em questão e o seu regime de trabalho;

d) as demais características e atribuições dos serviços especializados em segurança e em medicina do trabalho, nas empresas.

1. SERVIÇOS ESPECIALIZADOS EM SEGURANÇA E EM MEDICINA DO TRABALHO (SESMT)

As empresas, de acordo com normas expedidas pelo Ministério do Trabalho, estão obrigadas a manter serviços especializados em segurança e em medicina do trabalho, com a finalidade de promover a saúde e proteger a integridade do trabalhador no local de trabalho.

A Norma Regulamentadora 4, com redação aprovada pela Portaria 2.318/2022 do Ministério do Trabalho e Previdência, estabelece os parâmetros e os requisitos para constituição e manutenção dos Serviços Especializados em Segurança e Medicina do Trabalho (SESMT), com a finalidade de promover a saúde e proteger a integridade do trabalhador.

As organizações e os órgãos públicos da administração direta e indireta, bem como os órgãos dos Poderes Legislativo e Judiciário e do Ministério Público, que possuam empregados regidos pela Consolidação das Leis do Trabalho, devem constituir e manter os Serviços Especializados em Segurança e Medicina do Trabalho (SESMT), no local de trabalho, nos termos definidos na NR 4 (item 4.2.1). Nos termos previstos em lei, aplica-se o disposto na NR 4 a outras relações jurídicas de trabalho (item 4.2.2).

O Serviço Especializado em Segurança e Medicina do Trabalho (SESMT) deve ser composto por médico do trabalho, engenheiro de segurança do trabalho, técnico de segurança do trabalho, enfermeiro do trabalho e auxiliar/técnico em enfermagem do trabalho, obedecido o Anexo II da NR 4 (item 4.3.2).

O dimensionamento do Serviço Especializado em Segurança e Medicina do Trabalho (SESMT) vincula-se ao número de empregados da organização e ao maior grau de risco entre a atividade econômica principal e atividade econômica preponderante no estabelecimento, nos termos dos Anexos I (Relação da Classificação Nacional de Atividades Econômicas – CNAE) e II (Dimensionamento do SESMT) da NR 4, observadas as exceções previstas na NR 4 (item 4.5.1).

No âmbito do trabalho rural, cabe destacar o Serviço Especializado em Segurança e Saúde no Trabalho Rural (SESTR), de acordo com a Norma Regulamentadora 31, item 31.4.

Art. 163. Será obrigatória a constituição de Comissão Interna de Prevenção de Acidentes e de Assédio (CIPA), em conformidade com instruções expedidas pelo Ministério do Trabalho e Previdência, nos estabelecimentos ou nos locais de obra nelas especificadas.

Parágrafo único. O Ministério do Trabalho regulamentará as atribuições, a composição e o funcionamento das CIPA(s).

1. COMISSÃO INTERNA DE PREVENÇÃO DE ACIDENTES E DE ASSÉDIO (CIPA)

É obrigatória a constituição de Comissão Interna de Prevenção de Acidentes e de Assédio (CIPA), em conformidade com instruções expedidas pelo Ministério do Trabalho e Previdência, nos estabelecimentos ou nos locais de obra nelas especificadas (art. 163 da CLT, com redação dada pela Lei 14.457/2022).

Foi instituído o Programa Emprega + Mulheres, destinado à inserção e à manutenção de mulheres no mercado de trabalho por meio da implementação, entre outras, da medida de prevenção e combate ao assédio sexual e a outras formas de violência no âmbito do trabalho (art. 1.º, inciso VI, da Lei 14.457/2022).

Para a promoção de um ambiente laboral sadio, seguro e que favoreça a inserção e a manutenção de mulheres no mercado de trabalho, as empresas com Comissão Interna de Prevenção de Acidentes e de Assédio (CIPA) devem adotar as seguintes medidas, além de outras que entenderem necessárias, com vistas à prevenção e ao combate ao assédio sexual e às demais formas de violência no âmbito do trabalho: I – inclusão de regras de conduta a respeito do assédio sexual e de outras formas de violência nas normas internas da empresa, com ampla divulgação do seu conteúdo aos empregados e às empregadas; II – fixação de procedimentos para recebimento e acompanhamento de denúncias, para apuração dos fatos e, quando for o caso, para aplicação de sanções administrativas aos responsáveis diretos e indiretos pelos atos de assédio sexual e de violência, garantido o anonimato da pessoa denunciante, sem prejuízo dos procedimentos jurídicos cabíveis; III – inclusão de temas referentes à prevenção e ao combate ao assédio sexual e a outras formas de violência nas atividades e nas práticas da CIPA; IV – realização, no mínimo a cada 12 meses, de ações de capacitação, de orientação e de sensibilização dos empregados e das empregadas de todos os níveis hierárquicos da empresa sobre temas relacionados à violência, ao assédio, à igualdade e à diversidade no âmbito do trabalho, em formatos acessíveis, apropriados e que apresentem máxima efetividade de tais ações (art. 23 da Lei 14.457/2022).

O recebimento de denúncias a que se refere o inciso II não substitui o procedimento penal correspondente, caso a conduta denunciada pela vítima se encaixe na tipificação de assédio sexual contida no art. 216-A do Código Penal, ou em outros crimes de violência tipificados na legislação brasileira.

O prazo para adoção das medidas previstas nos incisos I, II, III e IV é de 180 dias após a entrada em vigor da Lei 14.457/2022 (ocorrida na data de sua publicação, em 22.09.2022).

As regras sobre a Comissão Interna de Prevenção de Acidentes e de Assédio (CIPA) são previstas na Norma Regulamentadora 5, com redação dada pela Portaria 422/2021.

A Norma Regulamentadora 5 estabelece os parâmetros e os requisitos da Comissão Interna de Prevenção de Acidentes e de Assédio (CIPA), tendo por objetivo a prevenção de acidentes e doenças relacionadas ao trabalho, de modo a tornar compatível, permanentemente, o trabalho com a preservação da vida e promoção da saúde do trabalhador.

As organizações e os órgãos públicos da administração direta e indireta, bem como os órgãos dos Poderes Legislativo, Judiciário e Ministério Público, que possuam empregados regidos pela CLT, devem constituir e manter CIPA. Nos termos previstos em lei, aplica-se o disposto na NR 5 a outras relações jurídicas de trabalho.

A CIPA tem por atribuições: a) acompanhar o processo de identificação de perigos e avaliação de riscos, bem como a adoção de medidas de prevenção implementadas pela organização; b) registrar a percepção dos riscos dos trabalhadores, em conformidade com a NR 1, por meio do mapa de risco ou outra técnica ou ferramenta apropriada à sua escolha, sem ordem de preferência, com assessoria do Serviço Especializado em Segurança e em Medicina do Trabalho (SESMT), onde houver; c) verificar os ambientes e as condições de trabalho, visando identificar situações que possam trazer riscos para a segurança e saúde dos trabalhadores; d) elaborar e acompanhar plano de trabalho que possibilite a ação preventiva em segurança e saúde no trabalho; e) participar no desenvolvimento e implementação de programas relacionados à segurança e saúde no trabalho; f) acompanhar a análise dos acidentes e doenças relacionadas ao trabalho, nos termos da NR 1, e propor, quando for o caso, medidas para a solução dos problemas identificados; g) requisitar à organização as informações sobre questões relacionadas à segurança e saúde dos trabalhadores, incluindo as Comunicações de Acidente de Trabalho (CAT) emitidas pela organização, resguardados o sigilo médico e as informações pessoais; h) propor ao SESMT, quando houver, ou à organização, a análise das condições ou situações de trabalho nas quais considere haver risco grave e iminente à segurança e saúde dos trabalhadores e, se for o caso, a interrupção das atividades até a adoção das medidas corretivas e de controle; i) promover, anualmente, em conjunto com o SESMT, onde houver, a Semana Interna de Prevenção de Acidentes do Trabalho (SIPAT), conforme programação definida pela CIPA (NR 5, item 5.3.1).

No âmbito do trabalho rural, cabe destacar a as previsões sobre a Comissão Interna de Prevenção de Acidentes e de Assédio do Trabalho Rural (CIPATR) na Norma Regulamentadora 31, item 31.5.

Conforme o Estatuto da Advocacia, no âmbito da ética do advogado, constitui infração disciplinar praticar assédio moral, assédio sexual ou discriminação (art. 34, inciso XXX, da Lei 8.906/1994, incluído pela Lei 14.612/2023).

Como sanção disciplinar, a suspensão é aplicável nos casos de infrações definidas no art. 34, inciso XXX, da Lei 8.906/1994 (art. 37, inciso I, da Lei 8.906/1994, com redação dada pela Lei 14.612/2023).

Para os fins da Lei 8.906/1994, considera-se:

I – *assédio moral*: a conduta praticada no exercício profissional ou em razão dele, por meio da repetição deliberada de gestos, palavras faladas ou escritas ou comportamentos que exponham o estagiário, o advogado ou qualquer outro profissional que esteja prestando seus serviços a situações humilhantes e constrangedoras, capazes de lhes causar ofensa à personalidade, à dignidade e à integridade psíquica ou física, com o objetivo de excluí-los das suas funções ou de desestabilizá-los emocionalmente, deteriorando o ambiente profissional;

II – *assédio sexual*: a conduta de conotação sexual praticada no exercício profissional ou em razão dele, manifestada fisicamente ou por palavras, gestos ou outros meios, proposta ou imposta à pessoa contra sua vontade, causando-lhe constrangimento e violando a sua liberdade sexual;

III – *discriminação*: a conduta comissiva ou omissiva que dispense tratamento constrangedor ou humilhante a pessoa ou grupo de pessoas, em razão de sua deficiência, pertença a determinada raça, cor ou sexo, procedência nacional ou regional, origem étnica, condição de gestante, lactante ou nutriz, faixa etária, religião ou outro fator (art. 34, § 2.º, da Lei 8.906/1994, incluído pela Lei 14.612/2023).

Art. 164. Cada CIPA será composta de representantes da empresa e dos empregados, de acordo com os critérios que vierem a ser adotados na regulamentação de que trata o parágrafo único do artigo anterior.

§ 1.º Os representantes dos empregadores, titulares e suplentes, serão por eles designados.

§ 2.º Os representantes dos empregados, titulares e suplentes, serão eleitos em escrutínio secreto, do qual participem, independentemente de filiação sindical, exclusivamente os empregados interessados.

§ 3.º O mandato dos membros eleitos da CIPA terá a duração de 1 (um) ano, permitida uma reeleição.

§ 4.º O disposto no parágrafo anterior não se aplicará ao membro suplente que, durante o seu mandato, tenha participado de menos da metade do número de reuniões da CIPA.

§ 5.º O empregador designará, anualmente, dentre os seus representantes, o Presidente da CIPA e os empregados elegerão, dentre eles, o Vice-Presidente.

1. MEMBROS DA CIPA

A CIPA deve ser composta de representantes da empresa e dos empregados, de acordo com os critérios que vierem a ser adotados na regulamentação do Ministério do Trabalho.

Os representantes dos empregadores, titulares e suplentes, devem ser por eles designados; os representantes dos empregados, titulares e suplentes, eleitos em escrutínio secreto, do qual participem, independentemente de filiação sindical, exclusivamente os empregados interessados.

O mandato dos membros eleitos da CIPA tem a duração de um ano, permitida uma reeleição. Isso não se aplica ao membro suplente que, durante o seu mandato, tenha participado de menos da metade do número de reuniões da CIPA.

O empregador deve designar, anualmente, entre os seus representantes, o Presidente da CIPA, e os empregados devem eleger, entre eles, o Vice-Presidente.

Cabe à organização (empregador): a) proporcionar aos membros da CIPA os meios necessários ao desempenho de suas atribuições, garantindo tempo suficiente para a realização das tarefas constantes no plano de trabalho; b) permitir a colaboração dos trabalhadores nas ações da CIPA; c) fornecer à CIPA, quando requisitadas, as informações relacionadas às suas atribuições.

Cabe aos trabalhadores indicar à CIPA, ao SESMT e à organização (empregador) situações de riscos e apresentar sugestões para melhoria das condições de trabalho.

Cabe ao Presidente da CIPA: a) convocar os membros para as reuniões; b) coordenar as reuniões, encaminhando à organização e ao SESMT, quando houver, as decisões da comissão. Cabe ao Vice-Presidente substituir o Presidente nos seus impedimentos eventuais ou nos seus afastamentos temporários.

O Presidente e o Vice-Presidente da CIPA, em conjunto, terão as seguintes atribuições: a) coordenar e supervisionar as atividades da CIPA, zelando para que os objetivos propostos sejam alcançados; b) divulgar as decisões da CIPA a todos os trabalhadores do estabelecimento.

A CIPA será constituída por estabelecimento e composta de representantes da organização (empregador) e dos empregados, de acordo com o dimensionamento previsto no Quadro I da NR 5, ressalvadas as disposições para setores econômicos específicos. As CIPA das organizações que operem em regime sazonal devem ser dimensionadas tomando-se por base a média aritmética do número de trabalhadores do ano civil anterior e obedecido o disposto na NR 5.

Quando o estabelecimento não se enquadrar no disposto no Quadro I da NR 5 e não for atendido por Serviço Especializado em Segurança e em Medicina do Trabalho (SESMT), nos termos da NR 4, a organização (empregador) nomeará um representante da organização entre seus empregados para auxiliar na execução das ações de prevenção em segurança e saúde no trabalho, podendo ser adotados mecanismos de participação dos empregados, por meio de negociação coletiva (NR 5, item 5.4.13). No caso de atendimento pelo SESMT, este deve desempenhar as atribuições da CIPA. O microempreendedor individual (MEI) está dispensado de nomear o referido representante.

Art. 165. Os titulares da representação dos empregados nas CIPA (s) não poderão sofrer despedida arbitrária, entendendo-se como tal a que não se fundar em motivo disciplinar, técnico, econômico ou financeiro.

Parágrafo único. Ocorrendo a despedida, caberá ao empregador, em caso de reclamação à Justiça do Trabalho, comprovar a existência de qualquer dos motivos mencionados neste artigo, sob pena de ser condenado a reintegrar o empregado.

1. ESTABILIDADE DE MEMBRO DA CIPA

Os representantes dos empregados nas CIPA(s) não podem sofrer despedida arbitrária, entendendo-se como tal a que não se fundar em motivo disciplinar, técnico, econômico ou financeiro.

Importante modificação sobre o tema foi inserida pelo art. 10, inciso II, "a", do Ato das Disposições Constitucionais Transitórias, com a seguinte redação: "Art. 10. Até que seja promulgada a lei complementar a que se refere o art. 7.º, I, da Constituição [...] II – fica vedada a dispensa arbitrária ou sem justa causa: a) do empregado eleito para cargo de direção de comissões internas de prevenção de acidentes, desde o registro de sua candidatura até um ano após o final de seu mandato".

Como o dispositivo acima não distingue entre membro titular e suplente, o entendimento já pacificado pela jurisprudência, tanto do TST (Súmula 339, inciso I) como do STF (Súmula 676), é no sentido de que a garantia da estabilidade também se estende ao suplente da CIPA. Ainda sobre o tema, cf. Orientação Jurisprudencial 6 da SBDI-II do TST.

Além disso, a referida estabilidade provisória apenas abrange os empregados *eleitos* para os cargos de direção na CIPA, o que alcança os membros representantes dos empregados (art. 164, § 2.º, da CLT), e não os representantes dos empregadores, titulares e suplentes, pois estes são por eles "designados" (art. 164, § 1.º, da CLT).

Trata-se de garantia de emprego que tem por finalidade possibilitar o exercício regular da atividade de membro da CIPA pelo empregado eleito, cuidando da proteção e prevenção contra acidentes de trabalho, evitando-se, no entanto, que seja dispensado pelo empregador, de acordo com o inciso II da Súmula 339 do TST.

O parágrafo único do art. 165 da CLT confirma a desnecessidade do ajuizamento de inquérito para apuração de falta grave no caso da garantia de emprego em estudo; havendo a discordância do empregado quanto à dispensa, caberá a este ajuizar a respectiva ação, pleiteando reintegração ou indenização referente ao período de estabilidade provisória, hipótese em que caberá ao empregador o ônus de provar a existência dos motivos para a dispensa.

A organização (empregador) deve fornecer cópias das atas de eleição e posse aos membros titulares e suplentes da CIPA. Quando solicitada, a organização encaminhará a documentação referente ao processo eleitoral da CIPA, podendo ser em meio eletrônico, ao sindicato dos trabalhadores da categoria preponderante, no prazo de até 10 dias.

A CIPA não pode ter seu número de representantes reduzido, bem como não pode ser desativada pela organização (empregador), antes do término do mandato de seus membros, ainda que haja redução do número de empregados, exceto no caso de encerramento das atividades do estabelecimento.

É vedada à organização (empregador), em relação ao integrante eleito da CIPA: a) a alteração de suas atividades normais na organização que prejudique o exercício de suas atribuições; b) a transferência para outro estabelecimento, sem a sua anuência, ressalvado o disposto nos §§ 1.º e 2.º do art. 469 da CLT (NR 5, item 5.4.11).

É vedada a dispensa arbitrária ou sem justa causa do empregado eleito para cargo de direção da CIPA, desde o registro de sua candidatura até um ano após o final de seu mandato (NR 5, item 5.4.12). O término do contrato de trabalho por prazo determinado não caracteriza dispensa arbitrária ou sem justa causa do empregado eleito para cargo de direção da CIPA (NR 5, item 5.4.12.1).

✦ Súmulas, Orientações Jurisprudenciais e Precedentes Normativos

Súmula 197 do STF: O empregado com representação sindical só pode ser despedido mediante inquérito em que se apure falta grave.

Súmula 676 do STF: A garantia da estabilidade provisória prevista no art. 10, II, "a", do ADCT, também se aplica ao suplente do cargo de direção de comissões internas de prevenção de acidentes (CIPA).

Súmula 339 do TST: CIPA. Suplente. Garantia de emprego. Constituição Federal de 1988 (incorporadas as Orientações Jurisprudenciais 25 e 329 da SBDI-1) – Res. 129/2005 – *DJ* 20.04.2005. I – O suplente da CIPA goza da garantia de emprego prevista no art. 10, II, "a", do ADCT a partir da promulgação da Constituição Federal de 1988 (ex-Súmula 339 – Res. 39/1994, *DJ* 20.12.1994 e ex-OJ 25 – Inserida em 29.03.1996). II – A estabilidade provisória do cipeiro não constitui vantagem pessoal, mas garantia para as atividades dos membros da CIPA, que somente tem razão de ser quando em atividade a empresa. Extinto o estabelecimento, não se verifica a despedida arbitrária, sendo impossível a reintegração e indevida a indenização do período estabilitário (ex--OJ 329 – *DJ* 09.12.2003).

Orientação Jurisprudencial 6 da SBDI-II do TST: Ação rescisória. Cipeiro suplente. Estabilidade. ADCT da Constituição Federal de 1988, art. 10, II, *a*. Súmula 83 do TST. Rescinde-se o julgado que nega estabilidade a membro suplente de CIPA, representante de empregado, por ofensa ao art. 10, II, "a", do ADCT da Constituição Federal de 1988, ainda que se cuide de decisão anterior à Súmula 339 do TST. Incidência da Súmula 83 do TST.

✦ Referência legislativa

- Art. 10, II, "a", do ADCT.

Seção IV – Do Equipamento de Proteção Individual

Art. 166. A empresa é obrigada a fornecer aos empregados, gratuitamente, equipamento de proteção individual adequado ao risco e em perfeito estado de conservação e funcionamento, sempre que as medidas de ordem geral não ofereçam completa proteção contra os riscos de acidentes e danos à saúde dos empregados.

1. EQUIPAMENTO DE PROTEÇÃO INDIVIDUAL

O objetivo da Norma Regulamentadora 6, com redação aprovada pela Portaria 2.175/2022 do Ministério do Trabalho e Previdência, é estabelecer os requisitos para aprovação, comercialização, fornecimento e utilização de equipamentos de proteção individual (EPI).

As disposições da NR 6 se aplicam às organizações que adquiram equipamentos de proteção individual (EPI), aos trabalhadores que os utilizam, assim como aos fabricantes e importadores de EPI (item 6.2.1).

Considera-se equipamento de proteção individual (EPI) o dispositivo ou produto de uso individual utilizado pelo trabalhador, concebido e fabricado para oferecer proteção contra os riscos ocupacionais existentes no ambiente de trabalho (item 6.3.1).

Entende-se como equipamento conjugado de proteção individual todo aquele utilizado pelo trabalhador, composto por vários dispositivos que o fabricante tenha conjugado contra um ou mais riscos ocupacionais existentes no ambiente de trabalho (item 6.3.2).

O equipamento de proteção individual (EPI), de fabricação nacional ou importado, só pode ser posto à venda ou utilizado com a indicação do Certificado de Aprovação (CA), expedido pelo órgão de âmbito nacional competente em matéria de segurança e saúde no trabalho (NR 6, item 6.4.1).

Cabe à organização (empregador), quanto ao equipamento de proteção individual (EPI): a) adquirir somente o aprovado pelo órgão de âmbito nacional competente em matéria de segurança e saúde no trabalho; b) orientar e treinar o empregado; c) fornecer ao empregado, gratuitamente, equipamento de proteção individual (EPI) adequado ao risco, em perfeito estado de conservação e funcionamento, nas situações previstas no subitem 1.5.5.1.2 da Norma Regulamentadora 1 (Disposições Gerais e Gerenciamento de Riscos Ocupacionais), observada a hierarquia das medidas de prevenção[68]; d) registrar o seu fornecimento ao empregado, podendo ser adotados livros, fichas ou sistema eletrônico, inclusive, por sistema biométrico; e) exigir seu uso; f) responsabilizar-se pela higienização e manutenção periódica, quando aplicáveis esses procedimentos, em conformidade com as informações fornecidas pelo fabricante ou importador; g) substituir imediatamente, quando danificado ou extraviado; h) comunicar ao órgão de âmbito nacional competente em matéria de segurança e saúde no trabalho qualquer irregularidade observada (item 6.5.1).

A organização (empregador) deve selecionar os equipamentos de proteção individual (EPI), considerando: a) a atividade exercida; b) as medidas de prevenção em função dos perigos identificados e dos riscos ocupacionais avaliados; c) o disposto no Anexo I da NR 6 (Lista de Equipamentos de Proteção Individual); d) a eficácia necessária para o controle da exposição ao risco; e) as exigências estabelecidas em normas regulamentadoras e nos dispositivos legais; f) a adequação do equipamento ao empregado e o conforto oferecido, segundo avaliação do conjunto de empregados; g) a compatibilidade, em casos que exijam a utilização simultânea de vários equipamentos de proteção individual (EPI), de maneira a assegurar as respectivas eficácias para proteção contra os riscos existentes (item 6.5.2).

A seleção do equipamento de proteção individual (EPI) deve ser registrada, podendo integrar ou ser referenciada no Programa de Gerenciamento de Riscos (PGR) (item 6.5.2.1).

---

[68] "1.5.5.1.2 Quando comprovada pela organização a inviabilidade técnica da adoção de medidas de proteção coletiva, ou quando estas não forem suficientes ou encontrarem-se em fase de estudo, planejamento ou implantação ou, ainda, em caráter complementar ou emergencial, deverão ser adotadas outras medidas, obedecendo-se a seguinte hierarquia: a) medidas de caráter administrativo ou de organização do trabalho; b) utilização de equipamento de proteção individual – EPI".

Para as organizações dispensadas de elaboração do Programa de Gerenciamento de Riscos (PGR), deve ser mantido registro que especifique as atividades exercidas e os respectivos equipamentos de proteção individual (EPI) (item 6.5.2.1.1).

A seleção do equipamento de proteção individual (EPI) deve ser realizada pela organização com a participação do Serviço Especializado em Engenharia de Segurança e em Medicina do Trabalho (SESMT), quando houver, após ouvidos empregados usuários e a Comissão Interna de Prevenção de Acidentes e de Assédio (CIPA) ou nomeado (item 6.5.2.2).

A seleção, uso e manutenção de equipamento de proteção individual (EPI) deve, ainda, considerar os programas e regulamentações relacionados a equipamento de proteção individual (EPI) (item 6.5.3).

Cabe ao trabalhador, quanto ao equipamento de proteção individual (EPI): a) usar o fornecido pela organização; b) utilizar apenas para a finalidade a que se destina; c) responsabilizar-se pela limpeza, guarda e conservação; d) comunicar à organização quando extraviado, danificado ou qualquer alteração que o torne impróprio para uso; e) cumprir as determinações da organização sobre o uso adequado (item 6.6.1).

Cabe ao fabricante e ao importador de equipamento de proteção individual (EPI): a) comercializar ou colocar à venda somente o equipamento de proteção individual (EPI) portador de Certificado de Aprovação (CA), emitido pelo órgão de âmbito nacional competente em matéria de segurança e saúde no trabalho; b) comercializar o equipamento de proteção individual (EPI) com manual de instruções em língua portuguesa, orientando sua utilização, manutenção, processos de limpeza e higienização, restrição e demais referências ao seu uso; c) comercializar o equipamento de proteção individual (EPI) com as marcações previstas nesta norma; d) responsabilizar-se pela manutenção da qualidade do equipamento de proteção individual (EPI) que deu origem ao Certificado de Aprovação (CA); e) promover, quando solicitado e se tecnicamente possível, a adaptação do equipamento de proteção individual (EPI) detentor de Certificado de Aprovação (CA) para pessoas com deficiência, preservando a sua eficácia (item 6.8.1).

Cabe ao órgão de âmbito nacional competente em matéria de segurança e saúde no trabalho: a) estabelecer os regulamentos para aprovação de equipamento de proteção individual (EPI); b) emitir ou renovar o Certificado de Aprovação (CA); c) fiscalizar a qualidade do equipamento de proteção individual (EPI); d) solicitar o recolhimento de amostras de equipamento de proteção individual (EPI) ao órgão regional competente em matéria de segurança e saúde no trabalho; e) suspender e cancelar o Certificado de Aprovação (CA) (item 6.10.1).

No âmbito do trabalho rural, atualmente são aplicadas as disposições da Norma Regulamentadora 31, item 31.6, com redação dada pela Portaria 22.677/2020, sobre medidas de proteção pessoal.

✦ Súmulas, Orientações Jurisprudenciais e Precedentes Normativos

Súmula 80 do TST: Insalubridade. A eliminação da insalubridade mediante fornecimento de aparelhos protetores aprovados pelo órgão competente do Poder Executivo exclui a percepção do respectivo adicional.

Súmula 289 do TST: Insalubridade. Adicional. Fornecimento do aparelho de proteção. Efeito. O simples fornecimento do aparelho de proteção pelo empregador não o exime do pagamento do adicional de insalubridade. Cabe-lhe tomar as medidas que conduzam à diminuição ou eliminação da nocividade, entre as quais as relativas ao uso efetivo do equipamento pelo empregado.

Art. 167. O equipamento de proteção só poderá ser posto à venda ou utilizado com a indicação do Certificado de Aprovação do Ministério do Trabalho.

1. CERTIFICADO DE APROVAÇÃO DO EPI

O equipamento de proteção individual só pode ser disponibilizado para a venda, ou utilizado, com a indicação do Certificado de Aprovação do Ministério do Trabalho.

Sendo assim, o equipamento de proteção individual somente pode ser comercializado com a obtenção do certificado de aprovação, nos termos do disposto no art. 167 da CLT, emitido pela Secretaria de Trabalho do Ministério do Trabalho e Previdência (art. 30 do Decreto 10.854/2021).

Ato do Ministro de Estado do Trabalho e Previdência disporá sobre os procedimentos e os requisitos técnicos para emissão, renovação ou alteração do certificado de aprovação de equipamento de proteção individual.

O certificado de aprovação de equipamento de proteção individual será emitido por meio de sistema eletrônico simplificado.

As informações prestadas e as documentações e os relatórios apresentados são de responsabilidade do requerente e devem ser considerados para fins de emissão do certificado. Os autores de declarações ou informações falsas ou que apresentarem documentos falsificados ficam sujeitos às penas previstas nos arts. 297 a 299 do Código Penal (falsificação de documento público, falsificação de documento particular e falsidade ideológica).

Os arts. 2.º a 43 da Portaria 672/2021 do Ministério do Trabalho e Previdência estabelecem os procedimentos e os requisitos de avaliação de equipamento de proteção individual (EPI) e emissão, renovação ou alteração de certificado de aprovação.

Seção V – Das Medidas Preventivas de Medicina do Trabalho

Art. 168. Será obrigatório exame médico, por conta do empregador, nas condições estabelecidas neste artigo e nas instruções complementares a serem expedidas pelo Ministério do Trabalho:

I – a admissão;

II – na demissão;

III – periodicamente.

§ 1.º O Ministério do Trabalho baixará instruções relativas aos casos em que serão exigíveis exames:

a) por ocasião da demissão;

b) complementares.

§ 2.º Outros exames complementares poderão ser exigidos, a critério médico, para apuração da capacidade ou aptidão física e mental do empregado para a função que deva exercer.

§ 3.º O Ministério do Trabalho estabelecerá, de acordo com o risco da atividade e o tempo de exposição, a periodicidade dos exames médicos.

§ 4.º O empregador manterá, no estabelecimento, o material necessário à prestação de primeiros socorros médicos, de acordo com o risco da atividade.

§ 5.º O resultado dos exames médicos, inclusive o exame complementar, será comunicado ao trabalhador, observados os preceitos da ética médica.

§ 6.º Serão exigidos exames toxicológicos, previamente à admissão e por ocasião do desligamento, quando se tratar de motorista profissional, assegurados o direito à contraprova em caso de resultado positivo e a confidencialidade dos resultados dos respectivos exames.

§ 7.º Para os fins do disposto no § 6.º, será obrigatório exame toxicológico com janela de detecção mínima de 90 (noventa) dias, específico para substâncias psicoativas que causem dependência ou, comprovadamente, comprometam a capacidade de direção, podendo ser utilizado para essa finalidade o exame toxicológico previsto na Lei n.º 9.503, de 23 de setembro de 1997 – Código de Trânsito Brasileiro, desde que realizado nos últimos 60 (sessenta) dias.

1. MEDIDAS PREVENTIVAS DE SEGURANÇA E SAÚDE NO TRABALHO (PGR, PCMSO E ASO)

A Norma Regulamentadora 9, com redação dada pela Portaria 6.735/2020, estabelece os requisitos para a avaliação das exposições ocupacionais a agentes físicos, químicos e biológicos quando identificados no Programa de Gerenciamento de Riscos (PGR), previsto na NR 1, e subsidiá-lo quanto às medidas de prevenção para os riscos ocupacionais.

Nesse sentido, a organização deve implementar, por estabelecimento, o gerenciamento de riscos ocupacionais em suas atividades (NR 1, item 1.5.3.1). O gerenciamento de riscos ocupacionais deve constituir um Programa de Gerenciamento de Riscos (PGR).

A NR 9 e seus anexos devem ser utilizados para fins de prevenção e controle dos riscos ocupacionais causados por agentes físicos, químicos e biológicos (NR 9, item 9.2.2).

A identificação das exposições ocupacionais aos agentes físicos, químicos e biológicos deve considerar: a) descrição das atividades; b) identificação do agente e formas de exposição; c) possíveis lesões ou agravos à saúde relacionados às exposições identificadas; d) fatores determinantes da exposição; e) medidas de prevenção já existentes; f) identificação dos grupos de trabalhadores expostos (NR 9, item 9.3.1).

Cabe destacar, ainda, no âmbito das medidas de prevenção, ser obrigatório exame médico, por conta do empregador, nas condições previstas nos incisos I, II e III do art. 168 da CLT, bem como nas instruções complementares a serem expedidas pelo Ministério do Trabalho.

O Ministério do Trabalho estabelece instruções relativas aos casos em que são exigíveis exames: a) por ocasião da demissão; b) complementares.

As regras sobre os exames médicos são detalhadas pela Norma Regulamentadora 7, com redação dada pela Portaria 6.734/2020.

Essa Norma Regulamentadora estabelece diretrizes e requisitos para o desenvolvimento do Programa de Controle Médico de Saúde Ocupacional (PCMSO) nas organizações, com o objetivo de proteger e preservar a saúde de seus empregados em relação aos riscos ocupacionais, conforme avaliação de riscos do Programa de Gerenciamento de Risco (PGR) da organização.

O PCMSO é parte integrante do conjunto mais amplo de iniciativas da organização no campo da saúde de seus empregados, devendo estar harmonizado com o disposto nas demais Normas Regulamentadoras (NR 7, item 7.3.1).

São diretrizes do PCMSO: a) rastrear e detectar precocemente os agravos à saúde relacionados ao trabalho; b) detectar possíveis exposições excessivas a agentes nocivos ocupacionais; c) definir a aptidão de cada empregado para exercer suas funções ou tarefas determinadas; d) subsidiar a implantação e o monitoramento da eficácia das medidas de prevenção adotadas na organização; e) subsidiar análises epidemiológicas e estatísticas sobre os agravos à saúde e sua relação com os riscos ocupacionais; f) subsidiar decisões sobre o afastamento de empregados de situações de trabalho que possam comprometer sua saúde; g) subsidiar a emissão de notificações de agravos relacionados ao trabalho, de acordo com a regulamentação pertinente; h) subsidiar o encaminhamento de empregados à Previdência Social; i) acompanhar de forma diferenciada o empregado cujo estado de saúde possa ser especialmente afetado pelos riscos ocupacionais; j) subsidiar a Previdência Social nas ações de reabilitação profissional; k) subsidiar ações de readaptação profissional; l) controlar da imunização ativa dos empregados, relacionada a riscos ocupacionais, sempre que houver recomendação do Ministério da Saúde (NR 7, item 7.3.2).

Compete ao empregador: a) garantir a elaboração e efetiva implantação do PCMSO; b) custear sem ônus para o empregado todos os procedimentos relacionados ao PCMSO; c) indicar médico do trabalho responsável pelo PCMSO (NR 7, item 7.4.1).

O Programa de Controle Médico de Saúde Ocupacional (PCMSO) deve ser elaborado considerando os riscos ocupacionais identificados e classificados pelo Programa de Gerenciamento de Risco (PGR) (NR 7, item 7.5.1).

O PCMSO deve incluir a realização obrigatória dos exames médicos: a) admissional; b) periódico; c) de retorno ao trabalho; d) de mudança de riscos ocupacionais; e) demissional (NR 7, item 7.5.6).

Para cada exame clínico ocupacional realizado, o médico emitirá Atestado de Saúde Ocupacional (ASO), que deve ser comprovadamente disponibilizado ao empregado, devendo ser fornecido em meio físico quando solicitado (NR 7, item 7.5.19).

O ASO deve conter no mínimo: a) razão social e Cadastro Nacional da Pessoa Jurídica (CNPJ) ou Cadastro de Atividade Econômica da Pessoa Física (CAEPF) da organização; b) nome completo do empregado, o número de seu Cadastro de Pessoas Física (CPF) e sua função; c) a descrição dos perigos ou fatores de risco identificados e classificados no Programa de Gerenciamento de Risco (PGR) que necessitem de controle médico previsto no Programa de Controle Médico de Saúde Ocupacional (PCMSO), ou a sua inexistência; d) indicação e data de realização dos exames ocupacionais clínicos e complementares a que foi submetido o empregado; e) definição de apto ou inapto para a função do empregado; f) o nome e número de registro profissional do médico responsável pelo PCMSO, se houver; g) data, número de registro profissional e assinatura do médico que realizou o exame clínico (NR 7, item 7.5.19.1).

Os dados dos exames clínicos e complementares devem ser registrados em prontuário médico individual sob a responsabilidade do médico responsável pelo PCMSO, ou do médico responsável pelo exame, quando a organização estiver dispensada de PCMSO (NR 7, item 7.6.1).

Quando se tratar de motorista profissional (de veículos automotores de transporte rodoviário de passageiros e de transporte rodoviário de cargas), em razão da necessidade de rigor quanto à efetiva segurança no exercício das funções, exigem-se exames toxicológicos, previamente à admissão e por ocasião do desligamento, assegurados o direito à contraprova em caso de resultado positivo e a confidencialidade dos resultados dos respectivos exames (art. 168, § 6.º, da CLT, acrescentado pela Lei 13.103/2015).

Para os fins do disposto anteriormente, é obrigatório exame toxicológico com janela de detecção mínima de 90 dias, específico para substâncias psicoativas que causem dependência ou, comprovadamente, comprometam a capacidade de direção, podendo ser utilizado para essa finalidade o exame toxicológico previsto na Lei 9.503/1997 (Código de Trânsito Brasileiro)[69], desde que realizado nos últimos 60 dias (art. 168, § 7.º, da CLT, acrescentado pela Lei 13.103/2015).

Frise-se ainda que, nos termos do art. 3.º da Lei 13.103/2015, aos *motoristas profissionais dependentes de substâncias psicoativas* é assegurado o pleno atendimento pelas unidades de saúde municipal, estadual e federal, no âmbito do Sistema Único de Saúde, podendo ser realizados convênios com entidades privadas para o cumprimento da obrigação.

Art. 169. Será obrigatória a notificação das doenças profissionais e das produzidas em virtude de condições especiais de trabalho, comprovadas ou objeto de suspeita, de conformidade com as instruções expedidas pelo Ministério do Trabalho.

1. DOENÇAS PROFISSIONAIS

De acordo com a Norma Regulamentadora 7, constatada ocorrência ou agravamento de doença relacionada ao trabalho ou alteração que revele disfunção orgânica por meio de exames complementares, caberá à organização, após informada pelo médico responsável pelo Programa de Controle Médico de Saúde Ocupacional (PCMSO): a) emitir a Comunicação de Acidente do Trabalho (CAT); b) afastar o empregado da situação, ou do trabalho, quando necessário; c) encaminhar o empregado à Previdência Social, quando houver afastamento do trabalho superior a 15 dias, para avaliação de incapacidade e definição da conduta previdenciária; d) reavaliar os riscos ocupacionais e as medidas de prevenção pertinentes no Programa de Gerenciamento de Risco (PGR) (NR 7, item 7.5.19.5).

✦ **Referência legislativa**

- Art. 20 da Lei 8.213/1991 (Planos de Benefícios da Previdência Social).

---

69 Cf. Lei 9.503, de 23 de setembro de 1997 (Código de Trânsito Brasileiro): "Art. 148-A. Os condutores das categorias C, D e E deverão comprovar resultado negativo em exame toxicológico para a obtenção e a renovação da Carteira Nacional de Habilitação. § 1.º O exame de que trata este artigo buscará aferir o consumo de substâncias psicoativas que, comprovadamente, comprometam a capacidade de direção e deverá ter janela de detecção mínima de 90 (noventa) dias, nos termos das normas do Contran. § 2.º Além da realização do exame previsto no *caput* deste artigo, os condutores das categorias C, D e E com idade inferior a 70 (setenta) anos serão submetidos a novo exame a cada período de 2 (dois) anos e 6 (seis) meses, a partir da obtenção ou renovação da Carteira Nacional de Habilitação, independentemente da validade dos demais exames de que trata o inciso I do *caput* do art. 147 deste Código. § 3.º (revogado pela Lei 14.071/2020). § 4.º É garantido o direito de contraprova e de recurso administrativo, sem efeito suspensivo, no caso de resultado positivo para os exames de que trata este artigo, nos termos das normas do Contran. § 5.º O resultado positivo no exame previsto no § 2.º deste artigo acarretará a suspensão do direito de dirigir pelo período de 3 (três) meses, condicionado o levantamento da suspensão à inclusão, no Renach, de resultado negativo em novo exame, e vedada a aplicação de outras penalidades, ainda que acessórias. § 6.º O resultado do exame somente será divulgado para o interessado e não poderá ser utilizado para fins estranhos ao disposto neste artigo ou no § 6.º do art. 168 da Consolidação das Leis do Trabalho – CLT, aprovada pelo Decreto-lei n.º 5.452, de 1.º de maio de 1943. § 7.º O exame será realizado, em regime de livre concorrência, pelos laboratórios credenciados pelo Departamento Nacional de Trânsito – DENATRAN, nos termos das normas do Contran, vedado aos entes públicos: I – fixar preços para os exames; II – limitar o número de empresas ou o número de locais em que a atividade pode ser exercida; e III – estabelecer regras de exclusividade territorial".

Seção VI – Das Edificações

Art. 170. As edificações deverão obedecer aos requisitos técnicos que garantam perfeita segurança aos que nelas trabalhem.

1. EDIFICAÇÕES

Os requisitos técnicos que garantem a perfeita segurança aos que trabalham nas edificações devem ser observados pelos empregadores, a fim de evitar acidentes laborais.

A Norma Regulamentadora 8, com redação aprovada pela Portaria 2.188/2022 do Ministério do Trabalho e Previdência, estabelece requisitos que devem ser atendidos nas edificações para garantir segurança e conforto aos trabalhadores.

As medidas de prevenção estabelecidas na NR 8 se aplicam às edificações onde se desenvolvam atividades laborais (item 8.2.1).

✦ **Referência legislativa**

- NR 8 (Edificações).

Art. 171. Os locais de trabalho deverão ter, no mínimo, 3 (três) metros de pé-direito, assim considerada a altura livre do piso ao teto.

Parágrafo único. Poderá ser reduzido esse mínimo desde que atendidas as condições de iluminação e conforto térmico compatíveis com a natureza do trabalho, sujeitando-se tal redução ao controle do órgão competente em matéria de segurança e medicina do trabalho.

Art. 172. Os pisos dos locais de trabalho não deverão apresentar saliências nem depressões que prejudiquem a circulação de pessoas ou a movimentação de materiais.

Art. 173. As aberturas nos pisos e paredes serão protegidas de forma que impeçam a queda de pessoas ou de objetos.

Art. 174. As paredes, escadas, rampas de acesso, passarelas, pisos, corredores, coberturas e passagens dos locais de trabalho deverão obedecer às condições de segurança e de higiene do trabalho estabelecidas pelo Ministério do Trabalho e manter-se em perfeito estado de conservação e limpeza.

1. CONDIÇÕES DE ILUMINAÇÃO E CONFORTO TÉRMICO NOS LOCAIS DE TRABALHO

Os locais de trabalho devem ter, no mínimo, três metros de altura livre do piso ao teto.

Esse mínimo pode ser reduzido, desde que atendidas as condições de iluminação e conforto térmico compatíveis com a natureza do trabalho. Essa redução está sujeita ao controle do órgão competente em matéria de segurança e medicina do trabalho.

2. PISO DOS LOCAIS DE TRABALHO

Os pisos dos locais de trabalho não devem apresentar saliências, nem depressões que prejudiquem a circulação de pessoas ou a movimentação de materiais.

3. ABERTURAS DE PISOS E PAREDES NOS LOCAIS DE TRABALHO

Com o objetivo de preservar a segurança no meio ambiente do trabalho, as aberturas nos pisos e nas paredes devem ser protegidas, de modo a impedir a queda de pessoas ou de objetos.

4. CONDIÇÕES DE SEGURANÇA E DE HIGIENE DO TRABALHO

Para que a integridade física dos empregados seja protegida, as paredes, as escadas, as rampas de acesso, as passarelas, os pisos, os corredores, as coberturas e as passagens dos locais de trabalho devem respeitar as condições de segurança e de medicina do trabalho que forem estabelecidas pelo Ministério do Trabalho, bem como manter-se em perfeito estado de conservação e limpeza.

Seção VII – Da Iluminação

Art. 175. Em todos os locais de trabalho deverá haver iluminação adequada, natural ou artificial, apropriada à natureza da atividade.

§ 1.º A iluminação deverá ser uniformemente distribuída, geral e difusa, a fim de evitar ofuscamento, reflexos incômodos, sombras e contrastes excessivos.

§ 2.º O Ministério do Trabalho estabelecerá os níveis mínimos de iluminamento a serem observados.

1. ILUMINAÇÃO

Objetivando-se que o meio ambiente de trabalho seja hígido, em todos os locais de labor deve haver iluminação adequada, seja ela natural ou artificial, de modo que seja apropriada à natureza da atividade (art. 175 da CLT).

A iluminação deve ser uniformemente distribuída no ambiente, bem como geral e difusa, para que não haja ofuscamento de imagens dos objetos, reflexos incômodos à visão, sombras e contrastes excessivos, que possam acarretar perigo à segurança ou risco à saúde dos trabalhadores.

Cabe ao Ministério do Trabalho estabelecer os níveis mínimos de iluminamento a serem observados nos locais de trabalho, conforme a Norma Regulamentadora 17.

Em todos os locais e situações de trabalho deve haver iluminação, natural ou artificial, geral ou suplementar, apropriada à natureza da atividade (NR 17, item 17.8.1). A iluminação deve ser projetada e instalada de forma a evitar ofuscamento, reflexos incômodos, sombras e contrastes excessivos (NR 17, item 17.8.2).

Em todos os locais e situações de trabalho internos, deve haver iluminação em conformidade com os níveis mínimos de iluminamento a serem observados nos locais de trabalho estabelecidos na Norma de Higiene Ocupacional 11 (NHO 11) da Fundação Jorge Duprat Figueiredo, de Segurança e Medicina do Trabalho (Fundacentro), sobre avaliação dos níveis de iluminamento em ambientes internos de trabalho, versão 2018 (NR 17, item 17.8.3).

Seção VIII – Do Conforto Térmico

Art. 176. Os locais de trabalho deverão ter ventilação natural, compatível com o serviço realizado.

Parágrafo único. A ventilação artificial será obrigatória sempre que a natural não preencha as condições de conforto térmico.

Art. 177. Se as condições de ambiente se tornarem desconfortáveis, em virtude de instalações geradoras de frio ou de calor, será obrigatório o uso de vestimenta adequada para o trabalho em tais condições ou de capelas, anteparos, paredes duplas, isolamento térmico e recursos similares, de forma que os empregados fiquem protegidos contra as radiações térmicas.

Art. 178. As condições de conforto térmico dos locais de trabalho devem ser mantidas dentro dos limites fixados pelo Ministério do Trabalho.

1. CONFORTO TÉRMICO

Para que o meio ambiente laboral seja salubre, a ventilação natural dos locais de trabalho deve ser adequada ao serviço desempenhado.

Entretanto, a ventilação artificial é obrigatória sempre que a natural não preencher as condições necessárias ao efetivo conforto térmico dos trabalhadores.

2. AMBIENTES DE FRIO OU DE CALOR

A saúde dos trabalhadores deve ser preservada e promovida, sempre com prioridade. Logo, se, em razão de instalações geradoras de frio ou de calor, as condições de ambiente se tornarem desconfortáveis, passa a ser obrigatório o uso de roupas adequadas para o trabalho em tais condições, ou de capelas, anteparos, paredes duplas, isolamento térmico e recursos similares, de modo que os empregados fiquem efetivamente protegidos contra os efeitos das radiações térmicas.

3. CONDIÇÕES DE CONFORTO TÉRMICO

Nos locais de trabalho em ambientes internos onde são executadas atividades que exijam manutenção da solicitação intelectual e atenção constantes, devem ser adotadas medidas de conforto acústico e de conforto térmico, conforme disposto na Norma Regulamentadora 17 (item 17.8.4).

A organização deve adotar medidas de controle do ruído nos ambientes internos, com a finalidade de proporcionar conforto acústico nas situações de trabalho.

A organização deve adotar medidas de controle da temperatura, da velocidade do ar e da umidade, com a finalidade de proporcionar conforto térmico nas situações de trabalho, observando-se o parâmetro de faixa de temperatura do ar entre 18 e 25 graus Celsius para ambientes climatizados.

Devem ser adotadas medidas de controle da ventilação ambiental para minimizar a ocorrência de correntes de ar aplicadas diretamente sobre os trabalhadores.

Os limites de tolerância para exposição ao calor são fixados na Norma Regulamentadora 15, instituída pela Portaria 3.214/1978, sobre atividades e operações insalubres.

Seção IX – Das Instalações Elétricas

Art. 179. O Ministério do Trabalho disporá sobre as condições de segurança e as medidas especiais a serem observadas relativamente a instalações elétricas, em qualquer das fases de produção, transmissão, distribuição ou consumo de energia.

Art. 180. Somente profissional qualificado poderá instalar, operar, inspecionar ou reparar instalações elétricas.

Art. 181. Os que trabalharem em serviços de eletricidade ou instalações elétricas devem estar familiarizados com os métodos de socorro a acidentados por choque elétrico.

1. INSTALAÇÕES ELÉTRICAS

Por se tratar de questão nitidamente técnica, cabe ao Ministério do Trabalho dispor sobre as condições de segurança e as medidas especiais a serem observadas quanto às instalações elétricas nas fases de produção, transmissão, distribuição ou consumo de energia.

2. INSTALADOR ELÉTRICO

Somente pode instalar, operar, inspecionar ou reparar instalações elétricas o profissional qualificado para tanto.

3. SOCORRO A ACIDENTADOS

A NR 10, instituída pela Portaria 3.214/1978, estabelece os requisitos e condições mínimas objetivando a implementação de medidas de controle e sistemas preventivos, de forma a garantir a segurança e a saúde dos trabalhadores que, direta ou indiretamente, interajam em instalações elétricas e serviços com eletricidade.

Essa NR se aplica às fases de geração, transmissão, distribuição e consumo, incluindo as etapas de projeto, construção, montagem, operação, manutenção das instalações elétricas e quaisquer trabalhos realizados nas suas proximidades.

Em todos os serviços executados em instalações elétricas devem ser previstas e adotadas, prioritariamente, medidas de proteção coletiva aplicáveis, mediante procedimentos, às atividades a serem desenvolvidas, de forma a garantir a segurança e a saúde dos trabalhadores[70].

---

[70] As medidas de proteção coletiva compreendem, prioritariamente, a desenergização elétrica conforme estabelece a NR 10 e, na sua impossibilidade, o emprego de tensão de segurança. Na impossibilidade de implementação dessas medidas, devem ser utilizadas outras medidas de proteção coletiva, tais como: isolação das partes vivas, obstáculos, barreiras, sinalização, sistema de seccionamento automático de alimentação, bloqueio do religamento automático.

Nos trabalhos em instalações elétricas, quando as medidas de proteção coletiva forem tecnicamente inviáveis ou insuficientes para controlar os riscos, devem ser adotados equipamentos de proteção individual específicos e adequados às atividades desenvolvidas.

É obrigatório que os projetos de instalações elétricas especifiquem medidas de segurança sobre esta matéria.

As instalações elétricas devem ser construídas, montadas, operadas, reformadas, ampliadas, reparadas e inspecionadas de forma a garantir a segurança e a saúde dos trabalhadores e dos usuários, e serem supervisionadas por profissional autorizado, conforme dispõe a NR 10.

✦ **Referência legislativa**

- NR 10 (Instalações e serviços de eletricidade).

Seção X – Da Movimentação, Armazenagem e Manuseio de Materiais

Art. 182. O Ministério do Trabalho estabelecerá normas sobre:

I – as precauções de segurança na movimentação de materiais nos locais de trabalho, os equipamentos a serem obrigatoriamente utilizados e as condições especiais a que estão sujeitas a operação e a manutenção desses equipamentos, inclusive exigências de pessoal habilitado;

II – as exigências similares relativas ao manuseio e à armazenagem de materiais, inclusive quanto às condições de segurança e higiene relativas aos recipientes e locais de armazenagem e os equipamentos de proteção individual;

III – a obrigatoriedade de indicação de carga máxima permitida nos equipamentos de transporte, dos avisos de proibição de fumar e de advertência quanto à natureza perigosa ou nociva à saúde das substâncias em movimentação ou em depósito, bem como das recomendações de primeiros socorros e de atendimento médico e símbolo de perigo, segundo padronização internacional, nos rótulos dos materiais ou substâncias armazenados ou transportados.

Parágrafo único. As disposições relativas ao transporte de materiais aplicam-se, também, no que couber, ao transporte de pessoas nos locais de trabalho.

Art. 183. As pessoas que trabalharem na movimentação de materiais deverão estar familiarizados com os métodos racionais de levantamento de cargas.

1. MOVIMENTAÇÃO, ARMAZENAGEM E MANUSEIO DE MATERIAIS

Na matéria em questão, o Ministério do Trabalho estabelece normas sobre (art. 182 da CLT): precauções de segurança na movimentação de materiais nos locais de trabalho, os equipamentos a serem obrigatoriamente utilizados e as condições especiais a que estão sujeitas a operação e a manutenção desses equipamentos, inclusive exigências de pessoal habilitado; exigências similares relativas ao manuseio e à armazenagem de materiais, inclusive quanto às condições de segurança e higiene relativas aos recipientes e locais de armazenagem e os equipamentos de proteção individual; obrigatoriedade de indicação de carga máxima permitida nos equipamentos de transporte, dos avisos de proibição de fumar e de advertência quanto à natureza perigosa ou nociva à saúde das substâncias em movimentação ou em depósito, bem como das recomendações de primeiros socorros e de atendimento médico e símbolo de perigo, segundo padronização internacional, nos rótulos dos materiais ou substâncias armazenados ou transportados.

As disposições relativas ao transporte de materiais aplicam-se, também, no que couber, ao transporte de pessoas nos locais de trabalho.

A Norma Regulamentadora 11, instituída pela Portaria 3.214/1978, estabelece normas de segurança para operação de elevadores, guindastes, transportadores industriais e máquinas transportadoras, normas de segurança do trabalho em atividades de transporte de sacas e armazenamento de materiais.

2. LEVANTAMENTO DE CARGAS

Com o objetivo de evitar acidentes do trabalho, as pessoas que trabalharem na movimentação de materiais devem estar familiarizadas com os métodos adequados de levantamento de cargas.

✦ Referência legislativa

- NR 11 (Transporte, movimentação armazenagem e manuseio de materiais).

Seção XI – Das Máquinas e Equipamentos

Art. 184. As máquinas e os equipamentos deverão ser dotados de dispositivos de partida e parada e outros que se fizerem necessários para a prevenção de acidentes do trabalho, especialmente quanto ao risco de acionamento acidental.

Parágrafo único. É proibida a fabricação, a importação, a venda, a locação e o uso de máquinas e equipamentos que não atendam ao disposto neste artigo.

Art. 185. Os reparos, limpeza e ajustes somente poderão ser executados com as máquinas paradas, salvo se o movimento for indispensável à realização do ajuste.

Art. 186. O Ministério do Trabalho estabelecerá normas adicionais sobre proteção e medidas de segurança na operação de máquinas e equipamentos, especialmente quanto à proteção das partes móveis, distância entre estas, vias de acesso às máquinas e equipamentos de grandes dimensões, emprego de ferramentas, sua adequação e medidas de proteção exigidas quando motorizadas ou elétricas.

1. MÁQUINAS E EQUIPAMENTOS

Tem-se aqui legítima proibição que, de certo modo, interfere em aspectos da atividade econômica, o que se justifica em razão da relevância maior do bem jurídico pertinente à saúde, segurança e vida do trabalhador.

2. REPAROS, LIMPEZA E AJUSTES EM MÁQUINAS

Os reparos, limpeza e ajustes somente podem ser executados com as máquinas paradas, exceto se o movimento for indispensável à realização do ajuste.

3. PROTEÇÃO E MEDIDAS DE SEGURANÇA NA OPERAÇÃO DE MÁQUINAS E EQUIPAMENTOS

A NR 12, instituída pela Portaria 3.214/1978, estabelece regras a respeito da segurança no trabalho em máquinas e equipamentos.

A referida NR 12 também estabelece normas de segurança para dispositivos de partida, acionamento e parada de máquinas.

Seção XII – Das Caldeiras, Fornos e Recipientes sob Pressão

Art. 187. As caldeiras, equipamentos e recipientes em geral que operam sob pressão deverão dispor de válvula e outros dispositivos de segurança, que evitem seja ultrapassada a pressão interna de trabalho compatível com a sua resistência.

Parágrafo único. O Ministério do Trabalho expedirá normas complementares quanto à segurança das caldeiras, fornos e recipientes sob pressão, especialmente quanto ao revestimento interno, à localização, à ventilação dos locais e outros meios de eliminação de gases ou vapores prejudiciais à saúde, e demais instalações ou equipamentos necessários à execução segura das tarefas de cada empregado.

Art. 188. As caldeiras serão periodicamente submetidas a inspeções de segurança, por engenheiro ou empresa especializada, inscritos no Ministério do Trabalho, de conformidade com as instruções que, para esse fim, forem expedidas.

§ 1.º Toda caldeira será acompanhada de "Prontuário", com documentação original do fabricante, abrangendo, no mínimo: especificação técnica, desenhos, detalhes, provas e testes realizados durante a fabricação e a montagem, características funcionais e a pressão máxima de trabalho permitida (PMTP), esta última indicada, em local visível, na própria caldeira.

§ 2.º O proprietário da caldeira deverá organizar, manter atualizado e apresentar, quando exigido pela autoridade competente, o Registro de Segurança, no qual serão anotadas, sistematicamente, as indicações das provas efetuadas, inspeções, reparos e quaisquer outras ocorrências.

§ 3.º Os projetos de instalação de caldeiras, fornos e recipientes sob pressão deverão ser submetidos à aprovação prévia do órgão regional competente em matéria de segurança do trabalho.

1. CALDEIRAS, FORNOS E RECIPIENTES SOB PRESSÃO

Os equipamentos em questão apresentam perigo para a vida e segurança dos empregados que com eles mantêm contato no trabalho. Por isso, são estabelecidas diversas regras de proteção e prevenção de acidentes.

O objetivo da Norma Regulamentadora 13, com redação aprovada pela Portaria 1.846/2022 do Ministério do Trabalho e Previdência, é estabelecer requisitos mínimos para a gestão da integridade estrutural de caldeiras, vasos de pressão, suas tubulações de interligação e tanques metálicos de armazenamento nos aspectos relacionados à instalação, inspeção, operação e manutenção, visando a segurança e saúde dos trabalhadores.

A Norma Regulamentadora 14, com redação aprovada pela Portaria 2.189/2022 do Ministério do Trabalho e Previdência, visa a estabelecer requisitos para a operação de fornos com segurança.

2. INSPEÇÃO DE SEGURANÇA DAS CALDEIRAS

As caldeiras devem ser periodicamente submetidas a inspeções de segurança, por engenheiro ou empresa especializada, inscritos no Ministério do Trabalho, de conformidade com as instruções que, para esse fim, forem expedidas.

Toda caldeira deve ser acompanhada de "Prontuário", com documentação original do fabricante, abrangendo, no mínimo: especificação técnica, desenhos, detalhes, provas e testes realizados durante a fabricação e a montagem, características funcionais e a pressão máxima de trabalho permitida (PMTP), esta última indicada, em local visível, na própria caldeira.

O proprietário da caldeira deve organizar, manter atualizado e apresentar, quando exigido pela autoridade competente, o Registro de Segurança, no qual são anotadas, sistematicamente, as indicações das provas efetuadas, inspeções, reparos e quaisquer outras ocorrências.

Os projetos de instalação de caldeiras, fornos e recipientes sob pressão devem ser submetidos à aprovação prévia do órgão regional competente em matéria de segurança do trabalho.

Seção XIII – Das Atividades Insalubres ou Perigosas

Art. 189. Serão consideradas atividades ou operações insalubres aquelas que, por sua natureza, condições ou métodos de trabalho, exponham os empregados a agentes nocivos à saúde, acima dos limites de tolerância fixados em razão da natureza e da intensidade do agente e do tempo de exposição aos seus efeitos.

1. INSALUBRIDADE

As atividades ou operações insalubres são as que, por sua natureza, condições ou métodos de trabalho, exponham os empregados a agentes nocivos à saúde, acima dos limites de tolerância fixados em razão da natureza e da intensidade do agente e do tempo de exposição aos seus efeitos.

✦ **Referências legislativas**

- V. art. 7.º, XXXIII, CF;
- V. NR 15 (Atividades e operações insalubres);
- V. NR 16 (Atividades e operações perigosas);

Art. 190. O Ministério do Trabalho aprovará o quadro das atividades e operações insalubres e adotará normas sobre os critérios de caracterização da insalubridade, os limites de tolerância aos agentes agressivos, meios de proteção e o tempo máximo de exposição do empregado a esses agentes.

Parágrafo único. As normas referidas neste artigo incluirão medidas de proteção do organismo do trabalhador nas operações que produzem aerodispersoides tóxicos, irritantes, alérgicos ou incômodos.

1. ATIVIDADES E OPERAÇÕES INSALUBRES

As atividades e operações insalubres estão indicadas na NR 15 da Portaria 3.214/1978. A mencionada regulamentação apresenta grande relevância, tendo em vista os arts. 190 e 196, ambos da CLT. Nesse sentido, vide: Súmula 460 do STF, Súmulas 248 e 448 do TST, Orientação Jurisprudencial Transitória 57 da SBDI-I do TST e Orientação Jurisprudencial 173 da SBDI-I do TST.

Cabe registrar que o Tribunal Superior do Trabalho, no julgamento de incidente de recurso repetitivo, fixou as seguintes teses jurídicas a respeito do adicional de insalubridade:

> 1. O reconhecimento da insalubridade, para fins do percebimento do adicional previsto no artigo 192 da CLT, não prescinde do enquadramento da atividade ou operação na relação elaborada pelo Ministério do Trabalho e Emprego ou da constatação de extrapolação de níveis de tolerância fixados para agente nocivo expressamente arrolado no quadro oficial.
>
> 2. A atividade com utilização constante de fones de ouvido tal como a de operador de teleatendimento não gera direito a adicional de insalubridade tão somente por equiparação aos serviços de telegrafia e radiotelegrafia, manipulação em aparelhos do tipo morse e recepção de sinais em fones para os fins do anexo 13 da NR 15 do Ministério do Trabalho (TST, SBDI-I, IRR 356-84.2013.5.04.0007, Rel. Min. Walmir Oliveira da Costa, j. 25.05.2017).

✦ Jurisprudência

Recurso de embargos da reclamada. Adicional de insalubridade. Exposição ao calor do Sol. Orientação Jurisprudencial 173 da SBDI-1. Inaplicabilidade. O Anexo 7 da NR 15 do Ministério do Trabalho, ao qual a Orientação Jurisprudencial 173 da SBDI-1 faz referência, trata das radiações não ionizantes. Inegável, portanto, que o intuito desta Corte, quando de sua edição, foi de vedar o pagamento de adicional de insalubridade em razão do fator radiação solar, ante a inexistência de previsão legal neste sentido. Entretanto, o mesmo entendimento não pode ser aplicado às hipóteses em que o laudo pericial constata a submissão do trabalhador ao agente insalubre calor, o qual encontra previsão no anexo n.º 3 da mesma norma regulamentar, na qual não há qualquer diferenciação a respeito da necessidade de exposição ao mencionado fator em ambiente fechado ou aberto. Aliás, conforme se verifica do item 1 do referido anexo, há expressa menção a "Ambientes externos com carga solar". Dessa forma, havendo comprovação, mediante perícia técnica, da submissão do reclamante a trabalho insalubre decorrente da exposição ao fator calor, nos termos da NR 15, Anexo 3, do Ministério do Trabalho, deve ser mantida a condenação ao pagamento de adicional de insalubridade, sendo irrelevante o fato da alta temperatura decorrer do contato com a luz solar. Recurso de embargos conhecido e desprovido (TST, SBDI-I, E-ED-RR 51100-73.2006.5.15.0120, Rel. Min. Renato de Lacerda Paiva, *DEJT* 10.08.2012).

✦ Súmulas, Orientações Jurisprudenciais e Precedentes Normativos

Súmula 194 do STF: É competente o Ministro do Trabalho para a especificação das atividades insalubres.

Súmula 460 do STF: Para efeito do adicional de insalubridade, a perícia judicial em reclamação trabalhista não dispensa o enquadramento da atividade entre as insalubres, que é ato da competência do Ministério do Trabalho e Previdência Social.

Súmula 248 do TST: Adicional de insalubridade. Direito adquirido. A reclassificação ou a descaracterização da insalubridade, por ato da autoridade competente, repercute na satisfação do respectivo adicional, sem ofensa a direito adquirido ou ao princípio da irredutibilidade salarial.

Súmula 448 do TST: Adicional de insalubridade. Caracterização. Previsão na Norma Regulamentadora 15 da Portaria do Ministério do Trabalho 3.214/1978. Instalações sanitárias. I – Não basta a constatação da insalubridade por meio de laudo pericial para que o empregado tenha direito ao respectivo adicional, sendo necessária a classificação da atividade insalubre na relação oficial elaborada pelo Ministério do Trabalho. II – A higienização de instalações sanitárias de uso público ou coletivo de grande circulação, e a respectiva coleta de lixo, por não se equiparar à limpeza em residências e escritórios, enseja o pagamento de adicional de insalubridade em grau máximo, incidindo o disposto no Anexo 14 da NR 15 da Portaria do MTE 3.214/1978 quanto à coleta e industrialização de lixo urbano.

Orientação Jurisprudencial Transitória 57 da SBDI-I do TST: Adicional de insalubridade. Deficiência de iluminamento. Limitação. Somente após 26.02.1991 foram, efetivamente, retiradas do mundo jurídico as normas ensejadoras do direito ao adicional de insalubridade por iluminamento insuficiente no local da prestação de serviço, como previsto na Portaria 3.751/1990 do Ministério do Trabalho.

Orientação Jurisprudencial 173 da SBDI-I do TST: Adicional de insalubridade. Atividade a céu aberto. Exposição ao Sol e ao calor. I – Ausente previsão legal, indevido o adicional de insalubridade ao trabalhador em atividade a céu aberto por sujeição à radiação solar (art. 195 da CLT e Anexo 7 da NR 15 da Portaria 3.214/1978 do MTE). II – Tem direito à percepção ao adicional de insalubridade o empregado que exerce atividade exposto ao calor acima dos limites de tolerância, inclusive em ambiente externo com carga solar, nas condições previstas no Anexo 3 da NR 15 da Portaria 3.214/1978 do MTE.

Art. 191. A eliminação ou a neutralização da insalubridade ocorrerá:

I – com a adoção de medidas que conservem o ambiente de trabalho dentro dos limites de tolerância;

II – com a utilização de equipamentos de proteção individual ao trabalhador, que diminuam a intensidade do agente agressivo a limites de tolerância.

Parágrafo único. Caberá às Delegacias Regionais do Trabalho, comprovada a insalubridade, notificar as empresas, estipulando prazos para sua eliminação ou neutralização, na forma deste artigo.

1. ELIMINAÇÃO OU NEUTRALIZAÇÃO DA INSALUBRIDADE

A eliminação ou a neutralização da insalubridade ocorre: com a adoção de medidas que conservem o ambiente de trabalho dentro dos limites de tolerância; com a utilização de equipamentos de proteção individual ao trabalhador, que diminuam a intensidade do agente agressivo a limites de tolerância.

Cabe às Delegacias Regionais do Trabalho (atualmente denominadas Superintendências Regionais do Trabalho), comprovada a insalubridade, notificar as empresas, estipulando prazos para sua eliminação ou neutralização, na forma do art. 191. Sobre o assunto dispõe a Súmula 289 do TST.

✦ Súmulas, Orientações Jurisprudenciais e Precedentes Normativos

Súmula 289 do TST: Insalubridade. Adicional. Fornecimento do aparelho de proteção. Efeito. O simples fornecimento do aparelho de proteção pelo empregador não o exime do pagamento do adicional de insalubridade. Cabe-lhe tomar as medidas que conduzam à diminuição ou eliminação da nocividade, entre as quais as relativas ao uso efetivo do equipamento pelo empregado.

Art. 192. O exercício de trabalho em condições insalubres, acima dos limites de tolerância estabelecidos pelo Ministério do Trabalho, assegura a percepção de adicional respectivamente de 40% (quarenta por cento), 20% (vinte por cento) e 10% (dez por cento) do salário mínimo da região, segundo se classifiquem nos graus máximo, médio e mínimo.

1. ADICIONAL DE INSALUBRIDADE

O adicional de insalubridade é previsto no art. 7.º, inciso XXIII, da Constituição Federal de 1988, com regulamentação pelos arts. 189 e seguintes da Consolidação das Leis do Trabalho.

As atividades e operações insalubres são indicadas na Norma Regulamentadora 15, da Portaria 3.214/1978 do Ministério do Trabalho, a qual descreve os agentes químicos, físicos e biológicos prejudiciais à saúde do empregado, bem como os respectivos limites de tolerância.

Prevalece o entendimento de que no caso de incidência de mais de um fator de insalubridade será apenas considerado o de grau mais elevado, para efeito de acréscimo salarial, sendo vedada a percepção cumulativa (NR 15, item 15.3).

Anteriormente, prevalecia o entendimento de que o cálculo do adicional de insalubridade com base no salário mínimo, como estabelece o art. 192 da CLT, não apresentava inconstitucionalidade, pois ausente o efeito de indexação da economia. Nesse sentido são os julgados da Segunda Turma do Supremo Tribunal Federal: Ag. Reg. no Agravo de Instrumento 417.632 2/SC. Rel. Min. Carlos Velloso, *DJ* 16.05.2003 e AI-AgR 638.100/ES, Rel. Min. Eros Grau, v.u., j. 22.05.2007, *DJ* 15.06.2007.

Cabe ressalvar que, antes da Constituição de 1988, e apenas durante a vigência do Decreto-lei 2.351/1987, a base de cálculo do adicional de insalubridade era o piso nacional de salários (Orientação Jurisprudencial Transitória 33 da SBDI-I do TST, ex-OJ 3 da SBDI-I).

Posteriormente, passou-se a entender que a disposição do art. 192 da CLT, especificamente quanto ao cálculo do adicional de insalubridade com base no salário mínimo, não havia sido recepcionada pela Constituição em vigor. O mencionado posicionamento destaca que essa previsão viola o art. 7.º, inciso IV, parte final, da Constituição Federal de 1988, ao vedar a vinculação do salário mínimo para qualquer fim.

Ainda quanto ao tema, o Supremo Tribunal Federal aprovou a *Súmula Vinculante 4*, que foi aprovada após o Pleno do STF decidir o Recurso Extraordinário 565.714, com *repercussão geral*, no dia 30 de abril de 2008.

O STF, assim, decidiu que a parte final do art. 7.º, inciso IV, da Constituição Federal de 1988 proíbe a vinculação do salário mínimo para qualquer fim. Ao mesmo tempo, o STF decidiu que se deve assegurar a *manutenção do pagamento do adicional de insalubridade da forma como ocorre atualmente, até que uma nova lei venha a fixar os critérios de atualização e a nova base de cálculo.*

De acordo com a Súmula Vinculante 4 do STF, "o salário mínimo não pode ser usado como indexador de base de cálculo de vantagem de servidor público ou de empregado, *nem ser substituído por decisão judicial*". Assim, de acordo com o STF, não pode ocorrer a substituição da base de cálculo do adicional de insalubridade por meio de simples interpretação da legislação (ou seja, em decisão judicial), mas apenas por meio de lei. Adotou-se a técnica da *declaração de inconstitucionalidade sem pronúncia da nulidade*, em que a norma, embora seja considerada inconstitucional, continua a ser aplicada até que seja aprovada lei sobre a matéria.

Verifica-se que o referido verbete vinculante foi aprovado pelo Supremo Tribunal Federal com uma redação ampla, não restringindo nem distinguindo entre servidores públicos e empregados, os quais, aliás, acabaram sendo expressamente incluídos no enunciado jurisprudencial ("Salvo nos casos previstos na Constituição, o salário mínimo não pode ser usado como indexador de base de cálculo de vantagem de servidor público *ou de empregado*, nem ser substituído por decisão judicial" – destaquei).

Logicamente, em face dos princípios da norma mais favorável e da condição mais benéfica, inerentes ao Direito do Trabalho, se houver norma jurídica válida e em vigência (p. ex., convenção coletiva ou acordo coletivo), estabelecendo o direito ao adicional de insalubridade de acordo com base mais benéfica, ela deverá ser observada.

De todo modo, como a Súmula Vinculante 4 do STF determina que "o salário mínimo não pode ser usado como indexador de base de cálculo de vantagem de servidor público ou de empregado, *nem ser substituído por decisão judicial*" (destaquei), o tema retornou ao Supremo Tribunal Federal, tendo em vista a Resolução 148, de 26 de junho de 2008, aprovada pelo Pleno do TST, que alterou a redação da sua Súmula 228, passando a prever que a partir de 9 de maio de 2008, data da publicação da Súmula Vinculante 4 do Supremo Tribunal Federal, o adicional de insalubridade será calculado sobre o salário básico (em analogia com a base de cálculo do adicional de periculosidade, prevista no art. 193, § 1.º, da CLT e Súmula 191 do TST), salvo critério mais vantajoso fixado em instrumento coletivo.

Nesse sentido, foi ajuizada Reclamação, com pedido liminar, ao Supremo Tribunal Federal, "em face da decisão proferida pelo Plenário do Tribunal Superior do Trabalho que editou a Resolução 148/2008 e deu nova redação ao verbete 228 da Súmula daquele Tribunal (Súmula 228/TST)".

Com isso, foi deferida a liminar para suspender a aplicação da Súmula 228 do TST na parte em que permite a utilização do salário básico para calcular o adicional de insalubridade (STF, Medida Cautelar na Reclamação 6.266-0/DF, Min. Gilmar Mendes).

Ainda no Supremo Tribunal Federal, foi julgada procedente a Reclamação 6.275 "para cassar a Súmula 228 do TST, apenas e tão somente na parte em que estipulou o salário básico do trabalhador como base de cálculo do adicional de insalubridade devido" (STF, Rcl 6.275/SP, Rel. Min. Ricardo Lewandowski, j. 11.04.2018).

Portanto, relativamente à base de cálculo do adicional de insalubridade, prevalece o entendimento de que, enquanto não houver a modificação da referida previsão legal, permanece aplicável o salário mínimo, tendo em vista a impossibilidade de se adotar outra base de cálculo por meio de decisão judicial.

Como mencionado, é possível, entretanto, admitir a estipulação de norma mais favorável ao empregado a respeito do tema, em convenção ou acordo coletivo, decorrente de negociação coletiva de trabalho, com fundamento nos arts. 7.º, *caput*, incisos XXIII e XXVI, e 8.º, inciso VI, da Constituição Federal de 1988.

Os agentes comunitários de saúde e os agentes de combate às endemias terão, em razão dos riscos inerentes às funções desempenhadas, aposentadoria especial e, somado aos seus vencimentos, adicional de insalubridade (art. 198, § 10, da Constituição da República, incluído pela Emenda Constitucional 120/2022).

Cabe ressaltar que o exercício de trabalho de forma habitual e permanente em condições insalubres, acima dos limites de tolerância estabelecidos pelo órgão competente do Poder Executivo federal, assegura aos agentes de que trata a Lei 11.350/2006, ou seja, aos *Agentes Comunitários de Saúde e Agentes de Combate às Endemias*, a percepção de *adicional de insalubridade*, calculado sobre o seu vencimento ou *salário-base*: nos termos do disposto no art. 192 da CLT, quando submetidos a esse regime; nos termos da legislação específica, quando submetidos a vínculos de outra natureza (art. 9.º-A, § 3.º, da Lei 11.350/2006, incluído pela Lei 13.342/2016).

Desse modo, quanto aos Agentes Comunitários de Saúde e Agentes de Combate às Endemias que sejam empregados, o exercício de trabalho em condições insalubres, acima dos limites de tolerância estabelecidos pelo Ministério do Trabalho, assegura o recebimento do adicional de 40%, 20% e 10%, segundo se classifiquem em grau máximo, médio e mínimo (art. 192 da CLT). Nessa hipótese específica, em razão da expressa previsão legal, o adicional de insalubridade deve ser calculado sobre o salário-base. Entretanto, por se tratar de norma especial, ela não modifica a norma geral anterior relativa aos demais empregados (art. 2.º, § 2.º, da Lei de Introdução às Normas do Direito Brasileiro).

Quanto ao piso salarial dos *técnicos em radiologia* e à base de cálculo do adicional de insalubridade dos que exercem essa profissão (art. 16 da Lei 7.394/1985 – 40%), cabe fazer referência à seguinte decisão do Supremo Tribunal Federal: "O Tribunal, por unanimidade, julgou parcialmente procedente o pedido formulado na arguição de descumprimento de preceito fundamental para declarar a não-recepção do art. 16 da Lei n.º 7.394/1985, ressalvando, porém, que: (i) os critérios estabelecidos pela referida lei devem continuar sendo aplicados, até que sobrevenha norma que fixe nova base de cálculo, seja lei federal, editada pelo Congresso Nacional, sejam convenções ou acordos coletivos de trabalho, ou, ainda, lei estadual, editada conforme delegação prevista na Lei Complementar 103/2000; (ii) fica congelada a base de cálculo em questão, a fim de que seja calculada de acordo com o valor de dois salários mínimos vigentes na data do trânsito em julgado da decisão que deferiu a medida cautelar (i.e., 13.05.2011), de modo a desindexar o salário mínimo, nos termos do voto do Relator" (STF, Pleno, ADPF 151/DF, Rel. Min. Roberto Barroso, j. 07.02.2019).

✦ Jurisprudência

Constitucional. Trabalho. Adicional de insalubridade: salário mínimo. CF, art. 7.º, IV. I. O que a Constituição veda, no art. 7.º, IV, é a utilização do salário mínimo para servir, por exemplo, como fator de indexação. O salário mínimo pode ser utilizado como base de incidência da percentagem do adicional de insalubridade. Precedentes do STF: AI 169.269-AgR/MG e AI 179.844-AgR/MG, Galvão, 1.ª Turma; AI 177.959-AgR/MG, Marco Aurélio, 2.ª Turma e RE 230.528-AgR/MG, Velloso, 2.ª Turma. II. Agravo não provido (STF, 2.ª T., Ag. Reg. no Agravo de Instrumento 417.632-2/SC, Rel. Min. Carlos Velloso, *DJ* 16.05.2003).

Agravo regimental no agravo de instrumento. Adicional de insalubridade. Fixação em percentual do salário mínimo. Possibilidade. O Supremo firmou entendimento no sentido de que o art. 7.º, IV, da Constituição do Brasil veda apenas o emprego do salário mínimo como indexador, sendo legítima a sua utilização como base de cálculo do adicional de insalubridade [Precedentes: AI 444.412-AgR, Relator o Ministro Carlos Velloso,

DJ de 19.09.2003; RE 340.275, Relatora a Ministra Ellen Gracie, *DJ* 22.10.2004]. Agravo regimental a que se nega provimento (STF, 2.ª T., AI-AgR 638100/ES, Rel. Min. Eros Grau, v.u., j. 22.05.2007, *DJ* 15.06.2007).

Constitucional. Art. 7.º, inc. IV, da Constituição da República. Não recepção do art. 3.º, parágrafo único, da Lei Complementar Paulista 432/1985 pela Constituição de 1988. Inconstitucionalidade de vinculação do adicional de insalubridade ao salário mínimo: precedentes. Impossibilidade da modificação da base de cálculo do benefício por decisão judicial. Recurso extraordinário ao qual se nega provimento.
1. O sentido da vedação constante da parte final do inc. IV do art. 7.º da Constituição impede que o salário mínimo possa ser aproveitado como fator de indexação; essa utilização tolheria eventual aumento do salário mínimo pela cadeia de aumentos que ensejaria se admitida essa vinculação (RE 217.700, Ministro Moreira Alves).
A norma constitucional tem o objetivo de impedir que aumento do salário mínimo gere, indiretamente, peso maior do que aquele diretamente relacionado com o acréscimo. Essa circunstância pressionaria reajuste menor do salário mínimo, o que significaria obstaculizar a implementação da política salarial prevista no art. 7.º, inciso IV, da Constituição da República.
O aproveitamento do salário mínimo para a formação da base de cálculo de qualquer parcela remuneratória ou com qualquer outro objetivo pecuniário (indenizações, pensões, etc.) esbarra na vinculação vedada pela Constituição do Brasil.
Histórico e análise comparativa da jurisprudência do Supremo Tribunal Federal.
Declaração de não recepção pela Constituição da República de 1988 do art. 3.º, parágrafo único, da Lei Complementar 432/1985 do Estado de São Paulo.
3. Inexistência de regra constitucional autorizativa de concessão de adicional de insalubridade a servidores públicos (art. 39, § 1.º, inc. III) ou a policiais militares (art. 42, § 1.º, c/c 142, § 3.º, inc. X).
4. Inviabilidade de invocação do art. 7.º, inc. XXIII, da Constituição da República, pois, mesmo se a legislação local determina a sua incidência aos servidores públicos, a expressão *adicional de remuneração* contida na norma constitucional há de ser interpretada como *adicional remuneratório*, a saber, aquele que desenvolve atividades penosas, insalubres ou perigosas tem direito a adicional, a compor a sua remuneração. Se a Constituição tivesse estabelecido remuneração do trabalhador como base de cálculo teria afirmado *adicional sobre a remuneração*, o que não fez.
5. Recurso extraordinário ao qual se nega provimento (STF, Pleno, RE 565.714-1/SP, Rel. Min. Cármen Lúcia, j. 30.04.2008, *DJ* 08.08.2008).

Direito do Trabalho. Arguição de Descumprimento de Preceito Fundamental. Piso salarial dos técnicos em radiologia. Adicional de insalubridade. Indexação ao salário mínimo. Medida cautelar confirmada.
1. Inconstitucionalidade da indexação de piso salarial ao valor do salário mínimo. 2. Congelamento da base de cálculo, a fim de que seja calculada de acordo com o valor de dois salários mínimos vigentes na data de estabilização da decisão que deferiu a medida cautelar. Não-recepção do art. 16 da Lei n.º 7.394/1985. 3. Arguição de descumprimento de preceito fundamental julgada procedente (STF, Pleno, ADPF 151/DF, Rel. Min. Roberto Barroso, *DJe* 11.04.2019).

Adicional de insalubridade. Base de cálculo. Salário mínimo (CLT, art. 192). Declaração de inconstitucionalidade sem pronúncia de nulidade (*Unvereinbarkeitserklärung*). Súmula 228 do TST e Súmula Vinculante 4 do STF.
1. O STF, ao apreciar o RE-565.714-SP, sob o pálio da repercussão geral da questão constitucional referente à base de cálculo do adicional de insalubridade, editou a Súmula Vinculante 4, reconhecendo a inconstitucionalidade da utilização do salário mínimo, mas vedando a substituição desse parâmetro por decisão judicial. Rejeitou, inclusive, a tese da conversão do salário mínimo em sua expressão monetária e aplicação posterior dos índices de correção dos salários, uma vez que, sendo o reajuste do salário mínimo mais elevado do que a inflação do período, restariam os servidores e empregados postulantes de uma base de cálculo mais ampla prejudicados ao receberem como prestação jurisdicional a redução da vantagem postulada.
2. Assim decidindo, a Suprema Corte adotou técnica decisória conhecida no Direito Constitucional alemão como declaração de inconstitucionalidade sem pronúncia da nulidade (*Unvereinbarkeitserklärung*), ou seja, a norma, não obstante ser declarada inconstitucional, continua a reger as relações obrigacionais, em face da impossibilidade de o Poder Judiciário se substituir ao legislador para definir critério diverso para a regulação da matéria.
3. O Direito Constitucional pátrio encampou tal técnica no art. 27 da Lei 9.868/1999, o qual dispõe que, ao declarar a inconstitucionalidade de lei ou ato normativo e tendo em vista razões de segurança jurídica ou de excepcional interesse social, poderá o Supremo Tribunal Federal, por maioria de dois terços de seus membros, restringir os efeitos daquela declaração ou decidir que ela só tenha eficácia a partir de seu trânsito em julgado ou de outro momento que venha a ser fixado. *In casu*, o momento oportuno fixado pela Suprema Corte foi o da edição de norma que substitua a declarada inconstitucional.

4. Nesse contexto, ainda que reconhecida a inconstitucionalidade do art. 192 da CLT e, por conseguinte, da própria Súmula 228 do TST, tem-se que a parte final da Súmula Vinculante 4 do STF não permite criar critério novo por decisão judicial, razão pela qual, até que se edite norma legal ou convencional estabelecendo base de cálculo distinta do salário mínimo para o adicional de insalubridade, continuará a ser aplicado esse critério para o cálculo do referido adicional, salvo a hipótese da Súmula 17 do TST, que prevê como base de cálculo o piso salarial da categoria, que o possua (já que o piso salarial é o salário mínimo da categoria). Recurso de revista parcialmente conhecido e provido (TST, 7.ª T., RR 872/2005-042-15-00.0, Rel. Min. Ives Gandra Martins Filho, *DJ* 13.06.2008).

Adicional de insalubridade. Base de cálculo. Salário mínimo. Art. 192 da CLT. Não recepção. Súmula Vinculante 4 do STF. Efeitos protraídos.
1. A jurisprudência do Supremo Tribunal Federal, fundando-se no disposto no art. 27 da Lei 9.868/1999 e na doutrina constitucional alemã, permite que ao ser declarada a inconstitucionalidade de lei ou ato normativo, por razões de segurança jurídica, estabeleça-se a restrição de sua eficácia para momento outro protraído no tempo (ADI 2.240/BA, Relator o eminente Ministro Gilmar Mendes, *DJ* 03.08.2007).
2. Ante a superveniência da edição da Súmula Vinculante 4 do STF, a vedar a utilização do salário mínimo como indexador de base de cálculo de vantagem de servidor público ou de empregado, e impedir que o Poder Judiciário proceda a sua substituição, tem-se que o disposto no art. 192 da CLT, não obstante em dissonância com o referido verbete sumular, tenha seus efeitos mantidos até que seja editada norma legal dispondo em outro sentido ou até que as categorias interessadas se componham em negociação coletiva.
3. Recurso de revista conhecido e provido (TST, 7.ª T., RR 868/2006-076-15-00.0, Rel. Min. Caputo Bastos, *DJ* 06.06.2008).

Adicional de insalubridade. Base de cálculo. Súmula Vinculante n.º 4 do STF. Conquanto o Supremo Tribunal Federal, por intermédio da Súmula Vinculante n.º 4, tenha vedado a utilização do salário mínimo como parâmetro para cálculo do adicional de insalubridade e a sua substituição por decisão judicial, também concedeu medida liminar para suspender a aplicação da Súmula n.º 228 desta Corte na parte em que permite a utilização do salário básico para o mesmo fim. Assim sendo, enquanto não editada lei ou norma coletiva que defina base de cálculo diversa, permanece a utilização do salário mínimo. Recurso de revista de que se conhece e a que se dá provimento (TST, 7.ª T., RR 182400-28.2009.5.15.0097, Rel. Min. Cláudio Mascarenhas Brandão, *DEJT* 04.05.2015).

Embargos declaratórios. Agravo regimental em recurso de embargos. Adicional de insalubridade. Base de cálculo. Salário mínimo. Súmula vinculante. Na esteira da jurisprudência do Supremo Tribunal Federal, restou claro o posicionamento desta Subseção de que, não obstante a inconstitucionalidade da vinculação do salário mínimo como base de cálculo do adicional de insalubridade, tendo em vista o disposto no art. 7.º, IV, da Constituição da República (Súmula Vinculante n.º 4 do STF), deve ser considerado como indexador até que nova lei seja editada disciplinando a matéria. Embargos declaratórios conhecidos e desprovidos (TST, SBDI-I, ED-AgR-E-ED-RR 133700-91.2005.5.17.0001, Rel. Min. Alexandre de Souza Agra Belmonte, *DEJT* 20.11.2015).
À primeira vista, a pretensão do reclamante afigura-se plausível no sentido de que a decisão reclamada teria afrontado a Súmula Vinculante 4 desta Corte:
"Salvo nos casos previstos na Constituição, o salário mínimo não pode ser usado como indexador de base de cálculo de vantagem de servidor público ou de empregado, nem ser substituído por decisão judicial".
Com efeito, no julgamento que deu origem à mencionada Súmula Vinculante 4 (RE 565.714/SP, Rel. Min. Cármen Lúcia, Sessão de 30.4.2008 – Informativo 510/STF), esta Corte entendeu que o adicional de insalubridade deve continuar sendo calculado com base no salário mínimo, enquanto não superada a inconstitucionalidade por meio de lei ou convenção coletiva.
Dessa forma, com base no que ficou decidido no RE 565.714/SP e fixado na Súmula Vinculante 4, este Tribunal entendeu que não é possível a substituição do salário mínimo, seja como base de cálculo, seja como indexador, antes da edição de lei ou celebração de convenção coletiva que regule o adicional de insalubridade.
Logo, à primeira vista, a nova redação estabelecida para a Súmula 228/TST revela aplicação indevida da Súmula Vinculante, porquanto permite a substituição do salário mínimo pelo salário básico no cálculo do adicional de insalubridade sem base normativa.
Ante o exposto, defiro a medida liminar para suspender a aplicação da Súmula 228/TST na parte em que permite a utilização do salário básico para calcular o adicional de insalubridade (STF, Reclamação 6.266-0/DF, Rel. Min. Gilmar Mendes, j. 15.07.2008).

✦ Súmulas, Orientações Jurisprudenciais e Precedentes Normativos

Súmula Vinculante 4 do STF: Salvo nos casos previstos na Constituição, o salário mínimo não pode ser usado como indexador de base de cálculo de vantagem de servidor público ou de empregado, nem ser substituído por decisão judicial.

Súmula 191 do TST: Adicional de periculosidade. Incidência. Base de cálculo.
I – O adicional de periculosidade incide apenas sobre o salário básico e não sobre este acrescido de outros adicionais.
II – O adicional de periculosidade do empregado eletricitário, contratado sob a égide da Lei n.º 7.369/1985, deve ser calculado sobre a totalidade das parcelas de natureza salarial. Não é válida norma coletiva mediante a qual se determina a incidência do referido adicional sobre o salário básico.
III – A alteração da base de cálculo do adicional de periculosidade do eletricitário promovida pela Lei n.º 12.740/2012 atinge somente contrato de trabalho firmado a partir de sua vigência, de modo que, nesse caso, o cálculo será realizado exclusivamente sobre o salário básico, conforme determina o § 1.º do art. 193 da CLT.

Súmula 228 do TST: Adicional de insalubridade. Base de cálculo (redação alterada na sessão do Tribunal Pleno em 26.06.2008) – Res. 148/2008. *Súmula cuja eficácia está suspensa por decisão liminar do Supremo Tribunal Federal* – Res. 185/2012 – *DEJT* divulgado em 25, 26 e 27.09.2012. A partir de 9 de maio de 2008, data da publicação da Súmula Vinculante n.º 4 do Supremo Tribunal Federal, o adicional de insalubridade será calculado sobre o salário básico, salvo critério mais vantajoso fixado em instrumento coletivo.

Orientação Jurisprudencial Transitória 33 da SBDI-I do TST: Adicional de insalubridade. Base de cálculo, na vigência do Decreto-lei 2.351/1987: Piso Nacional de Salários. Na vigência do Decreto-Lei 2.351/1987, o piso nacional de salários é a base de cálculo para o adicional de insalubridade.

Orientação Jurisprudencial 47 da SBDI-I do TST: Hora extra. Adicional de insalubridade. Base de cálculo. A base de cálculo da hora extra é o resultado da soma do salário contratual mais o adicional de insalubridade.

Orientação Jurisprudencial 2 da SBDI-II do TST: Ação rescisória. Adicional de insalubridade. Base de cálculo. Salário mínimo. Cabível. Viola o art. 192 da CLT decisão que acolhe pedido de adicional de insalubridade com base na remuneração do empregado.

Art. 193. São consideradas atividades ou operações perigosas, na forma da regulamentação aprovada pelo Ministério do Trabalho e Emprego, aquelas que, por sua natureza ou métodos de trabalho, impliquem risco acentuado em virtude de exposição permanente do trabalhador a:

I – inflamáveis, explosivos ou energia elétrica;

II – roubos ou outras espécies de violência física nas atividades profissionais de segurança pessoal ou patrimonial;

III – colisões, atropelamentos ou outras espécies de acidentes ou violências nas atividades profissionais dos agentes das autoridades de trânsito.

§ 1.º O trabalho em condições de periculosidade assegura ao empregado um adicional de 30% (trinta por cento) sobre o salário sem os acréscimos resultantes de gratificações, prêmios ou participações nos lucros da empresa.

§ 2.º O empregado poderá optar pelo adicional de insalubridade que porventura lhe seja devido.

§ 3.º Serão descontados ou compensados do adicional outros da mesma natureza eventualmente já concedidos ao vigilante por meio de acordo coletivo.

§ 4.º São também consideradas perigosas as atividades de trabalhador em motocicleta.

§ 5.º O disposto no inciso I do *caput* deste artigo não se aplica às quantidades de inflamáveis contidas nos tanques de combustíveis originais de fábrica e suplementares, para consumo próprio de veículos de carga e de transporte coletivo de passageiros, de máquinas e de equipamentos, certificados pelo órgão competente, e nos equipamentos de refrigeração de carga.

1.º PERICULOSIDADE

O adicional de periculosidade, previsto no art. 7.º, inciso XXIII, da Constituição Federal de 1988, é regulamentado pelos arts. 193 e seguintes da CLT.

As atividades ou operações perigosas são aquelas que, na forma da regulamentação aprovada pelo Ministério do Trabalho, por sua natureza ou métodos de trabalho, impliquem risco acentuado em virtude de exposição permanente do trabalhador a inflamáveis, explosivos ou energia elétrica (inciso I), roubos ou outras espécies de violência física nas atividades profissionais de segurança pessoal ou patrimonial (inciso II), e, ainda (conforme inclusão do inciso III pela Lei 14.684/2023), colisões, atropelamentos ou outras espécies de acidentes ou violências nas atividades profissionais dos agentes das autoridades de trânsito (art. 193 da CLT, com redação dada pela Lei 12.740/2012, publicada no *DOU* de 10.12.2012, data de sua entrada em vigor).

O disposto no inciso I do art. 193 da CLT não se aplica às quantidades de inflamáveis contidas nos tanques de combustíveis originais de fábrica e suplementares, para consumo próprio de veículos de carga e de transporte coletivo de passageiros, de máquinas e de equipamentos, certificados pelo órgão competente, e nos equipamentos de refrigeração de carga (art. 193, § 5.º, da CLT, incluído pela Lei 14.766/2023).

A Lei 12.997/2014, publicada no *DOU* de 20.06.2014, acrescentou o § 4.º ao art. 193 da CLT, passando a dispor que "são também consideradas perigosas as atividades de trabalhador em motocicleta". Com isso, o adicional de periculosidade também passa a ser devido, por exemplo, a empregados que exercem as funções de "motoboy", "mototaxista" e carteiros que utilizam motocicleta para a entrega de correspondências.

O bombeiro civil tem direito ao adicional de periculosidade de 30% do salário mensal sem os acréscimos resultantes de gratificações, prêmios ou participações nos lucros da empresa (art. 6.º, inciso III, da Lei 11.901/2009).

As atividades e operações perigosas são indicadas na Norma Regulamentadora 16, da Portaria 3.214/1978.

O adicional de periculosidade, que é devido no montante de 30%, quanto à base de cálculo, incide "sobre o salário sem os acréscimos resultantes de gratificações, prêmios ou participações nos lucros da empresa", conforme art. 193, § 1.º, da CLT.

Quanto ao recebimento dos adicionais de periculosidade e de insalubridade, tende a prevalecer o entendimento de que o empregado não faz jus ao recebimento de ambos os adicionais ao mesmo tempo, entendimento este que, no entanto, merece *fundada crítica*, pois, se o empregado está exposto tanto ao agente insalubre como também à periculosidade, nada mais justo e coerente do que receber ambos os adicionais (art. 7.º, inciso XXIII, da Constituição Federal de 1988), uma vez que os fatos geradores são distintos e autônomos. Além disso, a restrição a apenas um dos adicionais acaba desestimulando que a insalubridade e a periculosidade sejam eliminadas e neutralizadas, o que estaria em desacordo com o art. 7.º, inciso XXII, da Constituição Federal de 1988.

Pode-se dizer, ainda, que as Convenções 148 e 155 da OIT, dispondo de forma mais benéfica e coerente, admitem o recebimento, simultâneo, dos adicionais de insalubridade e de periculosidade, quando o empregado está exposto a ambos os agentes.

Entretanto, a posição mais tradicional é no sentido da *impossibilidade da referida cumulação*.

Registre-se ainda o entendimento intermediário no sentido de que se houver a presença de atividades insalubre e perigosa, *consideradas individualmente*, conforme causas de pedir distintas, por se tratar de fatos geradores diversos e autônomos, há direito ao recebimento dos respectivos adicionais de insalubridade e de periculosidade de forma cumulativa.

De todo modo, a posição mais recente, que prevaleceu no TST, é no sentido de não ser possível a acumulação de ambos os adicionais, ainda que os fatos geradores sejam distintos, podendo o empregado optar pelo adicional de periculosidade ou de insalubridade (SBDI-I, E-RR 1072-72.2011.5.02.0384, Rel. Min. Renato de Lacerda Paiva, j. 13.10.2016).

A respeito do tema, o Tribunal Superior do Trabalho, em incidente de recurso repetitivo, fixou tese jurídica (arts. 896-C da CLT, 927, inciso III, do CPC e 3.º, inciso XXIII, da Instrução Normativa 39/2015 do TST) nos seguintes termos: "O art. 193, § 2.º, da CLT foi recepcionado pela Constituição Federal e veda a cumulação dos adicionais de insalubridade e de periculosidade, ainda que decorrentes de fatos geradores distintos e autônomos" (TST, SBDI-I, IRR – 239-55.2011.5.02.0319, Redator Min. Alberto Luiz Bresciani de Fontan Pereira, j. 26.09.2019).

Mesmo que o adicional de insalubridade tenha natureza salarial (Súmula 139 do TST), caso prevaleça o mencionado entendimento, mais tradicional, de que o recebimento do adicional de periculosidade afasta o direito ao adicional de insalubridade, não haveria, consequentemente, como integrá-lo no cálculo do adicional de periculosidade.

No entanto, o que vem se admitindo é a cumulação do adicional de insalubridade (*ou* de periculosidade) com eventual adicional de penosidade, regulado por norma coletiva ou regulamento de empresa.

Embora o § 3.º do art. 193 (acrescentado pela Lei 12.470/2012) mencione apenas o acordo coletivo, por meio de interpretação extensiva, pode-se dizer que o adicional, da mesma natureza, já pago em razão de convenção coletiva também deve servir para o referido desconto ou compensação, inclusive para que se evite o enriquecimento sem causa.

Anteriormente, a Lei 7.369, de 20 de setembro de 1985 (regulamentada pelo Decreto 93.412/1986), atualmente revogada pela Lei 12.740/2012, estabelecia o direito ao adicional de periculosidade, de 30% sobre o salário, ao "empregado que exerce atividade no setor de energia elétrica".

Não se verifica previsão expressa, na lei, fixando a exposição à radiação ionizante ou a exposição a substâncias radioativas, como hipóteses de periculosidade propriamente.

A Portaria 518, de 4 de abril de 2003, estabelece, em seu art. 2.º, que o trabalho, em atividades e operações com radiações ionizantes ou substâncias radioativas, assegura ao empregado o adicional de periculosidade, conforme quadro constante de seu Anexo, mencionado em seu art. 1.º.

A Portaria MTE 595/2015 incluiu "Nota Explicativa" no final do Quadro Anexo da Portaria 518/2003, que dispõe sobre as atividades e operações perigosas com radiações ionizantes ou substâncias radioativas, assim prevendo: "1. Não são consideradas perigosas, para efeito deste anexo, as atividades desenvolvidas em áreas que utilizam equipamentos móveis de Raios X para diagnóstico médico. 2. Áreas tais como emergências, centro de tratamento intensivo, sala de recuperação e leitos de internação não são classificadas como salas de irradiação em razão do uso do equipamento móvel de Raios X".

A respeito do tema, o Tribunal Superior do Trabalho, com base no art. 896-C da CLT, fixou as seguintes teses jurídicas de observância obrigatória (art. 927 do CPC): "I – a Portaria MTE n.º 595/2015 e sua nota explicativa não padecem de inconstitucionalidade ou ilegalidade. II – não é devido o adicional de periculosidade a trabalhador que, sem operar o equipamento móvel de Raios X, permaneça, habitual, intermitente ou eventualmente, nas áreas de seu uso. III – os efeitos da Portaria n.º 595/2015 do Ministério do Trabalho alcançam as situações anteriores à data de sua publicação" (TST, SBDI-I, IRR – 1325-18.2012.5.04.0013, Redatora Min. Maria Cristina Irigoyen Peduzzi, j. 01.08.2019).

A rigor, a possibilidade de regulamentação, pelo Ministério do Trabalho, das condições de segurança e medicina do trabalho (arts. 190, 192, 193, 196 e 200 da CLT), somente poderia ocorrer dentro dos limites da previsão, ainda que genérica, da lei.

Assim, na realidade, somente após alteração legislativa, com o acréscimo do labor em condições de exposição a radiações ionizantes ou substâncias radioativas às atividades perigosas, é que seria válida esta regulamentação.

Na mesma linha, observa-se o Projeto de Lei 658/2003 (data de apresentação: 03.04.2003), ao qual também foram apensados os Projetos de Lei 1.248/2003 e 1.294/2003, tendo por fim acrescentar parágrafo ao art. 193 da CLT para conceder adicional de periculosidade aos trabalhadores que exerçam atividades em contato permanente com radiações ionizantes ou substâncias radioativas. Entretanto, sobre o tema, cf. Orientação Jurisprudencial 345 da SBDI-I do TST.

A Súmula 191 do TST versa sobre a base de cálculo do adicional de periculosidade. Tendo em vista a alteração no art. 193 da CLT, decorrente da Lei 12.740/2012, que revogou a Lei 7.369/1985, o adicional de periculosidade dos eletricitários também passou a incidir sobre o salário básico *quanto aos contratos de trabalho firmados a partir da vigência da mencionada Lei 12.740/2012*. Entretanto, aos empregados eletricitários contratados na vigência da Lei 7.369/1985 essa modificação da base de cálculo não se aplica, em razão da impossibilidade de redução salarial, com fundamento no princípio da condição mais benéfica. Desse modo, o adicional de periculosidade do empregado eletricitário *contratado sob a égide da Lei 7.369/1985* deve ser calculado sobre a totalidade das parcelas de natureza salarial.

O art. 193, inciso II, da CLT, acrescentado pela Lei 12.740/2012, prevê que são consideradas atividades ou operações perigosas, na forma da regulamentação aprovada pelo Ministério do Trabalho, aquelas que, por sua natureza ou métodos de trabalho, impliquem risco acentuado em virtude de exposição permanente do trabalhador a *roubos ou outras espécies de violência física nas atividades profissionais de segurança pessoal ou patrimonial.*

Nesse contexto, a Portaria MTE 1.885/2013 aprovou o Anexo 3 da Norma Regulamentadora 16, dispondo sobre as atividades e operações perigosas com exposição a roubos ou outras espécies de violência física nas atividades profissionais de segurança pessoal ou patrimonial.

Desse modo, são considerados profissionais de segurança pessoal ou patrimonial os trabalhadores que atendam a uma das seguintes condições: a) empregados das empresas prestadoras de serviço nas atividades de segurança privada *ou* que integrem serviço orgânico de segurança privada, devidamente registradas e autorizadas pelo Ministério da Justiça, conforme Lei 7.102/1983 e suas alterações posteriores; b) empregados que exercem a atividade de segurança patrimonial ou pessoal em instalações metroviárias, ferroviárias, portuárias, rodoviárias, aeroportuárias e de bens públicos, contratados diretamente pela administração pública direta ou indireta.

As atividades ou operações que expõem os empregados a roubos ou outras espécies de violência física, desde que atendida uma das condições acima, são as seguintes: a) *vigi-*

lância patrimonial (segurança patrimonial e/ou pessoal na preservação do patrimônio em estabelecimentos públicos ou privados e da incolumidade física de pessoas); b) *segurança de eventos* (segurança patrimonial e/ou pessoal em espaços públicos ou privados, de uso comum do povo); c) *segurança nos transportes coletivos* (segurança patrimonial e/ou pessoal nos transportes coletivos e em suas respectivas instalações); d) *segurança ambiental e florestal* (segurança patrimonial e/ou pessoal em áreas de conservação de fauna, flora natural e de reflorestamento); e) *transporte de valores* (segurança na execução do serviço de transporte de valores); f) *escolta armada* (segurança no acompanhamento de qualquer tipo de carga ou de valores); g) *segurança pessoal* (acompanhamento e proteção da integridade física de pessoa ou de grupos); h) *supervisão e fiscalização operacional* (supervisão e/ou fiscalização direta dos locais de trabalho para acompanhamento e orientação dos vigilantes); i) *telemonitoramento e telecontrole* (execução de controle e/ou monitoramento de locais, através de sistemas eletrônicos de segurança).

Nota-se, portanto, que o adicional de periculosidade em questão é devido, em essência, aos empregados que exercem a função de vigilância. Tanto é assim que, com o fim de se evitar o enriquecimento sem causa, nos termos do art. 193, § 3.º, da CLT, devem ser descontados ou compensados do referido adicional outros da mesma natureza eventualmente já concedidos ao *vigilante* por meio de acordo coletivo.

A Lei 7.102/1983 dispõe sobre segurança para estabelecimentos financeiros, estabelece normas para constituição e funcionamento das empresas particulares que exploram serviços de vigilância e de transporte de valores, e dá outras providências.

A *vigilância ostensiva* e o *transporte de valores* devem ser executados por dois modos, de forma alternativa, quais sejam: *por empresa especializada contratada*; ou *pelo próprio estabelecimento financeiro*, desde que organizado e preparado para tal fim, com pessoal próprio, aprovado em curso de formação de vigilante autorizado pelo Ministério da Justiça e cujo sistema de segurança tenha de parecer favorável à sua aprovação emitido pelo Ministério da Justiça (art. 3.º da Lei 7.102/1983).

O serviço de vigilância, assim, é uma das hipóteses em que a jurisprudência, com fundamento na lei, admite a terceirização.

O disposto na Lei 6.019/1974, que atualmente rege as relações de trabalho na empresa de trabalho temporário, na empresa de prestação de serviços e nas respectivas tomadoras de serviço e contratante (art. 1.º, com redação dada pela Lei 13.429/2017), não se aplica às empresas de vigilância e transporte de valores, permanecendo as respectivas relações de trabalho reguladas por legislação especial, e, subsidiariamente, pela CLT (art. 19-B da Lei 6.019/1974, acrescentado pela Lei 13.429/2017). A respeito da terceirização, cf. comentários ao art. 455 da CLT.

Nos estabelecimentos financeiros estaduais, o serviço de vigilância ostensiva pode ser desempenhado pelas Polícias Militares, a critério do Governo da respectiva Unidade da Federação.

O vigilante é o empregado contratado para a execução das atividades de segurança privada, desenvolvidas em prestação de serviços com a finalidade de: proceder à *vigilância patrimonial* das instituições financeiras e de outros estabelecimentos, públicos ou privados, bem como a *segurança de pessoas físicas*; realizar o *transporte de valores* ou *garantir o transporte de qualquer outro tipo de carga* (arts. 10 e 15 da Lei 7.102/1983).

Frise-se que os serviços de vigilância e de transporte de valores podem ser executados por uma mesma empresa.

As empresas especializadas em prestação de serviços de segurança, vigilância e transporte de valores, constituídas sob a forma de empresas privadas, também podem exercer atividades de segurança privada: a pessoas; aos estabelecimentos comerciais, industriais, de prestação de serviços e residências; a entidades sem fins lucrativos; e órgãos e empresas públicas.

As empresas que tenham objeto econômico diverso da vigilância ostensiva e do transporte de valores, *que utilizem pessoal de quadro funcional próprio*, para execução dessas atividades, ficam obrigadas ao cumprimento do disposto na Lei 7.102/1983. Trata-se, no caso, do chamado serviço *orgânico* de segurança privada.

Para o exercício da profissão, o vigilante deve preencher os seguintes requisitos: ser brasileiro; ter idade mínima de 21 anos; ter instrução correspondente à quarta série do primeiro grau; ter sido aprovado, em curso de formação de vigilante, realizado em estabelecimento com funcionamento autorizado nos termos da Lei 7.102/1983 (ou seja, pelo Ministério da Justiça); ter sido aprovado em exame de saúde física, mental e psicotécnico; não ter antecedentes criminais registrados; e estar quite com as obrigações eleitorais e militares (art. 16 da Lei 7.102/1983).

O vigilante deve usar uniforme somente quando em efetivo serviço. Além disso, assegura-se ao vigilante: uniforme especial, a cargo da empresa a que se vincular; porte de arma, quando em serviço; prisão especial por ato decorrente do serviço; seguro de vida em grupo, feito pela empresa empregadora (art. 19 da Lei 7.102/1983).

O vigia, diversamente, realiza atividades mais simples, de fiscalização dos locais, não sendo regido pela Lei 7.102/1983. Não se exigem, portanto, os requisitos nela determinados, acima indicados.

✦ Jurisprudência

Vigia e Vigilante. Diferenciação. A função do vigilante se destina precipuamente a resguardar a vida e o patrimônio das pessoas, exigindo porte de arma e requisitos de treinamento específicos, nos termos da Lei n.º 7.102/83, com as alterações introduzidas pela Lei n.º 8.863/94, exercendo função parapolicial. Não pode ser confundida com as atividades de um simples vigia ou porteiro, as quais se destinam à proteção do patrimônio, com tarefas de fiscalização local. O vigilante é aquele empregado contratado por estabelecimentos financeiros ou por empresa especializada em prestação de serviços de vigilância e transporte de valores, o que não se coaduna com a descrição das atividades exercidas pelo autor, ou seja, de vigia desarmado, que trabalhava zelando pela segurança da reclamada de forma mais branda, não sendo necessário o porte e o manejo de arma para se safar de situações emergenciais de violência (TRT-3.ª Reg., 6.ª T., RO 00329-2014-185-03-00-6, Rel. Juíza Conv. Rosemary de Oliveira Pires, *DEJT* 14.07.2014).

Vigia. Enquadramento sindical como vigilante. Ausência dos requisitos previstos na Lei n.º 7.102/1983. Fraude à legislação trabalhista. Possibilidade. Prevalência da realidade fática. Discute-se, no caso, a possibilidade de enquadramento do reclamante na categoria profissional dos vigilantes, o qual fora contratado como vigia. O Regional, examinando as provas carreadas aos autos, registrou que o reclamante exercia atividades de segurança privada e vigilância ostensiva de proteção ao patrimônio da empresa, portando arma de fogo e atuando para a repressão de eventuais atividades criminosas. Segundo a Corte de origem, a reclamada submetia empregados seus, que laboravam como vigia, a curso de formação profissional na própria empresa e em outra do mesmo grupo, com o intuído de fornecer-lhes o treinamento equivalente ao exigido pela Lei n.º 7.102/1983. Diante do exposto, conclui-se que, no caso dos autos, efetivamente, está-se diante de comprovada fraude à legislação trabalhista e de burla ao regulamento próprio da categoria profissional diferenciada, pois o reclamante fora contratado como vigia mas exercia, na realidade, função de vigilante, cujo regramento legal assegura direitos trabalhistas não alcançados por aqueles que laboram como vigia, aos quais não se exige o cumprimento dos requisitos insertos na Lei dos vigilantes. Dessa maneira, com espeque no princípio da primazia da realidade e da proteção ao trabalhador, não há como afastar o enquadramento do reclamante na categoria diferenciada dos vigilantes, haja vista os fatos narrados pelo Regional, os quais devem prevalecer, como forma de se resguardar os direitos do trabalhador obstados pela reclamada em franca e deliberada inobservância da legislação vigente. Salienta-se que é eminente fática a questão relativa às reais atividades desenvolvidas pelo reclamante, sendo insuscetível e apreciação por esta Corte, nos termos da Súmula n.º 126 do TST. Por outro lado, impende destacar que, se o reclamante não fez o curso legalmente exigido e não foi inscrito no órgão administrativo competente, a culpa disso foi de sua empregadora que, agora, não pode se valer de sua própria torpeza ou incúria para se eximir de suas obrigações. Não podendo permitir que a reclamada, tendo se beneficiado dos serviços por ele prestados, com maior risco à sua integridade física e a de outrem, furte-se ao cumprimento das obrigações legais atinentes à função efetivamente desempenhada pelo empregado, sob seu comando. Recurso de Revista não conhecido (TST, 2.ª T., RR 21200-15.2007.5.04.0541, Rel. Min. José Roberto Freire Pimenta, *DEJT* 20.06.2014).

Recurso de revista. Cumulação dos adicionais de insalubridade e periculosidade. Possibilidade. Prevalência das normas constitucionais e supralegais sobre a CLT. Jurisprudência consolidada do STF quanto ao efeito paralisante das normas internas em descompasso com os Tratados Internacionais de Direitos Humanos. Incompatibilidade material. Convenções n.os 148 e 155 da OIT. Normas de direito social. Controle de convencionalidade. Nova forma de verificação de compatibilidade das normas integrantes do ordenamento jurídico. A previsão contida no artigo 193, § 2.º, da CLT não foi recepcionada pela Constituição Federal de 1988, que, em seu artigo 7.º, XXIII, garantiu de forma plena o direito ao recebimento dos adicionais de penosidade, insalubridade e periculosidade, sem qualquer ressalva no que tange à cumulação, ainda que tenha remetido sua regulação à lei ordinária. A possibilidade da aludida cumulação se justifica em virtude de os fatos geradores dos direitos serem diversos. Não se há de falar em *bis in idem*. No caso da insalubridade, o bem tutelado é a saúde do obreiro, haja vista as condições nocivas presentes no meio ambiente de trabalho; já a periculosidade traduz situação de perigo iminente que, uma vez ocorrida, pode ceifar a vida do trabalhador, sendo este o bem a que se visa proteger. A regulamentação complementar prevista no citado preceito da Lei Maior deve se pautar pelos princípios e valores insculpidos no texto constitucional, como forma de alcançar, efetivamente, a finalidade da norma. Outro fator que sustenta a inaplicabilidade do preceito celetista é a introdução no sistema jurídico interno das Convenções Internacionais nos 148 e 155, com *status* de norma materialmente constitucional ou, pelo menos, supralegal, como decidido pelo STF. A primeira consagra a necessidade de atualização constante da legislação sobre as condições nocivas de trabalho e a segunda determina que sejam levados em conta os -riscos para a saúde decorrentes da exposição simultânea a diversas substâncias ou agentes-. Nesse contexto, não há mais espaço para a aplicação do artigo 193, § 2.º, da CLT. Recurso de revista de que se conhece e a que se nega provimento (TST, 7.ª T., RR 1072-72.2011.5.02.0384, Rel. Min. Cláudio Mascarenhas Brandão, *DEJT* 03.10.2014).

Recurso de embargos. Cumulação dos adicionais de insalubridade e periculosidade. Impossibilidade. O art. 193, § 2.º, da CLT, ao conceder ao empregado a prerrogativa de optar pelo adicional que lhe for mais favorável, afastou a possibilidade de cumulação. Cabe ressaltar que muito antes da promulgação da Constituição Federal de 1988, a qual incluiu os direitos sociais do trabalhador de redução dos riscos inerentes ao trabalho, a CLT já tinha a previsão de pagamento dos adicionais em questão. Não há como se concluir que haja na atual Carta Constitucional qualquer disposição expressa ou tácita acerca da não recepção do art. 193, § 2.º, da CLT, seja porque, ao prever o pagamento dos adicionais, usou a expressão, na forma da lei, sendo, portanto, norma constitucional de eficácia contida, regulamentada, portanto, pela CLT; seja porque utilizou do conectivo *ou*, e não *e*, donde se depreende que foi utilizada uma conjunção exclusiva e não inclusiva. Registre-se que não se ignora que as Convenções Internacionais sobre direitos humanos têm *status* de norma supralegal, conforme entendimento do STF. No entanto, da leitura dos arts. 8.º, III, da Convenção n.º 145 e 11, *b*, da Convenção n.º 155, ambas da OIT, não há como se chegar à conclusão de que há a determinação, previsão ou recomendação de pagamento cumulado dos adicionais em questão. As referidas normas tão somente preveem que sejam considerados os riscos para a saúde do empregado decorrentes de exposição simultânea a diversas substâncias e agentes. Tratam, pois, da individualização dos riscos e não de cumulação de adicionais. Neste contexto, tendo em vista o expressamente disposto em lei, não há que se falar em cumulação dos adicionais de insalubridade e periculosidade. Recurso de embargos conhecido e não provido (TST, SBDI-I, E-RR 443-80.2013.5.04.0026, Rel. Min. Aloysio Corrêa da Veiga, *DEJT* 10.06.2016).

Adicionais. Periculosidade e insalubridade. Percepção cumulativa. Art. 193, § 2.º, da CLT. Alcance. 1. No Direito brasileiro, as normas de proteção ao empregado pelo labor prestado em condições mais gravosas à saúde e à segurança deverão pautar-se sempre nos preceitos insculpidos no art. 7.º, incisos XXII e XXIII, da Constituição Federal: de um lado, a partir do estabelecimento de um meio ambiente do trabalho equilibrado; de outro lado, mediante retribuição pecuniária com vistas a "compensar" os efeitos nocivos decorrentes da incontornável necessidade de exposição do empregado, em determinadas atividades, a agentes nocivos à sua saúde e segurança. 2. No plano infraconstitucional, o art. 193 da CLT, ao dispor sobre o direito à percepção de adicional de periculosidade, assegura ao empregado a opção pelo adicional de insalubridade porventura devido (§ 2.º do art. 193 da CLT). 3. A opção a que alude o art. 193, § 2.º, da CLT não conflita com a norma do art. 7.º, XXII, da Constituição Federal. Os preceitos da CLT e da Constituição, nesse ponto, disciplinam aspectos distintos do labor prestado em condições mais gravosas: enquanto o art. 193, § 2.º, da CLT regula o adicional de salário devido ao empregado em decorrência de exposição a agente nocivo, o inciso XXII do art. 7.º impõe ao empregador a redução dos agentes nocivos no meio ambiente de trabalho. O inciso XXIII, a seu turno, cinge-se a enunciar o direito a adicional "de remuneração" para as atividades penosas, insalubres e perigosas e atribui ao legislador ordinário a competência para fixar os requisitos que geram direito ao respectivo adicional. 4. Igualmente não se divisa descompasso entre a legislação brasileira e as normas internacionais de proteção ao trabalho. As Convenções nos 148 e 155 da OIT, em especial, não contêm qualquer norma explícita em que se assegure a percepção cumulativa dos adicionais de periculosidade e de insalubridade em decorrência da exposição do empregado a uma pluralidade de agentes de risco distintos. Não há, pois, em tais normas internacionais, preceito em contraposição ao § 2.º do art. 193 da CLT. 5. Entretanto, interpretação teleológica, afinada ao texto constitucional, da norma inscrita no art. 193, § 2.º, da CLT, conduz à conclusão de que a opção franqueada ao empregado, em relação à percepção de um ou de outro adicional, somente faz sentido se se partir do pressuposto de que o direito, em tese, ao pagamento dos adicionais de insalubridade e de periculosidade deriva de uma única causa de pedir. 6. Solução diversa impõe-se se se postula o pagamento dos adicionais de insalubridade e de periculosidade, concomitantemente, com fundamento em causas de pedir distintas. Uma vez caracterizadas e classificadas as atividades, individualmente consideradas, como insalubre e perigosa, nos termos do art. 195 da CLT, é inarredável a observância das normas que asseguram ao empregado o pagamento cumulativo dos respectivos adicionais – arts. 192 e 193, § 1.º, da CLT. Trata-se de entendimento consentâneo com o art. 7.º, XXIII, da Constituição Federal de 1988. Do contrário, emprestar-se-ia tratamento igual a empregados submetidos a condições gravosas distintas: o empregado submetido a um único agente nocivo, ainda que caracterizador de insalubridade e também de periculosidade, mereceria o mesmo tratamento dispensado ao empregado submetido a dois ou mais agentes nocivos, díspares e autônomos, cada qual em si suficiente para gerar um adicional. Assim, se presentes os agentes insalubre e de risco, simultaneamente, cada qual amparado em um fato gerador diferenciado e autônomo, em tese há direito à percepção cumulativa de ambos os adicionais. 7. Incensurável, no caso, acórdão de Turma do TST que nega a percepção cumulativa dos adicionais de insalubridade e de periculosidade se não comprovada, para tanto, a presença de causa de pedir distinta. 8. Embargos do Reclamante de que se conhece, por divergência jurisprudencial, e a que se nega provimento (TST, SBDI-I, E-ARR 1081-60.2012.5.03.0064, Redator Min. João Oreste Dalazen, *DEJT* 17.06.2016).

Incidente de recursos repetitivos. Adicionais de periculosidade e de insalubridade. Impossibilidade de cumulação, ainda que amparados em fatos geradores distintos e autônomos. Interpretação sistemática do ordenamento jurídico. Recepção do art. 193, § 2.º, da CLT, pela Constituição Federal. 1. Incidente de recursos repetitivos, instaurado perante a SBDI-1, para decidir-se, sob as perspectivas dos controles de constitucionalidade e de convencionalidade, acerca da possibilidade de cumulação dos adicionais de periculosidade e de insalubridade, quando amparados em fatos geradores distintos e autônomos, diante de eventual ausência de recepção da regra do art. 193, § 2.º, da CLT, pela Constituição Federal. 2. Os incisos XXII e XXIII do art. 7.º da Constituição Federal são regras de eficácia limitada, de natureza programática. Necessitam da "interpositio legislatoris", embora traduzam normas jurídicas tão preceptivas quanto as outras. O princípio orientador dos direitos fundamentais sociais, neles fixado, é a proteção da saúde do trabalhador. Pela topografia dos incisos – o XXII trata da redução dos riscos inerentes ao trabalho e o XXIII, do adicional pelo exercício de atividades de risco -, observa-se que a prevenção deve ser priorizada em relação à compensação, por meio de retribuição pecuniária (a monetização do risco), dos efeitos nocivos do ambiente de trabalho à saúde do trabalhador. 3. Gramaticalmente, a conjunção "ou", bem como a utilização da palavra "adicional", no inciso XXIII do art. 7.º, da Carta Magna, no singular, admite supor-se alternatividade entre os adicionais. 4. O legislador, no art. 193, § 2.º, da CLT, ao facultar ao empregado a opção pelo recebimento de um dos adicionais devidos, por certo, vedou o pagamento cumulado dos títulos, sem qualquer ressalva. 5. As Convenções 148 e 155 da OIT não tratam de cumulação de adicionais de insalubridade e de periculosidade. 6. Conforme ensina Malcom Shaw, "quando uma lei e um tratado têm o mesmo objeto, os tribunais buscarão interpretá-los de forma que deem efeito a ambos sem contrariar a letra de nenhum dos dois". É o que se recomenda para o caso, uma vez que os textos comparados (Constituição Federal, Convenções da OIT e CLT) não são incompatíveis (a regra da impossibilidade de cumulação adequa-se à transição para o paradigma preventivo), mesmo considerado o caráter supralegal dos tratados que versem sobre direitos humanos. É inaplicável, ainda, o princípio da norma mais favorável, na contramão do plano maior, por ausência de contraposição ou paradoxo. 7. Há Lei e jurisprudência consolidada sobre a matéria. Nada, na conjuntura social, foi alterado, para a ampliação da remuneração dos trabalhadores no caso sob exame. O art. 193, § 2.º, da CLT, não se choca com o regramento constitucional ou convencional. 8. Pelo exposto, fixa-se a tese jurídica: o art. 193, § 2.º, da CLT foi recepcionado pela Constituição Federal e veda a cumulação dos adicionais de insalubridade e de periculosidade, ainda que decorrentes de fatos geradores distintos e autônomos. Tese fixada. Recurso de embargos conhecido e desprovido (TST, SBDI-I, IRR-239-55.2011.5.02.0319, Redator Min. Alberto Luiz Bresciani de Fontan Pereira, *DEJT* 06.03.2020).

✦ Súmulas, Orientações Jurisprudenciais e Precedentes Normativos

Súmula 39 do TST: Periculosidade. Os empregados que operam em bomba de gasolina têm direito ao adicional de periculosidade (Lei 2.573, de 15.08.1955).

Súmula 139 do TST: Adicional de insalubridade (incorporada a Orientação Jurisprudencial 102 da SBDI-I). Enquanto percebido, o adicional de insalubridade integra a remuneração para todos os efeitos legais.

Súmula 152 do TST: Pagamento de Gratificação. Caráter de Liberalidade. Ajuste Tácito. O fato de constar do recibo de pagamento de gratificação o caráter de liberalidade não basta, por si só, para excluir a existência de um ajuste tácito.

Súmula 191 do TST: Adicional de periculosidade. Incidência. Base de cálculo.
I – O adicional de periculosidade incide apenas sobre o salário básico e não sobre este acrescido de outros adicionais.
II – O adicional de periculosidade do empregado eletricitário, contratado sob a égide da Lei n.º 7.369/1985, deve ser calculado sobre a totalidade das parcelas de natureza salarial. Não é válida norma coletiva mediante a qual se determina a incidência do referido adicional sobre o salário básico.
III – A alteração da base de cálculo do adicional de periculosidade do eletricitário promovida pela Lei n.º 12.740/2012 atinge somente contrato de trabalho firmado a partir de sua vigência, de modo que, nesse caso, o cálculo será realizado exclusivamente sobre o salário básico, conforme determina o § 1.º do art. 193 da CLT.

Súmula 361 do TST: Adicional de periculosidade. Eletricitários. Exposição intermitente. O trabalho exercido em condições perigosas, embora de forma intermitente, dá direito ao empregado a receber o adicional de periculosidade de forma integral, porque a Lei 7.369, de 20.09.1985 não estabeleceu nenhuma proporcionalidade em relação ao seu pagamento.

Súmula 364 do TST: Adicional de periculosidade. Exposição eventual, permanente e intermitente. I – Tem direito ao adicional de periculosidade o empregado exposto permanentemente ou que, de forma intermitente, sujeita-se a condições de risco. Indevido, apenas, quando o contato dá-se de forma eventual, assim considerado o fortuito, ou o que, sendo habitual, dá-se por tempo extremamente reduzido. II – Não é válida a cláusula de acordo ou convenção coletiva de trabalho fixando o adicional de periculosidade em percentual inferior ao estabelecido em lei e proporcional ao tempo de exposição ao risco, pois tal parcela constitui medida de higiene, saúde e segurança do trabalho, garantida por norma de ordem pública (arts. 7.º, XXII e XXIII, da CF e 193, § 1.º, da CLT).

Súmula 447 do TST: Adicional de periculosidade. Permanência a bordo durante o abastecimento da aeronave. Indevido. Os tripulantes e demais empregados em serviços auxiliares de transporte aéreo que, no momento do abastecimento da aeronave, permanecem a bordo não têm direito ao adicional de periculosidade a que aludem o art. 193 da CLT e o Anexo 2, item 1, "c", da NR 16 do MTE.

Orientação Jurisprudencial 345 da SBDI-I do TST: A exposição do empregado à radiação ionizante ou à substância radioativa enseja a percepção do adicional de periculosidade, pois a regulamentação ministerial (Portarias do Ministério do Trabalho 3.393, de 17.12.1987 e 518, de 07.04.2003), ao reputar perigosa a atividade, reveste-se de plena eficácia, porquanto expedida por força de delegação legislativa contida no art. 200, *caput* e inciso VI, da CLT. No período de 12.12.2002 a 06.04.2003, enquanto vigeu a Portaria 496 do Ministério do Trabalho, o empregado faz jus ao adicional de insalubridade (*DJ* 22.06.2005).

Orientação Jurisprudencial 347 da SBDI-I do TST: Adicional de periculosidade. Sistema elétrico de potência. Lei 7.369, de 20.09.1985, regulamentada pelo Decreto 93.412, de 14.10.1986. Extensão do direito aos cabistas, instaladores e reparadores de linhas e aparelhos em empresa de telefonia. *DJ* 25.04.2007. É devido o adicional de periculosidade aos empregados cabistas, instaladores e reparadores de linhas e aparelhos de empresas de telefonia, desde que, no exercício de suas funções, fiquem expostos a condições de risco equivalente ao do trabalho exercido em contato com sistema elétrico de potência.

Orientação Jurisprudencial 385 da SBDI-I do TST: Adicional de periculosidade. Devido. Armazenamento de líquido inflamável no prédio. Construção vertical. É devido o pagamento do adicional de periculosidade ao empregado que desenvolve suas atividades em edifício (construção vertical), seja em pavimento igual ou distinto daquele onde estão instalados tanques para armazenamento de líquido inflamável, em quantidade acima do limite legal, considerando-se como área de risco toda a área interna da construção vertical (*DEJT* 09.06.2010).

✦ **Referência legislativa**

- Art. 7.º, XXIII, CF.

Art. 194. O direito do empregado ao adicional de insalubridade ou de periculosidade cessará com a eliminação do risco à sua saúde ou integridade física, nos termos desta Seção e das normas expedidas pelo Ministério do Trabalho.

1. NORMAS COMUNS À INSALUBRIDADE E À PERICULOSIDADE

O direito do empregado ao adicional de insalubridade ou de periculosidade se extingue com a eliminação do risco à sua saúde ou integridade física, nos termos da seção referente às atividades insalubres ou perigosas e das normas expedidas pelo Ministério do Trabalho.

Art. 195. A caracterização e a classificação da insalubridade e da periculosidade, segundo as normas do Ministério do Trabalho, far-se-ão através de perícia a cargo de Médico do Trabalho ou Engenheiro do Trabalho, registrados no Ministério do Trabalho.

§ 1.º É facultado às empresas e aos sindicatos das categorias profissionais interessadas requererem ao Ministério do Trabalho a realização de perícia em estabelecimento ou setor deste, com o objetivo de caracterizar e classificar ou delimitar as atividades insalubres ou perigosas.

§ 2.º Arguida em juízo insalubridade ou periculosidade, seja por empregado, seja por Sindicato em favor de grupo de associado, o juiz designará perito habilitado na forma deste artigo, e, onde não houver, requisitará perícia ao órgão competente do Ministério do Trabalho.

§ 3.º O disposto nos parágrafos anteriores não prejudica a ação fiscalizadora do Ministério do Trabalho, nem a realização *ex officio* da perícia.

1. PERÍCIA

A caracterização e a classificação da insalubridade e da periculosidade, segundo as normas do Ministério do Trabalho, devem ser feitas por meio de perícia, de incumbência de Médico do Trabalho ou Engenheiro do Trabalho, registrados no Ministério do Trabalho (art. 195 da CLT). Sobre o tema, cf. Súmula 293 do TST e Orientações Jurisprudenciais 278 e 406 da SBDI-I do TST.

Faculta-se às empresas e aos sindicatos das categorias profissionais interessadas requererem ao Ministério do Trabalho a realização de perícia em estabelecimento ou setor deste, com o objetivo de caracterizar e classificar ou delimitar as atividades insalubres ou perigosas.

Se a insalubridade ou a periculosidade forem arguidas em juízo, o juiz deve designar perito habilitado na forma acima mencionada, e, onde não houver, requisitar perícia ao órgão competente do Ministério do Trabalho.

Embora a redação literal do art. 195, § 2.º, da CLT estabeleça o mencionado ajuizamento de ação, pelo sindicato, em favor do "grupo de associados", entende-se que a substituição processual, no caso, encontra fundamento no próprio art. 8.º, inciso III, da Constituição Federal de 1988, em favor de todos os integrantes da categoria, e não apenas dos associados ao ente sindical. Além disso, a defesa de direitos individuais homogêneos, como ocorre no caso, é permitida ao sindicato, tendo em vista a sua natureza de associação de direito privado, apresentando como pertinência temática a defesa de direitos dos membros da categoria, e não apenas dos associados (Lei 7.347/1985, art. 5.º, e Lei 8.078/1990, art. 82, inciso IV).

De todo modo, também são possíveis a ação fiscalizadora do Ministério do Trabalho e a determinação de realização da perícia de ofício pelo juiz.

✦ Súmulas, Orientações Jurisprudenciais e Precedentes Normativos

Súmula 293 do TST: Adicional de insalubridade. Causa de pedir. Agente nocivo diverso do apontado na inicial. A verificação mediante perícia de prestação de serviços em condições nocivas, considerado agente insalubre diverso do apontado na inicial, não prejudica o pedido de adicional de insalubridade.

Súmula 453 do TST: Adicional de periculosidade. Pagamento espontâneo. Caracterização de fato incontroverso. Desnecessária a perícia de que trata o art. 195 da CLT. O pagamento de adicional de periculosidade efetuado por mera liberalidade da empresa, ainda que de forma proporcional ao tempo de exposição ao risco ou em percentual inferior ao máximo legalmente previsto, dispensa a realização da prova técnica exigida pelo art. 195 da CLT, pois torna incontroversa a existência do trabalho em condições perigosas.

Orientação Jurisprudencial 278 da SBDI-I do TST: Adicional de insalubridade. Perícia. Local de trabalho desativado. A realização de perícia é obrigatória para a verificação de insalubridade. Quando não for possível sua realização, como em caso de fechamento da empresa, poderá o julgador utilizar-se de outros meios de prova.

Art. 196. Os efeitos pecuniários decorrentes do trabalho em condições de insalubridade ou periculosidade serão devidos a contar da data da inclusão da respectiva atividade nos quadros aprovados pelo Ministro do Trabalho, respeitadas as normas do art. 11.

1. INCLUSÃO DE ATIVIDADE INSALUBRE OU PERIGOSA NOS QUADROS DO MINISTÉRIO DO TRABALHO

Os efeitos pecuniários decorrentes do trabalho em condições de insalubridade ou periculosidade são devidos a partir da data da inclusão da respectiva atividade nos quadros aprovados pelo Ministério do Trabalho, devendo-se respeitar o prazo prescricional trabalhista (bienal e quinquenal).

✦ Referência legislativa

- Lei 7.369/1985 (Salário adicional para os empregados no setor de energia elétrica).

Art. 197. Os materiais e substâncias empregados, manipulados ou transportados nos locais de trabalho, quando perigosos ou nocivos à saúde, devem conter, no rótulo, sua composição, recomendações de socorro imediato e o símbolo de perigo correspondente, segundo a padronização internacional.

Parágrafo único. Os estabelecimentos que mantenham as atividades previstas neste artigo afixarão, nos setores de trabalho atingidos, avisos ou cartazes, com advertência quanto aos materiais e substâncias perigosos ou nocivos à saúde.

1. INDICAÇÃO DOS RISCOS NOS MATERIAIS E SUBSTÂNCIAS PERIGOSAS OU NOCIVAS

Para prevenir intoxicações e outros adoecimentos ocupacionais, os materiais e substâncias empregados, manipulados ou transportados nos locais de trabalho, quando perigosos ou nocivos à saúde, devem conter, no rótulo, a sua composição, as recomendações de socorro imediato e o símbolo de perigo correspondente, observando-se as regras de padronização internacional sobre a matéria.

Os empregadores, nos estabelecimentos que mantenham as referidas atividades, mais especificamente nos setores de trabalho atingidos, devem afixar avisos ou cartazes, advertindo a respeito dos materiais e substâncias perigosos ou prejudiciais à saúde.

Seção XIV – Da Prevenção da Fadiga

Art. 198. É de 60 kg (sessenta quilogramas) o peso máximo que um empregado pode remover individualmente, ressalvadas as disposições especiais relativas ao trabalho do menor e da mulher.

Parágrafo único. Não está compreendida na proibição deste artigo a remoção de material feita por impulsão ou tração de vagonetes sobre trilhos, carros de mão ou quaisquer outros aparelhos mecânicos, podendo o Ministério do Trabalho, em tais casos, fixar limites diversos, que evitem sejam exigidos do empregado serviços superiores às suas forças.

Art. 199. Será obrigatória a colocação de assentos que assegurem postura correta ao trabalhador, capazes de evitar posições incômodas ou forçadas, sempre que a execução da tarefa exija que trabalhe sentado.

Parágrafo único. Quando o trabalho deva ser executado de pé, os empregados terão à sua disposição assentos para serem utilizados nas pausas que o serviço permitir.

1. PREVENÇÃO DA FADIGA

As normas de ergonomia têm por objetivo evitar a fadiga, acidentes e doenças ocupacionais.

O peso máximo que um empregado pode remover individualmente é de 60 kg, ressalvadas as disposições especiais relativas ao trabalho do menor e da mulher.

A remoção de material feita por impulsão ou tração de vagonetes sobre trilhos, carros de mão ou quaisquer outros aparelhos mecânicos não está compreendida na referida proibição. O Ministério do Trabalho pode, em tais casos, fixar limites diversos, que evitem sejam exigidos do empregado serviços superiores às suas forças.

No caso do trabalho da mulher, o art. 390 da CLT, que também se aplica aos empregados menores (art. 405, § 5.º, da CLT), estabelece a seguinte regra especial: "Art. 390. Ao empregador é vedado empregar a mulher em serviço que demande o emprego de força muscular superior a 20 (vinte) quilos para o trabalho contínuo, ou 25 (vinte e cinco) quilos para o trabalho ocasional. Parágrafo único. Não está compreendida na determinação deste artigo a remoção de material feita por impulsão ou tração de vagonetes sobre trilhos, de carros de mão ou quaisquer aparelhos mecânicos".

A Norma Regulamentadora 17, sobre ergonomia, com redação dada pela Portaria 423/2021, estabelece as diretrizes e os requisitos que permitam a adaptação das condições de trabalho às características psicofisiológicas dos trabalhadores, de modo a proporcionar conforto, segurança, saúde e desempenho eficiente no trabalho.

✦ **Referência legislativa**

- NR 17 (Ergonomia).

2. ASSENTOS ERGONÔMICO AO TRABALHADOR

O empregador deve instalar e manter assentos que assegurem postura correta ao trabalhador, capazes de evitar posições incômodas ou forçadas, sempre que a execução da tarefa exija que trabalhe sentado. Quando for necessário que o trabalho seja executado de pé, os empregados devem ter à sua disposição assentos para serem utilizados nas pausas que o serviço permitir. Evitam-se, com isso, adoecimentos e acidentes laborais, amenizando o desgaste físico dos empregados.

Seção XV – Das Outras Medidas Especiais de Proteção

Art. 200. Cabe ao Ministério do Trabalho estabelecer disposições complementares às normas de que trata este Capítulo, tendo em vista as peculiaridades de cada atividade ou setor de trabalho, especialmente sobre:

I – medidas de prevenção de acidentes e os equipamentos de proteção individual em obras de construção, demolição ou reparos;

II – depósitos, armazenagem e manuseio de combustíveis, inflamáveis e explosivos, bem como trânsito e permanência nas áreas respectivas;

III – trabalho em escavações, túneis, galerias, minas e pedreiras, sobretudo quanto à prevenção de explosões, incêndios, desmoronamentos e soterramentos, eliminação de poeiras, gases, etc. e facilidades de rápida saída dos empregados;

IV – proteção contra incêndio em geral e as medidas preventivas adequadas, com exigências ao especial revestimento de portas e paredes, construção de paredes contrafogo, diques e outros anteparos, assim como garantia geral de fácil circulação, corredores de acesso e saídas amplas e protegidas, com suficiente sinalização;

V – proteção contra insolação, calor, frio, umidade e ventos, sobretudo no trabalho a céu aberto, com provisão, quanto a este, de água potável, alojamento profilaxia de endemias;

VI – proteção do trabalhador exposto a substâncias químicas nocivas, radiações ionizantes e não ionizantes, ruídos, vibrações e trepidações ou pressões anormais ao ambiente de trabalho, com especificação das medidas cabíveis para eliminação ou atenuação desses efeitos limites máximos quanto ao tempo de exposição, à intensidade da ação ou de seus efeitos sobre o organismo do trabalhador, exames médicos obrigatórios, limites de idade controle permanente dos locais de trabalho e das demais exigências que se façam necessárias;

VII – higiene nos locais de trabalho, com discriminação das exigências, instalações sanitárias, com separação de sexos, chuveiros, lavatórios, vestiários e armários individuais, refeitórios ou condições de conforto por ocasião das refeições, fornecimento de água potável, condições de limpeza dos locais de trabalho e modo de sua execução, tratamento de resíduos industriais;

VIII – emprego das cores nos locais de trabalho, inclusive nas sinalizações de perigo.

Parágrafo único. Tratando-se de radiações ionizantes e explosivos, as normas a que se referem este artigo serão expedidas de acordo com as resoluções a respeito adotadas pelo órgão técnico.

1. INDÚSTRIA DA CONSTRUÇÃO

As regras sobre os equipamentos de proteção individual (EPIs) são detalhadas na Norma Regulamentadora 6 da Portaria 3.214/1978.

As condições de segurança e saúde no trabalho na indústria da construção são reguladas pela Norma Regulamentadora 18, com redação dada pela Portaria 3.733/2020.

A NR 18 estabelece diretrizes de ordem administrativa, de planejamento e de organização, que visam à implementação de medidas de controle e sistemas preventivos de segurança nos processos, nas condições e no meio ambiente de trabalho na indústria da construção.

É obrigatória a colocação de tapume, com altura mínima de dois metros, sempre que se executarem atividades da indústria da construção, de forma a impedir o acesso de pessoas estranhas aos serviços (NR 18, item 18.16.18).

2. LÍQUIDOS COMBUSTÍVEIS E INFLAMÁVEIS

A Norma Regulamentadora 20, em sua atual redação, estabelece requisitos mínimos para a gestão da segurança e saúde no trabalho contra os fatores de risco de acidentes provenientes das atividades de extração, produção, armazenamento, transferência, manuseio e manipulação de inflamáveis e líquidos combustíveis (item 20.1.1).

3. EXPLOSIVOS

A Norma Regulamentadora 19, com redação dada pela Portaria 424/2021, tem o objetivo de estabelecer os requisitos e as medidas de prevenção para garantir as condições de segurança e saúde dos trabalhadores em todas as etapas da fabricação, manuseio, armazenamento e transporte de explosivos (item 19.1.1).

A NR 19 aplica-se a todas as atividades relacionadas com a fabricação, manuseio, armazenamento e transporte de explosivos (item 19.2.1).

Para fins da NR 19, considera-se explosivo material ou substância que, quando iniciada, sofre decomposição muito rápida em produtos mais estáveis, com grande liberação de calor e desenvolvimento súbito de pressão (item 19.3.1).

Ainda quanto ao tema, a Norma Regulamentadora 19 prevê regras sobre os seguintes aspectos: fabricação de explosivos (item 19.4); armazenamento de explosivos (item 19.5); transporte de explosivos (item 19.6).

O Anexo I da NR 19 trata da segurança e saúde na indústria e comércio de fogos de artifício e outros artigos pirotécnicos. O Anexo II da NR 19 versa sobre tabelas de quantidades e distâncias. O Anexo III da NR 19 dispõe sobre grupos de incompatibilidade para armazenamento e transporte.

4. MINERAÇÃO

A Norma Regulamentadora 22, com redação aprovada pela Portaria 225/2024 do Ministério do Trabalho e Emprego, estabelece regras sobre segurança e saúde ocupacional na mineração.

A NR 22 tem por objetivo disciplinar os preceitos a serem observados nas organizações de forma a tornar compatível o planejamento e o desenvolvimento da atividade minerária com a busca permanente da segurança e saúde dos trabalhadores (item 22.1.1).

A Norma Regulamentadora 22 se aplica às organizações que realizam as atividades relacionadas a: a) minerações subterrâneas, inclusive garimpos abrangidos pela permissão de lavra garimpeira (PLG); b) minerações a céu aberto, inclusive garimpos abrangidos pela permissão de lavra garimpeira; c) beneficiamentos minerais instalados dentro das áreas das minerações e das permissão de lavra garimpeira; d) pesquisa mineral (item 22.2.1).

5. PROTEÇÃO CONTRA INCÊNDIO

O Ministério do Trabalho estabelece disposições sobre proteção contra incêndio em geral e as medidas preventivas adequadas, com exigências ao especial revestimento de portas e paredes, construção de paredes contra fogo, diques e outros anteparos, assim como garantia geral de fácil circulação, corredores de acesso e saídas amplas e protegidas, com suficiente sinalização.

Nesse sentido, a Norma Regulamentadora 23, com redação aprovada pela Portaria 2.769/2022 do Ministério do Trabalho e Previdência, estabelece medidas de prevenção contra incêndios nos ambientes de trabalho.

As medidas de prevenção estabelecidas na NR 23 se aplicam aos estabelecimentos e locais de trabalho (item 23.2.1).

Toda organização (empregador) deve adotar medidas de prevenção contra incêndios em conformidade com a legislação estadual e, quando aplicável, de forma complementar, com as normas técnicas oficiais (item 23.3.1).

A organização deve providenciar para todos os trabalhadores informações sobre: a) utilização dos equipamentos de combate ao incêndio; b) procedimentos de resposta aos cenários de emergências e para evacuação dos locais de trabalho com segurança; c) dispositivos de alarme existentes (item 23.3.2).

Os locais de trabalho devem dispor de saídas em número suficiente e dispostas de modo que aqueles que se encontrem nesses locais possam abandonálos com rapidez e segurança em caso de emergência (item 23.3.3).

As aberturas, saídas e vias de passagem de emergência devem ser identificadas e sinalizadas de acordo com a legislação estadual e, quando aplicável, de forma complementar, com as normas técnicas oficiais, indicando a direção da saída (item 23.3.4). As aberturas, saídas e vias de passagem devem ser mantidas desobstruídas (item 23.3.4.1).

Nenhuma saída de emergência deve ser fechada à chave ou presa durante a jornada de trabalho (item 23.3.5). As saídas de emergência podem ser equipadas com dispositivos de travamento que permitam fácil abertura do interior do estabelecimento (item 23.3.5.1).

6. TRABALHO A CÉU ABERTO

O Ministério do Trabalho estabelece disposições sobre proteção contra insolação, calor, frio, umidade e ventos, sobretudo no trabalho a céu aberto, com provisão, quanto a este, de água potável, alojamento e profilaxia de endemias.

O trabalho a céu aberto é disciplinado pela Norma Regulamentadora 21, instituída pela Portaria 3.214/1978. É obrigatória a existência de abrigos, ainda que rústicos, capazes de proteger os trabalhadores contra intempéries.

São exigidas medidas especiais que protejam os trabalhadores contra a insolação excessiva, o calor, o frio, a umidade e os ventos inconvenientes.

Aos trabalhadores que residirem no local do trabalho, devem ser oferecidos alojamentos que apresentem adequadas condições sanitárias.

Para os trabalhos realizados em regiões pantanosas ou alagadiças, serão imperativas as medidas de profilaxia de endemias, de acordo com as normas de saúde pública.

Os locais de trabalho devem ser mantidos em condições sanitárias compatíveis com o gênero de atividade.

É vedada, em qualquer hipótese, a moradia coletiva da família.

7.º RADIAÇÃO IONIZANTE

O Tribunal Superior do Trabalho aprovou a Orientação Jurisprudencial 345 da SBDI-I, entendendo que a exposição do empregado à radiação ionizante ou à substância radioativa enseja a percepção do adicional de periculosidade (Portaria 518, de 4 de abril de 2003, que restabeleceu a diretriz da anterior Portaria 3.393/1987).

8.º CONDIÇÕES DE HIGIENE E CONFORTO

Devem ser respeitadas nos locais de trabalho as normas de higiene, contendo estes instalações sanitárias, com separação de sexos, chuveiros, lavatórios, vestiários e armários individuais, refeitórios ou condições de conforto por ocasião das refeições, fornecimento de água potável, condições de limpeza dos locais de trabalho e modo de sua execução.

A Norma Regulamentadora 24, com redação aprovada pela Portaria 1.066/2019, dispõe sobre condições de higiene e conforto nos locais de trabalho.

Nesse sentido, a Norma Regulamentadora 24 estabelece as condições mínimas de higiene e de conforto a serem observadas pelas organizações, devendo o dimensionamento de todas as instalações regulamentadas pela NR 24 ter como base o número de trabalhadores usuários do turno com maior contingente (item 24.1.1).

9. RESÍDUOS INDUSTRIAIS

As empresas devem observar as normas de segurança e medicina nos locais de trabalho, atendendo às medidas para o tratamento de resíduos industriais.

A Norma Regulamentadora 25, com redação aprovada pela Portaria 3.994/2022, estabelece requisitos de segurança e saúde no trabalho para o gerenciamento de resíduos industriais.

A NR 25 se aplica às atividades relacionadas ao gerenciamento de resíduos industriais provenientes dos processos industriais (item 25.2.1).

A organização (empregador) deve buscar a redução da exposição ocupacional aos resíduos industriais por meio da adoção das melhores práticas tecnológicas e organizacionais disponíveis (item 25.3.1).

Os resíduos industriais devem ter disposição de acordo com a lei ou regulamento específico, sendo vedado o lançamento ou a liberação no ambiente de trabalho de quaisquer contaminantes advindos desses materiais que possam comprometer a segurança e saúde dos trabalhadores (item 25.3.2).

As medidas, métodos, equipamentos ou dispositivos de controle do lançamento ou liberação de contaminantes gasosos, líquidos ou sólidos devem ser submetidos ao exame e à aprovação dos órgãos competentes (item 25.3.3).

Os resíduos sólidos e efluentes líquidos produzidos por processos e operações industriais devem ser coletados, acondicionados, armazenados, transportados, tratados e encaminhados à disposição final pela organização na forma estabelecida em lei ou regulamento específico (item 25.3.4).

Os trabalhadores envolvidos em atividades de coleta, manipulação, acondicionamento, armazenamento, transporte, tratamento e disposição de resíduos industriais devem ser capacitados pela empresa, de forma continuada, sobre os riscos ocupacionais envolvidos e as medidas de prevenção adequadas (item 25.3.7).

10. SINALIZAÇÃO E IDENTIFICAÇÃO DE SEGURANÇA

O Ministério do Trabalho estabelece disposições sobre emprego das cores nos locais de trabalho, inclusive nas sinalizações de perigo.

Nesse sentido, a Norma Regulamentadora 26, com redação aprovada pela Portaria 2.770/2022 do Ministério do Trabalho e Previdência, estabelece medidas quanto à sinalização e identificação de segurança a serem adotadas nos locais de trabalho.

As medidas de prevenção estabelecidas na NR 26 se aplicam aos estabelecimentos ou locais de trabalho (item 26.2.1).

Devem ser adotadas cores para comunicação de segurança em estabelecimentos ou locais de trabalho, a fim de indicar e advertir acerca dos perigos e riscos existentes (item 26.3.1).

As cores utilizadas para identificar os equipamentos de segurança, delimitar áreas, identificar tubulações empregadas para a condução de líquidos e gases e advertir contra riscos devem atender ao disposto nas normas técnicas oficiais (item 26.3.2).

A utilização de cores não dispensa o emprego de outras formas de prevenção de acidentes (item 26.3.3).

O uso de cores deve ser o mais reduzido possível a fim de não ocasionar distração, confusão e fadiga ao trabalhador (item 26.3.4).

O produto químico utilizado no local de trabalho deve ser classificado quanto aos perigos para a segurança e a saúde dos trabalhadores, de acordo com os critérios estabelecidos pelo Sistema Globalmente Harmonizado de Classificação e Rotulagem de Produtos Químicos (GHS), da Organização das Nações Unidas (item 26.4.1.1).

A rotulagem preventiva é um conjunto de elementos com informações escritas, impressas ou gráficas, relativas a um produto químico, que deve ser afixada, impressa ou anexada à embalagem que contém o produto (item 26.4.2.1).

O fabricante ou, no caso de importação, o fornecedor no mercado nacional, deve elaborar e tornar disponível ficha com dados de segurança do produto químico para todo produto químico classificado como perigoso (item 26.4.3.1).

A organização deve assegurar o acesso dos trabalhadores às fichas com dados de segurança dos produtos químicos que utilizam no local de trabalho (item 26.5.1).

Os trabalhadores devem receber treinamento: a) para compreender a rotulagem preventiva e a ficha com dados de segurança do produto químico; b) sobre os perigos, os riscos, as medidas preventivas para o uso seguro e os procedimentos para atuação em situações de emergência com o produto químico (item 26.5.2).

✦ Súmulas, Orientações Jurisprudenciais e Precedentes Normativos

Orientação Jurisprudencial 345 da SBDI-I do TST: A exposição do empregado à radiação ionizante ou à substância radioativa enseja a percepção do adicional de periculosidade, pois a regulamentação ministerial (Portarias do Ministério do Trabalho 3.393, de 17.12.1987, e 518, de 07.04.2003), ao reputar perigosa a atividade, reveste-se de plena eficácia, porquanto expedida por força de delegação legislativa contida no art. 200, *caput* e inciso VI, da CLT. No período de 12.12.2002 a 06.04.2003, enquanto vigeu a Portaria 496 do Ministério do Trabalho, o empregado faz jus ao adicional de insalubridade (*DJ* 22.06.2005).

Seção XVI – Das Penalidades

Art. 201. As infrações ao disposto neste Capítulo relativas à medicina do trabalho serão punidas com multa de 3 (três) a 30 (trinta) vezes o valor de referência previsto no art. 2.º, parágrafo único, da Lei 6.205, de 29 de abril de 1975, e as concernentes à segurança do trabalho com multa de 5 (cinco) a 50 (cinquenta) vezes o mesmo valor.

Parágrafo único. Em caso de reincidência, embaraço ou resistência à fiscalização, emprego de artifício ou simulação com o objetivo de fraudar a lei, a multa será aplicada em seu valor máximo.

1. FISCALIZAÇÃO E PENALIDADES

O art. 201 da CLT trata das infrações ao disposto no Capítulo V, do Título II, da CLT, ou seja, relativas à segurança e medicina do trabalho. Em caso de reincidência, embaraço ou resistência à fiscalização, emprego de artifício ou simulação com o objetivo de fraudar a lei, a multa deve ser aplicada em seu valor máximo.

Assim sendo, a Norma Regulamentadora 28, com as modificações decorrentes da Portaria 1.067/2019, prevê disposições sobre fiscalização (do cumprimento das disposições legais e/ou regulamentares sobre segurança e saúde do trabalhador) e penalidades (às infrações aos preceitos legais e/ou regulamentadores sobre segurança e saúde do trabalhador).

✦ Referência legislativa

- NR 28 (Fiscalização e penalidades).

Arts. 202 a 223. Revogados pela Lei 6.514, de 22.12.1977.

TÍTULO II-A – DO DANO EXTRAPATRIMONIAL

Art. 223-A. Aplicam-se à reparação de danos de natureza extrapatrimonial decorrentes da relação de trabalho apenas os dispositivos deste Título.

1. DANOS EXTRAPATRIMONIAIS

A Lei 13.467/2017 acrescentou à CLT o Título II-A, sobre o *dano extrapatrimonial*.

Dano é o prejuízo causado à pessoa, ou seja, a lesão a bem ou interesse jurídico, podendo ser de ordem material ou extrapatrimonial[71].

Os danos extrapatrimoniais abrangem os de natureza moral, estética e existencial.

O *dano moral* é a lesão a direitos imateriais da pessoa, violando a honra, a dignidade, a intimidade, a imagem ou outros direitos da personalidade, ou mesmo direitos fundamentais que preservem a dignidade da pessoa humana.

Parte da doutrina prefere a expressão "dano pessoal", pois "exprime com mais fidelidade o que é efetivamente lesado pelo dano: os direitos da pessoa humana"[72], ou seja, os direitos da personalidade, "em suas diversas integridades psicofísicas, intelectual e moral"[73].

O dano moral pode ser direto ou indireto[74]: o primeiro resulta da violação específica de bem imaterial, causando sofrimento, dor psíquica à vítima ou desrespeitando a dignidade da pessoa humana; o último decorre da lesão a bem patrimonial (do que decorre dano material direto), mas que acaba por gerar dano a direito extrapatrimonial.

O dano moral direto pode causar, indiretamente, dano material, quando a violação de bem imaterial, de forma reflexa e simultânea, acaba por atingir, também, direito patrimonial[75].

Por dano moral trabalhista entende-se aquele ocorrido no âmbito do contrato de trabalho e em razão da sua existência, envolvendo os dois polos dessa relação jurídica (de emprego), ou seja, o empregador e o empregado.

O *dano estético* resulta da lesão da integridade física, especialmente quanto ao direito à imagem ou aparência externa, o qual é direito da personalidade[76].

O *dano existencial* ocorre quando a lesão a direito extrapatrimonial, de maior gravidade, frustra, na verdade, um projeto de vida (pessoal, familiar, social ou profissional) ou a própria convivência social e familiar, justificando, assim, uma indenização específica e diferenciada, o que pode ocorrer também no âmbito trabalhista, por exemplo, em casos de jornadas de trabalho exaustivas e extenuantes ou de ausência reiterada de concessão de férias, desde que gerem as referidas consequências.

Prevalece o entendimento de que para a configuração do dano existencial, de modo específico, há necessidade de demonstração do prejuízo pessoal, social ou familiar, isto é, do prejuízo ao projeto de vida ou às relações sociais. Cf. TST, SBDI-I, E-RR-402-61.2014.5.15.0030, Rel. Min. Luiz Philippe Vieira de Mello Filho, *DEJT* 27.11.2020.

---

71 Cf. DINIZ, Maria Helena. *Curso de direito civil brasileiro*: responsabilidade civil. 9. ed. São Paulo: Saraiva, 1995. v. 7, p. 48.

72 OLIVEIRA, Paulo Eduardo Vieira de. *O dano pessoal no direito do trabalho*. São Paulo: LTr, 2002. p. 18.

73 OLIVEIRA, Paulo Eduardo Vieira de. *O dano pessoal no direito do trabalho*. São Paulo: LTr, 2002. p. 35.

74 Cf. DINIZ, Maria Helena. *Curso de direito civil brasileiro*: responsabilidade civil. 9. ed. São Paulo: Saraiva, 1995. v. 7, p. 68.

75 Cf. DINIZ, Maria Helena. *Curso de direito civil brasileiro*: responsabilidade civil. 9. ed. São Paulo: Saraiva, 1995. v. 7, p. 54.

76 Cf. CAVALIERI FILHO, Sergio. *Programa de responsabilidade civil*. 8. ed. São Paulo: Atlas, 2008. p. 101. Cf. ainda LOPEZ, Teresa Ancona. *O dano estético*: responsabilidade civil. 3. ed. São Paulo: RT, 2004. p. 64: "o dano estético é a lesão a um direito da personalidade – o direito à integridade física, especialmente na sua aparência externa, na imagem que se apresenta".

De acordo com o art. 223-A da CLT, acrescentado pela Lei 13.467/2017, aplicam-se à reparação de danos de natureza extrapatrimonial decorrentes da relação de trabalho *apenas* os dispositivos do mencionado Título da Consolidação das Leis do Trabalho.

Embora a intenção pudesse ser de afastar a incidência de outras normas a respeito do tema, defende-se o entendimento de que a matéria tem como fundamento a Constituição da República.

Nesse sentido, o art. 5.º, inciso V, da Constituição Federal de 1988 dispõe ser assegurado o direito de resposta, proporcional ao agravo, além da indenização por dano material, moral ou à imagem.

Além disso, são invioláveis a intimidade, a vida privada, a honra e a imagem das pessoas, assegurado o direito a indenização pelo dano material ou moral decorrente de sua violação (art. 5.º, inciso X, da Constituição da República).

Portanto, não se pode afastar a aplicação da teoria geral dos direitos da personalidade e dos direitos fundamentais decorrentes da dignidade da pessoa humana (art. 1.º, inciso III, da Constituição Federal de 1988) no âmbito da relação de emprego, de modo que a violação desses direitos gera danos de natureza extrapatrimonial na esfera trabalhista.

Com isso, a interpretação constitucional revela a incidência de dispositivos do Código Civil sobre direitos da personalidade e responsabilidade civil também na esfera do contrato de trabalho, inclusive com fundamento no art. 8.º, § 1.º, da CLT, nos casos de omissão e desde que presente a compatibilidade.

Art. 223-B. Causa dano de natureza extrapatrimonial a ação ou omissão que ofenda a esfera moral ou existencial da pessoa física ou jurídica, as quais são as titulares exclusivas do direito à reparação.

1. TITULARES DA REPARAÇÃO

Causa dano de natureza extrapatrimonial a ação ou omissão que ofenda a esfera moral ou existencial da pessoa física ou jurídica, as quais são as titulares *exclusivas* do direito à reparação (art. 223-B da CLT, acrescentado pela Lei 13.467/2017).

Entende-se que o dano estético é abrangido pelo conceito de dano moral, embora mereça uma indenização diferenciada, em razão do direito da personalidade especificamente violado, como quando ocorrem sequelas, mutilações ou deformações físicas[77], o que tem fundamento na parte final do art. 949 do Código Civil (Súmula 387 do STJ).

Não apenas a pessoa física (natural), mas a pessoa jurídica também pode sofrer dano extrapatrimonial (Súmula 227 do STJ), mesmo porque, segundo o art. 52 do Código Civil, é aplicável às pessoas jurídicas, no que couber, a proteção dos direitos da personalidade.

Logo, o titular do direito à reparação por danos extrapatrimoniais na esfera trabalhista podem ser o trabalhador (empregado) e o empregador.

O art. 223-B da CLT, ao mencionar que as pessoas física ou jurídica que sofreram a ofensa à esfera moral ou existencial são as titulares "exclusivas" do direito à reparação do dano de natureza extrapatrimonial, parece indicar a intenção de afastar o chamado *dano*

[77] Cf. OLIVEIRA, Sebastião Geraldo de. *Indenizações por acidente do trabalho ou doença ocupacional*. 2. ed. São Paulo: LTr, 2006. p. 199: "mesmo estando o dano estético compreendido no gênero dano moral, a doutrina e a jurisprudência evoluíram para definir indenizações distintas quando esses danos forem passíveis de apuração em separado, com causas inconfundíveis".

moral reflexo ou em ricochete, ou seja, quando o direito violado é de uma pessoa, mas quem sofre os efeitos da lesão é outra pessoa.

Entretanto, defende-se o entendimento de que a referida hipótese não pode ser validamente excluída do sistema jurídico, mesmo no âmbito trabalhista, pois, conforme o preceito fundamental de que *a ninguém se deve lesar*[78], aquele que sofreu os efeitos da lesão (de forma direta ou indireta) tem direito de receber a respectiva indenização. Mesmo porque, nesse caso, quem postula a reparação também é uma pessoa física ou jurídica que teve o direito à integridade moral violado (ainda que de forma reflexa).

Ademais, se a pessoa física sofreu lesão a direito extrapatrimonial de sua titularidade, em caso de seu posterior falecimento, o direito à reparação é transmitido aos sucessores.

Nesse sentido, conforme o art. 943 do Código Civil, o direito de exigir reparação e a obrigação de prestá-la transmitem-se com a herança. Cf. Súmula 642 do STJ.

O Supremo Tribunal Federal julgou parcialmente procedente o pedido em ação direta de inconstitucionalidade para conferir interpretação conforme a Constituição, de modo a estabelecer que as redações conferidas aos arts. 223-A e 223-B da CLT não excluem o direito à reparação por dano moral indireto ou dano em ricochete no âmbito das relações de trabalho, a ser apreciado nos termos da legislação civil (STF, Pleno, ADI 6.050, ADI 6.069, ADI 6.082, Rel. Min. Gilmar Mendes, j. 26.06.2023).

O art. 223-B da CLT, acrescentado pela Lei 13.467/2017, prevê que o dano de natureza extrapatrimonial decorre da ação ou omissão que ofenda a esfera moral ou existencial da pessoa física ou jurídica.

Em verdade, de forma mais precisa e adequada, os danos extrapatrimoniais decorrem de lesão a *direitos da personalidade*[79], ou mesmo direitos que preservem a *dignidade da pessoa humana*[80]. Os direitos da personalidade são aqueles inerentes à pessoa em suas diversas projeções física, psíquica, intelectual e moral[81].

Art. 223-C. A honra, a imagem, a intimidade, a liberdade de ação, a autoestima, a sexualidade, a saúde, o lazer e a integridade física são os bens juridicamente tutelados inerentes à pessoa física. (incluído pela Lei 13.467/2017)

1. BENS JURIDICAMENTE TUTELADOS DA PESSOA FÍSICA

A honra, a imagem, a intimidade, a liberdade de ação, a autoestima, a sexualidade, a saúde, o lazer e a integridade física são os bens juridicamente tutelados inerentes à pessoa física (art. 223-C da CLT, acrescentado pela Lei 13.467/2017).

Defende-se o entendimento de que esse rol de direitos extrapatrimoniais é apenas *exemplificativo*, pois a matéria tem fundamento constitucional, decorrendo dos direitos da personalidade e dos direitos fundamentais oriundos da dignidade da pessoa humana.

78 Cf. BITTAR, Carlos Alberto. *Curso de direito civil*. Rio de Janeiro: Forense Universitária, 1994. v. 1, p. 10.

79 Cf. GAGLIANO, Pablo Stolze; PAMPLONA FILHO, Rodolfo. *Novo curso de direito civil*: responsabilidade civil. 3. ed. São Paulo: Saraiva, 2005. v. 3, p. 49.

80 Cf. CAVALIERI FILHO, Sergio. *Programa de responsabilidade civil*. 8. ed. São Paulo: Atlas, 2008. p. 80-81.

81 Cf. GAGLIANO, Pablo Stolze; PAMPLONA FILHO, Rodolfo. *Novo curso de direito civil*: parte geral. 6. ed. São Paulo: Saraiva, 2005. v. 1, p. 157-158.

Nesse sentido, também pode gerar danos extrapatrimoniais, por exemplo, a lesão ao direito à privacidade, à vida e à integridade psíquica.

Cabe fazer referência ao entendimento de que a exigência da Classificação Internacional de Doenças (CID) nos atestados médicos viola os direitos fundamentais à intimidade e à privacidade do trabalhador. Cf. TST, SDC, RO-213-66.2017.5.08.0000.

Art. 223-D. A imagem, a marca, o nome, o segredo empresarial e o sigilo da correspondência são bens juridicamente tutelados inerentes à pessoa jurídica.

1. BENS JURIDICAMENTE TUTELADOS DA PESSOA JURÍDICA

A imagem, a marca, o nome, o segredo empresarial e o sigilo da correspondência são bens juridicamente tutelados inerentes à pessoa jurídica (art. 223-D da CLT, acrescentado pela Lei 13.467/2017).

Como mencionado anteriormente, a pessoa jurídica também pode sofrer dano extrapatrimonial, por ser titular de certos direitos da personalidade.

Art. 223-E. São responsáveis pelo dano extrapatrimonial todos os que tenham colaborado para a ofensa ao bem jurídico tutelado, na proporção da ação ou da omissão.

1. RESPONSABILIDADE

São responsáveis pelo dano extrapatrimonial todos os que tenham colaborado para a ofensa ao bem jurídico tutelado, na proporção da ação ou da omissão (art. 223-E da CLT, acrescentado pela Lei 13.467/2017).

Nessa linha, os bens do responsável pela ofensa ou violação do direito de outrem ficam sujeitos à reparação do dano causado. Se a ofensa tiver mais de um autor, todos respondem solidariamente pela reparação (art. 942 do Código Civil). São solidariamente responsáveis com os autores os coautores e as pessoas designadas no art. 932 do Código Civil.

Art. 223-F. A reparação por danos extrapatrimoniais pode ser pedida cumulativamente com a indenização por danos materiais decorrentes do mesmo ato lesivo.

§ 1.º Se houver cumulação de pedidos, o juízo, ao proferir a decisão, discriminará os valores das indenizações a título de danos patrimoniais e das reparações por danos de natureza extrapatrimonial.

§ 2.º A composição das perdas e danos, assim compreendidos os lucros cessantes e os danos emergentes, não interfere na avaliação dos danos extrapatrimoniais.

1. REPARAÇÃO POR DANOS EXTRAPATRIMONIAIS E MATERIAIS

A reparação por danos extrapatrimoniais pode ser pedida cumulativamente com a indenização por danos materiais decorrentes do mesmo ato lesivo (art. 223-F da CLT, acrescentado pela Lei 13.467/2017).

Nesse sentido, cf. Súmula 37 do STJ.

Se houver cumulação de pedidos, o juízo, ao proferir a decisão, deve discriminar os valores das indenizações a título de danos patrimoniais e das reparações por danos de natureza extrapatrimonial (art. 223-F, § 1.º, da CLT, acrescentado pela Lei 13.467/2017).

As reparações por danos extrapatrimoniais podem abranger, na realidade, as lesões a danos morais, estéticos e existenciais, de modo que os valores decorrentes devem ser especificados.

O *dano patrimonial*, por sua vez, decorre da violação de direitos materiais (pecuniários)[82], devendo o valor da respectiva reparação também ser especificado.

Portanto, os valores das indenizações de danos patrimoniais e das reparações por danos de natureza extrapatrimonial (moral, estético e existencial) devem ser discriminados na decisão judicial.

A composição das perdas e danos, assim compreendidos os lucros cessantes e os danos emergentes, não interfere na avaliação dos danos extrapatrimoniais (art. 223-F, § 2.º, da CLT, acrescentado pela Lei 13.467/2017).

Ocorrendo dano de natureza patrimonial ou extrapatrimonial, presentes o nexo causal e o dolo ou a culpa (exceto nas hipóteses de responsabilidade objetiva), surge o dever de indenizar.

Nessa ordem, responsabilidade civil é a obrigação de responder pelas consequências jurídicas decorrentes do ato ilícito praticado, reparando o prejuízo causado.

É possível, aliás, que os referidos danos sofridos pelo empregado sejam decorrentes de acidente do trabalho e doenças ocupacionais (art. 7.º, inciso XXVIII, segunda parte, da Constituição Federal de 1988).

Como já destacado, o direito à reparação por danos extrapatrimoniais decorre de lesão a direitos da personalidade e direitos fundamentais oriundos da dignidade da pessoa humana. Desse modo, não se exige a efetiva demonstração de eventual sofrimento, aflição ou outro sentimento intimamente padecido pela vítima, pois é da violação do direito da personalidade em si (*in re ipsa*) que surge, automaticamente, o dano moral[83].

Quanto à reparação dos danos patrimonial e extrapatrimonial, deve-se procurar assegurar ao ofendido o retorno da situação anterior à lesão (*restitutio in integrum*)[84], preferencialmente de forma específica ou mesmo *in natura*.

Quando isso não for possível, a indenização pecuniária (art. 947 do Código Civil) deve ser suficiente para reparar o dano integralmente.

Portanto, na responsabilidade civil, inclusive de âmbito trabalhista, aplica-se a previsão do art. 944, *caput*, do Código Civil, no sentido de que a "indenização mede-se pela extensão do dano".

Ainda assim, conforme o parágrafo único do art. 944 do Código Civil, se houver excessiva desproporção entre a gravidade da culpa e o dano, pode o juiz reduzir, equitativamente, a indenização.

Quanto aos danos patrimoniais, a indenização deve ressarcir o dano emergente (diminuição *efetiva* do patrimônio da vítima) e os lucros cessantes (redução *potencial* no patrimônio, acarretando perda de ganho esperado), inclusive conforme os arts. 402 e 403 do Código

82 Cf. BITTAR, Carlos Alberto. *Curso de direito civil*. Rio de Janeiro: Forense Universitária, 1994. v. 1, p. 570.

83 Cf. LISBOA, Roberto Senise. *Manual de direito civil*: obrigações e responsabilidade civil. 3. ed. São Paulo: RT, 2004. v. 2, p. 503.

84 Cf. BITTAR, Carlos Alberto. *Curso de direito civil*. Rio de Janeiro: Forense Universitária, 1994. v. 1, p. 601: "A satisfação dos interesses do lesado" pode dar-se "mediante a reparação das coisas no estado anterior (com a denominada '*restitutio in integrum*')".

Civil[85]. De todo modo, a indenização das perdas e danos (assim compreendidos os lucros cessantes e os danos emergentes) não interfere na avaliação dos danos extrapatrimoniais.

Art. 223-G. Ao apreciar o pedido, o juízo considerará:

I – a natureza do bem jurídico tutelado;

II – a intensidade do sofrimento ou da humilhação;

III – a possibilidade de superação física ou psicológica;

IV – os reflexos pessoais e sociais da ação ou da omissão;

V – a extensão e a duração dos efeitos da ofensa;

VI – as condições em que ocorreu a ofensa ou o prejuízo moral;

VII – o grau de dolo ou culpa;

VIII – a ocorrência de retratação espontânea;

IX – o esforço efetivo para minimizar a ofensa;

X – o perdão, tácito ou expresso;

XI – a situação social e econômica das partes envolvidas;

XII – o grau de publicidade da ofensa.

§ 1.º Se julgar procedente o pedido, o juízo fixará a indenização a ser paga, a cada um dos ofendidos, em um dos seguintes parâmetros, vedada a acumulação:

I – ofensa de natureza leve, até três vezes o último salário contratual do ofendido;

II – ofensa de natureza média, até cinco vezes o último salário contratual do ofendido;

III – ofensa de natureza grave, até vinte vezes o último salário contratual do ofendido;

IV – ofensa de natureza gravíssima, até cinquenta vezes o último salário contratual do ofendido. (incluído pela Lei 13.467/2017)

§ 2.º Se o ofendido for pessoa jurídica, a indenização será fixada com observância dos mesmos parâmetros estabelecidos no § 1.º deste artigo, mas em relação ao salário contratual do ofensor.

§ 3.º Na reincidência entre partes idênticas, o juízo poderá elevar ao dobro o valor da indenização. (incluído pela Lei 13.467/2017)

1. FIXAÇÃO DO VALOR

Nos danos extrapatrimoniais, a indenização apresenta natureza de ressarcimento, compensatória e punitiva[86].

Por isso, segundo a doutrina, os principais critérios a serem adotados na fixação do valor são: posição social, financeira e patrimonial do ofensor; posição social, financeira e patrimonial da vítima; intensidade do ânimo de ofender; reiteração (ou não) da lesão; intensidade de sofrimento ou desgaste da vítima; gravidade da ofensa; repercussão da

85 Cf. MELO, Raimundo Simão de. *Direito ambiental do trabalho e saúde do trabalhador*: responsabilidades legais, dano material, dano moral, dano estético. São Paulo: LTr, 2004. p. 384-385.

86 Cf. GAGLIANO, Pablo Stolze; PAMPLONA FILHO, Rodolfo. *Novo curso de direito civil*: responsabilidade civil. 3. ed. São Paulo: Saraiva, 2005. v. 3. p. 20-24.

ofensa; existência (ou não) de retratação espontânea e cabal pelo ofensor e a consequente amenização (ou não) do dano sofrido[87].

Com a Lei 13.467/2017, o valor da reparação dos danos extrapatrimoniais a ser fixado pelo juízo deve considerar: a natureza do bem jurídico tutelado; a intensidade do sofrimento ou da humilhação; a possibilidade de superação física ou psicológica; os reflexos pessoais e sociais da ação ou da omissão; a extensão e a duração dos efeitos da ofensa; as condições em que ocorreu a ofensa ou o prejuízo moral; o grau de dolo ou culpa; a ocorrência de retratação espontânea; o esforço efetivo para minimizar a ofensa; o perdão, tácito ou expresso; a situação social e econômica das partes envolvidas; o grau de publicidade da ofensa (art. 223-G, *caput*, da CLT).

Deve-se salientar que a previsão relativa ao "grau de dolo ou culpa" (art. 223-G, inciso VII, da CLT) é nitidamente voltada à fixação do valor da reparação por danos extrapatrimoniais. Vale dizer, o dispositivo em questão não trata dos requisitos da responsabilidade civil em si.

Na responsabilidade civil, em princípio, são requisitos para a existência do direito à indenização: a ação ou a omissão; o dano; o nexo de causalidade; a culpa ou o dolo[88].

Portanto, defende-se o entendimento de que não se exclui a incidência das hipóteses de responsabilidade objetiva, mesmo em casos de danos extrapatrimoniais decorrentes de relação de trabalho.

Efetivamente, ocorrendo dano de natureza extrapatrimonial ou material, presentes o nexo causal e o dolo ou a culpa, *exceto nas hipóteses de responsabilidade objetiva*[89], há o dever de indenizar.

A respeito do tema, de acordo com o Enunciado 37, aprovado na 1.ª Jornada de Direito Material e Processual na Justiça do Trabalho, ocorrida no TST (Brasília, 23.11.2007):

> "Responsabilidade civil objetiva no acidente de trabalho. Atividade de risco. Aplica-se o art. 927, parágrafo único, do Código Civil nos acidentes do trabalho. O art. 7.º, XXVIII, da Constituição da República, não constitui óbice à aplicação desse dispositivo legal, visto que seu *caput* garante a inclusão de outros direitos que visem à melhoria da condição social dos trabalhadores".

Do mesmo modo, em conformidade com o Enunciado 38, também aprovado na 1.ª Jornada de Direito Material e Processual na Justiça do Trabalho:

> "Responsabilidade civil. Doenças ocupacionais decorrentes dos danos ao meio ambiente do trabalho. Nas doenças ocupacionais decorrentes dos danos ao meio ambiente do trabalho, a responsabilidade do empregador é objetiva. Interpretação sistemática dos arts. 7.º, XXVIII, 200, VIII, 225, § 3.º, da Constituição Federal e do art. 14, § 1.º, da Lei 6.938/1981".

87 Cf. DELGADO, Mauricio Godinho. *Curso de direito do trabalho*. 4. ed. São Paulo: LTr, 2005. p. 622-623; SANTOS, Enoque Ribeiro dos. *O dano moral na dispensa do empregado*. 3. ed. São Paulo: LTr, 2002. p. 191-192.

88 Cf. RODRIGUES, Silvio. *Direito civil*: parte geral. 28. ed. São Paulo: Saraiva, 1998. v. 1, p. 301-306.

89 Cf. art. 927, parágrafo único, do Código Civil: "Haverá obrigação de reparar o dano, independentemente de culpa, nos casos especificados em lei, ou quando a atividade normalmente desenvolvida pelo autor do dano implicar, por sua natureza, risco para os direitos de outrem". Cf. ainda o art. 37, § 6.º, da Constituição da República, bem como o art. 225, § 3.º, da Constituição Federal de 1988 e o art. 14, § 1.º, da Lei 6.938/1981 (Lei de Política Nacional do Meio Ambiente), que preveem a responsabilidade civil objetiva nas lesões ao meio ambiente, no qual se inclui o meio ambiente de trabalho (art. 200, inciso VIII, da Constituição da República).

Ainda segundo o Enunciado 40 da 1.ª Jornada de Direito Material e Processual na Justiça do Trabalho:

> "Responsabilidade civil. Acidente do trabalho. Empregado público. A responsabilidade civil nos acidentes do trabalho envolvendo empregados de pessoas jurídicas de Direito Público interno é objetiva. Inteligência do artigo 37, § 6.º, da Constituição Federal e do artigo 43 do Código Civil".

O Supremo Tribunal Federal decidiu que o trabalhador que atua em atividade de risco tem direito à indenização em razão de danos decorrentes de acidente de trabalho, independentemente da comprovação de culpa ou dolo do empregador. Prevaleceu o entendimento de que é constitucional a incidência da responsabilidade civil objetiva do empregador por danos decorrentes de acidentes de trabalho em atividades de risco (STF, Pleno, RE 828.040/DF, Rel. Min. Alexandre de Moraes, j. 05.09.2019).

Nesse sentido, o Supremo Tribunal Federal fixou a seguinte tese de repercussão geral: "O artigo 927, parágrafo único, do Código Civil é compatível com o artigo 7.º, XXVIII, da Constituição Federal, sendo constitucional a responsabilização objetiva do empregador por danos decorrentes de acidentes de trabalho, nos casos especificados em lei, ou quando a atividade normalmente desenvolvida, por sua natureza, apresentar exposição habitual a risco especial, com potencialidade lesiva e implicar ao trabalhador ônus maior do que aos demais membros da coletividade" (STF, Pleno, RE 828.040/DF, Rel. Min. Alexandre de Moraes, *DJe* 26.06.2020).

Nos termos do art. 223-G, § 1.º, da CLT, acrescentado pela Lei 13.467/2017, se julgar procedente o pedido, o juízo deve fixar a indenização a ser paga, a cada um dos ofendidos, em um dos seguintes parâmetros, vedada a acumulação:

> I – ofensa de natureza leve, até 3 (três) vezes o último salário contratual do ofendido;
>
> II – ofensa de natureza média, até 5 (cinco) vezes o último salário contratual do ofendido;
>
> III – ofensa de natureza grave, até 20 (vinte) vezes o último salário contratual do ofendido;
>
> IV – ofensa de natureza gravíssima, até 50 (cinquenta) vezes o último salário contratual do ofendido.

Quanto à fixação do valor da reparação dos danos extrapatrimoniais, a orientação que prevalece é de que cabe ao juiz arbitrá-lo (art. 946 do Código Civil), utilizando-se da *razoabilidade*, da prudência, do equilíbrio e da *equidade*, no sentido da justiça no caso concreto[90] (como prevê o art. 953, parágrafo único, do Código Civil, para os casos de indenização por injúria, difamação ou calúnia).

Desse modo, revela-se ilegítima e inadequada a tentativa de tarifação da reparação por danos extrapatrimoniais prevista no art. 223-G, § 1.º, da CLT.

Ao levar em consideração o valor do último salário contratual do ofendido, empregados que recebessem valor salarial menor teriam tratamento prejudicial e inferior, em comparação com os que recebessem patamar remuneratório superior, mesmo em casos envolvendo a mesma lesão a direitos, o que poderia resultar em afronta ao princípio da isonomia substancial e em tratamento discriminatório para fins de indenização de danos extrapatrimoniais.

90 Cf. GAGLIANO, Pablo Stolze; PAMPLONA FILHO, Rodolfo. *Novo curso de direito civil*: responsabilidade civil. 3. ed. São Paulo: Saraiva, 2005. v. 3, p. 396-399.

Na realidade, a reparação de danos extrapatrimoniais tem fundamento constitucional (art. 5.º, incisos V e X, da Constituição da República), por decorrer da violação de direitos inerentes ao ser humano, tendo como fundamento a dignidade da pessoa humana (art. 1.º, inciso III, da Constituição Federal de 1988).

Desse modo, não se pode considerar válida a tarifação da indenização de danos extrapatrimoniais, em contrariedade ao direito constitucional à sua ampla e justa indenização. Nesse sentido, cabe registrar o entendimento firmado pelo Supremo Tribunal Federal ao analisar dispositivos semelhantes da Lei de Imprensa (STF, 2.ª T., RE 348.827/RJ, Rel. Min. Carlos Velloso, *DJ* 06.08.2004; STF, Pleno, ADPF 130/DF, Rel. Min. Ayres Britto, *DJe* 06.11.2009). Cf. ainda a Súmula 281 do STJ.

Além disso, o critério relativo ao salário contratual do ofendido pode gerar injusto tratamento não isonômico entre empregados igualmente lesados, mas com patamar remuneratório distinto.

Frise-se que o art. 7.º, inciso XXXII, da Constituição da República proíbe a distinção entre trabalho manual, técnico e intelectual ou entre os profissionais respectivos.

O referido critério, ademais, pode acarretar tratamento discriminatório quando a lesão atingir empregados, bem como outras pessoas sem vínculo empregatício com o ofensor.

Desse modo, segundo a interpretação constitucional, defende-se que o art. 223-G, § 1.º, da CLT, apenas tem o objetivo de servir como possível parâmetro ou sugestão oferecida ao juiz na atividade jurisdicional de fixação do valor da reparação dos danos extrapatrimoniais.

Nesse enfoque, conforme as peculiaridades do caso concreto, torna-se possível ao juiz, desde que de modo fundamentado, em consonância com o art. 93, inciso IX, da Constituição da República, afastar-se dos critérios rigidamente previstos no dispositivo indicado.

O Supremo Tribunal Federal julgou parcialmente procedente o pedido em ação direta de inconstitucionalidade para conferir interpretação conforme a Constituição, de modo a estabelecer que os critérios de quantificação de reparação por dano extrapatrimonial previstos no art. 223-G, *caput* e § 1.º, da CLT deverão ser observados pelo julgador como critérios orientativos de fundamentação da decisão judicial. É constitucional, porém, o arbitramento judicial do dano em valores superiores aos limites máximos dispostos nos incisos I a IV do § 1.º do art. 223-G, quando consideradas as circunstâncias do caso concreto e os princípios da razoabilidade, da proporcionalidade e da igualdade (STF, Pleno, ADI 6.050, ADI 6.069, ADI 6.082, Rel. Min. Gilmar Mendes, j. 26.06.2023).

Se o ofendido for pessoa jurídica, a indenização deve ser fixada com observância dos mesmos parâmetros estabelecidos no § 1.º do art. 223-G da CLT, mas em relação ao salário contratual do ofensor (art. 223-G, § 2.º, da CLT, acrescentado pela Lei 13.467/2017).

Na reincidência entre partes idênticas, o juízo *pode* elevar ao dobro o valor da indenização (art. 223-G, § 3.º, da CLT, acrescentado pela Lei 13.467/2017).

✦ Jurisprudência

Direito Constitucional. Direito do Trabalho. Recurso extraordinário. Repercussão geral reconhecida. Tema 932. Efetiva proteção aos direitos sociais. Possibilidade de responsabilização objetiva do empregador por danos decorrentes de acidentes de trabalho. Compatibilidade do art. 7.º, XXVIII, da Constituição Federal com o art. 927, parágrafo único, do Código Civil. Aplicabilidade pela Justiça do Trabalho. 1. A responsabilidade civil subjetiva é a regra no Direito brasileiro, exigindo-se a comprovação de dolo ou culpa. Possibilidade, entretanto, de previsões excepcionais de responsabilidade objetiva pelo legislador ordinário em face da necessidade de justiça plena de se indenizar as vítimas em situações perigosas e de risco como acidentes nucleares e desastres ambientais. 2. O legislador constituinte estabeleceu um mínimo protetivo ao trabalhador no art. 7.º, XXVIII, do texto constitucional, que não impede sua ampliação razoável por meio de legislação ordinária. Rol exemplificativo de direitos sociais nos artigos 6.º e 7.º da Constituição Federal. 3. Plena compatibilidade do art. 927, parágrafo único, do Código Civil com o art. 7.º, XXVIII, da Constituição Federal, ao permitir hipótese excepcional de responsabilização objetiva do empregador por danos decorrentes de acidentes de trabalho, nos casos especificados em lei ou quando a atividade normalmente desenvolvida pelo autor implicar, por sua natureza, outros riscos, extraordinários e especiais. Possibilidade de aplicação pela Justiça do Trabalho. 4. Recurso Extraordinário desprovido. Tema 932. Tese de repercussão geral: "O artigo 927, parágrafo único, do Código Civil é compatível com o artigo 7.º, XXVIII, da Constituição Federal, sendo constitucional a responsabilização objetiva do empregador por danos decorrentes de acidentes de trabalho, nos casos especificados em lei, ou quando a atividade normalmente desenvolvida, por sua natureza, apresentar exposição habitual a risco especial, com potencialidade lesiva e implicar ao trabalhador ônus maior do que aos demais membros da coletividade" (STF, Pleno, RE 828.040/DF, Rel. Min. Alexandre de Moraes, *DJe* 26.06.2020).

Indenização por danos estéticos. Possibilidade de cumulação. [...] É que o dano estético, mesmo cumulável com danos materiais, configura-se a partir de deformações físicas capazes de afetar a imagem do empregado, não só no local de trabalho, mas, sobretudo, no convívio social, tal como explicitado no aresto trazido a cotejo, no qual se adotou a tese, convergente com o substrato fático do acórdão impugnado, de que ele poderá ser o resultado de uma ferida que gera cicatriz, da amputação de um membro, falange, orelha, nariz, olho ou outro elemento da anatomia humana (TST, 4.ª T., RR 52/2003-019-12-00.6, Rel. Min. Antônio José de Barros Levenhagen, *DJ* 06.10.2006).

Embargos em recurso de revista interposto na vigência da Lei n.º 13.015/2014. Dano existencial. Jornada excessiva. 1. Discute-se nos autos se o trabalho em jornada excessiva constitui dano *in re ipsa*. 2. A Turma entendeu que a realização de jornada excessiva habitual, por si só, enseja o pagamento de indenização ao empregado. 3. O dano existencial não pode ser reconhecido à míngua de prova específica do efetivo prejuízo pessoal, social ou familiar. Nessa situação, é inviável a presunção de que o dano existencial tenha efetivamente acontecido, em face da ausência de provas nos autos. 4. Embora a possibilidade, abstratamente, exista, é necessária a constatação no caso concreto para que sobre o indivíduo recaia a reparação almejada. Demonstrado concretamente o prejuízo às relações sociais e a ruína do projeto de vida do trabalhador, tem-se como comprovados, *in re ipsa*, a dor e o dano à sua personalidade. 5. O que não se pode admitir é que, comprovada a prestação de horas extraordinárias, extraia-se daí automaticamente a consequência de que as relações sociais do trabalhador foram rompidas ou que seu projeto de vida foi suprimido do seu horizonte. Precedentes. Recurso de embargos conhecido e provido (TST, SBDI-I, E-RR-402-61.2014.5.15.0030, Rel. Min. Luiz Philippe Vieira de Mello Filho, *DEJT* 27.11.2020).

Dano moral. Dano existencial. Submissão a jornada extenuante. Prejuízo não comprovado. O dano existencial é espécie de dano imaterial. No caso das relações de trabalho, o dano existencial ocorre quando o trabalhador sofre dano/limitações em relação à sua vida fora do ambiente de trabalho em razão de condutas ilícitas praticadas pelo empregador, impossibilitando-o de estabelecer a prática de um conjunto de atividades culturais, sociais, recreativas, esportivas, afetivas, familiares etc., ou de desenvolver seus projetos de vida nos âmbitos profissional, social e pessoal. Não é qualquer conduta isolada e de curta duração, por parte do empregador, que pode ser considerada como dano existencial. Para isso, a conduta deve perdurar no tempo, sendo capaz de alterar o objetivo de vida do trabalhador, trazendo-lhe um prejuízo no âmbito de suas relações sociais (TST, 4.ª T., RR 354-59.2013.5.24.0007, Rel. Min. Maria de Assis Calsing, *DEJT* 18.09.2015).

Recurso de revista interposto antes da vigência da Lei n.º 13.015/2014. 1. Dano existencial. Jornada exaustiva. 15 (quinze) horas diárias de trabalho. Motorista de carreta. Dano moral. Indenização. O dano existencial é espécie do gênero dano imaterial cujo enfoque está em perquirir as lesões existenciais, ou seja, aquelas voltadas ao projeto de vida (autorrealização – metas pessoais, desejos, objetivos etc.) e de relações interpessoais do indivíduo. Na seara juslaboral, o dano existencial, também conhecido como dano à existência do trabalhador, visa examinar se a conduta patronal se faz excessiva ou ilícita a ponto de imputar ao trabalhador prejuízos de monta no que toca o descanso e convívio social e familiar. Nesta esteira, esta Corte tem entendido que a imposição ao empregado de jornada excessiva ocasiona dano existencial, pois compromete o convívio familiar e social, violando, entre outros, o direito social ao lazer, previsto constitucionalmente (art. 6.º, *caput*). Na hipótese dos autos, depreende-se da v. decisão regional, que o reclamante exercia a função de motorista de carreta e fazia uma jornada de trabalho de segunda a sábado, das 7h00 às 22h00, totalizando um total de 15 (quinze) horas diárias de trabalho. Assim, comprovada a jornada exaustiva, decorrente da conduta ilícita praticada pela reclamada, que não observou as regras de limitação da jornada de trabalho, resta patente a existência de dano imaterial *in re ipsa*, presumível em razão do fato danoso. Recurso de revista não conhecido (TST, 2.ª T., RR – 1351-49.2012.5.15.0097, Rel. Min. Maria Helena Mallmann, *DEJT* 15.03.2019).

Atestados médicos e odontológicos. Exigência de previsão da CID (Classificação Internacional de Doenças). Invalidade. A Constituição da República, em seu artigo 5.º, X, garante a inviolabilidade da intimidade, da honra, da imagem e da vida privada das pessoas, mandamento que projeta seus efeitos também para as relações de trabalho. Portanto, deve ser respeitada pelo empregador. A exigência do diagnóstico codificado nos atestados médicos, estabelecida por norma coletiva, obriga o trabalhador a divulgar informações acerca de seu estado de saúde, sempre que exercer o seu direito de justificar a ausência no trabalho, por motivo de doença comprovada. Embora importante no aspecto informativo, quanto ao conhecimento por parte do empregador da espécie da moléstia acometida ao empregado, por outro lado, a exigência em norma coletiva da codificação da enfermidade nos atestados médicos fere direitos fundamentais. De acordo com o Código de Ética Médica e com a Resolução n.º 1.658/2002, oriundas do Conselho Federal de Medicina, é o próprio paciente que deve autorizar a identificação do diagnóstico. Isso se deve ao fato de a saúde estar relacionada a aspectos da intimidade e personalidade de cada indivíduo. Observa-se, no caso concreto, que o conflito exposto não é entre norma coletiva e Resoluções do Conselho Federal de Medicina, mas entre norma coletiva e preceitos constitucionais, que protegem a intimidade e a privacidade dos trabalhadores. A imposição constitucional de reconhecimento das convenções e acordos coletivos de trabalho (art. 7.º, XXVI) não concede liberdade negocial absoluta para os sujeitos coletivos, que devem sempre respeitar certos parâmetros protetivos das relações de trabalho e do próprio trabalhador. Um desses parâmetros é a tutela da intimidade e privacidade do empregado. No caso, forçoso reconhecer que a cláusula negociada, que condiciona a validade de atestados médicos e odontológicos à indicação do CID (Classificação Internacional de Doenças), afronta normas reguladoras oriundas do Conselho Federal de Medicina, bem como viola as garantias constitucionais da inviolabilidade da intimidade, vida privada, honra e imagem (art. 5.º, X, da Constituição Federal). Recurso ordinário a que se nega provimento (TST, SDC, RO-213-66.2017.5.08.0000, Rel. Min. Kátia Magalhães Arruda, *DEJT* 10.03.2019).

✦ Súmulas, Orientações Jurisprudenciais e Precedentes Normativos

Súmula 37 do STJ: São cumuláveis as indenizações por dano material e dano moral oriundos do mesmo fato.

Súmula 227 do STJ: A pessoa jurídica pode sofrer dano moral.

Súmula 281 do STJ: A indenização por dano moral não está sujeita à tarifação prevista na Lei de Imprensa.

Súmula 387 do STJ: É lícita a cumulação das indenizações de dano estético e dano moral.

Súmula 642 do STJ: O direito à indenização por danos morais transmite-se com o falecimento do titular, possuindo os herdeiros da vítima legitimidade ativa para ajuizar ou prosseguir a ação indenizatória.

TÍTULO III – DAS NORMAS ESPECIAIS DE TUTELA DO TRABALHO

CAPÍTULO I – DAS DISPOSIÇÕES ESPECIAIS SOBRE DURAÇÃO E CONDIÇÕES DE TRABALHO

Seção I – Dos Bancários

Art. 224. A duração normal do trabalho dos empregados em bancos, casas bancárias e Caixa Econômica Federal será de 6 (seis) horas continuas nos dias úteis, com exceção dos sábados, perfazendo um total de 30 (trinta) horas de trabalho por semana.

§ 1.º A duração normal do trabalho estabelecida neste artigo ficará compreendida entre 7 (sete) e 22 (vinte e duas) horas, assegurando-se ao empregado, no horário diário, um intervalo de 15 (quinze) minutos para alimentação.

§ 2.º As disposições deste artigo não se aplicam aos que exercem funções de direção, gerência, fiscalização, chefia e equivalentes, ou que desempenhem outros cargos de confiança, desde que o valor da gratificação não seja inferior a 1/3 (um terço) do salário do cargo efetivo.

1. JORNADA DE TRABALHO ESPECIAL DO EMPREGADO BANCÁRIO

A duração normal do trabalho dos empregados em bancos, casas bancárias e Caixa Econômica Federal deve ser de seis horas contínuas nos dias úteis, com exceção dos sábados, perfazendo um total de 30 horas de trabalho por semana.

O art. 1.º da Lei 4.178/1962 prevê que os estabelecimentos de crédito não devem funcionar aos sábados, em expediente externo ou interno.

A Súmula 55 do TST dispõe sobre a jornada dos empregados que trabalham em empresas de crédito, financiamento ou investimentos.

Apesar disso, o TST tem entendido que a equiparação mencionada na referida Súmula se restringe à jornada de trabalho, não sendo aplicável para fins de enquadramento sindical e aplicação de normas coletivas de trabalho (RR 817/2007-017-10-00.0, 5.ª T., Rel. Min. Emmanoel Pereira, *DEJT* 20.11.2009).

A duração normal do trabalho dos bancários deve ficar compreendida entre 7 e 22 horas. Ainda nesse caso, é assegurado ao empregado um intervalo (intrajornada) de 15 minutos para alimentação. Sobre o assunto, cf. Orientação Jurisprudencial 178 da SBDI-I do TST.

Não se pode confundir a hipótese do empregado bancário que exerce mero cargo de confiança, de acordo com o art. 224, § 2.º, da CLT, com o empregado que exerce verdadeiro cargo de gestão, inserido na previsão do art. 62, inciso II, da CLT.

A referida jornada de trabalho especial e reduzida dos empregados bancários, de seis horas por dia, não se aplica aos que exercem *funções de direção, gerência, fiscalização, chefia e equivalentes, ou que desempenhem outros cargos de confiança*, desde que o valor da gratificação não seja inferior a 1/3 do salário do cargo efetivo. Quanto à gratificação do bancário, dispõe a Súmula 240 do TST.

No entanto, o bancário não enquadrado no § 2.º do art. 224 da CLT, que receba gratificação de função, não pode ter o salário relativo a horas extraordinárias compensado com o valor daquela vantagem (Súmula 109 do TST). Ainda sobre essa questão, cf. a Súmula 102 do TST (mantida pela Resolução 174 do TST, de 24 de maio de 2011, art. 3.º, publicada no *DEJT* de 27.05.2011).

Tendo em vista a jornada de trabalho especial do bancário (art. 224, *caput*, da CLT), para o cálculo do valor do salário-hora do bancário mensalista, o divisor a ser adotado normalmente é 180, pois o sábado é considerado dia útil não trabalhado. Quanto ao tema, cf. Súmula 124 do TST.

Aplicam-se na atualidade as seguintes teses jurídicas fixadas pelo TST em julgamento de Incidente de Recurso de Revista Repetitivo (SBDI-I, IRR 849-83.2013.5.03.0138, Rel. Min. Cláudio Mascarenhas Brandão, j. 21.11.2016):

> "1. O número de dias de repouso semanal remunerado pode ser ampliado por convenção ou acordo coletivo de trabalho, como decorrência do exercício da autonomia sindical.
>
> 2. O divisor corresponde ao número de horas remuneradas pelo salário mensal, independentemente de serem trabalhadas ou não.
>
> 3. O divisor aplicável para cálculo das horas extras do bancário, inclusive para os submetidos à jornada de oito horas, é definido com base na regra geral prevista no artigo

64 da CLT (resultado da multiplicação por 30 da jornada normal de trabalho), sendo 180 e 220, para a jornada normal de seis e oito horas, respectivamente.

4. A inclusão do sábado como dia de repouso semanal remunerado, no caso do bancário, não altera o divisor, em virtude de não haver redução do número de horas semanais, trabalhadas e de repouso.

5. O número de semanas do mês é 4,2857, resultante da divisão de 30 (dias do mês) por 7 (dias da semana), não sendo válida, para efeito de definição do divisor, a multiplicação da duração semanal por 5.

6. Em caso de redução da duração semanal do trabalho, o divisor é obtido na forma prevista na Súmula 431 (multiplicação por 30 do resultado da divisão do número de horas trabalhadas por semana pelos dias úteis)".

✦ Jurisprudência

Empregado de empresa financeira. Equiparação a estabelecimento bancário. Súmula 55 do TST. Alcance. A Súmula 55 do TST traça orientação no sentido da equiparação das instituições financeiras com os estabelecimentos bancários tão somente para fins de jornada dos trabalhadores, não para equiparação dos empregados dessas instituições com os bancários, para fins de enquadramento sindical. Daí se segue que tais empregados não se beneficiam de vantagens previstas em convenções coletivas atinentes à categoria de bancários. O Tribunal Regional do Trabalho, no que indefere a pretendida extensão de benefícios previstos em convenção coletiva atinente à categoria de bancários, decidiu em sintonia com a orientação traçada na Súmula em foco. Precedentes da Corte. Recurso de revista não conhecido (TST, 5.ª T., RR 817/2007-017-10-00.0, Rel. Min. Emmanoel Pereira, *DEJT* 20.11.2009).

Recurso de revista. Advogado. Enquadramento como bancário. Regime de dedicação exclusiva. Sétima e oitava horas como extras. Indevidas. 1. Este Tribunal firmou jurisprudência no sentido de que os advogados empregados de banco não se enquadram na regra do art. 224 da CLT, notadamente, por se tratar de profissionais liberais, que se equiparam aos membros de categoria diferenciada, cujas atividades são regulamentadas por estatuto próprio (Lei 8.906/94), o qual estabelece jornada normal de oito horas diárias para esses profissionais em regime de dedicação exclusiva, hipótese dos autos. 2. Incidência do art. 896, § 4.º (atual § 7.º), da CLT e da Súmula 333/TST, restando ilesos os arts. 7.º, *caput*, da Constituição Federal, 511 e 577, § 3.º, da CLT e prejudicada a divergência jurisprudencial. Recurso de revista não conhecido (TST, 1.ª T., RR 63500-58.2008.5.15.0053, Rel. Min. Hugo Carlos Scheuermann, *DEJT* 04.08.2017).

✦ Súmulas, Orientações Jurisprudenciais e Precedentes Normativos

Súmula 55 do TST: Financeiras. As empresas de crédito, financiamento ou investimento, também denominadas financeiras, equiparam-se aos estabelecimentos bancários para os efeitos do art. 224 da CLT.

Súmula 102 do TST: Bancário. Cargo de confiança.

I – A configuração, ou não, do exercício da função de confiança a que se refere o art. 224, § 2.º, da CLT, dependente da prova das reais atribuições do empregado, é insuscetível de exame mediante recurso de revista ou de embargos.

II – O bancário que exerce a função a que se refere o § 2.º do art. 224 da CLT e recebe gratificação não inferior a um terço de seu salário já tem remuneradas as duas horas extraordinárias excedentes de seis.

III – Ao bancário exercente de cargo de confiança previsto no art. 224, § 2.º, da CLT são devidas as 7.ª e 8.ª horas, como extras, no período em que se verificar o pagamento a menor da gratificação de 1/3.

IV – O bancário sujeito à regra do art. 224, § 2.º, da CLT cumpre jornada de trabalho de 8 (oito) horas, sendo extraordinárias as trabalhadas além da oitava.

V – O advogado empregado de banco, pelo simples exercício da advocacia, não exerce cargo de confiança, não se enquadrando, portanto, na hipótese do § 2.º do art. 224 da CLT.

VI – O caixa bancário, ainda que caixa executivo, não exerce cargo de confiança. Se perceber gratificação igual ou superior a um terço do salário do posto efetivo, essa remunera apenas a maior responsabilidade do cargo e não as duas horas extraordinárias além da sexta.

VII – O bancário exercente de função de confiança, que percebe a gratificação não inferior ao terço legal, ainda que norma coletiva contemple percentual superior, não tem direito às sétima e oitava horas como extras, mas tão somente às diferenças de gratificação de função, se postuladas.

Súmula 109 do TST: Bancário. Gratificação de Função. Compensação de Salários. O bancário não enquadrado no § 2.º do art. 224 da CLT, que receba gratificação de função, não pode ter o salário relativo a horas extraordinárias compensado com o valor daquela vantagem.

Súmula 124 do TST: Bancário. Salário-hora. Divisor (alteração em razão do julgamento do processo TST--IRR-849-83.2013.5.03.0138).

I – o divisor aplicável para o cálculo das horas extras do bancário será:

a) 180, para os empregados submetidos à jornada de seis horas prevista no *caput* do art. 224 da CLT;

b) 220, para os empregados submetidos à jornada de oito horas, nos termos do § 2.º do art. 224 da CLT.

II – Ressalvam-se da aplicação do item anterior as decisões de mérito sobre o tema, qualquer que seja o seu teor, emanadas de Turma do TST ou da SBDI-I, no período de 27/09/2012 até 21/11/2016, conforme a modulação aprovada no precedente obrigatório firmado no Incidente de Recursos de Revista Repetitivos n.º TST--IRR-849-83.2013.5.03.0138, *DEJT* 19.12.2016.

Súmula 240 do TST: Bancário. Gratificação de função e adicional por tempo de serviço. O adicional por tempo de serviço integra o cálculo da gratificação prevista no art. 224, § 2.º, da CLT.

Orientação Jurisprudencial 123 da SBDI-I do TST: Bancários. Ajuda alimentação. A ajuda alimentação prevista em norma coletiva em decorrência de prestação de horas extras tem natureza indenizatória e, por isso, não integra o salário do empregado bancário.

Orientação Jurisprudencial 178 da SBDI-I do TST: Bancário. Intervalo de 15 minutos. Não computável na jornada de trabalho. Não se computa, na jornada do bancário sujeito a seis horas diárias de trabalho, o intervalo de quinze minutos para lanche ou descanso.

Art. 225. A duração normal de trabalho dos bancários poderá ser excepcionalmente prorrogada até 8 (oito) horas diárias, não excedendo de 40 (quarenta) horas semanais, observados os preceitos gerais sobre a duração do trabalho.

1. PRORROGAÇÃO DA JORNADA DE TRABALHO DO BANCÁRIO

A duração normal de trabalho dos bancários pode ser excepcionalmente prorrogada até oito horas diárias, não excedendo de 40 horas semanais, devendo-se observar os preceitos gerais sobre a duração do trabalho.

Para os bancários, em razão do disposto no art. 225 da CLT, ao estabelecer que apenas *excepcionalmente* pode haver a prorrogação da jornada de trabalho, a Súmula 199, inciso I, do TST, considera nula a contratação do serviço suplementar, quando da admissão do trabalhador bancário. Por isso, os valores ajustados na admissão apenas remuneram a jornada normal de labor, sendo devidas as horas extras com o adicional de no mínimo 50%. Entretanto, entende-se que não se configura pré-contratação de horas extras se elas são pactuadas após a admissão do bancário.

✦ Súmulas, Orientações Jurisprudenciais e Precedentes Normativos

Súmula 199 do TST: Bancário. Pré-contratação de horas extras. I – A contratação do serviço suplementar, quando da admissão do trabalhador bancário, é nula. Os valores assim ajustados apenas remuneram a jornada normal, sendo devidas as horas extras com o adicional de, no mínimo, 50% (cinquenta por cento), as quais não configuram pré-contratação, se pactuadas após a admissão do bancário. II – Em se tratando de horas extras pré-contratadas, opera-se a prescrição total se a ação não for ajuizada no prazo de cinco anos, a partir da data em que foram suprimidas.

Orientação Jurisprudencial 123 da SBDI-I do TST: Bancários. Ajuda alimentação. A ajuda alimentação prevista em norma coletiva em decorrência de prestação de horas extras tem natureza indenizatória e, por isso, não integra o salário do empregado bancário.

Art. 226. O regime especial de 6 (seis) horas de trabalho também se aplica aos empregados de portaria e de limpeza, tais como porteiros, telefonistas de mesa, contínuos e serventes, empregados em bancos e casas bancárias.

Parágrafo único. A direção de cada banco organizará a escala de serviço do estabelecimento de maneira a haver empregados do quadro da portaria em função, meia hora antes e até meia hora após o encerramento dos trabalhos, respeitado o limite de 6 (seis) horas diárias.

1. ENQUADRAMENTO DOS EMPREGADOS DE PORTARIA E DE LIMPEZA COMO BANCÁRIO

O regime especial de seis horas de trabalho também se aplica aos empregados de portaria e de limpeza, tais como porteiros, telefonistas de mesa, contínuos e serventes, empregados em bancos e casas bancárias.

De acordo com a jurisprudência majoritária, a jornada de trabalho especial do bancário, salvo categoria profissional diferenciada, é aplicada independentemente de estar a função do empregado do banco inserida na atividade-fim ou em atividade-meio. Nesse sentido, cabe mencionar a decisão do Tribunal Superior do Trabalho: E-RR 625.578/2000.0, Rel. Min. Maria Cristina Irigoyen Peduzzi, *DJ* 23.03.2007.

Reitere-se que a jornada de trabalho especial do bancário, de acordo com a jurisprudência pacificada, não se aplica aos empregados abrangidos por categoria profissional diferenciada (Súmula 117 do TST) e aos vigilantes (Súmula 257 do TST).

Além disso, o Tribunal Superior do Trabalho tem decidido que essa jornada do bancário também não se aplica aos empregados que exerçam funções típicas de profissionais liberais, como os arquitetos e engenheiros, por aplicação do mesmo entendimento relativo às categorias profissionais diferenciadas. Nesse sentido: TST, SBDI-I, E-RR-104/2006-006-05-00.9, Redatora Min. Maria de Assis Calsing, *DJ* 26.06.2009 e TST, SBD-I, E-ED-RR-783/2005-033-02-00.4, Rel. Min. João Batista Brito Pereira, *DJ* 26.06.2009.

A Orientação Jurisprudencial 379 da SBDI-I do TST, por sua vez, afasta a equiparação dos empregados de cooperativas de crédito a bancários.

✦ Jurisprudência

Jornada especial dos bancários. Trabalhador de atividade-meio do banco. Identidade de categoria profissional.

1. Em regra, o enquadramento na categoria profissional é determinado pela atividade preponderante do empregador. Nesse sentido, o art. 511, § 2.º, da CLT dispõe: A similitude de condições de vida oriunda da profissão ou trabalho em comum, em situação de emprego na mesma atividade econômica ou em atividades econômicas similares ou conexas, compõe a expressão social elementar compreendida como categoria profissional.
2. Decerto, muito embora seja possível distinguir entre atividade-fim e atividade-meio, forçoso é concluir que o desempenho desta é também dirigido à finalidade da empresa. Com efeito, a atividade-meio é alocada pelo empregador em função da atividade-fim. Essa circunstância produz a similitude de condições de vida suficiente para enquadrar os respectivos trabalhadores na mesma categoria profissional, a teor do referido art. 511, § 2.º, da CLT.
3. Por conseguinte, todos os empregados de Banco são bancários, independentemente da atividade desenvolvida. Excepcionam-se apenas os integrantes de categoria profissional diferenciada, como consagrado pela jurisprudência desta Corte na Súmula 117.
4. A jurisprudência deste Tribunal, desde há muito, admite a possibilidade de trabalhadores que não prestam serviços diretamente ligados à atividade-fim do Banco serem considerados bancários. A Súmula 239 do TST, nesse diapasão, preceitua: é bancário o empregado de empresa de processamento de dados que presta serviço a banco integrante do mesmo grupo econômico, exceto quando a empresa de processamento de dados presta serviços a banco e a empresas não bancárias do mesmo grupo econômico ou a terceiros.

5. Na hipótese dos autos, a instância ordinária registrou que o Autor fora contratado pelo Banco como auxiliar de almoxarifado, laborando junto ao Departamento de Telecomunicação e Assistência Técnica.
6. Tratando-se de empregado de instituição bancária, tem jus ao regime legal próprio dos bancários – porque pertencente a esta categoria profissional – e, assim, à jornada de seis horas, prevista no art. 224 da CLT.
[...]
Embargos parcialmente conhecidos e desprovidos (TST, SBDI-I, E-RR 625.578/2000.0, Rel. Min. Maria Cristina Irigoyen Peduzzi, *DJ* 23.03.2007).

Recurso de Embargos interposto na vigência da Lei 11.496/2007. Arquiteto. Profissional liberal. Enquadramento como bancário. Impossibilidade.
1. Cinge-se a controvérsia em se saber se o arquiteto, empregado de instituição bancária e que desempenha as atribuições inerentes de sua profissão, deve ser enquadrado como bancário.
2. A primeira questão que deve ser considerada diz respeito ao tratamento sindical que deve ser conferido aos empregados da categoria de profissionais liberais.
3. O quadro nexo do art. 577 da CLT não insere a profissão de arquiteto como categoria profissional diferenciadas, mas, sim, como profissional liberal. Apesar disto, verifica-se que inexiste qualquer incompatibilidade para a aplicação para esta categoria de empregados das regras concernentes à categoria profissional diferenciada. Primeiro porque tanto os profissionais liberais como os empregados de categoria diferenciada exercem suas profissões ou funções diferenciadas por força de estatuto profissional especial. No caso, a profissão dos arquitetos encontra-se regulada pela Lei n. 4.950-A/1966. Segundo, porque o art. 1.º da Lei n. 7.361/1985, confere à Confederação das Profissões Liberais o mesmo poder de representação atribuído aos sindicatos representativos das categorias profissionais diferenciadas.
4. De outro lado, esta Corte já sedimentou o entendimento de que as instituições bancárias podem legalmente contratar empregados de categorias diferenciadas em regime de trabalho diverso do aplicado aos bancários, conforme o que se infere da Súmula n. 117. Recurso de embargos conhecido e desprovido (TST, SBDI-I, E-RR-104/2006-006-05-00.9, Redatora Min. Maria de Assis Calsing, *DJ* 26.06.2009).

Engenheiro. Enquadramento como bancário. Jornada reduzida. Horas extras.
A profissão de engenheiro não pertence à categoria diferenciada, mas integra o rol das profissões liberais. Assim, quando empregado de estabelecimento bancário, exercendo atividade-meio e, como no caso dos autos, admitido mediante prévia aprovação em concurso público, cujas instruções previam jornada de oito horas, não há como se reconhecer o enquadramento do engenheiro como bancário. Recurso de embargos de que se conhece e a que se nega provimento (TST, SBD-I, E-ED-RR 783/2005-033-02-00.4, Rel. Min. João Batista Brito Pereira, *DJ* 26.06.2009).

✦ Súmulas, Orientações Jurisprudenciais e Precedentes Normativos

Súmula 117 do TST: Bancário. Categoria diferenciada. Não se beneficiam do regime legal relativo aos bancários os empregados de estabelecimento de crédito pertencentes a categorias profissionais diferenciadas.

Súmula 178 do TST: Telefonista. Art. 227, e parágrafos, da CLT. Aplicabilidade. É aplicável à telefonista de mesa de empresa que não explora o serviço de telefonia o disposto no art. 227, e seus parágrafos, da CLT.

Súmula 257 do TST: Vigilante. O vigilante, contratado diretamente por banco ou por intermédio de empresas especializadas, não é bancário.

Orientação Jurisprudencial 379 da SBDI-I do TST: Empregado de cooperativa de crédito. Bancário. Equiparação. Impossibilidade. Os empregados de cooperativas de crédito não se equiparam a bancário, para efeito de aplicação do art. 224 da CLT, em razão da inexistência de expressa previsão legal, considerando, ainda, as diferenças estruturais e operacionais entre as instituições financeiras e as cooperativas de crédito. Inteligência das Leis 4.595, de 31.12.1964, e 5.764, de 16.12.1971.

Seção II – Dos Empregados nos Serviços de Telefonia, de Telegrafia Submarina e Subfluvial, de Radiotelegrafia e Radiotelefonia

Art. 227. Nas empresas que explorem o serviço de telefonia, telegrafia submarina ou subfluvial, de radiotelegrafia ou de radiotelefonia, fica estabelecida para os respectivos operadores a duração máxima de seis horas contínuas de trabalho por dia ou 36 (trinta e seis) horas semanais.

§ 1.º Quando, em caso de indeclinável necessidade, forem os operadores obrigados a permanecer em serviço além do período normal fixado neste artigo, a empresa pagar-lhes-á extraordinariamente o tempo excedente com acréscimo de 50% (cinquenta por cento) sobre o seu salário-hora normal.

§ 2.º O trabalho aos domingos, feriados e dias santos de guarda será considerado extraordinário e obedecerá, quanto à sua execução e remuneração, ao que dispuserem empregadores e empregados em acordo, ou os respectivos sindicatos em contrato coletivo de trabalho.

1. TELEFONISTAS

Os telefonistas têm jornadas de trabalho especiais, inferiores ao limite constitucional. Prevalece o entendimento de que a jornada reduzida prevista no art. 227 da CLT não se aplica aos empregados que acumulam funções de telefonista com outras atribuições (como nos casos em que durante a jornada de trabalho há interrupções das atividades de digitação e do uso do telefone em razão de outras tarefas próprias de suporte à equipe de técnicos), uma vez que a finalidade da lei é minimizar o desgaste físico e mental de quem desenvolve de forma exclusiva ou absolutamente preponderante as atividades de telefonista (TST, SBDI-I, E-RR 393-08.2012.5.24.0002, Rel. Min. Renato de Lacerda Paiva, j. 04.05.2017).

Em face do cancelamento da Orientação Jurisprudencial 273 da SBDI-I do TST, por meio da Resolução 175/2011 (*DEJT* de 27.05.2011), ganhou força a corrente que defende a aplicabilidade da jornada de trabalho reduzida do telefonista ao operador de "telemarketing", conforme o art. 227 da CLT, tendo em vista a nítida semelhança entre as funções exercidas.

A Norma Regulamentadora 17, com redação dada pela Portaria 423/2021, no Anexo II, versa sobre trabalho em teleatendimento/telemarketing. O tempo de trabalho em efetiva atividade de teleatendimento/telemarketing é de, no máximo, seis horas diárias, nele incluídas as pausas, sem prejuízo da remuneração (item 6.3). A prorrogação do tempo previsto no mencionado item só é admissível nos termos da legislação, sem prejuízo das pausas previstas no Anexo II da NR 17, respeitado o limite de 36 horas semanais de tempo efetivo em atividade de teleatendimento/telemarketing.

Para o cálculo do tempo efetivo em atividade de teleatendimento/telemarketing, devem ser computados os períodos em que o operador se encontra no posto de trabalho, os intervalos entre os ciclos laborais e os deslocamentos para solução de questões relacionadas ao trabalho. Cf. ainda os comentários ao art. 72 da CLT, item 1.

Mesmo quanto ao operador de telemarketing, para a aplicação da jornada de trabalho reduzida prevista no art. 227 da CLT, entende-se que devem ser exercidas pelo empregado atividades análogas às de telefonista, de modo exclusivo ou preponderante (TST, 5.ª T., Ag-AIRR-11151-22.2019.5.18.0017, Rel. Min. Douglas Alencar Rodrigues, *DEJT* 19.08.2022).

✦ Jurisprudência

Horas extras. Operador de *telemarketing*. Jornada reduzida. Art. 227 da CLT. O cancelamento da Orientação Jurisprudencial da SBDI-1/TST n.º 273 materializou a aplicação de novo posicionamento nesta Corte, segundo o qual os trabalhadores que desempenham as funções de *call center*, *telemarketing*, teleatendimento e congêneres fazem jus à jornada especial prevista no artigo 227 da CLT, tendo em vista a necessidade de amenizar os desgastes inerentes a tais atividades. Na espécie, o Tribunal Regional acolheu a pretensão de incidência da jornada reduzida, porquanto a autora demonstrou exercer o ofício de teleatendimento. Assim, ao condenar a ré ao pagamento das correspondentes horas extraordinárias, julgou em consonância com o item 5.3 do anexo II da NR-17 e em plena sintonia com o entendimento reiterado do TST. Precedentes da SBDI-1 e da 3.ª Turma. Aplicação do art. 896, § 7.º, da CLT e da Súmula 333/TST. Agravo de instrumento conhecido e desprovido (TST, 3.ª T., ARR-244-60.2010.5.04.0221, Rel. Min. Alexandre de Souza Agra Belmonte, *DEJT* 25.10.2019).

Agravo. Agravo de instrumento em recurso de revista. Regido pela Lei 13.467/2017. Horas extras. Jornada de trabalho reduzida. Artigo 227 da CLT. Operadora de *telemarketing*. Equiparação ao telefonista. Empregado que executa atividades diversas. Inaplicabilidade. Transcendência não reconhecida na decisão agravada. Este Tribunal Superior firmou o entendimento de que, para a aplicação da jornada reduzida prevista no artigo 227 da CLT, impõe-se sejam exercidas pelo empregado, de modo exclusivo ou preponderante, atividades análogas às de telefonista. No caso, o Tribunal Regional, soberano na análise de fatos e provas, adotando os fundamentos da sentença, registrou que não ficou configurada a efetiva atividade de *telemarketing*, porquanto o atendimento de ligações telefônicas somava-se à realização de atendimento presencial de clientes, cotações por *e-mail*, envio de mensagens via *Whatsapp* e *Skype*, pesquisas na internet, dentre outras. Desse modo, não há como concluir que a Reclamante trabalhou de forma preponderante em funções análogas às de telefonista (Súmula 126 do TST). Nesse contexto, não afastados os fundamentos da decisão agravada, nenhum reparo merece a decisão. Agravo não provido, com acréscimo de fundamentação (TST, 5.ª T., Ag-AIRR-11151-22.2019.5.18.0017, Rel. Min. Douglas Alencar Rodrigues, *DEJT* 19.08.2022).

✦ Súmulas, Orientações Jurisprudenciais e Precedentes Normativos

Súmula 178 do TST: Telefonista. Art. 227, e parágrafos, da CLT. Aplicabilidade. É aplicável à telefonista de mesa de empresa que não explora o serviço de telefonia o disposto no art. 227, e seus parágrafos, da CLT.

Art. 228. Os operadores não poderão trabalhar, de modo ininterrupto, na transmissão manual, bem como na recepção visual, auditiva, com escrita manual ou datilográfica, quando a velocidade for superior a 25 (vinte e cinco) palavras por minuto.

Art. 229. Para os empregados sujeitos a horários variáveis, fica estabelecida a duração máxima de 7 (sete) horas diárias de trabalho e 17 (dezessete) horas de folga, deduzindo-se deste tempo 20 (vinte) minutos para descanso, de cada um dos empregados, sempre que se verificar um esforço contínuo de mais de 3 (três) horas.

§ 1.º São considerados empregados sujeitos a horários variáveis, além dos operadores, cujas funções exijam classificação distinta, os que pertençam a seções de técnica, telefones, revisão, expedição, entrega e balcão.

§ 2.º Quanto à execução e remuneração aos domingos, feriados e dias santos de guarda e às prorrogações de expediente, o trabalho dos empregados a que se refere o parágrafo anterior será regido pelo que se contém no § 1.º do art. 227 desta Seção.

1. EMPREGADOS SUJEITOS A HORÁRIOS VARIÁVEIS

Somente aos empregados que possuem horários variáveis, e não aos que trabalham de forma ininterrupta – ou seja, permanente, em horas contínuas – é que se aplica o dispositivo em questão.

Os referidos empregados são aqueles cujas funções exijam classificação distinta: aqueles que pertencem a seções de técnica, de telefonia, revisão, expedição, entrega e balcão.

Nesse caso (empregados sujeitos a horários variáveis), a duração máxima é de sete horas diárias de trabalho, e 17 de folga. Deve-se deduzir, desse tempo, 20 minutos para descanso, de cada um dos empregados, sempre que se verificar um esforço contínuo de mais de três horas.

De acordo com o art. 229, § 2.º, da CLT, o trabalho em domingos e feriados é considerado labor extraordinário, tendo em vista a remissão ao art. 227, § 1.º, da CLT. Não obstante, nos termos da Lei 605/1949, a qual é posterior, havendo trabalho em domingos e feriados, deve ser remunerado em dobro, exceto se houver folga compensatória.

Art. 230. A direção das empresas deverá organizar as turmas de empregados, para a execução dos seus serviços, de maneira que prevaleça sempre o revezamento entre os que exercem a mesma função, quer em escalas diurnas, quer em noturnas.

§ 1.º Aos empregados que exerçam a mesma função será permitida, entre si, a troca de turmas, desde que isso não importe em prejuízo dos serviços, cujo chefe ou encarregado resolverá sobre a oportunidade ou possibilidade dessa medida, dentro das prescrições desta Seção.

§ 2.º As empresas não poderão organizar horários que obriguem os empregados a fazer a refeição do almoço antes das 10 (dez) e depois das 13 (treze) horas e a de jantar antes das 16 (dezesseis) e depois das 19:30 (dezenove e trinta) horas.

1. ORGANIZAÇÃO DAS TURMAS DE EMPREGADOS

As turmas de empregados devem ser organizadas pela direção das empresas, para a realização dos serviços, com a finalidade de se efetivar o revezamento entre os empregados que realizam a mesma função, em escalas diurnas ou noturnas. Com isso, evita-se a sobrecarga de trabalho a apenas um grupo de obreiros.

No caso em questão, o horário para almoço somente pode ser das 10 às 13 horas. O horário de jantar somente pode ser das 16 às 19h30. O descumprimento dessa previsão pode acarretar a imposição de penalidade administrativa.

Art. 231. As disposições desta Seção não abrangem o trabalho dos operadores de radiotelegrafia embarcados em navios ou aeronaves.

1. NÃO INCIDÊNCIA DAS DISPOSIÇÕES DESTA SEÇÃO

Os arts. 227 a 230 não se incidem quanto aos operadores de radiotelegrafia embarcados em navios ou aeronaves. No que se refere a essa categoria de empregados, aplicam-se as previsões da Convenção Radiotelegráfica Internacional, de Washington, promulgada no Brasil pelo Decreto 22.683/1933. Os operadores de radiotelegrafia em aeronaves são considerados aeronautas.

Seção III – Dos Músicos Profissionais

Art. 232. Será de seis horas a duração de trabalho dos músicos em teatro e congêneres.

Parágrafo único. Toda vez que o trabalho contínuo em espetáculo ultrapassar de seis horas, o tempo de duração excedente será pago com um acréscimo de 25% (vinte e cinco por cento) sobre o salário da hora normal.

1. PROFISSÃO DE MÚSICO

A Lei 3.857/1960 dispõe sobre o exercício da profissão de músico.

Quanto à atividade de músico, tendo em vista a garantia constitucional de livre expressão da atividade artística (art. 5.º, inciso IX, da Constituição Federal de 1988), o Supremo Tribunal Federal fixou a seguinte tese de repercussão geral: "É incompatível com a Constituição a exigência de inscrição na Ordem dos Músicos do Brasil, bem como de pagamento de anuidade, para o exercício da profissão" (STF, Pleno, RG-RE 795.467/SP, Rel. Min. Teori Zavascki, *DJe* 24.06.2014). Cf. ainda STF, Pleno, ADPF 183/DF, Rel. Min. Alexandre de Moraes, *DJe* 18.11.2019.

O adicional de horas extras, com a Constituição da República Federativa do Brasil, de 1988, passou a ser de, no mínimo, 50% (art. 7.º, inciso XVI).

✦ Jurisprudência

Administrativo e constitucional. Recurso extraordinário. Inscrição na Ordem dos Músicos do Brasil (OMB). Pagamento de anuidades. Não obrigatoriedade. Ofensa à garantia da liberdade de expressão (art. 5.º, IX, da CF). Repercussão geral configurada. Reafirmação da jurisprudência. 1. O Plenário do Supremo Tribunal Federal, no julgamento do RE 414.426, rel. Min. Ellen Gracie, *DJe* de 10-10-2011, firmou o entendimento de que a atividade de músico é manifestação artística protegida pela garantia da liberdade de expressão, sendo, por isso, incompatível com a Constituição Federal de 1988 a exigência de inscrição na Ordem dos Músicos do Brasil, bem como de pagamento de anuidade, para o exercício de tal profissão. 2. Recurso extraordinário provido, com o reconhecimento da repercussão geral do tema e a reafirmação da jurisprudência sobre a matéria (STF, Pleno, RG-RE 795.467/SP, Rel. Min. Teori Zavascki, *DJe* 24.06.2014).

Constitucional. Lei federal 3.857/1960. Institui a Ordem dos Músicos do Brasil conferindo poder de polícia sobre a profissão de músico. Liberdades de profissão e manifestação artística (arts. 5.º, IX e XIII, da CF). Incompatibilidade. Impossibilidade de intervenção estatal nesse tipo de atividade. 1. O art. 5.º, XIII, parte final, da CF admite a limitação do exercício dos trabalhos, ofícios ou profissões, desde que materialmente compatível com os demais preceitos do texto constitucional, em especial o valor social do trabalho (arts. 1.º, IV; 6.º, *caput* e inciso XXXII; 170, *caput* e inciso VIII; 186, III, 191 e 193 da CF) e a liberdade de manifestação artística (art. 5.º, IX, da CF). 2. As limitações ao livre exercício das profissões serão legítimas apenas quando o inadequado exercício de determinada atividade possa vir a causar danos a terceiros e desde que obedeçam a critérios de adequação e razoabilidade, o que não ocorre em relação ao exercício da profissão de músico, ausente qualquer interesse público na sua restrição. 3. A existência de um conselho profissional com competências para selecionar, disciplinar e fiscalizar o exercício da profissão de músico (art. 1.º), para proceder a registros profissionais obrigatórios, para expedir carteiras profissionais obrigatórias (arts. 16 e 17) e para exercer poder de polícia, aplicando penalidades pelo exercício ilegal da profissão (arts. 18, 19, 54 e 55), afronta as garantias da liberdade de profissão e de expressão artística. 4. Arguição de Descumprimento de Preceito Fundamental julgada procedente (STF, Pleno, ADPF 183/DF, Rel. Min. Alexandre de Moraes, *DJe* 18.11.2019).

✦ Súmulas, Orientações Jurisprudenciais e Precedentes Normativos

Súmula 312 do STF: Músico integrante de orquestra da empresa, com atuação permanente e vínculo de subordinação, está sujeito a legislação geral do trabalho, e não à especial dos artistas.

Art. 233. A duração normal de trabalho dos músicos profissionais poderá ser elevada até oito horas diárias, observados os preceitos gerais sobre duração do trabalho.

1. JORNADA DE TRABALHO DOS MÚSICOS PROFISSIONAIS

Na atualidade, os músicos são regidos pela Lei 3.857/1960.

Sendo assim, a duração normal do trabalho dos músicos não pode exceder cinco horas (art. 41 da Lei 3.857/1960). O tempo destinado aos ensaios deve ser computado no período de trabalho (art. 41, § 1.º). Com exceção do intervalo destinado à refeição, que deve ser de uma hora, os demais intervalos que se verificarem, na duração normal do trabalho ou nas prorrogações, devem ser computados como de serviço efetivo (art. 41, § 2.º, da Lei 3.857/1960).

A duração normal do trabalho pode ser elevada para seis horas, nos estabelecimentos de diversões públicas, onde atuem dois ou mais conjuntos (art. 42, inciso I, da Lei 3.857/1960).

A duração normal do trabalho pode ser elevada, excepcionalmente, para sete horas, nos casos de força maior, ou festejos populares e serviço reclamado pelo interesse nacional (art. 42, inciso II). Nesse caso, a hora de prorrogação deve ser remunerada com o dobro do valor do salário normal (art. 42, § 1.º, da Lei 3.857/1960).

Em todos os casos de prorrogação do período normal de trabalho, deve haver, obrigatoriamente, um intervalo para repouso de 30 minutos, no mínimo (art. 42, § 2.º, da Lei 3.857/1960).

✦ Jurisprudência

Recurso do reclamante. Músico. Jornada diferenciada. Horas extras. Divisor e adicional. A jornada de trabalho diferenciada do músico, estabelecida no art. 41 da Lei 3.857/1960, implica divisor diferenciado para cálculo de horas extras, ou seja, 150. E, quanto ao adicional acrescido à conta, considerando-se a jornada de trabalho fixado pelo Juízo de origem, tem-se a aplicação do comando inserto no § 1.º do art. 42 da Lei 3.857/1960, ou seja, 100% (TRT da 13.ª Região, Pleno, RO 131.351, Rel. Eduardo Sergio de Almeida, j. 28.02.2012, *DEJT* 07.03.2012).

Seção IV – Dos Operadores Cinematográficos

Art. 234. A duração normal do trabalho dos operadores cinematográficos e seus ajudantes não excederá de seis horas diárias, assim distribuídas:

a) 5 (cinco) horas consecutivas de trabalho em cabina, durante o funcionamento cinematográfico;

b) 1 (um) período suplementar, até o máximo de 1 (uma) hora para limpeza, lubrificação dos aparelhos de projeção, ou revisão de filmes.

Parágrafo único. Mediante remuneração adicional de 25% (vinte e cinco por cento) sobre o salário da hora normal e observado um intervalo de 2 (duas) horas para folga, entre o período a que se refere a alínea "b" deste artigo e o trabalho em cabina de que trata a alínea "a", poderá o trabalho dos operadores cinematográficos e seus ajudantes ter a duração prorrogada por 2 (duas) horas diárias, para exibições extraordinárias.

1. MUDANÇA NO PERCENTUAL DAS HORAS EXTRAS

O adicional de horas extras, com a Constituição da República Federativa do Brasil de 1988, passou a ser de no mínimo 50% (art. 7.º, inciso XVI).

2. JORNADA DE TRABALHO DOS OPERADORES CINEMATOGRÁFICOS E SEUS AJUDANTES

Os operadores cinematográficos e seus ajudantes têm direito à jornada de trabalho especial, reduzida, prevista no dispositivo em questão, certamente em razão das peculiaridades das funções desempenhadas.

O intervalo de duas horas deve ocorrer entre o fim do trabalho em cabina e o início do trabalho em limpeza, lubrificação dos aparelhos de projeção, ou revisão de filmes.

Em casos de exibições extraordinárias, o trabalho dos operadores cinematográficos e seus ajudantes pode ter a duração prorrogada por duas horas diárias.

Na atualidade, a partir da Constituição Federal de 1988, a prorrogação da jornada de trabalho gera o direito ao adicional de 50% (art. 7.º, inciso XVI).

✦ Jurisprudência

Agravo de instrumento. Recurso de revista. Horas extras excedentes da sexta diária. Não abrangência do cinegrafista pelo art. 234 da CLT. O Regional adotou o entendimento de que o art. 234 da CLT aplica-se restritivamente aos operadores de cinema e não aos cinegrafistas, como é o caso do reclamante. Consignou que o dispositivo abrange o operador de cinema, pois a alínea "a" estabelece o período máximo de atividade em "cinco horas consecutivas de trabalho em cabina, durante o funcionamento cinematográfico", e a alínea "b" prevê período suplementar de, no máximo, uma hora, "para limpeza, lubrificação dos aparelhos de projeção, ou revisão de filmes". Cabe ressaltar que o parágrafo único também faz menção a trabalho em cabina de que trata a alínea "a" e estabelece que poderá o trabalho dos operadores cinematográficos e seus ajudantes ter a duração prorrogada por duas horas, para exibições extraordinárias. Do exposto, verifica-se que, de fato, o art. 234 da CLT não se aplica a cinegrafistas, mas apenas aos operadores cinematográficos, profissionais que laboram na atividade de projeção de filmes nos cinemas, os quais trabalham em cabina de projeção de filmes em cinema. Assim, não há como enquadrar o reclamante – cinegrafista – no citado dispositivo, que prevê jornada especial de seis horas apenas para os operadores cinematográficos. Agravo de instrumento desprovido (TST, 2.ª T., AIRR 751640-96.2003.5.12.0014, Rel. Min. José Roberto Freire Pimenta, j. 02.05.2012, *DEJT* 11.05.2012).

Art. 235. Nos estabelecimentos cujo funcionamento normal seja noturno, será facultado aos operadores cinematográficos e seus ajudantes, mediante acordo ou contrato coletivo de trabalho e com um acréscimo de 25% (vinte e cinco por cento) sobre o salário da hora normal, executar o trabalho em sessões diurnas extraordinárias e, cumulativamente, nas noturnas, desde que isso se verifique até 3 (três) vezes por semana e entre as sessões diurnas e as noturnas haja o intervalo de 1 (uma) hora, no mínimo, de descanso.

§ 1.º A duração de trabalho cumulativo a que alude o presente artigo não poderá exceder de 10 (dez) horas.

§ 2.º Em seguida a cada período de trabalho haverá um intervalo de repouso no mínimo de 12 (doze) horas.

1. SESSÕES EXTRAORDINÁRIAS

A partir da vigência da Constituição da República Federativa do Brasil, o adicional de horas extras é de 50% (art. 7.º, inciso XVI).

No caso em comento, o trabalho em sobrejornada não pode superar 10 horas, além de ser limitado a três vezes por semana.

Entre as sessões diurnas e as noturnas deve haver o intervalo (intrajornada) de uma hora, no mínimo, de descanso.

O intervalo interjornada, no caso específico, é de 12 horas, diferindo da regra geral do art. 66.

Seção IV-A – Do Serviço do Motorista Profissional Empregado

Art. 235-A. Os preceitos especiais desta Seção aplicam-se ao motorista profissional empregado:

I – de transporte rodoviário coletivo de passageiros;

II – de transporte rodoviário de cargas.

1. MOTORISTA PROFISSIONAL

A presente Seção da CLT passou a disciplinar o trabalho realizado pelo motorista profissional *empregado* de transporte rodoviário (coletivo de passageiros e de cargas).

Não é abrangido pelos dispositivos em questão, assim, o motorista profissional de transporte urbano.

Art. 235-B. São deveres do motorista profissional empregado:

I – estar atento às condições de segurança do veículo;

II – conduzir o veículo com perícia, prudência, zelo e com observância aos princípios de direção defensiva;

III – respeitar a legislação de trânsito e, em especial, as normas relativas ao tempo de direção e de descanso controlado e registrado na forma do previsto no art. 67-E da Lei n.º 9.503, de 23 de setembro de 1997 – Código de Trânsito Brasileiro;

IV – zelar pela carga transportada e pelo veículo;

V – colocar-se à disposição dos órgãos públicos de fiscalização na via pública;

VI – (VETADO);

VII – submeter-se a exames toxicológicos com janela de detecção mínima de 90 (noventa) dias e a programa de controle de uso de droga e de bebida alcoólica, instituído pelo empregador, com sua ampla ciência, pelo menos uma vez a cada 2 (dois) anos e 6 (seis) meses, podendo ser utilizado para esse fim o exame obrigatório previsto na Lei n.º 9.503, de 23 de setembro de 1997 – Código de Trânsito Brasileiro, desde que realizado nos últimos 60 (sessenta) dias.

Parágrafo único. A recusa do empregado em submeter-se ao teste ou ao programa de controle de uso de droga e de bebida alcoólica previstos no inciso VII será considerada infração disciplinar, passível de penalização nos termos da lei.

1. DEVERES DO MOTORISTA PROFISSIONAL

O dispositivo arrola os deveres do motorista profissional, quais sejam: estar atento às condições de segurança do veículo; conduzir o veículo com perícia, prudência, zelo e com observância aos princípios de direção defensiva; respeitar a legislação de trânsito e, em especial, as normas relativas ao tempo de direção e de descanso controlado e registrado na forma do previsto no art. 67-E da Lei 9.503/1997 (Código de Trânsito Brasileiro); zelar pela carga transportada e pelo veículo; colocar-se à disposição dos órgãos públicos de fiscalização na via pública; submeter-se a exames toxicológicos com janela de detecção mínima de 90 dias e a programa de controle de uso de droga e de bebida alcoólica, instituído pelo empregador, com sua ampla ciência, pelo menos uma vez a cada dois anos e seis meses, podendo ser utilizado para esse fim o exame obrigatório previsto na Lei 9.503/1997 (Código de Trânsito Brasileiro), desde que realizado nos últimos 60 dias.

Questiona-se se o dever de submissão do empregado a teste e a programa de controle de uso de droga e de bebida alcoólica, instituído pelo empregador, não violaria o direito à intimidade do empregado (art. 5.º, inciso X, da Constituição Federal de 1988). No entanto, no caso, isso ocorre com ampla ciência do empregado, em benefício de um valor superior, pertinente à segurança dos passageiros.

Por isso, a recusa do empregado em se submeter ao teste ou ao programa de controle de uso de droga e de bebida alcoólica deve ser considerada infração disciplinar, passível de penalização nos termos da lei.

Art. 235-C. A jornada diária de trabalho do motorista profissional será de 8 (oito) horas, admitindo-se a sua prorrogação por até 2 (duas) horas extraordinárias ou, mediante previsão em convenção ou acordo coletivo, por até 4 (quatro) horas extraordinárias.

§ 1.º Será considerado como trabalho efetivo o tempo em que o motorista empregado estiver à disposição do empregador, excluídos os intervalos para refeição, repouso [e descanso e o tempo de espera]. (Cf. ADI 5.322)

§ 2.º Será assegurado ao motorista profissional empregado intervalo mínimo de 1 (uma) hora para refeição, podendo esse período coincidir com o tempo de parada obrigatória na condução do veículo estabelecido pela Lei n.º 9.503, de 23 de setembro de 1997 – Código de Trânsito Brasileiro, exceto quando se tratar do motorista profissional enquadrado no § 5.º do art. 71 desta Consolidação.

§ 3.º Dentro do período de 24 (vinte e quatro) horas, são asseguradas 11 (onze) horas de descanso, [sendo facultados o seu fracionamento e a coincidência com os períodos de parada obrigatória na condução do veículo estabelecida pela Lei n.º 9.503, de 23 de setembro de 1997 – Código de Trânsito Brasileiro, garantidos o mínimo de 8 (oito) horas ininterruptas no primeiro período e o gozo do remanescente dentro das 16 (dezesseis) horas seguintes ao fim do primeiro período]. (Cf. ADI 5.322)

§ 4.º Nas viagens de longa distância, assim consideradas aquelas em que o motorista profissional empregado permanece fora da base da empresa, matriz ou filial e de sua residência por mais de 24 (vinte e quatro) horas, o repouso diário pode ser feito no veículo ou em alojamento do empregador, do contratante do transporte, do embarcador ou do destinatário ou em outro local que ofereça condições adequadas.

§ 5.º As horas consideradas extraordinárias serão pagas com o acréscimo estabelecido na Constituição Federal ou compensadas na forma do § 2.º do art. 59 desta Consolidação.

§ 6.º À hora de trabalho noturno aplica-se o disposto no art. 73 desta Consolidação.

§ 7.º (VETADO).

§ 8.º São considerados tempo de espera as horas em que o motorista profissional empregado ficar aguardando carga ou descarga do veículo nas dependências do embarcador ou do destinatário e o período gasto com a fiscalização da mercadoria transportada em barreiras fiscais ou alfandegárias, [não sendo computados como jornada de trabalho e nem como horas extraordinárias]. (Cf. ADI 5.322)

[§ 9.º As horas relativas ao tempo de espera serão indenizadas na proporção de 30% (trinta por cento) do salário-hora normal.] (Cf. ADI 5.322)

§ 10. Em nenhuma hipótese, o tempo de espera do motorista empregado prejudicará o direito ao recebimento da remuneração correspondente ao salário-base diário.

§ 11. Quando a espera de que trata o § 8.º for superior a 2 (duas) horas ininterruptas e for exigida a permanência do motorista empregado junto ao veículo, caso o local ofereça condições adequadas, o tempo será considerado como de repouso para os fins do intervalo de que tratam os §§ 2.º e 3.º, sem prejuízo do disposto no § 9.º.

§ 12. Durante o tempo de espera, o motorista poderá realizar movimentações necessárias do veículo, [as quais não serão consideradas como parte da jornada de trabalho, ficando garantido, porém, o gozo do descanso de 8 (oito) horas ininterruptas aludido no § 3.º]. (Cf. ADI 5.322)

§ 13. Salvo previsão contratual, a jornada de trabalho do motorista empregado não tem horário fixo de início, de final ou de intervalos.

§ 14. O empregado é responsável pela guarda, preservação e exatidão das informações contidas nas anotações em diário de bordo, papeleta ou ficha de trabalho externo, ou no registrador instantâneo inalterável de velocidade e tempo, ou nos rastreadores ou sistemas e meios eletrônicos, instalados nos veículos, normatizados pelo Contran, até que o veículo seja entregue à empresa.

§ 15. Os dados referidos no § 14 poderão ser enviados a distância, a critério do empregador, facultando-se a anexação do documento original posteriormente.

§ 16. Aplicam-se as disposições deste artigo ao ajudante empregado nas operações em que acompanhe o motorista.

§ 17. O disposto no *caput* deste artigo aplica-se também aos operadores de automotores destinados a puxar ou a arrastar maquinaria de qualquer natureza ou a executar trabalhos de construção ou pavimentação e aos operadores de tratores, colheitadeiras, autopropelidos e demais aparelhos automotores destinados a puxar ou a arrastar maquinaria agrícola ou a executar trabalhos agrícolas.

1. JORNADA DIÁRIA DE TRABALHO DO MOTORISTA PROFISSIONAL

A jornada de trabalho do motorista profissional é de 8 horas, admitindo-se a sua prorrogação por até 2 horas extraordinárias ou, mediante previsão em convenção ou acordo coletivo, por até 4 horas extraordinárias, conforme previsão expressa do art. 235-C da CLT, com redação dada pela Lei 13.103/2015.

Como se pode notar, no caso específico de motorista profissional empregado, admite-se que o instrumento normativo decorrente de negociação coletiva estabeleça a prorrogação da jornada de trabalho por até 4 horas extraordinárias, aspecto que certamente pode dar margem a críticas e controvérsias, inclusive quanto à constitucionalidade, por envolver excesso de labor justamente em atividade que exige cuidados especiais quanto à segurança.

2. MOTORISTA À DISPOSIÇÃO DO EMPREGADOR

É considerado trabalho efetivo o tempo em que o motorista empregado estiver à disposição do empregador, excluídos os intervalos para refeição, repouso e descanso (art. 235-C, § 1.º, da CLT).

O Supremo Tribunal Federal declarou inconstitucional a expressão "e o tempo de espera", disposta na parte final do § 1.º do art. 235-C da CLT, por arrastamento (STF, Pleno, ADI 5.322/DF, Rel. Min. Alexandre de Moraes, j. 05.07.2023).

3. INTERVALOS DO MOTORISTA

O art. 235-C, § 2.º, da CLT, prevê que deve ser assegurado ao motorista profissional empregado intervalo mínimo de uma hora para refeição, podendo esse período coincidir com o tempo de parada obrigatória na condução do veículo estabelecido pela Lei 9.503/1997 (Código de Trânsito Brasileiro)[91], exceto quando se tratar do motorista profissional enquadrado no § 5.º do art. 71 da Consolidação das Leis do Trabalho, comentado anteriormente.

O art. 235-C, § 3.º, da CLT, ao tratar do serviço do motorista profissional empregado, prevê que dentro do período de 24 horas, são asseguradas 11 horas de descanso.

O Supremo Tribunal Federal declarou inconstitucional a expressão "sendo facultados o seu fracionamento e a coincidência com os períodos de parada obrigatória na condução do veículo estabelecida pela Lei nº 9.503, de 23 de setembro de 1997 - Código de Trânsito Brasileiro, garantidos o mínimo de 8 (oito) horas ininterruptas no primeiro período e o gozo do remanescente dentro das 16 (dezesseis) horas seguintes ao fim do primeiro período", prevista na parte final do § 3.º do art. 235-C da CLT (STF, Pleno, ADI 5.322/DF, Rel. Min. Alexandre de Moraes, j. 05.07.2023). Portanto, não se admite o fracionamento do intervalo interjornada de 11 horas de descanso e a sua coincidência com os períodos de parada obrigatória na condução do veículo estabelecida pelo Código de Trânsito Brasileiro.

[91] Cf. Lei 9.503, de 23 de setembro de 1997 (Código de Trânsito Brasileiro): "Art. 67-C. É vedado ao motorista profissional dirigir por mais de 5 (cinco) horas e meia ininterruptas veículos de transporte rodoviário coletivo de passageiros ou de transporte rodoviário de cargas. § 1.º Serão observados 30 (trinta) minutos para descanso dentro de cada 6 (seis) horas na condução de veículo de transporte de carga, sendo facultado o seu fracionamento e o do tempo de direção desde que não ultrapassadas 5 (cinco) horas e meia contínuas no exercício da condução. § 1.º-A. Serão observados 30 (trinta) minutos para descanso a cada 4 (quatro) horas na condução de veículo rodoviário de passageiros, sendo facultado o seu fracionamento e o do tempo de direção. § 2.º Em situações excepcionais de inobservância justificada do tempo de direção, devidamente registradas, o tempo de direção poderá ser elevado pelo período necessário para que o condutor, o veículo e a carga cheguem a um lugar que ofereça a segurança e o atendimento demandados, desde que não haja comprometimento da segurança rodoviária. § 3.º O condutor é obrigado, dentro do período de 24 (vinte e quatro) horas, a observar o mínimo de 11 (onze) horas de descanso. § 4.º Entende-se como tempo de direção ou de condução apenas o período em que o condutor estiver efetivamente ao volante, em curso entre a origem e o destino. § 5.º Entende-se como início de viagem a partida do veículo na ida ou no retorno, com ou sem carga, considerando-se como sua continuação as partidas nos dias subsequentes até o destino. § 6.º O condutor somente iniciará uma viagem após o cumprimento integral do intervalo de descanso previsto no § 3.º deste artigo. § 7.º Nenhum transportador de cargas ou coletivo de passageiros, embarcador, consignatário de cargas, operador de terminais de carga, operador de transporte multimodal de cargas ou agente de cargas ordenará a qualquer motorista a seu serviço, ainda que subcontratado, que conduza veículo referido no *caput* sem a observância do disposto no § 6.º". O Supremo Tribunal Federal declarou inconstitucional a expressão "que podem ser fracionadas, usufruídas no veículo e coincidir com os intervalos mencionados no § 1.º, observadas no primeiro período 8 (oito) horas ininterruptas de descanso", prevista no § 3.º do art. 67-C do CTB, com redação dada pelo art. 7.º da Lei 13.103/2015 (STF, Pleno, ADI 5.322/DF, Rel. Min. Alexandre de Moraes, j. 05.07.2023).

Nas viagens de longa distância, assim consideradas aquelas em que o motorista profissional empregado permanece fora da base da empresa, matriz ou filial e de sua residência por mais de 24 horas, o repouso diário pode ser feito no veículo ou em alojamento do empregador, do contratante do transporte, do embarcador ou do destinatário ou em outro local que ofereça condições adequadas (art. 235-C, § 4.º, da CLT).

4. COMPENSAÇÃO DA JORNADA DO MOTORISTA

O art. 235-C, § 5.º, da CLT, ao tratar do serviço do motorista profissional empregado, prevê que as horas consideradas extraordinárias devem ser pagas com o acréscimo estabelecido na Constituição Federal ou compensadas na forma do § 2.º do art. 59 da Consolidação das Leis do Trabalho. Logo, também nessa hipótese, aplicam-se as previsões comentadas anteriormente para a compensação de horas.

5. TRABALHO NOTURNO DO MOTORISTA

Ainda no caso do motorista profissional empregado, conforme art. 235-C, § 6.º, da CLT, à hora de trabalho noturno aplica-se o disposto no art. 73 da Consolidação das Leis do Trabalho.

6. TEMPO DE ESPERA DO MOTORISTA

O art. 235-C, § 1.º, da CLT, ao tratar do serviço do motorista profissional empregado, prevê que será considerado como trabalho efetivo o tempo em que o motorista empregado estiver à disposição do empregador, *excluídos os intervalos para refeição, repouso e descanso*.

O Supremo Tribunal Federal declarou inconstitucional a expressão "e o tempo de espera", disposta na parte final do § 1.º do art. 235-C da CLT, por arrastamento (STF, Pleno, ADI 5.322/DF, Rel. Min. Alexandre de Moraes, j. 05.07.2023).

Nesse contexto, o § 8.º do art. 235-C da CLT dispõe que são consideradas *tempo de espera* as horas em que o motorista profissional empregado ficar aguardando carga ou descarga do veículo nas dependências do embarcador ou do destinatário e o período gasto com a fiscalização da mercadoria transportada em barreiras fiscais ou alfandegárias.

O Supremo Tribunal Federal declarou inconstitucional a expressão "não sendo computados como jornada de trabalho e nem como horas extraordinárias", prevista na parte final do § 8.º do art. 235-C da CLT (STF, Pleno, ADI 5.322/DF, Rel. Min. Alexandre de Moraes, j. 05.07.2023).

De acordo com o art. 235-C, § 9.º, da CLT, as horas relativas ao tempo de espera "serão indenizadas na proporção de 30% (trinta por cento) do salário-hora normal". O Supremo Tribunal Federal declarou inconstitucional o § 9.º do art. 235-C da CLT, sem efeito repristinatório (STF, Pleno, ADI 5.322/DF, Rel. Min. Alexandre de Moraes, j. 05.07.2023).

De todo modo, em nenhuma hipótese, o tempo de espera do motorista empregado prejudicará o direito ao recebimento da remuneração correspondente ao salário-base diário (art. 235-C, § 10, da CLT).

Quando a "espera" mencionada no art. 235-C, § 8.º, da CLT for superior a duas horas ininterruptas e for exigida a permanência do motorista empregado junto ao veículo, caso o local ofereça condições adequadas, o tempo deve ser considerado como de repouso para os fins dos intervalos de que tratam os §§ 2.º e 3.º do art. 235-C (ou seja, intrajornada e interjornada), sem prejuízo do disposto no § 9.º do mesmo dispositivo legal, que trata da indenização das horas relativas ao tempo de espera (art. 235-C, § 11, da CLT).

Durante o tempo de espera, o motorista pode realizar movimentações necessárias do veículo (art. 235-C, § 12, da CLT).

O Supremo Tribunal Federal declarou inconstitucional a expressão "as quais não serão consideradas como parte da jornada de trabalho, ficando garantido, porém, o gozo do descanso de 8 (oito) horas ininterruptas aludido no § 3.º", prevista no § 12 do art. 235-C da CLT (STF, Pleno, ADI 5.322/DF, Rel. Min. Alexandre de Moraes, j. 05.07.2023).

Tendo em vista a referida decisão do STF, o tempo de espera deve ser computado na jornada de trabalho e considerado para fins de horas extraordinárias, e a remuneração correspondente deve ter natureza salarial.

Frise-se ainda que o motorista empregado, em viagem de longa distância, que ficar com o veículo parado após o cumprimento da jornada normal ou das horas extraordinárias fica dispensado do serviço, exceto se for expressamente autorizada a sua permanência junto ao veículo pelo empregador, hipótese em que o tempo deve ser considerado de *espera* (art. 235-D, § 3.º, da CLT).

7. CONTROLE DA JORNADA DE TRABALHO DO MOTORISTA

O art. 235-C, § 13, da CLT, dispõe que salvo previsão contratual, a jornada de trabalho do motorista empregado não tem horário fixo de início, de final ou de intervalos.

Entretanto, ainda quanto ao tema, o art. 2.º, inciso V, "b", da Lei 13.103/2015, ao arrolar os direitos dos motoristas profissionais (de veículos automotores de transporte rodoviário de passageiros e de transporte rodoviário de cargas), prevê, em se tratando de empregados, o direito de ter jornada de trabalho controlada e registrada de maneira fidedigna mediante anotação em diário de bordo, papeleta ou ficha de trabalho externo, ou sistema e meios eletrônicos instalados nos veículos, a critério do empregador.

Em razão dessa expressa previsão legal, pode-se dizer que a exceção prevista no art. 62, inciso I, da CLT, não mais tem como incidir no caso de motorista profissional, consoante as previsões da Lei 13.103/2015 (e da anterior Lei 12.619/2012), em face da necessária existência de controle da jornada de trabalho.

Cabe ressaltar que o empregado é responsável pela guarda, preservação e exatidão das informações contidas nas anotações em diário de bordo, papeleta ou ficha de trabalho externo, ou no registrador instantâneo inalterável de velocidade e tempo, ou nos rastreadores ou sistemas e meios eletrônicos, instalados nos veículos, normatizados pelo Contran, até que o veículo seja entregue à empresa (art. 235-C, § 14, da CLT). Os referidos dados podem ser enviados a distância, a critério do empregador, facultando-se a anexação do documento original posteriormente (art. 235-C, § 15, da CLT).

8. AJUDANTE DO MOTORISTA

Aplicam-se as disposições do art. 235-C da CLT também ao ajudante empregado nas operações em que acompanhe o motorista.

9. OPERADORES DE AUTOMOTORES

O disposto no art. 235-C da CLT aplica-se também aos operadores de automotores destinados a puxar ou a arrastar maquinaria de qualquer natureza ou a executar trabalhos de construção ou pavimentação e aos operadores de tratores, colheitadeiras, autopropelidos e demais aparelhos automotores destinados a puxar ou a arrastar maquinaria agrícola ou a executar trabalhos agrícolas (art. 235-C, § 17, da CLT, acrescentado pela Lei 13.154/2015).

Art. 235-D. Nas viagens de longa distância com duração superior a 7 (sete) dias, o repouso semanal será de 24 (vinte e quatro) horas por semana ou fração trabalhada, sem prejuízo do intervalo de repouso diário de 11 (onze) horas, totalizando 35 (trinta e cinco) horas, [usufruído no retorno do motorista à base (matriz ou filial) ou ao seu domicílio, salvo se a empresa oferecer condições adequadas para o efetivo gozo do referido repouso]. (Cf. ADI 5.322)

I – revogado;

II – revogado;

III – revogado;

[§ 1.º É permitido o fracionamento do repouso semanal em 2 (dois) períodos, sendo um destes de, no mínimo, 30 (trinta) horas ininterruptas, a serem cumpridos na mesma semana e em continuidade a um período de repouso diário, que deverão ser usufruídos no retorno da viagem.] (Cf. ADI 5.322)

[§ 2.º A cumulatividade de descansos semanais em viagens de longa distância de que trata o *caput* fica limitada ao número de 3 (três) descansos consecutivos.] (Cf. ADI 5.322)

§ 3.º O motorista empregado, em viagem de longa distância, que ficar com o veículo parado após o cumprimento da jornada normal ou das horas extraordinárias fica dispensado do serviço, exceto se for expressamente autorizada a sua permanência junto ao veículo pelo empregador, hipótese em que o tempo será considerado de espera.

§ 4.º Não será considerado como jornada de trabalho, nem ensejará o pagamento de qualquer remuneração, o período em que o motorista empregado ou o ajudante ficarem espontaneamente no veículo usufruindo dos intervalos de repouso.

[§ 5.º Nos casos em que o empregador adotar 2 (dois) motoristas trabalhando no mesmo veículo, o tempo de repouso poderá ser feito com o veículo em movimento, assegurado o repouso mínimo de 6 (seis) horas consecutivas fora do veículo em alojamento externo ou, se na cabine leito, com o veículo estacionado, a cada 72 (setenta e duas) horas.] (Cf. ADI 5.322)

§ 6.º Em situações excepcionais de inobservância justificada do limite de jornada de que trata o art. 235-C, devidamente registradas, e desde que não se comprometa a segurança rodoviária, a duração da jornada de trabalho do motorista profissional empregado poderá ser elevada pelo tempo necessário até o veículo chegar a um local seguro ou ao seu destino.

§ 7.º Nos casos em que o motorista tenha que acompanhar o veículo transportado por qualquer meio onde ele siga embarcado e em que o veículo disponha de cabine leito ou a embarcação disponha de alojamento para gozo do intervalo de repouso diário previsto no § 3.º do art. 235-C, esse tempo será considerado como tempo de descanso.

§ 8.º Para o transporte de cargas vivas, perecíveis e especiais em longa distância ou em território estrangeiro poderão ser aplicadas regras conforme a especificidade

da operação de transporte realizada, cujas condições de trabalho serão fixadas em convenção ou acordo coletivo de modo a assegurar as adequadas condições de viagem e entrega ao destino final.

1. VIAGENS DE LONGA DISTÂNCIA

As viagens de longa distância são aquelas em que o motorista profissional empregado permanece fora da base da empresa, matriz ou filial e de sua residência por mais de 24 horas (art. 235-C, § 4.º, da CLT).

O *caput* do art. 235-D da CLT, com redação dada pela Lei 13.103/2015, ao tratar do serviço do motorista profissional empregado, prevê que *nas viagens de longa distância com duração superior a 7 dias*, o repouso semanal deve ser de 24 horas por semana ou fração trabalhada, sem prejuízo do intervalo de repouso diário de 11 horas, totalizando 35 horas.

O Supremo Tribunal Federal declarou inconstitucional a expressão "usufruído no retorno do motorista à base (matriz ou filial) ou ao seu domicílio, salvo se a empresa oferecer condições adequadas para o efetivo gozo do referido repouso", constante do *caput* do art. 235-D da CLT (STF, Pleno, ADI 5.322/DF, Rel. Min. Alexandre de Moraes, j. 05.07.2023).

Logo, mesmo nas viagens de longa distância com duração superior a 7 dias, o repouso semanal deve ser de 24 horas por semana ou fração trabalhada, sem prejuízo do intervalo de repouso diário de 11 horas, totalizando 35 horas, não se admitindo que seja usufruído apenas no retorno do motorista à base (matriz ou filial) ou ao seu domicílio.

De acordo com o art. 235-D, § 1.º, da CLT, é permitido o fracionamento do repouso semanal em dois períodos, sendo um destes de, no mínimo, 30 horas ininterruptas, a serem cumpridos na mesma semana e em continuidade a um período de repouso diário, que deverão ser usufruídos no retorno da viagem. No entanto, o Supremo Tribunal Federal declarou inconstitucional o § 1.º do art. 235-D da CLT (STF, Pleno, ADI 5.322/DF, Rel. Min. Alexandre de Moraes, j. 05.07.2023). Portanto, não se admite o fracionamento do repouso semanal remunerado.

Nos termos do art. 235-D, § 2.º, da CLT, a cumulatividade de descansos semanais em viagens de longa distância de que trata o *caput* do art. 235-D fica limitada ao número de três descansos consecutivos. Entretanto, o Supremo Tribunal Federal declarou inconstitucional o § 2.º do art. 235-D da CLT (STF, Pleno, ADI 5.322/DF, Rel. Min. Alexandre de Moraes, j. 05.07.2023). Sendo assim, não se admite a cumulação de descansos semanais remunerados consecutivos, pois devem ser concedidos de forma semanal.

Como já mencionado, o motorista empregado, em viagem de longa distância, que ficar com o veículo parado após o cumprimento da jornada normal ou das horas extraordinárias fica dispensado do serviço, exceto se for expressamente autorizada a sua permanência junto ao veículo pelo empregador, hipótese em que o tempo deve ser considerado de *espera* (art. 235-D, § 3.º, da CLT).

2. INTERVALOS ESPONTÂNEOS

O art. 235-D, § 4.º, da CLT, explicita que não se considera jornada de trabalho, nem enseja o pagamento de qualquer remuneração, o período em que o motorista empregado ou o ajudante ficarem espontaneamente no veículo usufruindo dos intervalos de repouso.

3. VEÍCULO EM MOVIMENTO

De acordo com o art. 235-D, § 5.º, da CLT, nos casos em que o empregador adotar dois motoristas trabalhando no mesmo veículo, o tempo de repouso pode ser feito com o veículo em movimento, assegurado o repouso mínimo de seis horas consecutivas fora do veículo em alojamento externo ou, se na cabine leito, com o veículo estacionado, a cada 72 horas. No entanto, o Supremo Tribunal Federal declarou inconstitucional o § 5.º do art. 235-D da CLT (STF, Pleno, ADI 5.322/DF, Rel. Min. Alexandre de Moraes, j. 05.07.2023). Logo, não se admite que o tempo de repouso seja usufruído com o veículo em movimento.

4. SITUAÇÕES EXCEPCIONAIS

Em situações excepcionais de inobservância justificada do limite de jornada de que trata o art. 235-C da CLT, devidamente registradas, e desde que não se comprometa a segurança rodoviária, a duração da jornada de trabalho do motorista profissional empregado pode ser elevada pelo tempo necessário até o veículo chegar a um local seguro ou ao seu destino.

5. ACOMPANHAMENTO DO VEÍCULO

Nos casos em que o motorista tenha que acompanhar o veículo transportado por qualquer meio onde ele siga embarcado e em que o veículo disponha de cabine leito ou a embarcação disponha de alojamento para gozo do intervalo de repouso diário previsto no § 3.º do art. 235-C da CLT (ou seja, de 11 horas), esse período deve ser considerado tempo de descanso.

6. TRANSPORTE DE CARGAS ESPECIAIS

Para o transporte de cargas vivas, perecíveis e especiais em longa distância ou em território estrangeiro podem ser aplicadas regras conforme a especificidade da operação de transporte realizada, cujas condições de trabalho devem ser fixadas em convenção ou acordo coletivo de modo a assegurar as adequadas condições de viagem e entrega ao destino final.

Art. 235-E. Para o transporte de passageiros, serão observados os seguintes dispositivos:

I – é facultado o fracionamento do intervalo de condução do veículo previsto na Lei n.º 9.503, de 23 de setembro de 1997 – Código de Trânsito Brasileiro, em períodos de no mínimo 5 (cinco) minutos;

II – será assegurado ao motorista intervalo mínimo de 1 (uma) hora para refeição, podendo ser fracionado em 2 (dois) períodos e coincidir com o tempo de parada obrigatória na condução do veículo estabelecido pela Lei n.º 9.503, de 23 de setembro de 1997 – Código de Trânsito Brasileiro, exceto quando se tratar do motorista profissional enquadrado no § 5.º do art. 71 desta Consolidação;

[III – nos casos em que o empregador adotar 2 (dois) motoristas no curso da mesma viagem, o descanso poderá ser feito com o veículo em movimento, respeitando-se os horários de jornada de trabalho, assegurado, após 72 (setenta e duas) horas, o repouso em alojamento externo ou, se em poltrona correspondente ao serviço de leito, com o veículo estacionado.] (Cf. ADI 5.322)

§ 1.º (Revogado).

§ 2.º (VETADO).

§ 3.º (Revogado).

§ 4.º (Revogado).

§ 5.º (Revogado).

§ 6.º (Revogado).

§ 7.º (Revogado).

§ 8.º (VETADO).

§ 9.º (Revogado).

§ 10. (Revogado).

§ 11. (Revogado).

§ 12. (Revogado).

1. TRANSPORTE DE PASSAGEIROS

Ainda quanto ao motorista profissional empregado, frise-se que, especificamente para o *transporte de passageiros*, devem ser observados os seguintes dispositivos:

I – é facultado o fracionamento do intervalo de condução do veículo previsto na Lei 9.503/1997 (Código de Trânsito Brasileiro), em períodos de no mínimo cinco minutos;

II – deve ser assegurado ao motorista intervalo mínimo de uma hora para refeição, podendo ser *fracionado* em dois períodos e coincidir com o tempo de parada obrigatória na condução do veículo estabelecido pela Lei 9.503/1997 (Código de Trânsito Brasileiro), exceto quando se tratar do motorista profissional enquadrado no § 5.º do art. 71 da CLT (art. 235-E da CLT).

De acordo com o art. 235-E, inciso III, da CLT, nos casos em que o empregador adotar dois motoristas no curso da mesma viagem, o descanso pode ser feito com o veículo em movimento, respeitando-se os horários de jornada de trabalho, assegurado, após 72 horas, o repouso em alojamento externo ou, se em poltrona correspondente ao serviço de leito, com o veículo estacionado. No entanto, o Supremo Tribunal Federal declarou inconstitucional o inciso III do art. 235-E da CLT (STF, Pleno, ADI 5.322/DF, Rel. Min. Alexandre de Moraes, j. 05.07.2023). Portanto, não se admite que o descanso seja usufruído com o veículo em movimento.

Art. 235-F. Convenção e acordo coletivo poderão prever jornada especial de 12 (doze) horas de trabalho por 36 (trinta e seis) horas de descanso para o trabalho do motorista profissional empregado em regime de compensação.

1. ESCALA DE 12 POR 36 HORAS DO MOTORISTA

A jornada de trabalho especial de 12 x 36 pode ser prevista em convenção ou acordo coletivo de trabalho ao motorista profissional empregado que trabalhe em regime de compensação.

✦ Súmulas, Orientações Jurisprudenciais e Precedentes Normativos

Súmula 444 do TST: Jornada de trabalho. Escala de 12 por 36. Validade. É valida, em caráter excepcional, a jornada de 12 horas de trabalho por trinta e seis de descanso, prevista em lei ou ajustada exclusivamente mediante acordo coletivo de trabalho ou convenção coletiva de trabalho, assegurada a remuneração em dobro dos feriados trabalhados. O empregado não tem direito ao pagamento de adicional referente ao labor prestado na décima primeira e décima segunda horas.

Art. 235-G. É permitida a remuneração do motorista em função da distância percorrida, do tempo de viagem ou da natureza e quantidade de produtos transportados, inclusive mediante oferta de comissão ou qualquer outro tipo de vantagem, desde que essa remuneração ou comissionamento não comprometa a segurança da rodovia e da coletividade ou possibilite a violação das normas previstas nesta Lei.

1. REMUNERAÇÃO DO MOTORISTA

O salário por unidade de obra é aquele em que o empregado recebe de acordo com a quantidade produzida.

Essa modalidade de pagamento do salário pode ser prejudicial à saúde e à segurança do empregado, ao incentivá-lo a prestar serviços além de suas forças físicas e psíquicas, com o fim de receber maior remuneração, levando-o à exaustão ou ao esgotamento, com as péssimas consequências disso decorrentes.

A respeito do tema, o art. 235-G da CLT, com redação decorrente da Lei 13.103/2015, ao tratar do serviço do executado por motorista profissional empregado, passou a permitir a remuneração do motorista em função da distância percorrida, do tempo de viagem ou da natureza e quantidade de produtos transportados, inclusive mediante oferta de comissão ou qualquer outro tipo de vantagem, desde que essa remuneração ou comissionamento não comprometa a segurança da rodovia e da coletividade ou possibilite a violação das normas previstas no referido diploma legal.

Art. 235-H. (Revogado).

✦ Jurisprudência

Constitucional e trabalhista. CLT – Lei 13.103/2015. Possibilidade de regulamentação do exercício da profissão de motorista. Necessidade de absoluto respeito aos direitos sociais e às normas de proteção ao trabalhador previstas no artigo 7.º da Constituição Federal. Razoabilidade na previsão de normas de segurança viária. Parcial procedência da ação. 1. Compete ao Congresso Nacional regulamentar, especificamente, a profissão de motorista profissional de cargas e de passageiros, respeitando os direitos sociais e as normas de proteção ao trabalhador previstos na Constituição Federal. 2. São legítimas e razoáveis as restrições ao exercício da profissão de motorista em previsões de normas visando à segurança viária em defesa da vida e da sociedade, não violando o texto constitucional a previsão em lei da exigência de exame toxicológico. 3. Reconhecimento da autonomia das negociações coletivas (art. 7.º, XXVI, da CF). Constitucionalidade da redução e/ou fracionamento do intervalo intrajornada dos motoristas profissionais, desde que ajustado em acordo ou convenção coletiva de trabalho. 4. A Constituição Federal não determinou um limite máximo de prestação em serviço extraordinário, de modo que compete à negociação coletiva de trabalho examinar a possibilidade de prorrogação da jornada da categoria por até quatro horas, em sintonia com a previsão constitucional disciplinada no art. 7.º, XXVI, da CF. 5. Constitucionalidade da norma que prevê a possibilidade, excepcional e justificada, de o motorista profissional prorrogar a jornada de trabalho pelo tempo necessário até o veículo chegar a um local seguro ou ao destino. 6. O Supremo Tribunal Federal fixou orientação no sentido da constitucionalidade da adoção da jornada especial de 12 x 36, em regime de compensação de horários (art. 7.º, XIII, da CF). 7. Não há inconstitucionalidade da norma que prevê o pagamento do motorista profissional por meio de remuneração variável, que, inclusive, possui assento constitucional, conforme disposto no inciso VII do art. 7.º da Constituição Federal. 8. Compete ao Ministério do Trabalho e Emprego a regulamentação das condições de segurança, sanitárias e de conforto nos locais de espera, repouso e descanso dos motoristas profissionais de cargas e passageiros. 9. É inconstitucional o dispositivo legal que permite a redução e/ou o fracionamento dos intervalos interjornadas e do descanso semanal remunerado. Normas constitucionais de proteção da saúde do trabalhador (art. 7.º, XXII, da CF). 10. Inconstitucionalidade na exclusão do tempo de trabalho efetivo do motorista profissional, quando está à disposição do empregador durante o carregamento/descarregamento de mercadorias, ou ainda durante fiscalização em barreiras fiscais ou alfandegárias, conhecido como "tempo de espera". Impossibilidade de decote da jornada normal de trabalho e nem da jornada extraordinária, sob pena de desvirtuar a própria relação jurídica trabalhista reconhecida. 11. Inconstitucionalidade de normas da Lei 13.103/2015 ao prever hipótese de descanso de motorista com o veículo em movimento. Prejuízo ao efetivo descanso do trabalhador. 12. Parcial conhecimento da ação direta com parcial procedência, declarando inconstitucionais: (a) a expressão "sendo facultados o seu fracionamento e a coincidência com os períodos de parada obrigatória na condução do veículo estabelecida pela Lei n.º 9.503, de 23 de setembro de 1997 - Código de Trânsito Brasileiro, garantidos o mínimo de 8 (oito) horas ininterruptas no primeiro período e o gozo do remanescente dentro das 16 (dezesseis) horas seguintes ao fim do primeiro período", prevista na parte final do § 3.º do art. 235-C; (b) a expressão "não sendo computadas como jornada de trabalho e nem como horas extraordinárias", prevista na parte final do § 8.º do art. 235-C; (c) a expressão "e o tempo de espera", disposta na parte final do § 1.º do art. 235-C, por arrastamento; (d) o § 9.º do art. 235-C da CLT, sem efeito repristinatório; (e) a expressão "as quais não serão consideradas como parte da jornada de trabalho, ficando garantido, porém, o gozo do descanso de 8 (oito) horas ininterruptas aludido no § 3.º do § 12 do art. 235-C"; (f) a expressão "usufruído no retorno do motorista à base (matriz ou filial) ou ao seu domicílio, salvo se a empresa oferecer condições adequadas para o efetivo gozo do referido repouso", constante do *caput* do art. 235-D; (g) o § 1.º do art. 235-D; (h) o § 2.º do art. 235-D; (i) o § 5.º do art. 235-D; (j) o inciso III do art. 235-E, todos da CLT, com a redação dada pelo art. 6.º da Lei 13.103/2015; e (k) a expressão "que podem ser fracionadas, usufruídas no veículo e coincidir com os intervalos mencionados no § 1.º, observadas no primeiro período 8 (oito) horas ininterruptas de descanso", na forma como prevista no § 3.º do art. 67-C do CTB, com redação dada pelo art. 7.º da Lei 13.103/2015 (STF, Pleno, ADI 5.322/DF, Rel. Min. Alexandre de Moraes, *DJe* 30.08.2023).

Seção V – Do Serviço Ferroviário

Art. 236. No serviço ferroviário – considerado este o de transporte em estradas de ferro abertas ao tráfego público, compreendendo a administração, construção, conservação e remoção das vias férreas e seus edifícios, obras de arte, material rodante, instalações complementares e acessórias, bem como o serviço de tráfego, de telegrafia, telefonia e funcionamento de todas as instalações ferroviárias – aplicam-se os preceitos especiais constantes desta Seção.

1. SERVIÇO FERROVIÁRIO

As disposições do presente artigo são aplicadas apenas a estradas de ferro de tráfego público, e não a ferrovias particulares.

Segundo a Lei 1.652/1952, são considerados ferroviários, para os efeitos das Leis do Trabalho e de Previdência Social, os empregados de empresas cooperativas ou firmas que explorem carros-restaurantes de composições ferroviárias (art. 1.º). São igualmente considerados ferroviários, para os referidos efeitos, os empregados de associações constituídas de ferroviários cujas atividades a eles se destinem com exclusividade, tais como cooperativas, farmácias e sindicatos (art. 2.º). A mesma situação é reconhecida aos carregadores em atividade nas estações ou pontos de embarque e desembarque de passageiros das estradas de ferro, aeródromos e portos marítimos ou fluviais (art. 3.º).

✦ **Jurisprudência**

Trabalhador ferroviário. Intervalo intrajornada. Direito previsto no § 5.º do art. 238 da CLT. A jornada do trabalhador ferroviário encontra disciplina específica nos arts. 236 a 247, que integram a Seção V do Capítulo I do Título III da CLT (TRT da 7.ª Região, 1.ª T., RO 0001471-8220105070001, Rel. Antonio Marques Cavalcante Filho, j. 28.05.2012, *DEJT* 05.06.2012).

✦ **Súmulas, Orientações Jurisprudenciais e Precedentes Normativos**

Súmula 67 do TST: Gratificação. Ferroviário. Chefe de trem, regido pelo estatuto dos ferroviários, não tem direito à gratificação prevista no respectivo art. 110.

Art. 237. O pessoal a que se refere o artigo antecedente fica dividido nas seguintes categorias:

a) funcionários de alta administração, chefes e ajudantes de departamentos e seções, engenheiros residentes, chefes de depósitos, inspetores e demais empregados que exercem funções administrativas ou fiscalizadoras;

b) pessoal que trabalhe em lugares ou trechos determinados e cujas tarefas requeiram atenção constante; pessoal de escritório, turmas de conservação e construção da via permanente, oficinas e estações principais, inclusive os respectivos telegrafistas; pessoal de tração, lastro e revistadores;

c) das equipagens de trens em geral;

d) pessoal cujo serviço é de natureza intermitente ou de pouca intensidade, embora com permanência prolongada nos locais de trabalho; vigias e pessoal das estações do interior, inclusive os respectivos telegrafistas.

1. CATEGORIAS DE FERROVIÁRIOS

O dispositivo em questão trata das categorias de ferroviários, conforme descrição ali constante.

✦ **Jurisprudência**

Recurso de revista. Ferroviário. Enquadramento. Art. 237 da CLT. Horas extras. Turnos ininterruptos de revezamento. Configuração. Tese regional no sentido de que os controles de jornada de trabalho [...] demonstram a toda evidência que havia o revezamento contínuo da jornada de trabalho, com diferentes turnos de trabalho, em consonância com entendimento cristalizado na OJ 274/SDI-I/TST, segundo a qual o ferroviário submetido a escalas variadas, com alternância de turnos, faz jus à jornada especial prevista no art. 7.º, XIV, da Constituição Federal de 1988. Revista não conhecida, no tema (TST, 3.ª T., RR 164400-07.2009.5.24.0007, Rel. Flavio Portinho Sirangelo, j. 29.02.2012, *DEJT* 02.03.2012).

✦ **Súmulas, Orientações Jurisprudenciais e Precedentes Normativos**

Orientação Jurisprudencial 274 da SBDI-I do TST: Turno Ininterrupto de revezamento. Ferroviário. Horas extras. Devidas. O ferroviário submetido a escalas variadas, com alternância de turnos, faz jus à jornada especial prevista no art. 7.º, XIV, da Constituição Federal de 1988.

Art. 238. Será computado como de trabalho efetivo todo o tempo, em que o empregado estiver à disposição da estrada.

§ 1.º Nos serviços efetuados pelo pessoal da categoria c, não será considerado como de trabalho efetivo o tempo gasto em viagens do local ou para o local de terminação e início dos mesmos serviços.

§ 2.º Ao pessoal removido ou comissionado fora da sede será contado como de trabalho normal e efetivo o tempo gasto em viagens, sem direito à percepção de horas extraordinárias.

§ 3.º No caso das turmas de conservação da via permanente, o tempo efetivo do trabalho será contado desde a hora da saída da casa da turma até a hora em que cessar o serviço em qualquer ponto compreendido dentro dos limites da respectiva turma. Quando o empregado trabalhar fora dos limites da sua turma, ser-lhe-á também computado como de trabalho efetivo o tempo gasto no percurso da volta a esses limites.

§ 4.º Para o pessoal da equipagem de trens, só será considerado esse trabalho efetivo, depois de chegado ao destino, o tempo em que o ferroviário estiver ocupado ou retido à disposição da Estrada. Quando, entre dois períodos de trabalho, não mediar intervalo superior a uma hora, será esse intervalo computado como de trabalho efetivo.

§ 5.º O tempo concedido para refeição não se computa como de trabalho efetivo, senão para o pessoal da categoria c, quando as refeições forem tomadas em viagem ou nas estações durante as paradas. Esse tempo não será inferior a uma hora, exceto para o pessoal da referida categoria em serviço de trens.

§ 6.º No trabalho das turmas encarregadas da conservação de obras de arte, linhas telegráficas ou telefônicas e edifícios, não será contado, como de trabalho efetivo, o tempo de viagem para o local do serviço, sempre que não exceder de uma hora, seja para ida ou para volta, e a Estrada fornecer os meios de locomoção, computando-se, sempre o tempo excedente a esse limite.

1. JORNADA DE TRABALHO DO FERROVIÁRIO

No caso do ferroviário, deve ser computado na jornada de trabalho o tempo em que estiver à disposição da Estrada de Ferro. Aplica-se o disposto no art. 4.º da CLT, no sentido de que se considera como de serviço efetivo o período em que o empregado esteja à disposição do empregador, aguardando ou executando ordens.

O pessoal da categoria "c", referido no art. 238, § 1.º, é o das equipagens de trens, nos termos do art. 237 da CLT.

O art. 238, § 3.º, prevê hipótese de jornada *in itinere*, aplicada para os empregados das turmas de conservação da via permanente, a respeito dos quais o tempo efetivo do trabalho deve ser contado *desde a hora da saída da casa da turma até a hora em que cessar o serviço em qualquer ponto compreendido dentro dos limites da respectiva turma*. Quando o empregado trabalhar fora dos limites da sua turma, também deve ser computado como trabalho efetivo o tempo gasto no percurso da volta a esses limites. Segundo explica Sergio Pinto Martins, menciona-se "casa, pois no âmbito ferroviário é comum os empregados morarem em casas da ferrovia, no transcurso da linha, justamente para poder prestar serviços em casos de emergência"[92].

Em regra, o tempo concedido ao empregado para refeição não é computado na jornada de trabalho, não sendo considerado, assim, como trabalho efetivo, e não pode ser inferior a uma hora (art. 238, § 5.º). Excepcionalmente, no caso dos empregados das equipagens de

92 MARTINS, Sergio Pinto. *Comentários à CLT.* 12. ed. São Paulo: Atlas, 2008. p. 239.

trens em geral (pessoal da categoria "c"), o tempo de refeição deve ser computado como à disposição do empregador (integrando a jornada de trabalho), quando as refeições forem tomadas em viagem ou nas estações durante as paradas.

Apesar da previsão constante da parte final do art. 238, § 5.º, da CLT, cabe destacar a previsão da Súmula 446 do TST.

✦ Jurisprudência

Ferroviários. Intervalo intrajornada. Direito amparado pelo § 5.º do art. 238 da CLT. Não incidência do art. 71 do mesmo diploma. Condenação ratificada, porém, por fundamento diverso. Malgrado insubsistente o fundamento sentencial de aplicabilidade do intervalo intrajornada previsto no art. 71 da CLT a trabalhador ferroviário, haja vista tratar-se de categoria abrangida por disposições especiais no tocante à duração do trabalho, impõe-se mantida a condenação na parcela remuneratória correspondente, vez que a vantagem encontra amparo normativo no § 5.º do art. 238 do mesmo Diploma (TRT da 7.ª Região, 1.ª T., RO 0001477-6220105070010, Rel. Antonio Marques Cavalcante Filho, j. 12.03.2012, *DEJT* 21.03.2012).

Embargos. Ferroviário. Maquinista. Intervalo intrajornada. Direito à fruição. A Subseção de Dissídios Individuais 1 do TST, em sessão plenária realizada em 18/04/2013, decidiu pelo direito de o maquinista fruir de intervalo intrajornada previsto no art. 71, § 4.º, da CLT, norma relativa à higiene, saúde e segurança no trabalho, sem que se cogite de incompatibilidade com o art. 238, § 5.º, da CLT, específico para os empregados ferroviários, por não apresentar qualquer regra conflituosa. A não concessão do período importa no pagamento de horas extraordinárias (E-ED-RR 65200-84.2007.5.03.0038, *DEJT* 10/05/2013). Embargos de que se conhece e a que se nega provimento (TST, SBDI-I, E-ED-RR 1614-13.2011.5.02.0054, Rel. Min. Márcio Eurico Vitral Amaro, *DEJT* 20.03.2015).

✦ Súmulas, Orientações Jurisprudenciais e Precedentes Normativos

Súmula 446 do TST: Maquinista ferroviário. Intervalo intrajornada. Supressão parcial ou total. Horas extras devidas. Compatibilidade entre os arts 71, § 4.º, e 238, § 5.º, da CLT. A garantia ao intervalo intrajornada, prevista no art. 71 da CLT, por constituir-se em medida de higiene, saúde e segurança do empregado, é aplicável também ao ferroviário maquinista integrante da categoria "c" (equipagem de trem em geral), não havendo incompatibilidade entre as regras inscritas nos arts. 71, § 4.º, e 238, § 5.º, da CLT.

Art. 239. Para o pessoal da categoria "c", a prorrogação do trabalho independe de acordo ou contrato coletivo, não podendo, entretanto, exceder de 12 (doze) horas, pelo que as empresas organizarão, sempre que possível, os serviços de equipagens de trens com destacamentos nos trechos das linhas de modo a ser observada a duração normal de oito horas de trabalho.

§ 1.º Para o pessoal sujeito ao regime do presente artigo, depois de cada jornada de trabalho haverá um repouso de 10 (dez) horas contínuas, no mínimo, observando-se, outrossim, o descanso semanal.

§ 2.º Para o pessoal da equipagem de trens, a que se refere o presente artigo, quando a empresa não fornecer alimentação, em viagem, e hospedagem, no destino, concederá uma ajuda de custo para atender a tais despesas.

§ 3.º As escalas do pessoal abrangido pelo presente artigo serão organizadas de modo que não caiba a qualquer empregado, quinzenalmente, um total de horas de serviço noturno superior às de serviço diurno.

§ 4.º Os períodos de trabalho do pessoal a que alude o presente artigo serão registrados em cadernetas especiais, que ficarão sempre em poder do empregado, de acordo com o modelo aprovado pelo Ministro do Trabalho, Indústria e Comércio.

1. PRORROGAÇÃO DA JORNADA DE TRABALHO PARA O PESSOAL DAS EQUIPAGENS DE TRENS EM GERAL

Para o pessoal das equipagens de trens em geral (categoria "c", conforme art. 237 da CLT), a prorrogação da jornada de trabalho não depende de acordo individual, convenção ou acordo coletivo de trabalho, mas não pode exceder o total de 12 horas trabalhadas.

Ainda assim, aplica-se o disposto no art. 7.º, inciso XIII, da Constituição Federal de 1988, no sentido de que a duração do trabalho normal é de oito horas diárias e quarenta e quatro semanais.

No caso em questão, o intervalo interjornada é de apenas 10 horas (art. 239, § 1.º), e não de 11 horas, tendo em vista a norma especial, que afasta a incidência da norma geral (art. 66 da CLT).

O § 3.º do art. 239 objetiva afastar o excesso de trabalho em horas noturnas.

A caderneta especial, mencionada no art. 239, § 4.º, da CLT, é prevista na Portaria 3.056/1972, do Ministério do Trabalho. Segundo a referida Portaria, essa caderneta especial, do pessoal das equipagens de trens em geral, tem duas vias. A segunda via, devidamente preenchida, deve ficar em poder do empregado (art. 26.º da Portaria 3.056/1972).

✦ **Jurisprudência**

Embargos de declaração. Omissões e contradições inexistentes. Esclarecimentos prestados. Pretendendo a empresa descaracterizar os turnos ininterruptos de revezamento pela concessão de intervalos e tendo o Regional definido que estes não eram concedidos, qualquer outra ilação dependeria de reexame dos fatos, o que é vedado (Súmula 126). E mesmo que assim não fosse, a Súmula 360 desta C. Corte já encerrou a discussão. As EE SBDI 1 e 2 já sedimentaram entendimento que os ferroviários, mesmo os do art. 239 da CLT, não estão alijados da previsão constitucional do inciso XIV do art. 7.º. Recurso parcialmente acolhido, tão só, para prestar esclarecimentos (TST, 2.ª T., ED-RR 504977-89.1998.5.02.5555, Rel. José Pedro de Camargo Rodrigues de Souza, j. 19.09.2001, *DJ* 09.11.2001).

Art. 240. Nos casos de urgência ou de acidente, capazes de afetar a segurança ou regularidade do serviço, poderá a duração do trabalho ser excepcionalmente elevada a qualquer número de horas, incumbindo à Estrada zelar pela incolumidade dos seus empregados e pela possibilidade de revezamento de turmas, assegurando ao pessoal um repouso correspondente e comunicando a ocorrência ao Ministério do Trabalho, Indústria e Comércio, dentro de 10 (dez) dias da sua verificação.

Parágrafo único. Nos casos previstos neste artigo, a recusa, sem causa justificada, por parte de qualquer empregado, à execução de serviço extraordinário será considerada falta grave.

1. JUSTA CAUSA DO FERROVIÁRIO

O *caput* do art. 240 da CLT estabelece que, nos casos de urgência ou de acidente, capazes de afetar a segurança ou regularidade do serviço, a duração do trabalho pode ser excepcionalmente elevada a qualquer número de horas.

Nesse caso, incumbe à Estrada zelar pela incolumidade dos seus empregados e pela possibilidade de revezamento de turmas, assegurando ao pessoal um repouso correspondente e comunicando a ocorrência ao Ministério do Trabalho, dentro de 10 dias da sua verificação.

De todo modo, nessas situações – de urgência e acidente – a recusa do empregado, sem causa justificada, quanto à execução de serviço extraordinário, deve ser considerada justa causa (frisando-se que o texto do parágrafo único do art. 240 da CLT utiliza indevidamente a expressão "falta grave", mesmo não se referindo à hipótese de empregado estável).

Tem-se aqui hipótese especial que, no entanto, pode ser subsumida ao conceito de insubordinação, que é justa causa prevista no art. 482, "h", da CLT.

Art. 241. As horas excedentes das do horário normal de oito horas serão pagas como serviço extraordinário na seguinte base: as duas primeiras com o acréscimo de 25% (vinte e cinco por cento) sobre o salário-hora normal; as duas subsequentes com um adicional de 50% (cinquenta por cento) e as restantes com um adicional de 75% (setenta e cinco por cento).

Parágrafo único. Para o pessoal da categoria "c", a primeira hora será majorada de 25% (vinte e cinco por cento), a segunda hora será paga com o acréscimo de 50% (cinquenta por cento) e as duas subsequentes com o de 60% (sessenta por cento), salvo caso de negligência comprovada.

1. HORAS EXTRAORDINÁRIAS DO FERROVIÁRIO

A partir da vigência da Constituição da República Federativa de 1988 (5 de outubro de 1988), as horas extras devem ser pagas com o adicional de, *no mínimo*, 50% (art. 7.º, inciso XVI). Aplicam-se, assim, os adicionais superiores a esse mínimo, previstos no dispositivo em questão. Entretanto, o adicional de 25% foi substituído pelo referido adicional de 50%, por ser o mínimo admitido pela Constituição Federal de 1988.

Tendo em vista a referida previsão constitucional, que impõe o adicional de no mínimo 50% no caso de horas extras, pode-se entender que foi revogada a parte final do art. 241, parágrafo único, o qual afastava o direito ao adicional de horas extras no caso de "negligência comprovada". Ocorrendo essa hipótese, o empregador pode exercer o seu poder disciplinar, inclusive com eventual dispensa por justa causa, mas o labor em sobrejornada deve ser remunerado normalmente, com o respectivo adicional.

✦ Jurisprudência

Agravo de instrumento. Recurso de revista. Ferroviário. Turno ininterrupto de revezamento. 7.ª e 8.ª horas extras. Divisor. O Tribunal Regional decidiu, valorando a prova produzida, que a jornada de trabalho do reclamante é regulamentada pela norma específica inserta no art. 241 da CLT, não restando comprovada a prestação de serviços em turnos ininterruptos de revezamento previsto no art. 7.º, XIV, da Constituição Federal. A matéria dirimida na Instância ordinária possui contornos fático-probatórios, insuscetíveis de reexame em sede de recurso de revista, nos moldes da Súmula 126 desta Corte Superior. Agravo de instrumento a que se nega provimento (TST, 1.ª T., AIRR 17331/2002-902-02-00.4, Rel. Walmir Oliveira da Costa, j. 11.11.2009, *DEJT* 20.11.2009).

Art. 242. As frações de meia hora superiores a 10 (dez) minutos serão computadas como meia hora.

1. FRAÇÕES DE MINUTO

No trabalho prestado por mais de 10 minutos, considera-se como tempo de labor 30 minutos.

✦ **Jurisprudência**

Horas extras. Frações de minutos. Art. 242 da CLT. 1. O Tribunal Regional não conheceu do recurso quanto à pretensão recursal de arredondamento das frações de horário superiores a 10 minutos, por se tratar de inovação recursal. 2. O Reclamante insiste na alegação de que as frações superiores a 10 minutos devem ser computadas como meia hora, sob o argumento de que o pedido de apuração das horas extras, segundo determina o art. 242 da CLT, é inerente ao próprio pedido de pagamento das horas extraordinárias e, por isso, não configura inovação recursal. 3. Como se observa, discute-se nos autos se o pedido de arredondamento das frações superiores a 10 minutos compreende-se no pedido principal de condenação da Reclamada ao pagamento de horas extras. Essa questão, contudo, não é disciplinada no art. 242 da CLT, razão pela qual não se cogita de afronta literal a esse dispositivo. Por sua vez, não se viabiliza o processamento do recurso de revista por divergência jurisprudencial, pois o único aresto transcrito pelo Reclamante é oriundo de Turma desta Corte Superior (art. 896, "a", da CLT). Recurso de revisa de que não se conhece (TST, 4.ª T., RR 38600-26.2007.5.17.0009, Rel. Fernando Eizo Ono, j. 15.06.2011, *DEJT* 24.06.2011).

Art. 243. Para os empregados de estações do interior, cujo serviço for de natureza intermitente ou de pouca intensidade, não se aplicam os preceitos gerais sobre duração do trabalho, sendo-lhes, entretanto, assegurado o repouso contínuo de dez horas, no mínimo, entre dois períodos de trabalho e descanso semanal.

1. EMPREGADOS DE ESTAÇÕES DO INTERIOR

No caso de empregados de estações do interior, cujo serviço for de natureza intermitente (ou seja, que não é constante), ou de pouca intensidade, não se aplicam os preceitos gerais sobre duração do trabalho. Com isso, não são devidas horas extras nesses casos (Súmula 61 do TST). Ainda assim, é assegurado a tais empregados o repouso contínuo (intervalo interjornada) de dez horas, no mínimo, entre dois períodos de trabalho, bem como descanso semanal remunerado.

Súmula 61 do TST: Ferroviário (mantida) - Res. 121/2003, *DJ* 19, 20 e 21.11.2003. Aos ferroviários que trabalham em estação do interior, assim classificada por autoridade competente, não são devidas horas extras (art. 243 da CLT).

✦ **Jurisprudência**

Ferroviário. Estação do interior. Turnos de revezamento. Horas extras. Não há incompatibilidade entre o inciso XIV do art. 7.º da Carta Magna e o art. 243 da CLT, ante o que dispõe o § 2.º, do art. 2.º, da LICC "a lei nova, que estabeleça disposições gerais ou especiais a par das já existentes, não revoga nem modifica a lei anterior". Trata-se, portanto, de preceitos legais compatíveis entre si, na medida em que a normatização da jornada de trabalho do ferroviário que presta serviço em estação do interior é de caráter especialíssimo, considerando o fluxo de trabalho nesse tipo de estação. Violação constitucional não configurada. Recurso de revista não conhecido (TST, 4.ª T., RR 425083-53.1998.5.06.5555, Rel. Min. Ives Gandra Martins Filho, j. 10.05.2000, *DEJT* 09.06.2000).

Art. 244. As estradas de ferro poderão ter empregados extranumerários, de sobreaviso e de prontidão, para executarem serviços imprevistos ou para substituições de outros empregados que faltem à escala organizada.

§ 1.º Considera-se "extranumerário" o empregado não efetivo, candidato efetivação, que se apresentar normalmente ao serviço, embora só trabalhe quando for necessário. O extranumerário só receberá os dias de trabalho efetivo.

§ 2.º Considera-se de "sobreaviso" o empregado efetivo, que permanecer em sua própria casa, aguardando a qualquer momento o chamado para o serviço. Cada escala de "sobreaviso" será, no máximo, de vinte e quatro horas. As horas de "sobreaviso", para todos os efeitos, serão contadas à razão de 1/3 (um terço) do salário normal.

§ 3.º Considera-se de "prontidão" o empregado que ficar nas dependências da estrada, aguardando ordens. A escala de prontidão será, no máximo, de doze horas. As horas de prontidão serão, para todos os efeitos, contadas à razão de 2/3 (dois terços) do salário-hora normal.

§ 4.º Quando, no estabelecimento ou dependência em que se achar o empregado, houver facilidade de alimentação, as doze horas de prontidão, a que se refere o parágrafo anterior, poderão ser contínuas. Quando não existir essa facilidade, depois de seis horas de prontidão, haverá sempre um intervalo de uma hora para cada refeição, que não será, nesse caso, computada como de serviço.

1. PRONTIDÃO E SOBREAVISO

Em conformidade com o art. 244 da CLT, as estradas de ferro podem ter empregados extranumerários, de sobreaviso e de prontidão, para executarem serviços imprevistos ou para substituições de outros empregados que faltem à escala organizada.

Considera-se "extranumerário" o empregado não efetivo, candidato à efetivação, que se apresentar normalmente ao serviço, embora só trabalhe quando for necessário. O extranumerário só deve receber os dias de trabalho efetivo.

Considera-se de "sobreaviso" o empregado efetivo que permanecer em sua própria casa, aguardando a qualquer momento o chamado para o serviço. Cada escala de "sobreaviso" será, no máximo, de vinte e quatro horas. As horas de "sobreaviso", para todos os efeitos, devem ser contadas à razão de 1/3 do salário normal.

Assim, durante o sobreaviso o empregado não presta efetivo serviço, permanecendo em sua casa, mas fica aguardando eventual chamada ao trabalho. Durante esse período, o empregado recebe 1/3 do salário. Entende-se, com isso, que se trata de interrupção do contrato de trabalho, pois o período é remunerado, ainda que de forma diferenciada, conforme a Súmula 229 do TST.

Cabe ressaltar, entretanto, que a Lei 12.551/2011 alterou o art. 6.º da CLT, tendo acrescentado parágrafo único a esse dispositivo, assim dispondo: "Os meios telemáticos e informatizados de comando, controle e supervisão se equiparam, para fins de subordinação jurídica, aos meios pessoais e diretos de comando, controle e supervisão do trabalho alheio". Em razão disso, é importante registrar o entendimento no sentido de que o período em que o empregado está sujeito a comando, controle, supervisão por meios telemáticos ou informatizados, portando dispositivos móveis da empresa (como telefone celular), deve passar a ser remunerado como horas de sobreaviso (se o trabalhador ficar aguardando ser chamado), ou mesmo como horas extras (se o trabalhador estiver laborando a distância, com a utilização dos recursos tecnológicos mencionados). A respeito do tema, confira a atual redação da Súmula 428 do TST.

A rigor, nos termos do art. 4.º, *caput*, da CLT: "Considera-se como de serviço efetivo o período em que o empregado esteja à disposição do empregador, aguardando ou executando ordens, salvo disposição especial expressamente consignada".

Embora a questão possa gerar certa controvérsia, defende-se o entendimento de que a hipótese versada na Súmula 428 do TST não trata, de forma específica, do trabalho a distância, nem de trabalho em domicílio, nem de *teletrabalho*, nos quais o empregado presta o serviço fora do estabelecimento do empregador.

A Súmula 428 do Tribunal Superior do Trabalho, diversamente, na realidade, é aplicada para os casos em que o empregado prestou o serviço no estabelecimento do empregador, *mas utiliza, após o término da jornada de trabalho, nos finais de semana, em feriados, ou mesmo durante as férias, instrumentos telemáticos ou informatizados fornecidos pela empresa.*

Vale dizer, a Súmula 428 do TST incide, por exemplo, nos casos de empregado que: após ter realizado o trabalho dentro do estabelecimento do empregador, ao retornar para a sua residência, utiliza aparelho de intercomunicação fornecido pelo empregador; após cessar a sua jornada de trabalho no estabelecimento do empregador, vai para a sua residência, mas fica à distância e submetido a controle do empregador por meio de instrumentos telemáticos ou informatizados, permanecendo em regime de plantão ou equivalente, isto é, aguardando, a qualquer momento, o chamado para o serviço, durante o período de descanso.

De todo modo, segundo a atual jurisprudência sumulada do TST, permaneceu o entendimento de que o uso de instrumentos telemáticos ou informatizados fornecidos pela empresa ao empregado, *por si só*, não caracteriza o regime de sobreaviso.

Não obstante, se o empregado, à distância e submetido a controle patronal por instrumentos telemáticos ou informatizados, permanecer em regime de plantão ou equivalente, aguardando, a qualquer momento, o chamado para o serviço durante o período de descanso, é considerado em sobreaviso.

Nota-se que, mesmo no caso acima, a hipótese não se refere ao teletrabalho propriamente, mas sim a caso de empregado que, após ter cumprido a sua jornada de trabalho no estabelecimento, retornando para a sua residência, moradia ou local de repouso, durante o período de descanso, fica de plantão, aguardando ser chamado ao serviço a qualquer momento, tendo em vista estar sujeito ao controle à distância pelo empregador, controle este realizado por instrumentos telemáticos ou informatizados.

Vale dizer, o inciso II da Súmula 428 do TST, a rigor, incide ao caso em que o empregado, por exemplo, cumpriu a sua jornada de trabalho (no estabelecimento do empregador), depois vai para a sua residência, com o objetivo de usufruir o seu período de descanso (como o intervalo interjornada ou o descanso semanal remunerado), mas fica à distância (pois já está em sua residência, e não mais no estabelecimento) e submetido ao controle patronal, por meio de instrumentos telemáticos ou informatizados (por exemplo, com a exigência de manter o celular ou com o computador ligado), permanecendo, assim, em regime de plantão ou equivalente, aguardando, a qualquer momento, o chamado para o serviço, mesmo em se tratando de período de descanso.

Presentes essas circunstâncias, o empregado é considerado em sobreaviso, conforme aplicação analógica do art. 244, § 2.º, da CLT, autorizada pelo art. 8.º, *caput*, do mesmo diploma legal.

Efetivamente, considera-se de sobreaviso o empregado efetivo, que permanecer em sua própria casa, aguardando a qualquer momento o chamado para o serviço. Cada escala de sobreaviso deve ser, no máximo, de 24 horas.

Logo, no caso acima explicitado, as horas de sobreaviso, para todos os efeitos, devem ser contadas, isto é, remuneradas, à razão (base) de 1/3 do salário normal.

Considera-se de "prontidão" o empregado que ficar nas dependências da estrada, aguardando ordens.

A escala de prontidão será, no máximo, de 12 horas.

As horas de prontidão devem ser, para todos os efeitos, contadas à razão de 2/3 do salário-hora normal.

Na prontidão, em que o empregado fica aguardando ordens, nas dependências da estrada, tem-se, da mesma forma, interrupção contratual, por ser o período remunerado, ainda que de forma diferenciada (2/3 do salário).

✦ Jurisprudência

Agravo de instrumento em recurso de revista em face de decisão publicada antes da vigência da Lei n.º 13.015/2014. Jornada de trabalho. Horas de sobreaviso. O regime de sobreaviso caracteriza-se como o tempo, previamente ajustado, em que o empregado permanece, fora do horário normal de serviço, à disposição do empregador, no aguardo de eventual chamada para o trabalho. Tal situação importa diminuição ou cerceamento da liberdade de dispor do seu próprio tempo, pois a constante expectativa de ser chamado ao serviço no momento de fruição do seu descanso, seja em casa ou em qualquer outro lugar que possa vir a ser acionado por meios de comunicação, impede que desempenhe as suas atividades regulares. A regra do artigo 244, § 2.º, da CLT deve ser compreendida à luz da realidade da época de sua edição, nos idos de 1943, quando os meios de comunicação eram rudimentares e, por isso, era exigida a permanência do empregado em sua casa, a fim de ser localizado de maneira mais rápida. Hoje, porém, é possível que o trabalhador tenha certa mobilidade e, ainda assim, seja prontamente contatado pela empresa, por meio de *pager*, celular ou outros recursos tecnológicos. Nesse sentido é a Súmula n.º 428 do TST. Na hipótese, o quadro fático delineado no acórdão regional comprova, efetivamente, a ocorrência de restrição à liberdade do autor, já que, quando escalado em regime de plantão, deveria ficar com o telefone celular e *notebook* disponíveis a fim de prestar suporte técnico ao cliente que necessitava. Incidência do artigo 896, §§ 4.º e 5.º, da CLT. Agravo de instrumento a que se nega provimento (TST, 7.ª T., AIRR 2058-43.2012.5.02.0464, Rel. Min. Cláudio Mascarenhas Brandão, *DEJT* 27.10.2017).

✦ Súmulas, Orientações Jurisprudenciais e Precedentes Normativos

Súmula 229 do TST: Por aplicação analógica do art. 244, § 2.º, da CLT, as horas de sobreaviso dos eletricitários são remuneradas à base de 1/3 sobre a totalidade das parcelas de natureza salarial.

Súmula 428 do TST: Sobreaviso. Aplicação analógica do art. 244, § 2.º, da CLT. I – O uso de instrumentos telemáticos ou informatizados fornecidos pela empresa ao empregado, por si só, não caracteriza regime de sobreaviso. II – Considera-se em sobreaviso o empregado que, à distância e submetido a controle patronal por instrumentos telemáticos ou informatizados, permanecer em regime de plantão ou equivalente, aguardando a qualquer momento o chamado para o serviço durante o período de descanso.

Art. 245. O horário normal de trabalho dos cabineiros nas estações de tráfego intenso não excederá de 8 (oito) horas e deverá ser dividido em 2 (dois) turnos com intervalo não inferior a 1 (uma) hora de repouso, não podendo nenhum turno ter duração superior a 5 (cinco) horas, com um período de descanso entre 2 (duas) jornadas de trabalho de 14 (quatorze) horas consecutivas.

1. JORNADA DE TRABALHO DOS CABINEIROS

A jornada de trabalho dos cabineiros é de 8 horas diárias e a duração semanal é de 44 horas (art. 7.º, inciso XIII, da Constituição Federal de 1988). Essa jornada de trabalho deve ser dividida em dois turnos, com intervalo intrajornada de no mínimo uma hora. Nenhum dos turnos pode ter duração superior a cinco horas. O intervalo interjornada, no caso específico, é de 14 horas consecutivas, o que afasta a regra geral do art. 66 da CLT.

Art. 246. O horário de trabalho dos operadores telegrafistas nas estações de tráfego intenso não excederá de 6 (seis) horas diárias.

1. JORNADA DE TRABALHO DOS OPERADORES TELEGRAFISTAS

O dispositivo em questão é aplicável aos operadores telegrafistas nas estações de tráfego intenso. Nesse caso, a jornada de trabalho especial, certamente em razão das peculiaridades do serviço realizado, exigindo maior atenção e esforço do empregado, é de seis horas.

Art. 247. As estações principais, estações de tráfego intenso e estações do interior serão classificadas para cada empresa pelo Departamento Nacional das Estradas de Ferro.

1. CLASSIFICAÇÃO DAS ESTRADAS DE FERRO

A classificação das Estradas de Ferro era realizada pelo Departamento Nacional de Estradas de Ferro. Essa classificação é relevante, por acarretar consequências quanto à jornada de trabalho a ser aplicada. Entretanto, a Lei 6.171/1974 extinguiu o Departamento Nacional de Estradas de Ferro, autarquia federal vinculada ao Ministério dos Transportes (art. 1.º). Passou a competir à Rede Ferroviária Federal Sociedade Anônima (R.F.F.S.A.) o dever de fiscalizar, em todo o território nacional, os serviços de transporte ferroviário (Lei 3.115/1957, art. 7.º, "i", acrescentado pela Lei 6.171/1974).

Seção VI – Das Equipagens das Embarcações da Marinha Mercante Nacional, de Navegação Fluvial e Lacustre, do Tráfego nos Portos e da Pesca

Art. 248. Entre as horas 0 (zero) e 24 (vinte e quatro) de cada dia civil, o tripulante poderá ser conservado em seu posto durante 8 (oito) horas, quer de modo contínuo, quer de modo intermitente.

§ 1.º A exigência do serviço contínuo ou intermitente ficará a critério do comandante e, neste último caso, nunca por período menor que 1 (uma) hora.

§ 2.º Os serviços de quarto nas máquinas, passadiço, vigilância e outros que, consoante parecer médico, possam prejudicar a saúde do tripulante serão executados por períodos não maiores e com intervalos não menores de 4 (quatro) horas.

1. DAS EQUIPAGENS DAS EMBARCAÇÕES DA MARINHA MERCANTE NACIONAL, DE NAVEGAÇÃO FLUVIAL E LACUSTRE, DO TRÁFEGO NOS PORTOS E DA PESCA

A Lei 9.537/1997 dispõe sobre a segurança do tráfego aquaviário em águas sob jurisdição nacional.

Amador é todo aquele com habilitação certificada pela autoridade marítima para operar embarcações de esporte e recreio, em caráter não profissional.

Aquaviário é todo aquele com habilitação certificada pela autoridade marítima para operar embarcações em caráter profissional.

Armador é a pessoa física ou jurídica que, em seu nome e sob sua responsabilidade, apresta a embarcação com fins comerciais, pondo-a ou não a navegar por sua conta.

Comandante (também denominado Mestre, Arrais ou Patrão) é o tripulante responsável pela operação e manutenção de embarcação, em condições de segurança, extensivas à carga, aos tripulantes e às demais pessoas a bordo.

Embarcação é qualquer construção, inclusive as plataformas flutuantes e, quando rebocadas, as fixas, sujeita a inscrição na autoridade marítima e suscetível de se locomover na água, por meios próprios ou não, transportando pessoas ou cargas.

Passageiro é todo aquele que, não fazendo parte da tripulação, nem sendo profissional não tripulante prestando serviço a bordo, é transportado pela embarcação.

Prático é o aquaviário não tripulante que presta serviços de praticagem embarcado[93].

Profissional não tripulante é todo aquele que, sem exercer atribuições diretamente ligadas à operação da embarcação, presta serviços eventuais a bordo.

Proprietário é a pessoa física ou jurídica, em nome de quem a propriedade da embarcação é inscrita na autoridade marítima e, quando legalmente exigido, no Tribunal Marítimo.

Tripulação de Segurança é a quantidade mínima de tripulantes necessária a operar, com segurança, a embarcação.

Tripulante é o aquaviário ou amador que exerce funções, embarcado, na operação da embarcação (art. 2.º da Lei 9.537/1997).

De acordo com o art. 1.º do Decreto 2.596/1998, que regulamenta a Lei 9.537/1997, os aquaviários constituem os seguintes grupos:

– 1.º Grupo – Marítimos: tripulantes que operam embarcações classificadas para navegação em mar aberto, apoio portuário e para a navegação interior nos canais, lagoas, baías, angras, enseadas e áreas marítimas consideradas abrigadas;

– 2.º Grupo – Fluviários: tripulantes que operam embarcações classificadas para a navegação interior nos lagos, rios e de apoio fluvial;

– 3.º Grupo – Pescadores: tripulantes que exercem atividades a bordo de embarcação de pesca;

– 4.º Grupo – Mergulhadores: tripulantes ou profissionais não tripulantes com habilitação certificada pela autoridade marítima para exercer atribuições diretamente ligadas à operação da embarcação e prestar serviços eventuais a bordo às atividades subaquáticas;

– 5.º Grupo – Práticos: aquaviários não tripulantes que prestam serviços de praticagem embarcados;

– 6.º Grupo – Agentes de Manobra e Docagem: aquaviários não tripulantes que manobram navios nas fainas em diques, estaleiros e carreiras.

A Convenção 186 da Organização Internacional do Trabalho, de 2006, sobre trabalho marítimo, foi promulgada pelo Decreto 10.671/2021.

Toda gente do mar tem direito: a um local de trabalho seguro e protegido no qual se cumpram as normas de segurança; a condições justas de emprego; a condições decentes de trabalho e de vida a bordo; a proteção da saúde, assistência médica, medidas de bem-estar e outras formas de proteção social (art. 4.º da Convenção 186 da OIT). A expressão "gente do mar" significa qualquer pessoa empregada ou contratada ou que trabalha a bordo de um navio ao qual a Convenção 186 da OIT se aplica (art. 2.º, n. 1, "f").

A Norma Regulamentadora 30 e seu Anexo, com redação dada pela Portaria 425/2021, estabelecem requisitos para a proteção e o resguardo da segurança e da saúde no trabalho

93 Cf. art. 12 da Lei 9.537/1997: "O serviço de praticagem consiste no conjunto de atividades profissionais de assessoria ao Comandante requeridas por força de peculiaridades locais que dificultem a livre e segura movimentação da embarcação".

aquaviário, disciplinando medidas a serem observadas nas organizações e nos ambientes de trabalho para a prevenção de possíveis lesões ou agravos à saúde (item 30.1.1).

A NR 30 se aplica aos trabalhos realizados em embarcações comerciais, de bandeira nacional, bem como às de bandeiras estrangeiras, nos termos do disposto em Convenções Internacionais ratificadas em vigor, utilizadas no transporte de cargas ou de passageiros, inclusive naquelas embarcações usadas na prestação de serviços (item 30.2.1).

A observância da Norma Regulamentadora 30 não desobriga a organização (empregador) do cumprimento das demais Normas Regulamentadoras gerais e especiais, de outras disposições legais com relação à matéria e, ainda, daquelas oriundas de convenções, acordos e contratos coletivos de trabalho (item 30.2.2).

Cabe ao empregador ou equiparado, além das obrigações previstas no item 1.4 da Norma Regulamentadora 1, designar formalmente e capacitar, no mínimo, um tripulante efetivamente embarcado como responsável pela aplicação da NR 30 (item 30.3.1).

Cabe aos trabalhadores, além do previsto no item 1.4 da Norma Regulamentadora 1, informar ao oficial de serviço ou a qualquer membro do Grupo de Segurança e Saúde no Trabalho a Bordo das Embarcações (GSSTB), as avarias ou deficiências observadas, que possam constituir fatores de risco para o trabalhador ou para a embarcação (item 30.3.2).

O empregador ou equiparado deve elaborar e implementar o Programa de Gerenciamento de Riscos no Trabalho Aquaviário (PGRTA), por embarcação, nos termos da Norma Regulamentadora 1 e do disposto na NR 30, com base nas necessidades e peculiaridades das atividades aquaviárias (item 30.4.1). A elaboração do PGRTA não dispensa a organização de elaborar e implementar o Programa de Gerenciamento de Riscos (PGR) em seus estabelecimentos, nos termos da NR 1.

O Anexo da NR 30 estabelece as disposições mínimas de segurança e saúde no trabalho a bordo das embarcações de pesca comercial inscritas em órgão da autoridade marítima e licenciadas pelo órgão de pesca competente.

✦ Jurisprudência

Recurso de revista. Horas extras. Arts. 59 da CLT e 7.º, XIII, da Constituição da República. Aplicabilidade. Marinheiro. As atividades dos empregados embarcados têm como nota distintiva a conveniência do serviço. Essa conclusão pode ser extraída do § 1.º do art. 248, que diz: "a exigência do serviço contínuo ou intermitente ficará a critério do comandante [...]", bem como do *caput* do art. 250, no sentido que "as horas de trabalho extraordinário serão compensadas, segundo a conveniência do serviço [...]". Trata-se de condição peculiar de trabalho, razão pela qual não se pode aplicar ao recorrente a jornada e a forma de compensação dos trabalhadores comuns, constantes nas normas de duração de trabalho disciplinadas no capítulo II, do Título II da CLT (art. 57 e seguintes). O recorrente trabalhava como marinheiro, devendo ser observadas as regras do Título III, que são especiais, porque tutelam categorias profissionais específicas. Deve ser afastada a alegação de ofensa aos arts. 148, 249 e 250 da CLT. O art. 249 da CLT prevê que todo o tempo de serviço, ocupado na forma do art. 248, será considerado de trabalho extraordinário, sujeito à compensação a que se refere o art. 250, o qual dispõe que a compensação será feita segundo a conveniência do serviço, por descanso em período equivalente no dia seguinte ou no subsequente dentro das horas do trabalho normal, ou no fim da viagem, ou pelo pagamento do salário correspondente. Acrescente-se que a compensação de horários, prevista no art. 7.º, XIII, da Constituição da República, no caso do marinheiro enquadrado nas normas especiais de tutela do trabalho, deve seguir o comando do art. 250 da CLT, pois trata-se de norma especial que afasta a incidência da compensação dos trabalhadores comuns, disciplinada nas normas de duração de trabalho existentes no capítulo II do Título II da CLT (art. 57 e seguintes). O aresto colacionado é inespecífico, não autorizando o conhecimento do recurso, ao teor da Súmula 296 do TST. Recurso de que não se conhece (TST, 5.ª T., RR 84100-19.2005.5.05.0010, Rel. Min. Kátia Magalhães Arruda, j. 02.02.2011, *DEJT* 11.02.2011).

✦ Súmulas, Orientações Jurisprudenciais e Precedentes Normativos

Súmula 96 do TST: Marítimo (mantida) – Res. 121/2003, *DJ* 19, 20 e 21.11.2003. A permanência do tripulante a bordo do navio, no período de repouso, além da jornada, não importa presunção de que esteja à disposição do empregador ou em regime de prorrogação de horário, circunstâncias que devem resultar provadas, dada a natureza do serviço.

Art. 249. Todo o tempo de serviço efetivo, excedente de 8 (oito) horas, ocupado na forma do artigo anterior, será considerado de trabalho extraordinário, sujeito à compensação a que se refere o art. 250, exceto se se tratar de trabalho executado:

a) em virtude de responsabilidade pessoal do tripulante e no desempenho de funções de direção, sendo consideradas como tais todas aquelas que a bordo se achem constituídas em um único indivíduo com responsabilidade exclusiva e pessoal;

b) na iminência de perigo, para salvaguarda ou defesa da embarcação, dos passageiros, ou da carga, a juízo exclusivo do comandante ou do responsável pela segurança a bordo;

c) por motivo de manobras ou fainas gerais que reclamem a presença, em seus postos, de todo o pessoal de bordo;

d) na navegação lacustre e fluvial, quando se destina ao abastecimento do navio ou embarcação de combustível e rancho, ou por efeito das contingências da natureza da navegação, na transposição de passos ou pontos difíceis, inclusive operações de alívio ou transbordo de carga, para obtenção de calado menor para essa transposição.

§ 1.º O trabalho executado aos domingos e feriados será considerado extraordinário, salvo se se destinar:

a) ao serviço de quartos e vigilância, movimentação das máquinas e aparelhos de bordo, limpeza e higiene da embarcação, preparo de alimentação da equipagem e dos passageiros, serviço pessoal destes e, bem assim, aos socorros de urgência ao navio ou ao pessoal;

b) ao fim da navegação ou das manobras para a entrada ou saída de portos, atracação, desatracação, embarque ou desembarque de carga e passageiros.

§ 2.º Não excederá de 30 (trinta) horas semanais o serviço extraordinário prestado para o tráfego nos portos.

1. TRABALHO EXTRAORDINÁRIO

O dispositivo em questão arrola hipóteses em que o labor prestado, excepcionalmente e de forma especial, não é considerado como horas extraordinárias.

Na atualidade, o trabalho em domingos e feriados é regido pela Lei 605/1949, devendo ser pago em dobro, exceto se houver folga compensatória.

✦ Súmulas, Orientações Jurisprudenciais e Precedentes Normativos

Súmula 96 do TST: Marítimo. A permanência do tripulante a bordo do navio, no período de repouso, além da jornada, não importa presunção de que esteja à disposição do empregador ou em regime de prorrogação de horário, circunstâncias que devem resultar provadas, dada a natureza do serviço.

✦ Referência legislativa

- Art. 7.º, XVI, da CF.

Art. 250. As horas de trabalho extraordinário serão compensadas, segundo a conveniência do serviço, por descanso em período equivalente no dia seguinte ou no subsequente dentro das do trabalho normal, ou no fim da viagem, ou pelo pagamento do salário correspondente.

Parágrafo único. As horas extraordinárias de trabalho são indivisíveis, computando-se a fração de hora como hora inteira.

Art. 251. Em cada embarcação haverá um livro em que serão anotadas as horas extraordinárias de trabalho de cada tripulante, e outro, do qual constarão, devidamente circunstanciadas, as transgressões dos mesmos tripulantes.

Parágrafo único. Os livros de que trata este artigo obedecerão a modelos organizados pelo Ministério do Trabalho, Indústria e Comércio, serão escriturados em dia pelo comandante da embarcação e ficam sujeitos às formalidades instituídas para os livros de registro de empregados em geral.

Art. 252. Qualquer tripulante que se julgue prejudicado por ordem emanada de superior hierárquico poderá interpor recurso, em termos, perante a Delegacia do Trabalho Marítimo, por intermédio do respectivo comandante, o qual deverá encaminhá-lo com a respectiva informação dentro de 5 (cinco) dias, contados de sua chegada ao porto.

1. COMPENSAÇÃO DE HORAS

O dispositivo em questão disciplina a compensaçao de horas quanto aos marítimos, ou seja, aqueles que laboram nas embarcações.

No caso do empregado marítimo, a fração de hora (como 10 ou 15 minutos) é considerada como hora inteira, para fins de horas extras.

2. LIVRO PARA ANOTAÇÃO DAS HORAS EXTRAORDINÁRIAS

As horas extras, segundo o dispositivo comentado, devem ser anotadas, pelo comandante, em livro específico, segundo modelo estabelecido pelo Ministério do Trabalho.

✦ Jurisprudência

Recurso de revista. Horas extras. Ônus da prova. Marítimo. Ausência parcial dos controles de jornada (diários de bordo – art. 251 da CLT). Súmula 338/TST. É ônus do empregador que conta com mais de 10 (dez) empregados [20, cf. Lei 13.874/2019] o registro da jornada de trabalho na forma do art. 74, § 2.º, da CLT. A não apresentação injustificada dos controles de frequência gera presunção relativa de veracidade da jornada de trabalho, a qual pode ser elidida por prova em contrário (Súmula 338, I/TST). Assim, a não apresentação dos controles de jornada (diários de bordo) relativos a um dado período contratual implica o reconhecimento da jornada declinada pelo Reclamante na exordial. Recurso de revista provido (TST, 6.ª T., RR 491/2002-001-05-40.2, Rel. Min. Mauricio Godinho Delgado, j. 11.11.2009).

3. ÓRGÃO COMPETENTE PARA SOLUCIONAR CONFLITOS QUE ENVOLVAM TRIPULANTES

O Conselho Superior de Trabalho Marítimo (CSTM), e as respectivas Delegacias do Trabalho Marítimo, foram extintas pela Lei 7.731/1989 (art. 1.º, inciso III, "d").

Esclareça-se que o Tribunal Marítimo, com jurisdição em todo o território nacional, é órgão, autônomo, auxiliar do Poder Judiciário, vinculado ao Ministério da Marinha no que se refere ao provimento de pessoal militar e de recursos orçamentários para pessoal e material destinados ao seu funcionamento. Ele tem como atribuições julgar *os acidentes e fatos da navegação marítima, fluvial e lacustre* e as questões relacionadas com tal atividade, especificadas na Lei 2.180/1954.

Pode-se dizer que os conflitos mencionados no dispositivo em questão podem ser objeto de recurso à autoridade administrativa do Ministério do Trabalho, sem prejuízo ao acesso à jurisdição (art. 5.º, inciso XXXV, da Constituição da República).

Seção VII – Dos Serviços Frigoríficos

Art. 253. Para os empregados que trabalham no interior das câmaras frigoríficas e para os que movimentam mercadorias do ambiente quente ou normal para o frio e vice-versa, depois de 1 (uma) hora e 40 (quarenta) minutos de trabalho contínuo, será assegurado um período de 20 (vinte) minutos de repouso, computado esse intervalo como de trabalho efetivo.

Parágrafo único. Considera-se artificialmente frio, para os fins do presente artigo, o que for inferior, nas primeira, segunda e terceira zonas climáticas do mapa oficial do Ministério do Trabalho, Indústria e Comércio, a 15.º (quinze graus), na quarta zona a 12.º (doze graus), e nas quinta, sexta e sétima zonas a 10º (dez graus).

1. SERVIÇOS EM FRIGORÍFICO E CÂMARA FRIA

Regulando os "serviços frigoríficos", o art. 253 da CLT estabelece o dever de concessão de intervalo especial, em razão das possíveis consequências do trabalho em baixas temperaturas, ou com grande variação térmica, para a saúde do empregado.

Como se verifica da redação do *caput*, a norma em questão é aplicável a duas modalidades de trabalhadores:

a) os empregados que trabalham no interior das câmaras frigoríficas; e
b) os empregados que movimentam mercadorias do ambiente quente ou normal para o frio e vice-versa.

Ambos fazem jus, depois de uma hora e quarenta minutos de trabalho contínuo, a um período de vinte minutos de repouso, computado esse intervalo como de trabalho efetivo, conforme explicita a Súmula 438 do TST.

Por se tratar de intervalo dentro da jornada de trabalho, que é computado como trabalho efetivo, conclui-se ser *remunerado* o referido período de descanso, significando tratar-se de interrupção do contrato de trabalho.

Desse modo, se o empregado presta serviços nas condições do art. 253 da CLT, mas não usufrui do intervalo específico ali estabelecido, que integra a jornada de trabalho, tem direito a receber efetivas horas extras, remuneradas com o adicional de no mínimo 50%. O empregador fica sujeito, ainda, à penalidade administrativa pela infração da referida norma pertinente ao meio ambiente de trabalho.

✦ Súmulas, Orientações Jurisprudenciais e Precedentes Normativos

Súmula 438 do TST: Intervalo para recuperação térmica do empregado. Ambiente artificialmente frio. Horas extras. Art. 253 da CLT. Aplicação analógica. O empregado submetido a trabalho contínuo em ambiente artificialmente frio, nos termos do parágrafo único do art. 253 da CLT, ainda que não labore em câmara frigorífica, tem direito ao intervalo intrajornada previsto no *caput* do art. 253 da CLT.

Seção VIII – Dos Serviços de Estiva

Arts. 254 a 284. Revogados pela Lei 8.630, de 25.2.1993.

Seção IX – Dos Serviços de Capatazias nos Portos

Arts. 285 a 292. Revogados pela Lei 8.630, de 25.2.1993.

Seção X – Do Trabalho em Minas de Subsolo

Art. 293. A duração normal do trabalho efetivo para os empregados em minas no subsolo não excederá de 6 (seis) horas diárias ou de 36 (trinta e seis) semanais.

1. TRABALHO EM MINAS DE SUBSOLO

O trabalho em minas de subsolo apresenta-se mais penoso do que o normal, justificando diversas normas prevendo condições especiais.

A própria jornada de trabalho é especial, conforme os arts. 293 e seguintes da CLT.

Assim, a duração normal do trabalho efetivo para os empregados em minas no subsolo não deve exceder de seis horas diárias ou de 36 semanais.

Art. 294. O tempo despendido pelo empregado da boca da mina ao local do trabalho e vice-versa será computado para o efeito de pagamento do salário.

1. HORAS *IN ITINERE*

Trata-se de disposição especial, que faz integrar o tempo *in itinere* à jornada de trabalho. Nesse sentido, o tempo gasto pelo empregado da boca da mina ao local do trabalho, e vice-versa, deve ser computado para o efeito de pagamento do salário.

✦ Súmulas, Orientações Jurisprudenciais e Precedentes Normativos

Súmula 429 do TST: Tempo à disposição do empregador. Art. 4.º da CLT. Período de deslocamento entre a portaria e o local de trabalho. Considera-se à disposição do empregador, na forma do art. 4.º da CLT, o tempo necessário ao deslocamento do trabalhador entre a portaria da empresa e o local de trabalho, desde que supere o limite de 10 (dez) minutos diários.

[Cf. art. 58, § 2.º, da CLT, com redação dada pela Lei 13.467/2017]

Art. 295. A duração normal do trabalho efetivo no subsolo poderá ser elevada até 8 (oito) horas diárias ou 48 (quarenta e oito) semanais, mediante acordo escrito entre empregado e empregador ou contrato coletivo de trabalho, sujeita essa prorrogação à prévia licença da autoridade competente em matéria de higiene do trabalho.

Parágrafo único. A duração normal do trabalho efetivo no subsolo poderá ser inferior a 6 (seis) horas diárias, por determinação da autoridade de que trata este artigo, tendo em vista condições locais de insalubridade e os métodos e processos do trabalho adotado.

1. PRORROGAÇÃO DA JORNADA DO MINEIRO

A duração normal do trabalho efetivo no subsolo poderá ser elevada até oito horas diárias ou 44 semanais, mediante acordo escrito entre empregado e empregador, ou convenção ou acordo coletivo de trabalho, sujeita essa prorrogação à prévia licença da autoridade competente em matéria de segurança e saúde do trabalho (art. 295 da CLT, c/c art. 7.º, inciso XIII, da Constituição Federal de 1988).

A jornada normal do trabalho efetivo no subsolo pode ser inferior a seis horas diárias, por determinação da autoridade competente em matéria de segurança e saúde do trabalho, em razão de condições locais de insalubridade e de métodos e processos de labor.

A Norma Regulamentadora 22, instituída pela Portaria 3.214/1978, apresenta as regras pertinentes à segurança e saúde ocupacional na mineração.

Esta norma se aplica a: a) minerações subterrâneas; b) minerações a céu aberto; c) garimpos, no que couber; d) beneficiamentos minerais; e e) pesquisa mineral.

✦ Jurisprudência

[...] 4. Horas extras. Acordo de compensação de horário em atividade em minas de subsolo celebrado por acordo coletivo. Necessidade de prévia autorização da autoridade competente. A proibição constante do "caput" do art. 295 da CLT à fixação de jornada além daquela prevista no art. 293 do mesmo texto da CLT, sem prévia licença da autoridade competente em matéria de saúde do trabalho, para o trabalhador em minas de subsolo, traz comando de ordem pública, de índole imperativa, infenso, em primeiro plano, à possibilidade de flexibilização via negociação coletiva, intento que nenhuma norma autoriza, muito menos o art. 7.º, XXVI, da Lei Maior. A regra encerra norma de conteúdo imperativo mínimo, amparada pelo princípio protetor, peculiar ao Direito do Trabalho, levando em conta o elevado grau de insalubridade presente na atividade em minas de subsolo. Constitui medida de higiene, saúde e segurança do trabalho. Recurso de revista não conhecido (TST, 3.ª T., RR 307-11.2012.5.05.0311, Rel. Min. Alberto Luiz Bresciani de Fontan Pereira, *DEJT* 07.11.2014).

Art. 296. A remuneração da hora prorrogada será no mínimo de 25% (vinte e cinco por cento) superior à da hora normal e deverá constar do acordo ou contrato coletivo de trabalho.

1. REMUNERAÇÃO DA HORA EXTRA

A remuneração da hora prorrogada será no mínimo de 50% superior à da hora normal (art. 7.º, inciso XVI, da Constituição Federal de 1988).

✦ Referência legislativa

- Art. 7.º, XVI, da CF.

Art. 297. Ao empregado no subsolo será fornecida, pelas empresas exploradoras de minas, alimentação adequada à natureza do trabalho, de acordo com as instruções estabelecidas pelo Serviço de Alimentação da Previdência Social e aprovadas pelo Ministério do Trabalho, Indústria e Comércio.

1. ALIMENTAÇÃO FORNECIDA PELAS EMPRESAS EXPLORADORAS DE MINAS

O empregado no subsolo tem direito à alimentação adequada à natureza do trabalho realizado, conforme as normas aprovadas pelo Ministério do Trabalho. Trata-se, no caso, de dever imposto às empresas exploradoras de minas.

Art. 298. Em cada período de 3 (três) horas consecutivas de trabalho, será obrigatória uma pausa de 15 (quinze) minutos para repouso, a qual será computada na duração normal de trabalho efetivo.

1. SERVIÇOS EM MINAS DE SUBSOLO

Quanto ao trabalho em minas de subsolo, também caracterizado pelas condições desfavoráveis no meio ambiente laboral, o art. 298 da CLT assegura um intervalo intrajornada diferenciado, que é plenamente justificado pelo evidente caráter penoso do trabalho em questão.

Trata-se de intervalo específico, que também é computado na duração normal do trabalho e, portanto, remunerado, configurando caso de interrupção do contrato de trabalho.

Por isso, se o empregado realiza trabalho efetivo em minas de subsolo (art. 293 da CLT), mas não usufrui o referido intervalo, passa a ter direito a receber esse período como hora extra, remunerada com o adicional mínimo de 50%. Além disso, o empregador, por violar norma cogente, direcionada à segurança e medicina do trabalho, também fica sujeito à aplicação da penalidade administrativa.

Como há previsão específica de intervalo intrajornada no trabalho em minas de subsolo, segundo entendimento firmado pelo Tribunal Superior do Trabalho: "o tempo gasto no percurso entre a boca da mina e a frente da lavra não pode ser computado na jornada de trabalho dos mineiros para efeito de concessão de intervalo intrajornada, como previsto no art. 71, *caput*, da CLT, pois os arts. 293 e 294 da CLT são absolutamente claros ao dispor que a jornada não ultrapassa as 6 (seis) horas diárias e que o tempo de percurso será computado apenas para efeito de pagamento de salário, com regra própria e específica quanto ao intervalo intrajornada (CLT, art. 298)" (TST, Pleno, E-ED-RR - 909-46.2011.5.20.0011, Red. Min. Ives Gandra Martins Filho, *DEJT* 12.12.2019).

✦ Jurisprudência

Embargos. Trabalho em mina de subsolo. Turno ininterrupto de revezamento de 6 (seis) horas. Jornada de trabalho. Deslocamento da boca da mina ao local de trabalho. Intervalo intrajornada. Provimento do apelo. 1. Os arts. 293, 294 e 298 da CLT dispõem que a duração normal do trabalho efetivo para os empregados em minas no subsolo não excederá de 6 (seis) horas diárias, sendo que o tempo despendido pelo empregado da boca da mina ao local de trabalho e vice-versa será computado para efeito de pagamento do salário, com direito, em cada período de três horas consecutivas de trabalho, a uma pausa de quinze minutos para repouso, computada na duração normal de trabalho efetivo. 2. A 1.ª Turma desta Corte conheceu do recurso de revista obreiro, por contrariedade à Súmula 437, IV, do TST e, no mérito, deu-lhe provimento para condenar a Reclamada ao pagamento do intervalo intrajornada não usufruído, acrescido do adicional de 50%, com reflexo nas demais parcelas, ao fundamento de que a partir do momento em que o trabalhador adentra a boca da mina ele já se encontra à disposição do empregador, devendo o tempo gasto no percurso até o local do trabalho e vice-versa, ser computado à jornada. 3. *In casu*, assiste razão à Empresa Embargante, ao pretender a reforma da decisão turmária desta Corte, pois: a) os trabalhadores em minas de subsolo estão regidos por normas especiais de tutela do trabalho constantes no Capítulo I, Título III, da CLT, precipuamente no tocante ao regime especial de duração do trabalho, daí porque o tempo gasto no percurso entre a boca da mina e a frente da lavra não pode ser computado na jornada de trabalho dos mineiros para efeito de concessão de intervalo intrajornada, como previsto no art. 71, *caput*, da CLT, pois os arts. 293 e 294 da CLT são absolutamente claros ao dispor que a jornada não ultrapassa as 6 (seis) horas diárias e que o tempo de percurso será computado apenas para efeito de pagamento de salário, com regra própria e específica quanto ao intervalo intrajornada (CLT, art. 298); b) na hipótese dos autos, a existência de norma coletiva a respeito revela vantagem compensatória aos mineiros, de modo que o acolhimento da pretensão obreira, além de implicar ofensa ao art. 7.º, XXVI, da CF, ensejaria duplo pagamento pelo intervalo intrajornada concernente à mesma hipótese, em flagrante *bis in idem*, o que é repudiado pelas normas jurídicas. 4. Assim, merece ser provido o recurso de embargos, a fim de restabelecer o acórdão regional, que excluiu da condenação as horas extraordinárias decorrentes da não concessão do intervalo intrajornada de uma hora. Recurso de embargos conhecido e provido (TST, Pleno, E-ED-RR - 909-46.2011.5.20.0011, Redator Min. Ives Gandra Martins Filho, *DEJT* 12.12.2019).

Art. 299. Quando nos trabalhos de subsolo ocorrer acontecimentos que possam comprometer a vida ou saúde do empregado, deverá a empresa comunicar o fato imediatamente à autoridade regional do trabalho, do Ministério do Trabalho, Indústria e Comércio.

Art. 300. Sempre que, por motivo de saúde, for necessária a transferência do empregado, a juízo da autoridade competente em matéria da segurança e da medicina do trabalho, dos serviços no subsolo para os de superfície, é a empresa obrigada a realizar essa transferência, assegurando ao transferido a remuneração atribuída ao trabalhador de superfície em serviço equivalente, respeitada a capacidade profissional do interessado.

Parágrafo único. No caso de recusa do empregado em atender a essa transferência, será ouvida a autoridade competente em matéria de higiene e segurança do trabalho, que decidirá a respeito.

Art. 301. O trabalho no subsolo somente será permitido a homens, com idade compreendida entre 21 (vinte e um) e 50 (cinquenta) anos, assegurada a transferência para a superfície nos termos previstos no artigo anterior.

1. TRABALHO EM SUBSOLO

Tendo em vista a necessidade de proteção da saúde e segurança, nos trabalhos de subsolo, quando ocorrerem acontecimentos que possam comprometer a vida ou saúde do empregado, a empresa deve comunicar o fato imediatamente à autoridade local do Ministério do Trabalho.

2. TRANSFERÊNCIA DO EMPREGADO DO SUBSOLO PARA A SUPERFÍCIE

O empregado pode precisar ser transferido dos serviços no subsolo para os de superfície, por motivo de saúde, a critério da autoridade competente em matéria de segurança e medicina do trabalho.

Nesse caso, a empresa é obrigada a realizar essa transferência, devendo assegurar ao empregado transferido a remuneração atribuída ao trabalhador de superfície em serviço equivalente, respeitada a capacidade profissional do interessado.

Se o empregado se recusar a atender a essa transferência, deve ser consultada a autoridade competente em matéria de segurança e medicina do trabalho, integrante do Ministério do Trabalho, que deve decidir a respeito da questão.

3. TRABALHO NO SUBSOLO

Cabe verificar se o art. 301 da CLT, quanto à proibição do trabalho da mulher nele prevista, permanece em vigor.

Primeiramente, é importante salientar que a Lei 7.855/1989 revogou o art. 387 da CLT, o qual estabelecia a proibição do trabalho da mulher "nos subterrâneos, nas minerações em subsolo, nas pedreiras e obras, de construção pública ou particular", bem como "nas atividades perigosas ou insalubres, especificadas nos quadros para este fim aprovados".

O art. 7.º, inciso XXX, da Constituição Federal de 1988 proíbe a discriminação da mulher quanto a exercício de funções ("XXX – proibição de diferença de salários, de exercício de funções e de critério de admissão por motivo de sexo, idade, cor ou estado civil").

A Constituição Federal de 1988, no art. 5.º, inciso I, estabelece que "homens e mulheres são iguais em direitos e obrigações, nos termos desta Constituição".

Portanto, pode-se dizer que o art. 301 da CLT não foi recepcionado pela Constituição Federal de 1988, na parte em que estabelece discriminação contra a mulher, mesmo porque não se trata de norma voltada à proteção da gestação, da maternidade, da amamentação, nem é relativa a limite de força muscular.

Seção XI – Dos Jornalistas Profissionais

Art. 302. Os dispositivos da presente Seção se aplicam aos que nas empresas jornalísticas prestem serviços como jornalistas, revisores, fotógrafos, ou na ilustração, com as exceções nela previstas.

§ 1.º Entende-se como jornalista o trabalhador intelectual cuja função se estende desde a busca de informações até a redação de notícias e artigos e a organização, orientação e direção desse trabalho.

§ 2.º Consideram-se empresas jornalísticas, para os fins desta Seção, aquelas que têm a seu cargo a edição de jornais, revistas, boletins e periódicos, ou a distribuição de noticiário, e, ainda, a radiodifusão em suas seções destinadas à transmissão de notícias e comentários.

Certos diplomas legais exigem requisitos formais próprios, como o registro do profissional em determinados órgãos, para a validade de certos contratos de trabalho especiais. Isto ocorre com o jornalista[94], uma vez que o Decreto-Lei 972/1969, no art. 4.º, fazia a exigência do prévio registro no órgão competente do Ministério do Trabalho.

---

[94] Cf. Decreto-lei 972, de 17 de outubro de 1969:

"Art. 2.º A profissão de jornalista compreende, privativamente, o exercício habitual e remunerado de qualquer das seguintes atividades:

a) redação, condensação, titulação, interpretação, correção ou coordenação de matéria a ser divulgada, contenha ou não comentário;

b) comentário ou crônica, pelo rádio ou pela televisão;

Entende-se não ter sido recepcionada a referida previsão pela Constituição Federal de 1988, a qual assegura a liberdade de trabalho, ofício ou profissão (art. 5.º, inciso XIII), não se justificando a imposição de exigências formais que restrinjam o exercício da referida profissão, em prejuízo da própria sociedade[95].

No Tribunal Superior do Trabalho, anteriormente, prevalecia o entendimento de que a referida exigência legal estava em vigor, devendo ser observada a forma prescrita em lei para o reconhecimento do contrato de trabalho como jornalista. Tanto é assim que o mencionado art. 5.º, inciso XIII, da Constituição Federal de 1988, ao assegurar a liberdade de trabalho, ofício ou profissão, faz expressa remissão ao atendimento das qualificações profissionais que a lei estabelecer.

Cabe alertar sobre a existência de controvérsia que havia quanto à exigência de apresentação do diploma do curso superior em jornalismo para se obter o mencionado registro de jornalista no Ministério do Trabalho. No entanto, mesmo entendendo-se desnecessário o referido diploma para a obtenção do registro, este (ou seja, o registro em si), como já destacado, era exigido para o reconhecimento do contrato de trabalho como jornalista.

O Supremo Tribunal Federal, no RE 511.961 (j. 17.06.2009), declarou a não recepção do art. 4.º, inciso V, do Decreto-Lei 972/1969 pela Constituição Federal de 1988, tendo entendido, assim, que não há como se exigir o diploma de curso superior de jornalismo, como condição para o exercício da profissão de jornalista.

Atualmente, prevalece o entendimento de que não se exige o registro no Ministério do Trabalho para o reconhecimento da função de jornalista, incidindo o princípio da primazia da realidade sobre a forma.

---

c) entrevista, inquérito ou reportagem, escrita ou falada;

d) planejamento, organização, direção e eventual execução de serviços técnicos de jornalismo, como os de arquivo, ilustração ou distribuição gráfica de matéria a ser divulgada;

e) planejamento, organização e administração técnica dos serviços de que trata a alínea 'a';

f) ensino de técnicas de jornalismo;

g) coleta de notícias ou informações e seu preparo para divulgação;

h) revisão de originais de matéria jornalística, com vistas à correção redacional e a adequação da linguagem;

i) organização e conservação de arquivo jornalístico, e pesquisa dos respectivos dados para a elaboração de notícias;

j) execução da distribuição gráfica de texto, fotografia ou ilustração de caráter jornalístico, para fins de divulgação;

l) execução de desenhos artísticos ou técnicos de caráter jornalístico.

Art. 3.º Considera-se empresa jornalística, para os efeitos deste Decreto-lei, aquela que tenha como atividade a edição de jornal ou revista, ou a distribuição de noticiário, com funcionamento efetivo, idoneidade financeira e registro legal.

§ 1.º Equipara-se a empresa jornalística a seção ou serviço de empresa de radiodifusão, televisão ou divulgação cinematográfica, ou de agência de publicidade, onde sejam exercidas as atividades previstas no artigo 2.º.

§ 2.º O órgão da administração pública direta ou autárquica que mantiver jornalista sob vínculo de direito público prestará, para fins de registro, a declaração de exercício profissional ou de cumprimento de estágio".

95 Cf. BARROS, Alice Monteiro de. *Contratos e regulamentações especiais de trabalho*. 2. ed. São Paulo: LTr, 2002. p. 224.

Registre-se o entendimento de que o assessor de imprensa realiza as funções com o objetivo de comunicação institucional ou corporativa, efetuando o repasse de informações e notícias de interesse da instituição ou organização, o que não se caracteriza como atividade do jornalista, pois esta é informativa e voltada a apresentar a verdade dos acontecimentos. Cf. TST, SBDI-I, E-RR-2102-13.2015.5.02.0026, Rel. Min. José Roberto Freire Pimenta, *DEJT* 18.12.2020. TST, 8.ª T., RRAg-10845-97.2015.5.01.0039, Rel. Min. Emmanoel Pereira, *DEJT* 03.12.2021.

✦ Jurisprudência

Embargos regidos pela Lei n.º 13.015/2014. Assessora de imprensa. Pedido de enquadramento como jornalista. Alegação de contrariedade à Súmula n.º 126 do Tribunal Superior Do Trabalho. Com base nas premissas fáticas firmadas no acórdão regional quanto às atividades desempenhadas pela demandante e embasada na tese de que a função do jornalista é essencialmente informativa e comprometida com a verdade dos fatos, enquanto a atividade do assessor de imprensa dirige-se à defesa dos interesses do cliente, com seleção de informações a serem divulgadas ao público ou repassadas ao cliente, para fins de desenvolvimento e orientação de seu negócio, a Turma concluiu que as funções da reclamante, como assessora de imprensa, destinavam-se à comunicação corporativa, não se enquadrando como atividade jornalística, nos termos dos artigos 302, §§ 1.º e 2.º, da CLT e 2.º e 6.º do Decreto-Lei n.º 972/1969. Nesse contexto, verifica-se que a Turma não procedeu ao alegado reexame de fatos e provas para concluir que a autora não se enquadrava como jornalista, mas, em verdade, com fulcro na descrição das atividades desempenhadas pela obreira no acórdão regional, conferiu enquadramento jurídico diverso ao caso, o que não afronta a Súmula n.º 126 desta Corte. Embargos não conhecidos (TST, SBDI-I, E-RR-2102-13.2015.5.02.0026, Rel. Min. José Roberto Freire Pimenta, *DEJT* 18.12.2020).

Acórdão publicado na vigência da Lei n.º 13.015/14. Categoria profissional. Assessor de imprensa. Enquadramento. Jornalista. O quadro fático delineado pelo acórdão do Regional é de que as funções desempenhadas pelo reclamante, como assessor de imprensa, tinham por escopo a comunicação institucional da Polícia Militar do Estado do Rio de Janeiro com os veículos oficiais de comunicação, com o repasse de informações e notícias do interesse daquela instituição. Portanto, não se caracterizando como atividade jornalística, nos termos dos artigos 302, §§ 1.º e 2.º, da CLT e 2.º e 6.º do Decreto-Lei n.º 972/1969, o que impõe o reenquadramento jurídico dos fatos para excluir da condenação o reconhecimento do exercício da função de jornalista e os consectários decorrentes. Precedentes da SDI-1. Recurso de revista conhecido e provido (TST, 8.ª T., RRAg-10845-97.2015.5.01.0039, Rel. Min. Emmanoel Pereira, *DEJT* 03.12.2021).

Agravo de instrumento. Recurso de revista interposto sob a égide da Lei n.º 13.015/2014. Descabimento. Jornalista. Registro no Ministério do Trabalho. Desnecessidade. O Supremo Tribunal Federal, em sua composição plena, decidiu, no julgamento do RE-511961/SP, que o registro no órgão competente, como condição ao acesso à profissão de jornalista, não se coaduna com as disposições previstas nos arts. 5.º, IV, IX, XIV, e 220 da Constituição Federal. Agravo de instrumento conhecido e desprovido (TST, 3.ª T., AIRR – 419-98.2014.5.10.0010, Rel. Min. Alberto Luiz Bresciani de Fontan Pereira, *DEJT* 19.12.2016).

Jornalista. Reconhecimento da condição. Exigência do registro profissional no órgão competente. Súmulas 126, 296 e 333 do TST.
1. Segundo a diretriz da Súmula 126 do TST, é incabível o recurso de revista para reexame de fatos e provas.
2. Na hipótese vertente, o Regional concluiu que, para o reconhecimento da condição profissional de jornalista, é exigido o registro perante o órgão competente, tal como dispõe o art. 4.º do Decreto-lei 972/1969, recepcionado pela nova ordem constitucional, não trazendo à discussão se o reclamante desempenhava, ou não, as atividades privativas da profissão de jornalista.
3. Nesse contexto, somente pelo reexame do conjunto fático é que se poderia, em tese, confirmar as declarações do recorrente, no sentido de que se encontram preenchidos todos os requisitos para o correto enquadramento, emergindo como obstáculo à revisão pretendida a orientação fixada no verbete sumulado supramencionado.
4. Sendo assim, não há como divisar conflito de teses, dados os pressupostos fáticos nos quais se lastreou o Regional, não mais discutíveis nesta instância, de natureza extraordinária.
5. Mesmo que assim não fosse, o apelo restaria obstacularizado pela Súmula 333 do TST, já que esta Corte reconhece que o art. 4.º do Decreto-lei 972/1969 foi recepcionado pela Carta Magna, e, portanto, mantém-se a exigência do nível superior de jornalismo ou comunicação social e o prévio registro perante o órgão competente, como condições para o exercício da profissão (TST, 4.ª T., RR 1198/2003-062-02-00, Rel. Min. Ives Gandra Martins Filho, *DJ* 20.04.2007).

Agravo de instrumento. Jornalista. Regulamentação da profissão. O Decreto-lei 972/1969 foi recepcionado pela nova ordem constitucional, instituída pela Constituição Federal de 1988, eis que o art. 5.º, XIII, garante o livre exercício de trabalho, ofício ou profissão, desde que atendidas as qualificações profissionais que a lei estabelecer, no caso dos autos, o Decreto-lei 972/1969, que prevê nível superior para o exercício da profissão de jornalista. Agravo de instrumento não provido (TST, 4.ª T., AIRR 759.376/2001.4, Rel. Juíza Convocada Maria Doralice Novaes, *DJ* 12.05.2006).

Jornalista. Reconhecimento da condição. Habilitação profissional e registro no conselho da categoria. O Decreto 83.284/1979 deu nova regulamentação do Decreto-lei 972/1969, em decorrência das alterações introduzidas pela Lei 6.612/1978, e modificou a redação do art. 4.º, todavia, manteve no *caput* a obrigatoriedade do prévio registro no órgão do Ministério do Trabalho e no inciso III a necessidade do diploma de curso de nível superior de Jornalismo ou de Comunicação Social, habilitação em Jornalismo, fornecido por estabelecimento de ensino reconhecido na forma da lei. O fato de a reclamante ter exercido funções compatíveis com a de jornalista profissional, por si só, não dá ensejo à procedência do pedido, pois, para o reconhecimento da profissão de jornalista, seria necessário o preenchimento dos requisitos previstos na lei. O princípio da primazia da realidade sobre a forma não tem aplicação, porquanto, nesta hipótese, a forma é imperativo da lei e, portanto, essência do ato. O reconhecimento da condição de jornalista, neste caso, encontra óbice na falta de demonstração do preenchimento de requisitos essenciais da profissão, quais sejam registro da Reclamante, como jornalista, no órgão competente, e de conclusão em curso superior de Comunicação Social, com habilitação em jornalismo. Recurso de revista a que se nega provimento (TST, 3.ª T., RR 704.066/2000.8, Rel. Min. Carlos Alberto Reis de Paula, *DJ* 05.11.2004).

Jornalismo. Exigência de diploma de curso superior, registrado pelo Ministério da Educação, para o exercício da profissão de jornalista. Liberdades de profissão, de expressão e de informação. Constituição de 1988 (art. 5.º, IX e XIII, e art. 220, *caput* e § 1.º). Não recepção do art. 4.º, inciso V, do Decreto-lei n.º 972, de 1969.
1. Recursos extraordinários. Art. 102, III, "a", da Constituição. Requisitos processuais intrínsecos e extrínsecos de admissibilidade. Os recursos extraordinários foram tempestivamente interpostos e a matéria constitucional que deles é objeto foi amplamente debatida nas instâncias inferiores. Recebidos nesta Corte antes do marco temporal de 3 de maio de 2007 (AI-QO 664.567/RS, Rel. Min. Sepúlveda Pertence), os recursos extraordinários não se submetem ao regime da repercussão geral.
2. Legitimidade ativa do Ministério Público para propositura da ação civil pública. O Supremo Tribunal Federal possui sólida jurisprudência sobre o cabimento da ação civil pública para proteção de interesses difusos e coletivos e a respectiva legitimação do Ministério Público para utilizá-la, nos termos dos arts. 127, *caput*, e 129, III, da Constituição Federal. No caso, a ação civil pública foi proposta pelo Ministério Público com o objetivo de proteger não apenas os interesses individuais homogêneos dos profissionais do jornalismo que atuam sem diploma, mas também os direitos fundamentais de toda a sociedade (interesses difusos) à plena liberdade de expressão e de informação.
3. Cabimento da ação civil pública. A não recepção do Decreto-Lei n.º 972/1969 pela Constituição de 1988 constitui a causa de pedir da ação civil pública e não o seu pedido principal, o que está plenamente de acordo com a jurisprudência desta Corte. A controvérsia constitucional, portanto, constitui apenas questão prejudicial indispensável à solução do litígio, e não seu pedido único e principal. Admissibilidade da utilização da ação civil pública como instrumento de fiscalização incidental de constitucionalidade. Precedentes do STF.
4. Âmbito de proteção da liberdade de exercício profissional (art. 5.º, inciso XIII, da Constituição). Identificação das restrições e conformações legais constitucionalmente permitidas. Reserva legal qualificada. Proporcionalidade. A Constituição de 1988, ao assegurar a liberdade profissional (art. 5.º, XIII), segue um modelo de reserva legal qualificada presente nas Constituições anteriores, as quais prescreviam à lei a definição das "condições de capacidade" como condicionantes para o exercício profissional. No âmbito do modelo de reserva legal qualificada presente na formulação do art. 5.º, XIII, da Constituição de 1988, paira uma imanente questão constitucional quanto à razoabilidade e proporcionalidade das leis restritivas, especificamente, das leis que disciplinam as qualificações profissionais como condicionantes do livre exercício das profissões. Jurisprudência do Supremo Tribunal Federal: Representação n.º 930, Redator p/ o acórdão Ministro Rodrigues Alckmin, *DJ*, 2-9-1977. A reserva legal estabelecida pelo art. 5.º, XIII, não confere ao legislador o poder de restringir o exercício da liberdade profissional a ponto de atingir o seu próprio núcleo essencial.
5. Jornalismo e liberdades de expressão e de informação. Intepretação do art. 5.º, inciso XIII, em conjunto com os preceitos do art. 5.º, incisos IV, IX, XIV, e do art. 220 da Constituição. O jornalismo é uma profissão diferenciada por sua estreita vinculação ao pleno exercício das liberdades de expressão e de informação. O jornalismo é a própria manifestação e difusão do pensamento e da informação de forma contínua, profissional e remunerada. Os jornalistas são aquelas pessoas que se dedicam profissionalmente ao exercício pleno da liberdade de expressão. O jornalismo e a liberdade de expressão, portanto, são atividades que estão imbricadas por sua própria natureza e não podem ser pensadas e tratadas de forma separada. Isso implica, logicamente, que a interpretação do art. 5.º,

inciso XIII, da Constituição, na hipótese da profissão de jornalista, se faça, impreterivelmente, em conjunto com os preceitos do art. 5.º, incisos IV, IX, XIV, e do art. 220 da Constituição, que asseguram as liberdades de expressão, de informação e de comunicação em geral.

6. Diploma de curso superior como exigência para o exercício da profissão de jornalista. Restrição inconstitucional às liberdades de expressão e de informação. As liberdades de expressão e de informação e, especificamente, a liberdade de imprensa, somente podem ser restringidas pela lei em hipóteses excepcionais, sempre em razão da proteção de outros valores e interesses constitucionais igualmente relevantes, como os direitos à honra, à imagem, à privacidade e à personalidade em geral. Precedente do STF: ADPF 130, Rel. Min. Carlos Britto. A ordem constitucional apenas admite a definição legal das qualificações profissionais na hipótese em que sejam elas estabelecidas para proteger, efetivar e reforçar o exercício profissional das liberdades de expressão e de informação por parte dos jornalistas. Fora desse quadro, há patente inconstitucionalidade da lei. A exigência de diploma de curso superior para a prática do jornalismo – o qual, em sua essência, é o desenvolvimento profissional das liberdades de expressão e de informação – não está autorizada pela ordem constitucional, pois constitui uma restrição, um impedimento, uma verdadeira supressão do pleno, incondicionado e efetivo exercício da liberdade jornalística, expressamente proibido pelo art. 220, § 1.º, da Constituição.

7. Profissão de jornalista. Acesso e exercício. Controle estatal vedado pela Ordem Constitucional. Proibição constitucional quanto à criação de ordens ou conselhos de fiscalização profissional. No campo da profissão de jornalista, não há espaço para a regulação estatal quanto às qualificações profissionais. O art. 5.º, incisos IV, IX, XIV, e o art. 220, não autorizam o controle, por parte do Estado, quanto ao acesso e exercício da profissão de jornalista. Qualquer tipo de controle desse tipo, que interfira na liberdade profissional no momento do próprio acesso à atividade jornalística, configura, ao fim e ao cabo, controle prévio que, em verdade, caracteriza censura prévia das liberdades de expressão e de informação, expressamente vedada pelo art. 5.º, inciso IX, da Constituição. A impossibilidade do estabelecimento de controles estatais sobre a profissão jornalística leva à conclusão de que não pode o Estado criar uma ordem ou um conselho profissional (autarquia) para a fiscalização desse tipo de profissão. O exercício do poder de polícia do Estado é vedado nesse campo em que imperam as liberdades de expressão e de informação. Jurisprudência do STF: Representação 930, Redator p/ o acórdão Ministro Rodrigues Alckmin, *DJ* 2-9-1977.

8. Jurisprudência da Corte Interamericana de Direitos Humanos. Posição da Organização dos Estados Americanos – OEA. A Corte Interamericana de Direitos Humanos proferiu decisão no dia 13 de novembro de 1985, declarando que a obrigatoriedade do diploma universitário e da inscrição em ordem profissional para o exercício da profissão de jornalista viola o art. 13 da Convenção Americana de Direitos Humanos, que protege a liberdade de expressão em sentido amplo (caso "La colegiación obligatoria de periodistas" – Opinião Consultiva OC-5/85, de 13 de novembro de 1985). Também a Organização dos Estados Americanos – OEA, por meio da Comissão Interamericana de Direitos Humanos, entende que a exigência de diploma universitário em jornalismo, como condição obrigatória para o exercício dessa profissão, viola o direito à liberdade de expressão (Informe Anual da Comissão Interamericana de Direitos Humanos, de 25 de fevereiro de 2009). Recursos extraordinários conhecidos e providos (STF, Pleno, RE 511.961/SP, Rel. Min. Gilmar Mendes, *DJe* 13.11.2009).

✦ Referência legislativa

- Arts. 5.º, IX e XIV, e 220 a 224, da CF.

Art. 303. A duração normal do trabalho dos empregados compreendidos nesta Seção não deverá exceder de 5 (cinco) horas, tanto de dia como à noite.

1. JORNADA DE TRABALHO DO JORNALISTA

A duração normal do trabalho dos empregados jornalistas não deve exceder cinco horas, seja de dia ou à noite (art. 303 da CLT).

Quanto ao tema, cf. Orientação Jurisprudencial 407 da SBDI-I do TST.

✦ **Súmulas, Orientações Jurisprudenciais e Precedentes Normativos**

Orientação Jurisprudencial 407 da SBDI-I do TST: Jornalista. Empresa não jornalística. Jornada de trabalho reduzida. Arts. 302 e 303 da CLT. O jornalista que exerce funções típicas de sua profissão, independentemente do ramo de atividade do empregador, tem direito à jornada reduzida prevista no art. 303 da CLT (*DEJT* 22.10.2010).

Art. 304. Poderá a duração normal do trabalho ser elevada a 7 (sete) horas, mediante acordo escrito, em que se estipule aumento de ordenado, correspondente ao excesso do tempo de trabalho, em que se fixe um intervalo destinado a repouso ou a refeição.

Parágrafo único. Para atender a motivos de força maior, poderá o empregado prestar serviços por mais tempo do que aquele permitido nesta Seção. Em tais casos, porém o excesso deve ser comunicado à Divisão de Fiscalização do Departamento Nacional do Trabalho ou às Delegacias Regionais do Ministério do Trabalho, Indústria e Comércio, dentro de 5 (cinco) dias, com a indicação expressa dos seus motivos.

1. JORNADA DE TRABALHO DOS JORNALISTAS PROFISSIONAIS

A jornada de trabalho do jornalista pode ser objeto de prorrogação, alcançando o total de sete horas de labor, conforme previsão em acordo escrito, isto é, individual.

Esse limite de horas trabalhadas pode ser ultrapassado nas hipóteses de força maior, ou seja, quando ocorram eventos inevitáveis e imprevisíveis. Nesses casos, aplicando-se, de forma sistemática, o art. 61, § 2.º, da CLT, o trabalho não poderá exceder 12 horas.

✦ **Jurisprudência**

Horas extras. Jornalista. Constando do contrato de trabalho os requisitos estabelecidos no art. 304 da CLT, quais sejam, acordo escrito, aumento de salário correspondente às horas extras e fixação de intervalo, inexiste nulidade na pré-contratação das horas extras. O acordo escrito em que se debate o recorrente não importa em documento apartado do contrato de trabalho, haja vista que este é um acordo de vontades expresso celebrado pelas partes contratantes (TRT da 10.ª Região, 2.ª T., RO 00707-2008-019-10-85-4, Rel. Des. Piedade Bueno Teixeira, j. 10.11.2009, *DEJT* 04.12.2009).

Art. 305. As horas de serviço extraordinário, quer as prestadas em virtude de acordo, quer as que derivam das causas previstas no parágrafo único do artigo anterior, não poderão ser remuneradas com quantia inferior à que resulta do quociente da divisão da importância do salário mensal por 150 (cento e cinquenta) para os mensalistas, e do salário diário por 5 (cinco) para os diaristas, acrescido de, pelo menos, 25% (vinte e cinco por cento).

1. CÁLCULO DAS HORAS EXTRAORDINÁRIAS

O dispositivo em questão trata do divisor a ser aplicado, para o cálculo das horas extras.

A partir da vigência da Constituição Federal de 1988 (05.10.1988), o adicional de horas extras é no mínimo de 50%.

Art. 306. Os dispositivos dos arts. 303, 304 e 305 não se aplicam àqueles que exercem as funções de redator-chefe, secretário, subsecretário, chefe e subchefe de revisão, chefe de oficina, de ilustração e chefe de portaria.

Parágrafo único. Não se aplicam, do mesmo modo, os artigos acima referidos aos que se ocuparem unicamente em serviços externos.

1. JORNADA DE TRABALHO DIFERENCIADA

O dispositivo em questão arrola as funções em que a jornada de trabalho não é a reduzida e especial dos jornalistas, devendo ser de 8 horas diárias, respeitando-se o limite semanal de 44 horas.

✦ Jurisprudência

Horas extras. Jornalista. Editor-chefe. Art. 306 da CLT. A atuação do reclamante como editor-chefe, a teor do disposto no art. 306 da CLT, afasta a aplicação dos arts. 303 a 305 da CLT, os quais preveem, por exemplo, jornada de trabalho reduzida de 5 (cinco) horas. Funções enumeradas naquele dispositivo que não se confundem com aquelas previstas no art. 62, II, da CLT, o qual exige poderes típicos de mando e de gestão. Recurso do reclamante desprovido (TRT da 4.ª Região, RO 0007500-88.2009.5.04.0027, Rel. Wilson Carvalho Dias, j. 13.10.2011).

Art. 307. A cada 6 (seis) dias de trabalho efetivo corresponderá 1 (um) dia de descanso obrigatório, que coincidirá com o domingo, salvo acordo escrito em contrário, no qual será expressamente estipulado o dia em que se deve verificar o descanso.

1. DESCANSO SEMANAL REMUNERADO

Na atualidade, o descanso semanal remunerado é disciplinado pela Lei 605/1949.

Segundo o art. 7.º, inciso XV, são direitos dos trabalhadores urbanos e rurais, além de outros que visem à melhoria de sua condição social, entre outros, o repouso semanal remunerado, preferencialmente aos domingos.

Entretanto, no caso específico do jornalista, de forma mais benéfica, o dispositivo comentado estabelece que seis dias de trabalho efetivo devem corresponder a um dia de descanso obrigatório, *que coincidirá com o domingo* (salvo acordo escrito em contrário, no qual deve ser expressamente estipulado o dia do descanso).

✦ Referência legislativa

- Art. 7.º, XV, da CF.

Art. 308. Em seguida a cada período diário de trabalho haverá um intervalo mínimo de 10 (dez) horas, destinado ao repouso.

Art. 309. Será computado como de trabalho efetivo o tempo em que o empregado estiver à disposição do empregador.

Art. 310. Revogado pelo Decreto-lei 972, de 17.10.1969.

1. INTERVALO INTERJORNADA DOS JORNALISTAS

O intervalo interjornada dos jornalistas, segundo a norma especial em questão, é de 10 horas, o que afasta a norma geral do art. 66 da CLT.

2. EMPREGADO À DISPOSIÇÃO DO EMPREGADOR

O dispositivo em questão está em harmonia com o art. 4.º da CLT, segundo o qual é considerado como de serviço efetivo o período em que o empregado estiver à disposição do empregador, aguardando ou executando ordens.

Art. 311. Para o registro de que trata o artigo anterior, deve o requerente exibir os seguintes documentos:

a) prova de nacionalidade brasileira;

b) folha corrida;

c) prova de que não responde a processo ou não sofreu condenação por crime contra a segurança nacional;

d) carteira de trabalho e previdência social.

§ 1.º Aos profissionais devidamente registrados será feita a necessária declaração na carteira de trabalho e previdência social.

§ 2.º Aos novos empregados será concedido o prazo de 60 dias para a apresentação da carteira de trabalho e previdência social, fazendo-se o registro condicionado a essa apresentação e expedindo-se um certificado provisório para aquele período.

Art. 312. O registro dos diretores-proprietários de jornais será feito, no Distrito Federal e nos Estados, e independentemente da exigência constante do art. 311, letra "d", da presente seção.

§ 1.º A prova de profissão, apresentada pelo diretor-proprietário juntamente com os demais documentos exigidos, consistirá em uma certidão, fornecida nos Estados e Território do Acre, pelas Juntas Comerciais ou Cartórios, e, no Distrito Federal, pela seção competente do Departamento Nacional de Indústria e Comércio, do Ministério do Trabalho, Indústria e Comércio.

§ 2.º Aos diretores-proprietários regularmente inscritos será fornecido um certificado do qual deverão constar o livro e a folha em que houver sido feito o registro.

1. DISPOSITIVO PREJUDICADO (ART. 311)

O dispositivo em questão ficou prejudicado, tendo em vista a revogação do art. 310 da CLT, pelo Decreto-lei 972/1969.

2. REVOGAÇÃO TÁCITA DO ART. 312

Pode-se dizer que o referido dispositivo foi revogado tacitamente pelo art. 5.º do Decreto-lei 972/1969, o qual estabelece procedimentos distintos para o registro em questão.

Art. 313. Aqueles que, sem caráter profissional, exercerem atividades jornalísticas, visando fins culturais, científicos ou religiosos, poderão promover sua inscrição como jornalistas, na forma desta seção.

§ 1.º As repartições competentes do Ministério do Trabalho, Indústria e Comércio manterão, para os fins do artigo anterior, um registro especial, anexo ao dos jornalistas profissionais, nele inscrevendo os que satisfaçam os requisitos das alíneas "a", "b" e "c" do art. 311 e apresentem prova do exercício de atividade jornalística não profissional, o que poderá ser feito por meio de atestado de associação cultural, científica ou religiosa idônea.

§ 2.º O pedido de registro será submetido a despacho do ministro que, em cada caso, apreciará o valor da prova oferecida.

§ 3.º O registro de que trata o presente artigo tem caráter puramente declaratório e não implica no reconhecimento de direitos que decorrem do exercício remunerado e profissional do jornalismo.

1. ATIVIDADES JORNALÍSTICAS SEM CARÁTER PROFISSIONAL

Aqueles que, sem caráter profissional, exercerem atividades jornalísticas, visando fins culturais, científicos ou religiosos, também podem promover a sua inscrição como jornalistas.

Art. 314. Revogado pelo Decreto-lei 972, de 17.10.1969.

Art. 315. O Governo Federal, de acordo com os governos estaduais, promoverá a criação de escolas de preparação ao jornalismo, destinadas à formação dos profissionais da imprensa.

Art. 316. A empresa jornalística que deixar de pagar pontualmente, e na forma acordada, os salários devidos a seus empregados, terá suspenso o seu funcionamento, até que se efetue o pagamento devido.

Parágrafo único. Para os efeitos do cumprimento deste artigo deverão os prejudicados reclamar contra a falta de pagamento perante a autoridade competente e, proferida a condenação, desde que a empresa não a cumpra, ou, em caso de recurso, não deposite o valor da indenização, a autoridade que proferir a condenação oficiará à autoridade competente, para a suspensão da circulação do jornal. Em igual pena de suspensão incorrerá a empresa que deixar de recolher as contribuições devidas às instituições de previdência social.

1. FORMAÇÃO DOS PROFISSIONAIS DA IMPRENSA

O curso de jornalismo foi instituído no sistema de ensino superior pelo Decreto-lei 5.480/1943.

2. AUSÊNCIA DE PAGAMENTO PONTUAL DOS SALÁRIOS

O dispositivo disciplina a ausência de pagamento pontual dos salários devidos aos empregados em questão.

Há entendimento no sentido de que o parágrafo único do art. 316 da CLT não se coaduna com os preceitos constitucionais relativos ao direito de propriedade (art. 5.º, inciso XXII); à garantia de que ninguém será privado da liberdade ou de seus bens sem o devido processo legal (art. 5.º, inciso LIV); à garantia de que ninguém será processado nem sentenciado senão pela autoridade competente (art. 5.º, inciso LIII); e às garantias do contraditório e da ampla defesa, com os meios e recursos a ela inerentes (art. 5.º, inciso LV). Em reforço a essa tese, invoca-se a Súmula 50 do STF: "Interdição de Estabelecimento – Cobrança de

Tributo – Admissibilidade. É inadmissível a interdição de estabelecimento como meio coercitivo para cobrança de tributo"[96].

Seção XII – Dos Professores

Art. 317. O exercício remunerado do magistério, em estabelecimentos particulares de ensino, exigirá apenas habilitação legal e registro no Ministério da Educação.

1. PROFESSOR

O professor é aquele que ensina, ou seja, transmite conhecimentos a seus alunos, exercendo a função de magistério.

O art. 317, *caput*, da CLT, exigia o registro no Ministério da Educação. No entanto, entende-se que essa exigência não mais vigora, tendo em vista não ser prevista na Lei 9.394/1996, que determina as diretrizes e bases da educação. Anteriormente, o referido dispositivo da CLT exigia o registro no Ministério do Trabalho, o que também não mais vigora.

Mesmo assim, o professor deve ser habilitado ou autorizado para o exercício da profissão. Quanto aos professores de cursos livres e escolas de idiomas, também é possível defender o seu enquadramento como professores, embora a norma aplicável seja aquela específica da respectiva categoria, caso existente, ou seja, firmada pelo ente sindical que represente os empregados em escolas de cursos livres ou de idiomas, e não dos empregados de estabelecimentos de ensino comum, tendo em vista o critério da atividade preponderante do empregador, regra esta que deixa de ser aplicada caso aquele ente sindical específico não exista na base territorial.

✦ Jurisprudência

Embargos anteriores à vigência da Lei n.º 11.496/2007. Instrutor de idiomas. Enquadramento sindical. Aplicação de normas coletivas da categoria dos professores. Prevalência do princípio da primazia da realidade. Discute-se, no caso, se, para o reconhecimento do enquadramento do empregado como professor e consequente aplicação das normas coletivas da categoria dos professores, seria imprescindível a habilitação legal e o registro no Ministério da Educação. No caso dos autos, ficou expressamente consignado que a reclamante lecionava inglês no curso de idiomas reclamado, mas não tinha habilitação legal para desempenhar a profissão de professora de inglês nem registro no Ministério da Educação. A não observância de mera exigência formal para o exercício da profissão de professor, no entanto, não afasta o enquadramento pretendido pela reclamante. A primazia da realidade constitui princípio basilar do Direito do Trabalho. Ao contrário dos contratos civis, o contrato trabalhista tem como pressuposto de existência a situação real em que o trabalhador se encontra, devendo ser desconsideradas as cláusulas contratuais que não se coadunam com a realidade da prestação de serviço. De acordo com os ensinamentos de Américo Plá Rodriguez, o princípio da primazia da realidade está amparado em quatro fundamentos: o princípio da boa-fé; a dignidade da atividade humana; a desigualdade entre as partes contratantes; e a interpretação racional da vontade das partes. Destaca-se, aqui, a boa-fé objetiva, prevista expressamente no artigo 422 do Código Civil, que deve ser observada em qualquer tipo de contrato, segundo a qual os contratantes devem agir com probidade, honestidade e lealdade nas relações sociais e jurídicas. E, ainda, a interpretação racional da vontade das partes, em que a alteração da forma de cumprimento do contrato laboral, quando esse é colocado em prática, constitui forma de consentimento tácito quanto à modificação de determinada estipulação contratual. Diante disso, tem-se que, no caso dos autos, não se pode admitir, como pressuposto necessário e impeditivo para o enquadramento do empregado na profissão de professor, a habilitação legal e o prévio registro no Ministério da Educação. Evidenciado, portanto, na hipótese dos autos, que a reclamante, efetivamente, exercia a função de professora, não é possível admitir que mera exigência formal, referente à habilitação e ao registro no Ministério da Educação, seja óbice para que se reconheçam a

[96] Cf. MARTINS, Sergio Pinto. *Comentários à CLT.* 12. ed. São Paulo: Atlas, 2008. p. 267.

reclamante os direitos inerentes à categoria de professor. Embargos conhecidos e providos (TST, SBDI-I, E-RR – 8000-71.2003.5.10.0004, Redator Min. José Roberto Freire Pimenta, *DEJT* 07.06.2013).

✦ Súmulas, Orientações Jurisprudenciais e Precedentes Normativos

Orientação Jurisprudencial 65 da SBDI-I do TST: Professor adjunto. Ingresso no cargo de professor titular. Exigência de concurso público não afastada pela Constituição Federal de 1988 (Constituição Federal de 1988, arts. 37, II, e 206, V). O acesso de professor adjunto ao cargo de professor titular só pode ser efetivado por meio de concurso público, conforme dispõem os arts. 37, inciso II, e 206, inciso V, da Constituição Federal de 1988.

✦ Referência legislativa

- Arts. 37, XVI e XVII, e 207, § 1.º, CF.

Art. 318. O professor poderá lecionar em um mesmo estabelecimento por mais de um turno, desde que não ultrapasse a jornada de trabalho semanal estabelecida legalmente, assegurado e não computado o intervalo para refeição.

1. JORNADA DE TRABALHO DO PROFESSOR

Anteriormente, conforme a redação original do art. 318 da CLT, o professor não podia dar no mesmo estabelecimento de ensino, por dia, mais de quatro aulas consecutivas, nem seis aulas intercaladas.

O referido limite levava em conta o critério especial da hora-aula e, quando superado, as horas-aula excedentes deveriam ser remuneradas com o adicional de 50%. Mesmo assim, tornava-se possível que o professor trabalhasse acima da mencionada limitação em mais de um estabelecimento.

As normas coletivas de trabalho normalmente fixam a duração da hora-aula diurna e noturna para o exercício da função do professor. A doutrina ainda faz menção à Portaria 204/1945, do Ministério da Educação, que fixa a hora-aula diurna em 50 minutos, a hora-aula noturna, ministrada após as 20 horas, em 45 minutos, no ensino superior e médio, sendo de 60 minutos nos demais cursos[97].

Na atualidade, o art. 318 da CLT, com redação dada pela Lei 13.415/2017, prevê que o professor pode lecionar em um mesmo estabelecimento por mais de um turno, desde que não ultrapasse a jornada de trabalho semanal estabelecida legalmente, assegurado e não computado o intervalo para refeição.

Consequentemente, salvo previsão mais favorável (art. 7.º, *caput*, da Constituição da República), passou a ser aplicável também ao professor o disposto no art. 7.º, inciso XIII, da Constituição Federal de 1988, ao estabelecer a duração do trabalho normal não superior a oito horas diárias e 44 semanais.

Argumenta-se que a redação anterior do art. 318 da CLT, embora tivesse como objetivo proteger o trabalho do professor, em termos práticos, poderia gerar efeitos contrários, ao impedir que o docente empregado concentrasse certa quantidade mais elevada de aulas em um ou alguns dias da semana no mesmo estabelecimento.

97 Cf. BARROS, Alice Monteiro de. *Contratos e regulamentações especiais de trabalho*. 2. ed. São Paulo: LTr, 2002. p. 351.

Se as aulas forem ministradas no período noturno, previsto no art. 73 da CLT, o respectivo adicional é devido (art. 7.º, inciso IX, da Constituição Federal de 1988), sendo de, no mínimo, 20%.

Considerando-se que, em regra, a hora-aula tem duração de 50 minutos, a previsão original do art. 318 da CLT estabelecia jornada de trabalho especial, ou seja, reduzida aos professores, aspecto este que foi modificado pela Lei 13.415/2017.

Aplica-se, ainda, o art. 71 da CLT, ao prever que em qualquer trabalho contínuo, cuja duração exceda seis horas, é obrigatória a concessão de um intervalo para repouso ou alimentação, o qual deve ser, no mínimo, de uma hora e, salvo acordo escrito ou contrato coletivo em contrário, não pode exceder duas horas. Não excedendo seis horas o trabalho, será obrigatório um intervalo de 15 minutos quando a duração ultrapassar quatro horas.

Os intervalos de descanso não são computados na duração do trabalho, conforme também dispõe o art. 71, § 2.º, da CLT.

Como se pode notar, a atual previsão do art. 318 da CLT, com redação dada pela Lei 13.415/2017, eliminou a jornada de trabalho especial (reduzida) do professor, passando a determinar a aplicação da duração normal do trabalho de 44 horas semanais também a essa modalidade de empregado.

Frise-se que a redução da carga horária do professor, para ser admitida, exige razão justificada, qual seja a "diminuição do número de alunos", hipótese em que a jurisprudência entende não constituir alteração contratual ilícita, certamente em razão da incidência do *jus variandi* do empregador, o qual corre o risco do empreendimento, tendo assim o poder de organizá-lo dentro dos limites legais. Não se admite, portanto, o seu exercício abusivo, com intuito de perseguição ou apenas para prejudicar o empregado, hipótese em que deve incidir a nulidade quanto à alteração ilícita, podendo gerar, ainda, o direito à despedida indireta, bem como à indenização por danos morais e materiais.

✦ Súmulas, Orientações Jurisprudenciais e Precedentes Normativos

Orientação Jurisprudencial 206 da SBDI-I do TST: Professor. Horas extras. Adicional de 50%. Inserida em 08.11.00. Excedida a jornada máxima (art. 318 da CLT), as horas excedentes devem ser remuneradas com o adicional de, no mínimo, 50% (art. 7.º, XVI, Constituição Federal de 1988).

Orientação Jurisprudencial 244 da SBDI-I do TST: Professor. Redução da carga horária. Possibilidade. A redução da carga horária do professor, em virtude da diminuição do número de alunos, não constitui alteração contratual, uma vez que não implica redução do valor da hora-aula.

Orientação Jurisprudencial 393 da SBDI-I do TST: Professor. Jornada de trabalho especial. Art. 318 da CLT. Salário mínimo. Proporcionalidade. A contraprestação mensal devida ao professor, que trabalha no limite máximo da jornada prevista no art. 318 da CLT, é de um salário mínimo integral, não se cogitando do pagamento proporcional em relação à jornada prevista no art. 7.º, XIII, da Constituição Federal (*DEJT* 09.06.2010).

Art. 319. Aos professores é vedado, aos domingos, a regência de aulas e o trabalho em exames.

Art. 320. A remuneração dos professores será fixada pelo número de aulas semanais, na conformidade dos horários.

§ 1.º O pagamento far-se-á mensalmente, considerando-se para este efeito cada mês constituído de quatro semanas e meia.

§ 2.º Vencido cada mês, será descontada, na remuneração dos professores, a importância correspondente ao número de aulas a que tiverem faltado.

§ 3.º Não serão descontadas, no decurso de 9 (nove) dias, as faltas verificadas por motivo de gala ou de luto em consequência de falecimento do cônjuge, do pai ou mãe, ou de filho.

1. DESCANSO SEMANAL REMUNERADO DO PROFESSOR

O professor faz jus ao descanso semanal remunerado, conforme regulamentado pela Lei 605/1949. No caso do professor que recebe salário mensal à base de hora-aula, o descanso semanal remunerado é devido na forma da Súmula 351 do TST.

A remuneração do professor, embora paga mensalmente, é calculada de acordo com o número de aulas por semana. Além disso, o professor, mesmo recebendo salário mensal à base de hora-aula, tem direito ao acréscimo de 1/6 a título de repouso semanal remunerado, considerando-se para esse fim o mês de quatro semanas e meia. Portanto, como o repouso semanal também deve ser remunerado, soma-se o valor de 1/6 sobre o salário do mês (de quatro semanas e meia).

Logo, a jurisprudência do TST definiu a questão acima no sentido de se aplicar o mesmo critério do art. 7.º, "d", da Lei 605/1949, ou seja, "dividindo-se o valor do salário por 6 (seis)".

Em termos práticos, é possível a seguinte sistematização:

i) número de horas trabalhadas por semana, multiplicado por 4,5 semanas = total das horas trabalhadas no mês;
+ (mais)

ii) 1/6 do total das horas trabalhadas no mês (horas referentes ao DSR, conforme Súmula 351 do TST);

iii) soma do total das horas trabalhadas no mês (i) mais o 1/6 desse total (ii) = total das horas trabalhadas no mês + horas referentes ao DSR = Total de Horas (trabalhadas e DSR);

iv) total de horas (trabalhadas e DSR) multiplicado pelo valor unitário da hora-aula = valor do salário mais remuneração do repouso semanal (DSR).

Assim, verifica-se que o professor, mesmo não trabalhando, efetivamente, seis dias na semana, tem o descanso semanal remunerado (DSR) calculado utilizando-se o critério "1/6". Isso porque esse "1/6" apenas significa que o DSR, por ser de 24 horas, representa um dia da semana. A semana tem sete dias, mas, para calcular o DSR, divide-se por seis, pois um dia é justamente o descanso.

✦ Súmulas, Orientações Jurisprudenciais e Precedentes Normativos

Súmula 351 do TST: Professor. Repouso semanal remunerado. Art. 7.º, § 2.º, da Lei 605, de 05.01.1949 e art. 320 da CLT. O professor que recebe salário mensal à base de hora-aula tem direito ao acréscimo de 1/6 a título de repouso semanal remunerado, considerando-se para esse fim o mês de quatro semanas e meia.

Orientação Jurisprudencial 393 da SBDI-I do TST: Professor. Jornada de trabalho especial. Art. 318 da CLT. Salário mínimo. Proporcionalidade. A contraprestação mensal devida ao professor, que trabalha no limite máximo da jornada prevista no art. 318 da CLT, é de um salário mínimo integral, não se cogitando do pagamento proporcional em relação à jornada prevista no art. 7.º, XIII, da Constituição Federal.

Art. 321. Sempre que o estabelecimento de ensino tiver necessidade de aumentar o número de aulas marcado nos horários, remunerará o professor, findo cada mês, com uma importância correspondente ao número de aulas excedentes.

1. HORAS EXTRAORDINÁRIAS

As horas-aula que excederem as quatro consecutivas ou as seis intercaladas devem ser pagas com o adicional de horas extras de, no mínimo, 50% (art. 7.º, inciso XVI, da Constituição Federal de 1988).

✦ Jurisprudência

Horas extras e adicional. Professor. O art. 321 da CLT não veda que sobre aulas excedentes haja incidência do adicional pelo trabalho realizado em caráter suplementar. Tal interpretação decorre da necessidade de compatibilizar o teor do referido dispositivo consolidado com o que dispõe o art. 7.º, XVI, da Constituição Federal, em relação ao qual o dispositivo da CLT jamais poderia dispor em sentido contrário, sob pena de afronta ao disposto no *caput* do art. 5.º da Constituição Federal. Recurso não conhecido (TST, SBDI-I, E-RR 233462-53.1995.5.03.5555, Rel. Vantuil Abdala, j. 28.05.2001, *DJ* 22.06.2001).

Art. 322. No período de exames e no de férias escolares, é assegurado aos professores o pagamento, na mesma periodicidade contratual, da remuneração por eles percebida, na conformidade dos horários, durante o período de aulas.

§ 1.º Não se exigirá dos professores, no período de exames, a prestação de mais de 8 (oito) horas de trabalho diário, salvo mediante o pagamento complementar de cada hora excedente pelo preço correspondente ao de uma aula.

§ 2.º No período de férias, não se poderá exigir dos professores outro serviço senão o relacionado com a realização de exames.

§ 3.º Na hipótese de dispensa sem justa causa, ao término do ano letivo ou no curso das férias escolares, é assegurado ao professor o pagamento a que se refere o *caput* deste artigo.

1. FÉRIAS DO PROFESSOR

Há certas peculiaridades na regulação da relação de emprego do professor, inclusive quanto ao tema das férias.

Não se pode confundir o período de férias escolares com as férias do (empregado que exerce a função de) professor.

O período de férias escolares é de trabalho para o professor. Verifica-se que as férias do professor, propriamente, podem ser concedidas, por exemplo, no período que corresponde ao mês de julho, como normalmente ocorre.

De todo modo, na hipótese de dispensa sem justa causa, ao término do ano letivo ou no curso das férias escolares, é assegurado ao professor o pagamento a que se refere o *caput* do art. 322 da CLT, conforme a Súmula 10 do TST.

✦ Súmulas, Orientações Jurisprudenciais e Precedentes Normativos

Súmula 10 do TST: Professor. Dispensa sem justa causa. Término do ano letivo ou no curso de férias escolares. Aviso prévio. O direito aos salários do período de férias escolares assegurado aos professores (art. 322, *caput* e

§ 3.º, da CLT) não exclui o direito ao aviso prévio, na hipótese de dispensa sem justa causa ao término do ano letivo ou no curso das férias escolares.

Art. 323. Não será permitido o funcionamento do estabelecimento particular de ensino que não remunere condignamente os seus professores, ou não lhes pague pontualmente a remuneração de cada mês.

Parágrafo único. Compete ao Ministério da Educação e Saúde fixar os critérios para a determinação da condigna remuneração devida aos professores bem como assegurar a execução do preceito estabelecido no presente artigo.

Art. 324. Revogado pela Lei 7.855, de 24.10.1989.

1. REMUNERAÇÃO CONDIGNA

O dispositivo em questão não define o que seria remuneração condigna, tornando o preceito sem aplicação prática.

Seção XIII – Dos Químicos

Art. 325. É livre o exercício da profissão de químico em todo o território da República, observadas as condições de capacidade técnica e outras exigências previstas na presente Seção:

a) aos possuidores de diploma de químico, químico Industrial, químico Industrial agrícola ou engenheiro químico, concedido, no Brasil, por escola oficial ou oficialmente reconhecida;

b) aos diplomados em química por instituto estrangeiro de ensino superior, que tenham, de acordo com a lei e a partir de 14 de julho de 1934, revalidado os seus diplomas;

c) aos que, ao tempo da publicação do Decreto 24.693 de 12 de julho de 1934, se achavam no exercício efetivo de função pública ou particular, para a qual seja exigida a qualidade de químico, e que tenham requerido o respectivo registro até a extinção do prazo fixado pelo Decreto-Lei 2.298, de 10 de junho de 1940.

§ 1.º Aos profissionais incluídos na alínea "c" deste artigo, se dará, para os efeitos da presente Seção, a denominação de "licenciados".

§ 2.º O livre exercício da profissão de que trata o presente artigo só é permitido a estrangeiros, quando compreendidos:

a) nas alíneas "a" e "b", independentemente de revalidação do diploma, se exerciam, legitimamente, na República, a profissão de químico em a data da promulgação da Constituição de 1934;

b) na alínea "b", se a seu favor militar a existência de reciprocidade internacional, admitida em lei, para o reconhecimento dos respectivos diplomas;

c) na alínea "c", satisfeitas as condições nela estabelecidas.

§ 3.º O livre exercício da profissão a brasileiros naturalizados está subordinado à prévia prestação do serviço militar, no Brasil.

§ 4.º Só aos brasileiros natos é permitida a revalidação dos diplomas de químicos, expedidos por institutos estrangeiros de ensino superior.

Os arts. 325 a 350 disciplinam o exercício da profissão dos químicos.

1. REGULAMENTAÇÃO DA PROFISSÃO DE QUÍMICO

A Lei 2.800/1956 cria os Conselhos Federal e Regionais de Química, bem como dispõe sobre o exercício da profissão de químico.

São também profissionais da química os bacharéis em química e os técnicos químicos (art. 20 da Lei 2.800/1956).

O Decreto 85.877/1981, por seu turno, estabelece normas para execução da mencionada Lei 2.800/1956, sobre o exercício da profissão de químico.

Independentemente de seu registro no Conselho Regional de Engenharia e Arquitetura (CREA), os engenheiros industriais, modalidade química, devem se registrar no Conselho Regional de Química, para o exercício de suas atividades como químico (art. 23 da Lei 2.800/1996).

Não está mais em vigor o art. 325, § 4.º, da CLT, que fazia distinção entre brasileiros natos e naturalizados, uma vez que, nos termos do art. 19, inciso III, da Constituição Federal de 1988, é vedado à União, aos Estados, ao Distrito Federal e aos Municípios criar distinções entre brasileiros ou preferências entre si.

Art. 326. Todo aquele que exercer ou pretender exercer as funções de químico é obrigado ao uso de Carteira de Trabalho e Previdência Social, devendo os profissionais que se encontrarem nas condições das alíneas "a" e "b" do art. 325, registrar os seus diplomas de acordo com a legislação vigente.

§ 1.º A requisição de Carteira de Trabalho e Previdência Social para uso dos químicos, além do disposto no capítulo "Da Identificação Profissional", somente será processada mediante apresentação dos seguintes documentos que provem:

a) ser o requerente brasileiro, nato ou naturalizado, ou estrangeiro;

b) estar, se for brasileiro, de posse dos direitos civis e políticos;

c) ter diploma de químico, químico Industrial, químico Industrial agrícola ou engenheiro químico, expedido por escola superior oficial ou oficializada;

d) ter, se diplomado no estrangeiro, o respectivo diploma revalidado nos termos da lei;

e) haver, o que for brasileiro naturalizado, prestado serviço militar no Brasil;

f) achar-se o estrangeiro, ao ser promulgada a Constituição de 1934, exercendo legitimamente, na República, a profissão de químico, ou concorrer a seu favor a existência de reciprocidade internacional, admitida em lei, para o reconhecimento dos diplomas dessa especialidade.

§ 2.º A requisição de que trata o parágrafo anterior deve ser acompanhada:

a) do diploma devidamente autenticado no caso da alínea "b" do artigo precedente, e com as firmas reconhecidas no país de origem e na Secretaria de Estado das Relações Exteriores, ou da respectiva certidão, bem como do título de revalidação, ou certidão respectiva, de acordo com a legislação em vigor;

b) do certificado ou atestado comprobatório de se achar o requerente na hipótese da alínea "c" do referido artigo, ao tempo da publicação do Decreto 24.693 de 12 de julho de 1934, no exercício efetivo de função pública, ou particular, para a qual seja exigida a qualidade de químico, devendo esses documentos ser autenticados pelo Delegado Regional do Trabalho, quando se referirem a requerentes moradores nas capitais dos Estados, ou coletor federal, no caso de residirem os interessados nos municípios do interior;

c) de 3 (três) exemplares de fotografia exigida pelo art. 329 e de 1 (uma) folha com as declarações que devem ser lançadas na Carteira de Trabalho e Previdência Social de conformidade com o disposto nas alíneas do mesmo artigo e seu parágrafo único.

§ 3.º Reconhecida a validade dos documentos apresentados, o Serviço de Identificação Profissional do Departamento Nacional do Trabalho, no Distrito Federal, ou os órgãos regionais do Ministério do Trabalho, Indústria e Comércio, nos Estados e no Território do Acre, registrarão, em livros próprios, os documentos a que se refere a alínea "c" do § 1.º e, juntamente com a Carteira de Trabalho e Previdência Social emitida, os devolverão ao interessado.

1. REGISTRO NO CONSELHO REGIONAL DE QUÍMICA

No presente, todas as atribuições estabelecidas na Consolidação das Leis do Trabalho referentes ao registro, à fiscalização e à imposição de penalidades, quanto ao exercício da profissão de químico, passam a ser de competência dos Conselhos Regionais de Química (art. 15 da Lei 2.800/1956).

Cabe aos Conselhos Regionais de Química registrar os profissionais de acordo com a Lei 2.800/1956 e expedir a carteira profissional (art. 13, alínea "a", da Lei 2.800/1956).

Art. 327. Além dos emolumentos fixados no Capítulo "Da Identificação Profissional", o registro do diploma fica sujeito à taxa de Cr$ 30,00 (trinta cruzeiros).

1. COBRANÇA DE TAXA PARA O REGISTRO PROFISSIONAL

Os Conselhos Regionais de Química devem cobrar taxas pela expedição ou substituição de carteira profissional e pela certidão referente à anotação de função técnica ou de registro de firma (art. 26 da Lei 2.800/1956).

Art. 328. Só poderão ser admitidos a registro os diplomas, certificados de diplomas, cartas e outros títulos, bem como atestados e certificados que estiverem na devida forma e cujas firmas hajam sido regularmente reconhecidas por tabelião público e, sendo estrangeiros, pela Secretaria do Estado das Relações Exteriores, acompanhados estes últimos da respectiva tradução, feita por intérprete comercial brasileiro.

Parágrafo único. O Departamento Nacional do Trabalho e as Delegacias Regionais do Ministério do Trabalho, Indústria e Comércio, nos Estados, publicarão, periodicamente, a lista dos químicos registrados na forma desta Seção.

1. FORMALIDADES PARA O REGISTRO DO PROFISSIONAL DE QUÍMICA

Como já mencionado, na atualidade, todas as atribuições estabelecidas na Consolidação das Leis do Trabalho referentes ao registro, à fiscalização e à imposição de penalidades, quanto ao exercício da profissão de químico não são mais do Ministério do Trabalho, pois passaram a ser de competência dos Conselhos Regionais de Química (art. 15 da Lei 2.800/1956).

É atribuição dos Conselhos Regionais de Química publicar relatórios anuais dos seus trabalhos, e, periodicamente, a relação dos profissionais registrados (art. 13, alínea "d", da Lei 2.800/1956).

Art. 329. A cada inscrito, e como documento comprobatório do registro, será fornecida pelo Departamento Nacional do Trabalho, no Distrito Federal, ou pelas Delegacias Regionais, nos Estados e no Território do Acre, uma Carteira de Trabalho e Previdência Social numerada, que, além da fotografia, medindo 3 (três) por 4 (quatro) centímetros, tirada de frente, com a cabeça descoberta, e das impressões do polegar, conterá as declarações seguintes:

a) o nome por extenso;

b) a nacionalidade e, se estrangeiro, a circunstância de ser ou não naturalizado;

c) a data e lugar do nascimento;

d) a denominação da escola em que houver feito o curso;

e) a data da expedição do diploma e o número do registro no Ministério do Trabalho, Indústria e Comércio;

f) a data da revalidação do diploma, se de instituto estrangeiro;

g) a especificação, inclusive data, de outro título ou títulos de habilitação;

h) a assinatura do inscrito.

Parágrafo único. A carteira destinada aos profissionais a que se refere o § 1.º do art. 325 deverá, em vez das declarações indicadas nas alíneas "d", "e" e "f" deste artigo, e além do título – licenciado – posto em destaque, conter a menção do título de nomeação ou admissão e respectiva data, se funcionário público, ou do atestado relativo ao exercício, na qualidade de químico, de um cargo em empresa particular, com designação desta e da data inicial do exercício.

1. REQUISITOS PARA EMISSÃO DA CARTEIRA PROFISSIONAL DO QUÍMICO

A emissão da Carteira de Trabalho e Previdência Social é atualmente disciplinada nos arts. 14 a 16 da CLT, com redação dada pela Lei 13.874/2019. A CTPS deve ser emitida pelo Ministério da Economia (Ministério do Trabalho) preferencialmente em meio eletrônico (art. 14 da CLT). Excepcionalmente, a CTPS pode ser emitida em meio físico, desde que: nas unidades descentralizadas do Ministério da Economia (Ministério do Trabalho) que forem habilitadas para a emissão; mediante convênio, por órgãos federais, estaduais e municipais da administração direta ou indireta; mediante convênio com serviços notariais e de registro, sem custos para a administração, garantidas as condições de segurança das informações.

A carteira profissional do químico, em específico, é emitida pelos Conselhos Regionais de Química (art. 13, alínea "a", da Lei 2.800/1956).

Art. 330. A carteira profissional, expedida nos termos desta secção, é obrigatória para o exercício da profissão, substitui em todos os casos o diploma ou título e servirá de carteira de identidade.

Art. 331. Nenhuma autoridade poderá receber impostos relativos ao exercício profissional de químico, senão à vista da prova de que o interessado se acha registrado de acordo com a presente Seção, e essa prova será também exigida para a realização de concursos periciais e todos os outros atos oficiais que exijam capacidade técnica de químico.

1. EXPEDIÇÃO DA CARTEIRA DO PROFISSIONAL DE QUÍMICA

Como já mencionado, é atribuição dos Conselhos Regionais de Química expedir a carteira profissional do químico (art. 13, alínea "a", da Lei 2.800/1956).

2. ANUIDADES E TAXAS DEVIDAS PELOS QUÍMICOS

As anuidades e taxas devidas pelos químicos são previstas nos arts. 25 a 31 da Lei 2.800/1956.

O profissional da química, para o exercício de sua profissão, é obrigado ao registro no Conselho Regional de Química a cuja jurisdição estiver sujeito, ficando compelido ao pagamento de uma anuidade ao respectivo Conselho, até o dia 31 de março de cada ano, acrescida de 20% de mora, quando fora deste prazo (art. 25 da Lei 2.800/1956).

O registro dos profissionais de química é de atribuição dos Conselhos Regionais de Química (art. 13, alínea "a", da Lei 2.800/1956).

Art. 332. Quem, mediante anúncios, placas, cartões comerciais ou outros meios capazes de ser identificados, se propuser ao exercício da química, em qualquer dos seus ramos, sem que esteja devidamente registrado, fica sujeito às penalidades aplicáveis ao exercício ilegal da profissão.

Art. 333. Os profissionais a que se referem os dispositivos anteriores só poderão exercer legalmente as funções de químicos depois de satisfazerem as obrigações constantes do art. 330 desta Seção.

1. OBRIGATORIEDADE DO REGISTRO PROFISSIONAL PARA O EXERCÍCIO DA QUÍMICA

Como já mencionado, o profissional da química, para o exercício de sua profissão, é obrigado ao registro no Conselho Regional de Química a cuja jurisdição estiver sujeito (arts. 13, alínea "a", e 25, da Lei 2.800/1956).

2. INSCRIÇÃO OBRIGATÓRIA NOS CONSELHOS REGIONAIS DE QUÍMICA

A carteira profissional do químico é emitida pelos Conselhos Regionais de Química (art. 13, alínea "a", da Lei 2.800/1956).

Art. 334. O exercício da profissão de químico compreende:

a) a fabricação de produtos e subprodutos químicos em seus diversos graus de pureza;

b) a análise química, a elaboração de pareceres, atestados e projetos de especialidade e sua execução, perícia civil ou judiciária sobre essa matéria, a direção e a responsabilidade de laboratórios ou departamentos químicos, de indústria e empresas comerciais;

c) o magistério nas cadeiras de química dos cursos superiores especializados em química;

d) a engenharia química.

§ 1.º Aos químicos, químicos Industriais e químicos Industriais agrícolas que estejam nas condições estabelecidas no art. 325, alíneas "a" e "b", compete o exercício das atividades definidas nos itens "a", "b" e "c" deste artigo, sendo privativa dos engenheiros químicos a do item "d".

§ 2.º Aos que estiverem nas condições do art. 325, alíneas "a" e "b", compete, como aos diplomados em medicina ou farmácia, as atividades definidas no art. 2.º, alíneas "d", "e" e "f" do Decreto 20.377, de 8 de setembro de 1931, cabendo aos agrônomos e engenheiros agrônomos as que se acham especificadas no art. 6.º, alínea "h", do Decreto 23.196, de 12 de outubro de 1933.

1. ATRIBUIÇÕES DO QUÍMICO

O exercício da profissão de químico em qualquer de suas modalidades, compreende: I – direção, supervisão, programação, coordenação, orientação e responsabilidade técnica no âmbito das respectivas atribuições; II – assistência, consultoria, formulações, elaboração de orçamentos, divulgação e comercialização relacionadas com a atividade de químico; III – ensaios e pesquisas em geral, pesquisa e desenvolvimento de métodos e produtos; IV – análise química e físico-química, químico-biológica, fitoquímica, bromatológica, químico-toxicológica, sanitária e legal, padronização e controle de qualidade; V – produção e tratamento prévio e complementar de produtos e resíduos químicos; VI – vistoria, perícia, avaliação, arbitramento e serviços técnicos, elaboração de pareceres, laudos e atestados, no âmbito das respectivas atribuições; VII – operação e manutenção de equipamentos e instalações relativas à profissão de químico e execução de trabalhos técnicos de químico; VIII – estudos de viabilidade técnica e técnico-econômica, relacionados com a atividade de químico; IX – condução e controle de operações e processos industriais, de trabalhos técnicos, montagens, reparos e manutenção; X – pesquisa e desenvolvimento de operações e processos industriais; XI – estudo, elaboração e execução de projetos da área; XII – estudo, planejamento, projeto e especificações de equipamentos e instalações industriais relacionadas com a atividade de químico; XIII – execução, fiscalização, montagem, instalação e inspeção de equipamentos e instalações industrias, relacionadas com a Química; XIV – desempenho de cargos e funções técnicas no âmbito das respectivas atribuições; XV – magistério, respeitada a legislação específica (art. 1.º do Decreto 85.877/1981, que estabelece normas para execução da Lei 2.800/1956, sobre o exercício da profissão de químico).

São privativos do químico: I – análises químicas ou físico-químicas, quando referentes a Indústrias Químicas; II – produção, fabricação e comercialização, sob controle e responsabilidade, de produtos químicos, produtos industriais obtidos por meio de reações químicas controladas ou de operações unitárias, produtos obtidos por meio de agentes físico-químicos ou biológicos, produtos industriais derivados de matéria-prima de origem animal, vegetal ou mineral, e tratamento de resíduos resultantes da utilização destas matérias-primas sempre que vinculadas à Indústria Química; III – tratamento, em que se empreguem reações químicas controladas e operações unitárias, de águas para fins potáveis, industriais ou para piscinas públicas e coletivas, esgoto sanitário e de rejeitos urbanos e industriais; IV – O exercício das atividades abaixo discriminadas, quando exercidas em firmas ou entidades públicas e privadas: a) análises químicas e físico-químicas; b) padronização e controle de qualidade, tratamento prévio de matéria-prima, fabricação e tratamento de produtos industriais; c) tratamento químico, para fins de conservação, melhoria ou acabamento de produtos naturais ou industriais; d) mistura, ou adição recíproca, acondicionamento, embalagem e reembalagem de produtos químicos e seus derivados, cuja manipulação requeira conhecimentos de Química; e) comercialização e estocagem de produtos tóxicos, corrosivos, inflamáveis ou explosivos, ressalvados os casos de venda a varejo; f) assessoramento técnico na industrialização, comercialização e emprego de matérias-primas e de produtos de Indústria Química; g) pesquisa, estudo, planejamento, perícia, consultoria e apresentação de pareceres técnicos na área de Química; V – exercício, nas indústrias, das atividades mencionadas no art. 335 da Consolidação das Leis do Trabalho; VI – desempenho de outros serviços e funções, não especificados no Decreto 85.877/1981, que se situem no domínio de sua capacitação técnico-científica; VII – magistério superior das matérias privativas constantes do currículo próprio dos cursos de formação de profissionais de química, obedecida a legislação do ensino (art. 2.º do Decreto 85.877/1981).

As atividades de estudo, planejamento, projeto e especificações de equipamentos e instalações industriais, na área de Química, são privativas dos profissionais com currículo da Engenharia Química (art. 3.º do Decreto 85.877/1981).

Compete ainda aos profissionais de química, embora não privativo ou exclusivo, o exercício das atividades mencionadas no art. 1.º do Decreto 85.877/1981, quando referentes a: a) laboratórios de análises que realizem exames de caráter químico, físico-químico, químico-biológico, fitoquímico, bromatológico, químico-toxicológico, sanitário e químico legal; b) órgãos ou laboratórios de análises clínicas ou de saúde pública ou a seus departamentos especializados, no âmbito das suas atribuições; c) estabelecimentos industriais em que se fabriquem insumos com destinação farmacêutica para uso humano e veterinário, insumos para produto dietéticos e para cosméticos, com ou sem ação terapêutica; d) firmas e entidades públicas ou privadas que atuem nas áreas de Química e de tecnologia agrícola ou agropecuária, de Mineração e de Metalurgia; e) controle de qualidade de águas potáveis, de águas de piscina, praias e balneários; f) exame e controle da poluição em geral e da segurança ambiental, quando causadas por agentes químicos e biológicos; g) estabelecimentos industriais em que se fabriquem produtos cosméticos sem ação terapêutica, produtos de uso veterinário sem indicação terapêutica, produtos saneantes, inseticidas, raticidas, antissépticos e desinfetantes; h) estabelecimentos industriais que fabriquem produtos dietéticos e alimentares; i) segurança do trabalho em estabelecimentos públicos ou particulares, ressalvada a legislação específica; j) laboratórios de análises químicas de estabelecimentos metalúrgicos (art. 4.º do Decreto 85.877/1981).

Art. 335. É obrigatória a admissão de químicos nos seguintes tipos de indústria:

a) de fabricação de produtos químicos;

b) que mantenham laboratório de controle químico;

c) de fabricação de produtos industriais que são obtidos por meio de reações químicas dirigidas, tais como: cimento, açúcar e álcool, vidro, curtume, massas plásticas artificiais, explosivos, derivados de carvão ou de petróleo, refinação de óleos vegetais ou minerais, sabão, celulose e derivados.

Art. 336. No preenchimento de cargos públicos, para os quais se faz mister a qualidade de químico, ressalvadas as especializações referidas no § 2.º do art. 334, a partir da data da publicação do Decreto 24.693, de 12 de julho de 1934, requer-se, como condição essencial, que os candidatos previamente hajam satisfeito as exigências do art. 333 desta Seção.

Art. 337. Fazem fé pública os certificados de análises químicas, pareceres, atestados, laudos de perícias e projetos relativos a essa especialidade, assinados por profissionais que satisfaçam as condições estabelecidas nas alíneas "a" e "b" do art. 325.

1. ADMISSÃO OBRIGATÓRIA DE QUÍMICOS

O dispositivo em questão trata das modalidades de indústria em que se exige a admissão de químicos.

Com fundamento no art. 8.º da Lei 2.800/1956, que estabelece as atribuições do Conselho Federal de Química, a Resolução Normativa 3, de 12 de novembro de 1957, do Conselho Federal de Química, dispõe sobre as indústrias exemplificadas pelo art. 335 da CLT.

2. REVOGAÇÃO DO DECRETO REGULAMENTADOR

O Decreto 24.693/1934, que regulava o exercício da profissão de químico, foi revogado pelo Decreto s/n.º de 10.05.1991.

3. FÉ PÚBLICA DOS PROFISSIONAIS DA QUÍMICA

O art. 325 da CLT dispõe ser livre o exercício da profissão de químico em todo o território da República, observadas as condições de capacidade técnica e outras exigências previstas na lei: a) *aos possuidores de diploma de químico, químico industrial, químico industrial agrícola ou engenheiro químico, concedido, no Brasil, por escola oficial ou oficialmente reconhecida*; b) *aos diplomados em química por instituto estrangeiro de ensino superior, que tenham, de acordo com a lei e a partir de 14 de julho de 1934, revalidado os seus diplomas.*

Art. 338. É facultado aos químicos que satisfizerem as condições constantes do art. 325, alíneas "a" e "b", o ensino da especialidade a que se dedicarem, nas escolas superiores, oficiais ou oficializadas.

Parágrafo único. Na hipótese de concurso para o provimento de cargo ou emprego público, os químicos a que este artigo se refere terão preferência, em igualdade de condições.

Art. 339. O nome do químico responsável pela fabricação dos produtos de uma fábrica, usina ou laboratório deverá figurar nos respectivos rótulos, faturas e anúncios, compreendida entre estes últimos a legenda impressa em cartas e sobrecartas.

Art. 340. Somente os químicos habilitados, nos termos do art. 325, alíneas "a" e "b", poderão ser nomeados *ex officio* para os exames periciais de fábricas, laboratórios e usinas e de produtos aí fabricados.

Parágrafo único. Não se acham compreendidos no artigo anterior os produtos farmacêuticos e os laboratórios de produtos farmacêuticos.

Art. 341. Cabe aos químicos habilitados, conforme estabelece o art. 325, alíneas "a" e "b", a execução de todos os serviços que, não especificados no presente regulamento, exijam por sua natureza o conhecimento de química.

1. MAGISTÉRIO

O exercício da profissão de químico, em qualquer de suas modalidades, compreende o magistério, respeitada a legislação específica (art. 1.º, inciso XV, do Decreto 85.877/1981).

É privativo do químico o magistério superior das matérias privativas constantes do currículo próprio dos cursos de formação de profissionais de química, obedecida a legislação do ensino (art. 2.º, inciso VII, do Decreto 85.877/1981).

2. IDENTIFICAÇÃO DO QUÍMICO RESPONSÁVEL

De acordo com o dispositivo em questão, é possível identificar o químico responsável pela fabricação de certo produto.

3. NOMEAÇÃO *EX OFFICIO* PARA EXAMES PERICIAIS

O art. 325, alíneas "a" e "b", da CLT, refere-se aos possuidores de diploma de químico, químico industrial, químico industrial agrícola ou engenheiro químico, concedido, no Brasil, por escola oficial ou oficialmente reconhecida, bem como aos diplomados em química por instituto estrangeiro de ensino superior, que tenham, de acordo com a lei e a partir de 14 de julho de 1934, revalidado os seus diplomas.

4. EXECUÇÃO DE SERVIÇOS QUE EXIJAM O CONHECIMENTO DA QUÍMICA

A Resolução Normativa 123, de 9 de novembro de 1990, do Conselho Federal de Química, interpreta o caráter de exclusividade das atribuições dos profissionais da Química a que se refere o art. 341 da CLT.

Art. 342. A fiscalização do exercício da profissão de químico incumbe ao Departamento Nacional do Trabalho no Distrito Federal e às autoridades regionais do Ministério do Trabalho, Indústria e Comércio, nos Estados e Território do Acre.

1. REVOGAÇÃO DO DISPOSITIVO

O dispositivo está revogado, tendo e vista que a fiscalização do exercício da profissão de químico, regulada na Consolidação das Leis do Trabalho (Título III, Capítulo I, Seção XIII), deve ser exercida pelo Conselho Federal de Química e pelos Conselhos Regionais de Química (art. 1.º da Lei 2.800/1956).

No mesmo sentido, todas as atribuições estabelecidas na Consolidação das Leis do Trabalho, referentes ao registro, à fiscalização e à imposição de penalidades, quanto ao exercício da profissão de químico, passam a ser de competência dos Conselhos Regionais de Química (art. 15 da Lei 2.800/1956).

Art. 343. São atribuições dos órgãos de fiscalização:

a) examinar os documentos exigidos para o registro profissional de que trata o art. 326 e seus §§ 1.º e 2.º e o art. 327, proceder à respectiva inscrição e indeferir o pedido dos interessados que não satisfizerem as exigências desta Seção;

b) registrar as comunicações e contratos, a que aludem o art. 350 e seus parágrafos, e dar as respectivas baixas;

c) verificar o exato cumprimento das disposições desta Seção, realizando as investigações que forem necessárias, bem como o exame dos arquivos, livros de escrituração, folhas de pagamento, contratos e outros documentos de uso de firmas ou empresas Industriais ou comerciais, em cujos serviços tome parte 1 (um) ou mais profissionais que desempenhem função para a qual se deva exigir a qualidade de químico.

1. ÓRGÃOS DE FISCALIZAÇÃO

A fiscalização do exercício da profissão de químico, como já mencionado, passou a ser do Conselho Federal de Química e dos Conselhos Regionais de Química (art. 1.º da Lei 2.800/1956).

São atribuições dos Conselhos Regionais de Química: a) registrar os profissionais de acordo com a Lei 2.800/1956 e expedir a carteira profissional; b) examinar reclamações e representações escritas acerca dos serviços de registro e das infrações dessa lei e decidir, com recurso, para o Conselho Federal de Química; c) *fiscalizar o exercício da profissão, impedindo e punindo as infrações à lei*, bem como enviando às autoridades competentes relatórios documentados sobre fatos que apuraram e cuja solução não seja de sua alçada; d) publicar relatórios anuais dos seus trabalhos, e, periodicamente, a relação dos profissionais registrados; e) organizar o seu regimento interno, submetendo-o à aprovação do Conselho Federal de Química; f) sugerir ao Conselho Federal de Química as medidas necessárias à regularidade dos serviços e à fiscalização do exercício profissional; g) admitir a colaboração dos sindicatos e associações profissionais nos casos das matérias das letras anteriores; h) eleger um delegado-eleitor para a assembleia constituída por delegado-eleitor de cada Conselho Regional de Química (art. 13 da Lei 2.800/1956).

Art. 344. Aos sindicatos de químicos devidamente reconhecidos é facultado auxiliar a fiscalização, no tocante à observação da alínea "c" do artigo anterior.

1. SINDICATOS COMO AUXILIARES DA FISCALIZAÇÃO

A fiscalização, especificamente, do exercício da profissão de químico, como já mencionado, passou a ser do Conselho Federal e dos Conselhos Regionais de Química (arts. 1.º e 15 da Lei 2.800/1956).

Admite-se a colaboração dos sindicatos e associações profissionais nos casos das matérias previstas nas letras "a" a "f" do art. 13 da Lei 2.800/1956.

Art. 345. Verificando-se, pelo Ministério do Trabalho, Indústria e Comércio, serem falsos os diplomas ou outros títulos dessa natureza, atestados, certificados e quaisquer documentos exibidos para os fins de que trata esta Seção, incorrerão os seus autores e cúmplices nas penalidades estabelecidas em lei.

Parágrafo único. A falsificação de diploma ou outros quaisquer títulos, uma vez verificada, será imediatamente comunicada ao Serviço de Identificação Profissional, do Departamento Nacional do Trabalho, remetendo-se-lhe os documentos falsificados, para instauração do processo que no caso couber.

1. FISCALIZAÇÃO DO EXERCÍCIO DA PROFISSÃO DE QUÍMICO

Pode-se dizer que as atribuições previstas no dispositivo em questão passam a ser dos Conselhos Regionais de Química, pois a estes competem as atribuições estabelecidas na Consolidação das Leis do Trabalho referentes ao registro, à fiscalização e à imposição de penalidades, quanto ao exercício da profissão de químico, nos termos do art. 15 da Lei 2.800/1956.

Art. 346. Será suspenso do exercício de suas funções, independentemente de outras penas em que possa incorrer, o químico, inclusive o licenciado, que incidir em alguma das seguintes faltas:

a) revelar improbidade profissional, dar falso testemunho, quebrar o sigilo profissional e promover falsificações, referentes à prática de atos de que trata esta Seção;

b) concorrer com seus conhecimentos científicos para a prática de crime ou atentado contra a pátria, a ordem social ou a saúde pública;

c) deixar, no prazo marcado nesta Seção, de requerer a revalidação e registro do diploma estrangeiro, ou o seu registro profissional no Ministério do Trabalho, Indústria e Comércio.

Parágrafo único. O tempo de suspensão a que alude este artigo variará entre 1 (um) mês e 1 (um) ano, a critério do Departamento Nacional do Trabalho, após processo regular, ressalvada a ação da justiça pública.

1. PENALIDADES NO EXERCÍCIO DA PROFISSÃO DE QUÍMICO

No presente, a fiscalização do exercício da profissão de químico, como já mencionado, passou a ser do Conselho Federal de Química e dos Conselhos Regionais de Química (arts. 1.º e 15 da Lei 2.800/1956), não sendo mais do Ministério do Trabalho, nem da Secretaria de Relações do Trabalho.

Art. 347. Aqueles que exercerem a profissão de químico sem ter preenchido as condições do art. 325 e suas alíneas, nem promovido o seu registro, nos termos do art. 326, incorrerão na multa de 200 cruzeiros a 5.000 cruzeiros, que será elevada ao dobro, no caso de reincidência.

1. IMPOSIÇÃO DE MULTA PARA O EXERCÍCIO IRREGULAR DA PROFISSÃO DE QUÍMICO

É atribuição dos Conselhos Regionais de Química fiscalizar o exercício da profissão, *impedindo e punindo as infrações à lei*, bem como enviando às autoridades competentes relatórios documentados sobre fatos que apuraram e cuja solução não seja de sua alçada (art. 13, alínea "c", da Lei 2.800/1956).

✦ **Jurisprudência**

Administrativo. Conselho Regional de Química. Embargos à execução. Atividade profissional privativa de químico. Exercício irregular da profissão. CDA presunção certeza, liquidez. 1. Restou comprovada a prática, pelo embargante, de análise industrial em laboratório, cujo objeto consiste na fabricação de açúcar/álcool, sem possuir habilitação para tal função, incorrendo, assim, na infração prevista no art. 347 da CLT, caracterizando exercício ilegal da profissão. 2. Verifica-se que a CDA preenche todos os requisitos legais e contém todos os elementos e indicações necessárias à defesa do embargante. 3. Não configurado cerceamento de defesa uma vez que foi dada oportunidade ao embargante de provar as alegações trazidas na inicial, no entanto, quedou-se inerte. 4. Apelação desprovida (TRF da 3.ª Região, 4.ª T., AC 2000.03.99.014981-8, Rel. Des. Roberto Haddad, j. 07.05.2009).

Art. 348. Aos licenciados a que alude o § 1.º do art. 325 poderão, por ato do Departamento Nacional do Trabalho, sujeito à aprovação do Ministro, ser cassadas as garantias asseguradas por esta Seção, desde que interrompam, por motivo de falta prevista no art. 346, a função pública ou particular em que se encontravam por ocasião da publicação do Decreto 24.693, de 12 de julho de 1934.

1. FISCALIZAÇÃO

No presente, a fiscalização do exercício da profissão de químico, como já mencionado, passou a ser do Conselho Federal de Química e dos Conselhos Regionais de Química (arts. 1.º e 15 da Lei 2.800/1956), não sendo mais do Ministério do Trabalho.

O Decreto 24.693/1934, que regulava o exercício da profissão de químico, foi revogado pelo Decreto s/n.º de 10.05.1991.

Art. 349. O número de químicos estrangeiros a serviço de particulares, empresas ou companhias não poderá exceder de 1/3 (um terço) aos dos profissionais brasileiros compreendidos nos respectivos quadros.

1. REVOGAÇÃO TÁCITA DO DISPOSITIVO

Nos termos do art. 5.º, *caput*, da Constituição Federal de 1988, todos "são iguais perante a lei, sem distinção de qualquer natureza, *garantindo-se aos brasileiros e aos estrangeiros residentes no País a inviolabilidade do direito* à vida, à liberdade, *à igualdade*, à segurança e à propriedade".

Desse modo, pode-se dizer que o dispositivo em questão foi revogado, por ser incompatível com a Constituição da República Federativa do Brasil, por estabelecer discriminação quanto aos estrangeiros[98].

[98] Cf. MARTINS, Sergio Pinto. *Comentários à CLT*. 12. ed. São Paulo: Atlas, 2008. p. 293.

Art. 350. O químico que assumir a direção técnica ou cargo de químico de qualquer usina, fábrica, ou laboratório Industrial ou de análise deverá, dentro de 24 (vinte e quatro) horas e por escrito, comunicar essa ocorrência ao órgão fiscalizador, contraindo, desde essa data, a responsabilidade da parte técnica referente à sua profissão, assim como a responsabilidade técnica dos produtos manufaturados.

§ 1.º Firmando-se contrato entre o químico e o proprietário da usina, fábrica, ou laboratório, será esse documento apresentado, dentro do prazo de 30 (trinta) dias, para registro, ao órgão fiscalizador.

§ 2.º Comunicação idêntica à de que trata a primeira parte deste artigo fará o químico quando deixar a direção técnica ou o cargo de químico, em cujo exercício se encontrava, a fim de ressalvar a sua responsabilidade e fazer-se o cancelamento do contrato. Em caso de falência do estabelecimento, a comunicação será feita pela firma proprietária.

1. COMUNICAÇÃO AO ÓRGÃO FISCALIZADOR

O órgão de fiscalização do exercício da profissão de químico é o Conselho Regional de Química (art. 15 da Lei 2.800/1956).

✦ Jurisprudência

Responsabilidade técnica. Hipótese em que restrito o reconhecimento da responsabilidade técnica ao período em que cumpridas as formalidades legais de caráter cogente, art. 350 da CLT, utilizado como fundamento do pedido. Sentença parcialmente modificada para limitar a condenação ao período em que informado ao órgão fiscalizador, Conselho Regional de Química da 5.ª Região, o exercício da função afirmada na inicial. Assistência judiciária. A eleição de entidade diversa, pelo demandado, autoriza o empregado daquela valer-se no que pertine à assistência judiciária. Recurso ao qual se dá parcial provimento (TRT da 4.ª Região, RO 0157500-28.1998.5.04.0402, Rel. Denise Maria de Barros, j. 30.01.2001).

Seção XIV – Das Penalidades

Art. 351. Os infratores dos dispositivos do presente Capítulo incorrerão na multa de cinquenta a cinco mil cruzeiros, segundo a natureza da infração, sua extensão e a intenção de quem a praticou, aplicada em dobro no caso de reincidência, oposição à fiscalização ou desacato à autoridade.

Parágrafo único. São competentes para impor penalidades as autoridades de primeira instância incumbidas da fiscalização dos preceitos constantes do presente Capítulo.

1. PENALIDADES

O art. 351 da CLT estabelece a penalidade, de natureza administrativa, a ser aplicada, pelos órgãos que integram a fiscalização do trabalho, por descumprimento das previsões dos arts. 224 a 350 da CLT.

A Portaria 667/2021 do Ministério do Trabalho e Previdência, quanto ao art. 351 da CLT, estabelece a multa administrativa no valor mínimo de R$ 40,25 e valor máximo de R$ 4.025,33, dobrado na reincidência, oposição ou desacato.

✦ **Jurisprudência**

Bancário. Pré-contratação de horas extras. Nulidade. Efeitos. A teor do art. 225 da CLT, tem-se por nula a pré-contratação dos bancários para o cumprimento de jornada superior a seis horas, mas independentemente da circunstância de a pactuação haver sido celebrada antes ou no curso da relação de emprego, sujeitando-se a instituição bancária ao pagamento, como extras, das horas excedentes ao limite legal, sem prejuízo da sanção administrativa cominada no art. 351 da CLT. Essa foi à teleologia inspirativa da Súmula 199 do TST, qual seja, a vedação de labor extraordinário não habitual por bancários. Evidenciada a burla patronal à garantia do horário reduzido, ou seja, restando clara a intenção do empregador em estipular importe salarial, não para seis, mas para oito horas de trabalho, considerar-se-á a remuneração ajustada a título de horas suplementares pré-contratadas como contraprestativas do horário normal. É o que ocorreu na hipótese destes autos, ainda que pactuadas as horas extras pouco tempo após a contratação, configurando-se a fraude contra o art. 224 do Estatuto obreiro, merecendo ser mantida a Sentença de piso. Recurso Ordinário conhecido e improvido (TRT da 7.ª Região, Pleno, RO 0044000-2820065070011, Rel. José Ronald Cavalcante Soares, j. 03.09.2008, *DOJTe* 10.10.2008).

CAPÍTULO II – DA NACIONALIZAÇÃO DO TRABALHO

Seção I – Da Proporcionalidade de Empregados Brasileiros

Art. 352. As empresas, individuais ou coletivas, que explorem serviços públicos dados em concessão, ou que exerçam atividades industriais ou comerciais, são obrigadas a manter, no quadro do seu pessoal, quando composto de 3 (três) ou mais empregados, uma proporção de brasileiros não inferior à estabelecida no presente Capítulo.

§ 1.º Sob a denominação geral de atividades industriais e comerciais compreende-se, além de outras que venham a ser determinadas em portaria do Ministro do Trabalho, Indústria e Comércio, as exercidas:

a) nos estabelecimentos industriais em geral;

b) nos serviços de comunicações, de transportes terrestres, marítimos, fluviais, lacustres e aéreos;

c) nas garagens, oficinas de reparos e postos de abastecimento de automóveis e nas cocheiras;

d) na indústria da pesca;

e) nos estabelecimentos comerciais em geral;

f) nos escritórios comerciais em geral;

g) nos estabelecimentos bancários, ou de economia coletiva, nas empresas de seguros e nas de capitalização;

h) nos estabelecimentos jornalísticos, de publicidade e de radiodifusão;

i) nos estabelecimentos de ensino remunerado, excluídos os que neles trabalhem por força de voto religioso;

j) nas drogarias e farmácias;

k) nos salões de barbeiro ou cabeleireiro e de beleza;

l) nos estabelecimentos de diversões públicas, excluídos os elencos teatrais, e nos clubes esportivos;

m) nos hotéis, restaurantes, bares e estabelecimentos congêneres;

n) nos estabelecimentos hospitalares e fisioterápicos cujos serviços sejam remunerados, excluídos os que neles trabalhem por força de voto religioso;

o) nas empresas de mineração;

§ 2.º Não se acham sujeitas às obrigações da proporcionalidade as indústrias rurais, as que, em zona agrícola, se destinem ao beneficiamento ou transformação de produtos da região e as atividades Industriais de natureza extrativa, salvo a mineração.

1. INTRODUÇÃO E ASPECTOS HISTÓRICOS

Quando se fala em trabalho do estrangeiro, ficou muito conhecida no Brasil a chamada "Lei dos dois terços"[99].

O Decreto 19.482, de 12 de dezembro de 1930, editado em momento histórico de grande imigração de estrangeiros ao Brasil, procurava enfrentar o problema do desemprego, determinando que as empresas reservassem 2/3 de seu quadro de pessoal a trabalhadores nacionais (art. 3.º).

Nessa mesma linha, de reserva de mercado a trabalhadores nacionais, a Constituição de 1934, em seu art. 135, assim previa: "A lei determinará a percentagem de empregados brasileiros que devam ser mantidos obrigatoriamente nos serviços públicos dados em concessão, e nos estabelecimentos de determinados ramos de comércio e indústria".

Essa disposição foi repetida no art. 153 da Constituição de 1937, com regulamentação pelo Decreto-lei 1.843, de 7 de dezembro de 1939.

A Consolidação das Leis do Trabalho, de 1.º de maio de 1943, no Capítulo II, do Título III, arts. 352 e seguintes, regulou a "Nacionalização do Trabalho".

A Constituição de 1946, no art. 157, inciso XI, também previa a: "fixação das percentagens de empregados brasileiros nos serviços públicos dados em concessão e nos estabelecimentos de determinados ramos do comércio e da indústria". O inciso II do art. 157, por sua vez, proibia diferença de salário para um mesmo trabalho por motivo de nacionalidade.

A Constituição de 1967 repetiu aquela previsão (do inciso XI do art. 157 da Constituição de 1946) no art. 158, inciso XII.

A Emenda Constitucional 1/1969 seguiu a mesma previsão no art. 165, inciso XII.

A referida determinação de fixar percentual de empregados brasileiros deixou de ser prevista na Constituição Federal de 1988.

Além disso, de acordo com o art. 5.º, *caput*, da Constituição em vigor, "todos são iguais perante a lei, sem distinção de qualquer natureza, garantindo-se aos brasileiros e aos estrangeiros residentes no País a inviolabilidade do direito à vida, à liberdade, à igualdade, à segurança e à propriedade".

Tendo em vista o referido preceito magno, de ordem fundamental, parece evidente que o tratamento desigual, conferido pelos arts. 352 a 358, ao empregado brasileiro, sem assegurar o mesmo direito ao estrangeiro, representa um privilégio discriminatório ao estrangeiro que, sendo empregado no Brasil, aqui reside.

Com isso, entende-se que as disposições, estabelecendo tais desigualdades entre empregados brasileiros e estrangeiros, não foram recepcionadas pela nova ordem constitucional, instaurada em 1988. Ou seja, as disposições do Capítulo II, do Título III, da CLT, pertinente à "nacionalização do trabalho" não se encontra em vigor, por ter sido revogado, implicitamente, pela Constituição Federal de 1988.

---

99 Cf. MARTINS, Sergio Pinto. *Direito do trabalho*. 28. ed. São Paulo: Atlas, 2012. p. 658.

Embora o tema possa apresentar alguma controvérsia, entende-se que ocorreu a revogação tácita das referidas disposições, por não terem sido recepcionadas pela ordem constitucional em vigor.

Efetivamente, um dos objetivos fundamentais da República Federativa do Brasil é a promoção do bem de todos, sem preconceitos de origem, raça, sexo, cor, idade e quaisquer outras formas de discriminação (art. 3.º, inciso IV, da Constituição Federal de 1988).

Além disso, encontra-se inserido entre os direitos humanos e fundamentais a igualdade perante a lei, *sem distinção de qualquer natureza*, garantindo-se aos brasileiros e aos estrangeiros residentes no País a inviolabilidade do direito à vida, à liberdade, à igualdade, à segurança e à propriedade (art. 5.º, *caput*, da Constituição Federal de 1988).

Em acréscimo, a Convenção 111 da OIT, de 1958, veda a discriminação, inclusive entre nacionais e estrangeiros, tendo sido a mencionada norma internacional ratificada pelo Brasil, com promulgação pelo Decreto 62.150, de 19 de janeiro de 1968 (atualmente Decreto 10.088/2019).

Segundo esclarece Celso Antônio Bandeira de Mello, "a lei não pode conceder tratamento específico, vantajoso ou desvantajoso, em atenção a traços e circunstâncias peculiarizadoras de uma categoria de indivíduos se não houver adequação racional entre o elemento diferencial e o regime dispensado aos que se inserem na categoria diferenciada"[100].

Assim, a lei não pode estabelecer privilégios ou tratamentos diferenciados quanto a nacionais e estrangeiros, no âmbito das relações de trabalho, resultando em discriminação em razão da nacionalidade.

As mencionadas disposições da CLT, na realidade, estão inseridas em outro contexto histórico, quando em vigor uma ordem constitucional bem diversa do presente Estado Democrático de Direito, pautado pelo pluralismo e pela dignidade da pessoa humana.

Não mais se coaduna com o princípio da razoabilidade querer estabelecer reservas e privilégios de trabalho ao nacional, em detrimento do empregado estrangeiro, gerando a inaceitável ideia de pessoa de "categoria" ou "posição" inferior, sem os mesmos direitos, sem igualdade de condições, resultando em injustificada discriminação quanto à nacionalidade, o que, em última análise, pode gerar desarmonia, intolerância e conflito social.

2. DISPOSIÇÕES SOBRE A NACIONALIZAÇÃO DO TRABALHO NA CLT E SUA VIGÊNCIA

O art. 352 da CLT trata da chamada "Lei dos dois terços".

O § 1.º do art. 352 especifica as atividades industriais e comerciais compreendidas na previsão anterior.

O § 2.º dispõe que não estão sujeitas às obrigações da proporcionalidade, as indústrias rurais, as que, em zona agrícola, se destinem ao beneficiamento ou transformação de produtos da região e as atividades industriais de natureza extrativa, exceto a mineração.

Art. 353. Equiparam-se aos brasileiros, para os fins deste Capítulo, ressalvado o exercício de profissões reservadas aos brasileiros natos ou aos brasileiros em geral,

[100] MELLO, Celso Antônio Bandeira de. *O conteúdo jurídico do princípio da igualdade*. 3. ed. 19. tir. São Paulo: Malheiros, 2010. p. 39.

os estrangeiros que, residindo no País há mais de dez anos, tenham cônjuge ou filho brasileiro, e os portugueses.

Art. 354. A proporcionalidade será de 2/3 (dois terços) de empregados brasileiros, podendo, entretanto, ser fixada proporcionalidade inferior, em atenção às circunstâncias especiais de cada atividade, mediante ato do Poder Executivo, e depois de devidamente apurada pelo Departamento Nacional do Trabalho e pelo Serviço de Estatística de Previdência e Trabalho a insuficiência do número de brasileiros na atividade de que se tratar.

Parágrafo único. A proporcionalidade é obrigatória não só em relação à totalidade do quadro de empregados, com as exceções desta Lei, como ainda em relação à correspondente folha de salários.

Art. 355. Consideram-se como estabelecimentos autônomos, para os efeitos da proporcionalidade a ser observada, as sucursais, filiais e agências em que trabalhem 3 (três) ou mais empregados.

Art. 356. Sempre que uma empresa ou indivíduo explore atividades sujeitas a proporcionalidades diferentes, observar-se-á, em relação a cada uma delas, a que lhe corresponder.

Art. 357. Não se compreendem na proporcionalidade os empregados que exerçam funções técnicas especializadas, desde que, a juízo do Ministério do Trabalho, Indústria e Comércio, haja falta de trabalhadores nacionais.

1. EQUIPARAÇÃO A BRASILEIROS

A Lei 6.651/1979 deu nova redação art. 353 da CLT, estabelecendo que se equiparam aos brasileiros (ressalvado o exercício de profissões reservadas aos brasileiros natos ou aos brasileiros em geral) os estrangeiros que, residindo no País há mais de dez anos, tenham cônjuge ou filho brasileiro, e os portugueses.

2. LEI DOS 2/3 ("DOIS TERÇOS")

O art. 354 da CLT confirma que a proporcionalidade será de 2/3 (dois terços) de empregados brasileiros, podendo, entretanto, ser fixada proporcionalidade inferior, em atenção às circunstâncias especiais de cada atividade, mediante ato do Poder Executivo.

A proporcionalidade é obrigatória não só em relação à totalidade do quadro de empregados, com as exceções da CLT, como ainda em relação à correspondente folha de salários.

3. ESTABELECIMENTOS AUTÔNOMOS

Pela redação do art. 355 da CLT, consideram-se como estabelecimentos autônomos, para os efeitos da proporcionalidade a ser observada, as sucursais, filiais e agências em que trabalhem três ou mais empregados.

4. PROPORCIONALIDADES DIFERENTES

O art. 356 da CLT estabelece que, sempre que uma empresa ou um indivíduo explorar atividades sujeitas a proporcionalidades diferentes, deve-se observar, em relação a cada uma delas, a que lhe corresponder.

5. EXCLUSÃO DA PROPORCIONALIDADE

Por fim, segundo o art. 357 da CLT, não se compreendem na proporcionalidade os empregados que exerçam funções técnicas especializadas, desde que, a juízo do Ministério do Trabalho, haja falta de trabalhadores nacionais.

Art. 358. Nenhuma empresa, ainda que não sujeita à proporcionalidade, poderá pagar a brasileiro que exerça função análoga, a juízo do Ministério do Trabalho, Indústria e Comércio, à que é exercida por estrangeiro a seu serviço, salário inferior ao deste, excetuando-se os casos seguintes:

a) quando, nos estabelecimentos que não tenham quadros de empregados organizados em carreira, o brasileiro contar menos de 2 (dois) anos de serviço, e o estrangeiro mais de 2 (dois) anos;

b) quando, mediante aprovação do Ministério do Trabalho, Indústria e Comércio, houver quadro organizado em carreira em que seja garantido o acesso por antiguidade;

c) quando o brasileiro for aprendiz, ajudante ou servente, e não o for o estrangeiro;

d) quando a remuneração resultar de maior produção, para os que trabalham à comissão ou por tarefa.

Parágrafo único. Nos casos de falta ou cessação de serviço, a dispensa do empregado estrangeiro deve preceder à de brasileiro que exerça função análoga.

1. EQUIPARAÇÃO SALARIAL POR FUNÇÃO ANÁLOGA

Além da equiparação por igualdade, que é a regra no direito trabalhista, a doutrina indica uma hipótese de equiparação salarial por mera semelhança de funções exercidas (funções análogas). Trata-se do caso previsto no art. 358 da CLT.

Em conformidade com a previsão do referido artigo, nenhuma empresa, mesmo aquela não sujeita à previsão do art. 354 da CLT (a chamada "lei dos 2/3"), pode pagar ao empregado brasileiro, que exerça *função análoga* àquela exercida por empregado estrangeiro que também lhe preste serviço, salário inferior ao deste.

Assim, a mera semelhança de funções, exercidas pelo empregado brasileiro e pelo empregado estrangeiro, já estabelece o dever do empregador de pagar o mesmo salário, e o direito do primeiro de receber valor salarial idêntico.

O critério, como se nota, não é a igualdade de funções desempenhadas, sendo suficiente a mera existência de funções análogas.

No entanto, o que cabe verificar é se a disposição em questão encontra-se em vigor, ou seja, se foi recepcionada pela Constituição Federal de 1988.

Entende-se que o art. 358 da CLT não se encontra em vigor, por ter sido revogado, implicitamente, pela Constituição Federal de 1988.

Mesmo assim, cabe destacar o entendimento, de certo modo majoritário, de que o artigo permanece em vigor, pois apenas estabelece uma norma favorável ao empregado brasileiro, sem instituir qualquer discriminação, mas, pelo contrário, concretizar o princípio da igualdade (TST, 5.ª T., TST-RR 443.696/1998.8, Rel. Min. Gelson de Azevedo, j. 16.02.2005, *DJ* 04.03.2005).

Ainda assim, seria possível dizer que o art. 358 da CLT não atende ao preceito de igualdade, garantida pela Constituição Federal de 1988, justamente por se contentar com a mera semelhança de funções entre empregados brasileiros e estrangeiros (funções análogas e não iguais), para estabelecer equiparação salarial, privilegiando o primeiro em detrimento do segundo, ou seja, tratando de forma igual os desiguais.

✦ **Jurisprudência**

Recurso de revista adesivo interposto pelo reclamante. Equiparação salarial a estrangeiro. A igualdade preconizada no *caput* do art. 5.º da Constituição Federal não afasta a aplicação da disposição contida no art. 358 da CLT, nos termos da qual é assegurada a igualdade de salários entre brasileiros e estrangeiros quando no exercício de funções análogas. Recurso de revista a que se dá provimento (TST, 5.ª T., TST-RR 443.696/1998.8, Rel. Min. Gelson de Azevedo, j. 16.02.2005, *DJ* 04.03.2005).

Seção II – Das Relações Anuais de Empregados

Art. 359. Nenhuma empresa poderá admitir a seu serviço empregado estrangeiro sem que este exiba a carteira de identidade de estrangeiro devidamente anotada.

Parágrafo único. A empresa é obrigada a assentar no registro de empregados os dados referentes à nacionalidade de qualquer empregado estrangeiro e o número da respectiva carteira de identidade.

1. FORMALIZAÇÃO DO CONTRATO DE TRABALHO COM O EMPREGADO ESTRANGEIRO

De acordo com o art. 16, inciso IV, da CLT, a Carteira de Trabalho e Previdência Social deve conter o número do documento de naturalização ou data da chegada ao Brasil, e demais elementos constantes da identidade de estrangeiro.

O inciso IV do art. 16 da CLT foi revogado pela Lei 13.874/2019. Na atualidade, a CTPS deve ser emitida preferencialmente em meio eletrônico (art. 14 da CLT) e terá como identificação única do empregado o número de inscrição no Cadastro de Pessoas Físicas (CPF), conforme art. 16 da CLT, com redação dada pela Lei 13.874/2019.

Excepcionalmente, a CTPS pode ser emitida em meio físico, em consonância com o art. 14, parágrafo único, da CLT, com redação dada pela Lei 13.874/2019. Para emissão da CTPS em meio físico, o interessado deve apresentar, pessoalmente, os seguintes documentos, em caso de estrangeiro: CPF; Carteira de Registro Nacional Migratório, Documento Provisório de Registro Nacional Migratório ou Protocolo expedido pela Polícia Federal (art. 9.º, inciso II, da da Portaria 671/2021 do Ministério do Trabalho e Previdência).

Como anota Sergio Pinto Martins: "Para que o estrangeiro possa prestar serviços no Brasil é preciso ter autorização para esse fim. Deverá fornecer à empresa todos os documentos que comprovem a sua situação de legalidade no Brasil"[101].

A respeito do tema, cf. ainda os comentários ao art. 365 da CLT.

Art. 360. Toda empresa compreendida na enumeração do art. 352, § 1.º, deste Capítulo, qualquer que seja o número de seus empregados, deve apresentar anualmente às repartições competentes do Ministério do Trabalho, de 2 de maio a 30 de junho, uma relação, em três vias, de todos os seus empregados, segundo o modelo que for expedido.

§ 1.º As relações terão, na primeira via, o selo de três cruzeiros pela folha inicial e dois cruzeiros por folha excedente, além do selo do Fundo de Educação, e nelas será assinalada, em tinta vermelha, a modificação havida com referência à última relação apresentada. Se se tratar de nova empresa, a relação, encimada pelos dizeres – Primeira Relação – deverá ser feita dentro de 30 (trinta) dias de seu registro no Departamento Nacional da Indústria e Comércio ou repartições competentes.

§ 2.º A entrega das relações far-se-á diretamente às repartições competentes do Ministério do Trabalho, Indústria e Comércio, ou, onde não as houver, às Coletorias Federais, que as remeterão desde logo àquelas repartições. A entrega operar-se-á contra recibo especial, cuja exibição é obrigatória, em caso de fiscalização, enquanto não for devolvida ao empregador a via autenticada da declaração.

§ 3.º Quando não houver empregado far-se-á declaração negativa.

1. RELAÇÃO ANUAL DE INFORMAÇÕES SOCIAIS – RAIS

A Relação Anual de Informações Sociais (RAIS) deve conter elementos destinados a suprir as necessidades de controle, de estatística e de informações das entidades governamentais da área social, e subsidiar o pagamento do abono salarial, nos termos do disposto Lei 7.998/1990 (art. 163 do Decreto 10.854/2021).

As informações relativas à RAIS devem ser declaradas: I – pelas pessoas jurídicas inscritas no Cadastro Nacional de Pessoas Jurídicas (CNPJ) da Secretaria Especial da Receita Federal do Brasil do Ministério da Economia; II – pelas pessoas naturais que tenham mantido empregados contratados no período referente às informações, exceto empregado doméstico.

Ato do Ministro de Estado do Trabalho e Previdência deve dispor sobre a forma de captação e processamento da RAIS.

A RAIS deve conter as informações periodicamente solicitadas pelas instituições vinculadas ao Ministério do Trabalho e Previdência, especialmente em relação: I – ao cumprimento da legislação relativa ao Programa de Integração Social e para o Programa de Formação do Patrimônio do Servidor Público (PIS/PASEP); II – às exigências da *legislação de nacionalização do trabalho*; III – ao fornecimento de subsídios para controle dos registros relativos ao FGTS; IV – à viabilização da concessão do pagamento do abono salarial; V – à coleta de dados indispensáveis à elaboração dos estudos técnicos, de natureza estatística e

[101] MARTINS, Sergio Pinto. *Comentários à CLT.* 10. ed. São Paulo: Atlas, 2006. p. 303.

atuarial, dos serviços especializados do Ministério do Trabalho e Previdência (art. 164 do Decreto 10.854/2021).

A Relação Anual de Informações Sociais (RAIS) identificará:

I – o empregador, pelo número de inscrição: a) no Cadastro Nacional de Pessoas Jurídicas (CNPJ); b) no Cadastro Nacional de Obras; c) no Cadastro de Atividade Econômica da Pessoa Física;

II – a pessoa jurídica de direito público e o órgão público, pelo número de inscrição no CNPJ;

III – o empregado, pelo número de inscrição no Cadastro de Pessoas Físicas (CPF) (art. 165 do Decreto 10.854/2021).

2. RELAÇÕES ANUAIS DE EMPREGADOS

A relação prevista no art. 360 da CLT foi substituída pela Relação Anual de Informações Sociais (RAIS), instituída originalmente pelo Decreto 76.900, de 23 de dezembro de 1975 (revogado pelo Decreto 10.854/2021), em que são comunicados os dados relativos aos empregados.

Cabe ressaltar que o Sistema de Escrituração Digital das Obrigações Fiscais, Previdenciárias e Trabalhistas (eSocial) será substituído, em nível federal, por sistema simplificado de escrituração digital de obrigações previdenciárias, trabalhistas e fiscais (art. 16 da Lei 13.874/2019).

O eSocial é o instrumento de unificação da prestação das informações referentes à escrituração das obrigações fiscais, previdenciárias e trabalhistas e tem por finalidade padronizar sua transmissão, validação, armazenamento e distribuição, constituindo ambiente nacional composto por: escrituração digital, contendo informações fiscais, previdenciárias e trabalhistas; aplicação para preenchimento, geração, transmissão, recepção, validação e distribuição da escrituração; repositório nacional, contendo o armazenamento da escrituração (art. 2.º do Decreto 8.373/2014).

Nesse contexto, a obrigação contida no art. 24 da Lei 7.998/1990[102], combinada com o Decreto 76.900/1975, que institui a RAIS (arts. 163 a 165 do Decreto 10.854/2021), passa a ser cumprida por meio do eSocial, a partir do ano base 2019, pelas empresas obrigadas à transmissão das informações de seus trabalhadores ao eSocial, referentes a todo o ano base, previstas no art. 145 da Portaria 671/2021 do Ministério do Trabalho e Previdência.

Para as demais pessoas jurídicas de direito privado e de direito público, bem como pessoas físicas equiparadas a empresas, a referida substituição ocorrerá no ano-base em que estiverem obrigadas, durante todos os meses do referido ano, ao envio dos eventos periódicos ao eSocial. Até que ocorra essa substituição, as mencionadas pessoas e enti-

[102] Os trabalhadores, os empregadores e os serviços nacionais de aprendizagem ou entidades qualificadas em formação técnico-profissional, bem como os trabalhadores de programas instituídos para promover a manutenção de empregos ou a qualificação de trabalhadores, devem prestar as informações necessárias, bem como atender às exigências para a concessão do seguro-desemprego e o pagamento do abono salarial e da bolsa de qualificação profissional de que trata o art. 2.º-A da Lei 7.998/1990, ou de benefícios de programas instituídos para promover a manutenção de empregos ou a qualificação de trabalhadores, nos termos e nos prazos fixados pelo Ministério do Trabalho e Previdência (art. 24 da Lei 7.998/1990, com redação dada pela Lei 14.261/2021).

dades devem prestar as informações por meio do programa gerador de arquivos da RAIS (GDRAIS), atendido o disposto no Manual de Orientação do correspondente ano-base, que será publicado no portal gov.br.

O empregador obrigado ao eSocial que não prestar as informações na forma e prazo estabelecidos no art. 145 da Portaria 671/2021 ou apresentá-las com incorreções ou omissões fica sujeito à multa prevista no art. 25 da Lei 7.998/1990 (art. 146 da Portaria 671/2021 do Ministério do Trabalho e Previdência).

Se for verificado o trabalho de estrangeiro em situação irregular, presentes os requisitos da relação de emprego, pode-se dizer que esta deve ser reconhecida, sem prejuízo de eventuais penalidades administrativas. O caso seria de trabalho proibido, que se diferencia do labor ilícito, reconhecendo-se os efeitos produzidos.

✦ **Referência legislativa**

- Lei 4.923/1965 (Cadastro Permanente de Admissões e Dispensas de Empregados).
- LC 123/2006 (Estatuto da Microempresa e da Empresa de Pequeno Porte).

Art. 361. Apurando-se, das relações apresentadas, qualquer infração, será concedido ao infrator o prazo de 10 (dez) dias para defesa, seguindo-se o despacho pela autoridade competente.

Art. 362. As repartições às quais competir a fiscalização do disposto no presente Capítulo manterão fichário especial de empresas, do qual constem as anotações referentes ao respectivo cumprimento, e fornecerão aos interessados as certidões de quitação que se tornarem necessárias, no prazo de 30 (trinta) dias, contados da data do pedido.

§ 1.º As certidões de quitação farão prova até 30 de setembro do ano seguinte àquele a que se referiram e estarão sujeitas à taxa correspondente a 1/10 (um décimo do salário mínimo regional. Sem elas nenhum fornecimento ou contrato poderá ser feito com o Governo da União, dos Estados ou Municípios, ou com as instituições paraestatais a eles subordinadas, nem será renovada autorização a empresa estrangeira para funcionar no País.

§ 2.º A primeira via da relação, depois de considerada pela repartição fiscalizadora, será remetida anualmente ao Departamento Nacional de Mão de Obra (DNMO), como subsídio ao estudo das condições de mercado de trabalho, de um modo geral, e, em particular, no que se refere à mão de obra qualificada.

§ 3.º A segunda via da relação será remetida pela repartição competente ao Serviço de Estatística da Previdência e Trabalho e a terceira via devolvida à empresa, devidamente autenticada.

§ 4.º O disposto no § 1.º deste artigo não se aplica às contratações de operações de crédito realizadas com instituições financeiras criadas por lei própria ou autorizadas a funcionar pelo Banco Central do Brasil.

1. PROCEDIMENTO PARA APURAÇÃO DE INFRAÇÃO – DEFESA

O art. 361 da CLT trata do procedimento de apuração de infração aos dispositivos anteriores.

2. ÓRGÃO COMPETENTE PARA A FISCALIZAÇÃO

O Departamento Nacional de Mão de Obra foi substituído pela Secretaria do Emprego e Salário, do Ministério do Trabalho.

O § 4.º do art. 362 da CLT foi incluído pela Lei 14.690/2023.

Seção III – Das Penalidades

Art. 363. O processo das infrações do presente Capítulo obedecerá ao disposto no Título "Do Processo de Multas Administrativas", no que lhe for aplicável, com observância dos modelos de auto a serem expedidos.

Art. 364. As infrações do presente Capítulo serão punidas com a multa de cem a dez mil cruzeiros.

Parágrafo único. Em se tratando de empresa concessionária de serviço público, ou de sociedade estrangeira autorizada a funcionar no País, se a infratora, depois de multada, não atender afinal ao cumprimento do texto infringido poderá ser-lhe cassada a concessão ou autorização.

1. REGRAS APLICÁVEIS AO PROCESSO DAS INFRAÇÕES

A incidência das disposições relativas ao "Processo de Multas Administrativas" indica a aplicação dos arts. 626 a 642 da CLT.

2. APLICAÇÃO DA PENALIDADE DE MULTA

O dispositivo estabelece as punições pelas infrações das previsões relativas ao Capítulo em questão (arts. 352 a 371 da CLT), a serem aplicadas pela autoridade administrativa.

A Portaria 667/2021 do Ministério do Trabalho e Previdência, quanto ao art. 364 da CLT, estabelece a multa administrativa no valor mínimo de R$ 80,51 e valor máximo de R$ 8.050,65.

Seção IV – Disposições Gerais

Art. 365. O presente Capítulo não derroga as restrições vigentes quanto às exigências de nacionalidade brasileira para o exercício de determinadas profissões nem as que vigoram para as faixas de fronteiras, na conformidade da respectiva legislação.

1. LEI DE MIGRAÇÃO

A Lei 13.445/2017 dispõe sobre os direitos e os deveres do migrante e do visitante, regula a sua entrada e estada no País e estabelece princípios e diretrizes para as políticas públicas para o emigrante (art. 1.º).

Cabe esclarecer que o *visto* é o documento que dá a seu titular expectativa de ingresso em território nacional (art. 6.º da Lei 13.445/2017).

Desse modo, ao solicitante que pretenda ingressar ou permanecer em território nacional pode ser concedido visto: I – de visita; II – temporário; III – diplomático; IV – oficial; V – de cortesia (art. 12 da Lei 13.445/2017).

O *visto de visita* pode ser concedido ao visitante que venha ao Brasil para estada de curta duração, sem intenção de estabelecer residência, nos seguintes casos: I – turismo; II – negócios; III – trânsito; IV – atividades artísticas ou desportivas; V – outras hipóteses definidas em regulamento (art. 13 da Lei 13.445/2017).

É vedado ao beneficiário de visto de visita exercer atividade remunerada no Brasil (art. 13, § 1.º, da Lei 13.445/2017).

O beneficiário de visto de visita pode receber pagamento do governo, de empregador brasileiro ou de entidade privada a título de diária, ajuda de custo, cachê, pró-labore ou outras despesas com a viagem, bem como concorrer a prêmios, inclusive em dinheiro, em competições desportivas ou em concursos artísticos ou culturais (art. 13, § 2.º, da Lei 13.445/2017).

O visto de visita não é exigido em caso de escala ou conexão em território nacional, desde que o visitante não deixe a área de trânsito internacional (art. 13, § 3.º, da Lei 13.445/2017).

O *visto temporário* pode ser concedido ao imigrante que venha ao Brasil com o intuito de estabelecer residência por tempo determinado e que se enquadre em pelo menos uma das seguintes hipóteses (art. 14 da Lei 13.445/2017):

> I – o visto temporário tenha como finalidade: a) pesquisa, ensino ou extensão acadêmica; b) tratamento de saúde; c) acolhida humanitária; d) estudo; e) *trabalho*; f) férias-trabalho; g) prática de atividade religiosa ou serviço voluntário; h) realização de investimento ou de atividade com relevância econômica, social, científica, tecnológica ou cultural; i) reunião familiar; j) atividades artísticas ou desportivas com contrato por prazo determinado;
>
> II – o imigrante seja beneficiário de tratado em matéria de vistos;
>
> III – outras hipóteses definidas em regulamento.

O visto temporário para pesquisa, ensino ou extensão acadêmica pode ser concedido ao imigrante com ou sem vínculo empregatício com a instituição de pesquisa ou de ensino brasileira, exigida, na hipótese de vínculo, a comprovação de formação superior compatível ou equivalente reconhecimento científico (art. 14, § 1.º, da Lei 13.445/2017).

O visto temporário para estudo pode ser concedido ao imigrante que pretenda vir ao Brasil para frequentar curso regular ou realizar *estágio* ou intercâmbio de estudo ou de pesquisa (art. 14, § 4.º, da Lei 13.445/2017).

Observadas as hipóteses previstas em regulamento, o visto temporário para trabalho pode ser concedido ao imigrante que venha exercer atividade laboral, com ou sem vínculo empregatício no Brasil, desde que comprove oferta de trabalho formalizada por pessoa jurídica em atividade no País, dispensada esta exigência se o imigrante comprovar titulação em curso de ensino superior ou equivalente (art. 14, § 5.º, da Lei 13.445/2017).

O visto temporário para férias-trabalho pode ser concedido ao imigrante maior de 16 anos que seja nacional de país que conceda idêntico benefício ao nacional brasileiro, em termos definidos por comunicação diplomática (art. 14, § 6.º, da Lei 13.445/2017).

Não se exige do marítimo que ingressar no Brasil em viagem de longo curso ou em cruzeiros marítimos pela costa brasileira o visto temporário de que trata o art. 14, inciso I, "e", da Lei 13.445/2017, bastando a apresentação da carteira internacional de marítimo, nos termos de regulamento (art. 14, § 7.º, da Lei 13.445/2017).

É reconhecida ao imigrante a quem se tenha concedido visto temporário para trabalho a possibilidade de modificação do local de exercício de sua atividade laboral (art. 14, § 8.º, da Lei 13.445/2017).

Os *vistos diplomático e oficial* podem ser concedidos a autoridades e funcionários estrangeiros que viajem ao Brasil em missão oficial de caráter transitório ou permanente, representando Estado estrangeiro ou organismo internacional reconhecido (art. 16 da Lei 13.445/2017).

Não se aplica ao titular dos vistos referidos no art. 16 da Lei 13.445/2017 o disposto na legislação trabalhista brasileira (art. 16, § 1.º, da Lei 13.445/2017).

Os vistos diplomático e oficial podem ser estendidos aos dependentes das autoridades referidas no art. 16 (art. 16, § 2.º, da Lei 13.445/2017).

O titular de *visto diplomático ou oficial* somente pode ser remunerado por Estado estrangeiro ou organismo internacional, ressalvado o disposto em tratado que contenha cláusula específica sobre o assunto (art. 17 da Lei 13.445/2017).

O dependente de titular de visto diplomático ou oficial pode exercer atividade remunerada no Brasil, sob o amparo da legislação trabalhista brasileira, desde que seja nacional de país que assegure reciprocidade de tratamento ao nacional brasileiro, por comunicação diplomática (art. 17, parágrafo único, da Lei 13.445/2017).

O empregado particular titular de *visto de cortesia* somente pode exercer atividade remunerada para o titular de visto diplomático, oficial ou de cortesia ao qual esteja vinculado, sob o amparo da legislação trabalhista brasileira (art. 18 da Lei 13.445/2017).

O titular de visto diplomático, oficial ou de cortesia é responsável pela saída de seu empregado do território nacional (art. 18, parágrafo único, da Lei 13.445/2017).

Conforme o art. 23 da Lei 13.445/2017, a fim de facilitar a sua livre circulação, pode ser concedida ao *residente fronteiriço*, mediante requerimento, autorização para a realização de atos da vida civil. Condições específicas podem ser estabelecidas em regulamento ou tratado.

Sendo assim, é possível entender que os mencionados atos da vida civil, conforme o caso, podem incluir o exercício de trabalho remunerado.

A autorização referida no art. 23 da Lei 13.445/2017 deve indicar o Município fronteiriço no qual o residente estará autorizado a exercer os direitos a ele atribuídos pelo mencionado diploma legal (art. 24 da Lei 13.445/2017).

O residente fronteiriço detentor da autorização deve gozar das garantias e dos direitos assegurados pelo regime geral de migração da Lei 13.445/2017, conforme especificado em regulamento (art. 24, § 1.º, da Lei 13.445/2017).

O espaço geográfico de abrangência e de validade da autorização deve ser especificado no documento de residente fronteiriço (art. 24, § 2.º, da Lei 13.445/2017).

A *residência* pode ser autorizada, mediante registro, ao imigrante, ao residente fronteiriço ou ao visitante que se enquadre em uma das seguintes hipóteses (art. 30 da Lei 13.445/2017):

I – a residência tenha como finalidade: a) pesquisa, ensino ou extensão acadêmica; b) tratamento de saúde; c) acolhida humanitária; d) estudo; e) *trabalho*; f) férias-trabalho; g) prática de atividade religiosa ou serviço voluntário; h) realização de investimento ou de atividade com relevância econômica, social, científica, tecnológica ou cultural; i) reunião familiar;

II – a pessoa: a) seja beneficiária de tratado em matéria de residência e livre circulação; b) seja detentora de *oferta de trabalho*; c) já tenha possuído a nacionalidade brasileira e não deseje ou não reúna os requisitos para readquiri-la; d) (vetado); e) seja beneficiária de refúgio, de asilo ou de proteção ao apátrida; f) seja menor nacional de outro país ou apátrida, desacompanhado ou abandonado, que se encontre nas fronteiras brasileiras ou em território nacional; g) tenha sido vítima de tráfico de pessoas, de trabalho escravo ou de violação de direito agravada por sua condição migratória; h) esteja em liberdade provisória ou em cumprimento de pena no Brasil;

III – outras hipóteses definidas em regulamento.

Art. 366. Enquanto não for expedida a carteira a que se refere o art. 359 deste Capítulo, valerá, a título precário, como documento hábil, uma certidão, passada pelo serviço competente do Registro de Estrangeiros, provando que o empregado requereu sua permanência no País.

Art. 367. A redução a que se refere o art. 354, enquanto o Serviço de Estatística da Previdência e Trabalho não dispuser dos dados estatísticos necessários à fixação da proporcionalidade conveniente para cada atividade, poderá ser feita por ato do Ministro do Trabalho, Indústria e Comércio, mediante representação fundamentada da associação sindical.

Parágrafo único. O Serviço de Estatística da Previdência e Trabalho deverá promover, e manter em dia, estudos necessários aos fins do presente Capítulo.

1. CERTIDÃO DE REGISTRO DE ESTRANGEIRO

Enquanto não for expedida a carteira de identidade de estrangeiro, vale, a título precário, como documento hábil, uma certidão, passada pelo serviço competente do Registro de Estrangeiros, provando que o empregado requereu sua permanência no País.

2. EXTINÇÃO DO SERVIÇO DE ESTATÍSTICA DA PREVIDÊNCIA E TRABALHO

O Serviço de Estatística da Previdência e Trabalho, criado pelo Decreto 24.600/1934, foi extinto pelo Decreto 69.014/1971 (art. 4.º), o qual criou a Secretaria do Trabalho (art. 5.º).

Seção V – Das Disposições Especiais sobre a Nacionalização da Marinha Mercante

Art. 368. O comando de navio mercante nacional só poderá ser exercido por brasileiro nato.

1. NACIONALIZAÇÃO DA MARINHA MERCANTE

O art. 368 da CLT está em literal antagonismo com o art. 12, § 2.º, da Constituição Federal de 1988, não mais estando, portanto, em vigor.

O art. 178, § 2.º, da Constituição Federal de 1988, em sua redação original, previa que seriam brasileiros "os armadores, os proprietários, os comandantes e dois terços, pelo menos, dos tripulantes de embarcações nacionais". No entanto, a Emenda Constitucional 7/1995 alterou o referido dispositivo, não mais estabelecendo a referida regra.

Art. 369. A tripulação de navio ou embarcação nacional será constituída, pelo menos, de 2/3 (dois terços) de brasileiros natos.

Parágrafo único. O disposto neste artigo não se aplica aos navios nacionais de pesca, sujeitos a legislação específica.

1. TRIPULAÇÃO DE NAVIO OU EMBARCAÇÃO NACIONAL

A antiga norma do art. 369 da CLT, que previa o dever de ser a tripulação de navio ou embarcação nacional constituída, pelo menos, "de dois terços de trabalhadores natos", também pelos argumentos já expostos, não mais vigora.

Apesar disso, registre-se que a Resolução Normativa 5, de 1.º de dezembro de 2017, do Conselho Nacional de Imigração, ao disciplinar a concessão de autorização de residência para fins de trabalho sem vínculo empregatício no Brasil a marítimo que trabalhe a bordo de embarcação de cruzeiros marítimos pela costa brasileira, prevê que a partir do 31.º dia de operação em águas jurisdicionais brasileiras, a *embarcação de turismo estrangeira* deve contar com um *mínimo de 25% de brasileiros* em vários níveis técnicos e em diversas atividades a serem definidas pelo armador ou pela empresa representante deste (art. 5.º).

Excepcionalmente, nas temporadas de 2018/2019, 2019/2020 e 2020/2021, o mencionado percentual deve ser de 15%, com a perspectiva do aumento do número de embarcações de cruzeiro marítimo. O disposto no art. 5.º da Resolução Normativa 5/2017 não se aplica às embarcações de turismo estrangeiras que realizem viagens entre portos internacionais e portos nacionais por até 45 dias e que transportem majoritariamente turistas cujo embarque ou desembarque ocorra em portos estrangeiros.

Os brasileiros recrutados em território nacional e embarcados para laborar apenas durante a temporada de cruzeiros marítimos pela costa brasileira devem ser contratados pela empresa estabelecida no Brasil ou, na ausência desta, pelo agente marítimo responsável pela operação da embarcação, cujo contrato de trabalho deve ser vinculado à legislação trabalhista brasileira aplicável à espécie (art. 7.º da Resolução Normativa 5/2017). Considera-se temporada de cruzeiros marítimos pela costa brasileira o período compreendido entre 30 dias antes da partida da embarcação para o primeiro porto brasileiro até 30 dias depois da saída do último porto brasileiro, incluindo nesse período eventuais ausências das águas jurisdicionais brasileiras.

Para efeito do art. 5.º da Resolução Normativa 5/2017, não será considerada ausência das águas jurisdicionais brasileiras a saída e o retorno da embarcação por período inferior a 15 dias consecutivos (art. 8.º).

Art. 370. As empresas de navegação organizarão as relações dos tripulantes das respectivas embarcações, enviando-as no prazo a que se refere a Seção II deste Capítulo à Delegacia do Trabalho Marítimo onde as mesmas tiverem sede.

Parágrafo único. As relações a que alude o presente artigo obedecerão, na discriminação hierárquica e funcional do pessoal embarcadiço, ao quadro aprovado pelo regulamento das Capitanias dos Portos.

Art. 371. A presente Seção é também aplicável aos serviços de navegação fluvial e lacustre e à praticagem nas barras, portos, rios, lagos e canais.

1. RELAÇÃO ANUAL DE INFORMAÇÕES

O Conselho Superior de Trabalho Marítimo (CSTM) e as respectivas Delegacias do Trabalho Marítimo foram extintas pela Lei 7.731/1989 (art. 1.º, inciso III, "d").

A Relação Anual de Informações Sociais (RAIS) deve conter elementos destinados a suprir as necessidades de controle, de estatística e de informações das entidades governamentais da área social, e subsidiar o pagamento do abono salarial, nos termos do disposto Lei 7.998/1990 (art. 163 do Decreto 10.854/2021). Cf. os comentários ao art. 360 da CLT.

2. NORMAS APLICÁVEIS AOS SERVIÇOS DE NAVEGAÇÃO FLUVIAL E LACUSTRE E À PRATICAGEM NAS BARRAS, PORTOS, RIOS, LAGOS E CANAIS

Os arts. 368 a 370 da CLT são aplicáveis aos serviços de navegação fluvial e lacustre e à praticagem nas barras, portos, rios, lagos e canais.

CAPÍTULO III – DA PROTEÇÃO DO TRABALHO DA MULHER

Seção I – Da Duração, Condições do Trabalho e da Discriminação contra a Mulher

Art. 372. Os preceitos que regulam o trabalho masculino são aplicáveis ao trabalho feminino, naquilo em que não colidirem com a proteção especial instituída por este Capítulo.

Parágrafo único. Revogado pela Lei 13.467/2017.

1. CONDIÇÕES DE TRABALHO DA MULHER

Já não vigoram, nem seriam compatíveis com a ordem jurídica em vigor, condições especiais de trabalho da mulher, tratando-a de forma diferente do homem quanto aos seguintes aspectos:

a) contratação (art. 446 da CLT, revogado pela Lei 7.855/1989);

b) duração do trabalho, incluindo-se sua prorrogação e compensação (arts. 374 e 375 da CLT, revogados pela Lei 7.855/1989, e art. 376 da CLT, revogado pela Lei 10.244/2001);

c) salário, pois prevalece a igualdade de remuneração, conforme art. 7.º, inciso XXX, da Constituição Federal de 1988, bem como arts. 5.º e 377 da CLT;

d) trabalho noturno (arts. 379 e 380 da CLT, revogados pela Lei 7.855/1989);

e) trabalhos insalubres, perigosos ou penosos (sendo o primeiro não mais vedado pela atual Constituição Federal de 1988, tendo sido revogado, ainda, o art. 387, "b", da CLT, pela Lei 7.855/1989).

O art. 387, "a", da CLT, que proibia o trabalho da mulher em subterrâneos, nas minerações em subsolo, nas pedreiras e obras de construção pública e particular, foi expressamente revogado pela Lei 7.855/1989.

Na realidade, os fatores que acarretam a insalubridade, periculosidade e o trabalho penoso devem ser eliminados ou neutralizados, mas para homens e mulheres, sem diferenciação, atendendo ao comando do art. 7.º, inciso XXII, da Constituição Federal de 1988, tornando o meio ambiente de trabalho saudável, seguro e favorável à plena realização profissional, bem como individual e social, da pessoa, independentemente do sexo.

Quanto aos períodos de descanso, na realidade, o tratamento do trabalho da mulher deveria ser igual ao do homem, para evitar discriminações quanto ao mercado de trabalho, exceto no que merece tratamento diferenciado, que se refere à maternidade.

O art. 396 da CLT assegura o intervalo para a mulher poder amamentar o seu filho, inclusive se advindo de adoção. A disposição justifica-se e permanece em vigor por ser relevante para a saúde e o crescimento saudável da criança o aleitamento materno nos primeiros meses de vida.

Quanto ao trabalho proibido, da mesma forma, as restrições só devem ser estabelecidas com base na razoabilidade, em consonância com as atuais condições sociais.

Por isso, a vedação de certos trabalhos mais difíceis ou penosos, em princípio, só se justifica se eles forem realmente prejudiciais ao estado de gestante da mulher.

Reconhece-se no presente que a mulher tem potencial e possibilidade de desempenhar o trabalho em iguais condiçoes do que o homem.

Obviamente, há possíveis diferenças de estrutura física entre o homem e a mulher, mas isso não pode servir para impedir o trabalho desta, reservando-o somente ao homem, prejudicando o acesso da mulher à plena realização profissional.

Desse modo, os atuais conhecimentos e avanços da tecnologia, devem ser utilizados para a realização das atividades laborais, possibilitando às mulheres e aos homens o mesmo desempenho profissional, nas diversas modalidades de atividades, sejam elas de natureza física ou intelectual, sempre respeitando a dignidade da pessoa humana e as limitações de cada um.

2. NORMAS DE PROTEÇÃO DO TRABALHO DA MULHER QUE AINDA PERSISTEM NA CLT

Mesmo com diversas disposições restritivas já revogadas de forma expressa pela legislação posterior, a Consolidação das Leis do Trabalho ainda apresenta certas normas sobre proteção do trabalho da mulher, algumas delas decorrentes de leis posteriores, de natureza promocional.

3. CONDIÇÕES DO TRABALHO E DISCRIMINAÇÃO CONTRA A MULHER

O parágrafo único do art. 372 da CLT foi revogado pelo art. 5.º, inciso I, "h", da Lei 13.467/2017.

Pode-se dizer que o mencionado dispositivo não havia sido recepcionado pela Constituição Federal de 1988, ao estabelecer, de forma contrária ao princípio da igualdade, que não seria regido pelos dispositivos a que se refere o art. 372 da CLT o trabalho nas oficinas em que sirvam exclusivamente pessoas da família da mulher e esteja esta sob a direção do esposo, do pai, da mãe, do tutor ou do filho.

Com a Constituição Federal de 1988, homens e mulheres são iguais em direitos e obrigações (art. 5.º, inciso I). Desse modo, os direitos e deveres referentes à sociedade conjugal são exercidos igualmente pelo homem e pela mulher (art. 226, § 5.º, da Constituição da República). Portanto, não se revela legítima a previsão de mulher sob a direção do esposo.

Na realidade, uma vez presentes os requisitos do vínculo de emprego, este deve ser reconhecido, independentemente de se tratar de homem ou mulher. Evidentemente, no âmbito familiar, os elementos da relação de emprego, com destaque para a subordinação jurídica e a onerosidade, podem não se verificar, o que excluirá, nesse caso, a sua existência.

✦ **Referência legislativa**

- Arts. 5.º, I, e 7.º, XX e XXX, da CF.

Art. 373. A duração normal de trabalho da mulher será de 8 (oito) horas diárias, exceto nos casos para os quais for fixada duração inferior.

1. DURAÇÃO DO TRABALHO DA MULHER

O art. 373 da CLT também representa disposição supérflua, pois apenas prevê que a duração normal de trabalho da mulher será de oito horas diárias, exceto nos casos para os quais for fixada duração inferior, o que já decorre das normas que regulam a duração do trabalho em geral. De todo modo, deve-se observar, também, o limite semanal de 44 horas (art. 7.º, inciso XIII, da Constituição Federal de 1988).

A Lei 9.799, de 26 de maio de 1999, acrescentou diversos dispositivos à CLT, em consonância com o comando do art. 7.º, inciso XX, da Constituição de 1988, ou seja, buscando proteger o mercado de trabalho da mulher, mediante incentivos, bem como proibindo condutas discriminatórias em razão do gênero.

✦ **Referência legislativa**

- Art. 7.º, XIII, da CF.

Art. 373-A. Ressalvadas as disposições legais destinadas a corrigir as distorções que afetam o acesso da mulher ao mercado de trabalho e certas especificidades estabelecidas nos acordos trabalhistas, é vedado:

I – publicar ou fazer publicar anúncio de emprego no qual haja referência ao sexo, à idade, à cor ou situação familiar, salvo quando a natureza da atividade a ser exercida, pública e notoriamente, assim o exigir;

1. DISCRIMINAÇÃO CONTRA A MULHER NA OFERTA DE EMPREGO

Tem-se aqui a vedação da discriminação na oferta de emprego, ligada, portanto, à admissão (art. 7.º, inciso XXX, da Constituição Federal de 1988), não se autorizando restrições quanto ao sexo, idade, cor ou estado familiar.

Excepcionalmente, caso a natureza da atividade exija, de modo efetivo e razoável, certa especificidade quanto a algum desses fatores, pode ser indicado como condição para a admissão, como ocorreria no caso de contratação para exercer a função de carcerária, em estabelecimento de prisão feminino.

II – recusar emprego, promoção ou motivar a dispensa do trabalho em razão de sexo, idade, cor, situação familiar ou estado de gravidez, salvo quando a natureza da atividade seja notória e publicamente incompatível;

2. RECUSA DE EMPREGO, PROMOÇÃO OU DISPENSA PELO EMPREGADOR

O inciso, ainda vedando condutas discriminatórias (art. 7.º, inciso XXX, da Constituição Federal de 1988), volta-se ao momento de admissão, promoção e término do vínculo de emprego. Os fatores arrolados acima (sexo, idade, cor, situação familiar ou estado de gravidez) não justificam eventual recusa de emprego, promoção ou dispensa pelo empregador.

A exceção, novamente, fica por conta de eventual atividade, cuja natureza seja "notória e publicamente incompatível" com certo estado da pessoa. Pode-se imaginar, como exemplo, a contratação de alguém para exercer o trabalho em contato com radiação ionizante, que pode ser prejudicial ao feto, impedindo a admissão de empregada gestante, para desempenhar essa função em específico.

III – considerar o sexo, a idade, a cor ou situação familiar como variável determinante para fins de remuneração, formação profissional e oportunidades de ascensão profissional;

3. DISCRIMINAÇÃO CONTRA A MULHER NO EMPREGO

A disposição confirma a vedação de tratamento discriminatório no emprego (art. 7.º, inciso XXX, da Constituição Federal de 1988), durante o vínculo de trabalho, não se podendo levar em conta os aspectos arrolados, ou seja, de sexo, idade, cor ou situação familiar (se casado, solteiro; com filhos, sem filhos), para fins de remuneração, formação profissional e ascensão profissional.

IV – exigir atestado ou exame, de qualquer natureza, para comprovação de esterilidade ou gravidez, na admissão ou permanência no emprego;

4. COMPROVAÇÃO DE ESTERILIDADE OU GRAVIDEZ

A Lei 9.029, de 13 de abril de 1995 (*DOU* de 17.04.1995), no art. 1.º, com redação dada pela Lei 13.146/2015, também proíbe "a adoção de qualquer prática discriminatória e limitativa para efeito de acesso à relação de trabalho, ou de sua manutenção, por motivo de sexo, origem, raça, cor, estado civil, situação familiar, deficiência, reabilitação profissional, idade, entre outros, ressalvadas, nesse caso, as hipóteses de proteção à criança e ao adolescente previstas no inciso XXXIII do art. 7.º da Constituição Federal".

Nessa linha, o art. 2.º do mencionado diploma legal determina constituírem crime as seguintes práticas discriminatórias:

> I – a exigência de teste, exame, perícia, laudo, atestado, declaração ou qualquer outro procedimento relativo à esterilização ou a estado de gravidez;
>
> II – a adoção de quaisquer medidas, de iniciativa do empregador, que configurem:
>
> a) indução ou instigamento à esterilização genética;
>
> b) promoção do controle de natalidade, assim não considerado o oferecimento de serviços e de aconselhamento ou planejamento familiar, realizados através de instituições públicas ou privadas, submetidas às normas do Sistema Único de Saúde – SUS.

A pena é de "detenção de um a dois anos e multa".

São sujeitos ativos dos crimes a que se refere o art. 2.º: a pessoa física empregadora; o representante legal do empregador, como definido na legislação trabalhista; o dirigente, direto ou por delegação, de órgãos públicos e entidades das Administrações Públicas direta, indireta e fundacional de qualquer dos Poderes da União, dos Estados, do Distrito Federal e dos Municípios.

Cabe fazer referência ao entendimento de que a exigência de exame de estado de gravidez quando da dispensa da empregada não configura ato discriminatório, nem afronta à intimidade, pois tem como objetivo obter segurança jurídica no término do contrato de trabalho, no sentido de saber se a trabalhadora está gestante, circunstância que ela própria pode desconhecer, para fins do direito à respectiva estabilidade provisória (art. 10, inciso II, "b", do Ato das Disposições Constitucionais Transitórias). Cf. TST, 3.ª T., RR - 61-04.2017.5.11.0010, Redator Min. Alexandre de Souza Agra Belmonte, *DEJT* 18.06.2021. Em sentido divergente, entende-se que embora o mencionado exame possa ser realizado de forma voluntária ou consentida, a sua exigência pelo empregador, mesmo quando da dispensa da empregada, impondo a sua realização e apresentação, afronta a intimidade da trabalhadora (art. 5.º, inciso X, da Constituição Federal de 1988).

Sem prejuízo do prescrito no art. 2.º e nos dispositivos legais que tipificam os crimes resultantes de preconceito de etnia, raça, cor ou deficiência, as infrações ao disposto na Lei 9.029/1995 são passíveis das seguintes cominações:

> I – multa administrativa de dez vezes o valor do maior salário pago pelo empregador, elevado em cinquenta por cento em caso de reincidência;
>
> II – proibição de obter empréstimo ou financiamento junto a instituições financeiras oficiais.

De acordo com o art. 4.º da Lei 9.029/1995, com redação dada pela Lei 13.146/2015, o rompimento da relação de trabalho por ato discriminatório, nos moldes do referido diploma legal, além do direito à reparação pelo dano moral, faculta ao empregado optar entre:

> I – a reintegração com ressarcimento integral de todo o período de afastamento, mediante pagamento das remunerações devidas, corrigidas monetariamente e acrescidas de juros legais;
>
> II – a percepção, em dobro, da remuneração do período de afastamento, corrigida monetariamente e acrescida dos juros legais.

Sobre a dispensa de empregado portador de doença grave, cf. Súmula 443 do TST.

V – impedir o acesso ou adotar critérios subjetivos para deferimento de inscrição ou aprovação em concursos, em empresas privadas, em razão de sexo, idade, cor, situação familiar ou estado de gravidez;

5. PROIBIÇÃO DE DISCRIMINAÇÃO

A norma tem como objetivo proibir a discriminação, conforme hipóteses destacadas.

VI – proceder o empregador ou preposto a revistas íntimas nas empregadas ou funcionárias.

6. REVISTA ÍNTIMA

O dispositivo proíbe, expressamente, a *revista íntima*, o que já se podia concluir pela proteção constitucional da intimidade da pessoa, bem como de sua integridade física, psíquica e moral (art. 5.º, inciso X, da Constituição Federal de 1988).

Segundo o entendimento que prevalece no TST, entretanto, a revista pessoal que não seja íntima, ou seja, sem contato físico, em bolsas e pertences dos empregados, apenas visual, é admissível quando realizada de modo impessoal e genérico, como decorrência do poder de fiscalização do empregador, não acarretando, assim, direito a indenização.

Ainda quanto ao tema, conforme o art. 1.º da Lei 13.271/2016, as "empresas privadas, os órgãos e entidades da Administração Pública, Direta e Indireta, ficam proibidos de adotar qualquer prática de revista íntima de suas funcionárias e de clientes do sexo feminino".

Em caso de não cumprimento do mencionado art. 1.º da Lei 13.271/2016, ficam os infratores sujeitos a: I – multa de R$ 20.000,00 ao empregador, revertidos aos órgãos de proteção dos direitos da mulher; II – multa em dobro do valor estipulado no inciso I, em caso de reincidência, independentemente da indenização por danos morais e materiais e sanções de ordem penal.

Cabe salientar a impropriedade na utilização do termo "funcionárias", pois em se tratando de trabalhadoras regidas pelo Direito do Trabalho o correto seria mencionar "empregadas", em consonância com o art. 3.º da CLT. Mesmo no caso de trabalhadoras na Administração Pública, deveria ser utilizada a expressão "servidoras públicas", em harmonia com a atual previsão constitucional (arts. 39 a 41 da Constituição Federal de 1988).

Além disso, nos termos do art. 5.º, *caput*, da Constituição da República, *todos são iguais perante a lei, sem distinção de qualquer natureza*, garantindo-se aos brasileiros e aos estrangeiros residentes no país a inviolabilidade do direito à vida, à liberdade, à *igualdade*, à segurança e à propriedade.

Desse modo, *homens e mulheres são iguais em direitos e obrigações*, nos termos da Constituição Federal de 1988 (art. 5.º, inciso I).

Sendo assim, são invioláveis a *intimidade*, a vida privada, a honra e a imagem das pessoas, assegurado o direito a indenização pelo dano material ou moral decorrente de sua violação (art. 5.º, inciso X, da Constituição da República).

Logo, a inviolabilidade da intimidade é garantida não apenas às mulheres, mas também aos homens, não se admitindo tratamento que possa resultar em discriminação (arts. 3.º, inciso IV, e 5.º, inciso XLI, da Constituição Federal de 1988).

Não obstante, a Lei 13.271/2016 restringe o seu alcance somente às mulheres, incidindo em nítida inconstitucionalidade parcial, no caso, por omissão, pois a norma legal não deveria restringir a proteção considerando o sexo da pessoa.

O mais adequado, portanto, seria corrigir a apontada desigualdade, estendendo a proibição de revista íntima a todas as pessoas, independente do sexo.

Tendo em vista o princípio da legalidade (art. 5.º, inciso II, da Constituição da República), sabendo-se que a penalidade não pode ser interpretada de modo ampliativo, pode-se dizer que enquanto não houver a referida previsão legal mais ampla, apenas no caso de revista íntima em "funcionárias" e "clientes do sexo feminino" é que podem ser aplicadas as sanções especificamente previstas no art. 2.º da Lei 13.271/2016.

Ademais, não se revela adequado o inciso II, parte final, do art. 2.º da Lei 13.271/2016, ao parecer indicar, de modo equivocado, que a indenização por danos morais e materiais (e as sanções de ordem penal) apenas ocorreriam em caso de *reincidência* no descumprimento da proibição de revista íntima.

Em verdade, consoante o art. 5.º, inciso X, da Constituição Federal de 1988, assegura-se o direito à indenização pelo dano material ou moral decorrente de violação da intimidade, da vida privada, da honra e da imagem das pessoas, não se exigindo, evidentemente, que haja reincidência, fator que pode ser considerado para fins de fixação do valor indenizatório devido, em razão da maior gravidade da conduta.

✦ Jurisprudência

II – Recurso de revista. Acórdão do regional publicado sob a égide da Lei 13.467/2017. Exigência de realização de exame para averiguação do estado gravídico. Ato de dispensa da empregada. Dano moral. Configuração. Indenização. A lide versa sobre o pleito de indenização por danos morais decorrentes da exigência de exame de gravidez por ocasião da dispensa da trabalhadora. A exigência do exame de gravidez é vedada pela legislação, a fim de inibir qualquer prática discriminatória e limitativa para efeito de acesso a relação de emprego, ou sua manutenção, por motivo de sexo, origem, raça, cor, estado civil, situação familiar, deficiência, reabilitação profissional, idade, entre outros, ressalvados, nesse caso, as hipóteses de proteção à criança e ao adolescente (art. 7.º, XXXIII, CF; art. 1.º, Lei 9.029/95), sendo tipificada como crime "a exigência de teste, exame, perícia, laudo, atestado, declaração ou qualquer outro procedimento relativo à esterilização ou a estado de gravidez" (art. 2.º, Lei 9.029). A CLT também proíbe a exigência de atestado ou exame para comprovação de gravidez na admissão ou para permanência no emprego (art. 373-A, IV). Assim, a CLT como a Lei 9.029/95 vedam a prática de ato discriminatório para efeito de admissão ou manutenção no emprego. A finalidade é impedir que o empregador, tendo conhecimento prévio do estado gravídico, deixe de admitir a candidata ao emprego, praticando, dessa forma, ato discriminatório. A exigência de exame de gravidez por ocasião da dispensa não pode ser considerada um ato discriminatório, tampouco violador da intimidade da trabalhadora. Pelo contrário, visa dar segurança jurídica ao término do contrato de trabalho, na medida em que, caso a trabalhadora esteja em estado gestacional, circunstância que muitas vezes ela própria desconhece, o empregador, ciente do direito à estabilidade, poderá mantê-la no emprego ou indenizá-la de antemão, sem que esta necessite recorrer ao judiciário. O que se resguarda, no caso, é o direito da empregada gestante ao emprego (art. 10, II, *b*, do ADCT), bem como do usufruto da licença previdenciária. Por outro lado, não é somente o direito da gestante que se visa resguardar com a estabilidade provisória decorrente. O nascituro também é objeto dessa proteção, tanto que o direito do nascituro também está implícito do art. 10, II, *b*, do ADCT. Assim, não há que se falar em eventual violação ao direito a intimidade quando também existem direitos de terceiros envolvidos, devendo ser realizada uma ponderação dos valores. Ademais, o ato de verificação de eventual estado gravídico da trabalhadora por ocasião da sua dispensa está abarcado pelo dever de cautela que deve fazer parte da conduta do empregador. Assim, como cabe ao empregador zelar pela segurança de seus funcionários no desempenho das atividades laborativas, também a observância do cumprimento da legislação, sobretudo a que resguarda a estabilidade da gestante, obrigações legais que estão abarcadas pelo dever de cautela do empregador. Com isso, não pode a exigência de comprovação do estado gravídico por parte do empregador, único meio para o conhecimento gestacional, ser considerada uma conduta ofensiva ao direito à intimidade. Não houve discriminação, tampouco violação do direito à intimidade da trabalhadora ao lhe ser exigido o exame de gravidez por ocasião da sua dispensa, e em consequência, a configuração do alegado dano moral passível de indenização, na medida em que se visou garantir o fiel cumprimento da lei. Intacto, portanto, o art. 5.º, X, da Constituição Federal. Recurso de revista não conhecido (TST, 3.ª T., RR - 61-04.2017.5.11.0010, Redator Min. Alexandre de Souza Agra Belmonte, *DEJT* 18.06.2021).

Recurso de embargos regido pela Lei n.º 13.015/2014. Indenização por dano moral – Revista impessoal e indiscriminada de bolsas dos empregados. Esta SBDI1 tem entendido reiteradamente que a inspeção de bolsas, sacolas e outros pertences de empregados, desde que realizada de maneira generalizada, sem que reste configurado qualquer ato que denote abuso de seu direito de zelar pelo próprio patrimônio, não é ilícita, pois não importa ofensa à intimidade, vida privada, honra ou imagem daqueles. No caso em apreço, a fiscalização da recorrente, como descrita no acórdão regional, não configura ato ilícito, uma vez que não era dirigida somente ao autor, nem implicava contato físico de qualquer natureza, não sendo possível presumir-se qualquer dano moral dela decorrente. Precedentes. Recurso de embargos não conhecido (TST, SBDI-I, E-RR – 1390-97.2010.5.19.0002, Rel. Min. Renato de Lacerda Paiva, *DEJT* 18.03.2016).

Recurso de embargos em recurso de revista regido pela Lei n.º 11.496/2007. Indenização por danos morais. Revista de bolsas e pertences dos empregados. O quadro fático delineado pelo Tribunal Regional, reproduzido no acórdão embargado, demonstra a existência de exame visual do interior da mochila ou apenas a sua apalpação, sem o contato físico com o empregado. Ressalvo meu posicionamento de que a revista pessoal – íntima ou não – viola a dignidade da pessoa humana e a intimidade do trabalhador. Contudo, acompanho o entendimento desta Subseção I Especializada em Dissídios Individuais no sentido de que a revista pessoal (sem contato físico) não afronta a intimidade, a dignidade e a honra. Indevida, portanto, a indenização por dano moral. Recurso de embargos de que não se conhece (TST, SBDI-I, E-RR – 35400-07.2013.5.17.0007, Rel. Min. Cláudio Mascarenhas Brandão, *DEJT* 11.03.2016).

Parágrafo único. O disposto neste artigo não obsta a adoção de medidas temporárias que visem ao estabelecimento das políticas de igualdade entre homens e mulheres, em particular as que se destinam a corrigir as distorções que afetam a formação profissional, o acesso ao emprego e as condições gerais de trabalho da mulher.

7. AÇÕES AFIRMATIVAS

O referido parágrafo único confirma a possibilidade de adoção das chamadas *ações afirmativas*, no caso, objetivando fomentar o trabalho da mulher, para que se alcance a igualdade material de acesso ao emprego, formação e condições de trabalho entre homens e mulheres.

✦ Súmulas, Orientações Jurisprudenciais e Precedentes Normativos

Súmula 443 do TST: Dispensa discriminatória. Presunção. Empregado portador de doença grave. Estigma ou preconceito. Direito à reintegração. Presume-se discriminatória a despedida de empregado portador do vírus HIV ou de outra doença grave que suscite estigma ou preconceito. Inválido o ato, o empregado tem direito à reintegração no emprego.

✦ Referência legislativa

- Arts. 5.º, *caput* e I, e 7.º, XX e XXX, da CF.

Arts. 374 e 375. Revogados pela Lei 7.855, de 24.10.1989.

Art. 376. Revogado pela Lei 10.244, de 2001.

Art. 377. A adoção de medidas de proteção ao trabalho das mulheres é considerada de ordem pública, não justificando, em hipótese alguma, a redução de salário.

1. MEDIDAS DE PROTEÇÃO AO TRABALHO DA MULHER

O art. 377 da CLT prevê que a adoção de medidas de proteção ao trabalho das mulheres é considerada de ordem pública, não justificando, em hipótese alguma, a redução de salário, o que está em consonância com o art. 7.º, incisos XX e XXX, da Constituição Federal de 1988.

Às mulheres empregadas é garantido igual salário em relação aos empregados que exerçam idêntica função prestada ao mesmo empregador, nos termos dos arts. 373-A e 461 da Consolidação das Leis do Trabalho (art. 30 da Lei 14.457/2022).

Cabe o registro de que a Lei 11.340/2006 cria mecanismos para coibir e prevenir a violência doméstica e familiar contra a mulher.

Toda mulher, independentemente de classe, raça, etnia, orientação sexual, renda, cultura, nível educacional, idade e religião, goza dos direitos fundamentais inerentes à pessoa humana, sendo-lhe asseguradas as oportunidades e facilidades para viver sem violência, preservar sua saúde física e mental e seu aperfeiçoamento moral, intelectual e social (art. 2.º da Lei 11.340/2006).

Devem ser asseguradas às mulheres as condições para o exercício efetivo dos direitos à vida, à segurança, à saúde, à alimentação, à educação, à cultura, à moradia, ao acesso à justiça, ao esporte, ao lazer, *ao trabalho*, à cidadania, à liberdade, à dignidade, ao respeito e à convivência familiar e comunitária (art. 3.º da Lei 11.340/2006).

O poder público deve desenvolver políticas que visem garantir os direitos humanos das mulheres no âmbito das relações domésticas e familiares no sentido de resguardá-las de toda forma de negligência, discriminação, exploração, violência, crueldade e opressão.

Cabe à família, à sociedade e ao poder público criar as condições necessárias para o efetivo exercício dos direitos enunciados no art. 3.º da Lei 11.340/2006.

Na interpretação da Lei 11.340/2006, devem ser considerados os fins sociais a que ela se destina e, especialmente, as condições peculiares das mulheres em situação de violência doméstica e familiar (art. 4.º).

Frise-se que compete aos Municípios que aderirem ao Sistema Nacional de Emprego (Sine), sem prejuízo de outras atividades que lhes sejam distribuídas pelo Conselho Deliberativo do Fundo de Amparo ao Trabalhador (Codefat), entre outros aspectos, intermediar o aproveitamento da mão de obra e prestar assistência a trabalhadores resgatados de situação análoga à de escravo e às mulheres em situação de violência doméstica e familiar (art. 9.º, incisos III e VII, da Lei 13.667/2018).

As mulheres em situação de violência doméstica e familiar têm prioridade no atendimento pelo Sistema Nacional de Emprego (Sine), às quais devem ser reservadas 10% das vagas ofertadas para intermediação (art. 9.º, § 1.º, da Lei 13.667/2018, incluído pela Lei 14.542/2023). Na hipótese de não preenchimento das vagas reservadas nos termos acima previstos por ausência de mulheres em situação de violência doméstica e familiar, as vagas remanescentes podem ser preenchidas por mulheres e, se não houver, pelo público em geral (art. 9.º, § 2.º, da Lei 13.667/2018, incluído pela Lei 14.542/2023).

Art. 378. Revogado pela Lei 7.855, de 24.10.1989.

Seção II – Do Trabalho Noturno

Arts. 379 e 380. Revogados pela Lei 7.855, de 24.10.1989.

Art. 381. O trabalho noturno das mulheres terá salário superior ao diurno.

§ 1.º Para os fins desse artigo, os salários serão acrescidos duma percentagem adicional de 20% (vinte por cento) no mínimo.

§ 2.º Cada hora do período noturno de trabalho das mulheres terá 52 (cinquenta e dois) minutos e 30 (trinta) segundos.

1. TRABALHO NOTURNO DA MULHER

O art. 381 da CLT contém disposição supérflua, por estabelecer preceito que já se pode concluir pelo sistema jurídico e constitucional em vigor.

O § 1.º do art. 381 da CLT confirma a regra de que, no trabalho noturno, os salários serão acrescidos do adicional de 20% no mínimo, em sintonia com o art. 73 da CLT.

Repetindo o preceito do § 1.º do art. 73, o § 2.º do art. 381 dispõe que cada hora do período noturno de trabalho das mulheres terá 52 minutos e 30 segundos.

No âmbito rural, aplicam-se, normalmente, as disposições, já estudadas, referentes ao trabalho noturno, inclusive quanto ao adicional de 25%, não havendo previsão de hora noturna reduzida.

Seção III – Dos Períodos de Descanso

Art. 382. Entre 2 (duas) jornadas de trabalho, haverá um intervalo de 11 (onze) horas consecutivas, no mínimo, destinado ao repouso.

1. INTERVALO INTERJORNADA NA JORNADA DE TRABALHO DA MULHER

Quanto aos períodos de descanso, o art. 382 repete a regra do art. 66 da CLT.

O intervalo interjornada é aquele que ocorre entre uma jornada e outra de trabalho. Referido intervalo tem natureza distinta do descanso semanal remunerado e dos feriados, de acordo com a Súmula 110 do TST.

O intervalo interjornada não é computado como tempo de serviço; o respectivo período não é remunerado, sendo hipótese de suspensão do contrato de trabalho.

✦ Súmulas, Orientações Jurisprudenciais e Precedentes Normativos

Súmula 110 do TST: Jornada de trabalho. Intervalo. No regime de revezamento, as horas trabalhadas em seguida ao repouso semanal de 24 horas, com prejuízo do intervalo mínimo de 11 horas consecutivas para descanso entre jornadas, devem ser remuneradas como extraordinárias, inclusive com o respectivo adicional.

Art. 383. Durante a jornada de trabalho, será concedido à empregada um período para refeição e repouso não inferior a 1 (uma) hora nem superior a 2 (duas) horas salvo a hipótese prevista no art. 71, § 3.º.

1. INTERVALO INTRAJORNADA NA JORNADA DE TRABALHO DA MULHER

O art. 383 segue a previsão do art. 71 da CLT. Cabe destacar que, se a duração do trabalho excede seis horas, é obrigatório o intervalo intrajornada de, no mínimo, uma hora e, no máximo, duas horas. Este limite máximo pode ser ultrapassado, excepcionalmente, mediante acordo escrito, acordo coletivo ou convenção coletiva.

Art. 384. Revogado pela Lei 13.467/2017.

1. DESCANSO EM CASO DE PRORROGAÇÃO DO HORÁRIO NORMAL DA MULHER

No âmbito das normas sobre a proteção ao trabalho da mulher, o art. 384 da CLT, em sua redação original, estabelecia que, em caso de prorrogação do horário normal, é obrigatório um descanso de 15 minutos, no mínimo, antes do início do período extraordinário do trabalho.

Essa previsão foi expressamente revogada pela Lei 13.467/2017 (art. 5.º, inciso I, "i").

O art. 384 da CLT, destinado apenas ao trabalho da mulher, ao estabelecer tratamento diferenciado e protetivo, ausente para o homem, segundo certa corrente de entendimento, não se mostrava razoável na atualidade, afrontando o preceito constitucional da igualdade (art. 5.º, inciso I, e art. 7.º, inciso XXX, da Constituição da República), podendo gerar discriminação na contratação do trabalho da mulher, vedada pelo art. 3.º, inciso IV, da Constituição Federal de 1988 (cf. TST, SBDI-I, E-RR 3886/2000-071-09-00.0, Rel. Min. Aloysio Corrêa da Veiga, *DJ* 25.04.2008).

Apesar disso, no Tribunal Superior do Trabalho havia prevalecido o entendimento de que a mencionada disposição não viola o princípio da igualdade entre homens e mulheres (TST, Pleno, IIN-RR 154000-83.2005.5.12.0046, Rel. Min. Ives Gandra Martins Filho, *DEJT* 13.02.2009).

Esse entendimento também foi confirmado pelo Supremo Tribunal Federal, ao decidir que o art. 384 da CLT fora *recepcionado* pela Constituição Federal de 1988 (STF, Pleno, RE 658.312/SC, Rel. Min. Dias Toffoli, *DJe* 10.02.2015).

Ademais, a jurisprudência majoritária entendia que o referido art. 384 da CLT, por ser norma especial, voltada à *proteção do trabalho da mulher*, não era aplicável ao empregado (do gênero masculino), mesmo com fundamento no princípio da igualdade (art. 5.º, inciso I, da Constituição Federal de 1988). Cf. TST, 7.ª T., AIRR 2355600-26.2008.5.09.0006, Rel. Min. Luiz Philippe Vieira de Mello Filho, *DEJT* 13.06.2014.

De todo modo, no STF, entendeu-se que o dispositivo em questão não estaria excluído do alcance de futuras modificações legislativas. Nesse sentido, segundo o voto do Relator: "Antecipo que não considero que essa norma constitua um núcleo irreversível do direito fundamental, ou que implique o mínimo existencial social do direito fundamental da trabalhadora mulher. [...] No futuro, havendo efetivas e reais razões fáticas e políticas para a revogação da norma, ou mesmo para a ampliação do direito a todos os trabalhadores, o espaço para esses debates há de ser respeitado, que é o Congresso Nacional" (STF, Pleno, RE 658.312/SC, Rel. Min. Dias Toffoli, j. 27.11.2014).

Nesse contexto, como mencionado, o art. 384 da CLT foi *revogado* pela Lei 13.467/2017.

O Supremo Tribunal Federal fixou a seguinte tese de repercussão geral: "O art. 384 da CLT, em relação ao período anterior à edição da Lei n. 13.467/2017, foi recepcionado pela Constituição Federal de 1988, aplicando-se a todas as mulheres trabalhadoras" (STF, Pleno, RE 658.312/SC, Rel. Min. Dias Toffoli, j. 15.09.2021).

✦ Jurisprudência

Recurso de embargos. Trabalho da mulher. Intervalo para descanso em caso de prorrogação do horário normal. Art. 384 da CLT. Não recepção com o princípio da igualdade entre homens e mulheres. Violação do art. 896 da CLT reconhecida. O art. 384 da CLT está inserido no capítulo que se destina à proteção do trabalho da mulher e contempla a concessão de quinze minutos de intervalo à mulher, no caso de prorrogação da jornada, antes de iniciar o trabalho extraordinário. O tratamento especial, previsto na legislação infraconstitucional, não foi recepcionado pela Constituição Federal ao consagrar no inciso I do art. 5.º que homens e mulheres são iguais em direitos e obrigações. A história da humanidade, e mesmo a do Brasil, é suficiente para reconhecer que a mulher foi expropriada de garantias que apenas eram dirigidas aos homens e é esse o contexto constitucional em que é inserida a regra. Os direitos e obrigações a que se igualam homens e mulheres apenas viabilizam a estipulação de jornada diferenciada quando houver necessidade da distinção, não podendo ser admitida a diferenciação apenas em razão do sexo, sob pena de se estimular discriminação no trabalho entre iguais, que apenas se viabiliza em razão de ordem biológica. As únicas normas que possibilitam dar tratamento diferenciado à mulher dizem respeito àquelas traduzidas na proteção à maternidade, dando à mulher garantias desde a concepção, o que não é o caso, quando se examina apenas o intervalo previsto no art. 384 da CLT, para ser aplicado apenas à jornada de trabalho da mulher intervalo este em prorrogação de jornada, que não encontra distinção entre homem e mulher. Embargos conhecidos e providos (TST, SBDI-I, E-RR 3886/2000-071-09-00.0, Rel. Min. Aloysio Corrêa da Veiga, *DJ* 25.04.2008).

Mulher. Intervalo de 15 minutos antes de labor em sobrejornada. Constitucionalidade do art. 384 da CLT em face do art. 5.º, I, da CF.

1. O art. 384 da CLT impõe intervalo de 15 minutos antes de se começar a prestação de horas extras pela trabalhadora mulher. Pretende-se sua não recepção pela Constituição Federal, dada a plena igualdade de direitos e obrigações entre homens e mulheres decantada pela Carta Política de 1988 (art. 5.º, I), como conquista feminina no campo jurídico.
2. A igualdade jurídica e intelectual entre homens e mulheres não afasta a natural diferenciação fisiológica e psicológica dos sexos, não escapando ao senso comum a patente diferença de compleição física entre homens e mulheres. Analisando o art. 384 da CLT em seu contexto, verifica-se que se trata de norma legal inserida no capítulo que cuida da proteção do trabalho da mulher e que, versando sobre intervalo intrajornada, possui natureza de norma afeta à medicina e segurança do trabalho, infensa à negociação coletiva, dada a sua indisponibilidade (cfr. Orientação Jurisprudencial 342 da SBDI-1 do TST).
3. O maior desgaste natural da mulher trabalhadora não foi desconsiderado pelo Constituinte de 1988, que garantiu diferentes condições para a obtenção da aposentadoria, com menos idade e tempo de contribuição previdenciária para as mulheres (CF, art. 201, § 7.º, I e II). A própria diferenciação temporal da licença-maternidade e paternidade (CF, art. 7.º, XVIII e XIX; ADCT, art. 10, § 1.º) deixa claro que o desgaste físico efetivo é da maternidade. A praxe generalizada, ademais, é a de se postergar o gozo da licença-maternidade para depois do parto, o que leva a mulher, nos meses finais da gestação, a um desgaste físico cada vez maior, o que justifica o tratamento diferenciado em termos de jornada de trabalho e período de descanso.
4. Não é demais lembrar que as mulheres que trabalham fora do lar estão sujeitas a dupla jornada de trabalho, pois ainda realizam as atividades domésticas quando retornam à casa. Por mais que se dividam as tarefas domésticas entre o casal, o peso maior da administração da casa e da educação dos filhos acaba recaindo sobre a mulher.
5. Nesse diapasão, levando-se em consideração a máxima albergada pelo princípio da isonomia, de tratar desigualmente os desiguais na medida das suas desigualdades, ao ônus da dupla missão, familiar e profissional, que desempenha a mulher trabalhadora corresponde o bônus da jubilação antecipada e da concessão de vantagens específicas, em função de suas circunstâncias próprias, como é o caso do intervalo de 15 minutos antes de iniciar uma jornada extraordinária, sendo de se rejeitar a pretensa inconstitucionalidade do art. 384 da CLT. Incidente de inconstitucionalidade em recurso de revista rejeitado (TST, Pleno, IIN-RR 154000-83.2005.5.12.0046, Rel. Min. Ives Gandra Martins Filho, *DEJT* 13.02.2009).

Recurso extraordinário. Repercussão geral reconhecida. Direito do Trabalho e Constitucional. Recepção do art. 384 da Consolidação das Leis do Trabalho pela Constituição Federal de 1988. Constitucionalidade do intervalo de 15 minutos para mulheres trabalhadoras antes da jornada extraordinária. Ausência de ofensa ao princípio da isonomia. Mantida a decisão do Tribunal Superior do Trabalho. Recurso não provido. 1. O assunto corresponde ao Tema n.º 528 da Gestão por Temas da Repercussão Geral do portal do Supremo Tribunal

Federal na internet. 2. O princípio da igualdade não é absoluto, sendo mister a verificação da correlação lógica entre a situação de discriminação apresentada e a razão do tratamento desigual. 3. A Constituição Federal de 1988 utilizou-se de alguns critérios para um tratamento diferenciado entre homens e mulheres: i) em primeiro lugar, levou em consideração a histórica exclusão da mulher do mercado regular de trabalho e impôs ao Estado a obrigação de implantar políticas públicas, administrativas e/ou legislativas de natureza protetora no âmbito do direito do trabalho; ii) considerou existir um componente orgânico a justificar o tratamento diferenciado, em virtude da menor resistência física da mulher; e iii) observou um componente social, pelo fato de ser comum o acúmulo pela mulher de atividades no lar e no ambiente de trabalho – o que é uma realidade e, portanto, deve ser levado em consideração na interpretação da norma. 4. Esses parâmetros constitucionais são legitimadores de um tratamento diferenciado desde que esse sirva, como na hipótese, para ampliar os direitos fundamentais sociais e que se observe a proporcionalidade na compensação das diferenças. 5. Recurso extraordinário não provido, com a fixação das teses jurídicas de que o art. 384 da CLT foi recepcionado pela Constituição Federal de 1988 e de que a norma se aplica a todas as mulheres trabalhadoras (STF, Pleno, RE 658.312/SC, Rel. Min. Dias Toffoli, *DJe* 10.02.2015).

Agravo de instrumento em recurso de revista. Intervalo do art. 384 da CLT. Inaplicabilidade aos trabalhadores do sexo masculino. Inexistência de ofensa ao princípio da igualdade. Discute-se nos autos acerca da extensão aos trabalhadores de sexo masculino do direito conferido às mulheres empregadas de perceberem horas extraordinárias decorrentes da não concessão do intervalo de quinze minutos de que trata o art. 384 da CLT. A gênese desse dispositivo, ao fixar o intervalo para descanso entre a jornada normal e a extraordinária, não concedeu direito desarrazoado às trabalhadoras, mas, ao contrário, objetivou preservar as mulheres do desgaste decorrente do labor em sobrejornada, que é reconhecidamente nocivo a todos os empregados. Julgados recentes desta Corte estabelecem a inaplicabilidade da regra contida no art. 384 da CLT ao trabalhador de sexo masculino, considerando que as distinções fisiológicas e psicológicas entre homens e mulheres justificam a proteção diferenciada ao trabalho da mulher. Portanto, a admissibilidade da revista esbarra no preceito contido no art. 896, § 4.º, da CLT e na Súmula n.º 333 do TST. Agravo de instrumento desprovido (TST, 7.ª T., AIRR 2355600-26.2008.5.09.0006, Rel. Min. Luiz Philippe Vieira de Mello Filho, *DEJT* 13.06.2014).

Art. 385. O descanso semanal será de 24 (vinte e quatro) horas consecutivas e coincidirá no todo ou em parte com o domingo, salvo motivo de conveniência pública ou necessidade imperiosa de serviço, a juízo da autoridade competente, na forma das disposições gerais, caso em que recairá em outro dia.

Parágrafo único. Observar-se-ão, igualmente, os preceitos da legislação geral sobre a proibição de trabalho nos feriados civis e religiosos.

1. DESCANSO SEMANAL DA MULHER

O art. 385 da CLT prevê que o descanso semanal deve ser de 24 horas consecutivas, devendo coincidir no todo ou em parte com o domingo, salvo motivo de conveniência pública ou necessidade imperiosa de serviço, a juízo da autoridade competente, na forma das disposições gerais, caso em que deve recair em outro dia.

Além disso, como é evidente, devem ser observados, igualmente, os preceitos da legislação geral sobre a proibição de trabalho nos feriados civis e religiosos.

✦ Referências legislativas

- Art. 7.º, IX, da CF;
- Lei 605/1949 (Repouso Semanal Remunerado);
- Art. 6.º da Lei 10.101/2000 (Participação nos Lucros e Trabalho em Domingos e Feriados).

Art. 386. Havendo trabalho aos domingos, será organizada uma escala de revezamento quinzenal, que favoreça o repouso dominical.

1. REPOUSO DOMINICAL DA MULHER

Quanto ao art. 386 da CLT, que integra as "Normas de Proteção do Trabalho da Mulher", segundo leciona Sergio Pinto Martins: "É discriminatório o preceito em comentário em relação ao homem, pois não há o mesmo tratamento para aquele na legislação. Deveria, portanto, ser estendido também ao homem, pois é bastante razoável a sua determinação, visando a que de 15 em 15 dias o homem tivesse o repouso aos domingos. De 15 em 15 dias, portanto, o repouso semanal da mulher deverá coincidir com o domingo"[103].

Registre-se o entendimento de que o art. 386 da CLT não seria mais aplicável, por ser vedada a discriminação (art. 3.º, inciso IV, e art. 5.º, inciso XLI, da CF/1988), sabendo-se que homens e mulheres são iguais em direitos e obrigações (art. 5.º, inciso I, da CF/1988), além do que o repouso semanal remunerado deve ser concedido *preferencialmente* aos domingos (art. 7.º, inciso XV, da CF/1988), não se admitindo regra que acarrete desestímulo ao trabalho da mulher (art. 7.º, inciso XX, da CF/1988). Cf. TST, RR-1606-35.2016.5.12.0037, Rel. Min. Dora Maria da Costa. Em sentido divergente: TST, SBDI-I, E-ED-RR - 619-11.2017.5.12.0054, Rel. Min. Augusto César Leite de Carvalho, j. 02.12.2021, *DEJT* 11.02.2022.

No âmbito do Tribunal Superior do Trabalho, firmou-se a posição de que a escala de revezamento quinzenal para concessão do repouso semanal remunerado aos domingos para empregadas mulheres, prevista no art. 386 da CLT, que foi recepcionado pela Constituição Federal de 1988, como norma específica de proteção do trabalho da mulher, deve prevalecer sobre a coincidência do repouso semanal remunerado com o domingo pelo menos uma vez no período máximo de três semanas, prevista no art. 6.º, parágrafo único, da Lei 10.101/2000, aos empregados do comércio em geral (TST, SBDI-I, E-ED-RR-982-80.2017.5.12.0059, Rel. Min. Maria Cristina Irigoyen Peduzzi, *DEJT* 17.06.2022). Cf. ainda STF, RE 1.403.904/SC.

♦ Jurisprudência

Recurso de revista interposto pela reclamada. Aplicabilidade do art. 386 da CLT. 1. No Capítulo III, no qual dispõe sobre a proteção do trabalho da mulher, o art. 386 da CLT estabelece que, "havendo trabalho aos domingos, será organizada uma escala de revezamento quinzenal, que favoreça o repouso dominical". 2. Por sua vez, a Constituição Federal veda a discriminação em razão do sexo, consoante os termos do inciso I do art. 5.º, segundo o qual "homens e mulheres são iguais em direitos e obrigações, nos termos desta Constituição". 3. Se não bastasse, nos termos do art. 7.º, XV, da CF, o repouso semanal remunerado deve ser concedido preferencialmente aos domingos, e o art. 6.º, parágrafo único, da Lei n.º 10.101/00 determina que "o repouso semanal remunerado deverá coincidir, pelo menos uma vez no período máximo de três semanas, com o domingo, respeitadas as demais normas de proteção ao trabalho e outras a serem estipuladas em negociação coletiva". 4. Como se observa, a Constituição Federal, além de consignar que homens e mulheres são iguais em direitos e obrigações, não determina que o repouso semanal remunerado ocorra sempre no dia de domingo, sendo certo haver disposição legal de que o repouso semanal remunerado deverá coincidir, pelo menos uma vez no período máximo de três semanas, com o referido dia. 5. Dentro desse contexto, se as empregadas substituídas tinham assegurada a folga semanal, nos moldes do art. 6.º, parágrafo único, da Lei n.º 10.101/00, têm-se por compensados os demais domingos trabalhados, não havendo falar em condenação ao pagamento do descanso dominical, na forma deferida pelo Tribunal *a quo*, sob pena de ofensa ao princípio constitucional da isonomia, mormente porque, não obstante homens e mulheres diferenciarem-se em alguns pontos, especialmente no concernente ao aspecto fisiológico, esse diferencial não dá amparo ao gozo de mais folgas no dia de domingo às mulheres do que aos homens, já que o gozo da folga semanal em outro dia da semana não resulta em desgaste físico maior. 6. Ademais, o art. 7.º, XX, da CF estabelece a proteção do trabalho da mulher, mediante incentivos específicos, razão pela qual se repelem regras que resultem em desestímulo ao trabalho da mulher, de modo que, com fulcro no referido dispositivo constitucional, tem-se pela aplicabilidade do comando do art. 6.º, parágrafo único, da Lei n.º 10.101/00 a todos os trabalhadores, sem distinção de sexo. Recurso de revista conhecido e provido (TST, 8.ª T., RR-1606-35.2016.5.12.0037, Rel. Min. Dora Maria da Costa, *DEJT* 09.05.2019).

---

103 MARTINS, Sergio Pinto. *Comentários à CLT.* 5. ed. São Paulo: Atlas, 2002. p. 306.

Recurso de embargos regido pelas Leis 13.015/2014 e 13.467/2017. Proteção ao mercado de trabalho da mulher - Art. 7.º, XX, da CF/88. Trabalho aos domingos nas atividades do comércio em geral. Aplicação da escala de revezamento quinzenal prevista no art. 386 da CLT. Cinge-se a controvérsia à aplicação da escala de revezamento que favoreça o descanso semanal com maior frequência aos domingos das mulheres que trabalham em atividade de comércio, dada a aparente antinomia que é suscitada entre o disposto no art. 386 da CLT e no art. 6.º, parágrafo único, da Lei n. 10.101/2000, com redação dada pela Lei n. 11.603/2007. Aplica-se ao caso a *ratio decidendi* fixada pelo Tribunal Pleno do TST, na rejeição da arguição de inconstitucionalidade do art. 384 da CLT, com o posterior endosso do STF que, ao julgar o RE 658.312, com repercussão geral, em sessão virtual concluída em 14/set/2021, firmou a seguinte tese: "O art. 384 da CLT, em relação ao período anterior à edição da Lei n. 13.467/2017, foi recepcionado pela Constituição Federal de 1988, aplicando-se a todas as mulheres trabalhadoras". Antes, as premissas ressaltadas pelo Tribunal Pleno do TST, ao rejeitar a arguição de inconstitucionalidade do art. 384 da CLT, foram substancialmente as de que o "ônus da dupla missão, familiar e profissional, que despenha uma mulher trabalhadora" e "o peso maior da administração da casa e da educação dos filhos acaba recaindo sobre a mulher". Com rigor, essas são as mesmas premissas que justificariam a aplicação da regra protetiva expressamente prevista no art. 386 da CLT, a qual permanece intacta após a denominada "Reforma Trabalhista" (Lei n. 13.467/2017). Em proveito da recepção pela ordem constitucional do art. 386 da CLT e de sua prevalência ante a regra mais abrangente do art. 6.º da Lei n. 10.101/2000, põem-se em enlevo as seguintes premissas jurídicas que, com efeito, repercutem dados e valores culturais: a) o art. 7.º, XX, da Constituição prevê, entre os direitos fundamentais, a "proteção do mercado de trabalho da mulher, mediante incentivos específicos, nos termos da lei", o que induz à relevância de preceitos de lei que viabilizem progressivamente o ingresso das mulheres no mundo institucional do trabalho, sem embargo do tempo maior que dedicam à reprodução, formação e sociabilização da força de trabalho (cabe redarguir, como argumento *ad terrorem* e em desalinho com dados estatísticos, a ilação de ser a proteção das condições de trabalho da mulher um fator de redução da sua empregabilidade); b) em respeito à tridimensionalidade da norma jurídica, e agora sob o prisma histórico-cultural, é tempo de o Direito inverter a lógica perversa de desconsiderar ou comprometer o tempo dedicado à reprodução (trabalho reprodutivo) da fonte de trabalho mediante a atribuição à mulher de trabalho produtivo em condição incompatível com a sua função biológica, econômica e social; c) o art. 386 da CLT revela um estágio evolutivo na concretização do art. 7.º, XX, da Constituição que não comporta retrocesso se a restrição que se busca, por meio da atividade jurisdicional e *de lege ferenda*, não atende à exigência de ser "medida compatível com a natureza desses direitos e exclusivamente com o objetivo de favorecer o bem-estar geral em uma sociedade democrática" (art. 4.º do Pacto Internacional sobre Direitos Econômicos, Sociais e Culturais); d) a progressividade dos direitos humanos e fundamentais - prevista no art. 2.º.1 do Pacto Internacional sobre Direitos Econômicos, Sociais e Culturais, no art. 26 da Convenção Americana de Direitos Humanos e, na espécie, no *caput* do art. 7.º da Constituição - reveste-se de caráter normativo e se submete ao controle jurisdicional, consoante vem de decidir a Corte Interamericana de Direitos Humanos desde o caso Acevedo Buendía e outros *vs* Peru; e) o critério da especialidade, entre aqueles que servem à resolução de antinomias entre normas jurídicas, não é oponível à prevalência do art. 386 da CLT, em lugar do art. 6.º da Lei n. 10.101/2000, dado que é aquele, e não este, o dispositivo que veicula a norma especial, vale dizer: da norma generalíssima contida na Lei n. 605/1949, raiz de todo o debate, destacam-se os destinatários da Lei n. 10.101/2000 (art. 6.º), ou seja, todos os trabalhadores do comércio, e, dentre estes, destacam-se as mulheres trabalhadoras no comércio em geral - tuteladas, com maior especificidade, pelo art. 386 da CLT. Do contrário, a proteção de outros grupos vulneráveis potencialmente ativados no comércio - como crianças, adolescentes, idosos, pessoas com deficiência ou povos originários - estaria inviabilizada ante a predominância da regra consagrada, para todos, e todos indistintamente, na Lei n. 10.101/2000. Recurso de embargos conhecido e provido (TST, SBDI-I, E-ED-RR-619-11.2017.5.12.0054, Rel. Min. Augusto César Leite de Carvalho, *DEJT* 11.02.2022).

Seção IV – Dos Métodos e Locais de Trabalho

Art. 387. Revogado pela Lei 7.855, de 24.10.1989.

Art. 388. Em virtude de exame e parecer da autoridade competente, o Ministro do Trabalho, Indústria e Comércio poderá estabelecer derrogações totais ou parciais às proibições a que alude o artigo anterior, quando tiver desaparecido, nos serviços considerados perigosos ou insalubres, todo e qualquer caráter perigoso ou prejudicial mediante a aplicação de novos métodos de trabalho ou pelo emprego de medidas de ordem preventiva.

1. MÉTODOS E LOCAIS DE TRABALHO DA MULHER

Quanto aos métodos e locais de trabalho, o art. 388 da CLT, sobre trabalho perigoso e insalubre, restou prejudicado pela revogação do art. 387 da CLT, pela Lei 7.855/1989.

Art. 389. Toda empresa é obrigada:

I – a prover os estabelecimentos de medidas concernentes à higienização dos métodos e locais de trabalho, tais como ventilação e iluminação e outros que se fizerem necessários à segurança e ao conforto das mulheres, a critério da autoridade competente;

II – a instalar bebedouros, lavatórios, aparelhos sanitários; dispor de cadeiras ou bancos, em número suficiente, que permitam às mulheres trabalhar sem grande esgotamento físico;

III – a instalar vestiários com armários individuais privativos das mulheres, exceto os estabelecimentos comerciais, escritórios, bancos e atividades afins, em que não seja exigida a troca de roupa e outros, a critério da autoridade competente em matéria de segurança e higiene do trabalho, admitindo-se como suficientes as gavetas ou escaninhos, onde possam as empregadas guardar seus pertences;

IV – a fornecer, gratuitamente, a juízo da autoridade competente, os recursos de proteção individual, tais como óculos, máscaras, luvas e roupas especiais, para a defesa dos olhos, do aparelho respiratório e da pele, de acordo com a natureza do trabalho.

§ 1.º Os estabelecimentos em que trabalharem pelo menos 30 (trinta) mulheres com mais de 16 (dezesseis) anos de idade terão local apropriado onde seja permitido às empregadas guardar sob vigilância e assistência os seus filhos no período da amamentação.

§ 2.º A exigência do § 1.º poderá ser suprida por meio de creches distritais mantidas, diretamente ou mediante convênios, com outras entidades públicas ou privadas, pelas próprias empresas, em regime comunitário, ou a cargo do SESI, do SESC, da LBA ou de entidades sindicais.

1. PERÍODO DE AMAMENTAÇÃO

As regras do art. 389, pertinentes à segurança, medicina e higiene do trabalho, não diferem, essencialmente, das normas gerais previstas no Capítulo V, do Título II, da CLT.

Os estabelecimentos em que trabalharem pelo menos 30 mulheres com mais de 16 anos de idade devem ter local apropriado onde seja permitido às empregadas guardar sob vigilância e assistência os seus filhos no período da amamentação.

Essa exigência pode ser suprida por meio de creches distritais mantidas, diretamente ou mediante convênios, com outras entidades públicas ou privadas, pelas próprias empresas, em regime comunitário, ou a cargo do SESI, do SESC, de entidades assistenciais ou de entidades sindicais.

Nos termos do art. 121 da Portaria 671/2021 do Ministério do Trabalho e Previdência, ficam as empresas e empregadores autorizados a adotar o sistema de reembolso-creche, em substituição à exigência contida no § 1.º do art. 389 da CLT, desde que obedeçam às seguintes exigências:

I – o reembolso-creche deve cobrir, integralmente, as despesas efetuadas com o pagamento da creche de livre escolha da empregada-mãe, ou outra modalidade de prestação de serviços dessa natureza, pelo menos até os seis meses de idade da criança, nas condições, prazos e valor estipulados em acordo ou convenção coletiva, sem prejuízo do cumprimento dos demais preceitos de prestação à maternidade;

II – o benefício deve ser concedido a toda empregada-mãe, independentemente do número de mulheres do estabelecimento, e sem prejuízo do cumprimento dos demais preceitos de proteção à maternidade;

III – as empresas e empregadores devem dar ciência às empregadas da existência do sistema e dos procedimentos necessários para a utilização do benefício, com a afixação de avisos em locais visíveis e de fácil acesso para os empregados, ou por meio de comunicação escrita ou por meio eletrônico;

IV – o reembolso-creche deve ser efetuado até o terceiro dia útil da entrega do comprovante das despesas efetuadas, pela empregada-mãe, com a mensalidade da creche.

A implantação do sistema de reembolso-creche depende de prévia estipulação em acordo ou convenção coletiva (art. 122 da Portaria 671/2021 do Ministério do Trabalho e Previdência).

Por se tratar de mero reembolso da mencionada despesa, relativa ao direito assistencial-social, entende-se não possuir natureza salarial (art. 458, § 2.º, inciso II, da CLT).

Foi instituído o Programa Emprega + Mulheres, destinado à inserção e à manutenção de mulheres no mercado de trabalho por meio da implementação, entre outras, da seguinte medida para apoio à parentalidade na primeira infância: pagamento de reembolso-creche (art. 1.º, inciso I, alínea "a", da Lei 14.457/2022).

Sendo assim, ficam os empregadores autorizados a adotar o benefício de reembolso-creche, de que trata o art. 28, § 9.º, alínea "s", da Lei 8.212/1991, desde que cumpridos os seguintes requisitos: I – ser o benefício destinado ao pagamento de creche ou de pré-escola de livre escolha da empregada ou do empregado, bem como ao ressarcimento de gastos com outra modalidade de prestação de serviços de mesma natureza, comprovadas as despesas realizadas; II – ser o benefício concedido à empregada ou ao empregado que possua filhos com até cinco anos e 11 meses de idade, sem prejuízo dos demais preceitos de proteção à maternidade; III – ser dada ciência pelos empregadores às empregadas e aos empregados da existência do benefício e dos procedimentos necessários à sua utilização; IV – ser o benefício oferecido de forma não discriminatória e sem a sua concessão configurar premiação (art. 2.º da Lei 14.457/2022).

Ato do Poder Executivo federal deve dispor sobre os limites de valores para a concessão do reembolso-creche e as modalidades de prestação de serviços aceitas, incluído o pagamento de pessoa física.

A implementação do reembolso-creche fica condicionada à formalização de acordo individual, de acordo coletivo ou de convenção coletiva de trabalho (art. 3.º da Lei 14.457/2022). O acordo ou a convenção deve estabelecer condições, prazos e valores, sem prejuízo do cumprimento dos demais preceitos de proteção à maternidade.

A opção por acordo individual para formalizar a medida prevista no art. 3.º da Lei 14.457/2022 somente pode ser realizada: I – nos casos de empresas ou de categorias de trabalhadores para as quais não haja acordo coletivo ou convenção coletiva de trabalho celebrados; ou II – se houver acordo coletivo ou convenção coletiva de trabalho celebrados, se o acordo individual a ser celebrado contiver medidas mais vantajosas à empregada ou ao empregado que o instrumento coletivo vigente (art. 21 da Lei 14.457/2022).

Os valores pagos a título de reembolso-creche: não possuem natureza salarial; não se incorporam à remuneração para quaisquer efeitos; não constituem base de incidência de contribuição previdenciária ou do Fundo de Garantia do Tempo de Serviço (FGTS); não configuram rendimento tributável da empregada ou do empregado (art. 4.º da Lei 14.457/2022).

Os estabelecimentos em que trabalharem pelo menos 30 mulheres com mais de 16 anos de idade devem ter local apropriado onde seja permitido às empregadas guardar sob vigilância e assistência os seus filhos no período da amamentação (art. 5.º da Lei 14.457/2022).

Os empregadores que adotarem o benefício do reembolso-creche previsto nos arts. 2.º, 3.º e 4.º da Lei 14.457/2022 para todos os empregados e empregadas que possuam filhos com até cinco anos e 11 meses de idade ficam desobrigados da instalação de local apropriado para a guarda e a assistência de filhos de empregadas no período da amamentação, nos termos do art. 5.º da Lei 14.457/2022.

Ainda nessa matéria, cabe lembrar a previsão do art. 7.º, inciso XXV, da Constituição Federal de 1988 (com redação determinada pela Emenda Constitucional 53/2006), assegurando o direito de assistência gratuita aos filhos e dependentes desde o nascimento até os cinco anos de idade em creches e pré-escolas.

Por sua vez, o art. 208, inciso IV, da Constituição da República (com redação determinada pela Emenda Constitucional 53/2006) estabelece o dever do Estado com a educação, a ser efetivado, entre outros modos, mediante a garantia de educação infantil, em creche e pré-escola, às crianças até cinco anos de idade.

Discute-se, por isso, se essa concessão de creche é um dever do Poder Público, do setor privado, da empresa (empregador), ou do chamado "terceiro setor" (integrado pelas instituições e organizações, sem fins lucrativos, que exercem atividades de cunho ou interesse social).

O Supremo Tribunal Federal fixou a seguinte tese de repercussão geral: "1. A educação básica em todas as suas fases – educação infantil, ensino fundamental e ensino médio – constitui direito fundamental de todas as crianças e jovens, assegurado por normas constitucionais de eficácia plena e aplicabilidade direta e imediata. 2. A educação infantil compreende creche (de zero a 3 anos) e a pré-escola (de 4 a 5 anos). Sua oferta pelo Poder Público pode ser exigida individualmente, como no caso examinado neste processo. 3. O Poder Público tem o dever jurídico de dar efetividade integral às normas constitucionais sobre acesso à educação básica" (STF, Pleno, RE 1.008.166/SC, Rel. Min. Luiz Fux, j. 22.09.2022).

Como explicita o art. 209 da Constituição Federal, o ensino é livre à iniciativa privada. A assistência social (integrando a seguridade social) também comporta medidas e ações que não são restritas ao Poder Público, mas também podem ser de iniciativa da sociedade. Logo, a organização de creches, como importante atividade de cunho assistencial e social, não é um dever exclusivo do Poder Público. Nada impede que os particulares, ou seja, o setor privado e o terceiro setor, *também* atuem nessa importante atividade, em benefício da própria sociedade. Por isso, aliás, é que o art. 389, §§ 1.º e 2.º, permanece em vigor. O Poder Público, portanto, não detém a exclusividade nessa atuação assistencial, podendo *fomentar* o seu exercício pelos particulares, até mesmo com incentivos e subvenções sociais (Lei 4.320, de 17 de março de 1964, art. 16), tendo em vista tratar-se de atividade de grande importância para a sociedade.

Art. 390. Ao empregador é vedado empregar a mulher em serviço que demande o emprego de força muscular superior a 20 (vinte) quilos para o trabalho continuo, ou 25 (vinte e cinco) quilos para o trabalho ocasional.

Parágrafo único. Não está compreendida na determinação deste artigo a remoção de material feita por impulsão ou tração de vagonetes sobre trilhos, de carros de mão ou quaisquer aparelhos mecânicos.

1. LIMITE DE PESO NO TRABALHO DA MULHER

Ao empregador é proibido contratar a mulher em serviço que demande o emprego de força muscular superior a 20 quilos para o trabalho contínuo, ou 25 quilos para o trabalho ocasional.

Não está compreendida nessa determinação a remoção de material feita por impulsão ou tração de vagonetes sobre trilhos, de carros de mão ou quaisquer aparelhos mecânicos.

Art. 390-A. Vetado. Incluído pela Lei 9.799, de 1999.

Art. 390-B. As vagas dos cursos de formação de mão de obra, ministrados por instituições governamentais, pelos próprios empregadores ou por qualquer órgão de ensino profissionalizante, serão oferecidas aos empregados de ambos os sexos.

Art. 390-C. As empresas com mais de cem empregados, de ambos os sexos, deverão manter programas especiais de incentivos e aperfeiçoamento profissional da mão de obra.

Art. 390-D. Vetado. Incluído pela Lei 9.799, de 1999.

Art. 390-E. A pessoa jurídica poderá associar-se a entidade de formação profissional, sociedades civis, sociedades cooperativas, órgãos e entidades públicas ou entidades sindicais, bem como firmar convênios para o desenvolvimento de ações conjuntas, visando à execução de projetos relativos ao incentivo ao trabalho da mulher.

1. CURSOS DE FORMAÇÃO DE MÃO DE OBRA

A adequada qualificação profissional exige que os empregados estejam em constante aperfeiçoamento, o que é de interesse não apenas dos trabalhadores, mas também dos empregadores, do poder público e da própria sociedade. Desse modo, os cursos de formação de mão de obra podem ser ministrados por instituições governamentais, pelos próprios empregadores ou por qualquer órgão de ensino profissionalizante.

As vagas dos referidos cursos devem ser oferecidas aos empregados de ambos os sexos.

2. PROGRAMAS DE INCENTIVOS E APERFEIÇOAMENTO PROFISSIONAL

Com o objetivo de maior qualificação profissional, inclusive para a realização da atividade laborativa com eficiência e adequação, as empresas com mais de 100 empregados, de ambos os sexos, devem manter programas especiais de incentivos e aperfeiçoamento profissional da mão de obra.

3. INCENTIVO AO TRABALHO DA MULHER

O art. 7.º, inciso XX, da Constituição da República, prevê o direito à proteção do mercado de trabalho da mulher, mediante incentivos específicos, nos termos da lei.

Nesse enfoque, o empregador, especialmente a pessoa jurídica, pode se associar a entidade de formação profissional, sociedades civis, sociedades cooperativas, órgãos e entidades públicas ou entidades sindicais, bem como firmar convênios para o desenvolvimento de ações conjuntas, com o objetivo de executar projetos relativos ao incentivo ao trabalho da mulher.

Seção V – Da Proteção à Maternidade

Art. 391. Não constitui justo motivo para a rescisão do contrato de trabalho da mulher o fato de haver contraído matrimônio ou de encontrar-se em estado de gravidez.

Parágrafo único. Não serão permitidos em regulamentos de qualquer natureza, contratos coletivos ou individuais de trabalho, restrições ao direito da mulher ao seu emprego, por motivo de casamento ou de gravidez.

1. PROTEÇÃO À MATERNIDADE

Obviamente, não constitui justo motivo para a rescisão do contrato de trabalho da mulher, o fato de haver contraído matrimônio ou de encontrar-se em estado de gravidez. Isso porque é vedada a discriminação contra a mulher que se casa ou engravida.

Além disso, em regulamentos de qualquer natureza, convenções e acordos coletivos ou contratos individuais de trabalho, não são permitidas restrições ao direito da mulher ao seu emprego, por motivo de casamento ou de gravidez.

✦ Jurisprudência

Recurso de revista da reclamante. Controle gestacional. Conduta empresarial ilícita, discriminatória e ofensiva à dignidade das trabalhadoras. Dano moral. Indenização. Foi reconhecida nos autos a existência de um Programa Gestacional instituído por uma das prepostas da empresa, no intuito de conciliar as gravidezes das empregadas com o atendimento das demandas de trabalho. Inclusive, há notícia de prova documental consistente em planilha elaborada pela gerência, estabelecendo uma fila de preferência para a atividade reprodutiva das trabalhadoras. A comprovação, por si só, da existência de um plano gestacional no âmbito da empresa, acarreta a conclusão de que todas as mulheres em idade reprodutiva envolvidas naquela planta empresarial foram ofendidas em sua dignidade (destacadamente na possibilidade de decidirem com autonomia a respeito de seus projetos de vida, de felicidade e do seu corpo) e em suas intimidade, resultando discriminadas em razão de suas condição feminina. A capacidade do empregador de difundir um clima de intimidação, determinando o comportamento de suas empregadas a partir do estabelecimento desse plano, ou causando-lhes sofrimento pela incapacidade de atendê-lo ou mesmo pelo desejo contrário ao prescrito no plano gravídico, decorre da posição de subordinação jurídica em que os empregados se colocam no âmbito da relação de emprego, revelando um espectro de eficácia que alcança todas aquelas que trabalhavam nas mesmas condições e se enquadravam na prescrição empresarial, ainda que não tenham sido destinatárias diretas da determinação da gerente. O ordenamento jurídico, para além do estabelecimento da igualdade entre homens e mulheres no art. 5.º, I, da Constituição Federal de 1988, já voltou seu olhar para a especial vulnerabilidade das mulheres no mercado de trabalho, em razão das suas responsabilidades reprodutivas, razão por que prescreveu a ilicitude de qualquer conduta voltada ao controle do estado gravídico das trabalhadoras. Nesse sentido, os arts. 373-A e 391, parágrafo único, da CLT. Saliente-se que a pretensão abstrata de estender seu poder empregatício para além das prescrições sobre a organização do trabalho, alcançando a vida, a autonomia e o corpo das trabalhadoras, revela desrespeito grave à dignidade da pessoa humana, que não se despe de sua condição de sujeito, nem da titularidade das decisões fundamentais a respeito da sua própria vida, ao contratar sua força de trabalho em favor de outrem. Está caracterizada, satisfatoriamente, a conduta ilícita e antijurídica do empregador, capaz de ofender a dignidade obreira, de forma culposa. Ao se preocupar exclusivamente com o atendimento de suas necessidades produtivas, constrangendo as decisões reprodutivas das trabalhadoras, a reclamada instrumentaliza a vida das suas empregadas, concebendo-

-as como meio para a obtenção do lucro, e não como fim em si mesmas. Constatada violação dos arts. 5.º, V e X, da Constituição Federal; 373-A e 391, parágrafo único, da CLT; e 186 do Código Civil. Indenização por danos morais que se arbitra no valor de R$ 50.000,00. Recurso de revista conhecido e provido (TST, 7.ª T., RR-755-28.2010.5.03.0143, Rel. Min. Luiz Philippe Vieira de Mello Filho, *DEJT* 19.09.2014).

Art. 391-A. A confirmação do estado de gravidez advindo no curso do contrato de trabalho, ainda que durante o prazo do aviso prévio trabalhado ou indenizado, garante à empregada gestante a estabilidade provisória prevista na alínea "b" do inciso II do art. 10 do Ato das Disposições Constitucionais Transitórias.

Parágrafo único. O disposto no *caput* deste artigo aplica-se ao empregado adotante ao qual tenha sido concedida guarda provisória para fins de adoção.

1. ESTABILIDADE DA EMPREGADA GESTANTE E ADOTANTE

Mesmo que a confirmação da gravidez ocorra no prazo do aviso prévio, ainda que indenizado, assegura-se à empregada gestante a respectiva estabilidade provisória. Isso porque o aviso prévio indenizado integra o tempo de serviço do empregado para fins trabalhistas.

O disposto no art. 391-A da CLT aplica-se ao *empregado adotante ao qual tenha sido concedida guarda provisória para fins de adoção* (art. 391-A, parágrafo único, da CLT, incluído pela Lei 13.509/2017).

Desse modo, a estabilidade provisória prevista no art. 10, inciso II, alínea "b", do Ato das Disposições Constitucionais Transitórias também se aplica ao empregado adotante a quem tiver sido concedida guarda provisória para fins de adoção, ainda que durante o prazo do aviso prévio trabalhado ou indenizado.

Embora o art. 391-A, parágrafo único, da CLT faça menção ao "empregado", a referida garantia de emprego também se aplica, evidentemente e com fundamento no princípio da igualdade (art. 5.º, *caput* e inciso I, da Constituição da República), à *empregada* adotante a quem tiver sido concedida guarda provisória para fins de adoção, ainda que durante o prazo do aviso prévio trabalhado ou indenizado.

Entende-se, assim, que, se a guarda provisória para fins de adoção for concedida durante o prazo do aviso prévio trabalhado ou indenizado, o empregado e/ou a empregada adotante terão direito à estabilidade provisória *até cinco meses após a adoção*. Cf. ainda os comentários ao art. 492 da CLT, item 9.

O art. 391-A, parágrafo único, da CLT não é explícito quanto à hipótese de adoção ou guarda judicial para fins de adoção *conjunta*. Tendo em vista que a lei não faz restrição a respeito do direito à estabilidade provisória, pode-se dizer que *ambos* os adotantes ou guardiães para fins de adoção, caso sejam empregado ou empregada, têm direito à referida garantia de emprego.

Diversamente, tratando-se especificamente da licença-maternidade (que não se confunde com a mencionada estabilidade provisória), o art. 392-A, § 5.º, da CLT é expresso ao estabelecer, de forma restritiva, que a adoção ou guarda judicial conjunta enseja a concessão de *licença-maternidade* a apenas um dos adotantes ou guardiães empregado ou empregada.

A Lei Complementar 146, de 25 de junho de 2014, passou a estabelecer que o direito previsto no art. 10, inciso II, alínea "b", do Ato das Disposições Constitucionais Transitórias deve ser assegurado, nos casos em que ocorrer o falecimento da genitora, a quem detiver a guarda do seu filho.

✦ **Jurisprudência**

Embargos em recurso de revista. Acórdão embargado publicado na vigência da Lei n.º 11.496/2007. Gestante. Estabilidade provisória. Concepção no período correspondente ao aviso prévio indenizado. A Turma, superando o fundamento do E. Tribunal Regional, adotou o entendimento de que verificada a concepção no período do aviso prévio indenizado, tal fato impedia o deferimento do pleito de estabilidade por óbice da Súmula 371/TST. A respeito do aviso prévio, José Augusto Rodrigues Pinto, valendo-se dos ensinamentos de Orlando Gomes e Élson Gottschalk, entende que "[...] o aviso prévio é uma declaração receptícia de vontade (pois o destinatário não pode se opor à aceitação de seus efeitos), de efeito *ex nunc*, correspondendo à ideia de que o pré-avisante pretende denunciar o contrato sem justa causa, como entende, com muita lucidez, Messias Donato" (*Tratado de Direito Material do Trabalho*, LTr, fl. 589). Para o mestre baiano, "Há uma tendência impulsiva e inadvertida para se considerar o aviso prévio um efeito da extinção do contrato individual de emprego. A ideia é, evidentemente, enganosa. O aviso prévio, consoante sua própria adjetivação, precede a extinção contratual [...]" (*idem*, p. 581). Tendo o TRT admitido que a reclamante ficou grávida ainda na vigência do pacto laboral, inevitável o reconhecimento da estabilidade prevista no artigo 10, II, "b", ADCT. O entendimento aqui esposado não fere a diretriz da Súmula-TST-371 gerada por precedentes que não incluíam a situação da empregada gestante. Daí a lição da eminente Ministra Rosa Maria Weber, em acórdão da eg. 3.ª Turma: "Diante da estatura constitucional da garantia, a estabilidade da gestante guarda maior afinidade com o norte presente na segunda parte da Súmula 371/TST, que incorporou a diretriz da OJ 135 de seguinte teor: 'os efeitos da dispensa só se concretizam depois de expirado o benefício previdenciário, sendo irrelevante que tenha sido concedido no período do aviso prévio já que ainda vigorava o contrato de trabalho' [...]. Tem-se por incabível exegese restritiva de norma constitucional que garante, de forma ampla, às empregadas gestantes a manutenção do emprego e a respectiva licença, quando o bem tutelado, em última análise, é a própria vida do nascituro. Apesar de a gravidez não ser patologia, trabalhadora grávida ostenta a mesma fragilidade laboral que se evidencia nos empregados acometidos por doença, sendo mínimas as chances de obter novo emprego enquanto perdurar o estado gravídico e o período de amamentação inicial – que, não por acaso, coincide com o tempo da garantia de emprego. [...] Considerando a subsistência do contrato de trabalho no prazo do aviso prévio, a dignidade da pessoa humana, a função social da empresa, a proteção à maternidade e a regra insculpida no art. 10, II, 'b', do ADCT, razoável a interpretação regional no sentido do alcance da garantia de emprego à empregada que engravida no período do aviso prévio indenizado" (RR-22110026.2007.5.04.0202. Data de publicação: 27.11.2009). Recurso de embargos conhecido e provido (TST, SBDI I, E-ED-RR 249100-26.2007.5.12.0004, Rel. Min. Horácio Raymundo de Senna Pires, *DEJT* 09.04.2010).

Art. 392. A empregada gestante tem direito à licença-maternidade de 120 (cento e vinte) dias, sem prejuízo do emprego e do salário.

§ 1.º A empregada deve, mediante atestado médico, notificar o seu empregador da data do início do afastamento do emprego, que poderá ocorrer entre o 28.º (vigésimo oitavo) dia antes do parto e ocorrência deste.

§ 2.º Os períodos de repouso, antes e depois do parto, poderão ser aumentados de 2 (duas) semanas cada um, mediante atestado médico.

§ 3.º Em caso de parto antecipado, a mulher terá direito aos 120 (cento e vinte) dias previstos neste artigo.

§ 4.º É garantido à empregada, durante a gravidez, sem prejuízo do salário e demais direitos:

I – transferência de função, quando as condições de saúde o exigirem, assegurada a retomada da função anteriormente exercida, logo após o retorno ao trabalho;

II – dispensa do horário de trabalho pelo tempo necessário para a realização de, no mínimo, seis consultas médicas e demais exames complementares.

§ 5.º Vetado. Incluído pela Lei 10.421, de 2002.

1. LICENÇA-GESTANTE E SALÁRIO-MATERNIDADE

A licença-gestante é prevista no art. 7.º, inciso XVIII, da Constituição Federal de 1988, "sem prejuízo do emprego e do salário, com duração de cento e vinte dias".

No período respectivo, assegura-se o chamado salário-maternidade, regulamentado pelos arts. 71 a 73 da Lei 8.213/1991 e Decreto 3.048/1999, arts. 93 a 103.

A Convenção 103 da Organização Internacional do Trabalho, de 1952, promulgada pelo Decreto 58.820/1966 (atualmente Decreto 10.088/2019), estabelece que em caso algum o empregador deverá ficar pessoalmente responsável pelo custo das prestações devidas à mulher gestante que emprega (art. IV, 8). A previsão tem por objetivo evitar a discriminação na admissão e no ingresso da mulher no mercado de trabalho.

Apesar do nome, o salário-maternidade apresenta natureza previdenciária. Cabe à empresa pagar o salário-maternidade, efetivando-se compensação quando do recolhimento das contribuições incidentes sobre a folha de salários e demais rendimentos pagos ou creditados, a qualquer título, à pessoa física ou jurídica que lhe preste serviço (art. 72, § 1.º, da Lei 8.213/1991, acrescentado pela Lei 10.710/2003).

O salário-maternidade da segurada empregada é devido pela Previdência Social enquanto existir relação de emprego, observadas as regras quanto ao pagamento desse benefício pela empresa (art. 97 do Regulamento da Previdência Social). Durante o período de graça, a segurada desempregada faz jus ao recebimento do salário-maternidade, situação em que o benefício deve ser pago diretamente pela previdência social (art. 97, parágrafo único, do Regulamento da Previdência Social, com redação dada pelo Decreto 10.410/2020).

Já a licença-maternidade, em si, é um instituto tipicamente trabalhista, tal como se nota pelo disposto no art. 7.º, inciso XVIII, da Constituição Federal de 1988 e arts. 392 e 392-A da CLT.

O Supremo Tribunal Federal conheceu de ação direta de inconstitucionalidade como arguição de descumprimento de preceito fundamental e, ratificando a medida cautelar, julgou procedente o pedido formulado para conferir interpretação conforme à Constituição ao art. 392, § 1.º, da CLT, assim como ao art. 71 da Lei 8.213/1991 e, por arrastamento, ao art. 93 do seu Regulamento (Decreto 3.048/1999), de modo a se considerar como termo inicial da licença-maternidade e do respectivo salário-maternidade a alta hospitalar do recém-nascido e/ou de sua mãe, o que ocorrer por último, prorrogando-se em todo o período o benefício, quando o período de internação exceder as duas semanas previstas no art. 392, § 2.º, da CLT, e no art. 93, § 3.º, do Decreto 3.048/1999 (STF, Pleno, ADI 6.327/DF, Rel. Min. Edson Fachin, j. 24.10.2022).

No caso de mães de crianças nascidas até 31 de dezembro de 2019 acometidas por sequelas neurológicas decorrentes da síndrome congênita do *zika* vírus, será observado o seguinte: I – a licença-maternidade de que trata o art. 392 da CLT será de 180 dias; II – o salário-maternidade de que trata o art. 71 da Lei 8.213/1991 será devido por 180 dias (art. 5.º da Lei 13.985/2020).

O Supremo Tribunal Federal fixou a seguinte tese de repercussão geral (Tema 1.072): "A mãe servidora ou trabalhadora não gestante em união homoafetiva tem direito ao gozo de licença-maternidade. Caso a companheira tenha utilizado o benefício, fará jus à licença pelo período equivalente ao da licença-paternidade" (STF, Pleno, RE 1.211.446/SP, Rel. Min. Luiz Fux, j. 13.03.2024).

Frise-se que a empregada não presta serviço no período de licença-maternidade, mas recebe a respectiva remuneração, ainda que sob a forma do mencionado benefício previdenciário, tratando-se de hipótese de interrupção do contrato de trabalho.

O art. 28 do Decreto 99.684/1990, regulamentando a Lei 8.036/1990, estabelece ser obrigatório o depósito na conta vinculada do FGTS "também nos casos de interrupção do contrato de trabalho prevista em lei", tais como a "licença à gestante" (inciso IV).

2. PRORROGAÇÃO DA LICENÇA-MATERNIDADE E DA LICENÇA--PATERNIDADE

A Lei 11.770, de 9 de setembro de 2008 (publicada no *DOU* de 10.09.2008), institui o "Programa Empresa Cidadã", destinado a prorrogar: I – por 60 dias a duração da licença-

-maternidade prevista no art. 7.º, inciso XVIII, da Constituição Federal de 1988; II – por 15 dias a duração da licença-paternidade, nos termos da Lei 11.770/2008, além dos cinco dias estabelecidos no art. 10, § 1.º, do Ato das Disposições Constitucionais Transitórias (art. 1.º da Lei 11.770/2008, com redação dada pela Lei 13.257/2016).

Conforme a atual previsão do art. 1.º, § 1.º, da referida Lei 11.770/2008, essa prorrogação:

- deve ser garantida à *empregada da pessoa jurídica que aderir ao Programa*, desde que a empregada a requeira até o final do primeiro mês após o parto, e será concedida imediatamente após a fruição da licença-maternidade de que trata o art. 7.º, inciso XVIII, da Constituição Federal de 1988;
- deve ser garantida ao *empregado da pessoa jurídica que aderir ao Programa*, desde que o empregado a requeira no prazo de dois dias úteis após o parto e comprove participação em programa ou atividade de orientação sobre paternidade responsável.

A prorrogação deve ser garantida, na mesma proporção, à empregada e ao empregado que adotar ou obtiver guarda judicial para fins de adoção de criança (art. 1.º, § 2.º, da Lei 11.770/2008). Ressalte-se que, na atualidade, à empregada que adotar ou obtiver guarda judicial para fins de adoção de *criança ou adolescente* será concedida licença-maternidade (art. 392-A da CLT, com redação dada pela Lei 13.509/2017).

As pessoas jurídicas podem aderir ao Programa Empresa Cidadã por meio de requerimento dirigido à Secretaria Especial da Receita Federal do Brasil do Ministério da Economia (art. 138 do Decreto 10.854/2021).

Foi instituído o Programa Emprega + Mulheres, destinado à inserção e à manutenção de mulheres no mercado de trabalho por meio da implementação, entre outras, da seguinte medida para apoio ao retorno ao trabalho das mulheres após o término da licença-maternidade: flexibilização do usufruto da prorrogação da licença-maternidade, conforme prevista na Lei 11.770/2008 (art. 1.º, inciso IV, alínea "b", da Lei 14.457/2022).

Nesse contexto, a prorrogação por 60 dias da duração da licença-maternidade pode ser compartilhada entre a empregada e o empregado requerente, desde que ambos sejam empregados de pessoa jurídica aderente ao Programa Empresa Cidadã e que a decisão seja adotada conjuntamente, na forma estabelecida em regulamento (art. 1.º, § 3.º, da Lei 11.770/2008, incluído pela Lei 14.457/2022). Nessa hipótese, a prorrogação pode ser usufruída pelo empregado da pessoa jurídica que aderir ao Programa Empresa Cidadã somente após o término da licença-maternidade, desde que seja requerida com 30 dias de antecedência (art. 1.º, § 4.º, da Lei 11.770/2008, incluído pela Lei 14.457/2022).

Fica a empresa participante do Programa Empresa Cidadã autorizada a substituir o período de prorrogação da licença-maternidade de que trata o art. 1.º, inciso I, da Lei 11.770/2008 (60 dias) pela redução de jornada de trabalho em 50% pelo período de 120 dias (art. 1.º-A da Lei 11.770/2008, incluído pela Lei 14.457/2022). São requisitos para efetuar a referida substituição: pagamento integral do salário à empregada ou ao empregado pelo período de 120 dias; e acordo individual firmado entre o empregador e a empregada ou o empregado interessados em adotar a medida. A mencionada substituição pode ser concedida na forma prevista no art. 1.º, § 3.º, da Lei 11.770/2008 (compartilhada entre a empregada e o empregado).

O art. 5.º da Lei 11.770/2008, com redação dada pela Lei 13.257/2016, restringe à "pessoa jurídica tributada com base no lucro real" a possibilidade de deduzir do imposto devido, em cada período de apuração, o total da remuneração integral da empregada e do empregado pago nos dias de prorrogação de sua licença-maternidade e de sua licença-paternidade, vedada a dedução como despesa operacional.

Assim sendo, a rigor, de acordo com a interpretação sistemática da Lei em questão, a referida possibilidade da dedução do imposto apenas pode ocorrer no caso de "pessoa jurídica tributada com base no lucro real".

Presentes os requisitos legais, a prorrogação da duração da licença-maternidade deve ser concedida, iniciando-se imediatamente após a fruição da licença-maternidade de que trata o art. 7.º, inciso XVIII, da Constituição Federal de 1988. Desse modo, uma vez concedida a prorrogação, a empregada fará jus aos 120 dias de licença-maternidade, mais a prorrogação de 60 dias, somando 180 dias no total.

Da mesma forma, presentes os requisitos legais, a prorrogação da licença-paternidade deve ser concedida por 15 dias, além dos cinco dias estabelecidos no art. 10, § 1.º, do Ato das Disposições Constitucionais Transitórias. Logo, concedida a prorrogação, o empregado fará jus a cinco dias de licença-paternidade, mais a prorrogação de 15 dias, somando 20 dias no total.

A licença-maternidade passou a ser devida também à empregada (e mesmo ao empregado) que adotar ou obtiver guarda judicial para fins de adoção da criança (Lei 10.421, de 15 de abril de 2002, a qual acrescentou à CLT o art. 392-A e, à Lei 8.213/1991, o art. 71-A). Em razão disso, o art. 1.º, § 2.º, da Lei 11.770/2008 dispõe que a prorrogação deve ser garantida, na mesma proporção, à empregada e ao empregado que adotar ou obtiver guarda judicial para fins de adoção de criança. Como mencionado, na atualidade, à empregada que adotar ou obtiver guarda judicial para fins de adoção de *criança ou adolescente* será concedida licença-maternidade (art. 392-A da CLT).

O art. 2.º da Lei 11.770/2008 autoriza que a Administração Pública (direta, indireta e fundacional) institua programa que garanta prorrogação da licença-maternidade para suas servidoras, nos termos do que prevê o art. 1.º da referida Lei.

O Decreto 6.690, de 11 de dezembro de 2008, institui no âmbito da Administração Pública federal direta, autárquica e fundacional o Programa de Prorrogação da Licença à Gestante e à Adotante.

O Decreto 8.737/2016, por sua vez, instituiu o Programa de Prorrogação da Licença-Paternidade para os servidores regidos pela Lei 8.112/1990 (art. 1.º). Desse modo, a prorrogação da licença-paternidade deve ser concedida ao servidor público que requeira o benefício no prazo de dois dias úteis após o nascimento ou a adoção e terá duração de 15 dias, além dos cinco dias concedidos pelo art. 208 da Lei 8.112/1990. O disposto no Decreto 8.737/2016 é aplicável a quem adotar ou obtiver guarda judicial para fins de adoção de criança. Considera-se criança a pessoa de até 12 anos de idade incompletos.

Durante o período de prorrogação da licença-maternidade e da licença-paternidade: a empregada tem direito à remuneração integral, nos mesmos moldes devidos no período de percepção do salário-maternidade pago pelo Regime Geral de Previdência Social (RGPS); o empregado tem direito à remuneração integral (art. 3.º da Lei 11.770/2008, com redação dada pela Lei 13.357/2016).

Assim sendo, pode-se concluir que o período de prorrogação da licença-maternidade e da licença-paternidade também tem natureza de *interrupção do contrato de trabalho*, pois, embora ausente a prestação de serviços, a remuneração permanece devida.

No período de prorrogação da licença-maternidade e da licença-paternidade de que trata a Lei 11.770/2008, a empregada e o empregado não podem exercer nenhuma atividade remunerada, e a criança deve ser mantida sob seus cuidados (art. 4.º). Em caso de descumprimento dessa disposição, a empregada e o empregado perdem o direito à prorrogação.

Na realidade, a prorrogação da licença-maternidade e da licença-paternidade, prevista pela Lei 11.770/2008, com as modificações da Lei 13.257/2016, tem como objetivo permitir que a mãe e o pai possam permanecer em contato direto com a criança por mais tempo, facilitando até mesmo, no caso da mãe, o aleitamento materno.

Coerentemente, a consequência por eventual descumprimento dessa previsão é a perda do direito à prorrogação da licença, desde o momento em que ocorrer a inobservância dos referidos deveres.

De acordo com o art. 5.º da Lei 11.770/2008, com redação dada pela Lei 13.257/2016, a *pessoa jurídica tributada com base no lucro real* pode deduzir do imposto devido, em cada período de apuração, o total da remuneração integral da empregada e do empregado que for pago nos dias de prorrogação de sua licença-maternidade e de sua licença-paternidade, vedada a dedução como despesa operacional.

Desse modo, confere-se à pessoa jurídica tributada com base no lucro real a possibilidade de deduzir, do imposto devido, o total da remuneração integral da empregada e do empregado, conforme o caso, referente aos 60 dias de prorrogação de sua licença-maternidade e aos 15 dias de prorrogação de sua licença-paternidade.

A finalidade do disposto no art. 5.º da Lei 11.770/2008 é afastar eventual discriminação no mercado de trabalho, vedada pelo art. 7.º, inciso XXX, da Constituição Federal de 1988, o qual estabelece a proibição de diferença de salários, de exercício de funções e de *critério de admissão por motivo de sexo*, idade, cor ou estado civil. Dessa forma, possibilita-se que a remuneração devida na prorrogação da licença-maternidade e da licença-paternidade seja objeto de dedução do imposto devido pela pessoa jurídica tributada com base no lucro real. Se o empregador tivesse de arcar, definitivamente, com o valor dessa remuneração, sem poder deduzir o valor do imposto devido, poderia passar a evitar a contratação, por exemplo, da mulher, incorrendo em discriminação, o que não é admitido pelo Direito. Mesmo assim, há entendimento de que essa prorrogação da licença-maternidade (por período mais longo do que no caso da licença-paternidade) poderia causar consequências negativas para a admissão da mulher no mercado de trabalho, tendo em vista que o empregador passaria a ter de realizar a sua substituição durante o período em questão. Entretanto, a substituição provisória de empregados, de certo modo, faz parte da rotina das empresas (art. 450 da CLT e Súmula 159 do TST), e a sua possibilidade já existia mesmo no caso da licença-maternidade em si.

Ainda assim, como o direito de prorrogação da licença-maternidade e da licença-paternidade não foi previsto também para as empregadas e aos empregados de "pessoa física ou natural", e mesmo a renúncia fiscal mencionada (art. 5.º) não foi estendida às pessoas jurídicas tributadas com base em lucro presumido e às optantes pelo Regime Especial Unificado de Arrecadação de Tributos e Contribuições devidos pelas Microempresas e Empresas de Pequeno Porte (Simples Nacional – Lei Complementar 123/2006, art. 12), é possível surgirem questionamentos a respeito desse tratamento desigual.

Na realidade, nota-se que a prorrogação da licença-maternidade e da licença-paternidade, com aplicação da renúncia fiscal prevista no art. 5.º da Lei 11.770/2008 (com redação dada pela Lei 13.257/2016), acabou ficando limitada às empresas de maior porte, que são as pessoas jurídicas tributadas com base no lucro real, certamente como forma de limitar a queda nas receitas públicas. Se o empregador não for uma pessoa jurídica que preencha as exigências dos arts. 1.º, § 1.º, e 5.º, e mesmo assim queira conceder prorrogação da licença-maternidade e da licença-paternidade, não terá direito à mencionada renúncia fiscal, de modo que isso seria, em verdade, simples licença remunerada.

Em conformidade com o art. 7.º da Lei 11.770/2008: "O Poder Executivo, com vistas no cumprimento do disposto no inciso II do *caput* do art. 5.º e nos arts. 12 e 14 da Lei Complementar 101, de 4 de maio de 2000, estimará o montante da renúncia fiscal decorrente do disposto nesta Lei e o incluirá no demonstrativo a que se refere o § 6.º do art. 165 da Constituição Federal, que acompanhará o projeto de lei orçamentária cuja apresentação se der após decorridos 60 (sessenta) dias da publicação desta Lei".

Assim sendo, em cumprimento aos preceitos da Lei de Responsabilidade Fiscal, cabe ao Poder Executivo estimar o montante da renúncia fiscal decorrente do disposto na Lei 11.770/2008, mais especificamente de seu art. 5.º, acima analisado. Além disso, o Poder Executivo deve incluir esse montante estimado da renúncia fiscal no "demonstrativo regionalizado do efeito, sobre as receitas e despesas, decorrente de isenções, anistias, remissões, subsídios e benefícios de natureza financeira, tributária e creditícia" (art. 165, § 6.º, da Constituição Federal de 1988), que acompanhará o projeto de lei orçamentária cuja apresentação se der após decorridos 60 dias da publicação da Lei 11.770/2008 (a qual foi publicada no *DOU* de 10.09.2008).

Quanto ao orçamento anual, o Presidente da República deve enviar o respectivo projeto de lei ao Congresso Nacional (art. 84, inciso XXIII, da Constituição Federal de 1988) até quatro meses antes do encerramento do exercício financeiro (art. 35, § 2.º, III, do ADCT, ou seja, até o mês de agosto de cada exercício).

O art. 39 da Lei 13.257/2016 prevê ainda que o Poder Executivo, com vistas ao cumprimento do disposto no art. 5.º, *caput*, inciso II, e nos arts. 12 e 14 da Lei Complementar 101/2000, deve estimar o montante da renúncia fiscal decorrente do disposto no art. 38 da Lei 13.257/2016 (que passou a prever a prorrogação também da licença-paternidade) e o incluirá no demonstrativo a que se refere o art. 165, § 6.º, da Constituição Federal, que acompanhará o projeto de lei orçamentária cuja apresentação se der após decorridos 60 dias da publicação da Lei 13.257/2016.

A Lei 11.770/2008, de acordo com o seu art. 8.º, entrou em vigor na data de sua publicação, "produzindo efeitos a partir do primeiro dia do exercício subsequente àquele em que for implementado o disposto no seu art. 7.º". Em razão disso, é possível entender que a possibilidade de prorrogar por 60 dias a duração da licença-maternidade (art. 1.º), ocorre a partir do primeiro dia do ano de 2010, por ser o exercício subsequente àquele em que se deve realizar o disposto no art. 7.º.

De modo semelhante, o art. 40 da Lei 13.257/2016 dispõe que os seus arts. 38 (que modifica a Lei 11.770/2008) e 39 produzem efeitos a partir do primeiro dia do exercício subsequente àquele em que for implementado o disposto no referido art. 39 do mesmo Diploma Legal.

3. DIREITOS E GARANTIAS DA ADVOGADA GESTANTE, LACTANTE, ADOTANTE OU QUE DER À LUZ E DO ADVOGADO QUE SE TORNA PAI

O Estatuto da Advocacia prevê que são direitos da advogada:

I – *gestante*: a) entrada em tribunais sem ser submetida a detectores de metais e aparelhos de raios X; b) reserva de vaga em garagens dos fóruns dos tribunais;

II – *lactante, adotante ou que der à luz*: acesso a creche, onde houver, ou a local adequado ao atendimento das necessidades do bebê;

III – *gestante, lactante, adotante ou que der à luz*: preferência na ordem das sustentações orais e das audiências a serem realizadas a cada dia, mediante comprovação de sua condição;

IV – *adotante ou que der à luz*: suspensão de prazos processuais quando for a única patrona da causa, desde que haja notificação por escrito ao cliente (art. 7.º-A da Lei 8.906/1994, acrescentado pela Lei 13.363/2016).

Os direitos previstos à *advogada gestante ou lactante* aplicam-se enquanto perdurar, respectivamente, o estado gravídico ou o período de amamentação.

Os direitos assegurados nos incisos II e III do art. 7.º-A da Lei 8.906/1994 à *advogada adotante ou que der à luz* são concedidos pelo prazo previsto no art. 392 da CLT, ou seja, de 120 dias.

O direito assegurado no inciso IV art. 7.º-A da Lei 8.906/1994 à *advogada adotante ou que der à luz* é concedido pelo prazo previsto no § 6.º do art. 313 do CPC de 2015, isto é, de 30 dias, contado a partir da data do parto ou da concessão da adoção, mediante apresentação de certidão de nascimento ou documento similar que comprove a realização do parto, ou de termo judicial que tenha concedido a adoção, desde que haja notificação ao cliente.

O art. 313 do CPC de 2015, nos incisos IX e X, incluídos pela Lei 13.363/2016, dispõe que o processo se suspende: IX – pelo parto ou pela concessão de adoção, quando a advogada responsável pelo processo constituir a única patrona da causa; X – quando o advogado responsável pelo processo constituir o único patrono da causa e tornar-se pai.

No caso do inciso IX do art. 313 do CPC de 2015, o período de suspensão é de 30 dias, contado a partir da data do parto ou da concessão da adoção, mediante apresentação de certidão de nascimento ou documento similar que comprove a realização do parto, ou de termo judicial que tenha concedido a adoção, desde que haja notificação ao cliente.

Na hipótese do inciso X do art. 313 do CPC de 2015, o período de suspensão é de oito dias, contado a partir da data do parto ou da concessão da adoção, mediante apresentação de certidão de nascimento ou documento similar que comprove a realização do parto, ou de termo judicial que tenha concedido a adoção, desde que haja notificação ao cliente.

Frise-se que os direitos e garantias em questão, por serem relativos ao exercício profissional, são assegurados à advogada (gestante, lactante, adotante ou que der à luz) e ao advogado (que se torna pai) em sentido amplo, e não apenas à advogada e ao advogado que sejam empregados.

✦ Jurisprudência

Referendo de medida cautelar. Ação direta de inconstitucionalidade. ADI. Impugnação de complexo normativo que inclui ato anterior à Constituição. Fungibilidade. ADPF. Arguição de descumprimento de preceito fundamental. Requisitos presentes. Conhecimento. Probabilidade do direito. Proteção deficiente. Omissão parcial. Mães e bebês que necessitam de internação prolongada. Necessidade de extensão do período de licença-maternidade e de pagamento de salário-maternidade no período de 120 dias posterior à alta. Proteção à maternidade e à infância como direitos sociais fundamentais. Absoluta prioridade dos direitos das crianças. Direito à convivência familiar. Marco legal da primeira infância. Alta hospitalar que inaugura o período protetivo. 1. Preliminarmente, assento, pela fungibilidade, o conhecimento da presente ação direta de inconstitucionalidade como arguição de descumprimento de preceito fundamental, uma vez que impugnado complexo normativo que inclui ato anterior à Constituição e presentes os requisitos para a sua propositura. 2. Margem de normatividade a ser conformada pelo julgador dentro dos limites constitucionais que ganha relevância no tocante à efetivação dos direitos sociais, que exigem, para a concretização da igualdade, uma prestação positiva do Estado, material e normativa. Possibilidade de conformação diante da proteção deficiente. Precedente RE 778889, Relator(a): Min. Roberto Barroso, Tribunal Pleno, julgado em 10/03/2016. 3. O reconhecimento da qualidade de preceito fundamental derivada dos dispositivos constitucionais que estabelecem a proteção à maternidade e à infância como direitos sociais fundamentais (art. 6.º) e a absoluta prioridade dos direitos das crianças, sobressaindo, no caso, o direito à vida e à convivência familiar (art. 227), qualifica o regime de proteção desses direitos. 4. Além disso, o bloco de constitucionalidade amplia o sistema de proteção desses direitos: artigo 24 da Convenção sobre os Direitos da Criança (Decreto n.º 99.710/1990), Objetivos 3.1 e 3.2 da Agenda ODS 2030 e Estatuto da Primeira Infância (Lei n.º 13.257/2016), que alterou a redação do Estatuto da Criança e do Adolescente (Lei n.º 8.069/1990), a fim de incluir no artigo 8.º, que assegurava o atendimento pré e perinatal, também o atendimento pós-natal. Marco legal que minudencia as preocupações concernentes à alta hospitalar responsável, ao estado puerperal, à amamentação, ao desenvolvimento infantil, à criação de vínculos afetivos, evidenciando a proteção qualificada da primeira infância e, em especial, do período gestacional e pós-natal, reconhecida por esta Suprema Corte no julgamento do HC coletivo das mães e gestantes presas (HC 143641, Relator(a): Min. Ricardo Lewandowski, Segunda Turma, julgado em 20/02/2018, Processo Eletrônico DJe-215 DIVULG 08-10-2018 PUBLIC 09-10-2018). 5. É indisputável que essa importância seja ainda maior em relação a bebês que, após um período de internação, obtêm alta, algumas vezes contando com já alguns meses de vida, mas nem sempre sequer com o peso de um bebê recém-nascido a termo, demandando cuidados especiais em relação a sua imunidade e desenvolvimento. A alta é, então, o momento aguardado e celebrado e é esta data, afinal, que inaugura o período abrangido pela proteção constitucional à maternidade, à infância e à convivência familiar. 6. Omissão inconstitucional relativa nos dispositivos impugnados, uma vez que as crianças ou suas mães que são internadas após o parto são desigualmente privadas do período destinado à sua convivência inicial. 7. Premissas que devem orientar a interpretação do art. 7.º, XVIII, da Constituição, que prevê o direito dos trabalhadores à "licença à gestante, sem prejuízo do emprego e do salário, com a duração de cento e vinte dias." Logo, os cento e vinte dias devem ser considerados com vistas a efetivar a convivência familiar, fundada especialmente na unidade do binômio materno-infantil. 8. O perigo de dano irreparável reside na inexorabilidade e urgência da vida. A cada dia, findam-se licenças-maternidade que deveriam ser estendidas se contadas a partir da alta, com o respectivo pagamento previdenciário do salário-maternidade, de modo a permitir que a licença à gestante tenha, de fato, o período de duração de 120 dias previsto no art. 7.º, XVIII, da Constituição. 9. Presentes o *fumus boni iuris* e o *periculum in mora*, defiro a liminar, a fim de conferir interpretação conforme à Constituição ao artigo 392, § 1.º, da CLT, assim como ao artigo 71 da Lei n.º 8.213/91 e, por arrastamento, ao artigo 93 do seu Regulamento (Decreto n.º 3.048/99), e assim assentar (com fundamento no bloco constitucional e convencional de normas protetivas constante das razões sistemáticas antes explicitadas) a necessidade de prorrogar o benefício, bem como considerar como termo inicial da licença-maternidade e do respectivo salário-maternidade a alta hospitalar do recém-nascido e/ou de sua mãe, o que ocorrer por último, quando o período de internação exceder as duas semanas previstas no art. 392, § 2.º, da CLT, e no art. 93, § 3.º, do Decreto n.º 3.048/99 (STF, Pleno, MC-ADI 6.327/DF, Rel. Min. Edson Fachin, *DJe* 19.06.2020).

✦ Súmulas, Orientações Jurisprudenciais e Precedentes Normativos

Súmula 159 do TST: Substituição de caráter não eventual e vacância do cargo. I – Enquanto perdurar a substituição que não tenha caráter meramente eventual, inclusive nas férias, o empregado substituto fará jus ao salário contratual do substituído. II – Vago o cargo em definitivo, o empregado que passa a ocupá-lo não tem direito a salário igual ao do antecessor.

Art. 392-A. À empregada que adotar ou obtiver guarda judicial para fins de adoção de criança ou adolescente será concedida licença-maternidade nos termos do art. 392 desta Lei. (redação dada pela Lei 13.509, de 2017).

§§ 1.º a 3.º Revogados pela Lei 12.010, de 2009.

§ 4.º A licença-maternidade só será concedida mediante apresentação do termo judicial de guarda à adotante ou guardiã. (Incluído pela Lei 10.421, de 2002)

§ 5.º A adoção ou guarda judicial conjunta ensejará a concessão de licença-maternidade a apenas um dos adotantes ou guardiães empregado ou empregada. (Incluído pela Lei 12.873, de 2013)

1. LICENÇA-MATERNIDADE DO ADOTANTE

Considera-se *criança* a pessoa até 12 anos de idade incompletos, e *adolescente* aquela entre 12 e 18 anos de idade (art. 2.º da Lei 8.069/1990).

Como se pode notar do art. 392-C da CLT, o homem também passou a ter o direito à licença em questão, no caso de adoção (ou guarda judicial para fins de adoção).

2. LICENÇA-MATERNIDADE DA MÃE ADOTANTE

O salário-maternidade, com a Lei 10.421, de 15 de abril de 2002 (publicada no *DOU* de 16.04.2002, a qual acrescentou à CLT o art. 392-A e, à Lei 8.213/1991, o art. 71-A), também passou a ser devido à segurada da Previdência Social que *adotar ou obtiver guarda judicial para fins de adoção da criança*.

Da mesma forma que o salário-maternidade da gestante, trata-se de benefício previdenciário, a ser pago pelo INSS, o que impede a discriminação na admissão da mulher (art. 7.º, incisos XX e XXX, da Constituição Federal de 1988), que poderia se verificar caso o salário do período de licença ficasse a cargo do empregador.

Além disso, a mencionada disposição legal concretiza o comando do art. 201, inciso II, da Constituição Federal, no sentido de que a previdência social, nos termos da lei, atenderá a "proteção à maternidade".

Aplicam-se ao mencionado benefício, estendido em favor da segurada adotante, todas as regras em vigor, pertinentes ao salário-maternidade (Lei 8.213/1991, arts. 72 e 73, com redação determinada pelas Leis 9.876/1999 e 10.710/2003).

O art. 392-A da CLT passou a prever que à empregada que adotar ou obtiver guarda judicial para fins de adoção de *criança ou adolescente* deve ser concedida *licença-maternidade* nos termos do art. 392 da CLT.

Deve-se ressaltar não existir vício de inconstitucionalidade nessa previsão legal. Embora o art. 7.º, inciso XVIII, da Constituição Federal de 1988 assegure o direito de licença somente "à gestante" (e não à mãe adotante), jamais veda que a lei ordinária estenda-o para o caso de adoção ou guarda judicial para fins de adoção de criança ou adolescente.

O art. 7.º da Constituição Federal prevê direitos que representam um patamar mínimo, que pode e deve ser suplantado pelas diversas fontes de direito, em conformidade com os princípios de proteção e da norma mais favorável.

Frise-se que "a proteção à maternidade e à infância" (e não somente à gestante) é um dos direitos sociais, com assento constitucional (art. 6.º da Lei Maior). Com a adoção da criança pela empregada, esta se torna mãe, o que a faz merecer a proteção legal.

Quanto aos filhos havidos por adoção, merece destaque a norma contida no art. 227, § 6.º, da Constituição Federal, que estabelece: "Os *filhos*, *havidos* ou não da relação do casamento, ou *por adoção*, terão os mesmos direitos e qualificações, proibidas quaisquer designações discriminatórias relativas à filiação" (destaquei).

Mesmo sendo a empregada a titular do direito à licença-maternidade, e não a criança (ou adolescente) propriamente, não se pode negar que esta também é diretamente beneficiada pela possibilidade de gozar da presença constante da mãe durante o período do afastamento, favorecendo a adaptação no seio familiar e possibilitando os diversos cuidados necessários.

Portanto, a igualdade absoluta entre os filhos, determinada pela Constituição da República, ganhou reforço e prestígio com a extensão da referida licença à mãe adotante.

A Lei 12.010, de 29 de julho de 2009 (*DOU* de 04.08.2009), com entrada em vigor 90 dias após a sua publicação (art. 7.º), além de dispor sobre adoção, revogou os §§ 1.º a 3.º do art. 392-A da CLT, que estabeleciam diversidade de períodos de licença, conforme a idade da criança.

O art. 71-A da Lei 8.213/1991, com redação dada pela Lei 12.873/2013, passou a prever que ao *segurado ou segurada* da Previdência Social que adotar ou obtiver guarda judicial para fins de adoção de criança é devido salário-maternidade pelo período de *120 (cento e vinte) dias*.

O art. 392-A, *caput*, da CLT, com redação dada pela Lei 13.509/2017, prevê que à empregada que adotar ou obtiver guarda judicial para fins de adoção de *criança ou adolescente* será concedida licença-maternidade nos termos do art. 392 da CLT. Esse dispositivo, por sua vez, prevê o direito da empregada gestante à licença-maternidade de 120 dias, sem prejuízo do emprego e do salário.

O § 5.º do art. 392-A, acrescentado pela Lei 12.873/2013, passou a estabelecer que a adoção ou guarda judicial conjunta deve ensejar a concessão de licença-maternidade a apenas um dos adotantes ou guardiães empregado ou empregada.

A Convenção 103 da OIT, de 1952, sobre proteção à maternidade, além de assegurar período de licença de maternidade (art. 3), com direito a prestações em espécie e a assistência médica (art. 4), é expressa ao dispor que "em hipótese alguma, deve o empregador ser tido como pessoalmente responsável pelo custo das prestações devidas às mulheres que ele emprega" (art. 4, item 8). Isso significa que o pagamento no período da licença-maternidade deve sempre ficar a cargo do sistema previdenciário estatal, justamente para se evitar discriminação no mercado de trabalho da mulher, o qual deve ser protegido, "mediante incentivos específicos, nos termos da lei", como prevê o art. 7.º, inciso XX da Constituição da República.

Por fim, sendo a licença-maternidade nas hipóteses de adoção ou guarda para fins de adoção concedida "nos termos do art. 392", o afastamento em questão é "sem prejuízo do emprego e do salário", configurando-se hipótese de interrupção do contrato de trabalho. Não se tratando de gestante, ou seja, da mãe biológica, não há que falar em gravidez, apresentação de atestado médico, nem em períodos pré e pós-parto.

3. PRORROGAÇÃO DA LICENÇA-MATERNIDADE DE MÃE ADOTANTE

Como visto acima, a licença-maternidade passou a ser devida também à empregada (e mesmo ao empregado) que adotar ou obtiver guarda judicial para fins de adoção da criança (art. 392-A da CLT e art. 71-A da Lei 8.213/1991). Logo, o art. 1.º, § 2.º, da Lei 11.770/2008, com redação dada pela Lei 13.257/2016, determina que a prorrogação da licença-maternidade e da licença-paternidade "será garantida, na mesma proporção, também à empregada e ao empregado que adotar ou obtiver guarda judicial para fins de adoção de criança". Frise-se que, na atualidade, à empregada que adotar ou obtiver guarda judicial para fins de adoção de *criança ou adolescente* será concedida licença-maternidade (art. 392-A da CLT, com redação dada pela Lei 13.509/2017).

✦ Jurisprudência

I – Agravo de instrumento. Recurso de revista. Termo inicial da estabilidade provisória da mãe adotante. Direito social à fruição da licença adotante indevidamente obstado. Provável violação do artigo 392-A, § 1.º, da CLT. Agravo de instrumento conhecido e provido. **II – Recurso de revista. Termo inicial da estabilidade provisória da mãe adotante. Direito social à fruição da licença adotante indevidamente obstado.** 1. O art. 7.º, XVIII, do texto constitucional concede licença de cento e vinte dias à gestante, sem prejuízo do emprego e do salário. Para possibilitar o exercício do direito e proteger, antes e depois, a maternidade, o art. 10, II, "b", do ADCT da Constituição Federal de 1988 veda a despedida arbitrária ou sem justa causa da empregada gestante, desde a confirmação da gravidez até cinco meses após o parto. 2. A Constituição utiliza o termo "gestante", mas a licença de cento e vinte dias abrange, nos termos da parte final do art. 7.º, *caput*, da Constituição, o direito social destinado à melhoria das condições de trabalho das mães adotantes, previsto no art. 392-A, da CLT, daí que a utilização da expressão licença-maternidade abrange a licença gestante e a licença adotante. 3. A licença adotante é um direito social, porque tem por fim assegurar a proteção à maternidade (art. 6.º da CF), visando a utilização de um tempo à estruturação familiar que permita a dedicação exclusiva aos interesses necessários ao desenvolvimento saudável da criança. Para a mãe adotante poder alcançar a licença-maternidade sem o risco de ser despedida, é preciso que ela também seja beneficiada pela estabilidade provisória prevista no art. 10, II, "b", do ADCT da Constituição Federal de 1988. 4. A trabalhadora, mãe adotante, ajuizou o processo de adoção em 05.06.2008, mesma data em que recebeu a criança (nascida em 28.05.2008) sob seus cuidados, por autorização da mãe biológica e da Vara da Infância e Juventude. 5. Não tendo ocorrido disputa sobre a guarda, a carecer de decisão judicial que a definisse, tem-se que a estabilidade da trabalhadora, mãe adotante, restou assegurada a partir do momento em que expressou judicialmente o interesse em adotar a criança oferecida, daí computando-se o período de estabilidade, em que compreendida a licença adotante. Ou seja, tem direito ao gozo de licença adotante, com a estabilidade necessária ao exercício do direito até cinco meses após o recebimento da criança a ser adotada. O entendimento de que a autora só se tornaria estável após a conclusão do processo de adoção simplesmente inviabilizaria, como inviabilizou, o exercício do direito à fruição da licença adotante no curso do contrato, contrariando os objetivos do art. 392-A, *caput* e § 4.º, da CLT. 6. Assim como as estabilidades do dirigente sindical e do cipeiro têm início a partir do registro da candidatura e não da eleição, a da mãe adotante tem início a partir do requerimento de adoção e não da sentença transitada em julgado, ainda mais quando há registro de autorização da mãe biológica e da Vara da Infância e Juventude para o recebimento da criança, pela adotante, no mesmo dia em que ajuizada a ação (5/6/2008) e não depois da concretização da guarda provisória (12.06.2008). 7. A estabilidade da mãe adotante tem, evidentemente, marcos inicial e final distintos da mãe gestante. Enquanto a desta tem início a partir da confirmação da gravidez e se estende até cinco meses após o parto, a daquela se situa no período de cinco meses após a concretização do interesse na adoção, em que inserido o período de licença adotante, de cento e vinte dias. 8. Dessa forma, não merece prosperar a [...] dispensa da empregada sem justa causa ocorrida em 11.06.2008, mais precisamente durante o período que corresponderia aos direitos à estabilidade e à fruição da licença adotante, ou seja, exatamente um dia antes da assinatura, em juízo, do termo de guarda e responsabilidade provisória do menor (que já se encontrava com a adotante desde 05.06.2008, por autorização judicial), ao fundamento de que não tinha conhecimento do processo de adoção ou da guarda provisória. Aplica-se aqui, em última análise, a mesma solução dada à gestante, pela jurisprudência trabalhista. Assim como a confirmação da gravidez é fato objetivo, a confirmação do interesse em adotar, quer por meio da conclusão do processo de adoção, quer por meio da guarda provisória em meio ao processo de adoção, quer por meio de requerimento judicial, condicionado à concretização da guarda provisória, é também fato objetivo, a ensejar a estabilidade durante o prazo de cinco meses após a guarda provisória e a fruição da licença correspondente, de cento e vinte dias. 9. Verifica-se, portanto, que a empresa obstou o gozo da licença-adotante, assegurado à empregada a partir do momento em que expressou interesse em adotar a criança oferecida, ou seja, do ajuizamento do processo de adoção. Recurso de revista conhecido, por violação do artigo 392-A da CLT, e provido" (TST, 3.ª T., RR 200600-19.2008.5.02.0085, Rel. Min. Alexandre de Souza Agra Belmonte, *DEJT* 07.08.2015).

Art. 392-B. Em caso de morte da genitora, é assegurado ao cônjuge ou companheiro empregado o gozo de licença por todo o período da licença-maternidade ou pelo tempo restante a que teria direito a mãe, exceto no caso de falecimento do filho ou de seu abandono. (Incluído pela Lei 12.873, de 2013)

Art. 392-C. Aplica-se, no que couber, o disposto nos arts. 392-A e 392-B ao empregado que adotar ou obtiver guarda judicial para fins de adoção. (Incluído pela Lei 12.873, de 2013)

Art. 393. Durante o período a que se refere o art. 392, a mulher terá direito ao salário integral e, quando variável, calculado de acordo com a média dos 6 (seis) últimos meses de trabalho, bem como os direitos e vantagens adquiridos, sendo-lhe ainda facultado reverter à função que anteriormente ocupava.

1. EMPREGADO ADOTANTE

O empregado (homem) que adotar (ou obtiver guarda judicial) também passou a ter o direito da licença-maternidade, de 120 dias.

2. SALÁRIO-MATERNIDADE

A licença-gestante é prevista no art. 7.º, inciso XVIII, da Constituição Federal de 1988, "sem prejuízo do emprego e do salário, com a duração de cento e vinte dias".

No período respectivo, assegura-se o chamado salário-maternidade, regulamentado pelos arts. 71 a 73 da Lei 8.213/1991 e Decreto 3.048/1999, arts. 93 a 103.

A Convenção 103 da Organização Internacional do Trabalho, de 1952, promulgada pelo Decreto 58.820/1966, estabelece que em caso algum o empregador deverá ficar pessoalmente responsável pelo custo das prestações devidas à mulher que emprega, em caso de licença-maternidade. A previsão tem por objetivo evitar a discriminação na admissão e no ingresso da mulher no mercado de trabalho.

Assim, na verdade, o referido direito apresenta natureza previdenciária, e não trabalhista. Por isso, o salário-maternidade não possui natureza salarial ou remuneratória.

Cabe à empresa pagar o salário-maternidade, efetivando-se compensação quando do recolhimento das contribuições incidentes sobre a folha de salários e demais rendimentos pagos ou creditados, a qualquer título, à pessoa física ou jurídica que lhe preste serviço (art. 72, § 1.º, da Lei 8.213/1991, acrescentado pela Lei 10.710/2003).

O salário-maternidade devido à trabalhadora avulsa e à empregada do microempreendedor individual (de que trata o art. 18-A da Lei Complementar 123/2006) deve ser pago diretamente pela Previdência Social (art. 72, § 3.º, da Lei 8.213/1991, com redação dada pela Lei 12.470/2011). Esse pagamento é feito diretamente pela Previdência Social também para os demais segurados (art. 73 da Lei 8.213/1991, com redação determinada pela Lei 10.710/2003), inclusive a empregada doméstica (art. 7.º, parágrafo único, da Constituição Federal de 1988).

O art. 97 do Regulamento da Previdência Social prevê que o salário-maternidade da segurada empregada é devido pela Previdência Social enquanto existir relação de emprego, observadas as regras quanto ao pagamento desse benefício pela empresa.

Na realidade, o benefício em questão é devido enquanto for mantida a qualidade de segurado, nos termos do art. 15 da Lei 8.213/1991. Nesse sentido, durante o período de graça, a segurada desempregada faz jus ao recebimento do salário-maternidade, situação em que o benefício deve ser pago diretamente pela previdência social (art. 97, parágrafo único, do Regulamento da Previdência Social, com redação dada pelo Decreto 10.410/2020).

O mencionado benefício, com a Lei 10.421, de 15 de abril de 2002 (publicada no *DOU* de 16.04.2002, a qual acrescentou à CLT o art. 392-A e, à Lei 8.213/1991, o art. 71-A), também passou a ser devido à segurada da Previdência Social que adotar ou obtiver guarda judicial para fins de adoção da criança.

O art. 71-A da Lei 8.213/1991, com redação dada pela Lei 12.873/2013, passou a prever que ao segurado ou segurada da Previdência Social que adotar ou obtiver guarda judicial para fins de adoção de criança é devido salário-maternidade pelo período de 120 dias.

Além da uniformização do prazo de 120 dias, portanto, o segurado (homem) também passou a ter o direito em questão.

Conforme o art. 71-B da Lei 8.213/1991, acrescentado pela Lei 12.873/2013, no caso de falecimento da segurada ou segurado que fizer jus ao recebimento do salário-maternidade, o benefício deve ser pago, por todo o período ou pelo tempo restante a que teria direito, ao cônjuge ou companheiro sobrevivente que tenha a qualidade de segurado, exceto no caso do falecimento do filho ou de seu abandono, observadas as normas aplicáveis ao salário-

-maternidade. O pagamento desse benefício previdenciário deve ser requerido até o último dia do prazo previsto para o término do salário-maternidade originário (art. 71-B, § 1.º). O benefício em questão deve ser pago diretamente pela Previdência Social durante o período entre a data do óbito e o último dia do término do salário-maternidade originário e será calculado sobre: a remuneração integral, para o empregado e trabalhador avulso; o último salário de contribuição, para o empregado doméstico; 1/12 (um doze avos) da soma dos 12 (doze) últimos salários de contribuição, apurados em um período não superior a 15 (quinze) meses, para o contribuinte individual, facultativo e desempregado; e o valor do salário mínimo, para o segurado especial (art. 71-B, § 2.º).

Cabe frisar que o disposto no art. 71-B da Lei 8.213 é aplicável ao segurado (do gênero masculino) que adotar ou obtiver guarda judicial para fins de adoção (art. 71-B, § 3.º).

Ademais, a percepção do salário-maternidade, inclusive o previsto no art. 71-B da Lei 8.213/1991, está condicionada ao afastamento do segurado do trabalho ou da atividade desempenhada, sob pena de suspensão do benefício (art. 71-C da Lei 8.213/1991, acrescentado pela Lei 12.873/2013).

O art. 392-A da CLT, com redação dada pela Lei 13.509/2017, prevê que à empregada que adotar ou obtiver guarda judicial para fins de adoção de *criança ou adolescente* será concedida *licença-maternidade* nos termos do art. 392 da CLT, que prevê o direito da empregada gestante à licença-maternidade de 120 dias, sem prejuízo do emprego e do salário.

Em caso de morte da genitora, é assegurado ao cônjuge ou companheiro empregado o gozo de licença por todo o período da licença-maternidade ou pelo tempo restante a que teria direito a mãe, exceto no caso de falecimento do filho ou de seu abandono (art. 392-B da CLT, acrescentado pela Lei 12.873/2013).

Afastando quaisquer dúvidas quanto à extensão do direito em estudo também ao empregado (homem), o art. 392-C da CLT, acrescentado pela Lei 12.873/2013, dispõe que se aplica, no que couber, o disposto no art. 392-A e 392-B *ao empregado* que adotar ou obtiver guarda judicial para fins de adoção.

O salário-maternidade, em caso de adoção ou guarda para fins de adoção, da mesma forma que o salário-maternidade da gestante, tem natureza de benefício previdenciário, a ser pago pelo INSS, o que impede a discriminação na admissão da mulher (art. 7.º, incisos XX e XXX, da Constituição Federal de 1988), que poderia se verificar caso o salário do período de licença ficasse a cargo do empregador.

Além disso, a mencionada disposição legal concretiza o comando do art. 201, inciso II, da Constituição Federal, no sentido de que a previdência social, nos termos da lei, atenderá a "proteção à maternidade".

Atendendo ao disposto no art. 195, § 5.º, da Constituição da República, a Lei 10.421/2002, em seu art. 4.º, estabelece: "No caso das seguradas da previdência social adotantes, a alíquota para o custeio das despesas decorrentes desta Lei será a mesma que custeia as seguradas gestantes, disposta no inciso I do art. 22 da Lei 8.212, de 24 de julho de 1991".

A "correspondente fonte de custeio total" da extensão do mencionado benefício é esta contribuição previdenciária a cargo da empresa, não tendo havido qualquer acréscimo de carga contributiva.

A *licença-maternidade*, em si, é um instituto tipicamente trabalhista, tal como se nota pelo disposto no art. 7.º, inciso XVIII, da Constituição Federal de 1988 (pois "emprego" e "salário" denotam a existência de contrato de trabalho) e arts. 392 e 392-A da CLT (que expressamente tratam de "empregada").

Diversamente, o salário-maternidade, com natureza de prestação previdenciária, não se restringe à empregada, pois é um direito da "segurada da Previdência Social" de forma ampla (empregada, empregada doméstica, contribuinte individual, trabalhadora avulsa, segurada especial e segurada facultativa).

✦ Súmulas, Orientações Jurisprudenciais e Precedentes Normativos

Súmula 159 do TST: Substituição de caráter não eventual e vacância do cargo. I – Enquanto perdurar a substituição que não tenha caráter meramente eventual, inclusive nas férias, o empregado substituto fará jus ao salário contratual do substituído. II – Vago o cargo em definitivo, o empregado que passa a ocupá-lo não tem direito a salário igual ao do antecessor.

Art. 394. Mediante atestado médico, à mulher grávida é facultado romper o compromisso resultante de qualquer contrato de trabalho, desde que este seja prejudicial à gestação.

1. RESCISÃO CONTRATUAL DA GESTANTE

Faculta-se à mulher grávida, por meio de atestado médico, romper o compromisso resultante de qualquer contrato de trabalho, desde que este seja prejudicial à gestação. Nesse caso especial, a empregada gestante pode pedir demissão, não tendo o dever de conceder aviso prévio ao empregador.

Art. 394-A. Sem prejuízo de sua remuneração, nesta incluído o valor do adicional de insalubridade, a empregada deverá ser afastada de:

I – atividades consideradas insalubres em grau máximo, enquanto durar a gestação; (incluído pela Lei 13.467/2017)

II – atividades consideradas insalubres em grau médio ou mínimo, [quando apresentar atestado de saúde, emitido por médico de confiança da mulher, que recomende o afastamento] durante a gestação; (incluído pela Lei 13.467/2017) (Cf. ADI 5.938)

III – atividades consideradas insalubres em qualquer grau, [quando apresentar atestado de saúde, emitido por médico de confiança da mulher, que recomende o afastamento] durante a lactação. (incluído pela Lei 13.467/2017) (Cf. ADI 5.938)

§ 1.º Vetado.

§ 2.º Cabe à empresa pagar o adicional de insalubridade à gestante ou à lactante, efetivando-se a compensação, observado o disposto no art. 248 da Constituição Federal, por ocasião do recolhimento das contribuições incidentes sobre a folha de salários e demais rendimentos pagos ou creditados, a qualquer título, à pessoa física que lhe preste serviço. (incluído pela Lei 13.467/2017)

§ 3.º Quando não for possível que a gestante ou a lactante afastada nos termos do *caput* deste artigo exerça suas atividades em local salubre na empresa, a hipótese será considerada como gravidez de risco e ensejará a percepção de salário-maternidade, nos termos da Lei n.º 8.213, de 24 de julho de 1991, durante todo o período de afastamento. (incluído pela Lei 13.467/2017)

1. AFASTAMENTO DA GESTANTE EM ATIVIDADES INSALUBRES

Anteriormente, o art. 394-A, na redação decorrente da Lei 13.287/2016, previa que a empregada gestante ou lactante seria afastada, enquanto durar a gestação e a lactação, de quaisquer atividades, operações ou locais insalubres, devendo exercer suas atividades em local salubre.

O art. 394-A da CLT, com redação dada pela Lei 13.467/2017, dispõe que, sem prejuízo de sua remuneração, *nesta incluído o valor do adicional de insalubridade*, a empregada deve ser afastada de: atividades consideradas insalubres em grau máximo, enquanto durar a gestação; atividades consideradas insalubres em grau médio ou mínimo, [quando apresentar atestado de saúde, emitido por médico de confiança da mulher, que recomende o afastamento] durante a gestação; atividades consideradas insalubres em qualquer grau, [quando apresentar atestado de saúde, emitido por médico de confiança da mulher, que recomende o afastamento] durante a lactação.

O Supremo Tribunal Federal julgou procedente o pedido formulado em ação direta para declarar a inconstitucionalidade da expressão "quando apresentar atestado de saúde, emitido por médico de confiança da mulher, que recomende o afastamento", contida nos incisos II e III do art. 394-A da Consolidação das Leis do Trabalho, inseridos pelo art. 1.º da Lei 13.467/2017 (STF, Pleno, ADI 5.938/DF, Rel. Min. Alexandre de Moraes, j. 29.05.2019).

De acordo com o voto do Relator: "A proteção à maternidade e a integral proteção à criança são direitos irrenunciáveis e não podem ser afastados pelo desconhecimento, impossibilidade ou a própria negligência da gestante ou lactante em juntar um atestado médico, sob pena de prejudicá-la e prejudicar o recém-nascido". Desse modo, ressaltou-se ainda que: "A previsão de determinar o afastamento automático da mulher gestante do ambiente insalubre, enquanto durar a gestação, somente no caso de insalubridade em grau máximo, em princípio, contraria a jurisprudência da Corte que tutela os direitos da empregada gestante e lactante, do nascituro e do recém-nascido lactente, em quaisquer situações de risco ou gravame à sua saúde e bem-estar" (STF, Pleno, ADI 5.938/DF, Rel. Min. Alexandre de Moraes, j. 29.05.2019).

Com isso, as empregadas gestantes e lactantes devem ser afastadas de atividades consideradas insalubres em qualquer grau, durante a gestação e a lactação.

Cabe à empresa pagar o adicional de insalubridade à gestante ou à lactante, efetivando-se a compensação, observado o disposto no art. 248 da Constituição Federal[104], por ocasião do recolhimento das contribuições incidentes sobre a folha de salários e demais rendimentos pagos ou creditados, a qualquer título, à pessoa física que lhe preste serviço (art. 394-A, § 2.º, da CLT, acrescentado pela Lei 13.467/2017).

Quando não for possível que a gestante ou a lactante afastada nos termos do art. 394-A, *caput*, da CLT exerça suas atividades em local salubre na empresa, a hipótese deve ser considerada como *gravidez de risco* e ensejará a percepção de salário-maternidade nos termos da Lei 8.213/1991, durante todo o período de afastamento (art. 394-A, § 3.º, da CLT, acrescentado pela Lei 13.467/2017).

---

104 "Art. 248. Os benefícios pagos, a qualquer título, pelo órgão responsável pelo regime geral de previdência social, ainda que à conta do Tesouro Nacional, e os não sujeitos ao limite máximo de valor fixado para os benefícios concedidos por esse regime observarão os limites fixados no art. 37, XI".

Cabe o registro de que, no caso do art. 394-A, § 3.º, da CLT, por se tratar de extensão de benefício previdenciário (que integra a Seguridade Social), caberia à norma legal indicar a correspondente fonte de custeio total, em atendimento à exigência do art. 195, § 5.º, da Constituição da República.

A previsão em estudo tem como objetivo proteger a saúde da mulher durante os períodos de gestação e de lactação, sabendo-se que as condições insalubres no meio ambiente de trabalho podem causar prejuízos também ao feto ou à criança.

✦ **Jurisprudência**

Direitos sociais. Reforma trabalhista. Proteção constitucional à maternidade. Proteção do mercado de trabalho da mulher. Direito à segurança no emprego. Direito à vida e à saúde da criança. Garantia contra a exposição de gestantes e lactantes a atividades insalubres. 1. O conjunto dos Direitos sociais foi consagrado constitucionalmente como uma das espécies de direitos fundamentais, caracterizando-se como verdadeiras liberdades positivas, de observância obrigatória em um Estado Social de Direito, tendo por finalidade a melhoria das condições de vida aos hipossuficientes, visando à concretização da igualdade social, e são consagrados como fundamentos do Estado Democrático, pelo art. 1.º, IV, da Constituição Federal. 2. A Constituição Federal proclama importantes direitos em seu artigo 6.º, entre eles a proteção à maternidade, que é a *ratio* para inúmeros outros direitos sociais instrumentais, tais como a licença-gestante e o direito à segurança no emprego, a proteção do mercado de trabalho da mulher, mediante incentivos específicos, nos termos da lei, e redução dos riscos inerentes ao trabalho, por meio de normas de saúde, higiene e segurança. 3. A proteção contra a exposição da gestante e lactante a atividades insalubres caracteriza-se como importante direito social instrumental protetivo tanto da mulher quanto da criança, tratando-se de normas de salvaguarda dos direitos sociais da mulher e de efetivação de integral proteção ao recém-nascido, possibilitando seu pleno desenvolvimento, de maneira harmônica, segura e sem riscos decorrentes da exposição a ambiente insalubre (CF, art. 227). 4. A proteção à maternidade e a integral proteção à criança são direitos irrenunciáveis e não podem ser afastados pelo desconhecimento, impossibilidade ou a própria negligência da gestante ou lactante em apresentar um atestado médico, sob pena de prejudicá-la e prejudicar o recém-nascido. 5. Ação Direta julgada procedente (STF, Pleno, ADI 5.938/DF, Rel. Min. Alexandre de Moraes, j. 29.05.2019, *DJe* 23.09.2019).

Art. 395. Em caso de aborto não criminoso, comprovado por atestado médico oficial, a mulher terá um repouso remunerado de 2 (duas) semanas, ficando-lhe assegurado o direito de retornar à função que ocupava antes de seu afastamento.

1. ABORTO NÃO CRIMINOSO

Se o aborto for criminoso, a mulher não tem direito ao repouso remunerado em questão.

Na realidade, conforme o art. 93, § 5.º, do Decreto 3.048/1999 (Regulamento da Previdência Social), com redação dada pelo Decreto 3.668/2000: "Em caso de aborto não criminoso, comprovado mediante atestado médico, a segurada terá direito ao salário-maternidade correspondente a duas semanas".

Art. 396. Para amamentar seu filho, inclusive se advindo de adoção, até que este complete 6 (seis) meses de idade, a mulher terá direito, durante a jornada de trabalho, a 2 (dois) descansos especiais de meia hora cada um.

§ 1.º Quando o exigir a saúde do filho, o período de 6 (seis) meses poderá ser dilatado, a critério da autoridade competente.

§ 2.º Os horários dos descansos previstos no *caput* deste artigo deverão ser definidos em acordo individual entre a mulher e o empregador.

1. INTERVALO PARA AMAMENTAÇÃO

A disposição do art. 396 da CLT é de grande relevância para a saúde e o crescimento saudável da criança, tendo em vista a importância do aleitamento materno nos primeiros meses de vida.

Nem sempre a empregada consegue deixar seu filho, inclusive se advindo de adoção, no local de trabalho ou nas proximidades, dificultando, principalmente em grandes centros urbanos, a observância efetiva da norma em destaque.

Na prática, é comum conceder os mencionados descansos especiais ao final da jornada de trabalho, retornando para casa a empregada uma hora antes de seu término normal.

Discute-se, ainda, quanto à consequência da não concessão do intervalo para amamentação.

Há entendimento de que o intervalo em estudo não é computado na jornada de trabalho, pois assim não estabelece a lei, tornando-se período não remunerado. Nessa linha, a sua inobservância apenas gera infração administrativa.

A corrente diversa tende a ser majoritária e se revela mais adequada, por imprimir à norma maior eficácia, atingindo o seu verdadeiro objetivo.

Nessa linha, considera-se que o tempo durante o qual a empregada tem direito ao descanso, para amamentar o seu filho, deve ser computado na jornada de trabalho, sendo remunerado, sob pena de prejudicar quem trabalha e a própria criança. Defende-se que o caso revela hipótese de interrupção do contrato de trabalho. Tanto é assim que o art. 396, *caput*, da CLT faz referência aos mencionados descansos especiais "durante a jornada de trabalho".

Por isso, deve-se considerar a ausência de concessão do mencionado intervalo como hora extra, a ser remunerada com o adicional de no mínimo 50%.

Importante destacar também que o § 1.º do art. 396 permite a dilação do prazo de seis meses, a critério da autoridade competente, quando o exigir a saúde do filho.

Os horários dos descansos previstos no art. 396, *caput*, da CLT devem ser definidos em *acordo individual* entre a mulher e o empregador (art. 396, § 2.º, da CLT, acrescentado pela Lei 13.467/2017).

Art. 397. O SESI, o SESC, a LBA e outras entidades públicas destinadas à assistência à infância manterão ou subvencionarão, de acordo com suas possibilidades financeiras, escolas maternais e jardins de infância, distribuídos nas zonas de maior densidade de trabalhadores, destinados especialmente aos filhos das mulheres empregadas.

1. ASSISTÊNCIA À INFÂNCIA

Conforme o art. 397 da CLT, o SESI, o SESC, as entidades assistenciais e outras entidades públicas destinadas à assistência à infância devem manter ou subvencionar, de acordo com suas possibilidades financeiras, escolas maternais e jardins de infância, distribuídos nas zonas de maior densidade de trabalhadores, destinados especialmente aos filhos das mulheres empregadas.

Foi instituído o Programa Emprega + Mulheres, destinado à inserção e à manutenção de mulheres no mercado de trabalho por meio da implementação, entre outras, da seguinte medida para apoio à parentalidade na primeira infância: manutenção ou subvenção de instituições de educação infantil pelos serviços sociais autônomos (art. 1.º, inciso I, alínea "b", da Lei 14.457/2022).

Nesse sentido, os seguintes serviços sociais autônomos podem, observado o disposto em suas leis de regência e regulamentos, manter instituições de educação infantil destinadas aos dependentes dos empregados e das empregadas vinculados à atividade econômica a eles correspondente: I – Serviço Social da Indústria (SESI), de que trata o Decreto-Lei 9.403/1946; II – Serviço Social do Comércio (SESC), de que trata o Decreto-Lei 9.853/1946; III – Serviço Social do Transporte (SEST), de que trata a Lei 8.706/1993 (art. 6.º da Lei 14.457/2022).

Art. 398. Revogado pelo Decreto-lei 229, de 28.2.1967.

Art. 399. O Ministro do Trabalho, Indústria e Comércio conferirá diploma de benemerência aos empregadores que se distinguirem pela organização e manutenção de creches e de instituições de proteção aos menores em idade pré-escolar, desde que tais serviços se recomendem por sua generosidade e pela eficiência das respectivas instalações.

Art. 400. Os locais destinados à guarda dos filhos das operárias durante o período da amamentação deverão possuir, no mínimo, um berçário, uma saleta de amamentação, uma cozinha dietética e uma instalação sanitária.

1. DIPLOMA DE BENEMERÊNCIA

O Ministro do Trabalho, de acordo com o art. 399 da CLT, deve conferir diploma de benemerência aos empregadores que se distinguirem pela organização e manutenção de creches e de instituições de proteção aos menores em idade pré-escolar, desde que tais serviços se recomendem por sua generosidade e pela eficiência das respectivas instalações.

2. GUARDA DOS FILHOS DURANTE O PERÍODO DE AMAMENTAÇÃO

Por fim, segundo o art. 400 da CLT, os locais destinados à guarda dos filhos das operárias durante o período da amamentação devem possuir, no mínimo, um berçário, uma saleta de amamentação, uma cozinha dietética e uma instalação sanitária.

Seção VI – Das Penalidades

Art. 401. Pela infração de qualquer dispositivo deste Capítulo, será imposta ao empregador a multa de cem a mil cruzeiros, aplicada, nesta Capital, pela autoridade competente de 1.ª instância do Departamento Nacional do Trabalho, e, nos Estados e Território do Acre, pelas autoridades competentes do Ministério do Trabalho, Indústria e Comércio ou por aquelas que exerçam funções delegadas.

§ 1.º A penalidade será sempre aplicada no grau máximo:

a) se ficar apurado o emprego de artifício ou simulação para fraudar a aplicação dos dispositivos deste Capítulo;

b) nos casos de reincidência.

§ 2.º O processo na verificação das infrações, bem como na aplicação e cobrança das multas, será o previsto no título "Do Processo de Multas Administrativas", observadas as disposições deste artigo.

Arts. 401-A e 401-B. Vetados. Incluídos pela Lei 9.799, de 1999.

1. PENALIDADES

Pela infração de qualquer dispositivo do Capítulo III (sobre proteção do trabalho da mulher) do Título III da CLT (arts. 372 a 400), será imposta ao empregador a multa administrativa prevista no art. 401 da CLT.

A Portaria 667/2021 do Ministério do Trabalho e Previdência, quanto ao art. 401 da CLT, estabelece a multa administrativa no valor mínimo de R$ 80,51 e valor máximo de R$ 805,07, aplicada no grau máximo se ficar apurado o emprego de artifício ou simulação para fraudar a aplicação dos dispositivos e nos casos de reincidência.

2. PROGRAMA EMPREGA + MULHERES

Foi instituído o Programa Emprega + Mulheres, destinado à inserção e à manutenção de mulheres no mercado de trabalho por meio da implementação das seguintes medidas:

I – para apoio à parentalidade na primeira infância: a) pagamento de reembolso-creche; b) manutenção ou subvenção de instituições de educação infantil pelos serviços sociais autônomos;

II – para apoio à parentalidade por meio da flexibilização do regime de trabalho: a) teletrabalho; b) regime de tempo parcial; c) regime especial de compensação de jornada de trabalho por meio de banco de horas; d) jornada de 12 horas trabalhadas por 36 horas ininterruptas de descanso, quando a atividade permitir; e) antecipação de férias individuais; f) horários de entrada e de saída flexíveis;

III – para qualificação de mulheres, em áreas estratégicas para a ascensão profissional: a) suspensão do contrato de trabalho para fins de qualificação profissional; e b) estímulo à ocupação das vagas em cursos de qualificação dos serviços nacionais de aprendizagem por mulheres e priorização de mulheres hipossuficientes vítimas de violência doméstica e familiar;

IV – para apoio ao retorno ao trabalho das mulheres após o término da licença-maternidade: a) suspensão do contrato de trabalho de pais empregados para acompanhamento do desenvolvimento dos filhos; b) flexibilização do usufruto da prorrogação da licença-maternidade, conforme prevista na Lei 11.770/2008;

V – reconhecimento de boas práticas na promoção da empregabilidade das mulheres, por meio da instituição do Selo Emprega + Mulher;

VI – prevenção e combate ao assédio sexual e a outras formas de violência no âmbito do trabalho;

VII – estímulo ao microcrédito para mulheres (art. 1.º da Lei 14.457/2022).

Para os efeitos da Lei 14.457/2022, parentalidade é o vínculo socioafetivo maternal, paternal ou qualquer outro que resulte na assunção legal do papel de realizar as atividades parentais, de forma compartilhada entre os responsáveis pelo cuidado e pela educação das crianças e dos adolescentes, nos termos do art. 22, parágrafo único, da Lei 8.069/1990 (Estatuto da Criança e do Adolescente)[105].

Foi instituído o Selo Emprega + Mulher (art. 24 da Lei 14.457/2022).

São objetivos do Selo Emprega + Mulher: I – reconhecer as empresas que se destaquem pela organização, pela manutenção e pelo provimento de creches e pré-escolas para atender às necessidades de suas empregadas e de seus empregados; II – reconhecer as boas práticas de empregadores que visem, entre outros objetivos: a) ao estímulo à contratação, à ocupação de postos de liderança e à ascensão profissional de mulheres, especialmente em áreas com baixa participação feminina, tais como ciência, tecnologia, desenvolvimento e inovação; b) à divisão igualitária das responsabilidades parentais; c) à promoção da cultura de igualdade entre mulheres e homens; d) à oferta de acordos flexíveis de trabalho; e) à concessão de licenças para mulheres e homens que permitam o cuidado e a criação de vínculos com seus filhos; f) ao efetivo apoio às empregadas de seu quadro de pessoal e das que prestem serviços no seu estabelecimento em caso de assédio, violência física ou psicológica ou qualquer violação de seus direitos no local de trabalho; g) à implementação de programas de contratação de mulheres desempregadas em situação de violência doméstica e familiar e de acolhimento e de proteção às suas empregadas em situação de violência doméstica e familiar.

Para fins do disposto no art. 24 da Lei 14.457/2022, consideram-se violência doméstica e familiar contra a mulher as ações ou as omissões previstas no art. 5.º da Lei 11.340/2006 (Lei Maria da Penha)[106].

As microempresas e as empresas de pequeno porte que receberem o Selo Emprega + Mulher serão beneficiadas com estímulos creditícios adicionais, nos termos do art. 3.º, § 5.º, incisos I e II, da Lei 13.999/2020, que instituiu o Programa Nacional de Apoio às Microempresas e Empresas de Pequeno Porte (Pronampe), cujo objeto é o desenvolvimento e o fortalecimento dos pequenos negócios (art. 25 da Lei 14.457/2022).

As empresas que se habilitarem para o recebimento do Selo Emprega + Mulher devem prestar contas anualmente quanto ao atendimento dos requisitos previstos nesta Lei (art. 26 da Lei 14.457/2022).

A pessoa jurídica detentora do Selo Emprega + Mulher pode utilizá-lo para os fins de divulgação de sua marca, produtos e serviços, vedada a extensão do uso para grupo econômico ou em associação com outras empresas que não detenham o selo (art. 27 da Lei 14.457/2022).

Ato do Ministro de Estado do Trabalho e Previdência deve dispor sobre o regulamento completo do Selo Emprega + Mulher (art. 28 da Lei 14.457/2022).

---

105 A mãe e o pai, ou os responsáveis, têm direitos iguais e deveres e responsabilidades compartilhados no cuidado e na educação da criança, devendo ser resguardado o direito de transmissão familiar de suas crenças e culturas, assegurados os direitos da criança estabelecidos na Lei 8.069/1990 (art. 22, parágrafo único, do Estatuto da Criança e do Adolescente).

106 Configura violência doméstica e familiar contra a mulher qualquer ação ou omissão baseada no gênero que lhe cause morte, lesão, sofrimento físico, sexual ou psicológico e dano moral ou patrimonial: I – no âmbito da unidade doméstica, compreendida como o espaço de convívio permanente de pessoas, com ou sem vínculo familiar, inclusive as esporadicamente agregadas; II – no âmbito da família, compreendida como a comunidade formada por indivíduos que são ou se consideram aparentados, unidos por laços naturais, por afinidade ou por vontade expressa; III – em qualquer relação íntima de afeto, na qual o agressor conviva ou tenha convivido com a ofendida, independentemente de coabitação. As relações pessoais enunciadas no art. 5.º da Lei 11.340/2006 independem de orientação sexual.

Nas operações de crédito do Programa de Simplificação do Microcrédito Digital para Empreendedores (SIM Digital), de que trata a Lei 14.438/2022, devem ser aplicadas condições diferenciadas, exclusivamente quando os beneficiários forem: I – mulheres que exerçam alguma atividade produtiva ou de prestação de serviços, urbana ou rural, de forma individual ou coletiva, na condição de pessoas naturais; II – mulheres, na condição de pessoas naturais e de microempreendedoras individuais no âmbito do Programa Nacional de Microcrédito Produtivo Orientado (PNMPO) (art. 29 da Lei 14.457/2022).

O Sistema Nacional de Emprego (SINE) deve implementar iniciativas com vistas à melhoria da empregabilidade de mulheres, especialmente daquelas: que tenham filho, enteado ou guarda judicial de crianças de até cinco anos de idade; que sejam chefe de família monoparental; ou com deficiência ou com filho com deficiência (art. 31 da Lei 14.457/2022).

CAPÍTULO IV – DA PROTEÇÃO DO TRABALHO DO MENOR

Seção I – Disposições Gerais

Art. 402. Considera-se menor para os efeitos desta Consolidação o trabalhador de quatorze até dezoito anos.

Parágrafo único. O trabalho do menor reger-se-á pelas disposições do presente Capítulo, exceto no serviço em oficinas em que trabalhem exclusivamente pessoas da família do menor e esteja este sob a direção do pai, mãe ou tutor, observado, entretanto, o disposto nos arts. 404, 405 e na Seção II.

1. DENOMINAÇÃO

O termo utilizado pela Consolidação das Leis do Trabalho é "menor", como se verifica no art. 402, seja na redação original, naquela determinada pelo Decreto-lei 229/1967, seja na atual redação, decorrente da Lei 10.097, de 19.12.2000.

A Constituição Federal de 1988, por sua vez, adota a terminologia "criança e adolescente" (arts. 203, inciso II, e 227), o que é seguido pelo Estatuto da Criança e do Adolescente.

Na realidade, o termo *menor* é pouco esclarecedor. Além disso, o trabalhador com menos de 18 anos, em certas situações, pode trabalhar, com que não é propriamente incapaz para essa atividade, mas sim merece a proteção especial da legislação trabalhista.

Por isso, em termos científicos e doutrinários, reconhece-se que a expressão *criança e adolescente* revela-se mais atual, específica e adequada.

Com essa ressalva terminológica é que ambos os termos serão utilizados, pois já consagrados em nosso ordenamento jurídico.

2. CONCEITO

Considera-se menor o trabalhador de 14 até 18 anos (art. 402, *caput*, da CLT).

Por sua vez, o art. 2.º, *caput*, da Lei 8.069/1990 (ECA) explicita que se considera criança "a pessoa de até doze anos de idade incompletos, e adolescente aquela entre doze e dezoito anos de idade".

O parágrafo único do art. 402 da CLT excetua a aplicação das normas de proteção ao trabalho os menores no serviço em oficinas em que trabalhem exclusivamente pessoas da família do menor e esteja este sob a direção do pai, mãe ou tutor.

Essa previsão deve, no entanto, ser interpretada restritivamente, só podendo afastar a incidência da legislação trabalhista na efetiva ausência de vínculo de emprego, por não ser a prestação de serviços feita com subordinação, mas sim no âmbito da relação familiar.

Nos termos da Lei 12.852/2013, "são consideradas jovens as pessoas com idade entre 15 (quinze) e 29 (vinte e nove) anos de idade" (art. 1.º, § 1.º).

Aos adolescentes com idade entre 15 e 18 anos aplicam-se a Lei 8.069/1990 (Estatuto da Criança e do Adolescente), e, excepcionalmente, a referida Lei 12.853/2013 (Estatuto da Juventude), quando não conflitar com as normas de proteção integral do adolescente (art. 1.º, § 2.º).

✦ Súmulas, Orientações Jurisprudenciais e Precedentes Normativos

Orientação Jurisprudencial 26 da SDC do TST: Salário normativo. Menor empregado. Art. 7.º, XXX, da CF/88. Violação. Os empregados menores não podem ser discriminados em cláusula que fixa salário mínimo profissional para a categoria.

✦ Referência legislativa

- Art. 7.º, XXXIII, CF.

Art. 403. É proibido qualquer trabalho a menores de dezesseis anos de idade, salvo na condição de aprendiz, a partir dos quatorze anos.

Parágrafo único. O trabalho do menor não poderá ser realizado em locais prejudiciais à sua formação, ao seu desenvolvimento físico, psíquico, moral e social e em horários e locais que não permitam a frequência à escola.

a) revogada;

b) revogada.

1. IDADE

O art. 403 da Consolidação das Leis do Trabalho, com redação determinada pela Lei 10.097/2000, em consonância com o art. 7.º, inciso XXXIII da Constituição Federal de 1988 e a Emenda Constitucional 20/1998, proíbe qualquer trabalho a menores de 16 anos de idade, salvo na condição de aprendiz, a partir dos 14 anos.

O Supremo Tribunal Federal reconheceu a plena validade constitucional do art. 7.º, inciso XXXIII, da Constituição Federal de 1988, com redação dada pela Emenda Constitucional 20/1998, no sentido de ser vedado "qualquer trabalho a menores de dezesseis anos, salvo na condição de aprendiz, a partir de quatorze anos" (STF, Pleno, ADI 2.096/DF, Rel. Min. Celso de Mello, j. 13.10.2020).

A Lei 8.069/1990, no art. 62, considera como aprendizagem "a formação técnico-profissional ministrada segundo as diretrizes e bases da legislação de educação em vigor". A formação técnico-profissional obedecerá aos seguintes princípios: a) garantia de acesso e frequência obrigatória ao ensino regular; b) atividade compatível com o desenvolvimento do adolescente; c) horário especial para o exercício das atividades.

Ao adolescente aprendiz são assegurados os direitos trabalhistas e previdenciários. O contrato de aprendizagem será analisado no art. 428, fazendo-se remissão para não repetir a matéria. Cabe destacar que a Lei Complementar 123/2006, no art. 51, inciso III, dispensa as microempresas e as empresas de pequeno porte de empregar e matricular seus aprendizes nos cursos dos Serviços Nacionais de Aprendizagem.

2. SERVIÇOS PREJUDICIAIS

O menor merece proteção especial e integral, por sua condição de pessoa em desenvolvimento.

Por isso, o trabalho do menor não pode ser: em locais prejudiciais à sua formação; em locais prejudiciais ao seu desenvolvimento físico, psíquico, moral e social; em horários e locais que não permitam a frequência à escola.

Art. 404. Ao menor de 18 (dezoito) anos é vedado o trabalho noturno, considerado este o que for executado no período compreendido entre as 22 (vinte e duas) e as 5 (cinco) horas.

1. TRABALHO NOTURNO

Ao menor de 18 anos é proibido o trabalho noturno, sendo este considerado o que for executado, no meio urbano, no período compreendido entre as 22 e as 5 horas.

No âmbito rural, a Lei 5.889/1973, art. 7.º, considera trabalho noturno o executado: entre as 21 horas de um dia e as 5 horas do dia seguinte, na lavoura; entre as 20 horas de um dia e as 4 horas do dia seguinte, na pecuária.

A justificativa para a referida proibição é de ser efetivamente prejudicial ao pleno desenvolvimento do menor o labor em horário noturno.

✦ Referência legislativa

- Art. 7.º, XXXIII, CF.

Art. 405. Ao menor não será permitido o trabalho:

I – nos locais e serviços perigosos ou insalubres, constantes de quadro para esse fim aprovado pelo DiretorGeral do Departamento de Segurança e Higiene do Trabalho;

II – em locais ou serviços prejudiciais à sua moralidade.

§ 1.º Revogado pela Lei 10.097, de 19.12.2000.

§ 2.º O trabalho exercido nas ruas, praças e outros logradouros dependerá de prévia autorização do Juiz de Menores, ao qual cabe verificar se a ocupação é indispensável à sua própria subsistência ou à de seus pais, avós ou irmãos e se dessa ocupação não poderá advir prejuízo à sua formação moral.

§ 3.º Considera-se prejudicial à moralidade do menor o trabalho:

a) prestado de qualquer modo, em teatros de revista, cinemas, boates, cassinos, cabarés, dancings e estabelecimentos análogos;

b) em empresas circenses, em funções de acrobata, saltimbanco, ginasta e outras semelhantes;

c) de produção, composição, entrega ou venda de escritos, impressos, cartazes, desenhos, gravuras, pinturas, emblemas, imagens e quaisquer outros objetos que possam, a juízo da autoridade competente, prejudicar sua formação moral;

d) consistente na venda, a varejo, de bebidas alcoólicas.

§ 4.º Nas localidades em que existirem, oficialmente reconhecidas, instituições destinadas ao amparo dos menores jornaleiros, só aos que se encontrem sob o patrocínio dessas entidades será outorgada a autorização do trabalho a que alude o § 2.º.

§ 5.º Aplica-se ao menor o disposto no art. 390 e seu parágrafo único.

1. TRABALHO PERIGOSO E INSALUBRE

O art. 7.º, inciso XXXIII, da Constituição Federal de 1988 proíbe o trabalho "perigoso ou insalubre" a menores de 18 anos.

A vedação possui evidente justificativa, em face da proteção integral à criança e ao adolescente, como pessoa em desenvolvimento.

Desse modo, ao menor não é permitido o trabalho nos locais e serviços perigosos ou insalubres, constantes de quadros para esse fim aprovados pelo Diretor do Departamento de Segurança e Saúde no Trabalho.

O Decreto 6.481, de 12 de junho de 2008, aprovou a Lista das Piores Formas do Trabalho Infantil, em que o item I arrola os trabalhos prejudiciais à saúde e à segurança e o item II descreve os trabalhos prejudiciais à moralidade.

Essa classificação específica de atividades, locais e trabalhos prejudiciais à saúde, à segurança e à moral, nos termos da Lista das Piores Formas do Trabalho Infantil (Lista TIP), como decorre do princípio da proteção integral à criança e ao adolescente, não é extensiva aos trabalhadores maiores de 18 anos. Os trabalhos técnicos ou administrativos são permitidos, desde que realizados fora das áreas de risco à saúde, à segurança e à moral.

O art. 67, inciso II, da Lei 8.069/1990, além de vedar o trabalho perigoso e insalubre, também proíbe o trabalho do menor em atividades penosas, suprindo a omissão da Constituição Federal de 1988, no art. 7.º, inciso XXXIII.

Embora o conceito de trabalho penoso ainda não esteja regulamentado pela legislação trabalhista (art. 7.º, inciso XXIII, da CF), pode-se entender que todo trabalho mais gravoso à saúde ou à segurança do menor fica vedado.

O art. 405, inciso II, da CLT reitera não ser permitido o trabalho do menor em locais ou serviços prejudiciais à sua moralidade. No presente, o já mencionado Decreto 6.481/2008, que aprovou a Lista das Piores Formas de Trabalho Infantil, em seu item II, arrola os "Trabalhos Prejudiciais à Moralidade".

A autorização judicial para o trabalho exercido nas ruas e praças é para o adolescente que já tem 16 anos e, mesmo assim, se presentes os requisitos indicados no § 2.º do art. 405.

Nas localidades em que existirem, e forem oficialmente reconhecidas instituições destinadas ao amparo dos menores jornaleiros, só aos que se encontrem sob o patrocínio dessas entidades será outorgada a referida autorização do trabalho.

Considera-se prejudicial à moralidade do menor o trabalho: prestado de qualquer modo, em teatros de revista, cinemas, boates, cassinos, cabarés, "dancings" e estabelecimentos análogos; em empresas circenses, em funções de acrobata, saltimbanco, ginasta e outras semelhantes; de produção, composição, entrega ou venda de escritos, impressos, cartazes, desenhos, gravuras, pinturas, emblemas, imagens e quaisquer outros objetos que possam, a juízo da autoridade competente, prejudicar sua formação moral; consistente na venda, a varejo, de bebidas alcoólicas.

Ao empregador é vedado empregar o menor em serviço que demande o emprego de força muscular superior a 20 quilos para o trabalho contínuo, ou 25 quilos para o trabalho ocasional. Não está compreendida nessa determinação a remoção de material feita por impulsão ou tração de vagonetes sobre trilhos, de carros de mão ou quaisquer aparelhos mecânicos (art. 390, parágrafo único, da CLT).

Essa diferença, quanto ao limite de peso aplicado ao menor, é mais do que justificada, por sua condição de pessoa ainda em formação física.

✦ Referência legislativa

- Art. 7.º, XXXIII, CF.

Art. 406. O Juiz de Menores poderá autorizar ao menor o trabalho a que se referem as letras "a" e "b" do § 3.º do art. 405:

I – desde que a representação tenha fim educativo ou a peça de que participe não possa ser prejudicial à sua formação moral;

II – desde que se certifique ser a ocupação do menor indispensável à própria subsistência ou à de seus pais, avós ou irmãos e não advir nenhum prejuízo à sua formação moral.

1. PARTICIPAÇÃO DA CRIANÇA E DO ADOLESCENTE EM PROGRAMAS DE TELEVISÃO E DE TEATRO

É comum verificar a participação de adolescentes, e mesmo de crianças, em programas de televisão e de teatro. Permite-se essa atividade apenas quando não possa gerar qualquer prejuízo ao menor, sendo admitida como forma de manifestação do direito fundamental de liberdade de expressão (art. 5.º, inciso IX, da Constituição Federal de 1988). Mesmo não tendo a criança idade mínima, exigida pelo texto constitucional, a participação em referidos programas seria excepcionalmente admitida, mediante autorização judicial, desde que ausente qualquer prejuízo ao menor, com fundamento no princípio da razoabilidade, bem como por ser considerada, preponderantemente e em essência, uma atividade artística, e não um trabalho ou emprego propriamente.

Ainda quanto ao tema, o art. 8.º da Convenção 138 da OIT prevê que a autoridade competente, após consulta às organizações de empregadores e de trabalhadores concernentes, se houver, poderá, mediante licenças concedidas em casos individuais, permitir exceções quanto à proibição de emprego ou trabalho prevista no art. 2.º da referida Convenção (sobre idade mínima para admissão a emprego ou trabalho), para finalidades como a *participação em representações artísticas*. Ainda assim, as licenças dessa natureza devem limitar o número de horas de duração do emprego ou trabalho e estabelecer as condições em que é permitido.

Art. 407. Verificado pela autoridade competente que o trabalho executado pelo menor é prejudicial à sua saúde, ao seu desenvolvimento físico ou a sua moralidade, poderá ela obrigá-lo a abandonar o serviço, devendo a respectiva empresa, quando for o caso, proporcionar ao menor todas as facilidades para mudar de funções.

Parágrafo único. Quando a empresa não tomar as medidas possíveis e recomendadas pela autoridade competente para que o menor mude de função, configurar-se-á a rescisão do contrato de trabalho, na forma do art. 483.

1. ABANDONO DE SERVIÇO OU MUDANÇA DE FUNÇÃO DO MENOR

É dever do empregador, na hipótese do art. 407, proporcionar ao menor todas as facilidades para mudar de serviço (art. 426 da CLT).

Como o art. 407 da CLT não estabelece distinção ou restrição, é possível entender que a "autoridade", ali indicada, pode ser não só o juiz da infância e da juventude, o juiz do trabalho, como o auditor-fiscal do trabalho, conforme a hipótese em concreto.

Se a empresa não tomar as medidas possíveis e recomendadas pela autoridade competente para que o menor mude de função, configura-se a rescisão do contrato de trabalho, na forma do art. 483 (despedida indireta).

Tem-se, no caso, hipótese específica de despedida indireta pertinente ao trabalho prejudicial ao empregado menor.

Art. 408. Ao responsável legal do menor é facultado pleitear a extinção do contrato de trabalho, desde que o serviço possa acarretar para ele prejuízos de ordem física ou moral.

Art. 409. Para maior segurança do trabalho e garantia da saúde dos menores, a autoridade fiscalizadora poderá proibir-lhes o gozo dos períodos de repouso nos locais de trabalho.

1. EXTINÇÃO DO CONTRATO DE TRABALHO DO MENOR

Faculta-se ao responsável legal do menor pleitear a extinção do contrato de trabalho, desde que o serviço possa acarretar para ele prejuízos de ordem física ou moral.

2. PROIBIÇÃO DE REPOUSO NOS LOCAIS DE TRABALHO

Para maior segurança do trabalho e garantia da saúde dos menores, a autoridade fiscalizadora pode proibir-lhes o gozo dos períodos de repouso nos locais de trabalho.

Art. 410. O Ministro do Trabalho, Indústria e Comércio poderá derrogar qualquer proibição decorrente do quadro a que se refere a alínea "a" do art. 405 quando se certificar haver desaparecido, parcial ou totalmente, o caráter perigoso ou insalubre, que determinou a proibição.

1. PROIBIÇÃO DO TRABALHO PERIGOSO E INSALUBRE AOS MENORES DE 18 ANOS

O art. 7.º, inciso XXXIII, da Constituição Federal de 1988 proíbe o trabalho perigoso e insalubre aos menores de 18 anos, não admitindo quaisquer exceções. Com isso, pode-se dizer que o dispositivo em questão foi derrogado pelo mencionado preceito constitucional.

Seção II – Da Duração do Trabalho

Art. 411. A duração do trabalho do menor regular-se-á pelas disposições legais relativas à duração do trabalho em geral, com as restrições estabelecidas neste Capítulo.

Art. 412. Após cada período de trabalho efetivo, quer contínuo, quer dividido em 2 (dois) turnos, haverá um intervalo de repouso, não inferior a 11(onze) horas.

1. DURAÇÃO DO TRABALHO DO MENOR

A duração do trabalho do menor regula-se pelas disposições legais relativas à duração do trabalho em geral, com as restrições aqui apresentadas.

2. INTERVALO INTERJORNADA DO MENOR

O art. 412 repete a disposição do art. 66, ambos da CLT, no sentido de que, após cada período de trabalho efetivo, quer contínuo, quer dividido em dois turnos, haverá um intervalo de repouso, não inferior a 11 horas.

Art. 413. É vedado prorrogar a duração normal diária do trabalho do menor, salvo:

I – até mais 2 (duas) horas, independentemente de acréscimo salarial, mediante convenção ou acordo coletivo nos termos do Título VI desta Consolidação, desde que o excesso de horas em um dia seja compensado pela diminuição em outro, de modo a ser observado o limite máximo de 48 (quarenta e oito) horas semanais ou outra inferior legalmente fixada;

II – excepcionalmente, por motivo de força maior, até o máximo de 12 (doze) horas, com acréscimo salarial de, pelo menos, 25% (vinte e cinco por cento) sobre a hora normal e desde que o trabalho do menor seja imprescindível ao funcionamento do estabelecimento.

Parágrafo único. Aplica-se à prorrogação do trabalho do menor o disposto no art. 375, no parágrafo único do art. 376, no art. 378 e no art. 384 desta Consolidação.

Art. 414. Quando o menor de 18 (dezoito) anos for empregado em mais de um estabelecimento, as horas de trabalho em cada um serão totalizadas.

1. PRORROGAÇÃO DA JORNADA DE TRABALHO DO MENOR

Em regra, é vedado prorrogar a duração normal diária do trabalho do menor, salvo nas seguintes situações excepcionais previstas nos incisos I e II do art. 413 da CLT.

Anteriormente, em caso de prorrogação do horário normal do menor, era obrigatório um descanso de 15 minutos, no mínimo, antes do início do período extraordinário do trabalho, pois o art. 413, parágrafo único, fazia remissão ao art. 384 da CLT. Entretanto, como esse último dispositivo foi revogado pela Lei 13.467/2017, entende-se que a mencionada previsão não é mais aplicável.

2. VÍNCULOS TRABALHISTAS DO MENOR COM MAIS DE UM EMPREGADOR

Esse dispositivo pode ser interpretado como se referindo à existência de vínculos de emprego com mais de um empregador. Assim, ainda que implicitamente, o dispositivo confirma a possibilidade de trabalhar em mais de um emprego, não sendo a exclusividade requisito do contrato de trabalho.

No entanto, se um dos empregadores, de boa-fé, não tem conhecimento de que o menor trabalha em outra empresa, aquele não pode ser penalizado.

Seção III – Da Admissão em Emprego e da Carteira de Trabalho e Previdência Social

Art. 415. Haverá a Carteira de Trabalho e Previdência Social para todos os menores de 18 anos, sem distinção do sexo, empregados em empresas ou estabelecimentos de fins econômicos e daqueles que lhes forem equiparados.

Parágrafo único. Revogado pela Lei 13.874/2019.

Art. 416. Os menores de 18 anos só poderão ser admitidos, como empregados, nas empresas ou estabelecimentos de fins econômicos e naqueles que lhes forem equiparados, quando possuidores da carteira a que se refere o artigo anterior, salvo a hipótese do art. 422.

Art. 417. Revogado pela Lei 13.874/2019.

1. REVOGAÇÃO DO PARÁGRAFO ÚNICO DO ART. 415 E DO ART. 417

O parágrafo único do art. 415 e o art. 417 da CLT foram revogados pela Lei 13.874/2019.

O Decreto-Lei 926/1969 instituiu a Carteira de Trabalho e Previdência Social, que substituiu a Carteira Profissional, *a Carteira de Trabalho do Menor* e a Carteira Profissional do Trabalhador Rural.

Sendo assim, pode-se entender que o parágrafo único do art. 415 e o art. 417 da CLT já estavam tacitamente revogados pelo mencionado Decreto-Lei 926/1969.

Art. 418. Revogado pela Lei 7.855, de 24.10.1989.

Arts. 419 a 422. Revogados pela Lei 13.874/2019.

Art. 423. O empregador não poderá fazer outras anotações na carteira de trabalho e previdência social além das referentes ao salário, data da admissão, férias e saída.

1. REVOGAÇÃO DOS ARTS. 418 E 419

O art. 418 da CLT foi revogado pela Lei 7.855/1989.

O art. 419 da CLT foi revogado pela Lei 13.874/2019.

Pode-se dizer que o art. 419 da CLT já não tinha mais aplicação, pois estava prejudicado em face da Lei 5.686/1971.

2. REVOGAÇÃO DOS ARTS. 420 A 422

Os arts. 420, 421 e 422 da CLT foram revogados pela Lei 13.874/2019.

O Decreto-Lei 926/1969 instituiu a Carteira de Trabalho e Previdência Social, que substituiu a Carteira Profissional, *a Carteira de Trabalho do Menor* e a Carteira Profissional do Trabalhador Rural.

Sendo assim, pode-se dizer que os arts. 420 a 422 já estavam tacitamente revogados pelo mencionado Decreto-Lei 926/1969.

Seção IV – Dos Deveres dos Responsáveis Legais de Menores e dos Empregadores da Aprendizagem

Art. 424. É dever dos responsáveis legais de menores, pais, mães, ou tutores, afastá-los de empregos que diminuam consideravelmente o seu tempo de estudo, reduzam o tempo de repouso necessário à sua saúde e constituição física, ou prejudiquem a sua educação moral.

Art. 425. Os empregadores de menores de 18 (dezoito) anos são obrigados a velar pela observância, nos seus estabelecimentos ou empresas, dos bons costumes e da decência pública, bem como das regras da segurança e da medicina do trabalho.

Art. 426. É dever do empregador, na hipótese do art. 407, proporcionar ao menor todas as facilidades para mudar de serviço.

1. RESPONSÁVEIS LEGAIS

Como prevê o art. 424 da CLT, é dever dos responsáveis legais de menores, pais, mães, ou tutores, afastá-los de empregos que: diminuam consideravelmente o seu tempo de estudo; reduzam o tempo de repouso necessário à sua saúde e constituição física; ou prejudiquem a sua educação moral.

2. EMPREGADOR E AUTORIDADE COMPETENTE

Com o fim de preservar a integridade física e moral dos empregados menores de 18 anos, os empregadores devem respeitar os bons costumes e a decência pública nos locais de labor, bem como as regras de segurança e medicina do trabalho.

3. MUDANÇA DE SERVIÇO DO MENOR

Nos casos previstos no art. 407 da CLT, ou seja, quando o trabalho realizado é prejudicial à sua saúde, ao seu desenvolvimento físico ou a sua moralidade, cabe ao empregador proporcionar ao empregado menor todas as condições que permitam mudar de serviço.

Art. 427. O empregador, cuja empresa ou estabelecimento ocupar menores, será obrigado a conceder-lhes o tempo que for necessário para a frequência às aulas.

Parágrafo único. Os estabelecimentos situados em lugar onde a escola estiver a maior distância que 2 (dois) quilômetros, e que ocuparem, permanentemente, mais de 30 (trinta) menores analfabetos, de 14 (quatorze) a 18 (dezoito) anos, serão obrigados a manter local apropriado em que lhes seja ministrada a instrução primária.

1. ESTABELECIMENTO COM MENORES

O empregador, cuja empresa ou estabelecimento ocupar menores, é obrigado a conceder-lhes o tempo que for necessário para a frequência às aulas.

Os estabelecimentos situados em lugar onde a escola estiver a maior distância que dois quilômetros, e que ocuparem, permanentemente, mais de 30 menores analfabetos, de 14 a 18 anos, são obrigados a manter local apropriado em que lhes seja ministrada a instrução primária.

✦ **Referência legislativa**

- Art. 227, § 3.º, da CF.

Art. 428. Contrato de aprendizagem é o contrato de trabalho especial, ajustado por escrito e por prazo determinado, em que o empregador se compromete a assegurar ao maior de 14 (quatorze) e menor de 24 (vinte e quatro) anos inscrito em programa de aprendizagem formação técnico-profissional metódica, compatível com o seu desenvolvimento físico, moral e psicológico, e o aprendiz, a executar com zelo e diligência as tarefas necessárias a essa formação.

§ 1.º A validade do contrato de aprendizagem pressupõe anotação na Carteira de Trabalho e Previdência Social, matrícula e frequência do aprendiz na escola, caso não haja concluído o ensino médio, e inscrição em programa de aprendizagem desenvolvido sob orientação de entidade qualificada em formação técnico-profissional metódica.

§ 2.º Ao aprendiz, salvo condição mais favorável, será garantido o salário mínimo hora.

§ 3.º O contrato de aprendizagem não poderá ser estipulado por mais de 2 (dois) anos, exceto quando se tratar de aprendiz portador de deficiência.

§ 4.º A formação técnico-profissional a que se refere o *caput* deste artigo caracteriza-se por atividades teóricas e práticas, metodicamente organizadas em tarefas de complexidade progressiva desenvolvidas no ambiente de trabalho.

§ 5.º A idade máxima prevista no *caput* deste artigo não se aplica a aprendizes portadores de deficiência.

§ 6.º Para os fins do contrato de aprendizagem, a comprovação da escolaridade de aprendiz com deficiência deve considerar, sobretudo, as habilidades e competências relacionadas com a profissionalização.

§ 7.º Nas localidades onde não houver oferta de ensino médio para o cumprimento do disposto no § 1.º deste artigo, a contratação do aprendiz poderá ocorrer sem a frequência à escola, desde que ele já tenha concluído o ensino fundamental.

§ 8.º Para o aprendiz com deficiência com 18 (dezoito) anos ou mais, a validade do contrato de aprendizagem pressupõe anotação na CTPS e matrícula e frequência em programa de aprendizagem desenvolvido sob orientação de entidade qualificada em formação técnico-profissional metódica.

1. EMPREGADO APRENDIZ

O aprendiz é o empregado vinculado ao empregador pelo respectivo contrato de trabalho de aprendizagem.

O art. 7.º, inciso XXXIII, da Constituição Federal de 1988, na redação determinada pela Emenda Constitucional 20/1998, autoriza o trabalho como aprendiz a partir dos 14 anos.

O art. 428 da CLT, na redação anterior (inclusive naquela determinada pela Lei 10.097/2000), permitia o contrato de aprendizagem até 18 anos. Com a Lei 11.180, de 23 de setembro de 2005, o referido limite máximo foi aumentado para 24 anos, o que representou inovação em nosso Direito, pois a menoridade, mesmo para fins trabalhistas, cessa aos 18 anos de idade (art. 402 da CLT).

Mesmo assim, cabe destacar que, de acordo com o art. 53 do Decreto 9.579/2018, a contratação de aprendizes deve atender, prioritariamente, aos adolescentes com idade entre 14 e 18 anos[107]. Trata-se de previsão em sintonia com a teleologia do sistema jurídico e do próprio instituto da aprendizagem, conferindo-se prioridade a quem dela necessita.

Frise-se, ainda, que de acordo com o § 5.º do art. 428 da CLT, acrescentado pela mesma Lei 11.180/2005, a idade máxima prevista no *caput* do art. 428 (24 anos) não se aplica aos "aprendizes portadores de deficiência". No caso do aprendiz com deficiência com 18 anos ou mais, a validade do contrato de aprendizagem exige anotação na CTPS, bem como

[107] A contratação de aprendizes deve atender, prioritariamente, aos adolescentes com idade entre 14 e 18 anos, exceto quando: I – as atividades ocorrerem no interior do estabelecimento e sujeitarem os aprendizes à insalubridade ou à periculosidade sem que se possa elidir o risco ou realizá-las integralmente em ambiente simulado; II – a lei exigir, para o desempenho das atividades práticas, licença ou autorização vedada para pessoa com idade inferior a 18 anos; III – a natureza das atividades práticas for incompatível com o desenvolvimento físico, psicológico ou moral dos adolescentes aprendizes (art. 53 do Decreto 9.579/2018, com redação dada pelo Decreto 11.479/2023). As atividades práticas da aprendizagem a que se refere o art. 53 do Decreto 9.579/2018 podem ser atribuídas, quando for o caso, a jovens aprendizes com idade entre 18 e 24 anos. A seleção de aprendizes deve priorizar a inclusão de jovens e adolescentes em situação de vulnerabilidade ou risco social, tais como: I – adolescentes egressos do sistema socioeducativo ou em cumprimento de medidas socioeducativas; II – jovens em cumprimento de pena no sistema prisional; III – jovens e adolescentes cujas famílias sejam beneficiárias de programas de transferência de renda; IV – jovens e adolescentes em situação de acolhimento institucional; V – jovens e adolescentes egressos do trabalho infantil; VI – jovens e adolescentes com deficiência; VII – jovens e adolescentes matriculados em instituição de ensino da rede pública, em nível fundamental, médio regular ou médio técnico, incluída a modalidade de educação de jovens e adultos; VIII – jovens desempregados e com ensino fundamental ou médio concluído em instituição de ensino da rede pública.

matrícula e frequência em programa de aprendizagem (desenvolvido sob orientação de entidade qualificada em formação técnico-profissional metódica).

Por se tratar de contrato de trabalho especial, por prazo determinado, o contrato de aprendizagem não pode ser estipulado por mais de dois anos, "exceto quando se tratar de aprendiz portador de deficiência", conforme art. 428, § 3.º, da CLT (com redação determinada pela Lei 11.788, de 25.09.2008).

Na condição de empregado, o aprendiz faz jus aos diversos direitos trabalhistas, ainda que presentes certas peculiaridades.

De acordo com o art. 15, § 7.º, da Lei 8.036/1990, acrescentado pela Lei 10.097/2000, os contratos de aprendizagem terão alíquota do FGTS (a ser depositado em conta vinculada) "reduzida para 2% (dois por cento)".

A previsão em destaque certamente decorre de tentativa de fomentar a contratação de empregado aprendiz. No entanto, pode-se questionar a constitucionalidade da referida redução, por representar uma evidente *piora* nas condições de trabalho do aprendiz, quanto ao direito social trabalhista em questão, dotado de previsão constitucional (art. 7.º, inciso III), em manifesto retrocesso social e em desacordo com os objetivos fundamentais da República Federativa do Brasil, no sentido da erradicação da pobreza e da redução das desigualdades sociais, vedando-se qualquer forma de discriminação (art. 3.º, incisos III e IV, da Constituição Federal de 1988). Além do mais, a dignidade da pessoa humana e o valor social do trabalho são fundamentos do Estado Democrático de Direito (art. 1.º, incisos III e IV, e art. 170, *caput*, e inciso VII, da Constituição Federal de 1988). A tese majoritária entende não se verificar tal inconstitucionalidade, pois o contrato de trabalho em questão é especial, ou seja, diferenciado, autorizando o tratamento também específico quanto ao tema.

Quanto à remuneração, o empregado aprendiz faz jus ao salário mínimo proporcional às horas trabalhadas. O art. 80 da CLT, que estabelecia salário inferior (não inferior a meio salário mínimo na primeira metade do aprendizado, passando a receber 2/3 na segunda metade), e que parte da doutrina já considerava não ter sido recepcionado pela Constituição Federal de 1988, foi revogado expressamente pela Lei 10.097/2000.

Art. 429. Os estabelecimentos de qualquer natureza são obrigados a empregar e matricular nos cursos dos Serviços Nacionais de Aprendizagem número de aprendizes equivalente a cinco por cento, no mínimo, e quinze por cento, no máximo, dos trabalhadores existentes em cada estabelecimento, cujas funções demandem formação profissional.

a) revogada;

b) revogada.

§ 1.º-A. O limite fixado neste artigo não se aplica quando o empregador for entidade sem fins lucrativos, que tenha por objetivo a educação profissional.

§ 1.º-B. Os estabelecimentos a que se refere o *caput* poderão destinar o equivalente a até 10% (dez por cento) de sua cota de aprendizes à formação técnico-profissional metódica em áreas relacionadas a práticas de atividades desportivas, à prestação de serviços relacionados à infraestrutura, incluindo as atividades de construção, ampliação, recuperação e manutenção de instalações esportivas e à organização e promoção de eventos esportivos.

§ 1.º As frações de unidade, no cálculo da percentagem de que trata o *caput*, darão lugar à admissão de um aprendiz.

§ 2.º Os estabelecimentos de que trata o *caput* ofertarão vagas de aprendizes a adolescentes usuários do Sistema Nacional de Atendimento Socioeducativo (Sinase) nas condições a serem dispostas em instrumentos de cooperação celebrados entre os estabelecimentos e os gestores dos Sistemas de Atendimento Socioeducativo locais.

§ 3.º Os estabelecimentos de que trata o *caput* poderão ofertar vagas de aprendizes a adolescentes usuários do Sistema Nacional de Políticas Públicas sobre Drogas – SISNAD nas condições a serem dispostas em instrumentos de cooperação celebrados entre os estabelecimentos e os gestores locais responsáveis pela prevenção do uso indevido, atenção e reinserção social de usuários e dependentes de drogas.

1. COTA DE APRENDIZAGEM

Considera-se estabelecimento todo complexo de bens organizado para o exercício de atividade econômica ou social do empregador, que se submeta ao regime da CLT (art. 51, § 2.º, do Decreto 9.579/2018).

As entidades sem fins lucrativos que tenham por objetivo a educação profissional ficam dispensadas da contratação de aprendizes (art. 56, inciso II, do Decreto 9.579/2018).

Esclareça-se que a Lei 12.594/2012 "institui o Sistema Nacional de Atendimento Socioeducativo (Sinase) e regulamenta a execução das medidas destinadas a adolescente que pratique ato infracional" (art. 1.º). Ainda de acordo com o art. 1.º, § 1.º, da Lei 12.594/2012: "Entende-se por Sinase o conjunto ordenado de princípios, regras e critérios que envolvem a execução de medidas socioeducativas, incluindo-se nele, por adesão, os sistemas estaduais, distrital e municipais, bem como todos os planos, políticas e programas específicos de atendimento a adolescente em conflito com a lei".

Conforme o art. 3.º, § 1.º, da Lei 11.343/2006: "Entende-se por Sisnad o conjunto ordenado de princípios, regras, critérios e recursos materiais e humanos que envolvem as políticas, planos, programas, ações e projetos sobre drogas, incluindo-se nele, por adesão, os Sistemas de Políticas Públicas sobre Drogas dos Estados, Distrito Federal e Municípios".

Os estabelecimentos podem destinar o equivalente a até 10% de sua cota de aprendizes à formação técnico-profissional metódica em áreas relacionadas a práticas de atividades desportivas, à prestação de serviços relacionados à infraestrutura, incluindo as atividades de construção, ampliação, recuperação e manutenção de instalações esportivas e à organização e promoção de eventos esportivos (§ 1.º-B do art. 429 da CLT). Mesmo nesses casos, deve ser observada a proibição de trabalho noturno, perigoso, insalubre ou penoso aos menores de 18 anos (art. 7.º, inciso XXXIII, da Constituição da República e art. 67 da Lei 8.069/1990).

Além das entidades sem fins lucrativos, que tenham por objetivo a educação profissional (§ 1.º-A do art. 429 da CLT), também ficam dispensadas da contratação de aprendizes as microempresas e as empresas de pequeno porte (como previa a Lei 9.841/1999, art. 11, e atualmente prevê a Lei Complementar 123/2006, art. 51, inciso III, e o Decreto 9.579/2018, art. 56, inciso I).

2. FORMAÇÃO PROFISSIONAL

Devem ser incluídas no cálculo da porcentagem do número de aprendizes todas as funções que demandem formação profissional, independentemente de serem proibidas para menores de 18 anos, considerada a Classificação Brasileira de Ocupações do Ministério do Trabalho e Emprego (art. 52 do Decreto 9.579/2018, com redação dada pelo Decreto 11.479/2023).

Ficam excluídas do cálculo as funções que: I – demandem, para o seu exercício, habilitação profissional de nível técnico ou superior; II – estejam caracterizadas como cargos de direção, de gerência ou de confiança, nos termos do disposto no art. 62, inciso II e parágrafo único, e no art. 224, § 2.º, da CLT.

Ficam excluídos do cálculo da porcentagem do número de aprendizes: I – os empregados que executem os serviços prestados sob o regime de trabalho temporário instituído pela Lei 6.019/1974; II – os aprendizes já contratados (art. 54 do Decreto 9.579/2018, com redação dada pelo Decreto 11.479/2023).

Na hipótese de empresas que prestem serviços especializados para terceiros, independentemente do local onde sejam executados, os empregados devem ser considerados exclusivamente para o cálculo da porcentagem da empresa prestadora.

A administração pública federal direta, autárquica e fundacional deve *priorizar* a contratação de serviços sob o regime de execução indireta prestados por empresas que comprovem o emprego da cota de aprendizes de que trata o art. 429 da CLT, em relação aos trabalhadores existentes em cada estabelecimento, cujas funções demandem formação profissional (art. 6.º do Decreto 9.427/2018).

✦ **Referência legislativa**

- Art. 62 do ADCT.

Art. 430. Na hipótese de os Serviços Nacionais de Aprendizagem não oferecerem cursos ou vagas suficientes para atender à demanda dos estabelecimentos, esta poderá ser suprida por outras entidades qualificadas em formação técnico-profissional metódica, a saber:

I – Escolas Técnicas de Educação;

II – entidades sem fins lucrativos, que tenham por objetivo a assistência ao adolescente e à educação profissional, registradas no Conselho Municipal dos Direitos da Criança e do Adolescente;

III – entidades de prática desportiva das diversas modalidades filiadas ao Sistema Nacional do Desporto e aos Sistemas de Desporto dos Estados, do Distrito Federal e dos Municípios.

§ 1.º As entidades mencionadas neste artigo deverão contar com estrutura adequada ao desenvolvimento dos programas de aprendizagem, de forma a manter a qualidade do processo de ensino, bem como acompanhar e avaliar os resultados.

§ 2.º Aos aprendizes que concluírem os cursos de aprendizagem, com aproveitamento, será concedido certificado de qualificação profissional.

§ 3.º O Ministério do Trabalho fixará normas para avaliação da competência das entidades mencionadas nos incisos II e III deste artigo.

§ 4.º As entidades mencionadas nos incisos II e III deste artigo deverão cadastrar seus cursos, turmas e aprendizes matriculados no Ministério do Trabalho.

§ 5.º As entidades mencionadas neste artigo poderão firmar parcerias entre si para o desenvolvimento dos programas de aprendizagem, conforme regulamento.

1. CURSOS DE APRENDIZAGEM

Se os Serviços Nacionais de Aprendizagem não oferecerem cursos ou vagas suficientes para atender à demanda dos estabelecimentos, esta pode ser suprida por outras entidades qualificadas em formação técnico-profissional metódica, quais sejam: I – Escolas Técnicas de Educação; II – entidades sem fins lucrativos, que tenham por objetivo a assistência ao adolescente e à educação profissional, registradas no Conselho Municipal dos Direitos da Criança e do Adolescente; III – entidades de prática desportiva das diversas modalidades filiadas ao Sistema Nacional do Desporto e aos Sistemas de Desporto dos Estados, do Distrito Federal e dos Municípios.

De todo modo, tais entidades devem contar com estrutura adequada ao desenvolvimento dos programas de aprendizagem, de forma a manter a qualidade do processo de ensino, bem como acompanhar e avaliar os resultados.

Aos aprendizes que concluírem os cursos de aprendizagem, com aproveitamento, deve ser concedido certificado de qualificação profissional.

O art. 99, § 3.º, da Lei 14.597/2023 prevê que o atleta não profissional em formação, maior de 14 e menor de 20 anos de idade, pode receber auxílio financeiro da organização esportiva formadora, sob a forma de *bolsa de aprendizagem* livremente pactuada mediante contrato formal, sem que seja gerado vínculo empregatício entre as partes. Essa previsão merece certa crítica, ao excluir a presença do vínculo de emprego nesse caso específico, o que revela não se tratar de aprendizagem típica, ou seja, de contrato de trabalho de aprendizagem, tal como previsto no art. 428 da CLT.

O Ministério do Trabalho deve fixar normas para avaliação da competência das entidades mencionadas nos incisos II e III do art. 430 da CLT.

As entidades mencionadas nos incisos II e III do art. 430 da CLT devem cadastrar seus cursos, turmas e aprendizes matriculados no Ministério do Trabalho (art. 430, § 4.º, da CLT, acrescentado pela Lei 13.420/2017).

As entidades mencionadas no art. 430 da CLT podem firmar *parcerias entre si* para o desenvolvimento dos programas de aprendizagem, conforme regulamento (art. 430, § 5.º, da CLT, acrescentado pela Lei 13.420/2017).

2. CONSELHOS DE DIREITOS DA CRIANÇA E DO ADOLESCENTE

Os Conselhos de Direitos da Criança e do Adolescente existem na esfera nacional, estadual e municipal (art. 260, § 2.º, do Estatuto da Criança e do Adolescente).

Os Conselhos são órgãos deliberativos e controladores das ações em todos os níveis, assegurada a participação popular paritária por meio de organizações representativas, segundo leis federal, estaduais e municipais (art. 88, inciso II).

Desse modo, há um Fundo Nacional para a Criança e o Adolescente, além de fundos estaduais e municipais (art. 214 do ECA), vinculados aos respectivos conselhos dos direitos da criança e do adolescente (art. 88, inciso IV).

Os *Conselhos Municipais da Criança e do Adolescente* (CMDCA) são os órgãos que registram as entidades sem fins lucrativos que tenham por objetivo a assistência ao adolescente e à educação profissional, as quais podem suprir a demanda dos estabelecimentos na contratação de aprendizes, na hipótese de os Serviços Nacionais de Aprendizagem não oferecerem cursos ou vagas suficientes (art. 430, inciso II, da CLT, acrescentado pela Lei 10.097/2000).

Art. 431. A contratação do aprendiz poderá ser efetivada pela empresa onde se realizará a aprendizagem ou pelas entidades mencionadas nos incisos II e III do art. 430, caso em que não gera vínculo de emprego com a empresa tomadora dos serviços.

a) revogada;

b) revogada;

c) revogada.

Parágrafo único. Aos candidatos rejeitados pela seleção profissional deverá ser dada, tanto quanto possível, orientação profissional para ingresso em atividade mais adequada às qualidades e aptidões que tiverem demonstrado.

1. CONTRATAÇÃO DO APRENDIZ

O aprendiz pode ser contratado: a) *pela empresa onde se realizará a aprendizagem*, hipótese em que a referida empresa figura como empregador; b) *pelas entidades sem fins lucrativos*, que tenham por objetivo a assistência ao adolescente e à educação profissional, registradas no Conselho Municipal dos Direitos da Criança e do Adolescente; c) *pelas entidades de prática desportiva* das diversas modalidades filiadas ao Sistema Nacional do Desporto e aos Sistemas de Desporto dos Estados, do Distrito Federal e dos Municípios.

Como se verifica na parte final do art. 431 da CLT, com redação dada pela Lei 13.420/2017, a contratação do aprendiz nesses últimos dois casos "não gera vínculo de emprego com a empresa tomadora dos serviços". A referida previsão precisa ser devidamente interpretada. Embora exista corrente de entendimento, no sentido de que tal norma estaria prevendo modalidade de aprendizagem sem vínculo de emprego, esta não parece ser a orientação mais adequada.

Primeiro, porque o contrato de aprendizagem, por ser um contrato de trabalho, exige, naturalmente, a presença do vínculo de emprego.

Além disso, o evidente sentido do art. 431 da CLT refere-se ao fato de que, se o empregado aprendiz for contratado, por meio de contrato de aprendizagem, pelas mencionadas entidades sem fins lucrativos ou pelas entidades de prática desportiva, em certas situações ele certamente prestará serviços em alguma empresa tomadora, pois aquelas entidades, provavelmente, apenas terão condições de oferecer os cursos de aprendizagem (art. 430, incisos II e III, da CLT). Mesmo nesses casos, as entidades sem fins lucrativos que tenham por objetivo a assistência ao adolescente e à educação profissional e as entidades de prática desportiva em questão devem firmar o contrato de trabalho de aprendizagem.

O que o art. 431 da CLT explicita é que, mesmo o empregado aprendiz prestando serviços para empresa tomadora (e não para o empregador propriamente, no caso, a entidade sem fins lucrativos que tenha por objetivo a assistência ao adolescente e à educação profissional ou entidade de prática desportiva), isso não gera vínculo de emprego com a empresa tomadora, justamente porque o contrato de trabalho do aprendiz é firmado, nessas hipóteses, com as entidades mencionadas no art. 430, incisos II e III, da CLT. De todo modo, aplicando-se o art. 5.º-A, § 5.º, da Lei 6.019/1974 (acrescentado pela Lei 13.429/2017), a referida empresa tomadora responde subsidiariamente pelas verbas trabalhistas não adimplidas pelo empregador.

Sendo assim, a contratação do aprendiz deve ser efetivada diretamente pelo estabelecimento, que assume a condição de empregador e deve inscrever o aprendiz em programa de aprendizagem a ser ministrado pelas entidades qualificadas em formação técnico-profissional metódica (art. 57 do Decreto 9.579/2018, com redação dada pelo Decreto 11.479/2023).

Na hipótese de impossibilidade de contratação direta pelo estabelecimento, para fins do cumprimento da cota referente ao número de aprendizes, a contratação pode ser feita, supletivamente, pelas entidades sem fins lucrativos que tenham por objetivos a assistência ao adolescente e à educação profissional, registradas no Conselho Municipal dos Direitos da Criança e do Adolescente, desde que haja prévia celebração de contrato com o estabelecimento (art. 57, § 1.º, do Decreto 9.579/2018, com redação dada pelo Decreto 11.479/2023).

O referido contrato deve conter, entre outras, as seguintes obrigações: I – a entidade sem fins lucrativos, simultaneamente ao desenvolvimento do programa de aprendizagem: a) assumirá a condição de empregador, com os ônus dela decorrentes; b) assinará a Carteira de Trabalho e Previdência Social do aprendiz, na qual anotará, no espaço destinado às anotações gerais, a informação de que o contrato de trabalho decorre de contrato firmado com determinado estabelecimento para fins do cumprimento de sua cota de aprendizagem; II – o estabelecimento assumirá a obrigação de proporcionar ao aprendiz a experiência prática da formação técnico-profissional metódica a que este será submetido (art. 57, § 2.º, do Decreto 9.579/2018, com redação dada pelo Decreto 11.479/2023).

A contratação do aprendiz por empresas públicas e sociedades de economia mista deve ocorrer: I – de forma direta, nos termos do art. 57 do Decreto 9.579/2018, por meio da realização de processo seletivo, divulgado pela publicação de edital; ou II – nos termos do art. 57, § 1.º, do Decreto 9.579/2018 (art. 58 do Decreto 9.579/2018, com redação dada pelo Decreto 11.479/2023).

A contratação do aprendiz por órgãos e entidades da administração pública direta, autárquica e fundacional deve observar regulamento específico.

Art. 432. A duração do trabalho do aprendiz não excederá de seis horas diárias, sendo vedadas a prorrogação e a compensação de jornada.

§ 1.º O limite previsto neste artigo poderá ser de até oito horas diárias para os aprendizes que já tiverem completado o ensino fundamental, se nelas forem computadas as horas destinadas à aprendizagem teórica.

§ 2.º *Revogado.*

1. JORNADA DE TRABALHO DO APRENDIZ

A duração do trabalho do aprendiz não pode exceder seis horas diárias, sendo vedadas a prorrogação e a compensação de jornada. No entanto, este limite pode ser de até oito horas diárias para os aprendizes que já tiverem completado o ensino fundamental, se nelas forem computadas as horas destinadas à aprendizagem teórica.

✦ **Referência legislativa**

- Art. 7.º, XXXIII, CF.

Art. 433. O contrato de aprendizagem extinguir-se-á no seu termo ou quando o aprendiz completar 24 (vinte e quatro) anos, ressalvada a hipótese prevista no § 5.º do art. 428 desta Consolidação, ou ainda antecipadamente nas seguintes hipóteses:

a) revogada;

b) revogada.

I – desempenho insuficiente ou inadaptação do aprendiz, salvo para o aprendiz com deficiência quando desprovido de recursos de acessibilidade, de tecnologias assistivas e de apoio necessário ao desempenho de suas atividades;

II – falta disciplinar grave;

III – ausência injustificada à escola que implique perda do ano letivo; ou

IV – a pedido do aprendiz.

Parágrafo único. Revogado pela Lei 10.097, de 19.12.2000.

§ 2.º Não se aplica o disposto nos arts. 479 e 480 desta Consolidação às hipóteses de extinção do contrato mencionadas neste artigo.

1. EXTINÇÃO DO CONTRATO DE APRENDIZAGEM

Em razão de o contrato de aprendizagem ser de prazo certo, ele se extingue no seu termo, ou quando o aprendiz completar 24 anos, ressalvada a hipótese dos aprendizes com deficiência (art. 433 da CLT).

Além disso, o contrato em questão pode cessar, antecipadamente, nas hipóteses dos incisos I a IV.

Para os fins do art. 433, inciso I, da CLT, cabe registrar que, nos termos do art. 3.º, incisos I e III, da Lei 13.146/2015, que instituiu o Estatuto da Pessoa com Deficiência, "consideram-se: *acessibilidade*: possibilidade e condição de alcance para utilização, com segurança e autonomia, de espaços, mobiliários, equipamentos urbanos, edificações, transportes, informação e comunicação, inclusive seus sistemas e tecnologias, bem como de outros serviços e instalações abertos ao público, de uso público ou privados de uso coletivo, tanto na zona urbana como na rural, por pessoa com deficiência ou com mobilidade reduzida; [...] *tecnologia assistiva ou ajuda técnica*: produtos, equipamentos, dispositivos, recursos, metodologias, estratégias, práticas e serviços que objetivem promover a funcionalidade, relacionada à atividade e à participação da pessoa com deficiência ou com mobilidade reduzida, visando à sua autonomia, independência, qualidade de vida e inclusão social".

De acordo com o art. 433, § 2.º, da CLT, nessas hipóteses, não se aplicam os arts. 479 e 480 da CLT, não tendo o aprendiz direito à indenização (por cessação antecipada do contrato a prazo determinado) ali prevista, e também não tendo o empregador direito a indenização por eventuais prejuízos decorrentes da rescisão antecipada por iniciativa do aprendiz.

Discute-se se o rol do art. 433 da CLT é taxativo, principalmente para saber se o empregado aprendiz pode ser dispensado sem justa causa.

Embora o tema seja controvertido, pode-se dizer que a referida previsão não esgota todas as modalidades de cessação antecipada do contrato de trabalho de aprendizagem. Basta imaginar a hipótese de justa causa patronal, aplicando-se, como parece evidente, a despedida indireta. Da mesma forma, a lei não assegurou ao aprendiz a garantia de sua manutenção no emprego, de modo que a dispensa sem justa causa, prevista no ordenamento jurídico (art. 10, inciso I, do ADCT), não foi vedada no caso em questão (salvo se presente alguma hipótese de estabilidade provisória). Obviamente, nesse caso, as verbas rescisórias correspondentes serão devidas, podendo-se entender aplicável, para essa dispensa sem justa causa, inclusive o art. 479 da CLT, seja porque o contrato de aprendizagem é por prazo determinado, seja em razão da interpretação, *a contrario sensu*, do art. 433, § 2.º, da CLT.

2. FALTA DISCIPLINAR GRAVE

As hipóteses de falta grave (*rectius*: justa causa) são justamente aquelas arroladas em lei, como no art. 482 da CLT.

Assim, o art. 433, inciso II, da CLT apenas confirma a aplicação da justa causa no contrato de aprendizagem, autorizando o seu término antecipado em razão da falta grave praticada.

Seção V – Das Penalidades

Art. 434. Os infratores das disposições deste Capítulo ficam sujeitos à multa de valor igual a 1 (um) salário mínimo regional, aplicada tantas vezes quantos forem os menores empregados em desacordo com a lei, não podendo, todavia, a soma das multas exceder a 5 (cinco) vezes o salário mínimo, salvo no caso de reincidência em que esse total poderá ser elevado ao dobro.

1. APLICAÇÃO DA PENALIDADE DE MULTA

O dispositivo em questão trata da penalidade (multa) decorrente do descumprimento das previsões dos arts. 402 a 441 da CLT.

A Portaria 667/2021 do Ministério do Trabalho e Previdência, quanto ao art. 434 da CLT, estabelece a multa administrativa no valor de R$ 402,53 por menor irregular até o máximo de R$ 2.012,66, salvo no caso de reincidência, em que esse total pode ser elevado ao dobro.

✦ Jurisprudência

Multa administrativa do art. 434. Imposição de outra multa para o mesmo fato gerador. O art. 434 da CLT fixa multa administrativa a ser imposta pelos Delegados Regionais do Trabalho ou os funcionários por eles designados para tal fim (art. 438 da CLT), ao passo que o pleito exordial se fundamenta no art. 3.º da Lei 7.347/1985, lei regulamentadora da ação civil pública, que possibilita o pedido de tutela de mais de um tipo de interesse transindividual, bem assim o de acumular pedidos de obrigação de fazer e de pagar. Portanto, não há a vedação pretendida pela recorrente. Ademais, a ocorrência ou não de *bis in idem* é questão afeta ao mérito da causa, pelo que impossível a análise nesse momento. Rejeito a preliminar (TRT da 16.ª Região, Processo 719200900216002, Rel. José Evandro de Souza, j. 21.09.2011, *DEJT* 28.09.2011).

Art. 435. Fica sujeita à multa de valor igual a 1 (um) salário mínimo regional e ao pagamento da emissão de nova via a empresa que fizer na Carteira de Trabalho e Previdência Social anotação não prevista em lei.

Arts. 436 e 437. Revogados pela Lei 10.097, de 19.12.2000.

Art. 438. São competentes para impor as penalidades previstas neste Capítulo:

a) no Distrito Federal, a autoridade de 1.ª instância do Departamento Nacional do Trabalho;

b) nos Estados e Território do Acre, os delegados regionais do Ministério do Trabalho, Indústria e Comércio ou os funcionários por eles designados para tal fim.

Parágrafo único. O processo, na verificação das infrações, bem como na aplicação e cobrança das multas, será o previsto no título "Do Processo de Multas Administrativas", observadas as disposições deste artigo.

1. ANOTAÇÃO NA CTPS NÃO PREVISTA EM LEI

Como já mencionado, o Decreto-lei 926/1969 institui a Carteira de Trabalho e Previdência Social, que substitui a Carteira Profissional, *a Carteira de Trabalho do Menor* e a Carteira Profissional do Trabalhador Rural.

Em caso de anotação indevida na CTPS do menor, a Portaria 667/2021 do Ministério do Trabalho e Previdência, quanto ao art. 435 da CLT, estabelece a multa administrativa no valor de R$ 402,53.

2. COMPETÊNCIA PARA A IMPOSIÇÃO DE PENALIDADES

No presente, a competência para a imposição das penalidades administrativas em questão é do Delegado Regional do Trabalho (atualmente denominado Superintendente Regional do Trabalho).

Para a verificação das infrações, são aplicáveis os arts. 626 a 642 da CLT.

Seção VI – Disposições Finais

Art. 439. É lícito ao menor firmar recibo pelo pagamento dos salários. Tratando-se, porém, de rescisão do contrato de trabalho, é vedado ao menor de 18 (dezoito) anos dar, sem assistência dos seus responsáveis legais, quitação ao empregador pelo recebimento da indenização que lhe for devida.

Art. 440. Contra os menores de 18 (dezoito) anos não corre nenhum prazo de prescrição.

1. PEDIDO DE DEMISSÃO DO MENOR

Pode-se dizer que a demissão, em si, pode ser pedida pelo próprio empregado, ainda que menor, mas a quitação de indenização pela rescisão do contrato de trabalho é que, para ser válida, exige a referida assistência dos responsáveis legais.

2. PRESCRIÇÃO RELATIVA AO EMPREGADO MENOR

De acordo com o art. 440 da CLT, não corre prazo prescricional contra o menor de 18 anos. Assim, apenas quando o empregado completar a referida idade é que a prescrição tem início, inclusive para fins de exigibilidade de férias não concedidas ou não remuneradas.

Art. 441. O quadro a que se refere o item I do art. 405 será revisto bienalmente.

O quadro a que se refere o art. 405, inciso I, da CLT trata dos locais e serviços perigosos ou insalubres, não se permitindo o trabalho aos menores.

1. REGULAMENTAÇÃO DAS ATIVIDADES INSALUBRES E PERIGOSAS

As atividades insalubres e perigosas são disciplinadas, respectivamente, nas Normas Regulamentadoras 15 e 16 do Ministério do Trabalho, aprovadas pela Portaria 3.214/1978.

O quadro mencionado no dispositivo em questão, que se reporta ao art. 405, inciso I, da CLT, estava ao final desta, conforme a Portaria 20/2001, do Ministério do Trabalho, Secretaria de Inspeção do Trabalho.

Entretanto, a Portaria SIT 88/2009 revogou a mencionada Portaria 20/2001, passando a dispor que para os efeitos do art. 405, inciso I, da CLT, são considerados locais e serviços perigosos ou insalubres, proibidos ao trabalho do menor de 18 anos, os descritos no item I (Trabalhos Prejudiciais à Saúde e à Segurança) do Decreto 6.481/2008, que publicou a Lista das Piores Formas do Trabalho Infantil.

2. CONTRATO DE FORMAÇÃO ESPORTIVA

A *formação esportiva* visa ao acesso à prática esportiva por meio de ações planejadas, inclusivas, educativas, culturais e lúdicas para crianças e adolescentes, desde os primeiros anos de idade, direcionada ao desenvolvimento integral, e compreende os seguintes serviços: I – vivência esportiva, com vistas à aproximação a uma base ampla e variada de movimentos, atitudes e conhecimentos relacionados ao esporte, por meio de práticas corporais inclusivas e lúdicas; II – fundamentação esportiva, com vistas a ampliar e a aprofundar o conhecimento e a cultura esportiva, tendo por objetivo o autocontrole da conduta humana e a autodeterminação dos sujeitos, bem como a construção de bases amplas e sistemáticas de elementos constitutivos de todo e qualquer esporte; III – aprendizagem da prática esportiva, com vistas à oferta sistemática de múltiplas práticas corporais esportivas para as aprendizagens básicas de diferentes modalidades esportivas, por meio de conhecimentos científicos, habilidades, técnicas, táticas e regras (art. 5.º da Lei 14.597/2023).

A formação esportiva também compreende a possibilidade de participação de crianças e adolescentes em competições esportivas enquanto parte de seu aprendizado, sendo permitido o estabelecimento de vínculo de natureza meramente esportiva entre o menor de 12 anos e a organização esportiva (art. 5.º, § 1.º, da Lei 14.597/2023). Nessa última hipótese, não se trata de relação de trabalho, e sim de vínculo apenas esportivo, mesmo porque é proibido qualquer trabalho a menores de 16 anos, salvo na condição de aprendiz, a partir de 14 anos (art. 7.º, inciso XXXIII, da Constituição da República).

O menor, de 12 a 14 anos, não pode ser alojado nas dependências do clube, ficando vedada a sua residência em domicílio estranho ao de seus familiares (art. 5.º, § 2.º, da Lei 14.597/2023).

O menor, de 12 a 14 anos, está sujeito ao pátrio poder e à decisão exclusiva de seus familiares, condicionada sua participação em competições à expressa autorização dos pais ou responsáveis e sua efetiva presença durante a participação do menor na competição (art. 5.º, § 3.º, da Lei 14.597/2023).

Em se tratando de menor, de 12 a 14 anos, o vínculo estabelecido deve ser essencialmente esportivo, não podendo haver relação de trabalho, em respeito ao art. 7.º, inciso XXXIII, da Constituição Federal de 1988.

A *organização esportiva formadora de atleta* tem o direito de assinar com ele, a partir de 16 anos de idade, o primeiro contrato especial de trabalho esportivo, cujo prazo não pode ser superior a três anos para a prática do futebol e a cinco anos para outros esportes (art. 99 da Lei 14.597/2023).

Considera-se formadora de atleta a organização esportiva que:

I – forneça aos atletas programas de treinamento nas categorias de base e complementação educacional;

II – satisfaça cumulativamente os seguintes requisitos: a) tenha inscrito o atleta em formação na respectiva organização esportiva que administra e regula a modalidade há, pelo menos, um ano; b) comprove que, efetivamente, o atleta em formação está inscrito em competições oficiais; c) garanta ao atleta em formação assistência educacional, psicológica, médica, fisioterapêutica e odontológica, bem como alimentação, transporte e convivência familiar; d) mantenha, quando tiver alojamento de atletas, instalações de moradia adequadas, sobretudo quanto a alimentação, higiene, segurança e salubridade; e) mantenha corpo de profissionais especializados em formação técnico-esportiva; f) ajuste o tempo destinado à efetiva atividade de formação do atleta, não superior a quatro horas por dia, aos horários do currículo escolar ou de curso profissionalizante e propicie a ele a matrícula escolar, com exigência de frequência e de satisfatório aproveitamento; g) assegure a formação gratuita do atleta, a expensas da organização esportiva contratante; h) comprove que participa anualmente de competições organizadas por organização esportiva que administra e regula o esporte em, pelo menos, duas categorias da respectiva modalidade esportiva; i) garanta que o período de seleção não coincida com os horários escolares; j) realize exames médicos admissionais e periódicos, com resultados arquivados em prontuário médico; k) proporcione ao atleta em formação convivência familiar, com visitas regulares à sua família; l) ofereça programa contínuo de orientação e suporte contra o abuso e a exploração sexual; m) qualifique os profissionais que atuam no treinamento esportivo para a atuação preventiva e de proteção aos direitos da criança e do adolescente; n) institua ouvidoria para receber denúncia de maus-tratos a crianças e adolescentes e de exploração sexual deles; o) propicie ao atleta em formação a participação em atividades culturais e de lazer, nos horários livres; p) apresente ao Ministério Público dos Estados e do Distrito Federal, anualmente, os laudos técnicos expedidos pelos órgãos e pelas autoridades competentes pela vistoria das condições de segurança dos alojamentos que mantenha para atletas em formação (art. 99, § 1.º, da Lei 14.597/2023).

O disposto nas alíneas "h" e "o" do inciso II do § 1.º do art. 99 da Lei 14.597/2023 é obrigatório exclusivamente para atletas e entidades de prática profissional da modalidade de futebol (art. 99, § 17, da Lei 14.597/2023).

A organização esportiva nacional que administra e regula o esporte deve certificar como organização esportiva formadora aquela que, comprovadamente, por meio de laudos de vistoria e de documentos, preencha os requisitos estabelecidos na Lei 14.597/2023 (art. 99, § 2.º).

O atleta não profissional em formação, maior de 14 e menor de 20 anos de idade, pode receber auxílio financeiro da organização esportiva formadora, sob a forma de *bolsa de aprendizagem* livremente pactuada mediante contrato formal, sem que seja gerado vínculo empregatício entre as partes (art. 99, § 3.º, da Lei 14.597/2023). Trata-se do contrato de formação esportiva, com característica de aprendizagem, em respeito ao estabelecido no art. 7.º, inciso XXXIII, parte final, da Constituição da República, mas que, de forma atípica, não constitui relação de emprego. Distingue-se, portanto, do contrato de aprendizagem previsto no art. 428 da CLT, o qual é contrato de trabalho especial.

No período de formação dos 12 aos 14 anos é garantido ao atleta menor os direitos a que se refere o art. 99, § 1.º, da Lei 14.597/2023, não se exigindo da organização formadora do atleta o disposto nas alíneas "b", "d" e "h" do inciso II do § 1.º do art. 99 da Lei 14.597/2023 (art. 99, § 4.º). Considerando o disposto no art. 7.º, inciso XXXIII, da Constituição da República, essa previsão deve ser interpretada no sentido de que na mencionada hipótese não pode haver relação de trabalho, e sim vínculo essencialmente esportivo.

A organização esportiva formadora faz jus a valor indenizatório se ficar impossibilitada de assinar o primeiro contrato especial de trabalho esportivo por oposição do atleta, ou quando ele se vincular, sob qualquer forma, a outra organização esportiva, sem autorização expressa da organização esportiva formadora, observado o seguinte: I – o atleta deve estar regularmente registrado e não pode ter sido desligado da organização esportiva formadora; II – a indenização será limitada ao montante correspondente a 200 vezes os gastos comprovadamente efetuados com a formação do atleta, especificados no contrato referido no art. 99, § 3.º, da Lei 14.597/2023; III – o pagamento do valor indenizatório somente pode ser efetuado por outra organização esportiva e deve ser efetivado diretamente à organização esportiva formadora no prazo máximo de 15 dias, contado da data da vinculação do atleta à nova organização esportiva, para efeito de permitir novo registro em organização esportiva que administra e regula o esporte.

O *contrato de formação esportiva* a que se refere o art. 99, § 3.º, da Lei 14.597/2023 sempre será firmado na forma escrita e deve obrigatoriamente incluir: I – identificação das partes e dos seus representantes legais; II – duração do contrato; III – direitos e deveres das partes contratantes, inclusive garantia de seguro de vida e de acidentes pessoais para cobrir as atividades do atleta contratado; IV – especificação da natureza das despesas individuais ou coletivas com o atleta em formação, para fins de cálculo da indenização com a formação esportiva (art. 99, § 6.º, da Lei 14.597/2023).

A organização esportiva formadora e detentora do primeiro contrato especial de trabalho esportivo com o atleta por ela profissionalizado tem o direito de preferência para a primeira renovação desse contrato, cujo prazo não pode ser superior a três anos, salvo para equiparação de proposta de terceiro.

Para assegurar seu direito de preferência, a organização esportiva formadora e detentora do primeiro contrato especial de trabalho esportivo deve apresentar, até 45 dias antes do término do contrato em curso, proposta ao atleta, de cujo teor deve ser cientificada a organização que administra e regula a respectiva modalidade, indicando as novas condições contratuais e os salários ofertados, devendo o atleta apresentar resposta à organização esportiva formadora, de cujo teor deve ser notificada a referida organização esportiva que administra e regula a respectiva modalidade, no prazo de 15 dias, contado da data do recebimento da proposta, sob pena de aceitação tácita (art. 99, § 8.º, da Lei 14.597/2023).

Na hipótese de outra organização esportiva oferecer proposta mais vantajosa a atleta vinculado à organização esportiva que o formou, deve-se observar o seguinte: I – a organização proponente deve apresentar à organização esportiva formadora proposta da qual devem constar todas as condições remuneratórias; II – a organização proponente deve dar conhecimento da proposta à organização que regula o respectivo esporte; III – a organização esportiva formadora pode, no prazo máximo de 15 dias, contado do recebimento da proposta, comunicar se exercerá o direito de preferência de que trata o art. 99, § 8.º, da Lei 14.597/2023, nas mesmas condições oferecidas (art. 99, § 9.º, da Lei 14.597/2023).

A organização que regula o esporte deve publicar o recebimento das propostas de que tratam os §§ 8.º e 9.º do art. 99 da Lei 14.597/2023 nos seus meios oficiais de divulgação no prazo de cinco dias, contado da data do recebimento.

Caso a organização esportiva formadora oferte as mesmas condições e, mesmo assim, o atleta se opuser à renovação do primeiro contrato especial de trabalho esportivo, ela poderá exigir da nova organização esportiva contratante o valor indenizatório correspondente a 200 vezes o valor do salário mensal constante da proposta.

A contratação do atleta em formação deve ser feita diretamente pela organização esportiva formadora, vedada a realização por meio de terceiros (art. 99, § 12, da Lei 14.597/2023). Como essa contratação deve ser feita de forma direta, pela própria organização esportiva formadora, não se admite que o contrato do atleta em formação seja celebrado por entidades distintas ou intermediadoras.

A organização esportiva formadora deve registrar o contrato de formação esportiva do atleta em formação na organização esportiva que administra e regula a respectiva modalidade.

Somente pode manter alojamento para os atletas em formação a organização esportiva formadora certificada na forma do art. 99, § 2.º, da Lei 14.597/2023.

O atleta em formação menor de 14 anos pode desligar-se a qualquer tempo da organização esportiva formadora, mesmo que se vincule a outra organização esportiva, sem que haja a cobrança de qualquer tipo de multa ou outros valores a título de indenização.

A fiscalização do cumprimento das normas de que trata o art. 99, § 1.º, da Lei 14.597/2023 deve ser realizada de forma contínua e fica a cargo do conselho tutelar a que se refere o art. 131 da Lei 8.069/1990 (Estatuto da Criança e do Adolescente), da organização que administra e regula a modalidade esportiva e do Ministério Público do Trabalho, sem prejuízo das atribuições dos demais órgãos e instituições fiscalizadores, no que lhes couber (art. 100 da Lei 14.597/2023).

Aos atletas em formação são garantidos os seguintes direitos, além dos existentes na Lei 8.069/1990 (Estatuto da Criança e do Adolescente) e na Lei 12.852/2013 (Estatuto da Juventude): I – participação em programas de treinamento nas categorias de base; II – treinamento com corpo de profissionais especializados em formação técnico-esportiva; III – segurança nos locais de treinamento; IV – assistência educacional, complementação educacional e auxílio com material didático-escolar; V – tempo, não superior a quatro horas diárias, destinado à efetiva atividade de formação do atleta; VI – matrícula escolar; VII – assistência psicológica, médica, odontológica, farmacêutica e fisioterapêutica; VIII

– alimentação suficiente, saudável e adequada à faixa etária; IX – garantia de transporte adequado para o deslocamento de ida e volta entre sua residência e o local de treinamento (art. 101 da Lei 14.597/2023).

A organização esportiva formadora deve proporcionar ao atleta em formação que morar em alojamento por ela mantido: I – instalações físicas certificadas pelos órgãos e pelas autoridades competentes com relação à habitabilidade, à higiene, à salubridade e às medidas de prevenção e combate a incêndio e a desastres; II – assistência de monitor responsável durante todo o dia; III – convivência familiar; IV – participação em atividades culturais e de lazer, nos horários livres; V – assistência religiosa àqueles que a desejarem, de acordo com suas crenças.

A organização esportiva formadora deve apresentar ao Ministério Público dos Estados e do Distrito Federal e à organização que administra e regula a modalidade esportiva, anualmente, os laudos técnicos expedidos pelos órgãos e pelas autoridades competentes pela vistoria das condições de segurança dos alojamentos que mantiver para atletas em formação.

O não cumprimento dessa previsão implicará suspensão imediata da certificação como organização esportiva formadora.

O não cumprimento das garantias aos atletas em formação previstas no art. 101 da Lei 14.597/2023 implicará a aplicação de penalidades progressivas, na seguinte forma: I – advertência para promover a regularização no prazo de 60 dias; II – perda da certificação como organização esportiva formadora, não fazendo jus ao percentual estipulado no art. 102 da Lei 14.597/2023 referente a todos os atletas que estejam em seu quadro de formação no momento do descumprimento, de forma definitiva, com averbação da penalidade no respectivo registro perante a organização que administra e regula a modalidade esportiva; III – suspensão da organização esportiva formadora de participação em competições oficiais a partir da temporada seguinte.

A organização esportiva formadora e seus dirigentes respondem pelos prejuízos causados a atleta em formação que decorram de falhas de segurança nos locais de treinamento e nos alojamentos.

A organização esportiva formadora deve oferecer à família do atleta em formação documento no qual se responsabiliza por sua segurança e integridade física, durante o período em que o atleta estiver sob sua responsabilidade, em suas instalações ou em outro local.

Sempre que ocorrer transferência nacional, definitiva ou temporária, de atleta profissional, até 6% do valor pago pela nova organização esportiva devem ser obrigatoriamente distribuídos entre as organizações esportivas que contribuíram para a formação do atleta, na proporção de: I – 0,5% para cada ano de formação, dos 12 aos 13 anos de idade; II – 1% para cada ano de formação, dos 14 aos 17 anos de idade, inclusive; III – 0,5% para cada ano de formação, dos 18 aos 19 anos de idade, inclusive (art. 102 da Lei 14.597/2023).

Cabe à organização esportiva cessionária do atleta reter do valor a ser pago à organização esportiva cedente 6% do valor acordado para a transferência e distribuí-los às organizações esportivas que contribuíram para a formação do atleta.

Como exceção à regra acima, caso o atleta se desvincule da organização esportiva de forma unilateral, mediante pagamento da cláusula indenizatória esportiva prevista no art. 86, inciso I, da Lei 14.597/2023, cabe à organização esportiva que recebeu a cláusula indenizatória esportiva distribuir 6% de tal montante às organizações esportivas responsáveis pela formação do atleta.

O percentual devido às organizações esportivas formadoras do atleta deve ser calculado sempre de acordo com certidão a ser fornecida pela organização esportiva que regula o esporte nacionalmente, cabendo a esta exigir o cumprimento dessa previsão, e os valores devem ser distribuídos proporcionalmente em até 30 dias da efetiva transferência.

TÍTULO IV – DO CONTRATO INDIVIDUAL DO TRABALHO

CAPÍTULO I – DISPOSIÇÕES GERAIS

Art. 442. Contrato individual de trabalho é o acordo tácito ou expresso, correspondente à relação de emprego.

§ 1.º Qualquer que seja o ramo de atividade da sociedade cooperativa, não existe vínculo empregatício entre ela e seus associados, nem entre estes e os tomadores de serviços daquela.

§ 2.º Não existe vínculo empregatício entre entidades religiosas de qualquer denominação ou natureza ou instituições de ensino vocacional e ministros de confissão religiosa, membros de instituto de vida consagrada, de congregação ou de ordem religiosa, ou quaisquer outros que a eles se equiparem, ainda que se dediquem parcial ou integralmente a atividades ligadas à administração da entidade ou instituição a que estejam vinculados ou estejam em formação ou treinamento.

§ 3.º O disposto no § 2.º não se aplica em caso de desvirtuamento da finalidade religiosa e voluntária.

1. DENOMINAÇÃO

É corrente a utilização dos termos *relação de emprego* e *contrato de trabalho* significando o vínculo empregatício existente entre empregado e empregador.

Trata-se, assim, do contrato individual de trabalho.

Pode-se dizer que a relação de trabalho é um gênero que tem como uma de suas espécies a relação de emprego. Outras modalidades de relação de trabalho são, por exemplo, o trabalho eventual, autônomo, avulso e voluntário.

Logo, na realidade, seria mais precisa a expressão contrato de emprego, correspondendo à relação de emprego. Mesmo assim, a expressão contrato de trabalho encontra-se consagrada não só na doutrina e na jurisprudência, como na própria legislação, significando o vínculo de emprego.

2. NATUREZA JURÍDICA

Discute-se na doutrina a natureza jurídica do vínculo existente entre empregado e empregador[108].

108 Cf. MARTINS, Sergio Pinto. *Direito do trabalho*. 28. ed. São Paulo: Atlas, 2012. p. 92-99.

Vejamos, primeiramente, as teorias anticontratualistas.

A teoria da relação de trabalho defende que a existência do vínculo trabalhista não exige pactuação ou manifestação da vontade neste sentido, bastando a ocorrência (objetiva) da prestação dos serviços, o que já seria suficiente para fazer incidir as regras jurídicas pertinentes, evidenciando uma relação de natureza estatutária. Entende-se que o trabalho, em si, já faz com que o empregado seja inserido na empresa.

A teoria da instituição considera que o empregado se encontra inserido na organização empresarial, em uma relação de hierarquia, estatutária, para que a empresa tenha duração no meio social, tendo em vista o interesse superior, comum a todos os membros.

A teoria contratualista indica a natureza contratual da relação entre empregado e empregador.

Prevalece na doutrina a orientação de que se trata de vínculo de natureza contratual, pois a manifestação de vontade, dando origem ao vínculo de trabalho, e possibilitando a sua manutenção, pode se apresentar de forma expressa ou mesmo tácita. A liberdade de trabalho, assim, deve ser garantida como preceito fundamental.

Pode-se entender, ainda, que, do mesmo modo que o contrato é fonte das obrigações (sendo esta uma relação ou vínculo jurídico), o contrato de trabalho é a fonte da relação de emprego, dando origem a essa relação jurídica. Mesmo assim, o contrato de trabalho, como modalidade de negócio jurídico, também pode ser visto em seu papel dinâmico, ou seja, retratando a própria relação juridica de emprego em execução, em que a vontade se manifesta (ainda que de forma tácita) não apenas em seu momento inicial, mas também em seus desdobramentos sucessivos.

Tendo em vista a natureza contratual, o contrato de trabalho apresenta natureza de negócio jurídico, ou seja, ato jurídico voluntário, de intuito negocial, em que a declaração bilateral de vontade (consentimento) é manifestada com o fim de produzir seus efeitos jurídicos próprios.

3. CONTRATO DE ADESÃO, CONTRATO INDIVIDUAL DE TRABALHO E CONTRATAÇÃO DO EMPREGADO

O *contrato de adesão* é definido pelo Código de Defesa do Consumidor como "aquele cujas cláusulas tenham sido aprovadas pela autoridade competente ou estabelecidas unilateralmente pelo fornecedor de produtos ou serviços, sem que o consumidor possa discutir ou modificar substancialmente seu conteúdo" (art. 54, *caput*, da Lei 8.078, de 11 de setembro de 1990).

Essa forma de contratação não é exclusiva das relações de consumo, também podendo existir, por exemplo, nas relações civis e empresariais (arts. 423 e 424 do Código Civil de 2002), *bem como nas relações de trabalho*.

Ainda assim, conforme observa Orlando Gomes: "o contrato de trabalho deixa de ser contrato de adesão propriamente dito quando celebrado com pequeno empresário e se o candidato ao emprego se acha em posição de discutir as condições"[109].

[109] GOMES, Orlando. *Contratos*. 26. ed. atual. por Antonio Junqueira de Azevedo e Francisco Paulo de Crescenzo Marino. Rio de Janeiro: Forense, 2008. p. 132-133.

Desse modo, ainda que em diversas situações concretas o contrato de trabalho possa ter características de contrato de adesão, não se trata de elemento que lhe seja intrínseco, necessário ou essencial, pois há casos em que isso não ocorre.

No contrato de trabalho, muitas disposições e regras são estabelecidas pelo Estado, como forma de assegurar a igualdade material no âmbito da relação jurídica de emprego, objetivando, assim, alcançar o ideal de justiça social. Isso se justifica diante da posição inferior, em termos socioeconômicos, que o empregado normalmente se encontra diante do empregador, o qual é titular do poder de direção, a ser exercido nos limites estabelecidos pela lei.

4. COOPERATIVAS DE TRABALHO

O parágrafo único (atualmente § 1.º) do art. 442 da CLT, acrescentado pela Lei 8.949/1944, acarretou considerável aumento de terceirizações por meio das chamadas cooperativas de prestação de serviço.

No entanto, não se pode confundir cooperativa fornecedora de mão de obra (que exerce atividade ilícita, de intermediação de trabalhadores) com a cooperativa de produção. Nesta última é que os cooperados trabalham e a cooperativa detém os meios de produção (operando a socialização da propriedade e constituindo forma de autogestão), sendo a verdadeira cooperativa, abrangida pelo § 1.º do art. 442 da CLT.

O art. 90 da Lei 5.764/1971, sobre as sociedades cooperativas, já estabelecia que: "Qualquer que seja o tipo de cooperativa, não existe vínculo empregatício entre ela e seus associados". O que a Lei 8.949/1994 explicitou é a ausência de relação de emprego entre os associados da cooperativa e os seus tomadores de serviço.

Entretanto, segundo o princípio da primazia da realidade, somente o verdadeiro cooperado é que não será considerado empregado. Caso seja utilizado somente o rótulo de cooperativa para simular verdadeiro contrato de trabalho, isso será considerado fraude à legislação trabalhista, sendo nulo de pleno direito (art. 9.º da CLT).

O verdadeiro cooperado beneficia-se de serviços prestados pela cooperativa diretamente a ele associado (Lei 5.764/1971, art. 4.º, *caput*). Além disso, o cooperativismo autêntico viabiliza a obtenção de vantagens e resultados ao cooperado muito superiores, quando comparados à atuação de forma isolada, em razão da ampla estrutura colocada à disposição de cada filiado. Por isso, a verdadeira cooperativa de trabalho deve ser criada e formada por profissionais autônomos, que exerçam a mesma profissão, unindo esforços para obter vantagens ao próprio empreendimento, prestando serviços sem nenhuma intermediação nem subordinação (seja perante terceiros, seja em face da cooperativa).

Se a cooperativa, na verdade, somente tem o objetivo de intermediação irregular de mão de obra, havendo a prestação de serviços de forma subordinada, e não autônoma, em face do tomador, o vínculo de emprego do associado forma-se diretamente com este, por não se tratar de cooperado propriamente.

No entanto, tratando-se de órgãos da Administração Pública direta, indireta ou fundacional, entende-se não ser possível o reconhecimento de vínculo de emprego com o Estado, em razão da ausência do requisito constitucional da prévia aprovação em concurso público (art. 37, inciso II e § 2.º, da Constituição Federal de 1988 e Súmula 331, inciso II, do TST).

Mesmo assim, cabe frisar que as cooperativas podem ter empregados (art. 91 da Lei 5.764/1971). Portanto, caso os requisitos do vínculo de emprego estejam presentes em face da própria cooperativa, de tal forma que não mais se fale em associado, mas sim em empregado, o ente público, tomador dos serviços, excepcionalmente, pode responder de forma subsidiária pelo inadimplemento das obrigações trabalhistas (STF, ADC 16/DF, RE 760.931/DF e Súmula 331, inciso V, do TST).

A respeito do tema, o Supremo Tribunal Federal, em 26.04.2017, fixou a seguinte tese de repercussão geral: "O inadimplemento dos encargos trabalhistas dos empregados do contratado não transfere automaticamente ao Poder Público contratante a responsabilidade pelo seu pagamento, seja em caráter solidário ou subsidiário, nos termos do art. 71, § 1.º, da Lei n.º 8.666/93" (STF, Pleno, RE 760.931/DF, Red. p/ ac. Min. Luiz Fux, *DJe* 02.05.2017).

A Lei 12.690, de 19 de julho de 2012, publicada no *Diário Oficial da União* de 20.07.2012, com entrada em vigor na data de sua publicação (art. 29), passou a dispor sobre a organização e o funcionamento das cooperativas de trabalho, e instituiu o Programa Nacional de Fomento às Cooperativas de Trabalho (PRONACOOP).

A cooperativa de trabalho, assim, passou a ser regulada pela mencionada Lei 12.690/2012 e, no que com ela não colidir, pelas Leis 5.764, de 16 de dezembro de 1971, e 10.406, de 10 de janeiro de 2002, Código Civil (art. 1.º).

Entretanto, estão *excluídas* do âmbito da Lei 12.690/2012: I – as *cooperativas de assistência à saúde* na forma da legislação de saúde suplementar; II – as *cooperativas que atuam no setor de transporte regulamentado pelo poder público e que detenham, por si ou por seus sócios, a qualquer título, os meios de trabalho*; III – as *cooperativas de profissionais liberais cujos sócios exerçam as atividades em seus próprios estabelecimentos*; e IV – as *cooperativas de médicos cujos honorários sejam pagos por procedimento* (art. 1.º, parágrafo único).

Considera-se cooperativa de trabalho "a sociedade constituída por trabalhadores para o exercício de suas atividades laborativas ou profissionais com proveito comum, autonomia e autogestão para obterem melhor qualificação, renda, situação socioeconômica e condições gerais de trabalho" (art. 2.º).

Como se nota, na cooperativa de trabalho, a atividade laborativa ou profissional deve ser em proveito comum dos cooperados, bem como exercida de forma *autônoma*, por meio de *autogestão*, com o fim de se obter melhor qualificação e renda, melhor situação socioeconômica e melhoria das condições gerais de trabalho.

Na realidade, a rigor, para que se trate de cooperativa de trabalho, a atividade laborativa ou profissional, além de exercida em proveito comum dos cooperados, deve ser exercida de forma autônoma, pelo cooperado em si (autonomia individual), ainda que por meio de autogestão, com o fim de se obter melhor qualificação e renda, melhor situação socioeconômica e melhoria das condições gerais de trabalho, mas, inclusive, de cada cooperado individualmente, reunido na cooperativa.

A mencionada *autonomia* da atividade laborativa ou profissional deve ser exercida de forma coletiva e coordenada, mediante a fixação, em Assembleia Geral, das regras de funcionamento da cooperativa e da forma de execução dos trabalhos, nos termos da Lei 12.690/2012 (art. 2.º, § 1.º).

A verdadeira cooperativa de trabalho deve ser criada e formada por profissionais autônomos, que exerçam a mesma profissão, unindo esforços para obter vantagens ao próprio empreendimento, sem nenhuma intermediação, nem subordinação (seja perante terceiros, seja em face da cooperativa).

Considera-se *autogestão* o processo democrático no qual a Assembleia Geral define as diretrizes para o funcionamento e as operações da cooperativa, e os sócios decidem sobre a forma de execução dos trabalhos, nos termos da lei (art. 2.º, § 2.º).

Cabe ressaltar, ainda, que a cooperativa de trabalho deve se reger pelos seguintes princípios e valores (art. 3.º): I – adesão voluntária e livre; II – gestão democrática; III – participação econômica dos membros; IV – autonomia e independência; V – educação, formação e informação; VI – intercooperação; VII – interesse pela comunidade; VIII – preservação dos direitos sociais, do valor social do trabalho e da livre iniciativa; IX – não precarização do trabalho; X – respeito às decisões de assembleia, observado o disposto na Lei 12.690/2012; XI – participação na gestão em todos os níveis de decisão de acordo com o previsto em lei e no Estatuto Social.

De acordo com a Lei 12.690/2012 (art. 4.º), a cooperativa de trabalho, como gênero, pode ser das seguintes espécies: I – *de produção*, quando constituída por sócios que contribuem com trabalho para a produção em comum de bens e a cooperativa detém, a qualquer título, os meios de produção; e II – *de serviço*, quando constituída por sócios para a prestação de serviços especializados a terceiros, sem a presença dos pressupostos da relação de emprego.

De todo modo, *a cooperativa de trabalho não pode ser utilizada para intermediação de mão de obra subordinada* (art. 5.º).

A cooperativa de trabalho pode ser constituída com número mínimo de sete sócios (art. 6.º).

O art. 7.º da Lei 12.690/2012 inova, ao passar a garantir aos sócios das cooperativas de trabalho, embora não sendo empregados, certos direitos tipicamente trabalhistas.

Nesse sentido, a cooperativa de trabalho deve garantir aos sócios os seguintes direitos, além de outros que a Assembleia Geral venha a instituir: I – retiradas não inferiores ao piso da categoria profissional e, na ausência deste, não inferiores ao salário mínimo, calculadas de forma proporcional às horas trabalhadas ou às atividades desenvolvidas; II – duração do trabalho normal não superior a 8 (oito) horas diárias e 44 (quarenta e quatro) horas semanais, exceto quando a atividade, por sua natureza, demandar a prestação de trabalho por meio de plantões ou escalas, facultada a compensação de horários; III – repouso semanal remunerado, preferencialmente aos domingos; IV – repouso anual remunerado; V – retirada para o trabalho noturno superior à do diurno; VI – adicional sobre a retirada para as atividades insalubres ou perigosas; VII – seguro de acidente de trabalho.

Não se aplica o disposto nos incisos III e IV acima (RSR e RAR) nos casos em que as operações entre o sócio e a cooperativa sejam *eventuais*, salvo decisão da Assembleia Geral em contrário (art. 7.º, § 1.º).

Com isso, não havendo prestação do labor de forma repetida e automática ao longo do tempo pelo cooperado, deixa de fazer jus ao repouso semanal remunerado (preferencialmente aos domingos) e ao repouso anual remunerado, salvo se a Assembleia Geral decidir que tais direitos devem ser garantidos. Entretanto, o mais adequado, na realidade, seria que tais direitos fossem assegurados, ainda que de forma proporcional, na hipótese em questão (eventualidade das operações entre o sócio e a cooperativa de trabalho).

A cooperativa de trabalho constituída nos termos do inciso I do *caput* do art. 4.º da Lei 12.690/2012 (isto é, a *cooperativa de produção*) pode, em Assembleia Geral Extraordinária, estabelecer *carência* (ou seja, a necessidade do preenchimento de certo prazo mínimo de adesão à cooperativa pelo sócio) na fruição dos direitos previstos nos incisos I e VII do *caput* do art. 7.º, acima indicados (art. 7.º, § 5.º).

As atividades identificadas com o objeto social da cooperativa de trabalho prevista no inciso II do *caput* do art. 4.º da Lei em questão, isto é, da *cooperativa de serviço*, quando prestadas fora do estabelecimento da cooperativa, devem ser submetidas "a uma coordenação com mandato nunca superior a 1 (um) ano ou ao prazo estipulado para a realização dessas atividades, eleita em reunião específica pelos sócios que se disponham a realizá-las, em que serão expostos os requisitos para sua consecução, os valores contratados e a retribuição pecuniária de cada sócio partícipe" (art. 7.º, § 6.º).

Entretanto, há risco de que essa "coordenação", na realidade, se torne efetiva subordinação do suposto "cooperado" (sócio) ao gestor da cooperativa, acarretando a existência de relação de emprego, tendo em vista o princípio da primazia da realidade.

Pode-se notar, aqui, certa influência da chamada *parassubordinação*, em que o trabalhador presta serviço de forma autônoma, mas mediante colaboração coordenada e contínua perante o ente tomador.

As cooperativas de trabalho devem observar as *normas de saúde e segurança do trabalho* previstas na legislação em vigor, bem como em atos normativos expedidos pelas autoridades competentes (art. 8.º).

O contratante da cooperativa de trabalho prevista no inciso II do *caput* do art. 4.º da Lei 12.690/2012, isto é, *o contratante da cooperativa de serviço, responde solidariamente pelo cumprimento das normas de saúde e segurança do trabalho quando os serviços forem prestados no seu estabelecimento ou em local por ele determinado* (art. 9.º).

Quanto ao funcionamento, a cooperativa de trabalho pode "adotar por objeto social qualquer gênero de serviço, operação ou atividade, desde que previsto no seu Estatuto Social" (art. 10).

Entretanto, na prática, há certas atividades que dificilmente seriam compatíveis com a autonomia quanto à forma de prestação de serviço, a qual é exigida para a licitude da cooperativa de trabalho, em especial na cooperativa de serviço. Logo, o dispositivo pode dar margem a fraudes e desvirtuamentos, com terceirização de atividades integrantes do núcleo da atividade da empresa ou ente tomador, por intermédio de supostas cooperativas de trabalho, em prejuízo da devida formalização do vínculo de emprego.

A Lei 6.019/1974 atualmente rege as relações de trabalho na empresa de trabalho temporário, na empresa de prestação de serviços e nas respectivas tomadoras de serviço e contratante (art. 1.º, com redação dada pela Lei 13.429/2017). A respeito da terceirização, cf. comentários ao art. 455 da CLT.

É obrigatório o uso da expressão "Cooperativa de Trabalho" na denominação social da cooperativa (art. 10, § 1.º).

O art. 10, § 2.º, da Lei 12.690/2012, por sua vez, estabelece que a cooperativa de trabalho não pode ser impedida de participar de procedimentos de licitação pública que tenham por escopo os mesmos serviços, operações e atividades previstas em seu objeto social.

Além da realização da Assembleia Geral Ordinária e Extraordinária para deliberar nos termos dos e sobre os assuntos previstos na Lei 5.764/1971, e no Estatuto Social, a cooperativa de trabalho deve realizar anualmente, no mínimo, mais uma Assembleia Geral Especial para deliberar, entre outros assuntos especificados no edital de convocação, sobre gestão da cooperativa, disciplina, direitos e deveres dos sócios, planejamento e resultado econômico dos projetos e contratos firmados e organização do trabalho (art. 11).

A notificação dos sócios para participação das assembleias deve ser pessoal e ocorrer com antecedência mínima de 10 dias de sua realização (art. 12).

É vedado à cooperativa de trabalho distribuir verbas de qualquer natureza entre os sócios, exceto a retirada devida em razão do exercício de sua atividade como sócio ou retribuição por conta de reembolso de despesas comprovadamente realizadas em proveito da cooperativa (art. 13).

A cooperativa de trabalho deve deliberar, anualmente, na Assembleia Geral Ordinária, sobre a adoção ou não de diferentes faixas de retirada dos sócios (art. 14). No caso de fixação de faixas de retirada, a diferença entre as de maior e as de menor valor deve ser fixada na Assembleia (art. 14, parágrafo único).

O Conselho de Administração deve ser composto por, no mínimo, três sócios, eleitos pela Assembleia Geral, para um prazo de gestão não superior a quatro anos, sendo obrigatória a renovação de, no mínimo, 1/3 do colegiado, ressalvada a hipótese do art. 16 da Lei 12.690/2012 (art. 15).

A cooperativa de trabalho constituída por até 19 sócios pode estabelecer, em Estatuto Social, composição para o Conselho de Administração e para o Conselho Fiscal distinta da prevista na Lei 12.690/2012 e no art. 56 da Lei 5.764/1971, assegurados, no mínimo, três conselheiros fiscais (art. 16).

Cabe ao Ministério do Trabalho, no âmbito de sua competência, a fiscalização do cumprimento do disposto na Lei 12.690/2012 (art. 17).

A cooperativa de trabalho que intermediar mão de obra subordinada e os contratantes de seus serviços estarão sujeitos à multa de R$ 500,00 por trabalhador prejudicado, dobrada na reincidência, a ser revertida em favor do Fundo de Amparo ao Trabalhador – FAT (art. 17, § 1.º).

Presumir-se-á intermediação de mão de obra subordinada a relação contratual estabelecida entre a empresa contratante e as cooperativas de trabalho que não cumprirem o disposto no § 6.º do art. 7.º da mencionada Lei (art. 17, § 2.º).

As atividades identificadas com o objeto social da cooperativa de trabalho prevista no inciso II do *caput* do art. 4.º da Lei 12.690/2012 (isto é, *cooperativa de serviço*), quando prestadas fora do estabelecimento da cooperativa, devem ser submetidas a uma "coordenação com mandato nunca superior a um ano" (ou ao prazo estipulado para a realização dessas atividades), eleita em reunião específica pelos sócios que se disponham a realizá-las, em que serão expostos os requisitos para sua consecução, os valores contratados e a retribuição pecuniária de cada sócio partícipe.

Se essa determinação do art. 7.º, § 6.º, da Lei 12.690/2012 não for observada, presume-se que se trata de intermediação de mão de obra subordinada, formando-se o vínculo de emprego diretamente em face da empresa ou ente contratante (tomador).

As penalidades devem ser aplicadas pela autoridade competente do Ministério do Trabalho, de acordo com o estabelecido no Título VII da Consolidação das Leis do Trabalho (art. 17, § 3.º).

A constituição ou utilização de cooperativa de trabalho para fraudar deliberadamente a legislação trabalhista, previdenciária e o disposto na presente lei acarretará aos responsáveis as sanções penais, cíveis e administrativas cabíveis, sem prejuízo da ação judicial visando à dissolução da cooperativa (art. 18).

Fica inelegível para qualquer cargo em cooperativa de trabalho, pelo período de até cinco anos, contado a partir da sentença transitada em julgado, o sócio, dirigente ou o administrador condenado pela prática das fraudes elencadas no *caput* deste artigo (art. 18, § 2.º).

A Lei 12.690/2012, no art. 19, institui, no âmbito do Ministério do Trabalho, o Programa Nacional de Fomento às Cooperativas de Trabalho (Pronacoop), com a finalidade de promover o desenvolvimento e a melhoria do desempenho econômico e social da cooperativa de trabalho.

A Lei 12.690/2012, no art. 20, cria o Comitê Gestor do Pronacoop, com as seguintes atribuições: I – acompanhar a implementação das ações previstas na Lei 12.690/2012; II – estabelecer as diretrizes e metas para o Pronacoop; III – definir as normas operacionais para o Pronacoop; IV – propor o orçamento anual do Pronacoop.

O Ministério do Trabalho pode celebrar convênios, acordos, ajustes e outros instrumentos que objetivem a cooperação técnico-científica com órgãos do setor público e entidades privadas sem fins lucrativos, no âmbito do Pronacoop (art. 21).

As despesas decorrentes da implementação do Pronacoop devem correr à conta das dotações orçamentárias consignadas anualmente ao Ministério do Trabalho (art. 22).

Os recursos destinados às linhas de crédito do Pronacoop devem ser provenientes: I – do Fundo de Amparo ao Trabalhador (FAT); II – de recursos orçamentários da União; e III – de outros recursos que venham a ser alocados pelo poder público (art. 23).

O Conselho Deliberativo do Fundo de Amparo ao Trabalhador (Codefat) definirá as diretrizes para a aplicação, no âmbito do Pronacoop, dos recursos oriundos do Fundo de Amparo ao Trabalhador – FAT (art. 23, parágrafo único).

As instituições financeiras autorizadas a operar com os recursos do Pronacoop poderão realizar operações de crédito destinadas a empreendimentos inscritos no Programa sem a exigência de garantias reais, que poderão ser substituídas por garantias alternativas, observadas as condições estabelecidas em regulamento (art. 24).

A Lei 12.690/2012, no art. 26, institui a Relação Anual de Informações das Cooperativas de Trabalho (RAICT), a ser preenchida pelas Cooperativas de Trabalho, anualmente, com informações relativas ao ano-base anterior.

Cabe ao Poder Executivo regulamentar o modelo de formulário da RAICT, os critérios para entrega das informações e as responsabilidades institucionais sobre a coleta, processamento, acesso e divulgação das informações (art. 26, parágrafo único).

A cooperativa de trabalho constituída antes da vigência da Lei 12.690/2012 terá prazo de 12 meses, contado de sua publicação, para adequar seus estatutos às disposições nela previstas (art. 27).

5. ENTIDADES RELIGIOSAS

Não existe vínculo empregatício entre entidades religiosas de qualquer denominação ou natureza ou instituições de ensino vocacional e ministros de confissão religiosa, membros de instituto de vida consagrada, de congregação ou de ordem religiosa, ou quaisquer outros que a eles se equiparem, ainda que se dediquem parcial ou integralmente a atividades ligadas à administração da entidade ou instituição a que estejam vinculados ou estejam em formação ou treinamento (art. 442, § 2.º, da CLT, incluído pela Lei 14.647/2023).

Com fundamento no princípio da primazia da realidade (art. 9.º da CLT), defende-se que essa previsão deve ser interpretada no sentido da ausência do vínculo de emprego quando efetivamente não estiverem presentes os seus requisitos (arts. 2.º e 3.º da CLT).

Tanto é assim que o disposto no art. 442, § 2.º, da CLT não se aplica em caso de desvirtuamento da finalidade religiosa e voluntária (art. 442, § 3.º, da CLT, incluído pela Lei 14.647/2023).

No âmbito previdenciário, o ministro de confissão religiosa e o membro de instituto de vida consagrada, de congregação ou de ordem religiosa é segurado obrigatório do Regime Geral de Previdência Social, na qualidade de contribuinte individual (art. 11, inciso V, alínea "c", da Lei 8.213/1991), e não de empregado.

✦ Jurisprudência

Pastor evangélico. Relação de emprego. Não configuração. Reexame de prova vedado pela Súmula nº 126 do TST. O vínculo que une o pastor à sua igreja é de natureza religiosa e vocacional, relacionado à resposta a uma chamada interior e não ao intuito de percepção de remuneração terrena. A subordinação existente é de índole eclesiástica, e não empregatícia, e a retribuição percebida diz respeito exclusivamente ao necessário para a manutenção do religioso. Apenas no caso de desvirtuamento da própria instituição religiosa, buscando lucrar com a palavra de Deus, é que se poderia enquadrar a igreja evangélica como empresa e o pastor como empregado. No entanto, somente mediante o reexame da prova poder-se-ia concluir nesse sentido, o que não se admite em recurso de revista, a teor da Súmula n.º 126 do TST, pois as premissas fáticas assentadas pelo TRT foram de que o Reclamante ingressou na Reclamada apenas visando a "ganhar almas para Deus" e não se discutiu a natureza espiritual ou mercantil da Reclamada (TST, 4.ª T., AIRR 365200-63.2002.5.05.0900, Rel. Min. Ives Gandra Martins Filho, *DJ* 09.05.2003).

✦ Súmulas, Orientações Jurisprudenciais e Precedentes Normativos

Súmula 129 do TST: Contrato de trabalho. Grupo econômico. A prestação de serviços a mais de uma empresa do mesmo grupo econômico, durante a mesma jornada de trabalho, não caracteriza a coexistência de mais de um contrato de trabalho, salvo ajuste em contrário.

Súmula 331 do TST: Contrato de prestação de serviços. Legalidade.
I – A contratação de trabalhadores por empresa interposta é ilegal, formando-se o vínculo diretamente com o tomador dos serviços, salvo no caso de trabalho temporário (Lei 6.019, de 03.01.1974);
II – A contratação irregular de trabalhador, mediante empresa interposta, não gera vínculo de emprego com os órgãos da Administração Pública direta, indireta ou fundacional (art. 37, II, da CF/1988);
III – Não forma vínculo de emprego com o tomador a contratação de serviços de vigilância (Lei 7.102, de 20.06.1983) e de conservação e limpeza, bem como a de serviços especializados ligados à atividade-meio do tomador, desde que inexistente a pessoalidade e a subordinação direta;
IV – O inadimplemento das obrigações trabalhistas, por parte do empregador, implica a responsabilidade subsidiária do tomador dos serviços quanto àquelas obrigações, desde que haja participado da relação processual e conste também do título executivo judicial;
V – Os entes integrantes da Administração Pública direta e indireta respondem subsidiariamente, nas mesmas condições do item IV, caso evidenciada a sua conduta culposa no cumprimento das obrigações da Lei 8.666, de 21.06.1993, especialmente na fiscalização do cumprimento das obrigações contratuais e legais da prestadora de serviço como empregadora. A aludida responsabilidade não decorre de mero inadimplemento das obrigações trabalhistas assumidas pela empresa regularmente contratada;
VI – A responsabilidade subsidiária do tomador de serviços abrange todas as verbas decorrentes da condenação referentes ao período da prestação laboral.

Súmula 363 do TST: Contrato nulo. Efeitos. A contratação de servidor público, após a CF/1988, sem prévia aprovação em concurso público, encontra óbice no respectivo art. 37, II e § 2.º, somente lhe conferindo direito ao pagamento da contraprestação pactuada, em relação ao número de horas trabalhadas, respeitado o valor da hora do salário mínimo, e dos valores referentes aos depósitos do FGTS.

Súmula 386 do TST: Policial militar. Reconhecimento de vínculo empregatício com empresa privada. Preenchidos os requisitos do art. 3.º da CLT, é legítimo o reconhecimento de relação de emprego entre policial militar e empresa privada, independentemente do eventual cabimento de penalidade disciplinar prevista no Estatuto do Policial Militar.

Orientação Jurisprudencial 199 da SBDI-I do TST: Jogo do bicho. Contrato de trabalho. Nulidade. Objeto ilícito. É nulo o contrato de trabalho celebrado para o desempenho de atividade inerente à prática do jogo do bicho, ante a ilicitude de seu objeto, o que subtrai o requisito de validade para a formação do ato jurídico.

✦ **Referência legislativa**

- Lei 9.867/1999 (Criação e Funcionamento das Cooperativas Sociais).

Art. 442-A. Para fins de contratação, o empregador não exigirá do candidato a emprego comprovação de experiência prévia por tempo superior a 6 (seis) meses no mesmo tipo de atividade.

1. COMPROVAÇÃO DE EXPERIÊNCIA PRÉVIA

No que se refere à contratação do empregado, cabe destacar a Lei 11.644, de 10 de março de 2008, publicada no *DOU* de 11.03.2008, a qual acrescentou o art. 442-A à CLT, passando a tratar da questão da comprovação (pelo candidato ao emprego) de experiência prévia na atividade em que pretende a admissão.

De acordo com o art. 442-A, impede-se a exigência de comprovação de experiência prévia por tempo superior a seis meses no mesmo tipo de atividade a ser exercida. A determinação legal é imperativa e dirigida não apenas à empresa, mas ao empregador em sentido amplo (art. 2.º da CLT), ou seja, àquele que admite (contrata) empregados, resultando em vínculo de emprego. A indicação referente ao "mesmo tipo de atividade", no caso, envolve as funções e tarefas a serem desempenhadas pelo trabalhador após a sua contratação.

A intenção da previsão legal em destaque é, certamente, de possibilitar o emprego a quem não tem muita experiência profissional, especialmente aos jovens, o que se mostra positivo.

No entanto, em termos práticos, no que tange à aplicação concreta da norma em questão, podem surgir dificuldades quanto à sua eficácia. Efetivamente, pode ocorrer de o empregador não exigir, formalmente, a comprovação de experiência prévia superior a seis meses no mesmo tipo de atividade, mas acabar deixando de contratar o empregado que não tenha a experiência necessária para a função, embora sem declarar ou exteriorizar esta justificativa.

Como se pode notar, o art. 442-A da CLT trata a questão de forma generalizada, não levando em consideração as possíveis situações especiais ou excepcionais, que podem exigir tratamento diferenciado e mais adequado à realidade. Aliás, cabe lembrar que, de acordo com o princípio da isonomia material, as situações iguais devem receber tratamento igual, mas as situações desiguais merecem tratamento desigual, na medida da desigualdade.

No plano constitucional, é possível o entendimento de que a previsão em comento está em consonância com o art. 5.º, inciso XIII, e o art. 7.º, inciso XXX.

Além disso, pode-se dizer que a previsão legal também tem a finalidade de concretizar o princípio constitucional da *busca do pleno emprego*, previsto no art. 170, inciso VIII, da Constituição Federal de 1988.

De todo modo, defende-se que a nova previsão legal deve ser interpretada de forma lógico-teleológica, em conformidade com as peculiaridades de cada caso e com os princípios da razoabilidade e da boa-fé. Dessa forma, a determinação legal seria a regra, ou seja, a diretriz geral a ser seguida, mas certos casos excepcionais podem surgir, devendo ser analisados tendo como parâmetro o *princípio da não discriminação* na admissão ou contratação dos empregados. Deve-se, portanto, compatibilizar os diferentes princípios e valores constitucionais incidentes ao caso, aplicando-se a disposição legal de forma a atender ao bem comum, mas sem afrontar, de forma injustificada, outros princípios e valores igualmente consagrados na Constituição Federal.

2. CERTIDÃO DE ANTECEDENTES CRIMINAIS

Ainda quanto à contratação, cabe analisar a licitude da conduta do empregador de exigir e solicitar certidão de antecedentes criminais para a admissão do empregado.

A Constituição da República, no art. 5.º, inciso XXXIV, alínea "b", determina ser assegurada a todos, independentemente do pagamento de taxas, a obtenção de certidões em repartições públicas, para defesa de direitos e esclarecimento de situações de interesse pessoal. O art. 5.º, inciso XIV, por sua vez, assegura a todos o acesso à informação.

A consulta e exigência de certidão de antecedentes criminais, pelo empregador, assim, decorre dos mencionados direitos fundamentais.

Não obstante, a Constituição Federal de 1988, no art. 5.º, inciso X, dispõe que são invioláveis a intimidade e a vida privada das pessoas. Além disso, integram os objetivos fundamentais da República Federativa do Brasil promover o bem de todos, sem preconceitos de origem, raça, sexo, cor, idade e quaisquer outras formas de discriminação (art. 3.º, inciso IV, da Constituição Federal de 1988).

A discriminação é, portanto, vedada, o que também se confirma pelo art. 5.º, inciso XLI, da Constituição da República, ao prever que a lei deve punir qualquer discriminação atentatória dos direitos e liberdades fundamentais.

O art. 7.º, nos incisos XXX, XXXI e XXXII, da Constituição Federal de 1988 apresenta disposições pertinentes ao Direito do Trabalho fundadas na vedação de discriminação[110].

A Convenção 111 da OIT, de 1959, aprovada pelo Brasil e promulgada pelo Decreto 62.150/1968 (atualmente Decreto 10.088/2019), trata da discriminação em matéria de emprego e profissão.

Para os fins da Convenção 111 da OIT, o termo *discriminação* compreende: a) toda distinção, exclusão ou preferência fundada na raça, cor, sexo, religião, opinião política, ascendência nacional ou origem social, que tenha por efeito destruir ou alterar a igualdade de oportunidades ou de tratamento em matéria de emprego ou profissão; b) qualquer outra distinção, exclusão ou preferência que tenha por efeito destruir ou alterar a igualdade de oportunidades ou tratamento em matéria de emprego ou profissão, que pode ser especificada pelo Estado-Membro interessado depois de consultadas as organizações representativas de empregadores e trabalhadores, quando estas existam, e outros organismos adequados (art. 1.º, item 1).

110 "Art. 7.º São direitos dos trabalhadores urbanos e rurais, além de outros que visem à melhoria de sua condição social: [...] XXX – proibição de diferença de salários, de exercício de funções e de critério de admissão por motivo de sexo, idade, cor ou estado civil; XXXI – proibição de qualquer discriminação no tocante a salário e critérios de admissão do trabalhador portador de deficiência; XXXII – proibição de distinção entre trabalho manual, técnico e intelectual ou entre os profissionais respectivos".

Cabe esclarecer que as distinções, exclusões ou preferências fundadas em qualificações exigidas para determinado emprego não são consideradas discriminação (art. 1.º, item 2). Para os fins da Convenção 111, as palavras "emprego" e "profissão" incluem o acesso à formação profissional, ao emprego e às diferentes profissões, bem como as condições de emprego (art. 1.º, item 3).

As medidas especiais de proteção ou de assistência previstas em outras convenções ou recomendações adotadas pela Conferência Internacional do Trabalho não são consideradas discriminação (art. 5.º, item 1). Qualquer Estado-Membro pode (depois de consultadas as organizações representativas de empregadores e trabalhadores) definir como não discriminatórias quaisquer outras medidas especiais que tenham por fim salvaguardar as necessidades particulares de pessoas em relação às quais a atribuição de uma proteção ou assistência especial seja, de maneira geral, reconhecida como necessária, por razões tais como o sexo, a invalidez, os encargos de família ou o nível social ou cultural (art. 5.º, item 2).

A discriminação, ao contrariar o princípio da igualdade, significa o tratamento desigual, sem razoabilidade, nem justificativa lógica, isto é, a diferenciação prejudicial, injusta, infundada, não justificável e sem parâmetros legítimos.

A Lei 9.029/1995, no art. 1.º, com redação dada pela Lei 13.146/2015, também proíbe a adoção de qualquer prática discriminatória e limitativa para efeito de acesso à relação de trabalho, ou de sua manutenção, por motivo de sexo, origem, raça, cor, estado civil, situação familiar, deficiência, reabilitação profissional, idade, entre outros (ressalvadas, nesse caso, as hipóteses de proteção à criança e ao adolescente, previstas no art. 7.º, inciso XXXIII, da Constituição Federal de 1988).

Como se pode notar, os direitos fundamentais à privacidade e de não discriminação se opõem à exigência e consulta de certidão de antecedentes criminais, no caso, para a admissão do empregado.

A respeito da matéria em estudo, cabe salientar a presença de lei específica que autoriza a exigência de certidão de antecedentes criminais pelo empregador, para o objetivo específico de contratação de empregados que exercem certas funções.

Nesse sentido, a Lei 7.102/1982, art. 16, inciso VI, dispõe que para o exercício da profissão, o vigilante deve preencher, entre outros, o requisito de "não ter antecedentes criminais registrados".

Nota-se que, na hipótese citada, a lei infraconstitucional fez prevalecer os princípios fundamentais de acesso à informação e de obtenção de certidões em repartições públicas.

Na realidade, a questão em análise deve ser examinada sob o enfoque da colisão de princípios, relativos a direitos fundamentais, com a incidência do princípio (ou máxima) da proporcionalidade, em seus três níveis (adequação, necessidade, proporcionalidade em sentido estrito), para que se possa aferir se a restrição estabelecida em lei, a um dos direitos fundamentais envolvidos, é (ou não) constitucional[111].

Vale dizer, a previsão do diploma legal referido, ao estabelecer restrições a certos direitos fundamentais envolvidos quanto ao tema (privacidade e não discriminação), para ser considerada constitucional, deve atender ao princípio da proporcionalidade.

---

111 Cf. ALEXY, Robert. *Teoria dos direitos fundamentais*. Trad. Virgílio Afonso da Silva. São Paulo: Malheiros, 2008. p. 116-120, 131.

Sendo assim, tendo em vista as peculiaridades das funções envolvidas, a mencionada disposição legal pode ser considerada constitucional: se adequada quanto ao meio utilizado, levando em conta o objetivo que se busca atingir; se necessária para alcançar os fins pretendidos, no sentido da ausência de outro meio menos gravoso para isso; se não acarretar restrições excessivas aos direitos fundamentais (proporcionalidade em sentido estrito), em exame de ponderação entre os valores e direitos em discussão[112].

Pode-se entender que, no caso em questão, o princípio do acesso a informações, por meio de certidões públicas, é necessário ao exercício de funções como a disciplinada na Lei 7.102/1982. Não se observa, por outro lado, violação ao princípio da igualdade, uma vez que este deve ser interpretado em seu enfoque substancial, por ser vedado tratar de forma igual os que estão em situação desigual.

As instituições sociais públicas ou privadas que desenvolvam atividades com crianças e adolescentes e que recebam recursos públicos devem exigir e manter certidões de antecedentes criminais de todos os seus colaboradores (ou seja, trabalhadores), as quais devem ser atualizadas a cada seis meses (art. 59-A da Lei 8.069/1990, incluído pela Lei 14.811/2024).

Os estabelecimentos educacionais e similares, públicos ou privados, que desenvolvem atividades com crianças e adolescentes, independentemente de recebimento de recursos públicos, devem manter fichas cadastrais e certidões de antecedentes criminais atualizadas de todos os seus colaboradores (art. 59-A, parágrafo único, da Lei 8.069/1990, incluído pela Lei 14.811/2024). O termo colaboradores, embora não seja técnico, conforme normalmente mencionado na prática, tem o nítido sentido de trabalhadores.

Diversamente, para outras funções, a lei não prevê, expressamente, a possibilidade de exigência de certidão de antecedentes criminais para a admissão do empregado. Não sendo imprescindíveis as referidas informações, pode-se entender que devem prevalecer os princípios da privacidade e da não discriminação.

Por outro lado, se, conforme as circunstâncias do caso concreto e a função a ser exercida, houver necessidade de se ter conhecimento de informações sobre antecedentes criminais, entende-se que se justifica a sua exigência.

Frise-se que o Tribunal Superior do Trabalho, em julgamento de incidente de recurso repetitivo, fixou as seguintes teses jurídicas a respeito do tema:

> "1. Não é legítima e caracteriza lesão moral a exigência de Certidão de Antecedentes Criminais de candidato a emprego quando traduzir tratamento discriminatório ou não se justificar em razão de previsão em lei, da natureza do ofício ou do grau especial de fidúcia exigido.
>
> 2. A exigência de Certidão de Antecedentes Criminais de candidato a emprego é legítima e não caracteriza lesão moral quando amparada em expressa previsão legal ou justificar-se em razão da natureza do ofício ou do grau especial de fidúcia exigido, a exemplo de empregados domésticos, cuidadores de menores, idosos ou deficientes (em creches, asilos ou instituições afins), motoristas rodoviários de carga, empregados que laboram no setor da agroindústria no manejo de ferramentas de trabalho perfurocortantes, bancários e afins, trabalhadores que atuam com substâncias tóxicas, entorpecentes e armas, trabalhadores que atuam com informações sigilosas.

[112] Cf. CRISTOVAM, José Sérgio da Silva. Considerações acerca das máximas da razoabilidade e da proporcionalidade. *ADV – Seleções Jurídicas*, Rio de Janeiro, Coad, p. 3-19, jan. 2012.

3. A exigência de Certidão de Antecedentes Criminais, quando ausente alguma das justificativas *supra*, caracteriza dano moral *in re ipsa*, passível de indenização, independentemente de o candidato ao emprego ter ou não sido admitido" (TST, SBDI-I, IRR-RR-243000-58.2013.5.13.0023, Redator Min. João Oreste Dalazen, *DEJT* 22.09.2017).

3. CONSULTA A INFORMAÇÕES CREDITÍCIAS

Entende-se que a pesquisa de informações creditícias dos candidatos ao emprego e empregados, por meio de consulta a cadastros de serviços de proteção ao crédito, envolve conduta discriminatória (art. 1.º da Lei 9.029/1995)[113], a qual gera dano moral (art. 5.º, incisos V e X, da Constituição da República), pois a situação creditícia do trabalhador, inclusive da pessoa que busca se inserir no mercado de trabalho, não tem relação com as suas qualidades profissionais ou habilidades laborais. Cf. TST, 2.ª T., RR-1170-75.2010.5.02.0066, Rel. Min. Jose Roberto Freire Pimenta, *DEJT* 13.11.2020. TST, 3.ª T., RR-1000432-69.2014.5.02.0312, Rel. Min. Mauricio Godinho Delgado, *DEJT* 19.12.2022.

✦ Jurisprudência

Recurso de revista. Exigência de antecedentes criminais em entrevista de admissão em emprego para exercício de cargo de atendente com acesso a dados pessoais de clientes. Limites do poder diretivo empresarial. Contraponto de princípios constitucionais: princípio do amplo acesso a informações, especialmente oficiais, em contrapartida ao princípio da proteção à privacidade e ao princípio da não discriminação. Ponderação. A Constituição da República consagra o princípio do amplo acesso a informações (art. 5.º, XIV: – é assegurado a todos o acesso à informação... –, CF), especialmente em se tratando de informações oficiais, prolatadas pelo Poder Público (art. 5.º, XXXIII, e art. 5.º, XXXIV, "b", CF). Em contraponto, também consagra a Constituição o princípio da proteção à privacidade (art. 5.º, X, da CF) e o princípio da não discriminação (art. 3.º, I e IV; art. 5.º, *caput*; art. 7.º, XXX, CF). Nessa contraposição de princípios constitucionais, a jurisprudência tem conferido efetividade ao princípio do amplo acesso a informações públicas oficiais nos casos em que sejam essenciais, imprescindíveis semelhantes informações para o regular e seguro exercício da atividade profissional, tal como ocorre com o trabalho de vigilância armada – regulado pela Lei n.º 7.102 de 1982, art. 16, VI – e o trabalho doméstico, regulado pela Lei n.º 5.859/1972 (art. 2.º, II). Em tais casos delimitados, explicitamente permitidos pela lei, a ponderação de valores e princípios acentua o amplo acesso a informações (mormente por nao se tratar de informações íntimas, porém públicas e oficiais), ao invés de seu contraponto principiológico também constitucional. Contudo, não se mostrando imprescindíveis e essenciais semelhantes informações, prevalecem os princípios constitucionais da proteção à privacidade e da não discriminação. Na situação em tela, envolvendo trabalhador que se candidata à função de operador de *telemarketing* ou de *call center*, a jurisprudência do TST tem se encaminhado no sentido de considerar preponderantes os princípios do respeito à privacidade e do combate à discriminação, ensejando a conduta empresarial, por consequência, a lesão moral passível de indenização (art. 5.º, V e X, da CF). Recurso de revista conhecido e provido (TST, 3.ª T., RR 102400-35.2013.5.13.0007, Rel. Min. Mauricio Godinho Delgado, *DEJT* 30.05.2014).

Agravo de instrumento. Recurso de revista. Responsabilidade civil. Dano moral. Exigência de antecedentes criminais. 1. A exigência de certidão negativa de antecedentes criminais de candidato ao emprego, por si só, não implica violação à dignidade, à intimidade ou à vida privada, máxime se justificada pela necessidade da empresa em aproveitá-lo em atividades que envolvam uma maior parcela de fidúcia pelo acesso a informações confidenciais dos clientes. 2. Ausência de afronta ao art. 5.º incisos V e X da Constituição Federal e ao art. 186 do Código Civil. 3. Agravo de instrumento de que se conhece e a que se nega provimento (TST, 4.ª T., AIRR 140300-83.2012.5.13.0008, Rel. Min. João Oreste Dalazen, *DEJT* 24.06.2014).

---

[113] "Quanto ao tema, a jurisprudência desta Corte firmou-se no sentido de que as informações de cadastro de serviços de proteção ao crédito não podem ser exigidas de empregados e candidatos a emprego, por caracterizar vedada discriminação (art. 1.º da Lei 9.029/95)" (TST, SBDI-I, E-RR-933-49.2012.5.10.0001, Rel. Min. Alberto Luiz Bresciani de Fontan Pereira, *DEJT* 25.02.2022).

Recurso de embargos. Indenização por danos morais – Exigência de certidão de antecedentes criminais quando da contratação – Operador de *telemarketing*. O posicionamento majoritário desta SBDI1, no julgamento do processo n.º TST-E-RR-119000-34.2013.5.13.0007, em 23/10/2014, do qual sou redator designado, foi de que o procedimento da empresa consubstanciado na apresentação da certidão de antecedentes criminais como condição para admissão no emprego não causou dano ao empregado passível de ensejar a reparação por danos morais. Dois fundamentos balizaram essa conclusão: O primeiro fundamento, ao qual me filio, é no sentido de que não configura danos morais a simples exigência de apresentação de certidão de antecedentes criminais como condição para admissão no emprego, a não ser que, em determinado caso concreto, a não contratação do empregado decorra de certidão positiva de antecedente criminal que não tenha relação alguma com a função a ser exercida, o que configuraria discriminação vedada pela Constituição Federal. Assim, a exigência em si da certidão negativa de antecedentes criminais não gera lesão moral, passível de indenização, salvo se ela constituir fator de injustificada discriminação na admissão do obreiro. Ou seja, de forma genérica, é possível à empresa fazer tal exigência. Constitui direito de o empregador solicitar ao candidato a apresentação dessa certidão, sem que isso implique por si só lesão a um direito fundamental que justifique a configuração de dano moral. Somente na hipótese específica de haver recusa na contratação do candidato ao emprego em face da apresentação de certidão positiva de antecedentes criminais (que não tenha relação nenhuma com a função a ser exercida) é que o direito à reparação se evidenciaria, em face da lesão moral, ofensora da dignidade humana, e, ainda, ante ao obstáculo à inclusão social imposto ao empregado. O segundo fundamento é que só se configura dano moral se a atividade a ser exercida pelo empregado não justifica a exigência da referida certidão, o que não é o caso dos autos, uma vez que o operador de *telemarketing* tem acesso a dados sigilosos de clientes, mostrando-se razoável e adequada a exigência de apresentação dos antecedentes criminais, com forma de proteção àqueles e à própria empresa.

Assim, também por esse fundamento, entendeu a SBDI1 que não há direito à indenização por dano moral na hipótese, pois o ato de restrição do direito de personalidade do empregado, consubstanciado na exigência da certidão de antecedentes criminais, é necessário à consecução da atividade empresarial do empregador, mormente pelo fato de se tratar de admissão de empregado que teria acesso a dados pessoais de clientes. Portanto, nessa linha, não se configura o dano moral caso a exigência do atestado de antecedentes criminais esteja vinculada ao exercício de uma determinada função, ou seja, caso haja motivação idônea relacionada às atribuições do cargo; do contrário, não se mostrando essencial tal informação (antecedentes criminais), haverá, sim, lesão aos princípios constitucionais, precipuamente, ao da dignidade da pessoa humana. Recurso de embargos conhecido e provido (TST, SBDI-I, E-ED-RR 154600-16.2013.5.13.0008, Rel. Min. Renato de Lacerda Paiva, *DEJT* 05.12.2014).

Recurso de revista. Operadora de *telemarketing*. Exigência de certidão de antecedentes criminais quando da contratação. Cargo cuja natureza justifica a exigência. Dano moral. A prática de exigir a apresentação da certidão de antecedentes criminais não constitui conduta discriminatória, quando a natureza da atividade a ser exercida pelo empregado contratado justificar a exigência de certidão. Na hipótese, a reclamante, operadora de *telemarketing*, tem acesso amplo a dados sigilosos dos clientes, fato que justifica a exigência da certidão de antecedentes criminais no momento da contratação e, portanto, não é causa de abalo moral. Precedentes. Recurso de revista de que não se conhece (TST, 1.ª T., RR 176200-45.2013.5.13.0024, Rel. Min. Walmir Oliveira da Costa, *DEJT* 30.05.2016).

✦ Referência legislativa

- Lei 9.601/1998 (Contrato de Trabalho por Prazo Determinado).

Art. 442-B. A contratação do autônomo, cumpridas por este todas as formalidades legais, com ou sem exclusividade, de forma contínua ou não, afasta a qualidade de empregado prevista no art. 3.º desta Consolidação. (incluído pela Lei 13.467/2017).

1. CONTRATAÇÃO DE TRABALHADOR AUTÔNOMO

O art. 442-B da CLT, acrescentado pela Lei 13.467/2017, dispõe que a contratação do autônomo, cumpridas por este todas as formalidades legais, com ou sem exclusividade, de forma contínua ou não, afasta a qualidade de empregado prevista no art. 3.º da Consolidação das Leis do Trabalho.

O art. 25 da Portaria 671/2021 do Ministério do Trabalho e Previdência reitera essa previsão.

É assegurado o direito constitucional ao livre exercício de qualquer trabalho, ofício ou profissão, devendo ser atendidas as qualificações profissionais que a lei estabelecer (art. 5.º, inciso XIII, da Constituição da República).

A prestação de serviços de forma efetivamente autônoma, ainda que com exclusividade a certo tomador, por si, não gera a existência da relação de emprego, justamente em razão da ausência de subordinação jurídica.

O art. 25, parágrafo único, da Portaria 671/2021 do Ministério do Trabalho e Previdência explicita que não caracteriza a qualidade de empregado o fato de o autônomo prestar serviços a apenas um tomador de serviços.

O autônomo pode prestar serviços de qualquer natureza a outros tomadores de serviços que exerçam ou não a mesma atividade econômica, sob qualquer modalidade de contrato de trabalho, inclusive como autônomo (art. 26 da Portaria 671/2021 do Ministério do Trabalho e Previdência).

Se não houver exclusividade, o trabalhador autônomo tem a faculdade de prestar quaisquer serviços a outros tomadores, de idêntica ou diversa atividade econômica, seja como empregado ou autônomo (ou mesmo como eventual).

O trabalhador autônomo, justamente por prestar serviços por conta própria, sem se subordinar a poder de direção de empregador, pode não aceitar atividade solicitada pelo contratante (tomador), ainda que, em razão disso, haja a incidência de eventual consequência estabelecida em cláusula contratual.

O art. 27 da Portaria 671/2021 do Ministério do Trabalho e Previdência explicita que fica garantida ao autônomo a possibilidade de recusa de realizar atividade demandada pelo contratante, ressalvada a possibilidade de aplicação de cláusula de penalidade, pela recusa, caso prevista em contrato.

Presente a subordinação jurídica, será reconhecido o vínculo empregatício, ainda que o trabalhador preste serviços por meio de pessoa jurídica (art. 28 da Portaria 671/2021 do Ministério do Trabalho e Previdência). A caracterização da subordinação jurídica deve ser demonstrada no caso concreto, comprovada a submissão direta, habitual e reiterada do trabalhador aos poderes diretivo, regulamentar e disciplinar da empresa contratante, entre outros.

Evidentemente, como a presença da *subordinação jurídica*, quanto à forma da prestação dos serviços, significa a ausência de autonomia, nesse caso deve ser reconhecida a relação de emprego.

O que caracteriza o trabalhador autônomo, na verdade, é a prestação dos serviços sem subordinação, mesmo que a atividade realizada seja ligada ao negócio empresarial de quem o contrata, aspecto este que não diz respeito à questão envolvida.

O *princípio da primazia da realidade*, inerente ao Direito do Trabalho, indica que, na relação de emprego, deve prevalecer a efetiva realidade dos fatos, e não a forma construída em desacordo com a verdade.

Em razão disso, na avaliação de certo documento pertinente à relação de emprego, deve-se verificar se ele corresponde ao ocorrido no plano dos fatos, pois deve prevalecer a verdade real.

Quando se discute se determinada relação de trabalho é um vínculo de emprego, nem sempre a roupagem atribuída à contratação corresponde à realidade.

Aliás, pode ocorrer que mesmo no ajuste de vontades, pertinente à prestação do trabalho, as partes indiquem não se tratar de relação de emprego.

Desse modo, deve prevalecer o reconhecimento do vínculo empregatício caso presentes os seus requisitos, quais sejam, pessoa física, pessoalidade, não eventualidade, subordinação e onerosidade (arts. 2.º e 3.º da CLT).

A exclusividade na prestação do serviço não é requisito para a existência da relação de emprego.

Uma vez presente a relação de emprego segundo a realidade dos fatos, a qual é garantida na esfera constitucional (art. 7.º da Constituição da República), esta deve ser assim reconhecida.

Desse modo, o art. 442-B da CLT deve ser interpretado em conformidade com a Constituição, no sentido de que, se o trabalhador foi efetivamente contratado como autônomo, com a observância das exigências legais, prestando serviços sem subordinação jurídica, não será empregado, uma vez que ausente o exercício do poder de direção pelo tomador.

Essa ausência da relação de emprego, a qual deve ser analisada em cada caso concreto, não se altera em razão da presença ou ausência de exclusividade e de continuidade, pois o trabalho é prestado de forma autônoma.

Ainda nesse contexto, cabe frisar que a Lei 13.097/2015, no art. 139, ao tratar da *profissão de corretor de imóveis*, alterou o art. 6.º da Lei 6.530/1978, cujo § 2.º passou a prever que "o corretor de imóveis pode associar-se a uma ou mais imobiliárias, mantendo sua autonomia profissional, sem qualquer outro vínculo, inclusive empregatício e previdenciário, mediante contrato de associação específico, registrado no Sindicato dos Corretores de Imóveis ou, onde não houver sindicato instalado, registrado nas delegacias da Federação Nacional de Corretores de Imóveis".

Trata-se, no caso, de trabalho realizado de forma autônoma, ou seja, sem a presença da subordinação jurídica, o que corresponde à ausência do exercício do poder de direção, inerente à relação de emprego.

Pelo referido contrato, o corretor de imóveis associado e a imobiliária *coordenam*, entre si, o desempenho de funções correlatas à intermediação imobiliária e ajustam critérios para a partilha dos resultados da atividade de corretagem, mediante obrigatória assistência da entidade sindical.

Observa-se, portanto, nítida influência da chamada *teoria da parassubordinação*, em que o trabalho é prestado de forma coordenada, ou seja, em regime de colaboração entre o profissional autônomo e o ente tomador, presentes a continuidade e certa pessoalidade.

Mesmo com essa coordenação, salvo hipótese de fraude, o trabalho é exercido por conta própria, isto é, sem a sujeição aos poderes de organização, controle e disciplinar do tomador do serviço (imobiliária), por não ser empregador.

O mencionado contrato de associação, de todo modo, não implica troca de serviços, pagamentos ou remunerações entre a imobiliária e o corretor de imóveis associado, desde que não configurados os elementos caracterizadores do vínculo empregatício, previstos no art. 3.º da CLT.

Como se pode notar, apesar da necessidade de se observar os requisitos formais do contrato de associação específico (entre o corretor de imóveis e a imobiliária), no Direito do Trabalho deve prevalecer o princípio da primazia da realidade. Com isso, uma vez presentes os elementos da relação de emprego, com destaque à subordinação, esta deve ser reconhecida, nos termos dos arts. 9.º e 444 da CLT.

Cabe ainda fazer referência à previsão de que os salões de beleza podem celebrar *contratos de parceria*, por escrito, com os profissionais que desempenham as atividades de cabeleireiro, barbeiro, esteticista, manicure, pedicure, depilador e maquiador (art. 1.º-A da Lei 12.592/2012, acrescentado pela Lei 13.352/2016).

Os estabelecimentos e os profissionais mencionados são denominados *salão-parceiro* e *profissional-parceiro*, respectivamente, para todos os efeitos jurídicos. O salão-parceiro é responsável pela centralização dos pagamentos e recebimentos decorrentes das atividades de prestação de serviços de beleza realizadas pelo profissional-parceiro.

O salão-parceiro deve realizar a retenção de sua cota-parte percentual, fixada no contrato de parceria, bem como dos valores de recolhimento de tributos e contribuições sociais e previdenciárias devidos pelo profissional-parceiro incidentes sobre a cota-parte que a este couber na parceria.

A cota-parte retida pelo salão-parceiro deve ocorrer a título de atividade de aluguel de bens móveis e de utensílios para o desempenho das atividades de serviços de beleza e/ou a título de serviços de gestão, de apoio administrativo, de escritório, de cobrança e de recebimentos de valores transitórios recebidos de clientes das atividades de serviços de beleza.

A cota-parte destinada ao profissional-parceiro, por sua vez, deve ocorrer a título de *atividades de prestação de serviços de beleza*.

A cota-parte destinada ao profissional-parceiro não será considerada para o cômputo da receita bruta do salão-parceiro, ainda que adotado sistema de emissão de nota fiscal unificada ao consumidor.

O profissional-parceiro não pode assumir as responsabilidades e obrigações decorrentes da administração da pessoa jurídica do salão-parceiro, de ordem contábil, fiscal, trabalhista e previdenciária incidentes, ou quaisquer outras relativas ao funcionamento do negócio.

Os profissionais-parceiros podem ser qualificados, perante as autoridades fazendárias, como pequenos empresários, microempresários ou microempreendedores individuais.

O mencionado contrato de parceria deve ser firmado entre as partes, mediante *ato escrito, homologado pelo sindicato da categoria profissional e laboral e, na ausência desses, pelo órgão local competente do Ministério do Trabalho, perante duas testemunhas*. O profissional-parceiro, mesmo que inscrito como pessoa jurídica, deve ser assistido pelo seu sindicato de categoria profissional e, na ausência deste, pelo órgão local competente do Ministério do Trabalho.

São *cláusulas obrigatórias* do referido contrato de parceria as que estabeleçam: percentual das retenções pelo salão-parceiro dos valores recebidos por cada serviço prestado pelo profissional-parceiro; obrigação, por parte do salão-parceiro, de retenção e de recolhimento dos tributos e contribuições sociais e previdenciárias devidos pelo profissional-parceiro em decorrência da atividade deste na parceria; condições e periodicidade do pagamento do profissional-parceiro, por tipo de serviço oferecido; direitos do profissional-parceiro quanto ao uso de bens materiais necessários ao desempenho das atividades profissionais, bem como sobre o acesso e circulação nas dependências do estabelecimento; possibilidade de rescisão unilateral do contrato, no caso de não subsistir interesse na sua continuidade, mediante aviso prévio de, no mínimo, 30 dias; responsabilidades de ambas as partes com a manutenção e higiene de materiais e equipamentos, das condições de funcionamento do negócio e do bom atendimento dos clientes; obrigação, por parte do profissional-parceiro, de manutenção da regularidade de sua inscrição perante as autoridades fazendárias.

O profissional-parceiro *não terá relação de emprego ou de sociedade* com o salão-parceiro enquanto perdurar a relação de parceria tratada na Lei 12.592/2012 e modificada pela Lei 13.352/2016.

Ao salão-parceiro cabem a preservação e a manutenção das adequadas condições de trabalho do profissional-parceiro, especialmente quanto aos seus equipamentos e instalações, possibilitando as condições adequadas ao cumprimento das normas de segurança e saúde estabelecidas no art. 4.º da Lei 12.592/2012, ao prever que os profissionais de que trata esse diploma legal devem obedecer às normas sanitárias, efetuando a esterilização de materiais e utensílios utilizados no atendimento a seus clientes (art. 1.º-B da Lei 12.592/2012, acrescentado pela Lei 13.352/2016).

Configura-se vínculo empregatício entre a pessoa jurídica do salão-parceiro e o profissional-parceiro quando: não existir contrato de parceria formalizado na forma descrita na Lei 12.592/2012 e modificada pela Lei 13.352/2016; o profissional-parceiro desempenhar funções diferentes das descritas no contrato de parceria (art. 1.º-C da Lei 12.592/2012, acrescentado pela Lei 13.352/2016). O processo de fiscalização, de autuação e de imposição de multas rege-se pelo disposto no Título VII da CLT (art. 1.º-D da Lei 12.592/2012, acrescentado pela Lei 13.352/2016).

Sendo assim, em caso de fraude, se presentes os requisitos do vínculo de emprego, incide o princípio da primazia da realidade também quanto à hipótese em questão (arts. 9.º e 444 da CLT).

O Supremo Tribunal Federal julgou improcedente o pedido formulado em ação direta de inconstitucionalidade sobre a Lei 13.352/2016 e fixou a seguinte tese de julgamento: "1) É constitucional a celebração de contrato civil de parceria entre salões de beleza e profissionais do setor, nos termos da Lei 13.352, de 27 de outubro de 2016; 2) É nulo o contrato civil de parceria referido, quando utilizado para dissimular relação de emprego de fato existente, a ser reconhecida sempre que se fizerem presentes seus elementos caracterizadores" (STF, Pleno, ADI 5.625/DF, Red. p/ ac. Min. Nunes Marques, j. 28.10.2021).

A Lei 11.442/2007 dispõe sobre o transporte rodoviário de cargas (TRC) realizado em vias públicas, no território nacional, por conta de terceiros e mediante remuneração, os mecanismos de sua operação e a responsabilidade do transportador.

A atividade econômica de que trata a Lei 11.442/2007 é de natureza comercial, exercida por pessoa física ou jurídica em regime de livre concorrência, e depende de prévia inscrição do interessado em sua exploração no Registro Nacional de Transportadores Rodoviários de Cargas (RNTR-C) da Agência Nacional de Transportes Terrestres (ANTT), nas seguintes categorias: I – transportador autônomo de cargas (TAC), pessoa física que tenha no transporte rodoviário de cargas a sua atividade profissional; II – empresa de transporte rodoviário de cargas (ETC), pessoa jurídica constituída por qualquer forma prevista em lei que tenha no transporte rodoviário de cargas a sua atividade principal; III – cooperativa de transporte rodoviário de cargas (CTC), sociedade cooperativa na forma da lei, constituída por pessoas físicas e/ou jurídicas, que exerce atividade de transporte rodoviário de cargas (art. 2.º da Lei 11.442/2007).

O transportador autônomo de cargas (TAC) deve: I – comprovar ser proprietário, coproprietário ou arrendatário de, pelo menos, um veículo automotor de carga, registrado em seu nome no órgão de trânsito, como veículo de aluguel; II – comprovar ter experiência de, pelo menos, três anos na atividade, ou ter sido aprovado em curso específico.

A empresa de transporte rodoviário de cargas (ETC) deve: I – ter sede no Brasil; II – comprovar ser proprietária ou arrendatária de, pelo menos, um veículo automotor de carga, registrado no País; III – indicar e promover a substituição do responsável técnico, que deve ter, pelo menos, três anos de atividade ou ter sido aprovado em curso específico; IV – demonstrar capacidade financeira para o exercício da atividade e idoneidade de seus sócios e de seu responsável técnico.

O contrato a ser celebrado entre a empresa de transporte rodoviário de cargas (ETC) e o transportador autônomo de cargas (TAC) ou entre o dono ou embarcador da carga e o transportador autônomo de cargas (TAC) deve definir a forma de prestação de serviço desse último, como agregado ou independente (art. 4.º da Lei 11.442/2007).

Denomina-se *transportador autônomo de cargas agregado* (TAC-agregado) aquele que coloca veículo de sua propriedade ou de sua posse, a ser dirigido por ele próprio ou por preposto seu, a serviço do contratante, com exclusividade, mediante remuneração certa.

Denomina-se *transportador autônomo de cargas independente* (TAC-independente) aquele que presta os serviços de transporte de carga de que trata a Lei 11.442/2007 em caráter eventual e sem exclusividade, mediante frete ajustado a cada viagem.

Sem prejuízo dos demais requisitos de controle estabelecidos em regulamento, é facultada ao transportador autônomo de cargas (TAC) a cessão de seu veículo em regime de colaboração a outro profissional, assim denominado *transportador autônomo de cargas auxiliar* (TAC-auxiliar), não implicando tal cessão a caracterização de vínculo de emprego. O transportador autônomo de cargas auxiliar deve contribuir para a Previdência Social de forma idêntica à dos transportadores autônomos.

As relações decorrentes do contrato estabelecido entre o transportador autônomo de cargas e seu auxiliar ou entre o transportador autônomo e o embarcador não caracterizam vínculo de emprego.

As relações decorrentes do contrato de transporte de cargas de que trata o art. 4.º da Lei 11.442/2007 são sempre de natureza comercial, não ensejando, em nenhuma hipótese, a caracterização de vínculo de emprego (art. 5.º da Lei 11.442/2007).

No caso de contratação direta do transportador autônomo de cargas (TAC) pelo proprietário da mercadoria, a relação dar-se-á nos termos da Lei 11.442/2007 e será considerada de natureza comercial, conforme o art. 5.º da Lei 11.442/2007.

No âmbito processual, compete à Justiça Comum o julgamento de ações oriundas dos contratos de transportes de cargas (art. 5.º, § 3.º, da Lei 11.442/2007). Cf. comentários ao art. 643 da CLT, item 2.

Prescreve em um ano a pretensão à reparação pelos danos relativos aos contratos de transporte, iniciando-se a contagem do prazo a partir do conhecimento do dano pela parte interessada (art. 18 da Lei 11.442/2007).

É facultado aos contratantes dirimir seus conflitos recorrendo à arbitragem (art. 19 da Lei 11.442/2007).

A respeito do tema, o Supremo Tribunal Federal firmou a seguinte tese: "1 – A Lei 11.442/2007 é constitucional, uma vez que a Constituição não veda a terceirização, de atividade-meio ou fim. 2 – O prazo prescricional estabelecido no art. 18 da Lei 11.442/2007 é válido porque não se trata de créditos resultantes de relação de trabalho, mas de relação comercial, não incidindo na hipótese o art. 7.º, XXIX, CF. 3 – Uma vez preenchidos os requisitos dispostos na Lei 11.442/2007, estará configurada a relação comercial de natureza civil e afastada a configuração de vínculo trabalhista" (STF, Pleno, ADC 48/DF, ADI 3.961/DF, Rel. Min. Roberto Barroso, j. 15.04.2020, *DJe* 05.06.2020).

Os advogados podem reunir-se em sociedade simples de prestação de serviços de advocacia ou constituir sociedade unipessoal de advocacia, na forma disciplinada na Lei 8.906/1994 e no regulamento geral da OAB (art. 15 da Lei 8.906/1994).

Nesse contexto, cabem ao Conselho Federal da OAB a fiscalização, o acompanhamento e a definição de parâmetros e de diretrizes da relação jurídica mantida entre advogados e sociedades de advogados ou entre escritório de advogados sócios e advogado associado, inclusive no que se refere ao cumprimento dos requisitos norteadores da associação sem vínculo empregatício autorizada expressamente no art. 15, § 10, da Lei 8.906/1994 (incluído pela Lei 14.365/2022).

Frise-se que não será admitida a averbação (no Conselho Seccional da OAB) do contrato de associação que contenha, em conjunto, os elementos caracterizadores de relação de emprego previstos na Consolidação das Leis do Trabalho (art. 15, § 11, da Lei 8.906/1994, incluído pela Lei 14.365/2022).

A sociedade de advogados e a sociedade unipessoal de advocacia podem ter como sede, filial ou local de trabalho espaço de uso individual ou compartilhado com outros escritórios de advocacia ou empresas, desde que respeitadas as hipóteses de sigilo previstas na Lei 8.906/1994 e no Código de Ética e Disciplina (art. 15, § 12, da Lei 8.906/1994, incluído pela Lei 14.365/2022).

O advogado pode associar-se a uma ou mais sociedades de advogados ou sociedades unipessoais de advocacia, sem que estejam presentes os requisitos legais de vínculo empregatício, para prestação de serviços e participação nos resultados, na forma do Regulamento Geral e de Provimentos do Conselho Federal da OAB (art. 17-A da Lei 8.906/1994, incluído pela Lei 14.365/2022).

A referida associação dar-se-á por meio de pactuação de contrato próprio, que pode ser de caráter geral ou restringir-se a determinada causa ou trabalho e que deve ser registrado no Conselho Seccional da OAB em cuja base territorial tiver sede a sociedade de advogados que dele tomar parte (art. 17-B da Lei 8.906/1994, incluído pela Lei 14.365/2022).

No contrato de associação, o advogado sócio ou associado e a sociedade devem pactuar as condições para o desempenho da atividade advocatícia e estipularão livremente os critérios para a partilha dos resultados dela decorrentes, devendo o contrato conter, no mínimo: I – qualificação das partes, com referência expressa à inscrição no Conselho Seccional da OAB competente; II – especificação e delimitação do serviço a ser prestado; III – forma de repartição dos riscos e das receitas entre as partes, vedada a atribuição da totalidade dos riscos ou das receitas exclusivamente a uma delas; IV – responsabilidade pelo fornecimento de condições materiais e pelo custeio das despesas necessárias à execução dos serviços; V – prazo de duração do contrato.

2. MEDIDAS DE PROTEÇÃO AO ENTREGADOR QUE PRESTA SERVIÇO POR INTERMÉDIO DE EMPRESA DE APLICATIVO DE ENTREGA

A Lei 14.297/2022 dispõe sobre medidas de proteção asseguradas ao entregador que presta serviço por intermédio de empresa de aplicativo de entrega durante a vigência, no território nacional, da emergência de saúde pública decorrente do coronavírus responsável pela covid-19.

As medidas previstas na Lei 14.297/2022 devem ser asseguradas até que seja declarado o término da emergência em saúde pública de importância nacional (Espin) em decorrência da infecção humana pelo coronavírus Sars-CoV-2 (art. 1.º, parágrafo único, da Lei 14.297/2022). Essa eficácia temporária é passível de crítica, pois certas medidas de proteção, como se observa nos arts. 3.º e 6.º da Lei 14.297/2022, não têm a sua relevância limitada apenas ao mencionado período de emergência em saúde pública.

Foi declarado o encerramento da emergência em saúde pública de importância nacional (Espin) em decorrência da infecção humana pelo novo coronavírus (2019-nCov), de que tratava a Portaria 188/2020 (Portaria 913/2022 do Ministério da Saúde, com entrada em vigor 30 dias após a data de sua publicação, ocorrida em 22.04.2022).

Esclareça-se que os benefícios e as conceituações previstos na Lei 14.297/2022 não servirão de base para caracterização da natureza jurídica da relação entre os entregadores e as empresas de aplicativo de entrega (art. 10 da Lei 14.297/2022). Trata-se, assim, de questão a ser definida em cada caso concreto, por meio da análise da presença dos requisitos da relação de emprego (arts. 2.º e 3.º da CLT) ou do trabalho autônomo (art. 442-B da CLT), com destaque ao modo de prestação do serviço (sob subordinação jurídica ou por conta própria), em consonância com o princípio da primazia da realidade.

Considera-se *empresa de aplicativo de entrega* a empresa que possui como principal atividade a intermediação, por meio de plataforma eletrônica, entre o fornecedor de produtos e serviços de entrega e o seu consumidor. Considera-se *entregador* o trabalhador que presta serviço de retirada e entrega de produtos e serviços contratados por meio da plataforma eletrônica de aplicativo de entrega (art. 2.º da Lei 14.297/2022).

A empresa de aplicativo de entrega deve contratar *seguro contra acidentes*, sem franquia, em benefício do entregador nela cadastrado, exclusivamente para acidentes ocorridos durante o período de retirada e entrega de produtos e serviços, devendo cobrir, obrigatoriamente, acidentes pessoais, invalidez permanente ou temporária e morte (art. 3.º da Lei 14.297/2022).

Na hipótese de o entregador prestar serviços para mais de uma empresa de aplicativo de entrega, a indenização, no caso de acidente, deve ser paga pelo seguro contratado pela empresa para a qual o entregador prestava o serviço no momento do acidente.

A rigor, o entregador, como trabalhador, é segurado obrigatório da Previdência Social, na qualidade de empregado ou contribuinte individual (trabalhador autônomo), conforme art. 11, incisos I e V, *h*, da Lei 8.213/1991. O mais adequado, portanto, seria a formalização dessa relação jurídica, para se assegurar a ampla proteção previdenciária, por meio do Regime Geral de Previdência Social (art. 201 da Constituição da República), independentemente de seguro contra acidentes de natureza privada.

A empresa de aplicativo de entrega deve assegurar ao entregador afastado em razão de infecção pelo coronavírus responsável pela covid-19 *assistência financeira* pelo período de 15 dias, o qual pode ser prorrogado por mais dois períodos de 15 dias, mediante apresentação do comprovante ou do laudo médico (art. 4.º da Lei 14.297/2022).

A mencionada assistência financeira deve ser calculada de acordo com a média dos três últimos pagamentos mensais recebidos pelo entregador. A concessão da referida assistência financeira está condicionada à apresentação de comprovante de resultado positivo para co-vid-19 (obtido por meio de exame RT-PCR) ou de laudo médico que ateste condição decorrente da covid-19 que justifique o afastamento.

Se o entregador tiver a qualidade de segurado da Previdência Social, como empregado ou contribuinte individual (trabalhador autônomo), e preencher os requisitos legais, terá direito ao auxílio-doença (auxílio por incapacidade temporária), o qual é devido se ficar incapacitado para o trabalho por mais de 15 dias consecutivos (art. 59 da Lei 8.213/1991). Nessa hipótese, no período de recebimento do benefício previdenciário pelo entregador, entende-se que a assistência financeira não seria devida pela empresa de aplicativo de entrega.

A empresa de aplicativo de entrega deve fornecer ao entregador informações sobre os riscos do coronavírus responsável pela covid-19 e os cuidados necessários para se prevenir do contágio e evitar a disseminação da doença (art. 5.º da Lei 14.297/2022).

Cabe à empresa de aplicativo de entrega disponibilizar máscaras e álcool em gel ou outro material higienizante aos entregadores, para proteção pessoal durante as entregas. O cumprimento dessa disposição pela empresa de aplicativo de entrega pode ser feito por meio de repasse ou reembolso das despesas efetuadas pelo entregador.

A empresa fornecedora do produto ou do serviço deve: permitir que o entregador utilize as instalações sanitárias de seu estabelecimento; garantir o acesso do entregador a água potável (art. 6.º da Lei 14.297/2022).

A empresa de aplicativo de entrega e a empresa fornecedora do produto ou do serviço devem adotar prioritariamente forma de pagamento por meio da internet (art. 7.º da Lei 14.297/2022). Essa previsão certamente tem como objetivo evitar o risco de contato com o coronavírus, procurando prevenir o contágio da covid-19.

Do contrato ou do termo de registro celebrado entre a empresa de aplicativo de entrega e o entregador devem constar expressamente as hipóteses de bloqueio, de suspensão ou de exclusão da conta do entregador da plataforma eletrônica (art. 8.º da Lei 14.297/2022). Assegura-se ao entregador, com isso, o direito à informação sobre as condutas que podem acarretar essas sanções.

A aplicação da exclusão de conta deve ser precedida de comunicação prévia, com antecedência mínima de três dias úteis, e será acompanhada das razões que a motivaram, que devem ser devidamente fundamentadas, preservadas a segurança e a privacidade do usuário da plataforma eletrônica. O mencionado prazo não se aplica aos casos de ameaça à segurança e à integridade da plataforma eletrônica, dos fornecedores e dos consumidores, em razão de suspeita de prática de infração penal prevista na legislação vigente.

Como a exclusão da conta do entregador da plataforma eletrônica é medida mais rigorosa, em regra, deve ser precedida das mencionadas exigências, para que não haja arbitrariedades. No entanto, o bloqueio e a suspensão da conta também podem acarretar prejuízos ao entregador, de modo que deveriam observar requisitos prévios.

O descumprimento da Lei 14.297/2022 pela empresa de aplicativo de entrega ou pela empresa que utiliza serviços de entrega implica, nos termos definidos em regulamento: I – a aplicação de advertência; II – o pagamento de multa administrativa no valor de R$ 5.000,00 por infração cometida, em caso de reincidência (art. 9.º da Lei 14.297/2022). O regulamento deve especificar o órgão com atribuição para a fiscalização do cumprimento das referidas previsões legais.

✦ **Jurisprudência**

Direito do Trabalho. Ação Direta de Inconstitucionalidade e Ação Declaratória de Constitucionalidade. Transporte rodoviário de cargas. Lei 11.442/2007, que previu a terceirização da atividade-fim. Vínculo meramente comercial. Não configuração de relação de emprego. 1. A Lei 11.442/2007 (i) regulamentou a contratação de transportadores autônomos de carga por proprietários de carga e por empresas transportadoras de carga; (ii) autorizou a terceirização da atividade-fim pelas empresas transportadoras; e (iii) afastou a configuração de vínculo de emprego nessa hipótese. 2. É legítima a terceirização das atividades-fim de uma empresa. Como já foi decidido pelo Supremo Tribunal Federal, a Constituição não impõe uma única forma de estruturar a produção. Ao contrário, o princípio constitucional da livre iniciativa garante aos agentes econômicos liberdade para eleger suas estratégias empresariais dentro do marco vigente (CF/1988, art. 170). A proteção constitucional ao trabalho não impõe que toda e qualquer prestação remunerada de serviços configure relação de emprego (CF/1988, art. 7.º). Precedente: ADPF 524, Rel. Min. Luís Roberto Barroso. 3. Não há inconstitucionalidade no prazo prescricional de 1 (um) ano, a contar da ciência do dano, para a propositura de ação de reparação de danos, prevista no art. 18 da Lei 11.442/2007, à luz do art. 7.º, XXIX, CF, uma vez que não se trata de relação de trabalho, mas de relação comercial. 4. Procedência da ação declaratória da constitucionalidade e improcedência da ação direta de inconstitucionalidade. Tese: "1 – A Lei 11.442/2007 é constitucional, uma vez que a Constituição não veda a terceirização, de atividade-meio ou fim. 2 – O prazo prescricional estabelecido no art. 18 da Lei 11.442/2007 é válido porque não se trata de créditos resultantes de relação de trabalho, mas de relação comercial, não incidindo na hipótese o art. 7.º, XXIX, CF. 3 – Uma vez preenchidos os requisitos dispostos na Lei 11.442/2007, estará configurada a relação comercial de natureza civil e afastada a configuração de vínculo trabalhista" (STF, Pleno, ADC 48/DF, ADI 3.961/DF, Rel. Min. Roberto Barroso, *DJe* 05.06.2020).

Art. 443. O contrato individual de trabalho poderá ser acordado tácita ou expressamente, verbalmente ou por escrito, por prazo determinado ou indeterminado, ou para prestação de trabalho intermitente.

1. CONTRATO DE TRABALHO POR PRAZO DETERMINADO

O contrato de trabalho pode ser por prazo determinado ou indeterminado.

Discute-se sobre a necessidade de ser o contrato de trabalho a prazo certo por escrito. Na realidade, a forma escrita, em regra, não é exigida no contrato de trabalho, com a ressalva de certas hipóteses (como é o caso do contrato de aprendizagem definido pelo art. 428, *caput*, da CLT como um contrato de trabalho especial, ajustado por escrito e por prazo determinado).

Assim, para o contrato de trabalho por tempo certo, o *caput* do art. 443 da CLT admite ser "acordado tácita ou expressamente, verbalmente ou por escrito". No entanto, embora válido, para efeito de prova da contratação a prazo determinado, reconhece-se que a forma escrita é muito mais indicada, pois a presunção é justamente de ser o contrato a prazo indeterminado.

2. CONTRATO DE TRABALHO POR PRAZO DETERMINADO ESPECIAL: LEI 9.601/1998

A Lei 9.601, de 21 de janeiro de 1998, dispõe sobre um contrato por prazo determinado especial.

Conforme o art. 1.º do referido diploma legal, as convenções e os acordos coletivos de trabalho poderão estipular contrato de trabalho por prazo determinado, de que trata o art. 443 da CLT, independentemente das condições estabelecidas em seu § 2.º (serviço transitório, atividade empresarial transitória e contrato de experiência), em qualquer atividade desenvolvida pela empresa ou estabelecimento, para admissões que representem acréscimo no número de empregados.

Não se aplica ao referido contrato o disposto no art. 451 da CLT (art. 1.º, § 2.º, da Lei 9.601/1998), de modo que são permitidas sucessivas prorrogações.

Entende-se como aplicável, no entanto, o art. 445 da CLT, limitando o prazo máximo do referido contrato a dois anos.

3. CONTRATO DE TRABALHO POR OBRA CERTA

A Lei 2.959, de 17 de novembro de 1956, por sua vez, dispõe sobre os contratos por obra certa. O seu art. 1.º esclarece que o contrato em questão só pode ser firmado com o empregador construtor, que exerça tal atividade (de construção civil) em caráter permanente.

Entende-se que a referida previsão legal permanece em vigor, até porque o contrato por obra certa não deixa de ser um serviço transitório (art. 443, § 2.º, "a", da CLT).

4. TRABALHO TEMPORÁRIO

Trabalho temporário é aquele prestado por pessoa física contratada por uma empresa de trabalho temporário que a coloca à disposição de uma empresa tomadora de serviços, para atender à necessidade de substituição transitória de pessoal permanente ou à demanda complementar de serviços (art. 2.º da Lei 6.019/1974, com redação dada pela Lei 13.429/2017).

Considera-se complementar a demanda de serviços que seja oriunda de fatores imprevisíveis ou, quando decorrente de fatores previsíveis, tenha natureza intermitente, periódica ou sazonal (art. 2.º, § 2.º, da Lei 6.019/1974).

Não se consideram demanda complementar de serviços: as demandas contínuas ou permanentes; as demandas decorrentes da abertura de filiais (art. 43, parágrafo único, do Decreto 10.854/2021).

Considera-se substituição transitória de pessoal permanente a substituição de trabalhador permanente da empresa tomadora de serviços ou cliente afastado por motivo de suspensão ou interrupção do contrato de trabalho, tais como férias, licenças e outros afastamentos previstos em lei (art. 43, inciso V, do Decreto 10.854/2021).

É proibida a contratação de trabalho temporário para a substituição de trabalhadores em greve, salvo nos casos previstos em lei (art. 2.º, § 1.º, da Lei 6.019/1974).

Conforme o art. 7.º, parágrafo único, da Lei 7.783/1989, é vedada a rescisão de contrato de trabalho durante a greve, bem como a contratação de trabalhadores substitutos, exceto na ocorrência das hipóteses previstas nos arts. 9.º e 14 do referido diploma legal. Sendo assim, pode-se concluir que, em caso de greve abusiva, é possível haver a contratação de trabalho temporário.

Essa relação triangular de trabalho é regida pela Lei 6.019, de 3 de janeiro de 1974 (modificada pela Lei 13.429/2017).

O mencionado trabalhador mantém relação jurídica com a empresa de trabalho temporário, a qual o coloca à disposição da empresa cliente, em razão de contrato firmado entre as duas empresas.

Considera-se contrato individual de trabalho temporário o contrato de trabalho individual escrito celebrado entre o trabalhador e a empresa de trabalho temporário (art. 43, inciso VI, do Decreto 10.854/2021).

A empresa de trabalho temporário celebra contrato individual de trabalho temporário por escrito com o trabalhador colocado à disposição da empresa tomadora ou cliente, do qual devem constar expressamente: I – os direitos conferidos ao trabalhador temporário decorrentes da sua condição; II – a indicação da empresa tomadora de serviços ou cliente (art. 65 do Decreto 10.854/2021).

Considera-se contrato de prestação de serviços de colocação à disposição de trabalhador temporário o contrato escrito celebrado entre empresa de trabalho temporário e empresa tomadora de serviços ou cliente para a prestação de serviços de colocação de trabalhadores temporários de que trata o art. 9.º da Lei 6.019/1974 (art. 43, inciso VII, do Decreto 10.854/2021).

Embora apontado por parte da doutrina como modalidade expressamente prevista em lei de terceirização, no trabalho temporário o que ocorre, na realidade, não é a contratação de serviços especializados realizados pela empresa prestadora (terceirizada), mas sim o fornecimento de mão de obra, em regra vedado pelo sistema jurídico, embora admitido, excepcionalmente, nas hipóteses legais em questão.

Nesse sentido, o trabalho temporário não se confunde com a prestação de serviços a terceiros, de que trata o art. 4.º-A da Lei 6.019/1974 (art. 42 do Decreto 10.854/2021).

Se estiverem ausentes as razões justificadoras dessa modalidade contratual, ou excedido o prazo legal de prestação de serviços, a relação de emprego forma-se diretamente com a empresa tomadora, tendo em vista a fraude na contratação de trabalho temporário (art. 9.º da CLT).

A referida prestação de serviço, pelo trabalhador temporário, ocorre por meio da empresa de trabalho temporário.

É reconhecida a atividade da empresa de trabalho temporário, que integra o plano básico do enquadramento sindical a que se refere o art. 577 da CLT (art. 3.º da Lei 6.019/1974).

Desse modo, *empresa de trabalho temporário* é a pessoa jurídica, devidamente registrada no Ministério do Trabalho, responsável pela colocação de trabalhadores à disposição de outras empresas temporariamente (art. 4.º da Lei 6.019/1974).

Com a Lei 13.429/2017, o trabalho temporário passa a ser possível também no âmbito rural.

Empresa tomadora de serviços, por seu turno, é a pessoa jurídica ou entidade a ela equiparada que celebra contrato de prestação de trabalho temporário com a empresa de trabalho temporário (art. 5.º da Lei 6.019/1974).

A pessoa física, portanto, não pode figurar como tomadora de serviços no trabalho temporário. Quanto às entidades equiparadas à pessoa jurídica, podem ser assim consideradas as empresas individuais e os entes despersonalizados (como os condomínios) que recebem tratamento jurídico similar às pessoas jurídicas.

São requisitos para funcionamento e registro da empresa de trabalho temporário no Ministério do Trabalho: prova de inscrição no Cadastro Nacional da Pessoa Jurídica (CNPJ), do Ministério da Fazenda; prova do competente registro na Junta Comercial da localidade em que tenha sede; prova de possuir capital social de, no mínimo, R$ 100.000,00 (art. 6.º da Lei 6.019/1974).

O contrato celebrado pela empresa de trabalho temporário e pela tomadora de serviços deve ser por escrito, ficará à disposição da autoridade fiscalizadora no estabelecimento da tomadora de serviços e conterá: qualificação das partes; motivo justificador da demanda de trabalho temporário; prazo da prestação de serviços; valor da prestação de serviços; disposições sobre a segurança e a saúde do trabalhador, independentemente do local de realização do trabalho (art. 9.º da Lei 6.019/1974).

O valor da prestação de serviços consiste na taxa de agenciamento da prestação de serviço de colocação à disposição de trabalhadores temporários (art. 71, § 1.º, do Decreto 10.854/2021).

A justificativa (motivo justificador) da demanda de trabalho temporário consiste na descrição do fato ensejador da contratação de trabalho temporário (art. 71, § 2.º, do Decreto 10.854/2021).

É responsabilidade da empresa contratante (tomadora) garantir as condições de segurança, higiene e salubridade dos trabalhadores, quando o trabalho for realizado em suas dependências ou em local por ela designado (art. 9.º, § 1.º, da Lei 6.019/1974).

A contratante deve estender ao trabalhador da empresa de trabalho temporário o mesmo atendimento médico, ambulatorial e de refeição destinado aos seus empregados, existente nas dependências da contratante, ou local por ela designado (art. 9.º, § 2.º, da Lei 6.019/1974).

O contrato de trabalho temporário pode versar sobre o desenvolvimento de atividades-meio e atividades-fim a serem executadas na empresa tomadora de serviços (art. 9.º, § 3.º, da Lei 6.019/1974).

Logo, no trabalho temporário, por se tratar de modalidade excepcional, especificamente prevista em lei, de fornecimento de mão de obra, o trabalhador temporário pode atuar tanto em atividades-meio quanto em atividades-fim da empresa tomadora. Efetivamente, se a prestação de serviços pode ocorrer para atender à necessidade de substituição transitória de pessoal permanente ou à demanda complementar de serviços da empresa tomadora (art. 2.º da Lei 6.019/1974), é natural que isso aconteça em quaisquer atividades (meio ou fim) da tomadora.

Portanto, na hipótese em estudo, verifica-se a existência de subordinação jurídica do trabalhador temporário mesmo em face da empresa tomadora, o que decorre da própria natureza da contratação.

Nessa linha, a empresa tomadora de serviços ou cliente exercerá o poder técnico, disciplinar e diretivo sobre os trabalhadores temporários colocados à sua disposição (art. 58 do Decreto 10.854/2021).

Qualquer que seja o ramo da empresa tomadora de serviços, não existe vínculo de emprego entre ela e os trabalhadores contratados pelas empresas de trabalho temporário (art. 10 da Lei 6.019/1974).

Essa ausência de relação de emprego entre o trabalhador temporário e a empresa tomadora depende da observância dos requisitos legais do trabalho temporário.

Em caso de trabalho temporário irregular, ou seja, com violação de suas disposições legais, forma-se o vínculo de emprego do trabalhador temporário com a empresa tomadora dos serviços, a qual passa a ser considerada a verdadeira empregadora. Nessa hipótese específica, a empresa de trabalho temporário responde de forma solidária pelos créditos trabalhistas, por ter participado da fraude, com fundamento no art. 942 do Código Civil.

O contrato de trabalho temporário, em relação ao mesmo empregador, não pode exceder o prazo de 180 dias, consecutivos ou não (art. 10, § 1.º, da Lei 6.019/1974).

O contrato pode ser prorrogado por até 90 dias, consecutivos ou não, além do referido prazo de 180 dias, quando comprovada a manutenção das condições que o ensejaram (art. 10, § 2.º, da Lei 6.019/1974).

O art. 66 do Decreto 10.854/2021 esclarece que o prazo de duração do contrato individual de trabalho temporário não será superior a 180 dias corridos, independentemente de a prestação de serviço ocorrer em dias consecutivos ou não. O contrato, comprovada a manutenção das condições que ensejaram a contratação temporária, pode ser prorrogado apenas uma vez, além do referido prazo, por até 90 dias corridos, independentemente de a prestação de trabalho ocorrer em dias consecutivos ou não.

O contrato de trabalho temporário é mantido entre o trabalhador temporário e a empresa de trabalho temporário (mencionada no art. 10, § 1.º, da Lei 6.019/1974 como "empregador"). O contrato de trabalho temporário, assim, tem prazo máximo de duração (isto é, prazo determinado) e natureza de vínculo de emprego, embora de caráter especial. Não se confunde, entretanto, com o contrato de trabalho por prazo determinado previsto na CLT (o qual é firmado entre o empregado e o empregador).

O contrato de trabalho temporário também não se confunde com o contrato celebrado entre a empresa de trabalho temporário e a empresa tomadora de serviços (art. 5.º da Lei 6.019/1974), o qual tem natureza civil ou empresarial.

Não se aplica ao trabalhador temporário, contratado pela tomadora de serviços, o contrato de experiência previsto no parágrafo único do art. 445 da CLT (art. 10, § 4.º, da Lei 6.019/1974).

O contrato de experiência é uma modalidade de contrato de trabalho por prazo determinado (art. 443, § 2.º, "c", da CLT), firmado diretamente pelo empregador, que também figura como tomador do serviço. Logo, não se confunde com o trabalho temporário. Ainda assim, caso o trabalhador temporário venha a ser contratado diretamente pela empresa tomadora de serviço, não se autoriza que essa contratação posterior seja sob a forma de contrato de experiência, justamente porque o empregador já conhece o empregado e este se adapta às funções a serem desempenhadas.

O trabalhador temporário que cumprir o período estipulado nos §§ 1.º e 2.º do art. 10 da Lei 6.019/1974 (até 180 dias, podendo ser prorrogado por até 90 dias) somente pode ser colocado à disposição da mesma tomadora de serviços em novo contrato temporário, após 90 dias do término do contrato anterior (art. 10, § 5.º, da Lei 6.019/1974). A contratação anterior a esse prazo caracteriza vínculo empregatício com a tomadora.

Nos termos do art. 10, § 7.º, da Lei 6.019/1974, a empresa contratante (tomadora) é *subsidiariamente* responsável pelas obrigações trabalhistas referentes ao período em que ocorrer o trabalho temporário, e o recolhimento das contribuições previdenciárias deve observar o disposto no art. 31 da Lei 8.212/1991.

Por se tratar de responsabilidade subsidiária (e não solidária), há necessidade de cobrança, primeiramente, da empresa de trabalho temporário. Somente se verificada a ausência de bens suficientes desta é que a empresa tomadora, posteriormente, passa a responder pelos créditos do trabalhador temporário.

O art. 31 da Lei 8.212/1991 dispõe que a empresa contratante de serviços executados mediante cessão de mão de obra, inclusive em regime de trabalho temporário, deve reter 11% do valor bruto da nota fiscal ou fatura de prestação de serviços e recolher, em nome da empresa cedente da mão de obra, a importância retida até o dia 20 do mês subsequente ao da emissão da respectiva nota fiscal ou fatura, ou até o dia útil imediatamente anterior se não houver expediente bancário naquele dia, observado o disposto no art. 33, § 5.º, do mesmo diploma legal, ao prever que o desconto de contribuição e de consignação legalmente autorizadas sempre se presume feito oportuna e regularmente pela empresa a isso obrigada, não lhe sendo lícito alegar omissão para se eximir do recolhimento, ficando diretamente responsável pela importância que deixou de receber ou arrecadou em desacordo com o disposto na Lei 8.212/1991.

No caso de falência da empresa de trabalho temporário, a empresa tomadora ou cliente é solidariamente responsável pelo recolhimento das contribuições previdenciárias, no tocante ao tempo em que o trabalhador esteve sob suas ordens, assim como em referência ao mesmo período, pela remuneração e indenização previstas na Lei 6.019/1974 (art. 16).

O contrato de trabalho celebrado entre empresa de trabalho temporário e cada um dos assalariados colocados à disposição de uma empresa tomadora ou cliente é obrigatoriamente escrito e dele devem constar, expressamente, os direitos conferidos aos trabalhadores pela Lei 6.019/1974 (art. 11).

Será nula de pleno direito qualquer cláusula de reserva proibindo a contratação do trabalhador pela empresa tomadora ou cliente ao fim do prazo em que tenha sido colocado à sua disposição pela empresa de trabalho temporário.

Em consonância com o art. 12 da Lei 6.019/1974, ficam assegurados ao trabalhador temporário os seguintes direitos:

a) remuneração equivalente à percebida pelos empregados de mesma categoria da empresa tomadora ou cliente, calculada à base horária, garantida, em qualquer hipótese, a percepção do salário mínimo;
b) jornada de trabalho normal de oito horas (e duração semanal de 44 horas), remuneradas as horas extraordinárias (que não devem exceder duas) com o acréscimo de, no mínimo, 50% (art. 7.º, incisos XIII e XVI, da Constituição Federal de 1988);
c) férias proporcionais com o adicional de 1/3 (art. 7.º, inciso XVII, da Constituição da República);
d) repouso semanal remunerado;
e) adicional por trabalho noturno;
f) indenização por dispensa sem justa causa ou término normal do contrato, correspondente a 1/12 do pagamento recebido;
g) seguro contra acidente do trabalho (atualmente abrangido pela Previdência Social);
h) proteção previdenciária (benefícios e serviços da Previdência Social).

Assim, assegura-se ao trabalhador temporário o direito à remuneração equivalente dos empregados da mesma categoria da empresa tomadora, o que deve ser interpretado de forma a abranger o conjunto das verbas trabalhistas de natureza remuneratória, como o 13.º salário, feriados remunerados e os adicionais de insalubridade e de periculosidade.

Desse modo, mesmo havendo sindicato de categoria profissional que abranja (para os fins de enquadramento sindical) os trabalhadores temporários (normalmente junto com os empregados de empresas prestadoras de serviços), os direitos remuneratórios previstos em normas coletivas dos empregados da empresa tomadora devem ser aplicados aos trabalhadores temporários.

Além disso, na realidade, ao trabalhador temporário devem ser assegurados os direitos sociais e trabalhistas previstos no art. 7.º da Constituição Federal de 1988.

Entende-se que, se houver jornada de trabalho especial (reduzida) aplicável ao âmbito da empresa tomadora, esta também deve ser observada quanto aos trabalhadores temporários, inclusive para que se preserve a mencionada equivalência remuneratória[114].

114 Cf. DELGADO, Mauricio Godinho. *Curso de direito do trabalho*. 15. ed. São Paulo: LTr, 2016. p. 517.

A jornada de trabalho pode ter duração superior a oito horas diárias na hipótese de a empresa tomadora de serviços ou cliente utilizar jornada de trabalho específica (art. 61, § 1.º, do Decreto 10.854/2021).

Prevalece na jurisprudência o entendimento de que a indenização prevista no art. 12, "f", da Lei 6.019/1974 permanece em vigor, sendo compatível com o regime do FGTS (TST, SBDI--I, E-RR 1342-91.2010.5.02.0203, Redator Min. Renato de Lacerda Paiva, *DEJT* 14.08.2015).

Entretanto, a referida indenização não é mencionada no art. 60 do Decreto 10.854/2021, que arrola os direitos do trabalhador temporário, sabendo-se que o Fundo de Garantia do Tempo de Serviço passou a ser assegurado como direito trabalhista, de forma obrigatória, no art. 7.º, inciso III, da Constituição Federal de 1988.

Frise-se que a conta vinculada do trabalhador no FGTS pode ser movimentada na extinção normal do contrato a termo, inclusive o dos trabalhadores temporários regidos pela Lei 6.019/1974 (art. 20, inciso IX, da Lei 8.036/1990).

Não se aplica ao trabalhador temporário a indenização prevista no art. 479 da Consolidação das Leis do Trabalho (art. 64, inciso II, do Decreto 10.854/2021), mesmo porque o contrato individual de trabalho temporário não se confunde com o contrato por prazo determinado previsto no art. 443 da CLT e na Lei 9.601/1998 (art. 70 do Decreto 10.854/2021).

O Tribunal Superior do Trabalho fixou a seguinte tese jurídica: "É inaplicável ao regime de trabalho temporário, disciplinado pela Lei n.º 6.019/1974, a garantia de estabilidade provisória à empregada gestante, prevista no art. 10, II, *b*, do Ato das Disposições Constitucionais Transitórias" (TST, Pleno, IAC – 5639-31.2013.5.12.0051, Redatora Min. Maria Cristina Irigoyen Peduzzi, j. 18.11.2019).

Os trabalhadores temporários são beneficiários do vale-transporte, nos termos da Lei 7.418/1985 (art. 106, inciso III, do Decreto 10.854/2021).

Deve-se registrar na Carteira de Trabalho e Previdência Social do trabalhador sua condição de temporário (art. 12, § 1.º, da Lei 6.019/1974).

A empresa de trabalho temporário fica obrigada a anotar, em relação ao trabalhador temporário, nas anotações gerais da Carteira de Trabalho e Previdência Social, ou em meio eletrônico que vier a substituí-la, a sua condição de temporário, na forma estabelecida em ato do Ministro de Estado do Trabalho e Previdência (art. 49 do Decreto 10.854/2021).

A empresa tomadora ou cliente é obrigada a comunicar à empresa de trabalho temporário a ocorrência de todo acidente cuja vítima seja um trabalhador posto à sua disposição, considerando-se local de trabalho, para efeito da legislação específica, tanto aquele onde se efetua a prestação do trabalho, quanto a sede da empresa de trabalho temporário (art. 12, § 2.º, da Lei 6.019/1974).

Constituem justa causa para rescisão do contrato do trabalhador temporário os atos e circunstâncias mencionados nos arts. 482 e 483 da CLT, ocorrentes entre o trabalhador e a empresa de trabalho temporário ou entre aquele e a empresa cliente (tomadora) em que estiver prestando serviço (art. 13 da Lei 6.019/1974).

É vedado à empresa de trabalho temporário a contratação de estrangeiro com visto provisório de permanência no País (art. 17 da Lei 6.019/1974).

É vedado à empresa do trabalho temporário cobrar do trabalhador qualquer importância, mesmo a título de mediação, podendo apenas efetuar os descontos previstos em lei (art. 18 da Lei 6.019/1974). A infração dessa previsão importa no cancelamento do registro para funcionamento da empresa de trabalho temporário, sem prejuízo das sanções administrativas e penais cabíveis.

A empresa de trabalho temporário fica obrigada a discriminar, separadamente, em nota fiscal, os valores pagos a título de obrigações trabalhistas e fiscais e a taxa de agenciamento de colocação à disposição dos trabalhadores temporários (art. 51 do Decreto 10.854/2021). A mencionada taxa de agenciamento, no entanto, não pode ser cobrada do trabalhador.

A fiscalização do trabalho pode exigir da empresa tomadora ou cliente a apresentação do contrato firmado com a empresa de trabalho temporário, e, desta última, o contrato firmado com o trabalhador temporário, bem como a comprovação do respectivo recolhimento das contribuições previdenciárias (art. 15 da Lei 6.019/1974).

Desse modo, a empresa de trabalho temporário fica obrigada a apresentar à inspeção do trabalho, quando solicitado, o contrato celebrado com o trabalhador temporário, a comprovação do recolhimento das contribuições previdenciárias e os demais documentos comprobatórios do cumprimento das obrigações estabelecidas nos arts. 41 a 75 do Decreto 10.854/2021 (art. 50).

É vedado à empresa de trabalho temporário ter ou utilizar, em seus serviços, trabalhador temporário, exceto quando: I – o trabalhador for contratado por outra empresa de trabalho temporário; e II – for comprovada a necessidade de substituição transitória de pessoal permanente ou demanda complementar de serviços (art. 52 do Decreto 10.854/2021).

A empresa tomadora de serviços ou cliente manterá, em seu estabelecimento, e apresentará à inspeção do trabalho, quando solicitado, o contrato de prestação de serviços de colocação à disposição de trabalhadores temporários celebrado com a empresa de trabalho temporário (art. 54 do Decreto 10.854/2021).

O descumprimento do disposto na Lei 6.019/1974 sujeita a empresa infratora ao pagamento de multa (art. 19-A, acrescentado pela Lei 13.429/2017).

A fiscalização, a autuação e o processo de imposição das multas reger-se-ão pelo Título VII da CLT, que dispõe sobre processo de multas administrativas aplicadas pela inspeção do trabalho (arts. 626 a 642).

5. CONTRATO DE TRABALHO VERDE E AMARELO

O *contrato de trabalho verde e amarelo* é modalidade de contratação destinada à criação de novos postos de trabalho para as pessoas entre 18 e 29 anos de idade, para fins de registro do primeiro emprego em Carteira de Trabalho e Previdência Social (art. 1.º da Medida Provisória 905/2019).

A contratação de trabalhadores nessa modalidade seria realizada exclusivamente para *novos postos de trabalho*, tendo como referência a média do total de empregados registrados na folha de pagamentos entre 1.º de janeiro e 31 de outubro de 2019 (art. 2.º da Medida Provisória 905/2019).

A Medida Provisória 905/2019, embora possa ter produzido efeitos durante o seu período de vigência, foi revogada pela Medida Provisória 955/2020 e perdeu eficácia.

✦ Jurisprudência

Contrato de trabalho temporário. Lei n.º 6.019/74. Rescisão antecipada. Ausência de justa causa. Indenização do artigo 479 da CLT. Inaplicabilidade. O trabalho temporário, a teor dos artigos 2.º e 10 da Lei n.º

6.019/74, é aquele prestado por pessoa física a uma empresa para atender à necessidade transitória de substituição de seu pessoal regular e permanente ou ao acréscimo extraordinário de serviços, pelo prazo máximo de três meses, salvo prorrogação autorizada. O trabalho temporário é uma forma atípica de trabalho, prevista em lei especial, e por esse motivo não é regido pela CLT, como é o caso do contrato por prazo determinado, diferindo desse último quanto à natureza, prazo, condições e hipóteses ensejadoras para a sua configuração. Na CLT, a indeterminação do prazo de duração constitui regra geral dos contratos de trabalho. Os contratos a termo (contratos por prazo determinado) constituem exceção prevista no artigo 443 consolidado, abrangendo três hipóteses legalmente especificadas, dentre elas, serviço cuja natureza ou transitoriedade justifique a predeterminação do prazo. Já o contrato temporário, regido por previsão legal própria, visa o atendimento de necessidade transitória, sem a expectativa de continuidade do contrato. A regra de duração desse contrato é o limite legalmente imposto, 90 dias, valendo ressaltar que tal pacto não subsiste sem que persista o motivo justificador da demanda de trabalho temporário, sendo expressamente vedada pela lei sua continuidade sem causa. Assim, o contrato de trabalho temporário e o contrato por prazo determinado são modalidades diferentes de contratos. O primeiro é um contrato atípico de trabalho, de curta duração (sua extinção ocorre com o advento do termo legal), sem expectativa de continuidade, com direitos limitados à legislação especial. O segundo, diferentemente, converte-se automaticamente em contrato indeterminado se ultrapassado o limite temporal estabelecido pela CLT, salvo manifestação em contrário das partes. Portanto, a disciplina própria criada pela Lei n.º 6.019/74 não permite incluir o contrato ali previsto entre os contratos por prazo determinado, referidos nos artigos 479 a 481 da CLT. É que os dispositivos citados encontram-se inseridos no Título IV da CLT, que trata do contrato individual de trabalho clássico, como sendo o "acordo tácito ou expresso, correspondente à relação de emprego", nos termos do artigo 442 do mesmo diploma legal. Ao contrário do contrato de trabalho por prazo determinado previsto na CLT, o contrato do trabalhador temporário não tem como objetivo suprir necessidade permanente da empresa tomadora dos serviços, mas sim necessidade transitória do serviço para substituição de pessoal regular ou atendimento de demanda extraordinária, sem que o contratado tenha reconhecida a sua condição de empregado e nem lhe seja garantida a sua permanência na empresa durante o prazo previsto. Em se tratando dessa modalidade de contrato, o vínculo temporário não é estabelecido em razão da pessoa do trabalhador, sendo facultado à empresa tomadora a requisição de outro trabalhador junto à empresa prestadora de serviço em substituição daquele que não atendeu às suas expectativas. Se à época da edição da "Lei do Trabalho Temporário" já existia previsão legislativa abarcando a contratação por prazo determinado para os casos de serviços de natureza transitória, resta evidente que a criação de um novo instituto visou estabelecer regras específicas, o que leva à conclusão de que aquelas anteriormente previstas são inaplicáveis aos contratos celebrados sob a égide da Lei n.º 6.019/74, salvo se expressamente admitidas, como no caso do artigo 13 da referida lei, que excepciona aos contratados temporários a aplicação dos artigos 482 e 483 da CLT para a caracterização da justa causa. Os direitos do trabalhador temporário estão relacionados no artigo 12 da Lei n.º 6.019/74, constando, em sua alínea "f", expressamente, sanção própria em razão do término antecipado do contrato de trabalho, tenha havido ou não justa causa, com indenização correspondente a um doze avos do pagamento recebido. Dessa forma, não há que se falar em aplicação da sanção prevista no artigo 479 consolidado, que diz respeito somente aos contratos a termo previsto na CLT. Trata-se de aplicação do princípio da especificidade, segundo o qual onde há disposição legal específica disciplinando determinado assunto, esta não poderá deixar de ser aplicada em favor da disposição geral, eis que o intérprete não pode ir além do que dispõe a Lei. Por outro lado, a respeito da discussão sobre se a indenização prevista no artigo 12, alínea "f", da Lei n.º 6.019/74 foi tacitamente derrogada em face do advento do regime do FGTS, tratam-se de institutos com finalidades diversas. A Lei n.º 6.019/74 estabeleceu uma indenização especial, sem qualquer vinculação a outro evento, consubstanciada em pagamento de um *plus* pelo término do contrato temporário, diferentemente do regime do FGTS, cujo direito encontra-se intrinsecamente condicionado ao tempo de serviço prestado pelo trabalhador. Precedentes de Turmas do TST. Recurso de embargos conhecido e desprovido (TST, SBDI-I, E-RR 1342-91.2010.5.02.0203, Redator Min. Renato de Lacerda Paiva, *DEJT* 14.08.2015).

§ 1.º Considera-se como de prazo determinado o contrato de trabalho cuja vigência dependa de termo prefixado ou da execução de serviços especificados ou ainda da realização de certo acontecimento suscetível de previsão aproximada.

6. HIPÓTESES DE CABIMENTO DO CONTRATO DE TRABALHO POR PRAZO DETERMINADO

Em razão do princípio da continuidade da relação de emprego, presente no Direito do Trabalho, a presunção é de que o contrato seja a prazo indeterminado, permitindo-se a contratação a prazo certo apenas nas hipóteses admitidas no ordenamento jurídico.

Como se nota da redação do § 1.º do art. 443 da CLT, o contrato de trabalho a tempo determinado não é só aquele em que um prazo foi fixado para o seu término (termo prefixado); também se incluem na referida modalidade contratual: o pacto laboral cuja duração dependa da execução de serviços especificados (como a construção de uma determinada obra); e o contrato cuja vigência dependa de certo acontecimento suscetível de previsão aproximada (como o contrato de safra).

No trabalho rural, considera-se contrato de safra aquele que tenha a sua duração dependente de variações estacionais das atividades agrárias, assim entendidas as tarefas normalmente executadas no período compreendido entre o preparo do solo para o cultivo e a colheita (art. 96, parágrafo único, do Decreto 10.854/2021).

§ 2.º O contrato por prazo determinado só será válido em se tratando:

a) de serviço cuja natureza ou transitoriedade justifique a predeterminação do prazo;

7. SERVIÇO TRANSITÓRIO

Trata-se do caso em que o serviço é transitório. Assim, se o empregado é contratado para prestar serviço transitório, como em razão de aumento de produção em épocas festivas, é válido o contrato por prazo determinado.

b) de atividades empresariais de caráter transitório;

8. ATIVIDADE EMPRESARIAL TRANSITÓRIA

Esta situação diferencia-se da anterior, pois aqui a própria atividade da empresa reveste-se de transitoriedade. A hipótese é mais rara, podendo-se exemplificar com empresa constituída somente para realizar certa atividade de duração determinada, como organizar uma excursão para visitar certo evento em determinado local, ou realizar venda de produtos relacionados às festas do mês de junho, encerrando-se a atividade empresarial logo após estes eventos. Nessas circunstâncias, admite-se a contratação do empregado por tempo determinado, ou seja, com duração do vínculo empregatício somente enquanto durar a própria empresa, entendida como atividade organizada.

c) de contrato de experiência.

9. CONTRATO DE EXPERIÊNCIA

Como se nota, apesar das diversas discussões doutrinárias sobre o contrato de experiência e sua natureza jurídica, de acordo com a orientação legal do § 2.º, "c", do art. 443 da CLT, acrescentado pelo Decreto-lei 229/1967, o referido pacto foi inserido como uma das modalidades de contrato por tempo determinado.

Assim, de acordo com a orientação de nosso Direito Positivo, o contrato de experiência é sujeito a termo final. No entanto, na origem do instituto, o contrato de experiência seria uma condição (em princípio, de adequada prestação de serviços) que, se verificada, faria com que o pacto continuasse a vigorar.

Entendendo-se o contrato de experiência como uma mera espécie do gênero dos contratos a prazo certo, a posição majoritária é de que não se exige do empregador o dever de justificar o fim do referido pacto, pois este cessa justamente em razão de o termo final ter sido alcançado. No entanto, cabe reconhecer que a orientação mais justa, *de lege ferenda*, seria no sentido de ser necessária a motivação da dispensa quando do término do prazo do contrato de experiência, justamente por ter este objetivo de possibilitar a verificação da adequação do serviço prestado, no contexto da empresa, bem como a postura do empregado e do empregador no vínculo de emprego. Além disso, o contrato de experiência tem a finalidade de atender certos interesses do próprio empregado, como a verificação do ambiente de trabalho e da efetiva presença das condições avençadas no momento da contratação.

✦ **Referência legislativa**

- Art. 37, IX, da CF.

§ 3.º Considera-se como intermitente o contrato de trabalho no qual a prestação de serviços, com subordinação, não é contínua, ocorrendo com alternância de períodos de prestação de serviços e de inatividade, determinados em horas, dias ou meses, independentemente do tipo de atividade do empregado e do empregador, exceto para os aeronautas, regidos por legislação própria.

10. CONTRATO DE TRABALHO INTERMITENTE

O art. 443 da CLT, com redação dada pela Lei 13.467/2017, prevê que o contrato individual de trabalho pode ser acordado tácita ou expressamente, verbalmente ou por escrito, por prazo determinado ou indeterminado, ou para prestação de *trabalho intermitente*.

No trabalho intermitente a jornada de trabalho é normalmente móvel e mais flexível, permitindo que o empregado receba apenas pelo tempo de labor efetivamente prestado, deixando ao empregador a definição do período que será laborado em cada dia e época.

Entretanto, trata-se de sistemática que pode gerar certa insegurança ao trabalhador, não permitindo saber se será convocado para prestar serviços, ou por quanto tempo, o que resulta no desconhecimento de qual será o valor do salário a ser recebido e no desconhecimento do verdadeiro nível remuneratório mensal.

Na prática, a medida pode gerar a transferência ao empregado, que é a parte mais vulnerável da relação jurídica, dos riscos da atividade econômica e do empreendimento desenvolvido, que, por natureza, devem ser do empregador, por ser o titular dos meios de produção (art. 2.º da CLT). Os empregados, evidentemente, também têm as suas despesas mensais, e muitas delas são fixas, necessitando saber, com maior segurança e previsibilidade, o patamar de sua renda, não podendo conviver com tamanha incerteza.

Argumenta-se que a medida permitiria ao trabalhador ter mais de um emprego, o que a tornaria vantajosa a ambas as partes. Esquece-se, entretanto, que a exclusividade, em regra, não é requisito do contrato de trabalho (arts. 2.º e 3.º da CLT). Normalmente, nada impede que o empregado tenha mais de um vínculo de emprego, mesmo sendo fixo o horário de labor.

Na realidade, essa modalidade de trabalho pode favorecer a parte mais forte da relação de emprego, permitindo ao empregador a busca pelo lucro sem assumir o risco inerente à atividade desempenhada.

Além da ausência de demonstração científica de que a medida em questão é apta a reduzir os níveis de desemprego, em termos práticos, o empregado dificilmente conseguirá conciliar mais de um emprego, ao não saber com maior antecedência o período de trabalho que será efetivamente permitido, bem como quanto tempo ainda terá disponível a cada dia para realizar outras atividades.

Pode haver perda de qualidade de vida dos trabalhadores resultante do trabalho intermitente, em que a jornada de trabalho é flexível, podendo gerar impactos sociais negativos e prejuízos às pessoas que sobrevivem apenas de sua força de trabalho.

Em tese, segundo a previsão legal imperativa, o período em que o empregado está à disposição do empregador, *aguardando* ou executando ordens, também se considera como de serviço efetivo (art. 4.º da CLT). Portanto, não apenas o tempo de labor concretamente realizado, mas todo o período referido, por integrar a jornada de trabalho, também deve ser remunerado.

Considerando o exposto, anteriormente, havia entendimento no sentido de não ser válida a pactuação de jornada de trabalho móvel e variável, como ocorre no trabalho intermitente, fazendo com que o empregado recebesse apenas as horas trabalhadas, nem mesmo por meio de convenção ou acordo coletivo.

A rigor, pode-se distinguir a *jornada de trabalho intermitente*, assim entendida como a que é móvel, flexível e variável, atendendo às necessidades do empregador, do *contrato de trabalho intermitente*.

O art. 611-A, inciso VIII, da CLT, acrescentado pela Lei 13.467/2017, prevê que a convenção coletiva e o acordo coletivo de trabalho têm prevalência sobre a lei quando dispuserem sobre teletrabalho, regime de sobreaviso e *trabalho intermitente*.

Além disso, com a Lei 13.467/2017, o próprio *contrato de trabalho intermitente* é reconhecido, permitindo-se a sua celebração.

Considera-se como *intermitente* o contrato de trabalho no qual a prestação de serviços, com subordinação, não é contínua, ocorrendo com alternância de períodos de prestação de serviços e de inatividade, determinados em horas, dias ou meses, independentemente do tipo de atividade do empregado e do empregador, exceto para os aeronautas, regidos por legislação própria (art. 443, § 3.º, da CLT, acrescentado pela Lei 13.467/2017). Na jurisprudência, cf. TST, RR-10454-06.2018.5.03.0097.

O art. 36 da Portaria 671/2021 do Ministério do Trabalho e Previdência explicita que para fins do disposto no § 3.º do art. 443 da CLT, considera-se *período de inatividade* o intervalo temporal distinto daquele para o qual o empregado intermitente haja sido convocado e tenha prestado serviços nos termos do § 1.º do art. 452-A da CLT.

Durante o período de inatividade, o empregado pode prestar serviços de qualquer natureza a outros tomadores de serviço, que exerçam ou não a mesma atividade econômica, utilizando contrato de trabalho intermitente ou outra modalidade de contrato de trabalho (art. 36, § 1.º, da Portaria 671/2021).

No contrato de trabalho intermitente, o período de inatividade não será considerado tempo à disposição do empregador e não será remunerado. Ficará descaracterizado o contrato de trabalho intermitente se houver remuneração por tempo à disposição no período de inatividade (art. 36, § 2.º, da Portaria 671/2021). Pode-se dizer que essa previsão tem conteúdo típico de norma de hierarquia legal. Ainda assim, certamente entendeu-se que a disposição decorre da própria natureza e das características do contrato de trabalho intermitente, como desdobramento inerente à sua disciplina legislativa.

Os aeronautas, em razão das peculiaridades no exercício da profissão (regida pela Lei 13.475/2017), foram expressamente excluídos da possibilidade de serem admitidos e prestarem serviços por meio de contrato de trabalho intermitente.

No contrato de trabalho intermitente, a prestação de serviços, embora ocorra de forma subordinada ao empregador, que exerce o poder de direção, *não é contínua* (o que não se confunde com a não eventualidade, a qual é considerada requisito da relação de emprego).

Portanto, no contrato de trabalho intermitente, os períodos de prestação de serviços são *alternados* com períodos de inatividade, definidos em horas, dias ou meses, seja qual for a atividade do empregado e do empregador.

O contrato de trabalho intermitente deve ser celebrado por escrito e deve conter especificamente o valor da hora de trabalho, que não pode ser inferior ao valor horário do salário mínimo ou àquele devido aos demais empregados do estabelecimento que exerçam a mesma função em contrato intermitente ou não (art. 452-A da CLT, acrescentado pela Lei 13.467/2017).

O art. 30 da Portaria 671/2021 do Ministério do Trabalho e Previdência reitera a explicita que o contrato de trabalho intermitente, de que trata o art. 452-A da CLT, deve ser celebrado por escrito, ainda que previsto em acordo coletivo de trabalho ou convenção coletiva, e conterá:

I – identificação, assinatura e domicílio ou sede das partes;

II – valor da hora ou do dia de trabalho, que não será inferior ao valor horário ou diário do salário mínimo, nem inferior àquele devido aos demais empregados do estabelecimento que exerçam a mesma função, assegurada a remuneração do trabalho noturno superior à do diurno;

III – o local e o prazo para o pagamento da remuneração.

A remuneração horária ou diária do trabalhador intermitente pode ser superior à paga aos demais trabalhadores da empresa contratados a prazo indeterminado, dadas as características especiais do contrato de trabalho intermitente (art. 33 da Portaria 671/2021 do Ministério do Trabalho e Previdência).

O art. 35 da Portaria 671/2021 do Ministério do Trabalho e Previdência explicita ainda que é facultado às partes convencionar por meio do contrato de trabalho intermitente:

I – locais de prestação de serviços;

II – turnos para os quais o empregado será convocado para prestar serviços;

III – formas e instrumentos de convocação e de resposta para a prestação de serviços.

✦ Jurisprudência

Recurso de revista. Horas extras. Jornada de trabalho móvel e variável. Previsão em norma coletiva. Invalidade. 1. Conquanto a Constituição da República, por meio do art. 7.º, XXVI, prestigie a pactuação coletiva, impõe-se que os instrumentos autônomos observem as normas de ordem pública que garantem direitos mínimos dos trabalhadores. 2. Na hipótese, observa-se que a jornada de trabalho "móvel e variável", prevista nos instrumentos coletivos, importa, efetivamente, em transferência ao empregado dos riscos econômicos da atividade. Isso porque tal prática submete o trabalhador ao puro alvitre da empresa no tocante à jornada a ser efetivamente cumprida, conforme a variação de movimento dos estabelecimentos comerciais da reclamada, exigindo-se que o empregado fique à disposição empresarial por 44 horas semanais, mas podendo, por decisão exclusiva da empregadora, laborar – e obter remuneração – por qualquer período entre o máximo e o mínimo de 8 (oito) horas por semana. 3. Os preceitos protetivos do Direito do Trabalho não autorizam que o empregado se submeta, para mera salvaguarda do empregador contra as naturais oscilações de demanda produtiva, à incerteza da jornada de trabalho e da remuneração a ser percebida, em evidente prejuízo à sua vida particular e sua saúde financeira. 4. A prática em questão constitui evidente fraude à legislação trabalhista, atraindo a aplicação do art. 9.º da CLT. Precedentes. Recurso de revista conhecido e provido (TST, 1.ª T., RR 1293-16.2012.5.04.0012, Rel. Min. Walmir Oliveira da Costa, *DEJT* 19.12.2016).

Agravo de instrumento em recurso de revista. Jornada de trabalho móvel e variável. Abuso de direito. Súmulas 23, 221, II, e 296 do TST. Conforme noticia a decisão recorrida consta do contrato de trabalho cláusula estipulando jornada móvel e variável, recebendo o empregado apenas por aquelas horas trabalhadas. O respectivo modelo de jornada incorpora benefícios à empresa, atendendo, todavia, apenas às suas necessidades e preterindo os interesses dos empregados. A possibilidade de contratação para jornada inferior ao limite legal com salário proporcional obviamente resta autorizada, mas não se admite a ausência da prefixação daquela jornada, ainda que reduzida, porquanto é direito do empregado ter a efetiva ciência prévia de sua jornada diária de trabalho e, consequentemente, do seu salário mensal. Na hipótese dos autos, a contratação previa a possibilidade de jornada diária de até oito horas, razão pela qual ficava o empregado vinculado a todo aquele período, não lhe cabendo ativar-se em outra atividade. No mesmo diapasão, não tinha conhecimento prévio do valor de seu salário mensal, pois percebia pelas horas efetivamente trabalhadas, apenas com a garantia mínima de duas horas diárias. Dessume-se desse contexto que o benefício do referido regime de contratação dirigia-se única e exclusivamente ao interesse do empregador, sabedor de que contaria com o empregado pela jornada integral de oito horas diárias conforme lhe aprouvesse e, ainda, podendo estender as jornadas com o pagamento de horas extraordinárias. Assim, a empregadora geria um regime de otimização das horas de trabalho de seus empregados e de escalas conforme a movimentação e a necessidade dos serviços em seu estabelecimento. Nos períodos de pequena frequência de clientes, o empregado trabalharia por poucas horas, e a reclamada não necessitaria pagar pelo tempo no qual o trabalhador, embora não se ativasse na função, fosse obrigado a reservar do seu dia para atender à possível convocação para a jornada de oito horas. Dessa fixação da jornada, ainda que proporcional e inferior ao limite legal, deve atender às exigências de ambas as partes, com método fixo e não aleatório, como fez a empresa, focada que estava tão somente na diminuição de seus custos operacionais, infringindo, inequivocamente, os princípios basilares de proteção ao trabalhador e da dignidade da pessoa humana, e sujeitando o empregado tão somente ao livre-arbítrio patronal, sem a menor segurança quanto aos aspectos mínimos e formais da relação contratual, com execrável transferência dos riscos da atividade econômica para o empregado. Agravo de instrumento desprovido (TST, 7.ª T., AIRR 137000-70.2008.5.01.0014, Rel. Min. Luiz Philippe Vieira de Mello Filho, *DEJT* 06.06.2014).

Recurso de revista do Ministério Público do Trabalho. Ação civil pública. Jornada móvel e variável. Invalidade. Entende-se pela invalidade de cláusula prevista em contrato de trabalho que fixa jornada móvel e variável porque prejudicial ao trabalhador, pois, embora não exista vedação expressa sobre a prática adotada pela requerida, percebe-se que a contratação efetivada visa a que o trabalhador fique sujeito a ato imperativo do empregador, que pode desfrutar do labor de seus empregados quando bem entender, em qualquer horário do dia, pagando o mínimo possível para auferir maiores lucros. Esta prática, contratação na qual os trabalhadores ficam à disposição da empresa durante 44 horas semanais, em que pese esta possa utilizar-se de sua força laborativa por apenas 8 horas [...], na medida de suas necessidades, é ilegal, porquanto a empresa transfere o risco do negócio para os empregados, os quais são dispensados dos seus serviços nos períodos de menor movimento sem nenhum ônus e os convoca para trabalhar nos períodos de maior movimento sem qualquer acréscimo nas suas despesas. Entender o contrário implicaria desconsiderar as disposições contidas nos arts. 4.º, *caput*, e 9.º da CLT, que disciplinam o tempo à disposição do empregador e nulificam os atos praticados com o objetivo de desvirtuar ou fraudar os dispositivos regulamentadores da CLT. Recurso de revista conhecido e provido (TST, 8.ª T., RR 989190016.2005.5.09.0004, Rel. Min. Dora Maria da Costa, *DEJT* 25.02.2011).

I) Agravo de instrumento. Rito sumaríssimo. Trabalho intermitente. Transcendência jurídica. Violação do art. 5.º, II, da CF. Tratando-se de matéria nova a relativa ao trabalho intermitente, reconhece-se a transcendência jurídica do recurso de revista, e constatando-se a recusa do Regional na aplicação da nova Lei 13.467/17 à modalidade intermitente de contratação, a hipótese é de reconhecimento de violação do art. 5.º, II, da CF, em processo submetido ao rito sumaríssimo. Agravo de instrumento provido. **II) Recurso de revista. Rito sumaríssimo. Trabalho intermitente. Matéria nova. Transcendência jurídica. Violação do art. 5.º, II, da CF. Desrespeito patente à Lei 13.467/17, que introduziu os arts. 443, § 3.º, e 452-A na CLT.** 1. Constitui matéria nova no âmbito deste Tribunal, a ensejar o conhecimento de recurso de revista com base em sua transcendência jurídica (CLT, art. 896-A, § 1.º, IV), aquela concernente ao regramento do trabalho intermitente, introduzido em nosso ordenamento jurídico pela Lei 13.467/17. 2. Discutida a matéria em recurso oriundo de processo submetido ao rito sumaríssimo, apenas por violação direta de dispositivo constitucional se pode conhecer do apelo, nos termos do § 9.º do art. 896 da CLT. 3. É pacífica a jurisprudência do TST no sentido de que, excepcionalmente, pode-se conhecer de recurso de revista em rito sumaríssimo por violação ao princípio da legalidade insculpido no art. 5.º, II, da CF, como forma de controle jurisdicional das decisões dos TRTs que deixarem flagrantemente de aplicar dispositivo legal que rege a matéria em debate (Precedentes de todas as Turmas, em variadas questões). 4. *In casu*, o 3.º Regional reformou a sentença, que havia julgado improcedente a reclamatória, por entender que o trabalho intermitente "deve ser feito somente em caráter excepcional, ante a precarização dos direitos do trabalhador, e para atender demanda intermitente em pequenas empresas" e que "não é cabível ainda a utilização de contrato intermitente para atender posto de trabalho efetivo dentro da empresa". 5. Pelo prisma da doutrina pátria, excessos exegéticos assomam tanto nas fileiras dos que pretendem restringir o âmbito de aplicação da nova modalidade contratual, como nas dos que defendem sua generalização e maior flexibilidade, indo mais além do que a própria lei prevê. 6. Numa hermenêutica estrita, levando em conta a literalidade dos arts. 443, § 3.º, e 452-A da CLT, que introduziram a normatização do trabalho intermitente no Brasil, tem-se como "intermitente o contrato de trabalho no qual a prestação de serviços, com subordinação, não é contínua, ocorrendo com alternância de períodos de prestação de serviços e de inatividade, determinados em horas, dias ou meses, independentemente do tipo de atividade do empregado e do empregador, exceto para os aeronautas, regidos por legislação própria" (§ 3.º). Ou seja, não se limita a determinadas atividades ou empresas, nem a casos excepcionais. Ademais, fala-se em valor horário do salário mínimo ou daquele pago a empregados contratados sob modalidade distinta de contratação (CLT, art. 452-A). 7. Contrastando a decisão regional com os comandos legais supracitados, não poderia ser mais patente o desrespeito ao princípio da legalidade. O 3.º Regional, refratário, como se percebe, à reforma trabalhista, cria mais parâmetros e limitações do que aqueles impostos pelo legislador ao trabalho intermitente, malferindo o princípio da legalidade, erigido pelo art. 5.º, II, da CF como baluarte da segurança jurídica. 8. Ora, a introdução de regramento para o trabalho intermitente em nosso ordenamento jurídico deveu-se à necessidade de se conferir direitos básicos a uma infinidade de trabalhadores que se encontravam na informalidade (quase 50% da força de trabalho do país), vivendo de "bicos", sem carteira assinada e sem garantia de direitos trabalhistas fundamentais. Trata-se de uma das novas modalidades contratuais existentes no mundo, flexibilizando a forma de contratação e remuneração, de modo a combater o desemprego. Não gera precarização, mas segurança jurídica a trabalhadores e empregadores, com regras claras, que estimulam a criação de novos postos de trabalho. 9. Nesses termos, é de se acolher o apelo patronal, para restabelecer a sentença de improcedência da reclamatória trabalhista. Recurso de revista conhecido e provido (TST, 4.ª T., RR-10454-06.2018.5.03.0097, Rel. Min. Ives Gandra Martins Filho, *DEJT* 09.08.2019).

✦ Súmulas, Orientações Jurisprudenciais e Precedentes Normativos

Orientação Jurisprudencial 358 da SBDI-I do TST: Salário mínimo e piso salarial proporcional à jornada reduzida. Empregado. Servidor público. I – Havendo contratação para cumprimento de jornada reduzida, inferior à previsão constitucional de oito horas diárias ou quarenta e quatro semanais, é lícito o pagamento do piso salarial ou do salário mínimo proporcional ao tempo trabalhado. II – Na Administração Pública direta, autárquica e fundacional não é válida remuneração de empregado público inferior ao salário mínimo, ainda que cumpra jornada de trabalho reduzida. Precedentes do Supremo Tribunal Federal.

Art. 444. As relações contratuais de trabalho podem ser objeto de livre estipulação das partes interessadas em tudo quanto não contravenha às disposições de proteção ao trabalho, aos contratos coletivos que lhes sejam aplicáveis e às decisões das autoridades competentes.

Parágrafo único. A livre estipulação a que se refere o *caput* deste artigo aplica-se às hipóteses previstas no art. 611-A desta Consolidação, com a mesma eficácia legal e preponderância sobre os instrumentos coletivos, no caso de empregado portador de diploma de nível superior e que perceba salário mensal igual ou superior a duas vezes o limite máximo dos benefícios do Regime Geral de Previdência Social.

1. INDISPONIBILIDADE DE DIREITOS TRABALHISTAS

As normas trabalhistas, de ordem pública, são dotadas de certo grau de indisponibilidade. Por exemplo, não são consideradas válidas estipulações, no contrato individual de trabalho, de salário inferior ao mínimo legal, nem de férias por período menor do que o previsto em lei (em razão do princípio da norma mais favorável, é plenamente válida e eficaz a previsão que exceda o patamar legal mínimo). Isso significa que os direitos trabalhistas, objeto de tutela legal, em princípio, não podem ser estipulados de forma menos benéfica ao trabalhador, na contratação individual com o empregador. Pacto individual com o empregado, neste sentido, será nulo de pleno direito, sem qualquer validade, o que nos leva a concluir que os direitos trabalhistas, em tese, não são disponíveis, no sentido aqui explicitado.

2. EMPREGADO COM FORMAÇÃO SUPERIOR E MAIOR PATAMAR REMUNERATÓRIO

As relações contratuais de trabalho podem ser objeto de livre estipulação das partes interessadas em tudo quanto não contravenha às disposições de proteção ao trabalho, aos contratos coletivos que lhes sejam aplicáveis e às decisões das autoridades competentes (art. 444 da CLT).

Nesse contexto, o *princípio da irrenunciabilidade*, inerente ao Direito do Trabalho, significa não se admitir, em tese, que o empregado renuncie, ou seja, disponha dos direitos assegurados pelo sistema jurídico trabalhista, cujas normas são, em sua grande maioria, de ordem pública, dotadas de natureza cogente. As normas trabalhistas, portanto, são dotadas de certo grau de indisponibilidade.

Isso significa que os direitos trabalhistas, objeto de tutela legal, em princípio, não podem ser estipulados de forma menos benéfica ao trabalhador, na contratação individual com o empregador (art. 9.º da CLT).

Apesar do exposto, o art. 444, parágrafo único, da CLT, acrescentado pela Lei 13.467/2017, prevê que a livre estipulação das relações contratuais de trabalho (a que se refere o art. 444, *caput*, da CLT) aplica-se às hipóteses previstas no art. 611-A da CLT, com a mesma eficácia legal e preponderância sobre os instrumentos coletivos, no caso de empregado portador de diploma de nível superior e que perceba salário mensal igual ou superior a duas vezes o limite máximo dos benefícios do Regime Geral de Previdência Social.

Com isso, objetiva-se autorizar a plena e ilimitada autonomia individual da vontade, em moldes já ultrapassados até mesmo no Direito Civil mais tradicional, quanto a empregados que tenham formação intelectual e maior patamar remuneratório, autorizando que a negociação individual com o empregador, nas hipóteses exemplificativamente arroladas no art. 611-A da CLT, prevaleça sobre a lei e o negociado coletivamente, mesmo que a avença seja prejudicial ao trabalhador e contrarie a legislação e a norma coletiva.

Desconsidera-se que o empregado, por natureza, presta serviços de forma subordinada ao empregador, o qual exerce o poder de direção independentemente da formação intelectual e do valor da remuneração recebida pelo empregado, e este, ainda que receba salário mais elevado, não é titular dos meios de produção e precisa trabalhar para manter a sua subsistência.

Frise-se que o próprio art. 619 da CLT, sem distinguir quanto ao tipo de empregado, estabelece que *nenhuma disposição de contrato individual de trabalho que contrarie normas de convenção ou acordo coletivo de trabalho pode prevalecer na execução dele*, sendo considerada nula de pleno direito.

Além disso, segundo exigência constitucional, apenas por meio de convenção coletiva ou acordo coletivo, com a participação do sindicato da categoria profissional em negociação coletiva, é que se permite flexibilizar certos direitos trabalhistas de forma menos benéfica ao empregado (art. 7.º, incisos VI, XIII, XIV, XXVI, e art. 8.º, inciso VI, da Constituição da República).

Assim, a autonomia da vontade no âmbito trabalhista, notadamente no plano individual, não pode ser exercida sem limites, em prejuízo aos direitos fundamentais e às determinações legais de ordem pública, a serem aplicadas a todos os tipos de empregados, sob pena de afronta aos princípios da igualdade e da legalidade (art. 5.º, *caput*, e inciso II, da Constituição da República).

Logo, a interpretação conforme a Constituição do art. 444, parágrafo único, da CLT, acrescentado pela Lei 13.467/2017, revela que a livre estipulação das relações contratuais de trabalho, mesmo no caso de empregado portador de diploma de nível superior e que perceba salário mensal igual ou superior a duas vezes o limite máximo dos benefícios do Regime Geral de Previdência Social, apenas tem validade quando respeitar as previsões legais e negociadas coletivamente e estabelecer patamar superior de direitos trabalhistas.

✦ Jurisprudência

Conflito entre a lei e convenção coletiva. A convenção ou acordo coletivo não pode pactuar de forma menos favorável que a lei. Pacto nesse sentido é de nenhum valor (art. 444, CLT) (TRT/SP 02990167042 RO, Ac. 20000137302, 5.ª T., Rel. Juiz Francisco Antonio de Oliveira, *DOE* 14.04.2000).

✦ Referência legislativa

- Art. 37, IX, da CF.

Art. 445. O contrato de trabalho por prazo determinado não poderá ser estipulado por mais de 2 (dois) anos, observada a regra do art. 451.

Parágrafo único. O contrato de experiência não poderá exceder de 90 (noventa) dias.

1. PRAZOS DE DURAÇÃO E PRORROGAÇÃO

Quanto aos prazos máximos de duração dos contratos por tempo certo, tem-se a disposição do art. 445 da CLT.

Assim, o contrato de trabalho por prazo determinado não poderá ser estipulado por mais de dois anos, sendo que, para o contrato de experiência, o prazo máximo é de 90 dias (parágrafo único do art. 445 da CLT, acrescentado pelo Decreto-lei 229/1967).

Reitere-se que estes são os prazos máximos, podendo ocorrer estipulação de tempo inferior de duração.

✦ Referência legislativa

- Lei 9.601/1998 (Contrato de Trabalho por Prazo Determinado).

Art. 446. (Revogado pela Lei 7.855, de 24.10.1989)

Art. 447. Na falta de acordo ou prova sobre condição essencial ao contrato verbal, esta se presume existente, como se a tivessem estatuído os interessados na conformidade dos preceitos jurídicos adequados à sua legitimidade.

1. CONDIÇÕES ESSENCIAIS AO CONTRATO VERBAL

Não havendo pactuação ou prova de acordo sobre as condições de contrato de trabalho, ainda que este seja verbal, presume-se que empregado e empregador estabeleceram condições normais de labor, em conformidade com as determinações normativas pertinentes à relação de emprego.

✦ **Jurisprudência**

Contrato verbal. Validade. Ora, como alhures mencionado, mesmo que o contrato de trabalho seja estipulado de forma verbal, sem o mínimo de formalidade, é certo que tem validade, e devem ser reconhecidas as cláusulas a ele pertinentes, ainda que firmadas tacitamente, sendo exigíveis como se as tivessem estatuído os interessados (art. 447 da Consolidação). Tanto é assim que, mesmo para esses contratos, é válido o estatuído no art. 468 da CLT. Não se pode olvidar que a Constituição Federal deu relevância aos mecanismos de autocomposição, em prejuízo da tradicional tutela do Estado, outorgando aos atores sociais amplos poderes para regulamentarem seus próprios interesses (TST, 5.ª T., RR 908/2004-034-15-00.0, Rel. Min. Emmanoel Pereira, j. 04.11.2009).

Art. 448. A mudança na propriedade ou na estrutura jurídica da empresa não afetará os contratos de trabalho dos respectivos empregados.

1. SUCESSÃO TRABALHISTA

A sucessão trabalhista é tema de fundamental importância no Direito do Trabalho, encontrando-se prevista nos arts. 10 e 448 da CLT.

Primeiramente, a mudança na estrutura jurídica formal da empresa (por exemplo, a alteração da modalidade de sociedade) não afeta os contratos de trabalho dos respectivos empregados (art. 448), nem os direitos por eles adquiridos (art. 10).

A *transformação*, assim, é a operação pela qual a sociedade passa, independentemente de dissolução e liquidação, de um tipo para outro (art. 220 da Lei 6.404/1976).

O ato de transformação independe de dissolução ou liquidação da sociedade e obedecerá aos preceitos reguladores da constituição e inscrição próprios do tipo em que vai se converter (art. 1.113 do Código Civil). Na linha do exposto, a transformação da sociedade não modificará nem prejudicará em qualquer caso, os direitos dos credores (art. 1.115 do Código Civil).

Da mesma forma, a transferência de titularidade da empresa não atinge os contratos de trabalho (art. 448 da CLT).

Para a caracterização da sucessão trabalhista é necessária a transferência de uma "unidade econômico-jurídica"[115], ou seja, de "*parte significativa do(s) estabelecimento(s) ou da empresa*"[116], permanecendo, ainda, a prestação de serviços pela empresa (continuidade da atividade empresarial).

A sucessão empresarial pode decorrer de incorporação, de fusão e mesmo de cisão de sociedades. Na *incorporação*, uma ou várias sociedades são absorvidas por outra, que lhes

115 MARANHÃO, Délio. *Instituições de direito do trabalho*. 18. ed. São Paulo: LTr, 1999. v. 1, p. 315.

116 DELGADO, Mauricio Godinho. *Curso de direito do trabalho*. São Paulo: LTr, 2002. p. 399 (destaques do original).

sucede em todos os direitos e obrigações (art. 1.116 do Código Civil). A *fusão* determina a extinção das sociedades que se unem, para formar sociedade nova, que a elas sucederá nos direitos e obrigações (art. 1.119 do Código Civil). A *cisão* é a operação pela qual a companhia transfere parcelas do seu patrimônio para uma ou mais sociedades, constituídas para esse fim ou já existentes, extinguindo-se a companhia cindida, se houver versão de todo o seu patrimônio, ou dividindo-se o seu capital, se parcial a versão (art. 229 da Lei 6.404/1976). A sociedade que absorver parcela do patrimônio da companhia cindida sucede a esta nos direitos e obrigações relacionados no ato da cisão.

Ocorrendo a sucessão trabalhista, o sucessor responde por todos os direitos trabalhistas do empregado, ainda que referentes a período anterior à sucessão, e mesmo que o contrato de trabalho tenha cessado anteriormente a ela, sendo, portanto, parte legítima para figurar no polo passivo da relação processual.

As Orientações Jurisprudenciais 261 (inserida em 27.09.2002) e 408 da SBDI-I do TST também esclarecem importante questão sobre a sucessão trabalhista.

Eventual cláusula contratual entre sucessor e sucedido, dispondo de forma distinta, não produz efeitos quanto aos empregados, até porque as normas dos arts. 10 e 448 da CLT são de ordem pública.

O que pode existir é eventual direito de regresso do sucessor em face do sucedido.

Segundo doutrina e jurisprudência amplamente majoritárias, apenas no caso de fraude é que o sucedido também responderá solidariamente pelo débito. A sucessão fraudulenta não produz efeitos prejudiciais ao empregado (art. 9.º da CLT), o que acarreta a responsabilidade solidária do sucedido, juntamente com o sucessor, por ter participado da fraude (art. 942 do Código Civil de 2002, correspondente ao art. 1.518 do Código Civil de 1916). Quanto ao assunto dispõe a Orientação jurisprudencial 225 da Subseção I de Dissídios Individuais do TST.

Mesmo não se demonstrando fraude na sucessão, com o advento do Código Civil de 2002, pode-se defender a aplicação do art. 1.146, no sentido de que: "O adquirente do estabelecimento responde pelo pagamento dos débitos anteriores à transferência, desde que regularmente contabilizados, continuando o devedor primitivo solidariamente obrigado pelo prazo de um ano, a partir, quanto aos créditos vencidos, da publicação, e, quanto aos outros, da data do vencimento".

No desmembramento de Estados e Municípios (art. 18, §§ 3.º e 4.º, da Constituição Federal de 1988) não se verifica mudança de titularidade da empresa, para que se possa falar em sucessão trabalhista. Sobre o tema, cf. Orientação jurisprudencial 92 da SBDI-I do TST.

Ademais, como observa Mauricio Godinho Delgado: "A entidade de direito público recém-instituída, embora absorva parte dos servidores celetistas do ente público desmembrado, não sofre os efeitos dos arts. 10 e 448 da CLT, em face do princípio da *autonomia político-administrativa* de tais entes, explicitamente consagrado na Carta Magna (*caput* do art. 18, Constituição Federal de 1988)"[117].

Cabe fazer menção, ainda, à hipótese em que certa empresa (1) adquire outra (2), sendo que esta última integrava um grupo econômico (G), juntamente com empresa diversa (3). É certo que, em razão desse grupo econômico (G), as empresas que o compõem (2 e 3) respondem solidariamente quanto aos débitos trabalhistas das empresas integrantes desse grupo (art. 2.º,

[117] DELGADO, Mauricio Godinho. *Curso de direito do trabalho*. 4. ed. São Paulo: LTr, 2005. p. 418.

§ 2.º, da CLT). Entretanto, na situação mencionada, não sendo caso de fraude ou má-fé, como a empresa adquirente (1) apenas adquiriu uma das empresas (2), *e não o grupo como um todo*, aquela empresa adquirente (1), embora seja sucessora (somente) da empresa adquirida (2), não responde solidariamente pelos débitos da outra empresa (3) que, à época, era devedora direta e solvente ou idônea economicamente, pois esta (3), como mencionado, não foi adquirida pela empresa sucessora (1). Quanto à responsabilidade do sucessor, preveem a Orientação Jurisprudencial 411 e a Orientação Jurisprudencial Transitória 59 da SBDI-I do TST.

2. SUCESSÃO TRABALHISTA EM CARTÓRIO EXTRAJUDICIAL

Os cartórios notariais e de registro são também conhecidos como cartórios extrajudiciais.

Nos termos do art. 236, *caput*, da Constituição Federal de 1988, os "serviços notariais e de registro são exercidos em caráter privado, por delegação do Poder Público"[118]. A Lei 8.935, de 18 de novembro de 1994, regulamentando o preceito constitucional, dispõe sobre serviços notariais e de registro.

Desse modo, os notários, os registradores e os tabeliães são agentes públicos delegados, ou seja, particulares que exercem serviço público em conformidade com as normas do Estado, sob a fiscalização do poder público.

De acordo com o art. 20 da Lei 8.935/1994, os "notários e os oficiais de registro poderão, para o desempenho de suas funções, contratar escreventes, dentre eles escolhendo os substitutos, e auxiliares como empregados, com remuneração livremente ajustada e sob o regime da legislação do trabalho".

Nesse caso, o entendimento é de que o titular do cartório extrajudicial se equipara ao empregador (art. 2.º, § 1.º, da CLT), para fins da relação jurídica estabelecida com os seus empregados.

Ademais, conforme a atual jurisprudência do TST, a sucessão trabalhista em caso de mudança de titularidade de cartório extrajudicial ocorre quando, além da transferência da unidade econômico-jurídica, houver a continuidade na prestação de serviços em favor do titular sucessor.

3. SUCESSÃO TRABALHISTA NA LEI 11.101/2005

A Lei 11.101, de 9 de fevereiro de 2005, que regula a recuperação judicial, a recuperação extrajudicial e a falência do empresário e da sociedade empresária, apresenta importantes disposições pertinentes à sucessão trabalhista.

Na falência, o art. 141 da Lei 11.101/2005, com as alterações decorrentes da Lei 14.112/2020, assim estabelece:

> Art. 141. Na alienação conjunta ou separada de ativos, inclusive da empresa ou de suas filiais, promovida sob qualquer das modalidades de que trata o art. 142:
>
> I – todos os credores, observada a ordem de preferência definida no art. 83 desta Lei, sub-rogam-se no produto da realização do ativo;

[118] Cf. o art. 32 do ADCT: "O disposto no art. 236 não se aplica aos serviços notariais e de registro que já tenham sido oficializados pelo Poder Público, respeitando-se o direito de seus servidores".

> II – o objeto da alienação estará livre de qualquer ônus e não haverá sucessão do arrematante nas obrigações do devedor, inclusive as de natureza tributária, as derivadas da legislação do trabalho e as decorrentes de acidentes de trabalho.
>
> § 1.º O disposto no inciso II do *caput* deste artigo não se aplica quando o arrematante for:
>
> I – sócio da sociedade falida, ou sociedade controlada pelo falido;
>
> II – parente, em linha reta ou colateral até o 4.º (quarto) grau, consanguíneo ou afim, do falido ou de sócio da sociedade falida; ou
>
> III – identificado como agente do falido com o objetivo de fraudar a sucessão.
>
> § 2.º Empregados do devedor contratados pelo arrematante serão admitidos mediante novos contratos de trabalho e o arrematante não responde por obrigações decorrentes do contrato anterior.
>
> § 3.º A alienação nas modalidades de que trata o art. 142 desta Lei poderá ser realizada com compartilhamento de custos operacionais por 2 (duas) ou mais empresas em situação falimentar.

Como se nota, o art. 141, inciso II, da Lei 11.101/2005 afasta a existência de sucessão, inclusive para efeitos trabalhistas, quanto ao arrematante da empresa ou filiais, na realização do ativo (mais especificamente na alienação de ativos), no processo de falência.

Tanto é assim que os empregados do devedor devem ser admitidos mediante "novos contratos de trabalho", sem responsabilização do arrematante, quanto às obrigações do contrato anterior (§ 2.º do art. 141 da Lei 11.101/2005).

Isso significa que o art. 141 da Lei 11.101/2005, por ser regra especial, exclui a aplicação dos arts. 10 e 448 da CLT, nas hipóteses ali previstas, ou seja, de alienação da empresa ou de suas filiais no processo de falência, como alienação de ativos[119].

Discute-se quanto à existência, ou não, de sucessão trabalhista, na hipótese de *recuperação judicial*, com a "alienação judicial de filiais ou de unidades produtivas isoladas do devedor" (art. 60 da Lei 11.101/2005).

O parágrafo único do art. 60 da Lei 11.101/2005, com redação dada pela Lei 14.112/2020, tem a seguinte redação:

> O objeto da alienação estará livre de qualquer ônus e não haverá sucessão do arrematante nas obrigações do devedor de qualquer natureza, incluídas, mas não exclusivamente, as de natureza ambiental, regulatória, administrativa, penal, anticorrupção, tributária e trabalhista, observado o disposto no § 1.º do art. 141 desta Lei.

A atual previsão legal estabelece que na recuperação judicial, em regra, não há sucessão do arrematante nas obrigações de natureza trabalhista do devedor.

O disposto no parágrafo único do art. 60 da Lei 11.101/2005 não se aplica quando o arrematante for: I – sócio da sociedade falida, ou sociedade controlada pelo falido; II – pa-

119 "Art. 142. A alienação de bens dar-se-á por uma das seguintes modalidades: I – leilão eletrônico, presencial ou híbrido; II – revogado; III – revogado; IV – processo competitivo organizado promovido por agente especializado e de reputação ilibada, cujo procedimento deverá ser detalhado em relatório anexo ao plano de realização do ativo ou ao plano de recuperação judicial, conforme o caso; V – qualquer outra modalidade, desde que aprovada nos termos desta Lei".

rente, em linha reta ou colateral até o 4.º grau, consanguíneo ou afim, do falido ou de sócio da sociedade falida; ou III – identificado como agente do falido com o objetivo de fraudar a sucessão (art. 141, § 1.º, da Lei 11.101/2005).

Mesmo antes da alteração decorrente da Lei 14.112/2020, já prevalecia o entendimento de que fica excluída a incidência da sucessão trabalhista (arts. 10 e 448 da CLT) na referida alienação judicial, no âmbito do plano de recuperação judicial, que não se confunde com a falência.

O art. 60, parágrafo único, da Lei 11.101/2005, mesmo na redação original, ao estabelecer que o objeto da alienação "estará livre de qualquer ônus e não haverá sucessão do arrematante nas obrigações do devedor", não apresenta qualquer restrição, com o que abrange, também, as obrigações trabalhistas.

O Supremo Tribunal Federal julgou totalmente improcedente o pedido em ação direta de inconstitucionalidade que impugnava os arts. 60, parágrafo único (o qual, na recuperação judicial, dispõe que o objeto da alienação judicial estará livre de qualquer ônus e não haverá sucessão nas obrigações do devedor), 83, incisos I e VI, alínea "c" (que tratam da ordem de satisfação dos créditos na falência, limitando os créditos trabalhistas em 150 salários mínimos por credor, e os saldos que excederem esse limite são considerados créditos quirografários), e 141, inciso II (que, na falência, afasta a sucessão do arrematante nas obrigações do devedor, inclusive as de natureza tributária, as derivadas da legislação do trabalho e as decorrentes de acidentes de trabalho), da Lei 11.101/2005 (STF, Pleno, ADI 3.934/DF, Rel. Min. Ricardo Lewandowski, j. 27.05.2009).

Observa-se que o Supremo Tribunal Federal, na referida ação direta de inconstitucionalidade, acabou se manifestando no sentido de que o art. 60, parágrafo único, da Lei 11.101/2005 afasta a sucessão trabalhista na recuperação judicial, considerando constitucional a norma nesse sentido (STF, Pleno, ADI 3.934/DF, Rel. Min. Ricardo Lewandowski, j. 27.05.2009).

Na mesma linha, o Tribunal Superior do Trabalho fixou a tese jurídica de que "o preceito do artigo 60, parágrafo único, da Lei 11.101/2005, é plenamente aplicável aos casos envolvendo a alienação de ativos da VEM S.A., tendo em vista que esse dispositivo exonera o arrematante das obrigações do devedor não só nas hipóteses de alienação de unidades produtivas isoladas, mas também de suas filiais" (TST, Pleno, IRR-69700-28.2008.5.04.0008, Rel. Min. Guilherme Augusto Caputo Bastos, j. 22.05.2017).

4. DESPERSONALIZAÇÃO DO EMPREGADOR E DESCONSIDERAÇÃO DA PERSONALIDADE JURÍDICA

A Consolidação das Leis do Trabalho, ao identificar e definir o empregador como a própria empresa, adota a chamada *despersonalização do empregador*, pois a empresa, como atividade econômica organizada, não apresenta, rigorosamente, personalidade jurídica.

Apesar de críticas de ordem doutrinária, a posição assumida pela CLT gera importantes consequências práticas para fins de sucessão trabalhista, como estudado anteriormente.

Desse modo, o empregador não é propriamente o dono ou o titular do empreendimento empresarial, nem a forma empresarial adotada, mas a empresa em si, o que favorece a concretização do princípio da continuidade do contrato de trabalho, pois eventuais alterações da referida titularidade, bem como da composição societária, não afetam a relação jurídica de emprego (arts. 10 e 448 da CLT).

Na realidade, a *despersonalização do empregador*, de acordo com a definição da CLT, não se confunde com a chamada *desconsideração da personalidade jurídica*; tanto é assim que esta última tem origem e aplicação em outros ramos do Direito, não se restringindo à figura do empregador. Cf. comentários ao art. 855-A da CLT.

✦ Jurisprudência

Ação direta de inconstitucionalidade. Artigos 60, parágrafo único, 83, I e IV, "c", e 141, II, da Lei 11.101/2005. Falência e recuperação judicial. Inexistência de ofensa aos artigos 1.º, III e IV, 6.º, 7.º, I, e 170, da Constituição Federal de 1988. ADI julgada improcedente. I – Inexiste reserva constitucional de lei complementar para a execução dos créditos trabalhistas decorrente de falência ou recuperação judicial. II – Não há, também, inconstitucionalidade quanto à ausência de sucessão de créditos trabalhistas. III – Igualmente não existe ofensa à Constituição no tocante ao limite de conversão de créditos trabalhistas em quirografários. IV – Diploma legal que objetiva prestigiar a função social da empresa e assegurar, tanto quanto possível, a preservação dos postos de trabalho. V – Ação direta julgada improcedente (STF, Pleno, ADI 3.934/DF, Rel. Min. Ricardo Lewandowski, *DJe* 27.05.2009).

Recurso de revista. Mudança de titularidade de cartório extrajudicial. Responsabilidade. Sucessão trabalhista. Recurso interposto antes da Lei n.º 13.015/2014. I – Nos termos da jurisprudência do TST, a sucessão de empregadores, no caso de cartório extrajudicial, opera-se quando, além da transferência da unidade econômico-jurídica que integra o estabelecimento, não haja solução de continuidade na prestação dos serviços. Considerando que, na hipótese, houve mudança de titularidade do cartório e a reclamante continuou prestando seus serviços ao novo titular, não há como afastar a sucessão. [...] Recurso de revista não conhecido (TST, 5.ª T., RR 214-44.2012.5.04.0871, Rel. Min. Maria Helena Mallmann, *DEJT* 26.06.2015).

Recurso de revista. [...] Mudança de titularidade de cartório extrajudicial. Ausência de sucessão trabalhista. Não continuidade da reclamante no cartório. Responsabilidade do titular anterior do cartório. A jurisprudência iterativa desta Corte é no sentido de que a mudança de titularidade de cartório extrajudicial somente pode ocasionar a sucessão trabalhista quando haja continuidade na prestação de serviços em prol do titular sucessor, o que não ocorreu no caso. Assim, sendo incontroversa a ausência de prestação de serviços ao novo titular do cartório, não há sucessão trabalhista. Precedentes. Recurso de revista a que se dá provimento [...] (TST, 6.ª T., RR 77700-29.2005.5.15.0036, Rel. Min. Kátia Magalhães Arruda, *DEJT* 09.10.2015).

Sucessão de empresas. Responsabilidade do sucessor. O fato de a reclamante não ter prestado serviços à empresa sucessora em nada altera a situação jurídica da sucessão empresarial nos moldes trabalhistas, na medida em que os arts. 10 e 448, da CLT visam garantir ao empregado a possibilidade de voltar-se contra quem possuir a empresa – não somente contra quem foi seu empregador originário – para facilitar-lhe e garantir-lhe o recebimento de seus créditos (TRT da 2.ª Região, RO 09792200390202004, Ac. 9.ª T., 20030589163, Rel. Juíza Jane Granzoto Torres da Silva, *DJSP* 14.11.2003, p. 42).

Agravo de petição. Prosseguimento da execução em face de ex-sócio que se retirou da executada há mais de 2 (dois) anos da propositura da reclamação trabalhista. O art. 1032 do Código Civil estabelece que o sócio retirante ou excluído só responde pelas obrigações da sociedade no prazo de até 2 (dois) anos após a averbação da sua retirada ou exclusão. Destarte, não pode o ex-sócio da executada responder por dívidas da sociedade, reconhecidas em reclamação trabalhista ajuizada em período superior aos 2 (dois) anos da sua retirada, previstos na lei civil aplicada subsidiariamente ao Processo do Trabalho (TRT da 2.ª Região, 12.ª T., Processo 01827-2000-472-02-00-4, Ac. 20070940414, Rel. Des. Marcelo Freire Gonçalves, *DOESP* 09.11.2007).

Mandado de segurança. Execução definitiva. Prosseguimento da execução na pessoa do ex-sócio da executada. Propositura da reclamação em período superior a dois anos da data do desligamento do sócio. Ausência de responsabilidade. Aplicação do art. 1.032 do Código Civil. Cabe ao ex-sócio a responsabilidade subsidiária se o reclamante laborou na empresa à época em que o mesmo era sócio. Entretanto essa responsabilidade não pode ser *ad æternum*, face a necessidade da segurança dos negócios jurídicos devendo os direitos à responsabilização ser exercitados no prazo de dois anos contados do desligamento do sócio. O prosseguimento da execução na pessoa de ex-sócio que se retirou há mais de dois anos do quadro societário quando da propositura da ação, configura ofensa a direito líquido e certo. Aplicação do art. 1.032 do novo Código Civil (TRT da 2.ª Região, SDI, Processo 11764-2005-000-02-00-2, Ac. 2007032811, Rel. Des. Sonia Maria Prince Franzini, *DOESP* 29.10.2007).

Agravo de petição em embargos de terceiro. Execução. Responsabilidade de ex-sócio. Não há dúvida de que o sócio retirante responde subsidiariamente por atos de gestão em face da moderna teoria da despersonalização da pessoa jurídica. Ocorre, todavia, que não existe responsabilidade perpétua. O direito consagra a existência de prescrição e decadência, visando à tranquilidade social. Não havendo, na atual ordem jurídica, norma explícita sobre o limite temporal da responsabilidade do sócio retirante quanto aos créditos trabalhistas, cabe ao intérprete buscar limites sistêmicos que deverão ser aplicados aos litígios em andamento. O primeiro deles concerne ao prazo prescricional consignado no inciso XXIX, do art. 7.º, da CF, que estabelece: Art. 7.º São direitos dos trabalhadores urbanos e rurais, além de outros que visem à melhoria de sua condição social: XXIX – ação, quanto aos créditos resultantes das relações de trabalho, com prazo prescricional de cinco anos para os trabalhadores urbanos e rurais, *até o limite de dois anos após a extinção do contrato*; (grifou-se). O segundo diz respeito ao prazo de dois anos, fixado no parágrafo único do art. 1.003 e no art. 1.032, ambos do Código Civil Brasileiro, para a responsabilidade do sócio retirante, *in verbis*, respectivamente: Art. 1.003. A cessão total ou parcial de quota, sem a correspondente modificação do contrato social com o consentimento dos demais sócios, não terá eficácia quanto a estes e à sociedade. Parágrafo único. *Até dois anos depois de averbada a modificação do contrato, responde o cedente solidariamente com o cessionário, perante a sociedade e terceiros, pelas obrigações que tinha como sócio.* Art. 1.032. A retirada, exclusão ou morte do sócio não o exime, ou a seus herdeiros, *da responsabilidade pelas obrigações sociais anteriores a 2 (dois) anos após averbada a resolução da sociedade*; nem nos dois primeiros casos, pelas posteriores e em igual prazo, enquanto não se requerer a averbação (grifou-se). Em suma: se a reclamação não se iniciou no período contemporâneo à gestão do sócio, muito menos nos dois anos subsequentes à sua saída, não há como responsabilizá-lo, subsidiária ou solidariamente, por eventual débito trabalhista. O Judiciário deve buscar a satisfação do julgado, todavia, não pode, nesse intento, gerar situações absurdas, como na hipótese presente, onde a ex-sócia teve seu patrimônio atingido para satisfação de um crédito trabalhista originário de uma ação proposta mais de dois anos após seu desligamento do quadro societário. Assim, considerando o tempo decorrido entre a saída da agravante do quadro societário da executada e a propositura da ação trabalhista, impõe-se sua exclusão do polo passivo, com a consequente liberação da constrição realizada sobre o seu patrimônio. Agravo de petição a que se dá provimento" (TRT da 2.ª Região, 12.ª T., Processo 00873-2007-015-02-00-5, Ac. 20070902997, Rel. Des. Nelson Nazar, *DOESP* 26.10.2007).

✦ Súmulas, Orientações Jurisprudenciais e Precedentes Normativos

Orientação Jurisprudencial Transitória 59 da SBDI-I do TST: Interbras. Sucessão. Responsabilidade. *DJ* 25.04.2007. A Petrobrás não pode ser responsabilizada solidária ou subsidiariamente pelas obrigações trabalhistas da extinta Interbras, da qual a União é a real sucessora, nos termos do art. 20 da Lei 8.029, de 12.04.1990 (atual art. 23, em face da renumeração dada pela Lei 8.154, de 28.12.1990).

Orientação Jurisprudencial 92 da SBDI-I do TST: Em caso de criação de novo município, por desmembramento, cada uma das novas entidades responsabiliza-se pelos direitos trabalhistas do empregado no período em que figurarem como real empregador.

Orientação Jurisprudencial 225 da SBDI-I do TST: Celebrado contrato de concessão de serviço público em que uma empresa (primeira concessionária) outorga a outra (segunda concessionária), no todo ou em parte, mediante arrendamento ou qualquer outra forma contratual, a título transitório, bens de sua propriedade: I – em caso de rescisão do contrato de trabalho após a entrada em vigor da concessão, a segunda concessionária, na condição de sucessora, responde pelos direitos decorrentes do contrato de trabalho, sem prejuízo da responsabilidade subsidiária da primeira concessionária pelos débitos trabalhistas contraídos até a concessão; II – no tocante ao contrato de trabalho extinto antes da vigência da concessão, a responsabilidade pelos direitos dos trabalhadores será exclusivamente da antecessora (nova redação, DJ 20.04.2005).

Orientação Jurisprudencial 261 da SBDI-I do TST: Bancos. Sucessão trabalhista. As obrigações trabalhistas, inclusive as contraídas à época em que os empregados trabalhavam para o banco sucedido, são de responsabilidade do sucessor, uma vez que a este foram transferidos os ativos, as agências, os direitos e deveres contratuais, caracterizando típica sucessão trabalhista.

Orientação Jurisprudencial 408 da SBDI-I do TST: Juros de mora. Empresa em liquidação extrajudicial. Sucessão trabalhista. É devida a incidência de juros de mora em relação aos débitos trabalhistas de empresa em liquidação extrajudicial sucedida nos moldes dos arts. 10 e 448 da CLT. O sucessor responde pela obrigação do sucedido, não se beneficiando de qualquer privilégio a este destinado (*DEJT* 22.10.2010).

Orientação Jurisprudencial 411 da SBDI-I do TST: Sucessão trabalhista. Aquisição de empresa pertencente a grupo econômico. Responsabilidade solidária do sucessor por débitos trabalhistas de empresa não adquirida. Inexistência. O sucessor não responde solidariamente por débitos trabalhistas de empresa não adquirida, integrante do mesmo grupo econômico da empresa sucedida, quando, à época, a empresa devedora direta era solvente ou idônea economicamente, ressalvada a hipótese de má-fé ou fraude na sucessão.

✦ **Referência legislativa**

- Arts. 60, parágrafo único, e 141, § 2.º, da Lei 11.101/2005 (Lei de Recuperação de Empresas e Falência).

Art. 448-A. Caracterizada a sucessão empresarial ou de empregadores prevista nos arts. 10 e 448 desta Consolidação, as obrigações trabalhistas, inclusive as contraídas à época em que os empregados trabalhavam para a empresa sucedida, são de responsabilidade do sucessor.

Parágrafo único. A empresa sucedida responderá solidariamente com a sucessora quando ficar comprovada fraude na transferência.

1. RESPONSABILIDADE NA SUCESSÃO

A *sucessão trabalhista* é prevista nos arts. 10 e 448 da CLT.

Desse modo, qualquer alteração na estrutura jurídica da empresa não afeta os direitos adquiridos por seus empregados (art. 10 da CLT). A mudança na propriedade ou na estrutura jurídica da empresa não afeta os contratos de trabalho dos respectivos empregados (art. 448 da CLT).

Primeiramente, a *mudança na estrutura jurídica formal da empresa* (por exemplo, a alteração da modalidade de sociedade) não afeta os contratos de trabalho dos respectivos empregados (art. 448), nem os direitos por eles adquiridos (art. 10).

Da mesma forma, a *transferência de titularidade da empresa* não atinge os contratos de trabalho (art. 448 da CLT).

Uma vez caracterizada a sucessão empresarial ou de empregadores prevista nos arts. 10 e 448 da Consolidação das Leis do Trabalho, as obrigações trabalhistas, inclusive as contraídas à época em que os empregados trabalhavam para a empresa sucedida, são de responsabilidade do sucessor (art. 448-A da CLT, acrescentado pela Lei 13.467/2017).

Desse modo, ocorrendo a sucessão trabalhista, o sucessor responde por todos os direitos trabalhistas do empregado, ainda que referentes a período anterior à sucessão, e mesmo que o contrato de trabalho tenha cessado anteriormente a ela.

Assim, se ficar caracterizada a sucessão trabalhista, o sucessor responde pelos eventuais direitos trabalhistas ainda não adimplidos.

Eventual cláusula contratual entre sucessor e sucedido, dispondo de forma distinta, não produz efeitos quanto aos empregados, até porque as normas dos arts. 10 e 448 da CLT são de ordem pública. O que pode existir é eventual direito de regresso do sucessor em face do sucedido.

A empresa sucedida responde solidariamente com a sucessora quando ficar comprovada *fraude* na transferência (art. 448-A, parágrafo único, da CLT, acrescentado pela Lei 13.467/2017).

Logo, apenas em caso de fraude é que o sucedido também responde solidariamente pelo débito.

A sucessão fraudulenta não produz efeitos prejudiciais ao empregado (art. 9.º da CLT), o que acarreta a responsabilidade solidária do sucedido, juntamente com o sucessor, por ter participado da fraude (art. 942 do Código Civil).

Cabe registrar que, na esfera civil, mesmo não havendo fraude na sucessão, o art. 1.146 do Código Civil assim prevê: "O adquirente do estabelecimento responde pelo pagamento dos débitos anteriores à transferência, desde que regularmente contabilizados, continuando o devedor primitivo solidariamente obrigado pelo prazo de um ano, a partir, quanto aos créditos vencidos, da publicação, e, quanto aos outros, da data do vencimento".

2. ENTIDADES DE PRÁTICA DESPORTIVA

As organizações esportivas (organizações de administração e de prática esportiva) devem se constituir como pessoas jurídicas de direito privado, financiadas por meio das próprias atividades, admitido o seu fomento pelo poder público, para a realização dos objetivos previstos no Plano Nacional do Esporte (PNEsporte), bem como para a execução descentralizada de programas e ações públicos relacionados ao esporte (art. 33 da Lei 14.597/2023).

Considera-se direcionada à prática esportiva profissional a organização esportiva, independentemente de sua natureza jurídica, que mantenha atletas profissionais em seus quadros (art. 83 da Lei 14.597/2023).

No contrato especial de trabalho esportivo, a organização de prática esportiva é o empregador do atleta profissional (arts. 85 e 86 da Lei 14.597/2023).

Em se tratando de atividade profissional de futebol, a entidade de prática desportiva (organização de prática esportiva), quanto à forma jurídica adotada, pode ser: associação civil dedicada ao fomento e à prática do futebol (clube); sociedade empresarial dedicada ao fomento e à prática do futebol (pessoa jurídica original); ou sociedade anônima do futebol (art. 1.º da Lei 14.193/2021).

A entidade de administração (organização de administração esportiva) é a confederação, federação ou liga, com previsão na Lei 9.615/1998 (atualmente, Lei 14.597/2023), que administra, dirige, regulamenta ou organiza competição profissional de futebol (art. 1.º, § 1.º, inciso III, da Lei 14.193/2021).

Constitui sociedade anônima do futebol a companhia cuja atividade principal consiste na prática do futebol, feminino e masculino, em competição profissional, sujeita às regras específicas da Lei 14.193/2021 e, subsidiariamente, às disposições da Lei 6.404/1976 e da Lei 9.615/1998. À sociedade anônima do futebol, regida pela Lei 14.193/2021, aplica-se subsidiariamente a Lei 14.597/2023 (Lei Geral do Esporte), no que com aquela não for conflitante (art. 214).

A sociedade anônima do futebol é uma entidade de prática desportiva, ou seja, organização de prática esportiva (art. 1.º, § 4.º, da Lei 14.193/2021).

O objeto social da sociedade anônima do futebol pode compreender as seguintes atividades: I – o fomento e o desenvolvimento de atividades relacionadas com a prática do futebol, obrigatoriamente nas suas modalidades feminino e masculino; II – a formação de atleta profissional de futebol, nas modalidades feminino e masculino, e a obtenção de receitas decorrentes da transação dos seus direitos desportivos; III – a exploração, sob qualquer forma, dos direitos de propriedade intelectual de sua titularidade ou dos quais seja cessionária, incluídos os cedidos pelo clube ou pessoa jurídica original que a constituiu; IV – a exploração de direitos de propriedade intelectual de terceiros, relacionados ao futebol; V – a exploração econômica de ativos, inclusive imobiliários, sobre os quais detenha direitos; VI – quaisquer outras atividades conexas ao futebol e ao patrimônio da sociedade anônima do futebol, incluída a organização de espetáculos esportivos, sociais ou culturais; VII – a participação em outra sociedade, como sócio ou acionista, no território nacional, cujo objeto seja uma ou mais das atividades mencionadas nos incisos acima, com exceção do inciso II (art. 1.º, § 2.º, da Lei 14.193/2021).

Clube é a associação civil, regida pelo Código Civil, dedicada ao fomento e à prática do futebol. Pessoa jurídica original é a sociedade empresarial dedicada ao fomento e à prática do futebol (art. 1.º, § 1.º, incisos I e II, da Lei 14.193/2021).

A sociedade anônima do futebol pode ser constituída: I – pela transformação do clube ou pessoa jurídica original em sociedade anônima do futebol; II – pela cisão do departamento de futebol do clube ou pessoa jurídica original e transferência do seu patrimônio relacionado à atividade futebol; III – pela iniciativa de pessoa natural ou jurídica ou de fundo de investimento (art. 2.º da Lei 14.193/2021).

Nas hipóteses dos incisos I e II do art. 2.º da Lei 14.193/2021 (transformação e cisão): I – a sociedade anônima do futebol sucede obrigatoriamente o clube ou pessoa jurídica original nas relações com as entidades de administração, bem como nas relações contratuais, de qualquer natureza, com atletas profissionais do futebol; II – a sociedade anônima do futebol tem o direito de participar de campeonatos, copas ou torneios em substituição ao clube ou pessoa jurídica original, nas mesmas condições em que se encontravam no momento da sucessão, competindo às entidades de administração a devida substituição sem quaisquer prejuízos de ordem desportiva (art. 2.º, § 1.º, da Lei 14.193/2021).

Nos referidos casos, ocorre a sucessão do clube ou pessoa jurídica original pela sociedade anônima do futebol constituída.

Na hipótese do inciso II do art. 2.º da Lei 14.193/2021 (cisão): I – os direitos e deveres decorrentes de relações, de qualquer natureza, estabelecidos com o clube, pessoa jurídica original e entidades de administração, inclusive direitos de participação em competições profissionais, bem como contratos de trabalho, de uso de imagem ou quaisquer outros contratos vinculados à atividade do futebol devem ser obrigatoriamente transferidos à sociedade anônima do futebol; II – o clube ou pessoa jurídica original e a sociedade anônima do futebol devem contratar, na data de constituição desta, a utilização e o pagamento de remuneração decorrente da exploração pela sociedade anônima do futebol de direitos de propriedade intelectual de titularidade do clube ou pessoa jurídica original; III – os bens e direitos devem ser transferidos à sociedade anônima do futebol em definitivo ou a termo, conforme estabelecido em contrato; IV – a transferência dos direitos e do patrimônio para a sociedade anônima do futebol independe de autorização ou consentimento de credores ou partes interessadas, inclusive aqueles de natureza pública, salvo se disposto de modo diverso em contrato ou outro negócio jurídico; V – se as instalações desportivas, como estádio, arena e centro de treinamento, não forem transferidas para a sociedade anônima do futebol, o clube ou pessoa jurídica original e a sociedade anônima do futebol deverão celebrar, na data de constituição desta, contrato no qual se estabelecerão as condições para utilização das instalações; VI – o clube ou pessoa jurídica original não pode participar, direta ou indiretamente, de competições profissionais do futebol, sendo a participação prerrogativa da sociedade anônima do futebol por ele constituída; VII – a sociedade anônima do futebol deve emitir obrigatoriamente ações ordinárias da classe A para subscrição exclusivamente pelo clube ou pessoa jurídica original que a constituiu (art. 2.º, § 2.º, da Lei 14.193/2021).

No mencionado caso, a sociedade anônima do futebol é constituída pela cisão do departamento de futebol do clube ou pessoa jurídica original e transferência do seu patrimônio relacionado à atividade futebol, e o clube ou pessoa jurídica original continua existindo legalmente, não sendo extinto com a constituição daquela.

Nas hipóteses em que a sociedade anônima do futebol é constituída pela transformação do clube ou pessoa jurídica original, ou pela cisão do departamento de futebol do clube ou pessoa jurídica original e transferência do seu patrimônio relacionado à atividade futebol, a sociedade anônima do futebol sucede o clube ou pessoa jurídica original nas relações contratuais com atletas profissionais do futebol (art. 2.º, § 1.º, inciso I, da Lei 14.193/2021).

Tendo em vista a referida sucessão, a sociedade anônima do futebol, como sucessora, passa a ser a empregadora nos contratos de trabalho dos atletas profissionais.

De acordo com o art. 9.º da Lei 14.193/2021, a sociedade anônima do futebol não responde pelas obrigações do clube ou pessoa jurídica original que a constituiu, anteriores ou posteriores à data de sua constituição, exceto quanto às atividades específicas do seu objeto social (art. 1.º, § 2.º, da Lei 14.193/2021), e responde pelas obrigações que lhe forem transferidas conforme disposto no art. 2.º, § 2.º, da Lei 14.193/2021[120], cujo pagamento aos credores deve se limitar à forma estabelecida no art. 10 da Lei 14.193/2021. Em relação à dívida trabalhista, integram o rol dos mencionados credores os atletas, membros da comissão técnica e funcionários cuja atividade principal seja vinculada diretamente ao departamento de futebol (art. 9.º, parágrafo único, da Lei 14.193/2021).

Segundo a disciplina própria da Lei 14.193/2021, a responsabilidade da sociedade anônima do futebol (sucessora) pelos débitos trabalhistas do clube ou pessoa jurídica original que a constituiu (sucedido), anteriores à data da constituição daquela, limita-se às receitas a serem transferidas pela sociedade anônima do futebol ao clube ou pessoa jurídica original, ou seja, aos repasses financeiros estabelecidos no art. 10 da Lei 14.193/2021. Por se tratar de regra especial, afasta-se a aplicação da norma geral prevista no art. 448-A da CLT.

O clube ou pessoa jurídica original é responsável pelo pagamento das obrigações anteriores à constituição da sociedade anônima do futebol, por meio de receitas próprias e das seguintes receitas que lhe serão transferidas pela sociedade anônima do futebol, quando constituída, exclusivamente: I – por destinação de 20% das receitas correntes mensais auferidas pela sociedade anônima do futebol, conforme plano aprovado pelos credores, nos termos do inciso I do art. 13 da Lei 14.193/2021 (sobre concurso de credores e regime centralizado de execuções); II – por destinação de 50% dos dividendos, dos juros sobre o capital próprio ou de outra remuneração recebida desta, na condição de acionista (art. 10 da Lei 14.193/2021).

Sem prejuízo das disposições relativas à responsabilidade dos dirigentes previstas no art. 18-B da Lei 9.615/1998 (atualmente, art. 66 da Lei 14.597/2023)[121], os administradores

[120] Na hipótese do inciso II do art. 2.º da Lei 14.193/2021 (sociedade anônima do futebol constituída pela cisão do departamento de futebol do clube ou pessoa jurídica original e transferência do seu patrimônio relacionado à atividade futebol), os direitos e deveres decorrentes de relações, de qualquer natureza, estabelecidos com o clube, pessoa jurídica original e entidades de administração, inclusive direitos de participação em competições profissionais, bem como contratos de trabalho, de uso de imagem ou quaisquer outros contratos vinculados à atividade do futebol serão obrigatoriamente transferidos à sociedade anônima do futebol (art. 2.º, § 2.º, inciso I, da Lei 14.193/2021).

[121] "Art. 66. Os dirigentes das organizações esportivas, independentemente da forma jurídica adotada, têm seus bens particulares sujeitos ao disposto no art. 50 da Lei n. 10.406, de 10 de janeiro de 2002 (Código Civil). § 1.º Para os fins do disposto nesta Lei, dirigente é aquele que exerce, de fato ou de direito, poder de decisão na gestão da entidade, inclusive seus administradores. § 2.º Os dirigentes de organizações

da sociedade anônima do futebol respondem pessoal e solidariamente pelas obrigações relativas aos repasses financeiros definidos no art. 10 da Lei 14.193/2021, assim como respondem, pessoal e solidariamente, o presidente do clube ou os sócios administradores da pessoa jurídica original pelo pagamento aos credores dos valores que forem transferidos pela sociedade anônima do futebol, conforme estabelecido na Lei 14.193/2021 (art. 11 da Lei 14.193/2021).

Enquanto a sociedade anônima do futebol cumprir os pagamentos previstos nos arts. 9.º a 11 da Lei 14.193/2021, é vedada qualquer forma de constrição ao patrimônio ou às receitas, por penhora ou ordem de bloqueio de valores de qualquer natureza ou espécie sobre as suas receitas, em relação às obrigações anteriores à constituição da sociedade anônima do futebol (art. 12 da Lei 14.193/2021).

A Lei 14.193/2021, ao dispor sobre o tratamento dos passivos das entidades de prática desportiva, prevê a possibilidade de concurso de credores do clube ou pessoa jurídica original, por meio de regime centralizado de execuções. Cf. comentários ao art. 877 da CLT, item 3.

✦ Jurisprudência

Sucessão de empresas. Responsabilidade do sucessor. O fato de a reclamante não ter prestado serviços à empresa sucessora em nada altera a situação jurídica da sucessão empresarial nos moldes trabalhistas, na medida em que os arts. 10 e 448, da CLT visam garantir ao empregado a possibilidade de voltar-se contra quem possuir a empresa – não somente contra quem foi seu empregador originário – para facilitar-lhe e garantir-lhe o recebimento de seus créditos (TRT-2.ª R., RO 09792200390202004, Ac. 9.ª T., 20030589163, Rel. Juíza Jane Granzoto Torres da Silva, *DJSP* 14.11.2003).

✦ Súmulas, Orientações Jurisprudenciais e Precedentes Normativos

Orientação Jurisprudencial 225 da SBDI-I do TST: Celebrado contrato de concessão de serviço público em que uma empresa (primeira concessionária) outorga a outra (segunda concessionária), no todo ou em parte, mediante arrendamento ou qualquer outra forma contratual, a título transitório, bens de sua propriedade: I – em caso de rescisão do contrato de trabalho após a entrada em vigor da concessão, a segunda concessionária, na condição de sucessora, responde pelos direitos decorrentes do contrato de trabalho, sem prejuízo da responsabilidade subsidiária da primeira concessionária pelos débitos trabalhistas contraídos até a concessão; II – no tocante ao contrato de trabalho extinto antes da vigência da concessão, a responsabilidade pelos direitos dos trabalhadores será exclusivamente da antecessora.

Orientação Jurisprudencial 261 da SBDI-I do TST: Bancos. Sucessão trabalhista. As obrigações trabalhistas, inclusive as contraídas à época em que os empregados trabalhavam para o banco sucedido, são de responsabilidade do sucessor, uma vez que a este foram transferidos os ativos, as agências, os direitos e deveres contratuais, caracterizando típica sucessão trabalhista.

Orientação Jurisprudencial 408 da SBDI-I do TST: Juros de mora. Empresa em liquidação extrajudicial. Sucessão trabalhista. É devida a incidência de juros de mora em relação aos débitos trabalhistas de empresa em liquidação extrajudicial sucedida nos moldes dos arts. 10 e 448 da CLT. O sucessor responde pela obrigação do sucedido, não se beneficiando de qualquer privilégio a este destinado.

Orientação Jurisprudencial 411 da SBDI-I do TST: Sucessão trabalhista. Aquisição de empresa pertencente a grupo econômico. Responsabilidade solidária do sucessor por débitos trabalhistas de empresa não adquirida. Inexistência. O sucessor não responde solidariamente por débitos trabalhistas de empresa não adquirida, in-

---

esportivas respondem solidária e ilimitadamente pelos atos ilícitos praticados e pelos atos de gestão irregular ou temerária ou contrários ao previsto no contrato social ou estatuto. § 3.º O dirigente que tiver conhecimento do não cumprimento dos deveres estatutários ou contratuais por seu predecessor ou pelo administrador competente e deixar de comunicar o fato ao órgão estatutário competente será responsabilizado solidariamente".

tegrante do mesmo grupo econômico da empresa sucedida, quando, à época, a empresa devedora direta era solvente ou idônea economicamente, ressalvada a hipótese de má-fé ou fraude na sucessão.

Orientação Jurisprudencial Transitória 59 da SBDI-I do TST: Interbrás. Sucessão. Responsabilidade. A Petrobras não pode ser responsabilizada solidária ou subsidiariamente pelas obrigações trabalhistas da extinta Interbrás, da qual a União é a real sucessora, nos termos do art. 20 da Lei 8.029, de 12.04.1990 (atual art. 23, em face da renumeração dada pela Lei 8.154, de 28.12.1990).

Art. 449. Os direitos oriundos da existência do contrato de trabalho subsistirão em caso de falência, concordata ou dissolução da empresa.

§ 1.º Na falência constituirão créditos privilegiados a totalidade dos salários devidos ao empregado e a totalidade das indenizações a que tiver direito.

§ 2.º Havendo concordata na falência, será facultado aos contratantes tornar sem efeito a rescisão do contrato de trabalho e consequente indenização, desde que o empregador pague, no mínimo, a metade dos salários que seriam devidos ao empregado durante o interregno.

1. FALÊNCIA E RECUPERAÇÃO DE EMPRESAS

Atualmente, com a Lei 11.101/2005, não mais se verifica a concordata, mas sim a recuperação de empresa.

Antes da entrada em vigor da referida Lei (de falência e recuperação de empresas), prevalecia o disposto no art. 449, § 1.º, da CLT.

Seguindo a mesma linha, o art. 186 do Código Tributário Nacional (Lei 5.172/1966, recepcionada pela Constituição Federal de 1988 como lei complementar) estabelecia, em sua redação original, que o crédito tributário prefere a qualquer outro, seja qual for sua natureza ou o tempo de sua constituição, "ressalvados os créditos decorrentes da legislação do trabalho ou do acidente de trabalho".

Dessa forma, a antiga Lei de Falência (Decreto-lei 7.661/1945), no art. 102, *caput*, previa a "preferência dos créditos dos empregados, por salários e indenizações trabalhistas, sobre cuja legitimidade não haja dúvida, ou quando houver, em conformidade com a decisão que for proferida na Justiça do Trabalho".

Quanto à concordata, o entendimento pacificado consolidou-se com a edição da Súmula 227 do STF.

Assim, estabelecia o § 2.º do art. 449 da CLT que, havendo concordata na falência, era facultado aos contratantes tornar sem efeito a rescisão do contrato de trabalho e consequente indenização, desde que o empregador pagasse, no mínimo, metade dos salários devidos ao empregado durante o interregno.

A atual Lei 11.101/2005 não mais prevê a concordata, passando a regular o instituto da recuperação de empresa, que pode ser judicial ou extrajudicial. No caso da recuperação judicial, entende-se que pode ser aplicada a disposição do art. 449, § 2.º, da CLT, em interpretação evolutiva dessa regra jurídica.

O art. 83 da Lei 11.101/2005, com as alterações decorrente da Lei 14.112/2020, estabelece que a classificação dos créditos na falência obedece à seguinte ordem:

> I – os créditos derivados da legislação trabalhista, limitados a 150 (cento e cinquenta) salários mínimos por credor, e aqueles decorrentes de acidentes de trabalho;

II – os créditos gravados com direito real de garantia até o limite do valor do bem gravado;

III – os créditos tributários, independentemente da sua natureza e do tempo de constituição, exceto os créditos extraconcursais e as multas tributárias;

IV – (revogado);

V – (revogado);

VI – os créditos quirografários, a saber: a) aqueles não previstos nos demais incisos deste artigo; b) os saldos dos créditos não cobertos pelo produto da alienação dos bens vinculados ao seu pagamento; c) os saldos dos créditos derivados da legislação trabalhista que excederem o limite estabelecido no inciso I do *caput* deste artigo;

VII – as multas contratuais e as penas pecuniárias por infração das leis penais ou administrativas, incluídas as multas tributárias;

VIII – os créditos subordinados, a saber: a) os previstos em lei ou em contrato; b) os créditos dos sócios e dos administradores sem vínculo empregatício cuja contratação não tenha observado as condições estritamente comutativas e as práticas de mercado;

IX – os juros vencidos após a decretação da falência, conforme previsto no art. 124 desta Lei.

§ 1.º Para os fins do inciso II do *caput* deste artigo, será considerado como valor do bem objeto de garantia real a importância efetivamente arrecadada com sua venda, ou, no caso de alienação em bloco, o valor de avaliação do bem individualmente considerado.

§ 2.º Não são oponíveis à massa os valores decorrentes de direito de sócio ao recebimento de sua parcela do capital social na liquidação da sociedade.

§ 3.º As cláusulas penais dos contratos unilaterais não serão atendidas se as obrigações neles estipuladas se vencerem em virtude da falência.

§ 4.º (revogado).

§ 5.º Para os fins do disposto nesta Lei, os créditos cedidos a qualquer título manterão sua natureza e classificação.

§ 6.º Para os fins do disposto nesta Lei, os créditos que disponham de privilégio especial ou geral em outras normas integrarão a classe dos créditos quirografários.

Parte da doutrina aponta a inviabilidade da cessão do salário, pois este é devido em favor do empregado, que presta serviços com pessoalidade, havendo incompatibilidade dessa cessão com as normas de proteção que regulam a matéria, sabendo-se que o salário deve ser pago diretamente ao empregado (art. 464 da CLT)[122]. No entanto, para os fins do disposto na Lei 11.101/2005, que disciplina a recuperação judicial, a recuperação extrajudicial e a falência do empresário e da sociedade empresária, os créditos cedidos a qualquer título manterão sua natureza e classificação (art. 83, § 5.º, da Lei 11.101/2005, incluído pela Lei 14.112/2020).

O Supremo Tribunal Federal julgou totalmente improcedente o pedido em ação direta de inconstitucionalidade que impugnava os arts. 60, parágrafo único (o qual, na recuperação judicial, dispõe que o objeto da alienação judicial estará livre de qualquer ônus e não haverá sucessão nas obrigações do devedor), 83, incisos I e VI, alínea "c" (que tratam da ordem de satisfação dos créditos na falência, limitando os créditos trabalhistas em 150 salários mínimos por credor, e os saldos que excederem esse limite são considerados créditos quirografários), e 141, inciso II (que, na falência, afasta a sucessão do arrematante nas obrigações

[122] Cf. GOMES, Orlando; GOTTSCHALK, Elson. *Curso de direito do trabalho*. 18. ed. atual. por José Augusto Rodrigues Pinto e Otávio Augusto Reis de Sousa. Rio de Janeiro: Forense, 2007. p. 284-285.

do devedor, inclusive as de natureza tributária, as derivadas da legislação do trabalho e as decorrentes de acidentes de trabalho), da Lei 11.101/2005 (STF, Pleno, ADI 3.934/DF, Rel. Min. Ricardo Lewandowski, j. 27.05.2009).

Desse modo, o Supremo Tribunal Federal decidiu pela constitucionalidade do referido art. 83, inciso I, da Lei 11.101/2005. Argumentou-se que a Convenção 173 da Organização Internacional do Trabalho, sobre proteção dos créditos trabalhistas em caso de insolvência do empregador, embora não tenha sido ratificada pelo Brasil, em seu art. 7.1, prevê que a legislação nacional poderá limitar o alcance do privilégio dos créditos trabalhistas a um montante estabelecido, que não deverá ser inferior a um mínimo socialmente aceitável (STF, Pleno, ADI 3.934/DF, Rel. Min. Ricardo Lewandowski, j. 27.05.2009).

Os créditos trabalhistas de natureza estritamente salarial vencidos nos três meses anteriores à decretação da falência, até o limite de cinco salários mínimos por trabalhador, devem ser pagos tão logo haja disponibilidade em caixa (art. 151 da Lei 11.101/2005). Os referidos créditos serão considerados *extraconcursais* e devem ser pagos com precedência sobre os mencionados no art. 83 da Lei 11.101/2005 (art. 84, inciso I-A, da Lei 11.101/2005, incluído pela Lei 14.112/2020).

Serão ainda considerados créditos extraconcursais e devem ser pagos com precedência sobre os mencionados no art. 83 da Lei 11.101/2005 aqueles relativos às remunerações devidas ao administrador judicial e aos seus auxiliares, aos reembolsos devidos a membros do Comitê de Credores, e aos créditos derivados da legislação trabalhista ou decorrentes de acidentes de trabalho relativos a serviços prestados após a decretação da falência (art. 84, inciso I-D, da Lei 11.101/2005, incluído pela Lei 14.112/2020).

Esclareça-se que estão sujeitos à *recuperação judicial* todos os créditos existentes na data do pedido, ainda que não vencidos (art. 49 da Lei 11.101/2005). A respeito do tema, o Superior Tribunal de Justiça fixou a seguinte tese em recurso especial repetitivo: "Para o fim de submissão aos efeitos da recuperação judicial, considera-se que a existência do crédito é determinada pela data em que ocorreu o seu fato gerador" (STJ, 2.ª Seção, REsp 1.840.531/RS, 2019/0290623-2, Rel. Min. Ricardo Villas Bôas Cueva, *DJe* 17.12.2020).

O art. 50, inciso VIII, da Lei 11.101/2005 prevê como um dos meios de recuperação judicial a "redução salarial, compensação de horários e redução da jornada, mediante acordo ou convenção coletiva". Tendo em vista o disposto no art. 7.º, inciso VI, da Constituição Federal de 1988, a redução de salário, como medida excepcional, deve ser prevista em convenção ou acordo coletivo.

O plano de recuperação judicial não pode prever prazo superior a um ano para pagamento dos créditos derivados da legislação do trabalho ou decorrentes de acidentes de trabalho vencidos até a data do pedido de recuperação judicial (art. 54 da Lei 11.101/2005). Esse prazo pode ser estendido em até dois anos, se o plano de recuperação judicial atender aos seguintes requisitos, cumulativamente: apresentação de garantias julgadas suficientes pelo juiz; aprovação pelos credores titulares de créditos derivados da legislação trabalhista ou decorrentes de acidentes de trabalho; garantia da integralidade do pagamento dos créditos trabalhistas (art. 54, § 2.º, da Lei 11.101/2005, incluído pela Lei 14.112/2020).

O plano de recuperação judicial não pode, ainda, prever prazo superior a 30 dias para o pagamento, até o limite de cinco salários mínimos por trabalhador, dos créditos de natureza estritamente salarial vencidos nos três meses anteriores ao pedido de recuperação judicial (art. 54, § 1.º, da Lei 11.101/2005).

Prevalece o entendimento de que o mencionado prazo para pagamento dos credores trabalhistas se inicia com a concessão da recuperação judicial (arts. 58 e 61 da Lei 11.101/2005). Cf. STJ, 3.ª T., REsp 1.924.164/SP, 2021/0054433-3, Rel. Min. Nancy Andrighi, *DJe* 17.06.2021.

Na representação comercial autônoma, no caso de falência ou de recuperação judicial do representado, as importâncias por ele devidas ao representante comercial, relacionadas com a representação, inclusive comissões vencidas e vincendas, indenização e aviso prévio, e qualquer outra verba devida ao representante oriunda da relação estabelecida com base na Lei 4.886/1965, devem ser consideradas créditos da mesma natureza dos créditos trabalhistas para fins de inclusão no pedido de falência ou plano de recuperação judicial (art. 44 da Lei 4.886/1965, com redação dada pela Lei 14.195/2021).

O devedor que preencher os requisitos do art. 48 da Lei 11.101/2005 pode propor e negociar com credores *plano de recuperação extrajudicial* (art. 161 da Lei 11.101/2005).

A sujeição dos créditos de natureza trabalhista e por acidentes de trabalho à recuperação extrajudicial exige *negociação coletiva* com o sindicato da respectiva categoria profissional (art. 161, § 1.º, da Lei 11.101/2005, com redação dada pela Lei 14.112/2020).

Logo, os créditos trabalhistas que estiverem sujeitos ao plano de recuperação extrajudicial homologado pelo juiz (art. 165 da Lei 11.101/2005), por ter havido autorização em negociação coletiva, devem ser satisfeitos na forma nele prevista. Cf. comentários ao art. 768 da CLT.

✦ Jurisprudência

Ação direta de inconstitucionalidade. Artigos 60, parágrafo único, 83, I e IV, "c", e 141, II, da Lei 11.101/2005. Falência e recuperação judicial. Inexistência de ofensa aos artigos 1.º, III e IV, 6.º, 7.º, I, e 170, da Constituição Federal de 1988. ADI julgada improcedente. I – Inexiste reserva constitucional de lei complementar para a execução dos créditos trabalhistas decorrente de falência ou recuperação judicial. II – Não há, também, inconstitucionalidade quanto à ausência de sucessão de créditos trabalhistas. III – Igualmente não existe ofensa à Constituição no tocante ao limite de conversão de créditos trabalhistas em quirografários. IV – Diploma legal que objetiva prestigiar a função social da empresa e assegurar, tanto quanto possível, a preservação dos postos de trabalho. V – Ação direta julgada improcedente (STF, Pleno, ADI 3.934/DF, Rel. Min. Ricardo Lewandowski, *DJe* 27.05.2009).

Direito Processual Civil e Empresarial. Recurso especial representativo de controvérsia. Art. 543-C do CPC. Honorários advocatícios. Falência. Habilitação. Crédito de natureza alimentar. Art. 24 da Lei n. 8.906/1994. Equiparação a crédito trabalhista. 1. Para efeito do art. 543-C do Código de Processo Civil: 1.1) Os créditos resultantes de honorários advocatícios têm natureza alimentar e equiparam-se aos trabalhistas para efeito de habilitação em falência, seja pela regência do Decreto-Lei n. 7.661/1945, seja pela forma prevista na Lei n. 11.101/2005, observado, neste último caso, o limite de valor previsto no artigo 83, inciso I, do referido diploma legal. 1.2) São créditos extraconcursais os honorários de advogado resultantes de trabalhos prestados à massa falida, depois do decreto de falência, nos termos dos arts. 84 e 149 da Lei n. 11.101/2005. 2. Recurso especial provido (STJ, Corte Especial, REsp 1.152.218/RS, 2009/0156374-4, Rel. Min. Luis Felipe Salomão, *DJe* 09.10.2014).

Recurso especial repetitivo. Direito Empresarial. Recuperação judicial. Crédito. Existência. Sujeição aos efeitos da recuperação judicial. Art. 49, *caput*, da Lei n.º 11.101/2005. Data do fato gerador. 1. Recurso especial interposto contra acórdão publicado na vigência do Código de Processo Civil de 2015 (Enunciados Administrativos n.ºs 2 e 3/STJ). 2. Ação anulatória e de reparação de danos pela inclusão indevida em cadastro restritivo de crédito. Discussão acerca da sujeição do crédito aos efeitos da recuperação judicial. 3. Diante da opção do legislador de excluir determinados credores da recuperação judicial, mostra-se imprescindível definir o que deve ser considerado como crédito existente na data do pedido, ainda que não vencido, para identificar em quais casos estará ou não submetido aos efeitos da recuperação judicial. 4. A existência do crédito está diretamente ligada à relação jurídica que se estabelece entre o devedor e o credor, o liame entre as partes, pois é com base nela que, ocorrido o fato gerador, surge o direito de exigir a prestação (direito de crédito). 5. Os créditos submetidos aos efeitos da recuperação judicial são aqueles decorrentes da atividade do empresário antes do pedido de soerguimento, isto é, de fatos praticados ou de negócios celebrados pelo devedor em momento anterior ao pedido de recuperação judicial, excetuados aqueles expressamente apontados na lei de regência. 6. Em atenção ao disposto no art. 1.040 do CPC/2015, fixa-se a seguinte tese: Para o fim de submissão aos efeitos da recuperação judicial, considera-se que a existência do crédito é determinada pela data em que ocorreu o seu fato gerador. 7. Recurso especial provido (STJ, 2.ª Seção, REsp 1.840.531/RS, 2019/0290623-2, Rel. Min. Ricardo Villas Bôas Cueva, *DJe* 17.12.2020).

Recurso especial. Recuperação judicial. Prazo para pagamento dos credores trabalhistas. Marco inicial. Art. 54 da Lei 11.101/05. Data da concessão da recuperação judicial. Momento a partir do qual as obrigações devem ser cumpridas. 1. Recuperação judicial requerida em 15/11/2018. Recurso especial interposto em 15/10/2020. Autos conclusos à Relatora em 9/3/2021. 2. O propósito recursal consiste em definir o termo inicial da contagem do prazo para pagamento dos credores trabalhistas no procedimento de recuperação judicial do devedor. 3. A liberdade de negociar prazos de pagamentos é diretriz que serve de referência à elaboração do plano de recuperação judicial. Todavia, a fim de evitar abusos que possam inviabilizar a concretização dos princípios que regem o processo de soerguimento, a própria Lei 11.101/05 cuidou de impor limites à deliberação dos envolvidos na negociação. Dentre esses limites, vislumbra-se aquele estampado em seu art. 54, que garante o pagamento privilegiado de créditos trabalhistas. Tal privilégio encontra justificativa por incidir sobre verba de natureza alimentar, titularizada por quem goza de proteção jurídica especial em virtude de sua maior vulnerabilidade. 4. A par de garantir pagamento especial aos credores trabalhistas no prazo de um ano, o art. 54 da LFRE não fixou o marco inicial para cumprimento dessa obrigação. 5. Todavia, decorre da interpretação sistemática desse diploma legal que o início do cumprimento de quaisquer obrigações previstas no plano de soerguimento está condicionado à concessão da recuperação judicial (art. 61, *caput*, c/c o art. 58, *caput*, da LFRE). 6. Isso porque é apenas a partir da concessão do benefício legal que o devedor poderá satisfazer seus credores, conforme assentado no plano, sem que isso implique tratamento preferencial a alguns em detrimento de outros. Doutrina. 7. Vale observar que, quando a lei pretendeu que determinada obrigação fosse cumprida a partir de outro marco inicial, ela o declarou de modo expresso, como ocorreu, a título ilustrativo, na hipótese do inciso III do art. 71 da LFRE (plano especial de recuperação judicial). 8. Acresça-se a isso que a novação dos créditos existentes à época do pedido (art. 59 da LFRE) apenas se perfectibiliza, para todos os efeitos, com a prolação da decisão que homologa o plano e concede a recuperação, haja vista que, antes disso, verificada uma das situações previstas no art. 73 da LFRE, o juiz deverá convolar o procedimento recuperacional em falência. 9. Nesse norte, não se poderia cogitar que o devedor adimplisse obrigações antes de ser definido que o procedimento concursal será, de fato, a recuperação judicial e não a falência. Somente depois de aprovado o plano e estabelecidas as condições específicas dos pagamentos é que estes podem ter início. Doutrina. 10. O fundamento que serve de suporte à conclusão do acórdão recorrido - no sentido de que o pagamento dos créditos trabalhistas deveria ter início imediatamente após o decurso do prazo suspensivo de 180 dias - decorre da compreensão de que, findo tal período, estaria autorizada a retomada da busca individual dos créditos detidos contra a recuperanda. Essa compreensão, contudo, não encontra respaldo na jurisprudência deste Tribunal Superior, que possui entendimento consolidado no sentido de que o decurso do prazo acima indicado não pode conduzir, automaticamente, à retomada da cobrança dos créditos sujeitos ao processo de soerguimento, uma vez que o objetivo da recuperação judicial é garantir a preservação da empresa e a manutenção dos bens de capital essenciais à atividade na posse da devedora. Precedente. 11. Ademais, a manutenção da solução conferida pelo Tribunal de origem pode resultar em prejuízo aos próprios credores a quem a Lei 11.101/05 procurou conferir tratamento especial, haja vista que, diante dos recursos financeiros limitados da recuperanda, poderão eles ser compelidos a aceitar deságios ainda maiores em razão de terem de receber em momento anterior ao início da reorganização da empresa. Recurso especial provido (STJ, 3.ª T., REsp 1.924.164/SP, 2021/0054433-3, Rel. Min. Nancy Andrighi, *DJe* 17.06.2021).

✦ Súmulas, Orientações Jurisprudenciais e Precedentes Normativos

Súmula 227 do STF: A concordada do empregador não impede a execução de crédito nem a reclamação de empregado na Justiça do Trabalho.

✦ Referência legislativa

- Arts. 60, parágrafo único, 83, I, e 141, § 2.º, da Lei 11.101/2005 (Lei de Recuperação de Empresas e Falência).

Art. 450. Ao empregado chamado a ocupar, em comissão, interinamente, ou em substituição eventual ou temporária, cargo diverso do que exercer na empresa, serão garantidas a contagem do tempo naquele serviço, bem como volta ao cargo anterior.

1. SALÁRIO DO PERÍODO DE SUBSTITUIÇÃO NÃO PROVISÓRIA

O chamado salário-substituição não apresenta previsão explícita na lei, mas decorre de critério de igualdade e justiça. Nesse sentido estabelece a Súmula 159 do TST, com redação determinada pela Resolução 121/2003.

Para a existência do direito ao salário-substituição, ou seja, ao salário do empregado que foi substituído, faz-se necessário que *a substituição não seja meramente eventual.*

Ou seja, a substituição deve ser provisória (embora não eventual) para que o empregado que substitui tenha direito ao salário do substituído, exatamente como ocorre, por exemplo, nas férias e na licença-maternidade.

Por outro lado, não asseguram o direito ao salário-substituição (exceto previsão em norma mais favorável) as substituições de caráter meramente eventual, como faltas ou viagens de um ou alguns dias.

Além disso, para que o direito ao salário do substituído se verifique, a substituição não pode ser definitiva, pois neste último caso não há simultaneidade na prestação de serviços, mas sim vacância do cargo, a ser preenchido por outro empregado, não se tratando de mera substituição.

Por isso, vago o cargo definitivamente (por promoção ou cessação do contrato de trabalho), aquele que passa a ocupá-lo não tem direito a salário igual ao do antecessor, salvo se existir previsão específica, em norma mais benéfica (como instrumentos normativos decorrentes de negociação coletiva).

Salvo previsão em norma mais benéfica, entende-se que se o empregado continuar exercendo as suas efetivas funções, mas de forma cumulada com a função de outro colega (por exemplo, de férias), não há o direito de receber ambos os salários, mas sim apenas de receber o salário-substituição, caso presentes os seus requisitos, acima indicados.

✦ Súmulas, Orientações Jurisprudenciais e Precedentes Normativos

Súmula 159 do TST: Substituição de caráter não eventual e vacância do cargo. I – Enquanto perdurar a substituição que não tenha caráter meramente eventual, inclusive nas férias, o empregado substituto fará jus ao salário contratual do substituído. II – Vago o cargo em definitivo, o empregado que passa a ocupá-lo não tem direito a salário igual ao do antecessor.

Art. 451. O contrato de trabalho por prazo determinado que, tácita ou expressamente, for prorrogado mais de uma vez passará a vigorar sem determinação de prazo.

1. PRORROGAÇÃO DO CONTRATO POR PRAZO DETERMINADO

De acordo com a importante disposição do art. 451 da CLT, admite-se apenas uma prorrogação do contrato por prazo determinado. Mesmo assim, o entendimento pacificado é de que essa prorrogação deve respeitar os prazos máximos de duração do contrato por prazo determinado (dois anos e 90 dias, conforme a hipótese).

Como a lei não restringe, a orientação majoritária é de que nada impede ser a prorrogação por tempo superior ao prazo inicialmente contratado, desde que observado o prazo máximo.

Por isso, admite-se um contrato de experiência de 30 dias, prorrogado por mais 30 dias ou por mais 60 dias, bem como um contrato de experiência pactuado para o prazo de 20 dias, mas prorrogado por mais 40 dias (cf. Súmula 188 do TST).

Da mesma forma, é válido o contrato por prazo determinado, nas hipóteses de serviço transitório ou atividade empresarial transitória, de seis meses, prorrogado por mais seis meses, um ano ou um ano e seis meses.

Se ocorrer mais de uma prorrogação, o contrato de trabalho passa a ser por prazo indeterminado.

O art. 451 da CLT autoriza a prorrogação de forma expressa ou tácita. A prorrogação expressa poderia ser inclusive de modo verbal, embora não seja nada indicada, tendo em vista a dificuldade de eventual prova neste sentido. Quanto à prorrogação tácita, o mais adequado seria aquela em que já se prevê, na contratação originária, a possibilidade de prorrogação por certo prazo (observando-se o limite), que poderia ocorrer pelo simples fato de prosseguir a prestação dos serviços.

✦ Súmulas, Orientações Jurisprudenciais e Precedentes Normativos

Súmula 188 do TST: O contrato de experiência pode ser prorrogado, respeitado o limite máximo de 90 (noventa) dias.

Art. 452. Considera-se por prazo indeterminado todo contrato que suceder, dentro de 6 (seis) meses, a outro contrato por prazo determinado, salvo se a expiração deste dependeu da execução de serviços especializados ou da realização de certos acontecimentos.

1. NOVA CONTRATAÇÃO

Aspecto diverso da prorrogação do contrato por tempo determinado é a nova pactuação do referido contrato.

Como se verifica, a regra é de que o novo contrato por prazo determinado só pode ser convencionado depois de seis meses do término do contrato a prazo certo anterior. Se este intervalo mínimo não for observado, o segundo contrato é considerado a prazo indeterminado. No entanto, mesmo antes de decorrido o referido prazo de seis meses, admite-se um novo contrato a prazo certo nas seguintes hipóteses excepcionais:

a) se a *expiração do primeiro dependeu da execução de serviços especializados*. Isso ocorre, por exemplo, no caso da contratação do empregado para montar determinada máquina, ou realizar um treinamento com os empregados da empresa; terminada a atividade pactuada, permite-se uma nova contratação a prazo certo, para uma nova instalação de maquinário específico, ou um novo treinamento, mesmo antes de seis meses do término da primeira pactuação;
b) se a *expiração do contrato a prazo determinado dependeu da realização de certos acontecimentos*. É o caso do empregado contratado a prazo certo, para atender o aumento de clientes no hotel, em determinada época de férias, ou para o

labor em certa safra de produtos agrícolas. Cessando estes acontecimentos, é válido um novo contrato a prazo, mesmo antes de seis meses da expiração do primeiro.

Pode-se discutir a validade de um novo contrato de experiência, mesmo depois do período de seis meses (previsto no art. 452 da CLT). Tendo em vista que a finalidade deste é verificar a adaptação do empregado ao serviço a ser desempenhado, bem como aos diversos aspectos da empresa, mesmo sendo observado o referido intervalo, não faz sentido um novo contrato de experiência para as mesmas ou semelhantes funções, o que poderia acarretar a invalidade deste último, com a sua conversão para o contrato a prazo indeterminado (art. 9.º da CLT).

Art. 452-A. O contrato de trabalho intermitente deve ser celebrado por escrito e deve conter especificamente o valor da hora de trabalho, que não pode ser inferior ao valor horário do salário mínimo ou àquele devido aos demais empregados do estabelecimento que exerçam a mesma função em contrato intermitente ou não. (incluído pela Lei 13.467/2017).

§ 1.º O empregador convocará, por qualquer meio de comunicação eficaz, para a prestação de serviços, informando qual será a jornada, com, pelo menos, três dias corridos de antecedência.

§ 2.º Recebida a convocação, o empregado terá o prazo de um dia útil para responder ao chamado, presumindo-se, no silêncio, a recusa. (incluído pela Lei 13.467/2017).

§ 3.º A recusa da oferta não descaracteriza a subordinação para fins do contrato de trabalho intermitente.

§ 4.º Aceita a oferta para o comparecimento ao trabalho, a parte que descumprir, sem justo motivo, pagará à outra parte, no prazo de trinta dias, multa de 50% (cinquenta por cento) da remuneração que seria devida, permitida a compensação em igual prazo. (incluído pela Lei 13.467/2017).

§ 5.º O período de inatividade nao será considerado tempo à disposição do empregador, podendo o trabalhador prestar serviços a outros contratantes. (incluído pela Lei 13.467/2017)

§ 6.º Ao final de cada período de prestação de serviço, o empregado receberá o pagamento imediato das seguintes parcelas: (incluído pela Lei 13.467/2017)

I – remuneração;

II – férias proporcionais com acréscimo de um terço;

III – décimo terceiro salário proporcional;

IV – repouso semanal remunerado; e

V – adicionais legais.

§ 7.º O recibo de pagamento deverá conter a discriminação dos valores pagos relativos a cada uma das parcelas referidas no § 6.º deste artigo.

§ 8.º O empregador efetuará o recolhimento da contribuição previdenciária e o depósito do Fundo de Garantia do Tempo de Serviço, na forma da lei, com base nos valores pagos no período mensal e fornecerá ao empregado comprovante do cumprimento dessas obrigações. (incluído pela Lei 13.467/2017)

§ 9.º A cada doze meses, o empregado adquire direito a usufruir, nos doze meses subsequentes, um mês de férias, período no qual não poderá ser convocado para prestar serviços pelo mesmo empregador.

1. CONTRATO DE TRABALHO INTERMITENTE

O art. 443 da CLT, com redação dada pela Lei 13.467/2017, prevê que o contrato individual de trabalho pode ser acordado tácita ou expressamente, verbalmente ou por escrito, por prazo determinado ou indeterminado, ou para prestação de *trabalho intermitente*.

O art. 611-A, inciso VIII, da CLT, acrescentado pela Lei 13.467/2017, prevê que a convenção coletiva e o acordo coletivo de trabalho têm prevalência sobre a lei quando dispuserem sobre teletrabalho, regime de sobreaviso e *trabalho intermitente*.

Além disso, com a Lei 13.467/2017, o próprio *contrato de trabalho intermitente* é reconhecido, permitindo-se a sua celebração.

Considera-se como *intermitente* o contrato de trabalho no qual a prestação de serviços, com subordinação, não é contínua, ocorrendo com alternância de períodos de prestação de serviços e de inatividade, determinados em horas, dias ou meses, independentemente do tipo de atividade do empregado e do empregador, exceto para os aeronautas, regidos por legislação própria (art. 443, § 3.º, da CLT, acrescentado pela Lei 13.467/2017). Na jurisprudência, cf. TST, 4.ª T., RR-10454-06.2018.5.03.0097, Rel. Min. Ives Gandra Martins Filho (cf. comentário ao art. 443, § 3.º, da CLT).

O contrato de trabalho intermitente deve ser celebrado *por escrito* e deve conter especificamente o valor da hora de trabalho, que não pode ser inferior ao valor horário do salário mínimo ou àquele devido aos demais empregados do estabelecimento que exerçam a mesma função em contrato intermitente ou não (art. 452-A da CLT, acrescentado pela Lei 13.467/2017).

Tendo em vista a incidência do princípio da isonomia, o salário devido ao empregado no contrato de trabalho intermitente deve ser calculado com base no valor da hora de labor, não podendo ser menos do que o valor por hora do salário mínimo ou do salário devido aos demais empregados do estabelecimento que desempenhem função idêntica (em contrato intermitente ou não).

Como a jornada de trabalho no contrato intermitente nem sempre será completa, cf. Orientação Jurisprudencial 358 da SBDI-I do TST.

De todo modo, tendo em vista o art. 7.º, inciso VII, da Constituição Federal de 1988, fica garantido o salário nunca inferior ao mínimo para os que percebem remuneração variável.

O empregador deve convocar, por qualquer meio de comunicação eficaz, para a prestação de serviços, informando qual será a jornada, com, pelo menos, três dias corridos de antecedência (art. 452-A, § 1.º, da CLT, acrescentado pela Lei 13.467/2017).

Recebida a convocação, o empregado tem o prazo de um dia útil para responder ao chamado, presumindo-se, no silêncio, a recusa (art. 452-A, § 2.º, da CLT, acrescentado pela Lei 13.467/2017).

Não se exige, assim, que o empregado justifique a recusa.

O art. 34 da Portaria 671/2021 do Ministério do Trabalho e Previdência explicita que serão considerados cumpridos os prazos de convocação ao trabalho e resposta ao chamado, previstos nos §§ 1.º e 2.º do art. 452-A da CLT, quando constatada a prestação dos serviços pelo trabalhador intermitente.

A recusa da oferta não descaracteriza a subordinação para fins do contrato de trabalho intermitente (art. 452-A, § 3.º, da CLT, acrescentado pela Lei 13.467/2017).

A recusa da oferta pelo empregado, assim, não tem qualquer conotação de infração disciplinar.

De acordo com o art. 452-A, § 4.º, da CLT, acrescentado pela Lei 13.467/2017, aceita a oferta para o comparecimento ao trabalho, a parte que descumprir, sem justo motivo, pagará à outra parte, no prazo de 30 dias, multa de 50% da remuneração que seria devida, permitida a compensação em igual prazo.

Segundo o art. 452-A, § 5.º, da CLT, acrescentado pela Lei 13.467/2017, o período de inatividade não é considerado tempo à disposição do empregador, podendo o trabalhador prestar serviços a outros contratantes.

No contrato de trabalho intermitente, o período de inatividade, desse modo, tem natureza de *suspensão do contrato de trabalho*, pois o empregado não presta serviços, não tem direito à remuneração, nem o tempo de serviço é computado.

Ao final de cada período de prestação de serviço, o empregado deve receber o pagamento imediato das seguintes parcelas: remuneração; férias proporcionais com acréscimo de 1/3; décimo terceiro salário proporcional; repouso semanal remunerado, adicionais legais (art. 452-A, § 6.º, da CLT, acrescentado pela Lei 13.467/2017).

O art. 32 da Portaria 671/2021 do Ministério do Trabalho e Previdência explicita que na hipótese de o período de convocação (ou seja, de trabalho) exceder um mês, o pagamento das parcelas a que se referem o § 6.º do art. 452-A da CLT não pode ser estipulado por período superior a um mês, e devem ser pagas até o quinto dia útil do mês seguinte ao trabalhado, de acordo com o previsto no § 1.º do art. 459 da CLT.

O recibo de pagamento deve conter a discriminação dos valores pagos relativos a cada uma das parcelas acima referidas (art. 452-A, § 7.º, da CLT, acrescentado pela Lei 13.467/2017).

Não se admite, portanto, o pagamento *complessivo*, ou seja, um único valor englobando todos os direitos trabalhistas devidos ao empregado (Súmula 91 do TST).

Conforme o art. 452-A, § 8.º, da CLT, acrescentado pela Lei 13.467/2017, o empregador deve efetuar o recolhimento da contribuição previdenciária e o depósito do Fundo de Garantia do Tempo de Serviço, na forma da lei, com base nos valores pagos no período mensal e fornecerá ao empregado comprovante do cumprimento dessas obrigações.

O art. 38 da Portaria 671/2021 do Ministério do Trabalho e Previdência reitera que no contrato de trabalho intermitente, o empregador deve efetuar o recolhimento das contribuições previdenciárias próprias e do empregado e o depósito do FGTS com base nos valores pagos no período mensal e fornecerá ao empregado comprovante do cumprimento dessas obrigações.

A cada 12 meses, o empregado adquire direito a usufruir, nos 12 meses subsequentes, um mês de férias, período no qual não pode ser convocado para prestar serviços pelo mesmo empregador (art. 452-A, § 9.º, da CLT, acrescentado pela Lei 13.467/2017).

Embora o direito de gozar férias seja formalmente assegurado, o empregado, na prática, pode acabar realizando outras atividades laborativas no período, inclusive em razão de necessidades financeiras, deixando, assim, de descansar efetivamente.

Desde que haja concordância do empregado, as férias podem ser usufruídas em até três períodos, um dos quais não pode ser inferior a 14 dias corridos e os demais não podem ser inferiores a cinco dias corridos, cada um (art. 134, § 1.º, da CLT, com redação dada pela Lei 13.467/2017).

É vedado o início das férias no período de dois dias que antecede feriado ou dia de repouso semanal remunerado (art. 134, § 3.º, da CLT, com redação dada pela Lei 13.467/2017).

O art. 31 da Portaria 671/2021 do Ministério do Trabalho e Previdência explicita que o empregado, mediante prévio acordo com o empregador, pode usufruir suas férias em até três períodos, nos termos dos §§ 1.º e § 3.º do art. 134 da CLT.

As verbas rescisórias e o aviso prévio devem ser calculados com base na média dos valores recebidos pelo empregado no curso do contrato de trabalho intermitente (art. 37 da Portaria 671/2021 do Ministério do Trabalho e Previdência).

✦ Súmulas, Orientações Jurisprudenciais e Precedentes Normativos

Súmula 91 do TST: Salário complessivo. Nula é a cláusula contratual que fixa determinada importância ou percentagem para atender englobadamente vários direitos legais ou contratuais do trabalhador.

Orientação Jurisprudencial 358 da SBDI-I do TST: Salário mínimo e piso salarial proporcional à jornada reduzida. Empregado. Servidor público. I – Havendo contratação para cumprimento de jornada reduzida, inferior à previsão constitucional de oito horas diárias ou quarenta e quatro semanais, é lícito o pagamento do piso salarial ou do salário mínimo proporcional ao tempo trabalhado. II – Na Administração Pública direta, autárquica e fundacional não é válida remuneração de empregado público inferior ao salário mínimo, ainda que cumpra jornada de trabalho reduzida. Precedentes do Supremo Tribunal Federal.

Art. 453. No tempo de serviço do empregado, quando readmitido, serão computados os períodos, ainda que não contínuos, em que tiver trabalhado anteriormente na empresa, salvo se houver sido despedido por falta grave, recebido indenização legal ou se aposentado espontaneamente.

§ 1.º Na aposentadoria espontânea de empregados das empresas públicas e sociedades de economia mista é permitida sua readmissão desde que atendidos aos requisitos constantes do art. 37, inciso XVI, da Constituição, e condicionada à prestação de concurso público.

§ 2.º O ato de concessão de benefício de aposentadoria a empregado que não tiver completado 35 (trinta e cinco) anos de serviço, se homem, ou trinta, se mulher, importa em extinção do vínculo empregatício.

1. READMISSÃO DO EMPREGADO

Quanto à contagem do tempo de serviço, para fins de cálculo da respectiva indenização, bem como de eventual estabilidade decenal, mostra-se de grande relevância o art. 453 da CLT.

A norma acima regula o caso específico de *readmissão*, ou seja, após o término de contrato de trabalho, a formação de um novo pacto laboral, seja logo em seguida, seja depois de certo tempo.

Não se confunde a mencionada readmissão com a reintegração, pois nesta última não há a formação de um novo contrato de trabalho, mas sim a continuidade daquele originalmente existente, em que o empregado permanece prestando serviços para o empregador.

A reintegração do empregado é frequentemente determinada por decisão judicial, como decorrência de estabilidade reconhecida em favor do empregado, ou mesmo como consequência da nulidade da sua dispensa (*v.g.*, na dispensa discriminatória de empregado portador do vírus HIV). Nesse sentido dispõe a Súmula 443 do TST.

O Supremo Tribunal Federal negou seguimento à arguição de descumprimento de preceito fundamental a respeito da Súmula 443 do TST, tendo em vista a ausência de controvérsia judicial relevante caracterizada por julgamentos conflitantes. Entendeu-se ainda que a alegada ofensa à Constituição, se configurada, seria apenas reflexa e indireta. Cf. STF, Pleno, ADPF 648/DF, Rel. Min. Cármen Lúcia, *DJe* 30.06.2021.

O art. 453 da CLT, portanto, não versa sobre a unicidade contratual, tema objeto da já cancelada Súmula 20 do TST, em que se verifica o reconhecimento, na realidade, de um único contrato de trabalho, mesmo tendo existido vários contratos autônomos, apenas formalmente e em fraude à legislação trabalhista (art. 9.º da CLT: no caso, rupturas contratuais formais para tentar evitar que o empregado adquirisse o direito de indenização ou de estabilidade por tempo de serviço).

Quanto à interpretação do art. 453 da CLT, se o empregado for readmitido, são contados em seu tempo de serviço os períodos (ainda que não contínuos) em que tiver trabalhado anteriormente na empresa, "salvo se houver sido despedido por falta grave, recebido indenização legal ou se aposentado espontaneamente".

A regra, portanto, é a referida contagem, no tempo de serviço do empregado, do período de trabalho anterior na mesma empresa. Isso é excepcionado quando, no contrato de trabalho que antecede a readmissão: o empregado foi dispensado por falta grave; ou recebeu a indenização por tempo de serviço; ou se aposentou espontaneamente.

Em razão disso, quanto ao pedido de demissão, prevê a Súmula 138 do TST.

A Súmula 156 do TST dispõe sobre o prazo prescricional para que o empregado exerça a sua pretensão de soma dos períodos (mesmo descontínuos) de trabalho, na mesma empresa, por ter sido readmitido.

O referido verbete não está regulando o prazo prescricional para exigir os créditos trabalhistas decorrentes dos contratos de trabalho, mas apenas a prescrição da pretensão de se somar os "períodos descontínuos de trabalho", conforme autorização do art. 453 da CLT.

Além disso, a Súmula 156 do TST não se refere à pretensão de reconhecimento de unicidade contratual, pois aquele verbete trata de "soma de períodos *descontínuos* de trabalho", enquanto o referido reconhecimento de contrato único apresenta até mesmo natureza declaratória, a qual, em tese, não se sujeita ao prazo prescricional.

Em relação às hipóteses que afastam a contagem do tempo de serviço (art. 453, parte final), quanto à dispensa por falta grave, consistindo na cessação do vínculo em razão de justa causa praticada pelo empregado.

O recebimento da indenização legal refere-se ao caso em que o contrato anterior foi terminado, mas o empregado percebeu a indenização por tempo de serviço.

Por fim, a aposentadoria também passou a ser prevista, na redação determinada pela Lei 6.204/1975, como hipótese em que o tempo de serviço anterior não deve ser computado quando o empregado for readmitido.

Por essa razão, a Súmula 21 do TST, já superada pela redação que foi estabelecida ao art. 453 da CLT, acabou sendo formalmente cancelada (Resolução 30/1994 do TST, cancelamento mantido pela Resolução 121/2003).

Desse modo, conforme a redação do art. 453 da CLT, determinada pela Lei 6.204/1975, o empregado que se aposenta espontaneamente, se for readmitido, não tem direito a ter computado o tempo de serviço prestado à empresa, anteriormente à aposentadoria, no novo contrato de trabalho, para fins de indenização quando da dispensa sem justa causa neste último pacto.

Cabe alertar que toda essa previsão se dirigia para fins de aplicação da "antiga" indenização por tempo de serviço, atualmente devida somente nas raras hipóteses de empregado admitido antes da promulgação da Constituição Federal de 1988 e que não optou pelo sistema do FGTS.

Mesmo assim, interpretando-se o art. 453 da CLT de forma evolutiva e construtiva, pode-se entender que no presente, mesmo no sistema do FGTS, se o empregado se aposentar e tiver o contrato terminado (o que, de acordo com o entendimento do STF, não é uma decorrência natural da aposentadoria), em eventual readmissão, o tempo de serviço do contrato de trabalho anterior não deve ser computado para fins de cálculo da indenização compensatória, devida na dispensa sem justa causa ocorrida no segundo contrato de trabalho.

2. APOSENTADORIA E CONTRATO DE TRABALHO

De todo modo, observados esses aspectos, é relevante analisar, de forma específica e autônoma, as consequências da aposentadoria para o contrato de trabalho.

A respeito da aposentadoria por invalidez (incapacidade permanente), cf. comentários ao art. 475 da CLT.

O art. 51 da Lei 8.213/1991 estabelece que a aposentadoria por idade pode ser requerida pela empresa, desde que o segurado empregado tenha cumprido o período de carência e completado 70 anos de idade, se do sexo masculino, ou 65 anos, se do sexo feminino, sendo compulsória, caso em que será garantida ao empregado a indenização prevista na legislação trabalhista, considerada como data da rescisão do contrato de trabalho a imediatamente anterior à do início da aposentadoria.

Logo, nessa hipótese excepcional, em que a empresa tem a faculdade de requerer a aposentadoria do empregado, sendo compulsória, ocorre a extinção do contrato de trabalho.

O art. 201, § 16, da Constituição Federal de 1988, incluído pela Emenda Constitucional 103/2019, dispõe que os empregados dos consórcios públicos, das empresas públicas, das sociedades de economia mista e das suas subsidiárias serão aposentados *compulsoriamente*, observado o cumprimento do tempo mínimo de contribuição, ao atingir a idade máxima de que trata o inciso II do § 1.º do art. 40 da Constituição Federal de 1988, na forma estabelecida em lei.

Essa previsão depende de disciplina em lei para ser aplicada. Cabe esclarecer que a Lei Complementar 152/2015 não trata de aposentadoria compulsória dos empregados indicados no art. 201, § 16, da Constituição Federal de 1988, incluído pela Emenda Constitucional 103/2019.

A controvérsia é quanto à aposentadoria definitiva e espontânea, ou seja, requerida pelo empregado, e os seus efeitos no contrato de trabalho.

No julgamento das Ações Diretas de Inconstitucionalidade 1.770 e 1.721, o Supremo Tribunal Federal considerou inconstitucionais os §§ 1.º e 2.º do art. 453 da CLT, acrescentados pela Lei 9.528/1997, entendendo que "o Ordenamento Constitucional não autoriza o legislador ordinário a criar modalidade de rompimento automático do vínculo de emprego, em desfavor do trabalhador, na situação em que este apenas exercita o seu direito de aposentadoria espontânea, sem cometer deslize algum" (STF, Pleno, ADI 1.721/DF, Rel. Min. Carlos Britto, *DJe* 29.06.2007).

Em razão de reiteradas decisões do STF no sentido acima (especialmente nas referidas ações diretas de inconstitucionalidade, pois suas decisões detêm eficácia vinculante e transcendente, conforme o art. 102, § 2.º, da Constituição Federal de 1988), o Pleno do TST, em 25.10.2006, decidiu pelo cancelamento da Orientação Jurisprudencial 177 da SBDI-I (*DJ* 30.10.2006).

Assim, atualmente, tornou-se majoritário o entendimento de que a aposentadoria definitiva e voluntária, em regra, não acarreta a extinção do contrato de trabalho.

A relação jurídica previdenciária, de natureza pública, entre o segurado e a Previdência Social, referente à aposentadoria, não interfere na relação jurídica de emprego, de natureza privada, estabelecida entre empregado e empregador.

Nessa linha, a aposentadoria por idade concedida ao empregado rural, na forma prevista na legislação, não acarreta rescisão de contrato de trabalho, nem constitui justa causa para a sua dispensa (art. 100 do Decreto 10.854/2021).

Em harmonia com o exposto, entende-se que a aposentadoria espontânea do trabalhador portuário avulso não acarreta a extinção da inscrição do cadastro e do registro perante o Órgão Gestor de Mão de Obra (TST, Pleno, ArgInc – 395400-83.2009.5.09.0322, Rel. Min. Pedro Paulo Manus, *DEJT* 30.11.2012).

Não obstante, quanto à *aposentadoria especial*, por ser proibida a continuidade do exercício de atividade pelo segurado com efetiva exposição a agentes químicos, físicos e biológicos prejudiciais à saúde, ou associação desses agentes (art. 201, § 1.º, inciso II, da Constituição Federal de 1988), sob pena de automático cancelamento desse benefício (art. 57, § 8.º, da Lei 8.213/1991), prevalece no TST o entendimento de que a referida modalidade de aposentadoria gera a extinção do contrato de trabalho por iniciativa do empregado (SBDI-I, E-ARR – 607-93.2010.5.09.0678).

Cabe ressaltar que, segundo o art. 37, § 10, da Constituição da República: "É vedada a percepção simultânea de proventos de aposentadoria decorrentes do art. 40 ou dos arts. 42 e 142 com a remuneração de cargo, emprego ou função pública, ressalvados os cargos acumuláveis na forma desta Constituição, os cargos eletivos e os cargos em comissão declarados em lei de livre nomeação e exoneração".

Há entendimento no sentido de que, ressalvadas as hipóteses previstas na Constituição Federal[123], o servidor público aposentado não pode continuar prestando serviço para a Administração Pública, por ser proibida a acumulação dos proventos de aposentadoria com os vencimentos.

---

123 Cf. art. 37, inciso XVI, da CF/1988: "é vedada a acumulação remunerada de cargos públicos, exceto, quando houver compatibilidade de horários, observado em qualquer caso o disposto no inciso XI: a) a de dois cargos de professor; b) a de um cargo de professor com outro técnico ou científico; c) a de dois cargos ou empregos privativos de profissionais de saúde, com profissões regulamentadas".

Entretanto, como a aposentadoria recebida pelo Regime Geral de Previdência tem como fundamento o art. 201, § 7.º, da Constituição Federal de 1988, e não os seus arts. 40, 42 e 142, prevaleceu no Supremo Tribunal Federal o entendimento no sentido da não incidência da proibição de sua acumulação com a remuneração decorrente de emprego público. Cf. STF, Pleno, Rcl 9.762/SC, Rel. Min. Ricardo Lewandowski.

O art. 37, § 14, da Constituição Federal de 1988, incluído pela Emenda Constitucional 103/2019, estabelece que a aposentadoria concedida com a utilização de tempo de contribuição decorrente de cargo, emprego ou função pública, inclusive do Regime Geral de Previdência Social, acarretará o rompimento do vínculo que gerou o referido tempo de contribuição.

Logo, com a Emenda Constitucional 103/2019, se o servidor de cargo, emprego ou função pública se aposentar utilizando tempo de contribuição de Regime Próprio de Previdência Social ou do Regime Geral de Previdência Social, haverá o término automático e necessário do vínculo jurídico que gerou esse tempo de contribuição, o que também se aplica ao empregado público.

Em harmonia com o princípio da irretroatividade das normas jurídicas e com o ato jurídico perfeito (art. 5.º, inciso XXXVI, da Constituição da República), o art. 6.º da Emenda Constitucional 103/2019 esclarece que o disposto no § 14 do art. 37 da Constituição Federal de 1988 não se aplica a aposentadorias concedidas pelo Regime Geral de Previdência Social até a data de entrada em vigor da Emenda Constitucional 103/2019.

Desse modo, a concessão de aposentadoria requerida a partir de 14 de novembro de 2019 com utilização de tempo de contribuição decorrente de cargo, emprego ou função pública acarretará o rompimento do vínculo que gerou o referido tempo de contribuição (art. 153-A do Regulamento da Previdência Social, incluído pelo Decreto 10.410/2020). Para fins dessa previsão, após a consolidação da aposentadoria, o INSS deve notificar a empresa responsável sobre a aposentadoria do segurado e constarão da notificação as datas de concessão e de início do benefício.

Reitere-se que no caso de empregado da esfera privada, entende-se que a aposentadoria espontânea (voluntária), no âmbito do Regime Geral de Previdência Social, não é causa de extinção do contrato de trabalho, ou seja, não tem por efeito extinguir automaticamente o vínculo de emprego.

Como a aposentadoria espontânea não é causa de extinção do contrato de trabalho, se o empregado permanecer prestando serviços ao empregador após aquela, quando da sua dispensa sem justa causa, terá direito à indenização de 40% do FGTS sobre a totalidade dos depósitos relativos ao pacto laboral. Cf. Orientação Jurisprudencial 361 da SBDI-I do TST.

3. RECONTRATAÇÃO DO EMPREGADO

Cabe analisar a possibilidade de recontratação de empregado que teve o contrato de trabalho recentemente extinto.

Em se tratando de contrato de trabalho por prazo determinado, considera-se por prazo indeterminado todo contrato que suceder, dentro de seis meses, a outro contrato por prazo determinado, salvo se a expiração deste dependeu da execução de serviços especializados ou da realização de certos acontecimentos (art. 452 da CLT).

Na hipótese de contrato de trabalho por prazo indeterminado, a lei não proíbe a recontratação do empregado, nem estabelece um prazo a ser observado entre o vínculo de emprego anterior e a nova contratação. Eventuais fraudes, assim, devem ser analisadas conforme as circunstâncias do caso concreto (art. 9.º da CLT).

O art. 453 da CLT versa sobre a contagem do tempo de serviço do empregado readmitido. Cf. comentários do item 1, *supra*.

No plano administrativo, os arts. 311 a 313 da Portaria 671/2021 do Ministério do Trabalho e Previdência versam sobre simulação de rescisão contratual e de levantamento do FGTS em fraude à lei.

A inspeção do trabalho deve dar tratamento prioritário, entre os atributos de rotina, à constatação de casos simulados de rescisão do contrato de trabalho sem justa causa, seguida de recontratação do mesmo trabalhador ou de sua permanência na empresa sem a formalização do vínculo, presumida, em tais casos, como conduta fraudulenta do empregador para fins de aplicação dos §§ 2.º e 3.º do art. 23 da Lei 8.036/1990 (art. 311 da Portaria 671/2021 do Ministério do Trabalho e Previdência).

Considera-se fraudulenta a rescisão seguida de recontratação ou de permanência do trabalhador em serviço quando ocorrida dentro dos 90 dias subsequentes à data em que formalmente a rescisão se operou (art. 312 da Portaria 671/2021 do Ministério do Trabalho e Previdência). Em caso de aviso prévio indenizado (art. 487, § 1.º, da CLT), embora a questão possa gerar controvérsia, defende-se que o prazo de 90 dias deve ser contado do término do contrato de trabalho em si, isto é, sem considerar a projeção do aviso prévio indenizado, a qual não posterga a cessação do pacto laboral.

Trata-se de previsão passível de questionamento, notadamente em face do princípio da legalidade (art. 5.º, inciso II, da Constituição da República), por não se tratar de norma com natureza de lei (art. 37 da Constituição Federal de 1988), além do que a fraude não se presume, devendo ser demonstrada. A matéria deveria ser objeto de lei (art. 22, inciso I, da Constituição da República), e não de Portaria. De todo modo, a hipótese seria de presunção relativa, e não absoluta.

Constatada a prática da rescisão fraudulenta, o Auditor-Fiscal do Trabalho deve levantar todos os casos de rescisão ocorridos nos últimos 24 meses para verificar se a hipótese pode ser apenada em conformidade com o art. 312 da Portaria 671/2021 (art. 313 da Portaria 671/2021 do Ministério do Trabalho e Previdência). Esse levantamento deve envolver também a possibilidade de ocorrência de fraude ao seguro-desemprego, hipótese em que será concomitantemente aplicada a sanção prevista no art. 25 da Lei 7.998/1990, ou seja, multa administrativa.

Na jurisprudência, prevalece o entendimento de que a fraude à continuidade do vínculo de emprego, decorrente da extinção do contrato de trabalho e recontratação do empregado, em regra, deve ser demonstrada no caso concreto, por exemplo, com o intuito de burlar, de forma injustificada, o princípio da irredutibilidade salarial (art. 7.º, inciso VI, da Constituição Federal de 1988).

✦ Jurisprudência

Ação direta de inconstitucionalidade. Artigo 3.º da Medida Provisória n.º 1.596-14/97, convertida na Lei n.º 9.528/97, que adicionou ao artigo 453 da Consolidação das Leis do Trabalho um segundo parágrafo para extinguir o vínculo empregatício quando da concessão da aposentadoria espontânea. Procedência da ação. 1. A conversão da medida provisória em lei prejudica o debate jurisdicional acerca da 'relevância e urgência' dessa espécie de ato normativo. 2. Os valores sociais do trabalho constituem: a) fundamento da República Federativa do Brasil (inciso IV do artigo 1.º da CF); b) alicerce da Ordem Econômica, que tem por finalidade assegurar a todos existência digna, conforme os ditames da justiça social, e, por um dos seus princípios, a busca do pleno emprego (artigo 170, *caput* e inciso VIII); c) base de toda a Ordem Social (artigo 193). Esse arcabouço principiológico, densificado em regras como a do inciso I do artigo 7.º da Magna Carta e as do artigo 10 do ADCT/88, desvela um mandamento constitucional que perpassa toda relação de emprego, no sentido de sua desejada continuidade. 3. A Constituição Federal versa a aposentadoria como um benefício que se dá mediante o exercício regular de um direito. E o certo é que o regular exercício de um direito não é de colocar o seu titular numa situação jurídico-passiva de efeitos ainda mais drásticos do que aqueles que resultariam do cometimento de uma falta grave (sabido que, nesse caso, a ruptura do vínculo empregatício não opera automaticamente). 4. O direito à aposentadoria previdenciária, uma vez objetivamente constituído, se dá no âmago de uma relação jurídica entre o segurado do Sistema Geral de Previdência e o Instituto Nacional de Seguro Social. Às expensas, portanto, de um sistema atuarial-financeiro que é gerido por esse Instituto mesmo, e não às custas desse ou daquele empregador. 5. O Ordenamento Constitucional não autoriza o legislador ordinário a criar modalidade de rompimento automático do vínculo de emprego, em desfavor do trabalhador, na situação em que este apenas exercita o seu direito de aposentadoria espontânea, sem cometer deslize algum. 6. A mera concessão da aposentadoria voluntária ao trabalhador não tem por efeito extinguir, instantânea e automaticamente, o seu vínculo de emprego. 7. Inconstitucionalidade do § 2.º do artigo 453 da Consolidação das Leis do Trabalho, introduzido pela Lei n.º 9.528/97 (STF, Pleno, ADI 1.721/DF, Rel. Min. Carlos Britto, j. 11.10.2006, *DJe* 29.06.2007).

Reclamação. Acórdão do Tribunal Superior do Trabalho. Descumprimento da decisão proferida no julgamento das ações diretas de inconstitucionalidade 1.721/DF e 1.770/DF. Não ocorrência. Agravo improvido. I – O Supremo Tribunal Federal, por ocasião do julgamento da ADI 1.770/DF, Rel. Min. Joaquim Barbosa, e da ADI 1.721/DF, Rel. Min. Ayres Britto, declarou inconstitucionais o § 1.º e o § 2.º do art. 453 da CLT, sob o fundamento de que a mera concessão da aposentadoria voluntária ao trabalhador não tem por efeito extinguir, instantânea e automaticamente, o seu vínculo de emprego. II – *A contrario sensu*, pode-se afirmar, então, que é permitido ao empregado público requerer a aposentadoria voluntária no Regime Geral de Previdenciária Social e continuar trabalhando e, consequentemente, recebendo a respectiva remuneração. Isso porque em tais situações não há acumulação vedada pela Constituição Federal. III – Agravo regimental a que se nega provimento (STF, Pleno, Rcl 9.762/SC, Rel. Min. Ricardo Lewandowski, *DJE* 31.05.2013).

Arguição de descumprimento de preceito fundamental. Decisões do Tribunal Superior do Trabalho. Alegada contrariedade a preceitos fundamentais na aplicação do enunciado da Súmula n. 443 do Tribunal Superior do Trabalho. Ausência de controvérsia judicial relevante caracterizada por julgamentos conflitantes. Descumprimento do princípio da subsidiariedade. Ofensa reflexa à Constituição da República. Precedentes. Arguição à qual se nega seguimento (STF, Pleno, ADPF 648/DF, Rel. Min. Cármen Lúcia, *DJe* 30.06.2021).

Arguição de inconstitucionalidade. Trabalhador portuário avulso. Aposentadoria. Efeitos. Artigo 27, § 3.º, da Lei n.º 8.630/93. O § 3.º do artigo 27, da Lei n.º 8.630/93 prevê que a inscrição no cadastro e o registro do trabalhador portuário extingue-se por aposentadoria. Já o artigo 7.º, XXXIV, da Constituição Federal é categórico ao garantir a igualdade entre o trabalhador com vínculo permanente e o trabalhador avulso. Nesses termos, não há motivo para não se aplicar o princípio da isonomia e os fundamentos da inconstitucionalidade (citados pelo STF a propósito da declaração de inconstitucionalidade do art. 453, §§ 1.º e 2.º, da CLT) também ao presente caso. Ao julgar a ADI 1770 e a ADI 1721 o STF afirmou, com alcance genérico, que a lei não pode prever a aposentadoria como causa extintiva da relação de emprego. Os valores constitucionais então enumerados se aplicam, igualmente, ao trabalho avulso: o valor social do trabalho, a existência digna e a busca do pleno emprego e o primado do trabalho. Arguição de inconstitucionalidade rejeitada, para dar a interpretação conforme ao artigo 27, § 3.º, da Lei n.º 8.630/93 e declarar que a aposentadoria espontânea não acarreta a extinção da inscrição do cadastro e do registro do trabalhador portuário (TST, Pleno, ArgInc 395400-83.2009.5.09.0322, Rel. Min. Pedro Paulo Manus, *DEJT* 30.11.2012).

Recurso de embargos em recurso de revista. Interposição sob a égide da Lei 13.015/2014. Aposentadoria especial. Art. 57 da Lei 8.213/91. Efeitos. Rescisão do contrato de trabalho por iniciativa do empregado. A jurisprudência prevalente no âmbito desta Subseção é no sentido de que a concessão de aposentadoria especial acarreta a extinção do contrato de trabalho por iniciativa do empregado. Precedente. Recurso de embargos conhecido e não provido (TST, SBDI-I, E-ARR – 607-93.2010.5.09.0678, Rel. Min. Hugo Carlos Scheuermann, *DEJT* 22.09.2017).

Empregado público. Aposentado espontaneamente. Impossibilidade de continuidade do vínculo com a municipalidade. Vedação constitucional de cumulação de proventos com vencimentos. Se aos empregados públicos é reconhecido o direito à estabilidade no emprego, por força do disposto no artigo 41 da CF (a despeito deste dispositivo se dirigir tão somente aos estatutários), consoante entendimento consubstanciado na Súmula 390 do C.TST, forçoso reconhecer que, além do "bônus", detêm tais servidores, outrossim, o "ônus" dos ocupantes de cargos públicos, impondo-se-lhes a restrição constitucional prevista no parágrafo 10 do art. 37 da Constituição Federal (TRT-3.ª R., Turma Recursal de Juiz de Fora, RO 01708-2013-052-03-00-3, Rel. Juíza Conv. Maria Raquel Ferraz Zagari Valentim, *DJE* 15.05.2014).

Agravo de instrumento em recurso de revista interposto sob a égide da Lei n.º 13.015/2014 e do NCPC. Diferenças salariais. Unicidade contratual. Fraude não demonstrada. A jurisprudência desta Corte, após o cancelamento da Súmula n.º 20, não admite presunção de fraude em caso de extinção do contrato com readmissão imediata ou em curto prazo, atribuindo ao empregado o ônus de provar efetivamente a existência de irregularidades. O Eg. Tribunal Regional consignou que não foi demonstrada "de forma irrefutável a fraude na recontratação obreira três meses após a extinção do primeiro contrato de trabalho, o qual houve o regular encerramento e pagamento das verbas rescisórias correspondentes" (fl. 946). Nada referiu sobre a alegação de que foi contratado com salário mais baixo para exercer as mesmas funções. Óbice da Súmula n.º 126 do TST. Agravo de Instrumento a que se nega provimento (TST, 8.ª T., AIRR-1002338-61.2016.5.02.0462, Rel. Min. Maria Cristina Irigoyen Peduzzi, *DEJT* 13.09.2019).

3 – Ante o princípio de que a boa-fé se presume e a má-fé exige prova, foi cancelada a Súmula n.º 20 do TST, segundo a qual deveria ser presumida a fraude na hipótese de demissão seguida de nova contratação. A jurisprudência desta Corte Superior evoluiu no sentido de que a fraude deve ser provada e o pagamento dos créditos trabalhistas na rescisão do primeiro contrato é suficiente para demonstrar a regularidade da contratação posterior, à parte o curto espaço de tempo entre uma contratação e outra (TST, 6.ª T., RR-20134-48.2014.5.04.0381, Rel. Min. Katia Magalhaes Arruda, *DEJT* 01.12.2017).

2. Unicidade contratual. Divergência jurisprudencial inespecífica. Não provimento. A egrégia Corte Regional consignou que a dispensa do autor e a recontratação, sem qualquer plausibilidade, associada à redução salarial, demonstrava a existência de fraude às leis trabalhistas, perpetrada pela empregadora em prejuízo do empregado, sendo nula a rescisão do primeiro contrato, reconhecia-se a unicidade contratual por todo o período por ele laborado. Divergência jurisprudencial revela-se inespecífica, pois parte de premissa fática diversa da tratada nos autos. Incidência da Súmula n.º 296, I. Agravo de instrumento a que se nega provimento (TST, 5.ª T., AIRR-106400-54.2010.5.17.0013, Rel. Min. Guilherme Augusto Caputo Bastos, *DEJT* 23.10.2015).

✦ Súmulas, Orientações Jurisprudenciais e Precedentes Normativos

Súmula 138 do TST: Em caso de readmissão, conta-se a favor do empregado o período de serviço anterior, encerrado com a saída espontânea.

Súmula 156 do TST: Prescrição. Prazo. Da extinção do último contrato começa a fluir o prazo prescricional do direito de ação em que se objetiva a soma de períodos descontínuos de trabalho.

Súmula 443 do TST: Dispensa discriminatória. Presunção. Empregado portador de doença grave. Estigma ou preconceito. Direito à reintegração. Presume-se discriminatória a despedida de empregado portador do vírus HIV ou de outra doença grave que suscite estigma ou preconceito. Inválido o ato, o empregado tem direito à reintegração no emprego.

Orientação Jurisprudencial 361 da SBDI-I do TST: Aposentadoria espontânea. Unicidade do contrato de trabalho. Multa de 40% do FGTS sobre todo o período (*DJ* 20, 21 e 23.05.2008). A aposentadoria espontânea não é causa de extinção do contrato de trabalho se o empregado permanece prestando serviços ao empregador após a jubilação. Assim, por ocasião da sua dispensa imotivada, o empregado tem direito à multa de 40% do FGTS sobre a totalidade dos depósitos efetuados no curso do pacto laboral.

✦ Referência legislativa

- Art. 1.º do Dec.-lei 691/1969 (Contratos de Técnicos Estrangeiros).

Art. 454. Na vigência do contrato de trabalho, as invenções do empregado, quando decorrentes de sua contribuição pessoal e da instalação ou equipamento fornecidos pelo empregador, serão de propriedade comum, em partes iguais, salvo se o contrato de trabalho tiver por objeto, implícita ou explicitamente, pesquisa científica.

Parágrafo único. Ao empregador caberá a exploração do invento, ficando obrigado a promovê-la no prazo de um ano da data da concessão da patente, sob pena de reverter em favor do empregado da plena propriedade desse invento.

1. DIREITOS INTELECTUAIS E INVENÇÕES DO EMPREGADO

De acordo com o art. 5.º, inciso XXIX, da Constituição Federal de 1988: "a lei assegurará aos autores de inventos industriais privilégio temporário para sua utilização, bem como proteção às criações industriais, à propriedade das marcas, aos nomes de empresas e a outros signos distintivos, tendo em vista o interesse social e o desenvolvimento tecnológico e econômico do País".

Regulamentando esse preceito, destaca-se a Lei 9.279/1996, conhecida como Lei de Propriedade Industrial.

No que tange às invenções do empregado, o referido diploma legal revogou a Lei 5.772/1971, a qual, por sua vez, já havia revogado tacitamente o art. 454 da CLT.

O contrato de trabalho apresenta efeitos conexos, gerando direitos intelectuais, como o direito autoral e aqueles decorrentes de invenções do empregado.

Os direitos de autor decorrem da criação (no caso, pelo empregado) de obras literárias ou científicas. Tendo em vista a ausência de regras específicas no que se refere aos direitos autorais no contrato de trabalho, defende-se a aplicação analógica do art. 4.º da Lei 9.609/1998, que dispõe sobre a proteção da propriedade intelectual de programa de computador. De acordo com o referido dispositivo, *salvo estipulação em contrário*, pertencem exclusivamente ao empregador os direitos relativos ao programa de computador:

- desenvolvido e elaborado durante a vigência do contrato de trabalho (ou vínculo estatutário) expressamente destinado à pesquisa e desenvolvimento, ou
- desenvolvido e elaborado durante a vigência do contrato de trabalho (ou vínculo estatutário) em que a atividade do empregado seja assim prevista, ou que decorra da própria natureza dos encargos concernentes a esses vínculos (de emprego ou estatutário).

Como mencionado, admite-se a estipulação em contrário, passando a prever que os direitos pertençam ao empregado. Não havendo a referida previsão, será de propriedade exclusiva do empregado a criação que não for desenvolvida ou elaborada durante a relação de emprego, nem decorra da natureza dos encargos referentes ao vínculo de emprego.

Salvo hipótese de fraude (art. 9.º da CLT), embora os direitos autorais constituam renda (passível da respectiva tributação), não apresentam natureza salarial para fins trabalhistas.

A atividade de inventar relaciona-se com a criação, diferindo da descoberta, pois esta apenas *revela* algo que já existia, mas ainda não se conhecia.

Vejamos, assim, as principais previsões sobre a matéria, presentes na referida Lei 9.279, de 14 de maio de 1996.

Primeiramente, tem-se o caso da chamada *invenção de serviço*. Ela decorre da atividade inventiva do trabalhador, contratado para o exercício das funções de inventor.

Nessa hipótese, o empregado não tem direito sobre a criação, mas nada impede que as partes, mediante negociação, contratem a participação do trabalhador nos proveitos econômicos decorrentes do invento.

Desse modo, de acordo com a previsão legal, a invenção e o modelo de utilidade pertencem exclusivamente ao empregador quando decorrerem de contrato de trabalho cuja execução ocorra no Brasil e que tenha por objeto a pesquisa ou a atividade inventiva, ou resulte esta da natureza dos serviços para os quais foi o empregado contratado (art. 88).

No caso acima indicado, salvo expressa disposição contratual em contrário, a retribuição pelo trabalho a que se refere este artigo limita-se ao salário ajustado (§ 1.º do art. 88). A justificativa para essa previsão seria de que os riscos da atividade são do empregador, devendo, por isso, ter o direito acima destacado, quanto à invenção de serviço.

Salvo prova em contrário, consideram-se desenvolvidos na vigência do contrato a invenção ou o modelo de utilidade, cuja patente seja requerida pelo empregado até um ano após a extinção do vínculo empregatício (§ 2.º do art. 88). Trata-se, aqui, de presunção relativa, uma vez que pode ser afastada por prova em contrário.

Como mencionado, o empregador, titular da patente, poderá conceder ao empregado, autor de invento ou aperfeiçoamento, participação nos ganhos econômicos resultantes da exploração da patente, mediante negociação com o interessado ou conforme disposto em norma da empresa (art. 89).

A participação mencionada não se incorpora, a qualquer título, ao salário do empregado (parágrafo único do art. 89). Ficou clara, assim, a natureza não salarial da referida participação, tratando-se, portanto, de indenização.

Como segunda modalidade, tem-se a chamada *invenção livre*, a qual resulta da atividade criadora do trabalhador, sem qualquer vinculação com a existência e a execução do contrato laboral. Nessa hipótese, os meios, recursos e equipamentos do empregador não são utilizados na criação do empregado. Além disso, eventuais conhecimentos técnicos, adquiridos na vigência do contrato laboral, não geram para o empregador direitos de propriedade nem de exploração do invento, os quais são exclusivos do empregado. Desse modo, conforme a previsão legal, pertence exclusivamente ao empregado a invenção ou o modelo de utilidade por ele desenvolvido, desde que desvinculado do contrato de trabalho e não decorrente da utilização de recursos, meios, dados, materiais, instalações ou equipamentos do empregador (art. 90).

Por fim, verifica-se a *invenção de empresa*, também chamada *invenção casual*. Ainda de acordo com as lições presentes na decisão a seguir indicada (TST, RR 749.341/2001), trata-se de uma hipótese intermediária entre a invenção de serviço e a invenção livre, que pode se verificar em duas situações:

- quando a invenção é consequência do trabalho coletivo, sem nenhuma possibilidade de individualizar o autor ou autores;
- quando a criação intelectual provém do esforço de certo empregado ou grupo de empregados.

Na primeira hipótese, em razão da impossibilidade de individualizar o criador do invento, tem-se que a invenção acaba enriquecendo o patrimônio da empresa. Entretanto, não se verifica direito de indenização, pois nem mesmo é possível identificar os efetivos autores do invento.

Na segunda, o invento provém do esforço intelectivo de determinado empregado, ou de determinados empregados, identificados ou identificáveis. O contrato de trabalho, aqui, não é firmado com o objetivo específico de obter tal invento, o qual representa um fruto da "capacidade criativa do homem, emanação irradiada da personalidade do trabalhador". Como consequência, passa a ser devida a compensação pela utilidade auferida pelo empregador, ou seja, uma indenização decorrente da invenção de empresa. Nesse caso, o direito de exploração é do empregador, embora a propriedade seja comum.

Efetivamente, de acordo com a previsão legal, a propriedade de invenção ou de modelo de utilidade é comum, em partes iguais, quando resultar da contribuição pessoal do empregado e de recursos, dados, meios, materiais, instalações ou equipamentos do empregador, ressalvada expressa disposição contratual em contrário (art. 91).

Sendo mais de um empregado, a parte que lhes couber será dividida igualmente entre todos, salvo ajuste em contrário (§ 1.º do art. 91).

De acordo com o § 2.º do art. 91: "É garantido ao empregador o direito exclusivo de licença de exploração e assegurada ao empregado a justa remuneração".

Na realidade, o mais adequado é entender que o termo "remuneração" não foi utilizado, aqui, em seu sentido técnico-jurídico, pois o referido pagamento apresenta nítida natureza de indenização devida ao trabalhador, por estar o empregador exercendo a exploração de invento que também contou com a contribuição pessoal do empregado.

A exploração do objeto da patente, na falta de acordo, deverá ser iniciada pelo empregador dentro do prazo de um ano, contado da data de sua concessão, sob pena de passar à exclusiva propriedade do empregado a titularidade da patente, ressalvadas as hipóteses de falta de exploração por razões legítimas (§ 3.º do art. 91). No caso de cessão, qualquer dos cotitulares, em igualdade de condições, poderá exercer o direito de preferência.

✦ Jurisprudência

Invento. Modelo de utilidade. Contribuição pessoal do empregado. Exploração pelo empregador. Indenização por perdas e danos. Justa remuneração.

1. Em caso de invenção de empresa de autoria do empregado, no curso da relação de emprego, embora seja comum a propriedade e exclusiva a exploração do invento pelo empregador, a lei assegura ao empregado o direito a uma justa remuneração, resultante de sua contribuição pessoal e engenhosidade. Pouco importa que o invento haja sido propiciado, mediante recursos, meios, dados e materiais, nas instalações da empresa.
2. Comprovada a autoria, a novidade, bem como a utilização lucrativa do invento, construído à base de material sucateado, em prol da atividade empresarial, o empregador, independentemente de prévio ajuste, está obrigado a pagar justa remuneração ao empregado.
3. Irrelevante haver, ou não, o empregado patenteado o invento. A obrigação de pagar justa remuneração ao empregado inventor tem por fato gerador a utilidade extracontratual, emanação da atividade intelectiva irradiada da personalidade do trabalhador, revertida em benefício da exploração econômica do empreendedor, direito assegurado na Constituição Federal.
4. Não viola o art. 88, § 1.º, da Lei 9.279/1996 decisão regional que, à falta de parâmetros objetivos na lei, mantém sentença que fixa o valor da justa remuneração de cada modelo de utilidade criado pelo autor em metade da última remuneração percebida, pelo prazo de dez anos.
5. Recurso de revista de que não se conhece.

[...]

Se a criação, todavia, resultar das funções para as quais foi contratado o trabalhador, ainda que a criação intelectual venha ao mundo jurídico sem a utilização de recursos do empregador, perderá sua qualidade de livre, passando a ostentar natureza de invenção de serviço. Nessa hipótese, a propriedade e o direito de exploração são exclusivos do empregador (TST, 1.ª T., RR 749.341/2001, Rel. Min. João Oreste Dalazen, *DJ* 06.10.2006).

✦ Referência legislativa

- Lei 9.609/1998 e arts. 88 a 93 da Lei 9.279/1996.

Art. 455. Nos contratos de subempreitada responderá o subempreiteiro pelas obrigações derivadas do contrato de trabalho que celebrar, cabendo, todavia, aos empregados, o direito de reclamação contra o empreiteiro principal pelo inadimplemento daquelas obrigações por parte do primeiro.

Parágrafo único. Ao empreiteiro principal fica ressalvada, nos termos da lei civil, ação regressiva contra o subempreiteiro e a retenção de importâncias a este devidas, para a garantia das obrigações previstas neste artigo.

1. CONTRATOS DE SUBEMPREITADA E TERCEIRIZAÇÃO

O art. 455, *caput*, da CLT versa sobre os "contratos de subempreitada", estabelecendo, como não poderia deixar de ser, a responsabilidade do subempreiteiro "pelas obrigações derivadas do contrato de trabalho que celebrar". Nada mais coerente, pois o subempreiteiro, como empregador, responde pelos direitos trabalhistas de seus empregados.

No entanto, o mesmo dispositivo amplia a regra de responsabilidade, ao prever o cabimento do "direito de reclamação", pelos empregados do subempreiteiro, "contra o empreiteiro principal pelo inadimplemento daquelas obrigações por parte do primeiro".

Como se nota, o empreiteiro, mesmo não sendo o empregador, responde pelo inadimplemento de obrigações trabalhistas dos empregados do subempreiteiro contratado. Tanto é assim que o parágrafo único do art. 455 da CLT ressalva ao empreiteiro, "nos termos da lei civil, ação regressiva contra o subempreiteiro e a retenção de importâncias a este devidas, para a garantia das obrigações previstas neste artigo". Assim, apesar da responsabilidade do empreiteiro, a lei indica que o responsável principal, na realidade, é o empregador (subempreiteiro). Desse modo, entende-se que o empreiteiro responde de forma *subsidiária* pelos créditos trabalhistas devidos aos empregados do subempreiteiro.

O dispositivo comentado, tratando da relação do empreiteiro com subempreiteiro, não prevê a responsabilidade *automática* do dono da obra, ou seja, daquele que contratou o empreiteiro, quanto às obrigações trabalhistas pertinentes aos empregados deste último. Sobre o tema dispõe a Orientação jurisprudencial 191 da SBDI-I do TST, com redação decorrente da Resolução 175/2011.

Seguindo essa linha de entendimento, se a empresa, não sendo uma construtora nem incorporadora, apenas contrata o empreiteiro, figurando como mera dona da obra, e não como tomadora de serviços terceirizados propriamente, não responde automaticamente por obrigações trabalhistas pertinentes aos empregados do empreiteiro.

De acordo com a parte final da Orientação jurisprudencial 191, se o dono da obra for uma empresa construtora ou incorporadora, *a contrario sensu*, pode responder, de forma solidária ou subsidiária, pelas obrigações trabalhistas originadas de contratos de emprego mantidos pelo empreiteiro.

A ressalva se justifica porque, nesse caso, observa-se *terceirização* de serviço pela empresa construtora ou incorporadora, ao transferir parte de sua atividade ao empreiteiro. Por isso, mesmo figurando como tomadora de serviço terceirizado licitamente, incide a responsabilidade subsidiária, conforme o art. 5.º-A, § 5.º, da Lei 6.019/1974, acrescentado pela Lei 13.429/2017.

O Supremo Tribunal Federal julgou improcedente pedido formulado em ação direta, tendo considerado constitucional a Lei 13.429/2017 (STF, Pleno, ADI 5.685/DF, Rel. Min. Gilmar Mendes, j. 16.06.2020).

A terceirização pode ser entendida como a transferência da execução de certas atividades da empresa tomadora (ou contratante) a empresas prestadoras de serviços.

Terceirização tem o sentido de prestação de serviços a terceiros.

Adotando-se o atual critério legal (art. 4.º-A da Lei 6.019/1974, com redação dada pela Lei 13.467/2017), terceirização é a transferência feita pela contratante (tomadora) da execução de quaisquer de suas atividades, inclusive sua atividade principal, à pessoa jurídica de direito privado prestadora de serviços que possua capacidade econômica compatível com a sua execução.

Em caso de mera intermediação irregular de mão de obra, por meio de empresa interposta (fraude), forma-se o vínculo de emprego diretamente com a empresa tomadora (art. 9.º da CLT), desde que não se trate de ente integrante da Administração Pública (Súmula 331, inciso II, do TST).

Mais recentemente, deve-se frisar que o Tribunal Superior do Trabalho, no julgamento de incidente de recurso de revista repetitivo, fixou as seguintes teses jurídicas a respeito do tema:

> "1. A exclusão de responsabilidade solidária ou subsidiária por obrigação trabalhista, a que se refere a Orientação Jurisprudencial n.º 191 da SBDI-1 do TST, não se restringe a pessoa física ou micro e pequenas empresas. Compreende igualmente empresas de médio e grande porte e entes públicos.
>
> 2. A excepcional responsabilidade por obrigações trabalhistas, prevista na parte final da Orientação Jurisprudencial n.º 191 da SBDI-1 do TST, por aplicação analógica do artigo 455 da CLT, alcança os casos em que o dono da obra de construção civil é construtor ou incorporador e, portanto, desenvolve a mesma atividade econômica do empreiteiro.
>
> 3. Não é compatível com a diretriz sufragada na Orientação Jurisprudencial n.º 191 da SBDI-1 do TST jurisprudência de Tribunal Regional do Trabalho que amplia a responsabilidade trabalhista do dono da obra, excepcionando apenas 'a pessoa física ou micro e pequenas empresas, na forma da lei, que não exerçam atividade econômica vinculada ao objeto contratado'.
>
> 4. Exceto ente público da Administração direta e indireta, se houver inadimplemento das obrigações trabalhistas contraídas por empreiteiro que contratar, sem idoneidade econômico-financeira, o dono da obra responderá subsidiariamente por tais obrigações, em face de aplicação analógica do art. 455 da CLT e de culpa *in eligendo* (TST, SBDI-I, IRR 190-53.2015.5.03.0090, Rel. Min. João Oreste Dalazen, *DEJT* 30.06.2017).
>
> 5. O entendimento contido na tese jurídica n.º 4 aplica-se exclusivamente aos contratos de empreitada celebrados após 11 de maio de 2017, data do presente julgamento" (TST, SBDI-I, ED-IRR 190-53.2015.5.03.0090, Rel. Min. João Oreste Dalazen, *DEJT* 19.10.2018).

O mencionado item 4 revela que o dono da obra deve responder de forma subsidiária pelo inadimplemento dos créditos trabalhistas devidos pelo empreiteiro (quanto aos seus empregados) quando ficar demonstrada a inidoneidade econômica e financeira deste, com fundamento na analogia (arts. 8.º, *caput*, e 455 da CLT) e na culpa do dono da obra na escolha do referido empreiteiro.

A solidariedade não se presume, por resultar da lei ou da vontade das partes (art. 265 do Código Civil), o que também deve ser aplicado, naturalmente, à responsabilidade subsidiária. Portanto, o mais adequado seria a mencionada responsabilidade do dono da obra decorrer de expressa previsão legislativa, respeitando-se, inclusive, o princípio da legalidade (art. 5.º, inciso II, da Constituição da República).

Em conformidade com o art. 4.º-A da Lei 6.019/1974, com redação dada pela Lei 13.467/2017, considera-se prestação de serviços a terceiros a transferência feita pela contratante da execução de *quaisquer de suas atividades, inclusive sua atividade principal*, à pessoa jurídica de direito privado prestadora de serviços que possua capacidade econômica compatível com a sua execução.

Com isso, a terceirização, entendida como prestação de serviços a terceiros, passa a ser entendida como a transferência feita pela contratante da execução de *quaisquer de suas atividades*, inclusive a sua atividade principal, à pessoa jurídica de direito privado prestadora de serviços.

Admite-se de forma expressa a terceirização de forma ampla, ou seja, de quaisquer das atividades da contratante (tomadora), inclusive de sua atividade principal. Logo, ficou superada a distinção entre atividades-fim e atividades-meio, anteriormente adotada pela jurisprudência, como se observava na Súmula 331, inciso III, do TST (a qual não mais prevalece).

Na mesma linha, o Supremo Tribunal Federal fixou a seguinte tese de repercussão geral: "É lícita a terceirização ou qualquer outra forma de divisão do trabalho entre pessoas jurídicas distintas, independentemente do objeto social das empresas envolvidas, mantida a responsabilidade subsidiária da empresa contratante" (STF, Pleno, RE 958.252/MG, Rel. Min. Luiz Fux, j. 30.08.2018). No referido julgado foi reconhecida a inconstitucionalidade dos incisos I, III, IV e VI da Súmula 331 do TST, por violação aos princípios da livre iniciativa (arts. 1.º, inciso IV, e 170 da Constituição Federal de 1988) e da liberdade contratual (art. 5.º, inciso II, da Constituição da República), como se observa em sua ementa (*DJe* 13.09.2019).

O Supremo Tribunal Federal modulou os efeitos do referido julgamento e estabeleceu a aplicabilidade dos efeitos da tese jurídica fixada apenas aos processos que ainda estavam em curso na data da conclusão do julgado (30.08.2018), restando obstado o ajuizamento de ações rescisórias contra decisões transitadas em julgado antes da mencionada data que tenham a Súmula 331 do TST por fundamento (STF, Pleno, ED-RE 958.252/MG, Rel. Min. Luiz Fux, j. 04.07.2022).

O Supremo Tribunal Federal também julgou *procedente* o pedido em arguição de descumprimento de preceito fundamental (em que se questionou a constitucionalidade da interpretação adotada em reiteradas decisões da Justiça do Trabalho que restringiam a terceirização com base na Súmula 331 do Tribunal Superior do Trabalho) e firmou a seguinte tese: "1. É lícita a terceirização de toda e qualquer atividade, meio ou fim, não se configurando relação de emprego entre a contratante e o empregado da contratada. 2. Na terceirização, compete à contratante: (i) verificar a idoneidade e a capacidade econômica da terceirizada; e (ii) responder subsidiariamente pelo descumprimento das normas trabalhistas, bem como por obrigações previdenciárias, na forma do art. 31 da Lei 8.212/1991". O Relator esclareceu que a referida decisão não afeta automaticamente os processos em relação aos quais tenha havido coisa julgada (STF, Pleno, ADPF 324/DF, Rel. Min. Roberto Barroso, j. 30.08.2018), conforme também explicitado em sua ementa (*DJe* 06.09.2019).

O Supremo Tribunal Federal decidiu "ser lícita a terceirização por 'pejotização', não havendo falar em irregularidade na contratação de pessoa jurídica formada por profissionais liberais para prestar serviços terceirizados na atividade-fim da contratante" (STF, 1.ª T., AgR-Rcl 47.843/BA, Red. p/ ac. Min. Alexandre de Moraes, *DJe* 07.04.2022).

Ainda assim, entende-se que a *intermediação irregular de mão de obra* não é admitida, por resultar em fraude ao vínculo de emprego com o efetivo empregador (art. 9.º da CLT) e em violação ao valor social do trabalho (art. 1.º, inciso IV, da Constituição da República), o qual não pode ser tratado como mercadoria.

Desse modo, a terceirização deve envolver a prestação de *serviços*, e não o fornecimento de trabalhadores por meio de empresa interposta. Portanto, defende-se o entendimento de que os referidos serviços, na terceirização, normalmente devem ter certa especialidade[124].

Isso é confirmado pelo art. 5.º-B da Lei 6.019/1974, acrescentado pela Lei 13.429/2017, ao prever que o *contrato de prestação de serviços* deve conter a qualificação das partes, a *especificação do serviço* a ser prestado, o prazo para realização do serviço, quando for o caso, e o valor.

Portanto, a empresa prestadora não pode prestar serviços genéricos, pois não se admite a terceirização, pela empresa contratante (tomadora), de atividades sem especificação.

Especificamente quanto aos *aeronautas* (piloto de aeronave, comissário de voo e mecânico de voo), segundo o art. 20 da Lei 13.475/2017, a função remunerada dos tripulantes a bordo de aeronave deve, obrigatoriamente, ser formalizada por meio de contrato de trabalho firmado *diretamente* com o operador da aeronave.

Conforme essa regra especial, não se admite a terceirização pelo operador da aeronave das atividades relativas à mencionada função dos tripulantes a bordo de aeronave. Do mesmo modo, não é permitida a contratação dos referidos empregados pelo operador da aeronave de forma intermediada (por meio de terceiro) ou interposta, como ocorre no trabalho temporário.

Deve-se ressaltar, assim, que a lei nova, ao estabelecer *disposições* gerais ou *especiais* a par das já existentes, não revoga nem modifica a lei anterior (art. 2.º, § 2.º, da Lei de Introdução às Normas do Direito Brasileiro).

O disposto no art. 20 da Lei 13.475/2017 não se aplica quando o operador da aeronave for órgão ou entidade da administração pública, no exercício de missões institucionais ou de poder de polícia (art. 20, § 3.º, da Lei 13.475/2017, incluído pela Lei 14.163/2021).

A empresa prestadora de serviços (contratada) é considerada a *pessoa jurídica de direito privado* prestadora de serviços que possua capacidade econômica compatível com a sua execução (art. 4.º-A da Lei 6.019/1974).

A empresa prestadora de serviços a terceiros, assim, não pode ser pessoa física, nem empresário individual, devendo ser necessariamente pessoa jurídica.

Anteriormente, a jurisprudência, em regra, admitia a terceirização apenas de *serviços de vigilância, de conservação, limpeza e de atividades-meio da empresa tomadora* (cf. Súmula 331, inciso III, do TST, a qual não mais prevalece).

---

[124] Cf. MANNRICH, Nelson. *A modernização do contrato de trabalho*. São Paulo: LTr, 1998. p. 117: "Quando se fala em atividade econômica, não há vinculação, necessariamente, à ideia de lucro, mas de produção de bens e serviços. Daí a necessidade de a empresa contratada possuir certa especialidade, uma atividade definida, nos termos do contrato social. Inexistindo tal atividade, ou, quando, ao contrário, uma infinidade de objetos aparece no contrato social, há indícios de mera intermediação ilegal ou tráfico de mão de obra, especialmente se houver finalidade lucrativa. A ilegalidade não decorre diretamente de expressa vedação legal, mas, indiretamente, do nosso sistema jurídico, seja do conceito de empregador, que não se ajusta ao de tráfico de mão de obra, seja do conceito de empregado (art. 3.º da CLT), devendo-se considerar, também, o art. 9.º, da CLT".

Atividade-meio é a de mero suporte, acessória ou periférica, que não integra o núcleo, ou seja, a essência das atividades empresariais do tomador, enquanto *atividade-fim* é a que compõe a atividade principal da empresa.

De todo modo, na terceirização lícita não há pessoalidade e subordinação direta entre o empregado da empresa prestadora de serviços e o tomador (contratante), justamente porque este último não é o empregador.

A empresa prestadora de serviços contrata, remunera e dirige o trabalho realizado por seus trabalhadores, *ou* subcontrata outras empresas para realização desses serviços (art. 4.º-A, § 1.º, da Lei 6.019/1974). A parte final desse dispositivo legal expressamente permite a chamada *terceirização em cadeia*, em que a empresa prestadora de serviços subcontrata outras empresas para a realização dos serviços contratados pela empresa tomadora. A rigor, essa hipótese pode se distinguir da *quarteirização*, na qual certa empresa é contratada para administrar e gerir os diversos contratos de prestação de serviços mantidos pela empresa contratante.

O empregador do empregado terceirizado é a empresa prestadora de serviços. Logo, esta contrata, remunera e dirige o trabalho realizado pelos seus empregados, ou seja, exerce o poder de direção (arts. 2.º e 3.º da CLT). Vale dizer, a subordinação jurídica do empregado terceirizado existe em face da empresa prestadora de serviços (e não do tomador ou contratante).

Não se configura vínculo empregatício entre os trabalhadores, ou sócios das empresas prestadoras de serviços, qualquer que seja o seu ramo, e a empresa contratante (art. 4.º-A, § 2.º, da Lei 6.019/1974).

Essa ausência de vínculo de emprego entre a empresa tomadora e os empregados da empresa prestadora de serviços, evidentemente, pressupõe que a terceirização tenha sido feita em consonância com as exigências legais.

Sendo assim, a verificação de vínculo empregatício e de infrações trabalhistas, quando se tratar de trabalhador terceirizado, deve ser realizada contra a empresa prestadora dos serviços, e não em relação à empresa contratante, exceto nas hipóteses de infração previstas nos §§ 7.º e 8.º do art. 39 do Decreto 10.854/2021 (abaixo indicadas) e quando for comprovada fraude na contratação da prestadora, situação em que deve ser indicado o dispositivo da Lei 6.019/1974 que houver sido infringido (art. 39, § 3.º, do Decreto 10.854/2021).

Na hipótese de configuração de vínculo empregatício com a empresa contratante, o reconhecimento do vínculo deve ser precedido da caracterização individualizada dos seguintes elementos da relação de emprego: não eventualidade; subordinação jurídica; onerosidade; pessoalidade (art. 39, § 4.º, do Decreto 10.854/2021). Trata-se dos requisitos extraídos dos arts. 2.º e 3.º da CLT, cabendo lembrar que o empregado é pessoa física.

A mera identificação do trabalhador na cadeia produtiva da contratante ou o uso de ferramentas de trabalho ou de métodos organizacionais e operacionais estabelecidos pela contratante não implica a existência de vínculo empregatício (art. 39, § 5.º, do Decreto 10.854/2021).

A caracterização da subordinação jurídica deve ser demonstrada no caso concreto e incorporará a submissão direta, habitual e reiterada do trabalhador aos poderes diretivo, regulamentar e disciplinar da empresa contratante, entre outros (art. 39, § 6.º, do Decreto 10.854/2021).

Para a configuração do vínculo de emprego com o contratante (tomador) é exigida, assim, a presença de subordinação jurídica em relação a este, a qual decorre do contrato de trabalho, envolve o modo de prestação do serviço pelo empregado e corresponde ao exercício do poder de direção pelo empregador, não sendo suficiente a mera subordinação estrutural. Cf. TST, 6.ª T., RR-551-58.2012.5.04.0022, Rel. Min. Augusto César Leite de Carvalho, *DEJT* 03.12.2021. TST, 6.ª T., RR-11548-30.2013.5.18.0005, Rel. Min. Lelio Bentes Corrêa, *DEJT* 26.11.2021. TST, 4.ª T., RR-21078-11.2015.5.04.0221, Rel. Min. Guilherme Augusto Caputo Bastos, *DEJT* 08.10.2021. TST, 7.ª T., AIRR-253-75.2016.5.13.0022, Rel. Min. Renato de Lacerda Paiva, *DEJT* 01.10.2021. TST, 1.ª T., RR-714-33.2014.5.12.0026, Rel. Min. Hugo Carlos Scheuermann, *DEJT* 04.08.2021.

A empresa contratante é subsidiariamente responsável pelas obrigações trabalhistas referentes ao período em que ocorrer a prestação de serviços, e o recolhimento das contribuições previdenciárias deve observar o disposto no art. 31 da Lei 8.212/1991, sobre retenção pelo contratante (art. 39, § 7.º, do Decreto 10.854/2021).

A empresa contratante é responsável pelas infrações relacionadas às condições de segurança, higiene e salubridade dos trabalhadores quando o trabalho for realizado nas suas dependências ou em local previamente convencionado em contrato, observado o disposto no art. 5.º-A, § 3.º, da Lei 6.019/1974 (art. 39, § 8.º, do Decreto 10.854/2021). Esse dispositivo legal dispõe que é responsabilidade da contratante garantir as condições de segurança, higiene e salubridade dos trabalhadores, quando o trabalho for realizado em suas dependências ou local previamente convencionado em contrato.

O art. 4.º-B da Lei 6.019/1974, acrescentado pela Lei 13.429/2017, estabelece os requisitos para o funcionamento da empresa de prestação de serviços a terceiros.

Não pode figurar como contratada (prestadora), nos termos do art. 4.º-A da Lei 6.019/1974, a pessoa jurídica cujos titulares ou sócios tenham, nos últimos 18 meses, prestado serviços à contratante na qualidade de empregado ou trabalhador sem vínculo empregatício, exceto se os referidos titulares ou sócios forem aposentados (art. 5.º-C da Lei 6.019/1974, incluído pela Lei 13.467/2017).

O art. 5.º-D da Lei 6.019/1974, acrescentado pela Lei 13.467/2017, por sua vez, dispõe que o empregado que for demitido não poderá prestar serviços para essa mesma empresa na qualidade de empregado de empresa prestadora de serviços antes do decurso do prazo de 18 meses, contados a partir da demissão do empregado.

Na terceirização, *contratante* é a pessoa física ou jurídica que celebra contrato com empresa de prestação de serviços relacionados a *quaisquer de suas atividades, inclusive sua atividade principal* (art. 5.º-A da Lei 6.019/1974, com redação dada pela Lei 13.467/2017).

Assim, reitera-se a previsão de que a contratante (tomadora) pode terceirizar quaisquer de suas atividades, *inclusive a sua atividade principal*, perdendo relevância a distinção entre atividades-fim e atividades-meio.

É vedada à contratante (tomadora) a utilização dos trabalhadores em atividades distintas daquelas que foram objeto do contrato com a empresa prestadora de serviços (art. 5.º-A, § 1.º, da Lei 6.019/1974).

Os serviços contratados podem ser executados nas instalações físicas da empresa contratante ou em outro local, de comum acordo entre as partes (art. 5.º-A, § 2.º, da Lei 6.019/1974).

É responsabilidade da contratante (tomadora) garantir as condições de segurança, higiene e salubridade dos trabalhadores quando o trabalho for realizado em suas dependências ou local previamente convencionado em contrato (art. 5.º-A, § 3.º, da Lei 6.019/1974).

Logo, se o empregado terceirizado prestar serviço no estabelecimento da empresa tomadora ou em outro local pactuado entre as partes, esta responde pela higidez do meio ambiente de trabalho, inclusive em casos de acidentes de trabalho e doenças ocupacionais.

A contratante pode estender ao trabalhador da empresa de prestação de serviços o mesmo atendimento médico, ambulatorial e de refeição destinado aos seus empregados, existente nas dependências da contratante, ou local por ela designado (art. 5.º-A, § 4.º, da Lei 6.019/1974).

Entretanto, de acordo com o art. 4.º-C da Lei 6.019/1974, incluído pela Lei 13.467/2017, são asseguradas aos empregados da empresa prestadora de serviços a que se refere o art. 4.º-A da Lei 6.019/1974, *quando e enquanto os serviços*, que podem ser de qualquer uma das atividades da contratante, *forem executados nas dependências da tomadora*, as mesmas condições:

> I – relativas a:
>
> a) alimentação garantida aos empregados da contratante, quando oferecida em refeitórios;
>
> b) direito de utilizar os serviços de transporte;
>
> c) atendimento médico ou ambulatorial existente nas dependências da contratante ou local por ela designado;
>
> d) treinamento adequado, fornecido pela contratada, quando a atividade o exigir.
>
> II – sanitárias, de medidas de proteção à saúde e de segurança no trabalho e de instalações adequadas à prestação do serviço.

Contratante e contratada *podem* estabelecer, se assim entenderem, que os empregados da contratada farão jus a salário equivalente ao pago aos empregados da contratante, além de outros direitos não previstos no art. 4.º-C da Lei 6.019/1974.

Trata-se de mera faculdade no caso de terceirização, diversamente da previsão imperativa quanto ao trabalhador temporário (art. 12, "a", da Lei 6.019/1974).

Nos contratos que impliquem mobilização de empregados da contratada (prestadora) em número igual ou superior a 20% dos empregados da contratante (tomadora), esta *pode* disponibilizar aos empregados da contratada os serviços de alimentação e atendimento ambulatorial em *outros locais apropriados e com igual padrão de atendimento*, com vistas a manter o pleno funcionamento dos serviços existentes (art. 4.º-C, § 2.º, da Lei 6.019/1974).

Nos termos do art. 5.º-A, § 5.º, da Lei 6.019/1974, acrescentado pela Lei 13.429/2017, a empresa contratante (tomadora) é *subsidiariamente* responsável pelas obrigações trabalhistas referentes ao período em que ocorrer a prestação de serviços, e o recolhimento das contribuições previdenciárias deve observar o disposto no art. 31 da Lei 8.212/1991.

Como o contrato de transporte não se confunde com o contrato de prestação de serviços, segundo a jurisprudência do Tribunal Superior do Trabalho, a contratação de transporte de cargas (mercadorias) ou pessoas tem natureza civil ou comercial, não configurando terceirização de serviços, o que afasta a aplicação da responsabilidade subsidiária do contratante. Cf. TST, SBDI-I, E-RR-10985-37.2017.5.15.0051, Rel. Min. Breno Medeiros, *DEJT* 17.02.2023. TST, SBDI-I, E-RR-10984-48.2017.5.15.0117, Rel. Min. Breno Medeiros, *DEJT* 17.02.2023.

Esclareça-se que a responsabilidade subsidiária pelas obrigações trabalhistas referentes ao período em que ocorrer a prestação de serviços não implica qualquer tipo de desconsideração da cadeia produtiva quanto ao vínculo empregatício entre o empregado da empresa prestadora de serviços e a empresa contratante (art. 40 do Decreto 10.854/2021).

É vedada a caracterização de grupo econômico pela mera identidade de sócios, hipótese em que será necessária, para a sua configuração, conforme o disposto no § 3.º do art. 2.º da CLT, a demonstração: I – do interesse integrado; II – da efetiva comunhão de interesses; e III – da atuação conjunta das empresas que o integrem (art. 40, parágrafo único, do Decreto 10.854/2021).

O *contrato de prestação de serviços* deve conter: qualificação das partes; especificação do serviço a ser prestado; prazo para realização do serviço, quando for o caso; valor (art. 5.º-B da Lei 6.019/1974, acrescentado pela Lei 13.429/2017).

O descumprimento do disposto na Lei 6.019/1974 sujeita a empresa infratora ao pagamento de multa (art. 19-A, acrescentado pela Lei 13.429/2017). A fiscalização, a autuação e o processo de imposição das multas reger-se-ão pelo Título VII da CLT, que dispõe sobre processo de multas administrativas aplicadas pela inspeção do trabalho (arts. 626 a 642).

O disposto na Lei 6.109/1974 não se aplica às empresas de vigilância e transporte de valores, permanecendo as respectivas relações de trabalho reguladas por legislação especial e, subsidiariamente, pela CLT (art. 19-B, acrescentado pela Lei 13.429/2017). A Lei 7.102/1983 dispõe sobre segurança para estabelecimentos financeiros, estabelece normas para constituição e funcionamento das empresas particulares que exploram serviços de vigilância e de transporte de valores, bem como dá outras providências.

Ainda assim, defende-se o entendimento de que a contratante (tomadora) de serviços prestados por empresas de vigilância e transporte de valores é subsidiariamente responsável pelas obrigações trabalhistas referentes ao período em que ocorrer a prestação laboral, com fundamento nas decisões do STF sobre terceirização (ADPF 324/DF e RE 958.252/MG) e na analogia (arts. 8.º e 455 da CLT). Da mesma forma, entende-se analogicamente aplicável a previsão de que é responsabilidade da contratante (tomadora) garantir as condições de segurança, higiene e salubridade dos trabalhadores, quando o trabalho for realizado em suas dependências ou local previamente convencionado em contrato.

Os contratos em vigência, se as partes assim acordarem, podem ser adequados aos termos da Lei 6.019/1974 (art. 19-C, acrescentado pela Lei 13.429/2017).

Por fim, cabe fazer menção à Orientação Jurisprudencial 185 da SBDI-I do TST, que trata da ausência de responsabilidade solidária ou subsidiária do Estado.

Na hipótese do verbete em questão, entende o Tribunal Superior do Trabalho que a associação civil, com finalidade específica, não se equipara à empresa prestadora de serviços, não figurando o Estado-membro, portanto, como tomador de serviços terceirizados (o que afasta a sua responsabilidade subsidiária).

A respeito do tema, conforme já decido pelo TST: "o simples fato do reclamante executar as atividades para as quais foi contratado em estabelecimento de ensino do Estado não autoriza que a este seja imposta qualquer responsabilidade em relação aos encargos trabalhistas daí decorrentes. Cabe, isto sim, ao real empregador, ou seja, o Círculo de Pais e Mestres, suportá-los integralmente, visto que é ele quem dirige e remunera a prestação dos serviços" (TST, SBDI-I, E-RR 301.378/96.0, Rel. Min. Milton de Moura França, trecho do voto, *DJU* 02.06.2000).

2. TERCEIRIZAÇÃO NA ADMINISTRAÇÃO PÚBLICA

No caso de terceirização no âmbito da Administração Pública, observa-se a presença de contrato administrativo, firmado com a empresa prestadora de serviço especializado, devendo ser precedido, em regra, de licitação.

A respeito do tema, tem-se admitido a terceirização também no âmbito da Administração Pública[125], desde que envolva certos serviços e estejam ausentes a pessoalidade e a subordinação direta com o ente público.

A Lei 13.429/2017 não restringe a sua incidência à esfera privada, podendo dar margem ao entendimento de que certas as suas previsões sobre terceirização poderiam ser aplicadas, em tese, também à Administração Pública, desde que sejam observadas as disposições específicas a respeito, como a exigência de licitação na contratação de serviços (art. 37, inciso XXI, da Constituição Federal de 1988).

A terceirização não pode acarretar o descumprimento da exigência constitucional de aprovação prévia em concurso público para a investidura em cargo ou emprego público (art. 37, inciso II, da Constituição da República).

De forma específica, o Decreto 9.507/2018 dispõe sobre a *execução indireta*, mediante contratação, de serviços da administração pública federal direta, autárquica e fundacional e das empresas públicas e das sociedades de economia mista controladas pela União (art. 1.º).

Ato do Ministro de Estado do Planejamento, Desenvolvimento e Gestão deve estabelecer os serviços que serão *preferencialmente* objeto de execução indireta mediante contratação (art. 2.º do Decreto 9.507/2018).

Não serão objeto de execução indireta na administração pública federal direta, autárquica e fundacional, os serviços: I – que envolvam a tomada de decisão ou posicionamento institucional nas áreas de planejamento, coordenação, supervisão e controle; II – que sejam considerados estratégicos para o órgão ou a entidade, cuja terceirização possa colocar em risco o controle de processos e de conhecimentos e tecnologias; III – que estejam relacionados ao poder de polícia, de regulação, de outorga de serviços públicos e de aplicação de sanção; IV – que sejam inerentes às categorias funcionais abrangidas pelo plano de cargos do órgão ou da entidade, exceto disposição legal em contrário ou quando se tratar de cargo extinto, total ou parcialmente, no âmbito do quadro geral de pessoal (art. 3.º do Decreto 9.507/2018).

Os *serviços auxiliares, instrumentais ou acessórios* de que tratam os incisos acima podem ser executados de forma indireta, sendo vedada a transferência de responsabilidade para a realização de atos administrativos ou a tomada de decisão para o contratado.

Os serviços auxiliares, instrumentais ou acessórios de fiscalização e consentimento relacionados ao exercício do *poder de polícia* não serão objeto de execução indireta.

---

125 Cf. Decreto-lei 200, de 25.02.1967, art. 10, § 7.º: "Para melhor desincumbir-se das tarefas de planejamento, coordenação, supervisão e controle e com o objetivo de impedir o crescimento desmesurado da máquina administrativa, a Administração procurará desobrigar-se da realização material de tarefas executivas, recorrendo, sempre que possível, à execução indireta, mediante contrato, desde que exista, na área, iniciativa privada suficientemente desenvolvida e capacitada a desempenhar os encargos de execução". A aplicação desse critério está condicionada, em qualquer caso, aos ditames do interesse público e às conveniências da segurança nacional (art. 10, § 8.º, do Decreto-lei 200/1967).

Nas empresas públicas e nas sociedades de economia mista controladas pela União, *não serão objeto de execução indireta* os serviços que demandem a utilização, pela contratada, de profissionais com atribuições inerentes às dos cargos integrantes de seus Planos de Cargos e Salários, exceto se contrariar os princípios administrativos da eficiência, da economicidade e da razoabilidade, tais como na ocorrência de, ao menos, uma das seguintes hipóteses: I – caráter temporário do serviço; II – incremento temporário do volume de serviços; III – atualização de tecnologia ou especialização de serviço, quando for mais atual e segura, que reduzem o custo ou for menos prejudicial ao meio ambiente; ou IV – impossibilidade de competir no mercado concorrencial em que se insere (art. 4.º do Decreto 9.507/2018). Trata-se de exceção que, por fazer menção a preceitos genéricos, pode dar margem a questionamentos.

As situações de exceção a que se referem os incisos I e II podem estar relacionadas às especificidades da localidade ou à necessidade de maior abrangência territorial.

Os empregados da contratada com atribuições semelhantes ou não com as atribuições da contratante devem atuar somente no desenvolvimento dos serviços contratados.

Não se aplica a vedação do art. 4.º do Decreto 9.507/2018 quando se tratar de cargo extinto ou em processo de extinção.

O Conselho de Administração ou órgão equivalente das empresas públicas e das sociedades de economia mista controladas pela União deve estabelecer o conjunto de atividades que são passíveis de *execução indireta, mediante contratação de serviços.*

Embora o Decreto 9.507/2018 estabeleça certa disciplina delimitadora quanto à execução indireta de serviços da administração pública federal, observa-se nítida *ampliação* quanto à admissão da terceirização nesse âmbito, notadamente quando se compara com as previsões do Decreto 2.271/1997, o qual foi revogado (art. 17 do Decreto 9.507/2018). A interpretação conforme a Constituição da República, assim, impõe que se observe a exigência de aprovação prévia em concurso público para a investidura em cargo ou emprego público (art. 37, inciso II).

É *vedada a contratação*, por órgão ou entidade da administração pública federal direta, autárquica e fundacional e das empresas públicas e das sociedades de economia mista controladas pela União (art. 1.º do Decreto 9.507/2018), de pessoa jurídica na qual haja administrador ou sócio com poder de direção que tenham *relação de parentesco* com: detentor de cargo em comissão ou função de confiança que atue na área responsável pela demanda ou pela contratação; ou autoridade hierarquicamente superior no âmbito de cada órgão ou entidade (art. 5.º do Decreto 9.507/2018). Trata-se de proibição que tem como fundamento os *princípios da impessoalidade e da moralidade* na administração pública (art. 37, *caput*, da Constituição da República).

Para a *execução indireta de serviços*, no âmbito dos órgãos e das entidades da administração pública federal direta, autárquica e fundacional e das empresas públicas e das sociedades de economia mista controladas pela União, *as contratações devem ser precedidas de planejamento* e o objeto será definido de forma precisa no instrumento convocatório, no projeto básico ou no termo de referência e no contrato como exclusivamente de *prestação de serviços* (art. 6.º do Decreto 9.507/2018).

Os referidos instrumentos convocatórios e os contratos podem prever padrões de aceitabilidade e nível de desempenho para aferição da qualidade esperada na prestação dos serviços, com previsão de adequação de pagamento em decorrência do resultado.

Merece destaque a previsão do art. 7.º do Decreto 9.507/2018, no sentido de ser *vedada* a inclusão de disposições nos instrumentos convocatórios que permitam: a indexação de preços por índices gerais, nas hipóteses de alocação de mão de obra; *a caracterização do objeto como fornecimento de mão de obra*; a previsão de reembolso de salários pela contratante; *a pessoalidade e a subordinação direta dos empregados da contratada aos gestores da contratante.*

Os contratos de que trata o Decreto 9.507/2018 devem conter cláusulas que (art. 8.º do Decreto 9.507/2018):

I – exijam da contratada declaração de responsabilidade exclusiva sobre a quitação dos encargos trabalhistas e sociais decorrentes do contrato;

II – exijam a indicação de preposto da contratada para representá-la na execução do contrato;

III – estabeleçam que o pagamento mensal pela contratante ocorrerá após a comprovação do pagamento das obrigações trabalhistas, previdenciárias e para com o Fundo de Garantia do Tempo de Serviço (FGTS) pela contratada relativas aos empregados que tenham participado da execução dos serviços contratados;

IV – estabeleçam a possibilidade de rescisão do contrato por ato unilateral e escrito do contratante e a aplicação das penalidades cabíveis, na hipótese de não pagamento dos salários e das verbas trabalhistas, e pelo não recolhimento das contribuições sociais, previdenciárias e para com o FGTS;

V – prevejam, com vistas à garantia do cumprimento das obrigaçoes trabalhistas nas contratações de serviços continuados com dedicação exclusiva de mão de obra: a) que os valores destinados ao pagamento de férias, décimo terceiro salário, ausências legais e verbas rescisórias dos empregados da contratada que participarem da execução dos serviços contratados serão efetuados pela contratante à contratada somente na ocorrência do fato gerador; ou b) que os valores destinados ao pagamento das férias, décimo terceiro salário e verbas rescisórias dos empregados da contratada que participarem da execução dos serviços contratados serão depositados pela contratante em conta vinculada específica, aberta em nome da contratada, e com movimentação autorizada pela contratante;

VI – exijam a prestação de garantia, inclusive para pagamento de obrigações de natureza trabalhista, previdenciária e para com o FGTS, em valor correspondente a cinco por cento do valor do contrato, limitada ao equivalente a dois meses do custo da folha de pagamento dos empregados da contratada que venham a participar da execução dos serviços contratados, com prazo de validade de até noventa dias, contado da data de encerramento do contrato;

VII – prevejam a verificação pela contratante do cumprimento das obrigações trabalhistas, previdenciárias e para com o FGTS, em relação aos empregados da contratada que participarem da execução dos serviços contratados, em especial, quanto: a) ao pagamento de salários, adicionais, horas extras, repouso semanal remunerado e décimo terceiro salário; b) à concessão de férias remuneradas e ao pagamento do respectivo adicional; c) à concessão do auxílio-transporte, auxílio-alimentação e auxílio-saúde, quando for devido; d) aos depósitos do FGTS; e) ao pagamento de obrigações trabalhistas e previdenciárias dos empregados dispensados até a data da extinção do contrato.

Na hipótese de não ser apresentada a documentação comprobatória do cumprimento das obrigações trabalhistas, previdenciárias e para com o FGTS de que trata o inciso VII, a contratante deve comunicar o fato à contratada e *reterá o pagamento da fatura mensal,* em valor proporcional ao inadimplemento, até que a situação esteja regularizada (art. 8.º, § 1.º, do Decreto 9.507/2018).

Na hipótese prevista no § 1.º do art. 8.º do Decreto 9.507/2018, e não havendo quitação das obrigações por parte da contratada, no prazo de até 15 dias, a contratante poderá efetuar o pagamento das obrigações *diretamente* aos empregados da contratada que tenham participado da execução dos serviços contratados (art. 8.º, § 2.º, do Decreto 9.507/2018).

O sindicato representante da categoria do trabalhador deve ser *notificado pela contratante* para acompanhar o pagamento das verbas referidas nos §§ 1.º e § 2.º do art. 8.º do Decreto 9.507/2018.

O pagamento das obrigações de que trata o § 2.º do art. 8.º do Decreto 9.507/2018, caso ocorra, não configura vínculo empregatício ou implica a assunção de responsabilidade por quaisquer obrigações dele decorrentes entre a contratante e os empregados da contratada.

Os contratos de prestação de serviços continuados que envolvam disponibilização de pessoal da contratada de forma prolongada ou contínua para consecução do objeto contratual devem exigir: apresentação pela contratada do quantitativo de empregados vinculados à execução do objeto do contrato de prestação de serviços, a lista de identificação destes empregados e respectivos salários; o cumprimento das obrigações estabelecidas em acordo, convenção, dissídio coletivo de trabalho ou equivalentes das categorias abrangidas pelo contrato; a relação de benefícios a serem concedidos pela contratada a seus empregados, que deve conter, no mínimo, o auxílio-transporte e o auxílio-alimentação, quando estes forem concedidos pela contratante (art. 9.º do Decreto 9.507/2018).

A administração pública não se vincula às disposições estabelecidas em acordos, dissídios ou convenções coletivas de trabalho que tratem de: pagamento de participação dos trabalhadores nos lucros ou nos resultados da empresa contratada; matéria não trabalhista, ou que estabeleçam direitos não previstos em lei, tais como valores ou índices obrigatórios de encargos sociais ou previdenciários; preços para os insumos relacionados ao exercício da atividade.

A gestão e a fiscalização da execução dos contratos compreendem o conjunto de ações que objetivam: aferir o cumprimento dos resultados estabelecidos pela contratada; verificar a regularidade das obrigações previdenciárias, fiscais e trabalhistas; prestar apoio à instrução processual e ao encaminhamento da documentação pertinente para a formalização dos procedimentos relativos a repactuação, reajuste, alteração, reequilíbrio, prorrogação, pagamento, aplicação de sanções, extinção dos contratos, entre outras, com vistas a assegurar o cumprimento das cláusulas do contrato e a solução de problemas relacionados ao objeto (art. 10 do Decreto 9.507/2018).

A gestão e a fiscalização acima indicadas competem ao *gestor da execução dos contratos*, auxiliado pela fiscalização técnica, administrativa, setorial e pelo público usuário e, se necessário, pode ter o auxílio de terceiro ou de empresa especializada, desde que justificada a necessidade de assistência especializada (art. 11 do Decreto 9.507/2018).

Será admitida a *repactuação de preços* dos serviços continuados sob regime de mão de obra exclusiva, com vistas à adequação ao preço de mercado, desde que: seja observado o interregno mínimo de um ano das datas dos orçamentos para os quais a proposta se referir; e seja demonstrada de forma analítica a variação dos componentes dos custos do contrato, devidamente justificada (art. 12 do Decreto 9.507/2018).

O *reajuste em sentido estrito*, espécie de reajuste nos contratos de serviço continuado sem dedicação exclusiva de mão de obra, consiste na aplicação de índice de correção monetária estabelecido no contrato, que deve retratar a variação efetiva do custo de produção, admitida a adoção de índices específicos ou setoriais (art. 13 do Decreto 9.507/2018).

É admitida a estipulação de reajuste em sentido estrito nos contratos de prazo de duração igual ou superior a um ano, desde que não haja regime de dedicação exclusiva de mão de obra.

Nas hipóteses em que o valor dos contratos de serviços continuados seja preponderantemente formado pelos custos dos insumos, pode ser adotado o reajuste de que trata o art. 13 do Decreto 9.507/2018.

As empresas públicas e as sociedades de economia mista controladas pela União devem adotar os mesmos parâmetros das sociedades privadas naquilo que não contrariar seu regime jurídico e o disposto no Decreto 9.507/2018 (art. 14).

Nesse sentido, cabe à lei estabelecer o estatuto jurídico da empresa pública, da sociedade de economia mista e de suas subsidiárias que explorem atividade econômica de produção ou comercialização de bens ou de prestação de serviços, dispondo sobre a *sujeição ao regime jurídico próprio das empresas privadas*, inclusive quanto aos direitos e obrigações civis, comerciais, trabalhistas e tributários (art. 173, § 1.º, inciso II, da Constituição da República)[126].

Nos casos em que o contratante (tomador) é ente público, mesmo sendo a terceirização ilícita, envolvendo contratação irregular de trabalhador, mediante empresa interposta, não há possibilidade de reconhecimento do vínculo de emprego com os órgãos da Administração Pública direta, indireta ou fundacional, em razão da ausência do requisito constitucional de aprovação prévia em concurso público (art. 37, inciso II, e § 2.º, da Constituição da República). Nesse sentido, cf. Súmula 331, inciso II, do TST e Súmula 363 do TST.

Ainda assim, tratando-se de terceirização ilícita em que a Administração Pública figure como tomadora (contratante), cabe fazer referência à Orientação Jurisprudencial 383 da SBDI-I do TST.

Nessa linha de entendimento, se a contratante (tomadora) tiver empregados próprios (contratados diretamente) e empregados terceirizados (contratados pela empresa prestadora) exercendo as mesmas funções, em idênticas condições, tendo em vista a incidência do princípio da igualdade (art. 5.º, *caput*, da Constituição da República), deve-se aplicar o mesmo patamar remuneratório e de outros direitos trabalhistas a ambos os tipos de empregados, para que não haja tratamento discriminatório entre trabalhadores (art. 3.º, inciso IV, art. 5.º, inciso XLI, e art. 7.º, incisos XXX, XXXI e XXXII, da Constituição Federal de 1988).

Entretanto, na atualidade, o Supremo Tribunal Federal, ao julgar recurso extraordinário com repercussão geral, firmou entendimento em sentido diverso, afastando o direito à equiparação de remuneração e de direitos entre empregados de empresa pública tomadora de serviços e empregados da empresa contratada ou terceirizada (STF, Pleno, RE 635.546/MG, Red. p/ ac. Min. Roberto Barroso, j. 29.03.2021).

Nesse sentido, o Supremo Tribunal Federal fixou a seguinte tese de repercussão geral: "A equiparação de remuneração entre empregados da empresa tomadora de serviços

---

126 A Lei 13.303/2016 dispõe sobre o estatuto jurídico da empresa pública, da sociedade de economia mista e de suas subsidiárias, abrangendo toda e qualquer empresa pública e sociedade de economia mista da União, dos Estados, do Distrito Federal e dos Municípios que explore atividade econômica de produção ou comercialização de bens ou de prestação de serviços, ainda que a atividade econômica esteja sujeita ao regime de monopólio da União ou seja de prestação de serviços públicos.

e empregados da empresa contratada (terceirizada) fere o princípio da livre iniciativa, por se tratar de agentes econômicos distintos, que não podem estar sujeitos a decisões empresariais que não são suas" (STF, Pleno, RE 635.546/MG, Red. p/ ac. Min. Roberto Barroso, *DJe* 19.05.2021).

Ademais, conforme a Orientação Jurisprudencial 321 da SBDI-I do TST, *em relação a período anterior à vigência da Constituição Federal de 1988*, na contratação ilegal de trabalhadores, por empresa interposta, salvo serviços de vigilância e trabalho temporário nos termos da lei, forma-se o vínculo empregatício diretamente com o tomador dos serviços, mesmo sendo a Administração Pública.

No regime da Constituição Federal de 1967, com a redação dada pela Emenda Constitucional 1/1969, a *primeira* investidura em *cargo público* é que dependia da aprovação em concurso público, não havendo, na época, essa mesma exigência quanto ao emprego público, regido pela Consolidação das Leis do Trabalho. Em razão disso, quanto ao período anterior a 5 de outubro de 1988, caso a Administração Pública figure como tomadora de serviços, tratando-se de terceirização irregular ou contratação de trabalhador por empresa interposta (intermediação ilícita de mão de obra), forma-se o vínculo empregatício diretamente com aquela. Para o empregado público em específico, a prévia aprovação em concurso público é requisito exigido somente a partir da vigência da Constituição Federal de 1988 (art. 37, inciso II, e § 2.º). Portanto, a contratação, antes de 5 de outubro de 1988, sem esse requisito, não implica nulidade, e o vínculo de emprego prossegue normalmente. Aliás, se presentes os requisitos do art. 19 do Ato das Disposições Constitucionais Transitórias, o servidor será até mesmo considerado estável no serviço público.

Conforme a anterior Lei sobre licitações e contratos da Administração Pública, o contratado é responsável pelos encargos trabalhistas, previdenciários, fiscais e comerciais resultantes da execução do contrato (art. 71 da Lei 8.666/1993). A inadimplência do contratado, com referência aos *encargos trabalhistas*, fiscais e comerciais não transfere à Administração Pública a responsabilidade por seu pagamento, nem pode onerar o objeto do contrato ou restringir a regularização e o uso das obras e edificações, inclusive perante o Registro de Imóveis (art. 71, § 1.º, da Lei 8.666/1993, com redação dada pela Lei 9.032/1995).

O Supremo Tribunal Federal decidiu ser válida essa previsão legal. Cf. STF, Pleno, ADC 16/DF, Rel. Min. Cezar Peluso, *DJe* 09.09.2011.

Ainda assim, é possível dizer que a exclusão da responsabilidade da Administração Pública aplica-se quando esta cumpre as normas sobre licitações, fiscalizando o contrato administrativo firmado com a empresa prestadora dos serviços. Nessa linha, pode-se defender que, conforme o caso concreto e as suas peculiaridades, excepcionalmente, é possível a responsabilização do ente público tomador dos serviços terceirizados, quando houver fundada demonstração de que incorreu em dolo ou culpa na fiscalização contratual do cumprimento das obrigações da empresa contratada. Cf. Súmula 331, inciso V, do TST.

Cabe ressaltar que o Supremo Tribunal Federal fixou a seguinte tese de repercussão geral: "O inadimplemento dos encargos trabalhistas dos empregados do contratado não transfere automaticamente ao Poder Público contratante a responsabilidade pelo seu pagamento, seja em caráter solidário ou subsidiário, nos termos do art. 71, § 1.º, da Lei n.º 8.666/93" (STF, Pleno, RE 760.931/DF, Red. p/ ac. Min. Luiz Fux, *DJe* 02.05.2017).

No mencionado julgado, sobre terceirização no âmbito da administração pública, o Supremo Tribunal Federal indicou a possibilidade de terceirização mais ampla, entendendo-se como superada a distinção entre atividade-fim e atividade-meio.

A Lei 13.303/2016, que dispõe sobre o estatuto jurídico da empresa pública, da sociedade de economia mista e de suas subsidiárias, no art. 77, prevê que o contratado é responsável pelos encargos trabalhistas, fiscais e comerciais resultantes da execução do contrato.

A inadimplência do contratado quanto aos encargos trabalhistas, fiscais e comerciais não transfere à empresa pública ou à sociedade de economia mista a responsabilidade por seu pagamento, nem pode onerar o objeto do contrato ou restringir a regularização e o uso das obras e edificações, inclusive perante o Registro de Imóveis (art. 77, § 1.º, da Lei 13.303/2016).

De acordo com a Lei de Licitações e Contratos Administrativos, somente o contratado é responsável pelos encargos trabalhistas, previdenciários, fiscais e comerciais resultantes da execução do contrato (art. 121 da Lei 14.133/2021).

Considera-se *contratado* a pessoa física ou jurídica, ou consórcio de pessoas jurídicas, signatária de contrato com a Administração Pública (art. 6.º, inciso VIII, da Lei 14.133/2021).

A inadimplência do contratado em relação aos encargos trabalhistas, fiscais e comerciais não transfere à Administração Pública a responsabilidade pelo seu pagamento e não pode onerar o objeto do contrato nem restringir a regularização e o uso das obras e das edificações, inclusive perante o Registro de Imóveis, ressalvada a hipótese prevista no § 2.º do art. 121 da 14.133/2021.

Exclusivamente nas contratações de serviços contínuos com regime de dedicação exclusiva de mão de obra, a Administração Pública responderá solidariamente pelos encargos previdenciários e subsidiariamente pelos encargos trabalhistas se comprovada falha na fiscalização do cumprimento das obrigações do contratado (art. 121, § 2.º, da Lei 14.133/2021).

Portanto, conforme a atual previsão legal sobre licitações e contratos administrativos, a responsabilidade subsidiária da Administração Pública por encargos trabalhistas devidos pelo contratado apenas se aplica nas contratações de serviços contínuos com regime de dedicação exclusiva de mão de obra, incidindo se demonstrada a falha na fiscalização pela Administração Pública do cumprimento das obrigações do contratado (culpa *in vigilando*).

Consideram-se *serviços contínuos com regime de dedicação exclusiva de mão de obra* aqueles cujo modelo de execução contratual exige, entre outros requisitos, que: a) os empregados do contratado fiquem à disposição nas dependências do contratante para a prestação dos serviços; b) o contratado não compartilhe os recursos humanos e materiais disponíveis de uma contratação para execução simultânea de outros contratos; c) o contratado possibilite a fiscalização pelo contratante quanto à distribuição, controle e supervisão dos recursos humanos alocados aos seus contratos (art. 6.º, inciso XVI, da Lei 14.133/2021).

Nas contratações de serviços com regime de dedicação exclusiva de mão de obra, o contratado deve apresentar, quando solicitado pela Administração Pública, sob pena de multa, comprovação do cumprimento das obrigações trabalhistas e com o Fundo de Garantia do Tempo de Serviço (FGTS) em relação aos empregados diretamente envolvidos na execução do contrato, em especial quanto ao: I – registro de ponto; II – recibo de pagamento de salários, adicionais, horas extras, repouso semanal remunerado e décimo terceiro salário; III – comprovante de depósito do FGTS; IV – recibo de concessão e pagamento de férias e do respectivo adicional; V – recibo de quitação de obrigações trabalhistas e previdenciárias dos empregados dispensados até a data da extinção do contrato; VI – recibo de pagamento de vale-transporte e vale-alimentação, na forma prevista em norma coletiva (art. 50 da Lei 14.133/2021).

Nas contratações de serviços contínuos com regime de dedicação exclusiva de mão de obra, para assegurar o cumprimento de obrigações trabalhistas pelo contratado, a Administração Pública, mediante disposição em edital ou em contrato, pode, entre outras medidas: I – exigir caução, fiança bancária ou contratação de seguro-garantia com cobertura para verbas rescisórias inadimplidas; II – condicionar o pagamento à comprovação de quitação das obrigações trabalhistas vencidas relativas ao contrato; III – efetuar o depósito de valores em conta vinculada; IV – em caso de inadimplemento, efetuar diretamente o pagamento das verbas trabalhistas, que devem ser deduzidas do pagamento devido ao contratado; V – estabelecer que os valores destinados a férias, a décimo terceiro salário, a ausências legais e a verbas rescisórias dos empregados do contratado que participarem da execução dos serviços contratados serão pagos pelo contratante ao contratado somente na ocorrência do fato gerador (art. 121, § 3.º, da Lei 14.133/2021).

Os valores depositados na conta vinculada a que se refere o inciso III do § 3.º do art. 121 da 14.133/2021 são absolutamente impenhoráveis (art. 121, § 4.º, da Lei 14.133/2021).

O recolhimento das contribuições previdenciárias deve observar o disposto no art. 31 da Lei 8.212/1991, sobre retenção pelo contratante (art. 121, § 5.º, da Lei 14.133/2021).

3. TERCEIRIZAÇÃO EM CONCESSÃO DE SERVIÇO PÚBLICO

A Lei 8.987, de 13 de fevereiro de 1995, dispõe sobre o regime de *concessão e permissão da prestação de serviços públicos*, o qual é previsto no art. 175 da Constituição Federal de 1988, e dá outras providências.

Nos termos do art. 25 da Lei 8.987/1995, incumbe à concessionária a execução do serviço concedido, cabendo-lhe responder por todos os prejuízos causados ao poder concedente, aos usuários ou a terceiros, sem que a fiscalização exercida pelo órgão competente exclua ou atenue essa responsabilidade.

Sem prejuízo dessa responsabilidade, a concessionária pode contratar com terceiros o desenvolvimento de *atividades inerentes, acessórias ou complementares* ao serviço concedido, bem como a implementação de projetos associados (art. 25, § 1.º, da Lei 8.987/1995).

Os contratos celebrados entre a concessionária e os terceiros a que se refere o parágrafo anterior regem-se pelo Direito privado, não se estabelecendo qualquer relação jurídica entre os terceiros e o poder concedente (art. 25, § 2.º, da Lei 8.987/1995). A execução das atividades contratadas com terceiros pressupõe o cumprimento das normas regulamentares da modalidade do serviço concedido (art. 25, § 3.º, da Lei 8.987/1995).

O Supremo Tribunal Federal declarou a constitucionalidade do art. 25, § 1.º, da Lei 8.987/1995 (STF, Pleno, ADC 26/DF, Rel. Min. Edson Fachin, j. 23.08.2019). O mencionado dispositivo legal autoriza a terceirização de atividades por empresas concessionárias de serviço público.

A Lei 9.472, de 16 de julho de 1997, dispõe sobre a organização dos *serviços de telecomunicações*, a criação e funcionamento de um órgão regulador e outros aspectos institucionais.

Compete à União, por intermédio do órgão regulador e nos termos das políticas estabelecidas pelos Poderes Executivo e Legislativo, organizar a exploração dos serviços de telecomunicações (art. 1.º).

Em consonância com o art. 94 da Lei 9.472/1997, no cumprimento de seus deveres, a concessionária pode, observados as condições e os limites estabelecidos pela Agência:

empregar, na execução dos serviços, equipamentos e infraestrutura que não lhe pertençam; contratar com terceiros o desenvolvimento de *atividades inerentes, acessórias ou complementares ao serviço*, bem como a implementação de projetos associados.

Em qualquer caso, a concessionária continua sempre responsável perante a Agência e os usuários. Serão regidas pelo Direito comum as relações da concessionária com os terceiros, que não têm direitos perante a Agência.

Apesar do exposto, anteriormente, a jurisprudência do Tribunal Superior do Trabalho entendia que, mesmo nesses casos, a terceirização de atividade-fim não seria permitida (Cf. TST, 4.ª T., AIRR 301-24.2011.5.09.0021). Argumentava-se que as referidas leis seriam de Direito Administrativo, voltadas à concessão de serviços públicos, e que a questão da licitude da terceirização, em si, deveria ser solucionada conforme a interpretação dos princípios e regras de Direito do Trabalho.

Na atualidade, admite-se a prestação de serviços a terceiros (terceirização) de *quaisquer das atividades da contratante* (tomadora), *inclusive sua atividade principal* (art. 4.º-A da Lei 6.019/1974, com redação dada pela Lei 13.467/2017).

Desse modo, a terceirização passa a ser permitida de forma ampla, não apenas para as atividades-meio, mas também para as atividades-fim da contratante, o que certamente se aplica às concessionárias de serviços públicos e de serviços de telecomunicações, ao contratarem a prestação de serviços de terceiros.

A respeito do tema, o Supremo Tribunal Federal fixou a seguinte tese de repercussão geral: "É nula a decisão de órgão fracionário que se recusa a aplicar o art. 94, II, da Lei 9.472/1997, sem observar a cláusula de reserva de Plenário (CF, art. 97), observado o art. 949 do Código de Processo Civil" (STF, Pleno, ARE 791.932/DF, Rel. atual Min. Alexandre de Moraes, j. 11.10.2018).

Conforme decidido no referido julgado do STF: "É nula a decisão de órgão fracionário que, ao negar a aplicação do inciso II, do art. 94 da Lei 9.472/1997, com base na Súmula 331/TST, e declarar ilícita a terceirização e atividade-fim, reconhece a existência de vínculo trabalhista entre a contratante e o empregado da contratada, pois exerceu controle difuso de constitucionalidade, declarando a parcial nulidade sem redução de texto do referido dispositivo em observar a cláusula de reserva de Plenário" (ARE 791.932/DF, Rel. atual Min. Alexandre de Moraes).

Além disso, ressaltou-se que: "O Plenário da Corte [ou seja, do STF] declarou parcialmente inconstitucional a Súmula 331/TST e proclamou a licitude da terceirização de toda e qualquer atividade, meio ou fim; para afirmar a inexistência de relação de emprego entre a contratante e o empregado da contratada" (ARE 791.932/DF, Rel. atual Min. Alexandre de Moraes).

Ainda de acordo com o voto do relator: "Dessa forma, não há como se confundir a terceirização de uma das etapas do fluxo de produção com a hipótese de ilícita intermediação de mão de obra, como fez o acórdão recorrido" (STF, Pleno, ARE 791.932/DF, Rel. atual Min. Alexandre de Moraes, j. 11.10.2018)[127].

---

[127] Disponível em: <http://www.stf.jus.br/arquivo/cms/noticiaNoticiaStf/anexo/ARE791932.pdf>.

✦ Jurisprudência

Responsabilidade contratual. Subsidiária. Contrato com a administração pública. Inadimplência negocial do outro contraente. Transferência consequente e automática dos seus encargos trabalhistas, fiscais e comerciais, resultantes da execução do contrato, à administração. Impossibilidade jurídica. Consequência proibida pelo art. 71, § 1.º, da Lei federal n.º 8.666/93. Constitucionalidade reconhecida dessa norma. Ação direta de constitucionalidade julgada, nesse sentido, procedente. Voto vencido. É constitucional a norma inscrita no art. 71, § 1.º, da Lei federal n.º 8.666, de 26 de junho de 1993, com a redação dada pela Lei n.º 9.032, de 1995 (STF, Pleno, ADC 16/DF, Rel. Min. Cezar Peluso, *DJe* 09.09.2011).

Direito do Trabalho. Arguição de Descumprimento de Preceito Fundamental. Terceirização de atividade-fim e de atividade-meio. Constitucionalidade. 1. A Constituição não impõe a adoção de um modelo de produção específico, não impede o desenvolvimento de estratégias empresariais flexíveis, tampouco veda a terceirização. Todavia, a jurisprudência trabalhista sobre o tema tem sido oscilante e não estabelece critérios e condições claras e objetivas, que permitam sua adoção com segurança. O direito do trabalho e o sistema sindical precisam se adequar às transformações no mercado de trabalho e na sociedade. 2. A terceirização das atividades-meio ou das atividades-fim de uma empresa tem amparo nos princípios constitucionais da livre iniciativa e da livre concorrência, que asseguram aos agentes econômicos a liberdade de formular estratégias negociais indutoras de maior eficiência econômica e competitividade. 3. A terceirização não enseja, por si só, precarização do trabalho, violação da dignidade do trabalhador ou desrespeito a direitos previdenciários. É o exercício abusivo da sua contratação que pode produzir tais violações. 4. Para evitar tal exercício abusivo, os princípios que amparam a constitucionalidade da terceirização devem ser compatibilizados com as normas constitucionais de tutela do trabalhador, cabendo à contratante: i) verificar a idoneidade e a capacidade econômica da terceirizada; e ii) responder subsidiariamente pelo descumprimento das normas trabalhistas, bem como por obrigações previdenciárias (art. 31 da Lei 8.212/1993). 5. A responsabilização subsidiária da tomadora dos serviços pressupõe a sua participação no processo judicial, bem como a sua inclusão no título executivo judicial. 6. Mesmo com a superveniência da Lei 13.467/2017, persiste o objeto da ação, entre outras razões porque, a despeito dela, não foi revogada ou alterada a Súmula 331 do TST, que consolidava o conjunto de decisões da Justiça do Trabalho sobre a matéria, a indicar que o tema continua a demandar a manifestação do Supremo Tribunal Federal a respeito dos aspectos constitucionais da terceirização. Além disso, a aprovação da lei ocorreu após o pedido de inclusão do feito em pauta. 7. Firmo a seguinte tese: "1. É lícita a terceirização de toda e qualquer atividade, meio ou fim, não se configurando relação de emprego entre a contratante e o empregado da contratada. 2. Na terceirização, compete à contratante: i) verificar a idoneidade e a capacidade econômica da terceirizada; e ii) responder subsidiariamente pelo descumprimento das normas trabalhistas, bem como por obrigações previdenciárias, na forma do art. 31 da Lei 8.212/1993". 8. ADPF julgada procedente para assentar a licitude da terceirização de atividade-fim ou meio. Restou explicitado pela maioria que a decisão não afeta automaticamente decisões transitadas em julgado (STF, Pleno, ADPF 324/DF, Rel. Min. Roberto Barroso, *DJe* 06.09.2019).

Recurso extraordinário representativo de controvérsia com repercussão geral. Direito Constitucional. Direito do Trabalho. Constitucionalidade da "terceirização". Admissibilidade. Ofensa direta. Valores sociais do trabalho e da livre iniciativa (art. 1.º, IV, CRFB). Relação complementar e dialógica, não conflitiva. Princípio da liberdade jurídica (art. 5.º, II, CRFB). Consectário da dignidade da pessoa humana (art. 1.º, III, CRFB). Vedação a restrições arbitrárias e incompatíveis com o postulado da proporcionalidade. Demonstração empírica da necessidade, adequação e proporcionalidade estrita de medida restritiva como ônus do proponente desta. Rigor do escrutínio equivalente à gravidade da medida. Restrição de liberdade estabelecida jurisprudencialmente. Exigência de grau máximo de certeza. Mandamento democrático. Legislativo como *locus* adequado para escolhas políticas discricionárias. Súmula 331 TST. Proibição da terceirização. Exame dos fundamentos. Inexistência de fragilização de movimentos sindicais. Divisão entre "atividade-fim" e "atividade-meio" imprecisa, artificial e incompatível com a economia moderna. Cisão de atividades entre pessoas jurídicas distintas. Estratégia organizacional. Inexistência de caráter fraudulento. Proteção constitucional da liberdade de desenho empresarial (arts. 1.º, IV, e 170). Ciências econômicas e teoria da administração. Profusa literatura sobre os efeitos positivos da terceirização. Observância das regras trabalhistas por cada empresa em relação aos empregados que contratarem. Efeitos práticos da terceirização. Pesquisas empíricas. Necessária observância de metodologia científica. Estudos demonstrando efeitos positivos da terceirização quanto a emprego, salários, *turnover* e crescimento econômico. Insubsistentência das premissas da proibição jurisprudencial da terceirização. Inconstitucionalidade dos incisos I, III, IV e VI da Súmula 331 do TST. Afastamento da responsabilidade subsidiária da contratante por obrigações da contratada. Recurso extraordinário provido. [...] Recurso Extraordinário a que se dá provimento para reformar o acórdão recorrido e fixar a seguinte tese: "É lícita a terceirização ou qualquer outra forma de divisão do trabalho entre pessoas jurídicas distintas, independentemente do objeto social das empresas envolvidas, mantida a responsabilidade subsidiária da empresa contratante" (STF, Pleno, RE 958.252/MG, Rel. Min. Luiz Fux, *DJe* 13.09.2019).

Constitucional e trabalhista. Nulidade do acórdão recorrido por desrespeito a cláusula de reserva de plenário (CF, art. 97 e SV 10). Negativa parcial de vigência e eficácia ao inciso II, do art. 94 da Lei 9.472/1997 (Lei Geral de Telecomunicações) por órgão fracionário com base na Súmula 331/TST. Impossibilidade. Licitude de terceirização de toda e qualquer atividade, meio ou fim, não se configurando relação de emprego entre a contratante e o empregado da contratada (ADPF 324 e RE 958.252). Agravo conhecido. Recurso provido. 1. A inconstitucionalidade de lei ou ato normativo estatal só pode ser declarada pelo voto da maioria absoluta da totalidade dos membros do tribunal ou, onde houver, dos integrantes do respectivo órgão especial, sob pena de absoluta nulidade da decisão emanada do órgão fracionário (turma, câmara ou seção), em respeito à previsão do art. 97 da Constituição Federal. 2. A cláusula de reserva de plenário atua como condição de eficácia jurídica da própria declaração jurisdicional de inconstitucionalidade dos atos do Poder Público, aplicando-se para todos os tribunais, via difusa, e para o Supremo Tribunal Federal, também no controle concentrado (CF, art. 97 e SV 10). 3. É nula a decisão de órgão fracionário que, ao negar a aplicação do inciso II, do art. 94 da Lei 9.472/1997, com base na Súmula 331/TST, e declarar ilícita a terceirização e atividade-fim, reconhece a existência de vínculo trabalhista entre a contratante e o empregado da contratada, pois exerceu controle difuso de constitucionalidade, declarando a parcial nulidade sem redução de texto do referido dispositivo sem observar a cláusula de reserva de Plenário. Agravo provido. 4. O Plenário da Corte declarou parcialmente inconstitucional a Súmula 331/TST e proclamou a licitude da terceirização de toda e qualquer atividade, meio ou fim; para afirmar a inexistência de relação de emprego entre a contratante e o empregado da contratada. Recurso extraordinário provido. 5. Agravo conhecido e recurso extraordinário provido para restabelecer a sentença de primeiro grau, com a fixação da seguinte tese no Tema 739: "É nula a decisão de órgão fracionário que se recusa a aplicar o art. 94, II, da Lei 9.472/1997, sem observar a cláusula de reserva de Plenário (CF, art. 97), observado o artigo 949 do CPC" (STF, Pleno, ARE 791.932/DF, Rel. Min. Alexandre de Moraes, *DJe* 06.03.2019).

Constitucional, trabalhista e processual civil. Agravo interno na reclamação. Ofensa ao que decidido por este tribunal no julgamento da ADPF 324 e do Tema 725 da repercussão geral. Recurso provido. 1. A controvérsia, nestes autos, é comum tanto ao decidido no julgamento da ADPF 324 (Rel. Min. Roberto Barroso), quanto ao objeto de análise do Tema 725 (RE 958.252, Rel. Min. Luiz Fux), em que esta Corte fixou tese no sentido de que: "É lícita a terceirização ou qualquer outra forma de divisão do trabalho entre pessoas jurídicas distintas, independentemen-te do objeto social das empresas envolvidas, mantida a responsabilidade subsidiária da empresa contratante". 2. A Primeira Turma já decidiu, em caso análogo, ser lícita a terceirização por "pejotização", não havendo falar em irregularidade na contratação de pessoa jurídica formada por profissionais liberais para prestar serviços terceirizados na atividade-fim da contratante (Rcl 39.351 AgR; Rel. Min. Rosa Weber, Red. p/ Acórdão: Alexandre de Moraes, Primeira Turma, julgado em 11/5/2020). 3. Recurso de Agravo ao qual se dá provimento (STF, 1.ª T., AgR-Rcl 47.843/BA, Red. p/ ac. Min. Alexandre de Moraes, *DJe* 07.04.2022).

Ação declaratória de constitucionalidade. Legitimidade da autora. Art. 25, § 1.º, da Lei 8.987/1995. Concessionárias de serviço público. Terceirização. Súmula 331 do TST. Orientação jurisprudencial firmada no julgamento da ADPF 324 e do RE 958.252 Tema 725 da repercussão geral. Procedência. 1. Reconhecida a legitimidade da Associação Brasileira de Distribuidores de Energia Elétrica – ABRADEE, uma vez que não há entidade que abarque toda a coletividade atingida pela norma questionada. 2. Declaração de constitucionalidade do art. 25, § 1.º, da Lei n.º 8.987/1995, o qual autoriza a terceirização de atividades por empresas concessionárias de serviço público. 3. Jurisprudência do STF consolidada nos julgamentos da ADPF 324, Rel. Ministro Roberto Barroso e, sob a sistemática da repercussão geral, do RE 958.252, Rel. Ministro Luiz Fux (tema 725), no sentido de reconhecer a constitucionalidade do instituto da terceirização em qualquer área da atividade econômica, afastando a incidência do enunciado sumular trabalhista. 4. Pedido julgado procedente para declarar a constitucionalidade do art. 25, § 1.º, da Lei n.º 8.987/1995 (STF, Pleno, ADC 26/DF, Rel. Min. Edson Fachin, *DJe* 09.09.2019).

Recurso extraordinário representativo de controvérsia com repercussão geral. Direito Constitucional. Direito do Trabalho. Terceirização no âmbito da administração pública. Súmula 331, IV e V, do TST. Constitucionalidade do art. 71, § 1.º, da Lei n.º 8.666/93. Terceirização como mecanismo essencial para a preservação de postos de trabalho e atendimento das demandas dos cidadãos. Histórico científico. Literatura: economia e administração. Inexistência de precarização do trabalho humano. Respeito às escolhas legítimas do legislador. Precedente: ADC 16. Efeitos vinculantes. Recurso parcialmente conhecido e provido. Fixação de tese para aplicação em casos semelhantes. 1. A dicotomia entre "atividade-fim" e "atividade-meio" é imprecisa, artificial e ignora a dinâmica da economia moderna, caracterizada pela especialização e divisão de tarefas com vistas à maior eficiência possível, de modo que frequentemente o produto ou serviço final comercializado por uma entidade comercial é fabricado ou prestado por agente distinto, sendo também comum a mutação constante do objeto social das empresas para atender a necessidades da sociedade, como revelam as mais valiosas empresas do mundo. É que a doutrina no campo econômico é uníssona no sentido de que as "Firmas mudaram o escopo de suas atividades, tipicamente reconcentrando em seus negócios principais e terceirizando muitas das atividades que previamente consideravam como centrais" (ROBERTS, John. *The Modern Firm*: Organizational Design for Performance and Growth. Oxford: Oxford University Press, 2007). 2. A cisão de atividades entre pessoas jurídicas distintas não revela qualquer intuito fraudulento, consubstanciando estratégia, garantida pelos artigos 1.º, IV, e 170 da Constituição brasileira, de configuração das empresas, incorporada à Administração Pública por imperativo de eficiência (art. 37, *caput*, CRFB), para fazer frente às exigências dos consumidores e cidadãos em geral, justamente porque a perda de eficiência representa ameaça à sobrevivência da empresa e ao emprego dos trabalhadores. 3. Histórico científico: Ronald H. Coase, "The Nature of The Firm", Economica (new series), Vol. 4, Issue 16, p. 386-405, 1937. O objetivo de uma organização empresarial é o de reproduzir a distribuição de fatores sob competição atomística dentro da firma, apenas fazendo sentido a produção de um bem ou serviço internamente em sua estrutura quando os custos disso não ultrapassarem os custos de obtenção perante terceiros no mercado, estes denominados "custos de transação", método segundo o qual firma e sociedade desfrutam de maior produção e menor desperdício. 4. A Teoria da Administração qualifica a terceirização (*outsourcing*) como modelo organizacional de desintegração vertical, destinado ao alcance de ganhos de performance por meio da transferência para outros do fornecimento de bens e serviços anteriormente providos pela própria firma, a fim de que esta se concentre somente naquelas atividades em que pode gerar o maior valor, adotando a função de "arquiteto vertical" ou "organizador da cadeia de valor". 5. A terceirização apresenta os seguintes benefícios: (i) aprimoramento de tarefas pelo aprendizado especializado; (ii) economias de escala e de escopo; (iii) redução da complexidade organizacional; (iv) redução de problemas de cálculo e atribuição, facilitando a provisão de incentivos mais fortes a empregados; (v) precificação mais precisa de custos e maior transparência; (vi) estímulo à competição de fornecedores externos; (vii) maior facilidade de adaptação a necessidades de modificações estruturais; (viii) eliminação de problemas de possíveis excessos de produção; (ix) maior eficiência pelo fim de subsídios cruzados entre departamentos com desempenhos diferentes; (x) redução dos custos iniciais de entrada no mercado, facilitando o surgimento de novos concorrentes; (xi) superação de eventuais limitações de acesso a tecnologias ou matérias-primas; (xii) menor alavancagem operacional, diminuindo a exposição da companhia a riscos e oscilações de balanço, pela redução de seus custos fixos; (xiii) maior flexibilidade para adaptação ao mercado; (xiii) não comprometimento de recursos que poderiam ser utilizados em setores estratégicos; (xiv) diminuição da possibilidade de falhas de um setor se comunicarem a outros; e (xv) melhor adaptação a diferentes requerimentos de administração, *know-how* e estrutura, para setores e atividades distintas. 6. A Administração Pública, pautada pelo dever de eficiência (art. 37, *caput*, da Constituição), deve empregar as soluções de mercado adequadas à prestação de serviços de excelência à população com os recursos disponíveis, mormente quando demonstrado, pela teoria e pela prática internacional, que a terceirização não importa precarização às condições dos trabalhadores. 7. O art. 71, § 1.º, da Lei n.º 8.666/93, ao definir que a inadimplência do contratado, com referência aos encargos trabalhistas, não transfere à Administração Pública a responsabilidade por seu pagamento, representa legítima escolha do legislador, máxime porque a Lei n.º 9.032/95 incluiu no dispositivo exceção à regra de não responsabilização com referência a encargos trabalhistas. 8. Constitucionalidade do art. 71, § 1.º, da Lei n.º 8.666/93 já reconhecida por esta Corte em caráter *erga omnes* e vinculante: ADC 16, Relator(a): Min. Cezar Peluso, Tribunal Pleno, julgado em 24/11/2010. 9. Recurso extraordinário parcialmente conhecido e, na parte admitida, julgado procedente para fixar a seguinte tese para casos semelhantes: "O inadimplemento dos encargos trabalhistas dos empregados do contratado não transfere automaticamente ao Poder Público contratante a responsabilidade pelo seu pagamento, seja em caráter solidário ou subsidiário, nos termos do art. 71, § 1.º, da Lei n.º 8.666/93" (STF, Pleno, RE 760.931/DF, Red. p/ ac. Min. Luiz Fux, *DJe* 12.09.2017).

Direito constitucional e do Trabalho. Terceirização de atividade-fim. Equiparação remuneratória. Descabimento. 1. Recurso extraordinário em que se debate se o empregado de empresa contratada teria direito à equiparação remuneratória com o empregado da empresa tomadora do serviço, quando ambos atuarem na mesma atividade-fim. 2. Conforme decisão proferida pelo Supremo Tribunal Federal nos autos da ADPF 324, Rel. Min. Luís Roberto Barroso, a terceirização das atividades-meio ou das atividades-fim de uma empresa tem amparo nos princípios constitucionais da livre iniciativa e da livre concorrência, que asseguram aos agentes econômicos a liberdade de decidir como estruturarão seu negócio (art. 170, *caput* e inc. IV, CF). 3. Do mesmo modo, a decisão sobre quanto pagar ao empregado é tomada por cada empresa, de acordo com suas capacidades econômicas, e protegida pelos mesmos princípios constitucionais. Portanto, não se pode sujeitar a contratada à decisão da tomadora e vice-versa. 4. Além disso, a exigência de equiparação, por via transversa, inviabiliza a terceirização para fins de redução de custos, esvaziando o instituto. 5. Recurso provido. tese: "A equiparação de remuneração entre empregados da empresa tomadora de serviços e empregados da empresa contratada (terceirizada) fere o princípio da livre iniciativa, por se tratar de agentes econômicos distintos, que não podem estar sujeitos a decisões empresariais que não são suas" (STF, Pleno, RE 635.546/MG, Red. p/ ac. Min. Roberto Barroso, *DJe* 19.05.2021).

Constitucional. Recurso extraordinário com agravo. Concessionárias de serviços de telecomunicações. "Terceirização". Ofensa ao princípio da reserva de plenário. Não aplicação do art. 94, II, da Lei 9.472/97 pelo Tribunal Superior do Trabalho. Repercussão geral configurada. 1. Possui repercussão geral a questão relativa à ofensa ou não ao princípio da reserva de plenário em razão da não aplicação, pelo Tribunal Superior do Trabalho, a empresas de telecomunicações, do art. 94, II, da Lei 9.472/97, que permite, a concessionárias de serviço público a "terceirização" de atividades inerentes, acessórias ou complementares ao serviço. 2. Repercussão geral reconhecida (STF, Pleno, RG-ARE 791.932/DF, Rel. Min. Teori Zavascki, *DJe* 17.06.2014).

Recurso extraordinário com agravo. Administrativo. Ação civil pública. Possibilidade de terceirização e sua ilicitude. Controvérsia sobre a liberdade de terceirização. Fixação de parâmetros para a identificação do que representa atividade-fim. Possibilidade. Repercussão geral reconhecida (STF, Pleno, RG-ARE 713.211/MG, Rel. Min. Luiz Fux, *DJe* 06.06.2014).

Assim, não havendo alusão no acórdão regional acerca da efetiva existência de pessoalidade e subordinação jurídica direta com a tomadora de serviços, não há como se reconhecer o vínculo direto com a empresa tomadora de serviços. Quanto a esse último aspecto, não se leva em conta a mera subordinação estrutural ou indireta, que, aliás, é inerente à terceirização da atividade fim - tal implicaria esvaziar de sentido os já mencionados precedentes do STF -, sendo necessário estar comprovada nos autos a subordinação hierárquica direta, presencial ou por via telemática, do trabalhador aos prepostos da tomadora (TST, 6.ª T., RR-551-58.2012.5.04.0022, Rel. Min. Augusto César Leite de Carvalho, *DEJT* 03.12.2021).

4. Na linha dos precedentes firmados pelo Supremo Tribunal Federal, remanesce a possibilidade de reconhecimento de vínculo com a empresa contratante somente nas hipóteses em que há explícita referência, no acórdão prolatado pelo Tribunal Regional, acerca da configuração da pessoalidade e da subordinação hierárquica direta - presencial ou por via telemática - do obreiro aos prepostos da tomadora dos serviços, sendo insuficiente a constatação da mera subordinação estrutural ou indireta, inerente à própria terceirização (TST, 6.ª T., RR-11548-30.2013.5.18.0005, Rel. Min. Lelio Bentes Corrêa, *DEJT* 26.11.2021).

Ora, todo empregado terceirizado se submete, de alguma forma, à dinâmica empresarial do tomador, porque é este o beneficiário final dos serviços prestados pelo trabalhador. Sendo assim, pode ele perfeitamente supervisionar e determinar a forma de execução das atividades. Tal situação, contudo, não configura subordinação jurídica. Quando muito, poderia caracterizar a denominada subordinação estrutural, que com aquela não se confunde (TST, 4.ª T., RR-21078-11.2015.5.04.0221, Rel. Min. Guilherme Augusto Caputo Bastos, *DEJT* 08.10.2021).

Efetivamente, conforme já expresso acima, o Plenário da Suprema Corte concluiu que é lícita a terceirização de toda e qualquer atividade, seja ela meio ou fim, não se configurando relação de emprego entre a contratante e o empregado da contratada tão somente com fundamento na denominada "subordinação estrutural" (TST, 7.ª T., AIRR-253-75.2016.5.13.0022, Rel. Min. Renato de Lacerda Paiva, *DEJT* 01.10.2021).

2. Nada obstante o posicionamento até então abraçado por esta Corte Superior, o Supremo Tribunal Federal, no julgamento da ADPF 324 e do RE 958.252, de repercussão geral, firmou entendimento no sentido de que "é lícita a terceirização ou qualquer outra forma de divisão do trabalho entre pessoas jurídicas distintas, independentemente do objeto social das empresas envolvidas, mantida a responsabilidade subsidiária da empresa contratante". 3. No caso, não há no acórdão regional qualquer registro concernente à existência de pessoalidade e/ou subordinação direta ao tomador dos serviços, sendo certo que a mera subordinação estrutural não é suficiente a atrair o vínculo empregatício entre o trabalhador e a empresa tomadora, não havendo como reputar ilícita a terceirização empreendida (TST, 1.ª T., RR-714-33.2014.5.12.0026, Rel. Min. Hugo Carlos Scheuermann, *DEJT* 04.08.2021).

Responsabilidade subsidiária. Benefício de ordem. Desconsideração da personalidade jurídica. 1. A condenação da tomadora dos serviços, nas situações previstas na Súmula n.º 331, IV, desta Corte superior, ostenta natureza subsidiária, o que, por certo, implica benefício de ordem em favor da pessoa condenada subsidiariamente. A execução deverá ser promovida, assim, contra a devedora principal e, caso resulte infrutífera, será direcionada contra a devedora subsidiária. 2. Daí não resulta, todavia, a obrigação de esgotar os meios suasórios também contra os sócios da devedora principal antes de passar à execução da devedora subsidiária. 3. Ademais, a exigência de incursão prévia nos bens dos sócios transferiria ao reclamante hipossuficiente e ao Juízo da execução o encargo de buscar bens dos sócios passíveis de expropriação, retardando a constrição do patrimônio da devedora subsidiária e até pondo em risco a efetividade da execução. 4. Nesse sentido tem-se posicionado a jurisprudência dominante nesta Corte uniformizadora, ao afirmar que o benefício de ordem na execução é assegurado apenas em relação à devedora principal, não abrangendo seus sócios. Tal conclusão encontra respaldo na necessidade de observância dos princípios da celeridade e da duração razoável do processo, além da natureza alimentar dos créditos trabalhistas, que norteiam toda a célere sistemática processual celetista. 5. Nao se recusa à devedora subsidiária a possibilidade de exigir a observância do benefício de ordem caso nomeie bens livres e desembaraçados da devedora principal, situados no mesmo município, e suficientes para solver o débito, nos termos do disposto nos artigos 827 do Código Civil, 595 e 596 do Código de Processo Civil de 1973, e 4.º, § 3.º, da Lei n.º 6.830/1980. O ônus de localizar os bens e nomeá-los perante o juízo da execução, todavia, recai sobre a devedora subsidiária, que, até a efetiva satisfação do crédito, continuará a responder pela obrigação. 6. Recurso de Revista conhecido e parcialmente provido (TST, 1.ª T., RR 99-62.2012.5.01.0012, Rel. Des. Conv. Marcelo Lamego Pertence, *DEJT* 05.08.2016).

Agravo de instrumento. Recurso de revista. Terceirização ilícita. Atividade-fim. Súmula n.º 331, I, do TST. 1. Consoante entendimento consolidado pela Subseção I Especializada em Dissídios Individuais do Tribunal Superior do Trabalho, a Lei Geral de Telecomunicações (Lei n.º 9.472/97), ao regulamentar matéria estranha ao direito do trabalho, não possibilitou, em seu art. 94, II, a terceirização ampla e irrestrita das atividades desempenhadas pelas concessionárias de serviço de telecomunicações. 2. A terceirização de serviços ligados à atividade-fim do empregador enseja a declaração de ilicitude, conforme entendimento consubstanciado na Súmula n.º 331 do TST. 3. Em observância à diretriz perfilhada na Súmula n.º 331, I, do TST, impõe-se, como consequência lógica, o reconhecimento do vínculo empregatício entre o trabalhador terceirizado e a empresa tomadora de serviços. 4. Há que se manter, todavia, a responsabilidade subsidiária aplicada, de modo a evitar-se a reforma para pior, ante a ausência de impugnação, mediante recurso de revista, pelo Reclamante. 5. Agravo de instrumento de que se conhece e a que se nega provimento (TST, 4.ª T., AIRR 301-24.2011.5.09.0021, Rel. Min. João Oreste Dalazen, *DEJT* 15.08.2014).

Responsabilidade subsidiária. Estado do Rio Grande do Sul. Círculo de pais e mestres. Ilegitimidade passiva do estado. O reclamante foi contratado pelo Círculo de Pais e Mestres, entidade com personalidade jurídica própria, para prestar serviços em escola pública estadual, sem qualquer ingerência do Estado. Nesse contexto, inviável a imposição a este último de qualquer responsabilidade subsidiária pelos encargos trabalhistas decorrentes da relação de emprego, que deverão ser suportados integral e exclusivamente pelo real empregador. Recurso de embargos provido (TST, SBDI-I, E-RR 301.378/96.0, Rel. Min. Milton de Moura França, *DJU* 02.06.2000).

✦ Súmulas, Orientações Jurisprudenciais e Precedentes Normativos

Súmula 331 do TST: Contrato de prestação de serviços. Legalidade (nova redação do item IV e inseridos os itens V e VI à redação) – Res. 174/2011, *DEJT* divulgado em 27, 30 e 31.05.2011.

I – A contratação de trabalhadores por empresa interposta é ilegal, formando-se o vínculo diretamente com o tomador dos serviços, salvo no caso de trabalho temporário (Lei n.º 6.019, de 03.01.1974).

II – A contratação irregular de trabalhador, mediante empresa interposta, não gera vínculo de emprego com os órgãos da Administração Pública direta, indireta ou fundacional (art. 37, II, da CF/1988).

III – Não forma vínculo de emprego com o tomador a contratação de serviços de vigilância (Lei n.º 7.102, de 20.06.1983) e de conservação e limpeza, bem como a de serviços especializados ligados à atividade-meio do tomador, desde que inexistente a pessoalidade e a subordinação direta.

IV – O inadimplemento das obrigações trabalhistas, por parte do empregador, implica a responsabilidade subsidiária do tomador dos serviços quanto àquelas obrigações, desde que haja participado da relação processual e conste também do título executivo judicial.

V – Os entes integrantes da Administração Pública direta e indireta respondem subsidiariamente, nas mesmas condições do item IV, caso evidenciada a sua conduta culposa no cumprimento das obrigações da Lei n.º 8.666, de 21.06.1993, especialmente na fiscalização do cumprimento das obrigações contratuais e legais da prestadora de serviço como empregadora. A aludida responsabilidade não decorre de mero inadimplemento das obrigações trabalhistas assumidas pela empresa regularmente contratada.

VI – A responsabilidade subsidiária do tomador de serviços abrange todas as verbas decorrentes da condenação referentes ao período da prestação laboral.

Súmula 363 do TST: A contratação de servidor público, após a CF/1988, sem prévia aprovação em concurso público, encontra óbice no respectivo art. 37, II, e § 2.º, somente lhe conferindo direito ao pagamento da contraprestação pactuada, em relação ao número de horas trabalhadas, respeitado o valor da hora do salário mínimo, e dos valores referentes aos depósitos do FGTS.

Orientação Jurisprudencial 185 da SBDI-I do TST: Contrato de trabalho com a Associação de Pais e Mestres – APM. Inexistência de responsabilidade solidária ou subsidiária do Estado (Inserida em 08.11.2000. Nova redação – Res. 129/2005, *DJ* 20.04.2005). O Estado-Membro não é responsável subsidiária ou solidariamente com a Associação de Pais e Mestres pelos encargos trabalhistas dos empregados contratados por esta última, que deverão ser suportados integral e exclusivamente pelo real empregador.

Orientação Jurisprudencial 191 da SBDI-I do TST: Contrato de empreitada. Dono da obra de construção civil. Responsabilidade (nova redação). Diante da inexistência de previsão legal específica, o contrato de empreitada de construção civil entre o dono da obra e o empreiteiro não enseja responsabilidade solidária ou subsidiária nas obrigações trabalhistas contraídas pelo empreiteiro, salvo sendo o dono da obra uma empresa construtora ou incorporadora (*DEJT* 27.05.2011).

Orientação Jurisprudencial 321 da SBDI-I do TST: Vínculo empregatício com a Administração Pública. Período anterior à CF/1988. Salvo os casos de trabalho temporário e de serviço de vigilância, previstos nas Leis ns. 6.019, de 3 de janeiro de 1974, e 7.102, de 20 de junho de 1983, é ilegal a contratação de trabalhadores por empresa interposta, formando-se o vínculo empregatício diretamente com o tomador dos serviços, inclusive ente público, em relação ao período anterior à vigência da CF/1988.

Orientação Jurisprudencial 383 da SBDI-I do TST: Terceirização. Empregados da empresa prestadora de serviços e da tomadora. Isonomia. Art. 12, "a", da Lei n.º 6.019, de 03.01.1974. A contratação irregular de trabalhador, mediante empresa interposta, não gera vínculo de emprego com ente da Administração Pública, não afastando, contudo, pelo princípio da isonomia, o direito dos empregados terceirizados às mesmas verbas trabalhistas legais e normativas asseguradas àqueles contratados pelo tomador dos serviços, desde que presente a igualdade de funções. Aplicação analógica do art. 12, "a" da Lei n.º 6.019, de 03.01.1974.

Art. 456. A prova do contrato individual do trabalho será feita pelas anotações constantes da carteira profissional ou por instrumento escrito e suprida por todos os meios permitidos em direito.

Parágrafo único. A falta de prova ou inexistindo cláusula expressa a tal respeito, entender-se-á que o empregado se obrigou a todo e qualquer serviço compatível com a sua condição pessoal.

1. VALOR DAS ANOTAÇÕES

As anotações feitas na CTPS servem de prova do contrato de trabalho, do tempo de serviço do trabalhador, bem como das informações regularmente constantes do mencionado documento.

As anotações na CTPS possuem presunção relativa de veracidade. Isso significa que essas anotações podem ser elididas por prova em contrário, as quais, se não produzidas, fazem que prevaleça a informação constante da Carteira de Trabalho e Previdência Social. Nesse sentido, preveem as Súmulas 12 do TST e 225 do STF.

As mencionadas Súmulas do TST e do STF estabelecem a presunção relativa de veracidade das anotações feitas na CTPS, sem distinguir quanto ao empregado e ao empregador, de modo que a sua orientação se aplica a ambos.

Na ausência de prova ou inexistindo no contrato de trabalho cláusula expressa a tal respeito, entende-se que o empregado se obrigou a todo e qualquer serviço compatível com a sua condição pessoal.

✦ Súmulas, Orientações Jurisprudenciais e Precedentes Normativos

Súmula 12 do TST: As anotações apostas pelo empregador na carteira profissional do empregado não geram presunção *juris et de jure*, mas apenas *juris tantum*.

Súmula 225 do STF: Não é absoluto o valor probatório das anotações da Carteira Profissional.

✦ Referência legislativa

- Art. 212 do Código Civil.

Art. 456-A. Cabe ao empregador definir o padrão de vestimenta no meio ambiente laboral, sendo lícita a inclusão no uniforme de logomarcas da própria empresa ou de empresas parceiras e de outros itens de identificação relacionados à atividade desempenhada.

Parágrafo único. A higienização do uniforme é de responsabilidade do trabalhador, salvo nas hipóteses em que forem necessários procedimentos ou produtos diferentes dos utilizados para a higienização das vestimentas de uso comum.

1. UNIFORME

O empregador, no exercício do poder diretivo, tem o direito de *organizar* o seu empreendimento, quanto aos diferentes fatores de produção, no caso, a forma como o trabalho deve ser prestado pelos empregados, o que inclui a definição do padrão de vestimenta no meio ambiente laboral.

Nesse contexto, o art. 456-A da CLT, acrescentado pela Lei 13.467/2017, prevê que cabe ao empregador definir o padrão de vestimenta no meio ambiente laboral, sendo lícita a inclusão no uniforme de logomarcas da própria empresa ou de empresas parceiras e de outros itens de identificação relacionados à atividade desempenhada.

Como o empregador corre os riscos do empreendimento, não podendo transferi-lo ao empregado, o ordenamento jurídico autoriza que ele possa organizar a sua atividade empresarial, de forma a alcançar os resultados almejados.

Cabe reiterar que a mencionada organização da atividade do empregador deve ocorrer em obediência às diversas normas jurídicas que a regulam, respeitando, inclusive, os direitos de ordem social e trabalhista.

Logo, a vestimenta e o uniforme estabelecidos pelo empregador devem observar os direitos da personalidade do empregado, não podendo haver violação da intimidade, exposição indevida e constrangimentos ao trabalhador.

O art. 456-A, parágrafo único, da CLT, acrescentado pela Lei 13.467/2017, estabelece que a higienização do uniforme é de responsabilidade do trabalhador, salvo nas hipóteses em que forem necessários procedimentos ou produtos diferentes dos utilizados para a higienização das vestimentas de uso comum.

Desse modo, em princípio, cabe ao empregado manter o uniforme higienizado. Entretanto, caso sejam necessários procedimentos ou produtos diferentes dos utilizados para a higienização das vestimentas de uso comum, a responsabilidade passa a ser do empregador.

CAPÍTULO II – DA REMUNERAÇÃO

Art. 457. Compreendem-se na remuneração do empregado, para todos os efeitos legais, além do salário devido e pago diretamente pelo empregador, como contraprestação do serviço, as gorjetas que receber.

1. REMUNERAÇÃO

A remuneração pode ser entendida como a contraprestação recebida pelo empregado, decorrente do contrato de trabalho.

O art. 457, *caput*, da CLT apresenta o conceito de salário, possibilitando a diferenciação da remuneração propriamente.

Assim, perante o sistema jurídico em vigor, a remuneração é termo mais amplo, ou seja, o *gênero* que engloba como espécies o salário e a gorjeta, pois "compreendem-se na remuneração [...] além do salário [...] as gorjetas".

O salário é a quantia paga "diretamente pelo empregador" (art. 457, *caput*, da CLT), decorrendo do contrato de trabalho.

O salário é pago e devido não só como contraprestação do efetivo serviço prestado, mas também dos períodos em que o empregado esteve à disposição do empregador, aguardando ou executando ordens (art. 4.º, *caput*, da CLT), bem como de certos períodos de descanso remunerado (hipóteses de interrupção do contrato de trabalho como ocorre nas férias e nos descansos semanais e feriados remunerados).

2. IRREDUTIBILIDADE SALARIAL

O art. 7.º, inciso VI, da Constituição da República, prevê a exceção à "irredutibilidade *do salário*". Não há menção a verbas de natureza salarial ou remuneratória, nem a verbas salariais ou remuneratórias, mas sim a "salário" em sentido estrito.

O salário, compreendido nos termos do art. 457 da CLT, é que pode ser excepcionalmente reduzido, segundo dispõe a norma constitucional. O termo em questão possui significado específico no Direito do Trabalho, não podendo ser desprezado, sob pena de incoerência, afronta à sistemática do ordenamento jurídico como um todo e prevalência do subjetivismo, em prejuízo inclusive da segurança jurídica.

Em tese, portanto, o que pode ser reduzido por meio de negociação coletiva, por motivo justificado, é o "salário" em seu sentido próprio, estrito, técnico e legal. Não são todas as importâncias que compõem a remuneração, nem são todas as parcelas de "natureza salarial ou remuneratória" que podem ser objeto desta redução.

Ou seja, perante a sistemática normativa, salário e verba de natureza salarial não são termos totalmente equivalentes. A própria análise cuidadosa do texto constitucional reforça essa conclusão. O art. 7.º, inciso XXIII, da Constituição Federal faz referência a "adicional de remuneração", expressão com nítido diferencial daquela empregada no inciso VI, qual seja, "salário".

Em razão disso, a conclusão óbvia há de ser no sentido de que a redução de tais adicionais legais, ainda que devidamente fundamentada e estabelecida em norma coletiva negociada, será inconstitucional, carecendo, portanto, de validade jurídica.

Aliás, quanto ao adicional de horas extras, o inciso XVI do mesmo art. 7.º da Constituição Federal de 1988 expressamente estabelece o mínimo de 50% sobre a hora normal, o que afasta a possibilidade de ser fixado em nível inferior, ainda que mediante negociação coletiva. Assim como o salário mínimo deve ser sempre respeitado em qualquer redução salarial (art. 7.º, inciso IV, da CF/1988), isto ocorre quanto ao adicional mencionado.

Como o inciso VI do art. 7.º da Constituição Federal de 1988 indica a possibilidade de redução do "salário", a estipulação de valor menor para parcela que não seja salário em sentido estrito viola o princípio constitucional da irredutibilidade salarial. E a aplicação da norma coletiva que estipule tal redução violará o princípio da norma mais benéfica. Ou seja, a afronta será não só ao dispositivo constitucional em específico, como ao *caput* do mesmo art. 7.º e também aos fundamentos e princípios, de magnitude constitucional, em que se funda o Direito do Trabalho.

Por isso, embora os adicionais legais tenham natureza salarial, representam, na realidade, um acréscimo ao salário em si, este sim passível de redução nos termos do art. 7.º, inciso VI, da Constituição Federal de 1988.

No entanto, cabe fazer referência ao entendimento de que a redução salarial, por meio de negociação coletiva, autorizada pelo art. 7.º, inciso VI, da Constituição da República, abrangeria as parcelas de *natureza salarial*.

3. PROGRAMA SEGURO-EMPREGO

No âmbito da flexibilização das condições de trabalho, cabe fazer referência ao Programa Seguro-Emprego (PSE), instituído pela Lei 13.189/2015 (a qual foi alterada pela Lei 13.456/2017), com os seguintes objetivos: possibilitar a *preservação dos empregos em momentos de retração da atividade econômica*; favorecer a *recuperação econômico-financeira das empresas*; sustentar a demanda agregada durante momentos de adversidade, para facilitar a recuperação da economia; estimular a produtividade do trabalho por meio do *aumento da duração do vínculo empregatício*; *fomentar a negociação coletiva* e aperfeiçoar as relações de emprego (art. 1.º).

O referido Programa Seguro-Emprego, na verdade, consiste em ação para auxiliar os trabalhadores na *preservação do emprego*, nos termos do art. 2.º, inciso II, da Lei 7.998/1990, ao prever que o programa do seguro-desemprego tem por finalidade auxiliar os trabalhadores na busca ou preservação do emprego, promovendo, para tanto, ações integradas de orientação, recolocação e qualificação profissional.

Podem aderir ao Programa Seguro-Emprego (PSE) as empresas de todos os setores em *situação de dificuldade econômico-financeira* que celebrarem acordo coletivo de trabalho específico de redução de jornada e de salário (art. 2.º da Lei 13.189/2015).

A adesão ao PSE pode ser feita perante o Ministério do Trabalho até o dia 31 de dezembro de 2017, observado o prazo máximo de permanência de 24 meses, na forma definida em regulamento, respeitada a data de extinção do Programa. Cabe esclarecer que o Programa Seguro-Emprego (PSE) extingue-se em 31 de dezembro de 2018 (art. 11 da Lei 13.189/2015, com redação dada pela Lei 13.456/2017).

Têm prioridade de adesão ao PSE, observados os critérios definidos pelo Poder Executivo federal: a empresa que demonstre observar a cota de pessoas com deficiência; as microempresas e empresas de pequeno porte; a empresa que possua em seus quadros programa de reinserção profissional de egressos do sistema penitenciário.

As microempresas e as empresas de pequeno porte podem contar com o apoio técnico do Serviço Brasileiro de Apoio às Micro e Pequenas Empresas (Sebrae), conforme disposto em regulamento.

Nos termos do art. 3.º da Lei 13.189/2015, podem aderir ao PSE as empresas que se enquadrem nas condições estabelecidas pelo Comitê do Programa, independentemente do setor econômico, e que cumprirem os seguintes requisitos: I – celebrar e apresentar *acordo coletivo de trabalho específico*, nos termos do art. 5.º da Lei 13.189/2015; II – apresentar ao Ministério do Trabalho solicitação de adesão ao PSE; III – apresentar a relação dos empregados abrangidos, especificando o salário individual; IV – ter registro no Cadastro Nacional da Pessoa Jurídica (CNPJ) há, no mínimo, dois anos; V – comprovar a regularidade fiscal, previdenciária e relativa ao Fundo de Garantia do Tempo de Serviço (FGTS); VI – comprovar a situação de dificuldade econômico-financeira, fundamentada no Indicador Líquido de Empregos (ILE), considerando-se nessa situação a empresa cujo ILE seja igual ou inferior ao percentual a ser definido em ato do Poder Executivo federal, apurado com base nas informações disponíveis no Cadastro Geral de Empregados e Desempregados (CAGED), consistindo o ILE no percentual representado pela diferença entre admissões e demissões acumulada nos 12 meses anteriores ao da solicitação de adesão ao PSE dividida pelo número de empregados no mês anterior ao início desse período.

Para fins do disposto no inciso IV do art. 3.º, em caso de solicitação de adesão por filial de empresa, pode ser considerado o tempo de registro no CNPJ da matriz.

A regularidade de que trata o inciso V do art. 3.º deve ser observada durante o período de adesão ao PSE, como condição para permanência no Programa.

No cálculo do indicador de que trata o inciso VI do art. 3.º não devem ser computados os eventos de transferência por entrada, de transferência por saída e de admissão ou desligamento de aprendizes.

Os empregados de empresas que aderirem ao Programa Seguro-Emprego (PSE) e que tiverem o seu salário reduzido, nos termos do art. 5.º da Lei 13.189/2015, fazem jus à *compensação pecuniária* equivalente a 50% do valor da redução salarial e limitada a 65% do valor máximo da parcela do seguro-desemprego, enquanto perdurar o período de redução temporária da jornada de trabalho (art. 4.º da Lei 13.189/2015).

O valor do salário pago pelo empregador, após a redução prevista no art. 5.º da Lei 13.189/2015, não pode ser inferior ao valor do salário mínimo, em observância ao art. 7.º, inciso IV, da Constituição da República.

Ato do Poder Executivo federal deve dispor sobre a forma de pagamento da compensação pecuniária, a ser custeada pelo Fundo de Amparo ao Trabalhador (FAT).

Nesse modelo, portanto, o poder público também participa, em termos financeiros, da medida emergencial e temporária de flexibilização trabalhista, justificada por crise econômica, havendo, assim, certa divisão de responsabilidades.

O *acordo coletivo de trabalho específico* para adesão ao Programa Seguro-Emprego, celebrado entre a empresa e o sindicato de trabalhadores representativo da categoria da atividade econômica preponderante da empresa, *pode reduzir em até 30% a jornada e o salário* (art. 5.º da Lei 13.189/2015).

O acordo deve ser aprovado em assembleia dos trabalhadores abrangidos pelo Programa e deve dispor sobre: I – número total de empregados abrangidos pela redução e sua identificação; II – estabelecimentos ou setores específicos da empresa abrangidos; III – percentual de redução da jornada e redução proporcional ou menor do salário; IV – período pretendido de adesão ao PSE e de redução temporária da jornada de trabalho, que deve ter duração de até seis meses, podendo ser prorrogado por períodos de seis meses, desde que o período total não ultrapasse 24 meses; V – período de garantia no emprego, que deve ser equivalente, no mínimo, ao período de redução de jornada acrescido de um terço; VI – constituição de comissão paritária, composta por representantes do empregador e dos empregados abrangidos pelo PSE, para acompanhar e fiscalizar o cumprimento do acordo e do Programa, exceto nas microempresas e empresas de pequeno porte.

O acordo coletivo de trabalho específico não pode dispor sobre outras condições de trabalho que não aquelas decorrentes da adesão ao PSE. A empresa deve demonstrar ao sindicato que foram esgotados os bancos de horas, além de fornecer as informações econômico-financeiras.

É facultada a celebração de *acordo coletivo múltiplo de trabalho específico* a grupo de microempresas e empresas de pequeno porte, do mesmo setor econômico, com o sindicato de trabalhadores representativo da categoria da atividade econômica preponderante. Nessa hipótese, a comissão paritária de que trata o inciso VI deve ser composta por representantes do empregador e do sindicato de trabalhadores que celebrar o acordo coletivo múltiplo de trabalho específico. Cada microempresa ou empresa de pequeno porte deve demonstrar individualmente o cumprimento dos requisitos exigidos para adesão ao PSE, com o apoio técnico do Serviço Brasileiro de Apoio às Micro e Pequenas Empresas (Sebrae).

Para fins dos incisos I e II, o acordo deve abranger todos os empregados da empresa ou, no mínimo, os empregados de setor ou estabelecimento específico. Trata-se de determinação com o objetivo de preservar o *princípio da isonomia*.

Em face da exigência prevista no art. 7.º, inciso VI, parte final, da Constituição da República, a redução de que trata o art. 5.º da Lei 13.189/2015 está condicionada à celebração de acordo coletivo de trabalho específico com o sindicato de trabalhadores representativo da categoria, observado o disposto no art. 511 da Consolidação das Leis do Trabalho, ao prever as categorias econômicas, profissionais e profissionais diferenciadas.

No caso de empregados que integrem *categoria profissional diferenciada* (art. 511, § 3.º, da CLT), entende-se que o acordo coletivo de trabalho específico deve ser pactuado com o respectivo sindicato, ou seja, que represente a categoria profissional diferenciada na área territorial envolvida.

O número total de trabalhadores e de setores abrangidos pelo Programa de que tratam os incisos I e II e a redução do percentual de que trata o inciso III podem ser alterados durante o período de adesão ao Programa, desde que aprovados em assembleia dos trabalhadores abrangidos pelo Programa, dispensada a formalização de termo aditivo ao acordo, observados os critérios a serem estabelecidos em ato do Poder Executivo federal.

Conforme o art. 6.º da Lei 13.189/2015, a empresa que aderir ao Programa Seguro-Emprego (PSE) fica proibida de: I – dispensar arbitrariamente ou sem justa causa os empregados que tiverem sua jornada de trabalho temporariamente reduzida enquanto vigorar a adesão ao PSE e, após o seu término, durante o prazo equivalente a um terço do período de adesão; II – contratar empregado para executar, total ou parcialmente, as mesmas atividades exercidas por empregado abrangido pelo Programa, exceto nas hipóteses de: a) reposição; b) aproveitamento de concluinte de curso de aprendizagem na empresa, nos termos do art. 429 da CLT; c) efetivação de estagiário; d) contratação de pessoas com deficiência ou idosas; e) contratação de egresso dos sistemas prisional e de medidas socioeducativas. Nas hipóteses de contratação previstas no inciso II do art. 6.º, o empregado deve ser abrangido pelo acordo coletivo de trabalho específico.

Garante-se, com isso, a manutenção do emprego, de forma provisória, dos trabalhadores envolvidos pelo mencionado Programa.

Durante o período de adesão, é proibida a realização de horas extraordinárias pelos empregados abrangidos pelo referido Programa.

A empresa pode denunciar o Programa Seguro-Emprego (PSE) a qualquer momento, desde que comunique o ato ao sindicato que celebrou o acordo coletivo de trabalho específico, aos seus trabalhadores e ao Poder Executivo federal, com antecedência mínima de 30 dias, demonstrando as razões e a superação da situação de dificuldade econômico-financeira (art. 7.º da Lei 13.189/2015).

Somente após o prazo de 30 dias é que a empresa pode exigir o cumprimento da jornada integral de trabalho. Deve ser mantida a garantia de emprego, nos termos da adesão original ao PSE e aos seus acréscimos. Somente após seis meses da denúncia é que a empresa pode aderir novamente ao PSE, caso demonstre que enfrenta nova situação de dificuldade econômico-financeira.

Fica excluída do PSE e impedida de aderir ao Programa novamente a empresa que: I – descumprir os termos do acordo coletivo de trabalho específico relativo à redução temporária da jornada de trabalho ou qualquer outro dispositivo da Lei 13.189/2015 ou de sua regulamentação; II – cometer fraude no âmbito do PSE (assim entendida como a situação em que a empresa obtiver, para si ou para outrem, vantagem ilícita, em prejuízo alheio, induzindo ou mantendo alguém em erro, mediante artifício, ardil ou qualquer outro meio fraudulento, relativamente ao Programa, como atos praticados quanto à burla das condições e dos critérios para adesão e permanência no Programa, fornecimento de informações não verídicas, apresentação de documentos falsos ou desvio dos recursos da compensação financeira do Programa destinada aos empregados abrangidos; ou III – for condenada por decisão judicial transitada em julgado ou autuada administrativamente após decisão final no processo administrativo por prática de trabalho análogo ao de escravo, trabalho infantil ou degradante (art. 8.º da Lei 13.189/2015).

A empresa que descumprir o acordo coletivo ou as normas relativas ao PSE fica obrigada a restituir ao FAT os recursos recebidos, devidamente corrigidos, e a pagar multa administrativa correspondente a 100% desse valor, calculada em dobro no caso de fraude, a ser aplicada conforme o Título VII da CLT (arts. 626 e seguintes), e revertida ao FAT (art. 8.º, § 1.º, da Lei 13.189/2015).

Para fins do disposto no inciso I do art. 8.º, a denúncia de que trata o art. 7.º da Lei 13.189/2015 não é considerada descumprimento dos termos do acordo coletivo de trabalho específico.

Para fins da correção dos recursos de que trata o § 1.º do art. 8.º da Lei 13.189/2015, o valor a ser restituído ao FAT, por ocasião do pagamento, deve ser acrescido de juros equivalentes à taxa referencial do Sistema Especial de Liquidação e de Custódia (Selic) para títulos federais, calculada na forma de capitalização simples, ou seja, pela soma aritmética dos valores mensais da taxa Selic, adicionando-se 1% no último mês de atualização e utilizando-se para o cálculo do débito o Sistema Débito Web, disponibilizado no sítio eletrônico do Tribunal de Contas da União.

Até o final do mês de fevereiro de cada exercício, o Poder Executivo federal deve estabelecer o limite máximo anual para as despesas totais do PSE, observados os parâmetros econômicos oficiais utilizados na gestão fiscal (art. 11-A da Lei 13.189/2015, incluído pela Lei 13.456/2017). Para fins de estimativa do cálculo das despesas totais referidas, deve ser considerado o somatório do estoque de benefícios concedidos com os novos benefícios a serem desembolsados no exercício. Essa gestão fiscal compreende a elaboração dos orçamentos anuais e as avaliações de receitas e despesas para cumprimento do disposto no art. 9.º da Lei Complementar 101/2000, que, ao estabelecer normas de finanças públicas voltadas para a responsabilidade na gestão fiscal, dispõe sobre a execução orçamentária e o cumprimento das metas.

O Poder Executivo federal, por meio de regulamento, pode fixar orçamento do PSE dedicado exclusivamente a microempresas e empresas de pequeno porte.

O Ministério do Trabalho deve enviar semestralmente, pelo período de duração do PSE, aos Ministérios da Fazenda e do Planejamento, Desenvolvimento e Gestão e à Casa Civil da Presidência da República, informações que permitam avaliar a efetividade do PSE como política pública em relação aos objetivos pretendidos (art. 11-B da Lei 13.189/2015, incluído pela Lei 13.456/2017).

4. MEDIDAS TRABALHISTAS ALTERNATIVAS PARA ENFRENTAMENTO DE ESTADO DE CALAMIDADE PÚBLICA

A Lei 14.437/2022 autoriza o Poder Executivo federal a dispor sobre a adoção, por empregados e empregadores, de medidas trabalhistas alternativas e sobre o Programa Emergencial de Manutenção do Emprego e da Renda, para enfrentamento das consequências sociais e econômicas de estado de calamidade pública em âmbito nacional ou em âmbito estadual, distrital ou municipal reconhecido pelo Poder Executivo federal.

São objetivos da Lei 14.437/2022: I – preservar o emprego e a renda; II – garantir a continuidade das atividades laborais, empresariais e das organizações da sociedade civil sem fins lucrativos; III – reduzir o impacto social decorrente das consequências de estado de calamidade pública em âmbito nacional ou em âmbito estadual, distrital ou municipal reconhecido pelo Poder Executivo federal.

As referidas medidas podem ser adotadas exclusivamente: para trabalhadores em grupos de risco; para trabalhadores de áreas específicas dos entes federativos atingidos por estado de calamidade pública.

Podem ser adotadas, por empregados e empregadores, para a preservação do emprego, a sustentabilidade do mercado de trabalho e o enfrentamento das consequências de estado de calamidade pública em âmbito nacional ou em âmbito estadual, distrital ou municipal reconhecido pelo Poder Executivo federal, as seguintes medidas trabalhistas alternativas: I – o teletrabalho; II – a antecipação de férias individuais; III – a concessão de férias coletivas; IV – o aproveitamento e a antecipação de feriados; V – o banco de horas; VI – a suspensão da exigibilidade dos recolhimentos do Fundo de Garantia do Tempo de Serviço (FGTS) (art. 2.º da Lei 14.437/2022).

A adoção das referidas medidas deve observar o disposto em ato do Ministério do Trabalho e Previdência, que estabelecerá, entre outros parâmetros, o prazo em que as medidas trabalhistas alternativas poderão ser adotadas. O mencionado prazo será de até 90 dias, prorrogável enquanto durar o estado de calamidade pública em âmbito nacional ou em âmbito estadual, distrital ou municipal reconhecido pelo Poder Executivo federal.

O empregador pode, a seu critério, durante o prazo previsto no ato do Ministério do Trabalho e Previdência de que trata o art. 2.º da Lei 14.437/2022, alterar o regime de trabalho presencial para teletrabalho ou trabalho remoto, além de determinar o retorno ao regime de trabalho presencial, independentemente da existência de acordos individuais ou coletivos, dispensado o registro prévio da alteração no contrato individual de trabalho (art. 3.º da Lei 14.437/2022).

Essa previsão decorre do exercício do poder de direção (art. 2.º da CLT), mais especificamente do *jus variandi*, permitindo que o empregador, de forma unilateral, modifique o regime de trabalho presencial para teletrabalho ou trabalho remoto, assim como determine o retorno do empregado ao regime de trabalho presencial.

Para fins do disposto na Lei 14.437/2022, considera-se teletrabalho ou trabalho remoto a definição constante do art. 75-B da Consolidação das Leis do Trabalho. Sendo assim, considera-se teletrabalho ou trabalho remoto a prestação de serviços fora das dependências do empregador, de maneira preponderante ou não, com a utilização de tecnologias de informação e de comunicação, que, por sua natureza, não configure trabalho externo (redação dada pela Lei 14.442/2022).

A referida alteração deve ser notificada ao empregado com antecedência de, no mínimo, 48 horas, por escrito ou por meio eletrônico.

As disposições relativas à responsabilidade pela aquisição, pela manutenção ou pelo fornecimento dos equipamentos tecnológicos e da infraestrutura necessária e adequada à prestação de teletrabalho ou de trabalho remoto e as disposições relativas ao reembolso de despesas efetuadas pelo empregado devem ser previstas em contrato escrito, firmado previamente ou no prazo de 30 dias, contado da data da mudança do regime de trabalho.

Na hipótese de o empregado não possuir os equipamentos tecnológicos ou a infraestrutura necessária e adequada à prestação de teletrabalho ou de trabalho remoto: I – o empregador pode fornecer os equipamentos em regime de comodato e custear os serviços de infraestrutura, que não caracterizarão verba de natureza salarial; ou II – o período da jornada normal de trabalho deve ser computado como tempo de trabalho à disposição do empregador, na impossibilidade do oferecimento do regime de comodato de que trata o inciso I. Logo, nessa última situação, o empregado terá direito à remuneração correspondente à jornada normal de trabalho, na linha do previsto no art. 4.º da CLT, o que decorre da determinação de que o empregador assume os riscos de sua atividade (art. 2.º da CLT).

O tempo de uso de equipamentos tecnológicos e de infraestrutura necessária, bem como de *softwares*, de ferramentas digitais ou de aplicações de internet utilizados para o teletrabalho ou o trabalho remoto, fora da jornada de trabalho normal do empregado não constitui tempo à disposição ou regime de prontidão ou de sobreaviso, exceto se houver previsão em acordo individual ou em acordo ou convenção coletiva de trabalho.

Essa previsão, de certa forma, é questionável, pois se o referido uso ocorrer em razão do trabalho, ou seja, para fins da prestação de serviço, ainda que fora da jornada de trabalho formalmente convencionada, a rigor, deve ser nela computado. Nesse sentido, considera-se como de serviço efetivo o período em que o empregado esteja à disposição do empregador, aguardando ou executando ordens, salvo disposição especial expressamente consignada (art. 4.º da CLT).

Cf. comentários ao art. 244 da CLT. Cf. ainda Súmula 428 do TST.

Aplica-se ao teletrabalho e ao trabalho remoto de que trata o art. 3.º da Lei 14.437/2022 o disposto no art. 62, inciso III, da Consolidação das Leis do Trabalho, ao prever que não são abrangidos pelo regime de duração do trabalho os empregados em regime de teletrabalho que prestam serviço por produção ou tarefa (conforme redação dada pela Lei 14.442/2022). Cf. comentários ao art. 62 da CLT, item 4.

Fica permitida a adoção do regime de teletrabalho ou de trabalho remoto para estagiários e aprendizes, nos termos dos arts. 3.º a 5.º da Lei 14.437/2022 (art. 4.º da Lei 14.437/2022).

O regime de teletrabalho ou de trabalho remoto não se confunde nem se equipara à ocupação de operador de *telemarketing* ou de teleatendimento (art. 5.º da Lei 14.437/2022).

O empregador deve informar ao empregado, durante o prazo previsto no ato do Ministério do Trabalho e Previdência de que trata o art. 2.º da Lei 14.437/2022, sobre a antecipação de suas férias com antecedência de, no mínimo, 48 horas, por escrito ou por meio eletrônico, com a indicação do período a ser gozado pelo empregado (art. 6.º da Lei 14.437/2022).

As férias antecipadas nos termos indicados: I – não podem ser gozadas em períodos inferiores a cinco dias corridos; II – podem ser concedidas por ato do empregador, ainda que o período aquisitivo a que se referem não tenha transcorrido (art. 6.º, § 1.º, da Lei 14.437/2022).

O empregado e o empregador podem, adicionalmente, negociar a antecipação de períodos futuros de férias, por meio de acordo individual escrito (art. 6.º, § 2.º, da Lei 14.437/2022).

Essa possibilidade de antecipação de períodos futuros de férias pode inviabilizar a finalidade social do referido direito (art. 7.º, inciso XVII, da Constituição da República), que é permitir o descanso e o lazer pelo empregado, por período mais extenso, para se restabelecer em termos físicos, mentais e sociais. Nessa linha, conforme o art. 10, item 2, da Convenção 132 da Organização Internacional do Trabalho, promulgada pelo Decreto 3.197/1999 (atualmente Decreto 10.088/2019), para fixar a ocasião do período de gozo das férias devem ser levadas em conta as necessidades do trabalho e as possibilidades de repouso e diversão ao alcance da pessoa empregada.

O empregador pode, durante o prazo previsto no ato do Ministério do Trabalho e Previdência de que trata o art. 2.º da Lei 14.437/2022, suspender as férias e as licenças não remuneradas dos profissionais da área de saúde ou daqueles que desempenham funções essenciais, por meio de comunicação formal da decisão ao trabalhador por escrito ou, preferencialmente, por meio eletrônico, com antecedência de 48 horas (art. 7.º da Lei 14.437/2022).

O adicional de 1/3 relativo às férias concedidas durante o prazo previsto no ato do Ministério do Trabalho e Previdência de que trata o art. 2.º da Lei 14.437/2022 pode ser pago após a sua concessão, a critério do empregador, até a data em que é devida a gratificação natalina prevista no art. 1.º da Lei 4.749/1965, ou seja, até o dia 20 de dezembro de cada ano (art. 8.º da Lei 14.437/2022).

O art. 7.º, inciso XVII, da Constituição Federal de 1988 assegura o direito de gozo de férias anuais remuneradas com, pelo menos, 1/3 a mais do que o salário normal, mas o prazo para pagamento do referido adicional é objeto de disciplina infraconstitucional. Ainda assim, para que o empregado tenha condições de verdadeiramente descansar e se restabelecer durante as férias, o correto seria o recebimento do adicional de 1/3 juntamente com a remuneração das férias, para que o empregado tenha os recursos financeiros necessários para usufruí-las de modo efetivo.

A conversão de 1/3 do período das férias em abono pecuniário depende da anuência do empregador, hipótese em que o pagamento pode ser efetuado até a data de que trata o art. 8.º da Lei 14.437/2022 (art. 9.º da Lei 14.437/2022). Sendo assim, o referido abono pecuniário (art. 143 da CLT) também pode ser pago após a concessão das férias, até a data em que é devida a gratificação natalina.

O pagamento da remuneração das férias concedidas durante o prazo previsto no ato do Ministério do Trabalho e Previdência de que trata o art. 2.º da Lei 14.437/2022 pode ser efetuado até o quinto dia útil do mês subsequente ao do início do gozo das férias, hipótese em que não se aplica o disposto no art. 145 da Consolidação das Leis do Trabalho (art. 10 da Lei 14.437/2022).

Essa previsão, ao afastar a exigência de pagamento da remuneração das férias até dois dias antes do início do respectivo período (art. 145 da CLT), é questionável, por fazer com que o empregado tenha de iniciar as férias sem ter recebido a correspondente remuneração, inviabilizando, em termos remuneratórios, que dela efetivamente usufrua. Nessa linha, conforme o art. 7.º, item 2, da Convenção 132, as quantias devidas em decorrência do gozo de período de férias devem ser pagas ao empregado antes do período de férias, salvo estipulação em contrário contida em acordo que vincule a referida pessoa e seu empregador.

Na hipótese de rescisão do contrato de trabalho, os valores das férias, individuais ou coletivas, ainda não adimplidos devem ser pagos juntamente com as verbas rescisórias devidas (art. 11 da Lei 14.437/2022). No caso de pedido de demissão, as férias antecipadas gozadas cujo período não tenha sido adquirido devem ser descontadas das verbas rescisórias devidas ao empregado (art. 11, parágrafo único, da Lei 14.437/2022).

O empregador pode, a seu critério, durante o prazo previsto no ato do Ministério do Trabalho e Previdência de que trata o art. 2.º da Lei 14.437/2022, conceder férias coletivas a todos os empregados ou a setores da empresa e deve notificar o conjunto de empregados afetados, por escrito ou por meio eletrônico, com antecedência de, no mínimo, 48 horas, hipótese em que não se aplicam o limite máximo de períodos anuais e o limite mínimo de dias corridos previstos na Consolidação das Leis do Trabalho, permitida a concessão por prazo superior a 30 dias (art. 12 da Lei 14.437/2022).

Aplica-se às férias coletivas o disposto no art. 6.º, § 1.º, nos arts. 8.º, 9.º e 10 e no art. 11, parágrafo único, da Lei 14.437/2022 (art. 13 da Lei 14.437/2022).

Na hipótese de que trata o art. 12 da Lei 14.437/2022, ficam dispensadas a comunicação prévia ao órgão local do Ministério do Trabalho e Previdência e a comunicação aos sindicatos representativos da categoria profissional de que trata o art. 139 da Consolidação das Leis do Trabalho (art. 14 da Lei 14.437/2022).

Os empregadores podem, durante o prazo previsto no ato do Ministério do Trabalho e Previdência de que trata o art. 2.º da Lei 14.437/2022, antecipar o gozo de feriados federais, estaduais, distritais e municipais, incluídos os religiosos, e devem notificar, por escrito ou por meio eletrônico, o conjunto de empregados beneficiados, com antecedência de, no mínimo, 48 horas, com a indicação expressa dos feriados aproveitados (art. 15 da Lei 14.437/2022). Os mencionados feriados podem ser utilizados para compensação do saldo em banco de horas.

Embora essa disposição se fundamente no poder de direção do empregador (art. 2.º da CLT), o objetivo dos feriados, que seria permitir o descanso do trabalhador, o lazer com a família e outras atividades sociais, culturais e religiosas, na prática, pode deixar de ser alcançado. Além disso, ao não se estabelecer o limite de feriados cujo gozo possa ser antecipado, o empregado pode ficar sem usufruir, nas datas corretas, diversos feriados futuros, desvirtuando a finalidade desses dias de descanso remunerado.

São feriados nacionais os dias 1.º de janeiro, 21 de abril, 1.º de maio, 7 de setembro, 2 de novembro, 15 de novembro e 25 de dezembro (art. 1.º da Lei 662/1949, com redação dada pela Lei 10.607/2002). São feriados civis: os declarados em lei federal; a data magna do Estado fixada em lei estadual; os dias do início e do término do ano do centenário de fundação do Município, fixados em lei municipal (art. 1.º da Lei 9.093/1995). São feriados religiosos, por sua vez, os dias de guarda, declarados em lei municipal, de acordo com a tradição local e em número não superior a quatro, neste incluída a Sexta-Feira da Paixão (art. 2.º da Lei 9.093/1995).

Ficam autorizadas, durante o prazo previsto no ato do Ministério do Trabalho e Previdência de que trata o art. 2.º da Lei 14.437/2022, a interrupção das atividades pelo empregador e a constituição de regime especial de compensação de jornada, por meio de banco de horas, em favor do empregador ou do empregado, estabelecido por meio de acordo individual ou coletivo escrito, para a compensação no prazo de até 18 meses, contado da data de encerramento do período estabelecido no ato do Ministério do Trabalho e Previdência (art. 16 da Lei 14.437/2022).

Essa possibilidade de estabelecer banco de horas com período de compensação superior a um ano, por meio de acordo meramente individual, ainda que escrito, é questionável, em face da previsão do art. 7.º, inciso XIII, da Constituição da República, por não se tratar de compensação de jornada nos moldes tradicionais, isto é, semanal ou mensal, mas sim por período bem mais longo. A mencionada possibilidade de interrupção das atividades pelo empregador, com isso, pode acarretar ao empregado um desproporcional saldo de horas a serem trabalhadas posteriormente, em favor do empregador, invertendo a determinação de que cabe a este correr o risco de sua atividade.

A compensação de tempo para recuperação do período interrompido pode ser feita por meio da prorrogação de jornada em até duas horas, a qual não pode exceder 10 horas diárias e pode ser realizada aos finais de semana, observado o disposto no art. 68 da Consolidação das Leis do Trabalho, no sentido que o trabalho em domingo, seja total ou parcial, deve ser sempre subordinado à permissão prévia da autoridade competente em matéria de trabalho.

A compensação do saldo de horas pode ser determinada pelo empregador independentemente de convenção coletiva ou de acordo individual ou coletivo (art. 16, § 2.º, da Lei 14.437/2022). Essa previsão procura se fundamentar no poder de direção, que é exercido pelo empregador, mas fragiliza a bilateralidade, que caracteriza o contrato de trabalho.

As empresas que desempenham atividades essenciais podem, durante o prazo previsto no ato do Ministério do Trabalho e Previdência de que trata o art. 2.º da Lei 14.437/2022, constituir regime especial de compensação de jornada por meio de banco de horas independentemente da interrupção de suas atividades.

O ato do Ministério do Trabalho e Previdência de que trata o art. 2.º da Lei 14.437/2022 pode suspender a exigibilidade dos recolhimentos do FGTS de até quatro competências, relativos aos estabelecimentos dos empregadores situados em Municípios alcançados por estado de calamidade pública reconhecido pelo Poder Executivo federal (art. 17 da Lei 14.437/2022).

Os empregadores podem fazer uso da mencionada prerrogativa independentemente: do número de empregados; do regime de tributação; da natureza jurídica; do ramo de atividade econômica; da adesão prévia.

O depósito das competências suspensas pode ser realizado de forma parcelada, sem a incidência da atualização, da multa e dos encargos previstos no art. 22 da Lei 8.036/1990 (art. 18 da Lei 14.437/2022).

Os depósitos referentes às competências suspensas devem ser realizados em até seis parcelas, nos prazos e nas condições estabelecidos no ato do Ministério do Trabalho e Previdência, na data prevista para o recolhimento mensal devido, conforme disposto no art. 15 da Lei 8.036/1990 (art. 18, § 1.º, da Lei 14.437/2022).

Logo, além da possibilidade de suspensão dos recolhimentos do FGTS de até quatro competências, o seu depósito pode ser efetuado de forma parcelada (ou seja, em até seis parcelas). O direito dos empregados aos depósitos ao FGTS, de todo modo, fica mantido, ou seja, não é excluído mesmo no referido período.

Até que o disposto no art. 17-A da Lei 8.036/1990 (sistema de escrituração digital) seja regulamentado e produza efeitos, para usufruir da prerrogativa prevista no art. 18 da Lei 14.437/2022, o empregador fica obrigado a declarar as informações na data prevista em ato do Ministério do Trabalho e Previdência, nos termos do art. 32, inciso IV, da Lei 8.212/1991, observado que: I – as informações prestadas constituem declaração e reconhecimento dos créditos delas decorrentes, caracterizam confissão de débito e constituem instrumento hábil e suficiente para a cobrança do crédito de FGTS; II – os valores não declarados não têm sua exigibilidade suspensa e obrigam o pagamento integral da multa e dos encargos devidos nos termos do art. 22 da Lei 8.036/1990, sem possibilidade de realização do parcelamento de que trata o art. 18 da Lei 14.437/2022.

Para os depósitos de FGTS realizados nos termos do art. 18 da Lei 14.437/2022, a atualização monetária e a capitalização dos juros de que trata o art. 13 da Lei 8.036/1990, incidentes sobre os valores devidos na competência originária, correm à conta do FGTS.

Na hipótese de rescisão do contrato de trabalho que autorize o saque do FGTS, a suspensão prevista no art. 17 da Lei 14.437/2022 resolve-se em relação ao respectivo empregado, e fica o empregador obrigado: I – ao recolhimento dos valores de FGTS cuja exigibilidade tenha sido suspensa nos termos da Lei 14.437/2022, sem incidência da multa e dos encargos devidos na forma do art. 22 da Lei 8.036/1990, desde que seja efetuado no prazo legal; II – ao depósito dos valores previstos no art. 18 da Lei 8.036/1990 (art. 19 da Lei 14.437/2022). Na referida hipótese, as eventuais parcelas vincendas terão a sua data de vencimento antecipada para o prazo aplicável ao recolhimento previsto no art. 18 da Lei 8.036/1990.

A conta vinculada do trabalhador no FGTS pode ser movimentada nas situações previstas no art. 20 da Lei 8.036/1990.

Ocorrendo rescisão do contrato de trabalho por parte do empregador, este fica obrigado a depositar na conta vinculada do trabalhador no FGTS os valores relativos aos depósitos referentes ao mês da rescisão e ao imediatamente anterior, que ainda não houver sido recolhido, sem prejuízo das cominações legais (art. 18 da Lei 8.036/1990).

Na hipótese de despedida pelo empregador sem justa causa, este deve depositar, na conta vinculada do trabalhador no FGTS, importância igual a 40% do montante de todos os depósitos realizados na conta vinculada durante a vigência do contrato de trabalho, atualizados monetariamente e acrescidos dos respectivos juros (art. 18, § 1.º, da Lei 8.036/1990). Quando ocorrer despedida por culpa recíproca ou força maior, reconhecida pela Justiça do Trabalho, o mencionado percentual será de 20% (art. 18, § 2.º, da Lei 8.036/1990).

As importâncias de que trata o art. 18 da Lei 8.036/1990 devem constar da documentação comprobatória do recolhimento dos valores devidos a título de rescisão do contrato de trabalho, observado o disposto no art. 477 da CLT, eximindo o empregador, exclusivamente, quanto aos valores discriminados (art. 18, § 3.º, da Lei 8.036/1990).

Os valores de FGTS cuja exigibilidade tenha sido suspensa nos termos do art. 17 da Lei 14.437/2022, caso inadimplidos nos prazos fixados na forma da Lei 14.437/2022, estão sujeitos à multa e aos encargos devidos nos termos do art. 22 da Lei 8.036/1990, desde a data originária de vencimento fixada no art. 15 da Lei 8.036/1990 (art. 20 da Lei 14.437/2022).

Na hipótese de suspensão da exigibilidade de que trata o art. 17 da Lei 14.437/2022, o prazo prescricional dos débitos relativos aos depósitos do FGTS vencidos até a data de publicação do ato do Ministério do Trabalho e Previdência de que trata o art. 2.º da Lei 14.437/2022 fica suspenso por 120 dias (art. 21 da Lei 14.437/2022).

Cf. comentários ao art. 11 da CLT, item 5. Cf. ainda Súmula 362 do TST.

O inadimplemento das parcelas previstas no art. 18, § 1.º, da Lei 14.437/2022 e a não quitação do FGTS nos termos do art. 19 da Lei 14.437/2022 ensejam o bloqueio da emissão do certificado de regularidade do FGTS (art. 22 da Lei 14.437/2022).

Na hipótese de suspensão da exigibilidade de que trata o art. 17 da Lei 14.437/2022, os prazos dos certificados de regularidade do FGTS emitidos até a data de publicação do ato do Ministério do Trabalho e Previdência de que trata o art. 2.º da Lei 14.437/2022 ficam prorrogados por 90 dias (art. 23 da Lei 14.437/2022).

Durante o prazo previsto no ato do Ministério do Trabalho e Previdência de que trata o art. 2.º da Lei 14.437/2022, o curso ou o programa de qualificação profissional de que trata o art. 476-A da Consolidação das Leis do Trabalho pode ser oferecido pelo empregador exclusivamente na modalidade não presencial e terá duração de, no mínimo, um mês e, no máximo, três meses (art. 43 da Lei 14.437/2022). Essa previsão decorre da maior dificuldade de presença física em curso ou programa de qualificação profissional, em razão de estado de calamidade pública em âmbito nacional ou em âmbito estadual, distrital ou municipal reconhecido pelo Poder Executivo federal. Cf. comentários ao art. 476-A da CLT.

A referida suspensão do contrato de trabalho para a realização do curso de qualificação pode ser realizada por acordo individual escrito, quando houver o pagamento pelo empregador de ajuda compensatória mensal em valor equivalente à diferença entre a remuneração do empregado e a bolsa de qualificação (art. 43, § 1.º, da Lei 14.437/2022).

O pagamento da referida ajuda compensatória deve observar o disposto no art. 31, § 1.º, da Lei 14.437/2022, sobre o pagamento, pelo empregador, de ajuda compensatória mensal, em decorrência da redução proporcional da jornada de trabalho e do salário ou da suspensão temporária do contrato de trabalho, no âmbito do Programa Emergencial de Manutenção do Emprego e da Renda.

Se, após a pactuação de acordo individual na forma prevista no art. 43, § 1.º, da Lei 14.437/2022 houver a celebração de convenção coletiva ou de acordo coletivo de trabalho com cláusulas conflitantes com as cláusulas do acordo individual, devem ser observadas as seguintes regras: I – a aplicação das condições estabelecidas no acordo individual em relação ao período anterior ao período da negociação coletiva; II – a prevalência das condições estipuladas na negociação coletiva, naquilo em que conflitarem com as condições estabelecidas no acordo individual, a partir da data de entrada em vigor da convenção coletiva ou do acordo coletivo de trabalho.

As condições do acordo individual prevalecem sobre a negociação coletiva se forem mais favoráveis ao trabalhador.

Durante o prazo previsto no regulamento de que trata o art. 2.º da Lei 14.437/2022, fica permitida a utilização de meios eletrônicos para cumprimento dos requisitos formais previstos no Título VI da Consolidação das Leis do Trabalho (sobre convenções coletivas de trabalho e acordos coletivos de trabalho), inclusive para convocação, deliberação, decisão, formalização e publicidade de convenção ou de acordo coletivo de trabalho (art. 44 da Lei 14.437/2022). Essa previsão tem como objetivo facilitar o procedimento da negociação coletiva e a celebração dos instrumentos normativos decorrentes, considerando a dificuldade de presença física nos atos necessários, em decorrência de estado de calamidade pública em âmbito nacional ou em âmbito estadual, distrital ou municipal reconhecido pelo Poder Executivo federal.

Durante o prazo previsto no ato do Ministério do Trabalho e Previdência de que trata o art. 2.º da Lei 14.437/2022, os prazos previstos no Título VI da Consolidação das Leis do Trabalho (arts. 611 a 625) ficam reduzidos pela metade (art. 45 da Lei 14.437/2022). Essa previsão visa a acelerar os trâmites para a formalização da norma coletiva negociada, em razão de estado de calamidade pública em âmbito nacional ou em âmbito estadual, distrital ou municipal reconhecido pelo Poder Executivo federal.

O disposto na Lei 14.437/2022 aplica-se também: I – às relações de trabalho regidas: a) pela Lei 6.019/1974 (relações de trabalho na empresa de trabalho temporário, na empresa de prestação de serviços e nas respectivas tomadoras de serviço e contratante); b) pela Lei 5.889/1973 (relações de trabalho rural); II – no que couber, às relações regidas pela Lei Complementar 150/2015 (contrato de trabalho doméstico), tais como as disposições referentes ao Programa Emergencial de Manutenção do Emprego e da Renda, à redução de jornada, ao banco de horas e às férias (art. 46 da Lei 14.437/2022).

A Lei 14.437/2022 entrou em vigor na data de sua publicação, ocorrida em 16.08.2022 (art. 47 da Lei 14.437/2022).

5. PROGRAMA EMERGENCIAL DE MANUTENÇÃO DO EMPREGO E DA RENDA

O Poder Executivo federal pode instituir o Programa Emergencial de Manutenção do Emprego e da Renda, para o enfrentamento das consequências sociais e econômicas de estado de calamidade pública em âmbito nacional ou em âmbito estadual, distrital ou municipal reconhecido pelo Poder Executivo federal (art. 24 da Lei 14.437/2022).

A adoção do Programa Emergencial de Manutenção do Emprego e da Renda deve observar o disposto no regulamento, que estabelecerá a forma e o prazo durante o qual o Programa pode ser adotado, observadas as disponibilidades financeiras e orçamentárias. O mencionado prazo será de até 90 dias, prorrogável enquanto durar o estado de calamidade pública em âmbito nacional ou em âmbito estadual, distrital ou municipal reconhecido pelo Poder Executivo federal.

São medidas do Programa Emergencial de Manutenção do Emprego e da Renda: I – o pagamento do benefício emergencial de manutenção do emprego e da renda (BEm); II – a redução proporcional da jornada de trabalho e do salário; III – a suspensão temporária do contrato de trabalho (art. 25 da Lei 14.437/2022).

Essa previsão não se aplica: I – no âmbito da União, dos Estados, do Distrito Federal e dos Municípios: a) aos órgãos da administração pública direta e indireta; b) às empresas públicas e às sociedades de economia mista, inclusive às suas subsidiárias; II – aos organismos internacionais.

Compete ao Ministério do Trabalho e Previdência coordenar, executar, monitorar e fiscalizar o Programa Emergencial de Manutenção do Emprego e da Renda e editar as normas complementares necessárias à sua execução (art. 26 da Lei 14.437/2022).

O Ministério do Trabalho e Previdência deve divulgar, por meio eletrônico, informações detalhadas sobre os acordos firmados, com o número de empregados e empregadores beneficiados.

O benefício emergencial de manutenção do emprego e da renda deve ser pago nas hipóteses de: I – redução proporcional da jornada de trabalho e do salário; II – suspensão temporária do contrato de trabalho (art. 27 da Lei 14.437/2022).

O benefício emergencial de manutenção do emprego e da renda deve ser custeado com recursos da União, mediante disponibilidade orçamentária.

O benefício emergencial de manutenção do emprego e da renda será de prestação mensal e devido a partir da data do início da redução da jornada de trabalho e do salário ou da suspensão temporária do contrato de trabalho, observadas as seguintes disposições: I – o empregador deve informar ao Ministério do Trabalho e Previdência a redução da jornada de trabalho e do salário ou a suspensão temporária do contrato de trabalho, no prazo de 10 dias, contado da data da celebração do acordo; II – a primeira parcela deve ser paga no prazo de 30 dias, contado da data da celebração do acordo, desde que a celebração do acordo seja informada no prazo a que se refere o inciso I; III – o benefício deve ser pago exclusivamente enquanto durar a redução da jornada de trabalho e do salário ou a suspensão temporária do contrato de trabalho (art. 27, § 2.º, da Lei 14.437/2022).

Caso a informação de que trata o inciso I não seja prestada no prazo de 10 dias, contado da data da celebração do acordo: I – o empregador ficará responsável pelo pagamento da remuneração no valor anterior à redução da jornada de trabalho e do salário ou à suspensão temporária do contrato de trabalho do empregado, inclusive dos respectivos encargos sociais e trabalhistas, até que a informação seja prestada; II – a data de início do benefício emergencial de manutenção do emprego e da renda será estabelecida na data em que a informação tenha sido efetivamente prestada, e o benefício será devido pelo restante do período pactuado; III – a primeira parcela, observado o disposto no inciso II, será paga no prazo de 30 dias, contado da data em que a informação tiver sido efetivamente prestada.

Ato do Ministério do Trabalho e Previdência deve disciplinar a forma de: transmissão das informações e das comunicações pelo empregador; concessão e pagamento do benefício emergencial de manutenção do emprego e da renda; interposição de recurso contra as decisões proferidas em relação ao benefício emergencial de manutenção do emprego e da renda.

As notificações e as comunicações referentes ao benefício emergencial de manutenção do emprego e da renda podem ser realizadas exclusivamente por meio digital, mediante a ciência do interessado, o cadastramento em sistema próprio e a utilização de certificado digital da Infraestrutura de Chaves Públicas Brasileira (ICP-Brasil) ou o uso de *login* e senha, conforme estabelecido em ato do Ministério do Trabalho e Previdência.

O devido recebimento do benefício emergencial de manutenção do emprego e da renda não impede a concessão nem altera o valor do seguro-desemprego a que o empregado vier a ter direito, desde que cumpridos os requisitos previstos na Lei 7.998/1990, no momento de eventual dispensa.

O benefício emergencial de manutenção do emprego e da renda deve ser operacionalizado e pago pelo Ministério do Trabalho e Previdência.

O valor do benefício emergencial de manutenção do emprego e da renda deve ter como base de cálculo o valor da parcela do seguro-desemprego a que o empregado teria direito, nos termos do art. 5.º da Lei 7.998/1990, observadas as seguintes disposições: I – na hipótese de redução da jornada de trabalho e do salário, deve ser calculado com a aplicação do percentual da redução sobre a base de cálculo; II – na hipótese de suspensão temporária do contrato de trabalho, tem valor mensal: a) equivalente a 100% do valor do seguro-desemprego a que o empregado teria direito, na hipótese prevista no art. 30, *caput*, da Lei 14.437/2022; ou b) equivalente a 70% do valor do seguro-desemprego a que o empregado teria direito, na hipótese prevista no art. 30, § 6.º, da Lei 14.437/2022 (art. 28 da Lei 14.437/2022).

O benefício emergencial de manutenção do emprego e da renda deve ser pago ao empregado independentemente do: cumprimento de qualquer período aquisitivo; tempo de vínculo empregatício; número de salários recebidos.

O benefício emergencial de manutenção do emprego e da renda não é devido ao empregado que: I – seja ocupante de cargo ou emprego público ou cargo em comissão de livre nomeação e exoneração, ou seja titular de mandato eletivo; ou II – esteja em gozo: a) de benefício de prestação continuada do Regime Geral de Previdência Social ou dos Regimes Próprios de Previdência Social, ressalvados os benefícios de pensão por morte e de auxílio-acidente; b) do seguro-desemprego, em quaisquer de suas modalidades; ou c) da bolsa de qualificação profissional de que trata o art. 2.º-A da Lei 7.998/1990 (custeada pelo Fundo de Amparo ao Trabalhador).

O empregado com mais de um vínculo formal de emprego pode receber cumulativamente um benefício emergencial de manutenção do emprego e da renda para cada vínculo com redução proporcional da jornada de trabalho e do salário ou com suspensão temporária do contrato de trabalho.

Nos casos em que o cálculo do benefício emergencial de manutenção do emprego e da renda resultar em valores decimais, o valor a ser pago deve ser arredondado para a unidade inteira imediatamente superior.

O empregado com contrato de trabalho intermitente a que se refere o art. 443, § 3.º, da Consolidação das Leis do Trabalho não faz jus ao benefício emergencial de manutenção do emprego e da renda.

O benefício emergencial de manutenção do emprego e da renda do aprendiz: pode ser acumulado com o benefício de prestação continuada de que trata o art. 20 da Lei 8.742/1993; não é computado para fins de cálculo da renda familiar *per capita* para a concessão ou a manutenção do benefício de prestação continuada de que trata o art. 20 da Lei 8.742/1993.

Fica suspenso o prazo a que se refere o art. 21-A, § 2.º, da Lei 8.742/1993 (dois anos)[128] durante o recebimento do benefício emergencial de manutenção do emprego e da renda pelo aprendiz.

O empregador, na forma e no prazo previstos no regulamento de que trata o art. 24 da Lei 14.437/2022, pode acordar a redução proporcional da jornada de trabalho e do salário de seus empregados, de forma setorial, departamental, parcial ou na totalidade dos postos de trabalho, observados os seguintes requisitos: I – preservação do valor do salário-hora

[128] "§ 2.º A contratação de pessoa com deficiência como aprendiz não acarreta a suspensão do benefício de prestação continuada, limitado a 2 (dois) anos o recebimento concomitante da remuneração e do benefício".

de trabalho; II – pactuação, conforme o disposto nos arts. 33 e 34 da Lei 14.437/2022, por convenção coletiva de trabalho, por acordo coletivo de trabalho ou por acordo individual escrito entre empregador e empregado; III – na hipótese de pactuação por acordo individual escrito, encaminhamento da proposta de acordo ao empregado com antecedência de, no mínimo, dois dias corridos e redução da jornada de trabalho e do salário somente nos seguintes percentuais: a) 25%; b) 50%; ou c) 70% (art. 29 da Lei 14.437/2022).

A jornada de trabalho e o salário pago anteriormente devem ser restabelecidos no prazo de dois dias corridos, contado da: I – cessação do estado de calamidade pública; II – data estabelecida como termo de encerramento do período de redução pactuado; ou III – data de comunicação do empregador que informe ao empregado a sua decisão de antecipar o fim do período de redução pactuado.

O empregador, na forma e no prazo previstos no regulamento de que trata o art. 24 da Lei 14.437/2022, pode acordar a suspensão temporária do contrato de trabalho de seus empregados, de forma setorial, departamental, parcial ou na totalidade dos postos de trabalho (art. 30 da Lei 14.437/2022).

A suspensão temporária do contrato de trabalho deve ser pactuada, conforme o disposto nos arts. 33 e 34 da Lei 14.437/2022, por convenção coletiva de trabalho, por acordo coletivo de trabalho ou por acordo individual escrito entre empregador e empregado. Na hipótese de acordo individual escrito entre empregador e empregado, a proposta deve ser encaminhada ao empregado com antecedência de, no mínimo, dois dias corridos.

O empregado, durante o período de suspensão temporária do contrato de trabalho: faz jus a todos os benefícios concedidos pelo empregador aos seus empregados; fica autorizado a recolher para o Regime Geral de Previdência Social na qualidade de segurado facultativo.

O contrato de trabalho deve ser restabelecido no prazo de dois dias corridos, contado da: I – cessação do estado de calamidade pública; II – data estabelecida como termo de encerramento do período de suspensão pactuado; ou III – data de comunicação do empregador que informe ao empregado a sua decisão de antecipar o fim do período de suspensão pactuado.

Se durante o período de suspensão temporária do contrato de trabalho o empregado mantiver as atividades de trabalho, ainda que parcialmente, por meio de teletrabalho, trabalho remoto ou trabalho a distância, ficará descaracterizada a suspensão temporária do contrato de trabalho, e o empregador estará sujeito: ao pagamento imediato da remuneração e dos encargos sociais referentes a todo o período; às penalidades previstas na legislação; às sanções previstas em convenção coletiva ou em acordo coletivo de trabalho.

A empresa que tiver auferido, no ano-calendário anterior ao estado de calamidade pública de que trata o art. 1.º da Lei 14.437/2022, receita bruta superior ao limite máximo previsto no art. 3.º, inciso II, da Lei Complementar 123/2006 (R$ 4.800.000,00), somente pode suspender o contrato de trabalho de seus empregados mediante o pagamento de ajuda compensatória mensal no valor de 30% do valor do salário do empregado, durante o período de suspensão temporária do contrato de trabalho pactuado, observado o disposto nos arts. 30 e 31 da Lei 14.437/2022 (art. 30, § 6.º, da Lei 14.437/2022).

O benefício emergencial de manutenção do emprego e da renda pode ser acumulado com o pagamento, pelo empregador, de *ajuda compensatória mensal*, em decorrência da redução proporcional da jornada de trabalho e do salário ou da suspensão temporária do contrato de trabalho de que trata a Lei 14.437/2022 (art. 31).

A mencionada ajuda compensatória mensal: deve ter o valor definido em negociação coletiva ou no acordo individual escrito pactuado; não integra a base de cálculo do valor dos depósitos do FGTS, instituído pela Lei 8.036/1990 e de que trata a Lei Complementar 150/2015 (art. 31, § 1.º, da Lei 14.437/2022).

Na hipótese de redução proporcional da jornada de trabalho e do salário, a referida ajuda compensatória não integra o salário devido pelo empregador e deve observar o disposto no art. 31, § 1.º, da Lei 14.437/2022.

Fica reconhecida a garantia provisória no emprego ao empregado que receber o benefício emergencial de manutenção do emprego e da renda em decorrência da redução da jornada de trabalho e do salário ou da suspensão temporária do contrato de trabalho de que trata a Lei 14.437/2022, nos seguintes termos: I – durante o período acordado de redução da jornada de trabalho e do salário ou de suspensão temporária do contrato de trabalho; II – após o restabelecimento da jornada de trabalho e do salário ou do encerramento da suspensão temporária do contrato de trabalho, por período equivalente ao acordado para a redução ou a suspensão; III – no caso da empregada gestante, por período equivalente ao acordado para a suspensão temporária do contrato de trabalho, contado da data do término do período da garantia estabelecida no art. 10, inciso II, alínea "b", do Ato das Disposições Constitucionais Transitórias (cinco meses após o parto) (art. 32 da Lei 14.437/2022).

A dispensa sem justa causa que ocorrer durante o referido período de garantia provisória no emprego sujeita o empregador ao pagamento, além das parcelas rescisórias previstas na legislação, de indenização no valor de: I – 50% do salário a que o empregado teria direito no período de garantia provisória no emprego, na hipótese de redução da jornada de trabalho e do salário igual ou superior a 25% e inferior a 50%; II – 75% do salário a que o empregado teria direito no período de garantia provisória no emprego, na hipótese de redução da jornada de trabalho e do salário igual ou superior a 50% e inferior a 70%; III 100% do salário a que o empregado teria direito no período de garantia provisória no emprego, nas hipóteses de redução da jornada de trabalho e do salário em percentual igual ou superior a 70% ou de suspensão temporária do contrato de trabalho.

Os prazos da garantia provisória no emprego decorrente dos acordos de redução proporcional da jornada de trabalho e do salário ou de suspensão do contrato de trabalho com base em regulamento editado na forma do art. 24 da Lei 14.437/2022 ficam suspensos na hipótese de recebimento do benefício com fundamento em um regulamento posterior, também expedido na forma do art. 24 da Lei 14.437/2022, durante o recebimento do benefício emergencial de manutenção do emprego e da renda de que trata esse regulamento posterior, e somente retomam a sua contagem após o encerramento do período da garantia de emprego de que trata o regulamento posterior.

O disposto no art. 32 da Lei 14.437/2022 não se aplica às hipóteses de pedido de demissão, de extinção do contrato de trabalho por acordo nos termos do art. 484-A da Consolidação das Leis do Trabalho ou de dispensa por justa causa do empregado.

As medidas de redução proporcional da jornada de trabalho e do salário ou de suspensão temporária do contrato de trabalho de que trata a Lei 14.437/2022 podem ser celebradas por meio de negociação coletiva, observado o disposto no art. 33, § 1.º, e nos arts. 29 e 30 da Lei 14.437/2022 (art. 33 da Lei 14.437/2022).

A convenção coletiva ou o acordo coletivo de trabalho podem estabelecer redução da jornada de trabalho e do salário em percentuais diversos daqueles previstos no art. 29, inciso III, da Lei 14.437/2022 (art. 33, § 1.º, da Lei 14.437/2022).

Na hipótese prevista no art. 33, § 1.º, da Lei 14.437/2022, o benefício emergencial de manutenção do emprego e da renda será devido nos seguintes termos: I – sem percepção do benefício, para a redução da jornada de trabalho e do salário inferior a 25%; II – no valor de 25% sobre a base de cálculo prevista no art. 28 da Lei 14.437/2022, para a redução da jornada de trabalho e do salário igual ou superior a 25% e inferior a 50%; III – no valor de 50% sobre a base de cálculo prevista no art. 28 da Lei 14.437/2022, para a redução da jornada de trabalho e do salário igual ou superior a 50% e inferior a 70%; IV – no valor de 70% sobre a base de cálculo prevista no art. 28 da Lei 14.437/2022, para a redução da jornada de trabalho e do salário igual ou superior a 70%.

As convenções coletivas ou os acordos coletivos de trabalho celebrados anteriormente à publicação do regulamento de que trata o art. 24 da Lei 14.437/2022 podem ser renegociados para adequação de seus termos no prazo de 10 dias corridos, contado da data de publicação do regulamento.

As medidas de que trata o art. 25 da Lei 14.437/2022 serão implementadas por meio de acordo individual escrito ou de negociação coletiva aos empregados: I – com salário igual ou inferior a metade do limite máximo dos benefícios do Regime Geral de Previdência Social; ou II – com diploma de nível superior que percebam salário mensal igual ou superior a duas vezes o limite máximo dos benefícios do Regime Geral de Previdência Social (art. 34 da Lei 14.437/2022).

Para os empregados que não se enquadrem nessa previsão, as medidas de que trata o art. 25 da Lei 14.437/2022 somente podem ser estabelecidas por convenção coletiva ou por acordo coletivo de trabalho, exceto nas seguintes hipóteses, nas quais se admite a pactuação por acordo individual escrito: I – redução proporcional da jornada de trabalho e do salário de 25%, de que trata o art. 29, inciso III, alínea "a", da Lei 14.437/2022; ou II – redução proporcional da jornada de trabalho e do salário ou suspensão temporária do contrato de trabalho, quando do acordo não resultar diminuição do valor total recebido mensalmente pelo empregado, incluídos o valor do benefício emergencial de manutenção do emprego e da renda, a ajuda compensatória mensal e, em caso de redução da jornada de trabalho, o salário pago pelo empregador em razão das horas trabalhadas pelo empregado (art. 34, § 1.º, da Lei 14.437/2022).

Apesar do art. 7.º, inciso VI, da Constituição Federal de 1988, ao estabelecer a irredutibilidade do salário, salvo o disposto em convenção coletiva ou acordo coletivo de trabalho, cabe o registro de que o Supremo Tribunal Federal decidiu manter as previsões da Medida Provisória 936/2020, posteriormente convertida na Lei 14.020/2020, sobre autorização, em certas hipóteses, da redução da jornada de trabalho e de salário ou da suspensão temporária do contrato de trabalho por meio de acordo individual escrito, independentemente de negociação coletiva e da anuência do sindicato. Em razão daquele momento excepcional, entendeu-se razoável a previsão de acordo individual, ao garantir renda mínima ao trabalhador e preservar o vínculo de emprego na crise, além do que a exigência de atuação sindical, instaurando a negociação coletiva ou não se manifestando no prazo previsto, geraria insegurança jurídica e aumento do risco de desemprego (STF, Pleno, MC-ADI 6.363/DF, Red. p/ ac. Min. Alexandre de Moraes, j. 17.04.2020, *DJe* 24.11.2020)[129]. Com a publicação da Lei 14.020/2020, que instituiu o Programa Emergencial de Manutenção do Emprego e da Renda e dispôs sobre medidas complementares para enfrentamento do estado de cala-

---

[129] Disponível em: <http://portal.stf.jus.br/noticias/verNoticiaDetalhe.asp?idConteudo=441651&ori=1>.

midade pública e da emergência de saúde pública de importância internacional decorrente do coronavírus, a referida ação direta de inconstitucionalidade foi julgada prejudicada, em razão da substancial alteração dos dispositivos questionados (STF, ADI 6.363/DF, Rel. Min. Ricardo Lewandowski, *DJe* 24.08.2021).

Para os empregados que se encontrem em gozo do benefício de aposentadoria, a implementação das medidas de redução proporcional da jornada de trabalho e do salário ou de suspensão temporária do contrato de trabalho por acordo individual escrito somente é admitida quando, além do enquadramento em alguma das hipóteses de autorização do acordo individual de trabalho previstas no art. 34, § 1.º, da Lei 14.437/2022, houver o pagamento, pelo empregador, de ajuda compensatória mensal, observados o disposto no art. 31 da Lei 14.437/2022 e as seguintes condições: I – o valor da referida ajuda compensatória mensal deve ser, no mínimo, equivalente ao valor do benefício emergencial de manutenção do emprego e da renda que o empregado receberia se não houvesse a vedação prevista no art. 28, § 2.º, inciso II, alínea "a", do da Lei 14.437/2022; II – o valor total pago a título de ajuda compensatória mensal deve ser, no mínimo, igual à soma do valor previsto no art. 30, § 6.º, da Lei 14.437/2022 com o valor mínimo previsto no inciso I, na hipótese de empresa que se enquadre no disposto naquele dispositivo.

Os atos necessários à pactuação dos acordos individuais escritos de que trata o art. 34 da Lei 14.437/2022 podem ser realizados por meios físicos ou eletrônicos.

Os acordos individuais de redução da jornada de trabalho e do salário ou de suspensão temporária do contrato de trabalho, pactuados nos termos da Lei 14.437/2022, devem ser comunicados pelos empregadores ao sindicato da categoria profissional, no prazo de 10 dias corridos, contado da data de sua celebração.

Se, após a pactuação de acordo individual na forma prevista no art. 34 da Lei 14.437/2022, houver a celebraçao de convenção coletiva ou de acordo coletivo de trabalho com cláusulas conflitantes com as cláusulas do acordo individual, devem ser observadas as seguintes regras: I – a aplicação das condições estabelecidas no acordo individual em relação ao período anterior ao período da negociação coletiva; II – a prevalência das condições estipuladas na negociação coletiva, naquilo em que conflitarem com as condições estabelecidas no acordo individual, a partir da data de entrada em vigor da convenção coletiva ou do acordo coletivo de trabalho.

As condições do acordo individual prevalecem sobre a negociação coletiva se forem mais favoráveis ao trabalhador. Trata-se de previsão que decorre do princípio da norma mais favorável, com fundamento no art. 7.º, *caput*, da Constituição Federal de 1988.

A redução proporcional da jornada de trabalho e do salário ou a suspensão temporária do contrato de trabalho, quando adotada, deve resguardar o exercício e o funcionamento dos serviços públicos e das atividades essenciais de que trata a Lei 7.783/1989, que dispõe sobre o exercício do direito de greve (art. 35 da Lei 14.437/2022).

As irregularidades constatadas pela Auditoria-Fiscal do Trabalho do Ministério do Trabalho e Previdência quanto aos acordos de redução proporcional da jornada de trabalho e do salário ou de suspensão temporária do contrato de trabalho de que trata a Lei 14.437/2022 sujeitam os infratores à multa prevista no art. 25 da Lei 7.998/1990 (art. 36 da Lei 14.437/2022).

O processo de fiscalização, de notificação, de autuação e de imposição de multas decorrente das disposições da Lei 14.437/2022 deve observar o disposto no Título VII da

Consolidação das Leis do Trabalho (arts. 626 a 642, sobre processo de multas administrativas), hipótese em que não se aplica o critério da dupla visita.

O disposto nos arts. 24 a 42 da Lei 14.437/2022 aplica-se aos contratos de trabalho celebrados até a data de publicação do regulamento de que trata o art. 24 da Lei 14.437/2022 (art. 37 da Lei 14.437/2022). Essa previsão aplica-se aos contratos de trabalho de aprendizagem e de jornada parcial.

O trabalhador que receber indevidamente parcela do benefício emergencial de manutenção do emprego e da renda está sujeito à compensação automática com eventuais parcelas devidas do referido benefício relativas ao mesmo acordo ou a acordos diversos ou com futuras parcelas de abono salarial de que trata a Lei 7.998/1990 ou de seguro-desemprego a que tiver direito, na forma prevista no art. 25-A da referida Lei, conforme estabelecido em ato do Ministério do Trabalho e Previdência, garantido ao trabalhador o direito de ciência prévia sobre a referida compensação (art. 38 da Lei 14.437/2022).

O empregador e o empregado podem, em comum acordo, optar pelo cancelamento de aviso prévio em curso (art. 39 da Lei 14.437/2022). Trata-se de previsão aplicável ao aviso prévio na forma trabalhada, concedido pelo empregador ou pelo empregado, na linha do art. 489 da CLT. Na hipótese de cancelamento do aviso prévio na forma indicada, as partes podem adotar as medidas do Programa Emergencial de Manutenção do Emprego e da Renda.

Fica dispensada a licitação para contratação da Caixa Econômica Federal e do Banco do Brasil S.A. para a operacionalização do pagamento do benefício emergencial de manutenção do emprego e da renda (art. 40 da Lei 14.437/2022).

O beneficiário pode receber o benefício emergencial de manutenção do emprego e da renda na instituição financeira em que possuir conta-poupança ou conta de depósito à vista, exceto conta-salário, desde que autorize o empregador a informar os seus dados bancários quando prestadas as informações de que trata o art. 27, § 2.º, inciso I, da Lei 14.437/2022 (art. 41 da Lei 14.437/2022).

Na hipótese de não validação ou de rejeição do crédito na conta indicada, inclusive pelas instituições financeiras destinatárias das transferências, ou na ausência da indicação de conta-poupança ou conta de depósito à vista, a Caixa Econômica Federal e o Banco do Brasil S.A. podem utilizar outra conta-poupança de titularidade do beneficiário, identificada por meio de processo de levantamento e conferência da coincidência de dados cadastrais para o pagamento do benefício emergencial de manutenção do emprego e da renda.

Na hipótese de não ser localizada conta-poupança de titularidade do beneficiário na forma indicada, a Caixa Econômica Federal e o Banco do Brasil S.A. podem realizar o pagamento do benefício emergencial de manutenção do emprego e da renda por meio de conta digital, de abertura automática, em nome do beneficiário, com as seguintes características: dispensa de apresentação de documentos pelo beneficiário; isenção de cobrança de tarifas de manutenção; direito a, no mínimo, três transferências eletrônicas de valores e a um saque ao mês, sem custos, para conta mantida em instituição autorizada a operar pelo Banco Central do Brasil; vedação à emissão de cheque.

É vedado às instituições financeiras, independentemente da modalidade de conta utilizada para pagamento do benefício emergencial de manutenção do emprego e da renda, efetuar descontos, compensações ou pagamentos de débitos de qualquer natureza, mesmo a pretexto de recompor saldo negativo ou de saldar dívidas preexistentes, que impliquem a redução do valor do benefício.

Os recursos relativos ao benefício emergencial de manutenção do emprego e da renda creditados nos termos indicados e não movimentados no prazo de um ano, contado da data do depósito, devem retornar para a União.

O Ministério do Trabalho e Previdência deve editar os atos complementares necessários à execução do disposto nos arts. 40 e 41 da Lei 14.437/2022 (art. 42 da Lei 14.437/2022).

6. APOIO À PARENTALIDADE POR MEIO DA FLEXIBILIZAÇÃO DO REGIME DE TRABALHO

Foi instituído o Programa Emprega + Mulheres, destinado à inserção e à manutenção de mulheres no mercado de trabalho por meio da implementação, entre outras, das seguintes medidas para apoio à parentalidade por meio da flexibilização do regime de trabalho: teletrabalho; regime de tempo parcial; regime especial de compensação de jornada de trabalho por meio de banco de horas; jornada de 12 horas trabalhadas por 36 horas ininterruptas de descanso, quando a atividade permitir; antecipação de férias individuais; horários de entrada e de saída flexíveis (art. 1.º, inciso II, da Lei 14.457/2022).

Para os efeitos da Lei 14.457/2022, parentalidade é o vínculo socioafetivo maternal, paternal ou qualquer outro que resulte na assunção legal do papel de realizar as atividades parentais, de forma compartilhada entre os responsáveis pelo cuidado e pela educação das crianças e dos adolescentes, nos termos do art. 22, parágrafo único, da Lei 8.069/1990 (Estatuto da Criança e do Adolescente)[130].

Na alocação de vagas para as atividades que possam ser efetuadas por meio de teletrabalho, trabalho remoto ou trabalho a distância, nos termos do Capítulo II-A do Título II da Consolidação das Leis do Trabalho (arts. 75-A a 75-F), os empregadores devem conferir prioridade: I – às empregadas e aos empregados com filho, enteado ou criança sob guarda judicial com até seis anos de idade; II – às empregadas e aos empregados com filho, enteado ou pessoa sob guarda judicial com deficiência, sem limite de idade (art. 7.º da Lei 14.457/2022). Trata-se de previsão que complementa o disposto no art. 75-F da CLT, incluído pela Lei 14.442/2022.

No âmbito dos poderes diretivo e gerencial dos empregadores, e considerada a vontade expressa dos empregados e das empregadas, haverá priorização na concessão de uma ou mais das seguintes medidas de flexibilização da jornada de trabalho e das férias aos empregados e às empregadas que tenham filho, enteado ou pessoa sob sua guarda com até seis anos de idade ou com deficiência, com vistas a promover a conciliação entre o trabalho e a parentalidade: I – regime de tempo parcial, nos termos do art. 58-A da CLT; II – regime especial de compensação de jornada de trabalho por meio de banco de horas, nos termos do art. 59 da CLT; III – jornada de 12 horas trabalhadas por 36 horas ininterruptas de descanso, nos termos do art. 59-A da CLT; IV – antecipação de férias individuais; V – horários de entrada e de saída flexíveis (art. 8.º da Lei 14.457/2022).

As medidas de que tratam os incisos I e IV do art. 8.º da Lei 14.457/2022 somente podem ser adotadas até o segundo ano: do nascimento do filho ou enteado; da adoção; ou

130 A mãe e o pai, ou os responsáveis, têm direitos iguais e deveres e responsabilidades compartilhados no cuidado e na educação da criança, devendo ser resguardado o direito de transmissão familiar de suas crenças e culturas, assegurados os direitos da criança estabelecidos na Lei 8.069/1990 (art. 22, parágrafo único, do Estatuto da Criança e do Adolescente).

da guarda judicial (art. 8.º, § 1.º, da Lei 14.457/2022). Esse prazo aplica-se inclusive para o empregado ou a empregada que tiver filho, enteado ou pessoa sob guarda judicial com deficiência.

As medidas de que trata art. 8.º da Lei 14.457/2022 devem ser formalizadas por meio de acordo individual, de acordo coletivo ou de convenção coletiva de trabalho (art. 8.º, § 2.º, da Lei 14.457/2022).

Na hipótese de rescisão do contrato de trabalho de empregado ou empregada em regime de compensação de jornada por meio de banco de horas, as horas acumuladas ainda não compensadas serão: I – descontadas das verbas rescisórias devidas ao empregado ou à empregada, na hipótese de banco de horas em favor do empregador, quando a demissão for a pedido e o empregado ou empregada não tiver interesse ou não puder compensar a jornada devida durante o prazo do aviso prévio; ou II – pagas juntamente com as verbas rescisórias, na hipótese de banco de horas em favor do empregado ou da empregada (art. 9.º da Lei 14.457/2022).

A antecipação de férias individuais pode ser concedida ao empregado ou à empregada que se enquadre nos critérios estabelecidos no art. 8.º, § 1.º, da Lei 14.457/2022 (ou seja, até o segundo ano do nascimento do filho ou enteado, da adoção ou da guarda judicial), ainda que não tenha transcorrido o seu período aquisitivo (art. 10 da Lei 14.457/2022). As férias antecipadas não podem ser usufruídas em período inferior a cinco dias corridos.

Para as férias concedidas na forma prevista no art. 10 da Lei 14.457/2022, o empregador pode optar por efetuar o pagamento do adicional de 1/3 de férias após a sua concessão, até a data em que for devida a gratificação natalina prevista no art. 1.º da Lei 4.749/1965 (art. 11 da Lei 14.457/2022).

O pagamento da remuneração da antecipação das férias na forma do art. 10 da Lei 14.457/2022 pode ser efetuado até o quinto dia útil do mês subsequente ao início do gozo das férias, hipótese em que não se aplica o disposto no art. 145 da Consolidação das Leis do Trabalho (art. 12 da Lei 14.457/2022).

Na hipótese de rescisão do contrato de trabalho, os valores das férias ainda não usufruídas devem ser pagos juntamente com as verbas rescisórias devidas (art. 13 da Lei 14.457/2022).

Na hipótese de período aquisitivo não cumprido, as férias antecipadas e usufruídas serão descontadas das verbas rescisórias devidas ao empregado no caso de pedido de demissão.

Nos termos do art. 14 da Lei 14.457/2022, quando a atividade permitir, os horários fixos da jornada de trabalho podem ser flexibilizados ao empregado ou à empregada que se enquadre nos critérios estabelecidos no art. 8.º da Lei 14.457/2022 (ou seja, que tenha filho, enteado ou pessoa sob sua guarda com até seis anos de idade ou com deficiência). A referida flexibilização ocorrerá em intervalo de horário previamente estabelecido, considerados os limites inicial e final de horário de trabalho diário.

Tanto na priorização para vagas em regime de teletrabalho, trabalho remoto ou trabalho a distância quanto na adoção das medidas de flexibilização do regime de trabalho previstas nos Capítulo III da Lei 14.457/2022 (arts. 7.º a 14), deve sempre ser levada em conta a vontade expressa da empregada ou do empregado beneficiado pelas medidas de apoio ao exercício da parentalidade (art. 22 da Lei 14.457/2022).

§ 1.º Integram o salário a importância fixa estipulada, as gratificações legais e as comissões pagas pelo empregador. (redação dada pela Lei 13.467/2017).

7. PARCELAS SALARIAIS

Integram o salário a importância fixa estipulada, as gratificações legais e as comissões pagas pelo empregador (art. 457, § 1.º, da CLT, com redação dada pela Lei 13.467/2017).

Na redação anterior, o art. 457, § 1.º, da CLT previa que integram o salário não só a importância fixa estipulada, como também as comissões, percentagens, gratificações ajustadas, diárias para viagens e abonos pagos pelo empregador.

Entendia-se que a parcela conhecida como "luvas", paga aos atletas profissionais quando da assinatura do contrato de trabalho (em dinheiro, títulos ou bens), teria natureza salarial, por ser uma forma de remuneração antecipada.

Na atualidade, na relação do atleta profissional com a organização esportiva empregadora, o valor das luvas, caso ajustadas, não possui natureza salarial e constará de contrato avulso de natureza exclusivamente civil (art. 85, § 1.º, da Lei 14.597/2023). Da mesma forma, na relação do treinador profissional de futebol com a organização esportiva empregadora, o valor das luvas, caso ajustadas, não possui natureza salarial e constará de contrato avulso de natureza exclusivamente civil (art. 98, § 2.º, da Lei 14.597/2023).

Entende-se que o bônus de contratação ou de permanência (*hiring bonus*), pago com o objetivo de atrair e manter o empregado contratado na empresa por certo período mínimo, tem natureza salarial, por se constituir em incentivo à celebração do contrato de trabalho (TST, 5.ª T., ED-RR 10233-48.2014.5.01.0055, Rel. Min. Douglas Alencar Rodrigues, *DEJT* 15.12.2017). Desse modo, a referida parcela repercute sobre o depósito do FGTS no mês em que for paga e na indenização de 40% do FGTS (TST, SBDI-I, E-ED-ARR 723-08.2013.5.04.0008, Rel. Min. Guilherme Augusto Caputo Bastos, j. 29.11.2018).

As diferentes parcelas salariais não podem ser pagas sob a forma de uma única rubrica, sendo vedado englobá-las em certo valor total. Nesse sentido, a Súmula 91 do TST estabelece, quanto ao chamado "salário complessivo", ser nula a cláusula contratual que fixa determinada importância ou percentagem para atender, de forma englobada, vários direitos legais ou contratuais do trabalhador.

8. COMISSÕES

As comissões são valores que o empregado recebe do empregador, normalmente por vendas de certos produtos ou serviços, podendo ser pagas em valores fixos ou calculadas na forma de percentuais incidentes sobre os valores dessas vendas.

As comissões são variáveis e pagas, por exemplo, em certos valores ou percentuais decorrentes de vendas realizadas ou negócios fechados pelo empregado.

Desse modo, as comissões, embora normalmente sejam em valores variáveis, integram o salário (art. 457, § 1.º, da CLT, com redação dada pela Lei 13.467/2017).

O art. 7.º, inciso VII, da Constituição da República estabelece a garantia de salário, nunca inferior ao mínimo, para os que percebem remuneração variável.

Cf. ainda Orientação Jurisprudencial 181 da SBDI-I do TST.

9. GRATIFICAÇÕES

Apenas as *gratificações legais*, ou seja, previstas em lei, é que integram o salário.

Quanto à *gratificação legal*, cabe fazer referência à gratificação natalina ou décimo terceiro salário (art. 7.º, inciso VIII, da Constituição Federal de 1988, Lei 4.090/1962 e Lei 4.749/1965).

Também pode ser considerada gratificação legal a *gratificação de função*, uma vez que prevista nos arts. 62, parágrafo único, 224, § 2.º, e 468, § 2.º, da CLT (acrescentado pela Lei 13.467/2017).

Portanto, as demais gratificações meramente espontâneas ou contratuais, ainda que ajustadas (de forma expressa ou tácita) ou habituais, pagas pelo empregador, mas sem previsão em lei ou que não sejam de função, deixam de ser previstas legalmente como integrantes do salário.

Logo, ficariam superadas as Súmulas 152 e 203 do TST.

Ainda assim, quanto às gratificações previstas em norma coletiva negociada (art. 7.º, inciso XXVI, da Constituição da República), e mesmo em regulamento de empresa e contrato individual de trabalho, se estabelecida a sua natureza salarial nos referidos instrumentos, entende-se que essa previsão específica deve ser observada, inclusive por ser mais favorável ao empregado (art. 7.º, *caput*, da Constituição Federal de 1988).

A Lei 8.212/1991, no art. 28, § 9.º, "e", 7, exclui do salário de contribuição as "importâncias recebidas a título de ganhos eventuais e abonos expressamente desvinculados do salário".

10. DÉCIMO TERCEIRO SALÁRIO

O décimo terceiro salário, também chamado gratificação natalina, encontra previsão constitucional, no art. 7.º, inciso VIII, devendo ser pago com base na remuneração integral ou no valor da aposentadoria.

Trata-se de modalidade especial de gratificação, obrigatória, pois prevista em lei.

A Lei 4.090, de 13 de julho de 1962, no art. 1.º, estabelece o direito de o empregado receber a referida gratificação salarial no mês de dezembro de cada ano. A gratificação corresponderá a 1/12 da remuneração devida em dezembro, por mês de serviço, do ano correspondente; a fração igual ou superior a 15 dias de trabalho será havida como mês integral (§§ 1.º e 2.º).

O décimo terceiro salário é devido de forma proporcional: na extinção dos contratos a prazo, incluídos os de safra, ainda que a relação de emprego haja terminado antes de dezembro; na cessação da relação de emprego resultante de aposentadoria, mesmo que antes de dezembro (§ 3.º).

Além disso, o empregado faz jus ao décimo terceiro salário proporcional quando é dispensado sem justa causa (art. 3.º da Lei 4.090/1962), ou mesmo no pedido de demissão (Súmula 157 do TST), só não tendo tal direito na dispensa por justa causa.

Na chamada culpa recíproca (art. 484 da CLT), o empregado tem direito a 50% do valor do décimo terceiro salário, conforme Súmula 14 do TST, na redação determinada pela Resolução 121/2003.

O décimo terceiro integral, se já adquirido o direito, obviamente, passa a ser devido em qualquer hipótese.

A Lei 4.749, de 12 de agosto de 1965, em seu art. 1.º, estabelece que a gratificação natalina será paga pelo empregador até o dia 20 de dezembro de cada ano, compensada a importância que, a título de adiantamento, o empregado houver recebido.

Efetivamente, entre os meses de fevereiro e novembro de cada ano, o empregador pagará, como adiantamento da gratificação natalina, de uma só vez, metade do salário recebido pelo respectivo empregado no mês anterior (art. 2.º da Lei 4.749/1965). O empregador não é obrigado a pagar referido adiantamento, no mesmo mês, a todos os empregados (§ 1.º). O adiantamento será pago no mês de férias do empregado, sempre que este o requerer no mês de janeiro do respectivo ano (§ 2.º).

Verifica-se, aqui, um exemplo de direito potestativo, quanto a receber o adiantamento no mês de férias, pois, para o seu exercício, basta a referida declaração unilateral do empregado, a ser recebida pelo empregador.

Se a extinção do contrato de trabalho ocorrer antes da data de pagamento do décimo terceiro salário, o empregador poderá compensar o adiantamento em questão com a gratificação natalina proporcional que for devida, e, se não bastar, com outro crédito de natureza trabalhista que possua o respectivo empregado (art. 3.º da Lei 4.749/1965).

O art. 77 do Decreto 10.854/2021, ao regulamentar as Leis 4.090/1962 e 4.749/1965, esclarece a hipótese em que o empregado recebe salário variável, a qualquer título. Nesse caso, a gratificação de Natal deve ser calculada na base de 1/11 da soma dos valores variáveis devidos nos meses trabalhados até novembro de cada ano e será adicionada àquela que corresponder à parte do salário contratual fixo, quando houver. Até o dia 10 de janeiro de cada ano, computada a parcela do mês de dezembro, o cálculo da gratificação de Natal deve ser revisto para 1/12 do total devido no ano anterior, de forma a se processar a correção do valor da respectiva gratificação com o pagamento ou a compensação das possíveis diferenças.

Embora haja quem entenda que esse critério estabelecido pelo art. 77 do Decreto 10.854/2021 extrapola os limites da lei, pode-se entender que a orientação se mostra razoável, regulamentando hipótese bem específica.

As horas extras habituais devem ser levadas em conta (integração) para fins de cálculo da gratificação de Natal (Súmula 45 do TST), pois esta incide sobre a "remuneração integral" (art. 7.º, inciso VIII, da Constituição Federal de 1988).

A gratificação natalina é computável para efeito de cálculo de indenização (Súmula 148 do TST).

A gratificação natalina, instituída pela Lei 4.090/1962, é devida pela empresa cessionária ao servidor público cedido enquanto durar a cessão (Súmula 50 do TST).

11. QUEBRA DE CAIXA

A parcela em questão também é chamada de "gratificação de caixa", sendo comumente paga àqueles que exercem funções de caixa, normalmente como bancários. Trata-se de valor pago pela empresa em decorrência do exercício dessa função, tendo em vista a possibilidade de que o caixa operado apresente diferença, a ser ressarcida pelo empregado.

A parcela, logo, seria decorrente da peculiaridade (risco) da atividade exercida.

Conforme o art. 457, § 1.º, da CLT, com redação dada pela Lei 13.467/2017, as *gratificações legais* integram o salário. Pode-se dizer que a *gratificação de função* também deve ser considerada gratificação legal, uma vez que prevista nos arts. 62, parágrafo único, 224, § 2.º, e 468, § 2.º, da CLT (acrescentado pela Lei 13.467/2017).

Desse modo, como a "quebra de caixa" é uma gratificação paga em razão da função exercida pelo empregado, tendo em vista a possibilidade de o caixa operado apresentar diferenças, entende-se que, em tese, tem natureza salarial. Nesse sentido, cf. Súmula 247 do TST.

Além disso, é possível dizer que, se a "quebra de caixa" for paga somente quando ocorrer a diferença de caixa, como forma de indenizar o empregado, exatamente pelo valor do desconto salarial respectivo, tem natureza indenizatória ou de ressarcimento[131].

12. ADICIONAIS AO SALÁRIO

Observam-se diversas modalidades de adicionais pagos sobre o salário, e que são devidos em razão do labor em certas condições especiais.

Quanto aos adicionais legais, o entendimento atualmente pacífico, na doutrina e na jurisprudência, é no sentido da sua natureza salarial ou remuneratória.

Possuir natureza salarial, no entanto, não significa confundir-se com o próprio salário em sentido estrito; o reconhecimento de serem verbas de natureza salarial, em oposição à natureza indenizatória, é aspecto de relevância para fins de incidência do FGTS, de contribuições sociais e reflexos em outras verbas trabalhistas.

13. ADICIONAL DE HORAS EXTRAS

Quanto ao adicional de horas extras, o inciso XVI do art. 7.º da Constituição Federal de 1988 expressamente estabelece o *mínimo* de 50% sobre o valor da hora normal, o que afasta a possibilidade de ser fixado em nível inferior, ainda que por meio de negociação coletiva.

De acordo com a Súmula 264 do TST, o valor das horas extras deve ser calculado sobre a globalidade salarial recebida pelo empregado (arts. 64 e 457 da CLT). Ainda sobre o assunto dispõem o inciso I da Súmula 132 do TST e a Orientação Jurisprudencial 47 da SBDI-I.

Nessa linha, a Súmula 60 e Orientação Jurisprudencial 97 da SBDI-I do TST confirmam que o adicional noturno integra a base de cálculo das horas extras prestadas no período noturno. Seguindo a mesma orientação, dispõe a Súmula 226 do TST.

Quanto aos trabalhadores portuários, tendo em vista a previsão específica, contida na Lei 4.860/1965, arts. 4.º e 7.º, § 5.º, para o cálculo das horas extras prestadas observar-se-á somente o salário básico percebido, excluídos os adicionais de risco e produtividade (Orientação Jurisprudencial 60, inciso II, da SBDI-I do TST).

Já o empregado, sujeito a controle de horário, remunerado à base de comissões, tem direito ao adicional de, no mínimo, 50% pelo trabalho em horas extras, calculado sobre o valor-hora das comissões recebidas no mês, considerando-se como divisor o número de

131 Cf. MARTINS, Sergio Pinto. *Direito do trabalho*. 22. ed. São Paulo: Atlas, 2006. p. 260.

horas efetivamente trabalhadas (Súmula 340 do TST, na redação determinada pela Resolução 121/2003).

Por outro lado, insere-se no cálculo da indenização por antiguidade o salário recebido a serviço extraordinário, desde que habitualmente prestado (Súmula 24 do TST).

Da mesma forma, computam-se no cálculo do repouso remunerado as horas extras habitualmente prestadas (Súmula 172 do TST), em conformidade com a Lei 605/1949, art. 7.º.

As férias também devem ser remuneradas levando-se em conta as horas extras recebidas (art. 142, § 5.º, da CLT).

O cálculo do valor das horas extras habituais, para efeito de reflexos em verbas trabalhistas, observará o número de horas efetivamente prestadas e a ele aplica-se o valor do salário-hora da época do pagamento daquelas verbas, conforme critério previsto na Súmula 347 do TST. Também quanto ao tema, cf. Súmula 376 do TST.

Quanto à possibilidade de supressão (total ou parcial) das horas extras habitualmente prestadas, prevê a Súmula 291 do TST, revisando a Súmula 76 (já cancelada).

A referida orientação aplica, por analogia, a previsão do art. 9.º da Lei 5.811, de 11 de outubro de 1972, que dispõe sobre o regime de trabalho nas atividades de exploração, perfuração, produção e refinamento de petróleo, industrialização do xisto, indústria petroquímica e transporte de petróleo e seus derivados por meio de dutos.

14. ADICIONAL (PELO TRABALHO) NOTURNO

O trabalho noturno assegura ao empregado o direito de receber o adicional respectivo (art. 7.º, inciso IX, da Constituição Federal de 1988).

Para o empregado urbano, o adicional pelo trabalho noturno é de 20% sobre a hora diurna, conforme o art. 73, *caput*, da CLT.

O adicional noturno, pago com habitualidade, integra o salário do empregado para todos os efeitos (Súmula 60, inciso I, do TST).

15. ADICIONAL DE TRANSFERÊNCIA

O adicional de transferência é de, no mínimo, 25% do salário, sendo calculado sobre o salário que o empregado recebia no local em que estava laborando. Esse tema será tratado adiante, fazendo-se remissão ao comentário do art. 469, § 3.º, para evitar repetição.

16. ADICIONAL DE PERICULOSIDADE

O adicional de periculosidade, previsto no art. 7.º, inciso XXIII, da Constituição Federal de 1988, é regulamentado pelos arts. 193 e seguintes da CLT.

O art. 193, *caput*, da CLT, com redação dada pela Lei 12.740/2012 (publicada no *DOU* de 10.12.2012, data de sua entrada em vigor), estabelece as atividades ou operações consideradas perigosas, "na forma da regulamentação aprovada pelo Ministério do Trabalho", referindo-se "àquelas que, por sua natureza ou métodos de trabalho, impliquem risco acentuado em virtude de exposição permanente do trabalhador a: I – inflamáveis, explosivos ou energia elétrica; II – roubos ou outras espécies de violência física nas atividades profissionais de segurança pessoal ou patrimonial; III – colisões, atropelamentos ou outras espécies de acidentes ou violências nas atividades profissionais dos agentes das autoridades de trânsito" (incluído pela Lei 14.684/2023).

O disposto no inciso I do art. 193 da CLT não se aplica às quantidades de inflamáveis contidas nos tanques de combustíveis originais de fábrica e suplementares, para consumo próprio de veículos de carga e de transporte coletivo de passageiros, de máquinas e de equipamentos, certificados pelo órgão competente, e nos equipamentos de refrigeração de carga (art. 193, § 5.º, da CLT, incluído pela Lei 14.766/2023).

Anteriormente, a Lei 7.369, de 20 de setembro de 1985 (regulamentada pelo Decreto 93.412/1986), revogada pela Lei 12.740/2012, estabelecia o direito ao adicional de periculosidade ao "empregado que exerce atividade no setor de energia elétrica". Sobre o tema, cf. Súmulas 361 e 364 do TST e Orientações Jurisprudenciais 324 e 347 da SBDI-I do TST.

Além disso, o Tribunal Superior do Trabalho aprovou a Orientação Jurisprudencial 345 da SBDI-I, entendendo que a exposição do empregado à radiação ionizante ou à substância radioativa enseja a percepção do adicional de periculosidade (Portaria 518, de 4 de abril de 2003, que restabeleceu a diretriz da anterior Portaria 3.393/1987). Cf. comentários ao art. 193 da CLT, item 1.

A Lei 12.997, de 18 de junho de 2014, em vigor na data de sua publicação (*DOU* de 20.06.2014), acrescentou o § 4.º ao art. 193 da CLT, passando a dispor que também são também consideradas perigosas "as atividades de trabalhador em motocicleta".

Com isso, o adicional de periculosidade também passa a ser devido, por exemplo, a empregados que exercem as funções de "motoboy", "mototaxista" e carteiros que utilizam motocicleta para a entrega de correspondências.

É assegurado ao bombeiro civil o adicional de periculosidade de 30% do salário mensal sem os acréscimos resultantes de gratificações, prêmios ou participações nos lucros da empresa (art. 6.º, inciso III, da Lei 11.901/2009).

De acordo com a Súmula 39 do TST, os empregados que operam em bomba de gasolina têm direito ao adicional de periculosidade (Lei 2.573, de 15.08.1955).

O adicional de periculosidade, que é devido no montante de 30%, quanto à base de cálculo, incide "sobre o salário sem os acréscimos resultantes de gratificações, prêmios ou participações nos lucros da empresa", conforme art. 193, § 1.º, da CLT. Devem ser descontados ou compensados do adicional outros da mesma natureza eventualmente já concedidos ao vigilante por meio de acordo coletivo (art. 193, § 3.º, da CLT). Por meio de interpretação extensiva, pode-se dizer que o adicional, da mesma natureza, já pago em razão de *convenção coletiva de trabalho* também deve servir para o referido desconto ou compensação, inclusive como forma de se evitar o enriquecimento sem causa.

Trata-se de disposição peculiar, pois, de acordo com a regra mais genérica do art. 457, § 1.º, da CLT, as gratificações legais integram o salário.

A participação nos lucros ou resultados, de forma distinta, tem previsão no art. 7.º, inciso XI, da Constituição Federal de 1988, não possuindo, em tese, natureza salarial, quando paga de acordo com a Lei 10.101/2000 (art. 3.º).

Quanto à base de cálculo do adicional de periculosidade devido aos empregados que exercem atividade no setor de energia elétrica, anteriormente, a sua previsão não se encontrava propriamente na CLT, mas, de forma específica, na Lei 7.369/1985 (atualmente revogada pela Lei 12.740/2012). O art. 1.º desse diploma legal, além de estabelecer que o adicional de periculosidade também é devido no montante de 30%, mencionava a sua incidência "sobre o salário que perceber" o empregado.

Portanto, nota-se que para o cálculo do adicional de periculosidade, pertinente aos empregados em atividade no setor de energia elétrica, deveria levar em conta este conceito mais amplo de salário, e não o salário básico propriamente.

De todo modo, a norma especial, qual seja, a Lei 7.369/1985, art. 1.º, não revogava a disposição geral. Por isso, para o adicional de periculosidade devido com base nas hipóteses da Consolidação das Leis do Trabalho, persiste a incidência do art. 193, § 1.º, da CLT.

Em razão desses aspectos, a Súmula 191 do TST, inciso I, estabelece que o adicional de periculosidade incide apenas sobre o salário básico, e não sobre este acrescido de outros adicionais. Tendo em vista a alteração no art. 193 da CLT, decorrente da Lei 12.740/2012, que revogou a Lei 7.369/1985, o adicional de periculosidade dos eletricitários também passou a incidir sobre o salário básico *quanto aos contratos de trabalho firmados a partir da vigência da mencionada Lei 12.740/2012*. A alteração da base de cálculo do adicional de periculosidade do eletricitário decorrente da Lei 12.740/2012 alcança somente os contratos de trabalho firmados a partir de sua vigência. Desse modo, o adicional de periculosidade do empregado eletricitário *contratado sob a égide da Lei 7.369/1985* deve ser calculado sobre a totalidade das parcelas de natureza salarial.

O TST uniformizou a sua jurisprudência, no sentido de que o labor com exposição à radiação ionizante ou substância radioativa gera o direito ao adicional de periculosidade (Orientação Jurisprudencial 345 da SBDI-I). Trata-se de atividade prevista no art. 200, VI e parágrafo único, da CLT, e o adicional de periculosidade, nesta hipótese, incide apenas sobre o salário básico (Súmula 191 do TST, inciso I).

Mesmo incidindo o adicional de periculosidade, nas hipóteses previstas na Consolidação das Leis do Trabalho, apenas sobre o salário básico, se o empregado recebe salário-utilidade, pode-se dizer que este deve ser computado.

De acordo com a atual Súmula 132 do TST, que incorporou as Orientações Jurisprudenciais 174 e 267 da SBDI-I, o adicional de periculosidade é o que integra a base de cálculo das horas extras, pois, no pagamento destas, adota-se a globalidade salarial, o que está de acordo com a Súmula 264 do TST.

Por isso, as horas extras, que já foram calculadas levando em conta o adicional de periculosidade, por sua vez, não podem integrar a base de cálculo desta última parcela. Ter-se-ia, caso contrário, verdadeiro *bis in idem*, ou seja, a utilização do adicional de periculosidade (embutido nas horas extras) para o cálculo do próprio adicional de periculosidade. Quanto ao tema, cf. Orientação Jurisprudencial 259 da SBDI-I do TST.

Sendo assim, como para calcular o adicional pelo labor noturno (art. 73 da CLT) já se integra o adicional de periculosidade, aquele não pode mais incidir sobre este. Do contrário, o adicional de periculosidade estaria incidindo sobre base de cálculo na qual este mesmo adicional se encontra presente (embutido no adicional noturno).

Além disso, anteriormente, o art. 1.º da Lei 7.369/1985, já revogado pela Lei 12.740/2012, estabelecia o direito ao adicional de periculosidade "sobre o salário que perceber" o empregado no setor de energia elétrica, mas não sobre a remuneração propriamente.

Portanto, da mesma forma que as horas extras são calculadas sobre a globalidade salarial (Súmula 264 do TST), mas não com a integração de gorjetas (Súmula 354 do TST), pode-se dizer que o adicional de periculosidade dos eletricitários, antes da mencionada Lei 12.740/2012, incidia sobre o conjunto das parcelas salariais, mas não sobre as gorjetas propriamente.

17. ADICIONAL DE INSALUBRIDADE

O adicional de insalubridade é previsto no art. 7.º, inciso XXIII, da Constituição Federal de 1988, com regulamentação pelos arts. 189 e seguintes da Consolidação das Leis do Trabalho.

As atividades e operações insalubres estão indicadas na Norma Regulamentadora 15, da Portaria 3.214/1978 do Ministério do Trabalho, a qual descreve os agentes químicos, físicos e biológicos prejudiciais à saúde do empregado, bem como os respectivos limites de tolerância.

De acordo com a redação do art. 192 da CLT: "O exercício de trabalho em condições insalubres, acima dos limites de tolerância estabelecidos pelo Ministério do Trabalho, assegura a percepção de adicional respectivamente de 40% (quarenta por cento), 20% (vinte por cento) e 10% (dez por cento) do salário mínimo da região, segundo se classifiquem nos graus máximo, médio e mínimo".

18. ADICIONAL POR ACÚMULO DE FUNÇÕES

O exercício da profissão de radialista é regulado pela Lei 6.615/1978 (art. 1.º). Considera-se *radialista* o empregado de empresa de radiodifusão que exerça uma das funções em que se desdobram as atividades mencionadas no art. 4.º da Lei 6.615/1978 (art. 2.º).

Considera-se *empresa de radiodifusão*, para os efeitos da Lei 6.615/1978, aquela que explora serviços de transmissão de programas e mensagens, destinada a ser recebida livre e gratuitamente pelo público em geral, compreendendo a radiodifusão sonora (rádio) e radiodifusão de sons e imagens (televisão), conforme art. 3.º da Lei 6.615/1978.

Considera-se, igualmente, para os efeitos da Lei 6.615/1978, *empresa de radiodifusão*: a que explore serviço de música funcional ou ambiental e outras que executem, por quaisquer processos, transmissões de rádio ou de televisão; a que se dedique, exclusivamente, à produção de programas para empresas de radiodifusão; a entidade que execute serviços de repetição ou de retransmissão de radiodifusão; a entidade privada e a fundação mantenedora que executem serviços de radiodifusão, inclusive em circuito fechado de qualquer natureza; as empresas ou agências de qualquer natureza destinadas, em sua finalidade, a produção de programas, filmes e dublagens, comerciais ou não, para serem divulgados por meio das empresas de radiodifusão (art. 3.º, parágrafo único, da Lei 6.615/1978).

A profissão de radialista compreende as seguintes *atividades*: administração; produção; técnica (art. 4.º da Lei 6.615/1978).

As *atividades de administração* compreendem somente as especializadas, peculiares às empresas de radiodifusão (art. 4.º, § 1.º, da Lei 6.615/1978).

As *atividades de produção* se subdividem nos seguintes *setores*: autoria; direção; produção; interpretação; dublagem; locução; caracterização; cenografia (art. 4.º, § 2.º, da Lei 6.615/1978).

As *atividades técnicas* se subdividem nos seguintes *setores*: direção; tratamento e registros sonoros; tratamento e registros visuais; montagem e arquivamento; transmissão de sons e imagens; revelação e copiagem de filmes; artes plásticas e animação de desenhos e objetos; manutenção técnica (art. 4.º, § 3.º, da Lei 6.615/1978).

As denominações e descrições das funções em que se desdobram as atividades e os setores mencionados nos §§ 1.º, 2.º e 3.º do art. 4.º da Lei 6.615/1978, a serem previstas e atualizadas em regulamento, devem considerar: as ocupações e *multifuncionalidades* geradas pela digitalização das emissoras de radiodifusão, novas tecnologias, equipamentos e meios de informação e comunicação; exclusivamente as funções técnicas ou especializadas, próprias das atividades de empresas de radiodifusão.

Não se incluem no disposto na Lei 6.615/1978 os atores e figurantes que prestam serviços a empresas de radiodifusão (art. 5.º).

Na atualidade, não mais se exige o registro no Ministério do Trabalho para o exercício da profissão de radialista, devendo prevalecer o princípio da primazia da realidade (TST, 2.ª T., RR – 5009-75.2015.5.10.0013, Rel. Min. Maria Helena Mallmann).

Nos termos do art. 13 da Lei 6.615/1978, na hipótese de exercício de *funções acumuladas dentro de um mesmo setor* em que se desdobram as atividades mencionadas no art. 4.º, assegura-se ao radialista um adicional mínimo de:

I – 40%, pela função acumulada, tomando-se por base a função melhor remunerada, nas emissoras de potência igual ou superior a 10 quilowatts, e nas empresas equiparadas segundo o parágrafo único do art. 3.º da Lei 6.615/1978;

II – 20%, pela função acumulada, tomando-se por base a função melhor remunerada, nas emissoras de potência inferior a 10 quilowatts e, superior a um quilowatt;

III – 10%, pela função acumulada, tomando-se por base a função melhor remunerada, nas emissoras de potência igual ou inferior a um quilowatt.

Entretanto, não é permitido, por força de um só contrato de trabalho, o exercício de atividades para diferentes setores entre os mencionados no art. 4.º da Lei 6.615/1978 (art. 14).

Logo, o acúmulo de funções em setores diferentes das atividades do radialista gera o direito ao reconhecimento de mais de um contrato de trabalho, enquanto o exercício de mais de uma função pelo radialista dentro do mesmo setor gera direito ao *adicional por acúmulo de funções* (TST, 1.ª T., Ag-AIRR – 711-35.2013.5.09.0014, Rel. Min. Walmir Oliveira da Costa).

Entende-se que o empregado radialista que acumula mais de duas funções dentro de um mesmo setor tem direito ao pagamento dos adicionais de quantas forem as funções acumuladas (TST, 3.ª T., RR – 172-23.2015.5.12.0012, Rel. Min. Mauricio Godinho Delgado).

Quando o exercício de qualquer função for acumulado com responsabilidade de chefia, o radialista tem direito a um acréscimo de 40% sobre o salário (art. 15 da Lei 6.615/1978).

O Tribunal Superior do Trabalho tem admitido a aplicação ao jornalista, por analogia, da legislação sobre a atividade do radialista quanto ao pagamento do adicional por acúmulo de funções (TST, 3.ª T., RR – 1-16.2010.5.04.0028, Rel. Min. Alexandre de Souza Agra Belmonte).

Em se tratando de outras modalidades de empregados, em consonância com o art. 456, parágrafo único, da CLT, na ausência de prova ou inexistindo no contrato de trabalho cláusula expressa a tal respeito, entende-se que o empregado se obrigou a todo e qualquer serviço compatível com a sua condição pessoal. Frise-se, ainda, que a CLT não exige a contratação de um salário específico para remunerar cada uma das tarefas ou atividades realizadas pelo empregado durante a jornada de trabalho, admitindo-se um único valor salarial para remunerar o conjunto de atividades exercidas durante a jornada de trabalho (TST, 3.ª T., RR – 11109-05.2015.5.01.0043, Rel. Min. Mauricio Godinho Delgado). A rigor, entende-se que o adicional por acúmulo de funções é devido quando previsto em norma legal específica, instrumento normativo, regulamento de empresa ou mesmo no contrato de trabalho.

19. ADICIONAL DE RISCO

A Lei 4.860/1965 dispõe sobre o regime de trabalho nos portos organizados.

Desse modo, no âmbito do trabalho portuário, a fim de remunerar os riscos relativos à insalubridade, periculosidade e outros porventura existentes, é devido o adicional de riscos de 40%, incidente sobre o valor do salário-hora ordinário do período diurno, substituindo todos aqueles que, com sentido ou caráter idêntico, vinham sendo pagos (art. 14 da Lei 4.860/1965).

O referido adicional somente é devido enquanto não forem removidas ou eliminadas as causas de risco. O adicional em questão somente é devido durante o tempo efetivo no serviço considerado sob risco. No caso em estudo, nenhum outro adicional é devido além do previsto no art. 14 da Lei 4.860/1965. O adicional de risco só é devido uma única vez, na execução da mesma tarefa, mesmo quando ocorra, simultaneamente, mais de uma causa de risco.

Nos termos da Orientação Jurisprudencial 402 da SBDI-I do TST: "Adicional de risco. Portuário. Terminal privativo. Arts. 14 e 19 da Lei n.º 4.860, de 26.11.1965. Indevido. O adicional de risco previsto no artigo 14 da Lei n.º 4.860, de 26.11.1965, aplica-se somente aos portuários que trabalham em portos organizados, não podendo ser conferido aos que operam terminal privativo".

A respeito do direito ao adicional de risco aos trabalhadores portuários avulsos, com fundamento no art. 7.º, inciso, XXXIV da Constituição Federal de 1988, que prevê igualdade de direitos entre o trabalhador com vínculo empregatício permanente e o trabalhador avulso, o Supremo Tribunal Federal fixou a seguinte tese de repercussão geral: "Sempre que for pago ao trabalhador com vínculo permanente, o adicional de riscos é devido, nos mesmos termos, ao trabalhador portuário avulso" (STF, Pleno, RE 597.124/PR, Rel. Min. Edson Fachin, j. 03.06.2020).

§ 2.º As importâncias, ainda que habituais, pagas a título de ajuda de custo, auxílio-alimentação, vedado seu pagamento em dinheiro, diárias para viagem, prêmios e abonos não integram a remuneração do empregado, não se incorporam ao contrato de trabalho e não constituem base de incidência de qualquer encargo trabalhista e previdenciário. (redação dada pela Lei 13.467/2017).

20. PARCELAS SEM NATUREZA SALARIAL

Nos termos do art. 457, § 2.º, da CLT, com redação dada pela Lei 13.467/2017, as importâncias, ainda que habituais, pagas a título de ajuda de custo, auxílio-alimentação, vedado seu pagamento em dinheiro, diárias para viagem, prêmios e abonos não integram a remuneração do empregado, não se incorporam ao contrato de trabalho e não constituem base de incidência de qualquer encargo trabalhista e previdenciário.

O art. 457, § 2.º, da CLT, na redação anterior, estabelecia que não se incluíam nos salários as ajudas de custo, assim como as diárias para viagem que não excedam 50% do salário percebido pelo empregado.

Com a Lei 13.467/2017, a ajuda de custo, o auxílio-alimentação (vedado o seu pagamento em dinheiro), as diárias para viagem, os prêmios e os abonos, *mesmo que habituais*, não integram a remuneração do empregado, nem se incorporam ao contrato de trabalho. Além disso, as referidas parcelas não constituem base de incidência de encargo trabalhista (FGTS) e previdenciário (contribuição previdenciária).

Por não se incorporarem ao contrato de trabalho, o art. 468, *caput*, da CLT deixa de incidir quanto às mencionadas verbas pagas pelo empregador, o que resulta na possibilidade de serem modificadas ou excluídas unilateralmente pelo empregador, por motivo justificado (em consonância com a exigência de boa-fé contratual), sem que o empregado possa alegar discordância ou prejuízo.

Entretanto, se a parcela, na realidade, é paga como contraprestação pelos serviços prestados, em fraude, ou seja, apenas sob a forma de verba indenizatória, deve prevalecer a sua verdadeira natureza (art. 9.º da CLT).

21. ABONOS

Os abonos, anteriormente, em regra, integravam o salário, significando valores de adiantamento ou antecipação salarial.

Conforme o art. 457, § 2.º, da CLT, com redação dada pela Lei 13.467/2017, as importâncias, ainda que habituais, pagas a título de *abonos* não têm natureza salarial. Nesse enfoque, os abonos poderiam ser entendidos como acréscimos de natureza indenizatória pagos ao empregado.

Com isso, pode-se dizer que o abono, como acréscimo ou antecipação, em regra, não tem natureza salarial, como ocorre quando previsto em lei de política salarial e como é o caso do abono (pecuniário) de férias, conforme art. 144 da CLT.

Entretanto, o mero adiantamento salarial feito pelo empregador, sem natureza de abono, deve ser considerado salário.

Ainda quanto ao tema, cf. Orientação Jurisprudencial 346 da SBDI-I do TST.

22. ABONO DO PIS

Para o recebimento do chamado abono anual do PIS, o empregado deve estar cadastrado no Plano de Integração Social (PIS), sendo necessário preencher, ainda, os requisitos previstos no art. 239 da Constituição Federal de 1988 e no art. 9.º da Lei 7.998/1990.

Desse modo, na vigência da Constituição Federal de 1988, o abono do PIS é devido apenas aos trabalhadores cadastrados há mais de cinco anos e que tenham auferido, no ano-base, remuneração média mensal de até dois salários mínimos, bem como trabalhado pelo menos 30 dias no mesmo período.

O mencionado abono do PIS, por não ser pago pelo empregador, nem como contraprestação dos serviços, não possui natureza salarial ou remuneratória, tratando-se de verba de direito público, ou seja, advinda de fundo de natureza pública.

O não cadastramento do empregado no PIS pode, assim, gerar direito à indenização correspondente, a cargo do empregador culpado (arts. 186 e 927 do Código Civil de 2002). Nos termos da Súmula 300 do TST, compete à Justiça do Trabalho processar e julgar ações de empregados contra empregadores, relativas ao cadastramento no Programa de Integração Social (PIS).

Mesmo assim, a indenização pelo não cadastramento no PIS só é cabível caso tenha o empregado efetivo prejuízo, em razão de preencher os requisitos legais para a concessão do abono anual do PIS.

23. AJUDA DE CUSTO

De acordo com o art. 457, § 2.º, da CLT, com redação dada pela Lei 13.467/2017, as importâncias, ainda que habituais, pagas a título de ajuda de custo não integram a remuneração do empregado, nem se incorporam ao contrato de trabalho. Além disso, as referidas parcelas não constituem base de incidência de encargo trabalhista (FGTS) e previdenciário (contribuição previdenciária).

A *ajuda de custo* é paga pelo empregador não como contraprestação pelos serviços prestados pelo empregado, mas, sim, como reembolso, compensação ou ressarcimento de despesas decorrentes do trabalho realizado, envolvendo maior dificuldade na sua prestação, como em serviço externo, em razão de locomoção, deslocamento e alimentação[132].

Quanto ao radialista, na hipótese de trabalho executado fora do local constante do contrato de trabalho, correm à conta do empregador, além do salário, as despesas de transportes e de alimentação e hospedagem, até o respectivo retorno (art. 16 da Lei 6.615/1978).

O art. 470 da CLT estabelece que as despesas da transferência do empregado devem correr por conta do empregador. Trata-se, aqui, de modalidade específica de ajuda de custo, como valor devido em razão de transferência do empregado (art. 469 da CLT), sem natureza salarial.

Entretanto, podem existir outras modalidades de ajuda de custo, pagas pelo empregador não com o caráter de contraprestação de serviços prestados, mas sim como *ressarcimento de despesas* pelo labor prestado em condições especiais.

Se a parcela, na realidade, é paga como contraprestação dos serviços, sem se caracterizar como efetiva ajuda de custo, a fraude não deve produzir efeitos (art. 9.º da CLT), prevalecendo a sua verdadeira natureza salarial.

24. AUXÍLIO-ALIMENTAÇÃO

O auxílio-alimentação, ainda que concedido de forma habitual, vedado o seu pagamento em dinheiro, não se incorpora ao contrato de trabalho e não constitui base de incidência

[132] Cf. MARTINS, Sergio Pinto. *Direito do trabalho*. 28. ed. São Paulo: Atlas, 2012. p. 268-270.

de qualquer encargo trabalhista e previdenciário (art. 457, § 2.º, da CLT, com redação dada pela Lei 13.467/2017).

Para que o auxílio-alimentação não integre a remuneração, nem se incorpore ao contrato de trabalho, deve ser fornecido como utilidade, não podendo ser pago em dinheiro.

Esclareça-se que as importâncias pagas pelo empregador a título de auxílio-alimentação de que trata o art. 457, § 2.º, da CLT devem ser utilizadas para o pagamento de refeições em restaurantes e estabelecimentos similares ou para a aquisição de gêneros alimentícios em estabelecimentos comerciais (art. 2.º da Lei 14.442/2022).

O empregador, ao contratar pessoa jurídica para o fornecimento do auxílio-alimentação de que trata o art. 2.º da Lei 14.442/2022, não pode exigir ou receber: I – qualquer tipo de deságio ou imposição de descontos sobre o valor contratado; II – prazos de repasse ou pagamento que descaracterizem a natureza pré-paga dos valores a serem disponibilizados aos empregados; ou III – outras verbas e benefícios diretos ou indiretos de qualquer natureza não vinculados diretamente à promoção de saúde e segurança alimentar do empregado, no âmbito de contratos firmados com empresas emissoras de instrumentos de pagamento de auxílio-alimentação (art. 3.º da Lei 14.442/2022).

A referida vedação não se aplica aos contratos de fornecimento de auxílio-alimentação vigentes, até seu encerramento ou até que tenha decorrido o prazo de 14 meses, contado da data de publicação da Lei 14.442/2022 (05.09.2022), o que ocorrer primeiro. É vedada a prorrogação de contrato de fornecimento de auxílio-alimentação em desconformidade com o disposto no art. 3.º da Lei 14.442/2022.

A execução inadequada, o desvio ou o desvirtuamento das finalidades do auxílio-alimentação de que trata o art. 457, § 2.º, da CLT pelos empregadores ou pelas empresas emissoras de instrumentos de pagamento de auxílio-alimentação, sem prejuízo da aplicação de outras penalidades cabíveis pelos órgãos competentes, acarretará a aplicação de multa no valor de R$ 5.000,00 a R$ 50.000,00, a qual deve ser aplicada em dobro em caso de reincidência ou de embaraço à fiscalização (art. 4.º da Lei 14.442/2022). Os critérios de cálculo e os parâmetros de gradação da referida multa devem ser estabelecidos em ato do Ministro de Estado do Trabalho e Previdência.

O estabelecimento que comercializa produtos não relacionados à alimentação do empregado e a empresa que o credenciou sujeitam-se à aplicação da multa prevista no art. 4.º da Lei 14.442/2022.

25. DIÁRIAS PARA VIAGEM

As diárias para viagem, ainda que pagas de forma habitual, não integram a remuneração do empregado, não se incorporam ao contrato de trabalho e não constituem base de incidência de qualquer encargo trabalhista e previdenciário (art. 457, § 2.º, da CLT, com redação dada pela Lei 13.467/2017).

As diárias para viagem são pagas pelo empregador ao empregado, como o próprio nome indica, em razão de despesas decorrentes de *viagem* que este realiza a serviço, ou seja, para ressarcir despesas como deslocamento, estadia e alimentação do empregado que viajar a trabalho.

Desse modo, as diárias para viagem, independentemente do valor, não integram a remuneração.

26. PARTICIPAÇÃO NOS LUCROS

A participação nos lucros ou resultados tem previsão no art. 7.º, inciso XI, da Constituição Federal de 1988, não possuindo, em tese, natureza salarial, quando paga de acordo com a Lei 10.101/2000 (art. 3.º). Obviamente, se a mencionada parcela for paga, de forma fraudulenta, para encobrir o pagamento de verdadeiro salário, como tal deve ser tratado (art. 9.º da CLT), tendo em vista o princípio da primazia da realidade.

Em conformidade com o art. 2.º da Lei 10.101/2000, com redação modificada pela Lei 12.832/2013, a participação nos lucros ou resultados deve ser objeto de negociação entre a empresa e seus empregados, mediante um dos seguintes procedimentos, escolhidos pelas partes de comum acordo: I – comissão paritária escolhida pelas partes, integrada, também, por um representante indicado pelo sindicato da respectiva categoria; II – convenção ou acordo coletivo.

Cabe esclarecer que o procedimento do art. 2.º, inciso I, da Lei 10.101/2000 não tem natureza de negociação coletiva de trabalho, em que é obrigatória a participação do sindicato da categoria profissional (art. 8.º, inciso VI, da Constituição Federal de 1988), mas sim de procedimento no âmbito interno da empresa.

Uma vez composta, a comissão paritária de que trata o art. 2.º, inciso I, da Lei 10.101/2000 deve dar ciência por escrito ao ente sindical para que indique seu representante no prazo máximo de 10 dias corridos, findo o qual a comissão pode iniciar e concluir suas tratativas (art. 2.º, § 10, da Lei 10.101/2000, incluído pela Lei 14.020/2020).

Dos instrumentos decorrentes da negociação devem constar regras claras e objetivas quanto à fixação dos direitos substantivos da participação e das regras adjetivas, inclusive mecanismos de aferição das informações pertinentes ao cumprimento do acordado, periodicidade da distribuição, período de vigência e prazos para revisão do acordo, podendo ser considerados, entre outros, os seguintes critérios e condições: I – índices de produtividade, qualidade ou lucratividade da empresa; II – programas de metas, resultados e prazos, pactuados previamente (art. 2.º, § 1.º, da Lei 10.101/2000).

Na fixação dos direitos substantivos e das regras adjetivas, inclusive no que se refere à fixação dos valores e à utilização exclusiva de metas individuais, a autonomia da vontade das partes contratantes deve ser respeitada e prevalecerá em face do interesse de terceiros (art. 2.º, § 6.º, da Lei 10.101/2000, incluído pela Lei 14.020/2020).

Consideram-se previamente estabelecidas as regras fixadas em instrumento assinado: I – anteriormente ao pagamento da antecipação, quando prevista; II – com antecedência de, no mínimo, 90 dias da data do pagamento da parcela única ou da parcela final, caso haja pagamento de antecipação (art. 2.º, § 7.º, da Lei 10.101/2000, incluído pela Lei 14.020/2020).

O instrumento de acordo celebrado deve ser arquivado na entidade sindical dos trabalhadores (art. 2.º, § 2.º, da Lei 10.101/2000).

Não se equipara a empresa, para os fins da Lei 10.101/2000:

I – a pessoa física;

II – a entidade sem fins lucrativos que, cumulativamente: a) não distribua resultados, a qualquer título, ainda que indiretamente, a dirigentes, administradores ou empresas vinculadas; b) aplique integralmente os seus recursos em sua atividade institucional e no País; c) destine o seu patrimônio a entidade congênere ou ao poder público, em caso de encerramento de suas atividades; d) mantenha escrituração contábil capaz de comprovar a observância dos demais requisitos deste inciso, e das normas fiscais, comerciais e de direito econômico que lhe sejam aplicáveis (art. 2.º, § 3.º, da Lei 10.101/2000).

A não equiparação de que trata o inciso II do § 3.º do art. 2.º da Lei 10.101/2000 não é aplicável às hipóteses em que tenham sido utilizados índices de produtividade ou qualidade ou programas de metas, resultados e prazos (art. 2.º, § 3.º-A, da Lei 10.101/2000, incluído pela Lei 14.020/2020). Nesses casos, por se tratar de entidade equiparada a empresa para os fins da Lei 10.101/2000, admite-se a participação nos lucros ou resultados.

Quando forem considerados os critérios e condições definidos nos incisos I e II do § 1.º do art. 2.º da Lei 10.101/2000: a empresa deve prestar aos representantes dos trabalhadores na comissão paritária *informações que colaborem para a negociação*; não se aplicam as metas referentes à saúde e segurança no trabalho (art. 2.º, § 4.º, da Lei 10.101/2000, acrescentado pela Lei 12.832/2013).

O dever de prestar informações, mencionado, certamente decorre do *princípio da boa-fé objetiva*, no sentido de se exigir uma conduta honesta e transparente das partes na negociação[133].

Caso a negociação visando à participação nos lucros ou resultados na empresa resulte em impasse, as partes poderão utilizar-se dos seguintes mecanismos de solução do litígio: I – mediação; II – arbitragem de ofertas finais, utilizando-se, no que couber, os termos da Lei 9.307, de 23 de setembro de 1996 (art. 4.º da Lei 10.101/2000, com redação dada pela Lei 12.832/2013).

Considera-se arbitragem de ofertas finais aquela em que o árbitro deve restringir-se a optar pela proposta apresentada, em caráter definitivo, por uma das partes (art. 4.º, § 1.º, da Lei 10.101/2001).

O mediador ou o árbitro deve ser escolhido de comum acordo entre as partes (art. 4.º, § 2.º, da Lei 10.101/2001).

Firmado o compromisso arbitral, não será admitida a desistência unilateral de qualquer das partes (art. 4.º, § 3.º, da Lei 10.101/2001).

O laudo arbitral tem força normativa, independentemente de homologação judicial (art. 4.º, § 4.º, da Lei 10.101/2001). Cf. ainda os comentários ao art. 621 da CLT.

É vedado o pagamento de qualquer antecipação ou distribuição de valores a título de participação nos lucros ou resultados da empresa em mais de duas vezes no mesmo ano civil e em periodicidade inferior a um trimestre civil (art. 3.º, § 2.º, da Lei 10.101/2000, com redação determinada pela Lei 12.832/2013).

---

133 De acordo com a Recomendação 163 da OIT, art. 7: "(1) Medidas condizentes com as condições nacionais devem ser tomadas, se necessário, para que as partes tenham *acesso à informação necessária a negociações significativas*. (2) Para esse fim: a) empregadores públicos e privados, a pedido de organizações de trabalhadores, devem pôr à sua disposição *informações sobre a situação econômica e social da unidade negociadora e da empresa em geral, se necessárias para negociações significativas*; no caso de vir a ser prejudicial à empresa a revelação de parte dessas informações, sua comunicação pode ser condicionada ao compromisso de que será tratada como confidencial na medida do necessário; a informação a ser posta à disposição pode ser acordada entre as partes da negociação coletiva; b) as autoridades públicas devem pôr à disposição, se necessário, informações sobre a situação econômica e social do país em geral e sobre o setor de atividade envolvido, na medida em que a revelação dessa informação não for prejudicial ao interesse nacional" (destaquei).

Apesar disso, havendo instrumento normativo decorrente de negociação coletiva, autorizando, excepcionalmente, o pagamento da participação nos lucros de forma mensal e parcelada, a SBDI-I do TST tem entendido válida essa previsão. Ainda sobre o tema, cf. Orientação Jurisprudencial Transitória 73 da SBDI-I do TST.

A inobservância à periodicidade estabelecida no art. 3.º, § 2.º, da Lei 10.101/2000 invalida exclusivamente os pagamentos feitos em desacordo com a norma, assim entendidos: I – os pagamentos excedentes ao segundo, feitos a um mesmo empregado, no mesmo ano civil; II – os pagamentos efetuados a um mesmo empregado, em periodicidade inferior a um trimestre civil do pagamento anterior (art. 2.º, § 8.º, da Lei 10.101/2000, incluído pela Lei 14.020/2020).

Na hipótese do inciso II do § 8.º do art. 2.º da Lei 10.101/2000, mantém-se a validade dos demais pagamentos (art. 2.º, § 9.º, da Lei 10.101/2000).

As partes podem: I – adotar os procedimentos de negociação estabelecidos nos incisos I e II do art. 2.º da Lei 10.101/2000, simultaneamente; II – estabelecer múltiplos programas de participação nos lucros ou nos resultados, observada a periodicidade estabelecida pelo art. 3.º, § 2.º, da Lei 10.101/2000 (art. 2.º, § 5.º, da Lei 10.101/2000, incluído pela Lei 14.020/2020).

Todos os pagamentos efetuados em decorrência de planos de participação nos lucros ou resultados, mantidos espontaneamente pela empresa, podem ser compensados com as obrigações decorrentes de acordos ou convenções coletivas de trabalho atinentes à participação nos lucros ou resultados (art. 3.º, § 3.º, da Lei 10.101/2001).

A participação nos lucros ou resultados, relativamente aos trabalhadores de empresas estatais (empresas públicas, sociedades de economia mista, suas subsidiárias e contratadas e demais empresas em que a União, direta ou indiretamente, detenha a maioria do capital social com direito a voto), observará diretrizes específicas fixadas pelo Poder Executivo (art. 5.º da Lei 10.101/2001).

O Supremo Tribunal Federal declarou constitucional o disposto no art. 5.º da Lei 10.101/2000 (STF, Pleno, ADI 5.417/DF, Rel. Min. Cármen Lúcia, j. 07.12.2020).

Quanto à aplicação do princípio da igualdade material e da participação nos lucros, cf. Súmula 451 e Orientação Jurisprudencial 64 da SDI Transitória do TST.

27. PRÊMIOS

Os prêmios são normalmente pagos em razão do preenchimento de certas condições específicas, previamente fixadas, como alcançar determinada meta, ou não se verificarem faltas e atrasos injustificados (prêmio assiduidade).

Os prêmios também são chamados, por vezes, de bônus.

Conforme o art. 457, § 2.º, da CLT, com redação dada pela Lei 13.467/2017, as importâncias, ainda que habituais, pagas a título de prêmios não integram a remuneração do empregado, não se incorporam ao contrato de trabalho nem constituem base de incidência de qualquer encargo trabalhista e previdenciário.

Nos termos do art. 457, § 4.º, da CLT, com redação dada pela Lei 13.467/2017, consideram-se prêmios as liberalidades concedidas pelo empregador em forma de bens, serviços ou valor em dinheiro a empregado ou a grupo de empregados, em razão de desempenho superior ao ordinariamente esperado no exercício de suas atividades.

Os prêmios, assim, são concedidos como liberalidades pelo empregador, e não como exigência e determinação legal, em forma de bens, serviços (utilidades) ou valor em dinheiro.

Os prêmios têm como fundamento o desempenho diferenciado, ou seja, quando mais elevado do que o normalmente realizado, podendo ser concedidos pelo empregador a empregado ou a grupo de empregados.

Pode-se dizer que a parcela conhecida como "bicho", paga aos atletas profissionais em razão de vitórias ou empates, é uma modalidade especial de prêmio.

Na relação do atleta profissional com a organização esportiva empregadora, os prêmios por performance ou resultado não possuem natureza salarial e constarão de contrato avulso de natureza exclusivamente civil (art. 85, § 1.º, da Lei 14.597/2023).

Consideram-se prêmios por performance as liberalidades concedidas pela organização que se dedique à prática esportiva empregadora em dinheiro a atleta, a grupo de atletas, a treinadores e a demais integrantes de comissões técnicas e delegações, em razão do seu desempenho individual ou do desempenho coletivo da equipe da organização que se dedique à prática esportiva, previstas em contrato especial de trabalho esportivo ou não (art. 85, § 2.º, da Lei 14.597/2023).

Da mesma forma, na relação do treinador profissional de futebol com a organização esportiva empregadora, os prêmios por performance ou resultado não possuem natureza salarial e constarão de contrato avulso de natureza exclusivamente civil (art. 98, § 2.º, da Lei 14.597/2023).

Se os prêmios forem pagos em desconformidade com a lei, como em caso de fraude, seria possível aplicar a Súmula 209 do STF, a qual fica, em regra, prejudicada.

Cf. ainda a Orientação Jurisprudencial Transitória 5 da SBDI-I do TST.

Em harmonia com o exposto, o art. 28, § 8.º, "a", da Lei 8.212/1991, o qual previa que integra o salário de contribuição o total das diárias pagas, quando excedente a 50% da remuneração mensal, foi *revogado* pelo art. 5.º, inciso II, da Lei 13.467/2017.

O art. 28, § 9.º, da Lei 8.212/1991, com as modificações decorrentes da Lei 13.467/2017 (art. 4.º), dispõe que não integram o salário de contribuição: as diárias para viagens (alínea "h"); o valor relativo à assistência prestada por serviço médico ou odontológico, próprio da empresa ou por ela conveniado, inclusive o reembolso de despesas com medicamentos, óculos, aparelhos ortopédicos, próteses, órteses, despesas médico-hospitalares e outras similares (alínea "q"); os prêmios e os abonos (alínea "z").

§ 3.º Considera-se gorjeta não só a importância espontaneamente dada pelo cliente ao empregado, como também o valor cobrado pela empresa, como serviço ou adicional, a qualquer título, e destinado à distribuição aos empregados. (redação dada pela Lei 13.419/2017).

§ 4.º Consideram-se prêmios as liberalidades concedidas pelo empregador em forma de bens, serviços ou valor em dinheiro a empregado ou a grupo de empregados, em razão de desempenho superior ao ordinariamente esperado no exercício de suas atividades. (redação dada pela Lei 13.467/2017).

§ 5.º Inexistindo previsão em convenção ou acordo coletivo de trabalho, os critérios de rateio e distribuição da gorjeta e os percentuais de retenção previstos nos §§ 6.º e 7.º deste artigo serão definidos em assembleia geral dos trabalhadores, na forma do art. 612 desta Consolidação. (incluído pela Lei 13.419/2017).

§ 6.º As empresas que cobrarem a gorjeta de que trata o § 3.º deverão:

I – para as empresas inscritas em regime de tributação federal diferenciado, lançá-la na respectiva nota de consumo, facultada a retenção de até 20% (vinte por cento) da arrecadação correspondente, mediante previsão em convenção ou acordo coletivo de trabalho, para custear os encargos sociais, previdenciários e trabalhistas derivados da sua integração à remuneração dos empregados, devendo o valor remanescente ser revertido integralmente em favor do trabalhador;

II – para as empresas não inscritas em regime de tributação federal diferenciado, lançá-la na respectiva nota de consumo, facultada a retenção de até 33% (trinta e três por cento) da arrecadação correspondente, mediante previsão em convenção ou acordo coletivo de trabalho, para custear os encargos sociais, previdenciários e trabalhistas derivados da sua integração à remuneração dos empregados, devendo o valor remanescente ser revertido integralmente em favor do trabalhador;

III – anotar na Carteira de Trabalho e Previdência Social e no contracheque de seus empregados o salário contratual fixo e o percentual percebido a título de gorjeta. (incluído pela Lei 13.419/2017).

§ 7.º A gorjeta, quando entregue pelo consumidor diretamente ao empregado, terá seus critérios definidos em convenção ou acordo coletivo de trabalho, facultada a retenção nos parâmetros do § 6.º deste artigo. (incluído pela Lei 13.419/2017).

§ 8.º As empresas deverão anotar na Carteira de Trabalho e Previdência Social de seus empregados o salário fixo e a média dos valores das gorjetas referente aos últimos doze meses. (incluído pela Lei 13.419/2017).

§ 9.º Cessada pela empresa a cobrança da gorjeta de que trata o § 3.º deste artigo, desde que cobrada por mais de doze meses, essa se incorporará ao salário do empregado, tendo como base a média dos últimos doze meses, salvo o estabelecido em convenção ou acordo coletivo de trabalho. (incluído pela Lei 13.419/2017).

§ 10. Para empresas com mais de sessenta empregados, será constituída comissão de empregados, mediante previsão em convenção ou acordo coletivo de trabalho, para acompanhamento e fiscalização da regularidade da cobrança e distribuição da gorjeta de que trata o § 3.º deste artigo, cujos representantes serão eleitos em assembleia geral convocada para esse fim pelo sindicato laboral e gozarão de garantia de emprego vinculada ao desempenho das funções para que foram eleitos, e, para as demais empresas, será constituída comissão intersindical para o referido fim. (incluído pela Lei 13.419/2017).

§ 11. Comprovado o descumprimento do disposto nos §§ 4.º, 6.º, 7.º e 9.º deste artigo, o empregador pagará ao trabalhador prejudicado, a título de multa, o valor correspondente a 1/30 (um trinta avos) da média da gorjeta por dia de atraso, limitada ao piso da categoria, assegurados em qualquer hipótese o contraditório e a ampla defesa, observadas as seguintes regras:

I – a limitação prevista neste parágrafo será triplicada caso o empregador seja reincidente;

II – considera-se reincidente o empregador que, durante o período de doze meses, descumpre o disposto nos §§ 4.º, 6.º, 7.º e 9.º deste artigo por mais de sessenta dias. (incluído pela Lei 13.419/2017).

28. GORJETA

Em termos práticos, tem-se que salário e remuneração não são sinônimos; aquele integra esta; nem todo valor da remuneração é salário, podendo referir-se a gorjeta.

Considera-se gorjeta não só a importância espontaneamente dada pelo cliente ao empregado, como também o valor cobrado pela empresa, como serviço ou adicional, a qualquer título, e destinado à distribuição aos empregados (art. 457, § 3.º, da CLT, com redação dada pela Lei 13.419/2017).

Essa diferenciação entre salário e gorjeta é de relevância. Nesse sentido esclarece a Súmula 354 do TST.

A Lei 13.467/2017, ao dar nova redação ao art. 457, §§ 1.º, 2.º e 4.º, da CLT, não considerou a existência dos §§ 5.º a 11 do art. 457 do mesmo diploma legal, que haviam sido incluídos pela Lei 13.419/2017, ao indicar que o art. 457 da CLT terminaria no § 4.º ("NR"), gerando o entendimento de que ocorreu a revogação tácita. Entretanto, como não houve revogação expressa (art. 5.º da Lei 13.467/2017), seria possível dizer que eles foram mantidos.

Inexistindo previsão em convenção ou acordo coletivo de trabalho, os critérios de rateio e distribuição da gorjeta e os percentuais de retenção previstos nos §§ 6.º e 7.º do art. 457 da CLT devem ser definidos em assembleia geral dos trabalhadores, na forma do art. 612 da CLT (art. 457, § 5.º, da CLT).

O art. 612 da CLT prevê que os sindicatos só podem celebrar convenções ou acordos coletivos de trabalho por deliberação de assembleia geral especialmente convocada para esse fim, consoante o disposto nos respectivos estatutos, dependendo a sua validade do comparecimento e votação, em primeira convocação, de 2/3 dos associados da entidade, caso se trate de convenção, e dos interessados, no caso de acordo, e, em segunda, de 1/3 destes. O quórum de comparecimento e votação será de 1/8 dos associados em segunda convocação, nas entidades sindicais que tenham mais de 5.000 associados.

Logo, na ausência de convenção coletiva ou acordo coletivo de trabalho a respeito dos mencionados critérios de rateio e distribuição da gorjeta, bem como dos referidos percentuais de retenção, essas questões devem ser estabelecidas em assembleia geral dos trabalhadores, adotando-se o mesmo quórum previsto no art. 612 da CLT.

Desse modo, pode-se dizer que a referida assembleia geral de trabalhadores, para ser válida, dependerá do comparecimento e votação, em primeira convocação, de 2/3 dos trabalhadores interessados (ou seja, dos empregados na empresa envolvida), e, em segunda convocação, de 1/3 destes.

As empresas que cobrarem a gorjeta de que trata o § 3.º do art. 457 da CLT devem (art. 457, § 6.º, da CLT):

I – para as empresas *inscritas* em *regime de tributação federal diferenciado*, lançá-la na respectiva nota de consumo, facultada a retenção de até 20% da arrecadação correspondente, mediante previsão em convenção ou acordo coletivo de trabalho, para custear os encargos sociais, previdenciários e trabalhistas derivados da sua integração à remuneração dos empregados, devendo o valor remanescente ser revertido integralmente em favor do trabalhador;

II – para as empresas *não inscritas em regime de tributação federal diferenciado*, lançá-la na respectiva nota de consumo, facultada a retenção de até 33% da arrecadação correspondente, mediante previsão em convenção ou acordo coletivo de trabalho, para custear os encargos sociais, previdenciários e trabalhistas derivados da sua integração à remuneração dos empregados, devendo o valor remanescente ser revertido integralmente em favor do trabalhador;

III – anotar na Carteira de Trabalho e Previdência Social e no contracheque de seus empregados o salário contratual fixo e o percentual percebido a título de gorjeta.

Observa-se que o limite do percentual de retenção da arrecadação das gorjetas é inferior (até 20%) no caso de empresas inscritas no Regime Especial Unificado de Arrecadação de Tributos e Contribuições devidos pelas Microempresas e Empresas de Pequeno Porte (Simples Nacional), quando comparado com o limite das empresas não inscritas nesse regime de tributação diferenciado (até 33%).

Isso certamente decorre da possível redução da carga tributária incidente no caso de empresas optantes pelo Simples Nacional.

Segundo a determinação legal, essa retenção de parte do valor da gorjeta depende de previsão em convenção coletiva ou acordo coletivo de trabalho e tem como fim custear os encargos sociais, previdenciários e trabalhistas decorrentes de sua integração à remuneração dos empregados, como as contribuições para a Seguridade Social (art. 195 da Constituição da República), previdenciárias (Lei 8.212/1991) e do Fundo de Garantia do Tempo de Serviço (art. 7.º, inciso III, da Constituição Federal de 1988 e Lei 8.036/1990).

O valor *remanescente* da gorjeta, assim, deve ser destinado integralmente aos empregados.

Cabe esclarecer que a Lei Complementar 123/2006 estabelece normas gerais relativas ao tratamento diferenciado e favorecido a ser dispensado às microempresas e empresas de pequeno porte no âmbito dos Poderes da União, dos Estados, do Distrito Federal e dos Municípios (art. 1.º). O art. 12 da Lei Complementar 123/2006 instituiu o Regime Especial Unificado de Arrecadação de Tributos e Contribuições devidos pelas Microempresas e Empresas de Pequeno Porte (Simples Nacional).

Anteriormente, entendia-se não ser válida a cláusula de norma coletiva prevendo a retenção pelo empregador de parte das gorjetas, com o repasse apenas parcial dos valores aos empregados, justamente por se tratar de direito destes, de natureza remuneratória. A atual previsão legal pode ser prejudicial ao empregado, ao permitir que a norma coletiva negociada estabeleça certo percentual sobre o valor das gorjetas a ser retido pelo empregador.

Embora a Constituição da República, no art. 7.º, inciso VI, estabeleça a *irredutibilidade do salário*, ressalva o disposto em convenção ou acordo coletivo. Além disso, a gorjeta, em verdade, não integra o salário propriamente, mas sim a remuneração. Ainda assim, o valor global da remuneração do empregado, com essa possibilidade de retenção de parte das gorjetas, pode se tornar inferior ao recebido anteriormente.

O art. 29, § 1.º, da CLT prevê que as anotações na Carteira de Trabalho e Previdência Social sobre a remuneração devem especificar o salário, qualquer que seja sua forma de pagamento, seja ele em dinheiro ou em utilidades, bem como a estimativa da gorjeta.

Com o art. 457, § 6.º, inciso III, da CLT, as empresas que cobrarem a gorjeta devem anotar na CTPS e no contracheque de seus empregados o salário contratual fixo e o percentual percebido a título de gorjeta. Trata-se, no caso, da modalidade de gorjeta em que o valor é *cobrado pela empresa*, como serviço ou adicional, a qualquer título, e destinado à distribuição aos empregados.

Conforme o art. 457, § 7.º, da CLT, a gorjeta, quando entregue pelo consumidor diretamente ao empregado, terá seus critérios definidos em convenção ou acordo coletivo de trabalho, *facultada a retenção* nos parâmetros do § 6.º do art. 457 da CLT.

As empresas devem anotar na Carteira de Trabalho e Previdência Social de seus empregados o salário fixo e a média dos valores das gorjetas referente aos últimos 12 meses (art. 457, § 8.º, da CLT).

O art. 457, § 6.º, inciso III, da CLT não se confunde com o determinado no art. 457, § 8.º, da CLT, pois aquele se refere à anotação na CTPS do *percentual* percebido a título de gorjeta *cobrada* pela empresa, considerando a possibilidade de retenção de parte da arrecadação. Diversamente, o § 8.º do art. 457 prevê a anotação na CTPS da *média* dos valores das gorjetas (espontaneamente dadas pelos clientes ao empregado e as que forem cobradas pela empresa) referente aos últimos 12 meses.

Na hipótese de *gorjetas espontâneas*, como o empregador nem sempre tem como saber, de forma precisa, as quantias oferecidas pelos clientes aos empregados, é comum a previsão de seus valores estimados em convenções e acordos coletivos de trabalho, firmados com os sindicatos das categorias profissionais. Trata-se de previsão que não se aplica, entretanto, às gorjetas cobradas pela empresa, como serviço ou adicional, para posterior distribuição aos empregados.

Cessada pela empresa a cobrança da gorjeta de que trata o § 3.º do art. 457 da CLT, desde que cobrada por mais de 12 meses, essa se incorporará ao salário do empregado, tendo como base a média dos últimos 12 meses, salvo o estabelecido em convenção ou acordo coletivo de trabalho (art. 457, § 9.º, da CLT).

A hipótese em questão trata da modalidade de gorjeta em que o valor é cobrado pela empresa, como serviço ou adicional, a qualquer título, e destinado à distribuição aos empregados.

Nesse caso, se a empresa, após ter cobrado dos clientes a gorjeta por mais de 12 meses, deixar de fazer essa cobrança, segundo a previsão legal, o valor deve ser incorporado ao salário do empregado, adotando-se o valor decorrente da média dos últimos 12 meses, sem afastar o que estiver previsto em instrumento normativo decorrente de negociação coletiva de trabalho.

Frise-se que a gorjeta, a rigor, tem natureza de remuneração, mas não se confunde com o salário (art. 457 da CLT). Ainda assim, na situação específica do art. 457, § 9.º, da CLT, observa-se a determinação no sentido de sua incorporação "ao salário", revelando certa desarmonia legislativa.

Para empresas com mais de 60 empregados, deve ser constituída comissão de empregados, mediante previsão em convenção ou acordo coletivo de trabalho, para acompanhamento e fiscalização da regularidade da cobrança e distribuição da gorjeta de que trata o § 3.º do art. 457 da CLT, cujos representantes devem ser eleitos em assembleia geral convocada para esse fim pelo sindicato laboral e gozarão de garantia de emprego vinculada ao desempenho das funções para que foram eleitos, e, para as demais empresas, será constituída comissão intersindical para o referido fim (art. 457, § 10, da CLT).

Sendo assim, no caso de empresas com mais de 60 empregados, cabe à convenção coletiva ou acordo coletivo de trabalho estabelecer a disciplina mais detalhada da mencionada estabilidade provisória dos trabalhadores que integram a referida comissão voltada ao acompanhamento e à fiscalização da regularidade da cobrança e distribuição das gorjetas.

Comprovado o descumprimento do disposto nos §§ 4.º, 6.º, 7.º e 9.º do art. 457 da CLT, o empregador deve pagar ao trabalhador prejudicado, a título de multa, o valor correspondente a 1/30 da média da gorjeta por dia de atraso, limitada ao piso da categoria, assegurados em qualquer hipótese o contraditório e a ampla defesa, observadas as seguintes regras: essa limitação deve ser triplicada caso o empregador seja reincidente; considera-se reincidente o empregador que, durante o período de doze meses, descumpre o disposto nos §§ 4.º, 6.º, 7.º e 9.º do art. 457 da CLT por mais de 60 dias (art. 457, § 11, da CLT).

A multa em questão é devida em favor do empregado prejudicado e, portanto, não se confunde com a penalidade administrativa decorrente de autuação feita pela fiscalização do trabalho (art. 510 da CLT).

O contraditório e a ampla defesa, mencionados no art. 457, § 11, da CLT, são exigidos não apenas em eventual processo judicial no qual se postule a referida multa (art. 5.º, incisos LIV e LV, da Constituição da República), mas também no âmbito extrajudicial, em consonância com a *eficácia horizontal dos direitos fundamentais*, inclusive no caso de ser a questão discutida em comissão de empregados, prevista no art. 457, § 10, da CLT, constituída em empresa com mais de 60 empregados, por meio de convenção coletiva ou acordo coletivo de trabalho, para acompanhamento e fiscalização da regularidade da cobrança e distribuição da gorjeta, ou comissão intersindical, no caso das demais empresas, constituída com o mesmo objetivo.

29. *GUELTAS*

Observa-se, em determinados casos, que o empregado, principalmente tratando-se de vendedor, recebe valores diretamente de empresas fabricantes ou distribuidoras de certos produtos, de determinadas marcas. Trata-se da chamada "guelta".

Essas empresas concedem tal pagamento, ao trabalhador que não é seu empregado propriamente, mas sim da empresa que vende ou comercializa seus produtos, certamente com o objetivo de aumentar as vendas aos clientes e consumidores.

Portanto, na realidade, tem-se pagamento feito diretamente por terceiros (fabricantes). Assim, não se trata de salário, o qual é pago diretamente pelo empregador (art. 457, *caput*, da CLT). Entretanto, se caracterizada a fraude, ou seja, se na verdade o pagamento for referente a comissões devidas ao empregado pelo empregador, em que este apenas procurou encobrir a natureza salarial da parcela, deve-se reconhecer a sua natureza de salário (art. 9.º da CLT).

Mesmo não sendo caso de fraude, o entendimento que prevalece é no sentido de que a referida oportunidade de ganho, denominada *guelta*, equipara-se à gorjeta, por ser um valor recebido pelo empregado, no âmbito da prestação do serviço, mas pago por terceiro, tendo, assim, natureza remuneratória, embora não seja salário (Súmula 354 do TST).

No entanto, seria possível entender que a *guelta* também não se confunde com a gorjeta, pois os fabricantes não pagam em razão do serviço prestado, nem se confundem com cliente (art. 457, § 3.º, da CLT), de modo que os seus valores não integrariam a remuneração. Nessa última linha de entendimento, a qual é minoritária, Valentin Carrion destaca que: "*Gueltas*: são gratificações ou prêmios oferecidos por terceiros a empregados pela produção, beneficiando estes terceiros; [...] não influem na relação empregatícia"[134].

---

[134] CARRION, Valentin. *Comentários à Consolidação das Leis do Trabalho*. 29. ed. atual. por Eduardo Carrion. São Paulo: Saraiva, 2004. p. 301.

30. *STOCK OPTION*

A chamada opção de compra de ações (*stock option*) tem origem nas corporações americanas e vem se observando na atualidade também no Brasil.

A Lei 6.404/1976, que dispõe sobre as sociedades por ações, no art. 168, § 3.º, estabelece que o estatuto pode prever que a companhia, dentro do limite de capital autorizado, e de acordo com plano aprovado pela assembleia geral, outorgue *opção de compra de ações* a seus administradores ou empregados, ou a pessoas naturais que prestem serviços à companhia ou a sociedade sob seu controle.

Vejamos como o sistema em questão se desenvolve.

O empregado recebe da empresa um lote de ações, podendo, após certo prazo, se ainda estiver prestando serviços, exercer o *direito de compra* das ações, pelo preço do dia da reserva, mas vendê-las pelo valor atualizado, do momento de exercício da referida opção.

Obviamente, o mencionado direito de opção será exercido pelo trabalhador apenas se o valor da ação estiver em patamar superior ao preço estabelecido no início, quando concedido o lote de ações ao empregado, pois do contrário este teria prejuízo[135].

Como se nota, o empregado, ao receber as ações com opção de compra, não é obrigado a pagar o respectivo valor de imediato. O trabalhador *pode* exercer a opção de compra, após o prazo estabelecido, caso seja vantajoso; se isso ainda não tiver ocorrido, pode fazê-lo futuramente.

Cabe saber a natureza jurídica do valor que o empregado recebe, correspondente à diferença entre o valor das ações quando foram concedidas e o preço obtido quando do exercício da opção de compra.

O tema apresenta certa controvérsia, havendo quem defenda a natureza salarial, pois o empregado estaria recebendo o valor em questão como contraprestação dos serviços. Tendo em vista a sistemática específica, o trabalhador não teria como sofrer prejuízos com a opção de compra, confirmando o seu caráter salarial.

A Lei 12.973/2014, embora de natureza tributária, no art. 33, dispõe que "*o valor da remuneração dos serviços prestados por empregados ou similares, efetuada por meio de acordo com pagamento baseado em ações*, deve ser adicionado ao lucro líquido para fins de apuração do lucro real no período de apuração em que o custo ou a despesa forem apropriados".

No entanto, para fins trabalhistas, prevalece o entendimento de que a opção de compra não apresenta natureza salarial, por se tratar de valor decorrente de negociação desvinculada do contrato de trabalho. Trata-se, na realidade, de negócio jurídico de natureza comercial, pois o empregado tem a faculdade de vender, ou não, as referidas ações, podendo, ou não, alcançar eventual lucro na operação em questão. Assim, pode-se verificar até mesmo eventual risco do mercado financeiro, assumido pelo empregado, quanto à "flutuação" do valor das ações[136].

Como se nota, o valor não é concedido pelo empregador, mas apenas possível de ser obtido pelo empregado, na transação mercantil em destaque.

---

135 Cf. MARTINS, Sergio Pinto. *Direito do trabalho*. 22. ed. São Paulo: Atlas, 2006. p. 223.

136 Cf. MARTINS, Sergio Pinto. *Direito do trabalho*. 28. ed. São Paulo: Atlas, 2012. p. 248-252.

Não se verificam, assim, os requisitos do salário, das parcelas salariais ou remuneratórias, afastando a incidência das disposições trabalhistas sobre o valor em questão.

31. DIREITO DE ARENA E DIREITO DE IMAGEM

No âmbito dos direitos fundamentais, é assegurada, nos termos da lei, a proteção à reprodução da imagem e voz humanas, inclusive nas atividades desportivas (art. 5.º, inciso XXVIII, alínea "a", da Constituição Federal de 1988).

A difusão de imagens captadas em eventos esportivos é passível de exploração comercial (art. 159 da Lei 14.597/2023).

Nas relações de trabalho no esporte, pertence às organizações esportivas mandantes o *direito de arena*, que consiste no direito de exploração e comercialização de difusão de imagens, abrangendo a prerrogativa privativa de negociar, de autorizar ou de proibir a captação, a fixação, a emissão, a transmissão, a retransmissão e a reprodução de imagens, por qualquer meio ou processo, de evento esportivo de que participem (art. 160 da Lei 14.597/2023).

De acordo com o art. 42-A, § 2.º, da Lei 9.615/1998, incluído pela Lei 14.205/2021, devem ser distribuídos aos atletas profissionais, em partes iguais, 5% da receita proveniente da exploração de direitos desportivos audiovisuais do espetáculo desportivo.

O pagamento da verba decorrente do direito de arena aos atletas profissionais deve ser realizado por intermédio dos sindicatos das respectivas categorias, que são responsáveis pelo recebimento e pela logística de repasse aos participantes do evento, no prazo de até 72 horas, contado do recebimento das verbas pelo sindicato (art. 160, § 2.º, da Lei 14.597/2023).

É facultado à organização esportiva detentora do direito de arena e dos direitos comerciais inerentes ao evento esportivo cedê-los no todo ou em parte, por meio de documento escrito, a outras organizações esportivas que regulam a modalidade e organizam competições.

Na hipótese acima, pertence às organizações esportivas responsáveis pela organização da competição o direito de autorizar ou de proibir a captação, a fixação, a emissão, a transmissão, a retransmissão e a reprodução de imagens, por qualquer meio ou processo, de eventos esportivos compreendidos em quaisquer das competições por elas organizadas, bem como de autorizar ou de proibir a exploração comercial de nome, de símbolos, de marcas, de publicidade estática e das demais propriedades inerentes às competições que organizem.

Discute-se a respeito do direito de arena devido aos atletas profissionais. Anteriormente, havia posicionamento no sentido da sua natureza remuneratória, equiparando-se à gorjeta, por ser paga por terceiros, considerando-se uma oportunidade de ganho oferecida ao empregado. Entretanto, prevalece o entendimento de que a referida parcela não tem caráter trabalhista nem salarial, mas natureza civil, por decorrer do direito de exploração e comercialização de difusão de imagens. Nesse sentido, a previsão do art. 42, § 1.º, da Lei 9.615/1998, com redação dada pela Lei 12.395/2011. De acordo com o art. 42-A, § 3.º, da Lei 9.615/1998, incluído pela Lei 14.205/2021, a distribuição da receita proveniente da exploração de direitos desportivos audiovisuais do espetáculo desportivo tem caráter de pagamento de natureza civil, exceto se houver disposição em contrário constante de convenção coletiva de trabalho.

Fica vedada a prática de proveito publicitário indevido e ilegítimo, obtido mediante o emprego de qualquer artifício ou ardil, sem amparo em contrato regular celebrado entre partes legítimas e com objeto lícito e sem a prévia concordância dos titulares dos direitos envolvidos (art. 160, § 5.º, da Lei 14.597/2023).

Esclareça-se que não constitui prática de proveito econômico indevido ou ilegítimo a veiculação, pelas empresas detentoras de concessão, de permissão ou de autorização para exploração de serviço de radiodifusão sonora e de sons e imagens, bem como de televisão por assinatura, da própria marca e a de seus canais e dos títulos de seus programas nos uniformes de competições das entidades esportivas e nos demais meios de comunicação que se localizem nas instalações dos recintos esportivos (art. 160, § 9.º, da Lei 14.597/2023).

Na hipótese de realização de eventos esportivos sem definição do mando de jogo, a captação, a fixação, a emissão, a transmissão, a retransmissão e a reprodução de imagens, por qualquer meio ou processo, dependem da anuência das organizações esportivas participantes (art. 160, § 6.º, da Lei 14.597/2023).

As disposições do art. 160 da Lei 14.597/2023 não se aplicam a contratos que tenham por objeto direitos de transmissão celebrados previamente à vigência da Lei 14.597/2023 (15.06.2023), os quais permanecem regidos pela legislação em vigor na data de sua celebração. Essa eficácia não retroativa da norma jurídica tem como objetivo preservar o ato jurídico perfeito (art. 5.º, inciso XXXVI, da Constituição da República). Os referidos contratos não podem atingir as organizações esportivas que não cederam seus direitos de transmissão a terceiros previamente à vigência da Lei 14.597/2023, as quais podem cedê-los livremente, conforme as disposições previstas no art. 160 da Lei 14.597/2023.

A difusão de imagens de eventos esportivos na rede mundial de computadores deve respeitar as disposições dos arts. 159 a 164 da Lei 14.597/2023.

A rigor, o direito de arena, acima indicado, não se confunde com o direito decorrente de contrato específico de cessão do uso de imagem. Este último não tem natureza remuneratória, desde que ausente a fraude, a qual se configura quando se trata de mera contraprestação do trabalho realizado, incidindo, nesse caso, o art. 9.º da CLT.

O *direito ao uso da imagem* do atleta profissional ou não profissional pode ser por ele cedido ou explorado por terceiros, inclusive por pessoa jurídica da qual seja sócio, mediante ajuste contratual de natureza civil e com fixação de direitos, deveres e condições inconfundíveis com o contrato especial de trabalho esportivo (art. 164 da Lei 14.597/2023). O direito decorrente de cessão ou exploração do direito ao uso de imagem, assim, não integra o contrato especial de trabalho esportivo, pois tem natureza jurídica civil, e não trabalhista, o que afasta o seu caráter salarial.

Não há impedimento a que o atleta empregado, concomitantemente à existência de contrato especial de trabalho esportivo, ceda seu direito de imagem à organização esportiva empregadora, mas a remuneração pela cessão de direito de imagem não substitui a remuneração devida quando configurada a relação de emprego entre o atleta e a organização esportiva contratante (art. 164, § 1.º, da Lei 14.597/2023).

A remuneração devida a título de imagem ao atleta pela organização esportiva não pode ser superior a 50% de sua remuneração (art. 164, § 2.º, da Lei 14.597/2023). Caso esse limite legal seja desrespeitado, havendo relação de emprego, entende-se que o referido pagamento passa a ter natureza salarial, como contraprestação da atividade realizada (art. 457 da CLT).

A utilização da imagem do atleta pela organização esportiva pode ocorrer, durante a vigência do vínculo esportivo e contratual, das seguintes formas, entre outras: I – divulgação da imagem do atleta no sítio eletrônico da organização e nos demais canais oficiais de comunicação, tais como redes sociais, revistas e vídeos institucionais; II – realização de campanhas de divulgação da organização esportiva e de sua equipe competitiva; III – participação nos eventos de lançamento da equipe e comemoração dos resultados.

Deve ser efetivo o uso comercial da exploração do direito de imagem do atleta, de modo a se combater a simulação e a fraude (art. 164, § 4.º, da Lei 14.597/2023). Nesse enfoque, se o mencionado pagamento, na realidade, tiver como objetivo apenas a contraprestação da atividade laboral, a sua natureza jurídica passa a ser salarial (arts. 9.º e 457 da CLT).

Fica permitida a exploração da imagem dos atletas e dos membros das comissões técnicas, de forma coletiva, assim considerada, no mínimo, três atletas ou membros das respectivas comissões técnicas agrupados, em atividade profissional, em campo ou fora dele, captada no contexto das atividades esportivas e utilizada para fins promocionais, institucionais e de fomento ao esporte, pelas organizações que administram e regulam o esporte e pelas organizações que se dediquem à prática esportiva, respeitado o disposto no art. 164 da Lei 14.597/2023 no que se refere ao direito de imagem de cada atleta e membro da comissão técnica, quando individualmente considerados.

Na relação do atleta profissional com a organização esportiva empregadora, o direito de imagem não possui natureza salarial e constará de contrato avulso de natureza exclusivamente civil (art. 85, § 1.º, da Lei 14.597/2023).

Da mesma forma, na relação do treinador profissional de futebol com a organização esportiva empregadora, o direito de imagem não possui natureza salarial e constará de contrato avulso de natureza exclusivamente civil (art. 98, § 2.º, da Lei 14.597/2023).

Direito de arena e direito de imagem

No âmbito dos direitos fundamentais, é assegurada, nos termos da lei, a proteção à reprodução da imagem e voz humanas, inclusive nas atividades desportivas (art. 5.º, inciso XXVIII, alínea "a", da Constituição Federal de 1988).

A difusão de imagens captadas em eventos esportivos é passível de exploração comercial (art. 159 da Lei 14.597/2023).

Nas relações de trabalho no esporte, pertence às organizações esportivas mandantes o *direito de arena*, que consiste no direito de exploração e comercialização de difusão de imagens, abrangendo a prerrogativa privativa de negociar, de autorizar ou de proibir a captação, a fixação, a emissão, a transmissão, a retransmissão e a reprodução de imagens, por qualquer meio ou processo, de evento esportivo de que participem (art. 160 da Lei 14.597/2023).

De acordo com o art. 42-A, § 2.º, da Lei 9.615/1998, incluído pela Lei 14.205/2021, devem ser distribuídos aos atletas profissionais, em partes iguais, 5% da receita proveniente da exploração de direitos desportivos audiovisuais do espetáculo desportivo.

O pagamento da verba decorrente do direito de arena aos atletas profissionais deve ser realizado por intermédio dos sindicatos das respectivas categorias, que são responsáveis pelo recebimento e pela logística de repasse aos participantes do evento, no prazo de até 72 horas, contado do recebimento das verbas pelo sindicato (art. 160, § 2.º, da Lei 14.597/2023).

É facultado à organização esportiva detentora do direito de arena e dos direitos comerciais inerentes ao evento esportivo cedê-los no todo ou em parte, por meio de documento escrito, a outras organizações esportivas que regulam a modalidade e organizam competições.

Na hipótese acima, pertence às organizações esportivas responsáveis pela organização da competição o direito de autorizar ou de proibir a captação, a fixação, a emissão, a transmissão, a retransmissão e a reprodução de imagens, por qualquer meio ou processo, de eventos esportivos compreendidos em quaisquer das competições por elas organizadas, bem como de autorizar ou de proibir a exploração comercial de nome, de símbolos, de marcas, de publicidade estática e das demais propriedades inerentes às competições que organizem.

Discute-se a respeito do direito de arena devido aos atletas profissionais. Anteriormente, havia posicionamento no sentido da sua natureza remuneratória, equiparando-se à gorjeta, por ser paga por terceiros, considerando-se uma oportunidade de ganho oferecida ao empregado. Entretanto, prevalece o entendimento de que a referida parcela não tem caráter trabalhista nem salarial, mas natureza civil, por decorrer do direito de exploração e comercialização de difusão de imagens. Nesse sentido, a previsão do art. 42, § 1.º, da Lei 9.615/1998, com redação dada pela Lei 12.395/2011. De acordo com o art. 42-A, § 3.º, da Lei 9.615/1998, incluído pela Lei 14.205/2021, a distribuição da receita proveniente da exploração de direitos desportivos audiovisuais do espetáculo desportivo tem caráter de pagamento de natureza civil, exceto se houver disposição em contrário constante de convenção coletiva de trabalho.

Fica vedada a prática de proveito publicitário indevido e ilegítimo, obtido mediante o emprego de qualquer artifício ou ardil, sem amparo em contrato regular celebrado entre partes legítimas e com objeto lícito e sem a prévia concordância dos titulares dos direitos envolvidos (art. 160, § 5.º, da Lei 14.597/2023).

Esclareça-se que não constitui prática de proveito econômico indevido ou ilegítimo a veiculação, pelas empresas detentoras de concessão, de permissão ou de autorização para exploração de serviço de radiodifusão sonora e de sons e imagens, bem como de televisão por assinatura, da própria marca e a de seus canais e dos títulos de seus programas nos uniformes de competições das entidades esportivas e nos demais meios de comunicação que se localizem nas instalações dos recintos esportivos (art. 160, § 9.º, da Lei 14.597/2023).

Na hipótese de realização de eventos esportivos sem definição do mando de jogo, a captação, a fixação, a emissão, a transmissão, a retransmissão e a reprodução de imagens, por qualquer meio ou processo, dependem da anuência das organizações esportivas participantes (art. 160, § 6.º, da Lei 14.597/2023).

As disposições do art. 160 da Lei 14.597/2023 não se aplicam a contratos que tenham por objeto direitos de transmissão celebrados previamente à vigência da Lei 14.597/2023 (15.06.2023), os quais permanecem regidos pela legislação em vigor na data de sua celebração. Essa eficácia não retroativa da norma jurídica tem como objetivo preservar o ato jurídico perfeito (art. 5.º, inciso XXXVI, da Constituição da República). Os referidos contratos não podem atingir as organizações esportivas que não cederam seus direitos de transmissão a terceiros previamente à vigência da Lei 14.597/2023, as quais podem cedê-los livremente, conforme as disposições previstas no art. 160 da Lei 14.597/2023.

A difusão de imagens de eventos esportivos na rede mundial de computadores deve respeitar as disposições dos arts. 159 a 164 da Lei 14.597/2023.

A rigor, o direito de arena, acima indicado, não se confunde com o direito decorrente de contrato específico de cessão do uso de imagem. Este último não tem natureza remuneratória, desde que ausente a fraude, a qual se configura quando se trata de mera contraprestação do trabalho realizado, incidindo, nesse caso, o art. 9.º da CLT.

O *direito ao uso da imagem* do atleta profissional ou não profissional pode ser por ele cedido ou explorado por terceiros, inclusive por pessoa jurídica da qual seja sócio, mediante ajuste contratual de natureza civil e com fixação de direitos, deveres e condições inconfundíveis com o contrato especial de trabalho esportivo (art. 164 da Lei 14.597/2023). O direito decorrente de cessão ou exploração do direito ao uso de imagem, assim, não integra o contrato especial de trabalho esportivo, pois tem natureza jurídica civil, e não trabalhista, o que afasta o seu caráter salarial.

Não há impedimento a que o atleta empregado, concomitantemente à existência de contrato especial de trabalho esportivo, ceda seu direito de imagem à organização esportiva empregadora, mas a remuneração pela cessão de direito de imagem não substitui a remuneração devida quando configurada a relação de emprego entre o atleta e a organização esportiva contratante (art. 164, § 1.º, da Lei 14.597/2023).

A remuneração devida a título de imagem ao atleta pela organização esportiva não pode ser superior a 50% de sua remuneração (art. 164, § 2.º, da Lei 14.597/2023). Caso esse limite legal seja desrespeitado, havendo relação de emprego, entende-se que o referido pagamento passa a ter natureza salarial, como contraprestação da atividade realizada (art. 457 da CLT).

A utilização da imagem do atleta pela organização esportiva pode ocorrer, durante a vigência do vínculo esportivo e contratual, das seguintes formas, entre outras: I – divulgação da imagem do atleta no sítio eletrônico da organização e nos demais canais oficiais de comunicação, tais como redes sociais, revistas e vídeos institucionais; II – realização de campanhas de divulgação da organização esportiva e de sua equipe competitiva; III – participação nos eventos de lançamento da equipe e comemoração dos resultados.

Deve ser efetivo o uso comercial da exploração do direito de imagem do atleta, de modo a se combater a simulação e a fraude (art. 164, § 4.º, da Lei 14.597/2023). Nesse enfoque, se o mencionado pagamento, na realidade, tiver como objetivo apenas a contraprestação da atividade laboral, a sua natureza jurídica passa a ser salarial (arts. 9.º e 457 da CLT).

Fica permitida a exploração da imagem dos atletas e dos membros das comissões técnicas, de forma coletiva, assim considerada, no mínimo, três atletas ou membros das respectivas comissões técnicas agrupados, em atividade profissional, em campo ou fora dele, captada no contexto das atividades esportivas e utilizada para fins promocionais, institucionais e de fomento ao esporte, pelas organizações que administram e regulam o esporte e pelas organizações que se dediquem à prática esportiva, respeitado o disposto no art. 164 da Lei 14.597/2023 no que se refere ao direito de imagem de cada atleta e membro da comissão técnica, quando individualmente considerados.

Na relação do atleta profissional com a organização esportiva empregadora, o direito de imagem não possui natureza salarial e constará de contrato avulso de natureza exclusivamente civil (art. 85, § 1.º, da Lei 14.597/2023).

Da mesma forma, na relação do treinador profissional de futebol com a organização esportiva empregadora, o direito de imagem não possui natureza salarial e constará de contrato avulso de natureza exclusivamente civil (art. 98, § 2.º, da Lei 14.597/2023).

✦ Jurisprudência

Caixa. Gratificação de risco. A gratificação de risco, conhecida como "quebra de caixa", tem por finalidade remunerar o risco que o funcionário corre ao lidar com numerário. Do que resulta que em contrapartida o funcionário deverá ressarcir ao caixa do Banco a falta de numerário. O risco existe e é remunerado com antecedência pela empresa. Não se vislumbra no caso nenhum malferimento a preceito legal (art. 462, CLT) (TRT/SP 02990166887, RO, Ac. 5.ª T., 20000088557, Rel. Juiz Francisco Antonio de Oliveira, *DOE* 24.03.2000).

I – Embargos de declaração em recurso de revista. *Hiring bonus*. Natureza salarial. Interesse em recorrer. Omissão configurada. Configurada a omissão no acórdão proferido por este Colegiado, que não conheceu do recurso de revista da parte, por ausência de interesse recursal, impõe-se saná-la, de imediato, efetivando o respectivo exame do recurso de revista, quanto ao tema. Embargos de declaração conhecidos e providos. **II – Recurso de revista. Bônus de permanência. Natureza jurídica. Súmula 333/TST.** Prevalece neste Tribunal Superior do Trabalho o entendimento de que o bônus de permanência (*hiring bonus*) – pago com o objetivo de atrair e manter empregados nos quadros das empresas por um período mínimo determinado – possui natureza salarial, na medida em que constitui verdadeiro incentivo à celebração do contrato de trabalho. Nesse sentido, a pretensão da Reclamada, quanto à restituição do valor pago a título de *hiring bonus*, em razão da alegada natureza indenizatória, esbarra no óbice da Súmula 333/TST. Precedentes. Recurso de revista não conhecido (TST, 5.ª T., ED-RR 10233-48.2014.5.01.0055, Rel. Min. Douglas Alencar Rodrigues, *DEJT* 15.12.2017).

I – Agravo de instrumento. Recurso de revista interposto na vigência da Lei 13.015/2014. Enquadramento. Radialista. Lei n.º 6.615/1978. Registro. Ante a possível violação do artigo 6.º, da Lei 6.615/78, dá-se provimento ao agravo de instrumento para determinar o processamento do recurso de revista. II – Recurso de revista interposto na vigência da Lei 13.015/2014. Enquadramento. Radialista. Lei n.º 6.615/1978. Registro. Cinge-se a controvérsia em saber se a inexistência de registro prévio no Ministério do Trabalho, bem como a atividade preponderante desempenhada pela reclamada são óbices para o reconhecimento do enquadramento do empregado como radialista, na forma da Lei n.º 6.615/1978. A jurisprudência desta Corte, em homenagem ao princípio da primazia da realidade, fixou entendimento no sentido de que a mera ausência do registro da profissão de radialista perante os órgãos competentes não obsta a possibilidade de enquadramento na profissão. Ademais, frise-se que para o reconhecimento da profissão de radialista, não é necessário que a empresa se dedique exclusivamente à radiodifusão, bastando que execute serviços desta natureza. Nesse diapasão, tendo a decisão regional concluído, a partir da prova dos autos, que o reclamante exerceu a função de radialista, cumprindo as atribuições específicas desta categoria profissional e que a reclamada se equipara à empresa de radiodifusão para efeitos trabalhistas, nos termos do art. 3.º da Lei n.º 6.615/78, resta inviável o processamento do apelo, no particular, pois para se concluir de forma distinta, seria imprescindível a reapreciação da prova coligida nos autos, procedimento vedado em sede de recurso de revista. Incidência dos óbices das Súmulas 126 e 333 do TST. Precedentes da e. SBDI-I e de Turmas do TST. Recurso de revista não conhecido (TST, 2.ª T., RR – 5009-75.2015.5.10.0013, Rel. Min. Maria Helena Mallmann, *DEJT* 10.08.2017).

Radialista. Acúmulo de funções. Mesmo setor. Pagamento de quantas forem as funções acumuladas. Art. 13 da Lei n.º 6.615/78. A SBDI-1 do TST pacificou o entendimento de que o empregado radialista que acumule mais de duas funções dentro de um mesmo setor faz jus ao pagamento dos adicionais de quantas forem as funções acumuladas. Sobre a matéria, assim dispõe o art. 13 da Lei n.º 6.615/78: "Art. 13 – Na hipótese de exercício de funções acumuladas dentro de um mesmo setor em que se desdobram as atividades mencionadas no art. 4.º, será assegurado ao Radialista um adicional mínimo de: I – 40% (quarenta por cento), pela função acumulada, tomando-se por base a função melhor remunerada, nas emissoras de potência igual ou superior a 10 (dez) quilowatts e, nas empresas equiparadas segundo o parágrafo único do art. 3.º; II – 20% (vinte por cento), pela função acumulada, tomando-se por base a função melhor remunerada, nas emissoras de potência inferior a 10 (dez) quilowatts e, superior a 1 (um) quilowatt; III – 10% (dez por cento), pela função acumulada, tomando-se por base a função melhor remunerada, nas emissoras de potência igual ou inferior a 1 (um) quilowatt." Assim, quando o artigo supramencionado estabelece o pagamento de um adicional mínimo por função acumulada, leva ao entendimento de que o radialista tem o direito de receber um adicional por cada função acumulada. Julgados desta Corte. Recurso de revista conhecido e provido no aspecto (TST, 3.ª T., RR – 172-23.2015.5.12.0012, Rel. Min. Mauricio Godinho Delgado, *DEJT* 25.08.2017).

Recurso de revista interposto pelo reclamante. Radialista. Acúmulo de funções. Locutor e operador de áudio. Setores diversos. Contratos de trabalho distintos. Lei n.º 6.615/1978. 1. Na hipótese, o Tribunal Regional registrou que o reclamante acumulou as funções de locutor e operador de áudio. Não obstante, concluiu ser devido apenas o adicional de 10% sobre o piso salarial da categoria de radialista. 2. Todavia, esta Corte Superior, interpretando os arts. 4.º e 14 Lei n.º 6.615/1978, norma legal que regulamenta a profissão de radialista, firmou o entendimento no sentido de que a cumulação de funções, em diferentes setores de atividade da profissão de radialista (Administração, Produção e Técnica), garante ao empregado o reconhecimento de um segundo contrato de trabalho, com o pagamento da remuneração e vantagens respectivas. Recurso de revista conhecido e provido (TST, 1.ª T., ARR – 1247-67.2012.5.06.0401, Rel. Min. Walmir Oliveira da Costa, *DEJT* 16.10.2017).

Bancário. Venda de papéis de empresas coligadas do banco empregador. Ausência de pactuação quanto à percepção de comissões sobre tais vendas. Conforme o disposto no art. 456, parágrafo único, da CLT, à falta de uma pactuação expressa, entende-se que o empregado se obrigou a todo e qualquer serviço compatível com a sua condição pessoal. Entende-se também que o salário percebido remunera os serviços realizados a mando do empregador, à exceção da situação em que lei, norma coletiva ou previsão contratual específica, adote ressalva mais benéfica ao empregado, como, a título de exemplo, a Lei 6.615 de 1978, que prevê adicionais de acúmulo de função para o radialista que desenvolve diversas funções, ou adicional de insalubridade para o labor em atividade nociva à saúde (art. 7.º, XXIII, da CF de 1988 e art. 193, § 1.º, da CLT). Assim, não tendo existido previsão legal, contratual ou coletiva que assegurasse ao empregado o direito à percepção de comissão em razão da sua função de venda dos produtos de empresas coligadas do empregador, não há como se deferir comissões por tais atividades. Há precedente. Recurso de revista conhecido e provido (TST, 6.ª T., ARR – 3666100-12.2009.5.09.0011, Red. Min. Kátia Magalhães Arruda, *DEJT* 27.10.2017).

Acúmulo de funções. *Plus* salarial. [...] Este Tribunal Superior do Trabalho vem se posicionando no sentido de admitir a possibilidade de aplicação analógica, ao jornalista, da legislação que regulamenta a atividade do radialista, no que se refere ao pagamento do acréscimo salarial decorrente do acúmulo de funções. Precedentes. No caso o Regional registra o pagamento de diferença salarial de mais de 40% em razão de ter o autor acumulado as funções. Dessa forma, conclusão em sentido contrário, ou seja, de que o autor não teria recebido as diferenças salariais pelo acúmulo de funções, demandaria o reexame de fatos e provas, circunstância vedada nesta instância recursal, nos termos da Súmula 126 do TST. Recurso de revista não conhecido (TST, 3.ª T., RR – 1-16.2010.5.04.0028, Rel. Min. Alexandre de Souza Agra Belmonte, *DEJT* 15.12.2017).

Acúmulo de funções. Diferenças salariais. *Plus* salarial indevido. Funções compatíveis e exercidas na mesma jornada de trabalho. Infere-se da análise dos autos que o autor requer a condenação da reclamada ao pagamento de acúmulo de função, ao argumento de que foi contratado para a função de engenheiro e respondia, concomitantemente, pelo centro de manutenção da empresa. A condenação em diferenças salariais por acúmulo de funções é aceita pela jurisprudência quando se constata que as atribuições do cargo ocupado são incompatíveis com as que foram exigidas, demonstrando abuso do empregador e alteração contratual em prejuízo do empregado. Nos termos do parágrafo único do artigo 456 da CLT, inexistindo prova ou cláusula expressa acerca das funções a serem exercidas pelo empregado, entende-se que ele se obriga a todo e qualquer serviço compatível com a sua condição pessoal. Além do mais, a CLT não veda a fixação de um salário como contraprestação para todas as tarefas desempenhadas pelo trabalhador. Assim, o acréscimo de tarefas, por si só, não gera o direito à percepção de um *plus* salarial. [...] O exercício de atribuições de uma outra função, dentro da jornada laboral, não implica automaticamente o reconhecimento do direito ao *plus* salarial pleiteado, mormente considerando a área de atuação do reclamante, na hipótese, manutenção de linha e de oficina de aeronaves. Agravo de instrumento desprovido (TST, 2.ª T., AIRR – 3422-83.2013.5.02.0086, Rel. Min. José Roberto Freire Pimenta, *DEJT* 15.12.2017).

Agravo. Agravo de instrumento. Recurso de revista interposto na vigência da Lei n.º 13.015/14. Radialista. Acúmulo de funções. Setores diversos. Contratos de trabalho distintos. Lei n.º 6.615/1978. [...] Na forma prevista nos arts. 13, "caput", e 14 da Lei n.º 6.615/75, o acúmulo de funções em diferentes setores das atividades profissionais do radialista gera o reconhecimento de mais de um contrato de trabalho, ao passo que o exercício de mais de uma função dentro de um único setor somente enseja o adicional respectivo. Na hipótese, o Tribunal Regional, valorando fatos e provas, identificou o exercício de funções inseridas em setores diversos das atividades de técnica (art. 4.º, § 2.º, alíneas "b" e "c", da Lei n.º 6.615/75) e reconheceu um segundo contrato de trabalho do reclamante. Assim, não se cogita violação direta e literal dos dispositivos de lei federal indicados pela agravante, porquanto a fixação, pela Corte Regional, da premissa do acúmulo de funções em setores diversos possui contornos fáticos insuscetíveis de alteração mediante recurso de revista (Súmula 126 do TST). Agravo a que se nega provimento (TST, 1.ª T., Ag-AIRR – 711-35.2013.5.09.0014, Rel. Min. Walmir Oliveira da Costa, *DEJT* 09.03.2018).

Acúmulo de funções. Motorista e cobrador. Diferenças salariais indevidas. Esclareça-se que "função" é o conjunto sistemático de atividades, atribuições e poderes laborativos, integrados entre si, formando um todo unitário no contexto da divisão do trabalho estruturada no estabelecimento ou na empresa. A "tarefa", por sua vez, consiste em uma atividade laborativa específica, estrita e delimitada, existente na divisão do trabalho estruturada no estabelecimento ou na empresa. É uma atribuição ou ato singular no contexto da prestação laboral. A função, pois, é um conjunto de tarefas que se reúnem em um todo unitário, de modo a situar o trabalhador em um posicionamento específico no universo da divisão do trabalho da empresa. De fato, o simples exercício de algumas tarefas componentes de uma outra função não traduz, automaticamente, a ocorrência de uma efetiva alteração funcional no tocante ao empregado. É preciso que haja uma concentração significativa do conjunto de tarefas integrantes da enfocada função para que se configure a alteração funcional objetivada. Destaque-se, por oportuno, que à falta de prova ou inexistindo cláusula a respeito, entende-se que o obreiro se obriga a todo e qualquer serviço compatível com a sua condição pessoal (art. 456, parágrafo único, da CLT). Cumpre dizer, ainda, que a CLT não exige a contratação de um salário específico para remunerar cada uma das tarefas desenvolvidas, assim como não impede que um único salário seja estabelecido para remunerar todo o elenco de atividades executadas, durante a jornada de trabalho. Nesse liame, esta Corte, por jurisprudência reiterada da SDI-1 e de todas as oito Turmas do Tribunal Superior, tem entendido que a atividade de motorista de transporte coletivo guarda compatibilidade com a função de cobrador das passagens, não se justificando, portanto, a percepção de adicional por acúmulo de funções. Recurso de revista conhecido e provido no aspecto (TST, 3.ª T., RR – 11109-05.2015.5.01.0043, Rel. Min. Mauricio Godinho Delgado, *DEJT* 16.03.2018).

Participação nos lucros. Natureza e pagamento parcelado. Previsão em acordo coletivo. A decisão recorrida não reconheceu como válida a norma coletiva (acordo coletivo) que, expressamente, retratando a vontade de sindicato profissional e empresa, dispôs que o pagamento da participação nos lucros, relativa ao ano de 1999, seria feito de forma parcelada e mensalmente. O fundamento é de que o art. 3.º, § 2.º, da Lei 10.101/2000 dispõe que o pagamento de antecipação ou distribuição a título de participação nos lucros ou resultados não pode ocorrer em período inferior a um semestre ou mais de duas vezes no ano cível. O que se discute, portanto, é a eficácia e o alcance da norma coletiva. O livremente pactuado não suprime a parcela, uma vez que apenas estabelece a periodicidade de seu pagamento, em caráter excepcional, procedimento que, ao contrário do decidido, desautoriza, *data venia*, o entendimento de que a parcela passaria a ter natureza salarial. A norma coletiva foi elevada ao patamar constitucional e seu conteúdo retrata, fielmente, o interesse das partes, em especial dos empregados, que são representados pelo sindicato profissional. Ressalte-se que não se apontou, em momento algum, nenhum vício de consentimento, motivo pelo qual o acordo coletivo deve ser prestigiado, sob pena de desestímulo à aplicação dos instrumentos coletivos, como forma de prevenção e solução de conflitos. Recurso de embargos conhecido e provido (TST, SBDI-I, E-ED-RR-1447/2004-461-02-00.0, Redator Min. Milton de Moura França, *DEJT* 17.04.2009).

***Gueltas*. Natureza jurídica.** Ao contrário do que é alegado pela empresa, a parcela denominada "guelta", paga por terceiros (fornecedores) em decorrência da venda de produtos durante a execução do contrato de trabalho, equipara-se às gorjetas e, como tal, deve integrar a remuneração para todos os efeitos legais, nos termos do artigo 457 da CLT. Aplicação analógica da Súmula n.º 354. Precedentes. Incidência do artigo 896, § 4.º da CLT. Agravo de instrumento conhecido e desprovido (TST, 3.ª T., AIRR 892-43.2010.5.04.0026, Rel. Min. Alexandre de Souza Agra Belmonte, *DEJT* 02.10.2015).

Agravo de instrumento. Recurso de revista. Gorjeta. Pagamento espontâneo. Estimativa mediante norma coletiva para cálculo de parcelas salariais e recolhimento de encargos. Validade. 1. A Constituição da República (art. 7.º, XXVI), a par de assegurar condições mínimas de trabalho, protege as convenções e acordos coletivos de trabalho, especialmente permitindo a negociação coletiva para reduzir salários e fixar jornada de trabalho, conforme disposto no art. 7.º, VI e XIII, da CF/88. Enseja, assim, uma relativa flexibilização de tais cláusulas do contrato de trabalho, privilegiando, no particular, a desejável autonomia privada coletiva do Sindicato. 2. É válida cláusula de convenção coletiva de trabalho no que fixa estimativa do valor referente às gorjetas espontâneas para cálculo de parcelas salariais e recolhimento de encargos. Há que se reconhecer, pois, a primazia da norma resultante de negociação coletiva, em obediência ao preceito contido no art. 7.º, XXVI, da Constituição Federal. 3. Agravo de instrumento do Reclamante de que se conhece e a que se nega provimento (TST, 4.ª T., AIRR 254300-96.2009.5.02.0044, Rel. Min. João Oreste Dalazen, *DEJT* 25.09.2015).

Agravo de instrumento em recurso de revista. Gorjetas. Integração salarial. Controle e ingerência da empresa sobre os valores pagos pelos clientes. Inaplicabilidade da estimativa de gorjetas. Matéria fática. Óbice da Súmula 126, do C. TST. Violação aos arts. 7.º, XXVI e 8.º, III e VI, da Constituição Federal, 348 do CPC e 457 e 832, da CLT, não configurada. Partindo das premissas fáticas fixadas pela Corte Regional e inalteráveis por esta Instância Extraordinária, na forma da Súmula 126, do C. TST, havia efetivo controle e ingerência da reclamada sobre os valores arrecadados junto aos clientes a título de gorjeta, o que afasta, de forma lógica, a previsão convencional relativa à estimativa de gorjetas, aplicável apenas quando tais montantes escapam ao conhecimento e domínio da empresa. Afasta-se, em tais condições, a alegação de afronta aos artigos 7.º, XXVI, e 8.º, III e VI, da Constituição Federal, 348, do CPC e 457 e 832, da CLT. Agravo de Instrumento conhecido e desprovido (TST, 8.ª T., AIRR 231-65.2012.5.01.0030, Rel. Des. Conv. Jane Granzoto Torres da Silva, *DEJT* 09.10.2015).

Recurso de revista do reclamante. Gorjeta. Acordo coletivo. Repasse apenas parcial do valor arrecadado. Retenção indevida. Prevalece nesta Corte o entendimento de que é inválida cláusula coletiva que, em desrespeito à lei, autoriza a retenção de 36% dos valores arrecadados a título de gorjetas, dos quais 35% destinam-se à empresa e 1% ao sindicato, repassando aos empregados somente 64% do valor total. Precedentes. Recurso de revista conhecido e provido (TST, 8.ª T., ARR 555-03.2010.5.01.0070, Rel. Min. Márcio Eurico Vitral Amaro, *DEJT* 25.11.2016).

Agravo de instrumento. Recurso de revista. Processo sob égide da Lei 13.015/2014. 1. Ilegitimidade passiva para a causa. 2. Taxa de serviço (gorjeta). Acordo coletivo. Repasse apenas parcial do valor arrecadado. Retenção indevida. Limites constitucionais e legais à negociação coletiva trabalhista. Precedentes de todas as turmas do TST e da SBDI-I/TST. Decisão denegatória. Manutenção. Embora o art. 8.º da Constituição Federal de 1988 tenha assegurado aos trabalhadores e empregadores ampla liberdade sindical, com reconhecimento das convenções e acordos coletivos de trabalho (art. 7.º, inciso XXVI), tal circunstância não autoriza a criação de norma coletiva dirigida à retenção, pela empresa, de valores arrecadados a título de taxas de serviço pagas espontaneamente pelo cliente ao empregado ou cobradas pela empresa ao cliente. É que falece à negociação coletiva poderes para restringir ou eliminar direitos fixados por lei, salvo autorização inequívoca desta. Ora, o art. 457 da CLT dispõe que integram a remuneração do empregado as gorjetas dadas espontaneamente pelo cliente ao empregado ou cobradas pela empresa ao cliente. Assim, a existência de previsão legal sobre a matéria não abre margem à negociação coletiva para a supressão de direitos do trabalhador. Precedentes. Não há como assegurar o processamento do recurso de revista quando o agravo de instrumento interposto não desconstitui os termos da decisão denegatória, que subsiste por seus próprios fundamentos. Agravo de instrumento desprovido (TST, 3.ª T., AIRR 1240-15.2014.5.18.0161, Rel. Min. Mauricio Godinho Delgado, *DEJT* 04.03.2016).

Recurso de revista do reclamante interposto na vigência de Lei 13.015/2014. Gorjeta. Direito dos empregados. Impossibilidade de retenção pelo empregador de percentual do seu valor a título de taxa de serviço. Invalidade da norma coletiva. Conquanto a Constituição Federal tenha assegurado o reconhecimento das convenções e acordos coletivos de trabalho (art. 7.º, XXVI), e não obstante ser o princípio da criatividade jurídica inerente ao instituto, isso não significa que o sindicato possui ampla liberdade para ajustar todo e qualquer tipo de cláusula normativa, ao contrário, não pode transacionar sobre direitos trabalhistas de indisponibilidade absoluta, que asseguram um patamar civilizatório mínimo, além do que devem sempre buscar entabular regras que permitam implementar um padrão normativo superior ao já estabelecido no estuário normativo heterônomo, consoante diretriz do princípio da adequação setorial negociada. Neste diapasão, esta Corte Superior consolidou entendimento no sentido de ser inválida a cláusula coletiva que prevê a retenção pelo empregador de parte do valor correspondente às gorjetas, para posterior distribuição entre os empregados e a própria empresa, sobretudo porque o art. 457 da CLT é claro ao estabelecer que tanto as gorjetas dadas espontaneamente pelos clientes como as cobradas pela empresa destes, integram a remuneração do empregado, motivo pelo qual não podem ser destinadas a outra finalidade que não seja a remuneração do empregado. Precedentes. Recurso de revista conhecido e provido (TST, 2.ª T., RR 503-80.2015.5.21.0003, Rel. Min. Delaíde Miranda Arantes, *DEJT* 03.03.2017).

✦ Súmulas, Orientações Jurisprudenciais e Precedentes Normativos

Súmula 207 do STF: As gratificações habituais, inclusive a de Natal, consideram-se tacitamente convencionadas, integrando o salário.

Súmula 209 do STF: O salário-produção, como outras modalidades de salário-prêmio, é devido desde que verificada a condição a que estiver subordinado, e não pode ser suprimido, unilateralmente, pelo empregador, quando pago com habitualidade.

Súmula 646 do STJ: É irrelevante a natureza da verba trabalhista para fins de incidência da contribuição ao FGTS, visto que apenas as verbas elencadas em lei (art. 28, § 9.º, da Lei n. 8.212/1991), em rol taxativo, estão excluídas da sua base de cálculo, por força do disposto no art. 15, § 6.º, da Lei n. 8.036/1990.

Súmula 14 do TST: Culpa Recíproca. Contrato de Trabalho. Aviso Prévio. Férias. Gratificação Natalina. Reconhecida a culpa recíproca na rescisão do contrato de trabalho (art. 484 da CLT), o empregado tem direito a 50% (cinquenta por cento) do valor do aviso prévio, do décimo terceiro salário e das férias proporcionais.

Súmula 24 do TST: Cálculo. Indenização. Serviço Extraordinário. Insere-se no cálculo da indenização por antiguidade o salário relativo a serviço extraordinário, desde que habitualmente prestado.

Súmula 45 do TST: Remuneração. Serviço Suplementar. Gratificação Natalina. A remuneração do serviço suplementar, habitualmente prestado, integra o cálculo da gratificação natalina prevista na Lei 4.090, de 1962.

Súmula 50 do TST: Gratificação Natalina. Empresa Cessionária. Servidor Público. A gratificação natalina, instituída pela Lei 4.090, de 1962, é devida pela empresa cessionária ao servidor público cedido, enquanto durar a cessão.

Súmula 60 do TST: Adicional noturno. Integração no salário e prorrogação em horário diurno (incorporada a Orientação Jurisprudencial 6 da SBDI-1) – Res. 129/2005, *DJ* 20, 22 e 25.04.2005.
I – O adicional noturno, pago com habitualidade, integra o salário do empregado para todos os efeitos (ex-Súmula 60 – RA 105/1974, *DJ* 24.10.1974).
II – Cumprida integralmente a jornada no período noturno e prorrogada esta, devido é também o adicional quanto às horas prorrogadas. Exegese do art. 73, § 5.º, da CLT (ex-OJ 6 da SBDI-1 – inserida em 25.11.1996).

Súmula 91 do TST: Salário complessivo (mantida) – Res. 121/2003, *DJ* 19, 20 e 21.11.2003. Nula é a cláusula contratual que fixa determinada importância ou percentagem para atender englobadamente vários direitos legais ou contratuais do trabalhador.

Súmula 101 do TST: Diárias de viagem. Salário (incorporada a Orientação Jurisprudencial 292 da SDI-I). Integram o salário, pelo seu valor total e para efeitos indenizatórios, as diárias de viagem que excedam a 50% (cinquenta por cento) do salário do empregado, enquanto perdurarem as viagens.

Súmula 115 do TST: O valor das horas extras habituais integra a remuneração do trabalhador para cálculo das gratificações semestrais (redação determinada pela Resolução 121/2003).

Súmula 132 do TST: I – O adicional de periculosidade, pago em caráter permanente, integra o cálculo de indenização e de horas extras. II – Durante as horas de sobreaviso, o empregado não se encontra em condições de risco, razão pela qual é incabível a integração do adicional de periculosidade sobre as mencionadas horas.

Súmula 139 do TST: Adicional de insalubridade (incorporada a Orientação Jurisprudencial 102 da SBDI-I). Enquanto percebido, o adicional de insalubridade integra a remuneração para todos os efeitos legais.

Súmula 148 do TST: Gratificação natalina (mantida) – Res. 121/2003, *DJ* 19, 20 e 21.11.2003. É computável a gratificação de Natal para efeito de cálculo de indenização (ex-Prejulgado 20).

Súmula 152 do TST: Gratificação. Ajuste tácito. O fato de constar do recibo de pagamento de gratificação o caráter de liberalidade não basta, por si só, para excluir a existência de ajuste tácito.

Súmula 157 do TST: Gratificação (mantida) – Res. 121/2003, *DJ* 19, 20 e 21.11.2003. A gratificação instituída pela Lei 4.090, de 13.07.1962, é devida na resilição contratual de iniciativa do empregado (ex-Prejulgado 32).

Súmula 172 do TST: Repouso remunerado. Horas extras. Cálculo (mantida) – Res. 121/2003, *DJ* 19, 20 e 21.11.2003. Computam-se no cálculo do repouso remunerado as horas extras habitualmente prestadas (ex-Prejulgado 52).

Súmula 191 do TST: Adicional de periculosidade. Incidência. Base de cálculo.

I – O adicional de periculosidade incide apenas sobre o salário básico e não sobre este acrescido de outros adicionais.

II – O adicional de periculosidade do empregado eletricitário, contratado sob a égide da Lei n.º 7.369/1985, deve ser calculado sobre a totalidade das parcelas de natureza salarial. Não é válida norma coletiva mediante a qual se determina a incidência do referido adicional sobre o salário básico.

III – A alteração da base de cálculo do adicional de periculosidade do eletricitário promovida pela Lei n.º 12.740/2012 atinge somente contrato de trabalho firmado a partir de sua vigência, de modo que, nesse caso, o cálculo será realizado exclusivamente sobre o salário básico, conforme determina o § 1.º do art. 193 da CLT.

Súmula 202 do TST: Gratificação por tempo de serviço. Compensação. Existindo, ao mesmo tempo, gratificação por tempo de serviço outorgada pelo empregador e outra da mesma natureza prevista em acordo coletivo, convenção coletiva ou sentença normativa, o empregado tem direito a receber, exclusivamente, a que lhe seja mais benéfica.

Súmula 203 do TST: Gratificação por tempo de serviço. Natureza salarial. A gratificação por tempo de serviço integra o salário para todos os efeitos legais.

Súmula 225 do TST: As gratificações por tempo de serviço e produtividade, pagas mensalmente, não repercutem no cálculo do repouso semanal remunerado.

Súmula 226 do TST: Bancário. Gratificação por tempo de serviço. Integração no cálculo das horas extras. A gratificação por tempo de serviço integra o cálculo das horas extras.

Súmula 247 do TST: Quebra de caixa. Natureza jurídica. A parcela paga aos bancários sob a denominação "quebra de caixa" possui natureza salarial, integrando o salário do prestador de serviços, para todos os efeitos legais.

Súmula 253 do TST: Gratificação semestral. Repercussões (nova redação) – Res. 121/2003, *DJ* 19, 20 e 21.11.2003. A gratificação semestral não repercute no cálculo das horas extras, das férias e do aviso prévio, ainda que indenizados. Repercute, contudo, pelo seu duodécimo na indenização por antiguidade e na gratificação natalina.

Súmula 264 do TST: Hora suplementar. Cálculo. A remuneração do serviço suplementar é composta do valor da hora normal, integrado por parcelas de natureza salarial e acrescido do adicional previsto em lei, contrato, acordo, convenção coletiva ou sentença normativa.

Súmula 291 do TST: A supressão total ou parcial, pelo empregador, de serviço suplementar prestado com habitualidade, durante pelo menos 1 (um) ano, assegura ao empregado o direito à indenização correspondente ao valor de 1 (um) mês das horas suprimidas, total ou parcialmente, para cada ano ou fração igual ou superior a seis meses de prestação de serviço acima da jornada normal. O cálculo observará a média das horas suplementares nos últimos 12 (doze) meses anteriores à mudança, multiplicada pelo valor da hora extra do dia da supressão.

Súmula 300 do TST: Competência da Justiça do Trabalho. Cadastramento no PIS (mantida) – Res. 121/2003, *DJ* 19, 20 e 21.11.2003. Compete à Justiça do Trabalho processar e julgar ações ajuizadas por empregados em face de empregadores relativas ao cadastramento no Programa de Integração Social (PIS).

Súmula 318 do TST: Diárias. Base de cálculo para sua integração no salário (Mantida) – Res. 121/2003, *DJ* 19, 20 e 21.11.2003. Tratando-se de empregado mensalista, a integração das diárias no salário deve ser feita tomando-se por base o salário mensal por ele percebido e não o valor do dia de salário, somente sendo devida a referida integração quando o valor das diárias, no mês, for superior à metade do salário mensal.

Súmula 340 do TST: Comissionista. Horas extras (nova redação) – Res. 121/2003, *DJ* 19, 20 e 21.11.2003. O empregado, sujeito a controle de horário, remunerado à base de comissões, tem direito ao adicional de, no mínimo, 50% (cinquenta por cento) pelo trabalho em horas extras, calculado sobre o valor-hora das comissões recebidas no mês, considerando-se como divisor o número de horas efetivamente trabalhadas.

Súmula 347 do TST: Horas extras habituais. Apuração. Média física (mantida) – Res. 121/2003, *DJ* 19, 20 e 21.11.2003. O cálculo do valor das horas extras habituais, para efeito de reflexos em verbas trabalhistas, observará o número de horas efetivamente prestadas e a ele aplica-se o valor do salário-hora da época do pagamento daquelas verbas.

Súmula 354 do TST: Gorjetas. Natureza jurídica. Repercussões. As gorjetas, cobradas pelo empregador na nota de serviço ou oferecidas espontaneamente pelos clientes, integram a remuneração do empregado, não servindo de base de cálculo para as parcelas de aviso prévio, adicional noturno, horas extras e repouso semanal remunerado.

Súmula 361 do TST: Adicional de periculosidade. Eletricitários. Exposição intermitente. O trabalho exercido em condições perigosas, embora de forma intermitente, dá direito ao empregado a receber o adicional de periculosidade de forma integral, porque a Lei 7.369, de 20.09.1985, não estabeleceu nenhuma proporcionalidade em relação ao seu pagamento.

Súmula 364 do TST: Adicional de periculosidade. Exposição eventual, permanente e intermitente. I – Tem direito ao adicional de periculosidade o empregado exposto permanentemente ou que, de forma intermitente, sujeita-se a condições de risco. Indevido, apenas, quando o contato se dá de forma eventual, assim considerado o fortuito, ou o que, sendo habitual, dá-se por tempo extremamente reduzido. II – Não é válida a cláusula de acordo ou convenção coletiva de trabalho fixando o adicional de periculosidade em percentual inferior ao estabelecido em lei e proporcional ao tempo de exposição ao risco, pois tal parcela constitui medida de higiene, saúde e segurança do trabalho, garantida por norma de ordem pública (arts. 7.º, XXII e XXIII, da CF e 193, § 1.º, da CLT).

Súmula 376 do TST: Horas extras. Limitação. Art. 59 da CLT. Reflexos. I – A limitação legal da jornada suplementar a duas horas diárias não exime o empregador de pagar todas as horas trabalhadas. II – O valor das horas extras habitualmente prestadas integra o cálculo dos haveres trabalhistas, independentemente da limitação prevista no *caput* do art. 59 da CLT.

Súmula 451 do TST: Participação nos lucros e resultados. Rescisão contratual anterior à data da distribuição dos lucros. Pagamento proporcional aos meses trabalhados. Princípio da isonomia. Fere o princípio da isonomia instituir vantagem mediante acordo coletivo ou norma regulamentar que condiciona a percepção da parcela de participação nos lucros e resultados ao fato de estar o contrato de trabalho em vigor na data prevista para a distribuição dos lucros. Assim, inclusive na rescisão contratual antecipada, é devido o pagamento da parcela de forma proporcional aos meses trabalhados, pois o ex-empregado concorreu para os resultados positivos da empresa.

Orientação Jurisprudencial 47 da SBDI-I do TST: Hora extra. Adicional de insalubridade. Base de cálculo. A base de cálculo da hora extra é o resultado da soma do salário contratual mais o adicional de insalubridade.

Orientação Jurisprudencial 60 da SBDI-I do TST: Hora noturna. Horas extras (Lei 4.860/1965, arts. 4.º e 7.º, § 5.º). I – A hora noturna no regime de trabalho no porto, compreendida entre dezenove horas e sete horas do dia seguinte, é de sessenta minutos. II – Para o cálculo das horas extras prestadas pelos trabalhadores portuários, observar-se-á somente o salário básico percebido, excluídos os adicionais de risco e produtividade.

Orientação Jurisprudencial 97 da SBDI-I do TST: Horas extras. Adicional noturno. Base de cálculo. Inserida em 30.05.1997. O adicional noturno integra a base de cálculo das horas extras prestadas no período noturno.

Orientação Jurisprudencial 181 da SBDI do TST: Comissões. Correção monetária. Cálculo. O valor das comissões deve ser corrigido monetariamente para em seguida obter-se a média para efeito de cálculo de férias, 13.º salário e verbas rescisórias.

Orientação Jurisprudencial 259 da SBDI-I do TST: Adicional noturno. Base de cálculo. Adicional de periculosidade. Integração. O adicional de periculosidade deve compor a base de cálculo do adicional noturno, já que também neste horário o trabalhador permanece sob as condições de risco.

Orientação Jurisprudencial 324 da SBDI-I do TST: Adicional de periculosidade. Sistema elétrico de potência. Decreto 93.412/1986, art. 2.º, § 1.º, *DJ* 09.12.2003. É assegurado o adicional de periculosidade apenas aos empregados que trabalham em sistema elétrico de potência em condições de risco, ou que o façam com equipamentos e instalações elétricas similares, que ofereçam risco equivalente, ainda que em unidade consumidora de energia elétrica.

Orientação Jurisprudencial 345 da SBDI-I do TST: Adicional de periculosidade. Radiação ionizante ou substância radioativa. Devido. *DJ* 22.06.05. A exposição do empregado à radiação ionizante ou à substância radioativa enseja a percepção do adicional de periculosidade, pois a regulamentação ministerial (Portarias do Ministério do Trabalho 3.393, de 17.12.1987, e 518, de 07.04.2003), ao reputar perigosa a atividade, reveste-se de plena eficácia, porquanto expedida por força de delegação legislativa contida no art. 200, *caput*, e inciso VI, da CLT. No período de 12.12.2002 a 06.04.2003, enquanto vigeu a Portaria 496 do Ministério do Trabalho, o empregado faz jus ao adicional de insalubridade.

Orientação Jurisprudencial 346 da SBDI-I do TST: Abono previsto em norma coletiva. Natureza indenizatória. Concessão apenas aos empregados em atividade. Extensão aos inativos. Impossibilidade. *DJ* 25.04.2007. A decisão que estende aos inativos a concessão de abono de natureza jurídica indenizatória, previsto em norma coletiva apenas para os empregados em atividade, a ser pago de uma única vez, e confere natureza salarial à parcela, afronta o art. 7.º, XXVI, da CF/1988.

Orientação Jurisprudencial 347 da SBDI-I do TST: Adicional de periculosidade. Sistema elétrico de potência. Lei 7.369, de 20.09.1985, regulamentada pelo Decreto 93.412, de 14.10.1986. Extensão do direito aos cabistas, instaladores e reparadores de linhas e aparelhos em empresa de telefonia. *DJ* 25.04.2007. É devido o adicional de periculosidade aos empregados cabistas, instaladores e reparadores de linhas e aparelhos de empresas de telefonia, desde que, no exercício de suas funções, fiquem expostos a condições de risco equivalente ao do trabalho exercido em contato com sistema elétrico de potência.

Orientação Jurisprudencial Transitória 5 da SBDI-I do TST: Servita. Bonificação de assiduidade e produtividade paga semanalmente. Repercussão no repouso semanal remunerado. O valor das bonificações de assiduidade e produtividade, pago semanalmente e em caráter permanente pela empresa Servita, visando a incentivar o melhor rendimento dos empregados, possui natureza salarial, repercutindo no cálculo do repouso semanal remunerado.

Orientação Jurisprudencial Transitória 60 da SBDI-I do TST: Adicional por tempo de serviço. Base de cálculo. Salário-base. Art. 129 da Constituição do Estado de São Paulo. O adicional por tempo de serviço – quinquênio –, previsto no art. 129 da Constituição do Estado de São Paulo, tem como base de cálculo o vencimento básico do servidor público estadual, ante o disposto no art. 11 da Lei Complementar do Estado de São Paulo 712, de 12.04.1993 (*DJ* 14.03.2008).

Orientação Jurisprudencial Transitória 64 da SBDI-I do TST: Petrobras. Parcelas gratificação contingente e participação nos resultados deferidas por norma coletiva a empregados da ativa. Natureza jurídica não salarial. Não integração na complementação de aposentadoria. As parcelas gratificação contingente e participação nos resultados, concedidas por força de acordo coletivo a empregados da Petrobras em atividade, pagas de uma única vez, não integram a complementação de aposentadoria (*Diário Eletrônico da Justiça do Trabalho* 03.12.2008).

Orientação Jurisprudencial Transitória 73 da SBDI-I do TST: Volkswagen do Brasil Ltda. Participação nos lucros e resultados. Pagamento mensal em decorrência de norma coletiva. Natureza indenizatória. A despeito da vedação de pagamento em periodicidade inferior a um semestre civil ou mais de duas vezes no ano cível, disposta no art. 3.º, § 2.º, da Lei 10.101, de 19.12.2000, o parcelamento em prestações mensais da participação nos lucros e resultados de janeiro de 1999 a abril de 2000, fixado no acordo coletivo celebrado entre o Sindicato dos Metalúrgicos do ABC e a Volkswagen do Brasil Ltda., não retira a natureza indenizatória da referida verba (art. 7.º, XI, da CF), devendo prevalecer a diretriz constitucional que prestigia a autonomia privada coletiva (art. 7.º, XXVI, da CF)

✦ **Referências legislativas**

- Arts. 7.º, VII, VIII, X e XI, e 201, §§ 4.º e 6.º, da CF.
- Recomendação 163 da OIT, art. 7.º.

Art. 458. Além do pagamento em dinheiro, compreende-se no salário, para todos os efeitos legais, a alimentação, habitação, vestuário ou outras prestações "in natura" que a empresa, por força do contrato ou do costume, fornecer habitualmente ao empregado. Em caso algum será permitido o pagamento com bebidas alcoólicas ou drogas nocivas.

§ 1.º Os valores atribuídos às prestações "in natura" deverão ser justos e razoáveis, não podendo exceder, em cada caso, os dos percentuais das parcelas componentes do salário mínimo (arts. 81 e 82).

§ 2.º Para os efeitos previstos neste artigo, não serão consideradas como salário as seguintes utilidades concedidas pelo empregador:

I – vestuários, equipamentos e outros acessórios fornecidos aos empregados e utilizados no local de trabalho, para a prestação do serviço;

II – educação, em estabelecimento de ensino próprio ou de terceiros, compreendendo os valores relativos a matrícula, mensalidade, anuidade, livros e material didático;

III – transporte destinado ao deslocamento para o trabalho e retorno, em percurso servido ou não por transporte público;

IV – assistência médica, hospitalar e odontológica, prestada diretamente ou mediante seguro-saúde;

V – seguros de vida e de acidentes pessoais;

VI – previdência privada;

VII – vetado.

VIII – o valor correspondente ao vale-cultura.

§ 3.º A habitação e a alimentação fornecidas como salário-utilidade deverão atender aos fins a que se destinam e não poderão exceder, respectivamente, a 25% (vinte e cinco por cento) e 20% (vinte por cento) do salário-contratual.

§ 4.º Tratando-se de habitação coletiva, o valor do salário-utilidade a ela correspondente será obtido mediante a divisão do justo valor da habitação pelo número de coabitantes, vedada, em qualquer hipótese, a utilização da mesma unidade residencial por mais de uma família.

§ 5.º O valor relativo à assistência prestada por serviço médico ou odontológico, próprio ou não, inclusive o reembolso de despesas com medicamentos, óculos, aparelhos ortopédicos, próteses, órteses, despesas médico-hospitalares e outras similares, mesmo quando concedido em diferentes modalidades de planos e coberturas, não integram o salário do empregado para qualquer efeito nem o salário de contribuição, para efeitos do previsto na alínea *q* do § 9.º do art. 28 da Lei n.º 8.212, de 24 de julho de 1991.

1. SALÁRIO-UTILIDADE

O salário pode ser fixado e pago em dinheiro ou em utilidades. Entende-se que ao menos 30% do salário precisa ser pago, em dinheiro, ao empregado.

Efetivamente, mesmo sendo o salário contratual superior ao mínimo legal, aplica-se, ainda que por analogia, a regra do art. 82, parágrafo único, da CLT, com o que no mínimo 30% do salário global deve ser pago em dinheiro, sendo os 70% restantes representados por salário-utilidade.

2. VALOR DA UTILIDADE

Quanto ao valor da utilidade de natureza salarial, a Súmula 258 do TST (com redação determinada pela Resolução 121/2003) esclarece que os percentuais fixados em lei somente se referem às hipóteses em que o empregado percebe salário mínimo, apurando-se, nas demais, o real valor da utilidade.

Embora correto que se deva considerar o "real valor da utilidade", conforme o § 3.º do art. 458 da CLT, acrescentado pela Lei 8.860/1994, a habitação e a alimentação fornecidas como salário-utilidade devem atender aos fins a que se destinam e não poderão exceder, respectivamente, a 25% e 20% do salário contratual. Nestes casos, portanto, o montante máximo das mencionadas utilidades tem sua forma de cálculo fixada pela lei.

Já no caso do empregado rural a Lei 5.889/1973, no art. 9.º, apresenta disposição específica, permitindo descontos apenas nas hipóteses de "autorização legal ou decisão judiciária", bem como das seguintes parcelas, calculadas sobre o salário mínimo: até o limite de 20% pela ocupação da morada; até 25% pelo fornecimento de alimentação; adiantamentos em dinheiro. As referidas deduções devem ser previamente autorizadas, "sem o que serão nulas de pleno direito" (art. 9.º, § 1.º). Sempre que mais de um empregado residir na mesma morada, o desconto de 20% sobre o salário mínimo deve ser dividido proporcionalmente ao número de empregados, "vedada, em qualquer hipótese, a moradia coletiva de famílias" (art. 9.º, § 2.º).

O empregado rural, rescindido ou extinto o contrato de trabalho, é obrigado a desocupar a morada fornecida pelo empregador no prazo de 30 dias, contado da data do término da relação laboral (art. 9.º, § 3.º, da Lei 5.889/1973 e art. 95, § 4.º, do Decreto 10.854/2021).

3. UTILIDADES SEM NATUREZA SALARIAL

A ausência da natureza salarial de certas utilidades é uma importante forma de *incentivar* a concessão da utilidade pelo empregador. Não sendo incluída na remuneração ("folha de pagamento"), o empregador tem, certamente, maior disposição para fornecer ao empregado o bem jurídico em questão, o que acaba beneficiando o próprio trabalhador.

Nessa linha, observa-se a tendência da própria legislação, como se verifica na Lei 10.243, de 19 de junho de 2001, que modificou o art. 458, § 2.º, da CLT, excluindo a natureza salarial de diversas utilidades concedidas pelo empregador.

Esclareça-se que a Lei 12.761/2012 instituiu, sob a gestão do Ministério da Cultura, o Programa de Cultura do Trabalhador, destinado a fornecer aos trabalhadores meios para o exercício dos direitos culturais e acesso às fontes da cultura (art. 1.º). O vale-cultura tem caráter pessoal e intransferível, válido em todo o território nacional, para acesso e fruição de produtos e serviços culturais, no âmbito do Programa de Cultura do Trabalhador (art. 3.º da Lei 12.761/2012). O vale-cultura deve ser confeccionado e comercializado por empresas operadoras e disponibilizado aos usuários pelas empresas beneficiárias para ser utilizado nas empresas recebedoras (art. 4.º da Lei 12.761/2012).

Do mesmo modo, pode-se fazer menção aos seguintes dispositivos:

- art. 3.º da Lei 6.321/1976, regulamentada pelos arts. 166 a 182 do Decreto 10.854/2021, no sentido de que o Programa de Alimentação do Trabalhador (PAT) não tem salarial;
- art. 2.º da Lei 7.418/1985, regulamentada pelos arts. 106 a 136 do Decreto 10.854/2021, no sentido de que o vale-transporte não tem natureza salarial.

A respeito da assistência médica, cabe ressaltar que o Superior Tribunal de Justiça firmou a seguinte tese em recurso repetitivo: "Nos planos de saúde coletivos custeados exclusivamente pelo empregador não há direito de permanência do ex-empregado aposentado ou demitido sem justa causa como beneficiário, salvo disposição contrária expressa prevista em contrato ou em acordo/convenção coletiva de trabalho, não caracterizando contribuição o pagamento apenas de coparticipação, tampouco se enquadrando como salário indireto" (STJ, 2.ª Seção, REsp 1.680.318/SP (2017/0146777-1), Rel. Min. Ricardo Villas Bôas Cueva, j. 22.08.2018, *DJe* 24.08.2018).

São beneficiários do vale-transporte, nos termos do disposto na Lei 7.418/1985, os trabalhadores em geral, tais como: I – os empregados, assim definidos no art. 3.º da CLT; II – os empregados do subempreiteiro, o subempreiteiro e o empreiteiro principal, nos termos do disposto no art. 455 da CLT; III – os trabalhadores temporários, assim definidos no art. 2.º da Lei 6.019/1974; IV – os atletas profissionais, de que trata a Lei 9.615/1998 (atualmente, Lei 14.597/2023); V – os empregados domésticos, assim definidos no art. 1.º da Lei Complementar 150/2015; VI – os empregados a domicílio, para os deslocamentos indispensáveis à prestação do trabalho e à percepção de salários e os necessários ao desenvolvimento das relações com o empregador (art. 106 do Decreto 10.854/2021).

O vale-transporte constitui benefício que o empregador antecipa ao trabalhador para a utilização efetiva em despesas de deslocamento residência-trabalho e vice-versa (art. 107 do Decreto 10.854/2021). Entende-se como deslocamento a soma dos segmentos componentes da viagem do beneficiário, por um ou mais meios de transporte, entre a sua residência e o local de trabalho.

O vale-transporte é utilizável em todas as formas de transporte público coletivo urbano ou, ainda, intermunicipal e interestadual de caráter urbano, estabelecidas na forma prevista na Lei 12.587/2012, operado diretamente pelo Poder Público ou por empresa por ele delegada, em linhas regulares e com tarifas estabelecidas pela autoridade competente (art. 108 do Decreto 10.854/2021). Essa disposição não se aplica aos serviços de transporte privado coletivo e transporte público individual.

O empregador que proporcionar, por meios próprios ou contratados, em veículos adequados ao transporte coletivo, o deslocamento residência-trabalho e vice-versa de seus trabalhadores fica desobrigado de fornecer-lhes vale-transporte (art. 109 do Decreto 10.854/2021). Caso o empregador forneça ao trabalhador transporte próprio ou fretado que não cubra integralmente os seus deslocamentos, o vale-transporte deve ser fornecido para os segmentos da viagem não abrangidos pelo referido transporte.

É vedado ao empregador substituir o vale-transporte por antecipação em dinheiro ou qualquer outra forma de pagamento, exceto quanto ao empregador doméstico (art. 110 do Decreto 10.854/2021). Nas hipóteses de indisponibilidade operacional da empresa operadora e de falta ou insuficiência de estoque de vale-transporte necessário ao atendimento da demanda e ao funcionamento do sistema, o beneficiário deve ser ressarcido pelo empregador na folha de pagamento imediata quanto à parcela correspondente, quando tiver efetuado a despesa para o seu deslocamento por conta própria.

Ainda assim, segundo entendimento firmado pela jurisprudência, o fornecimento do vale-transporte em pecúnia não altera a sua natureza jurídica indenizatória (TST, 2.ª T., RR-1979-84.2012.5.15.0114, Rel. Min. Maria Helena Mallmann, *DEJT* 29.11.2019). Nesse sentido, o pagamento do vale-transporte em dinheiro não afeta o seu caráter não salarial (STF, Pleno, RE 478.410/SP, Rel. Min. Eros Grau, *DJe* 14.05.2010). Cf. STJ, 2.ª T., REsp 1.928.591/RS, 2021/0083365-3, Rel. Min. Herman Benjamin, *DJe* 05.11.2021.

O vale-transporte, quanto à contribuição do empregador: não tem natureza salarial, nem se incorpora à remuneração do beneficiário para quaisquer efeitos; não constitui base de incidência de contribuição previdenciária ou do FGTS; não é considerado para fins de pagamento da gratificação de Natal; não configura rendimento tributável do beneficiário (art. 2.º da Lei 7.418/1985 e art. 111 do Decreto 10.854/2021).

O vale-transporte será custeado: I – pelo beneficiário, na parcela equivalente a 6% de seu salário básico ou vencimento, excluídos quaisquer adicionais ou vantagens; II – pelo empregador, no que exceder à parcela de que trata o inciso I. O empregador fica autorizado a descontar mensalmente o valor da parcela de que trata o inciso I do salário básico ou vencimento do empregado que utilizar o vale-transporte (art. 114 do Decreto 10.854/2021).

No caso do contrato de trabalho doméstico, a obrigação prevista no art. 4.º da Lei 7.418/1985[137], sobre o vale-transporte, pode ser substituída, a critério do empregador, pela concessão, mediante recibo, dos valores para a aquisição das passagens necessárias ao custeio das despesas decorrentes do deslocamento residência-trabalho e vice-versa (art. 19, parágrafo único, da Lei Complementar 150/2015).

A parcela paga *in natura* pela pessoa jurídica beneficiária, no âmbito do Programa de Alimentação do Trabalhador (PAT), ou disponibilizada na forma de instrumentos de pagamento, vedado o seu pagamento em dinheiro: não tem natureza salarial; não se incorpora à remuneração para quaisquer efeitos; não constitui base de incidência do FGTS (art. 3.º da Lei 6.321/1976 e art. 178 do Decreto 10.854/2021).

O auxílio-alimentação, ainda que concedido de forma habitual, *vedado o seu pagamento em dinheiro*, não se incorpora ao contrato de trabalho e não constitui base de incidência de qualquer encargo trabalhista e previdenciário (art. 457, § 2.º, da CLT).

Nesse enfoque, ficou superada a Súmula 241 do TST.

Na Lei 5.889/1973, pertinente ao trabalho rural, o art. 9.º, § 5.º, acrescentado pela Lei 9.300/1996, estabelece, de forma mais minuciosa, que: "A cessão pelo empregador, de

137 "Art. 4.º A concessão do benefício ora instituído implica a aquisição pelo empregador dos Vales-Transportes necessários aos deslocamentos do trabalhador no percurso residência-trabalho e vice-versa, no serviço de transporte que melhor se adequar. Parágrafo único. O empregador participará dos gastos de deslocamento do trabalhador com a ajuda de custo equivalente à parcela que exceder a 6% (seis por cento) de seu salário básico".

moradia e de sua infraestrutura básica, assim como bens destinados à produção para sua subsistência e de sua família, não integram o salário do trabalhador rural, desde que caracterizados como tais, em contrato escrito celebrado entre as partes, com testemunhas e notificação obrigatória ao respectivo sindicato de trabalhadores rurais".

O art. 458, § 5.º, da CLT, acrescentado pela Lei 13.467/2017, prevê que o valor relativo à assistência prestada por serviço médico ou odontológico, próprio ou não, inclusive o reembolso de despesas com medicamentos, óculos, aparelhos ortopédicos, próteses, órteses, despesas médico-hospitalares e outras similares, mesmo quando concedido em diferentes modalidades de planos e coberturas, *não integram o salário do empregado para qualquer efeito nem o salário de contribuição*, para efeitos do previsto no art. 28, § 9.º, "q", da Lei 8.212/1991.

A ausência de natureza salarial quanto às mencionadas utilidades é uma forma de incentivar a concessão pelo empregador, por não integrar a remuneração e não gerar encargos trabalhistas e previdenciários. Isso explica a tendência da legislação de excluir a natureza salarial de certas utilidades, para que a concessão pelo empregador seja fomentada.

A norma coletiva, assim como outras fontes do Direito do Trabalho, pode fixar o direito do empregado de receber certa utilidade, como, por exemplo, cesta básica. Há corrente de entendimento no sentido de que o instrumento normativo pode prever a natureza não salarial da prestação (art. 7.º, inciso XXVI, da Constituição Federal de 1988). Entretanto, se a parcela é prevista especificamente em lei, defende-se que a indicação da sua natureza jurídica é matéria reservada à própria norma legal (art. 22, inciso I, da Constituição Federal de 1988).

A cesta básica concedida por meio do PAT não tem caráter salarial.

Cf. ainda a Orientação Jurisprudencial Transitória 61 da SBDI-I do TST, a Orientação Jurisprudencial 123 da SBDI-I do TST e a Orientação Jurisprudencial 413 da SBDI-I do TST.

Por fim, a parte final do art. 458, *caput*, da CLT proíbe o pagamento com bebidas alcoólicas ou drogas nocivas. Nesse sentido é a Súmula 367, inciso II, do TST.

4. INTANGIBILIDADE SALARIAL

O chamado princípio da intangibilidade salarial proíbe que ocorram descontos ilegais e abusivos no salário do empregado.

Para os empregados regidos pela Consolidação das Leis do Trabalho, os arts. 81 e 82 (c/c o art. 458, § 1.º), embora tratando do salário mínimo legal, indicam a autorização de descontos de utilidades, ou seja, parcelas *in natura*.

No caso do empregado rural, a Lei 5.889/1973, no art. 9.º, permite descontos apenas nas hipóteses de "autorização legal ou decisão judiciária", bem como das seguintes parcelas, calculadas sobre o salário mínimo: até o limite de 20% pela ocupação da moradia; até 25% pelo fornecimento de alimentação *sadia e farta*, atendidos os preços vigentes da região; adiantamentos em dinheiro. As referidas deduções devem ser previamente autorizadas, "sem o que serão nulas de pleno direito" (art. 9.º, § 1.º). Sempre que mais de um empregado residir na mesma morada, o desconto de 20% sobre o salário mínimo deve ser dividido proporcionalmente ao número de empregados, "vedada, em qualquer hipótese, a moradia coletiva de famílias" (art. 9.º, § 2.º).

Como se nota, a habitação e a alimentação não podem ficar a cargo de intermediários, que explorem eventual desconhecimento ou despreparo relativamente a preços e direitos trabalhistas por parte do trabalhador, mas, sim, do próprio empregador, no âmbito do contrato de trabalho e das suas condições pactuadas e previstas na legislação. Cabe reiterar que o fornecimento não pode ser de qualquer alimentação, mas necessariamente "sadia e farta". Quanto ao preço, deve atender aqueles "vigentes na região". Cf. ainda a Orientação Jurisprudencial 133 da SBDI-I do TST. Quanto à habitação, cabe lembrar que, se o caso for de fornecimento para viabilizar a prestação de serviços, não se trata de utilidade com natureza salarial (fornecida como contraprestação pela prestação dos serviços), mas sim de forma para possibilitar o trabalho (Súmula 367, inciso I, do TST). Por isso, em hipóteses de necessidade de fornecimento do alojamento ao empregado, para possibilitar o labor (como em razão da distância e da localização do trabalho), não se admite o desconto no salário, pois a utilidade apenas estará servindo para viabilizar a atividade do empregador, que corre os riscos do empreendimento, sob pena de violação do princípio da intangibilidade salarial.

✦ Jurisprudência

Recurso extraordinário. Contribuição previdenciária. Incidência. Vale-transporte. Moeda. Curso legal e curso forçado. Caráter não salarial do benefício. Artigo 150, I, da Constituição do Brasil. Constituição como totalidade normativa. 1. Pago o benefício de que se cuida neste recurso extraordinário em vale-transporte ou em moeda, isso não afeta o caráter não salarial do benefício. 2. A admitirmos não possa esse benefício ser pago em dinheiro sem que seu caráter seja afetado, estaríamos a relativizar o curso legal da moeda nacional. 3. A funcionalidade do conceito de moeda revela-se em sua utilização no plano das relações jurídicas. O instrumento monetário válido é padrão de valor, enquanto instrumento de pagamento sendo dotado de poder liberatório: sua entrega ao credor libera o devedor. Poder liberatório é qualidade, da moeda enquanto instrumento de pagamento, que se manifesta exclusivamente no plano jurídico: somente ela permite essa liberação indiscriminada, a todo sujeito de direito, no que tange a débitos de caráter patrimonial. 4. A aptidão da moeda para o cumprimento dessas funções decorre da circunstância de ser ela tocada pelos atributos do curso legal e do curso forçado. 5. A exclusividade de circulação da moeda está relacionada ao curso legal, que respeita ao instrumento monetário enquanto em circulação; não decorre do curso forçado, dado que este atinge o instrumento monetário enquanto valor e a sua instituição [do curso forçado] importa apenas em que não possa ser exigida do poder emissor sua conversão em outro valor. 6. A cobrança de contribuição previdenciária sobre o valor pago, em dinheiro, a título de vale-transporte, pelo recorrente aos seus empregados afronta a Constituição, sim, em sua totalidade normativa. Recurso Extraordinário a que se dá provimento (STF, Pleno, RE 478.410/SP, Rel. Min. Eros Grau, *DJe* 14.05.2010).

Vale-transporte. Pagamento em dinheiro. Natureza indenizatória. Prevalece nesta Corte o entendimento de que o fornecimento de vale-transporte em pecúnia não altera sua natureza jurídica, prevalecendo a natureza indenizatória da parcela, conforme dispõe o art. 2.º da Lei 7.418/1983. Precedentes. Óbice da Súmula 333/TST. Recurso de revista não conhecido" (TST, 2.ª T., RR-1979-84.2012.5.15.0114, Rel. Min. Maria Helena Mallmann, *DEJT* 29.11.2019).

3. De fato, o Superior Tribunal de Justiça possui entendimento consolidado segundo o qual a verba auxílio--transporte (vale-transporte), ainda que paga em pecúnia, possui natureza indenizatória, não sendo elemento que compõe o salário; assim, sobre ela não deve incidir contribuição previdenciária" (STJ, 2.ª T., REsp 1.928.591/RS, 2021/0083365-3, Rel. Min. Herman Benjamin, *DJe* 05.11.2021).

✦ Súmulas, Orientações Jurisprudenciais e Precedentes Normativos

Súmula 241 do TST: Salário-utilidade. Alimentação. O vale para refeição, fornecido por força do contrato de trabalho, tem caráter salarial, integrando a remuneração do empregado, para todos os efeitos legais.

Súmula 258 do TST: Os percentuais fixados em lei relativos ao salário *in natura* apenas se referem às hipóteses em que o empregado percebe salário mínimo, apurando-se, nas demais, o real valor da utilidade.

Súmula 367 do TST: Utilidades "in natura". Habitação. Energia elétrica. Veículo. Cigarro. Integração ao Salário. I – A habitação, a energia elétrica e veículo fornecidos pelo empregador ao empregado, quando indispensáveis para a realização do trabalho, não têm natureza salarial, ainda que, no caso de veículo, seja ele utilizado pelo empregado também em atividades particulares (ex-OJs 131 – Inserida em 20.04.1998 e ratificada pelo Tribunal Pleno em 07.12.2000 e 246 – Inserida em 20.06.2001). II – O cigarro não se considera salário utilidade em face de sua nocividade à saúde (ex-OJ 24 – Inserida em 29.03.1996).

Orientação Jurisprudencial 123 da SBDI-I do TST: Bancários. Ajuda alimentação. A ajuda alimentação prevista em norma coletiva em decorrência de prestação de horas extras tem natureza indenizatória e, por isso, não integra o salário do empregado bancário. Em 10.02.98, a SDI-Plena, por maioria, decidiu que ajuda alimentação paga ao bancário, em decorrência de prestação de horas extras por prorrogação de jornada, tem natureza indenizatória e, portanto, não integrativa ao salário.

Orientação Jurisprudencial 133 da SBDI-I do TST: A ajuda alimentação fornecida por empresa participante do Programa de Alimentação ao Trabalhador, instituído pela Lei 6.321/1976, não tem caráter salarial. Portanto, não integra o salário para nenhum efeito legal.

Orientação Jurisprudencial 413 da SBDI-I do TST: Auxílio-alimentação. Alteração da natureza jurídica. Norma coletiva ou adesão ao PAT. A pactuação em norma coletiva conferindo caráter indenizatório à verba "auxílio-alimentação" ou a adesão posterior do empregador ao Programa de Alimentação do Trabalhador – PAT – não altera a natureza salarial da parcela, instituída anteriormente, para aqueles empregados que, habitualmente, já percebiam o benefício, a teor das Súmulas 51, I, e 241 do TST.

Orientação Jurisprudencial Transitória 61 da SBDI-I do TST: Auxílio cesta-alimentação previsto em norma coletiva. CEF. Cláusula que estabelece natureza indenizatória à parcela. Extensão aos aposentados e pensionistas. Impossibilidade. Havendo previsão em cláusula de norma coletiva de trabalho de pagamento mensal de auxílio cesta-alimentação somente a empregados em atividade, dando-lhe caráter indenizatório, é indevida a extensão desse benefício aos aposentados e pensionistas. Exegese do art. 7.º, XXVI, da Constituição Federal (*DJ* 14.03.2008).

✦ Referência legislativa

- Lei 6.321/1976 (Programa de Alimentação do Trabalhador), Lei 7.418/1985 (Vale-Transporte) e Lei 9.294/1996 (Restrições ao Uso de Produtos Fumígeros).

Art. 459. O pagamento do salário, qualquer que seja a modalidade do trabalho, não deve ser estipulado por período superior a 1 (um) mês, salvo no que concerne a comissões, percentagens e gratificações.

§ 1.º Quando o pagamento houver sido estipulado por mês, deverá ser efetuado, o mais tardar, até o quinto dia útil do mês subsequente ao vencido.

1. TEMPO DE PAGAMENTO DO SALÁRIO

O pagamento do salário deve ser estipulado, seja qual for a modalidade de trabalho (por unidade de tempo, por unidade de obra, por tarefa), respeitando-se o limite previsto no art. 459 da CLT, qual seja, o período de um mês, salvo no que concerne a comissões, percentagens e gratificações.

As comissões e percentagens, de acordo com o art. 4.º da Lei 3.207/1957, deverão ser pagas mensalmente, conforme ocorra a conclusão dos respectivos negócios. No entanto, de acordo com o parágrafo único desse dispositivo, as partes podem fixar outra época para pagamento das comissões e percentagens, desde que não exceda a um trimestre, contado da aceitação do negócio.

Verificam-se gratificações pagas de forma semestral ou mesmo anual, justificando, assim, a referida ressalva.

Além disso, quando o pagamento do salário houver sido estipulado por mês, deve ser efetuado até o quinto dia útil do mês subsequente. Sobre o tema também dispõem a Súmula 381 do TST e a Orientação Jurisprudencial 159 da SBDI-I do TST.

Esse entendimento está fundado, certamente, no chamado *jus variandi* do empregador, autorizando o empregador, por ser o titular do poder de direção, a efetuar certas modificações no contrato de trabalho, dentro de limites estabelecidos pelo sistema jurídico.

Mesmo assim, merece destaque o fato de que o contrato de trabalho, bem como as suas cláusulas, ou seja, as condições de labor, podem ser estabelecidas não só de forma "expressa", mas também tacitamente, conforme arts. 442, *caput*, e 443, *caput*, da CLT. Assim, caso seja pactuado – de forma expressa ou tácita, o que é indiferente – que o empregado deve receber o salário *antes* do prazo-limite previsto no art. 459, parágrafo único, da CLT, tem-se um direito mais favorável, adquirido pelo trabalhador, que se incorpora ao seu contrato de trabalho (art. 468 da CLT).

✦ Súmulas, Orientações Jurisprudenciais e Precedentes Normativos

Súmula 381 do TST: Correção Monetária. Salário. O pagamento dos salários até o 5.º dia útil do mês subsequente ao vencido não está sujeito à correção monetária. Se essa data limite for ultrapassada, incidirá o índice da correção monetária do mês subsequente ao da prestação dos serviços, a partir do dia 1.º (ex-OJ 124 – Inserida em 20.04.1998).

Orientação Jurisprudencial 159 da SBDI do TST: Data de pagamento. Salários. Alteração. Diante da inexistência de previsão expressa em contrato ou em instrumento normativo, a alteração de data de pagamento pelo empregador não viola o art. 468, desde que observado o parágrafo único, do art. 459, ambos da CLT.

✦ Referência legislativa

- Art. 7.º, X, da CF.

Art. 460. Na falta de estipulação do salário ou não havendo prova sobre a importância ajustada, o empregado terá direito a perceber salário igual ao daquela que, na mesma empresa, fizer serviço equivalente ou do que for habitualmente pago para serviço semelhante.

1. EQUIPARAÇÃO SALARIAL POR EQUIVALÊNCIA

A chamada equivalência salarial, na realidade, é hipótese de equiparação salarial por mera equivalência de funções exercidas entre os empregados. Trata-se do caso previsto no art. 460 da CLT.

A disposição aplica-se, em especial, quando o vínculo de emprego é reconhecido somente em juízo, mas não ocorreu a estipulação do salário, ou não há provas sobre o valor ajustado.

Nesses casos, o empregado tem direito de receber o salário igual ao daquele que, na mesma empresa, fizer "serviço equivalente". Como se pode notar, não se exige absoluta igualdade de funções, mas mera equivalência, ou seja, com igualdade de valor, correspondência.

Na mesma situação, não sendo encontrado, na empresa, empregado que exerça função equivalente, o empregado em questão faz jus a receber o salário que for habitualmente pago para "serviço semelhante". Nesse último caso, cabe ao juiz, ainda que por meio de designação de perito, arbitrar o salário, em conformidade com o valor que normalmente é pago em serviço semelhante.

Não se pode aplicar a regra do art. 460 da CLT em detrimento dos requisitos do art. 461 da CLT, pois aquele dispositivo apenas incide na hipótese, excepcional, de empregado que não teve o salário ajustado, ou não há prova sobre a sua importância, tratando-se de regra que determina os parâmetros para a fixação do salário, pelo juiz, nos referidos casos.

Art. 461. Sendo idêntica a função, a todo trabalho de igual valor, prestado ao mesmo empregador, no mesmo estabelecimento empresarial, corresponderá igual salário, sem distinção de sexo, etnia, nacionalidade ou idade.

§ 1.º Trabalho de igual valor, para os fins deste Capítulo, será o que for feito com igual produtividade e com a mesma perfeição técnica, entre pessoas cuja diferença de tempo de serviço para o mesmo empregador não seja superior a quatro anos e a diferença de tempo na função não seja superior a dois anos.

§ 2.º Os dispositivos deste artigo não prevalecerão quando o empregador tiver pessoal organizado em quadro de carreira ou adotar, por meio de norma interna da empresa ou de negociação coletiva, plano de cargos e salários, dispensada qualquer forma de homologação ou registro em órgão público.

§ 3.º No caso do § 2.º deste artigo, as promoções poderão ser feitas por merecimento e por antiguidade, ou por apenas um destes critérios, dentro de cada categoria profissional.

§ 4.º O trabalhador readaptado em nova função por motivo de deficiência física ou mental atestada pelo órgão competente da Previdência Social não servirá de paradigma para fins de equiparação salarial.

§ 5.º A equiparação salarial só será possível entre empregados contemporâneos no cargo ou na função, ficando vedada a indicação de paradigmas remotos, ainda que o paradigma contemporâneo tenha obtido a vantagem em ação judicial própria.

§ 6.º Na hipótese de discriminação por motivo de sexo, raça, etnia, origem ou idade, o pagamento das diferenças salariais devidas ao empregado discriminado não afasta seu direito de ação de indenização por danos morais, consideradas as especificidades do caso concreto.

§ 7.º Sem prejuízo do disposto no § 6.º, no caso de infração ao previsto neste artigo, a multa de que trata o art. 510 desta Consolidação corresponderá a 10 (dez) vezes o valor do novo salário devido pelo empregador ao empregado discriminado, elevada ao dobro, no caso de reincidência, sem prejuízo das demais cominações legais.

1. ASPECTOS CONSTITUCIONAIS DA EQUIPARAÇÃO SALARIAL

A equiparação salarial representa a concretização do princípio fundamental da igualdade no plano do Direito do Trabalho, mais especificamente quanto à matéria salarial.

Cabe recordar que a igualdade, em sentido mais amplo, é assegurada no art. 5.º, *caput*, e inciso I, da Constituição Federal.

No Estado Democrático de Direito, que tem como um de seus objetivos "erradicar a pobreza e a marginalização e reduzir as desigualdades sociais e regionais" (art. 3.º, inciso III, da Constituição Federal de 1988), a mencionada igualdade não pode ser meramente formal, mas também em seu aspecto material e mesmo social: seja conferindo tratamento igual àqueles em iguais condições e desigual àqueles em condições desiguais; seja concretizando o ideal de verdadeira justiça social, pondo fim às desigualdades verificadas na sociedade.

Além desse aspecto, a equiparação salarial também concretiza o princípio fundamental que veda a discriminação, que figura como objetivo da República Federativa do Brasil (art. 3.º, inciso IV, da Constituição Federal de 1988).

2. REQUISITOS DO DIREITO À EQUIPARAÇÃO SALARIAL

O art. 461 da CLT estabelece os requisitos do direito à equiparação salarial.

Pode-se entender que são os critérios estabelecidos pelo sistema jurídico, para que se possa concluir pelo direito do empregado de receber o mesmo valor salarial de outro empregado.

Vejamos, assim, cada um desses importantes requisitos.

2.1. Identidade de funções

O critério fundamental para o direito à equiparação salarial é o de que a função exercida pelos empregados seja a mesma.

Faz-se necessária a efetiva identidade de função, independentemente da denominação formal atribuída aos cargos, pois prevalece a primazia da realidade no âmbito das relações trabalhistas.

Além disso, não basta a mera semelhança de atribuições, sendo exigida a identidade nas tarefas e atividades desempenhadas entre os empregados, para que façam jus ao mesmo salário. A respeito do tema, cabe citar a Súmula 6, inciso III, do TST.

Questão difícil refere-se à equiparação salarial entre empregados que exercem funções intelectuais. Na Súmula 6, inciso VII, do TST, adotou-se o entendimento de que é possível a equiparação de trabalho intelectual, desde que atendidos os requisitos do art. 461 da CLT, cuja aferição terá critérios objetivos.

Mesmo assim, há evidente dificuldade em saber quais podem ser efetivamente os mencionados "critérios objetivos", tornando a prova da identidade de funções certamente mais difícil no caso de trabalho intelectual.

Também cabe fazer menção à hipótese de equiparação salarial entre empregados que exerçam a mesma função de professor, do mesmo nível, ainda que lecionem disciplinas ou matérias diversas, uma vez presentes os requisitos para a equiparação. Sobre o tema, a 6.ª Turma do Tribunal Superior do Trabalho apreciou caso envolvendo a questão, com fundamento no princípio da não discriminação (cf. TST, RR 95.049/2003 900-01-00.1, Rel. Min. Maurício Godinho Delgado).

De acordo com a Orientação Jurisprudencial 297 da SBDI-I do TST, é juridicamente impossível a aplicação do disposto no art. 461 da CLT nos casos de equiparação salarial entre servidores públicos, independentemente de terem sido contratados pela CLT.

O art. 37, inciso XIII, da Constituição Federal de 1988 estabelece ser "vedada a vinculação ou equiparação de quaisquer espécies remuneratórias para o efeito de remuneração de pessoal do serviço público".

Como se nota, a vedação atinge as equiparações de situações desiguais, bem como as vinculações a reajustes automáticos, tendo em vista a necessidade de lei específica para reajuste salarial dos servidores públicos.

O art. 37, inciso X, da Constituição Federal de 1988 dispõe que a remuneração dos servidores públicos e o subsídio somente podem ser fixados ou alterados por *lei específica*, observada a iniciativa privativa em cada caso, assegurada revisão geral anual, sempre na mesma data e sem distinção de índices[138]. Cf. Súmula Vinculante 37 do STF.

[138] O Supremo Tribunal Federal fixou a seguinte tese de repercussão geral: "O Poder Judiciário não possui competência para determinar ao Poder Executivo a apresentação de projeto de lei que vise a promover

Frise-se ainda que o Supremo Tribunal Federal fixou a seguinte tese de repercussão geral: "Não cabe ao Poder Judiciário, que não tem função legislativa, aumentar qualquer verba de servidores públicos de carreiras distintas sob o fundamento de isonomia, tenham elas caráter remuneratório ou indenizatório" (STF, Pleno, RE 710.293/SC, Rel. Min. Luiz Fux, j. 16.09.2020).

De todo modo, a Orientação Jurisprudencial 297 da SBDI-I do TST, acima mencionada, é voltada apenas ao servidor público da administração direta, autárquica e fundacional.

Diversamente, quanto ao empregado público da sociedade de economia mista, aplica-se a Súmula 455 do TST.

O mesmo entendimento também pode ser aplicado, em tese, ao empregado público de empresa pública, tendo em vista o mesmo fundamento do art. 173, § 1.º, inciso II, da Constituição Federal de 1988.

2.2. Identidade de empregador

Outro requisito para a equiparação salarial é que o empregador dos empregados seja o mesmo.

Esse aspecto parece simples, mas pode apresentar dificuldade quando se trata de empresas do mesmo grupo econômico. A controvérsia a respeito da existência, ou não, de empregador único na hipótese, reflete no presente tema de equiparação salarial.

Efetivamente, caso seja adotada a teoria do grupo de empresas como empregador único, como ocorre na situação retratada na Súmula 129 do TST, o requisito em questão estará presente.

Caso prevaleça a teoria de que o grupo econômico apenas acarreta a responsabilidade solidária, ou seja, a solidariedade passiva, sendo o empregador cada empresa distinta, não se terá identidade de empregador entre empregados de empresas diversas, ainda que pertencentes ao mesmo grupo econômico.

Defende-se que a análise deve ser feita de acordo com cada caso concreto, para verificar, na realidade dos fatos, se o empregador verdadeiro é o próprio grupo econômico ou a empresa em si; ou seja, se a relação jurídica substancial, de emprego, é mantida com o grupo como um todo ou com certa empresa que dele participa. Tratando-se da primeira situação, em que o grupo figura como o verdadeiro empregador, o requisito em estudo estará presente.

Cabe destacar que, de acordo com a Súmula 6, inciso V, do TST, a cessão de empregados não exclui a equiparação salarial, embora exercida a função em órgão governamental estranho à cedente, se esta responde pelos salários do paradigma e do reclamante.

No caso inverso, ou seja, havendo a cessão do empregado para exercer função em órgão governamental estranho à empresa cedente, se esta *não* responde pelo pagamento dos salários do paradigma e do autor da respectiva ação, o direito à equiparação salarial *não* se verifica (quer dizer, fica excluído).

Por isso, de acordo com o Decreto-lei 855, de 11 de setembro de 1969, arts. 1.º e 2.º, não servirão de paradigma (para aplicação do art. 461, e seus parágrafos, da CLT) os empregados de empresas concessionárias de serviços públicos (federais, estaduais e municipais)

a revisão geral anual da remuneração dos servidores públicos, nem tampouco para fixar o respectivo índice de correção" (STF, Pleno, RE 843.112/SP, Rel. Min. Luiz Fux, j. 22.09.2020).

que, por força de encampação ou transferência desses serviços, tenham sido absorvidas por empresa pública ou sociedade de economia mista.

2.3. Identidade de estabelecimento

Como se verifica do art. 461, *caput*, da CLT, exige-se que os empregados trabalhem no *mesmo estabelecimento empresarial* para haver o direito à identidade de salário.

Anteriormente, o art. 461 da CLT exigia, de forma mais ampla, a "mesma localidade".

A atual previsão do art. 461, *caput*, da CLT, decorrente da Lei 13.467/2017, ao exigir a identidade de estabelecimento empresarial, é passível de crítica, pois além de ser mais restritiva (devendo ser interpretada em consonância com os princípios constitucionais da igualdade e da proibição de discriminação), nem todo empregador realiza atividade empresarial propriamente, como se observa quanto aos entes que não exercem atividade econômica organizada na forma de empresa, mas são empregadores.

Nesse sentido, equiparam-se ao empregador, para os efeitos exclusivos da relação de emprego, os profissionais liberais, as instituições de beneficência, as associações recreativas ou outras instituições sem fins lucrativos, que admitirem trabalhadores como empregados (art. 2.º, § 1.º, da CLT).

Segundo o art. 1.142 do Código Civil, considera-se estabelecimento todo complexo de bens organizado, para exercício da empresa, por empresário ou por sociedade empresária. O estabelecimento não se confunde com o local onde se exerce a atividade empresarial, que pode ser físico ou virtual (art. 1.142, § 1.º, do Código Civil).

Desse modo, adotando-se o conceito mais amplo, previsto no art. 51, § 2.º, do Decreto 9.579/2018, sobre contratação de aprendiz, considera-se *estabelecimento* todo complexo de bens organizado para o exercício de atividade econômica ou social do empregador, que se submeta ao regime da CLT.

Portanto, para que haja direito à equiparação salarial, os empregados devem prestar serviço na mesma unidade de atividade do empregador.

2.4. Trabalho de igual valor

O art. 461 da CLT também exige o *trabalho de igual valor* para que haja o direito à equiparação salarial.

Trabalho de igual valor é o que for feito com igual produtividade e com a mesma perfeição técnica, entre pessoas cuja diferença de tempo de serviço para o mesmo empregador não seja superior a quatro anos e a diferença de tempo na função não seja superior a dois anos (art. 461, § 1.º, da CLT, com redação dada pela Lei 13.467/2017).

Na redação anterior, o art. 461, § 1.º, da CLT assim dispunha: "Trabalho de igual valor, para os fins deste Capítulo, será o que for feito com igual produtividade e com a mesma perfeição técnica, entre pessoas cuja diferença de tempo de serviço não for superior a 2 (dois) anos".

Na realidade, para que se verifique o "trabalho de igual valor", faz-se necessária a existência, *simultânea*, de quatro aspectos diversos: mesma produtividade; mesma perfeição técnica; diferença de tempo de serviço para o mesmo empregador não superior a quatro anos; diferença de tempo na função não superior a dois anos.

A *mesma produtividade* significa identidade de produção em determinado espaço de tempo. Refere-se, portanto, a aspecto da quantidade de produção.

A *mesma perfeição técnica*, por sua vez, quer dizer igual qualidade entre os serviços.

Evidentemente, se a função desempenhada for, na realidade dos fatos, diversa (com atividades distintas), ou a perfeição técnica não for a mesma (pois um dos empregados presta o serviço com maior qualidade, o que é possível por ter conhecimentos técnicos diferenciados), não se verifica o direito à equiparação salarial.

Cf. ainda a Orientação Jurisprudencial 296 da SBDI-I do TST e a Súmula 301 do TST.

Com a Lei 13.467/2017, a diferença de tempo de serviço para o mesmo empregador não pode ser superior a quatro anos *e* a diferença de tempo na função não pode ser superior a dois anos. Todos os requisitos são necessários para o direito à equiparação salarial.

Logo, fica superada a Súmula 6, inciso II, do TST.

A regra mencionada deve ser interpretada de forma teleológica (art. 5.º da Lei de Introdução às Normas do Direito Brasileiro). Por isso, se o empregado que recebe salário inferior possui maior tempo de serviço para o mesmo empregador e maior tempo na função do que o paradigma (mas este, paradoxalmente, recebe salário superior), presentes os demais requisitos para a equiparação salarial, esta é devida.

As alegações de diversidade de produtividade e de perfeição técnica, bem como de diferença de tempo de serviço para o mesmo empregador superior a quatro anos e de diferença de tempo na função superior a dois anos, representam fatos impeditivos ao direito à equiparação salarial, sendo do empregador o respectivo ônus da prova (arts. 818, inciso II, da CLT, 373, inciso II, do CPC de 2015, e 333, inciso II, do CPC de 1973), incidindo a Súmula 6, inciso VIII, do TST.

2.5. Ausência de quadro de carreira e de plano de cargos e salários

O quinto requisito refere-se à *inexistência*, na empresa, de quadro de carreira e de plano de cargos e salários (§ 2.º do art. 461 da CLT).

Trata-se, portanto, de requisito negativo, pois a presença do referido quadro ou do mencionado plano obsta o direito à equiparação salarial. Em outras palavras, para que a equiparação salarial possa ser deferida, o quadro de carreira e o plano de cargos e salários não podem existir.

Nesse sentido, os dispositivos do art. 461 da CLT não prevalecem quando o empregador tiver pessoal organizado em quadro de carreira ou adotar, por meio de norma interna da empresa ou de negociação coletiva, plano de cargos e salários, sendo dispensada qualquer forma de homologação ou registro em órgão público (art. 461, § 2.º, da CLT, com redação dada pela Lei 13.467/2017).

Além do quadro de carreira, o plano de cargos e salários também exclui o direito à equiparação salarial.

O plano de cargos e salários pode ser adotado pelo empregador por meio de *norma interna da empresa* (ou seja, regulamento empresarial) ou de *negociação coletiva* (dando origem a acordo coletivo ou convenção coletiva de trabalho).

Não mais se exige qualquer homologação ou registro em órgão público.

Anteriormente, essa exigência de homologação do quadro de carreira decorria de interpretação extensiva do art. 358, "b", da CLT, sobre o trabalho do estrangeiro, o que deixa de ser aplicável.

No caso do § 2.º do art. 461 da CLT, as promoções podem ser feitas por merecimento e por antiguidade, *ou* por apenas um desses critérios, dentro de cada categoria profissional (art. 461, § 3.º, da CLT, com redação dada pela Lei 13.467/2017).

Desse modo, passam a ser admitidas as promoções somente por merecimento, embora estas normalmente decorram de critérios mais subjetivos do empregador do que as promoções por antiguidade.

Se houver quadro de carreira ou plano de cargos e salários (art. 461, § 2.º, da CLT), com as promoções na forma do art. 461, § 3.º, da CLT, o empregado pode postular eventuais direitos decorrentes de preterição, enquadramento ou reclassificação, o que não se confunde com o direito à equiparação salarial (Súmulas 19 e 127 do TST).

2.6. Contemporaneidade na prestação dos serviços

A equiparação salarial só é possível entre empregados *contemporâneos no cargo ou na função*, ficando vedada a indicação de paradigmas remotos, ainda que o paradigma contemporâneo tenha obtido a vantagem em ação judicial própria (art. 461, § 5.º, da CLT, acrescentado pela Lei 13.467/2017).

Exige-se, assim, a *contemporaneidade* entre os empregados na prestação dos serviços ao empregador.

Desse modo, os empregados devem ter prestado serviços ao mesmo tempo, em alguma época coincidente, para que possam ser comparadas as atividades exercidas, com o fim de verificar a identidade, ou não, de funções. Nesse sentido esclarece a Súmula 6, inciso IV, do TST.

Passa a ser proibida a indicação de *paradigmas remotos*, ainda que o paradigma contemporâneo tenha obtido a vantagem em ação judicial própria. Não mais se admite a equiparação salarial *em cadeia*.

Pode-se dizer, ainda, que as vantagens estritamente pessoais (como adicionais por tempo de serviço) não podem ser levadas em conta para estabelecer o direito a diferenças salariais, em favor de outro empregado, fundado em equiparação salarial.

Ainda assim, não se faz necessário que o empregado e o paradigma tenham prestado serviços, ao mesmo tempo, durante *todo* o contrato de trabalho daquele. Efetivamente, se em determinado caso estiverem presentes todos os requisitos da equiparação salarial em certa época, na qual os empregados prestaram serviços de forma contemporânea, mesmo que o contrato de trabalho do paradigma tenha se encerrado antes daquele do empregado (autor da ação judicial), sendo deferido o pedido de diferenças salariais, estas são devidas até quando cessou ou cessar o vínculo de emprego do autor da demanda (e não apenas até a ruptura contratual do paradigma), sob pena de redução salarial, vedada pelo art. 7.º, inciso VI, da Constituição Federal de 1988.

2.7. Empregado readaptado e que não pode servir de paradigma

Como se nota da redação do § 4.º do art. 461, o empregado em questão, em razão das peculiaridades de suas condições pessoais, não pode servir de paradigma.

Cuida-se, mais uma vez, de concretização do mandamento universal, de se tratar de forma desigual os que se encontram em situações desiguais.

No caso, o trabalhador readaptado em nova função, por motivo de deficiência física ou mental atestada pelo órgão competente da Previdência Social, encontra-se em situação bem específica, o que justifica, eventualmente, receber salário também diferenciado, pois vedado que passe a receber valor inferior àquele percebido antes da readaptação ou do respectivo afastamento previdenciário.

Justamente por isso, o mencionado empregado readaptado não pode servir de paradigma, pois pode estar recebendo salário (pertinente à função exercida na época anterior ao afastamento previdenciário) mais elevado do que os outros trabalhadores que exercem a mesma função (cf. Súmula 6, inciso VI, do TST).

2.8. Prescrição na equiparação salarial

A pretensão quanto a créditos resultantes das relações de trabalho prescreve em cinco anos para os trabalhadores urbanos e rurais, até o limite de dois anos após a extinção do contrato de trabalho (art. 11 da CLT, com redação dada pela Lei 13.467/2017).

Quanto à prescrição da pretensão relativa à equiparação salarial, cabe destacar a Súmula 6, inciso IX, do TST.

A hipótese é de prescrição parcial (e não total), pois a lesão ao direito é sucessiva, repetindo-se no tempo, e o direito à equiparação salarial está assegurado por preceito de lei (art. 461 da CLT).

Nessa linha, tratando-se de pretensão que envolva pedido de prestações sucessivas decorrente de alteração ou descumprimento do pactuado, a prescrição é total, exceto quando o direito à parcela esteja também assegurado por preceito de lei (art. 11, § 2.º, da CLT, acrescentado pela Lei 13.467/2017).

2.9. Multa decorrente de discriminação por motivo de sexo, raça, etnia, origem ou idade

Na hipótese de *discriminação* por motivo de sexo, raça, etnia, origem ou idade, o pagamento das diferenças salariais devidas ao empregado discriminado não afasta seu direito de ação de indenização por *danos morais*, consideradas as especificidades do caso concreto (art. 461, § 6.º, da CLT, com redação dada pela Lei 14.611/2023).

Procura-se, assim, alcançar o objetivo fundamental de promover o bem de todos, sem preconceitos de origem, raça, sexo, cor, idade e quaisquer outras formas de discriminação (art. 3.º, inciso IV, da Constituição da República).

Sem prejuízo do disposto no art. 461, § 6.º, da CLT, no caso de infração ao previsto no art. 461 da CLT (sobre igualdade salarial), a multa de que trata o art. 510 da CLT (penalidade administrativa) corresponderá a 10 vezes o valor do novo salário devido pelo empregador ao empregado discriminado, elevada ao dobro, no caso de reincidência, sem prejuízo das demais cominações legais (art. 461, § 7.º, da CLT, incluído pela Lei 14.611/2023).

Nesse sentido, cabe ressaltar que a lei deve punir qualquer discriminação atentatória dos direitos e liberdades fundamentais (art. 5.º, inciso XLI, da Constituição Federal de 1988).

A igualdade salarial e de critérios remuneratórios entre mulheres e homens para a realização de trabalho de igual valor ou no exercício da mesma função é obrigatória e será garantida nos termos da Lei 14.611/2023 (art. 2.º).

Trata-se de previsão que tem como fundamento a proibição de diferença de salários, de exercício de funções e de critério de admissão por motivo de sexo, idade, cor ou estado civil (art. 7.º, inciso XXX, da Constituição da República).

De forma ampla, todos são iguais perante a lei, sem distinção de qualquer natureza (art. 5.º, *caput*, da Constituição da República). Além disso, homens e mulheres são iguais em direitos e obrigações, nos termos da Constituição Federal de 1988 (art. 5.º, inciso I).

A igualdade salarial e de critérios remuneratórios entre mulheres e homens deve ser garantida por meio das seguintes medidas:

I – estabelecimento de mecanismos de transparência salarial e de critérios remuneratórios;

II – incremento da fiscalização contra a discriminação salarial e de critérios remuneratórios entre mulheres e homens;

III – disponibilização de canais específicos para denúncias de discriminação salarial;

IV – promoção e implementação de programas de diversidade e inclusão no ambiente de trabalho que abranjam a capacitação de gestores, de lideranças e de empregados a respeito do tema da equidade entre homens e mulheres no mercado de trabalho, com aferição de resultados;

V – fomento à capacitação e à formação de mulheres para o ingresso, a permanência e a ascensão no mercado de trabalho em igualdade de condições com os homens (art. 4.º da Lei 14.611/2023).

Nesse contexto, cabe fazer referência ao direito à proteção do mercado de trabalho da mulher, mediante incentivos específicos, nos termos da lei (art. 7.º, inciso XX, da Constituição da República).

Fica determinada a publicação semestral de relatórios de transparência salarial e de critérios remuneratórios pelas pessoas jurídicas de direito privado com 100 ou mais empregados, observada a proteção de dados pessoais de que trata a Lei 13.709/2018 – Lei Geral de Proteção de Dados Pessoais (art. 5.º da Lei 14.611/2023).

Os relatórios de transparência salarial e de critérios remuneratórios devem conter dados anonimizados (dados relativos a titulares que não possam ser identificados, considerando a utilização de meios técnicos razoáveis e disponíveis na ocasião de seu tratamento, conforme art. 5.º, inciso III, da Lei 13.709/2018) e informações que permitam a comparação objetiva entre salários, remunerações e a proporção de ocupação de cargos de direção, gerência e chefia preenchidos por mulheres e homens, acompanhados de informações que possam fornecer dados estatísticos sobre outras possíveis desigualdades decorrentes de raça, etnia, nacionalidade e idade, observada a legislação de proteção de dados pessoais e regulamento específico (art. 5.º, § 1.º, da Lei 14.611/2023).

De forma mais específica, o relatório de transparência salarial e de critérios remuneratórios tem por finalidade a comparação objetiva entre salários, remunerações e a proporção de ocupação de cargos e deve contemplar, no mínimo, as seguintes informações: I – o cargo ou a ocupação contida na Classificação Brasileira de Ocupações (CBO), com as respectivas atribuições; II – o valor: do salário contratual; do décimo terceiro salário; das gratificações; das comissões; das horas extras; dos adicionais noturno, de insalubridade, de penosidade, de periculosidade, entre outros; do terço de férias; do aviso prévio trabalhado; relativo ao descanso semanal remunerado; das gorjetas; relativo às demais parcelas que, por força de lei ou norma coletiva de trabalho, componham a remuneração do trabalhador (art. 2.º do Decreto 11.795/2023).

Ato do Ministério do Trabalho e Emprego estabelecerá as informações que devem constar do mencionado relatório e disporá sobre o formato e o procedimento para o seu envio.

Os dados e as informações constantes dos relatórios devem ser: anonimizados, observada a proteção de dados pessoais de que trata a Lei 13.709/2018; enviados por meio de ferramenta informatizada disponibilizada pelo Ministério do Trabalho e Emprego.

O mencionado relatório deve ser publicado nos sítios eletrônicos das próprias empresas, nas redes sociais ou em instrumentos similares, garantida a ampla divulgação para seus empregados, colaboradores e público em geral. A publicação dos relatórios deve ocorrer nos meses de março e setembro, conforme detalhado em ato do Ministério do Trabalho e Emprego.

Para fins de fiscalização ou averiguação cadastral, o Ministério do Trabalho e Emprego pode solicitar às empresas informações complementares às contidas no relatório.

Nas hipóteses em que for identificada desigualdade salarial ou de critérios remuneratórios, independentemente do descumprimento do disposto no art. 461 da CLT, a pessoa jurídica de direito privado deve apresentar e implementar *plano de ação* para mitigar a desigualdade, com metas e prazos, garantida a participação de representantes das entidades sindicais e de representantes dos empregados nos locais de trabalho.

Sendo assim, verificada a desigualdade salarial e de critérios remuneratórios entre mulheres e homens pelo Ministério do Trabalho e Emprego, as empresas com 100 ou mais empregados devem elaborar e implementar plano de ação para mitigação da desigualdade salarial e de critérios remuneratórios entre mulheres e homens, que deve estabelecer: I – as medidas a serem adotadas, as metas e os prazos; II – a criação de programas relacionados à: capacitação de gestores, lideranças e empregados a respeito do tema da equidade entre mulheres e homens no mercado de trabalho; promoção da diversidade e inclusão no ambiente de trabalho; capacitação e formação de mulheres para o ingresso, a permanência e a ascensão no mercado de trabalho em igualdade de condições com os homens (art. 3.º do Decreto 11.795/2023).

Na elaboração e na implementação do referido plano de ação, deve ser garantida a parti-cipação de representantes das entidades sindicais e dos empregados, preferencialmente, na forma definida em norma coletiva de trabalho. Na ausência de previsão específica em norma coletiva de trabalho, a referida participação se dará, preferencialmente, por meio da comissão de empregados estabelecida nos termos dos art. 510-A a art. 510-D da CLT. Nessa hipótese, a empresa que tiver entre 100 e 200 empregados pode promover procedimento eleitoral específico para instituir uma comissão que garanta a participação efetiva de representantes dos empregados.

Na hipótese de descumprimento do disposto no art. 5.º da Lei 14.611/2023, deve ser aplicada multa administrativa cujo valor corresponderá a até 3% da folha de salários do empregador, limitado a 100 salários mínimos, sem prejuízo das sanções aplicáveis aos casos de discriminação salarial e de critérios remuneratórios entre mulheres e homens.

O Poder Executivo federal deve disponibilizar de forma unificada, em plataforma digital de acesso público, observada a proteção de dados pessoais de que trata a Lei 13.709/2018 (Lei Geral de Proteção de Dados Pessoais), além das informações previstas no art. 5.º, § 1.º, da Lei 14.611/2023, indicadores atualizados periodicamente sobre mercado de trabalho e renda desagregados por sexo, inclusive indicadores de violência contra a mulher, de vagas em creches públicas, de acesso à formação técnica e superior e de serviços de saúde, bem como demais dados públicos que impactem o acesso ao emprego e à renda pelas mulheres e que possam orientar a elaboração de políticas públicas.

Ato do Poder Executivo deve instituir protocolo de fiscalização contra a discriminação salarial e de critérios remuneratórios entre mulheres e homens (art. 6.º da Lei 14.611/2023).

3. DESVIO DE FUNÇÃO

O *desvio de função* ocorre quando o empregado passa a exercer função diversa, ou seja, diferente daquela originalmente exercida ou contratada, mas sem receber o salário correspondente à verdadeira função desempenhada.

Essa situação pode gerar, como consequência, o direito de receber diferenças salariais, o que não se confunde com a equiparação salarial, por não dizer respeito à comparação entre dois empregados de função idêntica[139].

Desse modo, o direito à diferença salarial decorrente do desvio de função é devido inclusive quando existente quadro de carreira ou plano de cargos e salários na empresa.

Cf. Súmula 223 do antigo TFR e Súmula 378 do STJ.

No desvio de função, entretanto, entende-se que o empregado não tem direito ao reenquadramento, mas apenas às diferenças de salário decorrentes. A respeito do tema, cf. Orientação Jurisprudencial 125 da SBDI-I do TST.

Cabe esclarecer que no caso de reabilitação profissional no âmbito da Previdência Social, a alteração das atribuições e responsabilidades do segurado compatíveis com a limitação que tenha sofrido em sua capacidade física ou mental não configura desvio de cargo ou função do segurado reabilitado ou que estiver em processo de reabilitação profissional a cargo do INSS (art. 62, § 2.º, da Lei 8.213/1991, incluído pela Lei 13.846/2019).

✦ Jurisprudência

Agravo de instrumento. Recurso de revista. Equiparação salarial entre professores de nível médio que lecionam matérias distintas. Tendo o agravo de instrumento logrado demonstrar que o recurso de revista preenchia os requisitos do art. 896 da CLT, quanto ao tema relativo à equiparação salarial, ante a constatação de violação dos arts. 5.º, *caput* e I, e 7.º, XXX e XXXII, da CF, merece provimento. Agravo de instrumento provido. **Recurso de revista. Equiparação salarial entre professores de nível médio que lecionam matérias distintas. Discriminação legal e constitucional.** Configura manifesta discriminação, não tolerada pela ordem jurídica, inclusive constitucional, tratamento remuneratório diferenciado em vista de fator injustamente desqualificante, tal como a mera circunstância de os professores de ensino médio lecionarem matérias distintas. Violação direta e frontal dos arts. 5.º, *caput* e I, e 7.º, XXX e XXXII, da CF. Recurso de revista parcialmente provido (TST, 6.ª T., RR 95.049/2003-900-01-00.1, Rel. Min. Mauricio Godinho Delgado, *DJ* 20.06.2008).

Recurso de revista. Equiparação salarial. Professores. Disciplinas diversas. O art. 461 da CLT prevê a igualdade de salário na hipótese de ser idêntica a função exercida pelos empregados. É assim que, apesar de a aparente identidade de funções repousar no fato de autor e paradigma serem ambos professores do mesmo curso e das mesmas turmas, não há como reconhecer a identidade funcional se as disciplinas por eles ministradas são distintas. Se é certo, por um lado, que não cabe estabelecer juízo de valor quanto à importância de cada disciplina para a formação do aluno de determinado curso, por outro lado também não se pode concluir que sejam idênticas as funções dos professores cujas atividades laborais apresentam objetos diversos. Recurso de revista conhecido e provido (TST, 2.ª T., RR 100-39.2011.5.02.0017, Rel. Des. Conv. Gilmar Cavalieri, *DEJT* 05.09.2014).

Recurso de revista. Processo eletrônico. Equiparação salarial em cadeia. Preenchimento dos requisitos do art. 461 da CLT em relação ao paradigma imediato. Desnecessidade de observância do requisito diferença de tempo na função entre reclamante e paradigma remoto. Esta Corte tem entendido que o preenchimento dos requisitos do artigo 461 da CLT deve ser observado em relação ao paradigma próximo, sob pena de inviabilizar o deferimento de diferenças salariais decorrentes de equiparação salarial em cadeia. Desse modo, a diferença de tempo de serviço na função, superior a dois anos, entre o reclamante e o paradigma remoto, por si só, não impede o reconhecimento da equiparação salarial. Precedentes. Recurso de Revista não conhecido (TST, 8.ª T., RR 85800-40.2009.5.05.0026, Rel. Min. Márcio Eurico Vitral Amaro, *DEJT* 12.06.2015).

[139] Cf. MARTINS, Sergio Pinto. *Direito do trabalho*. 28. ed. São Paulo: Atlas, 2012. p. 326.

✦ Súmulas, Orientações Jurisprudenciais e Precedentes Normativos

Súmula Vinculante 37 do STF: Não cabe ao Poder Judiciário, que não tem função legislativa, aumentar vencimentos de servidores públicos sob o fundamento de isonomia (conversão da Súmula 339 do STF).

Súmula 6 do TST: Equiparação salarial. Art. 461 da CLT.

I – Para os fins previstos no § 2.º do art. 461 da CLT, só é válido o quadro de pessoal organizado em carreira quando homologado pelo Ministério do Trabalho, excluindo-se, apenas, dessa exigência o quadro de carreira das entidades de direito público da administração direta, autárquica e fundacional aprovado por ato administrativo da autoridade competente.

II – Para efeito de equiparação de salários em caso de trabalho igual, conta-se o tempo de serviço na função e não no emprego.

III – A equiparação salarial só é possível se o empregado e o paradigma exercerem a mesma função, desempenhando as mesmas tarefas, não importando se os cargos têm, ou não, a mesma denominação.

IV – É desnecessário que, ao tempo da reclamação sobre equiparação salarial, reclamante e paradigma estejam a serviço do estabelecimento, desde que o pedido se relacione com situação pretérita.

V – A cessão de empregados não exclui a equiparação salarial, embora exercida a função em órgão governamental estranho à cedente, se esta responde pelos salários do paradigma e do reclamante.

VI – Presentes os pressupostos do art. 461 da CLT, é irrelevante a circunstância de que o desnível salarial tenha origem em decisão judicial que beneficiou o paradigma, exceto: a) se decorrente de vantagem pessoal ou de tese jurídica superada pela jurisprudência de Corte Superior; b) na hipótese de equiparação salarial em cadeia, suscitada em defesa, se o empregador produzir prova do alegado fato modificativo, impeditivo ou extintivo do direito à equiparação salarial em relação ao paradigma remoto, considerada irrelevante, para esse efeito a existência de diferença de tempo de serviço na função superior a dois anos entre o reclamante e os empregados paradigmas componentes da cadeia equiparatória, à exceção do paradigma imediato.

VII – Desde que atendidos os requisitos do art. 461 da CLT, é possível a equiparação salarial de trabalho intelectual, que pode ser avaliado por sua perfeição técnica, cuja aferição terá critérios objetivos.

VIII – É do empregador o ônus da prova do fato impeditivo, modificativo ou extintivo da equiparação salarial.

IX – Na ação de equiparação salarial, a prescrição é parcial e só alcança as diferenças salariais vencidas no período de 5 (cinco) anos que precedeu o ajuizamento.

X – O conceito de "mesma localidade" de que trata o art. 461 da CLT refere-se, em princípio, ao mesmo município, ou a municípios distintos que, comprovadamente, pertençam à mesma região metropolitana.

Súmula 223 do TFR: O empregado, durante o desvio funcional, tem direito à diferença salarial, ainda que o empregador possua quadro de pessoal organizado em carreira.

Súmula 378 do STJ: Reconhecido o desvio de função, o servidor faz jus às diferenças salariais decorrentes.

Súmula 19 do TST: Quadro de carreira. A Justiça do Trabalho é competente para apreciar reclamação de empregado que tenha por objeto direito fundado em quadro de carreira.

Súmula 127 do TST: Quadro de carreira. Quadro de pessoal organizado em carreira, aprovado pelo órgão competente, excluída a hipótese de equiparação salarial, não obsta reclamação fundada em preterição, enquadramento ou reclassificação".

Súmula 129 do TST: A prestação de serviços a mais de uma empresa do mesmo grupo econômico, durante a mesma jornada de trabalho, não caracteriza a coexistência de mais de um contrato de trabalho, salvo ajuste em contrário.

Súmula 301 do TST: Auxiliar de laboratório. Ausência de diploma. Efeitos. O fato de o empregado não possuir diploma de profissionalização de auxiliar de laboratório não afasta a observância das normas da Lei 3.999, de 15.12.1961, uma vez comprovada a prestação de serviços na atividade.

Súmula 455 do TST: Equiparação salarial. Sociedade de economia mista. Art. 37, XIII, da CF/1988. Possibilidade. À sociedade de economia mista não se aplica a vedação à equiparação prevista no art. 37, XIII, da CF/1988, pois, ao admitir empregados sob o regime da CLT, equipara-se a empregador privado, conforme disposto no art. 173, § 1.º, II, da CF/1988.

Orientação Jurisprudencial 125 da SBDI-I do TST: Desvio de função. Quadro de carreira. O simples desvio funcional do empregado não gera direito a novo enquadramento, mas apenas às diferenças salariais respectivas, mesmo que o desvio de função haja iniciado antes da vigência da CF/1988.

Orientação Jurisprudencial 296 da SBDI-I do TST: Equiparação salarial. Atendente e auxiliar de enfermagem. Impossibilidade. Sendo regulamentada a profissão de auxiliar de enfermagem, cujo exercício pressupõe habilitação técnica, realizada pelo Conselho Regional de Enfermagem, impossível a equiparação salarial do simples atendente com o auxiliar de enfermagem.

Orientação Jurisprudencial 297 da SBDI-I do TST: Equiparação salarial. Servidor público da administração direta, autárquica e fundacional. Art. 37, XIII, da CF/1988. O art. 37, inciso XIII, da CF/1988, veda a equiparação de qualquer natureza para o efeito de remuneração do pessoal do serviço público, sendo juridicamente impossível a aplicação da norma infraconstitucional prevista no art. 461 da CLT quando se pleiteia equiparação salarial entre servidores públicos, independentemente de terem sido contratados pela CLT.

Orientação Jurisprudencial 418 da SBDI-I do TST: Equiparação salarial. Plano de cargos e salários. Aprovação por instrumento coletivo. Ausência de alternância de critérios de promoção por antiguidade e merecimento. Não constitui óbice à equiparação salarial a existência de plano de cargos e salários que, referendado por norma coletiva, prevê critério de promoção apenas por merecimento ou antiguidade, não atendendo, portanto, o requisito de alternância dos critérios, previsto no art. 461, § 2.º, da CLT.

✦ Referência legislativa

- Art. 7.º, XXX e XXXI, da CF.

Art. 462. Ao empregador é vedado efetuar qualquer desconto nos salários do empregado, salvo quando este resultar de adiantamentos, de dispositivos de lei ou de contrato coletivo.

§ 1.º Em caso de dano causado pelo empregado, o desconto será lícito, desde que esta possibilidade tenha sido acordada ou na ocorrência de dolo do empregado.

§ 2.º É vedado à empresa que mantiver armazém para venda de mercadorias aos empregados ou serviços estimados a proporcionar-lhes prestações "in natura" exercer qualquer coação ou induzimento no sentido de que os empregados se utilizem do armazém ou dos serviços.

§ 3.º Sempre que não for possível o acesso dos empregados a armazéns ou serviços não mantidos pela Empresa, é lícito à autoridade competente determinar a adoção de medidas adequadas, visando a que as mercadorias sejam vendidas e os serviços prestados a preços razoáveis, sem intuito de lucro e sempre em benefício dos empregados.

§ 4.º Observado o disposto neste Capítulo, é vedado às empresas limitar, por qualquer forma, a liberdade dos empregados de dispor do seu salário.

1. GARANTIAS DO SALÁRIO PERANTE O EMPREGADOR

Como garantias inerentes ao salário, como direito do empregado perante o empregador, podem ser destacados os seguintes aspectos: a irredutibilidade e a intangibilidade.

Cabe destacar que não se admite o chamado *truck system*, que pode configurar verdadeira servidão por dívida. Nesse sentido, é vedado ao empregador que mantiver armazém para venda de mercadorias aos empregados ou serviços destinados a proporcionar-lhes prestações *in natura* "exercer qualquer coação ou induzimento no sentido de que os empregados se utilizem do armazém ou dos serviços".

Além disso, sempre que não for possível o acesso dos empregados a armazéns ou serviços não mantidos pela empresa, é lícito à autoridade competente determinar a adoção de medidas adequadas, visando a que as mercadorias sejam vendidas e os serviços prestados a preços razoáveis, sem intuito de lucro e sempre em benefício dos empregados.

Sobre esse tema, na esfera penal, o crime de "redução a condição análoga à de escravo", conforme o art. 149 do Código Penal (com redação determinada pela Lei 10.803/2003), tem a seguinte previsão:

> Art. 149. Reduzir alguém a condição análoga à de escravo, quer submetendo-o a trabalhos forçados ou a jornada exaustiva, quer sujeitando-o a condições degradantes de trabalho, *quer restringindo, por qualquer meio, sua locomoção em razão de dívida contraída com o empregador ou preposto*:
>
> Pena: reclusão, de dois a oito anos, e multa, além da pena correspondente à violência.
>
> [...]
>
> § 2.º A pena é aumentada de metade, se o crime é cometido:
>
> I – contra criança ou adolescente;
>
> II – por motivo de preconceito de raça, cor, etnia, religião ou origem.

Cf. também comentários ao art. 59 da CLT.

Ainda quanto ao tema, é importante salientar que a Emenda Constitucional 81/2014 modificou o art. 243 da Constituição da República, passando a prever que as propriedades rurais e urbanas de qualquer região do País onde forem localizadas culturas ilegais de plantas psicotrópicas ou a exploração de trabalho escravo, nos termos da lei, devem ser expropriadas e destinadas à reforma agrária e a programas de habitação popular, *sem qualquer indenização ao proprietário e sem prejuízo de outras sanções previstas em lei*, observado, no que couber, o disposto no art. 5.º da mesma Constituição.

Ademais, qualquer bem de valor econômico apreendido em decorrência do tráfico ilícito de entorpecentes e drogas afins e da exploração de trabalho escravo deve ser confiscado e revertido a fundo especial com a destinação específica, na forma da lei.

O direito de propriedade, assegurado no art. 5.º, inciso XXII, da Constituição Federal de 1988, como é evidente, deve ser exercido de forma lícita, não abusiva, *devendo atender a sua função social* (art. 5.º, inciso XXIII; art. 170, inciso III, da Constituição Federal de 1988), o que não ocorre no caso da utilização para a prática de trabalho escravo. O próprio art. 186 da Constituição Federal de 1988 prevê que a função social é cumprida quando a propriedade rural atende, de forma simultânea, segundo critérios e graus de exigência estabelecidos em lei, aos seguintes requisitos: aproveitamento racional e adequado; utilização adequada dos recursos naturais disponíveis e preservação do meio ambiente; *observância das disposições que regulam as relações de trabalho*; *exploração que favoreça o bem-estar* dos proprietários e *dos trabalhadores*.

Justifica-se, portanto, a referida mudança na Constituição, pois o trabalho em condições análogas à de escravo, que é o "trabalho escravo" da atualidade, é a antítese do *trabalho decente*, o qual respeita o princípio da dignidade da pessoa humana.

Uma das diretrizes do Sistema Nacional de Emprego (Sine) é justamente a otimização do acesso ao *trabalho decente*, exercido em condições de liberdade, equidade, dignidade e segurança, e a sistemas de educação e de qualificação profissional e tecnológica (art. 2.º, inciso I, da Lei 13.667/2018).

No âmbito da Organização Internacional do Trabalho, destacam-se a *Declaração relativa aos princípios e direitos fundamentais no trabalho*, de 1998, e a *Declaração sobre a justiça social para uma globalização equitativa*, de 2008.

Na esfera da Organização das Nações Unidas, a *Agenda 2030 para o Desenvolvimento Sustentável*, de setembro de 2015, em seu Objetivo 8, assim estabelece: "Promover o crescimento econômico sustentado, inclusivo e sustentável, emprego pleno e produtivo e trabalho decente para todos"[140].

Para o empregado urbano, regido pela CLT, o art. 462 da CLT também veda ao empregador efetuar desconto nos salários dos empregados, "salvo quando este resultar de adiantamentos, de dispositivos de lei ou de contrato coletivo" (isto é, acordo coletivo ou convenção coletiva de trabalho). Sobre o tema, cf. Orientação Jurisprudencial 18 da SDC do TST.

O art. 611-B, inciso XXVI, da CLT, incluído pela Lei 13.467/2017, ao prever que constitui objeto ilícito de convenção coletiva ou de acordo coletivo de trabalho a supressão ou a redução do direito de liberdade de associação profissional ou sindical do trabalhador, assegura, inclusive, o direito de não sofrer, sem sua expressa e prévia anuência, qualquer cobrança ou *desconto salarial* estabelecidos em convenção coletiva ou acordo coletivo de trabalho.

A Lei 10.820/2003 dispõe sobre a possibilidade de os empregados autorizarem, de forma irrevogável e irretratável, o desconto em folha de pagamento ou na sua remuneração disponível dos valores referentes ao pagamento de empréstimos, financiamentos, cartões de crédito e operações de arrendamento mercantil concedidos por instituições financeiras e sociedades de arrendamento mercantil, quando previsto nos respectivos contratos (art. 1.º). O mencionado desconto também pode incidir sobre verbas rescisórias devidas pelo empregador, se assim previsto no respectivo contrato de empréstimo, financiamento, cartão de crédito ou arrendamento mercantil, até o limite previsto no art. 1.º, § 1.º, da Lei 10.820/2003.

O § 1.º do art. 462 da CLT regula o desconto pelo dano causado pelo empregado, que é lícito desde que a possibilidade de desconto tenha sido acordada (no caso de culpa em sentido estrito) ou na ocorrência de dolo. Ainda sobre essa questão, cf. as Orientações Jurisprudenciais 160 e 251 da SBDI-I do TST e a Súmula 342 do TST.

Na mesma linha, a Lei 13.103/2015, no art. 2.º, inciso V, alínea "a", prevê o direito dos motoristas profissionais (de veículos automotores de transporte rodoviário de passageiros e de transporte rodoviário de cargas), se empregados, de não responder perante o empregador

[140] Merecem destaque os seguintes itens do Objetivo 8 de Desenvolvimento Sustentável da ONU: "8.3 Promover políticas orientadas para o desenvolvimento que apoiem as atividades produtivas, geração de emprego decente, empreendedorismo, criatividade e inovação, e incentivar a formalização e o crescimento das micro, pequenas e médias empresas, inclusive por meio do acesso a serviços financeiros; 8.4 Melhorar progressivamente, até 2030, a eficiência dos recursos globais no consumo e na produção, e empenhar-se para dissociar o crescimento econômico da degradação ambiental, de acordo com o Plano Decenal de Programas sobre Produção e Consumo Sustentáveis, com os países desenvolvidos assumindo a liderança; 8.5 Até 2030, alcançar o emprego pleno e produtivo e trabalho decente todas as mulheres e homens, inclusive para os jovens e as pessoas com deficiência, e remuneração igual para trabalho de igual valor; 8.6 Até 2020, reduzir substancialmente a proporção de jovens sem emprego, educação ou formação; 8.7 Tomar medidas imediatas e eficazes para erradicar o trabalho forçado, acabar com a escravidão moderna e o tráfico de pessoas, e assegurar a proibição e eliminação das piores formas de trabalho infantil, incluindo recrutamento e utilização de crianças-soldado, e até 2025 acabar com o trabalho infantil em todas as suas formas; 8.8 Proteger os direitos trabalhistas e promover ambientes de trabalho seguros e protegidos para todos os trabalhadores, incluindo os trabalhadores migrantes, em particular as mulheres migrantes, e pessoas em empregos precários; 8.9 Até 2030, elaborar e implementar políticas para promover o turismo sustentável, que gera empregos e promove a cultura e os produtos locais". Disponível em: <https://nacoesunidas.org/wp-content/uploads/2015/10/aqenda2030-pt-br.pdf>.

por prejuízo patrimonial decorrente da ação de terceiro, *ressalvado o dolo ou a desídia do motorista*, nesses casos mediante comprovação, no cumprimento de suas funções.

Frise-se que o equipamento de proteção individual deve ser fornecido pelo empregador *gratuitamente* aos empregados (art. 166 da CLT), não se admitindo, assim, desconto salarial a respeito.

✦ Súmulas, Orientações Jurisprudenciais e Precedentes Normativos

Súmula 342 do TST: Descontos salariais efetuados pelo empregador, com a autorização prévia e por escrito do empregado, para ser integrado em planos de assistência odontológica, médico-hospitalar, de seguro, de previdência privada, ou de entidade cooperativa, cultural ou recreativo-associativa de seus trabalhadores, em seu benefício e de seus dependentes, não afrontam o disposto no art. 462 da CLT, salvo se ficar demonstrada a existência de coação ou de outro defeito que vicie o ato jurídico.

Orientação Jurisprudencial 160 da SBDI-I do TST: Descontos salariais. Autorização no ato da admissão. Validade. É inválida a presunção de vício de consentimento resultante do fato de ter o empregado anuído expressamente com descontos salariais na oportunidade da admissão. É de se exigir demonstração concreta do vício de vontade.

Orientação Jurisprudencial 251 da SBDI-I do TST: Descontos. Frentista. Cheques sem fundos. É lícito o desconto salarial referente à devolução de cheques sem fundos, quando o frentista não observar as recomendações previstas em instrumento coletivo.

Orientação Jurisprudencial 18 da SDC do TST: Descontos autorizados no salário pelo trabalhador. Limitação máxima de 70% do salário-base. Os descontos efetuados com base em cláusula de acordo firmado entre as partes não podem ser superiores a 70% do salário-base percebido pelo empregado, pois deve-se assegurar um mínimo de salário em espécie ao trabalhador.

✦ Referência legislativa

- Art. 7.º, VI, da CF.

Art. 463. A prestação, em espécie, do salário será paga em moeda corrente do País.

Parágrafo único. O pagamento do salário realizado com inobservância deste artigo considera-se como não feito.

1. SALÁRIO EM ESPÉCIE

O art. 463 da CLT utiliza o termo salário "em espécie" para a modalidade em dinheiro.

O salário em dinheiro deve ser pago em moeda corrente do País, no caso, o "Real".

O parágrafo único do art. 463 da CLT considera como "não feito" o pagamento do salário em desacordo com a referida regra.

Caso o salário seja estipulado, irregularmente, em moeda estrangeira, deve ser considerado o valor correspondente em moeda nacional, na data do ajuste ou contratação.

A Lei 7.064, de 6 de dezembro de 1982, que regula a situação de trabalhadores contratados ou transferidos para prestar serviços no exterior, estabelece, em seu art. 5.º, que o salário-base do contrato será obrigatoriamente estipulado em moeda nacional, mas a remuneração devida durante a transferência do empregado, computado o adicional de transferência, poderá, no todo ou em parte, ser paga no exterior, em moeda estrangeira.

Especificamente quanto aos contratos por prazo determinado de *técnicos estrangeiros* domiciliados ou residentes no exterior, para execução, no Brasil, de serviços especializados, em caráter provisório, admite-se a *estipulação* de salários em moeda estrangeira (art. 1.º do Decreto-lei 691/1969). Nos mencionados contratos, a taxa de conversão da moeda estrangeira será, para todos os efeitos, a da data do vencimento da obrigação (art. 3.º do Decreto-lei 691/1969). Portanto, mesmo nesses casos, entende-se que o pagamento dos salários (que não se confunde com a sua estipulação) deve ocorrer em moeda corrente nacional.

✦ **Referência legislativa**

- Art. 5.º da Lei 7.064/1982 (Situação de Trabalhadores Contratados ou Transferidos para Prestar Serviços no Exterior).

Art. 464. O pagamento do salário deverá ser efetuado contra recibo, assinado pelo empregado; em se tratando de analfabeto, mediante sua impressão digital, ou, não sendo esta possível, a seu rogo.

Parágrafo único. Terá força de recibo o comprovante de depósito em conta bancária, aberta para esse fim em nome de cada empregado, com o consentimento deste, em estabelecimento de crédito próximo ao local de trabalho.

1. RECIBO

O pagamento do salário deve ser feito contra recibo, assinado pelo empregado. Tratando-se de analfabeto, mediante sua impressão digital, ou, não sendo esta possível, a seu rogo.

Mesmo assim, terá força de recibo o comprovante de depósito em conta bancária, aberta para esse fim em nome de cada empregado, com consentimento deste, em estabelecimento de crédito próximo ao local de trabalho.

O depósito em conta bancária, com força de recibo, depende da anuência de cada empregado, podendo-se sugerir a forma escrita, para evitar eventual dificuldade de prova. Além disso, o estabelecimento de crédito deve ser próximo ao local de trabalho, justamente para o acesso do empregado.

Cabe ressaltar que é lícito ao trabalhador menor firmar recibo pelo pagamento dos salários. Tratando-se, porém, de rescisão do contrato de trabalho, é vedado ao menor de 18 anos dar, sem assistência dos seus responsáveis legais, quitação ao empregador pelo recebimento da indenização que lhe for devida (art. 439 da CLT).

Art. 465. O pagamento dos salários será efetuado em dia útil e no local do trabalho, dentro do horário do serviço ou imediatamente após o encerramento deste, salvo quando efetuado por depósito em conta bancária, observado o disposto no artigo anterior.

1. LOCAL E FORMA DE PAGAMENTO DO SALÁRIO

O art. 465 da CLT traz regra expressa sobre o local de pagamento do salário, estabelecendo que o pagamento dos salários deve ser efetuado em dia útil e no local do trabalho, dentro do horário do serviço ou imediatamente após o encerramento deste, salvo quando efetuado por depósito em conta bancária.

Art. 466. O pagamento de comissões e percentagens só é exigível depois de ultimada a transação a que se referem.

1. PAGAMENTO DE COMISSÕES E PERCENTAGENS

O art. 466 da CLT deve ser interpretado em consonância com o art. 3.º da Lei 3.207, de 18 de julho de 1957, que regulamenta a atividade dos empregados vendedores, viajantes ou pracistas, dispondo que:

> A transação será considerada aceita se o empregador não a recusar por escrito, dentro de 10 (dez) dias, contados da data da proposta. Tratando-se de transação a ser concluída com comerciante ou empresa estabelecida noutro Estado ou no estrangeiro, o prazo para aceitação ou recusa da proposta de venda será de 90 (noventa) dias podendo, ainda, ser prorrogado, por tempo determinado, mediante comunicação escrita feita ao empregado.

Como se nota, o direito às comissões é adquirido, pelo empregado, não com o pagamento da prestação (pelo comprador), mas sim com a aceitação do negócio pelo empregador, na forma acima descrita.

Essa aquisição do direito à comissão (pelo empregado) não se confunde com a exigibilidade do seu pagamento, que ocorre mensalmente, devendo a empresa expedir, no fim de cada mês, a conta respectiva com as cópias das faturas correspondentes aos negócios concluídos. Ressalva-se às partes, no entanto, fixar outra época para pagamento das comissões e percentagens, desde que não exceda a um trimestre, contado da aceitação do negócio (art. 4.º da Lei 3.207/1957).

> § 1.º Nas transações realizadas por prestações sucessivas, é exigível o pagamento das percentagens e comissões que lhes disserem respeito proporcionalmente à respectiva liquidação.

2. PAGAMENTO DE PRESTAÇÕES SUCESSIVAS

Nas transações realizadas em prestações sucessivas, o pagamento das comissões e percentagens é exigível proporcionalmente à respectiva liquidação.

Do mesmo modo, o art. 5.º da Lei 3.207/1957 dispõe que nas transações em que a empresa se obriga por prestações sucessivas, "o pagamento das comissões e percentagens será exigível de acordo com a ordem de recebimento" delas.

> § 2.º A cessação das relações de trabalho não prejudica a percepção das comissões e percentagens devidas na forma estabelecida por este artigo.

3. CESSAÇÃO DA RELAÇÃO DE TRABALHO

A cessação da relação de trabalho não prejudica o recebimento das comissões e percentagens devidas ao empregado.

Trata-se de disposição que concretiza os ditames do direito adquirido, ao assegurar o recebimento da referida modalidade salarial já incorporada ao patrimônio jurídico do empregado.

Somente no caso de "insolvência do comprador" é que o empregador pode estornar a comissão que houver pago (art. 7.º da Lei 3.207/1957), pois o empregador é quem corre o risco do empreendimento, não se admitindo a adoção da chamada cláusula *stare del credere*. Desse modo, o trabalhador faz jus à comissão mesmo que o comprador simplesmente não pague a compra ou devolva o bem adquirido.

✦ **Referência legislativa**

- Art. 7.º, VII, da CF; arts. 5.º e 7.º da Lei 3.207/1957 (Atividades dos Empregados Vendedores, Viajantes ou Pracistas).

Art. 467. Em caso de rescisão de contrato de trabalho, havendo controvérsia sobre o montante das verbas rescisórias, o empregador é obrigado a pagar ao trabalhador, à data do comparecimento à Justiça do Trabalho, a parte incontroversa dessas verbas, sob pena de pagá-las acrescidas de cinquenta por cento.

1. A GARANTIA DO ARTIGO 467 DA CLT

Existe obrigatoriedade de pagamento das verbas rescisórias incontroversas logo na primeira audiência no foro trabalhista, sob pena de seu pagamento com o acréscimo de 50%.

Em sua redação anterior, o art. 467 da CLT estabelecia ser obrigatório o pagamento da parte incontroversa dos salários nestas mesmas circunstâncias, ou seja, em caso de extinção do contrato de trabalho e quando do comparecimento do empregador à Justiça do Trabalho, sendo que a penalidade em caso de descumprimento era de pagá-la em dobro.

A alteração fundamental, portanto, é que, antes da Lei 10.272/2001, a referida norma preocupava-se com os *salários* incontroversos, sendo prevista como penalidade a sua *dobra*; com a presente alteração legal, as *verbas rescisórias* passam a figurar na hipótese de incidência normativa, com cominação do acréscimo de 50%. A situação de extinção do contrato de trabalho, como se nota, manteve-se como alvo de preocupação do legislador.

Conforme a atual redação do art. 467 da CLT, as "verbas rescisórias" é que devem ser pagas no momento da primeira audiência trabalhista, sob pena de serem devidas com o adicional de 50%.

Cabe, assim, saber quais verbas são essas. É intuitivo que são valores devidos quando da rescisão (cessação) do contrato de trabalho.

Tratando-se de norma prevendo uma penalidade, a sua interpretação deve ser restritiva.

Em consequência, por verbas rescisórias devem-se entender as seguintes parcelas, decorrentes da extinção do pacto laboral: saldo salarial (referentes aos dias trabalhados no mês da rescisão e pagos como verbas rescisórias), aviso prévio indenizado, décimo terceiro salário referente ao ano da extinção contratual, férias vencidas, mas ainda não gozadas com 1/3, férias proporcionais com 1/3, participação nos lucros e resultados proporcionais, indenização de 40% do FGTS (Lei 8.036/1990, art. 18, §§ 1.º e 2.º – sendo que este último trata da culpa recíproca prevendo a indenização em apenas 20%), depósitos do FGTS sobre o aviso prévio indenizado, saldo salarial e 13.º salário rescisório, indenização do art. 479 da CLT (art. 14 do Regulamento do FGTS, aprovado pelo Decreto 99.684/1990) e indenização por tempo de serviço, nos termos dos arts. 477, *caput*, e 478 da CLT, c/c a Lei 8.036/1990, art. 14, § 1.º (embora esta última indenização esteja em "extinção").

Apenas esses direitos é que, sendo incontroversos, deverão ser pagos pelo empregador quando do comparecimento à Justiça do Trabalho, sob pena do acréscimo de 50%.

Os depósitos do FGTS, incidentes sobre o aviso prévio indenizado (Súmula 305 do TST) e sobre o 13.º salário rescisório, também devem ser considerados como "verbas rescisórias", justamente porque são devidos em razão da extinção contratual (Lei 8.036/1990, art. 18, *caput*).

Além disso, seguindo o mesmo raciocínio da Súmula 206 do TST, no caso sob análise, sendo devido o acréscimo sobre o principal, também o será sobre o seu acessório.

Pode-se entender que a indenização adicional, prevista nos arts. 9.º das Leis 6.708/1979 e 7.238/1984, decorrente da dispensa sem justa causa do empregado, ocorrida no trintídio que antecede a data-base (Súmulas 182, 242, e 314 do TST), também está abrangida pelo dispositivo da CLT. Sendo devida em decorrência da extinção contratual, sem dúvida integra as "verbas rescisórias", estando sujeita à cominação da referida penalidade.

Quanto aos salários em atraso (retidos), não podem ser considerados "verbas rescisórias". Por esta expressão, interpretada restritivamente, apenas se podem compreender aquelas parcelas cujo fato gerador é a cessação da relação de emprego. Os salários retidos não são devidos em consequência do fim do contrato de trabalho, mas sim como contraprestação do labor, *independentemente do término do pacto laboral*; quer dizer, não são verbas decorrentes de rescisão contratual.

O seguro-desemprego, por ser benefício pago pelo Estado, também não pode ser aqui incluído, eis que o dever do empregador é entregar as guias respectivas. Nem mesmo a indenização prevista na hipótese da Súmula 389 do TST pode ser aqui incluída, pois este valor indenizatório tem por fundamento, entre outros, os arts. 186 e 927 do Código Civil de 2002, não configurando verba rescisória em sentido estrito.

A norma em questão incide em qualquer caso de extinção do contrato de trabalho, inclusive decorrente de pedido de demissão pelo empregado ou da sua dispensa com justa causa. Onde a lei não distingue, não cabe ao intérprete fazê-lo.

O acréscimo de 50% sobre as verbas rescisórias incontroversas é uma penalidade, não possuindo natureza salarial, ainda que a verba rescisória sobre o qual incida o tenha. Por exemplo, caso o 13.º salário proporcional seja devido com este acréscimo, o percentual não terá a mesma natureza salarial da parcela principal; sobre esta incide o FGTS (Lei 8.036/1990, art. 15, *caput*), mas sobre os 50% adicionais, não.

Não há que falar em *bis in idem* na aplicação conjunta das multas previstas no art. 477, § 8.º, da CLT e do acréscimo de 50%, previsto no art. 467 desse mesmo diploma legal.

No caso, aquele dispositivo prevê sanção específica para a inobservância dos prazos para a "entrega ao empregado de documentos que comprovem a comunicação da extinção contratual aos órgãos competentes bem como o pagamento dos valores constantes do instrumento de rescisão ou recibo de quitação" (§ 6.º do art. 477 da CLT); já o art. 467 da CLT sanciona a ausência de pagamento das "verbas rescisórias" em situação bem distinta, qual seja, no momento da audiência inaugural trabalhista, que pressupõe o ajuizamento da respectiva reclamação. As hipóteses de fato das duas normas, portanto, embora semelhantes, não são as mesmas, o que autoriza a incidência de ambas as penalidades de forma independente, desde que verificados os seus respectivos pressupostos.

De acordo com a Súmula 69 do TST, com redação determinada pela Resolução 121/2003, deve ser o empregador condenado ao pagamento das verbas rescisórias, não quitadas na primeira audiência, com acréscimo de 50%.

Da mesma forma, seguindo o entendimento dominante na doutrina e na jurisprudência, o disposto no art. 467 da CLT não se aplica à massa falida, pois esta não tem disponibilidade para o pagamento imediato das verbas trabalhistas na primeira audiência, nas quais se incluem as verbas rescisórias (cf. Súmula 388 do TST). Entretanto, caso a falência do empregador seja posterior à audiência na Justiça do Trabalho, há a incidência do referido dispositivo da CLT, justamente porque a quebra, nesse caso, ocorre após a aquisição do direito (cf. Súmula 21 da Jurisprudência Dominante em Dissídios Individuais do Tribunal Regional do Trabalho da 15.ª Região).

Parágrafo único. O disposto no *caput* não se aplica à União, aos Estados, ao Distrito Federal, aos Municípios e as suas autarquias e fundações públicas.

2. VIGÊNCIA

Há entendimento de que o parágrafo único do art. 467 permanece em vigor, com a seguinte redação: "O disposto no *caput* não se aplica à União, aos Estados, ao Distrito Federal, aos Municípios e as suas autarquias e fundações públicas".

O dispositivo torna inaplicável o *caput* do art. 467 aos mencionados entes estatais, dotados de personalidade jurídica de direito público.

No entanto, a disposição acrescida pela referida Medida Provisória não preenche os requisitos constitucionais relativos à "relevância e urgência" (art. 62, *caput*, da Constituição Federal de 1988).

Além disso, ainda que se admitisse a constitucionalidade da referida Medida Provisória, o mencionado parágrafo único, por ela acrescido, não mais vigora, embora este último aspecto nem sempre seja observado pela doutrina e jurisprudência.

A já mencionada Lei 10.272/2001, que alterou a redação do art. 467 da CLT, entrou em vigor em 6 de setembro de 2001, data de sua publicação no *DOU*, nos termos do seu art. 2.º. Antes de sua vigência, o mencionado dispositivo tinha o parágrafo único, acrescentado por Medida Provisória. Portanto, antes da vigência da Lei 10.272/2001, assim se encontrava a CLT:

> Art. 467. *omissis.*
>
> Parágrafo único. *omissis* (parágrafo acrescentado pela Medida Provisória 2.180-35, de 24 de agosto de 2001, publicada no *Diário Oficial da União* de 27.08.2001).

A referida Lei 10.272, em seu art. 1.º, estabeleceu:

> O art. 467 da Consolidação das Leis do Trabalho, aprovada pelo Decreto-lei 5.452, de 1.º de maio de 1943, passa a vigorar com a seguinte redação:
>
> "Art. 467. *omissis*". (NR).

Como é visível, a Lei 10.272/2001, ao conferir esta nova redação, estabeleceu que o art. 467 da CLT não é integrado por qualquer parágrafo único. O que existia, introduzido por Medida Provisória, acabou sendo *revogado*. Isso fica ainda mais claro quando se observa que a lei mencionada, após alterar o "Art. 467", *não* fez constar qualquer sinal gráfico ("............"), em seguida à redação determinada, que pudesse indicar a manutenção do parágrafo único anteriormente existente.

Frise-se que esta lei vigorou a partir de 06.09.2001, data posterior ao início da vigência da última edição da Medida Provisória em questão (27.08.2001).

Para que não pairem dúvidas, basta lembrar que a lei, ao grafar com "............", embora esteja alterando a norma, mantém *o que vem em seguida*, na forma disposta antes da alteração, no caso, o parágrafo. Com a Lei 10.272/2001, no entanto, reitere-se, isso não ocorreu, de modo que esta lei posterior não manteve em vigência o parágrafo único, acrescido por Medida Provisória anterior.

No caso, ocorreu a revogação do mencionado parágrafo por lei posterior, nos termos da Lei de Introdução às Normas do Direito Brasileiro (Decreto-lei 4.657/1942), art. 2.º, *caput* e § 1.º. Mais especificamente, a Lei 10.272/2001, ao dar nova redação ao art. 467 da CLT, regulou inteiramente a matéria de que tratava esse dispositivo em sua redação anterior. Aliás, entendo que a revogação foi evidente, pois a lei posterior excluiu o parágrafo, na medida em que não previu a sua existência.

Inexistindo, como visto acima, exclusão legal expressa da aplicação do art. 467 da CLT aos entes estatais dotados de personalidade jurídica de direito público, cabe verificar sua compatibilidade perante o sistema jurídico como um todo.

Como se sabe, a Fazenda Pública Federal, Estadual ou Municipal, quanto a seus débitos reconhecidos judicialmente, tem a prerrogativa de pagamento por meio de precatório requisitório (art. 100 da Constituição Federal), com exceção da dívida de pequeno valor (§ 3.º do art. 100 da Constituição Federal de 1988, art. 87 do ADCT, acrescido pela Emenda Constitucional 37/2002 e Orientação Jurisprudencial 1 do Pleno do TST). Mesmo quanto aos créditos trabalhistas que não forem de pequeno valor, embora assegurado o direito de preferência, é pacífica a sujeição ao regime do precatório, com o pagamento dos créditos de natureza alimentícia obedecendo, entre eles, uma ordem cronológica específica, de apresentação da requisição judicial (Súmula 655 do STF, Lei 9.469/1997, art. 6.º, § 1.º, e Súmula 144 do STJ).

Não obstante, ajuizada ação trabalhista, sendo incontroversas as "verbas rescisórias", tem o órgão público, que figure como ex-empregador, o dever de pagá-las já na primeira audiência, sob pena de serem devidas com o acréscimo de 50% (art. 467 da CLT, com redação determinada pela Lei 10.272/2001).

Não são todos os pagamentos feitos pelo ente público que dependem do ajuizamento de ação, para posterior recebimento por meio de precatório. Os salários de seus empregados públicos são pagos mensalmente, sem nem mesmo se cogitar de demanda judicial. Do mesmo modo, as verbas rescisórias, em princípio, devem ser, e geralmente o são, quitadas pelos entes de direito público quando da cessação do pacto laboral. O ente estatal, contratando mão de obra por meio do regime trabalhista, no caso, tem o dever de pagá-las, pois também está sujeito à lei (Estado de Direito, princípio da legalidade). Se, mesmo não contestando as verbas rescisórias, não efetua o pagamento até a data do comparecimento à Justiça do Trabalho, deve ser judicialmente condenado no seu pagamento com os 50%.

Tanto é assim que a multa por atraso no pagamento das verbas rescisórias, prevista no art. 477, § 8.º, da CLT, decorrente da inobservância dos prazos previstos no § 6.º desse mesmo dispositivo legal, é aplicável às pessoas jurídicas de direito público, segundo estabelece a Orientação Jurisprudencial 238 da SBDI-I do C. TST.

✦ Súmulas, Orientações Jurisprudenciais e Precedentes Normativos

Súmula 655 do STF: Exceção. Créditos de Natureza Alimentícia. Dispensa de Precatório. A exceção prevista no art. 100, *caput*, da Constituição, em favor dos créditos de natureza alimentícia, não dispensa a expedição de precatório, limitando-se a isentá-los da observância da ordem cronológica dos precatórios decorrentes de condenações de outra natureza.

Súmula 144 do STJ: Créditos de Natureza Alimentícia. Preferência. Precatório. Os créditos de natureza alimentícia gozam de preferência, desvinculados os precatórios da ordem cronológica dos créditos de natureza diversa.

Súmula 69 do TST: A partir da Lei 10.272, de 5 de setembro de 2001, havendo rescisão do contrato de trabalho e sendo revel e confesso quanto à matéria de fato, deve ser o empregador condenado ao pagamento das verbas rescisórias, não quitadas na primeira audiência, com acréscimo de 50% (cinquenta por cento).

Súmula 182 do TST: Aviso Prévio. Indenização Adicional. O tempo do aviso prévio, mesmo indenizado, conta-se para efeito da indenização adicional prevista no art. 9.º da Lei 6.708, de 30.10.1979.

Súmula 206 do TST: Incidência sobre Parcelas Prescritas. Fundo de Garantia do Tempo de Serviço. A prescrição da pretensão relativa às parcelas remuneratórias alcança o respectivo recolhimento da contribuição para o FGTS.

Súmula 242 do TST: Indenização Trabalhista Adicional. Valor Correspondente. A indenização adicional, prevista no art. 9.º das Leis 6.708/1979 e 7.238/1984, corresponde ao salário mensal, no valor devido à data da comunicação do despedimento, integrado pelos adicionais legais ou convencionados, ligados à unidade de tempo/mês, não sendo computável a gratificação natalina.

Súmula 305 do TST: Aviso Prévio. Fundo de Garantia do Tempo de Serviço. O pagamento relativo ao período de aviso prévio, trabalhado ou não, está sujeito à contribuição para o FGTS.

Súmula 314 do TST: Rescisão Contratual. Direito à Indenização. Adicional. Verbas Rescisórias. Se ocorrer a rescisão contratual no período de 30 (trinta) dias que antecede à data-base, observado o Enunciado 182 do TST, o pagamento das verbas rescisórias com o salário já corrigido não afasta o direito à indenização adicional prevista nas Leis 6.708, de 30.10.1979, e 7.238, de 28.10.1984.

Súmula 388 do TST: Massa falida. Arts. 467 e 477 da CLT. Inaplicabilidade (conversão das Orientações Jurisprudenciais 201 e 314 da SBDI-1) – Res. 129/2005 – *DJ* 20.04.2005. A massa falida não se sujeita à penalidade do art. 467 e nem à multa do § 8.º do art. 477, ambos da CLT (ex-OJs 201 – *DJ* 11.08.2003 e 314 – *DJ* 08.11.2000).

Súmula 389 do TST: Seguro-desemprego. Competência da Justiça do Trabalho. Direito à Indenização por não liberação de guias.
I – Inscreve-se na competência material da Justiça do Trabalho a lide entre empregado e empregador tendo por objeto indenização pelo não fornecimento das guias do seguro-desemprego (ex-OJ 210 – Inserida em 08.11.2000).
II – O não fornecimento pelo empregador da guia necessária para o recebimento do seguro-desemprego dá origem ao direito à indenização (ex-OJ 211 – Inserida em 08.11.2000).

Orientação Jurisprudencial 238 da SBDI-I do TST: Multa. Art. 477 da CLT. Pessoa jurídica de direito público. Aplicável. Submete-se à multa do art. 477 da CLT a pessoa jurídica de direito público que não observa o prazo para pagamento das verbas rescisórias, pois nivela-se a qualquer particular, em direitos e obrigações, despojando-se do *jus imperii* ao celebrar um contrato de emprego.

Súmula 21 da Jurisprudência Dominante em Dissídios Individuais do TRT da 15.ª Região: É cabível a aplicação da dobra prevista no art. 467, da CLT, quando a decretação da falência é posterior à realização da primeira audiência.

CAPÍTULO III – DA ALTERAÇÃO

Art. 468. Nos contratos individuais de trabalho só é lícita a alteração das respectivas condições por mútuo consentimento, e ainda assim desde que não resultem, direta ou indiretamente, prejuízos ao empregado, sob pena de nulidade da cláusula infringente desta garantia.

§ 1.º Não se considera alteração unilateral a determinação do empregador para que o respectivo empregado reverta ao cargo efetivo, anteriormente ocupado, deixando o exercício de função de confiança.

§ 2.º A alteração de que trata o § 1.º deste artigo, com ou sem justo motivo, não assegura ao empregado o direito à manutenção do pagamento da gratificação correspondente, que não será incorporada, independentemente do tempo de exercício da respectiva função.

1. ALTERAÇÃO DO CONTRATO DE TRABALHO

Estando em vigor o contrato de trabalho, por representar uma relação jurídica de trato sucessivo, é importante saber se as condições avençadas podem ser alteradas, bem como os requisitos de validade para tais modificações.

O tema em questão envolve relevantes peculiaridades pertinentes ao Direito do Trabalho, na regulação da relação jurídica de emprego.

Um dos princípios inerentes ao mencionado ramo do Direito é o princípio da condição mais benéfica, inserido no âmbito mais amplo do princípio da proteção.

Em razão disso, as vantagens estabelecidas em favor do empregado são inseridas no contrato de trabalho, como direitos adquiridos, com as peculiaridades da modalidade do negócio jurídico em questão, sendo vedada, em regra, a alteração prejudicial ao empregado.

2. REQUISITOS PARA A VALIDADE DA MODIFICAÇÃO DE CONDIÇÕES DE TRABALHO

Para que a alteração da condição de trabalho seja válida, são necessários dois requisitos: a) que haja mútuo consentimento; e b) que não acarrete prejuízo ao empregado.

Ausente um dos requisitos, a alteração contratual já é nula de pleno direito.

Relevante frisar, portanto, que no Direito do Trabalho, tendo em vista as especificidades da relação de emprego, não basta a higidez na manifestação de vontade do empregado quanto à alteração do pactuado (consentimento). Também se exige que a modificação da condição de trabalho, para ser válida, não acarrete prejuízo (direto ou indireto) ao trabalhador.

O prejuízo pode ser *direto*, como ocorre na diminuição do salário, ou *indireto*, quando, *v.g.*, impõe-se a redução do horário de trabalho do empregado que recebe por hora trabalhada.

Trata-se, sem dúvida, de importante peculiaridade do ramo do Direito em estudo, tendo em vista a posição em que se encontra o empregado, prestando serviços de forma subordinada. Considerando a desigualdade real, verificada entre os sujeitos da relação de emprego, o Direito estabelece um sistema de proteção da parte em posição mais vulnerável, com o objetivo de obter a igualdade material na relação jurídica em questão.

O rebaixamento de função do empregado, salvo a hipótese de reversão ao cargo efetivo (art. 468, § 1.º, da CLT), por ser prejudicial ao empregado, é considerado nulo de pleno direito.

Ainda que o salário não sofresse redução, o simples fato de rebaixar o empregado quanto à função exercida já acarreta prejuízo de ordem moral ao empregado.

O rebaixamento não pode ser utilizado pelo empregador, ainda, como forma de punição do empregado.

Aliás, parte da doutrina entende que o termo *rebaixamento* significa, especificamente, "o retorno, determinado com intuito punitivo, ao cargo efetivo anterior, mais baixo, após estar o obreiro ocupando cargo efetivo mais alto"[141].

[141] DELGADO, Mauricio Godinho. *Curso de direito do trabalho*. 4. ed. São Paulo: LTr, 2005. p. 1017.

Nesse entendimento, a *retrocessão* "é o retorno ao cargo efetivo anterior, sem se estar ocupando cargo de confiança (retorna-se de um cargo efetivo mais alto para cargo efetivo mais baixo)", porém não havendo o intuito punitivo do empregador[142].

Ambas as hipóteses, por retratarem alterações funcionais evidentemente lesivas e não autorizadas pela lei, são manifestamente inválidas em nosso sistema jurídico.

O poder disciplinar do empregador não abrange a referida medida punitiva, por afrontar direitos de personalidade do empregado.

Havendo justificado motivo, defende-se que o empregado pode, sim, recusar-se a ser promovido, por exemplo, quando pode sofrer prejuízo, mesmo que indireto, em razão da referida alteração funcional, por não ter os conhecimentos técnicos necessários para desempenhar a função mais elevada.

Mesmo que a função a ser promovido o empregado encontre-se prevista no regulamento de empresa, desde a contratação, ou tenha sido estabelecida a sua possibilidade futura, quando da avença do contrato de trabalho, este aspecto apenas está indicando a presença de consentimento quanto à possibilidade futura de haver a promoção, não representando a aceitação do empregado quanto a esta, uma vez que é permitida a recusa no momento de ser promovido, por fundado motivo de prejuízo.

Para que a alteração na condição de trabalho seja válida, exige-se também que não cause prejuízo, direto ou indireto, ao empregado.

Por isso, verificando-se fundado motivo, no sentido de que a promoção é prejudicial ao empregado, defende-se o entendimento de que ele pode, licitamente, recusá-la.

Obviamente, se o empregado concordou com a promoção (ainda que tacitamente, mesmo na admissão, sabendo-se que as previsões contidas no regulamento de empresa passam a integrar o contrato de trabalho), e esta não oferece qualquer prejuízo (direto ou indireto), presentes os requisitos do art. 468 da CLT, a promoção deve ser considerada lícita. Nesse caso, a recusa à promoção pode fazer o empregado incidir na justa causa prevista no art. 482, "h", da CLT.

3. *JUS VARIANDI*

O *jus variandi* decorre do poder de direção do empregador.

O titular do *jus variandi* é o empregador, que o exerce em face do empregado, unilateralmente, ao estabelecer certas modificações quanto à prestação do serviço[143].

A maior dificuldade é estabelecer, com precisão, os limites do exercício válido do *jus variandi*, pois tal poder não é ilimitado. Havendo o abuso no seu exercício, o empregado pode se opor, valendo-se do direito de resistência.

Parte da doutrina faz menção a duas modalidades de *jus variandi*, classificando-o em: *jus variandi* ordinário e *jus variandi* extraordinário.

O *jus variandi* ordinário autoriza pequenas modificações circunstanciais quanto ao exercício da prestação do trabalho, sem representar efetivo prejuízo ao empregado, ainda que se possa vislumbrar eventual discordância deste ou pequena inconveniência para o trabalhador.

[142] DELGADO, Mauricio Godinho. *Curso de direito do trabalho*. 4. ed. São Paulo: LTr, 2005. p. 1016.

[143] Cf. ENGEL, Ricardo José. *O "jus variandi" no contrato individual de trabalho*. São Paulo: LTr, 2003. p. 104-106.

Correndo o empregador o risco de sua atividade, concede-se o poder de organizar o empreendimento, o que reflete no direito de alterar certos aspectos envolvendo o trabalho prestado, sem alterar significativamente o contrato de trabalho.

São exemplos do *jus variandi* ordinário: a alteração no horário de entrada, por exemplo, das 9h para as 8h30; a mudança no horário de saída, passando das 18h para as 18h30, para melhor atendimento dos clientes; passar a exigir que os empregados trabalhem com uniforme; mudança do maquinário da empresa, em razão dos aperfeiçoamentos tecnológicos.

Já o *jus variandi* extraordinário autoriza, excepcionalmente, determinadas modificações em certas condições de trabalho de maior relevância, o que também encontra fundamento no poder diretivo do empregador[144].

Por se tratar de exceção à regra que prevê a não modificação unilateral das condições de trabalho (art. 468, *caput*, da CLT), só pode ser exercida dentro de limites estabelecidos, em hipóteses assim autorizadas pelo sistema jurídico. Nesse sentido, cabe destacar o próprio § 1.º do art. 468 da CLT.

O *jus variandi* extraordinário, portanto, pode até acarretar prejuízo ao empregado; por isso, exige-se o seu exercício nos estritos limites legais, e somente em hipóteses bem específicas, autorizadas pelo sistema jurídico.

A alteração de que trata o § 1.º do art. 468 da CLT, ou seja, a *reversão* do empregado que exercia função de confiança ao cargo efetivo, *com ou sem justo motivo*, não assegura ao empregado o direito à manutenção do pagamento da gratificação correspondente, que não será incorporada, independentemente do tempo de exercício da respectiva função (art. 468, § 2.º, da CLT, acrescentado pela Lei 13.467/2017).

Por se tratar de parcela devida em razão de certa condição, o seu pagamento não é mais devido quando o fato gerador deixa de existir, o que em tese afasta a incidência, no caso específico, do princípio da irredutibilidade salarial.

Como se pode notar, ficou superada a Súmula 372, inciso I, do TST.

O inciso II da Súmula 372 do TST é aplicação da regra prevista no art. 468, *caput*, da CLT, ao vedar a alteração unilateral, prejudicial ao empregado. Por isso, obviamente, se o empregado permanece exercendo a função comissionada, não se pode reduzir o valor da gratificação respectiva, pois além de acarretar a redução salarial (art. 7.º, inciso VI, da Constituição Federal de 1988), a medida seria manifestamente prejudicial ao empregado.

O inciso II da Súmula 372 é uma aplicação da regra prevista no art. 468, *caput*, da CLT, ao vedar a alteração unilateral, prejudicial ao empregado. Por isso, obviamente, se o empregado permanece exercendo a função comissionada, não se pode reduzir o valor da gratificação respectiva, pois além de acarretar a redução salarial (art. 7.º, inciso VI, da Constituição Federal de 1988), a medida seria manifestamente prejudicial ao empregado.

Outra hipótese de exercício do *jus variandi* (extraordinário) é prevista na Súmula 265 do TST, sobre modificação do turno de trabalho.

O referido verbete, ao autorizar a supressão do direito ao adicional noturno, quando o empregado é transferido para o período diurno, ainda que implicitamente, está autorizando a referida mudança quanto ao turno de trabalho.

144 Cf. GONÇALVES, Simone Cruxên. *Limites do "jus variandi" do empregador*. São Paulo: LTr, 1997. p. 61.

Justifica-se o referido entendimento tendo em vista que o trabalho no horário noturno é até mesmo prejudicial à saúde do empregado, autorizando que o empregador, ao exercer o *jus variandi*, fundado no poder de organização do empreendimento, estabeleça a referida mudança.

Mesmo assim, não se admite a mencionada alteração no turno de trabalho por motivo de perseguição contra o empregado, ou mesmo tratamento discriminatório.

Nessas hipóteses, de abuso no exercício do direito pelo empregador, o empregado pode exercer o direito de resistência, requerendo a invalidação do ato abusivo, ou mesmo eventual dispensa indireta, inclusive com possíveis reparações de ordem moral e material.

Modificações quanto ao local de prestação dos serviços também podem ser estabelecidas pelo empregador, como será estudado no art. 469.

Por fim, a Orientação Jurisprudencial 159 da Subseção I de Dissídios Individuais do Tribunal Superior do Trabalho admite alteração que só tem como se justificar no *jus variandi* do empregador.

✦ Súmulas, Orientações Jurisprudenciais e Precedentes Normativos

Súmula 51 do TST: Norma regulamentar. Vantagens e opção pelo novo regulamento. Art. 468 da CLT.
I – As cláusulas regulamentares, que revoguem ou alterem vantagens deferidas anteriormente, só atingirão os trabalhadores admitidos após a revogação ou alteração do regulamento.
II – Havendo a coexistência de dois regulamentos da empresa, a opção do empregado por um deles tem efeito jurídico de renúncia às regras do sistema do outro.

Súmula 265 do TST: Adicional noturno. Alteração de turno de trabalho. Possibilidade de supressão. A transferência para o período diurno de trabalho implica a perda do direito ao adicional noturno.

Súmula 288 do TST: Complementação dos proventos da aposentadoria (nova redação para o item I e acrescidos os itens III e IV em decorrência do julgamento do processo TST-EED-RR 235-20.2010.5.20.0006 pelo Tribunal Pleno em 12.04.2016).
I – A complementação dos proventos de aposentadoria, instituída, regulamentada e paga diretamente pelo empregador, sem vínculo com as entidades de previdência privada fechada, é regida pelas normas em vigor na data de admissão do empregado, ressalvadas as alterações que forem mais benéficas (art. 468 da CLT).
II – Na hipótese de coexistência de dois regulamentos de planos de previdência complementar, instituídos pelo empregador ou por entidade de previdência privada, a opção do beneficiário por um deles tem efeito jurídico de renúncia às regras do outro.
III – Após a entrada em vigor das Leis Complementares nos 108 e 109, de 29.05.2001, reger-se-á a complementação dos proventos de aposentadoria pelas normas vigentes na data da implementação dos requisitos para obtenção do benefício, ressalvados o direito adquirido do participante que anteriormente implementara os requisitos para o benefício e o direito acumulado do empregado que até então não preenchera tais requisitos.
IV – O entendimento da primeira parte do item III aplica-se aos processos em curso no Tribunal Superior do Trabalho em que, em 12.04.2016, ainda não haja sido proferida decisão de mérito por suas Turmas e Seções.

Súmula 372 do TST: Gratificação de função. Supressão ou redução. Limites.
I – Percebida a gratificação de função por dez ou mais anos pelo empregado, se o empregador, sem justo motivo, revertê-lo a seu cargo efetivo, não poderá retirar-lhe a gratificação tendo em vista o princípio da estabilidade financeira.
II – Mantido o empregado no exercício da função comissionada, não pode o empregador reduzir o valor da gratificação.

Orientação Jurisprudencial 159 da SBDI-I do TST: Data de pagamento. Salários. Alteração. Diante da inexistência de previsão expressa em contrato ou em instrumento normativo, a alteração de data de pagamento pelo empregador não viola o art. 468, desde que observado o parágrafo único, do art. 459, ambos da CLT.

Orientação Jurisprudencial 244 da SBDI-I do TST: Professor. Redução da carga horária. Possibilidade. A redução da carga horária do professor, em virtude da diminuição do número de alunos, não constitui alteração contratual, uma vez que não implica redução do valor da hora-aula.

Orientação Jurisprudencial 308 da SBDI-I do TST: Jornada de trabalho. Alteração. Retorno à jornada inicialmente contratada. Servidor público. O retorno do servidor público (administração direta, autárquica e fundacional) à jornada inicialmente contratada não se insere nas vedações do art. 468 da CLT, sendo a sua jornada definida em lei e no contrato de trabalho firmado entre as partes.

✦ **Referências legislativas**

- Art. 7.º, VII, da CF; arts. 9.º e 444 da CLT.

Art. 469. Ao empregador é vedado transferir o empregado, sem a sua anuência, para localidade diversa da que resultar do contrato, não se considerando transferência a que não acarretar necessariamente a mudança do seu domicílio.

1. CONCEITO DE TRANSFERÊNCIA DO EMPREGADO PARA FINS TRABALHISTAS

A modificação do local da prestação de serviços é regida pelo art. 469 da CLT.

Primeiramente, cabe verificar o que efetivamente significa a transferência, em termos jurídicos, no âmbito do Direito do Trabalho.

De acordo com o *caput* do art. 469 da CLT, não se considera transferência "a que não acarretar necessariamente a mudança do seu domicílio".

A contrario sensu, a transferência do empregado ocorre quando este passa a prestar serviços em local diverso, acarretando mudança de seu domicílio.

É certo que parte da doutrina entende que o termo domicílio, no referido dispositivo da CLT, encontra-se empregado com o sentido de residência. Como se sabe, o domicílio é o local do centro de atividades da pessoa, ou seja, o lugar onde a pessoa natural estabelece a sua residência "com ânimo definitivo" (art. 70 do Código Civil de 2002).

Na verdade, a disposição mencionada orienta-se mais pela circunstância de fato da questão, ou seja, referindo-se ao local de moradia do empregado. Havendo a necessária modificação do lugar em que o trabalhador habita, reside, verifica-se a transferência para fins trabalhistas.

Por isso, não há necessidade de preenchimento de outros requisitos técnico-jurídicos, de ordem formal, previstos no Direito Civil, para reconhecer a transferência para fins trabalhistas.

2. REGRA QUANTO À TRANSFERÊNCIA

A regra geral pertinente à transferência do empregado encontra-se prevista no art. 469, *caput*, da CLT.

De acordo com o dispositivo, proíbe-se, em princípio, a alteração unilateral do local da prestação do serviço que acarreta a necessária mudança de domicílio do empregado. Exige-se, no caso, a anuência do empregado, ou seja, a sua efetiva concordância, em manifestação hígida (sem vícios) de vontade.

Essa regra geral, no entanto, sofre algumas exceções, previstas nos parágrafos do art. 469 da CLT.

Ocorrendo transferência ilícita, ou havendo ameaça de sua ocorrência, o empregado pode pleitear a medida liminar prevista no art. 659, inciso IX, da CLT, acrescentado pela

Lei 6.203/1975, autorizando o juiz do trabalho a: "conceder medida liminar, até decisão final do processo em reclamações trabalhistas que visem a tornar sem efeito transferência disciplinada pelos parágrafos do art. 469 desta Consolidação".

Trata-se, na realidade, de tutela provisória de urgência com natureza antecipada (satisfativa), pois o seu objetivo é a obtenção liminar, ou seja, conseguir no início do processo (de forma antecipada) o próprio pedido formulado na ação judicial, no sentido de tornar sem efeito a transferência abusiva do empregado.

> § 1.º Não estão compreendidos na proibição deste artigo: os empregados que exerçam cargo de confiança e aqueles cujos contratos tenham como condição, implícita ou explícita, a transferência, quando esta decorra de real necessidade de serviço.

3. TRANSFERÊNCIAS PERMITIDAS

O § 1.º do art. 469 da CLT já apresenta a primeira hipótese em que se autoriza a transferência do empregado.

Não são alcançados pela regra da proibição de transferência sem a anuência do empregado:

a) os empregados que exerçam cargo de confiança; e

b) os empregados cujos contratos tenham como condição, implícita ou explícita, a transferência, quando esta decorra de real necessidade de serviço.

O cargo de confiança, no caso, é o mesmo mencionado no § 1.º do art. 468 da CLT, significando uma fidúcia depositada a certo empregado, para o desempenho de atribuições especiais, como que representando o empregador.

Discute-se se a parte final do § 1.º do art. 469 da CLT, que exige decorrer a transferência de "real necessidade de serviço", aplica-se, ou não, também quanto à referida hipótese inicial do mesmo dispositivo (cargo de confiança).

A Súmula 43 do TST presume abusiva a transferência de que trata o § 1.º do art. 469 (contratos que tenham como condição, implícita ou explícita, a transferência), sem comprovação da necessidade do serviço, embora exista entendimento de que, na redação em vigor, determinada pela Lei 6.203/1975, a "real necessidade de serviço" só se aplica para a segunda hipótese prevista no § 1.º.

O TST vem mantendo o referido verbete, sem alteração, inclusive nas atualizações de sua jurisprudência sumulada. Como já visto, o § 1.º do art. 469 da CLT, atualmente, trata de duas hipóteses (acima indicadas). Seguindo-se a orientação da referida jurisprudência, exige-se a "necessidade de serviço" para todo o referido § 1.º, o que significa alcançar as duas situações, ou seja, não só a de previsão de transferência no contrato, como também a de cargo de confiança.

Efetivamente, a regra geral é a vedação de transferência unilateral do empregado (*caput* do art. 469 da CLT). A exceção a tal regra deve ser autorizada somente mediante fundado motivo, independentemente da função exercida, ainda que de confiança, sob pena de tornar o que é exceção (transferência unilateral) em regra.

Se o contrato de trabalho prevê, de forma explícita ou implícita, a transferência do empregado, esta também é autorizada, desde que decorra de real necessidade de serviço.

A condição é explícita quando a possibilidade de transferência é expressamente inserida como cláusula do contrato de trabalho e implícita quando decorra da própria natureza das funções desempenhadas ou das circunstâncias naturais em que o serviço é prestado, como ocorre com vendedores, aeronautas e aeroviários.

> § 2.º É licita a transferência quando ocorrer extinção do estabelecimento em que trabalhar o empregado.

4. EXTINÇÃO DO ESTABELECIMENTO EM QUE O EMPREGADO TRABALHA

O § 2.º do art. 469 da CLT prossegue apresentando outra hipótese em que se autoriza a transferência do empregado.

O estabelecimento deve ser entendido como "todo complexo de bens organizado, para exercício da empresa, por empresário, ou por sociedade empresária" (art. 1.142 do Código Civil de 2002).

Trata-se de universalidade de fato, composta de bens materiais e bens imateriais.

No caso, se ocorrer a extinção da unidade empresarial, referente ao estabelecimento, em que o empregado está prestando serviço, a transferência passa a ser autorizada, tratando-se de hipótese que justifica excepcionar a regra do *caput* do art. 469 da CLT. A transferência, no caso, pode até mesmo evitar a cessação do contrato de trabalho, fazendo com que prossiga em outro local, o que está em consonância com o princípio da continuidade da relação de emprego.

> § 3.º Em caso de necessidade de serviço o empregador poderá transferir o empregado para localidade diversa da que resultar do contrato, não obstante as restrições do artigo anterior, mas, nesse caso, ficará obrigado a um pagamento suplementar, nunca inferior a 25% (vinte e cinco por cento) dos salários que o empregado percebia naquela localidade, enquanto durar essa situação.

5. TRANSFERÊNCIA PROVISÓRIA

A referida disposição versa sobre a transferência provisória, tendo em vista a expressão final, "enquanto durar essa situação". Referida transferência também exige a "necessidade de serviço", para que o empregador, unilateralmente, a determine ao empregado. Além disso, nesse caso de transferência provisória, o empregador fica obrigado a pagar o adicional de 25%, no mínimo, sobre o salário que o empregado recebia na localidade anterior à transferência. Por ser uma transferência de natureza provisória, o respectivo adicional só é pago enquanto ela durar, não se incorporando ao salário do empregado.

Podem surgir questionamentos quando a transferência, embora fundada em cláusula contratual explícita ou implícita, ou tratando-se de cargo de confiança, é feita de forma provisória.

Nesses casos, de acordo com a Orientação Jurisprudencial 113 da SBDI-I do TST, o adicional será devido, desde que a transferência seja provisória.

Assim, encontra-se pacificado o entendimento de que o requisito essencial para ser devido o adicional de transferência é a sua natureza provisória.

Obviamente, o adicional em questão somente será devido no caso de efetiva transferência, pois deve acarretar necessariamente "mudança de domicílio".

Além disso, se o próprio empregado solicitou a sua transferência, ou com ela concordou, por ser de seu interesse, não se trata de transferência unilateral, imposta pelo empregador (*caput* do art. 469 da CLT), tornando indevido o adicional em questão.

Dificuldades surgem para se estabelecerem os limites do que se deve entender por transferência "provisória". Obviamente que, se a transferência é por longo período de tempo, para vários anos, tem natureza, em tese, definitiva. Inversamente, a transferência de poucas semanas, ou poucos meses, presume-se provisória.

No entanto, o intuito das partes e as circunstâncias em que o empregado é transferido devem ser cuidadosamente verificados para que se possa concluir pela sua natureza provisória ou definitiva.

Se o empregado é transferido, mudando-se com toda a sua família, desfazendo-se de todos os bens no antigo local, certamente que a sua natureza é definitiva. Em situação inversa, em que o empregado mantém toda a estrutura familiar no local de origem, tudo indica que a transferência está sendo feita com planejamento de breve retorno, identificando o caráter provisório. A matéria, portanto, é de fato, não se negando que pode ocorrer certa dificuldade probatória.

Prevalece na jurisprudência o entendimento de que, na análise da transitoriedade, deve-se verificar a duração e a quantidade de transferências sucessivas no curso do contrato de trabalho, considerando o período de duração deste. Cf. TST, SBDI-I, E-RR-536-14.2012.5.09.0002, Rel. Min. Cláudio Mascarenhas Brandão, *DEJT* 15.10.2021.

✦ Jurisprudência

Recurso de embargos em recurso de revista interposto na vigência da Lei n.º 13.467/2017. Adicional de transferência. Sucessividade de transferências. Provisoriedade. Necessidade de preservação da jurisprudência íntegra, estável e coerente. A regra geral assegura o direito à intransferibilidade do empregado do local fixado no contrato para a execução do seu labor, conforme se depreende da dicção da parte inicial do artigo 469 da CLT, ao ser vedado ao empregador transferi-lo "sem a sua anuência, para localidade diversa da que resultar do contrato". Todavia, para viabilizar, em alguns casos, o exercício da atividade econômica, o legislador enumerou algumas situações em que seria possível o afastamento do mencionado preceito legal, mas assegurou o direito à percepção do adicional destinado a compensar o empregado pelo prejuízo que lhe é causado, ao ter que construir nova vida em local distinto daquele em que o fez até então, ressalvada a hipótese de tal mudança ser definitiva, diante da expressão "enquanto durar essa situação", também contida na regra legal. Ao longo do tempo e à luz do citado dispositivo, doutrina e jurisprudência construíram os requisitos necessários para a caracterização da transitoriedade, diante dos litígios nascidos quando essa condição não é previamente ajustada e se presume existente simplesmente do decurso pelo tempo. Para tanto, esta Corte fixou tese no sentido de que, para a definição da natureza das transferências, devem ser observados dois critérios, simultaneamente: duração e sucessividade, aferidos em função da duração do contrato. Portanto, o exame envolve o tempo de contratação, o tempo de transferência e o número de mudanças de domicílio a que o empregado foi submetido ao longo de todo o contrato. De referência ao critério temporal, consoante o disposto na Orientação Jurisprudencial n.º 113 da SBDI-1 do TST e em função dos elementos mencionados, não é fixado de maneira absoluta e objetiva (dois, três ou mais anos). Leva-se em consideração a análise conjunta de todo o tempo contratual. De outra parte, também já pacificou a questão acerca da possibilidade de se considerar o período prescrito apenas para fins de verificação da sucessividade, sem, contudo, deferir ao empregado qualquer efeito financeiro do referido período. Significa dizer que para se constatar o elemento sucessividade, é imperativo verificar a situação fática havida no curso da execução de todo o contrato. Esses são os fundamentos determinantes da jurisprudência remansosa desta Corte, firmada há muito, e, por isso, mostra-se necessária a sua preservação, a teor da previsão contida no artigo 926 do CPC. No caso, a Egrégia Turma registrou ser fato incontroverso que houve várias transferências do reclamante no curso do contrato de trabalho. Na inicial, ele afirmou que foi contratado para trabalhar na cidade de Passo Fundo/RS, posteriormente transferido para Santa Maria/RS (julho/1989), Almirante Tamandaré/PR (janeiro/1992), Curitiba/PR (outubro/1992), São Paulo/SP (maio/2002), Passo Fundo/RS (agosto/2004) e Curitiba/PR (maio/2008), onde laborou até ser dispensado. E, na peça defensiva, o réu não infirmou tais alegações. Desse modo, ainda que a última transferência tenha durado mais de três anos, deve ser reconhecido o direito ao respectivo adicional, em razão da sucessividade das transferências efetivadas (seis durante o contrato de trabalho). Precedentes da SBDI-1 desta Corte, inclusive em sessão completa. Recurso de embargos conhecido e provido (TST, SBDI-I, E-RR-536-14.2012.5.09.0002, Rel. Min. Cláudio Mascarenhas Brandão, *DEJT* 15.10.2021).

✦ Súmulas, Orientações Jurisprudenciais e Precedentes Normativos

Súmula 43 do TST: Presume-se abusiva a transferência de que trata o § 1.º do art. 469 da CLT, sem comprovação da necessidade do serviço (RA 41/1973).

Orientação Jurisprudencial 113 da SBDI-I do TST: Adicional de transferência. Cargo de confiança ou previsão contratual de transferência. Devido. Desde que a transferência seja provisória. O fato de o empregado exercer cargo de confiança ou a existência de previsão de transferência no contrato de trabalho não exclui o direito ao adicional. O pressuposto legal apto a legitimar a percepção do mencionado adicional é a transferência provisória.

✦ Referências legislativas

- Arts. 543, § 1.º, e 659, IX, da CLT; art. 2.º da Lei 7.064/1982 (Situação de Trabalhadores Contratados ou Transferidos para Prestar Serviços no Exterior).

Art. 470. As despesas resultantes da transferência correrão por conta do empregador.

1. DESPESAS COM A TRANSFERÊNCIA

O art. 470 da CLT trata de modalidade específica de ajuda de custo, em razão de transferência do empregado (art. 469 da CLT), sem natureza salarial, mas sim indenizatória, conforme o art. 457, § 2.º, da CLT.

Se o empregado for transferido, novamente, ou para lugar diferente, ou mesmo para o local de origem, tendo em vista tratar-se de nova transferência, incidirá mais uma vez a regra do art. 470 da CLT, correndo as respectivas despesas por conta do empregador.

No entanto, discute-se como ficam tais despesas na hipótese em que o empregado, tendo sido transferido, tem o vínculo de emprego cessado no novo local, querendo ou necessitando de retornar ao local de origem.

O art. 470 da CLT não assegura o direito de ser o empregado reembolsado de tais despesas de regresso para local de origem após ruptura contratual, nem impõe ao empregador o seu pagamento.

Evidentemente, havendo previsão específica, mais benéfica, deve ser aplicada. No entanto, em regra, as despesas de retorno, quando já cessado o vínculo laboral, não correm por conta do empregador.

Cabe reiterar que, de acordo com a Súmula 29 do TST, o empregado "transferido (*sic*), por ato unilateral do empregador, para local mais distante de sua residência, tem direito a suplemento salarial correspondente ao acréscimo da despesa de transporte". Cabe destacar que, na verdade, essa hipótese não revela uma verdadeira transferência, justamente em razão da ausência de mudança de domicílio do empregado.

Na realidade, o acréscimo na referida despesa de transporte para o trabalho deve repercutir, mas no vale-transporte a ser concedido pelo empregador, devendo o empregado efetuar a respectiva atualização de informação a respeito (art. 112, § 1.º, do Decreto 10.854/2021).

2. TRANSFERÊNCIA AO EXTERIOR

Anteriormente, a Lei 7.064, de 6 de dezembro de 1982, regulava a situação de "trabalhadores contratados no Brasil, ou transferidos por empresas prestadoras de serviços de engenharia, inclusive consultoria, projetos e obras, montagens, gerenciamento e congêneres, para prestar serviços no exterior" (art. 1.º). Na atualidade, a Lei 11.962, de 3 de julho de 2009, alterou o art. 1.º da Lei 7.064/1982, passando a dispor que este diploma legal "regula a situação de trabalhadores contratados no Brasil ou transferidos por seus empregadores para prestar serviço no exterior".

Fica excluído do regime da referida lei o empregado designado para prestar serviços de natureza transitória, por período não superior a 90 dias, desde que: "a) tenha ciência expressa dessa transitoriedade; b) receba, além da passagem de ida e volta, diárias durante o período de trabalho no exterior, as quais, seja qual for o respectivo valor, não terão natureza salarial" (parágrafo único do art. 1.º).

De acordo com o art. 2.º do mesmo diploma legal, considera-se transferido: I – o empregado removido para o exterior, cujo contrato estava sendo executado no território brasileiro; II – o empregado cedido à empresa sediada no estrangeiro, para trabalhar no exterior, desde que mantido o vínculo trabalhista com o empregador brasileiro; III – o empregado contratado por empresa sediada no Brasil para trabalhar a seu serviço no exterior.

Mesmo antes da alteração decorrente da Lei 11.962/2009, apesar de a Lei 7.064/1982, anteriormente, referir-se apenas à transferência de empregados de "empresas prestadoras de serviços de engenharia, inclusive consultoria, projetos e obras, montagens, gerenciamento e congêneres", para prestar serviços no exterior, já era possível defender o entendimento de que certas disposições da Lei 7.064/1982 eram aplicáveis, por analogia (art. 8.º, *caput*, da CLT), às demais hipóteses de transferência do empregado ao exterior.

Efetivamente, não se verificava regulação completa quanto à matéria em questão, autorizando a aplicação de normas existentes, pertinentes a situações muito semelhantes. De todo modo, no presente, a Lei 7.064/1982 passou a disciplinar, de forma geral, os casos em que o trabalhador é contratado no Brasil, ou transferido por seu empregador, para laborar no exterior, não mais se restringindo às empresas de engenharia, consultoria, projetos e obras, montagens, gerenciamento e congêneres.

Quanto ao tema pertinente à lei a ser aplicada ao empregado que presta serviços no exterior, a Súmula 207 do TST, *atualmente cancelada*, com base no Código de Bustamante, ratificado pelo Brasil e promulgado pelo Decreto 18.871/1929, assim estabelecia:

> Conflitos de leis trabalhistas no espaço. Princípio da *lex loci executionis*. A relação jurídica trabalhista é regida pelas leis vigentes no país da prestação de serviço e não por aquelas do local da contratação.

Na atualidade, com a mencionada Lei 11.962/2009, a Lei 7.064/1982 passou a regular a situação de trabalhadores contratados no Brasil ou transferidos por seus empregadores para prestar serviço no exterior.

Essa alteração na Lei 7.064/1982, certamente, acabou acarretando o cancelamento da Súmula 207 do TST, conforme decisão do Tribunal Pleno de 16 de abril de 2012 (*Diário Eletrônico da Justiça do Trabalho* de 20.04.2012).

Na hipótese de transferência prevista na Lei 7.064/1982 (assim entendida na forma do art. 2.º), o seu art. 3.º assim prevê:

> Art. 3.º A empresa responsável pelo contrato de trabalho do empregado transferido assegurar-lhe-á, independentemente da observância da legislação do local da execução dos serviços:
>
> I – os direitos previstos nesta Lei;

> II – a aplicação da legislação brasileira de proteção ao trabalho, naquilo que não for incompatível com o disposto nesta Lei, quando mais favorável do que a legislação territorial, no conjunto de normas e em relação a cada matéria.
>
> Parágrafo único. Respeitadas as disposições especiais desta Lei, aplicar-se-á a legislação brasileira sobre Previdência Social, Fundo de Garantia do Tempo de Serviço – FGTS e Programa de Integração Social – PIS/PASEP.

Trata-se de previsão que assegura a aplicação da norma mais benéfica ao empregado, o que deve ser verificado relativamente a cada matéria. Nessa linha, dispõe a Orientação Jurisprudencial 232 da SBDI-I do TST.

A jurisprudência assegura, em todas as hipóteses, o direito ao FGTS quanto ao empregado transferido ao exterior, tendo em vista a natureza de ordem pública da referida disposição, levando em conta o mesmo critério estabelecido na Lei 7.064/1982, art. 3.º, parágrafo único.

Portanto, no presente, a Lei 7.064/1982 passou a regular, de forma genérica, a situação de trabalhadores contratados no Brasil ou transferidos por seus empregadores para prestar serviço no exterior, o que, como mencionado, certamente acarretou o cancelamento da Súmula 207 do Tribunal Superior do Trabalho.

Em razão disso, pode-se entender que passa a ser aplicada a previsão do art. 3.º da Lei 7.064/1982 nas hipóteses de transferência do empregado para prestar serviço no exterior.

Além disso, em transferências ao exterior, mas de natureza extremamente provisória (como aquelas mencionadas no parágrafo único do art. 1.º da Lei 7.064/1982), pode-se entender que o empregado permanece sendo regido pela lei do núcleo do contrato de trabalho.

Ademais, de acordo com o princípio da razoabilidade, a necessidade de aplicar, mesmo que para curtos períodos, a lei estrangeira poderia até mesmo inviabilizar o bom andamento da relação de emprego, bem como eventual decisão a ser proferida em processo judicial, no qual o vínculo em questão esteja sendo debatido.

Por fim, parte da doutrina admite que as partes convencionem a lei que irá reger a relação de emprego, durante a prestação do serviço no exterior, desde que seja mais benéfica ao empregado.

Cabe registrar que, na realidade, a Lei 7.064/1982 disciplina, em seu Capítulo II, que a *transferência do empregado para trabalhar no exterior* (art. 2.º), hipótese em que se aplica o já destacado art. 3.º; e em seu Capítulo III, a *contratação do empregado, por empresa estrangeira, para trabalhar no exterior*.

Nesse último caso, o art. 14 estabelece a aplicação das leis do país da prestação dos serviços, no que respeita a direitos, vantagens e garantias trabalhistas e previdenciárias, mas a parte final desse dispositivo menciona que a empresa estrangeira deve assegurar os direitos "conferidos neste Capítulo". Entretanto, o Capítulo mencionado é o III, da Lei 7.064/1982, enquanto o seu art. 3.º encontra-se no Capítulo II, relativo à transferência do empregado ao exterior. Por isso, na hipótese de *empregado contratado por empresa estrangeira, para prestar serviço no exterior*, pode-se entender que não se aplica a previsão do art. 3.º da Lei 7.064/1982, mas sim a *lei do país da prestação dos serviços* (como prevê o art. 198 do Código de Bustamante), tendo em vista a disposição especial do seu art. 14.

Já no caso de empregado contratado por *empresa brasileira*, para prestar serviço no exterior, cabe lembrar que, de acordo com o art. 2.º, inciso III, da Lei 7.064/1982, considera-se *transferido* "o empregado contratado por empresa sediada no Brasil para trabalhar a seu serviço no exterior". Desse modo, nessa última hipótese, torna-se aplicável o já mencionado art. 3.º do mesmo diploma legal.

De acordo com o art. 281 da Convenção de Direito Internacional Privado (Código de Bustamante), promulgada pelo Decreto 18.871/1929, as obrigações dos oficiais e da "gente do mar" (quer dizer, dos que trabalham a bordo da embarcação, integrando a tripulação marítima) e a ordem interna do navio subordinam-se à lei do pavilhão (lei da bandeira do navio), isto é, à lei do país (Estado) onde está registrada (matriculada) a embarcação (art. 274). A respeito do tema, cf. TST, 4.ª T., RR - 1829-57.2016.5.13.0005, Rel. Min. Alexandre Luiz Ramos, *DEJT* 01.02.2019.

Entretanto, segundo o entendimento majoritário da jurisprudência, em cruzeiros marítimos internacionais, aos empregados contratados no Brasil para trabalhar em navios estrangeiros, com viagens ou percursos em águas brasileiras e estrangeiras ou internacionais, deve ser aplicada a legislação brasileira de proteção ao trabalho, naquilo que não for incompatível com o disposto na Lei 7.064/1982, quando mais favorável do que a legislação territorial estrangeira, no conjunto de normas e em relação a cada matéria, em consonância com o art. 3.º, inciso II, da Lei 7.064/1982. Cf. TST, 6.ª T., ARR - 1370-79.2015.5.09.0012, Rel. Min. Katia Magalhaes Arruda, *DEJT* 14.02.2020.

Registre-se ainda a previsão do art. 7.º da Resolução Normativa 5/2017 do Conselho Nacional de Imigração. Cf. comentários ao art. 369 da CLT.

Quanto à Lei 7.064/1982, vejamos outras disposições de interesse, aplicadas no caso de transferências ao exterior, na forma já explicitada acima.

O salário-base ajustado na forma deste artigo fica sujeito aos reajustes e aumentos compulsórios previstos na legislação brasileira (§ 1.º). Esses reajustes e aumentos compulsórios incidirão exclusivamente sobre os valores ajustados em moeda nacional (§ 3.º).

O valor do salário-base não poderá ser inferior ao mínimo estabelecido para a categoria profissional do empregado (art. 4.º, § 2.º).

Cabe reiterar que o salário-base do contrato será obrigatoriamente estipulado em moeda nacional, mas a remuneração devida durante a transferência do empregado, computado o adicional de transferência, poderá, no todo ou em parte, ser paga no exterior, em moeda estrangeira (art. 5.º).

Por opção escrita do empregado, a parcela da remuneração a ser paga em moeda nacional poderá ser depositada em conta bancária (art. 5.º, § 1.º).

É assegurada ao empregado, enquanto estiver prestando serviços no exterior, a conversão e remessa dos correspondentes valores para o local de trabalho (art. 5.º, § 2.º).

Após dois anos de permanência no exterior, será facultado ao empregado gozar anualmente férias no Brasil, correndo por conta da empresa empregadora, ou para a qual tenha sido cedido, o custeio da viagem (art. 6.º). Essa disposição não se aplica ao caso de retorno definitivo do empregado antes da época do gozo das férias (§ 2.º).

O mencionado custeio se estende ao cônjuge e aos demais dependentes do empregado que residam com ele (§ 1.º do art. 6.º).

O retorno do empregado ao Brasil pode ser determinado pela empresa nas seguintes hipóteses (art. 7.º): I – quando não se tornar mais necessário ou conveniente o serviço do empregado no exterior; II – quando incidir o empregado em justa causa para a rescisão do contrato.

Em conformidade com o parágrafo único do art. 7.º, fica assegurado ao empregado seu retorno ao Brasil, ao término do prazo da transferência ou, antes deste, na ocorrência das seguintes hipóteses: a) após três anos de trabalho contínuo; b) para atender a necessidade grave de natureza familiar, devidamente comprovada; c) por motivo de saúde, conforme recomendação constante de laudo médico; d) quando incidir o empregador em justa causa para a rescisão do contrato (despedida indireta); e) na hipótese prevista no inciso I do art. 7.º, destacada anteriormente.

Cabe à empresa o custeio do retorno do empregado (art. 8.º).

No entanto, quando o retorno se verificar por iniciativa do empregado, ou quando der justa causa para rescisão do contrato, ficará ele obrigado ao reembolso das respectivas despesas, ressalvados os casos previstos no parágrafo único do artigo anterior (art. 8.º, parágrafo único).

O período de duração da transferência será computado no tempo de serviço do empregado para todos os efeitos da legislação brasileira, ainda que a lei local de prestação do serviço considere essa prestação como resultante de um contrato autônomo e determine a liquidação dos direitos oriundos da respectiva cessação (art. 9.º).

Na referida hipótese de liquidação de direitos, determinada pela lei do local da prestação de serviços, a empresa empregadora fica autorizada a deduzir esse pagamento dos depósitos do FGTS em nome do empregado, existentes na conta vinculada respectiva. Se o saldo da conta vinculada não comportar a dedução acima mencionada, a diferença poderá ser novamente deduzida do saldo dessa conta quando da cessação, no Brasil, do respectivo contrato de trabalho (art. 9.º, §§ 1.º e 2.º).

As deduções mencionadas, relativamente ao pagamento em moeda estrangeira, serão calculadas mediante conversão em moeda nacional, ao câmbio do dia em que se operar o pagamento. O levantamento pelo empregador, decorrente da dedução indicada, depende de homologação judicial (art. 9.º, §§ 3.º e 4.º).

O adicional de transferência, as prestações *in natura*, bem como quaisquer outras vantagens a que fizer jus o empregado em função de sua permanência no exterior, não serão devidas após seu retorno ao Brasil (art. 10).

Trata-se de previsão específica, que se justifica pela cessação da condição especial, referente à prestação do serviço no exterior pelo empregado transferido. Tornando-se ausente o fato gerador para o respectivo recebimento, não há direito adquirido de permanecer recebendo parcelas inerentes ao período de transferência ao exterior.

✦ Jurisprudência

Empregado contratado no Brasil. Labor em navio de cruzeiro internacional. Competência da Justiça brasileira e legislação trabalhista aplicável. 1 - Atendidos os requisitos do art. 896, § 1.º-A, da CLT. 2 - Há transcendência jurídica quando se constata divergência entre as Turmas do TST sobre a matéria. 3 - A controvérsia diz respeito a viabilidade, ou não, de incidência da jurisdição brasileira e de aplicação da legislação nacional no caso envolvendo trabalhadora brasileira, contratada no Brasil, e que prestou serviços em águas nacionais e internacionais a bordo de embarcação de bandeira portuguesa. 4 - Na espécie, depreende-se dos trechos do acórdão transcritos que a reclamante trabalhou como camareira tanto em águas nacionais como internacionais. Além disso, o TRT registrou que a testemunha ouvida disse [...]. 5 - Consignou também que houve comprovação da realização do processo seletivo por uma agência de recrutamento e seleção de pessoas no Brasil, razão por que a Corte Regional reputou existente aqui, no mínimo, a pré-contratação da reclamante. À luz desse panorama, sobretudo ao sopesar a prova oral mencionada, o TRT concluiu que a reclamante foi contratada no Brasil e, ainda que em curtos períodos, prestou serviços neste país, de modo a atrair a incidência da jurisdição interna. 6 - Portanto, evidenciada a contratação de trabalhadora brasileira, no Brasil, para trabalhar em navios de cruzeiro cuja navegação ocorreu tanto em águas nacionais quanto internacionais, revela-se inarredável a competência da autoridade brasileira para processar e julgar a ação, nos termos do artigo 21, III, do CPC/2015, porquanto se trata, conjuntamente, de um ato (contratação) e de um fato sucedidos (prestação de labor) neste país. Outrossim, robustece a incidência da jurisdição nacional na hipótese em exame a *ratio* do artigo 651, § 2.º, da CLT que estende a competência das Varas do Trabalho para julgar os dissídios ocorrido no exterior, desde que, como no caso, o empregado litigante tenha nacionalidade brasileira e não exista convenção internacional estabelecendo o contrário. 7 - Quanto à legislação aplicável, ressalta-se inicialmente que a tese vinculante do STF no julgamento do RE 636.331/RJ (Repercussão Geral - Tema 2010) não trata de Direito do Trabalho, e sim de extravio de bagagem de passageiro: "Nos termos do art. 178 da Constituição da República, as normas e os tratados internacionais limitadores da responsabilidade das transportadoras aéreas de passageiros, especialmente as Convenções de Varsóvia e Montreal, têm prevalência em relação ao Código de Defesa do Consumidor". 8 - A jurisprudência majoritária do TST, quanto à hipótese de trabalhador brasileiro contratado para desenvolver suas atividades em navios estrangeiros em percursos em águas nacionais e internacionais, é de que nos termos do art. 3.º, II, da Lei n.º 7.064/82, aos trabalhadores nacionais contratados no País ou transferidos do País para trabalhar no exterior, aplica-se a legislação brasileira de proteção ao trabalho naquilo que não for incompatível com o diploma normativo especial, quando for mais favorável do que a legislação territorial estrangeira. 9 - O Pleno do TST cancelou a Súmula n.º 207 porque a tese de que "A relação jurídica trabalhista é regida pelas leis vigentes no país da prestação de serviço e não por aquelas do local da contratação" não espelhava a evolução legislativa, doutrinária e jurisprudencial sobre a matéria. E após o cancelamento da Súmula n.º 207 do TST, a jurisprudência majoritária se encaminhou para a conclusão de que somente em princípio, à luz do Código de Bustamante, também conhecido como "Lei do Pavilhão" (Convenção de Direito Internacional Privado em vigor no Brasil desde a promulgação do Decreto n.º 18.871/29), aplica-se às relações de trabalho desenvolvidas em alto mar a legislação do país de inscrição da embarcação. Isso porque, em decorrência da Teoria do Centro de Gravidade (*most significant relationship*), as normas de Direito Internacional Privado deixam de ser aplicadas quando, observadas as circunstâncias do caso, verificar-se que a relação de trabalho apresenta uma ligação substancialmente mais forte com outro ordenamento jurídico. Trata-se da denominada "válvula de escape", segundo a qual impende ao juiz, para fins de aplicação da legislação brasileira, a análise de elementos tais como o local das etapas do recrutamento e da contratação e a ocorrência ou não de labor também em águas nacionais. 10 - Nos termos do art. 3.º da Lei n.º 7.064/1982, a antinomia aparente de normas de direito privado voltadas à aplicação do direito trabalhista deve ser resolvida pelo princípio da norma mais favorável, considerando o conjunto de princípios, regras e disposições que dizem respeito a cada matéria (teoria do conglobamento mitigado). 11 - Não se ignora a importância das normas de Direito Internacional oriundas da ONU e da OIT sobre os trabalhadores marítimos (a exemplo da Convenção das Nações Unidas sobre o Direito do Mar, ratificada pelo Brasil por meio do Decreto n.º 4.361/2002, e da Convenção n.º 186 da OIT sobre Direito Marítimo - MLC, não ratificada pelo Brasil). Contudo, deve-se aplicar a legislação brasileira em observância a Teoria do Centro de Gravidade e ao princípio da norma mais favorável, que norteiam a solução jurídica quanto há concorrência entre normas no Direito Internacional Privado, na área trabalhista. Doutrina. 12 - Cumpre registrar que o próprio texto da Convenção n.º 186 da OIT sobre Direito Marítimo - MLC, não ratificada pelo Brasil, esclarece que sua edição levou em conta "o parágrafo 8.º do Artigo 19 da Constituição da Organização Internacional do Trabalho, que determina que, de modo algum a adoção de qualquer Convenção ou Recomendação pela Conferência ou a ratificação de qualquer Convenção por qualquer Membro poderá afetar lei, decisão, costume ou acordo que assegure condições mais favoráveis aos trabalhadores do que as condições previstas pela Convenção ou Recomendação". 13 - Não afronta o princípio da isonomia a aplicação da legislação brasileira mais favorável aos trabalhadores brasileiros e a aplicação de outra legislação aos trabalhadores estrangeiros no mesmo navio. Nesse caso há diferenciação entre trabalhadores baseada em critérios objetivos (regência legislativa distinta), e não discriminação fundada em critérios subjetivos oriundos de condições e/ou características pessoais dos trabalhadores. 14 - No caso, o TRT de origem, tendo em vista que a prestação de trabalho ocorreu também em solo nacional, concluiu que a legislação aplicável é a brasileira. Assim, o acórdão regional revela-se em consonância com a iterativa, notória e atual jurisprudência deste Tribunal Superior. Incidência do art. 896, § 7.º, da CLT e da Súmula n.º 333 do TST. 15 - Recurso de revista de que não se conhece (TST, 6.ª T., ARR-1370-79.2015.5.09.0012, Rel. Min. Katia Magalhaes Arruda, *DEJT* 14.02.2020).

Recurso de Revista. Empregado contratado no Brasil e transferido para prestar serviços no exterior. Aplicação da norma mais favorável. A Súmula 207 do TST, atenta ao princípio da territorialidade, dispõe que a relação jurídica trabalhista é regida pelas leis vigentes no país da prestação de serviço e não por aquelas do local da contratação. Exceção a essa regra se dá, contudo, conforme a atual, notória e iterativa jurisprudência desta Corte, no caso do empregado contratado no Brasil e posteriormente transferido para prestar serviços no exterior, caso em que se aplica, ao invés daquele, o princípio da norma mais favorável, nos termos do art. 3.º, II, da Lei 7.064, de 06 de dezembro de 1982. Precedentes. Recurso de Revista não conhecido (TST, 8.ª T., RR 108600-78.2007.5.05.0011, Rel. Min. Márcio Eurico Vitral Amaro, *DEJT* 13.04.2012).

Recurso de Revista do reclamante. Conflito de leis no espaço. Princípio da *lex loci executionis*. Inaplicabilidade. Trabalhador contratado no Brasil e posteriormente transferido para o exterior. Incidência da norma mais favorável. A jurisprudência desta Corte firmou-se no sentido de que inaplicável o entendimento consagrado na Súmula 207/TST aos trabalhadores contratados no Brasil, para prestar serviços neste país e, posteriormente, transferidos ao exterior, devendo incidir, no caso, a norma protetiva mais favorável, à luz do disposto na Lei 7.064/1982. Configurada contrariedade à Súmula 207/TST, ante a sua má-aplicação ao caso em apreço (TST, 3.ª T., RR 51300-47.2007.5.10.0003, Rel. Juiz Convocado Flavio Portinho Sirangelo, *DEJT* 16.03.2012).

✦ Súmulas, Orientações Jurisprudenciais e Precedentes Normativos

Súmula 29 do TST: Transferência. Ato Unilateral do Empregador. Despesa de Transporte. Empregado transferido, por ato unilateral do empregador, para local mais distante de sua residência, tem direito a suplemento salarial correspondente ao acréscimo da despesa de transporte.

Orientação Jurisprudencial 232 da SBDI-I do TST: O FGTS incide sobre todas as parcelas de natureza salarial pagas ao empregado em virtude de prestação de serviços no exterior.

CAPÍTULO IV – DA SUSPENSÃO E DA INTERRUPÇÃO

Art. 471. Ao empregado afastado do emprego, são asseguradas, por ocasião de sua volta, todas as vantagens que, em sua ausência, tenham sido atribuídas à categoria a que pertencia na empresa.

1. SUSPENSÃO E INTERRUPÇÃO DO CONTRATO DE TRABALHO. DISTINÇÃO E CONCEITOS

No curso do contrato de trabalho, este pode sofrer certos eventos, que signifiquem a ausência de prestação de serviços, mas sem acarretar a cessação do vínculo de emprego. São as hipóteses de suspensão e interrupção do contrato de trabalho, conforme terminologia indicada no Capítulo IV, do Título IV, da CLT.

Na realidade, o que fica suspenso não é o contrato de emprego em si (que permanece em vigor), mas, sim, os seus efeitos principais, especialmente quanto à prestação do trabalho[145].

A suspensão e a interrupção do contrato de trabalho apresentam como elemento comum o fato de suspender a prestação dos serviços pelo empregado.

Em ambos os casos, a execução do contrato de trabalho fica paralisada, mas de forma temporária, ou seja, não definitiva, não ocorrendo o término da relação jurídica de emprego.

No entanto, em termos conceituais, a suspensão distingue-se da interrupção, pois enquanto na primeira não são devidos salários, nem há o cômputo do período de paralisação no tempo de serviço do empregado, na interrupção os salários são devidos, e o respectivo período é considerado como tempo de serviço.

Assim, o conceito puro de suspensão do contrato de trabalho é no sentido da ausência provisória da prestação do serviço, sem que o salário seja devido, nem se compute o respectivo período no tempo de serviço do empregado.

A suspensão pode ser definida também como a cessação temporária e total da execução e dos principais efeitos do contrato de trabalho. Efetivamente, na suspensão do contrato de trabalho, nenhum dos seus principais efeitos prossegue, pois tanto o trabalho não é prestado como o salário não é pago.

Já a interrupção do contrato de trabalho conceitua-se pela ausência provisória da prestação do serviço, mas sendo devido o salário, bem como computando-se o período no tempo de serviço do empregado.

145 Cf. MARTINS, Sergio Pinto. *Direito do trabalho*. 28. ed. São Paulo: Atlas, 2012. p. 348-349.

A interrupção também pode ser definida como a cessação temporária e parcial da execução e dos principais efeitos do contrato de trabalho. Trata-se de cessação parcial dos principais efeitos do contrato, pois, embora o trabalho não seja prestado, os salários continuam sendo devidos.

✦ Súmulas, Orientações Jurisprudenciais e Precedentes Normativos

Súmula 269 do TST: Diretor eleito. Cômputo do período como tempo de serviço. O empregado eleito para ocupar cargo de diretor tem o respectivo contrato de trabalho suspenso, não se computando o tempo de serviço desse período, salvo se permanecer a subordinação jurídica inerente à relação de emprego.

Art. 472. O afastamento do empregado em virtude das exigências do serviço militar, ou de outro encargo público, não constituirá motivo para alteração ou rescisão do contrato de trabalho por parte do empregador.

§ 1.º Para que o empregado tenha direito a voltar a exercer o cargo do qual se afastou em virtude de exigências do serviço militar ou de encargo público, é indispensável que notifique o empregador dessa intenção, por telegrama ou carta registrada, dentro do prazo máximo de 30 (trinta) dias, contados da data em que se verificar a respectiva baixa ou a terminação do encargo a que estava obrigado.

§ 2.º Nos contratos por prazo determinado, o tempo de afastamento, se assim acordarem as partes interessadas, não será computado na contagem do prazo para a respectiva terminação.

§ 3.º Ocorrendo motivo relevante de interesse para a segurança nacional, poderá a autoridade competente solicitar o afastamento do empregado do serviço ou do local de trabalho, sem que se configure a suspensão do contrato de trabalho.

§ 4.º O afastamento a que se refere o parágrafo anterior será solicitado pela autoridade competente diretamente ao empregador, em representação fundamentada com audiência da Procuradoria Regional do Trabalho, que providenciará desde logo a instauração do competente inquérito administrativo.

§ 5.º Durante os primeiros 90 (noventa) dias desse afastamento, o empregado continuará percebendo sua remuneração.

1. ENCARGO PÚBLICO

O exercício de encargo público pelo empregado, em princípio, representa hipótese de suspensão do contrato de trabalho, como ocorre no exercício de mandato de cargo político.

No entanto, para que o empregado tenha direito a voltar a exercer o cargo do qual se afastou em virtude de exigências do serviço militar ou de encargo público, é indispensável que notifique o empregador dessa intenção, por telegrama ou carta registrada, dentro do prazo máximo de 30 dias, contados da data em que se verificar a respectiva baixa ou a terminação do encargo a que estava obrigado.

Ainda sobre o tema, o art. 483, § 1.º, da CLT estabelece que o empregado poderá "suspender a prestação dos serviços ou rescindir o contrato, quando tiver de desempenhar obrigações legais, incompatíveis com a continuação do serviço".

Nos termos do art. 4.º, § 1.º, da CLT, computam-se na contagem de tempo de serviço, para efeito de indenização e de estabilidade, os períodos em que o empregado estiver afastado do trabalho prestando serviço militar (e por motivo de acidente do trabalho). Na atualidade, os depósitos do FGTS são obrigatórios nos casos de afastamento para prestação do serviço militar obrigatório (e licença por acidente do trabalho), conforme o art. 15, § 5.º, da Lei 8.036/1990, o que indica tratar-se de suspensão de certa forma atípica do contrato de trabalho.

2. SUSPENSÃO NO CURSO DO CONTRATO A PRAZO DETERMINADO

Tratando-se de contrato a termo, a sua suspensão não prorrogará a respectiva data de término, a não ser que as partes tenham acordado (o que normalmente não ocorre) no sentido de que o período de afastamento não será computado na contagem deste prazo para a terminação (art. 472, § 2.º, da CLT).

Mesmo nessa última hipótese, embora não muito frequentemente adotada na prática, ainda que o pacto se estenda, tendo em vista o acréscimo, à data de sua terminação, desses dias de afastamento, não se torna este um contrato a prazo indeterminado, mantendo-se a termo, com data certa de cessação, o qual é incompatível com a garantia de emprego, como já mencionado.

Ainda que se trate de contrato a prazo determinado, ocorrendo um acidente do trabalho, ou sendo vítima o empregado de doença profissional ou do trabalho (que àquele se equiparam, conforme art. 20, incisos I e II, da Lei 8.213/1991), há a suspensão/interrupção do pacto, com as ressalvas já expostas quanto ao cômputo, ou não, dos dias de afastamento no prazo de sua terminação.

Na hipótese de ainda não ter chegado a termo o contrato, até que o obreiro receba alta médica (a qual corresponde, em tese, à cessação da incapacidade laborativa, e fim do benefício previdenciário), tem-se como vedada a sua dispensa sem justa causa ou arbitrária, justamente em razão da suspensão contratual. Eventual dispensa imotivada, durante esta suspensão, será nula, não propriamente por causa de estabilidade (que inclusive não teria, ainda, como ser adquirida, pois só pode ter início a partir da *cessação* do auxílio-doença acidentário), mas sim em razão de estar o contrato suspenso.

3. SEGURANÇA NACIONAL

Os §§ 3.º e 4.º foram incluídos pelo Decreto-lei 3, de 27 de janeiro de 1966.

A previsão de afastamento do empregado do serviço, de acordo com o mencionado art. 472, § 3.º, não configura suspensão do contrato de trabalho, pois durante os primeiros 90 dias desse afastamento o empregado continuará percebendo sua remuneração (§ 5.º). Trata-se, portanto, de verdadeira interrupção do contrato de trabalho.

No entanto, após os referidos 90 dias iniciais, se o afastamento continuar, o salário deixa de ser devido, o que configura, em tese, suspensão do contrato de trabalho.

Mesmo assim, cabe destacar o entendimento, aqui defendido, de que as disposições em questão, inseridas pelo Decreto-lei 3/1966, não foram recepcionadas pela Constituição Federal de 1988.

No atual regime de Estado Democrático de Direito, não mais vigora a doutrina da segurança nacional, substituída pela preservação do interesse público e social, sem afrontar a dignidade da pessoa humana e os diferentes direitos de ordem fundamental.

Cabe destacar que a atual "segurança pública", conforme previsão do art. 144 da Constituição de 1988, também não se confunde com a antiga sistemática da "segurança nacional", que se tornou incompatível com o atual regime político, fundado na democracia e no pluralismo (art. 1.º da Constituição Federal de 1988).

Assim, defende-se que as vetustas disposições dos §§ 3.º, 4.º e 5.º do art. 472 da CLT estão revogadas, por manifesta incompatibilidade com a ordem constitucional em vigor. Tanto é assim que a Lei 8.630/1993 (posteriormente revogada pela Lei 12.815/2013), em seu art. 76, revogou expressamente o mencionado Decreto-lei 3/1966, com o que podem ser considerados revogados os dispositivos em questão.

✦ **Referências legislativas**

- Art. 4.º, § 1.º, da CLT; art. 15, § 5.º, da Lei 8.036/1990 (Fundo de Garantia do Tempo de Serviço);
- Arts. 60 e 61 da Lei 4.375/1964 (Lei do Serviço Militar).

Art. 473. O empregado poderá deixar de comparecer ao serviço sem prejuízo do salário:

1. FALTAS JUSTIFICADAS

As faltas do empregado ao serviço, que forem consideradas justificadas (pela lei, outra norma jurídica aplicável, como instrumento normativo, regulamento de empresa, contrato de trabalho, ou mesmo pelo empregador), representam hipóteses de interrupção do contrato de trabalho, tendo em vista a ausência de trabalho, mas o recebimento do salário.

Desse modo, o art. 473 arrola hipóteses em que a falta é considerada justificada, conferindo ao empregado o direito de receber o salário respectivo.

I – até 2 (dois) dias consecutivos, em caso de falecimento do cônjuge, ascendente, descendente, irmão ou pessoa que, declarada em sua carteira de trabalho e previdência social, viva sob sua dependência econômica;

2. LICENÇA NOJO

Trata-se da ausência por motivo do "nojo", ou seja, "luto", cabendo reiterar que os dois dias de faltas são os seguintes ao falecimento e consecutivos.

Em conformidade com o Direito Civil, o parentesco é "natural ou civil, conforme resulte de consanguinidade ou outra origem" (art. 1.593 do Código Civil de 2002).

Como se sabe, o parentesco pode ser *em linha reta* ou *em linha colateral*.

De acordo com o art. 1.591 do Código Civil em vigor: "São parentes em linha reta as pessoas que estão umas para com as outras na relação de ascendentes e descendentes".

Por sua vez, conforme o art. 1.592: "São parentes em linha colateral ou transversal, até o quarto grau, as pessoas provenientes de um só tronco, sem descenderem uma da outra".

Cabe destacar, ainda, o art. 1.594, segundo o qual: "Contam-se, na linha reta, os graus de parentesco pelo número de gerações, e, na colateral, também pelo número delas, subindo de um dos parentes até ao ascendente comum, e descendo até encontrar o outro parente".

Além disso, como estabelece o art. 1.595 do Código Civil de 2002, cada cônjuge ou companheiro é aliado aos parentes do outro pelo vínculo da afinidade.

No entanto, o parentesco por afinidade limita-se aos ascendentes, aos descendentes e aos irmãos do cônjuge ou companheiro (§ 1.º do art. 1.595 do CC-2002). Na linha reta, a afinidade não se extingue com a dissolução do casamento ou da união estável (§ 2.º).

As referidas disposições são aplicáveis, na interpretação do referido art. 473, inciso I, da CLT, ao fazer menção ao falecimento do cônjuge, ascendente, descendente e irmão do empregado.

Além disso, a falta também se justifica pelo falecimento da pessoa que, declarada pelo empregado em sua Carteira de Trabalho e Previdência Social, viva sob sua dependência econômica.

A referida declaração na Carteira de Trabalho e Previdência Social deve ser feita pela Previdência Social, conforme os arts. 31, 32 e 40, inciso II, da CLT.

O art. 16 da Lei 8.213/1991, em sua atual redação, esclarece que são beneficiários do Regime Geral de Previdência Social, na condição de "dependentes do segurado":

> I – o cônjuge, a companheira, o companheiro[146] e o filho não emancipado, de qualquer condição, menor de 21 (vinte e um) anos ou inválido ou que tenha deficiência intelectual ou mental ou deficiência grave; II – os pais; III – o irmão não emancipado, de qualquer condição, menor de 21 (vinte e um) anos ou inválido ou que tenha deficiência intelectual ou mental ou deficiência grave.

O enteado e o menor tutelado equiparam-se a filho mediante declaração do segurado e desde que comprovada a dependência econômica (§ 2.º do art. 16 da Lei 8.213/1991).

A dependência econômica das pessoas indicadas no inciso I do art. 16 da Lei 8.213/1991 é presumida, e a das demais deve ser comprovada (§ 4.º do art. 16).

No caso do empregado que mantém contrato de trabalho como professor, existe a disposição específica do art. 320, § 3.º, da CLT, no sentido de que: "Não serão descontadas, no decurso de 9 (nove) dias, as faltas verificadas por motivo de gala ou de luto em consequência de falecimento do cônjuge, do pai ou mãe, ou de filho".

Os nove dias mencionados são seguidos, ou seja, consecutivos, pois a norma não estabelece que sejam dias úteis.

Tem-se, no caso, norma mais benéfica, de caráter especial, que deve ser aplicada aos empregados ali mencionados.

Assim, tratando-se de professor, para o luto dos parentes indicados no art. 320, § 3.º, da CLT, aplica-se a norma especial, concedendo-se ao empregado nove dias de ausência remunerada (interrupção do contrato de trabalho).

No entanto, caso o falecimento seja de parentes não indicados no art. 320, § 3.º, da CLT, entende-se aplicável a regra geral do art. 473, inciso I, do mesmo diploma legal, fazendo jus a dois dias consecutivos.

> II – até 3 (três) dias consecutivos, em virtude de casamento;

3. LICENÇA GALA

Trata-se da chamada "gala", também conhecida como "bodas". Da mesma forma como na hipótese anterior, os três dias de ausência justificada são aqueles que seguem o casamento, devendo ser consecutivos.

146 Cf. o art. 16, § 3.º, da Lei 8.213/1991: "Considera-se companheira ou companheiro a pessoa que, sem ser casada, mantém união estável com o segurado ou com a segurada, de acordo com o § 3.º do art. 226 da Constituição Federal".

Como já mencionado, no caso do professor, o art. 320, § 3.º, da CLT, assegura o direito de nove dias de faltas justificadas (remuneradas) por motivo de gala. Os nove dias mencionados também são seguidos.

Como explicita o art. 1.514 do Código Civil de 2002, o casamento se realiza "no momento em que o homem e a mulher manifestam, perante o juiz, a sua vontade de estabelecer vínculo conjugal, e o juiz os declara casados".

Ainda em conformidade com os conceitos do Direito Civil: "O casamento estabelece comunhão plena de vida, com base na igualdade de direitos e deveres dos cônjuges" (art. 1.511 do CC/2002).

O casamento é civil (e gratuita a sua celebração), como determina o art. 1.512 do Código Civil em vigor. No entanto, o casamento religioso, que atender às exigências da lei para a validade do casamento civil, equipara-se a este, "desde que registrado no registro próprio, produzindo efeitos a partir da data de sua celebração" (art. 1.515).

Nesse último caso, ou seja, do casamento religioso registrado, equiparado ao civil, entende-se que o empregado faz jus à ausência justificada em questão.

> III – por 5 (cinco) dias consecutivos, em caso de nascimento de filho, de adoção ou de guarda compartilhada;

4. LICENÇA-PATERNIDADE

Essa previsão, contida no art. 473, inciso III, obviamente, não se aplica à empregada, pois a mulher tem direito à licença-maternidade de 120 dias (art. 7.º, inciso XVIII, da Constituição Federal de 1988 e art. 392 da CLT). Mesmo a mãe adotante passou a ter direito à licença respectiva, conforme o art. 392-A da CLT.

Quanto ao empregado, o art. 7.º, inciso XIX, da Constituição da República assegura o direito à "licença-paternidade, nos termos fixados em lei".

Tendo em vista essa expressa exigência de lei para regulamentar o referido direito, de acordo com o art. 10, § 1.º, do Ato das Disposições Constitucionais Transitórias, até que a lei venha a disciplinar o disposto no art. 7.º, inciso XIX, da Constituição, "o prazo da licença-paternidade a que se refere o inciso é de cinco dias".

Na atualidade, o empregado pode deixar de comparecer ao serviço sem prejuízo do salário por cinco dias consecutivos, em caso de nascimento de filho, de adoção ou de guarda compartilhada (art. 473, inciso III, da CLT, com redação dada pela Lei 14.457/2022). O referido prazo deve ser contado a partir da data de nascimento do filho.

O art. 28 do Regulamento do FGTS, aprovado pelo Decreto 99.684/1990, regulamentando a Lei 8.036/1990, estabelece ser obrigatório o depósito na conta vinculada do FGTS "também nos casos de interrupção do contrato de trabalho prevista em lei", tais como a "licença-paternidade" (inciso V).

Cabe esclarecer que a *licença-paternidade* não tem natureza de benefício previdenciário (art. 201 da Constituição da República), mas apenas de interrupção do contrato de trabalho, tendo em vista a ausência de prestação de serviço pelo empregado, com o direito ao salário a ser pago pelo empregador.

A licença-paternidade começa no dia do nascimento do filho, sendo os cinco dias contados de forma subsequente.

A referida licença é devida também em casos de adoção ou de guarda compartilhada. Além disso, a licença em questão justifica-se para que o pai possa ter maior contato com o filho, auxiliando a mãe nos primeiros cuidados.

O Supremo Tribunal Federal fixou a seguinte tese de julgamento: "1. Existe omissão inconstitucional relativamente à edição da lei regulamentadora da licença-paternidade, prevista no art. 7.º, XIX, da Constituição. 2. Fica estabelecido o prazo de 18 meses para o Congresso Nacional sanar a omissão apontada, contados da publicação da ata de julgamento. 3. Não sobrevindo a lei regulamentadora no prazo acima estabelecido, caberá a este Tribunal fixar o período da licença-paternidade" (STF, Pleno, ADO 20/DF, Red. Min. Edson Fachin, j. 14.12.2023).

Cabe ressaltar que a Lei 12.873/2013 acrescentou o art. 392-C da CLT, passando a dispor que se aplica, no que couber, o disposto nos arts. 392-A (que, por sua vez, faz remissão ao art. 392) e 392-B *ao empregado* (homem, ou seja, pai) *que adotar ou obtiver guarda judicial para fins de adoção*. Sendo assim, pode-se dizer ser possível a concessão de licença ao pai adotivo de 120 dias, quando a licença-maternidade não for concedida à mãe adotante.

A respeito da possibilidade de prorrogação da licença-paternidade (e da licença-maternidade), conferir os comentários ao art. 392 da CLT.

> IV – por um dia, em cada 12 (doze) meses de trabalho, em caso de doação voluntária de sangue devidamente comprovada;

5. FALTA JUSTIFICADA PARA DOAÇÃO DE SANGUE

A previsão tem o objetivo de não prejudicar o empregado que se propõe a doar sangue, fomentando essa conduta de solidariedade.

A referida ausência justificada é limitada, podendo ocorrer um dia a cada doze meses de trabalho. Como é evidente, trata-se de doação, pois, no caso, é vedado todo tipo de comercialização, conforme o art. 199, § 4.º, da Constituição Federal de 1988. O referido dispositivo constitucional é regulamentado pela Lei 10.205/2001 (sobre a captação, proteção ao doador e ao receptor, coleta, processamento, estocagem, distribuição e transfusão do sangue, de seus componentes e derivados, vedada a compra, venda ou qualquer outro tipo de comercialização do sangue, componentes e hemoderivados), bem como pela Lei 9.434/1997, com as alterações da Lei 10.211/2001 (sobre a disposição gratuita de tecidos, órgãos e partes do corpo humano, em vida ou *post mortem*, para fins de transplante e tratamento).

> V – até 2 (dois) dias consecutivos ou não, para o fim de se alistar eleitor, nos termos da lei respectiva.

6. FALTA JUSTIFICADA PARA ALISTAMENTO ELEITORAL

Na hipótese em questão, a ausência é para que o empregado possa se alistar eleitor. Para tanto, pode se ausentar "até" dois dias, o que significa que, se um dia for suficiente, a falta justificada fica restrita a tal período. Além disso, no caso, os dois dias podem ser consecutivos ou não.

A "lei" que o art. 473, inciso V, da CLT faz remissão é o Código Eleitoral (Lei 4.737/1965), cujo art. 48 assim dispõe: "O empregado mediante comunicação com 48 (quarenta e oito) horas de antecedência, poderá deixar de comparecer ao serviço, sem prejuízo do salário e por tempo não excedente a 2 (dois) dias, para o fim de se alistar eleitor ou requerer transferência".

Merece destaque, ainda, o art. 98 da Lei 9.504/1997, assim dispondo: "Os eleitores nomeados para compor as Mesas Receptoras ou Juntas Eleitorais e os requisitados para auxiliar seus trabalhos serão dispensados do serviço, mediante declaração expedida pela Justiça Eleitoral, sem prejuízo do salário, vencimento ou qualquer outra vantagem, pelo dobro dos dias de convocação". Trata-se de caso, portanto, de interrupção do contrato de trabalho.

> VI – no período de tempo em que tiver de cumprir as exigências do Serviço Militar referidas na letra "c" do art. 65 da Lei 4.375, de 17 de agosto de 1964 (Lei do Serviço Militar).

7. FALTA JUSTIFICADA PARA CUMPRIR EXIGÊNCIAS DO SERVIÇO MILITAR

De acordo com o mencionado art. 65, "c", da Lei 4.375/1964, constituem deveres do Reservista: "apresentar-se, anualmente, no local e data que forem fixados, para fins de exercício de apresentação das reservas ou cerimônia cívica do Dia do Reservista".

O § 4.º do art. 60 da Lei 4.375/1964 assegura o abono das faltas decorrentes de exercício ou manobras, quanto ao empregado que, sendo matriculado em Órgão de Formação de Reserva, seja para isso convocado.

Por fim, cabe mencionar, ainda, o art. 61 da mesma lei, com a seguinte previsão:

> Art. 61. Os brasileiros, quando incorporados por motivo de convocação para manobras, exercícios, manutenção da ordem interna ou guerra, terão assegurado o retorno ao cargo, função ou emprego que exerciam ao serem convocados e garantido o direito à percepção de 2/3 (dois terços) da respectiva remuneração, durante o tempo em que permanecerem incorporados; vencerão pelo Exército, Marinha ou Aeronáutica apenas as gratificações regulamentares.
>
> § 1.º Aos convocados fica assegurado o direito de optar pelos vencimentos, salários ou remuneração que mais lhes convenham.
>
> § 2.º Perderá a garantia e o direito assegurado por este artigo o incorporado que obtiver engajamento.
>
> § 3.º Compete ao Comandante, Diretor ou Chefe da Organização Militar em que for incorporado o convocado comunicar, à entidade a que caiba reservar a função, cargo ou emprego, a sua pretensão, opção quanto aos vencimentos e, se for o caso o engajamento concedido; a comunicação relativa ao retorno à função deverá ser feita dentro dos 30 (trinta) dias que se seguirem a incorporação; as mais, tão logo venham a ocorrer.

Como se observa do § 2.º acima transcrito, se o empregado, estando incorporado, se engajar de forma definitiva, tem-se a cessação definitiva do contrato de trabalho.

> VII – nos dias em que estiver comprovadamente realizando provas de exame vestibular para ingresso em estabelecimento de ensino superior.

8. FALTA JUSTIFICADA PARA REALIZAÇÃO DE VESTIBULAR

O inciso VII do art. 473 da CLT foi acrescentado pela Lei 9.471/1997. Trata-se de disposição plenamente justa, coerente e razoável, evitando que o empregado seja prejudicado, em termos salariais, ao realizar provas para ingresso no ensino superior.

Essa norma está em consonância com o mandamento constitucional de incentivo à educação, que é um direito de todos e dever do Estado, "visando ao pleno desenvolvimento da pessoa, seu preparo para o exercício da cidadania e sua qualificação para o trabalho" (art. 205 da Constituição Federal de 1988), bem como garantindo o acesso aos níveis mais elevados do ensino, segundo a capacidade de cada um (art. 208, inciso V, da Constituição Federal de 1988).

De acordo com a previsão da CLT, as faltas são autorizadas nos dias necessários para a realização das provas mencionadas, devendo ser para o ingresso, especificamente, no ensino superior. Para que as respectivas ausências sejam justificadas, cabe ao empregado comprovar ao empregador essa finalidade.

VIII – pelo tempo que se fizer necessário, quando tiver que comparecer a juízo.

9. FALTA JUSTIFICADA PARA COMPARECER A JUÍZO

Essa disposição do art. 473, inciso VIII da CLT, acrescido pela Lei 9.853/1999, está em sintonia com o direito de acesso à justiça (art. 5.º, inciso XXXV, da Constituição Federal de 1988). Além disso, tendo em vista a redação ampla do dispositivo, abrange não só o comparecimento em juízo como autor, réu, parte ou interveniente no processo, mas também a presença como testemunha ou mesmo informante. Sobre o tema, cf. Súmula 155 do TST.

O art. 822 da CLT também confirma que as testemunhas não poderão sofrer nenhum desconto pelas faltas ao serviço, ocasionadas pelo seu comparecimento para depor, quando devidamente arroladas ou convocadas. Da mesma forma, o art. 463 do CPC de 2015 (art. 419, parágrafo único, do CPC de 1973) prevê que o depoimento prestado em juízo é considerado serviço público. A testemunha, quando sujeita ao regime da legislação trabalhista, não sofre, por comparecer à audiência, perda de salário nem desconto no tempo de serviço.

Fica confirmado, assim, tratar-se de hipótese de interrupção do contrato de trabalho.

De todo modo, cabe destacar que a ausência se considera justificada pelo tempo necessário ao comparecimento em juízo, o que pode significar apenas algumas horas, e não necessariamente o dia todo.

Por fim, como já mencionado, havendo a convocação do empregado para participar como jurado, de tribunal do júri, o art. 441 do Código de Processo Penal (com redação determinada pela Lei 11.689/2008) prevê que "nenhum desconto será feito nos vencimentos ou salário do jurado sorteado que comparecer à sessão do júri", confirmando tratar-se de hipótese de interrupção do contrato de trabalho. Aplica-se às testemunhas, enquanto a serviço do júri, a mesma previsão, conforme art. 459 do CPP.

IX – pelo tempo que se fizer necessário, quando, na qualidade de representante de entidade sindical, estiver participando de reunião oficial de organismo internacional do qual o Brasil seja membro.

10. LICENÇA DO REPRESENTANTE SINDICAL

O inciso IX do art. 473 da CLT foi acrescentado pela Lei 11.304, de 11 de maio de 2006.

Pode-se entender que o representante de entidade sindical engloba todos os membros da administração do ente sindical, conforme art. 522 da CLT.

Cabe ressaltar que esse dispositivo da CLT, de acordo com a jurisprudência do TST (Súmula 369, inciso II), e mesmo do STF, foi recepcionado pela Constituição Federal de 1988, estando em vigência, pois não se refere a qualquer intervenção estatal no ente sindical, mas sim disposição da Lei (e não do Poder Executivo), regulando o tema.

Em questões sobre a estabilidade do representante sindical (art. 8.º, inciso VIII, da Constituição Federal de 1988, e art. 543, § 3.º, da CLT), o entendimento que prevalece na jurisprudência, em especial do TST, é no sentido de que o membro do Conselho Fiscal a ela não faz jus, por não exercer funções de representação do ente sindical, mas apenas de fiscalização financeira do sindicato (art. 522, § 2.º, da CLT). Caso seja seguida essa mesma corrente, a tendência será de excluir o membro do conselho fiscal quanto à incidência do art. 473, inciso IX, da CLT, que estabelece justificativa de ausência para participar de reunião oficial de organismo internacional do qual o Brasil seja membro.

Além disso, como o inciso IX do art. 473 faz menção à entidade sindical, não se restringe, apenas, ao sindicato (art. 511 da CLT), mas também às entidades sindicais de grau superior, ou seja, às federações (art. 534 da CLT) e às confederações (art. 535 da CLT), pois integram o sistema sindical brasileiro, que é confederativo, conforme se observa do art. 8.º, inciso IV, Constituição Federal de 1988.

Já as centrais sindicais, no sistema jurídico em vigor no Brasil, embora sejam órgãos de cúpula, intercategoriais, de âmbito nacional, com funções de coordenação, ainda não integram o sistema sindical, de natureza confederativa. Embora a legislação preveja a sua existência (Lei 8.036/1990, art. 3.º, § 3.º; Lei 7.998/1990, art. 18, § 3.º) no direito positivo brasileiro atualmente em vigor, as centrais não apresentam natureza sindical, tratando-se de associações civis.

A Lei 11.648/2008 passou a dispor sobre o reconhecimento formal das centrais sindicais para os fins que especifica. A mencionada Lei não determinou, ao menos expressamente, ser a central sindical, em termos rigorosamente jurídicos, também um ente dotado de personalidade jurídica sindical, ou seja, não há indicação de que a central sindical passou a ser integrante do sistema sindical brasileiro. O fato de ser composta por organizações sindicais (de trabalhadores) não é sinônimo de ser a central, em si, também um ente sindical. Tanto é assim que a Constituição Federal de 1988 continua prevendo que o sistema sindical brasileiro é confederativo (art. 8.º, inciso IV, da Constituição Federal de 1988), ou seja, composto de sindicatos, federações e confederações, além de ser fundado na representação de categorias (art. 8.º, incisos II e III, da Constituição Federal de 1988). Já as centrais sindicais, além de não se inserirem no sistema confederativo, são intercategoriais (ou seja, supracategoriais).

Por isso, entende-se que os representantes de centrais sindicais não estão incluídos na previsão do art. 473, inciso IX, da CLT.

De acordo com o inciso comentado, a ausência é justificada para a participação de "reunião oficial", de organismo internacional do qual o Brasil seja membro, podendo-se citar, como exemplo, a Organização Internacional do Trabalho (OIT) ou a Organização das Nações Unidas (ONU).

X – pelo tempo necessário para acompanhar sua esposa ou companheira em até 6 (seis) consultas médicas, ou em exames complementares, durante o período de gravidez.

11. ACOMPANHAMENTO EM CONSULTAS MÉDICAS E EXAMES COMPLEMENTARES DURANTE O PERÍODO DE GRAVIDEZ

A previsão do art. 473, inciso X, da CLT tem redação dada pela Lei 14.457/2022.

Anteriormente, a possibilidade de ausência do empregado, sem prejuízo do salário, para *acompanhamento em consultas médicas e exames complementares durante o período de gravidez de sua esposa ou companheira* dependia de autorização em convenção ou acordo coletivo de trabalho, regulamento de empresa ou mesmo em cláusula do contrato individual de trabalho.

Na atualidade, passou a existir expressa previsão legal, embora com o limite de até seis consultas médicas ou exames complementares durante o período de gravidez, apenas pelo tempo necessário para o empregado acompanhar sua esposa ou companheira.

Evidentemente, se houver norma mais favorável ao empregado, deve-se aplicá-la.

> XI – por 1 (um) dia por ano para acompanhar filho de até 6 (seis) anos em consulta médica.

12. ACOMPANHAMENTO DO FILHO EM CONSULTA MÉDICA

O art. 473, inciso XI, da CLT, acrescentado pela Lei 13.257/2016, aplica-se tanto ao empregado quanto à empregada, permitindo o não comparecimento ao serviço sem prejuízo do salário por um dia por ano para acompanhar filho de até 6 anos em consulta médica.

O referido dispositivo passou a dispor expressamente sobre o tema, embora possa existir norma mais favorável a respeito, ampliando a quantidade de dias de ausência no trabalho (sem prejuízo do salário) na hipótese em questão e o limite de idade do filho.

> XII – até 3 (três) dias, em cada 12 (doze) meses de trabalho, em caso de realização de exames preventivos de câncer devidamente comprovada.

13. EXAMES PREVENTIVOS DE CÂNCER

O art. 473, inciso XII, da CLT, foi incluído pela Lei 13.767/2018. Com isso, em cada período de 12 meses, o empregado pode deixar de comparecer ao serviço sem prejuízo do salário por até três dias para realizar exames preventivos de câncer, o que deve ser devidamente comprovado perante o empregador.

A Lei 14.238/2021 (Estatuto da Pessoa com Câncer) estabelece princípios e objetivos essenciais à proteção dos direitos da pessoa com câncer e à efetivação de políticas públicas de prevenção e combate ao câncer.

São princípios essenciais do Estatuto da Pessoa com Câncer, entre outros, o diagnóstico precoce e o estímulo à prevenção (art. 2.º, incisos III e IV, da Lei 14.238/2021). Como objetivos essenciais do Estatuto da Pessoa com Câncer, destacam-se os seguintes: promover mecanismos adequados para o diagnóstico precoce da doença; fomentar a comunicação, a publicidade e a conscientização sobre a doença, sua prevenção, seus tratamentos e os direitos da pessoa com câncer; reduzir a incidência da doença por meio de ações de prevenção (art. 3.º, incisos II, IV e XIV da Lei 14.238/2021). Nesse contexto, um dos direitos fundamentais da pessoa com câncer é a obtenção de diagnóstico precoce (art. 4.º, inciso I, da Lei 14.238/2021).

Na verdade, o mais adequado seria autorizar essa ausência justificada não apenas relativamente ao câncer, mas quanto a doenças em que a prevenção ou o diagnóstico sejam necessários ou relevantes, o que pode ser objeto de previsão mais benéfica em outras fontes normativas ou contratuais, como convenção ou acordo coletivo, regulamento de empresa ou cláusula do contrato individual de trabalho.

> Parágrafo único. O prazo a que se refere o inciso III do *caput* deste artigo será contado a partir da data de nascimento do filho.

14. INÍCIO DA LICENÇA-PATERNIDADE

O prazo de cinco dias consecutivos, em caso de nascimento de filho, de adoção ou de guarda compartilhada, deve ser contado a partir da data de nascimento do filho.

15. HIPÓTESES NÃO PREVISTAS NO ART. 473 DA CLT

De acordo com o art. 3.º, § 6.º, da Lei 8.213/1991, pertinente ao Conselho Nacional de Previdência Social: "As ausências ao trabalho dos representantes dos trabalhadores em atividade, decorrentes das atividades do Conselho, serão abonadas, computando-se como jornada efetivamente trabalhada para todos os fins e efeitos legais".

Na mesma linha, o art. 3.º, § 7.º, da Lei 8.036/1990, regulando o Conselho Curador do FGTS, assim estabelece: "As ausências ao trabalho dos representantes dos trabalhadores no Conselho Curador, decorrentes das atividades desse órgão, serão abonadas, computando-se como jornada efetivamente trabalhada para todos os fins e efeitos legais".

As mencionadas hipóteses autorizam a ausência do empregado, sem prejuízo do salário, o que significa tratar-se de interrupção contratual.

Para enfrentamento da emergência de saúde pública de importância internacional decorrente do coronavírus, podem ser adotadas, entre outras, medidas como: isolamento (separação de pessoas doentes ou contaminadas de outros, de maneira a evitar a contaminação ou a propagação do coronavírus); quarentena (restrição de atividades ou separação de pessoas suspeitas de contaminação das pessoas que não estejam doentes, de maneira a evitar a possível contaminação ou a propagação do coronavírus); determinação de realização compulsória de exames médicos, testes laboratoriais, coleta de amostras clínicas, vacinação e outras medidas profiláticas, ou tratamentos médicos específicos; estudo ou investigação epidemiológica; restrição excepcional e temporária de entrada e saída do País e de locomoção interestadual e intermunicipal (art. 3.º da Lei 13.979/2020).

Será considerada *falta justificada* ao serviço público ou à atividade laboral privada o período de ausência decorrente das referidas medidas (art. 3.º, § 3.º, da Lei 13.979/2020). Trata-se, assim, de interrupção do contrato de trabalho, de modo que o salário é devido e o tempo de serviço deve ser computado.

Outra hipótese é a prevista no art. 131, inciso IV, da CLT, que, regulando a matéria pertinente às férias, estabelece não ser considerada falta ao serviço, para os efeitos da aquisição do direito de férias, a ausência do empregado "justificada pela empresa, entendendo-se como tal a que não tiver determinado o desconto do correspondente salário".

Pode-se aplicar a mesma orientação não só quanto ao tema específico das férias, mas também para as outras questões envolvendo o contrato de trabalho, pois, se o empregador, mesmo diante da falta do empregado, a considera justificada, não descontando a ausência do salário, tem-se verdadeira hipótese de interrupção do contrato de trabalho.

✦ Súmulas, Orientações Jurisprudenciais e Precedentes Normativos

Súmula 15 do TST: Atestado médico. A justificação da ausência do empregado motivada por doença, para a percepção do salário-enfermidade e da remuneração do repouso semanal, deve observar a ordem preferencial dos atestados médicos estabelecida em lei.

Súmula 155 do TST: Ausência ao serviço. As horas em que o empregado falta ao serviço para comparecimento necessário, como parte, à Justiça do Trabalho não serão descontadas de seus salários.

Súmula 282 do TST: Abono de faltas. Serviço médico da empresa. Ao serviço médico da empresa ou ao mantido por esta última mediante convênio compete abonar os primeiros 15 (quinze) dias de ausência ao trabalho.

Súmula 369 do TST: Dirigente sindical. Estabilidade provisória (nova redação dada ao item II) – Res. 174/2011, *DEJT* divulgado em 27, 30 e 31.05.2011 [...] II – O art. 522 da CLT foi recepcionado pela Constituição Federal de 1988. Fica limitada, assim, a estabilidade a que alude o art. 543, § 3.º, da CLT a sete dirigentes sindicais e igual número de suplentes.

✦ Referência legislativa

- Arts. 729, §§ 1.º e 2.º, e 822 da CLT; art. 441 do CPP.

Art. 474. A suspensão do empregado por mais de 30 (trinta) dias consecutivos importa na rescisão injusta do contrato de trabalho.

1. SUSPENSÃO DISCIPLINAR

Uma das penalidades que pode ser aplicada ao empregado, em razão de falta praticada, é a suspensão por motivo disciplinar.

A referida suspensão fica limitada a 30 dias consecutivos, conforme o art. 474 da CLT. Excedido esse período, tem-se o exercício abusivo do poder disciplinar pelo empregador, importando em motivo para a despedida indireta pelo empregado.

De todo modo, a suspensão disciplinar, se válida (ou seja, não anulada pelo Poder Judiciário), representa hipótese de suspensão do contrato de trabalho, pois o salário do período não será devido ao empregado.

No entanto, caso o empregado, questionando a aplicação da referida medida disciplinar, obtenha a sua invalidação em juízo, estar-se-á diante de hipótese em que não ocorreu a prestação dos serviços, mas os salários do período passam a ser devidos, com a respectiva condenação judicial. Assim, o caso passa a ser de interrupção contratual.

Art. 475. O empregado que for aposentado por invalidez terá suspenso o seu contrato de trabalho durante o prazo fixado pelas leis de previdência social para a efetivação do benefício.

§ 1.º Recuperando o empregado a capacidade de trabalho e sendo a aposentadoria cancelada, ser-lhe-á assegurado o direito à função que ocupava ao tempo da aposentadoria, facultado, porém, ao empregador, o direito de indenizá-lo por rescisão do contrato de trabalho, nos termos dos arts. 477 e 478, salvo na hipótese de ser ele portador de estabilidade, quando a indenização deverá ser paga na forma do art. 497.

§ 2.º Se o empregador houver admitido substituto para o aposentado, poderá rescindir, com este, o respectivo contrato de trabalho sem indenização, desde que tenha havido ciência inequívoca da interinidade ao ser celebrado o contrato.

1. APOSENTADORIA POR INVALIDEZ (APOSENTADORIA POR INCAPACIDADE PERMANENTE)

A aposentadoria por invalidez (aposentadoria por incapacidade permanente) é devida a partir do dia imediato ao da cessação do auxílio-doença, ressalvado o disposto a seguir (art. 43 da Lei 8.213/1991).

Concluindo a perícia médica inicial pela existência de incapacidade total e definitiva para o trabalho, a aposentadoria por invalidez é devida: a) ao segurado empregado, a contar do 16.º dia do afastamento da atividade ou a partir da entrada do requerimento, se entre o afastamento e a entrada do requerimento decorrerem mais de 30 dias; b) ao segurado empregado doméstico, trabalhador avulso, contribuinte individual, especial e facultativo, a contar da data do início da incapacidade ou da data da entrada do requerimento, se entre essas datas decorrerem mais de 30 dias (art. 43, § 1.º, da Lei 8.213/1991).

Durante os primeiros 15 dias de afastamento da atividade por motivo de invalidez, cabe à empresa pagar ao segurado empregado o salário (art. 43, § 2.º, da Lei 8.213/1991). Trata-se, no caso, de período inicial específico de interrupção do contrato de trabalho.

Na aposentadoria por invalidez (aposentadoria por incapacidade permanente), fica suspenso o contrato de trabalho, eis que, atualmente, esta não é considerada definitiva, como se verifica do art. 42, *caput*, *in fine*, da Lei 8.213/1991 e art. 46 do Decreto 3.048/1999. Nesse sentido, estabelece a Súmula 160 do TST. Adotando entendimento diverso, cabe citar, apenas como registro histórico, a Súmula 217 do STF que não mais prevalece.

Entretanto, deve-se destacar que o art. 101, § 1.º, da Lei 8.213/1991, com redação dada pela Lei 13.457/2017, prevê que o aposentado por invalidez e o pensionista inválido que não tenham retornado à atividade estão isentos do exame médico a cargo da Previdência Social: após completarem 55 anos ou mais de idade e quando decorridos 15 anos da data da concessão da aposentadoria por invalidez ou do auxílio-doença que a precedeu; ou após completarem 60 anos de idade.

Com isso, há possibilidade de entendimento de que, após as referidas idades, a situação passa a ter contornos mais definitivos, o que poderia permitir a cessação do contrato de trabalho pelo empregador. De todo modo, essa desnecessidade de exame médico não se aplica quando tem as seguintes finalidades: verificar a necessidade de assistência permanente de outra pessoa para a concessão do acréscimo de 25% sobre o valor do benefício previdenciário; verificar a recuperação da capacidade de trabalho, mediante solicitação do aposentado ou pensionista que se julgar apto; subsidiar autoridade judiciária na concessão de curatela (art. 101, § 2.º, da Lei 8.213/1991).

De acordo com o § 1.º do art. 475 da CLT, recuperando o empregado a capacidade de trabalho, e sendo a aposentadoria cancelada, deve-se assegurar-lhe o direito à função que ocupava ao tempo da aposentadoria, facultado, porém, ao empregador o direito de indenizá-lo por rescisão do contrato de trabalho, nos termos dos arts. 477 e 478, salvo na hipótese de ser ele portador de estabilidade, quando a indenização deverá ser paga na forma do art. 497.

Os arts. 477 e 478 da CLT tratavam da chamada indenização por tempo de serviço, substituída pelo sistema do FGTS, que passou a ser obrigatório (art. 7.º, inciso III, da Constituição Federal de 1988). O art. 497 da CLT previa o direito à indenização por tempo de serviço, em dobro, em favor do empregado estável decenal, que ficou restrita àqueles que adquiriram o direito antes da Constituição Federal de 1988. No sistema em vigor, a dispensa sem justa causa acarreta o direito do empregado de receber a indenização compensatória de 40% do FGTS, além de levantar os depósitos da conta vinculada.

O § 2.º do art. 475 da CLT estabelece, ainda, que, se o empregador houver admitido substituto para o aposentado, pode rescindir, com este, o respectivo contrato de trabalho sem indenização, desde que tenha havido ciência inequívoca da interinidade, ao ser celebrado o contrato.

Em conclusão, tem-se que a aposentadoria por invalidez (aposentadoria por incapacidade permanente), em si, refere-se à hipótese de suspensão do contrato de trabalho. Ainda quanto ao tema, dispõe a Súmula 440 do TST.

Frise-se que a jurisprudência tem a aplicado a Súmula 440 do TST, por analogia, à hipótese de concessão de benefício previdenciário de caráter não acidentário (auxílio--doença comum ou aposentadoria por invalidez comum). Cf. TST, 3.ª T., RRAg-1000743-68.2018.5.02.0264, Rel. Min. Mauricio Godinho Delgado, *DEJT* 30.06.2023. TST, 3.ª T., RR-1000037-58.2019.5.02.0003, Rel. Min. Mauricio Godinho Delgado, *DEJT* 28.05.2021.

✦ Jurisprudência

Aposentadoria por invalidez. Suspensão do contrato de trabalho. Recolhimento do FGTS indevido. Ausência de transcendência. A aposentadoria por invalidez não garante ao empregado o direito aos depósitos do FGTS. A Lei 8.036/90, em seu artigo 15, § 5.º, mantém a obrigação patronal somente nas situações em que o empregado se afasta para prestar serviço militar obrigatório e em razão de licença concedida em face de acidente do trabalho, situações estranhas aos autos. Há precedentes (TST, 7.ª T., RR-1001449-13.2017.5.02.0482, Rel. Min. Alexandre de Souza Agra Belmonte, *DEJT* 19.05.2023).

✦ Súmulas, Orientações Jurisprudenciais e Precedentes Normativos

Súmula 217 do STF: Tem direito de retornar ao emprego, ou ser indenizado em caso de recusa do empregador, o aposentado que recupera a capacidade de trabalho dentro de 5 (cinco) anos a contar da aposentadoria, que se torna definitiva após esse prazo.

Súmula 160 do TST: Aposentadoria por invalidez. Cancelada a aposentadoria por invalidez, mesmo após cinco anos, o trabalhador terá direito de retornar ao emprego, facultado, porém, ao empregador, indenizá-lo na forma da lei.

Súmula 440 do TST: Auxílio-doença acidentário. Aposentadoria por invalidez. Suspensão do contrato de trabalho. Reconhecimento do direito à manutenção de plano de saúde ou de assistência médica. Assegura-se o direito à manutenção de plano de saúde, ou de assistência médica, oferecido pela empresa ao empregado, não obstante suspenso o contrato de trabalho em virtude de auxílio-doença acidentário ou de aposentadoria por invalidez.

✦ Referência legislativa

- Arts. 42 a 47 da Lei 8.213/1991 (Plano de Benefícios da Previdência Social).

Art. 476. Em caso de seguro-doença ou auxílio-enfermidade, o empregado é considerado em licença não remunerada, durante o prazo desse benefício.

1. AUXÍLIO-DOENÇA (AUXÍLIO POR INCAPACIDADE TEMPORÁRIA)

Se o empregado for acometido de doença, ficando incapacitado para o seu trabalho, durante os primeiros 15 dias de afastamento, a empresa deve pagar o salário respectivo (art. 60, § 3.º, da Lei 8.213/1991). A empresa que dispuser de serviço médico, próprio ou em convênio, tem a seu cargo o exame médico e o abono das faltas correspondentes ao período inicial referido, somente devendo encaminhar o segurado à perícia médica da Previdência Social quando a incapacidade ultrapassar 15 dias (art. 60, § 4.º, da Lei 8.213/1991).

Após o 16.º dia de afastamento, o auxílio-doença (auxílio por incapacidade temporária) passa a ser devido pela Previdência Social, desde que cumprido o respectivo período de carência (art. 59 da Lei 8.213/1991).

Sendo assim, considera-se que o período inicial, de 15 dias, é hipótese de interrupção do contrato de trabalho, pois o salário é devido, ocorrendo o cômputo do tempo de serviço.

A partir do 16.º dia de afastamento, verifica-se a suspensão *sui generis* do contrato de trabalho, pois o empregado deixa de fazer jus ao salário, podendo receber o benefício previdenciário mencionado.

Mesmo assim, cabe frisar que, de acordo com o art. 131, inciso III, da CLT, não é considerada falta ao serviço, para efeito do direito de aquisição das férias, a ausência do empregado por motivo de enfermidade atestada pelo INSS, excetuada a hipótese do inciso IV do art. 133 da CLT (que prevê a perda do direito a férias quando o empregado tiver percebido da Previdência Social prestações de auxílio-doença por mais de seis meses, ainda que descontínuos).

Portanto, na realidade, mesmo depois do 16.º dia de afastamento, conforme a previsão do art. 131, inciso III, a suspensão não se apresenta de forma pura, pois o tempo de licença por motivo de doença, com a exceção da situação verificada (art. 133, inciso IV), é contado para fins de férias (o que seria elemento da interrupção).

Ainda assim, o entendimento majoritário é de que há nítida preponderância do caráter de suspensão do contrato de trabalho, a partir do 16.º dia de afastamento por doença do empregado.

O art. 9.º, § 2.º, inciso II, da Lei 11.340/2006 prevê que o juiz assegurará à mulher em situação de violência doméstica e familiar, para preservar sua integridade física e psicológica, a manutenção do vínculo trabalhista, quando necessário o afastamento do local de trabalho, por até seis meses.

A manutenção da relação de emprego pelo juiz (por até seis meses), quando necessário o afastamento do local de trabalho, indica a ausência de prestação de serviços pela mulher exposta à violência doméstica ou familiar. Desse modo, embora a questão não seja pacífica, trata-se de *suspensão do contrato de trabalho*, pois ausente o labor, não havendo norma que estabeleça o direito de recebimento de salário no período respectivo.

Ainda quanto ao tema, cabe fazer referência ao entendimento firmado pelo Superior Tribunal de Justiça, no sentido de que a natureza jurídica do afastamento previsto no art. 9.º, § 2.º, inciso II, da Lei 11.340/2006 é de "interrupção do contrato de trabalho, por meio de interpretação teleológica" do referido diploma legal, cabendo "ao empregador o pagamento dos quinze primeiros dias de afastamento da empregada vítima de violência doméstica e familiar e fica a cargo do INSS o pagamento do restante do período de afastamento estabelecido pelo juiz, com necessidade de apresentação de atestado que confirme estar a ofendida incapacitada para o trabalho e desde que haja aprovação do afastamento pela perícia do INSS, por incidência do auxílio-doença, aplicado ao caso por meio de interpretação analógica". Argumentou-se que conforme o art. 203 da Constituição Federal de 1988: "A Assistência Social será prestada a quem dela necessitar, independentemente de contribuição à Seguridade Social". No referido caso, decidiu-se que "ao invés do atestado de saúde, há necessidade de apresentação do documento de homologação ou determinação judicial de afastamento do trabalho em decorrência de violência doméstica e familiar para comprovar que a ofendida está incapacitada a comparecer ao local de trabalho" (STJ, 6.ª T., REsp 1.757.775/SP, 2018/0193975-8, Rel. Min. Rogerio Schietti Cruz, j. 20.08.2019).

Apesar do entendimento que prevaleceu na mencionada decisão, deve-se ressaltar que o auxílio-doença, na verdade, é direito de natureza previdenciária (art. 201 da Constituição Federal de 1988 e art. 59 da Lei 8.213/1991), e não da Assistência Social (art. 203 da Constituição da República). Além disso, nenhum benefício ou serviço da Seguridade Social pode ser estendido, como ocorreu na hipótese, sem a correspondente fonte de custeio total (art. 195, § 5.º, da Constituição Federal de 1988).

✦ Jurisprudência

Recurso especial. Violência doméstica e familiar. Medida protetiva. Afastamento do emprego. Manutenção do vínculo trabalhista. Competência. Vara especializada. Vara Criminal. Natureza jurídica do afastamento. Interrupção do contrato de trabalho. Pagamento. Interpretação teleológica. Interpretação extensiva. Previsão legal. Inexistência. Falta justificada. Pagamento de indenização. Auxílio doença. Instituto Nacional do Seguro Social. Recurso especial provido parcialmente. 1. Tem competência o juiz da vara especializada em violência doméstica e familiar ou, caso não haja na localidade, o juízo criminal, para apreciar pedido de imposição de medida protetiva de manutenção de vínculo trabalhista, por até seis meses, em razão de afastamento do trabalho de ofendida decorrente de violência doméstica e familiar, uma vez que o motivo do afastamento não advém de relação de trabalho, mas de situação emergencial que visa garantir a integridade física, psicológica e patrimonial da mulher. 2. Tem direito ao recebimento de salário a vítima de violência doméstica e familiar que teve como medida protetiva imposta ao empregador a manutenção de vínculo trabalhista em decorrência de afastamento do emprego por situação de violência doméstica e familiar, ante o fato de a natureza jurídica do afastamento ser a interrupção do contrato de trabalho, por meio de interpretação teleológica da Lei n. 11.340/2006. 3. Incide o auxílio-doença, diante da falta de previsão legal, referente ao período de afastamento do trabalho, quando reconhecida ser decorrente de violência doméstica e familiar, pois tal situação advém da ofensa à integridade física e psicológica da mulher e deve ser equiparada aos casos de doença da segurada, por meio de interpretação extensiva da Lei Maria da Penha. 4. Cabe ao empregador o pagamento dos quinze primeiros dias de afastamento da empregada vítima de violência doméstica e familiar e fica a cargo do INSS o pagamento do restante do período de afastamento estabelecido pelo juiz, com necessidade de apresentação de atestado que confirme estar a ofendida incapacitada para o trabalho e desde que haja aprovação do afastamento pela perícia do INSS, por incidência do auxílio-doença, aplicado ao caso por meio de interpretação analógica. 5. Recurso especial parcialmente provido, a fim de declarar competente o Juízo da 2.ª Vara Criminal de Marília-SP, que fixou as medidas protetivas a favor da ora recorrente, para apreciação do pedido retroativo de reconhecimento do afastamento de trabalho decorrente de violência doméstica, nos termos do voto (STJ, 6.ª T., REsp 1.757.775/SP, 2018/0193975-8, Rel. Min. Rogerio Schietti Cruz, *DJe* 02.09.2019).

✦ Súmulas, Orientações Jurisprudenciais e Precedentes Normativos

Súmula 15 do TST: Atestado médico. A justificação da ausência do empregado motivada por doença, para a percepção do salário-enfermidade e da remuneração do repouso semanal, deve observar a ordem preferencial dos atestados médicos estabelecida em lei.

Súmula 282 do TST: Abono de faltas. Serviço médico da empresa. Ao serviço médico da empresa ou ao mantido por esta última mediante convênio compete abonar os primeiros 15 (quinze) dias de ausência ao trabalho.

Súmula 371 do TST: Aviso prévio indenizado. Efeitos. Superveniência de auxílio-doença no curso deste. A projeção do contrato de trabalho para o futuro, pela concessão do aviso prévio indenizado, tem efeitos limitados às vantagens econômicas obtidas no período de pré-aviso, ou seja, salários, reflexos e verbas rescisórias. No caso de concessão de auxílio-doença no curso do aviso prévio, todavia, só se concretizam os efeitos da dispensa depois de expirado o benefício previdenciário.

Súmula 440 do TST: Auxílio-doença acidentário. Aposentadoria por invalidez. Suspensão do contrato de trabalho. Reconhecimento do direito à manutenção de plano de saúde ou de assistência médica. Assegura-se o direito à manutenção de plano de saúde, ou de assistência médica, oferecido pela empresa ao empregado, não obstante suspenso o contrato de trabalho em virtude de auxílio-doença acidentário ou de aposentadoria por invalidez.

Orientação Jurisprudencial 375 da SBDI-I do TST: Auxílio-doença. Aposentadoria por invalidez. Suspensão do contrato de trabalho. Prescrição. Contagem. A suspensão do contrato de trabalho, em virtude da percepção do auxílio-doença ou da aposentadoria por invalidez, não impede a fluência da prescrição quinquenal, ressalvada a hipótese de absoluta impossibilidade de acesso ao Judiciário.

✦ **Referência legislativa**

- Arts. 59 a 63 da Lei 8.213/1991 (Plano de Benefícios da Previdência Social).

Art. 476-A. O contrato de trabalho poderá ser suspenso, por um período de dois a cinco meses, para participação do empregado em curso ou programa de qualificação profissional oferecido pelo empregador, com duração equivalente à suspensão contratual, mediante previsão em convenção ou acordo coletivo de trabalho e aquiescência formal do empregado, observado o disposto no art. 471 desta Consolidação.

§ 1.º Após a autorização concedida por intermédio de convenção ou acordo coletivo, o empregador deverá notificar o respectivo sindicato, com antecedência mínima de quinze dias da suspensão contratual.

§ 2.º O contrato de trabalho não poderá ser suspenso em conformidade com o disposto no *caput* deste artigo mais de uma vez no período de dezesseis meses.

§ 3.º O empregador poderá conceder ao empregado ajuda compensatória mensal, sem natureza salarial, durante o período de suspensão contratual nos termos do *caput* deste artigo, com valor a ser definido em convenção ou acordo coletivo.

§ 4.º Durante o período de suspensão contratual para participação em curso ou programa de qualificação profissional, o empregado fará jus aos benefícios voluntariamente concedidos pelo empregador.

§ 5.º Se ocorrer a dispensa do empregado no transcurso do período de suspensão contratual ou nos três meses subsequentes ao seu retorno ao trabalho, o empregador pagará ao empregado, além das parcelas indenizatórias previstas na legislação em vigor, multa a ser estabelecida em convenção ou acordo coletivo, sendo de, no mínimo, cem por cento sobre o valor da última remuneração mensal anterior à suspensão do contrato.

§ 6.º Se durante a suspensão do contrato não for ministrado o curso ou programa de qualificação profissional, ou o empregado permanecer trabalhando para o empregador, ficará descaracterizada a suspensão, sujeitando o empregador ao pagamento imediato dos salários e dos encargos sociais referentes ao período, às penalidades cabíveis previstas na legislação em vigor, bem como às sanções previstas em convenção ou acordo coletivo.

§ 7.º O prazo limite fixado no *caput* poderá ser prorrogado mediante convenção ou acordo coletivo de trabalho e aquiescência formal do empregado, desde que o empregador arque com o ônus correspondente ao valor da bolsa de qualificação profissional, no respectivo período.

1. PARTICIPAÇÃO DO EMPREGADO EM CURSO OU PROGRAMA DE QUALIFICAÇÃO PROFISSIONAL

A Medida Provisória 2.161-41, de 24 de agosto de 2001 (ainda em vigor na forma do art. 2.º da Emenda Constitucional 32, de 11 de setembro de 2001), acrescentou à CLT o art. 476-A, regulando a suspensão do contrato de trabalho para participação do empregado em curso ou programa de qualificação profissional oferecido pelo empregador.

O instituto em questão procura enfrentar dois aspectos: tanto oferece um meio de qualificar profissionalmente os empregados como disponibiliza uma forma de enfrentar crises econômicas passageiras, sem ter de pôr fim aos contratos de trabalho.

Efetivamente, o art. 476-A da CLT autoriza a suspensão dos contratos de trabalho, por um determinado período, durante o qual o empregado participa de curso ou programa de qualificação profissional. Nesse ínterim, o empregado não tem direito a salário, mas pode receber uma "ajuda compensatória mensal, sem natureza salarial" do empregador (art. 476-A, § 3.º, da CLT). Além disso, faz jus à "bolsa de qualificação profissional", a ser custeada pelo Fundo de Amparo ao Trabalhador – FAT (art. 2.º-A da Lei 7.998/1990, acrescentado pela Medida Provisória 2.161-41/2001).

2. REQUISITOS

Como se nota da redação do *caput* e § 1.º do art. 476-A da CLT, a suspensão do contrato de trabalho depende de três requisitos essenciais:

a) autorização mais genérica, presente em convenção ou acordo coletivo, ou seja, instrumentos normativos decorrentes de negociação coletiva;
b) concordância formal do empregado, ou seja, específica e de modo escrito, sem vício na manifestação da vontade;
c) notificação, pelo empregador, do sindicato da categoria profissional, com antecedência mínima de 15 dias da suspensão contratual.

A validade e a licitude da referida suspensão dependem do atendimento de tais requisitos para que as consequências previstas em lei se verifiquem.

3. DURAÇÃO

O período de suspensão contratual, na modalidade do *caput*, é de dois a cinco meses. No entanto, de acordo com o § 7.º do art. 476-A da CLT, esse prazo-limite pode ser prorrogado mediante convenção ou acordo coletivo de trabalho e aquiescência formal do empregado, desde que o empregador arque com o ônus correspondente ao valor da bolsa de qualificação profissional, no respectivo período.

Como se nota, para a referida prorrogação, exige-se, novamente, a previsão em convenção ou acordo coletivo, bem como a aquiescência formal do empregado. Além disso, durante a prorrogação, para que esta seja válida, cabe ao empregador arcar com o ônus correspondente ao valor da bolsa de qualificação profissional.

Cabe verificar as consequências para os casos de irregularidades na referida suspensão contratual, deixando o empregador de ministrar o curso ou programa de qualificação profissional, ou mantendo o empregado trabalhando para o empregador.

A consequência para as situações mencionadas no § 6.º do art. 476-A da CLT é a descaracterização da suspensão contratual; além disso, o empregador deverá pagar, imediatamente: os salários e os encargos sociais referentes ao período; as penalidades previstas na legislação em vigor (a serem aplicadas pelo poder público, mais especificamente pelos órgãos de fiscalização do trabalho); e as sanções estabelecidas em convenção ou acordo coletivo para o caso em específico.

4. LIMITAÇÕES

A suspensão prevista no § 2.º do art. 476-A da CLT, além de ficar limitada quanto ao período de duração, também sofre outra restrição, no sentido de só poder ocorrer uma única vez no período de 16 meses.

Esse limite, quanto a este número de suspensões autônomas do contrato de trabalho, não se confunde com a prorrogação do prazo de suspensão (§ 7.º do art. 476-A da CLT).

Assim, não se verifica a possibilidade de "flexibilizar" o disposto no § 2.º do art. 476-A da CLT, nem mesmo por norma coletiva decorrente de negociação coletiva, por se tratar de aspecto de ordem pública. Quando a lei permite a previsão diversa em convenção ou acordo coletivo, ela o fez expressamente (§ 7.º do art. 476-A da CLT).

5. AJUDA COMPENSATÓRIA MENSAL

Fica o destaque, aqui, no sentido da *possibilidade* da concessão da referida ajuda compensatória mensal pelo empregador.

No entanto, se o acordo coletivo ou a convenção coletiva fixar o *dever* do seu pagamento, a concessão deixa de ser uma mera faculdade, para se tornar uma obrigação, ainda que prevista em fonte formal, de natureza autônoma, do Direito do Trabalho.

De todo modo, cabe ao referido instrumento normativo, decorrente da negociação coletiva, definir o valor da mencionada ajuda compensatória, a ser paga mensalmente.

Além disso, a ajuda compensatória em questão, paga no período de suspensão contratual, não possui natureza salarial, o que significa a sua não integração à folha de pagamento da empresa. Essa previsão justifica-se exatamente porque a referida suspensão contratual tem como objetivo evitar o desligamento de empregados, em momento de dificuldade financeira do empregador, o que seria contraditório com eventuais encargos previdenciários no período. Por se tratar de suspensão contratual, durante o seu período o depósito do FGTS também deixa de ser devido.

Além disso, o § 4.º do mesmo art. 476-A da CLT estabelece que os benefícios que o empregador quiser conceder, voluntariamente, ao empregado, como planos de saúde, médicos e odontológicos, ou de acesso a entidades recreativas e culturais, permanecem devidos mesmo durante a suspensão contratual.

6. BOLSA DE QUALIFICAÇÃO PROFISSIONAL

O art. 7.º da mesma Medida Provisória 2.164-41/2001 também trouxe modificações e acréscimos à Lei 7.998/1990, a qual regula o seguro-desemprego.

Nesse sentido, alterou o art. 2.º, inciso II, do referido diploma legal, passando a estabelecer que o Programa do Seguro-Desemprego apresenta entre as suas finalidades: "auxiliar os trabalhadores na busca ou preservação do emprego, promovendo, para tanto, ações integradas de orientação, recolocação e qualificação profissional".

Em razão disso, a Medida Provisória mencionada acrescentou à Lei 7.998/1990 a seguinte disposição:

> Art. 2.º-A. Para efeito do disposto no inciso II do art. 2.º, fica instituída a bolsa de qualificação profissional, a ser custeada pelo Fundo de Amparo ao Trabalhador – FAT, à qual fará jus o trabalhador que estiver com o contrato de trabalho suspenso em virtude de participação em curso ou programa de qualificação profissional oferecido pelo empregador, em conformidade com o disposto em convenção ou acordo coletivo celebrado para este fim.

Como se pode verificar, o Programa do Seguro-Desemprego, estabelecido pelo Fundo de Amparo ao Trabalhador (FAT), deixou de se restringir à situação do desemprego, em sentido estrito, já consumado, ampliando-se, de forma acertada, para o auxílio na busca e preservação do emprego, promovendo, também, a qualificação profissional.

Desse modo, institui-se a "bolsa de qualificação profissional", custeada pelo FAT, devida ao trabalhador que estiver com o contrato suspenso, na forma da previsão do art. 476-A da CLT.

Tanto é assim que, de acordo com o art. 3.º-A da Lei 7.998/1990, também acrescentado pela Medida Provisória 2.164-41/2001: "A periodicidade, os valores, o cálculo do número de parcelas e os demais procedimentos operacionais de pagamento da bolsa de qualificação profissional, nos termos do art. 2.º-A desta Lei, bem como os pré-requisitos para habilitação serão os mesmos adotados em relação ao benefício do Seguro-Desemprego, exceto quanto à dispensa sem justa causa".

Ou seja, praticamente a mesma sistemática, prevista quanto ao seguro-desemprego, também é aplicável à mencionada bolsa de qualificação profissional.

Se ocorrer a rescisão do contrato de trabalho, o pagamento da bolsa de qualificação profissional será *suspenso* (art. 7.º-A da Lei 7.998/1990).

O benefício da bolsa de qualificação profissional será *cancelado* nas seguintes situações (art. 8.º-A da Lei 7.998/1990): I – fim da suspensão contratual e retorno ao trabalho; II – por comprovação de falsidade na prestação das informações necessárias à habilitação; III – por comprovação de fraude visando à percepção indevida da bolsa de qualificação profissional; IV – por morte do beneficiário.

Cabe reiterar que para a prorrogação do prazo-limite de suspensão do contrato de trabalho, observados os requisitos do § 7.º do art. 476-A da CLT, cabe ao empregador arcar com o ônus correspondente ao valor da bolsa de qualificação profissional.

7. DISPENSA DO EMPREGADO

Cabe analisar as consequências da dispensa do empregado no curso da suspensão do contrato de trabalho, ou mesmo no período seguinte ao seu término.

No caso do § 5.º do art. 476-A da CLT, o pagamento das "indenizações previstas em lei" refere-se às verbas rescisórias, decorrentes de dispensa sem justa causa. Além desse montante, a disposição assegura o recebimento de multa, cujo valor deve ser previsto na norma coletiva negociada, ficando desde já fixado o mínimo de 100% sobre o valor da última remuneração mensal anterior à suspensão contratual.

A referida multa tem natureza de penalidade, pela conduta do empregador de dispensar o empregado durante a suspensão do contrato de trabalho, ou nos três meses subsequentes ao seu retorno ao trabalho. Não se trata de verba remuneratória, mas indenizatória, ainda que a base de cálculo utilizada para se chegar ao valor da multa seja a remuneração mensal.

Pode-se entender que também na chamada dispensa indireta, em que ocorre a justa causa patronal, deve-se aplicar a mesma orientação do art. 476-A da CLT.

Por fim, de acordo com o art. 8.º-B da Lei 7.998/1990, acrescentado pela Medida Provisória 2.164-41/2001:

> Na hipótese prevista no § 5.º do art. 476-A da Consolidação das Leis do Trabalho – CLT, as parcelas da bolsa de qualificação profissional que o empregado tiver recebido serão descontadas das parcelas do benefício do Seguro-Desemprego a que fizer jus, sendo-lhe garantido, no mínimo, o recebimento de uma parcela do Seguro-Desemprego.

8. SUSPENSÃO DO CONTRATO DE TRABALHO PARA QUALIFICAÇÃO PROFISSIONAL DE MULHERES

Foi instituído o Programa Emprega + Mulheres, destinado à inserção e à manutenção de mulheres no mercado de trabalho por meio da implementação, entre outras, das seguintes medidas para qualificação de mulheres, em áreas estratégicas para a ascensão profissional: suspensão do contrato de trabalho para fins de qualificação profissional; estímulo à ocupação das vagas em cursos de qualificação dos serviços nacionais de aprendizagem por mulheres e priorização de mulheres hipossuficientes vítimas de violência doméstica e familiar (art. 1.º, inciso III, da Lei 14.457/2022).

Sendo assim, mediante requisição formal da empregada interessada, para estimular a qualificação de mulheres e o desenvolvimento de habilidades e de competências em áreas estratégicas ou com menor participação feminina, o empregador pode suspender o contrato de trabalho para participação em curso ou em programa de qualificação profissional oferecido pelo empregador (art. 15 da Lei 14.457/2022).

Na referida hipótese, a suspensão do contrato de trabalho deve ser formalizada por meio de acordo individual, de acordo coletivo ou de convenção coletiva de trabalho, nos termos do art. 476-A da Consolidação das Leis do Trabalho (art. 15, § 1.º, Lei 14.457/2022).

O curso ou o programa de qualificação profissional oferecido pelo empregador deve priorizar áreas que promovam a ascensão profissional da empregada ou áreas com baixa participação feminina, tais como ciência, tecnologia, desenvolvimento e inovação.

Durante o período de suspensão do contrato de trabalho, a empregada faz jus à bolsa de qualificação profissional de que trata o art. 2.º-A da Lei 7.998/1990 (custeada pelo Fundo de Amparo ao Trabalhador – FAT).

Além da bolsa de qualificação profissional, durante o período de suspensão do contrato de trabalho, o empregador pode conceder à empregada ajuda compensatória mensal, sem natureza salarial.

Para fins de pagamento da bolsa de qualificação profissional, o empregador deve encaminhar ao Ministério do Trabalho e Previdência os dados referentes às empregadas que terão o contrato de trabalho suspenso.

Se ocorrer a dispensa da empregada no transcurso do período de suspensão ou nos seis meses subsequentes ao seu retorno ao trabalho, o empregador pagará à empregada, além das parcelas indenizatórias previstas na legislação, multa a ser estabelecida em convenção ou em acordo coletivo, que será de, no mínimo, 100% sobre o valor da última remuneração mensal anterior à suspensão do contrato de trabalho.

A opção por acordo individual para formalizar a medida prevista no art. 15, § 1.º, Lei 14.457/2022, somente pode ser realizada: I – nos casos de empresas ou de categorias de trabalhadores para as quais não haja acordo coletivo ou convenção coletiva de trabalho celebrados; ou II – se houver acordo coletivo ou convenção coletiva de trabalho celebrados, se o acordo individual a ser celebrado contiver medidas mais vantajosas à empregada ou ao empregado que o instrumento coletivo vigente (art. 21 da Lei 14.457/2022).

Na adoção da medida de suspensão do contrato de trabalho prevista no art. 15 da Lei 14.457/2022, deve sempre ser levada em conta a vontade expressa da empregada ou do empregado beneficiado pela medida de apoio ao exercício da parentalidade (art. 22 da Lei 14.457/2022).

Ainda no âmbito das medidas para qualificação de mulheres, as entidades dos serviços nacionais de aprendizagem, observadas suas leis de regência e regulamentos, mediante a celebração de ajustes e de parcerias com a União, podem implementar medidas que estimulem a matrícula de mulheres em cursos de qualificação, em todos os níveis e áreas de conhecimento (art. 16 da Lei 14.457/2022). Para fins do disposto nessa previsão, devem ser priorizadas as mulheres hipossuficientes vítimas de violência doméstica e familiar com registro de ocorrência policial.

Se ocorrer a celebração dos referidos termos de ajustes ou de parcerias, os serviços nacionais de aprendizagem desenvolverão ferramentas de monitoramento e estratégias para a inscrição e a conclusão dos cursos por mulheres, especialmente nas áreas de ciência, de tecnologia, de desenvolvimento e de inovação.

9. SUSPENSÃO DO CONTRATO DE TRABALHO DE PAIS EMPREGADOS

Foi instituído o Programa Emprega + Mulheres, destinado à inserção e à manutenção de mulheres no mercado de trabalho por meio da implementação, entre outras, da seguinte medida para apoio ao retorno ao trabalho das mulheres após o término da licença-maternidade: suspensão do contrato de trabalho de pais empregados para acompanhamento do desenvolvimento dos filhos (art. 1.º, inciso IV, alínea "a", da Lei 14.457/2022).

Sendo assim, mediante requisição formal do empregado interessado, o empregador pode suspender o contrato de trabalho do empregado com filho cuja mãe tenha encerrado o período da licença-maternidade para: I – prestar cuidados e estabelecer vínculos com os filhos; II – acompanhar o desenvolvimento dos filhos; III – apoiar o retorno ao trabalho de sua esposa ou companheira (art. 17 da Lei 14.457/2022).

A suspensão do contrato de trabalho ocorrerá nos termos do art. 476-A da Consolidação das Leis do Trabalho, para participação em curso ou em programa de qualificação profissional oferecido pelo empregador, formalizada por meio de acordo individual, de acordo coletivo ou de convenção coletiva de trabalho (art. 17, § 1.º, Lei 14.457/2022).

A suspensão do contrato de trabalho deve ser efetuada após o término da licença-maternidade da esposa ou companheira do empregado.

O curso ou o programa de qualificação profissional deve ser oferecido pelo empregador, tem carga horária máxima de 20 horas semanais e deve ser realizado exclusivamente na modalidade não presencial, preferencialmente, de forma assíncrona.

A limitação prevista no art. 476-A, § 2.º, da Consolidação das Leis do Trabalho (suspensão do contrato de trabalho uma vez no período de 16 meses) não se aplica à suspensão do contrato de trabalho de que trata o art. 17 da Lei 14.457/2022.

O empregado faz jus à bolsa de qualificação profissional de que trata o art. 2.º-A da Lei 7.998/1990 (custeada pelo Fundo de Amparo ao Trabalhador – FAT).

Além da bolsa de qualificação profissional, durante o período de suspensão do contrato de trabalho, o empregador pode conceder ao empregado ajuda compensatória mensal, sem natureza salarial.

Se ocorrer a dispensa do empregado no transcurso do período de suspensão ou nos seis meses subsequentes ao seu retorno ao trabalho, o empregador pagará ao empregado, além das parcelas indenizatórias previstas na legislação em vigor, multa a ser estabelecida em convenção ou em acordo coletivo, que será de, no mínimo, 100% sobre o valor da última remuneração mensal anterior à suspensão do contrato.

São deveres do empregador: I – dar ampla divulgação aos seus empregados sobre a possibilidade de apoiar o retorno ao trabalho de suas esposas ou companheiras após o término do período da licença-maternidade; II – orientar sobre os procedimentos necessários para firmar acordo individual para suspensão do contrato de trabalho com qualificação; III – promover ações periódicas de conscientização sobre parentalidade responsiva e igualitária para impulsionar a adoção da medida pelos seus empregados (art. 18 da Lei 14.457/2022).

Para fins de pagamento da bolsa de qualificação profissional, o empregador deve encaminhar ao Ministério do Trabalho e Previdência os dados referentes aos empregados que terão o contrato de trabalho suspenso para apoiar o retorno ao trabalho de suas esposas ou companheiras (art. 19 da Lei 14.457/2022).

A opção por acordo individual para formalizar a medida prevista no art. 17, § 1.º, Lei 14.457/2022, somente pode ser realizada: I – nos casos de empresas ou de categorias de trabalhadores para as quais não haja acordo coletivo ou convenção coletiva de trabalho celebrados; ou II – se houver acordo coletivo ou convenção coletiva de trabalho celebrados, se o acordo individual a ser celebrado contiver medidas mais vantajosas à empregada ou ao empregado que o instrumento coletivo vigente (art. 21 da Lei 14.457/2022).

Na adoção da medida de suspensão do contrato de trabalho prevista no art. 17 da Lei 14.457/2022, deve sempre ser levada em conta a vontade expressa da empregada ou do empregado beneficiado pela medida de apoio ao exercício da parentalidade (art. 22 da Lei 14.457/2022).

CAPÍTULO V – DA RESCISÃO

Art. 477. Na extinção do contrato de trabalho, o empregador deverá proceder à anotação na Carteira de Trabalho e Previdência Social, comunicar a dispensa aos órgãos competentes e realizar o pagamento das verbas rescisórias no prazo e na forma estabelecidos neste artigo.

§ 1.º Revogado.

§ 2.º O instrumento de rescisão ou recibo de quitação, qualquer que seja a causa ou forma de dissolução do contrato, deve ter especificada a natureza de cada parcela paga ao empregado e discriminado o seu valor, sendo válida a quitação, apenas, relativamente às mesmas parcelas.

§ 3.º Revogado.

§ 4.º O pagamento a que fizer jus o empregado será efetuado:

I – em dinheiro, depósito bancário ou cheque visado, conforme acordem as partes; ou

II – em dinheiro ou depósito bancário quando o empregado for analfabeto.

§ 5.º Qualquer compensação no pagamento de que trata o parágrafo anterior não poderá exceder o equivalente a um mês de remuneração do empregado.

§ 6.º A entrega ao empregado de documentos que comprovem a comunicação da extinção contratual aos órgãos competentes bem como o pagamento dos valores constantes do instrumento de rescisão ou recibo de quitação deverão ser efetuados até dez dias contados a partir do término do contrato.

a) Revogada.

b) Revogada.

§ 7.º Revogado.

§ 8.º A inobservância do disposto no § 6.º deste artigo sujeitará o infrator à multa de 160 BTN, por trabalhador, bem assim ao pagamento da multa a favor do empregado, em valor equivalente ao seu salário, devidamente corrigido pelo índice de variação do BTN, salvo quando, comprovadamente, o trabalhador der causa à mora.

§ 9.º Vetado. Incluído pela Lei 7.855, de 24.10.1989.

§ 10. A anotação da extinção do contrato na Carteira de Trabalho e Previdência Social é documento hábil para requerer o benefício do seguro-desemprego e a movimentação da conta vinculada no Fundo de Garantia do Tempo de Serviço, nas hipóteses legais, desde que a comunicação prevista no *caput* deste artigo tenha sido realizada.

1. CESSAÇÃO DO CONTRATO DE TRABALHO

A cessação do contrato de trabalho pode ser conceituada como o término do referido negócio jurídico, ou seja, o fim da relação jurídica de emprego.

O fim do contrato de trabalho, em termos genéricos, pode ser indicado por expressões que procuram ser neutras, como: *terminação*, *cessação* ou mesmo *extinção* do contrato de trabalho[147].

O término do vínculo de emprego, como gênero, engloba grande diversidade de espécies, podendo-se fazer a seguinte correspondência terminológica:

a) A *resilição* do contrato de trabalho pode ser unilateral (denúncia) ou bilateral (distrato).

a.1) A resilição unilateral do contrato de trabalho (*denúncia*) significa a manifestação de vontade de apenas uma das partes, pondo fim ao negócio jurídico em questão.

Trata-se da dispensa sem justa causa ou do pedido de demissão.

A expressão "resilição unilateral" é encontrada no art. 473 do Código Civil de 2002.

a.2) A resilição bilateral do contrato de trabalho (*distrato*) é o acordo de vontades entre as partes da relação jurídica de emprego, para pôr fim a este negócio jurídico.

Pode-se imaginar a hipótese de um acordo judicial, ou mesmo extrajudicial, entre empregado e empregador, estabelecendo a cessação do vínculo de emprego.

O termo "distrato" é previsto no art. 472 do Código Civil de 2002.

b) A *resolução* do contrato de trabalho indica a sua terminação em razão de falta praticada por uma das partes, ou mesmo por ambas. No caso do contrato de trabalho, tem-se a sua cessação com a dispensa por justa causa ou falta grave, dispensa indireta e culpa recíproca.

147 Cf. MARTINS, Sergio Pinto. *Direito do trabalho*. 28. ed. São Paulo: Atlas, 2012. p. 376-377.

A terminologia "resolução" também vem sendo empregada para os casos de cessação do contrato pela chamada "onerosidade excessiva", por indicar o seu término em razão de um ônus ou gravame imposto a uma das partes ou às partes, gerando a impossibilidade de sua execução, ou seja, acarretando a inexecução do contrato.

Observa-se a utilização do termo "resolução" do contrato nos arts. 475, 478 e 479 do Código Civil de 2002.

c) A rescisão do contrato de trabalho, no rigor terminológico adotado por parte da doutrina, fica reservada para os casos de extinção do contrato de trabalho decorrente de nulidade.

Nesse sentido, a declaração de nulidade, ou mesmo a anulação do contrato, significaria a sua rescisão.

Cabe acrescentar que a revogação é termo mais pertinente à cessação de contrato a título gratuito, mas podendo excepcionalmente se verificar em modalidade onerosa, como ocorre no mandato.

De acordo com a classificação de Délio Maranhão, a dissolução do contrato de trabalho engloba as diversas formas de sua cessação que não seja a normal, tendo como subespécies a resilição, a resolução, a revogação, a rescisão e a força maior148.

No entanto, reconhece-se que a referida diferenciação nem sempre é adotada de forma unânime pela doutrina, nem verificada na jurisprudência ou mesmo na legislação.

Para ilustrar esse aspecto, cabe a menção de que o termo "rescisão" é frequentemente utilizado como mera cessação, em termos genéricos, do contrato de trabalho, como se verifica no Capítulo V, do Título IV, da CLT (arts. 477 e seguintes).

2. CLASSIFICAÇÃO DAS MODALIDADES DE CESSAÇÃO DO CONTRATO DE TRABALHO

A terminação do contrato de trabalho pode ser classificada da seguinte forma:

a) por decisão do empregador, referindo-se à dispensa sem justa causa, à dispensa com justa causa ou por falta grave e à culpa recíproca;
b) por decisão do empregado, referindo-se ao "pedido de demissão" (rectius: demissão) e à despedida indireta;
c) por desaparecimento de uma das partes, como a morte do empregado, a morte do empregador pessoa física ou a extinção da empresa;
d) por consentimento das partes;
e) pelo advento do termo do contrato a prazo determinado;
f) por força maior;
g) por factum principis.

3. PAGAMENTO DAS VERBAS RESCISÓRIAS

Na extinção do contrato de trabalho, o empregador deve proceder à anotação na Carteira de Trabalho e Previdência Social, comunicar a dispensa aos órgãos competentes e realizar o pagamento das verbas rescisórias no prazo e na forma estabelecidos no art. 477 da CLT, com redação dada pela Lei 13.467/2017.

---

148 Cf. MARANHÃO, Délio. *Instituições de direito do trabalho*. 18. ed. São Paulo: LTr, 1999. v. 1, p. 564-565.

São três, portanto, os deveres do empregador na extinção do contrato de trabalho, quais sejam: dar baixa na CTPS, comunicar a dispensa aos órgãos competentes e pagar as verbas rescisórias.

Frise-se que, em consonância com a Orientação Jurisprudencial 82 da SBDI-I do TST, a data de saída a ser anotada na CTPS deve corresponder à do término do prazo do aviso prévio, ainda que indenizado.

O § 1.º do art. 477 da CLT foi revogado pela Lei 13.467/2017. O mencionado dispositivo estabelecia que o pedido de demissão ou o recibo de quitação de rescisão, do contrato de trabalho, firmado por empregado com mais de um ano de serviço, só seria válido quando feito com a assistência do respectivo Sindicato ou perante a autoridade do Ministério do Trabalho.

O § 3.º do art. 477 da CLT também foi revogado pela Lei 13.467/2017.

Esse dispositivo previa que, quando não existisse na localidade nenhum dos órgãos previstos no art. 477 da CLT, a assistência seria prestada pelo Representante do Ministério Público ou, onde houver, pelo Defensor Público e, na falta ou impedimento deste, pelo Juiz de Paz.

A assistência no pagamento das verbas rescisórias de empregado com mais de um ano de serviço, desse modo, deixou de ser prevista em lei, não sendo mais exigida. Ainda assim, a mencionada assistência sindical pode ser prevista em norma decorrente de negociação coletiva de trabalho (art. 7.º, inciso XXVI, da Constituição da República). Cf. TST, SDC, RO-585-78.2018.5.08.0000.

Entretanto, o art. 500 da CLT continua prevendo que o pedido de demissão do empregado estável só é válido quando feito com a assistência do respectivo sindicato e, se não o houver, perante autoridade local competente do Ministério do Trabalho ou da Justiça do Trabalho. Trata-se, nesse último caso, de atuação atípica da Justiça do Trabalho, com natureza preponderantemente administrativa, semelhante às hipóteses de jurisdição voluntária (art. 719 do CPC de 2015).

O instrumento de rescisão ou recibo de quitação, qualquer que seja a causa ou forma de dissolução do contrato, deve ter especificada a natureza de cada parcela paga ao empregado e discriminado o seu valor, sendo válida a quitação, apenas, relativamente às mesmas parcelas (art. 477, § 2.º, da CLT).

Conforme o art. 477, § 4.º, da CLT, com redação dada pela Lei 13.467/2017, o pagamento a que fizer jus o empregado deve ser efetuado: em dinheiro, depósito bancário ou cheque visado, conforme acordem as partes; ou em dinheiro ou depósito bancário quando o empregado for analfabeto.

Qualquer compensação no pagamento de que trata o parágrafo anterior não pode exceder o equivalente a um mês de remuneração do empregado (art. 477, § 5.º, da CLT).

A entrega ao empregado de documentos que comprovem a comunicação da extinção contratual aos órgãos competentes bem como o pagamento dos valores constantes do instrumento de rescisão ou recibo de quitação devem ser efetuados até 10 dias contados a partir do término do contrato (art. 477, § 6.º, da CLT, com redação dada pela Lei 13.467/2017).

Os documentos que comprovem a comunicação da extinção contratual aos órgãos competentes, os quais devem ser entregues pelo empregador ao empregado, podem ser entendidos como as guias de comunicação de dispensa e de seguro-desemprego.

Especificamente quanto ao Cadastro Permanente das Admissões e Dispensas de Empregados (CAGED), segundo o art. 1.º, § 1.º, da Lei 4.923/1965, as empresas que dispensarem ou admitirem empregados ficam obrigadas a fazer a respectiva comunicação ao Ministério do Trabalho, mensalmente, até o dia sete do mês subsequente ou como estabelecido em regulamento, em relação nominal por estabelecimento, da qual constará também a indicação da Carteira de Trabalho e Previdência Social ou, para os que ainda não a possuírem, nos termos da lei, os dados indispensáveis à sua identificação pessoal.

Esclareça-se que a obrigação da comunicação de admissões e dispensas instituída pela Lei 4.923/1965 (CAGED) passa a ser cumprida por meio do Sistema Simplificado de Escrituração Digital das Obrigações Previdenciárias, Trabalhistas e Fiscais (eSocial), a partir da competência de janeiro 2020, para as empresas ou pessoas físicas equiparadas a empresas, mediante o envio, entre outras informações, da data da extinção do vínculo empregatício e motivo da rescisão do contrato de trabalho, que devem ser prestadas até o décimo dia seguinte ao da sua ocorrência (art. 144, inciso III, da Portaria 671/2021 do Ministério do Trabalho e Previdência). A contagem do mencionado prazo exclui o dia do desligamento e inclui o do vencimento (art. 14, § 6.º, da Portaria 671/2021).

A substituição da referida obrigação para as pessoas jurídicas de direito público da administração direta, autárquica e fundacional que adotem o regime jurídico previsto na CLT, bem como para as organizações internacionais, as fundações públicas de direito privado, os consórcios públicos, os fundos públicos e as comissões polinacionais, ocorrerá na data de início da obrigatoriedade de envio dos eventos periódicos ao eSocial. As mencionadas pessoas e entidades, até que estejam obrigadas a prestar as informações previstas no art. 144 da Portaria 671/2021 ao eSocial, devem prestar as informações por meio do sistema CAGED, conforme Manual de Orientação do CAGED publicado no portal gov.br.

A entrega da referida documentação que comprove a comunicação da extinção contratual aos órgãos competentes e o pagamento das verbas rescisórias ao empregado devem ocorrer no prazo máximo de 10 dias contados da extinção contratual (art. 477, § 6.º, da CLT).

Trata-se de prazo de Direito material, e não processual. Cf. Orientação Jurisprudencial 162 da SBDI-I do TST.

Em caso de aviso prévio indenizado (art. 487, § 1.º, da CLT), embora a questão possa gerar controvérsia, defende-se o entendimento de que o mencionado prazo de 10 dias, segundo a previsão do art. 477, § 6.º, da CLT, deve ser contado do *término* do contrato de trabalho em si, isto é, sem considerar a projeção do aviso prévio indenizado, a qual não posterga o término do pacto laboral em si.

O § 7.º do art. 477 da CLT foi revogado pela Lei 13.467/2017, pois previa que o ato de assistência na rescisão contratual seria sem ônus para o trabalhador e o empregador.

A inobservância do disposto no § 6.º do art. 477 da CLT sujeita o infrator à multa (com natureza administrativa) prevista no § 8.º do mesmo dispositivo legal, por trabalhador, bem assim ao pagamento da multa a favor do empregado, em valor equivalente ao seu salário, devidamente corrigido, salvo quando, comprovadamente, o trabalhador der causa à mora.

No caso de ação de consignação em pagamento proposta pelo empregador tendo como objeto verbas rescisórias, prevalece o entendimento de que não só o seu ajuizamento, mas também o correspondente depósito judicial deve ser feito no prazo previsto no art. 477, § 6.º, da CLT (10 dias contados da extinção contratual), para afastar a incidência da multa do art. 477, § 8.º, da CLT. Cf. TST, Pleno, E-RR-376-14.2015.5.07.0010, Redator Min. José Roberto Freire Pimenta, *DEJT* 30.11.2023.

Registre-se o entendimento de que, em caso de extinção do contrato de trabalho por falecimento do empregado, não se aplica a multa do art. 477, § 8.º, da CLT, pois o art. 477, § 6.º, da CLT não abrange a referida hipótese, sabendo-se que a interpretação da norma que prevê penalidade deve ser estrita. O art. 1.º da Lei 6.858/1980 dispõe que os valores devidos pelos empregadores aos empregados não recebidos em vida pelos respectivos titulares devem ser pagos, em cotas iguais, aos dependentes habilitados perante a Previdência Social, mas sem estabelecer prazo para o referido pagamento. Além disso, nesse caso, não se pode exigir do empregador o ajuizamento de ação de consignação em pagamento para excluir a incidência da multa do art. 477, § 8.º, da CLT, pois a mencionada situação não é indicada no art. 335 do Código Civil. Cf. TST, 7.ª T., RR-10923-30.2017.5.15.0137, Rel. Min. Renato de Lacerda Paiva, *DEJT* 12.02.2021.

A Portaria 667/2021 do Ministério do Trabalho e Previdência, quanto ao art. 477, § 8.º, da CLT, estabelece a multa administrativa no valor de R$ 170,26 por empregado prejudicado.

A anotação da extinção do contrato na Carteira de Trabalho e Previdência Social é documento hábil para requerer o benefício do seguro-desemprego e a movimentação da conta vinculada no Fundo de Garantia do Tempo de Serviço, nas hipóteses legais, desde que a comunicação prevista no art. 477, *caput*, da CLT tenha sido realizada (art. 477, § 10, da CLT, acrescentado pela Lei 13.467/2017).

4. MOTIVAÇÃO DA DISPENSA DO EMPREGADO PÚBLICO

Há certa controvérsia quanto à necessidade, ou não, de motivação da dispensa do servidor público, ou seja, regido pela CLT.

Quanto aos empregados públicos das empresas públicas e sociedades de economia mista que explorem atividade econômica, o art. 173, § 1.º, inciso II, da Constituição Federal determina a aplicação do regime jurídico próprio das empresas privadas, inclusive quanto às obrigações trabalhistas. Como para as empresas privadas, no sistema em vigor, não se exige que o empregador justifique ou apresente os motivos da dispensa, há entendimento de que essa mesma conclusão deveria ser aplicada aos referidos empregados públicos dessas empresas estatais. Nesse sentido, cabe destacar a Orientação Jurisprudencial 247 da SBDI-I do TST.

A ressalva quanto à Empresa Brasileira de Correios e Telégrafos, no sentido de que esta, embora seja empresa pública, deva motivar a despedida dos seus empregados, decorre do entendimento firmado pelo Supremo Tribunal Federal, assegurando à ECT as prerrogativas inerentes à Fazenda Pública (Decreto-lei 509/1969), especialmente o pagamento de débitos por meio de precatório (art. 100 da Constituição Federal de 1988), inclusive por prestar serviço público, ou seja, serviço postal (art. 21, inciso X, da Constituição da República).

Entretanto, na hipótese de *empresas públicas e sociedades de economia mista que prestam serviços públicos*, há entendimento no sentido de ser necessário que o empregador público apresente a justificativa da dispensa, pois o empregado foi admitido após aprovação em concurso público (art. 37, inciso II, da Constituição Federal de 1988), bem como por ser aplicável o princípio da motivação do ato administrativo, incidente quanto à relação de emprego público, inclusive com as referidas empresas estatais. A respeito do tema, cf. STF, Pleno, RE 589.998/PI.

O Supremo Tribunal Federal acolheu parcialmente embargos de declaração para fixar a seguinte tese: "A Empresa Brasileira de Correios e Telégrafos – ECT tem o dever jurídico de motivar, em ato formal, a demissão de seus empregados" (STF, Pleno, RE 589.998/PI, Rel. atual Min. Roberto Barroso, j. 10.10.2018).

De todo modo, o Supremo Tribunal Federal fixou a seguinte tese de repercussão geral (Tema 1.022): "As empresas públicas e as sociedades de economia mista, sejam elas prestadoras de serviço público ou exploradoras de atividade econômica, ainda que em regime concorrencial, têm o dever jurídico de motivar, em ato formal, a demissão de seus empregados concursados, não se exigindo processo administrativo. Tal motivação deve consistir em fundamento razoável, não se exigindo, porém, que se enquadre nas hipóteses de justa causa da legislação trabalhista" (STF, Pleno, RE 688.267/CE, Redator Min. Luís Roberto Barroso, j. 28.02.2024).

Já quanto aos servidores públicos, regidos pela CLT, que mantenham relação com os entes de direito público da administração direta autárquica e fundacional (União, Estados, Distrito Federal, Municípios, autarquias e fundações de direito público), o entendimento que prevalece é quanto à necessidade de motivação da dispensa, sob pena de nulidade, justamente em razão da mencionada natureza de direito público, fazendo incidir o princípio da motivação do ato administrativo (art. 50, *caput*, da Lei 9.784/1999), em sintonia com o princípio da moralidade administrativa (art. 37, *caput*, da Constituição da República).

Nessa linha, a Lei 9.962/2000, que disciplina o regime de emprego público do pessoal da Administração federal direta, autárquica e fundacional, assim prevê:

> Art. 3.º O contrato de trabalho por prazo indeterminado somente será rescindido por ato unilateral da Administração pública nas seguintes hipóteses:
>
> I – prática de falta grave, dentre as enumeradas no art. 482 da Consolidação das Leis do Trabalho – CLT;
>
> II – acumulação ilegal de cargos, empregos ou funções públicas;
>
> III – necessidade de redução de quadro de pessoal, por excesso de despesa, nos termos da lei complementar a que se refere o art. 169 da Constituição Federal;
>
> IV – insuficiência de desempenho, apurada em procedimento no qual se assegurem pelo menos um recurso hierárquico dotado de efeito suspensivo, que será apreciado em trinta dias, e o prévio conhecimento dos padrões mínimos exigidos para continuidade da relação de emprego, obrigatoriamente estabelecidos de acordo com as peculiaridades das atividades exercidas.
>
> Parágrafo único. Excluem-se da obrigatoriedade dos procedimentos previstos no *caput* as contratações de pessoal decorrentes da autonomia de gestão de que trata o § 8.º do art. 37 da Constituição Federal.

Aliás, tratando-se de *dispensa discriminatória*, com abuso do direito de cessação do vínculo, no caso de empregados públicos das empresas estatais, ou mesmo de empregados cujos contratos de trabalho são com empregadores privados, tem-se a nulidade do referido ato de dispensa, gerando o direito à reintegração.

✦ Jurisprudência

Ação direta de inconstitucionalidade. Convenção 158/OIT – Proteção do trabalhador contra a despedida arbitrária ou sem justa causa – Arguição de ilegitimidade constitucional dos atos que incorporaram essa convenção internacional ao direito positivo interno do Brasil (Decreto Legislativo 68/1992 e Decreto 1.855/1996) – Possibilidade de controle abstrato de constitucionalidade de tratados ou convenções internacionais em face da Constituição da República – Alegada transgressão ao art. 7.º, I, da Constituição da República e ao art. 10, I, do ADCT/88 – Regulamentação normativa da proteção contra a despedida arbitrária ou sem justa causa, posta sob reserva constitucional de lei complementar – Consequente impossibilidade jurídica de tratado ou convenção internacional atuar como sucedâneo da lei complementar exigida pela Constituição (CF, art. 7.º, I) – Consagração constitucional da garantia de indenização compensatória como expressão da reação estatal à demissão arbitrária do trabalhador (CF, art. 7.º, I, c/c o art. 10, I do ADCT/88) – Conteúdo programático da Convenção 158/OIT, cuja aplicabilidade depende da ação normativa do legislador interno de cada País – Possibilidade de adequação das diretrizes constantes da Convenção 158/OIT às exigências formais e materiais do Estatuto Constitucional Brasileiro – Pedido de medida cautelar deferido, em parte, mediante interpretação conforme à Constituição.

Procedimento constitucional de incorporação dos tratados ou convenções internacionais. É na Constituição da República – e não na controvérsia doutrinária que antagoniza monistas e dualistas – que se deve buscar a solução normativa para a questão da incorporação dos atos internacionais ao sistema de direito positivo interno brasileiro. O exame da vigente Constituição Federal permite constatar que a execução dos tratados internacionais e a sua incorporação à ordem jurídica interna decorrem, no sistema adotado pelo Brasil, de um ato subjetivamente complexo, resultante da conjugação de duas vontades homogêneas: a do Congresso Nacional, que resolve, definitivamente, mediante decreto legislativo, sobre tratados, acordos ou atos internacionais (CF, art. 49, I) e a do Presidente da República, que, além de poder celebrar esses atos de direito internacional (CF, art. 84, VIII), também dispõe – enquanto Chefe de Estado que é – da competência para promulgá-los mediante decreto. O *iter* procedimental de incorporação dos tratados internacionais – superadas as fases prévias da celebração da convenção internacional, de sua aprovação congressional e da ratificação pelo Chefe de Estado – conclui-se com a expedição, pelo Presidente da República, de decreto, de cuja edição derivam três efeitos básicos que lhe são inerentes: (a) a promulgação do tratado internacional; (b) a publicação oficial de seu texto; e (c) a executoriedade do ato internacional, que passa, então, e somente então, a vincular e a obrigar no plano do direito positivo interno. Precedentes. *Subordinação normativa dos tratados internacionais à Constituição da República*. – No sistema jurídico brasileiro, os tratados ou convenções internacionais estão hierarquicamente subordinados à autoridade normativa da Constituição da República. Em consequência, nenhum valor jurídico terão os tratados internacionais, que, incorporados ao sistema de direito positivo interno, transgredirem, formal ou materialmente, o texto da Carta Política. O exercício do *treaty-making power*, pelo Estado brasileiro – não obstante o polêmico art. 46 da Convenção de Viena sobre o Direito dos Tratados (ainda em curso de tramitação perante o Congresso Nacional) –, está sujeito à necessária observância das limitações jurídicas impostas pelo texto constitucional.

Controle de constitucionalidade de tratados internacionais no sistema jurídico brasileiro. O Poder Judiciário – fundado na supremacia da Constituição da República – dispõe de competência, para, quer em sede de fiscalização abstrata, quer no âmbito do controle difuso, efetuar o exame de constitucionalidade dos tratados ou convenções internacionais já incorporados ao sistema de direito positivo interno. Doutrina e jurisprudência.

Paridade normativa entre atos internacionais e normas infraconstitucionais de direito interno. Os tratados ou convenções internacionais, uma vez regularmente incorporados ao direito interno, situam-se, no sistema jurídico brasileiro, nos mesmos planos de validade, de eficácia e de autoridade em que se posicionam as leis ordinárias, havendo, em consequência, entre estas e os atos de direito internacional público, mera relação de paridade normativa. Precedentes. No sistema jurídico brasileiro, os atos internacionais não dispõem de primazia hierárquica sobre as normas de direito interno. A eventual precedência dos tratados ou convenções internacionais sobre as regras infraconstitucionais de direito interno somente se justificará quando a situação de antinomia com o ordenamento doméstico impuser, para a solução do conflito, a aplicação alternativa do critério cronológico (*lex posterior derogat priori*) ou, quando cabível, do critério da especialidade. Precedentes.

Tratado internacional e reserva constitucional de lei complementar. O primado da Constituição, no sistema jurídico brasileiro, é oponível ao princípio *pacta sunt servanda*, inexistindo, por isso mesmo, no direito positivo nacional, o problema da concorrência entre tratados internacionais e a Lei Fundamental da República, cuja suprema autoridade normativa deverá sempre prevalecer sobre os atos de direito internacional público. Os tratados internacionais celebrados pelo Brasil – ou aos quais o Brasil venha a aderir – não podem, em consequência, versar matéria posta sob reserva constitucional de lei complementar. É que, em tal situação, a própria Carta Política subordina o tratamento legislativo de determinado tema ao exclusivo domínio normativo da lei complementar, que não pode ser substituída por qualquer outra espécie normativa infraconstitucional, inclusive pelos atos internacionais já incorporados ao direito positivo interno.

Legitimidade constitucional da Convenção 158/OIT, desde que observada a interpretação conforme fixada pelo Supremo Tribunal Federal. A Convenção 158/OIT, além de depender de necessária e ulterior intermediação legislativa para efeito de sua integral aplicabilidade no plano doméstico, configurando, sob tal aspecto, mera proposta de legislação dirigida ao legislador interno, não consagrou, como única consequência derivada da ruptura abusiva ou arbitrária do contrato de trabalho, o dever de os Estados-Partes, como o Brasil, instituírem, em sua legislação nacional, apenas a garantia da reintegração no emprego. Pelo contrário, a Convenção 158/OIT expressamente permite a cada Estado-Parte (Artigo 10), que, em função de seu próprio ordenamento positivo interno, opte pela solução normativa que se revelar mais consentânea e compatível com a legislação e a prática nacionais, adotando, em consequência, sempre com estrita observância do estatuto fundamental de cada País (a Constituição brasileira, no caso), a fórmula da reintegração no emprego e/ou da indenização compensatória. Análise de cada um dos artigos impugnados da Convenção 158/OIT (Artigos 4.º a 10) (STF, Tribunal Pleno, ADI-MC 1480/DF, Rel. Min. Celso de Mello, j. 04.09.1997, *DJ* 18.05.2001).

Constitucional. Processual civil. Empresa pública prestadora de serviço público: execução: precatório. I – Os bens da Empresa Brasileira de Correios e Telégrafos, uma empresa pública prestadora de serviço público, são impenhoráveis, porque ela integra o conceito de fazenda pública. Compatibilidade, com a Constituição vigente, do D. L. 509, de 1969. Exigência de precatório: CF, art. 100. II – Precedentes do Supremo Tribunal Federal: RREE 220.906/DF, 229.696/PE, 230.072/RS, 230.051/SP e 225.011/MG, Plenário, 16.11.2000. III – RE conhecido e provido (STF, 2.ª T., RE 228.484-6, Rel. Min. Carlos Velloso, *DJ* 31.08.2001).

Empresa Brasileira de Correios e Telégrafos – ECT. Demissão imotivada de seus empregados. Impossibilidade. Necessidade de motivação da dispensa. RE parcialmente provido. I – Os empregados públicos não fazem jus à estabilidade prevista no art. 41 da CF, salvo aqueles admitidos em período anterior ao advento da EC 19/1998. Precedentes. II – Em atenção, no entanto, aos princípios da impessoalidade e isonomia, que regem a admissão por concurso público, a dispensa do empregado de empresas públicas e sociedades de economia mista que prestam serviços públicos deve ser motivada, assegurando-se, assim, que tais princípios, observados no momento daquela admissão, sejam também respeitados por ocasião da dispensa. III – A motivação do ato de dispensa, assim, visa resguardar o empregado de uma possível quebra do postulado da impessoalidade por parte do agente estatal investido do poder de demitir. IV – Recurso extraordinário parcialmente provido para afastar a aplicação, ao caso, do art. 41 da CF, exigindo-se, entretanto, a motivação para legitimar a rescisão unilateral do contrato de trabalho (STF, Pleno, RE 589.998/PI, Rel. Min. Ricardo Lewandowski, *DJe* 12.09.2013).

Direito Constitucional e Direito do Trabalho. Embargos de declaração em recurso extraordinário. Dispensa sem justa causa de empregados da ECT. Esclarecimentos acerca do alcance da repercussão geral. Aderência aos elementos do caso concreto examinado. 1. No julgamento do RE 589998, realizado sob o regime da repercussão geral, esta Corte estabeleceu que a Empresa Brasileira de Correios e Telégrafos - ECT tem o dever de motivar os atos de dispensa sem justa causa de seus empregados. Não houve, todavia, a fixação expressa da tese jurídica extraída do caso, o que justifica o cabimento dos embargos. 2. O regime da repercussão geral, nos termos do art. 543-A, § 7.º, do CPC/1973 (e do art. 1.035, § 11, do CPC/2015), exige a fixação de uma tese de julgamento. Na linha da orientação que foi firmada pelo Plenário, a tese referida deve guardar conexão direta com a hipótese objeto de julgamento. 3. A questão constitucional versada no presente recurso envolvia a ECT, empresa prestadora de serviço público em regime de exclusividade, que desfruta de imunidade tributária recíproca e paga suas dívidas mediante precatório. Logo, a tese de julgamento deve estar adstrita a esta hipótese. 4. A fim de conciliar a natureza privada dos vínculos trabalhistas com o regime essencialmente público reconhecido à ECT, não é possível impor-lhe nada além da exposição, por escrito, dos motivos ensejadores da dispensa sem justa causa. Não se pode exigir, em especial, instauração de processo administrativo ou a abertura de prévio contraditório. 5. Embargos de declaração providos em parte para fixar a seguinte tese de julgamento: A Empresa Brasileira de Correios e Telégrafos - ECT tem o dever jurídico de motivar, em ato formal, a demissão de seus empregados (STF, Pleno, ED-RE 589.998/PI, Rel. Min. Roberto Barroso, *DJe* 05.12.2018).

Agravo de instrumento. Recurso de revista interposto na vigência da Lei n.º 13.015/2014. Reclamante. Reintegração. Convenção n.º 158 da OIT. 1. Recurso de revista sob a regência da Lei n.º 13.015/2014. 2. O recurso de revista, quanto ao tema em epígrafe, atende aos requisitos do art. 896, § 1.º-A, I, II e III, da CLT, introduzidos pela Lei n.º 13.015/2014. 3. O Plenário do STF, em decisão liminar, proferida nos autos da ADIN 1.480-DF, condicionou a legitimidade constitucional das diretrizes constantes da Convenção 158 da OIT à interpretação compatível com os arts. 7.º, I, da Lei Maior e 10 do ADCT, respeitada a reserva de Lei complementar aí exigida, insuscetível de substituição por tratado internacional, uma vez que, incorporado ao direito interno, assume posição hierárquica de lei ordinária. 4. No julgamento do mérito, a referida ADIN foi extinta, por perda de objeto, em face da denúncia dessa convenção pelo Estado brasileiro, em 20.11.1996. Seguindo esse entendimento, esta Corte firmou jurisprudência no sentido de que o aludido tratado internacional, ratificado pelo Brasil em 5.1.1995 e denunciado em 20.11.1996, enquanto vigente, tinha natureza programática e eficácia limitada, na medida em que a matéria nele disciplinada dependia de regulamentação por lei complementar, na forma do art. 7.º, I, da Constituição. 5. Desse modo, a recepção, no direito pátrio, da normativa internacional não foi suficiente para garantir a permanência no emprego e autorizar comando de reintegração ou indenização, em caso de despedida sem justa causa. Julgados desta Corte. 6. Logo, estando o acórdão do Regional em consonância com a atual, iterativa e notória jurisprudência desta Corte, não há, portanto, violação de dispositivo de lei, conforme a Súmula n.º 333 do TST e o artigo 896, § 7.º, da CLT. 7. Agravo de instrumento a que se nega provimento (TST, 6.ª T., AIRR 181200-78.2013.5.17.0003, Rel. Min. Kátia Magalhães Arruda, *DEJT* 29.04.2016).

Recurso Ordinário. Ação anulatória. cláusula de acordo coletivo de trabalho. Homologação das rescisões de contrato individual de trabalho feita por um delegado sindical autorizado pelo sindicato da categoria. É cediço que a autonomia de vontade assegurada pelo reconhecimento das convenções e acordos coletivos previstos no artigo 7.º, XXVI, da Constituição Federal de 1988, encontra limite nas normas heterônomas de ordem cogente, que tratam de direitos indisponíveis. Nesse contexto, um dos fundamentos motivadores da reforma trabalhista foi o fortalecimento da negociação coletiva. O artigo 611-A da CLT encerra um rol exemplificativo de temas que podem ser objeto de negociação ao dispor que a convenção coletiva e o acordo coletivo de trabalho têm prevalência sobre a lei quando, *entre outros*, dispuserem sobre as matérias elencadas nos quinze incisos do referido artigo. Já em relação ao artigo 611-B da CLT, ao utilizar o termo "exclusivamente", foi especificado o rol das matérias que não podem ser objeto de negociação porque compreendem direitos de indisponibilidade absoluta. Logo, apesar da nova redação do artigo 477 da CLT, não exigir mais que o pedido de demissão ou recibo de quitação de rescisão do contrato de trabalho, firmado por empregado com mais de um ano de serviço, só seja válido quando feito com a assistência do respectivo sindicato ou perante a autoridade competente, nada impede, em relação a esse tema, a participação direta das partes na formulação de normas convencionais que lhes sejam mais benéficas, garantindo-lhes maior segurança à homologação e quitação de rescisão do contrato de trabalho ao dispor em cláusula de acordo coletivo que as homologações das rescisões de contrato individual de trabalho serão feitas por um delegado sindical autorizado pelo sindicato da categoria. Não estando elencado no rol taxativo do artigo 611-B da CLT como objeto ilícito de convenção coletiva ou de acordo coletivo de trabalho, não há que falar em exclusão de direito indisponível e a ocorrência de sérios prejuízos aos empregados, tão somente porque a legislação foi modificada para dar maior celeridade às rescisões contratuais. Recurso ordinário a que se nega provimento (TST, SDC, RO-585-78.2018.5.08.0000, Rel. Min. Guilherme Augusto Caputo Bastos, *DEJT* 16.08.2019).

Recurso de revista. Multa do artigo 477 da CLT. Inaplicabilidade. Morte do empregado. Transcendência política reconhecida. Tratando-se de recurso de revista interposto em face de decisão regional que se mostra contrária à jurisprudência consolidada desta Corte, revela-se presente a transcendência política da causa, a justificar o prosseguimento do exame do apelo. Na questão de fundo, discute-se o cabimento da multa do artigo 477, § 8.º, da CLT, por atraso na quitação das verbas rescisórias, em caso de extinção do contrato de trabalho por falecimento do empregado. A jurisprudência desta Corte consolidou o entendimento no sentido de que, em caso de extinção do contrato de trabalho em razão do falecimento de empregado, não se aplica a multa do artigo 477, § 8.º, da CLT, porquanto o § 6.º desse mesmo dispositivo não abrange a referida hipótese, de modo que a interpretação da referida norma deve ser restritiva. De outro lado, o artigo 1.º da Lei 6.858/1980 estabelece que os valores devidos pelos empregadores aos empregados, não recebidos em vida pelos respectivos titulares, serão pagos, em cotas iguais, aos dependentes habilitados perante a Previdência Social, contudo, tal norma também não impõe prazo para o pagamento dos valores mencionados. Outrossim, é incabível exigir do empregador o ajuizamento de ação de consignação em pagamento com o fito de eximi-lo da aplicação da aludida multa, pois tal procedimento somente é cabível nas hipóteses restritas do artigo 335 do Código Civil, o que não se verifica no presente caso. Precedentes. Recurso de revista conhecido e provido (TST, 7.ª T., RR-10923-30.2017.5.15.0137, Rel. Min. Renato de Lacerda Paiva, *DEJT* 12.02.2021).

Embargos regidos pela Lei n.º 13.015/2014. Multa do artigo 477, § 8.º, da CLT. Recusa do empregado em receber as verbas rescisórias. Ação de consignação em pagamento ajuizada com a observância do prazo previsto na alínea "b" do § 6.º do artigo 477 da CLT. Depósito judicial realizado após esse prazo. Impossibilidade. A controvérsia cinge-se a definir o prazo para a realização de depósito judicial em ação de consignação em pagamento para afastar a incidência da multa do § 8.º do artigo 477 da CLT, em sua redação anterior à Lei n.º 13.467/2017. Na hipótese dos autos, o contrato de trabalho foi extinto no dia 3/3/2015 por justa causa. Em 10/3/2015, esta ação de consignação em pagamento foi ajuizada, e o depósito das verbas rescisórias foi efetuado em 17/3/2015. Portanto, a ação foi proposta dentro do prazo previsto no artigo 477, § 6.º, da CLT, mas o correspondente depósito judicial não foi efetuado dentro desse prazo. A ação de consignação em pagamento é ação de procedimento especial, na qual a pretensão consiste na declaração de extinção, pelo depósito, de determinada obrigação. O principal objetivo dessa ação é oferecer ao credor a coisa ou a quantia devida. Regulada pelos artigos 539 e 540 do vigente Código de Processo Civil, é ela plenamente aplicável, de forma subsidiária e supletiva, ao processo do trabalho por força dos artigos 769 da CLT e 15 do CPC/2015, seara em que a sua aplicação mais frequente ocorre com o objetivo de desonerar o empregador da obrigação de pagamento das verbas rescisórias e, assim, afastar a incidência da multa prevista no artigo 477, § 8.º, da CLT quando o empregado, injustificadamente, se recusa a recebê-las. Quanto a essa multa, trata-se de sanção que objetiva assegurar o rápido pagamento das verbas rescisórias, tendo em vista sua natureza alimentar. Importante destacar que, nos termos do artigo 540 do CPC/2015, os riscos que se quer evitar com a consignação em pagamento do valor devido somente cessam, para o devedor, com o seu depósito. Ainda, o artigo 334 do Código Civil preceitua que se considera pagamento e extingue a obrigação o depósito judicial (e não, por óbvio, o mero e anterior ajuizamento, pelo devedor, desta ação judicial). Ademais, devem ser considerados, ainda, o artigo 336 do mesmo Código, que dispõe que, "para que a consignação tenha força de pagamento, será mister concorram, em relação às pessoas, ao objeto, modo e tempo, todos os requisitos sem os quais não é válido o pagamento", e seu artigo 337, segundo o qual "o depósito requerer-se-á no lugar do pagamento, cessando, tanto que se efetue, para o depositante, os juros da dívida e os riscos, salvo se for julgado improcedente". Extrai-se, portanto, do conjunto dos referidos dispositivos que, desde que julgado procedente, é o depósito que extingue a obrigação, e não meramente o ajuizamento da ação de consignação em pagamento . Assim, subsumindo-se a hipótese aos preceitos referidos, para afastar a incidência da multa do § 8.º do artigo 477 da CLT, é necessário que o depósito judicial seja feito dentro do prazo previsto no § 6.º do mesmo dispositivo celetista, pois somente com ele os riscos para o devedor cessam e a obrigação extingue-se. O prazo de cinco dias para depósito previsto no artigo 542, inciso I, do CPC/2015, no processo do trabalho, deve ser compatibilizado com o artigo 477, § 6.º, da CLT, de modo que tanto o ajuizamento da ação em consignação quanto o depósito judicial devem ser feitos em dez dias após a notificação da extinção do contrato de trabalho. Entendimento contrário significaria dilatar o prazo de direito material trabalhista por norma de direito processual comum, o que configuraria incompatibilidade na integração da lacuna normativa e, consequentemente, inobservância ao artigo 769 da CLT. Por outro lado, é totalmente equivocada a premissa de que o devedor (o empregador) das parcelas rescisórias não incorrerá também em mora quando, diante da injustificada recusa do credor dessas parcelas (o empregado), este deixar de consignar em Juízo o valor dessas verbas rescisórias por ele próprio consideradas devidas. Muito ao contrário: embora seja inegável nesses casos em que a justa causa atribuída à rescisão do contrato de trabalho houver sido mantida em Juízo, que ocorreu a denominada "mora creditoris" do empregado e credor dessas parcelas, também incorrerá em mora o devedor e empregador no momento em que deixar de efetuar o pagamento dessas parcelas rescisórias que ele próprio reconhece que devem ser pagas no prazo legal então estabelecido no antigo § 6.º, "b", do artigo 477 da CLT (o qual, como é incontroverso, aplica-se indistintamente a todas as modalidades de rescisão dos contratos de trabalho, inclusive às dispensas por justa causa dos empregados), tornando necessário e até mesmo indispensável, para elidi-la, o ajuizamento da ação de consignação em pagamento, também com o depósito judicial da correspondente quantia por ele considerada devida, dentro do referido prazo legal de dez dias, contados da notificação da demissão. Em outras palavras, na medida em que a obrigação do empregador de pagar a seu empregado o valor que o primeiro considerar devido ao segundo a título de parcelas rescisórias consiste incontroversamente uma dívida *portable*, em que compete ao devedor oferecer os valores ao credor, esse ajuizamento da ação de consignação em pagamento não será uma mera faculdade do empregador, em tais circunstâncias, mas, sim, um dever ou pelo menos um ônus seu. Por fim, ressalta-se que não pode prosperar, por ausência de razoabilidade, qualquer fundamento no sentido de que a recusa do trabalhador ao comparecimento perante a entidade sindical para quitação das parcelas mediante homologação sindical, por si só, seria suficiente para afastar a caracterização da mora do devedor. Embargos conhecidos e desprovidos (TST, Pleno, E-RR-376-14.2015.5.07.0010, Redator Min. José Roberto Freire Pimenta, *DEJT* 30.11.2023).

✦ Súmulas, Orientações Jurisprudenciais e Precedentes Normativos

Súmula 330 do TST: Quitação. Validade. A quitação passada pelo empregado, com assistência de entidade sindical de sua categoria, ao empregador, com observância dos requisitos exigidos nos parágrafos do art. 477 da CLT, tem eficácia liberatória em relação às parcelas expressamente consignadas no recibo, salvo se oposta ressalva expressa e especificada ao valor dado à parcela ou parcelas impugnadas. I – A quitação não abrange parcelas não consignadas no recibo de quitação e, consequentemente, seus reflexos em outras parcelas, ainda que estas constem desse recibo. II – Quanto a direitos que deveriam ter sido satisfeitos durante a vigência do contrato de trabalho, a quitação é válida em relação ao período expressamente consignado no recibo de quitação.

Súmula 388 do TST: Massa falida. Arts. 467 e 477 da CLT. Inaplicabilidade. A massa falida não se sujeita à penalidade do art. 467 e nem à multa do § 8.º do art. 477, ambos da CLT.

Súmula 445 do TST: Inadimplemento de verbas trabalhistas. Frutos. Posse de má-fé. Art. 1.216 do Código Civil. Inaplicabilidade ao direito do trabalho. A indenização por frutos percebidos pela posse de má-fé, prevista no art. 1.216 do Código Civil, por tratar-se de regra afeta a direitos reais, mostra-se incompatível com o Direito do Trabalho, não sendo devida no caso de inadimplemento de verbas trabalhistas.

Súmula 462 do TST: Multa do art. 477, § 8.º, da CLT. Incidência. Reconhecimento judicial da relação de emprego. A circunstância de a relação de emprego ter sido reconhecida apenas em juízo não tem o condão de afastar a incidência da multa prevista no art. 477, § 8.º, da CLT. A referida multa não será devida apenas quando, comprovadamente, o empregado der causa à mora no pagamento das verbas rescisórias.

Orientação Jurisprudencial 14 da SBDI-1 do TST: Aviso prévio cumprido em casa. Verbas rescisórias. Prazo para pagamento. Em caso de aviso prévio cumprido em casa, o prazo para pagamento das verbas rescisórias é até o décimo dia da notificação de despedida.

Orientação Jurisprudencial 82 da SBDI-1 do TST: Aviso prévio. Baixa na CTPS. A data de saída a ser anotada na CTPS deve corresponder à do término do prazo do aviso prévio, ainda que indenizado.

Orientação Jurisprudencial 162 da SBDI-1 do TST: Multa. Art. 477 da CLT. Contagem do prazo. Aplicável o art. 132 do Código Civil de 2002. A contagem do prazo para quitação das verbas decorrentes da rescisão contratual prevista no artigo 477 da CLT exclui necessariamente o dia da notificação da demissão e inclui o dia do vencimento, em obediência ao disposto no artigo 132 do Código Civil de 2002 (artigo 125 do Código Civil de 1916).

Orientação Jurisprudencial 238 da SBDI-1 do TST: Multa. Art. 477 da CLT. Pessoa jurídica de direito público. Aplicável. Submete-se à multa do artigo 477 da CLT a pessoa jurídica de direito público que não observa o prazo para pagamento das verbas rescisórias, pois nivela-se a qualquer particular, em direitos e obrigações, despojando-se do *jus imperii* ao celebrar um contrato de emprego.

Orientação Jurisprudencial 247 da SBDI-I do TST: Servidor público. Celetista concursado. Despedida imotivada. Empresa pública ou sociedade de economia mista. Possibilidade. I – A despedida de empregados de empresa pública e de sociedade de economia mista, mesmo admitidos por concurso público, independe de ato motivado para sua validade. II – A validade do ato de despedida do empregado da Empresa Brasileira de Correios e Telégrafos (ECT) está condicionada à motivação, por gozar a empresa do mesmo tratamento destinado à Fazenda Pública em relação à imunidade tributária e à execução por precatório, além das prerrogativas de foro, prazos e custas processuais.

Art. 477-A. As dispensas imotivadas individuais, plúrimas ou coletivas equiparam-se para todos os fins, não havendo necessidade de autorização prévia de entidade sindical ou de celebração de convenção coletiva ou acordo coletivo de trabalho para sua efetivação.

1. DISPENSA PLÚRIMA E DISPENSA COLETIVA

A Convenção 158 da OIT estabelece disposições complementares sobre o término da relação de trabalho por motivos econômicos, tecnológicos, estruturais ou análogos.

O Supremo Tribunal Federal julgou procedente o pedido formulado em ação declaratória de constitucionalidade, mantida a validade do Decreto 2.100, de 20 de dezembro de 1996, formulou apelo ao legislador para que elabore disciplina acerca da denúncia dos tratados internacionais, a qual preveja a chancela do Congresso Nacional como condição para a produção de efeitos na ordem jurídica interna, por se tratar de um imperativo democrático e de uma exigência do princípio da legalidade, e, por fim, fixou a seguinte tese de julgamento: "A denúncia pelo Presidente da República de tratados internacionais aprovados pelo Congresso Nacional, para que produza efeitos no ordenamento jurídico interno, não prescinde da sua aprovação pelo Congresso", entendimento que deverá ser aplicado a partir da publicação da ata do julgamento [23.06.2023], mantendo-se a eficácia das denúncias realizadas até esse marco temporal (STF, Pleno, ADC 39/DF, Rel. Min. Dias Toffoli, j. 19.06.2023, *DJe* 18.08.2023).

Trata-se da chamada *dispensa coletiva*, pois relacionada aos fatores acima indicados. Justamente por isso, na prática, é comum acarretarem a terminação de vínculos de emprego de um conjunto ou grupo de empregados.

Entretanto, o critério específico, para a correta qualificação da dispensa como coletiva, no âmbito da OIT, não é propriamente o número de empregados dispensados, mas sim a existência de motivo de ordem econômica, tecnológica ou estrutural, como se observa na Parte III da Convenção 158 da OIT[149].

A dispensa coletiva não se confunde com a dispensa plúrima.

[149] Cf. MANNRICH, Nelson. *Dispensa coletiva*: da liberdade contratual à responsabilidade social. São Paulo: LTr, 2000. p. 216: "A Convenção não conceitua dispensa coletiva, fazendo apenas referência a motivos econômicos, tecnológicos, estruturais e análogos. Além disso, não estabelece critério quantitativo determinado, nem fixa limite em relação ao número de trabalhadores para caracterizá-la. Ou seja, os procedimentos previstos nos arts. 13 e 14, relativos à dispensa coletiva, independem do número de dispensas ocorridas, podendo ser aplicados até em caso de dispensa de apenas um trabalhador. Entretanto, o § 2.º, do art. 14 permite ao legislador nacional aplicar tais procedimentos a partir da dispensa de determinado número de empregados".

Segundo Orlando Gomes: "*Dispensa coletiva* é a rescisão simultânea, por motivo único, de uma pluralidade de contratos numa empresa, sem substituição dos empregados dispensados"[150].

Na dispensa coletiva, ainda de acordo com Orlando Gomes: "A causa da *dispensa* é comum a todos, não se prendendo ao comportamento de nenhum deles, mas a uma necessidade da empresa"[151].

Diversamente, quanto à *dispensa plúrima*, conforme Orlando Gomes: "*Dispensa* dessa espécie sucede quando numa empresa se verifica uma série de *despedidas singulares* ou individuais, ao mesmo tempo, por motivo relativo à conduta de cada empregado dispensado"[152].

Na dispensa coletiva, por acarretar consequências sociais normalmente mais abrangentes e negativas, seria adequada a previsão de se tentar formas alternativas à sua ocorrência. Mesmo quando inevitável, seria relevante ser precedida de formalidades, consultas e negociações, com o fim de amenizar os seus desdobramentos prejudiciais aos trabalhadores e à sociedade.

Apesar do exposto, em consonância com o art. 477-A da CLT, acrescentado pela Lei 13.467/2017, as dispensas imotivadas individuais, plúrimas ou coletivas equiparam-se para todos os fins, não havendo necessidade de autorização prévia de entidade sindical ou de celebração de convenção coletiva ou acordo coletivo de trabalho para sua efetivação.

Desse modo, com a Lei 13.467/2017, as diversas modalidades de despedidas, inclusive plúrimas e coletivas, são tratadas da mesma forma que a dispensa individual não motivada, não se exigindo autorização prévia de entidade sindical nem a celebração de instrumentos normativos decorrentes de negociação coletiva para que ocorram.

A dispensa coletiva passa a ser tratada, assim, do mesmo modo que a despedida individual, sem considerar os seus impactos diferenciados e os seus reflexos sociais mais amplos, em afronta ao princípio da igualdade, em sua vertente material (art. 5.º, *caput*, da Constituição da República), em desacordo com a Convenção 158 da OIT e sem paralelo com a legislação da maioria dos países de maior desenvolvimento.

A referida previsão, ademais, ao institucionalizar abertamente a dispensa *imotivada*, pode violar o mandamento constitucional de proteção da relação de emprego contra despedida arbitrária ou sem justa causa (art. 7.º, inciso I, da Constituição Federal de 1988), bem como os princípios fundamentais da dignidade da pessoa humana e do valor social do trabalho (art. 1.º, incisos III e IV, da Constituição da República).

Mesmo no aspecto formal, frise-se que a Lei 13.467/2017, que acrescentou o art. 477-A da CLT, tem natureza ordinária, enquanto o art. 7.º, inciso I, da Constituição da República exige *lei complementar* para disciplinar a proteção contra dispensa arbitrária ou sem justa causa.

O Supremo Tribunal Federal fixou a seguinte tese de repercussão geral: "A intervenção sindical prévia é exigência procedimental imprescindível para a dispensa em massa de

150 GOMES, Orlando. Dispensa coletiva na reestruturação da empresa (aspectos jurídicos do desemprego tecnológico). *Revista Legislação do Trabalho*, São Paulo: LTr, ano 38, p. 575, jan. 1974 (destaques do original).

151 GOMES, Orlando. Dispensa coletiva na reestruturação da empresa (aspectos jurídicos do desemprego tecnológico). *Revista Legislação do Trabalho*, São Paulo: LTr, ano 38, p. 575, jan. 1974 (destaques do original).

152 GOMES, Orlando. Dispensa coletiva na reestruturação da empresa (aspectos jurídicos do desemprego tecnológico). *Revista Legislação do Trabalho*, São Paulo: LTr, ano 38, p. 576, jan. 1974 (destaques do original).

trabalhadores, que não se confunde com autorização prévia por parte da entidade sindical ou celebração de convenção ou acordo coletivo" (STF, Pleno, RE 999.435/SP, Red. p/ ac. Min. Edson Fachin, j. 08.06.2022).

O Supremo Tribunal Federal acolheu parcialmente embargos de declaração, para modular os efeitos da referida decisão, de modo a explicitar que a exigência de intervenção sindical prévia vincula apenas as demissões em massa ocorridas após a publicação da ata do julgamento de mérito, o que ocorreu em 14.06.2022 (STF, Pleno, ED-RE 999.435/SP, Red. p/ ac. Min. Roberto Barroso, j. 13.04.2023).

✦ Jurisprudência

Contrato de trabalho. Rompimento. Negociação coletiva. Exigência na origem. Recurso extraordinário. Repercussão geral verificada. Possui repercussão geral a controvérsia acerca da necessidade de prévia negociação coletiva com o sindicato dos trabalhadores para dispensa dos empregados em massa (STF, Pleno, ARE-RG 647.651/SP, Rel. Min. Marco Aurélio, *DJe* 02.05.2013).

Constitucional. Direito dos trabalhadores. Dispensa em massa. Intervenção sindical prévia. Exigência. Art. 7.º, incisos I e XXVI, da Constituição da República. 1. Os direitos sociais fundamentais trabalhistas são corolários primários do modelo político alcunhado de Estado Democrático de Direito. 2. As relações contratuais, em geral, e as relações contratuais trabalhistas, em particular, devem considerar sujeitos e objetos concretos. 3. Diante da previsão constitucional expressa do artigo 7.º, I e XXVI, da CRFB, é inadmissível o rompimento em massa do vínculo de emprego sem a devida atenção à negociação coletiva. 4. Recurso extraordinário não provido, com fixação majoritária, vencidos os Ministros Edson Fachin e Ricardo Lewandowski e a Ministra Rosa Weber, da seguinte tese: "A intervenção sindical prévia é exigência procedimental imprescindível para a dispensa em massa de trabalhadores, que não se confunde com autorização prévia por parte da entidade sindical ou celebração de convenção ou acordo coletivo" (STF, Pleno, RE 999.435/SP, Red. p/ ac. Min. Edson Fachin, *DJe* 15.09.2022).

Ação declaratória de constitucionalidade. Decreto n.º 2.100, de 20 de dezembro de 1996. Denúncia do Estado brasileiro da Convenção n.º 158 da Organização Internacional do Trabalho (OIT). Preliminar. Existência de controvérsia judicial relevante. Mérito. Denúncia de tratado internacional por vontade exclusiva do presidente da República. Necessidade de participação do Congresso Nacional. Estado Democrático de Direito e princípio da legalidade. Tese fixada. Efeitos prospectivos. Procedência da ação. 1. As requerentes apresentaram elementos dos quais é possível extrair a ausência de consenso judicial sobre o tema, a denotar a utilidade de se prosseguir com a análise da ação declaratória, cabendo ao Supremo Tribunal Federal pacificar a controvérsia à luz do ordenamento constitucional. A existência de uma ação direta de inconstitucionalidade com o mesmo objeto não impede o conhecimento da ação declaratória de constitucionalidade (Precedentes: ADC n.º 5/DF, Tribunal Pleno, Rel. Min. Nelson Jobim, red. do ac. Min. Ricardo Lewandowski, *DJe* de 5/10/07; ADI n.º 1.800/DF, Rel. Min. Nelson Jobim, red. do ac. Min. Ricardo Lewandowski, *DJe* de 28/9/07). 2. A questão controvertida consiste na aferição da necessidade de manifestação de vontade do Congresso Nacional para que a denúncia de um tratado internacional produza efeitos no direito doméstico, em face do que dispõe o art. 49, inciso I, da Constituição Federal, questão que é suscitada a partir do pedido de declaração de constitucionalidade do Decreto n.º 2.100, de 20 de dezembro de 1996. 3. O teor do art. 49, inciso I, e do art. 84, inciso VIII, da Constituição Federal indica uma necessária conjugação de vontades para a adesão do Estado Brasileiro aos termos de um tratado internacional, ou seja, requer uma convergência das competências do Presidente da República, a quem cabe celebrar o acordo, e do Congresso Nacional, que exerce função de controle e fiscalização, autorizando sua ratificação pelo chefe do Poder Executivo (Precedente: ADI n.º 1.480/DF-MC, Tribunal Pleno, Rel. Min. Celso de Mello, DJ de 18/5/01). 4. Manifestação dos freios e contrapesos que caracterizam o exercício compartilhado do Poder nas democracias contemporâneas, enquanto antítese da autocracia e do totalitarismo, estabelecendo-se procedimentos que conferem legitimidade aos compromissos internacionais assumidos pelo Poder Executivo, para que, com força de lei, eles possam vincular os cidadãos e as autoridades constituídas. 5. Uma vez incorporados ao direito interno, os tratados passam a contar com força de lei ordinária federal, ressalvados os tratados que versam sobre direitos humanos, os quais passam a ter natureza supralegal ou até mesmo constitucional, caso observem o procedimento previsto no art. 5.º, § 3.º, da CF/88. Como tais, aos tratados se aplicam os mesmos critérios de solução de conflito de normas, como o da cronologia (norma posterior revoga a anterior) e da especialidade (norma especial prevalece sobre a genérica) (Precedentes: ADI n.º 1.480/DF-MC, Tribunal Pleno, Rel. Min. Celso de Mello, *DJ* de 18/5/01; ARE n.º 766.618/SP, Tribunal Pleno, Rel. Min. Roberto Barroso, julgado em 25/5/17, *DJe* de 13/11/17). 6. À luz da Constituição de 1988, decorre do próprio Estado Democrático de Direito e de seu corolário ' o princípio da legalidade ' que a denúncia de um tratado internacional, embora produza efeitos no âmbito externo diante da manifestação de vontade do Presidente da República, requer a anuência do Congresso Nacional para que suas normas sejam excluídas do direito positivo interno. 7. Julgar improcedente a presente ação, reconhecendo, por consequência, a inconstitucionalidade do Decreto n.º 2.100, de 20 de dezembro de 1996, significaria lançar luz à possibilidade de invalidar todos os atos de denúncia unilateral praticados até o momento em períodos variados da história nacional. Não se pode desconsiderar tratar-se de um costume consolidado pelo tempo e que, não tendo sido formalmente invalidado, vinha sendo adotado de boa-fé e com justa expectativa de legitimidade. 8. Fixação da seguinte tese de julgamento: "a denúncia pelo Presidente da República de tratados internacionais aprovados pelo Congresso Nacional, para que produza efeitos no ordenamento jurídico interno, não prescinde da sua aprovação pelo Congresso". Aplicação desse entendimento a partir da publicação da ata do julgamento, mantendo-se a eficácia das denúncias realizadas até esse marco temporal. 9. Ação declaratória de constitucionalidade julgada procedente. 10. Apelo ao legislador para que elabore disciplina acerca da denúncia dos tratados internacionais que preveja a chancela do Congresso Nacional como condição para a produção de efeitos na ordem jurídica interna (STF, Pleno, ADC 39/DF, Rel. Min. Dias Toffoli, *DJe* 18.08.2023).

Art. 477-B. Plano de Demissão Voluntária ou Incentivada, para dispensa individual, plúrima ou coletiva, previsto em convenção coletiva ou acordo coletivo de trabalho, enseja quitação plena e irrevogável dos direitos decorrentes da relação empregatícia, salvo disposição em contrário estipulada entre as partes.

1. PLANO DE DEMISSÃO VOLUNTÁRIA OU INCENTIVADA

Cabe fazer menção aos *planos de demissão voluntária ou incentivada*, pois deles pode decorrer a extinção de contratos de trabalho.

Em princípio, os planos de demissão voluntária ou incentivada não são aptos a extinguir todos os direitos decorrentes do contrato de trabalho, ainda que pactuados com esse objetivo, independentemente dos dizeres formalmente consignados em seu instrumento, mesmo que o ato jurídico seja formalmente hígido e sem vícios na manifestação de vontade. No máximo, a eficácia será a de quitação, restrita aos direitos especificamente adimplidos (art. 477, § 2.º, da CLT e art. 320 do Código Civil).

Cf. Orientação Jurisprudencial 270 da SBDI-I do TST. Além disso, entende-se que a natureza jurídica do valor pago a título de incentivo à demissão voluntária é *indenizatória*, como forma de indenizar/compensar a perda do emprego (mas não servindo o referido valor para compensar ou deduzir outras verbas trabalhistas devidas, decorrentes do vínculo de emprego), o que se observa na Orientação Jurisprudencial 207 da SBDI-I do TST.

Por sua vez, confirmando a impossibilidade de compensação da indenização paga em razão da adesão a PDV com créditos trabalhistas reconhecidos em juízo (inclusive por não ser hipótese de crédito do ex-empregado em face do trabalhador, nem serem verbas de idêntica natureza), cf. a Orientação Jurisprudencial 356 da SBDI-I do TST.

Entretanto, é importante registrar que o Plenário do Supremo Tribunal Federal, em 30 de abril de 2015, no Recurso Extraordinário 590.415, com repercussão geral reconhecida, fixou a seguinte tese: "*A transação extrajudicial que importa rescisão do contrato de trabalho, em razão de adesão voluntária do empregado a plano de dispensa incentivada*, enseja *quitação ampla e irrestrita de todas as parcelas objeto do contrato de emprego*, caso essa condição tenha constado expressamente do *acordo coletivo* que aprovou o plano, bem como dos *demais instrumentos celebrados com o empregado*".

De acordo com a argumentação constante do voto do Rel. Min. Luís Roberto Barroso, a assimetria presente nas relações individuais de trabalho não se observa, ao menos com a mesma intensidade, no âmbito das relações coletivas de trabalho.

Reconheceu-se, assim, que o Direito Coletivo do Trabalho possui peculiaridades e fundamentos próprios, com destaque aos princípios da *equivalência dos contratantes coletivos*, da *lealdade na negociação coletiva* e da *adequação setorial negociada*.

A Constituição da República, com isso, prestigia a legitimidade da solução dos conflitos trabalhistas *de forma negociada*, dando origem a instrumentos normativos produzidos pela *autonomia privada coletiva*, com destaque para as *convenções* e os *acordos coletivos do trabalho*.

Nesse sentido, em consonância com o art. 7.º, incisos VI, XIII, XIV e XXVI, da Constituição Federal de 1988, são direitos dos trabalhadores urbanos e rurais, além de outros que visem à melhoria de sua condição social, a "irredutibilidade do salário, *salvo o disposto em convenção ou acordo coletivo*", a "compensação de horários e a redução da jornada, *mediante acordo ou convenção coletiva de trabalho*", a "jornada de seis horas para o trabalho realizado em turnos ininterruptos de revezamento, *salvo negociação coletiva*", e o "*reconhecimento das convenções e acordos coletivos de trabalho*".

Além disso, o art. 8.º, incisos III e VI, do texto constitucional acentua ser livre a associação profissional ou sindical, sendo atribuição dos sindicatos "a defesa dos direitos e interesses *coletivos ou individuais* da categoria", com a obrigatoriedade de sua participação "nas *negociações coletivas de trabalho*".

Essa ênfase na *autocomposição dos conflitos trabalhistas* também é reconhecida no âmbito da Organização Internacional do Trabalho, conforme a Convenção 98, de 1949, aprovada no Brasil pelo Decreto Legislativo 49/1952 e promulgada pelo Decreto 33.196/1953 (atualmente Decreto 10.088/2019), que dispõe sobre o *direito de organização sindical e de negociação coletiva*, e a Convenção 154, aprovada internamente pelo Decreto Legislativo 22/1992 e promulgada pelo Decreto 1.256/1994 (atualmente Decreto 10.088/2019), versando sobre o *fomento à negociação coletiva*.

A negociação coletiva de trabalho, portanto, concretiza o *diálogo* e a *democracia* na sociedade, permitindo que os próprios interessados estabeleçam as normas mais adequadas para a superação dos conflitos em favor da *paz social*.

Com isso, concluiu-se que "não há qualquer argumento que justifique o não reconhecimento da quitação plena outorgada pela reclamante ou que enseje a invalidade do acordo coletivo que a autorizou. Ao fazê-lo, a decisão recorrida incorreu em violação ao art. 7.º, XXVI, da Constituição, uma vez que negou reconhecimento ao acordo coletivo com base em fundamentos ilegítimos, sendo de se destacar que *o respeito a tais acordos preserva o interesse da classe trabalhadora de dispor desse instrumento essencial à adequação das normas trabalhistas aos momentos de crise e à minimização dos danos ensejados por dispensas em massa*" (STF, Pleno, RE 590.415/SC, Rel. Min. Luís Roberto Barroso, j. 30.04.2015).

Tendo em vista essa importante decisão, torna-se imperioso *distinguir* os planos de incentivo à demissão que são estabelecidos de forma unilateral, ou seja, apenas pelo empregador, daqueles pactuados por meio de negociação coletiva, com a participação dos sindicatos das categorias profissionais, constando de acordos coletivos de trabalho.

Na última hipótese, havendo cláusula que prevê a *quitação ampla, geral e irrestrita* de todos os direitos decorrentes do contrato de trabalho, que se extinguiu justamente em razão da adesão voluntária do empregado ao plano de incentivo à demissão, conferindo *eficácia liberatória geral*, prevaleceu o entendimento quanto à sua *plena validade*, justamente por ser prevista em instrumento normativo pactuado com o sindicato que representa a categoria profissional, no exercício da *autonomia da vontade coletiva*.

Em harmonia com os aspectos indicados, o art. 477-B da CLT, acrescentado pela Lei 13.467/2017, prevê que o *Plano de Demissão Voluntária ou Incentivada*, para dispensa individual, plúrima ou coletiva, *previsto em convenção coletiva ou acordo coletivo de trabalho*, enseja quitação plena e irrevogável dos direitos decorrentes da relação empregatícia, salvo disposição em contrário estipulada entre as partes.

Observa-se que foi adotada a posição firmada pelo STF a respeito do tema.

Ainda assim, em termos reais e concretos, a atual previsão não se sensibiliza com o fato de que, apesar de a cláusula que institui o plano de incentivo à demissão poder ser pactuada na esfera das relações coletivas de trabalho, mais especificamente por meio de negociação coletiva, em que as partes estão em condição relativamente isonômica, a adesão, em si, é feita pelo próprio empregado, *no âmbito da relação individual de emprego*, na qual vigora o princípio da indisponibilidade, pois a sua posição é de nítida assimetria, bem como de vulnerabilidade social e econômica em face do empregador.

Em regra, o empregado, ciente da irremediável perda do emprego, apenas adere formalmente ao plano de demissão incentivada, por já saber da inviabilidade de manutenção do contrato de trabalho.

Em verdade, também não se pode confundir o *pagamento*, como forma de extinção das obrigações (arts. 304 e seguintes do Código Civil de 2002), com a *transação*, que é modalidade contratual (arts. 840 e seguintes do Código Civil de 2002).

A rigor, a mera adesão ao plano de demissão incentivada *nem sempre possui natureza jurídica de transação*, ainda que extrajudicial, quando ausente qualquer litígio, ainda que em potencial, ou seja, quando não se verificar o requisito da controvérsia, a ser solucionada por meio de concessões recíprocas das partes envolvidas.

Não se poderia, portanto, aplicar a eficácia da transação a instituto que não tem essa natureza jurídica, mas de simples pagamento de verbas rescisórias, mesmo com o acréscimo de parcela indenizatória, por se ter aderido ao programa de demissão, instituído para atender a eventuais interesses econômicos, financeiros, tecnológicos ou de gestão da empresa, a qual corre o risco do seu próprio empreendimento.

É necessário também atentar-se à adesão ao plano de demissão incentivada que, na verdade, *não é ato jurídico regido pelo Direito Coletivo do Trabalho, nem exercido na esfera da negociação coletiva, tampouco se traduz em exercício da autonomia privada coletiva*.

Trata-se de típico ato individual, realizado pelo trabalhador, em estado de subordinação ao poder de direção do empregador, ainda na vigência do pacto laboral, apenas como forma de amenizar a iminente perda do emprego.

É imprescindível perceber que as verbas pretensamente abrangidas por cláusula de quitação ampla, geral e irrestrita no plano de incentivo à demissão não são direitos coletivos nem pertencem ao sindicato da categoria profissional.

É imperioso não confundir a possibilidade de transação, dentro de certos limites, na esfera da relação coletiva de trabalho, por meio de negociação coletiva, voltada à fixação genérica e abstrata de direitos e condições de trabalho, com uma suposta transação na esfera da relação individual de trabalho, entre empregado e empregador, a qual, em conformidade com o sistema jurídico em vigor, é admitida diante de órgãos específicos, voltados à pacificação de conflitos.

Como se pode notar, a quitação ampla e irrestrita de todas as verbas decorrentes do contrato de trabalho, procedente do mero pagamento de parcelas devidas e reconhecidas pelo empregador, sob o nome de uma suposta transação inexistente, pode acabar significando a invalidação do direito fundamental de se postular prestações sociais e trabalhistas inadimplidas, em desprestígio à garantia constitucional de efetivo *acesso à ordem jurídica justa* (art. 5.º, inciso XXXV, da Constituição da República), distanciando-se dos mandamentos constitucionais de justiça e melhoria das condições de vida dos trabalhadores (arts. 3.º, inciso I, e 7.º, *caput*, da Constituição da República).

✦ Jurisprudência

Direito do trabalho. Acordo coletivo. Plano de dispensa incentivada. Validade e efeitos. 1. Plano de dispensa incentivada aprovado em acordo coletivo que contou com ampla participação dos empregados. Previsão de vantagens aos trabalhadores, bem como quitação de toda e qualquer parcela decorrente de relação de emprego. Faculdade do empregado de optar ou não pelo plano. 2. Validade da quitação ampla. Não incidência, na hipótese, do art. 477, § 2.º, da Consolidação das Leis do Trabalho, que restringe a eficácia liberatória da quitação aos valores e às parcelas discriminadas no termo de rescisão exclusivamente. 3. No âmbito do direito coletivo do trabalho não se verifica a mesma situação de assimetria de poder presente nas relações individuais de trabalho. Como consequência, a autonomia coletiva da vontade não se encontra sujeita aos mesmos limites que a autonomia individual. 4. A Constituição de 1988, em seu artigo 7.º, XXVI, prestigiou a autonomia coletiva da vontade e a autocomposição dos conflitos trabalhistas, acompanhando a tendência mundial ao crescente reconhecimento dos mecanismos de negociação coletiva, retratada na Convenção n. 98/1949 e na Convenção n. 154/1981 da Organização Internacional do Trabalho. O reconhecimento dos acordos e convenções coletivas permite que os trabalhadores contribuam para a formulação das normas que regerão a sua própria vida. 5. Os planos de dispensa incentivada permitem reduzir as repercussões sociais das dispensas, assegurando àqueles que optam por seu desligamento da empresa condições econômicas mais vantajosas do que aquelas que decorreriam do mero desligamento por decisão do empregador. É importante, por isso, assegurar a credibilidade de tais planos, a fim de preservar a sua função protetiva e de não desestimular o seu uso. 7. Provimento do recurso extraordinário. Afirmação, em repercussão geral, da seguinte tese: "A transação extrajudicial que importa rescisão do contrato de trabalho, em razão de adesão voluntária do empregado a plano de dispensa incentivada, enseja quitação ampla e irrestrita de todas as parcelas objeto do contrato de emprego, caso essa condição tenha constado expressamente do acordo coletivo que aprovou o plano, bem como dos demais instrumentos celebrados com o empregado" (STF, Pleno, RE 590.415/SC, Rel. Min. Luís Roberto Barroso, j. 30.04.2015).

✦ Súmulas, Orientações Jurisprudenciais e Precedentes Normativos

Orientação Jurisprudencial 207 da SBDI-I do TST: Programa de incentivo à demissão voluntária. Indenização. Imposto de renda. Não incidência. A indenização paga em virtude de adesão a programa de incentivo à demissão voluntária não está sujeita à incidência do imposto de renda.

Orientação Jurisprudencial 270 da SBDI-I do TST: Programa de incentivo à demissão voluntária. Transação extrajudicial. Parcelas oriundas do extinto contrato de trabalho. Efeitos. A transação extrajudicial que importa rescisão do contrato de trabalho ante a adesão do empregado a plano de demissão voluntária implica quitação exclusivamente das parcelas e valores constantes do recibo.

Orientação Jurisprudencial 356 da SBDI-I do TST: Programa de incentivo à demissão voluntária (PDV). Créditos trabalhistas reconhecidos em juízo. Compensação. Impossibilidade. Os créditos tipicamente trabalhistas reconhecidos em juízo não são suscetíveis de compensação com a indenização paga em decorrência de adesão do trabalhador a Programa de Incentivo à Demissão Voluntária (PDV).

Art. 478. A indenização devida pela rescisão de contrato por prazo indeterminado será de 1 (um) mês de remuneração por ano de serviço efetivo, ou por ano e fração igual ou superior a 6 (seis) meses.

§ 1.º O primeiro ano de duração do contrato por prazo indeterminado é considerado como período de experiência, e, antes que se complete, nenhuma indenização será devida.

§ 2.º Se o salário for pago por dia, o cálculo da indenização terá por base 25 (vinte e cinco) dias.

§ 3.º Se pago por hora, a indenização apurar-se-á na base de 200 (duzentas) horas por mês.

§ 4.º Para os empregados que trabalhem a comissão ou que tenham direito a percentagens, a indenização será calculada pela média das comissões ou percentagens percebidas nos últimos 12 (doze) meses de serviço.

§ 5.º Para os empregados que trabalhem por tarefa ou serviço feito, a indenização será calculada na base média do tempo costumeiramente gasto pelo interessado para realização de seu serviço, calculando-se o valor do que seria feito durante 30 (trinta) dias.

1. INDENIZAÇÃO

Em linhas genéricas, pode-se dizer que existem dois sistemas pertinentes à despedida como forma de cessação da relação de emprego: o impeditivo da despedida e o da reparação econômica[153].

O primeiro pode ser entendido como impeditivo da dispensa, assegurando estabilidade ao empregado, o que começou a ser previsto pela Lei Eloy Chaves, de 1923, persistindo até a Lei 5.107/1966 (revogada pela Lei 7.839/1989), que instituiu o regime facultativo do FGTS.

O direito ao FGTS, com a Constituição Federal de 1988, tornou-se o regime obrigatório (art. 7.º, inciso III).

O segundo sistema de despedida é aquele que estabelece uma reparação econômica, ou seja, uma indenização, pela dispensa sem justa causa. Tem-se aqui o dever de o empregador pagar a indenização em favor do empregado, como forma de desestimular o término do vínculo de emprego.

A indenização, especificamente no Direito do Trabalho, quanto ao término da relação de emprego, pode ser conceituada como o valor devido pelo empregador, por dispensar o empregado sem justa causa.

A indenização pela dispensa sem justa causa apresenta diversos traços distintivos da indenização tradicionalmente regulada pelo Direito Civil.

Na realidade, a indenização pela dispensa do empregado tem natureza própria, de direito trabalhista, sem se confundir com a indenização devida na responsabilidade civil tradicional, nem com as prestações da seguridade social. Por outro lado, também se distancia da natureza salarial, justamente por não decorrer da prestação de serviços, mas sim da terminação do vínculo de emprego sob certas modalidades.

Por isso, pode-se dizer que certas teorias, como a do abuso de direito, do salário diferido e do dano, não se amoldam às especificidades do instituto em estudo.

A indenização em questão, de todo modo, também pode ser vista como uma compensação devida ao empregado, com valor previsto em lei, pela perda do emprego decorrente da sua dispensa sem justa causa.

2. INDENIZAÇÃO POR TEMPO DE SERVIÇO

O regime de indenização por tempo de serviço, previsto nos arts. 478 e 496 a 498 da CLT, não é mais aplicável (quanto ao tempo de serviço) a partir da entrada em vigor da Constituição Federal de 1988, pois esta adotou o sistema obrigatório do FGTS.

---

153 Cf. MARTINS, Sergio Pinto. *Direito do trabalho*. 22. ed. São Paulo: Atlas, 2006. p. 418.

Mesmo assim, quanto aos empregados admitidos antes de 5 de outubro de 1988, e que não tenham optado pelo FGTS, o tempo de serviço até a referida data deve ser regulado pelos arts. 478 e 496 a 498 da CLT, na hipótese de serem despedidos de forma arbitrária ou sem justa causa.

Isso se confirma pela previsão da Lei 8.036/1990, que regula o Fundo de Garantia do Tempo de Serviço, especialmente no art. 14, § 1.º:

> Art. 14. Fica ressalvado o direito adquirido dos trabalhadores que, à data da promulgação da Constituição Federal de 1988, já tinham o direito à estabilidade no emprego nos termos do Capítulo V do Título IV da CLT.
>
> § 1.º O tempo do trabalhador não optante do FGTS, anterior a 5 de outubro de 1988, em caso de rescisão sem justa causa pelo empregador, reger-se-á pelos dispositivos constantes dos arts. 477, 478 e 497 da CLT.
>
> § 2.º O tempo de serviço anterior à atual Constituição poderá ser transacionado entre empregador e empregado, respeitado o limite mínimo de 60 (sessenta) por cento da indenização prevista.
>
> § 3.º É facultado ao empregador desobrigar-se da responsabilidade da indenização relativa ao tempo de serviço anterior à opção, depositando na conta vinculada do trabalhador, até o último dia útil do mês previsto em lei para o pagamento de salário, o valor correspondente à indenização, aplicando-se ao depósito, no que couber, todas as disposições desta lei.
>
> § 4.º Os trabalhadores poderão a qualquer momento optar pelo FGTS com efeito retroativo a 1.º de janeiro de 1967 ou à data de sua admissão, quando posterior àquela.

O *caput* do art. 477 da CLT, em sua redação anterior, dada pela Lei 5.584/1970, estabelecia que a indenização por tempo de serviço era calculada com base na maior remuneração recebida na empresa, sendo devida ao empregado dispensado sem justa causa (bem como na despedida indireta, na cessação da atividade da empresa sem força maior e no *factum principis*), quando contratado por tempo indeterminado.

A regra geral era no sentido de que a indenização devida pela dispensa sem justa causa, em contrato por prazo indeterminado, era de um mês de remuneração por ano de serviço efetivo, ou por ano e fração igual ou superior a seis meses (art. 478, *caput*).

O primeiro ano do contrato a prazo indeterminado era chamado de *período de experiência*, pois, antes que se completasse, nenhuma indenização era devida (§ 1.º). Esse período de experiência, no entanto, não se confunde com o contrato de experiência, o qual é modalidade de contrato a prazo determinado.

Já no período de experiência pode-se entender presente uma natureza de condição resolutiva, no sentido de que o contrato já produz efeitos desde o início, mas, ocorrendo o evento incerto (desaprovação do trabalho pelo empregador), o contrato de trabalho se extingue, sem ser devida qualquer indenização. Não havendo a referida cessação, o vínculo prossegue, e a dispensa sem justa causa, posteriormente, torna devida a indenização pelo tempo de serviço existente.

Os §§ 2.º, 3.º, 4.º e 5.º do art. 478 da CLT, acima transcritos, regulam, respectivamente, a forma de cálculo da indenização por tempo de serviço nos casos de empregados que recebiam por dia, por hora, por comissão ou percentagens e por tarefa ou serviço feito.

Cabe esclarecer que, em razão do art. 7.º, inciso XIII, da Constituição Federal de 1988, estabelecendo a duração normal do trabalho não superior a oito horas diárias e 44 horas semanais, o § 3.º do art. 478 deve ser assim adaptado, dando origem ao divisor de 220 horas por mês. Entretanto, a indenização por tempo de serviço da CLT só tem como ser devida, quanto ao período anterior à Constituição Federal de 1988, aos empregados que não eram optantes pelo FGTS. No salário pago por dia, deve-se utilizar o referencial de 30 dias por mês, como confirma a Lei 8.542/1992, art. 6.º, § 1.º.

Computam-se na contagem de tempo de serviço, para efeito de indenização e de estabilidade, os períodos em que o empregado estiver afastado do trabalho prestando serviço militar e por motivo de acidente do trabalho (art. 4.º, § 1.º, da CLT).

Quanto ao cálculo da indenização aqui estudada, cf. Súmulas 24, 60, 132, 139, 148 e 253 do TST.

A Súmula 207 do STF prevê que as gratificações habituais, inclusive a de Natal, "consideram-se tacitamente convencionadas, integrando o salário", com o que devem ser levadas em conta no cálculo da indenização. Ainda sobre o tema, cabe mencionar a Orientação Jurisprudencial Transitória 44 da SBDI-I do TST.

✦ Jurisprudência

Agravo de instrumento. Recurso de revista. Processo sob a égide da Lei n.º 13.015/2014. Alteração do regime celetista para o estatutário. Multa de 40% sobre o FGTS e aviso prévio. Indevidos. O entendimento desta Corte é no sentido de que a conversão do regime jurídico celetista para o estatutário, desde que o empregado tenha prestado concurso público, ainda que anteriormente, extingue o contrato de trabalho, provocando, em consequência, o direito ao levantamento do FGTS. Não incide, porém, o aviso prévio indenizado e o percentual de 40% de acréscimo rescisório, por não se ter verificado a dispensa sem justa causa e não ter desaparecido a relação jurídica entre as partes, convolada em administrativa. Agravo de instrumento desprovido (TST, 3.ª T., AIRR 1171-86.2014.5.02.0303, Rel. Min. Mauricio Godinho Delgado, *DEJT* 06.05.2016).

✦ Súmulas, Orientações Jurisprudenciais e Precedentes Normativos

Súmula 24 do TST: Serviço extraordinário. Insere-se no cálculo da indenização por antiguidade o salário relativo a serviço extraordinário, desde que habitualmente prestado.

Súmula 60 do TST: Adicional noturno. Integração no salário e prorrogação em horário diurno. I – O adicional noturno, pago com habitualidade, integra o salário do empregado para todos os efeitos. (...).

Súmula 132 do TST: Adicional de periculosidade. Integração. I – O adicional de periculosidade, pago em caráter permanente, integra o cálculo de indenização e de horas extras. (...).

Súmula 139 do TST: Adicional de insalubridade. Enquanto percebido, o adicional de insalubridade integra a remuneração para todos os efeitos legais.

Súmula 148 do TST: Gratificação natalina. É computável a gratificação de Natal para efeito de cálculo de indenização.

Súmula 207 do TST: Conflitos de leis trabalhistas no espaço. Princípio da *lex loci executionis*. A relação jurídica trabalhista é regida pelas leis vigentes no país da prestação de serviço e não por aquelas do local da contratação.

Súmula 253 do TST: Gratificação semestral. Repercussões. A gratificação semestral não repercute no cálculo das horas extras, das férias e do aviso prévio, ainda que indenizados. Repercute, contudo, pelo seu duodécimo na indenização por antiguidade e na gratificação natalina.

Orientação Jurisprudencial Transitória 44 da SBDI-I do TST: Anistia. Lei 6.683/1979. Tempo de afastamento. Não computável para efeito de indenização e adicional por tempo de serviço, licença-prêmio e promoção. O tempo de afastamento do anistiado pela Lei 6.683/1979 não é computável para efeito do pagamento de indenização por tempo de serviço, licença-prêmio e promoção.

✦ Referência legislativa

- Leis 7.998/1990 e 13.134/2015 (seguro-desemprego).

Art. 479. Nos contratos que tenham termo estipulado, o empregador que, sem justa causa, despedir o empregado será obrigado a pagar-lhe, a título de indenização, e por metade, a remuneração a que teria direito até o termo do contrato.

Parágrafo único. Para a execução do que dispõe o presente artigo, o cálculo da parte variável ou incerta dos salários será feito de acordo com o prescrito para o cálculo da indenização referente à rescisão dos contratos por prazo indeterminado.

1. INDENIZAÇÃO DO ART. 479

Não havendo cláusula assecuratória do direito recíproco de rescisão, no caso da cessação do contrato, antes do termo ajustado, por iniciativa do empregador, em conformidade com o art. 479 da CLT, é devida uma indenização no valor correspondente à metade da remuneração que ainda seria devida até o fim do contrato. Além disso, o empregado também tem direito à indenização compensatória de 40% do FGTS (ou 20%, tratando-se de culpa recíproca), "sem prejuízo do disposto no referido art. 479 da CLT", conforme expressamente prevê o art. 14 do Regulamento do FGTS, aprovado pelo Decreto 99.684/1990, que regulamenta a Lei 8.036/1990.

Na referida situação, também são devidas as seguintes verbas rescisórias: saldo salarial, saque dos depósitos do FGTS, férias vencidas e proporcionais com 1/3, décimo terceiro salários vencido e proporcional e guias do seguro-desemprego.

✦ Jurisprudência

Contrato de trabalho temporário. Lei n.º 6.019/74. Rescisão antecipada. Ausência de justa causa. Indenização do artigo 479 da CLT. Inaplicabilidade. O trabalho temporário, a teor dos artigos 2.º e 10 da Lei n.º 6.019/74, é aquele prestado por pessoa física a uma empresa para atender à necessidade transitória de substituição de seu pessoal regular e permanente ou a acréscimo extraordinário de serviços, pelo prazo máximo de três meses, salvo prorrogação autorizada. O trabalho temporário é uma forma atípica de trabalho, prevista em lei especial, e por esse motivo não é regido pela CLT, como é o caso do contrato por prazo determinado, diferindo desse último quanto à natureza, prazo, condições e hipóteses ensejadoras para a sua configuração. Na CLT, a indeterminação do prazo de duração constitui regra geral dos contratos de trabalho. Os contratos a termo (contratos por prazo determinado) constituem exceção prevista no artigo 443 consolidado, abrangendo três hipóteses legalmente especificadas, dentre elas, serviço cuja natureza ou transitoriedade justifique a predeterminação do prazo. Já o contrato temporário, regido por previsão legal própria, visa o atendimento de necessidade transitória, sem a expectativa de continuidade do contrato. A regra de duração desse contrato é o limite legalmente imposto, 90 dias, valendo ressaltar que tal pacto não subsiste sem que persista o motivo justificador da demanda de trabalho temporário, sendo expressamente vedada pela lei sua continuidade sem causa. Assim, o contrato de trabalho temporário e o contrato por prazo determinado são modalidades diferentes de contratos. O primeiro é um contrato atípico de trabalho, de curta duração (sua extinção ocorre com o advento do termo legal), sem expectativa de continuidade, com direitos limitados à legislação especial. O segundo, diferentemente, converte-se automaticamente em contrato indeterminado se ultrapassado o limite temporal estabelecido pela CLT, salvo manifestação em contrário das partes. Portanto, a disciplina própria criada pela Lei n.º 6.019/74 não permite incluir o contrato ali previsto entre os contratos por prazo determinado, referidos nos artigos 479 a 481 da CLT. É que os dispositivos citados encontram-se inseridos no Título IV da CLT, que trata do contrato individual de trabalho clássico, como sendo o "acordo tácito ou expresso, correspondente à relação de emprego", nos termos do artigo 442 do mesmo diploma legal. Ao contrário do contrato de trabalho por prazo determinado previsto na CLT, o contrato do trabalhador temporário não tem como objetivo suprir necessidade permanente da empresa tomadora dos serviços, mas sim necessidade transitória do serviço para substituição de pessoal regular ou atendimento de demanda extraordinária, sem que o contratado tenha reconhecida a sua condição de empregado e nem lhe seja garantida a sua permanência na empresa durante o prazo previsto. Em se tratando dessa modalidade de contrato, o vínculo temporário não é estabelecido em razão da pessoa do trabalhador, sendo facultado à empresa tomadora a requisição de outro trabalhador junto à empresa prestadora de serviço em substituição daquele que não atendeu às suas expectativas. Se à época da edição da "Lei do Trabalho Temporário" já existia previsão legislativa abarcando a contratação por prazo determinado para os casos de serviços de natureza transitória, resta evidente que a criação de um novo instituto visou estabelecer regras específicas, o que leva à conclusão de que aquelas anteriormente previstas são inaplicáveis aos contratos celebrados sob a égide da Lei n.º 6.019/74, salvo se expressamente admitidas, como no caso do artigo 13 da referida lei, que excepciona aos contratados temporários a aplicação dos artigos 482 e 483 da CLT para a caracterização da justa causa. Os direitos do trabalhador temporário estão relacionados no artigo 12 da Lei n.º 6.019/74, constando, em sua alínea "f", expressamente, sanção própria em razão do término antecipado do contrato de trabalho, tenha havido ou não justa causa, com indenização correspondente a um doze avos do pagamento recebido. Dessa forma, não há que se falar em aplicação da sanção prevista no artigo 479 consolidado, que diz respeito somente aos contratos a termo previsto na CLT. Trata-se de aplicação do princípio da especificidade, segundo o qual onde há disposição legal específica disciplinando determinado assunto, esta não poderá deixar de ser aplicada em favor da disposição geral, eis que o intérprete não pode ir além do que dispõe a Lei. Por outro lado, a respeito da discussão sobre se a indenização prevista no artigo 12, alínea "f", da Lei n.º 6.019/74 foi tacitamente derrogada em face do advento do regime do FGTS, tratam-se de institutos com finalidades diversas. A Lei n.º 6.019/74 estabeleceu uma indenização especial, sem qualquer vinculação a outro evento, consubstanciada em pagamento de um *plus* pelo término do contrato temporário, diferentemente do regime do FGTS, cujo direito encontra-se intrinsecamente condicionado ao tempo de serviço prestado pelo trabalhador. Precedentes de Turmas do TST. Recurso de embargos conhecido e desprovido (TST, SBDI-I, E-RR 1342-91.2010.5.02.0203, Redator Min. Renato de Lacerda Paiva, *DEJT* 14.08.2015).

✦ Referências legislativas

- Art. 18, § 1.º, da Lei 8.036/1990 (FGTS);
- Art. 14 da Lei 5.889/1973 (Trabalho rural).

Art. 480. Havendo termo estipulado, o empregado não se poderá desligar do contrato, sem justa causa, sob pena de ser obrigado a indenizar o empregador dos prejuízos que desse fato lhe resultarem.

§ 1.º A indenização, porém, não poderá exceder àquela a que teria direito o empregado em idênticas condições.

§ 2.º Revogado pela Lei 6.533, de 24.5.1978.

1. INDENIZAÇÃO DO ART. 480

Se o empregado é quem se desliga, sem justa causa, do contrato, antes do termo estipulado, obriga-se a indenizar o empregador dos prejuízos que desse fato lhe resultarem. Essa indenização "não poderá exceder àquela a que teria direito o empregado em idênticas condições".

A Lei 5.889/1973, pertinente ao trabalho rural, prevê o contrato de safra, considerado como "o que tenha sua duração dependente de variações estacionais da atividade agrária" (parágrafo único do art. 14). O *caput* do art. 14 prevê a regra de que, expirado normalmente o contrato, a empresa pagará ao safrista, a título de indenização do tempo de serviço, importância correspondente a 1/12 do salário mensal, por mês de serviço ou fração superior a 14 dias.

Embora de forma minoritária, seria possível entender que essa indenização por tempo de serviço da Lei 5.889/1973 foi revogada pelo sistema do FGTS, que passou a ser aplicado também aos empregados rurais, conforme o art. 7.º, inciso III, da Constituição Federal de 1988. Prevalece o entendimento de que o art. 14 da Lei 5.889/1973 foi recepcionado pela Constituição Federal de 1988, permanecendo aplicável a referida indenização. Essa posição é confirmada pelo art. 97 do Decreto 10.854/2021.

A Lei 2.959, de 17 de novembro de 1956, dispõe sobre os contratos por obra certa. O seu art. 2.º prevê indenização por tempo de serviço (na forma do art. 478 da CLT, com redução de 30%), na rescisão do contrato de trabalho por término da obra ou serviço, tendo o empregado mais de 12 meses de serviço. No entanto, é possível entender que essa previsão também não foi recepcionada pela Constituição Federal de 1988, pois, de acordo com o seu art. 7.º, inciso III, o Fundo de Garantia do Tempo de Serviço passou a ser o sistema legal obrigatório a todos os empregados.

Os contratos de *técnicos estrangeiros* domiciliados ou residentes no exterior, para execução, no Brasil, de *serviços especializados*, em *caráter provisório*, com estipulação de salários em moeda estrangeira, devem ser, obrigatoriamente, celebrados por *prazo determinado* e *prorrogáveis sempre a termo certo*, ficando excluídos da aplicação do disposto nos arts. 451, 452 e 453 da CLT (art. 1.º do Decreto-lei 691/1969). A rescisão dos mencionados contratos rege-se pelas normas estabelecidas nos arts. 479, 480 e 481 da CLT. Nos referidos contratos, a taxa de conversão da moeda estrangeira será, para todos os efeitos, a da data do vencimento da obrigação (art. 3.º do Decreto-lei 691/1969). A competência para solucionar as controvérsias oriundas das relações estabelecidas sob o regime do Decreto-lei 691/1969 é da Justiça do Trabalho (art. 4.º).

A Lei 9.601, de 21 de janeiro de 1998, dispõe sobre um contrato por prazo determinado especial. Quanto à rescisão antecipada, não se aplicam os arts. 479 e 480 da CLT, devendo as partes estabelecer, na convenção ou acordo coletivo, a indenização devida na hipótese, nos casos de iniciativa do empregador ou do empregado (art. 1.º, § 1.º, inciso I).

✦ Jurisprudência

Agravo de instrumento em recurso de revista. Procedimento sumaríssimo. Contrato de safra. Indenização do art. 14 da Lei n.º 5.889/73. Compatibilidade com o regime do FGTS. Esta Corte Superior adota posicionamento de que a indenização por tempo de serviço, objeto do art. 14 da Lei 5.889/73, é compatível com o regime do FGTS, não havendo falar em *bis in idem*. Precedentes. Agravo de instrumento conhecido e não provido (TST, 8.ª T., AIRR 98-87.2014.5.15.0151, Rel. Min. Dora Maria da Costa, *DEJT* 27.11.2015).

Art. 481. Aos contratos por prazo determinado, que contiverem cláusula assecuratória do direito recíproco de rescisão antes de expirado o termo ajustado, aplicam-se, caso seja exercido tal direito por qualquer das partes, os princípios que regem a rescisão dos contratos por prazo indeterminado.

1. CLÁUSULA ASSECURATÓRIA DO DIREITO RECÍPROCO DE RESCISÃO

De acordo com o art. 481 da CLT, se as partes firmaram contrato a prazo certo, inclusive de experiência (Súmula 163 do TST), mas inseriram o direito recíproco de fazer cessá-lo antes do termo fixado, caso este direito seja exercido, aplicam-se as normas pertinentes à cessação do contrato a prazo indeterminado, com o direito, *v.g.*, ao aviso prévio e à indenização de 40%.

Não havendo a referida cláusula assecuratória do direito recíproco de rescisão, é necessário verificar se a cessação do contrato, antes do termo ajustado, foi de iniciativa do empregador ou do empregado.

✦ Súmulas, Orientações Jurisprudenciais e Precedentes Normativos

Súmula 163 do TST: Aviso prévio. Contrato de experiência. Cabe aviso prévio nas rescisões antecipadas dos contratos de experiência, na forma do art. 481 da CLT.

✦ Referências legislativas

- Lei 9.601/1998 (Contrato de trabalho por prazo determinado).

Art. 482. Constituem justa causa para rescisão do contrato de trabalho pelo empregador:

1. DISPENSA COM JUSTA CAUSA

Pode-se conceituar a justa causa como a prática de ato que configure séria violação dos deveres do empregado, rompendo a confiança inerente à relação de emprego, tornando indesejável ou inviável a manutenção do referido vínculo.

A dispensa por justa causa, por sua vez, pode ser conceituada como a cessação do contrato de trabalho em razão da prática de ato faltoso, dotado de gravidade, abalando a fidúcia entre as partes da relação de emprego.

A doutrina aponta a existência de três diferentes sistemas, verificados nos diversos ordenamentos jurídicos, a respeito da justa causa. 1) O sistema taxativo é aquele em que somente à lei cabe fixar as hipóteses de justa causa, em rol taxativo. 2) O sistema livre ou genérico é aquele em que as hipóteses de justa causa são estabelecidas pelo Poder Judiciário, pois a lei apenas autoriza, genericamente, a dispensa por justa causa, mas sem especificar a respeito. 3) O sistema misto é aquele em que a lei fixa os casos de justa causa, mas também se autoriza que o Poder Judiciário reconheça outras hipóteses, especialmente por ser o tipo previsto em lei bastante genérico. Trata-se, portanto, de uma combinação dos dois sistemas anteriores.

No Brasil, entende-se que o sistema adotado é o taxativo, pois cabe somente à lei estabelecer as hipóteses de justa causa, sendo o respectivo rol exaustivo, e não meramente exemplificativo.

Isso não impede que o juiz interprete as normas jurídicas, bem como os fatos em discussão, para decidir se o empregado praticou ou não a justa causa.

Além disso, o sistema taxativo não significa que todos os casos de justa causa se encontram arrolados somente no art. 482 da CLT. Nada impede que outros dispositivos legais também prevejam hipóteses distintas de justa causa. O essencial é que essa previsão seja feita pela lei.

Em nosso ordenamento jurídico, além do art. 482 da CLT, os seguintes dispositivos estabelecem casos de justa causa:

I) o art. 158, parágrafo único, da CLT, com a seguinte redação:

> Constitui ato faltoso do empregado a recusa injustificada:
>
> a) à observância das instruções expedidas pelo empregador na forma do item II do artigo anterior[154];
>
> b) ao uso dos equipamentos de proteção individual fornecidos pela empresa.

Trata-se de disposições pertinentes às regras de medicina e segurança do trabalho, a serem observadas pelo empregado.

Assim, a recusa *injustificada* do empregado: à observância das instruções expedidas pelo empregador (quanto às precauções a tomar no sentido de evitar acidentes do trabalho ou doenças ocupacionais), e ao uso de equipamentos de proteção individual fornecidos pela empresa, representam hipóteses específicas de justa causa.

Havendo justificativa (razoável e legítima) para tal inobservância, fica afastada a justa causa, por inexigibilidade de conduta diversa, como nos casos de instrução do empregador manifestamente equivocada, colocando a vida do empregado em risco, ou de fornecimento de equipamento de proteção individual totalmente inadequado, prejudicando a segurança no trabalho (em vez de protegê-lo).

---

154 "Art. 157. Cabe às empresas: [...]

II – instruir os empregados, através de ordens de serviço, quanto às precauções a tomar no sentido de evitar acidentes do trabalho ou doenças ocupacionais".

Na realidade, as condutas indicadas no art. 158, parágrafo único, da CLT correspondem a modalidades de indisciplina (prevista no art. 482, alínea "h", da CLT), por representarem o descumprimento de ordens gerais quanto à prestação do serviço.

II) o art. 240, parágrafo único, da CLT, com a seguinte redação:

> Nos casos previstos neste artigo, a recusa, sem causa justificada, por parte de qualquer empregado, à execução de serviço extraordinário será considerada falta grave.

O dispositivo em questão refere-se ao serviço ferroviário.

O *caput* do art. 240 da CLT estabelece que, nos casos de urgência ou de acidente, capazes de afetar a segurança ou regularidade do serviço, "poderá a duração do trabalho ser excepcionalmente elevada a qualquer número de horas". Nesse caso, incumbe à Estrada zelar pela incolumidade dos seus empregados e pela possibilidade de revezamento de turmas, assegurando ao pessoal um repouso correspondente e comunicando a ocorrência ao Ministério do Trabalho, dentro de 10 dias da sua verificação.

De todo modo, nessas situações – de urgência e acidente – a recusa do empregado, sem causa justificada, quanto à execução de serviço extraordinário, será considerada justa causa (frisando-se que o texto do parágrafo único do art. 240 da CLT utiliza indevidamente a expressão "falta grave", mesmo não se referindo à hipótese de empregado estável).

Tem-se, aqui, hipótese especial que, no entanto, pode ser subsumida ao conceito de insubordinação, que é justa causa prevista no art. 482, alínea "h", da CLT.

III) o art. 433, inciso II, da CLT, com a seguinte redação:

> O contrato de aprendizagem extinguir-se-á no seu termo ou quando o aprendiz completar 24 (vinte e quatro) anos, ressalvada a hipótese prevista no § 5.º do art. 428 desta Consolidação, ou ainda antecipadamente nas seguintes hipóteses:
>
> [...]
>
> II – falta disciplinar grave.

Tem-se, aqui, a previsão de falta disciplinar grave, especificamente ao empregado aprendiz.

No entanto, as hipóteses de falta grave (*rectius*: justa causa) são justamente aquelas arroladas em lei, como no art. 482 da CLT.

Assim, o art. 433, inciso II, da CLT apenas confirma a aplicação da justa causa no contrato de aprendizagem, autorizando o seu término antecipado em razão da falta grave praticada.

IV) o art. 508 da CLT, que foi expressamente revogado pela Lei 12.347, de 10 de dezembro de 2010, tinha a seguinte redação:

> Considera-se justa causa, para efeito de rescisão de contrato de trabalho do empregado bancário, a falta contumaz de pagamento de dívidas legalmente exigíveis.

Essa previsão era específica para os empregados bancários.

Falta contumaz significa ser ela reiterada, ou seja, que ocorra diversas vezes, e não de forma isolada.

Dívidas legalmente exigíveis significam débitos do empregado já vencidos, que podem ser exigidos, não se tratando, portanto, de dívida prescrita, ou dívida de jogo.

Na verdade, mesmo antes da Lei 12.347, publicada no *DOU* de 13.12.2010, que revogou esse dispositivo, não se mostrava razoável a previsão da referida figura de justa causa, incidente apenas ao empregado bancário.

A possível explicação para a referida disposição seria no sentido de que o empregado bancário não estaria apto ao desempenho de suas tarefas, por normalmente trabalhar lidando e administrando o dinheiro dos clientes do banco. Nessa linha, o bancário teria de apresentar certa estabilidade financeira, indicando que sabe cuidar das finanças próprias, para poder fazê-lo quanto à de terceiros.

No entanto, pode-se dizer que tal justificativa já não era mais condizente com os dias atuais, nem com os padrões exigidos para o desempenho da mencionada função.

De todo modo, como acima explicado, o preceito em estudo foi expressamente revogado, mesmo porque fazia menção a evento que nem sequer interferia, necessariamente, na regular continuidade do contrato de trabalho. Ademais, ao prever o mencionado fato como hipótese de justa causa *apenas* quanto ao empregado bancário, poderia implicar, de certa forma, em tratamento desigual, mais rigoroso e prejudicial, embora sem a correspondente razão proporcional que o justificasse.

V) o art. 235-B da CLT, com redação dada pelas Leis 12.619/2012 e 13.103/2015, ao prever que são deveres do *motorista profissional empregado* (de transporte rodoviário coletivo de passageiros e de transporte rodoviário de cargas): estar atento às condições de segurança do veículo; conduzir o veículo com perícia, prudência, zelo e com observância aos princípios de direção defensiva; respeitar a legislação de trânsito e, em especial, as normas relativas ao tempo de direção e de descanso controlado e registrado na forma do previsto no art. 67-E da Lei 9.503/1997 (Código de Trânsito Brasileiro); zelar pela carga transportada e pelo veículo; colocar-se à disposição dos órgãos públicos de fiscalização na via pública; submeter-se a exames toxicológicos com janela de detecção mínima de 90 dias e a programa de controle de uso de droga e de bebida alcoólica, instituído pelo empregador, com sua ampla ciência, pelo menos uma vez a cada dois anos e seis meses, podendo ser utilizado para esse fim o exame obrigatório previsto na Lei 9.503/1997 (Código de Trânsito Brasileiro), desde que realizado nos últimos 60 dias.

A recusa do empregado em submeter-se ao teste ou ao programa de controle de uso de droga e de bebida alcoólica, previstos no art. 235-B, inciso VII, da CLT, será considerada *infração disciplinar*, passível de penalização nos termos da lei.

VI) Em leis específicas, ou seja, não inseridas na CLT propriamente, cabe fazer, ainda, as seguintes observações:

A Lei 6.019/1974, pertinente ao trabalho temporário, no art. 13, estabelece que:

> Constituem justa causa para rescisão do contrato do trabalhador temporário os atos e circunstâncias mencionados nos artigos 482 e 483, da Consolidação das Leis do Trabalho, ocorrentes entre o trabalhador e a empresa de trabalho temporário ou entre aquele e a empresa cliente onde estiver prestando serviço.

Como se nota, trata-se de remissão às hipóteses de justa causa, previstas na CLT, tornando-as aplicáveis no âmbito da relação de trabalho temporário.

Interessante destacar que a justa causa pode se verificar: entre o trabalhador temporário e a empresa de trabalho temporário (empregador); ou entre o trabalhador temporário e a empresa cliente (tomadora).

No caso do empregado doméstico, considera-se *justa causa* (art. 27 da Lei Complementar 150/2015):

> I – submissão a maus-tratos de idoso, de enfermo, de pessoa com deficiência ou de criança sob o cuidado direto ou indireto do empregado;

II – prática de ato de improbidade;

III – incontinência de conduta ou mau procedimento;

IV – condenação criminal do empregado transitada em julgado, caso não tenha havido suspensão da execução da pena;

V – desídia no desempenho das respectivas funções;

VI – embriaguez habitual ou em serviço;

VII – (vetado);

VIII – ato de indisciplina ou de insubordinação;

IX – abandono de emprego, assim considerada a ausência injustificada ao serviço por, pelo menos, 30 dias corridos;

X – ato lesivo à honra ou à boa fama ou ofensas físicas praticadas em serviço contra qualquer pessoa, salvo em caso de legítima defesa, própria ou de outrem;

XI – ato lesivo à honra ou à boa fama ou ofensas físicas praticadas contra o empregador doméstico ou sua família, salvo em caso de legítima defesa, própria ou de outrem;

XII – prática constante de jogos de azar.

Trata-se de previsão legal coerente com a figura do empregador doméstico, o qual não é empresa propriamente.

Na atual lei de greve, ou seja, Lei 7.783/1989, no art. 15, existe a previsão de que a responsabilidade pelos atos praticados no curso da greve, se regidos pelo Direito do Trabalho, será apurada conforme a legislação trabalhista.

Assim, eventual falta grave praticada pelo empregado durante a greve autoriza a sua dispensa por justa causa. No entanto, a Súmula 316 do STF estabelece que sua simples adesão pelo empregado não constitui falta grave.

Por fim, o art. 112, § 3.º, do Decreto 10.854/2021, que regulamenta a Lei 7.418/1985, estabelece que a declaração falsa e o uso indevido do vale-transporte constituem falta grave.

No caso, a referida falsificação ou utilização irregular pode se subsumir às hipóteses do art. 482, "a" e "b", da CLT (ato de improbidade e mau procedimento).

2. TIPIFICAÇÃO DA JUSTA CAUSA PELO EMPREGADOR

Entende-se que o empregador deve narrar, em juízo, os fatos que deram origem à justa causa aplicada na dispensa do empregado.

Quanto ao mero enquadramento dos fatos alegados à lei, ou seja, à hipótese legal de justa causa, ocorrendo eventual equívoco do empregador nessa subsunção, não se tem a invalidação, por si só, da justa causa aplicada, pois o juiz é quem deve conhecer o direito.

Ou seja, cabe ao juiz realizar a correta associação dos fatos, alegados pelo empregador, à norma jurídica que prevê a justa causa.

3. ELEMENTOS DA JUSTA CAUSA DO EMPREGADO

Para que a justa causa se verifique, tornando possível e válida a respectiva dispensa do empregado, são necessários certos requisitos a seguir estudados, que podem ser classificados em subjetivos e objetivos.

a) Elemento subjetivo.

O elemento subjetivo da justa causa refere-se ao dolo ou culpa do empregado.

O dolo é intenção de praticar o ato faltoso. A culpa, por sua vez, refere-se à imprudência, negligência ou imperícia do empregado, fazendo com que o ato faltoso acabe ocorrendo.

O empregado não pode ser dispensado por justa causa, se o ato faltoso não decorreu de sua vontade, nem se verificou por sua imprudência, negligência ou imperícia.

Ou seja, fora da esfera de responsabilidade do empregado, este não pode ser penalizado com a dispensa por justa causa, considerada a punição de maior gravidade, inerente ao poder disciplinar do empregador.

b) Os elementos objetivos, por sua vez, são a seguir analisados.

b.1) Tipicidade.

As hipóteses de justa causa são estabelecidas em lei, como já destacado, não cabendo ao empregador criar novas modalidades a respeito.

Observa-se aqui, portanto, o princípio da reserva legal. Não pode haver dispensa por justa causa sem a prévia previsão legal da respectiva falta grave.

b.2) Gravidade.

A dispensa por justa causa é considerada a medida punitiva mais grave que o empregador pode aplicar ao empregado, no exercício do seu poder disciplinar, o qual se encontra inserido no poder de direção.

Sendo assim, a justa causa, para justificar a respectiva dispensa, deve se caracterizar pela efetiva gravidade do ato cometido, a ponto de tornar a continuidade do vínculo de emprego indesejada ou inviável para o empregador.

A gravidade é, portanto, o requisito essencial na justa causa.

b.3) Nexo de causalidade.

Para a validade da justa causa e da respectiva dispensa, o ato faltoso, dotado de gravidade, deve ser a causa (origem, razão, motivo) para a dispensa. Em outras palavras, a dispensa precisa ser decorrente, especificamente, da justa causa apontada pelo empregador e praticada pelo empregado.

O empregador não pode dispensar por justa causa o empregado quando, na realidade, a terminação do contrato de trabalho não decorre de ato faltoso, o qual está sendo utilizado como mera justificativa, falsa, para o ato de dispensa.

Tem-se aqui o requisito que parte da doutrina chama de "determinância", no sentido de que a dispensa por justa causa deve ter sido determinada, justamente, pela falta grave apontada pelo empregador.

É o exemplo do empregador que deseja dispensar certo empregado, por entender não ser mais necessária a prestação do seu serviço, tendo em vista a redução da produção. No entanto, objetivando (ilicitamente) não ter de pagar as verbas decorrentes de eventual dispensa sem justa causa, prefere alegar, de forma fraudulenta, que a dispensa decorre de antiga falta, que autorizaria a aplicação da justa causa, mas que, na realidade, já havia até mesmo sido esquecida, para não dizer perdoada (ainda que de forma tácita).

b.4) Proporcionalidade.

Deve existir uma relação de proporcionalidade entre o ato faltoso, praticado pelo empregado, e a sua dispensa por justa causa.

Como essa medida disciplinar é considerada a de maior gravidade, só pode ser aplicada, de forma válida, se a falta praticada pelo empregado é suficientemente grave, de forma a justificar a sua dispensa por justa causa.

Ato faltoso de menor gravidade, como um pequeno atraso isolado, não pode ser considerado, por si só, grave o suficiente para desde já autorizar a dispensa por justa causa, considerada a medida disciplinar extrema.

Nas referidas situações, de menor gravidade, a medida disciplinar que pode ser aplicada é a advertência ou mesmo a suspensão, conforme o caso.

No entanto, a reiteração de pequenos atos faltosos, punidos com medidas disciplinares de menor gravidade (como advertências e suspensões), pode fazer com que, quando de uma última falta praticada, tenha-se a gravidade suficiente para a dispensa por justa causa.

b.5) Imediatidade.

Entre a prática da justa causa e a aplicação da penalidade pelo empregador, não pode transcorrer espaço de tempo muito longo, pois isso significaria o perdão tácito.

Assim, a dispensa por justa causa deve ser logo em seguida à prática da falta grave.

No entanto, na realidade, o referido espaço de tempo só deve ser contado a partir do momento em que o empregador toma ciência da falta disciplinar praticada pelo empregado. Antes disso, não há como, razoavelmente, dizer que o empregador se manteve inerte quanto à punição do empregado faltoso.

Além disso, é aceito que a empresa, justamente para não incorrer em injustiça na dispensa por justa causa, estabeleça uma investigação interna dos atos faltosos, inclusive quanto à efetiva ocorrência, extensão, gravidade e autoria.

Isso tudo, obviamente, pode levar certo tempo, principalmente em empresas de maior porte, com estrutura mais burocratizada.

Nesses casos, entende-se que o perdão tácito só ocorreria se a investigação interna permanecesse parada, ou se, mesmo depois de concluída, o empregador não tomasse qualquer atitude concreta de efetiva punição do empregado culpado, o que representaria verdadeiro perdão tácito.

b.6) *Non bis in idem*.

O *non bis in idem* significa que a mesma falta disciplinar, praticada pelo empregado, não pode ser objeto de mais de uma punição pelo empregador.

Ainda que a falta autorizasse a dispensa por justa causa, se o empregador preferiu punir o empregado com uma mera advertência ou suspensão, não será válida a dispensa por justa causa pelo mesmo fato já punido, não sendo aceito que o empregador se arrependa da pena mais branda que decidiu aplicar.

O empregador não pode aplicar certa penalidade mais branda ao empregado e, em seguida, arrependendo-se, punir a mesma falta com a dispensa por justa causa, pois isso configuraria *bis in idem*, o qual é vedado.

4. FORMA DE COMUNICAÇÃO DA DISPENSA

A legislação brasileira não exige forma especial para o empregador comunicar o empregado de sua dispensa com justa causa.

No entanto, outras fontes formais do Direito do Trabalho, como normas coletivas e regulamento de empresa, podem estabelecer formas especiais, como a escrita, para a eficácia da referida comunicação.

Mesmo não se verificando a referida exigência, sugere-se que a dispensa por justa causa seja comunicada sob a forma escrita, para facilitar a prova. Esse documento, no entanto, é apto somente para demonstrar que o empregado ficou ciente da despedida, mas não prova a justa causa em si, ou seja, o fato, no caso, a falta grave que o empregador alega ter o empregado praticado.

No âmbito processual, de acordo com o art. 408, parágrafo único, do CPC de 2015, e o art. 368, parágrafo único, do CPC de 1973 (c/c o art. 769 da CLT), quando o documento particular contiver declaração de ciência, relativa a determinado fato, ele prova a ciência, "mas não o fato em si", incumbindo o ônus de prová-lo ao interessado em sua veracidade.

De todo modo, cabe destacar que a justa causa, ou o motivo da terminação do contrato de trabalho, não deve ser objeto de anotação na Carteira de Trabalho e Previdência Social. Trata-se de informação restrita à relação entre empregado e empregador, que não deve ser inserida no referido documento do empregado.

A anotação da justa causa em CTPS, pelo empregador, pode acarretar danos morais e materiais ao empregado, passando a ser devida a respectiva indenização, tendo em vista a violação de direitos de personalidade, bem como por acarretar maior dificuldade de obtenção de novo emprego (arts. 29, §§ 4.º e 5.º, da CLT e 5.º, inciso X, da Constituição Federal de 1988).

Ainda no âmbito processual, cabe ao empregador o ônus de provar eventual justa causa que alegue contra o empregado. Nesse sentido, estabelece a Súmula 212 do TST.

a) ato de improbidade;

5. ATO DE IMPROBIDADE

Ato de improbidade significa conduta desonesta do empregado, causando prejuízos ao patrimônio do empregador.

Pode-se observar a existência de duas correntes quanto ao verdadeiro alcance dessa figura em específico.

Há os que entendem que a improbidade se refere apenas ao prejuízo patrimonial acarretado ao empregador, por ato do empregado, como ocorre no furto, roubo ou apropriação indébita.

Há segunda vertente que entende de forma mais ampla, no sentido de que a improbidade não se restringe à lesão ao patrimônio da empresa, podendo ser também um ato desonesto dotado de gravidade. Como exemplo, tem-se a falsificação de atestado médico pelo trabalhador.

Na verdade, os que seguem a corrente mais restritiva, quanto à abrangência do ato de improbidade, certamente incluem os demais atos graves, de desonestidade, como "mau procedimento" (art. 482, "b", da CLT).

b) incontinência de conduta ou mau procedimento;

6. INCONTINÊNCIA DE CONDUTA

A incontinência de conduta refere-se a ato imoral praticado pelo empregado, mas específico quanto à moral sexual.

Tem-se, assim, o caso de ato de pornografia ou libidinoso, impróprio ao ambiente de trabalho, praticado pelo empregado, extrapolando o limite de razoabilidade aceito pela sociedade.

Mesmo o assédio sexual praticado pelo empregado, contra outro trabalhador, caracteriza, em tese, a incontinência de conduta, autorizando a dispensa por justa causa daquele que assedia.

7. MAU PROCEDIMENTO

O mau procedimento pode ser entendido como uma conduta irregular, faltosa e grave do empregado, mas que não se enquadra em nenhuma das outras hipóteses mais específicas da lei.

Por isso, o mau procedimento acaba sendo utilizado de forma subsidiária, ou seja, na ausência de figura mais específica para o ato faltoso e grave praticado pelo empregado, autorizando a dispensa com justa causa.

> c) negociação habitual por conta própria ou alheia sem permissão do empregador, e quando constituir ato de concorrência à empresa para a qual trabalha o empregado, ou for prejudicial ao serviço;

8. NEGOCIAÇÃO HABITUAL

Para a correta interpretação desse dispositivo, deve-se notar que ele estabelece duas situações diferenciadas envolvendo a negociação habitual: a) negociação habitual, por conta própria ou alheia, sem permissão do empregador, quando constituir ato de concorrência à empresa para a qual trabalha o empregado; b) negociação habitual, por conta própria ou alheia, sem permissão do empregador, quando for prejudicial ao serviço.

Negociação habitual significa a prática de atos de comércio pelo empregado, com frequência, ou seja, continuidade.

A referida negociação pode ser realizada pelo empregado, por conta própria, ou por conta de terceiro, ou seja, para si próprio ou em favor de outra pessoa.

Sempre se exige, para que se configure a justa causa, que a negociação seja habitual e "sem permissão do empregador". Se este concordar com a referida prática do empregado, ainda que de forma tácita, não há falta grave. A anuência tácita pode se verificar quando o empregador, mesmo ciente de negociação habitual praticada pelo empregado, não toma qualquer atitude, nem diz nada ao empregado em sentido contrário.

Conforme a diferenciação feita acima, a justa causa pode restar configurada quando a referida negociação habitual constituir *ato de concorrência* à empresa para a qual trabalha o empregado.

Trata-se da chamada concorrência desleal ao empregador, no sentido de o trabalhador utilizar-se de seu emprego para favorecer o seu próprio negócio, do mesmo ramo de atividade do empregador, seja transferindo clientes, seja direcionando-os para o seu empreendimento, ou de terceiro.

Além da concorrência desleal, a justa causa também se configura quando a referida negociação habitual for *prejudicial ao serviço*.

Nessa última situação, não se exige que a negociação habitual do empregado cause concorrência, ou que seja do mesmo ramo da atividade do empregador. Basta que ela cause prejuízo ao serviço, no sentido de queda na produção do empregado, por ficar se dedicando ao seu empreendimento próprio, em vez de prestar serviços, com afinco, ao empregador.

d) condenação criminal do empregado, passada em julgado, caso não tenha havido suspensão da execução da pena;

9. CONDENAÇÃO CRIMINAL DO EMPREGADO TRANSITADA EM JULGADO

Se o empregado for condenado, criminalmente, por sentença transitada em julgado, caso não haja a suspensão condicional da pena, o empregador pode dispensá-lo por justa causa.

O entendimento correto é no sentido de que a mencionada condenação criminal refere-se a fato não relacionado ao contrato de trabalho.

Tanto é assim que, se o empregado praticasse certa falta que constitui também crime, e o empregador fosse esperar o trânsito em julgado de sentença penal condenatória, não haveria como observar o requisito da "imediatidade" para a justa causa poder ser aplicada. A referida espera certamente acarretaria o perdão tácito em relação ao empregado.

Na realidade, a previsão do art. 482, "d", da CLT, em sua interpretação teleológica, refere-se à inviabilidade de o empregado continuar prestando serviços quando preso ou detido criminalmente, cumprindo pena restritiva de liberdade. Tanto é assim que, de acordo com o referido dispositivo legal, a justa causa só se verifica se não tiver sido concedida a suspensão da execução da pena, ou seja, desde que não exista *sursis*.

e) desídia no desempenho das respectivas funções;

10. DESÍDIA

A desídia refere-se à falta de atenção, negligência, desinteresse, desleixo do empregado, quanto à prestação dos serviços.

É frequente, nessa hipótese de justa causa, a reiteração de pequenas faltas, as quais, no conjunto, revelam comportamento desidioso e grave do empregado, autorizando a sua dispensa com justa causa.

É o caso dos atrasos e ausências constantes, as quais, isoladamente, não apresentam gravidade suficiente para a justa causa. No entanto, a reiteração disso torna a conduta grave, caracterizando a desídia.

Nesses casos de reiteração, o entendimento que prevalece é no sentido de que as pequenas faltas anteriores devem ter sido objeto de punições aplicadas pelo empregador, pois, do contrário, teriam sido perdoadas, ainda que tacitamente. Ocorrendo, por fim, uma nova falta disciplinar, é que o empregador pode aplicar a justa causa.

Assim, não se admite *bis in idem*, pois vedada a punição disciplinar, do mesmo fato, mais de uma vez. Ao mesmo tempo, as pequenas faltas, anteriores àquela na qual se verificou a incidência da justa causa, devem ter sido objeto de punições anteriores (como advertências e suspensões), para não dizer que ocorreu o perdão tácito.

No entanto, nada impede que uma única falta praticada pelo empregado já caracterize a desídia, no caso de se tratar de ato suficientemente grave, rompendo o elemento confiança inerente e necessário ao contrato de trabalho.

Nesse sentido, pode-se imaginar hipótese em que o empregado, cuja função é de vigilante, exercida em posto contendo bens de grande valor, sem outras pessoas, em vez de exercer a sua atividade, prefere se deitar para dormir no local de trabalho.

f) embriaguez habitual ou em serviço;

11. EMBRIAGUEZ HABITUAL OU EM SERVIÇO

Embriaguez é o estado em que a pessoa (no caso, o empregado) fica sem a plenitude dos seus sentidos, em razão de ter ingerido ou consumido substâncias químicas (como bebidas alcoólicas ou drogas), que afetam o sistema nervoso, retirando, total ou parcialmente, a sua capacidade de controle sobre si.

Como se nota, a embriaguez não se confunde com o mero ato de ingerir bebida alcoólica, o qual pode não acarretar a embriaguez.

Além disso, pelo que se observa do referido dispositivo, têm-se, na realidade, duas situações diferenciadas: embriaguez em serviço, ou seja, aquela verificada durante a prestação do trabalho; e embriaguez habitual, em que o empregado fica nesse estado com frequência, repetição, ainda que não seja quando da prestação do serviço.

A justificativa para a referida justa causa seria no sentido de que o empregador não teria como confiar no ébrio, pois este não tem como desempenhar suas atribuições com o cuidado, diligência e rendimento necessários, podendo inclusive causar prejuízos ou situações constrangedoras ao empregador.

No entanto, especialmente quanto à embriaguez habitual, há corrente de entendimento, que vem se fortalecendo, no sentido de não ser considerada como justa causa a embriaguez, quando se caracterizar como uma doença. Tanto é assim que a embriaguez é reconhecida no Código Internacional de Doenças (CID – 10).

Por isso, o empregado com o referido problema de saúde, na realidade, deve receber o devido tratamento médico, ainda que com eventual afastamento com este objetivo, e não ser punido com a justa causa.

Frise-se, ainda, que a embriaguez em serviço não se confunde com a mera ingestão de bebida alcoólica, por exemplo, no intervalo, ou durante a refeição. Na embriaguez em serviço não se exige repetição da conduta, bastando uma única vez para se considerar grave o suficiente para a dispensa.

Para a prova da embriaguez, são admitidos todos os meios lícitos e legítimos, inclusive as presunções, no sentido de demonstrar diversos fatos e condutas praticadas pelo empregado, típicos de alguém que se embriagou.

✦ Jurisprudência

Indenização por danos morais. *Quantum* indenizatório. Alcoolismo. Doença crônica. Dispensa sem justa causa. Divergência jurisprudencial não caracterizada. Aresto inespecífico. Súmulas n.º 296, I, e n.º 23, do TST. O aresto trazido à colação no recurso de embargos reflete situação na qual a desproporcionalidade e a falta de razoabilidade do valor fixado a título de reparação por danos morais foram proclamadas em hipótese de indenização por atraso no pagamento de verbas rescisórias; ao passo que o *quantum* fixado no caso vertente diz respeito à indenização por danos morais decorrentes da dispensa injustificada de empregado que, não obstante ser dependente químico, apresentando quadro que associa alcoolismo crônico com o uso de maconha e crack – de amplo conhecimento do empregador –, ainda assim foi imotivadamente dispensado. Sobressai, assim, que o julgado paradigma é efetivamente inespecífico, por não revelar a necessária identidade de fatos e fundamentos preconizada nas Súmulas n.º 296, I, e n.º 23, ambas deste Tribunal Superior. Recurso de embargos não conhecido (TST, SBDI-I, E-RR 529000-74.2007.5.12.0004, Rel. Min. Alexandre de Souza Agra Belmonte, *DEJT* 28.03.2014).

g) violação de segredo da empresa;

12. VIOLAÇÃO DE SEGREDO DA EMPRESA

A justa causa referente à violação de segredo da empresa indica devassa abusiva praticada pelo empregado sobre os dados e fórmulas sigilosas da empresa, sua atividade ou seus negócios.

Para a caracterização da hipótese em questão, faz-se necessária a gravidade da conduta, apta a acarretar prejuízo ao empregador. Assim, mesmo que o empregado não chegue a divulgar o segredo da empresa, se a devassa, em si, já é potencialmente danosa ao empregador, configura-se a justa causa.

Por se tratar de "violação" de segredo da empresa, já se subentende que o empregador não consentiu quanto a tal devassa, praticada pelo trabalhador.

h) ato de indisciplina ou de insubordinação;

13. ATO DE INDISCIPLINA

A indisciplina se verifica quando o empregado não respeita, não acata, não cumpre ordens gerais estabelecidas e dirigidas aos empregados da empresa como um todo.

Como exemplo, tem-se a previsão, em regulamento da empresa, no sentido de que os empregados devem trabalhar devidamente uniformizados, ou a regra dirigida a todos, proibindo fumar em determinado local no trabalho.

Obviamente, para que se configure a indisciplina, a ordem deve ser lícita e razoável, sem configurar abuso de exercício do poder de direção.

A utilização do computador pode ser proibida pelo empregador, assim como o uso de outros equipamentos de trabalho, como telefone, *e-mail* e *internet*. Havendo essa vedação, se o empregado descumpre tal determinação genérica, incide na justa causa de indisciplina.

Se o empregador não deseja que a referida utilização dos equipamentos ocorra para fins diversos do serviço, o ideal, para evitar discussões, é que a referida proibição conste expressamente do regulamento interno (ou outro instrumento equivalente), com prova de ciência, quanto a seu teor, por todos os empregados.

No entanto, se o empregador, mesmo sabendo que o empregado utiliza tais instrumentos para fins particulares, nenhuma conduta punitiva toma, pode-se considerar que ele reconheceu a possibilidade da referida prática, o que descaracterizaria a indisciplina.

14. ATO DE INSUBORDINAÇÃO

A insubordinação também é um descumprimento de ordem pelo empregado, mas refere-se a ordens de natureza pessoal (e não geral), dirigidas especificamente a certo empregado, quanto à prestação dos serviços.

Isso se verifica, por exemplo, quando o empregador determina que o empregado, ocupando a função de entregador, leve certa mercadoria a algum cliente, mas o trabalhador se nega a cumprir essa ordem, ou, mesmo nada dizendo, descumpre o referido comando.

No caso, a ordem dirigida pessoalmente ao empregado também não pode ser abusiva, ilegal ou imoral, hipótese em que deixará de ser exigível, como seria o caso de ordenar que o empregado transporte substância tóxica ou ilícita. O descumprimento, nesse caso específico, não pode configurar, de forma válida, a justa causa para a dispensa, pois o empregado tem o direito de se opor aos abusos e ilicitudes ordenadas pelo empregador.

i) abandono de emprego;

15. ABANDONO DE EMPREGO

Para a melhor compreensão, pode-se dizer que o abandono de emprego é composto de dois elementos: o objetivo e o subjetivo.

O elemento objetivo refere-se à ausência continuada e prolongada ao serviço, mesmo estando em vigência o dever de trabalhar.

Efetivamente, para que se possa falar em abandono de emprego, as ausências ao serviço devem ser seguidas, e não intercaladas; neste último caso, o que poderia haver é desídia.

Além disso, as faltas ao trabalho devem ser prolongadas, ou seja, durante certo período de tempo.

As referidas ausências devem ocorrer estando em vigor o dever de trabalhar, quer dizer, em período no qual o empregado teria de prestar o serviço. Isso porque nas férias, por exemplo, embora ocorram ausências contínuas e prolongadas, não há dever de trabalhar, mas sim justamente direito de gozar as férias.

O elemento subjetivo, por sua vez, refere-se à intenção do empregado de não mais retornar ao trabalho até então exercido. Trata-se do ânimo de abandonar o emprego.

Como se pode imaginar, quanto a essa intenção do empregado, por se referir a um aspecto interno, no plano da vontade e dos pensamentos, existe extrema dificuldade do empregador (ou de qualquer terceiro) de provar. Afinal, como provar o que alguém está pensando, ou desejando, em seu íntimo?

Assim, por meio de certas presunções, desde que provados certos indícios, pode-se concluir a respeito do fato principal, no caso, a intenção de abandonar o emprego, de não mais retornar.

Por exemplo, de acordo com a jurisprudência, a prova de que o empregado vem se ausentando do trabalho por 30 dias ou mais injustificadamente (prova do elemento objetivo) gera a presunção de que o empregado não tem mais a intenção de retornar ao trabalho, conforme Súmula 32 do TST.

Trata-se, no entanto, de presunção relativa, a qual pode ser elidida pelo empregado, demonstrando, por exemplo, que não tinha o ânimo de abandonar o emprego, só não tendo retornado, nem avisado o empregador, porque estava internado, em estado de coma, ou mesmo sequestrado.

Do mesmo modo, havendo prova de que o empregado já vem se ausentando por certo período (prova do elemento objetivo), e que ele já está morando em outro Estado distante, a prova deste último fato (indício ou fato secundário) gera a presunção (relativa) quanto à presença do fato principal, qual seja a intenção de abandonar o emprego (elemento subjetivo, presumido de forma relativa).

Por isso, a ausência continuada ao serviço, por 30 dias ou mais, não é uma exigência obrigatória em todos os casos para que o abandono de emprego se configure; o referido prazo apenas é uma das possíveis formas de presumir o elemento subjetivo, cuja prova direta seria praticamente impossível, por se referir ao elemento psíquico (anímico) do empregado.

Isso significa que o prazo de ausência continuada e prolongada ao serviço pode ser até mesmo inferior a 30 dias, para se caracterizar o elemento objetivo do abandono de emprego.

Discute-se, ainda, sobre a necessidade de notificação do empregado, convocando-o a retornar ao serviço. Na realidade, tal notificação não é exigida por lei, não sendo essencial para a configuração do abandono do emprego.

A referida convocação apenas tem o objetivo de tentar demonstrar que o empregado, efetivamente, não pretende mais retornar ao emprego (elemento subjetivo), pois, mesmo chamado formalmente, não voltou ao serviço.

De todo modo, mesmo havendo a notificação e não se verificando o retorno do trabalhador ao serviço, a presunção da intenção de abandonar o emprego é, também aqui, meramente relativa, podendo ser elidida pelo empregado, por exemplo, se demonstrar a impossibilidade de ter retornado anteriormente (por exemplo, porque estava detido irregularmente em país estrangeiro).

Além disso, não se revela de grande eficácia que a notificação seja publicada em jornal, pois o empregado não tem a obrigação de sua aquisição e leitura.

Aliás, pode-se mesmo defender que essa divulgação do abandono de emprego, em jornal de ampla circulação, expõe o empregado, desnecessariamente, a uma situação constrangedora, podendo gerar lesão a direito de personalidade, passando a ser devida a respectiva indenização.

Por isso, eventual notificação para o retorno ao emprego, sob pena de caracterização de abandono, deve ser encaminhada ao próprio endereço do empregado, formalizada por meio de notificação extrajudicial, feita pelo cartório de títulos e documentos, ou mesmo por meio de carta registrada, com comprovante de recebimento. Pode-se admitir até mesmo procedimento de notificação e interpelação (arts. 726 a 729 do CPC de 2015 e arts. 867 a 869 do CPC de 1973) com o referido objetivo.

A notificação por edital só se justificaria no caso de o empregado se encontrar, efetivamente, em local incerto e não sabido. Ainda sobre o abandono de emprego, cf. Súmulas 62 e 73 do TST.

A ressalva quanto ao abandono de emprego, feita pela Súmula 73, justifica-se porque durante o aviso prévio o empregado, certamente, estará à procura de um novo emprego. Sendo o novo trabalho encontrado, o objetivo do aviso prévio foi alcançado, não se podendo penalizar o empregado por deixar de cumprir o restante do período de aviso, justamente por ter de assumir, imediatamente, o novo serviço. Nesse caso, o empregado apenas deixa de fazer jus ao saldo de salário referente aos dias não trabalhados.

j) ato lesivo da honra ou da boa fama praticado no serviço contra qualquer pessoa, ou ofensas físicas, nas mesmas condições, salvo em caso de legítima defesa, própria ou de outrem;

16. ATO LESIVO DA HONRA OU BOA FAMA EM SERVIÇO

A lesão à honra ou da boa fama refere-se à conduta do empregado em serviço que viola direitos de personalidade, no caso, relacionados à imagem e à moral de qualquer pessoa.

A ofensa à honra pode ser objetiva (reputação), correspondendo à calúnia e à difamação, ou subjetiva (dignidade, decoro), correspondendo à injúria.

A boa fama, por sua vez, refere-se ao conceito que a pessoa apresenta perante a sociedade e a comunidade em que vive.

Na hipótese aqui comentada, reitere-se que o empregado lesa a honra ou a boa fama no serviço, de qualquer pessoa.

Como se nota, ocorrendo o referido ato faltoso *em serviço*, pode ser contra qualquer pessoa, como um cliente, um fornecedor, um colega de trabalho, superior ou não, um desconhecido etc.

No entanto, se a referida lesão à honra ou boa fama ocorre em legítima defesa, o ato deixa de ser ilícito, afastando, com isso, a justa causa. De todo modo, a legítima defesa deve ser exercida dentro dos devidos limites, ou seja, sem excessos. Por fim, a legítima defesa pode ser própria, quer dizer, em benefício próprio, ou de terceiro (Código Penal, art. 25).

17. OFENSAS FÍSICAS EM SERVIÇO

O mesmo art. 482, "j", da CLT também estabelece, como justa causa, a prática de ofensas físicas nas mesmas condições vistas acima, ou seja, "no serviço contra qualquer pessoa", salvo em caso de legítima defesa, própria ou de outrem.

A ofensa física é a agressão corporal perpetrada pelo empregado, no caso, contra qualquer pessoa (cliente, fornecedor, terceiros desconhecidos, colegas de trabalho, superiores hierárquicos etc.), quando isso ocorrer durante o serviço.

Também aqui, a legítima defesa, em proveito próprio ou em benefício de terceiro, afasta a ilicitude da conduta e, por consequência, a justa causa. Para que isso ocorra, a legítima defesa não pode extrapolar o necessário para impedir a agressão (Código Penal, art. 25).

> k) ato lesivo da honra ou da boa fama ou ofensas físicas praticadas contra o empregador e superiores hierárquicos, salvo em caso de legítima defesa, própria ou de outrem;

18. ATO LESIVO DA HONRA OU BOA FAMA CONTRA O EMPREGADOR

Há grande semelhança com hipótese já analisada acima.

No caso em questão, a lesão à honra ou à boa fama é especificamente contra o empregador ou superiores hierárquicos, podendo ocorrer não só em serviço, mas em qualquer lugar, justamente em razão da condição da pessoa ofendida.

Ressalte-se que a jurisprudência já se pacificou quanto à possibilidade de a pessoa jurídica sofrer dano moral (Súmula 227 do STJ). Nessa linha, dispõe o art. 52 do Código Civil de 2002 que é aplicável "às pessoas jurídicas, no que couber, a proteção dos direitos da personalidade".

A legítima defesa, nos moldes explicitados, afasta a justa causa.

19. OFENSAS FÍSICAS CONTRA O EMPREGADOR

O enfoque conceitual de ofensas físicas já foi estudado, sendo aqui aplicável.

Na situação específica, a violência física é praticada pelo empregado contra o empregador ou superiores hierárquicos, podendo ocorrer não só no serviço, mas em qualquer localidade, novamente em razão da condição das pessoas lesadas.

A justa causa, novamente, fica afastada pela legítima defesa.

l) prática constante de jogos de azar.

20. PRÁTICA CONSTANTE DE JOGOS DE AZAR

A prática constante de jogos de azar é considerada justa causa.

O jogo de azar é aquele em que o resultado depende exclusiva ou principalmente do fator "sorte".

O conceito de jogos de azar é previsto no Direito Penal.

Conforme art. 50, § 3.º, da Lei das Contravenções Penais, consideram-se jogos de azar: "a) o jogo em que o ganho e a perda dependam exclusiva ou principalmente da sorte; b) as apostas sobre corrida de cavalos fora de hipódromo ou de local onde sejam autorizadas; c) as apostas sobre qualquer outra competição esportiva".

São exemplos de jogos exclusivamente dependentes da sorte: roleta e dados, pois a vitória ou a derrota, nesses casos, não é influenciada por qualquer outro fator (como a habilidade), que não a sorte de uns e o azar de outros jogadores.

Jogos que dependem principalmente da sorte são os jogos de cartas, pois, embora o fator sorte ou azar seja o preponderante para se chegar ao resultado, alguma habilidade pode influenciar na vitória.

Nos jogos de bingo, o resultado depende exclusivamente da sorte, ou ao menos esta é a principal determinante do resultado.

Já os jogos de habilidade não são considerados jogos de azar, mas sim lícitos, como ocorre com as competições esportivas, bem como os jogos de dama e xadrez, que dependem da inteligência, da perspicácia e do raciocínio. Entretanto, a aposta em si (*v.g.*, feita por terceiros), sobre o futuro resultado em tais jogos lícitos, é considerada jogo de azar.

Observa-se certa redundância na expressão "prática constante", pois a prática já significa ser uma conduta contínua.

De todo modo, exige-se que os jogos de azar sejam algo frequente na vida do empregado. O seu exercício esporádico não configura, portanto, a justa causa.

Há entendimento, minoritário, de que pouco importa "se o jogo é ou não a dinheiro"[155].

No entanto, a corrente majoritária exige, para que se trate de justa causa, que o jogo seja praticado com o fim de lucro.

Efetivamente, quanto à necessária "finalidade de lucro"[156], segundo leciona Wagner Giglio: "Sem o escopo de obter um benefício material, de valor econômico, não há falar em jogo ilegal, quer do ponto de vista da contravenção, quer do Direito do Trabalho"[157].

---

155 MARTINS, Sergio Pinto. *Direito do trabalho*. 22. ed. São Paulo: Atlas, 2006. p. 365.

156 ZAINAGHI, Domingos Sávio. *A justa causa no direito do trabalho*. São Paulo: Malheiros, 1995. p. 138.

157 GIGLIO, Wagner D. *Justa Causa*. 7. ed. São Paulo: Saraiva, 2000, p. 333.

Portanto, havendo a prática constante de jogo de bingo pelo empregado, ou seja, de forma reiterada, de modo a acarretar prejuízo (direto ou indireto) ao trabalho, por ser este um jogo de azar[158], haverá a presença de justa causa, autorizando a rescisão de seu contrato de trabalho.

m) perda da habilitação ou dos requisitos estabelecidos em lei para o exercício da profissão, em decorrência de conduta dolosa do empregado.

21. PERDA DA HABILITAÇÃO OU DOS REQUISITOS PARA A PROFISSÃO

O art. 482, alínea "m", da CLT, acrescentada pela Lei 13.467/2017, prevê que constitui justa causa para rescisão do contrato de trabalho pelo empregador a perda da habilitação ou dos requisitos estabelecidos em lei para o exercício da profissão, em decorrência de conduta dolosa do empregado.

Exemplificando, no caso de empregado que seja motorista, a perda da habilitação, em razão de conduta dolosa, ou seja, intencional, autoriza a despedida com justa causa.

Como se pode notar, acrescenta-se ao rol das hipóteses de justa causa do empregado evento que não necessariamente tem relação com a sua conduta disciplinar no trabalho propriamente, embora tenha repercussões no exercício de suas atividades e funções na empresa.

Parágrafo único. Constitui igualmente justa causa para dispensa de empregado a prática, devidamente comprovada em inquérito administrativo, de atos atentatórios à segurança nacional.

22. ATOS ATENTATÓRIOS À SEGURANÇA NACIONAL

Trata-se de disposição incluída pelo Decreto-lei 3, de 27.01.1966.

O mencionado "inquérito administrativo" é aquele regulado nos §§ 3.º, 4.º e 5.º do art. 472 da CLT.

Por serem atos atentatórios "contra a segurança nacional", não se verifica nexo com o vínculo de emprego propriamente, o qual é mantido com o empregador.

Na realidade, a previsão em destaque é fruto da concepção política e de Estado da década de 60, bem diferente do atual regime de Estado Democrático de Direito, pautado por valores superiores à antiga doutrina da segurança nacional, conforme mandamentos da Constituição Federal de 1988.

Por isso, embora o entendimento não seja corrente na doutrina, entende-se que não mais deve prevalecer a previsão em análise, sepultada que foi a concepção de regime ditatorial no comando do governo e do Estado. Tanto é assim que a Lei 8.630/1993 (posteriormente revogada pela Lei 12.815/2013), em seu art. 76, revogou o mencionado Decreto-lei 3/1966, com o que se pode considerar revogado o dispositivo em questão.

A Lei 7.170, de 14 de dezembro de 1983 (Lei de Segurança Nacional), foi revogada pela Lei 14.197, de 1.º de setembro de 2021, que acrescentou o Título XII na Parte Especial do Código Penal, relativo aos crimes contra o Estado Democrático de Direito.

---

[158] Cf. MARTINS, Sergio Pinto. *Comentários à CLT*. 5. ed. São Paulo: Atlas, 2002. p. 494: "Os jogos de azar podem ser: jogo do bicho, loterias, bingo, roleta, bacará, de cartas, dominó, rifas não autorizadas etc.".

Nessa linha de entendimento, eventuais atos faltosos do empregado, apresentando teor ilícito ou criminoso, podem autorizar a dispensa com justa causa, conforme as hipóteses do art. 482 da CLT, em especial nas alíneas "a", "b" e "d".

✦ Súmulas, Orientações Jurisprudenciais e Precedentes Normativos

Súmula 316 do STF: A simples adesão à greve não constitui falta grave.

Súmula 227 do STJ: A pessoa jurídica pode sofrer dano moral.

Súmula 32 do TST: Abandono de emprego. Presume-se o abandono de emprego se o trabalhador não retornar ao serviço no prazo de 30 (trinta) dias após a cessação do benefício previdenciário nem justificar o motivo de não o fazer.

Súmula 62 do TST: O prazo de decadência do direito do empregador de ajuizar inquérito em face do empregado que incorre em abandono de emprego é contado a partir do momento em que o empregado pretendeu seu retorno ao serviço.

Súmula 73 do TST: A ocorrência de justa causa, salvo a de abandono de emprego, no decurso do prazo do aviso prévio dado pelo empregador, retira do empregado qualquer direito às verbas rescisórias de natureza indenizatória.

Súmula 212 do TST: O ônus de provar o término do contrato de trabalho, quando negados a prestação de serviço e o despedimento, é do empregador, pois o princípio da continuidade da relação de emprego constitui presunção favorável ao empregado.

Art. 483. O empregado poderá considerar rescindido o contrato e pleitear a devida indenização quando:

1. DISPENSA INDIRETA

A dispensa indireta pode ser conceituada como a modalidade de terminação do contrato de trabalho, por deliberação do empregado, mas decorrente de justa causa praticada pelo empregador.

2. ELEMENTOS DA JUSTA CAUSA DO EMPREGADOR

Mesmo na chamada falta grave patronal, devem-se fazer presentes certos requisitos da justa causa, desde que compatíveis com a situação delineada, ainda que sem os mesmos rigores na sua caracterização.

Assim, como na justa causa praticada pelo empregado, naquela pertinente ao empregador devem-se fazer presentes os elementos de:

1) *Tipicidade*, pois as hipóteses de justa causa do empregador também se encontram previstas em lei.
2) *Gravidade*, uma vez que a rescisão indireta, dando origem à cessação do vínculo de emprego, só deve ser reconhecida quando a falta patronal for grave. No entanto, deve ser levada em conta, obviamente, a posição do empregado, tornando a permanência do vínculo de emprego inviável para este.
3) *Nexo de causalidade*, no sentido de que a dispensa indireta deve ser, efetivamente, uma decorrência da justa causa do empregador, e não uma forma encontrada pelo trabalhador de conseguir o objetivo de se demitir, voluntariamente, do emprego, mas com o recebimento das verbas rescisórias equivalentes à dispensa.

O empregado não pode pretender a despedida indireta quando, na verdade, a terminação do contrato de trabalho não decorre de ato faltoso patronal, que não passa de mero pretexto ou alegação falaciosa.

Tem-se aqui o requisito da "determinância", no sentido de que a dispensa indireta deve ser determinada, justamente, pela falta grave do empregador.

4) *Proporcionalidade*, pois faz-se necessária a existência de relação de proporcionalidade e razoabilidade entre o ato faltoso do empregador e a despedida indireta.

Como a despedida indireta acarreta o fim da relação de emprego, só deve ser reconhecida se a falta praticada pelo empregador justifica a drástica medida, sempre se levando em conta as peculiaridades do caso e as condições do empregado, pois a regra deve ser no sentido da preservação do emprego.

No entanto, a reiteração de pequenos atos faltosos pode tornar a irregularidade grave o suficiente para fundamentar a despedida indireta.

5) *Imediatidade*.

Entre a prática da justa causa patronal e a deliberação do empregado de requerer a dispensa indireta não deve transcorrer espaço de tempo extremamente longo, pois isso significaria que a falta não é tão grave assim, pois, se o fosse, o vínculo não teria persistido.

No entanto, essa exigência deve ser analisada com coerência e parcimônia, não se podendo exigir o mesmo rigor necessário para a hipótese de justa causa do empregado. Isso porque, muitas vezes, o empregado acaba tolerando certas faltas patronais, tendo em vista a necessidade de se manter no emprego, para poder receber o salário e, com isso, sustentar a si e a sua família.

Além disso, se a falta patronal vem se repetindo no tempo, como o atraso mensal do salário, a imediatidade deve ser analisada da última lesão ocorrida, ou seja, daquela mais recente.

Diversamente, uma pequena falta antiga, já esquecida no passado e há tempos regularizada, não se mostra grave e atual para justificar a despedida indireta.

Quanto ao *non bis in idem*, não se verifica compatibilidade de aplicação na rescisão indireta, pois o empregado, prestando serviços de forma subordinada e por conta alheia, não é titular de poder disciplinar, não podendo, evidentemente, aplicar punições ao empregador, o que não se confunde com o seu direito de resistência.

Diante de falta patronal, o que o empregado pode fazer é se opor, postulando a sua regularização, ainda que em juízo, ou requerer a dispensa indireta.

Mas o empregado não pode pedir demissão e, posteriormente, se arrepender, passando a entender que deveria ter postulado a rescisão indireta. Consumada a demissão, o contrato de trabalho já cessou por esse motivo, a não ser que o empregado demonstre vício na respectiva manifestação de vontade.

a) forem exigidos serviços superiores às suas forças, defesos por lei, contrários aos bons costumes, ou alheios ao contrato;

3. EXIGÊNCIA DE SERVIÇOS SUPERIORES ÀS FORÇAS DO EMPREGADO

A hipótese ocorre quando o empregador exige, ou seja, impõe que o empregado execute serviços que estão acima de suas forças, entendido o termo tanto no sentido físico como intelectual.

Sobre o limite de força física, cabe destacar a disposição de segurança e medicina do trabalho, pertinente ao art. 198 da CLT, com a seguinte previsão:

> Art. 198. É de 60 kg (sessenta quilogramas) o peso máximo que um empregado pode remover individualmente, ressalvadas as disposições especiais relativas ao trabalho do menor e da mulher.
>
> Parágrafo único. Não está compreendida na proibição deste artigo a remoção de material feita por impulsão ou tração de vagonetes sobre trilhos, carros de mão ou quaisquer outros aparelhos mecânicos, podendo o Ministério do Trabalho, em tais casos, fixar limites diversos, que evitem sejam exigidos do empregado serviços superiores às suas forças.

Além disso, o art. 390 da CLT, que também se aplica aos empregados menores (art. 405, § 5.º, da CLT), estabelece a seguinte regra especial:

> Art. 390. Ao empregador é vedado empregar a mulher em serviço que demande o emprego de força muscular superior a 20 (vinte) quilos para o trabalho continuo, ou 25 (vinte e cinco) quilos para o trabalho ocasional.
>
> Parágrafo único. Não está compreendida na determinação deste artigo a remoção de material feita por impulsão ou tração de vagonetes sobre trilhos, de carros de mão ou quaisquer aparelhos mecânicos.

Como mencionado, também constitui falta grave patronal exigir que o empregado execute tarefas superiores às forças intelectuais e psíquicas, em prejuízo de sua saúde e bem-estar.

Reconhece-se a maior dificuldade de fixar esse limite no caso do trabalho intelectual, mas a hipótese do art. 483, "a", da CLT ocorreria, por exemplo, se fosse ordenado que o empregado criasse elevado número de textos, em curto prazo de tempo, algo que seria praticamente impossível, humanamente falando, de ser executado, sem graves danos à integridade física e mental do empregado.

4. EXIGÊNCIA DE SERVIÇOS DEFESOS POR LEI

Essa hipótese refere-se ao empregador que impõe ao empregado que execute serviços vedados, ou seja, proibidos por lei.

Pode-se entender que constitui falta grave a exigência de serviços que a lei proíbe, com o intuito de tutelar o empregado, como as hipóteses de trabalho insalubre, perigoso ou noturno do menor, o qual é proibido pelo art. 7.º, inciso XXXIII, da Constituição Federal de 1988.

Além disso, também deve ser considerado como justa causa do empregador se este exige que o empregado desempenhe atividades consideradas ilícitas, pois, também nesse caso, têm-se "serviços defesos por lei". Por exemplo, podem ser indicados os casos do empregador que ordena a seu empregado que transporte substância proibida, como entorpecentes, ou exige que o trabalhador execute conduta lesiva ao patrimônio ou à moral de alguém.

Em todas essas situações, o empregado pode "considerar rescindido o contrato de trabalho" (art. 483, *caput*, da CLT), pleiteando as devidas verbas rescisórias decorrentes, sem prejuízo de eventual indenização por danos morais.

5. EXIGÊNCIA DE SERVIÇOS CONTRÁRIOS AOS BONS COSTUMES

A referida falta patronal refere-se a exigir que o empregado desempenhe serviços que contrariam as regras morais que norteiam a sociedade, levando em conta o momento e a localidade.

Pode existir certa dificuldade em precisar, exatamente, quais são todos os limites e as regras de bons costumes. Mesmo assim, deve-se adotar o padrão médio de comportamento, respeitado pela sociedade e visto como aceito pela comunidade, ainda que em sua maioria.

Por isso, incidiria na hipótese em estudo o empregador que exigisse do empregado que mantivesse relacionamento íntimo com certa pessoa, por ser um cliente de importância aos negócios da empresa. Da mesma forma, o empregador que ordenasse ao empregado que se despisse na frente de colegas de serviço.

6. EXIGÊNCIA DE SERVIÇOS ALHEIOS AO CONTRATO

A última hipótese da alínea "a" do art. 483 da CLT refere-se à conduta do empregador que exige do empregado serviços alheios ao contrato de trabalho que foi firmado.

Trata-se do caso em que o empregado recebe ordens de desempenhar atividades para as quais não foi contratado, ou seja, divorciadas das funções a serem desempenhadas (o que deve ser interpretado com razoabilidade), como exigir da secretária que realize serviço de limpeza, ou ordenar ao professor que exerça função de porteiro.

O empregado, nesses casos, pode se opor, considerando rescindido o contrato de trabalho por justa causa patronal, requerendo as verbas rescisórias decorrentes.

Se a exigência de serviço alheio envolver lesão a direito de personalidade do empregado, como em trabalho degradante, a respectiva indenização por danos morais também pode ser devida.

b) for tratado pelo empregador ou por seus superiores hierárquicos com rigor excessivo;

7. RIGOR EXCESSIVO

O rigor excessivo significa uma verdadeira perseguição do empregador contra o empregado, tratando-o de forma diferenciada em comparação aos demais empregados ou aplicando punições desproporcionais.

Conforme a gravidade da conduta patronal e a sua reiteração, em prejuízo da dignidade do empregado, há possibilidade de se configurar até mesmo o *assédio moral*. Este pode ter como objetivos escusos o de fazer com que o empregado, por ser repetidamente lesado em termos psicológicos e morais, com atitudes nefastas do empregador, não mais suportando o sofrimento, peça demissão.

Frise-se que o rigor excessivo pode ser praticado, ainda, por superior hierárquico, configurando prática de assédio moral, autorizando da mesma forma a despedida indireta, pois o empregador é responsável por manter o ambiente de trabalho saudável e harmonioso.

Nesse caso, o empregado tem direito de considerar rescindido o contrato por falta grave patronal, fazendo jus às verbas trabalhistas decorrentes, bem como de pleitear indenização pelos danos morais derivados do assédio moral.

c) correr perigo manifesto de mal considerável;

8. PERIGO MANIFESTO DE MAL CONSIDERÁVEL

A hipótese em questão indica o empregado que é exposto a situações de perigo manifesto (ou seja, evidente) de sofrer um mal considerável (quer dizer, relevante), quando não inerentes à atividade contratada.

O referido "mal considerável" pode ser tanto à saúde física como psíquica e psicológica do empregado.

Podem ser citados como exemplos: o empregador que determina a execução de trabalho insalubre, mas não entrega os necessários equipamentos de proteção individual; o serviço a ser executado envolve perigo à integridade do trabalhador, e mesmo à vida, por ser o trabalho em alturas ou obras em construção, mas não se disponibilizam ao empregado os instrumentos de proteção adequados (como o cinto de segurança ou o capacete).

d) não cumprir o empregador as obrigações do contrato;

9. NÃO CUMPRIMENTO DAS OBRIGAÇÕES DO CONTRATO

O presente caso é certamente aquele mais comum em ações trabalhistas cujo objeto seja a rescisão indireta do contrato de trabalho.

Quando o empregador descumpre as obrigações do contrato de trabalho, o empregado não é obrigado a tolerar a conduta irregular, podendo considerar rescindido o referido pacto, por justa causa patronal.

Deve-se interpretar a expressão "obrigações do contrato" como alcançando os diversos deveres inerentes à relação contratual de emprego. As respectivas obrigações podem ter origem nas diversas fontes formais do Direito do Trabalho, inclusive legal (e constitucional), bem como podem decorrer do costume, de normas coletivas decorrentes de negociação coletiva, ou mesmo de decisão arbitral ou judicial referente a conflito coletivo de trabalho.

Aliás, a maioria das obrigações, pertinentes ao contrato de trabalho, decorre de previsão da legislação trabalhista, com o que a sua inobservância faz incidir a justa causa patronal em estudo.

Além disso, não se exigem formalidades para a convenção do contrato de trabalho, e, em muitos casos, não há nem mesmo um instrumento formal de sua pactuação, para que se possa falar apenas em obrigações derivadas da autonomia privada individual, em sentido estrito.

Por isso, embora o tema possa apresentar certa controvérsia, entende-se que a ausência de depósito do FGTS na conta vinculada do empregado constitui descumprimento de obrigação contratual, uma vez que o referido direito, com previsão constitucional, gera ao empregador a respectiva obrigação contratual trabalhista.

Não se pode dizer que o valor do FGTS fica só depositado, com o que a sua ausência não acarretaria prejuízo ao empregado; tal ressalva não é estabelecida em lei como apta a afastar a rescisão indireta, além do que o empregado pode passar a ter direito a sacar os valores de um momento para o outro, por exemplo, para a aquisição de casa própria, ou na hipótese do art. 20, inciso XIV, da Lei 8.036/1990 (acrescentado pela Medida Provisória 2.164-41/2001).

Atualmente, o titular de contas vinculadas do FGTS estará sujeito a somente uma das seguintes sistemáticas de saque: I – saque-rescisão; ou II – saque-aniversário (art. 20-A da Lei 8.036/1990, incluído pela Lei 13.932/2019). Todas as contas do mesmo titular estarão sujeitas à mesma sistemática de saque (art. 20-A, § 1.º, da Lei 8.036/1990).

São aplicáveis às sistemáticas de saque de que trata o art. 20-A da Lei 8.036/1990 as seguintes hipóteses de movimentação de conta:

I – para a sistemática de saque-rescisão, as previstas no art. 20 da Lei 8.036/1990, à exceção da estabelecida no inciso XX do referido artigo;

II – para a sistemática de saque-aniversário, as previstas no art. 20 da Lei 8.036/1990, à exceção das estabelecidas nos incisos I, I-A, II, IX e X do referido artigo (art. 20-A, § 2.º, da Lei 8.036/1990).

O titular de contas vinculadas do FGTS está sujeito originalmente à sistemática de saque-rescisão e pode optar por alterá-la, observado o disposto no art. 20-C da Lei 8.036/1990 (art. 20-B da Lei 8.036/1990, incluído pela Lei 13.932/2019).

A primeira opção pela sistemática de saque-aniversário pode ser feita a qualquer tempo e terá efeitos imediatos (art. 20-C da Lei 8.036/1990, incluído pela Lei 13.932/2019).

Caso o titular solicite novas alterações de sistemática, deve ser observado o seguinte: I – a alteração será efetivada no primeiro dia do 25.º mês subsequente ao da solicitação, desde que não haja cessão ou alienação de direitos futuros aos saques anuais de que trata o § 3.º do art. 20-D da Lei 8.036/1990; II – a solicitação pode ser cancelada pelo titular antes da sua efetivação; III – na hipótese de cancelamento, a nova solicitação estará sujeita ao disposto no inciso I.

Para fins do disposto no § 2.º do art. 20-A da Lei 8.036/1990, as situações de movimentação devem obedecer à sistemática a que o titular estiver sujeito no momento dos eventos que as ensejarem.

Na situação de movimentação de que trata o inciso XX do art. 20 da Lei 8.036/1990 (anualmente, no mês de aniversário do trabalhador), o valor do saque será determinado: I – pela aplicação da alíquota correspondente, estabelecida no Anexo da Lei 8.036/1990, à soma de todos os saldos das contas vinculadas do titular, apurados na data do débito; e II – pelo acréscimo da parcela adicional correspondente, estabelecida no Anexo da Lei 8.036/1990, ao valor apurado de acordo com o disposto no inciso I (art. 20-D da Lei 8.036/1990, incluído pela Lei 13.932/2019).

Na hipótese de o titular possuir mais de uma conta vinculada, o saque de que trata o art. 20-D da Lei 8.036/1990 será feito na seguinte ordem: I – contas vinculadas relativas a contratos de trabalho extintos, com início pela conta que tiver o menor saldo; e II – demais contas vinculadas, com início pela conta que tiver o menor saldo.

A critério do titular da conta vinculada do FGTS, os direitos aos saques anuais de que trata o art. 20-D da Lei 8.036/1990 podem ser objeto de alienação ou cessão fiduciária, nos termos do art. 66-B da Lei 4.728/1965, em favor de qualquer instituição financeira do Sistema Financeiro Nacional, sujeitas as taxas de juros praticadas nessas operações aos limites estipulados pelo Conselho Curador, os quais serão inferiores aos limites de taxas de juros estipulados para os empréstimos consignados dos servidores públicos federais do Poder Executivo (art. 20-D, § 3.º, da Lei 8.036/1990).

Na hipótese de despedida sem justa causa, o trabalhador que optar pela sistemática saque-aniversário também fará jus à movimentação da indenização rescisória de que tratam os § 1.º e § 2.º do art. 18 da Lei 8.036/1990.

Da mesma forma, a falta de anotação da Carteira de Trabalho e Previdência Social do empregado configura evidente inobservância de obrigação fundamental pertinente ao contrato de trabalho, ensejando a incidência da mencionada falta grave patronal.

No entanto, o que cabe destacar é o entendimento segundo o qual, havendo *fundada* controvérsia quanto à efetiva existência de relação de emprego, não poderia o empregado, antes de ver reconhecido o contrato de trabalho em juízo, alegar a dispensa indireta, sustentando que as obrigações decorrentes do vínculo (que não se sabe se existe ou não), foram ou estão sendo descumpridas pelo suposto empregador.

e) praticar o empregador ou seus prepostos, contra ele ou pessoas de sua família, ato lesivo da honra e boa fama;

10. ATO LESIVO DA HONRA E BOA FAMA

Da mesma forma como já analisada nas hipóteses do art. 482, alíneas "j" e "k", na presente situação, tem-se como justa causa, agora patronal, a hipótese em que "praticar o empregador ou seus prepostos, contra ele [o empregado] ou pessoas de sua família, ato lesivo da honra e boa fama". No caso, a disposição específica não autoriza a legítima defesa exercida pelo empregador, diferentemente do que ocorre no caso do art. 482, "k".

Como já mencionado, a lesão à honra ou da boa fama refere-se à conduta que afronta direitos de personalidade, no caso, relacionados à imagem e à moral.

A honra engloba a modalidade objetiva (reputação) e subjetiva (dignidade, decoro).

A boa fama refere-se ao conceito da pessoa diante da sociedade e da comunidade em que vive.

Cabe destacar que o ato lesivo (da honra e boa fama) pode ser não só contra o empregado, mas também contra pessoas de sua família. Esta última expressão possui amplitude um pouco indeterminada. De todo modo, certamente que fazem parte da família do empregado o cônjuge, os pais, os filhos e eventuais irmãos; outros familiares, mais distantes, podem ser objeto de incidência da disposição legal, conforme o caso e as suas circunstâncias, demonstrando-se que a lesão é apta a atingir, de modo reflexo, o próprio empregado, tendo em vista a proximidade e intimidade com o referido familiar.

f) o empregador ou seus prepostos ofenderem-no fisicamente, salvo em caso de legítima defesa, própria ou de outrem;

11. OFENSA FÍSICA

Também de forma semelhante à hipótese de dispensa com justa causa estudada, o art. 483, na alínea "f", prevê a falta grave patronal nos casos de lesão à integridade física do empregado, por violência cometida pelo empregador ou seus prepostos.

Observa-se que na hipótese específica em questão, pertinente à ofensa física, apenas ao empregado em si é que se faz menção; diferentemente, somente na alínea anterior ("e") do art. 483 da CLT é que os familiares são incluídos.

Se a referida lesão ocorre em legítima defesa, o ato deixa de ser ilícito, afastando, com isso, a rescisão indireta. No entanto, cabe observar que a legítima defesa deve ser exercida sem abuso, ou seja, sem que sejam excedidos os seus limites.

Além disso, a legítima defesa pode ser em benefício da própria pessoa lesada, ou mesmo em favor de um terceiro a ser lesado pelo ofensor (Código Penal, art. 25).

g) o empregador reduzir o seu trabalho, sendo este por peça ou tarefa, de forma a afetar sensivelmente a importância dos salários.

12. REDUÇÃO DO TRABALHO POR PEÇA OU TAREFA, AFETANDO O SALÁRIO

O trabalho por peça é aquele em que o salário é pago por unidade de obra, recebendo o empregado de acordo com a quantidade produzida.

O trabalho por tarefa refere-se àquele em que o salário é estabelecido de forma mista, ou seja, o empregado recebe conforme o serviço estipulado, a ser realizado em certo período de tempo.

De todo modo, são situações em que, havendo a redução do trabalho oferecido, proposto ou determinado ao empregado, pelo empregador, o salário pode sofrer redução, pois nos referidos casos o valor recebido varia conforme o que é produzido.

Por isso, a mencionada hipótese de falta patronal versa especificamente sobre tais situações, considerando falta grave patronal a referida redução do trabalho do empregado, de forma a afetar "sensivelmente" (ou seja, de forma significante) o valor dos salários.

Poder-se-ia questionar se a redução do salário pelo empregador, de forma ilícita, mas de empregado que tem seu salário calculado de forma distinta, configura justa causa patronal (como no salário por tempo de serviço).

Mesmo que essa última hipótese, por ser diferente das situações da alínea "g" do art. 483, não esteja incluída no referido dispositivo específico, a redução salarial em afronta à Constituição Federal (art. 7.º, inciso VI) é, evidentemente, uma inobservância das obrigações do contrato de trabalho; no caso, uma violação direta do dever de não reduzir os salários constitui evidente falta grave patronal, incidindo a previsão do art. 483, alínea "d", da CLT, já analisada acima.

§ 1.º O empregado poderá suspender a prestação dos serviços ou rescindir o contrato, quando tiver de desempenhar obrigações legais, incompatíveis com a continuação do serviço.

13. ENCARGO PÚBLICO

O exercício de encargo público pelo empregado, em princípio, representa hipótese de suspensão do contrato de trabalho, como ocorre no exercício de mandato de cargo político.

Em conformidade com o art. 472 da CLT, "o afastamento do empregado em virtude das exigências do serviço militar, ou de outro encargo público, não constituirá motivo para alteração ou rescisão do contrato de trabalho por parte do empregador".

No entanto, para que o empregado tenha direito a voltar a exercer o cargo do qual se afastou em virtude de exigências do serviço militar ou de encargo público, é indispensável que notifique o empregador dessa intenção, por telegrama ou carta registrada, dentro do prazo máximo de 30 dias, contados da data em que se verificar a respectiva baixa ou a terminação do encargo a que estava obrigado (§ 1.º do art. 472 da CLT).

Ainda sobre o tema, o art. 483, § 1.º, da CLT faculta ao empregado a suspensão da prestação dos serviços ou a rescisão do contrato, quando tiver de desempenhar obrigações legais, incompatíveis com a continuação do serviço.

Cabe lembrar que, nos termos do art. 4.º, § 1.º, da CLT, computam-se na contagem de tempo de serviço, para efeito de indenização e de estabilidade, os períodos em que o empregado estiver afastado do trabalho prestando serviço militar (e por motivo de acidente do trabalho). Na atualidade, os depósitos do FGTS são obrigatórios nos casos de afastamento para prestação do serviço militar obrigatório (e licença por acidente do trabalho), conforme o art. 15, § 5.º, da Lei 8.036/1990, o que indica tratar-se de suspensão de certa forma atípica do contrato de trabalho.

§ 2.º No caso de morte do empregador constituído em empresa individual, é facultado ao empregado rescindir o contrato de trabalho.

14. CESSAÇÃO DO CONTRATO POR FALECIMENTO DO EMPREGADOR PESSOA FÍSICA

Sendo o empregador pessoa física, caso ele faleça, mas não haja o encerramento das atividades da empresa, há autorização para o empregado pedir demissão, sem ter de conceder aviso prévio, justamente em razão do motivo estabelecido na lei.

No referido caso, as verbas rescisórias devidas são, portanto: saldo salarial; férias vencidas e proporcionais com 1/3; décimo terceiro salários vencido e proporcional.

Quanto ao saldo em conta vinculada do FGTS, o saque é autorizado quando o falecimento do empregador individual *implicar* rescisão do contrato de trabalho, comprovada por declaração escrita da empresa, suprida, quando for o caso, por decisão judicial transitada em julgado (Lei 8.036/1990, art. 20, inciso II). Assim, se o empregador individual faleceu, mas a atividade empresarial não se encerrou, tendo a extinção do contrato de trabalho, na realidade, decorrido de solicitação do empregado (como faculta o art. 483, § 2.º da CLT), não se verifica a hipótese legal de saque do FGTS[159].

A hipótese aqui comentada, no entanto, não se confunde com aquela prevista no art. 485 da CLT.

15. CESSAÇÃO DO CONTRATO POR FALECIMENTO DO EMPREGADO

O contrato de trabalho caracteriza-se por ser *intuitu personae*.

Por isso, como é evidente e natural, o falecimento do empregado acarreta a cessação do contrato de trabalho.

[159] Em sentido divergente, entendendo ser devido o saque do FGTS, sem a indenização de 40%, cf. DELGADO, Mauricio Godinho. *Curso de direito do trabalho*. 9. ed. São Paulo: LTr, 2010. p. 1.060: "a morte do empregador, pessoa física constituída em empresa individual, faculta ao trabalhador dar por terminado o respectivo contrato, ainda que o empreendimento continue por meio dos sucessores (art. 483, § 2.º, CLT). Sendo a dissolução contratual do interesse do obreiro, ela far-se-á sem os ônus do pedido de demissão, embora também sem as vantagens rescisórias da dispensa injusta ou rescisão indireta. Ou seja, o trabalhador saca o FGTS, mas sem os 40% (art. 20, II, *in fine*, Lei n. 8.036/1990), recebendo 13.º proporcional e férias proporcionais com seu terço. Contudo, não tem de conceder aviso prévio (sendo contrato de duração indeterminada), nem pagar a indenização do art. 480, da CLT (sendo contrato a termo)".

Nesse caso, as verbas rescisórias passam a ser devidas aos dependentes ou sucessores do empregado.

Nesse sentido, a Lei 6.858, de 24 de novembro de 1980, em seu art. 1.º, prevê que os valores devidos pelos empregadores aos empregados, bem como os montantes das contas individuais do Fundo de Garantia do Tempo de Serviço e do Fundo de Participação PIS-Pasep, não recebidos em vida pelos respectivos titulares, "serão pagos, em quotas iguais, aos dependentes habilitados perante a Previdência Social ou na forma da legislação específica dos servidores civis e militares, e, na sua falta, aos sucessores previstos na lei civil, indicados em alvará judicial, independentemente de inventário ou arrolamento".

Na hipótese comentada, as verbas rescisórias devidas são: saldo salarial; férias vencidas e proporcionais com 1/3; décimo terceiro salários vencido e proporcional; saque do FGTS pelos dependentes ou sucessores do empregado falecido.

Registre-se a hipótese, diferenciada, em que a morte do empregado decorre, na realidade, de *conduta culposa do empregador*, como em casos de acidente do trabalho ou doença ocupacional. Assim ocorrendo, o entendimento mais adequado é no sentido de que são devidos os direitos previstos para a hipótese de despedida indireta, pois o art. 483, "c", da CLT, prevê como falta patronal deixar o empregado em "perigo manifesto de mal considerável". Logo, se essa infração, em razão da gravidade, acaba gerando a própria morte do empregado, tornam-se devidas as respectivas verbas rescisórias.

> § 3.º Nas hipóteses das letras "d" e "g", poderá o empregado pleitear a rescisão de seu contrato de trabalho e o pagamento das respectivas indenizações, permanecendo ou não no serviço até final decisão do processo.

16. DISPENSA INDIRETA E POSSIBILIDADE DE PERMANÊNCIA NO SERVIÇO

A rescisão indireta, normalmente, deve ser objeto de reconhecimento em juízo, por meio da respectiva ação ajuizada pelo empregado.

Por isso, discute-se quanto à possibilidade, ou não, de o empregado permanecer no serviço, até a decisão final do processo em que se analisa a dispensa indireta.

O entendimento majoritário é no sentido de que a regra deve ser a extinção imediata do contrato de trabalho, ou seja, a cessação da prestação de serviços, não se podendo aguardar a decisão judicial a respeito, justamente por se tratar de justa causa patronal. Esta, como se sabe, deve ser grave, inviabilizando a continuidade do vínculo de emprego.

Haveria uma nítida contradição se o empregado pudesse permanecer no labor e, ao mesmo tempo, requerer a rescisão indireta do contrato de trabalho.

Assim, apenas excepcionalmente, mediante específica autorização legal, é que a referida permanência no emprego pode ser admitida.

Em razão da referida previsão, apenas nas hipóteses de descumprimento das obrigações contratuais (art. 483, "d", da CLT), e redução do trabalho por peça ou tarefa, afetando o salário (art. 483, "g", da CLT), faculta-se ao empregado permanecer no emprego até a final decisão do processo em que pleiteia a rescisão indireta do contrato de trabalho.

A expressão "final decisão do processo" pode gerar dúvida, no sentido de se tratar da sentença, ou somente da decisão que transitar em julgado.

Entende-se que essa última interpretação, quanto ao trânsito em julgado, mostra-se mais coerente, pois, do contrário, se a sentença que eventualmente reconhecesse a rescisão indireta fosse reformada em recurso (ordinário), pelo tribunal (TRT), ter-se-ia a neutralização da eficácia e da utilidade da previsão legal.

Interpretando-se *a contrario sensu* o § 3.º do art. 483 da CLT, nas demais modalidades de dispensa indireta, a referida faculdade de permanência no emprego não se verifica, conforme correto entendimento, majoritário, da doutrina e da jurisprudência.

Com isso, fora das alíneas "d" e "g" do art. 483 da CLT, cabe ao empregado, ao requerer o reconhecimento da justa causa patronal, dar por findo o contrato de trabalho, cessando a prestação dos serviços, coerentemente com a sua alegação de despedida indireta.

No entanto, cabe verificar a hipótese em que o empregado cessou a prestação dos serviços, ajuizou em seguida ação com o objetivo de obter o reconhecimento de rescisão indireta do contrato de trabalho, mas esse pedido foi julgado improcedente, indeferindo-se a despedida indireta e as verbas decorrentes.

Nesse caso, como o empregado já deu por terminado o contrato de trabalho, discute-se qual seria a modalidade de cessação do referido vínculo. Embora exista quem defenda a possibilidade de se caracterizar o abandono de emprego (art. 482, alínea "i", da CLT), defende-se que não há, na hipótese narrada, o elemento subjetivo, necessário para caracterizar a referida falta grave do empregado.

Efetivamente, o empregado não teve a intenção de abandonar o emprego, mas sim exerceu a faculdade de pôr fim à prestação dos serviços, por entender existir falta grave patronal. Embora essa falta do empregador não tenha sido reconhecida em juízo, não se pode penalizar o empregado impondo-lhe a prática de justa causa, pois ausente a intenção de abandonar o emprego, bem como dolo ou culpa. Por isso, o mais razoável é entender, no caso mencionado, pela equiparação ao próprio pedido de demissão pelo empregado, fazendo jus às respectivas verbas rescisórias.

O requisito da "imediatidade", entre a falta patronal e o requerimento de rescisão indireta, em tese, também deve ser observado pelo empregado, ainda que sem o rigor da dispensa com justa causa.

Assim, a inércia do empregado, ajuizando a ação com pedido de rescisão indireta somente tempos depois da extinção contratual, demonstra a ausência do mencionado requisito da atualidade, necessário para a caracterização da dispensa indireta.

✦ Súmulas, Orientações Jurisprudenciais e Precedentes Normativos

Súmula 13 do TST: O só pagamento dos salários atrasados em audiência não ilide a mora capaz de determinar a rescisão do contrato de trabalho.

✦ Referência legislativa

- Art. 216-A do CP.

Art. 484. Havendo culpa recíproca no ato que determinou a rescisão do contrato de trabalho, o tribunal de trabalho reduzirá a indenização à que seria devida em caso de culpa exclusiva do empregador, por metade.

1. CULPA RECÍPROCA

A culpa recíproca ocorre quando se verificam condutas faltosas tanto do empregado como do empregador. As faltas do empregado estão previstas, em sua grande maioria, no art. 482 da CLT, sendo as do empregador arroladas no art. 483 da CLT.

Mesmo assim, para que se verifique, realmente, a culpa recíproca, as faltas devem ser simultâneas, graves e conexas.

Assim, não é tão frequente a verificação de culpa recíproca na prática, pois não se configura em face de atos faltosos praticados, de forma autônoma, pelo empregado e pelo empregador.

Como destacado, as faltas devem ser simultâneas, ou seja, ocorrer no mesmo contexto de tempo, na mesma circunstância de fato.

Além disso, na culpa recíproca, as faltas, tanto do empregado como do empregador, devem ser igualmente dotadas de gravidade.

Por fim, as referidas faltas devem guardar conexão entre si, no sentido de que uma decorre da prática da outra.

Pode-se indicar como exemplo de culpa recíproca a hipótese em que o empregado profere contra o empregador palavra de baixo calão, ofendendo a sua honra ou imagem, e este responde no mesmo tom, ofendendo, por sua vez, a honra ou a imagem do trabalhador.

A chamada culpa recíproca é figura prevista no art. 484 da CLT, que regulava a antiga indenização por tempo de serviço (substituída pelo sistema do FGTS, que passou a ser obrigatório a partir da Constituição Federal de 1988).

Atualmente, a Lei 8.036/1990, no art. 18, § 2.º, na mesma linha, estabelece que, na "despedida por culpa recíproca", a indenização compensatória calculada sobre os depósitos do FGTS "será de 20% (vinte por cento)". Ainda sobre a culpa recíproca, dispõe a Súmula 14 do TST, com redação determinada pela Resolução 121/2003.

Obviamente, na culpa recíproca também são devidas, de forma integral, férias vencidas com 1/3, décimo terceiro salário vencido e saldo salarial, por se tratar de direitos já adquiridos.

2. INDENIZAÇÃO NA CULPA RECÍPROCA

O art. 484 da CLT estabelece o direito à metade da indenização por tempo de serviço. Com o sistema do FGTS, a Lei 8.036/1990 autoriza o levantamento dos depósitos da conta vinculada mesmo na culpa recíproca (art. 20, inciso I) e estabelece o direito à indenização de 20% do FGTS (art. 18, § 2.º), ou seja, a metade da indenização compensatória de 40%.

Assim, tanto a interpretação extensiva do art. 484 da CLT como o princípio da razoabilidade confirmam ter o empregado direito à metade das verbas rescisórias no caso de culpa recíproca, o que inclui as férias proporcionais com o acréscimo de 1/3.

Observa-se, portanto, o acerto da nova redação conferida a Súmula 14 do TST. Não obstante, caso fosse acolhido o entendimento de que nem mesmo a dispensa por justa causa afasta o direito às férias proporcionais, na culpa recíproca, por muito mais razão, haveria direito ao seu recebimento total, e não somente pela metade.

Portanto, na jurisprudência do Tribunal Superior do Trabalho (Súmulas 14 e 171), o motivo da extinção contratual, no que tange à prática faltosa, permanece tendo relevância quanto às férias proporcionais.

✦ **Súmulas, Orientações Jurisprudenciais e Precedentes Normativos**

Súmula 14 do TST: Reconhecida a culpa recíproca na rescisão do contrato de trabalho (art. 484 da CLT), o empregado tem direito a 50% (cinquenta por cento) do valor do aviso prévio, do décimo terceiro salário e das férias proporcionais.

Súmula 171 do TST: Dispensa do empregado. Remuneração. Proporcionais das férias. Extinção. Salvo na hipótese de dispensa do empregado por justa causa, a extinção do contrato de trabalho sujeita o empregador ao pagamento da remuneração das férias proporcionais, ainda que incompleto o período aquisitivo de 12 (doze) meses (art. 147 da CLT).

Art. 484-A. O contrato de trabalho poderá ser extinto por acordo entre empregado e empregador, caso em que serão devidas as seguintes verbas trabalhistas:

I – por metade:

a) o aviso prévio, se indenizado; e

b) a indenização sobre o saldo do Fundo de Garantia do Tempo de Serviço, prevista no § 1.º do art. 18 da Lei n.º 8.036, de 11 de maio de 1990;

II – na integralidade, as demais verbas trabalhistas.

§ 1.º A extinção do contrato prevista no *caput* deste artigo permite a movimentação da conta vinculada do trabalhador no Fundo de Garantia do Tempo de Serviço na forma do inciso I-A do art. 20 da Lei n.º 8.036, de 11 de maio de 1990, limitada até 80% (oitenta por cento) do valor dos depósitos.

§ 2.º A extinção do contrato por acordo prevista no *caput* deste artigo não autoriza o ingresso no Programa de Seguro-Desemprego.

1. CESSAÇÃO DO CONTRATO DE TRABALHO POR ACORDO ENTRE EMPREGADO E EMPREGADOR

A resilição bilateral do contrato de trabalho, ou *distrato*, é o acordo de vontades entre as partes da relação jurídica de emprego, para pôr fim a esse negócio jurídico.

O distrato do contrato de trabalho pode ser judicial, quando realizado em juízo, ou extrajudicial.

O art. 484-A da CLT, acrescentado pela Lei 13.467/2017, prevê que o contrato de trabalho pode ser extinto por *acordo* entre empregado e empregador, caso em que são devidas as seguintes verbas trabalhistas:

I – por metade: a) o aviso prévio, se indenizado; b) a indenização sobre o saldo do Fundo de Garantia do Tempo de Serviço, prevista no § 1.º do art. 18 da Lei 8.036/1990;

II – na integralidade, as demais verbas trabalhistas.

A extinção do contrato, prevista no art. 484-A, *caput*, da CLT, permite a movimentação da conta vinculada do trabalhador no Fundo de Garantia do Tempo de Serviço na forma do inciso I-A do art. 20 da Lei 8.036/1990, limitada até 80% do valor dos depósitos.

A extinção do contrato por acordo prevista no art. 484-A, *caput*, da CLT não autoriza o ingresso no Programa de Seguro-Desemprego.

Em harmonia com o exposto, o art. 20, inciso I-A, da Lei 8.036/1990, acrescentado pela Lei 13.467/2017, passa a prever que a conta vinculada do trabalhador no FGTS pode ser movimentada na extinção do contrato de trabalho prevista no art. 484-A da CLT.

Trata-se, no caso, de extinção do contrato de trabalho por acordo entre o empregado e o empregador, fazendo cessar o contrato de trabalho em razão do consenso das partes nesse sentido.

Frise-se, ainda, que os arts. 855-B a 855-E da CLT, incluídos pela Lei 13.467/2017, dispõem sobre o *processo de jurisdição voluntária para homologação de acordo extrajudicial*, o qual não se confunde com a hipótese do art. 484-A da CLT, a respeito da extinção do contrato de trabalho por acordo entre empregado e empregador (*distrato*, em que não há previsão de homologação judicial).

Art. 485. Quando cessar a atividade da empresa, por morte do empregador, os empregados terão direito, conforme o caso, à indenização a que se referem os art. 477 e 497.

1. EXTINÇÃO DA EMPRESA PELO FALECIMENTO DO EMPREGADOR

A cessação da atividade da empresa pode decorrer de "morte do empregador", conforme o art. 485 da CLT.

O presente caso também se refere ao empregador pessoa física, pois apenas este pode falecer.

Entretanto, diversamente do art. 483, § 2.º, da CLT, havendo a cessação da atividade empresarial, o que se verifica é a dispensa do empregado, pois este não corre o risco do empreendimento. Sendo assim, são devidas as verbas rescisórias, tal como na dispensa sem justa causa. Aliás, quanto ao assunto, prevê a Súmula 44 do TST.

Importante lembrar que, segundo o art. 117 da Lei 11.101/2005, a falência não necessariamente extingue o contrato de trabalho.

Ocorrendo a falência, caso haja a cessação das atividades da empresa, com o fim da relação de emprego, também há o direito às verbas rescisórias, como na dispensa sem justa causa, pois os riscos do negócio são do empregador.

✦ Súmulas, Orientações Jurisprudenciais e Precedentes Normativos

Súmula 44 do TST: A cessação da atividade da empresa, com o pagamento da indenização, simples ou em dobro, não exclui, por si só, o direito do empregado ao aviso prévio.

Art. 486. No caso de paralisação temporária ou definitiva do trabalho, motivada por ato de autoridade municipal, estadual ou federal, ou pela promulgação de lei ou resolução que impossibilite a continuação da atividade, prevalecerá o pagamento da indenização, que ficará a cargo do governo responsável.

§ 1.º Sempre que o empregador invocar em sua defesa o preceito do presente artigo, o tribunal do trabalho competente notificará a pessoa de direito público apontada como responsável pela paralisação do trabalho, para que, no prazo de 30 (trinta) dias, alegue o que entender devido, passando a figurar no processo como chamada à autoria.

§ 2.º Sempre que a parte interessada, firmada em documento hábil, invocar defesa baseada na disposição deste artigo e indicar qual o juiz competente, será ouvida a parte contrária, para, dentro de 3 (três) dias, falar sobre essa alegação.

§ 3.º Verificada qual a autoridade responsável, a Junta de Conciliação ou Juiz dar-se-á por incompetente, remetendo os autos ao Juiz Privativo da Fazenda, perante o qual correrá o feito nos termos previstos no processo comum.

1. CESSAÇÃO DO CONTRATO DE TRABALHO POR *FACTUM PRINCIPIS*

O *factum principis* é instituto delineado de forma específica e precisa no Direito Administrativo.

O *factum principis* é "espécie do gênero *força maior*"[160]. Assim, para sua configuração, é necessário que o evento seja inevitável e imprevisível, e o empregador não tenha concorrido para que se realize (art. 501 da CLT). Sua caracterização exige a completa impossibilidade de continuação da atividade empresarial, em seu todo ou de forma parcial (mas desde que no estabelecimento em que labora o empregado), em razão de lei ou ato administrativo.

Havendo a cessação de contrato de trabalho em razão de fato do príncipe, a "indenização" trabalhista permanece sendo devida, mas fica a cargo do ente público responsável pelo ocorrido. Ou seja, todas as verbas rescisórias, devidas na dispensa sem justa causa, permanecem como direito do empregado.

Segundo a redação do art. 486 da CLT, a Administração Pública "só responderá pela indenização que for devida ao empregado e não pelas demais verbas rescisórias"[161], nem outras parcelas decorrentes do extinto contrato de trabalho.

Essa indenização refere-se àquela prevista nos arts. 477, *caput*, 478, 496, 497 e 498 da CLT (por tempo de serviço), embora já substituída pelo sistema do FGTS, que se tornou obrigatório com a promulgação da Constituição Federal de 1988 (art. 7.º, inciso III). Mesmo assim, a Lei 8.036/1990, no art. 14, § 1.º, assegura o recebimento da indenização por tempo de serviço quanto ao tempo do trabalhador não optante do FGTS, anterior a 05.10.1988, na hipótese de rescisão sem justa causa. Com isso, atualmente, a interpretação evolutiva do art. 486 da CLT indica que esse dispositivo alcança a indenização compensatória de 40% sobre os depósitos do FGTS. Pode-se dizer, ainda, que a indenização do art. 479 da CLT (c/c o art. 14 do Regulamento do FGTS, aprovado pelo Decreto 99.684/1990) também é abrangida pelo *factum principis*.

Na realidade, como o empregador é quem corre os riscos do empreendimento (art. 2.º, *caput*, da CLT), a força maior como gênero, e especialmente o fato do príncipe, são de difícil constatação em concreto.

Fica afastado o *factum principis* quando, na realidade, o fechamento da empresa ocorre em razão de ato irregular ou ilícito praticado pelo empregador.

Assim, por exemplo, se a exploração de jogos de bingo ocorrer quando já existente proibição quanto a essa atividade, o empregador é quem estará agindo ilicitamente. Nesse caso, a impossibilidade de continuidade da atividade, ainda que decorra de ato estatal, não acarreta a responsabilidade da Administração Pública por indenizações trabalhistas.

A previsibilidade do acontecimento afasta a caracterização da força maior e, portanto, também do fato do príncipe. Seguindo o exemplo dos jogos de bingo, não se pode dizer que eventual mudança de orientação normativa, com a proibição da exploração de jogos

160 MARANHÃO, Délio. *Instituições de direito do trabalho*. 18. ed. São Paulo: LTr, 1999. v. 1, p. 628.

161 MARTINS, Sergio Pinto. *Comentários à CLT*. 5. ed. São Paulo: Atlas, 2002. p. 503.

de bingo, seja algo imprevisível, até porque, em essência, tem-se verdadeiro jogo de azar. Qualquer exceção legal, que venha a autorizar o bingo, justamente por ser medida excepcional, sempre pode deixar de existir, com o retorno à vedação originária.

Além disso, de acordo com Francisco Antonio de Oliveira, o *factum principis* é "instituto de difícil tipificação, posto que não abrange aquelas situações que se enquadrarem no risco do próprio empreendimento e cuja previsibilidade era razoável. A esta ótica, não conduz ao *factum principis* a desapropriação do fundo de comércio, as dificuldades econômicas e/ou financeiras impostas por política governamental, a cessação de contrato de obra pública, a intervenção governamental por comportamento ilícito do empresário ou com a finalidade de resguardar o interesse público (*v.g.* hospitais, escolas etc.), supressão de licença de funcionamento com base em irregularidades, o atraso no pagamento de créditos da empresa pelo poder público etc."[162].

Não se aplica o disposto no art. 486 da CLT na hipótese de paralisação ou suspensão de atividades empresariais determinada por ato de autoridade municipal, estadual ou federal para o enfrentamento do estado de calamidade pública reconhecido pelo Decreto Legislativo 6/2020 e da emergência de saúde pública de importância internacional decorrente do coronavírus, de que trata a Lei 13.979/2020 (art. 29 da Lei 14.020/2020).

2. CHAMAMENTO À AUTORIA: ART. 486, §§ 1.º, 2.º E 3.º, DA CLT

O art. 486 da CLT versa sobre a ocorrência de *factum principis* no âmbito trabalhista, situação que é de difícil ocorrência concreta. O "chamamento à autoria", por sua vez, é previsto no § 1.º do art. 486 da CLT.

Cabe ao réu alegar, somente em sua defesa, a ocorrência de *factum principis*, com base, em princípio, em prova documental, indicando o juiz que entende competente. O autor, então, deve ser ouvido a respeito da referida alegação, no prazo de três dias.

Na realidade, segundo a correta interpretação dos dispositivos em questão, apenas se devidamente caracterizado o *factum principis* é que o "chamamento à autoria" deve ocorrer, não bastando a sua mera alegação pelo réu.

A rejeição do mencionado requerimento do réu é decisão interlocutória, pois não é apta a pôr termo ao processo, nem resolve o mérito em seu todo, mas apenas decide questão incidente (art. 203, § 2.º, do CPC de 2015), impedindo o cabimento de recurso de imediato.

Caso o *factum principis* esteja caracterizado, a pessoa jurídica de direito público é notificada para se manifestar no prazo de 30 dias, o que, nos termos do § 1.º do art. 486 da CLT, já significa o seu "chamamento à autoria". É possível que, após essa manifestação, fique demonstrada a ausência de responsabilidade do Poder Público, o que autoriza a sua exclusão da relação processual, também por decisão interlocutória, pois o processo ainda prossegue com o réu. Diversamente, se mantido o chamamento, os autos devem ser remetidos à Justiça Comum (Federal ou estadual, conforme a natureza do ente público), cuja competência decorre de estar a Administração Pública respondendo pela indenização em razão do *factum principis* em específico, sem figurar na relação jurídica de trabalho, que foi prestado pelo autor, mas não em benefício do ente estatal. Como essa sentença põe fim ao processo no âmbito da Justiça do Trabalho, cabível o recurso ordinário, nos termos do art. 799, § 2.º, da CLT.

---

[162] OLIVEIRA, Francisco Antonio de. *Consolidação das Leis do Trabalho comentada*. 2. ed. São Paulo: RT, 2000. p. 426.

Entende-se que o disposto no § 3.º do art. 486 da CLT não foi revogado pelo art. 114 da Constituição Federal de 1988, pois, no caso, o Poder Público não figura como sujeito na relação de trabalho propriamente, uma vez que não tomou qualquer serviço, mas apenas causou a impossibilidade de continuação da atividade empresarial. Em sentido divergente: TST, RR 596021-47.1999.5.06.5555, Red. Min. Renato de Lacerda Paiva.

A abrangência do art. 114, inciso I, da Constituição da República refere-se à solução de conflitos decorrentes de relação de trabalho, ainda que o empregador seja a Administração Pública. No *factum principis*, o ente estatal não figura na referida relação jurídica, mas apenas ocorre a paralisação temporária ou definitiva do trabalho, motivada por ato de autoridade municipal, estadual ou federal, ou pela promulgação de lei ou resolução que impossibilite a continuação da atividade.

Também não se verifica, no chamamento à autoria, litisconsórcio necessário (art. 114 do CPC de 2015), mas sim a mera intervenção de terceiro. Não se trata de imposição legal de ajuizamento da ação em face do ente estatal responsável, nem de relação jurídica incindível com o ex-empregador, a ser objeto de solução uniforme, mas apenas de sua intervenção no processo como chamado. De forma semelhante, na denunciação da lide e no chamamento ao processo, o terceiro passa a figurar na relação processual não porque seja litisconsorte necessário, mas apenas, justamente, em razão de se ter deferido o requerimento respectivo.

Esclareça-se que, havendo outros pedidos, além do pertinente à "indenização" trabalhista, deve-se fazer o desmembramento das pretensões, com a formação de autos apartados, para se possibilitar a remessa à Justiça Comum e o prosseguimento quanto às demais pretensões na Justiça do Trabalho.

A remessa à Justiça competente indica que, a partir de então, o processo tem como autor o ex-empregado, e como réu o ente público, ausente o ex-empregador nessa demanda em específico. Caso a Justiça Comum confirme a responsabilidade do Poder Público, este deve ser diretamente condenado ao pagamento da indenização ao autor. Pode haver, inclusive, retorno do feito à Justiça do Trabalho, se não ficar demonstrada a responsabilidade do Poder Público, no juízo fazendário. Da sentença da referida Justiça é cabível o recurso de apelação (art. 1.009 do CPC de 2015).

Entretanto, na jurisprudência trabalhista, tem prevalecido o entendimento de que, com a Constituição Federal de 1988, compete à Justiça do Trabalho decidir a respeito do pedido de indenização pela extinção do contrato de trabalho em decorrência de fato do príncipe, a cargo do ente público responsável, por ser o mencionado ramo do Poder Judiciário competente para pacificar os conflitos oriundos da relação entre trabalhadores e entes da administração pública (art. 114, inciso I, da Constituição da República). Cf. TST, 2.ª T., RR-594124-81.1999.5.06.5555, Rel. Min. Renato de Lacerda Paiva, *DEJT* 27.11.2009.

O referido "chamamento à autoria", previsto no art. 486 da CLT, não se identifica com a denunciação da lide (arts. 125 a 129 do CPC de 2015), nem com o chamamento ao processo (arts. 130 a 132 do CPC de 2015). Naquele caso, a Administração Pública passa a figurar como ré no processo relativo à indenização trabalhista, podendo ser condenada de forma direta e isolada com a exclusão do ex-empregador. Não se trata, portanto, de meio para o exercício de direito de regresso, nem se verifica a formação de título executivo em favor de devedor que pagar a dívida. A hipótese da Consolidação das Leis do Trabalho não versa sobre evicção, posse, ação regressiva, fiança, nem dívida solidária, pois, caso verificado o *factum principis*, apenas o ente público é responsável pela indenização.

Esclareça-se ainda que o "chamamento à autoria" do art. 486 da CLT também não se identifica com a figura de mesmo nome, prevista no Código de Processo Civil de 1939, pois o instituto era voltado apenas à demanda "acerca de coisa ou direito real", cujo objetivo restrito era "resguardar-se dos riscos da evicção" (art. 95).

✦ Referência legislativa

- Art. 109, I, CF.

✦ Jurisprudência

***Factum principis*. Paralisação da atividade da empresa em decorrência de lei municipal.** Reconhecida a impossibilidade de continuação da atividade econômica da empresa demandada em virtude da publicação de Lei Municipal, resta devidamente configurada a ocorrência do *factum principis*, nos termos do artigo 486 da CLT. Recurso não conhecido (TST, 2.ª T., RR 486793-09.1998.5.12.5555, Rel. Juiz Conv. Aloysio Silva Corrêa da Veiga, *DJ* 08.06.2001).

Agravo de instrumento. Rito sumaríssimo. Jogos de bingo. Medida Provisória n.º 168/2004. *Factum principis*. Inocorrência. Chamamento à lide da União. A intervenção do Poder Público através da edição da Medida Provisória n.º 168/2004, que determinou o fechamento das casas de bingo, objetivou simplesmente disciplinar, diante do descumprimento da Lei Federal n.º 9.981/2001, a atividade de exploração de jogos de bingo cuja prática já era considerada ilícita, o que torna absolutamente previsível a extinção da atividade desenvolvida. Correta a decisão que indefere o pedido de chamamento à lide da União, não havendo falar em violação do artigo 5.º, inciso II, XXXV, XXXVII e LV, da Constituição da República. Agravo de instrumento desprovido (TST, 5.ª T., AIRR 244840-09.2004.5.12.0036, Rel. Juíza Conv. Rosa Maria Weber Candiota da Rosa, *DJ* 26.08.2005).

Recurso de revista. Competência da Justiça do Trabalho. Indenização por *factum principis*. O artigo 486, § 3.º, da CLT foi introduzido no ordenamento jurídico nacional no contexto da Carta Magna de 1934, quando ainda não era reconhecida, constitucionalmente, a competência desta Justiça Especializada para examinar causas em que figurassem como partes os entes da Administração Pública. Todavia, a análise da evolução constitucional das atribuições da Justiça do Trabalho conduz ao entendimento de que a CF/1988 retirou os fundamentos de validade daquele dispositivo celetário, na medida em que lhe foi atribuída, pelo artigo 114, a competência para dirimir controvérsias decorrentes da relação de trabalho entre Entidade de Direito Público e trabalhadores. Restando configurado que o fundamento do pedido está assente na relação de emprego – já que o ente público, na ocorrência do *factum principis*, se estabelece na relação processual como litisconsorte necessário, participando efetivamente da relação processual – e diante da natureza trabalhista da indenização perseguida, é de se concluir que compete à Justiça Obreira apreciar tanto a questão relativa à caracterização do *factum principis*, como ao pleito de indenização, a cargo do governo responsável pelo ato que originou a rescisão contratual. Violação do artigo 114 da Constituição Federal de 1988. Recurso de revista conhecido e provido (TST, 2.ª T., RR 596021-47.1999.5.06.5555, Redator Min. Renato de Lacerda Paiva, *DJ* 16.04.2004).

Recurso de revista. Competência da Justiça do Trabalho. Indenização por *factum principis*. O artigo 486, § 3.º, da CLT (atual redação) foi introduzido no ordenamento jurídico nacional no contexto da Carta Magna de 1946, quando ainda não era reconhecida, constitucionalmente, a competência desta Justiça Especializada para examinar causas em que figurassem como partes os entes da Administração Pública. Todavia, a análise da evolução constitucional das atribuições da Justiça do Trabalho conduz ao entendimento de que a CF/88 retirou os fundamentos de validade daquele dispositivo celetário, na medida em que lhe foi atribuída, pelo artigo 114, a competência para dirimir controvérsias decorrentes da relação de trabalho entre entidade de Direito Público e trabalhadores. Restando configurado que o fundamento do pedido está assente na relação de emprego – já que o ente público, na ocorrência do *factum principis*, se estabelece na relação processual como litisconsorte necessário, participando efetivamente da relação processual – e diante da natureza trabalhista da indenização perseguida, é de se concluir que compete à Justiça Obreira apreciar tanto a questão relativa à caracterização do *factum principis*, como ao pleito de indenização, a cargo do governo responsável pelo ato que originou a rescisão contratual. Violação do artigo 114 da Constituição Federal de 1988. Recurso de revista conhecido e provido (TST, 2.ª T., RR-594124-81.1999.5.06.5555, Rel. Min. Renato de Lacerda Paiva, *DEJT* 27.11.2009).

CAPÍTULO VI – DO AVISO PRÉVIO

Art. 487. Não havendo prazo estipulado, a parte que, sem justo motivo, quiser rescindir o contrato deverá avisar a outra da sua resolução com a antecedência mínima de:

I – oito dias, se o pagamento for efetuado por semana ou tempo inferior;

II – trinta dias aos que perceberem por quinzena ou mês, ou que tenham mais de 12 (doze) meses de serviço na empresa.

§ 1.º A falta do aviso prévio por parte do empregador dá ao empregado o direito aos salários correspondentes ao prazo do aviso, garantida sempre a integração desse período no seu tempo de serviço.

§ 2.º A falta de aviso prévio por parte do empregado dá ao empregador o direito de descontar os salários correspondentes ao prazo respectivo.

§ 3.º Em se tratando de salário pago na base de tarefa, o cálculo, para os efeitos dos parágrafos anteriores, será feito de acordo com a média dos últimos 12 (doze) meses de serviço.

§ 4.º É devido o aviso prévio na despedida indireta.

§ 5.º O valor das horas extraordinárias habituais integra o aviso prévio indenizado.

§ 6.º O reajustamento salarial coletivo, determinado no curso do aviso prévio, beneficia o empregado pré-avisado da despedida, mesmo que tenha recebido antecipadamente os salários correspondentes ao período do aviso, que integra seu tempo de serviço para todos os efeitos legais.

1. AVISO PRÉVIO

O aviso prévio não é um instituto exclusivo do Direito do Trabalho.

Mesmo no contrato de prestação de serviços, não havendo prazo estipulado, nem se podendo inferir da natureza do contrato, ou do costume do lugar, o art. 599 do Código Civil de 2002 estabelece que qualquer das partes pode resolvê-lo mediante aviso prévio, com a antecedência especificada nos incisos I a III do parágrafo único.

Do mesmo modo, no contrato de representação comercial, o art. 34 da Lei 4.886/1965, versando sobre a sua denúncia sem causa justificada, também prevê o dever de pré-aviso.

Interessa-nos aqui o aviso prévio no âmbito do contrato de trabalho, o qual tem por objetivo comunicar a outra parte sobre a decisão, de quem faz a declaração, de pôr fim à relação de emprego.

O aviso prévio pode ser conceituado como a comunicação que uma parte faz à outra, no sentido de que pretende findar o contrato de trabalho.

Como se pode notar, o aviso prévio pode ser concedido tanto pelo empregador como também pelo empregado, dependendo de quem está tomando a decisão de fazer cessar o vínculo de emprego.

2. FUNDAMENTO CONSTITUCIONAL E LEGAL DO AVISO PRÉVIO

O art. 7.º, inciso XXI, da Constituição Federal de 1988 prevê o direito dos empregados urbanos e rurais ao: "aviso prévio proporcional ao tempo de serviço, sendo no mínimo de trinta dias, nos termos da lei".

No entanto, cabe destacar que o empregado que pede demissão também deve pré-avisar o empregador, conforme previsão infraconstitucional.

No plano infraconstitucional, os arts. 487 a 491 da CLT versam sobre o tema, o que, no âmbito da relação de trabalho rural, é feito pela Lei 5.889/1973, art. 15.

3. NATUREZA JURÍDICA DO AVISO PRÉVIO

O aviso prévio pode ser entendido sob diversos prismas.

Por um lado, trata-se de um direito daquele que recebe a comunicação da deliberação de pôr fim ao contrato de emprego.

Por outro, trata-se de um dever daquele que decide fazer cessar a relação de trabalho.

Assim, tem-se o direito de receber o aviso prévio, ou seja, de ser avisado previamente sobre a cessação do vínculo de emprego, ao qual corresponde o dever de conceder o referido aviso prévio à outra parte.

Como se nota, o aviso prévio pode ser entendido com natureza de direito trabalhista, ou dever pertinente à relação de emprego.

Além disso, o aviso prévio pode ser visto como a própria comunicação que uma parte faz à outra, quer dizer, declaração de que deliberou pela cessação do contrato de trabalho.

Nesse enfoque, o aviso prévio apresenta a natureza de declaração unilateral, a ser recebida pela outra parte.

Em suma, o aviso prévio corresponde a uma declaração unilateral de vontade, pois não depende de aceitação da parte contrária.

Por fim, o aviso prévio pode ser entendido como o próprio prazo ou período que deve anteceder à comunicação de efetivo término do vínculo de emprego.

Como mencionado, de acordo com a Constituição Federal de 1988, o referido prazo é de no mínimo 30 dias (art. 7.º, inciso XXI), o que também é previsto no art. 487, inciso II, da CLT.

Nota-se, portanto, uma natureza tríplice do aviso prévio: direito, o qual corresponde a um dever; declaração unilateral (comunicação de término da relação de emprego); período que deve anteceder a efetiva terminação do contrato de trabalho.

4. PRAZO E FORMA DO AVISO PRÉVIO

A previsão constitucional, especificamente quando estabelece ser proporcional o aviso prévio conforme o tempo de serviço (art. 7.º, inciso XXI), de acordo com o entendimento que prevalece, não era autoaplicável, tratando-se de norma constitucional de eficácia limitada.

Nesse sentido, a Orientação Jurisprudencial 84 da SBDI-I do TST, embora atualmente cancelada, assim previa: "A proporcionalidade do aviso prévio, com base no tempo de serviço, depende da legislação regulamentadora, visto que o art. 7.º, inc. XXI, da Constituição Federal de 1988 não é autoaplicável".

Na realidade, não é a integralidade do inciso XXI do art. 7.º uma norma de eficácia limitada, mas apenas a previsão, específica, de aviso prévio proporcional ao tempo de serviço. Isso porque o prazo mínimo, de 30 dias quanto ao aviso prévio, apresenta-se plenamente eficaz e autoaplicável.

Assim, o prazo do aviso prévio, como se verifica pela própria Constituição Federal de 1988, é de no mínimo 30 dias, como confirma o art. 487, inciso II, da CLT.

Por se tratar de termo, ou seja, prazo regido pelo direito material, na forma do art. 8.º, § 1.º, da CLT, aplica-se a regra do art. 132, *caput*, do Código Civil de 2002 à contagem do prazo do aviso prévio (cf. Súmula 380 do TST).

Entende-se que o inciso I do art. 487 da CLT, ao estabelecer o prazo de oito dias de aviso prévio, se o pagamento for efetuado por semana ou tempo inferior, foi revogado pelo art. 7.º, inciso XXI, da Constituição Federal de 1988, pois esta norma posterior, constitucional, fixou o prazo mínimo de 30 dias.

É possível interpretar que o referido inciso I do art. 487 permanece aplicável apenas no aviso prévio concedido pelo empregado. No entanto, trata-se de corrente minoritária, seja em razão do princípio da igualdade, seja porque a mesma norma não teria como ser revogada (quanto ao aviso prévio concedido pelo empregador), mas, ao mesmo tempo, manter-se em vigor (quanto ao aviso prévio concedido pelo empregado). Eventual tratamento diferenciado, nesses moldes, que busque alcançar a igualdade material na relação de emprego quanto ao tema, dependeria de expressa previsão legal, o que não ocorre no caso.

A lei não exige forma específica para a concessão do aviso prévio, fazendo incidir o princípio da liberdade das formas.

No entanto, para efeitos práticos, o melhor é que o aviso prévio seja formulado na forma escrita, para facilitar eventual necessidade de sua prova.

5. AVISO PRÉVIO PROPORCIONAL AO TEMPO DE SERVIÇO

A já mencionada proporcionalidade do aviso prévio, em consonância com o tempo de serviço, prevista na Constituição em vigor, ainda não havia sido regulamentada por meio de lei.

Por isso, chegaram a ser impetrados mandados de injunção, de competência do Supremo Tribunal Federal, com o objetivo de se receber o aviso prévio de forma proporcional (MIs 943, 1010, 1074 e 1090).

Antes do julgamento final dos referidos mandados de injunção, foi publicada a Lei 12.506, de 11 de outubro de 2011, no Diário Oficial da União de 13.10.2011, dispondo sobre o aviso prévio, passando a tratar da proporcionalidade.

Cabe ressaltar que, em razão do *princípio da norma mais benéfica*, o contrato individual de trabalho, o regulamento de empresa, a convenção coletiva e o acordo coletivo de trabalho podem estabelecer o direito ao prazo do aviso prévio de forma mais favorável ao empregado, como forma de melhoria de sua condição social (art. 7.º, *caput*, da Constituição da República). Nessa linha, merece destaque a possibilidade de exercício da *autonomia privada coletiva*, no sentido de estabelecer condições de trabalho aplicáveis aos grupos de empregados e empregadores envolvidos, normalmente representados pelas respectivas entidades sindicais.

Logo, o prazo proporcional do aviso prévio, conforme o tempo de serviço do empregado, respeitado o mínimo legal, também pode ser objeto de previsão em instrumento normativo decorrente de negociação coletiva de trabalho (art. 7.º, inciso XXVI, da Constituição de 1988), fixando-se a disciplina aplicável aos contratos individuais de trabalho abrangidos. Em razão disso, a Orientação Jurisprudencial 367 da SBDI-I do TST tratou sobre o tema.

No que se refere ao dissídio coletivo, em que se verifica o possível exercício do poder normativo pela Justiça do Trabalho (art. 114, § 2.º, da Constituição da República), conforme entendimento do Supremo Tribunal Federal, a sua incidência é permitida apenas nas hipóteses de "vazio legislativo", não podendo disciplinar matérias que são objeto de "reserva legal específica" (STF, 1.ª T., RE 197.911-9/PE, Rel. Min. Octavio Gallotti, *DJ* 07.11.1997). No caso do aviso prévio proporcional, como a Constituição da República, no art. 7.º, inciso XXI, faz expressa menção à sua regulamentação por meio de lei, a rigor, não se admite a ampliação do referido prazo por meio de sentença normativa proferida em dissídio coletivo.

De todo modo, a referida Lei 12.506/2011 passou a estabelecer que o aviso prévio, de que trata o Capítulo VI do Título IV da Consolidação das Leis do Trabalho, deve ser "concedido na proporção de 30 (trinta) dias aos empregados que contem até 1 (um) ano de serviço na mesma empresa" (art. 1.º, *caput*). Ao aviso prévio assim previsto devem ser "acrescidos 3 (três) dias por ano de serviço prestado na mesma empresa, até o máximo de 60 (sessenta) dias, perfazendo um total de até 90 (noventa) dias" (parágrafo único).

Embora a Lei 12.506 faça remissão apenas à CLT (e não à Lei 5.889/1973), em conformidade com o art. 7.º, *caput*, da Constituição da República, os empregados rurais também têm direito ao aviso proporcional ao tempo de serviço (inciso XXI), devendo-se aplicar, ainda que de forma extensiva, a disciplina legal em questão.

Manteve-se o prazo mínimo de 30 dias de aviso prévio, devido aos empregados com até um ano de serviço ao empregador (nas hipóteses de dispensa sem justa causa e despedida indireta).

Após esse primeiro ano, o empregado passa a ter o direito ao *acréscimo de três dias de aviso prévio, por ano de serviço prestado ao mesmo empregador*.

A interpretação lógica e teleológica do preceito deve ser no sentido de que esse acréscimo decorre da maior duração do *mesmo contrato individual de trabalho*, firmado entre empregado e empregador, levando em conta, quanto a este, as hipóteses de sucessão trabalhista (arts. 10 e 448 da CLT).

O limite máximo de *acréscimo* é de 60 dias, os quais, somados aos 30 dias iniciais, resultam no aviso prévio total de 90 dias.

Não há uma tabela expressa na Lei, com o escalonamento dos prazos de aviso prévio devidos. Embora a redação dos dispositivos não seja totalmente clara, é certo que os empregados com "*até* 1 (um) ano de serviço na mesma empresa" têm direito ao aviso prévio de 30 dias (art. 1.º, *caput*, destaquei).

Logo, os empregados com mais de 12 meses de serviço prestado na mesma empresa passam a ter direito ao acréscimo no aviso prévio, na proporção de "3 (três) dias por ano de serviço prestado na mesma empresa" (parágrafo único).

Exemplificando, o empregado com um ano e quatro meses de serviço, justamente por ter *mais de um ano de serviço na empresa* (art. 1.º, *caput*, *a contrario sensu*), e por ter *completado um ano de serviço* (parágrafo único), ao ser dispensado sem justa causa, passa a ter direito a 33 dias de aviso prévio.

Tanto é assim que o parágrafo único do art. 1.º da Lei 12.506/2011 *não* dispõe que o acréscimo de três dias decorre de cada novo ano de serviço prestado depois de se completar o primeiro, mas sim que ao aviso prévio (de 30 dias) "serão acrescidos 3 (três) dias por ano de serviço prestado na mesma empresa".

Ou seja, o empregado com 11 meses de serviço tem direito ao aviso prévio de 30 dias, por estar inserido na hipótese de "até 1 ano de serviço" (art. 1.º, *caput*).

Nessa linha de entendimento, ao ultrapassar os 12 meses iniciais de serviço, o empregado passa a ter direito ao aviso prévio de 33 dias (parágrafo único). Ou seja, a partir de (após) 12 meses de serviço, *até dois anos*, o aviso prévio devido (em caso de dispensa sem justa causa ou despedida indireta) é de 33 dias.

Após dois anos de serviço, mas *até três anos*, o aviso prévio total é de 36 dias, e assim sucessivamente.

A partir de 19 anos de tempo de serviço prestado ao mesmo empregador, mas até 20 anos, o aviso prévio devido, na dispensa sem justa causa (ou despedida indireta), será de 87 dias.

Por fim, após 20 anos de tempo de serviço, tem-se o direito ao aviso prévio total de 90 dias, o qual é o limite máximo.

Ainda assim, cabe acompanhar o entendimento da jurisprudência a respeito, uma vez que também poderá surgir interpretação, divergente, no sentido de que, para o acréscimo de três dias de aviso prévio, o empregado deverá *completar o segundo ano de serviço* prestado ao mesmo empregador, e assim sucessivamente. Essa possível corrente, aqui apresentada como divergente, entenderia que a partir de 12 meses de serviço o empregado apenas ingressaria no período para a futura aquisição do acréscimo de três dias, o que ocorreria somente ao se completar o ano adicional de serviço prestado. Exemplificando, o empregado com um ano e dois meses de serviço ainda não adquiriria o direito ao aviso prévio de 33 dias, se fosse dispensado sem justa causa, o que ocorreria apenas ao se completar o segundo ano de serviço prestado ao mesmo empregador.

Essa posição, entretanto, não é aqui defendida, pois contraria a previsão expressa do art. 1.º, *caput*, no sentido de que o período de 30 dias é daquele empregado com "até" um ano de serviço. Ademais, exemplificando, o empregado com um ano e três meses de serviço, por já ter (mais de) um ano de serviço prestado ao empregador, tem direito ao acréscimo de três dias, na forma do parágrafo único do art. 1.º da Lei 12.506/2011 ("acrescidos 3 (três) dias *por ano de serviço prestado* na mesma empresa", destaquei).

Caso contrário, apenas ao se completar o 21.º ano de serviço, prestado ao mesmo empregador, é que o empregado passaria a ter direito ao aviso prévio de 90 dias (30 dias iniciais, mais 60 dias em razão do tempo de serviço), nas hipóteses de despedida sem justa causa e dispensa indireta. Entretanto, a interpretação lógico-sistemática deve ser no sentido de que o aviso prévio de 90 dias passa a ser devido a partir de 20 anos de serviço prestado ao mesmo empregador.

Para se contar o tempo de serviço, também devem ser considerados os *períodos de interrupção do contrato de trabalho*, como férias e descanso semanal remunerado, pois neles, embora não haja efetiva prestação de trabalho, o salário é devido, bem como o tempo de serviço deve ser contato.

Cabe ressaltar que a Lei 12.506/2011, ao tratar do aviso prévio, de forma nítida, estabelece a proporcionalidade devida, mas apenas *em favor do empregado*, e não do empregador.

Embora o empregador também tenha direito ao aviso prévio, na hipótese de ("pedido de") demissão do trabalhador, o novo diploma legal é expresso a respeito do dever de se conceder, aos empregados, o aviso prévio, conforme o tempo de serviço prestado.

É certo que o art. 1.º, *caput*, do referido diploma legal, faz menção ao aviso prévio "de que trata o Capítulo VI do Título IV da Consolidação das Leis do Trabalho – CLT, aprovada pelo Decreto-lei 5.452, de 1.º de maio de 1943", no qual está inserido o art. 487, § 2.º, da CLT, ao dispor que a "falta de aviso prévio por parte do empregado dá ao empregador o direito de descontar os salários correspondentes ao prazo respectivo".

Entretanto, a Lei 12.506 apenas tratou do direito do empregado, tal como previsto na Constituição da República, no art. 7.º, *caput* ("são direitos dos trabalhadores urbanos e rurais"), e inciso XXI ("aviso prévio proporcional ao tempo de serviço, sendo no mínimo de trinta dias, nos termos da lei").

Poder-se-ia argumentar, em sentido divergente, com fundamento no princípio da igualdade (art. 5.º, *caput*, da Constituição), no sentido de que o empregador também deveria ter direito de receber o aviso prévio proporcional ao tempo de serviço, na hipótese de demissão do empregado, mesmo porque o contrato de trabalho tem natureza bilateral, com direitos e deveres recíprocos em seu conjunto.

Apesar disso, cabe ressaltar que o princípio da igualdade deve ser interpretado e aplicado em seu enfoque *substancial*, e não meramente formal. Tendo em vista a desigualdade em que os sujeitos do vínculo de emprego se encontram, a norma jurídica pode (deve) estabelecer tratamento diferenciado, na medida dessa desigualdade, como forma de se alcançar a situação mais justa e equânime. Nesse sentido é que são previstos os diversos direitos trabalhistas, impondo-se os correspondentes deveres ao empregador.

Prevalece o entendimento de que o aviso prévio proporcional ao tempo de serviço é direito exclusivo do empregado, não podendo o empregador exigir do trabalhador o cumprimento do aviso prévio por prazo superior a 30 dias, mesmo na hipótese de dispensa sem justa causa, sob pena de pagamento dos dias excedentes trabalhados. Nesse sentido, cf. TST, SBDI-I, E-RR 1964-73.2013.5.09.0009.

Quanto à eficácia no tempo, a referida Lei 12.506, no art. 2.º, estabeleceu o início de sua vigência para a data da publicação, qual seja, 13 de outubro de 2011.

Tendo em vista a eficácia imediata da nova disciplina legal, esta alcança não só os contratos de trabalho firmados a partir da referida data, mas também aqueles em curso.

Em sendo assim, é possível sustentar que o contrato extinto a partir da publicação da Lei 12.506/2011 deve ser regido levando em conta as suas disposições, inclusive para efeito de cálculo do prazo do aviso prévio proporcional ao tempo de serviço.

No sentido aqui defendido dispõe a Súmula 441 do TST.

Quanto aos vínculos de emprego extintos antes do início da vigência da Lei 12.506/2011, como essa disposição tem aplicação imediata, mas não retroativa (art. 5.º, inciso XXXVI, da Constituição Federal de 1988), não cabe a sua incidência quanto a fatos anteriores à sua publicação.

Ainda assim, no âmbito do julgamento de mandados de injunção, envolvendo vínculos de emprego já extintos, e que questionam a ausência de regulamentação legal quanto ao aviso prévio proporcional, pode ser possível, ao menos em tese, a aplicação (analógica) do mesmo critério (com fundamento no art. 8.º da CLT), qual seja, de se acrescer três dias por ano de serviço prestado na mesma empresa, até o máximo de sessenta dias, perfazendo um total de até noventa dias de aviso prévio.

Nesse sentido, segundo o art. 5.º, § 1.º, da Constituição Federal de 1988, as "normas definidoras dos direitos e garantias fundamentais têm aplicação imediata".

Os direitos trabalhistas, assegurados no art. 7.º da Constituição da República, como direitos sociais (Capítulo II), estão inseridos no catálogo de direitos fundamentais, conforme o Título II da Lei Maior ("Dos Direitos e Garantias Fundamentais"). Ademais, conforme a Súmula 276 do Tribunal Superior do Trabalho, o aviso prévio é considerado direito "irrenunciável pelo empregado".

Cabe ressaltar que a Secretaria de Relações do Trabalho, do Ministério do Trabalho, aprovou a Nota técnica 184/2012/CGRT/SRT/MTE, esclarecendo os seguintes aspectos:

a) a lei não poderá retroagir para alcançar a situação de aviso prévio já iniciado;
b) a proporcionalidade de que trata o parágrafo único do art. 1.º da Lei 12.506/2011 aplica-se, exclusivamente, em benefício do empregado;
c) o acréscimo de três dias por ano de serviço prestado ao mesmo empregador computar-se-á a partir do momento em que a relação contratual supere um ano na mesma empresa;
d) a jornada reduzida ou a faculdade, previstas no art. 448 da CLT, não foram alteradas pela Lei 12.506/2011;
e) a projeção do aviso prévio integra o tempo de serviço para todos os fins legais;
f) recaindo o término do aviso prévio proporcional nos 30 dias que antecedem a data-base, faz jus o empregado despedido à indenização prevista na Lei 7.238/1984;
g) as cláusulas pactuadas em acordo ou convenção coletiva que tratam do aviso prévio proporcional deverão ser observadas, desde que respeitada a proporcionalidade mínima prevista na Lei 12.506/2011.

Da mesma forma, no trabalho rural, o aviso prévio, nos termos do disposto no Capítulo VI do Título IV da Consolidação das Leis do Trabalho, deve ser concedido na proporção de 30 dias aos empregados que contem com até um ano de serviço ao mesmo empregador (art. 98 do Decreto 10.854/2021). Ao referido aviso prévio devem ser acrescidos três dias por ano de serviço prestado na mesma empresa, até o máximo de 60 dias, com o total de até 90 dias.

6. FINALIDADE DO AVISO PRÉVIO

O aviso prévio, conforme a hipótese, ou seja, se concedido pelo empregador ou pelo empregado, apresenta objetivos distintos.

Efetivamente, sendo o empregador quem o concede, o objetivo do aviso prévio é possibilitar que o empregado possa procurar novo trabalho durante tal período, ou seja, no tempo que antecede a cessação do vínculo de emprego. Nesse sentido preveem a Súmula 348 do TST e a Orientação Jurisprudencial 268 da SBDI-I do TST.

Diversamente, se o aviso prévio é concedido pelo empregado, a finalidade é fazer com que o empregador busque outro empregado para ficar no lugar daquele que pré-avisou quanto à sua demissão.

7. CABIMENTO DO AVISO PRÉVIO

O aviso prévio só é cabível na hipótese de contrato de trabalho que seja por prazo indeterminado (art. 487, *caput*, parte inicial, da CLT).

Havendo prazo estipulado para a terminação do vínculo de emprego, não há que cogitar de aviso prévio para a sua cessação, exceto na hipótese do art. 481 da CLT (e Súmula 163 do TST).

Pelo mesmo motivo, também não se aplica o aviso prévio no trabalho temporário, regido pela Lei 6.019/1974.

O aviso prévio, como dever do empregador, aplica-se na dispensa sem justa causa e na despedida indireta, conforme art. 487, *caput*, e § 4.º da CLT (acrescentado pela Lei 7.108/1983, que alterou o entendimento do antigo Enunciado 31 do TST, já cancelado pela Resolução 31/1994). Além disso, o aviso prévio também é devido ao empregado na cessação da atividade da empresa, conforme Súmula 44 do TST.

Frise-se que, nos termos da atual redação da Súmula 10 do TST, o direito aos salários do período de férias escolares assegurado aos professores (artigo 322, *caput* e § 3.º, da CLT) não exclui o direito ao aviso prévio.

Como dever do empregado, o aviso prévio é devido pelo trabalhador no pedido de demissão (art. 487, *caput*, da CLT).

8. CONSEQUÊNCIAS DA AUSÊNCIA DE CONCESSÃO DO AVISO PRÉVIO

As consequências que decorrem da inobservância do dever de pré-avisar a outra parte, quanto ao intuito de pôr fim ao contrato de trabalho, dependem de saber se este dever era do empregador ou do empregado.

Vejamos, assim, as duas situações.

1.ª) art. 487, § 2.º – O desconto previsto no § 2.º pode ser feito quando da quitação das verbas rescisórias, conforme o art. 477, § 5.º, da CLT.

Ajuizada eventual ação pelo empregado, cobrando créditos decorrentes da relação de emprego, o mesmo direito também pode ser arguido pelo empregador, na contestação, por meio da compensação (art. 767 da CLT e Súmulas 18 e 48 do TST).

2.ª) art. 487, § 1.º – Se o empregador tinha o dever de conceder o aviso prévio, mas não o observa, o empregado passa a ter direito de receber, de forma indenizada, os salários correspondentes ao prazo do aviso.

Trata-se do *aviso prévio indenizado*.

Sobre o "aviso prévio cumprido em casa", em que o empregador determina que o empregado não precisa ou não deve comparecer ao trabalho durante o período do aviso, não se verifica a nulidade propriamente, pois o empregado terá, inclusive, o tempo todo para procurar novo trabalho, o que se revela mais benéfico.

Em verdade, de acordo com a lei, ou o aviso prévio é trabalhado, ou indenizado (art. 487 da CLT). No caso da permanência do empregado em casa, não se verificando a prestação dos serviços, tem-se o aviso prévio indenizado, ainda que por exclusão.

Além disso, garante-se a integração, para fins trabalhistas, do período de aviso prévio indenizado no tempo de serviço do empregado, inclusive para fins de cálculo de verbas rescisórias, como décimo terceiro salário e férias com 1/3. Tanto é assim que o reajustamento salarial coletivo, determinado no curso do aviso prévio, beneficia o empregado pré-avisado da despedida, mesmo que tenha recebido antecipadamente os salários correspondentes ao período do aviso, que integra seu tempo de serviço para todos os efeitos legais (§ 6.º do art. 487 da CLT, acrescentado pela Lei 10.218/2001, que confirmou a orientação do antigo Enunciado 5 do TST, cancelado pela Resolução 121/2003, por ter se tornado mera repetição da lei posterior ao verbete).

Destaque-se, ainda, a Orientação Jurisprudencial 367 da SBDI-I do TST que trata do elastecimento do aviso prévio por norma coletiva.

Do mesmo modo, em razão da referida integração ao tempo de serviço, preveem as Súmulas 182 e 305 do TST.

A integração ao tempo de serviço também justifica o entendimento consolidado nas Orientações Jurisprudenciais 82 e 83 da SBDI-I do TST.

Cabe lembrar que, de acordo com o art. 7.º, inciso XXIX, da Constituição Federal de 1988, os créditos trabalhistas podem ser exigidos no prazo de cinco anos no curso do contrato de trabalho, mas até dois anos do seu término. Assim, seguindo a tese da referida Orientação Jurisprudencial 83, o prazo do aviso prévio indenizado também deve ser computado, com a devida projeção, para fins de início do biênio prescricional.

Confirmando o exposto, quanto à data a ser anotada como o dia de saída na Carteira de Trabalho e Previdência Social ("baixa"), nos termos do art. 15, inciso V, da Portaria 671/2021 do Ministério do Trabalho e Previdência, o empregador deve anotar na CTPS do empregado, até o décimo dia seguinte ao da ocorrência, os dados de desligamento, quando acarretar extinção do vínculo empregatício, com a indicação da respectiva data, e se houver aviso prévio indenizado, da data projetada para término do contrato de trabalho.

Ainda sobre o tema, cf. Orientação Jurisprudencial 42, inciso II, da SBDI-I do TST.

Tratando-se de salário pago na base de tarefa, o cálculo, para os efeitos dos §§ 1.º e 2.º do art. 487 da CLT, será feito de acordo com a média dos últimos 12 meses de serviço (§ 3.º do art. 487 da CLT).

O valor das horas extraordinárias habituais integra o aviso prévio indenizado (§ 5.º do art. 487 da CLT, acrescentado pela Lei 10.218/2001 que confirmou a orientação do antigo Enunciado 94 do TST, já cancelado pela Resolução 121/2003, por ter se tornado repetição da lei posterior).

✦ Jurisprudência

Agravo de instrumento. Recurso de revista. Dispensa de empregada. Concessão de auxílio-doença acidentário no curso do aviso prévio indenizado. Estabilidade acidentária. Tendo o agravo de instrumento logrado demonstrar que o recurso de revista preenchia os requisitos do art. 896 da CLT, quanto ao tema em epígrafe, dá-se provimento ao agravo de instrumento, para melhor análise da arguição de contrariedade à Súmula 371/TST suscitada no recurso de revista. Agravo de instrumento provido. Recurso de revista. 1. Preliminar de nulidade por negativa de prestação jurisdicional. Deixa-se de apreciar a preliminar em face do disposto no art. 249, § 2.º, do CPC [de 1973]. Recurso de revista não conhecido, no aspecto. 2. Dispensa de empregado. Concessão de auxílio-doença acidentário no curso do aviso prévio indenizado. Estabilidade acidentária. Nos termos da Súmula 378, I/TST, "é constitucional o artigo 118 da Lei n.º 8.213/1991 que assegura o direito à estabilidade provisória por período de 12 meses após a cessação do auxílio-doença ao empregado acidentado". Já o item II da Súmula 378/TST regula que "são pressupostos para a concessão da estabilidade o afastamento superior a 15 dias e a consequente percepção do auxílio-doença acidentário, salvo se constatada, após a despedida, doença profissional que guarde relação de causalidade com a execução do contrato de emprego". Tem-se, portanto, que a concessão da referida estabilidade pressupõe o preenchimento de critério objetivo, qual seja, gozo de auxílio-doença acidentário ou constatação de nexo de causalidade entre a doença e as atividades desenvolvidas durante o contrato de emprego. No caso concreto, conclui-se, da leitura do acórdão proferido pelo TRT, que o Reclamante, no curso do aviso prévio indenizado, entrou em gozo de auxílio-doença acidentário. Registre-se que o período do aviso prévio indenizado integra o contrato de trabalho (OJ 82/SBDI-I/TST) e a superveniência de auxílio-doença faz com que os efeitos da dispensa apenas se concretizem após o término do benefício (Súmula 371/TST). Nesta situação, deve ser reconhecido o direito à estabilidade acidentária de 12 meses prevista no art. 118 da Lei 8.213/91, a partir da cessação do benefício previdenciário, considerando-se suspenso o contrato de trabalho até essa data. Contudo, uma vez que o período de estabilidade já se encontra exaurido, são devidos ao empregado apenas os salários do período compreendido entre a data da despedida e o final do período de estabilidade, não lhe sendo assegurada a reintegração ao emprego, segundo inteligência da Súmula 396, I, do TST. Recurso de revista conhecido e provido no aspecto (TST, 3.ª T., RR 7-96.2010.5.05.0221, Rel. Min. Mauricio Godinho Delgado, *DEJT* 24.06.2014).

Recurso de embargos em recurso de revista. Interposição sob a égide da Lei 13.015/2014. Aviso prévio proporcional. Alteração da Lei 12.506/2011. Obrigação limitada ao empregador. Ausência de reciprocidade. A proporcionalidade do aviso prévio a que se refere a Lei 12.506/2001 apenas pode ser exigida da empresa, uma vez que entendimento em contrário, qual seja, exigir que também o trabalhador cumpra aviso prévio superior aos originários 30 dias, constituiria alteração legislativa prejudicial ao empregado, o que, pelos princípios que norteiam o ordenamento jurídico trabalhista, não se pode admitir. Dessarte, conclui-se que a norma relativa ao aviso prévio proporcional não guarda a mesma bilateralidade característica da exigência de 30 dias, essa sim obrigatória a qualquer das partes que intentarem resilir o contrato de emprego. Recurso de embargos conhecido e provido (TST, SBDI-I, E-RR 1964-73.2013.5.09.0009, Rel. Min. Hugo Carlos Scheuermann, *DEJT* 29.09.2017).

Dissídio coletivo. Recursos extraordinários providos, para excluir as cláusulas 2.ª (piso correspondente ao salário mínimo acrescido de percentual) e 24.ª (estabilidade temporária), por contrariarem, respectivamente, o inciso IV (parte final) e I do art. 7.º da Constituição, este último juntamente com o art. 10 do ADCT, *bem como a cláusula 29.ª (aviso prévio de sessenta dias), por ser considerada invasiva da reserva legal específica, instituída no art. 7.º, XXI, da Constituição*. 2. Recursos igualmente providos, quanto à cláusula 14.ª (antecipação, para junho, da primeira parcela do 13.º salário), por exceder seu conteúdo à competência normativa da Justiça do Trabalho, cujas decisões, a despeito de configurarem fonte de direito objetivo, revestem o caráter de regras subsidiárias, somente suscetíveis de operar no vazio legislativo, e sujeitas à supremacia da lei formal (art. 114, § 2.º, da Constituição). 3. Recursos de que não se conhece no concernente à cláusula 1.ª (reajuste salarial), por ausência de pressupostos de admissibilidade, e, ainda, no que toca às cláusulas 52.ª (multa pela falta de pagamento de dia de trabalho), 59.ª (abrigos para a proteção dos trabalhadores), 61.ª (fornecimento de listas de empregados), 63.ª (afixação de quadro de avisos), visto não contrariarem os dispositivos constitucionais contra elas invocados, especialmente o § 2.º do art. 114. Decisão por maioria, quanto às cláusulas 29.ª e 14.ª, sendo, no restante unânime (STF, 1.ª T., RE 197.911-9/PE, Rel. Min. Octavio Gallotti, *DJ* 07.11.1997, destaquei).

✦ Súmulas, Orientações Jurisprudenciais e Precedentes Normativos

Súmula 10 do TST: Professor. Dispensa sem justa causa. Término do ano letivo ou no curso de férias escolares. Aviso prévio. O direito aos salários do período de férias escolares assegurado aos professores (artigo 322, *caput* e § 3.º, da CLT) não exclui o direito ao aviso prévio, na hipótese de dispensa sem justa causa ao término do ano letivo ou no curso das férias escolares.

Súmula 14 do TST: Culpa recíproca. Reconhecida a culpa recíproca na rescisão do contrato de trabalho (art. 484 da CLT), o empregado tem direito a 50% (cinquenta por cento) do valor do aviso prévio, do décimo terceiro salário e das férias proporcionais.

Súmula 18 do TST: Compensação. Justiça do Trabalho. Natureza. A compensação, na Justiça do Trabalho, está restrita a dívidas de natureza trabalhista.

Súmula 44 do TST: Cessação da Atividade da Empresa. Indenização. Aviso Prévio. A cessação da atividade da empresa, com o pagamento da indenização, simples ou em dobro, não exclui, por si só, o direito do empregado ao aviso prévio.

Súmula 48 do TST: Compensação de Salários. Arguição. A compensação só poderá ser arguida com a contestação.

Súmula 163 do TST: Aviso Prévio. Contrato de Experiência. Cabe aviso prévio nas rescisões antecipadas dos contratos de experiência, na forma do art. 481 da CLT.

Súmula 182 do TST: Aviso prévio. Indenização compensatória. Lei 6.708, de 30.10.1979. O tempo do aviso prévio, mesmo indenizado, conta-se para efeito da indenização adicional prevista no art. 9.º da Lei 6.708, de 30.10.1979.

Súmula 276 do TST: O direito ao aviso prévio é irrenunciável pelo empregado. O pedido de dispensa de cumprimento não exime o empregador de pagar o respectivo valor, salvo comprovação de haver o prestador dos serviços obtido novo emprego.

Súmula 305 do TST: Aviso Prévio. Fundo de Garantia do Tempo de Serviço. O pagamento relativo ao período de aviso prévio, trabalhado ou não, está sujeito à contribuição para o FGTS.

Súmula 348 do TST: É inválida a concessão do aviso prévio na fluência da garantia de emprego, ante a incompatibilidade dos dois institutos.

Súmula 380 do TST: Aviso Prévio. Início da Contagem. Aplica-se a regra prevista no *caput* do art. 132 do Código Civil de 2002 à contagem do prazo do aviso prévio, excluindo-se o dia do começo e incluindo o do vencimento. (ex-OJ 122 – Inserida em 20.04.1998)

Súmula 441 do TST: Aviso prévio. Proporcionalidade. O direito ao aviso prévio proporcional ao tempo de serviço somente é assegurado nas rescisões de contrato de trabalho ocorridas a partir da publicação da Lei 12.506, em 13 de outubro de 2011.

Orientação Jurisprudencial 14 da SBDI-I do TST: Em caso de aviso prévio cumprido em casa, o prazo para pagamento das verbas rescisórias é até o décimo dia da notificação de despedida.

Orientação Jurisprudencial 42, inciso II, da SBDI-I do TST: O cálculo da multa de 40% do FGTS deverá ser feito com base no saldo da conta vinculada na data do efetivo pagamento das verbas rescisórias, desconsiderada a projeção do aviso prévio indenizado, por ausência de previsão legal.

Orientação Jurisprudencial 82 da SBDI-I do TST: Aviso prévio. Baixa na CTPS. A data de saída a ser anotada na CTPS deve corresponder à do término do prazo do aviso prévio, ainda que indenizado.

Orientação Jurisprudencial 83 da SBDI-I do TST: Aviso prévio. Indenizado. Prescrição. A prescrição começa a fluir no final da data do término do aviso prévio. Art. 487, § 1.º, CLT.

Orientação Jurisprudencial 268 da SBDI-I do TST: Indenização adicional. Leis 6.708/1979 e 7.238/1984. Aviso prévio. Projeção. Estabilidade provisória. Somente após o término do período estabilitário é que se inicia a contagem do prazo do aviso prévio para efeito das indenizações previstas nos artigos 9.º da Lei 6.708/1979 e 9.º da Lei 7.238/1984.

Orientação Jurisprudencial 367 da SBDI-I do TST: Aviso prévio de 60 dias. Elastecimento por norma coletiva. Projeção. Reflexos nas parcelas trabalhistas. O prazo de aviso prévio de 60 dias, concedido por meio de norma coletiva que silencia sobre alcance de seus efeitos jurídicos, computa-se integralmente como tempo de serviço, nos termos do § 1.º do art. 487 da CLT, repercutindo nas verbas rescisórias (*Diário Eletrônico da Justiça do Trabalho* 03.12.2008).

✦ Referência legislativa

- Art. 7.º, XXI e parágrafo único, da CF.

Art. 488. O horário normal de trabalho do empregado, durante o prazo do aviso, e se a rescisão tiver sido promovida pelo empregador, será reduzido de 2 (duas) horas diárias, sem prejuízo do salário integral.

Parágrafo único. É facultado ao empregado trabalhar sem a redução das 2 (duas) horas diárias previstas neste artigo, caso em que poderá faltar ao serviço, sem prejuízo do salário integral, por 1 (um) dia, na hipótese do inciso I, e por 7 (sete) dias corridos, na hipótese do inciso II do art. 487 desta Consolidação.

1. AVISO PRÉVIO E TRABALHO NO PERÍODO

Se o empregado pede demissão e concede o aviso prévio ao empregador, o contrato de trabalho continua normalmente, até o fim do prazo de aviso, quando cessa o vínculo de emprego.

No aviso prévio concedido pelo empregador, no entanto, a prestação de serviços recebe tratamento diferenciado, conforme previsão do art. 488 da CLT, tendo em vista a finalidade do instituto, na hipótese em questão.

O mencionado dispositivo, em seu *caput*, assegura que o horário normal de trabalho do empregado, durante o prazo do aviso (quando a rescisão tiver sido promovida pelo empregador), "será reduzido de 2 (duas) horas diárias, sem prejuízo do salário integral".

Trata-se de justa previsão, pois, como já mencionado, durante o período do aviso prévio, o empregado certamente terá de buscar um novo trabalho a ser exercido.

Normalmente, a referida redução do horário de trabalho é estabelecida de modo que o empregado tenha a sua saída antecipada. No entanto, não se exige que seja somente dessa forma, nada impedindo que a referida redução ocorra em outro momento, por exemplo, quanto ao horário de entrada.

Além disso, o parágrafo único do mesmo art. 488 da CLT, acrescentado pela Lei 7.093/1983, estabelece uma faculdade dada ao empregado que pode optar pela redução de duas horas diárias, ou pela ausência durante sete dias corridos, sendo ambas as hipóteses sem prejuízo do salário integral.

Nesse último caso, dos sete dias corridos de ausência, o mais comum é que fiquem para o período final do contrato de trabalho. Entretanto, é possível estabelecer outra forma, contanto que seja observado o referido período mínimo, devendo os sete dias ser corridos, e não intercalados.

Mesmo se o empregado optar pela faculdade prevista no parágrafo único do art. 488 da CLT, o aviso prévio continua sendo concedido na forma regular, não se tratando de aviso prévio indenizado.

No âmbito da relação de trabalho rural, a Lei 5.889/1973, no art. 15, apresenta a seguinte disposição especial: "Durante o prazo do aviso prévio, se a rescisão tiver sido promovida pelo empregador, o empregado rural terá direito a 1 (um) dia por semana, sem prejuízo do salário integral, para procurar outro trabalho".

Como o art. 7.º, *caput*, da Constituição Federal de 1988 faz menção aos trabalhadores urbanos e rurais, arrolando o direito ao aviso prévio no inciso XXI, discute-se se o mencionado dispositivo da Lei 5.889/1973 permanece aplicável ao âmbito rural.

Na realidade, a Constituição Federal não regulamenta o direito ao aviso prévio, o que é objeto da legislação infraconstitucional.

Assim, embora o tema possa apresentar controvérsia, pode-se dizer que a regulamentação específica do aviso prévio, para o trabalhador rural (quanto ao tema em questão), permanece sendo aquela do art. 15 da Lei 5.889/1973, o qual persiste como verdadeira regra especial, sem conflitar com a Constituição da República. Esse entendimento é confirmado pelo art. 99 do Decreto 10.854/2021.

Para a relação de emprego urbana é que incide a regra geral do art. 488 da CLT.

Obviamente, havendo normas específicas, estabelecendo a incidência da regra do art. 488 da CLT ao empregado rural (o que pode se verificar, por exemplo, em norma coletiva ou mesmo no contrato individual de trabalho), a norma mais benéfica torna aplicável a referida previsão (art. 7.º, *caput*, da Constituição Federal de 1988: "além de outros [direitos] que visem à melhoria de sua condição social").

Ainda sobre essa redução da jornada de trabalho durante o período do aviso prévio, dispõe a Súmula 230 do TST.

Caso não seja observada a redução do art. 488 da CLT (ou do art. 15 da Lei 5.889/1973), por não se ter alcançado a finalidade do instituto, o aviso prévio é devido novamente, ainda que sob a forma indenizada.

Sobre a questão da renúncia do aviso prévio pelo empregado, cf. a Súmula 276 do TST, que trata de direito irrenunciável. A Súmula também estabelece que o pedido de dispensa de cumprimento não exime o empregador de pagar o respectivo valor, salvo comprovação de haver o prestador dos serviços obtido novo emprego.

A ressalva da parte final do verbete justifica-se, pois a finalidade do aviso prévio concedido pelo empregador é, justamente, o empregado encontrar um novo trabalho. Se o outro emprego é obtido, pode o empregado não ter mais como continuar prestando serviços ao antigo empregador, por já ter assumido, ou poder assumir, imediatamente, o novo empregado encontrado.

No entanto, deve-se alertar que, nesse último caso, se o empregado realmente abre mão do aviso prévio concedido pelo empregador, por já ter encontrado novo emprego, não fará jus ao salário referente aos dias de aviso prévio não cumprido.

Além disso, durante o período do aviso prévio, mesmo que concedido pelo empregador, se o trabalhador falta ao serviço, sem apresentar justificativa, também deixa de fazer jus ao respectivo salário. Apenas não incide em abandono de emprego, conforme ressalva feita pela Súmula 73 do TST, pois a ausência pode decorrer justamente de ter o empregado que iniciar o serviço no novo trabalho encontrado.

Em situação inversa, ou seja, no aviso prévio concedido pelo empregado, tendo em vista o seu pedido de demissão, o empregador pode, obviamente, liberar aquele do comparecimento ao trabalho, desde que o empregado não tenha mais interesse em prestar serviços no período do aviso.

Esta última exigência, quanto a não ser mais de interesse do empregado, que pede demissão, trabalhar durante o aviso por ele concedido, também se faz necessária, pois sem o trabalho o empregado não terá direito ao salário respectivo.

Por fim, cabe destacar que, de acordo com o entendimento mais tradicional, não se reconhece direito a estabilidade no curso do aviso prévio, seja este trabalhado ou indenizado. Nesse sentido, cf. a Súmula 369 do TST, no inciso V.

A mesma orientação pode ser aplicada a outras modalidades de estabilidade provisória e garantia de permanência no emprego.

A Súmula 371 do TST dispõe sobre o aviso prévio indenizado e seus efeitos na superveniência de auxílio-doença no curso deste.

A primeira parte do referido verbete, ao limitar os efeitos do aviso prévio indenizado às vantagens econômicas obtidas no período, *a contrario sensu*, exclui o direito de reintegração, ou seja, de estabilidade provisória, tal como já previa a Orientação Jurisprudencial 40 da SBDI-I do TST, incorporada à referida Súmula 371.

A parte final da Súmula 371 apenas reflete a incorporação da Orientação Jurisprudencial 135 da SBDI-I do TST, justificando-se tal orientação porque durante o auxílio-doença o contrato de trabalho se mantém suspenso.

No entanto, quando cessa o referido benefício previdenciário, os efeitos da dispensa se concretizam e não se verifica direito do empregado de permanecer no emprego.

Não obstante, cabe registrar o entendimento de que o período do aviso prévio indenizado integra o contrato de trabalho (Orientação Jurisprudencial 82 da SBDI-I do TST) e a superveniência de auxílio-doença faz que os efeitos da dispensa apenas se concretizem após o término do benefício. Ademais, nos termos da Súmula 378 do TST, inciso II, "são pressupostos para a concessão da estabilidade o afastamento superior a 15 dias e a consequente percepção do auxílio-doença acidentário, salvo se constatada, após a despedida, doença profissional que guarde relação de causalidade com a execução do contrato de emprego". Sendo assim, para essa corrente de entendimento, se o empregado, no curso do aviso prévio indenizado, entrar em gozo de auxílio-doença acidentário, deve ser reconhecido o direito à estabilidade acidentária de 12 meses, conforme art. 118 da Lei 8.213/1991, a partir da cessação do referido benefício previdenciário, considerando suspenso o contrato de trabalho até essa data.

Frise-se ainda que, conforme o art. 391-A da CLT, acrescentado pela Lei 12.812/2013, a confirmação do estado de gravidez advindo no curso do contrato de trabalho, *ainda que durante o prazo do aviso prévio trabalhado ou indenizado*, garante à empregada gestante a estabilidade provisória prevista na alínea "b" do inciso II do art. 10 do Ato das Disposições Constitucionais Transitórias.

O disposto no art. 391-A da CLT aplica-se ao empregado adotante ao qual tenha sido concedida guarda provisória para fins de adoção (art. 391-A, parágrafo único, da CLT, incluído pela Lei 13.509/2017).

✦ Súmulas, Orientações Jurisprudenciais e Precedentes Normativos

Súmula 73 do TST: Falta Grave. Despedida. Justa Causa. Prazo do Aviso Prévio. Indenização. A ocorrência de justa causa, salvo a de abandono de emprego, no decurso do prazo do aviso prévio dado pelo empregador, retira do empregado qualquer direito às verbas rescisórias de natureza indenizatória.

Súmula 230 do TST: Aviso prévio. Substituição pelo pagamento das horas reduzidas da jornada de trabalho. É ilegal substituir o período que se reduz da jornada de trabalho, no aviso prévio, pelo pagamento das horas correspondentes.

Súmula 276 do TST: O direito ao aviso prévio é irrenunciável pelo empregado. O pedido de dispensa de cumprimento não exime o empregador de pagar o respectivo valor, salvo comprovação de haver o prestador dos serviços obtido novo emprego.

Súmula 369, inciso V, do TST: O registro da candidatura do empregado a cargo de dirigente sindical durante o período de aviso prévio, ainda que indenizado, não lhe assegura a estabilidade, visto que inaplicável a regra do § 3.º do art. 543 da Consolidação das Leis do Trabalho.

Súmula 371 do TST: A projeção do contrato de trabalho para o futuro, pela concessão do aviso prévio indenizado, tem efeitos limitados às vantagens econômicas obtidas no período de pré-aviso, ou seja, salários, reflexos e verbas rescisórias. No caso de concessão de auxílio-doença no curso do aviso prévio, todavia, só se concretizam os efeitos da dispensa depois de expirado o benefício previdenciário.

Art. 489. Dado o aviso prévio, a rescisão torna-se efetiva depois de expirado o respectivo prazo, mas, se a parte notificante reconsiderar o ato, antes de seu termo, à outra parte é facultado aceitar ou não a reconsideração.

Parágrafo único. Caso seja aceita a reconsideração ou continuando a prestação depois de expirado o prazo, o contrato continuará a vigorar, como se o aviso prévio não tivesse sido dado.

1. RECONSIDERAÇÃO DO AVISO PRÉVIO CONCEDIDO

É possível (embora não muito frequente) que, depois de concedido o aviso prévio por uma das partes, ele seja reconsiderado.

Mesmo havendo a reconsideração quanto à concessão do aviso prévio, o que deve ocorrer antes do término de seu prazo, a outra parte tem a faculdade de aceitar, ou não, a mencionada reconsideração.

Caso seja aceita a reconsideração (aceitação esta que pode ser tácita, como quando continua a prestação de serviços depois de expirado o prazo), o contrato continuará a vigorar, como se o aviso prévio não tivesse sido dado.

Entende-se, por isso, que a referida previsão apenas tem aplicabilidade no aviso prévio trabalhado, mas não na forma indenizada, pois nesta o contrato cessa de imediato, constituindo um ato jurídico perfeito.

Art. 490. O empregador que, durante o prazo do aviso prévio dado ao empregado, praticar ato que justifique a rescisão imediata do contrato, sujeita-se ao pagamento da remuneração correspondente ao prazo do referido aviso, sem prejuízo da indenização que for devida.

1. JUSTA CAUSA DO EMPREGADOR DURANTE O AVISO PRÉVIO

Durante o aviso prévio trabalhado, por se tratar de tempo de serviço, é possível que o empregado, ou mesmo o empregador, pratique alguma justa causa.

A justa causa patronal, durante o aviso prévio, gera ao empregado o direito de rescindir imediatamente o contrato de trabalho, recebendo a remuneração do período correspondente ao aviso, bem como as verbas rescisórias decorrentes da despedida indireta.

Art. 491. O empregado que, durante o prazo do aviso prévio, cometer qualquer das faltas consideradas pela lei como justas para a rescisão, perde o direito ao restante do respectivo prazo.

1. JUSTA CAUSA DO EMPREGADO DURANTE O AVISO PRÉVIO

A hipótese de justa causa praticada pelo trabalhador é prevista expressamente no art. 491 da CLT. Ainda sobre o tema, cf. Súmula 73 do TST.

Em caso de falta grave do empregado, este perde os direitos decorrentes da dispensa sem justa causa ou do pedido de demissão, passando a receber apenas as verbas decorrentes da dispensa com justa causa.

A ressalva quanto ao abandono de emprego, no curso do período do aviso prévio concedido pelo empregador, justifica-se porque o empregado, no período em questão, pode ter de assumir o novo emprego, não tendo, assim, como continuar prestando serviços durante o aviso prévio.

Isso não se confunde com o caso, bem mais peculiar, em que a empresa, tendo pré-avisado o empregado quanto à sua dispensa sem justa causa, vem a descobrir, no curso do aviso, que o empregado cometeu justa causa, anteriormente à concessão do aviso prévio. Nesta hipótese, não se pode dizer que a empresa havia perdoado a falta, pois nem sequer sabia da sua existência ou autoria. Assim, embora o tema seja complexo, entende-se que o empregador pode converter a dispensa sem justa causa em dispensa com justa causa.

No entanto, se a empresa conhecia a falta disciplinar praticada pelo empregado, mas, mesmo assim, deliberou dispensá-lo sem justa causa, entende-se que ocorreu o perdão tácito, pois o empregador tomou atitude incompatível com a aplicação de pena disciplinar, como é o caso da despedida por justa causa.

✦ **Súmulas, Orientações Jurisprudenciais e Precedentes Normativos**

Súmula 73 do TST: A ocorrência de justa causa, salvo a de abandono de emprego, no decurso do prazo do aviso prévio dado pelo empregador, retira do empregado qualquer direito às verbas rescisórias de natureza indenizatória.

CAPÍTULO VII – DA ESTABILIDADE

Art. 492. O empregado que contar mais de 10 (dez) anos de serviço na mesma empresa não poderá ser despedido senão por motivo de falta grave ou circunstância de força maior, devidamente comprovadas.

Parágrafo único. Considera-se como de serviço todo o tempo em que o empregado esteja à disposição do empregador.

1. INTRODUÇÃO

O Direito do Trabalho tem como um de seus princípios essenciais a continuidade da relação de emprego.

Nesse enfoque, a estabilidade é uma importante medida na concretização do referido escopo, sendo por meio do trabalho que a pessoa obtém a remuneração necessária para viver e se manter com dignidade.

Desse modo, o direito do empregador de dispensar o trabalhador passa a sofrer efetiva restrição com a estabilidade, representando o direito de permanecer no emprego.

No plano histórico, cabe destacar o Decreto 4.682, de 24 de janeiro de 1923, a chamada Lei Eloy Chaves, por ter sido a primeira norma a tratar efetivamente da estabilidade, no entanto, de forma específica aos ferroviários[163].

A efetiva estabilidade no emprego, não obstante, vem sendo enfraquecida ao longo dos tempos, pelas diversas mudanças no plano do Direito, as quais foram, em boa parte, influenciadas e decorrentes de forças econômicas e ideológicas mais comprometidas com o capital do que com o social.

2. DENOMINAÇÃO

O nome do instituto, já consagrado na doutrina e na jurisprudência, é *estabilidade*, oferecendo a ideia de permanência, no caso, do trabalhador em seu emprego.

No entanto, também existem as chamadas *estabilidades provisórias*, que se referem ao direito de permanência no emprego, salvo hipóteses como falta grave praticada pelo empregado ou extinção da empresa, mas apenas durante certo período de tempo.

As estabilidades provisórias são também chamadas de *garantias de emprego*. No entanto, quanto a esta última expressão, tecnicamente, seria mais correto dizer *garantia no emprego*,

163 Cf. MARTINS, Sergio Pinto. *Direito do trabalho*. 28. ed. São Paulo: Atlas, 2012. p. 427.

no sentido de permanecer no emprego durante certo período, salvo prática de justa causa ou extinção da empresa.

Logo, no enfoque acima, podem ser destacadas duas modalidades de estabilidade: a *estabilidade definitiva* e a *estabilidade provisória*.

A rigor, a primeira modalidade é que configura a efetiva e verdadeira estabilidade.

A estabilidade definitiva também é chamada *estabilidade absoluta*; a estabilidade provisória, por sua vez, pode ser indicada como *estabilidade relativa*[164].

Há quem faça, no entanto, a seguinte diferenciação: a estabilidade é aplicável quando a dispensa do empregado depende do prévio reconhecimento, em juízo, da prática de falta grave; na garantia de emprego, o empregador poder dispensar o empregado por justa causa independentemente do seu prévio reconhecimento judicial e somente se o trabalhador, não concordando com a dispensa, ajuizar ação, é que o empregador, posteriormente, terá o ônus de provar a justa causa.

Nesse conceito, a *estabilidade relativa* seria aquela que permite a sua conversão em pecúnia ou indenização, como ocorre no caso do dirigente sindical. Na *estabilidade absoluta*, o direito é, efetivamente, à manutenção do emprego.

A expressão garantia de emprego poderia ser entendida, ainda, como um conjunto de políticas de defesa do emprego, não se restringindo à manutenção das relações de trabalho, mas estendendo-se, por exemplo, às medidas de sua proteção e incentivo, como no sentido de obter o primeiro emprego.

3. CONCEITO

Pode-se conceituar a genuína estabilidade como o direito do empregado de permanecer no emprego, restringindo o direito do empregador de dispensá-lo sem justa causa ou de forma arbitrária, só se autorizando a cessação contratual em caso de falta grave, força maior, força maior que determine a extinção da empresa, ou cessação das atividades da empresa.

O conceito acima tem por base a efetiva estabilidade, que se verificava em conformidade com os arts. 492 e seguintes da CLT.

Em termos mais genéricos, a estabilidade pode ser definida como o direito do empregado de continuar no emprego, ainda que contra a vontade do empregador. Trata-se de um direito ao emprego, de não ser dispensado, salvo nos casos excepcionalmente previstos em lei.

Parte da doutrina diferencia estabilidade, mesmo provisória, de garantia de emprego.

Na estabilidade (definitiva ou provisória), o vínculo de emprego só pode cessar por falta grave do empregado ou extinção da atividade da empresa, ficando vedada a dispensa sem justa causa ou arbitrária.

Já na garantia de emprego, o contrato de trabalho pode terminar por dispensa justificada (ou seja, dispensa não arbitrária), o que pode ocorrer por motivo econômico, financeiro, técnico ou disciplinar[165].

164 Cf. MARTINS, Sergio Pinto. *Direito do trabalho*. 28. ed. São Paulo: Atlas, 2012. p. 431-432.

165 Cf. MARTINS, Sergio Pinto. *Direito do trabalho*. 28. ed. São Paulo: Atlas, 2012. p. 429-430.

4. FONTES FORMAIS DO DIREITO DE ESTABILIDADE

A estabilidade, entendido o termo de modo genérico, pode ser objeto de previsão na Constituição Federal, na lei, em normas coletivas (como acordo coletivo e convenção coletiva), em regulamento de empresa e mesmo no contrato individual de trabalho.

Há discussão se a sentença normativa, decorrente do poder normativo da Justiça do Trabalho, também pode estabelecer hipóteses de estabilidade. Defende-se o entendimento de que isso é possível, desde que se trate de tema não regulado por lei, ou seja, quando se verifica o vazio legislativo, como ocorre na estabilidade provisória que antecede a aposentadoria. Nesse sentido, cf. o Precedente Normativo 85 do TST.

5. ESTABILIDADE POR TEMPO DE SERVIÇO

A estabilidade por tempo de serviço era prevista no art. 492 da CLT.

Computam-se na contagem de tempo de serviço, para efeito de indenização e de estabilidade, os períodos em que o empregado estiver afastado do trabalho prestando serviço militar e por motivo de acidente do trabalho (art. 4.º, § 1.º, da CLT).

Também conhecida como decenal, a estabilidade por tempo de serviço não tem como ser adquirida depois da entrada em vigor da Constituição Federal de 1988. A partir da nova ordem constitucional, a indenização por tempo de serviço foi substituída, de forma completa, pelo sistema do Fundo de Garantia do Tempo de Serviço.

Antes de 5 de outubro de 1988, os trabalhadores rurais e, no âmbito urbano, apenas os empregados que não tivessem optado pelo sistema do FGTS (então regulado pela Lei 5.107/1966) eram regidos pela indenização por tempo de serviço, regulada nos arts. 477 e 478 da CLT, podendo adquirir a respectiva estabilidade após dez anos de serviço, na forma do art. 492 da CLT.

Com a Constituição da República de 1988, apenas os empregados (rurais e urbanos) que tenham adquirido a estabilidade por tempo de serviço até a sua promulgação (05.10.1988), é que possuem o referido direito adquirido.

Nesse sentido, a Lei 8.036/1990, art. 14, *caput*, assegura que: "Fica ressalvado o direito adquirido dos trabalhadores que, à data da promulgação da Constituição Federal de 1988, já tinham o direito à estabilidade no emprego nos termos do Capítulo V do Título IV da CLT". Cabe mencionar, ainda, a Súmula 98, inciso II, do TST, que também trata do assunto.

6. GARANTIAS DE EMPREGO

A verdadeira estabilidade era a decenal, por tempo de serviço, assegurando efetivamente a manutenção do emprego.

Na atualidade, o que se verifica são estabilidades provisórias. No entanto, parte da doutrina assevera que a expressão mais correta seria garantia de emprego (ou garantia no emprego), pois, tratando-se de estabilidade, a rigor, esta teria de ser definitiva.

Mesmo assim, é corrente utilizar tanto as expressões estabilidade provisória como garantia de emprego.

Tratando-se de estabilidade *provisória*, se já estiver exaurido o período respectivo, a reintegração não é assegurada, sendo devidos os salários e as demais vantagens relativas ao período correspondente à data da despedida até o final do período de estabilidade. Ainda sobre a estabilidade provisória, cf. Orientação Jurisprudencial 399 da SBDI-I do TST.

Mesmo havendo pedido específico de reintegração, a concessão destas parcelas pecuniárias não é considerada decisão *extra petita* (Súmula 396, inciso II, do TST), pois o juiz conhece o direito, devendo, no caso em específico, tornar o *petitum* compatível com a norma jurídica.

Vejamos, nos tópicos seguintes, as diferentes modalidades de garantia de emprego previstas na legislação.

7. DIRIGENTE SINDICAL

De acordo com o art. 8.º, inciso VIII, da Constituição Federal de 1988:

> é vedada a dispensa do empregado sindicalizado a partir do registro da candidatura a cargo de direção ou representação sindical e, se eleito, ainda que suplente, até um ano após o final do mandato, salvo se cometer falta grave nos termos da lei.

A referida estabilidade provisória, de titularidade do empregado dirigente ou representante sindical, já era prevista no art. 543, § 3.º, da CLT, com a seguinte redação:

> Fica vedada a dispensa do empregado sindicalizado ou associado, a partir do momento do registro de sua candidatura a cargo de direção ou representação de entidade sindical ou de associação profissional, até 1 (um) ano após o final do seu mandato, caso seja eleito, inclusive como suplente, salvo se cometer falta grave devidamente apurada nos termos desta Consolidação.

Entende-se que essa determinação legal, quanto à necessidade de apurar a falta grave nos termos da CLT, foi recepcionada pela Constituição Federal de 1988, significando a incidência, ao caso, dos arts. 853 a 855 da CLT. Nesse sentido, prevê a Súmula 379 do TST. A mesma conclusão já constava da Súmula 197 do STF.

O entendimento que se consolidou na jurisprudência, bem como na doutrina majoritária, é no sentido de que a estabilidade do empregado associado, que for eleito a cargo de direção ou representação de associação profissional, não foi recepcionada pela Constituição Federal de 1988. Tanto é assim que o antigo Enunciado 222 do TST, prevendo a referida estabilidade provisória, foi cancelado pela Resolução 84/1998 (cancelamento mantido pela Resolução 121/2003).

A estabilidade do dirigente sindical tem início com a candidatura ao cargo de direção e representação sindical, findando-se até um ano após o final do seu mandato, caso seja eleito inclusive como suplente. Por isso, é considerada uma estabilidade provisória.

Poder-se-ia entender que cabe ao estatuto fixar o tempo de duração do mandato. No entanto, de acordo com o art. 515, "b", da CLT, o mandato da diretoria tem duração de três anos. Da mesma forma, o art. 538, §§ 1.º e 4.º, da CLT estabelece que os membros da administração das federações e confederações são eleitos para mandato de três anos.

Os empregados titulares da referida estabilidade são os membros da administração do ente sindical, conforme art. 522 da CLT.

8. REPRESENTANTE DA CIPA

A Comissão Interna de Prevenção de Acidentes e de Assédio (CIPA) integra os órgãos de Segurança e Medicina do Trabalho nas empresas.

É obrigatória a constituição de Comissão Interna de Prevenção de Acidentes e de Assédio (CIPA), em conformidade com instruções expedidas pelo Ministério do Trabalho e Previdência, nos estabelecimentos ou nos locais de obra nelas especificadas (art. 163 da CLT, com redação dada pela Lei 14.457/2022). O tema é regulado pela Norma Regulamentadora 5, aprovada pela Portaria 3.214/1978 do Ministério do Trabalho.

Cada CIPA será composta de representantes da empresa e dos empregados, de acordo com os critérios que vierem a ser adotados na regulamentação de que trata o parágrafo único do art. 163 (art. 164, *caput*, da CLT).

Os representantes dos empregadores, titulares e suplentes, serão por eles designados (§ 1.º do art. 164).

Já os representantes dos empregados, titulares e suplentes, serão eleitos em escrutínio secreto, do qual participem, independentemente de filiação sindical, exclusivamente os empregados interessados (§ 2.º do art. 164).

O mandato dos membros eleitos da CIPA terá a duração de um ano, permitida uma reeleição (§ 3.º). Essa limitação a apenas uma reeleição "não se aplicará ao membro suplente que, durante o seu mandato, tenha participado de menos da metade do número de reuniões da CIPA" (§ 4.º).

O empregador designará, anualmente, entre os seus representantes, o Presidente da CIPA, e os empregados elegerão, entre eles, o Vice-Presidente (§ 5.º do art. 164).

Observados esses aspectos, cabe ressaltar que a garantia de emprego do membro da CIPA era prevista, anteriormente, no art. 165 da CLT, com a seguinte redação:

> Art. 165. Os titulares da representação dos empregados nas CIPA(s) não poderão sofrer despedida arbitrária, entendendo-se como tal a que não se fundar em motivo disciplinar, técnico, econômico ou financeiro.
>
> Parágrafo único. Ocorrendo a despedida, caberá ao empregador, em caso de reclamação à Justiça do Trabalho, comprovar a existência de qualquer dos motivos mencionados neste artigo, sob pena de ser condenado a reintegrar o empregado.

A disposição transcrita merece destaque, pois, em seu *caput*, define a dispensa arbitrária, a qual já foi estudada anteriormente.

Além disso, o parágrafo único do art. 165 da CLT confirma a desnecessidade do ajuizamento de inquérito para apuração de falta grave no caso da garantia de emprego em estudo; havendo a discordância do empregado quanto à dispensa, caberá a este ajuizar a respectiva ação, pleiteando reintegração ou indenização referente ao período de estabilidade provisória, hipótese em que caberá ao empregador o ônus de provar a existência dos motivos para a dispensa.

Reitere-se, ainda, que a dispensa do membro da CIPA é autorizada não apenas na hipótese de prática de justa causa, mas também por motivo técnico, econômico ou financeiro.

Importante modificação sobre o tema foi inserida pelo art. 10, inciso II, "a", do Ato das Disposições Constitucionais Transitórias, com a seguinte redação:

> Art. 10. Até que seja promulgada a lei complementar a que se refere o art. 7.º, I, da Constituição:
>
> [...]
>
> II – fica vedada a dispensa arbitrária ou sem justa causa:
>
> a) do empregado eleito para cargo de direção de comissões internas de prevenção de acidentes, desde o registro de sua candidatura até um ano após o final de seu mandato.

Como o dispositivo acima não distingue entre membro titular e suplente, o entendimento já pacificado pela jurisprudência, tanto do TST (Súmula 339, inciso I) como do STF (Súmula 676), é no sentido de que a garantia da estabilidade provisória também se aplica ao suplente do cargo de direção de comissões internas de prevenção de acidentes.

Trata-se, portanto, de inovação, pois, conforme a Súmula 339, inciso I, do TST, na redação determinada pela Resolução 129/2005 do TST, que incorporou a Orientação Jurisprudencial 25 da SBDI-I do TST, o suplente da CIPA goza da garantia de emprego prevista no art. 10, II, "a", do ADCT, a partir da promulgação da Constituição Federal de 1988.

Além disso, a referida estabilidade provisória apenas abrange os empregados eleitos para os cargos de direção na CIPA, o que alcança os membros representantes dos empregados (art. 164, § 2.º, da CLT), e não os representantes dos empregadores, titulares e suplentes, pois estes são por eles "designados" (art. 164, § 1.º, da CLT).

Trata-se de garantia de emprego que tem por finalidade possibilitar o exercício regular da atividade de membro da CIPA pelo empregado eleito, cuidando da proteção e prevenção contra acidentes de trabalho, evitando-se, no entanto, que seja dispensado pelo empregador. Ainda quanto ao tema, cf. o inciso II da Súmula 339 do TST. Cf. comentários ao art. 165 da CLT.

9. EMPREGADA GESTANTE E ADOTANTE

A empregada gestante, além do direito à respectiva licença de 120 dias (art. 7.º, inciso XVIII, da Constituição Federal de 1988), também faz jus à garantia de emprego prevista no art. 10, inciso II, "b", do Ato das Disposições Constitucionais Transitórias:

> Art. 10. Até que seja promulgada a lei complementar a que se refere o art. 7.º, I, da Constituição:
>
> [...]
>
> II – fica vedada a dispensa arbitrária ou sem justa causa:
>
> [...]
>
> b) da empregada gestante, desde a confirmação da gravidez até cinco meses após o parto.

A referida estabilidade é, portanto, provisória, conforme estabelece a Súmula 244, inciso III, do TST.

De acordo com a segunda parte do inciso III da Súmula 244, ultrapassado o período de estabilidade, a empregada gestante só tem direito às verbas referentes ao período de estabilidade.

Conforme a jurisprudência do Tribunal Superior do Trabalho, como a referida proteção se destina não apenas à empregada gestante, mas também à criança, a recusa à proposta de reintegração ao emprego não constitui abuso de direito pela empregada gestante, e não retira o direito de receber a indenização substitutiva do período de estabilidade. Cf. TST, SBDI-I, E-ARR-10538-05.2017.5.03.0012, Rel. Min. Alexandre Luiz Ramos, *DEJT* 10.02.2023.

Cf. ainda a Orientação Jurisprudencial 30 da SDC do TST.

Outro aspecto que chegou a gerar polêmica é a expressão "confirmação da gravidez", prevista no art. 10, inciso II, do ADCT.

O TST, anteriormente, chegou a adotar a tese, já ultrapassada, de que: "O desconhecimento do estado gravídico pelo empregador, salvo previsão contrária em norma coletiva, não afasta o direito ao pagamento da indenização decorrente da estabilidade (art. 10, II, "b", ADCT). A ausência de cumprimento da obrigação de comunicar à empregadora o estado gravídico, em determinado prazo após a rescisão, conforme previsto em norma coletiva que condiciona a estabilidade a esta comunicação, afasta o direito à indenização decorrente da estabilidade" (redação original da Orientação Jurisprudencial 88 da SBDI-I do TST).

No entanto, o Supremo Tribunal Federal, ao decidir a questão, entendeu ser inconstitucional a referida ressalva prevista em norma coletiva, quanto ao direito da empregada gestante. Nesse sentido, cabe mencionar a ementa do STF, Recurso Extraordinário 234.186-3, Rel. Min. Sepúlveda Pertence, j. 05.06.2001, *DJU* 31.08.2001.

Por isso, como a referida previsão, mesmo decorrente de norma coletiva negociada coletivamente, limita o exercício do direito à garantia de emprego da gestante, sem a autorização do art. 10, inciso II, "b", do ADCT, o Tribunal Superior do Trabalho alterou a mencionada Orientação Jurisprudencial 88 da SBDI-I (*DJ* 16.04.2004), excluindo a referida ressalva decorrente de acordo coletivo ou convenção coletiva. Nessa linha, atualmente, prevê a Súmula 244, inciso I.

A responsabilidade do empregador no caso, quanto a essa ciência do estado de gravidez, é objetiva.

A discussão que surge, atualmente, refere-se à ausência de ciência pela própria empregada, quanto a seu estado gestacional, no momento da dispensa sem justa causa.

Há quem entenda que, se nem a empregada sabia da gravidez quando da cessação do vínculo de emprego, não seria justo assegurar-lhe o direito à garantia de emprego, inclusive em respeito à boa-fé objetiva no âmbito da relação de emprego.

No entanto, interpretando-se a disposição constitucional, verifica-se que o direito surge a partir da "confirmação" da gravidez, o que deve ser interpretado de forma ampla e benéfica à gestante, por se tratar de norma de proteção, inclusive em conformidade com o princípio do *in dubio pro operario*, já estudado anteriormente. Desse modo, entende-se que a referida confirmação significa a existência da gravidez, ou seja, em termos médicos e científicos, o momento inicial da gestação.

Ainda a respeito do tema, o Supremo Tribunal Federal fixou a seguinte tese de repercussão geral: "A incidência da estabilidade prevista no art. 10, inc. II, do ADCT, somente exige a anterioridade da gravidez à dispensa sem justa causa" (STF, Pleno, RE 629.053/SP, Red. p/ ac. Min. Alexandre de Moraes, j. 10.10.2018).

De todo modo, se a empregada encontra-se gestante quando da dispensa sem justa causa, mas só vem a tomar ciência desse seu estado no curso do aviso prévio, trabalhado ou mesmo indenizado (pois este é tempo de serviço), entende-se que a garantia de emprego deve ser reconhecida.

A situação acima não se confunde com hipótese bem diferente, relativa a estado gestacional que se iniciou no curso do próprio aviso prévio (indenizado ou trabalhado), caso em que, embora possa existir controvérsia, por já se ter ciência da data de terminação do contrato, *anteriormente*, entendia-se ausente a referida garantia de emprego, da mesma forma como prevê a Súmula 369, inciso V, quanto ao dirigente sindical Na atualidade, o Tribunal Superior do Trabalho, em relevante decisão da SBDI-I, entendeu que mesmo no caso da concepção ocorrida no período do aviso prévio indenizado, verifica-se o direito à estabilidade provisória da gestante. Cf. TST, SBDI-I, E-ED-RR 249100-26.2007.5.12.0004, Rel. Min. Horácio Raymundo de Senna Pires.

Confirmando essa tendência, a Lei 12.812, de 16 de maio de 2013, acrescentou à Consolidação das Leis do Trabalho o art. 391-A, o qual passa a prever que a "confirmação do estado de gravidez advindo no curso do contrato de trabalho, ainda que durante o prazo do aviso prévio trabalhado ou indenizado, garante à empregada gestante a estabilidade provisória prevista na alínea "b" do inciso II do art. 10 do Ato das Disposições Constitucionais Provisórias".

O disposto no art. 391-A da CLT aplica-se ao "empregado adotante ao qual tenha sido concedida guarda provisória para fins de adoção" (art. 391-A, parágrafo único, da CLT, incluído pela Lei 13.509/2017).

De acordo com a redação *anterior* da Súmula 244, inciso III, do TST, já modificada: "Não há direito da empregada gestante à estabilidade provisória na hipótese de admissão mediante contrato de experiência, visto que a extinção da relação de emprego, em face do término do prazo, não constitui dispensa arbitrária ou sem justa causa".

Não obstante, o Supremo Tribunal Federal firmou entendimento diverso, no sentido de que a referida estabilidade provisória alcança todas as trabalhadoras, independentemente do regime jurídico e da forma de contratação. Nesse sentido, cabe destacar o julgado do STF, 2.ª T., Ag.Reg.-RE 634.093/DF, Rel. Min. Celso de Mello, j. 22.11.2011.

Com isso, no presente, a Súmula 244, inciso III, do TST, passou dispor que a empregada gestante tem direito à estabilidade provisória prevista no art. 10, inciso II, alínea "b", do ADCT, mesmo na hipótese de admissão mediante contrato por tempo determinado.

O Supremo Tribunal Federal fixou a seguinte tese de repercussão geral (Tema 542): "A trabalhadora gestante tem direito ao gozo de licença-maternidade e à estabilidade provisória, independentemente do regime jurídico aplicável, se contratual ou administrativo, ainda que ocupe cargo em comissão ou seja contratada por tempo determinado" (STF, Pleno, RE 842.844/SC, Rel. Min. Luiz Fux, j. 05.10.2023).

Questiona-se se a empregada que adotar ou obtiver guarda judicial para fins de adoção de criança ou adolescente (art. 392-A da CLT) é titular da estabilidade provisória prevista no art. 10, inciso II, "b", do Ato das Disposições Constitucionais Transitórias. A resposta, em princípio, é negativa.

O mencionado dispositivo constitucional é expresso ao mencionar que a "empregada *gestante*" é quem faz jus à garantia de emprego, tendo início "desde a confirmação da *gravidez* até cinco meses após o *parto*" (destaquei). A empregada adotante, como é óbvio, não é gestante, não ocorrendo gravidez nem parto. Portanto, anteriormente, seria possível concluir que não estava abrangida pela estabilidade em questão.

Destaque-se que a Lei 10.421/2002 apenas estendeu a licença-maternidade e o salário-maternidade à mãe adotante, institutos distintos e autônomos da garantia de emprego.

Como é evidente, nada impede que essa garantia de emprego seja prevista em instrumento normativo decorrente de negociação coletiva (Constituição Federal de 1988, art. 7.º, inciso XXVI).

A lei ordinária também pode estabelecê-la, nos moldes da estabilidade acidentária (Lei 8.213/1991, art. 118), cuja constitucionalidade está pacificada na jurisprudência (Súmula 378, inciso I, TST), por se tratar de hipótese específica de garantia de emprego, podendo ser assegurada por meio de lei ordinária, com fundamento inclusive no princípio da norma mais benéfica (art. 7.º, *caput*, da Constituição Federal de 1988), sem regulamentar, de forma genérica, a proteção contra despedida arbitrária ou sem justa causa.

Entretanto, na jurisprudência, já existia entendimento no sentido de reconhecer o direito de estabilidade provisória à mãe adotante (TST, 3.ª T., RR 200600-19.2008.5.02.0085, Rel. Min. Alexandre de Souza Agra Belmonte, *DEJT* 07.08.2015).

Na atualidade, conforme o art. 391-A, parágrafo único, da CLT, incluído pela Lei 13.509/2017, a estabilidade provisória prevista no art. 10, inciso II, alínea "b", do Ato das Disposições Constitucionais Transitórias aplica-se ao *empregado adotante* ao qual tenha sido concedida guarda provisória para fins de adoção, ainda que durante o prazo do aviso prévio trabalhado ou indenizado.

Logo, se a guarda provisória para fins de adoção for concedida durante o prazo do aviso prévio trabalhado ou indenizado, o empregado e (ou) a empregada adotante terão direito à estabilidade provisória, no caso, até cinco meses após a adoção. A respeito do tema, cf. os comentários ao art. 391-A da CLT.

Cabe salientar, ainda, que a Lei Complementar 146, de 25 de junho de 2014, publicada no *DOU* de 26.06.2014, data em que entrou em vigor (art. 2.º), passou a estabelecer que o direito previsto no art. 10, inciso II, alínea "b", do Ato das Disposições Constitucionais Transitórias deve ser assegurado, nos casos em que ocorrer o falecimento da genitora, a quem detiver a guarda do seu filho.

Com isso, a garantia de permanência no emprego, prevista originalmente no referido art. 10, inciso II, alínea "b", foi ampliada, por meio de lei complementar (para atender à exigência prevista no art. 7.º, inciso I, da Constituição Federal de 1988), em favor de quem tiver a guarda do recém-nascido, na hipótese em que a genitora tiver falecido.

Trata-se de importante medida, que busca concretizar a justiça social. Ocorrendo o falecimento da genitora, nada mais adequado do que aplicar a estabilidade provisória da gestante a quem passa a ter a guarda, em benefício não apenas de quem é seu titular, mas da criança, que necessita de cuidados especiais, e mesmo sociedade como um todo, tendo em vista a relevância social da questão.

A guarda é de titularidade dos pais (art. 22 da Lei 8.069/1990). Por isso, ocorrendo o falecimento da mãe, automaticamente, a guarda passa a ser exercida, em regra, apenas pelo pai, situação que só pode ser modificada por meio de decisão judicial, nos casos que justifiquem a colocação em família substituta (art. 28 da Lei 8.069/1990). Conforme o Estatuto da Criança e do Adolescente, a guarda obriga a prestação de assistência material, moral e educacional à criança (art. 33 da Lei 8.069/1990).

É importante registrar que esse direito de permanecer no emprego pode ser de algum parente (como, por exemplo, a avó), e, na situação mais comum, até mesmo do pai, caso seja ele o titular da guarda do recém-nascido, em razão de falecimento da mãe.

Embora a questão possa gerar controvérsia, é possível defender a interpretação evolutiva do art. 1.º da Lei Complementar 146/2014, no sentido de que o direito previsto no art. 10, inciso II, "b", do Ato das Disposições Constitucionais Transitórias, nos casos em que ocorrer o falecimento da genitora *ou de adotante*, deve ser assegurado a quem detiver a guarda do seu filho.

10. EMPREGADO ACIDENTADO

A estabilidade em questão é prevista no art. 118 da Lei 8.213/1991, que tem a seguinte redação:

> O segurado que sofreu acidente do trabalho tem garantida, pelo prazo mínimo de doze meses, a manutenção do seu contrato de trabalho na empresa, após a cessação do auxílio-doença acidentário, independentemente de percepção de auxílio-acidente.

O entendimento já pacificado é de que o art. 118 da Lei 8.213/1991 é constitucional, não havendo que falar em violação da Constituição Federal de 1988, em particular de seu art. 7.º, inciso I (Súmula 378, inciso I, do TST).

Tratando-se de hipótese específica de garantia de emprego, pode ser assegurada por meio de lei ordinária, com fundamento inclusive no princípio da norma mais benéfica (art. 7.º, *caput*, da Constituição Federal de 1988), pois não se está regulamentando, genericamente, a proteção contra despedida arbitrária ou sem justa causa.

De acordo com a própria redação do art. 118 da Lei 8.213/1991, a percepção de auxílio-doença acidentário pelo empregado constitui pressuposto para o direito à estabilidade provisória em debate.

Como o referido benefício previdenciário somente é devido após 15 dias de afastamento da atividade, em razão de incapacidade para o trabalho (art. 59, *caput*, da mesma lei), esta suspensão do pacto laboral, por prazo superior a 15 dias, é outro requisito para fazer jus à mencionada garantia de emprego.

A doença profissional e a doença do trabalho são consideradas acidente do trabalho (Lei 8.213/1991, art. 20), inclusive para os efeitos da estabilidade aqui debatida.

Cabe destacar que as doenças ocupacionais normalmente não se manifestam de forma súbita, mas vão se alojando, pouco a pouco, no organismo, até causarem a impossibilidade de labor. Nessas hipóteses, muitas vezes não se verifica o efetivo recebimento de auxílio-doença acidentário antes da extinção contratual. Mesmo assim, por meio de interpretação teleológica do dispositivo legal, pode-se defender a tese de que, se o afastamento das atividades por mais de 15 dias ao menos *deveria* ter ocorrido, somente não se observando por ato culposo do empregador (o que pode ser constatado com o auxílio de perícia médica), deve-se considerar preenchido o requisito legal.

Se o trabalhador não recebeu o auxílio-doença acidentário, nem pôde ficar afastado até a recuperação de suas condições de trabalho, em razão de falta da empresa, não se admite que seja novamente prejudicado, devendo-se neutralizar as consequências do ato ilícito.

Sobre esse tema, passou a prever corretamente o Tribunal Superior do Trabalho, ao revisar a Orientação Jurisprudencial 230, convertendo-a na Súmula 378 (Resolução 129/2005).

Ou seja, tratando-se de doença profissional ou do trabalho, não se pode aplicar, literalmente, o rigor da previsão do art. 118 da Lei 8.213/1991, justamente em razão de suas peculiaridades, quando comparadas com o acidente de trabalho típico.

Não se faz necessária a existência de sequelas, posteriores ao acidente, para a aquisição dessa estabilidade, eis que ela é assegurada "independentemente de percepção de auxílio-acidente". Este último benefício é específico para o surgimento de redução da capacidade laborativa (art. 86 da Lei 8.213/1991), e o seu gozo restou expressamente excluído como pressuposto para o direito à garantia de emprego.

O prazo de garantia da manutenção do emprego é de 12 meses, após a cessação do auxílio-doença acidentário, com as observações e ressalvas já feitas acima.

A expressão "pelo prazo *mínimo* de doze meses", constante do art. 118 da Lei 8.213, deve ser corretamente entendida. Não se trata de período que pode ser livremente ampliado pelo intérprete e aplicador da norma; o "mínimo", no caso, significa ter a lei (fonte estatal, heterônoma) assegurado o patamar mínimo quanto a esta garantia de emprego, não sendo válida a fixação do período de estabilidade em nível inferior, por meio de outras fontes normativas, nem mesmo por negociação coletiva.

No entanto, concretizando o princípio da norma mais favorável, é possível e plenamente válida a estipulação de prazo superior ao mínimo legal, *v.g.*, pelo contrato individual de trabalho ou norma coletiva negociada (art. 7.º, inciso XXVI, da Constituição Federal de 1988). Ausente a norma mais benéfica prevendo um período de estabilidade superior a 12 meses, aplica-se, automaticamente, o prazo legal.

Diante da expressa previsão legal de estabilidade (provisória) decorrente de acidente do trabalho, não é válida cláusula de norma coletiva que estabeleça, a respeito deste tema, forma menos benéfica ao trabalhador do que a lei (Orientação Jurisprudencial 31 da SDC do TST).

A lei, como norma de ordem pública, fixa o mínimo protetor, não sendo válida a estipulação *in pejus* dessa garantia do empregado acidentado, por não se tratar de nenhuma das situações, expressamente ressalvadas pela Lei Maior (art. 7.º, incisos VI, XIII e XIV), como de possível flexibilização.

Por fim, cabe ressaltar que o TST, conforme julgado proferido pela Subseção de Dissídios Individuais I (E-RR 73740-05.2005.5.02.0464, Rel. Min. Horácio Raymundo de Senna Pires, *DEJT* 28.10.2011), passou a reconhecer a estabilidade provisória decorrente de acidente de trabalho *mesmo no caso de contrato por prazo determinado*. Nesse sentido, cf. a Súmula 378, inciso III, do TST.

11. EMPREGADO ELEITO DIRETOR DE COOPERATIVA

A Lei 5.764, de 16 de dezembro de 1971, no art. 55, estabelece que:

> Os empregados de empresas que sejam eleitos diretores de sociedades cooperativas pelos mesmos criadas gozarão das garantias asseguradas aos dirigentes sindicais pelo artigo 543 da Consolidação das Leis do Trabalho (Decreto-lei 5.452, de 1.º.5.43).

Assim, os empregados eleitos diretores de cooperativas (criadas pelos empregados da empresa) possuem estabilidade provisória, na forma da previsão do art. 543, § 3.º, da CLT, ou seja, da estabilidade provisória do dirigente sindical, já estudada acima.

Tendo este último dispositivo, em sua parte final, exigido a apuração da falta grave por meio do inquérito judicial, entende-se que esta ação judicial também se faz necessária ao caso em questão.

O referido empregado eleito diretor de sociedade cooperativa criada pelos empregados não poderá, portanto, ser dispensado desde o registro de sua candidatura até um ano após o final de seu mandato.

O mandato do dirigente da cooperativa deve ser fixado no respectivo estatuto, não devendo exceder quatro anos (Lei 5.764/1971, arts. 21, inciso V, e 47).

A Orientação Jurisprudencial 253 da SBDI-I do TST pacificou o entendimento de que o art. 55 da Lei 5.764/1971 assegura a garantia de emprego apenas aos empregados eleitos diretores de cooperativas, não abrangendo os membros suplentes.

Considerando a finalidade da previsão legal em questão, cabe registrar o seguinte entendimento: "A estabilidade prevista no art. 55 da Lei 5.764/1971 direciona-se ao dirigente de cooperativa constituída por empregados de empresa, a fim de protegê-los de eventual pressão ou perseguição por parte do empregador ou de seus prepostos. Fora dessa singular situação, a garantia provisória de emprego não deve ser reconhecida, sob pena de deturpação da regra legal". Sendo assim, "a circunstância de o reclamante ocupar cargo em diretoria de sociedade cooperativa de consumo de café e produtos alimentícios, cujo objeto não tem pertinência e em nada antagoniza com a atividade empresarial desenvolvida pelo banco empregador, não é suficiente para atrair a garantia provisória de emprego prevista no art. 55 da Lei 5.764/1971, motivo pelo qual não se constata presente a plausibilidade do alegado direito à reintegração" (TST, SBDI-II, ROT-104570-87.2020.5.01.0000, Rel. Min. Douglas Alencar Rodrigues, *DEJT* 19.08.2022).

Ainda nessa linha, destaca-se o seguinte julgado: "1. A causa versa sobre o alcance da estabilidade conferida aos diretores de cooperativa de empregados (art. 55 da Lei 5.764/1971). 2. Trata-se de garantia que tem por finalidade proteger o empregado que representa a sua categoria econômica e que, em face das prerrogativas que são inerentes a essa representatividade, pode acarretar algum confronto com os interesses e atividades do empregador. Significa dizer que, se não há conflito entre o objeto da cooperativa com os interesses e/ou atividade principal dos empregadores, não subsiste razão para o deferimento da estabilidade provisória, sob pena de não se atender à *mens legis* que rege o instituto" (TST, 8.ª T., RRAg-1616-48.2017.5.05.0196, Rel. Min. Alexandre de Souza Agra Belmonte, *DEJT* 01.07.2022).

Como o art. 55 da Lei 5.764/1971 não fixa o número de dirigentes, nem faz remissão ao art. 522 da CLT, cabe ao estatuto fixar quantos diretores terá a cooperativa. Há entendimento de que o "número de dirigentes que gozarão da garantia de emprego ficará, porém, adstrita ao critério da razoabilidade, sob pena de ser eleita a categoria de trabalhadores para fazer jus ao citado benefício"[166]. No entanto, pode-se defender que, embora caiba ao estatuto estabelecer o número de diretores da cooperativa, quanto à estabilidade provisória propriamente, deve-se aplicar o limite previsto no art. 522 da CLT, pois este incide quanto ao art. 543 do mesmo diploma legal, o qual é indicado como o que rege a garantia de emprego em estudo.

166 MARTINS, Sergio Pinto. *Direito do trabalho*. 22. ed. São Paulo: Atlas, 2006. p. 414.

12. EMPREGADO MEMBRO DA COMISSÃO DE CONCILIAÇÃO PRÉVIA

A Lei 9.958/2000, ao instituir as Comissões de Conciliação Prévia, acrescentou à CLT o art. 625-B, § 1.º, assim prevendo:

> É vedada a dispensa dos representantes dos empregados membros da Comissão de Conciliação Prévia, titulares e suplentes, até 1 (um) ano após o final do mandato, salvo se cometerem falta grave, nos termos da lei.

Observa-se que apenas os representantes dos empregados é que possuem a referida estabilidade provisória, e não aqueles indicados do empregador.

A previsão é de grande relevância, pois tem o objetivo de assegurar o adequado exercício da referida função de conciliador, obstando represálias do empregador.

13. MEMBRO DO CONSELHO CURADOR DO FGTS

O art. 3.º, § 9.º, da Lei 8.036/1990 prevê que:

> Aos membros do Conselho Curador, enquanto representantes dos trabalhadores, efetivos e suplentes, é assegurada a estabilidade no emprego, da nomeação até um ano após o término do mandato de representação, somente podendo ser demitidos por motivo de falta grave, regularmente comprovada através de processo sindical.

Entende-se que o referido processo "sindical" é justamente o inquérito judicial para apuração de falta grave, o qual é exigido para a dispensa do representante "sindical".

14. MEMBRO DO CONSELHO NACIONAL DE PREVIDÊNCIA SOCIAL

O art. 3.º, § 7.º, da Lei 8.213/1991 assegura aos membros do Conselho Nacional de Previdência Social, enquanto representantes dos trabalhadores em atividade, titulares e suplentes, a estabilidade no emprego, da nomeação até um ano após o término do mandato de representação, "somente podendo ser demitidos por motivo de falta grave, regularmente comprovada através de processo judicial".

Assim, a referida lei expressamente exige o inquérito judicial para a apuração da falta grave também no caso em questão.

15. EMPREGADO REABILITADO E EMPREGADO COM DEFICIÊNCIA

A reabilitação e mesmo a habilitação, profissional e social, deverão proporcionar ao beneficiário incapacitado parcial ou totalmente para o trabalho, e às pessoas portadoras de deficiência, os meios para a (re)educação e de (re)adaptação profissional e social indicados para participar do mercado de trabalho e do contexto em que vivem (art. 89 da Lei 8.213/1991).

A referida prestação é devida em caráter obrigatório aos segurados, inclusive aposentados (art. 90 da Lei 8.213/1991).

Além disso, deve-se conceder, no caso de habilitação e reabilitação profissional, auxílio para tratamento ou exame fora do domicílio do beneficiário (art. 91 da Lei 8.213/1991).

Concluído o processo de habilitação ou reabilitação social e profissional, a Previdência Social emitirá certificado individual, indicando as atividades que poderão ser exercidas pelo beneficiário, nada impedindo que este exerça outra atividade para a qual se capacitar (art. 92 da Lei 8.213/1991).

Observados esses aspectos, cabe destacar que a mesma Lei 8.213/1991 apresenta a seguinte previsão, de grande importância social:

> Art. 93. A empresa com 100 (cem) ou mais empregados está obrigada a preencher de 2% (dois por cento) a 5% (cinco por cento) dos seus cargos com beneficiários reabilitados ou pessoas portadoras de deficiência, habilitadas, na seguinte proporção:
>
> I – até 200 empregados..........2%;
>
> II – de 201 a 500..........3%;
>
> III – de 501 a 1.000..........4%;
>
> IV – de 1.001 em diante..........5%.

O Supremo Tribunal Federal decidiu que a exclusão de trabalhadores marítimos embarcados do cálculo destinado a apurar o número de vagas reservadas às pessoas com deficiência (art. 93 da Lei 8.213/1991), por ser discriminatória, é inconstitucional. Cf. STF, ADI 5.760/DF, Rel. Min. Alexandre de Moraes.

Conforme o Decreto 9.508/2018, que dispõe sobre a reserva às pessoas com deficiência percentual de cargos e de empregos públicos ofertados em concursos públicos e em processos seletivos no âmbito da administração pública federal direta e indireta, ficam reservadas às pessoas com deficiência os percentuais de cargos de que trata o art. 93 da Lei 8.213/1991 às empresas públicas e às sociedades de economia mista (art. 1.º, § 2.º).

Na hipótese em que a empresa comprova ter empreendido todos os esforços possíveis para o preenchimento do referido percentual de vagas de pessoas reabilitadas ou com deficiência, mas sem obter êxito, cabe destacar o seguinte julgado: TST, SBDI-I, E-ED-RR 658200-89.2009.5.09.0670, Rel. Min. João Batista Brito Pereira.

A dispensa de pessoa com deficiência ou de beneficiário reabilitado da Previdência Social ao final de contrato por prazo determinado de mais de 90 dias e a dispensa imotivada em contrato por prazo indeterminado somente podem ocorrer após a contratação de outro trabalhador com deficiência ou beneficiário reabilitado da Previdência Social (art. 93, § 1.º, da Lei 8.213/1991).

O § 1.º do art. 93 da Lei 8.213/1991, na realidade, estabelece verdadeira hipótese de garantia de emprego, ainda que com certas peculiaridades.

Assim, defende-se a tese, majoritária, de que a inobservância do mencionado dispositivo não gera mera imposição de penalidade administrativa, mas a reintegração do empregado dispensado indevidamente.

Interpretando-se *a contrario sensu* o § 1.º do art. 93 da Lei 8.213/1991, para os contratos de trabalho por prazo determinado, com duração de até 90 dias, não incide a referida garantia de emprego.

Para ser válida a despedida de empregado com deficiência, há entendimento quanto à necessidade de serem observados tanto o referido percentual mínimo, como a contratação de outro trabalhador com deficiência ou beneficiário reabilitado da Previdência Social.

Entretanto, prevaleceu no TST o entendimento de que a dispensa sem justa causa de empregado com deficiência ou que seja beneficiário reabilitado, sem a correspondente contratação de outro empregado nas mesmas condições, é possível desde que a empresa mantenha o percentual de cargos preenchidos por esses trabalhadores nos limites estabelecidos pelo art. 93 da Lei 8.213/1991 (SBDI-I, E-ED-ED-RR 10740-12.2005.5.17.0012, Rel. Min. Renato de Lacerda Paiva, *DEJT* 12.05.2017).

Cabe esclarecer que para a mencionada reserva de cargos deve ser considerada somente a contratação *direta* de pessoa com deficiência, excluído o aprendiz com deficiência de que trata o art. 428, §§ 5.º, 6.º e 8.º, da CLT (art. 93, § 3.º, da Lei 8.213/1991).

Ao Ministério do Trabalho incumbe estabelecer a sistemática de fiscalização, bem como gerar os dados e as estatísticas sobre o total de empregados e as vagas preenchidas por pessoas com deficiência e por beneficiários reabilitados da Previdência Social, fornecendo--os, quando solicitados, aos sindicatos, às entidades representativas dos empregados ou aos cidadãos interessados (art. 93, § 2.º, da Lei 8.213/1991).

Considera-se pessoa com deficiência aquela que tem *impedimento de longo prazo de natureza física, mental, intelectual ou sensorial*, o qual, em interação com uma ou mais barreiras, pode obstruir sua participação plena e efetiva na sociedade em igualdade de condições com as demais pessoas (art. 2.º da Lei Brasileira de Inclusão da Pessoa com Deficiência).

A avaliação da deficiência, quando necessária, deve ser biopsicossocial, realizada por equipe multiprofissional e interdisciplinar e considerará: os impedimentos nas funções e nas estruturas do corpo; os fatores socioambientais, psicológicos e pessoais; a limitação no desempenho de atividades; e a restrição de participação (art. 2.º, § 1.º, da Lei 13.146/2015). O Poder Executivo deve criar instrumentos para avaliação da deficiência (art. 2.º, § 2.º, da Lei 13.146/2015).

Fica a visão monocular classificada como deficiência sensorial, do tipo visual, para todos os efeitos legais (art. 1.º da Lei 14.126/2021). O previsto no art. 2.º, § 2.º, da Lei 13.146/2015 (Estatuto da Pessoa com Deficiência) aplica-se à visão monocular.

Ainda quanto à definição da deficiência, cabe destacar o art. 4.º do Decreto 3.298/1999 (com as alterações do Decreto 5.296/2004), que regulamenta a Lei 7.853/1989, sobre as pessoas portadoras de deficiência e sua integração social.

Sobre o tema, na esfera internacional, deve-se destacar a Convenção 159 da OIT, de 1983, aprovada pelo Brasil e promulgada pelo Decreto 129, de 22 de maio de 1991 (atualmente Decreto 10.088/2019), que versa sobre reabilitação profissional e emprego de pessoas portadoras de deficiência.

16. PERÍODO ELEITORAL

A Lei 9.504, de 30 de setembro de 1997, versando sobre as condutas vedadas aos agentes públicos em campanhas eleitorais, prevê, no art. 73 (com especial destaque ao seu inciso V), regra no sentido de que:

> Art. 73. São proibidas aos agentes públicos, servidores ou não, as seguintes condutas tendentes a afetar a igualdade de oportunidades entre candidatos nos pleitos eleitorais:
>
> [...]
>
> V – nomear, contratar ou de qualquer forma admitir, demitir sem justa causa, suprimir ou readaptar vantagens ou por outros meios dificultar ou impedir o exercício funcional e, ainda, *ex officio*, remover, transferir ou exonerar servidor público, na circunscrição do pleito, nos três meses que o antecedem e até a posse dos eleitos, sob pena de nulidade de pleno direito, ressalvados:
>
> a) a nomeação ou exoneração de cargos em comissão e designação ou dispensa de funções de confiança;
>
> b) a nomeação para cargos do Poder Judiciário, do Ministério Público, dos Tribunais ou Conselhos de Contas e dos órgãos da Presidência da República;

c) a nomeação dos aprovados em concursos públicos homologados até o início daquele prazo;

d) a nomeação ou contratação necessária à instalação ou ao funcionamento inadiável de serviços públicos essenciais, com prévia e expressa autorização do Chefe do Poder Executivo;

e) a transferência ou remoção *ex officio* de militares, policiais civis e de agentes penitenciários;

[...]

§ 1.º Reputa-se agente público, para os efeitos deste artigo, quem exerce, ainda que transitoriamente ou sem remuneração, por eleição, nomeação, designação, contratação ou qualquer outra forma de investidura ou vínculo, mandato, cargo, emprego ou função nos órgãos ou entidades da administração pública direta, indireta, ou fundacional.

[...]

§ 4.º O descumprimento do disposto neste artigo acarretará a suspensão imediata da conduta vedada, quando for o caso, e sujeitará os responsáveis a multa no valor de cinco a cem mil UFIR.

§ 5.º Nos casos de descumprimento do disposto nos incisos I, II, III, IV e VI do *caput*, sem prejuízo do disposto no parágrafo anterior, o candidato beneficiado, agente público ou não, ficará sujeito à cassação do registro ou do diploma.

§ 6.º As multas de que trata este artigo serão duplicadas a cada reincidência.

§ 7.º As condutas enumeradas no *caput* caracterizam, ainda, atos de improbidade administrativa, a que se refere o art. 11, inciso I, da Lei 8.429, de 2 de junho de 1992, e sujeitam-se às disposições daquele diploma legal, em especial às cominações do art. 12, inciso III.

§ 8.º Aplicam-se as sanções do § 4.º aos agentes públicos responsáveis pelas condutas vedadas e aos partidos, coligações e candidatos que delas se beneficiarem.

Assim, quanto ao tema específico, aqui estudado, é vedada a dispensa sem justa causa do empregado público (servidor público regido pela CLT), nos três meses que antecedem o pleito eleitoral até a posse dos eleitos, sob pena de nulidade de pleno direito, o que representa modalidade específica de garantia de emprego.

Frise-se que a referida estabilidade provisória apenas alcança a "circunscrição do pleito". Por isso, seria possível entender que eventual eleição de âmbito municipal não produz tais efeitos em relação ao servidor estadual. Entretanto, de acordo com relevante julgado do TST, no caso das eleições municipais, a vedação da dispensa sem justa causa dirige-se a qualquer ente público que tenha empregados (servidores) no Município onde será realizado o pleito, mesmo que o órgão seja da esfera estadual ou federal (TST, 7.ª T., RR 124140-83.2004.5.04.0017, Rel. Min. Pedro Paulo Manus). Ainda sobre o assunto, cf. a Orientação Jurisprudencial 51 da SBDI-I do TST.

Esclareça-se que a referida Lei 7.773/1989, no art. 15, corresponde, de certo modo, ao atual art. 73 da Lei 9.504/1997. Na realidade, a Lei 7.773/1989 apresenta vedação de dispensa apenas quanto aos atos praticados na iminência de eleições presidenciais, enquanto a Lei 9.504/1997, mais genérica, trata dos atos praticados antes dos pleitos eleitorais (havendo certas diferenças nas exceções trazidas em cada um desses diplomas legais).

17. ESTABILIDADE DE SERVIDORES PÚBLICOS REGIDOS PELA CLT

A Constituição Federal de 1988, no art. 41, prevê a estabilidade do servidor público.

Cabe saber se o regime jurídico dos servidores públicos é fator determinante para a aquisição dessa estabilidade, para que se possa concluir se aqueles regidos pela CLT estão incluídos na regra em questão.

O entendimento que prevalece é de que, especificamente quanto aos empregados públicos de empresas estatais (sob regime de direito privado, conforme o art. 173, § 1.º, inciso II, da Constituição Federal de 1988), e aos servidores temporários em exercício de função pública, estes não se encontram abrangidos pela estabilidade constitucional em questão, pois não ocupam cargo de provimento efetivo.

Deve-se esclarecer que a obrigatoriedade de aprovação em concurso público para os empregados públicos decorre de norma constitucional específica e distinta, no caso, o art. 37, inciso II, que, de forma expressa, impõe como requisito para a "investidura em cargo ou emprego público" a "aprovação prévia em concurso público de provas ou de provas e títulos", seja na redação originária, seja naquela determinada pela Emenda Constitucional 19/1998. Os fundamentos e os escopos dessa exigência são específicos e particulares, não se confundindo com o direito e os requisitos para a aquisição da estabilidade do art. 41 da Constituição Federal de 1988.

Com a Emenda Constitucional 19, de 4 de junho de 1998, nova redação foi determinada ao *caput* e aos §§ 1.º a 3.º do art. 41 da Constituição Federal, acrescentando-se, ainda, o § 4.º:

> Art. 41. São estáveis após três anos de efetivo exercício os servidores nomeados para cargo de provimento efetivo em virtude de concurso público.
>
> § 1.º O servidor público estável só perderá o cargo:
>
> I – em virtude de sentença judicial transitada em julgado;
>
> II – mediante processo administrativo em que lhe seja assegurada ampla defesa;
>
> III – mediante procedimento de avaliação periódica de desempenho, na forma de lei complementar, assegurada ampla defesa.
>
> § 2.º Invalidada por sentença judicial a demissão do servidor estável, será ele reintegrado, e o eventual ocupante da vaga, se estável, reconduzido ao cargo de origem, sem direito a indenização, aproveitado em outro cargo ou posto em disponibilidade com remuneração proporcional ao tempo de serviço.
>
> § 3.º Extinto o cargo ou declarada a sua desnecessidade, o servidor estável ficará em disponibilidade, com remuneração proporcional ao tempo de serviço, até seu adequado aproveitamento em outro cargo.
>
> § 4.º Como condição para a aquisição da estabilidade, é obrigatória a avaliação especial de desempenho por comissão instituída para essa finalidade.

Com essa redação, ainda de acordo com a interpretação mais literal, pode-se concluir que a referida estabilidade só se aplica aos servidores públicos nomeados para *cargo de provimento efetivo*, em virtude de aprovação em concurso público.

Entendendo-se dessa forma, apenas os servidores públicos estatutários poderiam adquirir o direito à referida estabilidade (pois titulares de cargos públicos), mas não os empregados públicos (regidos pela CLT).

No entanto, tendo em vista a necessidade de interpretar a disposição de forma teleológica, é possível continuar entendendo não ser razoável que o regime jurídico do servidor público, por si só, possa ser decisivo na aquisição da estabilidade enfocada.

18. ESTABILIDADE DO ART. 19 DO ADCT

O Ato das Disposições Constitucionais Transitórias, no art. 19, estabeleceu a seguinte previsão:

> Art. 19. Os servidores públicos civis da União, dos Estados, do Distrito Federal e dos Municípios, da administração direta, autárquica e das fundações públicas, em exercício na data da promulgação da Constituição, há pelo menos cinco anos continuados, e que não tenham sido admitidos na forma regulada no art. 37, da Constituição, são considerados estáveis no serviço público.
>
> § 1.º O tempo de serviço dos servidores referidos neste artigo será contado como título quando se submeterem a concurso para fins de efetivação, na forma da lei.
>
> § 2.º O disposto neste artigo não se aplica aos ocupantes de cargos, funções e empregos de confiança ou em comissão, nem aos que a lei declare de livre exoneração, cujo tempo de serviço não será computado para os fins do *caput* deste artigo, exceto se se tratar de servidor.
>
> § 3.º O disposto neste artigo não se aplica aos professores de nível superior, nos termos da lei.

Como se verifica, foram considerados estáveis "os servidores públicos civis da União, dos Estados, do Distrito Federal e dos Municípios, da administração direta, autárquica e das fundações públicas", em exercício na data da promulgação da Constituição (05.10.1988), há pelo menos cinco anos continuados, e que não tenham sido admitidos mediante prévia aprovação em concurso público.

A referida norma jurídica é aplicável justamente aos servidores sem concurso público, ou seja, sem a admissão de acordo com o art. 37, inciso II, da Constituição Federal de 1988, tratando-se de norma especial, que afasta a incidência da regra geral do art. 18 do ADCT.

O art. 19 do ADCT em questão aplica-se de forma genérica aos servidores públicos, o que inclui os empregados públicos. Aliás, a referida estabilidade tem aplicação específica para os servidores regidos pela CLT.

Sobre essa questão, menciona-se a Orientação Jurisprudencial 364 da SBDI-I do TST.

Entretanto, a respeito do tema, o Supremo Tribunal Federal fixou a seguinte tese de repercussão geral: "1. A qualificação de uma fundação instituída pelo Estado como sujeita ao regime público ou privado depende (i) do estatuto de sua criação ou autorização e (ii) das atividades por ela prestadas. As atividades de conteúdo econômico e as passíveis de delegação, quando definidas como objetos de dada fundação, ainda que essa seja instituída ou mantida pelo Poder público, podem-se submeter ao regime jurídico de direito privado. 2. A estabilidade especial do art. 19 do ADCT não se estende aos empregados das fundações públicas de direito privado, aplicando-se tão somente aos servidores das pessoas jurídicas de direito público" (STF, Pleno, RE 716.378/SP, Rel. Min. Dias Toffoli, j. 07.08.2019).

O direito aos depósitos do FGTS também não afasta o direito à estabilidade em questão, pois o art. 19 do ADCT, como já demonstrado, trata justamente do servidor regido pela legislação trabalhista, a qual assegura o direito ao FGTS (art. 7.º, inciso III, da Constituição

Federal de 1988 e Lei 8.036/1990), existindo o direito à estabilidade específica em razão de norma diversa (art. 19 do ADCT).

O regime do FGTS apenas poderia afastar a estabilidade decenal, regida pela CLT, que se aplicava somente àqueles empregados não optantes (antes da Constituição Federal de 1988); no entanto, o regime do FGTS não tem relação com a estabilidade especial do art. 19 do ADCT. Nessa linha de entendimento, cabe citar ainda o inciso II da Súmula 98 do TST.

O Supremo Tribunal Federal fixou a seguinte tese de repercussão geral: "É vedado o reenquadramento, em novo Plano de Cargos, Carreiras e Remuneração, de servidor admitido sem concurso público antes da promulgação da Constituição Federal de 1988, mesmo que beneficiado pela estabilidade excepcional do artigo 19 do ADCT, haja vista que esta regra transitória não prevê o direito à efetividade, nos termos do artigo 37, II, da Constituição Federal e decisão proferida na ADI 3.609 (Rel. Min. Dias Toffoli, Tribunal Pleno, *DJe* 30.10.2014)" (STF, Pleno, ARE 1.306.505/AC, Rel. Min. Alexandre de Moraes, j. 28.03.2022).

O Supremo Tribunal Federal fixou ainda a seguinte tese de julgamento: "1. É incompatível com a regra do concurso público (art. 37, II, CF) a transformação de servidores celetistas não concursados em estatutários, com exceção daqueles detentores da estabilidade excepcional (art. 19 do ADCT); 2. São admitidos no Regime Próprio de Previdência Social exclusivamente os servidores públicos civis detentores de cargo efetivo (art. 40, CF, na redação dada pela EC n.º 20/98), o que exclui os estáveis na forma do art. 19 do ADCT e demais servidores admitidos sem concurso público" (STF, Pleno, ADPF 573/PI, Rel. Min. Roberto Barroso, j. 06.03.2023).

19. COMISSÃO PARA ACOMPANHAMENTO E FISCALIZAÇÃO DE GORJETA

Em conformidade com o art. 457, § 10, da CLT, acrescentado pela Lei 13.419/2017, para empresas com mais de 60 empregados deve ser constituída *comissão de empregados*, mediante previsão em convenção ou acordo coletivo de trabalho, para acompanhamento e fiscalização da regularidade da cobrança e distribuição da gorjeta de que trata o § 3.º do art. 457 da CLT, cujos representantes devem ser eleitos em assembleia geral convocada para esse fim pelo sindicato laboral e gozarão de *garantia de emprego* vinculada ao desempenho das funções para que foram eleitos.

Para as demais empresas deve ser constituída comissão intersindical para o referido fim.

Cabe lembrar que se considera *gorjeta* não só a importância espontaneamente dada pelo cliente ao empregado, como também o valor cobrado pela empresa, como serviço ou adicional, a qualquer título, e destinado à distribuição aos empregados (art. 457, § 3.º, da CLT).

Logo, no caso de empresas com mais de 60 empregados, cabe à convenção ou acordo coletivo estabelecer a disciplina mais detalhada (inclusive o prazo de duração) da mencionada estabilidade provisória dos trabalhadores que integram a referida comissão voltada ao acompanhamento e à fiscalização da regularidade da cobrança e distribuição das gorjetas.

Nota-se que Lei 13.467/2017, ao dar nova redação ao art. 457, §§ 1.º, 2.º e 4.º, da CLT, não considerou a existência dos §§ 5.º a 11 do art. 457 do mesmo diploma legal, que haviam sido incluídos pela Lei 13.419/2017, ao indicar que o art. 457 da CLT terminaria no § 4.º ("NR"), gerando o entendimento de que ocorreu a revogação tácita. Entretanto, como não houve revogação expressa (art. 5.º da Lei 13.467/2017), seria possível dizer que eles foram mantidos, o que abrange o mencionado art. 457, § 10, da CLT.

✦ Jurisprudência

Estabilidade provisória de empregada gestante (ADCT, art. 10, II, *b*): inconstitucionalidade de cláusula de convenção coletiva do trabalho que impõe como requisito para o gozo do benefício a comunicação da gravidez ao empregador. 1. O art. 10 do ADCT foi editado para suprir a ausência temporária de regulamentação da matéria por lei. Se carecesse ele mesmo de complementação, só a lei a poderia dar: não a convenção coletiva, à falta de disposição constitucional que o admitisse. 2. Aos acordos e convenções coletivos de trabalho, assim como às sentenças normativas, não é lícito estabelecer limitações a direito constitucional dos trabalhadores, que nem à lei se permite (STF, 1.ª T., RE 234.186-3, Rel. Ministro Sepúlveda Pertence, j. 05.06.2001, *DJU* 31.08.2001).

Direito à maternidade. Proteção constitucional contra dispensa arbitrária da gestante. Exigência unicamente da presença do requisito biológico. Gravidez preexistente à dispensa arbitrária. Melhoria das condições de vida aos hipossuficientes, visando à concretização da igualdade social. Direito à indenização. Recurso extraordinário desprovido. 1. O conjunto dos Direitos sociais foi consagrado constitucionalmente como uma das espécies de direitos fundamentais, se caracterizando como verdadeiras liberdades positivas, de observância obrigatória em um Estado Social de Direito, tendo por finalidade a melhoria das condições de vida aos hipossuficientes, visando à concretização da igualdade social, e são consagrados como fundamentos do Estado democrático, pelo art. 1.º, IV, da Constituição Federal. 2. A Constituição Federal proclama importantes direitos em seu artigo 6.º, entre eles a proteção à maternidade, que é a *ratio* para inúmeros outros direitos sociais instrumentais, tais como a licença-gestante e, nos termos do inciso I do artigo 7.º, o direito à segurança no emprego, que compreende a proteção da relação de emprego contra despedida arbitrária ou sem justa causa da gestante. 3. A proteção constitucional somente exige a presença do requisito biológico: gravidez preexistente a dispensa arbitrária, independentemente de prévio conhecimento ou comprovação. 4. A proteção contra dispensa arbitrária da gestante caracteriza-se como importante direito social instrumental protetivo tanto da mulher, ao assegurar-lhe o gozo de outros preceitos constitucionais – licença-maternidade remunerada, princípio da paternidade responsável –, quanto da criança, permitindo a efetiva e integral proteção ao recém-nascido, possibilitando sua convivência integral com a mãe, nos primeiros meses de vida, de maneira harmônica e segura – econômica e psicologicamente, em face da garantia de estabilidade no emprego –, consagrada com absoluta prioridade, no artigo 227 do texto constitucional, como dever inclusive da sociedade (empregador). 5. Recurso Extraordinário a que se nega provimento com a fixação da seguinte tese: A incidência da estabilidade prevista no art. 10, inc. II, do ADCT, somente exige a anterioridade da gravidez à dispensa sem justa causa (STF, Pleno, RE 629.053/SP, Red. p/ ac. Min. Alexandre de Moraes, *DJe* 27.02.2019).

Embargos em recurso de revista. Acórdão embargado publicado na vigência da Lei 11.496/2007. Gestante. Estabilidade provisória. Concepção no período correspondente ao aviso prévio indenizado. A Turma, superando o fundamento do e. Tribunal Regional, adotou o entendimento de que verificada a concepção no período do aviso prévio indenizado, tal fato impedia o deferimento do pleito de estabilidade por óbice da Súmula 371/TST. A respeito do aviso prévio, José Augusto Rodrigues Pinto, valendo-se dos ensinamentos de Orlando Gomes e Élson Gottschalk, entende que *"[...] o aviso prévio é uma declaração receptícia de vontade (pois o destinatário não pode opor-se à aceitação de seus efeitos), de efeito* ex nunc, *correspondendo à ideia de que o pré-avisante pretende denunciar o contrato sem justa causa, como entende, com muita lucidez, Messias Donato"* (Tratado de Direito Material do Trabalho, LTr, fl. 589). Para o mestre baiano, *"Há uma tendência impulsiva e inadvertida para se considerar o aviso prévio um efeito da extinção do contrato individual de emprego. A ideia é, evidentemente, enganosa. O aviso prévio, consoante sua própria adjetivação, precede a extinção contratual [...]"* (idem, pág. 581). Tendo o TRT admitido que a reclamante ficou grávida ainda na vigência do pacto laboral, inevitável o reconhecimento da estabilidade prevista no artigo 10, II, "b", ADCT. O entendimento aqui esposado não fere a diretriz da Súmula-TST-371 gerada por precedentes que não incluíam a situação da empregada gestante. Daí a lição da eminente Ministra Rosa Maria Weber, em acórdão da eg. 3.ª Turma: "Diante da estatura constitucional da garantia, a estabilidade da gestante guarda maior afinidade com o norte presente na segunda parte da Súmula 371/TST, que incorporou a diretriz da OJ 135 de seguinte teor: 'os efeitos da dispensa só se concretizam depois de expirado o benefício previdenciário, sendo irrelevante que tenha sido concedido no período do aviso prévio já que ainda vigorava o contrato de trabalho'. [...] Tem-se por incabível exegese restritiva de norma constitucional que garante, de forma ampla, às empregadas gestantes a manutenção do emprego e a respectiva licença, quando o bem tutelado, em última análise, é a própria vida do nascituro. Apesar de a gravidez não ser patologia, trabalhadora grávida ostenta a mesma fragilidade laboral que se evidencia nos empregados acometidos por doença, sendo mínimas as chances de obter novo emprego enquanto perdurar o estado gravídico e o período de amamentação inicial – que, não por acaso, coincide com o tempo da garantia de emprego. [...] Considerando a subsistência do contrato de trabalho no prazo do aviso prévio, a dignidade da pessoa humana, a função social da empresa, a proteção à maternidade e a regra insculpida no art. 10, II, 'b', do ADCT, razoável a interpretação regional no sentido do alcance da garantia de emprego à empregada que engravida no período do aviso prévio indenizado" (RR-2211026.2007.5.04.0202. Data de publicação: 27.11.2009). Recurso de embargos conhecido e provido (TST, SBDI-I, E-ED-RR 249100-26.2007.5.12.0004, Rel. Min. Horácio Raymundo de Senna Pires, *DEJT* 09.04.2010).

Servidora pública gestante ocupante de cargo em comissão – Estabilidade provisória (ADCT/88, art. 10, II, "b") – Convenção OIT 103/1952 – Incorporação formal ao ordenamento positivo brasileiro (Decreto 58.821/1966) – Proteção à maternidade e ao nascituro – Desnecessidade de prévia comunicação do estado de gravidez ao órgão público competente – Recurso de agravo improvido.
O acesso da servidora pública e da trabalhadora gestante à estabilidade provisória, que se qualifica como inderrogável garantia social de índole constitucional, supõe a mera confirmação objetiva do estado fisiológico de gravidez, independentemente, quanto a este, de sua prévia comunicação ao órgão estatal competente ou, quando for o caso, ao empregador. Doutrina. Precedentes.
As gestantes – quer se trate de servidoras públicas, quer se cuide de trabalhadoras, qualquer que seja o regime jurídico a elas aplicável, não importando se de caráter administrativo ou de natureza contratual (CLT), mesmo aquelas ocupantes de cargo em comissão ou exercentes de função de confiança ou, ainda, as contratadas por prazo determinado, inclusive na hipótese prevista no inciso IX do art. 37 da Constituição, ou admitidas a título precário – têm direito público subjetivo à estabilidade provisória, desde a confirmação do estado fisiológico de gravidez até cinco (5) meses após o parto (ADCT, art. 10, II, "b"), e, também, à licença-maternidade de (CF, art. 7.º, XVIII, c/c o art. 39, § 3.º), sendo-lhes preservada, em consequência, nesse período, a integridade do vínculo jurídico que as une à Administração Pública ou ao empregador, sem prejuízo da integral percepção do estipêndio funcional ou da remuneração laboral. Doutrina. Precedentes. Convenção OIT 103/1952.
Se sobrevier, no entanto, em referido período, dispensa arbitrária ou sem justa causa de que resulte a extinção do vínculo jurídico-administrativo ou da relação contratual da gestante (servidora pública ou trabalhadora), assistir-lhe-á o direito a uma indenização correspondente aos valores que receberia até cinco (5) meses após o parto, caso inocorresse tal dispensa. Precedentes (STF, 2.ª T., Ag.Reg.-RE 634.093/DF, Rel. Min. Celso de Mello, j. 22.11.2011).

Embargos sob a égide da Lei 13.015/2014. Estabilidade provisória. Gestante. Recusada a proposta de retorno ao emprego. Proteção do nascituro. Indenização substitutiva devida. A jurisprudência desta Corte Superior está pacificada no sentido de que a recusa à proposta de reintegração ao emprego não constitui abuso de direito por parte da empregada gestante, tampouco retira o direito de perceber a indenização substitutiva do período estabilitário. No presente caso, a Eg. 8.ª Turma ao considerar que a Empregada gestante incorreu em abuso de direito ao recusar o retorno ao emprego e indeferir o recebimento da indenização substitutiva, decidiu em dissonância com a iterativa, notória e atual jurisprudência deste TST. Precedentes. Recurso de Embargos conhecido e provido (TST, SBDI-I, E-ARR-10538-05.2017.5.03.0012, Rel. Min. Alexandre Luiz Ramos, *DEJT* 10.02.2023).

Auxílio-doença acidentário. Estabilidade provisória. Havendo a concessão do Auxílio-Doença Acidentário no curso do período do aviso prévio, opera-se a suspensão do contrato de trabalho, da mesma maneira que ocorreria se o fato se desse nas circunstâncias normais, conforme previsto no art. 476 da CLT. Desse modo, mostra-se mais que razoável a interpretação conferida pelo TRT ao art. 118 da Lei 8.213/1991, no sentido de que, após a cessação do auxílio-doença acidentário, a reclamante fará jus à estabilidade provisória prevista neste dispositivo legal. Correta, portanto, a incidência do Enunciado 221/TST como óbice ao conhecimento do recurso de revista patronal, restando intacto o art. 896 da CLT. Embargos não conhecidos (TST, E-RR 347.757/97.9, Ac. SBDI-I, 04.06.01, Rel. Min. Rider de Brito, In: *Revista LTr*, São Paulo, LTr, ano 65, n. 09, p. 1.089, set. 2001).

Embargos em embargos declaratórios em recurso de revista. Estabilidade provisória. Acidente do trabalho. Contrato de experiência. O artigo 118 da Lei 8.213/1991 não faz distinção entre contrato por prazo determinado e indeterminado, pelo que inviável a pretensão recursal de restringir o direito à estabilidade provisória decorrente do acidente de trabalho apenas aos trabalhadores contratados por tempo indeterminado. Nesse contexto, reconhecido o acidente de trabalho, com percepção do benefício previdenciário, faz jus o empregado à estabilidade provisória. Precedente da excelsa Suprema Corte no sentido de extensão dos direitos sociais previstos no artigo 7.º da Constituição Federal aos servidores contratados temporariamente. Recurso de embargos conhecido e não provido (TST, SBDI-I, E-RR 73740-05.2005.5.02.0464, Rel. Min. Horácio Raymundo de Senna Pires, *DEJT* 28.10.2011).
I – Agravo de instrumento em recurso de revista. Processo eletrônico. Portador de deficiência. Contratação de outro empregado nas mesmas condições. Ausência de prova quanto à observância do percentual mínimo previsto em lei. Reintegração. Constatada a violação do art. 93, *caput*, da Lei 8.213/1991, merece provimento o agravo de instrumento para determinar o processamento do recurso de revista. II – Recurso de revista. Processo eletrônico. Portador de deficiência. Contratação de outro empregado nas mesmas condições. Ausência de prova quanto à observância do percentual mínimo previsto em lei. Reintegração. A regra disposta no § 1.º do art. 93 da Lei 8.213/1991 está atrelada ao cumprimento do percentual previsto no *caput* do referido dispositivo. Deste modo, como a reclamada não se desincumbiu do ônus de provar a contratação de trabalhadores em cumprimento à

cota legal acima aludida, a reintegração do reclamante é medida que se impõe. Recurso de revista conhecido e provido (TST, 8.ª T., RR 4919-70.2012.5.12.0028, Rel. Min. Márcio Eurico Vitral Amaro, *DEJT* 13.06.2014).

Ação direta de inconstitucionalidade. Art. 16-A da Lei 7.573/1986, inserido pelo art. 1.º da Lei 13.194/2015. Convenção de Nova York. Exclusão dos trabalhadores marítimos embarcados do cálculo para apuração das vagas reservadas a pessoas com deficiência (art. 93 da Lei 8.213/1991) em empresas de navegação. Inexistência de vedação legal ou convencional ao trabalho de pessoas portadoras de deficiência em embarcações. Proteção e integração social das pessoas portadoras de deficiência. Isonomia. Ação direta julgada procedente. 1. A Convenção de Nova York, a qual tratou dos direitos das pessoas com deficiência, foi incorporada ao ordenamento jurídico brasileiro como norma constitucional (Decreto 6.946/2009), nos termos do § 3.º do art. 5.º da Constituição Federal. 2. A deficiência física, por si só, não incapacita generalizadamente o trabalhador para o desempenho de atividades laborais em embarcações, não existindo exigência legal ou convencional de plena capacidade física para toda e qualquer atividade marítima. A eventual incompatibilidade entre determinadas atividades e certas limitações físicas não justifica a exclusão do trabalho marítimo do alcance da política pública de inclusão social das pessoas com deficiência. 3. A exclusão de postos de trabalho marítimo embarcado do cálculo destinado a apurar o número de vagas destinadas aos deficientes (art. 93 da Lei 8.213/1991) é desprovido de razoabilidade e desproporcionalidade, caracterizando-se como diferenciação normativa discriminatória. 4. A previsão dificulta arbitrariamente o acesso de pessoas com deficiência ao trabalho nas empresas de navegação, pois diminui a disponibilidade de vagas de trabalho para pessoas com deficiência. 5. Ação Direta julgada procedente (STF, Pleno, ADI 5.760/DF, Rel. Min. Alexandre de Moraes, *DJe* 26.09.2019).

Recurso de embargos regido pela Lei n.º 11.496/2007. Reintegração. Dispensa sem justa causa. Trabalhador portador de deficiência. Manutenção pela empresa em seu quadro de pessoal do percentual exigido pela Lei n.º 8.213/91. O escopo da Lei n.º 8.213/91, em estrita observância ao princípio constitucional de proteção ao empregador portador de deficiência (art. 7.º, XXXI), é assegurar aos beneficiários reabilitados ou pessoas portadoras de deficiência habilitadas a inserção no mercado de trabalho. Daí a disposição expressa no art. 93, *caput* e incisos, no sentido de assegurar, no âmbito da empresa, a manutenção desses trabalhadores no percentual mínimo proporcionalmente fixado. Em relação ao § 1.º do art. 93, note-se que o seu objetivo é garantir que a empresa efetivamente cumpra o sistema de cotas que lhe foi imposto, assegurando a vigência do contrato de trabalho dos beneficiários reabilitados ou das pessoas portadoras de deficiência habilitada até que haja a substituição desses por outros empregados nas mesmas condições. Assim, o sistema jurídico, por meio do art. 93, *caput*, combinado com o § 1.º, visando à proteção de um grupo de trabalhadores, estabelece a obrigatoriedade de a empresa preencher determinado percentual de cargos com essas pessoas, conforme o número total de empregados. No caso concreto, infere-se do acórdão regional que a empregadora, por ocasião da dispensa do empregado, na condição de deficiente físico, não comprovou a contratação de substituto em situação análoga. Tal circunstância, contudo, não autoriza a conclusão pela ilegalidade da dispensa havida, e, consequentemente, pela determinação de reintegração, uma vez que não restou descumprida a exigência legal de se manter um percentual mínimo de pessoas portadoras de deficiência ou beneficiários reabilitados nos quadros da empresa. Ou seja, não obstante a dispensa do empregado, a empresa manteve em seu quadro de pessoal o percentual exigido pelo art. 93 da Lei n.º 8.213/91. Da interpretação da referida norma legal, a resilição sem justa causa do contrato de trabalho do beneficiário reabilitado ou portador de deficiência, sem a contratação de outro empregado nas mesmas condições, só é possível quando mantido o percentual de participação desses trabalhadores do total de empregados da empresa, como ocorreu na hipótese. Considerando que, mesmo após a dispensa do reclamante, a reclamada manteve, em seu quadro de pessoal, o percentual de reabilitados e portadores de deficiência nos limites fixados pela Lei n.º 8.213/91, não há óbice à dispensa sem justa causa e, portanto, não se justifica a reintegração determinada. Precedentes de Turmas do TST. Recurso de embargos conhecido e provido (TST, SBDI-I, E-ED-ED-RR 10740-12.2005.5.17.0012, Rel. Min. Renato de Lacerda Paiva, *DEJT* 12.05.2017).

Reintegração. Observância da previsão contida no art. 93, § 1.º, da Lei 8.213/1991 ainda que a reclamada tenha mantido, em seu quadro funcional, o percentual mínimo de empregados reabilitados ou portadores de deficiência. Consoante o disposto no art. 93, *caput* e § 1.º, da Lei 8.213/1991, a validade da dispensa imotivada de empregado portador de deficiência física condiciona-se à prova de que a empresa preenche o percentual mínimo de vagas ocupadas por empregados portadores de deficiência e que admitiu outro empregado na mesma condição. Desse modo, ainda que a reclamada tenha mantido, em seu quadro funcional, o percentual mínimo de empregados reabilitados ou portadores de deficiência, não deixa de se sujeitar ao disposto no § 1.º do art. 93 da Lei 8.213/1991. Com efeito, eventual exclusão da obrigação de preenchimento de cargos com beneficiários reabilitados ou pessoas portadoras de deficiência só se justificaria diante da impossibilidade de a empresa contratar empregados que se enquadrem como reabilitados ou portadores de deficiência, o que não ficou demonstrado no caso concreto. Sinale-se, ainda, que o fato de a parte contratar acima da cota configura ato discricionário do empregador. Recurso de revista conhecido e provido (TST, 7.ª T., RR 10740-12.2005.5.17.0012, Rel. Min. Delaíde Miranda Arantes, *DEJT* 05.04.2013).

Ação civil pública. Vagas destinadas a pessoas portadoras de deficiência. Preenchimento. Art. 93 da Lei n.º 8.213/1991. Multa. Indenização por dano moral coletivo. Absolvição. Persistência da obrigação legal. 1. Conquanto seja ônus da empregadora cumprir a exigência prevista no art. 93 da Lei n.º 8.213/1991, ela não pode ser responsabilizada pelo insucesso, quando ficou comprovado que desenvolveu esforços para preencher a cota mínima, sendo indevida a multa bem como não havendo falar em dano moral coletivo. 2. A improcedência do pedido de condenação da ré ao pagamento de multa e de indenização por dano moral coletivo fundada no fato de a empresa haver empreendido esforços a fim de preencher o percentual legal de vagas previsto no art. 93 da Lei n.º 8.213/1991, não a exonera da obrigação de promover a admissão de pessoas portadoras de deficiência ou reabilitados, nos termos da lei. Recurso de Embargos de que se conhece e a que se dá parcial provimento (TST, SBDI-I, E-ED-RR 658200-89.2009.5.09.0670, Rel. Min. João Batista Brito Pereira, *DEJT* 20.05.2016).

Estabilidade pré-eleitoral. Abrangência. Cinge-se a controvérsia à definição da abrangência do artigo 73, V, da Lei 9.504/1997, para saber se, no caso de eleições municipais, as restrições nele insertas aplicam-se também à administração estadual. A leitura da referida norma revela uma limitação ao poder diretivo do empregador público, por meio da proibição da demissão sem justa causa dos servidores, no período compreendido entre os três meses que antecedem a eleição e a posse dos eleitos. Não se verifica, todavia, restrição explícita ao âmbito da autoridade administrativa sujeita a essa regra. Assim, no caso das eleições municipais, a vedação dirige-se a qualquer agente público, que tenha empregados no município onde será realizado o pleito – esse é o sentido do termo "circunscrição do pleito". A exceção ficaria por conta de localidades sem governo municipal, como é o caso de Brasília. É notório que órgãos e entidades de âmbito estadual, e até federal, também se envolvem, mesmo que indiretamente, nas eleições municipais, tendo em vista interesses partidários. Nesse contexto, a estabilidade em exame deve ter a maior abrangência possível, a fim de evitar possíveis pressões políticas sobre o empregado. Recurso de revista de que se conhece parcialmente e a que se nega provimento (TST, 7.ª T., RR 124140-83.2004.5.04.0017, Rel. Min. Pedro Paulo Manus, *DEJT* 18.06.2010).

Estabilidade. Servidor público. A estabilidade prevista no artigo 41 da Constituição Federal independe da natureza do regime jurídico adotado. Servidores concursados e submetidos ao regime jurídico trabalhista têm jus à estabilidade, pouco importando a opção pelo sistema do Fundo de Garantia do Tempo de Serviço (STF, 2.ª T., RE 187.229-2/PA, Rel. Min. Marco Aurélio, j. 15.12.1998, *DJ* 14.05.1999, Ementário 1950-3).

Agravo regimental no recurso extraordinário. Servidoras públicas e empregadas gestantes. Licença--maternidade. Estabilidade provisória. Art. 7.º, XVIII, da Constituição. Art. 10, II, "b", do ADCT. O Supremo Tribunal Federal fixou entendimento no sentido de que as servidoras públicas e empregadas gestantes, inclusive as contratadas a título precário, independentemente do regime jurídico de trabalho, têm direito à licença--maternidade de cento e vinte dias e à estabilidade provisória desde a confirmação da gravidez até cinco meses após o parto, nos termos do art. 7.º, XVIII, da Constituição do Brasil e do art. 10, II, "b", do Ato das Disposições Constitucionais Transitórias. Precedentes. Agravo regimental a que se nega provimento" (STF, 2.ª T., RE 600.057/SC-AgR, Rel. Min. Eros Grau, *DJe* de 23.10.2009). "Direito constitucional e do trabalho. Licença-maternidade. Contrato temporário de trabalho. Art. 7.º, XVIII, da Constituição Federal. Art. 10, II, "b", do ADCT. 1. A empregada gestante, independentemente do regime jurídico de trabalho, tem direito à licença-maternidade, nos termos do art. 7.º, XVIII da CF e do art. 10, II, "b", do ADCT. Precedentes do Supremo Tribunal Federal. 2. Agravo regimental improvido" (STF, 2.ª T., RE 568.985/SC-AgR, Rel. Min. Ellen Gracie, *DJe* de 28.11.2008).

✦ Súmulas, Orientações Jurisprudenciais e Precedentes Normativos

Súmula 676 do STF: A garantia da estabilidade provisória prevista no art. 10, II, "a", do ADCT, também se aplica ao suplente do cargo de direção de comissões internas de prevenção de acidentes (CIPA).

Súmula 98 do TST: I – A equivalência entre os regimes do Fundo de Garantia do Tempo de Serviço e da estabilidade prevista na CLT é meramente jurídica e não econômica, sendo indevidos valores a título de reposição de diferenças (ex-Súmula 98 – RA 57/1980, *DJ* 06.06.1980). II – A estabilidade contratual ou a derivada de regulamento de empresa são compatíveis com o regime do FGTS. Diversamente ocorre com a estabilidade legal (decenal, art. 492 da CLT), que é renunciada com a opção pelo FGTS.

Súmula 244 do TST: I – O desconhecimento do estado gravídico pelo empregador não afasta o direito ao pagamento da indenização decorrente da estabilidade (art. 10, II, "b", do ADCT). II – A garantia de emprego à gestante só autoriza a reintegração se esta se der durante o período de estabilidade. Do contrário, a garantia restringe-se aos salários e demais direitos correspondentes ao período de estabilidade. III – A empregada gestante tem direito à estabilidade provisória prevista no art. 10, inciso II, alínea "b", do ADCT, mesmo na hipótese de admissão mediante contrato por tempo determinado.

Súmula 339 do TST: I – CIPA. Suplente. Garantia de emprego. CF/1988 (incorporadas as Orientações Jurisprudenciais 25 e 329 da SBDI-1) – Res. 129/2005 – *DJ* 20.04.2005. I – O suplente da CIPA goza da garantia de emprego prevista no art. 10, II, "a", do ADCT, a partir da promulgação da Constituição Federal de 1988 (ex-Súmula 339 – Res. 39/1994, *DJ* 20.12.1994 e ex-OJ 25 – Inserida em 29.03.1996). II – A estabilidade provisória do cipeiro não constitui vantagem pessoal, mas garantia para as atividades dos membros da CIPA, que somente tem razão de ser quando em atividade a empresa. Extinto o estabelecimento, não se verifica a despedida arbitrária, sendo impossível a reintegração e indevida a indenização do período estabilitário (ex-OJ 329 – *DJ* 09.12.2003).

Súmula 369 do TST: Dirigente sindical. Estabilidade provisória. I – É assegurada a estabilidade provisória ao empregado dirigente sindical, ainda que a comunicação do registro da candidatura ou da eleição e da posse seja realizada fora do prazo previsto no art. 543, § 5.º, da CLT, desde que a ciência ao empregador, por qualquer meio, ocorra na vigência do contrato de trabalho. II – O art. 522 da CLT foi recepcionado pela Constituição Federal de 1988. Fica limitada, assim, a estabilidade a que alude o art. 543, § 3.º, da CLT a sete dirigentes sindicais e igual número de suplentes. III – O empregado de categoria diferenciada eleito dirigente sindical só goza de estabilidade se exercer na empresa atividade pertinente à categoria profissional do sindicato para o qual foi eleito dirigente. IV – Havendo extinção da atividade empresarial no âmbito da base territorial do sindicato, não há razão para subsistir a estabilidade. V – O registro da candidatura do empregado a cargo de dirigente sindical durante o período de aviso prévio, ainda que indenizado, não lhe assegura a estabilidade, visto que inaplicável a regra do § 3.º do art. 543 da Consolidação das Leis do Trabalho.

Súmula 371 do TST: Aviso prévio indenizado. Efeitos. Superveniência de auxílio-doença. A projeção do contrato de trabalho para o futuro, pela concessão do aviso prévio indenizado, tem efeitos limitados às vantagens econômicas obtidas no período de pré-aviso, ou seja, salários, reflexos e verbas rescisórias. No caso de concessão de auxílio-doença no curso do aviso prévio, todavia, só se concretizam os efeitos da dispensa depois de expirado o benefício previdenciário (ex-OJs 40 e 135 – Inseridas respectivamente em 28.11.1995 e 27.11.1998).

Súmula 378 do TST: I – É constitucional o artigo 118 da Lei 8.213/1991 que assegura o direito à estabilidade provisória por período de 12 meses após a cessação do auxílio-doença ao empregado acidentado (ex-OJ 105 – Inserida em 01.10.1997). III – O empregado submetido a contrato de trabalho por tempo determinado goza da garantia provisória de emprego, decorrente de acidente de trabalho, prevista no art. 118 da Lei 8.213/1991.

Súmula 379 do TST: Dirigente sindical. Despedida. Falta grave. Inquérito judicial. Necessidade. O dirigente sindical somente poderá ser dispensado por falta grave mediante a apuração em inquérito judicial, inteligência dos arts. 494 e 543, § 3.º, da CLT.

Súmula 390 do TST: Estabilidade. Celetista. Administração direta, autárquica ou fundacional. Empregado de empresa pública e sociedade de economia mista. I – O servidor público celetista da administração direta, autárquica ou fundacional é beneficiário da estabilidade prevista no art. 41 da CF/1988 (ex-OJ 265 da SBDI-1 – Inserida em 27.09.2002 e ex-OJ 22 da SBDI-2 – Inserida em 20.09.2000). II – Ao empregado de empresa pública ou de sociedade de economia mista, ainda que admitido mediante aprovação em concurso público, não é garantida a estabilidade prevista no art. 41 da CF/1988 (ex-OJ 229 – Inserida em 20.06.2001).

Súmula 396 do TST: Estabilidade provisória. Pedido de reintegração. Concessão do salário relativo ao período de estabilidade já exaurido. Inexistência de julgamento "extra petita". I – Exaurido o período de estabilidade, são devidos ao empregado apenas os salários do período compreendido entre a data da despedida e o final do período de estabilidade, não lhe sendo assegurada a reintegração no emprego (ex-OJ 116 – Inserida em 01.10.1997). II – Não há nulidade por julgamento *extra petita* da decisão que deferir salário quando o pedido for de reintegração, dados os termos do art. 496 da CLT (ex-OJ 106 – Inserida em 20.11.1997).

Orientação Jurisprudencial 6 da SBDI-II do TST: Ação rescisória. Cipeiro suplente. Estabilidade. ADCT da CF/1988, art. 10, II, a. Súmula 83 do TST. Rescinde-se o julgado que nega estabilidade a membro suplente de CIPA, representante de empregado, por ofensa ao art. 10, II, "a", do ADCT da CF/1988, ainda que se cuide de decisão anterior à Súmula 339 do TST. Incidência da Súmula 83 do TST.

Orientação Jurisprudencial 30 da SDC do TST: Estabilidade da gestante. Renúncia ou transação de direitos constitucionais. Impossibilidade. Nos termos do art. 10, II, "b", do ADCT, a proteção à maternidade foi erigida à hierarquia constitucional, pois retirou do âmbito do direito potestativo do empregador a possibilidade de despedir arbitrariamente a empregada em estado gravídico. Portanto, a teor do artigo 9.º, da CLT, torna-se nula de pleno direito a cláusula que estabelece a possibilidade de renúncia ou transação, pela gestante, das garantias referentes à manutenção do emprego e salário.

Orientação Jurisprudencial 31 da SDC do TST: Estabilidade do acidentado. Acordo homologado. Prevalência. Impossibilidade. Violação do art. 118 da Lei 8.213/1991 (inserida em 19.08.1998). Não é possível a prevalência de acordo sobre legislação vigente, quando ele é menos benéfico do que a própria lei, porquanto o caráter imperativo dessa última restringe o campo de atuação da vontade das partes.

Orientação Jurisprudencial 51 da SBDI-I do TST: Legislação eleitoral. Empresas públicas e sociedades de economia mista. Aos empregados das empresas públicas e das sociedades de economia mista regidos pela CLT aplicam-se as vedações dispostas no art. 15 da Lei n.º 7.773, de 08.06.1989.

Orientação Jurisprudencial 253 da SBDI-I do TST: Estabilidade provisória. Cooperativa. Lei 5.764/1971. Conselho Fiscal. Suplente. Não assegurada. O art. 55 da Lei 5.764/1971 assegura a garantia de emprego apenas aos empregados eleitos diretores de Cooperativas, não abrangendo os membros suplentes.

Orientação Jurisprudencial 247 da SBDI-I do TST: Servidor público. Celetista concursado. Despedida imotivada. Empresa pública ou sociedade de economia mista. I – A despedida de empregados de empresa pública e de sociedade de economia mista, mesmo admitidos por concurso público, independe de ato motivado para sua validade. II – A validade do ato de despedida do empregado da Empresa Brasileira de Correios e Telégrafos (ECT) está condicionada à motivação, por gozar a empresa do mesmo tratamento destinado à Fazenda Pública em relação à imunidade tributária e à execução por precatório, além das prerrogativas de foro, prazos e custas processuais.

Orientação Jurisprudencial 364 da SBDI-I do TST: Estabilidade. Art. 19 do ADCT. Servidor público de fundação regido pela CLT. Fundação instituída por lei e que recebe dotação ou subvenção do Poder Público para realizar atividades de interesse do Estado, ainda que tenha personalidade jurídica de direito privado, ostenta natureza de fundação pública. Assim, seus servidores regidos pela CLT são beneficiários da estabilidade excepcional prevista no art. 19 do ADCT (*DJ* 20.05.2008). A respeito do tema, cf. STF, Pleno, RE 716.378/SP, Rel. Min. Dias Toffoli, j. 07.08.2019.

Orientação Jurisprudencial 399 da SBDI-I do TST: Estabilidade provisória. Ação trabalhista ajuizada após o término do período de garantia no emprego. Abuso do exercício do direito de ação. Não configuração. Indenização devida. O ajuizamento de ação trabalhista após decorrido o período de garantia de emprego não configura abuso do exercício do direito de ação, pois este está submetido apenas ao prazo prescricional inscrito no art. 7.º, XXIX, da CF/1988, sendo devida a indenização desde a dispensa até a data do término do período estabilitário.

Orientação Jurisprudencial Transitória 9 da SBDI-I do TST: BNCC. Garantia de emprego. Não assegurada. O Regulamento do BNCC não garante a estabilidade ao empregado nos moldes daquela prevista na CLT, mas apenas a garantia no emprego, ou seja, a garantia contra a despedida imotivada.

Orientação Jurisprudencial Transitória 42 da SBDI-I do TST: Petrobras. Pensão por morte do empregado assegurada no manual de pessoal. Estabilidade decenal. Opção pelo regime do FGTS. I – Tendo o empregado adquirido a estabilidade decenal, antes de optar pelo regime do FGTS, não há como negar-se o direito à pensão, eis que preenchido o requisito exigido pelo Manual de Pessoal. II – O benefício previsto no manual de pessoal da Petrobras, referente ao pagamento de pensão e auxílio-funeral aos dependentes do empregado que vier a falecer no curso do contrato de trabalho, não se estende à hipótese em que sobrevém o óbito do trabalhador quando já extinto o contrato de trabalho.

Precedente Normativo 85 do TST: Garantia de emprego. Aposentadoria voluntária (positivo). Defere-se a garantia de emprego, durante os 12 meses que antecedem a data em que o empregado adquire direito à aposentadoria voluntária, desde que trabalhe na empresa há pelo menos 5 anos. Adquirido o direito, extingue-se a garantia.

Art. 493. Constitui falta grave a prática de qualquer dos fatos a que se refere o art. 482, quando por sua repetição ou natureza representem séria violação dos deveres e obrigações do empregado.

1. FALTA GRAVE

A falta grave possui elementos que se acrescem à mera justa causa.

Na realidade, a falta grave é a prática de justa causa (conforme previsão no art. 482 da CLT) que, por sua "repetição" ou "natureza", configure "*séria* violação dos deveres e obrigações do empregado".

Com isso, a falta grave, para se caracterizar, necessita de maior realce quanto ao elemento "gravidade", referente ao ato faltoso previsto como justa causa.

A falta grave, com isso, é exigida para a dispensa do empregado estável, como se verifica no art. 492 da CLT (estável decenal), bem como nos seguintes dispositivos:

- art. 543, § 3.º, da CLT (dirigente ou representante sindical);
- art. 625-B, § 1.º, da CLT (representantes dos empregados membros da Comissão de Conciliação Prévia);
- art. 55 da Lei 5.764/1971 (empregados de empresas que sejam eleitos diretores de sociedades cooperativas por eles criadas);
- art. 3.º, § 9.º, da Lei 8.036/1990 (membros do Conselho Curador do FGTS representantes dos trabalhadores);
- art. 3.º, § 7.º, da Lei 8.213/1991 (membros do Conselho Nacional de Previdência Social, representantes dos trabalhadores em atividade).

Um importante diferencial entre a falta grave e a justa causa é que na primeira, destinada aos empregados titulares de estabilidades específicas (como a decenal e do dirigente sindical), a dispensa depende do ajuizamento de inquérito judicial para apuração de falta grave (arts. 494, 821 e 853 a 855). Isso significa que a cessação do vínculo de emprego fica subordinada à decisão judicial, que reconheça a falta grave praticada pelo empregado estável.

Cabe lembrar que o mencionado inquérito judicial não é aplicável a todas as garantias de emprego, não sendo exigido, por exemplo, nas hipóteses da empregada gestante (art. 10, inciso II, "b", do ADCT), do empregado acidentado (art. 118 da Lei 8.213/1991) e do membro da CIPA (art. 10, inciso II, alínea "a", do ADCT). Aliás, nesses casos, a lei faz menção à "justa causa", e não à falta grave propriamente, confirmando o acerto da referida distinção.

De todo modo, reconhece-se que, na prática, muitas vezes as expressões falta grave e justa causa são utilizadas com o mesmo sentido.

Art. 494. O empregado acusado de falta grave poderá ser suspenso de suas funções, mas a sua despedida só se tornará efetiva após o inquérito e que se verifique a procedência da acusação.

Parágrafo único. A suspensão, no caso deste artigo, perdurará até a decisão final do processo.

1. APURAÇÃO DE FALTA GRAVE DE EMPREGADO ESTÁVEL

O empregado estável decenal acusado de falta grave poderá ser suspenso de suas funções, mas a sua despedida só se tornará efetiva após o inquérito judicial em que se verifique a procedência da acusação. A referida suspensão perdurará até a decisão final do processo.

Essa suspensão aplica-se inclusive no caso de empregado dirigente sindical, conforme Orientação Jurisprudencial 137 da SBDI-II do TST.

Tendo em vista essa faculdade do empregador, de suspender o empregado, assim prevê o art. 853 da CLT: "Para a instauração do inquérito para apuração de falta grave contra empregado garantido com estabilidade, o empregador apresentará reclamação por escrito à Junta ou Juízo de Direito, dentro de 30 (trinta) dias, contados da data da suspensão do empregado".

✦ Súmulas, Orientações Jurisprudenciais e Precedentes Normativos

Súmula 197 do STF: O empregado com representação sindical só pode ser despedido mediante inquérito em que se apure falta grave.

Súmula 403 do STF: É de decadência o prazo de trinta dias para instauração do inquérito judicial, a contar da suspensão, por falta grave, de empregado estável.

Súmula 379 do TST: Dirigente sindical. Despedida. Falta grave. Inquérito judicial. Necessidade. O dirigente sindical somente poderá ser dispensado por falta grave mediante a apuração em inquérito judicial, inteligência dos arts. 494 e 543, § 3.º, da CLT.

Orientação Jurisprudencial 137 da SBDI-II do TST: Mandado de segurança. Dirigente sindical. Art. 494 da CLT. Aplicável. Constitui direito líquido e certo do empregador a suspensão do empregado, ainda que detentor de estabilidade sindical, até a decisão final do inquérito em que se apure a falta grave a ele imputada, na forma do art. 494, *caput* e parágrafo único, da CLT.

Art. 495. Reconhecida a inexistência de falta grave praticada pelo empregado, fica o empregador obrigado a readmiti-lo no serviço e a pagar-lhe os salários a que teria direito no período da suspensão.

1. REINTEGRAÇÃO NO EMPREGO

Se for reconhecida a inexistência de falta grave praticada pelo estável decenal, fica o empregador obrigado a reintegrá-lo no serviço e a pagar os salários devidos durante o período de suspensão.

No caso da improcedência do pedido, formulado pelo empregador no inquérito judicial, tem-se hipótese de interrupção do contrato de trabalho, pois os salários do período de suspensão são devidos, contando-se no tempo de serviço.

Não se confunde a readmissão com a reintegração, pois nesta não há a formação de um novo contrato de trabalho, mas a continuidade daquele originalmente existente, em que o empregado permanece prestando serviços para o empregador.

Cabe notar, assim, que o art. 495 da CLT utiliza incorretamente o termo readmissão, pois com o evidente sentido de reintegração (como corretamente prevê o art. 496), ao assegurar o direito aos salários do período de suspensão do empregado, quando não reconhecida a falta grave alegada pelo empregador.

✦ Súmulas, Orientações Jurisprudenciais e Precedentes Normativos

Súmula 215 do STF: Conta-se a favor de empregado readmitido o tempo de serviço anterior, salvo se houver sido despedido por falta grave ou tiver recebido a indenização legal.

Súmula 443 do TST: Dispensa discriminatória. Presunção. Empregado portador de doença grave. Estigma ou preconceito. Direito à reintegração. Presume-se discriminatória a despedida de empregado portador do vírus HIV ou de outra doença grave que suscite estigma ou preconceito. Inválido o ato, o empregado tem direito à reintegração no emprego.

Art. 496. Quando a reintegração do empregado estável for desaconselhável, dado o grau de incompatibilidade resultante do dissídio, especialmente quando for o empregador pessoa física, o tribunal do trabalho poderá converter aquela obrigação em indenização devida nos termos do artigo seguinte.

1. CONVERSÃO DA REINTEGRAÇÃO EM INDENIZAÇÃO

A conversão da reintegração em indenização por tempo de serviço em dobro é uma faculdade do juiz, a ser tomada quando a reintegração não for aconselhável, tendo em vista a incompatibilidade entre o empregado e o empregador, especialmente quando este for pessoa física. Sobre o tema, dispõe a Súmula 28 do TST.

De todo modo, a referida orientação aplica-se ao caso em que o inquérito judicial para apuração de falta grave, ajuizado pelo empregador, foi julgado improcedente, tornando o período de suspensão do empregado hipótese de interrupção do contrato de trabalho.

✦ Súmulas, Orientações Jurisprudenciais e Precedentes Normativos

Súmula 28 do TST: No caso de se converter a reintegração em indenização dobrada, o direito aos salários é assegurado até a data da primeira decisão que determinou essa conversão.

Súmula 396 do TST: Estabilidade provisória. Pedido de reintegração. Concessão do salário relativo ao período de estabilidade já exaurido. Inexistência de julgamento "extra petita". I – Exaurido o período de estabilidade, são devidos ao empregado apenas os salários do período compreendido entre a data da despedida e o final do período de estabilidade, não lhe sendo assegurada a reintegração no emprego. II – Não há nulidade por julgamento "extra petita" da decisão que deferir salário quando o pedido for de reintegração, dados os termos do art. 496 da CLT.

Art. 497. Extinguindo-se a empresa, sem a ocorrência de motivo de força maior, ao empregado estável despedido é garantida a indenização por rescisão do contrato por prazo indeterminado, paga em dobro.

1. EXTINÇÃO DA EMPRESA SEM MOTIVO DE FORÇA MAIOR

Se a empresa se extinguir, sem a ocorrência de motivo de força maior, o empregado estável despedido tem direito à indenização por tempo de serviço em dobro.

Sobre o conceito, o alcance e as consequências da força maior, observa-se controvérsia na doutrina, especialmente do Direito Civil, bem como nas teorias que procuram diferenciá-la do caso fortuito.

Há corrente de entendimento segundo a qual o caso fortuito é o evento imprevisível, enquanto a força maior é o fato inevitável.

Outros defendem que a força maior é gerada por fato humano, enquanto o caso fortuito decorre de eventos da natureza.

Prevalece o entendimento de que a força maior, sendo o evento inevitável, é aquele que decorre da natureza (*act of God*), como desastres naturais; o caso fortuito, caracterizado por ser imprevisível, é gerado por fato humano, como falhas mecânicas.

No âmbito do Direito do Trabalho, o art. 501 da CLT dispõe que a força maior é o acontecimento inevitável em relação à vontade do empregador e para a realização do qual este não concorreu de forma direta ou indireta.

Art. 498. Em caso de fechamento do estabelecimento, filial ou agência, ou supressão necessária de atividade, sem ocorrência de motivo de força maior, é assegurado aos empregados estáveis, que ali exerçam suas funções, direito à indenização, na forma do artigo anterior.

1. FECHAMENTO DO ESTABELECIMENTO OU SUPRESSÃO DE ATIVIDADE

Em caso de fechamento do estabelecimento, filial ou agência, ou supressão necessária de atividade, sem que ocorra força maior, os empregados estáveis têm direito à indenização, na forma do art. 497 da CLT, ou seja, indenização por tempo de serviço em dobro.

Art. 499. Não haverá estabilidade no exercício dos cargos de diretoria, gerência ou outros de confiança imediata do empregador, ressalvado o cômputo do tempo de serviço para todos os efeitos legais.

§ 1.º Ao empregado garantido pela estabilidade que deixar de exercer cargo de confiança, é assegurada, salvo no caso de falta grave, a reversão ao cargo efetivo que haja anteriormente ocupado.

§ 2.º Ao empregado despedido sem justa causa, que só tenha exercido cargo de confiança e que contar mais de 10 (dez) anos de serviço na mesma empresa, é garantida a indenização proporcional ao tempo de serviço nos termos dos arts. 477 e 478.

§ 3.º A despedida que se verificar com o fim de obstar ao empregado a aquisição de estabilidade sujeitará o empregador a pagamento em dobro da indenização prescrita nos arts. 477 e 478.

1. FUNÇÃO DE CONFIANÇA

O empregado que exercia função de confiança não adquiria a estabilidade por tempo de serviço, pois o legislador entendia não ser compatível o direito do empregado de permanecer no emprego com a função de confiança especial, exercida na empresa.

A dispensa sem justa causa do referido empregado que só exerceu cargo de confiança, mesmo que com mais de dez anos de serviço, era autorizada, assegurando apenas o direito de indenização de forma simples. No entanto, cabe fazer menção à hipótese em que o empregado iniciou a sua carreira em cargo normal e depois passou a exercer cargo de confiança (por exemplo, três anos em cargo normal e, posteriormente, mais sete anos em cargo de confiança), hipótese em que gozaria da referida estabilidade decenal, sendo assegurado o retorno ao cargo efetivo anteriormente ocupado (art. 499, § 1.º), uma vez que o art. 499, *caput*, parte final, da CLT determina o cômputo de todo o período.

No entanto, se o empregado, já tendo adquirido a estabilidade por tempo de serviço, passasse a exercer cargo de confiança, teria direito de reverter ao cargo efetivo, salvo se praticada falta grave.

Do mesmo modo, os empregados em consultórios ou escritórios de profissionais liberais não tinham direito à estabilidade por tempo de serviço, nos termos do art. 507 da CLT. A justificativa seria no sentido de que tais relações de emprego se caracterizam por um vínculo dotado maior intimidade perante o empregador, inviabilizando a possibilidade de efetiva estabilidade, ou seja, de manutenção do contrato de trabalho mesmo contra a vontade do empregador.

O § 3.º do art. 499 da CLT previa a chamada dispensa com o objetivo de obstar a aquisição do direito de estabilidade, com a seguinte redação: "A despedida que se verificar com o fim de obstar ao empregado a aquisição de estabilidade sujeitará o empregador a pagamento em dobro da indenização prescrita nos arts. 477 e 478".

Nesse tema, o antigo Enunciado 26 do TST pontificava que: "Presume-se obstativa à estabilidade a despedida, sem justo motivo, do empregado que alcançar nove anos de serviço na empresa". Como a mencionada estabilidade por tempo de serviço (decenal) não vigora mais, o referido verbete foi cancelado pela Resolução 121/2003.

Além disso, como a estabilidade decenal era adquirida somente após dez anos de tempo de serviço, a Súmula 20 do TST (atualmente cancelada pela Resolução 106/2001, por não mais vigorar esse antigo sistema de indenização e estabilidade por tempo de serviço) apresentava a seguinte presunção: "Resilição contratual (cancelamento mantido – Res. 121/2003). Não obstante o pagamento da indenização de antiguidade, presume-se em fraude à lei a resilição contratual, se o empregado permaneceu prestando serviço ou tiver sido, em curto prazo, readmitido".

✦ **Súmulas, Orientações Jurisprudenciais e Precedentes Normativos**

Súmula 20 do TST: Resilição contratual (cancelamento mantido) – Res. 121/2003, DJ 19, 20 e 21.11.2003. Não obstante o pagamento da indenização de antiguidade, presume-se em fraude à lei a resilição contratual, se o empregado permaneceu prestando serviço ou tiver sido, em curto prazo, readmitido.

Súmula 26 do TST: Estabilidade (cancelada) – Res. 121/2003, DJ 19, 20 e 21.11.2003. Presume-se obstativa à estabilidade a despedida, sem justo motivo, do empregado que alcançar nove anos de serviço na empresa.

Art. 500. O pedido de demissão do empregado estável só será válido quando feito com a assistência do respectivo Sindicato e, se não o houver, perante autoridade local competente do Ministério do Trabalho e Previdência Social ou da Justiça do Trabalho.

1. ASSISTÊNCIA SINDICAL NA DEMISSÃO DO ESTÁVEL

Embora essa previsão, referente apenas ao pedido de demissão, seja direcionada aos empregados titulares da estabilidade decenal, objetivando evitar vício na manifestação de vontade do trabalhador, é razoável e correto entender que também deve incidir, ainda que por interpretação evolutiva e extensiva, às demais modalidades de estabilidade e garantia de emprego presentes na atualidade.

CAPÍTULO VIII – DA FORÇA MAIOR

Art. 501. Entende-se como força maior todo acontecimento inevitável, em relação à vontade do empregador, e para a realização do qual este não concorreu, direta ou indiretamente.

§ 1.º A imprevidência do empregador exclui a razão de força maior.

§ 2.º À ocorrência do motivo de força maior que não afetar substancialmente, nem for suscetível de afetar, em tais condições, a situação econômica e financeira da empresa não se aplicam as restrições desta Lei referentes ao disposto neste Capítulo.

1. CESSAÇÃO DO CONTRATO DE TRABALHO POR FORÇA MAIOR

O contrato de trabalho também pode ter o seu fim decorrente da chamada força maior.

A força maior, como evento inevitável, é aquela que decorre da natureza, como desastres naturais; o caso fortuito, caracterizado por ser imprevisível, é gerado por fato humano, como falhas mecânicas.

O art. 501 da CLT adota a teoria da *inevitabilidade do acontecimento*, para a sua caracterização como força maior.

No caso, o fato inevitável significa aquele cuja ocorrência não está ao alcance do empregador (ou seja, de sua vontade), o qual não tem participação, direta ou indireta, na sua verificação no plano dos fatos.

No entanto, no plano trabalhista, há grande rigor para reconhecer o fato como efetiva força maior. Nesse sentido dispõe o § 1.º do art. 501 da CLT.

Por isso, se cabia ao empregador tomar as devidas precauções para evitar o fato, a força maior não pode ser reconhecida, uma vez que os riscos do empreendimento ou da atividade empresarial são daquele (art. 2.º, *caput*, da CLT).

Além disso, em conformidade com o § 2.º do art. 501 da CLT, pode-se interpretar que há, na realidade, para fins trabalhistas, duas modalidades de força maior:

a) a força maior que não afeta substancialmente, nem for suscetível de afetar, em tais condições, a situação econômica e financeira da empresa;

b) a força maior que afeta substancialmente, ou for suscetível de afetar, em tais condições, a situação econômica e financeira da empresa.

A primeira hipótese refere-se ao fato inevitável, mas que não gera consequências relevantes para a situação econômico-financeira da empresa. Por isso, o evento torna-se irrelevante para fins trabalhistas, não incidindo as disposições específicas, pertinentes à força maior indicada acima como a segunda hipótese.

De todo modo, os diversos eventos que se alega serem imprevisíveis e inevitáveis, no campo das relações de Direito do Trabalho, recebem interpretação restritiva, não sendo a força maior de simples e frequente reconhecimento no campo trabalhista.

Como já destacado, a regra é no sentido de que o empregador corre o risco de sua atividade, não se podendo adotar um conceito *largo* de força maior, em prejuízo dos seus empregados.

Por isso, casos como problemas financeiros, decorrentes de políticas econômicas ou dificuldades diversas verificadas no mercado, não são reconhecidos como força maior, para fins trabalhistas. Tais obstáculos são não apenas previsíveis, como inerentes à atividade econômica desenvolvida, cabendo ao empregador assumir os respectivos riscos, inclusive por ser o beneficiário de eventuais lucros.

Do mesmo modo, a falência da empresa também não se amolda ao efetivo conceito de força maior.

Como exemplo de força maior podem-se indicar, em tese, desastres naturais e catástrofes, como terremotos e tempestades, causando destruição e prejuízos que não se tinha como evitar.

No Direito do Trabalho, em razão das peculiaridades da relação jurídica regulada, a força maior não elimina, por completo, o dever de quitação dos direitos decorrentes da cessação contratual. Ocorre apenas uma redução do montante devido ao empregado.

Na extinção do contrato de trabalho por força maior são devidas as seguintes verbas rescisórias: saldo salarial; férias vencidas e proporcionais com 1/3 (Súmula 171 do TST); décimo terceiro salários vencido e proporcional; indenização compensatória de 20% do FGTS; saque dos depósitos do FGTS; e guias do seguro-desemprego.

✦ **Súmulas, Orientações Jurisprudenciais e Precedentes Normativos**

Súmula 171 do TST: férias proporcionais. Contrato de trabalho. Extinção. Salvo na hipótese de dispensa do empregado por justa causa, a extinção do contrato de trabalho sujeita o empregador ao pagamento da remuneração das férias proporcionais, ainda que incompleto o período aquisitivo de 12 (doze) meses (art. 147 da CLT).

Art. 502. Ocorrendo motivo de força maior que determine a extinção da empresa, ou de um dos estabelecimentos em que trabalhe o empregado, é assegurada a este, quando despedido, uma indenização na forma seguinte:

I - sendo estável, nos termos dos arts. 477 e 478;

II - não tendo direito à estabilidade, metade da que seria devida em caso de rescisão sem justa causa;

III - havendo contrato por prazo determinado, aquela a que se refere o art. 479 desta Lei, reduzida igualmente à metade.

1. INDENIZAÇÃO DO EMPREGADO NÃO OPTANTE PELO REGIME DO FGTS

O dispositivo em questão, em seus incisos I e II, regula a indenização por tempo de serviço, só devida aos empregados não optantes pelo sistema do FGTS antes da promulgação da Constituição Federal de 1988. Sobre esta hipótese, bem específica e rara na atualidade, dispõe a Lei 8.036/1990, art. 14.

No atual sistema, que é obrigatoriamente aquele do Fundo de Garantia do Tempo de Serviço (art. 7.º, inciso III, da Constituição Federal de 1988), a Lei 8.036/1990 continua seguindo a mesma diretriz, estabelecendo ser devida a indenização compensatória de 20%, calculada sobre os depósitos na conta vinculada do FGTS, na hipótese de cessação do contrato de trabalho por força maior.

Nesse sentido estabelece, de forma específica, o art. 18, § 2.º, da Lei 8.036/1990:

> Art. 18. Ocorrendo rescisão do contrato de trabalho, por parte do empregador, ficará este obrigado a depositar na conta vinculada do trabalhador no FGTS os valores relativos aos depósitos referentes ao mês da rescisão e ao imediatamente anterior, que ainda não houver sido recolhido, sem prejuízo das cominações legais.
>
> § 1.º Na hipótese de despedida pelo empregador sem justa causa, depositará este, na conta vinculada do trabalhador no FGTS, importância igual a quarenta por cento do montante de todos os depósitos realizados na conta vinculada durante a vigência do contrato de trabalho, atualizados monetariamente e acrescidos dos respectivos juros.
>
> § 2.º Quando ocorrer despedida por culpa recíproca ou força maior, reconhecida pela Justiça do Trabalho, o percentual de que trata o § 1.º será de 20 (vinte) por cento.

Ocorrendo motivo de força maior que acarrete a extinção da empresa, ou de um dos estabelecimentos em que trabalhe o empregado, é assegurada a este, quando despedido, na hipótese de contrato por prazo determinado, a indenização referida no art. 479 da CLT, isto é, no valor da metade da remuneração a que teria direito até o termo do contrato, mas reduzida novamente à metade, resultando em 1/4 da remuneração a que teria direito até o final do contrato a termo certo.

Art. 503. É lícita, em caso de força maior ou prejuízos devidamente comprovados, a redução geral dos salários dos empregados da empresa, proporcionalmente aos salários de cada um, não podendo, entretanto, ser superior a 25% (vinte e cinco por cento), respeitado, em qualquer caso, o salário mínimo da região.

Parágrafo único. Cessados os efeitos decorrentes do motivo de força maior, é garantido o restabelecimento dos salários reduzidos.

1. REDUÇÃO SALARIAL

Cabe destacar que a redução salarial somente é válida se prevista em acordo coletivo ou em convenção coletiva, instrumentos normativos decorrentes de negociação coletiva, e reconhecidos no texto constitucional (art. 7.º, inciso XXVI, da CF/1988).

Assim, a previsão do art. 503 da CLT não está mais em vigor, por não ter sido recepcionada pela nova ordem constitucional, quando facultava ao empregador reduzir, independentemente de negociação coletiva, os salários de seus empregados.

✦ **Referência legislativa**

- Art. 7.º, VI, da CF.

Art. 504. Comprovada a falsa alegação do motivo de força maior, é garantida a reintegração aos empregados estáveis, e aos não estáveis o complemento da indenização já percebida, assegurado a ambos o pagamento da remuneração atrasada.

1. FALSIDADE DA ALEGAÇÃO DE FORÇA MAIOR

Adaptando-se a previsão do art. 504 à atualidade, tem-se que a comprovação da falsidade da alegação de força maior assegura ao empregado o complemento da indenização compensatória do FGTS, no sentido de alcançar o montante de 40%. Sendo o empregado titular de eventual estabilidade, ainda que provisória, ou garantia de permanência no emprego, a reintegração também será devida.

CAPÍTULO IX – DISPOSIÇÕES ESPECIAIS

Art. 505. São aplicáveis aos trabalhadores rurais os dispositivos constantes dos Capítulos I, II e VI do presente Título.

1. EMPREGADO RURAL

O trabalho rural é regulado por norma específica (Lei 5.889, de 8 de junho de 1973).

As relações de trabalho rural são reguladas pela Lei 5.889/1973 e, naquilo que não dispuser em contrário, pela CLT e pela legislação especial (art. 1.º da Lei 5.889/1973 e art. 86 do Decreto 10.854/2021).

O empregado rural é definido pelo art. 2.º do referido diploma legal, como "toda pessoa física que, em propriedade rural ou prédio rústico, presta serviços de natureza não eventual a empregador rural, sob a dependência deste e mediante salário".

Considera-se empregador rural, por seu turno, a pessoa física ou jurídica, proprietário ou não, que explore *atividade agroeconômica*, em caráter permanente ou temporário, diretamente ou por meio de prepostos e com auxílio de empregados (art. 3.º da Lei 5.889/1973). Inclui-se nessa atividade econômica de empregador rural a exploração industrial em estabelecimento agrário não compreendido na Consolidação das Leis do Trabalho.

Consideram-se como exploração industrial em estabelecimento agrário as atividades que compreendem o primeiro tratamento dos produtos agrários *in natura* sem transformá-los em sua natureza, tais como: I – o beneficiamento, a primeira modificação e o preparo dos produtos agropecuários e hortigranjeiros e das matérias-primas de origem animal ou vegetal para posterior venda ou industrialização; II – o aproveitamento dos subprodutos provenientes das operações de preparo e modificação dos produtos *in natura* de que trata o inciso I (art. 84, § 4.º, do Decreto 10.854/2021).

Para fins do disposto acima, não se considera indústria rural aquela que, ao operar a primeira modificação do produto agrário, transforme a sua natureza a ponto de perder a condição de matéria-prima (art. 84, § 5.º, do Decreto 10.854/2021).

Equipara-se ao empregador rural a pessoa física ou jurídica que, habitualmente, em caráter profissional, e por conta de terceiros, execute serviços de natureza agrária, mediante utilização do trabalho de outrem (art. 4.º da Lei 5.889/1973).

Equipara-se ao empregador rural, ainda, o consórcio simplificado de produtores rurais de que trata o art. 25-A da Lei 8.212/1991 (art. 84, § 1.º, inciso II, do Decreto 10.854/2021). Cf. os comentários ao art. 2.º da CLT, item 4.

Cabe registrar que as normas da Lei 5.889/1973 são aplicáveis, no que couber, aos trabalhadores rurais não compreendidos na definição do art. 2.º do referido diploma legal (empregado rural), que prestem serviços a empregador rural (art. 17 da Lei 5.889/1973).

Nessa linha, aplicam-se aos trabalhadores rurais sem vínculo empregatício que prestem serviços a empregadores rurais, entre outras, as normas referentes: à segurança e à saúde no trabalho; à jornada de trabalho; ao trabalho noturno; ao trabalho do menor de idade (art. 94 do Decreto 10.854/2021).

Especificamente quanto ao trabalhador avulso, a Constituição Federal de 1988 assegura a igualdade de direitos com o trabalhador com vínculo empregatício permanente (art. 7.º, inciso XXXIV).

✦ Jurisprudência

Enquadramento. Trabalhador rural. Critério para definição. Usina de cana-de-açúcar. Prescrição. Para o enquadramento do empregado como trabalhador urbano ou rural é irrelevante a análise das peculiaridades da atividade por ele exercida, devendo-se observar a atividade preponderante do empregador. Recurso de Embargos de que se conhece e a que se dá provimento (TST, SBDI-I, E-ED-RR 63600-16.2002.5.15.0120, Rel. Min. João Batista Brito Pereira, *DEJT* 24.02.2012).

Agravo de instrumento. Recurso de revista. Processo sob a égide da Lei n.º 13.015/2014. 1. Enquadramento. Empregado que exerce atividade em empresa agroindustrial. Definição pela atividade preponderante da empresa. 2. Horas *in itinere*. Acordo coletivo de trabalho. Supressão. Impossibilidade. 3. Adicional de insalubridade. Atividade a céu aberto. Exposição ao sol e calor. OJ 173, II/SBDI-I/TST. 4. Jornada de trabalho. Horas extras. Registro britânico. Apresentação parcial dos cartões de ponto. Súmula 338, I, do TST. Decisão denegatória. Manutenção. Os empregados do agronegócio, tais como usinas de açúcar e de álcool, são enquadrados como rurícolas, independentemente da função que efetivamente exercem, por serem agroeconômicos seus empregadores (art. 3.º, *caput*, § 1.º, Lei n.º 5.889/1973). Nesse enquadramento, prevalece o critério da lei imperativa (arts. 2.º e 3.º, *caput*, § 1.º, Lei n.º 5.889/1973), ao invés do critério sugerido pelo Decreto regulamentador da Lei de Trabalho Rural. Assim, consignado pelo TRT que o Reclamante é empregado de empresa agroindustrial, forçoso concluir que o seu enquadramento deve ser conferido como trabalhador rural (art. 2.º, Lei n.º 5.889/1973). Dessa forma, sendo rurícola a atividade empresarial desenvolvida pela Reclamada, aplicam-se ao contrato de trabalho firmado com o Reclamante as normas coletivas do setor rural, durante seus respectivos períodos de vigência. Nesse ver, não há como assegurar o processamento do recurso de revista quando o agravo de instrumento interposto não desconstitui os termos da decisão denegatória, que subsiste por seus próprios fundamentos. Agravo de instrumento desprovido (TST, 3.ª T., AIRR 1258-69.2013.5.18.0129, Rel. Min. Mauricio Godinho Delgado, *DEJT* 18.12.2015).

Recurso de revista em face de decisão publicada antes da vigência da Lei 13.015/2014. Empresa agroindustrial. Enquadramento. Prescrição. Empregador urbano. A jurisprudência desta Corte estava cristalizada na Orientação Jurisprudencial 419 da SBDI-I, segundo a qual se considera "rurícola empregado que, a despeito da atividade exercida, presta serviços a empregador agroindustrial (art. 3.º, § 1.º, da Lei 5.889, de 08.06.1973), visto que, neste caso, é a atividade preponderante da empresa que determina o enquadramento". Contudo, na sessão do dia 27/10/2015, do Tribunal Pleno desta Corte, referida orientação jurisprudencial foi cancelada. A partir de então, a questão passa a ser dirimida caso a caso, considerando, inclusive, a atividade desenvolvida pelo trabalhador. Na hipótese dos autos, a Corte de origem registrou, com base nos documentos constitutivos juntados, tratar-se de empresa agroindustrial de produção de cana-de-açúcar e fabricação e comércio de açúcar e álcool. Resultou incontroverso ainda que o reclamante executava as funções de operador, operador carregamento, encarregado e líder logística interna, todas na indústria da transformação, não havendo labor em estabelecimento rústico no tratamento inicial da cana-de-açúcar. Nesse contexto, não há como afastar a condição de empregado urbano e aplicação da prescrição quinquenal, conforme determinado na decisão recorrida. Recurso de revista de que se conhece e a que se nega provimento. [...] (TST, 7.ª T., RR 152200-24.2004.5.15.0029, Rel. Min. Cláudio Mascarenhas Brandão, *DEJT* 10.06.2016).

✦ Súmulas, Orientações Jurisprudenciais e Precedentes Normativos

Súmula 578 do STJ: Os empregados que laboram no cultivo da cana-de-açúcar para empresa agroindustrial ligada ao setor sucroalcooleiro detêm a qualidade de rurícola, ensejando a isenção do FGTS desde a edição da Lei Complementar n.º 11/1971 até a promulgação da Constituição Federal de 1988.

Orientação Jurisprudencial 38 da SBDI-I do TST: Empregado que exerce atividade rural. Empresa de reflorestamento. Prescrição própria do rurícola (Lei n.º 5.889, de 08.06.1973, art. 10, e Decreto n.º 73.626, de 12.02.19/1974, art. 2.º, § 4.º). O empregado que trabalha em empresa de reflorestamento, cuja atividade está diretamente ligada ao manuseio da terra e de matéria-prima, é rurícola e não industriário, nos termos do Decreto n.º 73.626, de 12.02.1974, art. 2.º, § 4.º [Decreto 10.854/2021, art. 84, § 4.º], pouco importando que o fruto de seu trabalho seja destinado à indústria. Assim, aplica-se a prescrição própria dos rurícolas aos direitos desses empregados.

Art. 506. No contrato de trabalho agrícola é lícito o acordo que estabelecer a remuneração *in natura*, contanto que seja de produtos obtidos pela exploração do negócio e não exceda de 1/3 (um terço) do salário total do empregado.

✦ Referência legislativa

- Art. 9.º da Lei 5.889/1973 (Trabalho Rural).

Art. 507. As disposições do Capítulo VII do presente Título não serão aplicáveis aos empregados em consultórios ou escritórios de profissionais liberais.

Parágrafo único. (Revogado pela Lei 6.533, de 24.5.1978)

1. PROFISSIONAIS LIBERAIS

Depois da entrada em vigor da Constituição Federal de 1988, a indenização por tempo de serviço foi substituída, de forma completa, pelo sistema do Fundo de Garantia do Tempo de Serviço.

Os empregados em consultórios ou escritórios de profissionais liberais não tinham direito à estabilidade por tempo de serviço, nos termos do art. 507 da CLT. A justificativa seria no sentido de que tais relações de emprego se caracterizam por um vínculo dotado de maior intimidade perante o empregador, inviabilizando a possibilidade de efetiva estabilidade, ou seja, de manutenção do contrato de trabalho mesmo contra a vontade do empregador.

Art. 507-A. Nos contratos individuais de trabalho cuja remuneração seja superior a duas vezes o limite máximo estabelecido para os benefícios do Regime Geral de Previdência Social, poderá ser pactuada cláusula compromissória de arbitragem, desde que por iniciativa do empregado ou mediante a sua concordância expressa, nos termos previstos na Lei n.º 9.307, de 23 de setembro de 1996.

1. ARBITRAGEM

A arbitragem é forma de solução de conflitos, no caso, heterônoma, pois um terceiro (árbitro) é quem decidirá o litígio, por meio da sentença arbitral. É estabelecida por meio da convenção de arbitragem, que engloba a cláusula compromissória e o compromisso arbitral (art. 3.º da Lei 9.307/1996).

Como os conflitos coletivos de trabalho podem ser solucionados por meio da arbitragem (art. 114, §§ 1.º e 2.º, da Constituição Federal), a sentença arbitral, estabelecendo condições de trabalho, também pode ser considerada fonte formal do Direito do Trabalho. Há previsão da arbitragem na esfera das relações de trabalho, conforme a Lei 7.783/1989, art. 3.º, *caput*, sobre direito de greve, a Lei 10.101/2000, art. 4.º, inciso II, sobre participação nos lucros ou resultados, e a Lei 12.815/2013 (art. 37, § 1.º), sobre trabalho portuário.

O § 2.º do art. 764 da CLT, ao mencionar o termo "juízo arbitral", utilizou-o com o evidente sentido de jurisdição estatal, pois, não havendo acordo em juízo, é proferida a decisão pelo juiz do trabalho.

Anteriormente, prevalecia o entendimento de que a arbitragem, quanto ao Direito do Trabalho, apenas era aplicável no âmbito coletivo, sendo incompatível com as relações individuais de trabalho. A Lei 9.307/1996, em seu art. 1.º, restringe a possibilidade de arbitragem "a direitos patrimoniais disponíveis". O Direito Individual do Trabalho tem como um de seus princípios fundamentais o da irrenunciabilidade, sendo as suas normas de ordem pública dotadas de certo grau de indisponibilidade. Assim, diante do art. 1.º da Lei 9.307/1996 e da análise global do sistema jurídico, entendia-se que os conflitos individuais de trabalho *não* poderiam ser solucionados pela arbitragem.

Na atualidade, o art. 507-A da CLT prevê que nos contratos individuais de trabalho, cuja remuneração seja superior a duas vezes o limite máximo estabelecido para os benefícios do Regime Geral de Previdência Social, pode ser pactuada *cláusula compromissória de arbitragem*, desde que por iniciativa do empregado ou mediante a sua concordância expressa, nos termos previstos na Lei 9.307/1996.

A cláusula compromissória é a convenção por meio da qual as partes em um contrato comprometem-se a submeter à arbitragem os litígios que possam vir a surgir, relativamente a tal contrato (art. 4.º, *caput*, da Lei 9.307/1996).

Logo, por meio dessa convenção, as partes do contrato individual de trabalho previsto no art. 507-A da CLT se comprometem a submeter à arbitragem os litígios que possam surgir e sejam decorrentes desse contrato.

Entretanto, entende-se que o mais adequado, inclusive com o fim de preservar a higidez da manifestação de vontade do empregado, teria sido a exigência de *compromisso arbitral* na hipótese em estudo, que é a convenção por meio da qual as partes submetem um litígio (já existente) à arbitragem de uma ou mais pessoas, podendo ser judicial ou extrajudicial (art. 9.º, *caput*, da Lei 9.307/1996).

A sentença arbitral produz, entre as partes e seus sucessores, os mesmos efeitos da sentença proferida pelos órgãos do Poder Judiciário e, sendo condenatória, constitui título executivo (art. 31 da Lei 9.307/1996), em regra, de natureza judicial (art. 515, inciso VII, do CPC de 2015). Nesse enfoque, o árbitro é juiz de fato e de direito, e a sentença que proferir não fica sujeita a recurso ou homologação pelo Poder Judiciário (art. 18 da Lei 9.307/1996).

Compete ao Ministério Público do Trabalho atuar como árbitro, se assim for solicitado pelas partes, nos dissídios de competência da Justiça do Trabalho (art. 83, inciso XI, da Lei Complementar 75/1993).

✦ Jurisprudência

Agravo de instrumento em recurso de revista. Juízo arbitral. Coisa julgada. Lei 9.307/1996. Constitucionalidade. O art. 5.º, XXXV, da Constituição Federal dispõe sobre a garantia constitucional da universalidade da jurisdição, a qual, por definir que nenhuma lesão ou ameaça a direito pode ser excluída da apreciação do Poder Judiciário, não se incompatibiliza com o compromisso arbitral e os efeitos de coisa julgada de que trata a Lei 9.307/1996. É que a arbitragem se caracteriza como forma alternativa de prevenção ou solução de conflitos à qual as partes aderem, por força de suas próprias vontades, e o inciso XXXV do art. 5.º da Constituição Federal não impõe o direito à ação como um dever, no sentido de que todo e qualquer litígio deve ser submetido ao Poder Judiciário. Dessa forma, as partes, ao adotarem a arbitragem, tão só por isso, não praticam ato de lesão ou ameaça a direito. Assim, reconhecido pela Corte Regional que a sentença arbitral foi proferida nos termos da lei e que não há vício na decisão proferida pelo juízo arbitral, não se há de falar em afronta ao mencionado dispositivo constitucional ou em inconstitucionalidade da Lei 9.307/1996. Despicienda a discussão em torno dos arts. 940 do Código Civil e 477 da CLT ou de que o termo de arbitragem não é válido por falta de juntada de documentos, haja vista que reconhecido pelo Tribunal Regional que a sentença arbitral observou os termos da Lei 9.307/1996 – a qual não exige a observação daqueles dispositivos legais e não tratou da necessidade de apresentação de documentos (aplicação das Súmulas 126 e 422 do TST). Os arestos apresentados para confronto de teses são inservíveis, a teor da alínea *a* do artigo 896 da CLT e da Súmula 296 desta Corte. Agravo de instrumento a que se nega provimento (TST, 7.ª T., AIRR 1475/2000-193-05-00.7, Rel. Min. Pedro Paulo Manus, *DJ* 17.10.2008).

Acordo perante o Tribunal de Arbitragem não constitui óbice para o exame da tutela jurisdicional postulada pelo autor: A solução de conflitos através de arbitragem, nesta Justiça Especializada, é limitada às demandas coletivas, nos termos do § 1.º do art. 114 da Constituição Federal, não havendo previsão no que concerne à solução de dissídios individuais. Isto porque a Lei Maior dispõe, expressamente, que "frustrada a negociação coletiva, as partes poderão eleger árbitro" (*sic*). Se a previsão incluísse também os conflitos individuais, não haveria necessidade de especificação. Assim, o referido acordo não constitui causa para a extinção do processo (Ac. un. da 4.ª T. do TRT da 2.ª R., RO 4280020029020 2003, Rel. Juíza Vilma Capato, j. 30.09.2003, *DJSP* 10.10.2003, p. 16).

Recurso de Revista. Coisa julgada. Incompatibilidade do instituto da arbitragem com o direito do trabalho. Indisponibilidade dos direitos e princípio da hipossuficiência. No direito do trabalho não há como se entender compatível a arbitragem, pela inserção no contrato de trabalho da cláusula compromissória, ou pelo compromisso arbitral posterior ao fim da relação contratual, com o fim de solucionar o conflito decorrente da relação de emprego, visto que a essência do instituto é a disponibilidade dos direitos que as partes pretendem submeter, conforme art. 1.º da Lei da Arbitragem. Ainda que se recepcione, em diversos ramos do direito, a arbitragem como solução de conflitos que acaba por desafogar o Judiciário, é preciso enfrentar que o ato de vontade do empregado não é concreto na sua plenitude, no momento da admissão na empresa, em face da subordinação ínsita ao contrato de trabalho e à hipossuficiência do empregado, a inviabilizar que se reconheça validade à sentença arbitral como óbice ao ajuizamento de ação trabalhista, porque incompatível com os princípios que regem o direito do trabalho. Isso porque à irrenunciabilidade e à indisponibilidade está adstrita ao conteúdo do contrato de trabalho em razão do princípio fundamental a ser protegido, o trabalho, e as parcelas de natureza alimentar dele decorrentes, por consequência. Para submeter o conflito trabalhista ao juízo arbitral necessário seria relevar todos os princípios que regem esse ramo do direito, em especial a hipossuficiência, presumida em face da relação contratual em que se coloca o empregado, como a parte mais fraca, a indisponibilidade das verbas decorrentes do trabalho, a sua natureza alimentar e, em especial, a impossibilidade da manifestação volitiva plena, própria do processo arbitral. Recurso de revista conhecido e provido para afastar a coisa julgada e determinar o retorno dos autos ao eg. TRT para o julgamento da pretensão, como entender de direito (TST, 6.ª T., RR 2253/2003-009-05-00.9, Rel. Min. Aloysio Corrêa da Veiga, *DJ* 15.05.2009).

Arbitragem. Aplicabilidade ao direito individual de trabalho. Quitação do contrato de trabalho. 1. A Lei 9.307/1996, ao fixar o juízo arbitral como medida extrajudicial de solução de conflitos, restringiu, no art. 1.º, o campo de atuação do instituto apenas para os litígios relativos a direitos patrimoniais disponíveis. Ocorre que, em razão do princípio protetivo que informa o direito individual do trabalho, bem como em razão da ausência de equilíbrio entre as partes, são os direitos trabalhistas indisponíveis e irrenunciáveis. Por outro lado, quis o legislador constituinte possibilitar a adoção da arbitragem apenas para os conflitos coletivos, consoante se observa do art. 114, §§ 1.º e 2.º, da Constituição da República. Portanto, não se compatibiliza com o direito individual do trabalho a arbitragem. 2. Há que se ressaltar, no caso, que a arbitragem é questionada como meio de quitação geral do contrato de trabalho. Nesse aspecto, a jurisprudência desta Corte assenta ser inválida a utilização do instituto da arbitragem como supedâneo da homologação da rescisão do contrato de trabalho. Com efeito, a homologação da rescisão do contrato de trabalho somente pode ser feita pelo sindicato da categoria ou pelo órgão do Ministério do Trabalho, não havendo previsão legal de que seja feito por laudo arbitral. Recurso de Embargos de que se conhece e a que se nega provimento (TST, SBDI-I, E-ED-RR 79500-61.2006.5.05.0028, Rel. Min. João Batista Brito Pereira, *DEJT* 30.03.2010).

Art. 507-B. É facultado a empregados e empregadores, na vigência ou não do contrato de emprego, firmar o termo de quitação anual de obrigações trabalhistas, perante o sindicato dos empregados da categoria.

Parágrafo único. O termo discriminará as obrigações de dar e fazer cumpridas mensalmente e dele constará a quitação anual dada pelo empregado, com eficácia liberatória das parcelas nele especificadas.

1. TERMO DE QUITAÇÃO ANUAL DE OBRIGAÇÕES TRABALHISTAS

A *quitação* é a prova do pagamento, ou seja, do cumprimento da obrigação.

Nesse sentido, o devedor que paga tem direito à quitação regular, e pode reter o pagamento, enquanto não lhe seja dada (art. 319 do Código Civil).

Como registro histórico, o art. 233 da Constituição da República Federativa do Brasil de 1988 assim previa:

> Art. 233. Para efeito do art. 7.º, XXIX, o empregador rural comprovará, de cinco em cinco anos, perante a Justiça do Trabalho, o cumprimento das suas obrigações trabalhistas para com o empregado rural, na presença deste e de seu representante sindical.
>
> § 1.º Uma vez comprovado o cumprimento das obrigações mencionadas neste artigo, fica o empregador isento de qualquer ônus decorrente daquelas obrigações no período respectivo. Caso o empregado e seu representante não concordem com a comprovação do empregador, caberá à Justiça do Trabalho a solução da controvérsia.
>
> § 2.º Fica ressalvado ao empregado, em qualquer hipótese, o direito de postular, judicialmente, os créditos que entender existir, relativamente aos últimos cinco anos.
>
> § 3.º A comprovação mencionada neste artigo poderá ser feita em prazo inferior a cinco anos, a critério do empregador.

O mencionado dispositivo da Constituição, entretanto, foi *revogado* pelo art. 2.º da Emenda Constitucional 28/2000.

O art. 507-B da CLT, acrescentado pela Lei 13.467/2017, prevê que é facultado a empregados e empregadores, na vigência ou não do contrato de emprego, firmar o *termo de quitação anual* de obrigações trabalhistas, perante o sindicato da categoria dos empregados.

A previsão em destaque tem natureza facultativa, havendo necessidade de que tanto o empregador como o empregado, consensualmente, manifestem suas vontades nesse sentido.

O termo de quitação, desse modo, pode ser firmado a cada ano, na presença do sindicato da categoria profissional.

Argumenta-se que a medida possa gerar maior segurança jurídica nas relações trabalhistas. Não obstante, como a quitação anual pode ser feita mesmo durante a vigência do contrato de trabalho, sabendo-se que o empregado presta serviços de forma subordinada ao empregador e muitas vezes necessita do trabalho para manter a subsistência, em termos práticos, podem ocorrer situações em que o termo de quitação (por exemplo, de horas extras) não corresponda à efetiva realidade verificada durante o vínculo de emprego.

O termo deve discriminar as obrigações de dar e fazer cumpridas mensalmente e dele constará a quitação anual dada pelo empregado, com eficácia liberatória das parcelas nele especificadas (art. 507-B, parágrafo único, da CLT, acrescentado pela Lei 13.467/2017).

A quitação, desse modo, abrange apenas as parcelas especificadas no respectivo termo. Entretanto, é possível sustentar que os valores relativos às parcelas especificadas no termo de quitação não poderão ser mais discutidos posteriormente, justamente em razão dessa eficácia liberatória. Isso pode gerar situações injustas, em que o pagamento feito não corresponda à integralidade dos valores que, na realidade, seriam devidos ao empregado.

Art. 508. Revogado pela Lei 12.347, de 10.12.2010.

Art. 509. Revogado pela Lei 6.533, de 24.5.1978.

Art. 510. Pela infração das proibições constantes deste Título, será imposta à empresa a multa de valor igual a 1 (um) salário mínimo regional, elevada ao dobro, no caso de reincidência, sem prejuízo das demais cominações legais.

1. PENALIDADES PREVISTAS

O dispositivo em questão trata de penalidades (multas) decorrentes do descumprimento das previsões dos arts. 442 a 508 (pois o art. 509 foi revogado pela Lei 6.533/1978) da CLT.

A Portaria 667/2021 do Ministério do Trabalho e Previdência, quanto ao art. 510 da CLT, estabelece a multa administrativa no valor de R$ 402,53, dobrado na reincidência.

✦ Jurisprudência

Multa do artigo 510 da CLT. Natureza administrativa. O artigo 510 da CLT não trata de indenização ao empregado que porventura tenha sofrido prejuízo ou dano, em razão da conduta do empregador. Dispõe, sim, sobre multa aplicável à empresa, ante a inobservância das proibições previstas no conjunto de normas que regem o contrato individual de trabalho. A multa em comento tem caráter de sanção pelo desrespeito às normas de proteção ao trabalho, sendo imposta pela autoridade competente do Ministério do Trabalho, a teor do art. 626 da CLT. Assim, a autoridade impõe a multa do art. 510 da CLT no exercício regular do Poder de Polícia do Estado, evidenciando a sua natureza administrativa. Ademais, reverte em benefício da coletividade e não da parte ou do empregado (TST, 3.ª T., RR 657426-34.2000.5.03.5555, Rel. Min. Maria Cristina Irigoyen Peduzzi, j. 23.11.2005, *DJ* 10.02.2006).

TÍTULO IV-A – DA REPRESENTAÇÃO DOS EMPREGADOS

Art. 510-A. Nas empresas com mais de duzentos empregados, é assegurada a eleição de uma comissão para representá-los, com a finalidade de promover-lhes o entendimento direto com os empregadores.

§ 1.º A comissão será composta:

I – nas empresas com mais de duzentos e até três mil empregados, por três membros;

II – nas empresas com mais de três mil e até cinco mil empregados, por cinco membros;

III – nas empresas com mais de cinco mil empregados, por sete membros.

§ 2.º No caso de a empresa possuir empregados em vários Estados da Federação e no Distrito Federal, será assegurada a eleição de uma comissão de representantes dos empregados por Estado ou no Distrito Federal, na mesma forma estabelecida no § 1.º deste artigo.

Art. 510-B. A comissão de representantes dos empregados terá as seguintes atribuições:

I – representar os empregados perante a administração da empresa;

II – aprimorar o relacionamento entre a empresa e seus empregados com base nos princípios da boa-fé e do respeito mútuo;

III – promover o diálogo e o entendimento no ambiente de trabalho com o fim de prevenir conflitos;

IV – buscar soluções para os conflitos decorrentes da relação de trabalho, de forma rápida e eficaz, visando à efetiva aplicação das normas legais e contratuais;

V – assegurar tratamento justo e imparcial aos empregados, impedindo qualquer forma de discriminação por motivo de sexo, idade, religião, opinião política ou atuação sindical;

VI – encaminhar reivindicações específicas dos empregados de seu âmbito de representação;

VII – acompanhar o cumprimento das leis trabalhistas, previdenciárias e das convenções coletivas e acordos coletivos de trabalho.

§ 1.º As decisões da comissão de representantes dos empregados serão sempre colegiadas, observada a maioria simples.

§ 2.º A comissão organizará sua atuação de forma independente.

Art. 510-C. A eleição será convocada, com antecedência mínima de trinta dias, contados do término do mandato anterior, por meio de edital que deverá ser fixado na empresa, com ampla publicidade, para inscrição de candidatura.

§ 1.º Será formada comissão eleitoral, integrada por cinco empregados, não candidatos, para a organização e o acompanhamento do processo eleitoral, vedada a interferência da empresa e do sindicato da categoria.

§ 2.º Os empregados da empresa poderão candidatar-se, exceto aqueles com contrato de trabalho por prazo determinado, com contrato suspenso ou que estejam em período de aviso prévio, ainda que indenizado.

§ 3.º Serão eleitos membros da comissão de representantes dos empregados os candidatos mais votados, em votação secreta, vedado o voto por representação.

§ 4.º A comissão tomará posse no primeiro dia útil seguinte à eleição ou ao término do mandato anterior.

§ 5.º Se não houver candidatos suficientes, a comissão de representantes dos empregados poderá ser formada com número de membros inferior ao previsto no art. 510-A desta Consolidação.

§ 6.º Se não houver registro de candidatura, será lavrada ata e convocada nova eleição no prazo de um ano.

Art. 510-D. O mandato dos membros da comissão de representantes dos empregados será de um ano.

§ 1.º O membro que houver exercido a função de representante dos empregados na comissão não poderá ser candidato nos dois períodos subsequentes.

§ 2.º O mandato de membro de comissão de representantes dos empregados não implica suspensão ou interrupção do contrato de trabalho, devendo o empregado permanecer no exercício de suas funções.

§ 3.º Desde o registro da candidatura até um ano após o fim do mandato, o membro da comissão de representantes dos empregados não poderá sofrer despedida arbitrária, entendendo-se como tal a que não se fundar em motivo disciplinar, técnico, econômico ou financeiro.

§ 4.º Os documentos referentes ao processo eleitoral devem ser emitidos em duas vias, as quais permanecerão sob a guarda dos empregados e da empresa pelo prazo de cinco anos, à disposição para consulta de qualquer trabalhador interessado, do Ministério Público do Trabalho e do Ministério do Trabalho.

1. REPRESENTAÇÃO DOS TRABALHADORES NA EMPRESA

A representação de trabalhadores na empresa envolve um conjunto de meios destinados a promover, no local de trabalho, o entendimento entre os trabalhadores e os empregadores sobre as condições de trabalho[167].

A representação dos trabalhadores pode ser feita por um colegiado (como um conselho) ou ser singular (como ocorre com o delegado sindical e o representante individual).

Entende-se que, no caso, tem-se a representação de interesses principalmente coletivos, comuns aos membros do grupo, admitindo a doutrina que os interesses individuais também podem ser tutelados pelos organismos internos de representação dos trabalhadores[168].

[167] Cf. MARTINS, Sergio Pinto. *Direito do trabalho*. 22. ed. São Paulo: Atlas, 2006. p. 751.

[168] Cf. SILVA, Walküre Lopes Ribeiro da. *Representação e participação dos trabalhadores na gestão da empresa*. São Paulo: LTr, 1998. p. 31-32.

2. CONVENÇÃO 135 DA OIT

A Convenção 135 da OIT, de 1971, prevê regras pertinentes à representação dos trabalhadores. Essa norma foi ratificada pelo Brasil, tendo sido promulgada pelo Decreto 131, de 22 de maio de 1991 (atualmente Decreto 10.088/2019).

A Recomendação 143, de 1971, complementa a mencionada Convenção.

O principal objetivo da Convenção 135 é estabelecer forma eficaz de proteção ao representante dos trabalhadores na empresa, evitando a sua dispensa justamente por exercer essa atividade perante o empregador.

A Convenção 135 da OIT prevê duas modalidades de representação dos trabalhadores (art. 3.º):

a) representantes sindicais, isto é, representantes nomeados ou eleitos pelos sindicatos ou pelos seus associados;

b) representantes eleitos, isto é, representantes livremente eleitos pelos trabalhadores da empresa, conforme as disposições da legislação nacional ou de convenções coletivas, cujas funções não se estendam a atividades que sejam reconhecidas, nos países interessados, como prerrogativas exclusivas dos sindicatos.

Quando uma empresa contar ao mesmo tempo com representantes sindicais e representantes eleitos, medidas adequadas deverão ser tomadas, cada vez que for necessário, para garantir que a presença de representantes eleitos não venha a ser utilizada para o enfraquecimento da situação dos sindicatos interessados ou de seus representantes, mas sim para incentivar a cooperação, relativa a todas as questões pertinentes, entre os representantes eleitos e os sindicatos interessados e seus representantes (art. 5.º).

Os representantes dos trabalhadores na empresa devem ser beneficiados com uma proteção eficiente contra quaisquer medidas que poderiam vir a prejudicá-los, inclusive o despedimento, e que seriam motivadas por sua qualidade ou suas atividades como representantes dos trabalhadores, sua filiação sindical, ou participação em atividades sindicais, conquanto ajam de acordo com as leis, convenções coletivas ou outros arranjos convencionais vigorando (art. 1.º).

Facilidades devem ser concedidas, na empresa, aos representantes dos trabalhadores, de modo a possibilitar o cumprimento rápido e eficiente de suas funções (art. 2.º, 1). A concessão dessas facilidades não deve dificultar o funcionamento eficiente da empresa interessada (art. 2.º, 3).

A Convenção 135 da OIT, no art. 4.º, prevê que a legislação nacional, as convenções coletivas, as sentenças arbitrais ou as decisões judiciárias podem determinar o tipo ou os tipos de representantes dos trabalhadores que devam ter direito à proteção ou às facilidades visadas pela referida norma internacional.

O art. 6.º da Convenção 135 da Organização Internacional do Trabalho, por seu turno, dispõe que a aplicação das suas disposições pode ser assegurada mediante a legislação nacional, convenções coletivas e todos os outros modos que seriam conforme a prática nacional.

3. PREVISÃO CONSTITUCIONAL

A representação dos trabalhadores nas empresas é objeto de previsão na Constituição Federal de 1988, em seu art. 11.

De acordo com esse dispositivo, nas empresas com mais de 200 empregados, assegura-se a eleição do representante dos trabalhadores.

Desse modo, tendo a empresa até 200 empregados, não há imposição, pelo texto constitucional, quanto à existência do mencionado representante de trabalhadores. O número de empregados deve ser contado na empresa como um todo, e não em cada estabelecimento.

Tratando-se de grupo econômico, as empresas que o integram possuem personalidade jurídica distinta (art. 2.º, § 2.º, da CLT), de modo que cada uma deve ser verificada, de forma autônoma, quanto à regra em questão. Por isso, no grupo, cada empresa com mais de 200 empregados deve ter o seu próprio representante dos trabalhadores.

Trata-se de norma autoaplicável, ou seja, dotada de aplicabilidade imediata, mas a lei pode estabelecer certas disposições moldando o direito em estudo, ao prever a sua regulação.

A previsão constitucional representa um direito mínimo, podendo a lei (ou mesmo a convenção ou o acordo coletivo) estabelecer a representação mais acentuada dos empregados na empresa, como um representante em cada estabelecimento existente. Referida regulamentação também pode estabelecer número superior de representantes de trabalhadores para as empresas com número bem superior a 200 empregados.

O instituto tem a finalidade de estabelecer contato direto com o empregador nas questões de interesse dos empregados. Não se trata, assim, de meio para realização de negociação coletiva de trabalho, não tendo o referido representante dos trabalhadores legitimidade para firmar convenções e acordos coletivos, justamente porque não se confunde com o sindicato (art. 8.º, inciso VI, da Constituição Federal de 1988)[169].

O representante dos trabalhadores na empresa (art. 11 da Constituição Federal de 1988) distingue-se, ainda, do delegado sindical (arts. 522, § 3.º, e 523 da CLT), sendo este último designado pelo sindicato com o objetivo de se ter um representante do ente sindical no âmbito da empresa.

4. PREVISÃO LEGAL

A Consolidação das Leis do Trabalho, no art. 621 (com redação determinada pelo Decreto-lei 229, de 28 de fevereiro de 1967), prevê que as convenções e os acordos coletivos podem incluir, entre suas cláusulas, disposição sobre a constituição e o funcionamento de comissões mistas de consulta e colaboração no plano da empresa. Essas disposições devem mencionar a forma de constituição, o modo de funcionamento e as atribuições das comissões.

A Lei 13.467/2017 acrescentou à CLT o Título IV-A, sobre *Representação dos Empregados*.

Segundo o art. 510-A da CLT, acrescentado pela Lei 13.467/2017, nas empresas com mais de 200 empregados, é assegurada a eleição de uma *comissão* para representá-los, com a finalidade de promover-lhes o entendimento direto com os empregadores.

A comissão deve ser composta:

169 Cf. MARTINS, Sergio Pinto. *Direito do trabalho*. 24. ed. São Paulo: Atlas, 2008. p. 748.

I – nas empresas com mais de 200 e até 3.000 empregados, por três membros;

II – nas empresas com mais de 3.000 e até 5.000 empregados, por cinco membros;

III – nas empresas com mais de 5.000 empregados, por sete membros (art. 510-A, § 1.º, da CLT).

Conforme o art. 510-A, § 2.º, da CLT, no caso de a empresa possuir empregados em vários Estados da Federação e no Distrito Federal, deve ser assegurada a eleição de uma comissão de representantes dos empregados por Estado ou no Distrito Federal, na mesma forma estabelecida no § 1.º do art. 510-A da CLT.

É possível defender a eleição de representante dos trabalhadores no local de trabalho mesmo em empresas com menos de 200 empregados, por meio de previsão mais benéfica em norma coletiva negociada, com fundamento no art. 7.º, inciso XXVI, da Constituição Federal de 1988 e na Convenção 135 da OIT.

O art. 11 da Constituição da República não proíbe que isso seja feito, uma vez que apenas assegura nas empresas de mais de 200 empregados a eleição de um representante destes com a finalidade exclusiva de promover-lhes o entendimento direto com os empregadores.

O art. 510-B da CLT, acrescentado pela Lei 13.467/2017, prevê que a comissão de representantes dos empregados tem as seguintes atribuições: representar os empregados perante a administração da empresa; aprimorar o relacionamento entre a empresa e seus empregados com base nos princípios da boa-fé e do respeito mútuo; promover o diálogo e o entendimento no ambiente de trabalho com o fim de prevenir conflitos; buscar soluções para os conflitos decorrentes da relação de trabalho, de forma rápida e eficaz, visando à efetiva aplicação das normas legais e contratuais; assegurar tratamento justo e imparcial aos empregados, impedindo qualquer forma de discriminação por motivo de sexo, idade, religião, opinião política ou atuação sindical; encaminhar reivindicações específicas dos empregados de seu âmbito de representação; acompanhar o cumprimento das leis trabalhistas, previdenciárias e das convenções coletivas e acordos coletivos de trabalho.

As decisões da comissão de representantes dos empregados devem ser sempre colegiadas, observada a maioria simples (art. 510-B, § 1.º, da CLT).

A comissão deve organizar sua atuação de forma independente (art. 510-B, § 2.º, da CLT).

Frise-se que é obrigatória a participação do *sindicato* na negociação coletiva de trabalho (art. 8.º, inciso VI, da Constituição da República).

Assim, em se tratando de conflito coletivo de trabalho, a celebração de convenções e acordos coletivos de trabalho (art. 7.º, inciso XXVI, da Constituição da República) não pode ser feita pela comissão de representantes de empregados.

A atuação da comissão de representantes dos empregados na solução de conflitos decorrentes da relação de trabalho tem como objetivo a pacificação social, com natureza de *autocomposição* no local de trabalho.

Ainda relacionado ao tema, o art. 3.º, § 3.º, do CPC de 2015 determina que a conciliação, a mediação e outros métodos de solução consensual de conflitos devem ser estimulados por juízes, advogados, defensores públicos e membros do Ministério Público, inclusive no curso do processo judicial.

A eleição deve ser convocada, com antecedência mínima de 30 dias, contados do término do mandato anterior, por meio de edital que deve ser fixado na empresa, com ampla publicidade, para inscrição de candidatura (art. 510-C da CLT, acrescentado pela Lei 13.467/2017).

Deve ser formada comissão eleitoral, integrada por cinco empregados, não candidatos, para a organização e o acompanhamento do processo eleitoral, vedada a interferência da empresa e do sindicato da categoria (art. 510-C, § 1.º, da CLT).

Os empregados da empresa podem candidatar-se, exceto aqueles com contrato de trabalho por prazo determinado, com contrato suspenso ou que estejam em período de aviso prévio, ainda que indenizado (art. 510-C, § 2.º, da CLT).

Serão eleitos membros da comissão de representantes dos empregados os candidatos mais votados, em votação secreta, vedado o voto por representação (art. 510-C, § 3.º, da CLT).

A comissão deve tomar posse no primeiro dia útil seguinte à eleição ou ao término do mandato anterior (art. 510-C, § 4.º, da CLT).

Se não houver candidatos suficientes, a comissão de representantes dos empregados pode ser formada com um número de membros inferior ao previsto no art. 510-A da CLT (art. 510-C, § 5.º, da CLT).

Se não houver registro de candidatura, deve ser lavrada ata e convocada nova eleição no prazo de um ano (art. 510-C, § 6.º, da CLT).

O mandato dos membros da comissão de representantes dos empregados é de um ano (art. 510-D da CLT, incluído pela Lei 13.467/2017).

O membro que houver exercido a função de representante dos empregados na comissão não pode ser candidato nos dois períodos subsequentes (art. 510-D, § 1.º, da CLT).

O mandato de membro de comissão de representantes dos empregados não implica suspensão ou interrupção do contrato de trabalho, devendo o empregado permanecer no exercício de suas funções (art. 510-D, § 2.º, da CLT).

Desde o registro da candidatura até um ano após o fim do mandato, *o membro da comissão de representantes dos empregados não pode sofrer despedida arbitrária*, entendendo-se como tal a que não se fundar em motivo disciplinar, técnico, econômico ou financeiro (art. 510-D, § 3.º, da CLT).

Nota-se que a garantia de emprego em questão não é exatamente a mesma que a estabilidade provisória prevista na hipótese do art. 8.º, inciso VIII, da Constituição da República, no sentido de ser vedada a dispensa do empregado sindicalizado a partir do registro da candidatura a cargo de direção ou representação sindical e, se eleito, ainda que suplente, até um ano após o final do mandato, salvo se cometer falta grave nos termos da lei (Súmula 369 do TST).

No caso do dirigente sindical, a despedida só é admitida em caso de falta grave, a qual deve ser demonstrada por meio de inquérito judicial (art. 543, § 3.º, da CLT e Súmula 379 do TST). Diversamente, o membro da comissão de representantes dos empregados não pode sofrer despedida arbitrária, a qual é entendida como a que não se fundar em motivo disciplinar, técnico, econômico ou financeiro. A dispensa justificada, nesse caso, não exige o ajuizamento de inquérito para apuração de falta grave.

Trata-se de previsão similar ao art. 165 da CLT, no sentido de que os representantes dos empregados nas Comissões Internas de Prevenção de Acidentes e de Assédio não podem sofrer despedida arbitrária, entendendo-se como tal a que não se fundar em motivo disciplinar, técnico, econômico ou financeiro. O art. 10, inciso II, *a*, do Ato das Disposições Constitucionais Transitórias estabelece que fica vedada a dispensa arbitrária ou sem justa causa do empregado eleito para cargo de direção de comissões internas de prevenção de acidentes, desde o registro de sua candidatura até um ano após o final de seu mandato.

Por se tratar de hipótese específica e provisória de garantia de permanência no emprego, entende-se que a sua instituição não exige lei complementar, por não envolver a disciplina genérica da proteção da relação de emprego contra despedida arbitrária ou sem justa causa (art. 7.º, inciso I, da Constituição da República). Mesmo no âmbito dos dissídios coletivos de trabalho, já se admitia a previsão, em sentença normativa, de garantia de emprego (estabilidade provisória) ao representante dos trabalhadores, no exercício do poder normativo da Justiça do Trabalho, em consonância com o art. 114, § 2.º, da Constituição da República, como se observa no Precedente Normativo 86 da SDC do TST.

Os documentos referentes ao processo eleitoral devem ser emitidos em duas vias, as quais devem permanecer sob a guarda dos empregados e da empresa pelo prazo de cinco anos, à disposição para consulta de qualquer trabalhador interessado, do Ministério Público do Trabalho e do Ministério do Trabalho (art. 510-D, § 4.º, da CLT).

Observa-se que o representante dos trabalhadores previsto no art. 11 da Constituição da República e a representação dos empregados (arts. 510-A a 510-D da CLT) inserem-se na modalidade de representação eleita, por não se tratar de representante de natureza sindical. Não se confundem, assim, com o *delegado sindical*, o qual é designado pela diretoria do sindicato entre os filiados de certa localidade (art. 523 da CLT), com as atribuições de representação e defesa dos interesses da entidade sindical perante o poder público e as empresas (art. 522, § 3.º, da CLT).

Quando uma empresa contar ao mesmo tempo com representantes sindicais e representantes eleitos, medidas adequadas deverão ser tomadas, sempre que necessário: a) para garantir que a presença de representantes eleitos não venha a ser utilizada para o enfraquecimento da situação dos sindicatos interessados ou de seus representantes; b) para incentivar a cooperação, relativa a todas as questões pertinentes, entre os representantes eleitos e os sindicatos interessados e seus representantes (art. 5.º da Convenção 135 da OIT).

Frise-se ser livre a associação profissional ou sindical, observando-se que ao *sindicato* cabe a defesa dos direitos e interesses coletivos ou individuais da categoria, inclusive em questões judiciais ou administrativas, sendo obrigatória a participação dos *sindicatos* nas negociações coletivas de trabalho (art. 8.º, incisos III e VI, da Constituição Federal de 1988).

O art. 39 da Portaria 671/2021 do Ministério do Trabalho e Previdência explicita que a comissão de representantes dos empregados a que se refere o Título IV-A da CLT *não substituirá* a função do sindicato de defender os direitos e os interesses coletivos ou individuais da categoria, inclusive em questões judiciais ou administrativas, hipótese em que será obrigatória a participação dos sindicatos em negociações coletivas de trabalho, nos termos dos incisos III e VI do art. 8.º da Constituição Federal de 1988.

✦ Súmulas, Orientações Jurisprudenciais e Precedentes Normativos

Precedente Normativo 86 da SDC do TST: Representantes dos trabalhadores. Estabilidade no emprego (positivo). Nas empresas com mais de 200 empregados é assegurada a eleição direta de um representante, com as garantias do art. 543, e seus parágrafos, da CLT.

TÍTULO V – DA ORGANIZAÇÃO SINDICAL

CAPÍTULO I – DA INSTITUIÇÃO SINDICAL

Seção I – Da Associação em Sindicato

Art. 511. É lícita a associação para fins de estudo, defesa e coordenação dos seus interesses econômicos ou profissionais de todos os que, como empregadores, empregados, agentes ou trabalhadores autônomos ou profissionais liberais exerçam, respectivamente, a mesma atividade ou profissão ou atividades ou profissões similares ou conexas.

§ 1.º A solidariedade de interesses econômicos dos que empreendem atividades idênticas, similares ou conexas, constitui o vínculo social básico que se denomina categoria econômica.

§ 2.º A similitude de condições de vida oriunda da profissão ou trabalho em comum, em situação de emprego na mesma atividade econômica ou em atividades econômicas similares ou conexas, compõe a expressão social elementar compreendida como categoria profissional.

§ 3.º Categoria profissional diferenciada é a que se forma dos empregados que exerçam profissões ou funções diferenciadas por força de estatuto profissional especial ou em consequência de condições de vida singulares.

§ 4.º Os limites de identidade, similaridade ou conexidade fixam as dimensões dentro das quais a categoria econômica ou profissional é homogênea e a associação é natural.

1. ORGANIZAÇÃO SINDICAL NA CONSTITUIÇÃO FEDERAL DE 1988

A organização sindical estabelecida na Constituição Federal de 1988 adota o princípio da *liberdade sindical*, embora com certas restrições.

Efetivamente, de acordo com o art. 8.º, *caput*, da Lei Maior: "É livre a associação profissional ou sindical", observados os preceitos dos incisos arrolados no mencionado dispositivo.

O inciso I do art. 8.º da Constituição Federal de 1988 foi mencionado acima, vedando a interferência e a intervenção do Poder Público na organização sindical.

A liberdade sindical, especificamente quanto à liberdade de filiação, é assegurada no inciso V do mesmo art. 8.º, ao prever que "ninguém será obrigado a filiar-se ou a manter-se filiado a sindicato".

O sistema sindical em vigor, no Brasil, adota a *unicidade sindical* (art. 8.º, inciso II, Constituição Federal de 1988), uma vez que: "é vedada a criação de mais de uma organização sindical, em qualquer grau, representativa de categoria profissional ou econômica, na mesma base territorial, que será definida pelos trabalhadores ou empregadores interessados, não podendo ser inferior à área de um Município".

Além disso, o mencionado sistema é organizado em *categorias*, como se observa dos comandos presentes no art. 8.º, incisos II, III e IV, da Constituição Federal de 1988. Isso não afasta a presença das chamadas *categorias profissionais diferenciadas*, conforme o art. 511, § 3.º, da CLT.

O sistema sindical revela-se, ainda, de caráter *confederativo*, como confirma o art. 8.º, inciso IV, da Constituição da República.

A Constituição Federal prevê, ainda, contribuições para custeio do sindicato, no art. 8.º, inciso IV: "a assembleia geral fixará a contribuição que, em se tratando de categoria profissional, será descontada em folha, para custeio do sistema confederativo da representação sindical respectiva, independentemente da contribuição prevista em lei".

A organização sindical brasileira enfatiza a *negociação coletiva*, considerada a forma ideal de solução dos conflitos de trabalho, dando origem a normas coletivas (acordo coletivo e convenção coletiva de trabalho).

Nesse sentido, o art. 7.º, inciso XXVI, da Constituição de 1988 prevê o direito ao "reconhecimento das convenções e acordos coletivos de trabalho". O art. 8.º, inciso VI, por sua vez, prevê ser "obrigatória a participação dos sindicatos nas negociações coletivas de trabalho".

O inciso VIII do art. 8.º da Lei Maior prevê a já estudada estabilidade provisória do dirigente sindical, representando caso de proibição expressa de ato antissindical: "é vedada a dispensa do empregado sindicalizado a partir do registro da candidatura a cargo de direção ou representação sindical e, se eleito, ainda que suplente, até um ano após o final do mandato, salvo se cometer falta grave nos termos da lei".

2. SINDICATO

A categoria (econômica, profissional ou profissional diferenciada), em si, é reconhecida pela lei e pela Constituição como titular de direitos.

O Código de Defesa do Consumidor, em seu art. 81, parágrafo único, inciso II, indica ser a "categoria" a titular dos "interesses ou direitos coletivos". A própria CLT, de 1943, no art. 513, "a", permite a mesma conclusão, ao aludir a interesses da categoria, vale dizer, de que esta é titular. A Constituição Federal de 1988, em seu art. 8.º, inciso III, retrata a mesma realidade, quando menciona "direitos e interesses coletivos e individuais da categoria".

A categoria é figura abstrata, cuja substância é formada não só das pessoas envolvidas, como de interesses comuns. Os §§ 1.º e 2.º do art. 511 da CLT apresentam definições legais de categoria, a qual se refere a uma "solidariedade de interesses", um "vínculo social básico", uma "expressão social".

Por isso, o sindicato, titular da personalidade jurídica, é quem representa e materializa a categoria, no âmbito judicial e extrajudicial, o que é confirmado pelo art. 8.º, inciso III, da Constituição Federal de 1988.

O sindicato pode ser definido como a associação de pessoas físicas ou jurídicas, que têm atividades econômicas ou profissionais, visando à defesa dos interesses coletivos ou individuais dos membros da categoria (art. 511, CLT).

A natureza jurídica do sindicato é de associação, tratando-se de pessoa jurídica de direito privado.

No atual regime democrático, pautado pela liberdade sindical, não mais se admite o sindicato atrelado ao Estado, como órgão dele dependente ou exercendo funções delegadas pelo Poder Público.

A aquisição da personalidade jurídica sindical ocorre com o registro no órgão competente (art. 8.º, inciso I, Constituição Federal de 1988), ou seja, no Ministério do Trabalho, conforme Súmula 677 do STF e Orientação Jurisprudencial 15 da SDC do TST.

O registro no Cartório de (Títulos e Documentos e de) Pessoas Jurídicas apenas confere personalidade jurídica de associação, não sendo suficiente para a aquisição da personalidade sindical, sabendo-se que o sindicato é uma pessoa jurídica de direito privado com diversas funções especiais e peculiaridades.

A Portaria 3.472/2023 dispõe sobre os procedimentos para o registro das entidades sindicais no Ministério do Trabalho e Emprego.

Os referidos procedimentos devem observar as seguintes diretrizes: simplificação do atendimento prestado às entidades sindicais; presunção de boa-fé; transparência; racionalização de métodos e procedimentos de controle; eliminação de formalidades e exigências cujo custo econômico ou social seja superior ao risco de fraude envolvido; aplicação de soluções tecnológicas que visem a simplificar processos e procedimentos de atendimento aos usuários dos serviços públicos e a propiciar melhores condições para o compartilhamento das informações, respeitados o sigilo e a proteção do tratamento dos dados na forma da lei (art. 1.º, parágrafo único, da Portaria 3.472/2023 do Ministério do Trabalho e Emprego).

Registro sindical é o procedimento de registro de nova entidade sindical.

Alteração estatutária é o procedimento de registro de alteração de categoria ou base territorial abrangida por entidade sindical registrada no Cadastro Nacional de Entidades Sindicais (CNES).

Fusão é o procedimento de registro por meio do qual dois ou mais sindicatos já registrados no Cadastro Nacional de Entidades Sindicais (CNES) com categoria ou base territorial idênticas se unem, em comum acordo, para a formação de um novo sindicato, que os sucederá em direitos e obrigações, com a consequente extinção dos preexistentes.

Incorporação é o procedimento por meio do qual um sindicato registrado no Cadastro Nacional de Entidades Sindicais (CNES), denominado incorporador, em comum acordo, absorve a representação sindical de um ou mais sindicatos com categoria ou base territorial idênticas e registrados no CNES, denominados incorporados, que serão extintos e sucedidos em seus direitos e obrigações por aquele.

Atualização sindical é o procedimento por meio do qual uma entidade sindical com registro concedido antes de 18 de abril de 2005 promove o seu recadastramento junto ao Cadastro Nacional de Entidades Sindicais (CNES).

Atualização de dados perenes é o procedimento de atualização de dados de entidades sindicais registradas no Cadastro Nacional de Entidades Sindicais (CNES) referentes à localização (correio eletrônico, endereço, endereço eletrônico e telefone), composição da diretoria e filiação, quando houver (art. 2.º da Portaria 3.472/2023 do Ministério do Trabalho e Emprego).

Para realizar o pedido de registro, o requerente deve acessar o sistema CNES, disponível no portal gov.br.

A solução do conflito entre entidades sindicais pode resultar de autocomposição, mediação ou arbitragem, à escolha dos interessados, observados os preceitos da Lei 13.140/2015 e da Lei 9.307/1996, no que couberem (art. 17 da Portaria 3.472/2023 do Ministério do Trabalho e Emprego).

Os sindicatos podem ser classificados da seguinte forma, para sistematizar o seu estudo: a) *sindicatos horizontais*: verificado quando as pessoas que se reúnem realizam determinada atividade profissional (categorias profissionais diferenciadas); b) *sindicatos verticais*: abrangem todos os empregados da empresa, em razão da atividade econômica.

3. LIBERDADE DE ASSOCIAÇÃO E LIBERDADE DE FILIAÇÃO

A liberdade de associação, assegurada pela ordem jurídica, significa o direito das pessoas se unirem, de forma duradoura, tendo em vista a existência de objetivos comuns, dando origem a grupos organizados, ou seja, associações.

O sindicato pode ser entendido como associação de natureza especial, voltada à defesa dos interesses comuns de grupos de trabalhadores ou de empregadores.

Assim sendo, assegura-se a liberdade de associação sindical, no sentido de se garantir a existência e a formação de organizações sindicais, de modo que as pessoas podem se agrupar, de forma organizada, em sindicatos. Nesse enfoque, a liberdade (de associação) sindical é uma modalidade específica do direito mais amplo de associação.

A liberdade de filiação sindical, por sua vez, é assegurada no art. 8.º, inciso V, da Constituição Federal de 1988, remontando ao direito, também fundamental, mais genérico, de liberdade de associação, previsto no art. 5.º, inciso XVII, da Constituição da República.

Ainda em termos gerais, frise-se que ninguém pode ser compelido a associar-se ou a permanecer associado (art. 5.º, inciso XX, da Constituição Federal de 1988). Nesse contexto, o Supremo Tribunal Federal fixou a seguinte tese de repercussão geral: "É inconstitucional o condicionamento da desfiliação de associado à quitação de débito referente a benefício obtido por intermédio da associação ou ao pagamento de multa" (STF, Pleno, RE 820.823/DF, Rel. Min. Dias Toffoli, j. 03.10.2022).

A liberdade de filiação sindical pode ser tanto positiva, ou seja, assegurando a associação ao ente sindical, como negativa, no sentido de garantir o direito de não se filiar ou de deixar o quadro de associados do sindicato. Tendo em vista a garantia referente à liberdade de filiação sindical, veda-se o tratamento discriminatório àquele que não é sindicalizado, bem como o tratamento privilegiado àquele que se associou ao sindicato. Nesse sentido, prevê a Orientação Jurisprudencial 20 da SDC do TST.

Além disso, a liberdade de filiação sindical pode ser tanto individual, em que o trabalhador e o empregador têm o direito de ingressar como filiado do sindicato, como coletiva, na qual o próprio ente sindical, em si, decide se filiar a outro ente sindical superior, seja ele de amplitude nacional ou mesmo internacional.

Em nosso sistema de organização sindical, não se pode confundir a filiação ao sindicato, ato que depende da livre manifestação de vontade do trabalhador ou do empregador, com o fato de pertencer a determinada categoria profissional ou econômica.

Para fazer parte da categoria profissional, não se exige manifestação de vontade do empregado, bastando prestar serviços ao empregador cuja atividade preponderante insere-se em determinado setor da atividade econômica, em certa área territorial.

Do mesmo modo, o empregador passa a fazer parte da categoria econômica pelo fato de exercer atividade preponderante em certo setor da economia, em determinada área territorial.

Já para ser filiado ao sindicato, reitere-se, faz-se necessária a manifestação de vontade do empregado ou do empregador.

No entanto, mesmo sem essa filiação, empregados e empregadores integram as respectivas categorias profissionais e econômicas, de modo a fazer jus aos direitos previstos nos instrumentos normativos a elas aplicáveis (acordos coletivos, convenções coletivas, sentenças normativas).

Existe, assim, uma correspondência entre a categoria profissional (dos empregados) e a categoria econômica (dos empregadores). A atividade econômica preponderante do empregador, bem como a localização, são fatores essenciais na delimitação do enquadramento sindical.

4. SISTEMA SINDICAL ORGANIZADO EM CATEGORIAS

Diversos dispositivos constitucionais confirmam que o sistema sindical brasileiro é organizado em categorias, como se verifica no art. 8.º, incisos II, III e IV, da Constituição Federal de 1988.

O sistema de categorias é uma evidente forma de restringir a liberdade sindical, com origem no regime corporativista, impossibilitando que os interessados se reúnam em formas distintas, em outros grupos, com alcance diverso, como os sindicatos por profissões, ou mesmo os sindicatos dos empregados de certa empresa.

Mesmo tendo sido adotado o conceito de categoria (que, por natureza, é fechado) no Brasil, na prática, por meio de dissociações e desmembramentos de categorias ecléticas, observou-se um efetivo aumento no número de entidades sindicais após a Constituição Federal de 1988, quando deixou de ser exigida a autorização do Ministério do Trabalho para a fundação do sindicato.

A categoria pode ser definida como o conjunto de pessoas com interesses profissionais ou econômicos em comum, decorrentes de identidade de condições ligadas ao trabalho ou à atividade econômica desempenhada. É uma forma de organização do grupo profissional ou econômico[170].

O conceito de categoria, na realidade, é objeto da sociologia, mas tem previsão no art. 511, §§ 1.º e 2.º, da CLT.

Desse modo, a *categoria profissional* (ou seja, de empregados) é a "expressão social elementar", integrada pela "similitude de condições de vida oriunda da profissão ou trabalho em comum, em situação de emprego na mesma atividade econômica ou em atividades econômicas similares ou conexas" (§ 2.º do art. 511).

Para que o empregado integre a categoria profissional, basta prestar serviços a empregador cuja atividade esteja inserida em certo setor da economia, independentemente da função especificamente desempenhada (a não ser que se trate de categoria profissional diferenciada).

Assim, o empregado que trabalha, exercendo funções de limpeza, para o seu empregador, que é uma empresa cuja atividade preponderante é a metalurgia, considera-se integrante da categoria profissional dos metalúrgicos, assim como aqueles empregados que laboram diretamente na atividade industrial metalúrgica.

[170] Cf. MARTINS, Sergio Pinto. *Direito do trabalho*. 28. ed. São Paulo: Atlas, 2012. p. 755.

A *categoria econômica* (ou seja, de empregadores), por sua vez, é o "vínculo social básico", decorrente da "solidariedade de interesses econômicos dos que empreendem atividades idênticas, similares ou conexas" (§ 1.º do art. 511).

No exemplo acima, o mencionado empregador integra a categoria econômica dos metalúrgicos.

5. CENTRAIS SINDICAIS

As centrais sindicais são órgãos de cúpula, intercategoriais, de âmbito nacional, coordenando os demais órgãos, sem integrar o sistema sindical confederativo regulado na Constituição Federal.

Assim, as centrais sindicais apresentam natureza jurídica de direito privado, de associações civis. No sistema jurídico no Brasil sempre se entendeu que as centrais sindicais ainda não possuíam natureza de ente sindical propriamente.

Não havia regulamentação legal sobre as centrais sindicais, mas a legislação já previa a sua existência, como se observa na Lei 8.036/1990, art. 3.º, § 3.º, na Lei 7.998/1990, art. 18, § 3.º, e na Lei 8.213/1991, art. 3.º, § 2.º.

No plano da realidade dos fatos, as centrais sindicais exercem importante papel na sociedade, atuando não só em conjunto com as entidades sindicais, buscando melhores condições de trabalho e de vida, mas em matérias de interesse social.

Verifica-se a existência de diversas centrais sindicais, de âmbito nacional, abrangendo várias categorias e profissões, o que não é obstado pela unicidade sindical, justamente porque as centrais não apresentam natureza de ente sindical.

Assim, o que existe, de fato, é verdadeira pluralidade na cúpula da organização sindical, representada pelas centrais sindicais.

Há relevância em alterar a Constituição Federal, passando a inserir as centrais sindicais, em termos jurídicos, no sistema sindical brasileiro.

Cabe esclarecer e destacar, no entanto, que a Lei 11.648, de 31 de março de 2008 (publicada no *DOU* de 31.03.2008, edição extra, com entrada em vigor na data de sua publicação, conforme o art. 8.º), dispõe sobre o reconhecimento formal das centrais sindicais para os fins que especifica, alterando a Consolidação das Leis do Trabalho. Nesse sentido, o art. 1.º do mencionado diploma legal assim prevê:

> Art. 1.º A central sindical, entidade de representação geral dos trabalhadores, constituída em âmbito nacional, terá as seguintes atribuições e prerrogativas:
>
> I – coordenar a representação dos trabalhadores por meio das organizações sindicais a ela filiadas; e
>
> II – participar de negociações em fóruns, colegiados de órgãos públicos e demais espaços de diálogo social que possuam composição tripartite, nos quais estejam em discussão assuntos de interesse geral dos trabalhadores.
>
> Parágrafo único. Considera-se central sindical, para os efeitos do disposto nesta Lei, a entidade associativa de direito privado composta por organizações sindicais de trabalhadores.

Como se nota, a Lei em questão tem como objetivo não apenas reconhecer, formalmente, as centrais sindicais em nosso ordenamento jurídico, mas também definir as suas atribuições e prerrogativas. Além disso, restou confirmado que *a central sindical possui natureza jurídica de direito privado*, sendo *formada por entes sindicais dos trabalhadores*. Não há, assim, central sindical formada de organizações sindicais patronais.

Além disso, ainda que a central sindical seja composta de entes sindicais profissionais, verifica-se que a Lei em debate não determina, ao menos expressamente, ser a central sindical, em si, em termos rigorosamente jurídicos, também um ente dotado de personalidade jurídica sindical. Ou seja, analisando-se atentamente a previsão legal, nota-se não haver indicação de que a central sindical passou a ser integrante do sistema sindical brasileiro. Afinal, ser composta por organizações sindicais (de trabalhadores) não é sinônimo de ser a central, em si, também um ente sindical. Tanto é assim que a Constituição Federal de 1988 continua prevendo que o sistema sindical brasileiro é confederativo (art. 8.º, inciso IV, da Constituição Federal de 1988), ou seja, composto de sindicatos, federações e confederações, além de fundado na representação de categorias (art. 8.º, incisos II e III, da Constituição Federal de 1988). Já as centrais sindicais, além de não se inserirem no sistema confederativo, são intercategoriais (ou seja, supracategoriais).

Para que a central sindical passe a integrar, em termos rigorosamente jurídicos, o sistema sindical em sentido próprio e estrito, seria necessária alteração da Constituição Federal, de modo a conferir-lhe verdadeira natureza jurídica de ente sindical, modificando a limitação atualmente prevista do sistema sindical confederativo e por categorias.

De todo modo, restou confirmado que a central sindical é constituída em *âmbito nacional*, sendo entidade de *representação geral dos trabalhadores*.

A coordenação da representação dos trabalhadores, pela central sindical, em âmbito nacional, ocorre "por meio das organizações sindicais" que forem filiadas à central sindical. Isso confirma a assertiva de que a central sindical não é, em termos rigorosamente técnico-jurídicos, um ente que integre o sistema sindical, tal como estruturado na Constituição Federal de 1988. Na realidade, as organizações sindicais podem se filiar à central sindical, por ser esta uma entidade associativa de natureza privada (composta, justamente, daquelas organizações sindicais).

A central sindical pode, ainda, participar de negociações *em fóruns, colegiados de órgãos públicos e demais espaços de diálogo social que possuam composição tripartite* (ou seja, com a presença de representantes dos trabalhadores, empregadores e governo ou poder público), nos quais estejam em discussão assuntos de interesse geral dos trabalhadores. Desse modo, as centrais apresentam legitimidade para participarem da assinatura dos "pactos sociais".

Esclareça-se que o *pacto social* normalmente resulta de uma negociação ou "concertação social" em elevado nível da sociedade, com o objetivo de fixar rumos para a política social e econômica do país. Trata-se de meio para obter o consenso dos interessados antes de reformas mais profundas, contando com a participação de representantes (sindicais) dos trabalhadores, representantes dos empregadores (das empresas) e do Estado ("pactos trilaterais"), em que são estabelecidos planos sobre âmbitos diversos, especialmente no aspecto econômico e social[171]. Desse modo, não se confundem com os acordos e convenções coletivas, seja em razão dos sujeitos pactuantes distintos, seja porque os pactos sociais têm finalidades próprias, procurando estabelecer regras e programas mais amplos, relacionados a políticas econômicas

171 Cf. NASCIMENTO, Amauri Mascaro. *Teoria geral do direito do trabalho*. São Paulo: LTr, 1998. p. 176-177.

e sociais gerais, prevendo compromissos de caráter preponderantemente moral entre os atores sociais e o governo. De todo modo, o pacto social não deixa de ser um instrumento que busca solucionar conflitos sociais, podendo envolver questões de ordem trabalhista.

A previsão legal, portanto, não se refere à negociação coletiva propriamente, entendida como o procedimento, fundado na autonomia coletiva dos particulares, apto a dar origem a normas jurídicas coletivas negociadas (previstas em acordos e convenções coletivas de trabalho), nas quais são estabelecidas condições de trabalho, solucionando o conflito coletivo trabalhista. Portanto, não há atribuição do poder de contratação e negociação coletiva à central sindical, o que, aliás, só poderia ser feito por meio de eventual alteração da Constituição Federal de 1988. Tanto é assim que, em conformidade com o art. 8.º, inciso VI, da Constituição Federal de 1988, a negociação coletiva continua sendo de atribuição dos entes sindicais, exigindo-se a participação do sindicato (especialmente do sindicato da categoria profissional, sabendo-se que o acordo coletivo, reconhecido no art. 7.º, inciso XXVI, da Constituição Federal de 1988, é firmado com empresa ou empresas).

Observados os relevantes aspectos acima, cabe prosseguir na análise das disposições seguintes do referido diploma legal. Assim sendo, de acordo o seu art. 2.º:

> Art. 2.º Para o exercício das atribuições e prerrogativas a que se refere o inciso II do *caput* do art. 1.º desta Lei, a central sindical deverá cumprir os seguintes requisitos:
>
> I – filiação de, no mínimo, 100 (cem) sindicatos distribuídos nas 5 (cinco) regiões do País;
>
> II – filiação em pelo menos 3 (três) regiões do País de, no mínimo, 20 (vinte) sindicatos em cada uma;
>
> III – filiação de sindicatos em, no mínimo, 5 (cinco) setores de atividade econômica; e
>
> IV – filiação de sindicatos que representem, no mínimo, 7% (sete por cento) do total de empregados sindicalizados em âmbito nacional.
>
> Parágrafo único. O índice previsto no inciso IV do *caput* deste artigo será de 5% (cinco por cento) do total de empregados sindicalizados em âmbito nacional no período de 24 (vinte e quatro) meses a contar da publicação desta Lei.

Pode-se concluir que passam a existir, em tese, duas modalidades de centrais sindicais:

- as centrais sindicais que atendem aos requisitos de representatividade (art. 2.º), tendo o direito de receber parte da contribuição sindical (art. 589, § 2.º, da CLT, em sua nova redação), bem como as atribuições e prerrogativas de participar de negociações em fóruns, colegiados de órgãos públicos e demais espaços de diálogo social que possuam composição tripartite, nos quais estejam em discussão assuntos de interesse geral dos trabalhadores (art. 1.º, *caput*, inciso II);
- as centrais sindicais que não atendem aos requisitos de representatividade e que, por isso, não têm os referidos direitos, atribuições e prerrogativas.

Mesmo assim, pode-se entender que ambas as modalidades de centrais sindicais possuem a atribuição e prerrogativa básica, que é de coordenar a representação dos trabalhadores por meio das organizações sindicais a ela filiadas (art. 1.º, *caput*, inciso I), pois as duas são entidades associativas de direito privado compostas por organizações sindicais de trabalhadores (art. 1.º, parágrafo único).

Verifica-se que para o exercício das atribuições e prerrogativas de "participar de negociações em fóruns, colegiados de órgãos públicos e demais espaços de diálogo social que possuam composição tripartite, nos quais estejam em discussão assuntos de interesse geral dos trabalhadores", a central sindical deve preencher os requisitos acima transcritos, constantes dos incisos I a IV do art. 2.º. A interpretação até mesmo literal é de que todos os requisitos, constantes dos incisos I, II, III e IV, do art. 2.º, devem ser preenchidos pela central sindical, não se tratando de requisitos alternativos, mas sim cumulativos. A justificativa para essa exigência é conferir as mencionadas atribuições e prerrogativas, apenas, às centrais sindicais que apresentem e demonstrem, efetivamente, deter *legitimidade* na representação geral dos trabalhadores (ou seja, que possuam verdadeira *representatividade*).

Os critérios para demonstrar essa legitimidade/representatividade estão relacionados à filiação de sindicatos à central sindical, na forma explicitada e detalhada nos incisos acima transcritos. Os incisos III e IV, do art. 2.º, aliás, confirmam o entendimento de que *as centrais sindicais são órgãos intercategoriais ou supracategoriais* recebendo a filiação de sindicatos de diferentes setores da atividade econômica, bem como são entes de âmbito nacional.

O parágrafo único do art. 2.º, na realidade, é uma regra de transição, amenizando a previsão do inciso IV, quanto ao período de 24 meses a contar da publicação da Lei mencionada. Após esse período inicial, passa a incidir o percentual mais elevado do inciso IV do *caput* do art. 2.º.

Em conformidade com o art. 3.º do mesmo diploma legal:

> Art. 3.º A indicação pela central sindical de representantes nos fóruns tripartites, conselhos e colegiados de órgãos públicos a que se refere o inciso II do *caput* do art. 1.º desta Lei será em número proporcional ao índice de representatividade previsto no inciso IV do *caput* do art. 2.º desta Lei, salvo acordo entre centrais sindicais.
>
> § 1.º O critério de proporcionalidade, bem como a possibilidade de acordo entre as centrais, previsto no *caput* deste artigo não poderá prejudicar a participação de outras centrais sindicais que atenderem aos requisitos estabelecidos no art. 2.º desta Lei.
>
> § 2.º A aplicação do disposto no *caput* deste artigo deverá preservar a paridade de representação de trabalhadores e empregadores em qualquer organismo mediante o qual sejam levadas a cabo as consultas.

A central sindical tem a atribuição e prerrogativa de participar de negociações em fóruns, colegiados de órgãos públicos e demais espaços de diálogo social que possuam composição tripartite, nos quais estejam em discussão assuntos de interesse geral dos trabalhadores (art. 1.º, *caput*, inciso II).

Os representantes a serem indicados, pelas centrais sindicais, para participar dessas negociações nos fóruns tripartites, conselhos e colegiados de órgãos públicos, no entanto, serão em número proporcional ao índice de representatividade previsto no inciso IV do *caput* do art. 2.º da Lei analisada, salvo acordo entre centrais sindicais. Isso significa que, não havendo o mencionado acordo, o número de representantes indicados por uma a uma das centrais sindicais deve ser proporcional à filiação de sindicatos que representem, no mínimo, 7% (sete por cento) do total de empregados sindicalizados em âmbito nacional. Em outras palavras, quanto maior o número de sindicatos que possuam empregados sindicalizados, filiados a certa central sindical, maior a representatividade desta e, por consequência, maior o número de representantes a serem indicados pela referida central sindical em específico.

O critério de proporcionalidade descrito, bem como a possibilidade de acordo entre as centrais, não poderá prejudicar a participação de outras centrais sindicais que atenderem aos requisitos estabelecidos no art. 2.º da Lei em estudo. Essa previsão procura, na realidade, assegurar o direito de participação também de eventuais centrais sindicais que, embora preencham os critérios legais de aferição da representatividade, alcançam índices inferiores a esse respeito.

Por outro lado, a aplicação do critério acima analisado (art. 3.º, *caput*) deverá preservar a paridade de representação de trabalhadores e empregadores em qualquer organismo no qual sejam efetuadas consultas a respeito de assuntos de interesse geral dos trabalhadores.

Deve-se destacar, ainda, a disposição do art. 4.º do mesmo diploma legal, que assim prevê:

> Art. 4.º A aferição dos requisitos de representatividade de que trata o art. 2.º desta Lei será realizada pelo Ministério do Trabalho e Emprego.
>
> § 1.º O Ministro de Estado do Trabalho e Emprego, mediante consulta às centrais sindicais, poderá baixar instruções para disciplinar os procedimentos necessários à aferição dos requisitos de representatividade, bem como para alterá-los com base na análise dos índices de sindicalização dos sindicatos filiados às centrais sindicais.
>
> § 2.º Ato do Ministro de Estado do Trabalho e Emprego divulgará, anualmente, relação das centrais sindicais que atendem aos requisitos de que trata o art. 2.º desta Lei, indicando seus índices de representatividade.

Como se pode notar, a Lei dispõe ser *atribuição do Ministério do Trabalho* a *aferição dos requisitos de representatividade* de que trata o art. 2.º, acima estudado. Essa aferição pode ser feita de acordo com instruções a serem baixadas pelo próprio Ministério do Trabalho, instruções estas que podem ser alteradas com base na análise dos índices de sindicalização dos sindicatos filiados às centrais sindicais.

Com a finalidade de conferir *publicidade* e viabilizar o *conhecimento* e a *informação* (inclusive pela sociedade) de quais são as centrais sindicais que preenchem os requisitos legais de representatividade, ato do Ministro de Estado do Trabalho deve divulgar, a cada ano, a relação das centrais que preenchem os requisitos analisados (previstos no art. 2.º), explicitando os respectivos índices de representatividade.

Mesmo assim, em razão da garantia constitucional do acesso à jurisdição (art. 5.º, inciso XXXV, da Constituição Federal de 1988), torna-se possível ao interessado eventual questionamento do referido ato administrativo na esfera judicial, alegando ter ocorrido lesão ou ameaça ao seu direito (no caso, ao seu direito a ter reconhecida a representatividade que alegue possuir, mas que, injustamente, não tenha constado do ato ministerial em questão).

De todo modo, a mencionada atribuição do Ministério do Trabalho, de aferir os requisitos de representatividade das centrais sindicais, não pode ocorrer de maneira a violar o mandamento constitucional que proíbe a interferência e a intervenção do Poder Público na organização sindical (art. 8.º, inciso I, da Constituição Federal de 1988), o qual, aliás, decorre do próprio *princípio da liberdade sindical*.

Portanto, para que essa previsão legal não seja considerada inconstitucional, deve-se interpretá-la no sentido de que o Ministério do Trabalho tão somente pode atuar com base em critérios objetivos e de forma vinculada, dentro do estrito parâmetro legal, apenas explicitando e dando publicidade aos dados concretos colhidos na realidade dos fatos, sem manifestar eventual juízo de valor fundado em critérios subjetivos ou de conveniência. Além do mais, a central sindical, de acordo com a previsão constitucional em vigor, não se encontra juridicamente inserida no sistema sindical propriamente (ou seja, como um ente dotado de personalidade verdadeiramente sindical), pois este permanece tendo caráter confederativo (abrangendo os sindicatos, as federações e as confederações) e fundado em categorias (econômicas e profissionais). Nessa linha, o art. 8.º, inciso I, da Constituição Federal de 1988 veda a interferência e a intervenção do Poder Público na "organização sindical", a qual, como visto, permanece sendo confederativa e por categorias.

✦ Súmulas, Orientações Jurisprudenciais e Precedentes Normativos

Súmula 677 do STF: Incumbência do Ministério do Trabalho – Registro das Entidades Sindicais e Princípio da Unicidade. Até que lei venha a dispor a respeito, incumbe ao Ministério do Trabalho proceder ao registro das entidades sindicais e zelar pela observância do princípio da unicidade.

Súmula 374 do TST: Norma coletiva. Categoria diferenciada. Abrangência. Empregado integrante de categoria profissional diferenciada não tem o direito de haver de seu empregador vantagens previstas em instrumento coletivo no qual a empresa não foi representada por órgão de classe de sua categoria.

Orientação Jurisprudencial 15 da SDC do TST: Sindicato. Legitimidade *ad processum*. Imprescindibilidade do registro no Ministério do Trabalho. A comprovação da legitimidade *ad processum* da entidade sindical se faz por seu registro no órgão competente do Ministério do Trabalho, mesmo após a promulgação da Constituição Federal de 1988.

Orientação Jurisprudencial 20 da SDC do TST: Empregados sindicalizados. Admissão preferencial. Condição violadora do art. 8.º, V, da CF/1988. Viola o art. 8.º, V, da CF/1988 cláusula de instrumento normativo que estabelece a preferência, na contratação de mão de obra, do trabalhador sindicalizado sobre os demais.

✦ Referências legislativas

- Arts. 8.º e 114, inciso III, da CF;
- Art. 3.º da Lei 8.073/1990 (Política Nacional de Salários).

Art. 512. Somente as associações profissionais constituídas para os fins e na forma do artigo anterior e registradas de acordo com o art. 558 poderão ser reconhecidas como Sindicatos e investidas nas prerrogativas definidas nesta Lei.

1. CONSTITUIÇÃO DO SINDICATO

O art. 512 da CLT prevê que somente as associações profissionais regularmente constituídas para os fins de estudo, defesa e coordenação dos seus interesses econômicos ou profissionais, e registradas de acordo com o art. 558, podem ser reconhecidas como sindicatos e investidas nas prerrogativas definidas na CLT.

No que tange à legal constituição do sindicato, cabe recordar que o art. 8.º, inciso I, da Constituição Federal assim estabelece: "a lei não poderá exigir autorização do Estado para a fundação de sindicato, ressalvado o registro no órgão competente, vedadas ao Poder Público a interferência e a intervenção na organização sindical". O entendimento que prevalece é aquele segundo o qual a personalidade sindical em específico é adquirida com o registro no Ministério do Trabalho. Nesse sentido, cf. a Súmula 677 do Supremo Tribunal Federal.

✦ Súmulas, Orientações Jurisprudenciais e Precedentes Normativos

Súmula 677 do STF: Até que lei venha a dispor a respeito, incumbe ao Ministério do Trabalho proceder ao registro das entidades sindicais e zelar pela observância do princípio da unicidade.

Orientação Jurisprudencial 15 da SDC do TST: Sindicato. Legitimidade *ad processum*. Imprescindibilidade do registro no Ministério do Trabalho. A comprovação da legitimidade *ad processum* da entidade sindical se faz por seu registro no órgão competente do Ministério do Trabalho, mesmo após a promulgação da Constituição Federal de 1988.

Art. 513. São prerrogativas dos sindicatos:

a) representar, perante as autoridades administrativas e judiciárias os interesses gerais da respectiva categoria ou profissão liberal ou interesses individuais dos associados relativos á atividade ou profissão exercida;

b) celebrar contratos coletivos de trabalho;

c) eleger ou designar os representantes da respectiva categoria ou profissão liberal;

d) colaborar com o Estado, como órgãos técnicos e consultivos, no estudo e solução dos problemas que se relacionam com a respectiva categoria ou profissão liberal;

e) impor contribuições a todos aqueles que participam das categorias econômicas ou profissionais ou das profissões liberais representadas.

Parágrafo único. Os sindicatos de empregados terão, outrossim, a prerrogativa de fundar e manter agências de colocação.

1. SINDICATO E DEFESA DOS INTERESSES INDIVIDUAIS E COLETIVOS DA CATEGORIA

Uma das funções de natureza jurídica do sindicato é a defesa dos interesses individuais e coletivos da categoria, inclusive por meio da substituição processual. Tendo em vista a importância do tema, cabe analisá-lo com maior profundidade.

Merece destaque na atualidade o tema da tutela jurisdicional coletiva, como forma de solucionar os diversos conflitos de natureza metaindividual, frequentemente observados nas relações sociais.

No âmbito trabalhista, também se verificam diversos direitos coletivos (em sentido amplo) objeto de violações no plano dos fatos. Nesse contexto, o sindicato exerce importante papel, no ajuizamento de ações coletivas, ou seja, para a tutela dos referidos direitos.

Certamente em razão da relevância de solucionar, de forma uniforme e concentrada, controvérsias envolvendo várias pessoas atingidas por violações coletivas de direitos, observa-se a existência de um verdadeiro sistema processual, pertinente à tutela metaindividual, merecendo destaque a Lei da Ação Civil Pública (Lei 7.347, de 24 de julho de 1985) e o Código de Defesa do Consumidor (Lei 8.078/1990).

O referido sistema legal apresenta importantes disposições na regulamentação dessa modalidade de processo coletivo. O mencionado Código não tem aplicação restrita às questões envolvendo o direito do consumidor, mas deve ser utilizado, de forma ampla, para a tutela coletiva como um todo, o que inclui, de forma especial, o âmbito do Direito do Trabalho.

Assim, tendo em vista a existência de direitos transindividuais de natureza trabalhista, para a sua tutela (que pode e deve ser exercida pelos sindicatos), faz-se necessária a aplicação da sistemática específica, presente no Código de Defesa do Consumidor, notadamente em sua parte processual, juntamente com a Lei da Ação Civil Pública, em consonância, ainda, com a Constituição Federal, especialmente quanto à substituição processual exercida pelo sindicato, conforme o art. 8.º, inciso III, da Constituição Federal de 1988.

São objeto de tutela metaindividual os direitos difusos, os coletivos em sentido estrito e os individuais homogêneos.

Os direitos difusos são conceituados pelo Código de Defesa do Consumidor como "os transindividuais, de natureza indivisível, de que sejam titulares pessoas indeterminadas e ligadas por circunstância de fato" (art. 81, parágrafo único, inciso I).

No direito difuso, quanto ao aspecto subjetivo, seus *titulares* são *pessoas indeterminadas*; quanto ao aspecto objetivo, o *objeto* do direito (bem jurídico) é *indivisível*. Nesta espécie de direitos coletivos, um mesmo fato dá origem ao direito com as referidas características. A indivisibilidade do bem jurídico é facilmente constatada, pois basta uma única ofensa para que todos os titulares do direito sejam atingidos. Do mesmo modo, a satisfação do direito beneficia a todos os titulares indeterminados ao mesmo tempo.

Os direitos coletivos (em sentido estrito), por sua vez, são definidos como "os transindividuais de natureza indivisível de que seja titular grupo, categoria ou classe de pessoas ligadas entre si ou com a parte contrária por uma relação jurídica base" (Código de Defesa do Consumidor, art. 81, parágrafo único, inciso II). Nesses direitos, seu *objeto* é *indivisível* (aspecto objetivo) e seu titular é o agrupamento de pessoas. Estas são *determináveis* (aspecto subjetivo), pois serão todas aquelas que constituem o agrupamento. Daí a "relação jurídica base" que as liga, ou seja, todas estão inseridas no grupo, categoria ou classe.

Segundo a definição de direitos individuais homogêneos, do art. 81, parágrafo único, inciso III, do Código de Defesa do Consumidor, eles são os "decorrentes de origem comum". Esses direitos são, em sua essência, individuais. Por consequência, possuem *titulares determinados* e *objeto divisível*. A particularidade é que muitas pessoas são detentoras, cada uma delas, de direitos individuais substancialmente iguais; substancialmente, eis que cada titular pode ter determinadas particularidades não exatamente equivalentes perante os demais. No entanto, na essência, os direitos são os *mesmos*, daí serem "homogêneos", com o que, reunidos para a tutela pela mesma ação coletiva, ganham configuração metaindividual, pois envolvem grupos de pessoas em uma mesma situação.

Essa homogeneidade de direitos decorre da "origem comum". Como se sabe, a origem dos direitos subjetivos são os fatos. Assim, direitos homogêneos são aqueles direitos subjetivos que decorrem dos mesmos fatos. Há situações em que, de um mesmo fato lesivo, várias pessoas são atingidas de maneira uniforme, homogênea, igual em substância. Por isso, essas pessoas passam a ser titulares, simultaneamente, de direitos subjetivos substancialmente iguais, homogêneos. Diante dessa particularidade, a norma processual confere instrumentos hábeis a defendê-los de maneira mais célere e eficiente, no caso, o instrumental de típica ação coletiva.

Os direitos metaindividuais não são particularidades do Direito do Consumidor ou Ambiental. Na esfera do Direito material do Trabalho, a maior parte dos interesses envolve toda uma coletividade de pessoas.

É plenamente possível o ajuizamento de ação visando à defesa de direitos metaindividuais decorrentes das relações de trabalho, do mesmo modo como ocorre no âmbito de outros ramos do direito.

O Ministério Público do Trabalho não é o único legitimado para ajuizar ações coletivas trabalhistas. O próprio sindicato detém legitimidade para defender os interesses coletivos do grupo de trabalhadores abrangidos pela categoria, bem como "para a defesa de interesses individuais homogêneos" dos empregados envolvidos.

O art. 82, inciso IV, do Código de Defesa do Consumidor, expressamente, arrola as associações como entes legitimados para o ajuizamento de ações coletivas. Isso também é encontrado no art. 5.º da Lei da Ação Civil Pública. Faz-se necessário que a associação seja legalmente constituída há pelo menos um ano e que inclua entre seus fins institucionais a defesa dos direitos e interesses que visa a proteger. O § 1.º do art. 82 do Código de Defesa do Consumidor e o § 4.º do art. 5.º da Lei da Ação Civil Pública dispõem que o requisito da pré-constituição pode ser dispensado pelo juiz "quando haja manifesto interesse social evidenciado pela dimensão ou característica do dano, ou pela relevância do bem jurídico a ser protegido".

O sindicato, no sistema jurídico em vigor, constitui espécie particular de associação, com natureza jurídica de direito privado. Assim, segundo as mencionadas disposições legais, é um dos entes legitimados para o ajuizamento de ação em defesa de direitos metaindividuais.

Cabe frisar, no aspecto subjetivo, que o sindicato representa todos os integrantes da respectiva categoria, e não apenas os seus associados (art. 8.º, inciso II, primeira parte, da Constituição Federal de 1988 e art. 513, "a", da CLT).

A Lei 8.073/1990, no art. 3.º, dispõe que as *entidades sindicais* podem atuar como substitutos processuais dos integrantes da categoria. Essa previsão abrange os sindicatos, federações, confederações como legitimados para propor a ação como substitutos processuais.

Ademais, tendo em vista que o art. 8.º, inciso III, da Constituição da República não faz restrição, cabe salientar que a jurisprudência do TST tem admitido a substituição processual pelo sindicato até mesmo em favor de um único empregado.

Entende-se, assim, que é ampla a legitimidade do sindicato como substituto processual para a defesa de direitos individuais e coletivos dos integrantes da respectiva categoria.

2. LIBERDADE DE ATUAÇÃO SINDICAL

A liberdade de atuação do sindicato refere-se à conduta a ser adotada, de modo a alcançar os objetivos do ente sindical, em especial na defesa dos direitos e interesses, de natureza coletiva, da categoria como um todo, bem como dos direitos e interesses individuais, dos membros da categoria.

Enfoca-se, assim, a liberdade de exercício das funções do ente sindical, sabendo-se que este realiza diversas ações e atividades, procurando alcançar os seus fins.

De todo modo, tanto a liberdade de atuação sindical como a liberdade de organização e de administração sindical, inseridas na chamada *autonomia sindical*, devem respeitar as normas e os princípios magnos presentes no ordenamento jurídico, até porque os entes sindicais não são dotados de poder soberano.

Os interesses do próprio ente sindical, como associação especial que é, também podem ser objeto de sua atuação, por exemplo, na cobrança das contribuições que lhe são devidas.

3. CONTRATAÇÃO COLETIVA DE TRABALHO

No âmbito da negociação coletiva de trabalho, para a instituição de convenções e acordos coletivos, os atores sociais exercem a *autonomia coletiva dos particulares*, que é um poder normativo, possibilitando a solução dos conflitos coletivos pelas próprias partes interessadas, estabelecendo normas mais adequadas para regular as relações jurídicas de trabalho.

A prática constante da negociação coletiva de trabalho gera, assim, a chamada *contratação coletiva de trabalho*, por meio da qual os interessados passam a fixar as normas que regulam as suas próprias relações jurídicas, de forma autônoma, atendendo às peculiaridades do caso em discussão.

No sistema jurídico brasileiro, os contratos coletivos de trabalho são as *convenções coletivas de trabalho* e os *acordos coletivos de trabalho*, conforme o art. 7.º, inciso XXVI, da Constituição Federal de 1988.

O contrato coletivo de trabalho, como modalidade distinta de instrumento normativo negociado, é observado no direito estrangeiro, decorrendo, normalmente, da negociação coletiva de âmbito nacional. No entanto, no sistema jurídico brasileiro em vigor, ainda não se verifica a sua regulamentação específica.

4. CONTRIBUIÇÃO ASSISTENCIAL

A contribuição assistencial tem fundamento legal no art. 513, alínea "e", da CLT.

No entanto, como o sindicato não exerce mais atividade delegada do Estado, tendo em vista o princípio da liberdade sindical, o mencionado dispositivo deve ser interpretado em conformidade com a Constituição Federal, de modo a assegurar ao sindicato o direito de arrecadar a contribuição assistencial, e não mais impor.

A previsão de contribuição assistencial ocorre em sentenças normativas, acordos coletivos e convenções coletivas.

A finalidade da mencionada contribuição é custear as atividades assistenciais do sindicato e para compensar custos da participação nas negociações para obtenção de novas condições de trabalho.

A natureza jurídica da contribuição assistencial é de direito privado. Assim, tal como ocorre na contribuição confederativa, a contribuição assistencial apenas pode ser cobrada daqueles que são associados do sindicato. A exigência da contribuição assistencial daqueles que não são filiados ao ente sindical viola os princípios da liberdade sindical e de filiação. Nesse sentido preveem o Precedente Normativo 119 do TST e a Orientação Jurisprudencial 17 da SDC do TST.

Cabe registrar, entretanto, entendimento divergente, no sentido de que a contribuição assistencial pode ser exigida de todos os integrantes da categoria, pois são abrangidos pelos instrumentos normativos decorrentes da negociação coletiva, desde que assegurado o exercício do direito de oposição aos não filiados à entidade sindical.

De todo modo, o Supremo Tribunal Federal firmou o entendimento de que é inconstitucional a instituição por acordo coletivo, convenção coletiva ou sentença normativa de contribuições que se imponham compulsoriamente a empregados da categoria não sindicalizados (STF, Pleno, ARE-RG 1.018.459/PR, Rel. Min. Gilmar Mendes, j. 23.02.2017).

Nesse sentido, o Supremo Tribunal Federal fixou a seguinte tese de repercussão geral: "É inconstitucional a instituição, por acordo, convenção coletiva ou sentença normativa, de contribuições que se imponham compulsoriamente a empregados da categoria não sindicalizados" (STF, Pleno, ARE-RG 1.018.459/PR, Rel. Min. Gilmar Mendes, *DJe* 10.03.2017).

Confirmando o exposto, segundo o art. 611-B, inciso XXVI, da CLT, incluído pela Lei 13.467/2017, constitui objeto ilícito de convenção coletiva ou de acordo coletivo de trabalho a supressão ou a redução do direito voltado à liberdade de associação profissional ou sindical do trabalhador, inclusive o direito de não sofrer, sem sua expressa e prévia anuência, qualquer cobrança ou desconto salarial estabelecidos em convenção coletiva ou acordo coletivo de trabalho.

Ainda assim, o Supremo Tribunal Federal acolheu recurso com efeitos infringentes, para admitir a cobrança da contribuição assistencial prevista no art. 513 da Consolidação das Leis do Trabalho, inclusive aos não filiados ao sistema sindical, assegurando ao trabalhador o direito de oposição. Foi fixada a seguinte tese de repercussão geral (Tema 935): "É constitucional a instituição, por acordo ou convenção coletivos, de contribuições assistenciais a serem impostas a todos os empregados da categoria, ainda que não sindicalizados, desde que assegurado o direito de oposição" (STF, Pleno, ED-ARE-RG 1.018.459/PR, Rel. Min. Gilmar Mendes, j. 12.09.2023).

✦ Jurisprudência

Processo civil. Sindicato. Art. 8.º, III, da Constituição Federal. Legitimidade. Substituição processual. Defesa de direitos e interesses coletivos ou individuais. Recurso conhecido e provido. O artigo 8.º, III, da Constituição Federal estabelece a legitimidade extraordinária dos sindicatos para defender em juízo os direitos e interesses coletivos ou individuais dos integrantes da categoria que representam. Essa legitimidade extraordinária é ampla, abrangendo a liquidação e a execução dos créditos reconhecidos aos trabalhadores. Por se tratar de típica hipótese de substituição processual, é desnecessária qualquer autorização dos substituídos. Recurso conhecido e provido (STF, Pleno, RE 210.029/RS, Rel. Min. Carlos Velloso, Rel. p/ ac. Min. Joaquim Barbosa, *DJ* 17.08.2007).

Substituição processual. Artigo 8.º, inciso III, da Constituição Federal. A teor do disposto no artigo 8.º, inciso III, da Carta da República, os sindicatos detêm a substituição processual dos titulares do direito substancial. Precedentes: Recursos Extraordinários n.º 210.029, 211.152, 211.303, 211.874, 213.111, 214.668 e 214.830, Pleno, relator ministro Carlos Velloso (STF, 1.ª T., AgR-RE 818.561/RN, Rel. Min. Marco Aurélio, *DJe* 18.12.2014).

Recurso Extraordinário. Repercussão Geral. 2. Acordos e convenções coletivas de trabalho. Imposição de contribuições assistenciais compulsórias descontadas de empregados não filiados ao sindicato respectivo. Impossibilidade. Natureza não tributária da contribuição. Violação ao princípio da legalidade tributária. Precedentes. 3. Recurso extraordinário não provido. Reafirmação de jurisprudência da Corte (STF, Pleno, ARE-RG 1.018.459/PR, Rel. Min. Gilmar Mendes, *DJe* 10.03.2017).

Embargos de declaração em processo paradigma da sistemática da repercussão geral. 2. Direito do Trabalho. Tema 935. 3. Alegação de omissão, contradição ou obscuridade. 4. Efeitos infringentes. Admissão da cobrança da contribuição assistencial prevista no art. 513 da Consolidação das Leis do Trabalho, inclusive aos não filiados ao sistema sindical, assegurado ao trabalhador o direito de oposição. 5. A constitucionalidade das contribuições assistenciais, respeitado o direito de oposição, faculta a trabalhadores e sindicatos instrumento capaz de, ao mesmo tempo, recompor a autonomia financeira do sistema sindical e concretizar o direito à representação sindical sem ferir a liberdade de associação dos trabalhadores. 6. Embargos de declaração conhecidos e providos em parte para retificar a tese da repercussão geral, que passa a ter a seguinte redação: "É constitucional a instituição, por acordo ou convenção coletivos, de contribuições assistenciais a serem impostas a todos os empregados da categoria, ainda que não sindicalizados, desde que assegurado o direito de oposição" (STF, Pleno, ED-ARE 1.018.459/PR, Rel. Min. Gilmar Mendes, *DJe* 30.10.2023).

Embargos interpostos na vigência da Lei n.º 11.496/2007. Legitimidade ativa *ad causam*. Sindicato. Substituição processual. Direitos individuais homogêneos. Não provimento. 1. Depreende-se do v. acórdão proferido no julgamento do RE 210.029-3/RS que, para o Supremo Tribunal Federal, a legitimidade sindical posta no artigo 8.º, III, da Constituição Federal é ampla e alcança não apenas os direitos coletivos *amplo sensu* (direitos difusos, direitos coletivos *stricto sensu* e individuais homogêneos), mas, ainda, os direitos individuais subjetivos dos trabalhadores integrantes da categoria. Precedentes do STF e desta Corte. 2. Assim, é forçoso reconhecer que a substituição processual não se restringe às hipóteses em que se discutam direitos e interesses coletivos, podendo a entidade sindical defender, inclusive, direitos individuais subjetivos da categoria que representa. 3. Recurso de embargos de que se conhece e a que se nega provimento (TST, SBDI-I, E-RR-1386-15.2010.5.03.0064, Rel. Min. Guilherme Augusto Caputo Bastos, *DEJT* 07.12.2017).

Recurso de Embargos em Recurso de Revista. Interposição sob a égide da Lei 11.496/2007. Sindicato. Substituição processual. Legitimidade ativa *ad causam*. Horas extras. 1. No presente processo, o sindicato, atuando como substituto processual, requer o pagamento de horas extras decorrentes da descaracterização dos cargos denominados "gerente de pessoa jurídica" aos empregados do reclamado em Foz do Iguaçu que ocuparam ou ocupam referidos cargos, em afronta ao art. 224, § 2.º, da CLT. 2. No tema da legitimidade ativa *ad causam* de sindicato que atua como substituto processual, esta Colenda Subseção Especializada I manifesta entendimento na esteira de decisão proferida pelo Supremo Tribunal Federal no Recurso Extraordinário n.º 210.029-3/RS, em interpretação do alcance do art. 8.º, III, da Constituição, no sentido de que os sindicatos podem atuar como substitutos processuais de forma ampla e irrestrita, seja para postular interesses e direitos coletivos, difusos, heterogêneos ou individuais homogêneos, seja para atuar em favor de não associados, grupos limitados ou mesmo para um único substituído. 3. Precedentes desta SBDI-1. Recurso de embargos conhecido e não provido (TST, SBDI-I, E-RR 25300-81.2009.5.09.0095, Rel. Min. Hugo Carlos Scheuermann, *DEJT* 29.05.2015).

Ilegitimidade ativa do sindicato. Defesa de direitos individuais homogêneos. Substituição processual. O art. 8.º, III, da Constituição Federal confere aos sindicatos legitimação plena para defender os interesses coletivos e individuais da categoria que representa, de acordo com o Supremo Tribunal Federal. Na hipótese, o direito pleiteado é individual homogêneo, uma vez que a lesão causada à categoria tem a mesma origem, qual seja, diferenças salariais referentes ao não recolhimento de FGTS e sua incidência sobre parcela denominada gratificação semestral. Logo, figurando como causa de pedir direito de origem comum e pertinente a toda categoria, evidente está a homogeneidade, sendo legítima a atuação do sindicato reclamante. Recurso de embargos não conhecidos (TST, SBDI-I, E-ED-RR 703-961/2000.2, Rel. Min. Vantuil Abdala, *DJ* 18.03.2008).

Recurso de revista. Legitimidade ativa do sindicato da categoria profissional. Substituição processual de um único representado. Direitos individuais. O reconhecimento da legitimidade ativa do sindicato da categoria profissional para pleitear direitos individuais homogêneos guarda sintonia com a jurisprudência desta Corte Superior e do Supremo Tribunal Federal. O artigo 8.º, inciso III, da Constituição Federal lhe assegura a possibilidade de substituição processual ampla e irrestrita para agir no interesse de toda a categoria. Ressalto que o fato de ser titular da pretensão de direito material apenas um empregado não o impossibilita de, no exercício de sua atribuição assegurada constitucionalmente, definir em que ocasiões vai exercitá-la, diante do interesse subjacente. Se a Constituição não a limita, não pode o magistrado restringi-la, sob pena de contrariar o princípio da máxima efetividade que caracteriza a sua hermenêutica. Recurso de revista de que se conhece e a que se dá provimento (TST, 7.ª T., RR 272-87.2011.5.03.0102, Rel. Min. Cláudio Mascarenhas Brandão, *DEJT* 15.08.2014).

Legitimidade ativa *ad causam*. Substituição processual. Federação. Esta Corte Superior, na linha da jurisprudência do Supremo Tribunal Federal, vem reiteradamente decidindo que o art. 8.º, III, da Constituição Federal outorga legitimidade aos sindicatos para atuar na defesa de direitos individuais dos empregados da categoria. Assim, conquanto o referido dispositivo faça referência apenas ao sindicato, não há dúvida que a federação pode atuar como substituta processual da categoria profissional. Precedente. Recurso de revista não conhecido. 2. Substituição processual. Direitos individuais homogêneos. Horas extras. Adicional noturno. Esta Corte, com o cancelamento da Súmula n.º 310, passou a adotar entendimento de que o artigo 8.º, III, da Constituição Federal, combinado com o artigo 3.º da Lei n.º 8.073/1990, autorizava a substituição processual aos entes sindicais, para atuar na defesa dos direitos e interesses coletivos ou individuais de seus representados, considerando como direitos e interesses individuais homogêneos aqueles definidos no artigo 81, III, do Código de Defesa do Consumidor como sendo os "decorrentes de origem comum". Significa dizer que aquilo que define a natureza das pretensões trazidas a juízo, caracterizando-as como individuais homogêneas, é o fato constitutivo do direito vindicado. Recurso de revista não conhecido (TST, 8.ª T., RR 183300-24.2007.5.12.0013, Rel. Min. Dora Maria da Costa, *DEJT* 29.08.2014).

✦ Súmulas, Orientações Jurisprudenciais e Precedentes Normativos

Súmula 286 do TST: Sindicato. Substituição processual. Convenção e acordo coletivos. A legitimidade do sindicato para propor ação de cumprimento estende-se também à observância de acordo ou de convenção coletivos.

Súmula Vinculante 40 do STF: A contribuição confederativa de que trata o art. 8.º, IV, da Constituição Federal, só é exigível dos filiados ao sindicato respectivo.

Orientação Jurisprudencial 17 da SDC do TST: Contribuições para entidades sindicais. Inconstitucionalidade de sua extensão a não associados. As cláusulas coletivas que estabeleçam contribuição em favor de entidade sindical, a qualquer título, obrigando trabalhadores não sindicalizados, são ofensivas ao direito de livre associação e sindicalização, constitucionalmente assegurado, e, portanto, nulas, sendo passíveis de devolução, por via própria, os respectivos valores eventualmente descontados.

Precedente Normativo 119 do TST: Contribuições sindicais. Inobservância de preceitos constitucionais. A Constituição da República, em seus arts. 5.º, XX, e 8.º, V, assegura o direito de livre associação e sindicalização. É ofensiva a essa modalidade de liberdade cláusula constante de acordo, convenção coletiva ou sentença normativa estabelecendo contribuição em favor de entidade sindical a título de taxa para custeio do sistema confederativo, assistencial, revigoramento ou fortalecimento sindical e outras da mesma espécie, obrigando trabalhadores não sindicalizados. Sendo nulas as estipulações que inobservem tal restrição, tornam-se passíveis de devolução os valores irregularmente descontados.

✦ Referência legislativa

- Arts. 5.º, LXX, alínea "b", 7.º, XXVI, 8.º, III e VI, e 103, IX, da CF.

Art. 514. São deveres dos sindicatos:

a) colaborar com os poderes públicos no desenvolvimento da solidariedade social;

b) manter serviços de assistência judiciária para os associados;

c) promover a conciliação nos dissídios de trabalho;

d) sempre que possível, e de acordo com as suas possibilidades, manter no seu quadro de pessoal, em convênio com entidades assistenciais ou por conta própria, um assistente social com as atribuições específicas de promover a cooperação operacional na empresa e a integração profissional na Classe.

Parágrafo único. Os sindicatos de empregados terão, outrossim, o dever de:

a) promover a fundação de cooperativas de consumo e de crédito;

b) fundar e manter escolas de alfabetização e pré-vocacionais.

1. FUNÇÕES DO SINDICATO

O sindicato exerce diversas funções.

No que tange às funções de natureza jurídica do sindicato, podem ser destacadas as seguintes: a) *representação* (art. 513, alínea "a", da CLT), pois o sindicato representa a categoria e os seus integrantes, e não apenas os seus filiados; b) *substituição processual*, uma vez que o sindicato possui legitimação extraordinária, o que possibilita a defesa dos interesses e direitos dos integrantes da categoria, conforme o art. 8.º, inciso III, da Constituição da República; c) *negociação coletiva*, podendo resultar na avença de instrumentos normativos, ou seja, acordo coletivo e convenção coletiva, conforme os arts. 7.º, inciso XXVI, e 8.º, inciso VI, da Constituição Federal de 1988; d) *assistencial*; e) *recebimento de contribuições*.

A Lei 8.073/1990, no art. 3.º, dispõe que as entidades sindicais podem atuar como substitutos processuais dos integrantes da categoria. Essa previsão abrange os sindicatos, federações, confederações, como legitimados para propor a ação como substitutos processuais.

A função social, de caráter assistencial, está presente nos arts. 514, "b" e "d", e 500 da CLT, bem como na Lei 5.584/1970, art. 14.

Devem os sindicatos, portanto, exercer as seguintes funções de natureza social:

- manter serviços de assistência judiciária para os associados e membros da categoria;
- sempre que possível, e de acordo com as suas possibilidades, manter no seu quadro de pessoal, em convênio com entidades assistenciais ou por conta própria, um assistente social com as atribuições específicas de promover a cooperação operacional na empresa e a integração profissional na classe.

Na Justiça do Trabalho, a assistência judiciária a que se refere a Lei 1.060, de 5 de fevereiro de 1950, deve ser prestada pelo sindicato da categoria profissional a que pertencer o trabalhador (art. 14 da Lei 5.584, de 26 de junho de 1970).

A assistência judiciária específica, prestada pelo sindicato, é devida a todo aquele que perceber salário igual ou inferior ao dobro do mínimo legal, ficando assegurado igual benefício ao trabalhador de maior salário, uma vez provado que sua situação econômica não lhe permite demandar, sem prejuízo do sustento próprio ou da família (§ 1.º do art. 14 da Lei 5.584/1970).

Anteriormente, o art. 16 da Lei 5.584/1970 previa que os honorários do advogado pagos pelo vencido deveriam reverter em favor do sindicato assistente. Esse dispositivo, entretanto, foi *revogado* pela Lei 13.725/2018.

Na verdade, os honorários advocatícios devidos quando o sindicato da categoria profissional presta a assistência judiciária, com fundamento na Lei 5.584/1970, têm natureza de *honorários de sucumbência*, sendo devidos, portanto, ao advogado que atuou na causa, conforme art. 791-A da CLT e art. 23 da Lei 8.906/1994. Isso é confirmado pelo art. 791-A, § 1.º, da CLT, acrescentado pela Lei 13.467/2017, no sentido de que os honorários advocatícios de sucumbência são devidos também nas ações contra a Fazenda Pública e nas ações em que a parte estiver assistida ou substituída pelo sindicato de sua categoria.

Desse modo, incide o art. 22 da Lei 8.906/1994, ao estabelecer que a prestação de serviço profissional assegura aos inscritos na OAB (isto é, aos advogados) o direito aos *honorários* convencionados, aos fixados por arbitramento judicial e aos *de sucumbência*.

O disposto no art. 22 da Lei 8.906/1994 aplica-se aos *honorários assistenciais*, compreendidos como os fixados em ações coletivas propostas por entidades de classe em substituição processual, sem prejuízo aos honorários convencionais (art. 22, § 6.º, da Lei 8.906/1994, incluído pela Lei 13.725/2018).

Os honorários *convencionados* com entidades de classe para atuação em substituição processual podem prever a faculdade de indicar os beneficiários que, ao optarem por adquirir os direitos, assumirão as obrigações decorrentes do contrato originário a partir do momento em que este foi celebrado, sem a necessidade de mais formalidades (art. 22, § 7.º, da Lei 8.906/1994, acrescentado pela Lei 13.725/2018). Os titulares dos honorários advocatícios convencionados, nesse caso, são os advogados que prestarem serviço profissional nas ações coletivas ajuizadas por entidades de classe (como os sindicatos) em substituição processual (art. 8.º, inciso III, da Constituição da República).

A assistência judiciária, nos termos da Lei 5.584/1970, deve ser prestada ao trabalhador, ainda que não seja associado do respectivo Sindicato (art. 18).

Os diretores de sindicatos que, sem comprovado motivo de ordem financeira, deixarem de dar cumprimento às disposições da Lei 5.584/1970, ficarão sujeitos à penalidade prevista no art. 553, "a", da Consolidação das Leis do Trabalho (art. 19 da Lei 5.584/1970).

Conforme o art. 791-A da CLT, com redação da Lei 13.467/2017, ao advogado, ainda que atue em causa própria, devem ser devidos honorários de sucumbência, fixados entre o mínimo de 5% e o máximo de 15% sobre o valor que resultar da liquidação da sentença, do proveito econômico obtido ou, não sendo possível mensurá-lo, sobre o valor atualizado da causa. Os honorários são devidos também nas ações contra a Fazenda Pública *e nas ações em que a parte estiver assistida ou substituída pelo sindicato de sua categoria*.

O pedido de demissão do empregado estável só é válido quando feito com a *assistência do respectivo sindicato* e, se não o houver, perante autoridade local competente do Ministério do Trabalho ou da Justiça do Trabalho (art. 500 da CLT).

A mencionada exigência é prevista para o empregado titular da estabilidade decenal, mas deve ser aplicada, também, para o pedido de demissão de empregados com outras modalidades de estabilidade provisória ou garantia de emprego, como forma de preservar a higidez nessa manifestação de vontade.

✦ Súmulas, Orientações Jurisprudenciais e Precedentes Normativos

Súmula 219 do TST: Honorários advocatícios. Cabimento. I – Na Justiça do Trabalho, a condenação ao pagamento de honorários advocatícios não decorre pura e simplesmente da sucumbência, devendo a parte, concomitantemente: a) estar assistida por sindicato da categoria profissional; b) comprovar a percepção de salário inferior ao dobro do salário mínimo ou encontrar-se em situação econômica que não lhe permita demandar sem prejuízo do próprio sustento ou da respectiva família (art. 14, § 1.º, da Lei n.º 5.584/1970). II – É cabível a condenação ao pagamento de honorários advocatícios em ação rescisória no processo trabalhista. III – São devidos os honorários advocatícios nas causas em que o ente sindical figure como substituto processual e nas lides que não derivem da relação de emprego. IV – Na ação rescisória e nas lides que não derivem de relação de emprego, a responsabilidade pelo pagamento dos honorários advocatícios da sucumbência submete-se à disciplina do Código de Processo Civil (arts. 85, 86, 87 e 90). V – Em caso de assistência judiciária sindical ou de substituição processual sindical, excetuados os processos em que a Fazenda Pública for parte, os honorários advocatícios são devidos entre o mínimo de dez e o máximo de vinte por cento sobre o valor da condenação, do proveito econômico obtido ou, não sendo possível mensurá-lo, sobre o valor atualizado da causa (CPC de 2015, art. 85, § 2.º). VI – Nas causas em que a Fazenda Pública for parte, aplicar-se-ão os percentuais específicos de honorários advocatícios contemplados no Código de Processo Civil.

Súmula 330 do TST: Quitação passada pelo empregado, com assistência de entidade sindical de sua categoria, ao empregador – Eficácia.
A quitação passada pelo empregado, com assistência de entidade sindical de sua categoria, ao empregador, com observância dos requisitos exigidos nos parágrafos do art. 477 da CLT, tem eficácia liberatória em relação às parcelas expressamente consignadas no recibo, salvo se oposta ressalva expressa e especificada ao valor dado à parcela ou parcelas impugnadas.
I – A quitação não abrange parcelas não consignadas no recibo de quitação e, consequentemente, seus reflexos em outras parcelas, ainda que estas constem desse recibo.
II – Quanto a direitos que deveriam ter sido satisfeitos durante a vigência do contrato de trabalho, a quitação é válida em relação ao período expressamente consignado no recibo de quitação (Revisão do Enunciado 41 – TST).

Súmula 463 do TST: Assistência judiciária gratuita. Comprovação.
I – A partir de 26.06.2017, para a concessão da assistência judiciária gratuita à pessoa natural, basta a declaração de hipossuficiência econômica firmada pela parte ou por seu advogado, desde que munido de procuração com poderes específicos para esse fim (art. 105 do CPC de 2015);
II – No caso de pessoa jurídica, não basta a mera declaração: é necessária a demonstração cabal de impossibilidade de a parte arcar com as despesas do processo.

Orientação Jurisprudencial 16 da SDC do TST: Taxa de homologação de rescisão contratual. Ilegalidade. É contrária ao espírito da lei (art. 477, § 7.º, da CLT) e da função precípua do Sindicato a cláusula coletiva que estabelece taxa para homologação de rescisão contratual, a ser paga pela empresa a favor do sindicato profissional.

✦ Referência legislativa

- Art. 14 da Lei 5.584/1970 (Assistência Judiciária).

Seção II – Do Reconhecimento e Investidura Sindical

Art. 515. As associações profissionais deverão satisfazer os seguintes requisitos para serem reconhecidas como sindicatos:

a) reunião de um terço, no mínimo, de empresas legalmente constituídas, sob a forma individual ou de sociedade, se se tratar de associação de empregadores; ou de um terço dos que integrem a mesma categoria ou exerçam a mesma profissão liberal se se tratar de associação de empregados ou de trabalhadores ou agentes autônomos ou de profissão liberal;

b) duração de 3 (três) anos para o mandato da diretoria;

c) exercício do cargo de presidente por brasileiro nato, e dos demais cargos de administração e representação por brasileiros.

Parágrafo único. O ministro do Trabalho, Indústria, e Comércio poderá, excepcionalmente, reconhecer como sindicato a associação cujo número de associados seja inferior ao terço a que se refere a alínea *a*.

Art. 516. Não será reconhecido mais de um Sindicato representativo da mesma categoria econômica ou profissional, ou profissão liberal, em uma dada base territorial.

Art. 517. Os sindicatos poderão ser distritais, municipais, intermunicipais, estaduais e interestaduais. Excepcionalmente, e atendendo às peculiaridades de determinadas categorias ou profissões, o ministro do Trabalho, Indústria e Comércio poderá autorizar o reconhecimento de sindicatos nacionais.

§ 1.º O ministro do Trabalho, Indústria e Comércio, outorgará e delimitará a base territorial do sindicato.

§ 2.º Dentro da base territorial que lhe for determinada é facultado ao sindicato instituir delegacias ou secções para melhor proteção dos associados e da categoria econômica ou profissional ou profissão liberal representada.

Art. 518. O pedido de reconhecimento será dirigido ao ministro do Trabalho, Indústria e Comércio, instruído com exemplar ou cópia autenticada dos estatutos da associação.

§ 1.º Os estatutos deverão conter:

a) a denominação e a sede da associação;

b) a categoria econômica ou profissional ou a profissão liberal cuja representação é requerida;

c) a afirmação de que a associação agirá como órgão de colaboração com os poderes públicos e as demais associações no sentido da solidariedade social e da subordinação dos interesses econômicos ou profissionais ao interesse nacional;

d) as atribuições, o processo eleitoral e das votações, os casos de perda de mandato e de substituição dos administradores;

e) o modo de constituição e administração do patrimônio social e o destino que lhe será dado no caso de dissolução;

f) as condições em que se dissolverá associação.

§ 2.º O processo de reconhecimento será regulado em instruções baixadas pelo ministro do Trabalho, Indústria e Comércio.

Art. 519. A investidura sindical será conferida sempre à associação profissional mais representativa, a juízo do Ministro do Trabalho, constituindo elementos para essa apreciação, entre outros:

a) o número de associados;

b) os serviços sociais fundados e mantidos;

c) o valor do patrimônio.

Art. 520. Reconhecida como sindicato a associação profissional, ser-lhe-á expedida carta de reconhecimento, assinada pelo ministro do Trabalho, Indústria e Comércio, na qual será especificada a representação econômica ou profissional conferida e mencionada a base territorial outorgada.

Parágrafo único. O reconhecimento investe a associação nas prerrogativas do art. 513 e a obriga aos deveres do art. 514, cujo inadimplemento a sujeitará às sanções desta lei.

Art. 521. São condições para o funcionamento do Sindicato:

a) proibição de qualquer propaganda de doutrinas incompatíveis com as instituições e os interesses da Nação, bem como de candidaturas a cargos eletivos estranhos ao sindicato.

b) proibição de exercício de cargo eletivo cumulativamente com o de emprego remunerado pelo sindicato ou por entidade sindical de grau superior;

c) gratuidade do exercício dos cargos eletivos.

d) proibição de quaisquer atividades não compreendidas nas finalidades mencionadas no art. 511, inclusive as de caráter político-partidário;

e) proibição de cessão gratuita ou remunerada da respectiva sede a entidade de índole político-partidária.

Parágrafo único. Quando, para o exercício de mandato, tiver o associado de sindicato de empregados, de trabalhadores autônomos ou de profissionais liberais de se afastar do seu trabalho, poderá ser-lhe arbitrada pela assembleia geral uma gratificação nunca excedente da importância de sua remuneração na profissão respectiva.

1. RECONHECIMENTO COMO SINDICATO

As associações profissionais e de empregadores constituíam um estágio prévio, mas necessário para o reconhecimento do sindicato em si (art. 515 da CLT).

O art. 516 da CLT já impunha a chamada unicidade sindical, ao prever a impossibilidade de ser reconhecido mais de um sindicato representativo da mesma categoria econômica ou profissional, ou profissão liberal, em uma dada base territorial.

O art. 518, por sua vez, regulava o "pedido de reconhecimento", a ser dirigido ao Ministro do Trabalho, instruído com exemplar ou cópia autenticada dos estatutos da associação.

Na mesma linha, o art. 519 da CLT estabelecia critérios para a "investidura sindical", que era "conferida sempre à associação profissional mais representativa, a juízo do Ministro do Trabalho".

Nessa época, a existência jurídica do sindicato era comprovada pela chamada "carta sindical", assinada pelo Ministro do Trabalho, conforme art. 520 da CLT.

A Constituição Federal, promulgada em 5 de outubro de 1988, ao instaurar novo regime constitucional, estabelecendo o Estado Democrático de Direito (art. 1.º), passou a adotar o princípio da liberdade sindical (art. 8.º, *caput*), ainda que impondo sérias restrições.

O art. 8.º, inciso I, da Constituição Federal de 1988 prevê a seguinte regra, de grande destaque e importância: "a lei não poderá exigir autorização do Estado para a fundação de sindicato, ressalvado o registro no órgão competente, vedadas ao Poder Público a interferência e a intervenção na organização sindical".

Essa proibição de interferência e intervenção do Poder Executivo na organização sindical foi a grande modificação, tornando incompatíveis diversas regras contidas na CLT, fundadas nas ordens constitucionais anteriores, não recepcionadas pela Constituição Federal de 1988.

2. UNICIDADE SINDICAL

A *unicidade sindical* é o sistema no qual a lei exige que apenas um ente sindical seja representativo de determinada categoria, em certo espaço territorial.

Esse é o regime que vigora no Brasil, e que foi expressamente adotado no art. 8.º, inciso II, da Constituição Federal de 1988, com a seguinte redação: "é vedada a criação de mais de uma organização sindical, em qualquer grau, representativa de categoria profissional ou econômica, na mesma base territorial, que será definida pelos trabalhadores ou empregadores interessados, não podendo ser inferior à área de um Município".

A unicidade sindical não se confunde com a *unidade sindical*, pois, nesta última, o sindicato único (que representa certa categoria ou grupo, em determinada área territorial), não decorre de imposição da lei ou outra fonte normativa estatal, mas sim de livre decisão tomada pelos próprios interessados.

O sistema de unidade sindical, justamente porque não é imposto pela lei ou pelo Estado, é compatível com a liberdade sindical, bem como com a Convenção 87 da OIT.

Já a unicidade sindical, em que o sindicato único é obrigatório por lei (no caso do Brasil, por previsão constitucional), afronta o mencionado mandamento de liberdade nas relações coletivas de trabalho.

O terceiro regime é o de *pluralidade sindical*, significando a efetiva existência de mais de um ente sindical, representando o mesmo grupo ou categoria, na mesma base territorial.

A pluralidade sindical também está em consonância com o princípio da liberdade sindical, autorizando os interessados a se unirem para fundar e organizar entes sindicais, independentemente da prévia existência de outros sindicatos com a mesma delimitação quanto à categoria representada e ao território de atuação.

No entanto, o aspecto possivelmente negativo da pluralidade sindical é a dispersão de forças, dificultando a atuação eficaz e conjunta dos membros do grupo ou da categoria, especialmente profissional, em face dos entes sindicais patronais.

Cabe esclarecer que o sistema brasileiro, ainda que seja de unicidade sindical, admite o desmembramento ou dissociação da categoria, dando origem a categorias específicas, seja quanto à atividade econômica, seja quanto à área territorial de atuação.

Assim, eventual categoria profissional concentrada ou eclética, reunindo empregados em diferentes atividades econômicas, similares ou conexas (art. 511, § 2.º, da CLT), pode se desmembrar ou se dissociar, resultando na formação de dois entes sindicais autônomos, cada um representando a respectiva atividade específica, passando a alcançar os empregados que trabalham no mesmo setor da atividade econômica (identidade).

Do mesmo modo, o ente sindical que represente certa categoria profissional em mais de um município pode se desmembrar ou se dissociar, dando origem a sindicatos distintos, cada um em área territorial distinta, abrangendo no mínimo um município.

3. LIBERDADE DE FUNDAÇÃO SINDICAL

A liberdade de fundação sindical, como direito de criar e constituir entes sindicais, é prevista no art. 8.º, inciso I, Constituição Federal de 1988.

Assim, garante-se aos membros da sociedade o direito de se reunirem, constituindo grupos, com o objetivo de defesa dos interesses profissionais e econômicos.

A fundação do ente sindical, como prevê o dispositivo constitucional mencionado, não depende de autorização do Estado. Apenas ficou ressalvada a necessidade de registro do sindicato no órgão competente.

Assim, a aquisição da personalidade jurídica sindical depende do registro de seus estatutos no órgão competente. O sindicato, embora apresente natureza de associação de direito privado, contém diversas peculiaridades e funções diferenciadas. Por isso, o registro no Cartório de Títulos e Documentos e de Pessoas Jurídicas apenas confere a personalidade jurídica de associação, não sendo suficiente para a aquisição da personalidade sindical.

A Portaria 3.472/2023 dispõe sobre os procedimentos para o registro das entidades sindicais no Ministério do Trabalho e Emprego.

As disputas de representação sindical, quando não solucionadas de forma consensual (autocomposição e mediação) ou por meio de arbitragem, ficam sujeitas à apreciação do Poder Judiciário (art. 5.º, inciso XXXV, da Constituição Federal de 1988).

4. FUNÇÃO POLÍTICA DO SINDICATO

É discutida a possibilidade de o sindicato exercer função política.

O art. 521, alínea "d", da CLT veda o exercício de atividade política pelo sindicato, o que deve ser interpretado como proibição de atividade político-partidária, justamente porque o ente sindical não se confunde com os partidos políticos, possuindo atribuições próprias e distintas, de defesa dos interesses da categoria, independentemente da corrente partidária seguida.

A atividade política, devidamente entendida como forma de realizar pressão, de forma legítima, em diversos setores da sociedade e dos poderes constituídos, organizando-se para alcançar objetivos definidos, bem como melhores condições, é inerente à atuação do sindicato.

✦ Súmulas, Orientações Jurisprudenciais e Precedentes Normativos

Súmula 677 do STF: Incumbência do Ministério do Trabalho – Registro das Entidades Sindicais e Princípio da Unicidade. Até que lei venha a dispor a respeito, incumbe ao Ministério do Trabalho proceder ao registro das entidades sindicais e zelar pela observância do princípio da unicidade.

Orientação Jurisprudencial 15 da SDC do TST: Sindicato. Legitimidade *ad processum*. Imprescindibilidade do registro no Ministério do Trabalho. A comprovação da legitimidade *ad processum* da entidade sindical se faz por seu registro no órgão competente do Ministério do Trabalho, mesmo após a promulgação da Constituição Federal de 1988.

Orientação Jurisprudencial 35 da SDC do TST: Edital de convocação da AGT. Disposição estatutária específica. Prazo mínimo entre a publicação e a realização da assembleia. Observância obrigatória. Se os estatutos da entidade sindical contam com norma específica que estabeleça prazo mínimo entre a data de publicação do edital convocatório e a realização da assembleia correspondente, então a validade desta última depende da observância desse interregno.

✦ **Referência legislativa**

- Art. 8.º, II, da CF.

Seção III – Da Administração do Sindicato

Art. 522. A administração do sindicato será exercida por uma diretoria constituída no máximo de sete e no mínimo de três membros e de um Conselho Fiscal composto de três membros, eleitos esses órgãos pela Assembleia Geral.

§ 1.º A diretoria elegerá, dentre os seus membros, o presidente do sindicato.

§ 2.º A competência do Conselho Fiscal é limitada à fiscalização da gestão financeira do sindicato.

§ 3.º Constituirão atribuição exclusiva da Diretoria do Sindicato e dos Delegados Sindicais, a que se refere o art. 523, a representação e a defesa dos interesses da entidade perante os poderes públicos e as empresas, salvo mandatário com poderes outorgados por procuração da Diretoria, ou associado investido em representação prevista em lei.

1. ÓRGÃOS DO SINDICATO

A Consolidação das Leis do Trabalho estabelece regras gerais, quanto à organização do sindicato, no qual são observados os seguintes órgãos:

a) *Assembleia geral*;

b) *Diretoria*, que deve eleger, dentre os seus membros, o presidente do sindicato. A diretoria é constituída no mínimo de três e no máximo de sete membros, eleitos pela assembleia geral;

c) *Conselho fiscal*, que tem competência limitada à fiscalização da gestão financeira do sindicato, composto de três membros, eleitos pela assembleia geral.

A administração do sindicato é exercida pela diretoria e pelo conselho fiscal.

A eleição para cargos de diretoria e conselho fiscal deve ser realizada por escrutínio secreto, durante seis horas contínuas, pelo menos, na sede do sindicato, na de suas delegacias e seções e nos principais locais de trabalho.

Concomitantemente ao término do prazo estipulado para a votação, deve-se instalar, em Assembleia Eleitoral pública e permanente, na sede do sindicato, a mesa apuradora, para a qual devem ser enviadas, imediatamente, pelos presidentes das mesas coletoras, as urnas receptoras e as atas respectivas. Faculta-se a designação de mesa apuradora supletiva sempre que as peculiaridades ou conveniências do pleito a exigirem.

2. LIBERDADE DE ORGANIZAÇÃO SINDICAL

A liberdade de organização, significando a autonomia do ente sindical quanto à escolha dos meios para alcançar os fins a que se propõe, é garantida pelo art. 8.º, inciso I, da Constituição Federal de 1988.

O sindicato é organizado conforme o previsto em seu estatuto, estabelecendo os diversos órgãos que integram o ente sindical, bem como as atribuições de cada um deles.

No entanto, a liberdade não é ilimitada, devendo respeitar as normas jurídicas de ordem pública, que incidem sobre todos aqueles que mantêm diversas relações na vida em sociedade.

Nesse aspecto, é controvertida a questão de saber se a lei (entendida como fonte formal do Direito, de origem estatal) pode fixar os órgãos do ente sindical, bem como a sua composição.

Há quem defenda que o art. 8.º, *caput* e inciso I, da Constituição em vigor, ao proibir a interferência e a intervenção do Poder Público na organização sindical, não admite as referidas previsões legais, pois seria uma forma de violar a liberdade sindical, no aspecto da liberdade de organização.

No entanto, pode-se entender que a mencionada vedação de interferência e intervenção dirige-se ao Poder Executivo, mas não ao Poder Legislativo e ao Poder Judiciário (quanto às suas atividades típicas, de legislar e julgar), pois os entes sindicais, assim como todos aqueles que mantêm relações na sociedade, estão sob o império da lei (art. 5.º, inciso II, da Constituição Federal de 1988), bem como estão sujeitos ao controle jurisdicional de seus atos (art. 5.º, inciso XXXV, da Constituição Federal de 1988).

Por isso, a lei, desde que atendidos os requisitos de razoabilidade e proporcionalidade, pode estabelecer regras pertinentes à organização sindical. Do mesmo modo que a lei prevê normas a serem observadas pela associação civil, ou pelas diversas modalidades de sociedades, pode estabelecer disposições básicas e genéricas quanto à organização dos entes sindicais. Isso não representa interferência do Poder Público, mas garantia de observância de regras mínimas, em favor de todos aqueles que possam ter interesses ali presentes.

Essa questão gera importantes reflexos, por exemplo, quanto à vigência do art. 522 da CLT, que estabelece o número de membros da administração do sindicato.

De acordo com o entendimento do TST (Súmula 369, inciso II) e também do STF, esse dispositivo da CLT, foi recepcionado pela Constituição Federal de 1988, estando em vigência, pois não se refere a qualquer intervenção estatal no ente sindical, mas sim disposição da lei (e não do Poder Executivo), regulando o tema.

Obviamente, eventual lei que contenha previsão inconstitucional, por autorizar interferência ou intervenção estatal descabida no ente sindical, não será válida, por afrontar o princípio da liberdade sindical.

Isso não significa, no entanto, que o sindicato não possa ter a sua organização regulada por lei, a qual pode fixar preceitos básicos, sem prever interferência estatal, como forma de garantia em favor dos interessados e de terceiros.

✦ Jurisprudência

Arguição de descumprimento de preceito fundamental. Art. 522 da Consolidação das Leis do Trabalho. Inc. II da Súmula 369 do Tribunal Superior do Trabalho. Definição de número máximo de dirigentes sindicatos com estabilidade no emprego. Recepção do art. 522 da Consolidação das Leis do Trabalho. Precedentes do Supremo Tribunal. Ausência de esvaziamento do núcleo da liberdade sindical pela norma legal e pelo enunciado. Arguição de descumprimento de preceito fundamental improcedente. 1. A liberdade sindical tem previsão constitucional, mas não se dota de caráter absoluto. A previsão legal de número máximo de dirigentes sindicais dotados de estabilidade de emprego não esvazia aquela liberdade, que se preserva para cumprir a finalidade de autonomia da entidade sindical, não para criar situações de estabilidade genérica e ilimitada sem se conciliar com a razoabilidade e a finalidade da norma constitucional garantidora do direito. 2. Recepção da norma legal acolhida em precedentes do Supremo Tribunal Federal. Súmula que expressa o que a jurisprudência deste Supremo Tribunal não contraria a Constituição da República. 3. Arguição de descumprimento de preceito fundamental improcedente (STF, Pleno, ADPF 276/DF, Rel. Min. Cármen Lúcia, *DJe* 03.06.2020).

✦ **Súmulas, Orientações Jurisprudenciais e Precedentes Normativos**

Súmula 369 do TST: Dirigente sindical. Estabilidade provisória. I – É assegurada a estabilidade provisória ao empregado dirigente sindical, ainda que a comunicação do registro da candidatura ou da eleição e da posse seja realizada fora do prazo previsto no art. 543, § 5.º, da CLT, desde que a ciência ao empregador, por qualquer meio, ocorra na vigência do contrato de trabalho. II – O art. 522 da CLT foi recepcionado pela Constituição Federal de 1988. Fica limitada, assim, a estabilidade a que alude o art. 543, § 3.º, da CLT a sete dirigentes sindicais e igual número de suplentes. III – O empregado de categoria diferenciada eleito dirigente sindical só goza de estabilidade se exercer na empresa atividade pertinente à categoria profissional do sindicato para o qual foi eleito dirigente. IV – Havendo extinção da atividade empresarial no âmbito da base territorial do sindicato, não há razão para subsistir a estabilidade. V – O registro da candidatura do empregado a cargo de dirigente sindical durante o período de aviso prévio, ainda que indenizado, não lhe assegura a estabilidade, visto que inaplicável a regra do § 3.º do art. 543 da Consolidação das Leis do Trabalho.

Orientação Jurisprudencial 365 da SBDI-I do TST: Estabilidade provisória. Membro de conselho fiscal de sindicato. Inexistência. Membro de conselho fiscal de sindicato não tem direito à estabilidade prevista nos arts. 543, § 3.º, da CLT e 8.º, VIII, da CF/1988, porquanto não representa ou atua na defesa de direitos da categoria respectiva, tendo sua competência limitada à fiscalização da gestão financeira do sindicato (art. 522, § 2.º, da CLT).

Art. 523. Os Delegados Sindicais destinados à direção das delegacias ou seções instituídas na forma estabelecida no § 2.º do art. 517 serão designados pela diretoria dentre os associados radicados no território da correspondente delegacia.

1. DELEGADOS SINDICAIS

Os delegados sindicais serão designados pela diretoria entre os associados que estejam no território da respectiva delegacia, a qual pode ser instituída pelo sindicato para melhor proteção dos membros da categoria.

✦ **Súmulas, Orientações Jurisprudenciais e Precedentes Normativos**

Orientação Jurisprudencial 369 da SBDI-I do TST: Estabilidade provisória. Delegado sindical. Inaplicável. O delegado sindical não é beneficiário da estabilidade provisória prevista no art. 8.º, VIII, da CF/1988, a qual é dirigida, exclusivamente, àqueles que exerçam ou ocupem cargos de direção nos sindicatos, submetidos a processo eletivo.

Art. 524. Serão sempre tomadas por escrutínio secreto, na forma estatutária, as deliberações da Assembleia Geral concernentes aos seguintes assuntos:

a) eleição de associado para representação da respectiva categoria prevista em lei;

b) tomada e aprovação de contas da diretoria;

c) aplicação do patrimônio;

d) julgamento dos atos da Diretoria, relativos a penalidades impostas a associados;

e) pronunciamento sobre relações ou dissídio de trabalho. Neste caso, as deliberações da Assembleia Geral só serão consideradas válidas quando ela tiver sido especialmente convocada para esse fim, de acordo com as disposições dos estatutos da entidade sindical. O quorum para validade da Assembleia será de metade mais um dos associados quites; não obtido esse quorum em primeira convocação, reunir-se-á a Assembleia em segunda convocação com os presentes, considerando-se aprovadas as deliberações que obtiverem 2/3 (dois terços) dos votos.

§ 1.º A eleição para cargos de diretoria e conselho fiscal será realizada por escrutínio secreto, durante 6 (seis) horas contínuas, pelo menos, na sede do Sindicato, na de suas delegacias e seções e nos principais locais de trabalho, onde funcionarão as mesas coletoras designadas pelos Delegados Regionais do Trabalho.

§ 2.º Concomitantemente ao término do prazo estipulado para a votação, instalar-se-á, em Assembleia Eleitoral pública e permanente, na sede do Sindicato, a mesa apuradora, para a qual serão enviadas, imediatamente, pelos presidentes das mesas coletoras, as urnas receptoras e as atas respectivas. Será facultada a designação de mesa apuradora supletiva sempre que as peculiaridades ou conveniências do pleito a exigirem.

§ 3.º A mesa apuradora será presidida por membro do Ministério Público do Trabalho ou pessoa de notória idoneidade, designado pelo Procurador-Geral da Justiça do Trabalho ou Procuradores Regionais.

§ 4.º O pleito só será válido na hipótese de participarem da votação mais de 2/3 (dois terços) dos associados com capacidade para votar. Não obtido esse coeficiente, será realizada nova eleição dentro de 15 (quinze) dias, a qual terá validade se nela tomarem parte mais de 50% (cinquenta por cento) dos referidos associados. Na hipótese de não ter sido alcançado, na segunda votação, o coeficiente exigido, será realizado o terceiro e último pleito, cuja validade dependerá do voto de mais de 40% (quarenta por cento) dos aludidos associados, proclamando o Presidente da mesa apuradora em qualquer dessas hipóteses os eleitos, os quais serão empossados automaticamente na data do término do mandato expirante, não tendo efeito suspensivo os protestos ou recursos oferecidos na conformidade da lei.

§ 5.º Não sendo atingido o coeficiente legal para eleição, o Ministério do Trabalho, Indústria e Comércio declarará a vacância da administração, a partir do término do mandato dos membros em exercício, e designará administrador para o Sindicato, realizando-se novas eleições dentro de 6 (seis) meses.

1. DELIBERAÇÕES DA ASSEMBLEIA GERAL

De acordo com o art. 524 da CLT, devem ser sempre tomadas por escrutínio secreto, na forma estatutária, as deliberações da Assembleia Geral sobre os seguintes temas: eleição de associado para representação da respectiva categoria prevista em lei; tomada e aprovação de contas da diretoria; aplicação do patrimônio do sindicato (que é o previsto no art. 548 da CLT); julgamento dos atos da Diretoria, relativos a penalidades impostas a associados; pronunciamento sobre relações ou dissídio de trabalho.

✦ Súmulas, Orientações Jurisprudenciais e Precedentes Normativos

Orientação Jurisprudencial 8 da SDC do TST: Dissídio coletivo. Pauta reivindicatória não registrada em ata. Causa de extinção. A ata da assembleia de trabalhadores que legitima a atuação da entidade sindical respectiva em favor de seus interesses deve registrar, obrigatoriamente, a pauta reivindicatória, produto da vontade expressa da categoria.

Orientação Jurisprudencial 28 da SDC do TST: Edital de convocação da AGT. Publicação. Base territorial. Validade. O edital de convocação para a AGT deve ser publicado em jornal que circule em cada um dos municípios componentes da base territorial.

Orientação Jurisprudencial 29 da SDC do TST: Edital de convocação e ata da assembleia geral. Requisitos essenciais para instauração de dissídio coletivo. O edital de convocação da categoria e a respectiva ata da AGT constituem peças essenciais à instauração do processo de dissídio coletivo.

Orientação Jurisprudencial 35 da SDC do TST: Edital de convocação da AGT. Disposição estatutária específica. Prazo mínimo entre a publicação e a realização da assembleia. Observância obrigatória. Se os estatutos da entidade sindical contam com norma específica que estabeleça prazo mínimo entre a data de publicação do edital convocatório e a realização da assembleia correspondente, então a validade desta última depende da observância desse interregno.

✦ **Referência legislativa**

- Art. 8.º da CF.

Art. 525. É vedada a pessoas físicas ou jurídicas, estranhas ao Sindicato, qualquer interferência na sua administração ou nos seus serviços.

Parágrafo único. Estão excluídos dessa proibição:

a) os delegados do Ministério do Trabalho, Indústria e Comércio, especialmente designados pelo ministro ou por quem o represente;

b) os que, como empregados, exerçam cargos no Sindicato mediante autorização da Assembleia Geral.

1. INTERFERÊNCIA NA ADMINISTRAÇÃO DO SINDICATO

O art. 525, parágrafo único, "a", da CLT excluía da proibição de pessoas físicas ou jurídicas, estranhas ao Sindicato, interferirem na sua administração ou nos seus serviços os delegados do Ministério do Trabalho, especialmente designados pelo Ministro ou por quem o represente.

2. LIBERDADE DE ADMINISTRAÇÃO SINDICAL

A liberdade de administração do ente sindical refere-se à forma de sua condução, estabelecendo as metas, prioridades e objetivos a serem alcançados.

Internamente, cabe ao sindicato estabelecer a forma de sua administração, redigindo e aprovando o seu estatuto, bem como realizando as eleições para a escolha e composição de seus órgãos.

No aspecto externo, destaca-se que essa administração do ente sindical não pode ser objeto de interferência de terceiros e do Poder Executivo. Nesse sentido, em se tratando, por exemplo, de sindicato representante dos trabalhadores, não se admite a interferência de empregadores em sua administração.

Mesmo assegurada essa autonomia na administração sindical, deve-se observar que ao sindicato cabe a defesa dos "direitos e interesses coletivos ou individuais da categoria, inclusive em questões judiciais ou administrativas" (art. 8.º, inciso III, da Constituição Federal de 1988), o que deve ser levado em conta pelos diretores e membros da administração do ente sindical.

Da mesma forma como mencionado acima, discute-se a validade de previsões legais, estabelecendo *quorum* para deliberações pela assembleia geral e regras a serem observadas nas eleições sindicais. Há quem entenda que essa matéria deve ser regulada pelo estatuto do ente sindical, não podendo a lei interferir na questão, em razão da liberdade sindical, no aspecto de sua autonomia e liberdade de administração.

Seguindo o entendimento já exposto, nada impede que a lei, de forma razoável e equânime, fixe regras gerais sobre temas de interesse da coletividade, e que inclusive podem afetar relações com terceiros. Isso não se confunde com interferência ou intervenção do Poder Público ou do Poder Executivo no sindicato, pois todos estão sob o império da lei no Estado Democrático de Direito.

O que não se admite é a interferência do Estado, controlando as eleições e deliberações a serem tomadas pelo sindicato. As antigas previsões legais nesse sentido é que não foram recepcionadas pela Constituição Federal de 1988.

✦ **Referência legislativa**

- Art. 8.º da CF.

Art. 526. Os empregados do Sindicato serão nomeados pela diretoria respectiva *ad referendum*, da Assembleia Geral, não podendo recair tal nomeação nos que estiverem nas condições previstas nos itens II, IV, V, VI, VII e VIII do art. 530 e, na hipótese de o nomeador haver sido dirigente sindical, também nas do item I do mesmo artigo.

Parágrafo único. Revogado pela Lei 11.295, de 09.05.2006.

§ 2.º Aplicam-se ao empregado de entidade sindical os preceitos das leis de proteção do trabalho e de previdência social, inclusive o direito de associação em sindicato.

1. DIREITO DE ASSOCIAÇÃO EM SINDICATO

A respeito do direito de associação sindical, cabe mencionar que a Lei 11.295/2006, além de revogar o parágrafo único do art. 526 da CLT (o qual excluía o "direito de associação em sindicato" aos empregados dos sindicatos), acrescentou o § 2.º ao referido dispositivo, passando a prever que são aplicáveis "ao empregado de entidade sindical os preceitos das leis de proteção do trabalho e de previdência social, *inclusive o direito de associação em sindicato*" (destaquei).

O Supremo Tribunal Federal declarou a constitucionalidade dessa previsão da Lei 11.295/2006, que modificou o art. 526 da CLT (STF, Pleno, ADI 3.890/DF, Rel. Min. Rosa Weber, j. 08.06.2021).

Logo, passou se a reconhecer, expressamente, o direito de associação em sindicato (ou seja, o direito de sindicalização) também aos empregados das entidades sindicais, em consonância com o próprio art. 8.º, *caput* e incisos I e V, da Constituição Federal de 1988. A respeito do tema, cabe destacar o seguinte julgado da SDC do TST: RODC 2034100-24.2007.5.02.0000, Rel. Min. Márcio Eurico Vitral Amaro, *DEJT* 20.08.2010.

✦ **Jurisprudência**

Recurso ordinário em dissídio coletivo. Dissídio coletivo ajuizado por sindicato de empregados em entidades sindicais após o advento da Lei 11.295/2006. A Lei 11.295, de 9 de maio de 2006, alterou o art. 526 da CLT, passando a garantir expressamente aos empregados de entidades sindicais a associação em sindicato (parágrafo segundo). Em virtude da alteração da lei, restou cancelada a Orientação Jurisprudencial 37 da SDC/TST (*DJ* 18.10.2006). Logo, não há falar em carência de ação, por impossibilidade jurídica do pedido, no caso de dissídio coletivo ajuizado por sindicato representante de empregados de sindicatos em data posterior à vigência da Lei 11.295/2006. Recursos ordinários a que se nega provimento, no particular (TST, SDC, RODC 2034100-24.2007.5.02.0000, Rel. Min. Márcio Eurico Vitral Amaro, *DEJT* 20.08.2010).

Art. 527. Na sede de cada sindicato haverá um livro de registro, autenticado pelo funcionário competente do Ministério do Trabalho, Indústria e Comércio, e do qual deverão constar:

a) tratando-se de sindicato de empregadores; a firma, individual ou coletiva, ou a denominação das empresas e sua sede, o nome, idade, estado civil, nacionalidade e residência dos respectivos sócios ou, em se tratando de sociedade por ações, dos diretores, bem como a indicação desses dados quanto ao sócio ou diretor que representar a empresa no sindicato;

b) tratando-se de sindicato de empregados ou de agentes ou trabalhadores autônomos ou de profissionais liberais, além do nome, idade, estado civil, nacionalidade, profissão ou função e residência de cada associado, o estabelecimento ou lugar onde exerce a sua profissão ou função, o número e a série da respectiva carteira profissional e o número da inscrição na instituição de previdência a que pertencer.

1. REVOGAÇÃO DO DISPOSITIVO

Defende-se o entendimento de que o dispositivo foi revogado pelo art. 8.º, inciso I, da Constituição da República Federativa do Brasil, ao vedar a interferência e intervenção do Poder Público na organização sindical.

No sentido da revogação do presente dispositivo, segundo Valentin Carrion: "As normas que estabelecem requisitos para reconhecimento ou funcionamento do sindicato estão revogadas tacitamente pela CF de 1988, art. 8.º"[172].

✦ Referência legislativa

- Art. 8.º da CF.
- Lei 4.886/1965 (Representantes Comerciais Autônomos).

Art. 528. Ocorrendo dissídio ou circunstâncias que perturbem o funcionamento de entidade sindical ou motivos relevantes de segurança nacional, o Ministro do Trabalho e Previdência Social poderá nela intervir, por intermédio de Delegado ou de Junta Interventora, com atribuições para administrá-la e executar ou propor as medidas necessárias para normalizar-lhe o funcionamento.

1. FUNCIONAMENTO DE ENTIDADE SINDICAL

O art. 528 da CLT previa que, ocorrendo dissídio ou circunstâncias que perturbassem o funcionamento de entidade sindical ou motivos relevantes de segurança nacional (conforme redação posteriormente determinada pelo Decreto-lei 3, de 27 de janeiro de 1966), o Ministro do Trabalho poderia nela intervir, por intermédio de Delegado ou de Junta Interventora, com atribuições para administrá-la e executar ou propor as medidas necessárias para normalizar-lhe o funcionamento.

✦ Referência legislativa

- Art. 8.º da CF.

Seção IV – Das Eleições Sindicais

[172] CARRION, Valentin. *Comentários à Consolidação das Leis do Trabalho*. 31. ed. São Paulo: Saraiva, 2006. p. 436-437.

Art. 529. São condições para o exercício do direito do voto como para a investidura em cargo de administração ou representação econômica ou profissional:

a) ter o associado mais de seis meses de inscrição no Quadro Social e mais de 2 (dois) anos de exercício da atividade ou da profissão;

b) ser maior de 18 (dezoito) anos;

c) estar no gozo dos direitos sindicais.

Parágrafo único. É obrigatório aos associados o voto nas eleições sindicais.

1. ELEIÇÕES SINDICAIS

O art. 529 da CLT arrola como condições, tanto para o exercício do direito do voto, como para a investidura em cargo de administração ou representação econômica ou profissional: ter o associado mais de seis meses de inscrição no quadro social e mais de dois anos de exercício da atividade ou da profissão; ser maior de 18 anos; estar em gozo dos direitos sindicais.

O aposentado filiado ao sindicato tem direito de votar e ser votado nas eleições e organizações sindicais (art. 8.º, inciso VII, da Constituição Federal de 1988).

O parágrafo único do art. 529 da CLT prevê que é obrigatório aos associados o voto nas eleições sindicais. Entretanto, com fundamento nos princípio da liberdade associativa e sindical, assegurados pela Constituição Federal de 1988, defende-se o entendimento de que aos associados é garantido o *direito* de voto nas eleições sindicais, como normalmente preveem os estatutos, não sendo adequada a obrigatoriedade e a imposição de multa administrativa a respeito (art. 553, alínea "f", da CLT).

✦ Referência legislativa

- Art. 8.º da CF.

Art. 530. Não podem ser eleitos para cargos administrativos ou de representação econômica ou profissional, nem permanecer no exercício desses cargos:

I – os que não tiverem definitivamente aprovadas as suas contas de exercício em cargos de administração;

II – os que houverem lesado o patrimônio de qualquer entidade sindical;

III – os que não estiverem, desde dois (2) anos antes, pelo menos, no exercício efetivo da atividade ou da profissão dentro da base territorial do sindicato, ou no desempenho de representação econômica ou profissional;

IV – os que tiverem sido condenados por crime doloso enquanto persistirem os efeitos da pena;

V – os que não estiverem no gozo de seus direitos políticos;

VI – Revogado pela Lei 8.865, de 29.3.1994.

VII – má conduta, devidamente comprovada;

VIII – Revogado pela Lei 8.865, de 29.3.1994.

Parágrafo único: Revogado pela Lei 2.693, de 23.12.1955.

1. ELEIÇÕES SINDICAIS PARA CARGOS ADMINISTRATIVOS OU DE REPRESENTAÇÃO

No âmbito da direção sindical, não se admite que sejam eleitos para cargos administrativos ou de representação (de categorias econômica ou profissional), nem permanecer no exercício desses cargos: os que não tiverem definitivamente aprovadas as suas contas de exercício em cargos de administração; os que tiverem lesado o patrimônio de qualquer entidade sindical; os que não estiverem, desde dois anos antes, pelo menos, no exercício efetivo da atividade ou da profissão dentro da base territorial do sindicato, ou no desempenho de representação econômica ou profissional; os que tiverem sido condenados por crime doloso enquanto persistirem os efeitos da pena; os que não estiverem em gozo de seus direitos políticos; os que tiverem má conduta, devidamente comprovada.

✦ **Referência legislativa**

- Arts. 8.º e 15 da CF.

Art. 531. Nas eleições para cargos de diretoria e do conselho fiscal serão considerados eleitos os candidatos que obtiverem maioria absoluta de votos em relação ao total dos associados eleitores.

§ 1.º Não concorrendo à primeira convocação maioria absoluta de eleitores, ou não obtendo nenhum dos candidatos essa maioria, proceder-se-á à nova convocação para dia posterior, sendo então considerados eleitos os candidatos que obtiverem maioria dos eleitores presentes.

§ 2.º Havendo somente uma chapa registrada para as eleições, poderá a assembleia em última convocação ser realizada duas horas após à primeira convocação desde que do edital respectivo conste essa advertência.

§ 3.º Concorrendo mais de uma chapa poderá o Ministério do Trabalho, Indústria e Comércio designar o presidente da sessão eleitoral, desde que o requeiram os associados que encabeçarem as respectivas chapas.

§ 4.º O ministro do Trabalho, Indústria e Comércio expedirá instruções regulando o processo das eleições.

1. ELEIÇÕES SINDICAIS PARA CARGOS DE DIRETORIA OU DO CONSELHO FISCAL

Nas eleições sindicais para os cargos de diretoria e do conselho fiscal, devem ser considerados eleitos os candidatos que obtiverem maioria absoluta de votos em relação ao total dos associados eleitores.

Entretanto, se na primeira convocação não estiver presente a maioria absoluta de eleitores, ou se nenhum candidato obtiver essa maioria, deve-se realizar nova convocação para dia posterior, sendo considerados eleitos os candidatos que obtiverem maioria dos eleitores presentes.

✦ **Referência legislativa**

- Art. 8.º da CF.

Art. 532. As eleições para a renovação da Diretoria e do Conselho Fiscal deverão ser procedidas dentro do prazo máximo de 60 (sessenta) dias e mínimo de 30 (trinta) dias, antes do término do mandato dos dirigentes em exercício.

§ 1.º Não havendo protesto na ata da assembleia eleitoral ou recurso interposto por algum dos candidatos, dentro de 15 dias a contar da data das eleições, a posse da diretoria eleita independerá da aprovação das eleições pelo Ministério do Trabalho, Indústria e Comércio.

§ 2.º Competirá, à diretoria em exercício, dentro de 30 dias da realização das eleições" e não tendo havido recurso, dar publicidade ao resultado do pleito, fazendo comunicação ao órgão local do Ministério do Trabalho, Indústria e Comércio, da relação dos eleitos, com os dados pessoais de cada um e a designação da função que vai exercer.

§ 3.º Havendo protesto na ata da assembleia eleitoral ou recurso interposto dentro de 15 dias da realização das eleições, competirá a diretoria em exercício encaminhar, devidamente instruído, o processo eleitoral ao órgão local do Ministério do Trabalho, Indústria e Comércio, que o encaminhará para decisão do Ministro de Estado. Nesta hipótese, permanecerão na administração até despacho final do processo a diretoria e o conselho fiscal que se encontrarem em exercício.

§ 4.º Não se verificando as hipóteses previstas no parágrafo anterior, a posse da nova diretoria deverá se verificar dentro de 30 dias subsequentes ao término do mandato da anterior.

§ 5.º Ao assumir o cargo, o eleito prestará, por escrito e solenemente, o compromisso de respeitar, no exercício do mandato, a Constituição, as leis vigentes e os estatutos da entidade.

1. ELEIÇÕES SINDICAIS PARA RENOVAÇÃO DA DIRETORIA E DO CONSELHO FISCAL

As eleições para a renovação da Diretoria e do Conselho Fiscal devem ser realizadas dentro do prazo máximo de 60 dias e mínimo de 30 dias, antes do término do mandato dos dirigentes em exercício.

Compete à diretoria em exercício, dentro de 30 dias da realização das eleições, não tendo havido recurso, dar publicidade ao resultado do pleito.

A posse da nova diretoria deve ocorrer dentro de 30 dias subsequentes ao término do mandato da anterior.

Ao assumir o cargo, o eleito deve prestar, por escrito e de forma solene, o compromisso de observar a Constituição, as leis e os estatutos da entidade sindical.

✦ **Referência legislativa**

- Art. 8.º da CF.

Seção V – Das Associações Sindicais de Grau Superior

Art. 533. Constituem associações sindicais de grau superior as federações e confederações organizadas nos termos desta Lei.

1. ENTIDADES SINDICAIS DE GRAU SUPERIOR

O sistema sindical brasileiro é confederativo, o que também foi adotado pela Constituição Federal de 1988.

Desse modo, sendo os sindicatos os entes sindicais de base, de acordo com o art. 533 da CLT, constituem associações sindicais de grau superior as federações e confederações.

As federações e as confederações devem se organizar na forma dos arts. 534 e 535 da CLT (art. 7.º da Portaria 3.472/2023 do Ministério do Trabalho e Emprego). As entidades sindicais de grau superior devem coordenar os interesses das entidades a elas filiadas.

✦ **Referência legislativa**

- Art. 8.º da CF.

Art. 534. É facultado aos Sindicatos, quando em número não inferior a 5 (cinco), desde que representem a maioria absoluta de um grupo de atividades ou profissões idênticas, similares ou conexas, organizarem-se em federação.

§ 1.º Se já existir federação no grupo de atividades ou profissões em que deva ser constituída a nova entidade, a criação desta não poderá reduzir a menos de 5 (cinco) o número de Sindicatos que àquela devam continuar filiados.

§ 2.º As federações serão constituídas por Estados, podendo o Ministro do Trabalho, Indústria e Comércio autorizar a constituição de Federações interestaduais ou nacionais.

§ 3.º É permitido a qualquer federação, para o fim de lhes coordenar os interesses, agrupar os Sindicatos de determinado município ou região a ela filiados; mas a união não terá direito de representação das atividades ou profissões agrupadas.

1. FEDERAÇÕES

As federações são formadas por número não inferior a cinco sindicatos, sendo constituídas por Estados.

Assim, faculta-se aos sindicatos, quando em número não inferior a cinco, desde que representem a maioria absoluta de um grupo de atividades ou profissões idênticas, similares ou conexas, organizarem-se em federação.

Se já existir federação no grupo de atividades ou profissões em que deva ser constituída a nova entidade, a criação desta não poderá reduzir a menos de cinco o número de sindicatos que àquela devam continuar filiados.

As federações serão constituídas, em regra, por Estados, mas pode ocorrer a constituição de federações interestaduais ou nacionais.

É permitido a qualquer federação, para o fim de lhes coordenar os interesses, agrupar os sindicatos de determinado município ou região que a ela estejam filiados; mas a união não terá direito de representação das atividades ou profissões agrupadas.

✦ **Referência legislativa**

- Art. 8.º da CF.

Art. 535. As Confederações organizar-se-ão com o mínimo de 3 (três) federações e terão sede na Capital da República.

§ 1.º As confederações formadas por federações de Sindicatos de empregadores denominar-se-ão: Confederação Nacional da Indústria, Confederação Nacional do Comércio, Confederação Nacional de Transportes Marítimos, Fluviais e Aéreos, Confederação Nacional de Transportes Terrestres, Confederação Nacional de Comunicações e Publicidade, Confederação Nacional das Empresas de Crédito e Confederação Nacional de Educação e Cultura.

§ 2.º As confederações formadas por federações de Sindicatos de empregados terão a denominação de: Confederação Nacional dos Trabalhadores na Indústria, Confederação Nacional dos Trabalhadores no Comércio, Confederação Nacional dos Trabalhadores em Transportes Marítimos, Fluviais e Aéreos, Confederação Nacional dos Trabalhadores em Transportes Terrestres, Confederação Nacional dos Trabalhadores em Comunicações e Publicidade, Confederação Nacional dos Trabalhadores nas Empresas de Crédito e Confederação Nacional dos Trabalhadores em Estabelecimentos de Educação e Cultura.

§ 3.º Denominar-se-á Confederação Nacional das Profissões Liberais a reunião das respectivas federações.

§ 4.º As associações sindicais de grau superior da Agricultura e Pecuária serão organizadas na conformidade do que dispuser a lei que regular a sindicalização dessas atividades ou profissões.

1. CONFEDERAÇÕES

As confederações são formadas por no mínimo três federações, com âmbito nacional, e sede na Capital da República.

✦ **Referência legislativa**

- Art. 8.º da CF.

Art. 536. Revogado pelo Decreto-lei 229, de 28.2.1967.

Art. 537. O pedido de reconhecimento de uma federação será dirigido ao ministro do Trabalho, Indústria e Comércio, acompanhado de um exemplar dos respectivos estatutos e das cópias autenticadas das atas da assembleia de cada sindicato ou federação que autorizar a filiação.

§ 1.º A organização das federações e confederações obedecerá às exigências contidas nas alíneas "b" e "c" do art. 515.

§ 2.º A carta de reconhecimento das federações será expedida pelo ministro do Trabalho, Indústria e Comércio, na qual será especificada a coordenação econômica ou profissional conferida e mencionada a base territorial outorgada.

§ 3.º O reconhecimento das confederações será feito por decreto do Presidente da República.

1. RECONHECIMENTO DA FEDERAÇÃO

A partir da vigência da Constituição Federal de 1988, "a lei não poderá exigir autorização do Estado para a fundação de sindicato, ressalvado o registro no órgão competente, vedadas ao Poder Público a interferência e a intervenção na organização sindical" (art. 8.º, inciso I).

Desse modo, entende-se que foi revogado o dispositivo em questão[173], ao exigir o reconhecimento de uma federação pelo Ministério do Trabalho, bem como ao mencionar expedição de "carta de reconhecimento" pelo mesmo órgão. Pelo mesmo fundamento, não mais se admite a publicação de decreto do Presidente da República, reconhecendo a existência de federação.

Na atualidade, apenas se admite o registro da federação no órgão competente, qual seja, o Ministério do Trabalho.

✦ **Referência legislativa**

- Art. 8.º da CF.

Art. 538. A administração das federações e confederações será exercida pelos seguintes órgãos:

a) Diretoria;

b) Conselho de Representantes;

c) Conselho Fiscal.

§ 1.º A Diretoria será constituída no mínimo de 3 (três) membros e de 3 (três) membros se comporá o Conselho Fiscal, os quais serão eleitos pelo Conselho de Representantes com mandato por 3 (três) anos.

§ 2.º Só poderão ser eleitos os integrantes dos grupos das federações ou dos planos das confederações, respectivamente.

§ 3.º O Presidente da federação ou confederação será escolhido dentre os seus membros, pela Diretoria.

§ 4.º O Conselho de Representantes será formado pelas delegações dos Sindicatos ou das Federações filiadas, constituída cada delegação de 2 (dois) membros, com mandato por 3 (três) anos, cabendo 1 (um) voto a cada delegação.

§ 5.º A competência do Conselho Fiscal é limitada à fiscalização da gestão financeira.

1. ADMINISTRAÇÃO DAS FEDERAÇÕES E DAS CONFEDERAÇÕES

A administração das federações e confederações, de acordo com o art. 538 da CLT, é realizada pela Diretoria, Conselho de Representantes e Conselho Fiscal.

A Diretoria das federações e confederações é constituída de, no mínimo, três membros. O Conselho Fiscal dos mencionados entes sindicais superiores é composto de três membros, os quais devem ser eleitos pelo Conselho de Representantes com mandato por três anos.

---

173 Cf. CARRION, Valentin. *Comentários à Consolidação das Leis do Trabalho*. 31. ed. São Paulo: Saraiva, 2006. p. 440-441.

Só podem ser eleitos os integrantes dos grupos das federações ou dos planos das confederações, respectivamente.

O Presidente da federação ou confederação deve ser escolhido dentre os seus membros, pela Diretoria.

O Conselho de Representantes é formado pelas delegações dos sindicatos ou das federações filiadas, constituída cada delegação de dois membros, com mandato por três anos, cabendo um voto a cada delegação.

A competência do Conselho Fiscal é limitada à fiscalização da gestão financeira.

✦ **Referência legislativa**

- Art. 8.º da CF.

Art. 539. Para a constituição e administração das Federações serão observadas, no que for aplicável, as disposições das Seções II e III do presente Capítulo.

✦ **Referência legislativa**

- Art. 8.º da CF.

Seção VI – Dos Direitos dos Exercentes de Atividades ou Profissões e dos Sindicalizados

Art. 540. A toda empresa, ou indivíduo que exerçam respectivamente atividade ou profissão, desde que satisfaçam as exigências desta lei, assiste o direito de ser admitido no sindicato da respectiva categoria.

§ 1.º Perderá os direitos de associado o sindicalizado que, por qualquer motivo, deixar o exercício de atividade ou de profissão.

§ 2.º Os associados de Sindicatos de empregados, de agentes ou trabalhadores autônomos e de profissões liberais que forem aposentados, estiverem em desemprego ou falta de trabalho ou tiverem sido convocados para prestação de serviço militar não perderão os respectivos direitos sindicais e ficarão isentos de qualquer contribuição, não podendo, entretanto, exercer cargo de administração sindical ou de representação econômica ou profissional.

1. LIBERDADE SINDICAL

O princípio da liberdade sindical encontra-se na estrutura do Direito Coletivo do Trabalho da atualidade, pautado pela democracia e o pluralismo nas relações sindicais.

Não mais se sustenta o modelo sindical controlado pelo Estado, impondo regras que acabam sufocando a atuação dos atores sociais nas relações coletivas de trabalho.

A organização sindical, assim, passa a se pautar na *liberdade de fundação, organização, associação, filiação, administração e atuação dos entes sindicais*, mantendo o diálogo e a boa-fé nas suas relações, de modo a alcançar a dignidade e a justiça social.

Na definição de José Cláudio Monteiro de Brito Filho, a liberdade sindical: "consiste no direito de trabalhadores (em sentido genérico) e empregadores de constituir as organizações sindicais que reputarem convenientes, na forma que desejarem, ditando suas regras de funcionamento e ações que devam ser empreendidas, podendo nelas ingressar ou não, permanecendo enquanto for sua vontade"[174].

A liberdade sindical é regulada, no âmbito internacional, pela Convenção 87 da OIT, ainda não ratificada pelo Brasil, em razão de certas restrições previstas na Constituição Federal de 1988.

Mesmo assim, é certo que o art. 8.º, *caput*, Constituição Federal de 1988 assegura, em termos genéricos, a liberdade sindical.

✦ **Referência legislativa**

- Art. 8.º, V, da CF;
- Lei 4.886/1965 (Representantes Comerciais Autônomos).

Art. 541. Os que exercerem determinada atividade ou profissão onde não haja Sindicato da respectiva categoria, ou de atividade ou profissão similar ou conexa, poderão filiar-se a Sindicato de profissão idêntica, similar ou conexa, existente na localidade mais próxima.

Parágrafo único. O disposto neste artigo se aplica aos Sindicatos em relação às respectivas federações, na conformidade do Quadro de Atividades e Profissões a que se refere o art. 577.

1. INEXISTÊNCIA DE SINDICATO NA REGIÃO

É possível que no local da prestação dos serviços não exista sindicato da categoria ou profissão, nem mesmo similar ou conexa. Nesse caso, admite-se a filiação ao sindicato de profissão idêntica, similar ou conexa, presente na localidade mais próxima. Com isso, o empregado não fica sem fazer jus aos direitos trabalhistas previstos em norma coletiva.

Art. 542. De todo o ato lesivo de direitos ou contrário a esta lei, emanado da Diretoria, do Conselho ou da Assembleia Geral da entidade sindical, poderá qualquer exercente de atividade ou profissão recorrer, dentro de 30 dias, para a autoridade competente do Ministério do Trabalho, Indústria e Comércio.

1. REVOGAÇÃO DO DISPOSITIVO

Entende-se que o dispositivo está revogado, em face do art. 8.º, inciso I, da Constituição da República Federativa do Brasil de 1988, não mais se admitindo recurso ao Ministério do Trabalho quanto a atos da Diretoria, Conselho Fiscal ou Assembleia Geral da entidade sindical, pois o referido órgão não pode exercer interferência na entidade sindical.

Cabe ao interessado, nesses casos, propor ação judicial, atualmente de competência da Justiça do Trabalho, nos termos do art. 114, inciso III, segunda parte, da Constituição da República, acrescentado pela Emenda Constitucional 45/2004.

174 BRITO FILHO, José Cláudio Monteiro de. *Direito sindical*. 2. ed. São Paulo: LTr, 2007. p. 73.

✦ **Referência legislativa**

- Art. 8.º, I, da CF.

Art. 543. O empregado eleito para cargo de administração sindical ou representação profissional, inclusive junto a órgão de deliberação coletiva, não poderá ser impedido do exercício de suas funções, nem transferido para lugar ou mister que lhe dificulte ou torne impossível o desempenho das suas atribuições sindicais.

§ 1.º O empregado perderá o mandato se a transferência for por ele solicitada ou voluntariamente aceita.

§ 2.º Considera-se de licença não remunerada, salvo assentimento da empresa ou cláusula contratual, o tempo em que o empregado se ausentar do trabalho no desempenho das funções a que se refere este artigo.

§ 3.º Fica vedada a dispensa do empregado sindicalizado ou associado, a partir do momento do registro de sua candidatura a cargo de direção ou representação de entidade sindical ou de associação profissional, até 1 (um) ano após o final do seu mandato, caso seja eleito inclusive como suplente, salvo se cometer falta grave devidamente apurada nos termos desta Consolidação.

§ 4.º Considera-se cargo de direção ou de representação sindical aquele cujo exercício ou indicação decorre de eleição prevista em lei.

§ 5.º Para os fins deste artigo, a entidade sindical comunicará por escrito à empresa, dentro de 24 (vinte e quatro) horas, o dia e a hora do registro da candidatura do seu empregado e, em igual prazo, sua eleição e posse, fornecendo, outrossim, a este, comprovante no mesmo sentido. O Ministério do Trabalho e Previdência Social fará no mesmo prazo a comunicação no caso da designação referida no final do § 4.º.

§ 6.º A empresa que, por qualquer modo, procurar impedir que o empregado se associe a sindicato, organize associação profissional ou sindical ou exerça os direitos inerentes à condição de sindicalizado fica sujeita à penalidade prevista na letra a do art. 553, sem prejuízo da reparação a que tiver direito o empregado.

1. ESTABILIDADE PROVISÓRIA DE DIRIGENTE SINDICAL

De acordo com o art. 8.º, inciso VIII, da Constituição Federal de 1988, "é vedada a dispensa do empregado sindicalizado a partir do registro da candidatura a cargo de direção ou representação sindical e, se eleito, ainda que suplente, até um ano após o final do mandato, salvo se cometer falta grave nos termos da lei".

A referida estabilidade provisória, de titularidade do empregado dirigente ou representante sindical, já era prevista no art. 543, § 3.º, da CLT. Nesse sentido prevê a Súmula 379 do TST. A mesma conclusão já constava da Súmula 197 do STF.

Entende-se que a estabilidade do empregado associado, que for eleito a cargo de direção ou representação de associação profissional, não foi recepcionada pela Constituição Federal de 1988. Tanto é assim que o antigo Enunciado 222 do TST, prevendo a referida estabilidade provisória, foi cancelado pela Resolução 84/1998 (cancelamento mantido pela Resolução 121/2003).

A estabilidade do dirigente sindical tem início com a candidatura ao cargo de direção e representação sindical, findando-se até um ano após o final do seu mandato, caso seja eleito inclusive como suplente. Por isso, é considerada uma estabilidade provisória.

Poder-se-ia entender que cabe ao estatuto fixar o tempo de duração do mandato. No entanto, de acordo com o art. 515, alínea "b", da CLT, o mandato da diretoria tem duração de três anos. Da mesma forma, o art. 538, §§ 1.º e 4.º, da CLT estabelece que os membros da administração das federações e confederações são eleitos para mandato de três anos.

Os empregados titulares da referida estabilidade são os membros da administração do ente sindical, conforme art. 522 da CLT.

De acordo com o entendimento do TST e também do STF, esse dispositivo da CLT foi recepcionado pela Constituição Federal de 1988, estando em vigência, pois não se refere a qualquer intervenção estatal no ente sindical, mas sim disposição da Lei (e não do Poder Executivo) regulando o tema.

Em questões sobre a estabilidade do representante sindical (art. 8.º, inciso VIII, da Constituição Federal de 1988, e art. 543, § 3.º, da CLT), o entendimento majoritário na jurisprudência, em especial do TST, é no sentido de que o membro do Conselho Fiscal a ela não faz jus, por não exercer funções de representação do ente sindical, mas apenas de fiscalização financeira do sindicato (art. 522, § 2.º, da CLT).

No entanto, embora o entendimento não seja o que tem prevalecido, seria possível defender que o membro do Conselho Fiscal, em tese, também estaria incluído no direito à estabilidade sindical e, no caso, na previsão aqui comentada.

Os arts. 8.º, inciso VIII, da Constituição Federal de 1988 e 543, § 3.º, da CLT fazem menção à estabilidade conferida ao empregado eleito para ocupar "cargo de direção ou representação de entidade sindical". O membro do Conselho Fiscal é eleito, conforme eleição prevista em lei, ou seja, nos termos dos arts. 522, *caput*, e 531, *caput*, da CLT.

Por isso, embora o entendimento seja minoritário, seria possível defender que o membro de Conselho Fiscal de entidade sindical encontra-se abrangido pela estabilidade do dirigente sindical. Entretanto, a questão já se encontra pacificada no sentido da *ausência* da referida estabilidade ao membro de conselho fiscal de sindicato, conforme Orientação Jurisprudencial 365 da SBDI-I do TST.

Além disso, a estabilidade provisória em questão engloba os representantes e dirigentes dos entes sindicais, não se restringindo, apenas, ao sindicato em sentido estrito (art. 511 da CLT), mas alcançando, também, as entidades sindicais de grau superior, ou seja, as federações (art. 534 da CLT) e as confederações (art. 535 da CLT), as quais compõem o sistema sindical brasileiro, que é confederativo, conforme se observa do art. 8.º, inciso IV, da Constituição Federal de 1988.

Já as centrais sindicais, no sistema jurídico em vigor no Brasil, embora sejam órgãos de cúpula, intercategoriais, de âmbito nacional, com funções de coordenação, ainda não integram o sistema sindical, de natureza confederativa. Ainda que a legislação contenha previsão da sua existência (Lei 8.036/1990, art. 3.º, § 3.º; Lei 7.998/1990, art. 18, § 3.º), no direito positivo brasileiro, atualmente em vigor, as centrais (ainda) não apresentam natureza sindical, tratando-se de associações civis.

A Lei 11.648/2008 passou a dispor sobre o reconhecimento formal das centrais sindicais para os fins que especifica.

Entende-se que os representantes de centrais sindicais ainda não estão incluídos na estabilidade provisória em estudo, salvo se houver norma mais benéfica, originada de fonte formal distinta, aplicável ao caso.

Outra discussão refere-se à questão de saber se o empregado eleito dirigente sindical, mas de ente sindical da *categoria econômica*, também é abrangido pela estabilidade provisória em questão.

O entendimento majoritário na doutrina é no sentido de negar o referido direito, tendo em vista a interpretação teleológica das disposições sobre a matéria, ou seja, de garantir a livre atuação do dirigente sindical, em defesa dos interesses da categoria profissional, impedindo perseguições e represálias por parte do empregador, que pudessem configurar atos antissindicais.

No entanto, o Supremo Tribunal Federal possui precedente no qual a referida questão foi discutida, tendo-se entendido que, como a norma jurídica não faz restrição, o empregado eleito dirigente sindical, mesmo tratando-se de ente sindical patronal, faz jus à estabilidade provisória prevista no art. 8.º, inciso VIII, da Constituição Federal de 1988 (STF, RE 217.355-5/MG, Ac. 2.ª T., Rel. Min. Maurício Correia, j. 29.08.2000).

A estabilidade em estudo não alcança os delegados sindicais (art. 523 da CLT), pois não se inserem na administração do ente sindical. Nesse sentido, de acordo com a Orientação Jurisprudencial 369 da SBDI-I do TST.

Também não fazem jus à referida estabilidade os dirigentes de entidades fiscalizadoras do exercício de profissão liberal, pois não se confundem com os entes sindicais.

Além disso, o empregado, para ter direito à estabilidade em destaque, deve ser eleito dirigente ou representante sindical especificamente do ente sindical que represente a sua categoria profissional, com contrato de trabalho no respectivo local de representação abrangido pelo sindicato.

Ainda sobre a estabilidade aqui comentada, cabe destacar a Súmula 369 do TST.

A estabilidade provisória, como a do dirigente sindical, não prevalece na cessação do contrato por tempo certo, pois ausente dispensa arbitrária ou sem justa causa, havendo mera extinção contratual em razão do advento do termo.

Cabe destacar, ainda, o entendimento majoritário da jurisprudência de que existe o direito à estabilidade do dirigente sindical de ente ainda não registrado como tal no Ministério do Trabalho, pelo menos desde o pedido de registro naquele órgão, ou mesmo (de acordo com alguns julgados) a partir do início do processo de constituição do sindicato. Reconhece-se que a mencionada estabilidade do dirigente sindical tem como principal objetivo proteger os interesses da categoria representada, resguardando-a de eventuais interferências do empregador, o que já se impõe no processo de criação da entidade, justamente porque, nessa fase inicial, os trabalhadores em processo de organização encontram-se ainda mais vulneráveis perante o empregador.

2. PUNIÇÃO DE CONDUTAS ANTISSINDICAIS

A empresa que, por qualquer modo, procurar impedir que o empregado se associe a sindicato, organize associação profissional ou sindical ou exerça os direitos inerentes à condição de sindicalizado fica sujeita à penalidade prevista no art. 553, "a", da CLT (multa administrativa), sem prejuízo da reparação a que tiver direito o empregado.

Trata-se de penalidade administrativa decorrente de *conduta antissindical* praticada pela empresa, podendo ser devida, ainda, indenização por danos materiais e extrapatrimoniais ao empregado prejudicado (art. 186 do Código Civil).

Os atos antissindicais são condutas que afrontam o regular exercício da atividade sindical, causando prejuízos injustificados ao titular de direitos sindicais[175].

✦ Jurisprudência

Estabilidade sindical provisória (CF, art. 8.º, VII). Reconhecimento da garantia aos diretores eleitos, na assembleia constitutiva da entidade sindical, desde, pelo menos, a data do pedido de registro no Ministério do Trabalho, o que não contraria a exigência deste, constante do art. 8.º, I, da Constituição.

1. A constituição de um sindicato "posto culmine no registro no Ministério do Trabalho (STF, MI 144, 03.08.1992, Pertence, RTJ 147/868)" a ele não se resume: não é um ato, mas um processo.
2. Da exigência do registro para o aperfeiçoamento da constituição do sindicato, não cabe inferir que só a partir dele estejam os seus dirigentes ao abrigo da estabilidade sindical: é "interpretação pedestre", que esvazia de eficácia aquela garantia constitucional, no momento talvez em que ela se apresenta mais necessária, o da fundação da entidade de classe (STF, Pleno, Recurso Extraordinário 205.107-1, Rel. Min. Sepúlveda Pertence, *DJ* 25.09.1998).

Recurso de revista. Registro. Inexistente. Ministério do Trabalho. Entidade sindical. Estabilidade provisória. Dirigente. Consoante entendimento do STF e do TST é cabível a estabilidade sindical de reclamante que se elegeu dirigente em entidade sindical, ainda que esta não tenha efetivado o registro no Cadastro Nacional de Entidades Sindicais no Ministério do Trabalho, quando se verifica nos autos que o Sindicato efetivou o seu registro no Cartório de Registros Especiais. É o quanto basta para a entidade sindical demonstrar a aquisição de personalidade jurídica plena e de constituição válida, para os fins de assegurar aos seus dirigentes as prerrogativas insculpidas na Carta Magna e na CLT, no que concerne à estabilidade provisória decorrente da eleição para dirigente sindical. Recurso de revista conhecido e não provido (TST, 8.ª T., RR 779781/2001.7, Rel. Min. Dora Maria da Costa, *DJ* 29.02.2008).

Estabilidade sindical. Interpretação do art. 8.º, I e VIII, da Constituição Federal. Sindicato ainda não registrado no Ministério do Trabalho.

1. A estabilidade do dirigente sindical, consagrada no art. 8.º, VIII, da CF, conforme jurisprudência do STF, nasce para o dirigente sindical antes mesmo do registro do ente associativo no órgão competente, o Ministério do Trabalho.
2. A garantia da estabilidade é reconhecida, pelo menos, desde a data do pedido de registro da entidade sindical no Ministério do Trabalho, abrangendo a fase de formação do ente sindical.
3. No caso, o TRT manteve a sentença que reconheceu a estabilidade do dirigente sindical, ressaltando que havia pedido de registro do novel sindicato no Ministério do Trabalho, não existindo, por outro lado, prova de que esse sindicato recém-criado tenha sido impugnado pela entidade sindical preexistente.
4. Precedentes desta Corte, no sentido de que o registro da entidade sindical no Ministério do Trabalho não afasta o direito à estabilidade, atraem a Súmula 333 do TST como óbice à revisão pretendida, restando afastada a pretensa violação do art. 8.º, I, da CF. Agravo de instrumento desprovido (TST, 4.ª T., AIRR-22/2005-121-18-40.8, Rel. Min. Ives Gandra Martins Filho, *DJ* 30.06.2006).

I - Agravo de instrumento. Recurso de revista. Provimento. Greve. Bonificação a trabalhadores não participantes. Conduta antissindical. Caracterização. Indenização. Danos moral e material. Diante de potencial violação do art. 6.º, § 2.º, da Lei n.º 7.783/89, merece processamento o recurso de revista. Agravo de instrumento conhecido e provido. II - Recurso de revista. Greve. Bonificação a trabalhadores não participantes. Conduta antissindical. Caracterização. Indenização. Danos moral e material. 1. O direito de greve, ínsito ao Estado Democrático de Direito e consagrado na Constituição Federal como direito fundamental (art. 9.º), representa expressão da autonomia privada coletiva, sendo corolário da liberdade e autonomia sindicais (art. 8.º). 2. Por essa

[175] Cf. ERMIDA URIARTE, Oscar. *A proteção contra os atos antissindicais*. Tradução de Irany Ferrari. São Paulo: LTr, 1989. p. 17.

razão, o direito comparado e o direito pátrio identificam comportamentos que visem a enfraquecer esse direito e essa liberdade, as chamadas práticas desleais ('unfair labour practices') ou antissindicais. 3. Quanto ao tema, o art. 1.º da Convenção 98 da OIT, da qual o Brasil é signatário, dispõe: 'Os trabalhadores deverão gozar de proteção adequada contra quaisquer atos atentatórios à liberdade sindical em matéria de emprego'. 4. Rememore-se a lição de Oscar Ermida Uriarte, para quem as condutas ou atos antissindicais são 'aqueles que prejudiquem indevidamente um titular de direitos sindicais no exercício da atividade sindical ou por causa desta ou aqueles atos mediante os quais lhe são negadas, injustificadamente, as facilidades ou prerrogativas necessárias ao normal desempenho da ação coletiva. 5. Veda-se, portanto, a discriminação decorrente da expressão da liberdade sindical, da qual é exemplo a greve. Qualquer conduta tendente a mitigar ou obstaculizar o direito (tanto individual quanto coletivo) configura ilícito. 6. Segundo o autor uruguaio referido, são três os grupos de medidas de proteção, que abrangem não só dirigentes sindicais e empregados sindicalizados, mas todos os trabalhadores: preventivas, reparatórias e complementares. Especificamente quanto à greve, a proteção positivou-se, no direito objetivo brasileiro, no art. 6.º, § 2.º, da Lei n.º 7.783/89. 7. Praticado o ilícito, deve o empregador arcar com a reparação, por meio de indenização por danos moral e material (arts. 186, 187 e 927 do Código Civil). 8. No caso concreto, o pagamento de vantagem pecuniária expressiva a trabalhadores que não participaram do movimento paredista evidencia a prática de sofisticada conduta antissindical, com a intenção de frustrar greve. 9. Perpetrada a quebra da isonomia entre empregados (sendo a isonomia protoprincípio da Constituição Federal - art. 5.º), tem o trabalhador reclamante direito à mesma bonificação ofertada, em caráter geral, aos empregados não grevistas. Da mesma forma, a discriminação e a ofensa a direito fundamental provocam, 'in re ipsa', violação dos direitos de personalidade do reclamante. Assim, também é devida indenização por dano moral. Recurso de revista conhecido e provido (TST, 3.ª T., RR-212-68.2017.5.05.0193, Rel. Min. Alberto Luiz Bresciani de Fontan Pereira, *DEJT* 04.12.2020).

✦ Súmulas, Orientações Jurisprudenciais e Precedentes Normativos

Súmula 197 do STF: O empregado com representação sindical só pode ser despedido mediante inquérito em que se apure falta grave.

Súmula 369 do TST: Dirigente sindical. Estabilidade provisória.

I – É assegurada a estabilidade provisória ao empregado dirigente sindical, ainda que a comunicação do registro da candidatura ou da eleição e da posse seja realizada fora do prazo previsto no art. 543, § 5.º, da CLT, desde que a ciência ao empregador, por qualquer meio, ocorra na vigência do contrato de trabalho.

II – O art. 522 da CLT foi recepcionado pela Constituiçao Federal de 1988. Fica limitada, assim, a estabilidade a que alude o art. 543, § 3.º, da CLT a sete dirigentes sindicais e igual número de suplentes.

III – O empregado de categoria diferenciada eleito dirigente sindical só goza de estabilidade se exercer na empresa atividade pertinente à categoria profissional do sindicato para o qual foi eleito dirigente (ex-OJ 145 da SBDI-1 – inserida em 27.11.1998).

IV – Havendo extinção da atividade empresarial no âmbito da base territorial do sindicato, não há razão para subsistir a estabilidade (ex-OJ 86 da SBDI-1 – inserida em 28.04.1997).

V – O registro da candidatura do empregado a cargo de dirigente sindical durante o período de aviso prévio, ainda que indenizado, não lhe assegura a estabilidade, visto que inaplicável a regra do § 3.º do art. 543 da Consolidação das Leis do Trabalho (ex-OJ 35 da SBDI-1 – inserida em 14.03.1994).

Súmula 379 do TST: Dirigente sindical. Despedida. Falta grave. Inquérito judicial. Necessidade. O dirigente sindical somente poderá ser dispensado por falta grave mediante a apuração em inquérito judicial, inteligência dos arts. 494 e 543, § 3.º, da CLT.

Orientação Jurisprudencial 365 da SBDI-I do TST: Estabilidade provisória. Membro de conselho fiscal de sindicato. Inexistência. Membro de conselho fiscal de sindicato não tem direito à estabilidade prevista nos arts. 543, § 3.º, da CLT e 8.º, VIII, da CF/1988, porquanto não representa ou atua na defesa de direitos da categoria respectiva, tendo sua competência limitada à fiscalização da gestão financeira do sindicato (art. 522, § 2.º, da CLT).

Orientação Jurisprudencial 369 da SBDI-I do TST: Estabilidade provisória. Delegado sindical. Inaplicável. O delegado sindical não é beneficiário da estabilidade provisória prevista no art. 8.º, VIII, da CF/1988, a qual é dirigida, exclusivamente, àqueles que exerçam ou ocupem cargos de direção nos sindicatos, submetidos a processo eletivo.

✦ Referência legislativa

- Art. 8.º, VIII, da CF.

Art. 544. É livre a associação profissional ou sindical, mas ao empregado sindicalizado é assegurada, em igualdade de condições, preferência:

I – para a admissão nos trabalhos de empresa que explore serviços públicos ou mantenha contrato com os poderes públicos;

II – para ingresso em funções públicas ou assemelhadas, em caso de cessação coletiva de trabalho, por motivo de fechamento de estabelecimento;

III – nas concorrências para aquisição de casa própria, pelo Plano Nacional de Habitação ou por intermédio de quaisquer instituições públicas;

IV – nos loteamentos urbanos ou rurais, promovidos pela União, por seus órgãos de administração direta ou indireta ou sociedades de economia mista;

V – na locação ou compra de imóveis, de propriedade de pessoa de direito público ou sociedade de economia mista, quando sob ação de despejo em tramitação judicial;

VI – na concessão de empréstimos simples concedidos pelas agências financeiras do Governo ou a ele vinculadas;

VII – na aquisição de automóveis, outros veículos e instrumentos relativos ao exercício da profissão, quando financiados pelas autarquias, sociedades de economia mista ou agências financeiras do Governo;

VIII – Revogado pela Lei 8.630, de 25.2.1993.

IX – na concessão de bolsas de estudo para si ou para seus filhos, obedecida a legislação que regule a matéria.

1. LIBERDADE DE FILIAÇÃO SINDICAL

A liberdade de filiação sindical é assegurada no art. 8.º, inciso V, da Constituição Federal de 1988, remontando ao direito, também fundamental, mais genérico, de liberdade de associação, previsto no art. 5.º, inciso XVII, da Constituição da República.

A liberdade de filiação sindical pode ser tanto positiva, ou seja, assegurando a associação ao ente sindical, como negativa, no sentido de garantir o direito de não se filiar ou de deixar o quadro de associados do sindicato. Tendo em vista a garantia referente à liberdade de filiação sindical, veda-se o tratamento discriminatório àquele que não é sindicalizado, bem como o tratamento privilegiado àquele que se associou ao sindicato. Nesse sentido, prevê a Orientação Jurisprudencial 20 da SDC do TST.

✦ Súmulas, Orientações Jurisprudenciais e Precedentes Normativos

Orientação Jurisprudencial 20 da SDC do TST: Empregados sindicalizados. Admissão preferencial. Condição violadora do art. 8.º, V, da CF/1988. Viola o art. 8.º, V, da CF/1988 cláusula de instrumento normativo que estabelece a preferência, na contratação de mão de obra, do trabalhador sindicalizado sobre os demais.

✦ Referência legislativa

- Arts. 5.º, XX, e 8.º, V, da CF.

Art. 545. Os empregadores ficam obrigados a descontar da folha de pagamento dos seus empregados, desde que por eles devidamente autorizados, as contribuições devidas ao sindicato, quando por este notificados.

Parágrafo único. O recolhimento à entidade sindical beneficiária do importe descontado deverá ser feito até o décimo dia subsequente ao do desconto, sob pena de juros de mora no valor de 10% (dez por cento) sobre o montante retido, sem prejuízo da multa prevista no art. 553 e das cominações penais relativas à apropriação indébita.

1. CONTRIBUIÇÃO SINDICAL

A contribuição sindical prevista em lei foi reconhecida e recepcionada pela Constituição Federal de 1988, como se observa em seu art. 8.º, inciso IV, parte final.

A referida contribuição sindical, anteriormente conhecida como "imposto sindical", é disciplinada pelos arts. 578 e seguintes da CLT.

O art. 7.º da Lei 11.648/2008 dispõe que os arts. 578 a 610 da CLT vigorarão até que a lei venha a disciplinar a *contribuição negocial*, vinculada ao exercício efetivo da negociação coletiva e à aprovação em assembleia geral da categoria. Essa contribuição negocial, entretanto, ainda não foi instituída.

A Lei 13.467/2017 tornou a contribuição sindical prevista em lei opcional, ou seja, facultativa, passando a ser devida apenas pelos empregados, trabalhadores e empregadores que assim autorizarem prévia e expressamente.

Na atualidade, o art. 545 da CLT, com redação dada pela Lei 13.467/2017, prevê que os empregadores ficam obrigados a descontar da folha de pagamento dos seus empregados, *desde que por eles devidamente autorizados*, as contribuições devidas ao sindicato, quando por este notificados.

Anteriormente, o art. 545 da CLT, na redação decorrente do Decreto-lei 925/1969, previa que empregadores ficavam obrigados a descontar na folha de pagamento dos seus empregados, desde que por eles devidamente autorizado, as contribuições devidas ao sindicato, quando por este notificados, *salvo quanto à contribuição sindical, cujo desconto independia dessas formalidades*.

✦ Súmulas, Orientações Jurisprudenciais e Precedentes Normativos

Súmula Vinculante 40 (conversão da Súmula 666) do STF: A contribuição confederativa de que trata o art. 8.º, IV, da Constituição Federal, só é exigível dos filiados ao sindicato respectivo.

Orientação Jurisprudencial 17 da SDC do TST: Contribuições para entidades sindicais. Inconstitucionalidade de sua extensão a não associados. As cláusulas coletivas que estabeleçam contribuição em favor de entidade sindical, a qualquer título, obrigando trabalhadores não sindicalizados, são ofensivas ao direito de livre associação e sindicalização, constitucionalmente assegurado, e, portanto, nulas, sendo passíveis de devolução, por via própria, os respectivos valores eventualmente descontados.

Precedente Normativo 119 do TST: Contribuições sindicais. Inobservância de preceitos constitucionais. A Constituição da República, em seus arts. 5.º, XX, e 8.º, V, assegura o direito de livre associação e sindicalização. É ofensiva a essa modalidade de liberdade cláusula constante de acordo, convenção coletiva ou sentença normativa estabelecendo contribuição em favor de entidade sindical a título de taxa para custeio do sistema confederativo, assistencial, revigoramento ou fortalecimento sindical e outras da mesma espécie, obrigando trabalhadores não sindicalizados. Sendo nulas as estipulações que inobservem tal restrição, tornam-se passíveis de devolução os valores irregularmente descontados.

✦ Referência legislativa

- Art. 8.º, I, da CF.

Art. 546. Às empresas sindicalizadas é assegurada preferência, em igualdade de condições, nas concorrências para exploração de serviços públicos, bem como nas concorrências para fornecimento às repartições federais, estaduais e municipais e às entidades paraestatais.

1. REVOGAÇÃO DO DISPOSITIVO

O dispositivo em questão está revogado, por violar o princípio da igualdade (art. 5.º, *caput*, da Constituição Federal de 1988), bem como a liberdade de filiação sindical (art. 8.º, inciso V, da Constituição Federal de 1988).

Art. 547. É exigida a qualidade de sindicalizado para o exercício de qualquer função representativa de categoria econômica ou profissional, em órgão oficial de deliberação coletiva, bem como para o gozo de favores ou isenções tributárias, salvo em se tratando de atividades não econômicas.

Parágrafo único. Antes da posse ou exercício das funções a que alude o artigo anterior ou de concessão dos favores será indispensável comprovar a sindicalização, ou oferecer prova, mediante certidão negativa no Departamento Nacional do Trabalho, no Distrito Federal, ou da autoridade regional do Ministério do Trabalho, Indústria e Comércio, nos Estados e no Território do Acre, de que não existe sindicato no local onde o interessado exerce a respectiva atividade ou profissão.

1. PARTICIPAÇÃO DOS TRABALHADORES E EMPREGADORES NOS COLEGIADOS DOS ÓRGÃOS PÚBLICOS

O art. 10 da Constituição da República assegura a participação dos trabalhadores e empregadores nos colegiados dos órgãos públicos em que seus interesses profissionais ou previdenciários sejam objeto de discussão e deliberação.

2. REPRESENTAÇÃO DOS TRABALHADORES NAS EMPRESAS

A representação dos trabalhadores nas empresas é objeto de previsão na Constituição Federal de 1988, em seu art. 11.

De acordo com esse dispositivo, nas empresas com mais de 200 empregados, assegura-se a eleição do representante dos trabalhadores.

Desse modo, tendo a empresa até 200 empregados, não há imposição, pelo texto constitucional, quanto à existência do mencionado representante de trabalhadores. O número de empregados deve ser contado na empresa como um todo, e não em cada estabelecimento.

Tratando-se de grupo de empresas, as empresas que o integram possuem personalidade jurídica distinta, de modo que cada uma deve ser verificada, de forma autônoma, quanto à regra em questão. Por isso, no grupo, cada empresa com mais de 200 empregados deve ter o seu próprio representante dos trabalhadores.

Trata-se de norma autoaplicável, ou seja, dotada de aplicabilidade imediata, mas a lei pode estabelecer certas disposições moldando o direito em estudo, ao prever a sua regulação.

A previsão constitucional representa um direito mínimo, podendo a lei (ou mesmo a convenção ou o acordo coletivo) estabelecer a representação mais acentuada dos empregados na empresa, como um representante em cada estabelecimento existente. Referida regulamentação também pode estabelecer número superior de representantes de trabalhadores para as empresas com número bem superior a 200 empregados.

O instituto tem a finalidade de estabelecer contato direto com o empregador nas questões de interesse dos empregados. Não se trata, assim, de meio para realização de negociação coletiva de trabalho, não tendo o referido representante dos trabalhadores legitimidade para firmar convenções e acordos coletivos, justamente porque não se confunde com o sindicato (art. 8.º, inciso VI da Constituição Federal de 1988).

O representante dos trabalhadores na empresa (art. 11 da Constituição Federal de 1988) distingue-se, ainda, do delegado sindical (arts. 522, § 3.º, e 523 da CLT), sendo este último designado pelo sindicato com o objetivo de se ter um representante do ente sindical no âmbito da empresa.

A Convenção 135 da OIT, de 1971, prevê regras pertinentes à representação dos trabalhadores. Essa norma foi ratificada pelo Brasil, tendo sido promulgada pelo Decreto 131, de 22 de maio de 1991 (atualmente Decreto 10.088/2019).

A Recomendação 143, de 1971, complementa a mencionada Convenção.

O principal objetivo da Convenção 135 da OIT é estabelecer forma eficaz de proteção ao representante dos trabalhadores na empresa, evitando a sua dispensa justamente por exercer essa atividade perante o empregador.

A Convenção 135 da OIT prevê duas modalidades de representação dos trabalhadores: a) representantes sindicais, isto é, representantes nomeados ou eleitos pelos sindicatos ou pelos seus associados; b) representantes eleitos, isto é, representantes livremente eleitos pelos trabalhadores da empresa, conforme as disposições da legislação nacional ou de convenções coletivas, cujas funções não se estendam a atividades que sejam reconhecidas, nos países interessados, como prerrogativas exclusivas dos sindicatos (art. 3.º).

Quando uma empresa contar ao mesmo tempo com representantes sindicais e representantes eleitos, medidas adequadas deverão ser tomadas, cada vez que for necessário, para garantir que a presença de representantes eleitos não venha a ser utilizada para o enfraquecimento da situação dos sindicatos interessados ou de seus representantes, mas sim para incentivar a cooperação, relativa a todas as questões pertinentes, entre os representantes eleitos e os sindicatos interessados e seus representantes (art. 5.º).

Os representantes dos trabalhadores na empresa devem ser beneficiados com uma proteção eficiente contra quaisquer medidas que possam vir a prejudicá-los, inclusive o despedimento, e que sejam motivadas por sua qualidade ou suas atividades como representantes dos trabalhadores, sua filiação sindical, ou participação em atividades sindicais, conquanto ajam de acordo com as leis, convenções coletivas ou outros arranjos convencionais vigentes (art. 1.º).

Facilidades devem ser concedidas, na empresa, aos representantes dos trabalhadores, de modo a possibilitar o cumprimento rápido e eficiente de suas funções (art. 2.º, 1). A concessão dessas facilidades não deve dificultar o funcionamento eficiente da empresa interessada (art. 2.º, 3).

✦ Referências legislativas

- Arts. 5.º, XX, 8.º, V, e 150, VI, "c", CF.

Seção VII – Da Gestão Financeira do Sindicato e sua Fiscalização

Art. 548. Constituem o patrimônio das associações sindicais:

a) as contribuições devidas aos Sindicatos pelos que participem das categorias econômicas ou profissionais ou das profissões liberais representadas pelas referidas entidades, sob a denominação de imposto sindical, pagas e arrecadadas na forma do Capítulo III deste Título;

b) as contribuições dos associados, na forma estabelecida nos estatutos ou pelas Assembleias Gerais;

c) os bens e valores adquiridos e as rendas produzidas pelos mesmos;

d) as doações e legados;

e) as multas e outras rendas eventuais.

1. MENSALIDADE SINDICAL

A mensalidade sindical é devida apenas pelos filiados do sindicato, tendo natureza nitidamente privada, com fundamento no art. 548, alínea "b", da CLT.

Art. 549. A receita dos sindicatos, federações e confederações só poderá ter aplicação na forma prevista nos respectivos orçamentos anuais, obedecidas as disposições estabelecidas na lei e nos seus estatutos.

§ 1.º Para alienação, locação ou aquisição de bens imóveis, ficam as entidades sindicais obrigadas a realizar avaliação prévia pela Caixa Econômica Federal ou pelo Banco Nacional da Habitação ou, ainda, por qualquer outra organização legalmente habilitada a tal fim.

§ 2.º Os bens imóveis das entidades sindicais não serão alienados sem a prévia autorização das respectivas assembleias-gerais, reunidas com a presença da maioria absoluta dos associados com direito a voto ou dos Conselhos de Representantes com a maioria absoluta dos seus membros.

§ 3.º Caso não seja obtido o quorum estabelecido no parágrafo anterior, a matéria poderá ser decidida em nova assembleia geral, reunida com qualquer número de associados com direito a voto, após o transcurso de 10 (dez) dias da primeira convocação.

§ 4.º Nas hipóteses previstas no § 2.º e 3.º a decisão somente terá validade se adotada pelo mínimo de 2/3 (dois terços) dos presentes, em escrutínio secreto.

§ 5.º Da deliberação da assembleia geral, concernente à alienação de bens imóveis, caberá recurso voluntário, dentro do prazo de 15 (quinze) dias, ao Ministro do Trabalho, com efeito suspensivo.

§ 6.º A venda do imóvel será efetuada pela diretoria da entidade, após a decisão da Assembleia Geral ou do Conselho de Representantes, mediante concorrência pública, com edital publicado no Diário oficial da União e na imprensa diária, com antecedência mínima de 30 (trinta) dias da data de sua realização.

§ 7.º Os recursos destinados ao pagamento total ou parcelado dos bens imóveis adquiridos serão consignados, obrigatoriamente, nos orçamentos anuais das entidades sindicais.

1. RECEITAS DO SINDICATO

O sindicato tem direito a diversas modalidades de contribuições.

As diferentes contribuições sindicais que podem ser cobradas pelo sindicato são: contribuições sindicais, contribuições confederativas, contribuições assistenciais e mensalidades sindicais.

Art. 550. Os orçamentos das entidades sindicais serão aprovados, em escrutínio secreto, pelas respectivas Assembleias Gerais ou Conselho de Representantes, até 30 (trinta) dias antes do início do exercício financeiro a que se referem, e conterão a discriminação da receita e da despesa, na forma das instruções e modelos expedidos pelo Ministério do Trabalho.

§ 1.º Os orçamentos, após a aprovação prevista no presente artigo, serão publicados, em resumo, no prazo de 30 (trinta) dias, contados da data da realização da respectiva Assembleia Geral ou da reunião do Conselho de Representantes, que os aprovou, observada a seguinte sistemática:

a) no Diário Oficial da União – Seção I – Parte II, os orçamentos das confederações, federações e sindicatos de base interestadual ou nacional;

b) no órgão de imprensa oficial do Estado ou Território ou jornal de grande circulação local, os orçamentos das federações estaduais e sindicatos distritais municipais, intermunicipais e estaduais.

§ 2.º As dotações orçamentárias que se apresentarem insuficientes para o atendimento das despesas, ou não incluídas nos orçamentos correntes, poderão ser ajustadas ao fluxo dos gastos, mediante a abertura de créditos adicionais solicitados pela Diretoria da entidade às respectivas Assembleias Gerais ou Conselhos de Representantes, cujos atos concessórios serão publicados até o último dia do exercício correspondente, obedecida a mesma sistemática prevista no parágrafo anterior.

§ 3.º Os créditos adicionais classificam-se em:

a) suplementares, os destinados a reforçar dotações alocadas no orçamento; e

b) especiais, os destinados a incluir dotações no orçamento, a fim de fazer face às despesas para as quais não se tenha consignado crédito específico.

§ 4.º A abertura dos créditos adicionais depende da existência de receita para sua compensação, considerando-se, para esse efeito, desde que não comprometidos:

a) o superávit financeiro apurado em balanço do exercício anterior;

b) o excesso de arrecadação, assim entendido o saldo positivo da diferença entre a renda prevista e a realizada, tendo-se em conta, ainda, a tendência do exercício; e

c) a resultante da anulação parcial ou total de dotações alocadas no orçamento ou de créditos adicionais abertos no exercício.

§ 5.º Para efeito orçamentário e contábil sindical, o exercício financeiro coincidirá com o ano civil, a ele pertencendo todas as receitas arrecadadas e as despesas compromissadas.

1. INAPLICABILIDADE DO DISPOSITIVO

Não mais se aplica a parte final do dispositivo em questão, que mencionava "instruções e modelos expedidos pelo Ministério do Trabalho", por ser vedada a intervenção ou interferência do Poder Público na entidade sindical (art. 8.º, inciso I, da Constituição Federal de 1988).

Art. 551. Todas as operações de ordem financeira e patrimonial serão evidenciadas pelos registros contábeis das entidades sindicais, executados sob a responsabilidade de contabilista legalmente habilitado, em conformidade com o plano de contas e as instruções baixadas pelo Ministério do Trabalho.

§ 1.º A escrituração contábil a que se refere este artigo será baseada em documentos de receita e despesa, que ficarão arquivados nos serviços de contabilidade, à disposição dos órgãos responsáveis pelo acompanhamento administrativo e da fiscalização financeira da própria entidade, ou do controle que poderá ser exercido pelos órgãos da União, em face da legislação específica.

§ 2.º Os documentos comprobatórios dos atos de receita e despesa, a que se refere o parágrafo anterior, poderão ser incinerados, após decorridos 5 (cinco) anos da data de quitação das contas pelo órgão competente.

§ 3.º É obrigatório o uso do livro Diário, encadernado, como folhas seguida e tipograficamente numeradas, para a escrituração, pelo método das partidas dobradas, diretamente ou por reprodução, dos atos ou operações que modifiquem ou venham a modificar a situação patrimonial da entidade, o qual conterá, respectivamente, na primeira e na última páginas, os termos de abertura e de encerramento.

§ 4.º A entidade sindical que se utilizar de sistema mecânico ou eletrônico para sua escrituração contábil, poderá substituir o Diário e os livros facultativos ou auxiliares por fichas ou formulários contínuos, cujos lançamentos deverão satisfazer a todos os requisitos e normas de escrituração exigidos com relação aos livros mercantis, inclusive no que respeita a termos de abertura e de encerramento e numeração sequencial e tipográfica.

§ 5.º Na escrituração por processos de fichas ou formulários contínuos, a entidade adotará livro próprio para inscrição do balanço patrimonial e da demonstração do resultado do exercício, o qual conterá os mesmos requisitos exigidos para os livros de escrituração.

§ 6.º Os livros e fichas ou formulários contínuos serão obrigatoriamente submetidos a registro e autenticação das Delegacias Regionais do Trabalho localizadas na base territorial da entidade.

§ 7.º As entidades sindicais manterão registro específico dos bens de qualquer natureza, de sua propriedade, em livros ou fichas próprias, que atenderão às mesmas formalidades exigidas para o livro Diário, inclusive no que se refere ao registro e autenticação da Delegacia Regional do Trabalho local.

§ 8.º As contas dos administradores das entidades sindicais serão aprovadas, em escrutínio secreto, pelas respectivas Assembleias-Gerais ou Conselhos de Representantes, com prévio parecer do Conselho Fiscal, cabendo ao Ministro do Trabalho estabelecer prazos e procedimentos para a sua elaboração e destinação.

1. FISCALIZAÇÃO DE TRABALHO CONTÁBIL

Nos termos do Decreto-lei 9.295/1946, art. 2.º, com redação dada pela Lei 12.249/2010, a "fiscalização do exercício da profissão contábil, assim entendendo-se os profissionais habilitados como *contadores e técnicos em contabilidade*, será exercida pelo Conselho Federal de Contabilidade e pelos Conselhos Regionais de Contabilidade" (destaquei).

São considerados trabalhos técnicos de contabilidade: a) organização e execução de serviços de contabilidade em geral; b) escrituração dos livros de contabilidade obrigatórios, bem como de todos os necessários no conjunto da organização contábil e levantamento dos respectivos balanços e demonstrações; c) perícias judiciais ou extrajudiciais, revisão de balanços e de contas em geral, verificação de haveres, revisão permanente ou periódica de escritas, regulações judiciais ou extrajudiciais de avarias grossas ou comuns, assistência aos Conselhos Fiscais das sociedades anônimas e quaisquer outras atribuições de natureza técnica, conferidas por lei aos profissionais de contabilidade (art. 25 do Decreto-lei 9.295/1946).

Sendo assim, os registros contábeis das entidades sindicais devem ser realizados por contadores ou técnicos em contabilidade.

Não mais vigoram as previsões relativas a instruções baixadas pelo Ministério do Trabalho, registro e autenticação de livros e fichas pelas Delegacias Regionais do Trabalho, assim como prazos e procedimentos, estabelecidos pelo Ministério do Trabalho, para a elaboração e destinação de contas dos administradores das entidades sindicais, tendo em vista a proibição atualmente prevista no art. 8.º, inciso I, da Constituição da República.

Art. 552. Os atos que importem em malversação ou dilapidação do patrimônio das associações ou entidades sindicais ficam equiparados ao crime de peculato julgado e punido na conformidade da legislação penal.

1. MALVERSAÇÃO OU DILAPIDAÇÃO DO PATRIMÔNIO DAS ENTIDADES SINDICAIS

O crime de peculato é previsto no art. 312 do Código Penal, com a seguinte redação: "Apropriar-se o funcionário público de dinheiro, valor ou qualquer outro bem móvel, público ou particular, de que tem a posse em razão do cargo, ou desviá-lo, em proveito próprio ou alheio: Pena – reclusão, de dois a doze anos, e multa".

O art. 552 da CLT mencionava o crime de peculato, pois, anteriormente, os sindicatos possuíam natureza de direito público, exercendo funções delegadas ao Estado.

Na atualidade, os sindicatos são associações especiais, de natureza privada, o que afasta a incidência do crime de peculato, por não mais se tratar de entidade que possua funcionários públicos.

Podem incidir, assim, nos casos de malversação ou dilapidação do patrimônio das entidades sindicais, em tese, os crimes de furto ou apropriação indébita (arts. 155 e 168 do Código Penal).

Seção VIII – Das Penalidades

Art. 553. As infrações ao disposto neste Capítulo serão punidas, segundo o seu caráter e a sua gravidade, com as seguintes penalidades:

a) multa de Cr$ 100 (cem cruzeiros) e 5.000 (cinco mil cruzeiros), dobrada na reincidência;

b) suspensão de diretores por prazo não superior a 30 (trinta) dias;

c) destituição de diretores ou de membros de conselho;

d) fechamento de Sindicato, Federação ou Confederação por prazo nunca superior a 6 (seis) meses;

e) cassação da carta de reconhecimento;

f) multa de 1/30 (um trinta avos) do salário mínimo regional, aplicável ao associado que deixar de cumprir sem causa justificada, o disposto no parágrafo único do artigo 529. (incluída pelo Decreto-lei 229, de 28.2.1967)

§ 1.º A imposição de penalidades aos administradores não exclui a aplicação das que este artigo prevê para a associação.

§ 2.º Poderá o Ministro do Trabalho e Previdência Social determinar o afastamento preventivo de cargo ou representação sindicais de seus exercentes, com fundamento em elementos constantes de denúncia formalizada que constituam indício veemente ou início de prova bastante do fato e da autoria denunciados.

1. PENALIDADES DO ART. 553

Os diretores de sindicatos que, sem comprovado motivo de ordem financeira, deixarem de dar cumprimento às disposições da Lei 5.584/1970 ficam sujeitos à penalidade prevista no art. 553, alínea "a", da Consolidação das Leis do Trabalho (art. 19 da Lei 5.584/1970).

Com fundamento nos princípios da liberdade associativa e sindical, assegurados pela Constituição Federal de 1988, defende-se o entendimento de que aos associados é garantido o *direito* de voto nas eleições sindicais, como normalmente preveem os estatutos, não sendo adequada a obrigatoriedade (art. 529, parágrafo único, da CLT) e a imposição de multa administrativa a respeito (art. 553, alínea "f", da CLT).

Ainda nessa linha, seria possível entender que não é mais cabível a imposição das penalidades administrativas indicadas no art. 553 da CLT, por serem vedadas a interferência e a intervenção do Poder Público nas organizações sindicais (art. 8.º, inciso I, da Constituição Federal de 1988).

No entanto, em caso de infração aos arts. 511 a 552 da CLT, a Portaria 667/2021 do Ministério do Trabalho e Previdência, quanto ao art. 553, alínea "a", da CLT, estabelece a multa administrativa no valor mínimo de R$ 80,51 e valor máximo de R$ 4.025,33, dobrado na reincidência.

✦ **Referência legislativa**

- Art. 8.º, I, da CF.

Art. 554. Destituída a administração na hipótese da alínea "c" do artigo anterior, o ministro do Trabalho, Indústria e Comércio nomeará um delegado para dirigir a associação e proceder, dentro do prazo de 90 dias, em assembleia geral por ele convocada e presidida, à eleição dos novos diretores e membros do Conselho Fiscal.

1. REVOGAÇÃO DO DISPOSITIVO

O dispositivo em questão está revogado, por ser proibida a interferência e a intervenção do Poder Público nas entidades sindicais (art. 8.º, inciso I, da Constituição Federal de 1988). O Ministério do Trabalho, assim, não mais pode exercer as condutas previstas no art. 554 da CLT.

✦ **Referência legislativa**

- Arts. 5.º, XIX, e 8.º, I, da CF.

Art. 555. A pena de cassação da carta de reconhecimento será imposta à entidade sindical:

a) que deixar de satisfazer as condições de constituição e funcionamento estabelecidas nesta Lei;

b) que se recusar ao cumprimento de ato do Presidente da República, no uso da faculdade conferida pelo art. 536;

c) que criar obstáculos à execução da política econômica adotada pelo Governo.

1. REVOGAÇÃO DO DISPOSITIVO

O dispositivo em questão está revogado, pois a lei não poderá exigir autorização do Estado para a fundação de sindicato, ressalvado o registro no órgão competente (art. 8.º, inciso I, da Constituição Federal de 1988). Logo, não há mais a expedição de carta de reconhecimento pelo Ministério do Trabalho, sendo vedadas a interferência e a intervenção do Poder Público na organização sindical.

✦ **Referência legislativa**

- Art. 5.º, XIX, da CF.

Art. 556. A cassação da carta de reconhecimento da entidade sindical não importará no cancelamento de seu registro, nem, consequentemente, a sua dissolução, que se processará de acordo com as disposições da lei que regulam a dissolução das associações civis.

Parágrafo único. No caso de dissolução, por se achar a associação incursa nas leis que definem crimes contra a personalidade internacional, a estrutura e a segurança do Estado e a ordem política e social, os seus bens, pagas as dívidas decorrentes das suas responsabilidades, serão incorporados ao patrimônio da União e aplicados em obras de assistência social.

1. REVOGAÇÃO DO DISPOSITIVO

O dispositivo está revogado pelos mesmos argumentos expostos nos comentários ao artigo anterior. Proíbem-se a interferência e a intervenção do Poder Público (no caso, do Ministério do Trabalho) na organização sindical.

Os sindicatos, na atualidade, são associações especiais, de natureza privada.

Desse modo, incide a previsão do art. 5.º, inciso XIX, da Constituição Federal de 1988, no sentido de que "as associações só poderão ser compulsoriamente dissolvidas ou ter suas atividades suspensas por decisão judicial, exigindo-se, no primeiro caso, o trânsito em julgado".

Art. 557. As penalidades de que trata o art. 553 serão impostas:

a) as das alíneas "a" e "b", pelo diretor-geral do Departamento Nacional do Trabalho, com recurso para o ministro de Estado;

b) as demais, pelo ministro de Estado.

§ 1.º (Revogado pelo Decreto-lei n.º 8.740, de 19.01.1946)

§ 2.º Nenhuma pena será imposta sem que seja assegurada defesa ao acusado.

1. REVOGAÇÃO DO DISPOSITIVO

Não cabe mais ao Delegado Regional do Trabalho e ao Ministro do Trabalho impor as penalidades mencionadas no dispositivo em questão, por serem vedadas a interferência e a intervenção do Poder Público nas organizações sindicais (art. 8.º, inciso I, da Constituição Federal de 1988)[176].

Cf. ainda comentários ao art. 553 da CLT.

Seção IX – Disposições Gerais

Art. 558. São obrigadas ao registro todas as associações profissionais constituídas por atividades ou profissões idênticas, similares ou conexas, de acordo com o art. 511 e na conformidade do Quadro de Atividades e Profissões a que alude o Capítulo II deste Título. As associações profissionais registradas nos termos deste artigo poderão representar, perante as autoridades administrativas e judiciárias, os interesses individuais dos associados relativos à sua atividade ou profissão, sendo-lhes também extensivas as prerrogativas contidas na alínea "d" e no parágrafo único do art. 513.

§ 1.º O registro a que se refere o presente artigo competirá às Delegacias Regionais do Ministério do Trabalho e Previdência Social ou às repartições autorizadas em virtude da lei.

§ 2.º O registro das associações far-se-á mediante requerimento, acompanhado da cópia autêntica dos estatutos e da declaração do número de associados, do patrimônio e dos serviços sociais organizados.

§ 3.º As alterações dos estatutos das associações profissionais não entrarão em vigor sem aprovação da autoridade que houver concedido o respectivo registro.

1. REGISTRO DOS SINDICATOS

A Constituição Federal, promulgada em 5 de outubro de 1988, ao instaurar novo regime constitucional, estabelecendo o Estado Democrático de Direito (art. 1.º), passou a adotar o princípio da liberdade sindical (art. 8.º, *caput*), ainda que impondo sérias restrições.

O art. 8.º, inciso I, da Constituição Federal de 1988 prevê a seguinte regra, de grande destaque e importância: "a lei não poderá exigir autorização do Estado para a fundação de sindicato, ressalvado o registro no órgão competente, vedadas ao Poder Público a interferência e a intervenção na organização sindical".

176 Cf. CARRION, Valentin. *Comentários à Consolidação das Leis do Trabalho*. 31. ed. São Paulo: Saraiva, 2006. p. 453.

Essa proibição de interferência e intervenção do Poder Executivo na organização sindical foi a grande modificação, tornando incompatíveis diversas regras contidas na CLT, fundadas nas ordens constitucionais anteriores, não recepcionadas pela Constituição Federal de 1988.

✦ **Referência legislativa**

- Art. 8.º da CF.

Art. 559. O Presidente da República, excepcionalmente e mediante proposta do Ministro do Trabalho, fundada em razões de utilidade pública, poderá conceder, por decreto, às associações civis constituídas para a defesa e coordenação de interesses econômicos e profissionais e não obrigadas ao registro previsto no artigo anterior, a prerrogativa da alínea "d" do art. 513 deste Capítulo.

1. REVOGAÇÃO DO DISPOSITIVO

O dispositivo em questão está revogado, por serem proibidas a interferência e a intervenção do Poder Público nas entidades e organizações sindicais (art. 8.º, inciso I, da Constituição Federal de 1988)[177]. O Presidente da República bem como o Ministério do Trabalho, assim, não podem mais exercer as condutas previstas no dispositivo em questão.

Art. 560. Não se reputará transmissão de bens, para efeitos fiscais, a incorporação do patrimônio de uma associação profissional ao da entidade sindical, ou das entidades aludidas entre si.

1. IMUNIDADE E ISENÇÃO TRIBUTÁRIA PARA OS SINDICATOS

Nos termos do art. 150, inciso III, "c", da Constituição Federal de 1988, sem prejuízo de outras garantias asseguradas ao contribuinte, é vedado à União, aos Estados, ao Distrito Federal e aos Municípios instituir impostos sobre "*patrimônio, renda ou serviços* dos partidos políticos, inclusive suas fundações, *das entidades sindicais dos trabalhadores*, das instituições de educação e de assistência social, sem fins lucrativos, atendidos os requisitos da lei" (destaquei). Trata-se, assim, de imunidade, uma vez que está prevista no âmbito constitucional.

O dispositivo sob comentário prevê regra de isenção mais ampla, ao afastar a tributação nos casos de incorporação do patrimônio de uma associação profissional ao da entidade sindical, ou dessas entidades entre si. Com isso, não apenas os sindicatos de trabalhadores, mas também os de categoria econômica são abrangidos.

✦ **Referência legislativa**

- Art. 150, VI, "c", da CF.

Art. 561. A denominação "sindicato" é privativa das associações profissionais de primeiro grau, reconhecidas na forma desta Lei.

177 Cf. MARTINS, Sergio Pinto. *Comentários à CLT*. 12. ed. São Paulo: Atlas, 2008. p. 618.

Art. 562. As expressões "federação" e "confederação", seguidas da designação de uma atividade econômica ou profissional, constituem denominações privativas das entidades sindicais de grau superior.

1. ENTIDADES SINDICAIS DE BASE E DE GRAU SUPERIOR

O sistema sindical brasileiro é confederativo, o que também foi adotado pela Constituição Federal de 1988.

Desse modo, sendo os sindicatos os entes sindicais de base, de acordo com o art. 533 da CLT, constituem associações sindicais de grau superior as federações e confederações.

Art. 563. Revogado pelo Decreto-lei 925, de 1969.

Art. 564. Às entidades sindicais, sendo-lhes peculiar e essencial a atribuição representativa e coordenadora das correspondentes categorias ou profissões, é vedado, direta ou indiretamente, o exercício de atividade econômica.

1. FUNÇÃO ECONÔMICA DO SINDICATO

Discute-se a possibilidade de exercer o sindicato a função de natureza econômica.

O art. 564 CLT veda o exercício de função econômica pelo sindicato. Isso não significa interferência do Poder Público no ente sindical, mas uma previsão que explicita a impossibilidade de atividade econômica, em sentido estrito, ser exercida por ente sindical, justamente porque este não é empresa, não possuindo finalidade lucrativa, nem tendo por atribuição a produção e a circulação de bens e serviços no mercado.

Tendo em vista que o sindicato tem natureza de associação especial, como pessoa jurídica de direito privado, nos termos do art. 53 do Código Civil, constituem-se as associações pela união de pessoas que se organizem para fins não econômicos, no sentido de fins não lucrativos.

Art. 565. As entidades sindicais reconhecidas nos termos desta Lei não poderão filiar-se a organizações internacionais, nem com elas manter relações, sem prévia licença concedida por decreto do Presidente da República.

1. REVOGAÇÃO DO DISPOSITIVO

O dispositivo em questão está revogado, por violar o princípio da liberdade sindical, em seu aspecto coletivo (art. 8.º, *caput*, da Constituição Federal de 1988)[178].

É permitida a filiação das entidades sindicais nacionais a organizações internacionais, não se exigindo prévia licença do Presidente da República, por meio de decreto, inclusive porque isso significaria interferência nas atividades sindicais (art. 8.º, inciso I, da Constituição Federal de 1988).

Com isso, o Decreto-lei 1.149/1971 (e o Decreto 68.465/1971, que o regulamenta), o qual estabelecia condições para a filiação de entidades sindicais brasileiras a organizações internacionais, também está revogado.

[178] Cf. MARTINS, Sergio Pinto. *Comentários à CLT*. 12. ed. São Paulo: Atlas, 2008. p. 620.

Art. 566. Não podem sindicalizar-se os servidores do Estado e os das instituições paraestatais.

Parágrafo único. Excluem-se da proibição constante deste artigo os empregados das sociedades de economia mista, da Caixa Econômica Federal e das fundações criadas ou mantidas pelo Poder Público da União, dos Estados e Municípios.

1. REVOGAÇÃO DO DISPOSITIVO

O dispositivo em questão está derrogado pelo art. 37, inciso VI, da Constituição Federal de 1988, ao prever que "é garantido ao servidor público civil o direito à livre associação sindical".

Quanto às empresas públicas, sociedades de economia mista e suas subsidiárias que explorem atividade econômica de produção ou comercialização de bens ou de prestação de serviços, nos termos do art. 173, § 1.º, inciso II, da Constituição da República, estão sujeitas ao regime jurídico próprio das empresas privadas, inclusive quanto aos direitos e obrigações trabalhistas. Confirma-se, assim, o direito de livre associação sindical dos seus empregados públicos.

✦ Jurisprudência

Embargos de declaração. Legitimidade. Art. 566 da CLT. De acordo com a decisão embargada, os servidores da administração pública, mesmo contratados sob a égide da CLT, somente podem ser substituídos processualmente por entidade sindical representante dos servidores públicos. Não há margem à conclusão no sentido de afronta ao art. 566 da CLT, pois a reclamação trabalhista foi ajuizada pelo Sindicato em 1993, quando já estava em vigor o art. 8.º da Constituição Federal, que assegurou a liberdade de sindicalização, revogando tacitamente a disposição inserta no referido dispositivo da CLT. Embargos de declaração acolhidos para prestar esclarecimentos (TST, 5.ª T., ED-RR 329933-32.1996.5.09.5555, Rel. Darcy Carlos Mahle, j. 1.º.12.1999, *DJ* 04.02.2000).

Arts. 567 a 569. Revogados pelo Decreto-lei 229, de 28.2.1967.

CAPÍTULO II – DO ENQUADRAMENTO SINDICAL

Art. 570. Os sindicatos constituir-se-ão, normalmente, por categorias econômicas ou profissionais, específicas, na conformidade da discriminação do quadro das atividades e profissões a que se refere o art. 577 ou segundo as subdivisões que, sob proposta da Comissão do Enquadramento Sindical, de que trata o art. 576, forem criadas pelo ministro do Trabalho, Indústria e Comércio.

Parágrafo único. Quando os exercentes de quaisquer atividades ou profissões se constituírem, seja pelo número reduzido, seja pela natureza mesma dessas atividades ou profissões, seja pelas afinidades existentes entre elas, em condições tais que não se possam sindicalizar eficientemente pelo critério de especificidade de categoria, é-lhes permitido sindicalizar-se pelo critério de categorias similares ou conexas, entendendo-se como tais as que se acham compreendidas nos limites de cada grupo constante do Quadro de Atividades e Profissões.

1. ENQUADRAMENTO SINDICAL

O enquadramento sindical no Brasil, na atualidade, deve observar o sistema confederativo e a organização por categoria.

No grupo de empresas, cada empresa deve ter o seu respectivo enquadramento sindical específico. Assim, não se pode dizer que o grupo como um todo pertence à mesma categoria, representada pelo mesmo sindicato. A solidariedade prevista no art. 2.º, § 2.º, da CLT não abrange a definição do enquadramento sindical.

2. UNICIDADE SINDICAL

O sistema sindical em vigor, no Brasil, adota a *unicidade sindical* (art. 8.º, inciso II, Constituição Federal de 1988), uma vez que: "é vedada a criação de mais de uma organização sindical, em qualquer grau, representativa de categoria profissional ou econômica, na mesma base territorial, que será definida pelos trabalhadores ou empregadores interessados, não podendo ser inferior à área de um Município".

O mencionado sistema é organizado em *categorias*, como se observa dos comandos presentes no art. 8.º, incisos II, III e IV, da Constituição Federal de 1988. Isso não afasta a presença das chamadas *categorias profissionais diferenciadas*, conforme o art. 511, § 3.º, da CLT.

O sistema sindical brasileiro é de caráter *confederativo*, como confirma o art. 8.º, inciso IV, da Constituição da República.

3. BASE TERRITORIAL NÃO INFERIOR À ÁREA DE UM MUNICÍPIO

A Constituição Federal de 1988, como mencionado, exige que seja observada a base territorial mínima do sindicato, pois ela não pode ser inferior à área de um Município (art. 8.º, inciso II, da Constituição Federal de 1988).

Observada essa limitação, cabe aos trabalhadores e aos empregadores interessados definir a base territorial do sindicato.

Nesse tema, observa-se que a Constituição de 1988 acabou sendo até mesmo mais restritiva que a própria Consolidação das Leis do Trabalho, a qual, no art. 517, admitia os sindicatos "distritais", além daqueles municipais, intermunicipais, estaduais, interestaduais e nacionais.

A referida base territorial mínima, de um município, também é uma forma de restringir a liberdade sindical, por impossibilitar que os interessados constituam entes sindicais de menor abrangência territorial, para tratar de questões mais específicas.

Do mesmo modo, a mencionada limitação territorial, juntamente com as restrições referentes à unicidade sindical e ao regime organizado por categoria, acaba por impedir a fundação e organização de sindicatos por empresa.

4. CRITÉRIO DE ESPECIFICIDADE DE CATEGORIAS

A categoria pode reunir atividades ou profissões idênticas, similares ou conexas (art. 511, *caput* e §§ 1.º, 2.º, 4.º, da CLT).

A *categoria de atividades idênticas* reúne, apenas, os empregadores (sindicato patronal), ou os empregados (sindicato profissional), que exerçam, respectivamente, a mesma atividade econômica, ou que prestem serviços no mesmo setor da atividade econômica.

A *categoria de atividades similares* reúne atividades parecidas, ou seja, semelhantes entre si, como é o caso de hotéis e restaurantes. Essa similaridade pode ocorrer tanto na categoria econômica como profissional.

A *categoria de atividades conexas* é integrada por atividades que se complementam, exercidas com o mesmo fim, como ocorre na construção civil, em que existem, entre outras, as atividades de alvenaria, pintura, parte elétrica e hidráulica. Essa conexão entre as atividades da categoria também pode ser verificada tanto no âmbito patronal como dos empregados.

As *categorias ecléticas*, que reúnem atividades similares e conexas, podem sofrer desmembramentos ou dissociações, dando origem a *categorias específicas*, referentes a atividades idênticas.

✦ **Referência legislativa**

- Art. 8.º da CF.

Art. 571. Qualquer das atividades ou profissões concentradas na forma do parágrafo único do artigo anterior poderá dissociar-se do sindicato principal, formando um sindicato específico, desde que o novo sindicato, a juízo da Comissão do Enquadramento Sindical, ofereça possibilidade de vida associativa regular e de ação sindical eficiente.

1. COMISSÃO DO ENQUADRAMENTO SINDICAL

A dissociação de categorias, dando origem a novos sindicatos, representantes de atividades específicas, não mais depende de deferimento por Comissão de Enquadramento Sindical, a qual não tem mais existência, uma vez que "a lei não poderá exigir autorização do Estado para a fundação de sindicato, ressalvado o registro no órgão competente, vedadas ao Poder Público a interferência e a intervenção na organização sindical" (art. 8.º, inciso I, da Constituição Federal de 1988).

Ademais, nos termos do art. 8.º, inciso II, da Constituição da República, apesar de ser vedada a criação de mais de uma organização sindical, em qualquer grau, representativa de categoria profissional ou econômica, na mesma base territorial, esta "será definida pelos trabalhadores ou empregadores interessados, não podendo ser inferior à área de um Município".

Não existe mais, portanto, Comissão de Enquadramento Sindical, referida no dispositivo em questão, pois esta contraria o princípio da liberdade sindical (art. 8.º, *caput*, da Constituição Federal de 1988).

✦ **Jurisprudência**

Desmembramento sindical. É possível o desmembramento de uma organização sindical (art. 571 da CLT) por vontade dos trabalhadores e quando existem categorias profissionais diferentes, decorrendo tal prerrogativa da liberdade sindical prevista no art. 8.º, incisos I, II e V, da CF/1988. Recurso Ordinário conhecido e provido (TRT-16, RO 00651.2011.020.16.00.8, Rel. José Evandro de Souza, j. 29.02.2012, *DJ* 15.03.2012).

✦ **Referência legislativa**

- Art. 8.º, I, da CF.

Art. 572. Os sindicatos que se constituírem por categorias similares ou conexas, nos termos do parágrafo único do art. 570, adotarão denominação em que fiquem, tanto como possível, explicitamente mencionadas as atividades ou profissões concentradas, de conformidade com o quadro das atividades e profissões, ou se se tratar de subdivisões, de acordo com o que determinar a Comissão do Enquadramento Sindical.

Parágrafo único. Ocorrendo a hipótese do artigo anterior, o Sindicato principal terá a denominação alterada, eliminando-se-lhe a designação relativa à atividade ou profissão dissociada.

1. CATEGORIAS SINDICAIS SIMILARES OU CONEXAS

Como já mencionado, não existe mais Comissão de Enquadramento Sindical, tendo em vista o princípio da liberdade sindical (art. 8.º, *caput*, da Constituição Federal de 1988), sendo vedada a interferência do Poder Público na organização sindical (art. 8.º, inciso I, da Constituição Federal de 1988).

Desse modo, os sindicatos que se constituírem por categorias similares ou conexas devem adotar denominação que explicite as atividades ou profissões concentradas; entretanto, não há mais que se falar, quanto ao tema, em determinação imposta pela Comissão de Enquadramento Sindical.

Na hipótese de dissociação de sindicato, passando a englobar categoria específica, o sindicato principal deve alterar a sua denominação, excluindo a denominação da atividade ou da profissão dissociada.

✦ Jurisprudência

Enquadramento sindical. O ordenamento jurídico brasileiro consagra que o empregado pertence à categoria profissional correspondente à categoria econômica de seu empregador, observada a atividade preponderante da empresa. Este enquadramento ocorre, inclusive, de forma similar ou conexa, conforme preceito contido no art. 572, da CLT (TRT 5.ª R., 1.ª T., RO 0093300-30.2009.5.05.0133, *DJ* 18.02.2011).

✦ Referência legislativa

- Art. 8.º, I, da CF.

Art. 573. O agrupamento dos Sindicatos em Federações obedecerá às mesmas regras que as estabelecidas neste Capítulo para o agrupamento das atividades e profissões em Sindicatos.

Parágrafo único. As Federações de Sindicatos de profissões liberais poderão ser organizadas independentemente do grupo básico da Confederação, sempre que as respectivas profissões se acharem submetidas, por disposições de lei, a um único regulamento.

1. CATEGORIA PROFISSIONAL DIFERENCIADA E OS PROFISSIONAIS LIBERAIS

Se o empregado exerce atividade típica de profissional liberal (como advogado, médico ou engenheiro), mas mantém vínculo de emprego com o empregador, ele deixa de ser representado por sindicato de profissional liberal, uma vez que passou a prestar serviços como empregado, e não mais como autônomo.

Somente no caso em que a profissão do referido empregado, exercida na empresa, seja considerada (pelo sistema jurídico) uma categoria profissional diferenciada (como ocorre com motoristas, aeronautas e secretárias), é que o sindicato da profissão será, excepcionalmente, o representante da categoria. Mas isso ainda é exceção em nosso sistema, pois, em regra, o empregado integra a categoria profissional correspondente à atividade econômica do empregador, uniforme ou preponderante, independentemente da função especificamente desempenhada.

Cabe fazer menção, ainda, ao art. 1.º da Lei 7.316, de 28 de maio de 1985, com a seguinte previsão: "Nas ações individuais e coletivas de competência da Justiça do Trabalho, as entidades sindicais que integram a Confederação Nacional das Profissões Liberais terão o mesmo poder de representação dos trabalhadores empregados atribuído, pela legislação em vigor, aos sindicatos representativos das categorias profissionais diferenciadas".

O ordenamento jurídico, assim, reconhece a existência das entidades sindicais que representam os profissionais liberais, assegurando-lhes o mesmo poder de representação dos sindicatos das categorias profissionais diferenciadas.

Isso confirma que os profissionais liberais e as categorias profissionais diferenciadas não são a mesma realidade, até porque os primeiros não são, conceitualmente, empregados. Como observa Sergio Pinto Martins: "Os profissionais liberais, como médicos, engenheiros, contadores etc., têm condições de formar categorias diferenciadas, pois estão disciplinados por estatuto profissional próprio e também exercem, em determinados casos, condições de vida singulares; de acordo, porém, com o atual enquadramento sindical, não são, ainda, considerados categoria diferenciada"[179].

Mesmo assim, em razão do art. 1.º da Lei 7.316/1985, é possível verificar certa equiparação entre os trabalhadores que exercem atividades típicas de profissional liberal com os empregados que integram categorias profissionais diferenciadas. Por isso, para que o mencionado dispositivo legal apresente eficácia, deve-se entender que os empregados exercendo, na empresa, atividades típicas de profissionais liberais, ainda não consideradas como integrantes de categorias diferenciadas, podem se reunir em sindicatos próprios, aplicando-se, nesse caso, as mesmas regras pertinentes aos sindicatos das categorias profissionais diferenciadas.

Desse modo, pode-se entender que os sindicatos de profissionais liberais (como de engenheiros e médicos) detêm legitimidade para efetuar negociação coletiva com empresas, para estabelecer acordo coletivo em favor dos empregados representados pelos mencionados entes sindicais, que exerçam a atividade respectiva no âmbito do empregador.

Sobre a aplicabilidade das normas coletivas em favor de empregados que integram categoria profissional diferenciada, exercendo a mencionada profissão na empresa, cabe reiterar a previsão da Súmula 374 do TST. Tendo em vista a mencionada equiparação, estabelecida pela Lei 7.316/1985, essa mesma orientação também pode ser aplicada aos empregados representados por ente sindical de profissionais liberais, exercendo tais funções na empresa.

✦ Jurisprudência

Recurso de embargos interposto na vigência da Lei 11.496/2007. Arquiteto. Profissional liberal. Enquadramento como bancário. Impossibilidade.

1. Cinge-se a controvérsia em se saber se o arquiteto, empregado de instituição bancária e que desempenha as atribuições inerentes de sua profissão, deve ser enquadrado como bancário.

[179] MARTINS, Sergio Pinto. *Direito do trabalho*. 22. ed. São Paulo: Atlas, 2006. p. 706.

2. A primeira questão que deve ser considerada diz respeito ao tratamento sindical que deve ser conferido aos empregados da categoria de profissionais liberais.
3. O quadro anexo do art. 577 da CLT não insere a profissão de arquiteto como categoria profissional diferenciada, mas, sim, como profissional liberal. Apesar disto, verifica-se que inexiste qualquer incompatibilidade para a aplicação para esta categoria de empregados das regras concernentes à categoria profissional diferenciada. Primeiro porque tanto os profissionais liberais como os empregados de categoria diferenciada exercem suas profissões ou funções diferenciadas por força de estatuto profissional especial. No caso, a profissão dos arquitetos encontra-se regulada pela Lei n. 4.950-A/1966. Segundo, porque o art. 1.º da Lei n. 7.361/1985 confere à Confederação das Profissões Liberais o mesmo poder de representação atribuído aos sindicatos representativos das categorias profissionais diferenciadas.
4. De outro lado, esta Corte já sedimentou o entendimento de que as instituições bancárias podem legalmente contratar empregados de categorias diferenciadas em regime de trabalho diverso do aplicado aos bancários, conforme o que se infere da Súmula n. 117. Recurso de Embargos conhecido e desprovido (TST, SBDI-I, E-RR 104/2006-006-05-00.9, Redatora Min. Maria de Assis Calsing, *DJ* 26.06.2009).

✦ Súmulas, Orientações Jurisprudenciais e Precedentes Normativos

Súmula 374 do TST: Norma coletiva. Categoria diferenciada. Abrangência. Empregado integrante de categoria profissional diferenciada não tem o direito de haver de seu empregador vantagens previstas em instrumento coletivo no qual a empresa não foi representada por órgão de classe de sua categoria.

Art. 574. Dentro da mesma base territorial, as empresas Industriais do tipo artesanal poderão constituir entidades sindicais, de primeiro e segundo graus, distintas das associações sindicais das empresas congêneres, de tipo diferente.

Parágrafo único. Compete à Comissão de Enquadramento Sindical definir, de modo genérico, com a aprovação do ministro do Trabalho, Indústria e Comércio, a dimensão e os demais característicos das empresas Industriais de tipo artesanal.

1. ATIVIDADES INDUSTRIAIS DO TIPO ARTESANAL

Conforme já salientado, não existe mais Comissão de Enquadramento Sindical, tendo em vista o princípio da liberdade sindical (art. 8.º, *caput*, da Constituição Federal de 1988), sendo vedada a interferência do Poder Público na organização sindical (art. 8.º, inciso I, da Constituição Federal de 1988).

O que deve ser observado é a previsão do art. 8.º, inciso II, da Constituição da República, no sentido de ser "vedada a criação de mais de uma organização sindical, em qualquer grau, representativa de categoria profissional ou econômica, na mesma base territorial, que será definida pelos trabalhadores ou empregadores interessados, não podendo ser inferior à área de um Município".

De todo modo, observado o preceito acima transcrito, a dissociação de categorias também é possível quanto a atividades industriais do tipo artesanal de pequeno porte.

✦ Referência legislativa

- Art. 8.º, I, da CF.

Art. 575. O quadro de atividades e profissões será revisto de dois em dois anos, por proposta da Comissão do Enquadramento Sindical, para o fim de ajustá-lo às condições da estrutura econômica e profissional do país.

§ 1.º Antes de proceder à revisão do Quadro, a Comissão deverá solicitar sugestões às entidades sindicais e às associações profissionais.

§ 2.º A proposta de revisão será submetida à aprovação do Ministro do Trabalho, Indústria e Comércio.

1. REVOGAÇÃO DO DISPOSITIVO

O dispositivo em questão está revogado, por serem proibidas a interferência e a intervenção do Poder Público nas entidades e organizações sindicais (art. 8.º, inciso I, da Constituição Federal de 1988). O Ministério do Trabalho, assim, não mais pode exercer a atividade prevista no dispositivo em questão[180].

Além disso, segundo já explicitado, não existe mais Comissão de Enquadramento Sindical, em razão do princípio da liberdade sindical (art. 8.º, *caput*, da Constituição Federal de 1988).

✦ **Referência legislativa**

- Art. 8.º, I, da CF.

Art. 576. A Comissão do Enquadramento Sindical será constituída pelo Diretor-Geral do Departamento Nacional do Trabalho, que a presidirá, e pelos seguintes membros:

I – 2 (dois) representantes do Departamento Nacional do Trabalho;

II – 1 (um) representante do Departamento Nacional de Mão de Obra;

III – 1 (um) representante do Instituto Nacional de Tecnologia, do Ministério da Indústria e do Comércio;

IV 1 (um) representante do Instituto Nacional de Colonização e Reforma Agrária, do Ministério da Agricultura;

V – 1 (um) representante do Ministério dos Transportes;

VI – 2 (dois) representantes das categorias econômicas; e

VII – 2 (dois) representantes das categorias profissionais.

§ 1.º Os membros da CES serão designados pelo Ministro do Trabalho e Previdência Social, mediante.

a) indicação dos titulares das Pastas, quanto aos representantes dos outros Ministérios;

b) indicação do respectivo Diretor-Geral, quanto ao do DNMO;

c) eleição pelas respectivas Confederações, em conjunto, quanto aos representantes das categorias econômicas e profissionais, de acordo com as instruções que forem expedidas pelo Ministro do Trabalho e Previdência Social.

§ 2.º Cada Membro terá um suplente designado juntamente com o titular.

§ 3.º Será de 3 (três) anos o mandato dos representantes das categorias econômica e profissional.

§ 4.º Os integrantes da Comissão perceberão a gratificação de presença que for estabelecida por decreto executivo.

[180] Cf. MARTINS, Sergio Pinto. *Comentários à CLT*. 12. ed. São Paulo: Atlas, 2008. p. 624.

§ 5.º Em suas faltas ou impedimentos o Diretor-Geral do DNT será substituído na presidência pelo Diretor substituto do Departamento ou pelo representante deste na Comissão, nesta ordem.

§ 6.º Além das atribuições fixadas no presente Capítulo e concernentes ao enquadramento sindical, individual ou coletivo, e à classificação das atividades e profissões, competirá também à CES resolver, com recurso para o Ministro do Trabalho e Previdência Social, todas as dúvidas e controvérsias concernentes à organização sindical.

1. REVOGAÇÃO DO DISPOSITIVO

Não existe mais Comissão de Enquadramento Sindical, tendo em vista o princípio da liberdade sindical (art. 8.º, *caput*, da Constituição Federal de 1988), sendo vedada a interferência do Poder Público na organização sindical (art. 8.º, inciso I, da Constituição Federal de 1988).

Da mesma forma, no presente, não mais se verifica a existência do Diretor-Geral do Departamento Nacional do Trabalho, que foi substituído pelo Secretário de Relações do Trabalho.

Com isso, tem-se que o dispositivo em questão está revogado[181].

✦ Jurisprudência

Constitucional. Mandado de segurança. Enquadramento sindical. Recurso administrativo enviado pela Comissão de Enquadramento Sindical por força do § 6.º do art. 576 da CLT. Omissão do Ministro do Trabalho em apreciar e publicar decisão, alegando que nova ordem constitucional retirou de seu Ministério tais atribuições.

I – Pelo fenômeno da recepção de leis, a nova Constituição "recebeu" a CLT. Assim, os artigos consolidados que não forem compatíveis com a nova ordem continuam eficazes. Até que lei ordinária crie um "órgão competente" (cf., art. 8.º, I) ou disponha de modo diverso, os enquadramentos sindicais podem e devem ser feitos pelo Ministério do Trabalho. Dessarte, não faz sentido a omissão da autoridade impetrada em examinar o recurso *ex officio* de decisão que deu provimento a recurso da impetrante.

II – *Writ* concedido, em parte, para que a impetrada sane omissão (STJ, MS 148/DF 1989/0007980-8, Rel. Min. Ilmar Galvão, j. 14.11.1989, *DJ* 14.05.1990).

✦ Referência legislativa

- Art. 8.º, I, da CF.

Art. 577. O Quadro de Atividades e Profissões em vigor fixará o plano básico do enquadramento sindical.

1. QUADRO DE ATIVIDADES E PROFISSÕES

O enquadramento sindical é feito em conformidade com a atividade preponderante do empregador, o que é confirmado pelo art. 581, § 1.º, da CLT.

Entende-se por *atividade preponderante* a que caracterizar a unidade de produto, operação ou objetivo final, para cuja obtenção todas as demais atividades convirjam, exclusivamente em regime de conexão funcional (art. 581, § 2.º, da CLT).

181 Cf. MARTINS, Sergio Pinto. *Comentários à CLT*. 12. ed. São Paulo: Atlas, 2008. p. 626.

Observa-se a *categoria profissional diferenciada*, conceituada como a "que se forma dos empregados que exerçam profissões ou funções diferenciadas por força de estatuto profissional especial ou em consequência de condições de vida singulares" (§ 3.º do art. 511 da CLT).

Consequentemente, para a existência de categoria profissional diferenciada, faz-se necessária a existência de: estatuto profissional especial (por exemplo, as secretárias); ou a existência de condições de vida diferenciadas (como no caso dos motoristas).

Essa formação de sindicato por profissão foi recepcionada pelo sistema constitucional em vigor, por se moldar ao regime de categorias.

O quadro anexo mencionado pelo art. 577 da CLT estabelece diversas categorias profissionais diferenciadas, podendo esse rol ser ampliado, tendo em vista a liberdade sindical adotada pela Constituição Federal de 1988, desde que observados as limitações aqui mencionadas. Nesse sentido, estabelecem as Orientações Jurisprudenciais 9 e 36 da SDC do TST.

Ainda sobre as categorias diferenciadas, revelando a sua importância em nosso sistema jurídico, cabe destacar as Súmulas 117, 369, inciso III, e 374 do TST.

✦ Súmulas, Orientações Jurisprudenciais e Precedentes Normativos

Súmula 117 do TST: Bancário. Categoria diferenciada. Não se beneficiam do regime legal relativo aos bancários os empregados de estabelecimento de crédito pertencentes a categorias profissionais diferenciadas.

Súmula 369, inciso III, do TST: O empregado de categoria diferenciada eleito dirigente sindical só goza de estabilidade se exercer na empresa atividade pertinente à categoria profissional do sindicato para o qual foi eleito dirigente.

Súmula 374 do TST: Norma coletiva. Categoria diferenciada. Abrangência. Empregado integrante de categoria profissional diferenciada não tem o direito de haver de seu empregador vantagens previstas em instrumento coletivo no qual a empresa não foi representada por órgão de classe de sua categoria.

Orientação Jurisprudencial 9 da SDC do TST: O dissídio coletivo não é meio próprio para o Sindicato vir a obter o reconhecimento de que a categoria que representa é diferenciada, pois esta matéria – enquadramento sindical – envolve a interpretação de norma genérica, notadamente do art. 577 da CLT.

Orientação Jurisprudencial 36 da SDC do TST: Empregados de empresa de processamento de dados. Reconhecimento como categoria diferenciada. Impossibilidade. É por lei e não por decisão judicial, que as categorias diferenciadas são reconhecidas como tais. De outra parte, no que tange aos profissionais da informática, o trabalho que desempenham sofre alterações, de acordo com a atividade econômica exercida pelo empregador.

✦ Referência legislativa

- Art. 8.º, I, da CF.

CAPÍTULO III – DA CONTRIBUIÇÃO SINDICAL

Seção I – Da Fixação e do Recolhimento do Imposto Sindical

Art. 578. As contribuições devidas aos sindicatos pelos participantes das categorias econômicas ou profissionais ou das profissões liberais representadas pelas referidas entidades serão, sob a denominação de contribuição sindical, pagas, recolhidas e aplicadas na forma estabelecida neste Capítulo, desde que prévia e expressamente autorizadas.

1. CONTRIBUIÇÃO SINDICAL PREVISTA EM LEI

A contribuição sindical prevista em lei foi reconhecida e recepcionada pela Constituição Federal de 1988, como se observa em seu art. 8.º, inciso IV, parte final ("independentemente da contribuição prevista em lei").

Quando obrigatória, a sua natureza jurídica era tributária, conforme o art. 149, *caput*, da Constituição da República, por se tratar de contribuição de interesse das categorias profissionais e econômicas, como confirmava o art. 217, inciso I, do Código Tributário Nacional, o que não mais prevalece com a Lei 13.467/2017.

Essa contribuição sindical prevista em lei, quando era compulsória, acarretava evidente restrição à liberdade sindical, sendo incompatível com a Convenção 87 da OIT, uma vez que era devida independentemente de manifestação de vontade ou concordância do trabalhador ou empregador, bem como de filiação ao ente sindical.

Em consonância com o art. 578 da CLT, com redação dada pela Lei 13.467/2017, as contribuições devidas aos sindicatos pelos participantes das categorias econômicas ou profissionais ou das profissões liberais representadas pelas referidas entidades devem ser, sob a denominação de *contribuição sindical*, pagas, recolhidas e aplicadas na forma estabelecida no Capítulo III do Título V da CLT (arts. 578 a 610), *desde que prévia e expressamente autorizadas*.

2. CONTRIBUIÇÃO SINDICAL RURAL

De acordo com o art. 10, § 2.º, do Ato das Disposições Constitucionais Transitórias: "Até ulterior disposição legal, a cobrança das contribuições para o custeio das atividades dos sindicatos rurais será feita juntamente com a do imposto territorial rural, pelo mesmo órgão arrecadador".

Desse modo, foi recepcionado o Decreto-lei 1.166, de 15 de abril de 1971, que dispõe sobre enquadramento e contribuição sindical rural. Conforme o seu art. 1.º, com redação determinada pela Lei 9.701/1998:

> Art. 1.º Para efeito da cobrança da contribuição sindical rural prevista nos arts. 149 da Constituição Federal e 578 a 591 da Consolidação das Leis do Trabalho, considera-se:
>
> I – trabalhador rural:
>
> a) a pessoa física que presta serviço a empregador rural mediante remuneração de qualquer espécie;
>
> b) quem, proprietário ou não, trabalhe individualmente ou em regime de economia familiar, assim entendido o trabalho dos membros da mesma família, indispensável à própria subsistência e exercido em condições de mútua dependência e colaboração, ainda que com ajuda eventual de terceiros.
>
> II – empresário ou empregador rural:
>
> a) a pessoa física ou jurídica que, tendo empregado, empreende, a qualquer título, atividade econômica rural;
>
> b) quem, proprietário ou não, e mesmo sem empregado, em regime de economia familiar, explore imóvel rural que lhe absorva toda a força de trabalho e lhe garanta a subsistência e progresso social e econômico em área superior a dois módulos rurais da respectiva região;
>
> c) os proprietários de mais de um imóvel rural, desde que a soma de suas áreas seja superior a dois módulos rurais da respectiva região.

Anteriormente, assim como na contribuição sindical urbana, a chamada "competência tributária" para instituir a contribuição rural era da União Federal, conforme o art. 149 da Constituição Federal.

No entanto, de acordo com o art. 4.º do Decreto-lei 1.166/1971, cabia ao Instituto Nacional de Colonização e Reforma Agrária (Incra) proceder ao lançamento e cobrança da contribuição sindical devida pelos integrantes das categorias profissionais e econômicas da agricultura.

De acordo com a Lei 8.022, de 12 de abril de 1990, foi transferida para a Secretaria da Receita Federal a competência de administração das receitas arrecadadas pelo Instituto Nacional de Colonização e Reforma Agrária – Incra, e para a Procuradoria-Geral da Fazenda Nacional a competência para a apuração, inscrição e cobrança da respectiva dívida ativa (art. 1.º).

Seguindo a evolução legislativa sobre a matéria, a Lei 8.847, de 28 de janeiro de 1994, no art. 24, inciso I, assim dispôs:

> Art. 24. A competência de administração das seguintes receitas, atualmente arrecadadas pela Secretaria da Receita Federal por força do art. 1.º da Lei 8.022, de 12 de abril de 1990, cessará em 31 de dezembro de 1996:
>
> I – Contribuição Sindical Rural, devida à Confederação Nacional da Agricultura (CNA) e à Confederação Nacional dos Trabalhadores na Agricultura (Contag), de acordo com o art. 4.º do Decreto-lei 1.166, de 15 de abril de 1971, e art. 580 da Consolidação das Leis do Trabalho (CLT).

A Lei 9.393, de 19 de dezembro de 1996, passou a prever, no art. 17, inciso II, que:

> Art. 17. A Secretaria da Receita Federal poderá, também, celebrar convênios com:
>
> [...]
>
> II – a Confederação Nacional da Agricultura – CNA e a Confederação Nacional dos Trabalhadores na Agricultura – Contag, com a finalidade de fornecer dados cadastrais de imóveis rurais que possibilitem a cobrança das contribuições sindicais devidas àquelas entidades.

Desse modo, o entendimento pacificado é de que a partir de 1.º de janeiro de 1997 a Confederação Nacional da Agricultura (CNA) e a Confederação Nacional dos Trabalhadores na Agricultura (Contag) passaram a ter a atribuição de arrecadar e cobrar a contribuição sindical rural (patronal e dos trabalhadores, respectivamente), conforme interpretação do art. 606 da CLT, ao estabelecer que "às entidades sindicais cabe, em caso de falta de pagamento da contribuição sindical, promover a respectiva cobrança judicial". Nesse sentido, cf. Súmula 396 do Superior Tribunal de Justiça. Ainda a respeito do tema, cf. Súmula 432 do TST.

Defende-se o entendimento de que as previsões da Lei 13.467/2017 (ao estabelecerem que a contribuição sindical é opcional e devida apenas havendo prévia e expressa autorização) aplicam-se também para a contribuição sindical rural dos integrantes das categorias profissional e econômica.

A Lei 13.467/2017 não faz distinção ou exclusão quanto ao tema, não cabendo ao intérprete fazê-la. Mesmo porque, considerando a interpretação sistemática, não haveria justificativa lógica para que apenas a contribuição sindical rural permanecesse obrigatória, em afronta aos princípios da isonomia e da liberdade sindical.

Além disso, o próprio art. 24, inciso I, parte final, da Lei 8.847/1994, ao versar sobre a contribuição sindical rural, faz expressa remissão à CLT, que foi modificada pela Lei 13.467/2017 na forma anteriormente exposta.

✦ Jurisprudência

Contribuição sindical rural. CNA. Cobrança. Legitimidade. A Confederação Nacional da Agricultura tem legitimidade para a cobrança da contribuição sindical rural, devida por todos os empresários ou empregadores rurais, a partir da vigência do artigo 24, Lei 8.847/1994, por força do disposto no artigo 606 da CLT. Contribuição sindical. Natureza jurídica. Contribuição social. A contribuição sindical rural tem natureza jurídica de contribuição social e, não, de tributo (artigo 145 da Constituição Federal), não configurando a bitributação, se confrontada com o Imposto Territorial Rural (TRT da 15.ª Região, Processo 01251-2005-061-15-00-2, RO, Decisão 014784/2006-PATR, publicada em 31.03.2006. Rel. Juiz Paulo de Tarso Salomão).

Contribuição sindical rural. Ação de cobrança. Confederação Nacional da Agricultura. Legitimidade. A Confederação Nacional da Agricultura – CNA é parte legítima para o ajuizamento de ações de cobrança de contribuição sindical rural devida por empresários e empregadores rurais, definidos pelo Decreto-lei 1.766/1961, com a redação dada pela Lei 9.701/1998, a partir de 01/01/1997, momento em que cessou a competência da Secretaria da Receita Federal, de acordo com o art. 24 da Lei 8.847/1994, e a teor do quanto disposto no art. 606 da CLT (TRT da 15.ª Região, Processo 00332-2006-014-15-00-9, RO, Decisão 022791/2007-PATR, publicada em 25.05.2007. Rel. Juiz Luís Carlos Cândido Martins Sotero da Silva).

✦ Súmulas, Orientações Jurisprudenciais e Precedentes Normativos

Súmula 396 do STJ: A Confederação Nacional da Agricultura tem legitimidade ativa para a cobrança da contribuição sindical rural.

Súmula 432 do TST: Contribuição sindical rural. Ação de cobrança. Penalidade por atraso no recolhimento. Inaplicabilidade do art. 600 da CLT. Incidência do art. 2.º da Lei n.º 8.022/1990. O recolhimento a destempo da contribuição sindical rural não acarreta a aplicação da multa progressiva prevista no art. 600 da CLT, em decorrência da sua revogação tácita pela Lei n.º 8.022, de 12 de abril de 1990.

Orientação Jurisprudencial 17 da SDC do TST: Contribuições para entidades sindicais. Inconstitucionalidade de sua extensão a não associados. As cláusulas coletivas que estabeleçam contribuição em favor de entidade sindical, a qualquer título, obrigando trabalhadores não sindicalizados, são ofensivas ao direito de livre associação e sindicalização, constitucionalmente assegurado, e, portanto, nulas, sendo passíveis de devolução, por via própria, os respectivos valores eventualmente descontados.

✦ Referência legislativa

- Art. 8.º, IV, da CF.

Art. 579. O desconto da contribuição sindical está condicionado à autorização prévia e expressa dos que participarem de uma determinada categoria econômica ou profissional, ou de uma profissão liberal, em favor do sindicato representativo da mesma categoria ou profissão ou, inexistindo este, na conformidade do disposto no art. 591 desta Consolidação.

Segundo o art. 579 da CLT, com redação dada pela Lei 13.467/2017, o desconto da contribuição sindical está condicionado à *autorização prévia e expressa* dos que participarem de uma determinada categoria econômica ou profissional, ou de uma profissão liberal, em favor do sindicato representativo da mesma categoria ou profissão ou, inexistindo este, na conformidade do disposto no art. 591 da Consolidação das Leis do Trabalho.

Art. 580. A contribuição sindical será recolhida, de uma só vez, anualmente, e consistirá:

I – na importância correspondente à remuneração de um dia de trabalho, para os empregados, qualquer que seja a forma da referida remuneração;

II – para os agentes ou trabalhadores autônomos e para os profissionais liberais, numa importância correspondente a 30% (trinta por cento) do maior valor de referência fixado pelo Poder Executivo, vigente à época em que é devida a contribuição sindical, arredondada para Cr$ 1,00 (um cruzeiro) a fração porventura existente;

III – para os empregadores, numa importância proporcional ao capital social da firma ou empresa, registrado nas respectivas Juntas Comerciais ou órgãos equivalentes, mediante a aplicação de alíquotas, conforme a seguinte tabela progressiva:

Classe de Capital		Alíquota
1.	até 150 vezes o maior valor de referência	0,8%
2.	acima de 150 até 1.500 vezes o maior valor de referência	0,2%
3.	acima de 1.500 até 150.000 vezes o maior valor de referência	0,1%
4.	acima de 150.000 até 800.000 vezes o maior valor de referência	0,02%

§ 1.º A contribuição sindical prevista na tabela constante do item III deste artigo corresponderá à soma da aplicação das alíquotas sobre a porção do capital distribuído em cada classe, observados os respectivos limites.

§ 2.º Para efeito do cálculo de que trata a tabela progressiva inserta no item III deste artigo, considerar-se-á o valor de referência fixado pelo Poder Executivo, vigente à data de competência da contribuição, arredondando-se para Cr$ 1,00 (um cruzeiro) a fração porventura existente.

§ 3.º É fixada em 60% (sessenta por cento) do maior valor de referência, a que alude o parágrafo anterior, a contribuição mínima devida pelos empregadores, independentemente do capital social da firma ou empresa, ficando, do mesmo modo, estabelecido o capital equivalente a 800.000 (oitocentas mil) vezes o maior valor de referência, para efeito do cálculo da contribuição máxima, respeitada a Tabela progressiva constante do item III.

§ 4.º Os agentes ou trabalhadores autônomos e os profissionais liberais, organizados em firma ou empresa, com capital social registrado, recolherão a contribuição sindical de acordo com a tabela progressiva a que se refere o item III.

§ 5.º As entidades ou instituições que não estejam obrigadas ao registro de capital social, considerarão, como capital, para efeito do cálculo de que trata a tabela progressiva constante do item III deste artigo, o valor resultante da aplicação do percentual de 40% (quarenta por cento) sobre o movimento econômico registrado no exercício imediatamente anterior, do que darão conhecimento à respectiva entidade sindical ou à Delegacia Regional do Trabalho, observados os limites estabelecidos no § 3.º deste artigo.

§ 6.º Excluem-se da regra do § 5.º as entidades ou instituições que comprovarem, através de requerimento dirigido ao Ministério do Trabalho, que não exercem atividade econômica com fins lucrativos.

1. VALOR DA CONTRIBUIÇÃO SINDICAL

De acordo com o art. 580 da CLT, a contribuição sindical deve ser recolhida de uma só vez, anualmente, e consistirá:

a) no valor correspondente à remuneração de um dia de trabalho, para os empregados, qualquer que seja a forma da referida remuneração;

b) para os agentes ou trabalhadores autônomos e para os profissionais liberais, numa importância correspondente a 30% do maior valor de referência fixado pelo Poder Executivo, vigente à época em que é devida a contribuição sindical;

c) para os empregadores, numa importância proporcional ao capital social da firma ou empresa, registrado nas respectivas Juntas Comerciais ou órgãos equivalentes (cartórios de registro de pessoa jurídica), mediante a aplicação de alíquotas, conforme a tabela progressiva prevista no item III do art. 580.

Considera-se um dia de trabalho o equivalente: a uma jornada normal de trabalho, se o pagamento ao empregado for feito por unidade de tempo; a 1/30 (um trinta avos) da quantia percebida no mês anterior, se a remuneração for paga por tarefa, empreitada ou comissão. Quando o salário for pago em utilidades, ou nos casos em que o empregado receba, habitualmente, gorjetas, a contribuição sindical corresponderá a 1/30 (um trinta avos) da importância que tiver servido de base, no mês de janeiro, para a contribuição do empregado à Previdência Social.

A Lei 8.177/1991 extinguiu o maior valor de referência, devendo-se, assim, efetuar a conversão contábil para a atual moeda. A Lei 8.178/1991 converteu os valores expressos em "maior valor de referência", estabelecendo cinco importâncias, a contar de março de 1991 a dezembro de 1991.

De acordo com a Nota Técnica SRT/CGRT 50/2005, da Secretaria de Relações do Trabalho, essa tabela, convertida em reais e combinada com o § 3.º do art. 580 da CLT, pode ser assim demonstrada:

Capital Social	Alíquota (%)	Parcela a Adicionar à C. Sindical Calculada
1 – De R$ 0,01 a R$ 1.425,62	**Contr. Mín.**	**R$ 11,40**
2 – De R$ 1.425,63 a R$ 2.851,25	0,8	–
3 – De R$ 2.851,26 a R$ 28.512,45	0,2	R$ 17,11
4 – De R$ 28.512,46 a R$ 2.851.245,00	0,1	R$ 45,62
5 – De R$ 2.851.245,01 a R$ 15.206.240.00	0,02	R$ 2.326,62
6 – De R$ 15.206.640,01 em diante	**Contr. Máx.**	**R$ 5.367,95**

Os agentes ou trabalhadores autônomos e os profissionais liberais, organizados em firma ou empresa, com capital social registrado, devem recolher a contribuição sindical de acordo com a tabela progressiva a que se refere o item "c" acima.

As entidades ou instituições que não estejam obrigadas ao registro de capital social devem considerar como capital, para efeito do cálculo de que trata a tabela progressiva constante do item "c" acima, o valor resultante da aplicação do percentual de 40% sobre o movimento econômico registrado no exercício imediatamente anterior. Excluem-se dessa regra as entidades ou instituições que comprovarem não exercerem atividade econômica com fins lucrativos.

✦ **Referência legislativa**

- Art. 8.º, I, da CF.

Art. 581. Para os fins do item III do artigo anterior, as empresas atribuirão parte do respectivo capital às suas sucursais, filiais ou agências, desde que localizadas fora da base territorial da entidade sindical representativa da atividade econômica do estabelecimento principal, na proporção das correspondentes operações econômicas, fazendo a devida comunicação às Delegacias Regionais do Trabalho, conforme localidade da sede da empresa, sucursais, filiais ou agências. (Redação dada pela Lei 6.386, de 9.12.1976)

§ 1.º Quando a empresa realizar diversas atividades econômicas, sem que nenhuma delas seja preponderante, cada uma dessas atividades será incorporada à respectiva categoria econômica, sendo a contribuição sindical devida à entidade sindical representativa da mesma categoria, procedendo-se, em relação às correspondentes sucursais, agências ou filiais, na forma do presente artigo. (Redação dada pela Lei 6.386, de 9.12.1976)

§ 2.º Entende-se por atividade preponderante a que caracterizar a unidade de produto, operação ou objetivo final, para cuja obtenção todas as demais atividades convirjam, exclusivamente em regime de conexão funcional. (Redação dada pela Lei 6.386, de 9.12.1976)

1. CONTRIBUIÇÃO SINDICAL PATRONAL

No que se refere à contribuição sindical urbana, como esclarece a Nota Técnica SRT/CGRT 50/2005, da Secretaria de Relações do Trabalho: "O art. 580 da CLT, ao relacionar os contribuintes, é taxativo ao estabelecer a obrigatoriedade do recolhimento da contribuição sindical tão somente aos empregados (inciso I); agentes ou trabalhadores autônomos e profissionais liberais (inciso II); e empregadores (inciso III). Dessa forma, estão excluídos da hipótese de incidência aqueles que não se enquadram nas classes acima elencadas, tais como os empresários que não mantêm empregados".

A Lei 9.317/1996 (revogada pela Lei Complementar 123/2006), ao instituir o Sistema Integrado de Pagamentos de Impostos e Contribuições das Microempresas e Empresas de Pequeno Porte – Simples, previa que a inscrição nesse sistema implicava o pagamento mensal unificado de vários impostos e contribuições ali indicadas e na dispensa do pagamento das demais contribuições instituídas pela União. Desse modo, embora havendo certa controvérsia, entendia-se majoritariamente como não devida a contribuição sindical patronal (por se tratar de tributo instituído pela União) pelas microempresas e empresas de pequeno porte optantes do Simples.

Atualmente, cabe destacar que a Lei Complementar 123/2006 instituiu o "Regime Especial Unificado de Arrecadação de Tributos e Contribuições devidos pelas Microempresas e Empresas de Pequeno Porte – Simples Nacional" (art. 12). Conforme o seu art. 13, § 3.º: "As microempresas e empresas de pequeno porte optantes pelo Simples Nacional ficam dispensadas do pagamento das demais contribuições instituídas pela União, inclusive as contribuições para as entidades privadas de serviço social e de formação profissional vinculadas ao sistema sindical, de que trata o art. 240 da Constituição Federal, e demais entidades de serviço social autônomo".

Logo, entende-se que as microempresas e as empresas de pequeno porte, inscritas no Simples, estão isentas da contribuição sindical patronal.

De todo modo, com a Lei 13.467/2017, a contribuição sindical prevista em lei deixou de ser obrigatória, inclusive aos empregadores, passando a ser *opcional* (art. 587 da CLT).

Quanto à controvertida questão referente à contribuição sindical dos servidores públicos, a Nota Técnica CGRT/SRT 37/2005, do Ministério do Trabalho, assim previa: "como ainda não há previsão legal dispondo ser obrigatório o pagamento dessa contribuição pelos servidores públicos estatutários, é certo concluir que a contribuição sindical é devida apenas pelos servidores celetistas. Os servidores públicos regidos pelo regime estatutário não estão sujeitos ao recolhimento da contribuição sindical. Caso haja, no entanto, servidores submetidos às normas da CLT, deverá a administração pública proceder, em relação a estes, o desconto em folha e o respectivo recolhimento à entidade sindical representativa".

Seria possível dizer que essa diferenciação quanto ao regime do servidor público revelava-se correta, pois, quanto aos servidores estatutários, regidos por lei própria, a contribuição sindical somente passa a ter o seu recolhimento obrigatório havendo previsão legal específica nesse sentido, até porque a CLT não se aplica aos servidores públicos estatutários.

No entanto, cabe alertar que no STF essa diferença do regime do servidor público, para efeito da contribuição sindical, nem sempre é mencionada, como se observa do julgado RMS 21.758, Rel. Min. Sepúlveda Pertence, j. 20.09.1994, *DJ* 04.11.1994.

Posteriormente, a Nota Técnica SRT/MTE 36/2009 passou a prever de forma diversa da anterior, no sentido de que "todos os servidores públicos brasileiros, independentemente do regime jurídico a que pertençam", devem ter recolhida a contribuição sindical prevista no art. 578 da CLT pelos entes da Administração Pública federal, estadual e municipal, Direta e Indireta.

O art. 240 da Lei 8.112/1990, que dispõe sobre o regime jurídico dos servidores públicos civis da União, das autarquias e das fundações públicas federais, prevê que ao servidor público civil é assegurado, nos termos da Constituição Federal, o direito à livre associação sindical e os seguintes direitos, entre outros, dela decorrentes: a) de ser representado pelo sindicato, inclusive como substituto processual; b) de inamovibilidade do dirigente sindical, até um ano após o final do mandato, exceto se a pedido; c) de descontar em folha, sem ônus para a entidade sindical a que for *filiado*, o valor das mensalidades e contribuições definidas em assembleia geral da categoria.

Na atualidade, a contribuição sindical prevista em lei apenas pode ser descontada, paga, recolhida e aplicada se houver autorização prévia e expressa dos que participam das categorias profissionais e econômicas (arts. 578 e 579 da CLT, com redação dada pela Lei 13.467/2017). Por se tratar de previsão genérica, que não faz exclusões, aplica-se também aos servidores públicos.

✦ Jurisprudência

Sindicato de servidores públicos: Direito a contribuição sindical compulsória, recebida pela Constituição, condicionado, porém, à satisfação do requisito da unicidade. A Constituição de 1988, à vista do art. 8.º, IV, *in fine*, recebeu o instituto da contribuição sindical compulsória, exigível, nos termos do art. 578 e ss. da CLT, de todos os integrantes da categoria, independentemente de sua filiação ao sindicato (cf. ADI 1.076-MC, Pertence, 15-6-94). Facultada a formação de sindicatos de servidores públicos, não cabe excluí-los do regime da contribuição legal compulsória exigível dos membros da categoria (ADI 962, 11.11.1993, Galvão) (RMS 21.758, Rel. Min. Sepúlveda Pertence, j. 20.09.1994, *DJ* 04.11.1994).

Contribuição sindical patronal. Empresa sem empregados. Arts. 579 e 580 da CLT. Alcance. Jurisprudência pacífica da SBDI-1 do TST. 1. A jurisprudência pacífica da SBDI-1 do TST consolidou-se no sentido de que, consoante a melhor interpretação conferida às disposições dos artigos 579 e 580 da CLT, a ausência de empregados constitui fator determinante a desautorizar a cobrança de contribuição sindical patronal. Por não ostentar a condição de empregador, na acepção do artigo 2.º da CLT, a empresa em tais condições não compartilha do objetivo primordial das entidades de classe, de defesa e composição dos interesses da categoria que representa. Precedentes. 2. Embargos das empresas reclamantes de que se conhece, por divergência jurisprudencial, e a que se dá provimento para restabelecer a declaração de procedência do pedido formulado em ação declaratória de inexistência de relação jurídica (TST, SBDI-I, E-RR 1357-39.2013.5.09.0016, Rel. Min. João Oreste Dalazen, *DEJT* 17.06.2016).

Art. 582. Os empregadores são obrigados a descontar da folha de pagamento de seus empregados relativa ao mês de março de cada ano a contribuição sindical dos empregados que autorizaram prévia e expressamente o seu recolhimento aos respectivos sindicatos.

§ 1.º Considera-se um dia de trabalho, para efeito de determinação da importância a que alude o item I do Art. 580, o equivalente:

a) a uma jornada normal de trabalho, se o pagamento ao empregado for feito por unidade de tempo;

b) a 1/30 (um trinta avos) da quantia percebida no mês anterior, se a remuneração for paga por tarefa, empreitada ou comissão.

§ 2.º Quando o salário for pago em utilidades, ou nos casos em que o empregado receba, habitualmente, gorjetas, a contribuição sindical corresponderá a 1/30 (um trinta avos) da importância que tiver servido de base, no mês de janeiro, para a contribuição do empregado à Previdência Social.

1. DATA DE DESCONTO E DE RECOLHIMENTO DA CONTRIBUIÇÃO SINDICAL

Os empregadores são obrigados a descontar da folha de pagamento de seus empregados relativa ao mês de março de cada ano a contribuição sindical dos empregados que *autorizaram prévia e expressamente* o seu recolhimento aos respectivos sindicatos (art. 582 da CLT, com redação dada pela Lei 13.467/2017).

Art. 583. O recolhimento da contribuição sindical referente aos empregados e trabalhadores avulsos será efetuado no mês de abril de cada ano, e o relativo aos agentes ou trabalhadores autônomos e profissionais liberais realizar-se-á no mês de fevereiro, observada a exigência de autorização prévia e expressa prevista no art. 579 desta Consolidação.

§ 1.º O recolhimento obedecerá ao sistema de guias, de acordo com as instruções expedidas pelo Ministro do Trabalho.

§ 2.º O comprovante de depósito da contribuição sindical será remetido ao respectivo Sindicato; na falta deste, à correspondente entidade sindical de grau superior, e, se for o caso, ao Ministério do Trabalho.

1. FORMA DE RECOLHIMENTO DA CONTRIBUIÇÃO SINDICAL

O recolhimento da contribuição sindical referente aos empregados e trabalhadores avulsos deve ser efetuado no mês de abril de cada ano, e o relativo aos agentes ou trabalhadores autônomos e profissionais liberais realizar-se-á no mês de fevereiro, *observada a exigência de autorização prévia e expressa* prevista no art. 579 da Consolidação das Leis do Trabalho (art. 583 da CLT, com redação dada pela Lei 13.467/2017).

O recolhimento da contribuição sindical deve obedecer ao sistema de guias (art. 583, § 1.º, da CLT).

Como destaca Sergio Pinto Martins: "Nessa guia, há o número da entidade sindical, para que possa receber o valor da referida contribuição e haja a divisão do artigo 589 da CLT, com as demais entidades participantes do sistema confederativo. Sem o número, a Caixa Econômica Federal não credita o valor da contribuição sindical ao respectivo sindicato"[182].

O comprovante de depósito da contribuição sindical deve ser remetido ao respectivo sindicato; na falta deste, à correspondente entidade sindical de grau superior, e, se for o caso, ao Ministério do Trabalho (art. 583, § 2.º, da CLT).

Sendo assim, a contribuição sindical urbana, quando devida por trabalhadores e empregadores, deve ser recolhida por meio da rede bancária, nos termos do disposto nos arts. 589 a 591 da CLT (art. 286 da Portaria 671/2021 do Ministério do Trabalho e Previdência).

A guia de recolhimento da contribuição sindical urbana disponível para preenchimento no endereço eletrônico gov.br/trabalho e no caixa.gov.br é o documento hábil para a quitação dos valores devidos a título de contribuição sindical urbana (art. 287 da Portaria 671/2021 do Ministério do Trabalho e Previdência).

Na hipótese de haver empresas que possuam estabelecimentos localizados em base territorial sindical distinta da matriz, o recolhimento da contribuição sindical urbana deve ser efetuado por estabelecimento (art. 288 da Portaria 671/2021 do Ministério do Trabalho e Previdência).

A distribuição, pela Caixa Econômica Federal, dos valores da contribuição sindical urbana para as entidades sindicais e para a Conta Especial Emprego e Salário (CEES) deve observar o disposto nos arts. 589 a 591 da CLT e será efetuada de acordo com as filiações da entidade sindical constantes no Cadastro Nacional de Entidades Sindicais (CNES), no dia do efetivo pagamento da contribuição sindical urbana pelo contribuinte (art. 289 da Portaria 671/2021 do Ministério do Trabalho e Previdência).

A Caixa Econômica Federal deve disponibilizar mensalmente ao Ministério do Trabalho e Previdência, por meio de arquivo eletrônico, as informações constantes nas guias de recolhimento da contribuição sindical urbana e as relativas aos valores distribuídos e respectivos destinatários, bem como relatório anual consolidado (art. 290 da Portaria 671/2021 do Ministério do Trabalho e Previdência).

Art. 584. Servirá de base para o pagamento da contribuição sindical, pelos agentes ou trabalhadores autônomos e profissionais liberais, a lista de contribuintes organizada pelos respectivos sindicatos e, na falta destes, pelas federações ou confederações coordenadoras da categoria.

Art. 585. Os profissionais liberais poderão optar pelo pagamento da contribuição sindical unicamente à entidade sindical representativa da respectiva profissão, desde que a exerça, efetivamente, na firma ou empresa e como tal sejam nelas registrados.

Parágrafo único. Na hipótese referida neste artigo, à vista da manifestação do contribuinte e da exibição da prova de quitação da contribuição, dada por sindicato

[182] MARTINS, Sergio Pinto. *Comentários à CLT*. 10. ed. São Paulo: Atlas, 2006. p. 642.

de profissionais liberais, o empregador deixará de efetuar, no salário do contribuinte, o desconto a que se refere o art. 582.

1. CONTRIBUIÇÃO SINDICAL DO PROFISSIONAL LIBERAL

Faculta-se aos profissionais liberais o pagamento da contribuição sindical unicamente à entidade sindical representativa da respectiva profissão, desde que a exerça e esteja assim registrado na empresa.

Nessa hipótese, com base em manifestação do contribuinte e na exibição da prova de quitação da contribuição, dada por sindicato de profissionais liberais, o empregador deixará de efetuar o desconto no salário do contribuinte.

Prevalece o entendimento de que a contribuição sindical do profissional liberal empregado que exerce a opção prevista no mencionado art. 585 da CLT é calculada na forma do art. 580, inciso I, da CLT, consistindo na importância correspondente à remuneração de um dia de trabalho no emprego.

De acordo com o art. 47 da Lei 8.906/1994: "O pagamento da contribuição anual à OAB isenta os inscritos nos seus quadros do pagamento obrigatório da contribuição sindical".

Art. 586. A contribuição sindical será recolhida, nos meses fixados no presente Capítulo, à Caixa Econômica Federal, ao Banco do Brasil S. A. ou aos estabelecimentos bancários nacionais integrantes do sistema de arrecadação dos tributos federais, os quais, de acordo com instruções expedidas pelo Conselho Monetário Nacional, repassarão à Caixa Econômica Federal as importâncias arrecadadas.

§ 1.º Integrarão a rede arrecadadora as Caixas Econômicas Estaduais, nas localidades onde inexistam os estabelecimentos previstos no *caput* deste artigo.

§ 2.º Tratando-se de empregador, agentes ou trabalhadores autônomos ou profissionais liberais o recolhimento será efetuado pelos próprios, diretamente ao estabelecimento arrecadador.

§ 3.º A contribuição sindical devida pelos empregados e trabalhadores avulsos será recolhida pelo empregador e pelo sindicato, respectivamente.

1. RECOLHIMENTO DA CONTRIBUIÇÃO SINDICAL

A contribuição sindical deve ser recolhida, nos meses fixados, à Caixa Econômica Federal, ao Banco do Brasil S.A., ou aos estabelecimentos bancários nacionais integrantes do sistema de arrecadação dos tributos federais, os quais, de acordo com instruções expedidas pelo Conselho Monetário Nacional, devem repassar à Caixa Econômica Federal as importâncias arrecadadas.

Nos casos de empregador, agentes ou trabalhadores autônomos, ou profissionais liberais, o recolhimento é efetuado por eles próprios, diretamente ao estabelecimento arrecadador.

A contribuição sindical devida pelos empregados e trabalhadores avulsos deve ser recolhida pelo empregador e pelo sindicato, respectivamente.

Art. 587. Os empregadores que optarem pelo recolhimento da contribuição sindical deverão fazê-lo no mês de janeiro de cada ano, ou, para os que venham a se estabelecer após o referido mês, na ocasião em que requererem às repartições o registro ou a licença para o exercício da respectiva atividade.

1. RECOLHIMENTO DA CONTRIBUIÇÃO SINDICAL PATRONAL

Os empregadores que *optarem* pelo recolhimento da contribuição sindical devem fazê-lo no mês de janeiro de cada ano.

Quanto aos empregadores que venham a se estabelecer depois do referido mês e optarem pelo recolhimento da contribuição sindical, este deve ser feito na ocasião em que requererem às repartições o registro ou a licença para o exercício da respectiva atividade (art. 587 da CLT, com redação dada pela Lei 13.467/2017).

Art. 588. A Caixa Econômica Federal manterá conta corrente intitulada "Depósitos da Arrecadação da Contribuição Sindical", em nome de cada uma das entidades sindicais beneficiadas, cabendo ao Ministério do Trabalho científicá-la das ocorrências pertinentes à vida administrativa dessas entidades.

§ 1.º Os saques na conta corrente referida no *caput* deste artigo far-se-ão mediante ordem bancária ou cheque com as assinaturas conjuntas do presidente e do tesoureiro da entidade sindical.

§ 2.º A Caixa Econômica Federal remeterá, mensalmente, a cada entidade sindical, um extrato da respectiva conta corrente, e, quando solicitado, aos órgãos do Ministério do Trabalho.

1. ARRECADAÇÃO DA CONTRIBUIÇÃO SINDICAL

A Caixa Econômica Federal deve manter conta corrente específica, chamada "Depósitos da Arrecadação da Contribuição Sindical", em nome de cada uma das entidades sindicais beneficiadas.

A Caixa Econômica Federal deve remeter, mensalmente, a cada entidade sindical um extrato da respectiva conta-corrente.

Art. 589. Da importância da arrecadação da contribuição sindical serão feitos os seguintes créditos pela Caixa Econômica Federal, na forma das instruções que forem expedidas pelo Ministro do Trabalho:

I – para os empregadores:

a) 5% (cinco por cento) para a confederação correspondente;

b) 15% (quinze por cento) para a federação;

c) 60% (sessenta por cento) para o sindicato respectivo; e

d) 20% (vinte por cento) para a "Conta Especial Emprego e Salário";

II – para os trabalhadores:

a) 5% (cinco por cento) para a confederação correspondente;

b) 10% (dez por cento) para a central sindical;

c) 15% (quinze por cento) para a federação;

d) 60% (sessenta por cento) para o sindicato respectivo; e

e) 10% (dez por cento) para a "Conta Especial Emprego e Salário";

III e IV – Revogados pela Lei 11.648, de 31.03.2008.

§ 1.º O sindicato de trabalhadores indicará ao Ministério do Trabalho e Emprego a central sindical a que estiver filiado como beneficiária da respectiva contribuição sindical, para fins de destinação dos créditos previstos neste artigo.

§ 2.º A central sindical a que se refere a alínea "b" do inciso II do *caput* deste artigo deverá atender aos requisitos de representatividade previstos na legislação específica sobre a matéria.

1. DISTRIBUIÇÃO DO VALOR DA CONTRIBUIÇÃO SINDICAL

Os requisitos de representatividade da central sindical mencionados no § 2.º são previstos no art. 2.º da Lei 11.648, de 31 de março de 2008.

A central sindical, entidade de representação geral dos trabalhadores, constituída em âmbito nacional, tem as seguintes atribuições e prerrogativas: I – coordenar a representação dos trabalhadores por meio das organizações sindicais a ela filiadas; e II – participar de negociações em fóruns, colegiados de órgãos públicos e demais espaços de diálogo social que possuam composição tripartite, nos quais estejam em discussão assuntos de interesse geral dos trabalhadores (art. 1.º da Lei 11.648/2008).

Considera-se central sindical a *entidade associativa de direito privado composta por organizações sindicais de trabalhadores*.

Desse modo, para o exercício das atribuições e prerrogativas a que se refere o art. 1.º, inciso II, da Lei 11.648/2008, a central sindical deve cumprir os seguintes requisitos: filiação de, no mínimo, 100 sindicatos distribuídos nas cinco regiões do País; filiação em pelo menos três regiões do País de, no mínimo, 20 sindicatos em cada uma; filiação de sindicatos em, no mínimo, cinco setores de atividade econômica; e filiação de sindicatos que representem, no mínimo, 7% do total de empregados sindicalizados em âmbito nacional (art. 2.º da Lei 11.648/2008).

Art. 590. Inexistindo confederação, o percentual previsto no art. 589 desta Consolidação caberá à federação representativa do grupo.

§§ 1.º e 2.º Revogados pela Lei 11.648, de 31.03.2008.

§ 3.º Não havendo sindicato, nem entidade sindical de grau superior ou central sindical, a contribuição sindical será creditada, integralmente, à "Conta Especial Emprego e Salário".

§ 4.º Não havendo indicação de central sindical, na forma do § 1.º do art. 589 desta Consolidação, os percentuais que lhe caberiam serão destinados à "Conta Especial Emprego e Salário".

1. DISTRIBUIÇÃO DOS VALORES DE CONTRIBUIÇÃO SINDICAL

De acordo com a atual regulamentação da distribuição dos créditos de contribuição sindical, parte do seu valor é repassada e se torna de titularidade das centrais sindicais.

Não obstante, ainda que o tema seja controvertido, seria possível o entendimento de que essa destinação de parte do valor da contribuição sindical para as centrais sindicais não está em conformidade com o sistema sindical previsto na Constituição Federal de 1988, o qual permanece sendo confederativo (ou seja, integrado por sindicatos, federações e confederações) e fundado em categorias (art. 8.º, incisos II, III e IV, da Constituição Federal de 1988).

As centrais sindicais, no entanto, não fazem parte do sistema confederativo, são intercategoriais ou supracategoriais (ou seja, não representam categorias em particular), além de serem voltadas para a representação geral (apenas) de trabalhadores (e não de empregadores).

Desse modo, é possível concluir que as centrais sindicais não integram, no aspecto jurídico-constitucional, o sistema sindical brasileiro (o qual é confederativo e fundado em categorias), o que apenas poderia ser modificado por meio de alteração da Constituição Federal de 1988.

Sendo assim, existiria a possibilidade de concluir que a contribuição sindical, a qual é reconhecida no texto constitucional (art. 8.º, inciso IV, parte final, da Constituição Federal de 1988) ao prever o sistema sindical de caráter confederativo, apenas poderia ter os seus valores repassados aos entes verdadeiramente sindicais (bem como ao poder público – Conta Especial Emprego e Salário), ou seja, aos integrantes do sistema confederativo. Por isso, uma vez que não ocorreu a modificação do texto constitucional, as centrais sindicais, não estando inseridas no mencionado sistema sindical (delineado pela Constituição Federal), não poderiam (como pretendeu a nova Lei) receber parte de seus valores, sob pena de incorrer em inconstitucionalidade.

De todo modo, a tendência é no sentido de considerar constitucional a alteração acima destacada, argumentando-se que as centrais sindicais passaram a contar com o reconhecimento formal da lei, exercendo papel de relevância nas relações coletivas de trabalho, o que justificaria o recebimento de parte do valor da contribuição sindical.

Art. 591. Inexistindo sindicato, os percentuais previstos na alínea "c" do inciso I e na alínea "d" do inciso II do *caput* do art. 589 desta Consolidação serão creditados à federação correspondente à mesma categoria econômica ou profissional.

Parágrafo único. Na hipótese do *caput* deste artigo, os percentuais previstos nas alíneas "a" e "b" do inciso I e nas alíneas "a" e "c" do inciso II do *caput* do art. 589 desta Consolidação caberão à confederação.

1. CRÉDITO DE CONTRIBUIÇÃO SINDICAL EM FAVOR DE FEDERAÇÃO

Se não existir sindicato, os percentuais de contribuição sindical a ele devidos devem ser creditados à federação correspondente à mesma categoria econômica ou profissional.

Nessa hipótese, os percentuais devidos à confederação e à federação são devidos à confederação.

Seção II – Da Aplicação do Imposto Sindical

Art. 592. A contribuição sindical, além das despesas vinculadas à sua arrecadação, recolhimento e controle, será aplicada pelos sindicatos, na conformidade dos respectivos estatutos, usando aos seguintes objetivos:

I – Sindicatos de empregadores e de agentes autônomos:

a) assistência técnica e jurídica;

b) assistência médica, dentária, hospitalar e farmacêutica;

c) realização de estudos econômicos e financeiros;

d) agências de colocação;

e) cooperativas;

f) bibliotecas;

g) creches;

h) congressos e conferências;

i) medidas de divulgação comercial e Industrial no País, e no estrangeiro, bem como em outras tendentes a incentivar e aperfeiçoar a produção nacional;

j) feiras e exposições;

l) prevenção de acidentes do trabalho;

m) finalidades desportivas.

II – Sindicatos de empregados:

a) assistência jurídica;

b) assistência médica, dentária, hospitalar e farmacêutica;

c) assistência à maternidade;

d) agências de colocação;

e) cooperativas;

f) bibliotecas;

g) creches;

h) congressos e conferências;

i) auxílio-funeral;

j) colônias de férias e centros de recreação;

l) prevenção de acidentes do trabalho;

m) finalidades desportivas e sociais;

n) educação e formação profissional;

o) bolsas de estudo.

III – Sindicatos de profissionais liberais:

a) assistência jurídica;

b) assistência médica, dentária, hospitalar e farmacêutica;

c) assistência à maternidade;

d) bolsas de estudo;

e) cooperativas;

f) bibliotecas;

g) creches;

h) congressos e conferências;

i) auxílio-funeral;

j) colônias de férias e centros de recreação;

l) estudos técnicos e científicos;

m) finalidades desportivas e sociais;

n) educação e formação profissional;

o) prêmios por trabalhos técnicos e científicos.

IV – Sindicatos de trabalhadores autônomos:

a) assistência técnica e jurídica;

b) assistência médica, dentária, hospitalar e farmacêutica;

c) assistência à maternidade;

d) bolsas de estudo;

e) cooperativas;

f) bibliotecas;

g) creches;

h) congressos e conferências;

i) auxílio-funeral;

j) colônias de férias e centros de recreação;

l) educação e formação profissional;

m) finalidades desportivas e sociais.

§ 1.º A aplicação prevista neste artigo ficará a critério de cada entidade, que, para tal fim, obedecerá, sempre, às peculiaridades do respectivo grupo ou categoria, facultado ao Ministro do Trabalho permitir a inclusão de novos programas, desde que assegurados os serviços assistenciais fundamentais da entidade.

§ 2.º Os sindicatos poderão destacar, em seus orçamentos anuais, até 20% (vinco por cento) dos recursos da contribuição sindical para o custeio das suas atividades administrativas, independentemente de autorização ministerial.

§ 3.º O uso da contribuição sindical prevista no § 2.º não poderá exceder do valor total das mensalidades sociais consignadas nos orçamentos dos sindicatos, salvo autorização expressa do Ministro do Trabalho.

1. APLICAÇÃO DO VALOR DA CONTRIBUIÇÃO SINDICAL

O art. 592 da CLT arrola os objetivos que devem ser seguidos na aplicação da contribuição sindical. O dispositivo legal faz remissão aos respectivos estatutos, mas há discussão em saber se os objetivos ali estabelecidos podem ser fixados por lei, tendo em vista o princípio da liberdade sindical.

Embora o sindicato tenha liberdade e autonomia na organização, administração e atuação, por se sujeitar ao princípio da legalidade, a lei pode estabelecer regras gerais de conduta, desde que não representem autorização ao Poder Público, para interferir ou intervir no ente sindical.

✦ Referência legislativa

- Art. 8.º, I, da CF.

Art. 593. As percentagens atribuídas às entidades sindicais de grau superior e às centrais sindicais serão aplicadas de conformidade com o que dispuserem os respectivos conselhos de representantes ou estatutos.

Parágrafo único. Os recursos destinados às centrais sindicais deverão ser utilizados no custeio das atividades de representação geral dos trabalhadores decorrentes de suas atribuições legais.

1. RECURSOS DESTINADOS ÀS ENTIDADES SINDICAIS DE GRAU SUPERIOR

A Lei 11.648, de 31 de março de 2008, dispõe sobre o reconhecimento formal das centrais sindicais para os fins que especifica e altera a Consolidação das Leis do Trabalho. De acordo com o art. 1.º da Lei 11.648/2008:

> Art. 1.º A central sindical, entidade de representação geral dos trabalhadores, constituída em âmbito nacional, terá as seguintes atribuições e prerrogativas:
>
> I – coordenar a representação dos trabalhadores por meio das organizações sindicais a ela filiadas; e
>
> II – participar de negociações em fóruns, colegiados de órgãos públicos e demais espaços de diálogo social que possuam composição tripartite, nos quais estejam em discussão assuntos de interesse geral dos trabalhadores.

Art. 594. O "Fundo Social Sindical" será gerido e aplicado pela Comissão do Imposto Sindical em objetivos que atendam aos interesses gerais da organização sindical nacional ou à assistência social aos trabalhadores.

1. REVOGAÇÃO TÁCITA DO DISPOSITIVO

O presente dispositivo foi tacitamente revogado pela Lei 4.589/1964, que extinguiu a Comissão do Imposto Sindical (art. 1.º).

✦ Jurisprudência

Repasse da contribuição sindical. Em relação ao pedido de repasse da contribuição sindical, o sindicato autor aponta violação dos arts. 578 e 594 da CLT, argumentando que a revelia da ré induz à procedência do pedido. Também não merece prosperar o inconformismo, uma vez que os referidos artigos dispõem, *in verbis*: Art. 578. As contribuições devidas aos Sindicatos pelos que participem das categorias econômicas ou profissionais ou das profissões liberais representadas pelas referidas entidades serão, sob a denominação do "imposto sindical", pagas, recolhidas e aplicadas na forma estabelecida neste Capítulo. Art. 594. O "Fundo Social Sindical" será gerido e aplicado pela Comissão do Imposto Sindical em objetivos que atendam aos interesses gerais da organização sindical nacional ou à assistência social aos trabalhadores. Observe-se que a decisão regional não se opõe à obrigatoriedade da exigência da contribuição sindical. De fato, segundo aquela Corte: Nesse passo, não se tratando de categoria diferenciada, conforme termos da fundamentação acima lançada, não há que se falar em obrigatoriedade do recolhimento de tal contribuição ao sindicato autor, salvo apresentação de oposição pelo obreiro ao seu empregador quanto ao repasse da contribuição ao sindicato de classe da categoria predominante com indicação do sindicato favorecido. Tanto é assim que o legislador tratou de dispor no art. 606 da CLT: "Às entidades sindicais cabe, em caso de falta de pagamento da contribuição sindical, promover a respectiva cobrança judicial, mediante ação executiva, valendo como título de dívida a certidão expedida pelas autoridades regionais do Ministério do Trabalho. (§ 1.º) O Ministério do Trabalho baixará as instruções regulando a expedição das certidões a que se refere o presente artigo, das quais deverá constar a individualização do contribuinte, a indicação do débito e a designação da entidade a favor da qual é recolhida a importância da contribuição sindical, de acordo com o respectivo enquadramento sindical. [...]". Portanto, o pedido quanto ao repasse da contribuição sindical encontra óbice no *caput* do artigo 8.º da Constituição Federal, qual seja, a liberdade sindical. (fl. 157)

Nesse contexto, os dispositivos invocados não sustentam a tese do sindicato autor de que a contribuição sindical deveria ser-lhe repassada, mas apenas de que seu recolhimento é obrigatório, tese que se harmoniza com o teor da decisão atacada. Frise-se que a revelia, na qual se baseia o sindicato autor, não abarca matéria de direito, conforme se consignou no tópico próprio. Intactos, portanto, os arts. 578 e 594 da CLT. Nego provimento (TST, 8.ª T., AIRR 152/2008-044-02-40.6, Rel. Des. Dora Maria da Costa, j. 02.12.2009).

Seção III – Da Comissão do Imposto Sindical

Arts. 595 a 597. Revogados pela Lei 4.589, de 11.12.1964.

Seção IV – Das Penalidades

Art. 598. Sem prejuízo da ação criminal e das penalidades previstas no art. 553, serão aplicadas multas de Cr$ 10,00 (dez cruzeiros) a Cr$ 10.000,00 (dez mil cruzeiros) pelas infrações deste Capítulo impostas no Distrito Federal pela autoridade competente de 1.ª instância do Departamento Nacional do Trabalho e nos Estados e no Território do Acre pelas autoridades regionais do Ministério do Trabalho, Indústria e Comércio.

Parágrafo único. A gradação da multa atenderá à natureza da infração e às condições sociais e econômicas do infrator.

1. APLICAÇÃO DE PENALIDADES ÀS ORGANIZAÇÕES SINDICAIS

O dispositivo em questão trata da aplicação de penalidades por descumprimento das previsões dos arts. 578 a 610 da CLT. Entretanto, apenas a aplicação de multa, em tese, poderia ser admissível, por serem proibidas a interferência e a intervenção do Poder Público na organização sindical.

A Portaria 667/2021 do Ministério do Trabalho e Previdência, quanto ao art. 598 da CLT, estabelece a multa administrativa no valor mínimo de R$ 8,05 e valor máximo de R$ 8.050,65.

Frise-se, ainda, que a Lei 13.467/2017 tornou a contribuição sindical prevista em lei opcional, ou seja, facultativa, passando a ser devida apenas pelos empregados, trabalhadores e empregadores que assim autorizarem prévia e expressamente.

✦ Jurisprudência

Embargos à execução fiscal. Multa por ausência de pagamento de contribuição sindical (arts. 582, 583 e 598 da CLT). Inaplicabilidade ao empregador, em vista do recolhimento com atraso das contribuições sindicais descontadas dos salários dos seus empregados. Inclusão, apenas, de acréscimos legais. 1. A multa prevista no art. 598 não se aplica ao empregador que deixar de recolhê-la ou o fizer com atraso, posto que para isso existe a previsão específica do art. 600 da CLT, em que a mora no recolhimento da contribuição sindical implicará multa de 10% (dez por cento) nos primeiros trinta dias, acrescida de 2% (dois por cento) por mês subsequente de atraso, além de juros de mora de 1% (um por cento) ao mês e correção monetária. 2. A análise sistemática dos Capítulos I, II e III do Título V ("Da organização sindical") faz concluir que a multa prevista pelo art. 598 da CLT é destinada aos diretores sindicais que não cumprirem com as suas obrigações, entre elas a correta aplicação da contribuição sindical (arts. 592 a 594 da CLT). 3. Não cabe aplicar a multa prevista no art. 598 da CLT ao empregador, em vista do recolhimento com atraso das contribuições sindicais descontadas dos salários dos seus empregados, visto que, neste caso, são pertinentes somente as multas, juros e correção monetária previstos no art. 600 da CLT. 4. A embargante comprovou que recolheu a contribuição sindical com atraso, incluindo os acréscimos legais. 5. Apelação a que se dá provimento, para julgar procedentes os embargos e anular o auto de infração, com a consequente extinção da execução em que se cobra multa dele decorrente e a inversão dos ônus da sucumbência, arcando a Fazenda Nacional com honorários advocatícios de R$ 500,00 (quinhentos reais) (TRF da 3.ª Região, 3.ª T., AC 8652 SP 97.03.008652-7, Rel. Juiz Convocado Rubens Calixto, j. 18.06.2009).

✦ **Referência legislativa**

- Art. 8.º da CF.

Art. 599. Para os profissionais liberais, a penalidade consistirá na suspensão do exercício profissional, até a necessária quitação, e será aplicada pelos órgãos públicos ou autárquicos disciplinadores das respectivas profissões mediante comunicação das autoridades fiscalizadoras.

1. CONSEQUÊNCIAS DO NÃO RECOLHIMENTO DA CONTRIBUIÇÃO SINDICAL

O art. 599 da CLT previa que, para os profissionais liberais, a penalidade pelo não recolhimento da contribuição sindical consistia na suspensão do exercício profissional, até a necessária quitação, e seria aplicada pelos órgãos públicos ou autárquicos disciplinadores das respectivas profissões mediante comunicação das autoridades fiscalizadoras.

Entretanto, com a Lei 13.467/2017, a contribuição sindical não é mais obrigatória, uma vez que passou a ser devida apenas se houver prévia e expressa autorização. Desse modo, entende-se que a referida previsão de penalidade decorrente do seu não recolhimento foi tacitamente revogada, deixando de ser aplicável.

Art. 600. O recolhimento da contribuição sindical efetuado fora do prazo referido neste Capítulo, quando espontâneo, será acrescido da multa de 10% (dez por cento), nos 30 (trinta) primeiros dias, com o adicional de 2% (dois por cento) por mês subsequente de atraso, além de juros de mora de 1 % (um por cento) ao mês e correção monetária, ficando, nesse caso, o infrator, isento de outra penalidade.

§ 1.º O montante das cominações previstas neste artigo reverterá sucessivamente:

a) ao Sindicato respectivo;

b) à Federação respectiva, na ausência de Sindicato;

c) à Confederação respectiva, inexistindo Federação.

§ 2.º Na falta de Sindicato ou entidade de grau superior, o montante a que alude o parágrafo precedente reverterá à conta "Emprego e Salário".

1. RECOLHIMENTO DE CONTRIBUIÇÃO SINDICAL FORA DO PRAZO LEGAL

De acordo com o art. 600 da CLT, o recolhimento da contribuição sindical efetuado fora do prazo legal, quando espontâneo, deve ser acrescido da multa de 10%, nos 30 primeiros dias, com o adicional de 2% por mês subsequente de atraso, além de juros de mora de 1% ao mês e correção monetária, ficando isento o infrator, nesse caso, de outra penalidade.

Em consonância com o art. 582 da CLT, com redação dada pela Lei 13.467/2017, os empregadores são obrigados a descontar da folha de pagamento de seus empregados (relativa ao mês de março de cada ano) a contribuição sindical dos empregados que *autorizaram prévia e expressamente* o seu recolhimento aos respectivos sindicatos.

Ainda segundo o art. 579 da CLT, com redação dada pela Lei 13.467/2017, o desconto da contribuição sindical está condicionado à *autorização prévia e expressa* dos que participarem de uma determinada categoria econômica ou profissional, ou de uma profissão liberal, em favor do sindicato representativo da mesma categoria ou profissão ou, inexistindo este, na conformidade do disposto no art. 591 da Consolidação das Leis do Trabalho.

Desse modo, como a contribuição sindical deixou de ser obrigatória com a Lei 13.467/2017, as penalidades previstas no art. 600 da CLT apenas têm aplicabilidade se tiver havido essa prévia e expressa autorização dos empregados, mas, ainda assim, o empregador não tiver feito o respectivo desconto e recolhimento.

2. PENALIDADES DECORRENTES DO NÃO RECOLHIMENTO DA CONTRIBUIÇÃO SINDICAL RURAL

Quanto às penalidades decorrentes do pagamento, fora do prazo, da contribuição patronal rural, cabe fazer menção ao entendimento de que nesse caso em específico não seria aplicável o art. 600 da CLT, incidindo a regra do art. 2.º da Lei 8.022/1990.

Nesse sentido, cf. decisão do TRT 15.ª Região (Processo 01248-2005-050-15-00-5, RO, Decisão 018512/2007-PATR, RO, publicada em 27.04.2007, Rel. Juiz Manuel Soares Ferreira Carradita) e Súmula 432 do TST.

✦ Jurisprudência

Confederação Nacional da Agricultura – CNA. Multa moratória. Art. 600 da CLT. Inaplicabilidade. O art. 2.º da Lei 8.022/1990, ao estabelecer novos critérios de juros e multa moratória, revogou tacitamente o artigo 600 da CLT, que disciplinava a matéria. Com o advento da Lei 8.847/1994, a arrecadação da contribuição sindical rural passou ao encargo da CNA e da Contag, a partir de dezembro de 1996, não tendo havido, contudo, modificação com relação às penalidades pelo pagamento a destempo, prevalecendo, nesse aspecto, as disposições do art. 2.º da Lei 8.022/1990. De outra parte, a progressividade da multa prevista no art. 600 da CLT ofende o princípio da proporcionalidade e ganha característica de confisco, o que é vedado pelo art. 150, IV, da Constituição Federal. Recurso ao qual se nega provimento (TRT da 15.ª Região, Processo 01248-2005-050-15-00-5, RO, Decisão 018512/2007-PATR, RO, publicada em 27.04.2007. Rel. Juiz Manuel Soares Ferreira Carradita).

✦ Súmulas, Orientações Jurisprudenciais e Precedentes Normativos

Súmula 432 do TST: Contribuição sindical rural. Ação de cobrança. Penalidade por atraso no recolhimento. Inaplicabilidade do art. 600 da CLT. Incidência do art. 2.º da Lei 8.022/1990. O recolhimento a destempo da contribuição sindical rural não acarreta a aplicação da multa progressiva prevista no art. 600 da CLT, em decorrência da sua revogação tácita pela Lei 8.022, de 12 de abril de 1990.

Seção V – Disposições Gerais

Art. 601. Revogado.

1. PROVA DE QUITAÇÃO DA CONTRIBUIÇÃO SINDICAL: REVOGAÇÃO

A Lei 13.467/2017 (art. 5.º, inciso I, "k") revogou o art. 601 da CLT, ao prever que no "ato da admissão de qualquer empregado, dele exigirá o empregador a apresentação da prova de quitação do imposto sindical".

Art. 602. Os empregados que não estiverem trabalhando no mês destinado ao desconto da contribuição sindical e que venham a autorizar prévia e expressamente o recolhimento serão descontados no primeiro mês subsequente ao do reinício do trabalho.

Parágrafo único. De igual forma se procederá com os empregados que forem admitidos depois daquela data e que não tenham trabalhado anteriormente nem apresentado a respectiva quitação.

1. DESCONTO DA CONTRIBUIÇÃO SINDICAL

Os empregadores são obrigados a descontar da folha de pagamento de seus empregados relativa ao mês de março de cada ano a contribuição sindical dos empregados que *autorizaram prévia e expressamente* o seu recolhimento aos respectivos sindicatos (art. 582 da CLT, com redação dada pela Lei 13.467/2017).

Conforme o art. 583 da CLT, com redação dada pela Lei 13.467/2017, o recolhimento da contribuição sindical referente aos empregados e trabalhadores avulsos será efetuado no mês de abril de cada ano, e o relativo aos agentes ou trabalhadores autônomos e profissionais liberais realizar-se-á no mês de fevereiro, observada a exigência de *autorização prévia e expressa* prevista no art. 579 da CLT.

Os empregados que não estiverem trabalhando no mês destinado ao desconto da contribuição sindical e que venham a *autorizar prévia e expressamente* o recolhimento serão descontados no primeiro mês subsequente ao do reinício do trabalho (art. 602 da CLT, com redação dada pela Lei 13.467/2017).

De igual forma se deve proceder com os empregados que forem admitidos depois daquela data e que não tenham trabalhado anteriormente nem apresentado a respectiva quitação.

Art. 603. Os empregadores são obrigados a prestar aos encarregados da fiscalização os esclarecimentos necessários ao desempenho de sua missão e a exibir-lhes, quando exigidos, na parte relativa ao pagamento de empregados, os seus livros, folhas de pagamento e outros documentos comprobatórios desses pagamentos, sob pena da multa cabível.

1. FISCALIZAÇÃO DO RECOLHIMENTO DA CONTRIBUIÇÃO SINDICAL

A contribuição sindical deixou de ser obrigatória com a Lei 13.467/2017 e passou a ser opcional, exigindo prévia e expressa autorização do integrante da categoria.

Com isso, a referida contribuição não tem mais natureza essencialmente pública, nem tributária.

Portanto, seria possível entender que não são mais aplicáveis as previsões relativas à fiscalização do seu recolhimento pelo Ministério do Trabalho, tendo ocorrido revogação tácita do art. 603 da CLT e do art. 18, § 3.º, da Lei 5.889/1973.

Em sentido divergente, argumenta-se que a mencionada fiscalização permanece aplicável, uma vez que parte dos valores da contribuição sindical prevista em lei, mesmo facultativa, ainda é destinada à "Conta Especial Emprego e Salário" (art. 589 da CLT), administrada pelo Ministério do Trabalho, pois os seus valores integram os recursos do Fundo de Amparo ao Trabalhador.

O art. 18, § 3.º, da Lei 5.889/1973, com redação dada pela Medida Provisória 2.164-41/2001, estabelece que a fiscalização do Ministério do Trabalho exigirá dos empregadores rurais ou produtores equiparados a comprovação do recolhimento da contribuição sindical rural das categorias econômica e profissional.

Art. 604. Revogado.

1. CONTRIBUIÇÃO SINDICAL DOS TRABALHADORES AUTÔNOMOS E PROFISSIONAIS LIBERAIS

A Lei 13.467/2017 (art. 5.º, inciso I, "l") revogou o art. 604 da CLT, ao dispor que "os agentes ou trabalhadores autônomos ou profissionais liberais são obrigados a prestar aos encarregados da fiscalização os esclarecimentos que lhes forem solicitados, inclusive exibição de quitação do imposto sindical".

Art. 605. As entidades sindicais são obrigadas a promover a publicação de editais concernentes ao recolhimento do imposto sindical, durante 3 (três) dias, nos jornais de maior circulação local e até 10 (dez) dias da data fixada para depósito bancário.

1. COBRANÇA DA CONTRIBUIÇÃO SINDICAL

O art. 605 da CLT prevê que as entidades sindicais são obrigadas a promover a publicação de editais concernentes ao recolhimento do imposto sindical, durante três dias, nos jornais de maior circulação local e até 10 dias da data fixada para depósito bancário.

Entretanto, com a Lei 13.467/2017, essa previsão apenas pode ter aplicabilidade nas hipóteses em que o empregado autorizou prévia e expressamente o desconto da contribuição sindical, mas o empregador não fez o recolhimento (art. 582 da CLT).

✦ **Jurisprudência**

Contribuição sindical rural. Publicação de editais em jornais de grande circulação local. Necessidade. Art. 605 da CLT. Princípio da publicidade. O artigo 605 da CLT exige que as entidades sindicais promovam a publicação de editais concernentes ao recolhimento da contribuição sindical, durante 3 (três) dias, nos jornais de maior circulação local e até 10 (dez) dias da data fixada para depósito bancário. Ou seja, anteriormente à propositura de Ação de Cobrança de Contribuição Sindical, a publicação de editais em jornais de grande circulação faz-se necessária, em atenção à exigência legal contida no dispositivo supra, que está em pleno vigor, não tendo sido revogado, expressa ou tacitamente, por nenhuma norma superveniente, e se justifica à luz do princípio da publicidade, já que a intenção do legislador é exatamente tornar pública a obrigação do recolhimento do imposto devido. Portanto, é peça essencial à propositura da ação o comprovante do cumprimento da exigência legal, já que sem a prova da publicação dos editais torna-se impossível o reconhecimento da constituição do débito, o que leva ao indeferimento da petição nos termos do art. 295, inciso VI e arts. 283 e 284 e consequente extinção do processo sem resolução do mérito nos moldes do art. 267, I, do CPC [de 1973] (TRT da 15.ª Região, Processo 01388-2006-025-15-00-4, RO, Decisão 009509/2007-PATR, ROPS, publicada em 09.03.2007).

Art. 606. Às entidades sindicais cabe, em caso de falta de pagamento da contribuição sindical, promover a respectiva cobrança judicial, mediante ação executiva, valendo como título de dívida a certidão expedida pelas autoridades regionais do Ministério do Trabalho e Previdência Social.

§ 1.º O Ministro do Trabalho, Indústria e Comércio baixará as instruções regulando a expedição das certidões a que se refere o presente artigo das quais deverá constar a individualização de contribuinte, a indicação do débito e a designação da entidade a favor da qual será recolhida a importância de imposto, de acordo com o respectivo enquadramento sindical.

§ 2.º Para os fins da cobrança judicial do imposto sindical, são extensivos às entidades sindicais, com exceção do foro especial, os privilégios da Fazenda Pública, para cobrança da dívida ativa.

1. COBRANÇA JUDICIAL DE CONTRIBUIÇÃO SINDICAL

Conforme anteriormente indicado, a contribuição sindical deixou de ser obrigatória com a Lei 13.467/2017, passando a ser opcional.

Desse modo, o pagamento, o recolhimento e o desconto da contribuição sindical apenas podem ocorrer se houver *autorização prévia e expressa* dos integrantes das categorias econômicas ou profissionais ou das profissões liberais (arts. 578 e 579 da CLT).

Como a contribuição sindical não tem mais natureza pública, nem tributária, entende-se que foi tacitamente revogado o art. 606 da CLT, ao prever que às entidades sindicais cabia, em caso de falta de pagamento da contribuição sindical, promover a respectiva cobrança judicial, mediante ação executiva, valendo como título de dívida a certidão expedida pelas autoridades regionais do Ministério do Trabalho.

Da mesma forma, foram tacitamente revogados os §§ 1.º e 2.º do art. 606 da CLT, sobre instruções (relativas à cobrança judicial por meio de ação executiva) a serem baixadas pelo Ministério do Trabalho e extensão dos privilégios da Fazenda Pública para a cobrança da contribuição sindical como dívida ativa.

Aliás, mesmo anteriormente, já havia entendimento de que essas disposições não mais prevaleciam com a promulgação da Constituição Federal de 1988, tendo em vista a dissociação do sindicato do Poder Público, passando a ter natureza de associação privada, ainda que especial.

A Nota MGB/CONJUR/MTE 30/2003, da Consultoria Jurídica do Ministério do Trabalho, concluiu pela "impossibilidade de o Ministério do Trabalho emitir certidão de débito de contribuição sindical, tendo em vista que não efetua enquadramento sindical e que, não obstante o art. 606 da Consolidação das Leis do Trabalho não ter sido revogado, sua aplicabilidade encontra-se prejudicada em face da liberdade sindical preconizada na Constituição Federal".

Na atualidade, pode-se dizer que a cobrança da contribuição sindical pode ser feita pelo sindicato por meio de ação de conhecimento, desde que tenha havido a prévia e expressa autorização do integrante da categoria.

Com a Emenda Constitucional 45/2004, a Justiça do Trabalho passou a ser competente para julgar a ação de cobrança da contribuição sindical ajuizada pelo sindicato da categoria profissional, em face de empregador, não mais se aplicando a Súmula 222 do STJ[183], tendo em vista a atual disposição do art. 114, inciso III, da Constituição da República.

Prevalece o entendimento de que não se incluem na competência da Justiça do Trabalho as ações ajuizadas por sindicatos, tendo como objeto questões sobre representatividade sindical e contribuição sindical envolvendo trabalhadores submetidos ao regime estatutário, administrativo ou àqueles cujo regime jurídico aplicável esteja em discussão (Cf. TST, 4.ª T., RR – 1724-62.2015.5.22.0103). Em sentido divergente, cf. TST, 1.ª T., RR-207-67.2011.5.10.0015.

O Supremo Tribunal Federal fixou a seguinte tese de repercussão geral: "Compete à Justiça comum processar e julgar demandas em que se discute o recolhimento e o repasse de contribuição sindical de servidores públicos regidos pelo regime estatutário" (STF, Pleno, RE 1.089.282/AM, Rel. Min. Gilmar Mendes, j. 07.12.2020, *DJe* 04.02.2021).

Nessa linha, as ações em que se discute a contribuição sindical de servidor público estatutário, mesmo depois da Emenda Constitucional 45/2004, devem continuar sendo ajuizadas na Justiça Comum. As ações em que se discute a contribuição sindical de servidor público celetista, depois da Emenda Constitucional 45/2004, devem ser ajuizadas na Justiça do Trabalho (STJ, 1.ª Seção, CC 147.784/PR, 2016/0193111-2, Rel. Min. Mauro Campbell Marques, *DJe* 29.03.2021).

Anteriormente, quando a contribuição sindical era obrigatória e tinha natureza tributária, o prazo decadencial para a *constituição* do respectivo crédito era de cinco anos (art. 173 do Código Tributário Nacional), sendo o prazo prescricional para a sua *cobrança* de cinco anos, conforme o art. 174 do Código Tributário Nacional.

Com a Lei 13.467/2017, em razão da natureza preponderantemente privada da contribuição sindical, pode-se dizer que o prazo prescricional para a sua cobrança passa a ser o estabelecido no Código Civil.

Desse modo, conforme o art. 206, § 5.º, inciso I, prescreve em cinco anos a pretensão de cobrança de dívidas líquidas constantes de instrumento particular. De todo modo, não havendo esses requisitos, o art. 205 do Código Civil dispõe que a prescrição ocorre em 10 anos, quando a lei não lhe haja fixado prazo menor.

✦ Jurisprudência

Embargos em recurso de revista. Interposição sob a égide da Lei n.º 11.496/2007. Contribuição sindical. Ação de cobrança. Possibilidade. Certidão de dívida ativa. Desnecessária. Precedentes. 1. No que tange à forma de cobrança da contribuição sindical, o artigo 606 da CLT faculta ao ente sindical o ajuizamento de ação

[183] Na atualidade, entende-se que a Súmula 222 do Superior Tribunal de Justiça abrange apenas as ações sobre contribuição sindical referente a servidores públicos estatutários, as quais são de competência da Justiça Comum. As ações sobre contribuição sindical referente a celetistas (servidores ou não) são de competência da Justiça do Trabalho (STJ, 1.ª Seção, CC 147.784/PR, 2016/0193111-2, Rel. Min. Mauro Campbell Marques, *DJe* 29.03.2021).

executiva fundada, por óbvio, em título executivo preexistente, qual seja: a certidão de dívida ativa expedida pelo Ministério do Trabalho e Emprego. 2. Ocorre que a ação executiva mencionada no artigo 606 da CLT não é o único meio posto à disposição para a cobrança do respectivo tributo. Se assim fosse, é bom frisar, a entidade sindical restaria dependente do Estado para viabilizar a satisfação de seus créditos, algo incompatível com o princípio da liberdade sindical, insculpido no artigo 8.º, I, da Constituição Federal, que veda a interferência estatal na organização e funcionamento das entidades sindicais. 3. Por tal motivo, esta Corte Superior tem admitido a ação de cobrança como meio processual adequado para constituir em juízo o título executivo indispensável à execução forçada dos créditos atinentes à contribuição sindical. Precedentes. 4. Ressalte-se, ainda, que, por se tratar de uma ação de conhecimento, que visa justamente a formação de um título executivo, a ação de cobrança não precisa vir acompanhada da certidão de dívida ativa, de forma que a exigência constante do artigo 606 da CLT, por pura coerência, reporta-se apenas aos casos em que o ente sindical opte pelo ajuizamento da respectiva ação executiva. Recurso de embargos conhecido e não provido (TST, SBDI-I, E-RR 233300-06.2007.5.02.0078, Rel. Min. Guilherme Augusto Caputo Bastos, *DEJT* 30.06.2015).

Contribuição sindical. Necessidade de expedição de certidão de dívida ativa pelo Ministério do Trabalho. O artigo 606 da CLT não foi revogado e nem alterado expressamente por nova norma. Assim, o Ministério do Trabalho expedirá certidão quanto ao não recolhimento da contribuição sindical. Esse documento é imprescindível para o ajuizamento da execução, valendo como título da dívida. Somente a autoridade do Ministério do Trabalho é que pode expedir a certidão para a cobrança da contribuição sindical. O referido documento vale como certidão de dívida ativa, como se depreende do § 2.º do artigo 606 da CLT (TRT da 2.ª Região, 8.ª T., RO, Processo 05100.2006.083.02.00-2, Rel. Juiz Sergio Pinto Martins, j. 05.06.2008).

Agravo de instrumento. Não recebimento de recurso ordinário em ação monitória. Entidade sindical. Não conhecimento. 1. A isenção prevista no art. 606, § 2.º, da CLT é fruto de contexto histórico em que imperava o atrelamento dos sindicatos ao Estado. Em face de sua condição de verdadeiros entes paraestatais de colaboração, bem como da necessidade de outorga de autorização estatal para sua criação, eram-lhes assegurados privilégios da Fazenda Pública que, no contexto atual, merecem interpretação restritiva. Direito a isenção de recolhimento de custas que não se acolhe. 2. A concessão do benefício da gratuidade da justiça, independentemente de o requerente ser pessoa física ou jurídica, necessita de comprovação da insuficiência de recursos, na esteira da jurisprudência dos Tribunais Superiores. Não concedida a isenção das custas, o seu não recolhimento implica deserção do apelo. Inobservado um dos requisitos extrínsecos de admissibilidade do recurso. Aplicação dos artigos 511 do CPC [de 1973] e 789, § 1.º, da CLT. Recurso não conhecido (TRT, 4.ª R., 4.ª T., AI, Processo 00347-2007-002-04-01-0, Rel. Juiz Ricardo Tavares Gehling, *DOERS* 30.10.2007).

Agravo de instrumento em recurso de revista. Ação monitória. Confederação Nacional da Agricultura. Contribuição sindical rural. Carência de ação. Inadequação da via eleita. A ação monitória tem por finalidade constituir título executivo judicial a partir de prova escrita que, embora não tenha força executiva, demonstre a existência da obrigação entre as partes, nos termos do art. 1.102-A do CPC. A pretensão da Confederação Nacional da Agricultura em constituir título executivo judicial para fins de execução da contribuição sindical rural, a partir da guia de recolhimento por ela mesmo emitida, não é própria de ação monitória. Ocorre que, nos termos do art. 142, parágrafo único, do Código Tributário Nacional, o lançamento dos tributos é atividade administrativa obrigatória e vinculada, afeta, exclusivamente, à Administração Pública. Assim, se a Confederação Nacional da Agricultura, não obstante a sua condição de beneficiária dessa arrecadação, não ostenta a competência para o lançamento do tributo, ou seja, para a definição do sujeito passivo da obrigação e para a apuração dos requisitos de liquidez e certeza da contribuição sindical, não pode, a partir da expedição da aludida guia, ajuizar ação monitória para a constituição de título executivo judicial. Tal procedimento suprimiria a competência do órgão administrativo, transformando o procedimento simplificado da ação monitória em atividade de lançamento, inundando de processos os foros trabalhistas a cada ano, em caso de ausência de pagamento por parte dos sujeitos passivos. Note-se, que o art. 606 da CLT autoriza as entidades sindicais a cobrar judicialmente a contribuição sindical em caso de falta de pagamento, mediante ação executiva. Em nenhum momento, no entanto, a legislação permite que a entidade sindical emita uma guia de cobrança do tributo e utilize a ação monitória para obter do Poder Judiciário um título executivo judicial. Ao contrário, considerando exatamente a natureza tributária da contribuição sindical, o referido art. 606 da CLT exigia da entidade sindical que a ação de execução viesse acompanhada da certidão expedida pela autoridade competente do Ministério do Trabalho, pois esse era o órgão competente para o lançamento e a constituição do crédito tributário, valendo esse documento como título da dívida fiscal no regramento jurídico vigente antes da atual Constituição Federal. Se a legislação tributária alterou a competência para tal mister, cabe à entidade sindical exigir da autoridade administrativa competente o cumprimento da legislação pertinente ao lançamento indispensável para a constituição do crédito tributário, pois o ordenamento jurídico possui instrumentos processuais próprios para esse fim. É de se notar que o legislador ordinário, ao instituir a ação monitória, criou uma via judicial mais célere e simplificada para a constituição de um título executivo judicial. No entanto, a reclamada, ente privado, não pode pretender, na esfera tributária, utilizar esse instrumento processual como forma de afastar o procedimento administrativo regular para a apuração do tributo. Saliente-se que não está em discussão a possibilidade de a Confederação Nacional da Agricultura ingressar em juízo com ação de conhecimento, visando obter provimento judicial declaratório e condenatório contra eventuais devedores da obrigação tributária. O que não se admite é que, não tendo competência para efetuar o procedimento administrativo de lançamento do tributo, a Confederação calcule a contribuição e expeça a respectiva guia de recolhimento, para, via ação monitória, obter título executivo judicial para cobrança imediata da contribuição sindical. A prescindibilidade do procedimento de lançamento e de constituição do crédito tributário, atribuída privativamente à Administração Pública, somente pode se dar mediante o ajuizamento de ação própria de conhecimento, que assegura aos litigantes o pleno direito de defesa e contraditório, com a ampla produção de provas, e não da ação monitória. A inadequação da via eleita salta aos olhos, razão pela qual deve ser mantida a extinção do feito, sem julgamento do mérito com fulcro no item VI do art. 267 do CPC. Agravo de instrumento desprovido (TST, 1.ª T., AIRR 1222/2007-661-04-40.6, Rel. Min. Luiz Philippe Vieira de Mello Filho, *DJ* 28.11.2008).

Agravo de instrumento em recurso de revista. Competência da Justiça do Trabalho. Ação proposta por sindicato. Contribuição sindical. Trabalhadores submetidos ao regime estatutário. Diante da violação do art. 114, I, da Constituição Federal, determina-se o processamento do Recurso de Revista. Agravo de Instrumento conhecido e provido. **Recurso de revista. Ação proposta por sindicato. Contribuição sindical. Trabalhadores submetidos ao regime estatutário. Incompetência da Justiça do Trabalho.** O Supremo Tribunal Federal firmou o entendimento de que não compete à Justiça do Trabalho apreciar causas entre o Poder Público e servidores a ele vinculados por relação estatutária ou de natureza jurídico-administrativa (ADI n.º 3.395-MC/DF – *DJ* de 10/11/2006). Entende aquela Corte, ainda, que compete à Justiça Comum pronunciar-se sobre a existência, a validade e a eficácia da relação jurídica entre as partes (Agravo Regimental na Reclamação n.º 9.625/RN – *DJe* de 24/3/2011). Assim, para manter alinhamento com a Corte Suprema, deve-se entender que não se inserem na competência da Justiça do Trabalho as ações ajuizadas por Sindicatos, tendo como objeto a representatividade e/ou contribuição sindical, que digam respeito a trabalhadores submetidos ao regime estatutário ou àqueles cujo regime jurídico aplicável esteja em discussão. Recurso de Revista conhecido e provido (TST, 4.ª T., RR – 1724-62.2015.5.22.0103, Rel. Min. Maria de Assis Calsing, *DEJT* 19.12.2017).

Recurso de revista. Interposição antes da vigência da Lei n.º 13.015/2014. Eleição sindical. Lide envolvendo servidores públicos estatutários e sua entidade de classe. Competência da Justiça do Trabalho. Discute-se nos autos se o art. 114, III, da Constituição Federal confere à Justiça do Trabalho a competência para julgar litígio em torno das eleições do sindicato que representa servidores públicos estatutários, sobretudo em razão da interpretação conferida pelo Supremo Tribunal Federal ao inciso I do art. 114 da Carta Maior no julgamento da ADI 3.395-MC. O Plenário do Supremo Tribunal Federal, ao julgar a ADI retromencionada, referendou a liminar então concedida pelo Ministro Nelson Jobim, na época Presidente do STF, suspendendo, cautelarmente, qualquer interpretação do art. 114, I, da Carta Magna que inclua, na competência da Justiça do Trabalho, a apreciação de causas que sejam instauradas entre o Poder Público e seus servidores, a eles vinculados por típica relação de ordem estatutária ou de caráter jurídico-administrativo. Isto é, a Justiça do Trabalho não será competente para analisar demandas cuja solução dependa do exame do vínculo jurídico-administrativo dos servidores públicos. Sendo assim, a exegese conferida pela Suprema Corte ao art. 114, I, da Constituição Federal não pode ser aplicada na interpretação do inciso III do mesmo dispositivo, pois a ação sobre a representatividade sindical não traz qualquer pretensão capaz de impactar no vínculo jurídico entre a Administração e os servidores. Importa frisar que a relação estabelecida entre os servidores públicos e seu sindicato situa-se no âmbito do Direito Coletivo de Trabalho e independe da especificidade do liame administrativo. Portanto, a discussão em torno de questões internas do sindicato, a exemplo das eleições, encontra-se abrangida pela competência da Justiça do Trabalho prevista no inciso III do art. 114 da Constituição Federal, mesmo na hipótese em que a entidade sindical represente servidores públicos estatutários. Nesse sentido, precedentes do Supremo Tribunal Federal e da SBDI-2 desta Corte. Recurso de Revista conhecido e provido (TST, 1.ª T., RR-207-67.2011.5.10.0015, Rel. Min. Luiz José Dezena da Silva, *DEJT* 13.09.2019).

Conflito suscitado na vigência do CPC/2015. Processual Civil. Tributário. Conflito negativo de competência. Contribuição sindical compulsória (imposto sindical). Servidor público. Art. 114, III, da Constituição Federal. Adequação da jurisprudência do STJ ao decidido pelo STF no Tema n. 994, no RE n. 1.089.282/AM. Competência da Justiça Comum para servidor público com vínculo estatutário e competência da Justiça do Trabalho para servidor público com vínculo celetista. Nova interpretação da Súmula n. 222/STJ. Publicidade exigida pelo art. 927, §§ 2.º e 5.º, do CPC/2015. 1. Consoante a tese fixada pelo Supremo Tribunal Federal quando do julgamento do Tema n. 994, no RE n. 1.089.282/AM (Tribunal Pleno, Rel. Min. Gilmar Mendes, julgado em sessão virtual de 27.11.2020 a 04.12.2020): "Compete à Justiça Comum processar e julgar demandas em que se discute o recolhimento e o repasse de contribuição sindical de servidores públicos regidos pelo regime estatutário". Desta forma, adotando posição em relação à qual guardo reservas, o STF determinou o retorno deste Superior Tribunal de Justiça um passo atrás para a posição jurisprudencial intermediária anterior ao julgamento do AgRg no CC 135.694/GO, qual seja, a de que: (a) as ações em que se discute a contribuição sindical (imposto sindical) de servidor público estatutário, após o advento da EC n. 45/2004, devem continuar ser ajuizadas na Justiça Comum e (b) as ações em que se discute a contribuição sindical (imposto sindical) de servidor público celetista, após o advento da EC n. 45/2004, devem ser ajuizadas na Justiça do Trabalho. 2. Superados os seguintes precedentes deste Superior Tribunal de Justiça que dispunham de modo diverso: AgRg no CC n. 135.694/GO, Primeira Seção, Rel. Min. Sérgio Kukina, julgado em 12.11.2014; AgRg no CC n. 128.599/MT, Primeira Seção, Rel. Min. Assusete Magalhães, julgado em 13.05.2015; CC n. 138.378 - MA, Primeira Seção, Rel. Min. Mauro Campbell Marques, julgado em 12.08.2015; EDcl no CC n. 140.975/PR, Primeira Seção, Rel. Min. Mauro Campbell Marques, julgado em 11/11/2015, *DJe* 18/11/2015; CC n. 147.099/RN, Primeira Seção, Rel. Min. Assusete Magalhães, julgado em 10/08/2016. 3. Com esse entendimento, ganha nova vida o enunciado n. 222 da Súmula deste STJ ("Compete à Justiça Comum processar e julgar as ações relativas à contribuição sindical prevista no art. 578 da CLT") para abarcar apenas as situações em que a contribuição sindical (imposto sindical) diz respeito a servidores públicos estatutários, mantendo-se a competência para processar e julgar as ações relativas à contribuição sindical referente a celetistas (servidores ou não) na Justiça do Trabalho. 4. Conflito conhecido para declarar a competência da Justiça Comum. 5. Acórdão submetido ao regime de ampla publicidade, conforme o disposto no art. 927, §§ 2.º e 5.º, do CPC/2015, com comunicação aos Ministros da Primeira Seção do STJ, ao Presidente do Tribunal Superior do Trabalho - TST e aos Presidentes dos Tribunais Regionais Federais, Tribunais Regionais do Trabalho e Tribunais de Justiça (STJ, 1.ª Seção, CC 147.784/PR, 2016/0193111-2, Rel. Min. Mauro Campbell Marques, *DJe* 29.03.2021).

Art. 607. É considerado como documento essencial ao comparecimento às concorrências públicas ou administrativas e para o fornecimento às repartições paraestatais ou autárquicas a prova da quitação do respectivo imposto sindical e a de recolhimento do imposto sindical, descontado dos respectivos empregados.

1. PROVA DA QUITAÇÃO DE CONTRIBUIÇÃO SINDICAL

A contribuição sindical deixou de ser obrigatória com a Lei 13.467/2017, passando a ser opcional, ao exigir prévia e expressa autorização do integrante da categoria. Com isso, a referida contribuição não tem mais natureza essencialmente pública, nem tributária.

Desse modo, entende-se que foi tacitamente revogado o art. 607 da CLT, uma vez que previa ser documento essencial ao comparecimento às concorrências públicas ou administrativas, bem como para o fornecimento às repartições paraestatais ou autárquicas, a prova da quitação da respectiva contribuição sindical e a de seu recolhimento, descontado dos respectivos empregados.

Confirmando o exposto, as habilitações fiscal, social e trabalhista nas licitações devem ser aferidas mediante a verificação dos requisitos arrolados no art. 68 da Lei 14.133/2021, não havendo referência à contribuição sindical.

Art. 608. As repartições federais, estaduais ou municipais não concederão registro ou licenças para funcionamento ou renovação de atividades aos estabelecimentos de empregadores e aos escritórios ou congêneres dos agentes ou trabalhadores autônomos e profissionais liberais, nem concederão alvarás de licença ou localização, sem que sejam exibidas as provas de quitação do imposto sindical, na forma do artigo anterior.

Parágrafo único. A não observância do disposto neste artigo acarretará, de pleno direito, a nulidade dos atos nele referidos, bem como dos mencionados no artigo 607.

1. LICENÇA PARA FUNCIONAMENTO

Em consonância com o art. 582 da CLT, com redação dada pela Lei 13.467/2017, os empregadores são obrigados a descontar da folha de pagamento de seus empregados (relativa ao mês de março de cada ano) a contribuição sindical dos empregados que *autorizaram prévia e expressamente* o seu recolhimento aos respectivos sindicatos.

Ainda segundo o art. 579 da CLT, com redação dada pela Lei 13.467/2017, o desconto da contribuição sindical está condicionado à *autorização prévia e expressa* dos que participarem de uma determinada categoria econômica ou profissional, ou de uma profissão liberal, em favor do sindicato representativo da mesma categoria ou profissão ou, inexistindo este, na conformidade do disposto no art. 591 da Consolidação das Leis do Trabalho.

Como a contribuição sindical deixou de ser obrigatória, pode-se dizer que foi tacitamente revogado o art. 608 da CLT, ao prever que as repartições federais, estaduais ou municipais não deviam conceder registro ou licenças para funcionamento ou renovação de atividades aos estabelecimentos de empregadores e aos escritórios ou congêneres dos agentes ou trabalhadores autônomos e profissionais liberais, nem deviam conceder alvarás de licença ou localização, sem que sejam exibidas as provas de quitação da contribuição sindical. A não observância da mencionada disposição acarretava, de pleno direito, a nulidade dos atos nela referidos, o que não mais tem aplicação.

Art. 609. O recolhimento da contribuição sindical e todos os lançamentos e movimentos nas contas respectivas são isentos de selos e taxas federais, estaduais ou municipais.

1. NATUREZA JURÍDICA DA CONTRIBUIÇÃO SINDICAL

Anteriormente, quando a contribuição sindical era obrigatória, a sua natureza jurídica era tributária, conforme o art. 149, *caput*, da Constituição da República, por se tratar de contribuição de interesse das categorias profissionais e econômicas, o que não mais prevalece com a Lei 13.467/2017.

A Lei 13.467/2017 tornou a contribuição sindical prevista em lei opcional, ou seja, facultativa, passando a ser devida apenas pelos empregados, trabalhadores e empregadores que assim autorizarem prévia e expressamente.

Com isso, a contribuição sindical prevista em lei deixou de ter natureza tributária, por não ser mais uma prestação compulsória (art. 3.º do Código Tributário Nacional), passando a ter natureza preponderantemente privada, embora, de certa forma, atípica ou *sui generis*.

Esclareça-se que um tributo, ainda que anteriormente arrolado e previsto no sistema constitucional e infraconstitucional, pode, de forma válida, deixar de existir no ordenamento, em razão de modificação legislativa, como ocorreu no caso, em que houve a alteração da própria natureza do instituto.

Não se pode dizer que se trata de prestação exclusivamente privada, uma vez que parte dos valores da contribuição sindical prevista em lei, mesmo facultativa, ainda é direcionada ao poder público, ou seja, destinada à "Conta Especial Emprego e Salário" (art. 589 da CLT), administrada pelo Ministério do Trabalho, pois os seus valores integram os recursos do Fundo de Amparo ao Trabalhador. De acordo com o art. 113 do Ato das Disposições Constitucionais Transitórias, incluído pela Emenda Constitucional 95/2016, a proposição legislativa que crie ou altere despesa obrigatória ou *renúncia de receita* deverá ser acompanhada da estimativa do seu impacto orçamentário e financeiro.

Entretanto, a modificação da natureza jurídica da contribuição sindical, ao deixar de ser compulsória, em consonância com o princípio da liberdade sindical, não significa, em termos técnicos, renúncia de receita propriamente.

Conforme o art. 14, § 1.º, da Lei Complementar 101/2000, conhecida como Lei de Responsabilidade Fiscal, a *renúncia de receita* compreende *anistia, remissão, subsídio, crédito presumido, concessão de isenção em caráter não geral, alteração de alíquota ou modificação de base de cálculo* que implique redução discriminada de tributos ou contribuições, e outros benefícios que correspondam a tratamento diferenciado.

A *anistia* abrange exclusivamente as *infrações* cometidas anteriormente à vigência da lei que a concede (art. 180 do Código Tributário Nacional). A *remissão* extingue o crédito tributário (art. 156, inciso IV, do Código Tributário Nacional), sabendo-se que a lei pode autorizar a autoridade administrativa a conceder, por despacho fundamentado, remissão total ou parcial do *crédito tributário*, atendendo às situações previstas no art. 172 do Código Tributário Nacional. A *isenção*, ainda quando prevista em contrato, é sempre decorrente de lei que especifique as condições e requisitos exigidos para a sua concessão, *os tributos a que se aplica* e, sendo o caso, o prazo de sua duração (art. 176 do Código Tributário Nacional).

Na hipótese em estudo, não se observa nenhuma dessas figuras, mas apenas, como mencionado, a evolução do sistema jurídico, por meio de mudança legislativa, gerando a modificação da natureza da contribuição sindical, que deixou de ser obrigatória e, assim, perdeu o caráter público, tendo em vista que as entidades sindicais, no Estado Democrático de Direito, são entes de Direito Privado, não podendo ser mantidas com recursos fiscais.

Não se trata, portanto, de isenção, muito menos de "concessão de isenção em caráter não geral", que dizem respeito a tributos, uma vez que a contribuição sindical simplesmente deixou de ter natureza tributária.

Ainda que assim não fosse, por qualquer ângulo, a exigência formal mencionada poderia ser considerada suprida pela *lei orçamentária anual*, pois, segundo o art. 165, § 6.º, da Constituição da República, o projeto de lei orçamentária será acompanhado de demonstrativo regionalizado do efeito, sobre as receitas e despesas, decorrente de isenções, anistias, remissões, subsídios e benefícios de natureza financeira, tributária e creditícia. Nesse sentido, a Lei 13.587/2018 estima a receita e fixa a despesa da União para o exercício financeiro de 2018.

O art. 146, inciso III, *a*, da Constituição da República determina que cabe à *lei complementar* estabelecer normas gerais em matéria de legislação tributária, especialmente sobre definição de tributos e de suas espécies, bem como, em relação aos impostos discriminados na Constituição Federal de 1988, a dos respectivos fatos geradores, bases de cálculo e contribuintes.

Essa previsão, entretanto, não incide no caso em estudo, pois a contribuição sindical é disciplinada pela Consolidação das Leis do Trabalho, que tem hierarquia de lei ordinária (em harmonia com o art. 8.º, inciso IV, *parte final*, da Constituição da República), podendo ser modificada pela Lei 13.467/2017, mais especificamente quanto à sua natureza jurídica, ao deixar de ser obrigatória.

Não se trata mais, assim, de tributo, afastando por completo qualquer exigência de lei complementar sobre normas gerais em matéria tributária e definição de tributos.

É certo que no sistema sindical brasileiro ainda permanecem outras restrições à liberdade sindical, quais sejam: unicidade sindical, base territorial mínima do sindicato de um município e adoção do critério de categoria (art. 8.º, inciso II, da Constituição Federal de 1988).

Não obstante, a alteração dessas previsões exige emenda constitucional, enquanto a obrigatoriedade da contribuição sindical, diversamente, por ter natureza infraconstitucional, pode ser realizada por meio de modificação legislativa, ou seja, na CLT, como ocorreu no caso da Lei 13.467/2017.

Logo, como é evidente, não se pode condicionar a eliminação da obrigatoriedade da contribuição sindical à modificação desses outros aspectos relativos ao sistema sindical brasileiro.

A contribuição sindical obrigatória, com natureza de tributo, em verdade, contraria não apenas o princípio da liberdade sindical, mas a própria essência do Estado Democrático de Direito, ao estabelecer o custeio das entidades sindicais, que têm natureza privada, bem como das atividades sindicais, realizadas no plano da sociedade civil, por meio de receitas de natureza pública, o que somente é admitido em regimes não democráticos, autoritários e corporativistas, em que os sindicatos são controlados e dependentes do poder público, exercendo funções por ele delegadas.

Não há como argumentar, ainda, que a exclusão da obrigatoriedade quanto à contribuição sindical ocorreu sem o prévio e amplo debate. Em verdade, trata-se de questão antiga, constantemente debatida nos planos social, econômico, jurídico e político, sabendo-se que essa anomalia do sistema sindical brasileiro já deveria ter sido corrigida há muito tempo (na linha do ocorrido em diversos países que se redemocratizaram), como ressaltado constantemente pela doutrina do Direito Coletivo do Trabalho à luz da liberdade sindical.

Não há qualquer exigência constitucional de se estabelecer um regime de transição para a exclusão da obrigatoriedade da contribuição sindical, mesmo porque as entidades sindicais, na realidade, já deveriam ter se preparado para esse cenário bem antes. A Lei 13.467/2017, de todo modo, sendo de julho de 2017, só entrou em vigor depois de 120 dias de sua publicação oficial.

Note-se, ademais, que a contribuição sindical, em si, não foi extinta, nem se deixou as organizações sindicais sem qualquer possibilidade de obter recursos financeiros para as suas atividades, pois apenas foi excluído o seu caráter compulsório, pelas razões indicadas, sinalizando às entidades sindicais a necessidade de atuação com efetiva *legitimidade* para viabilizar a permanência no sistema, devendo demonstrar *representatividade* apta a elevar o quadro de associados e de pessoas que queiram ou autorizem a contribuição. Além disso, há outras modalidades de contribuições sindicais que não foram objeto de alteração.

O Supremo Tribunal Federal julgou improcedentes os pedidos formulados nas ações diretas de inconstitucionalidade que questionavam o fim da obrigatoriedade da contribuição sindical e procedente o pedido formulado na ação declaratória de constitucionalidade (STF, Pleno, ADI 5.794/DF, ADI 5.912, ADI 5.923, ADI 5.859, ADI 5.865, ADI 5.813, ADI 5.885, ADI 5.887, ADI 5.913, ADI 5.810, ADC 55, ADI 5.811, ADI 5.888, ADI 5.892, ADI 5.806, ADI 5.815, ADI 5.850, ADI 5.900, ADI 5.950, ADI 5.945, Red. p/ ac. Luiz Fux, j. 29.06.2018).

Portanto, em consonância com o princípio da liberdade sindical, prevaleceu o entendimento de que a alteração decorrente da Lei 13.467/2017, ao tornar *facultativa* a contribuição sindical, é *constitucional*.

Entende-se ser necessária a autorização prévia e expressa do sujeito passivo da cobrança da contribuição sindical, ou seja, do próprio trabalhador ou empregador, individualmente, não sendo suficiente a aprovação em assembleia geral do sindicato (STF, Rcl-MC 35.540/RJ, Rel. Min. Roberto Barroso, *DJe* 28.06.2019. Cf. ainda STF, Rcl-MC 34.889/RS, Rel. Min. Cármen Lúcia, *DJe* 29.05.2019).

✦ Jurisprudência

Direito Constitucional e Trabalhista. Reforma Trabalhista. Facultatividade da Contribuição Sindical. Constitucionalidade. Inexigência de Lei Complementar. Desnecessidade de lei específica. Inexistência de ofensa à isonomia tributária (art. 150, II, da CRFB). Compulsoriedade da contribuição sindical não prevista na Constituição (artigos 8.º, IV, e 149 da CRFB). Não violação à autonomia das organizações sindicais (art. 8.º, I, da CRFB). Inocorrência de retrocesso social ou atentado aos direitos dos trabalhadores (artigos 1.º, III e IV, 5.º, XXXV, LV e LXXIV, 6.º e 7.º da CRFB). Correção da proliferação excessiva de sindicatos no Brasil. Reforma que visa ao fortalecimento da atuação sindical. Proteção às liberdades de associação, sindicalização e de expressão (artigos 5.º, incisos IV e XVII, e 8.º, *caput*, da CRFB). Garantia da liberdade de expressão (art. 5.º, IV, da CRFB). Ações Diretas de Inconstitucionalidade julgadas improcedentes. Ação Declaratória de Constitucionalidade julgada procedente. 1. À lei ordinária compete dispor sobre fatos geradores, bases de cálculo e contribuintes quanto à espécie tributária das contribuições, não sendo exigível a edição de lei complementar para a temática, *ex vi* do art. 146, III, alínea "a", da Constituição. 2. A extinção de contribuição pode ser realizada por lei ordinária, em paralelismo à regra segundo a qual não é obrigatória a aprovação de lei complementar para a criação de contribuições, sendo certo que a Carta Magna apenas exige o veículo legislativo da lei complementar no caso das contribuições previdenciárias residuais, nos termos do art. 195, § 4.º, da Constituição. Precedente (ADI 4697, Relator(a): Min. Edson Fachin, Tribunal Pleno, julgado em 06/10/2016). 3. A instituição da facultatividade do pagamento de contribuições sindicais não demanda lei específica, porquanto o art. 150, § 6.º, da Constituição trata apenas de "subsídio ou isenção, redução de base de cálculo, concessão de crédito presumido, anistia ou remissão", bem como porque a exigência de lei específica tem por finalidade evitar as chamadas "caudas legais" ou "contrabandos legislativos", consistentes na inserção de benefícios fiscais em diplomas sobre matérias completamente distintas, como forma de chantagem e diminuição da transparência no debate público, o que não ocorreu na tramitação da reforma trabalhista de que trata a Lei n.º 13.467/2017. Precedentes (ADI 4033, Relator(a): Min. Joaquim Barbosa, Tribunal Pleno, julgado em 15/09/2010; RE 550652 AgR, Relator(a): Min. Ricardo Lewandowski, Segunda Turma, julgado em 17/12/2013). 4. A Lei n.º 13.467/2017 emprega critério homogêneo e igualitário ao exigir prévia e expressa anuência de todo e qualquer trabalhador para o desconto da contribuição sindical, ao mesmo tempo em que suprime a natureza tributária da contribuição, seja em relação aos sindicalizados, seja quanto aos demais, motivos pelos quais não há qualquer violação ao princípio da isonomia tributária (art. 150, II, da Constituição), até porque não há que se invocar uma limitação ao poder de tributar para prejudicar o contribuinte, expandindo o alcance do tributo, como suporte à pretensão de que os empregados não-sindicalizados sejam obrigados a pagar a contribuição sindical. 5. A Carta Magna não contém qualquer comando impondo a compulsoriedade da contribuição sindical, na medida em que o art. 8.º, IV, da Constituição remete à lei a tarefa de dispor sobre a referida contribuição e o art. 149 da Lei Maior, por sua vez, limita-se a conferir à União o poder de criar contribuições sociais, o que, evidentemente, inclui a prerrogativa de extinguir ou modificar a natureza de contribuições existentes. 6. A supressão do caráter compulsório das contribuições sindicais não vulnera o princípio constitucional da autonomia da organização sindical, previsto no art. 8.º, I, da Carta Magna, nem configura retrocesso social e violação aos direitos básicos de proteção ao trabalhador insculpidos nos artigos 1.º, III e IV, 5.º, XXXV, LV e LXXIV, 6.º e 7.º da Constituição. 7. A legislação em apreço tem por objetivo combater o problema da proliferação excessiva de organizações sindicais no Brasil, tendo sido apontado na exposição de motivos do substitutivo ao Projeto de Lei n.º 6.787/2016, que deu origem à lei ora impugnada, que o país possuía, até março de 2017, 11.326 sindicatos de trabalhadores e 5.186 sindicatos de empregadores, segundo dados obtidos no Cadastro Nacional de Entidades Sindicais do Ministério do Trabalho, sendo que, somente no ano de 2016, a arrecadação da contribuição sindical alcançou a cifra de R$ 3,96 bilhões de reais. 8. O legislador democrático constatou que a contribuição compulsória gerava uma oferta excessiva e artificial de organizações sindicais, configurando uma perda social em detrimento dos trabalhadores, porquanto não apenas uma parcela dos vencimentos dos empregados era transferida para entidades sobre as quais eles possuíam pouca ou nenhuma ingerência, como também o número estratosférico de sindicatos não se traduzia em um correspondente aumento do bem-estar da categoria. 9. A garantia de uma fonte de custeio, independentemente de resultados, cria incentivos perversos para uma atuação dos sindicatos fraca e descompromissada com os anseios dos empregados, de modo que a Lei n.º 13.467/2017 tem por escopo o fortalecimento e a eficiência das entidades sindicais, que passam a ser orientadas pela necessidade de perseguir os reais interesses dos trabalhadores, a fim de atraírem cada vez mais filiados. 10. Esta Corte já reconheceu que normas afastando o pagamento obrigatório da contribuição sindical não configuram indevida interferência na autonomia dos sindicatos: ADI 2522, Relator(a): Min. Eros Grau, Tribunal Pleno, julgado em 08/06/2006. 11. A Constituição consagra como direitos fundamentais as liberdades de associação, sindicalização e de expressão, consoante o disposto nos artigos 5.º, incisos IV e XVII, e 8.º, *caput*, tendo o legislador democrático decidido que a contribuição sindical, criada no período autoritário do estado novo, tornava nula a liberdade de associar-se a sindicatos. 12. O engajamento notório de entidades sindicais em atividades políticas, lançando e apoiando candidatos, conclamando protestos e mantendo estreitos laços com partidos políticos, faz com que a exigência de financiamento por indivíduos a atividades políticas com as quais não concordam, por meio de contribuições compulsórias a sindicatos, configure violação à garantia fundamental da liberdade de expressão, protegida pelo art. 5.º, IV, da Constituição. Direito Comparado: *Suprema Corte dos Estados Unidos, casos Janus v. American Federation of State, County, and Municipal Employees, Council 31* (2018) e *Abood v. Detroit Board of Education* (1977). 13. A Lei n.º 13.467/2017 não compromete a prestação de assistência judiciária gratuita perante a Justiça Trabalhista, realizada pelos sindicatos inclusive quanto a trabalhadores não associados, visto que os sindicatos ainda dispõem de múltiplas formas de custeio, incluindo a contribuição confederativa (art. 8.º, IV, primeira parte, da Constituição), a contribuição assistencial (art. 513, alínea "e", da CLT) e outras contribuições instituídas em assembleia da categoria ou constantes de negociação coletiva, bem assim porque a Lei n.º 13.467/2017 ampliou as formas de financiamento da assistência jurídica prestada pelos sindicatos, passando a prever o direito dos advogados sindicais à percepção de honorários sucumbenciais (nova redação do art. 791-A, *caput* e § 1.º, da CLT), e a própria Lei n.º 5.584/70, em seu art. 17, já dispunha que, ante a inexistência de sindicato, cumpre à Defensoria Pública a prestação de assistência judiciária no âmbito trabalhista. 14. A autocontenção judicial requer o respeito à escolha democrática do legislador, à míngua de razões teóricas ou elementos empíricos que tornem inadmissível a sua opção, plasmada na reforma trabalhista sancionada pelo Presidente da República, em homenagem à presunção de constitucionalidade das leis e à luz dos artigos 5.º, incisos IV e XVII, e 8.º, *caput*, da Constituição, os quais garantem as liberdades de expressão, de associação e de sindicalização. 15. Ações Diretas de Inconstitucionalidade julgadas improcedentes e Ação Declaratória de Constitucionalidade julgada procedente para assentar a compatibilidade da Lei n.º 13.467/2017 com a Carta Magna (STF, Pleno, ADI 5.794/DF, Rel. p/ ac. Min. Luiz Fux, *DJe* 23.04.2019).

Direito Constitucional e do Trabalho. Medida Cautelar em Reclamação. Contribuição Sindical. Autorização do Empregado. 1. Aparentemente, viola a autoridade da decisão do STF na ADI 5.794, red. p/ acórdão Min. Luiz Fux, decisão que afirma que a autorização prévia e expressa de empregado para cobrança de contribuição sindical pode ser substituída por aprovação de assembleia geral de sindicato. 2. Medida cautelar deferida (STF, Rcl-MC 35.540/RJ, Rel. Min. Roberto Barroso, *DJe* 28.06.2019).

Art. 610. As dúvidas no cumprimento deste Capítulo serão resolvidas pelo Diretor-Geral do Departamento Nacional do Trabalho, que expedirá as instruções que se tornarem necessárias à sua execução.

1. VIGÊNCIA DOS ARTS. 578 A 610 DA CLT

Conforme o art. 7.º da Lei 11.648/2008, a contribuição sindical, bem como a sua regulamentação nos arts. 578 a 610 da CLT, apenas deve vigorar até que a nova lei passe a disciplinar a chamada *contribuição negocial*, a ser aprovada em assembleia da categoria, sendo devida, em tese, por aqueles que se beneficiarem da negociação coletiva levada a efeito. Resta aguardar e acompanhar, portanto, a aprovação da nova lei em questão.

✦ Referência legislativa

- Art. 8.º, I, da CF.

TÍTULO VI – CONVENÇÕES COLETIVAS DE TRABALHO

Art. 611. Convenção Coletiva de Trabalho é o acordo de caráter normativo, pelo qual dois ou mais Sindicatos representativos de categorias econômicas e profissionais estipulam condições de trabalho aplicáveis, no âmbito das respectivas representações, às relações individuais de trabalho.

§ 1.º É facultado aos Sindicatos representativos de categorias profissionais celebrar Acordos Coletivos com uma ou mais empresas da correspondente categoria econômica, que estipulem condições de trabalho, aplicáveis no âmbito da empresa ou das acordantes respectivas relações de trabalho.

§ 2.º As Federações e, na falta desta, as Confederações representativas de categorias econômicas ou profissionais poderão celebrar convenções coletivas de trabalho para reger as relações das categorias a elas vinculadas, inorganizadas em Sindicatos, no âmbito de suas representações.

1. NEGOCIAÇÃO COLETIVA DE TRABALHO

A negociação coletiva é considerada um dos pilares da sociedade democrática no âmbito das relações coletivas de trabalho.

Trata-se de procedimento autocompositivo que pode dar origem ao acordo coletivo e à convenção coletiva de trabalho (art. 7.º, inciso XXVI, da Constituição Federal de 1988), tendo como fundamento o exercício da autonomia privada coletiva.

De acordo com o art. 4.º da Convenção 98 da Organização Internacional do Trabalho, devem ser tomadas, se necessário for, medidas apropriadas às condições nacionais para *fomentar e promover* o pleno desenvolvimento e utilização de meios de negociação voluntária entre empregadores ou organizações de empregadores e organizações de trabalhadores, com o objetivo de regular, por meio de convenções coletivas, os termos e as condições de emprego.

A negociação coletiva deve ser realizada em bases justas, o que exige o diálogo e a lealdade, em observância do princípio da boa-fé e do direito à informação.

A negociação coletiva desempenha diversas funções, de grande importância para a harmonia nas relações de trabalho e para o desenvolvimento social[184].

As *funções jurídicas* podem ser de natureza:

- normativa, ao estabelecer normas jurídicas que regulam as relações individuais de trabalho, aplicando-se aos contratos de trabalho daqueles que integrem as categorias ou grupos representados pelos entes sindicais.

- obrigacional, ao fixar obrigações aos entes que firmam a norma coletiva negociada, podendo-se citar, como exemplo, a avença de contribuição assistencial em favor do sindicato da categoria profissional.

- compositiva, convencionando regras para a solução de eventuais conflitos futuros, especialmente aqueles referentes à aplicação do instrumento coletivo decorrente da negociação coletiva de trabalho.

A *função política* da negociação coletiva significa o papel que ela exerce, fomentando o diálogo na sociedade.

A *função econômica* relaciona-se ao importante objetivo de distribuição de riquezas, desempenhado pela negociação coletiva, ao inovar e estabelecer condições de trabalho a serem aplicadas no âmbito dos contratos individuais de trabalho.

---

184 Cf. MARTINS, Sergio Pinto. *Direito do trabalho*. 26. ed. São Paulo: Atlas, 2010. p. 806.

A *função social* da negociação coletiva indica a obtenção de harmonia no ambiente de trabalho, possibilitando o progresso social e o maior desenvolvimento, de forma a se alcançar justiça social.

No âmbito da negociação coletiva de trabalho, para a instituição de convenções e acordos coletivos, os atores sociais exercem a *autonomia coletiva dos particulares*, que é um poder normativo, possibilitando a solução dos conflitos coletivos pelas próprias partes interessadas, estabelecendo normas mais adequadas para regular as relações jurídicas de trabalho.

A prática constante da negociação coletiva de trabalho gera, assim, a chamada *contratação coletiva de trabalho*, por meio da qual os interessados passam a fixar as normas que regulam as suas próprias relações jurídicas, de forma autônoma, atendendo às peculiaridades do caso em discussão.

Cf. ainda os comentários ao art. 513 da CLT, item 3.

2. CONVENÇÃO COLETIVA DE TRABALHO

A convenção coletiva é o instrumento normativo que decorre da negociação coletiva, sendo firmado, em regra, pelos sindicatos da categoria profissional e econômica.

Trata-se de verdadeira fonte formal do Direito do Trabalho, por estabelecer normas genéricas e abstratas, a serem aplicadas no âmbito das relações individuais de trabalho abrangidas pelos sindicatos representantes das respectivas categorias.

O art. 611, § 2.º, da Consolidação das Leis do Trabalho trata de questão específica, relacionada às *categorias não organizadas em sindicatos*, estabelecendo hipótese de "legitimação subsidiária" para firmar convenção coletiva de trabalho. Nesse caso, as federações e, na falta destas, as confederações representativas de categorias econômicas ou profissionais poderão celebrar convenções coletivas de trabalho para reger as relações das categorias a elas vinculadas.

Por se tratar de disposição voltada a casos bem especiais, entende-se que a previsão do art. 611, § 2.º, da CLT não afronta a norma genérica do art. 8.º, inciso VI, da Constituição Federal, até porque as federações e confederações são entes sindicais que compõem o sistema confederativo.

Com isso, caso a negociação coletiva voltada à obtenção da convenção coletiva, prevista no referido art. 611, § 2.º, da CLT, não alcance este objetivo, também se observa a possibilidade do ajuizamento de dissídio coletivo, o que, no caso, pode ocorrer pela federação ou confederação representativa da categoria não organizada em sindicato.

Nesse sentido, estabelece o art. 857, parágrafo único, da CLT, *in verbis*: "Quando não houver sindicato representativo da categoria econômica ou profissional, poderá a representação ser instaurada pelas federações correspondentes e, na falta destas, pelas confederações respectivas, no âmbito de sua representação".

Quanto ao âmbito de aplicação da norma coletiva negociada, cabe frisar, no aspecto subjetivo, que o sindicato representa todos os integrantes da respectiva categoria, e não apenas os seus associados (art. 8.º, inciso II, primeira parte, da Constituição Federal de 1988 e art. 513, alínea "a", da CLT).

Por outro lado, no aspecto objetivo, a base territorial do sindicato é definida pelos trabalhadores e empregadores interessados, não podendo ser inferior à área de um município (art. 8.º, inciso II, segunda parte, da Constituição Federal de 1988).

Desse modo, a convenção coletiva de trabalho é aplicada a todos os integrantes (empregados e empregadores) das categorias (profissional e econômica) representadas pelos entes sindicais que a firmaram, independentemente de filiação (ou seja, associação sindical), observada delimitação da base territorial dos sindicatos que firmaram a norma coletiva negociada.

Caso os entes sindicais das categorias profissional e econômica possuam bases territoriais distintas entre si, a convenção coletiva de trabalho firmada é aplicada apenas no âmbito da base territorial de menor dimensão, por ser a área territorial comum.

Exemplificando de forma hipotética, se a convenção coletiva foi firmada pelo sindicato representante dos empregados nas indústrias da cidade de São Paulo, com a federação das indústrias no Estado de São Paulo (categoria econômica), a mencionada norma coletiva apenas tem como ser aplicada aos empregados nas indústrias da cidade de São Paulo, por ser a menor área territorial envolvida, comum aos entes sindicais pactuantes. Nesse exemplo, quanto às demais cidades do Estado, abrangidas por outros sindicatos da categoria profissional, devem ser buscadas as respectivas normas coletivas com eles convencionadas.

Da mesma forma, caso a convenção coletiva tenha sido firmada pelo sindicato de certa categoria profissional do Estado de São Paulo, com o sindicato da respectiva categoria econômica das cidades de São Paulo e São Bernardo do Campo, a convenção coletiva mencionada é aplicada apenas nessas duas cidades (pois, no território excedente, o sindicato da categoria econômica não detém a representação das empresas ali situadas).

Ocorrendo a transferência definitiva do empregado, havendo no novo local representação sindical diversa, defende-se o entendimento de que passa a ser aplicada, em tese, a norma coletiva vigente na nova localidade de prestação dos serviços (cessando a aplicação da norma coletiva do antigo local), uma vez que o empregado passou a trabalhar em área abrangida pela representação de outro sindicato. Mesmo assim, defende-se que a regra é não admitir a redução do salário propriamente (ou seja, tal como delimitado pelo art. 457, § 1.º, da CLT), pois a transferência do empregado não figura como exceção ao princípio da irredutibilidade salarial (art. 7.º, inciso VI, da Constituição Federal de 1988).

No entanto, mesmo havendo transferência definitiva, caso na nova localidade os mesmos sindicatos também alcancem as respectivas representações, não haverá alteração da norma coletiva a ser aplicada ao empregado transferido.

Por fim, no caso de transferência provisória do empregado, defende-se o entendimento de que fica mantida a aplicação da norma coletiva de origem, justamente por se tratar de situação meramente temporária, ou seja, momentânea, a ser restabelecida.

3. ACORDO COLETIVO DE TRABALHO

O acordo coletivo de trabalho é o instrumento normativo que decorre da negociação coletiva, sendo firmado, em regra, pelo sindicato da categoria profissional com uma ou mais empresas.

O acordo coletivo também é fonte formal do Direito do Trabalho, por estabelecer normas genéricas e abstratas, a serem aplicadas no âmbito das relações individuais de trabalho mantidas com a(s) empresa(s) que firma(am) a avença coletiva com o sindicato da categoria profissional.

Como os acordos coletivos de trabalho também são reconhecidos pelo art. 7.º, inciso XXVI, da Constituição Federal de 1988, a interpretação do seu art. 8.º, inciso VI, que exige a presença do sindicato na negociação coletiva, não pode ser isolada nem literal, mas em conformidade com aquele outro dispositivo. Portanto, a obrigatoriedade da presença do ente sindical, na negociação coletiva para o fim de se firmar acordo coletivo, restringe-se à categoria profissional.

Da mesma forma, pode ocorrer que a negociação coletiva objetivando a celebração do acordo coletivo previsto no art. 611, § 1.º, da CLT fique frustrada, surgindo a possibilidade de ajuizamento do dissídio coletivo, no caso, inclusive pela ou pelas empresas envolvidas no conflito coletivo particularizado. O art. 874 da CLT, versando sobre o dissídio coletivo de revisão, expressamente assegura a legitimidade de ajuizamento ao "empregador ou empregadores interessados no cumprimento da decisão".

Os empregados de uma ou mais empresas que decidirem celebrar acordo coletivo de trabalho com as respectivas empresas darão ciência de sua resolução, por escrito, ao sindicato representativo da categoria profissional, que terá o prazo de oito dias para assumir a direção dos entendimentos entre os interessados (art. 617 da CLT).

Para o fim de deliberar sobre o acordo coletivo, a entidade sindical convocará assembleia geral dos diretamente interessados, sindicalizados ou não, nos termos do art. 612 da CLT (art. 617, § 2.º, da CLT).

4. NATUREZA JURÍDICA DA CONVENÇÃO E DO ACORDO COLETIVO DE TRABALHO

Sobre a natureza jurídica das convenções e acordos coletivos, cabe fazer menção, aqui, às diversas teorias existentes[185].

Primeiramente, observa-se a presença de teorias contratualistas ou civilistas.

Não há total uniformidade nessas teorias contratualistas, observando-se teses específicas, relativamente autônomas entre si, defendendo que a convenção e o acordo coletivo possuem natureza de:

a) mandato, entendendo ser o sindicato mandatário dos associados, representando seus interesses individuais e coletivos;
b) estipulação em favor de terceiro, pela qual o sindicato estipularia condições de trabalho em favor de seus associados, considerados terceiros;
c) gestão de negócio, em que uma pessoa (gestor), no caso, o sindicato, vai tomar conta dos negócios da outra (gerido), de forma voluntária;
d) contrato inominado, em que se defende não se confundir a convenção coletiva de trabalho com as modalidades contratuais típicas e já existentes no Direito Civil.

De todo modo, as teorias contratualistas possuem natureza de direito privado, entendendo a convenção coletiva de trabalho como um contrato, ou seja, uma espécie de negócio jurídico, por meio da qual as partes estabelecem avenças, em manifestação da autonomia privada.

A crítica a tais teorias civilistas é de que elas ignoram a força normativa dos acordos e convenções coletivas, que incidem na regulação das relações individuais de trabalho.

[185] Cf. MARTINS, Sergio Pinto. *Direito do trabalho*. 26. ed. São Paulo: Atlas, 2010. p. 833-835.

Além disso, os mencionados instrumentos normativos negociados não se confundem com os tradicionais contratos do Direito Civil. Tanto é assim que as condições de trabalho firmadas nas convenções coletivas são aplicáveis a todos os integrantes da categoria, independentemente de serem associados, ou não, ao sindicato, os quais não podem ser considerados como meramente terceiros, por formarem a própria categoria profissional.

Ademais, nos acordos e convenções coletivas de trabalho, podem ser convencionadas, também, obrigações específicas, pertinentes aos próprios entes estipulantes.

Por fim, a negociação coletiva é atividade a ser desempenhada pelo ente sindical, conforme previsão constitucional; pactuada a convenção ou o acordo coletivo, os integrantes da categoria não têm o poder de ratificar, ou não, as normas convencionadas.

As teorias normativistas ou regulamentares também revelam teses distintas entre si, cabendo fazer menção às seguintes vertentes: a) teoria da instituição corporativa, que vê na convenção coletiva de trabalho a manifestação da vontade corporativa do sindicato; b) teoria regulamentar, segundo a qual a convenção coletiva de trabalho é um regulamento interno das condições de trabalho e da profissão, tal como ocorre com a lei; c) teoria da lei delegada, de acordo com a qual as convenções coletivas de trabalho seriam estabelecidas pelos sindicatos, vistos como entes que desempenham funções delegadas do Estado.

Como se nota, as teorias normativistas apresentam aspectos de direito público, com origem nas doutrinas do corporativismo italiano, entendendo a convenção coletiva de trabalho como uma norma jurídica, a qual se aplica a todos os integrantes da categoria, independentemente de serem associados, ou não, do sindicato.

A crítica que se faz às teorias normativistas centra-se em que o sindicato, na atualidade, é ente de direito privado, não mais atrelado ao Estado, nem exercendo funções delegadas do Poder Público. No regime de democracia nas relações sindicais, permeadas pelos princípios da liberdade e da autonomia sindical, sabe-se que as normas não decorrem apenas do ato estatal, mas também da autonomia privada, observando-se o pluralismo nas fontes de produção do Direito.

Por fim, há a teoria mista, também chamada teoria do "contrato social normativo"[186], a qual defende a existência do aspecto contratual, mas também do caráter normativo, nos acordos e convenções coletivas de trabalho. Desse modo, procura harmonizar aspectos das teorias contratuais e normativistas, reunindo os fatores que se fazem presentes de forma simultânea, na contratação coletiva de trabalho.

Logo, deve-se entender a convenção coletiva de trabalho como instituto no qual se fazem presentes tanto a natureza contratual, por decorrer da autonomia coletiva dos particulares, estabelecendo condições de trabalho e obrigações aos entes que a pactuam, como também a natureza normativa, constituindo fonte formal do Direito, fixando normas jurídicas a serem aplicadas na regulação da relação jurídica de trabalho.

Por isso, no que tange à natureza jurídica dos acordos coletivos e convenções coletivas de trabalho, vislumbram alguns autores tratar-se de "corpo de contrato e alma de lei" (Carnelutti), ou modalidade de "ato-regra" (Duguit), por ser um ato jurídico (*rectius*: negócio jurídico), com força normativa, criadora de novas disposições ou regras (ou seja, lei em sentido

[186] DELGADO, Mauricio Godinho. *Curso de direito do trabalho*. 4. ed. São Paulo: LTr, 2005. p. 1.403-1.404.

material, dotada de conteúdo normativo e vinculante), diferenciando-se do "ato-condição", que apenas aplica a lei existente.

Assim, prevalece o entendimento adotando a teoria mista, ou teoria do "contrato social normativo", para a explicação da natureza jurídica das convenções e acordos coletivos de trabalho, aliando os aspectos contratuais e normativos.

5. CLÁUSULAS DE CONVENÇÕES E DE ACORDOS COLETIVOS

As cláusulas dos acordos e convenções coletivas de trabalho podem ser classificadas em: a) obrigacionais, fixando direitos e deveres entre os próprios pactuantes. Exemplo, cláusula prevendo multa ao sindicato que descumprir a convenção coletiva; b) normativas, estabelecendo condições de trabalho, gerando reflexos nos contratos individuais de emprego. Como exemplo, pode-se citar cláusula de convenção coletiva que estabelece o aumento salarial para a categoria profissional.

Há autores que fazem menção, ainda, às cláusulas sociais, fixando regras para a solução de conflitos futuros sobre a aplicação do instrumento normativo decorrente da negociação coletiva. Na realidade, são cláusulas obrigacionais atípicas, versando sobre mecanismos de "administração" da norma coletiva.

A Lei 12.790/2013, ao dispor sobre a regulamentação do exercício da profissão de comerciário, no art. 6.º, prevê que as entidades representativas das categorias econômica e profissional podem, no âmbito da negociação coletiva, negociar a inclusão, no instrumento normativo, de cláusulas que instituam programas e ações de educação, formação e qualificação profissional.

✦ Súmulas, Orientações Jurisprudenciais e Precedentes Normativos

Súmula 286 do TST: Sindicato. Substituição processual. Convenção e acordo coletivos. A legitimidade do sindicato para propor ação de cumprimento estende-se também à observância de acordo ou de convenção coletivos.

✦ Referência legislativa

- Art. 7.º, XXVI, da CF.

Art. 611-A. A convenção coletiva e o acordo coletivo de trabalho têm prevalência sobre a lei quando, entre outros, dispuserem sobre: (incluído pela Lei 13.467/2017)

1. NEGOCIAÇÃO COLETIVA E PRINCÍPIO DA LEGALIDADE

A autonomia privada coletiva é exercida por meio da negociação coletiva, dando origem aos acordos coletivos e convenções coletivas. Embora essa autonomia seja reconhecida como poder jurídico da maior relevância, presente no plano da sociedade civil, ela não é ilimitada, devendo respeitar as diretrizes do Estado Democrático de Direito.

A *flexibilização* pode ser entendida como forma de amenizar o rigor ou a rigidez de certas normas jurídicas sobre o Direito do Trabalho. A *desregulamentação*, por sua vez, é a supressão de determinadas normas jurídicas, principalmente estatais, pertinentes à regulação das relações de trabalho, passando os próprios interessados a estabelecer a regra aplicável.

Desse modo, o aprimoramento das condições de trabalho, adaptando-as à realidade de cada momento, grupo ou setor, é função a ser exercida, com responsabilidade, pelos entes sindicais, por meio da negociação coletiva de trabalho.

O art. 611-A da CLT, acrescentado pela Lei 13.467/2017, dispõe que a convenção coletiva e o acordo coletivo de trabalho *têm prevalência* sobre a lei quando, entre outros, dispuserem sobre as matérias exemplificativamente arroladas nos seus incisos.

Cabe lembrar-se de que, nos termos do art. 8.º, incisos III e VI, da Constituição da República, ao *sindicato* cabe a defesa dos direitos e interesses coletivos ou individuais da categoria, inclusive em questões judiciais ou administrativas, além do que é obrigatória a participação dos *sindicatos* nas negociações coletivas de trabalho.

Desse modo, em regra, o sindicato da categoria profissional deve participar da negociação coletiva, com o objetivo de pactuar a convenção coletiva ou o acordo coletivo de trabalho, os quais são reconhecidos no art. 7.º, inciso XXVI, da Constituição Federal de 1988.

O sindicato da categoria econômica, por sua vez, deve estar presente na negociação coletiva objetivando a celebração de convenção coletiva de trabalho (art. 611 da CLT). Especificamente quanto ao acordo coletivo de trabalho, o sindicato da categoria profissional deve participar da negociação coletiva com uma ou mais empresas (art. 617 da CLT)[187].

Os referidos instrumentos coletivos são negócios jurídicos dotados de eficácia normativa.

Em consonância com o *princípio da força obrigatória dos contratos*, as pactuações civis e empresariais possuem força de lei[188].

Não obstante, o art. 611-A da CLT vai além, ao prever que a convenção coletiva e o acordo coletivo de trabalho *prevalecem* sobre a lei nas hipóteses ali indicadas de forma exemplificativa.

É possível dizer que a previsão em destaque pode gerar a violação do *princípio fundamental da legalidade*, inerente ao Estado (Democrático) de Direito, quando a convenção coletiva e o acordo coletivo afrontarem normas legais imperativas, eliminando ou reduzindo direitos trabalhistas de ordem pública.

Efetivamente, consoante o art. 5.º, inciso II, da Constituição da República, "ninguém será obrigado a fazer ou deixar de fazer alguma coisa senão em virtude de lei". Trata-se de preceito que integra as *cláusulas pétreas*, pois não será objeto de deliberação a proposta de emenda tendente a abolir os direitos e garantias individuais (art. 60, § 4.º, inciso IV, da Constituição da República).

Mesmo porque todo o poder emana do povo, que o exerce por meio de representantes eleitos ou diretamente, nos termos da Constituição da República Federativa do Brasil (art. 1.º).

A hierarquia *supralegal* no ordenamento jurídico, na realidade, é reconhecida pela jurisprudência do Supremo Tribunal Federal (RE 349.703 e RE 466.343) aos tratados de direitos humanos aprovados pelo Brasil sem os requisitos formais previstos no art. 5.º, § 3.º, da Constituição da República.

---

187 Cf. MARTINS, Sergio Pinto. *Direito do trabalho*. 22. ed. São Paulo: Atlas, 2006. p. 781: "a interpretação sistemática da Lei Maior leva o intérprete a verificar que o sindicato profissional é que deve participar obrigatoriamente das negociações coletivas, pois nos acordos coletivos só ele participa juntamente com as empresas e não o sindicato da categoria econômica".

188 Cf. GOMES, Orlando. *Contratos*. 26. ed. atual. por Antonio Junqueira de Azevedo e Francisco Paulo de Crescenzo Marino. Rio de Janeiro: Forense, 2008. p. 38.

Segundo esse dispositivo, acrescentado pela Emenda Constitucional 45/2004, os tratados e convenções internacionais sobre direitos humanos que forem aprovados, em cada Casa do Congresso Nacional, em dois turnos, por 3/5 dos votos dos respectivos membros, serão *equivalentes às emendas constitucionais*.

2. LIMITES DA NEGOCIAÇÃO COLETIVA

A negociação coletiva de trabalho (art. 8.º, inciso VI, da Constituição da República) é o procedimento por meio do qual são celebradas, com fundamento na autonomia coletiva dos particulares (como poder jurídico social e autônomo), as convenções coletivas e os acordos coletivos de trabalho, consideradas normas jurídicas autônomas e negociadas.

Nesse contexto, embora a convenção coletiva e o acordo coletivo de trabalho sejam reconhecidos pela Constituição Federal de 1988 como *direitos* dos trabalhadores urbanos e rurais (art. 7.º, inciso XXVI), as entidades sindicais e os empregadores não são titulares de soberania, para que possam instituir disposições que contrariem as leis, em afronta ao princípio constitucional da legalidade, e sobre elas prevaleçam.

Naturalmente, quando a negociação coletiva é exercida com o fim de melhorar as condições sociais dos trabalhadores, não há afronta ao princípio da legalidade, muito menos violação à legislação de ordem pública, mas sim concretização do mandamento previsto no art. 7.º, *caput*, da Constituição da República.

A liberdade contratual, desse modo, deve ser exercida nos limites da *função social do contrato*, devendo os contratantes observar os *princípios de probidade e boa-fé* (arts. 421 e 422 do Código Civil), o que, evidentemente, também incide no âmbito da contratação coletiva de trabalho.

Logo, a obrigatoriedade dos negócios jurídicos não é ilimitada, pois deve observar as normas imperativas e as restrições decorrentes do sistema jurídico em seu todo.

Isso é confirmado pelo art. 2.035, parágrafo único, do Código Civil, no sentido de que *nenhuma convenção prevalecerá se contrariar preceitos de ordem pública*, tais como os estabelecidos pelo referido Código para assegurar a função social da propriedade e dos contratos.

Entende-se que a negociação coletiva de trabalho, assim, não pode violar direitos considerados indisponíveis, como se observa do art. 611-B da CLT.

Nota-se, ademais, que diversos incisos do referido art. 611-A da CLT apresentam redação de certo modo vaga e genérica, tornando difícil a compreensão do seu verdadeiro sentido e alcance.

O art. 611-A da CLT, assim, prevê a *prevalência* da convenção coletiva e do acordo coletivo de trabalho em face da lei quanto às matérias arroladas de modo não exaustivo em seus incisos.

Entretanto, a interpretação jurídica não pode ser feita de modo apenas literal e isolado, mas deve considerar as demais normas envolvidas, realizando-se também de forma sistemática e teleológica.

Nesse sentido, o art. 5.º da Lei de Introdução às Normas do Direito Brasileiro determina que, na aplicação da lei, o juiz deve atender aos *fins sociais* a que ela se dirige e às exigências do *bem comum*.

O art. 8.º da CLT dispõe, ainda, que as autoridades administrativas e a Justiça do Trabalho devem decidir sempre de modo que nenhum interesse de classe ou particular prevaleça sobre o *interesse público*, entendido como o interesse social, relativo ao bem-estar geral da sociedade.

Ao aplicar o *ordenamento jurídico*, o juiz deve atender aos fins sociais e às exigências do bem comum, resguardando e promovendo a dignidade da pessoa humana e observando a proporcionalidade, a razoabilidade, a legalidade, a publicidade e a eficiência (art. 8.º do CPC de 2015).

Cabe ressaltar que a República Federativa do Brasil se constitui em Estado Democrático de Direito e tem como fundamentos: I – a soberania; II – a cidadania; III – a *dignidade da pessoa humana*; IV – os *valores sociais do trabalho e da livre iniciativa*; V – o pluralismo político (art. 1.º da Constituição Federal de 1988).

Além disso, constituem *objetivos fundamentais* da República Federativa do Brasil: I – construir uma sociedade livre, *justa* e solidária; II – garantir o desenvolvimento nacional; III – erradicar a pobreza e a marginalização e *reduzir as desigualdades sociais* e regionais; IV – *promover o bem de todos*, sem preconceitos de origem, raça, sexo, cor, idade e quaisquer outras formas de discriminação (art. 3.º da Constituição Federal de 1988).

Esses preceitos constitucionais, como princípios normativos gerais e diretrizes que são imperativas, também devem nortear a negociação coletiva de trabalho.

De maneira mais específica, segundo determinação constitucional, no Direito do Trabalho prevalece, em regra, a norma mais favorável ao empregado, como dispõe o art. 7.º, *caput*, da Constituição da República, o qual, ao arrolar os direitos dos trabalhadores urbanos e rurais, faz menção a outros que visem à melhoria de sua condição social.

O art. 7.º, inciso XXVI, da Constituição Federal, ao arrolar os direitos dos trabalhadores urbanos e rurais, estabelece o *reconhecimento* das convenções e acordos coletivos de trabalho.

Portanto, no contexto constitucional, os referidos instrumentos normativos decorrentes de negociação coletiva são reconhecidos como *fontes autônomas* do Direito do Trabalho, com o papel de melhoria das condições sociais dos empregados (art. 7.º, *caput*, da Constituição da República)[189].

Nesse enfoque, segundo a interpretação constitucional, a convenção coletiva e o acordo coletivo de trabalho têm prevalência sobre a lei quando estabeleçam de forma *mais favorável* ao empregado.

A exigência de aplicação da norma mais favorável ao empregado, na verdade, decorre do *princípio da proteção*, inerente ao Direito do Trabalho.

O princípio da proteção engloba três vertentes: o *in dubio pro operario*, a aplicação da norma mais favorável e a condição mais benéfica[190]. Admite-se, assim, a melhoria das condições sociais dos trabalhadores, com a ampliação e a instituição, por meio de outras fontes

---

189 Cf. MANUS, Pedro Paulo Teixeira. *Negociação coletiva e contrato individual de trabalho*. São Paulo: Atlas, 2001. p. 116: "Temos, portanto, que o ordenamento jurídico trabalhista estabelece a regra de possibilidade de ajuste entre as partes, ou de fixação pelo legislador de direitos e obrigações, mas sempre respeitado o mínimo garantido aos trabalhadores. Em síntese, podem-se estabelecer condições mais favoráveis aos trabalhadores, mas não se podem retirar as garantias mínimas asseguradas".

190 Cf. PLÁ RODRIGUEZ, Américo. *Princípios de direito do trabalho*. 3. ed. Tradução e revisão técnica de Wagner D. Giglio. Tradução das atualizações de Edilson Alkmim Cunha. São Paulo: LTr, 2004. p. 106-107.

normativas, inclusive autônomas e negociadas, de direitos mais benéficos aos empregados do que os previstos em lei e na Constituição.

De acordo com o princípio do *in dubio pro operario*, havendo dúvida quanto ao sentido e ao alcance da norma jurídica, esta deve ser interpretada a favor do empregado. O *princípio da aplicação da norma mais favorável* determina que, havendo diversas normas válidas incidentes sobre a relação de emprego, deve-se aplicar aquela mais benéfica ao trabalhador. O *princípio da condição mais benéfica* determina que direitos mais vantajosos que o empregado receba do empregador sejam mantidos durante o contrato de trabalho, não podendo ser excluídos nem reduzidos.

Em verdade, somente nas hipóteses *excepcionais* de redução do salário, compensação de horário, redução da jornada de trabalho e turno ininterrupto de revezamento, previstas na própria Constituição Federal de 1988 (art. 7.º, incisos VI, XIII e XIV), é que se admite, de forma justificada e apenas pelo tempo necessário, a redução de direitos, sempre por meio de negociação coletiva, visando-se, entretanto, à *proteção do emprego* da coletividade de trabalhadores, ao procurar evitar, por exemplo, dispensas coletivas.

Por se tratar, no caso, de medida com natureza transacional, normalmente há concessões recíprocas, não se admitindo, em tese, a completa renúncia de direitos trabalhistas, nem mesmo por meio de negociação coletiva.

Entretanto, o art. 611-A, § 2.º, da CLT, acrescentado pela Lei 13.467/2017, dispõe que a inexistência de expressa indicação de contrapartidas recíprocas em convenção coletiva ou acordo coletivo de trabalho não ensejará sua nulidade por não caracterizar um vício do negócio jurídico.

Apenas nas situações especificamente excepcionadas na Constituição da República (art. 7.º, incisos VI, XIII e XIV) é que se pode admitir a flexibilização *in pejus*, possibilitando a aplicação de regras menos benéficas ao trabalhador. Mesmo nesses casos, exige-se que a medida seja justificada e demonstrada a sua adequação à proteção do trabalho, notadamente do emprego.

As referidas exceções, embora previstas na Constituição da República, não podem ser interpretadas como se estivesse autorizada toda e qualquer flexibilização prejudicial aos trabalhadores, mesmo por meio de negociação coletiva.

Observa-se, na atual jurisprudência do Supremo Tribunal Federal, a tendência de se prestigiar e reconhecer a prevalência das normas coletivas negociadas em face da legislação trabalhista, notadamente em matérias relacionadas a salário e jornada de trabalho, tendo como fundamento o art. 7.º, incisos VI, XIII, XIV e XXVI, da Constituição Federal de 1988.

É certo que a negociação coletiva de trabalho deve ser estimulada por se consubstanciar em procedimento legítimo e democrático de pacificação social, dando origem a normas jurídicas autônomas, isto é, produzidas pelos próprios interessados. Ainda assim, no Estado Democrático de Direito, que tem como fundamentos a dignidade da pessoa humana e os valores sociais do trabalho e da livre iniciativa (art. 1.º, incisos III e IV, da Constituição da República), a autonomia coletiva dos particulares, entretanto, não deve ser exercida com os objetivos de supressão e de precarização de direitos trabalhistas, mas sim de *melhoria das condições sociais*, com o aperfeiçoamento da disciplina das relações de trabalho e a adaptação do sistema jurídico às necessidades dos tempos contemporâneos.

Ainda no contexto examinado, o art. 611-A, § 3.º, da CLT, acrescentado pela Lei 13.467/2017, dispõe que, se for pactuada cláusula que reduza o salário ou a jornada, a convenção coletiva ou o acordo coletivo de trabalho devem prever a proteção dos empregados contra dispensa imotivada durante o prazo de vigência do instrumento coletivo.

O art. 7.º, inciso XXVI, da Constituição da República, ao arrolar os direitos dos trabalhadores urbanos e rurais, estabelece o reconhecimento das convenções e acordos coletivos de trabalho.

Nesse enfoque, a negociação coletiva (art. 8.º, inciso VI, da Constituição Federal de 1988) é considerada procedimento legítimo e democrático que dá origem a normas coletivas autônomas.

Entende-se, ainda, que, no âmbito das relações coletivas de trabalho, os entes sindicais e coletivos legitimados situam-se em posição de igualdade, por não se observar a vulnerabilidade ou a hipossuficiência do empregado, presente no contrato individual de trabalho.

Destaca-se, assim, a presença do *princípio da equivalência entre os contratantes coletivos*[191].

Com isso, na atualidade, tem-se entendido que os instrumentos normativos autônomos, decorrentes da negociação coletiva de trabalho, quando respeitados os direitos indisponíveis e as normas de ordem pública, devem prevalecer sobre as fontes normativas heterônomas. Cf. TST, ARR 80700-33.2007.5.02.0261.

Nessa linha, o Supremo Tribunal Federal fixou a seguinte tese de repercussão geral: "São constitucionais os acordos e as convenções coletivos que, ao considerarem a adequação setorial negociada, pactuam limitações ou afastamentos de direitos trabalhistas, independentemente da explicitação especificada de vantagens compensatórias, desde que respeitados os direitos absolutamente indisponíveis" (STF, Pleno, ARE 1.121.633/GO, Rel. Min. Gilmar Mendes, j. 02.06.2022).

✦ Jurisprudência

Recurso extraordinário com agravo. 2. Direito do Trabalho. 3. Validade de norma coletiva que limita ou restringe direito trabalhista. Matéria constitucional. Revisão da tese firmada nos temas 357 e 762. 4. Repercussão geral reconhecida (STF, Pleno, ARE-RG 1.121.633/GO, Rel. Min. Gilmar Mendes, *DJe* 23.05.2019).

Trabalhista. Agravos regimentais no recurso extraordinário. Acordo coletivo de trabalho. Transação do cômputo das horas *in itinere* na jornada diária de trabalho. Concessão de vantagens de natureza pecuniária e de outras utilidades. Validade. 1. Conforme assentado pelo Plenário do Supremo Tribunal Federal no julgamento do RE 590.415 (Rel. Min. Roberto Barroso, *DJe* de 29/5/2015, Tema 152), a Constituição Federal "reconheceu as convenções e os acordos coletivos como instrumentos legítimos de prevenção e de autocomposição de conflitos trabalhistas", tornando explícita inclusive "a possibilidade desses instrumentos para a redução de direitos trabalhistas". Ainda segundo esse precedente, as normas coletivas de trabalho podem prevalecer sobre "o padrão geral heterônomo, mesmo que sejam restritivas dos direitos dos trabalhadores, desde que não transacionem setorialmente parcelas justrabalhistas de indisponibilidade absoluta". 2. É válida norma coletiva por meio da qual categoria de trabalhadores transaciona o direito ao cômputo das horas *in itinere* na jornada diária de trabalho em troca da concessão de vantagens de natureza pecuniária e de outras utilidades. 3. Agravos regimentais desprovidos. Inaplicável o art. 85, § 11, do CPC/2015, pois não houve prévia fixação de honorários advocatícios na causa (STF, 2.ª T., AgR-segundo-RE 895.759/PE, Rel. Min. Teori Zavascki, *DJe* 23.05.2017).

Prisão civil do depositário infiel em face dos tratados internacionais de direitos humanos. Interpretação da parte final do inciso LXVII do art. 5.º da Constituição brasileira de 1988. Posição hierárquico-normativa dos tratados internacionais de direitos humanos no ordenamento jurídico brasileiro. Desde a adesão do Brasil, sem qualquer reserva, ao Pacto Internacional dos Direitos Civis e Políticos (art. 11) e à Convenção Americana sobre Direitos Humanos – Pacto de San José da Costa Rica (art. 7.º, 7), ambos no ano de 1992, não há mais base legal para prisão civil do depositário infiel, pois o caráter especial desses diplomas internacionais sobre direitos humanos lhes reserva lugar específico no ordenamento jurídico, estando abaixo da Constituição, porém acima

[191] Cf. DELGADO, Mauricio Godinho. *Curso de direito do trabalho*. 17. ed. São Paulo: LTr, 2018. p. 1557.

da legislação interna. O *status* normativo supralegal dos tratados internacionais de direitos humanos subscritos pelo Brasil torna inaplicável a legislação infraconstitucional com ele conflitante, seja ela anterior ou posterior ao ato de adesão. Assim ocorreu com o art. 1.287 do Código Civil de 1916 e com o Decreto-lei n.º 911/69, assim como em relação ao art. 652 do Novo Código Civil (Lei n.º 10.406/2002). [...]. Recurso extraordinário conhecido e não provido (STF, Pleno, RE 349.703/RS, Rel. p/ ac. Min. Gilmar Mendes, *DJe* 05.06.2009).

Recurso de revista interposto pela reclamada. 1. Sistema de controle alternativo de jornada. Norma coletiva que determina a autogestão da jornada pelo empregado. Validade. Provimento. A teor do preceito insculpido no artigo 7.º, XXVI, da Constituição Federal, é dever desta Justiça Especializada incentivar e garantir o cumprimento das decisões tomadas a partir da autocomposição coletiva, desde que formalizadas nos limites da lei. A negociação coletiva, nessa perspectiva, é um instrumento valioso que nosso ordenamento jurídico coloca à disposição dos sujeitos trabalhistas para regulamentar as respectivas relações de trabalho, atendendo às particularidades e especificidades de cada caso. É inequívoco que, no âmbito da negociação coletiva, os entes coletivos atuam em igualdade de condições, o que torna legítimas as condições de trabalho por eles ajustadas, na medida em que afasta a hipossuficiência ínsita ao trabalhador nos acordos individuais de trabalho. Assim, as normas autônomas oriundas de negociação coletiva, desde que resguardados os direitos indisponíveis, devem prevalecer sobre o padrão heterônomo justrabalhista, já que a transação realizada em autocomposição privada resulta de uma ampla discussão havida em um ambiente paritário, no qual as perdas e ganhos recíprocos têm presunção de comutatividade. Na hipótese, a Corte Regional reputou inválida a norma coletiva em que autorizada a dispensa de controle formal de horário, sob o fundamento de que tal previsão não se sobrepõe ao disposto no artigo 74, § 2.º, da CLT, e, por isso, não exime a reclamada do cumprimento do disposto no aludido artigo. Conforme acima aduzido, a Constituição Federal reconhece a validade e a eficácia dos instrumentos de negociação coletiva, desde que respeitados os direitos indisponíveis dos trabalhadores. Ocorre que a forma de marcação da jornada de trabalho não se insere no rol de direitos indisponíveis, de modo que não há qualquer óbice na negociação para afastar a incidência do dispositivo que regula a matéria, com o fim de atender aos interesses das partes contratantes. Impende destacar, inclusive, que o artigo 611-A, X, da CLT, inserido pela Lei n.º 13.467/2017, autoriza a prevalência das normas coletivas que disciplinam a modalidade de registro de jornada de trabalho em relação às disposições da lei. É bem verdade que o aludido preceito, por ser de direito material, não pode ser invocado para disciplinar as relações jurídicas já consolidadas. Não se pode olvidar, entretanto, que referido dispositivo não trouxe qualquer inovação no mundo jurídico, apenas declarou o fato de que essa matéria não se insere no rol das garantias inegociáveis. Ante o exposto, mostra-se flagrante a afronta ao artigo 7.º, XXVI, da Constituição Federal. Recurso de revista de que se conhece e a que se dá provimento (TST, 4.ª T., ARR 80700-33.2007.5.02.0261, Rel. Min. Guilherme Augusto Caputo Bastos, *DEJT* 26.10.2018).

Conflito entre a lei e convenção coletiva. A convenção ou acordo coletivo não pode pactuar de forma menos favorável que a lei. Pacto nesse sentido é de nenhum valor (art. 444, CLT) (TRT-2.ª Reg./SP, 5.ª T., RO-02990167042, Ac. 20000137302, Rel. Juiz Francisco Antonio de Oliveira, *DOE* 14.04.2000).

✦ Súmulas, Orientações Jurisprudenciais e Precedentes Normativos

Orientação Jurisprudencial 30 da SDC do TST: Estabilidade da gestante. Renúncia ou transação de direitos constitucionais. Impossibilidade. Nos termos do art. 10, II, "b", do ADCT, a proteção à maternidade foi erigida à hierarquia constitucional, pois retirou do âmbito do direito potestativo do empregador a possibilidade de despedir arbitrariamente a empregada em estado gravídico. Portanto, a teor do artigo 9.º, da CLT, torna-se nula de pleno direito a cláusula que estabelece a possibilidade de renúncia ou transação, pela gestante, das garantias referentes à manutenção do emprego e salário.

Orientação Jurisprudencial 31 da SDC do TST: Estabilidade do acidentado. Acordo homologado. Prevalência. Impossibilidade. Violação do art. 118 da Lei 8.213/91. Não é possível a prevalência de acordo sobre legislação vigente, quando ele é menos benéfico do que a própria lei, porquanto o caráter imperativo dessa última restringe o campo de atuação da vontade das partes.

I – pacto quanto à jornada de trabalho, observados os limites constitucionais;

3. JORNADA DE TRABALHO

O art. 611-A, inciso I, da CLT, acrescentado pela Lei 13.467/2017, prevê que a convenção coletiva e o acordo coletivo de trabalho têm prevalência sobre a lei quando dispuserem sobre *pacto quanto à jornada de trabalho*, devendo ser observados os limites constitucionais.

A Constituição Federal de 1988, no art. 7.º, inciso XIII, estabelece a duração do trabalho normal não superior a oito horas diárias e 44 horas semanais. Admite-se, além disso, a previsão de norma mais favorável ao empregado quanto à jornada de trabalho (art. 7.º, *caput*, da Constituição da República).

Desse modo, não havendo compensação de horário, a remuneração do *serviço extraordinário* deve ser superior, no mínimo, em 50% à remuneração do trabalho normal, em consonância com o art. 7.º, inciso XVI, da Constituição da República.

A duração diária do trabalho pode ser acrescida de horas extras, em número não excedente de duas, por acordo individual, convenção coletiva ou acordo coletivo de trabalho (art. 59 da CLT, com redação dada pela Lei 13.467/2017). Trata-se do acordo de prorrogação da jornada de trabalho.

O art. 611-A, inciso I, da CLT, acrescentado pela Lei 13.467/2017, permite que o mencionado limite de prorrogação seja ampliado, desde que por meio de convenção coletiva e acordo coletivo de trabalho.

Entretanto, ainda assim, deve-se respeitar a razoabilidade, não se admitindo jornadas de trabalho extenuantes, exaustivas e prejudiciais à saúde, à integridade física e psíquica e à segurança do empregado.

O art. 7.º, inciso XIV, da Constituição Federal de 1988 prevê, ainda, a jornada de seis horas para o trabalho realizado em turnos ininterruptos de revezamento, salvo negociação coletiva (Súmula 423 do TST).

II – banco de horas anual;

4. BANCO DE HORAS ANUAL

O art. 611-A, inciso II, da CLT, acrescentado pela Lei 13.467/2017, prevê que a convenção coletiva e o acordo coletivo de trabalho têm prevalência sobre a lei quando dispuserem sobre *banco de horas anual*.

O banco de horas anual é a compensação de horas de trabalho em períodos mais longos, no caso, de um ano, que é o prazo máximo previsto em lei, mas a sua instituição somente pode ocorrer por meio de instrumento normativo decorrente de negociação coletiva de trabalho.

Desse modo, mesmo havendo prorrogação da jornada de trabalho, pode ser dispensado o acréscimo de salário se, por força de acordo ou convenção coletiva de trabalho, o excesso de horas em um dia for compensado pela correspondente diminuição em outro dia, de maneira que não exceda, no período máximo de um ano, a soma das jornadas semanais de trabalho previstas, nem seja ultrapassado o limite máximo de 10 horas diárias (art. 59, § 2.º, da CLT).

O pagamento das horas que excederem a jornada normal de trabalho com o adicional de, no mínimo, 50% apenas deve ocorrer, assim, se as horas trabalhadas em prorrogação não forem objeto de posterior compensação pelo empregado.

O banco de horas de que trata o art. 59, § 2.º, da CLT pode ser pactuado por *acordo individual escrito*, desde que a compensação ocorra no período máximo de seis meses (art. 59, § 5.º, da CLT, acrescentado pela Lei 13.467/2017). Ademais, é lícito o regime de compensação de jornada estabelecido por acordo individual, *tácito ou escrito*, para a compensação no mesmo mês (art. 59, § 6.º, da CLT, acrescentado pela Lei 13.467/2017). Logo, entende-se que o banco de horas *anual* exige acordo coletivo ou convenção coletiva de trabalho para ser instituído.

Na hipótese de rescisão do contrato de trabalho sem que tenha havido a compensação integral da jornada extraordinária, na forma dos §§ 2.º e 5.º do art. 59 da CLT, o trabalhador tem direito ao pagamento das horas extras não compensadas, calculadas sobre o valor da remuneração na data da rescisão (art. 59, § 3.º, da CLT, incluído pela Lei 13.467/2017).

O art. 611-A, inciso II, da CLT, acrescentado pela Lei 13.467/2017, tem como objetivo passar a permitir que o banco de horas não necessite mais respeitar todas as exigências legais, notadamente a relativa ao limite de 10 horas diárias de trabalho, podendo a convenção coletiva ou o acordo coletivo disciplinar a compensação de horas de modo diverso, ou seja, mais flexível, embora com razoabilidade e respeito às normas sobre segurança e medicina do trabalho.

> III – intervalo intrajornada, respeitado o limite mínimo de trinta minutos para jornadas superiores a seis horas;

5. INTERVALO INTRAJORNADA

O art. 611-A, inciso III, da CLT, acrescentado pela Lei 13.467/2017, prevê que a convenção coletiva e o acordo coletivo de trabalho têm prevalência sobre a lei quando dispuserem sobre *intervalo intrajornada*, respeitado o limite mínimo de 30 minutos para jornadas superiores a seis horas.

O art. 71 da CLT determina que em qualquer trabalho contínuo, cuja duração exceda seis horas, é obrigatória a concessão de um intervalo para repouso ou alimentação, o qual será, no mínimo, de uma hora e, salvo acordo escrito ou convenção ou acordo coletivo em contrário, não poderá exceder duas horas. Não excedendo seis horas o trabalho, será, entretanto, obrigatório um intervalo de 15 minutos quando a duração ultrapassar quatro horas (art. 71, § 1.º, da CLT).

O limite mínimo de uma hora para repouso ou refeição pode ser reduzido *por ato do Ministro do Trabalho*, se verificar que o estabelecimento atende integralmente às exigências concernentes à organização dos refeitórios, e quando os respectivos empregados não estiverem sob o regime de trabalho prorrogado a horas suplementares (art. 71, § 3.º, da CLT).

O art. 71, § 5.º, da CLT, com redação dada pela Lei 13.103/2015, prevê que o intervalo expresso no art. 71, *caput*, da CLT pode ser *reduzido e/ou fracionado*, e aquele estabelecido no art. 71, § 1.º, pode ser *fracionado*, quando compreendidos entre o término da primeira hora trabalhada e o início da última hora trabalhada, desde que previsto em *convenção ou acordo coletivo de trabalho*, ante a natureza do serviço e em virtude das condições especiais de trabalho a que são submetidos estritamente os *motoristas, cobradores, fiscalização de campo e afins nos serviços de operação de veículos rodoviários, empregados no setor de transporte coletivo de passageiros*, mantida a remuneração e concedidos intervalos para descanso menores ao final de cada viagem.

O art. 611-A, inciso III, da CLT, acrescentado pela Lei 13.467/2017, permite que o intervalo para descanso e refeição seja reduzido em quaisquer atividades, independentemente dos requisitos previstos no art. 71, § 3.º, da CLT, desde que por meio de *convenção coletiva ou acordo coletivo de trabalho*, devendo ser respeitado o limite mínimo de 30 minutos para jornadas superiores a seis horas.

Anteriormente, entendia-se que o intervalo em questão não poderia ser reduzido por meio de negociação coletiva de trabalho, por se tratar de matéria voltada à segurança e à medicina do trabalho.

O art. 611-B, parágrafo único, da CLT, acrescentado pela Lei 13.467/2017, estabelece que as regras sobre duração do trabalho e intervalos não são consideradas como normas de saúde, higiene e segurança do trabalho para os fins do disposto no art. 611-B da CLT, que versa sobre objeto ilícito de convenção coletiva ou de acordo coletivo de trabalho.

IV – adesão ao Programa Seguro-Emprego (PSE), de que trata a Lei n.º 13.189, de 19 de novembro de 2015;

6. ADESÃO AO PROGRAMA SEGURO-EMPREGO

O art. 611-A, inciso IV, da CLT, acrescentado pela Lei 13.467/2017, prevê que a convenção coletiva e o acordo coletivo de trabalho têm prevalência sobre a lei quando dispuserem sobre adesão ao *Programa Seguro-Emprego* (PSE), de que trata a Lei 13.189/2015, com as alterações da Lei 13.456/2017.

O art. 2.º da Lei 13.189/2015 dispõe que podem aderir ao Programa Seguro-Emprego (PSE) as empresas de todos os setores em situação de dificuldade econômico-financeira que celebrarem *acordo coletivo de trabalho específico* de redução de jornada e de salário.

O que se pode cogitar seria eventual amenização das exigências legais para a adesão ao referido Programa, no sentido de flexibilizar o disposto no art. 3.º da Lei 13.189/2015.

De todo modo, o acordo coletivo de trabalho específico para adesão ao PSE deve ser celebrado entre a empresa e o sindicato de trabalhadores representativo da categoria da atividade econômica preponderante da empresa, podendo reduzir em até 30% a jornada e o salário (art. 5.º da Lei 13.189/2015).

O acordo coletivo de trabalho específico em questão não pode dispor sobre outras condições de trabalho que não sejam aquelas decorrentes da adesão ao PSE.

A redução de jornada e salário está condicionada à celebração de acordo coletivo de trabalho específico com o sindicato de trabalhadores representativo da categoria, devendo-se observar o disposto no art. 511 da CLT, o qual faz referência às categorias profissional, econômica e profissional diferenciada.

V – plano de cargos, salários e funções compatíveis com a condição pessoal do empregado, bem como identificação dos cargos que se enquadram como funções de confiança;

7. PLANO DE CARGOS, SALÁRIOS E FUNÇÕES

O art. 611-A, inciso V, da CLT, acrescentado pela Lei 13.467/2017, prevê que a convenção coletiva e o acordo coletivo de trabalho têm prevalência sobre a lei quando dispuserem sobre *plano de cargos, salários e funções* compatíveis com a condição pessoal do empregado, bem como identificação dos cargos que se enquadram como *funções de confiança*.

O plano de cargos e salário é figura bastante próxima do quadro de carreira. A legislação trabalhista não contém disciplina minuciosa de planos de cargo e salários, pois estes são instituídos, internamente, pelas empresas. Logo, a matéria é normalmente objeto de previsão em regulamentos empresariais, embora também possa ser objeto de outras disposições normativas, como convenções coletivas e acordos coletivos de trabalho.

Cabe ressaltar que fica excluído o direito à equiparação salarial quando o empregador tiver pessoal organizado em *quadro de carreira* ou adotar, por meio de norma interna da empresa ou de negociação coletiva, *plano de cargos e salários*, sendo dispensada qualquer forma de homologação ou registro em órgão público (art. 461, § 2.º, da CLT, com redação dada pela Lei 13.467/2017).

No caso do art. 461, § 2.º, da CLT, as promoções podem ser feitas por merecimento e por antiguidade, ou por apenas um desses critérios, dentro de cada categoria profissional (art. 461, § 3.º, da CLT, com redação dada pela Lei 13.467/2017).

Entende-se que o plano de cargos e salários, mesmo quando instituído por meio de convenção coletiva ou acordo coletivo de trabalho, para que seja apto a excluir o direito à equiparação salarial, deve observar os mencionados requisitos previstos no art. 461, §§ 2.º e 3.º, da CLT, com redação dada pela Lei 13.467/2017.

As *funções de confiança*, por seu turno, ainda que previstas em convenção coletiva e acordo coletivo de trabalho, devem dizer respeito a tarefas e atividades de maior relevância, exigindo vínculo de fidúcia especial com o empregador, como se observa nas hipóteses dos arts. 62, inciso II, e 224, § 2.º, da CLT.

Defende-se o entendimento de que as mencionadas previsões legais são de ordem pública, pois concretizam o *princípio constitucional da igualdade* em matéria salarial, no âmbito da relação de emprego, o que impede a sua flexibilização mesmo por meio da negociação coletiva de trabalho.

A equiparação salarial concretiza o princípio fundamental que proíbe a discriminação, o qual figura como objetivo da República Federativa do Brasil (art. 3.º, inciso IV, da Constituição da República).

Os requisitos da equiparação salarial, portanto, devem ser necessariamente interpretados em conformidade com os alicerces constitucionais relativos ao tema, com destaque aos princípios da igualdade, da proibição de discriminação, bem como da valorização do trabalho e da dignidade da pessoa humana.

É nesse contexto jurídico que cabe à convenção coletiva e ao acordo coletivo de trabalho: instituir plano de cargos, salários e funções que sejam compatíveis com a condição pessoal do empregado, levando em conta a sua formação profissional; e identificar os cargos que se enquadram como funções de confiança, em que o empregado exerce tarefas de maior responsabilidade na empresa.

VI – regulamento empresarial;

8. REGULAMENTO EMPRESARIAL

O art. 611-A, inciso VI, da CLT, acrescentado pela Lei 13.467/2017, prevê que a convenção coletiva e o acordo coletivo de trabalho têm prevalência sobre a lei quando dispuserem sobre *regulamento empresarial*.

O regulamento de empresa pode estabelecer diversos direitos e deveres, respeitando, de todo modo, as normas imperativas voltadas às relações de trabalho, em especial de emprego.

O regulamento de empresa normalmente é instituído pelo empregador, no exercício do chamado *poder regulamentar*, o qual se insere no *poder de direção* do empregador, quanto ao aspecto da *organização* de sua atividade.

O regulamento de empresa pode ser *bilateral*, quando elaborado com os empregados, ou *unilateral*, quando estabelecido apenas pelo empregador, como é mais frequente.

Os direitos previstos em regulamento de empresa estão submetidos ao *princípio da condição mais benéfica*, isto é, passam a integrar os contratos individuais de trabalho dos empregados abrangidos.

Desse modo, aplica-se a previsão do art. 468 da CLT, no sentido de que a alteração das condições do contrato individual de trabalho somente é lícita por mútuo consentimento, e, ainda assim, desde que não resultem, direta ou indiretamente, prejuízos ao empregado, sob pena de nulidade da cláusula infringente dessa garantia (Súmula 51 do TST).

Assim, embora a questão possa gerar controvérsia, defende-se o entendimento de que o direito previsto em regulamento de empresa, mesmo instituído por meio de convenção coletiva ou acordo coletivo de trabalho, submete-se às exigências imperativas do art. 468 da CLT, sobre a alteração das condições de trabalho.

Efetivamente, como o referido dispositivo é norma de ordem pública, decorrente do *princípio da condição mais benéfica*, entende-se que não pode ser afastado nem mesmo por negociação coletiva.

VII – representante dos trabalhadores no local de trabalho;

9. REPRESENTANTE DOS TRABALHADORES NO LOCAL DE TRABALHO

O art. 611-A, inciso VII, da CLT, acrescentado pela Lei 13.467/2017, prevê que a convenção coletiva e o acordo coletivo de trabalho têm prevalência sobre a lei quando dispuserem sobre *representante dos trabalhadores no local de trabalho*.

Nas empresas de mais de 200 empregados, é assegurada a eleição de um representante destes com a finalidade exclusiva de promover-lhes o entendimento direto com os empregadores (art. 11 da Constituição da República).

A matéria é disciplinada nos arts. 510-A a 510-D da CLT, acrescentados pela Lei 13.467/2017.

A convenção coletiva e o acordo coletivo, entretanto, podem estabelecer normas diferenciadas sobre o tema, respeitando a previsão constitucional indicada, em melhoria das condições sociais dos empregados (art. 7.º, *caput*, da Constituição Federal de 1988).

VIII – teletrabalho, regime de sobreaviso, e trabalho intermitente;

10. TELETRABALHO, REGIME DE SOBREAVISO E TRABALHO INTERMITENTE

O art. 611-A, inciso VIII, da CLT, acrescentado pela Lei 13.467/2017, prevê que a convenção coletiva e o acordo coletivo de trabalho têm prevalência sobre a lei quando dispuserem sobre *teletrabalho, regime de sobreaviso e trabalho intermitente*.

Considera-se teletrabalho ou trabalho remoto a prestação de serviços fora das dependências do empregador, de maneira preponderante ou não, com a utilização de tecnologias de informação e de comunicação, que, por sua natureza, não configure trabalho externo (art. 75-B da CLT, com redação dada pela Lei 14.442/2022). O comparecimento, ainda que de modo habitual, às dependências do empregador para a realização de atividades específicas que exijam a presença do empregado no estabelecimento não descaracteriza o regime de teletrabalho ou trabalho remoto.

É possível, ainda, que o empregado, mesmo que não seja um teletrabalhador, após cumprir a jornada laboral no estabelecimento do empregador, permaneça de plantão, por exemplo, em casa, aguardando ser chamado para o serviço a qualquer momento, passando, com isso, a ter o direito de receber as correspondentes horas de *sobreaviso*.

O art. 244, § 2.º, da CLT, ao tratar do trabalho em estrada de ferro, prevê que se considera de sobreaviso o empregado efetivo, que permanecer em sua própria casa, aguardando a qualquer momento o chamado para o serviço. Cada escala de sobreaviso será, no máximo, de 24 horas. As horas de sobreaviso, para todos os efeitos, serão contadas à razão de 1/3 do salário normal.

Assim, durante o sobreaviso, o empregado não presta serviço efetivamente, mas permanece em sua casa, aguardando eventual chamada ao trabalho. Durante esse período o empregado recebe 1/3 do salário. Entende-se que se trata de interrupção do contrato de trabalho, pois o período é remunerado, mesmo que presente a referida especificidade.

Essa previsão é aplicada a hipóteses semelhantes (Súmulas 229 e 428 do TST).

O rápido avanço da tecnologia tem permitido e ampliado o trabalho fora do estabelecimento do empregador, em razão da possibilidade de se manter contato por meio de recursos eletrônicos e da informática, com ênfase nos recentes instrumentos de comunicação decorrentes do computador, da telefonia e da *internet*.

Ainda assim, o trabalhador deve ter garantido o *direito à desconexão*, tendo em vista os direitos fundamentais ao lazer, ao repouso e à limitação da jornada de trabalho (arts. 6.º e 7.º, incisos IV, XIII e XV, 217, § 3.º, e 227 da Constituição da República), como forma de assegurar a dignidade, bem como o convívio familiar e social do empregado.

É possível distinguir jornada de trabalho intermitente (isto é, variável, flexível e móvel, para atender as necessidades do empregador) do próprio contrato de trabalho intermitente.

Nesse enfoque, considera-se como *intermitente* o contrato de trabalho no qual a prestação de serviços, com subordinação, não é contínua, ocorrendo com alternância de períodos de prestação de serviços e de inatividade, determinados em horas, dias ou meses, independentemente do tipo de atividade do empregado e do empregador, exceto para os aeronautas, regidos por legislação própria (art. 443, § 3.º, da CLT, incluído pela Lei 13.467/2017).

O art. 611-A, inciso VIII, da CLT, acrescentado pela Lei 13.467/2017, tem como objetivo permitir que a convenção coletiva e o acordo coletivo de trabalho disciplinem as condições a serem aplicadas às modalidades de teletrabalho, regime de sobreaviso e trabalho intermitente, inclusive a forma de remuneração e a jornada a ser considerada.

Isso pode significar a tentativa de reduzir ou excluir, por exemplo, o direito ao recebimento de horas extras e de sobreaviso no labor a distância e no trabalho intermitente, em prejuízo ao empregado, o que apenas é admitido se observados os limites constitucionais fixados para a flexibilização *in pejus* de condições de trabalho por meio de negociação coletiva.

IX – remuneração por produtividade, incluídas as gorjetas percebidas pelo empregado, e remuneração por desempenho individual;

11. REMUNERAÇÃO POR PRODUTIVIDADE, GORJETAS E POR DESEMPENHO INDIVIDUAL

O art. 611-A, inciso IX, da CLT, acrescentado pela Lei 13.467/2017, prevê que a convenção coletiva e o acordo coletivo de trabalho têm prevalência sobre a lei quando dispuserem sobre *remuneração por produtividade*, incluídas as *gorjetas* percebidas pelo empregado, e *remuneração por desempenho individual*.

A produtividade pode ser entendida como a quantidade de bens, produtos ou serviços feitos ou prestados pelo empregado em determinado período de tempo, tornando devida a correspondente contraprestação salarial.

Trata-se, assim, de salário ajustado por empreitada (obra) ou convencionado por tarefa ou peça, como prevê o art. 78 da CLT.

A remuneração por produtividade, nesse contexto, significa a contraprestação devida conforme o que é realizado ou produzido pelo empregado durante a duração do trabalho, de forma normalmente variável.

A remuneração por produtividade ocorre essencialmente nas hipóteses de pactuação do salário por unidade de obra e por tarefa.

A remuneração por desempenho individual abrange as comissões, decorrentes de vendas e negócios realizados pelo empregado, as quais também integram o salário.

Frise-se que integram o salário a importância fixa estipulada, as gratificações legais e as comissões pagas pelo empregador (art. 457, § 1.º, da CLT).

Cabe ressaltar que é direito dos trabalhadores urbanos e rurais a garantia de salário, nunca inferior ao mínimo, para os que percebem *remuneração variável* (art. 7.º, inciso VII, da Constituição da República).

Compreendem-se na *remuneração* do empregado, para todos os efeitos legais, além do *salário* devido e pago diretamente pelo empregador, como contraprestação do serviço, as *gorjetas* que receber (art. 457 da CLT).

Considera-se gorjeta não só a importância espontaneamente dada pelo cliente ao empregado, como também o valor cobrado pela empresa, como serviço ou adicional, a qualquer título, e destinado à distribuição aos empregados (art. 457, § 3.º, da CLT, com redação dada pela Lei 13.419/2017). Logo, embora a gorjeta não tenha natureza salarial, por não ser paga diretamente pelo empregador, integra a remuneração (Súmula 354 do TST).

Na hipótese de *gorjetas espontâneas*, como o empregador nem sempre tem como saber, de forma precisa, as quantias oferecidas pelos clientes aos empregados, é comum a previsão de seus valores estimados em convenções e acordos coletivos de trabalho, firmados com os sindicatos das categorias profissionais. Essa possibilidade não se aplica, entretanto, às gorjetas cobradas pela empresa, como serviço ou adicional, para posterior distribuição aos empregados.

As *gueltas*, por sua vez, são quantias pagas por terceiros (como fabricantes e fornecedores) ao empregado, em razão da venda de seus produtos, devendo ser equiparadas às gorjetas.

A *guelta*, como oportunidade de ganho, equipara-se à gorjeta por ser um valor recebido pelo empregado, no âmbito da prestação do serviço, mas pago por terceiro, tendo, assim, natureza remuneratória, embora não seja salário (Súmula 354 do TST).

O art. 611-A, inciso IX, da CLT, acrescentado pela Lei 13.467/2017, tem como objetivo permitir que a convenção coletiva e o acordo coletivo de trabalho disciplinem a remuneração por produtividade, incluídas as gorjetas percebidas pelo empregado, bem como a remuneração por desempenho individual, de modo diferenciado da disciplina legal sobre a matéria.

Entende-se que a flexibilização por meio de negociação coletiva das previsões relativas a essa temática, entretanto, não pode afastar a incidência de determinações legais cogentes e de ordem pública, relacionadas à remuneração do empregado, por ter natureza alimentar (art. 100, § 1.º, da Constituição da República), sendo necessária à sua sobrevivência digna, bem como à manutenção de sua família.

X – modalidade de registro de jornada de trabalho;

12. REGISTRO DE JORNADA DE TRABALHO

O art. 611-A, inciso X, da CLT, acrescentado pela Lei 13.467/2017, prevê que a convenção coletiva e o acordo coletivo de trabalho têm prevalência sobre a lei quando dispuserem sobre *modalidade de registro de jornada de trabalho*.

A respeito do tema, o art. 74, § 2.º, da CLT, com redação dada pela Lei 13.874/2019, dispõe que para os estabelecimentos com mais de 20 trabalhadores é obrigatória a anotação da hora de entrada e de saída, em *registro manual, mecânico ou eletrônico*, conforme instruções expedidas pela Secretaria Especial de Previdência e Trabalho do Ministério da Economia (Ministério do Trabalho), permitida a pré-assinalação do período de repouso.

O art. 611-A, inciso X, da CLT, incluído pela Lei 13.467/2017, tem como objetivo permitir que a convenção e o acordo coletivo disciplinem o registro da jornada de trabalho de modo diverso da disciplina legal vigente sobre a matéria.

Entende-se que a negociação coletiva não pode afastar as previsões imperativas sobre a matéria, pois a ausência de remuneração, como contraprestação, de todas as horas laboradas e prorrogadas seria manifestamente inadmissível, mesmo porque a relação de emprego se caracteriza pela onerosidade (art. 3.º da CLT).

Conforme a Súmula 338, inciso II, do TST: "A presunção de veracidade da jornada de trabalho, ainda que prevista em instrumento normativo, pode ser elidida por prova em contrário".

Anteriormente, não se admitia a previsão de registro de ponto por exceção à jornada regular de trabalho nem mesmo por meio de norma decorrente de negociação coletiva (TST, 4.ª T., RR 12184-33.2014.5.03.0084, Rel. Min. João Oreste Dalazen, *DEJT* 18.11.2016).

Entretanto, posteriormente, o Tribunal Superior do Trabalho julgou ser válida a norma coletiva negociada que prevê sistema de controle alternativo da jornada de trabalho, autorizando a marcação apenas das horas extras realizadas (RR 2016-02.2011.5.03.0011), ou que permite a dispensa de controle formal de horário e determina a autogestão da jornada de trabalho pelo empregado (TST, 4.ª T., ARR 80700-33.2007.5.02.0261, Rel. Min. Guilherme Augusto Caputo Bastos, *DEJT* 26.10.2018).

Com a Lei 13.874/2019, permite-se a utilização de registro de ponto por exceção à jornada regular de trabalho por meio de previsão em acordo individual escrito, convenção coletiva ou acordo coletivo de trabalho (art. 74, § 4.º, da CLT). Cf. comentários ao art. 74 da CLT.

✦ Jurisprudência

Recurso de revista interposto na vigência da Lei n.º 13.015/2014. Horas extras. Registro de jornada de trabalho "por exceção". Norma coletiva. Invalidade. 1. O princípio da autonomia privada coletiva (art. 7.º, XXVI, da Constituição Federal) não confere aos sindicatos amplo poder de disposição sobre direitos trabalhistas garantidos por norma cogente, que asseguram ao empregado um patamar mínimo de proteção, infenso à negociação coletiva, como é o caso do art. 74, § 2.º, da CLT, que determina, para as empresas que contêm mais de dez empregados, a obrigatoriedade de anotação dos horários de entrada e saída dos empregados. 2. Afigura-se inválida cláusula de norma coletiva que fixa o registro de jornada de trabalho "por exceção" e dispensa a empregadora de anotar os horários de entrada e saída dos empregados. Precedentes. 3. Recurso de revista da Reclamada de que não se conhece (TST, 4.ª T., RR 12184-33.2014.5.03.0084, Rel. Min. João Oreste Dalazen, *DEJT* 18.11.2016).

Agravo. Sistema de controle alternativo de jornada. Previsão em norma coletiva. Validade. Provimento. Ante o equívoco no exame do agravo de instrumento, dá-se provimento ao agravo. Agravo a que se dá provimento. Agravo de instrumento. Sistema de controle alternativo de jornada. Previsão em norma coletiva. Validade. Provimento. Por prudência, ante possível violação do artigo 7.º, XXVI, da Constituição Federal, o destrancamento do recurso de revista é medida que se impõe. Agravo de instrumento a que se dá provimento. Recurso de revista. Sistema de controle alternativo de jornada. Previsão em norma coletiva. Validade. Provimento. A teor do preceito insculpido no artigo 7.º, XXVI, da Constituição Federal, é dever desta Justiça Especializada incentivar e garantir o cumprimento das decisões tomadas a partir da autocomposição coletiva, desde que formalizadas nos limites da lei. A negociação coletiva, nessa perspectiva, é um instrumento valioso que nosso ordenamento jurídico coloca à disposição dos sujeitos trabalhistas para regulamentar as respectivas relações de trabalho, atendendo às particularidades e especificidades de cada caso. É inequívoco que, no âmbito da negociação coletiva, os entes coletivos atuam em igualdade de condições, o que torna legítimas as condições de trabalho por eles ajustadas, na medida em que afasta a hipossuficiência ínsita ao trabalhador nos acordos individuais de trabalho. Assim, as normas autônomas oriundas de negociação coletiva, desde que resguardados os direitos indisponíveis, devem prevalecer sobre o padrão heterônomo justrabalhista, já que a transação realizada em autocomposição privada resulta de uma ampla discussão havida em um ambiente paritário, no qual as perdas e ganhos recíprocos têm presunção de comutatividade. Na hipótese, a Corte Regional reputou inválida a norma coletiva em que autorizada a marcação somente das horas extraordinárias realizadas, sob o fundamento de que contrariava previsão expressa em lei. Isso porque, em razão de o artigo 74, § 2.º, da CLT determinar, obrigatoriamente, a anotação, pelo empregador, dos horários de entrada e de saída dos empregados, essa exigência não poderia ser afastada por meio de negociação coletiva. Conforme acima aduzido, a Constituição Federal reconhece a validade e a eficácia dos instrumentos de negociação coletiva, desde que respeitados os direitos indisponíveis dos trabalhadores. Ocorre que a forma de marcação da jornada de trabalho não se insere no rol de direitos indisponíveis, de modo que não há qualquer óbice na negociação para afastar a incidência do dispositivo que regula a matéria, com o fim de atender aos interesses das partes contratantes. Impende destacar, inclusive, que o artigo 611-A, X, da CLT, inserido pela Lei n.º 13.467/2017, autoriza a prevalência das normas coletivas que disciplinam a modalidade de registro de jornada de trabalho em relação às disposições da lei. É bem verdade que o aludido preceito, por ser de direito material, não pode ser invocado para disciplinar as relações jurídicas já consolidadas. Não se pode olvidar, entretanto, que referido dispositivo não trouxe qualquer inovação no mundo jurídico, apenas declarou o fato de que essa matéria não se insere no rol das garantias inegociáveis. Ante o exposto, mostra-se flagrante a afronta ao artigo 7.º, XXVI, da Constituição Federal. Recurso de revista de que se conhece e a que se dá provimento (TST, 4.ª T., RR 2016-02.2011.5.03.0011, Rel. Min. Guilherme Augusto Caputo Bastos, *DEJT* 11.10.2018).

XI – troca do dia de feriado;

13. TROCA DO DIA DE FERIADO

O art. 611-A, inciso XI, da CLT, acrescentado pela Lei 13.467/2017, prevê que a convenção coletiva e o acordo coletivo de trabalho têm prevalência sobre a lei quando dispuserem sobre *troca do dia de feriado*.

O direito ao repouso remunerado nos feriados é assegurado nos arts. 1.º e 8.º da Lei 605/1949. O art. 70 da CLT também veda o trabalho em feriados. A regra é a impossibilidade de trabalho em feriados civis e religiosos, embora seja garantida aos empregados a remuneração respectiva. O labor nesses dias é exceção.

Com a Lei 13.467/2017, pretende-se que a convenção coletiva e o acordo coletivo de trabalho possam estabelecer a troca dos dias de feriados, fixando-os em datas diversas das previstas em lei.

Pode-se dizer, entretanto, que a medida revela-se inadequada, pois a matéria tem natureza legal, a ser disciplinada, de forma genérica, a toda a sociedade, mesmo porque a alteração de datas dos feriados pode resultar em desajustes no convívio familiar em dias de descanso.

XII – enquadramento do grau de insalubridade;

14. ENQUADRAMENTO DO GRAU DE INSALUBRIDADE

O art. 611-A, inciso XII, da CLT, acrescentado pela Lei 13.467/2017, prevê que a convenção coletiva e o acordo coletivo de trabalho têm prevalência sobre a lei quando dispuserem sobre *enquadramento do grau de insalubridade*.

Em conformidade com o art. 189 da CLT, devem ser consideradas atividades ou operações *insalubres* aquelas que, por sua natureza, condições ou métodos de trabalho, exponham os empregados a *agentes nocivos à saúde*, acima dos limites de tolerância fixados em razão da natureza e da intensidade do agente e do tempo de exposição aos seus efeitos.

Desse modo, cabe ao Ministério do Trabalho aprovar o *quadro das atividades e operações insalubres* e adotar normas sobre os critérios de caracterização da insalubridade, os limites de tolerância aos agentes agressivos, meios de proteção e o tempo máximo de exposição do empregado a esses agentes (art. 190 da CLT).

A Norma Regulamentadora 15 descreve os agentes químicos, físicos e biológicos prejudiciais à saúde do empregado, bem como os respectivos limites de tolerância.

O exercício de trabalho em condições insalubres, acima dos limites de tolerância estabelecidos pelo Ministério do Trabalho, assegura o recebimento do adicional de 40%, 20% e 10% do salário mínimo, conforme o grau de insalubridade seja considerado máximo, médio e mínimo, respectivamente (art. 192 da CLT).

Como se pode notar, a previsão das atividades e operações insalubres, bem como o enquadramento dos graus de insalubridade, por se tratar de questão técnica, é feita por meio de Norma Regulamentadora do Ministério do Trabalho.

Isso é confirmado pelo art. 195 da CLT, ao determinar que a caracterização e a *classificação da insalubridade* e da periculosidade, segundo as normas do Ministério do Trabalho, devem ser feitas por meio de perícia a cargo de Médico do Trabalho ou Engenheiro do Trabalho, registrados no Ministério do Trabalho.

É facultado às empresas e aos sindicatos das categorias profissionais interessadas requerer ao Ministério do Trabalho a realização de perícia em estabelecimento ou setor deste, com o objetivo de caracterizar e classificar ou delimitar as atividades insalubres ou perigosas (art. 195, § 1.º, da CLT).

Apesar do exposto, o art. 611-A, inciso XII, da CLT permite que a questão relativa ao enquadramento dos graus de insalubridade das atividades das empresas abrangidas seja definida em convenção coletiva e acordo coletivo e isso prevaleça sobre o disposto em lei.

A rigor, essa previsão não se mostra adequada, por se tratar de questão de ordem pública, a ser disciplinada pelas normas de segurança e medicina do trabalho, em consonância com o art. 7.º, inciso XXII, da Constituição Federal de 1988.

Desse modo, defende-se que nem mesmo a negociação coletiva de trabalho pode estabelecer grau de insalubridade inferior ao existente na realidade dos fatos, ou seja, de forma prejudicial ao empregado.

Logo, a correta interpretação do art. 611-A, inciso XII, da CLT, em conformidade com a Constituição, revela que a convenção coletiva e o acordo coletivo de trabalho, ao versarem sobre o enquadramento do grau de insalubridade, apenas podem prevalecer sobre a lei quando dispuserem de forma mais favorável ao empregado (art. 7.º, *caput*, da Constituição da República).

> XIII – prorrogação de jornada em ambientes insalubres, sem licença prévia das autoridades competentes do Ministério do Trabalho;

15. PRORROGAÇÃO DE JORNADA EM AMBIENTES INSALUBRES

O art. 611-A, inciso XIII, da CLT, acrescentado pela Lei 13.467/2017, prevê que a convenção coletiva e o acordo coletivo de trabalho têm prevalência sobre a lei quando dispuserem sobre *prorrogação de jornada em ambientes insalubres*, sem licença prévia das autoridades competentes do Ministério do Trabalho.

Em regra, conforme o art. 60 da CLT, nas atividades insalubres, as prorrogações dependem de licença prévia das autoridades competentes em matéria de higiene do trabalho.

Entretanto, o art. 611-A, inciso XIII, da CLT estabelece que as normas decorrentes de negociação coletiva de trabalho podem autorizar a prorrogação da jornada, mesmo havendo condições insalubres, caso em que a referida licença prévia do Ministério do Trabalho deixa de ser exigida.

Ainda assim, com fundamento no art. 7.º, inciso XXII, da Constituição Federal de 1988, entende-se que devem ser observadas as normas de saúde, higiene e segurança do trabalho, previstas em leis e Normas Regulamentadoras do Ministério do Trabalho.

Como registro histórico, a compensação de horário (que é uma forma de prorrogação) em atividade insalubre por meio de acordo coletivo ou convenção coletiva era considerada válida pela Súmula 349 do TST, embora *cancelada* em 2011, tendo a seguinte redação: "Acordo de compensação de horário em atividade insalubre, celebrado por acordo coletivo. Validade (cancelada) – Res. 174/2011, *DEJT* divulgado em 27, 30 e 31.05.2011. A validade de acordo coletivo ou convenção coletiva de compensação de jornada de trabalho em atividade insalubre prescinde da inspeção prévia da autoridade competente em matéria de higiene do trabalho (art. 7.º, XIII, da CF/1988; art. 60 da CLT)".

XIV – prêmios de incentivo em bens ou serviços, eventualmente concedidos em programas de incentivo;

16. PRÊMIOS DE INCENTIVO EM BENS OU SERVIÇOS

O art. 611-A, inciso XIV, da CLT, acrescentado pela Lei 13.467/2017, prevê que a convenção coletiva e o acordo coletivo de trabalho têm prevalência sobre a lei quando dispuserem sobre *prêmios de incentivo em bens ou serviços*, eventualmente concedidos em programas de incentivo.

O tema relativo aos prêmios é disciplinado no art. 457, §§ 2.º e 4.º, da CLT, com redação dada pela Lei 13.467/2017.

Ainda assim, pode-se dizer que os prêmios de incentivo (em bens ou serviços), mencionados no art. 611-A, inciso XIV, da CLT, são específicos e não se confundem com os prêmios tratados no art. 457, §§ 2.º e 4.º, da CLT. Cf. comentários ao art. 457 da CLT, item 27.

Desse modo, os instrumentos normativos decorrentes de negociação coletiva podem estabelecer a disciplina específica e diferenciada a respeito das mencionadas parcelas (prêmios eventualmente concedidos em programas de incentivo), observadas as previsões imperativas incidentes e a determinação constitucional de melhorias das condições sociais dos trabalhadores.

XV – participação nos lucros ou resultados da empresa.

17. PARTICIPAÇÃO NOS LUCROS OU RESULTADOS

O art. 611-A, inciso XV, da CLT, acrescentado pela Lei 13.467/2017, prevê que a convenção coletiva e o acordo coletivo de trabalho têm prevalência sobre a lei quando dispuserem sobre *participação nos lucros ou resultados da empresa*.

O art. 7.º, inciso XI, da Constituição da República prevê como direito dos trabalhadores a participação nos lucros, ou resultados, *desvinculada da remuneração*.

A Lei 10.101/2000 regula a participação dos trabalhadores nos lucros ou resultados da empresa como instrumento de integração entre o capital e o trabalho e como incentivo à produtividade (art. 1.º).

A participação nos lucros ou resultados deve ser objeto de negociação entre a empresa e seus empregados, mediante um dos procedimentos a seguir descritos, escolhidos pelas partes de comum acordo: I – comissão paritária escolhida pelas partes, integrada, também, por um representante indicado pelo sindicato da respectiva categoria; II – convenção ou acordo coletivo (art. 2.º da Lei 10.101/2000).

Uma vez composta, a comissão paritária de que trata o art. 2.º, inciso I, da Lei 10.101/2000 deve dar ciência por escrito ao ente sindical para que indique seu representante no prazo máximo de 10 dias corridos, findo o qual a comissão pode iniciar e concluir suas tratativas (art. 2.º, § 10, da Lei 10.101/2000, incluído pela Lei 14.020/2020).

Caso a negociação visando à participação nos lucros ou resultados da empresa resulte em impasse, as partes poderão utilizar-se dos seguintes mecanismos de solução do litígio: I – mediação; II – arbitragem de ofertas finais, utilizando-se, no que couber, os termos da Lei 9.307/1996 (art. 4.º da Lei 10.101/2000).

A participação nos lucros ou resultados não substitui ou complementa a remuneração devida a qualquer empregado, nem constitui base de incidência de qualquer encargo trabalhista, não se lhe aplicando o princípio da habitualidade (art. 3.º da Lei 10.101/2000).

Todos os pagamentos efetuados em decorrência de planos de participação nos lucros ou resultados, mantidos espontaneamente pela empresa, poderão ser compensados com as obrigações decorrentes de acordos ou convenções coletivas de trabalho atinentes à participação nos lucros ou resultados (art. 3.º, § 3.º, da Lei 10.101/2000).

É *vedado* o pagamento de qualquer antecipação ou distribuição de valores a título de participação nos lucros ou resultados da empresa em *mais de duas vezes no mesmo ano civil* e em *periodicidade inferior a um trimestre civil* (art. 3.º, § 2.º, da Lei 10.101/2000, com redação dada pela Lei 12.832/2013).

Cf. ainda comentários ao art. 457 da CLT, item 26.

O art. 611-A, inciso XV, da CLT, acrescentado pela Lei 13.467/2017, permite que esse limite de pagamento da participação nos lucros e resultados da empresa seja modificado, desde que por meio de convenção ou acordo coletivo de trabalho.

Isso, entretanto, já é de certa forma admitido pela jurisprudência, como se observa na Orientação Jurisprudencial Transitória 73 da SBDI-I do TST.

Ademais, deve-se observar o princípio da *igualdade* quanto ao pagamento da participação nos lucros ou resultados a ex-empregado de forma proporcional aos meses trabalhados (Súmula 451 do TST).

✦ Jurisprudência

Responsabilidade civil do empregador. Danos morais causados ao empregado. Caracterização. Direito à desconexão. Horas de sobreaviso. Plantões habituais longos e desgastantes. Direito ao lazer assegurado na Constituição e em normas internacionais. Comprometimento diante da ausência de desconexão do trabalho. [...] A precarização de direitos trabalhistas em relação aos trabalhos a distância, pela exclusão do tempo à disposição, em situações corriqueiras relacionadas à permanente conexão por meio do uso da comunicação telemática após o expediente, ou mesmo regimes de plantão, como é o caso do regime de sobreaviso, é uma triste realidade que se avilta na prática judiciária. A exigência para que o empregado esteja conectado por meio de *smartphone*, *notebook* ou BIP, após a jornada de trabalho ordinária, é o que caracteriza ofensa ao direito à desconexão. Isso porque não pode ir a locais distantes, sem sinal telefônico ou internet, ficando privado de sua liberdade para usufruir efetivamente do tempo destinado ao descanso. Com efeito, o excesso de jornada aparece em vários estudos como uma das razões para doenças ocupacionais relacionadas à depressão e ao transtorno de ansiedade, o que leva a crer que essa conexão demasiada contribui, em muito, para que o empregado cada vez mais, fique privado de ter uma vida saudável e prazerosa. [...] Não fossem suficientes as argumentações expostas e a sustentação doutrinária do reconhecimento do direito aludido, há que se acrescentar o arcabouço constitucional que ampara o direito ao lazer, com referência expressa em vários dispositivos, a exemplo dos artigos 6.º; 7.º, IV; 217, § 3.º; e 227. O direito à desconexão certamente ficará comprometido, com a permanente vinculação ao trabalho, se não houver critérios definidos quanto aos limites diários, os quais ficam atrelados à permanente necessidade do serviço. Resultaria, enfim, em descumprimento de direito fundamental e no comprometimento do princípio da máxima efetividade da Carta Maior. Finalmente, a proteção não se limita ao direito interno. Mencionem-se, na mesma linha, diversos diplomas normativos internacionais, que, ou o reconhecem de modo expresso, ou asseguram o direito à limitação do número de horas de trabalho, ora destacados: artigos 4.º do Complemento da Declaração dos Direitos do Homem (elaborado pela Liga dos Direitos do Homem e do Cidadão em 1936); XXIV da Declaração Universal dos Direitos Humanos, de 1948; 7.º do Pacto Internacional Relativo aos Direitos Econômicos, Sociais e Culturais, de 1966; e 7.º, "g" e "h", do Protocolo de San Salvador (Protocolo Adicional à Convenção Interamericana sobre Direitos Humanos em Matéria de Direitos Econômicos, Sociais e Culturais), os dois últimos ratificados pelo Brasil. Nesse contexto, mostra-se incontroversa a conduta antijurídica da empresa que violou direito fundamental decorrente de normas de ordem pública. Os danos causados, pela sua natureza *in re ipsa*, derivam na própria natureza do ato e independem de prova. Presente o nexo de causalidade entre este último e a conduta patronal, está configurado o dever de indenizar. Agravo de instrumento a que se nega provimento (TST, 7.ª T., AIRR 2058-43.2012.5.02.0464, Rel. Min. Cláudio Mascarenhas Brandão, *DEJT* 27.10.2017).

✦ Súmulas, Orientações Jurisprudenciais e Precedentes Normativos

Súmula 451 do TST: Participação nos lucros e resultados. Rescisão contratual anterior à data da distribuição dos lucros. Pagamento proporcional aos meses trabalhados. Princípio da isonomia (conversão da Orientação Jurisprudencial n.º 390 da SBDI-1). Fere o princípio da isonomia instituir vantagem mediante acordo coletivo ou norma regulamentar que condiciona a percepção da parcela participação nos lucros e resultados ao fato de estar o contrato de trabalho em vigor na data prevista para a distribuição dos lucros. Assim, inclusive na rescisão contratual antecipada, é devido o pagamento da parcela de forma proporcional aos meses trabalhados, pois o ex-empregado concorreu para os resultados positivos da empresa.

Orientação Jurisprudencial Transitória 73 da SBDI-I do TST: Volkswagen do Brasil Ltda. Participação nos lucros e resultados. Pagamento mensal em decorrência de norma coletiva. Natureza indenizatória. A despeito da vedação de pagamento em periodicidade inferior a um semestre civil ou mais de duas vezes no ano cível, disposta no art. 3.º, § 2.º, da Lei 10.101, de 19.12.2000, o parcelamento em prestações mensais da participação nos lucros e resultados de janeiro de 1999 a abril de 2000, fixado no acordo coletivo celebrado entre o Sindicato dos Metalúrgicos do ABC e a Volkswagen do Brasil Ltda., não retira a natureza indenizatória da referida verba (art. 7.º, XI, da CF), devendo prevalecer a diretriz constitucional que prestigia a autonomia privada coletiva (art. 7.º, XXVI, da CF).

§ 1.º No exame da convenção coletiva ou do acordo coletivo de trabalho, a Justiça do Trabalho observará o disposto no § 3.º do art. 8.º desta Consolidação.

§ 2.º A inexistência de expressa indicação de contrapartidas recíprocas em convenção coletiva ou acordo coletivo de trabalho não ensejará sua nulidade por não caracterizar um vício do negócio jurídico.

§ 3.º Se for pactuada cláusula que reduza o salário ou a jornada, a convenção coletiva ou o acordo coletivo de trabalho deverão prever a proteção dos empregados contra dispensa imotivada durante o prazo de vigência do instrumento coletivo.

§ 4.º Na hipótese de procedência de ação anulatória de cláusula de convenção coletiva ou de acordo coletivo de trabalho, quando houver a cláusula compensatória, esta deverá ser igualmente anulada, sem repetição do indébito.

§ 5.º Os sindicatos subscritores de convenção coletiva ou de acordo coletivo de trabalho deverão participar, como litisconsortes necessários, em ação individual ou coletiva, que tenha como objeto a anulação de cláusulas desses instrumentos. (incluído pela Lei 13.467/2017).

18. ANULAÇÃO DE CONVENÇÃO E ACORDO COLETIVO DE TRABALHO

O art. 611-A, § 1.º, da CLT, acrescentado pela Lei 13.467/2017, dispõe que, no exame da convenção coletiva ou do acordo coletivo de trabalho, a Justiça do Trabalho deve observar o disposto no § 3.º do art. 8.º da Consolidação das Leis do Trabalho.

Sendo assim, nos termos do mencionado dispositivo legal, no exame de convenção coletiva ou acordo coletivo de trabalho, a Justiça do Trabalho analisará *exclusivamente* a conformidade dos elementos essenciais do negócio jurídico, respeitado o disposto no art. 104

do Código Civil, e balizará sua atuação pelo princípio da intervenção mínima na autonomia da vontade coletiva.

Os *elementos essenciais do negócio jurídico* são a declaração de vontade, as partes, o objeto e a forma[192].

A convenção e o acordo coletivo são negócios jurídicos com eficácia normativa, produzidos em razão do exercício da *autonomia privada coletiva*, a qual é considerada o poder jurídico e social que pode dar origem a normas decorrentes de negociação coletiva de trabalho.

O art. 7.º, inciso XXVI, da Constituição da República assegura o direito ao reconhecimento das convenções e acordos coletivos de trabalho.

Desse modo, aplica-se o art. 104 do Código Civil, ao prever que a validade do negócio jurídico requer: I – agente capaz; II – objeto lícito, possível, determinado ou determinável; III – forma prescrita ou não defesa em lei.

Tendo em vista que um dos elementos essenciais do negócio jurídico normativo em questão é o seu objeto ser lícito, os instrumentos coletivos negociados trabalhistas devem estar em conformidade com preceitos constitucionais e legais de ordem pública.

O art. 611-B da CLT, incluído pela Lei 13.467/2017, prevê que constituem objeto ilícito de convenção coletiva ou de acordo coletivo de trabalho, *exclusivamente*, a supressão ou a redução dos direitos ali arrolados.

O *princípio da intervenção mínima na autonomia da vontade coletiva*, portanto, não afasta a possibilidade de invalidação do acordo ou convenção coletiva pela Justiça do Trabalho, quando desrespeitados os seus requisitos formais e materiais de validade.

Nesse sentido, o art. 83, inciso IV, da Lei Complementar 75/1993 prevê que compete ao Ministério Público do Trabalho, no exercício de suas atribuições junto aos órgãos da Justiça do Trabalho, propor as ações cabíveis para a declaração de nulidade de cláusula de contrato, acordo coletivo ou convenção coletiva que viole as liberdades individuais ou coletivas ou os direitos individuais indisponíveis dos trabalhadores.

Os sindicatos, em certos casos, também têm legitimidade para o ajuizamento da ação em estudo.

Além disso, a invalidade de convenção coletiva ou de acordo coletivo de trabalho pode ser alegada em ação individual ajuizada por um ou mais empregados, como fundamento para o direito postulado em face do empregador.

Assim, defende-se o entendimento de que a Justiça do Trabalho pode examinar a validade da convenção ou do acordo coletivo, tanto na forma como em questões de conteúdo.

Os sindicatos subscritores de convenção coletiva ou de acordo coletivo de trabalho devem participar, como litisconsortes necessários, em *ação individual ou coletiva*, que tenha como objeto a anulação de cláusulas desses instrumentos (art. 611-A, § 5.º, da CLT, acrescentado pela Lei 13.467/2017).

O objeto do processo é o pedido, isto é, a pretensão ou o mérito.

Na realidade, em demanda individual, a parte pode alegar a ilicitude de cláusula de convenção coletiva ou acordo coletivo de trabalho, como causa de pedir, cabendo ao juízo decidir a questão na fundamentação (art. 489, inciso II, do CPC), ou seja, sem fazer coisa julgada (art. 504, inciso I, do CPC).

[192] Cf. RODRIGUES, Silvio. *Direito civil*: parte geral. 28. ed. São Paulo: Saraiva, 1998. v. 1, p. 171.

Evidentemente, a anulação, em si, da cláusula de instrumento normativo negociado, como pedido principal, não pode ser postulada em ação trabalhista individual, de competência da Vara do Trabalho, sem a presença das partes que celebraram o instrumento normativo negociado, por não se confundir com a ação coletiva anulatória.

O art. 611-A, § 2.º, da CLT, incluído pela Lei 13.467/2017, dispõe que a inexistência de *expressa* indicação de contrapartidas recíprocas em convenção coletiva ou acordo coletivo de trabalho não ensejará sua nulidade por não caracterizar um vício do negócio jurídico.

Além disso, se for pactuada cláusula que reduza o salário ou a jornada, a convenção coletiva ou o acordo coletivo de trabalho devem prever a proteção dos empregados contra dispensa imotivada durante o prazo de vigência do instrumento coletivo (art. 611-A, § 3.º, da CLT, acrescentado pela Lei 13.467/2017).

Na hipótese de procedência de ação anulatória de cláusula de convenção coletiva ou de acordo coletivo de trabalho, quando houver a cláusula compensatória, esta deve ser igualmente anulada, *sem* repetição do indébito (art. 611-A, § 4.º, da CLT, incluído pela Lei 13.467/2017).

Com isso, é expressamente afastada a obrigação de restituir o que já foi recebido, inclusive para que se preserve a boa-fé e a segurança jurídica.

Prevalece a *unidade* do instrumento normativo decorrente de negociação coletiva de trabalho.

Nesse sentido, o art. 848 do Código Civil prevê que, sendo nula qualquer das cláusulas da transação, nula será esta. Essa regra, entretanto, não é absoluta, pois quando a transação versar sobre diversos direitos contestados (ou seja, controvertidos), *independentes entre si*, o fato de não prevalecer em relação a um não prejudicará os demais (art. 848, parágrafo único, do Código Civil).

✦ Jurisprudência

Ação anulatória ajuizada por terceiro interessado. Nulidade de cláusula de convenção coletiva de trabalho. Ente sindical não subscrevente da norma coletiva, mas que se sente prejudicado em sua esfera jurídica, em decorrência do instrumento convencionado. 1. Ilegitimidade ativa *ad causam*. Nos termos do art. 83, III e IV, da Lei Complementar n.º 75/1993, compete ao Ministério Público do Trabalho o ajuizamento de ações anulatórias de cláusulas, acordos ou convenções coletivas de trabalho. Todavia, esta Seção Especializada tem entendido que, excepcionalmente, essa competência se estende aos entes sindicais subscreventes dos instrumentos pactuados (ou às empresas nos casos de acordo coletivo de trabalho), quando demonstrado vício de vontade ou alguma das irregularidades descritas no art. 166 do Código Civil, ou aos sindicatos representantes das categorias econômicas e/ou profissionais, que não subscreveram a norma coletiva, mas que se sintam prejudicados em sua esfera jurídica, em decorrência do instrumento pactuado (Precedentes). No caso em tela, constata-se haver estreita relação entre o Sindicato autor e o direito material deduzido em juízo, uma vez que reivindica a representação de parte da categoria profissional abrangida pelas convenções coletivas de trabalho impugnadas, objetivando tutelar os interesses de seus representados, o que torna inquestionável a sua legitimidade, nos termos da jurisprudência desta Seção Especializada (TST, SDC, RO 80133-87.2015.5.07.0000, Rel. Min. Dora Maria da Costa, *DEJT* 19.05.2017).

Inconstitucionalidade. Ação direta. Art. 9.º da Medida Provisória n.º 2.164-41/2001. Introdução do art. 29-C na Lei n.º 8.036/1990. Edição de medida provisória. Sucumbência. Honorários advocatícios. Ações entre FGTS e titulares de contas vinculadas. Inexistência de relevância e de urgência. Matéria, ademais, típica de direito processual. Competência exclusiva do Poder Legislativo. Ofensa aos arts. 22, inc. I, e 62, *caput*, da CF. Precedentes. Ação julgada procedente. É inconstitucional a medida provisória que, alterando lei, suprime condenação em honorários advocatícios, por sucumbência, nas ações entre o Fundo de Garantia por Tempo de Serviço (FGTS) e titulares de contas vinculadas, bem como naquelas em que figurem os respectivos representantes ou substitutos processuais (STF, Pleno, ADI 2.736/DF, Rel. Min. Cezar Peluso, *DJe* 29.03.2011).

Art. 611-B. Constituem objeto ilícito de convenção coletiva ou de acordo coletivo de trabalho, exclusivamente, a supressão ou a redução dos seguintes direitos:

I – normas de identificação profissional, inclusive as anotações na Carteira de Trabalho e Previdência Social;

II – seguro-desemprego, em caso de desemprego involuntário;

III – valor dos depósitos mensais e da indenização rescisória do Fundo de Garantia do Tempo de Serviço (FGTS);

IV – salário mínimo;

V – valor nominal do décimo terceiro salário;

VI – remuneração do trabalho noturno superior à do diurno;

VII – proteção do salário na forma da lei, constituindo crime sua retenção dolosa;

VIII – salário-família;

IX – repouso semanal remunerado;

X – remuneração do serviço extraordinário superior, no mínimo, em 50% (cinquenta por cento) à do normal;

XI – número de dias de férias devidas ao empregado;

XII – gozo de férias anuais remuneradas com, pelo menos, um terço a mais do que o salário normal;

XIII – licença-maternidade com a duração mínima de cento e vinte dias;

XIV – licença-paternidade nos termos fixados em lei;

XV – proteção do mercado de trabalho da mulher, mediante incentivos específicos, nos termos da lei;

XVI – aviso prévio proporcional ao tempo de serviço, sendo no mínimo de trinta dias, nos termos da lei;

XVII – normas de saúde, higiene e segurança do trabalho previstas em lei ou em normas regulamentadoras do Ministério do Trabalho;

XVIII – adicional de remuneração para as atividades penosas, insalubres ou perigosas;

XIX – aposentadoria;

XX – seguro contra acidentes de trabalho, a cargo do empregador;

XXI – ação, quanto aos créditos resultantes das relações de trabalho, com prazo prescricional de cinco anos para os trabalhadores urbanos e rurais, até o limite de dois anos após a extinção do contrato de trabalho;

XXII – proibição de qualquer discriminação no tocante a salário e critérios de admissão do trabalhador com deficiência;

XXIII – proibição de trabalho noturno, perigoso ou insalubre a menores de dezoito anos e de qualquer trabalho a menores de dezesseis anos, salvo na condição de aprendiz, a partir de quatorze anos;

XXIV – medidas de proteção legal de crianças e adolescentes;

XXV – igualdade de direitos entre o trabalhador com vínculo empregatício permanente e o trabalhador avulso;

XXVI – liberdade de associação profissional ou sindical do trabalhador, inclusive o direito de não sofrer, sem sua expressa e prévia anuência, qualquer cobrança ou desconto salarial estabelecidos em convenção coletiva ou acordo coletivo de trabalho;

XXVII – direito de greve, competindo aos trabalhadores decidir sobre a oportunidade de exercê-lo e sobre os interesses que devam por meio dele defender;

XXVIII – definição legal sobre os serviços ou atividades essenciais e disposições legais sobre o atendimento das necessidades inadiáveis da comunidade em caso de greve;

XXIX – tributos e outros créditos de terceiros;

XXX – as disposições previstas nos arts. 373-A, 390, 392, 392-A, 394, 394-A, 395, 396 e 400 desta Consolidação.

Parágrafo único. Regras sobre duração do trabalho e intervalos não são consideradas como normas de saúde, higiene e segurança do trabalho para os fins do disposto neste artigo.

1. OBJETO ILÍCITO DE CONVENÇÃO E ACORDO COLETIVO DE TRABALHO

O art. 611-B da CLT, acrescentado pela Lei 13.467/2017, dispõe que constituem objeto ilícito de convenção coletiva ou de acordo coletivo de trabalho, *exclusivamente*, a supressão ou a redução dos seguintes direitos:

I – normas de identificação profissional, inclusive as anotações na Carteira de Trabalho e Previdência Social;

II – seguro-desemprego, em caso de desemprego involuntário;

III – valor dos depósitos mensais e da indenização rescisória do Fundo de Garantia do Tempo de Serviço (FGTS);

IV – salário mínimo;

V – valor nominal do décimo terceiro salário;

VI – remuneração do trabalho noturno superior à do diurno;

VII – proteção do salário na forma da lei, constituindo crime sua retenção dolosa;

VIII – salário-família;

IX – repouso semanal remunerado;

X – remuneração do serviço extraordinário superior, no mínimo, em 50% (cinquenta por cento) à do normal;

XI – número de dias de férias devidas ao empregado;

XII – gozo de férias anuais remuneradas com, pelo menos, um terço a mais do que o salário normal;

XIII – licença-maternidade com a duração mínima de cento e vinte dias;

XIV – licença-paternidade nos termos fixados em lei;

XV – proteção do mercado de trabalho da mulher, mediante incentivos específicos, nos termos da lei;

XVI – aviso prévio proporcional ao tempo de serviço, sendo no mínimo de trinta dias, nos termos da lei;

XVII – normas de saúde, higiene e segurança do trabalho previstas em lei ou em normas regulamentadoras do Ministério do Trabalho;

XVIII – adicional de remuneração para as atividades penosas, insalubres ou perigosas;

XIX – aposentadoria;

XX – seguro contra acidentes de trabalho, a cargo do empregador;

XXI – ação, quanto aos créditos resultantes das relações de trabalho, com prazo prescricional de cinco anos para os trabalhadores urbanos e rurais, até o limite de dois anos após a extinção do contrato de trabalho;

XXII – proibição de qualquer discriminação no tocante a salário e critérios de admissão do trabalhador com deficiência;

XXIII – proibição de trabalho noturno, perigoso ou insalubre a menores de dezoito anos e de qualquer trabalho a menores de dezesseis anos, salvo na condição de aprendiz, a partir de quatorze anos;

XXIV – medidas de proteção legal de crianças e adolescentes;

XXV – igualdade de direitos entre o trabalhador com vínculo empregatício permanente e o trabalhador avulso;

XXVI – liberdade de associação profissional ou sindical do trabalhador, inclusive o direito de não sofrer, sem sua expressa e prévia anuência, qualquer cobrança ou desconto salarial estabelecidos em convenção coletiva ou acordo coletivo de trabalho;

XXVII – direito de greve, competindo aos trabalhadores decidir sobre a oportunidade de exercê-lo e sobre os interesses que devam por meio dele defender;

XXVIII – definição legal sobre os serviços ou atividades essenciais e disposições legais sobre o atendimento das necessidades inadiáveis da comunidade em caso de greve;

XXIX – tributos e outros créditos de terceiros;

XXX – as disposições previstas nos arts. 373-A, 390, 392, 392-A, 394, 394-A, 395, 396 e 400 da Consolidação das Leis do Trabalho (sobre proteção do trabalho da mulher).

Os mencionados direitos não podem ser suprimidos nem reduzidos por meio de convenção coletiva ou de acordo coletivo de trabalho, sob pena de o seu objeto ser considerado ilícito e, em razão disso, nulo.

Efetivamente, conforme o art. 166, inciso II, do Código Civil, é nulo o negócio jurídico quando for *ilícito*, impossível ou indeterminável *o seu objeto*.

Essa nulidade faz com que a norma coletiva negociada não seja válida e, assim, não produza efeitos.

Observa-se que os direitos arrolados são assegurados na Constituição da República e em normas de ordem pública.

Logo, por serem indisponíveis, evidentemente, não poderiam ser excluídos nem reduzidos por meio de negociação coletiva de trabalho. Cf. ainda os comentários ao art. 611-A da CLT, item 2.

Além disso, os mencionados direitos apresentam evidente natureza cogente, o que confirma a impossibilidade de sua exclusão ou redução por meio de convenção coletiva ou acordo coletivo de trabalho.

A previsão literal do art. 611-B da CLT parece indicar que o referido rol de matérias seria taxativo.

Não obstante, deve prevalecer a interpretação sistemática do ordenamento jurídico, em consonância com as normas constitucionais.

Desse modo, se outros direitos imperativos, assegurados em normas de ordem pública, forem objeto de supressão ou redução em convenção coletiva e acordo coletivo de trabalho, em desacordo com os preceitos constitucionais e de Direito Internacional, a invalidade deve ser reconhecida.

Ou seja, embora o objeto ilícito, para os fins do art. 611-B da CLT, ocorra quando há a supressão ou a redução exclusivamente dos direitos ali arrolados, a interpretação do dispositivo em consonância com as normas constitucionais revela que, se houver violação de outros direitos humanos e fundamentais, bem como em desacordo com a Constituição, que é a norma fundamental, a invalidade também deve ser reconhecida.

Cabe frisar que os direitos e garantias expressos na Constituição não excluem outros decorrentes do regime e dos princípios por ela adotados, ou dos *tratados internacionais* em que a República Federativa do Brasil seja parte (art. 5.º, § 2.º, da Constituição Federal de 1988).

Os tratados e convenções internacionais sobre direitos humanos que forem aprovados, em cada Casa do Congresso Nacional, em dois turnos, por 3/5 dos votos dos respectivos membros, serão equivalentes às emendas constitucionais (art. 5.º, § 3.º, da Constituição da República, incluído pela Emenda Constitucional 45/2004).

Exemplificando, se houver violação da liberdade fundamental de consciência e de crença (art. 5.º, inciso VI, da Constituição Federal de 1988) em convenção coletiva ou acordo coletivo de trabalho, a respectiva cláusula, evidentemente, deve ser declarada nula.

O parágrafo único do art. 611-B da CLT, acrescentado pela Lei 13.467/2017, estabelece que as regras sobre duração do trabalho e intervalos não são consideradas como normas de saúde, higiene e segurança do trabalho para os fins do disposto no art. 611-B da CLT.

Entretanto, a verdade é que as normas jurídicas sobre duração do trabalho e intervalos são, por natureza e essência, de ordem pública, pois há interesse social na sua limitação, em proteção da saúde, da segurança e da vida do trabalhador, com o objetivo de preservar e concretizar a sua dignidade como pessoa.

A respeito do tema, o art. 7.º, inciso XXII, da Constituição da República prevê como direito dos trabalhadores urbanos e rurais a redução dos riscos inerentes ao trabalho, por meio de *normas de saúde, higiene e segurança*.

Assim, cabe ao Ministério do Trabalho estabelecer disposições complementares às normas de que trata o Capítulo V, do Título II, da CLT, sobre *segurança e medicina do trabalho*, tendo em vista as peculiaridades de cada atividade ou setor de trabalho, especialmente sobre as matérias previstas no art. 200 da CLT.

Art. 612. Os Sindicatos só poderão celebrar Convenções ou Acordos Coletivos de Trabalho, por deliberação de Assembleia Geral especialmente convocada para esse fim, consoante o disposto nos respectivos Estatutos, dependendo a validade da mesma do comparecimento e votação, em primeira convocação, de 2/3 (dois terços) dos associados da entidade, se se tratar de Convenção, e dos interessados, no caso de Acordo, e, em segunda, de 1/3 (um terço) dos mesmos.

Parágrafo único. O quorum de comparecimento e votação será de 1/8 (um oitavo) dos associados em segunda convocação, nas entidades sindicais que tenham mais de 5.000 (cinco mil) associados.

1. *QUORUM* PARA CELEBRAR CONVENÇÃO OU ACORDO COLETIVO DE TRABALHO

O dispositivo em questão disciplina o *quorum* necessário para a celebração de convenção ou acordo coletivo de trabalho.

Há entendimento no sentido de que o mencionado dispositivo permanece em vigor, por se tratar de previsão legal, em harmonia com o princípio da legalidade (art. 5.º, inciso II, da Constituição da República). Segundo essa corrente de pensamento, o art. 612 da CLT não estabelece nenhuma interferência do Poder Público, entendido como Poder Executivo, nas entidades sindicais[193].

Entretanto, existe entendimento de que o mencionado *quorum* deve ser fixado no estatuto do sindicato, tendo em vista o princípio da liberdade sindical, e por serem vedadas a intervenção e a interferência do Poder Público na organização sindical (art. 8.º, *caput* e inciso I, da Constituição Federal de 1988).

A Lei 7.783/1989, que dispõe sobre o exercício do direito de greve, no art. 4.º, § 1.º, estabelece que o "estatuto da entidade sindical deverá prever as formalidades de convocação e o *quorum* para a deliberação, tanto da deflagração quanto da cessação da greve".

A Orientação Jurisprudencial 13 da Seção de Dissídios Coletivos do TST, *a qual foi cancelada*, assim dispunha: "Legitimação da entidade sindical. Assembleia deliberativa. *Quorum* de validade. Art. 612 da CLT (cancelada) – *DJ* 24.11.2003. Mesmo após a promulgação da Constituição Federal de 1988, subordina-se a validade da assembleia de trabalhadores que legitima a atuação da entidade sindical respectiva em favor de seus interesses à observância do *quorum* estabelecido no art. 612 da CLT".

O cancelamento da mencionada Orientação Jurisprudencial fortaleceu o entendimento de que a fixação do *quorum* da assembleia sindical, para a celebração de convenção e acordo coletivos, deve ser feita pelo estatuto das entidades sindicais.

✦ Jurisprudência

Embargos. Acórdão publicado posteriormente à vigência da Lei 11.496/2007. Turnos ininterruptos de revezamento. Elastecimento da jornada de trabalho. Negociação coletiva. Vício formal. Art. 612 da CLT. Ausência de Assembleia Geral. Horas extras. Devidas. 1. Nos termos da Súmula 423 do TST, é válida a estipulação de jornada até oito horas em turnos ininterruptos de revezamento, desde que autorizada por meio de regular negociação coletiva. 2. No caso vertente, o acórdão embargado noticiou que os acordos coletivos dos autos visando ao elastecimento da jornada não foram precedidos de assembleia, em desatenção ao art. 612 da CLT. 3. A jurisprudência do Eg. TST, interpretando o referido dispositivo, orienta no sentido da nulidade do instrumento normativo se não observadas as formalidades ali previstas. Precedentes da SDC e da SBDI-1. 4. Assim, são devidas as horas extras deferidas pelo acórdão regional, porquanto os instrumentos coletivos dos autos padecem de vício formal. Embargos conhecidos e providos (TST, SBDI-I, E-ED-RR 3145600-19.1999.5.09.0015, Rel. Min. Maria Cristina Irigoyen Peduzzi, j. 03.02.2011, *DEJT* 11.02.2011).

✦ Súmulas, Orientações Jurisprudenciais e Precedentes Normativos

Orientação Jurisprudencial 8 da SDC do TST: Dissídio coletivo. Pauta reivindicatória não registrada em ata. Causa de extinção. A ata da assembleia de trabalhadores que legitima a atuação da entidade sindical respectiva em favor de seus interesses deve registrar, obrigatoriamente, a pauta reivindicatória, produto da vontade expressa da categoria.

Orientação Jurisprudencial 29 da SDC do TST: Edital de convocação e ata da assembleia geral. Requisitos essenciais para instauração de dissídio coletivo. O edital de convocação da categoria e a respectiva ata da AGT constituem peças essenciais à instauração do processo de dissídio coletivo.

Orientação Jurisprudencial 35 da SDC do TST: Edital de convocação da AGT. Disposição estatutária específica. Prazo mínimo entre a publicação e a realização da assembleia. Observância obrigatória. Se os estatutos da entidade sindical contam com norma específica que estabeleça prazo mínimo entre a data de publicação do edital

193 Cf. MARTINS, Sergio Pinto. *Comentários à CLT*. 12. ed. São Paulo: Atlas, 2008. p. 655.

convocatório e a realização da assembleia correspondente, então a validade desta última depende da observância desse interregno.

Art. 613. As Convenções e os Acordos deverão conter obrigatoriamente:

I – Designação dos Sindicatos convenentes ou dos Sindicatos e empresas acordantes;

II – Prazo de vigência;

III – Categorias ou classes de trabalhadores abrangidas pelos respectivos dispositivos;

IV – Condições ajustadas para reger as relações individuais de trabalho durante sua vigência;

V – Normas para a conciliação das divergências sugeridas entre os convenentes por motivos da aplicação de seus dispositivos;

VI – Disposições sobre o processo de sua prorrogação e de revisão total ou parcial de seus dispositivos;

VII – Direitos e deveres dos empregados e empresas;

VIII – Penalidades para os Sindicatos convenentes, os empregados e as empresas em caso de violação de seus dispositivos.

Parágrafo único. As convenções e os Acordos serão celebrados por escrito, sem emendas nem rasuras, em tantas vias quantos forem os Sindicatos convenentes ou as empresas acordantes, além de uma destinada a registro.

1. CONTEÚDO DAS CLÁUSULAS

O art. 613 da CLT prevê as matérias a serem consideradas em convenções e acordos coletivos, em rol não exaustivo, mas meramente exemplificativo.

Quanto à forma, conforme o art. 613, parágrafo único, da CLT, as convenções e os acordos coletivos devem ser celebrados por escrito, sem emendas nem rasuras, em tantas vias quantos forem os sindicatos convenentes ou as empresas acordantes, além de uma destinada a registro.

Art. 614. Os Sindicatos convenentes ou as empresas acordantes promoverão, conjunta ou separadamente, dentro de 8 (oito) dias da assinatura da Convenção ou Acordo, o depósito de uma via do mesmo, para fins de registro e arquivo, no Departamento Nacional do Trabalho, em se tratando de instrumento de caráter nacional ou interestadual, ou nos órgãos regionais do Ministério do Trabalho e Previdência Social, nos demais casos.

§ 1.º As Convenções e os Acordos entrarão em vigor 3 (três) dias após a data da entrega dos mesmos no órgão referido neste artigo.

§ 2.º Cópias autênticas das Convenções e dos Acordos deverão ser afixados de modo visível, pelos Sindicatos convenentes, nas respectivas sedes e nos estabelecimentos das empresas compreendidas no seu campo de aplicação, dentro de 5 (cinco) dias da data do depósito previsto neste artigo.

§ 3.º Não será permitido estipular duração de convenção coletiva ou acordo coletivo de trabalho superior a dois anos, sendo vedada a ultratividade.

1. CONDIÇÕES DE VALIDADE E ENTRADA EM VIGOR

A Consolidação das Leis do Trabalho prevê um procedimento formal para a validade, publicidade, eficácia e entrada em vigor das normas coletivas resultantes da negociação coletiva.

Em razão do princípio da liberdade sindical, adotado pela Constituição Federal de 1988 (ainda que com restrições), é possível o posicionamento de que as mencionadas regras da CLT, por estabelecerem o procedimento de depósito do instrumento normativo no órgão do Ministério do Trabalho, não teriam sido recepcionadas em face do art. 8.º, inciso I, da Lei Maior.

Em sentido semelhante, registre-se o entendimento de que, após a Constituição Federal de 1988, a exigência de depósito das convenções e acordos coletivos no órgão do Ministério do Trabalho (art. 614 da CLT) apenas tem como finalidade conferir *publicidade* aos referidos instrumentos normativos negociados, para conhecimento de terceiros interessados. Assim, mesmo sem esse depósito (de natureza administrativa), a norma coletiva é válida e eficaz entre as próprias partes que a firmaram. Nessa linha, cabe mencionar decisão da SBDI-I do TST: E-RR 1086/2001-014-09-00.0, Redator Min. Vieira de Mello Filho, m.v., *DJ* 07.12.2007.

No entanto, pode-se defender que as regras em questão, presentes na CLT, não representam interferência ou intervenção do Estado no ente sindical, pois suas previsões não deixam a critério do Ministério do Trabalho a possibilidade de depósito, validade, eficácia e entrada em vigor dos acordos e convenções coletivas de trabalho.

2. DEPÓSITO DO INSTRUMENTO NORMATIVO

Como se nota da redação do art. 614 da CLT, a Delegacia Regional do Trabalho (atualmente denominada Superintendência Regional do Trabalho) não detém o poder de impor alterações quanto ao conteúdo da norma coletiva negociada, tratando-se de ato administrativo vinculado.

O registro de instrumentos coletivos de trabalho (convenção coletiva, acordos coletivos e respectivos termos aditivos) é disciplinado nos arts. 291 a 303 da Portaria 671/2021 do Ministério do Trabalho e Previdência.

O registro dos instrumentos coletivos de trabalho deve ser efetuado por meio do portal gov.br, observados os requisitos formais e de legitimidade previstos nos arts. 611 a 625 da CLT (art. 292 da Portaria 671/2021 do Ministério do Trabalho e Previdência).

Para o deferimento do registro, a solicitação deve estar acompanhada da cópia da ata da assembleia que aprovou o respectivo instrumento (art. 296 da Portaria 671/2021 do Ministério do Trabalho e Previdência).

As notificações relacionadas à solicitação de registro do instrumento coletivo de trabalho são feitas eletronicamente, sendo de responsabilidade das partes o acompanhamento por meio do portal gov.br (art. 297 da Portaria 671/2021 do Ministério do Trabalho e Previdência).

Após o protocolo, as solicitações de registro de instrumento coletivo de trabalho são passíveis de retificação nas situações previstas no art. 299 da Portaria 671/2021 do Ministério do Trabalho e Previdência.

Das decisões administrativas denegatórias de registro cabe recurso administrativo, no prazo de 10 dias, a contar da notificação da referida decisão (art. 301 da Portaria 671/2021 do Ministério do Trabalho e Previdência).

Os instrumentos coletivos registrados ficam disponíveis para consulta de qualquer interessado no portal gov.br (art. 303 da Portaria 671/2021 do Ministério do Trabalho e Previdência).

Portanto, a análise no âmbito do Ministério do Trabalho refere-se, em essência, aos aspectos formais do instrumento normativo, não podendo ser vista como possibilidade de o próprio Poder Executivo *impor* alterações em instrumentos normativos negociados, sob pena de violação do art. 8.º, inciso I, parte final, da Constituição Federal de 1988.

Como bem destaca José Cláudio Monteiro de Brito Filho: "Continua o registro tendo natureza receptícia [...]; e, persiste o controle das cláusulas dos contratos coletivos pelo Ministério Público do Trabalho"[194]. Nesse sentido, cabe destacar o art. 83, inciso IV, da Lei Complementar 75/1993, ao prever a competência do Ministério Público do Trabalho para "propor as ações cabíveis para declaração de nulidade de cláusula de contrato, acordo coletivo ou convenção coletiva que viole as liberdades individuais ou coletivas ou os direitos individuais indisponíveis dos trabalhadores".

As convenções e os acordos coletivos entram em vigor três dias após a data da entrega deles no órgão competente do Ministério do Trabalho (art. 614, § 1.º, da CLT).

Sobre o prazo de vigência dos acordos e das convenções coletivas, cf. Orientação Jurisprudencial 322 da SBDI-I do TST.

3. INCORPORAÇÃO DOS INSTRUMENTOS NORMATIVOS AO CONTRATO INDIVIDUAL DE TRABALHO

Cabe analisar o tema da incorporação, ou não, das cláusulas dos instrumentos normativos nos contratos individuais de trabalho.

A primeira corrente entende que as cláusulas das referidas normas coletivas integram os contratos individuais de trabalho. Desse modo, os direitos ali previstos não podem ser suprimidos, sob pena de violação do princípio da condição mais favorável, inclusive em razão da previsão do art. 468 da CLT.

Anteriormente, a Lei 8.542, de 23 de dezembro de 1992, chegou a seguir esse entendimento, em seu art. 1.º, §§ 1.º e 2.º:

> § 1.º As cláusulas dos acordos, convenções ou contratos coletivos de trabalho integram os contratos individuais de trabalho e somente poderão ser reduzidas ou suprimidas por posterior acordo, convenção ou contrato coletivo de trabalho.
>
> § 2.º As condições de trabalho, bem como as cláusulas salariais, inclusive os aumentos reais, ganhos de produtividade do trabalho e pisos salariais proporcionais à extensão e à complexidade do trabalho, serão fixados em contrato, convenção ou acordo coletivo de trabalho, laudo arbitral ou sentença normativa, observadas dentre outros fatores, a produtividade e a lucratividade do setor ou da empresa.

No entanto, referida previsão foi revogada pela Medida Provisória 1.053, de 30 de junho de 1995, reeditada diversas vezes, tendo sido revogada, de forma definitiva, pela Lei 10.192, de 14 de fevereiro de 2001.

[194] BRITO FILHO, José Cláudio Monteiro de. *Direito sindical*. 2. ed. São Paulo: LTr, 2007. p. 188.

Desse modo, pode-se entender que as "cláusulas das normas coletivas incorporam-se aos contratos individuais de trabalho desde 24 de dezembro de 1992 até 30 de junho de 1995"[195].

A segunda corrente de entendimento é intermediária, defendendo que os direitos previstos nas normas coletivas negociadas devem ser mantidos até que outro instrumento normativo seja pactuado, ainda que ultrapassado o seu prazo, que é limitado, de vigência no tempo. O aspecto positivo dessa corrente está em fomentar a prática da negociação coletiva, ao mesmo tempo em que não torna imutáveis as regras que regem as relações de trabalho.

A terceira corrente defende que as cláusulas das normas coletivas não se incorporam ao contrato individual de trabalho, pois aquelas possuem vigência temporária, não se confundindo, ainda, com as condições de trabalho decorrentes do contrato individual de labor ou do regulamento de empresa, afastando a aplicação do princípio da condição mais benéfica, bem como a incidência do art. 468 da CLT.

Na realidade, a tese da incorporação das cláusulas da norma coletiva negociada nos contratos individuais de trabalho apresenta, como aspecto negativo, o desestímulo à negociação coletiva. Havendo a referida integração definitiva, os empregadores podem evitar a concessão de direitos à categoria profissional, temendo o futuro, por não saber se podem permanecer concedendo-os indefinidamente.

O art. 613, inciso II, da CLT determina que as convenções e os acordos coletivos de trabalho devem conter obrigatoriamente o prazo de vigência.

Apesar da eficácia limitada no tempo das convenções e acordos coletivos de trabalho, discute-se a respeito da possibilidade de suas cláusulas normativas produzirem efeitos após o término de vigência do instrumento normativo.

Versando sobre a matéria, a Súmula 277 do Tribunal Superior do Trabalho, em sua redação original, aprovada pela Resolução 10/1988 e mantida pela Resolução 121/2003, assim previa:

> Sentença normativa. Vigência. Repercussão nos contratos de trabalho. As condições de trabalho alcançadas por força de sentença normativa vigoram no prazo assinado, não integrando, de forma definitiva, os contratos.

A referida Súmula teve a sua redação alterada pela Resolução 161/2009 do TST, passando a dispor do seguinte modo:

> Sentença normativa. Convenção ou acordo coletivos. Vigência. Repercussão nos contratos de trabalho. I – As condições de trabalho alcançadas por força de sentença normativa, convenção ou acordos coletivos vigoram no prazo assinado, não integrando, de forma definitiva, os contratos individuais de trabalho. II – Ressalva-se da regra enunciado no item I o período compreendido entre 23.12.1992 e 28.07.1995, em que vigorou a Lei n.º 8.542, revogada pela Medida Provisória n.º 1.709, convertida na Lei n.º 10.192, de 14.02.2001.

Prosseguindo no histórico da Súmula 277 do TST, a posterior redação assim estabelece:

> Convenção coletiva de trabalho ou acordo coletivo de trabalho. Eficácia. Ultratividade (redação alterada na sessão do Tribunal Pleno realizada em 14.09.2012) – Res. 185/2012 – *DEJT* divulgado em 25, 26 e 27.09.2012. As cláusulas normativas dos acordos coletivos ou

195 MARTINS, Sergio Pinto. *Direito do trabalho*. 22. ed. São Paulo: Atlas, 2006. p. 818.

convenções coletivas integram os contratos individuais de trabalho e somente poderão ser modificadas ou suprimidas mediante negociação coletiva de trabalho.

Questiona-se, entretanto, a respeito do fundamento legal e constitucional para a integração das cláusulas normativas de convenções e acordos coletivos aos contratos individuais de trabalho, no caso, até a sua modificação ou supressão decorrente de futura norma coletiva negociada.

É importante registrar que o art. 468 da Consolidação das Leis do Trabalho não tem aplicação quanto à questão, uma vez que trata de direitos pactuados no âmbito do contrato individual de trabalho, isto é, entre empregado e empregador.

Desse modo, não há pertinência entre o referido preceito legal e as relações coletivas de trabalho, mais especificamente quanto às cláusulas estabelecidas por meio de negociação coletiva de trabalho.

Frise-se que os direitos adquiridos pelo empregado, por ter preenchido os requisitos previstos na norma coletiva durante a sua vigência, devem ser preservados, com fundamento no art. 5.º, inciso XXXVI, da Constituição Federal de 1988.

Se a cláusula da norma coletiva prevê certo direito, a ser adquirido se presentes determinados requisitos, uma vez sendo eles preenchidos pelo empregado na vigência do instrumento normativo, deve-se considerar adquirido o mencionado direito. Confirma o exposto a Orientação Jurisprudencial 41 da SBDI-I do TST.

Portanto, mesmo se for seguida a tese da não integração das normas coletivas nos contratos individuais de trabalho, entende-se que certas questões devem ser interpretadas com bom senso e razoabilidade.

Assim, por exemplo, tratando-se de piso da categoria, mesmo depois do término da vigência da norma coletiva que o previa, não se admite a redução salarial (art. 7.º, inciso VI, da Constituição da República), permanecendo devido o patamar mínimo de salário estabelecido.

Situação diferenciada e excepcional ocorre quando a própria norma coletiva decorrente de negociação coletiva (convenção ou acordo coletivo de trabalho), além de prever certo direito trabalhista aos empregados, assegura expressamente que referido direito passe a integrar de modo definitivo os contratos individuais de trabalho em vigor.

Seria possível defender o entendimento de que a previsão normativa em destaque é válida e eficaz, tendo em vista, inclusive, o princípio da norma mais benéfica. Desse modo, embora a regra fosse no sentido de que o direito previsto na norma coletiva não integra definitivamente o contrato individual de trabalho, havendo norma mais benéfica em sentido diverso, estabelecendo que o direito deva ser integrado de modo definitivo no âmbito das relações individuais de emprego, a mencionada disposição mais favorável, decorrente de negociação coletiva, deve prevalecer e ser aplicada, na forma do art. 7.º, *caput*, e inciso XXVI, da Constituição Federal de 1988. O fato de a cláusula de incorporação definitiva do direito ao contrato de trabalho não ter sido renovada (nas normas coletivas posteriores) apenas significa que a sua disposição não tem como abranger os empregados admitidos posteriormente à sua vigência (TST, SBDI-I, E-ED-RR 31609-2002-900-24-00.3, Rel. Min. Maria Cristina Irigoyen Peduzzi, j. 22.10.2007), mas devendo ser observada quanto aos trabalhadores com vínculo de emprego em vigor na época da previsão normativa mais benéfica. Cf. ainda TST, SBDI-I, E-RR 756388/2001.7, Rel. Min. Carlos Alberto Reis de Paula, *DJU* 03.08.2007.

O art. 114, § 2.º, da Constituição da República, com redação dada pela Emenda Constitucional 45/2004, dispõe que no dissídio coletivo de natureza econômica a Justiça do Trabalho pode decidir o conflito, devendo ser respeitadas as disposições mínimas legais de proteção ao trabalho, *bem como as convencionadas anteriormente*.

Desse modo, há entendimento no sentido de que as cláusulas normativas de convenções e acordos coletivos de trabalho possuem eficácia no tempo mesmo após o prazo de vigência, isto é, *ultratividade*.

O art. 114, § 2.º, da Constituição da República, mesmo na redação decorrente da Emenda Constitucional 45/2004, não prevê expressamente que os direitos previstos em convenções e acordos coletivos integram os contratos individuais de trabalho.

O dispositivo constitucional apenas determina, como parâmetro a ser seguido pela sentença normativa, que devem ser respeitadas as condições de trabalho convencionadas anteriormente.

Em verdade, a interpretação do art. 114, § 2.º, da Constituição Federal de 1988 pode revelar que as disposições pactuadas por meio de negociação coletiva não se incorporam aos contratos de trabalho, pois, caso isso já ocorresse, não haveria motivo para se estabelecer a referida determinação direcionada ao julgamento dos dissídios coletivos.

Essa conclusão também seria confirmada pela eficácia no tempo das convenções e acordos coletivos, sabendo-se que a sua vigência deve respeitar o limite de dois anos, conforme os arts. 613, inciso II, e 614, § 3.º, da CLT.

Ademais, o § 1.º do art. 1.º da Lei 8.542/1992, que previa a integração dos acordos coletivos e das convenções coletivas aos contratos individuais de trabalho, foi expressamente revogado pela Lei 10.192/2001.

A lei já revogada, assim, não pode ser restaurada pela jurisprudência, por se tratar de matéria situada fora do alcance da jurisdição, a qual deve respeitar as normas legais e constitucionais em vigor, não tendo legitimidade democrática para inovar em matéria legislativa.

Se o dispositivo que previa a integração das cláusulas normativas de acordos coletivos e convenções coletivas não mais vigora, os referidos instrumentos normativos negociados, por terem vigência limitada no tempo, em princípio, salvo disposição em sentido diverso, não integram os contratos individuais de trabalho, como inclusive estabelecia a redação anterior da Súmula 277 do TST.

Interessante notar que a modificação do entendimento jurisprudencial do TST não foi antecedida de alteração constitucional ou legislativa que a justificasse, não havendo indicação de precedentes que fundamentaram a posterior redação da Súmula 277.

Justamente nesse contexto, no Supremo Tribunal Federal, em medida cautelar em arguição de descumprimento de preceito fundamental, foi determinada *ad referendum* do Pleno "a suspensão de todos os processos em curso e dos efeitos de decisões judiciais proferidas no âmbito da Justiça do Trabalho que versem sobre a aplicação da ultratividade de normas de acordos e de convenções coletivas, sem prejuízo do término de sua fase instrutória, bem como das execuções já iniciadas" (STF, ADPF-MC 323/DF, Rel. Min. Gilmar Mendes, decisão monocrática, j. 14.10.2016).

Conforme os termos dessa decisão, "ao passar a determinar a vigência de cláusulas coletivas a momento posterior à eficácia do instrumento no qual acordadas, a Justiça Trabalhista, além de violar os princípios da separação dos Poderes e da legalidade, nos termos indicados na inicial, também ofende a supremacia dos acordos e das convenções coletivas (art. 7.º, inciso XXVI, CF), outro flagrante preceito fundamental que deve ser igualmente resguardado".

Foi também registrado que, "cessados os efeitos da norma acordada, as relações seguem regidas pelas demais disposições que compõem a legislação trabalhista, algumas até então afastadas por acordo ou convenção coletiva em questão. Não há, rigorosamente, anomia". Asseverou-se, ainda, que "a alteração jurisdicional consubstanciada na nova redação da Súmula 277 do TST suscita dúvida sobre a sua compatibilidade com os princípios da legalidade, da separação dos Poderes e da segurança jurídica".

Ao fazer referência à previsão do art. 114, § 2.º, da Constituição da República, com redação dada pela Emenda Constitucional 45/2004, segundo a mencionada liminar: "Vê-se, assim, que, se há norma convencional anterior, a Justiça do Trabalho não pode estabelecer, por seu poder normativo, ao julgar dissídio coletivo, condição menos favorável ao trabalhador do que aquela prevista no acordo ou na convenção coletiva que será por ela substituída por sentença normativa. O vocábulo introduzido pela EC 45/2004 ['convencionadas anteriormente'] é voltado, portanto, a delimitar o poder normativo da Justiça do Trabalho. Na hipótese de não ser ajuizado dissídio coletivo, ou não firmado novo acordo, a convenção automaticamente estará extinta. Daí se percebe que o espírito do legislador constituinte passou longe da ideia de suposta revitalização do princípio da ultratividade da norma coletiva"[196].

Além disso, consoante essa decisão, "a existência de norma legal – já revogada – sobre o tema [§ 1.º do art. 1.º da Lei 8.542/1992, revogado pela Lei 10.192/2001] é aspecto que não pode ser igualmente ignorado. [...] Vê-se, pois, que não apenas o princípio da legalidade, mas também o da separação dos Poderes afigura-se atingido com essa atuação indevida" (STF, ADPF-MC 323/DF, Rel. Min. Gilmar Mendes, j. 14.10.2016).

O Supremo Tribunal Federal julgou procedente o pedido formulado em arguição de descumprimento de preceito fundamental, de modo a declarar a inconstitucionalidade da Súmula 277 do Tribunal Superior do Trabalho, na versão atribuída pela Resolução 185, de 27 de setembro de 2012, assim como a inconstitucionalidade de interpretações e de decisões judiciais que entendem que o art. 114, § 2.º, da Constituição Federal de 1988, na redação dada pela Emenda Constitucional 45/2004, autoriza a aplicação do princípio da ultratividade de normas de acordos coletivos e de convenções coletivas (STF, Pleno, ADPF 323/DF, Rel. Min. Gilmar Mendes, j. 30.05.2022).

Cf. ainda Orientação Jurisprudencial 322 da SBDI-I do TST.

A sentença normativa, proferida em dissídio coletivo, por sua vez, tem prazo de vigência de, no máximo, quatro anos (art. 868, parágrafo único, da CLT). Cf. o Precedente Normativo 120 do TST.

O art. 614, § 3.º, da CLT, com redação dada pela Lei 13.467/2017, determina que não será permitido estipular duração de convenção coletiva ou acordo coletivo de trabalho superior a dois anos e *veda a ultratividade.*

Trata-se de inegável retrocesso, pois o mais coerente e adequado seria permitir que por meio da negociação coletiva de trabalho os próprios interessados definissem, de modo autônomo, se pretendem que o instrumento normativo ou algumas de suas cláusulas normativas produzam efeitos mesmo após o término de sua vigência, instituindo, ou não, a sua *ultratividade.*

[196] Disponível em: <http://www.stf.jus.br/arquivo/cms/noticiaNoticiaStf/anexo/ADPF323.pdf>. Acesso em: 02 jan. 2017.

A proibição, em quaisquer condições, de ultratividade, desse modo, contraria o exercício da autonomia privada coletiva na esfera da liberdade sindical (art. 7.º, inciso XXVI, e art. 8.º, inciso VI, da Constituição da República).

Logo, como o art. 614, § 3.º, da CLT, deve ser interpretado em consonância com os preceitos constitucionais, entende-se que somente é vedada a ultratividade quando assim não prevista no instrumento normativo decorrente da negociação coletiva de trabalho.

✦ Jurisprudência

Recurso de embargos. Acordos coletivos de trabalho. Ausência de depósito perante a autoridade competente. Vício formal que não invalida o conteúdo da negociação coletiva. Turno ininterrupto de revezamento jornada de oito horas. Validade.
A interpretação do art. 614, *caput*, da CLT deve guardar harmonia com a nova Constituição Federal, que alterou profundamente a organização sindical e a autonomia das partes para a negociação coletiva, estabelecendo princípios rígidos que vedam a intervenção do Poder Público nessa relação, presente no regramento jurídico infraconstitucional antecessor, e que reconhecem as convenções e os acordos coletivos, incentivando a negociação coletiva. Nessa ótica, a exigência de depósito das convenções e acordos coletivos no órgão ministerial não tem outra finalidade senão dar publicidade a esses ajustes, para fins de conhecimento de terceiros interessados. O conteúdo do ajuste coletivo firmado livremente entre as partes legitimadas não pode ser questionado pelo Poder Público e, sendo assim, o descumprimento da exigência do seu depósito não pode invalidá-lo, à medida que independe de qualquer manifestação do Estado. As normas e condições de trabalho negociadas de comum acordo entre as partes convenentes valem por si só, criando direitos e obrigações entre elas a partir do momento em que firmado o instrumento coletivo na forma da lei. O descumprimento da formalidade prevista no art. 614 da CLT importa apenas infração administrativa, mas não maculará o conteúdo da negociação coletiva, gerador de novos direitos e condições de trabalho. Do contrário, as partes teriam que buscar a invalidação de todo o instrumento coletivo, mediante instrumento processual próprio, e não, particularizadamente, de uma cláusula que lhe foi desfavorável, como no caso presente, beneficiando-se das demais. O acórdão regional, ao invalidar o ajuste coletivo que fixou jornada elastecida de oito horas para o trabalho em turno ininterrupto de revezamento pelo vício apontado, negou vigência à própria norma coletiva, maculando o inciso XXVI do art. 7.º da Constituição Federal, especialmente quando a matéria de fundo encontra-se pacificada nesta Corte Superior por meio da Súmula 423. Recurso de embargos conhecido e provido (TST, SBDI-I, E-RR 1086/2001-014-09-00.0, Redator Min. Vieira de Mello Filho, m.v., *DJ* 07.12.2007).

Acordo coletivo. Vigência. Repercussão no contrato de trabalho. Indenização por tempo de serviço. A SBDI-1 na sessão de julgamento do dia 12.12.2006, ao apreciar o Processo TST-ERR 776.678/2001, adotou a tese no sentido de que se deve prestigiar o pactuado entre empregados e empregadores por meio de convenções e acordos coletivos de trabalho, sob pena de violação ao disposto no art. 7.º, inc. XXVI, da Constituição da República. A flexibilização no Direito do Trabalho, fundada na autonomia coletiva privada, permite a obtenção de benefícios para os empregados e os empregadores com concessões mútuas. Portanto, se as partes decidiram incorporar aos contratos individuais de trabalho de forma definitiva a indenização por tempo de serviço em face de dispensa sem justa causa, é inaplicável a restrição prevista na Súmula 277 do TST. Recurso de embargos conhecido e provido (TST, SBDI-I, E-RR-756388/2001.7, Rel. Min. Carlos Alberto Reis de Paula, *DJU* 03.08.2007, p. 1.277).

✦ Súmulas, Orientações Jurisprudenciais e Precedentes Normativos

Súmula 277 do TST: Convenção coletiva de trabalho ou acordo coletivo de trabalho. Eficácia. Ultratividade. As cláusulas normativas dos acordos coletivos ou convenções coletivas integram os contratos individuais de trabalho e somente poderão ser modificadas ou suprimidas mediante negociação coletiva de trabalho. Cf. STF, ADPF 323/DF.

Orientação Jurisprudencial 36 da SBDI-I do TST: Instrumento normativo. Cópia não autenticada. Documento comum às partes. Validade. O instrumento normativo em cópia não autenticada possui valor probante, desde que não haja impugnação ao seu conteúdo, eis que se trata de documento comum às partes.

Orientação Jurisprudencial 41 da SBDI-I do TST: Preenchidos todos os pressupostos para a aquisição de estabilidade decorrente de acidente ou doença profissional, ainda durante a vigência do instrumento normativo, goza o empregado de estabilidade mesmo após o término da vigência deste.

Orientação Jurisprudencial 322 da SBDI-I do TST: Nos termos do art. 614, § 3.º, da CLT, é de 2 anos o prazo máximo de vigência dos acordos e das convenções coletivas. Assim sendo, é inválida, naquilo que ultrapassa o prazo total de 2 anos, a cláusula de termo aditivo que prorroga a vigência do instrumento coletivo originário por prazo indeterminado.

Orientação Jurisprudencial 34 da SDC do TST: Acordo extrajudicial. Homologação. Justiça do trabalho. Prescindibilidade. É desnecessária a homologação, por Tribunal Trabalhista, do acordo extrajudicialmente celebrado, sendo suficiente, para que surta efeitos, sua formalização perante o Ministério do Trabalho (art. 614 da CLT e art. 7.º, inciso XXVI, da Constituição Federal).

Precedente Normativo 120 da SDC do TST: Sentença normativa. Duração. Possibilidade e limites (positivo) – (Res. 176/2011, *DEJT* divulgado em 27, 30 e 31.05.2011). A sentença normativa vigora, desde seu termo inicial até que sentença normativa, convenção coletiva de trabalho ou acordo coletivo de trabalho superveniente produza sua revogação, expressa ou tácita, respeitado, porém, o prazo máximo legal de quatro anos de vigência.

Art. 615. O processo de prorrogação, revisão, denúncia ou revogação total ou parcial de Convenção ou Acordo ficará subordinado, em qualquer caso, à aprovação de Assembleia Geral dos Sindicatos convenentes ou partes acordantes, com observância do disposto no art. 612.

§ 1.º O instrumento de prorrogação, revisão, denúncia ou revogação de Convenção ou Acordo será depositado para fins de registro e arquivamento, na repartição em que o mesmo originariamente foi depositado observado o disposto no art. 614.

§ 2.º As modificações introduzidas em Convenção ou Acordo, por força de revisão ou de revogação parcial de suas cláusulas passarão a vigorar 3 (três) dias após a realização de depósito previsto no § 1.º.

1. PROCESSO DE PRORROGAÇÃO, REVISÃO, DENÚNCIA OU REVOGAÇÃO DE ACORDO OU CONVENÇÃO COLETIVA

A prorrogação refere-se à manutenção das condições fixadas na norma coletiva cuja vigência está encerrando ou se encerrou.

A revisão, por sua vez, é a alteração das condições fixadas no instrumento normativo, adaptando-as às novas condições de fato posteriores.

Na denúncia uma das partes cientifica a outra a respeito do término da vigência da norma coletiva, para evitar eventual alegação de prorrogação.

A revogação indica o ato das partes de porem fim à vigência da norma coletiva antes de seu termo final.

Art. 616. Os Sindicatos representativos de categorias econômicas ou profissionais e as empresas, inclusive as que não tenham representação sindical, quando provocados, não podem recusar-se à negociação coletiva.

§ 1.º Verificando-se recusa à negociação coletiva, cabe aos Sindicatos ou empresas interessadas dar ciência do fato, conforme o caso, ao Departamento Nacional do Trabalho ou aos órgãos regionais do Ministério do Trabalho e Previdência Social, para convocação compulsória dos Sindicatos ou empresas recalcitrantes.

§ 2.º No caso de persistir a recusa à negociação coletiva, pelo desatendimento às convocações feitas pelo Departamento Nacional do Trabalho ou órgãos regionais do Ministério de Trabalho e Previdência Social, ou se malograr a negociação entabulada, é facultada aos Sindicatos ou empresas interessadas a instauração de dissídio coletivo.

§ 3.º Havendo convenção, acordo ou sentença normativa em vigor, o dissídio coletivo deverá ser instaurado dentro dos 60 (sessenta) dias anteriores ao respectivo termo final, para que o novo instrumento possa ter vigência no dia imediato a esse termo.

§ 4.º Nenhum processo de dissídio coletivo de natureza econômica será admitido sem antes se esgotarem as medidas relativas à formalização da Convenção ou Acordo correspondente.

1. MEDIAÇÃO DE CONFLITOS COLETIVOS DE TRABALHO

A mediação de conflitos coletivos de trabalho ocorre, muitas vezes, no âmbito do Ministério do Trabalho. A Orientação Jurisprudencial 24 da SDC do TST, quanto à realização de mesa redonda perante a Delegacia Regional do Trabalho, entendia tratar-se de "negociação prévia insuficiente", acarretando a violação do art. 114, § 2.º, da Constituição Federal, mas este precedente foi cancelado em abril de 2004.

A Lei 10.101/2000, no art. 4.º, inciso I, prevê a mediação como forma de fixar a participação nos lucros ou resultados.

No contexto da conciliação e da mediação extrajudiciais, a comissão de representantes dos empregados tem, entre outras atribuições, promover o diálogo e o entendimento no ambiente de trabalho com o fim de *prevenir conflitos*, bem como *buscar soluções para os conflitos decorrentes da relação de trabalho*, de forma rápida e eficaz, visando à efetiva aplicação das normas legais e contratuais (art. 510-B, incisos III e IV, da CLT, incluídos pela Lei 13.467/2017).

Mesmo no curso da negociação coletiva de trabalho, permite-se a utilização da mediação, em que o mediador procura aproximar as partes, sugerindo soluções que podem ser aceitas pelas partes envolvidas no conflito[197].

Não obstante, cabe registrar a existência de posicionamento, atualmente dominante, no sentido de que o conciliador sugere soluções para a composição do conflito, enquanto o mediador apenas aproxima as partes ao diálogo, sem fazer propostas a serem por elas apreciadas[198]. Trata-se do critério adotado no art. 165, §§ 2.º e 3.º, do CPC de 2015[199].

A respeito do tema, a Lei 10.192/2001, ao tratar de negociação coletiva quanto a salários e demais condições referentes ao trabalho, no art. 11, § 1.º, prevê que o mediador deve ser "designado de comum acordo pelas partes ou, a pedido destas, pelo Ministério do Trabalho". A parte que se considerar sem as condições adequadas para, em situação de equilíbrio, participar da negociação direta pode, desde logo, solicitar ao Ministério do Trabalho a designação de mediador, que convocará a outra parte (art. 11, § 2.º, da Lei 10.192/2001). O mediador designado tem o prazo de até 30 dias para a conclusão do processo de negociação, salvo acordo expresso com as partes interessadas (art. 11, § 3.º, da Lei 10.192/2001). Se não for alcançado o entendimento entre as partes, ou se qualquer delas recusar a mediação, deve-se lavrar ata contendo as causas motivadoras do conflito e as reivindicações de natureza econômica. Esse documento, por seu turno, deve instruir a representação para o ajuizamento do dissídio coletivo (art. 11, § 4.º, da Lei 10.192/2001).

---

197 Cf. MARTINS, Sergio Pinto. *Direito do trabalho*. 28. ed. São Paulo: Atlas, 2012. p. 814.

198 Cf. DINAMARCO, Cândido Rangel. *Instituições de direito processual civil*. 8. ed. São Paulo: Malheiros, 2016. v. 1, p. 216.

199 "§ 2.º O conciliador, que atuará preferencialmente nos casos em que não houver vínculo anterior entre as partes, poderá sugerir soluções para o litígio, sendo vedada a utilização de qualquer tipo de constrangimento ou intimidação para que as partes conciliem. § 3.º O mediador, que atuará preferencialmente nos casos em que houver vínculo anterior entre as partes, auxiliará aos interessados a compreender as questões e os interesses em conflito, de modo que eles possam, pelo restabelecimento da comunicação, identificar, por si próprios, soluções consensuais que gerem benefícios mútuos".

A mediação de conflitos coletivos de natureza trabalhista, quando exercida no âmbito do Ministério do Trabalho e Previdência, deve observar o disposto nos arts. 33 a 38 do Decreto 10.854/2021.

Os trabalhadores, por intermédio de entidades sindicais representantes, e os empregadores, por si ou por intermédio de entidades sindicais representantes, podem solicitar à Secretaria de Trabalho do Ministério do Trabalho e Previdência a realização de mediação, com vistas à composição de conflito coletivo (art. 34 do Decreto 10.854/2021).

A referida designação de mediador será sem ônus para as partes e deve recair sobre servidor público em exercício no Ministério do Trabalho e Previdência, inclusive integrantes da carreira de Auditor-Fiscal do Trabalho (art. 35 do Decreto 10.854/2021).

Nos termos do art. 36 do Decreto 10.854/2021, na hipótese de haver consenso entre as partes, o mediador deve lavrar a ata de mediação, que tem natureza de título executivo extrajudicial, nos termos do disposto no art. 784, inciso II, parte final, do Código de Processo Civil (outro documento público assinado pelo devedor).

Na hipótese de não entendimento entre as partes, o mediador deve encerrar o processo administrativo de mediação e lavrar a ata de mediação.

O Ministério do Trabalho e Previdência deve dispor sobre ferramentas eletrônicas ou digitais e programas de fomento à composição individual e coletiva em conflitos trabalhistas que visem à redução da judicialização trabalhista (art. 37 do Decreto 10.854/2021).

A ausência injustificada da parte solicitante à mediação enseja o arquivamento do processo administrativo, exceto se a outra parte solicitar a sua continuidade (art. 308 da Portaria 671/2021 do Ministério do Trabalho e Previdência).

A Lei 13.140/2015 dispõe sobre a mediação como meio de solução de controvérsias entre particulares e sobre a autocomposição de conflitos no âmbito da administração pública. Esse diploma legal, entretanto, não é aplicável à esfera trabalhista, conforme o art. 42, parágrafo único, ao prever que a mediação nas relações de trabalho será regulada por *lei própria*.

O Ato 168/2016 da Presidência do TST instituiu o procedimento de *mediação e conciliação pré-processual em dissídios coletivos*, a ser conduzido e processado no âmbito da Vice-Presidência do Tribunal Superior do Trabalho (art. 1.º). Podem ser submetidas ao procedimento de mediação e conciliação pré-processual as relações jurídicas passíveis de submissão a dissídio coletivo de natureza econômica, jurídica ou de greve (art. 2.º). A mediação e conciliação pré-processual pode ser requerida por iniciativa de qualquer das partes potenciais de dissídios coletivos (art. 3.º).

A Resolução 174/2016 do Conselho Superior da Justiça do Trabalho dispõe sobre a política judiciária nacional de tratamento adequado das disputas de interesses no âmbito do Poder Judiciário Trabalhista e dá outras providências.

A Resolução 377/2024 do Conselho Superior da Justiça do Trabalho dispõe sobre a regulamentação das mediações pré-processuais individuais e coletivas no âmbito da Justiça do Trabalho de primeiro e segundo graus.

2. VIGÊNCIA DA SENTENÇA NORMATIVA

A sentença normativa, conforme interpretação do art. 868, parágrafo único, da CLT, tem prazo máximo de vigência de quatro anos. A entrada em vigor da sentença normativa é regulada pelo art. 867, parágrafo único, c/c o art. 616, § 3.º, da CLT: a partir da data de sua publicação, quando ajuizado o dissídio coletivo após o prazo de sessenta dias anteriores ao termo final da norma coletiva anterior, ou, quando não existir acordo, convenção ou sentença normativa em vigor, da data do ajuizamento; a partir do dia imediato ao termo final de vigência do acordo, convenção ou sentença normativa, quando ajuizado o dissídio coletivo no prazo de sessenta dias anteriores ao termo final da norma coletiva anterior.

Art. 617. Os empregados de uma ou mais empresas que decidirem celebrar Acordo Coletivo de Trabalho com as respectivas empresas darão ciência de sua resolução, por escrito, ao Sindicato representativo da categoria profissional, que terá o prazo de 8 (oito) dias para assumir a direção dos entendimentos entre os interessados, devendo igual procedimento ser observado pelas empresas interessadas com relação ao Sindicato da respectiva categoria econômica.

§ 1.º Expirado o prazo de 8 (oito) dias sem que o Sindicato tenha se desincumbido do encargo recebido, poderão os interessados dar conhecimento do fato à Federação a que estiver vinculado o Sindicato e, em falta dessa, à correspondente Confederação, para que, no mesmo prazo, assuma a direção dos entendimentos. Esgotado esse prazo, poderão os interessados prosseguir diretamente na negociação coletiva até final.

§ 2.º Para o fim de deliberar sobre o Acordo, a entidade sindical convocará assembleia geral dos diretamente interessados, sindicalizados ou não, nos termos do art. 612.

1. LEGITIMAÇÃO SUBSTITUTIVA

O art. 617, § 1.º, da CLT estabelece regra a respeito do sindicato da categoria profissional que não assume, no prazo de oito dias, a direção dos entendimentos, entre os interessados, para a celebração do acordo coletivo. O referido dispositivo dispõe poderem os interessados dar conhecimento do fato à federação a que estiver vinculado o sindicato e, em falta dessa, à correspondente confederação, para que assuma a direção dos entendimentos no mesmo prazo de oito dias, regulando a chamada "legitimação substitutiva". Nas hipóteses desse dispositivo, a federação ou a confederação, que são entes sindicais, também podem realizar a negociação coletiva a qual, se frustrada, possibilita o ajuizamento do dissídio coletivo.

A parte final do § 1.º do art. 617 menciona que, esgotado o prazo para a federação ou a confederação assumir a direção dos entendimentos, "poderão os interessados prosseguir diretamente na negociação coletiva, até final". Há entendimento de que essa previsão não foi recepcionada pela Constituição de 1988. No entanto, por se tratar de situação bem peculiar e específica, não versada pela Constituição Federal, inclusive para que os próprios trabalhadores não sejam prejudicados, ficando sem norma coletiva a ser aplicada, pode-se defender que a regra é aplicável, apesar da previsão genérica do art. 8.º, inciso VI, da Constituição Federal.

Aliás, há entendimento de que, mesmo tratando-se de inexistência de sindicato que represente a categoria, é possível a aplicação analógica do art. 611, § 2.º, da CLT, ou seja, também para a celebração de acordos coletivos, em razão da semelhança de situações.

✦ **Jurisprudência**

Acordo coletivo de trabalho. Negociação direta entre comissão de empregados e empregador. Turnos ininterruptos de revezamento de doze horas. Ausência de participação do sindicato representante da categoria profissional. Validade. Artigo 617 da CLT. Recepção pela Constituição Federal de 1988. 1. Foi recepcionado pela Constituição Federal de 1988 (artigo 8.º, inciso VI) o artigo 617 da CLT, no que autoriza a celebração de acordo coletivo de trabalho diretamente entre empregados e uma ou mais empresas, na situação excepcional em que comprovada a recusa do Sindicato representante da categoria profissional em assumir a direção dos entendimentos. 2. A exigência constitucional inafastável é de que o sindicato seja instado a participar e participe da negociação coletiva, ainda que para recusar o conteúdo da proposta patronal. 3. Em tese, todavia, a virtual resistência da cúpula sindical em consultar as bases não constitui empecilho a que os próprios interessados, regularmente convocados, excepcionalmente firmem o acordo coletivo de trabalho, de forma direta, na forma da lei. 4. A grave exceção à garantia de tutela sindical na negociação coletiva somente se justifica, contudo, sob pena de concreta violação à norma do artigo 8.º, VI, da Constituição Federal, quando sobressaem a livre manifestação de vontade dos empregados da empresa e a efetiva recusa da entidade profissional em representar a coletividade interessada. 5. Assentada a tese jurídica da recepção do artigo 617 da CLT pela Constituição Federal de 1988, a aplicação do direito à espécie impõe que o Tribunal Regional do Trabalho, soberano na apreciação do acervo fático-probatório, examine a existência de prova cabal da recusa do sindicato da categoria profissional em participar da negociação coletiva, bem como o cumprimento das demais formalidades exigidas no artigo 617 da CLT. 6. Embargos da Reclamada de que se conhece, por divergência jurisprudencial, e a que se dá parcial provimento (TST, SBDI-I, E-ED-RR 1134676-43.2003.5.04.0900, Redator Min. João Oreste Dalazen, *DEJT* 19.05.2017).

✦ Súmulas, Orientações Jurisprudenciais e Precedentes Normativos

Orientação Jurisprudencial 29 da SDC do TST: Edital de convocação e ata da assembleia geral. Requisitos essenciais para instauração de dissídio coletivo. O edital de convocação da categoria e a respectiva ata da AGT constituem peças essenciais à instauração do processo de dissídio coletivo.

✦ Referência legislativa

- Art. 8.º, VI, da CF.

Art. 618. As empresas e instituições que não estiverem incluídas no enquadramento sindical a que se refere o art. 577 desta Consolidação poderão celebrar Acordos Coletivos de Trabalho com os Sindicatos representativos dos respectivos empregados, nos termos deste Título.

1. EMPRESAS E INSTITUIÇÕES NÃO INCLUÍDAS NO ENQUADRAMENTO SINDICAL

O quadro mencionado pelo art. 577 da CLT estabelece diversas categorias econômicas e profissionais (inclusive diferenciadas), podendo esse rol ser ampliado, tendo em vista a liberdade sindical adotada pela Constituição Federal de 1988. Em razão disso, mesmo as empresas e instituições que não estiverem incluídas no enquadramento sindical mencionado no art. 577 da CLT também podem celebrar acordos coletivos de trabalho com os sindicatos das categorias profissionais (ou com as federações ou confederações respectivas, nas hipóteses previstas no art. 617 da CLT).

Art. 619. Nenhuma disposição de contrato individual de trabalho que contrarie normas de Convenção ou Acordo Coletivo de Trabalho poderá prevalecer na execução do mesmo, sendo considerada nula de pleno direito.

1. RELAÇÃO ENTRE CONTRATO INDIVIDUAL DE TRABALHO E INSTRUMENTO NORMATIVO

Na relação entre o contrato individual de trabalho e a norma coletiva decorrente de negociação coletiva, observa-se o princípio da norma mais favorável, prevalecendo, em regra, a disposição mais benéfica ao empregado.

Sob esse contexto, a regra do art. 619 da CLT deve ser interpretada no sentido de previsão, no contrato individual de trabalho, que desrespeita direitos assegurados na norma coletiva negociada, não podendo, por isso, prevalecer.

Cf. ainda o art. 444, parágrafo único, da CLT, acrescentado pela Lei 13.467/2017.

✦ Súmulas, Orientações Jurisprudenciais e Precedentes Normativos

Súmula 85 do TST: Compensação de jornada. [...] II – O acordo individual para compensação de horas é válido, salvo se houver norma coletiva em sentido contrário.

✦ Referência legislativa

- Art. 444 da CLT.

Art. 620. As condições estabelecidas em acordo coletivo de trabalho sempre prevalecerão sobre as estipuladas em convenção coletiva de trabalho.

1. PRINCÍPIO DA NORMA MAIS FAVORÁVEL

O art. 620 da CLT, com redação dada pela Lei 13.467/2017, dispõe que as condições estabelecidas em acordo coletivo de trabalho sempre prevalecem sobre as estipuladas em convenção coletiva de trabalho.

Na redação original, o art. 620 da CLT previa que as condições estabelecidas em convenção coletiva de trabalho, quando mais favoráveis, prevaleceriam sobre as estipuladas em acordo coletivo de trabalho.

A previsão decorrente da Lei 13.467/2017 pode contrariar o princípio da norma mais favorável, que decorre do princípio da proteção, assegurado no plano constitucional (art. 7.º, *caput*, da Constituição Federal de 1988).

Sendo assim, a interpretação constitucional revela que as condições estabelecidas em acordo coletivo de trabalho (sempre) prevalecem sobre as estipuladas em convenção coletiva de trabalho, mas desde que aquelas sejam mais benéficas do que este.

Portanto, caso as disposições da convenção coletiva de trabalho sejam mais favoráveis, a determinação constitucional é no sentido da sua prevalência.

De todo modo, prevalece o entendimento de que a verificação da norma mais favorável deve seguir a teoria do conglobamento, de forma que as disposições das normas coletivas devem ser analisadas em seu conjunto, e não isoladamente.

Entretanto, nas hipóteses em que, excepcionalmente, é admitida a flexibilização *in pejus*, como ocorre na redução de salário (art. 7.º, inciso VI, da Constituição Federal de 1988), as referidas previsões sobre norma mais favorável deixam de prevalecer. Cf. ainda art. 623 da CLT.

✦ Jurisprudência

Agravo de instrumento em recurso de revista da reclamada. Apelo interposto na vigência do Novo CPC (Lei n.º 13.105/2015). Conflito de normas coletivas aplicáveis. Nos termos do art. 611, *caput* e § 1.º, da CLT, é autorizado aos sindicatos profissionais firmarem com os sindicatos patronais convenção coletiva de trabalho e, com os próprios empregadores, acordo coletivo de trabalho. Por força do princípio da aplicação da norma mais benéfica ao trabalhador, havendo conflito entre as duas normas autônomas, convenção coletiva ou acordo coletivo, deve prevalecer a que, em seu conjunto, mostrar-se mais favorável ao trabalhador. Nesse mesmo sentido, a diretriz inserta no art. 620 da CLT. No caso dos autos, tendo o Regional expressamente consignado que as cláusulas previstas na convenção coletiva (CCT de 2014/2014) eram, em seu conjunto (teoria do conglobamento), mais benéficas ao Reclamante, a determinação de prevalência da convenção coletiva sobre o acordo coletivo não afronta a literalidade do art. 620 da CLT. Agravo de Instrumento conhecido e não provido (TST, 4.ª T., AIRR 829-62.2015.5.14.0091, Rel. Min. Maria de Assis Calsing, *DEJT* 19.05.2017).

Agravo de instrumento em recurso de revista em face de decisão publicada antes da vigência da Lei n.º 13.015/2014. [...] Contrato de estágio. Diferenças de bolsa-auxílio. Confronto entre convenção coletiva e acordo coletivo. Prevalência da norma mais benéfica. Teoria do conglobamento. No confronto entre as convenções coletivas e os acordos coletivos, a jurisprudência predominante nesta Corte Superior adota o entendimento de que deve ser observada a norma mais benéfica ao trabalhador (artigo 620 da CLT). E, na aferição de qual ajuste coletivo é o mais benéfico, aplica-se a Teoria do Conglobamento, ou seja, devem ser considerados em sua totalidade. No caso, o Tribunal Regional, soberano na análise do conjunto fático-probatório, entendeu que as Convenções Coletivas se revelaram mais benéficas à autora do que as previsões contidas no Acordo Coletivo. Assim, ao determinar a aplicação da norma mais favorável à trabalhadora – a Convenção em detrimento do Acordo Coletivo – o Colegiado de origem decidiu em perfeita consonância com a jurisprudência deste Tribunal. Agravo de instrumento a que se nega provimento (TST, 7.ª T., AIRR 1423-25.2011.5.04.0017, Rel. Min. Cláudio Mascarenhas Brandão, *DEJT* 30.06.2017).

Embargos interpostos anteriormente à vigência da Lei 11.496/2007. Complementação de aposentadoria. Reajuste salarial e abono. Prevalência do acordo coletivo. Adoção da teoria do conglobamento. O pedido dos Autores foi rejeitado sob o fundamento de que os empregados, em atividade, não tiveram reajuste salarial, não se justificando o que pretendido, sobre a complementação de aposentadoria. O acórdão embargado concluiu que não ocorreu ofensa ao artigo 620, da CLT, restando prejudicada a postulação de aplicação da norma mais favorável, tendo em vista a teoria do conglobamento. Um dos princípios do Direito do Trabalho é o da aplicação da norma mais favorável ao empregado. No entanto, deve ser compreendido de forma sistemática, ou seja, considerando-se o contexto em que inserida a norma. A jurisprudência desta Corte firma-se no sentido de que o artigo 620 da CLT revela a teoria do conglobamento, pela qual as normas são consideradas e interpretadas em conjunto, e não da forma isolada, pretendida pelos Embargantes (TST, SBDI-I, E-RR-709/2002-002-21-40.8, Rel. Min. Maria Cristina Irigoyen Peduzzi, *DJ* 26.10.2007).

✦ Súmulas, Orientações Jurisprudenciais e Precedentes Normativos

Súmula 202 do TST: Gratificação por tempo de serviço. Compensação. Existindo, ao mesmo tempo, gratificação por tempo de serviço outorgada pelo empregador e outra da mesma natureza prevista em acordo coletivo, convenção coletiva ou sentença normativa, o empregado tem direito a receber, exclusivamente, a que lhe seja mais benéfica.

Art. 621. As Convenções e os Acordos poderão incluir entre suas cláusulas disposição sobre a constituição e funcionamento de comissões mistas de consulta e colaboração, no plano da empresa e sobre participação, nos lucros. Estas disposições mencionarão a forma de constituição, o modo de funcionamento e as atribuições das comissões, assim como o plano de participação, quando for o caso.

1. COMISSÕES MISTAS DE CONSULTA E DE COLABORAÇÃO

As convenções e os acordos coletivos de trabalho podem incluir cláusulas sobre a constituição e o funcionamento de comissões mistas de consulta e colaboração, no plano da empresa e sobre participação nos lucros; tais disposições devem mencionar a forma de constituição, o modo de funcionamento e as atribuições das comissões, assim como o plano de participação, quando for o caso.

A participação na gestão da empresa é prevista no art. 7.º, inciso XI, segunda parte, da Constituição Federal de 1988. No entanto, o texto constitucional prevê a referida participação na gestão como forma excepcional.

A cogestão tem o objetivo de democratizar a direção da empresa, permitindo a maior participação dos empregados, o que resulta na redução das diferenças sociais, além do maior interesse dos empregados quanto ao desempenho empresarial.

A participação na gestão pode ser prevista não só em lei, mas também em acordo coletivo, convenção coletiva (art. 621 da CLT) ou mesmo em regulamento de empresa.

A participação nos lucros ou resultados tem previsão no art. 7.º, inciso XI, da Constituição Federal de 1988, não possuindo, em tese, natureza salarial, quando paga de acordo com a Lei 10.101/2000 (art. 3.º). Em conformidade com o referido diploma legal (art. 2.º), com redação modificada pela Lei 12.832/2013, a participação nos lucros ou resultados deve ser objeto de negociação entre a empresa e seus empregados, mediante um dos seguintes procedimentos, escolhidos pelas partes de comum acordo:

> I – comissão paritária escolhida pelas partes, integrada, também, por um representante indicado pelo sindicato da respectiva categoria;
>
> II – convenção ou acordo coletivo (art. 2.º da Lei 10.101/2000).

Cabe esclarecer que o procedimento do art. 2.º, inciso I, da Lei 10.101/2000 não tem natureza de negociação coletiva de trabalho, em que é obrigatória a participação do sindicato da categoria profissional (art. 8.º, inciso VI, da Constituição Federal de 1988), mas sim de procedimento no âmbito interno da empresa.

Uma vez composta, a comissão paritária de que trata o art. 2.º, inciso I, da Lei 10.101/2000 deve dar ciência por escrito ao ente sindical para que indique seu representante no prazo máximo de 10 dias corridos, findo o qual a comissão pode iniciar e concluir suas tratativas (art. 2.º, § 10, da Lei 10.101/2000, incluído pela Lei 14.020/2020).

O instrumento de acordo celebrado deve ser arquivado na entidade sindical dos trabalhadores (art. 2.º, § 2.º, da Lei 10.101/2000).

Caso a negociação visando à participação nos lucros ou resultados na empresa resulte em impasse, as partes poderão utilizar-se dos seguintes mecanismos de solução do litígio: I – mediação; II – arbitragem de ofertas finais, utilizando-se, no que couber, os termos da Lei 9.307/1996 (art. 4.º da Lei 10.101/2000, com redação dada pela Lei 12.832/2013).

Considera-se arbitragem de ofertas finais aquela em que o árbitro deve restringir-se a optar pela proposta apresentada, em caráter definitivo, por uma das partes (art. 4.º, § 1.º, da Lei 10.101/2001). O mediador ou o árbitro deve ser escolhido de comum acordo entre as partes (art. 4.º, § 2.º, da Lei 10.101/2001). Firmado o compromisso arbitral, não será admitida a desistência unilateral de qualquer das partes (art. 4.º, § 3.º, da Lei 10.101/2001). O laudo arbitral tem força normativa, independentemente de homologação judicial (art. 4.º, § 4.º, da Lei 10.101/2001).

Prevalece o entendimento de que não cabe à Justiça do Trabalho conceder vantagem a título de participação nos lucros ou resultados, ressalvadas as hipóteses de apresentação de contraproposta pela categoria econômica ou quando há norma preexistente. Ainda assim, a jurisprudência do TST, com fundamento no art. 4.º, inciso II e § 1.º, da Lei 10.101/2000, admite a atuação da Justiça do Trabalho, para decidir conflito sobre participação nos lucros ou resultados, por meio do sistema da arbitragem de ofertas finais, quando as partes assim pactuarem (TST, SDC, RO 5902-33.2016.5.15.0000, Rel. Min. Kátia Magalhães Arruda).

É vedado o pagamento de qualquer antecipação ou distribuição de valores a título de participação nos lucros ou resultados da empresa em mais de duas vezes no mesmo ano civil e em periodicidade inferior a um trimestre civil (art. 3.º, § 2.º, da Lei 10.101/2000, com redação determinada pela Lei 12.832/2013).

Apesar disso, havendo instrumento normativo decorrente de negociação coletiva, autorizando, excepcionalmente, o pagamento da participação nos lucros de forma mensal e parcelada, a jurisprudência do TST tem entendido válida essa previsão. Cf. Orientação Jurisprudencial Transitória 73 da SBDI-I do TST.

A inobservância à periodicidade estabelecida no art. 3.º, § 2.º, da Lei 10.101/2000 invalida exclusivamente os pagamentos feitos em desacordo com a norma, assim entendidos: I – os pagamentos excedentes ao segundo, feitos a um mesmo empregado, no mesmo ano civil; II – os pagamentos efetuados a um mesmo empregado, em periodicidade inferior a um trimestre civil do pagamento anterior (art. 2.º, § 8.º, da Lei 10.101/2000, incluído pela Lei 14.020/2020).

Na hipótese do inciso II do § 8.º do art. 2.º da Lei 10.101/2000, mantém-se a validade dos demais pagamentos (art. 2.º, § 9.º, da Lei 10.101/2000).

As partes podem: I – adotar os procedimentos de negociação estabelecidos nos incisos I e II do art. 2.º da Lei 10.101/2000, simultaneamente; II – estabelecer múltiplos programas de participação nos lucros ou nos resultados, observada a periodicidade estabelecida pelo art. 3.º, § 2.º, da Lei 10.101/2000 (art. 2.º, § 5.º, da Lei 10.101/2000, incluído pela Lei 14.020/2020).

Todos os pagamentos efetuados em decorrência de planos de participação nos lucros ou resultados, mantidos espontaneamente pela empresa, podem ser compensados com as obrigações decorrentes de acordos ou convenções coletivas de trabalho atinentes à participação nos lucros ou resultados (art. 3.º, § 3.º, da Lei 10.101/2001).

Cf. ainda comentários ao art. 457 da CLT, item 26.

✦ Jurisprudência

Da participação nos lucros ou resultados. Arbitragem de ofertas finais. Não apresentação de propostas pelas partes. O entendimento desta Seção Especializada em Dissídios Coletivos é de que não cabe à Justiça do Trabalho conceder vantagem a título de Participação nos Lucros ou Resultados – PLR, ressalvadas as hipóteses de apresentação de contraproposta pela categoria econômica ou quando há norma preexistente. Por outro lado, ressalvado entendimento pessoal desta Relatora, a jurisprudência desta Corte, com amparo no art. 4.º, II e § 1.º da Lei n.º 10.101/2000, admite a atuação da Justiça do Trabalho, para decidir conflito que envolva participação nos lucros ou resultados, por meio do sistema da arbitragem de ofertas finais, quando as partes assim pactuarem (TST, SDC, RO 5902-33.2016.5.15.0000, Rel. Min. Kátia Magalhães Arruda, *DEJT* 22.06.2018).

✦ Súmulas, Orientações Jurisprudenciais e Precedentes Normativos

Orientação Jurisprudencial 390 da SBDI-1 do TST: Participação nos lucros e resultados. Rescisão contratual anterior à data da distribuição dos lucros. Pagamento proporcional aos meses trabalhados. Princípio da isonomia. Fere o princípio da isonomia instituir vantagem mediante acordo coletivo ou norma regulamentar que condiciona a percepção da parcela participação nos lucros e resultados ao fato de estar o contrato de trabalho em vigor na data prevista para a distribuição dos lucros. Assim, inclusive na rescisão contratual antecipada, é devido o pagamento da parcela de forma proporcional aos meses trabalhados, pois o ex-empregado concorreu para os resultados positivos da empresa.

Orientação Jurisprudencial Transitória 64 da SBDI-I do TST: Petrobras. Parcelas gratificação contingente e participação nos resultados deferidas por norma coletiva a empregados da ativa. Natureza jurídica não salarial. Não integração na complementação de aposentadoria. As parcelas gratificação contingente e participação nos resultados, concedidas por força de acordo coletivo a empregados da Petrobras em atividade, pagas de uma única vez, não integram a complementação de aposentadoria.

Orientação Jurisprudencial Transitória 73 da SBDI-I do TST: Volkswagen do Brasil Ltda. Participação nos lucros e resultados. Pagamento mensal em decorrência de norma coletiva. Natureza indenizatória. A despeito da vedação de pagamento em periodicidade inferior a um semestre civil ou mais de duas vezes no ano cível, disposta no art. 3.º, § 2.º, da Lei 10.101, de 19.12.2000, o parcelamento em prestações mensais da participação nos lucros e resultados de janeiro de 1999 a abril de 2000, fixado no acordo coletivo celebrado entre o Sindicato dos Metalúrgicos do ABC e a Volkswagen do Brasil Ltda., não retira a natureza indenizatória da referida verba (art. 7.º, XI, da CF), devendo prevalecer a diretriz constitucional que prestigia a autonomia privada coletiva (art. 7.º, XXVI, da CF).

Art. 622. Os empregados e as empresas que celebrarem contratos individuais de trabalho, estabelecendo condições contrárias ao que tiver sido ajustado em Convenção ou Acordo que lhes for aplicável, serão passíveis da multa neles fixada.

Parágrafo único. A multa a ser imposta ao empregado não poderá exceder da metade daquela que, nas mesmas condições seja estipulada para a empresa.

1. MULTA PARA ESTABELECIMENTO DE CONDIÇÕES CONTRÁRIAS AO ACORDO OU CONVENÇÃO COLETIVA

A rigor, se o contrato individual de trabalho for celebrado prevendo condições contrárias ao disposto em convenção ou acordo coletivo, deve-se verificar, primeiramente, se aquela previsão é mais benéfica ao empregado. Se a disposição do contrato individual for mais favorável, deve ser aplicada, tendo em vista o princípio da proteção. Sendo menos benéfica, deve-se aplicar a previsão da convenção ou acordo coletivo. Se esses instrumentos coletivos decorrentes de negociação coletiva fixarem multa por descumprimento de suas previsões, essa penalidade pode ser cobrada pela parte prejudicada, que normalmente é o empregado.

Nestes termos, a Orientação Jurisprudencial 54 da SBDI-I do TST.

✦ Súmulas, Orientações Jurisprudenciais e Precedentes Normativos

Súmula 384 do TST: Multa convencional. Cobrança. I – O descumprimento de qualquer cláusula constante de instrumentos normativos diversos não submete o empregado a ajuizar várias ações, pleiteando em cada uma o pagamento da multa referente ao descumprimento de obrigações previstas nas cláusulas respectivas. II – É aplicável multa prevista em instrumento normativo (sentença normativa, convenção ou acordo coletivo) em caso de descumprimento de obrigação prevista em lei, mesmo que a norma coletiva seja mera repetição de texto legal.

Orientação Jurisprudencial 54 da SBDI-I do TST: Multa. Cláusula penal. Valor superior ao principal. O valor da multa estipulada em cláusula penal, ainda que diária, não poderá ser superior à obrigação principal corrigida, em virtude da aplicação do art. 412 do Código Civil de 2002 (art. 920 do Código Civil de 1916).

Art. 623. Será nula de pleno direito disposição de Convenção ou Acordo que, direta ou indiretamente, contrarie proibição ou norma disciplinadora da política econômico-financeira do Governo ou concernente à política salarial vigente, não produzindo quaisquer efeitos perante autoridades e repartições públicas, inclusive para fins de revisão de preços e tarifas de mercadorias e serviços.

Parágrafo único. Na hipótese deste artigo, a nulidade será declarada, de ofício ou mediante representação, pelo Ministro do Trabalho e Previdência Social, ou pela Justiça do Trabalho em processo submetido ao seu julgamento.

1. NULIDADE DE CLÁUSULA DE CONVENÇÃO OU ACORDO COLETIVO DE TRABALHO

Tendo em vista a supremacia das disposições de ordem pública, considera-se nula de pleno direito a disposição de convenção ou acordo coletivo de trabalho que, direta ou indiretamente, viole proibição ou norma disciplinadora da política econômico-financeira do Governo, ou concernente à política salarial vigente, não produzindo quaisquer efeitos perante autoridades e repartições públicas, inclusive para fins de revisão de preços e tarifas de mercadorias e serviços. Nessa hipótese, a nulidade deve ser objeto de declaração pela Justiça do Trabalho.

A respeito dos vencimentos (remuneração e subsídio) dos servidores públicos, o Supremo Tribunal Federal fixou a seguinte tese de repercussão geral: "O não encaminhamento de projeto de lei de revisão anual dos vencimentos dos servidores públicos, previsto no inciso X do art. 37 da CF/1988, não gera direito subjetivo a indenização. Deve o Poder Executivo, no entanto, se pronunciar, de forma fundamentada, acerca das razões pelas quais não propôs a revisão" (STF, Pleno, RE 565.089/SP, Red. p/ ac. Ministro Roberto Barroso, j. 25.09.2019).

✦ Súmulas, Orientações Jurisprudenciais e Precedentes Normativos

Súmula Vinculante 37 do STF: Não cabe ao Poder Judiciário, que não tem função legislativa, aumentar vencimentos de servidores públicos sob o fundamento de isonomia (conversão da Súmula 339 do STF).

Súmula 375 do TST: Reajustes salariais previstos em norma coletiva. Prevalência da legislação de política salarial. Os reajustes salariais previstos em norma coletiva de trabalho não prevalecem frente à legislação superveniente de política salarial.

Orientação Jurisprudencial 100 da SBDI-I do TST: Salário. Reajuste. Entes públicos. Os reajustes salariais previstos em legislação federal devem ser observados pelos estados-membros, suas autarquias e fundações públicas nas relações contratuais trabalhistas que mantiverem com seus empregados.

Art. 624. A vigência de cláusula de aumento ou reajuste salarial, que implique elevação de tarifas ou de preços sujeitos à fixação por autoridade pública ou repartição governamental, dependerá de prévia audiência dessa autoridade ou repartição e sua expressa declaração no tocante à possibilidade de elevação da tarifa ou do preço e quanto ao valor dessa elevação.

A vigência de cláusula de aumento ou reajuste salarial, que implique elevação de tarifas ou de preços sujeitos à fixação por autoridade pública ou repartição governamental, depende de prévia audiência dessa autoridade ou repartição e sua expressa declaração no tocante à possibilidade de elevação da tarifa ou do preço e quanto ao valor dessa elevação.

Art. 625. As controvérsias resultantes da aplicação de Convenção ou de Acordo celebrado nos termos deste Título serão dirimidas pela Justiça do Trabalho.

1. COMPETÊNCIA DA JUSTIÇA DO TRABALHO

A previsão do art. 625 da CLT está em conformidade com o art. 114 da Constituição Federal, com redação determinada pela Emenda Constitucional 45/2004, de acordo com a qual "compete à Justiça do Trabalho processar e julgar: I – as ações oriundas da relação de trabalho, abrangidos os entes de direito público externo e da administração pública direta e indireta da União, dos Estados, do Distrito Federal e dos Municípios; [...] III – as ações sobre representação sindical, entre sindicatos, entre sindicatos e trabalhadores e entre sindicatos e empregadores".

As controvérsias decorrentes da aplicação de convenção ou acordos coletivos são de competência da Justiça do Trabalho, por envolverem conflitos decorrentes de relações de emprego (as quais são uma modalidade de relações de trabalho), nos termos do art. 114, inciso I, da Constituição da República, bem como conflitos entre sindicatos, entre sindicatos e trabalhadores, e entre sindicatos e empregadores (art. 114, inciso III, da Constituição Federal de 1988, acrescentado pela Emenda Constitucional 45/2004).

Da mesma forma, a Lei 8.984/1995, no art. 1.º, estabelece que compete à Justiça do Trabalho "conciliar e julgar os dissídios que tenham origem no cumprimento de convenções coletivas de trabalho ou acordos coletivos de trabalho, mesmo quando ocorram entre sindicatos ou entre sindicato de trabalhadores e empregador".

TÍTULO VI-A – DAS COMISSÕES DE CONCILIAÇÃO PRÉVIA

Art. 625-A. As empresas e os sindicatos podem instituir Comissões de Conciliação Prévia, de composição paritária, com representante dos empregados e dos empregadores, com a atribuição de tentar conciliar os conflitos individuais do trabalho.

Parágrafo único. As Comissões referidas no *caput* deste artigo poderão ser constituídas por grupos de empresas ou ter caráter intersindical.

1. COMISSÃO DE CONCILIAÇÃO PRÉVIA

A Comissão de Conciliação Prévia foi instituída pela Lei 9.958/2000, que acrescentou à Consolidação das Leis do Trabalho os artigos 625-A até 625-H.

A atividade da Comissão de Conciliação Prévia não se confunde com o pagamento das verbas rescisórias (previsto no art. 477 da CLT), pois aquela tem a "atribuição de tentar conciliar os conflitos individuais do trabalho".

Desse modo, não é lícita nem legítima a utilização da Comissão de Conciliação Prévia quando não se verifica verdadeiro conflito de interesses, caracterizado pela *res dubia*. Portanto, o instituto não deve ser aplicado com o intuito de apenas quitar verbas rescisórias incontroversas, decorrentes da extinção do contrato de trabalho. Por isso, a atividade da CCP tem natureza de transação, no caso, extrajudicial, autorizada expressamente pela lei, quando presentes os seus requisitos.

Há entendimento no sentido de que a previsão da Comissão de Conciliação Prévia, pela Lei 9.958/2000, não pode ser considerada totalmente inconstitucional, eis que apenas visa a solucionar o conflito trabalhista, favorecendo, sem dúvida, a paz social. Trata-se de forma alternativa à jurisdição, buscando exatamente a pacificação social, sem obstar o acesso ao Poder Judiciário. Tanto é assim que, se o trabalhador não quiser, não é obrigado a se conciliar na mencionada Comissão, podendo perfeitamente recusar o acordo e, com isso, querendo, ajuizar ação perante a Justiça do Trabalho.

Art. 625-B. A Comissão instituída no âmbito da empresa será composta de, no mínimo, dois e, no máximo, dez membros, e observará as seguintes normas:

I – a metade de seus membros será indicada pelo empregador e outra metade eleita pelos empregados, em escrutínio secreto, fiscalizado pelo sindicato de categoria profissional;

II – haverá na Comissão tantos suplentes quantos forem os representantes titulares;

III – o mandato dos seus membros, titulares e suplentes, é de um ano, permitida uma recondução.

§ 1.º É vedada a dispensa dos representantes dos empregados membros da Comissão de Conciliação Prévia, titulares e suplentes, até um ano após o final do mandato, salvo se cometerem falta grave, nos termos da lei.

§ 2.º O representante dos empregados desenvolverá seu trabalho normal na empresa afastando-se de suas atividades apenas quando convocado para atuar como conciliador, sendo computado como tempo de trabalho efetivo o despendido nessa atividade.

1. PRINCÍPIO DA CONTINUIDADE DA RELAÇÃO DE EMPREGO

O princípio da continuidade da relação de emprego tem o objetivo de preservar o contrato de trabalho, fazendo com que se presuma ser a prazo indeterminado e se permita a contratação a prazo certo apenas como exceção.

A importância desse princípio revela-se não apenas ao conferir segurança ao empregado durante a vigência de seu contrato de trabalho, mas também na sua integração à empresa, favorecendo a qualidade do serviço prestado.

Esse princípio inspira diversas disposições contidas no sistema jurídico brasileiro, objetivando a manutenção do contrato de trabalho.

Cabe destacar que o art. 7.º, inciso I, da Constituição Federal de 1988 prevê a proteção da relação de emprego contra a dispensa arbitrária ou sem justa causa, embora remeta a questão à lei complementar, ainda não existente de forma completa. Mesmo assim, o art. 10, inciso II, do Ato das Disposições Constitucionais Transitórias, veda a dispensa arbitrária ou sem justa causa nas hipóteses ali previstas (membro da CIPA e empregada gestante). A Lei Complementar 146/2014 dispõe que o direito previsto no art. 10, inciso II, alínea "b", do Ato das Disposições Constitucionais Transitórias deve ser assegurado, nos casos em que ocorrer o falecimento da genitora, a quem detiver a guarda do seu filho.

A previsão na Constituição (art. 8.º, VIII, da Constituição Federal de 1988, e art. 19 do ADCT), na lei (art. 625-B, § 1.º, da CLT; arts. 3.º, § 7.º, e 118 da Lei 8.213/1991; art. 55 da Lei 5.764/1971; art. 3.º, § 9.º, da Lei 8.036/1990) e em outras fontes formais do Direito do Trabalho, de certas estabilidades, normalmente transitórias (garantindo a permanência no emprego, por certo tempo, de trabalhadores em situações especiais), também é uma forma de concretizar o princípio da continuidade do contrato de trabalho.

2. EMPREGADO MEMBRO DA COMISSÃO DE CONCILIAÇÃO PRÉVIA

A Lei 9.958/2000, ao instituir as Comissões de Conciliação Prévia, acrescentou à CLT o art. 625-B, § 1.º

Observa-se que apenas os representantes dos empregados é que possuem a referida estabilidade provisória, e não aqueles indicados do empregador.

A previsão é de grande relevância, pois tem o objetivo de assegurar o adequado exercício da referida função de conciliador, obstando represálias do empregador.

Há entendimento de que, no caso em questão, a lei não estabelece que a falta grave deva ser apurada nos termos da lei, mas apenas indica que as hipóteses de falta grave são aquelas previstas na lei.

Para essa corrente, se o referido empregado praticou justa causa, o empregador pode dispensá-lo, independentemente do ajuizamento do inquérito para apuração de falta grave, cabendo ao empregado decidir se ajuíza ou não ação trabalhista, para discutir a dispensa.

No entanto, entende-se que o art. 625-B, § 1.º, da CLT, tal como ocorre com o dirigente sindical, exige o inquérito para apuração de falta grave para a dispensa do empregado. Tanto é assim que o referido dispositivo utiliza o termo específico "falta grave", e não simplesmente justa causa, tal como previsto no art. 494 da CLT, o qual faz a exigência do respectivo inquérito judicial para a dispensa do empregado titular da estabilidade.

O art. 625-B, § 1.º, da CLT expressamente remete à falta grave "nos termos da lei", o que só pode significar a sua *apuração nos termos da lei* (arts. 853 a 855 da CLT), pois seria redundante, inútil e desnecessário dizer o óbvio, ou seja, que as hipóteses de falta grave estão previstas em lei.

Além disso, como o art. 625-B, § 1.º, da CLT, diferentemente do art. 8.º, inciso VIII, da Constituição Federal de 1988, não faz menção à garantia de emprego a partir do registro da candidatura, há entendimento de que, quanto àquele dispositivo, a "garantia de emprego não se inicia com a candidatura, mas desde a eleição".

No entanto, entende-se que, no caso, deve prevalecer a interpretação não literal, mas teleológica, aplicando-se, quanto ao início da estabilidade provisória, o mesmo critério previsto no art. 543, § 3.º, da CLT, ou seja, da candidatura, sob pena de desestimular o trabalhador a concorrer na referida eleição a membro representante dos empregados na Comissão de Conciliação Prévia, uma vez que ficaria vulnerável a represálias do empregador por ter tomado a referida decisão.

Art. 625-C. A Comissão instituída no âmbito do sindicato terá sua constituição e normas de funcionamento definidas em convenção ou acordo coletivo.

✦ Jurisprudência

Demanda submetida ao núcleo intersindical. Validade. Aresto inespecífico. O Regional, ao concluir pela validade do acordo firmado perante o núcleo intersindical, partiu da premissa de que incidia a regra do art. 625-C da CLT, na medida em que eventual comissão de Conciliação Prévia Sindical deveria estar prevista em norma coletiva do sindicato, o que não ocorreu. Inespecífico, pois o aresto colacionado não enfrenta o fundamento do Regional. *In casu*, o paradigma colacionado adota a tese de que a transação realizada perante a Comissão de Conciliação Prévia só terá validade se esta for regularmente instituída. Não tem validade o acordo celebrado perante Comissão criada por entidade sindical que não tem legitimidade para representar os empregados da reclamada. Não configurada a especificidade, incide, portanto, a Súmula 296 do TST. Recurso de Revista não conhecido (TST, 2.ª T., RR 93000-24.2002.5.02.0060, Rel. José Simpliciano Fontes de F. Fernandes, j. 13.08.2008, *DJ* 22.08.2008).

Art. 625-D. Qualquer demanda de natureza trabalhista será submetida à Comissão de Conciliação Prévia se, na localidade da prestação de serviços, houver sido instituída a Comissão no âmbito da empresa ou do sindicato da categoria.

§ 1.º A demanda será formulada por escrito ou reduzida a termo por qualquer dos membros da Comissão, sendo entregue cópia datada e assinada pelo membro aos interessados.

§ 2.º Não prosperando a conciliação, será fornecida ao empregado e ao empregador declaração da tentativa conciliatória frustrada com a descrição de seu objeto, firmada pelos membros da Comissão, que deverá ser juntada à eventual reclamação trabalhista.

§ 3.º Em caso de motivo relevante que impossibilite a observância do procedimento previsto no *caput* deste artigo, será a circunstância declarada na petição da ação intentada perante a Justiça do Trabalho.

§ 4.º Caso exista, na mesma localidade e para a mesma categoria, Comissão de empresa e Comissão sindical, o interessado optará por uma delas para submeter a sua demanda, sendo competente aquela que primeiro conhecer do pedido.

1. SUBMISSÃO DE DEMANDAS TRABALHISTAS À COMISSÃO DE CONCILIAÇÃO PRÉVIA

A obrigatoriedade, ou não, de submeter o conflito trabalhista à Comissão de Conciliação Prévia, antes do ajuizamento da ação, é questão que gerou controvérsia. Sobre esse tema, o dispositivo que envolve maior discussão refere-se ao art. 625-D da CLT.

No âmbito do Tribunal Superior do Trabalho, havia diversos julgados defendendo a tese de que esta disposição traduz comando obrigatório, quanto à submissão de qualquer conflito individual trabalhista às Comissões de Conciliação Prévia, quando existentes na localidade, antes do ajuizamento da ação.

A favor da tese da obrigatoriedade de submissão à Comissão de Conciliação Prévia, tem-se a própria redação do art. 625-D, *caput*, apresentando o verbo no imperativo – *será* submetida, em vez de poderá ser submetida –, com o que a interpretação literal revela tratar-se de disposição cogente. Da mesma forma, o art. 625-D, § 2.º, estabelece que: "Não prosperando a conciliação, será fornecida ao empregado e ao empregador declaração da tentativa conciliatória frustrada com a descrição de seu objeto, firmada pelos membros da Comissão, que *deverá* ser juntada à eventual reclamação trabalhista" (destaquei).

De qualquer modo, também é possível o entendimento de que a passagem pela Comissão de Conciliação Prévia integra mais propriamente as condições da ação, e não os pressupostos processuais. Dentro deste enfoque, pode-se entender que se trata de condição da ação específica, ou de aspecto já incluído nas tradicionais condições da ação.

Ainda que se entenda tratar-se de condição da ação trabalhista, pode-se dizer que a passagem pela Comissão de Conciliação Prévia não é uma modalidade diversa daquelas condições já previstas na legislação processual, mas, na verdade, integra o próprio interesse processual.

O interesse de agir se desdobra na necessidade, adequação e utilidade da tutela jurisdicional. A *necessidade* desta apenas se verifica quando não é possível obter a satisfação da pretensão sem o ajuizamento da ação. Portanto, se a parte ainda não necessita da tutela jurisdicional para obter o bem jurídico, não estaria presente o interesse processual, no aspecto da necessidade do provimento jurisdicional.

Mesmo entendendo-se que a submissão do conflito individual do trabalho à Comissão de Conciliação Prévia configura ou integra uma condição da ação, havia o posicionamento de que a sua ausência também acarreta, tal como a tese do pressuposto processual, a extinção do processo sem julgamento do mérito, conforme o art. 485, inciso VI, do CPC de 2015 (art. 267, inciso VI, do CPC de 1973).

Cabe destacar, no entanto, a existência de corrente oposta àquela mencionada acima, no que tange à necessidade de submissão do conflito trabalhista à Comissão de Conciliação Prévia.

Na realidade, seguindo abalizada lição da doutrina, caso determinada condição da ação não se faça presente quando do ajuizamento da ação, mas passe a existir no momento do julgamento, não cabe ao juiz extinguir o processo sem julgamento do mérito, pois, nesse caso, a referida condição se fez presente supervenientemente, ou seja, no curso do processo.

Efetivamente, a extinção processual sem exame de mérito, quando este passa a se apresentar em condições de ser decidido, além de contrariar a economia processual, não estaria de acordo com os princípios da instrumentalidade e da efetividade da tutela jurisdicional, pois apenas com a análise da pretensão é que o conflito social pode ser realmente solucionado.

Aplicando-se estas assertivas ao caso em questão, pode-se dizer que a passagem pela Comissão de Conciliação Prévia, mesmo integrando condição da ação individual trabalhista, pode passar a existir após o ajuizamento da demanda. Quando as partes recusam as propostas de conciliação em audiência, revelando, em juízo, a impossibilidade de realização de acordo, o *interesse processual* surge de forma superveniente, passando a tutela jurisdicional a ser o único meio de satisfação da pretensão.

Assim, a resistência à pretensão, pelo réu, tornando inviável a autocomposição, acaba por evidenciar a satisfação superveniente, pelo autor, da exigência do art. 625-D da CLT, já que infrutífera a conciliação em juízo. Se as partes demonstram, no decorrer do processo, a impossibilidade de acordo, não seria razoável extinguir o processo sem julgamento do mérito para que tentem, justamente, a conciliação já rejeitada.

Registre-se que o Pleno do Supremo Tribunal Federal, em 13 de maio de 2009, nas Ações Diretas de Inconstitucionalidade 2139 e 2160, por maioria, deferiu parcialmente cautelar quanto ao art. 625-D da CLT, introduzido pelo art. 1.º da Lei 9.958/2000, para dar interpretação conforme a Constituição Federal, decidindo que as demandas trabalhistas podem ser submetidas ao Poder Judiciário antes que tenham sido analisadas por Comissão de Conciliação Prévia.

Em sintonia com o entendimento do STF, o Tribunal Superior do Trabalho, na atualidade, também tem decidido no sentido de não ser obrigatória a passagem pela Comissão de Conciliação Prévia.

O Supremo Tribunal Federal deu interpretação conforme a Constituição ao art. 625-D, §§ 1.º a 4.º, da Consolidação das Leis do Trabalho, assentando que a Comissão de Conciliação Prévia constitui *meio legítimo, mas não obrigatório*, de solução de conflitos, permanecendo o acesso à Justiça resguardado para todos os que venham a ajuizar demanda diretamente ao órgão judiciário competente (STF, Pleno, ADI 2.139/DF, ADI 2.160/DF e ADI 2.237/DF, Rel. Min. Cármen Lúcia, j. 01.08.2018).

✦ Jurisprudência

Ação Direta de Inconstitucionalidade. §§ 1.º a 4.º do art. 625-D da Consolidação das Leis do Trabalho – CLT, acrescido pela Lei n. 9.958, de 12.1.2000. Comissão de Conciliação Prévia – CCP. Suposta obrigatoriedade de antecedente submissão do pleito trabalhista à Comissão para posterior ajuizamento de reclamação trabalhista. Interpretação pela qual se permite a submissão facultativamente. Garantia do acesso à Justiça. Inc. XXXV do art. 5.º da Constituição da República. Ação julgada parcialmente procedente para dar interpretação conforme a Constituição aos §§ 1.º a 4.º do art. 652-D da Consolidação das Leis do Trabalho – CLT. 1. O Supremo Tribunal

Federal tem reconhecido, em obediência ao inc. XXXV do art. 5.º da Constituição da República, a desnecessidade de prévio cumprimento de requisitos desproporcionais ou inviabilizadores da submissão de pleito ao Poder Judiciário. 2. Contraria a Constituição interpretação do previsto no art. 625-D e parágrafos da Consolidação das Leis do Trabalho pelo qual se reconhecesse a submissão da pretensão à Comissão de Conciliação Prévia como requisito para ajuizamento de reclamação trabalhista. Interpretação conforme a Constituição da norma. 3. Art. 625-D e parágrafos da Consolidação das Leis do Trabalho: a legitimidade desse meio alternativo de resolução de conflitos baseia-se na consensualidade, sendo importante instrumento para o acesso à ordem jurídica justa, devendo ser estimulada, não consubstanciando, todavia, requisito essencial para o ajuizamento de reclamações trabalhistas. 4. Ação direta de inconstitucionalidade julgada parcialmente procedente para dar interpretação conforme a Constituição aos §§ 1.º a 4.º do art. 625-D da Consolidação das Leis do Trabalho, no sentido de assentar que a Comissão de Conciliação Prévia constitui meio legítimo, mas não obrigatório de solução de conflitos, permanecendo o acesso à Justiça resguardado para todos os que venham a ajuizar demanda diretamente ao órgão judiciário competente (STF, Pleno, ADI 2.139/DF, Rel. Min. Cármen Lúcia, *DJe* 19.02.2019).

Recurso de revista. Obrigatoriedade de submissão da demanda à Comissão de Conciliação Prévia. Art. 625-D da CLT. Pressuposto processual negativo. Imposição legal.
O art. 625-D da CLT, que prevê a submissão de qualquer demanda trabalhista às Comissões de Conciliação Prévia (quando existentes na localidade), antes do ajuizamento da reclamação trabalhista, constitui pressuposto processual negativo da ação laboral (a dicção do preceito legal é imperativa "será submetida" e não facultativa "poderá ser submetida"). Outrossim, o dispositivo em tela não atenta contra o acesso ao Judiciário, garantido pelo art. 5.º, XXXV, da Constituição Federal, uma vez que a passagem pela CCP é curta (CLT, art. 625-F), de apenas 10 dias, e a Parte pode esgrimir eventual motivo justificador do não recurso à CCP (CLT, art. 625-D, § 4.º). 'In casu', é incontroversa nos autos a existência da Comissão e o reclamante ajuizou a ação sem o comprovante de frustração da conciliação prévia (CLT, art. 625-D, § 2.º) e sem justificar o motivo da não submissão da controvérsia à CCP. Assim, a ausência injustificada do documento exigido pelo art. 625-D, § 2.º, da CLT importa na extinção do processo sem julgamento do mérito, com base no art. 267, IV, do CPC [de 1973]. Recurso de revista conhecido e provido (TST, 4.ª T., RR 2.287/2000-464-02-00.1, Rel. Min. Ives Gandra Martins Filho, j. 18.05.2005, *DJ* 10.06.2005).

Recurso de revista. Obrigatoriedade da submissão da demanda à comissão de conciliação prévia. A submissão da demanda à Comissão de Conciliação Prévia, estabelecida no art. 625-D da CLT, é obrigatória e, assim, constitui pressuposto para a constituição e desenvolvimento válido e regular do processo. Recurso de revista a que se dá provimento (TST, RR 2.335/2001-073-02-00.0, 5.ª T., Rel. Min. Gelson de Azevedo, *DJ* 02.09.2005).

Recurso de embargos. Comissão de conciliação prévia. Submissão. Obrigatoriedade. Pressuposto processual.
I – A obrigatoriedade de submeter o litígio trabalhista à Comissão de Conciliação Prévia, antes do ajuizamento da Reclamação Trabalhista, constitui pressuposto processual inscrito no artigo 625-D da CLT. Essa exigência não importa negativa de acesso à Justiça, visto que não representa ônus pecuniário para o empregado e preserva integralmente o prazo prescricional.
II – A injustificada recusa de submeter a pretensão à conciliação prévia, quando na localidade da prestação dos serviços houver sido instituída, enseja a extinção do processo sem resolução de mérito, na forma que possibilita o art. 267, inc. IV, do CPC [de 1973]. Recurso de embargos de que se conhece e a que se nega provimento (TST, E-RR 1.074/2002-071-02-00.0, Rel. Min. João Batista Brito Pereira, SBDI-I, *DJ* 19.12.2006).

Comissão de conciliação prévia. Demanda trabalhista. Submissão. Obrigatoriedade. Carência de ação.
1. A Lei 9.958/2000 introduziu na CLT o artigo 625-D, que elevou a submissão de demanda trabalhista às Comissões de Conciliação Prévia como condição necessária para o ajuizamento de ação trabalhista.
2. Assim, a ausência de provocação da Comissão de Conciliação Prévia existente, anteriormente à propositura da reclamatória, enseja extinção do processo sem julgamento do mérito.
3. Recurso de revista conhecido e provido (TST, RR 83.225/2003-900-02-00.7, 1.ª T., Rel. Min. João Oreste Dalezen, *DJ* 24.06.2005).

Legitimidade do Ministério Público do Trabalho. O fato de o processo ter sido extinto porque o empregado não se submeteu previamente à Comissão de Conciliação Prévia legitima a atuação do Ministério Público do Trabalho, que, nos presentes autos, está a garantir o amplo acesso à Justiça. **Comissão de conciliação prévia. Necessidade de a esta se submeter o litígio antes do ajuizamento da ação.** A decisão judicial que entende que a realização de Comissão de Conciliação Prévia é condição necessária para autorizar o direito de ação, por certo, viola o direito ao acesso à Justiça, resguardado pelo art. 5.º, XXXV, da Carta. Recurso de revista conhecido e provido (TST, RR 4597/2003-008-11-00.3, 2.ª T., Rel. Min. José Luciano de Castilho Pereira, *DJ* 24.06.2005).

Recurso de revista. Submissão da demanda à comissão de conciliação prévia. Exigibilidade. A previsão constante do art. 652-D da CLT tem por escopo facilitar a conciliação extrajudicial dos conflitos, com vistas a aliviar a sobrecarga do Judiciário Trabalhista fator objetivo [que] em muito tem contribuído para impactar negativamente a celeridade na entrega da prestação jurisdicional. Todavia, em contexto do qual emerge, incontroversa, a manifestação de recusa patronal à proposta conciliatória formulada em primeiro grau, milita contra os princípios informadores do processo do trabalho, notadamente os da economia e celeridade processuais, a decretação de extinção do processo já em sede extraordinária. Extinguir-se o feito em condições tais implicaria em desconsiderar absolutamente referidos princípios, bem como olvidar os enormes prejuízos advindos de tal retrocesso, tanto para a parte autora, como para a Administração Pública, ante o desperdício de recursos materiais e humanos já despendidos na tramitação da causa. Recurso de revista conhecido e desprovido (TST, RR 924/2005-491-01-00.8, 1.ª T., Rel. Min. Vieira de Mello Filho, *DJ* 15.06.2007).

Recurso de embargos regido pela Lei 11.496/2007. Submissão da demanda à Comissão de Conciliação Prévia. Faculdade. A regra inserta no art. 625-D da CLT, que prevê a submissão de qualquer demanda trabalhista às comissões de conciliação prévia, não encerra condição de procedibilidade insuperável à apresentação da ação na Justiça do Trabalho, pois mais eloquente é o princípio da inafastabilidade do controle judicial, presente no inciso XXXV do art. 5.º da Constituição Federal. Ademais, a extinção do processo sem resolução de mérito, já nesta fase extraordinária, a fim de que os litigantes retornem à comissão de conciliação prévia com o propósito de tentar um provável acordo, tendo em vista que restou infrutífera a tentativa de conciliação no juízo de origem, acarretaria o desvirtuamento dos princípios da razoabilidade, da utilidade do processo, da economia processual e do aproveitamento da parte válida dos atos. Tem-se, finalmente, que o Supremo Tribunal Federal, na decisão liminar dos Processos de Ação Direta de Inconstitucionalidade ADIn 2.139-DF e ADIn 2.160-DF, entendeu ser facultativa a submissão da demanda à comissão de conciliação prévia para efeito de ajuizamento de reclamação trabalhista. Precedentes da SBDI-1. Recurso de embargos conhecido e provido (TST, SBDI-I, E-ED-RR 130600-91.2003.5.02.0465, Rel. Min. Augusto César Leite de Carvalho, *DEJT* 19.03.2010).

✦ Súmulas, Orientações Jurisprudenciais e Precedentes Normativos

Súmula 2 do TRT 2.ª Região: Comissão de Conciliação Prévia. Extinção de processo. (Resolução Administrativa 08/2002 – *DJE* 12/11/2002, 19/11/2002, 10/12/2002 e 13/12/2002). O comparecimento perante a Comissão de Conciliação Prévia é uma faculdade assegurada ao Obreiro, objetivando a obtenção de um título executivo extrajudicial, conforme previsto pelo artigo 625-E, parágrafo único, da CLT, mas não constitui condição da ação, nem tampouco pressuposto processual na reclamatória trabalhista, diante do comando emergente do artigo 5.º, XXXV, da Constituição Federal.

Art. 625-E. Aceita a conciliação, será lavrado termo assinado pelo empregado, pelo empregador ou seu proposto e pelos membros da Comissão, fornecendo-se cópia às partes.

Parágrafo único. O termo de conciliação é título executivo extrajudicial e terá eficácia liberatória geral, exceto quanto às parcelas expressamente ressalvadas.

1. TERMO DE CONCILIAÇÃO

O art. 625-E dispõe sobre o alcance da quitação decorrente do termo de conciliação firmado perante a CCP.

Como se nota, a previsão legal é no sentido de que a mencionada quitação tem "eficácia liberatória geral, exceto quanto às parcelas expressamente ressalvadas", além de constituir título executivo extrajudicial (art. 876, *caput*, da CLT).

Entende-se que a conciliação obtida perante a Comissão de Conciliação Prévia, em tese, alcança a matéria que foi objeto dessa transação extrajudicial (autorizada por lei), salvo expressa previsão em contrário no termo de conciliação, desde que manifestada de forma lícita, hígida e sem o intuito de fraude (art. 9.º da CLT). A respeito do tema, cf. TST, 8.ª T., AIRR 10354-83.2013.5.18.0008, Rel. Min. Dora Maria da Costa, *DEJT* 22.03.2016.

A mencionada eficácia liberatória geral do termo refere-se ao objeto da conciliação. Cf. TST, SBDI-I, E-ED RR 307-50.2012.5.04.0404, Rel. Min. Alberto Luiz Bresciani de Fontan

Pereira, *DEJT* 19.02.2021. Nesse sentido, segundo entendimento firmado pelo Supremo Tribunal Federal: "a 'eficácia liberatória geral', prevista na regra do parágrafo único do art. 625-E da CLT, diz respeito aos valores discutidos em eventual procedimento conciliatório, não se transmudando em quitação geral e indiscriminada de verbas trabalhistas" (STF, Pleno, ADI 2.237/DF, Rel. Min. Cármen Lúcia, *DJe* 20.02.2019).

✦ Jurisprudência

Título executivo extrajudicial com eficácia liberatória geral. Efeitos incidentes tão somente sobre as verbas discutidas em sede conciliatória. Validade da convolação do termo em quitação apenas de verbas trabalhistas sobre as quais ajustadas as partes. [...] 4. A interpretação sistemática das normas controvertidas nesta sede de controle abstrato conduz à compreensão de que a 'eficácia liberatória geral', prevista na regra do parágrafo único do art. 625-E da CLT, diz respeito aos valores discutidos em eventual procedimento conciliatório, não se transmudando em quitação geral e indiscriminada de verbas trabalhistas. 5. A voluntariedade e a consensualidade inerentes à adesão das partes ao subsistema implantado pelo Título VI-A da Consolidação das Leis do Trabalho, no qual se reconheceu a possibilidade de instituição de Comissão de Conciliação Prévia, torna válida a lavratura do termo de conciliação sob a forma de título executivo extrajudicial com eficácia liberatória geral pertinente às verbas acordadas. Validade da norma com essa interpretação do objeto cuidado (STF, Pleno, ADI 2.237/DF, Rel. Min. Cármen Lúcia, *DJe* 20.02.2019).

Acordo firmado perante a Comissão de Conciliação Prévia. Eficácia liberatória. Alcance. 1. A Eg. 5.ª Turma deu provimento ao recurso de revista da reclamada, para, "reconhecendo a eficácia liberatória geral do acordo homologado perante a Comissão de Conciliação Prévia, extinguir o processo". 2. O art. 625-E, parágrafo único, da CLT dispõe que "o termo de conciliação é título executivo extrajudicial e terá eficácia liberatória geral, exceto quanto às parcelas expressamente ressalvadas". Quanto a esse dispositivo de lei, o Plenário do Supremo Tribunal Federal, no julgamento da ADI 2.237/DF, concluiu que "a eficácia liberatória geral do termo neles contido está relacionada ao que foi objeto da conciliação. Diz respeito aos valores discutidos e não se transmuta em quitação geral e indiscriminada de verbas trabalhistas" (*DJE* 20.2.2019). Da leitura do acórdão do STF, conclui-se que a norma foi considerada válida pelo Colegiado e que a palavra "geral" se refere ao que foi objeto de conciliação. 3. Assim, no caso dos autos, em que as partes acordaram que, "com o recebimento do valor deste acordo o empregado demandante dá plena quitação dos valores e parcelas expressamente consignadas no presente termo", que equivale a ressalva, não há como se falar em quitação geral do contrato de trabalho, limitando-se a eficácia liberatória do acordo celebrado perante a CCP às parcelas consignadas no termo de quitação. Precedentes desta Subseção. Recurso de embargos conhecido e provido (TST, SBDI-I, E-ED-RR-307-50.2012.5.04.0404, Rel. Min. Alberto Luiz Bresciani de Fontan Pereira, *DEJT* 19.02.2021).

Recurso de embargos. Vigência da Lei n.º 11.496/2007. Comissão de Conciliação Prévia. Termo lavrado. Eficácia liberatória. Quitação. Abrangência. Não há como limitar os efeitos liberatórios do termo de conciliação firmado perante a comissão de conciliação prévia quando não há nele qualquer ressalva expressa, sob pena de se negar vigência a dispositivo de lei (CLT, artigo 625-E, parágrafo único). De tal forma, o termo de conciliação lavrado no âmbito da respectiva comissão de conciliação prévia, regularmente constituída, sem notícia de vício de consentimento, tem eficácia liberatória geral, excetuando-se apenas as parcelas ressalvadas expressamente. Precedentes da c. SDI-1. Recurso de embargos conhecido e provido (TST, SBDI-I, E-RR-17400-43.2006.5.01.0073, Rel. Min. Aloysio Corrêa da Veiga, *DEJT* 17.05.2013).

Comissão de Conciliação Prévia. Eficácia liberatória do termo de acordo. Quitação ampla do contrato de trabalho. A decisão recorrida revela sintonia com a jurisprudência desta Corte, segundo a qual o acordo firmado na Comissão de Conciliação Prévia (CCP) possui eficácia liberatória geral quando não há ressalva de parcelas, nos termos do art. 625-E da CLT. O quadro fático delineado pelo TRT demonstra que não foi comprovado vício de vontade do reclamante ou indução a erro capaz de anular o ajuste. Ademais, não houve registro por parte do Regional da existência de nenhuma ressalva no termo de acordo firmado pelo reclamante na CCP. Nesse contexto, não há como afastar a validade do acordo, o qual possui eficácia liberatória geral e inviabiliza a pretensão veiculada pelo reclamante. Agravo de instrumento conhecido e não provido (TST, 8.ª T., AIRR 10354-83.2013.5.18.0008, Rel. Min. Dora Maria da Costa, *DEJT* 22.03.2016).

✦ Súmulas, Orientações Jurisprudenciais e Precedentes Normativos

Súmula 330 do TST: Quitação passada pelo empregado, com assistência de entidade sindical de sua categoria, ao empregador. Eficácia. A quitação passada pelo empregado, com assistência de entidade sindical de sua categoria, ao empregador, com observância dos requisitos exigidos nos parágrafos do art. 477 da CLT, tem eficácia liberatória em relação às parcelas expressamente consignadas no recibo, salvo se oposta ressalva expressa e especificada ao valor dado à parcela ou parcelas impugnadas. I – A quitação não abrange parcelas não consignadas no recibo de quitação e, consequentemente, seus reflexos em outras parcelas, ainda que estas constem desse recibo. II – Quanto a direitos que deveriam ter sido satisfeitos durante a vigência do contrato de trabalho, a quitação é válida em relação ao período expressamente consignado no recibo de quitação.

Orientação Jurisprudencial 270 da SBDI-I do TST: Programa de incentivo à demissão voluntária. Transação extrajudicial. Parcelas oriundas do extinto contrato de trabalho. Efeitos. A transação extrajudicial que importa rescisão do contrato de trabalho ante a adesão do empregado a plano de demissão voluntária implica quitação exclusivamente das parcelas e valores constantes do recibo.

✦ Referência legislativa

- Art. 878 desta Consolidação.

Art. 625-F. As Comissões de Conciliação Prévia têm prazo de dez dias para a realização da sessão de tentativa de conciliação a partir da provocação do interessado.

Parágrafo único. Esgotado o prazo sem a realização da sessão, será fornecida, no último dia do prazo, a declaração a que se refere o § 2.º do art. 625-D.

1. PRAZO PARA TENTATIVA DE CONCILIAÇÃO

Se a Comissão de Conciliação Prévia não realizar a tentativa de conciliação em 10 dias, o interessado pode ajuizar a ação trabalhista, juntando a declaração nesse sentido, prevista no art. 625-D, § 2.º, da CLT.

✦ Jurisprudência

Recurso de embargos. Prescrição. Comissão de conciliação prévia. Artigo 625-G da CLT. Suspensão do prazo prescricional. O prazo de dez dias previsto no art. 625-F da CLT é dirigido à Comissão de Conciliação Prévia, com o fim de dar maior celeridade à tentativa de conciliação, e não à parte que a provocou. Por esse motivo, não há razoabilidade em se concluir que a suspensão do prazo prescricional previsto no art. 625-G da CLT esteja limitada àqueles dez dias. Uma vez elastecido o período entre a submissão da demanda à CCP e a data em que foi lavrado o termo de conciliação frustrada, todo esse tempo deve ser computado para efeito de suspensão do prazo prescricional, sob pena de penalizar a parte que optou em buscar a conciliação. Recurso de embargos conhecido e provido (TST, SBDI–I, E-RR 23400-29.2008.5.04.0001, Rel. Aloysio Corrêa da Veiga, j. 21.03.2013, *DEJT* 05.04.2013).

Art. 625-G. O prazo prescricional será suspenso a partir da provocação da Comissão de Conciliação Prévia, recomeçando a fluir, pelo que lhe resta, a partir da tentativa frustrada de conciliação ou do esgotamento do prazo previsto no art. 625-F.

1. PRESCRIÇÃO

A prescrição atinge a pretensão de natureza condenatória, a ser normalmente exercida por meio da respectiva ação judicial.

Os prazos de natureza prescricional podem ser suspensos e interrompidos (uma vez, conforme art. 202, *caput*, do CC/2002), de acordo com os arts. 197 a 204 do Código Civil em vigor, merecendo destaque, ainda, o art. 625-G da CLT, a Súmula 268 do TST, o parágrafo único do art. 10 da Lei 5.889/1973 e o art. 440 da CLT.

✦ Súmulas, Orientações Jurisprudenciais e Precedentes Normativos

Súmula 268 do TST: Prescrição. Interrupção. Ação trabalhista arquivada. A ação trabalhista, ainda que arquivada, interrompe a prescrição somente em relação aos pedidos idênticos (redação determinada pela Resolução 121/2003).

✦ Referências legislativas

- Art. 7.º, XXIX, da CF.
- Art. 11 desta Consolidação.

Art. 625-H. Aplicam-se aos Núcleos Intersindicais de Conciliação Trabalhista em funcionamento ou que vierem a ser criados, no que couber, as disposições previstas neste Título, desde que observados os princípios da paridade e da negociação coletiva na sua constituição.

1. NÚCLEOS INTERSINDICAIS DE CONCILIAÇÃO

Antes da Lei 9.958, de 12 de janeiro de 2000, que prevê as Comissões de Conciliação Prévia, alguns sindicatos já haviam instituído Núcleos Intersindicais de Conciliação, ou mesmo podem ser instituídos após a mencionada lei. Quanto a estes Núcleos, aplicam-se as previsões dos arts. 625-A até 625-G, da CLT, desde que exista paridade de representantes de empregados e empregadores e a sua instituição seja decorrente de negociação coletiva de trabalho, com previsão em convenção ou acordo coletivo.

✦ Jurisprudência

Submissão à Comissão de Conciliação Prévia. Pressuposto de validade processual. Inconstitucionalidade. A matéria já foi objeto de decisão em controle abstrato de constitucionalidade pelo Supremo Tribunal Federal, possuindo, portanto, efeito vinculante frente aos demais órgãos do Poder Judiciário. Nas Ações Diretas de Inconstitucionalidade de números 2.139 e 2.160, o STF decidiu que arts. 625-D e 625-H da CLT infringem a Constituição Federal, em seu art. 5.º, XXXV, pelo que a exigência de submissão à comissão de conciliação prévia como pressuposto processual afigura-se inconstitucional (TRT da 5.ª Região, 5.ª T., 0159200-85.2009.5.05.0641, *DJ* 14.12.2010).

TÍTULO VII – DO PROCESSO DE MULTAS ADMINISTRATIVAS

CAPÍTULO I – DA FISCALIZAÇÃO, DA AUTUAÇÃO E DA IMPOSIÇÃO DE MULTAS

Art. 626. Incumbe às autoridades competentes do Ministério do Trabalho, Indústria e Comércio, ou àquelas que exerçam funções delegadas, a fiscalização do fiel cumprimento das normas de proteção ao trabalho.

Parágrafo único. Os fiscais dos Institutos de Seguro Social e das entidades paraestatais em geral dependentes do Ministério do Trabalho, Indústria e Comércio serão competentes para a fiscalização a que se refere o presente artigo, na forma das instruções que forem expedidas pelo Ministro do Trabalho, Indústria e Comércio.

1. FISCALIZAÇÃO DO TRABALHO

O ordenamento jurídico trabalhista, fundado nos princípios da proteção e da irrenunciabilidade, é composto por diversas normas de ordem pública, obstando condutas que objetivem afastar a aplicação do Direito do Trabalho (CLT, arts. 9.º, 444 e 468).

A natureza cogente das suas normas é confirmada quando se nota que a Administração Pública do Trabalho tem o dever de *fiscalizar* o seu cumprimento, sancionando, orientando e regularizando, quando possível, as condutas contrárias à legislação trabalhista.

De acordo com o art. 21, inciso XXIV, da Constituição Federal de 1988, compete à União organizar, manter e executar a inspeção do trabalho.

Trata-se, portanto, de atividade de natureza administrativa, exercida pelo Estado, por meio dos órgãos competentes da Administração Pública Federal.

Nesse sentido, o art. 626 da CLT estabelece incumbir às autoridades competentes do Ministério do Trabalho a fiscalização do fiel cumprimento das normas de proteção ao trabalho.

Compete ao Ministério do Trabalho e Previdência a fiscalização do cumprimento do Programa de Seguro-Desemprego e do abono salarial, bem como do pagamento, pelas empresas, da bolsa de qualificação profissional de que trata o art. 2.º-A da Lei 7.998/1990[200], ou de benefícios de programas instituídos para promover a manutenção de empregos ou a qualificação de trabalhadores, custeados com recursos do Fundo de Amparo ao Trabalhador – FAT (art. 23 da Lei 7.998/1990, com redação dada pela Lei 14.261/2021).

Compete exclusivamente aos Auditores-Fiscais do Trabalho do Ministério do Trabalho e Previdência, autoridades trabalhistas no exercício de suas atribuições legais, nos termos do disposto na Lei 10.593/2002, a fiscalização do cumprimento das normas de proteção ao trabalho e de saúde e segurança no trabalho (art. 16 do Decreto 10.854/2021).

Esse dispositivo deve ser interpretado de forma sistemática e harmônica com outros preceitos normativos, sem afastar as atribuições do Ministério Público do Trabalho, as quais têm fundamento constitucional (arts. 127, 128, inciso I, alínea "b", e 129 da Constituição da República).

Nesse sentido, incumbe ao Ministério Público do Trabalho exercer, entre outras, as seguintes funções institucionais: instaurar inquérito civil e outros procedimentos administrativos, sempre que cabíveis, para assegurar a observância dos direitos sociais dos trabalhadores; requisitar à autoridade administrativa federal competente, dos órgãos de proteção ao trabalho, a instauração de procedimentos administrativos, podendo acompanhá-los e produzir provas; exercer outras atribuições que lhe forem conferidas por lei, desde que compatíveis com sua finalidade (art. 84, incisos II, III e V, da Lei Complementar 75/1993).

A autoridade nacional, as autoridades máximas regionais e as autoridades regionais em matéria de inspeção do trabalho serão Auditores-Fiscais do Trabalho (art. 17 do Decreto 10.854/2021).

---

200 Cf. art. 476-A, § 7.º, da CLT.

A Subsecretaria de Inspeção de Trabalho da Secretaria de Trabalho do Ministério do Trabalho e Previdência receberá denúncias sobre irregularidades trabalhistas e pedidos de fiscalização por meio de canais eletrônicos (art. 18 do Decreto 10.854/2021). Na impossibilidade de uso ou acesso aos mencionados canais eletrônicos, podem ser admitidos outros meios para recebimento de denúncias sobre irregularidades trabalhistas.

Cabe ao Ministério do Trabalho e Previdência definir os critérios para criação e manutenção de Gerências Regionais do Trabalho e Agências Regionais do Trabalho das Superintendências Regionais do Trabalho, observado o quantitativo de unidades previsto na estrutura organizacional, de modo a considerar os aspectos indicados no art. 185 do Decreto 10.854/2021.

A Portaria 548/2021 do Ministério do Trabalho e Previdência consolida disposições sobre assuntos de organização administrativa relativos às unidades vinculadas ao Ministério do Trabalho e Previdência no que concerne a: I – localização das Gerências Regionais do Trabalho e das Agências Regionais do Trabalho das Superintendências Regionais do Trabalho, com as respectivas vinculações administrativas; II – definição de critérios para a alocação de Gerências Regionais do Trabalho e de Agências Regionais do Trabalho das Superintendências Regionais do Trabalho.

A Convenção 81 da Organização Internacional do Trabalho, de 1947, sobre inspeção do trabalho, aprovada pelo Decreto Legislativo 24/1956, promulgada por ato do Poder Executivo federal e consolidada pelo Decreto 10.088/2019, no art. 6.º, dispõe que o pessoal da inspeção deve ser composto de funcionários públicos sujo estatuto e condições de serviços lhes assegurem a estabilidade nos seus empregos e os tornem independentes de qualquer mudança de governo ou de qualquer influência externa indevida.

Logo, os Auditores-Fiscais do Trabalho, que exercem a inspeção do trabalho, devem ser servidores nomeados para cargo de provimento efetivo em virtude de concurso público (art. 41 da Constituição Federal de 1988).

De acordo com o art. 2.º do Regulamento da Inspeção do Trabalho (Decreto 4.552/2002), compõem o Sistema Federal de Inspeção do Trabalho: I – Autoridades de direção nacional, regional ou local (aquelas indicadas em leis, regulamentos e demais atos atinentes à estrutura administrativa do Ministério do Trabalho); II – Auditores-Fiscais do Trabalho; III – Agentes de Higiene e Segurança do Trabalho, em funções auxiliares de inspeção do trabalho.

A Instrução Normativa 2/2021 do Ministério do Trabalho e Previdência dispõe sobre os procedimentos a serem observados pelos Auditores-Fiscais do Trabalho no que se refere a: I – fiscalização do registro de empregados; II – fiscalização indireta; III – fiscalização do pagamento de salário; IV – fiscalização em microempresa e empresas de pequeno porte; V – trabalho em condição análoga à de escravo; VI – fiscalização do trabalho infantil e do adolescente trabalhador; VII – fiscalização do cumprimento das normas relativas à aprendizagem profissional; VIII – fiscalização da inclusão no trabalho das pessoas com deficiência e beneficiários da Previdência Social reabilitados; IX – fiscalização das normas de proteção ao trabalho doméstico; X – fiscalização do trabalho rural; XI – fiscalização do trabalho temporário; XII – fiscalização da prestação de serviços a terceiros; XIII – fiscalização do trabalho de regime de turnos ininterruptos de revezamento; XIV – procedimento especial para a ação fiscal; XV – fiscalização do trabalho portuário e aquaviário; XVI – análise de acidentes de trabalho; XVII – avaliação das concentrações de benzeno em ambientes de trabalho; XVIII – procedimento de apreensão, guarda e devolução de materiais, livros, papéis, arquivos, documentos e assemelhados de empregadores, no curso da ação fiscal; XIX – cumprimento do Programa de Alimentação do Trabalhador; XX – fiscalização do Fundo de Garantia do Tempo de Serviço (FGTS) e da contribuição social.

A Instrução Normativa 3/2021 do Ministério do Trabalho e Previdência dispõe sobre os procedimentos a serem observados pelos Auditores-Fiscais do Trabalho no que se refere a: I – concessão de indenização de transporte; II – concessão de afastamento para a realização de ação de desenvolvimento por Auditor-Fiscal do Trabalho; III – monitoramento e controle do desempenho individual, da execução de atividades e projetos e do desempenho das unidades descentralizadas de inspeção do trabalho como instrumento de gestão.

2. FISCALIZAÇÃO DO TRABALHO E JURISDIÇÃO

A fiscalização das condições de trabalho, ainda que atividade estatal, não possui natureza jurisdicional, mas sim administrativa. Portanto, a garantia constitucional do controle jurisdicional estará franqueada àquele que sofrer lesão ou ameaça de lesão a direito (Constituição Federal de 1988, art. 5.º, inciso XXXV).

O direito à tutela jurisdicional, não obstante, não afasta o poder-dever da Administração Pública de fiscalizar o cumprimento das normas de proteção do trabalho (CLT, art. 626).

Mesmo sendo o fato (como a própria existência de contrato de trabalho) objeto de controvérsia entre a Administração Pública e o particular, aquela pode e tem o dever de aplicar, no âmbito administrativo, as normas pertinentes. Ou seja, a lavratura de auto de infração, por exemplo, fundado em ausência de registro do empregado, é atividade administrativa em princípio lícita e possível, ainda que o particular discorde da conclusão nele lançada.

A competência da Justiça do Trabalho para reconhecer a relação de emprego, prevista no art. 114 da Constituição Federal de 1988, refere-se ao exercício de atividade jurisdicional por esse ramo do Poder Judiciário. Como a atividade da inspeção do trabalho não é jurisdicional, esse dispositivo (que regula distribuição de jurisdição) a ela não se contrapõe.

Se ao Auditor-Fiscal do Trabalho incumbe "a fiscalização do fiel cumprimento das normas de proteção do trabalho" (CLT, art. 626), detectando a existência de contrato de trabalho sem a observância de regras essenciais (como o registro e a anotação na CTPS), cabe a este agente estatal aplicar as sanções previstas em lei para a hipótese. Trata-se de poder-dever, a ser exercido por meio de atividade administrativa vinculada (art. 628, *caput*, da CLT).

Não se pode confundir os conceitos de jurisdição e de administração. No âmbito de uma *ação* trabalhista, entre trabalhador e pretenso empregador, é certo que a Justiça do Trabalho é competente para *julgar* o pedido relativo à existência de contrato de trabalho, em decisão apta a fazer coisa julgada, tornando-se imutável entre as partes da relação jurídica processual. A fiscalização de condições de trabalho, por sua vez, não se refere a uma ação judicial, sendo que a Administração Pública, no caso, pode (*rectius*: deve) aplicar as normas legais cabíveis, independentemente de prévia manifestação judicial a respeito.

Como é evidente, a previsão do art. 39, *caput*, da CLT em nada altera as conclusões acima, pois incide apenas nas hipóteses em que o próprio empregado apresenta "reclamação por falta ou recusa de anotação da CTPS" ao Ministério do Trabalho. Somente nesse caso peculiar, de "reclamação" administrativa oferecida pelo próprio empregado, perante a Superintendência

Regional do Trabalho ou órgão autorizado (conforme previsão do art. 36 da CLT)[201], é que, se o empregador alegar a inexistência de relação de emprego, "será o processo encaminhado à Justiça do Trabalho", passando a seguir como ação trabalhista.

Diante da lavratura de auto de infração pelo agente de inspeção do trabalho, ou de ato administrativo proferido, caso o autuado ou o particular discorde da conclusão nele lançada, terá o direito à ampla defesa não só na via administrativa (Constituição Federal de 1988, art. 5.º, inciso LV, e CLT, arts. 629, § 3.º, 632, 633, 635 e seguintes da CLT), mas será resguardado o acesso ao Poder Judiciário, podendo discutir, no âmbito jurisdicional, a legalidade do ato administrativo praticado.

Como a organização, a manutenção e a execução da inspeção do trabalho são da competência da União, a fiscalização do trabalho, exercida pelas autoridades competentes do Ministério do Trabalho, é de âmbito federal. Portanto, nas ações judiciais pertinentes à imposição de penalidades administrativas pelos órgãos de inspeção do trabalho, tem-se a presença da União no processo.

✦ Jurisprudência

Possibilidade de o auditor-fiscal do trabalho reconhecer a configuração de vínculo empregatício após a constatação de irregularidade na contratação de trabalhadores. Inocorrência de invasão de competência da Justiça do Trabalho. A fiscalização do fiel cumprimento das normas de proteção ao trabalho (CLT, art. 626) cabe ao auditor-fiscal do trabalho ou às autoridades que exerçam funções delegadas, sob pena de responsabilidade administrativa (CLT, art. 628). Assim, esse servidor público, ao lavrar o auto de infração, nada mais fez do que agir em conformidade e dentro dos limites legais que lhe atribuem competência quando verificada a infração à legislação trabalhista. Ademais, a jurisprudência desta Corte Superior firmou o entendimento de que o Auditor-Fiscal possui competência não somente para constatar violações dos direitos trabalhistas, mas também para verificar a própria existência da relação de emprego. Precedentes. Recurso de revista não conhecido (TST, 3.ª T., RR-261400-27.2009.5.09.0004, Rel. Min. Alexandre de Souza Agra Belmonte, *DEJT* 28.10.2016).

2. Ação anulatória. Auto de infração. Fraude na contratação de trabalhadores temporários. Competência da Justiça do Trabalho. Ausência de violação do art. 114 da CF/88. A atuação do auditor fiscal do trabalho não invade a competência da Justiça trabalhista insculpida no art. 114, I, da CF/88, pois o poder-dever do auditor fiscal quanto à fiscalização do cumprimento das normas trabalhistas fundamenta-se no poder de polícia administrativo – prerrogativa estatal destinada a condicionar e a restringir a fruição de bens, atividades e direitos em prol do interesse público -, lastreado eminentemente nas competências da União insculpidas no art. 21 da CF/88 e no art. 628 da CLT. Este poder de polícia não se confunde com a função jurisdicional outorgada ao Poder Judiciário pela Carta Magna. Ademais, a conduta do auditor fiscal trabalhista – justamente por não possuir a característica de jurisdição -, não se reveste de definitividade, podendo, dessa maneira, sempre ser revista pelo Poder Judiciário, à luz da inafastabilidade da tutela jurisdicional (art. 5.º, XXXV, da CF/88). Nesse contexto, resguardado o exercício do mister conferido ao auditor fiscal do trabalho, tem-se que a solução de controvérsias relacionadas à validade do auto de infração por ele lavrado encontra-se afeta à competência jurisdicional da Justiça do Trabalho, nos moldes do art. 114, VII, da Constituição Federal. Trata-se, portanto, de atribuições e competências que não se confundem. **3. Auto de infração. Fraude na contratação de trabalhadores temporários. Competência do auditor fiscal do trabalho.** O Poder Executivo tem a competência e o dever de assegurar a fiel execução das leis no País (art. 84, IV, CF), função que realiza, no âmbito juslaborativo, entre outras medidas e instituições, mediante a competência explícita da União para organizar, manter e executar

[201] As Delegacias Regionais do Trabalho (DRTs) são atualmente denominadas Superintendências Regionais do Trabalho. As Subdelegacias do Trabalho, por sua vez, passaram a ser chamadas de Gerências Regionais do Trabalho e Agências Regionais do Trabalho. Às Superintendências Regionais do Trabalho, unidades descentralizadas, compete executar, supervisionar e monitorar ações relacionadas a políticas públicas relativas ao Ministério do Trabalho na sua área de circunscrição, especialmente as de: I – fomento ao trabalho, ao emprego e à renda; II – apoio à coordenação nacional do Sistema Nacional de Emprego (Sine); III – acompanhamento e articulação da política de economia popular e solidária; IV – fiscalização do trabalho, da mediação e da arbitragem em negociação coletiva; V – melhoria contínua nas relações de trabalho e na orientação e no apoio ao cidadão (art. 36 do Decreto 11.779/2023).

a inspeção do trabalho (art. 21, XXIV, CF). O Auditor Fiscal do Trabalho, como qualquer autoridade de inspeção do Estado (inspeção do trabalho, inspeção fazendária, inspeção sanitária, etc.), tem o poder e o dever de examinar os dados da situação concreta posta à sua análise, durante a inspeção, verificando se ali há (ou não) cumprimento ou descumprimento das respectivas leis federais imperativas. Na hipótese da atuação do Auditor Fiscal do Trabalho, este pode (e deve) examinar a presença (ou não) de relações jurídicas enquadradas nas leis trabalhistas e se estas leis estão (ou não) sendo cumpridas no caso concreto, aplicando as sanções pertinentes, respeitado o critério da dupla visita. Se o empregador mantém trabalhador irregular, ofende o art. 41 da CLT, referente à obrigatoriedade de mantença dos livros de registros de empregados. Desse modo, não se pode concordar com a tese exposta pela Autora de não caber à Auditoria Fiscal Trabalhista decidir sobre a existência ou inexistência de relação de emprego e de questões dela decorrentes, por ser isso, supostamente, exclusivo do Judiciário Trabalhista, já que analisar a situação fática e realizar seu enquadramento no Direito é tarefa de qualquer órgão fiscalizador do Estado, em sua atribuição constitucional de fazer cumprir as leis do País. Não há qualquer restrição na ordem jurídica quanto à possibilidade de o órgão fiscalizador verificar a presença dos elementos caracterizadores da relação de emprego. No caso concreto, verifica-se que o Regional manteve a sentença, que declarou a validade do Auto de Infração, pois foi constatado o descumprimento do artigo 41 da CLT. O acórdão regional consignou que a fiscalização verificou a ilicitude na prestação de serviços de 431 trabalhadores temporários no estabelecimento. Nesse aspecto, constitui múnus público do Auditor Fiscal do Trabalho identificar a presença (ou não) de relações jurídicas enquadradas nas leis trabalhistas para, em caso de descumprimento, aplicar as sanções cabíveis, máxime porque o auto de infração lavrado ostenta presunção de legalidade e veracidade, cabendo, então, à Autora comprovar, cabalmente, que o desempenho das atividades pelos prestadores de serviço em seu estabelecimento era legal e regular. Em não havendo tal prova nos autos, e diante da ilicitude constatada, o Auto de Infração mencionado encontra-se respaldado legalmente (TST, 3.ª T., AIRR-927-22.2013.5.04.0018, Rel. Min. Mauricio Godinho Delgado, *DEJT* 25.11.2016).

Fiscalização do trabalho. Possibilidade de reconhecimento de vínculo de emprego quando constatados os elementos fáticos. O art. 628 da CLT, inserto no Capítulo intitulado "Da Fiscalização, Da Autuação e Da Imposição de Multas", é de clareza solar ao dispor que "a toda verificação em que o Auditor Fiscal do Trabalho concluir pela existência de violação de preceito legal deve corresponder, sob pena de responsabilidade administrativa, a lavratura de auto de infração". Soma-se a isto o disposto no art. 9.º da CLT, localizado na Introdução da Consolidação (portanto verdadeira norma geral de Direito do Trabalho), prevendo a nulidade de pleno direito dos atos praticados com o objetivo de desvirtuar, impedir ou fraudar a aplicação dos seus preceitos. Ora, a nulidade "pleno jure" é exatamente aquela que se opera de imediato, sem qualquer necessidade de pronunciamento prévio do Judiciário, que, quando analisar eventual demanda respectiva, proferirá decisão declaratória, nunca constituindo a partir daí a existência ou não de vínculo de emprego (do contrário não se poderia cogitar de efeitos retroativos, inclusive com anotação da CTPS e determinação de recolhimentos previdenciários). Portanto, chega-se à conclusão de que a previsão do art. 39/CLT é exclusivamente destinada à hipótese em que o próprio empregado apresentou reclamação ao Ministério do Trabalho (nos termos do art. 36/CLT) e, caso o empregador alegue inexistência de relação de emprego, o processo será remetido à Justiça do Trabalho, seguindo como um dissídio individual comum, tendo como reclamante o empregado. Na hipótese de o fiscal do trabalho, por dever de ofício, comparecer ao local de trabalho e verificar a existência de relação de emprego, não se poderia cogitar de envio do processo administrativo à Justiça do Trabalho, pois que ausente estaria o seu autor, elemento sem o qual a ação é inexistente. Nem se pode imaginar, ainda, que o fiscal do trabalho teria legitimidade anômala, verdadeira substituição processual, sem qualquer autorização em lei para tanto, para pleitear em Juízo direito alheio eminentemente individual. A jurisprudência reconhece até mesmo ao fiscal do INSS tal prerrogativa, razão pela qual retirá-la do fiscal do trabalho seria um contrassenso, reduzindo demasiadamente o seu campo de atuação, afastando-se do escopo principal do instituto da fiscalização trabalhista que é justamente fazer cumprir as normas de proteção ao trabalho (TRT da 3.ª Região, 3.ª T., RO 00465-2005-047-03-00-0, Rel. Juíza Maria Cristina Diniz Caixeta, *DJMG* 17.09.2005).

✦ Referência legislativa

- Art. 21, XXIV, da CF.

Art. 627. A fim de promover a instrução dos responsáveis no cumprimento das leis de proteção do trabalho, a fiscalização deverá observar o critério de dupla visita nos seguintes casos:

a) quando ocorrer promulgação ou expedição de novas leis, regulamentos ou instruções ministeriais, sendo que, com relação exclusivamente a esses atos, será feita apenas a instrução dos responsáveis;

b) em se realizando a primeira inspeção dos estabelecimentos ou dos locais de trabalho, recentemente inaugurados ou empreendidos.

1. DUPLA VISITA

A Lei 7.855, de 24 de outubro de 1989, no art. 6.º, § 3.º, acrescentou que deve ser observado o critério de dupla visita nas empresas com até 10 empregados, salvo quando for constatada infração por falta de registro de empregado, anotação de sua Carteira de Trabalho e Previdência Social e na ocorrência de fraude, resistência ou embaraço à fiscalização.

Na empresa que for autuada depois de se ter obedecido ao disposto acima, não será mais observado o critério da dupla visita em relação ao dispositivo infringido (art. 6.º, § 4.º, da Lei 7.855/1989).

A Lei Complementar 123, de 14 de dezembro de 2006, no art. 55, *caput*, com redação dada pela Lei Complementar 155/2016, prevê que a fiscalização, no que se refere aos aspectos trabalhista, metrológico (ou seja, relativo a pesos e medidas), sanitário, ambiental, de segurança, de relações de consumo e de uso e ocupação do solo das microempresas e das empresas de pequeno porte, deverá ser prioritariamente orientadora quando a atividade ou situação, por sua natureza, comportar grau de risco compatível com esse procedimento. Para as microempresas e empresas de pequeno porte, deve ser observado o critério de dupla visita para lavratura de autos de infração, salvo quando for constatada infração por falta de registro de empregado ou anotação da Carteira de Trabalho e Previdência Social – CTPS, ou, ainda, na ocorrência de reincidência, fraude, resistência ou embaraço à fiscalização (art. 55, § 1.º, da Lei Complementar 123/2006).

Cabe aos órgãos e entidades competentes definir as atividades e situações cujo grau de risco seja considerado alto, as quais não se sujeitam ao disposto no art. 55 da Lei Complementar 123/2006 (art. 55, § 3.º, da Lei Complementar 123/2006).

Nesse contexto, os arts. 309 e 310 da Portaria 671/2021 do Ministério do Trabalho e Previdência estabelecem as situações que, por sua natureza, não sujeitam as microempresas e empresas de pequeno porte à fiscalização prioritariamente orientadora, prevista no art. 55 da Lei Complementar 123/2006.

Sendo assim, o benefício da dupla visita não será aplicado quando constatado trabalho em condições análogas às de escravo ou trabalho infantil, bem como para as infrações relacionadas a:

I – atraso no pagamento de salário;

II – acidente de trabalho, no que tange aos fatores diretamente relacionados ao evento, com consequência: a) significativa: lesão à integridade física ou à saúde, que implique em incapacidade temporária por prazo superior a 15 dias; b) severa: que prejudique a integridade física ou a saúde, que provoque lesão ou sequela permanentes; ou c) fatal;

III – risco grave e iminente à segurança e saúde do trabalhador, conforme irregularidades indicadas em relatório técnico, nos termos da Norma Regulamentadora 3, aprovada pela Portaria 1.068/2019;

IV – descumprimento de embargo ou interdição (art. 310 da Portaria 671/2021 do Ministério do Trabalho e Previdência).

O § 2.º do art. 47 da CLT, acrescentado pela Lei 13.467/2017, dispõe que a infração relativa ao empregador que mantiver empregado não registrado constitui exceção à dupla visita.

A infração de que trata o art. 29-A da CLT, sobre anotação da data de admissão, da remuneração e das condições especiais, se houver, na CTPS do empregado pelo empregador, constitui exceção ao critério da dupla visita (art. 29-A, § 2.º, da CLT, incluído pela Lei 14.438/2022).

Mesmo em se tratando de contrato de trabalho doméstico, é de responsabilidade do empregador o arquivamento de documentos comprobatórios do cumprimento das obrigações fiscais, trabalhistas e previdenciárias, enquanto essas não prescreverem (art. 42 da Lei Complementar 150/2015).

Cabe lembrar que, segundo o art. 5.º, inciso XI, da Constituição Federal de 1988, "a casa é asilo inviolável do indivíduo, ninguém nela podendo penetrar sem consentimento do morador, salvo em caso de flagrante delito ou desastre, ou para prestar socorro, ou, durante o dia, por determinação judicial".

Desse modo, a verificação, pelo Auditor-Fiscal do Trabalho, do cumprimento das normas que regem o trabalho do empregado doméstico, no âmbito do domicílio do empregador, depende de agendamento e de entendimento *prévios* entre a fiscalização e o empregador (art. 11-A da Lei 10.593/2002, acrescentado pelo art. 44 da Lei Complementar 150/2015).

A fiscalização deve ter natureza *prioritariamente orientadora*.

Deve ser observado o critério de *dupla visita* para lavratura de auto de infração, salvo quando for constatada infração por falta de anotação na Carteira de Trabalho e Previdência Social ou, ainda, na ocorrência de reincidência, fraude, resistência ou embaraço à fiscalização.

Durante a inspeção do trabalho do empregado doméstico, o Auditor-Fiscal do Trabalho deve fazer-se acompanhar pelo empregador ou por alguém de sua família por este designado.

Art. 627-A. Poderá ser instaurado procedimento especial para a ação fiscal, objetivando a orientação sobre o cumprimento das leis de proteção ao trabalho, bem como a prevenção e o saneamento de infrações à legislação mediante Termo de Compromisso, na forma a ser disciplinada no Regulamento da Inspeção do Trabalho.

1. PROCEDIMENTO ESPECIAL DE AÇÃO FISCAL

Como se observa do art. 627-A da CLT (acrescentado pela Medida Provisória 2.164-41/2001), pode ser instaurado procedimento especial de ação fiscal, *objetivando a orientação sobre o cumprimento das leis de proteção ao trabalho, bem como a prevenção e o saneamento de infrações*, por meio de Termo de Compromisso.

A inspeção do trabalho será promovida em todas as empresas, estabelecimentos e locais de trabalho, públicos ou privados, estendendo-se aos profissionais liberais e instituições sem fins lucrativos, bem como às embarcações estrangeiras em águas territoriais brasileiras (art. 9.º do Regulamento da Inspeção do Trabalho – Decreto 4.552/2002).

O Regulamento da Inspeção do Trabalho (Decreto 4.552, de 27 de dezembro de 2002), no art. 18, estabelece a competência dos Auditores-Fiscais do Trabalho.

Frise-se ainda que, conforme o art. 26 da Lei de Introdução às Normas do Direito Brasileiro, incluído pela Lei 13.655/2018, para eliminar irregularidade, incerteza jurídica ou situação contenciosa na aplicação do Direito Público, inclusive no caso de expedição de licença, a *autoridade administrativa* pode, após oitiva do órgão jurídico e, quando for o caso, após realização de consulta pública, e presentes razões de relevante interesse geral, *celebrar compromisso com os interessados*, observada a legislação aplicável, o qual só deve produzir efeitos a partir de sua publicação oficial.

Embora esse dispositivo mencione Direito Público, é possível entender que a sua previsão também se aplica, pelas mesmas razões indicadas, às *normas de ordem pública*.

O referido *compromisso*: deve buscar solução jurídica proporcional, equânime, eficiente e compatível com os interesses gerais; não pode conferir desoneração permanente de dever ou condicionamento de direito reconhecidos por orientação geral; deve prever com clareza as obrigações das partes, o prazo para seu cumprimento e as sanções aplicáveis em caso de descumprimento.

A decisão do processo, nas esferas administrativa, controladora ou judicial, pode impor *compensação* por benefícios indevidos ou prejuízos anormais ou injustos resultantes do processo ou da conduta dos envolvidos (art. 27 da Lei de Introdução às Normas do Direito Brasileiro, incluído pela Lei 13.655/2018). A *decisão sobre a compensação* deve ser *motivada*, ouvidas previamente as partes sobre seu cabimento, sua forma e, se for o caso, seu valor. Para prevenir ou regular a compensação, pode ser celebrado *compromisso processual* entre os envolvidos.

A Lei da Ação Civil Pública dispõe que os órgãos públicos legitimados podem tomar dos interessados compromisso de ajustamento de sua conduta às exigências legais, mediante cominações, que terá eficácia de título executivo extrajudicial (art. 5.º, § 6.º, da Lei 7.347/1985).

Nas hipóteses que envolvam interesse público da União, suas autarquias e fundações, o *termo de ajustamento de conduta*, para prevenir ou terminar litígios, firmado pela Advocacia-Geral da União, deve conter: I – a descrição das obrigações assumidas; II – o prazo e o modo para o cumprimento das obrigações; III – a forma de fiscalização da sua observância; IV – os fundamentos de fato e de direito; V – a previsão de multa ou de sanção administrativa, no caso de seu descumprimento (art. 4.º-A da Lei 9.469/1997, incluído pela Lei 12.249/2010). A Advocacia-Geral da União pode solicitar aos órgãos e entidades públicas federais manifestação sobre a viabilidade técnica, operacional e financeira das obrigações a serem assumidas em termo de ajustamento de conduta, cabendo ao Advogado-Geral da União a decisão final quanto à sua celebração.

Os termos de ajuste de conduta firmados perante o Ministério Público do Trabalho são previstos no art. 876, *caput*, da CLT.

O compromisso de ajustamento de conduta é instrumento de garantia dos direitos e interesses difusos e coletivos, individuais homogêneos e outros direitos de cuja defesa o Ministério Público está incumbido, com natureza de negócio jurídico que tem por finalidade a adequação da conduta às exigências legais e constitucionais, com eficácia de título executivo extrajudicial a partir da celebração (art. 1.º da Resolução 179/2017 do Conselho Nacional do Ministério Público).

Art. 628. Salvo o disposto nos arts. 627 e 627-A, a toda verificação em que o Auditor-Fiscal do Trabalho concluir pela existência de violação de preceito legal deve corresponder, sob pena de responsabilidade administrativa, a lavratura de auto de infração.

§ 1.º Ficam as empresas obrigadas a possuir o livro intitulado "Inspeção do Trabalho", cujo modelo será aprovado por portaria Ministerial.

§ 2.º Nesse livro, registrará o agente da inspeção sua visita ao estabelecimento, declarando a data e a hora do início e término da mesma, bem como o resultado da inspeção, nele consignando, se for o caso, todas as irregularidades verificadas e as exigências feitas, com os respectivos prazos para seu atendimento, e, ainda, de modo legível, os elementos de sua identificação funcional.

§ 3.º Comprovada má-fé do agente da inspeção, quanto à omissão ou lançamento de qualquer elemento no livro, responderá ele por falta grave no cumprimento do dever, ficando passível, desde logo, da pena de suspensão até 30 (trinta) dias, instaurando-se, obrigatoriamente, em caso de reincidência, inquérito administrativo.

§ 4.º A lavratura de autos contra empresas fictícias e de endereços inexistentes, assim como a apresentação de falsos relatórios, constituem falta grave, punível na forma do § 3.º.

Art. 628-A. Fica instituído o Domicílio Eletrônico Trabalhista, regulamentado pelo Ministério do Trabalho e Previdência, destinado a:

I – cientificar o empregador de quaisquer atos administrativos, ações fiscais, intimações e avisos em geral; e

II – receber, por parte do empregador, documentação eletrônica exigida no curso das ações fiscais ou apresentação de defesa e recurso no âmbito de processos administrativos.

§ 1.º As comunicações eletrônicas realizadas pelo Domicílio Eletrônico Trabalhista dispensam a sua publicação no Diário Oficial da União e o envio por via postal e são consideradas pessoais para todos os efeitos legais.

§ 2.º A ciência por meio do sistema de comunicação eletrônica, com utilização de certificação digital ou de código de acesso, possuirá os requisitos de validade.

1. AUTUAÇÃO, LIVRO DE INSPEÇÃO DO TRABALHO E DOMICÍLIO ELETRÔNICO TRABALHISTA

O art. 628, *caput*, da CLT revela que a fiscalização do trabalho é uma atividade administrativa vinculada, a ser exercida de acordo com o princípio da legalidade (art. 37, *caput*, da Constituição da República).

Salvo a hipótese de dupla visita (art. 627 da CLT) e o caso do art. 627-A da CLT (acrescentado pela Medida Provisória 2.164-41/2001), sempre que o Auditor-Fiscal do Trabalho verificar a existência de descumprimento de disposição legal deve corresponder, sob pena de responsabilidade administrativa, a lavratura de auto de infração.

Ficam as empresas obrigadas a possuir o livro intitulado "Inspeção do Trabalho", cujo modelo deve ser aprovado por portaria ministerial (art. 628, § 1.º, da CLT).

As microempresas e empresas de pequeno porte estão dispensadas de ter o referido livro de inspeção do trabalho, conforme prevê o art. 51, inciso IV, da Lei Complementar 123/2006.

No livro de inspeção, o Auditor-Fiscal do Trabalho registra a sua visita ao estabelecimento, declarando a data e a hora do início e término, bem como o resultado da inspeção, nele consignando, se for o caso, todas as irregularidades verificadas e as exigências feitas, com os respectivos prazos para seu atendimento, e, ainda, de modo legível, os elementos de sua identificação funcional (art. 628, § 2.º, da CLT).

Comprovada a má-fé do Auditor-Fiscal do Trabalho, quanto à omissão ou lançamento de qualquer elemento no livro, deve responder por falta grave no cumprimento do dever, ficando passível de responder, desde logo, pela pena de suspensão até 30 dias, instaurando-se, obrigatoriamente, em caso de reincidência, inquérito administrativo (art. 628, § 3.º, da CLT).

A lavratura de autos de infração contra empresas fictícias e de endereços inexistentes, assim como a apresentação de falsos relatórios, constituem falta grave, punível na mesma forma acima (art. 628, § 4.º, da CLT).

O livro inspeção do trabalho, de que trata o art. 628, § 1.º, da CLT, será adotado em formato eletrônico como uma das funcionalidades do domicílio eletrônico trabalhista (DET), em substituição ao livro impresso, e passará a ser denominado livro de inspeção do trabalho eletrônico – ELIT (art. 14 do Decreto 10.854/2021, com redação dada pelo Decreto 11.905/2024).

Fica instituído o domicílio eletrônico trabalhista, regulamentado pelo Ministério do Trabalho e Previdência, destinado a: I – cientificar o empregador de quaisquer atos administrativos, ações fiscais, intimações e avisos em geral; II – receber, por parte do empregador, documentação eletrônica exigida no curso das ações fiscais ou apresentação de defesa e recurso no âmbito de processos administrativos (art. 628-A da CLT).

As comunicações eletrônicas realizadas pelo domicílio eletrônico trabalhista dispensam a sua publicação no Diário Oficial da União e o envio por via postal e são consideradas pessoais para todos os efeitos legais (art. 628-A, § 1.º, da CLT, incluído pela Lei 14.261/2021).

A ciência por meio do sistema de comunicação eletrônica, com utilização de certificação digital ou de código de acesso, possui os requisitos de validade (art. 628-A, § 2.º, da CLT, incluído pela Lei 14.261/2021).

A referida previsão é similar à sistemática do domicílio tributário eletrônico. Nesse contexto, no âmbito do processo administrativo fiscal, os atos e termos processuais podem ser formalizados, tramitados, comunicados e transmitidos em formato digital, conforme disciplinado em ato da administração tributária (art. 2.º, parágrafo único, do Decreto 70.235/1972, com redação dada pela Lei 12.865/2013).

O domicílio eletrônico trabalhista (DET) é aplicado a todos aqueles sujeitos à inspeção do trabalho, que tenham ou não empregado (art. 11, § 1.º, do Decreto 10.854/2021, com redação dada pelo Decreto 11.905/2024).

O acesso ao domicílio eletrônico trabalhista ocorrerá com a utilização de certificado digital, código de acesso ou autenticação por sistema oficial (art. 11, § 4.º, do Decreto 10.854/2021, incluído pelo Decreto 11.905/2024).

A ciência das comunicações eletrônicas será verificada automaticamente por meio do domicílio eletrônico trabalhista, e a ausência de consulta das comunicações eletrônicas por parte do empregador, no prazo regulamentar, configurará ciência tácita (art. 11, § 5.º, do Decreto 10.854/2021, incluído pelo Decreto 11.905/2024).

A ciência das comunicações eletrônicas dos empregadores que não aderirem ao domicílio eletrônico trabalhista será presumida (art. 11, § 6.º, do Decreto 10.854/2021, incluído pelo Decreto 11.905/2024).

São princípios do domicílio eletrônico trabalhista: I – presunção de boa-fé; II – racionalização e simplificação do cumprimento das obrigações trabalhistas e das obrigações não tributárias impostas pela legislação previdenciária; III – eliminação de formalidades e exigências desnecessárias ou superpostas; IV – padronização de procedimentos e transparência; V – conformidade com a legislação trabalhista e previdenciária, inclusive quanto às normas de segurança e saúde do trabalhador (art. 13 do Decreto 10.854/2021, com redação dada pelo Decreto 11.905/2024).

O domicílio eletrônico trabalhista será regulamentado e disponibilizado gratuitamente pelo Ministério do Trabalho e Emprego (art. 15 do Decreto 10.854/2021, com redação dada pelo Decreto 11.905/2024). As funcionalidades do domicílio eletrônico trabalhista serão implementadas de forma gradual, conforme cronograma estabelecido pelo Ministério do Trabalho e Emprego.

Art. 629. O auto de infração será lavrado em duplicata, nos termos dos modelos e instruções expedidos, sendo uma via entregue ao infrator, contra recibo, ou ao mesmo enviada, dentro de 10 (dez) dias da lavratura, sob pena de responsabilidade, em registro postal, com franquia e recibo de volta.

§ 1.º O auto não terá o seu valor probante condicionado à assinatura do infrator ou de testemunhas, e será lavrado no local da inspeção, salvo havendo motivo justificado que será declarado no próprio auto, quando então deverá ser lavrado no prazo de 24 (vinte e quatro) horas, sob pena de responsabilidade.

§ 2.º Lavrado o auto de infração, não poderá ele ser inutilizado, nem sustado o curso do respectivo processo, devendo o agente da inspeção apresentá-lo à autoridade competente, mesmo se incidir em erro.

§ 3.º O infrator terá, para apresentar defesa, o prazo de 10 (dez) dias contados do recebimento do auto.

§ 4.º O auto de infração será registrado com a indicação sumária de seus elementos característicos, em livro próprio que deverá existir em cada órgão fiscalizador, de modo a assegurar o controle do seu processamento.

1. LAVRATURA DO AUTO DE INFRAÇÃO

O auto de infração deve ser lavrado em duplicata, nos termos dos modelos e instruções expedidos. Uma via deve ser entregue ao infrator, contra recibo, ou a ele enviada, dentro de 10 dias da lavratura, sob pena de responsabilidade, em registro postal, com franquia e aviso de recebimento.

O auto de infração não tem o seu valor probante condicionado à assinatura do infrator ou de testemunhas, e deve ser lavrado no local da inspeção, exceto motivo justificado declarado no próprio auto, quando então deve ser lavrado no prazo de 24 horas, sob pena de responsabilidade.

Lavrado o auto de infração, não pode ser inutilizado, nem sustado o curso do respectivo processamento, devendo o Auditor-Fiscal do Trabalho apresentá-lo à autoridade competente, mesmo se incidir em erro.

Para apresentar defesa, o infrator tem o prazo de 10 dias, contados do recebimento do auto.

O auto de infração deve ser registrado com a indicação sumária de seus elementos, em livro próprio que deve existir em cada órgão fiscalizador, de modo a assegurar o controle do seu processamento.

Art. 630. Nenhum agente da inspeção poderá exercer as atribuições do seu cargo sem exibir a carteira de identidade fiscal, devidamente autenticada, fornecida pela autoridade competente.

§ 1.º É proibida a outorga de identidade fiscal a quem não esteja autorizado, em razão do cargo ou função, a exercer ou praticar, no âmbito da legislação trabalhista, atos de fiscalização.

§ 2.º A credencial a que se refere este artigo deverá ser devolvida para inutilização, sob as penas da lei em casos de provimentos em outro cargo público, exoneração ou demissão bem como nos de licenciamento por prazo superior a 60 (sessenta) dias e de suspensão do exercício do cargo.

§ 3.º O agente da inspeção terá livre acesso a todas dependências dos estabelecimentos sujeitos ao regime da legislação, sendo as empresas, por seus dirigentes ou prepostos, obrigadas a prestar-lhes os esclarecimentos necessários ao desempenho de suas atribuições legais e a exibir-lhes, quando exigidos, quaisquer documentos que digam respeito ao fiel cumprimento das normas de proteção ao trabalho.

§ 4.º Os documentos sujeitos à inspeção deverão permanecer, sob as penas da lei nos locais de trabalho, somente se admitindo, por exceção, a critério da autoridade competente, sejam os mesmos apresentados em dia hora previamente fixados pelo agente da inspeção.

§ 5.º No território do exercício de sua função, o agente da inspeção gozará de passe livre nas empresas de transportes, públicas ou privadas, mediante a apresentação da carteira de identidade fiscal.

§ 6.º A inobservância do disposto nos §§ 3.º, 4.º e 5.º configurará resistência ou embaraço à fiscalização e justificará a lavratura do respectivo auto de infração, cominada a multa de valor igual a meio (1/2) salário mínimo regional até 5 (cinco) vezes esse salário, levando-se em conta, além das circunstâncias atenuantes ou agravantes, a situação econômico-financeira do infrator e os meios a seu alcance para cumprir a lei.

§ 7.º Para o efeito do disposto no § 5.º, a autoridade competente divulgará em janeiro e julho, de cada ano, a relação dos agentes da inspeção titulares da carteira de identidade fiscal.

§ 8.º As autoridades policiais, quando solicitadas, deverão prestar aos agentes da inspeção a assistência de que necessitarem para o fiel cumprimento de suas atribuições legais.

1. IDENTIFICAÇÃO DO AUDITOR-FISCAL DO TRABALHO

Todo agente da inspeção deve exercer as atribuições do seu cargo exibindo a carteira de identidade fiscal, devidamente autenticada, fornecida pela autoridade competente, como se interpreta da disposição do art. 630 da CLT.

É proibida a outorga de identidade fiscal a quem não esteja autorizado, em razão do cargo ou função, a exercer ou praticar, no âmbito da legislação trabalhista, atos de fiscalização.

Cabe à Subsecretaria de Inspeção do Trabalho da Secretaria de Trabalho do Ministério do Trabalho e Previdência a expedição da Carteira de Identidade Fiscal da Auditoria-Fiscal do Trabalho e o gerenciamento dos processos relativos à identificação fiscal (art. 59 da Portaria 547/2021 do Ministério do Trabalho e Previdência).

2. PODERES DO AUDITOR-FISCAL DO TRABALHO

O Auditor-Fiscal do Trabalho, em exercício de atividade administrativa, de natureza vinculada, exerce poderes-deveres, o que necessita ser feito dentro dos limites da lei, sob pena de incidir em abuso ou desvio de poder.

De acordo com o art. 630, § 3.º, da CLT, o agente da inspeção tem livre acesso a todas as dependências dos estabelecimentos sujeitos ao regime da legislação trabalhista.

As empresas, por seus dirigentes ou prepostos, são obrigadas a prestar ao Auditor-Fiscal do Trabalho os esclarecimentos necessários ao desempenho de suas atribuições legais e a exibir-lhe, quando exigidos, quaisquer documentos que digam respeito ao fiel cumprimento das normas de proteção ao trabalho.

Conforme o art. 2.º do Decreto 9.094/2017, com redação dada pelo Decreto 10.279/2020, exceto se houver disposição legal em contrário, os órgãos e as entidades do Poder Executivo federal que necessitarem de documentos comprobatórios de regularidade da situação de usuários dos serviços públicos, de atestados, de certidões ou de outros documentos comprobatórios que constem em base de dados oficial da administração pública federal deverão obtê-los diretamente do órgão ou da entidade responsável pela base de dados, nos termos do disposto no Decreto 10.046/2019 (o qual dispõe sobre a governança no compartilhamento de dados no âmbito da administração pública federal), e não poderão exigi-los dos usuários dos serviços públicos.

A Lei 13.726/2018 racionaliza atos e procedimentos administrativos dos Poderes da União, dos Estados, do Distrito Federal e dos Municípios mediante a supressão ou a simplificação de formalidades ou exigências desnecessárias ou superpostas, cujo custo econômico ou social, tanto para o erário como para o cidadão, seja superior ao eventual risco de fraude, e institui o selo de desburocratização e simplificação.

Os órgãos e entidades integrantes de Poder da União, de Estado, do Distrito Federal ou de Município não podem exigir do cidadão a apresentação de certidão ou documento expedido por outro órgão ou entidade do mesmo Poder, ressalvadas as seguintes hipóteses: I – certidão de antecedentes criminais; II – informações sobre pessoa jurídica; III – outras expressamente previstas em lei (art. 3.º, § 3.º, da Lei 13.726/2018).

A Portaria 547/2021 do Ministério do Trabalho e Previdência disciplina a forma de atuação da inspeção do trabalho, em especial: I – o planejamento e a execução das ações da inspeção do trabalho; II – a constituição e o funcionamento dos grupos especiais de fiscalização móvel; III – o funcionamento da Escola Nacional da Inspeção do Trabalho; IV – a identidade visual da inspeção do trabalho; V – a identificação funcional dos Auditores-Fiscais do Trabalho; VI – a credencial de identificação funcional dos Agentes de Higiene e Segurança do Trabalho; VII – os modelos de formulário de auto de infração de notificação de débitos de Fundo de Garantia do Tempo de Serviço (FGTS); VIII – os protocolos de segurança e o procedimento especial de segurança institucional; IX – as atividades incompatíveis com as atribuições do cargo de Auditor-Fiscal do Trabalho.

Art. 631. Qualquer funcionário público federal, estadual ou municipal, ou representante legal de associação sindical, poderá comunicar à autoridade competente do Ministério do Trabalho, Indústria e Comércio as infrações que verificar.

Parágrafo único. De posse dessa comunicação, a autoridade competente procederá desde logo às necessárias diligências, lavrando os autos de que haja mister.

1. COMUNICAÇÃO DE VIOLAÇÃO A PRECEITOS TRABALHISTAS

Qualquer agente público federal (inclusive o juiz do trabalho), estadual ou municipal, ou representante legal de associação sindical, pode comunicar à autoridade competente do Ministério do Trabalho as infrações que verificar.

De posse dessa comunicação, a autoridade competente deve proceder, desde logo, às necessárias diligências, lavrando os autos de infração cabíveis (art. 631, parágrafo único, da CLT).

Art. 632. Poderá o autuado requerer a audiência de testemunhas e as diligências que lhe parecerem necessárias à elucidação do processo, cabendo, porém, à autoridade, julgar da necessidade de tais provas.

1. PROCESSO ADMINISTRATIVO E MULTA NA FISCALIZAÇÃO DO TRABALHO

Após a autuação, o autuado pode apresentar defesa no prazo de dez dias (art. 629, § 3.º, da CLT).

Além disso, o autuado pode requerer a audiência de testemunhas e as diligências que lhe parecerem necessárias para a elucidação do constante do auto de infração, cabendo à autoridade competente decidir a respeito da necessidade de tais provas.

Art. 633. Revogado pela Lei 13.874/2019.

Art. 634. Na falta de disposição especial, a imposição das multas incumbe às autoridades regionais competentes em matéria de trabalho, na forma estabelecida por este Título.

§ 1.º A aplicação da multa não eximirá o infrator da responsabilidade em que incorrer por infração das leis penais.

§ 2.º Os valores das multas administrativas expressos em moeda corrente serão reajustados anualmente pela Taxa Referencial (TR), divulgada pelo Banco Central do Brasil, ou pelo índice que vier a substituí-lo.

1. IMPOSIÇÃO DE MULTA

A imposição das multas incumbe ao Delegado Regional do Trabalho, atualmente denominado Superintendente Regional do Trabalho.

As multas previstas na legislação trabalhista devem ser, quando for o caso, e sem prejuízo das demais cominações legais, agravadas até o grau máximo, nos casos de artifício, ardil, simulação, desacato, embaraço ou resistência à ação fiscal, levando-se em conta, além das circunstâncias atenuantes ou agravantes, a situação econômico-financeira do infrator e os meios a seu alcance para cumprir a lei (art. 5.º da Lei 7.855/1989).

Não será considerado reincidente o empregador que não for novamente autuado por infração do mesmo dispositivo, decorridos dois anos da imposição da penalidade.

Incumbe exclusivamente à autoridade máxima regional em matéria de inspeção do trabalho a aplicação de multas, na forma prevista no art. 634 da CLT, e em ato do Ministro de Estado do Trabalho e Previdência (art. 20 do Decreto 10.854/2021).

A análise de defesa administrativa, sempre que os meios técnicos permitirem, deve ser feita em unidade federativa diferente daquela onde tiver sido lavrado o auto de infração. O sistema de distribuição aleatória de processos para análise, decisão e aplicação de multas será disciplinado na forma estabelecida em ato do Ministro de Estado do Trabalho e Previdência.

O auto de infração lavrado pelo Auditor-Fiscal do Trabalho deve indicar expressamente os dispositivos legais e infralegais ou as cláusulas de instrumentos coletivos que houverem sido infringidos (art. 21 do Decreto 10.854/2021). Serão nulos os autos de infração ou as decisões de autoridades que não observarem essa disposição, independentemente da natureza principal ou acessória da obrigação.

É vedado ao Auditor-Fiscal do Trabalho determinar o cumprimento de exigências que constem apenas de manuais, notas técnicas, ofícios circulares ou atos congêneres (art. 22 do Decreto 10.854/2021). A não observância dessa disposição pode ensejar a apuração de responsabilidade administrativa do Auditor-Fiscal do Trabalho, nos termos do disposto nos arts. 121 (responsabilidade do servidor) e 143 da Lei 8.112/1990 (sindicância ou processo administrativo disciplinar), conforme art. 23 do Decreto 10.854/2021.

A Portaria 667/2021 do Ministério do Trabalho e Previdência dispõe sobre os seguintes temas: I – a organização e a tramitação dos processos administrativos de auto de infração e de notificação de débito do Fundo de Garantia do Tempo de Serviço (FGTS) e da contribuição social, na forma estabelecida pelo Título VII da CLT; II – o sistema eletrônico de processo administrativo trabalhista para o trâmite de autos de infração e de notificações de débito do FGTS e da contribuição social e a prática de atos processuais eletrônicos; III – a imposição de multas administrativas previstas na legislação trabalhista; IV – a emissão da certidão de débitos trabalhistas; V – o procedimento para autorização do saque de FGTS pelo empregador, quando recolhido a empregados não optantes; VI – os procedimentos administrativos de oferta de vista e cópia e de verificação anual dos processos físicos.

A Instrução Normativa 1/2021 do Ministério do Trabalho e Previdência dispõe sobre os seguintes temas: I – atividade de análise de processos administrativos no âmbito das unidades regionais de multas e recursos e da Coordenação-Geral de Recursos da Secretaria de Trabalho do Ministério do Trabalho e Previdência; II – organização, tramitação e restauração dos processos administrativos decorrentes da lavratura de auto de infração trabalhista e da notificação de débito de Fundo de Garantia do Tempo de Serviço (FGTS) e da contribuição social que tramitam em meio físico ou eletrônico.

2. REAJUSTE ANUAL DO VALOR

O art. 634, § 2.º, da CLT, com redação dada pela Lei 13.467/2017, prevê que os valores das multas administrativas expressos em moeda corrente serão *reajustados anualmente* pela Taxa Referencial (TR), divulgada pelo Banco Central do Brasil, ou pelo índice que vier a substituí-lo.

Trata-se de disposição que tem como objetivo, a cada ano, reajustar, ou seja, *corrigir monetariamente* os valores das multas administrativas decorrentes de violação a preceitos normativos trabalhistas, tendo em vista os efeitos da inflação, com o fim de preservar o seu valor real, sem a necessidade da constante aprovação de sucessivas e novas leis apenas com essa finalidade.

Nesse enfoque, a *correção monetária*, como o próprio nome indica, visa à mera atualização do valor em razão do tempo transcorrido.

Entretanto, o índice adotado é passível de crítica, uma vez que a Taxa Referencial (TR), que é o índice oficial de remuneração básica da caderneta de poupança, nem sempre representa a verdadeira inflação do período.

Tanto é assim que o Supremo Tribunal Federal, nas Ações Diretas de Inconstitucionalidade 4.357 e 4.425, considerou inconstitucional a previsão do § 12 do art. 100 da Constituição da República, acrescentado pela Emenda Constitucional 62/2009, o qual estabelece o índice da caderneta de poupança como taxa de correção monetária dos precatórios, por se ter entendido que ele não é suficiente para recompor as perdas inflacionárias.

Seria mais adequada, assim, a adoção do Índice Nacional de Preços ao Consumidor Amplo (IPCA), do Instituto Brasileiro de Geografia e Estatística (IBGE).

Cf. ainda os comentários aos arts. 879, § 7.º, e 883 da CLT.

✦ Súmulas, Orientações Jurisprudenciais e Precedentes Normativos

Orientação Jurisprudencial 28 da SBDI-I do TST: Correção monetária sobre as diferenças salariais. Universidades federais. Devida. Lei 7.596/1987 (nova redação) – *DJ* 20.04.2005. Incide correção monetária sobre as diferenças salariais dos servidores das universidades federais, decorrentes da aplicação retroativa dos efeitos financeiros assegurados pela Lei 7.596/1987, pois a correção monetária tem como escopo único minimizar a desvalorização da moeda em decorrência da corrosão inflacionária.

CAPÍTULO II – DOS RECURSOS

Art. 635. De toda decisão que impuser multa por infração das leis e disposições reguladoras do trabalho, e não havendo forma especial de processo caberá recurso para o Diretor-Geral Departamento ou Serviço do Ministério do Trabalho e Previdência Social, que for competente na matéria.

Parágrafo único. As decisões serão sempre fundamentadas.

Art. 636. Os recursos devem ser interpostos no prazo de 10 (dez) dias, contados do recebimento da notificação, perante autoridade que houver imposto a multa, a qual, depois de os informar encaminhá-los-á à autoridade de instância superior.

§ 1.º O recurso só terá seguimento se o interessado o instruir com a prova do depósito da multa.

§ 2.º A notificação somente será realizada por meio de edital, publicada no órgão oficial, quando o infrator estiver em lugar incerto e não sabido.

§ 3.º A notificação de que trata este artigo fixará igualmente o prazo de 10 (dez) dias para que o infrator recolha o valor da multa, sob pena de cobrança executiva.

§ 4.º As guias de depósito ou recolhimento serão emitidas em 3 (três) vias e o recolhimento da multa deverá preceder-se dentro de 5 (cinco) dias às repartições federais competentes, que escriturarão a receita a crédito do Ministério do Trabalho e Previdência Social.

§ 5.º A segunda via da guia do recolhimento será devolvida pelo infrator à repartição que a emitiu, até o sexto dia depois de sua expedição, para a averbação no processo.

§ 6.º A multa será reduzida de 50% (cinquenta por cento) se o infrator, renunciando ao recurso a recolher ao Tesouro Nacional dentro do prazo de 10 (dez) dias contados do recebimento da notificação ou da publicação do edital.

§ 7.º Para a expedição da guia, no caso do § 6.º, deverá o infrator juntar a notificação com a prova da data do seu recebimento, ou a folha do órgão oficial que publicou o edital.

1. RECURSO ADMINISTRATIVO CONTRA A IMPOSIÇÃO DE MULTA

A decisão que impuser multa por infração das leis e disposições reguladoras do trabalho pode ser impugnada por meio de recurso administrativo para a Secretaria de Inspeção do Trabalho/Coordenação de Análise de Recursos (do Ministério do Trabalho), que é competente nessa matéria.

2. EXIGÊNCIA DE DEPÓSITO PARA PROCESSAMENTO DE RECURSO ADMINISTRATIVO

Verificava-se grande controvérsia quanto à recepção do § 1.º do art. 636 da CLT pela Constituição Federal de 1988.

Prevaleceu, na atualidade, o entendimento de que a exigência do mencionado depósito, como requisito para o processamento do recurso administrativo, afronta a garantia constitucional da "ampla defesa, com os meios e recursos a ela inerentes", a qual é expressamente estabelecida também para os processos administrativos, conforme art. 5.º, inciso LV, da Constituição Federal de 1988.

No entanto, anteriormente, havia corrente defendendo que a mencionada previsão não afrontaria a Constituição Federal de 1988, pois cabe justamente à lei regular o direito à ampla defesa, como forma de estabelecer o regime jurídico da garantia fundamental em questão.

Frise-se que o Plenário do Supremo Tribunal Federal declarou não ser constitucional a exigência de depósito prévio em recursos administrativos.

Nessa linha, o STF aprovou a Súmula Vinculante 21.

Como a referida Súmula Vinculante não faz distinção, entende-se que se aplica também no caso do recurso administrativo relativo à multa aplicada pela fiscalização do trabalho, afastando, com isso, a exigência do art. 636, § 1.º, da CLT. Nesse mesmo sentido, o Tribunal Superior do Trabalho aprovou a Súmula 424.

✦ Jurisprudência

Constitucional. Administrativo. Recurso: obrigatoriedade do depósito prévio da multa imposta. Recepção do art. 636, § 1.º, da CLT, pela Constituição. Compatibilidade da exigência com o art. 5.º, LV, da CF/1988. Precedentes: ADIn 1049-2 (Cautelar). Recurso não conhecido (STF, 2.ª T., RE 236.761-5/SC, Red. p/ ac. Min. Nelson Jobim, j. 30.03.1999, *DJU* 1 27.08.1999, p. 66).

Recurso administrativo. Multa. Depósito prévio. O art. 636, § 1.º, da CLT, que exige o depósito prévio da multa como requisito para o recebimento de recurso administrativo, foi recepcionado pela Constituição Federal de 1988, inocorrendo a violação ao art. 5.º, LV, da Carta. Precedentes. Recurso extraordinário conhecido e provido (STF, 1.ª T., RE 230.088-7/MG, j. 11.12.1998, Rel. Min. Ilmar Galvão, *DJU* 28.05.1999. p. 28).

✦ Súmulas, Orientações Jurisprudenciais e Precedentes Normativos

Súmula Vinculante 21 do STF: É inconstitucional a exigência de depósito ou arrolamento prévios de dinheiro ou bens para admissibilidade de recurso administrativo.

Súmula 373 do STJ: É ilegítima a exigência de depósito prévio para admissibilidade de recurso administrativo.

Súmula 424 do TST: Recurso administrativo. Pressuposto de admissibilidade. Depósito prévio da multa administrativa. Não recepção pela Constituição Federal do § 1.º do artigo 636 da CLT. O § 1.º do art. 636 da CLT, que estabelece a exigência de prova do depósito prévio do valor da multa cominada em razão de autuação administrativa como pressuposto de admissibilidade de recurso administrativo, não foi recepcionado pela Constituição Federal de 1988, ante a sua incompatibilidade com o inciso LV do art. 5.º.

Art. 637. De todas as decisões que proferirem em processos de infração das leis de proteção ao trabalho e que impliquem arquivamento destes, observado o disposto no parágrafo único do art. 635, deverão as autoridades prolatoras recorrer de ofício para a autoridade competente de instância superior.

Art. 638. Ao Ministro do Trabalho, Indústria e Comércio é facultado avocar ao seu exame e decisão, dentro de 90 (noventa) dias do despacho final do assunto, ou no curso do processo, as questões referentes à fiscalização dos preceitos estabelecidos nesta Consolidação.

1. RECURSO DE OFÍCIO NO PROCESSO ADMINISTRATIVO

As autoridades que proferirem decisões as quais acarretem o arquivamento de processos de infração das leis de proteção ao trabalho, observado o dever de fundamentar todas as decisões, devem recorrer de ofício para a autoridade de instância superior.

2. AVOCAÇÃO DA DECISÃO NO PROCESSO ADMINISTRATIVO

Faculta-se ao Ministro do Trabalho avocar ao seu exame e decisão as questões referentes à fiscalização dos preceitos estabelecidos na CLT, no prazo de 90 dias do despacho final, ou no curso do processo administrativo (art. 638 da CLT).

CAPÍTULO III – DO DEPÓSITO, DA INSCRIÇÃO E DA COBRANÇA

Art. 639. Não sendo provido o recurso, o depósito se converterá em pagamento.

Art. 640. É facultado às Delegacias Regionais do Trabalho, na conformidade de instruções expedidas pelo Ministro de Estado, promover a cobrança amigável das multas antes do encaminhamento dos processos à cobrança executiva.

Art. 641. Não comparecendo o infrator, ou não depositando a importância da multa ou penalidade, far-se-á a competente inscrição em livro especial, existente nas repartições das quais se tiver originado a multa ou penalidade, ou de onde tenha provindo a reclamação que a determinou, sendo extraída cópia autentica dessa inscrição e enviada às autoridades competentes para a respectiva cobrança judicial, valendo tal instrumento como título de dívida líquida e certa.

1. NÃO PROVIMENTO DO RECURSO ADMINISTRATIVO

Se o recurso não for provido, o depósito deve ser convertido em pagamento da multa. Entretanto, como já mencionado, a jurisprudência do STF (Súmula Vinculante 21) e do TST (Súmula 424) pacificaram o entendimento de que a exigência do mencionado depósito, como requisito para o processamento do recurso administrativo (art. 636, § 1.º, da CLT), viola a garantia constitucional da ampla defesa (art. 5.º, inciso LV, da Constituição Federal de 1988).

Na atualidade, a Lei 13.140/2015 disciplina, ainda, a autocomposição de conflitos em que for parte pessoa jurídica de direito público.

Nesse sentido, a União, os Estados, o Distrito Federal e os Municípios podem criar câmaras de prevenção e resolução administrativa de conflitos, no âmbito dos respectivos órgãos da Advocacia Pública, onde houver, com competência para: dirimir conflitos entre órgãos e entidades da administração pública; avaliar a admissibilidade dos pedidos de resolução de conflitos, por meio de composição, no caso de controvérsia entre particular e pessoa jurídica de direito público; promover, quando couber, a celebração de termo de ajustamento de conduta (art. 32 da Lei 13.140/2015).

2. COBRANÇA DAS MULTAS

Faculta-se às Delegacias Regionais do Trabalho, atualmente denominadas Superintendências Regionais do Trabalho, observando o disposto em instruções expedidas pelo Ministro de Estado, promover a cobrança amigável das multas, antes de encaminhar os respectivos processos para a cobrança judicial.

3. INSCRIÇÃO NA DÍVIDA ATIVA

Se o infrator não comparecer, ou não depositar a importância da multa ou penalidade, deve inscrevê-la na Dívida Ativa, com o objetivo de ser feita a sua cobrança por meio judicial.

Trata-se de execução fundada em título extrajudicial, ou seja, certidão da Dívida Ativa da União, após a sua regular inscrição.

Art. 642. A cobrança judicial das multas impostas pelas autoridades administrativas do trabalho obedecerá ao disposto na legislação aplicável à cobrança da dívida ativa da União, sendo promovida, no Distrito Federal e nas capitais dos Estados em que funcionarem Tribunais Regionais do Trabalho, pela Procuradoria da Justiça do

Trabalho, e nas demais localidades, pelo Ministério Público Estadual e do Território do Acre, nos termos do Decreto-lei 960, de 17 de dezembro de 1938.

Parágrafo único. No Estado de São Paulo a cobrança continuará a cargo da Procuradoria do Departamento Estadual do Trabalho, na forma do convênio em vigor.

1. COBRANÇA JUDICIAL DAS MULTAS

De acordo com o art. 642 da CLT, para a efetivação da cobrança, incidem a Lei de Execução Fiscal (Lei 6.830/1980) e, subsidiariamente, o Código de Processo Civil, pois a execução envolve receita da União.

A Lei 6.830/1980 dispõe sobre a cobrança judicial da dívida ativa da Fazenda Pública, sendo aplicável subsidiariamente o Código de Processo Civil.

A multa administrativa, decorrente de autuação por infração de normas de proteção do trabalho (CLT, art. 634), quando não paga pelo infrator, também é objeto de cobrança judicial, após inscrição na Dívida Ativa da União (CLT, art. 642).

Aliás, sendo ato praticado pelo Poder Público, é assegurada, em tese, inclusive a via do mandado de segurança, para a proteção de direito líquido e certo (Constituição Federal de 1988, art. 5.º, inciso LXIX).

Tendo em vista a Emenda Constitucional 45/2004, a Justiça do Trabalho passou a ter competência para processar e julgar: "as ações relativas às penalidades administrativas impostas aos empregadores pelos órgãos de fiscalização das relações de trabalho" (art. 114, inciso VII, da Constituição Federal de 1988), bem como "os mandados de segurança, *habeas corpus* e *habeas data*, quando o ato questionado envolver matéria sujeita à sua jurisdição" (art. 114, inciso IV).

Assim, pode-se entender incluída nessa competência a própria execução fiscal, para cobrança das referidas penalidades, tendo em vista a sua natureza de ação.

O prazo prescricional para se exigir a pretensão de execução da multa aplicada pela fiscalização do trabalho, inscrita como dívida ativa, é de cinco anos.

Nesse sentido, o art. 1.º-A da Lei 9.873/1999, incluído pela Lei 11.941/2009, assim prevê: "Constituído definitivamente o crédito não tributário, após o término regular do processo administrativo, prescreve em 5 (cinco) anos a ação de execução da administração pública federal relativa a crédito decorrente da aplicação de multa por infração à legislação em vigor".

Interrompe-se o prazo prescricional da ação executória: pelo despacho do juiz que ordenar a citação em execução fiscal; pelo protesto judicial; por qualquer ato judicial que constitua em mora o devedor; por qualquer ato inequívoco, ainda que extrajudicial, que importe em reconhecimento do débito pelo devedor; por qualquer ato inequívoco que importe em manifestação expressa de tentativa de solução conciliatória no âmbito interno da administração pública federal (art. 2.º-A da Lei 9.873/1999, acrescentado pela Lei 11.941/2009).

2. PROGRAMA DE ESTÍMULO À CONFORMIDADE NORMATIVA TRABALHISTA

Foi instituído o Programa de Estímulo à Conformidade Normativa Trabalhista – Governo Mais Legal – Trabalhista no âmbito do Ministério do Trabalho e Previdência (art. 1.º do Decreto 11.205/2022). O Governo Mais Legal – Trabalhista busca estimular cultura de confiança recíproca entre o Poder Executivo federal e os empregadores.

Compete à Subsecretaria de Inspeção do Trabalho da Secretaria de Trabalho do Ministério do Trabalho e Previdência coordenar o Governo Mais Legal – Trabalhista (art. 2.º do Decreto 11.205/2022).

São objetivos do Governo Mais Legal – Trabalhista: incentivar a observância às normas de proteção ao trabalho; reduzir os custos de conformidade para os empregadores; estimular a conduta empresarial responsável e o trabalho decente; melhorar o ambiente de negócios e o aumento da competitividade; disponibilizar informação de modo isonômico para o administrado; modernizar as ferramentas para atuação da Inspeção do Trabalho (art. 3.º do Decreto 11.205/2022).

São princípios do Governo Mais Legal – Trabalhista: boa-fé, publicidade e transparência na relação entre o Estado e o administrado; segurança jurídica; eficiência; livre concorrência (art. 4.º do Decreto 11.205/2022).

O Governo Mais Legal – Trabalhista deve ser implementado por meio: da disponibilização de serviços personalizados e preditivos (ou seja, previstos com antecedência) de indícios de irregularidades e de riscos trabalhistas com utilização de tecnologias emergentes; do acesso eletrônico a registros trabalhistas individualizados; da disponibilização de sistema para elaboração de autodiagnóstico da conformidade trabalhista pelo empregador; da consulta facilitada à legislação trabalhista; de ações coletivas de prevenção, conforme previsto no Decreto 10.854/2021; da simplificação das normas de fiscalização do trabalho, conforme previsto no Programa Permanente de Consolidação, Simplificação e Desburocratização de Normas Trabalhistas Infralegais, instituído pelo Decreto 10.854/2021; do aperfeiçoamento e do fortalecimento institucional contínuo do Sistema Federal de Inspeção do Trabalho; da execução de ações de comunicação social para estimular a participação dos administrados no Governo Mais Legal – Trabalhista (art. 5.º do Decreto 11.205/2022).

Ato do Ministro de Estado do Trabalho e Previdência deve dispor sobre as etapas de desenvolvimento das políticas públicas destinadas à implementação do Governo Mais Legal – Trabalhista. O uso das ferramentas eletrônicas previstas no art. 5.º do Decreto 11.205/2022 é gratuito.

O Governo Mais Legal – Trabalhista pode adotar iniciativas destinadas a determinadas atividades ou setores econômicos, cadeias produtivas ou regiões geográficas que, conforme análise do Ministério do Trabalho e Previdência, apresentem probabilidade ou indícios de ocorrência comum de infrações (art. 6.º do Decreto 11.205/2022).

As iniciativas adotadas no âmbito do Governo Mais Legal – Trabalhista devem ser baseadas em evidências obtidas por meio de: análise de dados administrativos e estatísticos; ações de inteligência; informações obtidas em decorrência de articulação interinstitucional; avaliações qualitativas.

Os órgãos e as entidades da administração pública direta e indireta detentores ou responsáveis pela gestão de bases de dados oficiais devem disponibilizar ao Ministério do Trabalho e Previdência, nos termos do disposto no Decreto 10.046/2019 (sobre a governança no compartilhamento de dados no âmbito da administração pública federal), o acesso aos dados sob a sua gestão úteis ou necessários ao Governo Mais Legal – Trabalhista (art. 7.º do Decreto 11.205/2022).

A implementação do Governo Mais Legal – Trabalhista deve ocorrer sem prejuízo do disposto na Consolidação das Leis do Trabalho e no Regulamento da Inspeção do Trabalho, aprovado pelo Decreto 4.552/2002 (art. 8.º do Decreto 11.205/2022). Não se trata, assim, de flexibilização ou desregulamentação trabalhista.

Cabe ao Ministro de Estado do Trabalho e Previdência editar normas complementares necessárias à execução do disposto no Decreto 11.205/2022 (art. 9.º).

✦ Jurisprudência

Execução fiscal. Multa administrativa. Prescrição quinquenal. Nos termos dos arts. 1.º do Decreto n.º 20.910/32 e 1.º da Lei n.º 9.873/99, a pretensão de execução de multa inscrita em dívida ativa, imposta pelo Ministério do Trabalho e decorrente de infração trabalhista, está sujeita a prazo quinquenal. A corroborar tal entendimento, o art. 1.º-A da Lei n.º 9.873/99, incluído pela Lei n.º 11.941/09, preceitua que, -constituído definitivamente o crédito não tributário, após o término regular do processo administrativo, prescreve em 5 (cinco) anos a ação de execução da administração pública federal relativa a crédito decorrente da aplicação de multa por infração à legislação em vigor.- Precedentes. Agravo de instrumento conhecido e desprovido (TST, 3.ª T., AIRR 2043-45.2011.5.10.0801, Rel. Min. Alberto Luiz Bresciani de Fontan Pereira, *DEJT* 24.05.2013).

✦ Referências legislativas

- Art. 131 da CF;
- Art. 29, § 5.º, do ADCT.

TÍTULO VII-A – DA PROVA DE INEXISTÊNCIA DE DÉBITO TRABALHISTA

Art. 642-A. É instituída a Certidão Negativa de Débitos Trabalhistas (CNDT), expedida gratuita e eletronicamente, para comprovar a inexistência de débitos inadimplidos perante a Justiça do Trabalho.

§ 1.º O interessado não obterá a certidão quando em seu nome constar:

I – o inadimplemento de obrigações estabelecidas em sentença condenatória transitada em julgado proferida pela Justiça do Trabalho ou em acordos judiciais trabalhistas, inclusive no concernente aos recolhimentos previdenciários, a honorários, a custas, a emolumentos ou a recolhimentos determinados em lei; ou

II – o inadimplemento de obrigações decorrentes de execução de acordos firmados perante o Ministério Público do Trabalho ou Comissão de Conciliação Prévia.

§ 2.º Verificada a existência de débitos garantidos por penhora suficiente ou com exigibilidade suspensa, será expedida Certidão Positiva de Débitos Trabalhistas em nome do interessado com os mesmos efeitos da CNDT.

§ 3.º A CNDT certificará a empresa em relação a todos os seus estabelecimentos, agências e filiais.

§ 4.º O prazo de validade da CNDT é de 180 (cento e oitenta) dias, contado da data de sua emissão.

1. CERTIDÃO NEGATIVA DE DÉBITOS TRABALHISTAS

A Lei 12.440, de 7 de julho de 2011, acrescentou o Título VII-A à Consolidação das Leis do Trabalho, instituindo a Certidão Negativa de Débitos Trabalhistas.

O mencionado diploma legal foi publicado no Diário Oficial da União de 08.07.2011, com entrada em vigor 180 dias após a data de sua publicação.

O Título VII-A da CLT, com isso, passou a tratar da "prova de inexistência de débitos trabalhistas".

A Lei 14.133/2021 estabelece normas gerais de licitação e contratação para as Administrações Públicas diretas, autárquicas e fundacionais da União, dos Estados, do Distrito Federal e dos Municípios, e abrange: os órgãos dos Poderes Legislativo e Judiciário da União, dos Estados e do Distrito Federal e os órgãos do Poder Legislativo dos Municípios, quando no desempenho de função administrativa; os fundos especiais e as demais entidades controladas direta ou indiretamente pela Administração Pública.

A habilitação é a fase da licitação em que se verifica o conjunto de informações e documentos necessários e suficientes para demonstrar a capacidade do licitante de realizar o objeto da licitação, dividindo-se em: jurídica; técnica; fiscal, social e trabalhista; econômico-financeira (art. 62 da Lei 14.133/2021). As habilitações fiscal, social e trabalhista devem ser aferidas mediante a verificação, entre outros requisitos, da regularidade perante a Justiça do Trabalho (art. 68, inciso V, da Lei 14.133/2021).

Embora a Lei 12.440/2011 exija a Certidão Negativa de Débitos Trabalhistas (CNDT) para a habilitação em processos de licitação com o poder público (Lei 14.133/2021), a consequência que também se busca é a efetividade e celeridade na execução trabalhista, no sentido da justa satisfação do direito do credor.

Trata-se, assim, de importante mecanismo de execução indireta.

Efetivamente, a Certidão Negativa de Débitos Trabalhistas (CNDT) por ser expedida de forma gratuita (e eletrônica) e servir "para comprovar a inexistência de débitos inadimplidos perante a Justiça do Trabalho", pode ser requerida, em tese, por quaisquer interessados, em negociações privadas, inclusive; por exemplo, em compras e vendas de imóveis e de veículos, financiamentos, empréstimos e outros contratos privados, para se certificar quanto à idoneidade econômico-financeira da outra parte com quem pretende contratar.

Nesse sentido, a Constituição da República, no art. 5.º, inciso XXXIV, "b", determina que é a todos assegurada, independentemente do pagamento de taxas, "a obtenção de certidões em repartições públicas, para defesa de direitos e esclarecimento de situações de interesse pessoal".

Com isso, o efeito da inovação legal também passa a ser o de impulsionar o devedor de crédito trabalhista no sentido do pronto pagamento dos débitos em execução (ou mesmo antes de se iniciar a execução), para que não perca clientes e oportunidades nas suas contratações e negociações privadas.

O referido instrumento, portanto, tem o aspecto positivo de poder colaborar para a maior efetividade e respeito dos direitos trabalhistas, em nosso Estado Democrático de Direito.

A Certidão Negativa de Débitos Trabalhistas (CNDT) deve ser expedida gratuita e eletronicamente, para comprovar a inexistência de débitos inadimplidos perante a Justiça do Trabalho.

O interessado não pode obter a certidão quando em seu nome constar: I – o inadimplemento de obrigações estabelecidas em sentença condenatória transitada em julgado proferida pela Justiça do Trabalho ou em acordos judiciais trabalhistas, inclusive no concernente aos recolhimentos previdenciários, a honorários, a custas, a emolumentos ou a recolhimentos determinados em lei; ou II – o inadimplemento de obrigações decorrentes de execução de acordos firmados perante o Ministério Público do Trabalho ou Comissão de Conciliação Prévia.

Verificada a existência de débitos garantidos por penhora suficiente, ou com exigibilidade suspensa, deve ser expedida Certidão Positiva de Débitos Trabalhistas em nome do interessado, com os mesmos efeitos da CNDT.

A Certidão Negativa de Débitos Trabalhistas certifica a empresa em relação a todos os seus estabelecimentos, agências e filiais.

O prazo de validade da Certidão Negativa de Débitos Trabalhistas é de 180 dias, contados da data de sua emissão.

A Resolução Administrativa 1.470/2011 do TST regulamenta a expedição da Certidão Negativa de Débitos Trabalhistas (CNDT) e dá outras providências, uma vez que a expedição da CNDT, eletrônica e gratuita, pressupõe a existência de base de dados integrada, de âmbito nacional, com informações sobre as pessoas físicas e jurídicas inadimplentes perante a Justiça do Trabalho.

É instituído, assim, o Banco Nacional de Devedores Trabalhistas – BNDT, composto dos dados necessários à identificação das pessoas naturais e jurídicas, de direito público e privado, inadimplentes perante a Justiça do Trabalho quanto às obrigações:

> I – estabelecidas em sentença condenatória transitada em julgado ou em acordos judiciais trabalhistas; ou
>
> II – decorrentes de execução de acordos firmados perante o Ministério Público do Trabalho ou Comissão de Conciliação Prévia (art. 1.º da Resolução Administrativa 1.470/2011 do TST).

Nos termos do art. 1.º, § 1.º, da Resolução Administrativa 1.470/2011 do TST, é obrigatória a inclusão no BNDT do devedor que, devidamente cientificado, não pagar o débito ou descumprir obrigação de fazer ou não fazer, no prazo previsto em lei.

Nota-se que o dispositivo não menciona, ao menos de forma expressa, o descumprimento de obrigação de entrega de coisa, certamente por não ser tão frequente na Justiça do Trabalho, mas que também pode ser objeto de sentença condenatória transitada em julgado, acordo judicial trabalhista, execução de Termo de Ajuste de Conduta firmado perante o Ministério Público do Trabalho e acordo firmado perante a Comissão de Conciliação Prévia.

Antes de efetivar a ordem de inclusão do devedor no BNDT, em caso de execução por quantia certa, o Juízo da execução deve determinar o bloqueio eletrônico de numerário por meio do sistema BACENJUD, atualmente SISBAJUD (arts. 655, inciso I, do CPC/1973 e 835, I, do CPC/2015), e também registrar no sistema, quando for o caso, a informação sobre a existência de garantia total da execução (art. 1.º, § 1.º-A, da Resolução Administrativa 1.470/2011 do TST).

A medida decorre do fato de a garantia total da execução por depósito, bloqueio de numerário, ou penhora de bens suficientes, devidamente formalizada, ensejar a expedição de Certidão Positiva de Débitos Trabalhistas, com os mesmos efeitos da CNDT (art. 1.º, § 2.º, da Resolução Administrativa 1.470/2011 do TST).

Não será inscrito no Banco Nacional de Devedores Trabalhistas o devedor cujo débito é objeto de execução provisória (art. 1.º, § 3.º, da Resolução Administrativa 1.470/2011 do TST).

Uma vez inscrito, o devedor passa a compor pré-cadastro para a emissão da CNDT, dispondo do prazo improrrogável de 30 dias para cumprir a obrigação, ou regularizar a situação, a fim de evitar a positivação de seus registros junto ao BNDT (art. 1.º, §§ 4.º e 5.º, da

Resolução Administrativa 1.470/2011 do TST). Transcorrido esse prazo de 30 dias, a inclusão do devedor inadimplente acarretará, conforme o caso, a emissão de Certidão Positiva ou de Certidão Positiva com efeito de negativa (art. 1.º, §§ 4.º e 5.º, da Resolução Administrativa 1.470/2011 do TST).

Cabe fazer menção ao entendimento de que a previsão quanto à impossibilidade de obtenção da Certidão Negativa de Débitos Trabalhistas (CNDT) pelo interessado, nos casos anteriormente mencionados, seria inconstitucional.

Argumenta-se haver situações em que, embora a condenação tenha transitado em julgado, o valor cobrado na execução não está de acordo com a coisa julgada material, tendo o executado direito constitucional à ampla defesa também na execução. Além disso, em conformidade com o art. 37, inciso XXI, da Constituição Federal de 1988, no processo de licitação, apenas são admitidas as exigências de qualificação técnica e econômica indispensáveis à garantia do cumprimento das obrigações. Portanto, não seria possível a lei (infraconstitucional) exigir certidão negativa de débitos trabalhistas.

Não obstante, em sentido divergente, pode-se dizer que a execução é necessariamente fundada em título executivo, no qual se consubstancia a obrigação certa, líquida e exigível (arts. 580 do CPC/1973 e 786 do CPC/2015). A fase de liquidação, na execução de título judicial, é anterior à execução propriamente dita. Nessa fase antecedente, de liquidação, em se tratando de execução definitiva, os limites da coisa julgada material devem ser observados (art. 879, § 1.º, da CLT). Portanto, somente havendo obrigação líquida, certa e exigível, consubstanciada em título executivo, é que se autoriza o início da execução.

De todo modo, deve-se reconhecer que podem surgir situações mais complexas, decorrentes de certas peculiaridades do procedimento de liquidação trabalhista.

Elaborada a conta e tornada líquida, o juízo deve abrir às partes prazo comum de oito dias para impugnação fundamentada com a indicação dos itens e valores objeto da discordância, sob pena de preclusão (art. 879, § 2.º, da CLT).

Desse modo, mesmo quando o juiz profere, em seguida, a decisão de liquidação, não é cabível agravo de petição de imediato, por se entender que se trata de decisão interlocutória (art. 893, § 1.º, da CLT), cabendo às partes interessadas, no momento dos embargos à execução, reiterar a matéria relativa à liquidação, caso não tenha havido preclusão. Da sentença que julga os embargos à execução e as impugnações à decisão de liquidação (art. 884, § 4.º, da CLT) é cabível o agravo de petição (art. 897, "a", da CLT).

Nessas hipóteses, mesmo se o executado alegar que ainda não teve como discutir, de forma efetiva ou por meio de recurso à instância superior, a respeito dos cálculos ou da decisão de liquidação, mas a fase de execução já se houver iniciado, ao garantir a execução, ou obter efeito suspensivo nos embargos do devedor, aplica-se o art. 642-A, § 2.º, da CLT, ao determinar que, "verificada a existência de débitos garantidos por penhora suficiente ou com exigibilidade suspensa, será expedida Certidão Positiva de Débitos Trabalhistas em nome do interessado com os mesmos efeitos da CNDT".

Como já mencionado, não deve ser inscrito no Banco Nacional de Devedores Trabalhistas o devedor cujo débito é objeto de execução provisória (art. 1.º, § 3.º, da Resolução Administrativa 1.470/2011 do TST).

Ademais, a comprovação da inexistência de débitos inadimplidos perante a Justiça do Trabalho está abrangida, sim, na exigência de qualificação técnica e econômica, prevista pela norma constitucional.

Nos termos do art. 37, inciso XXI, da Constituição da República, "ressalvados os casos especificados na legislação, as obras, serviços, compras e alienações serão contratados mediante processo de licitação pública que assegure igualdade de condições a todos os concorrentes, com cláusulas que estabeleçam obrigações de pagamento, mantidas as condições efetivas da proposta, nos termos da lei, o qual somente permitirá as exigências de qualificação técnica e econômica indispensáveis à garantia do cumprimento das obrigações".

Efetivamente, se a pessoa física ou jurídica é inadimplente quanto aos créditos trabalhistas (os quais são dotados de privilégio até mesmo superior do que os créditos fiscais), que já são objeto até mesmo de execução definitiva, resulta evidente que ela não tem condições econômicas efetivas para dar cumprimento adequado ao contrato administrativo, objeto do processo de licitação.

Portanto, se nem sequer as obrigações decorrentes de execução definitiva na Justiça do Trabalho são cumpridas pela pessoa física ou jurídica, torna-se nítida a ausência de sua idoneidade econômica quanto ao contrato administrativo objeto de licitação pública.

Nesse contexto, as habilitações fiscal, social e trabalhista nas licitações devem ser aferidas mediante a verificação dos seguintes requisitos:

I – a inscrição no Cadastro de Pessoas Físicas (CPF) ou no Cadastro Nacional da Pessoa Jurídica (CNPJ);

II – a inscrição no cadastro de contribuintes estadual e/ou municipal, se houver, relativo ao domicílio ou sede do licitante, pertinente ao seu ramo de atividade e compatível com o objeto contratual;

III – a regularidade perante a Fazenda federal, estadual e/ou municipal do domicílio ou sede do licitante, ou outra equivalente, na forma da lei;

IV – a regularidade relativa à Seguridade Social e ao FGTS, que demonstre cumprimento dos encargos sociais instituídos por lei;

V – a regularidade perante a Justiça do Trabalho;

VI – o cumprimento do disposto no inciso XXXIII do art. 7.º da Constituição Federal de 1988 (art. 68 da Lei 14.133/2021).

Os referidos documentos podem ser substituídos ou supridos, no todo ou em parte, por outros meios hábeis a comprovar a regularidade do licitante, inclusive por meio eletrônico. A comprovação de atendimento do disposto nos incisos III, IV e V do art. 68 da Lei 14.133/2021 deve ser feita na forma da legislação específica.

Como se pode notar, se até mesmo a regularidade perante a Fazenda Pública e regularidade quanto à Seguridade Social e ao FGTS (art. 7.º, inciso III, da Constituição Federal de 1988) são exigidas, com muito mais razão, é imperiosa a prova de inexistência de débitos inadimplidos perante a Justiça do Trabalho (no caso, em execução definitiva), pois estes últimos decorrem, em essência, do trabalho humano prestado, o que remonta à própria necessidade de proteção e promoção da dignidade da pessoa humana, a qual é fundamento da República Federativa do Brasil (art. 1.º, inciso III, da Constituição Federal de 1988).

Ainda segundo o mencionado posicionamento que defende a inconstitucionalidade da Lei 12.440/2011, os acordos firmados perante o Ministério Público do Trabalho (Termo de Ajuste de Conduta) e as Comissões de Conciliação Prévia não são processos judiciais, não fazendo coisa julgada. Além disso, o TAC e o acordo firmado perante a CCP, por serem de natureza extrajudicial, não são objeto de descumprimento perante a Justiça do Trabalho. Com isso, argumenta-se que o inadimplemento dessas obrigações não tem como ser abrangido por

Certidão Negativa de Débitos Trabalhistas (CNDT), a qual tem como objetivo comprovar a inexistência de débitos inadimplidos perante a Justiça do Trabalho.

Também aqui é possível defender posição divergente.

Na realidade, o art. 642-A, § 1.º, inciso II, da CLT, acrescentado pela Lei 12.440/2011, é expresso ao mencionar "o inadimplemento de obrigações decorrentes de *execução* de acordos firmados perante o Ministério Público do Trabalho ou Comissão de Conciliação Prévia" (destaquei).

Portanto, apenas nos casos de descumprimento de Termo de Ajuste de Conduta firmado perante o Ministério Público do Trabalho, ou de termo de conciliação firmado perante a Comissão de Conciliação Prévia, que tiverem sido objeto de execução ajuizada na Justiça do Trabalho, é que o interessado não obterá a Certidão Negativa de Débitos Trabalhistas (CNDT).

Nesse sentido, autorizam a execução, perante a Justiça do Trabalho, não apenas as decisões e os acordos judiciais não cumpridos (títulos executivos judiciais), mas também os Termos de Ajuste de Conduta firmados perante o Ministério Público do Trabalho e os termos de conciliação firmados perante as Comissões de Conciliação Prévia (art. 876, *caput*, da CLT).

Seja na hipótese do inciso I, seja no caso do inciso II do art. 642-A, § 1.º, da CLT, também não se observa, em tese, violação às garantias constitucionais do contraditório, da ampla defesa e da inafastabilidade do controle jurisdicional, pois cabe ao executado, no processo (fase) de execução, exercer o direito de se defender, essencialmente por meio de embargos à execução, conforme prevê o ordenamento jurídico. Respeita-se, assim, o devido processo legal.

Ademais, a execução pressupõe título executivo (judicial ou extrajudicial), o qual se caracteriza pela liquidez, certeza e exigibilidade. Logo, antes do início da execução fundada em título judicial é que se observa a fase de liquidação, sabendo-se que os títulos extrajudiciais já se caracterizam por consubstanciar obrigação líquida, certa e exigível.

Como se não bastasse, o já mencionado art. 642-A, § 2.º, da CLT, é expresso ao estabelecer que, uma vez verificada a existência de débitos garantidos por penhora suficiente ou com exigibilidade suspensa, "será expedida Certidão Positiva de Débitos Trabalhistas em nome do interessado com os mesmos efeitos da CNDT".

Com isso, afasta-se a alegação de violação ao contraditório e à ampla defesa, os quais, de acordo com o devido processo legal, especificamente quanto à execução trabalhista, são exercidos principalmente por meio dos embargos, os quais pressupõem, em regra, a garantia do juízo (art. 884, *caput*, da CLT).

Saliente-se que, no caso de execução fundada em título extrajudicial, as matérias que podem ser alegadas em embargos à execução não sofrem a mesma limitação da execução decorrente de título judicial, por não se tratar de fase seguinte no processo de conhecimento.

Deve-se aplicar, assim, o art. 917 do CPC/2015, ao prever que, nos embargos à execução, o executado pode alegar: I – inexequibilidade do título ou inexigibilidade da obrigação; II – penhora incorreta ou avaliação errônea; III – excesso de execução ou cumulação indevida de execuções; IV – retenção por benfeitorias necessárias ou úteis, nos casos de execução para entrega de coisa certa; V – incompetência absoluta ou relativa do juízo da execução; VI – *qualquer matéria que lhe seria lícito deduzir como defesa em processo de conhecimento*.

O sistema jurídico também disciplina a forma de se obter efeito suspensivo aos embargos à execução, consoante o art. 919, § 1.º, do Código de Processo Civil de 2015.

Há hipóteses em que se admite até mesmo a chamada *exceção de pré-executividade*, envolvendo questões de ordem pública (como prevê o art. 803 do CPC de 2015). Caso seja acolhida, e a execução seja extinta, também deixa de existir o inadimplemento de obrigação estabelecida em sentença condenatória transitada em julgado.

Ademais, a questão em análise também pode ser examinada sob o enfoque da colisão de princípios, relativos a direitos fundamentais (por exemplo, direito à efetividade da tutela jurisdicional *versus* direito à livre iniciativa ou à participação nas licitações públicas), com a incidência do princípio (ou máxima) da proporcionalidade, em seus três níveis (adequação, necessidade, proporcionalidade em sentido estrito), para que se possa aferir se a restrição estabelecida em lei, a um dos direitos fundamentais envolvidos, é (ou não) constitucional[202].

Pode-se dizer que a Lei 12.440/2011, ao estabelecer certa restrição a um dos possíveis direitos fundamentais envolvidos (à livre iniciativa ou à participação nas licitações), é adequada quanto ao meio utilizado, levando em conta o objetivo que se busca atingir (seja nos aspectos da regularidade e higidez das licitações públicas e da execução dos contratos administrativos, seja quanto à efetividade das normas trabalhistas e da execução na Justiça do Trabalho); é medida necessária para se alcançar os fins pretendidos, no sentido da ausência de outros meios menos gravosos para isso (tanto que os mecanismos existentes até o momento não têm sido suficientes para a efetividade e a celeridade no cumprimento das normas e o adimplemento das obrigações trabalhistas objeto de execução); e não acarreta restrição excessiva ao direito fundamental (proporcionalidade em sentido estrito), em exame de ponderação entre os valores e direitos em discussão, mesmo porque, apenas no caso de inadimplemento em execução definitiva é que há a inscrição no Banco Nacional de Devedores Trabalhistas e, assim, o não fornecimento da Certidão Negativa de Débitos Trabalhistas, com a correspondente emissão da Certidão Positiva de Débitos Trabalhistas (art. 6.º da Resolução Administrativa 1.470/2011 do TST).

Não se observa, por outro lado, violação ao princípio da igualdade, uma vez que este deve ser interpretado em seu enfoque substancial, por ser vedado tratar de forma igual os que estão em situação desigual. Nesse sentido, aquele que cumpre todas as obrigações trabalhistas, em especial aquelas objeto de execução definitiva, não pode receber o mesmo tratamento daquele que descumpre esses mesmos deveres, sob pena, até mesmo, de manifesta concorrência desleal. Portanto, se a lei admitisse que ambos pudessem participar das licitações públicas, em igualdade de condições, é que haveria afronta ao princípio da isonomia (art. 5.º, *caput*, da Constituição da República).

Cabe salientar, ainda, que a livre iniciativa, como garantia constitucional, deve ser exercida com o devido respeito aos direitos fundamentais, nos quais estão inseridos os de natureza social e trabalhista (arts. 1.º, 3.º, 6.º, 7.º, 170 e 193 da Constituição da República).

Por fim, se a Certidão Negativa de Débitos Trabalhistas (CNDT) não for fornecida, e o interessado entender que existe ilegalidade ou inconstitucionalidade quanto a esse não fornecimento, poderá questionar o ato na esfera jurisdicional (art. 5.º, inciso XXXV, da Constituição Federal de 1988), inclusive, se presentes os requisitos próprios, por meio de mandado de segurança (art. 5.º, inciso LXIX, da Constituição Federal de 1988).

O art. 17 da Instrução Normativa 39/2016 do TST prevê que, sem prejuízo da inclusão do devedor no Banco Nacional de Devedores Trabalhistas (art. 642-A da CLT), aplicam-se à execução trabalhista as normas dos arts. 495, 517 e 782, §§ 3.º, 4.º e 5.º do CPC, que tratam

---

202 Cf. ALEXY, Robert. *Teoria dos direitos fundamentais*. Trad. Virgílio Afonso da Silva. São Paulo: Malheiros, 2008. p. 116-120, 131. Cf. ainda CRISTOVAM, José Sérgio da Silva. Considerações acerca das máximas da razoabilidade e da proporcionalidade. *ADV – Seleções Jurídicas*, Rio de Janeiro, COAD, p. 3-19, jan. 2012.

respectivamente da hipoteca judiciária, do protesto de decisão judicial e da inclusão do nome do executado em cadastros de inadimplentes.

Nos termos do art. 495 do CPC de 2015, a decisão que condenar o réu ao pagamento de prestação consistente em dinheiro e a que determinar a conversão de prestação de fazer, de não fazer ou de dar coisa em prestação pecuniária valem como título constitutivo de hipoteca judiciária.

A decisão produz a hipoteca judiciária: embora a condenação seja genérica; ainda que o credor possa promover o cumprimento provisório da sentença ou esteja pendente arresto sobre bem do devedor; mesmo que impugnada por recurso dotado de efeito suspensivo.

A hipoteca judiciária pode ser realizada mediante apresentação de cópia da sentença perante o cartório de registro imobiliário, independentemente de ordem judicial, de declaração expressa do juiz ou de demonstração de urgência.

No prazo de até 15 dias da data de realização da hipoteca, a parte deve informá-la ao juízo da causa, que determinará a intimação da outra parte para que tome ciência do ato.

A hipoteca judiciária, uma vez constituída, implica para o credor hipotecário o direito de preferência quanto ao pagamento em relação a outros credores, observada a prioridade no registro.

Sobrevindo a reforma ou a invalidação da decisão que impôs o pagamento de quantia, a parte responde, independentemente de culpa, pelos danos que a outra parte tiver sofrido em razão da constituição da garantia, devendo o valor da indenização ser liquidado e executado nos próprios autos.

Conforme o art. 517 do CPC de 2015, a decisão judicial transitada em julgado pode ser levada a protesto, nos termos da lei, depois de transcorrido o prazo para pagamento voluntário previsto no art. 523 do CPC.

Para efetivar o protesto, incumbe ao exequente apresentar certidão de teor da decisão. A certidão de teor da decisão deve ser fornecida no prazo de três dias e indicará o nome e a qualificação do exequente e do executado, o número do processo, o valor da dívida e a data de decurso do prazo para pagamento voluntário.

O executado que tiver proposto ação rescisória para impugnar a decisão exequenda pode requerer, a suas expensas e sob sua responsabilidade, a anotação da propositura da ação à margem do título protestado.

A requerimento do executado, o protesto deve ser cancelado por determinação do juiz, mediante ofício a ser expedido ao cartório, no prazo de três dias, contado da data de protocolo do requerimento, desde que comprovada a satisfação integral da obrigação.

Protesto é o ato formal e solene pelo qual se prova a inadimplência e o descumprimento de obrigação originada em títulos e outros documentos de dívida (art. 1.º da Lei 9.492/1997).

Incluem-se entre os títulos sujeitos a protesto as certidões de dívida ativa da União, dos Estados, do Distrito Federal, dos Municípios e das respectivas autarquias e fundações públicas (art. 1.º, parágrafo único, da Lei 9.492/1997, incluído pela Lei 12.767/2012).

A requerimento da parte, o juiz pode determinar a inclusão do nome do executado em cadastros de inadimplentes (art. 782, § 3.º, do CPC de 2015). A inscrição deve ser cancelada imediatamente se for efetuado o pagamento, se for garantida a execução ou se a execução for extinta por qualquer outro motivo (art. 782, § 4.º, do CPC de 2015).

O disposto nos §§ 3.º e 4.º do art. 782 do CPC aplica-se não apenas à execução fundada em título extrajudicial, mas também à execução definitiva de título judicial (art. 782, § 5.º, do CPC de 2015).

TÍTULO VIII – DA JUSTIÇA DO TRABALHO

CAPÍTULO I – INTRODUÇÃO

Art. 643. Os dissídios, oriundos das relações entre empregados e empregadores bem como de trabalhadores avulsos e seus tomadores de serviços, em atividades reguladas na legislação social, serão dirimidos pela Justiça do Trabalho, de acordo com o presente Título e na forma estabelecida pelo processo judiciário do trabalho.

§ 1.º As questões concernentes à Previdência Social serão decididas pelos órgãos e autoridades previstos no Capítulo V deste Título e na legislação sobre seguro social.

§ 2.º As questões referentes a acidentes do trabalho continuam sujeitas a justiça ordinária, na forma do Decreto n. 24.637, de 10 de julho de 1934, e legislação subsequente.

§ 3.º A Justiça do Trabalho é competente, ainda, para processar e julgar as ações entre trabalhadores portuários e os operadores portuários ou o Órgão Gestor de Mão de Obra – OGMO decorrentes da relação de trabalho.

1. COMPETÊNCIA DA JUSTIÇA DO TRABALHO

A Justiça do Trabalho é ramo do Poder Judiciário de natureza federal, mas considerada uma Justiça especializada, tendo em vista as matérias e questões de sua competência. Desse modo, exerce parte da competência especial, que se contrapõe à competência comum (ou ordinária).

A competência da Justiça do Trabalho, em sentido amplo, engloba diferentes critérios e classificações[203].

Nesse sentido, aplicam-se diversas classificações para a competência da Justiça do Trabalho, podendo ser, conforme o caso: a) competência absoluta e competência relativa; b) competência em razão da matéria, da pessoa, do lugar, do juízo e funcional; c) competência originária e recursal; e d) competência constitucional e legal (infraconstitucional).

Registre-se que, mesmo após a Emenda Constitucional 45/2004, não foi atribuída à Justiça do Trabalho competência em matéria criminal. Não há como entender presente a referida competência sem expressa previsão, a qual não é mencionada no art. 114 da Constituição Federal de 1988.

Aliás, o próprio art. 109, inciso VI, da Constituição da República prevê a competência dos juízes federais para processar e julgar os crimes contra a organização do trabalho, o que também abrange o crime de redução a condição análoga à de escravo. Sobre o assunto, preveem a Súmula 115 do extinto Tribunal Federal de Recursos e a jurisprudência do STJ.

[203] Cf. GARCIA, Gustavo Filipe Barbosa. *Competência da Justiça do Trabalho*: da relação de emprego à relação de trabalho. Rio de Janeiro: Forense, 2012.

Confirmando essa assertiva, o Supremo Tribunal Federal deferiu liminar em medida cautelar na Ação Direta de Inconstitucionalidade 3.684-0, com efeito *ex tunc*, atribuindo interpretação conforme a Constituição aos incisos I, IV e IX do seu art. 114, decidindo que no âmbito da Justiça do Trabalho não está incluída competência para processar e julgar ações penais (*DJ* 03.08.2007).

O Supremo Tribunal Federal julgou procedente o pedido formulado em ação direta de inconstitucionalidade, de modo a conferir interpretação conforme à Constituição ao seu art. 114, incisos I, IV e IX, na redação dada pela Emenda Constitucional 45/2004, para afastar qualquer interpretação que entenda competir à Justiça do Trabalho processar e julgar ações penais, nos termos da medida cautelar anteriormente deferida (STF, Pleno, ADI 3.684/DF, Rel. Min. Gilmar Mendes, *DJe* 01.06.2020).

Os juízes integrantes do Poder Judiciário do Trabalho exercem a chamada "competência internacional", quando presentes os requisitos previstos em lei.

2. COMPETÊNCIA: RELAÇÃO DE TRABALHO

O art. 114, inciso I, da Constituição da República Federativa do Brasil de 1988 passou a prever que compete à Justiça do Trabalho processar e julgar "as ações oriundas da relação de trabalho, abrangidos os entes de direito público externo e da administração pública direta e indireta da União, dos Estados, do Distrito Federal e dos Municípios".

Essa competência é de ordem absoluta, em razão da matéria, ou seja, engloba as ações oriundas da relação de trabalho.

Logo, são de competência da Justiça do Trabalho as controvérsias decorrentes, ou seja, originadas da relação de trabalho.

Em razão disso, mesmo quanto às ações possessórias, quando decorrentes da relação de trabalho (por exemplo, envolvendo pedido de devolução do instrumento de trabalho ou desocupação da moradia fornecida para o trabalho), entende-se que a competência é da Justiça do Trabalho.

Além disso, as ações que têm como objeto a tutela de direitos metaindividuais *trabalhistas* também são de competência da Justiça do Trabalho. Efetivamente, nessas ações civis públicas e coletivas, os direitos em discussão decorrem de relações de trabalho, o que confirma a incidência do art. 114, inciso I, da Constituição Federal de 1988. Ainda a respeito do tema, cabe mencionar a Súmula 736 do Supremo Tribunal Federal.

Entende-se que a Justiça do Trabalho não tem competência para julgar ação civil pública por ato de improbidade administrativa com o objetivo de proteção do erário público e dos princípios que regem a administração pública, sem ter por fim a defesa de direitos de natureza trabalhista, não tendo o Ministério Público do Trabalho legitimidade ativa para o ajuizamento da referida demanda. A competência, no caso, é da Justiça Comum. Cf. STF, 2.ª T., AgR-ARE 798.293/RJ, Rel. Min. Teori Zavascki, *DJe* 22.09.2015.

Deve-se reconhecer que o inciso I do atual art. 114 da Constituição da República é o dispositivo que tem apresentado maior controvérsia sobre o seu sentido e alcance.

Entende-se que a competência da Justiça do Trabalho apenas alcança as relações de trabalho propriamente, desde que não configurem relações de consumo. Em se tratando de prestação de serviço, ainda que por pessoa natural, caso tenha natureza de relação de consumo, ou seja, a destinatário final, estaria excluída a competência da Justiça do Trabalho.

Relação de trabalho é gênero, que tem como uma de suas espécies a relação de emprego.

Quanto às controvérsias oriundas das relações de emprego, sejam urbanas, rurais ou domésticas, permanecem (como não poderia deixar de ser) sob a competência da Justiça do Trabalho.

Na jurisprudência trabalhista, prevalece o entendimento de que é da Justiça do Trabalho a competência para decidir sobre pedido de expedição de alvará judicial para fins de saque dos depósitos do FGTS na Caixa Econômica Federal, decorrente da relação de emprego havida entre ex-empregado e empregador, com fundamento no art. 114, incisos I e IX, da Constituição Federal de 1988. Cf. TST, RR – 132-18.2016.5.23.0071. Em sentido divergente, cf. Súmula 82 do STJ.

O art. 114, inciso I, da Constituição da República engloba as ações oriundas de relação de trabalho temporário, regida pela Lei 6.019/1974, como já estabelecia o seu art. 19. Entretanto, permanece aplicável o entendimento de que os conflitos entre empresa de trabalho temporário e a empresa tomadora dos serviços ou cliente são de competência da Justiça Comum.

Os trabalhadores de cartórios extrajudiciais, na atualidade, são considerados empregados, estando, assim, inseridos na competência da Justiça do Trabalho (art. 114, inciso I, da Constituição Federal de 1988). Tanto é assim que o art. 236, *caput*, da Constituição Federal de 1988 dispõe que os serviços notariais e de registro "são exercidos em caráter privado, por delegação do Poder Público". O art. 20 da Lei 8.935/1994, por sua vez, prevê que os notários e os oficiais de registro "poderão, para o desempenho de suas funções, contratar escreventes, dentre eles escolhendo os substitutos, e auxiliares como empregados, com remuneração livremente ajustada e sob o regime da legislação do trabalho".

Também são relações de trabalho, de competência da Justiça Laboral, aquelas em que figuram, por exemplo: o trabalhador doméstico eventual (como o "diarista"); o trabalhador rural eventual; o trabalhador urbano eventual; o trabalhador autônomo (em sentido divergente: STJ, 3.ª T., AgInt no AREsp 1.751.172/PR, Rel. Min. Marco Aurélio Bellizze, *DJe* 15.04.2021); o trabalhador avulso; o trabalhador voluntário; o estagiário (em sentido divergente: STJ, CC 131.195/MG, Rel. Min. Raul Araújo, *DJe* 04.04.2014); o trabalhador considerado pequeno empreiteiro, operário ou artífice; o trabalhador *parassubordinado*.

Portanto, a atual previsão constitucional não mais restringe a competência da Justiça do Trabalho para a solução dos conflitos pertinentes às relações de emprego propriamente. Em razão da redação mais abrangente, que remete à relação de trabalho, não há mais necessidade de lei específica estabelecendo a competência da Justiça do Trabalho para decidir sobre as controvérsias pertinentes a outras relações de labor que não se identifiquem com o contrato de emprego.

O inciso IX do art. 114 da Constituição Federal de 1988 faz menção a "outras controvérsias decorrentes da relação de trabalho, na forma da lei". No entanto, o inciso I, acima transcrito, é expresso ao estabelecer a competência da Justiça do Trabalho quanto às ações oriundas da relação de trabalho, sendo esse dispositivo claramente autoaplicável, ou seja, de aplicabilidade direta e imediata.

Na relação de trabalho, o sujeito ativo é sempre a pessoa natural (trabalhador), enquanto o sujeito passivo pode ser pessoa física, jurídica ou mesmo ente despersonalizado (por exemplo, o condomínio ou a massa falida).

Além disso, para os fins de delimitação da competência da Justiça do Trabalho, prevista no art. 114, inciso I, da Constituição Federal de 1988, entende-se que na relação de trabalho o próprio trabalhador é quem presta o serviço de forma direta e pessoal, sem encaminhar outras pessoas para realizar o serviço em seu lugar (até porque, se esta última hipótese ocorrer, não mais se referirá ao trabalho da pessoa em si).

Mesmo se já cessado o vínculo de emprego, se o ex-empregador desrespeita disposição a ele relativa, prejudicando o ex-empregado, a ação respectiva é de competência da Justiça do Trabalho, pois a controvérsia decorre da relação de emprego que existiu (art. 114, inciso I, da Constituição Federal de 1988).

O Superior Tribunal de Justiça firmou a seguinte tese em incidente de assunção de competência: "Compete à Justiça Comum julgar as demandas relativas a plano de saúde de autogestão empresarial, exceto quando o benefício for regulado em contrato de trabalho, convenção ou acordo coletivo, hipótese em que a competência será da Justiça do Trabalho, ainda que figure como parte trabalhador aposentado ou dependente do trabalhador" (STJ, 2.ª Seção, EDcl no REsp 1.799.343/SP, 2018/0301672-7, Rel. Min. Nancy Andrighi, *DJe* 01.07.2020).

Cabe ainda ressaltar que o Pleno do Supremo Tribunal Federal referendou liminar concedida para suspender a eficácia de normas conjuntas de órgãos do Poder Judiciário e do Ministério Público nos Estados de São Paulo e de Mato Grosso que dispõem sobre a competência da Justiça do Trabalho para conceder *autorização de trabalho artístico para crianças e adolescentes*. Prevaleceu o entendimento de que essa matéria é de competência da Justiça Comum, e não da Justiça do Trabalho.

Nesse sentido, o STF concedeu cautelar para suspender a eficácia da expressão "inclusive artístico" (constante do inciso II da Recomendação Conjunta 1/14-SP e do art. 1.º, inciso II, da Recomendação Conjunta 1/14-MT), bem como para afastar a atribuição (definida no Ato GP 19/2013 e no Provimento GP/CR 07/2014) quanto à apreciação de pedidos de alvará visando à participação de crianças e adolescentes em representações artísticas e a criação do Juizado Especial na Justiça do Trabalho, ficando suspensos, por consequência, esses últimos preceitos, *assentando ser da Justiça Comum a competência para analisar tais pedidos* (STF, Pleno, ADI 5.326/DF, Rel. Min. Marco Aurélio, j. 27.09.2018).

Conforme decisão proferida pelo Supremo Tribunal Federal: "Ausente controvérsia a envolver relação de trabalho, compete ao Juízo da Infância e da Juventude, inserido no âmbito da Justiça Comum, apreciar, no campo da jurisdição voluntária, pedido de autorização visando a participação de crianças e adolescentes em eventos de caráter artístico" (STF, Pleno, MC-ADI 5.326/DF, Rel. Min. Marco Aurélio, *DJe* 20.03.2020).

O art. 9.º, § 2.º, inciso II, da Lei 11.340/2006 prevê que o juiz deve assegurar à mulher em situação de violência doméstica e familiar, para preservar sua integridade física e psicológica manutenção do vínculo trabalhista, quando necessário o afastamento do local de trabalho, por até seis meses. A respeito do tema, segundo o entendimento firmado pelo Superior Tribunal de Justiça, tem "competência o juiz da vara especializada em violência doméstica e familiar ou, caso não haja na localidade, o juízo criminal, para apreciar pedido de imposição de medida protetiva de manutenção de vínculo trabalhista, por até seis meses, em razão de afastamento do trabalho de ofendida decorrente de violência doméstica e familiar, uma vez que o motivo do afastamento não advém de relação de trabalho, mas de situação emergencial que visa garantir a integridade física, psicológica e patrimonial da mulher" (STJ, 6.ª T., REsp 1.757.775/SP, 2018/0193975-8, Rel. Min. Rogerio Schietti Cruz, *DJe* 02.09.2019).

O Superior Tribunal de Justiça decidiu que compete à Justiça Comum Estadual julgar ação com pedidos de obrigação de fazer e de indenização ajuizada por motorista de aplicativo em face da empresa detentora de aplicativo de celular, sem vínculo de emprego, com o objetivo de voltar a realizar seus serviços, por se tratar de relação de natureza eminentemente civil (STJ, 2.ª Seção, CC 164.544/MG, Rel. Min. Moura Ribeiro). Cf. ainda STF, Rcl 59.795/MG, Rel. Min. Alexandre de Moraes.

O Supremo Tribunal Federal fixou a seguinte tese de repercussão geral: "Compete à Justiça Comum processar e julgar controvérsias relacionadas à fase pré-contratual de seleção e de admissão de pessoal e eventual nulidade do certame em face da Administração Pública, direta e indireta, nas hipóteses em que adotado o regime celetista de contratação de pessoas, salvo quando a sentença de mérito tiver sido proferida antes de 6 de junho de 2018, situação em que, até o trânsito em julgado e a sua execução, a competência continuará a ser da Justiça do Trabalho" (STF, Pleno, ED-RE 960.429/RN, Rel. Min. Gilmar Mendes, j. 15.12.2020). Entende-se que nessas controvérsias há prevalência do caráter público, pois o concurso público é ato de natureza administrativa.

Frise-se ainda que o Supremo Tribunal Federal fixou a seguinte tese de repercussão geral: "A natureza do ato de demissão de empregado público é constitucional-administrativa e não trabalhista, o que atrai a competência da Justiça comum para julgar a questão. A concessão de aposentadoria aos empregados públicos inviabiliza a permanência no emprego, nos termos do art. 37, § 14, da CRFB, salvo para as aposentadorias concedidas pelo Regime Geral de Previdência Social até a data de entrada em vigor da Emenda Constitucional n.º 103/19, nos termos do que dispõe seu art. 6.º" (STF, Pleno, RE 655.283/DF, Red. p/ ac. Min. Dias Toffoli, j. 16.06.2021).

O Supremo Tribunal Federal fixou a seguinte tese de repercussão geral (Tema 1.143): "A Justiça Comum é competente para julgar ação ajuizada por servidor celetista contra o Poder Público, em que se pleiteia parcela de natureza administrativa". Houve modulação dos efeitos da decisão para manter na Justiça do Trabalho, até o trânsito em julgado e correspondente execução, os processos em que houver sido proferida sentença de mérito até a data de publicação da ata de julgamento (STF, Pleno, RE 1.288.440/SP, Rel. Min. Roberto Barroso, j. 03.07.2023).

A natureza jurídico-administrativa do vínculo existente entre o estagiário e o ente público afasta a competência da Justiça do Trabalho para apreciar a ação (TST, 8.ª T., RR – 10140-21.2014.5.15.0015, Rel. Min. Dora Maria da Costa, *DEJT* 17.03.2017).

Quanto aos agentes políticos, por não ser relação de trabalho propriamente, mas relação de natureza institucional, caracterizando um munus público, não se verifica a competência da Justiça do Trabalho para os agentes políticos, não incidindo o art. 114, inciso I, da Constituição da República.

Essa mesma conclusão pode ser aplicada aos militares, aqui incluídos os membros das Forças Armadas (art. 142 da Constituição Federal de 1988) e os membros das Polícias Militares e Corpos de Bombeiros Militares (art. 42 da Constituição da República). Quanto aos militares, prevalece o caráter institucional da relação jurídica, não se podendo equiparar aos servidores civis, nem às demais relações de trabalho.

Da mesma forma, os agentes honoríficos, delegados e credenciados, que não se confundem com os servidores públicos, exercem, na realidade, múnus público, diferindo da relação de trabalho propriamente.

Prevalece o entendimento de que a Justiça do Trabalho não é competente para julgar ação de cobrança de honorários advocatícios em favor de defensor dativo, por se tratar de relação jurídica de natureza administrativa (STF, Pleno, RE 607.520/MG, Rel. Min. Dias Toffoli, *DJe* 21.06.2011).

As relações decorrentes do contrato de transporte de cargas de que trata o art. 4.º da Lei 11.442/2007 são sempre de natureza comercial, não ensejando, em nenhuma hipótese, a caracterização de vínculo de emprego (art. 5.º da Lei 11.442/2007). Da mesma forma, no caso de contratação direta do transportador autônomo de cargas pelo proprietário da mercadoria, a relação dar-se-á nos termos da Lei 11.442/2007 e será considerada de natureza comercial.

Sendo assim, compete à Justiça Comum o julgamento de ações oriundas dos contratos de transporte de cargas. Em razão disso, a jurisprudência majoritária tem afastado a competência da Justiça do Trabalho quanto ao tema em questão. Cf. TST, 8.ª T., RR 516-67.2012.5.04.0291, Rel. Des. Conv. João Pedro Silvestrin, *DEJT* 30.05.2014.

O Supremo Tribunal Federal firmou a seguinte tese: "1 – A Lei 11.442/2007 é constitucional, uma vez que a Constituição não veda a terceirização, de atividade-meio ou fim. 2 – O prazo prescricional estabelecido no art. 18 da Lei 11.442/2007 é válido porque não se trata de créditos resultantes de relação de trabalho, mas de relação comercial, não incidindo na hipótese o art. 7.º, XXIX, CF. 3 – Uma vez preenchidos os requisitos dispostos na Lei 11.442/2007, estará configurada a relação comercial de natureza civil e afastada a configuração de vínculo trabalhista" (STF, Pleno, ADI 3.961/DF, Rel. Min. Roberto Barroso, j. 15.04.2020, *DJe* 05.06.2020).

Nos termos do art. 39 da Lei 4.886/1965, para julgamento das controvérsias que surgirem entre representante e representado é competente a Justiça Comum, sendo a competência territorial do foro do domicílio do representante comercial autônomo. A respeito do tema, o Supremo Tribunal Federal fixou a seguinte tese de repercussão geral: "Preenchidos os requisitos dispostos na Lei 4.886/65, compete à Justiça Comum o julgamento de processos envolvendo relação jurídica entre representante e representada comerciais, uma vez que não há relação de trabalho entre as partes" (STF, Pleno, RE 606.003/RS, Red. p/ ac. Min. Roberto Barroso, j. 28.09.2020). Tendo em vista o entendimento firmado pelo STF, prevaleceu a posição de que o art. 39 da Lei 4.886/1965 permanece em vigor, mesmo após a Emenda Constitucional 45/2004.

3. QUESTÕES PREVIDENCIÁRIAS E ACIDENTÁRIAS

As ações relativas a benefícios previdenciários decorrentes de acidentes do trabalho (inclusive doenças ocupacionais), ajuizados em face do INSS, são de competência da Justiça Comum Estadual, conforme art. 109, inciso I, parte final da Constituição da República.

O art. 129 da Lei 8.213/1991 confirma que os litígios e as medidas cautelares relativos a acidentes do trabalho devem ser apreciados: I – na esfera administrativa, pelos órgãos da Previdência Social, segundo as regras e prazos aplicáveis às demais prestações, com prioridade para conclusão; II – na via judicial, pela Justiça dos Estados e do Distrito Federal, inclusive durante as férias forenses.

As ações relativas a indenizações decorrentes de acidentes do trabalho, ajuizadas em face do empregador, por sua vez, são de competência da Justiça do Trabalho, conforme o art. 114, inciso VI, da Constituição Federal de 1988. A respeito do tema, dispõe a Súmula Vinculante 22 do STF.

O art. 120 da Lei 8.213/1991 prevê que nos casos de negligência quanto às normas padrão de segurança e higiene do trabalho indicadas para a proteção individual e coletiva, bem como de violência doméstica e familiar contra a mulher, nos termos da Lei 11.340/2006, a Previdência Social deve propor *ação regressiva* contra os responsáveis.

Nessa ação de regresso a competência é da Justiça Federal Comum (art. 109, inciso I, da Constituição da República), pois não se trata de ação que decorra da relação de trabalho propriamente, mas sim da relação que se forma entre a Previdência Social e o responsável pelo ocorrido, por ter aquela que arcar com as despesas decorrentes das prestações acidentárias ou previdenciárias.

O art. 202, § 2.º, da Constituição Federal de 1988, com redação determinada pela Emenda Constitucional 20/1998, passou a prever que as "contribuições do empregador, os benefícios e as condições contratuais previstas nos estatutos, regulamentos e planos de benefícios das entidades de previdência privada não integram o contrato de trabalho dos participantes".

O Pleno do Supremo Tribunal Federal, por maioria de votos, decidiu, em sessão de 20.02.2012, que compete à Justiça Comum o julgamento das ações decorrentes de contrato de previdência complementar privada, ou seja, envolvendo entidade de previdência complementar privada.

A decisão acima referida ocorreu no julgamento dos Recursos Extraordinários 586.453 e 583.050. Esclareça-se que o Pleno do STF decidiu pela modulação dos efeitos dessa decisão (com fundamento no art. 27 da Lei 9.868/1999), no sentido de que devem permanecer na Justiça do Trabalho os processos que já tiverem sentença de mérito proferida até a data de 20.02.2013.

Em conformidade com esse entendimento do STF, a competência para decidir a matéria em questão é sempre da Justiça Comum, tendo em vista a ausência de relação trabalhista entre o beneficiário e a entidade fechada de previdência complementar.

O Supremo Tribunal Federal fixou ainda a seguinte tese de repercussão geral: "Compete à Justiça comum o julgamento de conflito de interesses a envolver a incidência de contribuição previdenciária, considerada a complementação de proventos" (STF, Pleno, RE 594.435/SP, Rel. Min. Marco Aurélio, j. 24.05.2018, *DJe* 03.09.2018). Entendeu-se, assim, ser de competência da Justiça comum decidir conflito a respeito da incidência de contribuição previdenciária sobre complementação de proventos de aposentadorias e de pensões.

Frise-se que o Supremo Tribunal Federal acolheu embargos de declaração e decidiu pela modulação dos efeitos da decisão proferida no mencionado Recurso Extraordinário 594.435, com repercussão geral, para manter na Justiça do Trabalho, até final execução, os processos sobre a incidência de contribuição previdenciária instituída por ente federativo em complementação de proventos de aposentadoria e de pensões em que já tenha sido proferida sentença de mérito, até o dia da conclusão do julgamento do recurso extraordinário (24.05.2018) (STF, Pleno, ED-RE 594.435/SP, Red. p/ ac. Min. Alexandre de Moraes, j. 21.08.2019, *DJe* 23.09.2019).

Em se tratando, porém, de complementação de aposentadoria instituída, regulamentada e paga *diretamente pelo empregador*, e não por entidade de previdência complementar privada (Súmula 288, inciso I, do TST), entende-se que a competência é da Justiça do Trabalho, na forma do art. 114, inciso I, da Constituição da República.

O Supremo Tribunal Federal fixou a seguinte tese de repercussão geral: "Compete à Justiça comum processar e julgar causas sobre complementação de aposentadoria instituída por lei cujo pagamento seja, originariamente ou por sucessão, da responsabilidade da Administração Pública direta ou indireta, por derivar essa responsabilidade de relação jurídico--administrativa" (STF, Pleno, RG-RE 1.265.549/SP, Rel. Min. Dias Toffoli, *DJe* 19.06.2020). Houve modulação dos efeitos dessa decisão, de modo que os processos nos quais houver sido proferida sentença de mérito até a data da publicação do acórdão do julgamento do recurso no Plenário do Supremo Tribunal Federal (19 de junho de 2020) prossigam na Justiça do Trabalho até o trânsito em julgado e a correspondente execução (STF, Pleno, ED-RG-RE 1.265.549/SP, Rel. Min. Dias Toffoli, *DJe* 26.11.2020).

O Supremo Tribunal Federal firmou a seguinte tese de repercussão geral: "Compete à Justiça do Trabalho processar e julgar causas ajuizadas contra o empregador nas quais se pretenda o reconhecimento de verbas de natureza trabalhista e os reflexos nas respectivas contribuições para a entidade de previdência privada a ele vinculada" (STF, Pleno, RG-RE 1.265.564/SC, Rel. Min. Luiz Fux, j. 02.09.2021, *DJe* 14.09.2021).

4. RELAÇÃO DE TRABALHO AVULSO

O trabalhador avulso caracteriza-se por prestar serviços a diversos tomadores (sem fixação a uma fonte tomadora), com a intermediação do sindicato ou do Órgão Gestor de Mão de Obra. Embora não tenha vínculo de emprego, a Constituição Federal de 1988 assegura a igualdade de direitos entre o trabalhador avulso e o empregado (art. 7.º, inciso XXXIV, da Constituição Federal de 1988).

O art. 643, *caput*, da CLT já estabelecia a competência da Justiça do Trabalho para solucionar os dissídios oriundos das relações entre trabalhadores avulsos e seus tomadores de serviço, o que permanece aplicável.

O § 3.º do art. 643 da CLT, acrescentado pela Medida Provisória 2.164-41/2001, passou a estabelecer que a Justiça do Trabalho é competente para processar e julgar as ações entre trabalhadores portuários e operadores portuários ou o Órgão Gestor de Mão de Obra (OGMO) decorrentes da relação de trabalho, por meio das Varas do Trabalho, conforme art. 652, inciso V, da CLT (acrescentado pela mesma Medida Provisória). Com o inciso I do art. 114 da Constituição da República, essa situação restou mantida.

Como se verifica, não havia disposição expressa a respeito de competência para solucionar as controvérsias entre o trabalhador avulso e o sindicato responsável pela intermediação do trabalho avulso (não portuário), que não se confunde com o operador portuário ou o OGMO.

Com a Emenda Constitucional 45/2004, a disposição mais genérica do art. 114, inciso I, da Constituição Federal de 1988 não deixa dúvidas de que as ações oriundas das relações de trabalho avulso são de competência da Justiça do Trabalho, inclusive quanto aos conflitos: entre o referido trabalhador e a empresa ou ente tomador (por exemplo, o operador portuário); entre o avulso e o sindicato que fez a intermediação da contratação; entre o avulso e o Órgão Gestor de Mão de Obra.

✦ Jurisprudência

Recurso extraordinário. Direito Previdenciário e Processual Civil. Repercussão geral reconhecida. Competência para o processamento de ação ajuizada contra entidade de previdência privada e com o fito de obter complementação de aposentadoria. Afirmação da autonomia do Direito Previdenciário em relação ao Direito do Trabalho. Litígio de natureza eminentemente constitucional, cuja solução deve buscar trazer maior efetividade e racionalidade ao sistema. Recurso provido para afirmar a competência da Justiça comum para o processamento da demanda. Modulação dos efeitos do julgamento, para manter, na Justiça Federal do Trabalho, até final execução, todos os processos dessa espécie em que já tenha sido proferida sentença de mérito, até o dia da conclusão do julgamento do recurso (20/2/13). 1. A competência para o processamento de ações ajuizadas contra entidades privadas de previdência complementar é da Justiça comum, dada a autonomia do Direito Previdenciário em relação ao Direito do Trabalho. Inteligência do art. 202, § 2.º, da Constituição Federal a excepcionar, na análise desse tipo de matéria, a norma do art. 114, inciso IX, da Magna Carta. 2. Quando, como ocorre no presente caso, o intérprete está diante de controvérsia em que há fundamentos constitucionais para se adotar mais de uma solução possível, deve ele optar por aquela que efetivamente trará maior efetividade e racionalidade ao sistema. 3. Recurso extraordinário de que se conhece e ao qual se dá provimento para firmar a competência da Justiça comum para o processamento de demandas ajuizadas contra entidades privadas de previdência buscando-se o complemento de aposentadoria. 4. Modulação dos efeitos da decisão para reconhecer a competência da Justiça Federal do Trabalho para processar e julgar, até o trânsito em julgado e a correspondente execução, todas as causas da espécie em que houver sido proferida sentença de mérito até a data da conclusão, pelo Plenário do Supremo Tribunal Federal, do julgamento do presente recurso (20/2/2013). 5. Reconhecimento, ainda, da inexistência de repercussão geral quanto ao alcance da prescrição de ação tendente a questionar as parcelas referentes à aludida complementação, bem como quanto à extensão de vantagem a aposentados que tenham obtido a complementação de aposentadoria por entidade de previdência privada sem que tenha havido o respectivo custeio (STF, Pleno, RE 586.453/SE, Rel. p/ ac. Min. Dias Toffoli, *DJe* 06.06.2013).

Competência. Complementação de aposentadoria. Incidência de contribuição social. Compete à Justiça comum o julgamento de conflito a envolver a incidência de contribuição previdenciária sobre complementação de proventos de aposentadoria (STF, Pleno, RE 594.435/SP, Rel. Min. Marco Aurélio, *DJe* 03.09.2018).

Constitucional e processo civil. Modulação de efeitos em embargos de declaração. Viabilidade. Demonstração de situação de excepcionalidade. Modulação dos efeitos do acórdão para manter, na Justiça do Trabalho, até final execução, todos os processos desta matéria em que já tenha sido proferida sentença de mérito, até o dia da conclusão do julgamento do recurso extraordinário (24/5/2018). 1. O § 3.º do art. 927 do Código de Processo Civil de 2015 preconiza que, "na hipótese de alteração de jurisprudência dominante do Supremo Tribunal Federal e dos tribunais superiores ou daquela oriunda de julgamento de casos repetitivos, pode haver modulação dos efeitos da alteração no interesse social e no da segurança jurídica". 2. Tendo em vista a duradoura jurisprudência do Tribunal Superior do Trabalho em sentido oposto ao decidido pelo Supremo Tribunal Federal neste precedente, surge, inevitavelmente, o interesse em resguardar os atos praticados ao longo de vários anos, enquanto perdurou a indefinição acerca do Juízo competente para dirimir a controvérsia. 3. Precedente: RE 586.453, Rel. Min. Ellen Gracie, Rel. p/ Acórdão: Min. Dias Toffoli, Tribunal Pleno, *DJe* de 6/6/2013, Tema 190 da Repercussão Geral. 4. Embargos de Declaração acolhidos para efeitos de modulação (STF, Pleno, ED-RE 594.435/SP, Red. p/ ac. Min. Alexandre de Moraes, *DJe* 23.09.2019).

Recurso extraordinário. Trabalhista. Competência. Pedido de condenação da empresa empregadora ao pagamento de verbas trabalhistas e ao consequente reflexo das diferenças salariais nas contribuições ao plano de previdência complementar. Competência da Justiça do Trabalho. Inaplicabilidade do Tema 190 da repercussão geral. Precedentes. Multiplicidade de recursos extraordinários. Controvérsia constitucional dotada de repercussão geral. Reafirmação da jurisprudência do Supremo Tribunal Federal. Recurso extraordinário desprovido (STF, Pleno, RG-RE 1.265.564/SC, Rel. Min. Luiz Fux, *DJe* 14.09.2021).

Processual civil. Agravo regimental no recurso extraordinário com agravo. Preliminar de repercussão geral. Fundamentação insuficiente. Ônus do recorrente. Art. 5.º, LIV, da CF/88. Ofensa constitucional reflexa. Competência da Justiça do Trabalho. Art. 114, IX, da Carta Magna. Não indicação da disposição normativa infraconstitucional correspondente. Súmula 284/STF. Ação civil pública por ato de improbidade administrativa. Inexistência de direito ou interesse de natureza trabalhista a ser protegido. Legitimidade ativa do Ministério Público Estadual, e não do Ministério Público do Trabalho. Competência da Justiça Estadual. 1. O Ministério Público do Trabalho não possui legitimidade ativa para a propositura de ação civil pública por ato de improbidade administrativa que visa unicamente à proteção do erário estadual e dos princípios que regem a Administração Pública, sem ter por fim a defesa de qualquer direito ou interesse de natureza trabalhista. Confirmação da legitimidade ativa ad causam do Ministério Público do Estado do Rio de Janeiro e da competência da Justiça Estadual desse ente federado para julgar a causa. 2. Agravo regimental a que se nega provimento (STF, 2.ª T., AgR-ARE 798.293/RJ, Rel. Min. Teori Zavascki, *DJe* 22.09.2015).

Competência. Conflito negativo de atribuição. Ministério Público Estadual e Federal. Omissão de anotação de dados em Carteira de Trabalho. Definição. [...] O conflito negativo de atribuição concerne a procedimento voltado a apurar a suposta prática de crime de omissão de anotação de dados relativos a contrato de trabalho na Carteira de Trabalho e Previdência Social – CTPS (artigo 297, § 4.º, do Código Penal). [...] Define-se o conflito considerada a matéria objeto do procedimento de origem, devendo ser levados em conta os fatos motivadores da atuação do Ministério Público. Quando se trata de investigar prática de possível crime de omissão de anotação de dados relativos a contrato de trabalho na Carteira de Trabalho e Previdência Social – CTPS (artigo 297, § 4.º, do Código Penal), a atribuição, para qualquer ação, é do Ministério Público estadual, e não do Federal, pois inexiste lesão a bem ou interesse da União bastante a potencializar a atração da Competência da Justiça Federal, o que direciona à competência da Justiça Comum estadual para processar e julgar eventual ação penal, consoante, inclusive, enuncia o Verbete n.º 107 da Súmula do

Superior Tribunal de Justiça. 3. Ante o quadro, resolvo o conflito no sentido de reconhecer a atribuição do Ministério Público estadual (STF, Pet 5.084/SP, Rel. Min. Marco Aurélio, Decisão monocrática, *DJe* 28.09.2015).

Processo penal. Conflito de competência negativo. Redução a condição análoga à de escravo. Frustração de direito assegurado por lei trabalhista. Crime contra direitos humanos. Art. 109, V-A, VI, da Constituição Federal. Competência da Justiça Federal. 1. Trata-se de crimes de redução a condição análoga à de escravo e frustração de direito assegurado por lei trabalhista, cujo alvo não se limitava a determinado grupo de trabalhadores. 2. Inteligência dos comandos insertos no art. 109, V-A, VI, da Constituição Federal, no art. 10, VII, da Lei n. 5.060/1966 e no Título IV, da Parte Especial do Código Penal. 3. Precedentes do STF e deste STJ. 4. Conflito conhecido para declarar competente o Juízo Federal da 2.ª Vara da Seção Judiciária do Estado de Tocantins, ora suscitante" (STJ, 3.ª Seção, CC 95.707/TO, Rel. Min. Maria Thereza de Assis Moura, *DJe* 20.02.2009). "Direito penal e processual penal. Art. 149 do Código Penal. Redução à condição análoga à de escravo. Trabalho escravo. Dignidade da pessoa humana. Direitos fundamentais. Crime contra a coletividade dos trabalhadores. Art. 109, VI, da Constituição Federal. Competência. Justiça Federal. Recurso extraordinário provido. A Constituição de 1988 traz um robusto conjunto normativo que visa à proteção e efetivação dos direitos fundamentais do ser humano. A existência de trabalhadores a laborar sob escolta, alguns acorrentados, em situação de total violação da liberdade e da autodeterminação de cada um, configura crime contra a organização do trabalho. Quaisquer condutas que possam ser tidas como violadoras não somente do sistema de órgãos e instituições com atribuições para proteger os direitos e deveres dos trabalhadores, mas também dos próprios trabalhadores, atingindo-os em esferas que lhes são mais caras, em que a Constituição lhes confere proteção máxima, são enquadráveis na categoria dos crimes contra a organização do trabalho, se praticadas no contexto das relações de trabalho. Nesses casos, a prática do crime prevista no art. 149 do Código Penal (Redução à condição análoga a de escravo) se caracteriza como crime contra a organização do trabalho, de modo a atrair a competência da Justiça federal (art. 109, VI, da Constituição) para processá-lo e julgá-lo. Recurso extraordinário conhecido e provido (STF, Pleno, RE 398.041/PA, Rel. Min. Joaquim Barbosa, *DJe* 19.12.2008).

Agravo regimental em recurso extraordinário. Acidente do trabalho. Ação acidentária ajuizada contra o INSS. Competência da Justiça Comum estadual. Inciso I e § 3.º do artigo 109 da Constituição Federal. Súmula 501 do STF. A teor do § 3.º c/c inciso I do artigo 109 da Constituição Republicana, compete à Justiça comum dos Estados apreciar e julgar as ações acidentárias, que são aquelas propostas pelo segurado contra o Instituto Nacional do Seguro Social – INSS, visando ao benefício e aos serviços previdenciários correspondentes ao acidente do trabalho. Incidência da Súmula 501 do STF. Agravo regimental desprovido (STF, 1.ª T., AgR-RE 478472/DF, Rel. Min. Carlos Britto, *DJ* 01.06.2007).

Competência Criminal. Justiça do Trabalho. Ações penais. Processo e julgamento. Jurisdição penal genérica. Inexistência. Interpretação conforme dada ao art. 114, incs. I, IV e IX, da CF, acrescidos pela EC n.º 45/2004. Ação direta de inconstitucionalidade. Liminar deferida com efeito *ex tunc*. O disposto no art. 114, incs. I, IV e IX, da Constituição da República, acrescidos pela Emenda Constitucional n.º 45, não atribui à Justiça do Trabalho competência para processar e julgar ações penais (STF, Pleno, ADI-MC 3.684/DF, Rel. Min. Cezar Peluso, *DJe* 03.08.2007).

Ação direta de inconstitucionalidade. 2. Art. 114, I, IV e IX, da CF, na redação dada pela Emenda Constitucional 45/2004. 3. Competência Criminal da Justiça do Trabalho. Inexistência. 4. Medida cautelar deferida pelo Plenário e confirmada no julgamento de mérito. 5. Interpretação conforme ao disposto no art. 114, I, IV e IX, da Constituição da República, de modo a afastar a competência da Justiça do Trabalho para processar e julgar ações penais. 6. Ação direta de inconstitucionalidade julgada procedente (STF, Pleno, ADI 3.684/DF, Rel. Min. Gilmar Mendes, *DJe* 01.06.2020).

Inconstitucionalidade. Ação direta. Competência. Justiça do Trabalho. Incompetência reconhecida. Causas entre o Poder Público e seus servidores estatutários. Ações que não se reputam oriundas de relação de trabalho. Conceito estrito desta relação. Feitos da competência da Justiça Comum. Interpretação do art. 114, inc. I, da CF, introduzido pela EC 45/2004. Precedentes. Liminar deferida para excluir outra interpretação. O disposto no art. 114, I, da Constituição da República, não abrange as causas instauradas entre o Poder Público e servidor que lhe seja vinculado por relação jurídico-estatutária (STF, Pleno, ADI-MC 3.395/DF, Rel. Min. Cezar Peluso, *DJ* 10.11.2006).

Constitucional e trabalho. Competência da Justiça do Trabalho. Art. 114, I, da Constituição Federal. Emenda Constitucional 45/2004. Ausência de inconstitucionalidade formal. Expressão "relação de trabalho". Interpretação conforme à Constituição. Exclusão das ações entre o poder público e seus servidores. Precedentes. Medida cautelar confirmada. Ação direta julgada parcialmente procedente. 1. O processo legislativo para edição da Emenda Constitucional 45/2004, que deu nova redação ao inciso I do art. 114 da Constituição Federal, é, do ponto de vista formal, constitucionalmente hígido. 2. A interpretação adequadamente constitucional da expressão "relação do trabalho" deve excluir os vínculos de natureza jurídico-estatutária, em razão do que a competência da Justiça do Trabalho não alcança as ações judiciais entre o Poder Público e seus servidores. 3.

Medida Cautelar confirmada e Ação Direta julgada parcialmente procedente (STF, Pleno, ADI 3.395/DF, Rel. Min. Alexandre de Moraes, *DJe* 01.07.2020).

Constitucional. Trabalhista. Competência. Servidor público admitido sem concurso público, pelo regime da CLT, antes do advento da Constituição de 1988. Demanda visando obter prestações decorrentes da relação de trabalho. Competência da Justiça do Trabalho. Repercussão geral configurada. Reafirmação de jurisprudência. 1. Em regime de repercussão geral, fica reafirmada a jurisprudência do Supremo Tribunal Federal no sentido de ser da competência da Justiça do Trabalho processar e julgar demandas visando a obter prestações de natureza trabalhista, ajuizadas contra órgãos da Administração Pública por servidores que ingressaram em seus quadros, sem concurso público, antes do advento da CF/1988, sob regime da Consolidação das Leis do Trabalho – CLT. Inaplicabilidade, em casos tais, dos precedentes formados na ADI 3.395-MC (Rel. Min. Cezar Peluso, *DJ* de 10.11.2006) e no RE 573.202 (Rel. Min. Ricardo Lewandowski, *DJe* de 05.12.2008, Tema 43). 2. Agravo a que se conhece para negar seguimento ao recurso extraordinário (STF, Pleno, ARE-RG 906.491/DF, Rel. Min. Teori Zavascki, *DJe* 07.10.2015).

Direito Administrativo. Agravo Interno em Recurso Extraordinário. Concurso público. Empresa estatal. Natureza administrativa. Competência. Justiça Comum. Exame psicotécnico. Previsão legal. Critérios objetivos. Caráter protelatório. 1. Compete à Justiça comum julgar causas sobre critérios para seleção de pessoal por concurso público em que é parte sociedade de economia mista, em razão de se tratar de ato de natureza administrativa. Precedentes. 2. O Supremo Tribunal Federal já decidiu pela imprescindibilidade de lei para dispor acerca da realização de exame psicotécnico em concurso público, bem como da observância de critérios objetivos (Súmula 686/STF, ratificada pela Súmula Vinculante 44), entendimento que também se aplica às empresas estatais. 3. Inaplicável o art. 85, § 11, do CPC/2015, uma vez que não é cabível condenação em honorários advocatícios (art. 25 da Lei n.º 12.016/2009 e Súmula 512/STF). 4. Agravo interno a que se nega provimento (STF, 1.ª T., AgR-RE 967.863/DF, Rel. Min. Roberto Barroso, *DJe* 07.12.2016).

Processo objetivo. Controle de constitucionalidade. Liminar. Concessão. Surgindo a plausibilidade jurídica da pretensão e o risco de manter-se com plena eficácia o quadro normativo impugnado, impõe-se o implemento de medida acauteladora, suspendendo-o. **Competência jurisdicional. Fixação. Órgãos judiciais. Criação. Legalidade estrita.** Considerado o princípio da legalidade estrita, a instituição, mediante atos infralegais, de preceitos a versarem a fixação de competência jurisdicional e a criação de órgãos judiciais é incompatível, sob o ângulo formal, com a Constituição Federal. **Competência. Jurisdição voluntária. Crianças e adolescentes. Eventos artísticos. Participação. Autorização.** Ausente controvérsia a envolver relação de trabalho, compete ao Juízo da Infância e da Juventude, inserido no âmbito da Justiça Comum, apreciar, no campo da jurisdição voluntária, pedido de autorização visando a participação de crianças e adolescentes em eventos de caráter artístico (STF, Pleno, MC-ADI 5.326/DF, Rel. Min. Marco Aurélio, *DJe* 20.03.2020).

Recurso extraordinário. Repercussão geral reconhecida. Ação de cobrança de honorários advocatícios. Verbas arbitradas em favor da recorrida em razão de sua atuação como defensora dativa. Inexistência de relação de trabalho a justificar seu processamento perante uma vara da Justiça Federal do Trabalho. Relação mantida entre as partes que é de cunho meramente administrativo. Reconhecimento da competência da Justiça comum estadual para o processamento do feito. Recurso provido (STF, Pleno, RE 607.520/MG, Rel. Min. Dias Toffoli, *DJe* 21.06.2011).

Direito Constitucional e do Trabalho. Repercussão Geral. Contrato de representação comercial Autônoma, regido pela Lei n.º 4.886/65. Não configuração de relação de trabalho prevista no art. 114, CF. 1. Recurso Extraordinário interposto contra decisão proferida pelo Tribunal Superior do Trabalho, em que se alega afronta ao art. 114, incisos I e IX, da Constituição Federal, com redação dada pela EC 45/2004. Na origem, cuida-se de ação de cobrança de comissões sobre vendas decorrentes de contrato de representação comercial autônoma, ajuizada pelo representante, pessoa física, em face do representado. 2. As atividades de representação comercial autônoma configuram contrato típico de natureza comercial, disciplinado pela Lei n.º 4.886/65, a qual prevê (i) o exercício da representação por pessoa jurídica ou pessoa física, sem relação de emprego, que desempenha, em caráter não eventual por conta de uma ou mais pessoas, a mediação para a realização de negócios mercantis e (ii) a competência da Justiça comum para o julgamento das controvérsias que surgirem entre representante e representado. 3. Na atividade de representação comercial autônoma, inexiste entre as partes vínculo de emprego ou relação de trabalho, mas relação comercial regida por legislação especial (Lei n.º 4.886/65). Por conseguinte, a situação não foi afetada pelas alterações introduzidas pela EC n.º 45/2004, que versa sobre hipótese distinta ao tratar da relação de trabalho no art. 114 da Constituição. 4. A proteção constitucional ao trabalho não impõe que toda e qualquer relação entre o contratante de um serviço e o seu prestador seja protegida por meio da relação de trabalho (CF/1988, art. 7.º). Precedentes. 5. Ademais, os autos tratam de pedido de pagamento de comissões atrasadas. O pedido e a causa de pedir não têm natureza trabalhista, a reforçar a competência do Juízo Comum para o julgamento da demanda. 6. Recurso extraordinário a que se dá provimento, para assentar a competência da Justiça comum, com a fixação da seguinte tese: "Preenchidos os requisitos dispostos na Lei 4.886/65, compete à Justiça Comum o julgamento de processos envolvendo relação jurídica entre representante e representada comerciais, uma vez que não há relação de trabalho entre as partes" (STF, Pleno, RE 606.003/RS, Red. p/ ac. Min. Roberto Barroso, *DJe* 14.10.2020).

Agravo interno. Recurso de revista. Competência material da Justiça do Trabalho. Constatado equívoco na decisão agravada, dá-se provimento ao agravo interno para reexaminar o recurso de revista do autor. **Recurso de revista do autor em face de acórdão regional publicado antes da vigência da Lei n.º 13.015/14. Negativa de prestação jurisdicional.** Ante a possibilidade de decisão favorável ao recorrente, deixa-se de apreciar a nulidade arguida, com esteio no artigo 282, § 2.º, do CPC/2015. **Lide decorrente de contrato de representação comercial celebrado por pessoa física. Competência material da justiça do trabalho.** Desde a Emenda Constitucional n.º 45/2004, a competência desta Justiça Especializada foi significativamente ampliada para albergar todas as relações de trabalho entre pessoas físicas, e não mais apenas as lides decorrentes do vínculo de emprego. Na hipótese dos autos, o autor, na qualidade de representante comercial autônomo, pleiteia parcelas do contrato civil estabelecido com a ré. Não se trata, assim, de lide civil entre pessoas jurídicas, mas de discussão em torno do trabalho prestado por pessoa física, a atrair a competência da Justiça do Trabalho, nos exatos termos do artigo 114, I, da Constituição Federal. Precedentes. Recurso de revista conhecido e provido (TST, 7.ª T., RR-1423-08.2010.5.15.0129, Redator Min. Cláudio Mascarenhas Brandão, *DEJT* 05.07.2019).

Agravo interno no agravo em recurso especial. Civil. Processo civil. Ação de cobrança. Impossibilidade de análise de matéria constitucional por meio de recurso especial. Ausência de afronta ao art. 489 do CPC/2015. Prestação de serviço autônomo. Competência da Justiça Comum. Súmula 363/STJ. Reexame. Súmula 7/STJ. Agravo interno desprovido. 1. A obrigação decorrente de contrato de prestação de serviços como autônomo não tem como ser apreciada pela Justiça do Trabalho. Ademais, segundo o enunciado da Súmula n. 363/STJ, "compete à Justiça estadual processar e julgar a ação de cobrança ajuizada por profissional liberal contra cliente". 2. Reverter a conclusão do Colegiado originário, para acolher a pretensão recursal, demandaria reexame do acervo fático-probatório dos autos, o que é vedado ante a natureza excepcional da via eleita, consoante o enunciado da Súmula n. 7 do Superior Tribunal de Justiça. 3. Agravo interno desprovido (STJ, 3.ª T., AgInt no AREsp 1.751.172/PR, 2020/0221751-2, Rel. Min. Marco Aurélio Bellizze, *DJe* 15.04.2021).

Incidente de assunção de competência. Recurso especial. Ação de obrigação de fazer. Contrato de plano de saúde. Modalidade de autogestão instituída. Inatividade do ex-empregado. Manutenção das mesmas condições. Competência. Justiça Comum. [...] 2. Incidente de assunção de competência instaurado para decidir sobre a Justiça competente para julgamento de demanda relativa a contrato de plano de saúde assegurado em contrato de trabalho, acordo ou convenção coletiva. 3. A jurisprudência da Segunda Seção reconhece a autonomia da saúde suplementar em relação ao Direito do Trabalho, tendo em vista que o plano de saúde coletivo disponibilizado pelo empregador ao empregado não é considerado salário, a operadora de plano de saúde de autogestão, vinculada à instituição empregadora, é disciplinada no âmbito do sistema de saúde suplementar, e o fundamento jurídico para avaliar a procedência ou improcedência do pedido está estritamente vinculado à interpretação da Lei dos Planos de Saúde, o que evidencia a natureza eminentemente civil da demanda. [...]. 5. Hipótese que trata de contrato de plano de saúde na modalidade autogestão instituída, pois operado por uma fundação instituída pelo empregador, o que impõe seja declarada a competência da Justiça Comum Estadual. 6. Recurso especial conhecido e provido (STJ, 2.ª Seção, REsp 1.799.343/SP, 2018/0301672-7, Rel. p/ ac. Min. Nancy Andrighi, *DJe* 18.03.2020).

Recurso especial. Violência doméstica e familiar. Medida protetiva. Afastamento do emprego. Manutenção do vínculo trabalhista. Competência. Vara especializada. Vara Criminal. Natureza jurídica do afastamento. Interrupção do contrato de trabalho. Pagamento. Interpretação teleológica. Interpretação extensiva. Previsão legal. Inexistência. Falta justificada. Pagamento de indenização. Auxílio doença. Instituto Nacional do Seguro Social. Recurso especial provido parcialmente. 1. Tem competência o juiz da vara especializada em violência doméstica e familiar ou, caso não haja na localidade, o juízo criminal, para apreciar pedido de imposição de medida protetiva de manutenção de vínculo trabalhista, por até seis meses, em razão de afastamento do trabalho de ofendida decorrente de violência doméstica e familiar, uma vez que o motivo do afastamento não advém de relação de trabalho, mas de situação emergencial que visa garantir a integridade física, psicológica e patrimonial da mulher. 2. Tem direito ao recebimento de salário a vítima de violência doméstica e familiar que teve como medida protetiva imposta ao empregador a manutenção de vínculo trabalhista em decorrência de afastamento do emprego por situação de violência doméstica e familiar, ante o fato de a natureza jurídica do afastamento ser a interrupção do contrato de trabalho, por meio de interpretação teleológica da Lei n. 11.340/2006. 3. Incide o auxílio-doença, diante da falta de previsão legal, referente ao período de afastamento do trabalho, quando reconhecida ser decorrente de violência doméstica e familiar, pois tal situação advém da ofensa à integridade física e psicológica da mulher e deve ser equiparada aos casos de doença da segurada, por meio de interpretação extensiva da Lei Maria da Penha. 4. Cabe ao empregador o pagamento dos quinze primeiros dias de afastamento da empregada vítima de violência doméstica e familiar e fica a cargo do INSS o pagamento do restante do período de afastamento estabelecido pelo juiz, com necessidade de apresentação de atestado que confirme estar a ofendida incapacitada para o trabalho e desde que haja aprovação do afastamento pela perícia do INSS, por incidência do auxílio-doença, aplicado ao caso por meio de interpretação analógica. 5. Recurso especial parcialmente provido, para a fim de declarar competente o Juízo da 2.ª Vara Criminal de Marília-SP, que fixou as medidas protetivas a favor da ora recorrente, para apreciação do pedido retroativo de reconhecimento do afastamento de trabalho decorrente de violência doméstica, nos termos do voto (STJ, 6.ª T., REsp 1.757.775/SP, 2018/0193975-8, Rel. Min. Rogerio Schietti Cruz, *DJe* 02.09.2019).

Conflito negativo de competência. Incidente manejado sob a égide do NCPC. Ação de obrigação de fazer c.c. reparação de danos materiais e morais ajuizada por motorista de aplicativo UBER. Relação de trabalho não caracterizada. *Sharing economy*. Natureza cível. Competência do juízo estadual. 1. A competência *ratione materiae*, via de regra, é questão anterior a qualquer juízo sobre outras espécies de competência e, sendo determinada em função da natureza jurídica da pretensão, decorre diretamente do pedido e da causa de pedir deduzidos em juízo. 2. Os fundamentos de fato e de direito da causa não dizem respeito a eventual relação de emprego havida entre as partes, tampouco veiculam a pretensão de recebimento de verbas de natureza trabalhista. A pretensão decorre do contrato firmado com empresa detentora de aplicativo de celular, de cunho eminentemente civil. 3. As ferramentas tecnológicas disponíveis atualmente permitiram criar uma nova modalidade de interação econômica, fazendo surgir a economia compartilhada (*sharing economy*), em que a prestação de serviços por detentores de veículos particulares é intermediada por aplicativos geridos por empresas de tecnologia. Nesse processo, os motoristas, executores da atividade, atuam como empreendedores individuais, sem vínculo de emprego com a empresa proprietária da plataforma. 4. Compete a Justiça Comum Estadual julgar ação de obrigação de fazer c.c. reparação de danos materiais e morais ajuizada por motorista de aplicativo pretendendo a reativação de sua conta UBER para que possa voltar a usar o aplicativo e realizar seus serviços. 5. Conflito conhecido para declarar competente a Justiça Estadual (STJ, 2.ª Seção, CC 164.544/MG, 2019/0079952-0, Rel. Min. Moura Ribeiro, *DJe* 04.09.2019).

Recurso de revista interposto pela ré. Incompetência material da Justiça do Trabalho. Ação civil pública. Contrato de estágio. Ente integrante da administração pública direta. Não obstante a análise da competência material ocorra com fundamento na interpretação do artigo 114, I, da Constituição Federal, que trata da relação de trabalho, na qual se insere também o estágio de estudantes disciplinado na Lei 11.788/2008, a natureza jurídico-administrativa do vínculo existente entre o estagiário e o ente público afasta a competência da Justiça do Trabalho para apreciar a ação, em observância ao entendimento adotado pelo Supremo Tribunal Federal no julgamento da ADI 3395/DF. Julgados do STF e da SDI-1 do TST. Recurso de revista conhecido e provido (TST, 8.ª T., RR 10140-21.2014.5.15.0015, Rel. Min. Dora Maria da Costa, *DEJT* 17.03.2017).

Embargos. Ação civil pública. Ministério Público do Trabalho. Contrato de estágio. Relação entre CIEE x entes públicos. Contratação por seleção pública. Obrigação de fazer. Incompetência da Justiça do Trabalho. Recurso de revista não conhecido. Nos termos da jurisprudência do e. STF, no julgamento da Reclamação 9988/CE, a Justiça do Trabalho não detém competência para o julgamento de causas que versam sobre o contrato de estágio com entes da administração pública, por aplicação analógica do entendimento contido na ADI 3395. A e. Corte maior ressalta que "cabe à Justiça Comum dizer sobre a existência, a validade e a eficácia dos vínculos jurídicos, de origem viciada ou não, de caráter operativo, entre os entes públicos e aqueles que lhes prestaram serviços" (Rcl 9988/CE – Relator Min. Dias Toffoli – *DJe* 28.4.2010). Embargos conhecidos e desprovidos (TST, SBDI-I, E-RR 5500-47.2010.5.13.0022, Rel. Min. Aloysio Corrêa da Veiga, *DEJT* 08.04.2016).

Conflito negativo de competência. Justiça do Trabalho. Justiça Comum. Ação de indenização por danos materiais e morais. Incidente ocorrido durante exercício de estágio curricular obrigatório. Inexistência de relação de trabalho. Contrato de prestação de serviços. Índole eminentemente civil. Competência da Justiça Comum. 1. Cuida a hipótese de ação de indenização, promovida por estagiário contra instituição de ensino e de instituição hospitalar autorizada a ministrar estágio obrigatório curricular, na qual é alegada a ocorrência de danos materiais e morais derivados de incidente que expôs estudante ao perigo de contágio por vírus, obrigando-a a submeter-se a tratamento preventivo. 2. Não configurada, na hipótese, a existência de vínculo laboral, mas de relação civil de prestação de serviços de disponibilização de vaga de estágio obrigatório acadêmico, exigido por instituição de ensino superior para colação de grau, competindo à Justiça Comum processar e julgar a ação de indenização. 3. Conflito conhecido para declarar competente a Justiça Comum Estadual (STJ, 2.ª Seção, CC 131.195/MG (2013/0377952-0), Rel. Min. Raul Araújo, *DJe* 04.04.2014).

Indenização. Transporte de cargas. Lei n.º 11.442/2007. Incompetência da Justiça do Trabalho. A Justiça do Trabalho não é competente para o exame de ações indenizatórias fundadas na Lei n.º 11.442/2007, que regula o transporte rodoviário de cargas. Recurso de Revista conhecido e provido (TST, 8.ª T., RR 516-67.2012.5.04.0291, Rel. Des. Conv. João Pedro Silvestrin, *DEJT* 30.05.2014).

Recurso de revista. Procedimento sumaríssimo. Incompetência da Justiça do Trabalho. Ação indenizatória. Transporte rodoviário de cargas. Lei n.º 11.442/2007. A Justiça do Trabalho é incompetente para o exame de ações indenizatórias, fundadas na Lei n.º 11.442/2007, uma vez que o contrato de transporte de cargas possui natureza comercial. Dicção do art. 5.º, parágrafo único, do diploma legal. Recurso de revista conhecido e provido (TST, 3.ª T., RR 112-78.2011.5.04.0411, Rel. Min. Alberto Luiz Bresciani de Fontan Pereira, *DEJT* 24.02.2012).

Agravo de instrumento em recurso de revista. Rito sumaríssimo. Incompetência da Justiça do Trabalho. Ação indenizatória. Transportador rodoviário de cargas. Lei n.º 11.442/2007. O contrato de transporte rodoviário de cargas, regido pela Lei n.º 11.442/2007, possui natureza comercial, o que afasta a competência da Justiça do Trabalho para processar e julgar pedido de ação indenizatória oriundo da relação havida entre as partes. Incólume o disposto no artigo 114, I, da Constituição da República. Agravo de instrumento a que se nega provimento (TST, 1.ª T., AIRR 3612140-05.2008.5.09.0003, Rel. Min. Lelio Bentes Corrêa, *DEJT* 11.02.2011).

Recurso de revista do reclamante. Processo sob a égide da Lei n.º 13.015/2014, do CPC/2015 e da Instrução Normativa n.º 40 do TST. Fundo de Garantia do Tempo de Serviço. Expedição de alvará judicial para saque dos depósitos na conta vinculada do trabalhador. Competência da Justiça do Trabalho. Emenda Constitucional n.º 45/2004. 1. A promulgação da Emenda Constitucional n.º 45/2004 tornou superado o entendimento consagrado na Súmula n.º 176 desta Corte, segundo o qual a competência da Justiça do Trabalho para autorizar o levantamento dos depósitos do FGTS estava restrita aos dissídios entre empregado e empregador. A referida súmula foi cancelada por ocasião do julgamento, pelo Tribunal Pleno desta Corte, do Incidente de Uniformização de Jurisprudência n.º TST-IUJ-RR-619872/00.2, Relator Ministro João Oreste Dalazen, DJ de 26/08/2005. 2. Da redação conferida aos incisos I e IX do art. 114 da Constituição Federal extrai-se que a circunstância de a Caixa Econômica Federal figurar no polo passivo da relação jurídica, na condição de mera gestora do instituto, não afasta essa competência material. Recurso de revista conhecido e provido (TST, 7.ª T., RR – 132-18.2016.5.23.0071, Rel. Min. Luiz Philippe Vieira de Mello Filho, *DEJT* 13.04.2018).

Agravo regimental em conflito de competência. Direito Processual Penal. Procedimento em que apurada suposta prática dos crimes previstos nos artigos 203 e 207 do Código Penal. Inexistência de ofensa à organização geral do trabalho. Competência da Justiça Estadual que se afirma, consoante os termos da Súmula 115 do Tribunal Federal de Recursos. Desprovimento. 1. Compete à Justiça Federal processar e julgar os crimes perpetrados contra a organização do trabalho, quando violados direitos dos trabalhadores considerados coletivamente. 2. A infringência dos direitos individuais de trabalhadores, sem que configurada lesão ao sistema de órgãos e instituições destinadas a preservar a coletividade trabalhista, afasta a competência da Justiça Federal. Competência do Juízo Estadual da 1.ª Vara Criminal de Itabira/MG que se declara. 3. Agravo desprovido (STJ, 3.ª Seção, AgRg no CC 64067/MG, Rel. Min. Og Fernandes, j. 27.08.2008, *DJe* 08.09.2008).

Conflito negativo de competência. Justiça trabalhista e estadual comum. Prestação de serviços por pessoa jurídica à pessoa física. Ação de prestação de contas. Pedidos e causa de pedir que não se qualificam como trabalhistas. Sentença proferida no Juízo Estadual antes da promulgação da EC 45/2004. Competência da Justiça Estadual comum. A competência para o julgamento da causa define-se em função da natureza jurídica da questão controvertida, demarcada pelos pedidos e pela causa de pedir. O pedido relativo à prestação de contas por pessoa jurídica, em razão de serviços prestados por esta à pessoa física, deve ser apreciado pela justiça comum, pois a pretensão não se qualifica como trabalhista; ao contrário, decorre de relação comercial entre as partes, regida pelo direito privado. Na esteira do atual entendimento da 2.ª Seção (CC 36.130/SP, Rel. Min. Castro Filho, *DJ* 19.10.2006), se a sentença foi proferida no Juízo Estadual antes da promulgação da EC 45/2004, em 8.12.2004 (fls. 3.802), o processo deve continuar na Justiça Estadual. Conflito conhecido, declarando-se competente o juízo suscitado (STJ, 2.ª Seção, CC 65.214/SP, Rel. Min. Nancy Andrighi, j. 13.12.2006, *DJ* 01.02.2007).

Conflito negativo de competência. Penal. Art. 297, §§ 3.º, II, e 4.º do Código Penal. Omissão de lançamento de registro ou declarações falsas na Carteira de Trabalho e Previdência Social. Interesse da Previdência Social. Competência da Justiça Federal. 1. O agente que omite dados ou faz declarações falsas na Carteira de Trabalho e Previdência Social atenta contra interesse da Autarquia Previdenciária e estará incurso nas mesmas sanções do crime de falsificação de documento público, nos termos dos §§ 3.º, II e 4.º do art. 297 do Código Penal. Competência da Justiça Federal. 2. Sujeito passivo principal do delito é o Estado, ficando o empregado na condição de vítima secundária. 3. Conflito conhecido para declarar competente o Juízo Federal da 5.ª Vara Criminal da Seção Judiciária do Estado de São Paulo, ora suscitado (STJ, 3.ª Seção, CC 97.485/SP, Rel. Min. Og Fernandes, *DJe* 17.10.2008).

Recurso de embargos na vigência atual do artigo 894, II, da CLT. Incompetência da Justiça do Trabalho. Ação de cobrança. Contrato de mandato de honorários advocatícios. Reclamação trabalhista. Relação de trabalho x **relação de consumo. Desprovimento.** A Justiça do Trabalho é incompetente para julgar a presente ação, em que o advogado, profissional liberal, busca o recebimento dos honorários advocatícios pelos serviços executados. Trata-se de uma relação de consumo, e não de trabalho, sendo, portanto, de competência da Justiça Comum. *In casu*, o trabalho não é o cerne do contrato, mas sim um bem de consumo que se traduziu nele, que é o resultado esperado diante de um contrato realizado entre as partes, qual seja, prestação de serviços de advocacia como profissional liberal. Assim, a competência da Justiça do Trabalho estará assegurada apenas quando não houver, pela natureza dos serviços realizados, relação contratual de consumo. A apreciação da matéria, que nos parece mais coerente, deve levar em consideração, pelo caráter bifronte da relação, a regra da "bilateralidade da competência" (Ministro João Oreste Dalazen), pela via da ação de reconvenção, em que o juiz competente para a ação, também o deve ser para a reconvenção. Recurso de embargos conhecido e desprovido (TST, SBDI-I, E-RR 78100-45.2005.5.04.0005, Rel. Min. Aloysio Corrêa da Veiga, *DEJT* 20.11.2009).

Recurso de revista. Trabalhador presidiário. Decisão regional que declara a competência da Justiça do Trabalho para apreciar a matéria. Controvérsia acerca da natureza (penal ou trabalhista) do trabalho da pessoa presa, a fim de se conferir os efeitos da liminar deferida no Processo STF-MC-ADI-3684/DF que, em interpretação conforme dada ao art. 114, I, IV e IX, da Constituição Federal, não atribuiu à Justiça do Trabalho competência para processar e julgar ações penais. Regra de competência. Juiz da ação *x* juiz da execução. A Lei de Execução Penal determina que o trabalho do preso está imbuído do caráter finalista da execução – buscar a ressocialização do condenado – e dos poderes disciplinares que lhe são próprios – finalidade educativa – incidindo até mesmo nessa quando o trabalho é prestado para as empresas privadas, a caracterizar a prestação de serviços, não só nem essencialmente, pelo seu aspecto econômico, mas, sim, reabilitador. Portanto, de natureza essencialmente penalista, principalmente em razão do controle sobre a conduta do preso e da relação disciplina-benefício a permitir o trabalho como forma até de prêmio pelo progresso pessoal na reabilitação. Constata-se também que o trabalho da pessoa presa pode se dar ao menos interna e externamente ao estabelecimento prisional. Na primeira hipótese, por disposição expressa contida na LEP, não se aplica o regime da CLT. Dessa forma, considerados o princípio da legalidade e o caráter finalista-sancionador-disciplinar-reabilitador do trabalho da pessoa presa, tratar-se-ia de relação essencialmente atrelada ao direito penal, quando muito afeita a viés administrativo ou civil e, por isso, não submetida à competência desta Justiça Especializada. Não obstante esse aspecto, o art. 36 da LEP admite o trabalho externo em empresas privadas até para os presos em regime fechado, hipótese em que somente se reconheceria a competência material dessa Justiça Especial na muito improvável incidência do art. 9.º da CLT, o que não é o caso dos autos. Assim, em atenção ao julgamento proferido pelo STF na Medida Cautelar em Ação Direta de Inconstitucionalidade 3684/DF, que, dando interpretação conforme ao art. 114, I, IV e IX, da Constituição Federal, reconheceu não haver atribuição à Justiça do Trabalho competência para processar e julgar ações penais e ao caráter não definitivo dessa decisão, é de se declarar a incompetência da Justiça do Trabalho para o julgamento da demanda, determinando o envio dos autos à MM Vara Criminal competente (TST, 6.ª T., RR 1072/2007-011-06-40.4, Rel. Min. Aloysio Corrêa da Veiga, j. 18.02.2009, *DJ* 13.03.2009).

✦ Súmulas, Orientações Jurisprudenciais e Precedentes Normativos

Súmula Vinculante 22 do STF: A Justiça do Trabalho é competente para processar e julgar as ações de indenização por danos morais e patrimoniais decorrentes de acidente de trabalho propostas por empregado contra empregador, inclusive aquelas que ainda não possuíam sentença de mérito em primeiro grau quando da promulgação da Emenda Constitucional 45/2004.

Súmula Vinculante 23 do STF: A Justiça do Trabalho é competente para processar e julgar ação possessória ajuizada em decorrência do exercício do direito de greve pelos trabalhadores da iniciativa privada.

Súmula Vinculante 53 do STF: A competência da Justiça do Trabalho prevista no artigo 114, VIII, da Constituição Federal alcança a execução de ofício das contribuições previdenciárias relativas ao objeto da condenação constante das sentenças que proferir e acordos por ela homologados.

Súmula 235 do STF: É competente para a ação de acidente do trabalho a justiça cível comum, inclusive em segunda instância, ainda que seja parte autarquia seguradora.

Súmula 433 do STF: É competente o Tribunal Regional do Trabalho para julgar mandado de segurança contra ato de seu presidente em execução de sentença trabalhista.

Súmula 501 do STF: Compete à justiça ordinária estadual o processo e o julgamento, em ambas as instâncias, das causas de acidente do trabalho, ainda que promovidas contra a união, suas autarquias, empresas públicas ou sociedades de economia mista.

Súmula 736 do STF: Compete à Justiça do Trabalho julgar as ações que tenham como causa de pedir o descumprimento de normas trabalhistas relativas à segurança, higiene e saúde dos trabalhadores.

Súmula 15 do STJ: Compete à Justiça Estadual processar e julgar os litígios decorrentes de acidente do trabalho.

Súmula 62 do STJ: Compete à Justiça Estadual processar e julgar o crime de falsa anotação na Carteira de Trabalho e Previdência Social, atribuído a empresa privada.

Súmula 82 do STJ: Compete à Justiça Federal, excluídas as reclamações trabalhistas, processar e julgar os feitos relativos a movimentação do FGTS.

Súmula 97 do STJ: Compete à Justiça do Trabalho processar e julgar reclamação de servidor público relativamente a vantagens trabalhistas anteriores a instituição do regime jurídico único.

Súmula 107 do STJ: Compete à Justiça Comum Estadual processar e julgar crime de estelionato praticado mediante falsificação das guias de recolhimento das contribuições previdenciárias, quando não ocorrente lesão a autarquia federal.

Súmula 349 do STJ: Compete à Justiça Federal ou aos juízes com competência delegada o julgamento das execuções fiscais de contribuições devidas pelo empregador ao FGTS.

Súmula 363 do STJ: Compete à Justiça estadual processar e julgar a ação de cobrança ajuizada por profissional liberal contra cliente.

Súmula 189 do TST: Greve. Competência da Justiça do Trabalho. Abusividade. A Justiça do Trabalho é competente para declarar a abusividade, ou não, da greve.

Súmula 288 do TST: Complementação dos proventos da aposentadoria. I – A complementação dos proventos de aposentadoria, instituída, regulamentada e paga diretamente pelo empregador, sem vínculo com as entidades de previdência privada fechada, é regida pelas normas em vigor na data de admissão do empregado, ressalvadas as alterações que forem mais benéficas (art. 468 da CLT). II – Na hipótese de coexistência de dois regulamentos de planos de previdência complementar, instituídos pelo empregador ou por entidade de previdência privada, a opção do beneficiário por um deles tem efeito jurídico de renúncia às regras do outro. III – Após a entrada em vigor das Leis Complementares n.ºs 108 e 109, de 29.05.2001, reger-se-á a complementação dos proventos de aposentadoria pelas normas vigentes na data da implementação dos requisitos para obtenção do benefício, ressalvados o direito adquirido do participante que anteriormente implementara os requisitos para o benefício e o direito acumulado do empregado que até então não preenchera tais requisitos. IV – O entendimento da primeira parte do item III aplica-se aos processos em curso no Tribunal Superior do Trabalho em que, em 12.04.2016, ainda não haja sido proferida decisão de mérito por suas Turmas e Seções.

Súmula 300 do TST: Competência da Justiça do Trabalho. Cadastramento no PIS (mantida) – Res. 121/2003, DJ 19, 20 e 21.11.2003. Compete à Justiça do Trabalho processar e julgar ações ajuizadas por empregados em face de empregadores relativas ao cadastramento no Programa de Integração Social (PIS).

Súmula 368 do TST: Descontos previdenciários. Imposto de renda. Competência. Responsabilidade pelo recolhimento. Forma de cálculo. Fato gerador. I – A Justiça do Trabalho é competente para determinar o recolhimento das contribuições fiscais. A competência da Justiça do Trabalho, quanto à execução das contribuições previdenciárias, limita-se às sentenças condenatórias em pecúnia que proferir e aos valores, objeto de acordo homologado, que integrem o salário de contribuição. II – É do empregador a responsabilidade pelo recolhimento das contribuições previdenciárias e fiscais, resultantes de crédito do empregado oriundo de condenação judicial. A culpa do empregador pelo inadimplemento das verbas remuneratórias, contudo, não exime a responsabilidade do empregado pelos pagamentos do imposto de renda devido e da contribuição previdenciária que recaia sobre sua quota-parte. III – Os descontos previdenciários relativos à contribuição do empregado, no caso de ações trabalhistas, devem ser calculados mês a mês, de conformidade com o art. 276, § 4.º, do Decreto n.º 3.048/1999 que regulamentou a Lei n.º 8.212/1991, aplicando-se as alíquotas previstas no art. 198, observado o limite máximo do salário de contribuição. IV – Considera-se fato gerador das contribuições previdenciárias decorrentes de créditos trabalhistas reconhecidos ou homologados em juízo, para os serviços prestados até 4.3.2009, inclusive, o efetivo pagamento das verbas, configurando-se a mora a partir do dia dois do mês seguinte ao da liquidação (art. 276, "caput", do Decreto n.º 3.048/1999). Eficácia não retroativa da alteração legislativa promovida pela Medida Provisória n.º 449/2008, posteriormente convertida na Lei n.º 11.941/2009, que deu nova redação ao art. 43 da Lei n.º 8.212/91. V – Para o labor realizado a partir de 5.3.2009, considera-se fato gerador das contribuições previdenciárias decorrentes de créditos trabalhistas reconhecidos ou homologados em juízo a data da efetiva prestação dos serviços. Sobre as contribuições previdenciárias não recolhidas a partir da prestação dos serviços incidem juros de mora e, uma vez apurados os créditos previdenciários, aplica-se multa a partir do exaurimento do prazo de citação para pagamento, se descumprida a obrigação, observado o limite legal de 20% (art. 61, § 2.º, da Lei n.º 9.430/96). VI – O imposto de renda decorrente de crédito do empregado recebido acumuladamente deve ser calculado sobre o montante dos rendimentos pagos, mediante a utilização de tabela progressiva resultante da multiplicação da quantidade de meses a que se refiram os rendimentos pelos valores constantes da tabela progressiva mensal correspondente ao mês do recebimento ou crédito, nos termos do art. 12-A da Lei n.º 7.713, de 22/12/1988, com a redação conferida pela Lei n.º 13.149/2015, observado o procedimento previsto nas Instruções Normativas da Receita Federal do Brasil.

Súmula 389 do TST: Seguro-desemprego. Competência da Justiça do Trabalho. Direito à indenização por não liberação de guias (conversão das Orientações Jurisprudenciais 210 e 211 da SBDI-1) – Res. 129/2005, *DJ* 20, 22 e 25.04.2005.

I – Inscreve-se na competência material da Justiça do Trabalho a lide entre empregado e empregador tendo por objeto indenização pelo não fornecimento das guias do seguro-desemprego.

II – O não fornecimento pelo empregador da guia necessária para o recebimento do seguro-desemprego dá origem ao direito à indenização.

Súmula 392 do TST: Dano moral e material. Relação de trabalho. Competência da Justiça do Trabalho. Nos termos do art. 114, inc. VI, da Constituição da República, a Justiça do Trabalho é competente para processar e julgar ações de indenização por dano moral e material, decorrentes da relação de trabalho, inclusive as oriundas de acidente de trabalho e doenças a ele equiparadas, ainda que propostas pelos dependentes ou sucessores do trabalhador falecido.

Súmula 454 do TST: Competência da Justiça do Trabalho. Execução de ofício. Contribuição social referente ao Seguro de Acidente de Trabalho (SAT). Arts. 114, VIII, e 195, I, "a", da Constituição da República. Compete à Justiça do Trabalho a execução, de ofício, da contribuição referente ao Seguro de Acidente de Trabalho (SAT), que tem natureza de contribuição para a seguridade social (arts. 114, VIII, e 195, I, "a", da CF), pois se destina ao financiamento de benefícios relativos à incapacidade do empregado decorrente de infortúnio no trabalho (arts. 11 e 22 da Lei n.º 8.212/1991).

Orientação Jurisprudencial 26 da SBDI-I do TST: Competência da Justiça do Trabalho. Complementação de pensão requerida por viúva de ex-empregado. A Justiça do Trabalho é competente para apreciar pedido de complementação de pensão postulada por viúva de ex-empregado, por se tratar de pedido que deriva do contrato de trabalho.

Orientação Jurisprudencial 138 da SBDI-I do TST: Competência residual. Regime jurídico único. Limitação da execução. Compete à Justiça do Trabalho julgar pedidos de direitos e vantagens previstos na legislação trabalhista referente a período anterior à Lei 8.112/1990, mesmo que a ação tenha sido ajuizada após a edição da referida Lei. A superveniência de regime estatutário em substituição ao celetista, mesmo após a sentença, limita a execução ao período celetista.

Súmula 218 do STJ: Compete à Justiça dos Estados processar e julgar ação de servidor estadual decorrente de direitos e vantagens estatutárias no exercício de cargo em comissão.

Súmula 115 do extinto TFR: Compete à Justiça Federal processar e julgar os crimes contra a organização do trabalho, quando tenham por objeto a organização geral do trabalho ou direitos dos trabalhadores considerados coletivamente.

✦ Referência legislativa

- Art. 114 da CF.

Art. 644. São órgãos da Justiça do Trabalho:

a) o Tribunal Superior do Trabalho;

b) os Tribunais Regionais do Trabalho;

c) as Juntas de Conciliação e Julgamento ou os Juízos de Direito.

1. ÓRGÃOS DA JUSTIÇA DO TRABALHO

São órgãos da Justiça do Trabalho, conforme art. 111 da Constituição da República, com redação determinada pela Emenda Constitucional 45, de 8 de dezembro de 2004:

> I – o Tribunal Superior do Trabalho;
> II – os Tribunais Regionais do Trabalho;
> III – os Juízes do Trabalho.

2. ÓRGÃOS DA JUSTIÇA DO TRABALHO ANTES DA EC 24/1999

Originariamente, o art. 111 da Constituição da República previa como órgãos da Justiça do Trabalho: I – o Tribunal Superior do Trabalho; II – os Tribunais Regionais do Trabalho; III – as Juntas de Conciliação e Julgamento.

Com a Emenda Constitucional 24, de 9 de dezembro de 1999, foi extinta a representação classista nos órgãos da Justiça do Trabalho, passando a constar do inciso III, acima indicado, os Juízes do Trabalho.

O próprio art. 113 da Constituição Federal de 1988, em sua redação originária, assegurava a "paridade de representação de trabalhadores e empregadores" nos órgãos da Justiça do Trabalho, a qual foi excluída pela Emenda Constitucional 24/1999.

✦ Referência legislativa

- Arts. 61, 95 e 111, III, da CF.

Art. 645. O serviço da Justiça do Trabalho é relevante e obrigatório, ninguém dele podendo eximir-se, salvo motivo justificado.

1. EMENDA CONSTITUCIONAL 24/1999

O dispositivo era aplicável, principalmente, quando existia na Justiça do Trabalho a representação classista em seus órgãos, o que foi extinto pela Emenda Constitucional 24/1999. A penalidade decorrente de se recusar o exercício da função de classista era prevista no art. 726 da CLT.

Art. 646. Os órgãos da Justiça do Trabalho funcionarão perfeitamente coordenados, em regime de mútua colaboração, sob a orientação do presidente do Tribunal Superior do Trabalho.

1. MÚTUA COLABORAÇÃO DOS ÓRGÃOS DA JUSTIÇA DO TRABALHO

O dispositivo em questão tem origem na época em que a Justiça do Trabalho pertencia ao Poder Executivo, frisando-se que os seus órgãos deveriam funcionar coordenados e em regime de colaboração.

Na atualidade, os órgãos da Justiça do Trabalho, a qual pertence ao Poder Judiciário (desde a Constituição de 1946), são: o Tribunal Superior do Trabalho; os Tribunais Regionais do Trabalho; os Juízes do Trabalho que atuam nas Varas do Trabalho (art. 111 da Constituição Federal de 1988). O que se observa é a hierarquia *jurisdicional* entre os referidos órgãos.

O art. 116 da Constituição Federal de 1988, com redação dada pela Emenda Constitucional 24/1999, prevê que, nas "Varas do Trabalho, a jurisdição será exercida por um juiz singular".

✦ **Referência legislativa**

- Arts. 10, 111, 113 e 116 da CF.

CAPÍTULO II – DAS JUNTAS DE CONCILIAÇÃO E JULGAMENTO

Seção I – Da Composição e Funcionamento

Art. 647. Cada Junta de Conciliação e Julgamento terá a seguinte composição:

a) um juiz do trabalho, que será seu Presidente;

b) dois vogais, sendo um representante dos empregadores e outro dos empregados.

Parágrafo único. Haverá um suplente para cada vogal.

Art. 648. São incompatíveis entre si, para os trabalhos da mesma Junta, os parentes consanguíneos e afins até o terceiro grau civil.

Parágrafo único. A incompatibilidade resolve-se a favor do primeiro vogal designado ou empossado, ou por sorteio, se a designação ou posse for da mesma data.

Art. 649. As Juntas poderão conciliar, instruir ou julgar com qualquer número, sendo, porém, indispensável a presença do Presidente, cujo voto prevalecerá em caso de empate.

§ 1.º No julgamento de embargos deverão estar presentes todos os membros da Junta.

§ 2.º Na execução e na liquidação das decisões funciona apenas o Presidente.

1. VARAS DO TRABALHO

As "Juntas de Conciliação e Julgamento" foram instituídas pelo Decreto 22.132, de 25 de novembro de 1932, para a solução de conflitos individuais, com natureza de órgãos administrativos. No entanto, a execução das suas decisões tinha de ser realizada perante a Justiça Comum. Essas Juntas de Conciliação e Julgamento eram formadas por um presidente nomeado pelo Ministro do Trabalho, Indústria e Comércio (devendo a escolha recair de preferência em advogados, magistrados e funcionários federais, estaduais ou municipais) e dois vogais (representantes de empregados e empregadores).

O art. 116 da Constituição Federal de 1988, com redação dada pela Emenda Constitucional 24/1999, prevê que nas "Varas do Trabalho, a jurisdição será exercida por um juiz singular". A redação anterior previa a composição da "Junta de Conciliação e Julgamento" por um juiz do trabalho (presidindo-a) e dois juízes classistas temporários, representantes dos empregados e dos empregadores (os quais eram nomeados pelo Presidente do TRT, permitida uma recondução). Na mesma linha, o art. 117, já revogado pela Emenda Constitucional 24/1999, previa que o mandato dos representantes classistas, em todas as instâncias, era de três anos.

2. VARAS DO TRABALHO

Os Juízes do Trabalho, mencionados no inciso III do art. 111 da Constituição Federal de 1988, exercem a jurisdição nas Varas do Trabalho, que são os órgãos da Justiça do Trabalho de primeiro grau.

De acordo com o atual art. 112 da Constituição da República, cabe à lei criar Varas do Trabalho, podendo, "nas comarcas não abrangidas por sua jurisdição", atribuí-la aos juízes de direito, com recurso para o respectivo Tribunal Regional do Trabalho.

A atual redação do art. 112 da Constituição é passível de críticas ao fazer menção a comarcas não abrangidas pela "jurisdição" das Varas do Trabalho, sabendo-se que o mais técnico seria a não abrangência pela sua "competência", pois esta é que significa a porção de jurisdição atribuída aos órgãos do Poder Judiciário.

A criação das Varas do Trabalho é feita por lei federal (art. 650 da CLT, com redação determinada pela Lei 5.442/1968), tendo em vista que a Justiça do Trabalho integra o Poder Judiciário da União.

Seção II – Da Jurisdição e Competência das Juntas

Art. 650. A jurisdição de cada Junta de Conciliação e Julgamento abrange todo o território da Comarca em que tem sede, só podendo ser estendida ou restringida por lei federal.

Parágrafo único. As leis locais de Organização Judiciária não influirão sobre a competência de Juntas de Conciliação e Julgamento já criadas até que lei federal assim determine.

1. CRIAÇÃO DE VARAS DO TRABALHO POR LEI FEDERAL

A criação das Varas do Trabalho é feita por lei federal (art. 650 da CLT, com redação determinada pela Lei 5.442/1968), tendo em vista que a Justiça do Trabalho integra o Poder Judiciário da União, sendo uma Justiça Federal especializada.

Art. 651. A competência das Juntas de Conciliação e Julgamento é determinada pela localidade onde o empregado, reclamante ou reclamado, prestar serviços ao empregador, ainda que tenha sido contratado noutro local ou no estrangeiro.

§ 1.º Quando for parte de dissídio agente ou viajante comercial, a competência será da Junta da localidade em que a empresa tenha agência ou filial e a esta o empregado esteja subordinado e, na falta, será competente a Junta da localização em que o empregado tenha domicílio ou a localidade mais próxima.

§ 2.º A competência das Juntas de Conciliação e Julgamento, estabelecida neste artigo, estende-se aos dissídios ocorridos em agência ou filial no estrangeiro, desde que o empregado seja brasileiro e não haja convenção internacional dispondo em contrário.

§ 3.º Em se tratando de empregador que promova realização de atividades fora do lugar do contrato de trabalho, é assegurado ao empregado apresentar reclamação no foro da celebração do contrato ou no da prestação dos respectivos serviços.

1. COMPETÊNCIA EM RAZÃO DO LUGAR

Uma vez definida a competência material da Justiça do Trabalho, há necessidade de saber a localidade a ser ajuizada a ação.

Como regra, a competência em razão do lugar é relativa (art. 63 do CPC de 2015), como prevê a Súmula 33 do STJ, de modo que não pode ser reconhecida de ofício, o que também ocorre no processo do trabalho. Nesse sentido dispõe a Orientação Jurisprudencial 149 da SBDI-II do TST.

Por consequência, para o reconhecimento da incompetência territorial, a parte (no caso, o réu) tem o ônus de arguir a respectiva exceção (arts. 799 e 800 da CLT), sob pena de preclusão e prorrogação da competência.

Anteriormente, entendia-se que, se o réu, no processo do trabalho, arguisse a incompetência relativa como preliminar na contestação, caracterizava-se mera irregularidade formal, cabendo ao juiz recebê-la como exceção de incompetência. Entretanto, na atualidade, a exceção de incompetência territorial deve ser apresentada no prazo de cinco dias a contar da notificação, antes da audiência e em peça que sinalize a sua existência (art. 800 da CLT, com redação dada pela Lei 13.467/2017).

O Código de Processo Civil de 2015 passou a estabelecer que a incompetência, absoluta ou relativa, será alegada como preliminar de contestação (arts. 64, *caput*, e 337, inciso III). Nesse enfoque, o CPC considera prorrogada a competência relativa, "se o réu não alegar a incompetência em preliminar de contestação" (art. 65). Entretanto, no processo do trabalho, a incompetência relativa, a rigor, continua sendo alegada por meio de exceção, conforme arts. 799 e 800 da CLT.

Ainda assim, o CPC de 2015 mantém a previsão de que o juiz não conhecerá de ofício a incompetência relativa (art. 337, § 5.º).

Como exceção à regra de que a competência em razão do local é relativa, o art. 2.º, *caput*, da Lei 7.347/1985 fixa a competência territorial para a propositura da ação civil pública "no foro do local onde ocorrer o dano", indicando tratar-se de "competência funcional". Por isso, na realidade, entende-se que essa competência é absoluta, certamente em razão da relevância social dos direitos tutelados, tratando-se de norma específica.

A ação civil pública ou coletiva deve ser ajuizada no foro do lugar onde ocorreu ou deva ocorrer o dano, quando de âmbito local (art. 93, inciso I, da Lei 8.078/1990). Nos casos de danos de âmbito nacional ou regional, a competência territorial é do foro da Capital do Estado ou do Distrito Federal, aplicando-se as regras do Código de Processo Civil aos casos de competência concorrente (art. 93, inciso II, da Lei 8.078/1990). Cf. Orientação Jurisprudencial 130 da SBDI-II do TST.

O Supremo Tribunal Federal fixou a seguinte tese de repercussão geral: "I - É inconstitucional a redação do art. 16 da Lei 7.347/1985, alterada pela Lei 9.494/1997, sendo repristinada sua redação original. II - Em se tratando de ação civil pública de efeitos nacionais ou regionais, a competência deve observar o art. 93, II, da Lei 8.078/1990 (Código de Defesa do Consumidor). III - Ajuizadas múltiplas ações civis públicas de âmbito nacional ou regional e fixada a competência nos termos do item II, firma-se a prevenção do juízo que primeiro conheceu de uma delas, para o julgamento de todas as demandas conexas" (STF, Pleno, RE 1.101.937/SP, Rel. Min. Alexandre de Moraes, *DJe* 14.06.2021).

Cabe destacar que no Direito Processual do Trabalho o "foro de eleição, isto é, o escolhido pelas partes num contrato escrito, comum no direito civil, não é admitido nos contratos de trabalho", tendo em vista a "hipossuficiência do trabalhador"[204]. Mesmo assim, entende-se, no âmbito trabalhista, que a "competência territorial, como é simplesmente relativa, pode ser prorrogada"[205].

Logo, não se admite, em tese, a validade de foro de eleição no Direito e no Processo do Trabalho, especialmente nas demandas pertinentes à relação de emprego, em prejuízo ao trabalhador.

Observa-se, portanto, que, ao mesmo tempo em que se reconhece a natureza relativa da competência territorial no processo do trabalho, passível de prorrogação (caso não apresentada exceção de incompetência em razão do lugar), não se admite a validade da cláusula de eleição de foro em contrato de trabalho. Se o foro de eleição, em princípio, não é válido no contrato de emprego, objeto de discussão em processo trabalhista, caso o empregador ajuíze ação em face do empregado (*v.g.*, consignação em pagamento ou inquérito judicial para apuração de falta grave), no local estipulado em cláusula do contrato individual de trabalho (foro de eleição), cabe ao juiz, de ofício, decidir a respeito da nulidade dessa previsão (art. 9.º da CLT).

O art. 2.º, inciso I, da Instrução Normativa 39/2016 do TST prevê que não se aplica ao processo do trabalho, em razão de inexistência de omissão ou por incompatibilidade, o art. 63 do CPC de 2015, sobre modificação da competência territorial e eleição de foro.

A) Local da prestação do serviço

---

204 NASCIMENTO, Amauri Mascaro. *Iniciação ao processo do trabalho*. São Paulo: Saraiva, 2005. p. 128.

205 NASCIMENTO, Amauri Mascaro. *Iniciação ao processo do trabalho*. São Paulo: Saraiva, 2005. p. 127.

De acordo com o art. 651, *caput*, da CLT, a competência territorial é definida de acordo com o local da prestação do serviço pelo empregado, seja este autor ou réu na ação trabalhista, e não de acordo com o local da sua contratação.

No caso de outras modalidades de trabalhadores, abrangidos pela competência material da Justiça do Trabalho, pode-se entender que essa regra também deve ser aplicada, mediante a sua interpretação extensiva.

B) Agentes ou viajantes comerciais

O caso do empregado que é agente ou viajante comercial, justamente por se deslocar frequentemente em sua prestação de serviço, a competência territorial é definida conforme a localidade em que situada a agência ou filial da empresa (no sentido de empregador, conforme art. 3.º da CLT) a que o referido empregado esteja subordinado. Na ausência dessa agência ou filial, a competência territorial passa a ser definida conforme o local que o empregado em questão tenha o seu domicílio, ou mesmo a localidade mais próxima.

Pode-se dizer que esse último critério, da localidade mais próxima, deve ser utilizado em último caso, ou seja, quando ausente agência ou filial a que o empregado esteja subordinado, bem como não se verifique Vara do Trabalho no domicílio do empregado. Nesse caso, a competência territorial seria da localidade mais próxima do domicílio do empregado agente ou viajante comercial.

Com a ampliação da competência material da Justiça do Trabalho, passando a abranger outras modalidades de relação de trabalho, no caso de trabalhador autônomo incluído nessa competência, e que preste serviço como agente ou viajante comercial, pode-se entender aplicável a mesma regra de competência territorial prevista no art. 651, § 1.º, da CLT.

C) Empresa que realize atividade fora do lugar do contrato

A disposição do art. 651, § 3.º, da CLT trata de regra que incide no caso de empregador que realize sua atividade em localidade diversa da contratação do empregado. Nesse caso, assegura-se ao empregado o ajuizamento da ação trabalhista no local da celebração do contrato ou naquele da prestação do serviço. Tem-se, assim, uma opção em favor do empregado, podendo ajuizar a demanda em um desses locais, com o fim de facilitar o seu acesso à Justiça.

Entretanto, há controvérsia a respeito do alcance da mencionada previsão, especialmente quanto a saber os casos em que ela pode incidir.

Há entendimento mais restritivo no sentido de que o § 3.º do art. 651 da CLT não pode ser interpretado de forma a contrariar a regra relativa à competência territorial na Justiça do Trabalho, prevista no *caput* do mesmo dispositivo, ao fixar a competência de acordo com o local da prestação do serviço. Nessa linha, o § 3.º do art. 651 apenas incidiria nos casos em que a atividade exercida pelo empregador, por sua natureza, envolva a mudança de localidade, como ocorre com a realização de feiras culturais e circos. Não sendo esse o caso, mas simplesmente tendo ocorrido a contratação do empregado em certa localidade, com a prestação do serviço em outra, incidiria o *caput* do art. 651 da CLT, fixando-se a competência nesse último lugar.

O entendimento divergente, que prevalece na jurisprudência, interpreta o art. 651, § 3.º, da CLT de forma mais ampla, assegurando ao empregado a faculdade de ajuizar a ação no local da contratação, ou em qualquer dos locais em que ocorreu a prestação do serviço, sempre que ele tenha sido contratado em certa localidade, mas prestado serviço em outras.

O entendimento acima, a respeito da interpretação do art. 651, § 3.º, da CLT, de forma mais abrangente e favorável ao empregado, facilita o seu acesso ao Poder Judiciário, de modo que tende a prevalecer.

Efetivamente, pode ocorrer de o empregado não ter condições de ajuizar a ação no último local em que prestou serviço, pois, ao terminar o contrato de trabalho, muitas vezes tem de retornar à localidade onde foi contratado, por ali residir. Desse modo, é mais coerente e adequado que se assegure ao empregado a faculdade de ajuizar a ação onde foi contratado, ou em qualquer dos locais onde prestou o serviço, de modo a se garantir efetivamente o acesso à justiça.

2. COMPETÊNCIA INTERNACIONAL

Cabe analisar a competência no caso em que o empregado tenha prestado serviços no exterior.

De acordo com o art. 651, § 2.º, da CLT, mesmo tendo a prestação do serviço ocorrido em agência ou filial no exterior, é competente a Justiça do Trabalho brasileira, caso não haja previsão em convenção ou tratado internacional em sentido diverso.

Nesse caso, pode-se entender que a ação deve ser ajuizada no foro do local da contratação, ou da sede da empresa no Brasil. Desse modo, há necessidade de que a empresa em questão possua alguma unidade no Brasil.

A literalidade do § 2.º do art. 651 da CLT, ao fazer menção à "agência ou filial no estrangeiro", parece exigir que a matriz da empresa esteja situada no Brasil. Entretanto, mesmo estando aqui situada apenas uma filial, admite-se o ajuizamento da ação trabalhista em nosso país.

O referido dispositivo da CLT exige que o empregado seja brasileiro, o que pode ser interpretado, na atualidade, em conformidade com o art. 5.º, *caput*, da Constituição Federal de 1988, alcançando, assim, também o estrangeiro residente no Brasil.

Em sintonia com as conclusões anteriores, de acordo com o art. 21 do Código de Processo Civil de 2015, compete à autoridade judiciária brasileira processar e julgar as ações em que: I – o réu, qualquer que seja a sua nacionalidade, estiver domiciliado no Brasil; II – no Brasil tiver de ser cumprida a obrigação; III – o fundamento seja fato ocorrido ou ato praticado no Brasil.

Para o fim do disposto no inciso I, indicado, considera-se domiciliada no Brasil a pessoa jurídica estrangeira que aqui tiver agência, filial ou sucursal.

Desse modo, se o réu for pessoa jurídica estrangeira, mas que tenha agência, filial ou sucursal no Brasil, a ação trabalhista pode ser aqui ajuizada, na forma do art. 651, § 2.º, da CLT, c/c o art. 21, inciso I, do CPC de 2015.

✦ Jurisprudência

Conflito negativo de competência. Competência em razão do lugar. Ajuizamento da reclamação trabalhista no foro da contratação, local diverso da prestação de serviços. Aplicação do art. 651, *caput* e § 3.º, da CLT. 1 – Discussão acerca do juízo competente para processar e julgar reclamação trabalhista proposta em local diverso daquele em que ocorreu a prestação de serviços. 2 – A competência para o ajuizamento de reclamação trabalhista, em regra, é a do local onde o empregado presta serviços (art. 651, *caput*, CLT). Os parágrafos do art. 651 da CLT tratam das exceções a essa regra e, dentre elas, a do § 3.º, possibilita a apresentação da reclamação também na localidade da celebração do contrato. 3 – Na hipótese, restou comprovado que o reclamante foi contratado no Rio de Janeiro/RJ e prestou serviços em Porto Velho/RO, o que faculta a eleição do foro da contratação. 4 – Precedentes. Conflito de competência que se julga procedente (TST, SBDI-II, CC – 501-16.2012.5.14.0002, Rel. Min. Delaíde Miranda Arantes, *DEJT* 14.11.2014).

Nos termos do § 3.º do artigo 651 da CLT, na hipótese da prestação de serviço ocorrer em localidade distinta da celebração do contrato de trabalho é facultado ao empregado o ajuizamento da reclamação trabalhista em qualquer um dos foros, não havendo previsão no sentido de que a competência seja definida pelo local em que por último se deu a prestação de serviços. Trata-se de uma regra de competência que visa privilegiar o empregado, parte hipossuficiente da relação processual, a fim de assegurar-lhe maior facilidade na produção da prova, podendo escolher o foro que lhe seja mais cômodo e conveniente (TST, 5.ª T., ARR – 159000-19.2009.5.02.0041, Rel. Min. Guilherme Augusto Caputo Bastos, *DEJT* 24.11.2017).

✦ Súmulas, Orientações Jurisprudenciais e Precedentes Normativos

Súmula 33 do STJ: A incompetência relativa não pode ser declarada de ofício.

Orientação Jurisprudencial 232 da SBDI-I do TST: FGTS. Incidência. Empregado transferido para o exterior. Remuneração. O FGTS incide sobre todas as parcelas de natureza salarial pagas ao empregado em virtude de prestação de serviços no exterior.

Orientação Jurisprudencial 416 da SBDI-I do TST: Imunidade de jurisdição. Organização ou organismo internacional. As organizações ou organismos internacionais gozam de imunidade absoluta de jurisdição quando amparados por norma internacional incorporada ao ordenamento jurídico brasileiro, não se lhes aplicando a regra do direito consuetudinário relativa à natureza dos atos praticados. Excepcionalmente, prevalecerá a jurisdição brasileira na hipótese de renúncia expressa à cláusula de imunidade jurisdicional.

Orientação Jurisprudencial 130 da SBDI-II do TST: Ação civil pública. Competência. Local do dano. Lei n.º 7.347/1985, art. 2.º. Código de Defesa do Consumidor, art. 93 (redação alterada na sessão do Tribunal Pleno realizada em 14.09.2012) – RES. 186/2012, *DEJT* divulgado em 25, 26 e 27.09.2012.

I – A competência para a Ação Civil Pública fixa-se pela extensão do dano.

II – Em caso de dano de abrangência regional, que atinja cidades sujeitas à jurisdição de mais de uma Vara do Trabalho, a competência será de qualquer das varas das localidades atingidas, ainda que vinculadas a Tribunais Regionais do Trabalho distintos.

III – Em caso de dano de abrangência suprarregional ou nacional, há competência concorrente para a Ação Civil Pública das varas do trabalho das sedes dos Tribunais Regionais do Trabalho.

IV – Estará prevento o juízo a que a primeira ação houver sido distribuída.

Orientação Jurisprudencial 149 da SBDI-II do TST: Conflito de competência. Incompetência territorial. Hipótese do art. 651, § 3.º, da CLT. Impossibilidade de declaração de ofício de incompetência relativa. Não cabe declaração de ofício de incompetência territorial no caso do uso, pelo trabalhador, da faculdade prevista no art. 651, § 3.º, da CLT. Nessa hipótese, resolve-se o conflito pelo reconhecimento da competência do juízo do local onde a ação foi proposta.

Art. 652. Compete às Varas do Trabalho:

a) conciliar e julgar:

I – os dissídios em que se pretenda o reconhecimento da estabilidade de empregado;

II – os dissídios concernentes a remuneração, férias e indenizações por motivo de rescisão do contrato individual de trabalho;

III – os dissídios resultantes de contratos de empreitadas em que o empreiteiro seja operário ou artífice;

IV – os demais dissídios concernentes ao contrato individual de trabalho;

b) processar e julgar os inquéritos para apuração de falta grave;

c) julgar os embargos opostos às suas próprias decisões;

d) impor multas e demais penalidades relativas aos atos de sua competência;

e) Suprimida pelo Decreto-lei 6.353, de 20.3.1944.

f) decidir quanto à homologação de acordo extrajudicial em matéria de competência da Justiça do Trabalho.

V – as ações entre trabalhadores portuários e os operadores portuários ou o Órgão Gestor de Mão de Obra – OGMO decorrentes da relação de trabalho;

Parágrafo único. Terão preferência para julgamento os dissídios sobre pagamento de salário e aqueles que derivarem da falência do empregador, podendo o Presidente da Junta, a pedido do interessado, constituir processo em separado, sempre que a reclamação também versar sobre outros assuntos.

1. CONFLITOS DECORRENTES DE CONTRATO INDIVIDUAL DE TRABALHO

A competência das Varas do Trabalho para decidir os conflitos oriundos da relação de trabalho (art. 114, inciso I, da Constituição da República), como é evidente, engloba questões sobre estabilidade de empregado, remuneração, férias e indenização por extinção do contrato individual de trabalho, bem como os demais dissídios dele decorrentes.

2. CONTRATO DE EMPREITADA

Em se tratando de "contrato de empreitada em que empreiteiro seja operário ou artífice", há regra expressa no sentido da competência da Justiça do Trabalho, qual seja, o art. 652, alínea "a", inciso III, da CLT.

Trata-se de exemplo de aplicação do inciso IX do art. 114 da Constituição Federal de 1988, ao incluir na competência da Justiça do Trabalho "outras controvérsias decorrentes da relação de trabalho, na forma da lei". Sob esse enfoque, o mencionado dispositivo da Consolidação das Leis do Trabalho foi recepcionado pela Emenda Constitucional 45/2004.

Como explica Mauricio Godinho Delgado, o art. 652, alínea "a", inciso III, da CLT trata do "empreiteiro pessoa física que, como profissional autônomo, executa, só e pessoalmente (ou no máximo com algum auxiliar), a empreitada, de valor econômico não elevado". Desse modo, não se insere nessa hipótese legal "o empreiteiro pessoa jurídica ou aquele que, sendo pessoa física, leve a termo a obra mediante concurso de distintos auxiliares ou empregados – agindo como se pequeno empresário fosse"[206].

O art. 652, alínea "a", inciso III, da Consolidação das Leis do Trabalho, portanto, foi recepcionado pela Emenda Constitucional 45/2004.

A regra em questão tem natureza processual, sobre a competência da Justiça do Trabalho[207], pois o pequeno empreiteiro permanece regido pelo Direito Civil, ou seja, não faz jus aos direitos assegurados pelo Direito (material) do Trabalho.

---

206 DELGADO, Mauricio Godinho. *Introdução ao direito do trabalho*. 2. ed. São Paulo: LTr, 1999. p. 277.

207 "Conflito de competência. Justiça do Trabalho e Justiça Comum Estadual. Empreitada. EC 45/2004. 1. Mesmo antes da EC 45/2004, a 2.ª Seção já havia decidido que '(...) compete às varas do trabalho conciliar e julgar os dissídios resultantes de contratos de empreitada em que o empreiteiro seja operário ou artífice (CLT, art. 652, 'a', III) (...)' (CC 32.433/Castro Filho). 2. Como a EC 45/2004 veio para ampliar, não para reduzir a competência da Justiça do Trabalho, não há razão que justifique seja alterado tal entendimento. 3. Assim, se o contrato de empreitada não se enquadra na norma exceptiva do art. 652, 'a', III, da CLT, a competência continua a ser da Justiça Comum Estadual. 4. Compete ao Juízo do Trabalho decidir se o contrato de empreitada envolve, ou não, empreiteiro 'operário ou artífice', a justificar a competência da Justiça Especializada. 5. O empreiteiro, pessoa física, que contrata ajudantes para executar o serviço, transforma-se em tomador de serviços ou empregador, o que afasta a competência da Justiça do Trabalho para julgar demanda envolvendo ele, empreiteiro, e quem o contratou" (STJ, 2.ª Seção, CC 89.171/MG, 2007/0201358-0, Rel. Min. Humberto Gomes de Barros, *DJ* 26.11.2007). Cf. ainda STJ, 2.ª Seção, CC 197.329/SP, 2023/0171840-5, Rel. Min. Marco Buzzi, *DJe* 04.10.2023.

3. TRABALHO PORTUÁRIO

O § 3.º do art. 643 da CLT, acrescentado pela Medida Provisória 2.164-41/2001, passou a estabelecer que a Justiça do Trabalho é competente para processar e julgar as ações entre trabalhadores portuários e os operadores portuários ou o Órgão Gestor de Mão de Obra (OGMO) decorrentes da relação de trabalho, por meio das Varas do Trabalho, conforme art. 652, inciso V, da CLT (acrescentado pela mesma Medida Provisória). Com o inciso I do art. 114 da Constituição da República, essa situação restou mantida.

4. COMPETÊNCIA PARA HOMOLOGAÇÃO DE ACORDO EXTRAJUDICIAL

Os arts. 855-B a 855-E da CLT, incluídos pela Lei 13.467/2017, dispõem sobre o *processo de jurisdição voluntária para homologação de acordo extrajudicial.*

Sendo assim, o art. 652, alínea "f", da CLT, incluída pela Lei 13.467/2017, prevê que compete às Varas do Trabalho decidir quanto à *homologação de acordo extrajudicial* em matéria de competência da Justiça do Trabalho.

✦ Súmulas, Orientações Jurisprudenciais e Precedentes Normativos

Súmula Vinculante 53 do STF: A competência da Justiça do Trabalho prevista no artigo 114, VIII, da Constituição Federal alcança a execução de ofício das contribuições previdenciárias relativas ao objeto da condenação constante das sentenças que proferir e acordos por ela homologados.

Súmula 363 do STJ: Compete à Justiça Estadual processar e julgar a ação de cobrança ajuizada por profissional liberal contra cliente.

Súmula 300 do TST: Competência da Justiça do Trabalho. Cadastramento no PIS (mantida) – Res. 121/2003, *DJ* 19, 20 e 21.11.2003. Compete à Justiça do Trabalho processar e julgar ações ajuizadas por empregados em face de empregadores relativas ao cadastramento no Programa de Integração Social (PIS).

Súmula 368 do TST: Descontos previdenciários. Imposto de renda. Competência. Responsabilidade pelo recolhimento. Forma de cálculo. Fato gerador. I – A Justiça do Trabalho é competente para determinar o recolhimento das contribuições fiscais. A competência da Justiça do Trabalho, quanto à execução das contribuições previdenciárias, limita-se às sentenças condenatórias em pecúnia que proferir e aos valores, objeto de acordo homologado, que integrem o salário de contribuição. II – É do empregador a responsabilidade pelo recolhimento das contribuições previdenciárias e fiscais, resultantes de crédito do empregado oriundo de condenação judicial. A culpa do empregador pelo inadimplemento das verbas remuneratórias, contudo, não exime a responsabilidade do empregado pelos pagamentos do imposto de renda devido e da contribuição previdenciária que recaia sobre sua quota-parte. III – Os descontos previdenciários relativos à contribuição do empregado, no caso de ações trabalhistas, devem ser calculados mês a mês, de conformidade com o art. 276, § 4.º, do Decreto n.º 3.048/1999 que regulamentou a Lei n.º 8.212/1991, aplicando-se as alíquotas previstas no art. 198, observado o limite máximo do salário de contribuição. IV – Considera-se fato gerador das contribuições previdenciárias decorrentes de créditos trabalhistas reconhecidos ou homologados em juízo, para os serviços prestados até 4.3.2009, inclusive, o efetivo pagamento das verbas, configurando-se a mora a partir do dia dois do mês seguinte ao da liquidação (art. 276, "caput", do Decreto n.º 3.048/1999). Eficácia não retroativa da alteração legislativa promovida pela Medida Provisória n.º 449/2008, posteriormente convertida na Lei n.º 11.941/2009, que deu nova redação ao art. 43 da Lei n.º 8.212/91. V – Para o labor realizado a partir de 5.3.2009, considera-se fato gerador das contribuições previdenciárias decorrentes de créditos trabalhistas reconhecidos ou homologados em juízo a data da efetiva prestação dos serviços. Sobre as contribuições previdenciárias não recolhidas a partir da prestação dos serviços incidem juros de mora e, uma vez apurados os créditos previdenciários, aplica-se multa a partir do exaurimento do prazo de citação para pagamento, se descumprida a obrigação, observado o limite legal de 20% (art. 61, § 2.º, da Lei n.º 9.430/96). VI – O imposto de renda decorrente de crédito do empregado recebido acumuladamente deve ser calculado sobre o montante dos rendimentos pagos, mediante a utilização de tabela progressiva resultante da multiplicação da quantidade de meses a que se refiram os rendimentos pelos valores constantes da tabela progressiva mensal correspondente ao mês do recebimento ou crédito, nos termos do art. 12-A da Lei n.º 7.713, de 22/12/1988, com a redação conferida pela Lei n.º 13.149/2015, observado o procedimento previsto nas Instruções Normativas da Receita Federal do Brasil.

Súmula 389 do TST: Seguro-desemprego. Competência da Justiça do Trabalho. Direito à indenização por não liberação de guias (conversão das Orientações Jurisprudenciais 210 e 211 da SBDI-1) – Res. 129/2005, *DJ* 20, 22 e 25.04.2005.

I – Inscreve-se na competência material da Justiça do Trabalho a lide entre empregado e empregador tendo por objeto indenização pelo não fornecimento das guias do seguro-desemprego.

II – O não fornecimento pelo empregador da guia necessária para o recebimento do seguro-desemprego dá origem ao direito à indenização.

Súmula 392 do TST: Dano moral e material. Relação de trabalho. Competência da Justiça do Trabalho. Nos termos do art. 114, inc. VI, da Constituição da República, a Justiça do Trabalho é competente para processar e julgar ações de indenização por dano moral e material, decorrentes da relação de trabalho, inclusive as oriundas de acidente de trabalho e doenças a ele equiparadas, ainda que propostas pelos dependentes ou sucessores do trabalhador falecido.

Súmula 419 do TST: Competência. Embargos de terceiro. Execução por carta precatória. Juízo deprecado. Na execução por carta precatória, os embargos de terceiro serão oferecidos no juízo deprecado, salvo se indicado pelo juízo deprecante o bem constrito ou se já devolvida a carta (art. 676, parágrafo único, do CPC de 2015).

Súmula 454 do TST: Competência da Justiça do Trabalho. Execução de ofício. Contribuição social referente ao Seguro de Acidente de Trabalho (SAT). Arts. 114, VIII, e 195, I, "a", da Constituição da República. Compete à Justiça do Trabalho a execução, de ofício, da contribuição referente ao Seguro de Acidente de Trabalho (SAT), que tem natureza de contribuição para a seguridade social (arts. 114, VIII, e 195, I, "a", da CF), pois se destina ao financiamento de benefícios relativos à incapacidade do empregado decorrente de infortúnio no trabalho (arts. 11 e 22 da Lei n.º 8.212/1991).

Orientação Jurisprudencial 26 da SBDI-I do TST: Competência da Justiça do Trabalho. Complementação de pensão requerida por viúva de ex-empregado. A Justiça do Trabalho é competente para apreciar pedido de complementação de pensão postulada por viúva de ex-empregado, por se tratar de pedido que deriva do contrato de trabalho.

Orientação Jurisprudencial 138 da SBDI-I do TST: Competência residual. Regime jurídico único. Limitação da execução. Compete à Justiça do Trabalho julgar pedidos de direitos e vantagens previstos na legislação trabalhista referente a período anterior à lei 8.112/1990, mesmo que a ação tenha sido ajuizada após a edição da referida lei. A superveniência de regime estatutário em substituição ao celetista, mesmo após a sentença, limita a execução ao período celetista.

Art. 653. Compete, ainda, às Juntas de Conciliação e Julgamento:

a) requisitar às autoridades competentes a realização das diligências necessárias ao esclarecimento dos feitos sob sua apreciação, representando contra aquelas que não atenderem a tais requisições;

b) realizar as diligências e praticar os atos processuais ordenados pelos Tribunais Regionais do Trabalho ou pelo Tribunal Superior do Trabalho;

c) julgar as suspeições arguidas contra os seus membros;

d) julgar as exceções de incompetência que lhes forem opostas;

e) expedir precatórias e cumprir as que lhes forem deprecadas;

f) exercer, em geral, no interesse da Justiça do Trabalho, quaisquer outras atribuições que decorram da sua jurisdição.

1. CUMPRIMENTO DE ATOS PROCESSUAIS

Os atos processuais devem ser cumpridos por ordem judicial (art. 236 do CPC de 2015).

Deve ser expedida carta para a prática de atos fora dos limites territoriais do tribunal, da comarca, da seção ou da subseção judiciárias, ressalvadas as hipóteses previstas em lei (art. 236, § 1.º, do CPC).

O tribunal pode expedir carta para juízo a ele vinculado, se o ato houver de se realizar fora dos limites territoriais do local de sua sede. Trata-se, no caso, da *carta de ordem* (art. 236, § 2.º, do CPC).

Admite-se a prática de atos processuais por meio de videoconferência ou outro recurso tecnológico de transmissão de sons e imagens em tempo real (art. 236, § 3.º, do CPC). Cf. ainda os comentários ao art. 773 da CLT, item 4.

Sendo assim, nos termos do art. 237 do CPC de 2015, será expedida carta: *de ordem*, pelo tribunal, na hipótese acima indicada (art. 236, § 2.º, do CPC); *rogatória*, para que órgão jurisdicional estrangeiro pratique ato de cooperação jurídica internacional, relativo a processo em curso perante órgão jurisdicional brasileiro; *precatória*, para que órgão jurisdicional brasileiro pratique ou determine o cumprimento, na área de sua competência territorial, de ato relativo a pedido de cooperação judiciária formulado por órgão jurisdicional de competência territorial diversa; *arbitral*, para que órgão do Poder Judiciário pratique ou determine o cumprimento, na área de sua competência territorial, de ato objeto de pedido de cooperação judiciária formulado por juízo arbitral, inclusive os que importem efetivação de tutela provisória.

2. EXCEÇÃO DE SUSPEIÇÃO

De acordo com a sistemática original da CLT, cabia à antiga Junta de Conciliação e Julgamento julgar a exceção de suspeição contra os seus membros, por se tratar de órgão colegiado (art. 653, alínea "c").

Com a extinção da representação classista (decorrente da Emenda Constitucional 24/1999), e como as Varas do Trabalho passaram a ser juízos monocráticos, discute-se a respeito do órgão competente para julgar a exceção de impedimento e suspeição.

Há entendimento no sentido de que deve ser aplicado o Código de Processo Civil, ao prever, no art. 146, § 1.º, que, se reconhecer o impedimento ou a suspeição ao receber a petição, o juiz ordenará imediatamente a remessa dos autos a seu substituto legal. Caso contrário, determinará a autuação em apartado da petição e, no prazo de 15 dias, apresentará suas razões, acompanhadas de documentos e de rol de testemunhas, se houver, ordenando a remessa do incidente ao tribunal.

Vale dizer, segundo essa corrente de entendimento, cabe ao respectivo Tribunal Regional do Trabalho julgar a exceção de impedimento ou suspeição contra juiz da Vara do Trabalho abrangida pela competência daquele.

Nessa hipótese, se o TRT verificar que a alegação de impedimento ou de suspeição é improcedente, o tribunal deve rejeitá-la. Acolhida a alegação, tratando-se de impedimento ou de manifesta suspeição, deve condenar o juiz nas custas e remeter os autos ao seu substituto legal; nesse caso, pode o juiz recorrer da decisão (art. 146, §§ 4.º e 5.º, do CPC de 2015).

O entendimento divergente, aqui adotado, defende que cabe ao juízo decidir a exceção de impedimento ou suspeição. Desse modo, se a exceção é apresentada contra o juiz titular, a instrução e o julgamento devem ser efetuados pelo juiz substituto. Inversamente, se a exceção é apresentada contra o juiz substituto, a instrução e a decisão devem ser realizadas pelo juiz titular.

Nas Varas do Trabalho e nos Tribunais Regionais, sendo julgada procedente a exceção de suspeição, deve ser logo convocado para a mesma audiência ou sessão, ou para a seguinte, o suplente do membro suspeito, o qual deve continuar a atuar no feito até decisão final.

Deve-se proceder da mesma maneira quando o próprio magistrado se declarar impedido ou suspeito (art. 802, § 1.º, da CLT).

3. EXCEÇÃO DE INCOMPETÊNCIA

A decisão quanto à exceção de incompetência deve ser proferida pelo próprio juiz da Vara do Trabalho (art. 653, alínea "d", da CLT).

Se a exceção de incompetência for acolhida, os autos devem ser remetidos ao juiz competente (art. 64, § 3.º, do CPC de 2015).

Salvo decisão judicial em sentido contrário, devem ser conservados os efeitos de decisão proferida pelo juízo incompetente, até que outra seja proferida, se for o caso, pelo juízo competente (art. 64, § 4.º, do CPC de 2015).

Como se pode notar, os atos sem natureza decisória, mesmo que tenham sido proferidos por juiz incompetente, devem ser mantidos.

No caso de incompetência absoluta (alegada como preliminar de contestação, em qualquer tempo e grau de jurisdição, ou reconhecida de ofício), os autos também devem ser remetidos ao juiz competente (art. 64, § 3.º, do CPC de 2015).

Seção III – Dos Presidentes das Juntas

Art. 654. O ingresso na magistratura do trabalho far-se-á para o cargo de juiz do trabalho substituto. As nomeações subsequentes por promoção alternadamente, por antiguidade e merecimento.

§ 1.º Nas 7.ª e 8.ª Regiões da Justiça do Trabalho, nas localidades fora das respectivas sedes, haverá suplentes de juiz do trabalho presidente de Junta, sem direito a acesso, nomeados pelo Presidente da República, dentre brasileiros, bacharéis em direito, de reconhecida idoneidade moral, especializados em direito do trabalho, pelo período de 2 (dois) anos, podendo ser reconduzidos.

§ 2.º Os suplentes de juiz do trabalho receberão, quando em exercício, vencimentos iguais aos dos juízes que substituírem.

§ 3.º Os juízes substitutos serão nomeados após aprovação em concurso público de provas e títulos realizado perante o Tribunal Regional do Trabalho da Região, válido por 2 (dois) anos e prorrogável, a critério do mesmo órgão, por igual período, uma só vez, e organizado de acordo com as instruções expedidas pelo Tribunal Superior do Trabalho.

§ 4.º Os candidatos inscritos só serão admitidos ao concurso após apreciação prévia, pelo Tribunal Regional do Trabalho da respectiva Região, dos seguintes requisitos:

a) idade maior de 25 (vinte e cinco) anos e menor de 45 (quarenta e cinco) anos;

b) idoneidade para o exercício das funções.

§ 5.º O preenchimento dos cargos do presidente de Junta, vagos ou criadas por lei, será feito dentro de cada Região:

a) pela remoção de outro presidente, prevalecendo a antiguidade no cargo, caso haja mais de um pedido, desde que a remoção tenha sido requerida, dentro de quinze dias, contados da abertura da vaga, ao Presidente do Tribunal Regional, a quem caberá expedir o respectivo ato.

b) pela promoção de substituto, cuja aceitação será facultativa, obedecido o critério alternado de antiguidade e merecimento.

§ 6.º Os juízes do trabalho, presidentes de Junta, juízes substitutos e suplentes de juiz tomarão posse perante o presidente do Tribunal da respectiva Região. Nos Estados que, não forem sede de Tribunal Regional do Trabalho, a posse dar-se-á perante o presidente do Tribunal de Justiça, que remeterá o termo ao presidente do Tribunal Regional da jurisdição do empossado. Nos Territórios a posse dar-se-á perante o presidente do Tribunal Regional do Trabalho da respectiva Região.

1. INGRESSO NA MAGISTRATURA DO TRABALHO

O ingresso na magistratura do trabalho é feito para o cargo de juiz do trabalho substituto. As promoções ocorrem, alternadamente, por antiguidade e merecimento.

✦ Súmulas, Orientações Jurisprudenciais e Precedentes Normativos

Súmula 478 do STF: O provimento em cargos de juízes substitutos do trabalho deve ser feito independentemente de lista tríplice, na ordem de classificação dos candidatos.

✦ Referência legislativa

- Arts. 93, I, II, e VII, e 96 da CF.

Art. 655. Os Presidentes e os Presidentes substitutos tomarão posse do cargo perante o presidente do Tribunal Regional da respectiva jurisdição.

§ 1.º Nos Estados em que não houver sede de Tribunais a posse dar-se-á perante o presidente do Tribunal de Apelação, que remeterá o respectivo termo ao presidente do Tribunal Regional da Jurisdição do empossado.

§ 2.º Nos Territórios a posse dar-se-á perante a Juiz de Direito da capital, que procederá na forma prevista no § 1.º.

1. REVOGAÇÃO TÁCITA DO DISPOSITIVO

O dispositivo em questão foi tacitamente revogado pelo Decreto-lei 229/1969, ao dar nova redação ao art. 654, § 4.º, da CLT.

Art. 656. O Juiz do Trabalho Substituto, sempre que não estiver substituindo o Juiz-Presidente de Junta, poderá ser designado para atuar nas Juntas de Conciliação e Julgamento.

§ 1.º Para o fim mencionado no *caput* deste artigo, o território da Região poderá ser dividido em zonas, compreendendo a jurisdição de uma ou mais Juntas, a juízo do Tribunal Regional do Trabalho respectivo.

§ 2.º A designação referida no *caput* deste artigo será de atribuição do Juiz-Presidente do Tribunal Regional do Trabalho ou, não havendo disposição regimental específica, de quem este indicar.

§ 3.º Os Juízes do Trabalho Substitutos, quando designados ou estiverem substituindo os Juízes Presidentes de Juntas, perceberão os vencimentos destes.

§ 4.º O Juiz-Presidente do Tribunal Regional do Trabalho ou, não havendo disposição regimental específica, que este indicar, fará a lotação e a movimentação dos Juízes Substitutos entre as diferentes zonas da Região na hipótese de terem sido criadas na forma do § 1.º deste artigo.

Art. 657. Os Presidentes de Junta e os Presidentes Substitutos perceberão os vencimentos fixados em lei.

1. ATUAÇÃO DO JUIZ DO TRABALHO SUBSTITUTO

O juiz do trabalho substituto atua substituindo o juiz titular, ou como auxiliar, nas Varas do Trabalho da Região, conforme designação do Presidente do Tribunal Regional do Trabalho.

2. VENCIMENTOS DOS JUÍZES DO TRABALHO SUBSTITUTOS

Na atualidade, com a extinção da representação classista pela Emenda Constitucional 24/1999, não há mais Juntas de Conciliação e Julgamento, e sim Varas do Trabalho.

O art. 93, inciso V, da Constituição da República, com redação dada pela Emenda Constitucional 19/1998, dispõe que: "o subsídio dos Ministros dos Tribunais Superiores corresponderá a noventa e cinco por cento do subsídio mensal fixado para os Ministros do Supremo Tribunal Federal *e os subsídios dos demais magistrados serão fixados em lei* e escalonados, em nível federal e estadual, conforme as respectivas categorias da estrutura judiciária nacional, não podendo a diferença entre uma e outra ser superior a dez por cento ou inferior a cinco por cento, nem exceder a noventa e cinco por cento do subsídio mensal dos Ministros dos Tribunais Superiores, obedecido, em qualquer caso, o disposto nos arts. 37, XI, e 39, § 4.º" (destaquei).

Cabe salientar que os Juízes do Trabalho Substitutos, quando designados ou estiverem substituindo os Juízes Titulares de Varas do Trabalho, devem receber os vencimentos destes (art. 656, § 3.º, da CLT).

✦ **Referência legislativa**

- Art. 93, V, da CF.

Art. 658. São deveres precípuos dos Presidentes das Juntas, além dos que decorram do exercício de sua função:

a) manter perfeita conduta pública e privada;

b) abster-se de atender a solicitações ou recomendações relativamente aos feitos que hajam sido ou tenham de ser submetidos à sua apreciação;

c) residir dentro dos limites de sua jurisdição, não podendo ausentar-se sem licença do Presidente do Tribunal Regional;

d) despachar e praticar todos os atos decorrentes de suas funções, dentro dos prazos estabelecidos, sujeitando-se ao desconto correspondente a 1 (um) dia de vencimento para cada dia de retardamento.

1. DEVERES DO JUIZ

De acordo com o art. 93, inciso VII, da Constituição da República, o juiz titular deve residir na respectiva comarca, salvo autorização do tribunal.

Aos juízes é vedado: exercer, ainda que em disponibilidade, outro cargo ou função, salvo uma de magistério; receber, a qualquer título ou pretexto, custas ou participação em processo; dedicar-se à atividade político-partidária; receber, a qualquer título ou pretexto, auxílios ou contribuições de pessoas físicas, entidades públicas ou privadas, ressalvadas as exceções previstas em lei; exercer a advocacia no juízo ou tribunal do qual se afastou, antes de decorridos três anos do afastamento do cargo por aposentadoria ou exoneração (art. 95, parágrafo único, da Constituição Federal de 1988).

2. PRAZOS PARA O JUIZ

Com fundamento no art. 658, alínea "d", da CLT, um dos deveres precípuos dos juízes do trabalho é de despachar e praticar todos os atos decorrentes de suas funções "dentro dos prazos estabelecidos".

Em consonância com o art. 226 do CPC de 2015, o juiz deve proferir: I – os despachos no prazo de cinco dias; II – as decisões interlocutórias no prazo de dez dias; III – as sentenças no prazo de trinta dias.

Há entendimento de que a sentença, no processo do trabalho, não está sujeita ao referido prazo de 30 dias, pois a CLT possui disposição própria, no sentido de que a sentença é proferida em audiência (arts. 831 e 851 da CLT).

De todo modo, o art. 227 do CPC prevê que, em qualquer grau de jurisdição, havendo motivo justificado, pode o juiz exceder, por igual tempo, os prazos a que está submetido.

Qualquer parte, o Ministério Público ou a Defensoria Pública pode representar ao Corregedor do tribunal ou ao Conselho Nacional de Justiça contra juiz ou relator que injustificadamente exceder os prazos previstos em lei, regulamento ou regimento interno (art. 235 do CPC de 2015).

Distribuída a representação ao órgão competente e ouvido previamente o juiz, não sendo caso de arquivamento liminar, deve ser instaurado procedimento para apuração da responsabilidade, com intimação do representado por meio eletrônico para, querendo, apresentar justificativa no prazo de 15 dias.

Sem prejuízo das sanções administrativas cabíveis, em até 48 horas após a apresentação ou não da justificativa mencionada, se for o caso, o corregedor do Tribunal ou o relator do Conselho Nacional de Justiça deve determinar a intimação do representado por meio eletrônico para que, em dez dias, pratique o ato. Mantida a inércia, os autos devem ser remetidos ao substituto legal do juiz ou relator contra o qual se representou para decisão em dez dias.

Como se nota, os prazos para o juiz não são preclusivos, mas sim impróprios, pois não impedem a prática dos atos processuais sob sua responsabilidade. Entretanto, a sua inobservância, quando injustificada, pode acarretar consequências disciplinares e administrativas.

✦ **Referência legislativa**

- Arts. 95 e 96 da CF.

Art. 659. Competem privativamente aos Presidentes das Juntas, além das que lhes forem conferidas neste Título e das decorrentes de seu cargo, as seguintes atribuições:

I – presidir às audiências das Juntas;

II – executar as suas próprias decisões, as proferidas pela Junta e aquelas cuja execução lhes for deprecada;

III – dar posse aos vogais nomeados para a Junta, ao Secretário e aos demais funcionários da Secretaria;

IV – convocar os suplentes dos vogais, no impedimento destes;

V – representar ao Presidente do Tribunal Regional da respectiva jurisdição, no caso de falta de qualquer vogal a 3 (três) reuniões consecutivas, sem motivo justificado, para os fins do art. 727;

VI – despachar os recursos interpostos pelas partes, fundamentando a decisão recorrida antes da remessa ao Tribunal Regional, ou submetendo-os à decisão da Junta, no caso do art. 894;

VII – assinar as folhas de pagamento dos membros e funcionários da Junta;

VIII – apresentar ao Presidente do Tribunal Regional, até 15 de fevereiro de cada ano, o relatório dos trabalhos do ano anterior;

IX – conceder medida liminar, até decisão final do processo, em reclamações trabalhistas que visem a tornar sem efeito transferência disciplinada pelos parágrafos do artigo 469 desta Consolidação.

X – conceder medida liminar, até decisão final do processo, em reclamações trabalhistas que visem reintegrar no emprego dirigente sindical afastado, suspenso ou dispensado pelo empregador.

1. COMPETÊNCIA FUNCIONAL DO JUIZ

Antes da Emenda Constitucional 24/1999, quando havia representação classista nos órgãos da Justiça do Trabalho, aplicava-se a previsão do art. 659 da CLT, ao estabelecer a competência funcional do juiz presidente da Junta de Conciliação e Julgamento. Nessa época, competia privativamente ao juiz presidente, por exemplo, presidir às audiências das Juntas; executar as suas próprias decisões, as proferidas pela Junta e aquelas cuja execução lhes for deprecada; despachar os recursos interpostos pelas partes, conceder medida liminar, até decisão final do processo, em reclamações trabalhistas que visem a tornar sem efeito transferência disciplinada pelos parágrafos do artigo 469 da CLT; conceder medida liminar, até decisão final do processo, em reclamações trabalhistas que visem reintegrar no emprego dirigente sindical afastado, suspenso ou dispensado pelo empregador.

No presente, não mais se verifica a representação classista, de modo que os referidos atos são de competência do juiz do trabalho titular ou substituto em exercício na Vara do Trabalho.

2. TUTELA PROVISÓRIA

No Código de Processo Civil de 2015, a *tutela provisória* passou a ser entendida como gênero, tendo como espécies a *tutela de urgência* e a *tutela da evidência* (art. 294).

A tutela (provisória) de urgência pode ser *cautelar* ou *antecipada*.

A tutela (de urgência) *cautelar* tem como objetivo *assegurar o resultado útil do processo principal*. Tem, portanto, natureza essencialmente instrumental, pois, a rigor, visa tutelar o processo, e não a satisfazer o direito material.

A tutela (de urgência) *antecipada*, por sua vez, tem natureza satisfativa, visando assegurar, de forma imediata, concreta e efetiva, o bem jurídico pretendido.

Trata-se de requerimento formulado pelo autor, normalmente na petição inicial, embora possa ocorrer posteriormente.

A tutela antecipada não se confunde com o "julgamento antecipado do mérito", nem com o "julgamento antecipado parcial do mérito", previstos nos arts. 355 e 356 do CPC de 2015.

O art. 3.º, inciso VI, da Instrução Normativa 39/2016 do TST prevê que se aplicam ao processo do trabalho, diante de omissão e compatibilidade, os arts. 294 a 311 do CPC de 2015, sobre tutela provisória.

De acordo com o art. 659, incisos IX e X, da Consolidação das Leis do Trabalho, é possível a concessão de medida liminar: até decisão final do processo, em reclamações trabalhistas que visem tornar sem efeito transferência disciplinada pelos parágrafos do art. 469 da CLT; até decisão final do processo, em reclamações trabalhistas que visem reintegrar no emprego dirigente sindical afastado, suspenso ou dispensado pelo empregador.

Trata-se, na realidade, de hipóteses específicas de tutela provisória antecipada, de natureza satisfativa, e não propriamente cautelar, diante da natureza visivelmente concretizadora do direito material, mas não de instrumento de preservação da sua eficácia durante a tramitação do processo. Mesmo porque a tutela antecipada, de natureza satisfativa, conforme a pretensão, pode ser relativa à obrigação de entrega de coisa (dar), obrigação de pagar (pecuniária) e obrigação de fazer ou não fazer.

No entanto, a legislação processual trabalhista não disciplina, de forma genérica, a tutela provisória, tornando necessária a aplicação do CPC.

Apesar dessa omissão, a tutela provisória é plenamente compatível com o processo do trabalho. Exemplificando, é frequente o trabalhador ter necessidade de obter a tutela jurisdicional de forma urgente, o mais célere possível, para a garantia de sua própria sobrevivência.

Com isso, nos termos do art. 769 da CLT, são aplicáveis no processo do trabalho as disposições do Código de Processo Civil relativas ao tema.

A tutela (provisória) de urgência pode ser concedida em caráter *antecedente* ou *incidental* (art. 294, parágrafo único, do CPC de 2015).

A tutela provisória de urgência pode ser cautelar ou antecipada.

Além disso, a tutela provisória de urgência (cautelar ou antecipada) pode ser concedida em caráter antecedente ou incidental, ou seja, antes do ajuizamento da ação ou no curso dela, respectivamente.

Sendo assim, para a melhor compreensão, observam-se as seguintes modalidades de tutela provisória:

- *tutela provisória de urgência cautelar antecedente*;
- *tutela provisória de urgência cautelar incidente*;
- *tutela provisória de urgência antecipada antecedente*;
- *tutela provisória de urgência antecipada incidente*;
- *tutela provisória da evidência*.

Esclareça-se que a tutela provisória da *evidência* é sempre *incidente*.

✦ Súmulas, Orientações Jurisprudenciais e Precedentes Normativos

Orientação Jurisprudencial 67 da SBDI-II do TST: Mandado de segurança. Transferência. Art. 659, IX, da CLT. Não fere direito líquido e certo a concessão de liminar obstativa de transferência de empregado, em face da previsão do inciso IX do art. 659 da CLT.

Orientação Jurisprudencial 142 da SBDI-II do TST: Mandado de segurança. Reintegração liminarmente concedida. Inexiste direito líquido e certo a ser oposto contra ato de juiz que, antecipando a tutela jurisdicional, determina a reintegração o empregado até a decisão final do processo, quando demonstrada a razoabilidade do direito subjetivo material, como nos casos de anistiado pela lei 8.878/1994, aposentado, integrante de comissão de fábrica, dirigente sindical, portador de doença profissional, portador de vírus HIV, ou detentor de estabilidade provisória prevista em norma coletiva.

Seção IV – Dos Vogais das Juntas

Art. 660. Os vogais das Juntas são designados pelo Presidente do Tribunal Regional da respectiva jurisdição.

Art. 661. Para o exercício da função de vogal da Junta ou suplente deste são exigidos os seguintes requisitos:

a) ser brasileiro;

b) ter reconhecida idoneidade moral;

c) ser maior de 25 (vinte e cinco) anos e ter menos de 70 (setenta) anos;

d) estar no gozo dos direitos civis e políticos;

e) estar quite com o serviço militar;

f) contar mais de 2 (dois) anos de efetivo exercício na profissão e ser sindicalizado.

Parágrafo único. A prova da qualidade profissional a que se refere a alínea "f" deste artigo é feita mediante declaração do respectivo Sindicato.

Art. 662. A escolha dos vogais das Juntas e seus suplentes far-se-á dentre os nomes constantes das listas que, para esse efeito, forem encaminhadas pelas associações sindicais de primeiro grau ao presidente do Tribunal Regional.

§ 1.º Para esse fim, cada Sindicato de empregadores e de empregados, com base territorial extensiva à área de jurisdição da Junta, no todo ou em parte, procederá, na ocasião determinada pelo Presidente do Tribunal Regional, à escolha de 3 (três) nomes que comporão a lista, aplicando-se à eleição o disposto no art. 524 e seus §§ 1.º a 3.º.

§ 2.º Recebidas as listas pelo presidente do Tribunal Regional, designará este, dentro de cinco dias, os nomes dos vogais e dos respectivos suplentes, expedindo para cada um deles um título, mediante a apresentação do qual será empossado.

§ 3.º Dentro de quinze dias, contados da data da posse, pode ser contestada a investidura do vogal ou do suplente, por qualquer interessado, sem efeito suspensivo, por meio de representação escrita, dirigida ao presidente do Tribunal Regional.

§ 4.º Recebida a contestação, o Presidente do Tribunal designará imediatamente relator, o qual, se houver necessidade de ouvir testemunhas ou de proceder a quaisquer diligências, providenciará para que tudo se realize com a maior brevidade, submetendo, por fim, a contestação ao parecer do Tribunal, na primeira sessão.

§ 5.º Se o Tribunal julgar procedente a contestação, o Presidente providenciará a designação de novo vogal ou suplente.

§ 6.º Em falta de indicação pelos Sindicatos, de nomes para representantes das respectivas categorias profissionais e econômicas nas Juntas de Conciliação e Julgamento, ou nas localidades onde não existirem Sindicatos, serão esses representantes livremente designados pelo Presidente do Tribunal Regional do Trabalho, observados os requisitos exigidos para o exercício da função.

Art. 663. A investidura dos vogais das Juntas e seus suplentes é de 3 (três) anos, podendo, entretanto, ser dispensado, a pedido, aquele que tiver servido, sem interrupção, durante metade desse período.

§ 1.º Na hipótese da dispensa do vogal a que alude este artigo, assim como nos casos de impedimento, morte ou renúncia, sua substituição far-se-á pelo suplente, mediante convocação do Presidente da Junta.

§ 2.º Na falta do suplente, por impedimento, morte ou renúncia serão designados novo vogal e o respectivo suplente, dentre os nomes constantes das listas a que se refere o art. 662, servindo os designados até o fim do período.

Art. 664. Os vogais das Juntas e seus suplentes tomam posse perante o Presidente da Junta em que têm de funcionar.

Art. 665. Enquanto durar sua investidura, gozam os vogais das Juntas e seus suplentes das prerrogativas asseguradas aos jurados.

Art. 666. Por audiência a que comparecerem, até o máximo de 20 (vinte) por mês, os vogais das Juntas e seus suplentes perceberão a gratificação fixada em lei.

Art. 667. São prerrogativas dos vogais das Juntas, além das referidas no art. 665:

a) tomar parte nas reuniões do Tribunal a que pertençam;

b) aconselhar às partes a conciliação;

c) votar no julgamento dos feitos e nas matérias de ordem interna do Tribunal, submetidas às suas deliberações;

d) pedir vista dos processos pelo prazo de 24 (vinte e quatro) horas;

e) formular, por intermédio do Presidente, aos litigantes, testemunhas e peritos, as perguntas que quiserem fazer, para esclarecimento do caso.

1. JUÍZES CLASSISTAS

O art. 116 da Constituição Federal de 1988, com a redação determinada pela Emenda Constitucional 24/1999, prevê que, nas "Varas do Trabalho, a jurisdição será exercida por um juiz singular".

Anteriormente, na composição dos Tribunais Regionais do Trabalho, dois terços eram juízes togados vitalícios (observado o "quinto constitucional", conforme art. 94) e um terço era juízes classistas temporários, o que foi alterado pela Emenda Constitucional 24/1999, a qual extinguiu a representação classista em todos os órgãos da Justiça do Trabalho.

CAPÍTULO III – DOS JUÍZOS DE DIREITO

Art. 668. Nas localidades não compreendidas na jurisdição das Juntas de Conciliação e Julgamento, os Juízos de Direito são os órgãos de administração da Justiça do Trabalho, com a jurisdição que lhes for determinada pela lei de organização judiciária local.

Art. 669. A competência dos Juízos de Direito, quando investidos na administração da Justiça do Trabalho, é a mesma das Juntas de Conciliação e Julgamento, na forma da Seção II do Capítulo II.

§ 1.º Nas localidades onde houver mais de um Juízo de Direito a competência é determinada, entre os Juízes do Cível, por distribuição ou pela divisão judiciária local, na conformidade da lei de organização respectiva.

§ 2.º Quando o critério de competência da lei de organização judiciária for diverso do previsto no parágrafo anterior, será competente o Juiz do Cível mais antigo.

1. JUÍZES DE DIREITO

De acordo com o atual art. 112 da Constituição da República, na redação determinada pela Emenda Constitucional 45/2004, cabe à lei criar Varas do Trabalho, podendo, "nas comarcas não abrangidas por sua jurisdição", atribuí-la aos juízes de direito, com recurso para o respectivo Tribunal Regional do Trabalho.

Essa previsão já existia na redação anterior do mesmo dispositivo, sabendo-se que antes da Emenda Constitucional 24/1999 se fazia menção às Juntas de Conciliação e Julgamento. A atual redação explicitou que o recurso interposto contra a decisão do juiz de direito em exercício da "jurisdição trabalhista" é de competência do respectivo TRT, conforme já se entendia anteriormente.

No entanto, a atual redação do art. 112 da Constituição é passível de críticas ao fazer menção a comarcas não abrangidas pela "jurisdição" das Varas do Trabalho, sabendo-se que o mais técnico seria a não abrangência pela sua "competência", pois esta é que significa a porção de jurisdição atribuída aos órgãos do Poder Judiciário.

Frise-se que a criação das Varas do Trabalho é feita por lei federal (art. 650 da CLT, com redação determinada pela Lei 5.442/1968), tendo em vista que a Justiça do Trabalho integra o Poder Judiciário da União, sendo uma Justiça Federal especializada.

✦ **Referência legislativa**

- Arts. 112 e 114, V, da CF.

CAPÍTULO IV – DOS TRIBUNAIS REGIONAIS DO TRABALHO

Seção I – Da Composição e do Funcionamento

Art. 670. Os Tribunais Regionais das 1.ª e 2.ª Regiões compor-se-ão de onze juízes togados, vitalícios, e de seis juízes classistas, temporários; os da 3.ª e 4.ª Regiões, de oito juízes togados, vitalícios, e de quatro classistas, temporários; os da 5.ª e 6.ª

Regiões, de sete juízes togados, vitalícios e de dois classistas, temporários; os da 7.ª e 8.ª Regiões, de seis juízes togados, vitalícios, e de dois classistas, temporários, todos nomeados pelo Presidente da República.

§ 1.º Vetado. Lei 5.442, de 24.05.1968.

§ 2.º Nos Tribunais Regionais constituídos de seis ou mais juízes togados, e menos de onze, um deles será escolhido dentre advogados, um dentre membros do Ministério Público da União junto à Justiça do Trabalho e os demais dentre juízes do Trabalho Presidente de Junta da respectiva Região, na forma prevista no parágrafo anterior.

§ 3.º Vetado. Lei 5.442, de 24.05.1968.

§ 4.º Os juízes classistas referidos neste artigo representarão, paritariamente, empregadores e empregados.

§ 5.º Haverá um suplente para cada Juiz classista.

§ 6.º Os Tribunais Regionais, no respectivo regimento interno, disporão sobre a substituição de seus juízes, observados, na convocação de juízes inferiores, os critérios de livre escolha e antiguidade, alternadamente.

§ 7.º Dentre os seus juízes togados, os Tribunais Regionais elegerão os respectivos Presidente e Vice-Presidente, assim como os Presidentes de Turmas, onde as houver.

§ 8.º Os Tribunais Regionais da 1.ª e 2.ª Regiões dividir-se-ão em Turmas, facultada essa divisão aos constituídos de pelo menos, doze juízes. Cada turma se comporá de três juízes togados e dois classistas, um representante dos empregados e outro dos empregadores.

1. COMPOSIÇÃO DOS TRIBUNAIS REGIONAIS DO TRABALHO

O art. 115 da Constituição da República, com redação dada pela Emenda Constitucional 122/2022, prevê que os Tribunais Regionais do Trabalho compõem-se de, no mínimo, sete juízes, recrutados, quando possível, na respectiva região e nomeados pelo Presidente da República dentre brasileiros com mais de trinta e menos de setenta anos de idade, sendo:

- um quinto dentre advogados com mais de dez anos de efetiva atividade profissional e membros do Ministério Público do Trabalho com mais de dez anos de efetivo exercício, observado o disposto no art. 94;
- os demais, mediante promoção de juízes do trabalho por antiguidade e merecimento, alternadamente.

✦ **Referências legislativas**

- Arts. 93, III, XI, 94, 96, 112 a 116 da CF.
- Arts. 114 a 119 da LC 35/1979 (Lei Orgânica da Magistratura Nacional).

Art. 671. Para os trabalhos dos Tribunais Regionais existe a mesma incompatibilidade prevista no art. 648, sendo idêntica a forma de sua resolução.

1. REVOGAÇÃO TÁCITA DO DISPOSITIVO

O dispositivo em questão foi revogado tacitamente pelo art. 128 da Lei Complementar 35/1979, ao dispor que: "Nos Tribunais, não poderão ter assento na mesma Turma, Câmara ou Seção, cônjuges e parentes consanguíneos ou afins em linha reta, bem como em linha colateral até o terceiro grau". O parágrafo único do mesmo dispositivo prevê, ainda, que: "Nas sessões do Tribunal Pleno ou órgão que o substituir, onde houver, o primeiro dos membros mutuamente impedidos, que votar, excluirá a participação do outro no julgamento".

Art. 672. Os Tribunais Regionais, em sua composição plena, deliberarão com a presença, além do Presidente, da metade e mais um, do número de seus juízes, dos quais, no mínimo, um representante dos empregados e outro dos empregadores.

§ 1.º As Turmas somente poderão deliberar presentes, pelo menos, três dos seus juízes, entre eles os dois classistas. Para a integração desse quorum, poderá o Presidente de uma Turma convocar juízes de outra, da classe a que pertencer o ausente ou impedido.

§ 2.º Nos Tribunais Regionais, as decisões tomar-se-ão pelo voto da maioria dos juízes presentes, ressalvada, no Tribunal Pleno, a hipótese de declaração de inconstitucionalidade de lei ou ato do poder público (artigo 111 da Constituição).

§ 3.º O Presidente do Tribunal Regional, excetuada a hipótese de declaração de inconstitucionalidade de lei ou ato do poder público, somente terá voto de desempate. Nas sessões administrativas, o Presidente votará como os demais juízes, cabendo-lhe, ainda, o voto de qualidade.

§ 4.º No julgamento de recursos contra decisão ou despacho do Presidente, do Vice-Presidente ou de Relator, ocorrendo empate, prevalecerá a decisão ou despacho recorrido.

1. EXTINÇÃO DA REPRESENTAÇÃO CLASSISTA

A representação classista na Justiça do Trabalho, inclusive nos Tribunais Regionais do Trabalho, foi extinta pela Emenda Constitucional 24/1999.

Nos Tribunais Regionais do Trabalho divididos em turmas, cada uma delas é normalmente formada por cinco desembargadores, funcionando com a presença de três. O julgamento nas Turmas, assim, é feito com o voto de três magistrados.

Nos termos do art. 97 da Constituição Federal de 1988: "Somente pelo voto da maioria absoluta de seus membros ou dos membros do respectivo órgão especial poderão os tribunais declarar a inconstitucionalidade de lei ou ato normativo do Poder Público".

✦ Súmulas, Orientações Jurisprudenciais e Precedentes Normativos

Súmula Vinculante 10 do STF: Viola a cláusula de reserva de plenário (CF, art. 97) a decisão de órgão fracionário de tribunal que, embora não declare expressamente a inconstitucionalidade de lei ou ato normativo do poder público, afasta sua incidência, no todo ou em parte.

✦ Jurisprudência

Recurso de revista. Quórum de votação de Turma Julgadora. Mínimo de três membros. Violação ao art. 672, § 1.º, da CLT. 1. Segundo o art. 672, § 1.º, da CLT, o julgamento colegiado a ser realizado no âmbito dos Tribunais Trabalhistas exige a presença de, no mínimo, três magistrados. A determinação legal decorre de tradicional prática judiciária, repetida também no Código de Processo Civil (art. 555) e em regimentos internos de diversos Tribunais do país, como deste Eg. Tribunal Superior (art. 68). 2. Tal regra de composição das Turmas julgadoras decorre de dois princípios adotados no ordenamento pátrio: i) da regra do *non liquet*: vedação de abstenção de julgamento pelo magistrado, expressa nos arts. 5.º, inciso XXXV, e 93, inciso IX, da Constituição da República; e ii) da regra de julgamento colegiado dos Tribunais, em oposição ao julgamento monocrático realizado nas Varas. 3. Isso porque, a única forma de se garantir um julgamento efetivamente colegiado e inexorável – como demanda o nosso ordenamento pátrio – é que a composição da Turma seja de, no mínimo, três juízes. Nessas condições, será impossível o empate – em atenção ao *non liquet* – e também a prevalência de uma posição meramente individual, o que ocorreria se fosse considerada a regra de desempate do presidente de um colegiado de dois membros. 4. Na espécie, impedido um dos membros julgadores da C. Turma recursal, o julgamento foi proferido por apenas dois julgadores, à revelia da norma insculpida no art. 672, § 1.º, da CLT e dos princípios acima assinalados, impondo-se a declaração de sua nulidade. Recurso de Revista conhecido e provido (TST, 8.ª T., RR 51100-87.1998.5.01.0041, Rel. Min. Maria Cristina Irigoyen Peduzzi, j. 07.05.2008, *DJ* 09.05.2008).

✦ Referência legislativa

- Art. 97 da CF.

Art. 673. A ordem das sessões dos Tribunais Regionais será estabelecida no respectivo Regimento Interno.

1. COMPETÊNCIA PRIVATIVA DA UNIÃO

Quanto ao dispositivo em questão, cabe salientar que, nos termos do art. 96, inciso I, alínea "a", da Constituição da República, compete privativamente aos tribunais "eleger seus órgãos diretivos *e elaborar seus regimentos internos, com observância das normas de processo e das garantias processuais das partes, dispondo sobre a competência e o funcionamento dos respectivos órgãos jurisdicionais e administrativos*" (destaquei).

Os regimentos internos dos tribunais, entretanto, não podem estabelecer normas de natureza processual, pois estas são de competência privativa da União (art. 22, inciso I, da Constituição federal de 1988).

Seção II – Da Jurisdição e Competência

Art. 674. Para efeito da jurisdição dos Tribunais Regionais, o território nacional é dividido nas oito regiões seguintes:

1.ª Região – Estados da Guanabara, Rio de Janeiro e Espírito Santo;

2.ª Região – Estados de São Paulo, Paraná e Mato Grosso;

3.ª Região – Estados de Minas Gerais e Goiás e Distrito Federal;

4.ª Região – Estados do Rio Grande do Sul e Santa Catarina;

5.ª Região – Estados da Bahia e Sergipe;

6.ª Região – Estados de Alagoas, Pernambuco, Paraíba e Rio Grande do Norte;

7.ª Região – Estados do Ceará, Piauí e Maranhão;

8.ª Região – Estados do Amazonas, Pará, Acre e Territórios Federais do Amapá, Rondônia e Roraima.

Parágrafo único. Os tribunais têm sede nas cidades: Rio de Janeiro (1.ª Região), São Paulo (2.ª Região), Belo Horizonte (3.ª Região), Porto Alegre (4.ª Região), Salvador (5.ª Região), Recife (6.ª Região), Fortaleza (7.ª Região) e Belém (8.ª Região).

1. ORGANIZAÇÃO E REGIÕES

A organização dos Tribunais Regionais do Trabalho é definida em seus Regimentos Internos.

Embora a Constituição Federal ainda faça menção, quanto à composição dos Tribunais Regionais do Trabalho, ao termo "juiz" (art. 115), diversos Regimentos Internos adotam a expressão Desembargador do Trabalho.

São os seguintes os Tribunais Regionais do Trabalho:

- Tribunal Regional do Trabalho da 1.ª Região: abrange o Estado do Rio de Janeiro e tem sede no Rio de Janeiro;
- Tribunal Regional do Trabalho da 2.ª Região: abrange parte do Estado de São Paulo (o município da capital do Estado de São Paulo, e os municípios de Arujá, Barueri, Biritiba-Mirim, Caieiras, Cajamar, Carapicuíba, Cotia, Cubatão, Diadema, Embu, Embu-Guaçu, Ferraz de Vasconcelos, Francisco Morato, Franco da Rocha, Guararema, Guarujá, Guarulhos, Itapecerica da Serra, Itapevi, Itaquaquecetuba, Jandira, Juquitiba Mairiporã, Mauá, Mogi das Cruzes, Osasco, Pirapora do Bom Jesus, Poá, Praia Grande, Ribeirão Pires, Rio Grande da Serra, Salesópolis, Santa Isabel, Santana de Parnaíba, Santo André, Santos, São Bernardo do Campo, São Caetano do Sul, São Vicente, Suzano e Taboão da Serra, conforme Lei 7.520/1986, art. 1.º, § 1.º) e tem sede em São Paulo;
- Tribunal Regional do Trabalho da 3.ª Região: abrange o Estado de Minas Gerais e tem sede em Belo Horizonte;
- Tribunal Regional do Trabalho da 4.ª Região: abrange o Estado do Rio Grande do Sul e tem sede em Porto Alegre;
- Tribunal Regional do Trabalho da 5.ª Região: abrange o Estado da Bahia e tem sede em Salvador;
- Tribunal Regional do Trabalho da 6.ª Região: abrange o Estado de Pernambuco e tem sede em Recife;
- Tribunal Regional do Trabalho da 7.ª Região: abrange o Estado do Ceará e tem sede em Fortaleza;
- Tribunal Regional do Trabalho da 8.ª Região: abrange os Estados do Pará e Amapá e tem sede em Belém;
- Tribunal Regional do Trabalho da 9.ª Região: abrange o Estado do Paraná e tem sede em Curitiba;
- Tribunal Regional do Trabalho da 10.ª Região: abrange o Distrito Federal e o Estado de Tocantins e tem sede em Brasília;
- Tribunal Regional do Trabalho da 11.ª Região: abrange os Estados do Amazonas e de Roraima e tem sede em Manaus;
- Tribunal Regional do Trabalho da 12.ª Região: abrange o Estado de Santa Catarina e tem sede em Florianópolis;
- Tribunal Regional do Trabalho da 13.ª Região: abrange o Estado da Paraíba e tem sede em João Pessoa;
- Tribunal Regional do Trabalho da 14.ª Região: abrange os Estados de Rondônia e Acre e tem sede em Porto Velho;
- Tribunal Regional do Trabalho da 15.ª Região: abrange parte do Estado de São Paulo (área não abrangida pelo TRT da 2.ª Região) e tem sede em Campinas;
- Tribunal Regional do Trabalho da 16.ª Região: abrange o Estado do Maranhão e tem sede em São Luís;

- Tribunal Regional do Trabalho da 17.ª Região: abrange o Estado do Espírito Santo e tem sede em Vitória;
- Tribunal Regional do Trabalho da 18.ª Região: abrange o Estado de Goiás e tem sede em Goiânia;
- Tribunal Regional do Trabalho da 19.ª Região: abrange o Estado de Alagoas e tem sede em Maceió;
- Tribunal Regional do Trabalho da 20.ª Região: abrange o Estado de Sergipe e tem sede em Aracajú;
- Tribunal Regional do Trabalho da 21.ª Região: abrange o Estado do Rio Grande do Norte e tem sede em Natal;
- Tribunal Regional do Trabalho da 22.ª Região: abrange o Estado do Piauí e tem sede em Teresina;
- Tribunal Regional do Trabalho da 23.ª Região: abrange o Estado do Mato Grosso e tem sede em Cuiabá;
- Tribunal Regional do Trabalho da 24.ª Região: abrange o Estado do Mato Grosso do Sul e tem sede em Campo Grande.

A Emenda Constitucional 45/2004 passou a prever a instalação, pelos Tribunais Regionais do Trabalho, da "justiça itinerante, com a realização de audiências e demais funções de atividade jurisdicional, nos limites territoriais da respectiva jurisdição, servindo-se de equipamentos públicos e comunitários" (art. 115, § 1.º, da Constituição Federal de 1988).

Além disso, possibilitou-se que os Tribunais Regionais do Trabalho funcionem "descentralizadamente, constituindo Câmaras regionais, a fim de assegurar o pleno acesso do jurisdicionado à justiça em todas as fases do processo" (art. 115, § 2.º, da Constituição da República).

Art. 675. Revogado pela Lei 5.442, de 1968.

Art. 676. O número de regiões, a jurisdição e a categoria dos Tribunais Regionais, estabelecidos nos artigos anteriores, somente podem ser alterados pelo Presidente da República.

1. REVOGAÇÃO DO DISPOSITIVO

O dispositivo em questão está revogado pelo art. 113 da Constituição da República Federativa do Brasil de 1988, ao determinar que a "lei disporá sobre a constituição, investidura, jurisdição, competência, garantias e condições de exercício dos órgãos da Justiça do Trabalho".

Portanto, somente por lei é que a organização da Justiça do Trabalho pode ser alterada, respeitando-se os preceitos constitucionais, não podendo mais ser modificada pelo Presidente da República.

✦ **Referência legislativa**

- Art. 96, II, da CF.

Art. 677. A competência dos Tribunais Regionais determina-se pela forma indicada no art. 651 e seus parágrafos e, nos casos de dissídio coletivo, pelo local onde este ocorrer.

1. COMPETÊNCIA DOS TRIBUNAIS REGIONAIS DO TRABALHO

A competência originária para conhecer e julgar os dissídios coletivos é dos Tribunais (art. 856 da CLT), e não das Varas do Trabalho.

Se o conflito coletivo estende-se à área abrangida pela competência de determinado Tribunal Regional do Trabalho, este é o competente (arts. 677, 678, inciso I, da CLT, e art. 6.º da Lei 7.701/1988).

No caso do Estado de São Paulo, se o conflito coletivo se estende à área relativa tanto ao TRT da 2.ª Região (com sede em São Paulo) como ao TRT da 15.ª Região (com sede em Campinas), de modo que a decisão a ser proferida deva produzir efeitos em área territorial alcançada pela competência de ambos os Tribunais, a competência originária é do Tribunal Regional do Trabalho da 2.ª Região, conforme art. 12 da Lei 7.520/1986, com redação determinada pela Lei 9.254/1996.

✦ Súmulas, Orientações Jurisprudenciais e Precedentes Normativos

Súmula 420 do TST: Competência funcional. Conflito negativo. TRT e vara do trabalho de idêntica região. Não configuração. Não se configura conflito de competência entre Tribunal Regional do Trabalho e Vara do Trabalho a ele vinculada.

Art. 678. Aos Tribunais Regionais, quando divididos em Turmas, compete:

I – ao Tribunal Pleno, especialmente:

a) processar, conciliar e julgar originariamente os dissídios coletivos;

b) processar e julgar originariamente:

1) as revisões de sentenças normativas;

2) a extensão das decisões proferidas em dissídios coletivos;

3) os mandados de segurança;

4) as impugnações à investidura de vogais e seus suplentes nas Juntas de Conciliação e Julgamento;

c) processar e julgar em última instância:

1) os recursos das multas impostas pelas Turmas;

2) as ações rescisórias das decisões das Juntas de Conciliação e Julgamento, dos juízes de direito investidos na jurisdição trabalhista, das Turmas e de seus próprios acórdãos;

3) os conflitos de jurisdição entre as suas Turmas, os juízes de direito investidos na jurisdição trabalhista, as Juntas de Conciliação e Julgamento, ou entre aqueles e estas;

d) julgar em única ou última instâncias:

1) os processos e os recursos de natureza administrativa atinentes aos seus serviços auxiliares e respectivos servidores;

2) as reclamações contra atos administrativos de seu presidente ou de qualquer de seus membros, assim como dos juízes de primeira instância e de seus funcionários.

II – às Turmas:

a) julgar os recursos ordinários previstos no art. 895, alínea "a";

b) julgar os agravos de petição e de instrumento, estes de decisões denegatórias de recursos de sua alçada;

c) impor multas e demais penalidades relativas e atos de sua competência jurisdicional, e julgar os recursos interpostos das decisões das Juntas dos juízes de direito que as impuserem.

Parágrafo único. Das decisões das Turmas não caberá recurso para o Tribunal Pleno, exceto no caso do item I, alínea "c", inciso 1, deste artigo.

1. ÓRGÃOS E COMPETÊNCIA

Em Tribunais Regionais do Trabalho de maior dimensão, como o TRT da 2.ª Região, com sede na Capital do Estado de São Paulo, os seus órgãos são os seguintes:

- o Tribunal Pleno;
- o Órgão Especial;
- a Presidência do Tribunal;
- a Vice-Presidência Administrativa;
- a Vice-Presidência Judicial;
- a Corregedoria Regional;
- a Seção Especializada em dissídios coletivos (SDC);
- as Seções Especializadas em dissídios individuais (SDI) de competência originária;
- as Turmas (normalmente compostas de cinco juízes/desembargadores cada uma, mas podendo funcionar com a presença de três).

Podem ser mencionados, ainda, a Escola Judicial e o Conselho da Ordem do Mérito Judiciário do Trabalho no âmbito da Região.

Ainda em Tribunais Regionais do Trabalho de maior dimensão, como no caso da 2.ª Região, são cargos de direção do Tribunal o de Presidente, o de Vice-Presidente Administrativo, o de Vice-Presidente Judicial e o de Corregedor Regional.

De acordo com o art. 93, inciso XI, da Constituição da República, com redação determinada pela Emenda Constitucional 45/2004, "nos tribunais com número superior a vinte e cinco julgadores, poderá ser constituído órgão especial, com o mínimo de onze e o máximo de vinte e cinco membros, para o exercício das atribuições administrativas e jurisdicionais delegadas da competência do tribunal pleno, provendo-se metade das vagas por antiguidade e a outra metade por eleição pelo tribunal pleno".

Nos Tribunais Regionais do Trabalho que apresentam divisão em Turmas, normalmente compete a estas, como prevê o Regimento Interno do TRT da 2.ª Região:

> I – julgar:
>
> a) os Recursos Ordinários contra as sentenças proferidas pelos Juízes do Trabalho;
>
> b) os Agravos de Petição contra as sentenças proferidas em execução pelos Juízes do Trabalho;
>
> c) os Agravos de Instrumento contra o indeferimento de recursos;
>
> d) os Embargos de Declaração opostos aos seus acórdãos;
>
> e) as exceções de suspeição, de impedimento ou de incompetência;
>
> f) as habilitações nos processos pendentes de sua decisão;

g) os agravos regimentais nos processos de sua competência;

h) as medidas cautelares;

II – julgar, em instância única, a restauração de autos de processos de sua competência.

Nos Tribunais Regionais do Trabalho que possuem Seção Especializada em Dissídios Coletivos – SDC, normalmente compete a esta:

I – processar e julgar originariamente:

a) os dissídios coletivos de natureza econômica ou jurídica;

b) homologar os acordos celebrados nos dissídios coletivos de natureza econômica ou jurídica;

c) as revisões de sentenças normativas;

d) a extensão das decisões proferidas em dissídios coletivos;

e) as ações rescisórias dos seus próprios acórdãos;

f) os mandados de segurança contra atos judiciais da própria Seção ou de atos monocráticos dos Desembargadores da Seção;

g) as ações anulatórias de Convenção ou de Acordo Coletivo;

h) os embargos de declaração opostos aos seus acórdãos;

i) as suspeições e impedimentos arguidos contra seus Desembargadores, nos processos pendentes de sua decisão;

j) os agravos regimentais e as medidas cautelares nos processos de sua competência;

k) as exceções de incompetência que lhe forem opostas;

l) os agravos contra decisões monocráticas dos Desembargadores da Seção;

m) a restauração de autos de processos de sua competência;

n) os incidentes de falsidade nos processos de sua competência.

Nos Tribunais Regionais do Trabalho que possuem Seção Especializada em Dissídios Individuais – SDI, normalmente compete a esta:

I – processar e julgar originariamente:

a) as ações rescisórias das sentenças, dos acórdãos das Turmas e de seus próprios acórdãos;

b) os mandados de segurança contra atos judiciais de seus Desembargadores ou de Juiz de primeiro grau;

c) o *habeas corpus*, quando a autoridade coatora for Juiz de primeiro grau;

d) os agravos contra decisões monocráticas dos Desembargadores da Seção;

e) a restauração de autos de processos de sua competência;

f) os incidentes de falsidade nos processos de sua competência;

g) os embargos de declaração opostos aos seus acórdãos;

h) as habilitações incidentais nos processos de sua competência;

II – processar e julgar em única instância:

a) os conflitos de competência entre os Juízes de primeiro grau;

b) os embargos de declaração opostos aos seus acórdãos;

c) as suspeições e impedimentos arguidos contra seus Desembargadores, nos processos pendentes de sua decisão;

d) as medidas cautelares nos processos de sua competência;

e) as exceções de incompetência que lhe forem opostas.

2. COMPETÊNCIA ORIGINÁRIA PARA JULGAMENTO DE DISSÍDIO COLETIVO DE GREVE

O exercício do direito de greve pode dar origem ao ajuizamento de ações com diversos objetos e finalidades, não apenas voltadas ao campo trabalhista, mas também civil (art. 15 da Lei 7.783/1989).

Por exemplo, a ação de responsabilidade civil, ajuizada por terceiro prejudicado em razão de ato ilícito ou abuso de direito praticado pelos grevistas (ou pelas organizações sindicais), como envolve o exercício do direito de greve, passa a ser da competência da Justiça do Trabalho, por expressa determinação constitucional (inciso II do art. 114), embora não se refira à relação de trabalho propriamente (inciso I do art. 114).

Para essas demandas, ainda que relacionadas ao direito de greve, que não se referem a dissídio coletivo propriamente, a competência originária, hierárquico-funcional, é da Vara do Trabalho, justamente por não se confundir com o dissídio coletivo de greve, não envolvendo a solução do próprio conflito coletivo de trabalho. Os dissídios coletivos de greve é que são de competência originária, conforme o caso, dos Tribunais Regionais do Trabalho ou do Tribunal Superior do Trabalho (CLT, arts. 856, 677, 678, inciso I, 702, inciso I, "b", e Lei 7.701/1988, art. 2.º, inciso I, "a").

3. COMPETÊNCIA ORIGINÁRIA PARA JULGAMENTO DE MANDADO DE SEGURANÇA

No caso de mandado de segurança contra ato judicial, a competência originária é dos tribunais do trabalho (art. 678, inciso I, "b", 3, da CLT).

Se a autoridade coatora é juiz da Vara do Trabalho, a competência originária para o mandado de segurança é do respectivo Tribunal Regional do Trabalho.

Se a autoridade coatora é juiz ou desembargador do Tribunal Regional do Trabalho, ou órgão do TRT, a competência originária é do Tribunal Regional do Trabalho, por exemplo, do Pleno, Órgão Especial ou Seção Especializada, conforme previsão no regimento interno. Quanto ao tema, dispõem a Súmula 433 do STF e a Orientação Jurisprudencial 4 do Pleno do TST.

Se a autoridade coatora é ministro do Tribunal Superior do Trabalho, ou órgão do TST, a competência originária é do Tribunal Superior do Trabalho, do Órgão Especial ou Seção Especializada, conforme previsão no regimento interno.

4. COMPETÊNCIA ORIGINÁRIA PARA JULGAMENTO DE AÇÃO RESCISÓRIA

Nos termos do art. 678, inciso I, alínea "c", 2, da CLT, compete aos Tribunais Regionais do Trabalho processar e julgar as ações rescisórias das decisões das Varas do Trabalho, dos juízes de direito investidos na jurisdição trabalhista e de seus próprios acórdãos (cf. Orientação Jurisprudencial 7 da SBDI-II do TST).

No âmbito interno dos Tribunais Regionais do Trabalho, a competência é de Seção Especializada ou do Pleno, conforme o regimento interno.

5. CORREIÇÃO PARCIAL

A correição parcial, ou reclamação correicional, é cabível contra ato judicial atentatório à boa ordem processual (*error in procedendo*), que cause prejuízo, quando não for cabível recurso específico.

Nesse sentido, o *atentado à fórmula legal do processo* praticado pelo juiz, contra o qual inexista recurso específico, torna cabível a correição parcial, no prazo de cinco dias, a contar da ciência do ato, conforme previsão no regimento interno dos Tribunais.

A sua natureza jurídica, na verdade, é de incidente processual, fundado no direito de petição. Trata-se de providência muitas vezes com teor preponderantemente administrativo, podendo haver repercussão na esfera disciplinar. Entretanto, há entendimento, minoritário, no sentido de que se trataria de recurso "sui generis".

O art. 678, inciso I, alínea "d", 2, da CLT, prevê que aos Tribunais Regionais, quando divididos em Turmas, compete, ao Tribunal Pleno (ou ao órgão especial), especialmente, julgar em única ou última instâncias, "as reclamações contra atos administrativos de seu presidente ou de qualquer de seus membros, assim como dos juízes de primeira instância e de seus funcionários".

Há Tribunais Regionais do Trabalho, como na 2.ª Região, em que a petição de correição parcial, acompanhada dos documentos indispensáveis ao seu processamento, sob pena de não conhecimento, deve ser dirigida ao juiz da causa (que pode reconsiderar o ato, hipótese em que ocorre a perda de objeto), e este deve encaminhá-la à Corregedoria Regional em autos apartados, acompanhada das informações. Nesse caso, à Corregedoria Regional compete julgar o incidente em questão. Cabe agravo regimental contra as decisões monocráticas do Corregedor Regional proferidas em correição parcial.

Cf. ainda Orientação Jurisprudencial 5 do Pleno do TST.

Compete ao Corregedor-Geral da Justiça do Trabalho (eleito pelo Pleno do Tribunal Superior do Trabalho) decidir correições parciais contra atos atentatórios à boa ordem processual praticados pelos Tribunais Regionais do Trabalho ou pelos seus membros, quando inexistir recurso processual específico (art. 11, inciso II, da Lei 14.824/2024).

Das decisões do Corregedor-Geral da Justiça do Trabalho cabe recurso de agravo para o Pleno do Conselho Superior da Justiça do Trabalho (art. 12 da Lei 14.824/2024).

De modo mais específico, no âmbito do TST, a correição parcial é cabível para corrigir *erros, abusos e atos contrários à boa ordem processual e que importem em atentado a fórmulas legais de processo*, quando para o caso não haja recurso ou outro meio processual específico. Em situação extrema ou excepcional, pode o Corregedor-Geral da Justiça do Trabalho adotar as medidas necessárias a impedir lesão de difícil reparação, assegurando, dessa forma, eventual resultado útil do processo, até que ocorra o exame da matéria pelo órgão jurisdicional competente.

O prazo para a apresentação da correição parcial é de cinco dias, contados da publicação do ato ou despacho no órgão oficial, ou da ciência inequívoca pela parte dos fatos relativos à impugnação.

✦ Jurisprudência

Competência. Ato de autoridade federal. Emenda Constitucional n.º 45/2004. Sentença anterior. Justiça Federal. Vínculo empregatício. Aposentadoria. Proventos e salário. Acumulação. Empregado. Dispensa. Motivo insubsistente. Reintegração. A Justiça Federal é competente para apreciar mandado de segurança, em jogo direito a resultar de relação de emprego, quando reconhecido, na decisão atacada, envolvimento de ato de autoridade federal e formalizada a sentença de mérito antes do advento da Emenda Constitucional n.º 45/2004. O direito à reintegração alcança empregados dispensados em razão de aposentadoria espontânea considerado insubsistente o motivo do desligamento. Inexiste óbice à cumulação de proventos e salário, presente o Regime Geral de Previdência (STF, Pleno, RE 655.283/DF, Rel. Min. Marco Aurélio, *DJe* 27.04.2021).

✦ Súmulas, Orientações Jurisprudenciais e Precedentes Normativos

Súmula 433 do STF: É competente o Tribunal Regional do Trabalho para julgar mandado de segurança contra ato de seu presidente em execução de sentença trabalhista.

Orientação Jurisprudencial 4 do Pleno do TST: Mandado de segurança. Decisão de TRT. Incompetência originária do Tribunal Superior do Trabalho (*DJ* 17.03.2004). Ao Tribunal Superior do Trabalho não compete apreciar, originariamente, mandado de segurança impetrado em face de decisão de TRT.

Orientação Jurisprudencial 5 do Pleno do TST: Recurso ordinário. Cabimento (conversão da Orientação Jurisprudencial n.º 70 da SBDI-1) – *DJ* 20.04.2005. Não cabe recurso ordinário contra decisão em agravo regimental interposto em reclamação correicional ou em pedido de providência.

Orientação Jurisprudencial 7 da SBDI-II do TST: Ação rescisória. Competência. Criação de Tribunal Regional do Trabalho. Na omissão da lei, é fixada pelo art. 678, inc. I, "c", item 2, da CLT (nova redação) – *DJ* 22.08.2005. A Lei 7.872/1989 que criou o Tribunal Regional do Trabalho da 17.ª Região não fixou a sua competência para apreciar as ações rescisórias de decisões oriundas da 1.ª Região, o que decorreu do art. 678, I, "c", item 2, da CLT.

Art. 679. Aos Tribunais Regionais não divididos em Turmas, compete o julgamento das matérias a que se refere o artigo anterior, exceto a de que trata o inciso I da alínea "c" do Item I, como os conflitos de jurisdição entre Turmas.

1. TRIBUNAIS REGIONAIS DO TRABALHO NÃO DIVIDIDOS EM TURMAS

Os Tribunais Regionais do Trabalho que não são divididos em Turmas julgam as questões pelos respectivos Tribunais Plenos, como se observa pelo próprio art. 678 da CLT.

Art. 680. Compete, ainda, aos Tribunais Regionais, ou suas Turmas:

a) determinar às Juntas e aos juízes de direito a realização dos atos processuais e diligências necessárias ao julgamento dos feitos sob sua apreciação;

b) fiscalizar o cumprimento de suas próprias decisões;

c) declarar a nulidade dos atos praticados com infração de suas decisões;

d) julgar as suspeições arguidas contra seus membros;

e) julgar as exceções de incompetência que lhes forem opostas;

f) requisitar às autoridades competentes as diligências necessárias ao esclarecimento dos feitos sob apreciação, representando contra aquelas que não atenderem a tais requisições;

g) exercer, em geral, no interesse da Justiça do Trabalho, as demais atribuições que decorram de sua Jurisdição.

1. COMPETÊNCIAS INTERNAS DOS TRTS

O dispositivo em questão arrola certas competências internas dos Tribunais Regionais do Trabalho, decorrentes do exercício da jurisdição pelos mencionados órgãos da Justiça do Trabalho, previstos no art. 115 da Constituição da República.

✦ Jurisprudência

1. Recurso interposto pela reclamada. Determinação de remessa de peças ao Ministério Público Federal. Providência que se insere no âmbito de atuação do juiz. Art. 680, alínea "g", da CLT. Ausência de sucumbência. O art. 499 do CPC, ao consignar que o recurso pode ser interposto pela parte vencida, estabelece, como pressuposto recursal primeiro, a sucumbência diante da decisão proferida. A determinação judicial de envio de peças ao Ministério Público Federal é ato que se insere no âmbito de atuação do juiz (art. 680, alínea "g", da CLT), mas que não se reveste de cunho decisório, visto não ser exercício da atividade jurisdicional sobre o pedido objeto da demanda. Não é, dessa forma, ato passível de recurso. Recurso de Revista de que não se conhece (TST, 5.ª T., RR 449809-37.1998.5.08.5555, Rel. Min. Maria de Assis Calsing, j. 30.10.2002, *DJ* 22.11.2002).

✦ **Referência legislativa**

- Arts. 96 e 113 da CF.

Seção III – Dos Presidentes dos Tribunais Regionais

Art. 681. Os presidentes e vice-presidentes dos Tribunais Regionais do Trabalho tomarão posse perante os respectivos Tribunais.

Parágrafo único. Revogado pela Lei 6.320, de 05.04.1976.

Art. 682. Competem privativamente aos Presidentes dos Tribunais Regionais, além das que forem conferidas neste e no título e das decorrentes do seu cargo, as seguintes atribuições:

I – Revogado pela Lei 5.442, de 24.05.1968.

II – designar os vogais das Juntas e seus suplentes;

III – dar posse aos Presidentes de Juntas e Presidentes Substitutos, aos vogais e suplentes e funcionários do próprio Tribunal e conceder férias e licenças aos mesmos e aos vogais e suplentes das Juntas;

IV – presidir às sessões do Tribunal;

V – presidir às audiências de conciliação nos dissídios coletivos;

VI – executar suas próprias decisões e as proferidas pelo Tribunal;

VII – convocar suplentes dos vogais do Tribunal, nos impedimentos destes;

VIII – representar ao Presidente do Tribunal Superior do Trabalho contra os Presidentes e os vogais, nos casos previstos no art. 727 e seu parágrafo único;

IX – despachar os recursos interpostos pelas partes;

X – requisitar às autoridades competentes, nos casos de dissídio coletivo, a força necessária, sempre que houver ameaça de perturbação da ordem;

XI – exercer correição, pelo menos uma vez por ano, sobre as Juntas, ou parcialmente sempre que se fizer necessário, e solicitá-la, quando julgar conveniente, ao Presidente do Tribunal de Apelação relativamente aos Juízes de Direito investidos na administração da Justiça do Trabalho;

XII – distribuir os feitos, designando os vogais que os devem relatar;

XIII – designar, dentre os funcionários do Tribunal e das Juntas existentes em uma mesma localidade, o que deve exercer a função de distribuidor;

XIV – assinar as folhas de pagamento dos vogais e servidores do Tribunal.

§ 1.º Na falta ou impedimento do Presidente da Junta e do substituto da mesma localidade, é facultado ao Presidente do Tribunal Regional designar substituto de outra localidade, observada a ordem de antiguidade entre os substitutos desimpedidos.

§ 2.º Na falta ou impedimento do Juiz classista da Junta e do respectivo suplente, é facultado ao Presidente do Tribunal Regional designar suplente de outra Junta, respeitada a categoria profissional ou econômica do representante e a ordem de antiguidade dos suplentes desimpedidos.

§ 3.º Na falta ou impedimento de qualquer Juiz representante classista e seu respectivo suplente, é facultado ao Presidente do Tribunal Regional designar um dos Juízes classistas de Junta de Conciliação e Julgamento para funcionar nas sessões do Tribunal, respeitada a categoria profissional ou econômica do representante.

✦ Súmulas, Orientações Jurisprudenciais e Precedentes Normativos

Instrução Normativa 40/2016 do TST:

Dispõe sobre o cabimento de agravo de instrumento em caso de admissibilidade parcial de recurso de revista no Tribunal Regional do Trabalho e dá outras providências.

Art. 1.º Admitido apenas parcialmente o recurso de revista, constitui ônus da parte impugnar, mediante agravo de instrumento, o capítulo denegatório da decisão, sob pena de preclusão.

§ 1.º Se houver omissão no juízo de admissibilidade do recurso de revista quanto a um ou mais temas, é ônus da parte interpor embargos de declaração para o órgão prolator da decisão embargada supri-la (CPC, art. 1.024, § 2.º), sob pena de preclusão.

§ 2.º Incorre em nulidade a decisão regional que se abstiver de exercer controle de admissibilidade sobre qualquer tema objeto de recurso de revista, não obstante interpostos embargos de declaração (CF/1988, art. 93, inciso IX, e § 1.º do art. 489 do CPC de 2015).

§ 3.º No caso do parágrafo anterior, sem prejuízo da nulidade, a recusa do Presidente do Tribunal Regional do Trabalho a emitir juízo de admissibilidade sobre qualquer tema equivale a decisão denegatória. É ônus da parte, assim, após a intimação da decisão dos embargos de declaração, impugná-la mediante agravo de instrumento (CLT, art. 896, § 12), sob pena de preclusão.

§ 4.º Faculta-se ao Ministro Relator, por decisão irrecorrível (CLT, art. 896, § 5.º, por analogia), determinar a restituição do agravo de instrumento ao Presidente do Tribunal Regional do Trabalho de origem para que complemente o juízo de admissibilidade, desde que interpostos embargos de declaração.

Art. 2.º Após a vigência do Código de Processo Civil de 2015, subsiste o Incidente de Uniformização de Jurisprudência da CLT (art. 896, §§ 3.º, 4.º, 5.º e 6.º), observado o procedimento previsto no regimento interno do Tribunal Regional do Trabalho. [Os §§ 3.º, 4.º, 5.º e 6.º do art. 896 da CLT foram revogados pela Lei 13.467/2017]

Art. 3.º A presente instrução normativa vigerá a partir de sua publicação, exceto o art. 1.º, que vigorará a partir de 15 de abril de 2016.

Art. 683. Na falta ou impedimento dos Presidentes dos Tribunais Regionais, e como auxiliares destes, sempre que necessário, funcionarão seus substitutos.

§ 1.º Nos casos de férias, por 30 (trinta) dias, licença, morte ou renúncia, a convocação competirá diretamente ao Presidente do Tribunal Superior do Trabalho.

§ 2.º Nos demais casos, mediante convocação do próprio Presidente do Tribunal ou comunicação do secretário deste, o Presidente Substituto assumirá imediatamente o exercício, ciente o Presidente do Tribunal Superior do Trabalho.

1. COMPETÊNCIA DO PRESIDENTE, VICE-PRESIDENTE E CORREGEDOR REGIONAL DOS TRIBUNAIS REGIONAIS

Compete ao Presidente do Tribunal Regional do Trabalho, por exemplo, presidir as sessões do Tribunal Pleno, do Órgão Especial e da Seção Especializada em Dissídios Coletivos – SDC, proferir voto de desempate e proclamar as decisões.

Nos Tribunais Regionais do Trabalho que possuem o cargo de Vice-Presidente Administrativo, compete a este, entre outras atribuições, substituir o Presidente do Tribunal.

Nos Tribunais Regionais do Trabalho que possuem o cargo de Vice-Presidente Judicial, compete a este, entre outras atribuições, participar das sessões de julgamento da Seção Especializada em Dissídios Coletivos – SDC, presidindo-a na ausência do Presidente do Tribunal e na de seu Presidente.

Nos Tribunais Regionais que possuem o cargo específico de Corregedor Regional, compete a este, normalmente, como ocorre no TRT da 2.ª Região (sabendo-se que em Tribunais Regionais com número reduzido de juízes/desembargadores, essa função é normalmente exercida pelo Presidente do TRT, como se observa no art. 682, inciso XI, da CLT):

I – exercer a correição nas Varas do Trabalho e em todas as unidades de serviço de primeiro grau, obrigatoriamente, uma vez por ano;

II – realizar, de ofício, a requerimento ou por determinação do Tribunal Pleno, correições extraordinárias e inspeções nas Varas do Trabalho e nas demais unidades de serviço de primeiro grau;

III – conhecer das representações e das reclamações relativas aos serviços judiciários de primeiro grau, determinando ou promovendo as diligências que se fizerem necessárias;

IV – processar, instruir e julgar as reclamações correcionais e os pedidos de providências, proferindo a decisão dentro de 10 (dez) dias contados da conclusão;

V – exercer permanente vigilância sobre o serviço judiciário de primeiro grau, seja quanto à omissão dos deveres ou quanto ao cometimento de abusos, especialmente sobre o descumprimento dos prazos de decisão pelos Juízes;

VI – providenciar sindicâncias e proposição de processos administrativos nas matérias de sua competência;

VII – fiscalizar a assiduidade e diligência dos Juízes de primeiro grau;

VIII – baixar provimentos, recomendações, ordens de serviço e portarias de observação obrigatória pelos Juízes e pelas demais unidades de serviço de primeiro grau;

IX – propor ao Órgão Especial a alteração e a fixação da jurisdição das Varas do Trabalho, assim como a transferência da sede de um Município para outro, conforme a necessidade de agilização da prestação jurisdicional;

X – instituir o regime de recuperação correcional em Vara do Trabalho, regulando sua duração e funcionamento;

XI – propor a instauração de procedimento disciplinar contra Juiz de primeiro grau e servidores;

XII – referir ao Tribunal Pleno o que consta no prontuário dos Juízes em processos de vitaliciamento, promoção, remoção, permuta, licença ou disciplinar, bem como sempre que solicitado;

XIII – apresentar ao Tribunal Pleno, anualmente, para ciência, relatório das correições ordinárias realizadas e atividades da Corregedoria Regional, até a última sessão de fevereiro do ano subsequente;

XIV – realizar, no âmbito de sua competência, sindicâncias e medidas indispensáveis ao bom funcionamento da Corregedoria Regional e da respectiva Secretaria;

XV – apresentar ao Tribunal Pleno, para ciência e deliberação, relatório da produtividade individual dos Juízes de primeiro grau, destacando: data, lotação, sentenças proferidas e decisões em atraso;

XVI – exercer outras atribuições administrativas que, de comum acordo com a Presidência do Tribunal, lhe sejam delegadas;

XVII – indicar ao Presidente do Tribunal o nome do Desembargador Auxiliar da Corregedoria Regional dentre os Desembargadores;

XVIII – ser Relator, com direito a voto, nos agravos regimentais contra suas decisões.

✦ Referência legislativa

- Art. 116 da CF.

Seção IV – Dos Juízes Representantes Classistas dos Tribunais Regionais

Art. 684. Os Juízes representantes classistas dos Tribunais Regionais são designados pelo Presidente da República.

Parágrafo único. Aos Juízes representantes classistas dos empregados e dos empregadores, nos Tribunais Regionais, aplicam-se as disposições do art. 661.

§ 2.º Revogado pela Lei 5.442, de 24.05.1968.

Art. 685. A escolha dos vogais e suplentes dos Tribunais Regionais, representantes dos empregadores e empregados, é feita dentre os nomes constantes das listas para esse fim encaminhadas ao Presidente do Tribunal Superior do Trabalho pelas associações sindicais de grau superior com sede nas respectivas Regiões.

§ 1.º Para o efeito deste artigo, o Conselho de Representantes de cada associação sindical de grau superior, na ocasião determinada pelo Presidente do Tribunal Superior do Trabalho, organizará, por maioria de votos, uma lista de 3 (três) nomes.

§ 2.º O Presidente do Tribunal Superior do Trabalho submeterá os nomes constantes das listas ao Presidente da República, por intermédio do Ministro da Justiça e Negócios Interiores.

Art. 686. Suprimido pelo Decreto-lei 9.797, de 09.09.1946.

Art. 687. Os vogais dos Tribunais Regionais tomam posse perante o respectivo Presidente.

Art. 688. Aos juízes representantes classistas dos Tribunais Regionais aplicam-se as disposições do art. 663, sendo a nova escolha feita dentre os nomes constantes das listas a que se refere o art. 685, ou na forma indicada no art. 686 e, bem assim, as dos arts. 665 e 667.

Art. 689. Por sessão a que comparecerem, até o máximo de quinze por mês, perceberão os Juízes representantes classistas e suplentes dos Tribunais Regionais a gratificação fixada em lei.

Parágrafo único. Os Juízes representantes classistas que retiverem processos além dos prazos estabelecidos no Regimento Interno dos Tribunais Regionais sofrerão automaticamente, na gratificação mensal a que teriam direito, desconto equivalente a 1/30 (um trinta avos) por processo retido.

1. REPRESENTAÇÃO CLASSISTA NOS TRIBUNAIS REGIONAIS

A Emenda Constitucional 24/1999, como já mencionado, extinguiu a representação classista em todos os órgãos da Justiça do Trabalho.

CAPÍTULO V – DO TRIBUNAL SUPERIOR DO TRABALHO

Seção I – Disposições Preliminares

Art. 690. O Tribunal Superior do Trabalho, com sede na Capital da República e jurisdição em todo o território nacional, é a instância suprema da Justiça do Trabalho.

Parágrafo único. O Tribunal funciona na plenitude de sua composição ou dividido em Turmas, com observância da paridade de representação de empregados e empregadores.

1. TRIBUNAL SUPERIOR DO TRABALHO

O Tribunal Superior do Trabalho é órgão de cúpula da Justiça do Trabalho. A sua sede é na Capital da República, tendo jurisdição em todo o território nacional.

O art. 92 da Constituição da República, ao arrolar os órgãos do Poder Judiciário, no inciso II-A, incluído pela Emenda Constitucional 92/2016, prevê de forma específica o Tribunal Superior do Trabalho.

✦ Súmulas, Orientações Jurisprudenciais e Precedentes Normativos

Súmula 190 do TST: Poder normativo do TST. Condições de trabalho. Inconstitucionalidade. Decisões contrárias ao STF: Ao julgar ou homologar ação coletiva ou acordo nela havido, o Tribunal Superior do Trabalho exerce o poder normativo constitucional, não podendo criar ou homologar condições de trabalho que o Supremo Tribunal Federal julgue iterativamente inconstitucionais.

Arts. 691 e 692. Suprimidos pelo Decreto-lei 8.737, de 19.1.1946.

Seção II – Da Composição e Funcionamento do Tribunal Superior do Trabalho

Art. 693. O Tribunal Superior do Trabalho compõe-se de dezessete juízes com a denominação de Ministros, sendo:

a) onze togados e vitalícios, nomeados pelo Presidente da República, depois de aprovada a escolha pelo Senado Federal, dentre brasileiros natos, maiores de trinta e cinco anos, de notável saber jurídico e reputação ilibada;

b) seis classistas, com mandato de três anos, em representação paritária dos empregadores e dos empregados, nomeados pelo Presidente da República de conformidade com o disposto nos §§ 2.º e 3.º deste artigo.

§ 1.º Dentre os Juízes Togados do Tribunal Superior do Trabalho, alheios aos interesses profissionais, serão eleitos o Presidente, o Vice-Presidente e o corregedor, além dos presidentes das turmas na forma estabelecida em seu regimento interno.

§ 2.º Para nomeação trienal dos juízes classistas, o Presidente do Tribunal Superior do Trabalho publicará edital, com antecedência mínima de 15 (quinze) dias, convocando as associações sindicais de grau superior, para que cada uma, mediante maioria de votos do respectivo Conselho de Representantes, organize uma lista de três nomes, que será encaminhada, por intermédio daquele Tribunal, ao Ministro da Justiça e Negócios Interiores dentro do prazo que for fixado no edital.

§ 3.º Na lista de que trata o parágrafo anterior figurarão somente brasileiros natos, de reconhecida idoneidade, maiores de 25 anos, quites com o serviço militar, que estejam no gozo de seus direitos civis e políticos e contem mais de dois anos de efetivo exercício da profissão ou se encontrem no desempenho de representação profissional prevista em lei.

1. REVOGAÇÃO DO DISPOSITIVO

O *caput* e os parágrafos do art. 693 da CLT foram tacitamente revogados pela Constituição Federal de 1988, arts. 111 a 116.

✦ Referência legislativa

- Arts. 52, III, 84, XIV, 111, 111-A e 113 da CF.

Art. 694. Os juízes togados escolher-se-ão: sete, dentre magistrados da Justiça do Trabalho, dois, dentre advogados no efetivo exercício da profissão, e dois, dentre membros do Ministério Público da União junto à Justiça do Trabalho.

1. REVOGAÇÃO DO DISPOSITIVO

O art. 694 da CLT foi tacitamente revogado pela Constituição Federal de 1988, conforme arts. 111 a 116.

✦ Referência legislativa

- Art. 111-A, § 1.º, da CF.

Art. 695. Suprimido pelo Decreto-lei 9.797, de 09.09.1946.

Art. 696. Importará em renúncia o não comparecimento do membro do Conselho, sem motivo justificado, a mais de três sessões ordinárias consecutivas.

§ 1.º Ocorrendo a hipótese prevista neste artigo o Presidente do Tribunal comunicará imediatamente o fato ao Ministro da Justiça e Negócios Interiores, a fim de que seja feita a substituição do juiz renunciante, sem prejuízo das sanções cabíveis.

§ 2.º Para os efeitos do parágrafo anterior, a designação do substituto será feita dentre os nomes constantes das listas de que trata o 2.º do art. 693.

Art. 697. Em caso de licença, superior a trinta dias, ou de vacância, enquanto não for preenchido o cargo, os Ministros do Tribunal poderão ser substituídos mediante convocação de Juízes, de igual categoria, de qualquer dos Tribunais Regionais do Trabalho, na forma que dispuser o Regimento do Tribunal Superior do Trabalho.

Art. 698. Suprimido pelo Decreto-lei 8.737, de 19.01.1946.

Art. 699. O Tribunal Superior do Trabalho não poderá deliberar, na plenitude de sua composição senão com a presença de pelo menos nove de seus juízes, além do Presidente.

Parágrafo único. As turmas do Tribunal, compostas de 5 (cinco) juízes, só poderão deliberar com a presença de pelo menos, três de seus membros, além do respectivo presidente, cabendo também a este funcionar como relator ou revisor nos feitos que lhe forem distribuídos conforme estabelecer o regimento interno.

Art. 700. O Tribunal reunir-se-á em dias previamente fixados pelo Presidente, o qual poderá, sempre que for necessário, convocar sessões extraordinárias.

1. COMPOSIÇÃO E DIREÇÃO

Conforme o art. 111-A da Constituição da República, com redação dada pela Emenda Constitucional 122/2022, o Tribunal Superior do Trabalho compõe-se de vinte e sete Ministros, escolhidos dentre brasileiros com mais de trinta e cinco e menos de setenta anos de idade, de notável saber jurídico e reputação ilibada, nomeados pelo Presidente da República após aprovação pela maioria absoluta do Senado Federal, sendo:

- um quinto dentre advogados com mais de dez anos de efetiva atividade profissional e membros do Ministério Público do Trabalho com mais de dez anos de efetivo exercício, observado o disposto no art. 94 da Constituição Federal de 1988;
- os demais dentre juízes dos Tribunais Regionais do Trabalho, oriundos da magistratura da carreira, indicados pelo próprio Tribunal Superior.

Logo, aplica-se o chamado "quinto constitucional" também para a composição do TST.

Cabe à lei dispor sobre a competência do Tribunal Superior do Trabalho.

Desse modo, como prevê o Regimento Interno do TST, compete a este processar, conciliar e julgar, na forma da lei, em grau originário ou recursal ordinário ou extraordinário, as demandas individuais e os dissídios coletivos que excedam a jurisdição dos Tribunais Regionais, os conflitos de direito sindical, assim como outras controvérsias decorrentes de relação de trabalho, e os litígios relativos ao cumprimento de suas próprias decisões, de laudos arbitrais e de convenções e acordos coletivos.

O art. 111-A, § 3.º, da Constituição da República, acrescentado pela Emenda Constitucional 92/2016, dispõe que compete ao Tribunal Superior do Trabalho processar e julgar, originariamente, a *reclamação* para a preservação de sua competência e garantia da autoridade de suas decisões.

A Presidência, a Vice-Presidência e a Corregedoria-Geral da Justiça do Trabalho são cargos de direção do Tribunal Superior do Trabalho, preenchidos mediante eleição em que concorrem os Ministros mais antigos da Corte, em número correspondente ao total dos cargos de direção, separadamente e também nessa ordem, sendo vedada a reeleição a qualquer dos cargos.

O Presidente, o Vice-Presidente e o Corregedor-Geral da Justiça do Trabalho são eleitos por dois anos, mediante escrutínio secreto e pelo voto da maioria absoluta, em sessão extraordinária do Tribunal Pleno, a realizar-se nos 60 dias antecedentes ao término dos mandatos anteriores, e tomarão posse em sessão solene, na data marcada pelo Tribunal Pleno (Regimento Interno do Tribunal Superior do Trabalho, aprovado pela Resolução Administrativa 1.937/2017).

2. FUNCIONAMENTO E ÓRGÃOS

O Tribunal Superior do Trabalho, nos processos de sua competência, é dividido em turmas e seções especializadas para a conciliação e julgamento de dissídios coletivos de natureza econômica ou jurídica e de dissídios individuais.

O art. 1.º, parágrafo único, da Lei 7.701/1988 prevê que o Regimento Interno do Tribunal disporá sobre a constituição e o funcionamento de cada uma das seções especializadas do Tribunal Superior do Trabalho, bem como sobre o número, composição e funcionamento das respectivas Turmas do Tribunal. Cabe ao Presidente do Tribunal Superior do Trabalho presidir os atos de julgamento das seções especializadas, delas participando o Vice-Presidente e o Corregedor-Geral, este quando não estiver ausente em função corregedora.

Desse modo, o TST funciona em sua plenitude (Pleno) ou dividido em Órgão Especial, Seções e Subseções Especializadas e Turmas.

Logo, são órgãos do Tribunal Superior do Trabalho: I – Tribunal Pleno; II – Órgão Especial; III – Seção Especializada em Dissídios Coletivos; IV – Seção Especializada em Dissídios Individuais, dividida em duas subseções; V – Turmas.

3. COMISSÕES NO TST

No âmbito do TST há comissões permanentes, que colaboram no desempenho dos encargos do Tribunal e são compostas por Ministros eleitos pelo Órgão Especial na primeira sessão subsequente à posse dos membros da direção. São comissões permanentes: a Comissão de Regimento Interno; a Comissão de Jurisprudência e de Precedentes Normativos; a Comissão de Documentação.

À Comissão de Jurisprudência e de Precedentes Normativos cabe:

> I – zelar pela expansão, atualização e publicação da jurisprudência do Tribunal;
>
> II – supervisionar o serviço de sistematização da jurisprudência do Tribunal, determinando medidas atinentes à seleção e ao registro dos temas para fim de pesquisa, bem como administrar a base de dados informatizada de jurisprudência, sugerindo ao Presidente as medidas necessárias ao seu aperfeiçoamento;
>
> III – propor a edição, a revisão ou o cancelamento de súmula, de orientação jurisprudencial e de precedente normativo;
>
> IV – inserir as orientações jurisprudenciais das seções do Tribunal que retratem a jurisprudência pacificada da Corte, indicando os precedentes que a espelham;
>
> V – manter a seleção dos repertórios idôneos de divulgação dos julgados da Justiça do Trabalho;
>
> VI – organizar os registros do Banco Nacional de Jurisprudência Uniformizada (BANJUR);
>
> VII – nos termos do Regimento Interno do TST, receber as propostas de edição, revisão ou cancelamento de súmula, de orientação jurisprudencial e de precedente normativo do Tribunal Superior do Trabalho e sobre elas emitir parecer no prazo de 30 dias.

A Comissão de Jurisprudência e de Precedentes Normativos realiza reunião quinzenal ordinária e extraordinária, quando necessário, para deliberar sobre propostas de edição, revisão ou cancelamento de súmula, de orientação jurisprudencial e de precedente normativo.

Para efeito do disposto nos arts. 702, inciso I, alínea "f", 894, inciso II, e 896, alíneas "a" e "b", e §§ 7.º e 9.º, da CLT, a jurisprudência predominante do Tribunal Superior do Trabalho deve ser consolidada em súmula ou em tese jurídica firmada nos incidentes de recursos repetitivos, de assunção de competência e de resolução de demandas repetitivas (art. 172 do Regimento Interno do TST).

Quando se tratar de exame de constitucionalidade de lei ou de ato normativo do poder público, a edição de súmula independe da observância dos dispositivos regimentais que regem a matéria, salvo quanto à exigência relativa à tomada de decisão por maioria absoluta.

Da proposta de edição de súmula formulada pela Comissão de Jurisprudência e Precedentes Normativos deve resultar um projeto, devidamente instruído, que será encaminhado ao Presidente do Tribunal para ser submetido à apreciação do Tribunal Pleno.

A proposta de edição, de revisão ou de cancelamento de súmula ou da tese jurídica firmada nos incidentes de recursos repetitivos, de assunção de competência e de resolução de demandas repetitivas firmada por pelo menos dez Ministros deve ser encaminhada à Comissão de Jurisprudência e Precedentes Normativos.

A proposta deve ser encaminhada ao Presidente do Tribunal, que a enviará à Comissão de Jurisprudência e Precedentes Normativos para, no prazo de 30 dias, emitir parecer fundamentado e conclusivo, que será submetido à apreciação do Tribunal Pleno.

O parecer da Comissão de Jurisprudência e Precedentes Normativos deve conter opinião fundamentada acerca da proposta de edição, revisão ou cancelamento de súmula ou da tese jurídica firmada nos incidentes de recursos repetitivos, de assunção de competência e de resolução de demandas repetitivas. Na hipótese de acolhimento da proposta, quando for o caso, deve sugerir o texto a ser editado, instruído com as cópias dos precedentes e da legislação pertinente.

O projeto de edição de súmula deve atender ao disposto no art. 177 do Regimento Interno do TST.

Na hipótese de matéria de relevante interesse público e já decidida por colegiado do Tribunal, qualquer dos órgãos judicantes, a Comissão de Jurisprudência e Precedentes Normativos, a Procuradoria-Geral do Trabalho, o Conselho Federal da Ordem dos Advogados do Brasil ou confederação sindical de âmbito nacional, podem suscitar ou requerer ao Presidente do Tribunal apreciação, pelo Tribunal Pleno, de proposta de edição, revisão ou cancelamento de súmula.

Da proposta de edição, revisão ou cancelamento de orientação jurisprudencial e de precedentes normativos do Tribunal deve resultar projeto, que será devidamente instruído com a sugestão do texto, quando for o caso, a exposição dos motivos que o justificarem, a relação dos acórdãos que originaram os precedentes e a indicação da legislação pertinente à hipótese.

A proposta de edição, revisão ou cancelamento de orientação jurisprudencial e de precedente normativo segue o procedimento e os prazos dos arts. 172 a 177 do Regimento Interno do TST.

Aprovada a proposta, passará a denominar-se orientação jurisprudencial ou precedente normativo, conforme o caso, com numeração própria.

As orientações jurisprudenciais e os precedentes normativos expressarão a jurisprudência prevalecente das respectivas Subseções, quer para os efeitos do que contém a Súmula 333 do TST, quer para o que dispõe o art. 251 do Regimento Interno do TST, sobre recurso de revista.

✦ Súmulas, Orientações Jurisprudenciais e Precedentes Normativos

Súmula 333 do TST: Recursos de revista. Conhecimento (alterada) – Res. 155/2009, *DJ* 26 e 27.02.2009 e 02.03.2009. Não ensejam recurso de revista decisões superadas por iterativa, notória e atual jurisprudência do Tribunal Superior do Trabalho.

Art. 701. As sessões do Tribunal serão públicas e começarão às 14 (quatorze) horas, terminando às 17 (dezessete) horas, mas poderão ser prorrogadas pelo Presidente em caso de manifesta necessidade.

§ 1.º As sessões extraordinárias do Tribunal só se realizarão quando forem comunicadas aos seus membros com 24 (vinte e quatro) horas, no mínimo, de antecedência.

§ 2.º Nas sessões do Tribunal, os debates poderão tornar-se secretos, desde que, por motivo de interesse público, assim resolva a maioria de seus membros.

1. PUBLICIDADE DOS ATOS PROCESSUAIS

O princípio da publicidade dos atos processuais exige que os atos praticados no processo, em regra, sejam públicos. Apenas excepcionalmente é que o sigilo pode ser decretado pelo juiz. Nesse sentido, de acordo com o art. 5.º, inciso LX, da Constituição Federal de 1988, "a lei só poderá restringir a publicidade dos atos processuais quando a defesa da intimidade ou o interesse social o exigirem".

Conforme art. 93, inciso IX, da Constituição da República (com redação determinada pela Emenda Constitucional 45/2004), "todos os julgamentos dos órgãos do Poder Judiciário serão públicos, e fundamentadas todas as decisões, sob pena de nulidade, podendo a lei limitar a presença, em determinados atos, às próprias partes e a seus advogados, ou somente a estes, em casos nos quais a preservação do direito à intimidade do interessado no sigilo não prejudique o interesse público à informação".

O Código de Processo Civil de 2015 também dispõe que "todos os julgamentos dos órgãos do Poder Judiciário serão públicos, e fundamentadas todas as decisões, sob pena de nulidade". Nos casos de segredo de justiça, pode ser autorizada somente a presença das partes, de seus advogados, de defensores públicos ou do Ministério Público (art. 11).

✦ Referência legislativa

- Arts. 93, XI, e 111 a 116 da CF.

Seção III – Da Competência do Conselho Pleno

Art. 702. Ao Tribunal Pleno compete:

I – em única instância:

a) decidir sobre matéria constitucional, quando arguido, para invalidar lei ou ato do poder público;

b) conciliar e julgar os dissídios coletivos que excedam a jurisdição dos Tribunais Regionais do Trabalho, bem como estender ou rever suas próprias decisões normativas, nos casos previstos em lei;

c) homologar os acordos celebrados em dissídios de que trata a alínea anterior;

d) julgar os agravos dos despachos do presidente, nos casos previstos em lei;

e) julgar as suspeições arguidas contra o presidente e demais juízes do Tribunal, nos feitos pendentes de sua decisão;

[f) estabelecer ou alterar súmulas e outros enunciados de jurisprudência uniforme, pelo voto de pelo menos dois terços de seus membros, caso a mesma matéria já tenha sido decidida de forma idêntica por unanimidade em, no mínimo, dois terços das turmas em pelo menos dez sessões diferentes em cada uma delas, podendo, ainda, por maioria de dois terços de seus membros, restringir os efeitos daquela declaração ou decidir que ela só tenha eficácia a partir de sua publicação no Diário Oficial;] (Cf. ADI 6.188)

g) aprovar tabelas de custas emolumentos, nos termos da lei;

h) elaborar o Regimento Interno do Tribunal e exercer as atribuições administrativas previstas em lei, ou decorrentes da Constituição Federal.

II – em última instância:

a) julgar os recursos ordinários das decisões proferidas pelos Tribunais Regionais em processos de sua competência originária;

b) julgar os embargos opostos às decisões de que tratam as alíneas "b" e "c" do inciso I deste artigo;

c) julgar embargos das decisões das Turmas, quando estas divirjam entre si ou de decisão proferida pelo próprio Tribunal Pleno, ou que forem contrárias à letra de lei federal;

d) julgar os agravos de despachos denegatórios dos presidentes de turmas, em matéria de embargos na forma estabelecida no regimento interno;

e) julgar os embargos de declaração opostos aos seus acórdãos.

§ 1.º Quando adotada pela maioria de dois terços dos juízes do Tribunal Pleno, a decisão proferida nos embargos de que trata o inciso II, alínea "c", deste artigo, terá força de prejulgado, nos termos dos §§ 2.º e 3.º, do art. 902.

§ 2.º É da competência de cada uma das turmas do Tribunal:

a) julgar, em única instância, os conflitos de jurisdição entre Tribunais Regionais do Trabalho e os que se suscitarem entre juízes de direito ou juntas de conciliação e julgamento de regiões diferentes;

b) julgar, em última instância, os recursos de revista interpostos de decisões dos Tribunais Regionais e das Juntas de Conciliação e julgamento ou juízes de direito, nos casos previstos em lei;

c) julgar os agravos de instrumento dos despachos que denegarem a interposição de recursos ordinários ou de revista;

d) julgar os embargos de declaração opostos aos seus acórdãos;

e) julgar as habilitações incidentes e arguições de falsidade, suspeição e outras nos casos pendentes de sua decisão.

[§ 3.º As sessões de julgamento sobre estabelecimento ou alteração de súmulas e outros enunciados de jurisprudência deverão ser públicas, divulgadas com, no mínimo, trinta dias de antecedência, e deverão possibilitar a sustentação oral pelo Procurador--Geral do Trabalho, pelo Conselho Federal da Ordem dos Advogados do Brasil, pelo Advogado-Geral da União e por confederações sindicais ou entidades de classe de âmbito nacional.] (Cf. ADI 6.188)

[§ 4.º O estabelecimento ou a alteração de súmulas e outros enunciados de jurisprudência pelos Tribunais Regionais do Trabalho deverão observar o disposto na alínea *f* do inciso I e no § 3.º deste artigo, com rol equivalente de legitimados para sustentação oral, observada a abrangência de sua circunscrição judiciária.] (Cf. ADI 6.188)

1. PLENO DO TST

O Tribunal Pleno é constituído pela totalidade dos Ministros que integram a Corte.

Para o funcionamento do Tribunal Pleno é exigida a presença de, no mínimo, 14 Ministros, sendo necessária a maioria absoluta para deliberar sobre: I – escolha dos nomes que integrarão a lista tríplice destinada à vaga de Ministro do Tribunal; II – aprovação de Emenda Regimental; III – eleição dos Ministros para os cargos de direção do Tribunal; IV – edição, revisão ou cancelamento de súmula, de orientação jurisprudencial e de precedente normativo; V – declaração de inconstitucionalidade de lei ou de ato normativo do Poder Público.

Compete ao Tribunal Pleno do Tribunal Superior do Trabalho:

> I – eleger, por escrutínio secreto, o Presidente e o Vice-Presidente do Tribunal Superior do Trabalho, o Corregedor-Geral da Justiça do Trabalho, os sete Ministros para integrar o Órgão Especial, o Diretor, o Vice-Diretor e os membros do Conselho Consultivo da Escola Nacional de Formação e Aperfeiçoamento de Magistrados do Trabalho (ENAMAT), o diretor e os membros do Centro de Formação e Aperfeiçoamento de Assessores e Servidores do Tribunal Superior do Trabalho (CEFAST); os Ministros membros do Conselho Superior da Justiça do Trabalho (CSJT) e respectivos suplentes, os membros do Conselho Nacional de Justiça (CNJ) e o Ministro Ouvidor e seu substituto;
>
> II – dar posse aos membros eleitos para os cargos de direção do Tribunal Superior do Trabalho, aos Ministros nomeados para o Tribunal, aos membros da direção e do Conselho Consultivo da Escola Nacional de Formação e Aperfeiçoamento de Magistrados do Trabalho (ENAMAT) e do Centro de Formação e Aperfeiçoamento de Assessores e Servidores do Tribunal Superior do Trabalho (CEFAST);
>
> III – escolher os integrantes das listas para provimento das vagas de Ministro do Tribunal;
>
> IV – deliberar sobre prorrogação do prazo para a posse no cargo de Ministro do Tribunal Superior do Trabalho e o início do exercício;
>
> V – determinar a disponibilidade ou a aposentadoria de Ministro do Tribunal;
>
> VI – opinar sobre propostas de alterações da legislação trabalhista, inclusive processual, quando entender que deve manifestar-se oficialmente;
>
> VII – estabelecer ou alterar súmulas e outros enunciados de jurisprudência uniforme, pelo voto de pelo menos 2/3 de seus membros, caso a mesma matéria já tenha sido decidida de forma idêntica por unanimidade em, no mínimo, 2/3 das turmas, em pelo menos 10 sessões diferentes em cada uma delas, podendo, ainda, por maioria de 2/3 de seus membros, restringir os efeitos daquela declaração ou decidir que ela só tenha eficácia a partir de sua publicação no Diário Oficial;
>
> VIII – julgar os incidentes de assunção de competência e os incidentes de recursos repetitivos, afetados ao órgão;
>
> IX – decidir sobre a declaração de inconstitucionalidade de lei ou ato normativo do Poder Público, quando aprovada a arguição pelas Seções Especializadas ou Turmas;
>
> X – aprovar e emendar o Regimento Interno do Tribunal Superior do Trabalho;
>
> XI – processar e julgar as reclamações destinadas à preservação de sua competência e à garantia da autoridade de suas decisões e à observância obrigatória de tese jurídica firmada em decisão com eficácia de precedente judicial de cumprimento obrigatório, por ele proferida

2. ÓRGÃO ESPECIAL

O Órgão Especial é composto por 14 membros, sendo sete por antiguidade, sete por eleição e três suplentes.

Integram o Órgão Especial o Presidente e o Vice-Presidente do Tribunal, o Corregedor--Geral da Justiça do Trabalho, com os demais Ministros mais antigos e eleitos.

Caso seja eleito para cargo de direção do Tribunal Ministro que não figure dentre os sete mais antigos aptos a integrar o Órgão Especial, será ele considerado eleito para integrá--lo, promovendo-se a eleição prevista acima, por escrutínio secreto, apenas para os cargos remanescentes.

O *quorum* para funcionamento do Órgão Especial é de oito Ministros, mas, para deliberar sobre disponibilidade ou aposentadoria de Magistrado, exigem-se a presença e votação convergente da maioria absoluta.

Para recompor o *quorum* em virtude da ausência de Ministro integrante da metade mais antiga, será convocado o Ministro que o suceder na ordem de antiguidade. No caso de não comparecimento de Ministro que compõe a metade eleita, a convocação recairá sobre qualquer dos suplentes.

Compete ao Órgão Especial do TST:

I – em matéria judiciária:

a) processar e julgar as reclamações destinadas à preservação de sua competência, à garantia da autoridade de suas decisões e à observância obrigatória de tese jurídica firmada em decisão com eficácia de precedente judicial de cumprimento obrigatório, por ele proferida;

b) julgar mandado de segurança impetrado contra atos do Presidente ou de qualquer Ministro do Tribunal, ressalvada a competência das Seções Especializadas;

c) julgar os recursos interpostos contra decisões dos Tribunais Regionais do Trabalho em mandado de segurança de interesse de magistrados e servidores da Justiça do Trabalho;

d) julgar os recursos interpostos contra decisão em matéria de concurso para a Magistratura do Trabalho;

e) julgar os recursos ordinários em agravos internos interpostos contra decisões proferidas em reclamações correicionais ou em pedidos de providências que envolvam impugnação de cálculos de precatórios;

f) julgar os recursos ordinários interpostos contra decisões proferidas em mandado de segurança impetrado contra ato do Presidente de Tribunal Regional em precatório;

g) julgar os recursos ordinários interpostos contra decisões proferidas em reclamações quando a competência para julgamento do recurso do processo principal for a ele atribuída;

h) julgar os agravos internos interpostos contra decisões proferidas pelo Corregedor--Geral da Justiça do Trabalho;

i) julgar os agravos internos interpostos contra decisões que denegam seguimento a recurso extraordinário por ausência de repercussão geral da questão constitucional debatida;

j) deliberar sobre as demais matérias jurisdicionais não incluídas na competência dos outros órgãos do Tribunal;

II – em matéria administrativa:

a) proceder à abertura e ao encerramento do semestre judiciário;

b) eleger os membros do Conselho da Ordem do Mérito Judiciário do Trabalho e os das Comissões previstas no Regimento Interno do TST, com observância, neste último caso, do disposto nos §§ 1.º e 3.º de seu art. 53;

c) aprovar e emendar o Regulamento Geral da Secretaria do Tribunal Superior do Trabalho, o Regimento da Corregedoria-Geral da Justiça do Trabalho, o Regulamento da Ordem do Mérito Judiciário do Trabalho, os Estatutos da Escola Nacional de Formação e Aperfeiçoamento de Magistrados do Trabalho (ENAMAT) e do Centro de Formação e Aperfeiçoamento de Assessores e Servidores do Tribunal Superior do Trabalho (CEFAST), e o Regimento Interno do Conselho Superior da Justiça do Trabalho (CSJT);

d) propor ao Poder Legislativo, após a deliberação do Conselho Superior da Justiça do Trabalho (CSJT), a criação, extinção ou modificação de Tribunais Regionais do Trabalho e Varas do Trabalho, assim como a alteração de jurisdição e de sede destes;

e) propor ao Poder Legislativo a criação, a extinção e a transformação de cargos e funções públicas e a fixação dos respectivos vencimentos ou gratificações;

f) escolher, mediante escrutínio secreto e pelo voto da maioria absoluta dos seus membros, Desembargador de Tribunal Regional do Trabalho para substituir temporariamente Ministro do Tribunal Superior do Trabalho;

g) aprovar a lista dos admitidos na Ordem do Mérito Judiciário do Trabalho;

h) aprovar a lotação das funções comissionadas do Quadro de Pessoal do Tribunal;

i) conceder licença, férias e outros afastamentos aos membros do Tribunal;

j) fixar e rever as diárias e as ajudas de custo do Presidente, dos Ministros e servidores do Tribunal;

l) designar as comissões temporárias para exame e elaboração de estudo sobre matéria relevante, respeitada a competência das comissões permanentes;

m) aprovar as instruções de concurso para provimento dos cargos de Juiz do Trabalho Substituto;

n) aprovar as instruções dos concursos para provimento dos cargos do Quadro de Pessoal do Tribunal e homologar seu resultado final;

o) julgar os recursos de decisões ou atos do Presidente do Tribunal em matéria administrativa;

p) julgar os recursos interpostos contra decisões dos Tribunais Regionais do Trabalho em processo administrativo disciplinar envolvendo Magistrado, estritamente para controle da legalidade;

q) examinar as matérias encaminhadas pelo Conselho Superior da Justiça do Trabalho (CSJT);

r) aprovar a proposta orçamentária da Justiça do Trabalho;

s) julgar os recursos ordinários interpostos contra agravos internos em que tenha sido apreciada decisão de Presidente de Tribunal Regional em precatório;

t) deliberar sobre as questões relevantes e atos normativos a que alude o art. 41, XXXIII e parágrafo único, do Regimento Interno do TST.

3. SEÇÃO ESPECIALIZADA EM DISSÍDIOS COLETIVOS

Integram a Seção Especializada em Dissídios Coletivos o Presidente e o Vice-Presidente do Tribunal, o Corregedor-Geral da Justiça do Trabalho e mais seis Ministros.

O *quorum* para o funcionamento da Seção Especializada em Dissídios Coletivos é de cinco Ministros, e, na falta de *quorum*, deve ser convocado Ministro para substituir o ausente, preferencialmente da sua mesma Turma.

À Seção Especializada em Dissídios Coletivos do TST compete:

I – originariamente.

a) julgar os dissídios coletivos de natureza econômica e jurídica, de sua competência, ou rever suas próprias sentenças normativas, nos casos previstos em lei;

b) homologar as conciliações firmadas nos dissídios coletivos;

c) julgar as ações anulatórias de acordos e convenções coletivas;

d) julgar as ações rescisórias propostas contra suas sentenças normativas;

e) julgar os agravos internos contra decisões não definitivas, proferidas pelo Presidente do Tribunal, ou por qualquer dos Ministros integrantes da Seção Especializada em Dissídios Coletivos;

f) julgar os conflitos de competência entre Tribunais Regionais do Trabalho em processos de dissídio coletivo;

g) processar e julgar as tutelas provisórias antecedentes ou incidentes nos processos de dissídio coletivo;

h) processar e julgar as ações em matéria de greve, quando o conflito exceder a jurisdição de Tribunal Regional do Trabalho;

i) processar e julgar as reclamações destinadas à preservação de sua competência e à garantia da autoridade de suas decisões;

II – em última instância, julgar:

a) os recursos ordinários interpostos contra as decisões proferidas pelos Tribunais Regionais do Trabalho em dissídios coletivos de natureza econômica ou jurídica;

b) os recursos ordinários interpostos contra decisões proferidas pelos Tribunais Regionais do Trabalho em ações rescisórias, reclamações e mandados de segurança pertinentes a dissídios coletivos e em ações anulatórias de acordos e convenções coletivas;

c) os embargos infringentes interpostos contra decisão não unânime proferida em processo de dissídio coletivo de sua competência originária, salvo se a decisão embargada estiver em consonância com precedente normativo do Tribunal Superior do Trabalho ou com súmula de sua jurisprudência predominante;

d) os agravos de instrumento interpostos contra decisão denegatória de recurso ordinário nos processos de sua competência.

4. SEÇÃO ESPECIALIZADA EM DISSÍDIOS INDIVIDUAIS

A Seção Especializada em Dissídios Individuais é composta de 21 Ministros, sendo o Presidente e o Vice-Presidente do Tribunal, o Corregedor-Geral da Justiça do Trabalho e mais 18 Ministros, e funciona em composição plena ou dividida em duas subseções para julgamento dos processos de sua competência.

O *quorum* exigido para o funcionamento da Seção Especializada em Dissídios Individuais plena é de 11 Ministros, mas as deliberações só poderão ocorrer pelo voto da maioria absoluta dos integrantes da Seção.

Integram a Subseção I da Seção Especializada em Dissídios Individuais 14 Ministros, sendo o Presidente e o Vice-Presidente do Tribunal, o Corregedor-Geral da Justiça do Trabalho e mais 11 Ministros, preferencialmente os Presidentes de Turma, exigida a presença de, no mínimo, oito Ministros para o seu funcionamento, e, na falta de *quorum*, deve ser convocado Ministro para substituir o ausente, preferencialmente da sua mesma Turma.

Haverá pelo menos um e no máximo dois integrantes de cada Turma na composição da Subseção I da Seção Especializada em Dissídios Individuais.

Integram a Subseção II da Seção Especializada em Dissídios Individuais 10 Ministros, sendo o Presidente e o Vice-Presidente do Tribunal, o Corregedor-Geral da Justiça do Trabalho e mais sete Ministros, exigida a presença de, no mínimo, seis Ministros para o seu funcionamento, e, na falta de *quorum*, deve ser convocado Ministro para substituir o ausente, preferencialmente da sua mesma Turma.

Compete à Seção Especializada em Dissídios Individuais do TST, em composição plena ou dividida em duas Subseções:

I – em composição plena:

a) julgar, em caráter de urgência e com preferência na pauta, os processos nos quais tenha sido estabelecida, na votação, divergência entre as Subseções I e II da Seção Especializada em Dissídios Individuais, quanto à aplicação de dispositivo de lei federal ou da Constituição da República;

b) processar e julgar as reclamações destinadas à preservação de sua competência, à garantia da autoridade de suas decisões e à observância obrigatória de tese jurídica firmada em decisão com eficácia de precedente judicial de cumprimento obrigatório, por ela proferida;

II – à Subseção I:

a) julgar os embargos interpostos contra decisões divergentes das Turmas, ou destas que divirjam de decisão da Seção de Dissídios Individuais, de súmula ou de orientação jurisprudencial;

b) processar e julgar as reclamações destinadas à preservação de sua competência, à garantia da autoridade de suas decisões e à observância obrigatória de tese jurídica firmada em decisão com eficácia de precedente judicial de cumprimento obrigatório, por ela proferida;

c) julgar os agravos internos interpostos contra decisão monocrática exarada em processos de sua competência ou decorrentes do juízo de admissibilidade da Presidência de Turmas do Tribunal;

d) processar e julgar os incidentes de recursos repetitivos que lhe forem afetados;

III – à Subseção II:

a) originariamente:

I – julgar as ações rescisórias propostas contra suas decisões, as da Subseção I e as das Turmas do Tribunal;

II – julgar os mandados de segurança contra os atos praticados pelo Presidente do Tribunal, ou por qualquer dos Ministros integrantes da Seção Especializada em Dissídios Individuais, nos processos de sua competência;

III – julgar os pedidos de concessão de tutelas provisórias e demais medidas de urgência;

IV – julgar os *habeas corpus*;

V – processar e julgar os Incidentes de Resolução de Demandas Repetitivas suscitados nos processos de sua competência originária;

VI – processar e julgar as reclamações destinadas à preservação de sua competência, à garantia da autoridade de suas decisões e à observância obrigatória de tese jurídica firmada em decisão com eficácia de precedente judicial de cumprimento obrigatório, por ela proferida.

b) em única instância:

I – julgar os agravos internos interpostos contra decisão monocrática exarada em processos de sua competência;

II – julgar os conflitos de competência entre Tribunais Regionais e os que envolvam Desembargadores dos Tribunais de Justiça, quando investidos da jurisdição trabalhista, e Juízes do Trabalho em processos de dissídios individuais;

c) em última instância:

I – julgar os recursos ordinários interpostos contra decisões dos Tribunais Regionais em processos de dissídio individual de sua competência originária;

II – julgar os agravos de instrumento interpostos contra decisão denegatória de recurso ordinário em processos de sua competência.

5. TURMAS

As Turmas são constituídas, cada uma, por três Ministros, sendo presididas de acordo com os critérios estabelecidos pelos arts. 91 e 92 do Regimento Interno do TST.

Para os julgamentos nas Turmas é necessária a presença de três Magistrados.

Compete a cada uma das Turmas do TST julgar:

I – as reclamações destinadas à preservação da sua competência e à garantia da autoridade de suas decisões;

II – os recursos de revista interpostos contra decisão dos Tribunais Regionais do Trabalho, nos casos previstos em lei;

III – os agravos de instrumento das decisões de Presidente de Tribunal Regional que denegarem seguimento a recurso de revista;

IV – os agravos internos interpostos contra decisão monocrática exarada em processos de sua competência;

V – os recursos ordinários em tutelas provisórias e as reclamações, quando a competência para julgamento do recurso do processo principal for atribuída à Turma, bem como a tutela provisória requerida em procedimento antecedente de que trata o art. 114 do Regimento Interno do TST.

Ao Tribunal Pleno, ao Órgão Especial, às Seções Especializadas e às Turmas cabe, ainda, nos processos de sua competência:

I – julgar:

a) os embargos de declaração interpostos contra suas decisões;

b) os pedidos de concessão de tutela provisória e demais medidas de urgência;

c) os incidentes que lhes forem submetidos;

d) a restauração de autos, em se tratando de processo de sua competência;

II – homologar as desistências dos recursos, decidir sobre pedido de desistência de ação quanto aos processos incluídos em pauta para julgamento e homologar os acordos em processos de competência originária do Tribunal;

III – representar à autoridade competente, quando, em autos ou documentos de que conhecer, houver indício de crime de ação pública.

A proclamação do resultado da votação será suspensa: I – pelo Órgão Especial, pelas Seções Especializadas e pelas Turmas, para remessa do processo ao Tribunal Pleno, quando se verificar que a maioria respectiva se inclina pelo acolhimento da arguição de inconstitucionalidade de norma em matéria que ainda não tenha sido decidida pelo Tribunal Pleno ou pelo Supremo Tribunal Federal; II – pelas Seções Especializadas, quando convier o pronunciamento do Tribunal Pleno, em razão da relevância da questão jurídica, do interesse público ou da necessidade de prevenir divergência de julgados, nos termos do art. 72 do Regimento Interno do TST.

6. ÓRGÃOS QUE FUNCIONAM JUNTO AO TST

De acordo com o § 2.º do art. 111-A da Constituição Federal de 1988, funcionam junto ao Tribunal Superior do Trabalho a Escola Nacional de Formação e Aperfeiçoamento de Magistrados do Trabalho, cabendo-lhe, entre outras funções, regulamentar os cursos oficiais para o ingresso e promoção na carreira; e o Conselho Superior da Justiça do Trabalho, cabendo-lhe exercer, na forma da lei, a supervisão administrativa, orçamentária, financeira e patrimonial da Justiça do Trabalho de primeiro e segundo graus, como órgão central do sistema, cujas decisões terão efeito vinculante.

De acordo com o Regimento Interno do TST, o Diretor, o Vice-Diretor e os membros do Conselho Consultivo da Escola Nacional de Formação e Aperfeiçoamento de Magistrados do Trabalho (ENAMAT) são eleitos pelo Tribunal Pleno, em escrutínio secreto, para mandato de dois anos, permitida uma recondução.

Os membros eleitos para os cargos de direção da Escola e os do Conselho Consultivo tomam posse perante o Tribunal Pleno.

O Diretor da Escola Nacional de Formação e Aperfeiçoamento de Magistrados do Trabalho (ENAMAT) recebe 15% a menos de processos distribuídos, respeitada a proporção quanto às classes processuais de competência da Turma.

A Lei 14.824/2024 dispõe sobre a composição, o funcionamento e a competência do Conselho Superior da Justiça do Trabalho.

7. SÚMULAS E OUTROS ENUNCIADOS DE JURISPRUDÊNCIA

A jurisprudência é o conjunto de decisões uniformes e constantes dos tribunais, proferidas para a solução judicial de conflitos, envolvendo casos semelhantes[208].

O art. 8.º, § 2.º, da CLT, acrescentado pela Lei 13.467/2017, estabelece que as Súmulas e outros enunciados de jurisprudência editados pelo Tribunal Superior do Trabalho e pelos Tribunais Regionais do Trabalho não podem restringir direitos legalmente previstos nem criar obrigações que não estejam previstas em lei.

Os tribunais devem uniformizar sua jurisprudência e mantê-la *estável*, *íntegra* e *coerente* (art. 926 do CPC de 2015).

A jurisprudência deve ter certa *estabilidade*, evitando mudanças bruscas, repentinas, injustificadas, para que seja respeitada a segurança jurídica. Isso não significa, entretanto, a completa estagnação e a impossibilidade de evolução do entendimento jurisprudencial, o qual deve acompanhar a evolução social e jurídica. Exige-se da jurisprudência a *integridade*, de modo que as decisões dos juízes e tribunais estejam em consonância com o sistema jurídico, constituído, de forma harmônica, de regras e princípios, no qual merecem destaque os preceitos constitucionais. A jurisprudência, ainda, deve atender à necessidade de *coerência*. Nesse sentido, questões iguais devem ser tratadas e decididas com isonomia substancial, aplicando-se a mesma tese aos casos que envolvam idêntica questão jurídica, como forma de concretização da justiça.

Os tribunais aprovam *súmulas*, enunciando de forma resumida o entendimento já firmado sobre certas matérias, após terem sido objeto de decisões reiteradas no mesmo sentido.

As súmulas proporcionam maior estabilidade à jurisprudência, servindo de parâmetro para o julgamento de casos iguais ou semelhantes.

208 Cf. DINIZ, Maria Helena. *Compêndio de introdução à ciência do direito*. 19. ed. São Paulo: Saraiva, 2008. p. 295.

O art. 702, inciso I, alínea "f", da CLT (incluída pela Lei 13.467/2017) dispõe que ao Pleno do Tribunal Superior do Trabalho compete estabelecer ou alterar *súmulas e outros enunciados de jurisprudência uniforme*, pelo voto de pelo menos 2/3 de seus membros, caso a mesma matéria já tenha sido decidida de forma idêntica por unanimidade em, no mínimo, 2/3 das turmas em pelo menos 10 sessões diferentes em cada uma delas, podendo, ainda, por maioria de 2/3 de seus membros, restringir os efeitos daquela declaração ou decidir que ela só tenha eficácia a partir de sua publicação no Diário Oficial.

As sessões de julgamento sobre estabelecimento ou alteração de súmulas e outros enunciados de jurisprudência devem ser públicas, divulgadas com, no mínimo, 30 dias de antecedência, e devem possibilitar a sustentação oral pelo Procurador-Geral do Trabalho, pelo Conselho Federal da Ordem dos Advogados do Brasil, pelo Advogado-Geral da União e por confederações sindicais ou entidades de classe de âmbito nacional (art. 702, § 3.º, da CLT, acrescentado pela Lei 13.467/2017).

O estabelecimento ou a alteração de súmulas e outros enunciados de jurisprudência pelos Tribunais Regionais do Trabalho devem observar o disposto na alínea "f" do inciso I e no § 3.º do art. 702 da CLT, com rol equivalente de legitimados para sustentação oral, observada a abrangência de sua circunscrição judiciária (art. 702, § 4.º, da CLT, acrescentado pela Lei 13.467/2017).

Há entendimento, entretanto, de que essas previsões, decorrentes da Lei 13.467/2017, são inconstitucionais, por afrontarem, em essência, a autonomia dos tribunais (arts. 96, inciso I, e 99 da Constituição da República), a independência do Poder Judiciário e a separação dos Poderes (art. 2.º da Constituição da República). Cf. TST, E-RR – 696-25.2012.5.05.0463.

É certo que os dispositivos em estudo estabelecem exigências mais rigorosas quanto aos requisitos para aprovação e modificação de súmulas e outros enunciados de jurisprudência trabalhista.

Com isso, no plano da *crítica ao Direito legislado*, naturalmente, pode-se não concordar com a nova determinação legal, no sentido de que não seria a mais adequada em face da atual dinâmica social, econômica e jurídica.

De todo modo, segundo o art. 926 do CPC, os tribunais devem uniformizar sua jurisprudência, bem como mantê-la *estável*, íntegra e coerente.

A *estabilidade* da jurisprudência, portanto, é exigida como forma de se respeitar a *segurança jurídica*, essencial ao Estado Democrático de Direito (art. 5.º, *caput*, da Constituição Federal de 1988).

Nesse contexto, o art. 926, § 2.º, do CPC determina que, ao editar enunciados de súmula, os tribunais devem ater-se às circunstâncias fáticas dos *precedentes que motivaram sua criação*.

Vale dizer, há necessidade de *precedentes* para que, em momento posterior, possa ocorrer a edição de súmulas, exigência que, pelo mesmo motivo de segurança nas relações jurídicas, se revela imprescindível também para a sua modificação.

A uniformização da jurisprudência, evidentemente, impõe que ocorra a divergência entre julgados, não cabendo ao tribunal editar súmulas e orientações jurisprudenciais de forma prematura e açodada, mas apenas após o amplo debate, inclusive perante as instâncias inferiores, em observância do contraditório, permitindo a consolidação das teses jurídicas que se mostrarem as mais adequadas.

Reitere-se que a jurisprudência passou a ter conotação obrigatória e força nitidamente vinculante em diversas hipóteses (arts. 489, § 1.º, inciso VI, e 927 do CPC), confirmando a sua relevância cada vez maior na atualidade, inclusive no processo do trabalho (art. 769 da CLT e art. 15 do CPC), mas também impõe *maior cautela* na formulação dos seus enunciados.

Logo, a jurisdição, exercida pelos tribunais, não pode legislar, em respeito ao princípio da separação de poderes. Nesse sentido, são Poderes da União, independentes e harmônicos entre si, o Legislativo, o Executivo e o Judiciário (art. 2.º da Constituição Federal de 1988).

Vejamos, assim, os dispositivos da Constituição Federal de 1988 apontados pela tese que defende a inconstitucionalidade do art. 702, inciso I, alínea "f", e §§ 3.º e 4.º da CLT, incluídos pela Lei 13.467/2017.

O art. 92 da Constituição da República estabelece quais são os órgãos do Poder Judiciário, não tendo qualquer pertinência com o tema em exame, qual seja: a edição e a modificação de súmulas e outros enunciados de jurisprudência.

O art. 96, inciso I, alínea "a", da Constituição Federal de 1988 dispõe que compete privativamente aos tribunais "eleger seus órgãos diretivos e elaborar seus regimentos internos, com observância das normas de processo e das garantias processuais das partes, dispondo sobre a competência e o funcionamento dos respectivos órgãos jurisdicionais e administrativos".

Esse dispositivo constitucional, apesar de reconhecer, como não poderia deixar de ser, que cabe ao próprio tribunal a aprovação de seu *regimento interno*, não trata da questão voltada à construção da jurisprudência nem estabelece que os requisitos para a edição e modificação de súmulas e orientações jurisprudenciais devam ser previstos, exclusivamente, no regimento interno (e não em lei).

A matéria relativa à competência e ao funcionamento dos órgãos jurisdicionais e administrativos dos tribunais, mencionada no art. 96, inciso I, alínea "a", da Constituição Federal de 1988, ao versar sobre os regimentos internos, como é evidente, em nada se identifica com a aprovação e alteração de súmulas e outros enunciados de jurisprudência.

Em verdade, o referido preceito constitucional, ao determinar que compete aos tribunais elaborar os seus regimentos internos, é expresso no sentido de que devem ser observadas as *normas de processo* e as *garantias processuais das partes*.

As "normas de processo" são previstas em lei, de competência privativa da União, conforme art. 22, inciso I, da Constituição Federal de 1988, e não em normas administrativas, regimentais ou internas dos tribunais.

Na mesma linha, as "garantias processuais das partes" são aquelas decorrentes de normas constitucionais e legais, em respeito ao contraditório, à ampla defesa e ao devido processo legal (art. 5.º, incisos LIV e LV, da Constituição da República).

Não cabe aos tribunais, assim, em afronta ao princípio da separação dos Poderes (art. 2.º da Constituição da República), legislar em matéria processual, seja por meio do regimento interno ou de outras modalidades de atos administrativos e judiciários, como resoluções e instruções normativas.

Mesmo porque, no Estado Democrático de Direito, tendo em vista o *princípio da legalidade*, ninguém será obrigado a fazer ou deixar de fazer alguma coisa, senão em virtude de *lei* (art. 5.º, inciso II, da Constituição da República).

O art. 99 da Constituição da República, por sua vez, dispõe que ao "Poder Judiciário é assegurada autonomia administrativa e financeira".

Essa disposição, apesar de relevante, não diz respeito à uniformização da jurisprudência, mesmo porque trata de tema bem diverso, qual seja, a autonomia do Poder Judiciário nos *planos administrativo e financeiro*.

Em síntese, não há qualquer preceito constitucional que exclua da lei a competência para estabelecer os requisitos da uniformização da jurisprudência, nem existe qualquer determinação constitucional no sentido de que a edição e a modificação de súmulas e outros enunciados de jurisprudência sejam matérias exclusivas dos regimentos internos.

A decisão proferida pelo Supremo Tribunal Federal na Ação Direta de Inconstitucionalidade 1.105/DF, por sua vez, especificamente quanto ao art. 7.º, inciso IX, da Lei 8.906/1994, que previa o direito do advogado de sustentar oralmente as razões de qualquer recurso ou processo, nas sessões de julgamento, "após o voto do relator", como parece claro, não tratou da temática em exame, voltada aos requisitos para a edição ou modificação de súmulas e outros enunciados de jurisprudência (matéria processual). Bem diversamente, a decisão da *medida cautelar* na referida demanda faz menção a questões relativas à "ordem no julgamento", ou seja, ao "funcionamento" e à "economia dos tribunais", nesses casos, de competência do regimento interno.

O Tribunal Superior do Trabalho, em incidente de arguição de inconstitucionalidade, declarou a inconstitucionalidade do art. 702, inciso I, alínea "f", e § 3.º, da CLT, e não admitiu o incidente de arguição de inconstitucionalidade em relação ao art. 702, § 4.º, da CLT. Foi determinado o encaminhamento de cópia do acórdão à Comissão de Regimento Interno, para que avalie a conveniência e oportunidade de elaborar Proposta de Emenda Regimental a ser deliberada pelo Tribunal Pleno (conforme Regimento Interno do TST), a respeito da edição e revogação de súmulas e orientações jurisprudenciais (TST, Pleno, ArgInc-696-25.2012.5.05.0463, Rel. Min. Amaury Rodrigues Pinto Junior, j. 16.05.2022).

O Supremo Tribunal Federal, por maioria, declarou a inconstitucionalidade do art. 702, inciso I, alínea "f", § 3.º e § 4.º, da CLT, incluídos pela Lei 13.467/2017 (STF, Pleno, ADI 6.188/DF, Red. p/ ac. Min. Edson Fachin, j. 22.08.2023).

Sendo assim, de acordo com o art. 926, § 1.º, do CPC, na forma estabelecida e segundo os pressupostos fixados no *regimento interno*, os tribunais devem editar enunciados de súmula correspondentes a sua jurisprudência dominante.

✦ Jurisprudência

Ação direta de inconstitucionalidade. Art. 7.º, IX, da Lei 8.906, de 4 de julho de 1994. Estatuto da Advocacia e a Ordem dos Advogados do Brasil. Sustentação oral pelo advogado após o voto do relator. Impossibilidade. Ação direta julgada procedente. I – A sustentação oral pelo advogado, após o voto do Relator, afronta o devido processo legal, além de poder causar tumulto processual, uma vez que o contraditório se estabelece entre as partes. II – Ação direta de inconstitucionalidade julgada procedente para declarar a inconstitucionalidade do art. 7.º, IX, da Lei 8.906, de 4 de julho de 1994 (STF, Pleno, ADI 1.105/DF, Rel. p/ ac. Min. Ricardo Lewandowski, *DJe* 04.06.2010).

Arguição de inconstitucionalidade da alínea "f" do inciso I e dos §§ 3.º e 4.º do artigo 702 da CLT, suscitada pelo Exmo. Ministro Walmir Oliveira da Costa. Remissão aos fundamentos externados pela Comissão Permanente de Jurisprudência e Precedentes Normativos do Tribunal Superior do Trabalho, no sentido da inconstitucionalidade da alínea "f" do inciso I e dos §§ 3.º e 4.º do artigo 702 da CLT, com a redação conferida pela Lei n.º 13.467/2017, frente aos arts. 2.º, 5.º, II, 22, I, 96, I, e 99 da Constituição Federal. Acolhida a arguição suscitada na SbDI-1 do TST, determina-se a remessa dos autos ao Tribunal Pleno, decisão irrecorrível, na forma do art. 275, § 3.º, e 276 do RITST (TST, SBDI-I, E-RR – 696-25.2012.5.05.0463, Rel. Min. Márcio Eurico Vitral Amaro, *DEJT* 08.06.2018).

✦ Súmulas, Orientações Jurisprudenciais e Precedentes Normativos

Súmula 401 do STF: Não se conhece do recurso de revista, nem dos embargos de divergência, do processo trabalhista, quando houver jurisprudência firme do Tribunal Superior do Trabalho no mesmo sentido da decisão impugnada, salvo se houver colisão com a jurisprudência do Supremo Tribunal Federal.

Seção IV – Da Competência da Câmara de Justiça do Trabalho

Arts. 703 a 705. Suprimidos pelo Decreto-lei 8.737, de 19.1.1946.

Seção V – Da Competência da Câmara de Previdência Social

Art. 706. Suprimido pelo Decreto-lei 8.737, de 19.1.1946.

Seção VI – Das Atribuições do Presidente do Tribunal Superior do Trabalho

Art. 707. Compete ao Presidente do Tribunal:

a) presidir às sessões do Tribunal, fixando os dias para a realização das sessões ordinárias e convocando as extraordinárias;

b) superintender todos os serviços do Tribunal;

c) expedir instruções e adotar as providências necessárias para o bom funcionamento do Tribunal e dos demais órgãos da Justiça do Trabalho;

d) fazer cumprir as decisões originárias do Tribunal, determinando aos Tribunais Regionais e aos demais órgãos da Justiça do Trabalho a realização dos atos processuais e das diligências necessárias;

e) submeter ao Tribunal os processos em que tenha de deliberar e designar, na forma do Regimento Interno, os respectivos relatores;

f) despachar os recursos interpostos pelas partes e os demais papéis em que deva deliberar;

g) determinar as alterações que se fizerem necessárias na lotação do pessoal da Justiça do Trabalho, fazendo remoções *ex officio* de servidores entre os Tribunais Regionais, Juntas de Conciliação e Julgamento e outros órgãos; bem como conceder as requeridas que julgar convenientes ao serviço, respeitada a lotação de cada órgão;

h) conceder licenças e férias aos servidores do Tribunal, bem como impor-lhes as penas disciplinares que excederem da alçada das demais autoridades;

i) dar posse e conceder licença aos membros do Tribunal, bem como conceder licenças e férias aos Presidentes dos Tribunais Regionais;

j) apresentar ao Ministro do Trabalho, Indústria e Comércio, até 31 de março de cada ano, o relatório das atividades do Tribunal e dos demais órgãos da Justiça do Trabalho.

Parágrafo único. O Presidente terá 1 (um) secretário por ele designado dentre os funcionários lotados no Tribunal, e será auxiliado por servidores designados nas mesmas condições.

1. PRESIDENTE DO TST

O Presidente do Tribunal Superior do Trabalho desempenha as atribuições do cargo com a colaboração do Vice-Presidente.

Compete ao Presidente do TST, de acordo com o Regimento Interno:

I – representar o Tribunal perante os Poderes Públicos e demais autoridades, incumbindo-lhe, no exercício da representação, observar fielmente as diretrizes estabelecidas pelo Órgão Especial;

II – corresponder-se, em nome do Tribunal, com quaisquer autoridades, observada a hierarquia de funções;

III – encaminhar ao Presidente da República as listas para provimento de vaga de Ministro do Tribunal;

IV – enviar ao Congresso Nacional, após aprovação pelo Órgão Especial, projetos de lei de interesse da Justiça do Trabalho em matéria de sua competência constitucional;

V – submeter ao Tribunal de Contas da União, na forma da lei, a tomada de contas do Tribunal Superior do Trabalho;

VI – solicitar aos órgãos fazendários a liberação do numerário correspondente às dotações orçamentárias da Justiça do Trabalho;

VII – editar, no início das atividades judiciárias de cada ano, o ato de composição do Tribunal e dos órgãos judicantes, cabendo-lhe, ainda, dar-lhe publicidade, quando renovada a direção da Corte ou alterada sua composição;

VIII – apresentar ao Órgão Especial, anualmente, na segunda quinzena do mês seguinte ao término de cada ano de seu mandato, a resenha dos trabalhos realizados no ano anterior e, até 30 de junho, o Relatório Geral da Justiça do Trabalho;

IX – dar publicidade, mensalmente, no órgão oficial, dos dados estatísticos relativos às atividades jurisdicionais do Tribunal e dos Ministros;

X – zelar pelas prerrogativas e pela imagem pública do Tribunal e dos Ministros e pelo bom funcionamento da Corte e dos órgãos da Justiça do Trabalho, expedindo atos, portarias, ordens e instruções, adotando as providências necessárias ao seu cumprimento;

XI – praticar, *ad referendum* do Tribunal Pleno ou do Órgão Especial, os atos reputados urgentes;

XII – editar os atos indispensáveis à disciplina dos serviços e à polícia do Tribunal, determinando as providências atinentes ao resguardo da disciplina, da ordem e da integridade universal da Corte, na sede ou nas dependências, requisitando, quando necessário, o auxílio de outras autoridades;

XIII – manter a ordem nas sessões, podendo mandar retirar os que a perturbarem e os que faltarem com o devido respeito, e mandar prender os desobedientes, fazendo lavrar o respectivo auto;

XIV – instaurar inquérito quando caracterizada infração de lei penal na sede ou nas dependências do Tribunal;

XV – comunicar ao órgão competente do Ministério Público a ocorrência de desobediência a ordem emanada do Tribunal ou de seus Ministros, encaminhando os elementos de que dispuser para a propositura de ação penal;

XVI – impor aos servidores penas disciplinares de demissão, cassação de aposentadoria ou disponibilidade e decidir os recursos interpostos das penalidades que forem aplicadas pelo Diretor-Geral da Secretaria do Tribunal Superior do Trabalho;

XVII – dar posse a Ministro durante as férias coletivas e feriado forense;

XVIII – dar posse ao Diretor-Geral da Secretaria do Tribunal Superior do Trabalho, ao Secretário-Geral Judiciário e ao Secretário-Geral da Presidência e designar seus respectivos substitutos;

XIX – nomear os servidores para os cargos em comissão e designar os servidores para o exercício de funções comissionadas nos gabinetes de Ministro;

XX – conceder licença e férias ao Diretor-Geral da Secretaria do Tribunal Superior do Trabalho, ao Secretário-Geral da Presidência, ao Secretário-Geral Judiciário e aos servidores de seu gabinete;

XXI – expedir atos concernentes às relações jurídico-funcionais dos Ministros e servidores e decidir seus requerimentos sobre assuntos de natureza administrativa, nos termos deste Regimento;

XXII – movimentar os recursos orçamentários e financeiros à disposição do Tribunal, autorizar despesas e expedir ordens de pagamento, observadas as normas legais específicas;

XXIII – autorizar e homologar as licitações e ratificar as contratações por dispensa ou inexigibilidade de licitação de valor superior ao limite estipulado para o convite;

XXIV – conceder diárias e ajuda de custo, observados os critérios estabelecidos pelo Órgão Especial;

XXV – determinar a distribuição dos processos, segundo as regras regimentais e resoluções administrativas, aos Ministros do Tribunal, e dirimir as controvérsias referentes à distribuição;

XXVI – despachar as desistências dos recursos e das ações, quando se referirem a processo pendente de distribuição na Corte, bem como os demais incidentes processuais suscitados;

XXVII – designar as sessões ordinárias e extraordinárias do Tribunal Pleno, do Órgão Especial e das Seções Especializadas, podendo convocar, durante as férias coletivas, com antecedência de 48 horas, sessões extraordinárias para julgamento de dissídio coletivo, mandado de segurança e ação declaratória alusiva a greve ou a situação de relevante interesse público que requeiram apreciação urgente;

XXVIII – dirigir os trabalhos do Tribunal e presidir as sessões do Tribunal Pleno, do Órgão Especial e das Seções Especializadas;

XXIX – decidir sobre pedidos de efeito suspensivo, de suspensão de segurança e de suspensão de decisão proferida em tutelas provisórias, de que tratam os arts. 309 e 311 do Regimento Interno do TST, bem assim expedir as cartas previstas em lei;

XXX – decidir, durante o recesso forense, as férias coletivas e os feriados, os pedidos de liminar em mandado de segurança, em tutelas provisórias de urgência e outras medidas que reclamem urgência;

XXXI – delegar ao Vice-Presidente, ao Corregedor-Geral da Justiça do Trabalho ou a Ministros da Corte atribuições as quais esteja impossibilitado de cumprir ou que a conveniência administrativa recomende a delegação;

XXXII – delegar ao Secretário-Geral da Presidência, ao Diretor-Geral da Secretaria e ao Secretário-Geral Judiciário, respeitado o disposto no inciso anterior, atribuições para a prática de atos judiciários e administrativos, quando a conveniência administrativa recomendar;

XXXIII – praticar os demais atos de gestão necessários ao funcionamento dos serviços, encaminhando ao Órgão Especial as questões de caráter relevante, que poderão ser relatadas pelo Presidente ou distribuídas por sorteio para relatoria de integrante do órgão colegiado;

XXXIV – nomear, promover, demitir, exonerar e conceder aposentadoria a servidores do Tribunal, bem como pensão aos beneficiários de Ministro ou servidor;

XXXV – decidir sobre cessão de servidores do Tribunal, observado o disposto em ato normativo do Órgão Especial, bem como sobre requisição de servidores de outros órgãos;

XXXVI – excepcionalmente, convocar audiência pública, de ofício ou a requerimento de cada uma das Seções Especializadas ou de suas Subseções, pela maioria de seus integrantes, para ouvir o depoimento de pessoas com experiência e autoridade em determinada matéria, sempre que entender necessário o esclarecimento de questões ou circunstâncias de fato, subjacentes a dissídio de grande repercussão social ou econômica, pendente de julgamento no âmbito do Tribunal;

XXXVII – decidir, de forma irrecorrível, sobre a manifestação de terceiros, subscrita por procurador habilitado, em audiências públicas, quando as convocar;

XXXVIII – submeter proposta de afetação de recurso de revista e de embargos repetitivos à Subseção I da Seção Especializada em Dissídios Individuais;

XXXIX – oficiar aos Presidentes dos Tribunais Regionais do Trabalho para que suspendam os recursos interpostos em casos idênticos aos afetados como recursos repetitivos, até o pronunciamento definitivo do Tribunal Superior do Trabalho, quando houver determinação do relator nesse sentido;

XL – realizar a admissibilidade prévia dos recursos de revista e agravos de instrumento, podendo denegar-lhes seguimento quando não impugnados especificamente os fundamentos da decisão recorrida e quando se tratar de hipóteses de intempestividade, deserção, falta de alçada, irregularidade da representação e descumprimento dos incisos do § 1.º-A do art. 896 da CLT, enquanto não implantada em definitivo a distribuição pelo PJe.

XLI – determinar a devolução ao tribunal de origem dos recursos fundados em controvérsia idêntica àquela já submetida ao rito de julgamento de casos repetitivos para que o órgão que proferiu a decisão recorrida exerça o juízo de retratação. Se não houver a retratação, os autos serão remetidos, se for o caso, ao Tribunal Superior do Trabalho para a sua regular tramitação.

Para fim do que dispõe o inciso XXXIII, qualquer matéria deverá ser submetida ao exame do Órgão Especial, desde que o requeiram 10 dos Ministros que integram o Tribunal.

Seção VII – Das Atribuições do Vice-Presidente

Art. 708. Compete ao Vice-Presidente do Tribunal:

a) Revogada pela Lei 14.824, de 2024;

b) Suprimida pela Lei 2.244, de 23.6.1954:

Parágrafo único. Na ausência do Presidente e do Vice-Presidente, será o Tribunal presidido pelo Juiz togado mais antigo, ou pelo mais idoso quando igual a antiguidade.

1. VICE-PRESIDENTE DO TST

Compete ao Vice-Presidente do TST:

I – substituir o Presidente e o Corregedor-Geral da Justiça do Trabalho nas férias, ausências e impedimentos;

II – cumprir as delegações do Presidente;

III – designar e presidir audiências de conciliação e instrução de dissídio coletivo de competência originária do Tribunal;

IV – exercer o juízo de admissibilidade dos recursos extraordinários;

V – examinar os incidentes surgidos após a interposição de recurso extraordinário;

VI – apreciar pedido de tutela provisória incidental a recurso extraordinário;

VII – julgar os agravos internos interpostos contra decisões que denegam seguimento a recurso extraordinário por ausência de repercussão geral da questão constitucional debatida.

O Vice-Presidente participa das sessões dos órgãos judicantes do Tribunal, exceto de Turma, e não concorre à distribuição de processos.

Seção VIII – Das Atribuições do Corregedor

Art. 709. Revogado pela Lei 14.824, de 2024.

1. CORREGEDOR-GERAL DA JUSTIÇA DO TRABALHO

A Corregedoria-Geral da Justiça do Trabalho é órgão do Conselho Superior da Justiça do Trabalho (art. 2º, inciso IV, da Lei 14.824/2024).

O Corregedor-Geral da Justiça do Trabalho será eleito pelo Pleno do Tribunal Superior do Trabalho, observadas as disposições do seu Regimento Interno (art. 10 da Lei 14.824/2024).

Compete ao Corregedor-Geral da Justiça do Trabalho: I – exercer funções de inspeção permanente ou periódica, ordinária ou extraordinária, geral ou parcial sobre os serviços judiciários de segundo grau da Justiça do Trabalho; II – decidir correições parciais contra atos atentatórios à boa ordem processual praticados pelos Tribunais Regionais do Trabalho ou pelos seus membros, quando inexistir recurso processual específico; III – processar e decidir pedidos de providência em matéria de atribuição da Corregedoria-Geral da Justiça do Trabalho; IV – dirimir dúvidas apresentadas em consultas formuladas pelos Tribunais Regionais do Trabalho, seus órgãos ou seus integrantes, relativamente a atos de sua competência; V – expedir, no âmbito de sua competência, provimentos para disciplinar os procedimentos a serem adotados pelos órgãos da Justiça do Trabalho e consolidar as respectivas normas; VI – requisitar magistrados, delegando-lhes quaisquer de suas atribuições, observados os limites legais; VII – organizar os serviços internos da Secretaria da Corregedoria-Geral; VIII – exercer vigilância sobre o funcionamento dos serviços judiciários; IX – apresentar ao Plenário, na última sessão do mês seguinte ao do término de cada ano de sua gestão, relatório circunstanciado das atividades da Corregedoria-Geral durante o ano findo; X – expedir recomendações aos Tribunais Regionais do Trabalho referentes à regularidade dos serviços judiciários, inclusive sobre o serviço de plantão nos foros e a designação de juízes para o seu atendimento nos feriados forenses; XI – elaborar o Regimento Interno da Corregedoria-Geral e modificá-lo, se for o caso, submetendo-o à aprovação do Plenário do Conselho Superior da Justiça do Trabalho; XII – realizar o controle do movimento processual e da atuação jurisdicional dos Tribunais Regionais do Trabalho; XIII – supervisionar a aplicação do Sistema de Atendimento do Poder Judiciário (Bacen Jud) no âmbito da Justiça do Trabalho, inclusive deferir o cadastramento ou o descadastramento de conta única indicada para bloqueio; XIV – exercer outras atribuições que lhe forem atribuídas em lei (art. 11 da Lei 14.824/2024).

Os magistrados requisitados nos termos do inciso VI do art. 11 da Lei 14.824/2024 conservam os direitos e vantagens inerentes ao exercício de seus cargos no tribunal de origem, como se em atividade normal estivessem. A requisição de magistrados de que trata o inciso VI do art. 11 da Lei 14.824/2024 não pode exceder a quatro anos.

Das decisões do Corregedor-Geral da Justiça do Trabalho cabe recurso de agravo para o Pleno do Conselho Superior da Justiça do Trabalho (art. 12 da Lei 14.824/2024).

O Regimento Interno da Corregedoria-Geral da Justiça do Trabalho prevê as atribuições do Corregedor-Geral da Justiça do Trabalho.

Os atos do Corregedor-Geral são expressos por meio de despachos, decisões e portarias, pelos quais ordene qualquer providência ou diligência, ou por meio de provimento para regulamentação de procedimentos e instruções às autoridades judiciárias, aos servidores e aos auxiliares da Justiça.

Estão sujeitos à ação fiscalizadora do Corregedor-Geral:

> I – os Tribunais Regionais do Trabalho, abrangendo todos os seus órgãos, seus Presidentes, Juízes Titulares e convocados;
>
> II – as Seções e os Serviços Judiciários dos Tribunais Regionais do Trabalho para a verificação do andamento dos processos, regularidade dos serviços, observância dos prazos e seus Regimentos Internos.

O processo de correição pode ser instaurado de ofício, a requerimento das partes, de qualquer interessado, ou por determinação dos órgãos do Tribunal Superior do Trabalho, incumbindo ao Corregedor-Geral visitar os Tribunais Regionais do Trabalho em correição geral ordinária.

Nas *correições ordinárias*, que não terão forma nem figura de juízo, serão examinados autos, registros e documentos das Secretarias e Seções Judiciárias, além de tudo o mais que for considerado necessário ou conveniente pelo Corregedor-Geral.

As correições realizadas nos Tribunais Regionais do Trabalho constarão de ata, que conterá detalhadamente toda a atividade correicional desenvolvida, bem como as recomendações feitas.

Incumbe ainda ao Corregedor-Geral realizar *correições extraordinárias*, gerais ou parciais, que se fizerem necessárias, de ofício ou por solicitação dos Tribunais Regionais ou dos órgãos do Tribunal Superior do Trabalho.

A *correição parcial* é cabível para corrigir erros, abusos e atos contrários à boa ordem processual e que importem em atentado a fórmulas legais de processo, quando para o caso não haja recurso ou outro meio processual específico.

Em situação extrema ou excepcional, pode o Corregedor-Geral adotar as medidas necessárias a impedir lesão de difícil reparação, assegurando, dessa forma, eventual resultado útil do processo, até que ocorra o exame da matéria pelo órgão jurisdicional competente.

O *pedido de providências* inclui medidas atinentes ao cumprimento do sistema BACEN JUD, excepcionada a hipótese de suposta recusa da instituição financeira em acatar a ordem judicial de transferência do numerário bloqueado.

✦ **Súmulas, Orientações Jurisprudenciais e Precedentes Normativos**

Orientação Jurisprudencial 5 do Pleno do TST: Recurso ordinário. Cabimento. Não cabe recurso ordinário contra decisão em agravo regimental interposto em reclamação correicional ou em pedido de providência.

CAPÍTULO VI – DOS SERVIÇOS AUXILIARES DA JUSTIÇA DO TRABALHO

Seção I – Da Secretaria das Juntas de Conciliação e Julgamento

Art. 710. Cada Junta terá 1 (uma) secretaria, sob a direção de funcionário que o Presidente designar, para exercer a função de secretário, e que receberá, além dos vencimentos correspondentes ao seu padrão, a gratificação de função fixada em lei.

1. ÓRGÃOS E SERVIÇOS AUXILIARES DA JUSTIÇA DO TRABALHO

A atuação dos órgãos do Poder Judiciário, em seus diversos ramos e instâncias, não ocorre apenas mediante a atividade do magistrado. Para a prestação da atividade jurisdicional, diversos atos e funções de apoio são necessários, exercidos por órgãos e serviços auxiliares, que integram a estrutura administrativa da Justiça.

Evidentemente, essa mesma situação se aplica à Justiça do Trabalho, na qual existem órgãos auxiliares, relevantes para que a jurisdição seja exercida. Os mencionados serviços fazem parte da organização da Justiça do Trabalho, e estão presentes nas Varas do Trabalho, Tribunais Regionais do Trabalho e no Tribunal Superior do Trabalho.

Nos órgãos auxiliares, as diversas funções e atividades de apoio são desempenhadas por servidores públicos que, no caso, integram o quadro administrativo do Poder Judiciário Trabalhista.

A Consolidação das Leis do Trabalho, em seus arts. 710 e seguintes, regula os chamados serviços auxiliares da Justiça do Trabalho, mais especificamente a Secretaria das Varas do Trabalho e dos Tribunais (bem como os Cartórios dos Juízos de Direito que exerçam a jurisdição trabalhista), os Distribuidores e os Oficiais de Justiça.

Na realidade, os Oficiais de Justiça não constituem órgãos propriamente, mas cargos exercidos por servidores públicos do Judiciário e inseridos na sua estrutura administrativa.

No Código de Processo Civil de 2015, o art. 149 prevê como "auxiliares da Justiça", além de outros cujas atribuições sejam determinadas pelas normas de organização judiciária, o escrivão, o chefe de secretaria, o oficial de justiça, o perito, o depositário, o administrador, o intérprete, o tradutor, o mediador, o conciliador judicial, o partidor, o distribuidor, o contabilista e o regulador de avarias.

2. SECRETARIA

Cada Vara do Trabalho tem uma Secretaria, sob a direção de servidor que o juiz titular designar, para exercer a função de secretário. O mencionado servidor, assim, é conhecido como diretor de Secretaria, presente em cada Vara do Trabalho.

Em cada Secretaria, além de seu diretor, há diversos outros servidores públicos, devidamente organizados de forma hierárquica, para a realização das diversas atividades de apoio à atividade jurisdicional.

Há Secretarias que, inclusive, possuem um setor de cálculos, em que um ou mais servidores públicos realizam a atividade de elaboração e conferência de cálculos nos processos judiciais em andamento, conforme determinação do juiz no processo.

✦ **Referência legislativa**

- Art. 96, I, alínea "b", da CF.

Art. 711. Compete à secretaria das Juntas:

a) o recebimento, a autuação, o andamento, a guarda e a conservação dos processos e outros papéis que lhe forem encaminhados;

b) a manutenção do protocolo de entrada e saída dos processos e demais papéis;

c) o registro das decisões;

d) a informação, às partes interessadas e seus procuradores, do andamento dos respectivos processos, cuja consulta lhes facilitará;

e) a abertura de vista dos processos às partes, na própria secretaria;

f) a contagem das custas devidas pelas partes, nos respectivos processos;

g) o fornecimento de certidões sobre o que constar dos livros ou do arquivamento da secretaria;

h) a realização das penhoras e demais diligências processuais;

i) o desempenho dos demais trabalhos que lhe forem cometidos pelo Presidente da Junta, para melhor execução dos serviços que lhe estão afetos.

1. ATRIBUIÇÕES DAS SECRETARIAS

As atividades desempenhadas no âmbito da Secretaria das Varas do Trabalho são diversas. Nesse sentido, de acordo com o art. 711 da CLT, compete à Secretaria das Varas do Trabalho diversas atribuições, arroladas no dispositivo em questão.

Art. 712. Compete especialmente aos secretários das Juntas de Conciliação e Julgamento:

a) superintender os trabalhos da secretaria, velando pela boa ordem do serviço;

b) cumprir e fazer cumprir as ordens emanadas do Presidente e das autoridades superiores;

c) submeter a despacho e assinatura do Presidente o expediente e os papéis que devam ser por ele despachados e assinados;

d) abrir a correspondência oficial dirigida à Junta e ao seu Presidente, a cuja deliberação será submetida;

e) tomar por termo as reclamações verbais nos casos de dissídios individuais;

f) promover o rápido andamento dos processos, especialmente na fase de execução, e a pronta realização dos atos e diligências deprecadas pelas autoridades superiores;

g) secretariar as audiências da Junta, lavrando as respectivas atas;

h) subscrever as certidões e os termos processuais;

i) dar aos litigantes ciência das reclamações e demais atos processuais de que devam ter conhecimento, assinando as respectivas notificações;

j) executar os demais trabalhos que lhe forem atribuídos pelo Presidente da Junta.

Parágrafo único. Os serventuários que, sem motivo justificado, não realizarem os atos, dentro dos prazos fixados, serão descontados em seus vencimentos, em tantos dias quantos os do excesso.

1. ATRIBUIÇÃO DOS CHEFES DE SECRETARIA

Compete especialmente aos chefes de Secretaria, ou seja, aos diretores de Secretaria das Varas do Trabalho as diversas atribuições arroladas no dispositivo em questão.

Na atualidade, nas Varas do Trabalho, o mais comum é a existência de um ou mais servidores que realizam a atividade de digitação e preparação das atas de audiência, posteriormente assinadas pelo juiz, partes e pelo diretor de Secretaria.

✦ Súmulas, Orientações Jurisprudenciais e Precedentes Normativos

Súmula 30 do TST: Quando não juntada a ata ao processo em 48 horas, contadas da audiência de julgamento (art. 851, § 2.º, da CLT), o prazo para recurso será contado da data em que a parte receber a intimação da sentença.

Seção II – Dos Distribuidores

Art. 713. Nas localidades em que existir mais de uma Junta de Conciliação e Julgamento haverá um distribuidor.

1. DISTRIBUIDOR

De acordo com o art. 713 da CLT, nas localidades em que existir mais de uma Vara do Trabalho, haverá um distribuidor, o qual realiza a distribuição, pela ordem rigorosa de entrada e sucessivamente a cada Vara do Trabalho, dos feitos que, para esse fim, lhe forem apresentados pelos interessados.

O Distribuidor é um órgão da Justiça do Trabalho, presente nas localidades em que existem duas ou mais Varas do Trabalho.

A distribuição das ações, assim, é necessária para que seja definida a competência de juízo, preservando-se o princípio do juiz natural.

Por exemplo, na cidade de São Paulo, há diversas Varas do Trabalho, todas com a mesma competência territorial. Logo, a ação a ser ajuizada na referida localidade precisa ser distribuída, para que se fixe a competência funcional (de juízo) de uma das referidas Varas.

No caso de estar determinado juízo (Vara do Trabalho) prevento para a ação a ser ajuizada, não se realiza a livre distribuição, mas o protocolo da respectiva petição inicial, com o requerimento da distribuição por prevenção, ao próprio juízo que se entende prevento. Este, acolhendo a prevenção, irá determinar a compensação, a ser observada pelo Distribuidor, ao receber novas ações a serem distribuídas entre as Varas do Trabalho da mesma localidade.

Conforme os arts. 284 e 285 do CPC de 2015, todos os processos estão sujeitos a registro, devendo ser distribuídos onde houver mais de um juiz. A distribuição, que pode ser eletrônica, deve ser alternada e aleatória, obedecendo-se a rigorosa igualdade. A lista de distribuição deve ser publicada no *Diário de Justiça*.

Todos os processos estão sujeitos a registro, devendo ser distribuídos onde houver mais de um juízo, obedecendo à rigorosa igualdade.

O art. 286 do CPC de 2015, por sua vez, prevê as hipóteses em que devem ser distribuídas por dependência as causas de qualquer natureza, quais sejam: I – quando se relacionarem, por conexão ou continência, com outra já ajuizada; II – quando, tendo sido extinto o processo sem resolução de mérito, for reiterado o pedido, ainda que em litisconsórcio com outros autores ou que sejam parcialmente alterados os réus da demanda; III – quando houver ajuizamento nos termos do art. 55, § 3.º, do CPC[209], ao juízo prevento.

Se houver intervenção de terceiro, reconvenção ou outra hipótese de ampliação objetiva do processo, o juiz, de ofício, deve mandar proceder à respectiva anotação pelo distribuidor.

Art. 714. Compete ao distribuidor:

a) a distribuição, pela ordem rigorosa de entrada, e sucessivamente a cada Junta, dos feitos que, para esse fim, lhe forem apresentados pelos interessados;

b) o fornecimento, aos interessados, do recibo correspondente a cada feito distribuído;

c) a manutenção de 2 (dois) fichários dos feitos distribuídos, sendo um organizado pelos nomes dos reclamantes e o outro dos reclamados, ambos por ordem alfabética;

d) o fornecimento a qualquer pessoa que o solicite, verbalmente ou por certidão, de informações sobre os feitos distribuídos;

e) a baixa na distribuição dos feitos, quando isto lhe for determinado pelos Presidentes das Juntas, formando, com as fichas correspondentes, fichários à parte, cujos dados poderão ser consultados pelos interessados, mas não serão mencionados em certidões.

1. ATRIBUIÇÃO DO DISTRIBUIDOR

O dispositivo em questão estabelece as diversas atribuições do Distribuidor.

Com a informatização e a utilização da tecnologia, a organização dos feitos distribuídos é feita por meio de programas e arquivos de computadores.

✦ Referência legislativa

- Art. 781 da CLT.

Art. 715. Os distribuidores são designados pelo Presidente do Tribunal Regional dentre os funcionários das Juntas e do Tribunal Regional, existentes na mesma localidade, e ao mesmo Presidente diretamente subordinados.

---

209 "§ 3.º Serão reunidos para julgamento conjunto os processos que possam gerar risco de prolação de decisões conflitantes ou contraditórias caso decididos separadamente, mesmo sem conexão entre eles".

1. DISTRIBUIDORES

Os distribuidores são servidores públicos dos Tribunais Regionais do Trabalho, sendo designados pelos seus respectivos Presidentes.

Seção III – Do Cartório dos Juízos de Direito

Art. 716. Os cartórios dos Juízos de Direito, investidos na administração da Justiça do Trabalho, têm, para esse fim, as mesmas atribuições e obrigações conferidas na Seção I às secretarias das Juntas de Conciliação e Julgamento.

Parágrafo único. Nos Juízos em que houver mais de um cartório, far-se-á entre eles a distribuição alternada e sucessiva das reclamações.

1. ATRIBUIÇÃO DOS CARTÓRIOS DOS JUÍZOS DE DIREITO

Os cartórios dos Juízos de Direito, investidos na função de administração da Justiça do Trabalho, têm as mesmas atribuições e obrigações das Secretarias das Varas do Trabalho.

Nos Juízos em que houver mais de um cartório, deve-se realizar a distribuição alternada e sucessiva das ações trabalhistas.

Art. 717. Aos escrivães dos Juízos de Direito, investidos na administração da Justiça do Trabalho, competem especialmente as atribuições e obrigações dos secretários das Juntas; e aos demais funcionários dos cartórios, as que couberem nas respectivas funções, dentre as que competem às secretarias das Juntas, enumeradas no art. 711.

1. COMPETÊNCIA DOS ESCRIVÃES DOS JUÍZOS DE DIREITO

Aos escrivães dos Juízos de Direito, investidos na administração da Justiça do Trabalho, competem especialmente as atribuições e obrigações dos diretores de Secretaria das Varas do Trabalho.

Seção IV – Das Secretarias dos Tribunais Regionais

Art. 718. Cada Tribunal Regional tem 1 (uma) secretaria, sob a direção do funcionário designado para exercer a função de secretário, com a gratificação de função fixada em lei.

Art. 719. Competem à Secretaria dos Conselhos, além das atribuições estabelecidas no art. 711, para a secretaria das Juntas, mais as seguintes:

a) a conclusão dos processos ao Presidente e sua remessa, depois de despachados, aos respectivos relatores;

b) a organização e a manutenção de um fichário de jurisprudência do Conselho, para consulta dos interessados.

Parágrafo único. No regimento interno dos Tribunais Regionais serão estabelecidas as demais atribuições, o funcionamento e a ordem dos trabalhos de suas secretarias.

✦ **Referência legislativa**

- Art. 96, I, alínea "a", da CF.

Art. 720. Competem aos secretários dos Tribunais Regionais as mesmas atribuições conferidas no art. 712 aos secretários das Juntas, além das que lhes forem fixadas no regimento interno dos Conselhos.

1. SECRETARIAS DOS TRIBUNAIS REGIONAIS DO TRABALHO

Cada Tribunal Regional do Trabalho tem uma Secretaria, sob a direção do servidor designado para exercer a função de secretário.

No Tribunal Superior do Trabalho também se verifica a Secretaria, dirigida pelo Diretor-Geral, que é, de acordo com o Regimento Interno, bacharel em Direito, nomeado em comissão pelo Presidente, incumbindo-lhe a direção dos serviços administrativos do Tribunal. Incumbe ao Secretário-Geral Judiciário, bacharel em Direito, nomeado em comissão pelo Presidente, a direção dos serviços judiciários do Tribunal.

A organização da Secretaria do Tribunal Superior do Trabalho, seu funcionamento e as atribuições do Diretor-Geral, do Secretário-Geral Judiciário, dos Secretários e dos Coordenadores, bem como das Unidades Administrativas, constam do Regulamento Geral.

Seção V – Dos Oficiais de Diligência

Art. 721. Incumbe aos Oficiais de Justiça e Oficiais de Justiça Avaliadores da Justiça do Trabalho a realização dos atos decorrentes da execução dos julgados das Juntas de Conciliação e Julgamento e dos Tribunais Regionais do Trabalho, que lhes forem cometidos pelos respectivos Presidentes.

§ 1.º Para efeito de distribuição dos referidos atos, cada Oficial de Justiça ou Oficial de Justiça Avaliador funcionará perante uma Junta de Conciliação e Julgamento, salvo quando da existência, nos Tribunais Regionais do Trabalho, de órgão específico, destinado à distribuição de mandados judiciais.

§ 2.º Nas localidades onde houver mais de uma Junta, respeitado o disposto no parágrafo anterior, a atribuição para o comprimento do ato deprecado ao Oficial de Justiça ou Oficial de Justiça Avaliador será transferida a outro Oficial, sempre que, após o decurso de 9 (nove) dias, sem razões que o justifiquem, não tiver sido cumprido o ato, sujeitando-se o serventuário às penalidades da lei.

§ 3.º No caso de avaliação, terá o Oficial de Justiça Avaliador, para cumprimento do ato, o prazo previsto no art. 888.

§ 4.º É facultado aos Presidentes dos Tribunais Regionais do Trabalho cometer a qualquer Oficial de Justiça ou Oficial de Justiça Avaliador a realização dos atos de execução das decisões desses Tribunais.

§ 5.º Na falta ou impedimento do Oficial de Justiça ou Oficial de Justiça Avaliador, o Presidente da Junta poderá atribuir a realização do ato a qualquer serventuário.

1. OFICIAIS DE JUSTIÇA

Os Oficiais de Justiça realizam relevantes atividades de apoio e auxiliares à prestação jurisdicional.

Exemplificando, na execução, cabe ao oficial de justiça cumprir o mandado de citação do executado, bem como de penhora e avaliação de bens.

Mesmo na fase de conhecimento, há casos em que a notificação da parte necessita ser feita por oficial de justiça, por exemplo, quando a notificação postal retorna negativa ou recusada, mas o endereço encontra-se correto.

Além disso, a condução de testemunha que não atende à intimação para comparecer à audiência também é feita pelo Oficial de Justiça.

Diversos Tribunais Regionais do Trabalho organizam uma "Central de Mandados", como órgão que centraliza o cumprimento das determinações judiciais, encaminhadas pelas Varas do Trabalho da localidade, por meio da atuação dos Oficiais de Justiça ali lotados.

No caso de avaliação em específico, o Oficial de Justiça Avaliador, para cumprimento desse ato, terá o prazo previsto no art. 888 da CLT, ou seja, de 10 dias.

Entretanto, na prática, o Oficial de Justiça procura realizar a avaliação dos bens, para garantia da execução, no mesmo prazo da penhora, que ocorre após a citação do executado.

✦ Súmulas, Orientações Jurisprudenciais e Precedentes Normativos

Orientação Jurisprudencial 164 da SBDI-1 do TST: Não se caracteriza o vínculo empregatício na nomeação para o exercício das funções de oficial de justiça "ad hoc", ainda que feita de forma reiterada, pois exaure-se a cada cumprimento de mandado.

CAPÍTULO VII – DAS PENALIDADES

Seção I – Do *Lock-Out* e da Greve

Art. 722. Os empregadores que, individual ou coletivamente, suspenderem os trabalhos dos seus estabelecimentos, sem prévia autorização do Tribunal competente, ou que violarem, ou se recusarem a cumprir decisão proferida em dissídio coletivo, incorrerão nas seguintes penalidades:

a) multa de cinco mil cruzeiros a cinquenta mil cruzeiros;

b) perda do cargo de representação profissional em cujo desempenho estiverem;

c) suspensão, pelo prazo de 2 (dois) a 5 (cinco) anos, do direito de serem eleitos para cargos de representação profissional.

§ 1.º Se o empregador for pessoa jurídica, as penas previstas nas alíneas "b" e "c" incidirão sobre os administradores responsáveis.

§ 2.º Se o empregador for concessionário de serviço público, as penas serão aplicadas em dobro. Nesse caso, se o concessionário for pessoa jurídica o Presidente do Tribunal que houver proferido a decisão poderá, sem prejuízo do cumprimento desta e da aplicação das penalidades cabíveis, ordenar o afastamento dos administradores responsáveis, sob pena de ser cassada a concessão.

§ 3.º Sem prejuízo das sanções cominadas neste artigo, os empregadores ficarão obrigados a pagar os salários devidos aos seus empregados, durante o tempo de suspensão do trabalho.

1. AUTODEFESA

Os diversos meios de solução dos conflitos de trabalho podem ser classificados em três grupos principais, quais sejam, a autodefesa, a autocomposição e a heterocomposição.

Na autodefesa (ou autotutela), as próprias partes procedem à defesa de seus interesses, de forma que uma delas impõe a sua vontade à outra.

Na atualidade, a autodefesa, em regra, não é admitida, pois não se deve permitir que uma parte imponha, por si, a sua vontade em face da outra.

Um exemplo de autodefesa ainda admitida é a legítima defesa, em que aquele que se encontra em situação de iminente risco de violação e ofensa ao seu direito de integridade tem como se defender, de forma moderada e nos limites permitidos pelo ordenamento jurídico.

A greve e o *lock-out* (vedado pela Lei 7.783/1989, art. 17) são exemplos de autodefesa (autotutela) no âmbito dos conflitos coletivos de trabalho.

Na atualidade, nos termos do art. 17 da Lei 7.783/1989, é vedada a paralisação das atividades, por iniciativa do empregador, com o objetivo de frustrar negociação ou dificultar o atendimento de reivindicações dos respectivos empregados (*lockout*). A referida prática assegura aos trabalhadores o direito à percepção dos salários durante o período de paralisação. Trata-se, portanto, de hipótese de interrupção do contrato de trabalho, admitindo-se, ainda, a despedida indireta decorrente de falta patronal (art. 483, alínea "d", da CLT).

A Portaria 667/2021 do Ministério do Trabalho e Previdência, quanto ao art. 722, alínea "a", da CLT, estabelece a multa administrativa no valor mínimo de R$ 4.025,33 e valor máximo de R$ 40.253,27, sendo a aplicação em dobro para concessionário de serviço público.

2. GREVE

A greve é um meio de pressão utilizado pelos trabalhadores, reunidos em grupo e devidamente representados, como forma de alcançar as suas reivindicações.

Nesse sentido, o art. 9.º da Constituição da República assegura o *direito de greve*, competindo aos trabalhadores decidir sobre a oportunidade de exercê-lo e sobre os interesses que devam por meio dele defender. Cabe à lei definir os serviços ou as atividades essenciais e dispor sobre o atendimento das necessidades inadiáveis da comunidade. Os abusos cometidos sujeitam os responsáveis às penas da lei.

A Lei 7.783/1989 dispõe sobre o exercício do direito de greve, define as atividades essenciais, regula o atendimento das necessidades inadiáveis da comunidade e dá outras providências.

A greve pode ser conceituada como a suspensão coletiva, temporária e pacífica, total ou parcial, de prestação pessoal de serviços a empregador (art. 2.º da Lei 7.783/1989).

Além dos empregados, também são abrangidos pelo direito de greve os trabalhadores avulsos, tendo em vista a igualdade de direitos com os trabalhadores com vínculo empregatício permanente, conforme art. 7.º, inciso XXXIV, da Constituição da República.

Aos *militares* há vedação constitucional quanto à greve, conforme os arts. 42, § 1.º, e 142, § 3.º, inciso IV, da Constituição Federal de 1988.

A segurança pública, dever do Estado, direito e responsabilidade de todos, é exercida para a preservação da ordem pública e da incolumidade das pessoas e do patrimônio, por meio dos seguintes órgãos: I – polícia federal; II – polícia rodoviária federal; III – polícia ferroviária federal; IV – polícias civis; V – polícias militares e corpos de bombeiros militares; VI – polícias penais federal, estaduais e distrital (art. 144 da Constituição Federal de 1988).

A respeito dos *policiais civis e servidores públicos que atuam diretamente na área de segurança pública*, cabe ressaltar que o Supremo Tribunal Federal fixou a seguinte tese de repercussão geral: "1. O exercício do direito de greve, sob qualquer forma ou modalidade, é vedado aos policiais civis e a todos os servidores públicos que atuem diretamente na área de segurança pública. 2. É obrigatória a participação do Poder Público em mediação instaurada pelos órgãos classistas das carreiras de segurança pública, nos termos do art. 165 do CPC, para vocalização dos interesses da categoria" (STF, Pleno, ARE 654.432/GO, Red. p/ ac. Min. Alexandre de Moraes, j. 05.04.2017).

Os Municípios podem constituir guardas municipais destinadas à proteção de seus bens, serviços e instalações, conforme dispuser a lei (art. 144, § 8.º, da Constituição Federal de 1988)[210].

Quanto aos *servidores públicos*, exige-se lei específica regulando o exercício do direito de greve, conforme o art. 37, inciso VII, da Constituição da República, com redação determinada pela Emenda Constitucional 19/1998.

Em relação aos empregados públicos das sociedades de economia mista, empresas públicas e suas subsidiárias que exerçam atividade econômica, o art. 173, § 1.º, inciso II, da Constituição Federal de 1988 estabelece a aplicação do regime jurídico das empresas privadas. Desse modo, aos referidos empregados públicos é aplicável a Lei 7.783/1989, que regula o direito de greve.

Entende-se que, na ausência da lei específica, é possível aplicar a Lei de Greve (7.783/1989), ainda que por analogia, mesmo para os servidores públicos, não se podendo admitir que a previsão constitucional fique sem qualquer eficácia, na dependência do legislador infraconstitucional. Essa tese foi adotada pelo STF (Mandados de Injunção 670, 708 e 712)[211], sabendo-se que a greve é um direito social, considerado, assim, de ordem fundamental, devendo ter aplicação imediata[212].

---

210 "2. As guardas municipais executam atividade de segurança pública (art. 144, § 8.º, da CF), essencial ao atendimento de necessidades inadiáveis da comunidade (art. 9.º, § 1.º, CF), pelo que se submetem às restrições firmadas pelo Supremo Tribunal Federal no julgamento do ARE 654.432 (Rel. Min. Edson Fachin, redator para acórdão Min. Alexandre de Moraes, Tribunal Pleno, julgado em 5/4/2017)" (STF, Pleno, RE 846.854/SP, Red. p/ ac. Min. Alexandre de Moraes, *DJe* 07.02.2018).

211 "Embargos de declaração em mandado de injunção. Inexistência de omissão no tocante ao alcance da decisão da Suprema Corte. Questão devidamente apreciada no acórdão embargado. Intuito de reapreciação da causa. Impossibilidade. Embargos declaratórios rejeitados. [...] 2. Mandado de injunção acolhido para se determinar que, até a edição da legislação que vier a regulamentar o direito de greve previsto no art. 37, inciso VII, da Constituição da República, a Lei 7.783/1989 seja aplicada provisoriamente, de modo a possibilitar o exercício do direito de greve pelos servidores públicos, sendo competência dos tribunais decidir controvérsias surgidas em razão do exercício desse direito" (STF, Pleno, ED-MI 712/PA, Rel. Min. Dias Toffoli, *DJe* 01.12.2020).

212 "4. Direito de greve dos servidores públicos civis. Regulamentação da lei de greve dos trabalhadores em geral (Lei 7.783/1989). Fixação de parâmetros de controle judicial do exercício do direito de greve

Frise-se que o Supremo Tribunal Federal aprovou a seguinte tese de repercussão geral: "A administração pública deve proceder ao desconto dos dias de paralisação decorrentes do exercício do direito de greve pelos servidores públicos, em virtude da suspensão do vínculo funcional que dela decorre, permitida a compensação em caso de acordo. O desconto será, contudo, incabível se ficar demonstrado que a greve foi provocada por conduta ilícita do Poder Público" (STF, Pleno, RE 693.456/RJ, Rel. Min. Dias Toffoli, j. 27.10.2016).

O inciso II do art. 114 da Constituição da República atribui à Justiça do Trabalho a competência para processar e julgar "as ações que envolvam o exercício do direito de greve".

Ao se exercer o direito de greve, devem ser respeitados os demais direitos e garantias constitucionais. Tanto é assim que a Lei 7.783/1989, no art. 2.º, prevê a necessidade de ser a greve exercida de forma pacífica. O art. 6.º, § 1.º, do mesmo diploma legal determina a observância dos direitos e garantias fundamentais, e o art. 6.º, § 3.º, veda a ameaça ou dano à propriedade.

Em razão disso, o exercício do direito de greve pode dar origem ao ajuizamento de ações com diversos objetos e finalidades, não apenas voltadas ao campo trabalhista, mas também civil (art. 15 da Lei 7.783/1989).

Por exemplo, a ação de responsabilidade civil, ajuizada por terceiro prejudicado em razão de ato ilícito ou abuso de direito praticado pelos grevistas (ou pelas organizações sindicais), como envolve o exercício do direito de greve, passa a ser da competência da Justiça do Trabalho, por expressa determinação constitucional (inciso II do art. 114), embora não se refira à relação de trabalho propriamente (inciso I do art. 114).

Para essas demandas, ainda que relacionadas ao direito de greve, que não se referem a dissídio coletivo propriamente, a competência originária, hierárquico-funcional, é da Vara do Trabalho, justamente por não se confundir com o dissídio coletivo de greve, não envolvendo a solução do próprio conflito coletivo de trabalho. Os dissídios coletivos de greve é que são de competência originária, conforme o caso, dos Tribunais Regionais do Trabalho ou do Tribunal Superior do Trabalho (CLT, arts. 856, 677, 678, inciso I, 702, inciso I, alínea "b", e Lei 7.701/1988, art. 2.º, inciso I, alínea "a").

Da mesma forma, ações ajuizadas pelo empregador, de natureza possessória, com pedidos de desocupação ou, preventivamente, não ocupação do estabelecimento pelos grevistas,

pelo legislador infraconstitucional. [...] 4.2 Considerada a omissão legislativa alegada na espécie, seria o caso de se acolher a pretensão, tão somente no sentido de que se aplique a Lei 7.783/1989 enquanto a omissão não for devidamente regulamentada por lei específica para os servidores públicos civis (CF, art. 37, VII). 4.3 Em razão dos imperativos da continuidade dos serviços públicos, contudo, não se pode afastar que, de acordo com as peculiaridades de cada caso concreto e mediante solicitação de entidade ou órgão legítimo, seja facultado ao tribunal competente impor a observância a regime de greve mais severo em razão de tratar-se de 'serviços ou atividades essenciais', nos termos do regime fixado pelos arts. 9.º a 11 da Lei 7.783/1989. Isso ocorre porque não se pode deixar de cogitar dos riscos decorrentes das possibilidades de que a regulação dos serviços públicos que tenham características afins a esses 'serviços ou atividades essenciais' seja menos severa que a disciplina dispensada aos serviços privados ditos 'essenciais'. 4.4. O sistema de judicialização do direito de greve dos servidores públicos civis está aberto para que outras atividades sejam submetidas a idêntico regime. Pela complexidade e variedade dos serviços públicos e atividades estratégicas típicas do Estado, há outros serviços públicos, cuja essencialidade não está contemplada pelo rol dos arts. 9.º a 11 da Lei 7.783/1989. Para os fins desta decisão, a enunciação do regime fixado pelos arts. 9.º a 11 da Lei 7.783/1989 é apenas exemplificativa (*numerus apertus*)" (STF, Pleno, MI 708/DF, Rel. Min. Gilmar Mendes, *DJe* 31.10.2008).

e ações ajuizadas pelos grevistas, para assegurar o exercício do direito de greve, também são de competência da Justiça do Trabalho.

Nesse sentido, o Supremo Tribunal Federal decidiu que a Justiça do Trabalho é competente para julgar interdito proibitório que envolva o exercício do direito de greve. O tema, no presente, está pacificado pela Súmula Vinculante 23 do STF.

A Emenda Constitucional 45/2004 não estendeu à Justiça do Trabalho a competência em matéria criminal, pois ausente previsão nesse sentido. Tanto é assim que o Supremo Tribunal Federal deferiu liminar em medida cautelar em Ação Direta de Inconstitucionalidade, com efeito *ex tunc*, atribuindo interpretação conforme a Constituição aos incisos I, IV e IX do seu art. 114, declarando que, "no âmbito da jurisdição da Justiça do Trabalho, não está incluída competência para processar e julgar ações penais" (STF, ADI-MC 3.684/DF, Rel. Min. Cezar Peluso, *DJ* 03.08.2007).

O Supremo Tribunal Federal julgou procedente o pedido formulado em ação direta de inconstitucionalidade, de modo a conferir interpretação conforme à Constituição ao seu art. 114, incisos I, IV e IX, na redação dada pela Emenda Constitucional 45/2004, para afastar qualquer interpretação que entenda competir à Justiça do Trabalho processar e julgar ações penais, nos termos da medida cautelar anteriormente deferida (STF, Pleno, ADI 3.684/DF, Rel. Min. Gilmar Mendes, *DJe* 01.06.2020).

A mesma orientação deve ser aplicada ao inciso II do art. 114 da Constituição Federal de 1988. Assim, quanto a eventuais crimes praticados durante a greve, com apuração segundo a legislação penal (Lei 7.783/1989, art. 15), não estão abrangidos pelo art. 114, inciso II, da Constituição Federal de 1988, permanecendo na competência da Justiça Comum.

Ademais, o entendimento que prevalece é no sentido de que a competência para processar e julgar ações referentes a greves de servidores públicos estatutários não é da Justiça do Trabalho, tendo em vista a aplicação, também nesse caso, do entendimento do STF, constante da ADI-MC 3.395/DF.

Logo, na mesma linha da interpretação do inciso I do art. 114 da Constituição Federal de 1988, entende o STF que a competência da Justiça do Trabalho não abrange ações que envolvam greves de servidores públicos estatutários ou de regime administrativo. No mesmo sentido é o entendimento do STJ.

Frise-se ainda que o Supremo Tribunal Federal fixou a seguinte tese de repercussão geral: "A justiça comum, federal ou estadual, é competente para julgar a abusividade de greve de servidores públicos celetistas da Administração pública direta, autarquias e fundações públicas" (STF, Pleno, RE 846.854/SP, Red. p/ ac. Min. Alexandre de Moraes, j. 01.08.2017).

Portanto, prevaleceu no STF o entendimento de que a matéria sobre *abusividade de greve* de servidores públicos celetistas (da administração pública direta, autarquias e fundações públicas) compete à Justiça comum (federal ou estadual).

A *greve ambiental* é instaurada em casos de violação a relevantes normas sobre meio ambiente do trabalho, segurança e saúde no trabalho, o que acarreta graves e iminentes riscos aos trabalhadores e pode causar danos à sua incolumidade física e psíquica. A respeito do tema, cabe fazer referência ao art. 13 da Convenção 155 da OIT e à Norma Regulamentadora 1, item 1.4.3.

Nesse contexto, registre-se o entendimento de que, em situações especiais, quando a greve é motivada pelo descumprimento patronal de obrigações contratuais e legais relevantes, notadamente em casos de grave violação a normas sobre meio ambiente do trabalho, segurança e saúde no trabalho (como na greve ambiental), é possível relativizar a necessidade de cumprimento das formalidades legais para a sua deflagração. Essas hipóteses afastam a abusividade da greve, com base no preceito da exceção do contrato não cumprido, entendendo-se devido o pagamento dos dias não trabalhados em decorrência da referida greve. Cf. TST, SDC, RO-1002680-32.2018.5.02.0000, Rel. Min. Mauricio Godinho Delgado, *DEJT* 07.12.2021. TST, SDC, RO-80399-40.2016.5.07.0000, Rel. Min. Mauricio Godinho Delgado, *DEJT* 13.12.2019.

3. DISSÍDIO COLETIVO DE GREVE

A iniciativa para a instauração do dissídio coletivo de greve é de qualquer das partes ou do Ministério Público do Trabalho, conforme o art. 8.º da Lei 7.783/1989.

O art. 114, § 2.º, da Constituição Federal, com redação dada pela Emenda Constitucional 45/2004, passou a exigir o consenso entre as partes para o ajuizamento do dissídio coletivo de natureza econômica.

Assim, há certa controvérsia em saber se esse requisito também é exigido no dissídio coletivo de greve.

O dissídio de greve é um processo coletivo diferenciado, em que se observam tanto o aspecto declaratório, em decisão a respeito da abusividade ou não do exercício desse direito (Súmula 189 do TST), como o aspecto econômico, pois a sentença normativa decide a respeito de novas condições de trabalho almejadas, com a incidência do poder normativo. Além disso, disciplina questões relativas ao período de greve, como o pagamento ou não dos salários (art. 7.º da Lei 7.783/1989).

Portanto, o dissídio coletivo de greve não se confunde com o dissídio coletivo de natureza econômica. O § 2.º do art. 114 da Constituição Federal de 1988 apenas menciona o dissídio coletivo de natureza econômica, e não o decorrente da greve.

Dessa forma, entende-se que não há exigência de consenso para o ajuizamento de dissídio coletivo de greve, permanecendo em vigor, nesse aspecto, a disposição específica do art. 8.º da Lei 7.783/1989, ao prever a possibilidade de instauração do dissídio coletivo, em caso de greve, por iniciativa das partes ou do Ministério Público do Trabalho, devidamente adaptado ao § 3.º do art. 114 da Constituição da República. Cf. TST, SDC, RO-1147-87.2018.5.08.0000, Rel. Min. Katia Magalhaes Arruda, *DEJT* 20.04.2023.

Cf. ainda comentários ao art. 856 da CLT, item 4.

✦ Jurisprudência

Constitucional. Direitos sociais. Competência para o julgamento da legalidade de greve de servidores públicos celetistas. Justiça Comum. Fixação de tese de repercussão geral. 1. É competência da justiça comum, federal ou estadual, conforme o caso, o julgamento de dissídio de greve promovida por servidores públicos, na linha do precedente firmado no MI 670 (Rel. Min. Maurício Corrêa, Rel. p/ acórdão Min. Gilmar Mendes, Tribunal Pleno, *DJe* de 30/10/2008). 2. As Guardas Municipais executam atividade de segurança pública (art. 144, § 8.º, da CF), essencial ao atendimento de necessidades inadiáveis da comunidade (art. 9.º, § 1.º, CF), pelo que se submetem às restrições firmadas pelo Supremo Tribunal Federal no julgamento do ARE 654.432 (Rel. Min. Edson Fachin, redator para acórdão Min. Alexandre de Moraes, Tribunal Pleno, julgado em 5/4/2017). 3. A essencialidade das atividades desempenhadas pelos servidores públicos conduz à aplicação da regra de competência firmada pelo Supremo Tribunal Federal no MI 670, mesmo em se tratando de servidores contratados pelo Estado sob o regime celetista. 4. Negado provimento ao recurso extraordinário e fixada a seguinte tese de repercussão geral: "A Justiça Comum Federal ou Estadual é competente para julgar a abusividade de greve de servidores públicos celetistas da administração direta, autarquias e fundações de direito público" (STF, Pleno, RE 846.854/SP, Rel. p/ ac. Min. Alexandre de Moraes, *DJe* 07.02.2018).

Processual civil. Conflito de competência. Greve. Servidores e professores de Universidades estaduais. Ausência de interesse da União na demanda. Emenda Constitucional 45/2004. Competência da Justiça Comum Estadual. 1. Nos termos do art. 109, I, da Constituição Federal, compete à Justiça Federal processar e julgar demandas em que houver interesse da União, autarquias, empresas públicas federais e, por extensão, fundações de igual natureza. 2. Na espécie, a causa de pedir diz respeito à greve deflagrada por professores e servidores de Universidades estaduais, as quais não atuam por delegação da União Federal, porquanto pertencem ao sistema estadual de ensino, nos termos dos arts. 17 da Lei 9.394/1996 e 211 da CF. Não se vislumbra, portanto, interesse do ente federal a determinar a competência da Justiça Federal. 3. Mesmo diante da mudança ocorrida na Constituição Federal, com o advento da EC 45, em seu art. 114, I, continuou sendo da Justiça comum estadual a competência para processar e julgar feitos relativos a servidores civis da administração direta e indireta, dos municípios e dos estados, decorrentes da relação de trabalho, em face da concessão de liminar em sede de cautelar na ADIN 3.395/DF, onde se discute o disposto no referido dispositivo. O movimento grevista em questão é efeito da relação jurídico-administrativa estabelecida entre os professores e servidores e as Universidades Estaduais de Londrina, de Maringá e do Oeste. Precedente do Supremo Tribunal Federal. 4. A competência do Superior Tribunal de Justiça para o processo e o julgamento de conflito, prevista no art. 105, inciso I, alínea "d", da Constituição da República, verifica-se entre quaisquer tribunais, bem como entre tribunal e juízes a ele não vinculados e entre juízes vinculados a tribunais diversos. 5. Conflito parcialmente conhecido para declarar a competência da Justiça estadual, cabendo ao Tribunal de Justiça do Estado do Paraná, ao qual devem ser remetidos estes autos, definir a competência específica no âmbito de sua jurisdição (STJ, 3.ª Seção, CC 34483/PR, Rel. Min. Arnaldo Esteves Lima, j. 22.03.2006, *DJ* 24.04.2006).

Compensação e pagamento dos dias parados. Greve de longa duração. O entendimento que prevalece nessa SDC é de que a greve configura a suspensão do contrato de trabalho, e, por isso, como regra geral, não é devido o pagamento dos dias de paralisação, exceto quando a questão é negociada entre as partes ou em situações excepcionais, como na paralisação motivada por descumprimento de instrumento normativo coletivo vigente, não pagamento de salários e más condições de trabalho. No caso, não se constata a ocorrência de nenhuma das hipóteses excepcionais admitidas pela jurisprudência, que, se motivadora da paralisação dos serviços, justificaria a decretação do pagamento dos dias parados. Entretanto, a jurisprudência da C. SDC entende que, se a greve perdurar por longo período no tempo, o desconto salarial integral pode acarretar prejuízos econômicos e sociais excessivos aos trabalhadores, razão por que é possível preservar seu salário com a compensação de parte dos dias parados. Nesse sentido, deve ser considerada a oferta do recorrente no sentido de fixar o desconto salarial de 50% dos dias paralisados e a compensação dos outros 50%. Precedentes. Recurso ordinário a que se dá provimento (TST, SDC, RO 220-38.2016.5.10.0000, Rel. Min. Kátia Magalhães Arruda, *DEJT* 20.06.2017).

✦ Súmulas, Orientações Jurisprudenciais e Precedentes Normativos

Súmula Vinculante 23 do STF: A Justiça do Trabalho é competente para processar e julgar ação possessória ajuizada em decorrência do exercício do direito de greve pelos trabalhadores da iniciativa privada (*DOU* 11.12.2009).

Súmula 189 do TST: Greve. Competência da Justiça do Trabalho. Abusividade (nova redação) – Res. 121/2003, *DJ* 19, 20 e 21.11.2003. A Justiça do Trabalho é competente para declarar a abusividade, ou não, da greve.

Orientação Jurisprudencial 10 da SDC do TST: Greve abusiva não gera efeitos (inserida em 27.03.1998). É incompatível com a declaração de abusividade de movimento grevista o estabelecimento de quaisquer vantagens ou garantias a seus partícipes, que assumiram os riscos inerentes à utilização do instrumento de pressão máximo.

Orientação Jurisprudencial 11 da SDC do TST: Greve. Imprescindibilidade de tentativa direta e pacífica da solução do conflito. Etapa negocial prévia. É abusiva a greve levada a efeito sem que as partes hajam tentado, direta e pacificamente, solucionar o conflito que lhe constitui o objeto.

Orientação Jurisprudencial 38 da SDC do TST: Greve. Serviços essenciais. Garantia das necessidades inadiáveis da população usuária. Fator determinante da qualificação jurídica do movimento. É abusiva a greve que se realiza em setores que a lei define como sendo essenciais à comunidade, se não é assegurado o atendimento básico das necessidades inadiáveis dos usuários do serviço, na forma prevista na Lei 7.783/1989.

Arts. 723 a 725. Revogados pela Lei 9.842, de 07.10.1999.

Seção II – Das Penalidades contra os Membros da Justiça do Trabalho

Art. 726. Aquele que recusar o exercício da função de vogal de Junta de Conciliação e Julgamento ou de Tribunal Regional, sem motivo justificado, incorrerá nas seguintes penas:

a) sendo representante de empregadores, multa de Cr$ 100,00 (cem cruzeiros) a Cr$ 1.000,00 (mil cruzeiros) e suspensão do direito de representação profissional por 2 (dois) a 5 (cinco) anos;

b) sendo representante de empregados, multa de Cr$ 100,00 (cem cruzeiros) e suspensão do direito de representação profissional por 2 (dois) a 5 (cinco) anos.

Art. 727. Os vogais das Juntas de Conciliação e Julgamento, ou dos Tribunais Regionais, que faltarem a 3 (três) reuniões ou sessões consecutivas, sem motivo justificado, perderão o cargo, além de incorrerem nas penas do artigo anterior.

Parágrafo único. Se a falta for de presidente, incorrerá ele na pena de perda do cargo, além da perda dos vencimentos correspondentes aos dias em que tiver faltado às audiências ou sessões consecutivas.

1. JUÍZES CLASSISTAS

A Emenda Constitucional 24/1999 extinguiu a representação classista em todos os órgãos da Justiça do Trabalho.

Art. 728. Aos presidentes, membros, juízes, vogais, e funcionários auxiliares da Justiça do Trabalho, aplica-se o disposto no Título XI do Código Penal.

1. APLICAÇÃO DO CÓDIGO PENAL

O Título XI do Código Penal prevê os crimes contra a Administração Pública, conforme arts. 312 a 359.

Portanto, os juízes, desembargadores e servidores públicos da Justiça do Trabalho estão sujeitos aos mencionados crimes.

Seção III – De Outras Penalidades

Art. 729. O empregador que deixar de cumprir decisão passada em julgado sobre a readmissão ou reintegração de empregado, além do pagamento dos salários deste, incorrerá na multa de Cr$ 10,00 (dez cruzeiros) a Cr$ 50,00 (cinquenta cruzeiros) por dia, até que seja cumprida a decisão.

§ 1.º O empregador que impedir ou tentar impedir que empregado seu sirva como vogal em Tribunal de Trabalho, ou que perante este preste depoimento, incorrerá na multa de Cr$ 500,00 (quinhentos cruzeiros) a Cr$ 5.000,00 (cinco mil cruzeiros).

§ 2.º Na mesma pena do parágrafo anterior incorrerá o empregador que dispensar seu empregado pelo fato de haver servido como vogal ou prestado depoimento como testemunha, sem prejuízo da indenização que a lei estabeleça.

1. APLICAÇÃO DO ART. 729

Como no processo do trabalho os recursos não possuem, em tese, efeito suspensivo, a tutela referente a obrigações de fazer e de não fazer, e de entregar coisa, deve operar desde logo, independentemente do trânsito em julgado da decisão na qual se funde.

Diante disso, a decisão de mérito que condene, ou melhor, determine a reintegração de empregado, deve ser cumprida de forma imediata, ainda que não transitada em julgado, inclusive por meio da aplicação das medidas previstas nos arts. 497 e 536 a 538 do CPC de 2015. Logo, é evidente ter se tornado incompatível com toda essa sistemática processual, comprometida com a efetividade da tutela jurisdicional, a exigência de ter a decisão "passado em julgado", segundo poderia indicar a leitura isolada do art. 729, *caput*, da CLT. Seria totalmente incabível, ainda, afastar todo esse avanço legislativo já alcançado em matéria processual, sob o simples argumento de que a CLT possui essa regra quanto à matéria. A visão global do sistema processual é que deve prevalecer, até porque o processo é instrumento para a satisfação do direito material. Assim, as inovadoras normas processuais, aplicáveis ao âmbito trabalhista, devem ser necessariamente utilizadas.

A Emenda Constitucional 24/1999 extinguiu a representação classista nos órgãos da Justiça do Trabalho.

Art. 730. Aqueles que se recusarem a depor como testemunhas, sem motivo justificado, incorrerão na multa de Cr$ 50,00 (cinquenta cruzeiros) a Cr$ 500,00 (quinhentos cruzeiros).

1. MULTA DO ART. 730

Nos termos do art. 825 da CLT, as testemunhas devem comparecer à audiência independentemente de notificação ou intimação. As que não comparecerem devem ser intimadas, de ofício ou a requerimento da parte, ficando sujeitas à condução coercitiva, além das penalidades do art. 730 da CLT (multa prevista para aqueles que se recusarem a depor como testemunhas, sem motivo justificado), caso, sem motivo justificado, não atendam à intimação (parágrafo único do art. 825 da CLT).

Art. 731. Aquele que, tendo apresentado ao distribuidor reclamação verbal, não se apresentar, no prazo estabelecido no parágrafo único do art. 786, à Junta ou Juízo para fazê-lo tomar por termo, incorrerá na pena de perda, pelo prazo de 6 (seis) meses, do direito de reclamar perante a Justiça do Trabalho.

Art. 732. Na mesma pena do artigo anterior incorrerá o reclamante que, por 2 (duas) vezes seguidas, der causa ao arquivamento de que trata o art. 844.

1. PEREMPÇÃO

Nos termos do art. 486, § 3.º, do CPC de 2015, se o autor der causa, por três vezes, a sentença fundada em abandono da causa, não poderá propor nova ação em face do réu com o mesmo objeto, ficando-lhe ressalvada, entretanto, a possibilidade de alegar em defesa o seu direito.

O art. 485, inciso III, do CPC de 2015 prevê que o juiz não resolverá o mérito quando, por não promover os atos e as diligências que lhe incumbir, o autor abandonar a causa por mais de 30 dias. Cabe esclarecer que, nessa hipótese, a parte deve ser intimada pessoalmente para suprir a falta no prazo de cinco dias (art. 485, § 1.º, do CPC de 2015).

Oferecida a contestação, a extinção do processo, por abandono da causa pelo autor, depende de requerimento do réu (art. 485, § 6.º, do CPC de 2015).

Logo, a perempção é a perda do direito de ação, em razão de o autor ter dado causa, por três vezes, à extinção do processo sem resolução de mérito, por abandono da causa por mais de 30 dias.

No âmbito da CLT, de acordo com os arts. 731 e 732, aquele que, tendo apresentado ao distribuidor reclamação trabalhista verbal, não se apresentar, no prazo de cinco dias, salvo motivo de força maior (art. 786, parágrafo único), ao juízo para fazê-lo tomar por termo, deve incorrer na pena de perda, pelo prazo de seis meses, do direito de reclamar perante a Justiça do Trabalho. Nessa mesma pena deve incorrer o reclamante que, por duas vezes seguidas, der causa ao arquivamento decorrente do não comparecimento à audiência una ou inicial (art. 844).

Há quem defenda que a perempção, a qual é prevista no Código de Processo Civil, não se aplica ao processo do trabalho, em razão das previsões constantes dos arts. 731 e 732 da CLT. Entretanto, entende-se de maneira diversa, pois as hipóteses previstas na CLT e no CPC não se confundem, contendo sanções distintas. Logo, como a CLT é omissa a respeito da perempção, prevista no art. 486, § 3.º, do CPC de 2015, e não se verifica incompatibilidade com as normas do processo do trabalho, o mencionado dispositivo é aplicável, na forma do art. 769 da CLT.

✦ Jurisprudência

Arquivamento da reclamação trabalhista. Perda temporária do direito de reclamar em juízo. Hipótese. Norma aplicável. O art. 769 da CLT somente permite a adoção do direito processual comum como fonte subsidiária do direito processual do trabalho nos casos omissos e naquilo em que for compatível com as normas desse. Assim, se há regramento específico na CLT, em que somente se prevê a perda (pelo prazo de seis meses), do direito de reclamar perante a Justiça do Trabalho nas hipóteses dos arts. 731 e 732, o art. 769 da CLT não autoriza a adoção de pena diversa para a circunstância distinta prevista no art. 268, parágrafo único, do Código de Processo Civil [de 1973], razão por que a Turma, em vez de contrariar esses dispositivos, atendeu aos seus ditames (TST, SBDI-I, E-RR 840400-70.2002.5.10.0900, Rel. Min. João Batista Brito Pereira, *DEJT* 24.04.2009).

✦ Referência legislativa

- Art. 133 da CF.

Art. 733. As infrações de disposições deste Título, para as quais não haja penalidades cominadas, serão punidas com a multa de Cr$ 50,00 (cinquenta cruzeiros) a Cr$ 5.000,00 (cinco mil cruzeiros), elevada ao dobro na reincidência.

1. APLICAÇÃO DE PENALIDADES

O dispositivo em questão prevê penalidades (multas) aplicáveis em caso de infração aos arts. 643 a 735 da CLT, quando não houver previsão de penalidades específicas.

CAPÍTULO VIII – DISPOSIÇÕES GERAIS

Art. 734. O ministro do Trabalho, Indústria e Comércio, poderá rever, *ex officio*, dentro do prazo de 30 (trinta) dias, contados de sua publicação no órgão oficial, ou mediante representação apresentada dentro de igual prazo:

a) as decisões da Câmara da Previdência Social, quando proferidas pelo voto de desempate, ou que violarem disposições expressas de direito ou modificarem jurisprudência até então observada;

b) as decisões do presidente do Tribunal Nacional do Trabalho em matéria de previdência social.

Parágrafo único. O ministro do Trabalho, Indústria e Comércio, poderá avocar ao seu conhecimento os assuntos de natureza administrativa referentes às instituições de previdência social, sempre que houver interesse público.

1. REVOGAÇÃO DO DISPOSITIVO

Entende-se que o dispositivo foi revogado pela Lei 3.807/1960, alterada pela Lei 5.890/1973.

Cf. ainda o Decreto-lei 72/1966, que unifica os Institutos de Aposentadoria e Pensões e cria o Instituto Nacional de Previdência Social (INPS).

Art. 735. As repartições públicas e as associações sindicais são obrigadas a fornecer aos Juízes e Tribunais do Trabalho e à Procuradoria da Justiça do Trabalho as informações e os dados necessários à instrução e ao julgamento dos feitos submetidos à sua apreciação.

Parágrafo único. A recusa de informações ou dados a que se refere este artigo, por parte de funcionários públicos, importa na aplicação das penalidades previstas pelo Estatuto dos Funcionários Públicos por desobediência.

1. FORNECIMENTO DE DADOS E INFORMAÇÕES AOS JUÍZES

Segundo o art. 370 do CPC de 2015, cabe ao juiz, de ofício ou a requerimento da parte, determinar as provas necessárias ao julgamento do mérito. O juiz deve indeferir, em decisão fundamentada, as diligências inúteis ou meramente protelatórias.

✦ **Referências legislativas**

- Arts. 127 a 130 da CF;
- Art. 29, § 4.º, do ADCT.

TÍTULO IX – DO MINISTÉRIO PÚBLICO DO TRABALHO

CAPÍTULO I – DISPOSIÇÕES GERAIS

Art. 736. O Ministério Público do Trabalho é constituído por agentes diretos do Poder Executivo, tendo por função zelar pela exata observância da Constituição Federal, das leis e demais atos emanados dos poderes públicos, na esfera de suas atribuições.

Parágrafo único. Para o exercício de suas funções, o Ministério Público do Trabalho reger-se-á pelo que estatui esta Consolidação e, na falta de disposição expressa, pelas normas que regem o Ministério Público Federal.

1. MINISTÉRIO PÚBLICO DO TRABALHO

O Ministério Público do Trabalho, por integrar o Ministério Público como um todo, é instituição permanente, essencial à Justiça, promovendo a defesa da ordem jurídica, do regime democrático e dos interesses sociais e individuais indisponíveis (art. 127 da Constituição Federal de 1988).

A atuação do *Parquet* do Trabalho apresenta relevância diferenciada para o bem comum, inclusive por defender os direitos humanos e fundamentais de ordem social, pertinentes às relações de trabalho, concretizando o mandamento constitucional de dignidade da pessoa humana (arts. 1.º, incisos II, III e IV, 3.º, incisos I, III e IV, 5.º, 6.º, 7.º, 8.º e 9.º da Constituição da República).

Além disso, por tutelar os direitos metaindividuais de ordem trabalhista, o Ministério Público do Trabalho realiza papel fundamental na sociedade do presente, em que as lesões aos direitos e interesses frequentemente apresentam conotação coletiva ou transindividual.

Embora o Ministério Público não seja considerado um "quarto poder", é autônomo e independente do Poder Executivo, Legislativo e Judiciário, sendo considerado "instituição permanente, essencial à função jurisdicional do Estado" (art. 127 da Constituição da República).

Vejamos, assim, como se organiza o Ministério Público do Trabalho.

O Ministério Público, como um todo, abrange o Ministério Público da União e os Ministérios Públicos dos Estados.

O Ministério Público da União, por sua vez, compreende o Ministério Público Federal; o Ministério Público do Trabalho; o Ministério Público Militar; e o Ministério Público do Distrito Federal e Territórios.

Frise-se que, com a Emenda Constitucional 45/2004, foi instituído o Conselho Nacional do Ministério Público (art. 130-A da Constituição da República), com a competência para o controle da atuação administrativa e financeira do Ministério Público e o cumprimento dos deveres funcionais de seus membros.

O Supremo Tribunal Federal firmou o entendimento de que cabe ao Conselho Nacional do Ministério Público (CNMP) solucionar os conflitos de atribuições entre ramos diversos do Ministério Público, nos termos do art. 130-A, § 2.º, incisos I e II, da Constituição Federal de 1988 (STF, Pleno, Pet 4.891/DF, Red. p/ ac. Min. Alexandre de Moraes, *DJe* 06.08.2020).

Como se nota, o Ministério Público do Trabalho integra o Ministério Público da União, mas não se confunde com o Ministério Público Federal (Constituição Federal de 1988, art. 128, inciso I, alínea "b"; Lei Complementar 75/1993, art. 24, inciso II).

Como o Ministério Público do Trabalho integra o Ministério Público da União (art. 128, inciso I, da Constituição Federal de 1988) e as funções do Ministério Público a serem exercidas junto ao Supremo Tribunal Federal competem privativamente ao Procurador-Geral da República, entende-se que o Ministério Público do Trabalho não tem legitimidade para atuar, na esfera processual, perante o Supremo Tribunal Federal. Cf. STF, Pleno, AgR-Rcl 7.318/PB, Rel. Min. Dias Toffoli, *DJe* 26.10.2012.

No Supremo Tribunal Federal, os Subprocuradores-Gerais da República (que integram o Ministério Público Federal) atuarão por delegação do Procurador-Geral da República (art. 66, § 1.º, da Lei Complementar 75/1993).

Na mesma linha, entende-se que o Ministério Público do Trabalho não tem legitimidade para interposição de recurso perante o Superior Tribunal de Justiça. Nesse sentido, embora os Ministérios Públicos dos Estados possam atuar, diretamente, na condição de partes, perante os Tribunais Superiores, em razão da inexistência de vinculação e subordinação entre o Ministério Público Estadual e o Ministério Público da União, essa orientação não pode ser aplicada ao Ministério Público do Trabalho, pois este atua perante a Justiça do Trabalho (art. 83 da Lei Complementar 75/1993) e integra o Ministério Público da União (art. 128, inciso I, "b", da Constituição da República). A legitimidade para atuar no âmbito do Superior Tribunal de Justiça, assim, é do Ministério Público Federal, sendo essa atribuição dos Subprocuradores-Gerais da República, conforme art. 66 da Lei Complementar 75/1993. Cf. STJ, 1.ª Seção, AgRg no CC 122.940/MS, 2012/0114302-1, Rel. Min. Regina Helena Costa, *DJe* 16.04.2020.

2. COMPETÊNCIA E ATRIBUIÇÕES: TUTELA DOS DIREITOS METAINDIVIDUAIS E FUNDAMENTAIS

Quanto às funções institucionais do Ministério Público (art. 129 da Constituição da República), podemos destacar as seguintes, mais diretamente relacionadas à atuação do Ministério Público do Trabalho:

- promover o inquérito civil e a ação civil pública, para a proteção do patrimônio público e social, do meio ambiente e de outros interesses difusos e coletivos;
- defender judicialmente os direitos e interesses das populações indígenas;
- expedir notificações nos procedimentos administrativos de sua competência, requisitando informações e documentos para instruí-los, na forma da lei complementar respectiva;
- requisitar diligências investigatórias, indicados os fundamentos jurídicos de suas manifestações processuais;
- exercer outras funções que lhe forem conferidas, desde que compatíveis com sua finalidade, sendo-lhe vedadas a representação judicial e a consultoria jurídica de entidades públicas.

As funções do Ministério Público só podem ser exercidas por integrantes da carreira, que devem residir na comarca da respectiva lotação, salvo autorização do chefe da instituição.

Desse modo, mais especificamente, compete ao Ministério Público do Trabalho o exercício das seguintes atribuições junto aos órgãos da Justiça do Trabalho (art. 83 da Lei Complementar 75/1993):

- promover as ações que lhe sejam atribuídas pela Constituição Federal e pelas leis trabalhistas;
- manifestar-se em qualquer fase do processo trabalhista, acolhendo solicitação do juiz ou por sua iniciativa, quando entender existente interesse público que justifique a intervenção;
- promover a ação civil pública no âmbito da Justiça do Trabalho, para defesa de interesses coletivos, quando desrespeitados os direitos sociais constitucionalmente garantidos;
- propor as ações cabíveis para declaração de nulidade de cláusula de contrato, acordo coletivo ou convenção coletiva que viole as liberdades individuais ou coletivas ou os direitos individuais indisponíveis dos trabalhadores;
- propor as ações necessárias à defesa dos direitos e interesses dos menores, incapazes e índios, decorrentes das relações de trabalho;
- recorrer das decisões da Justiça do Trabalho, quando entender necessário, tanto nos processos em que for parte como naqueles em que oficiar como fiscal da lei, bem como pedir revisão dos enunciados da Súmula de Jurisprudência do Tribunal Superior do Trabalho;
- funcionar nas sessões dos Tribunais Trabalhistas, manifestando-se verbalmente sobre a matéria em debate, sempre que entender necessário, sendo-lhe assegurado o direito de vista dos processos em julgamento, podendo solicitar as requisições e diligências que julgar convenientes;
- instaurar instância em caso de greve, quando a defesa da ordem jurídica ou o interesse público assim o exigir;
- promover ou participar da instrução e conciliação em dissídios decorrentes da paralisação de serviços de qualquer natureza, oficiando obrigatoriamente nos processos, manifestando sua concordância ou discordância, em eventuais acordos firmados antes da homologação, resguardado o direito de recorrer em caso de violação à lei e à Constituição Federal;
- promover mandado de injunção, quando a competência for da Justiça do Trabalho;
- atuar como árbitro, se assim for solicitado pelas partes, nos dissídios de competência da Justiça do Trabalho;
- requerer as diligências que julgar convenientes para o correto andamento dos processos e para a melhor solução das lides trabalhistas;
- intervir obrigatoriamente em todos os feitos nos segundo e terceiro graus de jurisdição da Justiça do Trabalho, quando a parte for pessoa jurídica de Direito Público, Estado estrangeiro ou organismo internacional.

Na esfera judicial, como se nota, o Ministério Público do Trabalho atua como órgão agente, por exemplo, ajuizando ações civis públicas, e como órgão interveniente, isto é, como fiscal da ordem jurídica (*custos legis*).

O art. 178 do CPC de 2015 dispõe que o Ministério Público deve ser intimado para intervir como *fiscal da ordem jurídica* nas hipóteses previstas em lei ou na Constituição Federal e nos processos que envolvam interesse público ou social, interesse de incapaz e litígios coletivos pela posse de terra rural ou urbana. A participação da Fazenda Pública não configura, por si só, hipótese de intervenção do Ministério Público.

Ao Ministério Público é vedada a representação judicial e a consultoria jurídica de entidades públicas (art. 129, inciso IX, da Constituição da República).

Nos casos de intervenção como fiscal da ordem jurídica, o Ministério Público do Trabalho deve ter vista dos autos depois das partes, sendo intimado para todos os atos do processo, além de poder produzir provas, requerer medidas processuais pertinentes e recorrer (art. 179 do CPC de 2015).

O art. 5.º da Lei 5.584/1970 estabelece que, para "exarar parecer, terá o órgão do Ministério Público da União, junto à Justiça do Trabalho, o prazo de 8 (oito) dias, contados da data em que lhe for distribuído o processo".

Aplica-se, portanto, o dispositivo acima, pois o Ministério Público do Trabalho, nos termos do art. 83, *caput*, da Lei Complementar 75/1993, é o ramo do Ministério Público da União que atua perante a Justiça do Trabalho.

Ainda quanto ao tema, confira a Orientação Jurisprudencial 130 da SBDI-I do TST.

Cabe salientar que o art. 487, inciso II, do CPC de 2015 determina que a prescrição deve ser reconhecida de ofício pelo juiz. Entretanto, há controvérsia quanto à aplicação desse preceito no processo do trabalho, havendo entendimento de que seria incompatível com os seus princípios. Caso se entendesse que a prescrição de ofício é aplicável na Justiça do Trabalho, a mencionada Orientação Jurisprudencial perderia objeto, mesmo porque é anterior à referida previsão legal.

Tendo em vista que o Ministério Público deve nortear a sua atuação pela defesa da ordem jurídica, do regime democrático e dos interesses sociais e individuais indisponíveis (art. 127, *caput*, da Constituição da República), sendo-lhe vedadas a representação judicial e a consultoria jurídica de entidades públicas (art. 129, inciso IX, da Constituição). Dessa forma, a Orientação Jurisprudencial 237 da SBDI-I do TST explicita que o Ministério Público não tem legitimidade para recorrer na defesa de interesse patrimonial privado, inclusive de empresas públicas e sociedades de economia mista.

Não obstante, cabe ao Ministério Público, como mencionado, a defesa da ordem jurídica. Sendo assim, na hipótese específica de violação da exigência constitucional de prévia aprovação em concurso público, para a investidura em cargo ou emprego público (art. 37, inciso II, e § 2.º, da Constituição Federal de 1988), admite-se a legitimidade do Ministério Público do Trabalho para a interposição de recurso.

Essa atuação do Ministério Público do Trabalho, em defesa da ordem jurídica, constitucional, também pode ocorrer como órgão interveniente, ao se manifestar por meio de parecer. A esse respeito, cf. a atual redação da Orientação Jurisprudencial 350 da SBDI-I do TST.

Incumbe ao Ministério Público do Trabalho, no âmbito das suas atribuições, especialmente (art. 84 da Lei Complementar 75/1993):

– instaurar inquérito civil e outros procedimentos administrativos, sempre que cabíveis, para assegurar a observância dos direitos sociais dos trabalhadores;

– requisitar à autoridade administrativa federal competente, dos órgãos de proteção ao trabalho, a instauração de procedimentos administrativos, podendo acompanhá-los e produzir provas;
– ser cientificado pessoalmente das decisões proferidas pela Justiça do Trabalho, nas causas em que o órgão tenha realizado intervenção ou emitido parecer escrito;
– exercer outras atribuições que lhe forem conferidas por lei, desde que compatíveis com sua finalidade.

Conforme a atual previsão do art. 3.º da Lei 7.853/1989, as medidas judiciais destinadas à proteção de *interesses coletivos, difusos, individuais homogêneos e individuais indisponíveis da pessoa com deficiência* podem ser propostas pelo Ministério Público, pela Defensoria Pública, pela União, pelos Estados, pelos Municípios, pelo Distrito Federal, por associação constituída há mais de um ano, nos termos da lei civil, por autarquia, por empresa pública e por fundação ou sociedade de economia mista que inclua, entre suas finalidades institucionais, a proteção dos interesses e promoção de direitos das pessoas com deficiência.

Se, no exercício de suas funções, os juízes e os tribunais tiverem conhecimento de fatos que caracterizem as violações previstas na Lei Brasileira de Inclusão da Pessoa com Deficiência, devem remeter peças ao Ministério Público para as providências cabíveis (art. 7.º, parágrafo único, da Lei 13.146/2015).

Frise-se que o Supremo Tribunal Federal fixou a seguinte tese de repercussão geral: "O Ministério Público tem legitimidade para a propositura de ação civil pública em defesa de direitos sociais relacionados ao FGTS" (STF, Pleno, RE 643.978/SE, Rel. Min. Alexandre de Moraes, j. 09.10.2019).

Em todas essas múltiplas formas de atuação, nas esferas judicial e extrajudicial, os direitos humanos e fundamentais, de natureza social e trabalhista, recebem efetiva tutela pelo Ministério Público do Trabalho, garantindo a sua preservação e respeito.

Cabe acentuar que os direitos metaindividuais, inclusive aqueles pertinentes às relações de trabalho, estão inseridos no contexto dos direitos humanos e fundamentais.

Efetivamente, diversos direitos de natureza transindividual estão relacionados aos direitos fundamentais, como é exemplo o direito ao meio ambiente (art. 225 da Constituição Federal de 1988), que abrange o meio ambiente do trabalho (art. 200, inciso VIII, da Constituição Federal de 1988), aspecto também reconhecido no âmbito internacional.

O meio ambiente, na definição da Lei 6.938, de 31 de agosto de 1981 (Lei de Política Nacional do Meio Ambiente), é o "conjunto de condições, leis, influências e interações de ordem física, química e biológica, que permite, abriga e rege a vida em todas as suas formas" (art. 3.º, inciso I).

Desse modo, o meio ambiente do trabalho integra o rol dos direitos humanos e fundamentais, inclusive por ter como objetivo o respeito à "dignidade da pessoa humana", valor supremo que figura, ainda, como verdadeiro fundamento da República Federativa do Brasil (art. 1.º, inciso III, da Constituição Federal de 1988).

Além disso, importantes direitos trabalhistas, alguns deles relacionados à própria segurança e medicina do trabalho, fazem parte dos direitos sociais, os quais também figuram como direitos humanos e fundamentais, inseridos, por parte da doutrina, como direitos humanos de segunda geração, dimensão ou família.

Assim, observa-se nítida interdependência e harmonia entre os direitos metaindividuais e os direitos humanos e fundamentais, em seus múltiplos aspectos, inclusive aqueles pertinentes à esfera social e às relações de trabalho.

As áreas prioritárias, na atualidade, de atuação pelo Ministério Público do Trabalho são as seguintes: erradicação do trabalho infantil e regularização do trabalho do adolescente; combate ao trabalho escravo e regularização do trabalho indígena; combate a todas as formas de discriminação no trabalho; preservação da saúde e segurança do trabalhador; regularização dos contratos de trabalho.

O Ministério Público do Trabalho possui, na atualidade, as seguintes Coordenadorias nacionais, visando à atuação de forma mais eficaz:

- Coordenadoria Nacional de Combate às Irregularidades Trabalhistas na Administração Pública (CONAP);
- Coordenadoria Nacional de Erradicação do Trabalho Escravo (CONAETE);
- Coordenadoria Nacional de Combate à Exploração do Trabalho de Crianças e Adolescentes (CORDINFÂNCIA);
- Coordenadoria Nacional de Promoção de Igualdade de Oportunidades e Eliminação da Discriminação no Trabalho (COORDIGUALDADE);
- Coordenadoria Nacional de Defesa do Meio Ambiente do Trabalho (CODEMAT);
- Coordenadoria Nacional de Combate às Fraudes nas Relações de Emprego (CONAFRET);
- Coordenadoria Nacional do Trabalho Portuário e Aquaviário (CONATPA);
- Coordenadoria Nacional de Promoção da Liberdade Sindical (CONALIS);

Cabe fazer menção, ainda, à Coordenadoria de Recursos Judiciais, cujo objetivo é acompanhar os processos (que envolvam direitos e interesses defendidos pelo Ministério Público do Trabalho) em curso nos tribunais superiores, em especial no TST.

✦ Jurisprudência

Mandado de segurança. Denúncia que originou diversas representações contra a empresa impetrante. Sigilo do denunciante no curso do procedimento investigatório. Inocorrência de violação a direito líquido e certo do impetrante. Cinge-se a controvérsia em se verificar a existência de violação a direito líquido e certo do impetrante, que teve negado o pedido de obtenção de dados da pessoa que fez a denúncia que ensejou a instauração de procedimentos administrativos no âmbito do Ministério Público do Trabalho. Destaca-se, inicialmente, que a Constituição Federal, no seu inciso III do artigo 129, legitimou o Ministério Público do Trabalho para promover o inquérito civil, *in verbis*: "III – promover o inquérito civil e a ação civil pública, para a proteção do patrimônio público e social, do meio ambiente e de outros interesses difusos e coletivos". Por sua vez, a Lei Complementar n.º 75/93 trouxe, em seu artigo 83, inciso III, uma das maneiras de exercer a referida proteção, qual seja a ação civil pública. Assim, a Constituição da República estabeleceu a importante proteção, e a lei veio trazer os meios necessários para exercitá-la. Registre-se que se trata o inquérito civil de procedimento administrativo, de natureza inquisitiva e informativa, destinado à formação da convicção do Ministério Público a respeito de fatos determinados, com vistas à propositura, ou não, de ações civis públicas ou à celebração de termo de ajustamento de conduta. Portanto, em face de seu caráter meramente instrutório, não se admite contraditório, por não produzir prova absoluta, mas apenas valor probante relativo. Com efeito, diante de denúncia de irregularidades trabalhistas, que pode ser até anônima, desde que acompanhada de elementos suficientes para a instauração do procedimento investigatório, o Ministério Público do Trabalho tem o dever de agir, de forma independente. Nesse cenário, no caso em apreço, não se verifica a presença dos requisitos ensejadores da concessão da medida mandamental, pois a decisão do Ministério Público de manter sob sigilo dados do inquérito civil, incluindo a identidade do denunciante, não foi abusiva ou violadora de direito líquido e certo, mas, sim, encontra-se plenamente justificada e respaldada pelo ordenamento jurídico. Nesse contexto, o ato do representante do Ministério Público do Trabalho de resguardar, no curso do inquérito civil público, a identidade do denunciante não importou em violação do artigo 5.º, inciso IV, da Constituição Federal, não havendo falar em afronta a direito líquido e certo da empresa impetrante. Recurso de revista conhecido e provido (TST, 2.ª T., RR-1747-80.2012.5.02.0002, Rel. Min. José Roberto Freire Pimenta, *DEJT* 09.08.2019).

Agravo regimental na reclamação. Administrativo e processual civil. Dissídio entre servidores e o poder público. ADI n.º 3.395/DF-MC. Ministério Público do Trabalho. Ilegitimidade *ad causam*. 1. O Ministério Público do Trabalho integra a estrutura do Ministério Público da União (art. 128, I, da CF), sendo o princípio da unicidade do Ministério Público (art. 127, § 1.º, CF) importante fundamento conformador de sua atuação institucional. 2. As funções do Ministério Público junto ao Supremo Tribunal Federal competem privativamente ao Procurador-Geral da República. 3. O Ministério Público do Trabalho não possui legitimidade para atuar, em sede processual, perante o Supremo Tribunal Federal. 4. Agravo regimental não conhecido (STF, Pleno, AgR-Rcl 7.318/PB, Rel. Min. Dias Toffoli, *DJe* 26.10.2012).

Processual civil. Agravo regimental no conflito de competência. Código de Processo Civil de 1973. Aplicabilidade. Ministério Público do Trabalho. Interposição de recurso diretamente perante o Superior Tribunal de Justiça. Impossibilidade. Ilegitimidade recursal. Agravo regimental não conhecido. I - Consoante o decidido pelo Plenário desta Corte na sessão realizada em 09.03.2016, o regime recursal será determinado pela data da publicação do provimento jurisdicional impugnado. *In casu*, aplica-se o Código de Processo Civil de 1973. II - Os Ministérios Públicos dos Estados podem atuar, diretamente, na condição de partes, perante os Tribunais Superiores, em razão da não existência de vinculação ou subordinação entre o *Parquet* Estadual e o Ministério Público da União. Precedentes. III - Tal orientação, todavia, não pode ser amoldada ao Ministério Público do Trabalho, órgão vinculado ao Ministério Público da União, conforme dispõe o art. 128, I, b, da Constituição da República. Ausente a legitimidade recursal do ora Agravante. V - Agravo regimental não conhecido (STJ, 1.ª Seção, AgRg no CC 122.940/MS, 2012/0114302-1, Rel. Min. Regina Helena Costa, *DJe* 16.04.2020).

Petição. Constitucional e administrativo. Competência do Conselho Nacional do Ministério Público para dirimir conflito de atribuição entre Ministérios Públicos diversos. Exercício do controle da legalidade da atuação administrativa. Respeito à independência funcional. CF, art. 130-A, § 2.º, incisos I e II. Incompetência do Supremo Tribunal Federal. 1. Incompetência originária do Supremo Tribunal Federal para conhecer e dirimir conflito de atribuições entre membros de ramos diversos do Ministério Público. Inaplicabilidade do art. 102, I, *f*, da CF, por ausência de risco ao equilíbrio federativo. 2. Impossibilidade de encaminhamento do conflito de atribuição para o Procurador-Geral da República, enquanto autoridade competente, pois é parte interessada na solução da demanda administrativa, uma vez que acumula a Chefia do Ministério Público da União com a chefia de um de seus ramos, o Ministério Público Federal, nos termos da LC 75/1993. 3. Os membros do Ministério Público integram um só órgão sob a direção única de um só Procurador-Geral, ressalvando-se, porém, que só existem unidade e indivisibilidade dentro de cada Ministério Público, inexistindo qualquer relação de hierarquia entre o Ministério Público Federal e os dos Estados, entre o de um Estado e o de outro, ou entre os diversos ramos do Ministério Público da União. 4. EC 45/2004 e interpretação sistemática da Constituição Federal. A solução de conflitos de atribuições entre ramos diversos dos Ministérios Públicos pelo CNMP, nos termos do artigo 130-A, § 2.º, e incisos I e II, da Constituição Federal e no exercício do controle da atuação administrativa do *Parquet*, é a mais adequada, pois reforça o mandamento constitucional que lhe atribuiu o controle da legalidade das ações administrativas dos membros e órgãos dos diversos ramos ministeriais, sem ingressar ou ferir a independência funcional. 5. Não conhecimento da Ação e encaminhamento dos autos ao Conselho Nacional do Ministério Público para, nos termos do artigo 130-A, [§ 2.º,] incisos I e II, da Constituição Federal, dirimir o conflito de atribuições (STF, Pleno, Pet 4.891/DF, Red. p/ ac. Min. Alexandre de Moraes, *DJe* 06.08.2020).

✦ Súmulas, Orientações Jurisprudenciais e Precedentes Normativos

Súmula 407 do TST: Ação rescisória. Ministério Público. Legitimidade *ad causam* prevista no art. 967, III, *a*, *b* e *c* do CPC de 2015. Art. 487, III, *a* e *b*, do CPC de 1973. Hipóteses meramente exemplificativas. A legitimidade *ad causam* do Ministério Público para propor ação rescisória, ainda que não tenha sido parte no processo que deu origem à decisão rescindenda, não está limitada às alíneas *a*, *b* e *c* do inciso III do art. 967 do CPC de 2015 (art. 487, III, *a* e *b*, do CPC de 1973), uma vez que traduzem hipóteses meramente exemplificativas.

Orientação Jurisprudencial 130 da SBDI-I do TST: Prescrição. Ministério Público. Arguição. *Custos legis*. Ilegitimidade. Ao exarar o parecer na remessa de ofício, na qualidade de *custos legis*, o Ministério Público não tem legitimidade para arguir a prescrição em favor de entidade de direito público, em matéria de direito patrimonial.

Orientação Jurisprudencial 237 da SBDI-I do TST: Ministério Público do Trabalho. Legitimidade para recorrer. Sociedade de economia mista. Empresa pública.

I – O Ministério Público do Trabalho não tem legitimidade para recorrer na defesa de interesse patrimonial privado, ainda que de empresas públicas e sociedades de economia mista.
II – Há legitimidade do Ministério Público do Trabalho para recorrer de decisão que declara a existência de vínculo empregatício com sociedade de economia mista ou empresa pública, após a Constituição Federal de 1988, sem a prévia aprovação em concurso público, pois é matéria de ordem pública.

Orientação Jurisprudencial 350 da SBDI-I do TST: Ministério Público do Trabalho. Nulidade do contrato de trabalho não suscitada pelo ente público no momento da defesa. Arguição em parecer. Possibilidade (alterada em decorrência do julgamento do processo TST IUJERR 526538/1999.2) – Res. 162/2009, *DEJT* divulgado em 23, 24 e 25.11.2009. O Ministério Público do Trabalho pode arguir, em parecer, na primeira vez que tenha de se manifestar no processo, a nulidade do contrato de trabalho em favor de ente público, ainda que a parte não a tenha suscitado, a qual será apreciada, sendo vedada, no entanto, qualquer dilação probatória.

✦ Referências legislativas

- Art. 127, § 1.º, da CF.
- LC 75/1993 (Lei Orgânica do Ministério Público da União).

Art. 737. O Ministério Público do Trabalho compõe-se da Procuradoria da Justiça do Trabalho e da Procuradoria da Previdência Social aquela funcionando como órgão de coordenação entre a Justiça do Trabalho e o Ministério do Trabalho, Indústria e Comércio, ambas diretamente subordinadas ao Ministro de Estado.

1. ÓRGÃOS DO MINISTÉRIO PÚBLICO DO TRABALHO

São órgãos do Ministério Público do Trabalho (art. 85 da Lei Complementar 75/1993): Procurador-Geral do Trabalho; Colégio de Procuradores do Trabalho; Conselho Superior do Ministério Público do Trabalho; Câmara de Coordenação e Revisão do Ministério Público do Trabalho; Corregedoria do Ministério Público do Trabalho; Subprocuradores-Gerais do Trabalho; Procuradores Regionais do Trabalho; Procuradores do Trabalho.

O cargo inicial da carreira é o de Procurador do Trabalho e o do último nível, o de Subprocurador-Geral do Trabalho (art. 86, parágrafo único, da Lei Complementar 75/1993).

Os Procuradores do Trabalho são designados para funcionar junto aos Tribunais Regionais do Trabalho e, na forma das leis processuais, nos litígios trabalhistas que envolvam, especialmente, interesses de menores e incapazes (art. 112 da Lei Complementar 75/1993). A designação de Procurador do Trabalho para oficiar em órgãos jurisdicionais diferentes dos previstos para a categoria depende de autorização do Conselho Superior.

Deve-se destacar que são princípios institucionais do Ministério Público, incidentes, assim, também ao ramo do Ministério Público do Trabalho:

- *unidade*: no sentido de que os membros de cada Ministério Público, no caso, do Ministério Público do Trabalho, integram um só órgão, sob uma mesma e una direção;
- *indivisibilidade*: significando que os membros de cada Ministério Público podem ser substituídos, pois, no caso, atuam como órgão do Ministério Público do Trabalho[213];

[213] "3. Os membros do Ministério Público integram um só órgão sob a direção única de um só Procurador-Geral, ressalvando-se, porém, que só existem unidade e indivisibilidade dentro de cada Ministério Público,

– *independência funcional*: no sentido de que os membros do Ministério Público possuem independência em sua atuação funcional, sendo que a hierarquia existente refere-se ao aspecto administrativo.

Discute-se, ainda, a respeito do princípio do promotor natural, proibindo-se qualquer designação arbitrária do membro do Ministério Público para atuação nos diversos feitos, que devem ser objeto de regular distribuição, bem como o afastamento infundado do membro do Ministério Público, dos casos sob a sua direção. O mencionado princípio, além de garantir atuação do membro do Ministério Público, com atribuição legal e constitucional quanto a cada caso, também é uma garantia para a própria sociedade.

Entende-se que o princípio do promotor natural é decorrência do mandamento previsto no art. 5.º, inciso LIII, da Constituição da República, ao prescrever que "ninguém será *processado* nem sentenciado senão pela autoridade competente", bem como do princípio da independência funcional (art. 127, § 1.º, da Constituição da República) e da garantia da inamovibilidade do membro do Ministério Público (art. 128, § 5.º, inciso I, "b", da Constituição da República).

A Constituição Federal de 1988, do mesmo modo, assegura ao Ministério Público a "autonomia funcional e administrativa" (art. 127, § 2.º).

Nesse sentido, cabe ao Ministério Público elaborar a sua proposta orçamentária dentro dos limites estabelecidos na lei de diretrizes orçamentárias (art. 127, § 3.º, da Constituição da República).

Se o Ministério Público não encaminhar a respectiva proposta orçamentária dentro do prazo estabelecido na lei de diretrizes orçamentárias, o Poder Executivo considerará, para fins de consolidação da proposta orçamentária anual, os valores aprovados na lei orçamentária vigente, ajustados de acordo com os limites estipulados na forma do § 3.º do art. 127 da Constituição Federal de 1988 (art. 127, § 4.º, incluído pela Emenda Constitucional 45/2004).

Se a mencionada proposta orçamentária for encaminhada em desacordo com os limites estipulados na forma do referido § 3.º do art. 127 da Constituição da República, o Poder Executivo procederá aos ajustes necessários para fins de consolidação da proposta orçamentária anual (art. 127, § 5.º, da Constituição, incluído pela Emenda Constitucional 45/2004).

Durante a execução orçamentária do exercício, não pode haver a realização de despesas ou a assunção de obrigações que extrapolem os limites estabelecidos na lei de diretrizes orçamentárias, exceto se previamente autorizadas, mediante a abertura de créditos suplementares ou especiais (art. 127, § 6.º, da Constituição, incluído pela Emenda Constitucional 45/2004).

✦ **Referência legislativa**

- Arts. 4.º e 85 da LC 75/1993 (Lei Orgânica do Ministério Público da União).

Art. 738. Os procuradores, além dos vencimentos fixados na tabela constante do Decreto-lei 2.874, de 16 de dezembro de 1940, continuarão a perceber a percentagem de 8%, por motivo de cobrança da dívida ativa da União ou de multas impostas pelas autoridades administrativas e judiciárias do trabalho e da previdência social.

inexistindo qualquer relação de hierarquia entre o Ministério Público Federal e os dos Estados, entre o de um Estado e o de outro, ou entre os diversos ramos do Ministério Público da União" (STF, Pleno, Pet 4.891/DF, Red. p/ ac. Min. Alexandre de Moraes, *DJe* 06.08.2020).

Parágrafo único. Essa percentagem será calculada sobre as somas efetivamente arrecadadas e rateada de acordo com as instruções expedidas pelos respectivos procuradores gerais.

Art. 739. Não estão sujeitos a ponto os procuradores-gerais e os procuradores.

1. GARANTIAS E VEDAÇÕES

O ingresso na carreira do Ministério Público é feito mediante concurso público (de âmbito nacional) de provas e títulos, assegurada a participação da Ordem dos Advogados do Brasil em sua realização, exigindo-se do bacharel em direito, no mínimo, três anos de atividade jurídica e observando-se, nas nomeações, a ordem de classificação (art. 129, § 3.º, da Constituição Federal de 1988, com redação determinada pela Emenda Constitucional 45/2004).

As carreiras dos diferentes ramos do Ministério Público da União são independentes entre si, tendo cada uma delas organização própria (art. 32 da Lei Complementar 75/1993).

De acordo com a Constituição Federal de 1998 (art. 128, § 5.º), são assegurados aos membros do Ministério Público:

I – as seguintes garantias:

a) vitaliciedade, após dois anos de exercício, não podendo perder o cargo senão por sentença judicial transitada em julgado;

b) inamovibilidade, salvo por motivo de interesse público, mediante decisão do órgão colegiado competente do Ministério Público, pelo voto da maioria absoluta de seus membros, assegurada ampla defesa;

c) irredutibilidade de subsídio, fixado na forma do art. 39, § 4.º, e ressalvado o disposto nos arts. 37, X e XI, 150, II, 153, III, 153, § 2.º, I, da Constituição Federal de 1988;

II – as seguintes vedações:

a) receber, a qualquer título e sob qualquer pretexto, honorários, percentagens ou custas processuais;

b) exercer a advocacia;

c) participar de sociedade comercial, na forma da lei;

d) exercer, ainda que em disponibilidade, qualquer outra função pública, salvo uma de magistério;

e) exercer atividade político-partidária;

f) receber, a qualquer título ou pretexto, auxílios ou contribuições de pessoas físicas, entidades públicas ou privadas, ressalvadas as exceções previstas em lei.

Aplica-se aos membros do Ministério Público, ainda, o disposto no art. 95, parágrafo único, V, da Constituição Federal de 1988 (acrescentado pela Emenda Constitucional 45/2004), no sentido de ser vedado exercer a advocacia no juízo ou tribunal do qual se afastou, antes de decorridos três anos do afastamento do cargo por aposentadoria ou exoneração.

Digno de nota que as garantias mencionadas, na realidade, são em favor de toda a sociedade, como forma de assegurar que o membro do Ministério Público exerça as suas funções com independência e autonomia, em conformidade com a ordem jurídica, a justiça e o bem comum.

CAPÍTULO II – DA PROCURADORIA DA JUSTIÇA DO TRABALHO

1. ORGANIZAÇÃO, ATRIBUIÇÃO E COMPOSIÇÃO DO MINISTÉRIO PÚBLICO DO TRABALHO

A organização, as atribuições, as composições das Procuradorias Regionais do Trabalho, da Procuradoria-Geral do Trabalho, bem como dos demais órgãos do Ministério Público do Trabalho, na atualidade, são previstas na Lei Complementar 75/1993 (que dispõe sobre a organização, as atribuições e o estatuto do Ministério Público da União), arts. 83 a 115.

Compete ao Ministério Público do Trabalho o exercício das seguintes atribuições junto aos órgãos da Justiça do Trabalho: I – promover as ações que lhe sejam atribuídas pela Constituição Federal e pelas leis trabalhistas; II – manifestar-se em qualquer fase do processo trabalhista, acolhendo solicitação do juiz ou por sua iniciativa, quando entender existente interesse público que justifique a intervenção; III – promover a ação civil pública no âmbito da Justiça do Trabalho, para defesa de interesses coletivos, quando desrespeitados os direitos sociais constitucionalmente garantidos; IV – propor as ações cabíveis para declaração de nulidade de cláusula de contrato, acordo coletivo ou convenção coletiva que viole as liberdades individuais ou coletivas ou os direitos individuais indisponíveis dos trabalhadores; V – propor as ações necessárias à defesa dos direitos e interesses dos menores, incapazes e índios, decorrentes das relações de trabalho; VI – recorrer das decisões da Justiça do Trabalho, quando entender necessário, tanto nos processos em que for parte, como naqueles em que oficiar como fiscal da lei, bem como pedir revisão dos Enunciados da Súmula de Jurisprudência do Tribunal Superior do Trabalho; VII – funcionar nas sessões dos Tribunais Trabalhistas, manifestando-se verbalmente sobre a matéria em debate, sempre que entender necessário, sendo-lhe assegurado o direito de vista dos processos em julgamento, podendo solicitar as requisições e diligências que julgar convenientes; VIII – instaurar instância em caso de greve, quando a defesa da ordem jurídica ou o interesse público assim o exigir; IX – promover ou participar da instrução e conciliação em dissídios decorrentes da paralisação de serviços de qualquer natureza, oficiando obrigatoriamente nos processos, manifestando sua concordância ou discordância, em eventuais acordos firmados antes da homologação, resguardado o direito de recorrer em caso de violação à lei e à Constituição Federal; X – promover mandado de injunção, quando a competência for da Justiça do Trabalho; XI – atuar como árbitro, se assim for solicitado pelas partes, nos dissídios de competência da Justiça do Trabalho; XII – requerer as diligências que julgar convenientes para o correto andamento dos processos e para a melhor solução das lides trabalhistas; XIII – intervir obrigatoriamente em todos os feitos nos segundo e terceiro graus de jurisdição da Justiça do Trabalho, quando a parte for pessoa jurídica de Direito Público, Estado estrangeiro ou organismo internacional (Lei Complementar 75/1993, art. 83).

Incumbe ao Ministério Público do Trabalho, no âmbito das suas atribuições, exercer as funções institucionais previstas nos Capítulos I, II, III e IV do Título I da Lei Complementar 75/1993, especialmente: I – integrar os órgãos colegiados previstos no § 1.º do art. 6.º, que lhes sejam pertinentes; II – instaurar inquérito civil e outros procedimentos administrativos, sempre que cabíveis, para assegurar a observância dos direitos sociais dos trabalhadores; III – requisitar à autoridade administrativa federal competente, dos órgãos de proteção ao trabalho, a instauração de procedimentos administrativos, podendo acompanhá-los e produzir provas; IV – ser cientificado pessoalmente das decisões proferidas pela Justiça do Trabalho, nas causas em que o órgão tenha intervindo ou emitido parecer escrito; V – exercer outras atribuições que lhe forem conferidas por lei, desde que compatíveis com sua finalidade (Lei Complementar 75/1993, art. 84).

Seção I – Da Organização

Art. 740. A Procuradoria da Justiça do Trabalho compreende:

a) 1 (uma) Procuradoria-Geral, que funcionará junto ao Tribunal Superior do Trabalho;

b) 8 (oito) Procuradorias Regionais, que funcionarão junto aos Tribunais Regionais do Trabalho.

Art. 741. As Procuradorias Regionais são subordinadas diretamente ao procurador-geral.

Art. 742. A Procuradoria-Geral é constituída de 1 (um) procurador-geral e de procuradores.

Parágrafo único. As Procuradorias Regionais compõem-se de 1 (um) procurador regional, auxiliado, quando necessário, por procuradores adjuntos.

1. PROCURADORIAS REGIONAIS DO TRABALHO E PROCURADORIA-GERAL DO TRABALHO

Os Procuradores do Trabalho são lotados nos ofícios nas Procuradorias Regionais do Trabalho nos Estados e no Distrito Federal.

Os *Procuradores Regionais do Trabalho* são designados para oficiar junto aos Tribunais Regionais do Trabalho (art. 110 da Lei Complementar 75/1993). Em caso de vaga ou de afastamento de Subprocurador-Geral do Trabalho por prazo superior a 30 dias, pode ser convocado pelo Procurador-Geral, mediante aprovação do Conselho Superior, Procurador Regional do Trabalho para substituição. Os Procuradores Regionais do Trabalho são lotados nos ofícios nas Procuradorias Regionais do Trabalho nos Estados e no Distrito Federal.

Os *Subprocuradores-Gerais do Trabalho*, por sua vez, são designados para oficiar junto ao Tribunal Superior do Trabalho e nos ofícios na Câmara de Coordenação e Revisão (art. 107 da Lei Complementar 75/1993). A designação de Subprocurador-Geral do Trabalho para oficiar em órgãos jurisdicionais diferentes do previsto para a categoria depende de autorização do Conselho Superior. Os Subprocuradores-Gerais do Trabalho são lotados nos ofícios na Procuradoria-Geral do Trabalho.

Atualmente, há 24 (vinte e quatro) Procuradorias Regionais do Trabalho. Cf. Leis 6.241, de 1975 (9.ª Região); 6.915, de 1981 (11.ª Região); 6.927, de 1981 (10.ª Região); 6.928, de 1981 (12.ª Região); 7.324, de 1985 (13.ª Região); 7.520, de 1986 (15.ª Região); 7.523, de 1986 (14.ª Região da Justiça do Trabalho e o respectivo Tribunal Regional do Trabalho); 7.671, de 1988 (16.ª Região); 7.872, de 1989 (17.ª Região); 7.873, de 1989 (18.ª Região); 8.219, de 1991 (19.ª Região); 8.233, de 1991 (20.ª Região); 8.215, de 1991 (21.ª Região); 8.221, de 1991 (22.ª Região); 8.466, de 1992, que criou a Procuradoria Regional do Trabalho da 22.ª Região da Justiça do Trabalho; 8.469, de 1992, que criou a Procuradoria Regional do Trabalho da 23.ª Região da

Justiça do Trabalho e 8.470, de 1992, que criou a Procuradoria Regional do Trabalho da 24.ª Região da Justiça do Trabalho.

✦ **Referência legislativa**

- Art. 127, § 2.º, da CF.

Art. 743. Haverá, nas Procuradorias Regionais, substitutos de procurador adjunto ou, quando não houver este cargo, de procurador regional, designados previamente por decreto do Presidente da República, sem ônus para os cofres públicos.

§ 1.º O substituto tomará posse perante o respectivo procurador regional, que será a autoridade competente para convocá-lo.

§ 2.º O procurador regional será substituído em suas faltas e impedimentos pelo procurador adjunto, quando houver, e, havendo mais de um, pelo que for por ele designado.

§ 3.º O procurador adjunto será substituído, em suas faltas e impedimentos, pelo respectivo procurador substituto.

§ 4.º Será dispensado, automaticamente, o substituto que não atender à convocação, salvo motivo de doença, devidamente comprovada.

§ 5.º Nenhum direito ou vantagem terá o substituto além do vencimento do cargo do substituído e somente durante o seu impedimento legal.

1. ESTRUTURA DO MINISTÉRIO PÚBLICO DO TRABALHO

No presente, são órgãos do Ministério Público do Trabalho: I – o Procurador-Geral do Trabalho; II – o Colégio de Procuradores do Trabalho; III – o Conselho Superior do Ministério Público do Trabalho; IV – a Câmara de Coordenação e Revisão do Ministério Público do Trabalho; V – a Corregedoria do Ministério Público do Trabalho; VI – os Subprocuradores-Gerais do Trabalho; VII – os Procuradores Regionais do Trabalho; VIII – os Procuradores do Trabalho (Lei Complementar 75/1993, art. 85).

A carreira do Ministério Público do Trabalho é constituída pelos cargos de Subprocurador-Geral do Trabalho, Procurador Regional do Trabalho e Procurador do Trabalho (Lei Complementar 75/1993, art. 86).

O cargo inicial da carreira é o de Procurador do Trabalho, e o do último nível o de Subprocurador-Geral do Trabalho (Lei Complementar 75/1993, art. 86, parágrafo único).

Não existem mais, portanto, os cargos de Substitutos de Procurador Adjunto.

Art. 744. A nomeação do procurador-geral deverá recair em bacharel em ciências jurídicas e sociais, que tenha exercido, por 5 (cinco) ou mais anos, cargo de magistratura ou de Ministério Público, ou a advocacia.

1. PROCURADOR-GERAL DO TRABALHO

Na atualidade, o Procurador-Geral do Trabalho deve ser nomeado pelo Procurador-Geral da República, entre os integrantes da instituição, com mais de 35 anos de idade e de cinco anos na carreira, integrante de lista tríplice escolhida mediante voto plurinominal, facultativo e secreto, pelo Colégio de Procuradores, para um mandato de dois anos, permitida uma recondução, observado o mesmo processo. Caso não haja número suficiente de candidatos com mais de cinco anos na carreira, poderá concorrer à lista tríplice quem contar mais de dois anos (Lei Complementar 75/1993, art. 88).

Art. 745. Para a nomeação dos demais procuradores, atender-se-á aos mesmos requisitos estabelecidos no artigo anterior, reduzido a 2 (dois) anos, no mínimo, o tempo de exercício.

1. INGRESSO NO MINISTÉRIO PÚBLICO DO TRABALHO

O ingresso na carreira do Ministério Público é feito mediante concurso público de provas e títulos, assegurada a participação da Ordem dos Advogados do Brasil em sua realização, exigindo-se do bacharel em Direito, no mínimo, três anos de atividade jurídica e observando-se, nas nomeações, a ordem de classificação (Constituição da República, art. 129, § 3.º, com redação dada pela Emenda Constitucional 45/2004).

Seção II – Da Competência da Procuradoria-Geral

Art. 746. Compete à Procuradoria-Geral da Justiça do Trabalho:

a) oficiar, por escrito, em todos os processos e questões de trabalho de competência do Tribunal Superior do Trabalho;

b) funcionar nas sessões do mesmo Tribunal, opinando verbalmente sobre a matéria em debate e solicitando as requisições e diligências que julgar convenientes, sendo-lhe assegurado o direito de vista do processo em julgamento sempre que for suscitada questão nova, não examinada no parecer exarado;

c) requerer prorrogação das sessões do Tribunal, quando essa medida for necessária para que se ultime o julgamento;

d) exarar, por intermédio do procurador-geral, o seu "ciente" nos acórdãos do Tribunal;

e) proceder às diligências e inquéritos solicitados pelo Tribunal;

f) recorrer das decisões do Tribunal, nos casos previstos em lei;

g) promover, perante o Juízo competente, a cobrança executiva das multas impostas pelas autoridades administrativas e judiciárias do trabalho;

h) representar às autoridades competentes contra os que não cumprirem as decisões do Tribunal;

i) prestar às autoridades do Ministério do Trabalho, Indústria e Comércio as informações que lhe forem solicitadas sobre os dissídios submetidos à apreciação do Tribunal e encaminhar aos órgãos competentes cópia autenticada das decisões que por eles devam ser atendidas ou cumpridas;

j) requisitar, de quaisquer autoridades, inquéritos, exames periciais, diligências, certidões e esclarecimentos que se tornem necessários no desempenho de suas atribuições;

l) defender a jurisdição dos órgãos da Justiça do Trabalho;

m) suscitar conflitos de jurisdição.

1. ATRIBUIÇÃO DA PROCURADORIA-GERAL DO TRABALHO

O Procurador-Geral do Trabalho é o Chefe do Ministério Público do Trabalho (Lei Complementar 75/1993, art. 87).

Compete ao Procurador-Geral do Trabalho exercer as funções atribuídas ao Ministério Público do Trabalho junto ao Plenário do Tribunal Superior do Trabalho, propondo as ações cabíveis e manifestando-se nos processos de sua competência (Lei Complementar 75/1993, art. 90).

Na atualidade, segundo o art. 91 da Lei Complementar 75/1993, são atribuições do Procurador-Geral do Trabalho: I – representar o Ministério Público do Trabalho; II – integrar, como membro nato, e presidir o Colégio de Procuradores do Trabalho, o Conselho Superior do Ministério Público do Trabalho e a Comissão de Concurso; III – nomear o Corregedor-Geral do Ministério Público do Trabalho, segundo lista tríplice formada pelo Conselho Superior; IV – designar um dos membros e o Coordenador da Câmara de Coordenação e Revisão do Ministério Público do Trabalho; V – designar, observados os critérios da lei e os estabelecidos pelo Conselho Superior, os ofícios em que exercerão suas funções os membros do Ministério Público do Trabalho; VI – designar o Chefe da Procuradoria Regional do Trabalho dentre os Procuradores Regionais do Trabalho lotados na respectiva Procuradoria Regional; VII – decidir, em grau de recurso, os conflitos de atribuição entre os órgãos do Ministério Público do Trabalho; VIII – determinar a abertura de correição, sindicância ou inquérito administrativo; IX – determinar a instauração de inquérito ou processo administrativo contra servidores dos serviços auxiliares; X – decidir processo disciplinar contra membro da carreira ou servidor dos serviços auxiliares, aplicando as sanções que sejam de sua competência; XI – decidir, atendendo a necessidade do serviço, sobre: a) remoção a pedido ou por permuta; b) alteração parcial da lista bienal de designações; XII – autorizar o afastamento de membros do Ministério Público do Trabalho, ouvido o Conselho Superior, nos casos previstos em lei; XIII – dar posse aos membros do Ministério Público do Trabalho; XIV – designar membro do Ministério Público do Trabalho para: a) funcionar nos órgãos em que a participação da Instituição seja legalmente prevista, ouvido o Conselho Superior; b) integrar comissões técnicas ou científicas, relacionadas às funções da Instituição, ouvido o Conselho Superior; c) assegurar a continuidade dos serviços, em caso de vacância, afastamento temporário, ausência, impedimento ou suspeição do titular, na inexistência ou falta do substituto designado; XV – homologar, ouvido o Conselho Superior, o resultado do concurso para ingresso na carreira; XVI – fazer publicar aviso de existência de vaga, na lotação e na relação bienal de designações; XVII – propor ao Procurador-Geral da República, ouvido o Conselho Superior, a criação e extinção de cargos da carreira e dos ofícios em que devam ser exercidas suas funções; XVIII – elaborar a proposta orçamentária do Ministério Público do Trabalho, submetendo-a, para aprovação, ao Conselho Superior; XIX – encaminhar ao Procurador-Geral da República a proposta orçamentária do Ministério Público do Trabalho, após sua aprovação pelo Conselho Superior; XX – organizar a prestação de contas do exercício anterior, encaminhando-a ao Procurador-Geral da República; XXI – praticar atos de gestão administrativa, financeira e de pessoal; XXII – elaborar o relatório de atividades do Ministério Público do Trabalho; XXIII – coordenar as atividades do Ministério Público do Trabalho; XXIV – exercer outras atribuições previstas em lei.

✦ Jurisprudência

Recurso de revista interposto pelo Ministério Público do Trabalho. Reclamada sociedade de economia mista. Planos econômicos. Ilegitimidade do Ministério Público do Trabalho para interposição do recurso. Não obstante o teor dos arts. 499, § 2.º, do CPC, 746, alínea "f", da CLT, 83, inciso VI, da Lei Complementar 75/1993, bem como do *caput* do art. 127 da Constituição Federal, o Ministério Público do Trabalho não detém legitimidade para interpor recurso de revista questionando o deferimento de diferenças salariais advindas de planos econômicos quando a parte sucumbente é sociedade de economia mista – ou empresa pública. Aplicação, de forma analógica, de precedente do Supremo Tribunal Federal que, interpretando o art. 132 da Constituição Federal, assevera que cumpre à Procuradoria, e não ao Ministério Público, representar judicialmente o Estado. A empresa pública e a sociedade de economia mista que exploram atividade econômica, como no caso, sujeitam-se ao regime jurídico próprio das empresas privadas, inclusive quanto aos direitos trabalhistas. Art. 173, § 1.º, II, CF. Recurso do Ministério Público não conhecido por ilegitimidade para recorrer (TST, 3.ª T., RR 403451-43.1997.5.01.5555, Rel. Carlos Francisco Berardo, j. 28.03.2001, *DJ* 04.05.2001).

✦ **Referência legislativa**

- Art. 91 da LC 75/1993 (Lei Orgânica do Ministério Público da União).

Seção III – Da Competência das Procuradorias Regionais

Art. 747. Compete às Procuradorias Regionais exercer, dentro da jurisdição do Tribunal Regional respectivo, as atribuições indicadas na Seção anterior.

1. ATRIBUIÇÃO DAS PROCURADORIAS REGIONAIS DO TRABALHO

Os Procuradores Regionais do Trabalho são designados para oficiar junto aos Tribunais Regionais do Trabalho (Lei Complementar 75/1993, art. 110).

Seção IV – Das Atribuições do Procurador-Geral

Art. 748. Como chefe da Procuradoria-Geral da Justiça do Trabalho, incumbe ao procurador-geral:

a) dirigir os serviços da Procuradoria-Geral, orientar e fiscalizar as Procuradorias Regionais, expedindo as necessárias instruções;

b) funcionar nas sessões do Tribunal Superior do Trabalho, pessoalmente ou por intermédio do procurador que designar;

c) exarar o seu "ciente" nos acórdãos do Tribunal;

d) designar o procurador que o substitua nas faltas e impedimentos e o chefe da secretaria da Procuradoria;

e) apresentar, até o dia 31 de março, ao Ministro do Trabalho, Indústria e Comércio, relatório dos trabalhos da Procuradoria-Geral no ano anterior, com as observações e sugestões que julgar convenientes;

f) conceder férias aos procuradores e demais funcionários que sirvam na Procuradoria e impor-lhes penas disciplinares, observada, quanto aos procuradores, a legislação em vigor para o Ministério Público Federal;

g) funcionar em Juízo, em primeira instância, ou designar os procuradores que o devam fazer;

h) admitir e dispensar o pessoal extranumerário da secretaria e prorrogar o expediente remunerado dos funcionários e extranumerários.

Conferir os comentários ao art. 746 da CLT.

Seção V – Das Atribuições dos Procuradores

Art. 749. Incumbe aos procuradores com exercício na Procuradoria-Geral:

a) funcionar, por designação do procurador-geral, nas sessões do Tribunal Superior do Trabalho;

b) desempenhar os demais encargos que lhes forem atribuídos pelo procurador-geral.

Parágrafo único. Aos procuradores é facultado, nos processos em que oficiarem, requerer ao procurador-geral as diligências e investigações necessárias.

1. PROCURADORES REGIONAIS DO TRABALHO EM EXERCÍCIO NA PROCURADORIA-GERAL DO TRABALHO

Em caso de vaga ou de afastamento de Subprocurador-Geral do Trabalho por prazo superior a 30 dias, pode ser convocado pelo Procurador-Geral, mediante aprovação do Conselho Superior, Procurador Regional do Trabalho para substituição (Lei Complementar 75/1993, art. 110, parágrafo único).

Seção VI – Das Atribuições dos Procuradores Regionais

Art. 750. Incumbe aos procuradores regionais:

a) dirigir os serviços da respectiva Procuradoria;

b) funcionar nas sessões do Tribunal Regional, pessoalmente ou por intermédio do procurador adjunto que designar;

c) apresentar, semestralmente, ao procurador-geral, um relatório das atividades da respectiva Procuradoria, bem como dados e informações sobre a administração da Justiça do Trabalho na respectiva região;

d) requerer e acompanhar perante as autoridades administrativas ou judiciárias as diligências necessárias à execução das medidas e providências ordenadas pelo procurador-geral;

e) prestar ao procurador-geral as informações necessárias sobre os feitos em andamento e consultá-lo nos casos de dúvidas;

f) funcionar em juízo, na sede do respectivo Tribunal Regional;

g) exarar o seu "ciente" nos acórdãos do Tribunal;

h) designar o procurador que o substitua nas faltas e impedimentos e o secretário da Procuradoria.

1. ATRIBUIÇÕES DOS PROCURADORES REGIONAIS DO TRABALHO

Os Procuradores do Trabalho são designados para funcionar junto aos Tribunais Regionais do Trabalho e, na forma das leis processuais, nos litígios trabalhistas que envolvam, especialmente, interesses de menores e incapazes (Lei Complementar 75/1993, art. 112).

A designação de Procurador do Trabalho para oficiar em órgãos jurisdicionais diferentes dos previstos para a categoria dependerá de autorização do Conselho Superior (Lei Complementar 75/1993, art. 112, parágrafo único).

Art. 751. Incumbe aos procuradores adjuntos das Procuradorias Regionais:

a) funcionar por designação do procurador regional, nas sessões do Tribunal Regional;

b) desempenhar os demais encargos que lhes forem atribuídos pelo procurador regional.

1. CARREIRA DO MINISTÉRIO PÚBLICO DO TRABALHO

No presente, a carreira do Ministério Público do Trabalho é constituída pelos cargos de Subprocurador-Geral do Trabalho, Procurador Regional do Trabalho e Procurador do Trabalho (Lei Complementar 75/1993, art. 86).

O cargo inicial da carreira é o de Procurador do Trabalho, e o do último nível o de Subprocurador-Geral do Trabalho (Lei Complementar 75/1993, art. 86, parágrafo único).

Não existe mais, portanto, o cargo de procurador adjunto das Procuradorias Regionais.

Seção VII – Da Secretaria

Art. 752. A secretaria da Procuradoria-Geral funcionará sob a direção de um chefe designado pelo procurador-geral e terá o pessoal designado pelo Ministro do Trabalho, Indústria e Comércio.

Art. 753. Compete à secretaria:

a) receber, registrar e encaminhar os processos ou papéis entrados;

b) classificar e arquivar os pareceres e outros papéis;

c) prestar informações sobre os processos ou papéis sujeitos à apreciação da Procuradoria;

d) executar o expediente da Procuradoria;

e) providenciar sobre o suprimento do material necessário;

f) desempenhar os demais trabalhos que lhes forem cometidos pelo procurador-geral, para melhor execução dos serviços a seu cargo.

Art. 754. Nas Procuradorias Regionais, os trabalhos a que se refere o artigo anterior serão executados pelos funcionários para esse fim designados.

CAPÍTULO III – DA PROCURADORIA DE PREVIDÊNCIA SOCIAL

Seção I – Da Organização

Art. 755. A Procuradoria de Previdência Social compõe-se de um Procurador-Geral e de procuradores.

Art. 756. Para a nomeação do Procurador-Geral e dos demais procuradores atender-se-á ao disposto nos arts. 744 e 745.

Seção II – Da Competência da Procuradoria

Art. 757. Compete à Procuradoria da Previdência Social:

a) oficiar, por escrito, nos processos que tenham de ser sujeitos à decisão do Conselho Superior de Previdência Social;

b) oficiar, por escrito, nos pedidos de revisão das decisões do mesmo Conselho;

c) funcionar nas sessões do mesmo Conselho, opinando verbalmente sobre a matéria em debate e solicitando as requisições e diligências que julgar convenientes, sendo-lhe assegurado o direito de vista do processo em julgamento, sempre que for suscitada questão nova, não examinada no parecer exarado;

d) opinar, quando solicitada, nos processos sujeitos à deliberação do Ministro de Estado, do Conselho Técnico do Departamento Nacional de Previdência Social ou do Diretor do mesmo Departamento, em que houver matéria jurídica a examinar;

e) funcionar, em primeira instância, nas ações propostas contra a União, no Distrito Federal, para anulação de atos e decisões do Conselho Superior de Previdência Social ou do Departamento Nacional de Previdência Social, bem como do Ministro do Trabalho, Indústria e Comércio, em matéria de previdência social;

f) fornecer ao Ministério Público as informações por este solicitadas em virtude de ações propostas nos Estados e Territórios para execução ou anulação de atos e decisões dos órgãos ou da autoridade a que se refere a alínea anterior;

g) promover em juízo, no Distrito Federal, qualquer procedimento necessário ao cumprimento das decisões do Conselho Superior de Previdência Social e do Departamento Nacional de Previdência Social, bem como do Ministro do Trabalho, Indústria e Comércio, em matéria de previdência social;

h) recorrer das decisões dos órgãos e autoridades competentes em matéria de previdência social e requerer revisão das decisões do Conselho Superior de Previdência Social, que lhe pareçam contrárias à lei.

Seção III – Das Atribuições do Procurador-Geral

Art. 758. Como chefe da Procuradoria da Previdência Social, incumbe ao Procurador-Geral:

a) dirigir os serviços da Procuradoria, expedindo as necessárias instruções;

b) funcionar nas sessões do Conselho Superior de Previdência Social, pessoalmente ou por intermédio do procurador que designar;

c) designar o procurador que o substitua nas faltas e impedimentos e o chefe da Secretaria da Procuradoria;

d) conceder férias aos procuradores e demais funcionários lotados na Procuradoria e impor-lhes penas disciplinares, observada, quanto aos procuradores, a legislação em vigor para o Ministério Público Federal;

e) funcionar em juízo, em primeira instância, ou designar os procuradores que devam fazê-lo;

f) admitir e dispensar o pessoal extranumerário da Secretária e prorrogar o expediente renumerado dos funcionários e extranumerários;

g) apresentar, até 31 de março de cada ano, ao Ministro do Trabalho, Indústria e Comércio, o relatório dos trabalhos da Procuradoria no ano anterior, com as observações e sugestões que julgar convenientes.

Seção IV – Das Atribuições dos Procuradores

Art. 759. Aos procuradores e demais funcionários incumbe desempenhar os encargos que lhes forem cometidos pelo procurador geral.

Parágrafo único. Aos procuradores é facultado, nos processos em que oficiarem, requerer ao procurador geral as diligências e investigações necessárias.

Seção V – Da Secretaria

Art. 760. A Procuradoria da Previdência Social terá uma Secretaria dirigida por um chefe designado pelo Procurador Geral.

Art. 761. A Secretaria terá o pessoal designado pelo Ministro do Trabalho, Indústria e Comércio.

Art. 762. À Secretaria da Procuradoria de Previdência Social compete executar serviços idênticos aos referidos no art. 753.

1. REVOGAÇÃO DOS ARTS. 755 A 762

Entende-se que os arts. 755 a 762 da CLT foram revogados pelo Decreto-lei 72/1966, que, na época, unificou os Institutos de Aposentadoria e Pensões e criou o Instituto Nacional de Previdência Social (INPS).

TÍTULO X – DO PROCESSO JUDICIÁRIO DO TRABALHO

CAPÍTULO I – DISPOSIÇÕES PRELIMINARES

Art. 763. O processo da Justiça do Trabalho, no que concerne aos dissídios individuais e coletivos e à aplicação de penalidades, reger-se-á, em todo o território nacional, pelas normas estabelecidas neste Título.

1. PROCESSO DA JUSTIÇA DO TRABALHO

O processo é o meio ou o instrumento para a solução jurisdicional do conflito.

Quanto à natureza jurídica, o processo, em seu aspecto interno, apresenta-se como a relação jurídica processual, tendo como sujeitos o Estado-juiz, o demandante e o demandado, sendo-lhes atribuídos poderes, direitos, faculdades, deveres, obrigações, sujeições, ônus.

As partes dessa relação jurídica processual são o demandante e o demandado, sabendo-se que o juiz é o sujeito imparcial.

O objeto do processo, por sua vez, pode ser entendido como a pretensão formulada.

Em sua manifestação extrínseca, o processo é visto como o procedimento, entendido como o conjunto de atos coordenados que se sucedem, o qual se realiza em contraditório. Isso significa a necessidade de dar ciência às partes dos diversos atos processuais e permitir a sua participação no processo, como forma de assegurar as garantias constitucionais da ampla defesa e do devido processo legal.

Logo, o procedimento pode ser entendido como a sequência de atos processuais ordenados, praticados no curso do processo judicial, com a participação das partes, em contraditório.

Como se nota, o ato processual é cada unidade do procedimento, o qual, ao ser realizado em contraditório, corresponde ao processo, enfocado em seu aspecto extrínseco.

O conjunto de atos processuais, os quais são praticados no curso do procedimento, dá origem ao processo.

Nos termos do art. 9.º do CPC de 2015, não se deve proferir decisão contra uma das partes sem que ela seja previamente ouvida.

Essa disposição não se aplica: I – à tutela provisória de urgência; II – às hipóteses de tutela da evidência previstas no art. 311, incisos II e III, do CPC de 2015[214]; III – à decisão prevista no art. 701, sobre ação monitória.

O juiz não pode decidir, em grau algum de jurisdição, com base em fundamento a respeito do qual não se tenha dado às partes oportunidade de se manifestar, ainda que se trate de matéria sobre a qual deva decidir de ofício (art. 10 do CPC de 2015).

O art. 4.º da Instrução Normativa 39/2016 do TST dispõe que se aplicam ao processo do trabalho as normas do CPC de 2015 que regulam o princípio do contraditório, em especial os arts. 9.º e 10, no que vedam a decisão surpresa.

Entende-se por "decisão surpresa" a que, no julgamento final do mérito da causa, em qualquer grau de jurisdição, aplicar fundamento jurídico ou embasar-se em fato não submetido à audiência prévia de uma ou de ambas as partes.

Não se considera "decisão surpresa" a que, à luz do ordenamento jurídico nacional e dos princípios que informam o Direito Processual do Trabalho, as partes tinham obrigação de prever, concernente às condições da ação, aos pressupostos de admissibilidade de recurso e aos pressupostos processuais, salvo disposição legal expressa em contrário.

[214] "Art. 311. A tutela da evidência será concedida, independentemente da demonstração de perigo de dano ou de risco ao resultado útil do processo, quando: [...] II – as alegações de fato puderem ser comprovadas apenas documentalmente e houver tese firmada em julgamento de casos repetitivos ou em súmula vinculante; III – se tratar de pedido reipersecutório fundado em prova documental adequada do contrato de depósito, caso em que será decretada a ordem de entrega do objeto custodiado, sob cominação de multa [...]. Parágrafo único. Nas hipóteses dos incisos II e III, o juiz poderá decidir liminarmente".

2. PROCEDIMENTO DECORRENTE DA AMPLIAÇÃO DA COMPETÊNCIA DA JUSTIÇA DO TRABALHO

Quanto ao procedimento trabalhista, deve-se destacar que, em razão da Emenda Constitucional 45/2004, que ampliou a competência da Justiça do Trabalho, discutiu-se a respeito de qual seria o procedimento a ser aplicado às ações que passaram para a competência do referido órgão do Poder Judiciário.

É certo que, segundo o art. 643 da CLT, com redação dada pela Lei 7.494/1986, os dissídios oriundos das relações entre empregados e empregadores, bem como de trabalhadores avulsos e seus tomadores de serviços, em atividades reguladas na legislação social, devem ser dirimidos pela Justiça do Trabalho, de acordo com o Título VIII da CLT, e na forma estabelecida pelo processo judiciário do trabalho.

Entretanto, o Tribunal Superior do Trabalho, conforme Instrução Normativa 27/2005, fixou o entendimento de que as ações ajuizadas na Justiça do Trabalho devem tramitar pelo rito previsto na CLT, excepcionando-se, apenas, as ações que, por disciplina legal expressa, estejam sujeitas a rito especial, tais como o mandado de segurança, *habeas corpus*, *habeas data*, ação rescisória, ação cautelar e ação de consignação em pagamento.

Essa previsão leva em conta o art. 763 da CLT, ao dispor que o "processo da Justiça do Trabalho, no que concerne aos dissídios individuais e coletivos e à aplicação de penalidades, reger-se-á, em todo o território nacional, pelas normas estabelecidas" no Título X.

A sistemática recursal a ser observada, por seu turno, "é a prevista na Consolidação das Leis do Trabalho, inclusive no tocante à nomenclatura, à alçada, aos prazos e às competências". O depósito recursal (a que se refere o art. 899 da CLT) "é sempre exigível como requisito extrínseco do recurso, quando houver condenação em pecúnia" (art. 2.º da Instrução Normativa 27/2005 do TST).

✦ Súmulas, Orientações Jurisprudenciais e Precedentes Normativos

Súmula 394 do TST: Fato superveniente. Art. 493 do CPC de 2015. Art. 462 do CPC de 1973. O art. 493 do CPC de 2015 (art. 462 do CPC de 1973), que admite a invocação de fato constitutivo, modificativo ou extintivo do direito, superveniente à propositura da ação, é aplicável de ofício aos processos em curso em qualquer instância trabalhista. Cumpre ao juiz ou tribunal ouvir as partes sobre o fato novo antes de decidir.

✦ Referência legislativa

- Arts. 5.º, XXXV, XXXVI, 22 e 24, XI, §§ 1.º a 4.º, da CF.

Art. 764. Os dissídios individuais ou coletivos submetidos à apreciação da Justiça do Trabalho serão sempre sujeitos à conciliação.

§ 1.º Para os efeitos deste artigo, os juízes e Tribunais do Trabalho empregarão sempre os seus bons ofícios e persuasão no sentido de uma solução conciliatória dos conflitos.

§ 2.º Não havendo acordo, o juízo conciliatório converter-se-á obrigatoriamente em arbitral, proferindo decisão na forma prescrita neste Título.

§ 3.º É lícito às partes celebrar acordo que ponha termo ao processo, ainda mesmo depois de encerrado o juízo conciliatório.

1. CONCILIAÇÃO

A tentativa de conciliação, no processo do trabalho, é enfatizada.

A Justiça do Trabalho é considerada, em essência, conciliadora, só passando a decidir quando o consenso entre as partes não é obtido (art. 764, § 2.º, da CLT).

No procedimento ordinário, ela deve ser tentada pelo juiz, de forma obrigatória, antes do recebimento da defesa (arts. 846 e 847 da CLT), e após as razões finais (art. 850 da CLT).

No procedimento sumaríssimo, a conciliação deve ser tentada logo que iniciada a audiência, cabendo ao juiz usar os meios adequados de persuasão para a solução conciliatória do litígio, em qualquer fase da audiência (art. 852-E da CLT).

Admite-se até mesmo a conciliação na fase de liquidação e de execução do julgado.

O art. 165 do CPC de 2015 determina que os tribunais devem criar "centros judiciários de solução consensual de conflitos, responsáveis pela realização de sessões e audiências de conciliação e mediação e pelo desenvolvimento de programas destinados a auxiliar, orientar e estimular a autocomposição".

A composição e a organização do centro devem ser definidas pelo respectivo tribunal, observadas as normas do Conselho Nacional de Justiça (art. 165, § 1.º, do CPC de 2015).

No processo do trabalho, a conciliação, no âmbito judicial, deve ser tentada pelo próprio juiz, no curso da audiência (arts. 831, 846, 850, 852-E e 860 da CLT). No plano extrajudicial, as Comissões de Conciliação Prévia têm a atribuição de tentar conciliar os conflitos individuais do trabalho (art. 625-A da CLT).

Desse modo, segundo o art. 14 da Instrução Normativa 39/2016 do TST, não se aplica ao processo do trabalho o art. 165 do CPC, salvo nos conflitos coletivos de natureza econômica (art. 114, §§ 1.º e 2.º, da Constituição Federal de 1988).

Como se pode notar, prevaleceu o entendimento de não ser aplicáveis aos dissídios individuais trabalhistas os referidos centros judiciários de solução consensual de conflitos.

O Ato 168/2016 da Presidência do TST instituiu o procedimento de *mediação e conciliação pré-processual em dissídios coletivos*, a ser conduzido e processado no âmbito da Vice-Presidência do Tribunal Superior do Trabalho (art. 1.º).

Podem ser submetidas ao procedimento de mediação e conciliação pré-processual as relações jurídicas passíveis de submissão a dissídio coletivo de natureza econômica, jurídica ou de greve (art. 2.º).

A mediação e conciliação pré-processual pode ser requerida por iniciativa de qualquer das partes potenciais de dissídios coletivos (art. 3.º).

A Resolução 174/2016 do Conselho Superior da Justiça do Trabalho dispõe sobre a política judiciária nacional de tratamento adequado das disputas de interesses no âmbito do Poder Judiciário Trabalhista.

Para os fins da referida Resolução, a *conciliação* é considerada o meio adequado de resolução de disputas em que as partes confiam a uma terceira pessoa (magistrado ou servidor público por aquele sempre supervisionado) "a função de aproximá-las, empoderá-las e orientá-las na construção de um acordo quando a lide já está instaurada, com a criação ou proposta de opções para composição do litígio". A *mediação*, por sua vez, é considerada o meio adequado de resolução de disputas em que as partes confiam a uma terceira pessoa (magistrado ou servidor público por aquele sempre supervisionado) "a função de aproximá-las, empoderá-las e orientá-las na construção de um acordo quando a lide já está instaurada, sem a criação ou proposta de opções para composição do litígio" (art. 1.º da Resolução 174/2016 do CSJT).

Foi instituída a Política Judiciária Nacional de tratamento das disputas de interesses trabalhistas para assegurar a todos o direito à solução das disputas por meios adequados à sua natureza, peculiaridade e características socioculturais de cada Região (art. 2.º da Resolução

174/2016 do CSJT). Os Tribunais Regionais do Trabalho devem instituir um Núcleo Permanente de Métodos Consensuais de Solução de Disputas (NUPEMEC-JT), assim como instituir Centro(s) Judiciário(s) de Métodos Consensuais de Solução de Disputas (CEJUSC-JT).

Na implementação da Política Judiciária Nacional de tratamento das disputas de interesses trabalhistas, com vistas à boa qualidade destes serviços e à disseminação da cultura de pacificação social, devem ser observados: a centralização das estruturas judiciárias de solução consensual de disputas; a adequada formação e treinamento de servidores e magistrados para exercer a conciliação e mediação, podendo para este fim ser firmadas parcerias com entidades públicas e privadas; o acompanhamento estatístico específico, a ser realizado pelos Tribunais Regionais do Trabalho (art. 3.º da Resolução 174/2016 do CSJT).

O Conselho Superior da Justiça do Trabalho deve organizar programa com o objetivo de promover ações de *incentivo à autocomposição de litígios e à pacificação social por meio da conciliação e da mediação* (art. 4.º da Resolução 174/2016 do CSJT). O programa deve ser implementado com a participação de rede constituída por todos os órgãos do Poder Judiciário Trabalhista, autorizando-se a participação, em parceria, de entidades públicas e privadas, inclusive universidades e instituições de ensino.

Cada Tribunal Regional do Trabalho deve criar um Núcleo Permanente de Métodos Consensuais de Solução de Disputas (NUPEMEC-JT), composto por magistrados e servidores ativos designados (art. 5.º da Resolução 174/2016 do CSJT).

Os Núcleos podem estimular programas voltados à pacificação social no âmbito das relações de trabalho, bem como das relações entre categorias profissionais e econômicas, como forma de prevenir conflitos e contribuir com a paz social, preferencialmente com o envolvimento de sindicatos, federações, confederações e centrais sindicais (art. 5.º, § 3.º, da Resolução 174/2016 do CSJT).

Os Tribunais Regionais do Trabalho devem criar Centro(s) Judiciário(s) de Métodos Consensuais de Solução de Disputas (CEJUSC-JT), unidade(s) do Poder Judiciário do Trabalho vinculado(s) ao NUPEMEC-JT, responsáveis pela realização das sessões e audiências de conciliação e mediação de processos em qualquer fase ou instância, inclusive naqueles pendentes de julgamento perante o Tribunal Superior do Trabalho (art. 6.º da Resolução 174/2016 do CSJT).

As sessões de conciliação e mediação realizadas nos Centros Judiciários de Métodos Consensuais de Solução de Disputas (CEJUSCs-JT) devem contar com presença física de magistrado, o qual pode atuar como conciliador e mediador e deve supervisionar a atividade dos conciliadores e mediadores, estando sempre disponível às partes e advogados, sendo indispensável a presença do advogado do reclamante, caso constituído (art. 6.º, § 1.º, da Resolução 174/2016 do CSJT).

As reclamações trabalhistas reduzidas a termo em que o reclamante atue sem advogado (*jus postulandi*) podem ser submetidas à sessão de conciliação e mediação junto ao CEJUSC-JT, desde que supervisionada pessoalmente pelo magistrado, que deve estar presente fisicamente durante toda a negociação (art. 6.º, § 1.º-A, da Resolução 174/2016 do CSJT, incluído pela Resolução 252/2019 do CSJT).

Os Centros Judiciários de Métodos Consensuais de Solução de Disputas (CEJUSCs-JT) são coordenados por um magistrado da ativa, e os magistrados supervisores devem realizar as pautas iniciais das unidades jurisdicionais a estes vinculadas, inclusive precatórios e requisições de pequeno valor, podendo realizar pautas temáticas, objetivando a otimização dos trabalhos (art. 6.º, § 2.º, da Resolução 174/2016 do CSJT).

O magistrado coordenador do Centro Judiciário de Métodos Consensuais de Solução de Disputas (CEJUSC-JT) pode solicitar à Corregedoria do TRT a remessa de feitos de outras unidades jurisdicionais, bem como precatórios e requisições de pequeno valor, com o intuito de organizar pautas concentradas ou mutirões, inclusive em bloco de ações com mais de um reclamante em desfavor de um mesmo empregador ou grupo de empregadores, sindicatos ou associações, cabendo ao Corregedor Regional avaliar a conveniência e oportunidade da medida (art. 6.º, § 3.º, da Resolução 174/2016 do CSJT).

Os Centros Judiciários de Métodos Consensuais de Solução de Disputas (CEJUSCs-JT) podem atuar em cooperação entre si, com as Varas do Trabalho ou outras unidades judiciárias, mediante reunião de processos, visando a uma solução adequada da disputa entre trabalhadores com o mesmo reclamado ou executado, sem prejuízo do registro da produtividade de cada feito oriundo do respectivo CEJUSC-JT (art. 6.º, § 3.º-A, da Resolução 174/2016 do CSJT, incluído pela Resolução 288/2021 do CSJT).

Os magistrados togados e servidores inativos podem atuar como conciliadores e/ou mediadores, desde que declarem, sob responsabilidade pessoal, que não militam como advogados na jurisdição dos órgãos judiciários abrangidos pelo CEJUSC-JT (art. 6.º, § 6.º, da Resolução 174/2016 do CSJT).

Fica vedada a realização de conciliação ou mediação judicial, no âmbito da Justiça do Trabalho, por pessoas que não pertençam aos quadros da ativa ou inativos do respectivo Tribunal Regional do Trabalho (art. 6.º, § 8.º, da Resolução 174/2016 do CSJT).

Os Centros Judiciários de Métodos Consensuais de Solução de Disputas (CEJUSCs-JT) devem contar com um magistrado coordenador e, sendo necessário, juiz(es) supervisor(es), todos entre juízes com atuação nas respectivas sedes, indicados fundamentadamente em critérios objetivos pelo Presidente do respectivo Tribunal, aos quais cabe a administração, supervisão dos serviços dos conciliadores e mediadores e a homologação dos acordos (art. 7.º da Resolução 174/2016 do CSJT).

A audiência de mediação e conciliação trabalhista se dividirá em tantas sessões quantas forem necessárias para viabilizar a solução consensual, sem prejuízo das providências jurisdicionais que evitem o perecimento do direito, estas a serem tomadas pelo Juízo a que distribuída a ação (art. 7.º, § 5.º, da Resolução 174/2016 do CSJT).

Distribuída a demanda trabalhista a uma das Varas do Trabalho, as audiências iniciais podem ser realizadas pelo Centro Judiciário de Métodos Consensuais de Solução de Disputas (CEJUSC-JT), com encaminhamento pelo juízo de origem, conforme parametrização no PJe-JT, inclusive por classe processual (art. 7.º, § 5.º-A, da Resolução 174/2016 do CSJT, incluído pela Resolução 288/2021 do CSJT).

A conciliação ou mediação no Centro Judiciário de Métodos Consensuais de Solução de Disputas (CEJUSC-JT) pode contemplar a extinção, sem resolução do mérito, de pedido(s) ou em relação a uma ou mais das partes (reclamante, reclamada, reconvinte, reconvindo), exclusivamente em caso de ser uma cláusula integrante do acordo (art. 7.º, § 5.º-B, da Resolução 174/2016 do CSJT, incluído pela Resolução 288/2021 do CSJT).

Nas audiências iniciais, o juiz supervisor do Centro Judiciário de Métodos Consensuais de Solução de Disputas (CEJUSC-JT) pode declarar o arquivamento previsto no art. 844 da CLT, remetendo os autos ao juízo de origem para as providências complementares, se for o caso (art. 7.º, § 5.º-C, da Resolução 174/2016 do CSJT, incluído pela Resolução 288/2021 do CSJT).

Caso seja configurada a revelia de que trata o art. 844 da CLT, o juiz supervisor deve registrar a ocorrência do fato e devolverá os autos ao juízo de origem para a condução do feito (art. 7.º, § 5.º-D, da Resolução 174/2016 do CSJT, incluído pela Resolução 288/2021 do CSJT).

As conciliações e mediações realizadas no âmbito da Justiça do Trabalho somente terão validade nas hipóteses previstas na CLT, aí incluída a homologação pelo magistrado que supervisionou a audiência e a mediação pré-processual de conflitos coletivos, sendo inaplicáveis à Justiça do Trabalho as disposições referentes às Câmaras Privadas de Conciliação, Mediação e Arbitragem, e normas atinentes à conciliação e mediação extrajudicial e pré-processual previstas no CPC de 2015 (art. 7.º, § 6.º, da Resolução 174/2016 do CSJT). Podem ser submetidos ao procedimento da mediação pré-processual os conflitos coletivos (art. 7.º, § 7.º, da Resolução 174/2016 do CSJT).

Podem ser submetidos ao procedimento de mediação pré-processual os conflitos individuais e coletivos, a cargo dos respectivos Centros Judiciários de Métodos Consensuais de Solução de Disputas (CEJUSCs-JT) de primeiro e segundo graus, conforme o caso, mediante registro próprio no Sistema PJe-JT, com garantia na produtividade do respectivo magistrado condutor do procedimento (art. 7.º, § 7.º, da Resolução 174/2016 do CSJT, com redação dada pela Resolução 288/2021 do CSJT).

Em caso de trabalhador e/ou empregador sem assistência de advogado, na mediação pré-processual, a condução do procedimento deve ser feita, necessariamente, pelo juiz supervisor do Centro Judiciário de Métodos Consensuais de Solução de Disputas (CEJUSC-JT) respectivo (art. 7.º, § 7.º-A, da Resolução 174/2016 do CSJT, incluído pela Resolução 288/2021 do CSJT).

Na hipótese de êxito na mediação pré-processual, deve ser convertido o procedimento (ou efetuado o registro), com os mesmos efeitos da classe Homologação de Transação Extrajudicial (HTE), no Sistema PJe-JT (art. 7.º, § 7.º-B, da Resolução 174/2016 do CSJT, incluído pela Resolução 288/2021 do CSJT).

Caso frustrado o tratamento adequado da disputa no âmbito da Justiça do Trabalho, o magistrado que supervisionar audiências de conciliação inicial pode dar vista da(s) defesa(s) e documento(s) à(s) parte(s) reclamante(s), consignando prazo parametrizado de acordo com fixação prévia do juízo de origem, se houver, registrando em ata requerimentos gerais das partes e o breve relato do conflito, mantendo-se silente quanto à questão jurídica que envolve a disputa; e remeterá os autos à unidade jurisdicional de origem (art. 7.º, § 10, da Resolução 174/2016 do CSJT, com redação dada pela Resolução 288/2021 do CSJT).

O procedimento de mediação pré-processual em conflitos individuais e coletivos de trabalho no âmbito da Justiça do Trabalho de primeiro e segundo graus rege-se pelas disposições constantes na Resolução 377/2024 do Conselho Superior da Justiça do Trabalho (art. 1.º).

Entende-se por mediação pré-processual a mediação facultativa ocorrida antes do ajuizamento da reclamação trabalhista, buscada espontaneamente pelos próprios interessados junto ao Poder Judiciário, praticada por mediadores judiciais e com o intuito de prevenir a instauração de demanda trabalhista.

Para dar início ao referido procedimento de mediação pré-processual, a parte interessada deve apresentar "reclamação pré-processual" (RPP), classe em que será enquadrado o pedido, com o respectivo registro no Sistema PJe-JT.

A reclamação pré-processual (RPP), por ser procedimento pré-processual de resolução consensual de conflito, deve ser distribuída a uma das Varas do Trabalho, sendo de primeiro grau, ou a um Relator, sendo de segundo grau, observando-se as regras de competência jurisdicional aplicáveis aos dissídios individuais e coletivos do trabalho e ressalvadas, em todo caso, as competências regimentais especiais para a mediação pré-processual por órgãos da administração dos tribunais (art. 2.º da Resolução 377/2024 do CSJT).

O procedimento tem início por provocação de qualquer interessado, cabendo-lhe formular o pedido devidamente instruído com os documentos necessários e com a indicação do objeto da mediação, a designação do juízo, a qualificação das partes, a expressão "reclamação pré-processual, com pedido de mediação pré-processual", na primeira folha, a exposição sucinta dos fatos que ensejam a mediação, o requerimento que pretende mediar, a data e a assinatura do requerente ou de seu representante (art. 3.º da Resolução 377/2024 do CSJT).

A reclamação pré-processual (RPP) dispensa os requisitos do art. 840 da CLT.

Estando o empregador e/ou trabalhador desassistidos (sem assistência de advogado), deverá comparecer ao órgão de distribuição do TRT para fazer tomar a termo sua reclamação pré-processual (RPP) ou efetuar a solicitação mediante o preenchimento de formulário disponível no Portal da Conciliação, cabendo ao próprio Tribunal Regional do Trabalho a distribuição da classe reclamação pré-processual (RPP) ao órgão competente.

A distribuição da reclamação pré-processual (RPP) não torna prevento o juízo, exceto em caso de conversão em homologação de transação extrajudicial (HTE), para os conflitos individuais (art. 4.º da Resolução 377/2024 do CSJT).

O juiz da Vara do Trabalho ou o Relator sorteado deve encaminhar a reclamação pré-processual (RPP), via sistema PJe, ao CEJUSC-JT que atender a respectiva jurisdição, podendo o magistrado supervisor do Centro Judiciário de Métodos Consensuais de Solução de Disputas, ao providenciar o processamento da demanda: I – constatada a inviabilidade do procedimento, determinar o arquivamento do feito, com a devolução da reclamação pré-processual (RPP) à Vara do Trabalho ou ao Relator para providências complementares, se for o caso; II – conceder prazo para as adequações que entender necessárias, sob pena de arquivamento; III – designar audiência de mediação, intimando os interessados para o comparecimento à audiência de mediação, sob pena de, em caso de não comparecimento, haver o arquivamento (art. 5.º da Resolução 377/2024 do CSJT).

Caso o juiz da Vara do Trabalho injustificadamente não encaminhe a reclamação pré-processual (RPP) para o CEJUSC-JT, o Corregedor deverá avocar o procedimento e encaminhá-lo para o CEJUSC-JT.

Importa em indeferimento imediato do procedimento, por caracterizar uso inadequado da via escolhida, a apresentação da reclamação pré-processual (RPP) quando, pela narrativa, depreender-se que as partes já estejam acordadas (art. 6.º da Resolução 377/2024 do CSJT).

O Ministério Público do Trabalho deve ser comunicado da apresentação da reclamação pré-processual (RPP) nos conflitos coletivos e nas hipóteses de intervenção obrigatória, com a concessão de amplo acesso ao teor da reclamação e dos documentos que a instruem, sendo facultada a sua participação nos demais casos (art. 7.º da Resolução 377/2024 do CSJT).

Não comparecendo o Ministério Público do Trabalho à primeira audiência, será presumida a ausência de interesse de atuação na mediação.

Em razão da natureza do procedimento, não haverá apresentação de contestação na reclamação pré-processual (RPP), sem prejuízo da apresentação de manifestação pelos interessados (art. 8.º da Resolução 377/2024 do CSJT).

O magistrado supervisor do CEJUSC-JT pode, na ausência injustificada de qualquer parte interessada à audiência de mediação, redesignar a audiência ou determinar o arquivamento do procedimento, com a devolução da reclamação pré-processual (RPP) à Vara do Trabalho ou ao Relator para providências complementares, se for o caso (art. 9.º da Resolução 377/2024 do CSJT).

Comparecendo os interessados à audiência de mediação e não havendo acordo, o magistrado supervisor do CEJUSC-JT determinará o arquivamento do feito, com a devolução da reclamação pré-processual (RPP) à Vara do Trabalho ou ao Relator para providências complementares, se for o caso (art. 10 da Resolução 377/2024 do CSJT).

Constatada a possibilidade de evolução nas propostas conciliatórias, a audiência pode ser redesignada pelo magistrado responsável quantas vezes se faça necessário.

Caso o trabalhador e/ou o empregador estejam sem assistência de advogado na mediação pré-processual, a condução das reuniões unilaterais, bilaterais e das audiências deverão ser realizadas, necessariamente, pelo magistrado supervisor do CEJUSC-JT respectivo (art. 11 da Resolução 377/2024 do CSJT).

Na hipótese de êxito da mediação, em conflitos individuais, a reclamação pré-processual (RPP) deve ser convertida na classe processual "homologação de transação extrajudicial" (HTE), sendo proferida a sentença, nos termos do art. 855-D da CLT, pelo magistrado supervisor do CEJUSC-JT (art. 12 da Resolução 377/2024 do CSJT).

A competência do CEJUSC-JT-1º Grau termina com a homologação do acordo, cumprindo à Vara do Trabalho de origem todas as providências necessárias ao seu aperfeiçoamento e eventual execução.

É vedada ao CEJUSC-JT, no caso de reclamação pré-processual (RPP): I – a prática de qualquer ato executório; II – a expedição de alvarás para levantamento de qualquer valor; III – a expedição de precatórios; IV – a apreciação de pedidos de tutela de urgência; V – a expedição de certidão de habilitação em massa falida ou recuperação judicial; VI - a prática de qualquer outro ato que não seja relacionado às audiências de mediação (art. 13 da Resolução 377/2024 do CSJT).

A vedação do inciso II acima não se aplica para levantamento de valores relativos ao Fundo de Garantia por Tempo de Serviço ou para habilitação no seguro-desemprego, na forma de cláusulas no próprio acordo dentro da homologação de transação extrajudicial (HTE).

As partes são isentas do pagamento de custas no procedimento de reclamação pré-processual (RPP) trabalhista em dissídios individuais e coletivos de trabalho, inclusive na conversão em homologação de transação extrajudicial (HTE) (art. 14 da Resolução 377/2024 do CSJT).

Nos casos que envolvam reclamação pré-processual (RPP) em dissídios individuais, as sentenças homologatórias devem ser prolatadas na classe processual "homologação de transação extrajudicial" (HTE), sendo contabilizadas na produtividade do respectivo magistrado condutor do procedimento e na produtividade da unidade Judiciária originária do feito, vedada, em qualquer hipótese, a dupla contagem para efeitos de gratificação por exercício cumulativo de jurisdição (GECJ) (art. 15 da Resolução 377/2024 do CSJT).

Na reclamação pré-processual (RPP) em dissídios coletivos que resultar em acordo, não haverá sentença de "homologação de transação extrajudicial" (HTE) (art. 16 da Resolução 377/2024 do CSJT).

O instrumento firmado pode deter a natureza jurídica de acordo coletivo de trabalho ou convenção coletiva de trabalho, nos termos do art. 611 da CLT. Nessa hipótese, não haverá a homologação no âmbito do CEJUSC-JT, devendo as partes observar os procedimentos para a validação respectiva.

O instrumento normativo firmado deve ser contabilizado na produtividade do respectivo magistrado condutor do procedimento e na da unidade Judiciária originária do feito, vedada, em qualquer hipótese, a dupla contagem para efeitos de gratificação por exercício cumulativo de jurisdição (GECJ).

São irrecorríveis as decisões proferidas no âmbito estrito da reclamação pré-processual (RPP) em dissídios individuais e coletivos (art. 17 da Resolução 377/2024 do CSJT).

É igualmente irrecorrível a sentença proferida na homologação de transação extrajudicial (HTE), ressalvadas as disposições legais em contrário (art. 18 da Resolução 377/2024 do CSJT).

Os acordos homologados na forma do art. 855-D da CLT são títulos executivos judiciais (art. 19 da Resolução 377/2024 do CSJT).

Foi criado o Núcleo de Apoio à Conciliação e Políticas Públicas (NACOPP/CSJT-TST) no âmbito do Tribunal Superior do Trabalho vinculado à Vice-Presidência e coordenado pelo Ministro Vice-Presidente (art. 1.º da Resolução Administrativa 2.398/2022 do TST).

Compete ao Núcleo de Apoio à Conciliação e Políticas Públicas (NACOPP/CSJT-TST): I – auxiliar as atividades da Comissão Nacional de Promoção à Conciliação (CONAPROC) na elaboração de propostas de projetos e programas relacionados às políticas públicas de solução adequada de disputas; II – assegurar a execução de projetos e programas relacionados à política pública nacional de tratamento adequado de disputas de interesses da Justiça do Trabalho; III – acompanhar projetos e programas implementados como parte da política pública nacional de tratamento adequado de disputas de interesses da Justiça do Trabalho; IV – realizar a interlocução permanente com magistrados integrantes dos Núcleos Permanentes de Métodos Consensuais de Solução de Disputas (NUPEMEC-JT) e Centros Judiciários de Métodos Consensuais de Solução de Disputas (CEJUSC-JT) dos Tribunais Regionais do Trabalho; V – organizar a Semana Nacional de Conciliação Trabalhista; VI – organizar o Encontro Nacional de Coordenadores e Supervisores de NUPEMECS e CEJUSCS; VII – organizar o Encontro Nacional de Servidores que atuam em NUPEMECS e CEJUSCS; VIII – organizar e assessorar as reuniões da Comissão Nacional de Promoção à Conciliação (CONAPROC); IX – acompanhar os dados estatísticos da política de tratamento adequado de conflitos de interesses da Justiça do Trabalho; X – promover a tramitação da etapa de conciliação dos conflitos coletivos de competência originária do Tribunal Superior do Trabalho; XI – promover e realizar todos os atos de impulso do procedimento de mediação pré-processual previsto no Ato 168/2016 da Presidência do TST; XII – auxiliar o Centro de Conciliação do Tribunal Superior do Trabalho (art. 2.º da Resolução Administrativa 2.398/2022 do TST).

Foi instituído o Centro Judiciário de Métodos Consensuais de Solução de Disputas do Tribunal Superior do Trabalho (CEJUSC/TST), com as seguintes atribuições: I – executar ações voltadas ao cumprimento da Política Judiciária de tratamento adequado dos conflitos de interesses; II – executar as atividades planejadas e promovidas pela Comissão Nacional de Promoção à Conciliação (CONAPROC); III – organizar as pautas e adotar as providências necessárias à realização das audiências de mediação e conciliação nos dissídios individuais que tramitem no Tribunal Superior do Trabalho, especialmente se a negociação for global e envolver processos de dois ou mais regionais, sem prejuízo das atividades integradas e coordenadas junto aos Tribunais Regionais do Trabalho (art. 8.º da Resolução Administrativa 2.398/2022 do TST).

Faculta-se a qualquer das partes, por intermédio de seu procurador, solicitar a designação de audiência de conciliação mediante petição dirigida ao Relator do processo ou pelo preenchimento de formulários disponíveis na página do TST ou outros meios eletrônicos criados para esse fim. Em se tratando de processo ainda não distribuído, o pedido de designação de audiência de mediação e conciliação deve ser dirigido ao Ministro Presidente do Tribunal Superior do Trabalho (art. 9.º da Resolução Administrativa 2.398/2022 do TST).

O Ministro Relator pode, de ofício, determinar a realização de audiência de conciliação nos processos que entender existir razoável possibilidade de solução consensual ou encaminhá-los ao Centro Judiciário de Métodos Consensuais de Solução de Disputas do Tribunal Superior do Trabalho (CEJUSC/TST) que, por delegação, exercerá todos os atos processuais, inclusive a homologação do acordo (art. 10 da Resolução Administrativa 2.398/2022 do TST).

Homologada a conciliação, deve-se determinar a baixa dos autos para que o órgão de origem acompanhe o cumprimento dos termos ajustados, bem como proceda à execução na hipótese de descumprimento (art. 15 da Resolução Administrativa 2.398/2022 do TST).

✦ Súmulas, Orientações Jurisprudenciais e Precedentes Normativos

Súmula 259 do TST: Termo de conciliação. Ação rescisória. Só por ação rescisória é impugnável o termo de conciliação previsto no parágrafo único do art. 831 da CLT.

Súmula 418 do TST: Mandado de segurança visando à homologação de acordo (nova redação em decorrência do CPC de 2015). A homologação de acordo constitui faculdade do juiz, inexistindo direito líquido e certo tutelável pela via do mandado de segurança.

Orientação Jurisprudencial 376 da SBDI-I do TST: Contribuição previdenciária. Acordo homologado em juízo após o trânsito em julgado da sentença condenatória. Incidência sobre o valor homologado. É devida a contribuição previdenciária sobre o valor do acordo celebrado e homologado após o trânsito em julgado de decisão judicial, respeitada a proporcionalidade de valores entre as parcelas de natureza salarial e indenizatória deferidas na decisão condenatória e as parcelas objeto do acordo.

Orientação Jurisprudencial 34 da SDC do TST: Acordo extrajudicial. Homologação. Justiça do Trabalho. Prescindibilidade. É desnecessária a homologação, por Tribunal Trabalhista, do acordo extrajudicialmente celebrado, sendo suficiente, para que surta efeitos, sua formalização perante o Ministério do Trabalho (art. 614 da CLT e art. 7.º, inciso XXVI, da Constituição Federal).

Art. 765. Os Juízos e Tribunais do Trabalho terão ampla liberdade na direção do processo e velarão pelo andamento rápido das causas, podendo determinar qualquer diligência necessária ao esclarecimento delas.

1. IMPULSO OFICIAL

O Código de Processo Civil de 2015 prevê que o "processo começa por iniciativa da parte e se desenvolve por impulso oficial, salvo as exceções previstas em lei" (art. 2.º).

Por ser um princípio de Teoria Geral do Processo, há incidência no processo do trabalho.

O impulso de ofício também é aplicado ao processo do trabalho, consoante o art. 765 da CLT, ao prever que os juízos e tribunais do trabalho têm ampla liberdade na direção do processo e devem velar pelo andamento rápido das causas, podendo determinar qualquer diligência necessária ao esclarecimento delas.

Ainda a respeito dos poderes do juiz na direção do processo e dos poderes instrutórios do juiz, cabe destacar os arts. 139 e 370 do CPC de 2015.

Art. 766. Nos dissídios sobre estipulação de salários, serão estabelecidas condições que, assegurando justos salários aos trabalhadores, permitam também justa retribuição às empresas interessadas.

1. EQUIDADE

A equidade é apontada como meio de interpretação e integração do Direito. Entretanto, a sua incidência normalmente ocorre no plano do Direito material, ou seja, na disciplina das relações jurídicas materiais.

Tanto é assim que é prevista no art. 8.º, *caput*, da CLT, ao assim dispor: "As autoridades administrativas e a Justiça do Trabalho, na falta de disposições legais ou contratuais, decidirão, conforme o caso, pela jurisprudência, por analogia, por equidade e outros princípios e normas gerais de direito, principalmente do direito do trabalho, e, ainda, de acordo com os usos e costumes, o direito comparado, mas sempre de maneira que nenhum interesse de classe ou particular prevaleça sobre o interesse público".

Logo, o juiz pode aplicar a equidade, no sentido de amenizar o rigor da norma jurídica, retificando eventuais distorções. Isso significa a interpretação mais branda (equitativa), corrigindo as injustiças da norma abstrata na aplicação de situações em concreto, levando em conta as suas particularidades. Trata-se de equidade em sua origem grega, ou seja, *epieikeia*.

Nesse sentido, o art. 852-I, § 1.º, da CLT, que se refere ao procedimento sumaríssimo trabalhista, estabelece que o juiz adotará em cada caso a decisão que reputar mais justa e equânime, atendendo aos fins sociais da lei e as exigências do bem comum.

A segunda concepção da equidade, de origem romana (*aequitas*), significa a criação de regra jurídica para o caso concreto, possibilitando a decisão sem vinculação às disposições legais, mas sim conforme os critérios de justiça[215].

De acordo com o art. 140, parágrafo único, do Código de Processo Civil de 2015, o juiz só decidirá por equidade nos casos previstos em lei.

Nesse contexto, o art. 766 da CLT dispõe que nos dissídios sobre estipulação de salários devem ser estabelecidas condições que garantam salários justos aos trabalhadores e também

[215] Cf. DELGADO, Mauricio Godinho. *Curso de direito do trabalho*. 15. ed. São Paulo: LTr, 2016. p. 178-179.

permitam a justa retribuição às empresas interessadas, indicando a importância da equidade no exercício do poder normativo pela Justiça do Trabalho.

Art. 767. A compensação, ou retenção, só poderá ser arguida como matéria de defesa.

1. COMPENSAÇÃO OU RETENÇÃO

A compensação é forma indireta de extinção da obrigação.

Segundo o art. 368 do Código Civil de 2002, se duas pessoas forem, ao mesmo tempo, credor e devedor uma da outra, as duas obrigações se extinguem, até onde se compensarem.

Ocorre quando o devedor também possui crédito em face do credor, havendo reciprocidade de dívidas, as quais devem ser líquidas, vencidas e de coisas fungíveis (isto é, podem ser substituídas por outras da mesma espécie, qualidade e quantidade, nos termos do art. 85 do Código Civil de 2002, indicando que as dívidas devem ser homogêneas, da mesma natureza), nos termos do art. 369 do Código Civil de 2002. Mesmo se forem do mesmo gênero as coisas fungíveis, objeto das duas prestações, não se compensarão, caso se verifique que diferem na qualidade, quando especificada no contrato (art. 370 do Código Civil de 2002).

De acordo com a Súmula 18 do TST, a compensação, na Justiça do Trabalho, está restrita a dívidas de natureza trabalhista. Logo, o empregador não pode alegar a compensação a respeito de eventual crédito de natureza civil que possua em face do empregado.

Ainda assim, com a ampliação da competência da Justiça do Trabalho, decorrente da Emenda Constitucional 45/2004, pode-se dizer que, no processo trabalhista, a compensação apenas é admitida quanto a dívidas da mesma natureza, por exemplo, decorrentes do contrato de emprego ou da relação de trabalho.

A compensação, entretanto, não se confunde com a mera dedução de valor pago, a qual deve ser determinada até mesmo de ofício pelo juiz, para que não ocorra o enriquecimento indevido da parte. A respeito da dedução de valor pago, cf. Orientação Jurisprudencial 415 da SBDI-I do TST.

A retenção, assim como a compensação, só pode ser alegada como matéria de defesa, ou seja, na contestação, sob pena de preclusão.

Na retenção, quem retém a coisa também deve ser credor. Além disso, deve deter a coisa de forma legítima, sendo necessária uma relação de conexão entre o crédito e a coisa retida, não devendo haver impedimento legal ou contratual ao seu exercício.

A retenção tem como objetivo garantir o crédito que o detentor possui. Exemplificativamente, seria possível o empregador (réu) reter instrumento de trabalho do autor, alegando que este lhe causou dano quando da prestação do serviço. Nesse caso, aquele alega a existência de um crédito, retendo a coisa para garantir o seu pagamento.

✦ Súmulas, Orientações Jurisprudenciais e Precedentes Normativos

Súmula 18 do TST: Compensação. Justiça do Trabalho. Natureza. A compensação, na Justiça do Trabalho, está restrita a dívidas de natureza trabalhista.

Súmula 48 do TST: Compensação. A compensação só poderá ser arguida com a contestação.

Orientação Jurisprudencial 415 da SBDI-I do TST: Horas extras. Reconhecimento em juízo. Critério de dedução/abatimento dos valores comprovadamente pagos no curso do contrato de trabalho. A dedução das horas extras comprovadamente pagas daquelas reconhecidas em juízo não pode ser limitada ao mês de apuração, devendo ser integral e aferida pelo total das horas extraordinárias quitadas durante o período imprescrito do contrato de trabalho (*DEJT* 15.02.2012).

Orientação Jurisprudencial 356 da SBDI-I do TST: Programa de incentivo à demissão voluntária (PDV). Créditos trabalhistas reconhecidos em juízo. Compensação. Impossibilidade os créditos tipicamente trabalhistas reconhecidos em juízo não são suscetíveis de compensação com a indenização paga em decorrência de adesão do trabalhador a programa de incentivo à demissão voluntária (PDV).

Art. 768. Terá preferência em todas as fases processuais o dissídio cuja decisão tiver de ser executada perante o Juízo da falência.

1. EXECUÇÃO DO CRÉDITO TRABALHISTA

Nos casos de falência e recuperação judicial da empresa, atualmente disciplinadas na Lei 11.101/2005, cabe verificar como se realizar a execução do crédito trabalhista.

Defende-se o entendimento de que a ação trabalhista em face da massa falida deve prosseguir na Justiça do Trabalho somente até a conclusão da liquidação do crédito trabalhista.

O processo trabalhista não se suspende com a decretação da falência, mas, de acordo com o entendimento acima, após a liquidação, a execução do crédito deve ser processada no juízo universal da falência.

Efetivamente, após a liquidação do crédito na Justiça do Trabalho, ele deve ser habilitado na falência, inclusive para que possa integrar o quadro-geral de credores (arts. 6.º, § 2.º, parte final, e 18 da Lei 11.101/2005).

Nesse sentido, os §§ 1.º e 2.º do art. 6.º da Lei 11.101/2005, além de excepcionarem as ações de natureza trabalhista da suspensão decorrente da decretação da falência, determinam o seu prosseguimento na Justiça do Trabalho até a liquidação do crédito trabalhista (art. 76 da Lei 11.101/2005).

Após, entende-se que a execução desse crédito deve ocorrer perante o juízo universal da falência, com a sua inclusão na classe própria (art. 6.º, § 3.º, parte final, da Lei 11.101/2005).

Ademais, é possível a reserva de valor no juízo falimentar, para futuro pagamento do crédito trabalhista, quando da sua execução. Efetivamente, o art. 6.º, § 3.º, do mesmo diploma legal, prevê que o juiz do trabalho pode determinar a "reserva" da importância que estimar devida na falência.

Conforme a jurisprudência do Superior Tribunal de Justiça: "É do juízo falimentar a competência para decidir sobre o destino dos depósitos recursais feitos no curso de reclamação trabalhista movida contra a falida, ainda que anteriores à decretação da falência" (STJ, 2.ª Seção, AgInt nos EDcl no CC 165.415/SP, 2019/0119785-9, Rel. Min. Luis Felipe Salomão, *DJe* 02.12.2019).

Se o bem foi penhorado, levado à praça e arrematado antes de ser decretada a falência, ou seja, quando ainda não havia sido instaurado o juízo universal, consideram-se válidos e eficazes os atos realizados na Justiça do Trabalho (STJ, 2.ª Seção, EDcl no CC 137.239/DF, 2014/0315548-8, Rel. Min. Raul Araújo, *DJe* 14.03.2017). Ainda segundo a jurisprudência do Superior Tribunal de Justiça, se a adjudicação na Justiça do Trabalho ocorreu antes da decretação da falência, considera-se válida. Entretanto, caso a adjudicação ocorra depois da decretação da falência, "o ato deve ser desfeito, com a integração do bem à massa falida" (STJ, 2.ª Seção, EDcl nos EDcl nos EDcl no AgRg no CC 109.541/PE, 2009/0248961-0, Rel. p/ ac. Min. Raul Araújo, *DJe* 23.04.2013). Cf. ainda STJ, 2.ª Seção, AgInt no CC 144.387/SP, 2015/0302536-9, Rel. Min. Antonio Carlos Ferreira, *DJe* 20.05.2019.

Prevalece o entendimento de que mesmo em caso de insolvência civil, o juízo universal da insolvência é competente para a execução do crédito trabalhista. Cf. STJ, 2.ª Seção, AgInt no CC 165.083/PR, 2019/0103706-3, Rel. Min. Nancy Andrighi, *DJe* 21.08.2020. STJ, 2.ª Seção, AgInt nos EDcl na PET no CC 158.595/RS, 2018/0119126-2, Rel. Min. Marco Aurélio Bellizze, *DJe* 01.07.2019.

Na hipótese de recuperação judicial, de acordo com a exceção prevista no art. 52, inciso III, parte final, da Lei 11.101/2005, as ações de conhecimento de natureza trabalhista não são suspensas em razão do deferimento do seu processamento.

As ações de competência da Justiça do Trabalho em face de empresa em recuperação judicial nela prosseguem até se concluir a liquidação da sentença (art. 6.º, §§ 1.º e 2.º, da Lei 11.101/2005).

Admite-se, da mesma forma, que o juiz do trabalho determine a "reserva" da importância que estimar devida na recuperação judicial. Após ser reconhecido líquido o direito na Justiça do Trabalho, "será o crédito incluído na classe própria" (art. 6.º, § 3.º, da Lei 11.101/2005), com o seu pagamento no âmbito do plano de recuperação judicial.

O § 5.º do art. 6.º da Lei 11.101/2005, ao fazer remissão ao § 2.º do mesmo dispositivo, confirma que a ação de competência da Justiça do Trabalho, em face de empresa em recuperação judicial, ali prossegue até a conclusão da liquidação.

A decretação da falência ou o deferimento do processamento da recuperação judicial implica: I – suspensão do curso da prescrição das obrigações do devedor sujeitas ao regime da Lei 11.101/2005; II – suspensão das execuções ajuizadas contra o devedor, inclusive daquelas dos credores particulares do sócio solidário, relativas a créditos ou obrigações sujeitos à recuperação judicial ou à falência; III – proibição de qualquer forma de retenção, arresto, penhora, sequestro, busca e apreensão e constrição judicial ou extrajudicial sobre os bens do devedor, oriunda de demandas judiciais ou extrajudiciais cujos créditos ou obrigações sujeitem-se à recuperação judicial ou à falência (art. 6.º da Lei 11.101/2005, com redação dada pela Lei 14.112/2020).

Na recuperação judicial, as referidas suspensões e proibição devem perdurar pelo prazo de 180 dias, contado do deferimento do processamento da recuperação, prorrogável por igual período, uma única vez, em caráter excepcional, desde que o devedor não haja concorrido com a superação do lapso temporal (art. 6.º, § 4.º, da Lei 11.101/2005, com redação dada pela Lei 14.112/2020).

A interpretação lógica, sistemática e teleológica (voltada ao fundamento e à finalidade da disposição jurídica) revela que o prosseguimento da execução trabalhista após os 180 dias do deferimento do processamento da recuperação, apenas pode ocorrer se não houver plano de recuperação judicial aprovado (arts. 53 e 58 da Lei 11.101/2005)[216].

Ou seja, havendo plano de recuperação judicial aprovado, o crédito trabalhista deve ser satisfeito na forma ali prevista, e não com o prosseguimento da execução trabalhista. Cf. STJ, 2.ª Seção, RCD no CC 131.894/SP, 2013/0414833-7, Rel. Min. Raul Araújo, *DJe* 31.03.2014.

Portanto, a satisfação dos créditos trabalhistas deve ocorrer na forma do plano de recuperação judicial, mesmo depois do prazo de 180 dias do seu deferimento, o qual passou a ser prorrogável por igual período, uma única vez, em caráter excepcional, desde que o devedor não haja concorrido com a superação do lapso temporal (art. 6.º, § 4.º, da Lei 11.101/2005, com redação dada pela Lei 14.112/2020). Cf. STJ, 2.ª Seção, CC 68.173/SP, Rel. Min. Luis Felipe Salomão, *DJe* 04.12.2008.

De acordo com a atual sistemática, o decurso do prazo previsto no art. 6.º, § 4.º, da Lei 11.101/2005 sem a deliberação a respeito do plano de recuperação judicial proposto pelo devedor faculta aos credores a propositura de plano alternativo, na forma do art. 56, §§ 4.º, 5.º, 6.º e 7.º, da Lei 11.101/2005, observado o seguinte:

I – as suspensões e a proibição de que tratam os incisos I, II e III do art. 6.º da Lei 11.101/2005 *não serão aplicáveis caso os credores não apresentem plano alternativo de recuperação judicial* no prazo de 30 dias, contado do final do prazo referido no art. 6.º, § 4.º, da Lei 11.101/2005 ou no art. 56, § 4.º, da Lei 11.101/2005[217];

---

[216] Cf. SOUZA, Marcelo Papaléo de. *A nova Lei de Recuperação e Falência e suas consequências no direito e no processo do trabalho*. 2. ed. São Paulo: LTr, 2006. p. 202-203.

[217] "§ 4.º Rejeitado o plano de recuperação judicial, o administrador judicial submeterá, no ato, à votação da assembleia-geral de credores a concessão de prazo de 30 (trinta) dias para que seja apresentado plano de recuperação judicial pelos credores".

II – as suspensões e a proibição de que tratam os incisos I, II e III do art. 6.º da Lei 11.101/2005 *perdurarão por 180 dias* contados do final do prazo referido no art. 6.º, § 4.º, da Lei 11.101/2005 ou da realização da assembleia-geral de credores referida no art. 56, § 4.º, da Lei 11.101/2005, *caso os credores apresentem plano alternativo de recuperação judicial* no prazo referido no inciso I acima ou no prazo referido no art. 56, § 4.º, da Lei 11.101/2005 (art. 6.º, § 4.º-A, da Lei 11.101/2005, incluído pela Lei 14.112/2020).

O plano de recuperação judicial não pode prever prazo superior a um ano para pagamento dos créditos derivados da legislação do trabalho ou decorrentes de acidentes de trabalho vencidos até a data do pedido de recuperação judicial (art. 54 da Lei 11.101/2005). Esse prazo pode ser estendido em até dois anos, se o plano de recuperação judicial atender aos seguintes requisitos, cumulativamente: apresentação de garantias julgadas suficientes pelo juiz; aprovação pelos credores titulares de créditos derivados da legislação trabalhista ou decorrentes de acidentes de trabalho; garantia da integralidade do pagamento dos créditos trabalhistas (art. 54, § 2.º, da Lei 11.101/2005, incluído pela Lei 14.112/2020). O plano de recuperação judicial não pode, ainda, prever prazo superior a 30 dias para o pagamento, até o limite de cinco salários mínimos por trabalhador, dos créditos de natureza estritamente salarial vencidos nos três meses anteriores ao pedido de recuperação judicial (art. 54, § 1.º, da Lei 11.101/2005).

Prevalece o entendimento de que o mencionado prazo para pagamento dos credores trabalhistas se inicia com a concessão da recuperação judicial (arts. 58 e 61 da Lei 11.101/2005). Cf. STJ, 3.ª T., REsp 1.924.164/SP, 2021/0054433-3, Rel. Min. Nancy Andrighi, *DJe* 17.06.2021. Cf. comentários ao art. 449 da CLT.

O Supremo Tribunal Federal fixou a seguinte tese de repercussão geral: "Compete ao juízo comum falimentar processar e julgar a execução dos créditos trabalhistas no caso de empresa em fase de recuperação judicial" (STF, Pleno, RE 583.955/RJ, Rel. Min. Ricardo Lewandowski, *DJe* 28.08.2009).

Segundo a jurisprudência do Superior Tribunal de Justiça: "É da competência do juízo da recuperação a execução de créditos líquidos apurados em outros órgãos judiciais, inclusive a destinação dos depósitos recursais feitos no âmbito do processo do trabalho" (STJ, 2.ª Seção, CC 162.769/SP, 2018/0330658-8, Rel. Min. Maria Isabel Gallotti, *DJe* 30.06.2020).

O disposto nos incisos I, II e III do art. 6.º da Lei 11.101/2005 não se aplica às execuções fiscais, admitida, todavia, a competência do juízo da recuperação judicial para determinar a substituição dos atos de constrição que recaiam sobre bens de capital essenciais à manutenção da atividade empresarial até o encerramento da recuperação judicial, a qual deve ser implementada mediante a cooperação jurisdicional, na forma do art. 69 do Código de Processo Civil, observado o disposto no art. 805 do CPC[218] (art. 6.º, § 7.º-B, da Lei 11.101/2005, incluído pela Lei 14.112/2020). O disposto no art. 6.º, § 7.º-B, da Lei 11.101/2005 aplica-se, no que couber, às execuções fiscais e às execuções de ofício que se enquadrem respectivamente nos incisos VII e VIII do art. 114 da Constituição Federal de 1988[219], vedados a expedição de certidão de crédito e o arquivamento das execuções para efeito de habilitação na recuperação judicial ou na falência (art. 6.º, § 11, da Lei 11.101/2005, incluído pela Lei 14.112/2020).

Logo, as execuções fiscais não se suspendem com a decretação da falência ou o deferimento da recuperação judicial, permitindo-se a prática de atos constritivos em face da empresa. Cabe ao juízo da recuperação judicial analisar e decidir sobre os atos constritivos realizados em execu-

[218] "Art. 805. Quando por vários meios o exequente puder promover a execução, o juiz mandará que se faça pelo modo menos gravoso para o executado. Parágrafo único. Ao executado que alegar ser a medida executiva mais gravosa incumbe indicar outros meios mais eficazes e menos onerosos, sob pena de manutenção dos atos executivos já determinados".

[219] "Art. 114. Compete à Justiça do Trabalho processar e julgar: [...] VII – as ações relativas às penalidades administrativas impostas aos empregadores pelos órgãos de fiscalização das relações de trabalho; VIII – a execução, de ofício, das contribuições sociais previstas no art. 195, I, *a*, e II, e seus acréscimos legais, decorrentes das sentenças que proferir".

ções fiscais, para que não fique inviabilizado o plano de recuperação judicial. Cf. STJ, 2.ª Seção, AgRg no CC 120.642/RS, 2012/0003349-9, Rel. Min. João Otávio de Noronha, *DJe* 18.11.2014.

A cobrança judicial do crédito tributário não é sujeita a concurso de credores ou habilitação em falência, recuperação judicial, concordata, inventário ou arrolamento (art. 187 do Código Tributário Nacional). A competência para processar e julgar a execução da dívida ativa da Fazenda Pública exclui a de qualquer outro juízo, inclusive o da falência, da concordata, da liquidação, da insolvência ou do inventário (art. 5.º da Lei 6.830/1980). A cobrança judicial da dívida ativa da Fazenda Pública não é sujeita a concurso de credores ou habilitação em falência, concordata, liquidação, inventário ou arrolamento (art. 29 da Lei 6.830/1980).

Esclareça-se que constitui dívida ativa da Fazenda Pública aquela definida como tributária ou não tributária na Lei 4.320/1964, com as alterações posteriores, que estatui normas gerais de Direito Financeiro para elaboração e controle dos orçamentos e balanços da União, dos Estados, dos Municípios e do Distrito Federal (art. 2.º da Lei 6.830/1980). Qualquer valor cuja cobrança seja atribuída por lei às referidas entidades será considerado dívida ativa da Fazenda Pública (art. 2.º, § 1.º, da Lei 6.830/1980). A dívida ativa da Fazenda Pública, compreendendo a tributária e a não tributária, abrange atualização monetária, juros e multa de mora e demais encargos previstos em lei ou contrato (art. 2.º, § 2.º, da Lei 6.830/1980).

Portanto, a cobrança judicial de créditos tributários e não tributários da Fazenda Pública não é sujeita a concurso de credores ou habilitação em falência, recuperação judicial, inventário ou arrolamento. Cf. STJ, 3.ª T., REsp 1.931.633/GO, 2020/0200214-3, Rel. Min. Nancy Andrighi, *DJe* 09.08.2021.

De acordo com a atual sistemática, na falência, após realizadas as intimações (para tomar conhecimento da falência) e publicado o edital (com a íntegra da decisão que decreta a falência e a relação de credores apresentada pelo falido), o juiz instaurará, de ofício, para cada Fazenda Pública credora, *incidente de classificação de crédito público* e determinará a sua intimação eletrônica para que, no prazo de 30 dias, apresente diretamente ao administrador judicial ou em juízo, a depender do momento processual, a relação completa de seus créditos inscritos em dívida ativa, acompanhada dos cálculos, da classificação e das informações sobre a situação atual (art. 7.º-A da Lei 11.101/2005, incluído pela Lei 14.112/2020).

Nesse caso, as execuções fiscais permanecerão suspensas até o encerramento da falência, sem prejuízo da possibilidade de prosseguimento contra os corresponsáveis (art. 7.º-A, § 4.º, inciso V, da Lei 11.101/2005, incluído pela Lei 14.112/2020).

Logo, tem-se a possibilidade de a Fazenda Pública habilitar os créditos públicos no juízo da falência, ainda que pendentes as execuções fiscais desses créditos, as quais ficarão suspensas (Cf. STJ, 1.ª Seção, REsp 1.872.759/SP, 2020/0103921-2, Rel. Min. Gurgel de Faria, j. 18.11.2021, *DJe* 25.11.2021, voto do relator).

Ressalte-se que o Superior Tribunal de Justiça fixou a seguinte tese em recurso repetitivo: "É possível a Fazenda Pública habilitar em processo de falência crédito objeto de execução fiscal em curso, mesmo antes da vigência da Lei n. 14.112/2020 e desde que não haja pedido de constrição no juízo executivo" (STJ, 1.ª Seção, REsp 1.872.759/SP, 2020/0103921-2, Rel. Min. Gurgel de Faria, *DJe* 25.11.2021).

Estão sujeitos à recuperação judicial todos os créditos existentes na data do pedido, ainda que não vencidos (art. 49 da Lei 11.101/2005). A respeito do tema, o Superior Tribunal de Justiça fixou a seguinte tese em recurso especial repetitivo: "Para o fim de submissão aos efeitos da recuperação judicial, considera-se que a existência do crédito é determinada pela data em que ocorreu o seu fato gerador" (STJ, 2.ª Seção, REsp 1.840.531/RS, 2019/0290623-2, Rel. Min. Ricardo Villas Bôas Cueva, *DJe* 17.12.2020). Cf. comentários ao art. 449 da CLT.

A recuperação judicial do devedor principal não impede o prosseguimento das ações e execuções ajuizadas contra terceiros que sejam devedores solidários ou coobrigados em geral, por garantia cambial, real ou fidejussória (isto é, pessoal), conforme Súmula 581 do STJ.

Cabe esclarecer que segundo a jurisprudência do Tribunal Superior do Trabalho: "o redirecionamento da execução contra os sócios ou integrantes do mesmo grupo econômico da empresa falida, ou em recuperação judicial, não afasta a competência da Justiça do Trabalho, eis que a execução está voltada contra o patrimônio dos próprios responsáveis solidários reconhecidos pelo Juízo da execução" (TST, 5.ª T., Ag-AIRR-159-14.2010.5.02.0065, Rel. Min. Douglas Alencar Rodrigues).

A jurisprudência do Superior Tribunal de Justiça é no mesmo sentido. Cf. STJ, 2.ª Seção, AgInt nos EDcl no CC 161.953/GO, 2018/0288307-1, Rel. Min. Antonio Carlos Ferreira, *DJe* 22.08.2019.

O juízo da recuperação judicial não é competente para decidir sobre a constrição de bens não abrangidos pelo plano de recuperação da empresa (Súmula 480 do STJ).

Esclareça-se que o art. 82-A, parágrafo único, da Lei 11.101/2005[220] não estabelece a exclusividade do juízo falimentar para a desconsideração da personalidade jurídica da sociedade falida[221], mas os requisitos exigidos para a sua decretação pelo referido juízo. O mesmo entendimento pode ser aplicado quanto à recuperação judicial[222].

Ainda assim, cabe registrar o entendimento de que, com a entrada em vigor do art. 82-A, parágrafo único, da Lei 11.101/2005, incluído pela Lei 14.112/2020, somente o juízo falimentar tem competência para julgar a desconsideração da personalidade jurídica da sociedade falida. Cf. STJ, CC 203.826/SP, 2024/0097799-2, Rel. Min. Maria Isabel Gallotti, *DJe* 05.04.2024. STF, Rcl 67.060/SP, Rel. Min. André Mendonça, *DJe* 08.04.2024.

Na representação comercial autônoma, os créditos devidos ao representante comercial reconhecidos em título executivo judicial transitado em julgado após o deferimento do processamento da recuperação judicial, e a sua respectiva execução, inclusive quanto aos honorários advocatícios, não se sujeitarão à recuperação judicial, aos seus efeitos e à competência do juízo da recuperação, ainda que existentes na data do pedido (art. 44, parágrafo único, da Lei 4.886/1965, com redação dada pela Lei 14.195/2021). O dispositivo em questão, como norma

---

220 "Art. 82-A. É vedada a extensão da falência ou de seus efeitos, no todo ou em parte, aos sócios de responsabilidade limitada, aos controladores e aos administradores da sociedade falida, admitida, contudo, a desconsideração da personalidade jurídica. Parágrafo único. A desconsideração da personalidade jurídica da sociedade falida, para fins de responsabilização de terceiros, grupo, sócio ou administrador por obrigação desta, somente pode ser decretada pelo juízo falimentar com a observância do art. 50 da Lei n.º 10.406, de 10 de janeiro de 2002 (Código Civil) e dos arts. 133, 134, 135, 136 e 137 da Lei n.º 13.105, de 16 de março de 2015 (Código de Processo Civil), não aplicada a suspensão de que trata o § 3.º do art. 134 da Lei n.º 13.105, de 16 de março de 2015 (Código de Processo Civil)" (incluído pela Lei 14.112/2020).

221 "2. A mera decisão de desconstituição da personalidade jurídica pela Justiça trabalhista, por si só, não enseja o reconhecimento de usurpação da competência do juízo falimentar, porque não atinge direta e concretamente os bens da massa falida. Ao contrário, é medida secundária que se limita a estender a responsabilidade trabalhista aos sócios e/ou outras empresas do grupo. 3. A Lei de Falências não retira de outros juízos a possibilidade de instauração de incidentes de desconsideração da personalidade jurídica ou de reconhecimento da existência de grupo econômico" (STJ, 2.ª Seção, AgInt no CC 190.942/GO, 2022/0258759-4, Rel. Min. João Otávio de Noronha, *DJe* 05.06.2023).

222 "Agravo interno no conflito de competência. Recuperação judicial. Desconsideração da personalidade jurídica pela Justiça do Trabalho. Competência indistinta de qualquer ramo da Justiça brasileira. Ausência de invasão de atribuições judiciais. Agravo interno desprovido. 1. Nos termos da iterativa jurisprudência desta Corte, a Justiça do Trabalho tem competência para decidir acerca da desconsideração da personalidade jurídica da sociedade em recuperação judicial, pois tal mister não é atribuído com exclusividade a um determinado Juízo ou ramo da Justiça. 2. Agravo interno desprovido" (STJ, 2.ª Seção, AgInt nos EDcl no CC 190.431/SP, 2022/0234676-0, Rel. Min. Raul Araújo, *DJe* 06.03.2023).

especial, não é aplicável aos créditos trabalhistas devidos ao empregado (art. 2.º, § 2.º, da Lei de Introdução às Normas do Direito Brasileiro).

Conforme a mencionada previsão específica, não se sujeitam à competência do juízo da recuperação judicial os créditos do representante comercial autônomo reconhecidos em título executivo judicial transitado em julgado *após* o deferimento do processamento da recuperação judicial. Nesse caso, mesmo a execução dos referidos créditos (inclusive quanto aos honorários advocatícios) deve ser processada na Justiça Comum (art. 39 da Lei 4.886/1965 e STF, RE 606.003). Diversamente, os créditos do representante comercial reconhecidos em título executivo judicial transitado em julgado antes (ou até) o deferimento do processamento da recuperação judicial sujeitam-se à competência do juízo da recuperação judicial.

O devedor que preencher os requisitos do art. 48 da Lei 11.101/2005 pode propor e negociar com credores *plano de recuperação extrajudicial* (art. 161 da Lei 11.101/2005).

A sujeição dos créditos de natureza trabalhista e por acidentes de trabalho à recuperação extrajudicial exige *negociação coletiva* com o sindicato da respectiva categoria profissional (art. 161, § 1.º, da Lei 11.101/2005, com redação dada pela Lei 14.112/2020).

O pedido de homologação do plano de recuperação extrajudicial não acarretará suspensão de direitos, ações ou execuções, nem a impossibilidade do pedido de decretação de falência pelos credores não sujeitos ao plano de recuperação extrajudicial (art. 161, § 4.º, da Lei 11.101/2005).

O devedor pode também requerer a homologação de plano de recuperação extrajudicial que obriga todos os credores por ele abrangidos, desde que assinado por credores que representem mais da metade dos créditos de cada espécie abrangidos pelo plano de recuperação extrajudicial (art. 163 da Lei 11.101/2005, com redação dada pela Lei 14.112/2020).

Aplica-se à recuperação extrajudicial, desde o respectivo pedido, a *suspensão* de que trata o art. 6.º da Lei 11.101/2005, exclusivamente em relação às espécies de crédito por ele abrangidas (art. 163, § 8.º, da Lei 11.101/2005, incluído pela Lei 14.112/2020). A suspensão decorrente da recuperação extrajudicial somente deve ser ratificada pelo juiz se comprovado o quórum inicial exigido pelo § 7.º do art. 163 da Lei 11.101/2005[223].

Logo, entende-se que os créditos de natureza trabalhista e por acidentes de trabalho que estiverem sujeitos ao plano de recuperação extrajudicial homologado pelo juiz (art. 165 da Lei 11.101/2005), por ter havido autorização em negociação coletiva (art. 161, § 1.º, da Lei 11.101/2005), devem ser satisfeitos na forma nele prevista, e não por meio de execução na Justiça do Trabalho.

✦ Jurisprudência

Conflito de competência. Execução trabalhista e superveniente declaração de falência da empresa executada. Competência deste Supremo Tribunal para julgar o conflito, à luz da interpretação firmada do disposto no art. 102, I, "o", da CF. Com a manifestação expressa do TST pela competência do Juízo suscitado, restou caracterizada a existência de conflito entre uma Corte Superior e um Juízo de primeira instância, àquela não vinculado, sendo deste Supremo Tribunal a competência para julgá-lo. Precedentes: CCs 7.025, Rel. Min. Celso de Mello, 7.027, Rel. Min. Celso de Mello e 7.087, Rel. Min. Marco Aurélio. Alegação de coisa julgada material. Inexistência. Tendo o referido *mandamus* como objeto a declaração do direito líquido e certo da massa falida em habilitar nos autos da

223 "§ 7.º O pedido previsto no *caput* deste artigo poderá ser apresentado com comprovação da anuência de credores que representem pelo menos 1/3 (um terço) de todos os créditos de cada espécie por ele abrangidos e com o compromisso de, no prazo improrrogável de 90 (noventa) dias, contado da data do pedido, atingir o quórum previsto no caput deste artigo, por meio de adesão expressa, facultada a conversão do procedimento em recuperação judicial a pedido do devedor".

falência o crédito do interessado, as teses suscitadas quanto à natureza privilegiada do crédito trabalhista, quanto à anterioridade da penhora em relação à declaração da falência e quanto à competência da Justiça Trabalhista para dar seguimento à execução, são todas razões de decidir, não alcançadas, segundo o disposto no art. 469, I do CPC, pela coisa julgada material. Ausência de identidade entre os elementos da ação mandamental impetrada e do conflito de competência. Quanto ao mérito, tenho por competente o Juízo suscitante, uma vez que, a natureza privilegiada do crédito trabalhista, conferida por força de lei, somente pode ser concebida no próprio âmbito do concurso dos credores habilitados na falência. O processo falimentar é uma execução coletiva, abarcando, inclusive, credores de mesma hierarquia, que não podem ser preteridos, uns pelos outros, pelo exaurimento do patrimônio da massa falida nas execuções individuais, impedindo-se, assim, o justo rateio entre seus pares, na execução falimentar. Conflito conhecido para declarar a competência do suscitante, o Juízo de Direito da 3.ª Vara Cível da Comarca de Americana – SP (STF, Pleno, CC 7.116/SP, Rel. Min. Ellen Gracie, *DJ* 23.08.2002).

Agravo regimental. Execução trabalhista e superveniente declaração de falência da executada. Competência do juízo falimentar. Conforme entendimento firmado neste Tribunal, decretada a falência, a execução de crédito trabalhista deve ser processada perante o juízo falimentar. Agravo regimental a que se nega provimento (STF, 2.ª T., AI-AgR 690.609/RS, Rel. Min. Joaquim Barbosa, *DJe* 28.11.2008).

Conflito negativo de competência. Execução de créditos trabalhistas em processos de recuperação judicial. Competência da Justiça Estadual Comum, com exclusão da Justiça do Trabalho. Interpretação do disposto na Lei 11.101/05, em face do art. 114 da CF. Recurso extraordinário conhecido e improvido. I - A questão central debatida no presente recurso consiste em saber qual o juízo competente para processar e julgar a execução dos créditos trabalhistas no caso de empresa em fase de recuperação judicial. II - Na vigência do Decreto-lei 7.661/1945 consolidou-se o entendimento de que a competência para executar os créditos ora discutidos é da Justiça Estadual Comum, sendo essa também a regra adotada pela Lei 11.101/05. III - O inc. IX do art. 114 da Constituição Federal apenas outorgou ao legislador ordinário a faculdade de submeter à competência da Justiça Laboral outras controvérsias, além daquelas taxativamente estabelecidas nos incisos anteriores, desde que decorrentes da relação de trabalho. IV - O texto constitucional não o obrigou a fazê-lo, deixando ao seu alvedrio a avaliação das hipóteses em que se afigure conveniente o julgamento pela Justiça do Trabalho, à luz das peculiaridades das situações que pretende regrar. V - A opção do legislador infraconstitucional foi manter o regime anterior de execução dos créditos trabalhistas pelo juízo universal da falência, sem prejuízo da competência da Justiça Laboral quanto ao julgamento do processo de conhecimento. VI - Recurso extraordinário conhecido e improvido (STF, Pleno, RE 583.955/RJ, Rel. Min. Ricardo Lewandowski, *DJe* 28.08.2009).

Processo civil. Agravo regimental no conflito de competência. Possibilidade de resolução da controvérsia por decisão monocrática. Art. 120, parágrafo único, do CPC. Execução fiscal e recuperação judicial. Compatibilização das regras e princípios. Continuidade da execução fiscal. Atos de constrição judicial e alienação de ativos. Competência do juízo da recuperação. Precedentes do STJ. [...] 2. De acordo com a pacífica jurisprudência do STJ, as execuções fiscais não se suspendem com o deferimento da recuperação judicial, ficando, todavia, definida a competência do juízo universal [juízo da recuperação judicial] para analisar e deliberar os atos constritivos ou de alienação, ainda quando em sede de execução fiscal, desde que deferido o pedido de recuperação judicial (STJ, 2.ª Seção, AgRg no CC 120.642/RS, 2012/0003349-9, Rel. Min. João Otávio de Noronha, *DJe* 18.11.2014).

1. A jurisprudência desta Corte consolidou-se no sentido de que o juízo onde se processa o pedido insolvência civil é o competente para deliberar acerca atos de natureza constritiva dos bens do insolvente, incluindo-se os créditos apurados por outros juízos, como o trabalhista. Precedentes (STJ, 2.ª Seção, AgInt no CC 165.083/PR, 2019/0103706-3, Rel. Min. Nancy Andrighi, *DJe* 21.08.2020).

1. Na linha dos precedentes desta Corte Superior de Justiça, compete ao Juízo universal da insolvência, em que se processa a liquidação de sociedade cooperativa, proceder à reunião e ao julgamento dos créditos advindos de execuções individuais, inclusive de crédito de natureza trabalhista, salvo se designado dia para praça ou leilão, caso em que a remessa será do produto dos bens. Precedentes (STJ, 2.ª Seção, AgInt nos EDcl na PET no CC 158.595/RS, 2018/0119126-2, Rel. Min. Marco Aurélio Bellizze, *DJe* 01.07.2019).

Pedido de reconsideração recebido como agravo regimental. Conflito de competência. Juízo trabalhista e juízo da recuperação judicial. Prosseguimento das execuções trabalhistas após a fase de acertamento e liquidação. Competência do juízo universal da recuperação. Impossibilidade. Retomada automática das execuções após o fim do prazo de 180 dias. Não cabimento. 1. A jurisprudência do Superior Tribunal de Justiça é firme no sentido de que, ultrapassada a fase de acertamento e liquidação dos créditos trabalhistas, cuja competência é da Justiça do Trabalho, os valores apurados deverão ser habilitados nos autos da falência ou da recuperação judicial para posterior pagamento (Decreto-Lei 7.661/45; Lei 11.101/2005). 2. O entendimento desta Corte preconiza que, via de regra, deferido o processamento ou, posteriormente, aprovado o plano de recuperação judicial, é incabível a retomada automática das execuções individuais, mesmo após decorrido o prazo de 180 dias previsto no art. 6.º, § 4.º, da Lei 11.101/2005. 3. Agravo regimental a que se nega provimento (STJ, 2.ª Seção, RCD no CC 131.894/SP, 2013/0414833-7, Rel. Min. Raul Araújo, *DJe* 31.03.2014).

1. É iterativo o entendimento do STJ, no sentido de que compete à Justiça do Trabalho apreciar e julgar os pedidos formulados em ações versando sobre apuração dos créditos individuais trabalhistas promovidos contra empresas falidas ou em recuperação judicial – Lei 11.101/2005. Ultrapassada, no entanto, a fase de apuração e liquidação dos referidos créditos trabalhistas, os montantes apurados deverão ser habilitados nos autos da falência ou da recuperação judicial para posterior pagamento. Precedentes (STJ, 2.ª Seção, AgInt no RCD no CC 155.496/RJ, 2017/0297900-3, Rel. Min. Marco Aurélio Bellizze, *DJe* 06.04.2020).

Recurso especial. Recuperação judicial. Habilitação de crédito. Multa administrativa. Natureza não tributária. Fazenda Pública. Concurso de credores. Não sujeição. Interpretação conjugada de disposições do CTN, Lei de Execução Fiscal e Lei de Falência e Recuperação de Empresas. Indisponibilidade do interesse público. Pretensão recursal não acolhida. 1. Incidente de habilitação de crédito apresentado em 29/10/2014. Recurso especial interposto em 11/8/2020. Autos conclusos ao gabinete da Relatora em 11/3/2021. 2. O propósito recursal consiste em definir se o crédito concernente à multa administrativa aplicada pela Agência Nacional de Vigilância Sanitária - ANVISA submete-se aos efeitos da recuperação judicial da devedora. 3. O art. 187, *caput*, do Código Tributário Nacional exclui os créditos de natureza tributária dos efeitos da recuperação judicial do devedor, nada dispondo, contudo, acerca dos créditos de natureza não tributária. 4. A Lei 11.101/05, ao se referir a 'execuções fiscais' (art. 6.º, § 7.º-B), está tratando do instrumento processual que o ordenamento jurídico disponibiliza aos respectivos titulares para cobrança dos créditos públicos, independentemente de sua natureza, conforme disposto no art. 2.º, §§ 1.º e 2.º, da Lei 6.830/80. 5. Desse modo, se, por um lado, o art. 187 do CTN estabelece que os créditos tributários não se sujeitam ao processo de soerguimento - silenciando quanto aqueles de natureza não tributária -, por outro lado verifica-se que o próprio diploma recuperacional e falimentar não estabeleceu distinção entre a natureza dos créditos que deram ensejo ao ajuizamento do executivo fiscal para afastá-los dos efeitos do processo de soerguimento. 6. Ademais, a própria Lei 10.522/02 - que trata do parcelamento especial previsto no art. 68, *caput*, da LFRE - prevê, em seu art. 10-A, que tanto os créditos de natureza tributária quanto não tributária poderão ser liquidados de acordo com uma das modalidades ali estabelecidas, de modo que admitir a submissão destes ao plano de soerguimento equivaleria a chancelar a possibilidade de eventual cobrança em duplicidade. 7. Tampouco a Lei 6.830/80, em seus artigos 5.º e 29, faz distinção entre créditos tributários e não tributários, estabelecendo apenas, em sentido amplo, que a "cobrança judicial da Dívida Ativa da Fazenda Pública não é sujeita a concurso de credores ou habilitação em falência, concordata, liquidação, inventário ou arrolamento". 8. Esta Corte Superior, ao tratar de questões envolvendo a possibilidade ou não de continuidade da prática, em execuções fiscais, de atos expropriatórios em face da recuperanda, também não se preocupou em diferenciar a natureza do crédito em cobrança, denotando que tal distinção não apresenta relevância para fins de submissão (ou não) da dívida aos efeitos do processo de soerguimento. 9. Assim, em que pese a dicção aparentemente restritiva da norma do *caput* do art. 187 do CTN, a interpretação conjugada das demais disposições que regem a cobrança dos créditos da Fazenda Pública insertas na Lei de Execução Fiscal, bem como daquelas integrantes da própria Lei 11.101/05 e da Lei 10.522/02, autorizam a conclusão de que, para fins de não sujeição aos efeitos do plano de recuperação judicial, a natureza tributária ou não tributária do valor devido é irrelevante. Recurso especial não provido (STJ, 3.ª T., REsp 1.931.633/GO, 2020/0200214-3, Rel. Min. Nancy Andrighi, *DJe* 09.08.2021).

Processual Civil e Tributário. Recurso especial representativo da controvérsia. Execução fiscal. Falência. Fazenda Pública. Pedido de habilitação de crédito. Possibilidade. 1. A questão jurídica submetida ao Superior Tribunal de Justiça cinge-se à possibilidade da Fazenda Pública apresentar pedido de habilitação de crédito no juízo falimentar objeto de execução fiscal em curso, antes da alteração legislativa da Lei n. 11.101/2005 pela Lei n. 14.112/2020. 2. A execução fiscal é o procedimento pelo qual a Fazenda Pública cobra dívida tributária ou não tributária, sendo o juízo da execução o competente para decidir a respeito do tema. 3. O juízo falimentar, nos termos do que estabelece a Lei 11.101/2005, é "indivisível e competente para conhecer todas as ações sobre bens, interesses e negócios do falido, ressalvadas as causas trabalhistas, fiscais e aquelas não reguladas nesta Lei em que o falido figurar como autor ou litisconsorte ativo". 4. A interpretação sistemática dos arts. 5.º, 29 e 38 da Lei n. 6.830/1980, do art. 187 do CTN e do art. 76 da Lei n. 11.101/2005 revela que a execução fiscal e o pedido de habilitação de crédito no juízo falimentar coexistem, a fim de preservar o interesse maior, que é a satisfação do crédito, não podendo a prejudicialidade do processo falimentar ser confundida com falta de interesse de agir do ente público. 5. Para os fins do art. 1.039 do CPC, firma-se a seguinte tese: "É possível a Fazenda Pública habilitar em processo de falência crédito objeto de execução fiscal em curso, mesmo antes da vigência da Lei n. 14.112/2020 e desde que não haja pedido de constrição no juízo executivo". 6. Recurso especial provido (STJ, 1.ª Seção, REsp 1.872.759/SP, 2020/0103921-2, Rel. Min. Gurgel de Faria, *DJe* 25.11.2021).

Processual Civil. Agravo interno no conflito de competência. Competência do juízo trabalhista para reconhecimento da desconsideração da personalidade jurídica. Decisão mantida. [...] 2. "Se a adjudicação ocorrer antes da declaração da falência, esta não deve ser anulada. Por outro lado, caso a adjudicação se dê depois do decreto falimentar, o ato deve ser desfeito, com a integração do bem à massa falida objetiva" (EDcl nos EDcl nos

EDcl no AgRg no CC 109.541/PE, Rel. Ministro Paulo de Tarso Sanseverino, Rel. p/ Acórdão Ministro Raul Araújo, Segunda Seção, julgado em 26/9/2012, DJe 23/4/2013). 3. No presente caso, a Justiça do Trabalho desconsiderou a personalidade jurídica da empresa reclamada e penhorou bem do sócio ora suscitante antes da decretação de sua falência. A adjudicação do referido imóvel ao credor trabalhista também ocorreu antes que o Juízo universal voltasse a execução coletiva contra o patrimônio dos sócios. Portanto, compete ao juízo laboral a prática dos atos tendentes a ultimar a adjudicação. 4. Agravo interno a que se nega provimento (STJ, 2.ª Seção, AgInt no CC 144.387/SP, 2015/0302536-9, Rel. Min. Antonio Carlos Ferreira, *DJe* 20.05.2019).

Processual Civil. Agravo interno nos embargos de declaração no conflito de competência. Competência do juízo trabalhista para reconhecimento da desconsideração da personalidade jurídica. Decisão mantida. 1. A jurisprudência do STJ consolidou-se no sentido de que "não traduz violação ao juízo atrativo da falência e da recuperação judicial o prosseguimento, perante a Justiça do Trabalho, de execuções contra sócios não atingidos pelo plano de recuperação ou pela decretação da falência" (AgRg no CC 136.779/MT, Relator Ministro Marco Aurélio Bellizze, Segunda Seção, julgado em 26/11/2014, DJe 02/12/2014). 2. Agravo interno a que se nega provimento (STJ, 2.ª Seção, AgInt nos EDcl no CC 161.953/GO, 2018/0288307-1, Rel. Min. Antonio Carlos Ferreira, *DJe* 22.08.2019).

Agravos. Agravos de instrumento em recursos de revista regidos pela Lei 13.015/2014. Execução. Recuperação judicial. Redirecionamento da execução para sócio. Desconsideração da personalidade jurídica. Competência da Justiça do Trabalho. Ofensa direta e literal a dispositivos da Constituição Federal não configurada. Nos termos da jurisprudência desta Corte Superior, o redirecionamento da execução contra os sócios ou integrantes do mesmo grupo econômico da empresa falida, ou em recuperação judicial, não afasta a competência da Justiça do Trabalho, eis que a execução está voltada contra o patrimônio dos próprios responsáveis solidários reconhecidos pelo Juízo da execução. Deve, assim, ser mantida a decisão em que negado provimento aos agravos de instrumento, quando desnecessária a intervenção desta Corte para a pacificação jurisprudencial. Decisão monocrática mantida com acréscimo de fundamentação. Agravos não providos (TST, 5.ª T., Ag-AIRR-159-14.2010.5.02.0065, Rel. Min. Douglas Alencar Rodrigues, *DEJT* 20.09.2019).

✦ Súmulas, Orientações Jurisprudenciais e Precedentes Normativos

Súmula 86 do TST: Deserção. Massa falida. Empresa em liquidação extrajudicial. Não ocorre deserção de recurso da massa falida por falta de pagamento de custas ou de depósito do valor da condenação. Esse privilégio, todavia, não se aplica à empresa em liquidação extrajudicial.

Súmula 388 do TST: Massa falida. Arts. 467 e 477 da CLT. Inaplicabilidade. A Massa Falida não se sujeita à penalidade do art. 467 e nem à multa do § 8.º do art. 477, ambos da CLT.

Súmula 480 do STJ: O juízo da recuperação judicial não é competente para decidir sobre a constrição de bens não abrangidos pelo plano de recuperação da empresa.

Súmula 581 do STJ: A recuperação judicial do devedor principal não impede o prosseguimento das ações e execuções ajuizadas contra terceiros devedores solidários ou coobrigados em geral, por garantia cambial, real ou fidejussória.

Orientação Jurisprudencial 143 da SBDI-I do TST: Empresa em liquidação extrajudicial. Execução. Créditos trabalhistas. Lei n.º 6.024/74. A execução trabalhista deve prosseguir diretamente na Justiça do Trabalho mesmo após a decretação da liquidação extrajudicial. Lei n.º 6.830/80, arts. 5.º e 29, aplicados supletivamente (CLT art. 889 e CF/1988, art. 114).

Orientação Jurisprudencial 53 da SBDI-II do TST: Mandado de Segurança. Cooperativa em liquidação extrajudicial. Lei n.º 5.764/71, art. 76. Inaplicável. Não suspende a execução (inserida em 20.09.2000). A liquidação extrajudicial de sociedade cooperativa não suspende a execução dos créditos trabalhistas existentes contra ela.

Art. 769. Nos casos omissos, o direito processual comum será fonte subsidiária do direito processual do trabalho, exceto naquilo em que for incompatível com as normas deste Título.

1. RELAÇÃO DO DIREITO PROCESSUAL DO TRABALHO COM O DIREITO PROCESSUAL CIVIL

O Direito Processual do Trabalho relaciona-se com o Direito Processual Civil, pois neste são disciplinados institutos essenciais, estudados pela própria Teoria Geral do Processo, como jurisdição, competência, ação, petição inicial, defesa, audiência, prova, sentença, recurso, processo e procedimento.

Acrescente-se que o Direito Processual Civil, com ênfase no Código de Processo Civil e outras leis esparsas, é subsidiariamente aplicável ao processo do trabalho, quando ausentes normas específicas e existir a compatibilidade com os princípios deste.

O art. 769 da CLT estabelece que, nos casos omissos, o Direito Processual comum deve ser aplicado como fonte subsidiária do Direito Processual do Trabalho, quando com este compatível. O art. 889 da CLT, por sua vez, dispõe que para a execução trabalhista são aplicáveis os dispositivos voltados ao processo dos executivos fiscais da Fazenda Pública Federal para a cobrança de sua dívida ativa. O art. 882 da CLT, ainda relativo à execução trabalhista, estabelece que a ordem preferencial dos bens a serem nomeados à penhora é aquela prevista no art. 835 do Código de Processo Civil de 2015.

O CPC de 2015, no art. 15, também confirma que, na ausência de normas que regulem processos trabalhistas (assim como eleitorais ou administrativos), as disposições do referido Código devem ser aplicadas supletiva (ou seja, como complementação normativa, quando o instituto não é disciplinado de forma integral pela lei de Direito Processual do Trabalho) e subsidiariamente (quando há omissão total da lei processual trabalhista a respeito de certa matéria). De todo modo, evidentemente, exige-se a mencionada compatibilidade para essa aplicação.

Por exemplo, a produção antecipada da prova (arts. 381 a 383 do CPC)[224] é aplicável ao processo do trabalho, conforme art. 769 da CLT e art. 15 do CPC de 2015.

Nos termos do art. 1.º da Instrução Normativa 39/2016 do TST, aplica-se o Código de Processo Civil, subsidiária e supletivamente, ao processo do trabalho, em caso de omissão e desde que haja compatibilidade com as normas e princípios do Direito Processual do Trabalho, na forma dos arts. 769 e 889 da CLT e do art. 15 da Lei 13.105, de 17.03.2015.

Deve ser observado, em todo caso, o *princípio da irrecorribilidade em separado das decisões interlocutórias*, de conformidade com o art. 893, § 1.º, da CLT e a Súmula 214 do TST.

O prazo para interpor e contra-arrazoar todos os recursos trabalhistas, inclusive agravo interno e agravo regimental, é de oito dias (art. 6.º da Lei 5.584/1970 e art. 893 da CLT), exceto embargos de declaração (art. 897-A da CLT).

✦ Jurisprudência

Produção antecipada de provas. Art. 381, III, do CPC. Transcendência social e jurídica. Atendimento dos requisitos do art. 896, § 1.º-A, da CLT. O inciso III do art. 381 do CPC autoriza a produção antecipada de prova, mesmo nas hipóteses em que não há urgência na sua colheita, mas quando o prévio conhecimento dos fatos possa justificar ou obstar o ajuizamento da ação principal. Ou seja, a necessidade de a parte aferir a viabilidade de sua pretensão já configura, *per se*, motivo apto a legitimar a ação de produção antecipada de provas. Por sua vez, a Lei n. 13.467/2017 introduziu os arts. 790-B e 791-A à CLT, os quais alteraram a sistemática anterior e impuseram

---

224 "Art. 381. A produção antecipada da prova será admitida nos casos em que: I – haja fundado receio de que venha a tornar-se impossível ou muito difícil a verificação de certos fatos na pendência da ação; II – a prova a ser produzida seja suscetível de viabilizar a autocomposição ou outro meio adequado de solução de conflito; III – o prévio conhecimento dos fatos possa justificar ou evitar o ajuizamento de ação".

ao trabalhador o pagamento de honorários advocatícios e periciais de sucumbência, mesmo se beneficiário da justiça gratuita. Por esse motivo, têm sido frequentes, na Justiça do Trabalho, os pedidos de produção antecipada de provas por empregados, com esteio no art. 381, II e III, do CPC, como uma forma de eles avaliarem antecipadamente a viabilidade da pretensão e de evitar o ajuizamento de reclamações trabalhistas cujos pedidos poderão ser rejeitados e assim gerarão despesas processuais. Salienta-se ser o aludido dispositivo perfeitamente aplicável ao direito processual do trabalho, ante o que dispõe o art. 769 da CLT e recomenda o princípio da aptidão para a prova. Nesse viés, em razão do ônus atribuído ao trabalhador pelas despesas sucumbenciais, inegavelmente legítimo o seu interesse processual de postular em juízo, sem o ônus financeiro que sua vulnerabilidade econômica poderia tornar insustentável, a produção antecipada de provas. E tal se dá, sobretudo, quando o trabalhador não detém consigo a prova que, estando virtualmente em poder do empregador como prova pré-constituída ou referindo--se a algo incerto que repute verossímil, revelar-se prova necessária para que estime a futura viabilidade de sua pretensão (TST, 6.ª T., ARR-10610-81.2018.5.15.0057, Rel. Min. Augusto César Leite de Carvalho, *DEJT* 12.03.2021).

✦ Súmulas, Orientações Jurisprudenciais e Precedentes Normativos

Orientação Jurisprudencial 255 da SBDI-I do TST: Mandato. Contrato social. Desnecessária a juntada. O art. 75, inciso VIII, do CPC de 2015 (art. 12, VI, do CPC de 1973) não determina a exibição dos estatutos da empresa em juízo como condição de validade do instrumento de mandato outorgado ao seu procurador, salvo se houver impugnação da parte contrária.

Orientação Jurisprudencial 310 da SBDI-I do TST: Litisconsortes. Procuradores distintos. Prazo em dobro. Art. 229, *caput* e §§ 1.º e 2.º, do CPC de 2015. Art. 191 do CPC de 1973. Inaplicável ao processo do trabalho. Inaplicável ao processo do trabalho a norma contida no art. 229, *caput* e §§ 1.º e 2.º, do CPC de 2015 (art. 191 do CPC de 1973), em razão de incompatibilidade com a celeridade que lhe é inerente.

Orientação Jurisprudencial 54 da SBDI-II do TST: Mandado de segurança. Embargos de terceiro. Cumulação. Penhora. Incabível. Ajuizados embargos de terceiro (art. 674 do CPC de 2015 – art. 1.046 do CPC de 1973) para pleitear a desconstituição da penhora, é incabível mandado de segurança com a mesma finalidade.

Orientação Jurisprudencial 59 da SBDI-II do TST: Mandado de segurança. Penhora. Carta de fiança bancária. Seguro garantia judicial. A carta de fiança bancária e o seguro garantia judicial, desde que em valor não inferior ao do débito em execução, acrescido de trinta por cento, equivalem a dinheiro para efeito da gradação dos bens penhoráveis, estabelecida no art. 835 do CPC de 2015 (art. 655 do CPC de 1973).

Orientação Jurisprudencial 66 da SBDI-II do TST: Mandado de segurança. Sentença homologatória de adjudicação. Incabível.

I – Sob a égide do CPC de 1973 é incabível o mandado de segurança contra sentença homologatória de adjudicação, uma vez que existe meio próprio para impugnar o ato judicial, consistente nos embargos à adjudicação (CPC de 1973, art. 746).

II – Na vigência do CPC de 2015 também não cabe mandado de segurança, pois o ato judicial pode ser impugnado por simples petição, na forma do art. 877, *caput*, do CPC de 2015.

✦ Referência legislativa

- Arts. 5.º, XXXV e XXXVII, 22 e 24 da CF.

CAPÍTULO II – DO PROCESSO EM GERAL

Seção I – Dos Atos, Termos e Prazos Processuais

Art. 770. Os atos processuais serão públicos salvo quando o contrário determinar o interesse social, e realizar-se-ão nos dias úteis das 6 (seis) às 20 (vinte) horas.

Parágrafo único. A penhora poderá realizar-se em domingo ou dia feriado, mediante autorização expressa do juiz ou presidente.

1. PROCEDIMENTOS

O processo, em sua manifestação extrínseca, pode ser entendido como procedimento, isto é, o conjunto de atos coordenados que se sucedem, e que se realizam em contraditório. O rito, em si, é a forma como o procedimento se desenvolve no processo.

O contraditório, como garantia constitucional, impõe que as partes sejam informadas a respeito dos atos processuais praticados ou a serem praticados, possibilitando a reação ou participação.

Desse modo, exige-se que as partes sejam cientificadas a respeito dos diversos atos processuais, os quais, em conjunto, formam o procedimento. Além disso, deve-se permitir que as partes participem do processo, o que é assegurado pelas garantias da ampla defesa e do devido processo legal.

Essa noção de processo, como procedimento realizado em contraditório, é perfeitamente aplicável ao processo trabalhista.

Os diferentes atos processuais são praticados pelos sujeitos da relação processual trabalhista, com o fim de que a decisão seja proferida, pacificando-se o conflito de trabalho.

O procedimento no processo trabalhista, ademais, apresenta certos aspectos próprios ou nele mais acentuados.

O procedimento trabalhista se caracteriza por enfatizar a simplicidade, a oralidade e a concentração dos atos processuais em audiência, evitando-se formalismos desnecessários.

Observa-se, ainda, a tentativa de conciliação, procurando fazer com que as próprias partes cheguem a um consenso, no caso, dando origem a acordo a ser homologado pelo juiz, por se tratar de conflito que foi encaminhado ao Poder Judiciário para ser solucionado.

O procedimento trabalhista também se destaca pelo objetivo de ser célere, tendo em vista a natureza do direito material normalmente ali discutido.

O direito envolvido, decorrendo da relação de trabalho, muitas vezes apresenta caráter alimentar. Disso resulta a necessidade de um rito célere e eficaz, que solucione o conflito trabalhista de forma adequada, assegurando ao titular do direito a tutela jurisdicional.

Em se tratando de processo ou fase de conhecimento, os procedimentos podem ser classificados, primeiramente, em comuns e especiais.

Os procedimentos comuns se subdividem em procedimento ordinário, sumaríssimo e sumário.

Nesse sentido, pode-se dizer que há três procedimentos distintos, quais sejam, o ordinário, o sumaríssimo (quando o valor da causa é de até 40 salários mínimos) e o sumário (quando o valor da causa é de até dois salários mínimos, conforme previsão da Lei 5.584/1970).

Frise-se que os procedimentos, em princípio, não são livremente escolhidos pelas partes. Logo, mesmo o autor pretendendo que se adote procedimento em desacordo com a lei, cabe ao juiz proceder à adaptação àquele que for o correto. Por exemplo, se a causa é de valor inferior a 40 salários mínimos, estando presentes os demais requisitos do procedimento sumaríssimo, este deverá ser adotado, pois a norma que o estabelece é cogente e de ordem pública.

2. PUBLICIDADE DOS ATOS PROCESSUAIS

Como se nota da redação do *caput* do art. 770 da CLT, foi adotado o princípio da publicidade dos atos processuais, como prevê a Constituição Federal de 1988, no art. 5.º, inciso LX: "a lei só poderá restringir a publicidade dos atos processuais quando a defesa da intimidade ou o interesse social o exigirem".

Da mesma forma, o art. 93, inciso IX, da Constituição da República, com redação determinada pela Emenda Constitucional 45/2004, reitera e explicita que "todos os julgamentos dos órgãos do Poder Judiciário serão públicos, e fundamentadas todas as decisões, sob pena de nulidade, podendo a lei limitar a presença, em determinados atos, às próprias partes e a seus advogados, ou somente a estes, em casos nos quais a preservação do direito à intimidade do interessado no sigilo não prejudique o interesse público à informação".

No Código de Processo Civil de 2015, o art. 11 também dispõe que todos os julgamentos dos órgãos do Poder Judiciário devem ser públicos e todas as decisões devem ser fundamentadas, sob pena de nulidade.

Nos casos de segredo de justiça, pode ser autorizada a presença somente das partes, de seus advogados, de defensores públicos ou do Ministério Público.

O art. 189 do CPC de 2015 reitera que os atos processuais são públicos. Tramitam, todavia, em segredo de justiça os processos: I – em que o exija o interesse público ou social; II – que versem sobre casamento, separação de corpos, divórcio, separação, união estável, filiação, alimentos e guarda de crianças e adolescentes; III – em que constem dados protegidos pelo direito constitucional à intimidade; IV – que versem sobre arbitragem, inclusive sobre cumprimento de carta arbitral, desde que a confidencialidade estipulada na arbitragem seja comprovada perante o juízo.

Tendo em vista a competência da Justiça do Trabalho, o inciso II do art. 189 do CPC de 2015 não tem aplicabilidade no processo do trabalho. Neste, como visto anteriormente, a publicidade dos atos processuais pode ser objeto de restrição quando a defesa da intimidade ou o interesse social o exigirem. O interesse público, mencionado no art. 189, inciso I, do CPC de 2015, deve ser entendido, assim, como o interesse social.

Exemplificando, pode ser determinado o sigilo em ação trabalhista para preservar a intimidade da parte, como em caso envolvendo pedido de indenização por danos morais decorrentes de assédio sexual.

Nos inquéritos ou nos processos judiciais que tenham como parte pessoa que vive com infecção pelos vírus da imunodeficiência humana (HIV) e das hepatites crônicas (HBV e HCV) e pessoa com hanseníase e com tuberculose, devem ser providos os meios necessários para garantir o sigilo da informação sobre essa condição (art. 5.º da Lei 14.289/2022).

Qualquer divulgação a respeito de fato objeto de investigação ou de julgamento não poderá fornecer informações que permitam a identificação de pessoa que vive com infecção pelos vírus da imunodeficiência humana (HIV) e das hepatites crônicas (HBV e HCV) e de pessoa com hanseníase e com tuberculose.

Em julgamento que envolver pessoa que vive com infecção pelos vírus da imunodeficiência humana (HIV) e das hepatites crônicas (HBV e HCV) e pessoa com hanseníase e com tuberculose no qual não seja possível manter o sigilo sobre essa condição, o acesso às sessões somente será permitido às partes diretamente interessadas e aos respectivos advogados.

Em casos de outras doenças graves ou similares, que possam gerar estigma ou preconceito, defende-se a possibilidade de interpretação extensiva das referidas previsões da Lei 14.289/2022, por não se tratar de rol taxativo.

Quanto aos dias e horários de realização dos atos processuais, o art. 770, *caput*, em sua parte final, da CLT, os fixa em dias úteis das 6 às 20 horas.

O art. 212, *caput*, do CPC de 2015 também prevê que os atos processuais devem ser realizados "em dias úteis, das seis às vinte horas".

Como exceção, o § 1.º do mesmo dispositivo estabelece que devem ser concluídos após as vinte horas os atos iniciados antes, quando o adiamento prejudicar a diligência ou causar grave dano, o que também é perfeitamente aplicável ao processo do trabalho.

Ademais, independentemente de autorização judicial, as citações, intimações e penhoras podem ser realizadas no período de férias forenses, onde as houver, e nos feriados ou dias úteis fora do horário estabelecido no referido artigo, observado o disposto no art. 5.º, inciso XI, da Constituição Federal.

O art. 5.º, inciso XI, da Constituição Federal de 1988 assegura ser a casa "asilo inviolável do indivíduo, ninguém nela podendo penetrar sem consentimento do morador, salvo em caso de flagrante delito ou desastre, ou para prestar socorro, ou, durante o dia, por determinação judicial".

Além disso, quando o ato tiver de ser praticado por meio de petição em autos não eletrônicos, esta deve ser protocolada no horário de funcionamento do fórum ou tribunal, conforme o disposto na lei de organização judiciária local (art. 212, § 3.º, do CPC de 2015).

A prática eletrônica de ato processual pode ocorrer em qualquer horário até as vinte e quatro horas do último dia do prazo. O horário vigente no juízo perante o qual o ato deve ser praticado deve ser considerado para fins de atendimento do prazo (art. 213 do CPC de 2015).

Nos termos do art. 214 do CPC de 2015, durante as férias forenses e nos feriados, não se praticarão atos processuais, excetuando-se: I – os atos previstos no art. 212, § 2.º[225]; e II – a tutela de urgência.

Especificamente quanto às audiências dos órgãos da Justiça do Trabalho, o art. 813 da CLT prevê que "serão públicas e realizar-se-ão na sede do Juízo ou Tribunal em dias úteis previamente fixados, entre 8 (oito) e 18 (dezoito) horas, não podendo ultrapassar 5 (cinco) horas seguidas, salvo quando houver matéria urgente".

Assim sendo, para os demais atos processuais, aplica-se o horário previsto na regra geral do art. 770 da CLT, enquanto para as audiências em específico incide a previsão especial ao art. 813 da CLT, no sentido de se realizar das 8 às 18 horas.

O art. 217 do CPC de 2015 também prevê que os atos processuais devem ser realizados ordinariamente na sede do juízo, ou, excepcionalmente, em outro lugar em razão de deferência, de interesse da justiça, da natureza do ato ou de obstáculo arguido pelo interessado e acolhido pelo juiz.

Os atos processuais "realizam-se de ordinário na sede do juízo". Podem, todavia, efetuar-se em outro lugar, em razão de deferência, de interesse da justiça, ou de obstáculo arguido pelo interessado e acolhido pelo juiz.

Nessa linha, de acordo com o art. 813, § 1.º, da CLT, "em casos especiais, poderá ser designado outro local para a realização das audiências, mediante edital afixado na sede do Juízo ou Tribunal, com a antecedência mínima de 24 (vinte e quatro) horas".

---

225 "Art. 212. Os atos processuais serão realizados em dias úteis, das 6 (seis) às 20 (vinte) horas. [...] § 2.º Independentemente de autorização judicial, as citações, intimações e penhoras poderão realizar-se no período de férias forenses, onde as houver, e nos feriados ou dias úteis fora do horário estabelecido neste artigo, observado o disposto no art. 5.º, inciso XI, da Constituição Federal".

✦ **Referência legislativa**

- Art. 5.º, LX, da CF.

Art. 771. Os atos e termos processuais poderão ser escritos a tinta, datilografados ou a carimbo.

Art. 772. Os atos e termos processuais, que devam ser assinados pelas partes interessadas, quando estas, por motivo justificado, não possam fazê-lo, serão firmados a rogo, na presença de 2 (duas) testemunhas, sempre que não houver procurador legalmente constituído.

Art. 773. Os termos relativos ao movimento dos processos constarão de simples notas, datadas e rubricadas pelos diretores de secretaria ou escrivães.

1. FORMA DOS ATOS E TERMOS PROCESSUAIS

Tendo em vista o avanço dos instrumentos idôneos à documentação dos atos processuais, pode-se aplicar ao processo do trabalho o art. 210 do CPC de 2015, no sentido de ser "lícito o uso da taquigrafia, da estenotipia ou de outro método idôneo em qualquer juízo ou tribunal".

Com o objetivo de manter a integridade dos atos e termos processuais, o art. 211 do CPC de 2015 estabelece que não serem admitidos, "nos atos e termos processuais, espaços em branco, salvo os que forem inutilizados, assim como entrelinhas, emendas ou rasuras, exceto quando expressamente ressalvadas".

É vedado lançar nos autos cotas marginais ou interlineares, as quais o juiz deve mandar riscar, impondo a quem as escrever multa correspondente à metade do salário mínimo (art. 202 do CPC de 2015).

Além disso, em todos os atos e termos do processo, é obrigatório o uso da língua portuguesa (art. 192 do CPC de 2015). O documento redigido em língua estrangeira somente pode ser juntado aos autos quando acompanhado de versão para a língua portuguesa tramitada por via diplomática ou pela autoridade central, ou firmada por tradutor juramentado.

Ainda a respeito da forma de realização dos atos processuais, os atos processuais podem ser total ou parcialmente digitais, de forma a permitir que sejam produzidos, comunicados, armazenados e validados por meio eletrônico, na forma da lei (art. 193 do CPC de 2015).

Os sistemas de automação processual devem respeitar a publicidade dos atos, o acesso e a participação das partes e de seus procuradores, inclusive nas audiências e sessões de julgamento, observadas as garantias da disponibilidade, independência da plataforma computacional, acessibilidade e interoperabilidade dos sistemas, serviços, dados e informações que o Poder Judiciário administre no exercício de suas funções (art. 194 do CPC de 2015).

O registro de ato processual eletrônico deve ser feito em padrões abertos, que atendam aos requisitos de "autenticidade, integridade, temporalidade, não repúdio, conservação e, nos casos que tramitem em segredo de justiça, confidencialidade, observada a infraestrutura de chaves públicas unificada nacionalmente, nos termos da lei" (art. 195 do CPC de 2015).

Trata-se, como é evidente, de disposição em consonância com os avanços da tecnologia e da informática, com especial destaque para a *Internet*, buscando a sua útil aplicação no campo processual, por facilitar o acesso ao Poder Judiciário, bem como permitir maior economia de tempo e de custo ao jurisdicionado.

Por se tratar de sistema oficial de prática e comunicação de atos processuais, uma das grandes vantagens é que o envio da petição pelo referido meio eletrônico, quando atendidas as exigências próprias, dispensa a apresentação posterior dos originais ou de fotocópias autenticadas.

Essa disposição não se confunde com a anterior previsão da Lei 9.800, de 26.05.1999, a qual permite às partes "a utilização de sistema de transmissão de dados e imagens tipo fac-símile ou outro similar, para a prática de atos processuais que dependam de petição escrita" (art. 1.º).

A Lei 11.419, de 19 de dezembro de 2006, passou a dispor sobre a informatização do processo judicial, com aplicação também ao processo do trabalho.

Compete ao Conselho Nacional de Justiça e, supletivamente, aos tribunais, regulamentar a prática e a comunicação oficial de atos processuais por meio eletrônico e velar pela compatibilidade dos sistemas, disciplinando a incorporação progressiva de novos avanços tecnológicos e editando, para esse fim, os atos que forem necessários, respeitadas as normas fundamentais do Código de Processo Civil (art. 196 do CPC de 2015).

Os tribunais devem divulgar as informações constantes de seu sistema de automação em página própria na rede mundial de computadores, gozando a divulgação de presunção de veracidade e confiabilidade (art. 197 do CPC de 2015).

As unidades do Poder Judiciário devem manter gratuitamente, à disposição dos interessados, equipamentos necessários à prática de atos processuais e à consulta e ao acesso ao sistema e aos documentos dele constantes (art. 198 do CPC de 2015).

As unidades do Poder Judiciário devem assegurar às pessoas com deficiência acessibilidade aos seus sítios na rede mundial de computadores, ao meio eletrônico de prática de atos judiciais, à comunicação eletrônica dos atos processuais e à assinatura eletrônica (art. 199 do CPC de 2015).

O Código de Processo Civil de 2015, ao tratar do termo de audiência, também prevê, de forma expressa, que "a audiência poderá ser integralmente gravada em imagem e em áudio, em meio digital ou analógico, desde que assegure o rápido acesso das partes e dos órgãos julgadores, observada a legislação específica". Essa gravação também pode ser realizada diretamente por qualquer das partes, independentemente de autorização judicial (art. 367, §§ 5.º e 6.º).

A Recomendação 94/2021 do Conselho Nacional de Justiça recomenda aos tribunais brasileiros a gravação de atos processuais, sejam presenciais ou virtuais, com vistas a alavancar a efetividade dos procedimentos judiciais, por meio do aperfeiçoamento das estruturas de governança, infraestrutura, gestão e uso de procedimentos cibernéticos (art. 1.º).

2. INFORMATIZAÇÃO DO PROCESSO

O uso de meios eletrônicos na tramitação de processos judiciais, comunicação de atos e transmissão de peças processuais é admitido nos termos da mencionada Lei 11.419/2006.

As disposições desse diploma legal são aplicáveis não apenas no processo civil e penal, mas também no processo trabalhista e nos Juizados Especiais, em qualquer grau de jurisdição (art. 1.º, § 1.º, da Lei 11.419/2006).

Meio eletrônico é considerado qualquer forma de armazenamento ou tráfego de documentos e arquivos digitais. Transmissão eletrônica é toda forma de comunicação a distância com a utilização de redes de comunicação, preferencialmente a rede mundial de computadores. Assinatura eletrônica é entendida como as seguintes formas de identificação inequívoca do signatário: assinatura digital baseada em certificado digital emitido por Autoridade Certificadora credenciada, na forma de lei específica; mediante cadastro de usuário no Poder Judiciário, conforme disciplinado pelos órgãos respectivos.

O envio de petições, de recursos e a prática de atos processuais em geral, por meio eletrônico, são admitidos mediante uso de assinatura eletrônica, sendo obrigatório o credenciamento prévio no Poder Judiciário, conforme disciplinado pelos órgãos respectivos (art. 2.º da Lei 11.419/2006).

Consideram-se realizados os atos processuais por meio eletrônico no dia e hora do seu envio ao sistema do Poder Judiciário, do que deve ser fornecido protocolo eletrônico. Quando a petição eletrônica for enviada para atender a prazo processual, consideram-se tempestivas as transmitidas até as 24 horas do seu último dia (art. 3.º, parágrafo único, da Lei 11.419/2006).

3. COMUNICAÇÃO ELETRÔNICA DOS ATOS PROCESSUAIS

Os tribunais podem criar Diário da Justiça eletrônico, disponibilizado em sítio da rede mundial de computadores, para publicação de atos judiciais e administrativos próprios e dos órgãos a eles subordinados, bem como comunicações em geral (art. 4.º da Lei 11.419/2006). O sítio e o conteúdo das publicações devem ser assinados digitalmente com base em certificado emitido por Autoridade Certificadora credenciada na forma da lei específica. A referida publicação eletrônica substitui qualquer outro meio de publicação oficial, para quaisquer efeitos legais, à exceção dos casos que, por lei, exigem intimação ou vista pessoal (art. 4.º, § 2.º, da Lei 11.419/2006). Considera-se data da publicação o primeiro dia útil seguinte ao da disponibilização da informação no Diário da Justiça eletrônico. Os prazos processuais têm início no primeiro dia útil que seguir ao considerado data da publicação. A criação do Diário da Justiça eletrônico deve ser acompanhada de ampla divulgação, e o ato administrativo correspondente será publicado durante 30 dias no diário oficial em uso.

As intimações devem ser feitas por meio eletrônico em portal próprio aos que se cadastrarem (na forma do art. 2.º da Lei 11.419/2006), dispensando-se a publicação no órgão oficial, inclusive eletrônico (art. 5.º da Lei 11.419/2006). Considera-se efetuada a intimação no dia em que o intimando efetivar a consulta eletrônica ao teor desta, certificando-se nos autos a sua realização. Nessa hipótese, nos casos em que a consulta se dê em dia não útil, a intimação será considerada realizada no primeiro dia útil seguinte. Essa consulta deve ser feita em até 10 dias corridos, contados da data do envio da intimação, sob pena de se considerar a intimação automaticamente realizada na data do término desse prazo. Em caráter informativo, pode ser efetivada remessa de correspondência eletrônica, comunicando o envio da intimação e a abertura automática do prazo processual aos que manifestarem interesse por esse serviço.

Nos casos urgentes em que a intimação feita por meio eletrônico possa causar prejuízo a quaisquer das partes, ou nos casos em que for evidenciada qualquer tentativa de burla ao sistema, o ato processual deve ser realizado por outro meio que atinja a sua finalidade, conforme determinado pelo juiz.

As intimações feitas por meio eletrônico em portal próprio, inclusive da Fazenda Pública, são consideradas pessoais para todos os efeitos legais (art. 5.º, § 6.º, da Lei 11.419/2006).

Sendo assim, a intimação das decisões proferidas em processo eletrônico pode se realizar por meio do Diário da Justiça eletrônico – DEJT (art. 4.º da Lei 11.419/2006) ou pelo sistema do processo judicial eletrônico – PJe (art. 5.º da Lei 11.419/2006)[226].

Observadas as formas e as cautelas do art. 5.º da Lei 11.419/2006, as citações, inclusive da Fazenda Pública (excetuadas as dos Direitos Processuais Criminal e Infracional, esse último relativo a adolescentes), podem ser feitas por meio eletrônico, desde que a íntegra dos autos seja acessível ao citando (art. 6.º da Lei 11.419/2006).

As cartas precatórias, rogatórias, de ordem e, de um modo geral, todas as comunicações oficiais que transitem entre órgãos do Poder Judiciário, bem como entre os deste e os dos demais Poderes, devem ser feitas preferentemente por meio eletrônico (art. 7.º da Lei 11.419/2006).

---

[226] "A intimação das decisões proferidas em processo eletrônico pode se realizar por meio de Diário Eletrônico ou via sistema PJe. No primeiro caso, a ciência ocorre com o ato de publicação, que é o primeiro dia útil subsequente ao da disponibilização (artigo 4.º da Lei n.º 11.419/2006); já no caso de intimação diretamente no sistema PJe, dispensa-se a publicação no órgão oficial e a ciência ocorrerá no dia em que a parte consulta o teor da intimação e, se esta não o fizer em até dez dias, considera-se ciente a parte, independentemente da realização da consulta (artigo 5.º da Lei n.º 11.419/2006). Certo é, porém, que a publicação no DEJT se sobrepõe às demais. Precedentes" (TST, 7.ª T., Ag-AIRR-10468-76.2014.5.01.0261, Rel. Min. Cláudio Mascarenhas Brandão, *DEJT* 28.10.2021). "Cumpre salientar que esta Corte Superior já firmou entendimento, com base no artigo 4.º, § 2.º, da Lei 11.419/06, de que a publicação feita por meio de Diário Eletrônico (DEJT) prevalece sobre a intimação realizada via PJE, não tendo esta o condão de invalidar os efeitos daquela" (TST, 6.ª T., Ag-RR-1287-40.2016.5.06.0003, Rel. Min. Augusto César Leite de Carvalho, *DEJT* 14.05.2021). "Este Tribunal Superior tem firme entendimento no sentido de que a publicação por meio de Diário Eletrônico da Justiça do Trabalho (DEJT), nos termos do art. 4.º, § 2.º, da Lei n.º 11.419/06, prevalece sobre a intimação realizada via Processo Judicial Eletrônico (PJE), de modo que a intimação realizada por meio do sistema PJE não torna sem efeito a publicação no DEJT" (TST, 1.ª T., Ag-AIRR-1002218-42.2014.5.02.0606, Rel. Min. Walmir Oliveira da Costa, *DEJT* 30.11.2020). "Na hipótese, para fins de contagem de prazo recursal, à luz do disposto no art. 4.º, § 2.º, da Lei 11.419/2006, deve prevalecer a data da publicação no DEJT, porquanto, segundo o entendimento deste Tribunal Superior, a intimação mediante PJe não torna sem efeito a publicação realizada por meio do Diário Eletrônico da Justiça do Trabalho" (TST, 2.ª T., Ag-AIRR-1000891-83.2016.5.02.0059, Rel. Min. Maria Helena Mallmann, *DEJT* 25.09.2020). "Segundo entendimento deste Tribunal Superior, a intimação mediante PJe não tem o condão de tornar sem efeito a publicação realizada por meio do Diário Eletrônico da Justiça do Trabalho" (TST, 8.ª T., AIRR-11572-25.2016.5.15.0009, Rel. Min. Dora Maria da Costa, *DEJT* 28.08.2020). "Nos termos do art. 4.º, § 2.º, da Lei n.º 11.419/2006, a publicação dos atos judiciais no Diário da Justiça eletrônico 'substitui qualquer outro meio e publicação oficial, para quaisquer efeitos legais, à exceção dos casos que, por lei, exigem intimação ou vista pessoal'. Nesse sentido, esta Corte Superior vem decidindo que a publicação feita por meio de Diário Eletrônico (DEJT) prevalece sobre a intimação realizada via sistema PJE" (TST, 3.ª T., Ag-RR-1468-44.2017.5.19.0003, Rel. Min. Mauricio Godinho Delgado, *DEJT* 03.04.2020). Em sentido divergente, cf.: "III. Assim, havendo intimação em paralelo pelo Diário Oficial e pelo sistema do PJe, deve prevalecer, para efeito de contagem de prazo processual, a notificação feita por este último sistema (PJe), uma vez que, como dito, é dispensável a intimação feita pela publicação no meio oficial comum. IV. Ademais, a intimação da Reclamada pelo sistema do PJe, não obstante a intimação pelo Diário Eletrônico da Justiça do Trabalho, gerou legítima expectativa de que o prazo inicial para interposição de recurso fosse a data de sua ciência. Assim sendo, pelo princípio da boa-fé objetiva processual e pelo princípio da primazia da decisão de mérito, considera-se a intimação realizada pelo sistema do PJe para contagem do prazo processual. Cabe ao órgão jurisdicional intimar as partes dos atos processuais, cabendo-lhe eleger a via legal própria. Se emite duas vias de intimação e causa legítima dúvida quanto a qual delas deve atender, deve-se optar pela intimação que menos prejuízo cause à parte" (TST, 4.ª T., RR-491-58.2017.5.19.0001, Rel. Min. Alexandre Luiz Ramos, *DEJT* 23.10.2020).

A Resolução 455/2022 do Conselho Nacional de Justiça (CNJ) institui o Portal de Serviços do Poder Judiciário, bem como regulamenta o Diário da Justiça Nacional e o Domicílio Judicial Eletrônico.

4. PROCESSO ELETRÔNICO

Os órgãos do Poder Judiciário podem desenvolver sistemas eletrônicos de processamento de ações judiciais, por meio de autos total ou parcialmente digitais, utilizando, preferencialmente, a rede mundial de computadores e o acesso mediante redes internas e externas (art. 8.º da Lei 11.419/2006).

Todos os atos processuais do processo eletrônico devem ser assinados eletronicamente na forma estabelecida na Lei 11.419/2006.

No processo eletrônico, todas as citações, intimações e notificações, inclusive da Fazenda Pública, devem ser feitas por meio eletrônico, na forma da Lei 11.419/2006 (art. 9.º). As citações, intimações, notificações e remessas que viabilizem o acesso à íntegra do processo correspondente são consideradas vista pessoal do interessado para todos os efeitos legais.

Quando, por motivo técnico, for inviável o uso do meio eletrônico para a realização de citação, intimação ou notificação, esses atos processuais podem ser praticados segundo as regras ordinárias, digitalizando-se o documento físico, que deve ser posteriormente destruído.

A distribuição da petição inicial e a juntada da contestação, dos recursos e das petições em geral, todos em formato digital, nos autos de processo eletrônico, podem ser feitas diretamente pelos advogados públicos e privados, sem a necessidade da intervenção do cartório ou secretaria judicial, situação em que a autuação deve ocorrer de forma automática, fornecendo-se recibo eletrônico de protocolo (art. 10 da Lei 11.419/2006).

Quando o ato processual tiver que ser praticado em determinado prazo, por meio de petição eletrônica, são considerados tempestivos os efetivados até as 24 horas do último dia. Nesse caso, se o sistema do Poder Judiciário se tornar indisponível por motivo técnico, o prazo fica automaticamente prorrogado para o primeiro dia útil seguinte à resolução do problema. Os órgãos do Poder Judiciário devem manter equipamentos de digitalização e de acesso à rede mundial de computadores à disposição dos interessados para distribuição de peças processuais.

A digitalização, o armazenamento em meio eletrônico, óptico ou equivalente e a reprodução de documentos públicos e privados são regulados pelo disposto na Lei 12.682/2012. Entende-se por digitalização a conversão da fiel imagem de um documento para código digital.

O processo de digitalização deve ser realizado de forma a manter a integridade, a autenticidade e, se necessário, a confidencialidade do documento digital, com o emprego de assinatura eletrônica (art. 3.º da Lei 12.682/2012, com redação dada pela Lei 14.129/2021).

Os meios de armazenamento dos documentos digitais devem protegê-los de acesso, uso, alteração, reprodução e destruição não autorizados.

As empresas privadas ou os órgãos da Administração Pública direta ou indireta que utilizarem procedimentos de armazenamento de documentos em meio eletrônico, óptico ou equivalente devem adotar sistema de indexação que possibilite a sua precisa localização, permitindo a posterior conferência da regularidade das etapas do processo adotado (art. 4.º da Lei 12.682/2012).

Os registros públicos originais, ainda que digitalizados, devem ser preservados de acordo com o disposto na legislação pertinente (art. 6.º da Lei 12.682/2012).

Os documentos produzidos eletronicamente e juntados aos processos eletrônicos com garantia da origem e de seu signatário, na forma estabelecida na Lei 11.419/2006, são considerados originais para todos os efeitos legais (art. 11).

Os extratos digitais e os documentos digitalizados e juntados aos autos pelos órgãos da Justiça e seus auxiliares, pelo Ministério Público e seus auxiliares, pelas procuradorias, pelas autoridades policiais, pelas repartições públicas em geral e por advogados públicos e privados têm a mesma força probante dos originais, ressalvada a alegação motivada e fundamentada de adulteração antes ou durante o processo de digitalização (art. 11, § 1.º, da Lei 11.419/2006).

A arguição de falsidade do documento original deve ser processada eletronicamente na forma da lei processual em vigor (art. 11, § 2.º, da Lei 11.419/2006).

Os originais dos documentos digitalizados devem ser preservados pelo seu detentor até o trânsito em julgado da sentença ou, quando admitida, até o final do prazo para interposição de ação rescisória (art. 11, § 3.º, da Lei 11.419/2006).

Os documentos cuja digitalização seja tecnicamente inviável devido ao grande volume ou por motivo de ilegibilidade devem ser apresentados ao cartório ou secretaria ou encaminhados por meio de protocolo integrado judicial nacional no prazo de 10 dias contado do envio de petição eletrônica comunicando o fato, os quais serão devolvidos à parte após o trânsito em julgado (art. 11, § 5.º, da Lei 11.419/2006, com redação dada pela Lei 14.318/2022, que entra em vigor após 730 dias de sua publicação oficial, ocorrida em 30.03.2022).

Os documentos digitalizados juntados em processo eletrônico estarão disponíveis para acesso por meio da rede externa pelas respectivas partes processuais, pelos advogados, independentemente de procuração nos autos, pelos membros do Ministério Público e pelos magistrados, sem prejuízo da possibilidade de visualização nas secretarias dos órgãos julgadores, à exceção daqueles que tramitarem em segredo de justiça (art. 11, § 6.º, da Lei 11.419/2006, com redação dada pela Lei 13.793/2019).

Trata-se de previsão que tem como fundamento o princípio da publicidade dos atos processuais (art. 5.º, inciso LX, e art. 93, inciso IX, da Constituição Federal de 1988).

Os sistemas de informações pertinentes a processos eletrônicos devem possibilitar que advogados, procuradores e membros do Ministério Público cadastrados, mas não vinculados a processo previamente identificado, acessem automaticamente todos os atos e documentos processuais armazenados em meio eletrônico, desde que demonstrado interesse para fins apenas de registro, salvo nos casos de processos em segredo de justiça (art. 11, § 7.º, da Lei 11.419/2006, incluído pela Lei 13.793/2019).

Cabe lembrar que, nos termos da Lei 8.906/1994, art. 7.º, inciso XIII, com redação dada pela Lei 13.793/2019, um dos direitos do advogado é examinar, em qualquer órgão dos Poderes Judiciário e Legislativo, ou da Administração Pública em geral, autos de processos findos ou em andamento, mesmo sem procuração, quando não estiverem sujeitos a sigilo ou segredo de justiça, assegurada a obtenção de cópias, com possibilidade de tomar apontamentos.

Da mesma forma, o art. 107, inciso I, do CPC prevê que o advogado tem direito a examinar, em cartório de fórum e secretaria de tribunal, mesmo sem procuração, autos de qualquer processo, independentemente da fase de tramitação, assegurados a obtenção de cópias e o registro de anotações, salvo na hipótese de segredo de justiça, nas quais apenas o advogado constituído terá acesso aos autos. O disposto no inciso I do art. 107 do CPC aplica-se integralmente a processos eletrônicos (art. 107, § 5.º, do CPC, incluído pela Lei 13.793/2019).

A conservação dos autos do processo pode ser efetuada total ou parcialmente por meio eletrônico (art. 12 da Lei 11.419/2006).

Os autos dos processos eletrônicos devem ser protegidos por intermédio de sistemas de segurança de acesso e armazenados em meio que garanta a preservação e a integridade dos dados, sendo dispensada a formação de autos suplementares.

Os autos de processos eletrônicos que tiverem de ser remetidos a outro juízo ou instância superior que não disponham de sistema compatível devem ser impressos em papel, autuados na forma dos arts. 206 a 208 do CPC, ainda que de natureza criminal ou trabalhista, ou mesmo que pertinentes a juizado especial. Nesse caso, o escrivão ou o chefe de secretaria deve certificar os autores ou a origem dos documentos produzidos nos autos, acrescentando, ressalvada a hipótese de existir segredo de justiça, a maneira pela qual o banco de dados pode ser acessado para aferir a autenticidade das peças e das respectivas assinaturas digitais. Feita a autuação na forma mencionada, o processo deve seguir a tramitação legalmente estabelecida para os processos físicos.

A digitalização de autos em mídia não digital, em tramitação ou já arquivados, deve ser precedida de publicação de editais de intimações ou da intimação pessoal das partes e de seus procuradores, para que, no prazo preclusivo de 30 dias, manifestem-se sobre o desejo de manterem pessoalmente a guarda de algum dos documentos originais.

O magistrado pode determinar que sejam realizados por meio eletrônico a exibição e o envio de dados e de documentos necessários à instrução do processo (art. 13 da Lei 11.419/2006).

Consideram-se cadastros públicos, entre outros existentes ou que venham a ser criados, ainda que mantidos por concessionárias de serviço público ou empresas privadas, os que contenham informações indispensáveis ao exercício da função judicante. O acesso deve ocorrer por qualquer meio tecnológico disponível, preferentemente o de menor custo, considerada sua eficiência.

Os sistemas a serem desenvolvidos pelos órgãos do Poder Judiciário devem usar, preferencialmente, programas com código aberto, acessíveis ininterruptamente por meio da rede mundial de computadores, priorizando a sua padronização. Os sistemas devem buscar identificar os casos de ocorrência de prevenção, litispendência e coisa julgada (art. 14 da Lei 11.419/2006).

Salvo impossibilidade que comprometa o acesso à justiça, a parte deve informar, ao distribuir a petição inicial de qualquer ação judicial, o número no cadastro de pessoas físicas ou jurídicas, conforme o caso, perante a Secretaria da Receita Federal (art. 15 da Lei 11.419/2006).

Os livros cartorários e demais repositórios dos órgãos do Poder Judiciário podem ser gerados e armazenados em meio totalmente eletrônico (art. 16 da Lei 11.419/2006).

Os órgãos do Poder Judiciário regulamentarão a Lei 11.419/2006, no que couber, no âmbito de suas respectivas competências (art. 18 da Lei 11.419/2006).

A Resolução 345/2020 do Conselho Nacional de Justiça autoriza a adoção, pelos tribunais, das medidas necessárias à implementação do "Juízo 100% Digital" no Poder Judiciário (art. 1.º).

No âmbito do "Juízo 100% Digital", todos os atos processuais devem ser exclusivamente praticados por meio eletrônico e remoto por intermédio da rede mundial de computadores.

Inviabilizada a produção de meios de prova ou de outros atos processuais de forma virtual, a sua realização de modo presencial não impede a tramitação do processo no âmbito do "Juízo 100% Digital". O "Juízo 100% Digital" pode se valer também de serviços prestados presencialmente por outros órgãos do tribunal, como os de solução adequada de conflitos, cumprimento de mandados, centrais de cálculos, tutoria, entre outros, desde que os atos processuais possam ser convertidos em eletrônicos.

Esclareça-se que as unidades jurisdicionais não terão a sua competência alterada em razão da adoção do "Juízo 100% Digital" (art. 2.º da Resolução 345/2020 do CNJ). No ato do ajuizamento do feito, a parte e seu advogado devem fornecer endereço eletrônico e linha telefônica móvel celular, sendo admitida a citação, a notificação e a intimação por qualquer meio eletrônico, nos termos dos arts. 193 e 246, inciso V, do CPC.

A escolha pelo "Juízo 100% Digital" é facultativa e será exercida pela parte demandante no momento da distribuição da ação, podendo a parte demandada opor-se a essa opção até o momento da contestação (art. 3.º da Resolução 345/2020 do CNJ).

A parte demandada pode se opor a essa escolha até sua primeira manifestação no processo, salvo no processo do trabalho, em que essa oposição deve ser deduzida em até cinco dias úteis contados do recebimento da primeira notificação.

Adotado o "Juízo 100% Digital", as partes podem retratar-se dessa escolha, por uma única vez, até a prolação da sentença, preservados todos os atos processuais já praticados. No processo do trabalho, ocorrida a aceitação tácita pelo decurso do prazo, a oposição à adoção do "Juízo 100% Digital" consignada na primeira manifestação escrita apresentada não inviabilizará a mencionada retratação. A retratação não ensejará a mudança do juízo natural do feito.

A qualquer tempo, o magistrado pode instar as partes a manifestarem o interesse na adoção do "Juízo 100% Digital", ainda que em relação a processos anteriores à entrada em vigor da Resolução 345/2020 do CNJ (09.10.2020), importando o silêncio, após duas intimações, aceitação tácita.

Havendo recusa expressa das partes à adoção do "Juízo 100% Digital", o magistrado pode propor às partes a realização de atos processuais isolados de forma digital, ainda que em relação a processos anteriores à entrada em vigor da Resolução 345/2020 do CNJ.

Os tribunais devem fornecer a infraestrutura de informática e telecomunicação necessárias ao funcionamento das unidades jurisdicionais incluídas no "Juízo 100% Digital" e regulamentar os critérios de utilização desses equipamentos e instalações (art. 4.º da Resolução 345/2020 do CNJ). O "Juízo 100% Digital" deve prestar atendimento remoto durante o horário de atendimento ao público por telefone, por *e-mail*, por chamadas de vídeo, por aplicativos digitais ou por outros meios de comunicação que venham a ser definidos pelo tribunal, inclusive por intermédio do "Balcão Virtual", nos termos da Resolução 372/2021 do CNJ.

As audiências e sessões no "Juízo 100% Digital" devem ocorrer exclusivamente por videoconferência (art. 5.º da Resolução 345/2020 do CNJ). As partes podem requerer ao juízo a participação na audiência por videoconferência em sala disponibilizada pelo Poder Judiciário.

O atendimento exclusivo de advogados pelos magistrados e servidores lotados no "Juízo 100% Digital" deve ocorrer durante o horário fixado para o atendimento ao público de forma eletrônica, observando-se a ordem de solicitação, os casos urgentes e as preferências legais (art. 6.º da Resolução 345/2020 do CNJ). A demonstração de interesse do advogado de ser atendido pelo magistrado deve ser devidamente registrada, com dia e hora, por meio eletrônico indicado pelo tribunal. A resposta sobre o atendimento deve ocorrer no prazo de até 48 horas, ressalvadas as situações de urgência.

Os tribunais, à exceção do Supremo Tribunal Federal, devem disponibilizar, em seu sítio eletrônico, ferramenta de videoconferência que permita imediato contato com o setor de atendimento de cada unidade judiciária, popularmente denominado como balcão, durante o horário de atendimento ao público (art. 1.º da Resolução 372/2021 do CNJ). Essa plataforma de videoconferência é denominada "Balcão Virtual".

O tribunal pode utilizar qualquer ferramenta tecnológica que se mostre adequada para o atendimento virtual, ainda que diversa da solução empregada para a realização das audiências, sessões de julgamento ou, ainda, para a prática dos demais atos judiciais (art. 2.º da Resolução 372/2021 do CNJ).

O "Balcão Virtual" deve funcionar durante todo o horário de atendimento ao público, de forma similar à do balcão de atendimento presencial (art. 3.º da Resolução 372/2021 do CNJ).

O servidor designado para atuar no "Balcão Virtual" deve prestar o primeiro atendimento aos advogados e às partes, podendo convocar outros servidores da unidade ou realizar agendamento, pelos meios eletrônicos disponíveis, para complementação do atendimento solicitado (art. 4.º da Resolução 372/2021 do CNJ). O "Balcão Virtual" não substitui o sistema de peticionamento dos sistemas de processo eletrônico adotados pelos tribunais, sendo vedado o seu uso para o protocolo de petições, assim como não é aplicável aos gabinetes dos magistrados.

O *link* de acesso ao "Balcão Virtual" da unidade deve ser publicado no sítio eletrônico dos tribunais, preferencialmente junto aos telefones e endereços eletrônicos de cada unidade judiciária, com a expressa menção de que o atendimento por aquela via se dará apenas durante o horário de atendimento ao público estipulado por cada tribunal (art. 5.º da Resolução 372/2021 do CNJ).

A Resolução 354/2020 do Conselho Nacional de Justiça regulamenta a realização de audiências e sessões por videoconferência e telepresenciais e a comunicação de atos processuais por meio eletrônico nas unidades jurisdicionais de primeira e segunda instâncias da Justiça dos Estados, Federal, Trabalhista, Militar e Eleitoral, bem como nos Tribunais Superiores, à exceção do Supremo Tribunal Federal (art. 1.º).

Entende-se por videoconferência a comunicação a distância realizada em ambientes de unidades judiciárias. Entende-se por telepresenciais as audiências e sessões realizadas a partir de ambiente físico externo às unidades judiciárias (art. 2.º da Resolução 354/2020 do CNJ). A participação por videoconferência, via rede mundial de computadores, ocorrerá: I – em unidade judiciária diversa da sede do juízo que preside a audiência ou sessão, na forma da Resolução 341/2020 do CNJ; II – em estabelecimento prisional.

As audiências só podem ser realizadas na forma telepresencial a pedido da parte, ressalvado o disposto no art. 3.º, § 1.º, da Resolução 354/2020, cabendo ao juiz decidir pela conveniência de sua realização no modo presencial. Em qualquer das hipóteses, o juiz deve estar presente na unidade judiciária (art. 3.º da Resolução 354/2020 do CNJ).

O juiz pode determinar excepcionalmente, de ofício, a realização de audiências telepresenciais, nas seguintes hipóteses: I – urgência; II – substituição ou designação de magistrado com sede funcional diversa; III – mutirão ou projeto específico; IV – conciliação ou mediação no âmbito dos Centros Judiciários de Solução de Conflito e Cidadania (Cejusc);

V – indisponibilidade temporária do foro, calamidade pública ou força maior (art. 3.º, § 1.º, da Resolução 354/2020 do CNJ).

A oposição à realização de audiência telepresencial deve ser fundamentada, submetendo--se ao controle judicial.

Salvo requerimento de apresentação espontânea, o ofendido, a testemunha e o perito residentes fora da sede do juízo serão inquiridos e prestarão esclarecimentos por videoconferência, na sede do foro de seu domicílio ou no estabelecimento prisional ao qual estiverem recolhidos (art. 4.º da Resolução 354/2020 do CNJ).

No interesse da parte que residir distante da sede do juízo, o depoimento pessoal ou interrogatório será realizado por videoconferência, na sede do foro de seu domicílio.

Salvo impossibilidade técnica ou dificuldade de comunicação, deve-se evitar a expedição de carta precatória inquiritória.

Os advogados, públicos e privados, e os membros do Ministério Público podem requerer a participação própria ou de seus representados por videoconferência (art. 5.º da Resolução 354/2020 do CNJ). No interesse de partes, advogados, públicos ou privados, ou membros do Ministério Público, que não atuarem frequentemente perante o juízo, o requerimento deve ser instruído por cópia do documento de identidade.

O deferimento da participação por videoconferência depende de viabilidade técnica e de juízo de conveniência pelo magistrado.

É ônus do requerente comparecer na sede do juízo, em caso de indeferimento ou de falta de análise do requerimento de participação por videoconferência.

A audiência telepresencial e a participação por videoconferência em audiência ou sessão deve observar as seguintes regras:

I – as oitivas telepresenciais ou por videoconferência são equiparadas às presenciais para todos os fins legais, asseguradas a publicidade dos atos praticados e as prerrogativas processuais de advogados, membros do Ministério Público, defensores públicos, partes e testemunhas;

II – as testemunhas devem ser inquiridas cada uma *de per si* (de forma individual, ou seja, isoladamente), de modo que umas não saibam nem ouçam os depoimentos umas das outras;

III – quando o ofendido ou testemunha manifestar desejo de depor sem a presença de uma das partes do processo, na forma da legislação pertinente, a imagem pode ser desfocada, desviada ou inabilitada, sem prejuízo da possibilidade de transferência para *lobby* ou ambiente virtual similar;

IV – as oitivas telepresenciais ou por videoconferência serão gravadas, devendo o arquivo audiovisual ser juntado aos autos ou disponibilizado em repositório oficial de mídias indicado pelo CNJ (PJe Mídia) ou pelo tribunal;

V – a publicidade deve ser assegurada, ressalvados os casos de segredo de justiça, por transmissão em tempo real ou por meio hábil que possibilite o acompanhamento por terceiros estranhos ao feito, ainda que mediante a exigência de prévio cadastro;

VI – a participação em audiência telepresencial ou por videoconferência exige que as partes e demais participantes sigam a mesma liturgia dos atos processuais presenciais, inclusive quanto às vestimentas;

VII – a critério do juiz e em decisão fundamentada, podem ser repetidos os atos processuais dos quais as partes, as testemunhas ou os advogados não tenham conseguido participar em virtude de obstáculos de natureza técnica, desde que devidamente justificados (art. 7.º da Resolução 354/2020 do CNJ).

Nos casos em que cabível a citação e a intimação pelo correio, por oficial de justiça ou pelo escrivão ou chefe de secretaria, o ato pode ser cumprido por meio eletrônico que assegure ter o destinatário do ato tomado conhecimento do seu conteúdo (art. 8.º da Resolução 354/2020 do CNJ). As citações e intimações por meio eletrônico devem ser realizadas na forma da lei (art. 246, inciso V, do CPC, combinado com arts. 6.º e 9.º da Lei 11.419/2006), não se lhes aplicando o disposto na Resolução 354/2020 do CNJ.

As partes e os terceiros interessados devem informar, por ocasião da primeira intervenção nos autos, endereços eletrônicos para receber notificações e intimações, mantendo-os atualizados durante todo o processo (art. 9.º da Resolução 354/2020 do CNJ). Aquele que requerer a citação ou intimação deve fornecer, além dos dados de qualificação, os dados necessários para comunicação eletrônica por aplicativos de mensagens, redes sociais e correspondência eletrônica (*e-mail*), salvo impossibilidade de fazê-lo.

O cumprimento da citação e da intimação por meio eletrônico deve ser documentado por: I – comprovante do envio e do recebimento da comunicação processual, com os respectivos dia e hora de ocorrência; ou II – certidão detalhada de como o destinatário foi identificado e tomou conhecimento do teor da comunicação (art. 10 da Resolução 354/2020 do CNJ).

O cumprimento das citações e das intimações por meio eletrônico pode ser realizado pela secretaria do juízo ou pelos oficiais de justiça.

Salvo ocultação, é vedado o cumprimento eletrônico de atos processuais por meio de mensagens públicas.

A intimação e a requisição de servidor público, bem como a cientificação do chefe da repartição, devem ser realizadas preferencialmente por meio eletrônico (art. 11 da Resolução 354/2020 do CNJ).

Os tribunais devem disponibilizar salas para a realização de atos processuais, especialmente depoimentos de partes, testemunhas e outros colaboradores da justiça por sistema de videoconferência em todos os fóruns, garantindo a adequação dos meios tecnológicos aptos a dar efetividade ao disposto no art. 7.º do Código de Processo Civil (art. 1.º da Resolução 341/2020 do CNJ). Devem ser designados servidores para acompanhar a videoconferência na sede da unidade judiciária, que serão responsáveis pela verificação da regularidade do ato, pela identificação e garantia da incomunicabilidade entre as testemunhas, quando for o caso, entre outras medidas necessárias para realização válida do ato.

A secretaria do juízo ou do tribunal deve especificar nas intimações o endereço físico e a localização da referida sala para aqueles que forem prestar depoimentos (art. 2.º da Resolução 341/2020 do CNJ). Os magistrados, advogados, representantes do Ministério Público e da Defensoria Pública, bem como as partes e demais participantes da audiência que não forem prestar depoimentos, podem participar da audiência por meio do *link* disponibilizado para o ato por meio de videoconferência.

O Conselho Nacional de Justiça desenvolverá e disponibilizará a todos os tribunais sistemas eletrônicos de gravação dos depoimentos, dos interrogatórios e de inquirição de testemunhas por videoconferência (art. 1.º da Resolução 105/2010 do CNJ). Os tribunais e o Conselho Nacional de Justiça podem desenvolver repositórios de mídias para armazenamento de documentos de som e imagem, inclusive os decorrentes da instrução do processo.

Os documentos digitais inseridos no Repositório Nacional de Mídias para o Sistema PJe são considerados, para todos os efeitos, peças integrantes dos autos eletrônicos do processo judicial correspondente e devem observar: I – o número único do processo judicial; II – o localizador padrão permanente de acesso ao conteúdo da informação (URL), na rede mundial de computadores; III – os requisitos dispostos no art. 195 do Código de Processo Civil, de autenticidade, integridade, temporalidade, não repúdio, conservação e, nos casos dos que tramitem em segredo de justiça, confidencialidade, observada a infraestrutura de chaves públicas unificada nacionalmente, nos termos da lei (art. 1.º, § 2.º, da Resolução 105/2010 do CNJ).

Os depoimentos documentados por meio audiovisual não precisam de transcrição (art. 2.º da Resolução 105/2010 do CNJ). O magistrado, quando for de sua preferência pessoal, pode determinar que os servidores que estão afetos a seu gabinete ou secretaria procedam à degravação, observando, nesse caso, as recomendações médicas quanto à prestação desse serviço.

A Resolução 313/2021 do Conselho Superior da Justiça do Trabalho dispõe sobre os procedimentos a serem observados na videogravação de audiências realizadas no âmbito da Justiça do Trabalho.

É dispensada a transcrição ou degravação dos depoimentos colhidos em audiências realizadas com gravação audiovisual (art. 1.º da Resolução 313/2021 do CSJT). O magistrado, quando for de sua preferência pessoal, pode determinar que os servidores que estão afetos a seu gabinete ou secretaria procedam à degravação, observando, nesse caso, as recomendações médicas quanto à prestação desse serviço.

As audiências virtuais, telepresenciais ou semipresenciais devem ser realizadas pela plataforma de videoconferências oficial disponibilizada pela Justiça do Trabalho (art. 2.º da Resolução 313/2021 do CSJT). A videogravação realizada deve ser armazenada no banco de dados da empresa contratada para este fim ou do próprio Tribunal Regional, na forma prevista para os sistemas em uso na Justiça do Trabalho, admitindo-se o livre acesso a qualquer interessado, ressalvados os casos de segredo de justiça, sigilo ou proteção de dados, na forma legal.

A gravação audiovisual dos depoimentos deve ser realizada de maneira organizada e propícia à plena compreensão e acesso à prova, gerando vídeo indexado com marcadores específicos de temas e indicação expressa do *link* de acesso na ata de audiência, de acordo com a plataforma de videogravação disponível (art. 3.º da Resolução 313/2021 do CSJT).

O termo escrito de audiência no Sistema de Audiências da Justiça do Trabalho (Sistema AUD) continua obrigatório para fins de alimentação dos fluxos do Sistema PJe e para registro dos atos essenciais, devendo dele constar os seguintes dados: I – data da audiência; II – nome do juiz; III – unidade judiciária; IV – nomes das partes, do representante do Ministério Público do Trabalho e dos advogados presentes, com os respectivos números de inscrição na OAB; V – nomes das testemunhas, qualificação e compromisso legal; VI – presença ou ausência das partes, testemunhas ou advogados; VII – deliberações do juiz; VIII – termos e condições da conciliação; IX – incidentes e requerimentos das partes, se houver (art. 4.º da Resolução 313/2021 do CSJT).

A videogravação indexada também pode ser utilizada em processos com segredo de justiça, devendo a unidade restringir o acesso aos registros às partes autorizadas. Parágrafo único. Na impossibilidade de resguardo do sigilo em processos com segredo de justiça, a videogravação não será realizada, devendo os depoimentos serem reduzidos a termo (art. 5.º da Resolução 313/2021 do CSJT).

Os magistrados e servidores devem zelar pelo regular registro audiovisual da prova oral, para que não haja dificuldades de compreensão daqueles que tiverem acesso ao vídeo, seja na prolação da sentença e na elaboração de recurso, seja na revisão pela instância superior (art. 6.º da Resolução 313/2021 do CSJT).

Os juízes do trabalho devem observar os seguintes procedimentos nas gravações das audiências: I – esclarecer às partes e seus advogados que os depoimentos serão gravados mediante sistema oficial de gravação audiovisual; II – delimitar ao máximo os pontos fáticos controvertidos sobre os quais incidirá a prova, preferencialmente após ouvir os advogados presentes, ou, na ausência destes, as próprias partes; III – refazer o ato que apresentar problemas sonoros ou de imagens e que dificultem ou impeçam o acesso à prova colhida, inclusive designando nova audiência para refazimento das inquirições, antes de enviar os autos ao tribunal, caso necessário; IV – permitir que todos os incidentes ocorridos em audiência sejam objeto de registro audiovisual (art. 8.º da Resolução 313/2021 do CSJT).

Art. 774. Salvo disposição em contrário, os prazos previstos neste Título contam-se, conforme o caso, a partir da data em que for feita pessoalmente, ou recebida a notificação, daquela em que for publicado o edital no jornal oficial ou no que publicar o expediente da Justiça do Trabalho, ou, ainda, daquela em que for afixado o edital na sede da Junta, Juízo ou Tribunal.

Parágrafo único. Tratando-se de notificação postal, no caso de não ser encontrado o destinatário ou no de recusa de recebimento, o Correio ficará obrigado, sob pena de responsabilidade do servidor, a devolvê-la, no prazo de 48 (quarenta e oito) horas, ao Tribunal de origem.

1. PRAZOS PROCESSUAIS

O prazo, em Direito Processual, pode ser entendido como o período no qual o ato processual deve ser realizado.

A não observância do prazo estabelecido pode acarretar consequências processuais desfavoráveis à parte, com destaque para a preclusão temporal.

Nesse sentido, a parte que não observa o prazo para realizar determinado ato processual não mais pode fazê-lo, impondo-se a ela as consequências processuais dessa sua inércia. Por exemplo, não interposto o recurso dentro do prazo legal, este é considerado intempestivo, o que acarreta o seu não processamento.

O art. 223 do CPC de 2015 estabelece que, decorrido o prazo, se extingue o direito de praticar ou de emendar o ato processual, independentemente de declaração judicial, ficando assegurado, porém, à parte provar que não o realizou por justa causa.

Considera-se justa causa o evento alheio à vontade da parte e que a impediu de praticar o ato por si ou por mandatário. Verificada a justa causa, o juiz deve permitir à parte a prática do ato no prazo que lhe assinar.

Cabe observar que o Código de Processo Civil de 2015, prevendo os poderes do juiz na direção do processo, determina, de forma expressa, que lhe incumbe "dilatar os prazos processuais e alterar a ordem de produção dos meios de prova, adequando-os às necessidades do conflito de modo a conferir maior efetividade à tutela do direito" (art. 139, inciso VI).

A dilação de prazo, prevista no inciso VI do art. 139 do CPC de 2015, somente pode ser determinada antes de encerrado o prazo regular.

2. CLASSIFICAÇÃO DOS PRAZOS PROCESSUAIS

Há diversas formas de classificar os prazos processuais, como os que seguem.

Os prazos particulares são aqueles que correm para apenas uma das partes, enquanto os prazos comuns correm, simultaneamente, para ambas as partes.

De acordo com o parágrafo único do art. 901 da CLT, salvo quando estiver correndo prazo comum, "aos procuradores das partes será permitido ter vista dos autos fora do cartório ou secretaria".

Os prazos legais, como o nome indica, são estabelecidos na lei. Os prazos judiciais são fixados pelo juiz.

Nesse sentido, de acordo com o art. 218 do CPC de 2015, aplicável ao processo do trabalho, os atos processuais devem ser realizados nos prazos prescritos em lei.

Quando a lei for omissa, o juiz deve determinar os prazos em consideração à complexidade do ato.

Quando a lei ou o juiz não determinar prazo, as intimações somente obrigarão a comparecimento depois de decorridas 48 horas.

Inexistindo preceito legal ou prazo determinado pelo juiz, será de cinco dias o prazo para a prática de ato processual a cargo da parte.

Deve ser considerado tempestivo o ato praticado antes do termo inicial do prazo.

Os prazos peremptórios são, em regra, improrrogáveis, ou seja, não podem ser alterados, gerando a preclusão temporal quando não respeitados.

Os prazos dilatórios, por sua vez, podem ser objeto de prorrogação, enquanto os prazos peremptórios não podem ser prorrogados nem alterados pelas partes.

Na comarca, seção ou subseção judiciária onde for difícil o transporte, o juiz pode prorrogar os prazos por até dois meses (art. 222 do CPC de 2015).

Ao juiz é vedado reduzir prazos peremptórios sem anuência das partes.

Havendo calamidade pública, o limite previsto anteriormente, para prorrogação de prazos (ou seja, até dois meses), pode ser excedido.

A parte pode renunciar ao prazo estabelecido exclusivamente em seu favor, desde que o faça de maneira expressa (art. 225 do CPC de 2015).

3. INÍCIO DO PRAZO PROCESSUAL

É necessário distinguir o início do prazo do início da contagem do prazo.

Quanto ao início do prazo, de acordo com o art. 774 da CLT, salvo disposição em contrário, os prazos contam-se, conforme o caso:

- a partir da data em que for feita pessoalmente, ou recebida a notificação; ou
- daquela em que for publicado o edital no jornal oficial ou no que publicar o expediente da Justiça do Trabalho; ou
- daquela em que for afixado o edital na sede da Junta, Juízo ou Tribunal.

Da mesma forma, o art. 230 do CPC de 2015 também prevê que o prazo para a parte, o procurador, a Advocacia Pública, a Defensoria Pública e o Ministério Público deve ser contado da citação, da intimação ou da notificação.

Entretanto, tendo em vista que o início do prazo ocorre com a intimação da parte, na forma do art. 774 da CLT, *não* se aplica ao processo do trabalho a previsão do art. 231 do CPC de 2015, no sentido de que, salvo disposição em sentido diverso, considera-se dia do começo do prazo: I – a data de juntada aos autos do aviso de recebimento, quando a citação ou a intimação for pelo correio; II – a data de juntada aos autos do mandado cumprido, quando a citação ou a intimação for por oficial de justiça; VI – a data de juntada do comunicado de que trata o art. 232 ou, não havendo esse, a data de juntada da carta aos autos de origem devidamente cumprida, quando a citação ou a intimação se realizar em cumprimento de carta[227].

Podem-se aplicar ao processo do trabalho as previsões do art. 231 do CPC de 2015, no sentido de que, salvo disposição em sentido diverso, considera-se dia do começo do prazo: III – a data de ocorrência da citação ou da intimação, quando ela se der por ato do escrivão ou do chefe de secretaria; IV – o dia útil seguinte ao fim da dilação assinada pelo juiz, quando a citação ou a intimação for por edital; V – o dia útil seguinte à consulta ao teor da citação ou da intimação ou ao término do prazo para que a consulta se dê, quando a citação ou a intimação for eletrônica; VII – a data de publicação, quando a intimação se der pelo Diário da Justiça impresso ou eletrônico; VIII – o dia da carga, quando a intimação se der por meio da retirada dos autos, em carga, do cartório ou da secretaria.

Tratando-se de notificação postal, se não for encontrado o destinatário, ou se houver recusa de recebimento, o Correio é obrigado, sob pena de responsabilidade do seu servidor, a devolvê-la, no prazo de 48 horas, ao Tribunal de origem.

Em razão disso, no caso de notificação expedida por meio do correio, presume-se, de forma relativa, que tenha chegado a seu destinatário 48 horas depois da sua postagem. Entretanto, por se tratar de presunção meramente relativa, pode ser elidida por prova em contrário, como o comprovante de entrega ao destinatário, contendo a efetiva data de recebimento. Nesse sentido, cf. a Súmula 16 do TST.

✦ Súmulas, Orientações Jurisprudenciais e Precedentes Normativos

Súmula 429 do STJ: A citação postal, quando autorizada por lei, exige o aviso de recebimento.

Súmula 16 do TST: Notificação. Presume-se recebida a notificação 48 (quarenta e oito) horas depois de sua postagem. O seu não recebimento ou a entrega após o decurso desse prazo constitui ônus de prova do destinatário.

Art. 775. Os prazos estabelecidos neste Título serão contados em dias úteis, com exclusão do dia do começo e inclusão do dia do vencimento.

§ 1.º Os prazos podem ser prorrogados, pelo tempo estritamente necessário, nas seguintes hipóteses:

I – quando o juízo entender necessário;

II – em virtude de força maior, devidamente comprovada.

§ 2.º Ao juízo incumbe dilatar os prazos processuais e alterar a ordem de produção dos meios de prova, adequando-os às necessidades do conflito de modo a conferir maior efetividade à tutela do direito.

[227] "Art. 232. Nos atos de comunicação por carta precatória, rogatória ou de ordem, a realização da citação ou da intimação será imediatamente informada, por meio eletrônico, pelo juiz deprecado ao juiz deprecante".

Art. 775-A. Suspende-se o curso do prazo processual nos dias compreendidos entre 20 de dezembro e 20 de janeiro, inclusive.

§ 1.º Ressalvadas as férias individuais e os feriados instituídos por lei, os juízes, os membros do Ministério Público, da Defensoria Pública e da Advocacia Pública e os auxiliares da Justiça exercerão suas atribuições durante o período previsto no *caput* deste artigo.

§ 2.º Durante a suspensão do prazo, não se realizarão audiências nem sessões de julgamento.

1. CONTAGEM DO PRAZO PROCESSUAL

O Código de Processo Civil de 2015, no art. 219, dispõe que, "na contagem de prazo em dias, estabelecido por lei ou pelo juiz, computar-se-ão somente os dias úteis". O disposto nesse artigo aplica-se somente aos prazos processuais.

O art. 775 da Consolidação das Leis do Trabalho, com redação dada pela Lei 13.467/2017, prevê que os prazos estabelecidos no Título X da CLT, sobre processo do trabalho, são contados *em dias úteis*, com exclusão do dia do começo e inclusão do dia do vencimento.

Trata-se de disciplina quanto à forma de contagem dos prazos processuais em harmonia com o art. 219 do Código de Processo Civil de 2015.

Segundo a redação *original* do art. 775 da CLT, os prazos são contados com exclusão do dia do começo e inclusão do dia do vencimento, e são *contínuos e irreleváveis*, podendo, entretanto, ser prorrogados pelo tempo estritamente necessário pelo juiz ou tribunal, ou em virtude de força maior, devidamente comprovada.

Por isso, anteriormente, o art. 2.º, inciso III, da Instrução Normativa 39/2016 do TST dispunha que não se aplicava ao processo do trabalho, em razão de inexistência de omissão ou por incompatibilidade, o art. 219 do CPC, sobre contagem de prazos em dias úteis.

Mesmo com essa alteração, não se pode deixar de buscar o mandamento de *celeridade*, o qual é enfatizado no processo do trabalho, em razão da natureza dos direitos subjetivos em discussão, normalmente sociais e de caráter alimentar.

O art. 5.º, inciso LXXVIII, da Constituição da República, incluído pela Emenda Constitucional 45/2004, prescreve que a todos, no âmbito judicial e administrativo, são assegurados a razoável duração do processo e os meios que garantam a *celeridade* de sua tramitação.

Especificamente quanto ao âmbito trabalhista, o art. 765 da CLT dispõe que os juízos e tribunais do trabalho terão ampla liberdade na direção do processo e devem velar pelo *andamento rápido das causas*, podendo determinar qualquer diligência necessária ao esclarecimento delas.

Quanto ao início de *contagem* do prazo, no processo do trabalho, seguindo a mesma orientação do processo civil, os prazos são contados com exclusão do dia do começo e inclusão do dia do vencimento (art. 775 da CLT). Cf. ainda Súmula 1 do TST.

No mesmo sentido, como prevê o art. 224 do CPC, salvo disposição em contrário, *os prazos devem ser contados excluindo o dia do começo e incluindo o do vencimento.*

O art. 775, § 1.º, da CLT, com redação dada pela Lei 13.467/2017, por sua vez, estabelece que os prazos podem ser prorrogados, *pelo tempo estritamente necessário*, nas seguintes hipóteses: quando o juízo entender necessário; em virtude de força maior, devidamente comprovada.

Essa possibilidade de *prorrogação* dos prazos no processo do trabalho, em especial quando o juízo entender necessário, por ser genérica, exige fundamentação convincente, apta a justificar a prorrogação excepcional do prazo pelo tempo estritamente necessário.

O motivo de força maior, por seu turno, pode ser entendido como o evento inevitável, alheio à vontade da parte e que impede a prática do ato processual no prazo regularmente previsto.

De modo mais preciso, em consonância com o art. 223 do CPC, uma vez decorrido o prazo, extingue-se o direito de praticar ou de emendar o ato processual, independentemente de declaração judicial, ficando assegurado, porém, à parte provar que não o realizou por *justa causa*. Considera-se justa causa o evento alheio à vontade da parte e que a impediu de praticar o ato por si ou por mandatário. Verificada a justa causa, o juiz deve permitir à parte a prática do ato no prazo que lhe assinar.

Ao juízo incumbe *dilatar* os prazos processuais e *alterar* a ordem de produção dos meios de prova, adequando-os às necessidades do conflito de modo a conferir maior *efetividade* à tutela do direito (art. 775, § 2.º, da CLT, acrescentado pela Lei 13.467/2017).

A disposição está em consonância com o princípio da *instrumentalidade do processo* e corresponde ao art. 139, inciso VI, do CPC de 2015.

Esclareça-se que a dilação de prazos prevista no inciso VI do art. 139 do CPC somente pode ser determinada antes de encerrado o prazo regular (art. 139, parágrafo único, do CPC de 2015).

Os dias do começo e do vencimento do prazo devem ser protraídos para o primeiro dia útil seguinte, se coincidirem com dia em que o expediente forense for encerrado antes ou iniciado depois da hora normal ou houver indisponibilidade da comunicação eletrônica (art. 224, § 1.º, do CPC de 2015).

Considera-se como data de publicação, o primeiro dia útil seguinte ao da disponibilização da informação no *Diário da Justiça* eletrônico (art. 224, § 2.º, do CPC de 2015).

A contagem do prazo deve ter início no primeiro dia útil que seguir ao da publicação (art. 224, § 2.º, do CPC de 2015).

O recesso na Justiça do Trabalho ocorre no período de 20 de dezembro a 6 de janeiro de cada ano, conforme aplicação da Lei 5.010/1966, art. 62, inciso I.

Houve controvérsia a respeito das consequências do mencionado recesso nos prazos processuais.

Prevalece o entendimento de que os prazos processuais são *suspensos* durante o recesso da Justiça do Trabalho. Nesse sentido dispõe a Súmula 262, inciso II, do TST.

Suspende-se o curso do prazo processual nos dias compreendidos entre 20 de dezembro e 20 de janeiro, inclusive (art. 775-A da CLT, incluído pela Lei 13.545/2017, e art. 220 do CPC de 2015).

Ressalvadas as férias individuais e os feriados instituídos por lei, os juízes, os membros do Ministério Público, da Defensoria Pública e da Advocacia Pública e os auxiliares da Justiça devem exercer suas atribuições durante o período previsto acima.

Durante a suspensão do prazo, não se realizarão audiências nem sessões de julgamento.

Suspende-se o curso do prazo por obstáculo criado em detrimento da parte ou ocorrendo qualquer das hipóteses do art. 313 do CPC[228], devendo o prazo ser restituído por tempo igual ao que faltava para sua complementação (art. 221 do CPC de 2015).

Os prazos se suspendem durante a execução de programa instituído pelo Poder Judiciário para promover a conciliação, incumbindo aos tribunais especificar, com antecedência, a duração dos trabalhos.

Nos termos do art. 7.º-A, inciso IV, da Lei 8.906/1994, acrescentado pela Lei 13.363/2016, é direito da *advogada adotante ou que der à luz* a suspensão de prazos processuais quando for a única patrona da causa, desde que haja notificação por escrito ao cliente. O referido direito é concedido pelo prazo previsto no § 6.º do art. 313 do CPC, isto é, de 30 dias, contado a partir da data do parto ou da concessão da adoção, mediante apresentação de certidão de nascimento ou documento similar que comprove a realização do parto, ou de termo judicial que tenha concedido a adoção, desde que haja notificação ao cliente (a respeito do tema, cf. comentários ao art. 392 da CLT, item 3).

Esclareça-se que o art. 93, inciso XII, da Constituição Federal, incluído pela Emenda Constitucional 45/2004, passou a prever que "a atividade jurisdicional será ininterrupta, sendo vedado férias coletivas nos juízos e tribunais de segundo grau, funcionando, nos dias em que não houver expediente forense normal, juízes em plantão permanente".

---

[228] "Art. 313. Suspende-se o processo: I – pela morte ou pela perda da capacidade processual de qualquer das partes, de seu representante legal ou de seu procurador; II – pela convenção das partes; III – pela arguição de impedimento ou suspeição; IV– pela admissão de incidente de resolução de demandas repetitivas; V – quando a sentença de mérito: a) depender do julgamento de outra causa ou da declaração da existência ou da inexistência da relação jurídica que constitua o objeto principal de outro processo pendente; b) tiver de ser proferida somente após a verificação de determinado fato ou a produção de certa prova, requisitada a outro juízo; VI – por motivo de força maior; VII – quando se discutir em juízo questão decorrente de acidentes e fatos da navegação de competência do Tribunal Marítimo; VIII – nos demais casos que este Código regula; IX – pelo parto ou pela concessão de adoção, quando a advogada responsável pelo processo constituir a única patrona da causa; X – quando o advogado responsável pelo processo constituir o único patrono da causa e tornar-se pai. § 1.º Na hipótese do inciso I, o juiz suspenderá o processo, nos termos do art. 689. § 2.º Não ajuizada ação de habilitação, ao tomar conhecimento da morte, o juiz determinará a suspensão do processo e observará o seguinte: I – falecido o réu, ordenará a intimação do autor para que promova a citação do respectivo espólio, de quem for o sucessor ou, se for o caso, dos herdeiros, no prazo que designar, de no mínimo 2 (dois) e no máximo 6 (seis) meses; II – falecido o autor e sendo transmissível o direito em litígio, determinará a intimação de seu espólio, de quem for o sucessor ou, se for o caso, dos herdeiros, pelos meios de divulgação que reputar mais adequados, para que manifestem interesse na sucessão processual e promovam a respectiva habilitação no prazo designado, sob pena de extinção do processo sem resolução de mérito. § 3.º No caso de morte do procurador de qualquer das partes, ainda que iniciada a audiência de instrução e julgamento, o juiz determinará que a parte constitua novo mandatário, no prazo de 15 (quinze) dias, ao final do qual extinguirá o processo sem resolução de mérito, se o autor não nomear novo mandatário, ou ordenará o prosseguimento do processo à revelia do réu, se falecido o procurador deste. § 4.º O prazo de suspensão do processo nunca poderá exceder 1 (um) ano nas hipóteses do inciso V e 6 (seis) meses naquela prevista no inciso II. § 5.º O juiz determinará o prosseguimento do processo assim que esgotados os prazos previstos no § 4.º. § 6.º No caso do inciso IX, o período de suspensão será de 30 (trinta) dias, contado a partir da data do parto ou da concessão da adoção, mediante apresentação de certidão de nascimento ou documento similar que comprove a realização do parto, ou de termo judicial que tenha concedido a adoção, desde que haja notificação ao cliente. § 7.º No caso do inciso X, o período de suspensão será de 8 (oito) dias, contado a partir da data do parto ou da concessão da adoção, mediante apresentação de certidão de nascimento ou documento similar que comprove a realização do parto, ou de termo judicial que tenha concedido a adoção, desde que haja notificação ao cliente".

Logo, *a contrario sensu*, as férias coletivas são permitidas nos tribunais superiores, como ocorre no TST.

Além dos declarados em lei, são feriados, para efeito forense, os sábados, os domingos e os dias em que não haja expediente forense (art. 216 do CPC de 2015).

Cabe reiterar a distinção entre início do prazo e início da contagem do prazo processual. Ocorrendo a intimação no sábado, por não ser este considerado dia útil no âmbito processual, o início do prazo ocorre no primeiro dia útil imediato (segunda-feira). Ainda nesse caso, o início da contagem do prazo ocorre no dia subsequente (terça-feira). Nesse sentido dispõe a Súmula 262, inciso I, do TST.

✦ Súmulas, Orientações Jurisprudenciais e Precedentes Normativos

Súmula 1 do TST: Prazo judicial. Quando a intimação tiver lugar na sexta-feira, ou a publicação com efeito de intimação for feita nesse dia, o prazo judicial será contado da segunda-feira imediata, inclusive, salvo se não houver expediente, caso em que fluirá no dia útil que se seguir.

Súmula 100 do TST: Ação rescisória. Decadência. [...] IX – Prorroga-se até o primeiro dia útil, imediatamente subsequente, o prazo decadencial para ajuizamento de ação rescisória quando expira em férias forenses, feriados, finais de semana ou em dia em que não houver expediente forense. Aplicação do art. 775 da CLT.

Súmula 262 do TST: Prazo judicial. Notificação ou intimação em sábado. Recesso forense (redação do item II alterada na sessão do Tribunal Pleno realizada em 19.05.2014). I – Intimada ou notificada a parte no sábado, o início do prazo se dará no primeiro dia útil imediato, e a contagem, no subsequente. II – O recesso forense e as férias coletivas dos Ministros do Tribunal Superior do Trabalho suspendem os prazos recursais.

Súmula 385 do TST: Feriado local ou forense. Ausência de expediente. Prazo recursal. Prorrogação. Comprovação. Necessidade.

I – Incumbe à parte o ônus de provar, quando da interposição do recurso, a existência de feriado local que autorize a prorrogação do prazo recursal (art. 1.003, § 6.º, do CPC de 2015). No caso de o recorrente alegar a existência de feriado local e não o comprovar no momento da interposição do recurso, cumpre ao relator conceder o prazo de 5 (cinco) dias para que seja sanado o vício (art. 932, parágrafo único, do CPC de 2015), sob pena de não conhecimento se da comprovação depender a tempestividade recursal.

II – Na hipótese de feriado forense, incumbirá à autoridade que proferir a decisão de admissibilidade certificar o expediente nos autos.

III – Admite-se a reconsideração da análise da tempestividade do recurso, mediante prova documental superveniente, em agravo de instrumento, agravo interno, agravo regimental, ou embargos de declaração, desde que, em momento anterior, não tenha havido a concessão de prazo para a comprovação da ausência de expediente forense".

Súmula 387 do TST: Recurso. Fac-símile. Lei n.º 9.800/1999.

I – A Lei n.º 9.800, de 26.05.1999, é aplicável somente a recursos interpostos após o início de sua vigência.

II – A contagem do quinquídio para apresentação dos originais de recurso interposto por intermédio de fac-símile começa a fluir do dia subsequente ao término do prazo recursal, nos termos do art. 2.º da Lei n.º 9.800, de 26.05.1999, e não do dia seguinte à interposição do recurso, se esta se deu antes do termo final do prazo.

III – Não se tratando a juntada dos originais de ato que dependa de notificação, pois a parte, ao interpor o recurso, já tem ciência de seu ônus processual, não se aplica a regra do art. 224 do CPC de 2015 (art. 184 do CPC de 1973) quanto ao *dies a quo*, podendo coincidir com sábado, domingo ou feriado.

IV – A autorização para utilização do fac-símile, constante do art. 1.º da Lei n.º 9.800, de 26.05.1999, somente alcança as hipóteses em que o documento é dirigido diretamente ao órgão jurisdicional, não se aplicando à transmissão ocorrida entre particulares.

Orientação Jurisprudencial 310 da SBDI-I do TST: Litisconsortes. Procuradores distintos. Prazo em dobro. Art. 229, *caput* e §§ 1.º e 2.º, do CPC de 2015. Art. 191 do CPC de 1973. Inaplicável ao processo do trabalho. Inaplicável ao processo do trabalho a norma contida no art. 229, *caput* e §§ 1.º e 2.º, do CPC de 2015 (art. 191 do CPC de 1973), em razão de incompatibilidade com a celeridade que lhe é inerente.

Art. 776. O vencimento dos prazos será certificado nos processos pelos escrivães ou secretários.

1. VENCIMENTO DOS PRAZOS

O vencimento dos prazos é certificado nos autos pelos escrivães ou diretores de Secretaria.

Cabe observar que o Código de Processo Civil de 2015, prevendo os poderes do juiz na direção do processo, também determina, de forma expressa, que lhe incumbe "dilatar os prazos processuais e alterar a ordem de produção dos meios de prova, adequando-os às necessidades do conflito de modo a conferir maior efetividade à tutela do direito" (art. 139, inciso VI).

A dilação de prazo, prevista no inciso VI do art. 139 do CPC de 2015, somente pode ser determinada antes de encerrado o prazo regular.

Art. 777. Os requerimentos e documentos apresentados, os atos e termos processuais, as petições ou razões de recursos e quaisquer outros papéis referentes aos feitos formarão os autos dos processos, os quais ficarão sob a responsabilidade dos escrivães ou secretários.

1. TERMO

Os autos do processo correspondem ao volume contendo todas as petições, documentos e atos processuais relativos ao processo. Nesse sentido dispõe o art. 777 da CLT.

Como prevê o art. 206 do CPC de 2015, ao receber a petição inicial de processo, o escrivão ou o chefe de secretaria (no caso do processo do trabalho, o diretor de Secretaria) a autuará, mencionando o juízo, a natureza do processo, o número de seu registro, os nomes das partes e a data de seu início, e procederá do mesmo modo em relação aos volumes em formação.

O escrivão ou o chefe de secretaria numerará e rubricará todas as folhas dos autos. À parte, ao procurador, ao membro do Ministério Público, ao defensor público e aos auxiliares da justiça é facultado rubricar as folhas correspondentes aos atos em que intervierem (art. 207 do CPC de 2015).

No Direito Processual, *termo* pode ser entendido como o ato processual reduzido a escrito, ficando documentado nos autos. Desse modo, no processo do trabalho, termo significa o ato processual que foi praticado e reduzido a escrito, como ocorre com o termo de audiência. Da mesma forma, o depoimento da parte e a oitiva da testemunha são reduzidos a termo.

Na realidade, quanto à forma dos atos processuais, observa-se o chamado *princípio da liberdade das formas*. De acordo com o art. 188 do CPC de 2015, os atos e os termos processuais independem de forma determinada, salvo quando a lei expressamente a exigir, considerando-se válidos os que, realizados de outro modo, lhe preencham a finalidade essencial.

Como se observa, embora haja a previsão da liberdade de forma, verificam-se diversos casos nos quais a lei expressamente exige que o ato processual seja praticado atendendo a determinada forma.

A forma do ato processual é um meio para se garantirem a segurança e a previsibilidade às partes no processo, no sentido de que os atos processuais, para serem válidos, devem estar de acordo com o sistema processual. Como se pode notar, a forma, em si, não é um mal, mas até mesmo necessária para que o devido processo legal seja respeitado. Diversamente, o que se deve evitar é o formalismo, entendido como a exacerbação da forma, passando a ser vista não mais como um meio, mas como um fim em si.

Além disso, aplica-se o *princípio da instrumentalidade da forma dos atos processuais*. Nesse sentido, conforme o mesmo art. 188 do CPC de 2015, em sua parte final, consideram-se válidos os atos e termos processuais que, realizados de outro modo, diverso do exigido expressamente pela lei, preencham a sua finalidade essencial. São considerados válidos os atos processuais que, realizados de outro modo, "lhe preencham a finalidade essencial".

Art. 778. Os autos dos processos da Justiça do Trabalho, não poderão sair dos cartórios ou secretarias, salvo se solicitados por advogados regularmente constituído por qualquer das partes, ou quando tiverem de ser remetidos aos órgãos competentes, em caso de recurso ou requisição.

Art. 779. As partes, ou seus procuradores, poderão consultar, com ampla liberdade, os processos nos cartórios ou secretarias.

1. VISTA DOS AUTOS

O art. 901 da CLT determina que as partes terão "vistas dos autos em cartório ou na secretaria".

O direito de consultar os autos de processo que tramite em segredo de justiça e de pedir certidões de seus atos é restrito às partes e aos seus procuradores. O terceiro que demonstrar interesse jurídico pode requerer ao juiz certidão do dispositivo da sentença (bem como de inventário e partilha resultante de divórcio ou separação), conforme art. 189, §§ 1.º e 2.º, do CPC de 2015.

Cabe ressaltar que, nos termos da Lei 8.906/1994, art. 7.º, inciso XIII, com redação dada pela Lei 13.793/2019, um dos direitos do advogado é examinar, em qualquer órgão dos Poderes Judiciário e Legislativo, ou da Administração Pública em geral, autos de processos findos ou em andamento, mesmo sem procuração, quando não estiverem sujeitos a sigilo ou segredo de justiça, assegurada a obtenção de cópias, com possibilidade de tomar apontamentos.

O art. 107 do CPC de 2015 prevê ainda que o advogado tem direito a: I – examinar, em cartório de fórum e secretaria de tribunal, mesmo sem procuração, autos de qualquer processo, independentemente da fase de tramitação, assegurados a obtenção de cópias e o registro de anotações, salvo na hipótese de segredo de justiça, nas quais apenas o advogado constituído terá acesso aos autos; II – requerer, como procurador, vista dos autos de qualquer processo, pelo prazo de cinco dias; III – retirar os autos do cartório ou da secretaria, pelo prazo legal, sempre que neles lhe couber falar por determinação do juiz, nos casos previstos em lei.

Ao receber os autos, o advogado deve assinar carga em livro ou documento próprio (art. 107, § 1.º, do CPC de 2015).

É certo que o art. 901, parágrafo único, da CLT, incluído pela Lei 8.638/1993, dispõe que, "salvo quando estiver correndo prazo comum, aos procuradores das partes será permitido ter vista dos autos fora do cartório ou secretaria".

Entretanto, de forma mais detalhada, nos termos do art. 107, § 2.º, do CPC de 2015, sendo o prazo comum às partes, os procuradores podem retirar os autos somente em conjunto ou mediante prévio ajuste, por petição nos autos.

Na hipótese citada (prazo comum às partes), é lícito ao procurador retirar os autos para obtenção de cópias, *pelo prazo de duas a seis horas*, independentemente de ajuste e sem prejuízo da continuidade do prazo (art. 107, § 3.º, do CPC de 2015).

Em cada caso concreto, em conformidade com as suas especificidades, é que deve ser fixado o referido prazo de duas a seis horas.

O procurador perderá no mesmo processo o direito referido (ou seja, de retirar os autos para obtenção de cópias, pelo prazo de duas a seis horas, independentemente de ajuste e sem prejuízo da continuidade do prazo), se não devolver os autos tempestivamente, salvo se o prazo for prorrogado pelo juiz (art. 107, § 4.º, do CPC de 2015).

Trata-se de previsão específica, não disciplinada expressamente pela norma processual trabalhista, mas com ela compatível, sendo possível defender a sua aplicação subsidiária na Justiça Laboral (art. 769 da CLT).

O disposto no inciso I do art. 107 do CPC aplica-se integralmente a *processos eletrônicos* (art. 107, § 5.º, do CPC, incluído pela Lei 13.793/2019).

✦ **Referência legislativa**

- Art. 5.º, LX, da CF.

Art. 780. Os documentos juntos aos autos poderão ser desentranhados somente depois de findo o processo, ficando traslado.

1. DESENTRANHAMENTO DE DOCUMENTOS

Os documentos que tiverem sido juntados aos autos podem ser desentranhados somente depois do término do processo. Logo, se houver execução, o desentranhamento pode ocorrer após o fim dessa fase processual.

Havendo o desentranhamento de documentos, a rigor, deve-se inserir traslado nos autos, isto é, cópia fiel deles.

✦ **Jurisprudência**

Mandado de segurança. Desentranhamento de documentos no curso da lide, sem traslado. Impossibilidade. Inexistência de violação de lei. CLT, art. 780. Não há direito líquido e certo de a parte requerer desentranhamento de documentos no curso da lide, ou mesmo ao final dela, sem deixar traslado. O deferimento pelo Juiz é que seria ilegal (TRT 2.ª R., SDI, MS 10316-2007-000-02-00-3, Rel. Luiz Edgar Ferraz de Oliveira, j. 29.08.2007, *DJ* 28.09.2007).

Art. 781. As partes poderão requerer certidões dos processos em curso ou arquivados, as quais serão lavradas pelos escrivães ou diretores de secretaria.

Parágrafo único. As certidões dos processos que correrem em segredo de justiça dependerão de despacho do juiz ou presidente.

1. CERTIDÕES DOS PROCESSOS

As partes podem requerer certidões relativas aos processos em curso ou arquivados, as quais devem ser lavradas pelos escrivães ou diretores de Secretaria. Entretanto, as certidões dos processos que correrem em segredo de justiça dependem de decisão do juiz.

✦ **Referência legislativa**

- Art. 714, "d", desta Consolidação.

Art. 782. São isentos de selo as reclamações, representações, requerimentos, atos e processos relativos à Justiça do Trabalho.

Seção II – Da Distribuição

Art. 783. A distribuição das reclamações será feita entre as Juntas de Conciliação e Julgamento, ou os Juízes de Direito do Cível, nos casos previstos no art. 669, § 1.º, pela ordem rigorosa de sua apresentação ao distribuidor, quando o houver.

1. DISTRIBUIÇÃO DA AÇÃO

Nas localidades em que houver mais de uma Vara ou mais de um Juízo, a reclamação deve ser, preliminarmente, sujeita à distribuição (art. 838 da CLT).

A distribuição das reclamações deve ser feita entre as Varas do Trabalho (ou os Juízos de Direito do Cível que exerçam a jurisdição trabalhista) pela ordem rigorosa de sua apresentação ao distribuidor.

Da mesma forma, segundo o art. 284 do CPC de 2015, todos os processos estao sujeitos a registro, devendo ser distribuídos onde houver mais de um juiz.

A distribuição pode ser eletrônica, devendo ser alternada, aleatória e obedecer a "rigorosa igualdade" (art. 285, *caput*, do CPC de 2015). A lista de distribuição deve ser publicada no *Diário de Justiça*.

Art. 784. As reclamações serão registradas em livro próprio, rubricado em todas as folhas pela autoridade a que estiver subordinado o distribuidor.

1. REGISTRO DAS AÇÕES TRABALHISTAS

As ações trabalhistas devem ser registradas em livro próprio, rubricado em todas as folhas pela autoridade superior ao distribuidor.

Art. 785. O distribuidor fornecerá ao interessado um recibo do qual constarão, essencialmente, o nome do reclamante e do reclamado, a data da distribuição, o objeto da reclamação e a Junta ou o Juízo a que coube a distribuição.

1. RECIBO DE DISTRIBUIÇÃO DA AÇÃO TRABALHISTA

Cabe ao distribuidor fornecer ao interessado um recibo do qual devem constar, essencialmente, os nomes do autor e do réu, a data da distribuição, o objeto da demanda e a Vara ou o Juízo a que coube a distribuição.

Art. 786. A reclamação verbal será distribuída antes de sua redução a termo.

Parágrafo único. Distribuída a reclamação verbal, o reclamante deverá, salvo motivo de força maior, apresentar-se no prazo de 5 (cinco) dias, ao cartório ou à secretaria, para reduzi-la a termo, sob a pena estabelecida no art. 731.

1. PETIÇÃO INICIAL VERBAL

Primeiramente, cabe salientar que a "reclamação poderá ser escrita ou verbal", isto é, a petição inicial na Justiça do Trabalho pode ser escrita ou verbal. Nesta última modalidade, a qual não é muito frequente na atualidade, salvo na hipótese de *jus postulandi*, "a reclamação" deve ser "reduzida a termo", em duas vias datadas e assinadas pelo escrivão ou secretário, devendo-se observar, no que couber, os requisitos da petição inicial escrita (art. 840, § 2.º, da CLT).

Sendo distribuída reclamação trabalhista verbal, o reclamante deve se apresentar, no prazo de cinco dias, salvo motivo de força maior, ao juízo, para fazê-lo tomar por termo. Na prática, costuma haver um setor no qual as reclamações verbais já são tomadas a termo pelo servidor responsável, tornando desnecessário o comparecimento do autor à Vara do Trabalho, com esse objetivo.

Art. 787. A reclamação escrita deverá ser formulada em 2 (duas) vias e desde logo acompanhada dos documentos em que se fundar.

1. PETIÇÃO INICIAL ESCRITA

A reclamação escrita deve ser formulada em duas vias e acompanhada dos documentos em que se fundar.

A mesma exigência de apresentação dos documentos deve ser aplicada à reclamação verbal, mesmo porque, em consonância com o art. 320 do CPC de 2015, "a petição inicial será instruída com os documentos indispensáveis à propositura da ação".

Evidentemente, havendo mais de um réu, devem ser fornecidas pelo autor as correspondentes vias necessárias para serem enviadas a cada réu, sabendo-se que uma via é a que deve ser juntada aos autos do processo.

Sendo escrita, a petição inicial deve conter os requisitos indicados pelo art. 840, § 1.º, da CLT.

2. JUNTADA DE DOCUMENTOS

Quanto ao momento, cabe ao autor juntar os documentos com a petição inicial (art. 787 da CLT e arts. 320 e 434 do CPC de 2015), e, ao réu, com a contestação (art. 431 do CPC de 2015).

Não obstante, é lícito às partes, em qualquer tempo, juntar aos autos *documentos novos*, quando destinados a fazer prova de fatos ocorridos depois dos articulados, ou para contrapô-los aos que foram produzidos nos autos (art. 435 do CPC de 2015).

Admite-se também a juntada posterior de documentos formados após a petição inicial ou a contestação, bem como dos que se tornaram conhecidos, acessíveis ou disponíveis após esses atos, cabendo à parte que os produzir comprovar o motivo que a impediu de juntá-los anteriormente. Em qualquer caso, cabe ao juiz avaliar a conduta da parte de acordo com o art. 5.º do CPC de 2015, ao prever o dever de se comportar de acordo com à boa-fé.

A Súmula 8 do TST dispõe que a juntada de documentos na fase recursal só se justifica quando provado o justo impedimento para sua oportuna apresentação ou se referir a fato posterior à sentença.

De acordo com o art. 398 do CPC de 2015, sempre que uma das partes requerer a juntada de documento aos autos, o juiz ouvirá, a seu respeito, a outra, no prazo de cinco dias.

A parte intimada a falar sobre documento constante dos autos pode: I – impugnar a admissibilidade da prova documental; II – impugnar sua autenticidade; III – suscitar sua falsidade, com ou sem deflagração do incidente de arguição de falsidade; IV – manifestar-se sobre seu conteúdo (art. 436 do CPC de 2015).

Nas hipóteses dos incisos II e III do art. 436 do CPC de 2015, indicadas, a impugnação tem de se basear em argumentação específica, não se admitindo alegação genérica de falsidade.

No processo civil, conforme o art. 437 do CPC de 2015, sobre os documentos anexados à inicial, o réu deve se manifestar na contestação (o que também se aplica ao processo trabalhista); sobre os documentos anexados à contestação, o autor deve se manifestar na réplica.

No processo do trabalho, entretanto, por ser a audiência, a rigor, una, a manifestação a respeito dos documentos juntados pelo réu, na contestação, em princípio, ocorre de forma imediata, na própria audiência.

O art. 852-H, § 1.º, da CLT é expresso ao estabelecer que sobre os documentos apresentados por uma das partes deve-se manifestar imediatamente a parte contrária, sem interrupção da audiência, salvo absoluta impossibilidade, a critério do juiz. Embora o dispositivo seja específico quanto ao procedimento sumaríssimo, pode ser aplicado também no tocante ao procedimento ordinário.

Entretanto, se o juiz recebe a defesa, com documentos, e designa nova audiência, de instrução, é comum a concessão de prazo de cinco ou dez dias para a parte contrária se manifestar.

✦ Súmulas, Orientações Jurisprudenciais e Precedentes Normativos

Súmula 8 do TST: Juntada de documento (mantida) – Res. 121/2003, *DJ* 19, 20 e 21.11.2003. A juntada de documentos na fase recursal só se justifica quando provado o justo impedimento para sua oportuna apresentação ou se referir a fato posterior à sentença.

Súmula 263 do TST: Petição inicial. Indeferimento. Instrução obrigatória deficiente. Salvo nas hipóteses do art. 330 do CPC de 2015 (art. 295 do CPC de 1973), o indeferimento da petição inicial, por encontrar-se desacompanhada de documento indispensável à propositura da ação ou não preencher outro requisito legal, somente é cabível se, após intimada para suprir a irregularidade em 15 (quinze) dias, mediante indicação precisa do que deve ser corrigido ou completado, a parte não o fizer (art. 321 do CPC de 2015).

Art. 788. Feita a distribuição, a reclamação será remetida pelo distribuidor à Junta ou Juízo competente, acompanhada do bilhete de distribuição.

1. REMESSA DA RECLAMAÇÃO AO JUÍZO COMPETENTE

Uma vez feita a distribuição, a reclamação trabalhista deve ser remetida pelo distribuidor à Vara ou Juízo competente, acompanhada do bilhete de distribuição.

Na maior parte dos locais a distribuição é realizada com a utilização de computador, para que se assegure a higidez da distribuição das ações.

Mesmo nas demais instâncias, ou seja, nos tribunais, a distribuição dos feitos também é necessária.

Cabe ressaltar ainda que, conforme o art. 93, inciso XV, da Constituição da República, acrescentado pela Emenda Constitucional 45/2004, a distribuição de processos deve ser imediata, em todos os graus de jurisdição.

Seção III – Das Custas e Emolumentos

Art. 789. Nos dissídios individuais e nos dissídios coletivos do trabalho, nas ações e procedimentos de competência da Justiça do Trabalho, bem como nas demandas propostas perante a Justiça Estadual, no exercício da jurisdição trabalhista, as custas relativas ao processo de conhecimento incidirão à base de 2% (dois por cento), observado o mínimo de R$ 10,64 (dez reais e sessenta e quatro centavos) e o máximo de quatro vezes o limite máximo dos benefícios do Regime Geral de Previdência Social, e serão calculadas:

I – quando houver acordo ou condenação, sobre o respectivo valor;

II – quando houver extinção do processo, sem julgamento do mérito, ou julgado totalmente improcedente o pedido, sobre o valor da causa;

III – no caso de procedência do pedido formulado em ação declaratória e em ação constitutiva, sobre o valor da causa;

IV – quando o valor for indeterminado, sobre o que o juiz fixar.

§ 1.º As custas serão pagas pelo vencido, após o trânsito em julgado da decisão. No caso de recurso, as custas serão pagas e comprovado o recolhimento dentro do prazo recursal.

§ 2.º Não sendo líquida a condenação, o juízo arbitrar-lhe-á o valor e fixará o montante das custas processuais.

§ 3.º Sempre que houver acordo, se de outra forma não for convencionado, o pagamento das custas caberá em partes iguais aos litigantes.

§ 4.º Nos dissídios coletivos, as partes vencidas responderão solidariamente pelo pagamento das custas, calculadas sobre o valor arbitrado na decisão, ou pelo Presidente do Tribunal.

1. CUSTAS E DESPESAS PROCESSUAIS

As despesas processuais, como gênero, englobam as custas e os emolumentos, os quais são quantias devidas aos "agentes estatais"[229].

[229] DINAMARCO, Cândido Rangel. *Instituições de direito processual civil*. São Paulo: Malheiros, 2001. v. 3, p. 630.

O art. 84 do CPC de 2015, de forma mais ampla, prevê que "as despesas abrangem as custas dos atos do processo, a indenização de viagem, a remuneração do assistente técnico e a diária de testemunha".

O "custo do processo" pode ser entendido de forma ainda mais ampla, ao abranger as despesas processuais e os honorários advocatícios[230].

As custas possuem natureza tributária, mais especificamente de taxa, por se referirem a serviço estatal prestado, no caso, a atividade jurisdicional (art. 145, inciso II, da Constituição Federal de 1988).

O art. 789 da CLT, com redação dada pela Lei 13.467/2017, prevê que nos dissídios individuais e nos dissídios coletivos do trabalho, nas ações e procedimentos de competência da Justiça do Trabalho, bem como nas demandas propostas perante a Justiça Estadual, no exercício da jurisdição trabalhista, as custas relativas ao processo de conhecimento devem incidir à base de 2%, observado o mínimo de R$ 10,64 e o máximo de quatro vezes o limite máximo dos benefícios do Regime Geral de Previdência Social, e serão calculadas:

I – quando houver acordo ou condenação, sobre o respectivo valor;

II – quando houver extinção do processo, sem julgamento do mérito, ou julgado totalmente improcedente o pedido, sobre o valor da causa;

III – no caso de procedência do pedido formulado em ação declaratória e em ação constitutiva, sobre o valor da causa;

IV – quando o valor for indeterminado, sobre o que o juiz fixar.

O art. 832, § 2.º, da CLT, prescreve que a sentença deve sempre mencionar "as custas que devem ser pagas pela parte vencida". Sobre as custas nas ações plúrimas, cf. Súmula 36 do TST.

Tratando-se de processo ou fase de conhecimento, decorrente de ação de competência da Justiça do Trabalho (ou ajuizada perante a Justiça Estadual, conforme arts. 668 e 669 da CLT), as custas devem ser calculadas no percentual de 2%, incidente sobre:

a) o valor do acordo, se houver conciliação, ou seja, transação judicial (arts. 831, parágrafo único, e 846, § 1.º, da CLT);
b) o valor da condenação, o que ocorre quando o pedido contido em demanda condenatória é julgado (total ou parcialmente) procedente (art. 487, inciso I, do CPC de 2015);
c) o valor da causa, quando o processo for extinto sem julgamento do mérito (art. 485 do CPC de 2015, sendo a desistência da ação uma de suas espécies, conforme inciso VIII daquele dispositivo do CPC de 2015) ou o pedido for julgado totalmente improcedente (art. 487, inciso I, do CPC de 2015);
d) o valor da causa, quando o pedido em ação declaratória ou constitutiva for julgado procedente (CPC, art. 487, inciso I, do CPC de 2015);
e) o valor fixado pelo juiz, quando for indeterminado.

Devem ser observados o mínimo de R$ 10,64 e o máximo de quatro vezes o limite máximo dos benefícios do Regime Geral de Previdência Social.

230 Cf. DINAMARCO, Cândido Rangel. *Instituições de direito processual civil*. São Paulo: Malheiros, 2001. v. 3, p. 630.

As disposições acima reforçam que o valor da causa, mesmo no processo do trabalho, corresponde ao valor do pedido, tal como dispõe o art. 292 do CPC de 2015, subsidiariamente aplicável (art. 769 da CLT).

O art. 292, § 3.º, do CPC de 2015 é expresso ao determinar que o juiz corrigirá, de ofício e por arbitramento, o valor da causa quando verificar que não corresponde ao conteúdo patrimonial em discussão ou ao proveito econômico perseguido pelo autor, caso em que se procederá ao recolhimento das custas correspondentes. No processo do trabalho, contra essa decisão, por ter natureza interlocutória, não é cabível recurso de imediato (art. 893, § 1.º, da CLT).

Embora a CLT não mencione, de forma expressa, as outras hipóteses de resolução do mérito (art. 487, incisos II e III, alíneas "a" e "c", do CPC de 2015), a interpretação lógico-sistemática indica que nesses casos as custas são calculadas, também, à base de 2%, sobre:

a) o valor do pedido, no caso de reconhecimento jurídico do pedido pelo réu;
b) o valor da causa, nas hipóteses de renúncia ao direito pelo autor e de pronúncia da decadência ou da prescrição.

O "arquivamento da reclamação", previsto nos arts. 844, *caput*, e 852-B, § 1.º, da CLT, em termos técnicos significa a extinção do processo sem resolução do mérito, aplicando-se, assim, o inciso II do art. 789 da CLT.

Quanto ao inciso IV do art. 789, dois aspectos devem ser destacados:

Primeiramente, entende-se que o valor da causa deve constar na petição inicial trabalhista, mesmo porque o art. 840, § 1.º, da CLT, com redação dada pela Lei 13.467/2017, exige a indicação do valor do pedido. É por meio do valor da causa que se possibilita definir o procedimento a ser seguido, se ordinário, se sumaríssimo (criado pela Lei 9.957/2000) ou se sumário (também chamado procedimento de alçada, previsto na Lei 5.584/1970). Assim, não constando da inicial o valor da causa, cabe ao juiz, antes de iniciar a instrução em audiência, fixá-lo, nos termos do art. 2.º, *caput*, da Lei 5.584/1970.

Além disso, não sendo líquida a condenação, deve o juiz arbitrar esse valor e fixar as custas processuais (art. 789, § 2.º, da CLT), que devem ser de 2% sobre esse valor arbitrado, observado o mínimo de R$ 10,64 e o máximo de quatro vezes o limite máximo dos benefícios do Regime Geral de Previdência Social.

Entretanto, se não houve acréscimo de valor na condenação, nem se trata de decisão proferida em recurso, a Orientação Jurisprudencial 27 da Seção de Dissídios Coletivos do TST estabelece que a deserção se impõe mesmo não tendo havido intimação, pois incumbe à parte, na defesa do próprio interesse, obter os cálculos necessários para efetivar o preparo.

No inquérito (judicial) para apuração de falta grave (arts. 853 a 855 da CLT), sendo o processo julgado extinto sem apreciação do mérito, as custas devem ser calculadas sobre o valor da causa. Caso o pedido seja acolhido, aplica-se o inciso III do art. 789 da CLT, por se tratar de ação constitutiva (negativa, eis que visa a extinguir o contrato de trabalho do empregado estável decenal ou do dirigente sindical).

O § 3.º do art. 789 da CLT refere-se ao pagamento das custas na hipótese de acordo.

O § 4.º do mesmo art. 789, por sua vez, trata do pagamento das custas nos dissídios coletivos, as quais podem ser fixadas sobre o valor arbitrado "na decisão, ou pelo Presidente do Tribunal", deixando claro poder constar do próprio acórdão.

Sendo o polo vencido integrado por mais de uma parte, qualquer delas tem o dever de pagar a integralidade das custas.

Consoante a atual redação do § 1.º do art. 789 da CLT, não só o pagamento, como também a comprovação do recolhimento das custas, devem ser feitos dentro do prazo recursal, sob pena de deserção, conforme Súmula 86 do TST.

Portanto, houve uniformização quanto ao recolhimento e à comprovação do depósito recursal, que, da mesma forma, devem ocorrer no prazo alusivo ao recurso, nos termos da Súmula 245 do TST. Assim, diante da atual redação do § 1.º do art. 789, pode-se dizer, também quanto às custas, que "a interposição antecipada" do recurso "não prejudica a dilação legal", relativa ao prazo de seu pagamento e comprovação.

O art. 789, § 1.º, da CLT menciona "vencido", e não vencidos, em conformidade com o § 2.º do art. 832 da CLT, de modo que não há custas proporcionais (sucumbência parcial) no processo trabalhista.

✦ Súmulas, Orientações Jurisprudenciais e Precedentes Normativos

Súmula 25 do TST: Custas processuais. Inversão do ônus da sucumbência (alterada a Súmula e incorporadas as Orientações Jurisprudenciais 104 e 186 da SBDI-1).

I – A parte vencedora na primeira instância, se vencida na segunda, está obrigada, independentemente de intimação, a pagar as custas fixadas na sentença originária, das quais ficara isenta a parte então vencida.

II – No caso de inversão do ônus da sucumbência em segundo grau, sem acréscimo ou atualização do valor das custas e se estas já foram devidamente recolhidas, descabe um novo pagamento pela parte vencida, ao recorrer. Deverá ao final, se sucumbente, reembolsar a quantia.

III – Não caracteriza deserção a hipótese em que, acrescido o valor da condenação, não houve fixação ou cálculo do valor devido a título de custas e tampouco intimação da parte para o preparo do recurso, devendo ser as custas pagas ao final.

IV – O reembolso das custas à parte vencedora faz-se necessário mesmo na hipótese em que a parte vencida for pessoa isenta do seu pagamento, nos termos do art. 790-A, parágrafo único, da CLT.

Súmula 36 do TST: Nas ações plúrimas, as custas incidem sobre o respectivo valor global.

Súmula 53 do TST: O prazo para pagamento das custas, no caso de recurso, é contado da intimação do cálculo.

Súmula 86 do TST: Deserção. Massa falida. Empresa em liquidação extrajudicial (incorporada a Orientação Jurisprudencial 31 da SBDI-1) – Res. 129/2005, *DJ* 20, 22 e 25.04.2005. Não ocorre deserção de recurso da massa falida por falta de pagamento de custas ou de depósito do valor da condenação. Esse privilégio, todavia, não se aplica à empresa em liquidação extrajudicial.

Súmula 245 do TST: O depósito recursal deve ser feito e comprovado no prazo alusivo ao recurso. A interposição antecipada deste não prejudica a dilação legal.

Orientação Jurisprudencial 33 da SBDI-I do TST: Deserção. Custas. Carimbo do banco. Validade. O carimbo do banco recebedor na guia de comprovação do recolhimento das custas supre a ausência de autenticação mecânica.

Orientação Jurisprudencial 140 da SBDI-I do TST: Depósito recursal e custas processuais. Recolhimento insuficiente. Deserção (nova redação em decorrência do CPC de 2015). Em caso de recolhimento insuficiente das custas processuais ou do depósito recursal, somente haverá deserção do recurso se, concedido o prazo de 5 (cinco) dias previsto no § 2.º do art. 1.007 do CPC de 2015, o recorrente não complementar e comprovar o valor devido.

Orientação Jurisprudencial 158 da SBDI-I do TST: Custas. Comprovação de recolhimento. DARF eletrônico. Validade. O denominado "Darf Eletrônico" é válido para comprovar o recolhimento de custas por entidades da Administração Pública Federal, emitido conforme a IN-SRF 162, de 04.11.1988.

Orientação Jurisprudencial 88 da SBDI-II do TST: Mandado de segurança. Valor da causa. Custas processuais. Cabimento. Incabível a impetração de mandado de segurança contra ato judicial que, de ofício, arbitrou novo valor à causa, acarretando a majoração das custas processuais, uma vez que cabia à parte, após recolher as custas, calculadas com base no valor dado à causa na inicial, interpor recurso ordinário e, posteriormente, agravo de instrumento no caso de o recurso ser considerado deserto.

Orientação Jurisprudencial 148 da SBDI-II do TST: Custas. Mandado de segurança. Recurso ordinário. Exigência do pagamento. É responsabilidade da parte, para interpor recurso ordinário em mandado de segurança, a comprovação do recolhimento das custas processuais no prazo recursal, sob pena de deserção.

Orientação Jurisprudencial 27 da SDC do TST: Custas. Ausência de intimação. Deserção. Caracterização (inserida em 19.08.1998). A deserção se impõe mesmo não tendo havido intimação, pois incumbe à parte, na defesa do próprio interesse, obter os cálculos necessários para efetivar o preparo.

Art. 789-A. No processo de execução são devidas custas, sempre de responsabilidade do executado e pagas ao final, de conformidade com a seguinte tabela:

I – autos de arrematação, de adjudicação e de remição: 5% (cinco por cento) sobre o respectivo valor, até o máximo de R$ 1.915,38 (um mil, novecentos e quinze reais e trinta e oito centavos);

II – atos dos oficiais de justiça, por diligência certificada:

a) em zona urbana: R$ 11,06 (onze reais e seis centavos);

b) em zona rural: R$ 22,13 (vinte e dois reais e treze centavos);

III – agravo de instrumento: R$ 44,26 (quarenta e quatro reais e vinte e seis centavos);

IV – agravo de petição: R$ 44,26 (quarenta e quatro reais e vinte e seis centavos);

V – embargos à execução, embargos de terceiro e embargos à arrematação: R$ 44,26 (quarenta e quatro reais e vinte e seis centavos);

VI – recurso de revista: R$ 55,35 (cinquenta e cinco reais e trinta e cinco centavos);

VII – impugnação à sentença de liquidação: R$ 55,35 (cinquenta e cinco reais e trinta e cinco centavos);

VIII – despesa de armazenagem em depósito judicial – por dia: 0,1% (um décimo por cento) do valor da avaliação;

IX – cálculos de liquidação realizados pelo contador do juízo – sobre o valor liquidado: 0,5% (cinco décimos por cento) até o limite de R$ 638,46 (seiscentos e trinta e oito reais e quarenta e seis centavos).

1. CUSTAS E EMOLUMENTOS NA EXECUÇÃO

As custas também são devidas na execução trabalhista.

O art. 789-A da CLT, acrescentado pela Lei 10.537/2002, trata das custas no processo (fase) de execução.

Anteriormente, o Supremo Tribunal Federal havia firmado o posicionamento de que as normas dos arts. 702, inciso I, alínea "g", e 789, § 2.º, da Consolidação das Leis do Trabalho não foram recebidas pela Emenda Constitucional 1/1969, o que implica dizer que estão elas revogadas (STF, Pleno, RE 116.208-2, Rel. Min. Moreira Alves, j. 20.04.1990).

A Lei 10.537/2002, portanto, passou a fixar as custas na execução trabalhista. A fixação de custas na execução, de certa forma, também pode desestimular eventual propósito protelatório do devedor, ao gerar acréscimo de despesa a ser paga.

As custas possuem natureza tributária, mais especificamente de taxa, por se tratar de serviço estatal prestado, isto é, no caso, a atividade jurisdicional (art. 145, inciso II, da Constituição Federal de 1988).

As custas na execução trabalhista são devidas pelo executado, e pagas somente ao final. Portanto, não se exige o recolhimento e a comprovação de pagamento das custas para o recurso na execução.

Além dos autos de arrematação, adjudicação e remição, os atos dos oficiais de justiça, em diligências durante a execução, também geram o dever de pagar custas, em valores diferenciados conforme se trate de zona urbana ou rural. A quantia é fixada em valor mais elevado na zona rural, certamente, em razão das condições mais difíceis de acesso e de locomoção.

A interposição de certos recursos na execução (agravo de petição, agravo de instrumento e recurso de revista) também gera o dever de pagar custas.

Entretanto, como as custas, na execução trabalhista, são pagas somente ao final (art. 789-A, *caput*, da CLT), não há exigência de se comprovar o recolhimento quando da interposição do recurso.

As custas também são devidas em razão dos embargos à execução (CLT, art. 884), embargos de terceiro (arts. 674 a 681 do CPC de 2015) e embargos à arrematação (atualmente previstos como ação autônoma, conforme art. 903, § 4.º, do CPC de 2015), que possuem natureza de ação.

Embora o art. 789-A, *caput*, da CLT mencione que as custas na execução trabalhista são "sempre de responsabilidade do executado", este só tem como responder pelas custas se for vencido em alguma questão. Exemplificando, se os embargos à execução são acolhidos, e o embargante (executado) tinha razão na sua alegação, seria contrário à lógica e ao bom senso condená-lo a pagar custas.

Da mesma forma, se os embargos de terceiro forem opostos por terceiro (embargante), e o executado não participar dessa relação processual, por não ter nomeado o bem à penhora, esse último não tem como ser responsabilizado pelas custas.

Somente na hipótese de o executado figurar na relação processual dos embargos de terceiro, e ser vencido, é que se visualiza a exigência de pagamento das custas.

Ademais, tendo em vista o princípio da legalidade, incidente também quanto às custas, não há autorização legal para que estas sejam exigidas de pessoas não previstas no art. 789-A da CLT, o qual apenas menciona o executado.

A impugnação à "sentença" de liquidação, na realidade, é apresentada no mesmo momento processual dos embargos à execução, nos termos do art. 884, § 3.º, da CLT. Se o executado, na mesma peça processual, apresenta embargos à execução e impugnação à decisão de liquidação, devem incidir respectivas custas (incisos V e VII do art. 789-A da CLT), o que não configura *bis in idem*, pois os fatos geradores são distintos.

A cobrança de custas diária pela despesa de armazenagem em depósito judicial também serve para incentivar o executado a satisfazer o crédito de forma mais célere.

Os cálculos de liquidação, em algumas Varas, são realizados por servidor ou órgão da Justiça do Trabalho, com fundamento no art. 879, § 3.º, da CLT. Nesse caso, as respectivas custas são devidas pelo executado, ao final.

✦ Jurisprudência

Custas na execução. Esta Corte já afirmou o entendimento, sob a vigência da Emenda Constitucional 1/1969, de que as custas e os emolumentos têm a natureza de taxas, razão por que só podem ser fixados em lei, dado o princípio constitucional da reserva legal para a instituição ou aumento de tributo. Portanto, as normas dos artigos 702, I, "g", e 789, § 2.º, da Consolidação das Leis do Trabalho não foram recebidas pela Emenda Cons titucional 1/1969, o que implica dizer que estão elas revogadas" (STF, Pleno, RE 116.208-2, Rel. Min. Moreira Alves, j. 20.04.1990).

Art. 789-B. Os emolumentos serão suportados pelo Requerente, nos valores fixados na seguinte tabela:

I – autenticação de traslado de peças mediante cópia reprográfica apresentada pelas partes – por folha: R$ 0,55 (cinquenta e cinco centavos de real);

II – fotocópia de peças – por folha: R$ 0,28 (vinte e oito centavos de real);

III – autenticação de peças – por folha: R$ 0,55 (cinquenta e cinco centavos de real);

IV – cartas de sentença, de adjudicação, de remição e de arrematação – por folha: R$ 0,55 (cinquenta e cinco centavos de real);

V – certidões – por folha: R$ 5,53 (cinco reais e cinquenta e três centavos).

1. COBRANÇA DE EMOLUMENTOS

Os emolumentos, segundo as disposições originais da CLT, podiam ser fixados pelo Tribunal Superior do Trabalho (art. 702, inciso I, alínea "g", e art. 789, § 1.º, em sua redação anterior).

Entretanto, essa fixação não estava mais de acordo com a ordem constitucional. Suprindo essa ausência de norma que possibilitasse a cobrança de emolumentos na Justiça do Trabalho, a lei passou a fixá-los.

As Secretarias das Varas do Trabalho e os Cartórios dos Juízos de Direito são oficializados, não envolvendo, portanto, o pagamento de emolumentos.

Os emolumentos "são despesas judiciais, principalmente na extração de traslados e instrumentos"[231], e não exclusivamente de cartórios não oficializados, dando margem à ampla aplicação das hipóteses arroladas nos incisos I a V transcritos anteriormente.

✦ Súmulas, Orientações Jurisprudenciais e Precedentes Normativos

Orientação Jurisprudencial 91 da SBDI-II do TST: Mandado de segurança. Autenticação de cópias pelas secretarias dos Tribunais Regionais do Trabalho. Requerimento indeferido. Art. 789, § 9.º, da CLT. Não sendo a parte beneficiária da assistência judiciária gratuita, inexiste direito líquido e certo à autenticação, pelas Secretarias dos Tribunais, de peças extraídas do processo principal, para formação do agravo de instrumento.

Art. 790. Nas Varas do Trabalho, nos Juízos de Direito, nos Tribunais e no Tribunal Superior do Trabalho, a forma de pagamento das custas e emolumentos obedecerá às instruções que serão expedidas pelo Tribunal Superior do Trabalho.

§ 1.º Tratando-se de empregado que não tenha obtido o benefício da justiça gratuita, ou isenção de custas, o sindicato que houver intervindo no processo responderá solidariamente pelo pagamento das custas devidas.

---

231 MARTINS, Sergio Pinto. *Comentários à CLT*. 12. ed. São Paulo: Atlas, 2008. p. 808. Cf. ainda SAAD, Eduardo Gabriel. *Consolidação das Leis do Trabalho comentada*. 31. ed. São Paulo: LTr, 1999. p. 524: "Emolumentos são também taxas, mas, referentes a atos estranhos ao processo, como escrituras, cópias etc.". Cf. ainda MALTA, Christovão Piragibe Tostes. *Prática do processo trabalhista*. 29. ed. São Paulo: LTr, 1999. p. 519: "Das custas se distinguem os emolumentos, que representam o pagamento de despesas relativas a certos atos processuais, como publicações e traslados (cópias) de peças constantes dos autos".

§ 2.º No caso de não pagamento das custas, far-se-á execução da respectiva importância, segundo o procedimento estabelecido no Capítulo V deste Título.

§ 3.º É facultado aos juízes, órgãos julgadores e presidentes dos tribunais do trabalho de qualquer instância conceder, a requerimento ou de ofício, o benefício da justiça gratuita, inclusive quanto a traslados e instrumentos, àqueles que perceberem salário igual ou inferior a 40% (quarenta por cento) do limite máximo dos benefícios do Regime Geral de Previdência Social.

§ 4.º O benefício da justiça gratuita será concedido à parte que comprovar insuficiência de recursos para o pagamento das custas do processo.

1. PAGAMENTO DAS CUSTAS E EMOLUMENTOS

No processo trabalhista, diversamente da Justiça Comum, as custas são pagas somente ao final, não havendo o ônus de adiantar o seu pagamento, salvo na hipótese de recurso.

2. ASSISTÊNCIA JUDICIÁRIA E JUSTIÇA GRATUITA

Nos termos do art. 5.º, inciso LXXIV, da Constituição da República de 1988, o Estado deve prestar "assistência jurídica integral e gratuita aos que comprovarem insuficiência de recursos".

Trata-se de direito fundamental, merecendo salientar que a assistência jurídica é mais ampla do que a de natureza estritamente judiciária.

Segundo a Lei 5.584/1970, art. 14, na Justiça do Trabalho, "a assistência judiciária a que se refere a Lei 1.060, de 5 de fevereiro de 1950", deve ser prestada pelo sindicato da categoria profissional a que pertencer o trabalhador.

Essa assistência é devida a todo aquele que perceber salário igual ou inferior ao dobro do mínimo legal, ficando assegurado igual benefício ao trabalhador de maior salário, uma vez provado que sua situação econômica não lhe permite demandar, sem prejuízo do sustento próprio ou da família (art. 14, § 1.º).

É importante esclarecer, ainda, a diferença, mais nítida no processo do trabalho, entre a assistência judiciária e a justiça gratuita.

Na realidade, a concessão da assistência judiciária abrange a justiça gratuita. Vale dizer, o trabalhador que goza da assistência judiciária (prestada pelo sindicato de sua categoria profissional) também usufrui dos benefícios da justiça gratuita, de modo que está isento do pagamento das custas e demais despesas processuais (art. 790-A da CLT).

No entanto, pode perfeitamente ocorrer a hipótese em que o trabalhador não usufrua da assistência judiciária prestada pelo sindicato da categoria profissional, mas goze, apenas, da justiça gratuita.

É facultado aos juízes, órgãos julgadores e presidentes dos tribunais do trabalho de qualquer instância conceder, a requerimento ou de ofício, o benefício da justiça gratuita, inclusive quanto a traslados e instrumentos, àqueles que perceberem salário igual ou inferior a 40% do limite máximo dos benefícios do Regime Geral de Previdência Social (art. 790, § 3.º, da CLT, com redação dada pela Lei 13.467/2017).

A justiça gratuita, portanto, deve ser concedida pelo juiz, se presentes os requisitos legais, mesmo que o trabalhador tenha advogado constituído nos autos.

Defende-se o entendimento de que, se a parte receber salário superior ao limite previsto no art. 790, § 3.º, da CLT, ainda assim terá direito ao benefício da justiça gratuita se *comprovar* insuficiência de recursos para o pagamento das custas do processo (art. 790, § 4.º, da CLT).

Quanto ao momento para o requerimento da justiça gratuita, cf. a Orientação Jurisprudencial 269 da SBDI-I do TST.

Por se tratar de norma específica, deixa de ser aplicável ao processo do trabalho a previsão do art. 99, § 3.º, do CPC, no sentido de que se presume verdadeira a alegação de insuficiência deduzida exclusivamente por pessoa natural. Com isso, ficaria superado o item I da Súmula 463 do TST.

Embora o art. 790, § 3.º, da CLT faça menção a "salário", a justiça gratuita, mesmo no processo do trabalho, não pode ser limitada apenas ao trabalhador.

Nos termos do art. 5.º, inciso LXXIV, da Constituição Federal de 1988, todos os que "comprovarem insuficiência de recursos" têm direito à "assistência jurídica integral e gratuita", prestada pelo Estado.

Logo, se o empregador demonstrar a insuficiência de recurso, conforme a previsão constitucional, também terá direito à justiça gratuita (art. 5.º, § 1.º, da Constituição da República).

De forma mais simplificada, consoante o art. 99, *caput* e § 1.º, do CPC de 2015, o pedido de gratuidade da justiça pode ser formulado na petição inicial, na contestação, na petição para ingresso de terceiro no processo ou em recurso. Se superveniente à primeira manifestação da parte na instância, o pedido pode ser formulado por petição simples, nos autos do próprio processo, e não suspenderá seu curso.

A declaração de hipossuficiência econômica, nos termos do art. 105, *caput*, parte final, do CPC de 2015, pode ser assinalada pelo próprio advogado constituído pela parte, mas exige-se a existência de cláusula específica autorizando esse ato.

O juiz somente pode indeferir o pedido se houver nos autos elementos que evidenciem a falta dos pressupostos legais para concessão da gratuidade. Nesse caso, antes de indeferir o pedido, o juiz deve determinar à parte a comprovação do preenchimento dos pressupostos para a concessão da gratuidade (art. 99, § 2.º, do CPC de 2015).

Presume-se verdadeira a alegação de insuficiência deduzida exclusivamente por pessoa natural (art. 99, § 3.º, do CPC de 2015).

A atual redação do art. 790, § 4.º, da CLT estabelece que o benefício da justiça gratuita será concedido à parte que *comprovar* insuficiência de recursos para o pagamento das custas do processo.

Desse modo, seria necessária a demonstração da insuficiência de recursos para pagar as custas processuais, podendo não ser suficiente a mera declaração de hipossuficiência econômica no processo do trabalho. Ainda assim, cf. a Súmula 463 do TST.

Entretanto, há entendimento de que o art. 790, § 4.º, da CLT deve ser interpretado de forma sistemática, em conjunto com o art. 99, § 3.º, do CPC, entendendo-se que a mencionada comprovação pode ser feita por meio de declaração de hipossuficiência da parte (pessoa natural), a fim de viabilizar o acesso à justiça. Cf. TST, RR-1002229-50.2017.5.02.0385.

A assistência do requerente por advogado particular não impede a concessão de gratuidade da justiça (art. 99, § 4.º, do CPC de 2015). Nessa hipótese, o recurso que verse exclusivamente sobre valor de honorários de sucumbência fixados em favor do advogado de beneficiário está sujeito a preparo, salvo se o próprio advogado demonstrar que tem direito à gratuidade (art. 99, § 5.º, do CPC de 2015).

O direito à gratuidade da justiça é pessoal, não se estendendo ao litisconsorte ou a sucessor do beneficiário, salvo requerimento e deferimento expressos (art. 99, § 6.º, do CPC de 2015).

Deferido o pedido, a parte contrária pode oferecer impugnação na contestação, na réplica, nas contrarrazões de recurso ou, nos casos de pedido superveniente ou formulado por terceiro, por meio de petição simples, a ser apresentada no prazo de 15 dias, nos autos do próprio processo, sem suspensão do seu curso (art. 100 do CPC de 2015).

Revogado o benefício, a parte deve arcar com as despesas processuais que, por conta dele, tiver deixado de adiantar, e pagar, em caso de má-fé, até o décuplo de seu valor a título de multa, que deve ser revertida em benefício da Fazenda Pública estadual ou federal e poderá ser inscrita em dívida ativa.

Sobrevindo o trânsito em julgado de decisão que revogue a gratuidade, a parte deve efetuar o recolhimento de todas as despesas de cujo adiantamento foi dispensada, inclusive as relativas ao recurso interposto, se houver, no prazo fixado pelo juiz, sem prejuízo de aplicação das sanções previstas em lei (art. 102 do CPC de 2015).

Não efetuado o recolhimento, o processo será extinto sem resolução de mérito, tratando-se do autor e, nos demais casos, não pode ser deferida a realização de qualquer ato ou diligência requerida pela parte enquanto não efetuado o depósito.

A assistência judiciária, prevista na Lei 5.584/1970, deve ser prestada ao trabalhador "ainda que não seja associado do respectivo sindicato" (art. 18).

Portanto, a assistência judiciária, quando o trabalhador preencha os requisitos legais (indicados) para ter esse direito, abrange todos os integrantes da categoria representada pelo sindicato, isto é, filiados e não filiados.

Anteriormente, o art. 16 da Lei 5.584/1970 previa que os honorários do advogado pagos pelo vencido deveriam reverter em favor do sindicato assistente. Esse dispositivo, entretanto, foi *revogado* pela Lei 13.725/2018.

Na verdade, os honorários advocatícios devidos quando o sindicato da categoria profissional presta a assistência judiciária, com fundamento na Lei 5.584/1970, têm natureza de *honorários de sucumbência*, sendo devidos, portanto, ao advogado que atuou na causa, conforme art. 791-A da CLT e art. 23 da Lei 8.906/1994. Isso é confirmado pelo art. 791-A, § 1.º, da CLT, acrescentado pela Lei 13.467/2017, no sentido de que os honorários advocatícios de sucumbência são devidos também nas ações contra a Fazenda Pública e nas *ações em que a parte estiver assistida ou substituída pelo sindicato de sua categoria*.

Desse modo, incide o art. 22 da Lei 8.906/1994, ao estabelecer que a prestação de serviço profissional assegura aos inscritos na OAB (isto é, aos advogados) o direito aos *honorários* convencionados, aos fixados por arbitramento judicial e aos *de sucumbência*.

O disposto no art. 22 da Lei 8.906/1994 aplica-se aos *honorários assistenciais*, compreendidos como os fixados em ações coletivas propostas por entidades de classe em substituição processual, sem prejuízo aos honorários convencionais (art. 22, § 6.º, da Lei 8.906/1994, incluído pela Lei 13.725/2018).

Os honorários *convencionados* com entidades de classe para atuação em substituição processual podem prever a faculdade de indicar os beneficiários que, ao optarem por adquirir os direitos, assumirão as obrigações decorrentes do contrato originário a partir do momento em que este foi celebrado, sem a necessidade de mais formalidades (art. 22, § 7.º, da Lei 8.906/1994, acrescentado pela Lei 13.725/2018). Os titulares dos honorários advocatícios convencionados, nesse caso, são os advogados que prestarem serviço profissional nas ações coletivas ajuizadas por entidades de classe em substituição processual.

De acordo com o art. 17 da Lei 5.584/1970, quando, na localidade, não houver Vara do Trabalho, ou não existir sindicato da categoria profissional do trabalhador, é possível atribuir aos Defensores Públicos o encargo de prestar a assistência judiciária prevista na Lei 5.584/1970.

Embora o mesmo dispositivo legal acima também mencione a possibilidade de atribuição desse encargo aos "Promotores Públicos", pode-se entender que, com a Constituição Federal de 1988, essa atuação não se revela mais compatível com as funções institucionais do Ministério Público (art. 129), mesmo porque aos membros do *Parquet* é vedado o exercício da advocacia (art. 128, § 5.º, inciso II, alínea "b"). Nesse enfoque, a Lei Complementar 75/1993, que dispõe sobre a organização, as atribuições e o estatuto do Ministério Público da União, no art. 15, § 2.º, assim prevê: "Sempre que o titular do direito lesado não puder constituir advogado e a ação cabível não incumbir ao Ministério Público, o caso, com os elementos colhidos, será encaminhado à Defensoria Pública competente".

Consoante o art. 134 da Constituição Federal de 1988, com redação dada pela Emenda Constitucional 80/2014, a "Defensoria Pública é instituição permanente, essencial à função jurisdicional do Estado, incumbindo-lhe, como expressão e instrumento do regime democrático, fundamentalmente, a orientação jurídica, a promoção dos direitos humanos e a defesa, em todos os graus, judicial e extrajudicial, dos direitos individuais e coletivos, de forma integral e gratuita, aos necessitados, na forma do inciso LXXIV do art. 5.º desta Constituição Federal".

Cabe à Lei Complementar organizar a Defensoria Pública da União e do Distrito Federal e dos Territórios, prescrevendo normas gerais para sua organização nos Estados, em cargos de carreira, providos, na classe inicial, mediante concurso público de provas e títulos, sendo assegurada a seus integrantes a garantia da inamovibilidade e vedado o exercício da advocacia fora das atribuições institucionais (art. 134, § 1.º, da Constituição da República).

A Defensoria Pública exercerá a orientação jurídica, a promoção dos direitos humanos e a defesa dos direitos individuais e coletivos dos necessitados, em todos os graus, de forma integral e gratuita (art. 185 do CPC de 2015).

Nesse sentido, a Lei Complementar 80/1994, alterada pela Lei Complementar 132/2009, organiza a Defensoria Pública da União, do Distrito Federal e dos Territórios, prescreve normas gerais para sua organização nos Estados, e dá outras providências.

Cabe à Defensoria Pública da União atuar nos Estados, no Distrito Federal e nos Territórios, junto às Justiças Federal, *do Trabalho*, Eleitoral, Militar, Tribunais Superiores e instâncias administrativas da União (art. 14 da Lei Complementar 80/1994).

A Defensoria Pública da União deve firmar convênios com as Defensorias Públicas dos Estados e do Distrito Federal, para que estas, em seu nome, atuem junto aos órgãos de primeiro e segundo graus de jurisdição referidos acima, no desempenho das funções que lhe são cometidas pela Lei Complementar 80/1994 (art. 14, § 1.º, incluído pela Lei Complementar 98/1999).

Não havendo na unidade federada Defensoria Pública constituída nos moldes da Lei Complementar 80/1994, é autorizado o convênio com a entidade pública que desempenhar essa função, até que seja criado o órgão próprio (art. 14, § 2.º, incluído pela Lei Complementar 98/1999).

Portanto, além da assistência judiciária prestada pelo sindicato da categoria profissional, na forma da Lei 5.584/1970, cabe à Defensoria Pública da União prestar a assistência jurídica integral e gratuita aos que comprovarem insuficiência de recursos, nos órgãos da Justiça do Trabalho.

Ademais, como essa condição de insuficiência de recursos também pode ocorrer quanto ao empregador, especialmente se pessoa natural (mesmo porque o art. 5.º, inciso LXXIV, da Constituição Federal de 1988 não faz restrição), este também pode ter direito à assistência jurídica, prestada, no caso, pela Defensoria Pública.

Ainda sobre o tema, nos termos do art. 98 do CPC de 2015, a pessoa natural ou jurídica, brasileira ou estrangeira, com insuficiência de recursos para pagar as custas, as despesas processuais e os honorários advocatícios, tem direito à gratuidade da justiça, na forma da lei.

A gratuidade da justiça compreende (art. 98, § 1.º, do CPC de 2015): I – as taxas ou custas judiciais; II – os selos postais; III – as despesas com publicação na imprensa oficial, dispensando-se a publicação em outros meios; IV – a indenização devida à testemunha que, quando empregada, receberá do empregador salário integral, como se em serviço estivesse; V – as despesas com a realização de exames considerados essenciais; VI – os honorários do advogado e do perito, e a remuneração do intérprete ou do tradutor nomeado para apresentação de versão em português de documento redigido em língua estrangeira; VII – o custo com a elaboração de memória de cálculo, quando exigida para instauração da execução; VIII – os depósitos previstos em lei para interposição de recurso, propositura de ação e para a prática de outros atos processuais inerentes ao exercício da ampla defesa e do contraditório; IX – os emolumentos devidos a notários ou registradores em decorrência da prática de registro, averbação ou qualquer outro ato notarial necessário à efetivação de decisão judicial ou à continuidade de processo judicial no qual o benefício tenha sido concedido.

Na hipótese do art. 98, § 1.º, inciso IX, do CPC de 2015, acima indicada, havendo dúvida fundada quanto ao preenchimento atual dos pressupostos para a concessão da gratuidade, o notário ou registrador, após praticar o ato, pode requerer, ao juízo competente para decidir questões notariais ou registrais, a revogação total ou parcial do benefício ou a sua substituição pelo parcelamento de que trata o § 6.º do art. 98 do CPC de 2015. O beneficiário deve ser citado para, em 15 dias, manifestar-se sobre esse requerimento (art. 98, § 8.º, do CPC de 2015).

A concessão da gratuidade não afasta a responsabilidade do beneficiário pelas despesas processuais e honorários advocatícios decorrentes de sua sucumbência (art. 98, § 2.º, do CPC de 2015).

Vencido o beneficiário, as obrigações decorrentes de sua sucumbência ficam sob condição suspensiva de exigibilidade e somente podem ser executadas se, nos cinco anos subsequentes ao trânsito em julgado da decisão que as certificou, o credor demonstrar que deixou de existir a situação de insuficiência de recursos que justificou a concessão de gratuidade, extinguindo-se, passado esse prazo, tais obrigações do beneficiário (art. 98, § 3.º, do CPC de 2015).

No processo do trabalho, vencido o beneficiário da justiça gratuita, as obrigações decorrentes de sua sucumbência ficam sob condição suspensiva de exigibilidade e somente podem ser executadas se, nos dois anos subsequentes ao trânsito em julgado da decisão que as certificou, o credor demonstrar que deixou de existir a situação de insuficiência de recursos que justificou a concessão de gratuidade, extinguindo-se, passado esse prazo, tais obrigações do beneficiário (art. 791-A, § 4.º, da CLT, incluído pela Lei 13.467/2017). Cf. STF, ADI 5.766.

A concessão da gratuidade não afasta o dever de o beneficiário pagar, ao final, as multas processuais que lhe sejam impostas (art. 98, § 4.º, do CPC de 2015).

A gratuidade pode ser concedida em relação a algum ou a todos os atos processuais, ou consistir na redução percentual de despesas processuais que o beneficiário tiver de adiantar no curso do procedimento (art. 98, § 5.º, do CPC de 2015).

Conforme o caso, o juiz pode conceder direito ao parcelamento de despesas processuais que o beneficiário tiver de adiantar no curso do procedimento (art. 98, § 6.º, do CPC de 2015).

✦ Jurisprudência

Recurso de revista. Interposição sob a égide das Leis 13.015/2014 e 13.467/2017. Transcendência. A demanda oferece transcendência com relação aos reflexos gerais de natureza política e social, qual seja, o desrespeito da instância recorrida à jurisprudência do Tribunal Superior do Trabalho. **Assistência judiciária gratuita. Declaração de hipossuficiência. Reclamação trabalhista ajuizada na vigência da Lei n.º 13.467/2017. Necessidade de comprovação do estado de miserabilidade.** Cinge-se a controvérsia a se saber se é necessária a comprovação do estado de miserabilidade no processo do trabalho para fins de concessão dos benefícios da assistência judiciária gratuita. A Lei n.º 1.060/50, que estabelecia as normas para a concessão de assistência judiciária gratuita aos necessitados, previa no parágrafo único do art. 2.º que "Considera-se necessitado, para os fins legais, todo aquele cuja situação econômica não lhe permita pagar as custas do processo e os honorários de advogado, sem prejuízo do sustento próprio ou da família." Por sua vez, o art. 4.º estabelecia como requisito para concessão da gratuidade de justiça que "A parte gozará dos benefícios da assistência judiciária, mediante simples afirmação, na própria petição inicial, de que não está em condições de pagar as custas do processo e os honorários de advogado, sem prejuízo próprio ou de sua família". Dessa disposição, as partes começaram a apresentar nos autos a declaração de hipossuficiência. O art. 5.º da referida lei dispunha expressamente que "O juiz, se não tiver fundadas razões para indeferir o pedido, deverá julgá-lo de plano, motivando ou não o deferimento dentro do prazo de setenta e duas horas." Portanto, surgiu para as partes requerentes do benefício da gratuidade da justiça a presunção de veracidade da declaração de hipossuficiência. A jurisprudência do TST havia se consolidado no sentido de que, para a concessão da assistência judiciária gratuita à pessoa natural, bastava a declaração de hipossuficiência econômica firmada pela parte ou por seu advogado. Na mesma linha, o art. 99 do CPC/2015, revogando as disposições da Lei n.º 1.060/50 sobre gratuidade de justiça, trouxe em seu § 3.º que 'Presume-se verdadeira a alegação de insuficiência deduzida exclusivamente por pessoa natural'. Nesse sentido, após a entrada em vigor do Código de Processo Civil de 2015, o TST converteu a Orientação Jurisprudencial n.º 304 da SBDI-1 na Súmula n.º 463. Logo, para a pessoa natural requerer os benefícios da justiça gratuita bastava a juntada de declaração de hipossuficiência, sendo ônus da parte adversa comprovar que o requerente não se enquadrava em nenhuma das situações de miserabilidade. No caso de pedido formulado pelo advogado da parte, este deveria ter procuração com poderes específicos para este fim. No entanto, em 11/11/2017, entrou em vigor a Lei n.º 13.467/2017 (Reforma Trabalhista), que inseriu o parágrafo 4.º ao art. 790 da CLT. Dessa forma, as ações ajuizadas a partir da entrada em vigor da reforma trabalhista estão submetidas ao que dispõe o § 4.º do art. 790 da CLT, que exige a comprovação, pela parte requerente, da insuficiência de recursos para a concessão dos benefícios da justiça gratuita. Sem dúvida, o referido dispositivo inaugurou uma condição menos favorável à pessoa natural do que aquela prevista no Código de Processo Civil. No entanto, em se tratando de norma específica que rege o Processo do Trabalho, não há espaço, *a priori*, para se utilizar somente as disposições do CPC. Logo, o referido dispositivo implicaria, no ponto de vista do trabalhador, um retrocesso social, dificultando o acesso deste ao Poder Judiciário. Assim, a par da questão da constitucionalidade ou não do § 4.º do art. 790 da CLT, a aplicação do referido dispositivo não pode ocorrer isoladamente, mas sim deve ser interpretado sistematicamente com as demais normas, quer aquelas constantes na própria CLT, quer aquelas previstas na Constituição Federal e no Código de Processo Civil. Dessa forma, à luz do que dispõe o próprio § 3.º do art. 790 da CLT c/c os arts. 15 e 99, § 3.º, do CPC, entende-se que a comprovação a que alude o § 4.º do art. 790 da CLT pode ser feita mediante a simples declaração da parte, a fim de viabilizar o pleno acesso do trabalhador ao Poder Judiciário, dando, assim, cumprimento ao art. 5.º, XXXV e LXXIV da Constituição Federal. Isso porque não se pode atribuir ao trabalhador que postula, junto a esta Especializada, uma condição menos favorável àquela destinada aos cidadãos comuns que litigam na justiça comum, sob pena de afronta ao princípio da isonomia, previsto no *caput* do art. 5.º da CF. Além disso, considerando que o Tribunal Regional registrou que 'o autor percebia salário superior a 40% do limite máximo dos benefícios do Regime Geral de Previdência Social (último salário indicado: R$ 3.400,00, id 5a9a516, p. 8)', e sendo incontroverso que ele exercia a profissão de encarregado de obras e que as custas foram fixadas em R$ 4.361,73, associados à existência de declaração de hipossuficiência, tais elementos, por si só, denotam que o reclamante não tem condições de arcar com as custas processuais sem prejuízo do sustento próprio ou de sua família. Não conceder ao autor, no caso dos autos, os benefícios da gratuidade de justiça, é o mesmo que impedir o amplo acesso ao Poder Judiciário (art. 5.º, XXXV, da CF) e discriminar o trabalhador em relação às pessoas naturais que litigam na justiça comum (art. 5.º, *caput*, da CF). Recurso de revista conhecido por violação do art. 5.º, XXXV da CF e contrariedade à Súmula 463, I do TST e provido (TST, 3.ª T., RR-1002229-50.2017.5.02.0385, Rel. Min. Alexandre de Souza Agra Belmonte, *DEJT* 06.06.2019).

✦ Súmulas, Orientações Jurisprudenciais e Precedentes Normativos

Súmula 223 do STF: Concedida isenção de custas ao empregado, por elas não responde o sindicato que o representa em juízo.

Súmula 463 do TST: Assistência judiciária gratuita. Comprovação. I – A partir de 26.06.2017, para a concessão da assistência judiciária gratuita à pessoa natural, basta a declaração de hipossuficiência econômica firmada pela parte ou por seu advogado, desde que munido de procuração com poderes específicos para esse fim (art. 105 do CPC de 2015); II – No caso de pessoa jurídica, não basta a mera declaração: é necessária a demonstração cabal de impossibilidade de a parte arcar com as despesas do processo.

Orientação Jurisprudencial 269 da SBDI-I do TST: Justiça gratuita. Requerimento de isenção de despesas processuais. Momento oportuno. I – O benefício da justiça gratuita pode ser requerido em qualquer tempo ou grau de jurisdição, desde que, na fase recursal, seja o requerimento formulado no prazo alusivo ao recurso; II – Indeferido o requerimento de justiça gratuita formulado na fase recursal, cumpre ao relator fixar prazo para que o recorrente efetue o preparo (art. 99, § 7.º, do CPC de 2015).

✦ Referência legislativa

- Lei 1.060/1950 (Assistência Judiciária).

Art. 790-A. São isentos do pagamento de custas, além dos beneficiários de justiça gratuita:

I – a União, os Estados, o Distrito Federal, os Municípios e respectivas autarquias e fundações públicas federais, estaduais ou municipais que não explorem atividade econômica;

II – o Ministério Público do Trabalho.

Parágrafo único. A isenção prevista neste artigo não alcança as entidades fiscalizadoras do exercício profissional, nem exime as pessoas jurídicas referidas no inciso I da obrigação de reembolsar as despesas judiciais realizadas pela parte vencedora.

1. ISENÇÃO DE CUSTAS

O art. 790-A da CLT, acrescentado pela Lei 10.537/2002, fixa regra de isenção de custas.

O dispositivo é similar ao art. 4.º da Lei 9.289/1996, que dispõe sobre custas na Justiça Federal.

A concessão dos benefícios da justiça gratuita, portanto, isenta do pagamento das custas (embora também abranja traslados e instrumentos, conforme o § 3.º do art. 790 da CLT).

A Instrução Normativa 27/2005 do TST, sobre normas procedimentais aplicáveis ao processo do trabalho, em decorrência da ampliação da competência da Justiça do Trabalho pela Emenda Constitucional 45/2004, no art. 4.º, assim estabelece:

> Art. 4.º Aos emolumentos aplicam-se as regras previstas na Consolidação das Leis do Trabalho, conforme previsão dos artigos 789-B e 790 da CLT.

Parágrafo único. Os entes públicos mencionados no art. 790-A da CLT são isentos do pagamento de emolumentos (acrescentado pela Resolução 133/2005).

✦ **Súmulas, Orientações Jurisprudenciais e Precedentes Normativos**

Súmula 86 do TST: Deserção. Massa falida. Empresa em liquidação extrajudicial. Não ocorre deserção de recurso da massa falida por falta de pagamento de custas ou de depósito do valor da condenação. Esse privilégio, todavia, não se aplica à empresa em liquidação extrajudicial.

Súmula 170 do TST: Sociedade de economia mista. Custas. Os privilégios e isenções no foro da Justiça do Trabalho não abrangem as sociedades de economia mista, ainda que gozassem desses benefícios anteriormente ao Decreto-lei 779, de 21.08.1969 (ex-Prejulgado 50).

Art. 790-B. A responsabilidade pelo pagamento dos honorários periciais é da parte sucumbente na pretensão objeto da perícia, ainda que beneficiária da justiça gratuita. (redação dada pela Lei 13.467/2017) (Cf. ADI 5.766)

§ 1.º Ao fixar o valor dos honorários periciais, o juízo deverá respeitar o limite máximo estabelecido pelo Conselho Superior da Justiça do Trabalho.

§ 2.º O juízo poderá deferir parcelamento dos honorários periciais.

§ 3.º O juízo não poderá exigir adiantamento de valores para realização de perícias.

§ 4.º Somente no caso em que o beneficiário da justiça gratuita não tenha obtido em juízo créditos capazes de suportar a despesa referida no *caput*, ainda que em outro processo, a União responderá pelo encargo. (incluído pela Lei 13.467/2017) (Cf. ADI 5.766)

1. HONORÁRIOS PERICIAIS

De acordo com o art. 790-B da CLT, com redação dada pela Lei 13.467/2017, a responsabilidade pelo pagamento dos honorários periciais é da parte sucumbente na pretensão objeto da perícia, *ainda que beneficiária da justiça gratuita*.

A rigor, a gratuidade da justiça deve abranger os honorários do perito, como prevê o art. 98, § 1.º, inciso VI, do CPC de 2015. Desse modo, considerando a garantia constitucional de assistência jurídica integral e gratuita aos que comprovarem insuficiência de recursos, inserida no rol de direitos fundamentais (art. 5.º, inciso LXXIV, da Constituição da República), entende-se que o dispositivo deveria ser interpretado no sentido de que o beneficiário de justiça gratuita somente será obrigado ao efetivo pagamento de honorários periciais caso passe a ter condições econômicas para isso.

Ao fixar o valor dos honorários periciais, o juízo deve respeitar o limite máximo estabelecido pelo Conselho Superior da Justiça do Trabalho (art. 790-B, § 1.º, da CLT).

O juízo pode deferir parcelamento dos honorários periciais (art. 790-B, § 2.º, da CLT).

O juízo não pode exigir adiantamento de valores para realização de perícias (art. 790-B, § 3.º, da CLT). Cf. ainda Orientação Jurisprudencial 98 da SBDI-II.

Nos termos do art. 790-B, § 4.º, da CLT, incluído pela Lei 13.467/2017, somente no caso em que o beneficiário da justiça gratuita não tenha obtido em juízo créditos capazes de suportar a despesa relativa ao pagamento dos honorários periciais, *ainda que em outro processo*, a União responderá pelo encargo.

Como o art. 790-B, § 3.º, da CLT, acrescentado pela Lei 13.467/2017, não distingue a modalidade de conflito sob julgamento, entende-se que fica superado o entendimento constante no art. 6.º, parágrafo único, da Instrução Normativa 27/2005 do TST, ao prever que se faculta "ao juiz, em relação à perícia, exigir depósito prévio dos honorários, ressalvadas as lides decorrentes da relação de emprego".

A interpretação conforme a Constituição do art. 790-B, *caput* e § 4.º, da CLT deveria ser no sentido de que apenas quando os mencionados créditos obtidos em juízo não forem necessários à subsistência do beneficiário da justiça gratuita e de sua família (art. 5.º, inciso LXXIV, da Constituição da República) é que podem ser destinados ao pagamento dos honorários periciais.

A Ação Direta de Inconstitucionalidade 5.766/DF tem como objeto, entre outros dispositivos decorrentes da Lei 13.467/2017, a expressão "ainda que beneficiária da justiça gratuita", prevista no *caput* do art. 790-B da CLT, e o § 4.º do art. 790-B da CLT.

O Supremo Tribunal Federal julgou parcialmente procedente o pedido formulado na ação direta e declarou *inconstitucional* o art. 790-B, *caput* e § 4.º, da CLT (STF, Pleno, ADI 5.766/DF, Red. p/ ac. Min. Alexandre de Moraes, j. 20.10.2021). Prevaleceu o entendimento de que essas normas estabelecem condições inconstitucionais para a gratuidade da justiça e apresentam obstáculos à efetiva aplicação da previsão constitucional de que o Estado deve prestar assistência jurídica integral e gratuita às pessoas que comprovarem insuficiência de recursos (art. 5.º, inciso LXXIV, da Constituição Federal de 1988)[232].

Nos termos do art. 790-B, *caput*, da CLT, na redação decorrente da Lei 10.537/2002, a responsabilidade pelo pagamento dos honorários periciais é da parte sucumbente na pretensão objeto da perícia, salvo se beneficiária de justiça gratuita.

Cf. Súmula 457 do TST.

Foi instituído, no âmbito da Justiça do Trabalho, o Sistema Eletrônico de Assistência Judiciária (Sistema AJ/JT), destinado ao cadastro e gerenciamento de peritos, órgãos técnicos ou científicos, tradutores e intérpretes, e ao pagamento dos profissionais nos casos dos processos que envolvam beneficiários da justiça gratuita (art. 1.º da Resolução 247/2019 do Conselho Superior da Justiça do Trabalho). O cadastro e o pagamento daqueles que atuaram a favor da parte amparada pelos benefícios da justiça gratuita e sucumbente na pretensão devem ser feitos exclusivamente por meio do Sistema Eletrônico de Assistência Judiciária (Sistema AJ/JT).

O Sistema Eletrônico de Assistência Judiciária (Sistema AJ/JT) deve conter cadastro eletrônico de peritos, órgãos técnicos ou científicos, tradutores e intérpretes, formado por interessados em prestar serviços de perícia, de exame técnico, de tradução e de interpretação nos processos judiciais, inclusive aqueles que envolvam assistência judiciária gratuita (art. 2.º da Resolução 247/2019 do CSJT).

---

[232] "Constitucional. Ação direta de inconstitucionalidade. Lei 13.467/2017. Reforma trabalhista. Regras sobre gratuidade de justiça. Responsabilidade pelo pagamento de ônus sucumbenciais em hipóteses específicas. Alegações de violação aos princípios da isonomia, inafastabilidade da jurisdição, acesso à justiça, solidariedade social e direito social à assistência jurídica gratuita. Margem de conformação do legislador. Critérios de racionalização da prestação jurisdicional. Ação direta julgada parcialmente procedente. 1. É inconstitucional a legislação que presume a perda da condição de hipossuficiência econômica para efeito de aplicação do benefício de gratuidade de justiça, apenas em razão da apuração de créditos em favor do trabalhador em outra relação processual, dispensado o empregador do ônus processual de comprovar eventual modificação na capacidade econômica do beneficiário. [...] 3. Ação Direta julgada parcialmente procedente" (STF, Pleno, ADI 5.766/DF, Red. p/ ac. Min. Alexandre de Moraes, *DJe* 03.05.2022).

Em caso de pagamento com recursos vinculados à gratuidade judiciária, o valor dos ho-norários periciais, observado o limite máximo de R$ 1.000,00, deve ser fixado pelo juiz, atendidos: I – a complexidade da matéria; II – o nível de especialização e o grau de zelo profis-sional ou do órgão; III – o lugar e o tempo exigidos para prestação do serviço; IV – as peculiaridades regionais (art. 21 da Resolução 247/2019 do CSJT).

Os Tribunais Regionais do Trabalho podem fixar, por meio de atos regulamentares, os valores passíveis de pagamento pela União, a título de honorários periciais, até o limite estabelecido no art. 21 da Resolução 247/2019 do CSJT. A fixação dos honorários periciais em valor superior ao limite estabelecido pelo Tribunal Regional do Trabalho, até o limite disposto no art. 21 da Resolução 247/2019 do CSJT, deve ser devidamente fundamentada e submetida ao Presidente do Tribunal para análise e autorização.

Os limites estabelecidos nos arts. 21 a 26 da Resolução 247/2019 do CSJT não se aplicam às perícias, traduções e interpretações custeadas pelas partes, nas quais os honorários devem ser arbitrados e pagos nos termos da legislação vigente e em consonância com os critérios avaliados pelo magistrado responsável. O mencionado custeio dos honorários pelas partes não isenta o profissional de proceder ao regular cadastro no Sistema Eletrônico de Assistência Judiciária (Sistema AJ/JT).

A solicitação de valores vinculados ao custeio da gratuidade da justiça dar-se-á quando ocorrerem, cumulativamente, os seguintes requisitos: I – concessão do benefício da justiça gratuita; II – fixação judicial de honorários; III – sucumbência da parte beneficiária na pretensão objeto da perícia; IV – trânsito em julgado da decisão que arbitrar os honorários (art. 22 da Resolução 247/2019 do CSJT).

A solicitação de pagamento dos valores devidos aos tradutores e intérpretes a serem pa-gos com recursos vinculados ao custeio da gratuidade da justiça somente pode ser realizada após atestada a prestação dos serviços pelo juízo processante, de acordo com a Tabela constante do Anexo I da Resolução 247/2019 do CSJT (art. 23). O juiz pode ultrapassar em até três vezes os valores fixados na tabela constante do Anexo I da Resolução 247/2019 do CSJT, observados o grau de especialização do tradutor ou intérprete e a complexidade do trabalho, comunicando-se ao Presidente do Tribunal, para análise e autorização.

O pagamento dos valores a que se referem os arts. 21 a 26 da Resolução 247/2019 do CSJT devem ser efetuados mediante determinação do Presidente do Tribunal respectivo, após requisição expedida pelo juiz do feito, observando-se, rigorosamente, a ordem cronológica de apresentação no Sistema Eletrônico de Assistência Judiciária (Sistema AJ/JT), apurada a partir da data em que o magistrado competente lançar sua assinatura eletrônica (art. 24 da Resolução 247/2019 do CSJT).

O valor dos honorários deve ser atualizado pelo IPCA-E ou outro índice que o substitua, a partir da data da decisão de arbitramento até o seu efetivo pagamento.

A quantia devida, após a retenção e recolhimento dos tributos, deve ser depositada em conta indicada pelo perito, órgão técnico ou científico, tradutor ou intérprete ou, na sua impossibilidade, mediante depósito judicial vinculado ao processo no qual ocorreu a prestação de serviços.

O pagamento de honorários com recursos vinculados ao custeio da gratuidade da justiça, nos casos de processos extintos com resolução de mérito por conciliação, só pode ocorrer mediante justificativa do magistrado responsável ao Presidente de cada Tribunal, a quem caberá analisar e autorizar a respectiva quitação (art. 25 da Resolução 247/2019 do CSJT).

As solicitações de pagamento com recursos vinculados ao custeio da gratuidade da justiça que estiverem em desacordo com as normas ou valores estabelecidos na Resolução 247/2019 do CSJT, bem assim aquelas não autorizadas pelo Presidente do respectivo Tribunal, nos casos previstos nos arts. 21 e 25, devem ser devolvidas ao juiz responsável para adequação. A requisição ajustada deve retornar ao *status quo ante* na ordem cronológica (art. 26 da Resolução 247/2019 do CSJT).

✦ Súmulas, Orientações Jurisprudenciais e Precedentes Normativos

Súmula 341 do TST: Honorários do assistente técnico. A indicação do perito assistente é faculdade da parte, a qual deve responder pelos respectivos honorários, ainda que vencedora no objeto da perícia.

Súmula 457 do TST: Honorários periciais. Beneficiário da Justiça Gratuita. Responsabilidade da União pelo pagamento. Resolução 66/2010 do CSJT. Observância (conversão da Orientação Jurisprudencial 387 da SBDI-1 com nova redação). A União é responsável pelo pagamento dos honorários de perito quando a parte sucumbente no objeto da perícia for beneficiária da assistência judiciária gratuita, observado o procedimento disposto nos arts. 1.º, 2.º e 5.º da Resolução 66/2010 do Conselho Superior da Justiça do Trabalho – CSJT.

Orientação Jurisprudencial 198 da SBDI-I do TST: Honorários periciais. Atualização monetária. Diferentemente da correção aplicada aos débitos trabalhistas, que têm caráter alimentar, a atualização monetária dos honorários periciais é fixada pelo art. 1.º da Lei 6.899/1981, aplicável a débitos resultantes de decisões judiciais.

Orientação Jurisprudencial 98 da SBDI-II do TST: Mandado de segurança. Cabível para atacar exigência de depósito prévio de honorários periciais. É ilegal a exigência de depósito prévio para custeio dos honorários periciais, dada a incompatibilidade com o processo do trabalho, sendo cabível o mandado de segurança visando à realização da perícia, independentemente do depósito.

Seção IV – Das Partes e dos Procuradores

Art. 791. Os empregados e os empregadores poderão reclamar pessoalmente perante a Justiça do Trabalho e acompanhar as suas reclamações até o final.

§ 1.º Nos dissídios individuais os empregados e empregadores poderão fazer-se representar por intermédio do sindicato, advogado, solicitador, ou provisionado, inscrito na Ordem dos Advogados do Brasil.

§ 2.º Nos dissídios coletivos é facultada aos interessados a assistência por advogado.

§ 3.º A constituição de procurador com poderes para o foro em geral poderá ser efetivada, mediante simples registro em ata de audiência, a requerimento verbal do advogado interessado, com anuência da parte representada.

1. PARTES

Tradicionalmente, entende-se que são partes aquele que ajuíza a ação, formulando a pretensão, e aquele em face de quem a ação foi ajuizada, vale dizer, o autor (demandante) e o réu (demandado).

Na realidade, de acordo com Enrico Tullio Liebman, "são partes do processo os sujeitos do contraditório instituído perante o juiz"[233].

---

[233] LIEBMAN, Enrico Tullio. *Manual de direito processual civil*. Tradução e notas: Cândido Rangel Dinamarco. 3. ed. São Paulo: Malheiros, 2005. v. 1, p. 123 (destaques do original).

Portanto, as partes no processo, de forma ampla, não são apenas aqueles que, originariamente, figuram como autor e réu, mas também os que são chamados a ingressar no feito, participando do contraditório, sujeitando-se à parcela da eficácia (direta ou reflexa) da sentença a ser proferida.

As partes na demanda, por sua vez, são "aquele que pede (autor), aquele em cujo nome se pede (autor representado) e aquele em face de quem se pede (réu) o provimento jurisdicional"[234].

Ou seja, enquanto as partes no processo, de forma mais ampla, alcançam todos os que participam do contraditório perante o juiz, as partes na demanda são autor e réu.

2. CAPACIDADE POSTULATÓRIA

A capacidade postulatória é específica quanto à aptidão para postular em juízo.

No processo civil, consoante o art. 103 do CPC, a parte deve ser representada em juízo por advogado regularmente inscrito na Ordem dos Advogados do Brasil, ressalvadas as exceções previstas expressamente em lei. É lícito à parte postular em causa própria quando tiver habilitação legal.

No processo do trabalho, a previsão específica do art. 791 da CLT é no sentido de que os empregados e os empregadores podem "reclamar pessoalmente perante a Justiça do Trabalho e acompanhar as suas reclamações até o final".

Nos dissídios individuais, os empregados e empregadores podem "fazer-se representar por intermédio do sindicato, advogado, solicitador, ou provisionado, inscrito na Ordem dos Advogados do Brasil".

Nos dissídios coletivos, por sua vez, permite-se aos interessados a representação técnica por advogado.

O art. 839, "a", da CLT, por seu turno, dispõe que a reclamação pode ser apresentada "pelos empregados e empregadores, pessoalmente, ou por seus representantes, e pelos sindicatos de classe".

Os membros do Ministério Público do Trabalho, da mesma forma, possuem capacidade postulatória (art. 839, alínea "b", da CLT), quanto às hipóteses assim admitidas em lei (Lei Complementar 75/1993, arts. 83 e 84).

De todo modo, tendo em vista as mencionadas previsões da CLT, discute-se a respeito da compatibilidade em face do art. 133 da Constituição da República de 1988, ao estabelecer que o "advogado é indispensável à administração da justiça, sendo inviolável por seus atos e manifestações no exercício da profissão, nos limites da lei".

Conforme a redação original do art. 1.º, inciso I, da Lei 8.906/1994, que dispõe sobre o Estatuto da Advocacia e a Ordem dos Advogados do Brasil (OAB), são atividades privativas de advocacia: "a postulação a qualquer órgão do Poder Judiciário e aos juizados especiais"; "as atividades de consultoria, assessoria e direção jurídicas".

Nesse contexto, discute-se a respeito da manutenção, ou não, do *jus postulandi* na Justiça do Trabalho. Nesse sentido, decidiu o STF na Ação Direta de Inconstitucionalidade 1.127/DF (Rel. p/ ac. Min. Ricardo Lewandowski, *DJe* 11.06.2010).

[234] DINAMARCO, Cândido Rangel. *Execução civil*. 5. ed. São Paulo: Malheiros, 1997. p. 357, nota 24.

Especificamente quanto ao tema em estudo, o STF, examinando os dispositivos impugnados na Lei 8.906/1994, por unanimidade, "em relação ao inciso I do artigo 1.º, julgou prejudicada a alegação de inconstitucionalidade relativamente à expressão 'juizados especiais', e, por maioria, quanto à expressão 'qualquer', julgou procedente a ação direta, vencidos os Senhores Ministros Relator e Carlos Britto".

Sendo assim, foi mantida a possibilidade do *jus postulandi* no processo trabalhista, por se entender que o mencionado art. 1.º, inciso I, da Lei 8.906/1994 não se aplica à Justiça do Trabalho (conforme o STF já havia decidido em Medida Cautelar na ADI 1127/DF, Rel. Min. Paulo Brossard, *DJ* 29.06.2001).

Ainda assim, de acordo com o entendimento pacificado pelo TST, por meio da Súmula 425, o *jus postulandi* das partes, estabelecido no art. 791 da CLT, limita-se às Varas do Trabalho e aos Tribunais Regionais do Trabalho, não alcançando a ação rescisória, a ação cautelar, o mandado de segurança e os recursos de competência do Tribunal Superior do Trabalho.

Logo, para a ação rescisória, ação cautelar, mandado de segurança e recursos de competência do TST, o *jus postulandi* não é admitido, por se entender que as referidas medidas processuais exigem conhecimentos técnicos, tornando necessária a postulação por meio de advogado.

No caso de parte representada tecnicamente por advogado, cabe fazer menção à Orientação Jurisprudencial 7 da SBDI-I do TST.

3. MANDATO

A representação da parte pelo advogado é conhecida como representação técnica.

Para que o advogado possa atuar em juízo, exige-se o instrumento do mandato, isto é, a procuração *ad judicia*, por meio da qual a parte lhe outorga os poderes.

Sobre a procuração outorgada por pessoa jurídica, cabe fazer referência à Súmula 456 do TST.

O art. 5.º, *caput*, da Lei 8.906/1994 prescreve que o advogado postula, em juízo ou fora dele, fazendo prova do mandato.

O advogado que renunciar ao mandato deve continuar, durante os dez dias seguintes à notificação da renúncia, a representar o mandante, salvo se for substituído antes do término desse prazo (art. 5.º, § 3.º, da Lei 8.906/1994).

Na mesma linha, o art. 112 do CPC de 2015 dispõe que o advogado pode renunciar ao mandato a qualquer tempo, provando, na forma prevista neste Código, que comunicou a renúncia ao mandante, a fim de que este nomeie sucessor.

Durante os dez dias seguintes, o advogado deve continuar a representar o mandante, desde que necessário para lhe evitar prejuízo.

Dispensa-se a referida comunicação quando a procuração tiver sido outorgada a vários advogados e a parte continuar representada por outro, apesar da renúncia.

Ainda quanto ao tema, segundo o art. 104 do CPC de 2015, ao advogado não é admitido postular em juízo sem procuração, salvo para evitar preclusão, decadência ou prescrição, ou para praticar ato considerado urgente. Nessas hipóteses, o advogado obriga-se, independentemente de caução, a exibir a procuração no prazo de 15 dias (no processo civil), prorrogável por igual período por despacho do juiz. Como mencionado anteriormente, o ato não ratificado deve ser considerado ineficaz relativamente àquele em cujo nome foi praticado, respondendo o advogado pelas despesas e perdas e danos.

No mesmo sentido, nos termos do art. 5.º, § 1.º, da Lei 8.906/1994, o "advogado, afirmando urgência, pode atuar sem procuração, obrigando-se a apresentá-la no prazo de quinze dias, prorrogável por igual período".

Ademais, segundo o art. 76 do CPC de 2015, verificada a incapacidade processual ou a irregularidade da representação da parte, o juiz deve suspender o processo e designar prazo razoável para que seja sanado o vício.

Descumprida a determinação, caso o processo esteja na instância originária: o processo será extinto, se a providência couber ao autor; réu será considerado revel, se a providência lhe couber; o terceiro será considerado revel ou excluído do processo, dependendo do polo em que se encontre (art. 76, § 1.º, do CPC de 2015).

Descumprida a determinação em fase recursal perante tribunal de justiça, tribunal regional federal (TRT, no caso do processo do trabalho) ou tribunal superior (TST), o relator: não conhecerá do recurso, se a providência couber ao recorrente; determinará o desentranhamento das contrarrazões, se a providência couber ao recorrido (art. 76, § 2.º, do CPC de 2015). A respeito do tema, cf. a Súmula 383 do TST.

Conforme o art. 3.º, inciso I, da Instrução Normativa 39/2016 do TST, aplica-se ao processo do trabalho, em face de omissão e de compatibilidade, o art. 76, §§ 1.º e 2.º, do CPC, sobre saneamento de incapacidade processual ou de irregularidade de representação.

Nos termos do art. 105 do CPC de 2015, a procuração geral para o foro, outorgada por instrumento público ou particular assinado pela parte, habilita o advogado a praticar todos os atos do processo, *exceto receber citação, confessar, reconhecer a procedência do pedido, transigir, desistir, renunciar ao direito sobre o qual se funda a ação, receber, dar quitação, firmar compromisso e assinar declaração de hipossuficiência econômica*, que devem constar de cláusula específica.

A procuração pode ser assinada digitalmente, na forma da lei.

A procuração deverá conter o nome do advogado, seu número de inscrição na Ordem dos Advogados do Brasil e endereço completo.

Se o outorgado integrar sociedade de advogados, a procuração também deverá conter o nome desta, seu número de registro na Ordem dos Advogados do Brasil e endereço completo.

Salvo disposição expressa em sentido contrário constante do próprio instrumento, a procuração outorgada na fase de conhecimento é eficaz para todas as fases do processo, inclusive para o cumprimento de sentença.

Logo, para essas hipóteses excepcionadas, é necessária a outorga expressa de poderes específicos.

Isso é confirmado pelo art. 5.º, § 2.º, da Lei 8.906/1994, ao prever que a "procuração para o foro em geral habilita o advogado a praticar todos os atos judiciais, em qualquer juízo ou instância, salvo os que exijam poderes especiais". A respeito do tema, cf. Súmula 463 do TST.

No processo do trabalho, conforme o art. 790, § 4.º, da CLT, acrescentado pela Lei 13.467/2017, o benefício da justiça gratuita será concedido à parte que *comprovar* insuficiência de recursos para o pagamento das custas do processo. Cf. comentários ao art. 790 da CLT.

Sobre a revogação (implícita) de mandato anterior e o substabelecimento, confira a Orientação Jurisprudencial 349 da SBDI-I do TST e a Súmula 395 do TST.

O art. 105 do CPC de 2015 não exige mais o reconhecimento de firma do outorgante na procuração judicial.

Admite-se, ainda, o chamado mandato *apud acta*, ou seja, outorgado expressamente pela parte, mas nos próprios autos do processo judicial, constado de termo ou, de forma mais comum, na ata de audiência.

De acordo com o art. 791, § 3.º, da CLT, a constituição de procurador com poderes para o foro em geral pode ser efetivada mediante simples registro em ata de audiência, a requerimento verbal do advogado interessado, com anuência da parte representada.

No processo do trabalho, a jurisprudência também admite o chamado mandato tácito, o qual se verifica quando o advogado, embora não havendo juntada de procuração nos autos, acompanha a parte à audiência, estando presente e praticando atos processuais em nome da parte. Nessa linha é a previsão da Súmula 383, inciso I, do TST.

Logo, mesmo não havendo a juntada de procuração, admite-se o mandato tácito. Isso é confirmado pela Orientação Jurisprudencial 286 da SBDI-I do TST.

O mandato tácito apenas confere os poderes da procuração geral para o foro, mas não autoriza a prática de atos aos quais sejam necessários poderes especiais, previstos no art. 105 do CPC de 2015.

No mandato tácito (diversamente do mandato expresso), entende-se, ainda, não haver poderes para substabelecer. Nesse sentido, cf. a Orientação Jurisprudencial 200 da SBDI-I do TST.

Esclareça-se que as atividades de consultoria e assessoria jurídicas podem ser exercidas de modo verbal ou por escrito, a critério do advogado e do cliente, e independem de outorga de mandato ou de formalização por contrato de honorários (art. 5.º, § 4.º, da Lei 8.906/1994, incluído pela Lei 14.365/2022).

✦ Jurisprudência

Inconstitucionalidade. Ação direta. Art. 9.º da Medida Provisória n.º 2.164-41/2001. Introdução do art. 29-C na Lei n.º 8.036/1990. Edição de medida provisória. Sucumbência. Honorários advocatícios. Ações entre FGTS e titulares de contas vinculadas. Inexistência de relevância e de urgência. Matéria, ademais, típica de direito processual. Competência exclusiva do Poder Legislativo. Ofensa aos arts. 22, inc. I, e 62, *caput*, da CF. Precedentes. Ação julgada procedente. É inconstitucional a medida provisória que, alterando lei, suprime condenação em honorários advocatícios, por sucumbência, nas ações entre o Fundo de Garantia por Tempo de Serviço (FGTS) e titulares de contas vinculadas, bem como naquelas em que figurem os respectivos representantes ou substitutos processuais (STF, Pleno, ADI 2.736/DF, Rel. Min. Cezar Peluso, *DJe* 29.03.2011).

Recurso. Embargos de declaração. Pretensão de atribuição de efeito *ex nunc* a pronúncia de inconstitucionalidade do art. 29-C da Lei n.º 8.036, de 1990. Inadmissibilidade. Clareza quanto à eficácia *ex tunc* do acórdão que julgou procedente a ADI n.º 2.736. Omissão, contradição ou obscuridade. Inexistência. Recurso com caráter ostensivamente infringente. Embargos rejeitados. São de rejeitar embargos de declaração opostos a acórdão em que não há omissão, contradição nem obscuridade (STF, Pleno, ED-ADI 2.736/DF, Rel. Min. Cezar Peluso, *DJe* 13.08.2012).

Ação Direta de Inconstitucionalidade. Lei 8.906, de 4 de julho de 1994. Estatuto da Advocacia e a Ordem dos Advogados do Brasil. Dispositivos impugnados pela AMB. Prejudicado o pedido quanto à expressão "juizados especiais", em razão da superveniência da Lei 9.099/1995. Ação direta conhecida em parte e, nessa parte, julgada parcialmente procedente. I – O advogado é indispensável à administração da Justiça. Sua presença, contudo, pode ser dispensada em certos atos jurisdicionais. II – A imunidade profissional é indispensável para que o advogado possa exercer condigna e amplamente seu múnus público. III – A inviolabilidade do escritório ou do local de trabalho é consectário da inviolabilidade assegurada ao advogado no exercício profissional. IV – A presença de representante da OAB em caso de prisão em flagrante de advogado constitui garantia da inviolabilidade da atuação profissional. A cominação de nulidade da prisão, caso não se faça a comunicação, configura sanção para tornar efetiva a norma. V – A prisão do advogado em sala de Estado Maior é garantia suficiente para que fique provisoriamente detido em condições compatíveis com o seu múnus público. VI – A administração de estabelecimentos prisionais e congêneres constitui uma prerrogativa indelegável do Estado. VII – A sustentação oral pelo advogado, após o voto do Relator, afronta o devido processo legal, além de poder causar tumulto processual, uma vez que o contraditório se estabelece entre as partes. VIII – A imunidade profissional do advogado não compreende o desacato, pois conflita com a autoridade do magistrado na condução da atividade jurisdicional. IX – O múnus constitucional exercido pelo advogado justifica a garantia de somente ser preso em flagrante e na hipótese de crime inafiançável. X – O controle das salas especiais para advogados é prerrogativa da Administração forense. XI – A incompatibilidade com o exercício da advocacia não alcança os juízes eleitorais e seus suplentes, em face da composição da Justiça eleitoral estabelecida na Constituição. XII – A requisição de cópias de peças e documentos a qualquer tribunal, magistrado, cartório ou órgão da Administração Pública direta, indireta ou fundacional pelos Presidentes do Conselho da OAB e das Subseções deve ser motivada, compatível com as finalidades da lei e precedida, ainda, do recolhimento dos respectivos custos, não sendo possível a requisição de documentos cobertos pelo sigilo. XIII – Ação direta de inconstitucionalidade julgada parcialmente procedente (STF, Pleno, ADI 1127/DF, Rel. p/ ac. Min. Ricardo Lewandowski, *DJe* 11.06.2010).

✦ Súmulas, Orientações Jurisprudenciais e Precedentes Normativos

Súmula Vinculante 47 do STF: Os honorários advocatícios incluídos na condenação ou destacados do montante principal devido ao credor consubstanciam verba de natureza alimentar cuja satisfação ocorrerá com a expedição de precatório ou requisição de pequeno valor, observada ordem especial restrita aos créditos dessa natureza.

Súmula 633 do STF: É incabível a condenação em verba honorária nos recursos extraordinários interpostos em processo trabalhista, exceto nas hipóteses previstas na Lei 5.584/1970.

Súmula 219 do TST: Honorários advocatícios. Cabimento. I – Na Justiça do Trabalho, a condenação ao pagamento de honorários advocatícios não decorre pura e simplesmente da sucumbência, devendo a parte, concomitantemente: a) estar assistida por sindicato da categoria profissional; b) comprovar a percepção de salário inferior ao dobro do salário mínimo ou encontrar-se em situação econômica que não lhe permita demandar sem prejuízo do próprio sustento ou da respectiva família (art. 14, § 1.º, da Lei n.º 5.584/1970). II – É cabível a condenação ao pagamento de honorários advocatícios em ação rescisória no processo trabalhista. III – São devidos os honorários advocatícios nas causas em que o ente sindical figure como substituto processual e nas lides que não derivem da relação de emprego. IV – Na ação rescisória e nas lides que não derivem de relação de emprego, a responsabilidade pelo pagamento dos honorários advocatícios da sucumbência submete-se à disciplina do Código de Processo Civil (arts. 85, 86, 87 e 90). V – Em caso de assistência judiciária sindical ou de substituição processual sindical, excetuados os processos em que a Fazenda Pública for parte, os honorários advocatícios são devidos entre o mínimo de dez e o máximo de vinte por cento sobre o valor da condenação, do proveito econômico obtido ou, não sendo possível mensurá-lo, sobre o valor atualizado da causa (CPC de 2015, art. 85, § 2.º). VI – Nas causas em que a Fazenda Pública for parte, aplicar-se-ão os percentuais específicos de honorários advocatícios contemplados no Código de Processo Civil.

Súmula 329 do TST: Honorários advocatícios. Art. 133 da CF/1988 (mantida) – Res. 121/2003, *DJ* 19, 20 e 21.11.2003. Mesmo após a promulgação da CF/1988, permanece válido o entendimento consubstanciado na Súmula 219 do Tribunal Superior do Trabalho.

Súmula 383 do TST: Recurso. Mandato. Irregularidade de representação. CPC de 2015, arts. 104 e 76, § 2.º.
I – É inadmissível recurso firmado por advogado sem procuração juntada aos autos até o momento da sua interposição, salvo mandato tácito. Em caráter excepcional (art. 104 do CPC de 2015), admite-se que o advogado, independentemente de intimação, exiba a procuração no prazo de 5 (cinco) dias após a interposição do recurso, prorrogável por igual período mediante despacho do juiz. Caso não a exiba, considera-se ineficaz o ato praticado e não se conhece do recurso.
II – Verificada a irregularidade de representação da parte em fase recursal, em procuração ou substabelecimento já constante dos autos, o relator ou o órgão competente para julgamento do recurso designará prazo de 5 (cinco) dias para que seja sanado o vício. Descumprida a determinação, o relator não conhecerá do recurso, se a providência couber ao recorrente, ou determinará o desentranhamento das contrarrazões, se a providência couber ao recorrido (art. 76, § 2.º, do CPC de 2015).

Súmula 395 do TST: Mandato e substabelecimento. Condições de validade.

I – Válido é o instrumento de mandato com prazo determinado que contém cláusula estabelecendo a prevalência dos poderes para atuar até o final da demanda (§ 4.º do art. 105 do CPC de 2015).
II – Se há previsão, no instrumento de mandato, de prazo para sua juntada, o mandato só tem validade se anexado ao processo o respectivo instrumento no aludido prazo.
III – São válidos os atos praticados pelo substabelecido, ainda que não haja, no mandato, poderes expressos para substabelecer (art. 667, e §§, do Código Civil de 2002).
IV – Configura-se a irregularidade de representação se o substabelecimento é anterior à outorga passada ao substabelecente.
V – Verificada a irregularidade de representação nas hipóteses dos itens II e IV, deve o juiz suspender o processo e designar prazo razoável para que seja sanado o vício, ainda que em instância recursal (art. 76 do CPC de 2015).

Súmula 425 do TST: *Jus postulandi* na Justiça do Trabalho. Alcance. Res. 165/2010, *DEJT* divulgado em 30.04.2010 e 03 e 04.05.2010). O *jus postulandi* das partes, estabelecido no art. 791 da CLT, limita-se às Varas do Trabalho e aos Tribunais Regionais do Trabalho, não alcançando a ação rescisória, a ação cautelar, o mandado de segurança e os recursos de competência do Tribunal Superior do Trabalho.

Súmula 456 do TST: Representação. Pessoa jurídica. Procuração. Invalidade. Identificação do outorgante e de seu representante.
I – É inválido o instrumento de mandato firmado em nome de pessoa jurídica que não contenha, pelo menos, o nome do outorgante e do signatário da procuração, pois estes dados constituem elementos que os individualizam.
II – Verificada a irregularidade de representação da parte na instância originária, o juiz designará prazo de 5 (cinco) dias para que seja sanado o vício. Descumprida a determinação, extinguirá o processo, sem resolução de mérito, se a providência couber ao reclamante, ou considerará revel o reclamado, se a providência lhe couber (art. 76, § 1.º, do CPC de 2015).
III – Caso a irregularidade de representação da parte seja constatada em fase recursal, o relator designará prazo de 5 (cinco) dias para que seja sanado o vício. Descumprida a determinação, o relator não conhecerá do recurso, se a providência couber ao recorrente, ou determinará o desentranhamento das contrarrazões, se a providência couber ao recorrido (art. 76, § 2.º, do CPC de 2015).

Súmula 463 do TST: Assistência judiciária gratuita. Comprovação.
I – A partir de 26.06.2017, para a concessão da assistência judiciária gratuita à pessoa natural, basta a declaração de hipossuficiência econômica firmada pela parte ou por seu advogado, desde que munido de procuração com poderes específicos para esse fim (art. 105 do CPC de 2015);
II – No caso de pessoa jurídica, não basta a mera declaração: é necessária a demonstração cabal de impossibilidade de a parte arcar com as despesas do processo.

Orientação Jurisprudencial 7 da SBDI-I do TST: Advogado. Atuação fora da seção da OAB onde o advogado está inscrito. Ausência de comunicação (Lei 4.215/1963, § 2.º, art. 56). Infração disciplinar. Não importa nulidade (inserido dispositivo) – *DJ* 20.04.2005. A despeito da norma então prevista no artigo 56, § 2.º, da Lei 4.215/1963, a falta de comunicação do advogado à OAB para o exercício profissional em seção diversa daquela na qual tem inscrição não importa nulidade dos atos praticados, constituindo apenas infração disciplinar, que cabe àquela instituição analisar.
Orientação Jurisprudencial 75 da SBDI-I do TST: Substabelecimento sem o reconhecimento de firma do substabelecente. Inválido (anterior à Lei 8.952/1994) (inserido dispositivo) – DJ 20.04.2005. Não produz efeitos jurídicos recurso subscrito por advogado com poderes conferidos em substabelecimento em que não consta o reconhecimento de firma do outorgante. Entendimento aplicável antes do advento da Lei 8.952/1994.

Orientação Jurisprudencial 151 da SBDI-II do TST: Ação rescisória e mandado de segurança. Procuração. Poderes específicos para ajuizamento de reclamação trabalhista. Irregularidade de representação processual. Fase recursal. Vício processual sanável. A procuração outorgada com poderes específicos para ajuizamento de reclamação trabalhista não autoriza a propositura de ação rescisória e mandado de segurança. Constatado, todavia, o defeito de representação processual na fase recursal, cumpre ao relator ou ao tribunal conceder prazo de 5 (cinco) dias para a regularização, nos termos da Súmula n.º 383, item II, do TST.

Orientação Jurisprudencial 200 da SBDI-I do TST: Mandato tácito. Substabelecimento inválido (inserido dispositivo) – *DJ* 20.04.2005. É inválido o substabelecimento de advogado investido de mandato tácito.

Orientação Jurisprudencial 286 da SBDI-I do TST: Agravo de instrumento. Traslado. Mandato tácito. Ata de audiência. Configuração (alterada) – Res. 167/2010, *DEJT* divulgado em 30.04.2010 e 03 e 04.05.2010. I – A juntada da ata de audiência, em que consignada a presença do advogado, desde que não estivesse atuando com mandato expresso, torna dispensável a procuração deste, porque demonstrada a existência de mandato tácito. II – Configurada a existência de mandato tácito fica suprida a irregularidade detectada no mandato expresso.

Orientação Jurisprudencial 348 da SBDI-I do TST: Honorários advocatícios. Base de cálculo. Valor líquido. Lei 1.060, de 05.02.1950 (*DJ* 25.04.2007). Os honorários advocatícios, arbitrados nos termos do art. 11, § 1.º, da Lei 1.060, de 05.02.1950, devem incidir sobre o valor líquido da condenação, apurado na fase de liquidação de sentença, sem a dedução dos descontos fiscais e previdenciários.

Orientação Jurisprudencial 349 da SBDI-I do TST: Mandato. Juntada de nova procuração. Ausência de ressalva. Efeitos (*DJ* 25.04.2007). A juntada de nova procuração aos autos, sem ressalva de poderes conferidos ao antigo patrono, implica revogação tácita do mandato anterior.

Orientação Jurisprudencial 371 da SBDI-I do TST: Irregularidade de representação. Substabelecimento não datado. Inaplicabilidade do art. 654, § 1.º, do Código Civil. Não caracteriza a irregularidade de representação a ausência da data da outorga de poderes, pois, no mandato judicial, ao contrário do mandato civil, não é condição de validade do negócio jurídico. Assim, a data a ser considerada é aquela em que o instrumento for juntado aos autos, conforme preceitua o art. 409, IV, do CPC de 2015 (art. 370, IV, do CPC de 1973). Inaplicável o art. 654, § 1.º, do Código Civil.

Orientação Jurisprudencial 409 da SBDI-I do TST: Multa por litigância de má-fé. Recolhimento. Pressuposto recursal. Inexigibilidade. O recolhimento do valor da multa imposta como sanção por litigância de má-fé (art. 81 do CPC de 2015 – art. 18 do CPC de 1973) não é pressuposto objetivo para interposição dos recursos de natureza trabalhista.

Orientação Jurisprudencial 421 da SBDI-I do TST: Honorários advocatícios. Ação de indenização por danos morais e materiais decorrentes de acidente de trabalho ou de doença profissional. Ajuizamento perante a Justiça Comum antes da promulgação da Emenda Constitucional n.º 45/2004. Posterior remessa dos autos à Justiça do Trabalho. Art. 85 do CPC de 2015. Art. 20 do CPC de 1973. Incidência. A condenação em honorários advocatícios nos autos de ação de indenização por danos morais e materiais decorrentes de acidente de trabalho ou de doença profissional, remetida à Justiça do Trabalho após ajuizamento na Justiça comum, antes da vigência da Emenda Constitucional n.º 45/2004, decorre da mera sucumbência, nos termos do art. 85 do CPC de 2015 (art. 20 do CPC de 1973), não se sujeitando aos requisitos da Lei n.º 5.584/1970.

✦ Referência legislativa

- Arts. 5.º, LXX, e 133 da CF.

Art. 791-A. Ao advogado, ainda que atue em causa própria, serão devidos honorários de sucumbência, fixados entre o mínimo de 5% (cinco por cento) e o máximo de 15% (quinze por cento) sobre o valor que resultar da liquidação da sentença, do proveito econômico obtido ou, não sendo possível mensurá-lo, sobre o valor atualizado da causa.

§ 1.º Os honorários são devidos também nas ações contra a Fazenda Pública e nas ações em que a parte estiver assistida ou substituída pelo sindicato de sua categoria.

§ 2.º Ao fixar os honorários, o juízo observará:

I – o grau de zelo do profissional;

II – o lugar de prestação do serviço;

III – a natureza e a importância da causa;

IV – o trabalho realizado pelo advogado e o tempo exigido para o seu serviço.

§ 3.º Na hipótese de procedência parcial, o juízo arbitrará honorários de sucumbência recíproca, vedada a compensação entre os honorários.

§ 4.º Vencido o beneficiário da justiça gratuita, desde que não tenha obtido em juízo, ainda que em outro processo, créditos capazes de suportar a despesa, as obrigações decorrentes de sua sucumbência ficarão sob condição suspensiva de exigibilidade e somente poderão ser executadas se, nos dois anos subsequentes ao trânsito em julgado da decisão que as certificou, o credor demonstrar que deixou de existir a situação de insuficiência de recursos que justificou a concessão de gratuidade, extinguindo-se, passado esse prazo, tais obrigações do beneficiário. (incluído pela Lei 13.467/2017) (Cf. ADI 5.766)

§ 5.º São devidos honorários de sucumbência na reconvenção.

1. HONORÁRIOS ADVOCATÍCIOS

Anteriormente, prevalecia o entendimento de que no processo do trabalho, tratando-se de conflito decorrente da relação de emprego, como regra, os honorários advocatícios apenas eram devidos na hipótese do art. 16 da Lei 5.584/1970 (revogado pela Lei 13.725/2018), isto é, em favor do sindicato que presta assistência judiciária.

Nessa época, mesmo em caso de recurso extraordinário em processo de natureza trabalhista, a Súmula 633 do STF previa ser incabível a condenação em verba honorária nos recursos extraordinários interpostos em processo trabalhista, exceto nas hipóteses previstas na Lei 5.584/1970.

Nos termos do art. 85 do CPC, a sentença deve condenar o vencido a pagar honorários ao advogado do vencedor.

São devidos honorários advocatícios na reconvenção, no cumprimento de sentença, provisório ou definitivo, na execução, resistida ou não, e nos recursos interpostos, cumulativamente (art. 85, § 1.º, do CPC).

No processo civil, os honorários devem ser fixados entre o mínimo de dez e o máximo de vinte por cento sobre o valor da condenação, do proveito econômico obtido ou, não sendo possível mensurá-lo, sobre o valor atualizado da causa, atendidos: I – o grau de zelo do profissional; II – o lugar de prestação do serviço; III – a natureza e a importância da causa; IV – o trabalho realizado pelo advogado e o tempo exigido para o seu serviço (art. 85, § 2.º, do CPC).

Segundo o Código de Processo Civil, nas causas em que a Fazenda Pública for parte, a fixação dos honorários deve observar os critérios estabelecidos nos incisos I a IV do § 2.º do art. 85 do CPC e os seguintes percentuais: I – mínimo de dez e máximo de vinte por cento sobre o valor da condenação ou do proveito econômico obtido até duzentos salários mínimos; II – mínimo de oito e máximo de dez por cento sobre o valor da condenação ou do proveito econômico obtido acima de duzentos salários mínimos até dois mil salários mínimos; III – mínimo de cinco e máximo de oito por cento sobre o valor da condenação ou do proveito econômico obtido acima de dois mil salários mínimos até vinte mil salários mínimos; IV – mínimo de três e máximo de cinco por cento sobre o valor da condenação ou do proveito econômico obtido acima de vinte mil salários mínimos até cem mil salários mínimos; V – mínimo de um e máximo de três por cento sobre o valor da condenação ou do proveito econômico obtido acima de cem mil salários mínimos (art. 85, § 3.º, do CPC).

Em qualquer das hipóteses do § 3.º do art. 85 do CPC, ou seja, nas causas em que a Fazenda Pública for parte: I – os percentuais previstos nos incisos I a V do art. 85 do CPC, acima indicados, devem ser aplicados desde logo quando for líquida a sentença; II – não sendo líquida a sentença, a definição do percentual, nos termos dos referidos incisos I a V, somente deve ocorrer quando liquidado o julgado; III – não havendo condenação principal ou não sendo possível mensurar o proveito econômico obtido, a condenação em honorários deve se dar sobre o valor atualizado da causa; IV – deve ser considerado o salário mínimo vigente quando prolatada sentença líquida ou o que estiver em vigor na data da decisão de liquidação (art. 85, § 4.º, do CPC).

Quando, conforme o caso, a condenação contra a Fazenda Pública ou o benefício econômico obtido pelo vencedor ou o valor da causa for superior ao valor previsto no inciso I do § 3.º do art. 85 do CPC, a fixação do percentual de honorários deve observar a faixa inicial e, naquilo que a exceder, a faixa subsequente, e assim sucessivamente (art. 85, § 5.º, do CPC).

Os limites e critérios previstos nos §§ 2.º e 3.º do art. 85 do CPC aplicam-se independentemente de qual seja o conteúdo da decisão, inclusive aos casos de improcedência ou extinção do processo sem resolução do mérito (art. 85, § 6.º, do CPC).

Não são devidos honorários no cumprimento de sentença (execução fundada em título judicial) contra a Fazenda Pública que enseje expedição de precatório, desde que não tenha sido impugnada (embargada, no caso do processo do trabalho), conforme art. 85, § 7.º, do CPC.

Logo, na execução de quantia certa contra a Fazenda Pública, que exija a expedição de precatório (ou seja, que não se trate de pequeno valor), se houver a apresentação de impugnação (embargos) à execução (art. 535 do CPC), os honorários advocatícios de sucumbência são devidos, quando preenchidos os requisitos legais de seu cabimento. Da mesma forma, os honorários advocatícios são devidos na execução fundada em título executivo extrajudicial contra a Fazenda Pública (art. 910 do CPC), bem como no cumprimento (execução) da sentença de obrigação de pequeno valor (art. 535, § 3.º, inciso II, do CPC), quando apresentados os embargos à execução.

Nas causas em que for inestimável ou irrisório o proveito econômico ou, ainda, quando o valor da causa for muito baixo, o juiz deve fixar o valor dos honorários por apreciação equitativa, observando o disposto nos incisos do § 2.º do art. 85 do CPC, acima referido (art. 85, § 8.º, do CPC).

Quando o valor da condenação ou do proveito econômico obtido ou o valor atualizado da causa for líquido ou liquidável, para fins de fixação dos honorários advocatícios, nos termos dos §§ 2.º e 3.º do art. 85 do CPC, é proibida a apreciação equitativa, salvo nas hipóteses expressamente previstas no § 8.º do art. 85 do CPC (art. 85, § 6.º-A, do CPC, incluído pela Lei 14.365/2022).

Na hipótese do § 8.º do art. 85 do CPC, para fins de fixação equitativa de honorários sucumbenciais, o juiz deve observar os valores recomendados pelo Conselho Seccional da Ordem dos Advogados do Brasil a título de honorários advocatícios ou o limite mínimo de 10% estabelecido no § 2.º do art. 85 do CPC, aplicando-se o que for maior (art. 85, § 8.º-A, do CPC, incluído pela Lei 14.365/2022).

Na ação de indenização por ato ilícito contra pessoa, o percentual de honorários deve incidir sobre a soma das prestações vencidas com mais doze prestações vincendas (art. 85, § 9.º, do CPC).

Nos casos de perda do objeto, os honorários são devidos por quem deu causa ao processo (art. 85, § 10, do CPC). Logo, a condenação em honorários advocatícios deve observar o princípio da causalidade, em complementação ao princípio da sucumbência (art. 85, *caput*, do CPC).

O tribunal, ao julgar recurso, majorará os honorários fixados anteriormente levando em conta o trabalho adicional realizado em grau recursal, observando, conforme o caso, o disposto no art. 85, §§ 2.º a 6.º, sendo vedado ao tribunal, no cômputo geral da fixação de honorários devidos ao advogado do vencedor, ultrapassar os respectivos limites estabelecidos no art. 85, §§ 2.º e 3.º, para a fase de conhecimento (art. 85, § 11, do CPC).

Os honorários referidos no § 11 do art. 85 do CPC são cumuláveis com multas e outras sanções processuais, inclusive as previstas no art. 77 do CPC (art. 85, § 12, do CPC).

As verbas de sucumbência arbitradas em embargos à execução rejeitados ou julgados improcedentes e em fase de cumprimento de sentença devem ser acrescidas no valor do débito principal, para todos os efeitos legais (art. 85, § 13, do CPC).

Os honorários constituem direito do advogado e têm natureza alimentar, com os mesmos privilégios dos créditos oriundos da legislação do trabalho, sendo vedada a compensação em caso de sucumbência parcial (art. 85, § 14, do CPC).

O advogado pode requerer que o pagamento dos honorários que lhe caibam seja efetuado em favor da sociedade de advogados que integra na qualidade de sócio, aplicando-se à hipótese o disposto no § 14 do art. 85 do CPC (art. 85, § 15, do CPC).

Quando os honorários forem fixados em quantia certa, os juros moratórios devem incidir a partir da data do trânsito em julgado da decisão (art. 85, § 16, do CPC).

Os honorários são devidos quando o advogado atuar em causa própria (art. 85, § 17, do CPC).

Caso a decisão transitada em julgado seja omissa quanto ao direito aos honorários ou ao seu valor, é cabível ação autônoma para sua definição e cobrança (art. 85, § 18, do CPC).

Os advogados públicos devem perceber honorários de sucumbência, nos termos da lei (art. 85, § 19, do CPC), como se observa nos arts. 27 e seguintes da Lei 13.327/2016, ao dispor sobre os honorários advocatícios de sucumbência das causas em que forem parte a União, as autarquias e as fundações públicas federais (art. 29).

O Supremo Tribunal Federal declarou a constitucionalidade da percepção de honorários de sucumbência pelos advogados públicos e julgou parcialmente procedente o pedido formulado em ação direta de inconstitucionalidade para, conferindo interpretação conforme à Constituição ao art. 23 da Lei 8.906/1994, ao art. 85, § 19, da Lei 13.105/2015 (CPC), e aos arts. 27 e 29 a 36 da Lei 13.327/2016, estabelecer que a somatória dos subsídios e honorários de sucumbência percebidos mensalmente pelos advogados públicos não poderá exceder ao teto dos Ministros do Supremo Tribunal Federal, conforme o que dispõe o art. 37, inciso XI, da Constituição Federal de 1988 (STF, Pleno, ADI 6.053/DF, Red. p/ ac. Min. Alexandre de Moraes, j. 22.06.2020, *DJe* 17.07.2020).

Atualmente, o art. 791-A da CLT, acrescentado pela Lei 13.467/2017, dispõe que ao advogado, ainda que atue em causa própria, são devidos *honorários de sucumbência*, fixados entre o mínimo de 5% e o máximo de 15% sobre o valor que resultar da liquidação da sentença, do proveito econômico obtido ou, não sendo possível mensurá-lo, sobre o valor atualizado da causa.

Os referidos percentuais dos honorários advocatícios de sucumbência são inferiores aos previstos no art. 85, § 2.º, do CPC[235], sem justificativa lógica e razoável, o que se revela injusto e contrário ao princípio da igualdade, ao estabelecer tratamento prejudicial ao advogado que atua na Justiça do Trabalho, quando comparado com a esfera cível.

---

235 "§ 2.º Os honorários serão fixados entre o mínimo de dez e o máximo de vinte por cento sobre o valor da condenação, do proveito econômico obtido ou, não sendo possível mensurá-lo, sobre o valor atualizado da causa, atendidos: I – o grau de zelo do profissional; II – o lugar de prestação do serviço; III – a natureza e a importância da causa; IV – o trabalho realizado pelo advogado e o tempo exigido para o seu serviço".

Na realidade, com a ampliação da competência da Justiça do Trabalho, decorrente da Emenda Constitucional 45/2004, nas ações oriundas de outras relações de trabalho, que não a de emprego, bem como de outras relações jurídicas (como nos conflitos sobre representação sindical), os honorários advocatícios decorrentes da sucumbência já eram devidos na forma dos arts. 85 e seguintes do CPC de 2015.

Isso era confirmado pelo art. 5.º da Instrução Normativa 27/2005 do TST, ao prever que, "exceto nas lides decorrentes da relação de emprego, os honorários advocatícios são devidos pela mera sucumbência".

Os honorários advocatícios de sucumbência passaram a ser devidos de forma ampla no processo do trabalho, ainda que o advogado atue em causa própria.

Os honorários advocatícios no processo do trabalho devem ser fixados entre 5% e 15% sobre o valor que resultar da liquidação da sentença, do proveito econômico obtido ou, não sendo possível mensurá-lo, sobre o valor atualizado da causa (art. 791-A da CLT).

Cabe lembrar que, tendo em vista a vedação prevista na parte final do art. 7.º, inciso IV, da Constituição da República, nos termos da Súmula 201 do STJ, "os honorários advocatícios não podem ser fixados em salários mínimos".

Os honorários são devidos também nas ações contra a Fazenda Pública e nas ações em que a parte estiver assistida ou substituída pelo sindicato de sua categoria (art. 791-A, § 1.º, da CLT).

Ao fixar os honorários, o juízo deve observar: o grau de zelo do profissional; o lugar de prestação do serviço; a natureza e a importância da causa; o trabalho realizado pelo advogado e o tempo exigido para o seu serviço (art. 791-A, § 2.º, da CLT).

Na hipótese de procedência parcial, o juízo deve arbitrar honorários de sucumbência recíproca, vedada a compensação entre os honorários (art. 791-A, § 3.º, da CLT).

Quanto aos honorários advocatícios, portanto, passa a haver sucumbência recíproca no processo do trabalho.

Se cada litigante for, em parte, vencedor e vencido, devem ser proporcionalmente distribuídas entre eles as despesas (art. 86 do CPC). Se um litigante sucumbir em parte *mínima do pedido*, o outro responde, por inteiro, pelas despesas e pelos honorários. Cf. ainda Súmula 326 do STJ.

Concorrendo diversos autores ou diversos réus, os vencidos respondem *proporcionalmente* pelas despesas e pelos honorários (art. 87 do CPC). A sentença deve distribuir entre os litisconsortes, de forma expressa, a responsabilidade proporcional pelo pagamento das verbas mencionadas. Se essa distribuição não for feita, os vencidos respondem solidariamente pelas despesas e pelos honorários.

Proferida sentença com fundamento em desistência, em renúncia ou em reconhecimento do pedido, as despesas e os honorários devem ser pagos pela parte que desistiu, renunciou ou reconheceu (art. 90 do CPC). Sendo parcial a desistência, a renúncia ou o reconhecimento, a responsabilidade pelas despesas e pelos honorários deve ser proporcional à parcela reconhecida, à qual se renunciou ou da qual se desistiu.

Havendo transação e nada tendo as partes disposto quanto às despesas, estas devem ser divididas igualmente (art. 90, § 2.º, do CPC). Se a transação ocorrer antes da sentença, as partes ficam dispensadas do pagamento das custas processuais remanescentes, se houver.

Se o réu reconhecer a procedência do pedido e, simultaneamente, cumprir integralmente a prestação reconhecida, os honorários devem ser reduzidos pela metade (art. 90, § 4.º, do CPC).

Não se admite a compensação entre os honorários advocatícios devidos, pois pertencem aos advogados, e não às partes.

Como prevê o art. 23 da Lei 8.906/1994, os honorários incluídos na condenação, por arbitramento ou sucumbência, pertencem ao advogado, tendo este direito autônomo para executar a sentença nesta parte, podendo requerer que o precatório, quando necessário, seja expedido em seu favor.

Os honorários advocatícios incluídos na condenação ou destacados do montante principal devido ao credor consubstanciam verba de natureza alimentar cuja satisfação ocorrerá com a expedição de precatório ou requisição de pequeno valor, observada ordem especial restrita aos créditos dessa natureza (Súmula Vinculante 47 do STF).

Deve-se observar, portanto, a preferência para o pagamento dos honorários advocatícios, por exemplo, nas hipóteses de falência (Lei 11.101/2005, art. 83, inciso I) e de precatório (art. 100, § 1.º, da Constituição da República).

O Superior Tribunal de Justiça fixou as seguintes teses em recurso especial repetitivo: "I – os créditos resultantes de honorários advocatícios têm natureza alimentar e equiparam-se aos trabalhistas para efeito de habilitação em falência, seja pela regência do Decreto-Lei n. 7.661/1945, seja pela forma prevista na Lei n. 11.101/2005, observado o limite de valor previsto no artigo 83, inciso I, do referido diploma legal. II – são créditos extraconcursais os honorários de advogado resultantes de trabalhos prestados à massa falida, depois do decreto de falência, nos termos dos arts. 84 e 149 da Lei n. 11.101/2005" (STJ, Corte Especial, REsp 1.152.218/RS, 2009/0156374-4, Rel. Min. Luis Felipe Salomão, *DJe* 09.10.2014).

Conforme o art. 322 do CPC, o pedido deve ser certo. Compreendem-se no principal os juros legais, a correção monetária e as verbas de sucumbência, inclusive os honorários advocatícios. Desse modo, entende-se que é dispensável pedido expresso para condenação do réu em honorários advocatícios (Súmula 256 do STF).

Evidentemente, além dos honorários advocatícios de sucumbência, existem os honorários contratuais.

Nesse sentido, o art. 22 da Lei 8.906/1994 dispõe que a prestação de serviço profissional assegura aos inscritos na OAB o direito aos honorários convencionados, aos fixados por arbitramento judicial e aos de sucumbência.

O disposto nos §§ 2.º, 3.º, 4.º, 5.º, 6.º, 6.º-A, 8.º, 8.º-A, 9.º e 10 do art. 85 do CPC aplica-se aos honorários fixados por arbitramento judicial (art. 85, § 20, do CPC, incluído pela Lei 14.365/2022).

O disposto no art. 22 da Lei 8.906/1994 aplica-se aos *honorários assistenciais*, compreendidos como os fixados em ações coletivas propostas por entidades de classe em substituição processual, sem prejuízo aos honorários convencionais (art. 22, § 6.º, da Lei 8.906/1994, incluído pela Lei 13.725/2018).

Os honorários *convencionados* com entidades de classe para atuação em substituição processual podem prever a faculdade de indicar os beneficiários que, ao optarem por adquirir os direitos, assumirão as obrigações decorrentes do contrato originário a partir do momento em que este foi celebrado, sem a necessidade de mais formalidades (art. 22, § 7.º, da Lei

8.906/1994, acrescentado pela Lei 13.725/2018). Os titulares dos honorários advocatícios convencionados, nesse caso, são os advogados que prestarem serviço profissional nas ações coletivas ajuizadas por entidades de classe em substituição processual.

Consideram-se também honorários convencionados aqueles decorrentes da indicação de cliente entre advogados ou sociedade de advogados (art. 22, § 8.º, da Lei 8.906/1994, incluído pela Lei 14.365/2022).

Os honorários advocatícios devidos quando o sindicato da categoria profissional presta a assistência judiciária, com fundamento na Lei 5.584/1970, têm natureza de *honorários de sucumbência*, sendo devidos, portanto, ao advogado que atuou na causa, conforme art. 791-A, § 1.º, da CLT e art. 23 da Lei 8.906/1994. Isso é confirmado pela revogação do art. 16 da Lei 5.584/1970 pela Lei 13.725/2018 (art. 3.º).

Nos termos do art. 791-A, § 4.º, da CLT, incluído pela Lei 13.467/2017, vencido o beneficiário da justiça gratuita, desde que não tenha obtido em juízo, ainda que em outro processo, créditos capazes de suportar a despesa, as obrigações decorrentes de sua sucumbência ficam sob *condição suspensiva de exigibilidade* e somente podem ser executadas se, nos dois anos subsequentes ao trânsito em julgado da decisão que as certificou, o credor demonstrar que deixou de existir a situação de insuficiência de recursos que justificou a concessão de gratuidade, extinguindo-se, passado esse prazo, tais obrigações do beneficiário.

A interpretação conforme a Constituição desse dispositivo deveria ser no sentido de que apenas quando os créditos obtidos em juízo (ainda que em outro processo) não forem imprescindíveis à subsistência do beneficiário da justiça gratuita e de sua família (art. 5.º, inciso LXXIV, da CRFB/1988) é que podem ser destinados ao pagamento dos honorários advocatícios.

A Ação Direta de Inconstitucionalidade 5.766/DF tem como objeto, entre outros dispositivos decorrentes da Lei 13.467/2017, a expressão "desde que não tenha obtido em juízo, ainda que em outro processo, créditos capazes de suportar a despesa", prevista no § 4.º do art. 791-A da CLT.

O Supremo Tribunal Federal julgou parcialmente procedente o pedido formulado na ação direta e declarou *inconstitucional* o 791-A, § 4.º, da CLT (STF, Pleno, ADI 5.766/DF, Red. p/ ac. Min. Alexandre de Moraes, j. 20.10.2021). Prevaleceu o entendimento de que essa norma estabelece condições inconstitucionais para a gratuidade da justiça e apresenta obstáculo à efetiva aplicação da previsão constitucional de que o Estado deve prestar assistência jurídica integral e gratuita às pessoas que comprovarem insuficiência de recursos (art. 5.º, inciso LXXIV, da Constituição Federal de 1988)[236].

Para a melhor compreensão do alcance da referida decisão, cabe destacar o seguinte julgado: TST, 5.ª T., RRAg-414-91.2020.5.12.0016, Rel. Min. Alberto Bastos Balazeiro, *DEJT* 01.07.2022.

---

[236] "Constitucional. Ação direta de inconstitucionalidade. Lei 13.467/2017. Reforma trabalhista. Regras sobre gratuidade de justiça. Responsabilidade pelo pagamento de ônus sucumbenciais em hipóteses específicas. Alegações de violação aos princípios da isonomia, inafastabilidade da jurisdição, acesso à justiça, solidariedade social e direito social à assistência jurídica gratuita. Margem de conformação do legislador. Critérios de racionalização da prestação jurisdicional. Ação direta julgada parcialmente procedente. 1. É inconstitucional a legislação que presume a perda da condição de hipossuficiência econômica para efeito de aplicação do benefício de gratuidade de justiça, apenas em razão da apuração de créditos em favor do trabalhador em outra relação processual, dispensado o empregador do ônus processual de comprovar eventual modificação na capacidade econômica do beneficiário. [...] 3. Ação Direta julgada parcialmente procedente" (STF, Pleno, ADI 5.766/DF, Red. p/ ac. Min. Alexandre de Moraes, DJe 03.05.2022).

Confirmando o exposto, faz-se referência ao seguinte julgado do Supremo Tribunal Federal: "1. Embora não tenha ocorrido a discussão pela Corte reclamada sobre a presença da condição de hipossuficiência do trabalhador, adotou-se em outro extremo a premissa equivocada de que o beneficiário da gratuidade judiciária goza de isenção absoluta ou definitiva. No julgamento da ADI 5.766, declarou-se a inconstitucionalidade de dispositivos da Lei 13.467/2017, reconhecendo-se legítima a responsabilidade do beneficiário pelo pagamento de ônus sucumbenciais em situações específicas. Destaque-se: o que esta Corte vedou foi o automático afastamento da condição de hipossuficiência da parte como consequência lógica da obtenção de valores em juízo, e não a possibilidade de haver condenação em honorários advocatícios (os quais podem ser arbitrados, ficando sob condição suspensiva de exigibilidade). O Tribunal reclamado, ao afastar em caráter absoluto a responsabilidade do beneficiário da gratuidade pelas despesas sucumbenciais, contrariou as balizas fixadas na ADI 5.766" (STF, 1.ª T., ED-Rcl 57.892/SP, Rel. Min. Alexandre de Moraes, *DJe* 21.03.2023).

São devidos honorários de sucumbência na *reconvenção* (art. 791-A, § 5.º, da CLT).

Na ação de produção antecipada de provas (arts. 381 a 383 do CPC), se não houver resistência do requerido, não são cabíveis honorários advocatícios de sucumbência, por não haver vencido e vencedor.

✦ Jurisprudência

Agravo interno. Recurso extraordinário com agravo. Honorários advocatícios no processo do trabalho. Art. 791-A da Consolidação das Leis do Trabalho, introduzido pela Lei 13.467/2017. Inaplicabilidade a processo já sentenciado. 1. A parte vencedora pede a fixação de honorários advocatícios na causa com base em direito superveniente – a Lei 13.467/2017, que promoveu a cognominada "Reforma Trabalhista". 2. O direito aos honorários advocatícios sucumbenciais surge no instante da prolação da sentença. Se tal crédito não era previsto no ordenamento jurídico nesse momento processual, não cabe sua estipulação com base em lei posterior, sob pena de ofensa ao princípio da irretroatividade da lei. 3. Agravo interno a que se nega provimento (STF, 1.ª T., AgR-ARE 1.014.675/MG, Rel. Min. Alexandre de Moraes, *DJe* 12.04.2018).

Constitucional e Administrativo. Interdependência e complementaridade das normas constitucionais previstas nos artigos 37, *caput*, XI, e 39, §§ 4.º e 8.º, e das previsões estabelecidas no Título IV, Capítulo IV, Seções II e IV, do texto constitucional. Possibilidade do recebimento de verba de honorários de sucumbência por advogados públicos cumulada com subsídio. Necessidade de absoluto respeito ao teto constitucional do funcionalismo público. 1. A natureza constitucional dos serviços prestados pelos advogados públicos possibilita o recebimento da verba de honorários sucumbenciais, nos termos da lei. A Corte, recentemente, assentou que "o artigo 39, § 4.º, da Constituição Federal, não constitui vedação absoluta de pagamento de outras verbas além do subsídio" (ADI 4.941, Rel. Min. Teori Zavascki, Relator p/ acórdão, Min. Luiz Fux, *DJe* de 7/2/2020). 2. Nada obstante compatível com o regime de subsídio, sobretudo quando estruturado como um modelo de remuneração por performance, com vistas à eficiência do serviço público, a possibilidade de advogados públicos perceberem verbas honorárias sucumbenciais não afasta a incidência do teto remuneratório estabelecido pelo art. 37, XI, da Constituição Federal. 3. Ação parcialmente procedente" (STF, Pleno, ADI 6.053/DF, Red. p/ ac. Min. Alexandre de Moraes, *DJe* 17.07.2020).

Recurso Especial. Recuperação judicial. Habilitação de crédito. Honorários advocatícios sucumbenciais. Legitimidade. Concorrente. Advogado. Parte. Súmula n.º 306/STJ. Habilitação autônoma. Desnecessidade. Embargos de declaração. Caráter protelatório. Art. 538 do CPC/1973. Manutenção da multa. 1. Recurso especial interposto contra acórdão publicado na vigência do Código de Processo Civil de 1973 (Enunciados Administrativos n°s 2 e 3/STJ). 2. Cinge-se a controvérsia a definir se o crédito oriundo de honorários advocatícios sucumbenciais pode ser habilitado na recuperação judicial de forma conjunta com o crédito trabalhista reconhecido judicialmente, sem a necessidade de habilitação autônoma do advogado, tendo em vista a legitimidade concorrente da parte. 2. Apesar da inegável autonomia entre o crédito trabalhista e o crédito resultante de honorários advocatícios sucumbenciais, ambos ostentam natureza alimentar, sendo possível afirmar, em virtude do princípio da causalidade, que a verba honorária está intrinsecamente ligada à demanda que lhes deu origem. 3. Afigura-se razoável a habilitação do crédito relativo à verba honorária sucumbencial realizada conjuntamente com o crédito trabalhista reconhecido judicialmente ao ex-empregado, a teor da

Súmula n.º 306/STJ. 4. A legitimidade para habilitação de honorários sucumbenciais na recuperação no bojo da recuperação judicial, tal qual a execução, pode ser conferida concorrentemente à parte, ainda que referida verba seja de titularidade dos advogados que atuaram no feito. 5. Se a jurisprudência do Superior Tribunal de Justiça assegura ser possível a execução da verba honorária de sucumbência juntamente com o crédito da parte, por coerência, também deve ser permitida que a habilitação seja promovida pela parte, sem a necessidade de pedido autônomo dos patronos que a representaram na demanda. 6. A orientação jurisprudencial desta Corte é firme no sentido de que a via dos aclaratórios não se presta à mera rediscussão dos fundamentos da decisão embargada. Assim, identificado o caráter protelatório dos embargos declaratórios ou o abuso da parte embargante em sua oposição, impõe-se a aplicação da multa a que se refere o parágrafo único do art. 538 do CPC/1973. 7. Recurso especial conhecido e não provido (STJ, 3.ª T., REsp 1.539.429/SP, 2014/0271425-6, Rel. Min. Ricardo Villas Bôas Cueva, *DJe* 01.10.2018).

O Tribunal Superior do Trabalho aprovou as seguintes teses jurídicas em incidente de recurso repetitivo: "1) Nas lides decorrentes da relação de emprego, os honorários advocatícios, com relação às ações ajuizadas no período anterior ao início de vigência da Lei n.º 13.467/2017, somente são cabíveis na hipótese prevista no artigo 14 da Lei n.º 5.584/70 e na Súmula n.º 219, item I, do TST, tendo por destinatário o sindicato assistente, conforme disposto no artigo 16 do referido diploma legal, até então vigente (revogado expressamente pela Lei n.º 13.725/2018) e no caso de assistência judiciária prestada pela Defensoria Pública da União ao beneficiário da justiça gratuita, consoante os artigos 17 da Lei n.º 5.584/70 e 14 da Lei Complementar n.º 80/94, revelando-se incabível a condenação da parte vencida ao pagamento dessa verba honorária seja pela mera sucumbência, seja a título de indenização por perdas e danos, seja pela simples circunstância de a parte ser beneficiária da justiça gratuita; 2) A ampliação da competência da Justiça do Trabalho pela Emenda Constitucional n.º 45/2004 acarretou o pagamento de honorários advocatícios com base unicamente no critério da sucumbência apenas com relação às lides não decorrentes da relação de emprego, conforme sedimentado nos itens III e IV da Súmula n.º 219 do TST, por meio, respectivamente, das Resoluções n.ºs 174, de 24 de maio de 2011, e 204, de 15 de março de 2016, e no item 5 da Instrução Normativa n.º 27, de 16 de fevereiro de 2005; 3) Às demandas não decorrentes da relação de emprego, mas que já tramitavam na Justiça do Trabalho por força de norma legal expressa, relativas aos trabalhadores avulsos e portuários, *ex vi* dos artigos 643, *caput*, e 652, alínea 'a', inciso V, da CLT, são inaplicáveis o item 5 da Instrução Normativa n.º 27/2005 do Tribunal Superior do Trabalho e o item III da Súmula n.º 219 desta Corte, porquanto a Constituição Federal, em seu artigo 7.º, inciso XXXIV, equipara o avulso ao trabalhador com vínculo empregatício, sendo-lhe aplicável, portanto, o entendimento previsto no item I da Súmula n.º 219 desta Corte; 4) Às lides decorrentes da relação de emprego, objeto de ações propostas antes do início da vigência da Lei n.º 13.467/2017, não se aplica a Súmula n.º 234 do STF, segundo a qual 'são devidos honorários de advogado em ação de acidente de trabalho julgada procedente'; 5) Não houve derrogação tácita do artigo 14 da Lei n.º 5.584/1970 em virtude do advento da Lei n.º 10.288/2001, que adicionou o § 10 ao artigo 789 da CLT, reportando-se à assistência judiciária gratuita prestada pelos sindicatos, e a superveniente revogação expressa desse dispositivo da CLT pela Lei n.º 10.537/2002 sem que esta disciplinasse novamente a matéria, pelo que a assistência judiciária prestada pela entidade sindical no âmbito da Justiça do Trabalho ainda permanece regulamentada pela referida lei especial; 6) São inaplicáveis os artigos 389, 395 e 404 do Código Civil ao Processo do Trabalho para fins de condenação ao pagamento de honorários advocatícios, nas lides decorrentes da relação de emprego, objeto de ações ajuizadas antes do início da vigência da Lei n.º 13.467/2017, visto que, no âmbito da Justiça do Trabalho, essa condenação não se resolve pela ótica da responsabilidade civil, mas sim da sua legislação específica, notadamente a Lei n.º 5.584/70; 7) A condenação em honorários advocatícios sucumbenciais prevista no artigo 791-A, *caput* e parágrafos, da CLT será aplicável apenas às ações propostas na Justiça do Trabalho a partir de 11 de novembro de 2017, data do início da vigência da Lei n.º 13.467/2017, promulgada em 13 de julho de 2017, conforme já decidiu este Pleno, de forma unânime, por ocasião da aprovação do artigo 6.º da Instrução Normativa n.º 41/2018; 8) A deliberação neste incidente a respeito da Lei n.º 13.467/2017 limita-se estritamente aos efeitos de direito intertemporal decorrentes das alterações introduzidas pela citada lei, que generalizou a aplicação do princípio da sucumbência em tema de honorários advocatícios no âmbito da Justiça do Trabalho, não havendo emissão de tese jurídica sobre o conteúdo em si e as demais peculiaridades da nova disposição legislativa, tampouco acerca da inconstitucionalidade do artigo 791-A, *caput* e § 4.º, da CLT" (TST, Pleno, IRR - 341-06.2013.5.04.0011, Rel. Min. José Roberto Freire Pimenta, j. 23.08.2021, *DEJT* 01.10.2021).

Recurso de revista. Rito sumaríssimo. Honorários advocatícios sucumbenciais. Beneficiário da justiça gratuita. Artigo 791-A, § 4.º, da CLT. Ação proposta após 11 de novembro de 2017. Ação Direta de Inconstitucionalidade n.º 5.766/DF. Transcendência política reconhecida. 1. Este Relator vinha entendendo pela inconstitucionalidade integral dos dispositivos relativos à cobrança de honorários advocatícios do beneficiário da gratuidade judiciária, com base na certidão de julgamento da ADI 5.766/DF, julgada em 20/10/2021. 2. Contudo, advinda a publicação do acórdão, em 03/05/2022, restou claro que o Supremo Tribunal Federal, no julgamento da referida ação, declarou a inconstitucionalidade do trecho "desde que não tenha obtido em juízo, ainda que em outro processo" do art. 791-A, § 4.º, e do trecho 'ainda que beneficiária da justiça gratuita', constante do *caput* do art. 790-B, e da integralidade do § 4.º do mesmo dispositivo, todos da CLT. 3. Em sede de embargos de declaração o Supremo Tribunal Federal reafirmou a extensão da declaração de inconstitucionalidade desses dispositivos, nos termos em que fixada no acórdão embargado, em razão da existência de congruência com o pedido formulado pelo Procurador-Geral da República. 4. A inteligência do precedente firmado pelo Supremo Tribunal Federal não autoriza a exclusão da possibilidade de que, na Justiça do Trabalho, com o advento da Lei n.º 13.467/2017, o beneficiário da justiça gratuita tenha obrigações decorrentes da sucumbência que restem sob condição suspensiva de exigibilidade; o que o Supremo Tribunal Federal reputou inconstitucional foi a presunção legal, *iure et de iure*, de que a obtenção de créditos na mesma ou em outra ação, por si só, exclua a condição de hipossuficiente do devedor. 5. Vedada, pois, é a compensação automática insculpida na redação original dos dispositivos; prevalece, contudo, a possibilidade de que, no prazo de suspensão de exigibilidade, o credor demonstre a alteração do estado de insuficiência de recursos do devedor, por qualquer meio lícito, circunstância que autorizará a execução das obrigações decorrentes da sucumbência. 6. Assim, os honorários advocatícios sucumbenciais devidos pela parte reclamante ficam sob condição suspensiva de exigibilidade e somente poderão ser executados se, nos dois anos subsequentes ao trânsito em julgado da decisão que os certificou, o credor demonstrar que deixou de existir a situação de insuficiência de recursos do devedor, que, contudo, não poderá decorrer da mera obtenção de outros créditos na presente ação ou em outras. Passado esse prazo, extingue-se essa obrigação do beneficiário. 7. A Corte de origem, ao aplicar a literalidade do art. 791-A, § 4.º, da CLT decidiu em desconformidade com o entendimento firmado pelo Supremo Tribunal Federal. Recurso de revista de que se conhece e a que se dá parcial provimento (TST, 5.ª T., RRAg-414-91.2020.5.12.0016, Rel. Min. Alberto Bastos Balazeiro, *DEJT* 01.07.2022).

✦ Súmulas, Orientações Jurisprudenciais e Precedentes Normativos

Súmula Vinculante 47 do STF: Os honorários advocatícios incluídos na condenação ou destacados do montante principal devido ao credor consubstanciam verba de natureza alimentar cuja satisfação ocorrerá com a expedição de precatório ou requisição de pequeno valor, observada ordem especial restrita aos créditos dessa natureza.

Súmula 256 do STF: É dispensável pedido expresso para condenação do réu em honorários, com fundamento nos arts. 63 ou 64 do Cód. de Proc. Civil.

Súmula 633 do STF: É incabível a condenação em verba honorária nos recursos extraordinários interpostos em processo trabalhista, exceto nas hipóteses previstas na Lei 5.584/1970.

Súmula 201 do STJ: Os honorários advocatícios não podem ser fixados em salários mínimos.

Súmula 326 do STJ: Na ação de indenização por dano moral, a condenação em montante inferior ao postulado na inicial não implica sucumbência recíproca.

Súmula 219 do TST: Honorários advocatícios. Cabimento. I – Na Justiça do Trabalho, a condenação ao pagamento de honorários advocatícios não decorre pura e simplesmente da sucumbência, devendo a parte, concomitantemente: a) estar assistida por sindicato da categoria profissional; b) comprovar a percepção de salário inferior ao dobro do salário mínimo ou encontrar-se em situação econômica que não lhe permita demandar sem prejuízo do próprio sustento ou da respectiva família (art. 14, § 1.º, da Lei n.º 5.584/1970). II – É cabível a condenação ao pagamento de honorários advocatícios em ação rescisória no processo trabalhista. III – São devidos os honorários advocatícios nas causas em que o ente sindical figure como substituto processual e nas lides que não derivem da relação de emprego. IV – Na ação rescisória e nas lides que não derivem de relação de emprego, a responsabilidade pelo pagamento dos honorários advocatícios da sucumbência submete-se à disciplina do Código de Processo Civil (arts. 85, 86, 87 e 90). V – Em caso de assistência judiciária sindical ou de substituição processual sindical, excetuados os processos em que a Fazenda Pública for parte, os honorários advocatícios são devidos entre o mínimo de dez e o máximo de vinte por cento sobre o valor da condenação, do proveito econômico obtido ou, não sendo possível mensurá-lo, sobre o valor atualizado da causa (CPC de 2015, art. 85, § 2.º). VI – Nas causas em que a Fazenda Pública for parte, aplicar-se-ão os percentuais específicos de honorários advocatícios contemplados no Código de Processo Civil.

Súmula 329 do TST: Honorários advocatícios. Art. 133 da CF/1988 (mantida) – Res. 121/2003, *DJ* 19, 20 e 21.11.2003. Mesmo após a promulgação da CF/1988, permanece válido o entendimento consubstanciado na Súmula 219 do Tribunal Superior do Trabalho.

Orientação Jurisprudencial 348 da SBDI-I do TST: "Honorários advocatícios. Base de cálculo. Valor líquido. Lei n.º 1.060, de 05.02.1950. Os honorários advocatícios, arbitrados nos termos do art. 11, § 1.º, da Lei n.º 1.060, de 05.02.1950, devem incidir sobre o valor líquido da condenação, apurado na fase de liquidação de sentença, sem a dedução dos descontos fiscais e previdenciários.

Orientação Jurisprudencial 421 da SBDI-I do TST: Honorários advocatícios. Ação de indenização por danos morais e materiais decorrentes de acidente de trabalho ou de doença profissional. Ajuizamento perante a Justiça Comum antes da promulgação da Emenda Constitucional n.º 45/2004. Posterior remessa dos autos à Justiça do Trabalho. Art. 85 do CPC de 2015. Art. 20 do CPC de 1973. Incidência. A condenação em honorários advocatícios nos autos de ação de indenização por danos morais e materiais decorrentes de acidente de trabalho ou de doença profissional, remetida à Justiça do Trabalho após ajuizamento na Justiça comum, antes da vigência da Emenda Constitucional n.º 45/2004, decorre da mera sucumbência, nos termos do art. 85 do CPC de 2015 (art. 20 do CPC de 1973), não se sujeitando aos requisitos da Lei n.º 5.584/1970".

Art. 792. Revogado.

Art. 793. A reclamação trabalhista do menor de 18 anos será feita por seus representantes legais e, na falta destes, pela Procuradoria da Justiça do Trabalho, pelo sindicato, pelo Ministério Público estadual ou curador nomeado em juízo.

1. CAPACIDADE DE ESTAR EM JUÍZO

A capacidade de estar em juízo corresponde à capacidade de exercício (ou capacidade de fato) do plano do Direito material, no sentido da aptidão para o exercício dos direitos.

Nesse sentido, conforme o art. 70 do CPC de 2015, toda pessoa que se encontre no exercício de seus direitos tem capacidade para estar em juízo.

O incapaz, por sua vez, deve ser representado ou assistido por seus pais, ou por tutor ou curador, na forma da lei (art. 71 do CPC de 2015).

A incapacidade de exercício pode ser absoluta ou relativa, o que reflete no campo processual, quanto à capacidade de estar em juízo. Na primeira hipótese, o incapaz é representado, enquanto na segunda o relativamente incapaz é assistido (art. 1.634, inciso VII, do Código Civil de 2002).

No âmbito do Direito Civil, de acordo com o art. 3.º do Código de 2002, são absolutamente incapazes de exercer pessoalmente os atos da vida civil os menores de 16 anos.

No caso de absolutamente incapaz, assim, a prática dos atos jurídicos deve ser feita pelo representante legal.

Ainda na esfera civil, são incapazes, relativamente a certos atos, ou à maneira de exercê-los: os maiores de dezesseis e menores de 18 anos; os ébrios habituais e os viciados em tóxicos; aqueles que, por causa transitória ou permanente, não puderem exprimir sua vontade; os pródigos. A capacidade dos indígenas, por sua vez, é regulada por legislação especial.

O relativamente incapaz, portanto, pode praticar atos jurídicos, mas é necessário que esteja assistido pelo representante legal (pai, tutor ou curador).

No campo processual, em face da ausência de capacidade de estar em juízo, o relativamente incapaz deve ser assistido, enquanto o absolutamente incapaz deve ser representado.

Efetivamente, segundo o art. 71 do CPC de 2015, o incapaz deve ser representado ou assistido por seus pais, ou por tutor ou curador, na forma da lei.

Na esfera trabalhista, a maioridade é alcançada aos 18 anos. É proibido o trabalho ao menor de 16 anos, salvo na condição de aprendiz. A partir dos 16 anos até 18 anos o trabalhador é considerado menor, sendo proibido o trabalho insalubre, perigoso, penoso e em horário noturno (art. 7.º, inciso XXXIII, da Constituição da República de 1988).

Portanto, a capacidade de estar em juízo, no processo do trabalho, é verificada a partir dos 18 anos. A partir de 16 anos, até 18 anos, por ser relativamente incapaz, a parte deve ser assistida. Da mesma forma, pode-se dizer que até 16 anos o absolutamente incapaz deve ser representado em juízo.

Nos termos do art. 402, *caput*, da CLT, com redação dada pela Lei 10.097/2001, considera-se "menor" "o trabalhador de quatorze até dezoito anos", frisando-se que é proibido o trabalho para menores de dezesseis anos, salvo na condição de aprendiz, a partir de quatorze anos (art. 7.º, inciso XXXIII, da Constituição Federal de 1988).

O art. 793 da CLT trata da ação trabalhista do *trabalhador* menor.

Na realidade, a terminologia atual e correta seria Ministério Público do Trabalho, sendo a Procuradoria do Trabalho a sede de exercício do ofício de seus membros.

Os representantes legais, no caso, são os pais ou tutores. Na ausência deles, a representação ou assistência deve ser feita pelo Ministério Público do Trabalho, pelo sindicato, pelo Ministério Público estadual ou curador nomeado em juízo (isto é, alguém nomeado pelo juiz para atuar no processo judicial em questão).

O art. 72, inciso I, do CPC de 2015 dispõe que o juiz deve nomear curador especial ao incapaz, se não tiver representante legal ou se os interesses deste colidirem com os daquele, enquanto durar a incapacidade.

Quanto ao curador nomeado em juízo, deve-se preferir a indicação de um advogado, diante da sua formação técnica e jurídica, com melhor aptidão para exercer o encargo. Atualmente, nos termos do art. 72, parágrafo único, do CPC de 2015, a curatela especial deve ser exercida pela Defensoria Pública, nos termos da lei.

Prevalece o entendimento de que a intervenção do Ministério Público do Trabalho em primeira instância, nas ações trabalhistas em que figure como parte menor de 18 anos, faz-se necessária apenas nas hipóteses de incapaz sem representante legal (art. 793 da CLT e arts. 83, inciso V, c 112 da Lei Complementar 75/1993). Cf. TST, 1.ª T., Ag-AIRR-550-86.2016.5.14.0141, Rel. Min. Hugo Carlos Scheuermann, *DEJT* 27.08.2021.

Ainda quanto ao tema, segundo o art. 87 da Lei Brasileira de Inclusão da Pessoa com Deficiência (Estatuto da Pessoa com Deficiência), em casos de relevância e urgência e a fim de proteger os interesses da *pessoa com deficiência em situação de curatela*, é lícito ao juiz, ouvido o Ministério Público, de ofício ou a requerimento do interessado, nomear, desde logo, curador provisório, o qual está sujeito, no que couber, às disposições do Código de Processo Civil.

A representação, ademais, pode ser legal, quando prevista em lei, ou convencional, quando estabelecida em contrato ou negócio jurídico.

Caso sejam verificadas a incapacidade processual ou a irregularidade da representação da parte, o juiz deve suspender o processo e designar prazo razoável para que seja sanado o vício (art. 76, *caput*, do CPC de 2015).

Se for descumprida a determinação, caso o processo esteja na instância originária: I – o processo será extinto, se a providência couber ao autor; II – o réu será considerado revel, se a providência lhe couber; III – o terceiro será considerado revel ou excluído do processo, dependendo do polo em que se encontre.

Se descumprida a determinação, caso o processo esteja em grau de recurso perante tribunal regional do trabalho ou tribunal superior, o relator: I – não conhecerá do recurso, se a providência couber ao recorrente; II – determinará o desentranhamento das contrarrazões, se a providência couber ao recorrido.

Conforme o art. 3.º, inciso I, da Instrução Normativa 39/2016 do TST, aplica-se ao processo do trabalho, em face de omissão e de compatibilidade, o art. 76, §§ 1.º e 2.º, do CPC, sobre saneamento de incapacidade processual ou de irregularidade de representação.

Logo, na hipótese de ausência de capacidade de estar em juízo, cabe ao juiz conceder prazo para a regularização. Somente se, mesmo assim, a irregularidade não for sanada, incidem as mencionadas consequências.

Nos termos do art. 75 do Código de Processo Civil de 2015, são representados em juízo, ativa e passivamente:

> I – a União, pela Advocacia-Geral da União, diretamente ou mediante órgão vinculado;
>
> II – o Estado e o Distrito Federal, por seus procuradores;
>
> III – o Município, por seu prefeito, procurador ou Associação de Representação de Municípios, quando expressamente autorizada;
>
> IV – a autarquia e a fundação de direito público, por quem a lei do ente federado designar;
>
> V – a massa falida, pelo administrador judicial;
>
> VI – a herança jacente ou vacante, por seu curador;
>
> VII – o espólio, pelo inventariante;
>
> VIII – a pessoa jurídica, por quem os respectivos atos constitutivos designarem ou, não havendo essa designação, por seus diretores;
>
> IX – a sociedade e a associação irregulares e outros entes organizados sem personalidade jurídica, pela pessoa a quem couber a administração de seus bens;
>
> X – a pessoa jurídica estrangeira, pelo gerente, representante ou administrador de sua filial, agência ou sucursal aberta ou instalada no Brasil;
>
> XI – o condomínio, pelo administrador ou síndico.

Quando o inventariante for dativo, os sucessores do falecido devem ser intimados no processo no qual o espólio seja parte.

A sociedade ou a associação sem personalidade jurídica não pode opor a irregularidade de sua constituição quando demandada.

O gerente de filial ou a agência presume-se autorizado pela pessoa jurídica estrangeira a receber citação para qualquer processo.

Os Estados e o Distrito Federal podem ajustar compromisso recíproco para prática de ato processual por seus procuradores em favor de outro ente federado, mediante convênio firmado pelas respectivas procuradorias.

A representação judicial do Município pela Associação de Representação de Municípios somente pode ocorrer em questões de interesse comum dos Municípios associados e depende de autorização do respectivo chefe do Poder Executivo municipal, com indicação específica do direito ou da obrigação a ser objeto das medidas judiciais (art. 75, § 5.º, do CPC, incluído pela Lei 14.341/2022).

Quanto à massa falida deve ser representada pelo administrador judicial, conforme o art. 76, parágrafo único, da Lei 11.101/2005.

Em relação ao condomínio, nos termos da Lei 2.757/1956, art. 2.º, nas reclamações ou dissídios na Justiça do Trabalho, são considerados representantes dos empregadores "os síndicos eleitos entre os condôminos". Em razão dessa previsão específica para o processo do trabalho, por não haver omissão, há entendimento no sentido de que estaria afastada a aplicação do art. 75, inciso XI, do CPC de 2015, o qual autoriza a representação do condomínio "pelo administrador ou síndico".

✦ Jurisprudência

Agravo. Agravo de instrumento em recurso de revista. 1. Nulidade do acórdão regional por negativa de prestação jurisdicional. Inocorrência. 2. Menor integrante do polo ativo assistido por representante legal. Ausência de intimação do Ministério Público do Trabalho. Arguição de nulidade. Inexistência. Transcendência não demonstrada. Impõe-se confirmar a decisão monocrática proferida pelo Ministro Relator, tendo em vista não restar demonstrada a existência dos equívoco apontados pelo agravante. Agravo conhecido e não provido (TST, 1.ª T., Ag-AIRR-550-86.2016.5.14.0141, Rel. Min. Hugo Carlos Scheuermann, *DEJT* 27.08.2021).

✦ Súmulas, Orientações Jurisprudenciais e Precedentes Normativos

Orientação Jurisprudencial 255 da SBDI-I do TST: Mandato. Contrato social. Desnecessária a juntada. O art. 75, inciso VIII, do CPC de 2015 (art. 12, VI, do CPC de 1973) não determina a exibição dos estatutos da empresa em juízo como condição de validade do instrumento de mandato outorgado ao seu procurador, salvo se houver impugnação da parte contrária.

Orientação Jurisprudencial 318 da SBDI-I do TST: Autarquia. Fundação pública. Legitimidade para recorrer. Representação processual.

I – Os Estados e os Municípios não têm legitimidade para recorrer em nome das autarquias e das fundações públicas.
II – Os procuradores estaduais e municipais podem representar as respectivas autarquias e fundações públicas em juízo somente se designados pela lei da respectiva unidade da federação (art. 75, IV, do CPC de 2015) ou se investidos de instrumento de mandato válido.

✦ Referência legislativa

- Art. 226, § 5.º, da CF.

Seção IV-A – Da Responsabilidade por Dano Processual

Art. 793-A. Responde por perdas e danos aquele que litigar de má-fé como reclamante, reclamado ou interveniente.

Art. 793-B. Considera-se litigante de má-fé aquele que:

I – deduzir pretensão ou defesa contra texto expresso de lei ou fato incontroverso;

II – alterar a verdade dos fatos;

III – usar do processo para conseguir objetivo ilegal;

IV – opuser resistência injustificada ao andamento do processo;

V – proceder de modo temerário em qualquer incidente ou ato do processo;

VI – provocar incidente manifestamente infundado;

VII – interpuser recurso com intuito manifestamente protelatório.

Art. 793-C. De ofício ou a requerimento, o juízo condenará o litigante de má-fé a pagar multa, que deverá ser superior a 1% (um por cento) e inferior a 10% (dez por cento) do valor corrigido da causa, a indenizar a parte contrária pelos prejuízos que esta sofreu e a arcar com os honorários advocatícios e com todas as despesas que efetuou.

§ 1.º Quando forem dois ou mais os litigantes de má-fé, o juízo condenará cada um na proporção de seu respectivo interesse na causa ou solidariamente aqueles que se coligaram para lesar a parte contrária.

§ 2.º Quando o valor da causa for irrisório ou inestimável, a multa poderá ser fixada em até duas vezes o limite máximo dos benefícios do Regime Geral de Previdência Social.

§ 3.º O valor da indenização será fixado pelo juízo ou, caso não seja possível mensurá-lo, liquidado por arbitramento ou pelo procedimento comum, nos próprios autos.

Art. 793-D. Aplica-se a multa prevista no art. 793-C desta Consolidação à testemunha que intencionalmente alterar a verdade dos fatos ou omitir fatos essenciais ao julgamento da causa.

Parágrafo único. A execução da multa prevista neste artigo dar-se-á nos mesmos autos.

1. DEVERES DAS PARTES E DOS QUE PARTICIPAM DO PROCESSO

As partes devem atuar na relação processual com lealdade, respeitando os preceitos da ética e da boa-fé.

Nos termos do art. 5.º do CPC de 2015, aquele que, de qualquer forma, participa do processo deve comportar-se de acordo com a boa-fé. Os desvios de comportamento no curso do processo são sancionados pelo Direito, como forma de prevenir e punir a litigância de má-fé.

São deveres das partes, de seus procuradores e de todos aqueles que, de qualquer forma, participem do processo: I – expor os fatos em juízo conforme a verdade; II – não formular pretensão ou de apresentar defesa quando cientes de que são destituídas de fundamento; III – não produzir provas e não praticar atos inúteis ou desnecessários à declaração ou à defesa do direito; IV – cumprir com exatidão as decisões jurisdicionais, de natureza provisória ou final, e não criar embaraços à sua efetivação; V – declinar, no primeiro momento que lhes couber falar nos autos, o endereço residencial ou profissional onde receberão intimações, atualizando essa informação sempre que ocorrer qualquer modificação temporária ou definitiva; VI – não praticar inovação ilegal no estado de fato de bem ou direito litigioso; VII – informar e manter atualizados seus dados cadastrais perante os órgãos do Poder Judiciário e, no caso do art. 246, § 6.º, do CPC (sobre compartilhamento de cadastro de microempresas e pequenas empresas no sistema integrado da Rede Nacional para a Simplificação do Registro e da Legalização de Empresas e Negócios com o órgão do Poder Judiciário, incluído o endereço eletrônico constante do mencionado sistema integrado da Redesim), da Administração Tributária, para recebimento de citações e intimações (art. 77 do CPC de 2015).

Conforme o art. 139, inciso III, do CPC de 2015, o juiz deve dirigir o processo conforme as disposições do Código de Processo Civil, incumbindo-lhe *prevenir ou reprimir qualquer ato contrário à dignidade da justiça* e indeferir postulações meramente protelatórias.

Além dos deveres enumerados no art. 77 do CPC, nos termos do art. 379 do mesmo diploma legal, preservado o direito de não produzir prova contra si própria, incumbe à parte: comparecer em juízo, respondendo ao que lhe for interrogado; colaborar com o juízo na realização de inspeção judicial que for considerada necessária; praticar o ato que lhe for determinado.

Incumbe ao terceiro, por sua vez, em relação a qualquer causa: informar ao juiz os fatos e as circunstâncias de que tenha conhecimento; exibir coisa ou documento que esteja em seu poder (art. 380 do CPC de 2015).

O juiz pode, em caso de descumprimento dos deveres referentes ao terceiro, acima indicados, determinar, além da imposição de multa, outras medidas indutivas, coercitivas, mandamentais ou sub-rogatórias.

É vedado às partes, a seus procuradores, aos juízes, aos membros do Ministério Público e da Defensoria Pública e a qualquer pessoa que participe do processo empregar expressões ofensivas nos escritos apresentados (art. 78 do CPC de 2015). Quando expressões ou condutas ofensivas forem manifestadas oral ou presencialmente, o juiz advertirá o ofensor de que não as deve usar ou repetir, sob pena de lhe ser cassada a palavra. De ofício ou a requerimento do ofendido, o juiz deve determinar que as expressões ofensivas sejam riscadas e, a requerimento do ofendido, determinará a expedição de certidão com inteiro teor das expressões ofensivas e a colocar à disposição da parte interessada.

2. LITIGÂNCIA DE MÁ-FÉ

Ainda quanto ao tema, o art. 793-A da CLT, acrescentado pela Lei 13.467/2017, dispõe que responde por perdas e danos aquele que *litigar de má-fé* como reclamante, reclamado ou interveniente.

A responsabilidade por dano processual, de acordo com a previsão legal, é da parte ou do interveniente, e não do advogado propriamente. O que pode ocorrer é eventual direito de regresso da parte, exercido em face do advogado que agiu com dolo ou culpa (Lei 8.906/1994, art. 32, *caput*), dando causa à responsabilidade daquela.

Consoante a Lei 8.906/1994, art. 32, parágrafo único, especificamente em "caso de lide temerária, o advogado será solidariamente responsável com seu cliente, desde que coligado com este para lesar a parte contrária, o que será apurado em ação própria". Logo, de acordo com o entendimento majoritário, essa responsabilidade solidária deve ser objeto de ação diversa, e não na mesma demanda em que houve a condenação da parte na litigância de má-fé.

Nos termos do art. 793-B da CLT, incluído pela Lei 13.467/2017, considera-se *litigante de má-fé* aquele que: deduzir pretensão ou defesa contra texto expresso de lei ou fato incontroverso; alterar a verdade dos fatos; usar do processo para conseguir objetivo ilegal; opuser resistência injustificada ao andamento do processo; proceder de modo temerário em qualquer incidente ou ato do processo; provocar incidente manifestamente infundado; interpuser recurso com intuito manifestamente protelatório.

Trata-se de previsão que corresponde ao art. 80 do CPC de 2015.

De ofício ou a requerimento, o juízo condenará o litigante de má-fé a pagar multa, que deve ser superior a 1% e inferior a 10% do valor corrigido da causa, a indenizar a parte contrária pelos prejuízos que esta sofreu e a arcar com os honorários advocatícios e com todas as despesas que efetuou (art. 793-C da CLT).

Quando forem dois ou mais os litigantes de má-fé, o juízo deve condenar cada um na proporção de seu respectivo interesse na causa ou solidariamente aqueles que se coligaram para lesar a parte contrária (art. 793-C, § 1.º, da CLT).

Quando o valor da causa for irrisório ou inestimável, a multa pode ser fixada em até duas vezes o limite máximo dos benefícios do Regime Geral de Previdência Social (art. 793-C, § 2.º, da CLT).

O valor da indenização deve ser fixado pelo juízo ou, caso não seja possível mensurá-lo, liquidado por arbitramento ou pelo procedimento comum, nos próprios autos (art. 793-C, § 3.º, da CLT).

Aplica-se a multa prevista no art. 793-C da CLT à *testemunha* que intencionalmente alterar a verdade dos fatos ou omitir fatos essenciais ao julgamento da causa (art. 793-D da CLT).

Na esfera penal, cabe fazer menção ao crime de falso testemunho (art. 342 do Código Penal), o qual não se confunde com a mencionada multa estabelecida na esfera processual.

O disposto no *caput* do art. 793-D da CLT é aplicável às ações ajuizadas a partir de 11 de novembro de 2017, por ser a data da entrada em vigor da Lei 13.467/2017 (art. 10 da Instrução Normativa 41/2018 do TST).

Após a colheita da prova oral, a aplicação de multa à testemunha dar-se-á na sentença e deve ser precedida de instauração de incidente mediante o qual o juiz indicará o ponto ou os pontos controvertidos no depoimento, assegurados o contraditório, a defesa, com os meios a ela inerentes, além de possibilitar a retratação (art. 10, parágrafo único, da Instrução Normativa 41/2018 do TST).

Mesmo no crime de falso testemunho, o fato deixa de ser punível se, antes da sentença no processo em que ocorreu o ilícito, o agente se retrata ou declara a verdade (art. 342, § 2.º, do Código Penal).

A execução da multa prevista no art. 793-D da CLT dar-se-á nos mesmos autos (art. 793-D, parágrafo único, da CLT).

O valor das sanções impostas ao litigante de má-fé deve reverter em benefício da parte contrária (art. 96 do CPC).

✦ Súmulas, Orientações Jurisprudenciais e Precedentes Normativos

Orientação Jurisprudencial 409 da SBDI-I do TST: Multa por litigância de má-fé. Recolhimento. Pressuposto recursal. Inexigibilidade. O recolhimento do valor da multa imposta como sanção por litigância de má-fé (art. 81 do CPC de 2015 – art. 18 do CPC de 1973) não é pressuposto objetivo para interposição dos recursos de natureza trabalhista.

Seção V – Das Nulidades

Art. 794. Nos processos sujeitos à apreciação da Justiça do Trabalho só haverá nulidade quando resultar dos atos inquinados manifesto prejuízo às partes litigantes.

1. NULIDADES NO PROCESSO DO TRABALHO

As formas dos atos processuais são relevantes para a segurança jurídica, para que as partes possam saber, antecipadamente, como o processo terá o seu curso, e como os atos devem ser praticados.

Embora o art. 188 do CPC de 2015 indique a adoção do princípio da liberdade das formas processuais ("Os atos e os termos processuais independem de forma determinada, salvo quando a lei expressamente a exigir, considerando-se válidos os que, realizados de outro modo, lhe preencham a finalidade essencial"), na prática, as previsões legais, exigindo determinadas formas quanto aos diversos atos processuais, acabam prevalecendo.

Desse modo, o respeito às formas processuais é necessário para a observância do devido processo legal.

Mesmo que o princípio da simplicidade dos atos processuais seja enfatizado no processo do trabalho, as formas não são completamente afastadas nessa esfera, havendo apenas, de certa forma, uma redução quanto à intensidade das formalidades exigidas para a prática dos atos processuais.

De todo modo, a necessidade de se respeitarem as formas processuais não se confunde com o formalismo, entendido como exigência de formalidades desnecessárias e sem sentido, tornando a forma do ato como um fim em si mesmo.

Na realidade, segundo a instrumentalidade dos atos processuais, a forma é o meio para se alcançar o objetivo de regularidade processual, garantindo-se o devido processo legal e a segurança jurídica. Como a forma dos atos processuais é prevista em lei, permite-se às partes saber, previamente, as consequências decorrentes de se praticar o ato processual em desacordo com a norma legal.

Nesse contexto, a violação das formas processuais acarreta uma sanção, qual seja, a nulidade do ato processual, tendo, como consequência, a ausência de produção de seus efeitos típicos.

Exemplificando, se o recurso for apresentado em desacordo com a forma exigida em lei, o ato processual em questão, sendo nulo, não terá o seu efeito reconhecido.

Portanto, a nulidade é a sanção decorrente do descumprimento da forma processual.

As nulidades processuais, entretanto, não se confundem com as nulidades no Direito material, pois aquelas são relativas a atos processuais, ou seja, a atos praticados no curso do processo, pelas partes (em sentido amplo) ou mesmo pelo juiz.

No Direito Processual, as nulidades, para serem assim reconhecidas, exigem pronunciamento judicial. Vale dizer, a ineficácia do ato processual, decorrente de sua nulidade, necessita de decisão que assim reconheça. Portanto, até que ocorra o pronunciamento judicial da nulidade, o ato processual produz efeitos.

2. VÍCIOS DOS ATOS PROCESSUAIS

Os vícios dos atos processuais, como gênero, podem ser classificados nas seguintes espécies: inexistência, nulidade absoluta, nulidade relativa, anulabilidade, irregularidades[237].

A *inexistência* do ato processual é o vício de maior gravidade. Significa que o ato processual, em termos jurídicos, não existe. Exemplificativamente, pode-se mencionar a sentença proferida por quem não é juiz, ou não assinada por este.

A rigor, o ato processual inexistente, justamente por não ser reconhecido pelo Direito, não tem como ser sanado ou convalidado. O que pode ser possível, em tese, é a prática de outro ato processual, desta vez existente.

A *nulidade absoluta* ocorre quando a forma é prevista por norma de ordem pública, ou seja, quando envolve interesse público. Em razão disso, cabe ao juiz declarar a nulidade processual de ofício, isto é, independentemente de requerimento das partes, as quais não têm como dispor a respeito.

237 Cf. MARTINS, Sergio Pinto. *Direito processual do trabalho*. 30. ed. São Paulo: Atlas, 2010. p. 166-168.

A incompetência absoluta deve ser alegada como questão preliminar de contestação (art. 64 do CPC de 2015).

A *incompetência absoluta* pode ser alegada em qualquer tempo e grau de jurisdição e *deve ser declarada de ofício*.

Após manifestação da parte contrária, o juiz deve decidir imediatamente a alegação de incompetência; se acolhida, os autos devem ser remetidos ao juízo competente.

Salvo decisão judicial em sentido contrário, conservam-se os efeitos de decisão proferida pelo juízo incompetente, até que outra seja proferida, se for o caso, pelo juízo competente.

A *nulidade relativa* decorre do descumprimento de norma voltada ao interesse da parte, de modo que o vício é considerado sanável. Ainda assim, as partes não têm como dispor a seu respeito, pois a previsão se dá por meio de norma cogente.

A *anulabilidade* ocorre quando a norma processual violada tem natureza dispositiva. Com isso, o ato processual só pode ser anulado em razão de requerimento do interessado. Se isso não ocorre, o ato processual é considerado válido.

Prorroga-se a *competência relativa* se o réu não a alegar (no caso do processo do trabalho, por meio de exceção, conforme arts. 799 e 800 da CLT).

A incompetência relativa pode ser alegada pelo Ministério Público nas causas em que atuar (art. 65, parágrafo único, do CPC de 2015).

Portanto, na hipótese de incompetência relativa, prorroga-se a competência se o réu não opuser a respectiva exceção no prazo legal.

Cabe registrar que parte da doutrina não faz distinção entre nulidade relativa e anulabilidade. Nesse sentido, quando o vício processual se refere a interesse da parte, cabe a esta alegar no prazo legal, sob pena de preclusão, não podendo o juiz decretar essa nulidade relativa de ofício.

As *irregularidades*, por sua vez, são simples inexatidões que não geram consequências de relevância para o processo, como seria o caso de autos com folhas numeradas incorretamente, ou meros erros materiais, que podem ser corrigidos pelo juiz.

Consoante o art. 494, inciso I, do CPC de 2015, uma vez publicada a sentença, o juiz pode alterá-la para corrigir, de ofício ou a requerimento da parte, inexatidões materiais ou erros de cálculo.

Na mesma linha, de acordo com o art. 833 da CLT, existindo na decisão evidentes erros ou enganos de escrita, de datilografia ou de cálculo, estes podem, antes da execução, ser corrigidos de ofício ou a requerimento dos interessados ou do Ministério Público do Trabalho.

O art. 897-A, § 1.º, da CLT confirma que os erros materiais podem ser corrigidos de ofício ou a requerimento de qualquer das partes.

Nos termos do art. 104 do CPC de 2015, o advogado não deve ser admitido a postular em juízo sem procuração, salvo para evitar preclusão, decadência ou prescrição, ou para praticar ato considerado urgente. Nessas hipóteses, o advogado obriga-se, independentemente de caução, a exibir a procuração no prazo de 15 dias, prorrogável por igual período por despacho do juiz. O ato não ratificado deve ser considerado *ineficaz relativamente àquele em cujo nome foi praticado*, respondendo o advogado pelas despesas e por perdas e danos.

3. PRINCÍPIO DA TRANSCENDÊNCIA OU DO PREJUÍZO

O princípio da transcendência ou prejuízo estabelece que a nulidade do ato processual apenas deve ser decretada se houver prejuízo às partes.

Por consequência, o ato não deve ser repetido, nem a sua falta suprida, quando não prejudicar a parte (art. 282, § 1.º, do CPC de 2015).

Da mesma forma, quando puder decidir o mérito a favor da parte a quem aproveite a decretação da nulidade, o juiz não a pronunciará, nem mandará repetir o ato ou suprir-lhe a falta (art. 282, § 2.º, do CPC de 2015).

Ademais, devem ser aproveitados os atos praticados desde que não resulte prejuízo à defesa de qualquer parte (art. 283, parágrafo único, do CPC de 2015).

Desse modo, apesar de ser nulo o processo quando o membro do Ministério Público não for intimado a acompanhar o feito em que deva intervir, *a nulidade só pode ser decretada após a intimação do Ministério Público, que se manifestará sobre a existência ou a inexistência de prejuízo* (art. 279, § 2.º, do CPC de 2015).

O art. 794 da CLT confirma que nos processos sujeitos à apreciação da Justiça do Trabalho só haverá nulidade quando resultar dos atos inquinados manifesto prejuízo às partes litigantes.

Há entendimento no sentido de que esse princípio apenas é aplicável quanto à nulidade relativa e à anulabilidade, uma vez que, tratando-se de nulidade absoluta, o prejuízo seria presumido de forma absoluta.

Art. 795. As nulidades não serão declaradas senão mediante provocação das partes, as quais deverão argui-las à primeira vez em que tiverem de falar em audiência ou nos autos.

§ 1.º Deverá, entretanto, ser declarada *ex officio* a nulidade fundada em incompetência de foro. Nesse caso, serão considerados nulos os atos decisórios.

§ 2.º O juiz ou Tribunal que se julgar incompetente determinará, na mesma ocasião, que se faça remessa do processo, com urgência, à autoridade competente, fundamentando sua decisão.

1. PRINCÍPIO DA CONVALIDAÇÃO OU DA PRECLUSÃO

O princípio da convalidação ou da preclusão indica que, se o ato for nulo, mas a parte interessada não arguir essa nulidade no prazo assim previsto, o ato se convalida.

Efetivamente, de acordo com o art. 278 do CPC de 2015, a nulidade dos atos deve ser alegada na primeira oportunidade em que couber à parte falar nos autos, sob pena de preclusão.

O art. 795, *caput*, da CLT confirma que as nulidades devem ser declaradas mediante provocação das partes, as quais devem argui-las na primeira vez em que tiverem de falar em audiência ou nos autos.

De acordo com Sergio Pinto Martins, o "momento adequado de a parte falar sobre eventual nulidade é em audiência ou por ocasião das razões finais (art. 850 da CLT)". Ainda segundo o autor, se "for dada vista à parte em cartório, esse será o momento adequado de arguir a nulidade. Em segundo grau, o momento adequado é em preliminar de recurso"[238].

---

238 MARTINS, Sergio Pinto. *Direito processual do trabalho*. 30. ed. São Paulo. Atlas, 2010. p. 172.

Entretanto, parte da jurisprudência exige que a parte alegue a nulidade imediatamente, no momento de sua ocorrência, por meio de protestos, os quais devem constar da ata de audiência ou dos autos, sob pena de incorrer em preclusão.

Trata-se de princípio aplicável apenas quanto à nulidade relativa e à anulabilidade.

Tanto é assim que, conforme o parágrafo único do art. 278 do CPC de 2015, não se aplica a referida disposição, relativa à preclusão, às nulidades que o juiz deva decretar de ofício, nem prevalece a preclusão provando a parte legítimo impedimento.

O art. 795, § 1.º, da CLT, ao estabelecer que deve ser declarada de ofício a nulidade fundada em "incompetência de foro", na realidade, refere-se à incompetência material, de natureza absoluta, no sentido de foro criminal, cível etc. Nesse caso, os atos decisórios devem ser considerados nulos.

O juiz ou tribunal que se julgar incompetente deve determinar, na mesma ocasião, que se faça remessa do processo, com urgência, à autoridade competente, fundamentando sua decisão (art. 795, § 2.º, da CLT).

✦ Súmulas, Orientações Jurisprudenciais e Precedentes Normativos

Súmula 33 do STJ: A incompetência relativa não pode ser declarada de ofício.

Art. 796. A nulidade não será pronunciada:

a) quando for possível suprir-se a falta ou repetir-se o ato;

b) quando arguida por quem lhe tiver dado causa.

1. PRINCÍPIO DA ECONOMIA PROCESSUAL

O princípio da economia processual faz com que se procure aproveitar os atos processuais, afastando-se a nulidade quando não se verifique prejuízo às partes.

Por isso, o art. 796, alínea "a", da CLT dispõe que a nulidade não será pronunciada quando for possível suprir a falta ou repetir o ato.

Salvo decisão judicial em sentido contrário, conservam-se os efeitos de decisão proferida pelo juízo incompetente, até que outra seja proferida, se for o caso, pelo juízo competente (art. 64, § 4.º, do CPC de 2015). Com isso, certamente inspirado no referido princípio, entende-se que os atos de natureza não decisória são mantidos.

Da mesma maneira, conforme o art. 281, parte final, do CPC de 2015, "a nulidade de uma parte do ato não prejudicará, todavia, as outras que dela sejam independentes".

Na fase recursal, de acordo com o art. 938, § 1.º, do CPC de 2015, constatada a ocorrência de vício sanável, inclusive aquele que possa ser conhecido de ofício, o relator deve determinar a realização ou a renovação do ato processual, no próprio tribunal ou em primeiro grau de jurisdição, intimadas as partes.

Ainda com fundamento no princípio em questão, ao pronunciar a nulidade, o juiz deve declarar quais atos serão atingidos e ordenar as providências necessárias a fim de que sejam repetidos ou retificados. Não obstante, o ato não deve ser repetido, nem sua falta deve ser suprida, quando não prejudicar a parte (art. 282 do CPC de 2015).

O Código de Processo Civil de 2015, ao dispor sobre os poderes do juiz na condução do processo, prevê, de forma expressa e em termos genéricos, que lhe incumbe "determinar o suprimento de pressupostos processuais e o *saneamento de outros vícios processuais*" (art. 139, inciso IX).

O CPC de 2015, no art. 352, reitera que, verificando "a existência de irregularidades ou de vícios sanáveis, o juiz deve determinar sua correção em prazo nunca superior a trinta dias".

2. PRINCÍPIO DO INTERESSE DE AGIR

Consoante o princípio do interesse de agir, apenas a parte prejudicada pode arguir a nulidade, isto é, aquela que não deu causa à nulidade.

Nesse contexto, o art. 276 do CPC de 2015, quando a lei prescrever determinada forma, sob pena de nulidade, "*a decretação desta não pode ser requerida pela parte que lhe deu causa*" (destaquei).

O art. 796, alínea "b", da CLT também prescreve que a nulidade não será pronunciada quando arguida por quem lhe tiver dado causa.

Entretanto, esse princípio só pode ser aplicado quanto às hipóteses de anulabilidade, uma vez que, tratando-se de nulidade absoluta, cabe ao juiz decretá-la até mesmo de ofício, de modo que perde relevância quem a alegou.

Segundo o art. 16 da Instrução Normativa 39/2016 do TST, para efeito de aplicação do art. 272, § 5.º, do CPC, não é causa de nulidade processual a intimação realizada na pessoa de advogado regularmente habilitado nos autos, ainda que conste pedido expresso para que as comunicações dos atos processuais sejam feitas em nome de outro advogado, se o profissional indicado não se encontra previamente cadastrado no Sistema de Processo Judicial Eletrônico, impedindo a serventia judicial de atender ao requerimento de envio da intimação direcionada. *A decretação de nulidade não pode ser acolhida em favor da parte que lhe deu causa* (art. 276 do CPC de 2015).

Art. 797. O juiz ou Tribunal que pronunciar a nulidade declarará os atos a que ela se estende.

Art. 798. A nulidade do ato não prejudicará senão os posteriores que dele dependam ou sejam consequência.

1. PRINCÍPIO DO APROVEITAMENTO

Em consonância com o princípio do aproveitamento, deve-se verificar quais os atos praticados no processo podem ser aproveitados, evitando-se, quando possível, a nulidade de todo o processo.

Nesse sentido, anulado o ato, consideram-se de nenhum efeito todos os subsequentes que dele dependam. Entretanto, a nulidade de uma parte do ato não prejudicará as outras que dela sejam independentes (art. 281 do CPC de 2015).

Ainda segundo o art. 283 do CPC de 2015, o erro de forma do processo acarreta unicamente a anulação dos atos que não possam ser aproveitados, devendo ser praticados os que forem necessários a fim de se observar as prescrições legais.

Além disso, deve-se dar o aproveitamento dos atos praticados desde que não resulte prejuízo à defesa de qualquer parte.

2. PRINCÍPIO DA CAUSALIDADE

O princípio da causalidade determina que a nulidade de certo ato processual pode atingir outros, que sejam dele dependentes. Nessa linha, conforme o art. 282 do CPC de 2015, ao pronunciar a nulidade, o juiz deve declarar quais atos serão atingidos e ordenar as providências necessárias a fim de que sejam repetidos ou retificados.

Da mesma forma, uma vez anulado o ato, consideram-se de nenhum efeito todos os subsequentes que dele dependam (art. 281, primeira parte, do CPC de 2015).

Seção VI – Das Exceções

Art. 799. Nas causas da jurisdição da Justiça do Trabalho, somente podem ser opostas, com suspensão do feito, as exceções de suspeição ou incompetência.

§ 1.º As demais exceções serão alegadas como matéria de defesa.

§ 2.º Das decisões sobre exceções de suspeição e incompetência, salvo, quanto a estas, se terminativas do feito, não caberá recurso, podendo, no entanto, as partes alegá-las novamente no recurso que couber da decisão final.

1. EXCEÇÕES

As exceções são defesas indiretas de natureza processual.

Elas não têm natureza de ação, mas sim de incidente processual, sendo decididas por meio de decisão interlocutória.

De acordo com o art. 799 da CLT, nas causas de competência da Justiça do Trabalho, somente podem ser opostas, com suspensão do feito, as exceções de suspeição ou incompetência.

O art. 799, § 1.º, da CLT prevê que as demais preliminares, e mesmo defesas indiretas de mérito, devem ser alegadas na contestação.

Na atualidade, são admitidas as exceções de impedimento, suspeição e incompetência. Nesse sentido, a imparcialidade do juiz é afetada não apenas pelos casos de suspeição, como menciona a CLT, mas também pelas hipóteses de impedimento (arts. 144 e 145 do CPC de 2015).

O § 2.º do art. 799 da CLT adota o princípio da irrecorribilidade imediata das decisões interlocutórias.

Entretanto, se a decisão reconhecer a incompetência da Justiça do Trabalho, determinando a remessa dos autos a outro ramo do Poder Judiciário, por ser terminativa do feito no âmbito da Justiça do Trabalho, é cabível recurso de imediato, no caso, o ordinário.

Ademais, a Súmula 214 do TST amplia as hipóteses de cabimento do recurso de imediato.

A exceção de impedimento ou de suspeição pode ser apresentada de forma verbal ou escrita, tal como a contestação (art. 847 da CLT), sendo mais comum esta última.

No processo do trabalho, a exceção é juntada nos próprios autos principais, e não autuada em apenso.

Se a exceção de impedimento ou de suspeição for por escrito, o correto é ser apresentada em peça separada.

Ainda assim, se a exceção de impedimento ou de suspeição for apresentada como preliminar na contestação, cabe ao juiz apreciar a matéria, considerando o princípio da instrumentalidade das formas.

O momento para a apresentação da exceção de impedimento ou de suspeição, em regra, é na audiência, antes mesmo de se apresentar a contestação. Com a apresentação da exceção, ocorre a suspensão do processo, até que aquela seja decidida (art. 799, *caput*, da CLT). Não obstante, há entendimento no sentido de que, "oferecida a exceção, a contestação deve ter sido apresentada juntamente com a primeira, em audiência"[239].

Entretanto, se o fato que fundamenta a exceção ocorrer posteriormente, ou mesmo se a ciência a respeito desse fato acontecer depois da audiência, cabe à parte apresentar a exceção na primeira oportunidade em que tiver de falar nos autos, na forma do art. 795 da CLT.

No processo civil, diversamente, o art. 146 do CPC de 2015 prevê que, no prazo de 15 dias, a contar do conhecimento do fato, a parte deve alegar o impedimento ou a suspeição, *em petição específica dirigida ao juiz do processo*, na qual deve indicar o fundamento da recusa, podendo instruí-la com documentos em que se fundar a alegação e com rol de testemunhas.

No processo do trabalho, a *exceção de incompetência territorial*, na atualidade, deve ser apresentada no prazo de cinco dias a contar da notificação, antes da audiência e em peça específica, ou seja, que sinalize a sua existência (art. 800 da CLT, com redação dada pela Lei 13.467/2017).

Ainda no processo civil, a incompetência, absoluta ou relativa, será alegada como questão preliminar de contestação (art. 64 do CPC de 2015).

Entretanto, no processo do trabalho, como visto, a incompetência relativa, a suspeição e o impedimento devem ser alegados por meio de exceção.

Efetivamente, a CLT continua prevendo, de forma expressa, no art. 799, que nas causas de competência da Justiça do Trabalho "somente podem ser opostas, com suspensão do feito, as exceções de suspeição (devendo-se incluir, por razões lógicas, as hipóteses de impedimento) ou incompetência".

✦ Súmulas, Orientações Jurisprudenciais e Precedentes Normativos

Súmula 214 do TST: Na Justiça do Trabalho, nos termos do art. 893, § 1.º, da CLT, as decisões interlocutórias não ensejam recurso imediato, salvo nas hipóteses de decisão: a) de Tribunal Regional do Trabalho contrária à Súmula ou Orientação Jurisprudencial do Tribunal Superior do Trabalho; b) suscetível de impugnação mediante recurso para o mesmo Tribunal; c) que acolhe exceção de incompetência territorial, com a remessa dos autos para Tribunal Regional distinto daquele a que se vincula o juízo excepcionado, consoante o disposto no art. 799, § 2.º, da CLT.

✦ Referência legislativa

- Art. 5.º, XXXVI, da CF.

239 MARTINS, Sergio Pinto. *Direito processual do trabalho*. 30. ed. São Paulo: Atlas, 2010. p. 282.

Art. 800. Apresentada exceção de incompetência territorial no prazo de cinco dias a contar da notificação, antes da audiência e em peça que sinalize a existência desta exceção, seguir-se-á o procedimento estabelecido neste artigo.

§ 1.º Protocolada a petição, será suspenso o processo e não se realizará a audiência a que se refere o art. 843 desta Consolidação até que se decida a exceção.

§ 2.º Os autos serão imediatamente conclusos ao juiz, que intimará o reclamante e, se existentes, os litisconsortes, para manifestação no prazo comum de cinco dias.

§ 3.º Se entender necessária a produção de prova oral, o juízo designará audiência, garantindo o direito de o excipiente e de suas testemunhas serem ouvidos, por carta precatória, no juízo que este houver indicado como competente.

§ 4.º Decidida a exceção de incompetência territorial, o processo retomará seu curso, com a designação de audiência, a apresentação de defesa e a instrução processual perante o juízo competente.

1. EXCEÇÃO DE INCOMPETÊNCIA

A exceção de incompetência deve ser apresentada no caso de incompetência territorial (em razão do lugar), a qual é de natureza relativa.

Isso se confirma ao saber que a incompetência absoluta deve ser alegada como preliminar na contestação, mesmo porque também deve ser conhecida de ofício pelo juiz (art. 64, § 1.º, do CPC de 2015).

Frise-se que a incompetência absoluta, diversamente da incompetência relativa, pode ser alegada em qualquer tempo e grau de jurisdição.

Contudo, se for apresentada exceção de incompetência envolvendo incompetência de natureza absoluta (como em razão da matéria, da pessoa ou funcional), em face do princípio da instrumentalidade das formas, cabe ao juiz examinar a alegação, conhecendo-a como preliminar de contestação.

Segundo a previsão atual, apresentada *exceção de incompetência territorial* no prazo de cinco dias a contar da notificação, antes da audiência e em peça que sinalize a existência desta exceção, deve-se seguir o procedimento estabelecido no art. 800 da CLT, com redação dada pela Lei 13.467/2017.

Logo, a exceção de incompetência em razão do lugar passa a ser apresentada no prazo de cinco dias a partir da notificação (citação), antes da audiência una ou inaugural, em peça específica.

Entende-se que o prazo previsto no art. 800 da CLT tem natureza preclusiva. Desse modo, caso não apresentada a exceção de incompetência territorial na forma e no prazo indicados no referido dispositivo legal, prorroga-se a competência territorial do juízo em que ajuizada a ação. Cf. TST, SBDI-II, CC-10467-93.2019.5.15.0013, Rel. Min. Luiz José Dezena da Silva, *DEJT* 25.09.2020.

Protocolada a petição, deve ser suspenso o processo e não se realizará a audiência a que se refere o art. 843 da CLT até que se decida a exceção (art. 800, § 1.º, da CLT).

Os autos devem ser imediatamente conclusos ao juiz, que intimará o reclamante e, se existentes, os litisconsortes, para manifestação no prazo comum de cinco dias (art. 800, § 2.º, da CLT).

Se entender necessária a produção de prova oral, o juízo deve designar audiência, garantindo o direito de o excipiente e de suas testemunhas serem ouvidos, *por carta precatória*, no juízo que este houver indicado como competente (art. 800, § 3.º, da CLT).

Decidida a exceção de incompetência territorial, o processo deve retomar seu curso, com a designação de audiência, a apresentação de defesa e a instrução processual perante o juízo competente (art. 800, § 4.º, da CLT).

A decisão quanto à exceção de incompetência deve ser proferida pelo próprio juiz da Vara do Trabalho (art. 653, alínea "d", da CLT).

Se a exceção de incompetência for acolhida, os autos devem ser remetidos ao juiz competente (art. 64, § 3.º, do CPC de 2015).

Salvo decisão judicial em sentido contrário, devem ser conservados os efeitos de decisão proferida pelo juízo incompetente, até que outra seja proferida, se for o caso, pelo juízo competente (art. 64, § 4.º, do CPC de 2015).

Como se pode notar, os atos sem natureza decisória, mesmo que tenham sido proferidos por juiz incompetente, devem ser mantidos.

No caso de incompetência absoluta (alegada como preliminar de contestação, em qualquer tempo e grau de jurisdição, ou reconhecida de ofício), os autos também devem ser remetidos ao juiz competente (art. 64, § 3.º, do CPC de 2015).

✦ Jurisprudência

Conflito negativo de competência. Reclamação trabalhista. Exceção de incompetência territorial. Reforma trabalhista. Rito previsto na nova redação do art. 800 da CLT. Prazo preclusivo. 1. O Juízo da 11.ª Vara do Trabalho da Zona Leste/SP, entendendo que o local da prestação de serviços do reclamante ocorreu na Cidade de São José dos Campos, declinou de sua competência para processar e julgar a Reclamação Trabalhista para o Foro daquele Município. O Juízo da 1.ª Vara do Trabalho de São José dos Campos, para onde foi remetido o feito, reconhecendo que a ação foi ajuizada sob a égide da Lei n.º 13.467/2017, consignou que a exceção de incompetência deveria ter sido apresentada na forma e no prazo do art. 800 da CLT, o que não foi feito pela parte demandada, gerando a preclusão e, em consequência, a prorrogação da competência para o Juízo originário. 2. O art. 800 da CLT contém expressa disposição para que a exceção de incompetência territorial seja apresentada antes da audiência, no prazo de 5 dias, a contar da notificação. Não se extrai da literalidade da norma a ideia de que seja uma faculdade da parte opor a exceção no interregno e na forma ali prescritos, de modo a afastar a compreensão de que se trata de prazo preclusivo. Ao revés. Há de se entender que a defesa processual relativa à exceção de incompetência territorial destacou-se da norma geral, gravada no art. 847, *caput* e § 1.º, da CLT, no que tange, sobretudo, à sua apresentação na audiência inaugural, para, em face da nova redação do art. 800 do mesmo diploma legal, ser arguida em procedimento prévio, quebrando, nessa exata medida, o princípio da concentração da defesa. E assim foi concebido tal rito para, à luz do princípio do acesso à Justiça, otimizar a defesa do demandado, de forma a evitar deslocamento possivelmente desnecessário e dispendioso, no momento em que a tecnologia dá todo o suporte para a consecução de tais propósitos. Diante da existência da fixação de um rito próprio e com fins específicos, naturalmente perceptíveis, não parece crível que a lei permitiria outro momento processual para a prática do mesmo ato, até porque possibilidade desse jaez tem caráter excepcional, devendo, regra geral, expressar-se na norma. Entende-se, assim, que o prazo do art. 800 da CLT tem, efetivamente, natureza preclusiva, de modo que, não tendo a parte exercido seu direito de defesa de opor exceção de incompetência territorial na forma e no interregno ali prescritos, prorroga-se, nesse momento, a competência territorial do juízo em que proposta a ação, tal como compreendido pelo Juízo Suscitante. Conflito de Competência admitido para declarar a competência do Juízo da 11.ª Vara do Trabalho da Zona Leste/SP para processar e julgar a Reclamação Trabalhista (TST, SBDI-II, CC-10467-93.2019.5.15.0013, Rel. Min. Luiz José Dezena da Silva, *DEJT* 25.09.2020).

✦ Súmulas, Orientações Jurisprudenciais e Precedentes Normativos

Súmula 214 do TST: Decisão interlocutória. Irrecorribilidade. Na Justiça do Trabalho, nos termos do art. 893, § 1.º, da CLT, as decisões interlocutórias não ensejam recurso imediato, salvo nas hipóteses de decisão: a) de Tribunal

Regional do Trabalho contrária à Súmula ou Orientação Jurisprudencial do Tribunal Superior do Trabalho; b) suscetível de impugnação mediante recurso para o mesmo Tribunal; c) que acolhe exceção de incompetência territorial, com a remessa dos autos para Tribunal Regional distinto daquele a que se vincula o juízo excepcionado, consoante o disposto no art. 799, § 2.º, da CLT.

Art. 801. O juiz, presidente ou vogal, é obrigado a dar-se por suspeito, e pode ser recusado, por algum dos seguintes motivos, em relação à pessoa dos litigantes:

a) inimizade pessoal;

b) amizade íntima;

c) parentesco por consanguinidade ou afinidade até o terceiro grau civil;

d) interesse particular na causa.

Parágrafo único. Se o recusante houver praticado algum ato pelo qual haja consentido na pessoa do juiz, não mais poderá alegar exceção de suspeição, salvo sobrevindo novo motivo. A suspeição não será também admitida, se do processo constar que o recusante deixou de alegá-la anteriormente, quando já a conhecia, ou que, depois de conhecida, aceitou o juiz recusado ou, finalmente, se procurou de propósito o motivo de que ela se originou.

1. EXCEÇÕES DE IMPEDIMENTO E DE SUSPEIÇÃO

Embora a CLT, no art. 801, apenas faça menção à suspeição, é entendimento já pacificado que as hipóteses de impedimento também podem ser arguidas por meio de exceção.

O impedimento, ademais, envolve situação objetiva de gravidade mais elevada, o que acarreta a imparcialidade absoluta do juiz.

Isso é confirmado pelo art. 966, inciso II, do CPC de 2015, o qual prevê até mesmo o cabimento da ação rescisória no caso de decisão de mérito, transitada em julgado, "proferida por juiz impedido ou por juízo absolutamente incompetente". Logo, o impedimento gera a nulidade absoluta, estando o juiz proibido de atuar no feito. O impedimento do juiz, por envolver questão de ordem pública, pode ser alegado a qualquer momento, não incidindo, a seu respeito, a preclusão.

As hipóteses de impedimento são previstas no art. 144 do CPC de 2015, sendo proibido ao juiz exercer as suas funções no processo:

> I – em que interveio como mandatário da parte, oficiou como perito, funcionou como membro do Ministério Público ou prestou depoimento como testemunha;
>
> II – de que conheceu em outro grau de jurisdição, tendo proferido decisão;
>
> III – quando nele estiver postulando, como defensor público, advogado ou membro do Ministério Público, seu cônjuge ou companheiro, ou qualquer parente, consanguíneo ou afim, em linha reta ou colateral, até o terceiro grau, inclusive;
>
> IV – quando for parte no processo ele próprio, seu cônjuge ou companheiro, ou parente, consanguíneo ou afim, em linha reta ou colateral, até o terceiro grau, inclusive;
>
> V – quando for sócio ou membro de direção ou de administração de pessoa jurídica parte no processo;
>
> VI – quando for herdeiro presuntivo, donatário ou empregador de qualquer das partes;

> VII – em que figure como parte instituição de ensino com a qual tenha relação de emprego ou decorrente de contrato de prestação de serviços;
>
> [VIII – em que figure como parte cliente do escritório de advocacia de seu cônjuge, companheiro ou parente, consanguíneo ou afim, em linha reta ou colateral, até o terceiro grau, inclusive, mesmo que patrocinado por advogado de outro escritório;]
>
> IX – quando promover ação contra a parte ou seu advogado.

Na hipótese do inciso III do art. 144 do CPC de 2015, indicada, o impedimento só se verifica quando o advogado, defensor público ou membro do Ministério Público já integrava a causa antes do início da atividade judicante do juiz.

É vedada a criação de fato superveniente a fim de caracterizar impedimento do juiz.

O impedimento previsto no inciso III do art. 144 do CPC de 2015 também se verifica no caso de mandato conferido a membro de escritório de advocacia que tenha em seus quadros advogado que individualmente ostente a condição nele prevista, mesmo que não intervenha diretamente no processo.

De acordo com art. 144, inciso VIII, do CPC de 2015, há impedimento quando alguma das partes é cliente do escritório de advocacia do cônjuge, companheiro ou parente do juiz, até terceiro grau. Ademais, tendo em vista o trecho final do mencionado dispositivo, mesmo que a referida parte seja representada, no processo em questão, por advogado de outro escritório, o impedimento do juiz se mantém. Com isso, ainda que, no processo em andamento, o advogado da parte seja de escritório distinto, se essa parte for cliente, em outro caso, do escritório de advocacia de cônjuge, companheiro ou parente do juiz naquele feito, incidiria a proibição de sua atuação.

O Supremo Tribunal Federal declarou a inconstitucionalidade do inciso VIII do art. 144 do CPC (STF, Pleno, ADI 5.953/DF, Red. p/ ac. Min. Gilmar Mendes, j. 22.08.2023).

Quando dois ou mais juízes forem parentes, consanguíneos ou afins, em linha reta ou colateral, até o terceiro grau, inclusive, o primeiro que conhecer do processo impede que o outro nele atue, caso em que o segundo se escusará, remetendo os autos ao seu substituto legal (art. 147 do CPC de 2015).

A suspeição, por sua vez, apenas revela haver dúvida quanto à imparcialidade do juiz. Se a suspeição não for arguida por meio de exceção, na época própria, ocorre a preclusão. Não é cabível ação rescisória, tal como no impedimento. Por isso, a suspeição do juiz acarreta a nulidade relativa do processo, sendo ônus da parte a sua arguição por meio da exceção.

Na CLT, o art. 801 prevê que o juiz é obrigado a dar-se por suspeito, e pode ser recusado, por algum dos seguintes motivos, em relação à pessoa dos litigantes: inimizade pessoal; amizade íntima; parentesco por consanguinidade ou afinidade até o terceiro grau civil; interesse particular na causa.

Essa previsão, no entanto, não exaure toda a temática, sendo aplicável o art. 145 do CPC de 2015, ao dispor que há suspeição do juiz:

> I – amigo íntimo ou inimigo de qualquer das partes ou de seus advogados;
>
> II – que receber presentes de pessoas que tiverem interesse na causa antes ou depois de iniciado o processo, que aconselhar alguma das partes acerca do objeto da causa ou que subministrar meios para atender às despesas do litígio;

III – quando qualquer das partes for sua credora ou devedora, de seu cônjuge ou companheiro ou de parentes destes, em linha reta até o terceiro grau, inclusive;

IV – interessado no julgamento do processo em favor de qualquer das partes.

O juiz pode declarar-se suspeito por motivo de foro íntimo, sem necessidade de declarar suas razões.

Art. 802. Apresentada a exceção de suspeição, o juiz ou Tribunal designará audiência dentro de 48 (quarenta e oito) horas, para instrução e julgamento da exceção.

§ 1.º Nas Juntas de Conciliação e Julgamento e nos Tribunais Regionais, julgada procedente a exceção de suspeição, será logo convocado para a mesma audiência ou sessão, ou para a seguinte, o suplente do membro suspeito, o qual continuará a funcionar no feito até decisão final. Proceder-se-á da mesma maneira quando algum dos membros se declarar suspeito.

§ 2.º Se se tratar de suspeição de Juiz de Direito, será este substituído na forma da organização judiciária local.

1. PROCEDIMENTO DA EXCEÇÃO DE IMPEDIMENTO OU DE SUSPEIÇÃO

Quanto ao procedimento, uma vez apresentada a exceção de impedimento ou de suspeição, o juiz ou tribunal deve designar audiência dentro de 48 horas, para a instrução e o julgamento.

Cf. ainda os comentários ao art. 653, alínea "c", da CLT.

No caso de suspeição do juiz de direito, este deve ser substituído na forma da organização judiciária local.

Na realidade, sendo arguida exceção de impedimento ou de suspeição do juiz de direito que exerce a jurisdição trabalhista, por se tratar de questão processual, a competência para o seu julgamento é do Tribunal Regional do Trabalho, que abrange a localidade do Juízo, aplicando-se o art. 146 do CPC de 2015.

Cabe ainda salientar que, segundo o art. 148 do CPC de 2015, aplicam-se os motivos de impedimento e de suspeição ao membro do Ministério Público, aos auxiliares da justiça e aos demais sujeitos imparciais do processo, como o perito e o intérprete.

Nas hipóteses, a parte interessada deve arguir o impedimento ou a suspeição, em petição fundamentada e devidamente instruída, na primeira oportunidade em que lhe couber falar nos autos. O juiz deve mandar processar o incidente em separado e sem suspensão do processo, ouvindo o arguido no prazo de 15 dias e facultando a produção de prova, quando necessária (art. 148, §§ 1.º e 2.º, do CPC de 2015).

Nos tribunais, a arguição deve ser disciplinada pelo regimento interno.

O disposto no art. 148, §§ 1.º e 2.º, do CPC de 2015 não se aplica à arguição de impedimento ou de suspeição de testemunha, que possuem previsão específica, conforme art. 457, § 1.º, do mesmo diploma legal.

Seção VII – Dos Conflitos de Jurisdição

Art. 803. Os conflitos de jurisdição podem ocorrer entre:

a) Juntas de Conciliação e Julgamento e Juízes de Direito investidos na administração da Justiça do Trabalho;

b) Tribunais Regionais do Trabalho;

c) Juízos e Tribunais do Trabalho e órgãos da Justiça Ordinária;

d) Revogada pelo Decreto-lei 8.737/1946.

✦ Súmulas, Orientações Jurisprudenciais e Precedentes Normativos

Súmula 59 do STJ: Não há conflito de competência se já existe sentença com trânsito em julgado, proferida por um dos juízos conflitantes.

Súmula 420 do TST: Competência funcional. Conflito negativo. TRT e Vara do Trabalho de idêntica região. Não configuração. Não se configura conflito de competência entre Tribunal Regional do Trabalho e Vara do Trabalho a ele vinculada.

Orientação Jurisprudencial 149 da SBDI-II do TST: Conflito de competência. Incompetência territorial. Hipótese do art. 651, § 3.º, da CLT. Impossibilidade de declaração de ofício de incompetência relativa. Não cabe declaração de ofício de incompetência territorial no caso do uso, pelo trabalhador, da faculdade prevista no art. 651, § 3.º, da CLT. Nessa hipótese, resolve-se o conflito pelo reconhecimento da competência do juízo do local onde a ação foi proposta.

Art. 804. Dar-se-á conflito de jurisdição:

a) quando ambas as autoridades se considerarem competentes;

b) quando ambas as autoridades se considerarem incompetentes.

1. CONFLITOS DE COMPETÊNCIA

De acordo com o art. 114 da Constituição da República, compete à Justiça do Trabalho processar e julgar:

> V – os conflitos de competência entre órgãos com jurisdição trabalhista, ressalvado o disposto no art. 102, I, "o".

O conflito de competência positivo ocorre quando dois ou mais juízes ou juízos se declaram competentes.

O conflito de competência negativo ocorre quando dois ou mais juízes ou juízos se consideram incompetentes (art. 804 da CLT).

O art. 66, inciso III, do CPC de 2015 menciona que também há conflito de competência quando "entre dois ou mais juízes surge controvérsia acerca da reunião ou separação de processos".

✦ Referência legislativa

- Arts. 102, I, 105, I, alíneas "d" e "g", e 114, V, da CF.

Art. 805. Os conflitos de jurisdição podem ser suscitados:

a) pelos Juízes e Tribunais do Trabalho;

b) pelo procurador-geral e pelos procuradores regionais da Justiça do Trabalho;

c) pela parte interessada, ou o seu representante.

1. LEGITIMIDADE PARA SUSCITAR CONFLITO DE COMPETÊNCIA

Os conflitos de competência podem ser suscitados pelos juízes e tribunais do trabalho, pelo Ministério Público do Trabalho, pela parte interessada (ou o seu representante).

Art. 806. É vedado à parte interessada suscitar conflitos de jurisdição quando já houver oposto na causa exceção de incompetência.

1. PROIBIÇÃO PARA SUSCITAR CONFLITO DE COMPETÊNCIA

Proíbe-se à parte interessada suscitar conflitos de competência quando já houver oposto na causa exceção de incompetência. Entende-se haver, no caso, preclusão lógica.

Entretanto, o conflito de competência não obsta a que a parte que não o arguiu suscite a incompetência (art. 952, parágrafo único, do CPC de 2015).

Art. 807. No ato de suscitar o conflito deverá a parte interessada produzir a prova de existência dele.

1. PROVA DA EXISTÊNCIA DO CONFLITO DE COMPETÊNCIA

Ao suscitar o conflito, a parte deve produzir a prova de sua existência, juntando os documentos nesse sentido.

O relator pode, de ofício ou a requerimento de qualquer das partes, determinar, quando o conflito for positivo, o sobrestamento do processo. Nesse caso, bem como no de conflito negativo, deve designar um dos juízes para resolver, em caráter provisório, as medidas urgentes (art. 955 do CPC de 2015).

O relator pode julgar de plano o conflito de competência quando sua decisão se fundar em: súmula do Supremo Tribunal Federal, do Superior Tribunal de Justiça (no processo do trabalho, do TST) ou do próprio tribunal; tese firmada em julgamento de casos repetitivos ou em incidente de assunção de competência.

Decorrido o prazo designado pelo relator, deve ser ouvido o Ministério Público, ainda que as informações não tenham sido prestadas. Em seguida, o conflito deve ir a julgamento (art. 956 do CPC de 2015).

Embora o Código de Processo Civil de 2015 preveja o prazo de cinco dias, pode-se dizer que, especificamente na Justiça do Trabalho, o prazo para a manifestação do Ministério Público do Trabalho é de oito dias, contados da data em que for distribuído o processo, nos termos do art. 5.º da Lei 5.584/1970.

Ao decidir o conflito, o tribunal deve declarar qual o juízo competente, pronunciando-se também sobre a validade dos atos do juízo incompetente (art. 957 do CPC de 2015).

Os autos do processo em que se manifestou o conflito devem ser remetidos ao juiz declarado competente.

No conflito que envolva órgãos fracionários dos tribunais, desembargadores e juízes em exercício no tribunal, deve-se observar o que dispuser a respeito o regimento interno do tribunal (art. 958 do CPC de 2015).

Art. 808. Os conflitos de jurisdição de que trata o art. 803 serão resolvidos:

a) pelos Tribunais Regionais, os suscitados entre Juntas e entre Juízos de Direito, ou entre uma e outras, nas respectivas regiões;

b) pela Câmara de Justiça do Trabalho, os suscitados entre Tribunais Regionais, ou entre Juntas e Juízos de Direito sujeitos à jurisdição de Tribunais Regionais diferentes;

c) Revogada pelo Decreto-lei 9.797/1946.

d) pelo Supremo Tribunal Federal, os suscitados entre as autoridades da Justiça do Trabalho e as da Justiça Ordinária.

1. COMPETÊNCIA PARA DECIDIR CONFLITO DE COMPETÊNCIA

Compete ao Supremo Tribunal Federal processar e julgar, originariamente, os conflitos de competência entre o Superior Tribunal de Justiça e quaisquer tribunais, entre Tribunais Superiores, ou entre estes e qualquer outro tribunal (art. 102, inciso I, alínea "o", da Constituição Federal de 1988).

Compete ao Superior Tribunal de Justiça processar e julgar, originariamente, os conflitos de competência entre quaisquer tribunais (ressalvado o disposto no art. 102, inciso I, alínea "o", da Constituição da República), bem como entre tribunal e juízes a ele não vinculados e entre juízes vinculados a tribunais diversos (art. 105, inciso I, alínea "d", da Constituição Federal de 1988).

Cabe ao Tribunal Regional do Trabalho decidir o conflito de competência entre Varas do Trabalho (ou entre Vara do Trabalho e Juízo de Direito no exercício da jurisdição trabalhista) abrangidas pelo TRT. Sobre o tema, dispõe a Súmula 236 do STJ.

A competência para decidir o conflito entre Tribunais Regionais do Trabalho, ou entre Varas do Trabalho (ou entre Vara do Trabalho e Juízo de Direito no exercício da jurisdição trabalhista) abrangidas por Tribunais Regionais diversos, é do TST. Quanto ao conflito negativo entre TRT e Vara de Trabalho, estabelece a Súmula 420 do TST.

A Lei 7.701/1988, art. 2.º, inciso I, "e", prevê que compete à Seção de Dissídios Coletivos do TST julgar, originariamente, os conflitos de competência entre Tribunais Regionais do Trabalho em processos de dissídios coletivos. A mesma regra é verificada no art. 77, inciso I, "f", do Regimento Interno do TST.

O art. 3.º, inciso II, "b", da Lei 7.701/1988, por sua vez, dispõe competir à Seção de Dissídios Individuais do TST julgar, originariamente, os conflitos de competência entre Tribunais Regionais do Trabalho em processos de dissídios individuais. O Regimento Interno do TST, no art. 78, inciso III, "b", II, no mesmo sentido, fixa essa competência para a Subseção II de Dissídios Individuais do TST.

✦ Súmulas, Orientações Jurisprudenciais e Precedentes Normativos

Súmula 180 do STJ: Na lide trabalhista, compete ao Tribunal Regional do Trabalho dirimir conflito de competência verificado, na respectiva região, entre Juiz Estadual e Junta de Conciliação e Julgamento.

Súmula 236 do STJ: Não compete ao Superior Tribunal de Justiça dirimir conflitos de competência entre juízos trabalhistas vinculados a Tribunais Regionais diversos.

Súmula 420 do TST: Competência funcional. Conflito negativo. TRT e Vara do Trabalho de idêntica região. Não configuração (conversão da Orientação Jurisprudencial 115 da SBDI-2) – Res. 137/2005, *DJ* 22, 23 e 24.08.2005. Não se configura conflito de competência entre Tribunal Regional do Trabalho e Vara do Trabalho a ele vinculada.

✦ **Referência legislativa**

- Arts. 102, I, "o", 105, I, "d", 108, I, "e", e II, e 114, V, da CF.

Art. 809. Nos conflitos de jurisdição entre as Juntas e os Juízos de Direito observar-se-á o seguinte:

I – o juiz ou presidente mandará extrair dos autos as provas do conflito e, com a sua informação, remeterá o processo assim formado, no mais breve prazo possível, ao Presidente do Tribunal Regional competente;

II – no Tribunal Regional, logo que der entrada o processo, o presidente determinará a distribuição do feito, podendo o relator ordenar imediatamente às Juntas e aos Juízos, nos casos de conflito positivo, que sobrestejam o andamento dos respectivos processos, e solicitar, ao mesmo tempo, quaisquer informações que julgue convenientes. Seguidamente, será ouvida a Procuradoria, após o que o relator submeterá o feito a julgamento na primeira sessão;

III – proferida a decisão, será a mesma comunicada, imediatamente, às autoridades em conflito, prosseguindo no foro julgado competente.

1. CONFLITOS DE COMPETÊNCIA ENTRE VARA DO TRABALHO E JUIZ DE DIREITO

O conflito de competência entre a Vara do Trabalho e o juiz de direito que exerce a jurisdição trabalhista é decidido pelo Tribunal Regional do Trabalho da área que os abrange (art. 114, inciso V, da Constituição da República). Nesse sentido é a previsão da Súmula 180 do STJ.

Na atualidade, tendo em vista a extinção da representação classista nos órgãos da Justiça do Trabalho pela Emenda Constitucional 24/1999, não existem mais Juntas de Conciliação e Julgamento, e sim Varas do Trabalho (art. 116 da Constituição da República).

✦ **Referência legislativa**

- Arts. 102, I, "o", 105, I, "d", e 114, V, da CF.

Art. 810. Aos conflitos de jurisdição entre os Tribunais Regionais aplicar-se-ão as normas estabelecidas no artigo anterior.

1. CONFLITOS DE COMPETÊNCIA ENTRE TRIBUNAIS REGIONAIS DO TRABALHO

Os conflitos de competência entre Tribunais Regionais do Trabalho devem ser decididos pelo Tribunal Superior do Trabalho (art. 114, inciso V, da Constituição da República, c/c Lei 7.701/1988, art. 2.º, inciso I, alínea "e", e art. 3.º, inciso II, alínea "b").

Art. 811. Nos conflitos suscitados na Justiça do Trabalho entre as autoridades desta e os órgãos da Justiça Ordinária, o processo do conflito, formado de acordo com o inciso I do art. 809, será remetido diretamente ao presidente do Supremo Tribunal Federal.

1. REVOGAÇÃO DO DISPOSITIVO

O dispositivo em questão está atualmente revogado, tendo em vista as previsões constitucionais em vigor.

O art. 114, inciso V, da Constituição da República, com redação dada pela Emenda Constitucional 45/2004, estabelece que "compete à Justiça do Trabalho processar e julgar os conflitos de competência entre órgãos com jurisdição trabalhista, ressalvado o disposto no art. 102, I, 'o'".

Ademais, nos termos do art. 105, inciso I, alínea "d", da Constituição Federal de 1988, compete ao Superior Tribunal de Justiça processar e julgar, originariamente, os conflitos de competência entre quaisquer tribunais (ressalvado o disposto no art. 102, I, "o"), bem como entre tribunal e juízes não vinculados a ele, e, também, entre juízes vinculados a tribunais diversos.

Por fim, segundo o art. 102, inciso I, alínea "o", da Constituição Federal de 1988, compete ao Supremo Tribunal Federal, precipuamente, a guarda da Constituição, cabendo-lhe processar e julgar, originariamente, "os conflitos de competência entre o Superior Tribunal de Justiça e quaisquer tribunais, entre Tribunais Superiores, ou entre estes e qualquer outro tribunal".

Sobre o conflito entre Juiz Estadual e Vara de Trabalho, cf. Súmula 180 do STJ.

✦ Súmulas, Orientações Jurisprudenciais e Precedentes Normativos

Súmula 180 do STJ: Na lide trabalhista, compete ao Tribunal Regional do Trabalho dirimir conflito de competência verificado, na respectiva região, entre Juiz Estadual e Junta de Conciliação e Julgamento.

Art. 812. A ordem processual dos conflitos de jurisdição entre as Câmaras do Tribunal Superior do Trabalho será a estabelecida no seu regimento interno.

Entende-se que o dispositivo em questão foi revogado pelo Decreto-lei 9.797/1946.

Seção VIII – Das Audiências

Art. 813. As audiências dos órgãos da Justiça do Trabalho serão públicas e realizar-se-ão na sede do Juízo ou Tribunal em dias úteis previamente fixados, entre 8 (oito) e 18 (dezoito) horas, não podendo ultrapassar 5 (cinco) horas seguidas, salvo quando houver matéria urgente.

§ 1.º Em casos especiais, poderá ser designado outro local para a realização das audiências, mediante edital afixado na sede do Juízo ou Tribunal, com a antecedência mínima de 24 (vinte e quatro) horas.

§ 2.º Sempre que for necessário, poderão ser convocadas audiências extraordinárias, observado o prazo do parágrafo anterior.

1. AUDIÊNCIA

Audiência é o ato processual "praticado sob a presidência do juiz a fim de ouvir ou de atender às alegações das partes". Sessão, por sua vez, "é a realização de várias audiências ou julgamentos"[240].

As audiências dos órgãos da Justiça do Trabalho são públicas e devem ser realizadas na sede do Juízo ou Tribunal, em dias úteis previamente fixados, entre 8 e 18 horas, não podendo ultrapassar cinco horas seguidas, salvo quando houver matéria urgente. Em casos especiais, pode ser designado outro local para a realização das audiências, mediante edital afixado na sede do Juízo ou Tribunal, com a antecedência mínima de 24 horas. Sempre que for necessário, podem ser convocadas audiências extraordinárias, observado o mesmo prazo mencionado.

Art. 814. Às audiências deverão estar presentes, comparecendo com a necessária antecedência os escrivães ou secretários.

Devem estar presentes à audiência, comparecendo com antecedência, os diretores de secretaria ou escrivães.

Art. 815. À hora marcada, o juiz ou presidente declarará aberta a audiência, sendo feita pelo secretário ou escrivão a chamada das partes, testemunhas e demais pessoas que devam comparecer.

§ 1.º Se, até 15 (quinze) minutos após a hora marcada, o juiz ou presidente não houver comparecido, os presentes poderão retirar-se, devendo o ocorrido constar do livro de registro das audiências.

§ 2.º Se, até 30 (trinta) minutos após a hora marcada, a audiência, injustificadamente, não houver sido iniciada, as partes e os advogados poderão retirar-se, consignando seus nomes, devendo o ocorrido constar do livro de registro das audiências.

§ 3.º Na hipótese do § 2.º deste artigo, a audiência deverá ser remarcada pelo juiz ou presidente para a data mais próxima possível, vedada a aplicação de qualquer penalidade às partes.

À hora marcada, o juiz deve declarar aberta a audiência, sendo feita pelo secretário ou escrivão a chamada das partes, testemunhas e demais pessoas que devam comparecer.

Na hipótese em que, até 15 minutos depois da hora marcada, o juiz não houver comparecido, os presentes podem se retirar, devendo o ocorrido constar do livro de registro das audiências.

Cabe esclarecer que o mencionado prazo de 15 minutos é específico para se aguardar o juiz, mas não as partes ou procuradores, os quais devem comparecer pontualmente, conforme Orientação Jurisprudencial 245 da SBDI-I do TST. Além disso, em caso de atraso da audiência, em razão de a anterior se alongar, por exemplo, por se tratar de instrução mais longa, não se aplica a referida previsão.

Conforme o art. 2.º, inciso VI, da Instrução Normativa 39/2016 do TST, não se aplica ao processo do trabalho, em razão de inexistência de omissão ou por incompatibilidade, o

240 MARTINS, Sergio Pinto. *Direito processual do trabalho*. 30. ed. São Paulo: Atlas, 2010. p. 261.

art. 362, inciso III, do CPC de 2015, sobre adiamento da audiência em razão de atraso injustificado superior a 30 minutos.

Na atualidade, de acordo com o art. 815, § 2.º, da CLT, incluído pela Lei 14.657/2023, se, até 30 minutos após a hora marcada, a audiência, *injustificadamente*, não houver sido iniciada, as partes e os advogados podem se retirar, consignando seus nomes, devendo o ocorrido constar do livro de registro das audiências. Nessa hipótese, a audiência deve ser remarcada pelo juiz para a data mais próxima possível, vedada a aplicação de qualquer penalidade às partes (art. 815, § 3.º, da CLT, incluído pela Lei 14.657/2023).

✦ **Súmulas, Orientações Jurisprudenciais e Precedentes Normativos**

Orientação Jurisprudencial 245 da SBDI-I do TST: Revelia. Atraso. Audiência (inserida em 20.06.2001). Inexiste previsão legal tolerando atraso no horário de comparecimento da parte na audiência.

Art. 816. O juiz ou presidente manterá a ordem nas audiências, podendo mandar retirar do recinto os assistentes que a perturbarem.

1. PODER DE POLÍCIA DO JUIZ

O juiz exerce o poder de polícia e incumbe-lhe: manter a ordem e o decoro na audiência; ordenar que se retirem da sala de audiência os que se comportarem inconvenientemente; requisitar, quando necessário, a força policial; tratar com urbanidade as partes, os advogados, os membros do Ministério Público e da Defensoria Pública e qualquer pessoa que participe do processo; registrar em ata, com exatidão, todos os requerimentos apresentados em audiência (art. 360 do CPC de 2015).

Ainda nos termos do art. 139 do CPC de 2015, o juiz deve dirigir o processo conforme as disposições ali previstas, incumbindo-lhe: I – assegurar às partes igualdade de tratamento; II – velar pela duração razoável do processo; III – prevenir ou reprimir qualquer ato contrário à dignidade da justiça e indeferir postulações meramente protelatórias; IV – determinar, de ofício ou a requerimento, todas as medidas coercitivas ou sub-rogatórias necessárias para assegurar a efetivação da decisão judicial e a obtenção da tutela do direito; V – promover, a qualquer tempo, a autocomposição; VI – dilatar os prazos processuais e alterar a ordem de produção dos meios de prova, adequando-os às necessidades do conflito de modo a conferir maior efetividade à tutela do direito; VII – exercer o poder de polícia, requisitando, quando necessário, força policial, além da segurança interna dos fóruns e tribunais; VIII – determinar, a qualquer tempo, o comparecimento pessoal das partes, para inquiri-las sobre os fatos da causa, hipótese em que não incidirá a pena de confesso; IX – determinar o suprimento de pressupostos processuais e o saneamento de outros vícios processuais; X – quando se deparar com diversas demandas individuais repetitivas, oficiar o Ministério Público, a Defensoria Pública e, na medida do possível, outros legitimados a que se referem os arts. 5.º da Lei 7.347, de 24 de julho de 1985, e 82 da Lei 8.078, de 11 de setembro de 1990, para, se for o caso, promover a propositura da ação coletiva respectiva.

A dilação de prazo, prevista no inciso VI do art. 139, indicado, somente pode ser determinada antes de encerrado o prazo regular.

O art. 3.º, inciso III, da Instrução Normativa 39/2016 do TST prevê que se aplica ao processo do trabalho, diante de omissão e compatibilidade, o art. 139 do CPC de 2015, *exceto a parte final do inciso V* (sobre poderes, deveres e responsabilidades do juiz). Isso porque a conciliação, na Justiça do Trabalho, é realizada pelo próprio juiz na audiência (arts. 764, 831, 846, 850, 852-E e 860 da CLT).

Ademais, nos termos do art. 7.º, parágrafo único, da Lei Brasileira de Inclusão da Pessoa com Deficiência, se, no exercício de suas funções, os juízes e os tribunais tiverem conhecimento de fatos que caracterizem as violações previstas no referido diploma legal, devem remeter peças ao Ministério Público para as providências cabíveis.

Aplica-se, portanto, o princípio da imediatidade, por meio do qual o juiz tem contato direto com as provas produzidas.

Art. 817. O registro das audiências será feito em livro próprio, constando de cada registro os processos apreciados e a respectiva solução, bem como as ocorrências eventuais.

Parágrafo único. Do registro das audiências poderão ser fornecidas certidões às pessoas que o requererem.

1. REGISTRO DAS AUDIÊNCIAS

O registro das audiências deve ser feito em livro próprio. Devem constar de cada registro os processos apreciados, a respectiva solução e as eventuais ocorrências. Do registro das audiências podem ser fornecidas certidões às pessoas que assim requererem.

O Código de Processo Civil de 2015 determina que incumbe ao juiz "registrar em ata, com exatidão, todos os requerimentos apresentados em audiência" (art. 360, inciso V).

Seção IX – Das Provas

Art. 818. O ônus da prova incumbe:

I – ao reclamante, quanto ao fato constitutivo de seu direito;

II – ao reclamado, quanto à existência de fato impeditivo, modificativo ou extintivo do direito do reclamante.

§ 1.º Nos casos previstos em lei ou diante de peculiaridades da causa relacionadas à impossibilidade ou à excessiva dificuldade de cumprir o encargo nos termos deste artigo ou à maior facilidade de obtenção da prova do fato contrário, poderá o juízo atribuir o ônus da prova de modo diverso, desde que o faça por decisão fundamentada, caso em que deverá dar à parte a oportunidade de se desincumbir do ônus que lhe foi atribuído.

§ 2.º A decisão referida no § 1.º deste artigo deverá ser proferida antes da abertura da instrução e, a requerimento da parte, implicará o adiamento da audiência e possibilitará provar os fatos por qualquer meio em direito admitido.

§ 3.º A decisão referida no § 1.º deste artigo não pode gerar situação em que a desincumbência do encargo pela parte seja impossível ou excessivamente difícil.

1. PROVAS

No Direito Processual, as provas incidem sobre os fatos alegados pelas partes, isto é, constantes da causa de pedir e da defesa.

Pode-se dizer, assim, que o objeto das provas corresponde aos fatos ou, mais precisamente, às alegações de fatos.

Para que o pedido seja julgado, quando a causa de pedir e a contestação envolvem questões de fato, há necessidade de produção de provas para que o juiz possa formar o seu convencimento.

Logo, as questões, isto é, os pontos controvertidos de fato é que são solucionados pelas provas.

Como exceção, nos termos do art. 376 do CPC de 2015, o Direito de natureza municipal, estadual, estrangeiro e consuetudinário também pode ser objeto de prova.

Nesse sentido, a parte que alegar Direito municipal, estadual, estrangeiro ou consuetudinário deve provar o seu teor e a sua vigência, "se assim o juiz determinar". Portanto, a prova desse Direito depende da determinação do juiz.

É possível aplicar o mencionado dispositivo de forma extensiva, também para o Direito Coletivo negociado, isto é, para as normas jurídicas decorrentes de negociação coletiva de trabalho.

Não obstante, não são todos os fatos que dependem de prova, mas apenas os fatos pertinentes, relevantes, controvertidos, não notórios, não presumidos pela lei[241].

Isso é confirmado pelo art. 374 do CPC de 2015, ao prever que não dependem de prova os fatos notórios; afirmados por uma parte e confessados pela parte contrária; admitidos, no processo, como incontroversos; em cujo favor milita presunção legal de existência ou de veracidade.

2. ÔNUS DA PROVA

As regras de ônus da prova são direcionadas às partes, as quais têm necessidade de provar para possivelmente vencerem a causa.

Efetivamente, quando há uma questão incerta no processo, sem provas suficientes para a formação do convencimento, tendo em vista a regra da indeclinabilidade da jurisdição, cabe ao juiz julgar conforme o ônus da prova.

Parte da doutrina faz menção, assim, ao chamado "ônus objetivo" da prova, no sentido de que se não houver provas nos autos a respeito dos fatos em discussão, o juiz deve julgar a causa (por ser vedado o *non liquet*) utilizando as regras do ônus da prova[242].

Além disso, conforme o princípio da aquisição da prova (ou da comunhão da prova), se a prova foi produzida, e consta dos autos, cabe ao juiz levar em conta, independentemente de qual parte a produziu[243].

241 Cf. GRECO FILHO, Vicente. *Direito processual civil brasileiro*. 20. ed. São Paulo: Saraiva, 2009. v. 2, p. 197-198.

242 Cf. NEVES, Daniel Amorim Assumpção. *Manual de direito processual civil*. 9. ed. Salvador: Juspodivm, 2017. p. 734-735.

243 Cf. GRECO FILHO, Vicente. *Direito processual civil brasileiro*. 20. ed. São Paulo, Saraiva, 2009. v. 2, p. 204.

Nesse sentido, o juiz deve apreciar a prova constante dos autos, independentemente do sujeito que a tiver promovido, e indicar na decisão as razões da formação de seu convencimento (art. 371 do CPC de 2015).

Saliente-se, ainda, que o juiz tem o poder instrutório, o qual pode ser exercido para a busca da verdade real, com o objetivo de se decidir de forma mais justa.

Nesse contexto, o art. 765 da CLT prevê que os juízes e tribunais do trabalho têm "ampla liberdade na direção do processo", devendo velar "pelo andamento rápido das causas", podendo, ainda, "determinar qualquer diligência necessária ao esclarecimento delas".

O art. 852-D da CLT, voltado ao procedimento sumaríssimo, reitera que cabe ao juiz dirigir "o processo com liberdade para determinar as provas a serem produzidas, considerado o ônus probatório de cada litigante, podendo limitar ou excluir as que considerar excessivas, impertinentes ou protelatórias", bem como "apreciá-las e dar especial valor às regras de experiência comum ou técnica".

Cabe ao juiz, de ofício ou a requerimento da parte, determinar as provas necessárias ao julgamento do mérito. O juiz deve indeferir, em decisão fundamentada, as diligências inúteis ou meramente protelatórias (art. 370 do CPC de 2015).

Em consonância com a atual redação do art. 818 da CLT, o *ônus da prova* incumbe: I – ao reclamante, quanto ao fato constitutivo de seu direito; II – ao reclamado, quanto à existência de fato impeditivo, modificativo ou extintivo do direito do reclamante.

A previsão corresponde ao art. 373 do CPC e tem como fundamento o interesse da parte no sentido de que o fato seja considerado verdadeiro pelo juiz ao decidir.

Dessa forma, o ônus da prova incumbe ao autor, quanto ao fato constitutivo do seu direito.

Exemplificando, se o autor alega ter trabalhado em condições insalubres, em princípio é dele o ônus da prova, por se tratar do fato constitutivo do direito postulado, por exemplo, o adicional de insalubridade.

O ônus da prova, por sua vez, incumbe ao réu, quanto à existência de fatos impeditivo, modificativo ou extintivo do direito do autor.

O fato extintivo seria, por exemplo, o pagamento do direito postulado, cabendo ao réu juntar os recibos que demonstrem essa alegação.

O fato modificativo é aquele que altera o direito pretendido, como no caso de acordo de compensação de jornada de trabalho, o qual afastaria o direito de receber as horas extras, pois estas já teriam sido compensadas com folgas em outros dias.

O fato impeditivo, por fim, como o nome indica, impede a concretização do direito, como seria o caso do quadro de carreira ou do plano de cargos e salários adotado por meio de norma interna da empresa ou de negociação coletiva, o que afasta o direito à equiparação salarial, na forma do art. 461, §§ 2.º e 3.º, da CLT.

Em se tratando de terceirização no setor público, o Tribunal Superior do Trabalho decidiu, com fundamento no *princípio da aptidão para a prova* (ao vincular o ônus da prova a quem tem melhores condições de produzi-la), que nos casos em que o prestador de serviços não cumpre suas obrigações trabalhistas, cabe ao ente público tomador dos serviços demonstrar que fiscalizou de forma adequada o contrato de prestação de serviços, para que não seja responsabilizado de forma subsidiária (TST, SBDI-I, E-RR – 925-07.2016.5.05.0281, Rel. Min. Cláudio Mascarenhas Brandão j. 12.12.2019). A respeito do tema, cf. STF, Pleno, RE 1.298.647/SP.

Cabe fazer menção, ainda, à chamada *distribuição dinâmica do ônus da prova*, no sentido de que caberia ao juiz o exame da questão em cada caso concreto, fazendo incidir o ônus da prova sobre a parte que tem melhores condições, especialmente técnicas, de demonstrar o fato, o que muitas vezes resultaria na inversão do ônus da prova, passando a incidir sobre o empregador.

Nos casos previstos em lei ou diante de peculiaridades da causa relacionadas à impossibilidade ou à excessiva dificuldade de cumprir o encargo nos termos do art. 818 da CLT ou à maior facilidade de obtenção da prova do fato contrário, pode o juízo atribuir o ônus da prova de modo diverso, desde que o faça por decisão fundamentada, caso em que deve dar à parte a oportunidade de se desincumbir do ônus que lhe foi atribuído (art. 818, § 1.º, da CLT, incluído pela Lei 13.467/2017).

A decisão referida no art. 818, § 1.º, da CLT deve ser proferida antes da abertura da instrução e, a requerimento da parte, implicará o adiamento da audiência e possibilitará provar os fatos por qualquer meio em direito admitido (art. 818, § 2.º, da CLT).

Evita-se a chamada *decisão surpresa*, no caso, quanto à atribuição do ônus da prova. Além disso, nota-se que devem ser preservados os princípios do contraditório e da ampla defesa (art. 5.º, inciso LV, da Constituição da República).

A decisão referida no § 1.º do art. 818 da CLT não pode gerar situação em que a desincumbência do encargo pela parte seja impossível ou excessivamente difícil (art. 818, § 3.º, da CLT).

No processo civil, a distribuição diversa do ônus da prova também pode ocorrer por convenção das partes, salvo quando: I – recair sobre direito indisponível da parte; II – tornar excessivamente difícil a uma parte o exercício do direito (art. 373, § 3.º, do CPC de 2015).

Essa convenção das partes sobre a distribuição diversa do ônus da prova pode ser celebrada antes ou durante o processo (art. 373, § 4.º, do CPC de 2015).

Entretanto, o art. 2.º, inciso VII, da Instrução Normativa 39/2016 do TST prevê que não se aplica ao processo do trabalho, em razão de inexistência de omissão ou por incompatibilidade, o art. 373, §§ 3.º e 4.º, do CPC, sobre distribuição diversa do ônus da prova por convenção das partes.

Logo, prevalece o entendimento de que as regras sobre o ônus da prova não são disponíveis, impossibilitando a sua modificação por meio de convenção das partes. Isso, entretanto, não se confunde com a já mencionada inversão do ônus da prova, a qual, em certos casos, pode ser aplicada pelo juiz, considerando a parte com maior aptidão na sua produção, com fundamento na distribuição dinâmica do ônus da prova e no art. 818, § 1.º, da CLT.

O que se observa no Direito Processual do Trabalho em vigor, na realidade, é a incidência de presunções legais e, principalmente judiciais, as quais têm como consequência a inversão do ônus da prova, ou a incidência do ônus da prova para o empregador. Quanto a essas presunções, cf. as Súmulas 16, 43 e 212 do TST.

Na presunção, o juiz, partindo de determinado fato comprovado, chega à conclusão de que outro fato, principal, também existiu, o qual é relevante para decidir o pedido.

Pode ser absoluta, a qual não pode ser elidida por prova em contrário, e relativa, que é passível de ser elidida por prova em sentido diverso. A presunção pode ser classificada, ainda, em legal e humana (judicial). As regras de experiência, comum (subministradas pela observação do que ordinariamente acontece) ou técnica, também podem ser utilizadas pelo juiz, como se verifica nos arts. 375 do CPC de 2015 e 852-D da CLT.

✦ Súmulas, Orientações Jurisprudenciais e Precedentes Normativos

Súmula 6 do TST: Equiparação salarial. Art. 461 da CLT. I – Para os fins previstos no § 2.º do art. 461 da CLT, só é válido o quadro de pessoal organizado em carreira quando homologado pelo Ministério do Trabalho, excluindo--se, apenas, dessa exigência o quadro de carreira das entidades de direito público da administração direta, autárquica e fundacional aprovado por ato administrativo da autoridade competente (ex-Súmula 06 – alterada pela Res. 104/2000, *DJ* 20.12.2000). [...] VIII – É do empregador o ônus da prova do fato impeditivo, modificativo ou extintivo da equiparação salarial.

Súmulas 16 do TST: Notificação (nova redação) – Res. 121/2003, *DJ* 19, 20 e 21.11.2003. Presume-se recebida a notificação 48 (quarenta e oito) horas depois de sua postagem. O seu não recebimento ou a entrega após o decurso desse prazo constitui ônus de prova do destinatário.

Súmula 43 do TST: Transferência (mantida) – Res. 121/2003, *DJ* 19, 20 e 21.11.2003. Presume-se abusiva a transferência de que trata o § 1.º do art. 469 da CLT, sem comprovação da necessidade do serviço.

Súmula 212 do TST: Despedimento. Ônus da prova (mantida) – Res. 121/2003, *DJ* 19, 20 e 21.11.2003. O ônus de provar o término do contrato de trabalho, quando negados a prestação de serviço e o despedimento, é do empregador, pois o princípio da continuidade da relação de emprego constitui presunção favorável ao empregado.

Súmula 254 do TST: Salário-família. Termo inicial da obrigação (mantida) – Res. 121/2003, *DJ* 19, 20 e 21.11.2003. O termo inicial do direito ao salário-família coincide com a prova da filiação. Se feita em juízo, corresponde à data de ajuizamento do pedido, salvo se comprovado que anteriormente o empregador se recusara a receber a respectiva certidão.

Súmula 338 do TST: Jornada de trabalho. Registro. Ônus da prova (incorporadas as Orientações Jurisprudenciais 234 e 306 da SBDI-1) – Res. 129/2005, *DJ* 20, 22 e 25.04.2005. I – É ônus do empregador que conta com mais de 10 (dez) empregados [20, cf. Lei 13.874/2019] o registro da jornada de trabalho na forma do art. 74, § 2.º, da CLT. A não apresentação injustificada dos controles de frequência gera presunção relativa de veracidade da jornada de trabalho, a qual pode ser elidida por prova em contrário. II – A presunção de veracidade da jornada de trabalho, ainda que prevista em instrumento normativo, pode ser elidida por prova em contrário. III – Os cartões de ponto que demonstram horários de entrada e saída uniformes são inválidos como meio de prova, invertendo-se o ônus da prova, relativo às horas extras, que passa a ser do empregador, prevalecendo a jornada da inicial se dele não se desincumbir.

Súmula 453 do TST: Adicional de periculosidade. Pagamento espontâneo. Caracterização de fato incontroverso. Desnecessária a perícia de que trata o art. 195 da CLT (conversão da Orientação Jurisprudencial 406 da SBDI-1). O pagamento de adicional de periculosidade efetuado por mera liberalidade da empresa, ainda que de forma proporcional ao tempo de exposição ao risco ou em percentual inferior ao máximo legalmente previsto, dispensa a realização da prova técnica exigida pelo art. 195 da CLT, pois torna incontroversa a existência do trabalho em condições perigosas.

Súmula 460 do TST: Vale-transporte. Ônus da prova. É do empregador o ônus de comprovar que o empregado não satisfaz os requisitos indispensáveis para a concessão do vale-transporte ou não pretenda fazer uso do benefício.

Súmula 461 do TST: FGTS. Diferenças. Recolhimento. Ônus da prova. É do empregador o ônus da prova em relação à regularidade dos depósitos do FGTS, pois o pagamento é fato extintivo do direito do autor (art. 373, II, do CPC de 2015).

Orientação Jurisprudencial 233 da SBDI-I do TST: Horas extras. Comprovação de parte do período alegado. A decisão que defere horas extras com base em prova oral ou documental não ficará limitada ao tempo por ela abrangido, desde que o julgador fique convencido de que o procedimento questionado superou aquele período.

✦ Referências legislativas

- Art. 5.º, LVI e LXXIV, da CF.

Art. 819. O depoimento das partes e testemunhas que não souberem falar a língua nacional será feito por meio de intérprete nomeado pelo juiz ou presidente.

§ 1.º Proceder-se-á da forma indicada neste artigo, quando se tratar de surdo-mudo, ou de mudo que não saiba escrever.

§ 2.º As despesas decorrentes do disposto neste artigo correrão por conta da parte sucumbente, salvo se beneficiária de justiça gratuita.

1. DEPOIMENTOS DAS PARTES E TESTEMUNHAS QUE NÃO SOUBEREM FALAR PORTUGUÊS

O depoimento das partes e testemunhas que não souberem falar a língua nacional deve ser feito por meio de intérprete nomeado pelo juiz. Deve-se proceder dessa mesma forma também quando se tratar de surdo-mudo, ou de mudo que não saiba escrever. Nos casos em questão, as despesas decorrentes, relativas aos honorários do intérprete judicial, correm por conta da *parte sucumbente*, salvo se beneficiária de justiça gratuita (art. 819, § 2.º, da CLT, com redação dada pela Lei 13.660/2018).

Entende-se que essa sucumbência deve ser verificada quanto à pretensão objeto da prova em questão, ou seja, do depoimento das partes e testemunhas em que houve a nomeação de intérprete pelo juiz, da mesma forma como prevê o art. 790-B da CLT, sobre prova pericial, inclusive por meio de interpretação extensiva.

Havendo sucumbência parcial, ou seja, de ambas as partes, nas pretensões a respeito da referida prova, entende-se que as despesas decorrentes devem ser atribuídas de modo proporcional às partes sucumbentes de forma recíproca. Não se admite a compensação entre os honorários, pois estes são devidos ao intérprete judicial, tal como estabelece o art. 791-A, § 3.º, da CLT, sobre honorários advocatícios.

Na hipótese específica do art. 819, § 2.º, da CLT, a concessão de *justiça gratuita* (art. 790, §§ 3.º e 4.º, da CLT) exclui a exigência de pagamento dos honorários de intérprete judicial, ainda que a parte tenha sido sucumbente. Embora não haja previsão legal expressa de que, nesse caso, a União irá responder pelo mencionado encargo, como o intérprete nomeado pelo juiz não pode ficar sem receber pela atividade realizada em juízo, é possível defender a aplicação dessa responsabilidade da União, como dispõe, em situação similar, a Súmula 457 do TST, relativamente aos honorários periciais.

Frise-se que especificamente quanto aos honorários de intérprete judicial, o art. 819, § 2.º, da CLT, com redação dada pela Lei 13.660/2018, exclui a parte sucumbente beneficiária de justiça gratuita do seu pagamento.

Art. 820. As partes e testemunhas serão inquiridas pelo juiz ou presidente, podendo ser reinquiridas, por seu intermédio, a requerimento dos vogais, das partes, seus representantes ou advogados.

1. INQUIRIÇÃO DAS PARTES E TESTEMUNHAS

As testemunhas, assim como as partes, devem ser inquiridas pelo juiz. Elas podem ser reinquiridas, por intermédio do juiz, a requerimento das partes, de seus representantes ou de advogados.

O art. 459 do CPC de 2015 prevê que as perguntas devem ser formuladas pelas partes *diretamente* à testemunha, começando pela que a arrolou, não admitindo o juiz aquelas que puderem induzir a resposta, não tiverem relação com as questões de fato objeto da atividade probatória ou importarem repetição de outra já respondida.

Entretanto, no processo do trabalho, as testemunhas, assim como as partes, devem ser inquiridas pelo juiz, podendo ser reinquiridas, *por seu intermédio*, a requerimento das partes, seus representantes ou advogados (art. 820 da CLT). Logo, cabe ao juiz intermediar a inquirição das testemunhas pelas partes.

O art. 11 da Instrução Normativa 39/2016 do TST prevê que não se aplica ao processo do trabalho a norma do art. 459 do CPC, no que permite a inquirição direta das testemunhas pela parte (art. 820 da CLT).

O art. 459, § 1.º, do CPC de 2015 dispõe ainda que o juiz pode inquirir a testemunha *tanto antes quanto depois da inquirição feita pelas partes*.

Não obstante, no processo do trabalho, como visto acima, as testemunhas devem ser inquiridas pelo juiz, podendo ser reinquiridas a requerimento das partes (art. 820 da CLT). Portanto, cabe ao juiz, primeiramente, inquirir as testemunhas.

As testemunhas devem ser tratadas com urbanidade, não se lhes fazendo perguntas ou considerações impertinentes, capciosas ou vexatórias (art. 459, § 2.º, do CPC de 2015).

As perguntas que o juiz indeferir devem ser obrigatoriamente transcritas no termo de audiência, se a parte o requerer (art. 459, § 3.º, do CPC de 2015).

O depoimento pode ser documentado por meio de gravação. Quando digitado ou registrado por taquigrafia, estenotipia ou outro método idôneo de documentação, deve ser assinado pelo juiz, pelo depoente e pelos procuradores (art. 460 do CPC de 2015).

Se houver recurso em processo em autos não eletrônicos, o depoimento somente deve ser digitado quando for impossível o envio de sua documentação eletrônica.

Tratando-se de autos eletrônicos, deve-se observar o disposto no Código de Processo Civil e na legislação específica sobre a prática eletrônica de atos processuais.

Cabe anotar que existe, ainda, a *testemunha referida*, isto é, mencionada em depoimento pessoal ou por outra testemunha, e que pode, a critério do juiz, também ser ouvida, mesmo que já ouvidas as testemunhas da parte, no número máximo permitido. Nesse sentido, o art. 461, inciso I, do CPC de 2015 prevê que o juiz pode ordenar, de ofício ou a requerimento da parte, a inquirição de testemunhas referidas nas declarações da parte ou das testemunhas.

Saliente-se, ademais, a possibilidade de acareação de duas ou mais testemunhas, ou de alguma delas com a parte, quando, sobre fato determinado que possa influir na decisão da causa, divergirem as suas declarações (art. 461, inciso II, do CPC de 2015).

Os acareados devem ser reperguntados para que expliquem os pontos de divergência, reduzindo-se a termo o ato de acareação. Cabe esclarecer que a acareação pode ser realizada por videoconferência ou outro recurso tecnológico de transmissão de sons e imagens em tempo real.

Art. 821. Cada uma das partes não poderá indicar mais de 3 (três) testemunhas, salvo quando se tratar de inquérito, caso em que esse número poderá ser elevado a 6 (seis).

1. TESTEMUNHAS

Testemunha é um terceiro em relação ao processo, que presta depoimento em juízo, por ter conhecimento dos fatos.

Trata-se de meio de prova com ampla aplicação no processo do trabalho, pois em muitos casos é a única forma que a parte (normalmente o empregado) tem de demonstrar os fatos alegados em juízo.

De acordo com o art. 442 do CPC de 2015, a prova testemunhal é sempre admissível, não dispondo a lei de modo diverso.

Cabe ao juiz indeferir a inquirição de testemunhas sobre fatos: I – já provados por documento ou confissão da parte; II – que só por documento ou por exame pericial puderem ser provados (art. 443 do CPC de 2015).

No entanto, pode-se dizer que a parte inicial do inciso I do art. 443 do CPC de 2015 é incompatível com o processo do trabalho, sabendo-se que, em razão do princípio da primazia da realidade, muitas vezes somente por meio de testemunhas é que se pode demonstrar a verdade dos fatos, a qual pode divergir do constante em documentos.

Entretanto, se já houve confissão judicial, o juiz pode indeferir a prova testemunhal. Ademais, há situações em que a prova pericial é obrigatória, como ocorre nos casos de insalubridade e periculosidade (art. 195, § 2.º, da CLT), não havendo como esse fato ser provado por meio de simples prova testemunhal.

É lícito à parte provar com testemunhas: nos contratos simulados, a divergência entre a vontade real e a vontade declarada; nos contratos em geral, os vícios de consentimento (art. 446, incisos I e II, do CPC de 2015). Essa regra é aplicável quanto à parte final da Súmula 342 do TST.

Ainda assim, mesmo nos casos em que a lei exigir prova escrita da obrigação, é admissível a prova testemunhal, quando houver começo de prova por escrito, emanado da parte contra a qual se pretende produzir a prova (art. 444 do CPC de 2015).

Também se admite a prova testemunhal quando o credor não pode – ou não podia –, moral ou materialmente, obter a prova escrita da obrigação, em casos como o de parentesco, depósito necessário, hospedagem em hotel ou em razão das práticas comerciais do local onde contraída a obrigação (art. 445 do CPC de 2015).

Cabe ressaltar que mais relevante do que a quantidade de testemunhas é a qualidade dos depoimentos.

De todo modo, o número máximo de testemunhas no procedimento ordinário é de três para cada parte (art. 821 da CLT). No procedimento sumaríssimo esse limite é de duas testemunhas cada parte (art. 852-H, § 2.º, da CLT). No inquérito (judicial) para apuração de falta grave, o número máximo é de seis testemunhas para cada parte (art. 821).

Havendo litisconsórcio ativo e facultativo, entende-se que o número máximo de testemunhas não se altera (isto é, não é contado para cada autor, mas sim de forma global), pois foram os autores quem optaram pelo ajuizamento da ação em litisconsórcio. Nesse caso, o polo ativo tem direito de ouvir até três testemunhas quando se tratar de procedimento ordinário, ou até duas testemunhas no sumaríssimo. Entretanto, no polo passivo, é mais adequado o entendimento de que o número-limite deve ser aplicado para cada réu, pois não escolheram figurar em litisconsórcio no processo.

Art. 822. As testemunhas não poderão sofrer qualquer desconto pelas faltas ao serviço, ocasionadas pelo seu comparecimento para depor, quando devidamente arroladas ou convocadas.

1. FALTA ABONADA DA TESTEMUNHA

As testemunhas não podem sofrer qualquer desconto pelas faltas ao serviço, ocasionadas pelo seu comparecimento para prestar depoimento em juízo, quando arroladas ou convocadas.

Na verdade, de forma mais ampla (isto é, não apenas como testemunha), consoante o art. 473, inciso VIII, da CLT, o empregado pode deixar de comparecer ao serviço sem prejuízo do salário pelo tempo que se fizer necessário, quando tiver que comparecer a juízo. Nesse sentido, cf. as Súmulas 89 e 155 do TST.

Ainda nesse sentido, nos termos do art. 463 do CPC de 2015, o depoimento prestado em juízo é considerado serviço público. A testemunha, quando sujeita ao regime da legislação trabalhista, não sofre, por comparecer à audiência, perda de salário nem desconto no tempo de serviço.

✦ Súmulas, Orientações Jurisprudenciais e Precedentes Normativos

Súmula 89 do TST: Falta ao serviço (mantida) – Res. 121/2003, *DJ* 19, 20 e 21.11.2003. Se as faltas já são justificadas pela lei, consideram-se como ausências legais e não serão descontadas para o cálculo do período de férias.

Súmula 155 do TST: Ausência ao serviço (mantida) – Res. 121/2003, *DJ* 19, 20 e 21.11.2003. As horas em que o empregado falta ao serviço para comparecimento necessário, como parte, à Justiça do Trabalho não serão descontadas de seus salários.

Art. 823. Se a testemunha for funcionário civil ou militar, e tiver de depor em hora de serviço, será requisitada ao chefe da repartição para comparecer à audiência marcada.

1. OITIVA DE FUNCIONÁRIO CIVIL OU MILITAR

Se a testemunha for funcionário civil ou militar, e tiver de depor em horário de serviço, deve ser requisitada ao chefe da repartição para comparecer à audiência judicial.

A oitiva de testemunha que residir em comarca, seção ou subseção judiciária diversa daquela onde tramita o processo poderá ser realizada por meio de videoconferência ou de outro recurso tecnológico de transmissão de sons e imagens em tempo real, o que poderá ocorrer, inclusive, durante a realização da audiência de instrução e julgamento (art. 453, § 1.º, do CPC de 2015).

Os juízos devem manter equipamento para a transmissão e recepção dos sons e imagens.

Salvo disposição especial em contrário, as testemunhas devem ser ouvidas na sede do juízo. Quando a parte ou a testemunha, por enfermidade ou por outro motivo relevante, estiver impossibilitada de comparecer, mas não de prestar depoimento, o juiz deve designar, conforme as circunstâncias, dia, hora e lugar para inquiri-la (art. 449 do CPC de 2015).

São inquiridos em sua residência ou onde exercem sua função: I – o Presidente e o Vice-Presidente da República; II – os ministros de Estado; III – os Ministros do Supremo Tribunal Federal, os Conselheiros do Conselho Nacional de Justiça, os Ministros do Superior Tribunal de Justiça, do Superior Tribunal Militar, do Tribunal Superior Eleitoral, do Tribunal Superior do Trabalho e do Tribunal de Contas da União; IV – o Procurador-Geral da República e os Conselheiros do Conselho Nacional do Ministério Público; V – o Advogado-Geral da União, o Procurador-Geral do Estado, o Procurador-Geral do Município, o Defensor Público-Geral Federal e o Defensor Público-Geral do Estado; VI – os Senadores e os Deputados Federais; VII – os Governadores dos Estados e do Distrito Federal; VIII – o Prefeito; IX – os Deputados Estaduais e Distritais; X – os Desembargadores dos Tribunais de Justiça, dos Tribunais Regionais Federais, dos Tribunais Regionais do Trabalho e dos Tribunais Regionais Eleitorais e os conselheiros dos Tribunais de Contas dos Estados e do Distrito Federal; XI – o Procurador-Geral de justiça; e XII – o Embaixador de país que, por lei ou tratado, concede idêntica prerrogativa a agente diplomático do Brasil (art. 454 do CPC de 2015).

Nos casos mencionados, o juiz deve solicitar à autoridade que indique dia, hora e local a fim de ser inquirida, remetendo-lhe cópia da petição inicial ou da defesa oferecida pela parte que a arrolou como testemunha.

Passado um mês sem manifestação da autoridade, o juiz deve designar dia, hora e local para o depoimento, preferencialmente na sede do juízo.

O juiz também deve designar dia, hora e local para o depoimento, quando a autoridade não comparecer, injustificadamente, à sessão agendada para a colheita do seu testemunho, no dia, na hora e no local por ela indicados.

Nos casos acima, o juiz deve solicitar à autoridade que designe dia, hora e local a fim de ser inquirida, remetendo-lhe cópia da petição inicial ou da defesa oferecida pela parte, que arrolou como testemunha (art. 454, § 1.º, do CPC de 2015).

Art. 824. O juiz ou presidente providenciará para que o depoimento de uma testemunha não seja ouvido pelas demais que tenham de depor no processo.

1. DEPOIMENTO DAS TESTEMUNHAS

Se a testemunha ainda não depôs, não deve ouvir o testemunho daquela que está depondo antes. Por isso, aquela deve aguardar para ser chamada a ingressar na sala de audiência.

Art. 825. As testemunhas comparecerão a audiência independentemente de notificação ou intimação.

Parágrafo único. As que não comparecerem serão intimadas, *ex officio* ou a requerimento da parte, ficando sujeitas a condução coercitiva, além das penalidades do art. 730, caso, sem motivo justificado, não atendam à intimação.

1. COMPARECIMENTO DAS TESTEMUNHAS

No rito ordinário, alegando a parte que a testemunha foi convidada, mas não compareceu, presume-se a boa-fé da parte, isto é, que esteja dizendo a verdade, cabendo ao juiz, assim, deferir a intimação. Efetivamente, nos termos do art. 825 da CLT, as testemunhas devem estar presentes à audiência “independentemente de notificação ou intimação”. As que não comparecerem devem ser intimadas, de ofício ou a requerimento da parte, ficando sujeitas à condução coercitiva.

Art. 826. É facultado a cada uma das partes apresentar um perito ou técnico.

1. REVOGAÇÃO DO DISPOSITIVO

A Lei 5.584/1970, que dispõe sobre normas no processo do trabalho, no art. 3.º, *caput*, estabelece que os exames periciais devem ser realizados por perito único, designado pelo juiz, que deve fixar o prazo para entrega do laudo.

Sendo assim, foi tacitamente revogada a previsão do art. 826 da CLT, que é anterior, no sentido de que as partes também podiam nomear peritos (art. 826 da CLT).

O que se admite é que cada parte indique um assistente técnico, cujo laudo deve ser apresentado no mesmo prazo assinado para o perito, "sob pena de ser desentranhado dos autos" (art. 3.º, parágrafo único, da Lei 5.584/1970).

Os assistentes técnicos são de confiança da parte e não estão sujeitos a impedimento ou suspeição (art. 466, § 1.º, do CPC de 2015).

Art. 827. O juiz ou presidente poderá arguir os peritos compromissados ou os técnicos, e rubricará, para ser junto ao processo, o laudo que os primeiros tiverem apresentado.

1. PERÍCIA

A perícia é um meio de prova essencialmente técnico.

É necessário quando o fato a ser demonstrado exigir conhecimento especializado (por exemplo, de engenharia, medicina, contabilidade), que falte ao juiz. Nesse caso, deve-se indicar um técnico no assunto em discussão, isto é, um perito, que passa a atuar como auxiliar do juízo.

O perito, nomeado pelo juiz, é considerado um dos "auxiliares eventuais da Justiça".

Portanto, quando a prova do fato depender de conhecimento técnico ou científico, o juiz deve ser assistido por perito (art. 156 do CPC de 2015).

Os peritos devem ser nomeados entre os profissionais legalmente habilitados e os órgãos técnicos ou científicos devidamente inscritos em cadastro mantido pelo tribunal ao qual o juiz está vinculado.

Quando o exame tiver por objeto a autenticidade ou a falsidade de documento ou for de natureza médico-legal, o perito deve ser escolhido, de preferência, entre os técnicos dos estabelecimentos oficiais especializados. O juiz deve autorizar a remessa dos autos, bem como do material sujeito a exame ao diretor do estabelecimento (art. 478 do CPC de 2015).

Nas hipóteses de gratuidade de justiça, os órgãos e as repartições oficiais devem cumprir a determinação judicial com preferência, no prazo estabelecido. A prorrogação desse prazo pode ser requerida motivadamente (art. 478, §§ 1.º e 2.º, do CPC de 2015).

Quando o exame tiver por objeto a autenticidade da letra e da firma, o perito pode requisitar, para efeito de comparação, documentos existentes em repartições públicas. Na falta destes, pode requerer ao juiz que a pessoa a quem se atribuir a autoria do documento lance em folha de papel, por cópia ou sob ditado, dizeres diferentes, para fins de comparação (art. 478, § 3.º, do CPC de 2015).

A prova pericial pode consistir em exame (de pessoa), vistoria (de bem imóvel) ou avaliação (de bem móvel), segundo prevê o art. 464 do CPC de 2015.

O juiz deve indeferir a perícia quando: a prova do fato não depender de conhecimento especial de técnico; for desnecessária em vista de outras provas produzidas; a verificação for impraticável (art. 464, § 1.º, do CPC de 2015).

O perito deve assegurar aos assistentes das partes o acesso e o acompanhamento das diligências e dos exames que realizar, com prévia comunicação, comprovada nos autos, com antecedência mínima de cinco dias (art. 466, § 2.º, do CPC de 2015).

A Súmula 341 do TST esclarece que a "indicação do perito assistente é faculdade da parte, a qual deve responder pelos respectivos honorários, ainda que vencedora no objeto da perícia". Entretanto, no processo civil, o art. 82, § 2.º, do CPC de 2015, dispõe que a sentença deve condenar o vencido a pagar ao vencedor as despesas que antecipou. As despesas abrangem as custas dos atos do processo, a indenização de viagem, *a remuneração do assistente técnico* e a diária de testemunha (art. 84 do CPC de 2015).

O perito tem o dever de cumprir o ofício no prazo que lhe designar o juiz, empregando toda sua diligência. O perito pode, todavia, escusar-se do encargo alegando motivo legítimo (art. 157 do CPC de 2015).

O perito pode escusar-se ou ser recusado por impedimento ou suspeição. Ao aceitar a escusa ou julgar procedente a impugnação, o juiz deve nomear novo perito (art. 467 do CPC de 2015).

O perito pode ser substituído quando: I – faltar-lhe conhecimento técnico ou científico; II – sem motivo legítimo, deixar de cumprir o encargo no prazo que lhe foi assinado (art. 468 do CPC de 2015).

Segundo o art. 827 da CLT, o juiz "rubricará, para ser junto ao processo", o laudo que o perito tiver apresentado. Entretanto, na prática, essa rubrica do laudo pelo juiz normalmente não é feita, o que, de todo modo, não acarreta qualquer nulidade nem prejuízo.

O art. 466 do Código de Processo Civil de 2015 prevê que o perito deve cumprir "escrupulosamente o encargo que lhe foi cometido, independentemente de termo de compromisso". Entretanto, no processo do trabalho, o art. 827 da CLT continua fazendo menção a perito compromissado. Na prática, as Varas do Trabalho costumam possuir um rol dos peritos de confiança, que firmam compromisso, válido para todos os feitos em que são nomeados pelo juiz.

O perito que, por dolo ou culpa, prestar informações inverídicas, deve responder pelos prejuízos que causar à parte e ficará inabilitado para atuar em outras perícias no prazo de dois a cinco anos, independentemente das demais sanções previstas em lei, devendo o juiz comunicar o fato ao respectivo órgão de classe para adoção das medidas que entender cabíveis (art. 158 do CPC de 2015).

O juiz deve indeferir a perícia quando: a prova do fato não depender de conhecimento especial de técnico; for desnecessária em vista de outras provas produzidas; a verificação for impraticável (art. 464, § 1.º, do CPC de 2015).

No processo do trabalho, havendo pedido de adicionais de insalubridade e periculosidade, a realização da perícia, em regra, é obrigatória, como se verifica no art. 195, § 2.º, da CLT. Mesmo havendo revelia, o entendimento corrente é no sentido de que a prova técnica continua sendo necessária para o eventual acolhimento do pedido, justamente por se tratar de questão técnica, que não pode ser abrangida pela presunção relativa de fatos alegados pelo autor na petição inicial.

O art. 195, *caput*, da CLT estabelece que a caracterização e a classificação da insalubridade e da periculosidade, segundo as normas do Ministério do Trabalho, devem ser feitas por meio de perícia a cargo de médico do trabalho ou engenheiro do trabalho, registrados no Ministério do Trabalho.

Há casos, entretanto, em que a empresa já não está mais em atividade. Assim ocorrendo, aplica-se a Orientação Jurisprudencial 278 da SBDI-I do TST. Com isso, admite-se a produção de prova emprestada, isto é, a juntada de laudo pericial produzido em outro processo anterior, em face do mesmo empregador, com o que é observado o contraditório.

Segundo o art. 473, § 3.º, do CPC de 2015, para o desempenho de suas funções, "o perito e os assistentes técnicos podem valer-se de todos os meios necessários, ouvindo testemunhas, obtendo informações, solicitando documentos que estejam em poder da parte, de terceiros ou em repartições públicas, bem como instruir o laudo com planilhas, mapas, plantas, desenhos, fotografias ou outros elementos necessários ao esclarecimento do objeto da perícia".

Como se pode notar, embora o local não esteja mais em atividade, o perito pode ouvir testemunhas, solicitar e analisar documentos, para elaborar o laudo pericial.

Além disso, conforme o art. 372 do CPC de 2015, o juiz pode admitir a utilização de prova produzida em outro processo, atribuindo-lhe o valor que considerar adequado, observado o contraditório.

De acordo com o art. 790-B da CLT, com redação dada pela Lei 13.467/2017, a responsabilidade pelo pagamento dos honorários periciais é da parte sucumbente na pretensão objeto da perícia, *ainda que beneficiária da justiça gratuita*.

Ao fixar o valor dos honorários periciais, o juízo deve respeitar o limite máximo estabelecido pelo Conselho Superior da Justiça do Trabalho (art. 790-B, § 1.º, da CLT). O juízo pode deferir parcelamento dos honorários periciais (art. 790-B, § 2.º, da CLT). O juízo não pode exigir adiantamento de valores para realização de perícias (art. 790-B, § 3.º, da CLT).

Nos termos do art. 790-B, § 4.º, da CLT, incluído pela Lei 13.467/2017, somente no caso em que o beneficiário da justiça gratuita não tenha obtido em juízo créditos capazes de suportar a despesa relativa ao pagamento dos honorários periciais, *ainda que em outro processo*, a União responderá pelo encargo.

A interpretação conforme a Constituição do art. 790-B, *caput* e § 4.º, da CLT deveria ser no sentido de que apenas quando os mencionados créditos obtidos em juízo não forem necessários à subsistência do beneficiário da justiça gratuita e de sua família (art. 5.º, inciso LXXIV, da Constituição da República) é que podem ser destinados ao pagamento dos honorários periciais.

A Ação Direta de Inconstitucionalidade 5.766/DF tem como objeto, entre outros dispositivos decorrentes da Lei 13.467/2017, a expressão "ainda que beneficiária da justiça gratuita", prevista no *caput* do art. 790-B da CLT, e o § 4.º do art. 790-B da CLT.

O Supremo Tribunal Federal julgou parcialmente procedente o pedido formulado na ação direta e declarou *inconstitucional* o art. 790-B, *caput* e § 4.º, da CLT (STF, Pleno, ADI 5.766/DF, Red. p/ ac. Min. Alexandre de Moraes, j. 20.10.2021). Prevaleceu o entendimento de que essas normas estabelecem condições inconstitucionais para a gratuidade da justiça e apresentam obstáculos à efetiva aplicação da previsão constitucional de que o Estado deve prestar assistência jurídica integral e gratuita às pessoas que comprovarem insuficiência de recursos (art. 5.º, inciso LXXIV, da Constituição Federal de 1988)[244].

Nos termos do art. 790-B, *caput*, da CLT, na redação decorrente da Lei 10.537/2002, a responsabilidade pelo pagamento dos honorários periciais é da parte sucumbente na pretensão objeto da perícia, salvo se beneficiária de justiça gratuita.

Cf. Súmula 457 do TST.

Foi instituído, no âmbito da Justiça do Trabalho, o Sistema Eletrônico de Assistência Judiciária (Sistema AJ/JT), destinado ao cadastro e gerenciamento de peritos, órgãos técnicos ou científicos, tradutores e intérpretes, e ao pagamento dos profissionais nos casos dos processos que envolvam beneficiários da justiça gratuita (art. 1.º da Resolução 247/2019 do Conselho Superior da Justiça do Trabalho). O cadastro e o pagamento daqueles que atuaram a favor da parte amparada pelos benefícios da justiça gratuita e sucumbente na pretensão devem ser feitos exclusivamente por meio do Sistema Eletrônico de Assistência Judiciária (Sistema AJ/JT).

O Sistema Eletrônico de Assistência Judiciária (Sistema AJ/JT) deve conter cadastro eletrônico de peritos, órgãos técnicos ou científicos, tradutores e intérpretes, formado por interessados em prestar serviços de perícia, de exame técnico, de tradução e de interpretação nos processos judiciais, inclusive aqueles que envolvam assistência judiciária gratuita (art. 2.º da Resolução 247/2019 do CSJT).

Em caso de pagamento com recursos vinculados à gratuidade judiciária, o valor dos ho-norários periciais, observado o limite máximo de R$ 1.000,00, deve ser fixado pelo juiz, atendidos: I – a complexidade da matéria; II – o nível de especialização e o grau de zelo profis-sional ou do órgão; III – o lugar e o tempo exigidos para prestação do serviço; IV – as peculiaridades regionais (art. 21 da Resolução 247/2019 do CSJT).

Os Tribunais Regionais do Trabalho podem fixar, por meio de atos regulamentares, os valores passíveis de pagamento pela União, a título de honorários periciais, até o limite estabelecido no art. 21 da Resolução 247/2019 do CSJT. A fixação dos honorários periciais em valor superior ao limite estabelecido pelo Tribunal Regional do Trabalho, até o limite disposto no art. 21 da Resolução 247/2019 do CSJT, deve ser devidamente fundamentada e submetida ao Presidente do Tribunal para análise e autorização.

[244] "Constitucional. Ação direta de inconstitucionalidade. Lei 13.467/2017. Reforma trabalhista. Regras sobre gratuidade de justiça. Responsabilidade pelo pagamento de ônus sucumbenciais em hipóteses específicas. Alegações de violação aos princípios da isonomia, inafastabilidade da jurisdição, acesso à justiça, solidariedade social e direito social à assistência jurídica gratuita. Margem de conformação do legislador. Critérios de racionalização da prestação jurisdicional. Ação direta julgada parcialmente procedente. 1. É inconstitucional a legislação que presume a perda da condição de hipossuficiência econômica para efeito de aplicação do benefício de gratuidade de justiça, apenas em razão da apuração de créditos em favor do trabalhador em outra relação processual, dispensado o empregador do ônus processual de comprovar eventual modificação na capacidade econômica do beneficiário. 2. A ausência injustificada à audiência de julgamento frustra o exercício da jurisdição e acarreta prejuízos materiais para o órgão judiciário e para a parte reclamada, o que não se coaduna com deveres mínimos de boa-fé, cooperação e lealdade processual, mostrando-se proporcional a restrição do benefício de gratuidade de justiça nessa hipótese. 3. Ação Direta julgada parcialmente procedente" (STF, Pleno, ADI 5.766/DF, Red. p/ ac. Min. Alexandre de Moraes, *DJe* 03.05.2022).

Os limites estabelecidos nos arts. 21 a 26 da Resolução 247/2019 do CSJT não se aplicam às perícias, traduções e interpretações custeadas pelas partes, nas quais os honorários devem ser arbitrados e pagos nos termos da legislação vigente e em consonância com os critérios avaliados pelo magistrado responsável. O mencionado custeio dos honorários pelas partes não isenta o profissional de proceder ao regular cadastro no Sistema Eletrônico de Assistência Judiciária (Sistema AJ/JT).

A solicitação de valores vinculados ao custeio da gratuidade da justiça dar-se-á quando ocorrerem, cumulativamente, os seguintes requisitos: I – concessão do benefício da justiça gratuita; II – fixação judicial de honorários; III – sucumbência da parte beneficiária na pretensão objeto da perícia; IV – trânsito em julgado da decisão que arbitrar os honorários (art. 22 da Resolução 247/2019 do CSJT).

A solicitação de pagamento dos valores devidos aos tradutores e intérpretes a serem pa-gos com recursos vinculados ao custeio da gratuidade da justiça somente pode ser realizada após atestada a prestação dos serviços pelo juízo processante, de acordo com a Tabela constante do Anexo I da Resolução 247/2019 do CSJT (art. 23). O juiz pode ultrapassar em até três vezes os valores fixados na tabela constante do Anexo I da Resolução 247/2019 do CSJT, observados o grau de especialização do tradutor ou intérprete e a complexidade do trabalho, comunicando-se ao Presidente do Tribunal, para análise e autorização.

O pagamento dos valores a que se referem os arts. 21 a 26 da Resolução 247/2019 do CSJT devem ser efetuados mediante determinação do Presidente do Tribunal respectivo, após requisição expedida pelo juiz do feito, observando-se, rigorosamente, a ordem cronológica de apresentação no Sistema Eletrônico de Assistência Judiciária (Sistema AJ/JT), apurada a partir da data em que o magistrado competente lançar sua assinatura eletrônica (art. 24 da Resolução 247/2019 do CSJT).

O valor dos honorários deve ser atualizado pelo IPCA-E ou outro índice que o substitua, a partir da data da decisão de arbitramento até o seu efetivo pagamento.

A quantia devida, após a retenção e recolhimento dos tributos, deve ser depositada em conta indicada pelo perito, órgão técnico ou científico, tradutor ou intérprete ou, na sua impossibilidade, mediante depósito judicial vinculado ao processo no qual ocorreu a prestação de serviços.

O pagamento de honorários com recursos vinculados ao custeio da gratuidade da justiça, nos casos de processos extintos com resolução de mérito por conciliação, só pode ocorrer mediante justificativa do magistrado responsável ao Presidente de cada Tribunal, a quem caberá analisar e autorizar a respectiva quitação (art. 25 da Resolução 247/2019 do CSJT).

As solicitações de pagamento com recursos vinculados ao custeio da gratuidade da justiça que estiverem em desacordo com as normas ou valores estabelecidos na Resolução 247/2019 do CSJT, bem assim aquelas não autorizadas pelo Presidente do respectivo Tribunal, nos casos previstos nos arts. 21 e 25, devem ser devolvidas ao juiz responsável para adequação. A requisição ajustada deve retornar ao *status quo ante* na ordem cronológica (art. 26 da Resolução 247/2019 do CSJT).

✦ Súmulas, Orientações Jurisprudenciais e Precedentes Normativos

Súmula 341 do TST: A indicação do perito assistente é faculdade da parte, a qual deve responder pelos respectivos honorários, ainda que vencedora no objeto da perícia.

Súmula 457 do TST: Honorários periciais. Beneficiário da Justiça Gratuita. Responsabilidade da União pelo pagamento. Resolução 66/2010 do CSJT. Observância (conversão da Orientação Jurisprudencial 387 da SBDI-1 com nova redação). A União é responsável pelo pagamento dos honorários de perito quando a parte sucumbente no objeto da perícia for beneficiária da assistência judiciária gratuita, observado o procedimento disposto nos arts. 1.º, 2.º e 5.º da Resolução 66/2010 do Conselho Superior da Justiça do Trabalho – CSJT.

Orientação Jurisprudencial 98 da SBDI-II do TST: Mandado de Segurança. Cabível para atacar exigência de depósito prévio de honorários periciais (nova redação) – *DJ* 22.08.2005. É ilegal a exigência de depósito prévio para custeio dos honorários periciais, dada a incompatibilidade com o processo do trabalho, sendo cabível o mandado de segurança visando à realização da perícia, independentemente do depósito.

Orientação Jurisprudencial 165 da SBDI-I do TST: Perícia. Engenheiro ou médico. Adicional de insalubridade e periculosidade. Válido. Art. 195 da CLT (inserida em 26.03.1999). O art. 195 da CLT não faz qualquer distinção entre o médico e o engenheiro para efeito de caracterização e classificação da insalubridade e periculosidade, bastando para a elaboração do laudo seja o profissional devidamente qualificado.

Orientação Jurisprudencial 278 da SBDI-I do TST: Adicional de insalubridade. Perícia. Local de trabalho desativado (*DJ* 11.08.2003). A realização de perícia é obrigatória para a verificação de insalubridade. Quando não for possível sua realização, como em caso de fechamento da empresa, poderá o julgador utilizar-se de outros meios de prova.

Art. 828. Toda testemunha, antes de prestar o compromisso legal, será qualificada, indicando o nome, nacionalidade, profissão, idade, residência, e, quando empregada, o tempo de serviço prestado ao empregador, ficando sujeita, em caso de falsidade, às leis penais.

Parágrafo único. Os depoimentos das testemunhas serão resumidos, por ocasião da audiência, pelo secretário da Junta ou funcionário para esse fim designado, devendo a Súmula ser assinada pelo Presidente do Tribunal e pelos depoentes.

1. QUALIFICAÇÃO DE TESTEMUNHA

Nos termos do art. 828 CLT, a testemunha será qualificada, informando os seus dados pessoais, como o nome, nacionalidade, profissão, idade, residência e, quando empregada, o tempo de serviço prestado ao empregador.

Conforme o art. 457 do CPC de 2015, antes de depor, a testemunha deve ser qualificada, bem como deve declarar ou confirmar seus dados e informar se tem relações de parentesco com a parte ou interesse no objeto do processo.

Se a testemunha não estiver com o documento de identidade, embora a lei não prescreva, de forma expressa, que ela deve portar o seu documento de identidade, havendo dúvida a respeito de sua qualificação, uma possível solução seria perguntar à parte contrária se conhece a testemunha. Se não a conhecer, seria possível conceder prazo à testemunha para apresentar o documento em Secretaria (da Vara do Trabalho), de modo a evitar o adiamento da audiência, e mesmo a nulidade processual decorrente do indeferimento da oitiva.

Após a qualificação da testemunha, não havendo contradita, ou sendo ela rejeitada, o juiz deve advertir à testemunha que incorre em sanção penal quem faz a afirmação falsa, cala ou oculta a verdade, segundo o art. 458, parágrafo único, do CPC de 2015.

Em seguida, a testemunha deve prestar o compromisso legal de dizer a verdade, ficando sujeita, em caso de falsidade, às leis penais (art. 828 da CLT).

No mesmo sentido, o art. 458 do CPC de 2015 dispõe que, ao início da inquirição, a testemunha deve prestar o compromisso de dizer a verdade do que souber e lhe for perguntado.

De acordo com o art. 342 do Código Penal, fazer afirmação falsa, ou negar ou calar a verdade como testemunha, perito, contador, tradutor ou intérprete em processo judicial, ou administrativo, inquérito policial, ou em juízo arbitral, é crime previsto com pena de reclusão, de dois a quatro anos, e multa. As penas aumentam-se de um sexto a um terço se o crime é praticado mediante suborno ou se cometido com o fim de obter prova destinada a produzir efeito em processo penal, ou em processo civil em que for parte entidade da Administração Pública direta ou indireta. O fato deixa de ser punível se, antes da sentença no processo em que ocorreu o ilícito, o agente se retrata ou declara a verdade.

✦ Súmulas, Orientações Jurisprudenciais e Precedentes Normativos

Súmula 165 do STJ: Compete à Justiça Federal processar e julgar crime de falso testemunho cometido no processo trabalhista.

✦ Referência legislativa

- Art. 228 da CF.

Art. 829. A testemunha que for parente até o terceiro grau civil, amigo íntimo ou inimigo de qualquer das partes, não prestará compromisso, e seu depoimento valerá como simples informação.

1. CONTRADITA DE TESTEMUNHA

Após a qualificação, mas antes de prestar o compromisso de dizer a verdade, a testemunha pode ser contraditada, nos termos do art. 457, § 1.º, do CPC de 2015, por motivo de incapacidade, impedimento ou suspeição (art. 829 da CLT e art. 447, §§ 1.º, 2.º, 3.º, CPC de 2015).

Como o art. 829 da CLT não arrola, de forma completa, as hipóteses de incapacidade, impedimento e suspeição da testemunha, aplica-se ao processo do trabalho o disposto no art. 447, §§ 1.º, 2.º e 3.º, do CPC de 2015.

Nesse sentido, consoante o art. 447, *caput*, do CPC de 2015, podem depor como testemunhas todas as pessoas, exceto as incapazes, impedidas ou suspeitas.

São incapazes: o interdito por enfermidade ou deficiência intelectual; o que, acometido por enfermidade ou retardamento mental, ao tempo em que ocorreram os fatos, não podia discerni-los, ou, ao tempo em que deve depor, não está habilitado a transmitir as percepções; aquele que tenha menos de 16 anos; o cego e o surdo, quando a ciência do fato depender dos sentidos que lhes faltam (art. 447, § 1.º, do CPC de 2015).

Entretanto, na atualidade, de acordo com o art. 228, § 2.º, do Código Civil, a pessoa com deficiência pode testemunhar, em igualdade de condições com os demais, sendo-lhe assegurados todos os recursos de tecnologia assistiva[245].

Nesse sentido, a Lei Brasileira de Inclusão da Pessoa com Deficiência *revogou* os incisos II e III do art. 228 do Código Civil de 2002, passando, assim, a admitir como testemunhas,

[245] Consideram-se tecnologia assistiva ou ajudas técnicas: produtos, equipamentos, dispositivos, recursos, metodologias, estratégias, práticas e serviços que objetivam promover a funcionalidade, relacionada à atividade e participação de pessoas com deficiência ou mobilidade reduzida, visando a sua autonomia, independência, qualidade de vida e inclusão social (art. 3.º, inciso III, da Lei 13.146/2015).

aqueles que, por enfermidade ou retardamento mental, não tiverem discernimento para a prática dos atos da vida civil, bem como os cegos e surdos, quando a ciência do fato que se quer provar dependa dos sentidos que lhes faltam.

Há entendimento no sentido de que a incapacidade, em razão da idade, na verdade, é do menor de 18 anos, pois somente a partir dessa idade (e não de 16) é que a pessoa pode responder pelo crime de falso testemunho. Na realidade, pode-se entender que o menor de 18 anos, mas com 16 anos, pode depor como testemunha, "mas não fica sujeito às penas de falso testemunho por ser inimputável"[246].

São impedidos: o cônjuge, o companheiro, bem como o ascendente e o descendente em qualquer grau, ou o colateral, até o terceiro grau, de alguma das partes, por consanguinidade ou afinidade, salvo se o exigir o interesse público ou, tratando-se de causa relativa ao estado da pessoa, não se puder obter de outro modo a prova que o juiz repute necessária ao julgamento do mérito; o que é parte na causa; o que intervém em nome de uma parte, como o tutor na causa do menor, o representante legal da pessoa jurídica, o juiz, o advogado e outros que assistam ou tenham assistido as partes (art. 447, § 2.º, do CPC de 2015).

Quando for arrolado como testemunha, o juiz da causa: deve se declarar impedido, se tiver conhecimento de fatos que possam influir na decisão, caso em que será vedado à parte que o incluiu no rol desistir de seu depoimento; se nada souber, deve mandar excluir o seu nome (art. 452 do CPC de 2015).

Entende-se que o preposto, se não for o representante legal da pessoa jurídica, conforme estatuto ou contrato social, pode ser testemunha *em processo distinto*, em face da mesma empresa.

Portanto, aquele que tiver figurado como preposto em outro processo, se não incidir nas hipóteses de impedimento ou suspeição, em tese, pode depor como testemunha em processo posterior e distinto. Não obstante, se for representante legal da pessoa jurídica (art. 447, § 2.º, inciso III, do CPC de 2015), é considerado impedido.

São suspeitos: o inimigo da parte ou o seu amigo íntimo; o que tiver interesse no litígio (art. 447, § 3.º, do CPC de 2015).

Segundo o art. 829 da CLT, a testemunha "que for parente até o terceiro grau civil, amigo íntimo ou inimigo de qualquer das partes, não prestará compromisso, e seu depoimento valerá como simples informação".

Logo, nas referidas hipóteses, aplicando-se esse dispositivo da CLT, a testemunha deve ser ouvida, mas apenas como informante.

Por seu turno, na sistemática do processo civil, o art. 447, §§ 4.º e 5.º, do CPC de 2015, prevê que, "sendo necessário, pode o juiz admitir o depoimento das testemunhas menores, impedidas ou suspeitas". Os referidos depoimentos referidos devem ser prestados "independentemente de compromisso, e o juiz lhes atribuirá o valor que possam merecer".

O art. 228, parágrafo único, do Código Civil de 2002 dispõe que, para a prova de fatos que só elas conheçam, pode o juiz admitir o depoimento das pessoas que, segundo o mesmo diploma legal, não poderiam ser aceitas como testemunhas, entre as quais estão arrolados os incapazes.

[246] GRECO FILHO, Vicente. *Direito processual civil brasileiro*. 20. ed. São Paulo: Saraiva, 2009. v. 2, p. 234.

É lícito à parte contraditar a testemunha, arguindo-lhe a incapacidade, o impedimento ou a suspeição. Nesse caso, se a testemunha negar os fatos que lhe são imputados, a parte pode provar a contradita com documentos ou com testemunhas, até três, apresentadas no ato e inquiridas em separado. Se os fatos forem provados ou confessados, o juiz deve dispensar a testemunha ou tomar o seu depoimento como informante (art. 457, § 1.º, do CPC de 2015).

Se a contradita for deferida, a testemunha é ouvida como informante, sem prestar compromisso (art. 829 da CLT), ou não depõe (art. 457, § 2.º, parte final, do CPC de 2015). A respeito do tema, cf. Súmula 357 do TST.

Se, no caso concreto, ficar demonstrada a "troca de favores" entre a atual testemunha (que ajuizou ação anteriormente) e o reclamante, o qual tenha testemunhado em favor daquela, conforme ajuste assim estabelecido, observa-se a suspeição daquela, por ter interesse na solução do litígio (art. 447, § 3.º, inciso II, do CPC de 2015).

A testemunha pode requerer ao juiz que a escuse de depor, alegando os motivos previstos em lei, como no caso de ser incapaz ou impedida ou suspeita. Nesse caso, após serem ouvidas as partes, o juiz deve decidir de plano (art. 457, § 2.º, do CPC de 2015).

Ademais, a testemunha não é obrigada a depor sobre fatos: que lhe acarretem grave dano, bem como ao seu cônjuge ou companheiro e aos seus parentes consanguíneos ou afins, em linha reta ou na colateral até o terceiro grau; a cujo respeito, por estado ou profissão, deva guardar sigilo (art. 448 do CPC de 2015).

Constitui crime (de abuso de autoridade) constranger a depor, sob ameaça de prisão, pessoa que, em razão de função, ministério, ofício ou profissão, deva guardar segredo ou resguardar sigilo, com previsão de pena de detenção, de um a quatro anos, e multa (art. 15 da Lei 13.869/2019).

✦ Súmulas, Orientações Jurisprudenciais e Precedentes Normativos

Súmula 357 do TST: Testemunha. Ação contra a mesma reclamada. Suspeição (mantida) – Res. 121/2003, *DJ* 19, 20 e 21.11.2003. Não torna suspeita a testemunha o simples fato de estar litigando ou de ter litigado contra o mesmo empregador.

Art. 830. O documento em cópia oferecido para prova poderá ser declarado autêntico pelo próprio advogado, sob sua responsabilidade pessoal.

Parágrafo único. Impugnada a autenticidade da cópia, a parte que a produziu será intimada para apresentar cópias devidamente autenticadas ou o original, cabendo ao serventuário competente proceder à conferência e certificar a conformidade entre esses documentos.

1. AUTENTICIDADE DE CÓPIAS

Consoante o art. 830 da CLT, o documento em cópia oferecido para prova pode ser declarado autêntico pelo próprio advogado, sob sua responsabilidade pessoal. Se for impugnada a autenticidade da cópia, a parte que a produziu deve ser intimada para apresentar cópias devidamente autenticadas ou o original. Nesse último caso, cabe ao serventuário competente proceder à conferência e certificar a conformidade entre esses documentos. Sobre o assunto, cf. Orientação Jurisprudencial 91 da SBDI-II do TST.

A Lei 10.522/2002, no art. 24, prevê que as "pessoas jurídicas de direito público são dispensadas de autenticar as cópias reprográficas de quaisquer documentos que apresentem em juízo".

A autenticidade do documento é a sua integridade formal. A veracidade, por sua vez, refere-se ao conteúdo do documento.

✦ Súmulas, Orientações Jurisprudenciais e Precedentes Normativos

Súmula 8 do TST: Juntada de documento. A juntada de documentos na fase recursal só se justifica quando provado o justo impedimento para sua oportuna apresentação ou se referir a fato posterior à sentença.

Súmula 415 do TST: Mandado de segurança. Petição inicial. Art. 321 do CPC de 2015. Art. 284 do CPC de 1973. Inaplicabilidade. Exigindo o mandado de segurança prova documental pré-constituída, inaplicável o art. 321 do CPC de 2015 (art. 284 do CPC de 1973) quando verificada, na petição inicial do *mandamus*, a ausência de documento indispensável ou de sua autenticação.

Orientação Jurisprudencial 33 da SBDI-I do TST: Deserção. Custas. Carimbo do banco. Validade. O carimbo do banco recebedor na guia de comprovação do recolhimento das custas supre a ausência de autenticação mecânica.

Orientação Jurisprudencial 36 da SBDI-I do TST: Instrumento normativo. Cópia não autenticada. Documento comum às partes. Validade. O instrumento normativo em cópia não autenticada possui valor probante, desde que não haja impugnação ao seu conteúdo, eis que se trata de documento comum às partes.

Orientação Jurisprudencial 134 da SBDI-I do TST: Autenticação. Pessoa jurídica de direito público. Dispensada. Medida Provisória 1.360, de 12.03.1996. São válidos os documentos apresentados, por pessoa jurídica de direito público, em fotocópia não autenticada, posteriormente à edição da Medida Provisória 1.360/1996 e suas reedições.

Orientação Jurisprudencial 91 da SBDI-II do TST: Mandado de Segurança. Autenticação de cópias pelas secretarias dos Tribunais Regionais do Trabalho. Requerimento indeferido. Art. 789, § 9.º, da CLT (inserida em 27.05.2002). Não sendo a parte beneficiária da assistência judiciária gratuita, inexiste direito líquido e certo à autenticação, pelas Secretarias dos Tribunais, de peças extraídas do processo principal, para formação do agravo de instrumento.

Seção X – Da Decisão e sua Eficácia

Art. 831. A decisão será proferida depois de rejeitada pelas partes a proposta de conciliação.

Parágrafo único. No caso de conciliação, o termo que for lavrado valerá como decisão irrecorrível, salvo para a Previdência Social quanto às contribuições que lhe forem devidas.

1. SENTENÇA

Os pronunciamentos do juiz consistem em sentenças, decisões interlocutórias e despachos (art. 203 do CPC de 2015).

O juiz também pratica outros atos, de natureza material, no curso do processo, como, por exemplo, a oitiva das partes e de testemunhas.

Nos termos do art. 203, § 1.º, do CPC de 2015, ressalvadas as disposições expressas dos procedimentos especiais, sentença é o pronunciamento por meio do qual o juiz, com fundamento nos arts. 485 e 487, põe fim à fase cognitiva do procedimento comum, bem como extingue a execução.

A extinção do processo é feita por sentença (art. 316 do CPC de 2015).

Entretanto, nem sempre a sentença extingue o processo, uma vez que depois da fase de conhecimento é possível que aquele continue na fase de cumprimento da sentença (execução). Além disso, após a sentença é possível que haja a interposição de recurso, prosseguindo no mesmo processo.

Portanto, a sentença é o ato decisório do juiz, apto a pôr fim à fase de conhecimento ou ao processo, resolvendo ou não o mérito.

O art. 485 do CPC de 2015 arrola as hipóteses de sentença sem resolução de mérito e o art. 487, do mesmo diploma legal, os casos de resolução de mérito.

Decisão interlocutória é todo pronunciamento judicial de natureza decisória que não se enquadre na descrição de sentença (art. 203, § 2.º, do CPC de 2015).

A decisão interlocutória, assim, não põe fim à fase cognitiva do procedimento comum, nem extingue a execução, não decidindo o pedido ou a pretensão em seu todo, mas apenas algum ponto controvertido ou questão incidente no curso do processo.

Despachos, por sua vez, são todos os demais pronunciamentos do juiz praticados no processo, de ofício ou a requerimento da parte (art. 203, § 3.º, do CPC de 2015).

Os despachos, portanto, são atos processuais sem conteúdo decisório, e que apenas dão andamento ao processo, isto é, atos de mero expediente.

Segundo explicita o art. 1.001 do CPC de 2015, dos despachos não cabe recurso.

Caso esteja presente o caráter decisório, o ato processual, na verdade, será sentença ou decisão interlocutória.

Acórdão é o julgamento colegiado proferido pelos tribunais (art. 204 do CPC de 2015).

Os despachos, as decisões, as sentenças e os acórdãos devem ser redigidos, datados e assinados pelos juízes. Quando forem proferidos oralmente, o servidor os documentará, submetendo-os aos juízes para revisão e assinatura (art. 205, § 1.º, do CPC de 2015).

No presente, a assinatura dos juízes, em todos os graus de jurisdição, pode ser feita eletronicamente, na forma da Lei 11.419/2006.

Os despachos, as decisões interlocutórias, o dispositivo das sentenças e a ementa dos acórdãos serão publicados no *Diário de Justiça Eletrônico* (art. 205, § 3.º, do CPC de 2015).

Além disso, todas as decisões proferidas pelos órgãos do Poder Judiciário devem ser fundamentadas, sob pena de nulidade (art. 11 do CPC de 2015).

As sentenças e acórdãos devem conter os requisitos próprios: relatório, fundamentação e conclusão (dispositivo). As demais decisões também devem ser fundamentadas.

Logo, mesmo as decisões interlocutórias devem ser fundamentadas, em observância ao art. 93, inciso IX, da Constituição da República.

Se o juiz se convencer, pelas circunstâncias da causa, de que autor e réu se serviram do processo para praticar ato simulado, ou conseguir fim proibido por lei, o juiz deve proferir sentença que impeça aos objetivos das partes, aplicando, de ofício, as penalidades da litigância de má-fé (art. 142 do CPC de 2015). Logo, nesse caso, cabe ao juiz extinguir o processo sem resolução do mérito, por ausência de interesse processual.

2. SENTENÇA DEFINITIVA E SENTENÇA TERMINATIVA

A sentença pode ser classificada em definitiva e terminativa.

A sentença definitiva é a que acolhe ou rejeita o pedido.

O art. 7.º da Instrução Normativa 39/2016 do TST dispõe que se aplicam ao processo do trabalho as normas do art. 332 do CPC de 2015, com as necessárias adaptações à legislação processual trabalhista, cumprindo ao juiz do trabalho julgar liminarmente improcedente o pedido que contrariar:

I – enunciado de súmula do Supremo Tribunal Federal ou do Tribunal Superior do Trabalho (art. 927, inciso V, do CPC de 2015);

II – acórdão proferido pelo Supremo Tribunal Federal ou pelo Tribunal Superior do Trabalho em julgamento de recursos repetitivos (art. 896-B, da CLT e art. 1.046, § 4.º, do CPC de 2015);

III – entendimento firmado em incidente de resolução de demandas repetitivas ou de assunção de competência;

IV – enunciado de súmula de Tribunal Regional do Trabalho sobre direito local, convenção coletiva de trabalho, acordo coletivo de trabalho, sentença normativa ou regulamento empresarial de observância obrigatória em área territorial que não exceda à jurisdição do respectivo Tribunal (CLT, art. 896, "b", *a contrario sensu*).

O art. 332, § 1.º, do CPC de 2015 prevê que o juiz também pode julgar liminarmente improcedente o pedido se verificar, desde logo, a ocorrência de decadência.

Prevalece no processo do trabalho o entendimento de que o juiz não é autorizado a reconhecer, de ofício, a prescrição, por ser matéria de defesa, que deve ser arguida pelo réu na instância ordinária (Súmula 153 do TST), o que impede julgar liminarmente improcedente o pedido com esse fundamento.

Desse modo, no processo do trabalho, o juiz também pode julgar liminarmente improcedente o pedido se verificar, desde logo, a ocorrência de *decadência* (art. 7.º, parágrafo único, da Instrução Normativa 39/2016 do TST), mas não de prescrição.

Nos termos do art. 487 do Código de Processo Civil de 2015, haverá resolução de mérito quando o juiz:

> I – acolher ou rejeitar o pedido formulado na ação ou na reconvenção;
>
> II – decidir, de ofício ou a requerimento, sobre a ocorrência de decadência ou prescrição;
>
> III – homologar:
>
> a) o reconhecimento da procedência do pedido formulado na ação ou na reconvenção;
>
> b) a transação;
>
> c) a renúncia à pretensão formulada na ação ou na reconvenção.

Ressalvada a hipótese do § 1.º do art. 332 do CPC de 2015 (que trata da improcedência liminar do pedido), a prescrição e a decadência não serão reconhecidas sem que antes seja dada às partes oportunidade de se manifestarem.

No processo do trabalho, em se tratando de relação de emprego, tendo em vista o princípio da irrenunciabilidade, há entendimento no sentido de que não seria aplicável, conforme o direito material em discussão, a renúncia pelo empregado.

Ao transitar em julgado a sentença de mérito proferida em favor do réu antes da citação, incumbe ao escrivão ou ao chefe de secretaria comunicar-lhe o resultado do julgamento (art. 241 do CPC de 2015).

O juiz resolve o mérito acolhendo ou rejeitando, no todo ou em parte, os pedidos formulados pelas partes (art. 490 do CPC de 2015).

A sentença terminativa é a que não julga o mérito. Essa modalidade de sentença, além de pôr fim à fase cognitiva, normalmente extingue o processo sem exame do mérito, pois em regra não haverá, nesse caso, fase de cumprimento da sentença (execução). Ainda assim, é possível a interposição de recurso contra a sentença terminativa. Nesse sentido, a extinção do processo dar-se-á por sentença (art. 316 do CPC).

Antes de proferir decisão sem resolução de mérito, o juiz deve conceder à parte oportunidade para, se possível, corrigir o vício (art. 317 do CPC).

De acordo com o art. 485 do CPC de 2015, o juiz não resolverá o mérito quando:

> I – indeferir a petição inicial;
>
> II – o processo ficar parado durante mais de um ano por negligência das partes;
>
> III – por não promover os atos e as diligências que lhe incumbir, o autor abandonar a causa por mais de trinta dias;
>
> IV – verificar a ausência de pressupostos de constituição e de desenvolvimento válido e regular do processo;
>
> V – reconhecer a existência de perempção, de litispendência ou de coisa julgada;
>
> VI – verificar ausência de legitimidade ou de interesse processual;
>
> VII – acolher a alegação de existência de convenção de arbitragem ou quando o juízo arbitral reconhecer sua competência;
>
> VIII – homologar a desistência da ação;
>
> IX – em caso de morte da parte, a ação for considerada intransmissível por disposição legal;
>
> X – nos demais casos prescritos no Código de Processo Civil.

Cabe ressalvar que, no processo do trabalho, no caso de contrato individual de emprego, entende-se, de forma majoritária, que a arbitragem não pode ser aplicada, por ser incompatível com a natureza do direito material em discussão.

Nas hipóteses descritas nos incisos II e III do art. 485 do CPC de 2015 (quando o processo ficar parado durante mais de um ano por negligência das partes e quando, por não promover os atos e as diligências que lhe competir, o autor abandonar a causa por mais de 30 dias), a parte deve ser intimada pessoalmente para suprir a falta no prazo de cinco dias (art. 485, § 1.º, do CPC de 2015). No caso do § 1.º, quanto ao inciso II do art. 485 do CPC, as partes devem pagar proporcionalmente as custas, e, na hipótese do inciso III do mesmo dispositivo legal, o autor deve ser condenado ao pagamento das despesas e dos honorários de advogado, caso estes sejam cabíveis (art. 485, § 2.º, do CPC de 2015).

Por se tratar de questões de ordem pública, conforme o art. 485, § 3.º, do CPC de 2015, o juiz deve conhecer de ofício da matéria constante dos incisos IV, V, VI e IX do art. 485 do CPC de 2015 (ausência de pressupostos processuais; perempção, litispendência e coisa julgada; ausência de condições da ação; morte da parte, sendo a ação intransmissível por disposição legal), em qualquer tempo e grau de jurisdição, enquanto não ocorrer o trânsito em julgado.

Oferecida a contestação, a extinção do processo, por abandono da causa pelo autor, depende de requerimento do réu (art. 485, § 6.º, do CPC de 2015).

Cabe salientar que o art. 317 do CPC de 2015 determina que, antes de proferir decisão sem resolução de mérito, o juiz deve conceder à parte oportunidade para, se possível, corrigir o vício.

Interposta o recurso ordinário (no processo do trabalho) em qualquer dos casos de que tratam os incisos do art. 485 do CPC de 2015, o juiz tem cinco dias para se retratar (art. 485, § 7.º, do CPC de 2015).

O art. 3.º, inciso VIII, da Instrução Normativa 39/2016 do TST prevê que se aplica ao processo do trabalho, diante de omissão e de compatibilidade, o art. 485, § 7.º, do CPC de 2015, sobre juízo de retratação no recurso ordinário.

O CPC de 2015 não mais inclui a possibilidade jurídica do pedido como condição da ação (art. 485, inciso VI).

Oferecida a contestação, ainda que eletronicamente, o reclamante não pode, sem o consentimento do reclamado, desistir da ação (art. 841, § 3.º, da CLT, acrescentado pela Lei 13.467/2017).

A desistência da ação pode ser apresentada até a sentença (art. 485, § 5.º, do CPC de 2015).

O pronunciamento judicial que não resolve o mérito não obsta a que a parte proponha de novo a ação (art. 486 do CPC de 2015).

No CPC de 1973, o art. 268, parte inicial, ressalvava que, no caso de perempção, litispendência e coisa julgada, não se podia ajuizar novamente a ação. Não há mais previsão expressa nesse sentido. Entretanto, se houver coisa julgada ou perempção, pode-se dizer que o autor não tem interesse processual, quanto à necessidade da tutela jurisdicional, para o ajuizamento de nova ação, idêntica à anterior, pois, havendo coisa julgada material, a pretensão já foi objeto de decisão judicial.

No caso de extinção em razão de litispendência e nos casos dos incisos I, IV, VI e VII do art. 485 do CPC de 2015 (indeferimento da petição inicial, ausência de pressupostos processuais, ausência de legitimidade ou de interesse processual, acolhimento da alegação de existência de convenção de arbitragem ou quando o juízo arbitral reconhecer sua competência), a propositura da nova ação depende da correção do vício que levou à extinção do processo sem resolução do mérito (art. 486, § 1.º, do CPC de 2015).

Cabe ainda registrar que, nos termos do art. 488 do CPC de 2015, desde que possível, o juiz deve resolver o mérito sempre que a decisão for favorável à parte a quem aproveitaria o pronunciamento que não o resolve.

3. CONCILIAÇÃO JUDICIAL

No caso de conciliação judicial, segundo o art. 831, parágrafo único, da CLT, o termo que for lavrado tem o valor de decisão irrecorrível (exceto para a União, em relação às contribuições que lhe forem devidas).

Nos termos do art. 487, inciso III, alínea "b", do CPC de 2015, há resolução do mérito quando o juiz homologar a transação.

Sendo assim, a jurisprudência trabalhista firmou o entendimento de que o referido termo de conciliação judicial somente é impugnável por ação rescisória, conforme a Súmula 259 do TST.

No Código de Processo Civil de 1973, segundo o art. 486, "os atos judiciais, que não dependem de sentença, ou em que esta for meramente homologatória, podem ser rescindidos, como os atos jurídicos em geral, nos termos da lei civil".

O art. 966, § 4.º, do Código de Processo Civil de 2015 prevê que os *atos de disposição de direitos*, praticados pelas partes ou por outros participantes do processo e *homologados pelo juízo*, bem como os *atos homologatórios praticados no curso da execução*, estão sujeitos à *anulação*, nos termos da lei.

Nos casos indicados, portanto, ficou expresso não ser cabível ação rescisória, mas *ação anulatória*.

Nesse enfoque, seria possível defender que a ação rescisória é cabível em face de sentença de mérito na qual a atividade jurisdicional *não seja meramente secundária*, de simples homologação, mas contenha efetiva decisão relativa ao conflito apresentado em juízo.

Ademais, o Código de Processo Civil de 1973, no art. 485, inciso VIII, previa o cabimento da ação rescisória quando houvesse "fundamento para invalidar confissão, desistência ou transação, em que se baseou a sentença", o que não é mais previsto no art. 966 do CPC de 2015.

Logo, pode-se entender que os casos em questão passam a ser objeto de ação anulatória.

✦ Jurisprudência

Recurso de embargos. Regência pela Lei n.º 11.496/2007. Prescrição. Decretação de ofício. Inaplicabilidade do art. 219, § 5.º, do CPC [de 1973] na esfera trabalhista. A prescrição é instituto de direito material, cuja aplicação na esfera trabalhista está condicionada às condições estabelecidas no art. 8.º e parágrafo único da CLT. A disposição contida no art. 219, § 5.º, do CPC [de 1973], ao determinar a decretação de ofício da prescrição, não se compatibiliza com os princípios que regem o Direito do Trabalho, notadamente o da proteção, que busca reequilibrar a disparidade de forças entre reclamante e reclamada. Precedentes desta Subseção. Recurso de embargos conhecido e desprovido. (TST, SBDI-I, E-RR 10900-71.2008.5.04.0019, Rel. Min. Luiz Philippe Vieira de Mello Filho, *DEJT* 21.02.2014).

Embargos de declaração em recurso especial. Caráter infringente. Demanda anulatória (art. 486 do CPC [de 1973]) proposta com o objetivo de desconstituir perícia realizada no curso de demanda indenizatória e, por consequência, tornar insubsistente a sentença, transitada em julgado, que acolheu o pedido valendo-se da prova técnica. Pretensão a ser exercitada mediante ação rescisória (art. 485 do CPC [de 1973]), por se constituir no meio idôneo à impugnação da decisão judicial acobertada pelo manto da coisa julgada material. Rejeição dos aclaratórios.

[...]

2. Para que a demanda anulatória seja utilizada no ataque à sentença transitada em julgado, imperioso é que a atividade exercida pela autoridade judiciária tenha se revestido de caráter meramente secundário, visando apenas conferir oficialidade à vontade manifestada pelos litigantes (acordos, transações etc.) ou a emprestar eficácia ao negócio jurídico realizado em procedimento judicial (arrematação, adjudicação etc.).
3. Nos casos em que, ao contrário, a sentença acobertada pela eficácia da coisa julgada material, não é meramente homologatória, e deriva do exercício do poder jurisdicional atribuído ao órgão judiciário competente, resolvendo o mérito da lide (art. 269 do CPC [de 1973]), somente poderá ser impugnada por meio do ajuizamento de ação rescisória (art. 485 do CPC), restando imprestável a esse fim a demanda disciplinada no art. 486 do CPC [de 1973].
4. Embargos de declaração rejeitados (STJ, 4.ª T., EDcl no REsp 1.286.501/GO, 2011/0240983-1, Rel. Min. Marco Buzzi, *DJe* 01.08.2012).

✦ Súmulas, Orientações Jurisprudenciais e Precedentes Normativos

Súmula 153 do TST: Prescrição (mantida) – Res. 121/2003, *DJ* 19, 20 e 21.11.2003. Não se conhece de prescrição não arguida na instância ordinária.

Súmula 259 do TST: Termo de conciliação. Ação rescisória (mantida) – Res. 121/2003, *DJ* 19, 20 e 21.11.2003. Só por ação rescisória é impugnável o termo de conciliação previsto no parágrafo único do art. 831 da CLT.

✦ **Referência legislativa**

- Art. 93, incisos IX e X, da CF.

Art. 832. Da decisão deverão constar o nome das partes, o resumo do pedido e da defesa, a apreciação das provas, os fundamentos da decisão e a respectiva conclusão.

§ 1.º Quando a decisão concluir pela procedência do pedido, determinará o prazo e as condições para o seu cumprimento.

§ 2.º A decisão mencionará sempre as custas que devam ser pagas pela parte vencida.

§ 3.º As decisões cognitivas ou homologatórias deverão sempre indicar a natureza jurídica das parcelas constantes da condenação ou do acordo homologado, inclusive o limite de responsabilidade de cada parte pelo recolhimento da contribuição previdenciária, se for o caso.

§ 3.º-A. Para os fins do § 3.º deste artigo, salvo na hipótese de o pedido da ação limitar-se expressamente ao reconhecimento de verbas de natureza exclusivamente indenizatória, a parcela referente às verbas de natureza remuneratória não poderá ter como base de cálculo valor inferior:

I – ao salário mínimo, para as competências que integram o vínculo empregatício reconhecido na decisão cognitiva ou homologatória; ou

II – à diferença entre a remuneração reconhecida como devida na decisão cognitiva ou homologatória e a efetivamente paga pelo empregador, cujo valor total referente a cada competência não será inferior ao salário mínimo.

§ 3.º-B. Caso haja piso salarial da categoria definido por acordo ou convenção coletiva de trabalho, o seu valor deverá ser utilizado como base de cálculo para os fins do § 3.º-A deste artigo.

§ 4.º A União será intimada das decisões homologatórias de acordos que contenham parcela indenizatória, na forma do art. 20 da Lei 11.033, de 21 de dezembro de 2004, facultada a interposição de recurso relativo aos tributos que lhe forem devidos.

§ 5.º Intimada da sentença, a União poderá interpor recurso relativo à discriminação de que trata o § 3.º deste artigo.

§ 6.º O acordo celebrado após o trânsito em julgado da sentença ou após a elaboração dos cálculos de liquidação de sentença não prejudicará os créditos da União.

§ 7.º O Ministro de Estado da Fazenda poderá, mediante ato fundamentado, dispensar a manifestação da União nas decisões homologatórias de acordos em que o montante da parcela indenizatória envolvida ocasionar perda de escala decorrente da atuação do órgão jurídico.

1. REQUISITOS DA SENTENÇA

A sentença, por ser um dos atos formais de maior relevância no processo, deve observar certos requisitos previstos em lei.

O art. 832 da CLT dispõe que na decisão devem constar o nome das partes, o resumo do pedido e da defesa, a apreciação das provas, os fundamentos da decisão e a conclusão.

Ainda sobre o tema, o art. 489 do CPC de 2015 estabelece que são elementos essenciais da sentença: I – o relatório, que conterá os nomes das partes, a identificação do caso, com a suma do pedido e da contestação, bem como o registro das principais ocorrências havidas no andamento do processo; II – os fundamentos, em que o juiz analisará as questões de fato e de direito; III – o dispositivo, em que o juiz resolverá as questões principais que as partes lhe submeterem.

Logo, a sentença deve conter relatório, fundamentação e conclusão (dispositivo). No procedimento sumaríssimo, o relatório é dispensado (art. 852-I, *caput*, da CLT).

No relatório deve constar o resumo dos principais atos praticados no processo, vale dizer, o nome das partes, o resumo do pedido e das respostas do réu, as principais ocorrências havidas no curso do processo. O relatório também serve para mostrar às partes que o juiz analisou os autos do processo.

A fundamentação deve conter a apreciação das provas produzidas, os fundamentos de fato e de direito adotados pelo juiz, por meio de argumentação e motivação, a análise das questões de fato e de direito, inclusive as preliminares, as prejudiciais e as questões de mérito.

É importante destacar que não se considera fundamentada qualquer decisão judicial, seja ela interlocutória, sentença ou acórdão, que: limitar-se à indicação, à reprodução ou à paráfrase de ato normativo, sem explicar sua relação com a causa ou a questão decidida; empregar conceitos jurídicos indeterminados, sem explicar o motivo concreto de sua incidência no caso; invocar motivos que se prestariam a justificar qualquer outra decisão; não enfrentar todos os argumentos deduzidos no processo capazes de, em tese, infirmar a conclusão adotada pelo julgador; limitar-se a invocar precedente ou enunciado de súmula, sem identificar seus fundamentos determinantes nem demonstrar que o caso sob julgamento se ajusta àqueles fundamentos; deixar de seguir enunciado de súmula, jurisprudência ou precedente invocado pela parte, sem demonstrar a existência de distinção no caso em julgamento ou a superação do entendimento (art. 489, § 1.º, do CPC de 2015).

O art. 15 da Instrução Normativa 39/2016 do TST explicita que o atendimento à exigência legal de fundamentação das decisões judiciais (CPC, art. 489, § 1.º, do CPC de 2015) no processo do trabalho deve observar o seguinte:

I – por força dos arts. 332 e 927 do CPC, adaptados ao processo do trabalho, para efeito dos incisos V e VI do § 1.º do art. 489 considera-se "precedente" apenas: a) acórdão proferido pelo Supremo Tribunal Federal ou pelo Tribunal Superior do Trabalho em julgamento de recursos repetitivos (CLT, art. 896-B; CPC, art. 1.046, § 4.º); b) entendimento firmado em incidente de resolução de demandas repetitivas ou de assunção de competência; c) decisão do Supremo Tribunal Federal em controle concentrado de constitucionalidade; d) tese jurídica prevalecente em Tribunal Regional do Trabalho e não conflitante com súmula ou orientação jurisprudencial do Tribunal Superior do Trabalho; e) decisão do plenário, do órgão especial ou de seção especializada competente para uniformizar a jurisprudência do tribunal a que o juiz estiver vinculado ou do Tribunal Superior do Trabalho;

II – para os fins do art. 489, § 1.º, incisos V e VI, do CPC, considerar-se-ão unicamente os precedentes referidos no item anterior, súmulas do Supremo Tribunal Federal, orientação jurisprudencial e súmula do Tribunal Superior do Trabalho, súmula de Tribunal Regional do

Trabalho não conflitante com súmula ou orientação jurisprudencial do TST, que contenham explícita referência aos fundamentos determinantes da decisão (*ratio decidendi*);

III – não ofende o art. 489, § 1.º, inciso IV, do CPC a decisão que deixar de apreciar questões cujo exame haja ficado prejudicado em razão da análise anterior de questão subordinante;

IV – o art. 489, § 1.º, IV, do CPC não obriga o juiz ou o tribunal a enfrentar os fundamentos jurídicos invocados pela parte, quando já tenham sido examinados na formação dos precedentes obrigatórios ou nos fundamentos determinantes de enunciado de súmula;

V – decisão que aplica a tese jurídica firmada em precedente, nos termos do item I, não precisa enfrentar os fundamentos já analisados na decisão paradigma, sendo suficiente, para fins de atendimento das exigências constantes no art. 489, § 1.º, do CPC, a correlação fática e jurídica entre o caso concreto e aquele apreciado no incidente de solução concentrada;

VI – é ônus da parte, para os fins do disposto no art. 489, § 1.º, V e VI, do CPC, identificar os fundamentos determinantes ou demonstrar a existência de distinção no caso em julgamento ou a superação do entendimento, sempre que invocar precedente ou enunciado de súmula.

A posição adotada, portanto, embora seja no sentido da aplicação do art. 489, § 1.º, do CPC de 2015 no processo do trabalho, o faz com certa amenização do rigor desse preceito.

No caso de colisão entre normas, o juiz deve justificar o objeto e os critérios gerais da ponderação efetuada, enunciando as razões que autorizam a interferência na norma afastada e as premissas fáticas que fundamentam a conclusão (art. 489, § 2.º, do CPC de 2015).

Trata-se de dispositivo nitidamente aplicável quando ocorre colisão de princípios no caso concreto, em especial de direitos fundamentais, a ser solucionada por meio de juízo de ponderação.

O art. 3.º, inciso IX, da Instrução Normativa 39/2016 do TST prevê que se aplica ao processo do trabalho, diante de omissão e de compatibilidade, o art. 489 do CPC de 2015, sobre fundamentação da sentença.

Ressalte-se que todas as decisões do Poder Judiciário devem ser *fundamentadas*, sob pena de nulidade (art. 93, inciso IX, da Constituição da República e art. 11 do CPC).

Nos termos do art. 20 da Lei de Introdução às Normas do Direito Brasileiro, incluído pela Lei 13.655/2018, nas esferas administrativa, controladora e *judicial*, não se deve decidir com base em valores jurídicos abstratos sem que sejam consideradas as *consequências práticas da decisão*.

Consideram-se *valores jurídicos abstratos* aqueles previstos em normas jurídicas com alto grau de indeterminação e abstração (art. 3.º, § 1.º, do Decreto 9.830/2019).

A *motivação* deve demonstrar a *necessidade* e a *adequação* da medida imposta ou da invalidação de ato, contrato, ajuste, processo ou norma administrativa, inclusive em face das possíveis alternativas (art. 20, parágrafo único, da Lei de Introdução às Normas do Direito Brasileiro).

A *decisão* deve ser motivada com a contextualização dos fatos, quando cabível, e com a indicação dos fundamentos de mérito e jurídicos (art. 2.º do Decreto 9.830/2019).

A *motivação da decisão* deve conter os seus fundamentos e apresentará a congruência entre as normas e os fatos que a embasaram, de forma argumentativa. A motivação indicará as normas, a interpretação jurídica, a jurisprudência ou a doutrina que a embasaram. A motivação pode ser constituída por declaração de concordância com o conteúdo de notas técnicas, pareceres, informações, decisões ou propostas que precederam a decisão (art. 2.º, §§ 1.º a 3.º, do Decreto 9.830/2019).

A *decisão* que, nas esferas administrativa, controladora ou *judicial*, decretar a invalidação de ato, contrato, ajuste, processo ou norma administrativa deve indicar de modo expresso suas *consequências jurídicas e administrativas* (art. 21 da Lei de Introdução às Normas do Direito Brasileiro, acrescentado pela Lei 13.655/2018). A decisão mencionada deve, quando for o caso, indicar as condições para que a regularização ocorra de modo *proporcional e equânime* e sem prejuízo aos interesses gerais, não se podendo impor aos sujeitos atingidos ônus ou perdas que, em função das peculiaridades do caso, sejam anormais ou excessivos.

A *decisão do processo*, nas esferas administrativa, controladora ou *judicial*, pode impor *compensação por benefícios indevidos ou prejuízos anormais ou injustos* resultantes do processo ou da conduta dos envolvidos (art. 27 da Lei de Introdução às Normas do Direito Brasileiro, incluído pela Lei 13.655/2018). A *decisão sobre a compensação* deve ser *motivada*, ouvidas previamente as partes sobre seu cabimento, sua forma e, se for o caso, seu valor. Para prevenir ou regular a compensação, pode ser celebrado *compromisso processual* entre os envolvidos.

O dispositivo ou conclusão deve ser direto e especificar os pedidos acolhidos, a eventual prescrição reconhecida, a compensação que tiver sido deferida, os juros e correção monetária, o valor da condenação, a forma de liquidação, a fixação e condenação em custas, honorários advocatícios e despesas processuais, o eventual deferimento de justiça gratuita, os descontos de imposto de renda e de contribuição previdenciária, outras determinações, como a expedição de ofícios, a forma de ciência ou de intimação das partes.

A decisão judicial deve ser interpretada a partir da conjugação de todos os seus elementos e em conformidade com o princípio da boa-fé (art. 489, § 3.º, do CPC de 2015). A boa-fé, no caso, é a de natureza objetiva, considerando-se a lealdade e a probidade, as quais devem nortear as condutas nas relações em sociedade.

De acordo com o art. 1.º da Recomendação 4/2018 da Corregedoria-Geral da Justiça do Trabalho, os juízes do trabalho, sempre que possível, proferirão *sentenças condenatórias líquidas*, fixando os valores relativos a cada um dos pedidos acolhidos, indicando o termo inicial e os critérios para correção monetária e juros de mora, além de determinar o prazo e as condições para o seu cumprimento (art. 832, § 1.º, da CLT).

Sendo líquida a sentença, eventual interposição de recursos devolve à instância recursal a apreciação integral de seu conteúdo, inclusive os valores fixados pela decisão, observados os limites e pressupostos de admissibilidade do recurso interposto.

Transitada em julgado a sentença líquida, não pode haver modificação ou inovação nas fases subsequentes do processo, não sendo possível discutir qualquer matéria, inclusive os cálculos. Verificado o trânsito em julgado de decisão condenatória proferida contra a Fazenda Pública, a prolação de sentença líquida não dispensa a necessidade de intimação da reclamada, para os fins do art. 535 do CPC.

Conforme o art. 2.º da Recomendação 4/2018 da Corregedoria-Geral da Justiça do Trabalho, no exame dos recursos interpostos a sentenças líquidas, o relator, sempre que possível, deve adotar o mesmo procedimento previsto no art. 1.º da Recomendação 4/2018. Havendo modificação de sentença proferida de forma líquida na origem, o relator deve determinar o ajuste das contas.

Quando necessário, o juiz atribuirá a elaboração dos cálculos da sentença, preferencialmente, aos calculistas das unidades jurisdicionais correspondentes (art. 3.º da Recomendação 4/2018 da Corregedoria-Geral da Justiça do Trabalho). Havendo instituição de contadoria centralizada, os processos destinados à liquidação para prolação da sentença serão a ela remetidos, nos termos de regulamentação própria, expedida pelo órgão competente do TRT.

Em caráter estritamente excepcional, na hipótese de inexistência ou impossibilidade da utilização dos serviços de calculista em atividade na unidade ou contadoria centralizada ou, ainda, em casos de excesso de demanda ou complexidade dos cálculos, o juiz pode nomear perito judicial, nos termos do art. 156 do CPC, fixando os honorários a cargo da parte reclamada (art. 4.º da Recomendação 4/2018 da Corregedoria-Geral da Justiça do Trabalho). Na hipótese do ajuste de contas, o auxiliar designado para a liquidação da sentença promoverá a adequação dos cálculos, sem fixação de honorários complementares.

Os cálculos dos títulos condenatórios das sentenças integrarão a decisão, para todos os fins, de modo que as partes e julgadores possam ter amplo acesso às fórmulas empregadas na liquidação, sem prejuízo de apontamentos e notas explicativas (art. 6.º da Recomendação 4/2018 da Corregedoria-Geral da Justiça do Trabalho).

É vedado ao juiz proferir decisão de natureza diversa da pedida, bem como condenar a parte em quantidade superior ou em objeto diverso do que lhe foi demandado (art. 492 do CPC de 2015). A decisão deve ser certa, ainda que resolva relação jurídica condicional.

É vedado, portanto, o julgamento *extra petita*, ou seja, de pedido que não foi formulado pelo autor, bem como *ultra petita*, decidindo além do que foi postulado.

A sentença *citra petita*, isto é, que não decide todos os pedidos formulados, também é considerada nula, mas o vício pode ser corrigido por meio da oposição de embargos de declaração.

Registre-se o entendimento de que se o autor formular pedidos com valores líquidos na petição inicial, sem registrar ressalva, o valor da condenação deve ser limitado a esses parâmetros, em razão do art. 492 do CPC. Cf. TST, SBDI-I, E-ARR-10472-61.2015.5.18.0211, Rel. Min. Walmir Oliveira da Costa, *DEJT* 29.05.2020.

Com as alterações decorrentes da Lei 13.467/2017, entende-se que os valores constantes nos pedidos apresentados de forma líquida na petição inicial da ação trabalhista devem ser considerados como mera estimativa, não limitando a condenação, conforme Instrução Normativa 41/2018 do TST e art. 840, § 1.º, da CLT, com fundamento nos princípios constitucionais que regem o processo do trabalho, em especial nos princípios do amplo acesso à jurisdição (art. 5.º, inciso XXXV, da CF/1988), da dignidade da pessoa humana (art. 1.º, inciso III, da CF/1988) e da proteção social do trabalho (art. 1.º, inciso IV, da CF/1988). Cf. TST, SBDI-I, Emb-RR-555-36.2021.5.09.0024, Rel. Min. Alberto Bastos Balazeiro, *DEJT* 07.12.2023.

2. PROCEDÊNCIA DO PEDIDO

O mérito significa o pedido formulado, isto é, a pretensão.

Sendo assim, conforme o art. 487 do Código de Processo Civil de 2015, há resolução de mérito quando o juiz acolhe ou rejeita o pedido formulado na ação ou na reconvenção.

3. CUSTAS

A sentença deve fixar as custas e demais despesas processuais. As *despesas processuais*, como gênero, englobam as *custas* e os *emolumentos*.

O art. 84 do CPC de 2015, de forma mais ampla, prevê que "as despesas abrangem as custas dos atos do processo, a indenização de viagem, a remuneração do assistente técnico e a diária de testemunha".

As custas possuem natureza tributária, mais especificamente de taxa, por se referirem a serviço estatal prestado, no caso, a atividade jurisdicional (art. 145, inciso II, da Constituição Federal de 1988).

4. DECISÕES COGNITIVAS OU HOMOLOGATÓRIAS

As decisões de conhecimento ou homologatórias devem sempre indicar a natureza jurídica das parcelas constantes da condenação ou do acordo homologado, bem como o limite de responsabilidade de cada parte pelo recolhimento da contribuição previdenciária, se for o caso (art. 832, § 3.º, da CLT).

Para os fins do § 3.º do art. 832 da CLT, salvo na hipótese de o pedido da ação limitar-se expressamente ao reconhecimento de verbas de natureza exclusivamente indenizatória, a parcela referente às verbas de natureza remuneratória não poderá ter como base de cálculo valor inferior: I – ao salário mínimo, para as competências que integram o vínculo empregatício reconhecido na decisão cognitiva ou homologatória; ou II – à diferença entre a remuneração reconhecida como devida na decisão cognitiva ou homologatória e a efetivamente paga pelo empregador, cujo valor total referente a cada competência não será inferior ao salário mínimo (art. 832, § 3.º-A, da CLT, incluído pela Lei 13.876/2019).

Caso haja piso salarial da categoria definido por acordo ou convenção coletiva de trabalho, o seu valor deverá ser utilizado como base de cálculo para os fins do § 3.º-A do art. 832 da CLT (art. 832, § 3.º-B, da CLT, incluído pela Lei 13.876/2019).

Procura-se, assim, estabelecer *parâmetros mínimos* quanto à base de cálculo da contribuição previdenciária e tributos devidos à União (imposto de renda), incidentes sobre as parcelas (constantes da condenação ou do acordo homologado) de natureza remuneratória, no âmbito das decisões de conhecimento ou homologatórias da Justiça do Trabalho.

Cabe lembrar que há os valores mensal, diário e horário do salário mínimo, o mesmo podendo ocorrer quanto ao piso salarial da categoria.

De todo modo, ressalte-se que segundo a Súmula Vinculante 53 do STF: "A competência da Justiça do Trabalho prevista no art. 114, VIII, da Constituição Federal alcança a execução de ofício das contribuições previdenciárias relativas ao objeto da *condenação* constante das sentenças que proferir e acordos por ela homologados" (destaquei). Cf. ainda comentários ao art. 876, parágrafo único, da CLT.

O art. 43, § 1.º, da Lei 8.212/1991, com redação dada pela Lei 11.941/2009, determina que nas "sentenças judiciais ou nos acordos homologados em que não figurarem, discriminadamente, as parcelas legais relativas às contribuições sociais, estas incidirão sobre o valor total apurado em liquidação de sentença ou sobre o valor do acordo homologado". Isso é confirmado pela previsão da Orientação Jurisprudencial 368 da SBDI-I do TST.

Mesmo que o acordo homologado em juízo seja sem reconhecimento de vínculo de emprego, incide a contribuição previdenciária, como esclarece a Orientação Jurisprudencial 398 da SBDI-I do TST.

Cabe esclarecer que é aplicável o disposto no art. 43 da Lei 8.212/1991, sobre descontos de contribuições previdenciárias, "aos valores devidos ou pagos nas Comissões de Conciliação Prévia de que trata a Lei 9.958, de 12 de janeiro de 2000" (art. 43, § 6.º, da Lei 8.212/1991, com redação dada pela Lei 11.941/2009).

A União deve ser intimada das decisões homologatórias de acordos que contenham parcela indenizatória, na forma do art. 20 da Lei 11.033, de 21 de dezembro de 2004 (isto é, pessoalmente, mediante a entrega dos autos com vista), facultada a interposição de recurso relativo aos tributos que lhe forem devidos (art. 832, § 4.º, da CLT).

Intimada da sentença, a União pode interpor recurso relativo à discriminação da natureza jurídica das parcelas constantes da condenação ou do acordo homologado (art. 832, § 5.º, da CLT).

Apesar da controvérsia a respeito do tema, entende-se que, nesse caso, o recurso cabível é o ordinário, quando se tratar de decisão homologatória de acordo, na fase de conhecimento (art. 895, inciso I, da CLT). Entretanto, se a decisão for proferida na fase ou processo de execução, entende-se que o recurso cabível é o agravo de petição (art. 897, "a", e § 8.º, da CLT).

Pode-se dizer que o prazo para o recurso da União, nos casos acima mencionados, é de 16 dias, isto é, em dobro, em razão do art. 1.º, inciso III, do Decreto-lei 779/1969.

Nos termos do art. 832, § 6.º, da CLT, incluído pela Lei 11.457/2007, o acordo celebrado depois do trânsito em julgado da sentença ou após a elaboração dos cálculos de liquidação de sentença não deve prejudicar os créditos da União.

A Lei 8.212/1991, no art. 43, § 5.º, acrescentado pela Lei 11.941/2009, determina que, na "hipótese de acordo celebrado após ter sido proferida decisão de mérito, a contribuição será calculada com base no valor do acordo".

A respeito da questão acima, cf. Orientação Jurisprudencial 376 da SBDI-I do TST.

O Ministro de Estado da Fazenda pode, por meio de ato fundamentado, dispensar a manifestação da União nas decisões homologatórias de acordos em que o montante da parcela indenizatória acarretar perda de escala por motivo da atuação do órgão jurídico.

O art. 515, § 2.º, do CPC, ao arrolar os títulos executivos judiciais, prevê que a autocomposição judicial pode envolver *sujeito estranho ao processo* e versar sobre *relação jurídica que não tenha sido deduzida em juízo*.

Portanto, admite-se que se inclua no acordo homologado em juízo até mesmo matéria que não constava originalmente na causa, como forma de integral pacificação do conflito entre as partes.

✦ Jurisprudência

Recurso de embargos. Regência da Lei n.º 13.015/2014. Julgamento "ultra petita". Limitação da condenação ao valor atribuído ao pedido na petição inicial. 1. A Quarta Turma considerou que o requerimento, na petição inicial, de "pagamento de 432 horas 'in itinere' no valor de R$ 3.802,00 (fl. 11 - numeração eletrônica)" traduziu "mera estimativa, tendo o magistrado feito a adequação de acordo com as provas do processo", razão pela qual não reputou violados os arts. 141 e 492 do CPC. 2. Todavia, esta Corte Superior adota firme entendimento no sentido de que a parte autora, ao formular pedidos com valores líquidos na petição inicial, sem registrar qualquer ressalva, limita a condenação a tais parâmetros, por expressa dicção do art. 492 do CPC. Precedentes. Recurso de embargos conhecido e provido (TST, SBDI-I, E-ARR-10472-61.2015.5.18.0211, Rel. Min. Walmir Oliveira da Costa, *DEJT* 29.05.2020).

Embargos. Recurso de revista. Limitação da condenação aos valores atribuídos aos pedidos na petição inicial. Impossibilidade. Interpretação teleológica do art. 840, § 1.º, da CLT. Aplicação da regra especial prevista na IN 41/2018 c/c art. 840, § 1.º, da CLT. Valores indicados na petição como mera estimativa. 1. A controvérsia dos autos cinge-se em definir se os valores atribuídos pela parte aos pedidos na petição inicial limitam a condenação, notadamente na hipótese dos autos em que o reclamante inseriu expressamente ressalva quanto ao valor da causa. 2. A adequada interpretação jurídica das alterações promovidas pela Lei 13.467/2017 aos §§ 1.º e 2.º do art. 840 da CLT proporciona impacto na prática trabalhista, eis que introduz novos requisitos aos pedidos trazidos nas petições iniciais protocolizadas nas Varas do Trabalho. 3. A exigência de se consignar, na petição inicial, pedidos certos e determinados já era observada nas reclamações trabalhistas, uma vez que a antiga redação do art. 840, § 1.º, da CLT não continha detalhes acerca do conteúdo e especificações do pedido. Assim, aplicavam-se subsidiariamente (arts. 769 da CLT e 15 do CPC) os arts. 322 e 324 do CPC, quanto à necessidade de que os pedidos fossem certos e determinados. Com a entrada em vigor da Lei 13.467/2017, o § 1.º do art. 840, da CLT torna-se norma específica que disciplina os requisitos da petição inicial no processo do trabalho. Portanto, além de estipular que os pedidos devem ser certos e determinados, inaugura-se a obrigatoriedade de que cada um contenha a indicação de seu valor. 4. Sob este viés, a exigência de indicação do valor dos pedidos determinada pelo art. 840, § 1.º, da CLT objetiva que, desde a petição inicial, as partes delimitem, com razoável destreza, o alcance de sua pretensão. 5. A despeito disso, a redação do art. 840, § 1.º, da CLT de determinação de indicação do valor na petição inicial não é inédita no sistema processual trabalhista. Desde os anos 2000, por meio do art. 852-B, I, da CLT (introduzida pela Lei 9.957/2000), passou-se a exigir que as petições iniciais submetidas ao rito sumaríssimo fossem líquidas, por se tratarem de causas que, dada a natureza, possuem condições de ser examinadas de forma mais célere pela Justiça do Trabalho. 6. Assim, o art. 840, § 1.º, da CLT passou a prever uma equivalência entre os requisitos da petição inicial das ações submetidas ao rito sumaríssimo e àquelas sob o rito ordinário, cuja natureza das demandas, no entanto, tende a ser de ordem mais complexa. 7. Efetivamente, antes das alterações promovidas pela Lei 13.467/2017 nas ações submetidas ao rito ordinário, o *quantum debeatur* era estabelecido em fase própria de certificação, qual seja, a liquidação de sentença. Ou seja, apenas depois de ultrapassada toda a instrução processual, orientada pelo princípio da imediação, previsto no art. 820 da CLT, com a respectiva colheita de provas e análise de cada uma delas, iniciava-se o momento processual de liquidação dos pedidos. 8. Por força das determinações legais de serem apresentados pedidos certos e determinados, o sistema processual trabalhista então vigente, como houvera de ser, detinha preservados a ampla defesa e o contraditório do réu, que tinha ao seu dispor a possibilidade de contestar cada um dos pedidos, seja na fase de conhecimento, seja na de liquidação. 9. Isto é, o novo comando do art. 840, § 1.º, da CLT incorpora às demandas trabalhistas sob o rito ordinário critérios técnicos jamais antes exigidos e, uma vez não cumpridos, ter-se-á como consequência, a extinção do processo sem resolução de mérito, conforme determina o também novo § 3.º, do art. 840, da CLT. Com isso, passou-se a atribuir aos reclamantes o encargo processual de, para ingressar com uma demanda trabalhista, apresentar valores que venham a corresponder ao objeto dos pedidos, sem antes se ter iniciada a fase de instrução processual. 10. Inobstante, o rigor técnico exigido pelo art. 840, § 1.º, da CLT, interpretado de forma dissociada das demais normas e princípios que regem a processualística trabalhista, conduz a um estreitamento do *jus postulandi* (art. 791 da CLT), que historicamente é uma das características que mais singularizam, em essência, a jurisdição trabalhista. A *contrario sensu*, preservando-se essa orientação, mesmo com a nova redação do art. 840, § 1.º, da CLT manteve-se a orientação de que, na petição inicial, basta "uma breve exposição dos fatos", uma vez que as partes, via de regra, não possuem conhecimentos técnicos para formular fundamentos jurídicos do pedido. 11. Nesse cenário, a interpretação gramatical do dispositivo pode conduzir à mitigação do *jus postulandi*, em desatenção ao princípio do amplo acesso à jurisdição (art. 5.º, XXXV, da CF). 12. A determinação de indicação dos valores dos pedidos nas causas submetidas ao rito ordinário tem como reflexo a controvérsia trazida pela embargante, qual seja, a eventual vinculação ou limitação da condenação aos valores atribuídos a cada pedido apresentado já na exordial. 13. De fato, de acordo com a regra da congruência entre os pedidos formulados na ação e a condenação arbitrada (arts. 832 da CLT e arts. 141, § 2.º, e 492 do CPC), nos termos do disciplinado nos arts. 141 e 492 do CPC, os valores indicados na petição inicial de forma líquida limitariam àqueles arbitrados na condenação, sob pena de se incorrer em decisão extra, ultra ou citra petita. 14. A partir desse cenário, a natureza do conflito trabalhista submetido à apreciação desta Corte perpassa, entre outros, a averiguação acerca da (im) possibilidade de se determinar que a condenação limite-se a exatamente os valores indicados para cada pedido na petição inicial, sob pena de violação aos arts. 141 e 492 do CPC. 15. No caso concreto, diferentemente do que entendeu o acórdão regional recorrido, no que diz respeito à indicação dos pedidos liquidados na petição inicial, a dicção dos dispositivos acima deve ser cotejada não só com uma interpretação teleológica do art. 840, § 1.º, da CLT, como também com os princípios da informalidade e da simplicidade, que orientam toda a lógica processual trabalhista. A partir desses princípios, no âmbito desta Justiça Especializada, não se pode exigir das partes reclamantes que, para que recebam a integralidade das verbas a que realmente fazem jus ao final de uma demanda trabalhista, correndo o risco de uma decisão citra, ultra ou extra petita, submetam-se, eventualmente, às regras de produção antecipada de prova e/ou contratação de serviço contábil especializado, a fim de liquidar com precisão cada um dos pedidos para adimplir a exigência do art. 840, § 1.º, da CLT e, somente depois disso, ajuizar uma demanda trabalhista. Interpretação nesse sentido afrontaria, a um só tempo, o princípio da oralidade e o dispositivo, que, em conjunto, asseguram às partes reclamantes o direito de ir a juízo pleitear as verbas que entendem lhe serem devidas. 16. Ou seja, a análise sobre a necessidade de limitação do valor da condenação àqueles previamente apresentados na exordial deve ser orientada por uma perspectiva teleológica do direito processual do trabalho, cuja interpretação dos dispositivos que o integram deve, pois, ser sempre norteada pelos princípios do amplo acesso à jurisdição (art. 5.º, XXXV, da CF), dignidade da pessoa humana (art. 1.º, III, da CF), proteção social do trabalho (art. 1.º, IV, da CF). 17. Em atenção a isso e considerando o impacto do art. 840, § 1.º, da CLT na processualística trabalhista, assim como a necessidade de oferecer ao jurisdicionado a segurança jurídica indispensável a possibilitar estabilidade das relações processuais, este Tribunal Superior do Trabalho aprovou a Instrução Normativa nº 41/2018, que determina que "Para fim do que dispõe o art. 840, §§ 1.º e 2.º, da CLT, o valor da causa será estimado, observando-se, no que couber, o disposto nos arts. 291 a 293 do Código de Processo Civil". 18. A interpretação do art. 840, § 1.º, da CLT, aliada aos princípios mencionados permite chegar à conclusão de que, tendo o reclamante apresentado, em sua petição inicial, pedido certo e determinado com indicação de valor - estimado -, por um lado, atende-se à exigência do art. 840, § 1.º, da CLT. Por outro lado, possibilita ao polo passivo o integral exercício da ampla defesa e do contraditório, assegurados pelo artigo 5.º, LV, da CF. Trata-se, assim, de interpretação que observa os princípios constitucionais do trabalho, conferindo, igualmente, efetivamente ao referido artigo celetista. 19. Assim, a Instrução Normativa 41/2018 ao se referir ao "valor estimado da causa" acaba por delimitar que o pedido apresentado na petição inicial "com indicação de seu valor" a que se refere o art. 840, § 1.º, da CLT deve ser considerado de forma estimada, eis que inexiste nos dispositivos do CPC a que faz remissão a Instrução Normativa qualquer delimitação em sentido contrário. O art. 291 do CPC, pertinente à análise ora empreendida apenas se refere à necessidade de indicação de "valor certo" da causa, inexistindo, portanto, qualquer obrigação de liquidação do valor da causa, tampouco do pedido, com efeito vinculativo à condenação. Ainda, considerando-se a necessária aplicação supletiva do CPC à hipótese, a ausência de indicação de valores na petição inicial não deve ter como consequência a extinção do feito sem resolução do mérito, devendo-se oportunizar à parte a possibilidade de saneamento do defeito, no prazo de 15 dias, por aplicação analógica da Súmula 263 deste TST c/c arts. 4.º, 6.º e 317 do CPC. 20. Nesse mesmo sentido, interpretando a redação do § 2.º do art. 12 da IN 41/2018 em confronto com as exigências do art. 840, § 1.º, da CLT e, igualmente dos arts. 141 e 492 do CPC, este Tribunal Superior do Trabalho acumula precedentes no sentido de que os valores constantes nos pedidos apresentados de forma líquida na exordial devem ser considerados apenas como fim estimado, não havendo limitação da condenação àquele montante. 21. Por fim, não se ignora que a Eg. SBDI-1, do TST, em precedente publicado em 29/05/2020 (E-ARR-10472-61.2015.5.18.0211, Subseção I Especializada em Dissídios Individuais, Relator Ministro Walmir Oliveira da Costa) firmou entendimento de que a parte autora, ao formular pedidos com valores líquidos na petição inicial, sem registrar qualquer ressalva, limita a condenação a tais parâmetros, por expressa dicção do art. 492 do CPC. Ocorre que o precedente em questão configura situação singular, eis que o recurso de embargos analisado foi interposto em ação ajuizada antes da entrada em vigor da Lei 13.467/2017 e, portanto, da alteração do art. 840, § 1.º, da CLT c/c Instrução Normativa 41/2018. Assim, não sem razão, a matéria não foi analisada sob a ótica destas normas. Portanto, trata-se o caso concreto de hipótese que revela singularidades quanto àquela analisada pela Subseção I Especializada em Dissídios Individuais, razão pela qual esta Turma não fica a ela vinculada. 22. A partir do exposto, na hipótese vertente, em que a inicial foi ajuizada em 04/08/2021, incidem as normas processuais previstas na CLT após as alterações da Lei 13.467/2017. Portanto, os valores constantes nos pedidos apresentados de forma líquida na reclamação trabalhista devem ser considerados como mera estimativa, não limitando a condenação, por força da Instrução Normativa 41/2018 c/c art. 840, § 1.º, da CLT e dos princípios constitucionais que regem o processo do trabalho, em especial os princípios do amplo acesso à jurisdição (art. 5.º, XXXV, da CF), da dignidade da pessoa humana (art. 1.º, III, da CF), da proteção social do trabalho (art. 1.º, IV, da CF). Embargos conhecidos e não providos (TST, SBDI-I, Emb-RR-555-36.2021.5.09.0024, Rel. Min. Alberto Bastos Balazeiro, *DEJT* 07.12.2023).

✦ Súmulas, Orientações Jurisprudenciais e Precedentes Normativos

Súmula 368 do TST: Descontos previdenciários. Imposto de renda. Competência. Responsabilidade pelo recolhimento. Forma de cálculo. Fato gerador. I – A Justiça do Trabalho é competente para determinar o recolhimento das contribuições fiscais. A competência da Justiça do Trabalho, quanto à execução das contribuições previdenciárias, limita-se às sentenças condenatórias em pecúnia que proferir e aos valores, objeto de acordo homologado, que integrem o salário de contribuição. II – É do empregador a responsabilidade pelo recolhimento das contribuições previdenciárias e fiscais, resultantes de crédito do empregado oriundo de condenação judicial. A culpa do empregador pelo inadimplemento das verbas remuneratórias, contudo, não exime a responsabilidade do empregado pelos pagamentos do imposto de renda devido e da contribuição previdenciária que recaia sobre sua quota-parte. III – Os descontos previdenciários relativos à contribuição do empregado, no caso de ações trabalhistas, devem ser calculados mês a mês, de conformidade com o art. 276, § 4.º, do Decreto n.º 3.048/1999 que regulamentou a Lei n.º 8.212/1991, aplicando-se as alíquotas previstas no art. 198, observado o limite máximo do salário de contribuição. IV – Considera-se fato gerador das contribuições previdenciárias decorrentes de créditos trabalhistas reconhecidos ou homologados em juízo, para os serviços prestados até 4.3.2009, inclusive, o efetivo pagamento das verbas, configurando-se a mora a partir do dia dois do mês seguinte ao da liquidação (art. 276, "caput", do Decreto n.º 3.048/1999). Eficácia não retroativa da alteração legislativa promovida pela Medida Provisória n.º 449/2008, posteriormente convertida na Lei n.º 11.941/2009, que deu nova redação ao art. 43 da Lei n.º 8.212/91. V – Para o labor realizado a partir de 5.3.2009, considera-se fato gerador das contribuições previdenciárias decorrentes de créditos trabalhistas reconhecidos ou homologados em juízo a data da efetiva prestação dos serviços. Sobre as contribuições previdenciárias não recolhidas a partir da prestação dos serviços incidem juros de mora e, uma vez apurados os créditos previdenciários, aplica-se multa a partir do exaurimento do prazo de citação para pagamento, se descumprida a obrigação, observado o limite legal de 20% (art. 61, § 2.º, da Lei n.º 9.430/96). VI – O imposto de renda decorrente de crédito do empregado recebido acumuladamente deve ser calculado sobre o montante dos rendimentos pagos, mediante a utilização de tabela progressiva resultante da multiplicação da quantidade de meses a que se refiram os rendimentos pelos valores constantes da tabela progressiva mensal correspondente ao mês do recebimento ou crédito, nos termos do art. 12-A da Lei n.º 7.713, de 22.12.1988, com a redação conferida pela Lei n.º 13.149/2015, observado o procedimento previsto nas Instruções Normativas da Receita Federal do Brasil.

Orientação Jurisprudencial 368 da SBDI-I do TST: Descontos previdenciários. Acordo homologado em juízo. Inexistência de vínculo empregatício. Parcelas indenizatórias. Ausência de discriminação. Incidência sobre o valor total (*DEJT* divulgado em 03, 04 e 05.12.2008). É devida a incidência das contribuições para a Previdência Social sobre o valor total do acordo homologado em juízo, independentemente do reconhecimento de vínculo de emprego, desde que não haja discriminação das parcelas sujeitas à incidência da contribuição previdenciária, conforme parágrafo único do art. 43 da Lei 8.212, de 24.07.1991, e do art. 195, I, "a", da CF/1988.

Orientação Jurisprudencial 376 da SBDI-I do TST: Contribuição previdenciária. Acordo homologado em juízo após o trânsito em julgado da sentença condenatória. Incidência sobre o valor homologado (*DEJT* divulgado em 19, 20 e 22.04.2010). É devida a contribuição previdenciária sobre o valor do acordo celebrado e homologado após o trânsito em julgado de decisão judicial, respeitada a proporcionalidade de valores entre as parcelas de natureza salarial e indenizatória deferidas na decisão condenatória e as parcelas objeto do acordo.

Orientação Jurisprudencial 398 da SBDI-I do TST: Contribuição previdenciária. Acordo homologado em juízo sem reconhecimento de vínculo de emprego. Contribuinte individual. Recolhimento da alíquota de 20% a cargo do tomador e 11% a cargo do prestador de serviços (*DEJT* divulgado em 02, 03 e 04.08.2010). Nos acordos homologados em juízo em que não haja o reconhecimento de vínculo empregatício, é devido o recolhimento da contribuição previdenciária, mediante a alíquota de 20% a cargo do tomador de serviços e de 11% por parte do prestador de serviços, na qualidade de contribuinte individual, sobre o valor total do acordo, respeitado o teto de contribuição. Inteligência do § 4.º do art. 30 e do inciso III do art. 22, todos da Lei 8.212, de 24.07.1991.

Art. 833. Existindo na decisão evidentes erros ou enganos de escrita, de datilografia ou de cálculo, poderão os mesmos, antes da execução, ser corrigidos, *ex officio*, ou a requerimento dos interessados ou da Procuradoria da Justiça do Trabalho.

1. ERRO MATERIAL

Consoante o art. 494, inciso I, do CPC de 2015, uma vez publicada a sentença, o juiz pode alterá-la para corrigir, de ofício ou a requerimento da parte, inexatidões materiais ou erros de cálculo.

Na mesma linha, de acordo com o art. 833 da CLT, se na decisão houver evidentes erros ou enganos de escrita, de datilografia ou de cálculo, estes podem, antes da execução, ser corrigidos de ofício ou a requerimento dos interessados ou do Ministério Público do Trabalho.

O art. 897-A, § 1.º, da CLT confirma que os erros materiais podem ser corrigidos de ofício ou a requerimento de qualquer das partes.

✦ Súmulas, Orientações Jurisprudenciais e Precedentes Normativos

Orientação Jurisprudencial 103 da SBDI-II do TST: Ação rescisória. Contradição entre fundamentação e parte dispositiva do julgado. Cabimento. Erro de fato. É cabível a rescisória para corrigir contradição entre a parte dispositiva do acórdão rescindendo e a sua fundamentação, por erro de fato na retratação do que foi decidido.

✦ Referência legislativa

- Art. 93, IX, da CF.

Art. 834. Salvo nos casos previstos nesta Consolidação, a publicação das decisões e sua notificação aos litigantes, ou a seus patronos, consideram-se realizadas nas próprias audiências em que forem as mesmas proferidas.

1. PUBLICAÇÃO E NOTIFICAÇÃO DAS DECISÕES

No processo do trabalho, a sentença é ato processual proferido em audiência, una ou de julgamento. Isso é confirmado pelo art. 851, *caput*, da CLT, ao prever que os trâmites da instrução e do julgamento devem ser resumidos em ata, da qual deve constar, na íntegra, a decisão.

A publicação das decisões e sua notificação aos litigantes, ou a seus patronos, consideram-se feitas nas audiências em que proferidas.

✦ Súmulas, Orientações Jurisprudenciais e Precedentes Normativos

Súmula 30 do TST: Intimação da sentença. Quando não juntada a ata ao processo em 48 horas, contadas da audiência de julgamento (art. 851, § 2.º, da CLT), o prazo para recurso será contado da data em que a parte receber a intimação da sentença.

Súmula 197 do TST: Prazo. O prazo para recurso da parte que, intimada, não comparecer à audiência em prosseguimento para a prolação da sentença conta-se de sua publicação.

Art. 835. O cumprimento do acordo ou da decisão far-se-á no prazo e condições estabelecidas.

1. CUMPRIMENTO DO ACORDO OU DA DECISÃO

A decisão ou o acordo homologado em juízo devem ser cumpridos no prazo e nas condições ali fixadas.

✦ Jurisprudência

Direito processual do trabalho. Agravo de petição. Acordo judicial. 1. O cumprimento do acordo judicial deve ser realizado no prazo e nas condições estabelecidas, nos termos do disposto no art. 835 da CLT. 2. O procedimento administrativo/burocrático da Secretaria da Vara de apenas juntar o comprovante do mencionado pagamento, após este prazo, não é de responsabilidade da executada, principalmente quando este depositou o valor conforme o acordo, dentro do vencimento. Agravo de petição negado (TRT 6.ª R., AP 0243400-08.1991.5.06.0001, Rel. Ibrahim Alves da Silva Filho, *DJ* 24.11.2011).

Art. 836. É vedado aos órgãos da Justiça do Trabalho conhecer de questões já decididas, excetuados os casos expressamente previstos neste Título e a ação rescisória, que será admitida na forma do disposto no Capítulo IV do Título IX da Lei 5.869, de 11 de janeiro de 1973 – Código de Processo Civil, sujeita ao depósito prévio de 20% (vinte por cento) do valor da causa, salvo prova de miserabilidade jurídica do autor.

Parágrafo único. A execução da decisão proferida em ação rescisória far-se-á nos próprios autos da ação que lhe deu origem, e será instruída com o acórdão da rescisória e a respectiva certidão de trânsito em julgado.

1. COISA JULGADA

A coisa julgada é de fundamental importância para a estabilidade das relações sociais, tendo natureza de garantia constitucional, consoante o art. 5.º, inciso XXXVI, da Constituição da República.

Logo, a estabilidade das relações jurídicas exige que o comando decorrente de provimento jurisdicional de mérito, transitado em julgado, seja observado e respeitado, como forma de se permitir a segurança jurídica na vida em sociedade.

Apesar de se discutir, na atualidade, a respeito da "relativização da coisa julgada", a rigor, admite-se o ajuizamento da *ação rescisória*, com o fim de desconstituir a sentença na qual se formou a *res judicata* material, nas hipóteses e prazo expressamente previstos em lei (arts. 966 a 975 do Código de Processo Civil de 2015 e art. 836 da CLT). Trata-se de meio específico de impugnação da decisão judicial, que não se confunde com o recurso, por se tratar de ação autônoma, dando origem a novo processo, mas que também se distingue de outros remédios processuais, como o mandado e segurança, por ser cabível em face de decisão de mérito transitada em julgado, contando, inclusive, com previsão expressa na própria Constituição Federal de 1988 (art. 102, inciso I, alínea "j"; art. 105, inciso I, alínea "e"; art. 108, inciso I, alínea "b").

O provimento jurisdicional que resolve o mérito produz certos efeitos preponderantes, que podem ser, conforme estudado anteriormente, o meramente declaratório, o constitutivo e o condenatório (salientando-se que parte da doutrina também acrescenta o mandamental e o executivo *lato sensu*).

A coisa julgada material é justamente a *imutabilidade* desses efeitos, não se confundindo, entretanto, com eles.

Com isso, apenas a decisão judicial que resolve o mérito (art. 487 do CPC de 2015) pode fazer coisa julgada material, o que ocorre justamente com o seu trânsito em julgado (art. 508 do CPC de 2015).

O art. 502 do CPC de 2015 define "coisa julgada material" como "a *autoridade* que torna imutável e indiscutível a decisão de mérito não mais sujeita a recurso" (destaquei).

A coisa julgada formal, diversamente, é a preclusão máxima, no sentido da inalterabilidade da decisão dentro do processo, após o trânsito em julgado, ou seja, quando não caiba mais recurso (Lei de Introdução às Normas do Direito Brasileiro, Decreto-lei 4.657/1942, art. 6.º, § 3.º).

A decisão que extingue o processo sem resolução do mérito (art. 485 do CPC de 2015) apenas produz coisa julgada formal, pois não há a produção dos efeitos, acima indicados, fora dos limites da relação processual. Por consequência, não há sobre o que incidir imutabilidade, inexistindo coisa julgada material.

No caso de recurso, certificado o trânsito em julgado, com menção expressa da data de sua ocorrência, o escrivão ou o chefe de secretaria, independentemente de despacho, deve providenciar a baixa dos autos ao juízo de origem, no prazo de cinco dias (art. 1.006 do CPC de 2015).

As ações civis públicas e as ações coletivas, em defesa de direitos metaindividuais, possuem disciplina própria quanto à coisa julgada e sua incidência quanto aos substituídos processuais (art. 16 da Lei 7.347/1985 e art. 103 da Lei 8.078/1990).

A respeito do tema, o Supremo Tribunal Federal fixou a seguinte tese de repercussão geral: "I - É inconstitucional a redação do art. 16 da Lei 7.347/1985, alterada pela Lei 9.494/1997, sendo repristinada sua redação original. II - Em se tratando de ação civil pública de efeitos nacionais ou regionais, a competência deve observar o art. 93, II, da Lei 8.078/1990 (Código de Defesa do Consumidor). III - Ajuizadas múltiplas ações civis públicas de âmbito nacional ou regional e fixada a competência nos termos do item II, firma-se a prevenção do juízo que primeiro conheceu de uma delas, para o julgamento de todas as demandas conexas" (STF, Pleno, RE 1.101.937/SP, Rel. Min. Alexandre de Moraes, *DJe* 14.06.2021)

Sendo assim, prevaleceu o entendimento de que a limitação territorial da eficácia da sentença e da coisa julgada em ação civil pública é inconstitucional. A matéria é disciplinada de forma mais completa no art. 103 da Lei 8.078/1990, que prevê a coisa julgada *erga omnes* ou *ultra partes*, sem limitação territorial ao órgão prolator da sentença na ação coletiva.

✦ **Jurisprudência**

Constitucional e processo civil. Inconstitucionalidade do art. 16 da Lei 7.347/1985, com a redação dada pela Lei 9.494/1997. Ação civil pública. Impossibilidade de restrição dos efeitos da sentença aos limites da competência territorial do órgão prolator. Repercussão geral. Recursos extraordinários desprovidos. 1. A Constituição Federal de 1988 ampliou a proteção aos interesses difusos e coletivos, não somente constitucionalizando-os, mas também prevendo importantes instrumentos para garantir sua pela efetividade. 2. O sistema processual coletivo brasileiro, direcionado à pacificação social no tocante a litígios meta individuais, atingiu *status* constitucional em 1988, quando houve importante fortalecimento na defesa dos interesses difusos e coletivos, decorrente de uma natural necessidade de efetiva proteção a uma nova gama de direitos resultante do reconhecimento dos denominados direitos humanos de terceira geração ou dimensão, também conhecidos como direitos de solidariedade ou fraternidade. 3. Necessidade de absoluto respeito e observância aos princípios da igualdade, da eficiência, da segurança jurídica e da efetiva tutela jurisdicional. 4. Inconstitucionalidade do artigo 16 da LACP, com a redação da Lei 9.494/1997, cuja finalidade foi ostensivamente restringir os efeitos condenatórios de demandas coletivas, limitando o rol dos beneficiários da decisão por meio de um critério territorial de competência, acarretando grave prejuízo ao necessário tratamento isonômico de todos perante a Justiça, bem como à total incidência do princípio da eficiência na prestação da atividade jurisdicional (STF, Pleno, RE 1.101.937/SP, Rel. Min. Alexandre de Moraes, *DJe* 14.06.2021).

2. AÇÃO RESCISÓRIA

A ação rescisória tem como objetivo preservar o respeito à ordem jurídica.

A coisa julgada é garantia constitucional prevista no art. 5.º, inciso XXXVI, da Constituição Federal de 1988, ao dispor que "a lei não prejudicará o direito adquirido, o ato jurídico perfeito e a coisa julgada".

Entretanto, a Constituição da República também consagra o princípio fundamental de que "ninguém será obrigado a fazer ou deixar de fazer alguma coisa senão em virtude de lei".

Sendo assim, tendo em vista a necessidade de se preservar os comandos normativos, o sistema jurídico admite a possibilidade do ajuizamento da ação rescisória, a qual é expressamente prevista na própria Constituição Federal de 1988, como se observa nos arts. 102, inciso I, "j", 105, inciso I, "e", 108, inciso I, "b".

Os arts. 966 a 975 do Código de Processo Civil de 2015 dispõem sobre a ação rescisória e seu procedimento.

A ação rescisória tem natureza de ação autônoma de impugnação, pois dá origem a processo judicial distinto e autônomo[247]. Não se trata, portanto, de recurso, o qual é mero prosseguimento da relação processual já existente.

Trata-se de ação autônoma específica, por ter como objetivo a desconstituição de decisão (em regra de mérito) transitada em julgado.

Na ação rescisória discute-se a existência de vícios graves na sentença de mérito, permitindo-se a desconstituição da coisa julgada material (art. 966 do CPC de 2015), contando até mesmo com previsão no próprio texto constitucional.

Desse modo, não seria razoável a exclusão do seu cabimento na Justiça do Trabalho, em que os referidos defeitos formais ou substanciais também podem ocorrer, merecendo correção, em respeito ao ideal de justiça e à integridade do ordenamento jurídico.

[247] Cf. BARBOSA MOREIRA, José Carlos. *Comentários ao Código de Processo Civil*. 8. ed. Rio de Janeiro: Forense, 1999. v. 5, p. 99.

Na atualidade, a ação rescisória é cabível no processo do trabalho, conforme expressa previsão do art. 836 da CLT, aplicando-se, portanto, a disciplina da ação rescisória prevista no CPC.

O art. 3.º, inciso XXVI, da Instrução Normativa 39/2016 do TST prevê que se aplicam ao processo do trabalho, diante de omissão e de compatibilidade, os arts. 966 a 975 do CPC de 2015, sobre ação rescisória.

A ação rescisória exige, em princípio, a presença de decisão de mérito e de trânsito em julgado (art. 966, *caput*, do CPC de 2015).

Essa *decisão* normalmente é uma sentença ou um acórdão, mas, em tese, com o CPC de 2015, também pode ser uma decisão interlocutória que examine parte do mérito.

Logo, há necessidade de existência de coisa julgada material (art. 502 da CPC de 2015) para que a ação rescisória seja cabível.

Entretanto, de acordo com o art. 966, § 2.º, do CPC de 2015, nas hipóteses previstas no *caput* do citado artigo, será rescindível a *decisão transitada em julgado* que, embora não seja de mérito, impeça a nova propositura da demanda ou impeça a admissibilidade do recurso correspondente.

Sendo assim, nas hipóteses em que se impede a nova propositura da demanda ou a admissibilidade do recurso correspondente, mesmo que a decisão, transitada em julgado, não seja de mérito, esta também é rescindível, nas hipóteses do art. 966, *caput*, do CPC de 2015.

Na esfera da jurisdição voluntária, há entendimento de que também não cabe, em regra, ação rescisória, em razão da ausência de conflito de interesses submetido para ser decidido por meio de atividade jurisdicional contenciosa. A sentença na jurisdição voluntária, em princípio, não faz coisa julgada material, podendo ser revista a qualquer tempo, se houver modificação superveniente das circunstâncias originais[248].

Deve-se salientar ainda que a ação rescisória pode ter por objeto apenas um capítulo da decisão (art. 966, § 3.º, do CPC de 2015).

O art. 966, § 4.º, do Código de Processo Civil de 2015 prevê que os *atos de disposição de direitos*, praticados pelas partes ou por outros participantes do processo e *homologados pelo juízo*, bem como os *atos homologatórios praticados no curso da execução*, estão sujeitos à *anulação*, nos termos da lei.

Nos casos indicados, portanto, ficou expresso não ser cabível ação rescisória, mas *ação anulatória*.

O art. 836, *caput*, da CLT, foi alterado pela Lei 11.495/2007, de modo que o depósito prévio (que *não* se confunde com o depósito recursal) passou a ser exigido na ação rescisória ajuizada na Justiça do Trabalho.

O Supremo Tribunal Federal julgou ser constitucional a referida previsão sobre o depósito prévio na ação rescisória (STF, Pleno, ADI 3.995/DF, Rel. Min. Roberto Barroso, j. 13.12.2018).

Cabe ressaltar que, nos termos do art. 968, § 2.º, do CPC, o depósito prévio não deve ser superior a mil salários mínimos.

248 Cf. GONÇALVES, Marcus Vinicius Rios. *Direito processual civil esquematizado*. 9. ed. São Paulo: Saraiva, 2018. p. 740-742.

Quanto ao valor da causa na ação rescisória, a Instrução Normativa 31/2007 do TST passou a prever que o "valor da causa da ação rescisória que visa desconstituir decisão da fase de conhecimento corresponderá: I – no caso de improcedência, ao valor dado à causa do processo originário ou aquele que for fixado pelo juiz; II – no caso de procedência, total ou parcial, ao respectivo valor arbitrado à condenação (art. 2.º). O "valor da causa da ação rescisória que visa desconstituir decisão da fase de execução corresponderá ao valor apurado em liquidação de sentença" (art. 3.º).

O valor da causa da ação rescisória que objetive desconstituir decisão da fase de conhecimento, ou decisão da fase de execução, deve ser reajustado pela variação cumulada do INPC do IBGE até a data do seu ajuizamento (art. 4.º da Instrução Normativa 31/2007 do TST).

O depósito prévio em ação rescisória de que trata o art. 836 da CLT, com redação dada pela Lei 11.495/2007, deve ser realizado em conta vinculada ao juízo, observando-se as peculiaridades quanto ao preenchimento da guia de depósito judicial, indicadas no art. 1.º da Instrução Normativa 31/2007 do TST.

Interessante destacar que no Código de Processo Civil o mencionado depósito é de 5% sobre o valor da causa, conforme art. 968, inciso II. Ou seja, no âmbito trabalhista, o depósito é em percentual bem mais elevado (quatro vezes superior).

A previsão legal tem o nítido objetivo de desestimular o ajuizamento de ações rescisórias na Justiça do Trabalho, sendo aplicável a destinação prevista no CPC, de acordo com o qual o depósito em questão reverte em favor do réu da ação rescisória caso esta seja, *por unanimidade de votos*, declarada inadmissível ou improcedente (arts. 968, inciso II, parte final, e 974, parágrafo único, do CPC). Entende-se que a desistência da ação rescisória, homologada judicialmente, não se identifica nem se equipara a tais hipóteses, não acarretando a mencionada consequência.

Deve-se lembrar que a ação rescisória é sempre da competência originária de tribunal (Súmula 192 do TST).

Caso a ação rescisória não seja considerada admissível, ou o seu pedido seja rejeitado (julgado "improcedente"), em ambos os casos *por unanimidade de votos*, o depósito prévio de 20% passa a ter natureza de multa, revertendo em favor do réu. Como prevê a parte final do parágrafo único do art. 974 do CPC, ao fazer remissão ao art. 82, § 2.º, isso não afasta eventual condenação do réu em despesas processuais.

No mesmo sentido, a atual redação do art. 5.º da Instrução Normativa 31/2007 do TST prevê que o "valor depositado será revertido em favor do réu, a título de multa, caso o pedido deduzido na ação rescisória seja julgado, por unanimidade de votos, improcedente ou inadmissível".

Sobre o tema, de acordo com a Instrução Normativa 31/2007 do TST: "O depósito prévio não será exigido da massa falida e quando o autor perceber salário igual ou inferior ao dobro do mínimo legal, ou declarar, sob as penas da lei, que não está em condições de pagar as custas do processo sem prejuízo do sustento próprio ou de sua família" (art. 6.º).

Na hipótese de ação rescisória ajuizada por pessoa jurídica, pode-se dizer que a tendência é de se exigir a efetiva prova da miserabilidade jurídica, não bastando a mera declaração, como já vinha ocorrendo para fins de justiça gratuita.

Além disso, deve-se destacar a incidência do § 1.º do art. 968 do CPC de 2015 para a ação rescisória na Justiça do Trabalho.

Desse modo, não se aplica a exigência do depósito prévio à União, aos Estados, ao Distrito Federal, aos Municípios, suas respectivas autarquias e fundações de direito público, ao Ministério Público, à Defensoria Pública e aos que tenham obtido o benefício da gratuidade de justiça.

Consequentemente, não se exige o depósito prévio de 20% do valor da causa para as ações rescisórias ajuizadas pelo Ministério Público do Trabalho.

Da mesma forma, em consonância com o art. 24-A da Lei 9.028/1995, acrescentado pela Medida Provisória 2.180-35/2001, art. 3.º (ainda em vigor, nos termos do art. 2.º da Emenda Constitucional 32/2001):

> Art. 24-A. A União, suas autarquias e fundações são isentas de custas e emolumentos e demais taxas judiciárias, bem como de depósito prévio e multa em ação rescisória, em quaisquer foros e instâncias.
>
> Parágrafo único. Aplica-se o disposto neste artigo a todos os processos administrativos e judiciais em que for parte o Fundo de Garantia do Tempo de Serviço – FGTS, seja no polo ativo ou passivo, extensiva a isenção à pessoa jurídica que o representar em Juízo ou fora dele.

Ainda nessa linha, de acordo com a Lei 8.620/1993, art. 8.º, § 1.º, e Súmula 175 do STJ: "Descabe o depósito prévio nas ações rescisórias ajuizadas pelo INSS".

✦ Jurisprudência

Assistência judiciária. Depósito. Ajuizamento de ação rescisória. Os benefícios da assistência judiciária abrangem o depósito inicial exigido para o ajuizamento da ação rescisória (STF, Pleno, AR 1.376/PR, Rel. Min. Gilmar Mendes, j. 09.11.2005, m.v.).

Assistência judiciária gratuita. Pessoa jurídica. Ao contrário do que ocorre relativamente às pessoas naturais, não basta a pessoa jurídica asseverar a insuficiência de recursos, devendo comprovar, isto sim, o fato de se encontrar em situação inviabilizadora da assunção dos ônus decorrentes do ingresso em juízo (STF, Pleno, Rcl-ED-AgR 1.905/SP, Rel. Min. Marco Aurélio, *DJ* 20.09.2002).

✦ Súmulas, Orientações Jurisprudenciais e Precedentes Normativos

Súmula 249 do STF: É competente o Supremo Tribunal Federal para a ação rescisória, quando, embora não tendo conhecido do recurso extraordinário, ou havendo negado provimento ao agravo, tiver apreciado a questão federal controvertida.

Súmula 514 do STF: Admite-se ação rescisória contra sentença transitada em julgado, ainda que contra ela não se tenha esgotado todos os recursos.

Súmula 175 do STJ: Descabe o depósito prévio nas ações rescisórias ajuizadas pelo INSS.

Súmula 192 do TST: Ação rescisória. Competência.

I – Se não houver o conhecimento de recurso de revista ou de embargos, a competência para julgar ação que vise a rescindir a decisão de mérito é do Tribunal Regional do Trabalho, ressalvado o disposto no item II.

II – Acórdão rescindendo do Tribunal Superior do Trabalho que não conhece de recurso de embargos ou de revista, analisando arguição de violação de dispositivo de lei material ou decidindo em consonância com súmula de direito material ou com iterativa, notória e atual jurisprudência de direito material da Seção de Dissídios Individuais (Súmula n.º 333), examina o mérito da causa, cabendo ação rescisória da competência do Tribunal Superior do Trabalho.

III – Sob a égide do art. 512 do CPC de 1973, é juridicamente impossível o pedido explícito de desconstituição de sentença quando substituída por acórdão do Tribunal Regional ou superveniente sentença homologatória de acordo que puser fim ao litígio.

IV – Na vigência do CPC de 1973, é manifesta a impossibilidade jurídica do pedido de rescisão de julgado proferido em agravo de instrumento que, limitando-se a aferir o eventual desacerto do juízo negativo de admissibilidade do recurso de revista, não substitui o acórdão regional, na forma do art. 512 do CPC.

V – A decisão proferida pela SBDI, em agravo regimental, calcada na Súmula n.º 333, substitui acórdão de Turma do TST, porque emite juízo de mérito, comportando, em tese, o corte rescisório.

Súmula 194 do TST: Ação rescisória. Justiça do trabalho. Depósito prévio (cancelada) – Res. 142/2007, *DJ* 10, 11 e 15.10.2007. As ações rescisórias ajuizadas na Justiça do Trabalho serão admitidas, instruídas e julgadas conforme os arts. 485 *usque* 495 do Código de Processo Civil de 1973, sendo, porém, desnecessário o depósito prévio a que aludem os respectivos arts. 488, II, e 494.

Súmula 299 do TST: Ação rescisória. Decisão rescindenda. Trânsito em julgado. Comprovação. Efeitos.
I – É indispensável ao processamento da ação rescisória a prova do trânsito em julgado da decisão rescindenda.
II – Verificando o relator que a parte interessada não juntou à inicial o documento comprobatório, abrirá prazo de 15 (quinze) dias para que o faça (art. 321 do CPC de 2015), sob pena de indeferimento.
III – A comprovação do trânsito em julgado da decisão rescindenda é pressuposto processual indispensável ao tempo do ajuizamento da ação rescisória. Eventual trânsito em julgado posterior ao ajuizamento da ação rescisória não reabilita a ação proposta, na medida em que o ordenamento jurídico não contempla a ação rescisória preventiva.
IV – O pretenso vício de intimação, posterior à decisão que se pretende rescindir, se efetivamente ocorrido, não permite a formação da coisa julgada material. Assim, a ação rescisória deve ser julgada extinta, sem julgamento do mérito, por carência de ação, por inexistir decisão transitada em julgado a ser rescindida.

Súmula 398 do TST: Ação rescisória. Ausência de defesa. Inaplicáveis os efeitos da revelia. Na ação rescisória, o que se ataca é a decisão, ato oficial do Estado, acobertado pelo manto da coisa julgada. Assim, e considerando que a coisa julgada envolve questão de ordem pública, a revelia não produz confissão na ação rescisória.

Súmula 399 do TST: Ação rescisória. Cabimento. Sentença de mérito. Decisão homologatória de adjudicação, de arrematação e de cálculos (conversão das Orientações Jurisprudenciais 44, 45 e 85, primeira parte, da SBDI-2) – Res. 137/2005, *DJ* 22, 23 e 24.08.2005.
I – É incabível ação rescisória para impugnar decisão homologatória de adjudicação ou arrematação.
II – A decisão homologatória de cálculos apenas comporta rescisão quando enfrentar as questões envolvidas na elaboração da conta de liquidação, quer solvendo a controvérsia das partes quer explicitando, de ofício, os motivos pelos quais acolheu os cálculos oferecidos por uma das partes ou pelo setor de cálculos, e não contestados pela outra.

Súmula 405 do TST: Ação rescisória. Tutela provisória. Em face do que dispõem a MP 1.984-22/2000 e o art. 969 do CPC de 2015, é cabível o pedido de tutela provisória formulado na petição inicial de ação rescisória ou na fase recursal, visando a suspender a execução da decisão rescindenda.

Súmula 412 do TST: Ação rescisória. Regência pelo CPC de 1973. Sentença de mérito. Questão processual (nova redação em decorrência do CPC de 2015). Sob a égide do CPC de 1973, pode uma questão processual ser objeto de rescisão desde que consista em pressuposto de validade de uma sentença de mérito.

Súmula 413 do TST: Ação rescisória. Sentença de mérito. Violação do art. 896, *a*, da CLT. É incabível ação rescisória, por violação do art. 896, *a*, da CLT, contra decisão transitada em julgado sob a égide do CPC de 1973 que não conhece de recurso de revista, com base em divergência jurisprudencial, pois não se cuidava de sentença de mérito (art. 485 do CPC de 1973).

Orientação Jurisprudencial 21 da SBDI-II do TST: Ação rescisória. Duplo grau de jurisdição. Trânsito em julgado. Inobservância. Decreto-lei 779/1969, art. 1.º, V. Incabível (nova redação) – *DJ* 22.08.2005. É incabível ação rescisória para a desconstituição de sentença não transitada em julgado porque ainda não submetida ao necessário duplo grau de jurisdição, na forma do Decreto-lei 779/1969. Determina-se que se oficie ao Presidente do TRT para que proceda à avocatória do processo principal para o reexame da sentença rescindenda.

Orientação Jurisprudencial 41 da SBDI-II do TST: Ação rescisória. Sentença *citra petita*. Cabimento. Revelando--se a sentença *citra petita*, o vício processual vulnera os arts. 141 e 492 do CPC de 2015 (arts. 128 e 460 do CPC de 1973), tornando-a passível de desconstituição, ainda que não interpostos embargos de declaração.

Orientação Jurisprudencial 76 da SBDI-II do TST: Ação rescisória. Ação cautelar proposta sob a vigência do CPC de 1973. Suspensão da execução. Juntada de documento indispensável. Possibilidade de êxito na rescisão do julgado. É indispensável a instrução da ação cautelar proposta sob a vigência do CPC de 1973 com as provas documentais necessárias à aferição da plausibilidade de êxito na rescisão do julgado. Assim sendo, devem vir junto com a inicial da cautelar as cópias da petição inicial da ação rescisória principal, da decisão rescindenda, da certidão do trânsito em julgado da decisão rescindenda e informação do andamento atualizado da execução.

Orientação Jurisprudencial 78 da SBDI-II do TST: Ação rescisória. Cumulação sucessiva de pedidos. Rescisão da sentença e do acórdão. Ação única. Art. 326 do CPC de 2015. Art. 289 do CPC de 1973. É admissível o ajuizamento de uma única ação rescisória contendo mais de um pedido, em ordem sucessiva, de rescisão da sentença e do acórdão. Sendo inviável a tutela jurisdicional de um deles, o julgador está obrigado a apreciar os demais, sob pena de negativa de prestação jurisdicional.

Orientação Jurisprudencial 84 da SBDI-II do TST: Ação rescisória. Ausência da decisão rescindenda e/ou da certidão de seu trânsito em julgado devidamente autenticadas. Concessão de prazo para complementação da documentação. São peças essenciais para o julgamento da ação rescisória a decisão rescindenda e/ou a certidão do seu trânsito em julgado, devidamente autenticadas, à exceção de cópias reprográficas apresentadas por pessoa jurídica de direito público, a teor do art. 24 da Lei 10.522/2002, ou declaradas autênticas pelo advogado na forma do artigo 830 da CLT com a redação dada pela Lei 11.925/2009. Em fase recursal, verificada a ausência de qualquer delas, cumpre ao Relator do recurso ordinário conceder o prazo de 5 (cinco) dias ao recorrente para que seja complementada a documentação exigível, nos termos do art. 932, parágrafo único, do CPC de 2015.

Orientação Jurisprudencial 101 da SBDI-II do TST: Ação rescisória. Inciso IV do art. 966 do CPC de 2015. Art. 485, IV, do CPC de 1973. Ofensa à coisa julgada. Necessidade de fixação de tese na decisão rescindenda. Para viabilizar a desconstituição do julgado pela causa de rescindibilidade do inciso IV, do art. 966 do CPC de 2015 (inciso IV do art. 485 do CPC de 1973), é necessário que a decisão rescindenda tenha enfrentado as questões ventiladas na ação rescisória, sob pena de inviabilizar o cotejo com o título executivo judicial tido por desrespeitado, de modo a se poder concluir pela ofensa à coisa julgada.

Orientação Jurisprudencial 107 da SBDI-II do TST: Ação rescisória. Decisão rescindenda de mérito. Sentença declaratória de extinção de execução. Satisfação da obrigação. Embora não haja atividade cognitiva, a decisão que declara extinta a execução, nos termos do art. 924, incisos I a IV, c/c o art. 925 do CPC de 2015 (art. 794 c/c o art. 795 do CPC de 1973), extingue a relação processual e a obrigacional, sendo passível de corte rescisório.

Orientação Jurisprudencial 124 da SBDI-II do TST: Ação rescisória. Art. 966, inciso II, do CPC de 2015. Art. 485, inciso II, do CPC de 1973. Arguição de incompetência absoluta. Prequestionamento inexigível. Na hipótese em que a ação rescisória tem como causa de rescindibilidade o inciso II do art. 966 do CPC de 2015 (inciso II do art. 485 do CPC de 1973), a arguição de incompetência absoluta prescinde de prequestionamento.

Orientação Jurisprudencial 134 da SBDI-II do TST: Ação rescisória. Decisão que declara preclusa a oportunidade de impugnação da sentença de liquidação. Produção de coisa julgada formal. Irrescindibilidade. A decisão proferida em embargos à execução ou em agravo de petição que apenas declara preclusa a oportunidade de impugnação da sentença de liquidação não é rescindível, em virtude de produzir tão somente coisa julgada formal.

Orientação Jurisprudencial 146 da SBDI-II do TST: Ação rescisória. Início do prazo para apresentação da contestação. Art. 774 da CLT. A contestação apresentada em ação rescisória obedece à regra relativa à contagem de prazo constante do art. 774 da CLT, sendo inaplicável o art. 231 do CPC de 2015 (art. 241 do CPC de 1973).

Orientação Jurisprudencial 150 da SBDI-II do TST: Ação rescisória. Regência pelo CPC de 1973. Decisão rescindenda que extingue o processo sem resolução de mérito por acolhimento de coisa julgada. Conteúdo meramente processual. Impossibilidade jurídica do pedido. Reputa-se juridicamente impossível o pedido de corte rescisório de decisão que, reconhecendo a existência de coisa julgada, nos termos do art. 267, V, do CPC de 1973, extingue o processo sem resolução de mérito, o que, ante o seu conteúdo meramente processual, a torna insuscetível de produzir a coisa julgada material.

Orientação Jurisprudencial 157 da SBDI-II do TST: Ação rescisória. Decisões proferidas em fases distintas de uma mesma ação. Coisa julgada. Não configuração. A ofensa à coisa julgada de que trata o inciso IV do art. 966 do CPC de 2015 (inciso IV do art. 485 do CPC de 1973) refere-se apenas a relações processuais distintas. A invocação de desrespeito à coisa julgada formada no processo de conhecimento, na correspondente fase de execução, somente é possível com base na violação do art. 5.º, XXXVI, da Constituição da República.

CAPÍTULO III – DOS DISSÍDIOS INDIVIDUAIS

Seção I – Da Forma de Reclamação e da Notificação

Art. 837. Nas localidades em que houver apenas 1 (uma) Junta de Conciliação e Julgamento, ou 1 (um) escrivão do cível, a reclamação será apresentada diretamente à secretaria da Junta, ou ao cartório do Juízo.

Art. 838. Nas localidades em que houver mais de 1 (uma) Junta ou mais de 1 (um) Juízo, ou escrivão do cível, a reclamação será, preliminarmente, sujeita a distribuição, na forma do disposto no Capítulo II, Seção II, deste Título.

1. DISTRIBUIÇÃO DA AÇÃO

Se na localidade houver apenas uma Vara do Trabalho (ou Juízo de Direito no exercício da jurisdição trabalhista), a ação é ajuizada, protocolando-se diretamente a petição inicial, não havendo que falar em distribuição.

Entretanto, nas localidades em que houver mais de uma Vara ou mais de um Juízo, a reclamação deve ser, preliminarmente, sujeita à distribuição.

Art. 839. A reclamação poderá ser apresentada:

a) pelos empregados e empregadores, pessoalmente, ou por seus representantes, e pelos sindicatos de classe;

b) por intermédio das Procuradorias Regionais da Justiça do Trabalho.

1. CAPACIDADE POSTULATÓRIA

Nos dissídios individuais, os empregados e empregadores podem "fazer-se representar por intermédio do sindicato, advogado, solicitador, ou provisionado, inscrito na Ordem dos Advogados do Brasil" (§ 1.º do art. 791).

Nos dissídios coletivos, por sua vez, é facultada aos interessados a assistência por advogado (§ 2.º do art. 791).

O art. 839, "a", da CLT, por seu turno, dispõe que a reclamação pode ser apresentada "pelos empregados e empregadores, pessoalmente, ou por seus representantes, e pelos sindicatos de classe".

Os membros do Ministério Público do Trabalho, da mesma forma, possuem capacidade postulatória (art. 839, alínea "b", da CLT), quanto às hipóteses assim admitidas em lei (Lei Complementar 75/1993, arts. 83 e 84).

Quanto ao tema, cf. comentários ao art. 791 da CLT.

✦ Súmulas, Orientações Jurisprudenciais e Precedentes Normativos

Súmula 425 do TST: *Jus postulandi* na Justiça do Trabalho. Alcance. O *jus postulandi* das partes, estabelecido no art. 791 da CLT, limita-se às Varas do Trabalho e aos Tribunais Regionais do Trabalho, não alcançando a ação rescisória, a ação cautelar, o mandado de segurança e os recursos de competência do Tribunal Superior do Trabalho.

✦ Referência legislativa

- Arts. 5.º, XXI, LXXIV, 8.º, III, 133 e 134 da CF.

Art. 840. A reclamação poderá ser escrita ou verbal.

§ 1.º Sendo escrita, a reclamação deverá conter a designação do juízo, a qualificação das partes, a breve exposição dos fatos de que resulte o dissídio, o pedido, que deverá ser certo, determinado e com indicação de seu valor, a data e a assinatura do reclamante ou de seu representante.

§ 2.º Se verbal, a reclamação será reduzida a termo, em duas vias datadas e assinadas pelo escrivão ou secretário, observado, no que couber, o disposto no § 1.º deste artigo.

§ 3.º Os pedidos que não atendam ao disposto no § 1.º deste artigo serão julgados extintos sem resolução do mérito.

1. REQUISITOS DA PETIÇÃO INICIAL TRABALHISTA

A petição inicial é o ato processual por meio do qual a ação é ajuizada, dando início ao processo.

Em razão de sua importância, certos requisitos devem ser observados pelo autor, ao formular a petição inicial, uma vez que ela contém o pedido ou pretensão, a ser objeto de decisão pelo juiz.

A Consolidação das Leis do Trabalho, no art. 840, estabelece os requisitos da petição inicial trabalhista.

Portanto, como a CLT não é omissa a respeito do tema, a rigor, afasta-se a aplicação subsidiária do CPC/2015 nesse aspecto, especialmente do art. 319, que arrola os requisitos da petição inicial no processo civil.

Primeiramente, cabe salientar que a "reclamação poderá ser escrita ou verbal", isto é, a petição inicial na Justiça do Trabalho pode ser escrita ou verbal. Nesta última modalidade, a qual não é muito frequente na atualidade, salvo na hipótese de *jus postulandi*, "a reclamação" deve ser "reduzida a termo", em duas vias datadas e assinadas pelo escrivão ou secretário, devendo-se observar, no que couber, os requisitos da petição inicial escrita.

Sendo escrita, a petição inicial deve conter os requisitos a seguir indicados.

1. Designação do juízo, ou seja, normalmente da Vara do Trabalho a que se dirige (ou da Vara relativa ao juiz de direito, na rara hipótese em que esse último exerça a jurisdição trabalhista, por não haver Vara do Trabalho que abranja a localidade).

De acordo com o art. 319, inciso I, do CPC, a petição inicial deve indicar "o juízo a que é dirigida".

Tratando-se de ação de competência originária do TRT, a petição inicial deve ser endereçada ao Tribunal Regional do Trabalho. Da mesma forma, se a ação for de competência originária do TST, a petição inicial deve ser dirigida ao Tribunal Superior do Trabalho.

2. Qualificação das partes, ou seja, do reclamante e do reclamado, isto é, nome completo, nacionalidade, profissão, estado civil, endereço, bem como documentos de identificação (como números de RG, CTPS, CPF, CNPJ).

Conforme o art. 319, inciso II, do CPC de 2015, a petição inicial deve indicar "os nomes, os prenomes, o estado civil, a existência de união estável, a profissão, o número de inscrição no Cadastro de Pessoas Físicas ou no Cadastro Nacional da Pessoa Jurídica, o endereço eletrônico, o domicílio e a residência do autor e do réu".

Objetiva-se, assim, a correta identificação das partes.

Caso não disponha das informações previstas no inciso II do art. 319 do CPC de 2015, o autor pode, na petição inicial, requerer ao juiz diligências necessárias a sua obtenção (art. 319, § 1.º, do CPC de 2015).

A petição inicial não deve ser indeferida se, a despeito da falta de informações a que se refere o inciso II do art. 319 do CPC de 2015, for possível a citação do réu (art. 319, § 2.º, do CPC de 2015).

Trata-se de previsão aplicável ao processo do trabalho, que concretiza o mandamento de instrumentalidade do processo.

A petição inicial não deve ser indeferida, pelo não atendimento ao disposto no inciso II do art. 319 do CPC de 2015, se a obtenção de tais informações tornar impossível ou excessivamente oneroso o acesso à justiça (art. 319, § 3.º, do CPC de 2015).

Essa previsão também é aplicável ao processo do trabalho, por assegurar o efetivo acesso à justiça.

3. Breve exposição dos fatos de que resulte o dissídio, o que corresponde à causa de pedir da petição inicial trabalhista.

No Código de Processo Civil de 2015, o art. 319, inciso III, exige que a petição inicial contenha "o fato e os fundamentos jurídicos do pedido".

Segundo parte da doutrina, a "causa de pedir próxima" corresponde aos fundamentos jurídicos, enquanto a "causa de pedir remota" é formada pelos fatos alegados na petição inicial.

Entretanto, de acordo com a regra específica do processo do trabalho, é suficiente a breve exposição dos fatos de que resulte o conflito, o que indica a adoção da chamada "teoria da substanciação". Ainda assim, é comum também constarem da petição inicial trabalhista os fundamentos jurídicos, ou seja, a qualificação (ou enquadramento) jurídica dos fatos narrados pelo autor.

De acordo com a doutrina majoritária, o Código de Processo Civil também adotou a chamada "teoria da substanciação", que se contrapõe à "teoria da individualização", de acordo com a qual bastaria ao autor alegar, na petição inicial, o fundamento jurídico geral para o pedido. Diversamente, consoante a primeira, há necessidade de se apresentarem os fatos dos quais decorrem o pedido; ademais, o fundamento jurídico que não for mencionado na inicial não deve ser levado em consideração.

O fundamento jurídico, de todo modo, não se confunde com o fundamento legal, isto é, o dispositivo legal a ser aplicado ao caso. A indicação deste último é apenas facultativa ao autor, inclusive no processo do trabalho, pois cabe ao juiz conhecer o Direito. As petições iniciais trabalhistas bem elaboradas costumam indicar não apenas os fatos e fundamentos jurídicos, mas os dispositivos legais aplicáveis ao caso.

4. Pedido, o qual decorre da causa de pedir.

O pedido deve ser certo, determinado e com indicação de seu valor (art. 840, § 1.º, da CLT). Os pedidos que não atendam a essa disposição devem ser julgados extintos sem resolução do mérito (art. 840, § 3.º, da CLT, incluído pela Lei 13.467/2017).

Portanto, os pedidos que não forem certos, determinados e com indicação dos seus valores não serão julgados no mérito.

De todo modo, cabe ressaltar que, nos termos da Súmula 263 do TST: "Salvo nas hipóteses do art. 330 do CPC de 2015 (art. 295 do CPC de 1973), o indeferimento da petição inicial, por encontrar-se desacompanhada de documento indispensável à propositura da ação *ou não preencher outro requisito legal*, somente é cabível se, após intimada para suprir a irregularidade em 15 (quinze) dias, mediante indicação precisa do que deve ser corrigido ou completado, a parte não o fizer (art. 321 do CPC de 2015)" (destaquei).

Para fim do que dispõe o art. 840, §§ 1.º e 2.º, da CLT, o valor da causa deve ser *estimado*, observando-se, no que couber, o disposto nos arts. 291 a 293 do Código de Processo Civil (art. 12, § 2.º, da Instrução Normativa 41/2018 do TST). Não se exige, assim, a apresentação de planilha de cálculo para a indicação de exato valor da causa, o qual deve ser apenas mencionado de forma aproximada[249].

Frise-se que a indicação do valor correspondente ao pedido já era exigida no procedimento sumaríssimo (art. 852-B, inciso I, da CLT), o que passa a ser exigido de forma ampla no processo do trabalho, inclusive no procedimento ordinário.

Conforme o art. 319, inciso IV, do CPC, a petição inicial deve indicar "o pedido com as suas especificações".

O pedido pode ser classificado em imediato, ou seja, o provimento jurisdicional (condenação, declaração, constituição ou desconstituição de relação jurídica), e mediato, isto é, o bem jurídico postulado (valor a ser pago, bem a ser entregue, conduta a ser tomada).

Pode-se dizer que o objeto do processo é o pedido. O mérito, na atualidade, é entendido justamente como o pedido ou a pretensão formulada pelo autor, por meio da petição inicial.

Na atualidade, até mesmo a lide, em termos científicos, é compreendida como o objeto do processo e, assim, mérito da causa[250].

5. Data e assinatura do reclamante ou de seu representante.

No caso de ação trabalhista ajuizada por advogado que represente (tecnicamente) o autor, o que é o mais frequente, cabe àquele assinar a petição inicial.

Cabe ressaltar que, não sendo hipótese de *jus postulandi*, segundo o art. 287 do CPC de 2015, a petição deve vir acompanhada de procuração, que conterá os endereços do advogado, eletrônico e não eletrônico, para recebimento de intimações.

A procuração, assim, deve conter o nome do advogado, seu número de inscrição na Ordem dos Advogados do Brasil e endereço completo (art. 105, § 2.º, do CPC de 2015).

Se o outorgado integrar sociedade de advogados, a procuração também deve conter o nome desta, seu número de registro na Ordem dos Advogados do Brasil e endereço completo (art. 105, § 3.º, do CPC de 2015).

Nesse sentido, é dever das partes, de seus procuradores e de todos aqueles que de qualquer forma participem do processo declinar o endereço, residencial ou profissional, onde receberão intimações no primeiro momento que lhes couber falar nos autos, atualizando essa informação sempre que ocorrer qualquer modificação temporária ou definitiva (art. 77, inciso V, do CPC de 2015).

---

249 "19. Assim, a Instrução Normativa 41/2018 ao se referir ao 'valor estimado da causa' acaba por delimitar que o pedido apresentado na petição inicial 'com indicação de seu valor' a que se refere o art. 840, § 1.º, da CLT deve ser considerado de forma estimada, eis que inexiste nos dispositivos do CPC a que faz remissão a Instrução Normativa qualquer delimitação em sentido contrário. O art. 291 do CPC, pertinente à análise ora empreendida apenas se refere à necessidade de indicação de 'valor certo' da causa, inexistindo, portanto, qualquer obrigação de liquidação do valor da causa, tampouco do pedido, com efeito vinculativo à condenação. Ainda, considerando-se a necessária aplicação supletiva do CPC à hipótese, a ausência de indicação de valores na petição inicial não deve ter como consequência a extinção do feito sem resolução do mérito, devendo-se oportunizar à parte a possibilidade de saneamento do defeito, no prazo de 15 dias, por aplicação analógica da Súmula 263 deste TST c/c arts. 4.º, 6.º e 317 do CPC" (TST, SBDI-I, Emb-RR-555-36.2021.5.09.0024, Rel. Min. Alberto Bastos Balazeiro, *DEJT* 07.12.2023).

250 Cf. DINAMARCO, Cândido Rangel. *Intervenção de terceiros*. São Paulo: Malheiros, 1997. p. 22

Presumem-se válidas as intimações dirigidas ao endereço constante dos autos, ainda que não recebidas pessoalmente pelo interessado, se a modificação temporária ou definitiva não tiver sido devidamente comunicada ao juízo (art. 274, parágrafo único, do CPC de 2015).

Quando postular em causa própria, incumbe ao advogado: declarar, na petição inicial ou na contestação, o endereço, seu número de inscrição na Ordem dos Advogados do Brasil e o nome da sociedade de advogados da qual participa, para o recebimento de intimações; comunicar ao juízo qualquer mudança de endereço (art. 106 do CPC de 2015).

Na realidade, como visto *supra* (arts. 105, §§ 2.º e 3.º, 274, parágrafo único, e 287 do CPC de 2015), esses deveres são aplicáveis não apenas ao advogado que postular em causa própria, mas também ao advogado que representa, tecnicamente, a parte, devendo fazer constar essas informações na procuração.

Se o advogado descumprir o disposto no inciso I do art. 106 do CPC de 2015, anteriormente indicado, o juiz deve ordenar que se supra a omissão, no prazo de cinco dias, antes de determinar a citação do réu, sob pena de indeferimento da petição (art. 106, § 1.º, do CPC de 2015).

Se o advogado infringir o previsto no inciso II do art. 106 do CPC de 2015, supratranscrito, devem ser consideradas válidas as intimações enviadas por carta registrada ou meio eletrônico ao endereço constante dos autos (art. 106, § 2.º, do CPC de 2015).

Ainda a esse respeito, o art. 852-B, § 2.º, da CLT prevê que as partes e advogados devem comunicar ao juízo as mudanças de endereço ocorridas no curso do processo, reputando-se eficazes as intimações enviadas ao local anteriormente indicado, na ausência de comunicação.

6. Outros requisitos

6.1 Valor da causa

O art. 319, inciso V, do CPC de 2015 exige que a petição inicial indique "o valor da causa". O art. 291 do CPC reitera que a toda causa deve ser "atribuído valor certo, ainda que não tenha conteúdo econômico imediatamente aferível".

Segundo a atual redação do art. 840, § 1.º, da CLT, decorrente da Lei 13.467/2017, a petição inicial trabalhista deve conter o pedido, que deve ser certo, determinado e com *indicação de seu valor*. Os pedidos que não atendam a essa disposição devem ser julgados extintos sem resolução do mérito (art. 840, § 3.º, da CLT).

Portanto, entende-se que há necessidade de indicação do valor da causa na petição inicial trabalhista, inclusive para que o réu possa ter conhecimento de quanto o autor pretende receber, para se defender, bem como para facilitar a conciliação. Mesmo porque o valor da causa corresponde ao valor do pedido (art. 292 do CPC de 2015), o qual é exigido no processo do trabalho (art. 840, § 1.º, da CLT).

Ademais, com a Lei 9.957/2000, o valor da causa é relevante para definir se o procedimento é ordinário ou sumaríssimo.

Como já mencionado, para fim do que dispõe o art. 840, §§ 1.º e 2.º, da CLT, *o valor da causa deve ser estimado*, observando-se, no que couber, o disposto nos arts. 291 a 293 do Código de Processo Civil (art. 12, § 2.º, da Instrução Normativa 41/2018 do TST).

De acordo com o art. 2.º, *caput*, da Lei 5.584/1970, ao prever que nos dissídios individuais, uma vez proposta a conciliação, e não havendo acordo, cabe ao juiz, antes de passar à instrução da causa, fixar-lhe "o valor para a determinação da alçada, se este for indeterminado no pedido".

Logo, se na petição inicial trabalhista não constar o valor da causa, cabe ao juiz a sua fixação de ofício, após a tentativa de acordo, e antes do início da instrução. Nesse caso, em audiência, ao apresentar as razões finais, qualquer das partes pode impugnar o valor fixado. Se esse valor for mantido pelo juiz, a parte que o impugnou pode pedir a revisão da decisão, no prazo de 48 horas, ao presidente do Tribunal Regional do Trabalho (art. 2.º, § 1.º, da Lei 5.584/1970).

Esse pedido de revisão não tem efeito suspensivo, devendo ser instruído com a petição inicial e a ata da audiência, em cópia autenticada pela Secretaria da Vara. O seu julgamento deve ocorrer em 48 horas, a partir do recebimento pelo Presidente do Tribunal Regional do Trabalho (art. 2.º, § 2.º, da Lei 5.584/1970).

Quando o valor fixado para a causa não excede duas vezes o salário mínimo (hipótese em que se aplica o procedimento sumário), é dispensável o resumo dos depoimentos, devendo constar da ata a conclusão do juiz quanto à matéria de fato (art. 2.º, § 3.º, da Lei 5.584/1970).

Nessa hipótese de procedimento de alçada, não é cabível recurso da sentença, salvo se versar sobre matéria constitucional. Deve-se considerar, para esse fim, o valor do salário mínimo à data do ajuizamento da ação (art. 2.º, § 4.º, da Lei 5.584/1970).

Tendo em vista essa previsão específica, quanto à impugnação do valor da causa no processo do trabalho, seria possível entender inaplicável a parte final do art. 293 do CPC, ao fazer referência à complementação das custas nessa fase processual, em caso de ação trabalhista, pois elas somente são pagas pelo vencido após o trânsito em julgado da decisão e, no caso de recurso, as custas são pagas e comprovado o recolhimento dentro do prazo recursal (art. 789, § 1.º, da CLT).

A impugnação do valor da causa é normalmente feita pelo réu, em preliminar da contestação.

O art. 293 do CPC dispõe que o réu pode impugnar, em preliminar da contestação, o valor atribuído à causa pelo autor, sob pena de preclusão. Nesse caso, o juiz deve decidir a respeito, "impondo, se for o caso, a complementação das custas".

Nesse sentido, segundo o art. 852-A da CLT, os dissídios individuais cujo valor não exceda a 40 vezes o salário mínimo (vigente na data do ajuizamento da reclamação) "ficam submetidos ao procedimento sumaríssimo".

De acordo com os parâmetros do art. 292 do CPC de 2015, o valor da causa, constante da petição inicial ou da reconvenção, deve ser:

> I – na ação de cobrança de dívida, a soma monetariamente corrigida do principal, dos juros de mora vencidos e de outras penalidades, se houver, até a data de propositura da ação;
>
> II – na ação que tiver por objeto a existência, a validade, o cumprimento, a modificação, a resolução, a resilição ou a rescisão de ato jurídico, o valor do ato ou o de sua parte controvertida;
>
> III – na ação de alimentos, a soma de 12 (doze) prestações mensais pedidas pelo autor;
>
> IV – na ação de divisão, de demarcação e de reivindicação, o valor de avaliação da área ou do bem objeto do pedido;
>
> V – na ação indenizatória, inclusive a fundada em dano moral, o valor pretendido;
>
> VI – na ação em que há cumulação de pedidos, a quantia correspondente à soma dos valores de todos eles;
>
> VII – na ação em que os pedidos são alternativos, o de maior valor;

VIII – na ação em que houver pedido subsidiário, o valor do pedido principal.

Quando se pedirem prestações vencidas e vincendas, deve-se levar em consideração o valor de umas e outras.

O valor das prestações vincendas deve ser igual a uma prestação anual, se a obrigação for por tempo indeterminado ou por tempo superior a um ano.

O valor das prestações vincendas, se a obrigação for por tempo inferior a um ano, deve ser igual à soma das prestações.

O art. 3.º, inciso IV, da Instrução Normativa 39/2016 do TST prevê que se aplica ao processo do trabalho, diante de omissão e compatibilidade, o art. 292, inciso V, do CPC de 2015, sobre o valor pretendido na ação indenizatória, inclusive a fundada em dano moral.

Como observado anteriormente, o valor da causa deve ser correspondente à pretensão do autor, formulada na petição inicial. O valor da causa, portanto, não deve ser livremente fixado, de forma aleatória.

Defende-se que cabe ao juiz, mesmo de ofício, coibir abusos a esse respeito, corrigindo o valor da causa, por exemplo, se houve a fixação de valor reduzido pelo autor, objetivando a redução ilegal das custas, a serem pagas em caso de rejeição do pedido, ou para que o feito seja processado, ilegalmente, no procedimento sumaríssimo, embora o pedido seja em valor superior a 40 salários mínimos.

O art. 292, § 3.º, do CPC de 2015 é expresso ao determinar que o juiz corrigirá, de ofício e por arbitramento, o valor da causa quando verificar que não corresponde ao conteúdo patrimonial em discussão ou ao proveito econômico perseguido pelo autor, caso em que se procederá ao recolhimento das custas correspondentes.

O art. 3.º, inciso V, da Instrução Normativa 39/2016 do TST prevê que se aplica ao processo do trabalho, diante de omissão e compatibilidade, o art. 292, § 3.º, do CPC de 2015, sobre correção de ofício do valor da causa.

No processo do trabalho, contra essa decisão, por ter natureza interlocutória, não é cabível recurso de imediato (art. 893, § 1.º, da CLT).

6.2 Provas

O art. 319, inciso VI, do CPC de 2015 prevê que a petição inicial deve indicar "as provas com que o autor pretende demonstrar a verdade dos fatos alegados".

Entende-se que esse requisito não é obrigatório na petição inicial trabalhista, uma vez que as provas, no processo trabalhista, são apresentadas em audiência.

Nos termos do art. 845 da CLT, o reclamante e o reclamado devem comparecer à audiência "acompanhados das suas testemunhas, apresentando, nessa ocasião, as demais provas".

Quanto à prova documental, deve ser juntada com a petição inicial trabalhista, em respeito ao art. 787 da CLT, ao prever que a "reclamação escrita" deve ser formulada em duas vias (evidentemente, havendo mais de um réu, devem ser fornecidas pelo autor as correspondentes vias necessárias para serem enviadas a cada réu, sabendo-se que uma via é a que deve ser juntada aos autos do processo), "e desde logo acompanhada dos documentos em que se fundar".

A mesma exigência de apresentação dos documentos deve ser aplicada à reclamação verbal, mesmo porque, em consonância com o art. 320 do CPC de 2015, "a petição inicial será instruída com os documentos indispensáveis à propositura da ação".

6.3 Requerimento de citação do réu

No Código de Processo Civil de 1973, o art. 282, inciso VII, estabelecia o dever de constar na petição inicial "o requerimento para a citação do réu".

Não obstante, esse requisito também não é considerado obrigatório na petição inicial trabalhista, uma vez que a citação é realizada de forma automática pela Secretaria da Vara do Trabalho.

Nesse sentido, conforme o art. 841 da CLT, uma vez recebida e protocolada a reclamação, o escrivão ou secretário, dentro de 48 horas, deve remeter a segunda via da petição inicial, ou do respectivo termo (na hipótese de reclamação verbal), ao reclamado, notificando-o para comparecer à audiência, "que será a primeira desimpedida, depois de cinco dias".

6.4 Opção pela realização de conciliação ou de mediação

No processo civil, de acordo com o art. 319, inciso VII, do CPC de 2015, a petição inicial deve indicar "a opção do autor pela realização ou não de audiência de conciliação ou de mediação".

Nesse contexto, no âmbito do processo civil, o art. 334 do CPC de 2015 dispõe que, se a petição inicial preencher os requisitos essenciais e não for o caso de improcedência liminar do pedido, o juiz deve designar audiência de conciliação ou de mediação (com antecedência mínima de 30 dias, devendo ser citado o réu com pelo menos 20 dias de antecedência).

O conciliador ou mediador, onde houver, devem atuar necessariamente na audiência de conciliação ou de mediação, observando o disposto no Código de Processo Civil, bem como as disposições da lei de organização judiciária.

Entretanto, no processo civil, essa audiência de conciliação ou de mediação não é realizada: se ambas as partes manifestarem, expressamente, desinteresse na composição consensual; quando não se admitir a autocomposição (art. 334, § 4.º, do CPC de 2015).

Por isso, o autor deve indicar, na petição inicial, seu desinteresse na autocomposição, e o réu, por petição, apresentada com dez dias de antecedência, contados da data da audiência. Se houver litisconsórcio, o desinteresse na realização da audiência deve ser manifestado por todos os litisconsortes.

Entretanto, especificamente no processo do trabalho, a conciliação deve ser tentada, *de forma imperativa*, pelo próprio juiz, na audiência una ou inaugural, independentemente de opção do autor, como se observa nos arts. 831, 846, 850 e 852-E da CLT.

O art. 2.º, inciso IV, da Instrução Normativa 39/2016 do TST prevê que não se aplica ao processo do trabalho, em razão de inexistência de omissão ou por incompatibilidade, o art. 334 do CPC de 2015, sobre audiência de conciliação ou de mediação.

✦ Súmulas, Orientações Jurisprudenciais e Precedentes Normativos

Súmula 558 do STJ: Em ações de execução fiscal, a petição inicial não pode ser indeferida sob o argumento da falta de indicação do CPF e/ou RG ou CNPJ da parte executada.

Súmula 559 do STJ: Em ações de execução fiscal, é desnecessária a instrução da petição inicial com o demonstrativo de cálculo do débito, por tratar-se de requisito não previsto no art. 6.º da Lei n.º 6.830/1980.

Súmula 71 do TST: Alçada. A alçada é fixada pelo valor dado à causa na data de seu ajuizamento, desde que não impugnado, sendo inalterável no curso do processo.

Súmula 263 do TST: Petição inicial. Indeferimento. Instrução obrigatória deficiente. Salvo nas hipóteses do art. 330 do CPC de 2015 (art. 295 do CPC de 1973), o indeferimento da petição inicial, por encontrar-se desacompanhada de documento indispensável à propositura da ação ou não preencher outro requisito legal, somente é cabível se, após intimada para suprir a irregularidade em 15 (quinze) dias, mediante indicação precisa do que deve ser corrigido ou completado, a parte não o fizer (art. 321 do CPC de 2015).

Súmula 268 do TST: Prescrição. Interrupção. Ação trabalhista arquivada. A ação trabalhista, ainda que arquivada, interrompe a prescrição somente em relação aos pedidos idênticos.

Orientação Jurisprudencial 391 da SBDI-I do TST: Portuários. Submissão prévia de demanda à comissão paritária. Lei 8.630, de 25.02.1993. Inexigibilidade (*DEJT* divulgado em 09, 10 e 11.06.2010). A submissão prévia de demanda à comissão paritária, constituída nos termos do art. 23 da Lei 8.630, de 25.02.1993 (Lei dos Portos), não é pressuposto de constituição e desenvolvimento válido e regular do processo, ante a ausência de previsão em lei.

Cf. Lei 12.815/2013, art. 37.

✦ Referência legislativa

- Arts. 5.º, LV, LXVIII, LXIX a LXXI, e 93, IX, da CF.

Art. 841. Recebida e protocolada a reclamação, o escrivão ou secretário, dentro de 48 (quarenta e oito) horas, remeterá a segunda via da petição, ou do termo, ao reclamado, notificando-o ao mesmo tempo, para comparecer à audiência do julgamento, que será a primeira desimpedida, depois de 5 (cinco) dias.

§ 1.º A notificação será feita em registro postal com franquia. Se o reclamado criar embaraços ao seu recebimento ou não for encontrado, far-se-á a notificação por edital, inserto no jornal oficial ou no que publicar o expediente forense, ou, na falta, afixado na sede da Junta ou Juízo.

§ 2.º O reclamante será notificado no ato da apresentação da reclamação ou na forma do parágrafo anterior.

§ 3.º Oferecida a contestação, ainda que eletronicamente, o reclamante não poderá, sem o consentimento do reclamado, desistir da ação.

1. PROCEDIMENTO ORDINÁRIO

O procedimento ordinário é aplicado quando não incidem no caso os outros tipos de procedimento, isto é, sumário, sumaríssimo nem especial.

Uma vez ajuizada e distribuída a ação trabalhista, o diretor de secretaria da Vara do Trabalho, dentro de 48 horas, deve remeter a segunda via da petição, ou do termo, ao réu, notificando-o (em registro postal com franquia) para comparecer à audiência, que será a primeira desimpedida, depois de cinco dias.

Se o reclamado criar embaraços ao seu recebimento ou não for encontrado, a notificação deve ser feita "por edital, inserto no jornal oficial ou no que publicar o expediente forense, ou, na falta, afixado na sede da Junta ou Juízo".

O autor, por sua vez, é notificado quanto à audiência no ato da apresentação da reclamação, ou por meio de notificação pela via postal. No processo eletrônico, todas as citações, intimações e notificações, inclusive as destinadas à Fazenda Pública, devem ser feitas por meio eletrônico, na forma da Lei 11.419/2006.

2. REQUERIMENTO DE CITAÇÃO

No Código de Processo Civil de 1973, o art. 282, inciso VII, do CPC estabelecia o dever de constar na petição inicial "o requerimento para a citação do réu".

Não obstante, esse requisito não é considerado obrigatório na petição inicial trabalhista, uma vez que a citação é realizada de forma automática pela Secretaria da Vara do Trabalho.

3. PRAZOS PARA AS PARTES

Há diversos prazos estabelecidos para as partes praticarem os atos processuais.

Os advogados públicos ou privados, o defensor público e o membro do Ministério Público devem restituir os autos no prazo do ato a ser praticado (art. 234 do CPC de 2015).

É lícito a qualquer interessado exigir os autos do advogado que exceder prazo legal.

Se, intimado, o advogado não devolver os autos no prazo de três dias, perderá o direito à vista fora de cartório e incorrerá em multa correspondente à metade do salário mínimo.

Verificada a falta, o juiz deve comunicar o fato à seção local da Ordem dos Advogados do Brasil para procedimento disciplinar e imposição de multa.

Se a situação envolver membro do Ministério Público, da Defensoria Pública ou da Advocacia Pública, a multa, se for o caso, será aplicada ao agente público responsável pelo ato. Verificada a falta, o juiz deve comunicar o fato ao órgão competente responsável pela instauração de procedimento disciplinar contra o membro que atuou no feito.

4. PRAZOS PARA A FAZENDA PÚBLICA E PARA O MINISTÉRIO PÚBLICO

Nos processos em curso na Justiça do Trabalho, de acordo com o Decreto-lei 779, de 21 de agosto de 1969, a União, os Estados, o Distrito Federal, os Municípios e as autarquias ou fundações de direito público federais, estaduais ou municipais que não explorem atividade econômica, possuem, como prerrogativa: o quádruplo do prazo fixado no art. 841, parte final, da CLT; o prazo em dobro para recurso (art. 1.º, incisos II e III).

Por se tratar de disposição específica quanto ao processo do trabalho, afasta-se a incidência do art. 183, *caput*, do CPC de 2015, ao prever que "a União, os Estados, o Distrito Federal, os Municípios e suas respectivas autarquias e fundações de direito público gozarão de prazo em dobro para todas as suas manifestações processuais, cuja contagem terá início a partir da intimação pessoal".

O entendimento que prevalece é de que o prazo mencionado no *caput* do art. 841 da CLT, de no mínimo cinco dias, inicia-se do recebimento da intimação para comparecimento à audiência, com a cópia da petição inicial, como forma de assegurar o direito à ampla defesa, permitindo que o réu tenha tempo hábil para preparar a sua defesa.

Logo, em se tratando dos entes de direito público mencionados no Decreto-lei 779/1969, o referido prazo, entre o recebimento da intimação e a audiência, é de no mínimo 20 dias.

Desse modo, no caso dos referidos entes públicos, entende-se que, depois de protocolada a petição inicial da ação trabalhista, ao se designar a data da audiência una ou inicial (para tentativa de conciliação e apresentação de defesa), deve-se observar o prazo de no mínimo

20 dias para a sua ocorrência, prazo este iniciado do recebimento, pelo mencionado réu, da intimação para comparecimento à audiência.

Como estabelece o art. 6.º da Lei 5.584/1970, no processo do trabalho, o prazo para recurso, em regra, é de oito dias.

Por isso, no caso dos entes públicos mencionados no Decreto-lei 779/1969, o prazo para recorrer é de 16 dias.

Registre-se que o prazo para a oposição dos embargos de declaração, de acordo com art. 897-A da CLT, é de cinco dias.

Em se tratando de ente público, esse prazo também é em dobro, ou seja, de 10 dias, conforme previsto na Orientação Jurisprudencial 192 da SBDI-I do TST.

Entende-se que essa diferenciação de prazo não viola o princípio da igualdade. Este deve ser entendido em seu aspecto material, de modo a conferir tratamento desigual daqueles que estão em situação desigual. Essa é justamente a hipótese em questão, sabendo-se que os procuradores dos mencionados entes públicos não escolhem as causas em que irão atuar. Além disso, o volume de processos em andamento é normalmente elevado, nem sempre havendo número suficiente de procuradores nos referidos entes públicos.

O Ministério Público do Trabalho goza de prazo em dobro *para se manifestar nos autos*, que terá início a partir de sua intimação pessoal (art. 180 do CPC de 2015). Essa intimação pessoal deve ser feita por carga, remessa ou meio eletrônico (art. 183, § 1.º, do CPC de 2015).

Findo o prazo para manifestação do Ministério Público sem o oferecimento de parecer, o juiz deve requisitar os autos e dar andamento ao processo.

Não se aplica o benefício da contagem em dobro quando a lei estabelecer, de forma expressa, prazo próprio para o Ministério Público.

Os membros da Defensoria Pública da União têm a prerrogativa de "receber, inclusive quando necessário, mediante entrega dos autos com vista, intimação pessoal em qualquer processo e grau de jurisdição ou instância administrativa, contando-se-lhes em dobro todos os prazos" (art. 44, inciso I, da Lei Complementar 80/1994, com redação dada pela Lei Complementar 132/2009).

No mesmo sentido, o Código de Processo Civil prevê que a Defensoria Pública goza de prazo em dobro para todas as suas manifestações processuais (art. 186 de 2015).

O prazo tem início com a intimação pessoal do defensor público, a qual deve ser feita por carga, remessa ou meio eletrônico (art. 186, § 1.º, do CPC de 2015).

A requerimento da Defensoria Pública, o juiz deve determinar a intimação pessoal da parte patrocinada quando o ato processual depender de providência ou informação que somente por ela possa ser realizada ou prestada.

O disposto *supra*, quanto ao prazo em dobro para a Defensoria se manifestar no processo, aplica-se também aos escritórios de prática jurídica das faculdades de Direito reconhecidas na forma da lei e às entidades que prestam assistência jurídica gratuita em razão de convênios firmados com a Defensoria Pública.

Não se aplica o benefício da contagem em dobro quando a lei estabelecer, de forma expressa, prazo próprio para a Defensoria Pública.

5. COMUNICAÇÃO DOS ATOS PROCESSUAIS

No Direito Processual do Trabalho, a CLT utiliza o termo notificação abrangendo todas as modalidades de comunicação de atos processuais.

Portanto, no processo trabalhista, a notificação abrange tanto a citação como a intimação, que apresentam conceitos distintos, conforme previsão no processo civil.

De acordo com o art. 238 do CPC de 2015, citação "é o ato pelo qual são convocados o réu, o executado ou o interessado para integrar a relação processual".

Assim, pode-se dizer que a citação é o ato processual que informa o réu a respeito do ajuizamento da ação, permitindo, assim, que se defenda em juízo.

A intimação, por sua vez, "é o ato pelo qual se dá ciência a alguém dos atos e dos termos do processo" (art. 269 do CPC de 2015).

A notificação, em sentido mais técnico, pode ser entendida como o ato processual por meio do qual se comunica a respeito de algum ato ou fato relativo ao processo.

No processo do trabalho, como antes mencionado, o termo notificação é utilizado de forma abrangente, ou seja, tanto para citação como para intimação e notificação em seu sentido mais próprio.

Para a validade do processo é indispensável a citação do réu ou do executado, ressalvadas as hipóteses de indeferimento da petição inicial ou de improcedência liminar do pedido (art. 239 do CPC de 2015).

O comparecimento espontâneo do réu ou do executado supre a falta ou a nulidade da citação, fluindo a partir desta data (ou seja, de comparecimento espontâneo do demandado) o prazo para apresentação de contestação ou de embargos à execução.

Rejeitada a alegação de nulidade, tratando-se de processo de: conhecimento, o réu será considerado revel; execução, o feito terá seguimento.

A citação e as intimações no processo do trabalho, em regra, são realizadas pelo correio. Ademais, no processo trabalhista, entende-se que a citação é válida quando endereçada e recebida no endereço correto do réu, não se exigindo que seja recebida pessoalmente pelo réu, mas por qualquer pessoa presente no local.

No caso de o reclamado criar embaraços ao recebimento da notificação, ou se ele não for encontrado, a notificação deve ser feita por edital (art. 841, § 1.º, da CLT).

Apesar da previsão mencionada, antes de realizar a citação por meio de edital, é comum a tentativa de citação por oficial de justiça, diligenciando nos possíveis endereços do réu. Com isso, procura-se evitar eventual nulidade por cerceamento de defesa, sabendo-se que na citação por edital o réu dificilmente fica efetivamente sabendo do ajuizamento da ação. A citação por edital, portanto, apenas deve ser utilizada em casos nos quais tenham se esgotado os meios de obter o atual endereço do réu para a sua citação por correio ou oficial de justiça.

De todo modo, como a CLT regula a forma de citação, não se aplica ao processo do trabalho a citação por hora certa, prevista no art. 254 do CPC de 2015.

A citação deve ser feita preferencialmente por meio eletrônico, no prazo de até dois dias úteis, contado da decisão que a determinar, por meio dos endereços eletrônicos indicados pelo citando no banco de dados do Poder Judiciário, conforme regulamento do Conselho Nacional de Justiça (art. 246 do CPC, com redação dada pela Lei 14.195/2021).

As empresas públicas e privadas são obrigadas a manter cadastro nos sistemas de processo em autos eletrônicos, para efeito de recebimento de citações e intimações, as quais serão efetuadas preferencialmente por esse meio (art. 246, § 1.º, do CPC de 2015).

Isso também se aplica à União, aos Estados, ao Distrito Federal, aos Municípios e às entidades da administração indireta (art. 246, § 2.º, do CPC de 2015).

Aplica-se o disposto acima, ainda, ao Ministério Público, à Defensoria Pública e à Advocacia Pública (art. 270, parágrafo único, do CPC de 2015).

As microempresas e as pequenas empresas somente se sujeitam ao disposto no art. 246, § 1.º, do CPC quando não possuírem endereço eletrônico cadastrado no sistema integrado da Rede Nacional para a Simplificação do Registro e da Legalização de Empresas e Negócios - Redesim (art. 246, § 5.º, do CPC, incluído pela Lei 14.195/2021). Para os fins dessa previsão, deve haver compartilhamento de cadastro com o órgão do Poder Judiciário, incluído o endereço eletrônico constante do sistema integrado da Rede Nacional para a Simplificação do Registro e da Legalização de Empresas e Negócios (Redesim), nos termos da legislação aplicável ao sigilo fiscal e ao tratamento de dados pessoais (art. 246, § 6.º, do CPC, incluído pela Lei 14.195/2021).

A ausência de confirmação, em até três dias úteis, contados do recebimento da citação eletrônica, implicará a realização da citação: I – pelo correio; II – por oficial de justiça; III – pelo escrivão ou chefe de secretaria, se o citando comparecer em cartório; IV – por edital (art. 246, § 1.º-A, do CPC, incluído pela Lei 14.195/2021).

Na primeira oportunidade de falar nos autos, o réu citado nas formas previstas nos incisos I, II, III e IV do § 1º-A do art. 246 do CPC deve apresentar justa causa para a ausência de confirmação do recebimento da citação enviada eletronicamente (art. 246, § 1.º-B, do CPC, incluído pela Lei 14.195/2021).

Considera-se ato atentatório à dignidade da justiça, passível de multa de até 5% do valor da causa, deixar de confirmar no prazo legal, sem justa causa, o recebimento da citação recebida por meio eletrônico (art. 246, § 1.º-C, do CPC, incluído pela Lei 14.195/2021).

As citações por correio eletrônico devem ser acompanhadas das orientações para realização da confirmação de recebimento e de código identificador que permita a sua identificação na página eletrônica do órgão judicial citante (art. 246, § 4.º, do CPC, incluído pela Lei 14.195/2021).

A intimação pode ser feita pelo *Diário da Justiça* impresso ou eletrônico.

Salvo disposição em sentido diverso, considera-se dia do começo do prazo, quando a intimação se der pelo *Diário da Justiça* impresso ou eletrônico, a data da publicação (art. 231, inciso VII, do CPC de 2015).

As intimações realizam-se, sempre que possível, por meio eletrônico, na forma da lei (art. 270 do CPC de 2015).

Quando não realizadas por meio eletrônico, consideram-se feitas as intimações pela publicação dos atos no órgão oficial (art. 272 do CPC de 2015).

Os advogados podem requerer que, na intimação a eles dirigida, figure apenas o nome da sociedade a que pertençam, desde que devidamente registrada na Ordem dos Advogados do Brasil.

Sob pena de nulidade, é indispensável que da publicação constem os nomes das partes, de seus advogados, com o respectivo número da inscrição na Ordem dos Advogados do Brasil, ou, se assim requerido, da sociedade de advogados.

A grafia dos nomes das partes não deve conter abreviaturas. A grafia dos nomes dos advogados deve corresponder ao nome completo e ser a mesma que constar da procuração ou que estiver registrada junto à Ordem dos Advogados do Brasil.

Constando dos autos pedido expresso para que as comunicações dos atos processuais sejam feitas em nome dos advogados indicados, o seu desatendimento implicará nulidade (art. 272, § 5.º, do CPC de 2015). Nesse sentido, cf. Súmula 427 do TST.

Como explicita o art. 16 da Instrução Normativa 39/2016 do TST, para efeito de aplicação do art. 272, § 5.º, do CPC, não é causa de nulidade processual a intimação realizada na pessoa de advogado regularmente habilitado nos autos, ainda que conste pedido expresso para que as comunicações dos atos processuais sejam feitas em nome de outro advogado, se o profissional indicado não se encontra previamente cadastrado no Sistema de Processo Judicial Eletrônico, impedindo a serventia judicial de atender ao requerimento de envio da intimação direcionada. Isso porque a decretação de nulidade não pode ser acolhida em favor da parte que lhe deu causa (art. 276 do CPC de 2015).

A retirada dos autos do cartório ou da secretaria em carga pelo advogado, por pessoa credenciada a pedido do advogado ou da sociedade de advogados, pela Advocacia Pública, pela Defensoria Pública ou pelo Ministério Público implicará intimação de qualquer decisão contida no processo retirado, ainda que pendente de publicação.

O advogado e a sociedade de advogados devem requerer o respectivo credenciamento para a retirada de autos por preposto.

A parte deve arguir a nulidade da intimação em capítulo preliminar do próprio ato que lhe caiba praticar, o qual será tido por tempestivo se o vício for reconhecido. Não sendo possível a prática imediata do ato diante da necessidade de acesso prévio aos autos, a parte deve limitar-se a arguir a nulidade da intimação, caso em que o prazo será contado da intimação da decisão que a reconheça.

Se for inviável a intimação por meio eletrônico e não houver na localidade publicação em órgão oficial, incumbirá ao escrivão ou chefe de secretaria intimar de todos os atos do processo os advogados das partes: pessoalmente, se tiverem domicílio na sede do juízo; por carta registrada, com aviso de recebimento, quando forem domiciliados fora do juízo (art. 273 do CPC de 2015).

Na realidade, não dispondo a lei de outro modo, as intimações devem ser feitas às partes, aos seus representantes legais, aos advogados e aos demais sujeitos do processo pelo correio ou, se presentes em cartório, diretamente pelo escrivão ou chefe de secretaria (art. 274 do CPC de 2015).

Presumem-se válidas as intimações dirigidas ao endereço constante dos autos, ainda que não recebidas pessoalmente pelo interessado, se a modificação temporária ou definitiva não tiver sido devidamente comunicada ao juízo.

A intimação deve ser feita por oficial de justiça quando frustrada a realização por meio eletrônico ou pelo correio (art. 275 do CPC de 2015). A certidão de intimação deve conter: a indicação do lugar e a descrição da pessoa intimada, mencionando, quando possível, o número de seu documento de identidade e o órgão que o expediu; a declaração de entrega da contrafé; a nota de ciente ou a certidão de que o interessado não a após no mandado.

Caso necessário, a intimação pode ser efetuada por edital. Entretanto, a intimação do Ministério Público, em qualquer caso, deve ser feita pessoalmente, com a remessa dos autos (Lei Complementar 75/1993, art. 18, inciso II, *h*).

O autor da ação é comunicado da data da audiência quando da apresentação da petição inicial ou por meio de intimação postal (art. 841, § 2.º, da CLT).

Segundo o art. 244 do CPC, não se fará a citação, salvo para evitar o perecimento do direito: de quem estiver participando de ato de culto religioso; de cônjuge, companheiro ou a qualquer parente do morto, consanguíneo ou afim, em linha reta ou na linha colateral em segundo grau, no dia do falecimento e nos sete dias seguintes; de noivos, nos três primeiros dias seguintes ao casamento; de doente, enquanto grave o seu estado.

O art. 245 do CPC dispõe que não se fará citação quando se verificar que o citando é mentalmente incapaz ou está impossibilitado de recebê-la. O oficial de justiça deve descrever e certificar minuciosamente a ocorrência. Para examinar o citando, o juiz deve nomear médico, que apresentará laudo no prazo de cinco dias. Dispensa-se essa nomeação se pessoa da família apresentar declaração do médico do citando que ateste a incapacidade deste. Reconhecida a impossibilidade, o juiz deve nomear curador ao citando, observando, quanto à sua escolha, a preferência estabelecida na lei e restringindo a nomeação à causa. A citação deve ser feita na pessoa do curador, a quem incumbirá a defesa dos interesses do citando.

Conforme o art. 87 da Lei 13.146/2015, que instituiu a Lei Brasileira de Inclusão da Pessoa com Deficiência (Estatuto da Pessoa com Deficiência), nos casos de relevância e urgência e a fim de proteger os interesses da *pessoa com deficiência em situação de curatela*, é lícito ao juiz, ouvido o Ministério Público, de ofício ou a requerimento do interessado, nomear, desde logo, curador provisório, o qual está sujeito, no que couber, às disposições do Código de Processo Civil.

A Resolução 455/2022 do Conselho Nacional de Justiça (CNJ) institui o Portal de Serviços do Poder Judiciário, bem como regulamenta o Diário da Justiça Nacional e o Domicílio Judicial Eletrônico.

Para os fins da Resolução 455/2022 do CNJ, considera-se: I – meio eletrônico: qualquer forma de armazenamento, tráfego de documentos, arquivos digitais e dados; II – transmissão eletrônica: toda forma de comunicação a distância com a utilização de redes de comunicação, preferencialmente a rede mundial de computadores; III – endereço eletrônico: toda forma de identificação individualizada para recebimento e envio de comunicação/mensagem digital, tal como o correio eletrônico (e-mail), aplicativos de mensagens, perfis em redes sociais, e o Domicílio Judicial Eletrônico; IV – URL (uniform resource locator): conjunto de caracteres alfanuméricos que identifica um endereço na rede mundial de computadores; V – "gov.br": serviço de autenticação e provimento de identidade mantido pelo Poder Executivo Federal (art. 2.º da Resolução 455/2022 do CNJ).

O Portal de Serviços do Poder Judiciário (PSPJ), solução a ser desenvolvida na Plataforma Digital do Poder Judiciário (PDPJ-Br), destinado aos usuários externos, permite, entre outras possíveis funcionalidades: I – a consulta unificada a todos os processos eletrônicos em andamento nos sistemas de tramitação processual conectados à PDPJ-Br; II – o peticionamento inicial e intercorrente em todos os processos eletrônicos em andamento nos sistemas de tramitação processual conectados à PDPJ-Br; III – a efetivação de citações, intimações e comunicações processuais em todos os sistemas de tramitação processual eletrônica conectados à PDPJ-Br; IV – acesso ao Diário de Justiça Eletrônico Nacional - DJEN (art. 3.º da Resolução 455/2022 do CNJ).

Os tribunais devem empregar o Portal de Serviços do Poder Judiciário a partir de sua disponibilização na Plataforma Digital do Poder Judiciário (art. 4.º da Resolução 455/2022 do CNJ).

Para acesso ao Portal de Serviços, é obrigatória a utilização do Sistema de Login Único (Single Sign On) da Plataforma Digital do Poder Judiciário (art. 5.º da Resolução 455/2022 do CNJ). As citações, intimações e comunicações eletrônicas efetivadas por meio do Domicílio Judicial Eletrônico e do Diário de Justiça Eletrônico Nacional estarão disponibilizadas para consulta centralizada no Portal de Serviços.

O Diário de Justiça Eletrônico Nacional (DJEN) constitui a plataforma de editais do Conselho Nacional de Justiça e o instrumento de publicação dos atos judiciais dos órgãos do Poder Judiciário (art. 11 da Resolução 455/2022 do CNJ).

O Diário de Justiça Eletrônico Nacional pode ser utilizado como instrumento para publicação das decisões proferidas em processos administrativos de competência das corregedorias ou em processos administrativos disciplinares (PAD) instaurados contra magistrados, servidores ou agentes delegados do foro extrajudicial.

A publicação no Diário de Justiça Eletrônico Nacional substitui qualquer outro meio de publicação oficial, para fins de intimação, à exceção dos casos em que a lei exija vista ou intimação pessoal, que devem ser realizadas por meio do Domicílio Judicial Eletrônico, previsto no art. 15 da Resolução 455/2022 do CNJ, nos termos do art. 5.º da Lei 11.419/2006.

Nos casos em que a lei não exigir vista ou intimação pessoal, os prazos processuais devem ser contados na forma do art. 224 do CPC, possuindo valor meramente informacional a eventual concomitância de intimação ou comunicação por outros meios.

O Diário de Justiça Eletrônico Nacional substitui os atuais diários de justiça eletrônicos mantidos pelos órgãos do Poder Judiciário e estará disponível no Portal de Serviços e no sítio do Conselho Nacional de Justiça na rede mundial de computadores (art. 12 da Resolução 455/2022 do CNJ).

Na intimação realizada pelo Diário de Justiça Eletrônico Nacional deve constar, obrigatoriamente, sob pena de nulidade, a indicação do tribunal, do órgão julgador, o número único do processo, os nomes das partes, de seus advogados e os respectivos números de inscrição na OAB ou, se assim requerido, da sociedade de advogados, nos termos do art. 272 do CPC.

A divulgação dos dados processuais no Diário de Justiça Eletrônico Nacional deve observar, nos processos sujeitos a sigilo ou segredo de justiça, o disposto na lei e na Resolução 121/2010 do CNJ.

Serão objeto de publicação no Diário de Justiça Eletrônico Nacional: I – o conteúdo dos despachos, das decisões interlocutórias, do dispositivo das sentenças e da ementa dos acórdãos, conforme previsão do art. 205, § 3.º, do CPC; II – as intimações destinadas aos advogados nos sistemas de processo judicial eletrônico, cuja ciência não exija vista ou intimação pessoal; III – a lista de distribuição prevista no art. 285, parágrafo único, do CPC; IV – os atos destinados à plataforma de editais do Conselho Nacional de Justiça, nos termos do CPC; V – os demais atos, cuja publicação esteja prevista na lei processual, nos regimentos internos e nas disposições normativas dos tribunais e conselhos (art. 13 da Resolução 455/2022 do CNJ).

O conteúdo das publicações incluídas no Diário de Justiça Eletrônico Nacional deve ser assinado digitalmente (art. 14 da Resolução 455/2022 do CNJ).

O Domicílio Judicial Eletrônico constitui o ambiente digital integrado ao Portal de Serviços, para a comunicação processual entre os órgãos do Poder Judiciário e os destinatários que sejam ou não partes na relação processual (art. 15 da Resolução 455/2022 do CNJ). É obrigatória a utilização do Domicílio Judicial Eletrônico por todos os tribunais.

O cadastro no Domicílio Judicial Eletrônico é obrigatório para a União, para os Estados, para o Distrito Federal, para os Municípios, para as entidades da administração indireta e para as empresas públicas e privadas, para efeitos de recebimento de citações e intimações, conforme disposto no art. 246, *caput* e § 1.º, do CPC, com a alteração realizada pela Lei 14.195/2021 (art. 16 da Resolução 455/2022 do CNJ). Para os fins desse dispositivo, deve haver compartilhamento de banco de dados cadastrais de órgãos governamentais com o órgão do Poder Judiciário, nos termos da legislação aplicável ao tratamento de dados pessoais (Lei 13.709/2018).

As pessoas físicas, nos termos do art. 77, inciso VII, do CPC, podem realizar cadastro no Domicílio Judicial Eletrônico para efetuar consultas públicas, bem como para o recebimento de citações e intimações, por meio: I – do Sistema de Login Único da Plataforma Digital do Poder Judiciário (PDPJ-Br), via autenticação no serviço "gov.br" do Poder Executivo Federal, com nível de conta prata ou ouro; II – de autenticação com uso de certificado digital.

O disposto no art. 16 da Resolução 455/2022 aplica-se ao Ministério Público, à Defensoria Pública e à Advocacia Pública, conforme disposições do art. 1.050 do CPC, inclusive para o recebimento de intimações, nos moldes do art. 270, *caput* e parágrafo único, do CPC.

O disposto no art. 16 da Resolução 455/2022 não se aplica às microempresas e às empresas de pequeno porte que possuírem endereço eletrônico cadastrado no sistema integrado da Rede Nacional para a Simplificação do Registro e da Legalização de Empresas e Negócios (Redesim), nos termos previstos no art. 246, § 5.º, do CPC (art. 17 da Resolução 455/2022 do CNJ).

O endereço eletrônico previamente cadastrado na Rede Nacional para a Simplificação do Registro e da Legalização de Empresas e Negócios (Redesim) pelas microempresas e pelas empresas de pequeno porte deve ser aproveitado para os fins a que alude o art. 15 da Resolução 455/2022.

As microempresas e as empresas de pequeno porte que não possuírem cadastro no sistema integrado da Rede Nacional para a Simplificação do Registro e da Legalização de Empresas e Negócios (Redesim) ficam sujeitas ao cumprimento do disposto no art. 16 da Resolução 455/2022.

A citação por meio eletrônico deve ser realizada exclusivamente pelo Domicílio Judicial Eletrônico, nos termos do art. 246 do CPC, com exceção da citação por edital, a ser realizada via Diário de Justiça Eletrônico Nacional (art. 18 da Resolução 455/2022 do CNJ).

A identificação no Domicílio Judicial Eletrônico deve ser feita pelo número do CPF ou do CNPJ mantido junto à Secretaria da Receita Federal do Brasil (art. 19 da Resolução 455/2022 do CNJ).

O aperfeiçoamento da comunicação processual por meio eletrônico, com a correspondente abertura de prazo, se houver, ocorrerá no momento em que o destinatário, por meio do Portal de Serviços, ou por integração automatizada via consumo de interface de programação de aplicação (API), obtiver acesso ao conteúdo da comunicação (art. 20 da Resolução 455/2022 do CNJ).

Quando a consulta ocorrer em dia não útil, a comunicação processual será considerada realizada no primeiro dia útil subsequente. Efetuado esse acesso, o sistema deve registrar o fato.

Para os casos de citação por meio eletrônico, não havendo aperfeiçoamento em até três dias úteis, contados da data do envio da comunicação processual ao Domicílio Judicial Eletrônico, o sistema gerará automaticamente a informação da ausência de citação para os fins previstos no art. 246, § 1.º-A, do CPC.

Para os demais casos, não havendo aperfeiçoamento da comunicação processual em até 10 dias corridos contados da data do envio da comunicação processual ao Domicílio Judicial Eletrônico, considerar-se-á automaticamente realizada na data do término desse prazo, nos termos do art. 5.º, § 3.º, da Lei 11.419/2006, não se aplicando o disposto no art. 219 do CPC a esse interstício.

As comunicações processuais devem indicar, no mínimo: I – o tribunal, o sistema de processo eletrônico, o órgão julgador e o número único do processo judicial, nos termos da Resolução 65/2008 do CNJ; II – a identificação do responsável pela produção da informação; III – o prazo para eventual cumprimento de ato processual decorrente da publicação; IV – o fornecimento de endereço virtual (URL), que permita acesso ao conteúdo integral dos documentos que compõem a comunicação processual (art. 21 da Resolução 455/2022 do CNJ).

As comunicações processuais devem permanecer disponíveis para consulta no Domicílio Judicial Eletrônico por período correspondente a 24 meses e podem ser excluídas após esse prazo (art. 22 da Resolução 455/2022 do CNJ).

6. DESISTÊNCIA DA AÇÃO

A desistência da ação não se confunde com renúncia à pretensão formulada (hipótese em que ocorre resolução do mérito, consoante o art. 487, inciso III, alínea "c", do CPC, mas nem sempre admitida no processo do trabalho, conforme a natureza do direito material em discussão).

Segundo o art. 485, inciso VIII, do CPC de 2015, extingue-se o processo, sem resolução de mérito, quando o juiz homologar a desistência da ação. Portanto, a desistência da ação só produz efeitos depois da homologação judicial (art. 200, parágrafo único, do CPC de 2015).

Oferecida a contestação, ainda que eletronicamente, o reclamante não pode, sem o consentimento do reclamado, desistir da ação (art. 841, § 3.º, da CLT, incluído pela Lei 13.467/2017).

A desistência da ação pode ser apresentada até a sentença (art. 485, § 5.º, do CPC de 2015).

✦ Súmulas, Orientações Jurisprudenciais e Precedentes Normativos

Súmula 641 do STF: Não se conta em dobro o prazo para recorrer, quando só um dos litisconsortes haja sucumbido.

Súmula 429 do STJ: A citação postal, quando autorizada por lei, exige o aviso de recebimento.

Súmula 16 do TST: Notificação. Presume-se recebida a notificação 48 (quarenta e oito) horas depois de sua postagem. O seu não recebimento ou a entrega após o decurso desse prazo constitui ônus de prova do destinatário.

Súmula 427 do TST: Intimação. Pluralidade de advogados. Publicação em nome de advogado diverso daquele expressamente indicado. Nulidade (editada em decorrência do julgamento do processo TST-IUJERR 5400-31.2004.5.09.0017) – Res. 174/2011, *DEJT* divulgado em 27, 30 e 31.05.2011. Havendo pedido expresso de que as intimações e publicações sejam realizadas exclusivamente em nome de determinado advogado, a comunicação em nome de outro profissional constituído nos autos é nula, salvo se constatada a inexistência de prejuízo.

Orientação Jurisprudencial 192 da SBDI-I do TST: Embargos declaratórios. Prazo em dobro. Pessoa jurídica de direito público. Decreto-lei 779/1969. Inserida em 08.11.2000. É em dobro o prazo para a interposição de embargos declaratórios por pessoa jurídica de direito público.

Orientação Jurisprudencial 310 da SBDI-I do TST: Litisconsortes. Procuradores distintos. Prazo em dobro. Art. 229, *caput* e §§ 1.º e 2.º, do CPC de 2015. Art. 191 do CPC de 1973. Inaplicável ao processo do trabalho. Inaplicável ao processo do trabalho a norma contida no art. 229, *caput* e §§ 1.º e 2.º, do CPC de 2015 (art. 191 do CPC de 1973), em razão de incompatibilidade com a celeridade que lhe é inerente.

✦ **Referência legislativa**

- Art. 5.º, LV, da CF.

Art. 842. Sendo várias as reclamações e havendo identidade de matéria, poderão ser acumuladas num só processo, se se tratar de empregados da mesma empresa ou estabelecimento.

1. LITISCONSÓRCIO

Litisconsórcio significa pluralidade de partes no mesmo polo da relação jurídica processual.

Cada litisconsorte tem o direito de promover o andamento do processo, e todos devem ser intimados dos respectivos atos (art. 118 do CPC de 2015).

A Consolidação das Leis do Trabalho permite o chamado "acúmulo de reclamações" no art. 842, mas essa previsão, na realidade, refere-se à hipótese de litisconsórcio ativo, ainda que exista o acúmulo de pedidos, o que se confirma ao fazer menção a "empregados da mesma empresa ou estabelecimento".

O litisconsórcio pode ser ativo ou passivo, significando, respectivamente, a pluralidade de partes no polo ativo ou polo passivo da relação processual. O litisconsórcio pode, ainda, ser misto, quando há pluralidade de partes em ambos os polos da relação processual[251].

O art. 842 da CLT estabelece que, se forem "várias as reclamações e havendo identidade de matéria", podem ser "acumuladas num só processo, se se tratar de empregados da mesma empresa ou estabelecimento".

Logo, exige-se que a causa de pedir e o pedido sejam os mesmos quanto aos litisconsortes ativos, bem como que os autores sejam empregados do mesmo empregador.

De acordo com outra classificação, o litisconsórcio pode ser inicial ou ulterior, isto é, formado desde o início do ajuizamento da ação ou após a propositura da demanda, respectivamente.

A primeira situação (litisconsórcio inicial) é a mais comum, inclusive no processo do trabalho, tanto no polo ativo como no passivo.

No caso de litisconsórcio passivo necessário, se a ação não foi ajuizada em face de um dos réus, deve haver a formação do litisconsórcio ulterior.

Efetivamente, consoante o art. 115, parágrafo único, do CPC de 2015, "nos casos de litisconsórcio passivo necessário, o juiz determinará ao autor que requeira a citação de todos que devam ser litisconsortes, dentro do prazo que assinar, sob pena de extinção do processo".

O litisconsórcio pode ser, ainda, necessário ou facultativo.

Nos termos do art. 113 do CPC, duas ou mais pessoas *podem* litigar, no mesmo processo, em conjunto, ativa ou passivamente, quando:

> I – entre elas houver comunhão de direitos ou obrigações relativamente à lide;

[251] Cf. ALVIM, Arruda. *Manual de direito processual civil*. 7. ed. São Paulo: RT, 2000. v. 2, p. 86.

II – entre as causas houver conexão pelo pedido ou causa de pedir;

III – ocorrer afinidade de questões por ponto comum de fato ou de direito.

Trata-se, portanto, de hipóteses em que se admite o litisconsórcio facultativo.

O art. 114 do Código de Processo Civil de 2015[252], por sua vez, devidamente interpretado, estabelece que o litisconsórcio é necessário, em regra, em duas hipóteses: quando pela natureza da relação jurídica o juiz tiver de decidir a lide de modo uniforme (regra geral que comporta exceções, nos casos de litisconsórcio necessário e simples) ou por disposição de lei. Em termos mais sintéticos, o litisconsórcio necessário ocorre em duas situações: quando é incindível a relação jurídica discutida; e quando a lei expressamente o impõe.

Logo, na hipótese de litisconsórcio passivo necessário, há uma imposição de que a demanda se dirija em face dos réus.

Ainda quanto ao litisconsórcio necessário, a sentença de mérito, quando proferida sem a integração do contraditório, será: nula, se a decisão deveria ser uniforme em relação a todos os que deveriam ter integrado o processo (ou seja, no caso de litisconsórcio necessário e unitário); ineficaz, nos outros casos, apenas para os que não foram citados (art. 115 do CPC de 2015).

Segundo outra classificação, o litisconsórcio pode ser simples (comum) ou unitário.

No regime litisconsorcial simples (comum ou não unitário) não existe prévia necessidade de decisão uniforme entre os litisconsortes. No litisconsórcio unitário exige-se, previamente, que a decisão seja idêntica para os litisconsortes.

Como regra geral, que comporta exceções, o litisconsórcio será necessário quando for unitário. Inversamente, tem-se que nem todo litisconsórcio necessário é unitário, pois aquele pode decorrer de imposição legal.

No litisconsórcio unitário, relação jurídica de direito material é incindível. Disso resulta a impossibilidade, no plano prático, de decisões diversas perante as partes que integram essa relação jurídica. Nesse sentido, o litisconsórcio é unitário quando, pela natureza da relação jurídica, o juiz tiver de decidir o processo de modo uniforme para todos os litisconsortes (art. 116 do CPC de 2015). Esclareça-se que o litisconsórcio unitário está presente em algumas hipóteses de ações constitutivas e meramente declaratórias.

Salvo disposição em contrário, os litisconsortes devem ser considerados, em suas relações com a parte adversa, litigantes distintos, exceto no litisconsórcio unitário, caso em que os atos e as omissões de um não prejudicarão os outros, mas os poderão beneficiar (art. 117 do CPC de 2015).

Desse modo, especificamente no caso de litisconsórcio unitário, os atos e as omissões potencialmente lesivos aos interesses dos litisconsortes somente serão eficazes se todos consentirem. Ainda em se tratando de litisconsórcio unitário, os atos benéficos, mesmo que praticados por apenas um litisconsorte, aproveitam a todos os litisconsortes.

O Tribunal Superior do Trabalho, ao julgar incidente de recurso repetitivo sobre aspectos relativos a processos em que se discute a ilicitude da terceirização, aprovou a seguinte tese jurídica:

"1) Nos casos de lides decorrentes da alegação de fraude, sob o fundamento de ilicitude da terceirização de atividade-fim, o litisconsórcio passivo é necessário e unitário. Necessário, porque é manifesto o interesse jurídico da empresa de terceirização em compor essas lides e defender seus interesses e posições, entre os quais a validade dos contratos de prestação de serviços terceirizados e, por conseguinte, dos próprios contratos de trabalho celebrados; unitário, pois o juiz terá que resolver a lide de maneira uniforme para ambas as empresas, pois

252 "Art. 114. O litisconsórcio será necessário por disposição de lei ou quando, pela natureza da relação jurídica controvertida, a eficácia da sentença depender da citação de todos que devam ser litisconsortes".

incindíveis, para efeito de análise de sua validade jurídica, os vínculos materiais constituídos entre os atores da relação triangular de terceirização.

2) A renúncia à pretensão formulada na ação não depende de anuência da parte contrária e pode ser requerida a qualquer tempo e grau de jurisdição; cumpre apenas ao magistrado averiguar se o advogado signatário da renúncia possui poderes para tanto e se o objeto envolve direitos disponíveis. Assim, é plenamente possível o pedido de homologação, ressalvando-se, porém, ao magistrado o exame da situação concreta, quando necessário preservar, por isonomia e segurança jurídica, os efeitos das decisões vinculantes (CF, art. 102, § 2.º; art. 10, § 3.º, da Lei 9.882/99) e obrigatórias (CPC, art. 927, I a V) proferidas pelos órgãos do Poder Judiciário, afastando-se manobras processuais lesivas ao postulado da boa-fé processual (CPC, art. 80, I, V e VI). 2.1) Depois da homologação, a parte autora não poderá deduzir pretensão contra quaisquer das empresas - prestadora-contratada e tomadora-contratante - com suporte na ilicitude da terceirização da atividade-fim (causa de pedir). 2.2) O ato homologatório, uma vez praticado, acarreta a extinção do processo e, por ficção legal, resolve o mérito da causa (artigo 487, III, 'c', do CPC), produz coisa julgada material, atinge a relação jurídica que deu origem ao processo, somente é passível de desconstituição por ação rescisória (CPC, arts. 525, § 15, 535, § 8.º, e 966) ou ainda pela via da impugnação à execução (CPC, art. 525, § 12) ou dos embargos à execução (CPC, art. 535, § 5.º) e acarretará a perda do interesse jurídico no exame do recurso pendente de julgamento.

3) Em sede de mudança de entendimento desta Corte, por força da unitariedade imposta pela decisão do STF ('superação abrupta'), a ausência de prejuízo decorrente da falta de sucumbência cede espaço para a impossibilidade de reconhecimento da ilicitude da terceirização. Sendo assim, como litisconsorte necessário, a empresa prestadora que, apesar de figurar no polo passivo, não sofreu condenação, possui interesse em recorrer da decisão que reconheceu o vínculo de emprego entre a parte autora e a empresa tomadora dos serviços.

4) Diante da existência de litisconsórcio necessário e unitário, a decisão obrigatoriamente produzirá idênticos efeitos para as empresas prestadora e tomadora dos serviços no plano do direito material. Logo, a decisão em sede de juízo de retratação, mesmo quando apenas uma das rés interpôs o recurso extraordinário, alcançará os litisconsortes de maneira idêntica.

5) Não modular os efeitos desta decisão" (TST, Pleno, IncJulgRREmbRep-1000-71.2012.5.06.0018, Redator Min. Douglas Alencar Rodrigues, j. 22.02.2022).

✦ Súmulas, Orientações Jurisprudenciais e Precedentes Normativos

Súmula 631 do STF: Extingue-se o processo de mandado de segurança se o impetrante não promove, no prazo assinado, a citação do litisconsorte passivo necessário.

Súmula 36 do TST: Custas. Nas ações plúrimas, as custas incidem sobre o respectivo valor global.

Súmula 406 do TST: I – O litisconsórcio, na ação rescisória, é necessário em relação ao polo passivo da demanda, porque supõe uma comunidade de direitos ou de obrigações que não admite solução díspar para os litisconsortes, em face da indivisibilidade do objeto. Já em relação ao polo ativo, o litisconsórcio é facultativo, uma vez que a aglutinação de autores se faz por conveniência e não pela necessidade decorrente da natureza do litígio, pois não se pode condicionar o exercício do direito individual de um dos litigantes no processo originário à anuência dos demais para retomar a lide. II – O sindicato, substituto processual e autor da reclamação trabalhista, em cujos autos fora proferida a decisão rescindenda, possui legitimidade para figurar como réu na ação rescisória, sendo descabida a exigência de citação de todos os empregados substituídos, porquanto inexistente litisconsórcio passivo necessário.

Seção II – Da Audiência de Julgamento

Art. 843. Na audiência de julgamento deverão estar presentes o reclamante e o reclamado, independentemente do comparecimento de seus representantes salvo, nos casos de Reclamatórias Plúrimas ou Ações de Cumprimento, quando os empregados poderão fazer-se representar pelo Sindicato de sua categoria.

§ 1.º É facultado ao empregador fazer-se substituir pelo gerente, ou qualquer outro preposto que tenha conhecimento do fato, e cujas declarações obrigarão o proponente.

§ 2.º Se por doença ou qualquer outro motivo poderoso, devidamente comprovado, não for possível ao empregado comparecer pessoalmente, poderá fazer-se representar por outro empregado que pertença à mesma profissão, ou pelo seu sindicato.

§ 3.º O preposto a que se refere o § 1.º deste artigo não precisa ser empregado da parte reclamada.

1. RECLAMATÓRIAS PLÚRIMAS

O art. 843, *caput*, do diploma legal faz referência às "reclamatórias plúrimas", significando ações em que há mais de um empregado no polo ativo, podendo "fazer-se representar pelo sindicato de sua categoria".

O art. 113, § 1.º, do CPC de 2015 prevê que o juiz pode limitar o *litisconsórcio facultativo* quanto ao número de litigantes na fase de conhecimento, na liquidação de sentença ou na execução, quando este comprometer a rápida solução do litígio ou dificultar a defesa ou o cumprimento da sentença.

Trata-se, assim, da possibilidade de o juiz limitar o número de litigantes no litisconsórcio facultativo, quando ocorrer o chamado "litisconsórcio multitudinário", ou seja, com muitas partes, quando este comprometer a rápida solução do litígio ou dificultar a defesa.

Nesse caso, o requerimento de limitação interrompe o prazo para manifestação ou resposta, que recomeça da intimação da decisão que o solucionar.

2. DEPOIMENTO PESSOAL

Preservado o direito de não produzir prova contra si própria, incumbe à parte comparecer em juízo, respondendo ao que lhe for interrogado (art. 379, inciso I, do CPC de 2015).

Em termos processuais, pode-se distinguir o interrogatório do depoimento pessoal em sentido estrito.

O interrogatório tem como objetivo obter esclarecimento de fatos relativos à causa. Por isso, é determinado pelo juiz.

Nesse sentido, o juiz deve dirigir o processo conforme as disposições legais, incumbindo-lhe *determinar, a qualquer tempo, o comparecimento pessoal das partes, para inquiri-las sobre os fatos da causa, hipótese em que não incidirá a pena de confesso* (art. 139, inciso VIII, do CPC de 2015).

A finalidade do interrogatório, portanto, não é a obtenção de confissão judicial.

O depoimento pessoal visa à confissão, sendo requerido pela parte contrária, embora também possa ser determinado de ofício pelo juiz (art. 385, *caput*, CPC de 2015).

Nesse sentido, cabe à parte requerer o depoimento pessoal da outra, a fim de ser interrogada na audiência de instrução e julgamento, sem prejuízo do poder do juiz de ordená-lo de ofício.

Se a parte, pessoalmente intimada para prestar depoimento pessoal e advertida da pena de confesso, não comparecer ou, comparecendo, se recusar a depor, o juiz aplicar-lhe-á a pena.

No depoimento pessoal, cada parte tem o direito de que a outra seja interrogada, em consonância com o princípio constitucional da ampla defesa.

Tendo em vista os avanços da tecnologia, o depoimento pessoal da parte que residir em comarca, seção ou subseção judiciária diversa daquela onde tramita o processo pode ser colhido por meio de videoconferência ou outro recurso tecnológico de transmissão de sons e imagens em tempo real, o que pode ocorrer, inclusive, durante a realização da audiência de instrução e julgamento (art. 385, § 3.º, do CPC de 2015).

Na CLT, o art. 820 é no sentido de que as partes (e testemunhas) são "inquiridas pelo juiz", podendo ser reinquiridas, por seu intermédio, a requerimento das partes, seus representantes ou advogados.

O art. 848 da CLT também dispõe que, uma vez terminada a defesa, deve-se seguir a instrução do processo, podendo o juiz, de ofício, "interrogar os litigantes". Como não existe mais representação classista na Justiça do Trabalho, não mais se aplica a previsão de "requerimento de qualquer juiz temporário".

Conforme o art. 385, § 2.º, do CPC de 2015, é vedado a quem ainda não depôs assistir ao interrogatório da outra parte.

Não obstante, no processo do trabalho, nas hipóteses em que se admite o *jus postulandi*, se a parte estiver sem advogado, não há como aplicar o mencionado preceito, pois, se deixasse a sala de audiência, não teria como formular perguntas, a serem feitas pelo juiz.

A parte deve responder pessoalmente sobre os fatos articulados, não podendo servir-se de escritos anteriormente preparados. O juiz deve permitir, todavia, a consulta a notas breves, desde que objetivem completar esclarecimentos (art. 387 do CPC de 2015).

A parte não é obrigada a depor sobre fatos (art. 388 do CPC de 2015):

> I – criminosos ou torpes que lhe forem imputados;
>
> II – a cujo respeito, por estado ou profissão, deva guardar sigilo;
>
> III – acerca dos quais não possa responder sem desonra própria, de seu cônjuge, de seu companheiro ou de parente em grau sucessível;
>
> IV – que coloquem em perigo a vida do depoente ou das pessoas referidas no inciso III.
>
> De acordo com o art. 15 da Lei 13.869/2019, considera-se crime (de abuso de autoridade) constranger a depor, sob ameaça de prisão, pessoa que, em razão de função, ministério, ofício ou profissão, deva guardar segredo ou resguardar sigilo, com previsão de pena de detenção, de um a quatro anos, e multa.

3. PREPOSTO

Consoante o art. 843, § 1.º, da CLT, é facultado ao empregador fazer-se substituir pelo gerente, ou qualquer outro preposto que tenha conhecimento do fato, e cujas declarações obrigarão o proponente.

Desse modo, o empregador pode nomear preposto para representá-lo na audiência.

A respeito da interpretação do mencionado art. 843, § 1.º, da CLT, o gerente normalmente é empregado do empregador, ocupando cargo de confiança.

O *preposto* a que se refere o § 1.º do art. 843 da CLT *não precisa ser empregado* da parte reclamada (art. 843, § 3.º, da CLT, acrescentado pela Lei 13.467/2017).

Especificamente quanto às microempresas e empresas de pequeno porte, conforme o art. 54 da Lei Complementar 123/2006, é "facultado ao empregador de microempresa ou de empresa de pequeno porte fazer-se substituir ou representar perante a Justiça do Trabalho por terceiros que conheçam dos fatos, ainda que não possuam vínculo trabalhista ou societário".

Fica em parte superada, assim, a Súmula 377 do TST.

✦ Súmulas, Orientações Jurisprudenciais e Precedentes Normativos

Súmula 377 do TST: Preposto. Exigência da condição de empregado. Exceto quanto à reclamação de empregado doméstico, ou contra micro ou pequeno empresário, o preposto deve ser necessariamente empregado do reclamado. Inteligência do art. 843, § 1.º, da CLT e do art. 54 da Lei Complementar 123, de 14 de dezembro de 2006.

Art. 844. O não comparecimento do reclamante à audiência importa o arquivamento da reclamação, e o não comparecimento do reclamado importa revelia, além de confissão quanto à matéria de fato.

§ 1.º Ocorrendo motivo relevante, poderá o juiz suspender o julgamento, designando nova audiência.

§ 2.º Na hipótese de ausência do reclamante, este será condenado ao pagamento das custas calculadas na forma do art. 789 desta Consolidação, ainda que beneficiário da justiça gratuita, salvo se comprovar, no prazo de quinze dias, que a ausência ocorreu por motivo legalmente justificável.

§ 3.º O pagamento das custas a que se refere o § 2.º é condição para a propositura de nova demanda.

§ 4.º A revelia não produz o efeito mencionado no *caput* deste artigo se:

I – havendo pluralidade de reclamados, algum deles contestar a ação;

II – o litígio versar sobre direitos indisponíveis;

III – a petição inicial não estiver acompanhada de instrumento que a lei considere indispensável à prova do ato;

IV – as alegações de fato formuladas pelo reclamante forem inverossímeis ou estiverem em contradição com prova constante dos autos.

§ 5.º Ainda que ausente o reclamado, presente o advogado na audiência, serão aceitos a contestação e os documentos eventualmente apresentados.

1. NÃO COMPARECIMENTO DO RECLAMANTE À AUDIÊNCIA

O não comparecimento do reclamante à audiência importa o *arquivamento* da reclamação (art. 844, primeira parte, da CLT).

O arquivamento da reclamação, no caso, significa a extinção do processo sem resolução do mérito (art. 485 do CPC de 2015). Tratando-se de audiência de instrução, aplica-se a confissão à parte que, expressamente intimada com aquela cominação, não comparecer à audiência em prosseguimento, na qual deveria depor (Súmula 74, inciso I, do TST).

Logo, mesmo no caso do autor (reclamante), se ele não comparecer à audiência de instrução, ou seja, em prosseguimento, não ocorre o arquivamento da reclamação trabalhista (art. 844 da CLT), mas incide a referida confissão ficta, se preenchidos os requisitos acima indicados.

O arquivamento da ação, nos termos do art. 844 da CLT, ocorre quando o autor não comparece à audiência una ou inicial.

A ausência do reclamante, quando adiada a instrução após contestada a ação em audiência, não importa arquivamento do processo (Súmula 9 do TST).

O não comparecimento do autor à audiência importa na extinção do processo sem exame do mérito ("arquivamento"). O não comparecimento do réu acarreta revelia, além de confissão quanto à matéria de fato.

Se ambas as partes não comparecerem à audiência (una ou inaugural), defende-se o entendimento de que também incide o arquivamento dos autos, com a extinção do processo sem resolução do mérito, uma vez que o próprio autor, o qual seria o interessado no prosseguimento do feito, não compareceu ao ato processual.

Ocorrendo motivo relevante, o juiz pode suspender o julgamento, designando nova audiência (art. 844, § 1.º, da CLT).

Na hipótese de ausência do reclamante, este deve ser condenado ao pagamento das custas calculadas na forma do art. 789 da CLT, *ainda que beneficiário da justiça gratuita*, salvo se comprovar, no prazo de 15 dias, que a ausência ocorreu por motivo legalmente justificável (art. 844, § 2.º, da CLT, acrescentado pela Lei 13.467/2017).

O pagamento das custas a que se refere o § 2.º do art. 844 da CLT é condição para a propositura de nova demanda (art. 844, § 3.º, da CLT, acrescentado pela Lei 13.467/2017).

Como regra geral, o art. 790-A, *caput*, da CLT estabelece que os beneficiários de justiça gratuita são *isentos* do pagamento de custas.

A previsão especial de que o autor deve ser condenado ao pagamento das custas em caso de arquivamento da ação trabalhista, mesmo sendo beneficiário da justiça gratuita (art. 844, §

2.º, da CLT), deveria ser interpretada em consonância com o direito fundamental de assistência jurídica integral e gratuita aos que comprovarem insuficiência de recursos (art. 5.º, inciso LXXIV, da Constituição da República).

Desse modo, a interpretação conforme a Constituição deveria ser no sentido de que o reclamante beneficiário de justiça gratuita somente será obrigado a pagar custas caso passe a ter condições econômicas para tanto, sem prejudicar a subsistência própria e de sua família.

Da mesma forma, a exigência de pagamento das custas em caso de arquivamento para o ajuizamento de nova ação trabalhista (art. 844, § 3.º, da CLT) só pode incidir caso o demandante tenha condições econômicas para isso, sob pena de manifesta violação ao direito fundamental de acesso à justiça (art. 5.º, inciso XXXV, da Constituição Federal de 1988).

A Ação Direta de Inconstitucionalidade 5.766/DF tem como objeto, entre outros dispositivos decorrentes da Lei 13.467/2017, a expressão "ainda que beneficiário da justiça gratuita", prevista no § 2.º do art. 844 da CLT.

O Supremo Tribunal Federal declarou *constitucional* o art. 844, § 2.º, da CLT (STF, Pleno, ADI 5.766/DF, Red. p/ ac. Min. Alexandre de Moraes, j. 20.10.2021). Prevaleceu o entendimento no sentido da validade da condenação do reclamante ao pagamento das custas, caso não compareça à audiência inicial (ou una), sem comprovar, no prazo de 15 dias, que a ausência ocorreu por motivo legalmente justificável, por se tratar apenas de mais um requisito para a justiça gratuita[253].

Além disso, no processo do trabalho, de acordo com os arts. 731 e 732 da CLT, aquele que, tendo apresentado ao distribuidor reclamação trabalhista verbal, não se apresentar, no prazo de cinco dias, salvo motivo de força maior (art. 786, parágrafo único, da CLT), ao juízo para fazê-lo tomar por termo, deve incorrer na pena de perda, pelo prazo de seis meses, do direito de reclamar perante a Justiça do Trabalho. Nessa mesma pena deve incorrer o reclamante que, por duas vezes seguidas, der causa ao arquivamento decorrente do não comparecimento à audiência una ou inicial (art. 844 da CLT).

2. REVELIA

Revelia significa a ausência de apresentação de defesa pelo réu, o qual, mesmo citado, permanece inerte.

Nesse sentido, conforme o art. 344 do CPC de 2015, se o réu não contestar a ação, deve ser considerado revel e presumem-se verdadeiras as alegações de fato formuladas pelo autor.

A apresentação de resposta (que abrange a contestação como espécie), em termos processuais, é ônus processual do réu.

O mencionado ônus significa a faculdade que a parte tem de praticar o ato processual, com o fim de lhe trazer vantagens no âmbito processual, ou de afastar consequências desfavoráveis previstas para o caso de não o praticar.

No processo do trabalho, o não comparecimento do reclamado importa *revelia*, além de confissão quanto à matéria de fato (art. 844, segunda parte, da CLT).

[253] "Constitucional. Ação direta de inconstitucionalidade. Lei 13.467/2017. Reforma trabalhista. Regras sobre gratuidade de justiça. Responsabilidade pelo pagamento de ônus sucumbenciais em hipóteses específicas. Alegações de violação aos princípios da isonomia, inafastabilidade da jurisdição, acesso à justiça, solidariedade social e direito social à assistência jurídica gratuita. Margem de conformação do legislador. Critérios de racionalização da prestação jurisdicional. Ação direta julgada parcialmente procedente. [...] 2. A ausência injustificada à audiência de julgamento frustra o exercício da jurisdição e acarreta prejuízos materiais para o órgão judiciário e para a parte reclamada, o que não se coaduna com deveres mínimos de boa-fé, cooperação e lealdade processual, mostrando-se proporcional a restrição do benefício de gratuidade de justiça nessa hipótese. 3. Ação Direta julgada parcialmente procedente" (STF, Pleno, ADI 5.766/DF, Red. p/ ac. Min. Alexandre de Moraes, *DJe* 03.05.2022).

O principal efeito da revelia é o da presunção relativa de veracidade dos fatos alegados pelo autor (confissão ficta).

Pessoa jurídica de direito público sujeita-se à revelia prevista no art. 844 da CLT (Orientação Jurisprudencial 152 da SBDI-I do TST).

Inexiste previsão legal tolerando atraso no horário de comparecimento da parte na audiência (Orientação Jurisprudencial 245 da SBDI-I do TST).

Ainda assim, segundo a jurisprudência do Tribunal Superior do Trabalho, admite-se a mitigação do posicionamento da Orientação Jurisprudencial 245 da SBDI-I, no sentido de se tolerar atrasos de poucos minutos no comparecimento das partes à audiência, quando não houver prejuízo ao rito procedimental. Nesse sentido, admite-se que a revelia e a confissão não sejam aplicadas quando o atraso da parte à audiência ocorrer por tempo ínfimo (poucos minutos) e não configurar prejuízo para o andamento da audiência e para a realização dos atos processuais, com fundamento nos princípios da simplicidade, da razoabilidade, da instrumentalidade, do contraditório e da ampla defesa. Cf. TST, 2.ª T., RR-1001084-02.2018.5.02.0521, Rel. Min. Liana Chaib, *DEJT* 26.05.2023. TST, 8.ª T., RRAg-1001211-06.2016.5.02.0263, Rel. Min. Alexandre de Souza Agra Belmonte, *DEJT* 24.10.2022. TST, 3.ª T., Ag-RRAg-1000217-90.2019.5.02.0612, Rel. Min. Mauricio Godinho Delgado, *DEJT* 30.09.2022.

O § 1.º do art. 844 da CLT prevê que, se ocorrer motivo relevante, o juiz pode suspender o julgamento, designando nova audiência.

Logo, de acordo com a expressa previsão legal do art. 844 da CLT, exige-se que o réu compareça à audiência, não sendo suficiente para afastar a revelia a presença do advogado, mesmo que portando procuração e defesa.

O que se admite, é que o empregador se faça "substituir pelo gerente, ou qualquer outro preposto que tenha conhecimento do fato, e cujas declarações obrigarão o proponente" (art. 843, § 1.º, da CLT).

O preposto, não obstante, não se confunde com o advogado do empregador. Nesse aspecto, prevê a Súmula 377 do TST.

O Regulamento Geral do Estatuto da Advocacia e da OAB (Regulamento Geral previsto na Lei 8.906/1994), no art. 3.º, prevê ser "defeso ao advogado funcionar no mesmo processo, simultaneamente, como patrono e preposto do empregador ou cliente".

Dessa forma, nos termos do art. 843, § 3.º, e do art. 844, § 5.º, da CLT, não se admite a cumulação das condições de advogado e preposto (art. 12, § 3.º, da Instrução Normativa 41/2018 do TST).

Entende-se ser inaplicável ao processo do trabalho a previsão do art. 72, inciso II, do CPC, que prevê a nomeação de curador especial "ao revel citado por edital ou com hora certa". Nesse sentido, o art. 793, parte final, da CLT trata da nomeação de curador, mas não a prevê para o caso mencionado.

A revelia não produz o efeito mencionado no *caput* do art. 844 da CLT (ou seja, confissão quanto à matéria de fato) se: havendo pluralidade de reclamados, algum deles contestar a ação; o litígio versar sobre direitos indisponíveis; a petição inicial não estiver acompanhada de instrumento que a lei considere indispensável à prova do ato; as alegações de fato formuladas pelo reclamante forem inverossímeis ou estiverem em contradição com prova constante dos autos (art. 844, § 4.º, da CLT, acrescentado pela Lei 13.467/2017).

Essa previsão corresponde ao art. 345 do CPC de 2015.

Ainda que ausente o reclamado, presente o advogado na audiência, devem ser aceitos a contestação e os documentos eventualmente apresentados (art. 844, § 5.º, da CLT, acrescentado pela Lei 13.467/2017).

A contestação e os mencionados documentos, ao serem aceitos e juntados aos autos, podem elidir, ainda que em parte, a presunção relativa de veracidade das alegações feitas pelo autor (confissão quanto à matéria de fato) decorrente da revelia, o que deve ser analisado em cada caso. Com isso, entende-se que fica parcialmente afetada a Súmula 122 do TST.

3. CONFISSÃO

A confissão é a admissão, pela parte, da verdade de um fato, contrário ao seu interesse, mas favorável ao adversário (art. 389 do CPC de 2015).

A confissão pode ser real ou ficta. A confissão real é o expresso reconhecimento, pela parte, de fato contrário ao seu interesse. A confissão ficta, por seu turno, envolve presunção relativa de veracidade dos fatos alegados pela parte contrária. Ocorre quando a parte, embora tenha sido intimada a comparecer à audiência, para prestar depoimento pessoal, sob pena de confissão, não comparece (Súmula 74 do TST).

Em consonância com o art. 385 do CPC de 2015, cabe à parte requerer o depoimento pessoal da outra, a fim de ser interrogada na audiência de instrução e julgamento, sem prejuízo do poder do juiz de ordená-lo de ofício. Se a parte, pessoalmente intimada para prestar depoimento pessoal e advertida da pena de confesso, não comparecer ou, comparecendo, se recusar a depor, o juiz deve aplicar-lhe a pena de confissão.

No caso de revelia, como principal consequência, há a presunção relativa de veracidade dos fatos alegados pelo autor, o que também corresponde à confissão ficta (art. 844, *caput*, da CLT).

A confissão ficta também pode ocorrer quando a parte, sem motivo justificado, deixar de responder ao que lhe for perguntado ou empregar evasivas. Nesse caso, o juiz, apreciando as demais circunstâncias e os elementos de prova, deve declarar, na sentença, se houve recusa de depor (art. 386 do CPC de 2015).

A confissão também pode ser judicial ou extrajudicial. A confissão judicial, como o nome indica, é obtida em juízo, por meio do depoimento pessoal.

Pode-se dizer que, mesmo no caso de interrogatório, determinado pelo juiz, se a parte reconhece algum fato contrário ao seu interesse, mas favorável ao adversário, também se observa confissão judicial e real.

A confissão extrajudicial, principalmente se feita pelo empregado, durante o contrato de trabalho, deve ser objeto de verificação quanto à sua validade, em especial quanto à higidez da manifestação da vontade. Exemplificando, pode-se defender que não seria válida a confissão extrajudicial do empregado, no sentido de que não trabalhou em condições perigosas, se na realidade dos fatos isso ocorria.

Ademais, não é válida como confissão a admissão, em juízo, de fatos relativos a direitos indisponíveis (art. 392 do CPC de 2015), como ocorre, em regra, com os direitos da personalidade (art. 11 do Código Civil de 2002). Essa regra pode ser interpretada, de forma extensiva, também quanto à confissão extrajudicial.

A confissão será ineficaz se feita por quem não for capaz de dispor do direito a que se referem os fatos confessados (art. 392, § 1.º, do CPC de 2015). Se feita a confissão por um representante, somente é eficaz nos limites em que este pode vincular o representado (art. 392, § 2.º, do CPC de 2015).

Pode-se defender que, no caso de conflito decorrente de relação de emprego, o maior de 16 anos, e menor de 18 anos, se assistido pelo representante legal, pode confessar, uma vez que pode firmar contrato de trabalho e assinar recibo de salário (art. 439 da CLT).

A confissão pode ser classificada, ainda, em espontânea e provocada. A confissão provocada é aquela obtida por meio das respostas da parte, no depoimento pessoal. Nesse sentido, de acordo com o art. 390, § 2.º, do CPC, a confissão provocada deve constar do termo de depoimento pessoal.

A consequência da confissão é o reconhecimento de serem verdadeiros os fatos narrados pela parte contrária.

A confissão ficta, como estudado anteriormente, gera apenas a presunção relativa de veracidade dos fatos alegados pela parte contrária, conforme prevê a Súmula 74 do TST.

Havendo confissão (real ou ficta), é cabível o indeferimento de prova testemunhal, nos termos do art. 374, inciso II, do CPC de 2015.

✦ Súmulas, Orientações Jurisprudenciais e Precedentes Normativos

Súmula 9 do TST: Ausência do reclamante. A ausência do reclamante, quando adiada a instrução após contestada a ação em audiência, não importa arquivamento do processo.

Súmula 74 do TST: Confissão.
I – Aplica-se a confissão à parte que, expressamente intimada com aquela cominação, não comparecer à audiência em prosseguimento, na qual deveria depor.
II – A prova pré-constituída nos autos pode ser levada em conta para confronto com a confissão ficta (arts. 442 e 443 do CPC de 2015 – art. 400, I, do CPC de 1973), não implicando cerceamento de defesa o indeferimento de provas posteriores.
III – A vedação à produção de prova posterior pela parte confessa somente a ela se aplica, não afetando o exercício, pelo magistrado, do poder/dever de conduzir o processo.

Súmula 122 do TST: Revelia. Atestado médico (incorporada a Orientação Jurisprudencial 74 da SBDI-1) – Res. 129/2005, *DJ* 20, 22 e 25.04.2005. A reclamada, ausente à audiência em que deveria apresentar defesa, é revel, ainda que presente seu advogado munido de procuração, podendo ser ilidida a revelia mediante a apresentação de atestado médico, que deverá declarar, expressamente, a impossibilidade de locomoção do empregador ou do seu preposto no dia da audiência.

Súmula 377 do TST: Exceto quanto à reclamação de empregado doméstico, ou contra micro ou pequeno empresário, o preposto deve ser necessariamente empregado do reclamado. Inteligência do art. 843, § 1.º, da CLT e do art. 54 da Lei Complementar 123, de 14 de dezembro de 2006.

Orientação Jurisprudencial 245 da SBDI-I do TST: Revelia. Atraso. Audiência. Inexiste previsão legal tolerando atraso no horário de comparecimento da parte na audiência.

Art. 845. O reclamante e o reclamado comparecerão à audiência acompanhados das suas testemunhas, apresentando, nessa ocasião, as demais provas.

1. COMPARECIMENTO DE TESTEMUNHAS À AUDIÊNCIA

Quanto ao comparecimento, as testemunhas devem estar acompanhadas das partes. A rigor, não há previsão de rol de testemunhas na CLT.

Efetivamente, nos termos do art. 825 da CLT, as testemunhas devem comparecer à audiência independentemente de notificação ou intimação. As que não comparecerem devem ser intimadas, de ofício ou a requerimento da parte, ficando sujeitas à condução coercitiva, além das penalidades do art. 730 da CLT (multa prevista para aqueles que se recusarem a depor como testemunhas, sem motivo justificado), caso, sem motivo justificado, não atendam à intimação (parágrafo único do art. 825).

Nos termos do art. 10 da Lei 13.869/2019, considera-se crime (de abuso de autoridade) decretar a condução coercitiva de testemunha ou investigado manifestamente descabida ou sem prévia intimação de comparecimento ao juízo, com previsão de pena de detenção, de um a quatro anos, e multa.

O art. 845 da CLT estabelece que o reclamante e o reclamado devem comparecer à audiência acompanhados das suas testemunhas, apresentando, nessa ocasião, as demais provas.

No procedimento ordinário, de forma distinta, o art. 845 da CLT não exige que a parte comprove que convidou as testemunhas.

Art. 846. Aberta a audiência, o juiz ou presidente proporá a conciliação.

§ 1.º Se houver acordo lavrar-se-á termo, assinado pelo presidente e pelos litigantes, consignando-se o prazo e demais condições para seu cumprimento.

§ 2.º Entre as condições a que se refere o parágrafo anterior, poderá ser estabelecida a de ficar a parte que não cumprir o acordo obrigada a satisfazer integralmente o pedido ou pagar uma indenização convencionada, sem prejuízo do cumprimento do acordo.

1. PROPOSTA DE CONCILIAÇÃO

O art. 846, § 1.º, da CLT estabelece que se houver acordo, deve-se lavrar termo, assinado pelo juiz e pelas partes litigantes, consignando-se o prazo e as demais condições para seu cumprimento.

Entre as condições que podem ser previstas no acordo, pode ser estabelecida a de ficar a parte que não cumprir o acordo obrigada a satisfazer integralmente o pedido ou pagar uma indenização convencionada, sem prejuízo do cumprimento do acordo.

Embora a CLT não utilize o termo homologação, ao tratar do acordo judicial, normalmente é assim que se procede. Não obstante, o juiz pode se negar a homologar acordo, quando este apresente algum vício de forma ou de conteúdo. Sobre o tema, cf. a Súmula 418 do TST.

✦ Súmulas, Orientações Jurisprudenciais e Precedentes Normativos

Súmula 100 do TST: Ação rescisória. Decadência. [...] V – O acordo homologado judicialmente tem força de decisão irrecorrível, na forma do art. 831 da CLT. Assim sendo, o termo conciliatório transita em julgado na data da sua homologação judicial.

Súmula 259 do TST: Termo de conciliação. Ação rescisória. Só por ação rescisória é impugnável o termo de conciliação previsto no parágrafo único do art. 831 da CLT.

Súmula 418 do TST: Mandado de segurança visando à homologação de acordo (nova redação em decorrência do CPC de 2015). A homologação de acordo constitui faculdade do juiz, inexistindo direito líquido e certo tutelável pela via do mandado de segurança.

Orientação Jurisprudencial 132 SBDI-II do TST: Ação rescisória. Acordo homologado. Alcance. Ofensa à coisa julgada. Acordo celebrado – homologado judicialmente – em que o empregado dá plena e ampla quitação, sem qualquer ressalva, alcança não só o objeto da inicial, como também todas as demais parcelas referentes ao extinto contrato de trabalho, violando a coisa julgada, a propositura de nova reclamação trabalhista.

Art. 847. Não havendo acordo, o reclamado terá vinte minutos para aduzir sua defesa, após a leitura da reclamação, quando esta não for dispensada por ambas as partes.

Parágrafo único. A parte poderá apresentar defesa escrita pelo sistema de processo judicial eletrônico até a audiência.

1. CONTESTAÇÃO

A contestação pode ser entendida como a principal modalidade de defesa do réu.

Trata-se de direito, bem como de ônus, uma vez que o réu, se não apresentar a contestação, pode sofrer consequências negativas em razão de sua inércia.

Concretiza-se, com isso, a garantia constitucional da ampla defesa e do contraditório (art. 5.º, inciso LV, da Constituição Federal de 1988).

Apesar da previsão de apresentação de defesa verbal, na prática, normalmente é exposta na forma escrita.

Na contestação, incumbe ao réu alegar toda a matéria de defesa, expondo as razões de fato e de direito com que impugna o pedido do autor (art. 336 do CPC de 2015).

Incide, assim, o chamado *princípio da eventualidade*. Mesmo que o réu esteja seguro quanto a certa preliminar, deve alegar toda a matéria de defesa na contestação, sob pena de preclusão, não podendo mais mencioná-la, assim, posteriormente.

Nesse sentido, depois da contestação, só é lícito ao réu deduzir novas alegações quando (art. 342 do CPC de 2015):

I – relativas a direito ou a fato superveniente;

II – competir ao juiz conhecer delas de ofício;

III – por expressa autorização legal, puderem ser formuladas em qualquer tempo e grau de jurisdição.

Embora o art. 335, parte final, do CPC de 2015 disponha que cabe ao réu, na contestação, especificar as provas que pretende produzir, essa previsão não é obrigatória no processo do trabalho, pois as partes apresentam as suas provas em audiência (art. 845 da CLT). Ainda assim, as contestações bem elaboradas costumam fazer menção às provas que o réu pretende produzir. Especificamente quanto à prova documental, incumbe à parte instruir a petição inicial ou a contestação com os documentos destinados a provar-lhe as alegações (art. 434 do CPC de 2015).

O art. 2.º, inciso V, da Instrução Normativa 39/2016 do TST prevê que não se aplica ao processo do trabalho, em razão de inexistência de omissão ou por incompatibilidade, o art. 335 do CPC de 2015, sobre prazo para contestação.

Cabe ao réu, no entanto, antes de discutir o mérito, ou seja, de forma preliminar, alegar as seguintes questões processuais (art. 337 do CPC de 2015):

I – inexistência ou nulidade da citação;

II – incompetência absoluta e relativa;

III – incorreção do valor da causa;

IV – inépcia da petição inicial;

V – perempção;

VI – litispendência;

VII – coisa julgada;

VIII – conexão;

IX – incapacidade da parte, defeito de representação ou falta de autorização;

X – convenção de arbitragem;

XI – ausência de legitimidade ou de interesse processual;

XII – falta de caução ou de outra prestação que a lei exige como preliminar;

XIII – indevida concessão do benefício de gratuidade de justiça.

A existência de convenção de arbitragem não pode ser conhecida de ofício pelo juiz (art. 337, § 5.º, do CPC de 2015).

Por isso, a ausência de alegação da existência de convenção de arbitragem implica aceitação da jurisdição estatal e renúncia ao juízo arbitral (art. 337, § 6.º, do CPC de 2015).

No processo do trabalho, tendo em vista a concentração dos atos processuais na audiência, pode-se dizer que a convenção de arbitragem pode ser alegada, pelo réu, como preliminar, na contestação, a ser apresentada em audiência (art. 847 da CLT).

A convenção de arbitragem (art. 337, inciso X, do CPC de 2015), embora possa ser alegada pelo réu, nem sempre produzirá efeitos no âmbito das relações individuais de emprego, pois a arbitragem só é admitida nas hipóteses do art. 507-A da CLT, bem como nas relações coletivas de trabalho (art. 114, §§ 1.º e 2.º, da Constituição da República).

De todo modo, se for acolhida a alegação de existência de convenção de arbitragem ou quando o juízo arbitral reconhecer sua competência, o processo deve ser extinto sem resolução de mérito (art. 485, inciso VII, do CPC de 2015).

A falta de caução ou de outra prestação, que a lei exige como preliminar (art. 337, inciso XII, do CPC de 2015), por sua vez, é hipótese de difícil visualização concreta no processo do trabalho, principalmente se o autor for trabalhador com direito aos benefícios da justiça gratuita.

Verifica-se a litispendência ou a coisa julgada, quando se reproduz ação anteriormente ajuizada (art. 337, § 1.º, do CPC de 2015).

Uma ação é idêntica à outra quando tem as mesmas partes, a mesma causa de pedir e o mesmo pedido (art. 337, § 2.º, do CPC de 2015).

Há litispendência quando se repete ação, que está em curso (art. 337, § 3.º, do CPC de 2015).

Há coisa julgada quando se repete ação que já foi decidida por decisão transitada em julgado (art. 337, § 4.º, do CPC de 2015).

Se o réu alegar, na contestação, que é parte ilegítima ou que não é o responsável pelo prejuízo invocado, o juiz facultará ao autor, em 15 dias, a alteração da petição inicial para substituição do réu (art. 338 do CPC de 2015).

Uma vez realizada essa substituição, o autor deve reembolsar as despesas e pagar honorários (se cabíveis) ao procurador do réu excluído, que devem ser fixados entre três e cinco por cento do valor da causa ou, sendo este irrisório, nos termos do art. 85, § 8.º, do CPC, que prevê a fixação do valor dos honorários, pelo juiz, por apreciação equitativa (art. 338, parágrafo único, do CPC de 2015).

Quando alegar sua ilegitimidade, incumbe ao réu indicar o sujeito passivo da relação jurídica discutida sempre que tiver conhecimento, sob pena de arcar com as despesas processuais e de indenizar o autor pelos prejuízos decorrentes da falta da indicação (art. 339 do CPC de 2015).

Se for aceita a indicação pelo autor, este, no prazo de 15 dias, deve proceder à alteração da petição inicial para a substituição do réu, observando-se, ainda, o parágrafo único do art. 338 do CPC de 2015, supraindicado.

No prazo de 15 dias, o autor pode optar por alterar a petição inicial para incluir, como litisconsorte passivo, o sujeito indicado pelo réu.

Excetuada a convenção de arbitragem, o juiz deve conhecer de ofício da matéria anteriormente arrolada (art. 337, § 5.º, do CPC de 2015).

Por se tratar de matérias de defesa que o juiz deve conhecer de ofício, podem ser chamadas de *objeções*.

Após a alegação das preliminares, cabe ao réu alegar, se for o caso, a prescrição e a decadência, bem como matérias relativas à defesa do mérito propriamente, abrangendo questões de fato e de direito.

Sendo assim, quanto ao mérito, o réu pode negar os fatos alegados pelo autor (defesa direta de mérito); admiti-los, mas alegar fatos impeditivos, modificativos ou extintivos (defesa indireta de mérito, também chamada de exceção material); admiti-los, mas alegar que o Direito não assegura a consequência postulada pelo autor (defesa direta de mérito em matéria de direito).

Além do princípio da eventualidade, também se aplica à contestação o *ônus de impugnação especificada dos fatos*.

Portanto, incumbe também ao réu manifestar-se precisamente sobre as alegações de fato constantes da petição inicial (art. 341 do CPC de 2015).

Presumem-se verdadeiras as alegações de fato não impugnadas. Trata-se de presunção relativa, a qual pode ser elidida por prova em contrário, constante dos autos.

Essa presunção de veracidade das alegações de fato não impugnadas, entretanto, não se aplica se: I – não for admissível, a seu respeito, a confissão; II – a petição inicial não estiver acompanhada de instrumento que a lei considerar da substância do ato; III – estiverem em contradição com a defesa, considerada em seu conjunto.

Esse ônus da impugnação especificada dos fatos não se aplica ao defensor público, ao advogado dativo e ao curador especial (art. 341, parágrafo único, do CPC de 2015).

Sendo assim, interpretando-se o art. 793 da CLT, de forma extensiva, ou seja, também quanto ao polo passivo, se o menor de 18 anos é réu na ação trabalhista (ou em ação de consignação em pagamento), não tendo representantes legais, o ônus de impugnação especificada dos fatos não se aplicaria ao Ministério Público do Trabalho, ao Ministério Público estadual, nem ao curador nomeado em juízo.

2. APRESENTAÇÃO DE DEFESA EM PROCESSO ELETRÔNICO

O art. 847, parágrafo único, da CLT, acrescentado pela Lei 13.467/2017, dispõe que a parte pode apresentar defesa escrita pelo sistema de *processo judicial eletrônico* até a audiência.

A respeito do tema, o art. 22 da Resolução 185/2017 do Conselho Superior da Justiça do Trabalho prevê que a contestação ou a reconvenção e seus respectivos documentos devem ser protocolados no PJe até a realização da proposta de conciliação infrutífera, com a utilização de equipamento próprio, sendo automaticamente juntados, facultada a apresentação de defesa oral, na forma do art. 847 da CLT (redação dada pela Resolução CSJT 241/2019).

Entretanto, no expediente de notificação inicial ou de citação constará recomendação para que a contestação ou a reconvenção e os documentos que as acompanham sejam protocolados no PJe com pelo menos 48 horas de antecedência da audiência (art. 22, § 1.º, da Resolução CSJT 185/2017).

O autor pode atribuir segredo de justiça ao processo no momento da propositura da ação, cabendo ao magistrado, após a distribuição, decidir sobre a manutenção ou exclusão dessa situação, nos termos do art. 189 do CPC e art. 770, *caput*, da CLT (art. 22, § 2.º, da Resolução CSJT 185/2017).

Com exceção da petição inicial, as partes podem atribuir sigilo às petições e documentos, nos termos do parágrafo único do art. 773 do CPC (art. 22, § 3.º, da Resolução CSJT 185/2017).

Com exceção da defesa, da reconvenção e dos documentos que os acompanham, o magistrado pode determinar a exclusão de petições e documentos indevidamente protocolados sob sigilo, observado o art. 15 da mencionada Resolução (art. 22, § 4.º, da Resolução CSJT 185/2017).

O réu pode atribuir sigilo à contestação e à reconvenção, bem como aos documentos que as acompanham, devendo o magistrado retirar o sigilo caso frustrada a tentativa conciliatória (art. 22, § 5.º, da Resolução CSJT 185/2017).

3. RECONVENÇÃO

A reconvenção, embora seja uma das possíveis respostas do réu (art. 343 do CPC de 2015), tem natureza de ação por este ajuizada em face do autor originário da demanda.

Por meio da reconvenção o réu passa a ser autor nessa nova ação (réu reconvinte), formulando pedido em face do autor original, o qual passa a ser réu na reconvenção (autor reconvindo).

Embora a reconvenção seja ação judicial, é ajuizada de forma incidental no processo já existente. Na atualidade, entende-se cabível a reconvenção no processo do trabalho, pois a CLT é omissa a respeito do tema, havendo compatibilidade com os preceitos daquele. A reconvenção está em harmonia com o princípio da economia processual, permitindo a solução do conflito de forma mais célere e eficaz, isto é, no mesmo processo, o que evita a necessidade de instauração de nova relação processual.

A reconvenção deve ser apresentada na contestação. Anteriormente, quando em vigor o Código de Processo Civil de 1973, a reconvenção era apresentada em peça autônoma (art. 299 do CPC de 1973). Com o CPC de 2015, a reconvenção passou a ser apresentada na (petição de) contestação (art. 343 do CPC de 2015).

Desse modo, no processo do trabalho, a reconvenção deve ser oferecida na audiência, na própria contestação (art. 847 da CLT).

A reconvenção pode ser apresentada até mesmo de forma oral, em audiência, dentro do mesmo prazo de 20 minutos de defesa, previsto no art. 847 da CLT. Entretanto, normalmente a reconvenção é apresentada por escrito. Por se tratar de ação, a reconvenção deve observar os requisitos da petição inicial.

Admite-se que o réu, embora seja revel, por não ter contestado, apresente reconvenção, quando existente conexão com a ação principal. Vale dizer, não é imprescindível à reconvenção a existência de contestação.

Nesse sentido, o art. 343, § 6.º, do CPC de 2015 dispõe que o réu pode propor reconvenção independentemente de oferecer contestação.

Para que a reconvenção seja admitida, é necessário que o juiz seja competente, de forma absoluta, para o seu julgamento. Exemplificando, se o juiz da ação principal é incompetente, em razão da matéria, para decidir a respeito da reconvenção, esta não é cabível. Portanto, a Justiça do Trabalho deve ser competente, em termos absolutos, para julgar a reconvenção.

Entretanto, mesmo que o juiz da ação principal seja relativamente incompetente para a reconvenção (em especial na competência em razão do lugar), prorroga-se, no caso, a competência. Nesse sentido, segundo o art. 61 do CPC de 2015, a ação acessória deve ser proposta no juízo competente para a ação principal.

Sendo a Justiça do Trabalho competente para decidir o conflito, a reconvenção pode ser proposta contra o autor e terceiro (art. 343, § 3.º, do CPC de 2015).

Do mesmo modo, a reconvenção também pode ser proposta pelo réu em litisconsórcio com terceiro (art. 343, § 4.º, do CPC de 2015).

Na contestação, é lícito ao réu propor reconvenção para manifestar pretensão própria, *conexa com a ação principal ou com o fundamento da defesa* (art. 343 do CPC de 2015).

Portanto, para que a reconvenção seja cabível, deve haver conexão com a ação principal ou mesmo com a defesa. Segundo o art. 55 do CPC de 2015, reputam-se conexas duas ou mais ações quando lhes for comum o pedido ou a causa de pedir (fatos e fundamentos jurídicos). Especificamente quanto à reconvenção, admite-se a conexão não apenas em face da ação principal, mas também com o fundamento da defesa, vale dizer, quando a matéria da reconvenção estiver relacionada com o alegado na defesa.

Ademais, se o procedimento aplicado na ação principal tiver natureza dúplice, ou for admitido o pedido contraposto, como se verifica na ação de consignação em pagamento (arts. 544, inciso IV, e 545, § 2.º, do CPC de 2015), ação de exigir contas (art. 552 do CPC de 2015), ação possessória (art. 556 do CPC de 2015), não se verifica interesse processual, no aspecto da necessidade, para a reconvenção.

Não obstante, cabe ressaltar que, se a pretensão do réu não coincide com pedido meramente contraposto, tendo natureza distinta, pode se tornar cabível a reconvenção. Por exemplo, se na ação de consignação em pagamento o pedido do consignado não é apenas de recebimento de diferenças devidas pelo autor consignante, mas sim de condenação deste em parcelas de natureza diversa, pode se tornar cabível a reconvenção.

Discute-se, ainda, a respeito do cabimento da reconvenção no procedimento sumaríssimo.

No processo civil, no procedimento (sumaríssimo) do Juizado Especial Cível, a Lei 9.099/1995, no art. 31, prevê que não se admite a reconvenção. Entretanto, permite-se ao réu, na contestação, formular pedido em seu favor, nos limites da competência do Juizado Especial Cível, desde que fundado nos mesmos fatos que constituem objeto da controvérsia. Ou seja, admite-se apenas o pedido contraposto. Ademais, havendo pedidos contrapostos, a contestação formal pode ser dispensada, e ambos devem ser apreciados na mesma sentença (art. 17, parágrafo único, da Lei 9.099/1995).

Com isso, há entendimento de que no procedimento sumaríssimo trabalhista, em razão do mesmo objetivo de celeridade, também não se admite a reconvenção, mas apenas o pedido contraposto.

No processo do trabalho, sendo a reconvenção apresentada na audiência, na própria contestação, deve-se designar nova audiência, para que o autor reconvindo possa oferecer resposta à reconvenção na próxima audiência. A instrução processual será comum, tanto para a ação como para a reconvenção. Se o autor reconvindo não apresentar contestação à reconvenção, será considerado revel e confesso quanto à matéria de fato alegada na reconvenção.

Discute-se, entretanto, a respeito do número total de testemunhas no processo. É possível entendimento diverso, no sentido de que, por ter a reconvenção natureza de ação, embora incidental, o réu reconvinte tem direito de ouvir outras três testemunhas (tratando-se de procedimento ordinário), diversas das testemunhas que pode ouvir como réu na ação principal.

Observa-se certa autonomia da reconvenção em face da ação principal. Isso se confirma pela regra de que a desistência da ação principal ou a ocorrência de causa extintiva que impeça o exame de seu mérito não obsta ao prosseguimento do processo quanto à reconvenção (art. 343, § 2.º, do CPC de 2015).

É possível, por meio de decisão interlocutória, o indeferimento liminar da reconvenção, quando esta não seja cabível, e mesmo o julgamento liminar de improcedência do pedido nela formulado.

Como a reconvenção tem natureza de ação, aplica-se o art. 332 do CPC de 2015, no sentido de que, nas causas que dispensem a fase instrutória, o juiz, independentemente da citação do réu, deve julgar liminarmente improcedente o pedido que contrariar: enunciado de súmula do Supremo Tribunal Federal ou do Superior Tribunal de Justiça (no processo do trabalho, súmula do TST); acórdão proferido pelo Supremo Tribunal Federal ou pelo Superior Tribunal de Justiça (no processo do trabalho, pelo TST) em julgamento de recursos repetitivos; entendimento firmado em incidente de resolução de demandas repetitivas ou de assunção de competência; enunciado de súmula de tribunal de justiça (no processo do trabalho, de TRT) sobre direito local. O juiz também pode julgar liminarmente improcedente o pedido se verificar, desde logo, a ocorrência de decadência ou de prescrição (art. 332, § 1.º, do CPC). Entretanto, no processo do trabalho prevalece o entendimento de que o juiz não é autorizado a reconhecer, de ofício, a prescrição.

Não ocorrendo o indeferimento liminar da reconvenção ou a improcedência liminar do pedido formulado na reconvenção, com o objetivo de evitar decisões contraditórias, entende-se que devem ser julgadas na mesma sentença a ação e a reconvenção.

Como a reconvenção não se confunde com a ação principal, a sentença deve conter fundamentação e conclusão para cada uma delas, inclusive a respeito de condenação em custas e despesas processuais de forma separada.

O recurso cabível da sentença que julga a ação principal e a reconvenção é o ordinário. Se a reconvenção for indeferida liminarmente, ou o seu pedido for julgado improcedente de forma liminar, por se tratar de decisão interlocutória, não é cabível recurso de imediato (art. 893, § 1.º, da CLT), podendo a questão ser objeto de recurso quando da decisão final.

✦ Súmulas, Orientações Jurisprudenciais e Precedentes Normativos

Orientação Jurisprudencial 415 da SBDI-I do TST: Horas extras. Reconhecimento em juízo. Critério de dedução/abatimento dos valores comprovadamente pagos no curso do contrato de trabalho. A dedução das horas extras comprovadamente pagas daquelas reconhecidas em juízo não pode ser limitada ao mês de apuração, devendo ser integral e aferida pelo total das horas extraordinárias quitadas durante o período imprescrito do contrato de trabalho (*DEJT* 15.02.2012).

✦ Referência legislativa

- Art. 5.º, LV, da CF.

Art. 848. Terminada a defesa, seguir-se-á a instrução do processo, podendo o presidente, *ex officio* ou a requerimento de qualquer juiz temporário, interrogar os litigantes.

§ 1.º Findo o interrogatório, poderá qualquer dos litigantes retirar-se, prosseguindo a instrução com o seu representante.

§ 2.º Serão, a seguir, ouvidas as testemunhas, os peritos e os técnicos, se houver.

1. INTERROGATÓRIO DOS LITIGANTES

O art. 848 da CLT dispõe que, uma vez terminada a defesa, deve-se seguir a instrução do processo, podendo o juiz, de ofício, "interrogar os litigantes". Como não existe mais representação classista na Justiça do Trabalho, não mais se aplica a previsão de "requerimento de qualquer juiz temporário".

Discute-se, portanto, a respeito do sistema adotado pela CLT, isto é, se apenas de interrogatório, ou também de depoimento pessoal.

Embora a leitura dos arts. 820 e 848 da CLT possa indicar a adoção do sistema de interrogatório, o qual é faculdade do juiz, a jurisprudência majoritária entende que as partes têm o direito de requerer o depoimento pessoal, visando à confissão da parte contrária, em respeito ao direito à prova e à ampla defesa. Isso é confirmado pela Súmula 74 do TST.

✦ Súmulas, Orientações Jurisprudenciais e Precedentes Normativos

Súmula 74 do TST: Confissão.

I – Aplica-se a confissão à parte que, expressamente intimada com aquela cominação, não comparecer à audiência em prosseguimento, na qual deveria depor.

II – A prova pré-constituída nos autos pode ser levada em conta para confronto com a confissão ficta (arts. 442 e 443 do CPC de 2015 – art. 400, I, do CPC de 1973), não implicando cerceamento de defesa o indeferimento de provas posteriores.

III – A vedação à produção de prova posterior pela parte confessa somente a ela se aplica, não afetando o exercício, pelo magistrado, do poder/dever de conduzir o processo.

Art. 849. A audiência de julgamento será contínua; mas, se não for possível, por motivo de força maior, concluí-la no mesmo dia, o juiz ou presidente marcará a sua continuação para a primeira desimpedida, independentemente de nova notificação.

1. AUDIÊNCIA

A audiência deve ser contínua. Não obstante, se não for possível, por motivo de força maior, concluí-la no mesmo dia, o juiz deve marcar a sua continuação para a primeira desimpedida, independentemente de nova notificação.

Em sentido semelhante, o art. 365 do CPC de 2015 prevê que a "audiência é una e contínua", podendo ser excepcional e justificadamente cindida na ausência do perito ou de testemunha, desde que haja concordância das partes.

Diante da impossibilidade de realização da instrução, do debate e do julgamento no mesmo dia, o juiz deve marcar seu prosseguimento para a data mais próxima possível, em pauta preferencial.

Se não for possível concluir, em um só dia, a instrução, o debate e o julgamento, o juiz deve marcar o seu prosseguimento para dia próximo.

Observa-se, portanto, a concentração dos atos processuais em audiência.

Art. 850. Terminada a instrução, poderão as partes aduzir razões finais, em prazo não excedente de 10 (dez) minutos para cada uma. Em seguida, o juiz ou presidente renovará a proposta de conciliação, e não se realizando esta, será proferida a decisão.

Parágrafo único. O Presidente da Junta, após propor a solução do dissídio, tomará os votos dos vogais e, havendo divergência entre estes, poderá desempatar ou proferir decisão que melhor atenda ao cumprimento da lei e ao justo equilíbrio entre os votos divergentes e ao interesse social.

1. RAZÕES FINAIS

Uma vez terminada a instrução, as partes podem aduzir razões finais, em prazo não excedente de 10 minutos para cada uma. Não há previsão de prorrogação desse prazo, diferentemente do processo civil (art. 364, *caput*, parte final, do CPC de 2015).

No processo do trabalho, as razões finais são orais, mas devem ser transcritas na ata de audiência. A parte, assim, não tem o direito de exigir a concessão de prazo para apresentação de razões finais por escrito ("memoriais"), embora muitas vezes o juiz assim defira, principalmente quando a causa apresentar questões com maior complexidade de fato ou de direito (com fundamento no art. 364, § 2.º, do CPC de 2015), caso o julgamento não possa ser proferido na mesma audiência.

Na hipótese de litisconsórcio ativo e facultativo, isto é, mais de um autor, entende-se que o prazo de 10 minutos para razões finais é comum para todo o polo ativo, pois os próprios demandantes preferiram ajuizar a ação em litisconsórcio, além do que a matéria normalmente é a mesma.

No processo civil, o CPC de 2015, ao tratar das razões finais, especificamente quanto ao "debate oral", prevê que, se houver "litisconsorte ou terceiro interveniente, o prazo, que formará com o da prorrogação um só todo, dividir-se-á entre os do mesmo grupo, se não convencionarem de modo diverso" (art. 364, § 1.º).

Não obstante, tratando-se de litisconsórcio passivo, o mais adequado e justo seria conceder o prazo de 10 minutos para cada réu, pois, diferentemente da primeira hipótese, não foi opção deles figurar no polo passivo, em litisconsórcio.

Nas razões finais, cabe à parte apresentar, resumidamente, os principais pontos favoráveis à tese defendida, inclusive as provas produzidas, que demonstrem as suas alegações.

Art. 851. Os trâmites de instrução e julgamento da reclamação serão resumidos em ata, de que constará, na íntegra, a decisão.

§ 1.º Nos processos de exclusiva alçada das Juntas, será dispensável, a juizo do presidente, o resumo dos depoimentos, devendo constar da ata a conclusão do Tribunal quanto à matéria de fato.

§ 2.º A ata será, pelo presidente ou juiz, junta ao processo, devidamente assinada, no prazo improrrogável de 48 (quarenta e oito) horas, contado da audiência de julgamento, e assinada pelos juízes classistas presentes à mesma audiência.

1. ATA DE AUDIÊNCIA

Se a ata da audiência de julgamento, contendo a sentença, não for juntada aos autos no prazo de 48 horas, contado da referida audiência, as partes devem ser intimadas da sentença, iniciando-se o prazo para recurso somente a partir dessa intimação. Nesse sentido, prevê a Súmula 30 do TST.

Diversamente, se a ata contando a sentença for juntada aos autos no referido prazo de 48 horas, contados da audiência de julgamento, não há necessidade de intimação das partes. Nesse caso, há divergência a respeito do início do prazo para recurso. Há quem considere que o prazo se inicia da própria audiência de julgamento, mesmo ainda não estando a sentença juntada aos autos, enquanto o entendimento divergente sustenta que o mencionado prazo tem início apenas com a juntada da sentença aos autos. Defende-se, aqui, o entendimento de que o prazo só pode iniciar com a sentença juntada aos autos, sob pena de ofensa ao direito constitucional à ampla defesa. Afinal, sem a sentença nos autos, a parte não tem como apresentar as razões de seu recurso de forma efetiva. Entretanto, para evitar riscos, cabe à parte interpor o recurso considerando o início do prazo da própria audiência de julgamento.

2. PROCEDIMENTO DE ALÇADA

O procedimento de alçada é aquele em que o valor da causa é de até dois salários mínimos, conforme o art. 2.º, § 3.º, da Lei 5.584/1970.

Em razão da Lei 9.957/2000, que institui o procedimento sumaríssimo, para procedimentos até 40 salários mínimos, discute-se a respeito da revogação (tácita) do procedimento de alçada.

Defende-se o entendimento de que, como a norma geral não revoga a especial (art. 2.º, § 2.º, da Lei de Introdução às Normas do Direito Brasileiro), o procedimento de alçada, por ser mais específico, permanece em vigor.

Sendo assim, nos termos do art. 2.º, § 3.º, da Lei 5.584/1970, quando o valor da causa for de até duas vezes o salário mínimo (devendo-se considerar, para esse fim, o valor do salário mínimo à data do ajuizamento da ação), é dispensável o resumo dos depoimentos, devendo constar da ata a conclusão do juiz quanto à matéria de fato. Isso é confirmado pelo art. 851 § 1.º, da CLT.

Trata-se dos chamados "dissídios de alçada", hipóteses em que, salvo se versarem sobre matéria constitucional, nenhum recurso é cabível das sentenças neles proferidas (art. 2.º, § 4.º, da Lei 5.584/1970).

Portanto, da sentença proferida no procedimento de alçada, havendo violação de dispositivo constitucional (art. 102, III, da Constituição da República), e demonstrada a repercussão geral (art. 102, § 3.º, da Constituição Federal de 1988, acrescentado pela Emenda Constitucional 45/2004), admite-se o cabimento de recurso extraordinário, de competência do STF. Nesse sentido, cf. a Súmula 640 do STF. Além disso, naturalmente, entende-se que são cabíveis os embargos de declaração.

Entretanto, cabe registrar o entendimento de que nas causas de valor de alçada não excedente a dois salários mínimos, quando presente *matéria constitucional*, é cabível recurso ordinário (TST, RR 267-73.2012.5.09.0325).

Nessa linha, conforme as referências legislativas da Súmula 640 do STF, as causas de alçada nela indicadas dizem respeito ao art. 34 da Lei 6.830/1980, sobre execução fiscal, e não ao processo do trabalho. Logo, nas causas de alçada do art. 2.º, § 4.º, da Lei 5.584/1970, aplica-se a Súmula 281 do STF, ao prever ser inadmissível o recurso extraordinário, quando couber, na Justiça de origem, recurso da decisão impugnada. Cf. STF, 2.ª T., AgR-RE 638.224/SP, Rel. Min. Celso de Mello, *DJe* 21.06.2011. STF, 1.ª T., AgR-RE 632.365/RJ, Rel. Min. Dias Toffoli, *DJe* 11.11.2011.

Em termos práticos, mesmo quando o valor da causa da ação trabalhista é de até dois salários mínimos, o feito é formalmente registrado como procedimento sumaríssimo, seguindo o rito deste, mesmo porque se trata de dissídio individual cujo valor não excede a 40 vezes o salário mínimo vigente na data do ajuizamento da ação (art. 852-A da CLT), devendo, entretanto, observar a mencionada restrição quanto ao cabimento de recursos no dissídio de alçada.

✦ Jurisprudência

Recurso de revista. Não conhecimento do recurso ordinário. Alçada recursal. Valor da causa inferior a dois salários mínimos. Ação de nulidade de cláusulas de convenção coletiva que vedam o trabalho aos domingos no comércio. Discussão que envolve o reconhecimento de norma coletiva. Matéria disciplinada em dispositivo constitucional (art. 7.º, XXVI). Recurso ordinário cabível. 1. A Corte de origem não conheceu do recurso ordinário do Ministério Público do Trabalho ao entendimento de que, "nas causas de valor de alçada não excedente a dois salários mínimos na data do ajuizamento da ação e que envolvam matéria de natureza constitucional, a parte deverá recorrer apenas via recurso extraordinário, de competência funcional do Supremo Tribunal Federal". 2. Conforme dispõe o art. 2.º, § 4.º, da Lei n.º 5.584/70 ("Salvo se versarem sobre matéria constitucional, nenhum recurso caberá das sentenças proferidas nos dissídios da alçada a que se refere o parágrafo anterior, considerado, para esse fim, o valor do salário mínimo à data do ajuizamento da ação"), é incabível a apresentação de recurso contra a decisão que julga processos sujeitos ao procedimento sumário, de alçada inferior a dois salários mínimos, salvo na hipótese em que a insurgência verse a respeito de matéria constitucional. 3. Na hipótese dos autos, o recurso ordinário interposto pelo Ministério Público do Trabalho à sentença que suspendera os efeitos jurídicos de cláusulas coletivas de vedam o trabalho aos domingos no comércio, versa sobre matéria constitucional, uma vez que, além de invocar o direito fundamental ao lazer (art. 6.º, *caput*), articula com o reconhecimento das convenções e acordos coletivos de trabalho (art. 7.º, XXVI). 4. Aplicável, pois, a exceção prevista no § 4.º do art. 2.º da Lei 5.584/70. Recurso de revista conhecido e provido (TST, 1.ª T., RR 267-73.2012.5.09.0325, Rel. Min. Hugo Carlos Scheuermann, *DEJT* 17.08.2018).

Recurso extraordinário. Justiça do Trabalho. Causa de alçada (Lei n.º 5.584/70, art. 2.º, § 4.º). Ausência de esgotamento das vias recursais ordinárias. Descabimento do apelo extremo. Súmula 281/STF. Diretriz jurisprudencial firmada pelo Supremo Tribunal Federal. Recurso improvido. O prévio esgotamento das instâncias recursais ordinárias constitui pressuposto de admissibilidade do recurso extraordinário. Súmula 281/STF. No âmbito do processo trabalhista, somente decisões emanadas do Tribunal Superior do Trabalho revelam-se passíveis de impugnação mediante recurso extraordinário. Mesmo que haja discussão de matéria constitucional em sede de dissídios individuais, e ainda que se trate de causa de alçada (Lei n.º 5.584/70, art. 2.º, § 4.º), não se mostra lícito interpor recurso extraordinário "per saltum", incumbindo, a quem recorre, exaurir, previamente, perante os órgãos competentes da Justiça do Trabalho, as vias recursais definidas pela legislação processual trabalhista, sob pena de a inobservância desse pressuposto recursal específico tornar insuscetível de conhecimento o apelo extremo deduzido. Precedentes (STF) (STF, 2.ª T., AgR-RE 638.224/SP, Rel. Min. Celso de Mello, *DJe* 21.06.2011).

Agravo regimental no recurso extraordinário. Direito do trabalho. Causa de alçada. Não esgotadas as instâncias ordinárias. Súmula n.º 281/STF. Precedentes. 1. O recurso extraordinário é inadmissível quando não foi esgotada a prestação jurisdicional pelo Tribunal de origem. Incidência da Súmula n.º 281/STF. 2. Agravo regimental não provido (STF, 1.ª T., AgR-RE 632.365/RJ, Rel. Min. Dias Toffoli, *DJe* 11.11.2011).

✦ Súmulas, Orientações Jurisprudenciais e Precedentes Normativos

Súmula 281 do STF: É inadmissível o recurso extraordinário, quando couber na Justiça de origem, recurso ordinário da decisão impugnada.

Súmula 640 do STF: É cabível recurso extraordinário contra decisão proferida por juiz de primeiro grau nas causas de alçada, ou por turma recursal de juizado especial cível e criminal.

Súmula 30 do TST: Intimação da sentença. Quando não juntada a ata ao processo em 48 horas, contadas da audiência de julgamento (art. 851, § 2.º, da CLT), o prazo para recurso será contado da data em que a parte receber a intimação da sentença.

Art. 852. Da decisão serão os litigantes notificados, pessoalmente, ou por seu representante, na própria audiência. No caso de revelia, a notificação far-se-á pela forma estabelecida no § 1.º do art. 841.

1. SENTENÇA PROFERIDA EM AUDIÊNCIA

Os litigantes devem ser notificados da decisão, pessoalmente, ou por seu representante, na própria audiência. No caso de revelia, a notificação deve ser feita pela forma estabelecida no § 1.º do art. 841, isto é, "em registro postal com franquia". Se o réu criar embaraços ao seu recebimento ou não for encontrado, a notificação deve ser feita por edital, no jornal oficial ou no que publicar o expediente forense, ou, na falta, afixado na sede da Vara.

2. EFEITOS DA REVELIA

Os principais efeitos da revelia são a presunção de veracidade das alegações de fato formuladas pelo autor (art. 344 do CPC de 2015) e a dispensa de se intimar o réu quanto aos atos processuais (art. 346 do CPC de 2015).

Entretanto, no processo do trabalho, o revel é intimado da sentença, conforme art. 852 da CLT.

O art. 346 do CPC de 2015 dispõe que os prazos contra o revel *que não tenha patrono nos autos* fluem da data de publicação do ato decisório no órgão oficial. Mesmo sendo o réu revel, se tiver procurador constituído nos autos, deve ser intimado dos atos processuais que se seguem, inclusive da sentença.

Ademais, contra o revel, sem patrono nos autos, os prazos correm (independentemente de intimação) a partir da publicação de cada ato decisório no órgão oficial.

Nos termos do parágrafo único do art. 346 do CPC de 2015, o revel pode intervir no processo em qualquer fase, recebendo-o no estado em que se encontrar.

Ao réu revel será lícita a produção de provas, contrapostas às alegações do autor, desde que se faça representar nos autos a tempo de praticar os atos processuais indispensáveis a essa produção (art. 349 do CPC).

O principal efeito da revelia é o da presunção de veracidade das alegações de fato formuladas pelo autor (art. 344 do CPC de 2015). Com a ausência de contestação, os fatos alegados pelo autor presumem-se verdadeiros, pois se tornam incontroversos. Conforme o art. 844, *caput*, da CLT, o não comparecimento do réu "importa revelia, além de confissão quanto à matéria de fato".

Trata-se, entretanto, de presunção relativa, e não absoluta.

A revelia não produz o efeito mencionado no *caput* do art. 844 da CLT (ou seja, confissão quanto à matéria de fato) se: I – havendo pluralidade de reclamados, algum deles contestar a ação; II – o litígio versar sobre direitos indisponíveis; III – a petição inicial não estiver acompanhada de instrumento que a lei considere indispensável à prova do ato; IV – as alegações de fato formuladas pelo reclamante forem inverossímeis ou estiverem em contradição com prova constante dos autos (art. 844, § 4.º, da CLT).

Essa previsão corresponde ao art. 345 do CPC de 2015.

Nos termos do art. 844, § 5.º, da CLT, com redação dada pela Lei 13.467/2017, ainda que ausente o reclamado, presente o advogado na audiência, devem ser aceitos a contestação e os documentos eventualmente apresentados.

Tendo em vista a previsão do art. 844, § 4.º, inciso I, da CLT, mesmo havendo litisconsórcio passivo e simples (não unitário), os fatos comuns aos litisconsortes (os quais incidem perante ambos, sendo relevantes para a solução das controvérsias em que cada um está envolvido), devem ser objeto do mesmo tratamento na decisão judicial. Efetivamente, não faria sentido a sentença levar em conta determinado fato jurídico para um dos réus e, ao mesmo tempo, o desconsiderar quanto ao outro demandado, no caso de ser-lhes comum o fato.

Ainda que nessa modalidade de litisconsórcio não haja a imposição de decisão uniforme perante os litisconsortes, não se pode aceitar que o provimento jurisdicional seja eivado de tamanha falta de lógica, como seria a afirmação de que idêntico fato ocorreu (em relação a um dos réus) e, ao mesmo tempo, não se verificou (quanto ao outro réu).

Havendo revelia, em face da ausência de controvérsia dos fatos alegados pelo autor, torna-se desnecessária a sua comprovação em juízo. Logo, nessa hipótese, o julgamento da demanda não terá como fundamento as regras de ônus da prova.

✦ Súmulas, Orientações Jurisprudenciais e Precedentes Normativos

Súmula 71 do TST: A alçada é fixada pelo valor dado à causa na data de seu ajuizamento, desde que não impugnado, sendo inalterável no curso do processo.

Orientação Jurisprudencial 152 da SBDI-I do TST: Revelia. Pessoa jurídica de direito público. Aplicável (art. 844 da CLT) (inserido dispositivo) – *DJ* 20.04.2005. Pessoa jurídica de direito público sujeita-se à revelia prevista no artigo 844 da CLT.

Seção II-A – Do Procedimento Sumaríssimo

Art. 852-A. Os dissídios individuais cujo valor não exceda a quarenta vezes o salário mínimo vigente na data do ajuizamento da reclamação ficam submetidos ao procedimento sumaríssimo.

Parágrafo único. Estão excluídas do procedimento sumaríssimo as demandas em que é parte a Administração Pública direta, autárquica e fundacional.

1. PROCEDIMENTO SUMARÍSSIMO

O procedimento sumaríssimo foi introduzido na CLT pela Lei 9.957/2000, com o objetivo de estabelecer rito mais concentrado e célere para causas trabalhistas de menor complexidade.

O procedimento sumaríssimo é aplicado aos dissídios individuais cujo valor não exceda a 40 vezes o salário mínimo vigente na data do ajuizamento da reclamação.

Entretanto, estão excluídas do procedimento sumaríssimo as demandas em que é parte a Administração Pública direta, autarquias e fundações públicas.

Entende-se que a indicação do valor da causa deve constar da petição inicial trabalhista (art. 840, § 1.º, da CLT), pois corresponde ao valor do pedido (art. 292 do CPC), inclusive para que se possa definir o procedimento a ser aplicado ao caso.

Art. 852-B. Nas reclamações enquadradas no procedimento sumaríssimo:

I – o pedido deverá ser certo ou determinado e indicará o valor correspondente;

II – não se fará citação por edital, incumbindo ao autor a correta indicação do nome e endereço do reclamado;

III – a apreciação da reclamação deverá ocorrer no prazo máximo de quinze dias do seu ajuizamento, podendo constar de pauta especial, se necessário, de acordo com o movimento judiciário da Junta de Conciliação e Julgamento.

§ 1.º O não atendimento, pelo reclamante, do disposto nos incisos I e II deste artigo importará no arquivamento da reclamação e condenação ao pagamento de custas sobre o valor da causa.

§ 2.º As partes e advogados comunicarão ao juízo as mudanças de endereço ocorridas no curso do processo, reputando-se eficazes as intimações enviadas ao local anteriormente indicado, na ausência de comunicação.

1. PEDIDO CERTO E DETERMINADO

O pedido certo é aquele explícito e delimitado, em contraposição ao tácito e genérico.

Evita-se, com isso, o julgamento *ultra petita* (além do pedido) e *extra petita* (fora do pedido).

Isso é confirmado pelo art. 141 do CPC de 2015, ao prever que o juiz deve decidir "o mérito nos limites propostos pelas partes, sendo-lhe vedado conhecer de questões não suscitadas a cujo respeito a lei exige iniciativa da parte".

Trata-se de desdobramento do chamado princípio da demanda ou da inércia da jurisdição.

Cabe salientar que, especificamente quanto ao pedido de adicional de insalubridade, por envolver questões de ordem técnica, nem sempre o autor tem condições de, na causa de pedir, apontar o agente insalubre correto, o que muitas vezes é verificado somente após a realização da perícia. Quanto ao tema, cf. Súmula 293 do TST.

Ainda assim, consideram-se incluídos no pedido principal, por exemplo, os juros e a correção monetária (por ser mera atualização de valor), o que está em consonância com o princípio da economia processual. A respeito do tema, destaca-se a Súmula 211 do TST.

Nesse sentido, conforme o art. 322, § 1.º, do CPC de 2015, compreendem-se no principal os juros legais, a correção monetária e as verbas de sucumbência, inclusive os respectivos honorários advocatícios.

A interpretação do pedido deve considerar, portanto, o conjunto da postulação e observar o princípio da boa-fé (art. 322, § 2.º, do CPC de 2015).

Na ação que tiver por objeto cumprimento de obrigação em prestações sucessivas, estas serão consideradas incluídas no pedido, independentemente de declaração expressa do autor, e serão incluídas na condenação, enquanto durar a obrigação, se o devedor, no curso do processo, deixar de pagá-las ou de consigná-las (art. 323 do CPC de 2015).

O pedido também deve ser *determinado*, isto é, definido no que se refere à quantidade e qualidade.

O pedido delimitado, assim, é aquele com liquidez, que se contrapõe ao pedido genérico.

Em conformidade com o art. 324 do CPC de 2015, o pedido deve ser determinado, sendo lícito, porém, formular pedido genérico quando: não for possível determinar, desde logo, as consequências do ato ou do fato; quando a determinação do objeto ou do valor da condenação depender de ato que deva ser praticado pelo réu. O disposto no art. 324 aplica-se também à reconvenção.

Cabe ao autor, na petição inicial, apresentar cada um dos pedidos com os valores correspondentes, o que facilita a tentativa de conciliação e até mesmo a decisão.

No processo civil, segundo a previsão do art. 491 do CPC de 2015, na ação relativa à obrigação de pagar quantia, ainda que formulado pedido genérico, *a decisão deve definir desde logo a extensão da obrigação*, o índice de correção monetária, a taxa de juros, o termo inicial de ambos e a periodicidade da capitalização dos juros, se for o caso, salvo quando: não for possível determinar, de modo definitivo, o montante devido; a apuração do valor devido depender da produção de prova de realização demorada ou excessivamente dispendiosa, assim reconhecida na sentença. Nesses casos ressalvados é que se deve seguir a apuração do valor devido por liquidação. O disposto no art. 491 do CPC de 2015 também se aplica quando o acórdão alterar a sentença.

Em razão disso, há entendimento de que, no procedimento sumaríssimo, como o autor deve formular pedido certo e determinado, a sentença condenatória deve ser líquida, já indicando os valores objeto de condenação, o que evitaria a fase de liquidação.

2. CITAÇÃO POR EDITAL

Discute-se se o disposto no inciso II do art. 852-B seria inconstitucional, ao vedar a citação por edital, quando o réu estiver em local incerto e não sabido, o que resultaria em afronta ao direito fundamental de acesso à jurisdição (art. 5.º, inciso XXXV, da Constituição Federal de 1988).

Pode-se entender que a proibição de citação por edital no procedimento sumaríssimo revela que, na hipótese de o réu "criar embaraços ao seu recebimento ou não for encontrado" (art. 841, § 1.º, da CLT), tornando necessária a "notificação por edital, inserto no jornal oficial ou no que publicar o expediente forense, ou, na falta, afixado na sede" do Juízo, deve-se converter o feito para o procedimento ordinário. Vale dizer, por ser o procedimento sumaríssimo mais célere, o seu rito não seria compatível com a citação por edital, tornando necessária essa conversão. A citação no procedimento sumaríssimo, portanto, só pode ser por correio ou por oficial de justiça.

O Supremo Tribunal Federal decidiu manter hígido o inciso II do art. 852-B da CLT, no sentido de se considerar legítima a citação nos termos estabelecidos na norma (STF, Pleno, ADI 2.139/DF, ADI 2.160/DF e ADI 2.237/DF, Rel. Min. Cármen Lúcia, j. 01.08.2018).

3. PRAZO DE APRECIAÇÃO DA RECLAMAÇÃO

O prazo previsto no inciso III do art. 852-B é impróprio, e muitas vezes, por excesso de processos em andamento na Vara do Trabalho, principalmente em grandes centros, acaba não sendo cumprido.

De todo modo, para que os casos em que se aplique o procedimento sumaríssimo sejam julgados com maior celeridade, admite-se a formação de pauta especial de audiências, concentrando os processos submetidos a esse rito mais abreviado.

4. EXTINÇÃO DO PROCESSO SEM RESOLUÇÃO DO MÉRITO

Se o reclamante não cumprir o disposto nos incisos I e II do art. 852-B da CLT, a reclamação trabalhista deve ser arquivada, com a sua condenação ao pagamento de custas sobre o valor da causa (§ 1.º do art. 852-B da CLT), embora possa ser concedida a isenção, na hipótese de ser beneficiário da justiça gratuita.

Vale dizer, se o autor não apresentar o pedido certo e determinado, ou não indicar, na petição inicial, o valor correspondente, ou se o autor não informar corretamente o nome e endereço do réu, o processo deve ser extinto sem resolução do mérito.

Trata-se de arquivamento da ação que não se confunde com a hipótese do art. 844 da CLT, a qual trata de arquivamento decorrente da ausência do autor na audiência una ou inicial. Logo, no caso de arquivamento decorrente do art. 852-B, § 1.º, da CLT, não se aplica a sanção prevista no art. 732 da CLT, a qual, por ser penalidade, deve ser interpretada de forma restritiva.

Há controvérsia, ainda, no sentido de saber se, para o arquivamento previsto no art. 852-B, § 1.º, da CLT, o juiz, primeiramente, deve conceder prazo para ser saneada a irregularidade. Embora o princípio da instrumentalidade indique ser essa a postura mais adequada, é certo que o mencionado dispositivo legal, aplicável ao caso, não exige essa prévia concessão de prazo para o arquivamento, o que autoriza o juiz a indeferir a petição inicial liminarmente, com a consequente extinção do processo sem resolução do mérito.

5. MUDANÇA DE ENDEREÇO DAS PARTES E DOS ADVOGADOS

O dispositivo reitera a previsão do art. 77, inciso V, do CPC de 2015, no sentido de que é dever das partes, de seus procuradores e de todos aqueles que de qualquer forma participem do processo declinar, no primeiro momento que lhes couber falar nos autos, o endereço residencial ou profissional onde receberão intimações, atualizando essa informação sempre que ocorrer qualquer modificação temporária ou definitiva.

Desse modo, presumem-se válidas as intimações dirigidas ao endereço constante dos autos, ainda que não recebidas pessoalmente pelo interessado, se a modificação temporária ou definitiva não tiver sido devidamente comunicada ao juízo (art. 274, parágrafo único, do CPC de 2015).

✦ Jurisprudência

4. A isonomia constitucional não impõe tratamento linear e rígido a todos os que demandam a atuação do Poder Judiciário, ainda que o façam por procedimento sumaríssimo na Justiça do Trabalho, pelo que se reconhece válida a exclusão da citação por edital daquele rito processual, em obediência aos princípios da primazia da realidade e da razoabilidade. Validade do art. 852-B, inc. II da Consolidação das Leis do Trabalho – CLT (STF, Pleno, ADI 2.160/DF, Rel. Min. Cármen Lúcia, *DJe* 19.02.2019).

✦ Súmulas, Orientações Jurisprudenciais e Precedentes Normativos

Súmula 211 do TST: Juros de mora e correção monetária. Independência do pedido inicial e do título executivo judicial (mantida) – Res. 121/2003, *DJ* 19, 20 e 21.11.2003. Os juros de mora e a correção monetária incluem-se na liquidação, ainda que omisso o pedido inicial ou a condenação.

Súmula 293 do TST: Adicional de insalubridade. Causa de pedir. Agente nocivo diverso do apontado na inicial (mantida) – Res. 121/2003, *DJ* 19, 20 e 21.11.2003. A verificação mediante perícia de prestação de serviços em condições nocivas, considerado agente insalubre diverso do apontado na inicial, não prejudica o pedido de adicional de insalubridade.

Art. 852-C. As demandas sujeitas a rito sumaríssimo serão instruídas e julgadas em audiência única, sob a direção de juiz presidente ou substituto, que poderá ser convocado para atuar simultaneamente com o titular.

1. AUDIÊNCIA ÚNICA

Por se tratar de procedimento que objetiva ser mais célere, o dispositivo em questão estabelece, de forma expressa, que a audiência deve ser única, isto é, com a concentração dos atos processuais.

Não obstante, nem sempre essa concentração de todos os atos na mesma audiência é possível, como se observa na hipótese de necessidade de realização de perícia.

Aliás, mesmo no procedimento ordinário, a rigor, a audiência também deve ser una, como se verifica no art. 849 da CLT.

Art. 852-D. O juiz dirigirá o processo com liberdade para determinar as provas a serem produzidas, considerado o ônus probatório de cada litigante, podendo limitar ou excluir as que considerar excessivas, impertinentes ou protelatórias, bem como para apreciá-las e dar especial valor às regras de experiência comum ou técnica.

1. LIBERDADE DO JUIZ NA APRECIAÇÃO DA PROVA

A previsão do art. 852-D está em harmonia com o art. 765 da CLT, ao prever que os juízos e tribunais do trabalho têm ampla liberdade na direção do processo e devem velar pelo andamento rápido das causas, "podendo determinar qualquer diligência necessária ao esclarecimento delas".

Com isso, fica nítido o poder instrutório do juiz, enfatizado no processo do trabalho, visando à busca da verdade real, em aplicação do princípio da primazia da realidade, presente no Direito do Trabalho.

No mesmo sentido, segundo o art. 370 do CPC de 2015, cabe ao juiz, de ofício ou a requerimento da parte, determinar as provas necessárias ao julgamento do mérito. O juiz deve indeferir, em decisão fundamentada, as diligências inúteis ou meramente protelatórias.

A parte final do art. 852-D da CLT, ao prever que cabe ao juiz apreciar as provas produzidas e dar especial valor às regras de experiência comum ou técnica, indica a incidência do princípio do livre convencimento motivado, ou da persuasão racional do juiz, no sentido de que este tem liberdade na apreciação da prova, devendo, no entanto, fundamentar o seu convencimento de acordo com o Direito e o que consta dos autos.

Ademais, a fundamentação da decisão judicial também é exigência constitucional, segundo o art. 93, inciso IX, da Constituição da República.

Quanto às "regras de experiência comum ou técnica", ainda de acordo com o art. 375 do CPC, em falta de normas jurídicas particulares, o juiz deve aplicar "as regras de experiência comum subministradas pela observação do que ordinariamente acontece e, ainda, as regras da experiência técnica, ressalvado, quanto a estas, o exame pericial".

2. PRESUNÇÃO DE VERACIDADE

A faculdade do juiz de, mesmo diante dos efeitos da revelia, determinar a produção de provas (como a oitiva do autor e de testemunhas), está inserida no seu poder instrutório, de direção do processo, visando a prestar a tutela jurisdicional da forma mais justa. Nessa atividade processual, é possível a elisão da presunção de veracidade, pois ela é relativa (*juris tantum*). Nesse caso, o juiz, ao decidir, deve levar em conta a prova, uma vez que mais próxima da verdade real e do fim de justiça.

Essa iniciativa do juiz tem fundamento nos arts. 765 e 852-D da CLT.

Ainda nesse sentido, conforme dispõe, expressamente, o art. 370 do CPC, cabe ao juiz, de ofício ou a requerimento da parte, determinar as provas necessárias ao julgamento do mérito.

Por se tratar de presunção relativa de veracidade, essa faculdade do juiz não pode ser excluída, inexistindo direito da parte favorecida pela presunção de obstar a atividade instrutória. Ela pode, no máximo, deixar de produzir provas, não querendo correr riscos de elidir a presunção. Por outro lado, a referida faculdade não significa a existência de um dever, imposto ao juiz, de prosseguir com a instrução processual.

Ademais, como a presunção de veracidade incide apenas sobre os *fatos* alegados pelo autor, as questões de direito não são por ela alcançadas. Logo, mesmo havendo os efeitos da revelia, cabe ao juiz aplicar o direito ao caso concreto. Em caso de pedido de adicional de insalubridade ou de periculosidade, entende-se, ainda, ser necessária a realização de perícia, por se tratar de questão técnica, na forma do art. 195, § 2.º, da CLT.

Além disso, os fatos inverossímeis, manifestamente inverídicos, que se afastam do razoável, ainda que não contestados em decorrência da revelia, certamente não devem ser admitidos como verdadeiros pelo juiz. Cabe a este, utilizando as *regras de experiência* (arts. 375 do CPC e 852-D da CLT), distinguir essas hipóteses, não considerando a sua veracidade quando em afronta ao possível no mundo dos fatos.

Portanto, nem sempre o efeito da revelia acarreta o acolhimento da pretensão. Pode ocorrer, por exemplo, que do fato afirmado pelo autor não decorra o direito postulado, segundo a norma aplicável; que os fatos sejam manifestamente inverossímeis, não podendo ser aceitos como verdadeiros pelo juiz.

A presunção relativa de veracidade dos fatos alegados pela parte contrária significa, como se observa, justamente a existência de confissão *ficta* quanto à matéria fática.

Art. 852-E. Aberta a sessão, o juiz esclarecerá as partes presentes sobre as vantagens da conciliação e usará os meios adequados de persuasão para a solução conciliatória do litígio, em qualquer fase da audiência.

1. CONCILIAÇÃO NO PROCEDIMENTO SUMARÍSSIMO

Nos termos do art. 852-E da CLT, ao ser aberta a sessão, o juiz deve esclarecer as partes presentes sobre as vantagens da conciliação, bem como usar os meios adequados de convencimento para a solução do conflito por meio de conciliação, em qualquer momento da audiência.

Trata-se de reiteração do previsto no art. 764 da CLT, ao dispor que os dissídios individuais ou coletivos submetidos à apreciação da Justiça do Trabalho devem ser sempre sujeitos à conciliação. Com esse objetivo, os juízes e tribunais do trabalho devem empregar sempre os seus bons ofícios e persuasão no sentido de uma solução conciliatória dos conflitos (art.

764, § 1.º, da CLT). Ademais, é lícito às partes celebrar acordo que ponha termo ao processo, ainda mesmo depois de encerrado o juízo conciliatório (art. 764, § 3.º, da CLT).

No procedimento sumaríssimo, portanto, diferentemente do procedimento ordinário, não é obrigatória a tentativa de conciliação após razões finais, mas apenas no início da audiência (art. 852-E da CLT), embora o juiz possa tentar a conciliação também naquele momento.

Art. 852-F. Na ata de audiência serão registrados resumidamente os atos essenciais, as afirmações fundamentais das partes e as informações úteis à solução da causa trazidas pela prova testemunhal.

1. ATA DE AUDIÊNCIA NO PROCEDIMENTO SUMARÍSSIMO

Na ata de audiência devem ser constar, de forma sintética, os principais atos processuais realizados, as afirmações fundamentais das partes e as informações úteis à solução da causa apresentadas pelas testemunhas.

Art. 852-G. Serão decididos, de plano, todos os incidentes e exceções que possam interferir no prosseguimento da audiência e do processo. As demais questões serão decididas na sentença.

1. DECISÃO DOS INCIDENTES E EXCEÇÕES NO PROCEDIMENTO SUMARÍSSIMO

Devem ser decididos, imediatamente, todos os incidentes e exceções que possam interferir no prosseguimento da audiência e do processo. As demais questões devem ser decididas na sentença.

Art. 852-H. Todas as provas serão produzidas na audiência de instrução e julgamento, ainda que não requeridas previamente.

§ 1.º Sobre os documentos apresentados por uma das partes manifestar-se-á imediatamente a parte contrária, sem interrupção da audiência, salvo absoluta impossibilidade, a critério do juiz.

§ 2.º As testemunhas, até o máximo de duas para cada parte, comparecerão à audiência de instrução e julgamento independentemente de intimação.

§ 3.º Só será deferida intimação de testemunha que, comprovadamente convidada, deixar de comparecer. Não comparecendo a testemunha intimada, o juiz poderá determinar sua imediata condução coercitiva.

§ 4.º Somente quando a prova do fato o exigir, ou for legalmente imposta, será deferida prova técnica, incumbindo ao juiz, desde logo, fixar o prazo, o objeto da perícia e nomear perito.

§ 5.º Vetado.

§ 6.º As partes serão intimadas a manifestar-se sobre o laudo, no prazo comum de cinco dias.

§ 7.º Interrompida a audiência, o seu prosseguimento e a solução do processo dar-se-ão no prazo máximo de trinta dias, salvo motivo relevante justificado nos autos pelo juiz da causa.

1. PRODUÇÃO DE PROVAS

Observa-se da redação do art. 852-H da CLT a concentração dos atos processuais em audiência. Não obstante, nem sempre é possível a produção de todas as provas na mesma audiência, podendo-se exemplificar com a hipótese de necessidade de expedição de carta precatória para a oitiva de testemunha que resida em outra localidade.

Excepcionalmente, se o volume ou a complexidade dos documentos juntados pelo réu exigirem a interrupção da audiência, para que o autor possa se manifestar adequadamente, em observância da garantia constitucional do contraditório, cabe ao juiz designar nova audiência para prosseguimento.

Apesar da previsão final do § 3.º do art. 852-H, havendo necessidade de condução coercitiva da testemunha, normalmente a audiência precisa ser adiada, com nova designação.

A prova pericial, prevista no § 4.º do art. 852-H, não é excluída no procedimento sumaríssimo, sob pena de violação do princípio da ampla defesa, mas a sua utilização deve ocorrer apenas nos casos efetivamente necessários, que exijam conhecimentos técnicos, como nos pedidos de insalubridade e periculosidade (art. 195, § 2.º, da CLT), ou mesmo de controvérsia a respeito da natureza ocupacional da doença alegada pelo autor.

O ideal é que a audiência seja efetivamente una, em especial no procedimento sumaríssimo, em face da celeridade objetivada. Entretanto, se a interrupção da audiência for realmente necessária, como no caso de realização de perícia, ou ausência de testemunha comprovadamente convidada ou intimada, cabe ao juiz designar nova audiência, em prosseguimento, em data mais próxima possível. Mesmo assim, em razão do grande número de feitos em certas Varas do Trabalho, especialmente nas grandes cidades, nem sempre o prazo máximo de 30 dias tem como ser observado, cabendo ao juiz, nesse caso, justificar esse fato nos autos.

2. RECONVENÇÃO NO PROCEDIMENTO SUMARÍSSIMO

No processo civil, no procedimento (sumaríssimo) do Juizado Especial Cível, a Lei 9.099/1995, no art. 31, prevê que não se admite a reconvenção. Entretanto, permite-se ao réu, na contestação, formular pedido em seu favor, nos limites da competência do Juizado Especial Cível, desde que fundado nos mesmos fatos que constituem objeto da controvérsia. Ou seja, admite-se apenas o pedido contraposto. Ademais, havendo pedidos contrapostos, a contestação formal pode ser dispensada, e ambos devem ser apreciados na mesma sentença (art. 17, parágrafo único, da Lei 9.099/1995).

Com isso, há entendimento de que no procedimento sumaríssimo trabalhista, em razão do mesmo objetivo de celeridade, também não se admite a reconvenção, mas apenas o pedido contraposto.

✦ Súmulas, Orientações Jurisprudenciais e Precedentes Normativos

Súmula 341 do TST: Honorários do assistente técnico. A indicação do perito assistente é faculdade da parte, a qual deve responder pelos respectivos honorários, ainda que vencedora no objeto da perícia.

Art. 852-I. A sentença mencionará os elementos de convicção do juízo, com resumo dos fatos relevantes ocorridos em audiência, dispensado o relatório.

§ 1.º O juízo adotará em cada caso a decisão que reputar mais justa e equânime, atendendo aos fins sociais da lei e as exigências do bem comum.

§ 2.º Vetado.

§ 3.º As partes serão intimadas da sentença na própria audiência em que prolatada.

1. SENTENÇA NO PROCEDIMENTO SUMARÍSSIMO

A sentença no procedimento sumaríssimo pode ser mais simplificada, não se exigindo o relatório, mas apenas a fundamentação e o dispositivo (conclusão).

A previsão do art. 852-I, § 1.º, reitera o disposto no art. 5.º da Lei de Introdução às Normas do Direito Brasileiro, ao estabelecer que, na "aplicação da lei, o juiz atenderá aos fins sociais a que ela se dirige e às exigências do bem comum".

Os fins sociais podem ser entendidos como aqueles "resultantes das linhas mestras traçadas pelo ordenamento político e visando ao bem-estar e à prosperidade do indivíduo e da sociedade". Por sua vez, exigências do bem comum podem ser entendidas como "os elementos que impelem os homens para um ideal de justiça, aumentando-lhes a felicidade e contribuindo para o seu aprimoramento"[254].

Mesmo em se tratando de procedimento sumaríssimo, nem sempre a sentença tem como ser proferida na mesma audiência, seja em razão de outros feitos aguardando na pauta, seja porque as questões mais complexas podem exigir do juiz o exame mais cuidadoso. Nesses casos, é frequente a designação de audiência de julgamento, com a respectiva intimação das partes, de preferência para data mais próxima possível, ainda que se cuide de procedimento sumaríssimo.

2. LIQUIDEZ DA SENTENÇA NO PROCEDIMENTO SUMARÍSSIMO

O dispositivo que exigia a liquidez da sentença no procedimento sumaríssimo foi vetado (art. 852-I, § 2.º, da CLT). Ademais, nem sempre o juiz tem condições de elaborar cálculos mais complexos, tornando necessária a posterior liquidação da sentença. De acordo com as razões do veto: "O § 2.º do art. 852-I não admite sentença condenatória por quantia ilíquida, o que poderá, na prática, atrasar a prolação das sentenças, já que se impõe ao juiz a obrigação de elaborar cálculos, o que nem sempre é simples de se realizar em audiência. Seria prudente vetar o dispositivo em relevo, já que a liquidação por simples cálculo se dará na fase de execução da sentença, que, aliás, poderá sofrer modificações na fase recursal".

A sentença, ao delimitar a quantia devida, objeto de condenação, é, em sentido técnico, líquida. Essa delimitação, no entanto, existe ainda que não esteja expresso o valor nominal da condenação. Vale dizer, se a sentença apresentar os parâmetros necessários para chegar a este valor, por meio de contas aritméticas, considera-se líquida, pois o seu objeto será determinado. De todo modo, cf. ainda os comentários ao art. 832 da CLT, item 1.

✦ **Referência legislativa**

- Art. 93, IX, da CF.

Seção III – Do Inquérito para Apuração de Falta Grave

Art. 853. Para a instauração do inquérito para apuração de falta grave contra empregado garantido com estabilidade, o empregador apresentará reclamação por

[254] MONTEIRO, Washington de Barros. *Curso de direito civil*: parte geral. 40. ed. rev. e atual. por Ana Cristina de Barros Monteiro França Pinto. São Paulo: Saraiva, 2005. v. 1, p. 38.

escrito à Junta ou Juízo de Direito, dentro de 30 (trinta) dias, contados da data da suspensão do empregado.

1. INQUÉRITO PARA APURAÇÃO DE FALTA GRAVE

O inquérito para apuração de falta grave é ação judicial que tem como objetivo a extinção do contrato de trabalho dos empregados titulares de certas modalidades de estabilidade. Nesses casos, quando ocorre a prática de falta grave, a dispensa por esse fundamento exige o ajuizamento da referida ação.

O inquérito para apuração de falta grave é aplicado no caso de empregado titular da estabilidade por tempo de serviço, também conhecida como estabilidade decenal, prevista no art. 492 da CLT, ao estabelecer que o empregado que contar mais de dez anos de serviço na mesma empresa "não poderá ser despedido senão por motivo de falta grave ou circunstância de força maior, devidamente comprovadas".

Considera-se como de serviço todo o tempo em que o empregado esteja à disposição do empregador (art. 492, parágrafo único, da CLT).

É certo que essa estabilidade decenal não tem mais como ser adquirida a partir da Constituição Federal de 1988, quando o sistema de indenização e estabilidade por tempo de serviço foi substituído pelo sistema do Fundo de Garantia do Tempo de Serviço (art. 7.º, inciso III, da Constituição Federal de 1988).

Entretanto, os empregados que tiverem preenchido os requisitos da estabilidade por tempo de serviço até a promulgação da Constituição da República (05.10.1988) são titulares desse direito adquirido, por já integrar os seus patrimônios jurídicos.

Nesse sentido, a Lei 8.036/1990, no art. 14, *caput*, assim confirma: "Fica ressalvado o direito adquirido dos trabalhadores que, à data da promulgação da Constituição Federal de 1988, já tinham o direito à estabilidade no emprego nos termos do Capítulo V do Título IV da CLT".

Constitui falta grave a prática de qualquer dos fatos considerados justa causa (art. 482 da CLT), quando por sua repetição ou natureza representem séria violação dos deveres e obrigações do empregado (art. 493 da CLT).

Nos termos do art. 494 da CLT, o empregado acusado de falta grave pode ser suspenso de suas funções, mas a sua despedida só se torna efetiva "após o inquérito e que se verifique a procedência da acusação".

A suspensão do empregado estável, portanto, é uma faculdade do empregador.

Nesse sentido, a Orientação Jurisprudencial 137 da SBDI-II do TST é expressa ao reconhecer que constitui direito líquido e certo do empregador a suspensão do empregado, ainda que detentor de estabilidade sindical, até a decisão final do inquérito em que se apure a falta grave a ele imputada, na forma do art. 494, *caput* e parágrafo único, da CLT.

A suspensão, no caso acima, perdurará até a decisão final do processo (art. 494, parágrafo único, da CLT).

Se for reconhecida a inexistência de falta grave praticada pelo empregado, fica o empregador obrigado a reintegrá-lo no serviço e a lhe pagar os salários a que teria direito no período da suspensão (art. 495 da CLT). Na realidade, são devidos, nesse caso, não apenas os salários, mas todos os direitos decorrentes da relação de emprego, como férias, 13.º salário e FGTS.

Entretanto, quando a reintegração do empregado estável for desaconselhável, em razão do grau de incompatibilidade resultante do dissídio, especialmente quando o empregador for pessoa física, o tribunal do trabalho pode converter aquela obrigação em indenização por rescisão do contrato por prazo indeterminado, paga em dobro (art. 496 da CLT).

Essa conversão é uma faculdade do juiz, a ser tomada no momento da decisão, conforme o caso concreto.

Na hipótese de conversão da reintegração em indenização dobrada por tempo de serviço (arts. 477, *caput*, e 478 da CLT), confira a Súmula 28 do TST.

O inquérito para apuração de falta grave também é exigido no caso do dirigente sindical, titular de estabilidade provisória.

O art. 8.º, inciso VIII, da Constituição Federal de 1988, determina que "é vedada a dispensa do empregado sindicalizado a partir do registro da candidatura a cargo de direção ou representação sindical e, se eleito, ainda que suplente, até um ano após o final do mandato, salvo se cometer falta grave nos termos da lei".

Ainda sobre o tema, o art. 543, § 3.º, da CLT, estabelece que fica "vedada a dispensa do empregado sindicalizado ou associado, a partir do momento do registro de sua candidatura a cargo de direção ou representação de entidade sindical ou de associação profissional, até 1 (um) ano após o final do seu mandato, caso seja eleito inclusive como suplente, *salvo se cometer falta grave devidamente apurada nos termos desta Consolidação*" (destaquei).

O entendimento é no sentido de que essa exigência quanto à apuração da falta grave de acordo com o previsto na CLT, vale dizer, por meio do ajuizamento do respectivo inquérito, foi recepcionada pela Constituição Federal de 1988. Nesse sentido, cf. a Súmula 379 do TST.

Também se aplica ao dirigente sindical a previsão do art. 494 da CLT, no sentido de que o empregado acusado de falta grave pode ser suspenso de suas funções, mas a sua despedida só se torna efetiva após o inquérito em que se verifique a procedência da acusação. Quanto ao tema, cf. Orientação Jurisprudencial 65 da SBDI-II do TST.

No caso de inquérito para apuração de falta grave de dirigente sindical (ou de outra estabilidade provisória em que essa ação seja exigida), por se tratar de estabilidade limitada no tempo, se o respectivo período já estiver exaurido no momento em que a sentença é proferida, aplica-se a Súmula 396 do TST.

Entende-se que o inquérito para apuração de falta grave também é necessário para a dispensa do empregado eleito diretor de sociedade cooperativa, nos termos do art. 55 da Lei 5.764/1971.

Assim, os empregados eleitos diretores de cooperativas, criadas pelos empregados da empresa, são titulares da estabilidade provisória do dirigente sindical, na forma do art. 543, § 3.º, da CLT. Esse dispositivo, em sua parte final, exige a apuração da falta grave por meio do respectivo inquérito, aqui estudado.

A Lei 8.213/1991, no art. 3.º, § 7.º, assegura aos membros do Conselho Nacional de Previdência Social, enquanto representantes dos trabalhadores em atividade, titulares e suplentes, a estabilidade no emprego, da nomeação até um ano após o término do mandato de representação, "somente podendo ser demitidos por motivo de falta grave, regularmente comprovada através de processo judicial".

Portanto, é possível entender que o dispositivo legal acima também exige o ajuizamento do inquérito para a apuração de falta grave também no caso da mencionada estabilidade provisória.

Há divergência, ainda, a respeito da necessidade de inquérito para apuração de falta grave no caso do empregado membro de Comissão de Conciliação Prévia (art. 625-B, § 1.º, da CLT).

A primeira corrente defende não haver determinação legal de que a falta grave seja apurada nos termos da lei, por meio de inquérito judicial, mas apenas indica que as hipóteses de falta grave são aquelas previstas na lei. Com isso, se o empregado praticou falta grave, o empregador pode dispensá-lo, independentemente do ajuizamento do inquérito para apuração de falta grave, cabendo ao empregado ajuizar eventual ação trabalhista, para discutir a dispensa.

A corrente divergente sustenta que o art. 625-B, § 1.º, da CLT, exige o inquérito para apuração de falta grave para a dispensa do empregado, tal como ocorre com o dirigente sindical, pois aquele dispositivo utiliza a terminologia específica ("falta grave"), prevista no art. 494 da CLT, o qual faz menção ao inquérito judicial para a dispensa do empregado titular de estabilidade.

Para que o empregador não corra risco de ser invalidada a dispensa, pode-se defender o ajuizamento do inquérito para apuração da falta grave, mesmo porque o art. 625-B, § 1.º, da CLT, remete à falta grave "nos termos da lei", o que pode ser interpretado como a sua apuração nos termos da lei (arts. 853 a 855 da CLT), mesmo porque a norma não deve conter palavras inúteis, e as hipóteses de falta grave, por natureza, já são aquelas previstas em lei.

A referida ação judicial para apuração de falta grave, portanto, não é aplicável a todas as modalidades de estabilidade e garantias de emprego, não sendo exigida, por exemplo, nas hipóteses da empregada gestante (art. 10, inciso II, alínea "b", do ADCT), do empregado acidentado (art. 118 da Lei 8.213/1991) e do membro da CIPA (art. 10, inciso II, alínea "a", do ADCT).

A ação prevista no art. 853 da CLT é ajuizada pelo empregador, devendo a petição inicial, no caso específico, ser necessariamente por escrito.

A suspensão do empregado é faculdade do empregador. Se o empregado foi suspenso, o empregador tem o prazo decadencial de 30 dias para ajuizar o inquérito para apuração de falta grave.

Trata se de prazo com natureza decadencial, pois a ação judicial de inquérito para apuração de falta grave tem natureza constitutiva negativa, uma vez que o seu objetivo é a extinção do contrato de trabalho do empregado estável. Isso é confirmado pelas Súmulas 403 do STF e 62 do TST.

Logo, se a ação não é ajuizada dentro do mencionado prazo, não há mais direito à extinção por falta grave do contrato de trabalho do empregado estável, o qual, assim, tem direito a ser reintegrado ao emprego, caso tenha sido dispensado ou suspenso, ou de nele permanecer. A reintegração significa que todos os direitos trabalhistas do período, decorrentes da relação de emprego, também são devidos ao empregado.

Não havendo essa suspensão, cabe ao empregador propor a ação com a maior brevidade possível, para que não incorra no chamado perdão tácito, decorrente da ausência de imediatidade, a qual é necessária para a validade da despedida do empregado por falta grave.

Se o autor (no caso, o empregador) não comparecer à audiência una ou inicial, a ação deve ser arquivada, com a extinção do processo sem exame do mérito. Se o réu ou requerido (no caso, o empregado) não comparecer, é considerado revel, aplicando-se a confissão quanto à matéria de fato (art. 844 da CLT).

Aberta a audiência, o juiz deve propor a conciliação (art. 846 da CLT).

Não havendo acordo, o requerido tem 20 minutos para aduzir sua defesa (art. 847 da CLT).

Quanto à instrução processual do inquérito para apuração de falta grave, a peculiaridade é que cada uma das partes pode indicar até seis testemunhas (art. 821 da CLT).

Terminada a instrução, as partes podem apresentar razões finais, em prazo não excedente de 10 minutos para cada uma. Em seguida, o juiz deve renovar a proposta de conciliação, e, não se realizando esta, deve ser proferida a decisão (art. 850 da CLT).

Se não for reconhecida a falta grave alegada pelo empregador, este é obrigado a reintegrar o empregado ao serviço e a "pagar-lhe os salários a que teria direito no período da suspensão" (art. 495 da CLT).

Portanto, no caso da rejeição do pedido, formulado pelo empregador no inquérito judicial, ocorre a interrupção do contrato de trabalho, pois os salários (e demais direitos trabalhistas) do período de suspensão são devidos, sendo contado como tempo de serviço.

Diversamente, se a falta grave for reconhecida, acarretando a extinção do contrato de trabalho do empregado estável por esse fundamento, o pedido formulado pelo empregador no inquérito judicial é acolhido. Nessa hipótese, se o empregado foi suspenso previamente, esse período tem natureza de suspensão do contrato de trabalho, por não ser computado no tempo de serviço, e o salário também não é devido.

✦ Súmulas, Orientações Jurisprudenciais e Precedentes Normativos

Súmula 197 do STF: O empregado com representação sindical só pode ser despedido mediante inquérito em que se apure falta grave.

Súmula 403 do STF: É de decadência o prazo de trinta dias para instauração do inquérito judicial, a contar da suspensão, por falta grave, de empregado estável.

Súmula 28 do TST: Indenização (nova redação) – Res. 121/2003, *DJ* 19, 20 e 21.11.2003. No caso de se converter a reintegração em indenização dobrada, o direito aos salários é assegurado até a data da primeira decisão que determinou essa conversão.

Súmula 62 do TST: Abandono de emprego (mantida) – Res. 121/2003, *DJ* 19, 20 e 21.11.2003. O prazo de decadência do direito do empregador de ajuizar inquérito em face do empregado que incorre em abandono de emprego é contado a partir do momento em que o empregado pretendeu seu retorno ao serviço.

Súmula 379 do TST: Dirigente sindical. Despedida. Falta grave. Inquérito judicial. Necessidade (conversão da Orientação Jurisprudencial 114 da SBDI-1) – Res. 129/2005, *DJ* 20, 22 e 25.04.2005. O dirigente sindical somente poderá ser dispensado por falta grave mediante a apuração em inquérito judicial, inteligência dos arts. 494 e 543, § 3.º, da CLT.

Súmula 396 do TST: Estabilidade provisória. Pedido de reintegração. Concessão do salário relativo ao período de estabilidade já exaurido. Inexistência de julgamento *extra petita* (conversão das orientações jurisprudenciais 106 e 116 da SBDI-1) – Res. 129/2005, DJ 20, 22 e 25.04.2005.

I – Exaurido o período de estabilidade, são devidos ao empregado apenas os salários do período compreendido entre a data da despedida e o final do período de estabilidade, não lhe sendo assegurada a reintegração no emprego (ex-OJ 116 da SBDI-1 – inserida em 01.10.1997).

II – Não há nulidade por julgamento *extra petita* da decisão que deferir salário quando o pedido for de reintegração, dados os termos do art. 496 da CLT (ex-OJ 106 da SBDI-1 – inserida em 20.11.1997).

Orientação Jurisprudencial 65 da SBDI-II do TST: Mandado de Segurança. Reintegração liminarmente concedida. Dirigente sindical (inserida em 20.09.2000). Ressalvada a hipótese do art. 494 da CLT, não fere direito líquido e certo a determinação liminar de reintegração no emprego de dirigente sindical, em face da previsão do inciso X do art. 659 da CLT.

Orientação Jurisprudencial 137 da SBDI-II do TST: Mandado de Segurança. Dirigente sindical. Art. 494 da CLT. Aplicável (*DJ* 04.05.2004). Constitui direito líquido e certo do empregador a suspensão do empregado, ainda que detentor de estabilidade sindical, até a decisão final do inquérito em que se apure a falta grave a ele imputada, na forma do art. 494, *caput* e parágrafo único, da CLT.

Art. 854. O processo do inquérito perante a Junta ou Juízo obedecerá às normas estabelecidas no presente Capítulo, observadas as disposições desta Seção.

Art. 855. Se tiver havido prévio reconhecimento da estabilidade do empregado, o julgamento do inquérito pela Junta ou Juízo não prejudicará a execução para pagamento dos salários devidos ao empregado, até a data da instauração do mesmo inquérito.

1. PROCEDIMENTO PARA APURAÇÃO DE FALTA GRAVE

O inquérito para apuração de falta grave é disciplinado nos arts. 853 a 855 da CLT, aplicando-se, quanto a outras questões, o procedimento comum trabalhista.

No caso de empregado titular da estabilidade, o dispositivo acima determina que os salários são devidos até o ajuizamento do inquérito para apuração de falta grave, mas isso se aplica caso não tenha havido a suspensão do empregado.

Se o empregado foi suspenso previamente, o dispositivo acima deve ser interpretado de forma lógica e sistemática. Na realidade, os mencionados salários (bem como os demais direitos decorrentes da relação de emprego) apenas são devidos, podendo ser objeto de execução em favor do empregado estável, na hipótese em que a falta grave não for reconhecida, com a rejeição do pedido de extinção contratual formulado pelo empregador no inquérito judicial, por se tratar de interrupção contratual. Se isso ocorrer, a sentença que rejeita o pedido do empregador passa a ter natureza condenatória, em favor do empregado, que tem direito à reintegração (obrigação de fazer) e aos direitos trabalhistas do período em que foi suspenso (obrigação de pagar). Se a sentença não for cumprida, deve ser objeto de execução nos mesmos autos.

Como se nota, o inquérito judicial para apuração de falta grave é modalidade de ação especial, de natureza dúplice. Mesmo o réu (no caso, o empregado) não apresentando reconvenção, se o pedido do empregador é rejeitado, a sentença o condenará a reintegrar o empregado e a pagar os salários e demais direitos trabalhistas do período de suspensão.

Entretanto, se o empregado foi suspenso, e a falta grave foi reconhecida no inquérito judicial, aquele período é de suspensão do contrato de trabalho, de modo que os salários não são devidos ao empregado.

Seção IV – Do Incidente de Desconsideração da Personalidade Jurídica

Art. 855-A. Aplica-se ao processo do trabalho o incidente de desconsideração da personalidade jurídica previsto nos arts. 133 a 137 da Lei n.º 13.105, de 16 de março de 2015 – Código de Processo Civil.

§ 1.º Da decisão interlocutória que acolher ou rejeitar o incidente:

I – na fase de cognição, não cabe recurso de imediato, na forma do § 1.º do art. 893 desta Consolidação;

II – na fase de execução, cabe agravo de petição, independentemente de garantia do juízo;

III – cabe agravo interno se proferida pelo relator em incidente instaurado originariamente no tribunal.

§ 2.º A instauração do incidente suspenderá o processo, sem prejuízo de concessão da tutela de urgência de natureza cautelar de que trata o art. 301 da Lei n.º 13.105, de 16 de março de 2015 (Código de Processo Civil).

1. DESCONSIDERAÇÃO DA PERSONALIDADE JURÍDICA

A pessoa jurídica tem existência autônoma daqueles que a integram.

Segundo o art. 985 do Código Civil, a sociedade adquire personalidade jurídica com a inscrição, no registro próprio e na forma da lei, dos seus atos constitutivos.

Nesse sentido, a pessoa jurídica não se confunde com os seus sócios, associados, instituidores ou administradores (art. 49-A do Código Civil, incluído pela Lei 13.874/2019).

Consequentemente, os bens da pessoa jurídica, em princípio, não se confundem com aqueles de seus componentes.

A *autonomia patrimonial das pessoas jurídicas* é um instrumento lícito de alocação e segregação de riscos, estabelecido pela lei com a finalidade de estimular empreendimentos, para a geração de empregos, tributo, renda e inovação em benefício de todos (art. 49-A, parágrafo único, do Código Civil, incluído pela Lei 13.874/2019).

A referida distinção quanto à personalidade jurídica e à composição patrimonial, entretanto, não é absoluta.

Há situações em que os bens dos integrantes da pessoa jurídica são alcançados, mesmo tratando-se de relação jurídica pertinente à sociedade em si.

Nesse contexto de relativização da autonomia entre a pessoa jurídica e seus integrantes é que se situa a *desconsideração da personalidade jurídica*.

A pessoa jurídica, assim, não pode ser utilizada de forma a ser desviada de seus fins, encobrindo a prática de atos ilícitos, abusivos ou fraudulentos de seus membros. Ocorrendo o referido desvio de finalidade ou a confusão entre o patrimônio da pessoa jurídica e o de seus componentes, por meio da técnica de superar a personalidade jurídica, alcança-se a responsabilização dos sócios envolvidos, atingindo-se o patrimônio individual destes[255].

O art. 50 do Código Civil (com redação dada pela Lei 13.874/2019) e o art. 28 do Código de Defesa do Consumidor (Lei 8.078/1990)[256] disciplinam as hipóteses de desconsideração da

---

[255] Cf. REQUIÃO, Rubens. Abuso de direito e fraude através da personalidade jurídica. *Revista dos Tribunais*, São Paulo, RT, ano 58, v. 410, p. 12-24, dez. 1969.

[256] "Art. 28. O juiz poderá desconsiderar a personalidade jurídica da sociedade quando, em detrimento do consumidor, houver abuso de direito, excesso de poder, infração da lei, fato ou ato ilícito ou violação dos estatutos ou contrato social. A desconsideração também será efetivada quando houver falência, estado de insolvência, encerramento ou inatividade da pessoa jurídica provocados por má administração. § 1.º (vetado). § 2.º As sociedades integrantes dos grupos societários e as sociedades controladas são subsidiariamente responsáveis pelas obrigações decorrentes deste Código. § 3.º As sociedades consorciadas são solidariamente responsáveis pelas obrigações decorrentes deste Código. § 4.º As sociedades coligadas só responderão por culpa. § 5.º Também poderá ser desconsiderada a

personalidade jurídica, podendo-se defender a aplicação subsidiária ao âmbito trabalhista, na forma do art. 8.º, § 1.º, da CLT.

Em caso de *abuso da personalidade jurídica*, caracterizado pelo desvio de finalidade ou pela confusão patrimonial, pode o juiz, a requerimento da parte, ou do Ministério Público quando lhe couber intervir no processo, desconsiderá-la para que os efeitos de certas e determinadas relações de obrigações sejam estendidos aos bens particulares de administradores ou de sócios da pessoa jurídica beneficiados direta ou indiretamente pelo abuso (art. 50 do Código Civil, com redação dada pela Lei 13.874/2019).

Portanto, o abuso de personalidade jurídica é gênero que abrange o desvio de finalidade e a confusão patrimonial, os quais autorizam a desconsideração da personalidade jurídica. Por meio desta, os efeitos de certas obrigações da pessoa jurídica podem alcançar os bens particulares de seus administradores ou sócios que tenham sido beneficiados, direta ou indiretamente, pelo abuso.

Para os fins do disposto no art. 50 do Código Civil, *desvio de finalidade* é a utilização da pessoa jurídica com o propósito de lesar credores e para a prática de atos ilícitos de qualquer natureza (art. 50, § 1.º, do Código Civil, incluído pela Lei 13.874/2019).

Entende-se por *confusão patrimonial* a ausência de separação de fato entre os patrimônios, caracterizada por: I – cumprimento repetitivo pela sociedade de obrigações do sócio ou do administrador ou vice-versa; II – transferência de ativos ou de passivos sem efetivas contraprestações, exceto os de valor proporcionalmente insignificante; III – outros atos de descumprimento da autonomia patrimonial (art. 50, § 2.º, do Código Civil, incluído pela Lei 13.874/2019).

O disposto no art. 50, *caput* e §§ 1.º e 2.º, do Código Civil também se aplica à extensão das obrigações de sócios ou de administradores à pessoa jurídica (art. 50, § 3.º, do Código Civil, incluído pela Lei 13.874/2019). Trata-se da chamada *desconsideração inversa da personalidade jurídica*, em que os efeitos de certas obrigações de pessoas que são administradores ou sócios podem alcançar os bens da pessoa jurídica que tenha sido beneficiada direta ou indiretamente pelo abuso.

Ressalte-se que a mera existência de grupo econômico sem a presença dos requisitos de que trata o art. 50 do Código Civil não autoriza a desconsideração da personalidade da pessoa jurídica (art. 50, § 4.º, do Código Civil, incluído pela Lei 13.874/2019).

Além disso, não constitui desvio de finalidade a mera expansão ou a alteração da finalidade original da atividade econômica específica da pessoa jurídica (art. 50, § 5.º, do Código Civil, incluído pela Lei 13.874/2019). Nessas hipóteses, portanto, não há abuso da personalidade jurídica que justifique a mencionada desconsideração.

Observados esses aspectos, a Lei 13.467/2017 acrescentou ao Título X, Capítulo III, da CLT, a Seção IV, sobre o incidente de desconsideração da personalidade jurídica.

Aplica-se ao processo do trabalho o incidente de desconsideração da personalidade jurídica previsto nos arts. 133 a 137 do Código de Processo Civil (art. 855-A da CLT, acrescentado pela Lei 13.467/2017).

---

pessoa jurídica sempre que sua personalidade for, de alguma forma, obstáculo ao ressarcimento de prejuízos causados aos consumidores".

De acordo com o art. 6.º da Instrução Normativa 39/2016 do TST, aplica-se ao processo do trabalho o incidente de desconsideração da personalidade jurídica regulado no Código de Processo Civil de 2015 (arts. 133 a 137), assegurada a iniciativa também do juiz do trabalho na fase de execução (art. 878 da CLT).

Entretanto, frise-se que o art. 878 da CLT, com redação dada pela Lei 13.467/2017, dispõe que a execução deve ser promovida pelas partes, permitida a execução de ofício pelo juiz ou pelo Presidente do Tribunal *apenas nos casos em que as partes não estiverem representadas por advogado*.

Logo, pode-se dizer que a iniciativa do juiz do trabalho na fase de execução, inclusive quanto à instauração (de ofício) do incidente de desconsideração da personalidade jurídica, ficou restrita às hipóteses em que as partes estiverem exercendo o *jus postulandi*, ou seja, quando não estiverem representadas por advogado.

Em razão da Lei 13.467/2017, o art. 6.º da Instrução Normativa 39/2016 do TST foi *revogado* pela Instrução Normativa 41/2018 do TST.

A partir da vigência da Lei 13.467/2017, a iniciativa do juiz na execução de que trata o art. 878 da CLT e no incidente de desconsideração da personalidade jurídica a que alude o art. 855-A da CLT fica limitada aos casos em que as partes não estiverem representadas por advogado (art. 13 da Instrução Normativa 41/2018 do TST).

O art. 133 do CPC dispõe que o incidente de desconsideração da personalidade jurídica será instaurado a pedido da parte ou do Ministério Público, quando lhe couber intervir no processo.

O pedido de desconsideração da personalidade jurídica deve observar os pressupostos previstos em lei.

Aplica-se o disposto nos arts. 133 a 137 do CPC à hipótese de *desconsideração inversa da personalidade jurídica*.

O incidente de desconsideração é cabível em todas as fases do processo de conhecimento, no cumprimento de sentença e na execução fundada em título executivo extrajudicial (art. 134 do CPC).

A instauração do incidente deve ser imediatamente comunicada ao distribuidor para as anotações devidas.

Dispensa-se a instauração do incidente se a desconsideração da personalidade jurídica for requerida na petição inicial, hipótese em que deve ser citado o sócio ou a pessoa jurídica. Ressalvada essa hipótese, a instauração do incidente suspende o processo.

O requerimento deve demonstrar o preenchimento dos pressupostos legais específicos para desconsideração da personalidade jurídica.

Instaurado o incidente, o sócio ou a pessoa jurídica deve ser citado para manifestar-se e requerer as provas cabíveis no prazo de 15 dias (art. 135 do CPC).

Concluída a instrução, se necessária, o incidente deve ser resolvido por decisão interlocutória (art. 136 do CPC). No processo do trabalho, assim, não é cabível recurso de imediato contra essa decisão na fase de conhecimento, nos termos do art. 893, § 1.º, da CLT, podendo-se admitir, em tese, a impetração de mandado de segurança, quando violado direito líquido e certo. Entretanto, se a decisão for proferida pelo relator, cabe agravo regimental (agravo interno).

Acolhido o pedido de desconsideração, a alienação ou a oneração de bens, havida em fraude de execução, deve ser ineficaz em relação ao requerente (art. 137 do CPC).

Da decisão interlocutória que acolher ou rejeitar o incidente: na fase de cognição, não cabe recurso de imediato, na forma do § 1.º do art. 893 da CLT; na fase de execução, cabe agravo de petição, independentemente de garantia do juízo; cabe agravo interno se proferida pelo relator em incidente instaurado originariamente no tribunal (art. 855-A, § 1.º, da CLT, acrescentado pela Lei 13.467/2017).

A instauração do incidente suspende o processo, sem prejuízo de concessão da tutela de urgência de natureza cautelar de que trata o art. 301 do CPC (art. 855-A, § 2.º, da CLT, acrescentado pela Lei 13.467/2017).

A Lei Complementar 182/2021 institui o marco legal das *startups* e do empreendedorismo inovador.

São enquadradas como *startups* as organizações empresariais ou societárias, nascentes ou em operação recente, cuja atuação caracteriza-se pela inovação aplicada a modelo de negócios ou a produtos ou serviços ofertados (art. 4.º da Lei Complementar 182/2021).

As *startups* podem admitir aporte de capital por pessoa física ou jurídica, que pode resultar ou não em participação no capital social da *startup*, a depender da modalidade de investimento escolhida pelas partes (art. 5.º da Lei Complementar 182/2021).

Considera-se "investidor-anjo" o investidor (pessoa física ou jurídica) que não é considerado sócio nem tem qualquer direito a gerência ou a voto na administração da empresa, não responde por qualquer obrigação da empresa e é remunerado por seus aportes (art. 2.º, inciso I, da Lei Complementar 182/2021).

O investidor que realizar o aporte de capital a que se refere o art. 5.º da Lei Complementar 182/2021: I – não será considerado sócio ou acionista nem possuirá direito a gerência ou a voto na administração da empresa, conforme pactuação contratual; II – não responderá por qualquer dívida da empresa, inclusive em recuperação judicial, e a ele não se estenderá o disposto no art. 50 do Código Civil, no art. 855-A da CLT, nos arts. 124, 134 e 135 do Código Tributário Nacional, e em outras disposições atinentes à desconsideração da personalidade jurídica existentes na legislação vigente (art. 8.º da Lei Complementar 182/2021).

As disposições do inciso II do art. 5.º da Lei Complementar 182/2021 não se aplicam às hipóteses de dolo, de fraude ou de simulação com o envolvimento do investidor. Logo, nessas situações excepcionais, aplicam-se as previsões relativas à desconsideração da personalidade jurídica.

CAPÍTULO III-A – DO PROCESSO DE JURISDIÇÃO VOLUNTÁRIA PARA HOMOLOGAÇÃO DE ACORDO EXTRAJUDICIAL

Art. 855-B. O processo de homologação de acordo extrajudicial terá início por petição conjunta, sendo obrigatória a representação das partes por advogado.

§ 1.º As partes não poderão ser representadas por advogado comum.

§ 2.º Faculta-se ao trabalhador ser assistido pelo advogado do sindicato de sua categoria.

Art. 855-C. O disposto neste Capítulo não prejudica o prazo estabelecido no § 6.º do art. 477 desta Consolidação e não afasta a aplicação da multa prevista no § 8.º art. 477 desta Consolidação.

Art. 855-D. No prazo de quinze dias a contar da distribuição da petição, o juiz analisará o acordo, designará audiência se entender necessário e proferirá sentença.

Art. 855-E. A petição de homologação de acordo extrajudicial suspende o prazo prescricional da ação quanto aos direitos nela especificados.

Parágrafo único. O prazo prescricional voltará a fluir no dia útil seguinte ao do trânsito em julgado da decisão que negar a homologação do acordo.

1. HOMOLOGAÇÃO DE ACORDO EXTRAJUDICIAL

A jurisdição voluntária diz respeito à *administração pública de interesses privados*.

Os procedimentos de jurisdição voluntária são medidas judiciais sem caráter contencioso ou litigioso, previstos nos arts. 719 e seguintes do CPC de 2015.

Não há, assim, lide, no sentido de conflito de interesses entre as partes, qualificado por pretensão resistida.

O procedimento de jurisdição voluntária tem início por provocação do interessado, do Ministério Público ou da Defensoria Pública, cabendo-lhes formular o pedido devidamente instruído com os documentos necessários e com a indicação da providência judicial (art. 720 do CPC de 2015).

Nos procedimentos de jurisdição voluntária, devem ser citados todos os interessados, bem como intimado o Ministério Público, nos casos do art. 178 do CPC de 2015, para que se manifestem, querendo, no prazo de quinze dias (art. 721 do CPC de 2015).

A Fazenda Pública deve ser sempre ouvida nos casos em que tiver interesse (art. 722 do CPC de 2015).

O juiz deve decidir o pedido no prazo de dez dias (art. 723 do CPC de 2015).

Ainda nos procedimentos de jurisdição voluntária, o juiz não é obrigado a observar critério de legalidade estrita, podendo adotar em cada caso a solução que considerar mais conveniente ou oportuna.

Ou seja, a lei autoriza, de forma expressa, que a decisão, especificamente nos procedimentos de jurisdição voluntária, seja proferida de acordo com os critérios de equidade e justiça.

Contra a sentença proferida (art. 724 do CPC de 2015), no processo do trabalho, é cabível, em tese, recurso ordinário.

Nos procedimentos de jurisdição voluntária, as despesas devem ser rateadas entre os interessados (art. 88 do CPC de 2015). Entende-se que na jurisdição voluntária, se não houver resistência do requerido, em razão da ausência de litigiosidade, não são cabíveis honorários advocatícios de sucumbência, pois não há vencido e vencedor.

Registre-se o entendimento de que não seria cabível, em regra, ação rescisória contra a decisão proferida em procedimento de jurisdição voluntária, justamente em razão da ausência de litígio a ser solucionado por meio de decisão de mérito.

A Lei 13.467/2017 acrescentou ao Título X da CLT o Capítulo III-A, dispondo sobre o *processo de jurisdição voluntária para homologação de acordo extrajudicial.*

O processo de homologação de acordo extrajudicial tem início por *petição conjunta*, sendo obrigatória a representação das partes por advogado (art. 855-B da CLT, acrescentado pela Lei 13.467/2017).

As partes não podem ser representadas por advogado comum (art. 855-B, § 1.º, da CLT, acrescentado pela Lei 13.467/2017).

Faculta-se ao trabalhador ser assistido pelo advogado do sindicato de sua categoria (art. 855-B, § 2.º, da CLT, acrescentado pela Lei 13.467/2017).

O disposto no referido Capítulo (arts. 855-B a 855-E da CLT) não prejudica o prazo estabelecido no § 6.º do art. 477 da CLT (sobre pagamento das verbas rescisórias) e não afasta a aplicação da multa prevista no § 8.º art. 477 do mesmo diploma legal (art. 855-C da CLT, acrescentado pela Lei 13.467/2017).

No prazo de 15 dias a contar da distribuição da petição, o juiz deve analisar o acordo, designará audiência se entender necessário e proferirá sentença (art. 855-D da CLT, acrescentado pela Lei 13.467/2017).

Entende-se que não se impõe ao juiz a obrigatoriedade de homologar todo e qualquer acordo extrajudicial, cabendo verificar a presença dos requisitos formais e de concessões recíprocas, bem como a ausência de vício de vontade, de fraude e de violação a normas de ordem pública. Cf. TST, 2.ª T., RR-20287-08.2020.5.04.0305, Rel. Min. Maria Helena Mallmann, *DEJT* 09.04.2021.

Pode-se defender a aplicação ao caso do entendimento constante na Súmula 418 do TST.

A petição de homologação de acordo extrajudicial *suspende o prazo prescricional* da ação quanto aos direitos nela especificados (art. 855-E da CLT, acrescentado pela Lei 13.467/2017).

O prazo prescricional volta a fluir no dia útil seguinte ao do trânsito em julgado da decisão que negar a homologação do acordo (art. 855-E, parágrafo único, da CLT, acrescentado pela Lei 13.467/2017).

Em consonância com o exposto, o art. 652, alínea "f", da CLT, incluída pela Lei 13.467/2017, compete às Varas do Trabalho decidir quanto à *homologação de acordo extrajudicial* em matéria de competência da Justiça do Trabalho.

Caso a sentença rejeite (no todo ou em parte) a homologação do acordo extrajudicial, é cabível recurso ordinário (art. 724 do CPC e art. 895, inciso I, da CLT), a ser julgado pelo TRT.

Havendo homologação (integral) do acordo extrajudicial pela Vara do Trabalho, aplicando-se o art. 831, parágrafo único, da CLT, a decisão é irrecorrível, salvo para a União quanto às contribuições previdenciárias que lhe forem devidas. Sendo assim, incide a Súmula 259 do TST.

Além disso, entende-se que a União deve ser intimada das decisões homologatórias de acordos que contenham parcela indenizatória, facultada a interposição de recurso (no caso, ordinário) relativo aos tributos que lhe forem devidos (art. 832, § 4.º, da CLT).

✦ Jurisprudência

Recurso de revista. Processo de jurisdição voluntária. Homologação de acordo extrajudicial. Quitação. Alcance. Arts. 855-B e seguintes da CLT. Não havendo, nos autos, registro de descumprimento dos requisitos de validade do negócio jurídico e dos requisitos formais previstos no art. 855-B da CLT ou, ainda, indícios de lide simulada ou de desvirtuamento do instituto da transação, não há óbice à homologação integral do acordo firmado entre partes, com quitação integral do contrato de trabalho extinto. Recurso de revista conhecido e provido (TST, 3.ª T., RR-1000129-18.2019.5.02.0009, Rel. Min. Alberto Luiz Bresciani de Fontan Pereira, *DEJT* 25.06.2021).

Recurso de revista interposto na vigência da Lei n.º 13.015/2014. Processo de jurisdição voluntária. Acordo extrajudicial. Homologação. Arts. 855-B a 855-E da CLT. A Lei n.º 13.467/2017 instituiu, no âmbito da Justiça do Trabalho, o processo de jurisdição voluntária com vistas à homologação de acordos celebrados extrajudicialmente, conforme artigos 855-B a 855-E da CLT. Da interpretação do art. 855-D, extrai-se que o juízo não está obrigado a homologar todo e qualquer acordo extrajudicial, cabendo-lhe analisar não apenas os requisitos gerais de validade dos negócios jurídicos (agente capaz, objeto lícito e forma prescrita ou não defesa por lei) e os requisitos extrínsecos (petição conjunta e representação das partes por advogados distintos), mas também o seu conteúdo, a fim de verificar se a proposta apresentada não está sendo utilizada para fraudar direitos trabalhistas e lesar o trabalhador. Toda transação pressupõe concessões recíprocas por parte daqueles que pretendem prevenir ou terminar conflitos. Nesse sentido, não é razoável admitir que o acordo extrajudicial seja utilizado apenas como forma de pagamento do acerto rescisório, pois não é esse o objetivo da norma. Na hipótese, consoante quadro fático traçado no acórdão recorrido, não há transação a ser homologada, pois a conciliação visa tão somente ao pagamento das parcelas decorrentes da resilição do contrato, inclusive a multa do artigo 477, § 8.º, da CLT. Não há qualquer direito transigido, na medida em que a empresa se limita a pagar as parcelas rescisórias valendo-se da cláusula de quitação geral e irrestrita do contrato de trabalho que, frise-se, perdurou mais de dez anos. Destarte, evidenciado que a petição de acordo extrajudicial circunscreve-se a direitos indisponíveis (verbas rescisórias), correto o indeferimento do pedido de homologação. Recurso de revista não conhecido (TST, 2.ª T., RR-20287-08.2020.5.04.0305, Rel. Min. Maria Helena Mallmann, *DEJT* 09.04.2021).

✦ Súmulas, Orientações Jurisprudenciais e Precedentes Normativos

Súmula 259 do TST: Termo de conciliação. Ação rescisória. Só por ação rescisória é impugnável o termo de conciliação previsto no parágrafo único do art. 831 da CLT.

Súmula 418 do TST: Mandado de segurança visando à homologação de acordo. A homologação de acordo constitui faculdade do juiz, inexistindo direito líquido e certo tutelável pela via do mandado de segurança.

CAPÍTULO IV – DOS DISSÍDIOS COLETIVOS

Seção I – Da Instauração da Instância

Art. 856. A instância será instaurada mediante representação escrita ao Presidente do Tribunal. Poderá ser também instaurada por iniciativa do presidente, ou, ainda, a requerimento da Procuradoria da Justiça do Trabalho, sempre que ocorrer suspensão do trabalho.

1. DISSÍDIO COLETIVO

O dissídio coletivo de trabalho é o meio de solução jurisdicional do conflito coletivo de trabalho.

O conflito coletivo de trabalho tem como objeto o interesse coletivo, isto é, comum a todos os integrantes do grupo, e, como sujeitos, um número indeterminado de trabalhadores, representados pela entidade sindical profissional, e um ou vários empregadores, representados ou não pela entidade sindical econômica.

O dissídio coletivo, assim, também é entendido como o processo judicial que tem como objetivo a pacificação do conflito coletivo de trabalho.

No dissídio coletivo, o conflito de trabalho é objeto de decisão pelo Poder Judiciário, sendo caso típico de heterocomposição.

O dissídio coletivo pode ser classificado em dissídio de natureza econômica, jurídica e de greve.

O dissídio coletivo de natureza econômica é aquele que tem como objeto a fixação de condições de trabalho, por meio do poder normativo da Justiça do Trabalho. Também é chamado de dissídio coletivo de interesse ou de natureza constitutiva, sendo previsto no art. 114, § 2.º, da Constituição da República.

O dissídio coletivo de natureza jurídica (ou declaratória), por sua vez, visa a interpretar norma específica que se aplique à categoria. Quanto ao assunto, dispõe a Orientação Jurisprudencial 7 da SDC do TST.

Mesmo após a Emenda Constitucional 45/2004, prevalece o entendimento de que a Constituição da República apenas disciplina o dissídio coletivo de natureza econômica, mas não proíbe ou exclui o de natureza jurídica. Este permanece cabível, sendo expressamente previsto na Lei 7.701/1988, art. 1.º, *caput*.

O art. 241, inciso II, do Regimento Interno do Tribunal Superior do Trabalho, aprovado pela Resolução Administrativa 1.937/2017, prevê o dissídio coletivo de natureza jurídica, para interpretação de cláusulas de sentenças normativas, de instrumentos de negociação coletiva, acordos e convenções coletivas, de disposições legais particulares de categoria profissional ou econômica e de atos normativos.

Trata-se de ação de natureza declaratória, tendo como objeto a interpretação de cláusula de instrumento normativo ou disposição legal de determinada categoria profissional ou econômica.

O dissídio coletivo de greve é um processo coletivo com peculiaridades, no qual a decisão, em parte, tem natureza declaratória, no que se refere ao exercício regular ou abusivo desse direito, mas também constitutiva, pois a sentença normativa decide sobre o estabelecimento de condições de trabalho.

Cabe ainda ressaltar que, segundo a Orientação Jurisprudencial 3 da SDC do TST, são incompatíveis com a natureza e finalidade do dissídio coletivo as pretensões de provimento judicial de arresto, apreensão ou depósito.

Efetivamente, seja nos dissídios coletivos de natureza econômica, jurídica ou de greve, como visto acima, as pretensões indicadas não são compatíveis com os seus respectivos objetos, mesmo porque não se confundem com a ação civil pública, nem com a ação coletiva de natureza condenatória ou cautelar.

O dissídio coletivo originário ocorre quando inexistentes ou em vigor normas e condições especiais de trabalho, decretadas em sentença normativa. O dissídio coletivo de revisão é destinado a reavaliar normas e condições coletivas de trabalho preexistentes, que se hajam tornado injustas ou ineficazes pela modificação das circunstâncias que as ditaram.

2. REQUISITOS DO DISSÍDIO COLETIVO

O dissídio coletivo de trabalho, para ser ajuizado, bem como ter o seu mérito apreciado, exige a prévia tentativa de solução do conflito por meio da negociação coletiva (art. 114, § 2.º, da Constituição Federal de 1988).

Não sendo possível a solução do conflito coletivo por meio da negociação coletiva, o § 1.º do art. 114 da Constituição Federal de 1988 também admite a utilização da arbitragem, ao assim prever: "Frustrada a negociação coletiva, as partes poderão eleger árbitros".

Trata-se de arbitragem facultativa, uma vez que as partes podem eleger árbitros.

O dissídio coletivo, portanto, apenas pode ser ajuizado se não obtida a solução do conflito pela negociação coletiva e houver recusa de qualquer das partes à arbitragem, uma vez que esta não é obrigatória.

A tentativa de primeiramente ser buscada a autocomposição, por meio da negociação coletiva de trabalho, é condição da ação específica no dissídio coletivo, ligada ao interesse processual, no que se refere à necessidade do provimento e da tutela jurisdicional postulada.

A Lei 10.192/2001, no art. 10, dispõe que os "salários e as demais condições referentes ao trabalho continuam a ser fixados e revistos, na respectiva data-base anual, por intermédio da livre negociação coletiva".

O art. 11 do mesmo diploma legal reitera, ainda, que, uma vez frustrada "a negociação entre as partes, promovida diretamente ou através de mediador, poderá ser ajuizada a ação de dissídio coletivo".

O § 4.º do art. 11 do mesmo diploma legal explicita que, não sendo alcançado o entendimento entre as partes, ou recusando-se qualquer delas à mediação, deve-se lavrar "ata contendo as causas motivadoras do conflito e as reivindicações de natureza econômica", documento este que deve instruir a representação para o ajuizamento do dissídio coletivo.

Entretanto, somente para o dissídio coletivo de natureza econômica é que se exige a recusa da negociação coletiva ou da arbitragem (art. 114, § 2.º, da Constituição da República).

No dissídio de natureza jurídica, a tentativa de negociação coletiva não é prevista como condição ou pressuposto processual. De acordo com o art. 616, § 4.º, da CLT, nenhum processo de "dissídio coletivo de natureza econômica" deve ser admitido sem antes se esgotarem as medidas relativas à formalização da convenção ou acordo coletivo correspondente. A Orientação Jurisprudencial 6 da SDC do Tribunal Superior do Trabalho, que exigia, para o dissídio coletivo de natureza jurídica, a negociação prévia, para buscar solução de consenso, foi cancelada em 10 de agosto de 2000, no julgamento do RODC 604502/1999-8 (*DJ* 23.03.2001).

A partir da Emenda Constitucional 45/2004, ao inovar a respeito do dissídio coletivo de trabalho de natureza econômica, passou-se a exigir o "comum acordo" para a sua instauração, indicando ser necessário o consenso das partes que figuram no conflito coletivo.

O § 2.º do art. 114 da Constituição Federal de 1988, com redação dada pela Emenda Constitucional 45/2004, assim prevê: "Recusando-se qualquer das partes à negociação coletiva ou à arbitragem, é facultado às mesmas, de comum acordo, ajuizar dissídio coletivo de natureza econômica, podendo a Justiça do Trabalho decidir o conflito, respeitadas as disposições mínimas legais de proteção ao trabalho, bem como as convencionadas anteriormente".

O dispositivo acima prevê o poder normativo da Justiça do Trabalho, ao possibilitar o estabelecimento de normas e condições de trabalho. Ao mesmo tempo em que ocorre a solução do conflito social, principal escopo da jurisdição, ocorre a fixação de norma jurídica, materializada na sentença normativa.

A decisão proferida pela Justiça do trabalho, no exercício do poder normativo, tem como fundamento a equidade, como se observa na previsão do art. 766 da CLT: "Nos dissídios sobre estipulação de salários, serão estabelecidas condições que, assegurando justos salários aos trabalhadores, permitam também justa retribuição às empresas interessadas".

Quanto aos limites do poder normativo, prevalece, na atualidade, o entendimento de que apenas podem incidir no chamado vazio da lei. A parte final do § 2.º do art. 114 da

Constituição da República estabelece que devem ser respeitadas as disposições mínimas legais de proteção ao trabalho, bem como as convencionadas anteriormente. Assim, os preceitos mínimos contidos na legislação trabalhista e nas normas coletivas negociadas em vigor devem ser observados. No entanto, seja quando já existe disposição legal específica regulando o tema, sem razões que justifiquem sua ampliação, seja quando a Constituição Federal exige a regulamentação do direito por meio da lei, não pode haver a incidência do poder normativo.

A maior inovação decorrente da Emenda Constitucional 45/2004, quanto ao dissídio coletivo (de natureza econômica), refere-se ao seu ajuizamento pelas partes, desde que "de comum acordo".

Exige-se o consenso entre as partes envolvidas no conflito coletivo de trabalho para a instauração do referido dissídio. Partes são os próprios atores sociais dotados de capacidade jurídica para firmar normas jurídicas trabalhistas, por meio do exercício da autonomia coletiva, no âmbito da negociação coletiva de trabalho, a qual restou frustrada.

Quanto ao dissídio coletivo de natureza jurídica, diversamente, não há necessidade de comum acordo para o ajuizamento.

O referido requisito não deixa de ser uma restrição à possibilidade de ajuizamento do dissídio coletivo econômico, pois a sua instauração e julgamento, quanto ao mérito, apenas podem ocorrer quando as partes envolvidas concordarem em levar o conflito à Justiça do Trabalho. Entretanto, a medida tem como objetivo fomentar a autocomposição, por ser a forma ideal de solução do conflito coletivo de trabalho, mediante negociação entre os próprios interessados.

Como a disposição constitucional exige o "comum acordo", defende-se o entendimento de que se trata de condição da ação, peculiar e especial no dissídio coletivo de natureza econômica.

É possível sustentar que essa necessidade de consenso pode ser expressa ou tácita, podendo-se verificar tanto previamente como também no curso do processo. Além disso, defende-se que a referida exigência pode ser suprida pelo tribunal, em casos de abuso de direito, má-fé ou prática de ato antissindical por uma das partes.

Cabe verificar, no entanto, se referida exigência não afronta o princípio da inafastabilidade do controle jurisdicional, previsto no art. 5.º, inciso XXXV, da Constituição Federal de 1988. Nos termos do art. 60, § 4.º, inciso IV, da Constituição da República, "os direitos e garantias individuais" não podem ser objeto de emenda constitucional tendente a aboli-los. Referidos direitos e garantias são justamente os previstos, expressamente, no art. 5.º da mesma Constituição (Título II, Capítulo I: "Dos Direitos e Deveres Individuais e Coletivos").

Primeiramente, o que se verifica é a impossibilidade de a *lei* excluir a apreciação do Poder Judiciário, e não a própria Constituição Federal, por meio do poder constituinte originário ou derivado. O próprio art. 217, § 1.º, da Constituição Federal de 1988 traz restrição ao acesso à jurisdição estatal para questões voltadas à disciplina e às competições desportivas.

Além disso, a exigência de comum acordo para o ajuizamento do dissídio coletivo de natureza econômica não significa a exclusão de sua apreciação pelo Poder Judiciário, mas mera condição da ação específica, para viabilizar a análise do mérito.

Aliás, nos conflitos coletivos de natureza econômica, o que se observa é a pretensão de fixação de novas condições de trabalho, a serem criadas para aplicação a todos os integrantes da categoria, ou aos empregados da(s) empresa(s) envolvida(s). Em outras palavras, nos conflitos *coletivos* de trabalho não se visualiza simples lesão ou ameaça a direito propriamente, mas contraposição de interesses sobre a constituição de normas e condições a serem aplicadas, normalmente com efeitos futuros, nas relações de trabalho. Tanto é assim que a chamada sentença normativa é verdadeira fonte formal do Direito do Trabalho, ao estabelecer, de forma genérica e abstrata, disposições sobre condições de trabalho.

Por fim, no Direito estrangeiro, a própria previsão do dissídio coletivo, como forma de solução do conflito coletivo de trabalho, é pouco encontrada na atualidade. Cabe acentuar, ainda, ter o poder normativo da Justiça do Trabalho origem no corporativismo; sua existência constitui fator de inibição à negociação coletiva, que melhor atende ao ideal de democracia nas relações de trabalho. Assim, sendo possível e amplamente admitida a própria ausência da jurisdição como forma estatal de solução de conflitos coletivos de trabalho, a mera existência de restrições à sua aplicabilidade jamais pode ser entendida como violação à garantia constitucional do acesso à justiça.

Tendo em vista todas essas peculiaridades envolvendo o dissídio coletivo, conclui-se pela constitucionalidade da mencionada exigência, decorrente da Emenda Constitucional 45/2004.

Com a necessidade de consenso entre as partes para o dissídio coletivo de natureza econômica, houve a aproximação do instituto com a chamada arbitragem oficial ou pública. Na arbitragem é que as partes, de comum acordo, escolhem referida via para a solução do conflito, designando árbitros e aceitando se submeterem à decisão arbitral.

O § 2.º do art. 114 da Constituição da República não transformou o dissídio coletivo em arbitragem propriamente, até porque esta é mencionada, de forma específica, na parte inicial do dispositivo e no § 1.º do mesmo art. 114. Além disso, não se verifica total identidade entre os critérios que fundamentam a decisão arbitral (Lei 9.307/1996, art. 2.º) e o dissídio coletivo de natureza econômica, pois este permanece alicerçado no poder normativo, que tem limites próprios.

Obviamente, podem as partes, por meio de compromisso arbitral, submeter o conflito coletivo à arbitragem e nomear como árbitro membro do Ministério Público do Trabalho (Lei Complementar 75/1993, art. 83, inciso XI). Nesse caso, sim, pode-se dizer estar diante de arbitragem oficial.

Portanto, o que ocorreu foi a inserção, na jurisdição coletiva, de um elemento encontrado na arbitragem.

No § 2.º do art. 114 da Constituição Federal de 1988 consta, ainda, que cabe à Justiça do Trabalho "*decidir o conflito*". Isso confirma a natureza jurisdicional do processo pertinente ao dissídio coletivo, bem como da chamada sentença normativa.

Portanto, a decisão proferida em dissídio coletivo opera a pacificação social e a solução do conflito (coletivo) de trabalho, em plena atuação dos principais escopos da jurisdição.

Confirmando o exposto, o Supremo Tribunal Federal julgou improcedente o pedido formulado em ação direta de inconstitucionalidade a respeito do tema. Com isso, foram julgadas válidas as previsões dos §§ 2.º e 3.º do art. 114 da Constituição Federal de 1988, decorrentes da Emenda Constitucional 45/2004, entendendo-se que a exigência de "comum acordo" entre as partes para o ajuizamento do dissídio coletivo de natureza econômica é condição da ação, em estímulo à autocomposição, e não obstáculo à atuação da jurisdição (STF, Pleno, ADI 3.423/DF, Rel. Min. Gilmar Mendes, *DJe* 18.06.2020).

3. COMPETÊNCIA

A competência originária para conhecer e julgar os dissídios coletivos é dos Tribunais (art. 856 da CLT), e não das Varas do Trabalho.

Se o conflito coletivo se estende à área abrangida pela competência de determinado Tribunal Regional do Trabalho, este é o competente (arts. 677, 678, inciso I, da CLT e art. 6.º da Lei 7.701/1988).

No caso do Estado de São Paulo, se o conflito coletivo se estende à área relativa tanto ao TRT da 2.ª Região (com sede em São Paulo) como ao TRT da 15.ª Região (com sede em Campinas), de modo que a decisão a ser proferida deva produzir efeitos em área territorial alcançada pela competência de ambos os Tribunais, a competência originária é do Tribunal Regional do Trabalho da 2.ª Região, conforme o art. 12 da Lei 7.520/1986, com redação determinada pela Lei 9.254/1996.

Os conflitos coletivos de trabalho que excedam à área alcançada pelos Tribunais Regionais do Trabalho são de competência originária do Tribunal Superior do Trabalho (art. 702, inciso I, "b", da CLT), conforme a Lei 7.701/1988, art. 2.º, inciso I, "a". Nesse caso, a competência funcional é da Seção de Dissídios Coletivos do TST.

4. DISSÍDIO COLETIVO DE GREVE

A iniciativa para a instauração do dissídio coletivo de greve é de qualquer das partes ou do Ministério Público do Trabalho (art. 8.º da Lei 7.783/1989).

O dissídio coletivo de greve é processo coletivo diferenciado, em que se observam tanto o aspecto declaratório, em decisão a respeito da abusividade ou não do exercício desse direito, como o aspecto econômico, pois a sentença normativa decide a respeito de novas condições de trabalho almejadas, com a incidência do poder normativo. Além disso, disciplina questões relativas ao período de greve, como o pagamento ou não dos salários (art. 7.º da Lei 7.783/1989).

A Justiça do Trabalho é competente para declarar a abusividade, ou não, da greve (Súmula 189 do TST).

Entretanto, registre-se que o Supremo Tribunal Federal fixou a seguinte tese de repercussão geral: "A justiça comum, federal ou estadual, é competente para julgar a abusividade de greve de servidores públicos celetistas da Administração pública direta, autarquias e fundações públicas" (STF, Pleno, RE 846.854/SP, Red. p/ ac. Min. Alexandre de Moraes, j. 01.08.2017).

É abusiva a greve levada a efeito sem que as partes hajam tentado, direta e pacificamente, solucionar o conflito que lhe constitui o objeto (Orientação Jurisprudencial 11 da SDC do TST).

É incompatível com a declaração de abusividade de movimento grevista o estabelecimento de quaisquer vantagens ou garantias a seus partícipes, que assumiram os riscos inerentes à utilização do instrumento de pressão máximo (Orientação Jurisprudencial 10 da SDC do TST).

Portanto, o dissídio coletivo de greve não se confunde com o dissídio coletivo de natureza econômica. Como o art. 114, § 2.º, da Constituição Federal de 1988 apenas dispõe sobre o dissídio coletivo de natureza econômica, entende-se que não há exigência de consenso para o ajuizamento de dissídio coletivo de greve. Cf. TST, SDC, RO-1147-87.2018.5.08.0000, Rel. Min. Katia Magalhaes Arruda, *DEJT* 20.04.2023.

O art. 114, § 3.º, da Constituição da República, com redação determinada pela Emenda Constitucional 45/2004, assim prevê:

> Em caso de greve em atividade essencial, com possibilidade de lesão do interesse público, o Ministério Público do Trabalho poderá ajuizar dissídio coletivo, competindo à Justiça do Trabalho decidir o conflito.

No caso de greve, a legitimação do Ministério Público do Trabalho para ajuizar o dissídio coletivo era prevista, de forma específica, apenas na legislação infraconstitucional, o que estava de acordo com suas atribuições constitucionais. A Lei Complementar 75/1993, no art. 83, inciso VIII, confere ao Ministério Público do Trabalho a legitimidade para instaurar instância em caso de greve, quando a defesa da ordem jurídica ou o interesse público assim o exigir, o mesmo sendo previsto, de forma genérica, nos arts. 8.º da Lei 7.783/1989 e 856 da CLT.

A atual disposição, *específica* quanto ao dissídio coletivo de greve e à legitimidade do Ministério Público do Trabalho, não só elevou ao patamar constitucional essa legitimidade, mas a restringiu aos casos de "greve em atividade essencial, com possibilidade de lesão do interesse público". Portanto, o art. 83, inciso VIII, da Lei Complementar 75/1983, ao tratar da instauração do dissídio coletivo pelo Ministério Público do Trabalho em caso de greve, "quando a defesa da ordem jurídica ou o interesse público assim o exigir", deve ser interpretado de acordo com a disposição constitucional em vigor, ou seja, no sentido de se tratar de greve em atividade essencial.

De acordo com o art. 114, § 3.º, da Constituição da República, não se autoriza a instauração de ofício do dissídio coletivo, pelo presidente do tribunal, o que confirma a derrogação da previsão existente no art. 856 da CLT.

✦ Jurisprudência

Dissídio coletivo. Recursos extraordinários providos, para excluir as cláusulas 2.ª (piso correspondente ao salário mínimo acrescido de percentual) e 24.ª (estabilidade temporária), por contrariarem, respectivamente, o inciso IV (parte final) e I do art. 7.º da Constituição, este último juntamente com o art. 10 do ADCT, bem como a cláusula 29.ª (aviso prévio de sessenta dias), por ser considerada invasiva da reserva legal específica, instituída no art. 7.º, XXI, da Constituição. 2. Recursos igualmente providos, quanto à cláusula 14.ª (antecipação, para junho, da primeira parcela do 13.º salário), por exceder seu conteúdo à competência normativa da Justiça do Trabalho, cujas decisões, a despeito de configurarem fonte de direito objetivo, revestem o caráter de regras subsidiárias, somente suscetíveis de operar no vazio legislativo, e sujeitas à supremacia da lei formal (art. 114, § 2.º, da Constituição). 3. Recursos de que não se conhecem no concernente à cláusula 1.ª (reajuste salarial), por ausência de pressupostos de admissibilidade, e, ainda, no que toca às cláusulas 52.ª (multa pela falta de pagamento de dia de trabalho), 59.ª (abrigos para a proteção dos trabalhadores), 61.ª (fornecimento de listas de empregados), 63.ª (afixação de quadro de avisos), visto não contrariarem os dispositivos constitucionais contra elas invocados, especialmente o § 2.º do art. 114. Decisão por maioria, quanto às cláusulas 29.ª e 14.ª, sendo, no restante unânime (STF, 1.ª T., RE 197.911-9/PE, Rel. Min. Octavio Gallotti, *DJ* 07.11.1997).

Recurso extraordinário. Dissídio coletivo. Indeferimento de cláusulas que estabeleciam adicionais de horas extras e noturno acima dos percentuais fixados em lei, bem como adicional de produtividade no percentual de 3,88%. 1. Produtividade: A alegada ofensa ao artigo 114, § 2.º, da CF, a depender da prévia análise de estarem, ou não, atendidos os requisitos da Medida Provisória 1.540/1997, se existente, seria indireta ou reflexa. A alegada ofensa ao art. 5.º, II, da CF atrai a incidência da Súmula 636 do STF. Juízo diverso acerca da demonstração do aumento de produtividade da empresa, apta a permitir o adicional tal como pleiteado, demanda o reexame de prova (Súmula 279 do STF). 2. Horas extras e adicional noturno: Sentença normativa que estabelece adicionais em patamar acima ao que estabelecido em lei. Inadmissibilidade, pois "[...] é fonte formal de direito objetivo a decisão proferida pela Justiça do Trabalho, na resolução de dissídio coletivo, autônoma na sua elaboração, porém, somente suscetível de operar no vazio legislativo, como regra subsidiária ou supletiva, subordinada à supremacia da lei" (RE 197.911/PE, rel. Min. Octavio Gallotti, 1.ª Turma, *DJ* de 7.11.1997). 3. Recurso improvido (STF, 2.ª T., RE 283.116/DF, Rel. Min. Ellen Gracie, j. 28.09.2004, *DJ* 22.10.2004).

Ação Direta de Inconstitucionalidade. 2. Art. 1.º, da Emenda Constitucional n.º 45/2004, na parte em que deu nova redação ao art. 114, §§ 2.º e 3.º, da Constituição Federal. 3. Necessidade de "mutuo acordo" para ajuizamento do Dissídio Coletivo. 4. Legitimidade do MPT para ajuizar Dissídio Coletivo em caso de greve em atividade essencial. 5. Ofensa aos artigos 5.º, XXXV, LV e LXXVIII, e 60, § 4.º, IV, da Constituição Federal. Inocorrência. 6. Condição da ação estabelecida pela Constituição. Estímulo às formas alternativas de resolução de conflito. 7. Limitação do poder normativo da Justiça do Trabalho. Violação aos artigos 7.º, XXVI, e 8.º, III, e ao princípio da razoabilidade. Inexistência. 8. Recomendação do Comitê de Liberdade Sindical da Organização Internacional do Trabalho. Indevida intervenção do Estado nas relações coletivas do trabalho. Dissídio Coletivo não impositivo. Reforma do Poder Judiciário (EC 45) que visa dar celeridade processual e privilegiar a autocomposição. 9. Importância dos acordos coletivos como instrumento de negociação dos conflitos. Mútuo consentimento. Precedentes. 10. Ação direta de inconstitucionalidade julgada improcedente (STF, Pleno, ADI 3.423/DF, Rel. Min. Gilmar Mendes, *DJe* 18.06.2020).

Dissídio coletivo. Exigibilidade de anuência prévia. A manifestação expressa da empresa em contrário ao ajuizamento do Dissídio Coletivo torna inequívoca a ausência do "comum acordo", condição da ação prevista no art. 114, § 2.º, da Constituição da República. Preliminar que se acolhe para extinguir o processo sem resolução do mérito, ao teor do art. 267, VI, do CPC (TST, SDC, DC 1650506-16.2005.5.00.0000, Rel. Min. Carlos Alberto Reis de Paula, *DJ* 20.10.2006).

Ausência de comum acordo para a instauração da instância. Alegação de incompatibilidade do dissídio coletivo de greve com o dissídio coletivo de natureza econômica. Segundo o entendimento prevalente nesta Seção Especializada, não se exige o pressuposto do comum acordo para o ajuizamento de dissídio coletivo de greve, em face do que dispõe o art. 114, § 3.º, da Constituição Federal, bem como os arts. 7.º, *in fine*, e 8.º, da Lei 7.783/89, que estabelecem a competência da Justiça do Trabalho para, quando instada, decidir o conflito coletivo de greve, apreciando a procedência ou não das reivindicações motivadoras do movimento paredista. No caso, trata-se de dissídio coletivo de greve cumulado com reinvindicações de ordem econômica, ou seja, a demanda coletiva possui natureza mista. Nessa condição, na esteira da jurisprudência desta Corte, deve ser mantida a decisão do Tribunal Regional, que não acolheu a preliminar de extinção do processo, por falta de mútuo acordo para o ajuizamento deste dissídio coletivo, uma vez que a natureza deste dissídio coletivo (greve) torna dispensável a observância do referido pressuposto processual constitucional. Recurso ordinário a que se nega provimento quanto ao tópico (TST, SDC, RO-1147-87.2018.5.08.0000, Rel. Min. Katia Magalhaes Arruda, *DEJT* 20.04.2023).

✦ Súmulas, Orientações Jurisprudenciais e Precedentes Normativos

Súmula 190 do TST: Poder Normativo do TST. Condições de trabalho. Inconstitucionalidade. Decisões contrárias ao STF (mantida) – Res. 121/2003, *DJ* 19, 20 e 21.11.2003. Ao julgar ou homologar ação coletiva ou acordo nela havido, o Tribunal Superior do Trabalho exerce o poder normativo constitucional, não podendo criar ou homologar condições de trabalho que o Supremo Tribunal Federal julgue iterativamente inconstitucionais.

Orientação Jurisprudencial 3 da SDC do TST: Arresto. Apreensão. Depósito. Pretensões insuscetíveis de dedução em sede coletiva (inserida em 27.03.1998). São incompatíveis com a natureza e finalidade do dissídio coletivo as pretensões de provimento judicial de arresto, apreensão ou depósito.

Orientação Jurisprudencial 5 da SDC do TST: Dissídio coletivo. Pessoa jurídica de direito público. Possibilidade jurídica. Cláusula de natureza social. Em face de pessoa jurídica de direito público que mantenha empregados, cabe dissídio coletivo exclusivamente para apreciação de cláusulas de natureza social. Inteligência da Convenção n.º 151 da Organização Internacional do Trabalho, ratificada pelo Decreto Legislativo n.º 206/2010.

Orientação Jurisprudencial 7 da SDC do TST: Dissídio coletivo. Natureza jurídica. Interpretação de norma de caráter genérico. Inviabilidade (inserida em 27.03.1998). Não se presta o dissídio coletivo de natureza jurídica à interpretação de normas de caráter genérico, a teor do disposto no art. 313, II, do RITST.

Orientação Jurisprudencial 29 da SDC do TST: Edital de convocação e ata da assembleia geral. Requisitos essenciais para instauração de dissídio coletivo. O edital de convocação da categoria e a respectiva ata da AGT constituem peças essenciais à instauração do processo de dissídio coletivo.

✦ Referência legislativa

- Arts. 5.º, XXXV, e 114 da CF.
- Decreto 10.088/2019.

Art. 857. A representação para instaurar a instância em dissídio coletivo constitui prerrogativa das associações sindicais, excluídas as hipóteses aludidas no art. 856, quando ocorrer suspensão do trabalho.

Parágrafo único. Quando não houver sindicato representativo da categoria econômica ou profissional, poderá a representação ser instaurada pelas federações correspondentes e, na falta destas, pelas confederações respectivas, no âmbito de sua representação.

1. LEGITIMIDADE PARA INSTAURAR DISSÍDIO COLETIVO

No dissídio coletivo de trabalho, pode-se dizer que a legitimação é ordinária, na qual o sindicato figura como o representante dos interesses da categoria. Trata-se, portanto, de representação da categoria em juízo (art. 857 da CLT), mesmo porque uma das funções do sindicato é justamente representar a categoria em juízo (art. 513, "a", CLT).

Diversamente, tratando-se de direitos individuais homogêneos, pode-se ter o ajuizamento da ação civil coletiva pelo sindicato, como substituto processual, com fundamento na Lei 7.347/1985, art. 21, c/c a Lei 8.078/1990, art. 82.

O art. 611, § 2.º, da Consolidação das Leis do Trabalho trata de questão específica, relacionada às categorias não organizadas em sindicatos. Nesse caso, as federações e, na falta destas, as confederações representativas de categorias econômicas ou profissionais poderão celebrar convenções coletivas de trabalho para reger as relações das categorias a elas vinculadas. Por se tratar de disposição voltada a casos bem especiais, entende-se que a previsão não afronta a norma genérica do art. 8.º, inciso VI, da Constituição Federal, até porque as federações e confederações são entes sindicais que compõem o sistema confederativo. Com isso, caso a negociação coletiva voltada à obtenção da convenção coletiva, prevista no referido art. 611, § 2.º, não alcance esse objetivo, observa-se a legitimidade quanto ao dissídio coletivo, o que, no caso, pode ocorrer pela federação ou confederação representativa da categoria não organizada em sindicato.

Confirmando o acima exposto, o art. 857, parágrafo único, da CLT dispõe que, não havendo sindicato representativo da categoria econômica ou profissional, "poderá a representação ser instaurada pelas federações correspondentes e, na falta destas, pelas confederações respectivas, no âmbito de sua representação".

✦ Súmulas, Orientações Jurisprudenciais e Precedentes Normativos

Súmula 286 do TST: Sindicato. Substituição processual. Convenção e acordo coletivos. A legitimidade do sindicato para propor ação de cumprimento estende-se também à observância de acordo ou de convenção coletivos.

Orientação Jurisprudencial 15 da SDC do TST: Sindicato. Legitimidade *ad processum*. Imprescindibilidade do registro no Ministério do Trabalho. A comprovação da legitimidade *ad processum* da entidade sindical se faz por seu registro no órgão competente do Ministério do Trabalho, mesmo após a promulgação da Constituição Federal de 1988.

Orientação Jurisprudencial 19 da SDC do TST: Dissídio coletivo contra empresa. Legitimação da entidade sindical. Autorização dos trabalhadores diretamente envolvidos no conflito. A legitimidade da entidade sindical para a instauração da instância contra determinada empresa está condicionada à prévia autorização dos trabalhadores da suscitada diretamente envolvidos no conflito.

Art. 858. A representação será apresentada em tantas vias quantos forem os reclamados e deverá conter:

a) designação e qualificação dos reclamantes e dos reclamados e a natureza do estabelecimento ou do serviço;

b) os motivos do dissídio e as bases da conciliação.

1. INSTAURAÇÃO DO DISSÍDIO COLETIVO

Para a instauração ou ajuizamento do dissídio coletivo, a petição inicial, também chamada de "representação", deve ser escrita e dirigida ao presidente do tribunal competente.

Pode-se dizer que a petição inicial no dissídio coletivo deve conter: a designação e a qualificação das entidades suscitantes e suscitadas; a indicação e a delimitação territorial de representação das entidades sindicais e das categorias envolvidas; o quórum estatutário para deliberação; a exposição das causas do conflito e das pretensões aprovadas; a comprovação da tentativa de negociação; a apresentação dos pedidos, com os respectivos fundamentos; e data e assinatura.

Ademais, devem ser juntados, entre outros, os seguintes documentos: demonstração de que a negociação coletiva foi tentada ou realizada; norma coletiva anterior; edital de convocação e ata da assembleia que aprovou reivindicações e concedeu poderes para a negociação coletiva, instauração de dissídio coletivo e eventual acordo judicial; e lista de presença dos participantes da assembleia deliberativa.

Quanto ao ajuizamento de "comum acordo" (art. 114, § 2.º, da Constituição Federal de 1988, com redação dada pela Emenda Constitucional 45/2004), defende-se a possibilidade de o consenso entre as partes ficar caracterizado, inclusive tacitamente, no curso do dissídio coletivo de natureza econômica.

Na linha do exposto anteriormente, o Supremo Tribunal Federal fixou a seguinte tese de repercussão geral: "É constitucional a exigência de comum acordo entre as partes para ajuizamento de dissídio coletivo de natureza econômica, conforme o artigo 114, § 2.º, da Constituição Federal, na redação dada pela Emenda Constitucional 45/2004" (STF, Pleno, RE 1.002.295/RJ, Red. p/ ac. Min. Alexandre de Moraes, j. 22.09.2020).

Sendo a petição inicial subscrita por advogado, deve-se juntar a respectiva procuração.

A respeito da necessidade de fundamentação dos pedidos, segundo a Orientação Jurisprudencial 32 da SDC do TST, é pressuposto indispensável à constituição válida e regular da ação coletiva a apresentação em forma clausulada e fundamentada das reivindicações da categoria.

A Orientação Jurisprudencial 21 da SDC do TST, atualmente cancelada, assim dispunha: "Ilegitimidade 'ad causam' do sindicato. Ausência de indicação do total de associados da entidade sindical. Insuficiência de 'quorum' (art. 612 da CLT) (cancelada) – *DJ* 02.12.2003".

A Súmula 177 do TST, que também foi cancelada, assim previa: "Dissídio coletivo. Sindicato. Representação (cancelada) – Res. 121/2003, *DJ* 19, 20 e 21.11.2003. Está em plena vigência o art. 859 da Consolidação das Leis do Trabalho, cuja redação é a seguinte: 'A representação dos sindicatos para instauração da instância fica subordinada à aprovação de assembleia, da qual participem os associados interessados na solução do dissídio coletivo, em primeira convocação, por maioria de 2/3 dos mesmos, ou, em segunda convocação, por 2/3 dos presentes'".

Com isso, embora a questão seja controvertida, há entendimento no sentido de que o quórum exigido para a instauração do dissídio coletivo, em consonância com o princípio da liberdade sindical, deve ser o previsto no estatuto da entidade sindical. Isso seria confirmado, também, pelo cancelamento da Orientação Jurisprudencial 13 da SDC do TST.

O fortalecimento das previsões estatutárias também é observado na previsão da Orientação Jurisprudencial 35 da SDC do TST.

A Orientação Jurisprudencial 8 da SDC do TST, por seu turno, exige ainda que a ata da assembleia de trabalhadores que legitima a atuação da entidade sindical respectiva em favor de seus interesses deve registrar, obrigatoriamente, a pauta reivindicatória, produto da vontade expressa da categoria.

Quanto à necessidade de prévia realização de assembleia sindical, dispõe a Orientação Jurisprudencial 28 da SDC do TST.

A medida decorre da necessidade de se aferir a legitimidade da assembleia sindical realizada, previamente à instauração do dissídio coletivo, representando a vontade do grupo envolvido.

✦ Súmulas, Orientações Jurisprudenciais e Precedentes Normativos

Orientação Jurisprudencial 8 da SDC do TST: Dissídio coletivo. Pauta reivindicatória não registrada em ata. Causa de extinção (inserida em 27.03.1998). A ata da assembleia de trabalhadores que legitima a atuação da entidade sindical respectiva em favor de seus interesses deve registrar, obrigatoriamente, a pauta reivindicatória, produto da vontade expressa da categoria.

Orientação Jurisprudencial 28 da SDC do TST: Edital de convocação da AGT. Publicação. Base territorial. Validade (inserida em 19.08.1998). O edital de convocação para a AGT deve ser publicado em jornal que circule em cada um dos municípios componentes da base territorial.

Orientação Jurisprudencial 29 da SDC do TST: Edital de convocação e ata da Assembleia Geral. Requisitos essenciais para instauração de dissídio coletivo (inserida em 19.08.1998). O edital de convocação da categoria e a respectiva ata da AGT constituem peças essenciais à instauração do processo de dissídio coletivo.

Orientação Jurisprudencial 32 da SDC do TST: Reivindicações da categoria. Fundamentação das cláusulas. Necessidade. Aplicação do Precedente Normativo 37 do TST (inserida em 19.08.1998). É pressuposto indispensável à constituição válida e regular da ação coletiva a apresentação em forma clausulada e fundamentada das reivindicações da categoria, conforme orientação do item VI, letra "e", da Instrução Normativa 4/1993.

Orientação Jurisprudencial 35 da SDC do TST: Edital de convocação da AGT. Disposição estatutária específica. Prazo mínimo entre a publicação e a realização da Assembleia. Observância obrigatória (inserida em 07.12.1998). Se os estatutos da entidade sindical contam com norma específica que estabeleça prazo mínimo entre a data de publicação do edital convocatório e a realização da assembleia correspondente, então a validade desta última depende da observância desse interregno.

✦ Referência legislativa

- Arts. 7.º, XXVI, 8.º, III, IV, e 114 da CF.

Art. 859. A representação dos sindicatos para instauração da instância fica subordinada à aprovação de assembleia, da qual participem os associados interessados na solução do dissídio coletivo, em primeira convocação, por maioria de 2/3 (dois terços) dos mesmos, ou, em segunda convocação, por 2/3 (dois terços) dos presentes.

Parágrafo único. Revogado pelo Decreto-lei 7.321 de 14.2.1945.

1. LEGITIMIDADE

Os sindicatos que representam as categorias em conflito são legitimados para a instauração de dissídio coletivo de trabalho.

Tendo em vista a exigência de unicidade sindical adotada pela Constituição Federal de 1988 (art. 8.º, inciso II), cabe fazer menção à Orientação Jurisprudencial 23 da SDC do TST.

Discute-se, ainda, a respeito da natureza jurídica da posição do sindicato nesse processo, no sentido de ser substituto processual ou representante da categoria (ou dos empregados da empresa).

Entende-se que a hipótese é de representação legal, tendo em vista que o dissídio coletivo de trabalho, principalmente no aspecto da fixação de condições de trabalho, difere da ação civil pública e coletiva, em defesa de direitos metaindividuais, além do que, no dissídio coletivo, exige-se a autorização da assembleia geral da categoria (art. 859 da CLT), o que não ocorre na legitimação extraordinária.

✦ Súmulas, Orientações Jurisprudenciais e Precedentes Normativos

Orientação Jurisprudencial 23 da SDC do TST: Legitimidade "ad causam". Sindicato representativo de segmento profissional ou patronal. Impossibilidade (inserida em 25.05.1998). A representação sindical abrange toda a categoria, não comportando separação fundada na maior ou menor dimensão de cada ramo ou empresa.

Orientação Jurisprudencial 28 da SDC do TST: Edital de convocação da AGT. Publicação. Base territorial. Validade. O edital de convocação para a AGT deve ser publicado em jornal que circule em cada um dos municípios componentes da base territorial.

Orientação Jurisprudencial 29 da SDC do TST: Edital de convocação e ata da assembleia geral. Requisitos essenciais para instauração de dissídio coletivo. O edital de convocação da categoria e a respectiva ata da AGT constituem peças essenciais à instauração do processo de dissídio coletivo.

Orientação Jurisprudencial 35 da SDC do TST: Edital de convocação da AGT. Disposição estatutária específica. Prazo mínimo entre a publicação e a realização da assembleia. Observância obrigatória. Se os estatutos da entidade sindical contam com norma específica que estabeleça prazo mínimo entre a data de publicação do edital convocatório e a realização da assembleia correspondente, então a validade desta última depende da observância desse interregno.

Seção II – Da Conciliação e do Julgamento

Art. 860. Recebida e protocolada a representação, e estando na devida forma, o Presidente do Tribunal designará a audiência de conciliação, dentro do prazo de 10 (dez) dias, determinando a notificação dos dissidentes, com observância do disposto no art. 841.

Parágrafo único. Quando a instância for instaurada *ex officio*, a audiência deverá ser realizada dentro do prazo mais breve possível, após o reconhecimento do dissídio.

1. CONCILIAÇÃO, INSTRUÇÃO E JULGAMENTO

Estando a petição inicial (representação) em termos, designa-se audiência de conciliação e instrução.

Efetivamente, segundo o art. 860 da CLT, uma vez recebida e protocolada a representação, e estando na devida forma, o presidente do tribunal deve designar a audiência de conciliação, dentro do prazo de 10 dias, determinando a notificação dos dissidentes, com observância do art. 841 do mesmo diploma legal, isto é, em registro postal com franquia.

Quando se tratar de dissídio coletivo de greve, a audiência deve ser realizada dentro do prazo mais breve possível, após o reconhecimento do dissídio.

Art. 861. É facultado ao empregador fazer-se representar na audiência pelo gerente, ou por qualquer outro preposto que tenha conhecimento do dissídio, e por cujas declarações será sempre responsável.

1. PREPOSTO NO DISSÍDIO COLETIVO

É facultado ao empregador fazer-se representar na audiência pelo gerente, ou por qualquer outro preposto que tenha conhecimento do dissídio coletivo. O mencionado gerente ou preposto é sempre responsável pelas suas declarações. Consoante o art. 843, § 3.º, da CLT, acrescentado pela Lei 13.467/2017, o preposto não precisa ser empregado da parte reclamada. Nesse sentido, deixa de prevalecer o entendimento da Súmula 377 do TST.

✦ Súmulas, Orientações Jurisprudenciais e Precedentes Normativos

Súmula 377 do TST: Preposto. Exigência da condição de empregado (nova redação) – Res. 146/2008, *DJ* 28.04.2008, 02 e 05.05.2008. Exceto quanto à reclamação de empregado doméstico, ou contra micro ou pequeno empresário, o preposto deve ser necessariamente empregado do reclamado. Inteligência do art. 843, § 1.º, da CLT e do art. 54 da Lei Complementar 123, de 14 de dezembro de 2006.

Art. 862. Na audiência designada, comparecendo ambas as partes ou seus representantes, o Presidente do Tribunal as convidará para se pronunciarem sobre as bases da conciliação. Caso não sejam aceitas as bases propostas, o Presidente submeterá aos interessados a solução que lhe pareça capaz de resolver o dissídio.

Na audiência designada, comparecendo ambas as partes ou seus representantes, o presidente do tribunal deve convidá-las a se pronunciarem sobre as bases da conciliação.

No mesmo sentido, o art. 12 da Lei 10.192/2001 determina que, no "ajuizamento do dissídio coletivo, as partes deverão apresentar, fundamentadamente, suas propostas finais, que serão objeto de conciliação ou deliberação do Tribunal, na sentença normativa".

Caso não sejam aceitas as bases propostas, o presidente deve submeter aos interessados a solução que lhe pareça capaz de resolver o dissídio coletivo.

Art. 863. Havendo acordo, o Presidente o submeterá à homologação do Tribunal na primeira sessão.

1. HOMOLOGAÇÃO DO ACORDO EM DISSÍDIO COLETIVO

Em dissídio coletivo, em consonância com o art. 7.º, § 5.º, da Lei 7.701/1988, uma vez formalizado "o acordo pelas partes e homologado pelo Tribunal, não caberá qualquer recurso, salvo por parte do Ministério Público".

O acordo em dissídio coletivo, entretanto, não se confunde com o acordo coletivo nem com a convenção coletiva de trabalho, pois estes decorrem da negociação coletiva, tendo natureza autocompositiva (art. 7.º, inciso XXVI, da Constituição Federal de 1988). Nesse contexto, explicita a Orientação Jurisprudencial 34 da SDC do TST.

✦ **Súmulas, Orientações Jurisprudenciais e Precedentes Normativos**

Súmula 190 do TST: Poder normativo do TST. Condições de trabalho. Inconstitucionalidade. Decisões contrárias ao STF. Ao julgar ou homologar ação coletiva ou acordo nela havido, o Tribunal Superior do Trabalho exerce o poder normativo constitucional, não podendo criar ou homologar condições de trabalho que o Supremo Tribunal Federal julgue iterativamente inconstitucionais.

Orientação Jurisprudencial 34 da SDC do TST: Acordo extrajudicial. Homologação. Justiça do Trabalho. Prescindibilidade (inserida em 07.12.1998). É desnecessária a homologação, por Tribunal Trabalhista, do acordo extrajudicialmente celebrado, sendo suficiente, para que surta efeitos, sua formalização perante o Ministério do Trabalho (art. 614 da CLT e art. 7.º, inciso XXVI, da Constituição Federal).

Art. 864. Não havendo acordo, ou não comparecendo ambas as partes ou uma delas, o presidente submeterá o processo a julgamento, depois de realizadas as diligências que entender necessárias e ouvida a Procuradoria.

1. JULGAMENTO DO DISSÍDIO COLETIVO

Mesmo quando o Ministério Público do Trabalho não instaurou o dissídio coletivo (o que pode ocorrer na hipótese de greve em atividade essencial, com possibilidade de lesão ao interesse público, conforme o art. 114, § 3.º, da Constituição Federal), também deve participar do dissídio coletivo (de natureza econômica, jurídica ou de greve), como órgão interveniente, isto é, fiscal da ordem jurídica.

Nesse sentido, o art. 11 da Lei 7.701/1988 assim dispõe: "Nos processos de dissídio coletivo, o Ministério Público emitirá parecer escrito, ou protestará pelo pronunciamento oral, na audiência ou sessão de julgamento".

Embora a CLT não indique de forma expressa, de acordo com a própria lógica inerente ao procedimento da Justiça do Trabalho, cabe ao reclamado (suscitado) apresentar a defesa em audiência, acompanhada de proposta de conciliação.

A contestação, como ocorre no dissídio individual, pode alegar, de acordo com o princípio da eventualidade, preliminares, de natureza processual, e matérias relativas ao mérito.

No dissídio coletivo, em razão das peculiaridades de seu objeto, voltado à criação de novas condições de trabalho, de forma genérica, ou à declaração do sentido e alcance de norma aplicada à categoria, entende-se que não há a incidência da revelia, de seus efeitos, como a presunção de veracidade dos fatos alegados pelo autor, nem a confissão ficta.

Isso é confirmado ao se notar que a CLT, ao disciplinar o dissídio coletivo, não estabelece a mesma previsão do art. 844 da CLT, relativa ao arquivamento, à revelia e à confissão quanto à matéria de fato.

Discute-se, ainda, a respeito do cabimento da reconvenção no dissídio coletivo. A rigor, nota-se que o dissídio coletivo normalmente apresenta natureza dúplice, o que afasta o interesse processual quanto à reconvenção.

Mesmo no dissídio coletivo de greve, instaurado pelo Ministério Público do Trabalho ou por uma das partes em conflito, defende-se o entendimento de que cabe ao tribunal não apenas decidir a respeito do seu exercício regular ou abusivo, como também decidir a respeito das pretensões sobre condições de trabalho pretendidas, as quais deram origem à greve como instrumento de pressão para alcançá-las. Nesse sentido, consoante o art. 8.º da Lei 7.783/1989:

"A Justiça do Trabalho, por iniciativa de qualquer das partes ou do Ministério Público do Trabalho, decidirá sobre a procedência, total ou parcial, ou improcedência das reivindicações, cumprindo ao Tribunal publicar, de imediato, o competente acórdão".

As diligências mencionadas no art. 864 são aquelas necessárias ao julgamento, como, por exemplo, a determinação de apresentação de relatórios ou informações sobre as condições econômicas dos setores envolvidos no dissídio.

Art. 865. Sempre que, no decorrer do dissídio, houver ameaça de perturbação da ordem, o presidente requisitará à autoridade competente as providências que se tornarem necessárias.

1. PERTURBAÇÃO DA ORDEM

Se, no curso do dissídio coletivo, houver ameaça de perturbação da ordem, cabe ao Presidente do Tribunal requisitar à autoridade competente as providências que forem necessárias.

Art. 866. Quando o dissídio ocorrer fora da sede do Tribunal, poderá o presidente, se julgar conveniente, delegar à autoridade local as atribuições de que tratam os arts. 860 e 862. Nesse caso, não havendo conciliação, a autoridade delegada encaminhará o processo ao Tribunal, fazendo exposição circunstanciada dos fatos e indicando a solução que lhe parecer conveniente.

1. DISSÍDIO COLETIVO FORA DA SEDE DO TRIBUNAL

Se o conflito coletivo ocorre fora da sede do tribunal competente para julgar o respectivo dissídio, é possível a delegação ao juiz da localidade em que ocorre o conflito (isto é, da Vara do Trabalho ou do Juízo de Direito no exercício da jurisdição trabalhista), para a tentativa de conciliação em audiência. Não se concretizando, o juiz encaminhará os autos do processo ao tribunal, fazendo exposição circunstanciada dos fatos e indicação da solução que parecer conveniente.

Como o juiz deve apresentar uma exposição circunstanciada dos fatos e indicar a solução que lhe pareça conveniente, é possível sustentar que esse mesmo magistrado também possa realizar atos de instrução, para ter conhecimento a respeito do conflito e proceder como determina o art. 866 da CLT.

Art. 867. Da decisão do Tribunal serão notificadas as partes, ou seus representantes, em registrado postal, com franquia, fazendo-se, outrossim, a sua publicação no jornal oficial, para ciência dos demais interessados.

Parágrafo único. A sentença normativa vigorará:

a) a partir da data de sua publicação, quando ajuizado o dissídio após o prazo do art. 616, § 3.º, ou, quando não existir acordo, convenção ou sentença normativa em vigor, da data do ajuizamento;

b) a partir do dia imediato ao termo final de vigência do acordo, convenção ou sentença normativa, quando ajuizado o dissídio no prazo do art. 616, § 3.º.

1. EFICÁCIA E VIGÊNCIA NO TEMPO DA SENTENÇA NORMATIVA

A sentença normativa produz efeitos não apenas em face das entidades sindicais que participaram do dissídio coletivo, mas dos integrantes das categorias profissionais e econômicas representadas.

O efeito subjetivo, portanto, não se restringe aos associados das organizações sindicais que participaram do dissídio coletivo, pois alcança todos os membros das categorias representadas.

A sentença normativa tem vigência limitada no tempo, mesmo porque as condições sociais e econômicas também se alteram.

O art. 616, § 3.º, da CLT prevê que, se houver convenção, acordo ou sentença normativa em vigor, o dissídio coletivo deve ser instaurado dentro dos 60 dias anteriores ao respectivo termo final, para que o novo instrumento possa ter vigência no dia imediato a esse termo.

Sendo assim, o art. 867, parágrafo único, da CLT dispõe que o início da vigência da sentença normativa é a partir da data da publicação (se o dissídio for ajuizado após o prazo de 60 dias anteriores ao termo final da norma coletiva em vigor), ou a partir do dia imediato ao termo final da norma coletiva (se o dissídio for ajuizado no prazo de 60 dias anteriores ao termo final da norma coletiva em vigor). Se não existir acordo, convenção ou sentença normativa anteriores, em vigor quando do ajuizamento do dissídio coletivo, este vigora a partir da data do ajuizamento.

Anteriormente, com fundamento na Instrução Normativa 4/1993 do TST (itens II, III e XXV), admitia-se o "protesto judicial", no caso de impossibilidade real de encerramento da negociação coletiva em curso, antes do termo final do art. 616, § 3.º, da CLT, com o objetivo de preservar a data-base da categoria. Quando essa medida cautelar era admitida, concedia-se o prazo de 30 dias para se ajuizar o dissídio coletivo.

Embora a medida não tenha mais previsão expressa, é possível defender a admissibilidade de medida cautelar com o mesmo efeito, com fundamento no art. 726 do CPC de 2015, que atualmente trata da notificação e da interpelação como procedimento de jurisdição voluntária, sendo aplicável ao protesto judicial. Caso se entendesse que essa previsão não é específica quanto à hipótese mencionada, relativa ao dissídio coletivo, os arts. 294 e 297 do CPC de 2015 também admitem medidas de urgência, inclusive de natureza cautelar atípica, com base no poder geral de cautela do juiz (ou seja, no poder de conceder tutela provisória de urgência, no caso, de natureza cautelar atípica).

Em se tratando de dissídio coletivo ajuizado após a vigência da Lei 13.467/2017, entende-se que são cabíveis honorários advocatícios sucumbenciais, na forma do art. 791-A da CLT. Cf. TST, SDC, RO-314-31.2018.5.13.0000, Rel. Min. Dora Maria da Costa, *DEJT* 30.11.2020.

✦ Jurisprudência

Recurso ordinário em dissídio coletivo de natureza econômica interposto pelo [...]. Honorários advocatícios sucumbenciais. Processo ajuizado após a vigência da Lei n.º 13.467/2017. Valor fixado. A Lei n.º 13.467/2017, apesar de não mencionar, no art. 791-A da CLT, os dissídios coletivos, objetivou, por meio desse dispositivo, uniformizar os honorários advocatícios sucumbenciais no Processo do Trabalho, o que afasta, a meu ver, no caso em tela, a aplicação do item III da Súmula n.º 219 deste Tribunal, na forma da jurisprudência até então pacificada desta SDC. Quanto ao percentual a ser aplicado, em observância aos parâmetros delineados no *caput* e no § 2.º do art. 791-A da CLT, e considerando a extinção do processo, sem resolução de mérito, entendo por razoável a fixação da verba honorária, no percentual de 15% sobre o valor da causa, majorado pelo Tribunal Regional para R$ 5.000,00 (cinco mil reais). Recurso ordinário conhecido e parcialmente provido (TST, SDC, RO-314-31.2018.5.13.0000, Rel. Min. Dora Maria da Costa, *DEJT* 30.11.2020).

Seção III – Da Extensão das Decisões

Art. 868. Em caso de dissídio coletivo que tenha por motivo novas condições de trabalho e no qual figure como parte apenas uma fração de empregados de uma empresa, poderá o Tribunal competente, na própria decisão, estender tais condições de trabalho, se julgar justo e conveniente, aos demais empregados da empresa que forem da mesma profissão dos dissidentes.

Parágrafo único. O Tribunal fixará a data em que a decisão deve entrar em execução, bem como o prazo de sua vigência, o qual não poderá ser superior a 4 (quatro) anos.

1. EXTENSÃO DA SENTENÇA NORMATIVA

A extensão da sentença normativa é aplicável apenas ao dissídio de natureza econômica, que tenha como parte somente uma parcela dos empregados da empresa. Nessa hipótese, o tribunal, de ofício, pode estender as condições de trabalho estabelecidas na sentença aos demais empregados da mesma profissão.

A medida, assim, tem fundamento no princípio da igualdade, ao procurar estabelecer o mesmo tratamento, com os mesmos direitos, aos empregados na mesma situação.

Exemplificando, se o dissídio coletivo tem origem em greve parcial, que alcançou somente um setor da empresa, torna-se possível a mencionada extensão aos demais empregados da mesma profissão. Sobre o assunto, cf. a Orientação Jurisprudencial 2 da SDC do TST.

O prazo máximo de vigência da sentença normativa, por sua vez, é de quatro anos, nos termos do art. 868, parágrafo único, da CLT.

Não obstante, na prática, é mais comum a vigência pelo prazo de um ano.

Em razão da vigência limitada no tempo da sentença normativa, entende-se que as condições de trabalho nela previstas, em regra, não integram os contratos individuais de trabalho. Nesse sentido, cf. o Precedente Normativo 120 da SDC do TST.

O art. 114, § 2.º, da Constituição Federal de 1988 dispõe que cabe à Justiça do Trabalho "decidir o conflito, respeitadas as disposições mínimas legais de proteção ao trabalho, bem como as convencionadas anteriormente".

Logo, as disposições convencionadas anteriormente também devem ser observadas pela Justiça do Trabalho, ao decidir o conflito coletivo de natureza econômica. Vale dizer, existindo norma coletiva decorrente de negociação coletiva anterior (convenção ou acordo coletivo de trabalho), que regia as relações de trabalho, as suas disposições devem ser observadas no julgamento do dissídio coletivo de natureza econômica, ou seja, mantidas pela sentença normativa.

✦ Súmulas, Orientações Jurisprudenciais e Precedentes Normativos

Súmula 277 do TST: Convenção coletiva de trabalho ou acordo coletivo de trabalho. Eficácia. Ultratividade. As cláusulas normativas dos acordos coletivos ou convenções coletivas integram os contratos individuais de trabalho e somente poderão ser modificadas ou suprimidas mediante negociação coletiva de trabalho. Cf. STF, ADPF 323/DF.

Orientação Jurisprudencial 2 da SDC do TST: Acordo homologado. Extensão a partes não subscreventes. Inviabilidade (inserida em 27.03.1998). É inviável aplicar condições constantes de acordo homologado nos autos de dissídio coletivo, extensivamente, às partes que não o subscreveram, exceto se observado o procedimento previsto no art. 868 e seguintes, da CLT.

Precedente Normativo 120 da SDC do TST: Sentença normativa. Duração. Possibilidade e limites (positivo) – (Res. 176/2011, DEJT divulgado em 27, 30 e 31.05.2011). A sentença normativa vigora, desde seu termo inicial até que sentença normativa, convenção coletiva de trabalho ou acordo coletivo de trabalho superveniente produza sua revogação, expressa ou tácita, respeitado, porém, o prazo máximo legal de quatro anos de vigência.

Art. 869. A decisão sobre novas condições de trabalho poderá também ser estendida a todos os empregados da mesma categoria profissional compreendida na jurisdição do Tribunal:

a) por solicitação de 1 (um) ou mais empregadores, ou de qualquer sindicato destes;

b) por solicitação de 1 (um) ou mais sindicatos de empregados;

c) *ex officio*, pelo Tribunal que houver proferido a decisão;

d) por solicitação da Procuradoria da Justiça do Trabalho.

1. EXTENSÃO DA DECISÃO EM DISSÍDIO COLETIVO

O art. 869 da CLT estabelece que a decisão sobre novas condições de trabalho pode também ser estendida a todos os empregados da mesma categoria profissional compreendida na competência do tribunal.

Essa extensão pode ocorrer: a) a requerimento de um ou mais empregadores, ou de qualquer sindicato destes; b) a requerimento de um ou mais sindicatos de empregados; c) de ofício, pelo tribunal que houver proferido a decisão; d) a requerimento do Ministério Público do Trabalho.

Art. 870. Para que a decisão possa ser estendida, na forma do artigo anterior, torna-se preciso que 3/4 (três quartos) dos empregadores e 3/4 (três quartos) dos empregados, ou os respectivos sindicatos, concordem com a extensão da decisão.

§ 1.º O Tribunal competente marcará prazo, não inferior a 30 (trinta) nem superior a 60 (sessenta) dias, a fim de que se manifestem os interessados.

§ 2.º Ouvidos os interessados e a Procuradoria da Justiça do Trabalho, será o processo submetido ao julgamento do Tribunal.

1. EXTENSÃO DA DECISÃO EM DISSÍDIO COLETIVO: REQUISITOS

Para que a decisão possa ser estendida, na forma acima indicada, é necessário que 3/4 dos empregadores e 3/4 dos empregados, ou os respectivos sindicatos, concordem com a extensão da decisão.

O tribunal competente deve marcar prazo (não inferior a 30 nem superior a 60 dias) para que se manifestem os interessados.

Ouvidos os interessados e o Ministério Público do Trabalho, o processo deve ser submetido ao julgamento do tribunal.

Art. 871. Sempre que o Tribunal estender a decisão, marcará a data em que a extensão deva entrar em vigor.

1. DATA DE INÍCIO DA EXTENSÃO

Em se tratando de dissídio coletivo de natureza econômica, é possível a extensão da sentença normativa a toda a categoria profissional compreendida na competência do tribunal.

Nesse caso, é necessária a solicitação de um ou mais empregadores ou sindicatos destes; ou a solicitação de um ou mais sindicatos de empregados; ou de ofício; ou a solicitação do Ministério Público do Trabalho. Exige-se, ainda, que 3/4 dos empregadores e 3/4 dos empregados, ou os respectivos sindicatos, concordem. Após os interessados e o MPT se manifestarem, o tribunal decide a respeito dessa extensão, definindo a data de seu início.

Seção IV – Do Cumprimento das Decisões

Art. 872. Celebrado o acordo, ou transitada em julgado a decisão, seguir-se-á o seu cumprimento, sob as penas estabelecidas neste Título.

Parágrafo único. Quando os empregadores deixarem de satisfazer o pagamento de salários, na conformidade da decisão proferida, poderão os empregados ou seus sindicatos, independentes de outorga de poderes de seus associados, juntando certidão de tal decisão, apresentar reclamação à Junta ou Juízo competente, observado o processo previsto no Capítulo II deste Título, sendo vedado, porém, questionar sobre a matéria de fato e de direito já apreciada na decisão.

1. AÇÃO DE CUMPRIMENTO

Uma vez proferida a sentença normativa, esta deve ser observada pelos empregadores abrangidos e representados pelas entidades sindicais que participaram do dissídio coletivo.

A sentença normativa, entretanto, estabelece condições de trabalho de forma genérica e abstrata, alcançando as diversas relações individuais de trabalho. Por isso, é até mesmo considerada fonte formal do Direito do Trabalho.

Em razão dessa peculiaridade, a sentença normativa que não é cumprida não é objeto de ação de execução propriamente, mas sim da chamada ação de cumprimento.

A ação de cumprimento, na realidade, dá origem a processo de conhecimento, tendo natureza de ação condenatória, de competência das Varas do Trabalho. Isso é confirmado pela redação do art. 872 da CLT. Embora o *caput* do art. 872 mencione a decisão "transitada em julgado", na atualidade, em razão de leis posteriores, não se exige o trânsito em julgado para a produção de efeitos da sentença normativa, nem para o ajuizamento da ação de cumprimento. O recurso em dissídio coletivo, em regra, não tem efeito suspensivo, salvo se este for deferido pelo Presidente do TST (art. 14 da Lei 10.192/2001). Nesse sentido é a Súmula 246 do TST.

Como se nota do parágrafo único do art. 872, os empregados e, também, os sindicatos das categorias profissionais, abrangidos pela sentença normativa, têm legitimidade para propor a ação de cumprimento.

Se essa demanda for ajuizada pelo sindicato, trata-se de hipótese de substituição processual, expressamente autorizada pelo parágrafo único, pois a ação é ajuizada em nome próprio, mas em defesa de direito alheio.

Tendo em vista o estabelecido no art. 8.º, inciso III, da Constituição Federal de 1988, o entendimento que prevalece na atualidade é no sentido de que o sindicato pode ajuizar a ação de cumprimento, como substituto processual, em defesa dos direitos de todos os integrantes da categoria, e não apenas dos associados.

Ademais, em consonância com o mesmo fundamento, todas as condições de trabalho estabelecidas na sentença normativa podem ser objeto da ação de cumprimento, e não apenas o pagamento de salário.

Sabendo-se que o conflito coletivo pode ser pacificado, preferencialmente, de forma negociada, dando origem a convenção ou acordo coletivo, dispõe a Súmula 286 do TST. Frise-se que, nos termos do art. 10 da Lei 7.701/1988: "Nos dissídios coletivos de natureza econômica ou jurídica de competência originária ou recursal da seção normativa do Tribunal Superior do Trabalho, a sentença poderá ser objeto de ação de cumprimento com a publicação da certidão de julgamento".

Ainda sobre o assunto, cf. Orientação Jurisprudencial 188 da SBDI-I do TST.

Apesar de ser possível o ajuizamento da ação de cumprimento, mesmo se ainda pendente o julgamento de recurso sem efeito suspensivo, prevalece o entendimento de que, quanto ao respectivo prazo prescricional, apenas tem início com o trânsito em julgado. Isso porque a propositura dessa ação antes do trânsito em julgado é apenas uma faculdade (Súmula 246 do TST), e não uma imposição.

Nesse sentido, estabelece a Súmula 350 do TST a respeito da prescrição quanto à ação de cumprimento de sentença normativa.

Se o pedido da ação de cumprimento for acolhido, a sentença condenatória, como título judicial, pode ser executada.

Mesmo que a sentença normativa ainda não tenha transitado em julgado, essa execução da sentença condenatória proferida na ação de cumprimento é admitida, se não houver recurso com efeito suspensivo quanto à sentença normativa (bem como se não houver recurso com efeito suspensivo quanto à sentença condenatória proferida na ação de cumprimento).

Ademais, nos termos do art. 6.º, § 3.º, da Lei 4.725/1965, o "provimento do recurso não importará na restituição dos salários ou vantagens pagos, em execução do julgado".

Logo, ainda que a sentença normativa seja posteriormente modificada, ou mesmo extinto o dissídio coletivo sem exame do mérito, os valores já recebidos pelos empregados, com fundamento na sentença normativa em vigor à época, não terão de ser devolvidos.

Entretanto, se a execução ainda está em andamento, os valores ainda não foram pagos e a sentença normativa é reformada, com a extinção do dissídio coletivo sem exame do mérito, deve-se extinguir a execução, por perda de objeto, como explicita a Orientação Jurisprudencial 277 da SBDI-I do TST.

Por se admitir a alegação por meio de exceção de pré-executividade, nota-se que a questão, na realidade, apresenta natureza de ordem pública.

✦ Jurisprudência

Ação de cumprimento procedente. Superveniente extinção da sentença normativa em que se fundou a ação. Término do procedimento executório. Ausência de violação à coisa julgada. Recurso extraordinário não conhecido. 1. A ação de cumprimento destina-se a assegurar a realização em concreto das regras fixadas na sentença normativa. Esta possui natureza singular e excepcional, projetando no mundo jurídico normas de caráter genérico e abstrato, por meio de ato jurisdicional praticado na solução de conflito coletivo de trabalho submetido à deliberação do Poder Judiciário, sujeito, dessa forma, a recurso e posterior alteração. 2. A superveniente extinção definitiva do processo de dissídio coletivo implica o total esvaziamento da coisa julgada formada na ação de cumprimento, que, assim, perde seu poder impositivo em relação à parte vencida. Afastada a eficácia da sentença normativa que constituía o elemento essencial da *res judicata*, não tem mais sentido prosseguir na execução. 3. A imutabilidade material da sentença normativa é relativa, ostentando idêntica natureza a decisão proferida na ação destinada a garantir o seu cumprimento. Extinta a primeira por decisão transitada em julgado, igual sorte atinge a segunda, se ainda não ultimada sua execução, sem que haja violação à coisa julgada formada na fase de conhecimento da ação de cumprimento. Recurso extraordinário não conhecido por ausência de violação ao inciso XXXVI do artigo 5.º da Constituição Federal (STF, 2.ª T., RE 331.099/SP, Rel. Min. Maurício Corrêa, *DJ* 03.10.2003).

Agravo regimental no recurso extraordinário. Execução de ação de cumprimento fundada em sentença normativa. Dissídio coletivo extinto. Perda de objeto da ação. 1. A superveniente extinção do processo de dissídio coletivo, sem julgamento do mérito, implica a perda de eficácia da sentença normativa, tornando insubsistente o prosseguimento da ação de cumprimento. 2. Não existência de ofensa à coisa julgada. 3. Agravo regimental não provido (STF, 1.ª T., AgR-RE 394.051/SP, Rel. Min. Dias Toffoli, *DJe* 15.04.2014).

✦ Súmulas, Orientações Jurisprudenciais e Precedentes Normativos

Súmula 246 do TST: Ação de cumprimento. Trânsito em julgado da sentença normativa (mantida) – Res. 121/2003, *DJ* 19, 20 e 21.11.2003. É dispensável o trânsito em julgado da sentença normativa para a propositura da ação de cumprimento.

Súmula 286 do TST: Sindicato. Substituição processual. Convenção e acordo coletivos (mantida) – Res. 121/2003, *DJ* 19, 20 e 21.11.2003. A legitimidade do sindicato para propor ação de cumprimento estende-se também à observância de acordo ou de convenção coletivos.

Súmula 350 do TST: Prescrição. Termo inicial. Ação de cumprimento. Sentença normativa (mantida) – Res. 121/2003, *DJ* 19, 20 e 21.11.2003. O prazo de prescrição com relação à ação de cumprimento de decisão normativa flui apenas da data de seu trânsito em julgado.

Súmula 397 do TST: Ação rescisória. Art. 966, IV, do CPC de 2015. Art. 485, IV, do CPC de 1973. Ação de cumprimento. Ofensa à coisa julgada emanada de sentença normativa modificada em grau de recurso. Inviabilidade. Cabimento de mandado de segurança. Não procede ação rescisória calcada em ofensa à coisa julgada perpetrada por decisão proferida em ação de cumprimento, em face de a sentença normativa, na qual se louvava, ter sido modificada em grau de recurso, porque em dissídio coletivo somente se consubstancia coisa julgada formal. Assim, os meios processuais aptos a atacarem a execução da cláusula reformada são a exceção de pré-executividade e o mandado de segurança, no caso de descumprimento do art. 514 do CPC de 2015 (art. 572 do CPC de 1973).

Orientação Jurisprudencial 188 da SBDI-I do TST: Decisão normativa que defere direitos. Falta de interesse de agir para ação individual (inserida em 08.11.2000). Falta interesse de agir para a ação individual, singular ou plúrima, quando o direito já foi reconhecido através de decisão normativa, cabendo, no caso, ação de cumprimento.

Orientação Jurisprudencial 277 da SBDI-I do TST: Ação de cumprimento fundada em decisão normativa que sofreu posterior reforma, quando já transitada em julgado a sentença condenatória. Coisa julgada. Não configuração (*DJ* 11.08.2003). A coisa julgada produzida na ação de cumprimento é atípica, pois dependente de condição resolutiva, ou seja, da não modificação da decisão normativa por eventual recurso. Assim, modificada a sentença normativa pelo TST, com a consequente extinção do processo, sem julgamento do mérito, deve-se extinguir a execução em andamento, uma vez que a norma sobre a qual se apoiava o título exequendo deixou de existir no mundo jurídico.

✦ Referência legislativa

- Art. 8.º, III, da CF.

Seção V – Da Revisão

Art. 873. Decorrido mais de 1 (um) ano de sua vigência, caberá revisão das decisões que fixarem condições de trabalho, quando se tiverem modificado as circunstâncias que as ditaram, de modo que tais condições se hajam tornado injustas ou inaplicáveis.

1. REVISÃO

Aplica-se à sentença normativa, ainda, a cláusula *rebus sic stantibus*, possibilitando a sua revisão, com fundamento na modificação das circunstâncias que serviram de fundamento à decisão.

O dissídio coletivo de revisão é uma nova ação, com causa de pedir e pedidos distintos daqueles do dissídio anterior, com base em novos fatos, posteriores à decisão que se revisa.

Trata-se de figura semelhante à prevista no art. 505, inciso I, do CPC de 2015.

Efetivamente, a sentença que decide relação jurídica continuativa, como é o caso da sentença normativa, embora também esteja sujeita à coisa julgada material, pode ser revista se sobrevier modificação no estado de fato ou de direito, o que ocorre por meio de ação com causa de pedir e pedido distintos.

Art. 874. A revisão poderá ser promovida por iniciativa do Tribunal prolator, da Procuradoria da Justiça do Trabalho, das associações sindicais ou de empregador ou empregadores interessados no cumprimento da decisão.

Parágrafo único. Quando a revisão for promovida por iniciativa do Tribunal prolator ou da Procuradoria, as associações sindicais e o empregador ou empregadores interessados serão ouvidos no prazo de 30 (trinta) dias. Quando promovida por uma das partes interessadas, serão as outras ouvidas também por igual prazo.

1. REVISÃO DA DECISÃO EM DISSÍDIO COLETIVO: INICIATIVA

A revisão pode ser promovida por iniciativa do tribunal prolator, do Ministério Público do Trabalho, das organizações sindicais ou de empregador ou empregadores interessados no cumprimento da decisão.

Quando a revisão for promovida por iniciativa do Tribunal prolator ou do Ministério Público do Trabalho, as entidades sindicais e o empregador ou empregadores interessados devem ser ouvidos no prazo de 30 dias. Quando promovida por uma das partes interessadas, as outras devem ser ouvidas também, por igual prazo.

Art. 875. A revisão será julgada pelo Tribunal que tiver proferido a decisão, depois de ouvida a Procuradoria da Justiça do Trabalho.

1. JULGAMENTO DO PEDIDO DE REVISÃO

Após a manifestação do Ministério Público do Trabalho, o tribunal julga o pedido de revisão, proferindo, se for o caso, nova sentença normativa.

O dissídio coletivo de revisão será decorrente de uma nova ação, com causa de pedir distinta daquela do dissídio anterior, eis que composta de fatos novos, posteriores à decisão que se revisa, não podendo nem mesmo ter sido deduzidos no processo coletivo anterior (o que afasta inclusive a incidência da eficácia preclusiva da coisa julgada, prevista no art. 508 do CPC de 2015). Além disso, o pedido também será diverso, pois a pretensão será de criação de novas condições de trabalho, diferentes daquelas postuladas no dissídio anterior, justamente em razão das novas condições de fato.

CAPÍTULO V – DA EXECUÇÃO

Seção I – Das Disposições Preliminares

Art. 876. As decisões passadas em julgado ou das quais não tenha havido recurso com efeito suspensivo; os acordos, quando não cumpridos; os termos de ajuste de conduta firmados perante o Ministério Público do Trabalho e os termos de conciliação firmados perante as Comissões de Conciliação Prévia serão executada pela forma estabelecida neste Capítulo.

Parágrafo único. A Justiça do Trabalho executará, de ofício, as contribuições sociais previstas na alínea *a* do inciso I e no inciso II do *caput* do art. 195 da Constituição Federal, e seus acréscimos legais, relativas ao objeto da condenação constante das sentenças que proferir e dos acordos que homologar.

1. EXECUÇÃO

A execução é atividade jurisdicional essencialmente coercitiva, que visa à satisfação do direito reconhecido em título executivo.

A execução, portanto, tem como objetivo satisfazer, de forma concreta e efetiva, o direito do exequente, recebendo aquilo a que faz jus e é reconhecido no título executivo.

Um dos pontos mais sensíveis do processo do trabalho é justamente a execução. É no momento da satisfação do direito reconhecido no título executivo que se observam as maiores dificuldades. No âmbito trabalhista, sendo o exequente, na maioria das vezes, o trabalhador, a sua condição de hipossuficiente torna as dificuldades da execução ainda mais agravantes. Ademais, a natureza muitas vezes alimentar do crédito trabalhista não é compatível com a demora na sua satisfação.

Discute-se se a execução tem natureza de processo autônomo ou simples fase do processo de conhecimento.

No Direito Processual do Trabalho, parte da doutrina já entendia que a execução trabalhista fundada em título judicial constitui mera *fase processual*, e não processo autônomo, inclusive por ser iniciada de ofício pelo juiz (arts. 876, parágrafo único, e 878, *caput*, da CLT).

Essa posição se reforça na atualidade, pois até mesmo no âmbito civil a execução, em regra, tornou-se mera fase do processo já em curso, denominada cumprimento da sentença.

Na execução são realizadas, em essência, a constrição, a expropriação e a satisfação do direito.

Não dispondo a lei de modo diverso, o juiz determinará os atos executivos, e o oficial de justiça os cumprirá (art. 782 do CPC de 2015).

Sempre que, para efetivar a execução, for necessário o emprego da força policial, o juiz deve requisitá-la.

Na *execução por sub-rogação*, mais tradicional, o Estado substitui a vontade do executado, realizando, independentemente da concordância ou resistência deste, atos materiais de constrição judicial de seus bens e sua expropriação para satisfazer o direito do exequente. Na *execução indireta*, por seu turno, o Estado-juiz atua de forma a pressionar psicologicamente o executado a cumprir a obrigação e satisfazer, de forma voluntária, embora não espontânea, o direito do exequente. Trata-se dos *meios de coerção*[257]. São exemplos de execução indireta a imposição de multa (*astreintes*), o protesto da decisão judicial (art. 517 do CPC de 2015) e a inclusão do nome do executado em cadastros de inadimplentes (art. 782, § 3.º, do CPC de 2015)[258].

Nessa linha, cabe ressaltar que o juiz deve dirigir o processo conforme as disposições legais, incumbindo-lhe determinar todas as *medidas indutivas, coercitivas, mandamentais ou sub-rogatórias* necessárias para assegurar o cumprimento de ordem judicial, inclusive nas ações que tenham por objeto prestação pecuniária (art. 139, inciso IV, do CPC de 2015).

Admite-se, assim, a determinação de *medidas executivas atípicas*, como, segundo parte da jurisprudência, a suspensão da carteira nacional de habilitação e a apreensão do passaporte do executado, de forma subsidiária e excepcional, desde que, no caso concreto, sejam adequadas para a efetividade da tutela jurisdicional, como meio de se alcançar a satisfação do direito, devendo-se observar os princípios da proporcionalidade, razoabilidade, legalidade, publicidade e eficiência (art. 8.º do CPC de 2015). Cf. TST, SBDI-II, RO-1615-35.2018.5.05.0000, Rel. Min. Maria Helena Mallmann, *DEJT* 04.12.2020.

Nesse sentido, cabe fazer referência ao seguinte julgado: "6. Entretanto, a aplicação das medidas executivas atípicas não é irrestrita e absoluta. Se o executado, efetiva e realmente, não possui bens para saldar a execução, a utilização das medidas atípicas contra ele passa a ter caráter apenas punitivo, e não alcança a sua finalidade de satisfazer o crédito. 7. As medidas executivas atípicas têm lugar principalmente quando o devedor possui patrimônio capaz de suportar a execução, mas injustificadamente se opõe ao pagamento da dívida, postergando ardilosamente a execução e frustrando a satisfação do crédito. A ordem executiva tem que ser realmente necessária para garantir o cumprimento da decisão judicial, devendo ser adequada, proporcional e razoável no caso concreto" (TST, SBDI-II, RO-8790-04.2018.5.15.0000, Redator Min. Luiz Philippe Vieira de Mello Filho, *DEJT* 26.03.2021).

O Supremo Tribunal Federal decidiu ser constitucional o art. 139, inciso IV, do CPC, que autoriza o juiz a determinar medidas atípicas (coercitivas) necessárias para assegurar o cumprimento de ordem judicial, inclusive nas ações que tenham por objeto prestação pecuniária, como a apreensão da carteira nacional de habilitação (CNH) e do passaporte, a suspensão do direito de dirigir e a proibição de participação em concurso e licitação pública. Prevaleceu o entendimento de que a aplicação de medidas atípicas para a efetivação das decisões judiciais é válida, desde que não afronte os direitos fundamentais e observe o princípio da proporcionalidade (STF, Pleno, ADI 5.941/DF, Rel. Min. Luiz Fux, j. 09.02.2023, *DJe* 28.04.2023).

Nos termos do art. 805 do CPC de 2015, quando "por vários meios o exequente puder promover a execução, o juiz mandará que se faça pelo modo menos gravoso para o executado".

O dispositivo deve ser interpretado adequadamente, sem violar o devido processo legal. Nesse sentido, apenas na hipótese mencionada, isto é, quando houver vários meios para se promover a execução, é que o modo menos gravoso ao devedor, evidentemente, deverá ser o escolhido.

---

257 Cf. DINAMARCO, Cândido Rangel. *Instituições de direito processual civil*. 4. ed. São Paulo: Malheiros, 2019. v. 4, p. 42.

258 Cf. NEVES, Daniel Amorim Assumpção. *Manual de direito processual civil*. 9. ed. Salvador: Juspodivm, 2017. p. 1057.

A previsão anterior, portanto, não autoriza o descumprimento de normas voltadas à execução, apenas com o objetivo de amenizar, reduzir ou "flexibilizar" o dever imposto ao devedor.

Isso é confirmado pelo parágrafo único do art. 805 do CPC de 2015, ao assim prever: "ao executado que alegar ser a medida executiva mais gravosa incumbe indicar outros meios mais eficazes e menos onerosos, sob pena de manutenção dos atos executivos já determinados".

Tanto é assim que o art. 797 do CPC de 2015 é expresso ao determinar que a execução se realiza "no interesse do exequente".

Ainda nesse contexto, o art. 824 do CPC de 2015 determina que a "execução por quantia certa realiza-se pela expropriação de bens do executado, ressalvadas as execuções especiais", visando, assim, a satisfazer o direito do credor.

O art. 3.º, inciso XIV, da Instrução Normativa 39/2016 do TST prevê que se aplicam ao processo do trabalho, diante de omissão e de compatibilidade, o art. 805 e parágrafo único do CPC de 2015, sobre obrigação de o executado indicar outros meios mais eficazes e menos onerosos para promover a execução.

A Emenda Constitucional 45/2004, no art. 3.º, prevê que a "lei criará o Fundo de Garantia das Execuções Trabalhistas, integrado pelas multas decorrentes de condenações trabalhistas e administrativas oriundas da fiscalização do trabalho, além de outras receitas".

Trata-se de medida inspirada no Direito espanhol, no sentido da existência de fundo próprio, com o objetivo de pagamento dos créditos trabalhistas judicialmente reconhecidos com maior celeridade, com a subsequente cobrança (ressarcimento) do respectivo valor em face do empregador (devedor) inadimplente.

No Brasil, o dispositivo constitucional, entretanto, ainda não foi regulamentado, dependendo da aprovação de lei nesse sentido, por se tratar de norma de eficácia limitada, vale dizer, que não é autoaplicável.

O Supremo Tribunal Federal, ao julgar procedente o pedido em ação direta de inconstitucionalidade por omissão: a) declarou a mora do Congresso Nacional em editar a lei pela qual se institui o Fundo de Garantia das Execuções Trabalhistas, nos termos determinados pelo art. 3.º da Emenda Constitucional 45/2004; b) fixou o prazo de 24 meses, a contar da data da publicação do acórdão, para que a omissão inconstitucional seja sanada (STF, Pleno, ADO 27/DF, Rel. Min. Cármen Lúcia, j. 04.07.2023).

2. TÍTULO EXECUTIVO

O título executivo é o documento ou ato (negócio) jurídico no qual a obrigação se materializa, permitindo e tornando adequado o processo (ou fase) de execução.

O título executivo é essencial para que a execução possa ser processada.

Nesse sentido, a execução pode ser instaurada caso o devedor não satisfaça a *obrigação certa, líquida e exigível consubstanciada em título executivo* (art. 786 do CPC de 2015).

O art. 783 do CPC de 2015 também determina que a execução para cobrança de crédito deve se fundar sempre em *título de obrigação certa, líquida e exigível.*

O título executivo faz com que haja o interesse processual, no aspecto da adequação, quanto à tutela jurisdicional de natureza executiva e seu procedimento.

No processo do trabalho, de acordo com o art. 876 da CLT, os títulos executivos são: as decisões transitadas em julgado, ou das quais não tenha havido recurso com efeito suspensivo; os acordos judiciais, quando não cumpridos; os termos de ajuste de conduta firmados perante o Ministério Público do Trabalho; os termos de conciliação firmados perante as Comissões de Conciliação Prévia.

As sentenças (ou acórdãos) e os acordos judiciais são títulos executivos judiciais.

Registre-se que, de acordo com o art. 515, inciso I, do CPC de 2015, são títulos executivos judiciais "as decisões proferidas no processo civil que *reconheçam* a exigibilidade de obrigação de pagar quantia, de fazer, de não fazer ou de entregar coisa" (destaquei).

Desse modo, prevalece o entendimento de que certas sentenças meramente declaratórias também passaram a ser título executivo judicial, autorizando a respectiva execução ou cumprimento.

A execução com fundamento em título judicial, em regra, decorre de sentença condenatória, a qual autoriza a aplicação da sanção, viabilizando o acesso à respectiva execução (ou fase de cumprimento), com a satisfação do objeto da condenação[259]. Ainda assim, segundo a tese firmada pelo Superior Tribunal de Justiça, a sentença, qualquer que seja a sua natureza (ainda que declaratória), constitui título executivo judicial, desde que reconheça obrigação de pagar quantia, de fazer, não fazer ou entregar coisa, contendo os pressupostos de certeza e de exigibilidade, sendo admitida a sua prévia liquidação e execução nos próprios autos (STJ, REsp 1.324.152/SP, Rel. Min. Luis Felipe Salomão).

A decisão homologatória de autocomposição judicial, a decisão homologatória de autocomposição extrajudicial (arts. 855-B a 855-E da CLT) e a sentença arbitral também são títulos executivos judiciais (art. 515, incisos II, III e VII, do CPC de 2015).

O termo de ajuste de conduta firmado perante o Ministério Público do Trabalho (art. 5.º, § 6.º, da Lei 7.347/1985) e o termo de conciliação perante Comissão de Conciliação Prévia (art. 625-E, parágrafo único, da CLT) são títulos executivos extrajudiciais.

Cabe ainda ressaltar que, no presente, em razão da ampliação da competência da Justiça do Trabalho, decorrente da Emenda Constitucional 45/2004, a certidão da dívida ativa da União Federal, em virtude de penalidade imposta ao empregador, pelos órgãos de fiscalização das relações de trabalho (art. 114, inciso VII, da Constituição Federal de 1988), também são títulos executivos extrajudiciais, que podem ser objeto de execução na Justiça do Trabalho.

O art. 13 da Instrução Normativa 39/2016 dispõe que, por aplicação supletiva do art. 784, inciso I (art. 15 do CPC), o cheque e a nota promissória emitidos em reconhecimento de dívida inequivocamente de natureza trabalhista também são títulos extrajudiciais para efeito de execução perante a Justiça do Trabalho, na forma do art. 876 e segs. da CLT.

Houve, assim, ampliação do rol de títulos executivos admissíveis na Justiça do Trabalho.

3. TERMO DE AJUSTE DE CONDUTA

O termo de ajuste de conduta (ou termo de compromisso de ajustamento de conduta) é previsto no art. 876, *caput*, da CLT, e art. 5.º, § 6.º, da Lei 7.347/1985.

Trata-se de importante instrumento de atuação do Ministério Público do Trabalho, com natureza de título executivo extrajudicial, firmado com a finalidade de correção ou mesmo

[259] Cf. LIEBMAN, Enrico Tullio. *Manual de direito processual civil*. Trad. e notas de Cândido Rangel Dinamarco. 3. ed. São Paulo. Malheiros, 2005. v. 1, p. 237

prevenção de eventuais condutas irregulares, tornando-as compatíveis com o ordenamento jurídico.

O termo de ajuste de conduta, assim, pode ser firmado pelo Ministério Público do Trabalho com o responsável pela ameaça ou lesão aos interesses ou direitos coletivos (em sentido lato) ou indisponíveis, no caso, pertinentes às relações de trabalho e referentes a direitos sociais dos trabalhadores. O seu objetivo é a reparação do dano, a adequação da conduta às exigências legais ou normativas e, ainda, a compensação e/ou à indenização pelos danos que não possam ser reparados (art. 14 da Resolução 69/2007 do Conselho Superior do Ministério Público do Trabalho).

O compromisso de ajustamento de conduta é instrumento de garantia dos direitos e interesses difusos e coletivos, individuais homogêneos e outros direitos de cuja defesa o Ministério Público está incumbido, com natureza de negócio jurídico que tem por finalidade a adequação da conduta às exigências legais e constitucionais, com eficácia de título executivo extrajudicial a partir da celebração (art. 1.º da Resolução 179/2017 do Conselho Nacional do Ministério Público).

Não sendo o titular dos direitos concretizados no compromisso de ajustamento de conduta, o órgão do Ministério Público não pode fazer concessões que impliquem renúncia aos direitos ou interesses difusos, coletivos e individuais homogêneos, cingindo-se a negociação à interpretação do direito para o caso concreto, à especificação das obrigações adequadas e necessárias, em especial o modo, tempo e lugar de cumprimento, bem como à mitigação, à compensação e à indenização dos danos que não possam ser recuperados.

É cabível o compromisso de ajustamento de conduta nas hipóteses configuradoras de improbidade administrativa, sem prejuízo do ressarcimento ao erário e da aplicação de uma ou algumas das sanções previstas em lei, de acordo com a conduta ou ato praticado. A celebração do compromisso de ajustamento de conduta com o Ministério Público não afasta, necessariamente, a eventual responsabilidade administrativa ou penal pelo mesmo fato, nem importa, automaticamente, no reconhecimento de responsabilidade para outros fins que não os estabelecidos expressamente no compromisso.

Cabe ao órgão do Ministério Público com atribuição para a celebração do compromisso de ajustamento de conduta decidir quanto à necessidade, conveniência e oportunidade de reuniões ou audiências públicas com a participação dos titulares dos direitos, entidades que os representem ou demais interessados.

No exercício de suas atribuições, o órgão do Ministério Público pode tomar compromisso de ajustamento de conduta para a adoção de medidas provisórias ou definitivas, parciais ou totais (art. 2.º da Resolução 179/2017 do CNMP). Na hipótese de adoção de medida provisória ou parcial, a investigação deve continuar em relação aos demais aspectos da questão, ressalvada situação excepcional que enseje arquivamento fundamentado.

O compromisso de ajustamento de conduta deve ser tomado em qualquer fase da investigação, nos autos de inquérito civil ou procedimento correlato, ou no curso da ação judicial, devendo conter obrigações certas, líquidas e exigíveis, salvo peculiaridades do caso concreto, e ser assinado pelo órgão do Ministério Público e pelo compromissário (art. 3.º da Resolução 179/2017 do CNMP). O compromisso de ajustamento de conduta pode ser firmado em conjunto por órgãos de ramos diversos do Ministério Público ou por este e outros órgãos públicos legitimados, bem como contar com a participação de associação civil, entes ou grupos representativos ou terceiros interessados.

O compromisso de ajustamento de conduta tomado no curso da ação judicial é levado à homologação do Poder Judiciário.

O compromisso de ajustamento de conduta deve prever multa diária ou outras espécies de cominação para o caso de descumprimento das obrigações nos prazos assumidos, admitindo-se, em casos excepcionais e devidamente fundamentados, a previsão de que essa cominação seja fixada judicialmente, se necessária à execução do compromisso (art. 4.º da Resolução 179/2017 do CNMP).

As indenizações pecuniárias que sejam referentes a danos a direitos ou interesses difusos e coletivos (quando não for possível a reconstituição específica do bem lesado) e as liquidações de multas devem ser destinadas a fundos federais, estaduais e municipais que tenham o mesmo escopo do fundo previsto no art. 13 da Lei 7.347/1985 (art. 5.º da Resolução 179/2017 do CNMP). Nessas hipóteses, também é admissível a destinação dos referidos recursos a projetos de prevenção ou reparação de danos de bens jurídicos da mesma natureza, ao apoio a entidades cuja finalidade institucional inclua a proteção aos direitos ou interesses difusos, a depósito em contas judiciais ou, ainda, podem receber destinação específica que tenha a mesma finalidade dos fundos previstos em lei ou esteja em conformidade com a natureza e a dimensão do dano.

Os valores referentes às medidas compensatórias decorrentes de danos irreversíveis aos direitos ou interesses difusos devem ser preferencialmente revertidos em proveito da região ou pessoas impactadas.

Exige-se a ciência formal do conteúdo integral do compromisso de ajustamento de conduta ao Órgão Superior do Ministério Público em prazo não superior a três dias da promoção de arquivamento do inquérito civil ou procedimento correlato em que foi celebrado (art. 6.º, § 2.º, da Resolução 179/2017 do CNMP).

O órgão do Ministério Público que tomou o compromisso de ajustamento de conduta deve diligenciar para fiscalizar o seu efetivo cumprimento, valendo-se, sempre que necessário e possível, de técnicos especializados (art. 9.º da Resolução 179/2017 do CNMP). Podem ser previstas no próprio compromisso de ajustamento de conduta obrigações consubstanciadas na periódica prestação de informações sobre a execução do acordo pelo compromissário.

As mencionadas diligências de fiscalização devem ser providenciadas nos próprios autos em que celebrado o compromisso de ajustamento de conduta, quando realizadas antes do respectivo arquivamento, ou em procedimento administrativo de acompanhamento especificamente instaurado para tal fim (art. 10 da Resolução 179/2017 do CNMP).

Descumprido o compromisso de ajustamento de conduta, integral ou parcialmente, deve o órgão de execução do Ministério Público com atribuição para fiscalizar o seu cumprimento promover, no prazo máximo de 60 dias, ou assim que possível, nos casos de urgência, a execução judicial do respectivo título executivo extrajudicial com relação às cláusulas em que se constatar a mora ou inadimplência (art. 11 da Resolução 179/2017 do CNMP). O referido prazo pode ser excedido se o compromissário, instado pelo órgão do Ministério Público, justificar satisfatoriamente o descumprimento ou reafirmar sua disposição para o cumprimento, casos em que ficará a critério do órgão ministerial decidir pelo imediato ajuizamento da execução, por sua repactuação ou pelo acompanhamento das providências adotadas pelo compromissário até o efetivo cumprimento do compromisso de ajustamento de conduta, sem prejuízo da possibilidade de execução da multa, quando cabível e necessário.

O Ministério Público tem legitimidade para executar compromisso de ajustamento de conduta firmado por outro órgão público, no caso de sua omissão diante do descumprimento das obrigações assumidas, sem prejuízo da adoção de outras providências de natureza civil ou criminal que se mostrarem pertinentes, inclusive em face da inércia do órgão público compromitente (art. 12 da Resolução 179/2017 do CNMP).

4. EXECUÇÃO DE CONTRIBUIÇÕES SOCIAIS

De acordo com o art. 114, inciso VIII, da Constituição da República, incluído pela Emenda Constitucional 45/2004:

> Art. 114. Compete à Justiça do Trabalho processar e julgar: [...]
>
> VIII – a execução, de ofício, das contribuições sociais previstas no art. 195, I, "a", e II, e seus acréscimos legais, decorrentes das sentenças que proferir.

A competência da Justiça do Trabalho quanto à matéria em questão foi inicialmente prevista pela Emenda Constitucional 20/1998.

A respeito da eficácia no tempo, o Supremo Tribunal Federal fixou a seguinte tese de repercussão geral: "A Justiça do Trabalho é competente para executar, de ofício, as contribuições previstas no artigo 195, incisos I, alínea *a*, e II, da Carta da República, relativamente a títulos executivos judiciais por si formalizados em data anterior à promulgação da Emenda Constitucional n.º 20/1998" (STF, Pleno, RE 595.326/PE, Rel. Min. Marco Aurélio, j. 24.08.2020). Sendo assim, ainda que a ação trabalhista tenha sido ajuizada na vigência da previsão anterior, se a execução das referidas contribuições sociais teve início após a promulgação da Emenda Constitucional 20/1998, a norma que prevê a competência da Justiça Trabalhista tem aplicação imediata.

Logo, compete à Justiça do Trabalho executar, de ofício, quando decorrentes das sentenças que proferir:

- as contribuições sociais do empregador, da empresa e da entidade a ela equiparada na forma da lei, incidentes sobre a folha de salários e demais rendimentos do trabalho pagos ou creditados, a qualquer título, à pessoa física que lhe preste serviço, mesmo sem vínculo empregatício;
- as contribuições sociais do trabalhador e dos demais segurados da previdência social (não incidindo contribuição sobre aposentadoria e pensão concedidas pelo regime geral de previdência social).

Nesse contexto, o art. 876, parágrafo único, da CLT, com redação dada pela Lei 13.467/2017, prevê que a Justiça do Trabalho executará, de ofício, as contribuições sociais previstas na alínea "a" do inciso I e no inciso II do *caput* do art. 195 da Constituição Federal, e seus acréscimos legais, relativas ao objeto da *condenação* constante das sentenças que proferir e dos acordos que homologar.

O art. 876, parágrafo único, na redação anterior, dada pela Lei 11.457/2007, previa que seriam "executadas *ex officio* as contribuições sociais devidas em decorrência de decisão proferida pelos Juízes e Tribunais do Trabalho, resultantes de condenação ou homologação de acordo, inclusive sobre os salários pagos durante o período contratual reconhecido".

Em conformidade com o parágrafo único do art. 831 da CLT, no caso de conciliação, "o termo que for lavrado valerá como decisão irrecorrível, salvo para a Previdência Social, quanto às contribuições que lhe forem devidas".

Prevalece o entendimento de que a Justiça do Trabalho também é competente para a execução das contribuições sociais (previdenciárias) decorrentes de acordos firmados em Comissões de Conciliação Prévia, com fundamento no art. 114, inciso IX, da Constituição da República, no art. 43, § 6.º, da Lei 8.212/1991 e nos arts. 876 e 877-A da CLT.

Segundo a previsão do art. 276, § 7.º, do Decreto 3.048/1999, acrescentado pelo Decreto 4.032/2001 (Regulamento da Previdência Social):

> Se da decisão resultar reconhecimento de vínculo empregatício, deverão ser exigidas as contribuições, tanto do empregador como do reclamante, para todo o período reconhecido, ainda que o pagamento das remunerações a ele correspondentes não tenham sido reclamadas na ação, tomando-se por base de incidência, na ordem, o valor da remuneração paga, quando conhecida, da remuneração paga a outro empregado de categoria ou função equivalente ou semelhante, do salário normativo da categoria ou função equivalente ou semelhante, do salário normativo da categoria ou do salário mínimo mensal, permitida a compensação das contribuições patronais eventualmente recolhidas.

Entretanto, consoante o inciso I da Súmula 368 do Tribunal Superior do Trabalho, a Justiça do Trabalho é competente para determinar o recolhimento das contribuições fiscais. A competência da Justiça do Trabalho, quanto à execução das contribuições previdenciárias, limita-se às sentenças condenatórias em pecúnia que proferir e aos valores, objeto de acordo homologado, que integrem o salário de contribuição.

Ainda assim, sobre o assunto, manifestou-se o Pleno do Supremo Tribunal Federal, adotando corrente mais restritiva (RE 569.056/PA, Rel. Min. Menezes de Direito, j. 11.09.2008, *DJe* 12.12.2008). O referido julgado, com repercussão geral, deu origem à aprovação da Súmula Vinculante 53 do STF (*DJe* 23.06.2015).

Com isso, prevaleceu o entendimento de que a execução das contribuições previdenciárias na Justiça do Trabalho exige a *condenação* de verbas que integrem a sua base de cálculo nas sentenças trabalhistas, bem como em acordos homologados pelo referido ramo do Poder Judiciário, não abrangendo, entretanto, a mera declaração (ou reconhecimento) do vínculo de emprego.

A previsão do art. 876, parágrafo único, da CLT, decorrente da Lei 13.467/2017, na verdade, advém do disposto na Súmula Vinculante 53 do STF.

✦ Jurisprudência

Recurso extraordinário. Repercussão geral reconhecida. Competência da Justiça do Trabalho. Alcance do art. 114, VIII, da Constituição Federal. 1. A competência da Justiça do Trabalho prevista no art. 114, VIII, da Constituição Federal alcança apenas a execução das contribuições previdenciárias relativas ao objeto da condenação constante das sentenças que proferir. 2. Recurso extraordinário conhecido e desprovido (STF, Pleno, RE 569056/PA, Rel. Min. Menezes de Direito, j. 11.09.2008, *DJe* 12.12.2008).

Recurso ordinário em mandado de segurança. Ato coator que determina a apreensão da carteira nacional de habilitação como providência executiva. Aplicação do art. 139, IV, do CPC/15. Poder geral de efetivação da tutela jurisdicional. Subsidiariedade e excepcionalidade da medida. Inexistência de elementos no caso concreto que comprovem utilidade e adequação da medida. Direito líquido e certo. Segurança concedida.

1. Trata-se de mandado de segurança impetrado contra ato jurisdicional proferido na fase de cumprimento de sentença em que se ordenou a suspensão da CNH dos impetrantes, uma vez que "foram realizadas várias tentativas de localização de bens dos executados, sem êxito". 2. É admissível a imposição de medidas aflitivas na execução de pagar quantia certa, contanto que seja demonstrada a sua utilidade para a satisfação do crédito exequendo. A aplicação do art. 139, IV, do CPC/15 será balizada pela observância dos postulados da proporcionalidade e razoabilidade, do contraditório e da ampla defesa, e da adequada fundamentação das decisões judiciais. 3. No caso concreto, a apreensão da Carteira Nacional de Habilitação não se revela medida útil para a satisfação do crédito alimentar, porque decorreu apenas da constatação da autoridade coatora de que não há bens do devedor capazes de suportar a execução. 4. Com efeito, não há elementos que indiquem a oposição injustificada dos devedores ao cumprimento da sentença, tais como prova da ocultação de bens ou gozo de estilo de vida incompatível com a dívida objeto da execução. 5. A mera insolvência, em si mesma, não enseja a automática adoção de medidas limitadoras da liberdade individual do devedor, porquanto a execução civil não possui o caráter punitivo verificado na execução penal. Mesmo sob a égide do CPC de 2015, é sempre patrimonial a responsabilidade do devedor (art. 789 do CPC de 2015). Precedentes do e. Superior Tribunal de Justiça. 6. Há, portanto, direito líquido e certo a ser protegido. Recurso ordinário de que se conhece e a que se dá provimento para conceder a segurança (TST, SBDI-II, RO-1615-35.2018.5.05.0000, Rel. Min. Maria Helena Mallmann, *DEJT* 04.12.2020).

Recurso ordinário em *habeas corpus*. *Habeas corpus*. Cabimento. Retenção de CNH. Retenção de passaporte. Violação do direito de locomoção. Medida executiva atípica. Possibilidade. Limites. Necessidade, razoabilidade e proporcionalidade. 1. O *habeas corpus* é instrumento constitucional para o resguardo do direito físico de locomoção (ir, vir e ficar) em decorrência da prática de ato ilegal ou com abuso de poder. 2. O *habeas corpus* não é a via adequada para se discutir a legalidade ou a justiça da decisão de primeiro grau que determinou a retenção da Carteira Nacional de Habilitação. O bloqueio da CNH do paciente não afeta direta e irremediavelmente a sua liberdade de locomoção. 3. Por outro lado, a retenção do passaporte, em tese e potencialmente, ameaça e limita diretamente o direito de ir e vir do paciente, estando ele impedido de se locomover livremente para localidades onde é obrigatória a apresentação do passaporte para ingresso, ficando a sua mobilidade restrita ao território nacional. 4. O ato judicial que determinou a retenção do passaporte do paciente é passível de impugnação por meio do *habeas corpus*, sendo adequada a via eleita. 5. O art. 139, IV, do CPC/2015 confere poderes ao juiz para adotar medidas executivas atípicas (indutivas, coercitivas, mandamentais ou sub-rogatórias), inclusive nas ações que tenham por objeto o pagamento em dinheiro. 6. Entretanto, a aplicação das medidas executivas atípicas não é irrestrita e absoluta. Se o executado, efetiva e realmente, não possui bens para saldar a execução, a utilização das medidas atípicas contra ele passa a ter caráter apenas punitivo, e não alcança a sua finalidade de satisfazer o crédito. 7. As medidas executivas atípicas têm lugar principalmente quando o devedor possui patrimônio capaz de suportar a execução, mas injustificadamente se opõe ao pagamento da dívida, postergando ardilosamente a execução e frustrando a satisfação do crédito. A ordem executiva tem que ser realmente necessária para garantir o cumprimento da decisão judicial, devendo ser adequada, proporcional e razoável no caso concreto. 8. Na presente situação, não há no *decisum* impugnado fundamentos jurídicos suficientes e relevantes para justificar tal medida extrema - retenção do passaporte do paciente. Não foi indicada a existência de provas ou indícios nos autos de que o devedor tem patrimônio para quitar a dívida, mas maliciosamente oculta e blinda os seus bens, impedindo a constrição, ou ainda que o executado mantém estilo de vida incompatível com o seu estado de insolvência e incapacidade econômica. 9. No caso, a liberdade física de locomoção do paciente (deslocamentos internacionais) foi ilicitamente restringida pela decisão arbitrária e ilegal de retenção do passaporte do devedor, sendo necessária a concessão da ordem de *habeas corpus* para liberar o passaporte do paciente. Recurso ordinário conhecido e parcialmente provido (TST, SBDI-II, RO-8790-04.2018.5.15.0000, Redator Min. Luiz Philippe Vieira de Mello Filho, *DEJT* 26.03.2021).

Ação direta de inconstitucionalidade. Os artigos 139, IV; 380, parágrafo único; 400, parágrafo único; 403, parágrafo único; 536, *caput* e § 1.º e 773, todos do Código de Processo Civil. Medidas coercitivas, indutivas ou sub-rogatórias. Atipicidade dos meios executivos. Pedido de declaração de inconstitucionalidade, sem redução de texto, para afastar, em qualquer hipótese, a possibilidade de imposição judicial de medidas coercitivas, indutivas ou sub-rogatórias consistentes em suspensão do direito de dirigir, apreensão de passaporte e proibição de participação em concursos públicos ou em licitações. Ausência de violação à proporcionalidade. Medidas que visam a tutelar as garantias de acesso à justiça e de efetividade e razoável duração do processo. Inexistência de violação abstrata e apriorística da dignidade do devedor. Ação conhecida e julgada improcedente. 1. O acesso à justiça reclama tutela judicial tempestiva, específica e efetiva sob o ângulo da sua realização prática. 2. A morosidade e inefetividade das decisões judiciais são lesivas a toda a sociedade, porquanto, para além dos efeitos diretos sobre as partes do processo, são repartidos pela coletividade os custos decorrentes da manutenção da estrutura institucional do Poder Judiciário, da movimentação da sua máquina e da prestação de assistência jurídica integral e gratuita aos que comprovarem insuficiência de recursos. 3. A efetividade e celeridade das decisões judiciais constitui uma das linhas mestras do processo civil contemporâneo, como se infere da inclusão, no texto constitucional, da garantia expressa da razoável duração do processo (artigo 5.º, LXXVIII, após a Emenda Constitucional n.º 45/2004) e da positivação, pelo Novo Código de Processo Civil, do direito das partes "de obter em prazo razoável a solução integral do mérito, incluída a atividade satisfativa". 4. A execução ou satisfação daquilo que devido representa verdadeiro gargalo na prestação jurisdicional brasileira, mercê de os estímulos gerados pela legislação não terem logrado suplantar o cenário prevalente, marcado pela desconformidade geral e pela busca por medidas protelatórias e subterfúgios que permitem ao devedor se evadir de suas obrigações. 5. Os poderes do juiz no processo, por conseguinte, incluem "determinar todas as medidas indutivas, coercitivas, mandamentais ou sub-rogatórias necessárias para assegurar o cumprimento de ordem judicial, inclusive nas ações que tenham por objeto prestação pecuniária" (artigo 139, IV), obedecidos o devido processo legal, a proporcionalidade, a eficiência, e, notadamente, a sistemática positivada no próprio NCPC, cuja leitura deve ser contextualizada e razoável à luz do texto legal. 6. A amplitude semântica das cláusulas gerais permite ao intérprete/aplicador maior liberdade na concretização da *fattispecie* – o que, evidentemente, não o isenta do dever de motivação e de observar os direitos fundamentais e as demais normas do ordenamento jurídico e, em especial, o princípio da proporcionalidade. 7. A significação de um mandamento normativo é alcançada quando se agrega, à filtragem constitucional, a interpretação sistemática da legislação infraconstitucional – do contrário, de nada aproveitaria a edição de códigos, microssistemas, leis interpretativas, meta-normas e cláusulas gerais. Essa assertiva assume ainda maior relevância diante do Direito codificado: o intérprete não pode permanecer indiferente ao esforço sistematizador inerente à elaboração de um código, mercê de se exigir do Legislador a repetição, *ad nauseam*, de preceitos normativos já explanados em títulos, capítulos e seções anteriores. 8. A correção da proporcionalidade das medidas executivas impostas pelo Poder Judiciário reside no sistema recursal consagrado pelo NCPC. 9. A flexibilização da tipicidade dos meios executivos visa a dar concreção à dimensão dialética do processo, porquanto o dever de buscar efetividade e razoável duração do processo é imputável não apenas ao Estado-juiz, mas, igualmente, às partes. 10. O Poder Judiciário deve gozar de instrumentos de *enforcement* e *accountability* do comportamento esperado das partes, evitando que situações antijurídicas sejam perpetuadas a despeito da existência de ordens judiciais e em razão da violação dos deveres de cooperação e boa-fé das partes – o que não se confunde com a punição a devedores que não detêm meios de adimplir suas obrigações. 11. A variabilidade e dinamicidade dos cenários com os quais as Cortes podem se deparar (*e.g.* tutelas ao meio ambiente, à probidade administrativa, à dignidade do credor que demanda prestação essencial à sua subsistência, ao erário e patrimônio públicos), torna impossível dizer, *a priori*, qual o valor jurídico a ter precedência, de modo que se impõe estabelecer o emprego do raciocínio ponderativo para verificar, no caso concreto, o escopo e a proporcionalidade da medida executiva, *vis-à-vis* a liberdade e autonomia da parte devedora. 12. *In casu*, o argumento da eventual possibilidade teórica de restrição irrazoável da liberdade do cidadão, por meio da aplicação das medidas de apreensão de carteira nacional de habilitação e/ou suspensão do direito de dirigir, apreensão de passaporte, proibição de participação em concurso público e proibição de participação em licitação pública, é imprestável a sustentar, só por si, a inconstitucionalidade desses meios executivos, máxime porque a sua adequação, necessidade e proporcionalidade em sentido estrito apenas ficará clara à luz das peculiaridades e provas existentes nos autos. 13. A excessiva demora e ineficiência do cumprimento das decisões judiciais, sob a perspectiva da análise econômica do direito, é um dos fatores integrantes do processo decisório de escolha racional realizado pelo agente quando deparado com os incentivos atinentes à propositura de uma ação, à interposição de um recurso, à celebração de um acordo e à resistência a uma execução. Num cenário de inefetividade generalizada das decisões judiciais, é possível que o devedor não tenha incentivos para colaborar na relação processual, mas, ao contrário, seja motivado a adotar medidas protelatórias, contexto em que, longe de apresentar estímulos para a atuação proba, célere e cooperativa das partes no processo, a legislação (e sua respectiva aplicação pelos julgadores) estará promovendo incentivos perversos, com maiores *payoffs* apontando para o descumprimento das determinações exaradas pelo Poder Judiciário. 14. A efetividade no cumprimento das ordens judiciais, destarte, não serve apenas para beneficiar o credor que logra obter seu pagamento ao fim do processo, mas incentiva, adicionalmente, uma postura cooperativa dos litigantes durante todas as fases processuais, contribuindo, inclusive, para a redução da quantidade e duração dos litígios. 15. *In casu*, não se pode concluir pela inconstitucionalidade de toda e qualquer hipótese de aplicação dos meios atípicos indicados na inicial, mercê de este entendimento, levado ao extremo, rechaçar quaisquer espaços de discricionariedade judicial e inviabilizar, inclusive, o exercício da jurisdição, enquanto atividade eminentemente criativa que é. Inviável, pois, pretender, apriorística e abstratamente, retirar determinadas medidas do leque de ferramentas disponíveis ao magistrado para fazer valer o provimento jurisdicional. 16. Ação direta de inconstitucionalidade conhecida e, no mérito, julgada improcedente (STF, Pleno, ADI 5.941/DF, Rel. Min. Luiz Fux, *DJe* 28.04.2023).

Processo civil. Recurso especial representativo da controvérsia. Art. 543-C do CPC. Exequibilidade de sentenças não condenatórias. Artigo 475-N, I, do CPC [de 1973]. 1. Para fins do art. 543-C do CPC [de 1973], firma-se a seguinte tese: "A sentença, qualquer que seja sua natureza, de procedência ou improcedência do pedido, constitui título executivo judicial, desde que estabeleça obrigação de pagar quantia, de fazer, não fazer ou entregar coisa, admitida sua prévia liquidação e execução nos próprios autos." 2. No caso, não obstante tenha sido reconhecida a relação obrigacional entre as partes, decorrente do contrato de arrendamento mercantil, ainda é controvertida a existência ou não de saldo devedor – ante o depósito de várias somas no decorrer do processo pelo executado – e, em caso positivo, qual o seu montante atualizado. Sendo perfeitamente possível a liquidação da dívida previamente à fase executiva do julgado, tal qual se dá com as decisões condenatórias carecedoras de liquidez, deve prosseguir a execução, sendo certa a possibilidade de sua extinção se verificada a plena quitação do débito exequendo. 3. Recurso especial provido (STJ, Corte Especial, REsp 1.324.152/SP (2012/0099874-4), Rel. Min. Luis Felipe Salomão, *DJe* 15.06.2016).

Embargos regidos pela Lei n.º 11.496/2007. Competência da Justiça do Trabalho. Execução de ofício de contribuição previdenciária e da contribuição social do empregador ao SAT – Seguro Acidente do Trabalho – decorrente de valor do acordo fixado em termo firmado em Comissão de conciliação prévia. Discute-se, no caso, a competência da Justiça do Trabalho para a execução, de ofício, da contribuição previdenciária e da contribuição social do empregador ao SAT – Seguro Acidente do Trabalho – decorrentes da celebração de acordo perante a Comissão de Conciliação Prévia. A competência da Justiça do Trabalho foi ampliada por meio da promulgação da Emenda Constitucional n.º 45/2004, tendo sido acrescidos à redação do artigo 114 da Constituição Federal o inciso VIII, que versa sobre a execução de ofício de contribuições sociais, e o inciso IX, referente às demais controvérsias decorrentes da relação de trabalho na forma da lei. Observa-se que a questão referente à execução das contribuições previdenciárias decorrentes da celebração de acordo perante a Comissão de Conciliação Prévia, hipótese dos autos, está inserida no inciso IX do artigo 114 da Constituição da República. Isso porque o artigo 876 da CLT prevê, entre outras hipóteses, que os termos de conciliação firmados perante as Comissões de Conciliação Prévia serão executados na forma da execução trabalhista, valendo destacar, ainda, que o artigo 877-A da CLT dispõe, de forma clara, acerca da competência do Juiz que analisaria o processo de conhecimento referente à matéria de mérito para executar o título executivo extrajudicial. Acrescenta-se, por oportuno, que a Lei n.º 11.941/2009 alterou o artigo 43, § 6.º, da Lei n.º 8.212/1991, o qual passou a determinar, expressamente, a incidência da contribuição previdenciária sobre os valores pagos nas Comissões de Conciliação Prévia. Esse dispositivo, literal e expressamente, consagrou uma regra de ampliação da competência da Justiça do Trabalho para os valores decorrentes dos acordos celebrados nas Comissões de Conciliação Prévia, amparado no artigo 114, inciso IX, da Constituição da República. Bem se sabe que o inciso VIII do artigo 114 da Norma Fundamental somente atribuiu, de forma direta, a essa Justiça do Trabalho, a competência para a execução, de ofício, das contribuições previdenciárias decorrentes das sentenças que proferir, o que se refletiu também nos artigos 831, 832 e 879 da CLT, o que, por si só, não respaldaria a competência desta Justiça Especial para executar, de ofício, as contribuições incidentes nas verbas devidas ou pagas nas Comissões de Conciliação Prévia. Contudo, o inciso IX do mesmo preceito constitucional é expresso em autorizar que a lei amplie a competência desta Justiça do Trabalho a – outras controvérsias decorrentes da relação de trabalho –, tendo sido exatamente isso o que fez o § 6.º do artigo 43 da Lei n.º 8.212/1991, acrescentado pela Lei n.º 11.941/2009. Aliás, é importante ressaltar que, uma vez autorizada constitucionalmente a extensão da competência material da Justiça do Trabalho na forma da lei, essa deve ser reconhecida. Isso porque, se fosse adotada a tese oposta de que a aplicação, pelos órgãos fracionários dessa Corte superior, do artigo 114, inciso VIII, da Constituição a casos como este, expressamente invocado nos fundamentos da decisão turmária ora embargada, afastaria a competência do juiz do trabalho de determinar o imediato recolhimento das importâncias devidas à Seguridade Social, correspondentes aos valores devidos ou pagos no âmbito das Comissões de Conciliação Prévia, apesar da clara e literal determinação do artigo 43, § 6.º, da Lei n.º 8.212/1991, a consequência seria a frontal violação do artigo 97 da Norma Fundamental e a contrariedade à Súmula Vinculante n.º 10 do Supremo Tribunal Federal. Com efeito, visto que esta Súmula Vinculante estabelece que "viola a cláusula de reserva de plenário (CF, artigo 97) a decisão de órgão fracionário de tribunal que, embora não declare expressamente a inconstitucionalidade de lei ou ato normativo do poder público, afasta sua incidência, no todo ou em parte", seria indispensável que, nos termos do artigo 244 e seguintes do Regimento Interno deste Tribunal, fosse suspenso o andamento do processo para apreciação por seu Tribunal Pleno, da arguição da inconstitucionalidade do preceito legal em discussão. No entanto, não é esse o caso dos autos, pois existe expressa autorização constitucional à ampliação da competência da Justiça do Trabalho por meio de norma infraconstitucional, não havendo falar, portanto, em inconstitucionalidade do artigo 43, § 6.º, da Lei n.º 8.212/1991. Nesse contexto, conclui-se que, tendo o termo de conciliação firmado perante a Comissão de Conciliação Prévia natureza de título executivo extrajudicial, e reconhecida, expressamente, na CLT, a competência do Juiz que decidiria o processo de conhecimento referente à matéria de mérito para executá-lo, é inafastável a competência desta Justiça especializada para executar, de ofício, as contribuições previdenciárias incidentes sobre o valor fixado naquele título, na exata forma do artigo 114, inciso IX, da Constituição Federal. Quanto à contribuição social referente ao Seguro de Acidente de Trabalho, esta Corte já pacificou o entendimento de que esta Justiça especializada é competente para executar tal tributo, consoante se extrai do teor da Orientação Jurisprudencial n.º 414 da SBDI-1 do TST, que dispõe: "Compete à Justiça do Trabalho a execução, de ofício, da contribuição referente ao Seguro de Acidente de Trabalho (SAT), que tem natureza de contribuição para a seguridade social (arts. 114, VIII, e 195, I, *a*, da CF), pois se destina ao financiamento de benefícios relativos à incapacidade do empregado decorrente de infortúnio no trabalho (arts. 11 e 22 da Lei n.º 8.212/1991)". É oportuno acrescentar, ainda, que, uma vez reconhecida a competência da Justiça do Trabalho para executar o principal, ou seja, o crédito reconhecido no citado instrumento extrajudicial, essa se estenderá ao acessório – contribuição previdenciária e aquela referente ao SAT, incidentes sobre esse crédito. Embargos conhecidos e providos (TST, SBDI-I, E-RR 22200-18.2009.5.09.0096, Rel. Min. José Roberto Freire Pimenta, *DEJT* 24.10.2014).

✦ Súmulas, Orientações Jurisprudenciais e Precedentes Normativos

Súmula Vinculante 53 do STF: A competência da Justiça do Trabalho prevista no artigo 114, VIII, da Constituição Federal alcança a execução de ofício das contribuições previdenciárias relativas ao objeto da condenação constante das sentenças que proferir e acordos por ela homologados.

Súmula 368 do TST: I – A Justiça do Trabalho é competente para determinar o recolhimento das contribuições fiscais. A competência da Justiça do Trabalho, quanto à execução das contribuições previdenciárias, limita-se às sentenças condenatórias em pecúnia que proferir e aos valores, objeto de acordo homologado, que integrem o salário de contribuição (ex-OJ 141 – Inserida em 27.11.1998).

Súmula 454 do TST: Competência da Justiça do Trabalho. Execução de ofício. Contribuição social referente ao Seguro de Acidente de Trabalho (SAT). Arts. 114, VIII, e 195, I, "a", da Constituição da República. Compete à Justiça do Trabalho a execução, de ofício, da contribuição referente ao Seguro de Acidente de Trabalho (SAT), que tem natureza de contribuição para a seguridade social (arts. 114, VIII, e 195, I, "a", da CF), pois se destina ao financiamento de benefícios relativos à incapacidade do empregado decorrente de infortúnio no trabalho (arts. 11 e 22 da Lei n.º 8.212/1991).

✦ Referência legislativa

- Arts. 625-E e 832, § 3.º, da CLT.

Art. 877. É competente para a execução das decisões o Juiz ou Presidente do Tribunal que tiver conciliado ou julgado originariamente o dissídio.

1. COMPETÊNCIA

Nos termos do art. 877 da CLT, é competente para a execução das decisões o juiz ou presidente do Tribunal que tiver conciliado ou julgado originariamente a ação.

Portanto, tratando-se de título executivo judicial, a competência para a execução é do juízo que conheceu, originalmente, o caso, proferindo sentença, decisão ou no qual houve conciliação judicial. Cuida-se de competência funcional e originária, de natureza absoluta.

Em regra, a competência originária para conhecer e processar as ações é da Vara do Trabalho (ou Juízo de Direito no exercício da jurisdição trabalhista). Logo, a competência para a execução é dos mencionados juízos, que tiverem conciliado ou julgado o feito em primeiro grau de jurisdição. Mesmo havendo recurso contra a sentença, essa competência para a execução não é alterada.

Nas hipóteses excepcionais, em que a competência é originária de tribunal (como ocorre, exemplificativamente, na ação rescisória), a execução da decisão por ele proferida é da sua competência (funcional, hierárquica e absoluta), ainda que haja recurso para alguma instância superior.

No mesmo sentido, o art. 516, inciso I, do CPC de 2015 estabelece que a execução, fundada em título judicial (cumprimento da sentença), deve se processar perante "os tribunais, nas causas de sua competência originária".

2. REUNIÃO DE EXECUÇÕES

No âmbito da execução fiscal, o juiz, a requerimento das partes, pode, por conveniência da unidade da garantia da execução, ordenar a reunião de processos contra o mesmo devedor (art. 28 da Lei 6.830/1980). Nessa hipótese, os processos devem ser redistribuídos ao juízo da primeira distribuição (art. 28, parágrafo único, da Lei 6.830/1980).

Essa previsão é subsidiariamente aplicável ao processo do trabalho, conforme art. 889 da CLT, objetivando-se a efetividade e a celeridade na execução, bem como a economia processual. A reunião de execuções contra o mesmo devedor é faculdade do juiz. Cf. Súmula 515 do STJ.

O procedimento de reunião de execuções (PRE), destinado às obrigações de pagar e regulado pela Consolidação dos Provimentos da Corregedoria-Geral no âmbito da Justiça do Trabalho (arts. 148 a 160), é constituído pelo: I – plano especial de pagamento trabalhista (PEPT), cujo objetivo é o pagamento parcelado do débito reunido; II – regime centralizado de execução (RCE), instituído pela Lei 14.193/2021 (Lei da Sociedade Anônima do Futebol – SAF); III – regime especial de execução forçada (REEF), voltado para os atos de execução forçada, inclusive de expropriação do patrimônio dos devedores em prol da coletividade dos credores.

O procedimento de reunião de execuções (PRE), em todas as suas modalidades, deve observar, entre outros princípios e diretrizes: I – a cooperação judiciária; II – a essência conciliatória da Justiça do Trabalho como instrumento de pacificação social; III – o direito fundamental à razoável duração do processo (art. 5.º, LXXVIII, da Constituição da República) em benefício do credor; IV – os princípios da eficiência administrativa (art. 37 da Constituição da República), bem como da economia processual; V – o pagamento equânime dos créditos, observadas as particularidades do caso concreto; VI – a premência do crédito trabalhista, haja vista seu caráter alimentar; VII – a necessidade da preservação da função social da empresa e das entidades de prática desportiva; VIII – a estrita observância da Lei 14.193/2021, em relação às entidades de prática desportiva indicadas no art. 2.º da Lei da Sociedade Anônima do Futebol (art. 148-A da Consolidação dos Provimentos da Corregedoria-Geral da Justiça do Trabalho).

A reunião de processos em fase de execução definitiva, em relação ao mesmo devedor (ou aos mesmos devedores), pode ser processada em órgãos de centralização de execuções (juízos centralizadores de execução), criados conforme organização de cada Tribunal Regional e observados os parâmetros estabelecidos na Consolidação dos Provimentos da Corregedoria-Geral da Justiça do Trabalho (art. 149). Ressalvados os casos de plano especial de pagamento trabalhista (PEPT), regime centralizado de execução (RCE) e regime especial de execução forçada (REEF), que obrigatoriamente devem ser processados perante o juízo centralizador de execução, a mencionada previsão não prejudica a reunião de processos em fase de execução definitiva em Varas do Trabalho, mediante cooperação judiciária.

São atribuições do juízo centralizador de execução do procedimento de reunião de execuções (PRE): I – acompanhar e exarar parecer relativo ao processamento do procedimento de reunião de execuções (PRE), mantendo comunicação com os demais órgãos partícipes da gestão do procedimento, conforme definido pela organização administrativa do Tribunal Regional do Trabalho ou pela Lei 14.193/2021; II – promover, de ofício, a identificação dos grandes devedores e, se for o caso, dos respectivos grupos econômicos, no âmbito do Tribunal Regional do Trabalho, cujas execuções podem ser reunidas para processamento conjunto por meio da instauração do regime especial de execução forçada (REEF), utilizando-se de todas as ferramentas eletrônicas de investigação patrimonial disponíveis por meio de processo piloto indicado pelo juízo centralizador de execução; III – coordenar ações e programas que visem à efetividade da execução (art. 150 da Consolidação dos Provimentos da Corregedoria-Geral da Justiça do Trabalho).

No procedimento de reunião de execuções (PRE), todos os esforços devem ser envidados no sentido de solver as execuções por pagamento integral ou com o uso das técnicas da mediação e da conciliação, observando-se, em cada modalidade de pagamento, a atenção às preferências legais, conforme disciplinado pelo Tribunal Regional do Trabalho, ressalvada a ordem de preferência para o regime centralizado de execução (RCE) instituído pela Lei 14.193/2021, que deve observar os termos estabelecidos no art. 17 da Lei 14.193/2021, sobre credores preferenciais para ordenação do pagamento (art. 150-A da Consolidação dos Provimentos da Corregedoria-Geral da Justiça do Trabalho).

Nas hipóteses de plano especial de pagamento trabalhista (PEPT) e de regime especial de execução forçada (REEF), havendo omissão do Tribunal Regional do Trabalho em disciplinar a matéria relativa à ordem de pagamento, e desde que observados os princípios da razoabilidade, equidade e proporcionalidade, o juízo centralizador de execução, após ouvidos os credores, pode limitar, inverter referida ordem de pagamento dentro da mesma classe, incluir preferências definidas na Consolidação dos Provimentos da Corregedoria-Geral da Justiça do Trabalho ou fixar teto de valores para os credores preferenciais, visando possibilitar o pagamento, ainda que parcial, de um maior número de credores.

Para a apreciação preliminar do pedido de instauração do plano especial de pagamento trabalhista (PEPT), o interessado dever atender aos requisitos indicados no art. 151 da Consolidação dos Provimentos da Corregedoria-Geral da Justiça do Trabalho.

O plano especial de pagamento trabalhista (PEPT) alcançará todos os processos em fase de execução definitiva relacionados no ato de apresentação do requerimento, devendo englobar a dívida total consolidada do devedor naquela data (art. 151-A da Consolidação dos Provimentos da Corregedoria-Geral da Justiça do Trabalho).

O pedido de instauração do plano especial de pagamento trabalhista (PEPT) com o objetivo de parcelamento de débito referente a processos em fase de execução definitiva, em curso no âmbito de um único Tribunal Regional do Trabalho, deve ser apresentado ao Corregedor Regional respectivo, em classe processual própria (art. 152 da Consolidação dos Provimentos da Corregedoria-Geral da Justiça do Trabalho).

O pedido de instauração do plano especial de pagamento trabalhista (PEPT) com o objetivo de parcelamento do débito referente a processos em fase de execução definitiva, no âmbito de mais de um Tribunal Regional do Trabalho, deve ser apresentado ao Corregedor do Tribunal Regional do Trabalho com maior número de processos em fase de execução definitiva desse devedor (art. 152-A da Consolidação dos Provimentos da Corregedoria-Geral da Justiça do Trabalho).

O regime especial de execução forçada (REEF) consiste no procedimento unificado de busca, constrição e expropriação, com vistas ao adimplemento da dívida consolidada de devedor com relevante número de processos em fase de execução definitiva, como medida de otimização das diligências executórias, que passam a ser realizadas de forma convergente, mediante a utilização de processo piloto (art. 154 da Consolidação dos Provimentos da Corregedoria-Geral da Justiça do Trabalho).

O regime especial de execução forçada (REEF) pode originar-se: I – do insucesso do plano especial de pagamento trabalhista (PEPT); II – do insucesso do regime centralizado de execução (RCE) previsto na Lei 14.193/2021, observado o disposto no art. 24 da Lei 14.193/2021 (sobre responsabilidade subsidiária da sociedade anônima do futebol pelo pagamento das obrigações civis e trabalhistas anteriores à sua constituição); III – por meio de requisição das unidades judiciárias de 1.º e 2.º graus do Tribunal Regional do Trabalho; IV – por iniciativa do órgão centralizador de execuções no Tribunal Regional do Trabalho.

3. REGIME CENTRALIZADO DE EXECUÇÕES CONTRA ENTIDADES DE PRÁTICA DESPORTIVA

Segundo prevê o art. 50 da Lei 13.155/2015, os Tribunais Regionais do Trabalho, ou outro órgão definido por determinação dos próprios Tribunais, ficam autorizados a instaurar o regime centralizado de execução (Ato Trabalhista) para as entidades desportivas profissionais de que trata o art. 27, § 10, da Lei 9.615/1998, assim consideradas as entidades de prática desportiva envolvidas em competições de atletas profissionais, as ligas em que se organizarem e as entidades de administração de desporto profissional.

A Lei 14.193/2021, que institui a sociedade anônima do futebol, ao dispor sobre o tratamento dos passivos das entidades de prática desportiva, prevê a possibilidade de concurso de credores do clube ou pessoa jurídica original, por meio de regime centralizado de execuções.

Constitui sociedade anônima do futebol a companhia cuja atividade principal consiste na prática do futebol, feminino e masculino, em competição profissional, sujeita às regras específicas da Lei 14.193/2021 e, subsidiariamente, às disposições da Lei 6.404/1976 e da Lei 9.615/1998. À sociedade anônima do futebol, regida pela Lei 14.193/2021, aplica-se subsidiariamente a Lei 14.597/2023 (Lei Geral do Esporte), no que com aquela não for conflitante (art. 214).

A sociedade anônima do futebol é uma entidade de prática desportiva, ou seja, organização de prática esportiva (art. 1.º, § 4.º, da Lei 14.193/2021).

Clube é a associação civil, regida pelo Código Civil, dedicada ao fomento e à prática do futebol. Pessoa jurídica original é a sociedade empresarial dedicada ao fomento e à prática do futebol (art. 1.º, § 1.º, incisos I e II, da Lei 14.193/2021).

Esclareça-se que a sociedade anônima do futebol pode ser constituída: I – pela transformação do clube ou pessoa jurídica original em sociedade anônima do futebol; II – pela cisão do departamento de futebol do clube ou pessoa jurídica original e transferência do seu patrimônio relacionado à atividade futebol; III – pela iniciativa de pessoa natural ou jurídica ou de fundo de investimento (art. 2.º da Lei 14.193/2021).

Nos casos em que a sociedade anônima do futebol é constituída pela transformação do clube ou pessoa jurídica original, ou pela cisão do departamento de futebol do clube ou pessoa jurídica original e transferência do seu patrimônio relacionado à atividade futebol, a sociedade anônima do futebol sucede o clube ou pessoa jurídica original nas relações contratuais com atletas profissionais do futebol (art. 2.º, § 1.º, inciso I, da Lei 14.193/2021).

Tendo em vista a referida sucessão, a sociedade anônima do futebol, como sucessora, passa a ser a empregadora nos contratos de trabalho dos atletas profissionais.

De acordo com o art. 9.º da Lei 14.193/2021, a sociedade anônima do futebol não responde pelas obrigações do clube ou pessoa jurídica original que a constituiu, anteriores ou posteriores à data de sua constituição, exceto quanto às atividades específicas do seu objeto social[260], e responde pelas obrigações que lhe forem transferidas conforme disposto no art. 2.º, § 2.º, da Lei 14.193/2021[261], cujo pagamento aos credores deve se limitar à forma estabelecida no art. 10 da Lei 14.193/2021. Em relação à dívida trabalhista, integram o rol dos mencionados credores os atletas, membros da comissão técnica e funcionários cuja atividade principal seja vinculada diretamente ao departamento de futebol (art. 9.º, parágrafo único, da Lei 14.193/2021).

Segundo a disciplina própria da Lei 14.193/2021, a responsabilidade da sociedade anônima do futebol (sucessora) pelos débitos trabalhistas do clube ou pessoa jurídica original que a constituiu (sucedido), anteriores à data da constituição daquela, limita-se às receitas a serem transferidas pela sociedade anônima do futebol ao clube ou pessoa jurídica original, ou seja, aos repasses financeiros estabelecidos no art. 10 da Lei 14.193/2021. Por se tratar de regra especial, afasta-se a aplicação da norma geral prevista no art. 448-A da CLT. Cf. comentários ao art. 448-A da CLT, item 2.

O clube ou pessoa jurídica original é responsável pelo pagamento das obrigações anteriores à constituição da sociedade anônima do futebol, por meio de receitas próprias e das seguintes receitas que lhe serão transferidas pela sociedade anônima do futebol, quando constituída, exclusivamente: I – por destinação de 20% das receitas correntes mensais auferidas pela sociedade anônima do futebol, conforme plano aprovado pelos credores, nos termos do inciso I do art. 13 da Lei 14.193/2021 (sobre concurso de credores e regime centralizado de execuções); II – por destinação de 50% dos dividendos, dos juros sobre o capital próprio ou de outra remuneração recebida desta, na condição de acionista (art. 10 da Lei 14.193/2021).

Sem prejuízo das disposições relativas à responsabilidade dos dirigentes previstas no art. 18-B da Lei 9.615/1998 (atualmente, art. 66 da Lei 14.597/2023), os administradores da sociedade anônima do futebol respondem pessoal e solidariamente pelas obrigações relativas aos repasses financeiros definidos no art. 10 da Lei 14.193/2021, assim como respondem, pessoal e solidariamente, o presidente do clube ou os sócios administradores da pessoa jurídica original pelo pagamento aos credores dos valores que forem transferidos pela sociedade anônima do futebol, conforme estabelecido na Lei 14.193/2021 (art. 11 da Lei 14.193/2021).

Enquanto a sociedade anônima do futebol cumprir os pagamentos previstos nos arts.

---

260 O objeto social da sociedade anônima do futebol pode compreender as seguintes atividades: I – o fomento e o desenvolvimento de atividades relacionadas com a prática do futebol, obrigatoriamente nas suas modalidades feminino e masculino; II – a formação de atleta profissional de futebol, nas modalidades feminino e masculino, e a obtenção de receitas decorrentes da transação dos seus direitos desportivos; III – a exploração, sob qualquer forma, dos direitos de propriedade intelectual de sua titularidade ou dos quais seja cessionária, incluídos os cedidos pelo clube ou pessoa jurídica original que a constituiu; IV – a exploração de direitos de propriedade intelectual de terceiros, relacionados ao futebol; V – a exploração econômica de ativos, inclusive imobiliários, sobre os quais detenha direitos; VI – quaisquer outras atividades conexas ao futebol e ao patrimônio da sociedade anônima do futebol, incluída a organização de espetáculos esportivos, sociais ou culturais; VII – a participação em outra sociedade, como sócio ou acionista, no território nacional, cujo objeto seja uma ou mais das atividades mencionadas nos incisos acima, com exceção do inciso II (art. 1.º, § 2.º, da Lei 14.193/2021).

261 Na hipótese do inciso II do art. 2.º da Lei 14.193/2021 (sociedade anônima do futebol constituída pela cisão do departamento de futebol do clube ou pessoa jurídica original e transferência do seu patrimônio relacionado à atividade futebol), os direitos e deveres decorrentes de relações, de qualquer natureza, estabelecidos com o clube, pessoa jurídica original e entidades de administração, inclusive direitos de participação em competições profissionais, bem como contratos de trabalho, de uso de imagem ou quaisquer outros contratos vinculados à atividade do futebol serão obrigatoriamente transferidos à sociedade anônima do futebol (art. 2.º, § 2.º, inciso I, da Lei 14.193/2021)

9.º a 11 da Lei 14.193/2021, é vedada qualquer forma de constrição ao patrimônio ou às receitas, por penhora ou ordem de bloqueio de valores de qualquer natureza ou espécie sobre as suas receitas, em relação às obrigações anteriores à constituição da sociedade anônima do futebol (art. 12 da Lei 14.193/2021).

O clube ou pessoa jurídica original pode efetuar o pagamento das obrigações diretamente aos seus credores, ou a seu exclusivo critério: I – pelo concurso de credores, por intermédio do regime centralizado de execuções previsto na Lei 14.193/2021; ou II – por meio de recuperação judicial ou extrajudicial, nos termos da Lei 11.101/2005 (art. 13 da Lei 14.193/2021).

Depreende-se que o clube ou pessoa jurídica original tem a faculdade de realizar o pagamento das suas obrigações (nas quais se incluem os débitos trabalhistas anteriores à constituição da sociedade anônima do futebol) de três modos alternativos, podendo optar por um deles: diretamente aos seus credores (nos quais se incluem os credores trabalhistas); pelo concurso de credores no regime centralizado de execuções; por meio de recuperação judicial ou extrajudicial.

O regime centralizado de execução (RCE) disciplinado pela Lei 14.193/2021 destina-se única e exclusivamente às entidades de prática desportiva definidas no art. 1.º, § 1.º, incisos I e II, da Lei 14.193/2021 (clube e pessoa jurídica original), e que tenham dado origem à constituição de sociedade anônima de futebol na forma do art. 2.º, inciso II, da Lei 14.193/2021, ou seja, pela cisão do departamento de futebol do clube ou pessoa jurídica original e transferência do seu patrimônio relacionado à atividade futebol (art. 153 da Consolidação dos Provimentos da Corregedoria-Geral da Justiça do Trabalho).

O regime centralizado de execução (RCE) é incompatível com o regime de recuperação judicial ou extrajudicial, sendo que, constatado requerimento nesse sentido, anterior ou posterior ao regime centralizado de execução (RCE) trabalhista, este último não será deferido ou será extinto perante o respectivo Tribunal Regional do Trabalho (art. 153-A da Consolidação dos Provimentos da Corregedoria-Geral da Justiça do Trabalho).

O clube ou pessoa jurídica original que optar pela alternativa do inciso I do art. 13 da Lei 14.193/2021 deve ser submetido ao concurso de credores por meio do regime centralizado de execuções, que consiste em concentrar no juízo centralizador as execuções, as suas receitas e os valores arrecadados na forma do art. 10 da Lei 14.193/2021, bem como a distribuição desses valores aos credores em concurso e de forma ordenada (art. 14 da Lei 14.193/2021).

Na hipótese de inexistência de órgão de centralização de execuções no âmbito do Judiciário, o juízo centralizador deve ser aquele que tiver ordenado o pagamento da dívida em primeiro lugar (art. 14, § 1.º, da Lei 14.193/2021).

O requerimento deve ser apresentado pelo clube ou pessoa jurídica original e será concedido pelo Presidente do Tribunal Regional do Trabalho, quanto às dívidas trabalhistas, e pelo Presidente do Tribunal de Justiça, quanto às dívidas de natureza civil, observados os requisitos de apresentação do plano de credores, conforme disposto no art. 16 da Lei 14.193/2021.

Quanto às dívidas trabalhistas do clube ou pessoa jurídica original, o concurso de credores por meio do regime centralizado de execuções é de competência da Justiça do Trabalho (art. 114 da Constituição Federal de 1988), devendo ser processado no órgão de centralização de execuções ou juízo centralizador no âmbito do Tribunal Regional do Trabalho.

Cabe ao Poder Judiciário disciplinar o regime centralizado de execuções, por meio de ato próprio dos seus tribunais, e conferir o prazo de seis anos para pagamento dos credores (art. 15 da Lei 14.193/2021). Na ausência da mencionada regulamentação, compete ao Tribunal Superior respectivo suprir a omissão (art. 15, § 1.º, da Lei 14.193/2021).

Na esfera trabalhista, cabe aos Tribunais Regionais do Trabalho disciplinar o regime centralizado de execuções, por meio de atos normativos próprios de caráter administrativo, respeitando as previsões legais sobre a matéria. Na ausência da mencionada regulamentação, compete ao Tribunal Superior do Trabalho suprir a omissão. Como o Conselho Nacional de Justiça é órgão do Poder Judiciário (art. 92, inciso I-A, da Constituição da República) e tem competência para expedir atos regulamentares (art. 103-B, § 4.º, inciso I, da Constituição Federal de 1988), pode estabelecer a disciplina geral do regime centralizado de execuções por meio de ato normativo próprio, observando as disposições da Lei 14.193/2021.

Se o clube ou pessoa jurídica original comprovar a adimplência de ao menos 60% do seu passivo original ao final do prazo previsto no art. 15 da Lei 14.193/2021 (seis anos), será permitida a prorrogação do regime centralizado de execuções por mais quatro anos, período em que o percentual a que se refere o inciso I do art. 10 da Lei 14.193/2021 (20% das receitas correntes mensais auferidas pela sociedade anônima do futebol) poderá, a pedido do interessado, ser reduzido pelo juízo centralizador das execuções a 15% das suas receitas correntes mensais (art. 15, § 2.º, da Lei 14.193/2021).

Portanto, o regime centralizado de execuções para pagamento dos credores pode ter duração de seis anos, prorrogáveis por mais quatro anos (se preenchidos os requisitos legais acima indicados), resultando no total de 10 anos. Após esse prazo, aplica-se o art. 24 da Lei 14.193/2021, sobre a responsabilidade subsidiária da sociedade anônima do futebol pelo pagamento das obrigações civis e trabalhistas anteriores à sua constituição, salvo, quanto às dívidas trabalhistas do clube ou pessoa jurídica original, se houver sido estabelecido plano de pagamento de forma diversa, por meio de negociação coletiva (art. 19 da Lei 14.193/2021).

Ao clube ou pessoa jurídica original que requerer a centralização das suas execuções será concedido o prazo de até 60 dias para apresentação do seu plano de credores, que deve conter obrigatoriamente os seguintes documentos: I – o balanço patrimonial; II – as demonstrações contábeis relativas aos três últimos exercícios sociais; III – as obrigações consolidadas em execução e a estimativa auditada das suas dívidas ainda em fase de conhecimento; IV – o fluxo de caixa e a sua projeção de três anos; V – o termo de compromisso de controle orçamentário (art. 16 da Lei 14.193/2021).

Os clubes e as pessoas jurídicas originais devem fornecer ao juízo centralizador e publicar em sítio eletrônico próprio as seguintes informações: I – os documentos exigidos nos incisos III, IV e V do 16 da Lei 14.193/2021; II – a ordem da fila de credores com seus respectivos valores individualizados e atualizados; III – os pagamentos efetuados no período.

No regime centralizado de execuções, consideram-se credores preferenciais, para ordenação do pagamento: I – idosos, nos termos da Lei 10.741/2003 (Estatuto da Pessoa Idosa); II – pessoas com doenças graves; III – pessoas cujos créditos de natureza salarial sejam inferiores a 60 salários mínimos; IV – gestantes; V – pessoas vítimas de acidente de trabalho oriundo da relação de trabalho com o clube ou pessoa jurídica original; VI – credores com os quais haja acordo que preveja redução da dívida original em pelo menos 30% (art. 17 da Lei 14.193/2021). Na hipótese de concorrência entre os créditos, os processos mais antigos têm preferência.

O pagamento das obrigações do clube ou pessoa jurídica original anteriores à constituição da sociedade anônima do futebol, previstas no art. 10 da Lei 14.193/2021, deve privilegiar os créditos trabalhistas, e cumprirá ao plano de pagamento dos credores, apresentado pelo clube ou pessoa jurídica original, definir a sua destinação (art. 18 da Lei 14.193/2021).

A partir da centralização das execuções, as dívidas de natureza cível e trabalhista devem ser corrigidas somente pela taxa referencial do Sistema Especial de Liquidação e de Custódia (Selic), ou outra taxa de mercado que vier a substituí-la (art. 18, parágrafo único, da Lei 14.193/2021).

Aplica-se o índice adotado pelo Supremo Tribunal Federal para a atualização dos créditos trabalhistas na fase judicial, cabendo ressaltar que a Selic engloba juros moratórios e correção monetária, sendo vedada a cumulação com outros índices (STF, Pleno, ADC 58/DF, ADC 59/DF, ADI 5.867/DF e ADI 6.021/DF, Rel. Min. Gilmar Mendes, *DJe* 07.04.2021).

É facultado às partes, por meio de negociação coletiva, estabelecer o plano de pagamento de forma diversa (art. 19 da Lei 14.193/2021). Sendo assim, quanto aos créditos trabalhistas devidos pelo clube ou pessoa jurídica original, o plano de pagamento dos credores pode ser estabelecido em convenção coletiva ou acordo coletivo de trabalho (art. 7.º, inciso XXVI, da Constituição Federal de 1988) de forma diversa das previsões da Lei 14.193/2021.

Ao credor, titular do crédito, é facultada a conversão, no todo ou em parte, da dívida do clube ou pessoa jurídica original em ações da sociedade anônima do futebol ou em títulos por ela emitidos, desde que assim previsto em seu estatuto (art. 20 da Lei 14.193/2021).

Ao credor de dívida trabalhista e ao credor de dívida cível, de qualquer valor, é facultado anuir, a seu critério exclusivo, a deságio sobre o valor do débito (art. 21 da Lei 14.193/2021).

Ao credor de dívida trabalhista, como titular do crédito, a seu exclusivo critério, é facultada a cessão do crédito a terceiro, que ficará sub-rogado em todos os direitos e em todas as obrigações do credor e ocupará a mesma posição do titular do crédito original na fila de credores, devendo ser dada ciência ao clube ou pessoa jurídica original, bem como ao juízo centralizador da dívida para que promova a anotação (art. 22 da Lei 14.193/2021). Logo, permite-se a cessão do crédito trabalhista, na linha do art. 83, § 5.º, da Lei 11.101/2005.

Enquanto o clube ou pessoa jurídica original cumprir os pagamentos previstos no regime centralizado de execuções, é vedada qualquer forma de constrição ao patrimônio ou às receitas, por penhora ou ordem de bloqueio de valores de qualquer natureza ou espécie sobre as suas receitas (art. 23 da Lei 14.193/2021).

Uma vez superado o prazo estabelecido no art. 15 da Lei 14.193/2021 (seis anos, permitida a prorrogação por mais quatro anos), a sociedade anônima do futebol responderá, nos limites estabelecidos no art. 9.º da Lei 14.193/2021, subsidiariamente, pelo pagamento das obrigações civis e trabalhistas anteriores à sua constituição, salvo o disposto no art. 19 da Lei 14.193/2021, que faculta às partes estabelecer o plano de pagamento de forma diversa, por meio de negociação coletiva (art. 24 da Lei 14.193/2021).

Confirma-se, assim, que a disciplina legal específica em questão afasta a incidência das previsões gerais do art. 448-A da CLT, sobre responsabilidade na sucessão.

O clube, ao optar pela alternativa do inciso II do art. 13 da Lei 14.193/2021, e por exercer atividade econômica, é admitido como parte legítima para requerer a recuperação judicial ou extrajudicial, submetendo-se à Lei 11.101/2005 (art. 25 da Lei 14.193/2021).

Aplica-se o disposto no art. 971, *caput*, do Código Civil à associação que desenvolva atividade futebolística em caráter habitual e profissional, caso em que, com a inscrição, será considerada empresária, para todos os efeitos (art. 971, parágrafo único, do Código Civil, incluído pela Lei 14.193/2021). Conforme essa previsão específica, a associação que realize atividade futebolística em caráter habitual e profissional pode, observadas as formalidades de que tratam o art. 968 e seus parágrafos do Código Civil, requerer inscrição no Registro Público de Empresas Mercantis da respectiva sede, hipótese em que, com a inscrição, será considerada empresária. Com isso, passa a se submeter ao regime jurídico empresarial, tornando aplicáveis a recuperação judicial, a recuperação extrajudicial e a falência (Lei 11.101/2005).

A pessoa jurídica original, por ser sociedade empresarial dedicada ao fomento e à prática do futebol (art. 1.º, § 1.º, inciso II, da Lei 14.193/2021), também pode requerer a recuperação judicial ou extrajudicial, nos termos da Lei 11.101/2005.

Frise-se que a sujeição dos créditos de natureza trabalhista e por acidentes de trabalho à *recuperação extrajudicial* exige negociação coletiva com o sindicato da respectiva categoria profissional (art. 161, § 1.º, da Lei 11.101/2005, com redação dada pela Lei 14.112/2020).

Os contratos bilaterais, bem como os contratos de atletas profissionais vinculados ao clube ou pessoa jurídica original não se resolvem em razão do pedido de recuperação judicial e extrajudicial e podem ser transferidos à sociedade anônima do futebol no momento de sua constituição (art. 25, parágrafo único, da Lei 14.193/2021).

Mesmo em caso de decretação da falência, os contratos bilaterais não se resolvem pela falência e podem ser cumpridos pelo administrador judicial se o cumprimento reduzir ou evitar o aumento do passivo da massa falida ou for necessário à manutenção e preservação de seus ativos, mediante autorização do Comitê de Credores (art. 117 da Lei 11.101/2005).

✦ Jurisprudência

Agravo de instrumento em recurso de revista. Recurso de revista regido pelo CPC/2015 e pela IN n.º 40/2016 do TST. Execução fiscal. Agrupamento de execuções movidas pela União contra um mesmo devedor. Possibilidade. Lei n.º 6.830/80. Trata-se de execução fiscal de dívida ativa da União. No caso, o Regional manteve a decisão que determinou, de ofício, o agrupamento de execuções requeridas pela União contra a mesma devedora, com o objetivo de dar celeridade e efetividade à prestação jurisdicional. A decisão recorrida está em conformidade com a iterativa, notória e atual jurisprudência do TST de que o artigo 28 da Lei n.º 6.830/80 não impede a determinação de ofício do agrupamento de execuções movidas pela União contra o mesmo executado. A correção do procedimento é corroborada ainda pela Súmula n.º 515 do STJ, segundo a qual "a reunião de execuções fiscais contra o mesmo devedor constitui faculdade do juiz". Trata-se, portanto, de medida administrativa com o fito de prestigiar a celeridade processual, insculpida no art. 5.º, inciso LXXVIII, da Constituição Federal, sem resultar em prejuízo à União. Precedentes. Agravo de instrumento desprovido (TST, 2.ª T., AIRR-2119-30.2012.5.15.0014, Rel. Min. José Roberto Freire Pimenta, *DEJT* 29.06.2018).

Agravo de instrumento. Recurso de revista. União. Execução fiscal. Reunião de execuções. Mesmo devedor. A jurisprudência desta Corte entende que a reunião de várias execuções atribuídas a um mesmo devedor num único juízo tem amparo na Lei de Execuções Fiscais, a qual possibilita ao Julgador, em seu art. 28, decidir sobre a conveniência dessa medida. Desse modo, o procedimento adotado pelo Tribunal Regional de origem é valido, atendendo, adequadamente, aos princípios da economia e celeridade processuais e não implicando qualquer prejuízo para a União (ora Recorrente). Julgados desta Corte. Agravo de instrumento desprovido (TST, 3.ª T., AIRR-108-54.2015.5.08.0002, Rel. Min. Mauricio Godinho Delgado, *DEJT* 18.08.2017).

✦ Súmulas, Orientações Jurisprudenciais e Precedentes Normativos

Súmula 419 do TST: Competência. Embargos de terceiro. Execução por carta precatória. Juízo deprecado. Na execução por carta precatória, os embargos de terceiro serão oferecidos no juízo deprecado, salvo se indicado pelo juízo deprecante o bem constrito ou se já devolvida a carta (art. 676, parágrafo único, do CPC de 2015).

Súmula 515 do STJ: A reunião de execuções fiscais contra o mesmo devedor constitui faculdade do juiz.

Art. 877-A. É competente para a execução de título executivo extrajudicial o juiz que teria competência para o processo de conhecimento relativo à matéria.

1. EXECUÇÃO DE TÍTULO EXTRAJUDICIAL

No caso de execução fundada em título extrajudicial, deve-se verificar quem teria competência para conhecer de eventual ação de conhecimento sobre a matéria. Nessa hipótese, portanto, torna-se necessário realizar um raciocínio hipotético, de projeção, quanto a uma possível ação de conhecimento a respeito da competência. Pode-se dizer que eventual incompetência em razão do lugar é de natureza relativa, podendo ser prorrogada, se não for alegada por meio da respectiva exceção.

O art. 781 do CPC de 2015 também dispõe que a execução fundada em título extrajudicial deve ser processada perante o juízo competente.

Art. 878. A execução será promovida pelas partes, permitida a execução de ofício pelo juiz ou pelo Presidente do Tribunal apenas nos casos em que as partes não estiverem representadas por advogado.

Parágrafo único. Revogado.

1. LEGITIMIDADE ATIVA

O art. 878 da CLT, com redação dada pela Lei 13.467/2017, dispõe que a execução deve ser promovida *pelas partes*, permitida a execução de ofício pelo juiz ou pelo Presidente do Tribunal apenas nos casos em que as partes não estiverem representadas por advogado. Nessa última hipótese, trata-se de permissão conferida ao juiz.

Quanto ao crédito previdenciário (relativo às contribuições previdenciárias), a execução de ofício pelo juiz é um dever (art. 876, parágrafo único, da CLT).

Na redação original, o art. 878 da CLT previa que a execução pode ser promovida *por qualquer interessado*, ou *ex officio* pelo próprio Juiz ou Presidente ou Tribunal competente.

Com a Lei 13.467/2017, execução trabalhista de ofício apenas pode ocorrer nas hipóteses em que as partes não estiverem representadas por advogado, isto é, quando estiverem exercendo o *jus postulandi* (art. 791 da CLT).

A partir da vigência da Lei 13.467/2017, a iniciativa do juiz na execução de que trata o art. 878 da CLT e no incidente de desconsideração da personalidade jurídica a que alude o art. 855-A da CLT fica limitada aos casos em que as partes não estiverem representadas por advogado (art. 13 da Instrução Normativa 41/2018 do TST).

A legitimidade ativa, segundo o mencionado art. 878 da CLT, é das partes.

O credor, em regra, é quem dá início à execução, figurando no polo ativo da relação processual, com o objetivo de receber o seu direito.

Na hipótese de execução fundada em título judicial, é legitimado ativo o autor da ação ajuizada, a qual deu origem à sentença condenatória.

Se o autor da ação de conhecimento é o Ministério Público do Trabalho, este detém legitimidade ativa para a execução de condenação dela decorrente (art. 778, § 1.º, inciso I, do CPC de 2015).

O art. 778 do CPC de 2015 dispõe que pode promover a execução forçada o credor a quem a lei confere título executivo. Podem promover a execução forçada ou nela prosseguir, em sucessão ao exequente originário:

I – o Ministério Público, nos casos previstos em lei;

II – o espólio, os herdeiros ou os sucessores do credor, sempre que, por morte deste, lhes for transmitido o direito resultante do título executivo;

III – o cessionário, quando o direito resultante do título executivo lhe foi transferido por ato entre vivos;

IV – o sub-rogado, nos casos de sub-rogação legal ou convencional.

A sucessão prevista acima independe de consentimento do executado. Logo, se o credor trabalhista, normalmente o trabalhador, falecer, o espólio ou os sucessores passam a ser legitimados ativos para dar início ou prosseguir na execução.

Cabe lembrar que, nos termos da Lei 6.858/1980, os valores devidos pelos empregadores aos empregados, e os montantes das contas individuais do Fundo de Garantia do Tempo de Serviço e do Fundo de Participação PIS-PASEP, não recebidos em vida pelos respectivos titulares, devem ser pagos, em quotas iguais, "aos dependentes habilitados perante a Previdência Social ou na forma da legislação específica dos servidores civis e militares, e, na sua falta, aos sucessores previstos na lei civil, indicados em alvará judicial, independentemente de inventário ou arrolamento" (art. 1.º). Nesse caso, as quotas atribuídas a menores devem ficar depositadas em caderneta de poupança, rendendo juros e correção monetária, e só devem ser disponibilizadas após o menor completar 18 anos, salvo autorização do juiz para aquisição de imóvel destinado à residência do menor e de sua família ou para dispêndio necessário à subsistência e educação do menor (art. 1.º, § 1.º, da Lei 6.858/1980).

Cabe salientar que o exequente pode cumular várias execuções, ainda que fundadas em títulos diferentes, quando o executado for o mesmo e desde que para todas elas seja competente o mesmo juízo e idêntico o procedimento (art. 780 do CPC de 2015).

Pode a execução fundar-se em mais de um título extrajudicial relativo ao mesmo negócio (Súmula 27 do STJ).

2. LEGITIMIDADE PASSIVA

A legitimidade passiva na execução, em regra, é do devedor.

O devedor responde com seu patrimônio na execução, e não mais de forma pessoal, como em tempos pretéritos. Como exceção, o que se admite é a prisão civil por dívida apenas "do responsável pelo inadimplemento voluntário e inescusável de obrigação alimentícia" (art. 5.º, inciso LXVII, da Constituição Federal de 1988 e Súmula Vinculante 25 do STF).

A esse respeito, o art. 789 do CPC estabelece que o "devedor responde com todos os seus bens presentes e futuros para o cumprimento de suas obrigações, salvo as restrições estabelecidas em lei".

Sendo assim, na execução, o devedor responde com os seus bens, mesmo que adquiridos no curso do processo de conhecimento ou mesmo da execução. Não obstante, certos bens são considerados, de acordo com a lei, impenhoráveis, não podendo ser objeto de constrição para a satisfação do crédito objeto da execução.

No caso de devedores solidários, como ocorre no grupo de empresas (art. 2.º, § 2.º, da CLT), que constem do título executivo, na execução, o credor tem o direito de exigir e receber de um ou de alguns dos devedores, parcial ou totalmente, a dívida comum. Se o pagamento tiver sido parcial, todos os demais devedores continuam obrigados solidariamente pelo resto (art. 275 do Código Civil de 2002). Não importa renúncia da solidariedade a propositura de ação pelo credor contra um ou alguns dos devedores (art. 275, parágrafo único, do Código Civil de 2002).

Anteriormente, a Súmula 205 do TST, atualmente cancelada, assim dispunha:

> Grupo econômico. Execução. Solidariedade (cancelada) – Res. 121/2003, *DJ* 19, 20 e 21.11.2003. O responsável solidário, integrante do grupo econômico, que não participou da relação processual como reclamado e que, portanto, não consta no título executivo judicial como devedor, não pode ser sujeito passivo na execução.

Mesmo com o cancelamento dessa Súmula, há entendimento de que a questão deve continuar sendo tratada da mesma forma. De acordo com esse pensamento, "não pode ser executada empresa pertencente ao grupo econômico que não participou da relação processual com trânsito em julgado"[262].

Conforme o art. 513, § 5.º, do CPC, o cumprimento da sentença (execução) não pode ser promovido em face do fiador, do coobrigado ou do corresponsável que não tiver participado da fase de conhecimento. Segundo o art. 506 do CPC, a sentença faz coisa julgada às partes entre as quais é dada, *não prejudicando terceiros*. Cf. STF, ARE 1.160.361/SP, Rel. Min. Gilmar Mendes, *DJe* 14.09.2021.

Entretanto, no caso de grupo de empresas, se presentes os requisitos legais, é possível defender a aplicação da desconsideração da personalidade jurídica, primeiramente alcançando o sócio da pessoa jurídica executada e, em seguida, por meio da chamada desconsideração "inversa", alcançar a outra pessoa jurídica, integrante do grupo, que tem o mesmo sócio comum. Nesse caso, a desconsideração da personalidade jurídica pode ocorrer, respeitando-se o contraditório e a ampla defesa, como incidente na própria execução (art. 855-A da CLT e arts. 133 a 137 do CPC).

Ademais, há hipóteses em que se observa a responsabilidade patrimonial de terceiros.

Nesse sentido, segundo o art. 790 do CPC de 2015, ficam sujeitos à execução os bens:

> I – do sucessor a título singular, tratando-se de execução fundada em direito real ou obrigação reipersecutória;
>
> II – do sócio, nos termos da lei;
>
> III – do devedor, ainda que em poder de terceiros;
>
> IV – do cônjuge ou companheiro, nos casos em que seus bens próprios ou de sua meação respondem pela dívida;
>
> V – alienados ou gravados com ônus real em fraude à execução;
>
> VI – cuja alienação ou gravação com ônus real tenha sido anulada em razão do reconhecimento, em ação própria, de fraude contra credores;
>
> VII – do responsável, nos casos de desconsideração da personalidade jurídica.

Ademais, o espólio responde pelas dívidas do falecido, mas, feita a partilha, cada herdeiro responde por elas dentro das forças da herança e na proporção da parte que lhe coube (art. 796 do CPC de 2015).

[262] MARTINS, Sergio Pinto. *Direito processual do trabalho*. 30. ed. São Paulo: Atlas, 2010. p. 743.

O art. 3.º, inciso XIII, da Instrução Normativa 39/2016 do TST prevê que se aplicam ao processo do trabalho, diante de omissão e de compatibilidade, os arts. 789 a 796 do CPC de 2015, sobre responsabilidade patrimonial.

Na hipótese de sucessão de empresas (arts. 10 e 448 da CLT), a execução pode ser direcionada em face do sucessor, mesmo porque aquela pode ser reconhecida na execução.

Ocorrendo a sucessão trabalhista, o sucessor responde pelos direitos trabalhistas do empregado, ainda que referentes a período anterior à sucessão, e mesmo que o contrato de trabalho tenha cessado anteriormente a ela.

Caracterizada a sucessão empresarial ou de empregadores prevista nos arts. 10 e 448 da Consolidação das Leis do Trabalho, as obrigações trabalhistas, inclusive as contraídas à época em que os empregados trabalhavam para a empresa sucedida, são de responsabilidade do sucessor (art. 448-A da CLT).

A empresa sucedida responde solidariamente com a sucessora quando ficar comprovada fraude na transferência (art. 448-A, parágrafo único, da CLT).

No caso de responsabilidade subsidiária do tomador de serviço (envolvendo terceirização, trabalho temporário, empreitada), para que a execução passe a se dirigir em face dele, há necessidade de que isso conste do título executivo judicial, em respeito ao contraditório e à coisa julgada.

Conforme o art. 10, § 7.º, da Lei 6.019/1974, acrescentado pela Lei 13.429/2017, a contratante (tomadora) é subsidiariamente responsável pelas obrigações trabalhistas referentes ao período em que ocorrer o trabalho temporário, e o recolhimento das contribuições previdenciárias deve observar o disposto no art. 31 da Lei 8.212/1991.

No caso de falência da empresa de trabalho temporário, a empresa tomadora ou cliente é solidariamente responsável pelo recolhimento das contribuições previdenciárias, no tocante ao tempo em que o trabalhador esteve sob suas ordens, assim como em referência ao mesmo período, pela remuneração e indenização previstas na Lei 6.019/1974 (art. 16).

Nos termos do art. 5.º-A, § 5.º, da Lei 6.019/1974, acrescentado pela Lei 13.429/2017, a empresa contratante (tomadora) é subsidiariamente responsável pelas obrigações trabalhistas referentes ao período em que ocorrer a prestação de serviços, e o recolhimento das contribuições previdenciárias observará o disposto no art. 31 da Lei 8.212/1991.

Entende-se que a "responsabilização subsidiária da tomadora dos serviços pressupõe a sua participação no processo judicial, bem como a sua inclusão no título executivo judicial" (STF, Pleno, ADPF 324/DF, Rel. Min. Roberto Barroso, *DJe* 06.09.2019). Cf. ainda STF, Pleno, RE 958.252/MG, Rel. Min. Luiz Fux, *DJe* 13.09.2019. Cf. comentários ao art. 455 da CLT.

Por ser a responsabilidade do tomador dos serviços subsidiária, a execução deve ser direcionada, primeiramente, contra o devedor principal, voltando-se àquele caso resulte infrutífera, mas sem a necessidade de se alcançar previamente os sócios do devedor principal. Desse modo, prevalece o entendimento de que a execução em face do responsável subsidiário deve respeitar o benefício de ordem em relação ao devedor principal, mas não quanto aos seus sócios (TST, 1.ª T., RR 99-62.2012.5.01.0012, Rel. Des. Conv. Marcelo Lamego Pertence, *DEJT* 05.08.2016).

Na hipótese de responsabilidade do sócio, cabe observar as previsões do art. 795 do CPC de 2015. Nesse sentido, os bens particulares dos sócios não respondem pelas dívidas da sociedade, senão nos casos previstos em lei (art. 795 do CPC de 2015). O sócio réu, quando responsável pelo pagamento da dívida da sociedade, tem o direito de exigir que primeiro sejam excutidos os bens da sociedade. Incumbe ao sócio que alegar o benefício mencionado nomear quantos bens da sociedade situados na mesma comarca, livres e desembargados, bastem para pagar o débito. O sócio que pagar a dívida poderá executar a sociedade nos autos do mesmo processo. Ressalte-se que, de acordo com o art. 795, § 4.º, do CPC de 2015, para a desconsideração da personalidade jurídica, é obrigatória a observância do incidente previsto no Código de Processo Civil (arts. 133 a 137).

Portanto, também é possível a chamada desconsideração da personalidade jurídica, alcançando bens dos sócios. Cf. art. 855-A da CLT.

3. REVOGAÇÃO DO PARÁGRAFO ÚNICO

O parágrafo único do art. 878 da CLT foi revogado pela Lei 13.467/2017.

A sua previsão era no sentido de que, quando se tratasse de decisão dos Tribunais Regionais do Trabalho, a execução poderia ser promovida pela Procuradoria do Trabalho.

Na realidade, pode promover a execução forçada o credor a quem a lei confere título executivo (art. 778 do CPC de 2015).

Desse modo, o Ministério Público, nos casos previstos em lei, pode promover a execução forçada (art. 778, § 1.º, inciso I, do CPC de 2015).

Exemplificando, se o autor da ação de conhecimento é o Ministério Público do Trabalho, este tem legitimidade ativa para a execução da decisão (cumprimento da sentença).

Além disso, nos casos de termos de ajuste de conduta que tenham sido firmados perante o Ministério Público do Trabalho, este tem legitimidade para a execução do título extrajudicial (art. 876 da CLT).

✦ Súmulas, Orientações Jurisprudenciais e Precedentes Normativos

Súmula Vinculante 25 do STF: É ilícita a prisão civil de depositário infiel, qualquer que seja a modalidade do depósito.

Súmula 27 do STJ: Pode a execução fundar-se em mais de um título extrajudicial relativo ao mesmo negócio.

✦ Referência legislativa

- Art. 836, par. ún., da CLT.

Art. 878-A. Faculta-se ao devedor o pagamento imediato da parte que entender devida à Previdência Social, sem prejuízo da cobrança de eventuais diferenças encontradas na execução *ex officio*.

É facultado ao devedor o pagamento imediato da parte das contribuições previdenciárias que entender devidas, sem prejuízo da execução de eventuais diferenças existentes.

Art. 879. Sendo ilíquida a sentença exequenda, ordenar-se-á, previamente, a sua liquidação, que poderá ser feita por cálculo, por arbitramento ou por artigos.

§ 1.º Na liquidação, não se poderá modificar, ou inovar, a sentença liquidanda nem discutir matéria pertinente à causa principal.

§ 1.º-A. A liquidação abrangerá, também, o cálculo das contribuições previdenciárias devidas.

§ 1.º-B. As partes deverão ser previamente intimadas para a apresentação do cálculo de liquidação, inclusive da contribuição previdenciária incidente.

§ 2.º Elaborada a conta e tornada líquida, o juízo deverá abrir às partes prazo comum de oito dias para impugnação fundamentada com a indicação dos itens e valores objeto da discordância, sob pena de preclusão.

§ 3.º Elaborada a conta pela parte ou pelos órgãos auxiliares da Justiça do Trabalho, o juiz procederá à intimação da União para manifestação, no prazo de 10 (dez) dias, sob pena de preclusão.

§ 4.º A atualização do crédito devido à Previdência Social observará os critérios estabelecidos na legislação previdenciária.

§ 5.º O Ministro de Estado da Fazenda poderá, mediante ato fundamentado, dispensar a manifestação da União quando o valor total das verbas que integram o salário de contribuição, na forma do art. 28 da Lei 8.212, de 24 de julho de 1991, ocasionar perda de escala decorrente da atuação do órgão jurídico.

§ 6.º Tratando-se de cálculos de liquidação complexos, o juiz poderá nomear perito para a elaboração e fixará, depois da conclusão do trabalho, o valor dos respectivos honorários com observância, entre outros, dos critérios de razoabilidade e proporcionalidade.

§ 7.º A atualização dos créditos decorrentes de condenação judicial será feita pela Taxa Referencial (TR), divulgada pelo Banco Central do Brasil, conforme a Lei n.º 8.177, de 1.º de março de 1991.

1. LIQUIDAÇÃO

A liquidação tem como objetivo estabelecer a quantia (*quantum*) da dívida, isto é, o valor devido (art. 509 do CPC de 2015).

Se o título executivo (sentença condenatória) não indicar o valor devido, faz-se necessária a prévia *liquidação*, pois a execução pressupõe o título, o qual deve conter obrigação *líquida*, certa e exigível.

Nos termos do art. 783 do CPC de 2015, a execução para cobrança de crédito se funda sempre em título de obrigação certa, líquida e exigível.

Portanto, se a obrigação contida na sentença não estiver liquidada, é necessária essa apuração prévia do valor devido.

A liquidação, assim, é fase que antecede a execução.

Nesse sentido, o art. 879, *caput*, da CLT, é expresso ao estabelecer que se a sentença exequenda for ilíquida, "ordenar-se-á, previamente, a sua liquidação".

Em termos mais precisos, a obrigação, contida na sentença, é que precisa se tornar líquida.

Entende-se que a sua natureza é essencialmente declaratória, pois a respectiva decisão apenas reconhece o valor que já era devido, objeto de condenação na sentença a ser executada.

A liquidação, inclusive no processo do trabalho, tem natureza jurídica de mero incidente processual ou fase que antecede a execução. Não se trata, portanto, de processo autônomo.

A liquidação apenas é aplicável na hipótese de título executivo judicial, por exemplo, quando a sentença não especificou o valor devido.

Em se tratando de título executivo extrajudicial, por natureza, este necessariamente deve conter uma obrigação líquida, embora seja admissível a mera atualização monetária e acréscimo de eventuais juros, o que não afeta a sua liquidez.

Segundo o art. 509, § 1.º, do CPC de 2015, quando "na sentença houver uma parte líquida e outra ilíquida, ao credor é lícito promover simultaneamente a execução daquela e, em autos apartados, a liquidação desta".

Se a sentença condenatória foi proferida, mas houver recurso pendente, sem efeito suspensivo (como é a regra no processo do trabalho), admite-se a execução provisória e, portanto, a liquidação da sentença.

Mesmo havendo recurso com efeito suspensivo, admite-se a liquidação da sentença, com fundamento no art. 512 do CPC de 2015, ao prever que a liquidação pode ser realizada "na pendência de recurso, processando-se em autos apartados no juízo de origem, cumprindo ao liquidante instruir o pedido com cópias das peças processuais pertinentes".

A liquidação, por anteceder a execução, pode ser requerida pela parte interessada, bem como pode ser determinada de ofício no processo do trabalho.

2. LIMITES ESTABELECIDOS NA SENTENÇA

Se a sentença já tiver transitado em julgado, na liquidação, deve-se ter o cuidado para que seja respeitada a coisa julgada material.

Mesmo em se tratando de execução provisória, a liquidação também deve observar os limites estabelecidos na sentença.

Nesse sentido, de acordo com o art. 879, § 1.º, da CLT, na liquidação, não se pode modificar ou inovar a sentença liquidanda, nem discutir matéria pertinente à causa principal.

Não obstante, cabe observar que, nos termos da Súmula 211 do TST, que os juros de mora e a correção monetária incluem-se na liquidação, ainda que omisso o pedido inicial ou a condenação. Quanto ao tema, esclarecem ainda as Súmulas 401 do TST e 453 do STJ.

Portanto, na liquidação é proibido "discutir de novo a lide ou modificar a sentença que a julgou" (art. 509, § 4.º, do CPC de 2015).

3. CONTA DE LIQUIDAÇÃO E DECISÃO DE LIQUIDAÇÃO

Deve-se esclarecer que a conta de liquidação não se confunde com a decisão de liquidação.

A conta é apresentada pelas partes, por perito contábil ou por órgão da Justiça do Trabalho (art. 879, §§ 3.º e 6.º, da CLT).

O art. 879, § 2.º, da CLT, com redação dada pela Lei 13.467/2017, prevê que, elaborada a conta e tornada líquida, o juízo *deve* abrir às partes prazo comum de oito dias para impugnação fundamentada com a indicação dos itens e valores objeto da discordância, sob pena de preclusão.

A redação anterior do art. 879, § 2.º, da CLT, decorrente da Lei 8.432/1992, previa que, elaborada a conta e tornada líquida, o Juiz poderia abrir às partes prazo sucessivo de 10 dias para impugnação fundamentada com a indicação dos itens e valores objeto da discordância, sob pena de preclusão.

Logo, a vista às partes da conta de liquidação deixa de ser uma faculdade do juízo, que passa a ter o dever de abrir às partes prazo comum de oito dias.

A *decisão de liquidação*, por sua vez, pode ser impugnada pelas partes, quando dos embargos à execução (art. 884, §§ 3.º e 4.º, da CLT).

4. IMPUGNAÇÃO À DECISÃO DE LIQUIDAÇÃO PELO EXECUTADO

A impugnação à decisão de liquidação pelo executado, de acordo com a sistemática da CLT, é apresentada quando dos embargos à execução, isto é, com estes.

Nesse sentido, o art. 884, § 3.º, da CLT prevê que somente nos embargos à penhora pode o executado impugnar a sentença de liquidação, cabendo ao exequente igual direito e no mesmo prazo.

Admite-se, ainda, a impugnação à decisão de liquidação pelo exequente e pela União, no mesmo prazo dos embargos à execução. Isso é confirmado pelo art. 884, § 4.º, da CLT, ao prever que serão julgados na mesma sentença os embargos e as impugnações à liquidação apresentadas pelos credores trabalhista e previdenciário.

A liquidação também deve abranger o cálculo das contribuições previdenciárias devidas (art. 879, § 1.º-A, da CLT).

De acordo com o art. 879, § 1.º-B, da CLT, as partes devem ser previamente intimadas para a apresentação do cálculo de liquidação, inclusive da contribuição previdenciária incidente.

O art. 879, § 2.º, da CLT, com redação dada pela Lei 13.467/2017, prevê que, elaborada a conta e tornada líquida, o juízo *deve* abrir às partes prazo comum de oito dias para impugnação fundamentada com a indicação dos itens e valores objeto da discordância, sob pena de preclusão. Logo, a vista às partes da conta de liquidação passou a ser um dever do juízo.

Assim que elaborada a conta pela parte ou pelos órgãos auxiliares da Justiça do Trabalho, o juiz deve proceder à intimação da União para manifestação, no prazo de 10 dias, sob pena de preclusão (art. 879, § 3.º, da CLT).

O art. 879, § 5.º, da CLT, incluído pela Lei 11.457/2007, dispõe que o Ministro de Estado da Fazenda pode, mediante ato fundamentado, dispensar a manifestação da União quando o valor total das verbas que integram o salário de contribuição, na forma do art. 28 da Lei 8.212, de 24 de julho de 1991, ocasionar perda de escala decorrente da atuação do órgão jurídico.

5. MODALIDADES DE LIQUIDAÇÃO

A liquidação no processo do trabalho pode ser feita por cálculo, por arbitramento ou por artigos (art. 879, *caput*, da CLT).

A *liquidação por cálculos* envolve operações aritméticas, sendo a mais frequente no processo do trabalho.

A rigor, em termos mais precisos, não são apenas as obrigações que possuem a completa especificação do *quantum* devido, sem necessidade de qualquer conta aritmética, que se definem como líquidas. As obrigações em que todos os elementos são expressos e conhecidos, *podendo* ser apurado o valor monetário efetivo *por simples* cálculos aritméticos, também são consideradas, em termos conceituais, líquidas.

Nesse enfoque, a sentença que apenas dependa de simples cálculos matemáticos não necessitaria, em termos técnicos, ser liquidada. Na realidade, segundo a doutrina, a chamada "liquidação" por cálculos não seria liquidação propriamente, mas simples expressão em números da obrigação que já está totalmente determinada quanto a seu objeto, sendo, portanto, líquida.

Os cálculos podem ser elaborados pelo contador do juízo, isto é, pelos "órgãos auxiliares da Justiça do Trabalho", como prevê o art. 879, § 3.º, da CLT.

Os cálculos de liquidação também podem ser elaborados por perito contábil, nomeado pelo juiz.

Essa prática, que já era adotada no processo do trabalho, foi expressamente reconhecida no art. 879, § 6.º, da CLT, acrescentado pela Lei 12.405/2011.

Ademais, os cálculos podem ser apresentados pela parte, segundo prevê o art. 879, § 3.º, da CLT, com redação dada pela Lei 11.457/2007. Isso é confirmado pelo art. 879, § 1.º-B, da CLT.

Logo, a conta de liquidação pode ser elaborada "pela parte ou pelos órgãos auxiliares da Justiça do Trabalho" (art. 879, § 3.º, da CLT) ou, ainda, pelo perito nomeado pelo juiz (art. 879, § 6.º, da CLT).

Na prática de muitas Varas do Trabalho, adota-se a apresentação de cálculos pelo próprio exequente, o que, de certa forma, tem fundamento no art. 879, § 3.º, da CLT.

O art. 879, § 2.º, da CLT prevê que, elaborada a conta e tornada líquida, o juízo deve abrir às partes prazo comum de oito dias para impugnação *fundamentada* com a indicação dos itens e valores objeto da discordância, sob pena de preclusão.

Apesar dessa previsão de preclusão, não se admite ofensa à coisa julgada, por se tratar de matéria de ordem pública, a qual o juiz deve até mesmo conhecer de ofício. Sendo assim, se a conta de liquidação violar a coisa julgada, mesmo a parte que não tiver se manifestado no momento oportuno pode alegar a matéria, por meio de simples petição.

Se parte tiver apresentado, no prazo legal, impugnação fundamentada da conta de liquidação com a indicação dos itens e valores objeto da discordância, afasta-se a preclusão. Com isso, a parte que não concordar com a decisão de liquidação que o juiz proferir, e tiver se manifestado anteriormente quanto aos cálculos, nos termos do art. 884, § 4.º, da CLT, pode renovar a alegação no momento dos embargos à execução e impugnação à decisão de liquidação.

Cabe salientar que o agravo de petição somente é cabível contra a sentença de embargos à execução e de impugnação à liquidação (art. 884, § 4.º, da CLT), e não da decisão de liquidação. Esta, na realidade, tem natureza interlocutória, pois apenas decide a questão incidental, relativa à liquidação. Portanto, não é cabível recurso imediato contra a decisão (interlocutória) de liquidação (art. 893, § 1.º, da CLT), mas a matéria pode ser impugnada quando do recurso contra a sentença definitiva, por meio de agravo de petição (art. 897, "a", da CLT).

A *liquidação por arbitramento*, por sua vez, ocorre quando há necessidade de conhecimento especializado de perito.

O art. 509, inciso I, do CPC de 2015 estabelece que a liquidação por arbitramento deve ser feita quando determinado pela sentença, convencionado pelas partes ou exigido pela natureza do objeto da liquidação.

Na liquidação por arbitramento, o juiz deve intimar as partes para a apresentação de pareceres ou documentos elucidativos, no prazo que fixar. Caso não possa decidir de plano, deve nomear perito, observando-se, no que couber, o procedimento da prova pericial (art. 510 do CPC de 2015).

A *liquidação por artigos* é aplicada quando há "fatos novos" para *quantificar* o valor da condenação.

O art. 509, inciso II, do CPC de 2015 prevê que a liquidação deve ser feita "pelo procedimento comum, quando houver necessidade de alegar e provar fato novo".

Frise-se que fatos novos, no caso, não são aqueles posteriores à sentença condenatória, mas sim fatos que a sentença não pôde precisar, pois ausentes elementos nos autos.

Discute-se, ainda, a respeito das consequências de artigos não provados. Embora haja entendimento que defenda a possibilidade de nova liquidação, o mais adequado é entender pelo cabimento de recurso contra essa decisão, no caso, o agravo de petição (art. 897, "a", da CLT).

6. LIQUIDAÇÃO DAS CONTRIBUIÇÕES PREVIDENCIÁRIAS

Além da liquidação relativa ao crédito de natureza trabalhista ou principal, também devem ser apurados os valores devidos relativos às contribuições previdenciárias, a serem executadas pela Justiça do Trabalho, decorrentes da sentença proferida (art. 114, inciso VIII, da Constituição da República).

A liquidação, no caso, deve ser feita por meio de cálculos.

Nos termos do art. 879, § 1.º-A, a liquidação também deve abranger "o cálculo das contribuições previdenciárias devidas".

Os cálculos de liquidação podem ser apresentados pelas partes, pelos órgãos auxiliares da Justiça do Trabalho ou pelo perito nomeado pelo juiz (art. 879, §§ 1.º-B, 3.º e 6.º, da CLT), devendo sempre incluir as contribuições previdenciárias devidas.

A atualização do crédito devido à Previdência Social deve observar os critérios próprios, estabelecidos na legislação previdenciária.

Especificamente quanto ao cálculo das contribuições previdenciárias, o art. 879, § 3.º, com redação dada pela Lei 11.457/2007, prevê que uma vez elaborada a conta (pela parte ou pelos órgãos auxiliares da Justiça do Trabalho, ou, ainda, pelo perito nomeado), o juiz deve proceder à intimação da União para manifestação, no prazo de 10dias, sob pena de preclusão.

Após esse prazo, com ou sem a apresentação de manifestação pela União, o juiz profere a decisão de liquidação, com natureza interlocutória.

Se houver a manifestação da União quanto ao cálculo das contribuições previdenciárias, com a discussão da questão, afasta-se a preclusão. Com isso, a União pode renovar a discussão na impugnação à decisão de liquidação, no momento processual dos embargos à execução (art. 884, § 3.º, da CLT).

O prazo da impugnação à decisão de liquidação apresentada pela União é o mesmo prazo dos embargos do executado, ou seja, de 30 dias, nos termos do art. 884, *caput*, da CLT, c/c o art. 1.º-B da Lei 9.494/1997, acrescentado pelo art. 4.º da Medida Provisória 2.180-35/2001.

Da sentença proferida pelo juiz, julgando os embargos à execução e as impugnações à decisão de liquidação, é cabível o agravo de petição (art. 897, "a", da CLT).

Nesse sentido, segundo o art. 884, § 4.º, da CLT: "Julgar-se-ão na mesma sentença os embargos e as impugnações à liquidação apresentadas pelos credores trabalhista e previdenciário".

7. PRECLUSÃO

A preclusão significa a extinção da faculdade da parte de praticar o ato processual, em razão da inobservância do prazo assim previsto, ou por já ter sido praticado o ato de outro modo, ou ainda em razão de se ter praticado ato processual anteriormente, incompatível com ato posterior.

A respeito do tema, de acordo com o art. 507 do CPC de 2015, "é vedado à parte discutir no curso do processo as questões já decididas a cujo respeito se operou a preclusão".

Ademais, consoante o art. 278 do CPC de 2015, "a nulidade dos atos deve ser alegada na primeira oportunidade em que couber à parte falar nos autos, sob pena de preclusão". Entretanto, não se aplica essa disposição às nulidades que o juiz deva decretar de ofício (ou seja, nulidades absolutas), nem prevalece a preclusão provando a parte "legítimo impedimento".

O art. 879, § 2.º, da CLT, como já destacado, prevê que, elaborada a conta e tornada líquida, o juízo deve abrir às partes prazo comum de oito dias para impugnação *fundamentada* com a indicação dos itens e valores objeto da discordância, sob pena de preclusão.

Apesar dessa previsão de preclusão, não se admite ofensa à coisa julgada, por se tratar de matéria de ordem pública, a qual o juiz deve até mesmo conhecer de ofício. Sendo assim, se a conta de liquidação violar a coisa julgada, mesmo a parte que não tiver se manifestado no momento oportuno pode alegar a matéria, por meio de simples petição.

Se a parte tiver apresentado, no prazo legal, impugnação fundamentada da conta de liquidação com a indicação dos itens e valores objeto da discordância, afasta-se a preclusão. Com isso, a parte que não concordar com a decisão de liquidação que o juiz proferir, e tiver se manifestado anteriormente quanto aos cálculos, nos termos do art. 884, § 4.º, da CLT, pode renovar a alegação no momento dos embargos à execução e impugnação à decisão de liquidação.

Tendo em vista o conceito de preclusão, acima indicado, esta pode ser classificada em três espécies, quais sejam, temporal, lógica e consumativa.

A preclusão temporal é a perda da faculdade de praticar o ato processual, por não ter sido observado o prazo estabelecido para tanto.

A preclusão lógica ocorre quando já foi praticado ato processual anterior, o qual é, em termos lógicos, incompatível com o ato praticado posteriormente.

A preclusão consumativa se verifica quando o ato processual já foi praticado, ou seja, consumado, não sendo admitida a sua nova prática, ainda que por forma diversa da anterior.

Exemplificando, se a parte interpôs o recurso de forma principal, não se admite que, posteriormente, interponha o mesmo recurso, de forma adesiva, pois o ato processual em questão já foi praticado, ou seja, consumado.

8. ATUALIZAÇÃO MONETÁRIA

O art. 879, § 7.º, da CLT, acrescentado pela Lei 13.467/2017, prevê que a atualização dos créditos decorrentes de condenação judicial deve ser feita pela Taxa Referencial (TR), divulgada pelo Banco Central do Brasil, conforme a Lei 8.177/1991.

O art. 39, *caput*, da Lei 8.177/1991 prevê que os "débitos trabalhistas de qualquer natureza, quando não satisfeitos pelo empregador nas épocas próprias assim definidas em lei, acordo ou convenção coletiva, sentença normativa ou cláusula contratual sofrerão juros de mora equivalentes à TRD acumulada no período compreendido entre a data de vencimento da obrigação e o seu efetivo pagamento".

Anteriormente, entendia-se que o dispositivo em questão dispõe sobre correção monetária, e não juros propriamente.

Os juros são disciplinados no art. 39, § 1.º, da Lei 8.177/1991, ao prescrever que aos "débitos trabalhistas constantes de condenação pela Justiça do Trabalho ou decorrentes dos acordos feitos em reclamatória trabalhista, quando não cumpridos nas condições homologadas ou constantes do termo de conciliação, serão acrescidos, nos juros de mora previstos no *caput*, juros de um por cento ao mês, contados do ajuizamento da reclamatória e aplicados *pro rata die*, ainda que não explicitados na sentença ou no termo de conciliação".

O art. 15 da Lei 10.192/2001 estabelece que permanecem "em vigor as disposições legais relativas à correção monetária de débitos trabalhistas, de débitos resultantes de decisão judicial, de débitos relativos a ressarcimento em virtude de inadimplemento de obrigações contratuais e do passivo de empresas e instituições sob os regimes de concordata, falência, intervenção e liquidação extrajudicial".

A respeito do tema, cf. a Orientação Jurisprudencial 300 da SBDI-I do TST.

A TRD (Taxa Referencial Diária) foi extinta pela Lei 8.660/1993 (art. 2.º). Com isso, os débitos trabalhistas passaram a ser corrigidos monetariamente pelo índice da TR (Taxa Referencial), previsto no art. 1.º da Lei 8.660/1993, que é aplicado aos depósitos de poupança (art. 7.º da Lei 8.660/1993).

O Tribunal Superior do Trabalho, em arguição de inconstitucionalidade, decidiu que os créditos trabalhistas devem ser atualizados com base na variação do Índice de Preços ao Consumidor Amplo Especial (IPCA-E) do Instituto Brasileiro de Geografia e Estatística (IBGE). Decidiu-se ser inconstitucional a expressão "equivalentes à TRD", prevista no art. 39, *caput*, da Lei 8.177/1991, dando interpretação conforme a Constituição para o restante do dispositivo, com o objetivo de assegurar o direito à atualização monetária dos créditos trabalhistas (TST, Pleno, ArgInc 479-60.2011.5.04.0231, Rel. Min. Cláudio Mascarenhas Brandão, *DEJT* 14.08.2015).

De acordo com o art. 879, § 7.º, da CLT, incluído pela Lei 13.467/2017, a atualização dos créditos decorrentes de condenação judicial deve ser feita pela Taxa Referencial (TR), divulgada pelo Banco Central do Brasil, conforme a Lei 8.177/1991.

Essa previsão decorrente da Lei 13.467/2017 foi objeto de ações de controle concentrado de constitucionalidade (STF, ADC 58/DF, ADC 59/DF, ADI 5.867/DF e ADI 6.021/DF)[263].

O Supremo Tribunal Federal conferiu interpretação conforme à Constituição ao art. 879, § 7.º, e ao art. 899, § 4.º, da CLT, na redação dada pela Lei 13.467/2017, definindo-se que, até que sobrevenha solução legislativa, devem ser aplicados à atualização dos créditos decorrentes de condenação judicial e à correção dos depósitos recursais em contas judiciais na Justiça do

[263] "Ações diretas de inconstitucionalidade e ações declaratórias de constitucionalidade. 2. Art. 879, § 7.º, e art. 899, § 4.º, da CLT, na redação dada pela Lei 13.467, de 2017. Art. 39, *caput* e § 1.º, da Lei 8.177 de 1991. 3. Constitucionalidade dos índices de correção dos depósitos recursais e dos débitos trabalhistas na justiça do trabalho. 4. Política de correção monetária e tabelamento de juros. Institucionalização da Taxa Referencial – TR como política de desindexação da economia. Combate histórico a processos inflacionários. Risco de constitucionalização de normas financeiras e do sistema monetário nacional. 5. TR como índice de correção monetária. Inconstitucionalidade. Precedentes do STF. 6. Apelo ao legislador. Aplicação, até que sobrevenha solução legislativa, dos mesmos índices de correção monetária e de juros vigentes para as hipóteses de condenações cíveis em geral: IPCA-E na fase pré-judicial e SELIC a partir da citação. 7. Ações diretas de inconstitucionalidade e ações declaratórias de constitucionalidade julgadas parcialmente procedentes, para conferir interpretação conforme à Constituição ao art. 879, § 7.º, e ao art. 899, § 4.º, da CLT, na redação dada pela Lei 13.467, de 2017. 8. Modulação de efeitos" (STF, Pleno, ADI 5.867/DF, Rel. Min. Gilmar Mendes, *DJe* 07.04.2021). Foram parcialmente acolhidos embargos de declaração para sanar erro material, de modo a estabelecer "a incidência do IPCA-E na fase pré-judicial e, a partir do ajuizamento da ação, a incidência da taxa SELIC (art. 406 do Código Civil)" (STF, Pleno, ED-ADI 5.867/DF, Rel. Min. Gilmar Mendes, j. 25.10.2021, *DJe* 09.12.2021).

Trabalho os mesmos índices de correção monetária e de juros vigentes para as hipóteses de condenações cíveis em geral (art. 406 do Código Civil), à exceção das dívidas da Fazenda Pública que possui regramento específico (art. 1.º-F da Lei 9.494/1997, com a redação dada pela Lei 11.960/2009), com a interpretação conferida pelo STF na ADI 4.357, ADI 4.425, ADI 5.348 e no RE 870.947-RG (tema 810). Sendo assim, em relação à fase extrajudicial, ou seja, a que antecede o ajuizamento das ações trabalhistas, deve ser utilizado como indexador o IPCA-E acumulado no período de janeiro a dezembro de 2000. A partir de janeiro de 2001, deve ser utilizado o IPCA-E mensal (IPCA-15/IBGE), em razão da extinção da UFIR como indexador, nos termos do art. 29, § 3.º, da Medida Provisória 1.973-67/2000. Além da indexação, devem ser aplicados os juros legais (art. 39, *caput*, da Lei 8.177/1991). Em relação à fase judicial (a partir do ajuizamento da ação), a atualização dos débitos judiciais deve ser efetuada pela taxa referencial do Sistema Especial de Liquidação e Custódia (SELIC), considerando que ela incide como juros moratórios dos tributos federais (art. 13 da Lei 9.065/1995, art. 84 da Lei 8.981/1995, art. 39, § 4.º, da Lei 9.250/1995, art. 61, § 3.º, da Lei 9.430/1996 e art. 30 da Lei 10.522/2002). A incidência de juros moratórios com base na variação da taxa SELIC não pode ser cumulada com a aplicação de outros índices de atualização monetária, cumulação que representaria *bis in idem* (STF, Pleno, ADC 58/DF, Rel. Min. Gilmar Mendes, *DJe* 07.04.2021)[264].

---

264 "Direito Constitucional. Direito do Trabalho. Ações diretas de inconstitucionalidade e ações declaratórias de constitucionalidade. Índices de correção dos depósitos recursais e dos débitos judiciais na Justiça do Trabalho. Art. 879, § 7.º, e art. 899, § 4.º, da CLT, na redação dada pela Lei 13.467, de 2017. Art. 39, *caput* e § 1.º, da Lei 8.177 de 1991. Política de correção monetária e tabelamento de juros. Institucionalização da Taxa Referencial (TR) como política de desindexação da economia. TR como índice de correção monetária. Inconstitucionalidade. Precedentes do STF. Apelo ao legislador. Ações diretas de inconstitucionalidade e ações declaratórias de constitucionalidade julgadas parcialmente procedentes, para conferir interpretação conforme à Constituição ao art. 879, § 7.º, e ao art. 899, § 4.º, da CLT, na redação dada pela Lei 13.467, de 2017. Modulação de efeitos. 1. A exigência quanto à configuração de controvérsia judicial ou de controvérsia jurídica para conhecimento das Ações Declaratórias de Constitucionalidade (ADC) associa-se não só à ameaça ao princípio da presunção de constitucionalidade – esta independe de um número quantitativamente relevante de decisões de um e de outro lado –, mas também, e sobretudo, à invalidação prévia de uma decisão tomada por segmentos expressivos do modelo representativo. 2. O Supremo Tribunal Federal declarou a inconstitucionalidade do art. 1.º-F da Lei 9.494/1997, com a redação dada pela Lei 11.960/2009, decidindo que a TR seria insuficiente para a atualização monetária das dívidas do Poder Público, pois sua utilização violaria o direito de propriedade. Em relação aos débitos de natureza tributária, a quantificação dos juros moratórios segundo o índice de remuneração da caderneta de poupança foi reputada ofensiva à isonomia, pela discriminação em detrimento da parte processual privada (ADI 4.357, ADI 4.425, ADI 5.348 e RE 870.947-RG – tema 810). 3. A indevida utilização do IPCA-E pela jurisprudência do Tribunal Superior do Trabalho (TST) tornou-se confusa ao ponto de se imaginar que, diante da inaplicabilidade da TR, o uso daquele índice seria a única consequência possível. A solução da Corte Superior Trabalhista, todavia, lastreia-se em uma indevida equiparação da natureza do crédito trabalhista com o crédito assumido em face da Fazenda Pública, o qual está submetido a regime jurídico próprio da Lei 9.494/1997, com as alterações promovidas pela Lei 11.960/2009. 4. A aplicação da TR na Justiça do Trabalho demanda análise específica, a partir das normas em vigor para a relação trabalhista. A partir da análise das repercussões econômicas da aplicação da lei, verifica-se que a TR se mostra inadequada, pelo menos no contexto da Consolidação das Leis Trabalhistas (CLT), como índice de atualização dos débitos trabalhistas. 5. Confere-se interpretação conforme à Constituição ao art. 879, § 7.º, e ao art. 899, § 4.º, da CLT, na redação dada pela Lei 13.467, de 2017, definindo-se que, até que sobrevenha solução legislativa, deverão ser aplicados à atualização dos créditos decorrentes de condenação judicial e à correção dos depósitos recursais em contas judiciais na Justiça do Trabalho os mesmos índices de correção monetária e de juros vigentes para as hipóteses de condenações cíveis em geral (art. 406 do Código Civil), à exceção das dívidas da Fazenda Pública que possui regramento específico (art. 1.º-F da Lei 9.494/1997, com a redação dada pela Lei 11.960/2009), com a exegese conferida por esta Corte na ADI 4.357, ADI 4.425, ADI 5.348 e no RE 870.947-RG (tema 810). 6. Em relação à fase

Registre-se que antes do ajuizamento da ação trabalhista, em que se decidiu pela aplicação do IPCA-E, o art. 883 da CLT não estabelece a incidência de juros. No entanto, o Supremo Tribunal Federal decidiu que "em relação à fase extrajudicial, ou seja, a que antecede o ajuizamento das ações trabalhistas", "além da indexação [IPCA-E], serão aplicados os juros legais (art. 39, *caput*, da Lei 8.177, de 1991)" (STF, Pleno, ADC 58/DF, Rel. Min. Gilmar Mendes, *DJe* 07.04.2021)[265]. O art. 39, *caput*, da Lei 8.177/1991 prevê "juros de mora equivalentes à TRD acumulada no período compreendido entre a data de vencimento da obrigação e o seu efetivo pagamento".

---

extrajudicial, ou seja, a que antecede o ajuizamento das ações trabalhistas, deverá ser utilizado como indexador o IPCA-E acumulado no período de janeiro a dezembro de 2000. A partir de janeiro de 2001, deverá ser utilizado o IPCA-E mensal (IPCA-15/IBGE), em razão da extinção da UFIR como indexador, nos termos do art. 29, § 3.º, da MP 1.973-67/2000. Além da indexação, serão aplicados os juros legais (art. 39, *caput*, da Lei 8.177, de 1991). 7. Em relação à fase judicial, a atualização dos débitos judiciais deve ser efetuada pela taxa referencial do Sistema Especial de Liquidação e Custódia – SELIC, considerando que ela incide como juros moratórios dos tributos federais (arts. 13 da Lei 9.065/95; 84 da Lei 8.981/95; 39, § 4.º, da Lei 9.250/95; 61, § 3.º, da Lei 9.430/96; e 30 da Lei 10.522/02). A incidência de juros moratórios com base na variação da taxa SELIC não pode ser cumulada com a aplicação de outros índices de atualização monetária, cumulação que representaria *bis in idem*. 8. A fim de garantir segurança jurídica e isonomia na aplicação do novo entendimento, fixam-se os seguintes marcos para modulação dos efeitos da decisão: (i) são reputados válidos e não ensejarão qualquer rediscussão, em ação em curso ou em nova demanda, incluindo ação rescisória, todos os pagamentos realizados utilizando a TR (IPCA-E ou qualquer outro índice), no tempo e modo oportunos (de forma extrajudicial ou judicial, inclusive depósitos judiciais) e os juros de mora de 1% ao mês, assim como devem ser mantidas e executadas as sentenças transitadas em julgado que expressamente adotaram, na sua fundamentação ou no dispositivo, a TR (ou o IPCA-E) e os juros de mora de 1% ao mês; (ii) os processos em curso que estejam sobrestados na fase de conhecimento, independentemente de estarem com ou sem sentença, inclusive na fase recursal, devem ter aplicação, de forma retroativa, da taxa Selic (juros e correção monetária), sob pena de alegação futura de inexigibilidade de título judicial fundado em interpretação contrária ao posicionamento do STF (art. 525, §§ 12 e 14, ou art. 535, §§ 5.º e 7.º, do CPC. 9. Os parâmetros fixados neste julgamento aplicam-se aos processos, ainda que transitados em julgado, em que a sentença não tenha consignado manifestação expressa quanto aos índices de correção monetária e taxa de juros (omissão expressa ou simples consideração de seguir os critérios legais). 10. Ação Declaratória de Constitucionalidade e Ações Diretas de Inconstitucionalidade julgadas parcialmente procedentes" (STF, Pleno, ADC 58/DF, Rel. Min. Gilmar Mendes, *DJe* 07.04.2021).

265 "Desse modo, fica estabelecido que, em relação à fase extrajudicial, ou seja, a que antecede o ajuizamento das ações trabalhistas, deverá ser utilizado como indexador o IPCA-E acumulado no período de janeiro a dezembro de 2000. A partir de janeiro de 2001, deverá ser utilizado o IPCA-E mensal (IPCA-15/IBGE), em razão da extinção da UFIR como indexador, nos termos do art. 29, § 3.º, da MP 1.973-67/2000. Ainda quanto à fase extrajudicial, salienta-se que, além da indexação, devem ser aplicados os juros legais definidos no art. 39, *caput*, da Lei 8.177, de 1991, ou seja, a TRD acumulada no período compreendido entre a data de vencimento da obrigação e o seu efetivo pagamento. Note-se que a discussão em torno do referido dispositivo dizia respeito à sua aplicação analógica como disciplinadora da correção monetária, à míngua de dispositivo legal específico trabalhista antes do art. 879, § 7.º, da CLT. Por outro lado, diante da clareza vocabular do art. 39, *caput*, da Lei 8.177/91, não há como afastar sua aplicação, louvando-se na menção aos juros no art. 883 da CLT, na medida em que este último dispositivo consolidado refere-se exclusivamente à fase processual, sem definir índice ou percentual dos juros, até porque o objeto do comando é a penhora como fase da execução. Em relação à fase judicial, a atualização dos débitos judiciais deve ser efetuada pela taxa referencial do Sistema Especial de Liquidação e Custódia – SELIC, considerando que ela incide como juros moratórios dos tributos federais (arts. 13 da Lei 9.065/95; 84 da Lei 8.981/95; 39, § 4.º, da Lei 9.250/95; 61, § 3.º, da Lei 9.430/96; e 30 da Lei 10.522/02). A incidência de juros moratórios com base na variação da taxa SELIC não pode ser cumulada com a aplicação de outros índices de atualização monetária, cumulação que representaria *bis in idem*" (STF, Pleno, ADC 58/DF, Rel. Min. Gilmar Mendes, j. 18.12.2020, *DJe* 07.04.2021, voto do Relator).

Sendo assim, quanto aos créditos trabalhistas, na fase extrajudicial (antes do ajuizamento da ação), a correção monetária deve ser calculada de acordo com o IPCA-E, e os juros de mora devem ser calculados de acordo com a TR (Taxa Referencial). Na fase judicial (a partir do ajuizamento da ação), a atualização dos créditos trabalhistas deve ser feita pela SELIC, a qual engloba juros moratórios e correção monetária, ficando vedada a cumulação com outros índices.

A fim de garantir segurança jurídica e isonomia na aplicação do novo entendimento, o Supremo Tribunal Federal fixou os seguintes marcos para modulação dos efeitos da decisão: (i) são reputados válidos e não ensejarão qualquer rediscussão, em ação em curso ou em nova demanda, incluindo ação rescisória, todos os pagamentos realizados utilizando a TR (IPCA-E ou qualquer outro índice), no tempo e modo oportunos (de forma extrajudicial ou judicial, inclusive depósitos judiciais) e os juros de mora de 1% ao mês, assim como devem ser mantidas e executadas as sentenças transitadas em julgado que expressamente adotaram, na sua fundamentação ou no dispositivo, a TR (ou o IPCA-E) e os juros de mora de 1% ao mês; (ii) os processos em curso que estejam sobrestados na fase de conhecimento, independentemente de estarem com ou sem sentença, inclusive na fase recursal, devem ter aplicação, de forma retroativa, da taxa SELIC (juros e correção monetária), sob pena de alegação futura de inexigibilidade de título judicial fundado em interpretação contrária ao posicionamento do STF (art. 525, §§ 12 e 14, ou art. 535, §§ 5.º e 7.º, do CPC. Os parâmetros fixados nesse julgamento do STF aplicam-se aos processos, ainda que transitados em julgado, em que a sentença não tenha consignado manifestação expressa quanto aos índices de correção monetária e taxa de juros (omissão expressa ou simples consideração de seguir os critérios legais) (STF, Pleno, ADC 58/DF, Rel. Min. Gilmar Mendes, *DJe* 07.04.2021)[266].

A mencionada decisão é passível de crítica, pois as referidas ações de controle abstrato de constitucionalidade tinham como objeto a incidência da Taxa Referencial (TR) para a *atualização* dos créditos decorrentes de condenação na Justiça do Trabalho, conforme previsão da Lei 13.467/2017, e não tratavam de juros propriamente. Ao estabelecer a aplicação da SELIC a

266 O Supremo Tribunal Federal reafirmou a jurisprudência dominante sobre a matéria e fixou a seguinte tese de repercussão geral: "I - É inconstitucional a utilização da Taxa Referencial (TR) como índice de atualização dos débitos trabalhistas, devendo ser aplicados, até que sobrevenha solução legislativa, os mesmos índices de correção monetária e de juros vigentes para as condenações cíveis em geral, quais sejam a incidência do IPCA-E na fase pré-judicial e, a partir do ajuizamento da ação, a incidência da taxa Selic (art. 406 do Código Civil), à exceção das dívidas da Fazenda Pública, que possuem regramento específico. A incidência de juros moratórios com base na variação da taxa Selic não pode ser cumulada com a aplicação de outros índices de atualização monetária, cumulação que representaria *bis in idem*. II - A fim de garantir segurança jurídica e isonomia na aplicação desta tese, devem ser observados os marcos para modulação dos efeitos da decisão fixados no julgamento conjunto da ADI 5.867, ADI 6.021, ADC 58 e ADC 59, como segue: (i) são reputados válidos e não ensejarão qualquer rediscussão, em ação em curso ou em nova demanda, incluindo ação rescisória, todos os pagamentos realizados utilizando a TR (IPCA-E ou qualquer outro índice), no tempo e modo oportunos (de forma extrajudicial ou judicial, inclusive depósitos judiciais) e os juros de mora de 1% ao mês, assim como devem ser mantidas e executadas as sentenças transitadas em julgado que expressamente adotaram, na sua fundamentação ou no dispositivo, a TR (ou o IPCA-E) e os juros de mora de 1% ao mês; (ii) os processos em curso que estejam sobrestados na fase de conhecimento, independentemente de estarem com ou sem sentença, inclusive na fase recursal, devem ter aplicação, de forma retroativa, da taxa Selic (juros e correção monetária), sob pena de alegação futura de inexigibilidade de título judicial fundado em interpretação contrária ao posicionamento do STF (art. 525, §§ 12 e 14, ou art. 535, §§ 5.º e 7.º, do CPC); e (iii) os parâmetros fixados neste julgamento aplicam-se aos processos, ainda que transitados em julgado, em que a sentença não tenha consignado manifestação expressa quanto aos índices de correção monetária e taxa de juros (omissão expressa ou simples consideração de seguir os critérios legais)" (STF, Pleno, RG-RE 1.269.353/DF, Rel. Min. Luiz Fux, j. 17.12.2021).

partir da citação, foi excluída a incidência dos juros expressamente previstos no art. 39, § 1.º, da Lei 8.177/1991, matéria que não era objeto de discussão nas referidas ações[267]. Além disso, em razão dessa previsão legal específica quanto a créditos trabalhistas, nos termos do art. 8.º, § 1.º, da CLT, com redação dada pela Lei 13.467/2017, não seria cabível a aplicação subsidiária do art. 406 do Código Civil.

Como consequência prática, a referida decisão do STF acabou por afastar a aplicação do dispositivo a respeito de juros quanto a créditos trabalhistas (art. 39, § 1.º, da Lei 8.177/1991). A jurisdição, entretanto, não é o meio legitimamente adequado para se excluir a eficácia de norma legal em vigor, não declarada inconstitucional (art. 2.º da Constituição da República).

Diante da atual sistemática, cabe ressaltar que nos termos do parágrafo único do art. 404 do Código Civil, provado que os juros da mora não cobrem o prejuízo, e não havendo pena convencional, pode o juiz conceder ao credor indenização suplementar.

A correção monetária, como o nome indica, tem como objetivo a mera atualização do valor em razão do tempo transcorrido desde o vencimento da obrigação até o seu adimplemento.

Logo, no âmbito trabalhista, entende-se que a correção monetária, em regra, é devida a partir do vencimento da obrigação. Nesse sentido, cf. a Súmula 381 do TST. Especificamente quanto a condenações por danos morais, cf. a Súmula 439 do TST.

Cf. ainda os comentários ao art. 883 da CLT, item 4.

✦ Súmulas, Orientações Jurisprudenciais e Precedentes Normativos

Súmula 344 do STJ: A liquidação por forma diversa da estabelecida na sentença não ofende a coisa julgada.

Súmula 559 do STJ: Em ações de execução fiscal, é desnecessária a instrução da petição inicial com o demonstrativo de cálculo do débito, por tratar-se de requisito não previsto no art. 6.º da Lei n.º 6.830/1980.

Súmula 211 do TST: Juros de mora e correção monetária. Independência do pedido inicial e do título executivo judicial (mantida) – Res. 121/2003, *DJ* 19, 20 e 21.11.2003. Os juros de mora e a correção monetária incluem-se na liquidação, ainda que omisso o pedido inicial ou a condenação.

Súmula 381 do TST: Correção monetária. Salário. Art. 459 da CLT. O pagamento dos salários até o 5.º dia útil do mês subsequente ao vencido não está sujeito à correção monetária. Se essa data limite for ultrapassada, incidirá o índice da correção monetária do mês subsequente ao da prestação dos serviços, a partir do dia 1.º.

Súmula 401 do TST: Ação rescisória. Descontos legais. Fase de execução. Sentença exequenda omissa. Inexistência de ofensa à coisa julgada (conversão da Orientação Jurisprudencial 81 da SBDI-2) – Res. 137/2005 – *DJ* 22, 23 e 24.08.2005. Os descontos previdenciários e fiscais devem ser efetuados pelo juízo executório, ainda que a sentença exequenda tenha sido omissa sobre a questão, dado o caráter de ordem pública ostentado pela norma que os disciplina. A ofensa à coisa julgada somente poderá ser caracterizada na hipótese de o título exequendo, expressamente, afastar a dedução dos valores a título de imposto de renda e de contribuição previdenciária.

Súmula 439 do TST: Danos morais. Juros de mora e atualização monetária. Termo inicial. Nas condenações por dano moral, a atualização monetária é devida a partir da data da decisão de arbitramento ou de alteração do valor. Os juros incidem desde o ajuizamento da ação, nos termos do art. 883 da CLT.

Orientação Jurisprudencial 300 da SBDI-I do TST: Execução trabalhista. Correção monetária. Juros. Lei 8.177/1991, art. 39, e Lei 10.192/2001, art. 15. Não viola norma constitucional (art. 5.º, II e XXXVI) a determinação de aplicação da TRD, como fator de correção monetária dos débitos trabalhistas, cumulada com juros de mora, previstos no artigo 39 da Lei 8.177/1991 e convalidados pelo artigo 15 da Lei 10.192/2001.

---

267 "2. Embora no controle abstrato de constitucionalidade a causa de pedir seja aberta, o pedido da inicial deve ser certo e determinado. Impossibilidade de o julgador ampliar o objeto da demanda de ofício" (STF, Pleno, ADPF 347 TPI-Ref/DF, Red. p/ ac. Min. Alexandre de Moraes, *DJe* 01.07.2020).

Seção II – Do Mandado e da Penhora

Art. 880. Requerida a execução, o juiz ou presidente do tribunal mandará expedir mandado de citação do executado, a fim de que cumpra a decisão ou o acordo no prazo, pelo modo e sob as cominações estabelecidas ou, quando se tratar de pagamento em dinheiro, inclusive de contribuições sociais devidas à União, para que o faça em 48 (quarenta e oito) horas ou garanta a execução, sob pena de penhora.

§ 1.º O mandado de citação deverá conter a decisão exequenda ou o termo de acordo não cumprido.

§ 2.º A citação será feita pelos oficiais de diligência.

§ 3.º Se o executado, procurado por 2 (duas) vezes no espaço de 48 (quarenta e oito) horas, não for encontrado, far-se-á citação por edital, publicado no jornal oficial ou, na falta deste, afixado na sede da Junta ou Juízo, durante 5 (cinco) dias.

1. EXECUÇÃO DAS OBRIGAÇÕES DE FAZER OU DE NÃO FAZER E DE ENTREGAR COISA

A *execução das obrigações de fazer ou de não fazer* pode ser fundada em título judicial (art. 536 do CPC) ou em título extrajudicial (art. 814 do CPC).

Da mesma forma, a *execução da obrigação de entregar coisa* pode se fundar em título executivo judicial (art. 538 do CPC) ou em título executivo extrajudicial (arts. 806 a 813 do CPC).

O art. 3.º, inciso XII, da Instrução Normativa 39/2016 do TST prevê que se aplicam ao processo do trabalho, diante de omissão e de compatibilidade, os arts. 536 a 538 do CPC de 2015, sobre cumprimento de sentença que reconheça a exigibilidade de obrigação de fazer, de não fazer ou de entregar coisa.

O art. 880, *caput*, primeira parte, da CLT apenas estabelece que, uma vez requerida a execução (ou iniciada de ofício, conforme o art. 876), "o juiz ou presidente do tribunal mandará expedir mandado de citação do executado, a fim de que cumpra a decisão ou o acordo no prazo, pelo modo e sob as cominações estabelecidas". O restante do dispositivo disciplina a execução por quantia certa, isto é, o "pagamento em dinheiro".

Logo, são aplicáveis os preceitos estabelecidos pelo Código de Processo Civil, quanto à execução (cumprimento) das obrigações de entrega de coisa, bem como de fazer ou não fazer.

Ressalte-se que segundo o art. 33 da Lei 13.869/2019, constitui crime (de abuso de autoridade) exigir informação ou cumprimento de obrigação, inclusive o dever de fazer ou de não fazer, sem expresso amparo legal, com previsão de pena de detenção, de seis meses a dois anos, e multa. Incorre na mesma pena quem se utiliza de cargo ou função pública ou invoca a condição de agente público para se eximir de obrigação legal ou para obter vantagem ou privilégio indevido (art. 33, parágrafo único, da Lei 13.869/2019).

2. EXECUÇÃO DE OBRIGAÇÃO DE PAGAR QUANTIA CERTA

A *execução de obrigação de pagar quantia certa* tem como objetivo o pagamento de valor em dinheiro.

A execução por quantia certa se realiza pela expropriação de bens do executado, ressalvadas execuções especiais (art. 824 do CPC de 2015).

Trata-se da modalidade de execução mais frequente, inclusive na Justiça do Trabalho.

Requerida a execução (ou iniciada de ofício), cabe ao juiz ou presidente do tribunal determinar a expedição de mandado de citação do executado, a fim de que, quando se tratar de pagamento em dinheiro, inclusive de contribuições sociais devidas à União, o faça em 48 horas, ou garanta a execução, sob pena de penhora.

Conforme a Instrução Normativa 3/1993 do TST, item II, "g" (com redação dada pela Resolução 180/2012), "a expedição de Mandado de Citação, Penhora e Avaliação em fase definitiva ou provisória de execução deverá levar em conta a dedução dos valores já depositados nos autos, em especial o depósito recursal".

O mandado de citação deve conter a decisão exequenda ou o termo de acordo não cumprido.

O art. 880, § 2.º, da CLT não exige que a citação seja entregue apenas pessoalmente ao executado, mesmo porque este pode ser uma pessoa jurídica.

Se o executado, procurado por duas vezes no espaço de 48 horas, não for encontrado, a citação deve ser feita por edital, publicado no jornal oficial ou, na falta deste, afixado na sede da Vara do Trabalho ou Juízo, durante cinco dias.

Se o oficial de justiça não encontrar o executado, deve arrestar-lhe tantos bens quantos bastem para garantir a execução (art. 830 do CPC de 2015). Nos dez dias seguintes à efetivação do arresto, o oficial de justiça deve procurar o executado duas vezes em dias distintos. Se houver suspeita de ocultação, deve realizar a citação com hora certa, certificando pormenorizadamente o ocorrido. Aperfeiçoada a citação e transcorrido o prazo de pagamento, o arresto deve ser convertido em penhora, independentemente de termo.

Trata-se, portanto, de medida de urgência de natureza cautelar, incidente ao processo ou fase de execução, que nem mesmo depende de requerimento da parte, por se tratar de mandamento legal expresso, perfeitamente aplicável ao processo do trabalho.

✦ Súmulas, Orientações Jurisprudenciais e Precedentes Normativos

Súmula 445 do TST: Inadimplemento de verbas trabalhistas. Frutos. Posse de má-fé. Art. 1.216 do Código Civil. Inaplicabilidade ao direito do trabalho. A indenização por frutos percebidos pela posse de má-fé, prevista no art. 1.216 do Código Civil, por tratar-se de regra afeta a direitos reais, mostra-se incompatível com o Direito do Trabalho, não sendo devida no caso de inadimplemento de verbas trabalhistas.

Art. 881. No caso de pagamento da importância reclamada, será este feito perante o escrivão ou diretor de secretaria, lavrando-se termo de quitação, em 2 (duas) vias, assinadas pelo exequente, pelo executado e pelo mesmo escrivão ou secretário, entregando-se a segunda via ao executado e juntando-se a outra ao processo.

Parágrafo único. Não estando presente o exequente, será depositada a importância, mediante guia, em estabelecimento oficial de crédito ou, em falta deste, em estabelecimento bancário idôneo.

1. PAGAMENTO DO VALOR EXECUTADO

Havendo pagamento da importância executada, este deve ser feito perante o escrivão ou diretor de Secretaria, lavrando-se termo de quitação, em duas vias, assinadas pelo exequente, pelo executado e pelo escrivão ou diretor de Secretaria. Deve-se entregar a segunda via ao executado, juntando-se a outra aos autos do processo.

Se o exequente não estiver presente, a importância deve ser depositada, por meio de guia, em estabelecimento oficial de crédito ou, na ausência deste, em estabelecimento bancário idôneo.

Art. 882. O executado que não pagar a importância reclamada poderá garantir a execução mediante depósito da quantia correspondente, atualizada e acrescida das despesas processuais, apresentação de seguro-garantia judicial ou nomeação de bens à penhora, observada a ordem preferencial estabelecida no art. 835 da Lei n.º 13.105, de 16 de março de 2015 – Código de Processo Civil.

1. NOMEAÇÃO DE BENS À PENHORA

Nos termos do art. 835 do CPC de 2015 a penhora deve observar, preferencialmente, a seguinte ordem:

> I – dinheiro, em espécie ou em depósito ou aplicação em instituição financeira;
>
> II – títulos da dívida pública da União, dos Estados e do Distrito Federal com cotação em mercado;
>
> III – títulos e valores mobiliários com cotação em mercado;
>
> IV – veículos de via terrestre;
>
> V – bens imóveis;
>
> VI – bens móveis em geral;
>
> VII – semoventes;
>
> VIII – navios e aeronaves;
>
> IX – ações e quotas de sociedades simples e empresárias;
>
> X – percentual do faturamento de empresa devedora;
>
> XI – pedras e metais preciosos;
>
> XII – direitos aquisitivos derivados de promessa de compra e venda e de alienação fiduciária em garantia;
>
> XIII – outros direitos.

É prioritária a penhora em dinheiro. Nas demais hipóteses, o juiz pode alterar a ordem prevista no *caput* de acordo com as circunstâncias do caso concreto (art. 835, § 1.º, do CPC).

Para fins de substituição da penhora, equiparam-se a dinheiro a *fiança bancária* e o *seguro garantia judicial*, desde que em valor não inferior ao do débito constante da inicial, acrescido de trinta por cento (art. 835, § 2.º, do CPC).

Na execução de crédito com garantia real, a penhora deve recair sobre a coisa dada em garantia. Se a coisa pertencer a terceiro garantidor, este também deve ser intimado da penhora (art. 835, § 3.º, do CPC).

O art. 3.º, inciso XVI, da Instrução Normativa 39/2016 do TST prevê que se aplicam ao processo do trabalho, diante de omissão e de compatibilidade, o art. 835, incisos e §§ 1.º e 2.º, do CPC de 2015, sobre ordem preferencial de penhora.

Em conformidade com o art. 882 da CLT, com redação dada pela Lei 13.467/2017, o executado que não pagar a importância reclamada pode garantir a execução mediante depósito da quantia correspondente, atualizada e acrescida das despesas processuais, *apresentação de seguro garantia judicial* ou nomeação de bens à penhora, observada a ordem preferencial estabelecida no art. 835 da Lei 13.105/2015 (Código de Processo Civil).

Cf. ainda a Orientação Jurisprudencial 59 da SBDI-II do TST.

A respeito dos embargos à execução, o art. 884, § 6.º, da CLT, acrescentado pela Lei 13.467/2017, prevê que a exigência da garantia ou penhora não se aplica às entidades filantrópicas e/ou àqueles que compõem ou compuseram a diretoria dessas instituições.

✦ Súmulas, Orientações Jurisprudenciais e Precedentes Normativos

Orientação Jurisprudencial 59 da SBDI-II do TST: Mandado de segurança. Penhora. Carta de fiança bancária. Seguro garantia judicial. A carta de fiança bancária e o seguro garantia judicial, desde que em valor não inferior ao do débito em execução, acrescido de trinta por cento, equivalem a dinheiro para efeito da gradação dos bens penhoráveis, estabelecida no art. 835 do CPC de 2015 (art. 655 do CPC de 1973).

Art. 883. Não pagando o executado, nem garantindo a execução, seguir-se-á penhora dos bens, tantos quantos bastem ao pagamento da importância da condenação, acrescida de custas e juros de mora, sendo estes, em qualquer caso, devidos a partir da data em que for ajuizada a reclamação inicial.

1. PENHORA

A penhora é ato processual de execução, mais especificamente de constrição judicial do bem, visando à satisfação do direito do exequente.

A penhora deve incidir em tantos bens quantos bastem para o pagamento do principal atualizado, dos juros, das custas e, se for o caso, dos honorários advocatícios (art. 831 do CPC de 2015).

Deve-se efetuar a penhora onde se encontrem os bens, ainda que sob a posse, a detenção ou a guarda de terceiros (art. 845 do CPC de 2015).

A penhora de imóveis (independentemente de onde se localizem, quando apresentada certidão da respectiva matrícula) e a penhora de veículos automotores (quando apresentada certidão que ateste a sua existência) devem ser realizadas por termo nos autos.

Se o executado não tiver bens no foro da causa, não sendo possível a realização da penhora na forma referida, a execução deve ser feita por carta, penhorando-se, avaliando-se e alienando-se os bens no foro da situação.

Ocorre, assim, a individualização ou separação dos bens do devedor ou responsável patrimonial, reservando-os à execução.

Mesmo com a penhora, o devedor conserva a propriedade do bem até a expropriação. Entretanto, a alienação do bem penhorado é considerada ineficaz à execução.

Não se levará a efeito a penhora quando evidente que o produto da execução dos bens encontrados será totalmente absorvido pelo pagamento das custas da execução (art. 836 do CPC de 2015).

Quando não encontrar bens penhoráveis, independentemente de determinação judicial expressa, o oficial de justiça deve descrever na certidão os que guarnecem a residência ou o estabelecimento do executado, quando este for pessoa jurídica. Elaborada a lista, o executado ou seu representante legal deve ser nomeado depositário provisório de tais bens até ulterior determinação do juiz (art. 836, §§ 1.º e 2.º, do CPC).

O art. 3.º, inciso XVII, da Instrução Normativa 39/2016 do TST prevê que se aplicam ao processo do trabalho, diante de omissão e de compatibilidade, o art. 836, §§ 1.º e 2.º, do CPC de 2015, sobre procedimento quando não encontrados bens penhoráveis.

Nos termos do art. 844 do CPC de 2015, para presunção absoluta de conhecimento por terceiros, cabe ao exequente providenciar a averbação do arresto ou da penhora no registro competente, mediante a apresentação de cópia do auto ou do termo, independentemente de mandado judicial.

No processo do trabalho, o prazo para embargar a execução, em regra, é de cinco dias (art. 884, *caput*, da CLT). Referido prazo conta-se da intimação da penhora ou da realização do depósito para garantia da execução.

2. FALTA DE PAGAMENTO ESPONTÂNEO PELO EXECUTADO

Cabe ao executado pagar a quantia devida, ou garantir a execução, por meio do depósito do respectivo valor, ou de nomeação de bens à penhora (devendo observar a ordem preferencial do art. 835 do CPC de 2015). Nesse caso, deve-se ouvir o exequente sobre os bens nomeados à penhora, lavrando-se o respectivo auto ou termo de penhora (arts. 837 a 839 do CPC de 2015).

Entretanto, se o executado não realizar nenhuma dessas condutas (isto é, não pagar nem garantir a execução), devem ser penhorados os seus bens (art. 883 da CLT), lavrando-se auto ou termo de penhora.

Nos termos do art. 854 do CPC de 2015, para possibilitar a penhora de dinheiro em depósito ou em aplicação financeira, o juiz, a requerimento do exequente, sem dar ciência prévia do ato ao executado, deve determinar às instituições financeiras, por meio de sistema eletrônico gerido pela autoridade supervisora do sistema financeiro nacional, que torne indisponíveis ativos financeiros existentes em nome do executado, limitando-se a indisponibilidade ao valor indicado na execução.

A respeito desse último tema, mesmo anteriormente, por meio do *Sistema de Solicitações do Poder Judiciário ao Banco Central* (BACEN-JUD), o Tribunal Superior do Trabalho já havia firmado convênio com o Banco Central do Brasil, com aplicação inclusive nos Tribunais Regionais do Trabalho.

A utilização dessa sistemática tem como objetivo a realização de penhora de valores em dinheiro, existentes em depósitos ou aplicações em instituições financeiras, o que tem amparo legal no art. 835, inciso I, do CPC de 2015, c/c o art. 882 da CLT, bem como, atualmente, no art. 854 do CPC de 2015.

O art. 3.º, inciso XIX, da Instrução Normativa 39/2016 do TST prevê que se aplicam ao processo do trabalho, diante de omissão e de compatibilidade, o art. 854 e parágrafos do CPC de 2015, sobre o BacenJUD, atualmente SISBAJUD (Sistema de Busca de Ativos do Poder Judiciário).

A *internet* é o meio de acesso ao sistema eletrônico pelos juízes e tribunais. Torna-se possível, com isso, que o juízo da execução obtenha informações sobre contas-correntes e aplicações financeiras, de forma *on-line*. Ademais, possibilita-se a determinação de indisponibilidade (bloqueio) do valor, com vistas ao pagamento do crédito exequendo, imprimindo-se maior celeridade na satisfação do direito. A medida, portanto, está em consonância com o ideal de efetividade da tutela jurisdicional, para se alcançar a satisfação do direito.

Frise-se que constitui crime (de abuso de autoridade) decretar, em processo judicial, a indisponibilidade de ativos financeiros em quantia que extrapole exacerbadamente o valor estimado para a satisfação da dívida da parte e, ante a demonstração, pela parte, da excessividade da medida, deixar de corrigi-la, com previsão de pena de detenção, de um a quatro anos, e multa (art. 36 da Lei 13.869/2019).

3. BENS PENHORÁVEIS E BENS IMPENHORÁVEIS

Conforme já mencionado, o devedor responde com todos os seus bens presentes e futuros para o cumprimento de suas obrigações, salvo as restrições estabelecidas em lei (art. 789 do CPC de 2015).

Ficam sujeitos à execução os bens: do sucessor a título singular, tratando-se de execução fundada em direito real ou obrigação reipersecutória; do sócio, nos termos da lei; do devedor, ainda que em poder de terceiros; do cônjuge ou companheiro, nos casos em que seus bens próprios ou de sua meação respondem pela dívida; alienados ou gravados com ônus real em fraude à execução; cuja alienação ou gravação com ônus real tenha sido anulada em razão do reconhecimento, em ação própria, de fraude contra credores; do responsável, nos casos de desconsideração da personalidade jurídica (art. 790 do CPC de 2015).

O art. 3.º, inciso XIII, da Instrução Normativa 39/2016 do TST prevê que se aplicam ao processo do trabalho, diante de omissão e de compatibilidade, os arts. 789 a 796 do CPC de 2015, sobre responsabilidade patrimonial.

Os bens impenhoráveis são aqueles a respeito dos quais há impossibilidade ou restrição quanto à constrição judicial. Desse modo, não estão sujeitos à execução os bens que a lei considera impenhoráveis ou inalienáveis (art. 832 do CPC de 2015).

Nesse sentido, segundo o art. 100 do Código Civil de 2002, os bens públicos de uso comum do povo e os de uso especial são inalienáveis, enquanto conservarem a sua qualificação, na forma que a lei determinar.

Os bens podem ser absolutamente impenhoráveis (art. 833 do CPC de 2015) ou relativamente impenhoráveis (art. 834 do CPC de 2015).

Quanto ao tema, são impenhoráveis (art. 833 do CPC de 2015):

> I – os bens inalienáveis e os declarados, por ato voluntário, não sujeitos à execução;
>
> II – os móveis, os pertences e as utilidades domésticas que guarnecem a residência do executado, salvo os de elevado valor ou que ultrapassem as necessidades comuns correspondentes a um médio padrão de vida;
>
> III – os vestuários, bem como os pertences de uso pessoal do executado, salvo se de elevado valor;
>
> IV – os vencimentos, os subsídios, os soldos, os salários, as remunerações, os proventos de aposentadoria, as pensões, os pecúlios e os montepios, bem como as quantias recebidas por liberalidade de terceiro e destinadas ao sustento do devedor e de sua família, os ganhos de trabalhador autônomo e os honorários de profissional liberal, ressalvado o § 2.º do art. 833, abaixo indicado;
>
> V – os livros, as máquinas, as ferramentas, os utensílios, os instrumentos ou outros bens móveis necessários ou úteis ao exercício da profissão do executado;
>
> VI – o seguro de vida;

VII – os materiais necessários para obras em andamento, salvo se estas forem penhoradas;

VIII – a pequena propriedade rural, assim definida em lei, desde que trabalhada pela família;

IX – os recursos públicos recebidos por instituições privadas para aplicação compulsória em educação, saúde ou assistência social;

X – a quantia depositada em caderneta de poupança, até o limite de quarenta salários mínimos;

XI – os recursos públicos do fundo partidário recebidos por partido político, nos termos da lei;

XII – os créditos oriundos de alienação de unidades imobiliárias, sob regime de incorporação imobiliária, vinculados à execução da obra.

A impenhorabilidade não é oponível à execução de dívida relativa ao próprio bem, inclusive àquela contraída para sua aquisição.

Nos termos do art. 833, § 2.º, do CPC de 2015, o disposto nos incisos IV e X, *supra*, não se aplica à hipótese de penhora para pagamento de prestação alimentícia, *independentemente de sua origem*, bem como *relativamente às importâncias excedentes a 50 salários mínimos mensais*, devendo a constrição observar o disposto nos arts. 528, § 8.º[268], e 529, § 3.º[269], ambos do CPC de 2015, que tratam do cumprimento de sentença que condena ao pagamento de prestação alimentícia.

Como se pode notar, além da hipótese de prestação alimentícia, "independentemente de sua origem", como é o caso do crédito trabalhista, conforme a atual jurisprudência do TST (SBDI-II, RO – 21601-36.2017.5.04.0000), passou-se a admitir a penhora dos chamados *rendimentos elevados*, ou seja, do valor superior a 50 salários mínimos de verbas com natureza salarial ou remuneratória.

Em outras palavras, com o Código de Processo Civil de 2015, é penhorável o valor superior a 50 salários mínimos mensais dos vencimentos, subsídios, soldos, salários, remunerações, proventos de aposentadoria, pensões, pecúlios e montepios, bem como quantias recebidas por liberalidade de terceiro e destinadas ao sustento do devedor e de sua família, ganhos de trabalhador autônomo e honorários de profissional liberal.

Além disso, a quantia depositada em caderneta de poupança, mesmo que até o limite de 40 salários mínimos, excepcionalmente, pode ser penhorada para pagamento de prestação alimentícia, independentemente de sua origem.

Incluem-se na impenhorabilidade prevista no inciso V, *supra*, os equipamentos, implementos e máquinas agrícolas pertencentes a pessoa física ou a empresa individual produtora rural, exceto quando tais bens tenham sido objeto de financiamento e estejam vinculados

268 "§ 8.º O exequente pode optar por promover o cumprimento da sentença ou decisão desde logo, nos termos do disposto neste Livro, Título II, Capítulo III, caso em que não será admissível a prisão do executado, e, recaindo a penhora em dinheiro, a concessão de efeito suspensivo à impugnação não obsta a que o exequente levante mensalmente a importância da prestação".

269 "§ 3.º Sem prejuízo do pagamento dos alimentos vincendos, o débito objeto de execução pode ser descontado dos rendimentos ou rendas do executado, de forma parcelada, nos termos do *caput* deste artigo, contanto que, somado à parcela devida, não ultrapasse cinquenta por cento de seus ganhos líquidos".

em garantia a negócio jurídico, ou quando respondam por dívida de natureza alimentar, trabalhista ou previdenciária.

O art. 3.º, inciso XV, da Instrução Normativa 39/2016 do TST prevê que se aplicam ao processo do trabalho, diante de omissão e de compatibilidade, o art. 833, incisos e parágrafos, do CPC de 2015, sobre bens impenhoráveis.

Quanto aos bens gravados com cláusulas de inalienabilidade ou impenhorabilidade, é possível defender que, tratando-se de crédito trabalhista, dotado de privilégio e preferência, podem ser objeto de penhora na execução trabalhista, com fundamento no art. 30 da Lei 6.830/1980, aplicável nos termos do art. 889 da CLT, ao prever que o executado responde pelo pagamento da dívida com "a totalidade dos bens e das rendas, de qualquer origem ou natureza, do sujeito passivo, seu espólio ou sua massa, *inclusive os gravados por ônus real ou cláusula de inalienabilidade ou impenhorabilidade*, seja qual for a data da constituição do ônus ou da cláusula, excetuados unicamente os bens e rendas que a lei declara absolutamente impenhoráveis".

Nos termos do art. 5.º, inciso XXVI, da Constituição Federal de 1988, a pequena propriedade rural, assim definida em lei, desde que trabalhada pela família, não será objeto de penhora para pagamento de débitos decorrentes de sua atividade produtiva, dispondo a lei sobre os meios de financiar o seu desenvolvimento.

Imóvel rural é considerado o prédio rústico de área contínua, qualquer que seja a sua localização, que se destine ou possa se destinar à exploração agrícola, pecuária, extrativa vegetal, florestal ou agroindustrial (art. 4.º, inciso I, da Lei 8.629/1993). Pequena propriedade é o imóvel rural de área até quatro módulos fiscais, respeitada a fração mínima de parcelamento (art. 4.º, inciso II, da Lei 8.629/1993, com redação dada pela Lei 13.465/2017).

A respeito do tema, o Supremo Tribunal Federal fixou a seguinte tese de repercussão geral: "É impenhorável a pequena propriedade rural familiar constituída de mais de 01 (um) terreno, desde que contínuos e com área total inferior a 04 (quatro) módulos fiscais do município de localização" (STF, Pleno, ARE 1.038.507/PR, Rel. Min. Edson Fachin, j. 21.12.2020).

A Lei 8.009/1990, por sua vez, dispõe sobre a impenhorabilidade do bem de família, oponível em qualquer processo de execução previdenciária e trabalhista.

Ressalte-se ainda que o Supremo Tribunal Federal fixou a seguinte tese de julgamento: "Verbas estaduais não podem ser objeto de bloqueio, penhora e/ou sequestro para pagamento de valores devidos em ações trabalhistas, ainda que as empresas reclamadas detenham créditos a receber da administração pública estadual, em virtude do disposto no art. 167, VI e X, da CF, e do princípio da separação de poderes (art. 2.º da CF)" (STF, Pleno, ADPF 485/AP, Rel. Min. Roberto Barroso, j. 07.12.2020).

Quanto à impenhorabilidade relativa, o art. 834 do CPC de 2015 dispõe que podem ser penhorados, à falta de outros bens, os frutos e os rendimentos dos bens inalienáveis.

4. JUROS E CORREÇÃO MONETÁRIA

Na liquidação do valor devido, a ser objeto de execução, também devem ser acrescidos juros e correção monetária.

A correção monetária, como o nome indica, tem como objetivo a mera atualização do valor em razão do tempo transcorrido.

Os juros, no caso, decorrem do atraso no pagamento da obrigação.

No âmbito trabalhista, a correção monetária, em regra, é devida a partir do vencimento da obrigação. Nessa linha, cf. a Súmula 381 do TST.

Os juros, por sua vez, seriam devidos a partir do ajuizamento da ação trabalhista, conforme previsto no art. 883 da CLT.

Especificamente quanto ao termo inicial dos juros e atualização monetária em condenações por danos morais, cf. a Súmula 439 do TST.

Cabe ressaltar que, nos termos da Súmula 200 do TST, os juros de mora incidem sobre a importância da condenação já corrigida monetariamente.

Entende-se que como os juros de mora têm como objetivo recompor o prejuízo, não há acréscimo patrimonial para fins de incidência do imposto de renda. Nesse sentido, o Supremo Tribunal Federal fixou a seguinte tese de repercussão geral: "Não incide imposto de renda sobre os juros de mora devidos pelo atraso no pagamento de remuneração por exercício de emprego, cargo ou função" (STF, Pleno, RE 855.091/RS, Rel. Min. Dias Toffoli, j. 15.03.2021, *DJe* 08.04.2021). Cf. ainda Orientação Jurisprudencial 400 da SBDI-I do TST.

O art. 39, *caput*, da Lei 8.177/1991 prevê que os "débitos trabalhistas de qualquer natureza, quando não satisfeitos pelo empregador nas épocas próprias assim definidas em lei, acordo ou convenção coletiva, sentença normativa ou cláusula contratual sofrerão juros de mora equivalentes à TRD acumulada no período compreendido entre a data de vencimento da obrigação e o seu efetivo pagamento".

Anteriormente, entendia-se que o dispositivo em questão dispõe sobre correção monetária, e não juros propriamente.

Os juros são disciplinados no art. 39, § 1.º, da Lei 8.177/1991, ao prescrever que aos "débitos trabalhistas constantes de condenação pela Justiça do Trabalho ou decorrentes dos acordos feitos em reclamatória trabalhista, quando não cumpridos nas condições homologadas ou constantes do termo de conciliação, serão acrescidos, nos juros de mora previstos no *caput*, juros de um por cento ao mês, contados do ajuizamento da reclamatória e aplicados *pro rata die*, ainda que não explicitados na sentença ou no termo de conciliação".

O art. 15 da Lei 10.192/2001 estabelece que "permanecem em vigor as disposições legais relativas à correção monetária de débitos trabalhistas, de débitos resultantes de decisão judicial, de débitos relativos a ressarcimento em virtude de inadimplemento de obrigações contratuais e do passivo de empresas e instituições sob os regimes de concordata, falência, intervenção e liquidação extrajudicial".

Cabe esclarecer que a TRD (Taxa Referencial Diária) foi extinta pela Lei 8.660/1993 (art. 2.º). Com isso os débitos trabalhistas passaram a ser corrigidos monetariamente pelo índice da TR (Taxa Referencial), previsto no art. 1.º da Lei 8.660/1993, que é aplicado aos depósitos de poupança (art. 7.º da Lei 8.660/1993).

O Tribunal Superior do Trabalho, em arguição de inconstitucionalidade, chegou a decidir que os créditos trabalhistas devem ser atualizados com base na variação do Índice de Preços ao Consumidor Amplo Especial (IPCA-E), do Instituto Brasileiro de Geografia e Estatística (IBGE). Decidiu-se ser inconstitucional a expressão "equivalentes à TRD", prevista no art. 39, *caput*, da Lei 8.177/1991, dando interpretação conforme à Constituição para o restante do dispositivo, com o objetivo de se assegurar o direito à atualização monetária dos créditos trabalhistas (TST, Pleno, ArgInc 479-60.2011.5.04.0231, Rel. Min. Cláudio Mascarenhas Brandão, *DEJT* 14.08.2015).

O art. 39, § 2.º, da Lei 8.177/1991 esclarece que, se a data de vencimento das obrigações trabalhistas for "anterior a 1.º de fevereiro de 1991, os juros de mora serão calculados pela composição entre a variação acumulada do BTN Fiscal no período compreendido entre a data de vencimento da obrigação e 31 de janeiro de 1991, e a TRD acumulada entre 1.º de fevereiro de 1991 e seu efetivo pagamento". Esse dispositivo, na realidade, trata de atualização de débitos trabalhistas. Entretanto, o Supremo Tribunal Federal julgou procedente o pedido formulado em ação direta para declarar a inconstitucionalidade material do art. 39, § 2.º, da Lei 8.177/1991, com modulação temporal dos efeitos da decisão, a fim de que esta somente se aplique aos pagamentos de cálculos homologados a partir da data de publicação da ata de julgamento, o que ocorreu no *DJe* de 20.02.2020 (STF, Pleno, ADI 1.220/DF, Rel. Min. Roberto Barroso, j. 19.12.2019). Segundo a decisão: "Lei que estipula índices de correção monetária a serem aplicados a períodos aquisitivos anteriores à sua entrada em vigor viola a garantia do direito adquirido" (STF, Pleno, ADI 1.220/DF, Rel. Min. Roberto Barroso, *DJe* 13.03.2020).

De acordo com o art. 879, § 7.º, da CLT, incluído pela Lei 13.467/2017, a atualização dos créditos decorrentes de condenação judicial deve ser feita pela Taxa Referencial (TR), divulgada pelo Banco Central do Brasil, conforme a Lei 8.177/1991.

Essa previsão decorrente da Lei 13.467/2017 foi objeto de ações de controle concentrado de constitucionalidade (STF, ADC 58/DF, ADC 59/DF, ADI 5.867/DF e ADI 6.021/DF).

O Supremo Tribunal Federal conferiu interpretação conforme à Constituição ao art. 879, § 7.º, e ao art. 899, § 4.º, da CLT, na redação dada pela Lei 13.467/2017, definindo-se que, até que sobrevenha solução legislativa, devem ser aplicados à atualização dos créditos decorrentes de condenação judicial e à correção dos depósitos recursais em contas judiciais na Justiça do Trabalho os mesmos índices de correção monetária e de juros vigentes para as hipóteses de condenações cíveis em geral (art. 406 do Código Civil), à exceção das dívidas da Fazenda Pública que possui regramento específico (art. 1.º-F da Lei 9.494/1997, com a redação dada pela Lei 11.960/2009), com a interpretação conferida pelo STF na ADI 4.357, ADI 4.425, ADI 5.348 e no RE 870.947-RG (tema 810). Sendo assim, em relação à fase extrajudicial, ou seja, a que antecede o ajuizamento das ações trabalhistas, deve ser utilizado como indexador o IPCA-E acumulado no período de janeiro a dezembro de 2000. A partir de janeiro de 2001, deve ser utilizado o IPCA-E mensal (IPCA-15/IBGE), em razão da extinção da UFIR como indexador, nos termos do art. 29, § 3.º, da Medida Provisória 1.973-67/2000. Além da indexação, devem ser aplicados os juros legais (art. 39, *caput*, da Lei 8.177/1991). Em relação à fase judicial (a partir do ajuizamento da ação), a atualização dos débitos judiciais deve ser efetuada pela taxa referencial do Sistema Especial de Liquidação e Custódia (SELIC), considerando que ela incide como juros moratórios dos tributos federais (art. 13 da Lei 9.065/1995, art. 84 da Lei 8.981/1995, art. 39, § 4.º, da Lei 9.250/1995, art. 61, § 3.º, da Lei 9.430/1996 e art. 30 da Lei 10.522/2002). A incidência de juros moratórios com base na variação da taxa SELIC não pode ser cumulada com a aplicação de outros índices de atualização monetária, cumulação que representaria *bis in idem* (STF, Pleno, ADC 58/DF, Rel. Min. Gilmar Mendes, *DJe* 07.04.2021).

Registre-se que antes do ajuizamento da ação trabalhista, em que se decidiu pela aplicação do IPCA-E, o art. 883 da CLT não estabelece a incidência de juros. No entanto, o Supremo Tribunal Federal decidiu que "em relação à fase extrajudicial, ou seja, a que antecede o ajuizamento das ações trabalhistas", "além da indexação [IPCA-E], serão aplicados os juros legais (art. 39, *caput*, da Lei 8.177, de 1991)" (STF, Pleno, ADC 58/DF, Rel. Min. Gilmar Mendes, *DJe* 07.04.2021)[270]. O art. 39, *caput*, da Lei 8.177/1991 prevê "juros de mora

[270] "Desse modo, fica estabelecido que, em relação à fase extrajudicial, ou seja, a que antecede o ajuizamento das ações trabalhistas, deverá ser utilizado como indexador o IPCA-E acumulado no período de janeiro a dezembro de 2000. A partir de janeiro de 2001, deverá ser utilizado o IPCA-E mensal (IPCA-15/IBGE), em razão da extinção da UFIR como indexador, nos termos do art. 29, § 3.º, da MP 1.973-67/2000. Ainda quanto à fase extrajudicial, salienta-se que, além da indexação, devem ser aplicados os juros legais defi-

equivalentes à TRD acumulada no período compreendido entre a data de vencimento da obrigação e o seu efetivo pagamento".

Sendo assim, quanto aos créditos trabalhistas, na fase extrajudicial (antes do ajuizamento da ação), a correção monetária deve ser calculada de acordo com o IPCA-E, e os juros de mora devem ser calculados de acordo com a TR (Taxa Referencial). Na fase judicial (a partir do ajuizamento da ação), a atualização dos créditos trabalhistas deve ser feita pela SELIC, a qual engloba juros moratórios e correção monetária, ficando vedada a cumulação com outros índices.

A fim de garantir segurança jurídica e isonomia na aplicação do novo entendimento, o Supremo Tribunal Federal fixou os seguintes marcos para modulação dos efeitos da decisão: (i) são reputados válidos e não ensejarão qualquer rediscussão, em ação em curso ou em nova demanda, incluindo ação rescisória, todos os pagamentos realizados utilizando a TR (IPCA-E ou qualquer outro índice), no tempo e modo oportunos (de forma extrajudicial ou judicial, inclusive depósitos judiciais) e os juros de mora de 1% ao mês, assim como devem ser mantidas e executadas as sentenças transitadas em julgado que expressamente adotaram, na sua fundamentação ou no dispositivo, a TR (ou o IPCA-E) e os juros de mora de 1% ao mês; (ii) os processos em curso que estejam sobrestados na fase de conhecimento, independentemente de estarem com ou sem sentença, inclusive na fase recursal, devem ter aplicação, de forma retroativa, da taxa SELIC (juros e correção monetária), sob pena de alegação futura de inexigibilidade de título judicial fundado em interpretação contrária ao posicionamento do STF (art. 525, §§ 12 e 14, ou art. 535, §§ 5.º e 7.º, do CPC. Os parâmetros fixados nesse julgamento do STF aplicam-se aos processos, ainda que transitados em julgado, em que a sentença não tenha consignado manifestação expressa quanto aos índices de correção monetária e taxa de juros (omissão expressa ou simples consideração de seguir os critérios legais) (STF, Pleno, ADC 58/DF, Rel. Min. Gilmar Mendes, *DJe* 07.04.2021). Cf. ainda STF, Pleno, RG-RE 1.269.353/DF, Rel. Min. Luiz Fux, j. 17.12.2021.

A atualização monetária dos precatórios, estabelecida no § 12 do art. 100 da Constituição Federal de 1988, e das requisições de pequeno valor (RPVs) expedidas no ano de 2021, inclusive em relação às causas trabalhistas, previdenciárias e de acidente do trabalho, observará, no exercício de 2021, a variação do Índice Nacional de Preços ao Consumidor Amplo – Especial (IPCA-E) da Fundação Instituto Brasileiro de Geografia e Estatística (IBGE), a partir da data do cálculo exequendo até o seu efetivo depósito, exceto

nidos no art. 39, *caput*, da Lei 8.177, de 1991, ou seja, a TRD acumulada no período compreendido entre a data de vencimento da obrigação e o seu efetivo pagamento. Note-se que a discussão em torno do referido dispositivo dizia respeito à sua aplicação analógica como disciplinadora da correção monetária, à míngua de dispositivo legal específico trabalhista antes do art. 879, § 7.º, da CLT. Por outro lado, diante da clareza vocabular do art. 39, *caput*, da Lei 8.177/91, não há como afastar sua aplicação, louvando-se na menção aos juros no art. 883 da CLT, na medida em que este último dispositivo consolidado refere-se exclusivamente à fase processual, sem definir índice ou percentual dos juros, até porque o objeto do comando é a penhora como fase da execução. Em relação à fase judicial, a atualização dos débitos judiciais deve ser efetuada pela taxa referencial do Sistema Especial de Liquidação e Custódia – SELIC, considerando que ela incide como juros moratórios dos tributos federais (arts. 13 da Lei 9.065/95; 84 da Lei 8.981/95; 39, § 4.º, da Lei 9.250/95; 61, § 3.º, da Lei 9.430/96; e 30 da Lei 10.522/02). A incidência de juros moratórios com base na variação da taxa SELIC não pode ser cumulada com a aplicação de outros índices de atualização monetária, cumulação que representaria *bis in idem*" (STF, Pleno, ADC 58/DF, Rel. Min. Gilmar Mendes, j. 18.12.2020, *DJe* 07.04.2021, voto do Relator).

se houver disposição superveniente que estabeleça outro índice de correção (art. 31 da Lei 14.116/2020).

Nos casos de condenação da Fazenda Pública, o Supremo Tribunal Federal fixou as seguintes teses de repercussão geral:

> 1) O art. 1.º-F da Lei 9.494/97, com a redação dada pela Lei 11.960/09, na parte em que disciplina os juros moratórios aplicáveis a condenações da Fazenda Pública, é inconstitucional ao incidir sobre débitos oriundos de relação jurídico-tributária, aos quais devem ser aplicados os mesmos juros de mora pelos quais a Fazenda Pública remunera seu crédito tributário, em respeito ao princípio constitucional da isonomia (CRFB, art. 5.º, *caput*); quanto às condenações oriundas de relação jurídica não tributária, a fixação dos juros moratórios segundo o índice de remuneração da caderneta de poupança é constitucional, permanecendo hígido, nesta extensão, o disposto no art. 1.º-F da Lei 9.494/97 com a redação dada pela Lei 11.960/09; e
>
> 2) O art. 1.º-F da Lei 9.494/97, com a redação dada pela Lei 11.960/09, na parte em que disciplina a atualização monetária das condenações impostas à Fazenda Pública segundo a remuneração oficial da caderneta de poupança, revela-se inconstitucional ao impor restrição desproporcional ao direito de propriedade (CRFB, art. 5.º, XXII), uma vez que não se qualifica como medida adequada a capturar a variação de preços da economia, sendo inidônea a promover os fins a que se destina (STF, Pleno, RE 870.947/SE, Rel. Min. Luiz Fux, j. 20.09.2017).

Logo, em se tratando de condenação da Fazenda Pública quanto a direitos sem natureza tributária: os *juros moratórios* devem observar o índice de remuneração da caderneta de poupança (art. 1.º-F da Lei 9.494/1997, com redação dada pela Lei 11.960/2009); a *atualização monetária* deve seguir o Índice Nacional de Preços ao Consumidor Amplo – Especial (IPCA-E), inclusive no período da dívida anterior à expedição do precatório (ou da requisição de pequeno valor), bem como para a atualização monetária do precatório ou da requisição de pequeno valor (ou seja, após a sua expedição).

O Supremo Tribunal Federal rejeitou todos os embargos de declaração opostos e não modulou os efeitos da decisão anteriormente proferida (STF, Pleno, ED-RE 870.947/SE, Red. p/ ac. Min. Alexandre de Moraes, j. 03.10.2019). Com isso, decidiu-se que o Índice Nacional de Preços ao Consumidor Amplo – Especial (IPCA-E) para a atualização monetária das condenações impostas à Fazenda Pública aplica-se de 30 de junho de 2009 (data da publicação da Lei 11.960/2009) em diante.

O Supremo Tribunal Federal julgou procedente o pedido formulado em ação direta para declarar a inconstitucionalidade do art. 1.º-F da Lei 9.494/1997, alterado pela Lei 11.960/2009, na parte em que se estabelece a aplicação dos índices da caderneta de poupança como critério de atualização monetária nas condenações da Fazenda Pública (STF, Pleno, ADI 5.348/DF, Rel. Min. Cármen Lúcia, j. 11.11.2019).

Ainda quanto à *correção monetária* e aos *juros moratórios* incidentes sobre as condenações impostas à Fazenda Pública, o Superior Tribunal de Justiça fixou as seguintes teses jurídicas no âmbito de recursos repetitivos:

> "1. Correção monetária: o art. 1.º-F da Lei 9.494/97 (com redação dada pela Lei 11.960/2009), para fins de correção monetária, não é aplicável nas condenações judiciais impostas à Fazenda Pública, independentemente de sua natureza.
>
> 1.1 Impossibilidade de fixação apriorística da taxa de correção monetária.
>
> No presente julgamento, o estabelecimento de índices que devem ser aplicados a título de correção monetária não implica pré-fixação (ou fixação apriorística) de taxa

de atualização monetária. Do contrário, a decisão baseia-se em índices que, atualmente, refletem a correção monetária ocorrida no período correspondente. Nesse contexto, em relação às situações futuras, a aplicação dos índices em comento, sobretudo o INPC e o IPCA-E, é legítima enquanto tais índices sejam capazes de captar o fenômeno inflacionário.

1.2 Não cabimento de modulação dos efeitos da decisão.

A modulação dos efeitos da decisão que declarou inconstitucional a atualização monetária dos débitos da Fazenda Pública com base no índice oficial de remuneração da caderneta de poupança, no âmbito do Supremo Tribunal Federal, objetivou reconhecer a validade dos precatórios expedidos ou pagos até 25 de março de 2015, impedindo, desse modo, a rediscussão do débito baseada na aplicação de índices diversos. Assim, mostra-se descabida a modulação em relação aos casos em que não ocorreu expedição ou pagamento de precatório.

2. Juros de mora: o art. 1.º-F da Lei 9.494/97 (com redação dada pela Lei 11.960/2009), na parte em que estabelece a incidência de juros de mora nos débitos da Fazenda Pública com base no índice oficial de remuneração da caderneta de poupança, aplica-se às condenações impostas à Fazenda Pública, excepcionadas as condenações oriundas de relação jurídico-tributária.

3. Índices aplicáveis a depender da natureza da condenação.

3.1 Condenações judiciais de natureza administrativa em geral.

As condenações judiciais de natureza administrativa em geral, sujeitam-se aos seguintes encargos: (a) até dezembro/2002: juros de mora de 0,5% ao mês; correção monetária de acordo com os índices previstos no Manual de Cálculos da Justiça Federal, com destaque para a incidência do IPCA-E a partir de janeiro/2001; (b) no período posterior à vigência do CC/2002 e anterior à vigência da Lei 11.960/2009: juros de mora correspondentes à taxa Selic, vedada a cumulação com qualquer outro índice; (c) período posterior à vigência da Lei 11.960/2009: juros de mora segundo o índice de remuneração da caderneta de poupança; correção monetária com base no IPCA-E.

3.1.1 Condenações judiciais referentes a servidores e empregados públicos.

As condenações judiciais referentes a servidores e empregados públicos, sujeitam-se aos seguintes encargos: (a) até julho/2001: juros de mora: 1% ao mês (capitalização simples); correção monetária: índices previstos no Manual de Cálculos da Justiça Federal, com destaque para a incidência do IPCA-E a partir de janeiro/2001; (b) agosto/2001 a junho/2009: juros de mora: 0,5% ao mês; correção monetária: IPCA-E; (c) a partir de julho/2009: juros de mora: remuneração oficial da caderneta de poupança; correção monetária: IPCA-E.

3.1.2 Condenações judiciais referentes a desapropriações diretas e indiretas.

No âmbito das condenações judiciais referentes a desapropriações diretas e indiretas existem regras específicas, no que concerne aos juros moratórios e compensatórios, razão pela qual não se justifica a incidência do art. 1.º-F da Lei 9.494/97 (com redação dada pela Lei 11.960/2009), nem para compensação da mora nem para remuneração do capital.

3.2 Condenações judiciais de natureza previdenciária.

As condenações impostas à Fazenda Pública de natureza previdenciária sujeitam-se à incidência do INPC, para fins de correção monetária, no que se refere ao período posterior à vigência da Lei 11.430/2006, que incluiu o art. 41-A na Lei 8.213/91. Quanto aos juros de mora, incidem segundo a remuneração oficial da caderneta de poupança (art. 1.º-F da Lei 9.494/97, com redação dada pela Lei 11.960/2009).

3.3 Condenações judiciais de natureza tributária.

A correção monetária e a taxa de juros de mora incidentes na repetição de indébitos tributários devem corresponder às utilizadas na cobrança de tributo pago em atraso. Não havendo disposição legal específica, os juros de mora são calculados à taxa de 1% ao mês (art. 161, § 1.º, do CTN). Observada a regra isonômica e havendo previsão na legislação da entidade tributante, é legítima a utilização da taxa Selic, sendo vedada sua cumulação com quaisquer outros índices.

4. Preservação da coisa julgada.

Não obstante os índices estabelecidos para atualização monetária e compensação da mora, de acordo com a natureza da condenação imposta à Fazenda Pública, cumpre ressalvar eventual coisa julgada que tenha determinado a aplicação de índices diversos, cuja constitucionalidade/legalidade há de ser aferida no caso concreto" (STJ, 1.ª Seção, REsp 1.495.146/MG, REsp 1.492.221/PR, REsp 1.495.144/RS, Rel. Min. Mauro Campbell Marques, j. 22.02.2018, *DJe* 20.03.2018).

O Supremo Tribunal Federal esclareceu que a decisão em controle concentrado de constitucionalidade a respeito dos art. 879, § 7.º, e art. 899, § 4.º, da CLT, na redação dada pela Lei 13.467/2017 (ADC 58/DF, ADC 59/DF ADI 5.867/DF e ADI 6.021/DF) não se aplica às dívidas da Fazenda Pública: "5. Confere-se interpretação conforme à Constituição ao art. 879, § 7.º, e ao art. 899, § 4.º, da CLT, na redação dada pela Lei 13.467, de 2017, definindo-se que, até que sobrevenha solução legislativa, deverão ser aplicados à atualização dos créditos decorrentes de condenação judicial e à correção dos depósitos recursais em contas judiciais na Justiça do Trabalho os mesmos índices de correção monetária e de juros vigentes para as hipóteses de condenações cíveis em geral (art. 406 do Código Civil), à exceção das dívidas da Fazenda Pública que possui regramento específico (art. 1.º-F da Lei 9.494/1997, com a redação dada pela Lei 11.960/2009), com a exegese conferida por esta Corte na ADI 4.357, ADI 4.425, ADI 5.348 e no RE 870.947-RG (tema 810)" (STF, Pleno, ADC 58/DF, Rel. Min. Gilmar Mendes, *DJe* 07.04.2021).

O Supremo Tribunal Federal fixou a seguinte tese de repercussão geral (Tema 1.170): "É aplicável às condenações da Fazenda Pública envolvendo relações jurídicas não tributárias o índice de juros moratórios estabelecido no art. 1.º-F da Lei 9.494/1997, na redação dada pela Lei 11.960/2009, a partir da vigência da referida legislação, mesmo havendo previsão diversa em título executivo judicial transitado em julgado" (STF, Pleno, RE 1.317.982/ES, Rel. Min. Nunes Marques, j. 12.12.2023).

De acordo com o art. 3.º da Emenda Constitucional 113/2021, com entrada em vigor em 09.12.2021, nas discussões e nas condenações que envolvam a Fazenda Pública, independentemente de sua natureza e para fins de atualização monetária, de remuneração do capital e de compensação da mora, inclusive do precatório, haverá a incidência, uma única vez, até o efetivo pagamento, do índice da taxa referencial do Sistema Especial de Liquidação e de Custódia (Selic), acumulado mensalmente.

Cf. ainda os comentários ao art. 879, § 7.º, da CLT.

5. APLICABILIDADE DO ART. 523, § 1.º, DO CPC

No processo civil, na fase de cumprimento da sentença, tratando-se de execução de obrigação de pagar quantia certa, fundada em título judicial, o art. 523 do CPC de 2015 assim dispõe:

> Art. 523. No caso de condenação em quantia certa, ou já fixada em liquidação, e no caso de decisão sobre parcela incontroversa, o cumprimento definitivo da sentença far-se-á a requerimento do exequente, sendo o executado intimado para pagar o débito, no prazo de quinze dias, acrescido de custas, se houver.

§ 1.º *Não ocorrendo pagamento voluntário no prazo do caput, o débito será acrescido de multa de dez por cento e, também, de honorários de advogado de dez por cento.*

§ 2.º Efetuado o pagamento parcial no prazo previsto no *caput*, a multa e os honorários previstos no § 1.º incidirão sobre o restante.

§ 3.º Não efetuado tempestivamente o pagamento voluntário, será expedido, desde logo, mandado de penhora e avaliação, seguindo-se os atos de expropriação.

Em razão desse preceito, procura-se pressionar o executado a cumprir, ele mesmo, de forma voluntária, a obrigação.

Há entendimento no sentido de que o mencionado dispositivo não é aplicável ao processo do trabalho, pois este não é omisso quanto ao tema, havendo disciplina própria, prevista nos arts. 880 a 883 da CLT. Nesses dispositivos, entretanto, não há qualquer previsão de acréscimo de multa na hipótese de o executado não efetuar pagamento da condenação. Efetivamente, de acordo com o art. 883 da CLT, se o executado não pagar, nem garantir a execução, "seguir-se-á penhora dos bens, tantos quantos bastem ao pagamento da importância da condenação, acrescida de custas e juros de mora, sendo estes, em qualquer caso, devidos a partir da data em que for ajuizada a reclamação inicial".

No TST, prevalece o entendimento no sentido da inaplicabilidade desse dispositivo ao processo do trabalho. A corrente oposta defende a aplicabilidade do referido dispositivo do Código de Processo Civil, argumentando, de acordo com parte da doutrina, lacuna ontológica e axiológica quanto à norma do processo do trabalho, pois a disciplina do CPC se tornou mais efetiva do que aquela.

Defende-se a aplicabilidade ao processo do trabalho da multa prevista no art. 523, § 1.º, do CPC de 2015, uma vez plenamente compatível com os escopos de celeridade e efetividade na satisfação do direito, em consonância com o mandamento constitucional de acesso à justiça, devidamente entendido como assegurar àquele que tem direito a efetiva resposta da jurisdição, dentro de prazo razoável (art. 5.º, inciso LXXVIII, da Constituição Federal de 1988). Ademais, pode-se argumentar que a CLT é omissa a respeito da multa em questão, havendo, ainda, compatibilidade.

Se a incidência da multa constar da sentença ou acórdão, na fase de conhecimento, e essa determinação transitar em julgado, deverá ser aplicada, não podendo ser modificada na liquidação ou na execução, em respeito à coisa julgada.

Para que a multa em questão seja aplicada, exige-se que a condenação seja "em quantia certa ou já fixada em liquidação" ou "decisão sobre parcela incontroversa". Portanto, exige-se que a obrigação contida na sentença ou decisão esteja liquidada.

No processo civil, a multa incide se o devedor não efetuar o pagamento (de quantia certa ou fixada em liquidação) no prazo de 15 dias. Ainda no processo civil, o entendimento que prevalece na atualidade é no sentido de ser necessária a intimação do advogado do executado, para que esse prazo tenha início.

Efetivamente, o art. 523, *caput*, do CPC de 2015 dispõe que o executado deve ser intimado para pagar o débito, no prazo de 15 dias, acrescido de custas, se houver.

Entretanto, no processo do trabalho, embora o tema seja controvertido, defende-se que o prazo em questão deve ser o de 48 horas, nos termos do art. 880 da CLT, por ser este específico, na execução trabalhista, para que o executado pague o valor devido.

Sendo assim, no processo do trabalho, o executado é citado para pagar o valor devido, no prazo de 48 horas. Se o devedor, condenado ao pagamento de quantia certa, ou já fixada em liquidação, não o efetuar nesse prazo, o débito deve ser acrescido de multa de dez por cento e, também, se cabíveis no caso, de honorários de advogado de dez por cento (art. 523, § 1.º, do CPC de 2015).

O art. 520, § 2.º, do CPC de 2015 prevê que a multa e os honorários a que se referem o § 1.º do art. 523 são devidos no cumprimento provisório de sentença condenatória ao pagamento de quantia certa. Frise-se que, se o executado comparecer tempestivamente e depositar o valor, com a finalidade de isentar-se da multa, o ato não será havido como incompatível com o recurso por ele interposto.

Cabe ressaltar que o Tribunal Superior do Trabalho, em julgamento de recurso repetitivo, fixou a seguinte tese jurídica: "A multa coercitiva do artigo 523, § 1.º, do CPC (antigo artigo 475-J do CPC de 1973) não é compatível com as normas vigentes da CLT por que se rege o processo do trabalho, ao qual não se aplica" (TST, Pleno, IRR 1786-24.2015.5.04.0000, Redator Min. João Oreste Dalazen, j. 21.08.2017).

✦ Jurisprudência

Recurso extraordinário. Repercussão geral. Direito Tributário. Imposto de renda. Juros moratórios devidos em razão do atraso no pagamento de remuneração por exercício de emprego, cargo ou função. Caráter indenizatório. Danos emergentes. Não incidência. 1. A materialidade do imposto de renda está relacionada com a existência de acréscimo patrimonial. Precedentes. 2. A palavra indenização abrange os valores relativos a danos emergentes e os concernentes a lucros cessantes. Os primeiros, correspondendo ao que efetivamente se perdeu, não incrementam o patrimônio de quem os recebe e, assim, não se amoldam ao conteúdo mínimo da materialidade do imposto de renda prevista no art. 153, III, da Constituição Federal. Os segundos, desde que caracterizado o acréscimo patrimonial, podem, em tese, ser tributados pelo imposto de renda. 3. Os juros de mora devidos em razão do atraso no pagamento de remuneração por exercício de emprego, cargo ou função visam, precipuamente, a recompor efetivas perdas (danos emergentes). Esse atraso faz com que o credor busque meios alternativos ou mesmo heterodoxos, que atraem juros, multas e outros passivos ou outras despesas ou mesmo preços mais elevados, para atender a suas necessidades básicas e às de sua família. 4. Fixa-se a seguinte tese para o Tema n.º 808 da Repercussão Geral: "Não incide imposto de renda sobre os juros de mora devidos pelo atraso no pagamento de remuneração por exercício de emprego, cargo ou função". 5. Recurso extraordinário não provido (STF, Pleno, RE 855.091/RS, Rel. Min. Dias Toffoli, *DJe* 08.04.2021).

Direito constitucional. Regime de execução da Fazenda Pública mediante precatório. Emenda Constitucional n.º 62/2009. Inconstitucionalidade formal não configurada. Inexistência de interstício constitucional mínimo entre os dois turnos de votação de emendas à Lei Maior (CF, art. 60, § 2.º). Constitucionalidade da sistemática de "superpreferência" a credores de verbas alimentícias quando idosos ou portadores de doença grave. Respeito à dignidade da pessoa humana e à proporcionalidade. Invalidade jurídico-constitucional da limitação da preferência a idosos que completem 60 (sessenta) anos até a expedição do precatório. Discriminação arbitrária e violação à isonomia (CF, art. 5.º). Inconstitucionalidade da sistemática de compensação de débitos inscritos em precatórios em proveito exclusivo da Fazenda Pública. Embaraço à efetividade da jurisdição (CF, art. 5.º, XXXV), desrespeito à coisa julgada material (CF, art. 5.º XXXVI), ofensa à Separação dos Poderes (CF, art. 2.º) e ultraje à isonomia entre o Estado e o particular (CF, art. 1.º, *caput*, c/c o art. 5.º, *caput*). Impossibilidade jurídica da utilização do índice de remuneração da caderneta de poupança como critério de correção monetária. Violação ao direito fundamental de propriedade (CF, art. 5.º, XXII). Inadequação manifesta entre meios e fins. Inconstitucionalidade da utilização do rendimento da caderneta de poupança como índice definidor dos juros moratórios dos créditos inscritos em precatórios, quando oriundos de relações jurídico-tributárias. Discriminação arbitrária e violação à isonomia entre devedor público e devedor privado (CF, art. 5.º, *caput*). Inconstitucionalidade do regime especial de pagamento. Ofensa à cláusula constitucional do estado de direito (CF, art. 1.º, *caput*), ao princípio da Separação de Poderes (CF, art. 2.º), ao postulado da isonomia (CF, art. 5.º, *caput*), à garantia do acesso à justiça e a efetividade da tutela jurisdicional (CF, art. 5.º, XXXV) e ao direito adquirido e à coisa julgada (CF, art. 5.º, XXXVI). Pedido julgado procedente em parte. 1. A aprovação de emendas à Constituição não recebeu da Carta de 1988 tratamento específico quanto ao intervalo temporal mínimo entre os dois turnos de votação (CF, art. 62, § 2.º), de sorte que inexiste parâmetro objetivo que oriente o exame judicial do grau de solidez da vontade política de reformar a

Lei Maior. A interferência judicial no âmago do processo político, verdadeiro *locus* da atuação típica dos agentes do Poder Legislativo, tem de gozar de lastro forte e categórico no que prevê o texto da Constituição Federal. Inexistência de ofensa formal à Constituição brasileira. 2. Os precatórios devidos a titulares idosos ou que sejam portadores de doença grave devem submeter-se ao pagamento prioritário, até certo limite, posto metodologia que promove, com razoabilidade, a dignidade da pessoa humana (CF, art. 1.º, III) e a proporcionalidade (CF, art. 5.º, LIV), situando-se dentro da margem de conformação do legislador constituinte para operacionalização da novel preferência subjetiva criada pela Emenda Constitucional n.º 62/2009. 3. A expressão "na data de expedição do precatório", contida no art. 100, § 2.º, da CF, com redação dada pela EC n.º 62/2009, enquanto baliza temporal para a aplicação da preferência no pagamento de idosos, ultraja a isonomia (CF, art. 5.º, *caput*) entre os cidadãos credores da Fazenda Pública, na medida em que discrimina, sem qualquer fundamento, aqueles que venham a alcançar a idade de sessenta anos não na data da expedição do precatório, mas sim posteriormente, enquanto pendente este e ainda não ocorrido o pagamento. 4. A compensação dos débitos da Fazenda Pública inscritos em precatórios, previsto nos §§ 9.º e 10 do art. 100 da Constituição Federal, incluídos pela EC n.º 62/2009, embaraça a efetividade da jurisdição (CF, art. 5.º, XXXV), desrespeita a coisa julgada material (CF, art. 5.º, XXXVI), vulnera a Separação dos Poderes (CF, art. 2.º) e ofende a isonomia entre o Poder Público e o particular (CF, art. 5.º, *caput*), cânone essencial do Estado Democrático de Direito (CF, art. 1.º, *caput*). 5. O direito fundamental de propriedade (CF, art. 5.º, XXII) resta violado nas hipóteses em que a atualização monetária dos débitos fazendários inscritos em precatórios perfaz-se segundo o índice oficial de remuneração da caderneta de poupança, na medida em que este referencial é manifestamente incapaz de preservar o valor real do crédito de que é titular o cidadão. É que a inflação, fenômeno tipicamente econômico-monetário, mostra-se insuscetível de captação apriorística (*ex ante*), de modo que o meio escolhido pelo legislador constituinte (remuneração da caderneta de poupança) é inidôneo a promover o fim a que se destina (traduzir a inflação do período). 6. A quantificação dos juros moratórios relativos a débitos fazendários inscritos em precatórios segundo o índice de remuneração da caderneta de poupança vulnera o princípio constitucional da isonomia (CF, art. 5.º, *caput*) ao incidir sobre débitos estatais de natureza tributária, pela discriminação em detrimento da parte processual privada que, salvo expressa determinação em contrário, responde pelos juros da mora tributária à taxa de 1% ao mês em favor do Estado (*ex vi* do art. 161, § 1.º, CTN). Declaração de inconstitucionalidade parcial sem redução da expressão "independentemente de sua natureza", contida no art. 100, § 12, da CF, incluído pela EC n.º 62/2009, para determinar que, quanto aos precatórios de natureza tributária, sejam aplicados os mesmos juros de mora incidentes sobre todo e qualquer crédito tributário. 7. O art. 1.º-F da Lei n.º 9.494/1997, com redação dada pela Lei n.º 11.960/2009, ao reproduzir as regras da EC n.º 62/2009 quanto à atualização monetária e à fixação de juros moratórios de créditos inscritos em precatórios incorre nos mesmos vícios de juridicidade que inquinam o art. 100, § 12, da CF, razão pela qual se revela inconstitucional por arrastamento, na mesma extensão dos itens 5 e 6 *supra*. 8. O regime "especial" de pagamento de precatórios para Estados e Municípios criado pela EC n.º 62/2009, ao veicular nova moratória na quitação dos débitos judiciais da Fazenda Pública e ao impor o contingenciamento de recursos para esse fim, viola a cláusula constitucional do Estado de Direito (CF, art. 1.º, *caput*), o princípio da Separação de Poderes (CF, art. 2.º), o postulado da isonomia (CF, art. 5.º), a garantia do acesso à justiça e a efetividade da tutela jurisdicional (CF, art. 5.º, XXXV), o direito adquirido e à coisa julgada (CF, art. 5.º, XXXVI). 9. Pedido de declaração de inconstitucionalidade julgado procedente em parte (STF, Pleno, ADI 4.357/DF, Rel. p/ ac. Min. Luiz Fux, *DJe* 26.09.2014).

Questão de ordem. Modulação temporal dos efeitos de decisão declaratória de inconstitucionalidade (Lei n.º 9.868/1999, art. 27). Possibilidade. Necessidade de acomodação otimizada de valores constitucionais conflitantes. Precedentes do STF. Regime de execução da Fazenda Pública mediante precatório. Emenda Constitucional n.º 62/2009. Existência de razões de segurança jurídica que justificam a manutenção temporária do regime especial nos termos em que decidido pelo plenário do Supremo Tribunal Federal. 1. A modulação temporal das decisões em controle judicial de constitucionalidade decorre diretamente da Carta de 1988 ao consubstanciar instrumento voltado à acomodação otimizada entre o princípio da nulidade das leis inconstitucionais e outros valores constitucionais relevantes, notadamente a segurança jurídica e a proteção da confiança legítima, além de encontrar lastro também no plano infraconstitucional (Lei n.º 9.868/1999, art. 27). Precedentes do STF: ADI n.º 2.240; ADI n.º 2.501; ADI n.º 2.904; ADI n.º 2.907; ADI n.º 3.022; ADI n.º 3.315; ADI n.º 3.316; ADI n.º 3.430; ADI n.º 3.458; ADI n.º 3.489; ADI n.º 3.660; ADI n.º 3.682; ADI n.º 3.689; ADI n.º 3.819; ADI n.º 4.001; ADI n.º 4.009; ADI n.º 4.029. 2. *In casu*, modulam-se os efeitos das decisões declaratórias de inconstitucionalidade proferidas nas ADIs n.º 4.357 e 4.425 para manter a vigência do regime especial de pagamento de precatórios instituído pela Emenda Constitucional n.º 62/2009 por 5 (cinco) exercícios financeiros a contar de primeiro de janeiro de 2016. 3. Confere-se eficácia prospectiva à declaração de inconstitucionalidade dos seguintes aspectos da ADI, fixando como marco inicial a data de conclusão do julgamento da presente questão de ordem (25.03.2015) e mantendo-se válidos os precatórios expedidos ou pagos até esta data, a saber: (i) fica mantida a aplicação do índice oficial de remuneração básica da caderneta de poupança (TR), nos termos da Emenda Constitucional n.º 62/2009, até 25.03.2015, data após a qual (a) os créditos em precatórios deverão ser corrigidos pelo Índice de Preços ao Consumidor Amplo Especial

(IPCA-E) e (b) os precatórios tributários deverão observar os mesmos critérios pelos quais a Fazenda Pública corrige seus créditos tributários; e (ii) ficam resguardados os precatórios expedidos, no âmbito da administração pública federal, com base nos arts. 27 das Leis n.º 12.919/2013 e n.º 13.080/2015, que fixam o IPCA-E como índice de correção monetária. 4. Quanto às formas alternativas de pagamento previstas no regime especial: (i) consideram-se válidas as compensações, os leilões e os pagamentos à vista por ordem crescente de crédito previstos na Emenda Constitucional n.º 62/2009, desde que realizados até 25.03.2015, data a partir da qual não será possível a quitação de precatórios por tais modalidades; (ii) fica mantida a possibilidade de realização de acordos diretos, observada a ordem de preferência dos credores e de acordo com lei própria da entidade devedora, com redução máxima de 40% do valor do crédito atualizado. 5. Durante o período fixado no item 2 acima, ficam mantidas (i) a vinculação de percentuais mínimos da receita corrente líquida ao pagamento dos precatórios (art. 97, § 10, do ADCT) e (ii) as sanções para o caso de não liberação tempestiva dos recursos destinados ao pagamento de precatórios (art. 97, § 10, do ADCT). 6. Delega-se competência ao Conselho Nacional de Justiça para que considere a apresentação de proposta normativa que discipline (i) a utilização compulsória de 50% dos recursos da conta de depósitos judiciais tributários para o pagamento de precatórios e (ii) a possibilidade de compensação de precatórios vencidos, próprios ou de terceiros, com o estoque de créditos inscritos em dívida ativa até 25.03.2015, por opção do credor do precatório. 7. Atribui-se competência ao Conselho Nacional de Justiça para que monitore e supervisione o pagamento dos precatórios pelos entes públicos na forma da presente decisão (STF, Pleno, QO-ADI 4.357/DF, Rel. Min. Luiz Fux, *DJe* 06.08.2015).

Direito Constitucional. Ação direta de inconstitucionalidade. Índices aplicáveis para a correção monetária de débitos trabalhistas. Inconstitucionalidade. Modulação dos efeitos temporais da decisão. 1. Ação direta em que se alega a inconstitucionalidade do art. 39, § 2.º, da Lei n.º 8.177/1991, que entrou em vigor em 01.03.1991 e determina que os débitos trabalhistas sejam corrigidos: (i) pela variação do BTN Fiscal, no período compreendido entre o vencimento da obrigação e 31.01.1991; e (ii) pela Taxa Referencial Diária (TRD), após essa data. 2. As normas que tratam do regime jurídico da correção monetária, por não serem suscetíveis de disposição pela vontade das partes, incidem imediatamente, alcançando apenas as situações jurídicas em curso de formação ou execução. Precedente: RE 211.304, redator para acórdão Min. Teori Zavascki, j. em 29.04.2015. 3. Ao estabelecer os índices para a correção monetária de débitos de natureza trabalhista, o dispositivo impugnado determinou sua aplicação a períodos aquisitivos anteriores à sua entrada em vigor. Assim, afetou direitos adquiridos sob a vigência de lei anterior, violando o art. 5.º, XXXVI, da Constituição. 4. Procedência do pedido, com a declaração de inconstitucionalidade do art. 39, § 2.º, da Lei n.º 8.177/1991. Modulação temporal dos efeitos da decisão, a fim de que somente se aplique aos cálculos homologados a partir da data de publicação da ata de julgamento. Tese: "Lei que estipula índices de correção monetária a serem aplicados a períodos aquisitivos anteriores à sua entrada em vigor viola a garantia do direito adquirido" (STF, Pleno, ADI 1.220/DF, Rel. Min. Roberto Barroso, *DJe* 13.03.2020).

Financeiro. Sociedade de economia mista. Pagamento de valores por força de decisão judicial. Inaplicabilidade do regime de precatório. Art. 100 da Constituição. Constitucional e processual civil. Matéria constitucional cuja repercussão geral foi reconhecida. Os privilégios da Fazenda Pública são inextensíveis às sociedades de economia mista que executam atividades em regime de concorrência ou que tenham como objetivo distribuir lucros aos seus acionistas. Portanto, a empresa Centrais Elétricas do Norte do Brasil S.A. – Eletronorte não pode se beneficiar do sistema de pagamento por precatório de dívidas decorrentes de decisões judiciais (art. 100 da Constituição). Recurso extraordinário ao qual se nega provimento (STF, Pleno, RE 599.628/DF, Rel. p/ ac. Min. Joaquim Barbosa, *DJe* 17.10.2011).

Os recursos públicos vinculados ao orçamento de estatais prestadoras de serviço público essencial, em regime não concorrencial e sem intuito lucrativo primário, não podem ser bloqueados ou sequestrados por decisão judicial para pagamento de suas dívidas, em virtude do disposto no art. 100 da CF/1988, e dos princípios da legalidade orçamentária (art. 167, VI, da CF/1988), da separação dos poderes (arts. 2.º, 60, § 4.º, III, da CF/1988) e da eficiência da administração pública (art. 37, *caput*, da CF/1988) (STF, Pleno, ADPF 789/MA, Rel. Min. Roberto Barroso, j. 23.08.2021, *DJe* 08.09.2021).

2. É firme a jurisprudência desta Suprema Corte no sentido de que, para se submeterem ao regime constitucional dos precatórios (CF, art. 100), as empresas públicas e sociedades de economia mista devem preencher três requisitos cumulativos, quais sejam: (i) prestar, exclusivamente, serviços públicos de caráter essencial, (ii) em regime não concorrencial e (iii) não ter a finalidade primária de distribuir lucros. Precedentes. 3. As empresas estatais (empresas públicas e as sociedades de economia mista), ao atuarem em atividades econômicas em sentido estrito, a teor do art. 173, § 1.º, II, e § 2.º, da Constituição da República, sujeitam-se ao regime jurídico próprio das empresas privadas, não podendo gozar de benefícios e prerrogativas da Fazenda Pública inextensíveis ao setor privado (STF, Pleno, MC-ADPF 896/MG, Rel. Min. Rosa Weber, *DJe* 25.04.2023).

Recurso extraordinário com repercussão geral. Direito constitucional financeiro. Sistemática dos precatórios (art. 100, CF/88). Execução provisória de débitos da Fazenda Pública. Obrigação de fazer. Sentença com trânsito em julgado. Emenda Constitucional 30/2000. 1. Fixação da seguinte tese ao Tema 45 da sistemática da repercussão geral: "A execução provisória de obrigação de fazer em face da Fazenda Pública não atrai o regime constitucional dos precatórios". 2. A jurisprudência do STF firmou-se no sentido da inaplicabilidade ao Poder Público do regime jurídico da execução provisória de prestação de pagar quantia certa, após o advento da Emenda Constitucional 30/2000. Precedentes. 3. A sistemática constitucional dos precatórios não se aplica às obrigações de fato positivo ou negativo, dado a excepcionalidade do regime de pagamento de débitos pela Fazenda Pública, cuja interpretação deve ser restrita. Por consequência, a situação rege-se pela regra legal de que toda decisão não autossuficiente pode ser cumprida de maneira imediata, na pendência de recursos não recebidos com efeito suspensivo. 4. Não se encontra parâmetro constitucional ou legal que obste a pretensão de execução provisória de sentença condenatória de obrigação de fazer relativa à implantação de pensão de militar, antes do trânsito em julgado dos embargos do devedor opostos pela Fazenda Pública. 5. Há compatibilidade material entre o regime de cumprimento integral de decisão provisória e a sistemática dos precatórios, haja vista que este apenas se refere às obrigações de pagar quantia certa. 6. Recurso extraordinário a que se nega provimento" (STF, Pleno, RE 573.872/RS, Rel. Min. Edson Fachin, *DJe* 11.09.2017).

Multa do art. 475-J do CPC. Incompatibilidade com o processo do trabalho. Regra própria com prazo reduzido. Medida coercitiva no Processo Trabalho diferenciada do Processo Civil. O art. 475-J do CPC [de 1973] determina que o devedor que, no prazo de quinze dias, não tiver efetuado o pagamento da dívida, tenha acrescido multa de 10% sobre o valor da execução e, a requerimento do credor, mandado de penhora e avaliação. A aplicação de norma processual extravagante, no processo do trabalho, está subordinada a omissão no texto da Consolidação. Nos incidentes da execução o art. 889 da CLT remete à Lei dos Executivos Fiscais, com fonte subsidiária. Persistindo a omissão, o direito processual comum é, como quer o art. 769, o processo civil como fonte subsidiária por excelência. Não há omissão no art. 880 da CLT a autorizar a aplicação subsidiária. Nesse sentido, a jurisprudência da c. SDI se firmou, no julgamento dos *leading case* E-RR 38300-47.2005.5.01.0052 (Relator Ministro Brito Pereira) e E-RR 1568700-64.2006.5.09.0002 (Relator Ministro Aloysio Corrêa da Veiga), julgado em 29/06/2010). Recurso de embargos conhecido e provido, no tema, para afastar a multa do art. 475-J do CPC (TST, SBDI-I, E-RR 348000-24.2005.5.09.0513, Rel. Min. Aloysio Corrêa da Veiga, *DEJT* 17.12.2010).

Arguição de inconstitucionalidade. Expressão "equivalentes à TRD" contida no artigo 39 da Lei n.º 8.177/1991. *Ratio decidendi* definida pelo Supremo Tribunal Federal. Interpretação conforme a Constituição. Declaração de inconstitucionalidade por arrastamento, por atração, consequência, decorrente ou reverberação normativa. Interpretação conforme a Constituição. Modulação de efeitos autorizada pela integração analógica prevista no artigo 896-C, § 17, da CLT, introduzido pela Lei n.º 13.015/2014. Respeito ao ato jurídico perfeito. Na decisão proferida pelo Supremo Tribunal Federal nas ADIs n.ºs 4.357, 4.372, 4.400 e 4425, foi declarada inconstitucional a expressão "índice oficial da remuneração básica da caderneta de poupança", constante do § 12 do artigo 100 da Constituição Federal. Mais recentemente e na mesma linha, desta feita por meio da decisão proferida nos autos da Ação Cautelar n.º 3764 MC/DF, em 24.03.2015, o entendimento foi reafirmado pela Suprema Corte, e fulminou a aplicação da TR como índice de correção monetária. A *ratio decidendi* desses julgamentos pode ser assim resumida: a atualização monetária incidente sobre obrigações expressas em pecúnia constitui direito subjetivo do credor e deve refletir a exata recomposição do poder aquisitivo decorrente da inflação do período em que apurado, sob pena de violar o direito fundamental de propriedade, protegido no artigo 5.º, XXII, a coisa julgada (artigo 5.º, XXXVI), a isonomia (artigo 5.º, *caput*), o princípio da separação dos Poderes (artigo 2.º) e o postulado da proporcionalidade, além da eficácia e efetividade do título judicial, a vedação ao enriquecimento ilícito do devedor. Diante desse panorama, inevitável reconhecer que a expressão "equivalentes à TRD", contida no artigo 39 da Lei n.º 8.177/1991, também é inconstitucional, pois impede que se restabeleça o direito à recomposição integral do crédito reconhecido pela sentença transitada em julgado. O reparo, portanto, dessa iníqua situação se impõe e com urgência, na medida em que, ao permanecer essa regra, a cada dia o trabalhador amargará perdas crescentes resultantes da utilização de índice de atualização monetária do seu crédito que não reflete a variação da taxa inflacionária. A solução para a questão emana do próprio Supremo Tribunal Federal e recai sobre a declaração de Inconstitucionalidade por Arrastamento (ou por Atração, Consequência, Decorrente, Reverberação Normativa), caracterizada quando a declaração de inconstitucionalidade de uma norma impugnada se estende aos dispositivos normativos que apresentam com ela relação de conexão ou de interdependência. A técnica já foi utilizada pela Corte Maior, em inúmeros casos e, especificamente na discussão em exame, em relação à regra contida no art. 1.º-F da Lei n.º 9.494/1997, a partir do reconhecimento de que os fundamentos da *ratio decidendi* principal também se encontravam presentes para proclamar o mesmo "atentado constitucional" em relação a este dispositivo que, na essência, continha o mesmo vício. A consequência da declaração da inconstitucionalidade pretendida poderá acarretar, por sua vez, novo debate jurídico, consistente em definir o índice a ser aplicável e, também, o efeito repristinatório de distintas normas jurídicas, considerando haverem sido diversas as leis que, ao longo da história, regularam o tema. Porém, a simples declaração de que as normas anteriores seriam restabelecidas, de pronto, com a retirada do mundo jurídico da lei inconstitucional, ainda que possível, não permitiria encontrar a solução, diante da extinção da unidade de referência de cuja variação do valor nominal se obtinha a definição do fator de reajuste, além de, de igual modo, haver sido assegurado no comando do STF a indicação do índice que reflete a variação plena da inflação. Nessa mesma linha de argumentação e como solução que atenda à vontade do legislador e evite a caracterização do "vazio normativo", pode ser adotada a técnica de interpretação conforme a Constituição para o texto remanescente do dispositivo impugnado, que mantém o direito à atualização monetária dos créditos trabalhistas. Pretende-se, pois, expungir do texto legal a expressão que atenta contra a Constituição e, uma vez mantida a regra que define direito à atualização monetária (o restante do artigo 39), interpretá-la em consonância com as diretrizes fixadas na Carta, para assegurar o direito à incidência do índice que reflita a variação integral da "corrosão inflacionária", dentre os diversos existentes (IPC, IGP, IGP-M, ICV, INPC e IPCA, por exemplo), acolhendo-se o IPCA-E, tal como definido pela Corte Maior. Mas isso também não basta. Definido o novo índice de correção, consentâneo com os princípios constitucionais que levaram à declaração de inconstitucionalidade do parâmetro anterior, ainda será necessária a modulação dos efeitos dessa decisão, autorizada esta Corte por integração analógica do artigo 896-C, § 17, da CLT, introduzido pela Lei n.º 13.015/2014, a fim de que se preservem as situações jurídicas consolidadas resultantes dos pagamentos efetuados nos processos judiciais em virtude dos quais foi adimplida a obrigação, sobretudo em decorrência da proteção ao ato jurídico perfeito, resguardado desde o artigo 5.º, XXXVI, da Constituição, até o artigo 6.º da Lei de Introdução ao Direito Brasileiro – LIDB. Em conclusão: declara-se a inconstitucionalidade por arrastamento da expressão "equivalentes à TRD", contida no *caput* do artigo 39 da Lei n.º 8.177/1991; adota-se a técnica de interpretação conforme a Constituição para o texto remanescente do dispositivo impugnado, a preservar o direito à atualização monetária dos créditos trabalhistas; define-se a variação do Índice de Preços ao Consumidor Amplo Especial (IPCA-E) como fator de atualização a ser utilizado na tabela de atualização monetária dos débitos trabalhistas na Justiça do Trabalho; e atribui-se efeito modulatório à decisão, que deverá prevalecer a partir de 30 de junho de 2009 (data de vigência da Lei n.º 11.960/2009, que acresceu o artigo 1.º-F à Lei n.º 9.494/1997, declarado inconstitucional pelo STF, com o registro de que essa data corresponde à adotada no Ato de 16.04.2015, da Presidência deste Tribunal, que alterou o ATO.TST.GDGSET.GP n.º 188, de 22.04.2010, publicado no BI n.º 16, de 23.04.2010, que estabelece critérios para o reconhecimento administrativo, apuração de valores e pagamento de dívidas de exercícios anteriores – passivos – a magistrados e servidores do Tribunal Superior do Trabalho), observada, porém, a preservação das situações jurídicas consolidadas resultantes dos pagamentos efetuados nos processos judiciais em virtude dos quais foi adimplida a obrigação, em respeito à proteção ao ato jurídico perfeito, também protegido constitucionalmente (art. 5.º, XXXVI) (TST, Pleno, ArgInc 479-60.2011.5.04.0231, Rel. Min. Cláudio Mascarenhas Brandão, *DEJT* 14.08.2015).

Recurso ordinário em mandado de segurança. Penhora incidente sobre honorários médicos recebidos pelo impetrante. Legalidade. Artigo 833, § 2.º, do CPC/2015. Na presente hipótese, a ilegalidade apontada é a decisão judicial proferida na reclamação trabalhista de origem, que determinou o bloqueio dos créditos do executado, ora impetrante, até atingir o valor total da execução, qual seja R$ 37.971,78. Observe-se, no caso, que a decisão combatida foi prolatada em 8/5/2017, portanto, na vigência do CPC/2015. Nesse contexto, cumpre assinalar o que preceitua o § 2.º do art. 833 do citado Código: O disposto nos incisos IV e X do *caput* não se aplica à hipótese de penhora para pagamento de prestação alimentícia, independentemente de sua origem, bem como às importâncias excedentes a 50 (cinquenta) salários mínimos mensais, devendo a constrição observar o disposto no art. 528, § 8.º, e no art. 529, § 3.º. Assim, verifica-se que o inadimplemento de prestações alimentícias "independentemente de sua origem" enseja penhora de salários e proventos no limite estabelecido na novel lei processual. Note-se que a expressão destacada não existia no CPC de 1973 e, por essa razão, esta Corte Superior consagrou o entendimento segundo o qual a exceção do revogado art. 649, § 2.º, do CPC/1973 fazia referência apenas à prestação alimentícia fixada com espeque no art. 1.694 do CC/2002. Por fim, ressalte-se que o Tribunal Pleno dessa Corte Superior alterou a redação da Orientação Jurisprudencial n.º 153 da SBDI-2/TST (Res. 220/2017, *DEJT* divulgado em 21, 22 e 25.09.2017) para deixar claro que a diretriz ali contida aplica-se apenas a penhoras sobre salários realizadas quando ainda em vigor o revogado CPC de 1973, o que não se verifica na espécie. Destarte, não se há de falar em afronta a direito líquido e certo da impetrante, tampouco em violação de dispositivo de lei. Dessa forma, conclui-se que a decisão impugnada não merece reparos. Recurso ordinário conhecido e não provido (TST, SBDI-II, RO – 21601-36.2017.5.04.0000, Rel. Min. Maria Helena Mallmann, *DEJT* 07.12.2017).

✦ Súmulas, Orientações Jurisprudenciais e Precedentes Normativos

Súmula 205 do STJ: A Lei 8.009/90 aplica-se a penhora realizada antes de sua vigência.

Súmula 362 do STJ: A correção monetária do valor da indenização do dano moral incide desde a data do arbitramento.

Súmula 364 do STJ: O conceito de impenhorabilidade de bem de família abrange também o imóvel pertencente a pessoas solteiras, separadas e viúvas.

Súmula 449 do STJ: A vaga de garagem que possui matrícula própria no registro de imóveis não constitui bem de família para efeito de penhora.

Súmula 486 do STJ: É impenhorável o único imóvel residencial do devedor que esteja locado a terceiros, desde que a renda obtida com a locação seja revertida para a subsistência ou a moradia da sua família.

Súmula 242 do extinto TFR: Bem Alienado Fiduciariamente. Objeto de Penhora. Execuções Contra o Devedor Fiduciário. O bem alienado fiduciariamente não pode ser objeto de penhora nas execuções ajuizadas contra o devedor fiduciário.

Súmula 187 do TST: Correção monetária. Incidência (mantida) – Res. 121/2003, *DJ* 19, 20 e 21.11.2003. A correção monetária não incide sobre o débito do trabalhador reclamante.

Súmula 200 do TST: Juros de mora. Incidência (mantida) – Res. 121/2003, *DJ* 19, 20 e 21.11.2003. Os juros de mora incidem sobre a importância da condenação já corrigida monetariamente.

Súmula 304 do TST: Correção monetária. Empresas em liquidação. Art. 46 do ADCT/CF (mantida) – Res. 121/2003, *DJ* 19, 20 e 21.11.2003 e republicada *DJ* 25.11.2003. Os débitos trabalhistas das entidades submetidas aos regimes de intervenção ou liquidação extrajudicial estão sujeitos à correção monetária desde o respectivo vencimento até seu efetivo pagamento, sem interrupção ou suspensão, não incidindo, entretanto, sobre tais débitos, juros de mora.

Súmula 307 do TST: Juros. Irretroatividade do Decreto-lei 2.322, de 26.02.1987 (mantida) – Res. 121/2003, *DJ* 19, 20 e 21.11.2003. A fórmula de cálculo de juros prevista no Decreto-lei 2.322, de 26.02.1987, somente é aplicável a partir de 27.02.1987. Quanto ao período anterior, deve-se observar a legislação então vigente.

Súmula 311 do TST: Benefício previdenciário a dependente de ex-empregado. Correção monetária. Legislação aplicável (mantida) – Res. 121/2003, *DJ* 19, 20 e 21.11.2003. O cálculo da correção monetária incidente sobre débitos relativos a benefícios previdenciários devidos a dependentes de ex-empregado pelo empregador, ou por entidade de previdência privada a ele vinculada, será o previsto na Lei 6.899, de 08.04.1981.

Súmula 381 do TST: Correção monetária. Salário. Art. 459 da CLT (conversão da Orientação Jurisprudencial 124 da SBDI-1) – Res. 129/2005, *DJ* 20, 22 e 25.04.2005. O pagamento dos salários até o 5.º dia útil do mês subsequente ao vencido não está sujeito à correção monetária. Se essa data limite for ultrapassada, incidirá o índice da correção monetária do mês subsequente ao da prestação dos serviços, a partir do dia 1.º.

Súmula 417 do TST: Mandado de segurança. Penhora em dinheiro (Resolução 212/2016 – *DEJT* 20.09.2016, alterado o item I, atualizado o item II e cancelado o item III, modulando-se os efeitos da presente redação de forma a atingir unicamente as penhoras em dinheiro em execução provisória efetivadas a partir de 18.03.2016, data de vigência do CPC de 2015).

I – Não fere direito líquido e certo do impetrante o ato judicial que determina penhora em dinheiro do executado para garantir crédito exequendo, pois é prioritária e obedece à gradação prevista no art. 835 do CPC de 2015 (art. 655 do CPC de 1973).

II – Havendo discordância do credor, em execução definitiva, não tem o executado direito líquido e certo a que os valores penhorados em dinheiro fiquem depositados no próprio banco, ainda que atenda aos requisitos do art. 840, I, do CPC de 2015 (art. 666, I, do CPC de 1973).

Súmula 439 do TST: Danos morais. Juros de mora e atualização monetária. Termo inicial. Nas condenações por dano moral, a atualização monetária é devida a partir da data da decisão de arbitramento ou de alteração do valor. Os juros incidem desde o ajuizamento da ação, nos termos do art. 883 da CLT.

Orientação Jurisprudencial 7 do Pleno do TST: Juros de mora. Condenação da Fazenda Pública. (nova redação) – Res. 175/2011, *DEJT* divulgado em 27, 30 e 31.05.2011.

I – Nas condenações impostas à Fazenda Pública, incidem juros de mora segundo os seguintes critérios:

a) 1% (um por cento) ao mês, até agosto de 2001, nos termos do § 1.º do art. 39 da Lei 8.177, de 01.03.1991;

b) 0,5% (meio por cento) ao mês, de setembro de 2001 a junho de 2009, conforme determina o art. 1.º-F da Lei 9.494, de 10.09.1997, introduzido pela Medida Provisória 2.180-35, de 24.08.2001.

II – A partir de 30 de junho de 2009, atualizam-se os débitos trabalhistas da Fazenda Pública, mediante a incidência dos índices oficiais de remuneração básica e juros aplicados à caderneta de poupança, por força do art. 5.º da Lei 11.960, de 29.06.2009.

III – A adequação do montante da condenação deve observar essa limitação legal, ainda que em sede de precatório.

Orientação Jurisprudencial 87 da SBDI-I do TST: Entidade pública. Exploração de atividade eminentemente econômica. Execução. Art. 883 da CLT. É direta a execução contra a APPA e MINASCAIXA (§ 1.º do art. 173, da CF/1988).

Orientação Jurisprudencial 181 da SBDI-I do TST: Comissões. Correção monetária. Cálculo (inserida em 08.11.2000). O valor das comissões deve ser corrigido monetariamente para em seguida obter-se a média para efeito de cálculo de férias, 13.º salário e verbas rescisórias.

Orientação Jurisprudencial 198 da SBDI-I do TST: Honorários periciais. Atualização monetária (inserida em 08.11.2000). Diferentemente da correção aplicada aos débitos trabalhistas, que têm caráter alimentar, a atualização monetária dos honorários periciais é fixada pelo art. 1.º da Lei 6.899/1981, aplicável a débitos resultantes de decisões judiciais.

Orientação Jurisprudencial 226 da SBDI-I do TST: Crédito trabalhista. Cédula de crédito rural. Cédula de crédito industrial. Penhorabilidade (título alterado) – *DJ* 20.04.2005. Diferentemente da cédula de crédito industrial garantida por alienação fiduciária, na cédula rural pignoratícia ou hipotecária o bem permanece sob o domínio do devedor (executado), não constituindo óbice à penhora na esfera trabalhista (Decreto-lei n.º 167/67, art. 69; CLT, arts. 10 e 30 e Lei n.º 6.830/1980).

Orientação Jurisprudencial 300 da SBDI-I do TST: Execução trabalhista. Correção monetária. Juros. Lei 8.177/1991, art. 39, e Lei 10.192/2001, art. 15 (nova redação) – *DJ* 20.04.2005. Não viola norma constitucional (art. 5.º, II e XXXVI) a determinação de aplicação da TRD, como fator de correção monetária dos débitos trabalhistas, cumulada com juros de mora, previstos no artigo 39 da Lei 8.177/1991 e convalidados pelo artigo 15 da Lei 10.192/2001.

Orientação Jurisprudencial 302 da SBDI-I do TST: FGTS. Índice de correção. Débitos trabalhistas (*DJ* 11.08.2003). Os créditos referentes ao FGTS, decorrentes de condenação judicial, serão corrigidos pelos mesmos índices aplicáveis aos débitos trabalhistas.

Orientação Jurisprudencial 343 da SBDI-I do TST: Penhora. Sucessão. Art. 100 da CF/1988. Execução. É válida a penhora em bens de pessoa jurídica de direito privado, realizada anteriormente à sucessão pela União ou por Estado-membro, não podendo a execução prosseguir mediante precatório. A decisão que a mantém não viola o art. 100 da CF/1988.

Orientação Jurisprudencial 382 da SBDI-I do TST: Juros de mora. Art. 1.º-F da Lei 9.494, de 10.09.1997. Inaplicabilidade à Fazenda Pública quando condenada subsidiariamente. (*DEJT* divulgado em 19, 20 e 22.04.2010). A Fazenda Pública, quando condenada subsidiariamente pelas obrigações trabalhistas devidas pela empregadora principal, não se beneficia da limitação dos juros, prevista no art. 1.º-F da Lei 9.494, de 10.09.1997.

Orientação Jurisprudencial 400 da SBDI-I do TST: Imposto de renda. Base de cálculo. Juros de mora. Não integração. Art. 404 do Código Civil Brasileiro. (*DEJT* divulgado em 02, 03 e 04.08.2010). Os juros de mora decorrentes do inadimplemento de obrigação de pagamento em dinheiro não integram a base de cálculo do imposto de renda, independentemente da natureza jurídica da obrigação inadimplida, ante o cunho indenizatório conferido pelo art. 404 do Código Civil de 2002 aos juros de mora.

Orientação Jurisprudencial 408 da SBDI-I do TST: Juros de mora. Empresa em liquidação extrajudicial. Sucessão trabalhista. (*DEJT* divulgado em 22, 25 e 26.10.2010). É devida a incidência de juros de mora em relação aos débitos trabalhistas de empresa em liquidação extrajudicial sucedida nos moldes dos arts. 10 e 448 da CLT. O sucessor responde pela obrigação do sucedido, não se beneficiando de qualquer privilégio a este destinado.

Orientação Jurisprudencial 93 da SBDI-II do TST: Penhora sobre parte da renda de estabelecimento comercial. Possibilidade. Nos termos do art. 866 do CPC de 2015, é admissível a penhora sobre a renda mensal ou faturamento de empresa, limitada a percentual, que não comprometa o desenvolvimento regular de suas atividades, desde que não haja outros bens penhoráveis ou, havendo outros bens, eles sejam de difícil alienação ou insuficientes para satisfazer o crédito executado.

Orientação Jurisprudencial 153 da SBDI-II do TST: Mandado de segurança. Execução. Ordem de penhora sobre valores existentes em conta-salário. Art. 649, IV, do CPC de 1973. Ilegalidade. Ofende direito líquido e certo decisão que determina o bloqueio de numerário existente em conta-salário, para satisfação de crédito trabalhista, ainda que seja limitado a determinado percentual dos valores recebidos ou a valor revertido para fundo de aplicação ou poupança, visto que o art. 649, IV, do CPC de 1973 contém norma imperativa que não admite interpretação ampliativa, sendo a exceção prevista no art. 649, § 2.º, do CPC de 1973 espécie e não gênero de crédito de natureza alimentícia, não englobando o crédito trabalhista.

Art. 883-A. A decisão judicial transitada em julgado somente poderá ser levada a protesto, gerar inscrição do nome do executado em órgãos de proteção ao crédito ou no Banco Nacional de Devedores Trabalhistas (BNDT), nos termos da lei, depois de transcorrido o prazo de quarenta e cinco dias a contar da citação do executado, se não houver garantia do juízo.

1. EXECUÇÃO INDIRETA

O art. 17 da Instrução Normativa 39/2016 do TST prevê que, sem prejuízo da inclusão do devedor no Banco Nacional de Devedores Trabalhistas (art. 642-A da CLT), aplicam-se à execução trabalhista as normas dos arts. 495, 517 e 782, §§ 3.º, 4.º e 5.º do CPC de 2015, que tratam respectivamente da hipoteca judiciária, do protesto de decisão judicial e da inclusão do nome do executado em cadastros de inadimplentes.

Nos termos do art. 495 do CPC de 2015, a decisão que condenar o réu ao pagamento de prestação consistente em dinheiro e a que determinar a conversão de prestação de fazer, de não fazer ou de dar coisa em prestação pecuniária valem como título constitutivo de *hipoteca judiciária*.

A decisão produz a hipoteca judiciária: embora a condenação seja genérica; ainda que o credor possa promover o cumprimento provisório da sentença ou esteja pendente arresto sobre bem do devedor; mesmo que impugnada por recurso dotado de efeito suspensivo.

A hipoteca judiciária pode ser realizada mediante apresentação de cópia da sentença perante o cartório de registro imobiliário, independentemente de ordem judicial, de declaração expressa do juiz ou de demonstração de urgência.

No prazo de até 15 dias da data de realização da hipoteca, a parte deve informá-la ao juízo da causa, que determinará a intimação da outra parte para que tome ciência do ato.

A hipoteca judiciária, uma vez constituída, implica, para o credor hipotecário, o direito de preferência, quanto ao pagamento, em relação a outros credores, observada a prioridade no registro.

Sobrevindo a reforma ou a invalidação da decisão que impôs o pagamento de quantia, a parte responde, independentemente de culpa, pelos danos que a outra parte tiver sofrido em razão da constituição da garantia, devendo o valor da indenização ser liquidado e executado nos próprios autos.

O Código de Processo Civil de 2015, concretizando a chamada *execução indireta*, por meio da qual se busca o cumprimento voluntário da obrigação pelo devedor, utilizando-se de meios de pressão para que assim ocorra, dispõe, no art. 517, que *a decisão judicial transitada em julgado pode ser levada a protesto*, nos termos da lei, depois de transcorrido o prazo para pagamento voluntário (previsto no art. 523 do CPC de 2015).

Para efetivar o protesto, incumbe ao exequente apresentar *certidão de teor da decisão*.

Essa certidão de teor da decisão deve ser fornecida no prazo de três dias e indicará o nome e a qualificação do exequente e do executado, o número do processo, o valor da dívida e a data de decurso do prazo para pagamento voluntário.

O executado que tiver proposto ação rescisória para impugnar a decisão exequenda pode requerer, a suas expensas e sob sua responsabilidade, a anotação da propositura da ação à margem do título protestado.

Mediante requerimento do executado, o protesto deve ser cancelado por determinação do juiz, por meio de ofício a ser expedido ao cartório, no prazo de três dias, contado da data de protocolo do requerimento, desde que comprovada a satisfação integral da obrigação.

Além disso, ainda como medida de *execução indireta*, o art. 782, § 3.º, do CPC de 2015 prevê que, a requerimento da parte, o juiz pode determinar a *inclusão do nome do executado em cadastros de inadimplentes*.

Entretanto, essa inscrição deve ser cancelada imediatamente se for efetuado o pagamento, garantida a execução ou se a execução for extinta por qualquer outro motivo.

Essa possibilidade de determinar a inclusão do nome do executado em cadastros de inadimplentes aplica-se não apenas à *execução de título extrajudicial*, mas também à *execução definitiva de título judicial* (art. 782, § 5.º, do CPC de 2015).

O art. 883-A da CLT, acrescentado pela Lei 13.467/2017, estabelece que a decisão judicial transitada em julgado somente pode ser levada a protesto, gerar inscrição do nome do executado em órgãos de proteção ao crédito ou no Banco Nacional de Devedores Trabalhistas (BNDT), nos termos da lei, *depois de transcorrido o prazo de 45 dias a contar da citação do executado*, se não houver garantia do juízo.

Desse modo, cabe ressaltar que, nos termos do art. 880 da CLT, requerida a execução, o juiz ou presidente do tribunal mandará expedir *mandado de citação do executado*, a fim de que cumpra a decisão ou o acordo no prazo, pelo modo e sob as cominações estabelecidas ou, quando se tratar de pagamento em dinheiro, inclusive de contribuições sociais devidas à União, para que o faça em 48 horas ou garanta a execução, sob pena de penhora.

O mandado de citação deve conter a decisão exequenda ou o termo de acordo não cumprido. A citação deve ser feita pelos oficiais de diligência. Se o executado, procurado por duas vezes no espaço de 48 horas, não for encontrado, deve ser feita a citação por edital, publicado no jornal oficial ou, na falta deste, afixado na sede do Juízo, durante cinco dias.

✦ **Jurisprudência**

Hipoteca judiciária. Aplicação ao processo do trabalho. A hipoteca judiciária é efeito da sentença condenatória proferida, estatuída em lei, não havendo que se falar em impossibilidade de sua aplicação na Justiça do Trabalho, ainda quando concedida de ofício pelo julgador. Assim, esse instituto é plenamente aplicável ao Processo Trabalhista, à luz do art. 769 da CLT, ante a compatibilidade com as regras do Texto Consolidado. Precedentes. Óbice da Súmula 333/TST. Recurso de revista não conhecido (TST, 2.ª T., RR-10406-76.2015.5.08.0129, Rel. Min. Maria Helena Mallmann, *DEJT* 26.02.2021).

Seção III – Dos Embargos à Execução e da sua Impugnação

Art. 884. Garantida a execução ou penhorados os bens, terá o executado 5 (cinco) dias para apresentar embargos, cabendo igual prazo ao exequente para impugnação.

§ 1.º A matéria de defesa será restrita às alegações de cumprimento da decisão ou do acordo, quitação ou prescrição da dívida.

§ 2.º Se na defesa tiverem sido arroladas testemunhas, poderá o Juiz ou o Presidente do Tribunal, caso julgue necessários seus depoimentos, marcar audiência para a produção das provas, a qual deverá realizar-se dentro de 5 (cinco) dias.

§ 3.º Somente nos embargos à penhora poderá o executado impugnar a sentença de liquidação, cabendo ao exequente igual direito e no mesmo prazo.

§ 4.º Julgar-se-ão na mesma sentença os embargos e as impugnações à liquidação apresentadas pelos credores trabalhista e previdenciário.

§ 5.º Considera-se inexigível o título judicial fundado em lei ou ato normativo declarados inconstitucionais pelo Supremo Tribunal Federal ou em aplicação ou interpretação tidas por incompatíveis com a Constituição Federal.

§ 6.º A exigência da garantia ou penhora não se aplica às entidades filantrópicas e/ou àqueles que compõem ou compuseram a diretoria dessas instituições.

1. EMBARGOS À EXECUÇÃO

Os embargos à execução têm natureza de ação do executado, com o objetivo de extinguir a execução, mais especificamente de desconstituir o título executivo, declarar a inexigibilidade da obrigação ou mesmo a nulidade da execução.

No Direito Processual do Trabalho, pode-se dizer que os embargos à execução, apesar da natureza de ação, são incidentes ao processo existente, não dando origem a processo autônomo.

Os embargos à execução devem ser distribuídos por dependência (art. 914, § 1.º, do CPC de 2015). Na Justiça do Trabalho, os embargos não são autuados em apartado, mas nos próprios autos principais, justamente porque não dão origem a processo diverso, tratando-se de ação incidental à execução.

Quanto à competência, por se tratar de ação incidente ao processo (ou fase) de execução, em regra, os embargos à execução devem ser ajuizados perante o próprio juízo da execução, nos termos do art. 877 da CLT.

O prazo para a oposição dos embargos à execução deve ser contado da intimação da penhora (art. 774 da CLT), ou do depósito (pelo executado) para a garantia da execução (art. 884 da CLT).

De acordo com o art. 884, *caput*, da CLT, uma vez garantida a execução ou penhorados os bens, "terá o executado 5 (cinco) dias para apresentar embargos, cabendo igual prazo ao exequente para impugnação".

O art. 1.º-B da Lei 9.494/1997, acrescentado pelo art. 4.º da Medida Provisória 2.180-35/2001, prevê que: "O prazo a que se refere o *caput* dos arts. 730 do Código de Processo Civil, e 884 da Consolidação das Leis do Trabalho, aprovada pelo Decreto-lei 5.452, de 1.º de maio de 1943, passa a ser de trinta dias".

Como a referida disposição foi acrescentada à Lei 9.494/1997, que trata da antecipação da tutela contra a Fazenda Pública, a interpretação mais adequada é no sentido de que apenas para os embargos à execução apresentados pela Fazenda Pública é que se aplica o prazo de 30 dias.

Frise-se ainda que o Supremo Tribunal Federal decidiu ser constitucional o prazo de 30 dias para a Fazenda Pública embargar a execução (STF, Pleno, ADI 2.418/DF, Rel. Min. Teori Zavascki, j. 04.05.2016).

Cabe ressalvar que, no caso específico de execução fiscal de dívida ativa da Fazenda Pública, decorrente de multa imposta ao empregador pelo órgão de fiscalização das relações de trabalho (art. 114, inciso VII, da Constituição Federal de 1988), por se aplicar a Lei 6.830/1980, entende-se que o prazo do executado para opor embargos à execução (na execução fiscal) é de 30 dias, a partir da garantia do juízo, nos termos do art. 16 desse diploma legal.

O prazo para a apresentação de defesa nos embargos à execução, por seu turno, é o mesmo destes.

Entendendo-se que o prazo de embargos à execução no processo do trabalho permanece sendo, em regra, de cinco dias (sendo de 30 dias no caso de embargos apresentados pala Fazenda Pública), estes mesmos prazos são aplicados à defesa nos embargos à execução.

Por se tratar de ação, o embargado (exequente) deve ser notificado para apresentar resposta aos embargos à execução. Não sendo apresentada essa contestação no prazo acima indicado, o embargado é considerado revel.

Entretanto, nem sempre ocorrerá o efeito da revelia, relativo à presunção (relativa) de veracidade dos fatos alegados pelo autor (embargante), pois essa presunção pode ser elidida em razão de outros elementos já constantes dos autos.

Defende-se que, no processo do trabalho, para a admissão dos embargos à execução, ainda há necessidade de garantia do juízo, na forma do mencionado art. 884, *caput*, da CLT.

O juiz deve rejeitar liminarmente os embargos: I – quando intempestivos; II – nos casos de indeferimento da petição inicial e de improcedência liminar do pedido; III – manifestamente protelatórios (art. 918 do CPC de 2015).

Considera-se conduta atentatória à dignidade da justiça o oferecimento de embargos manifestamente protelatórios (art. 918, parágrafo único, do CPC).

O art. 3.º, inciso XXII, da Instrução Normativa 39/2016 do TST prevê que se aplicam ao processo do trabalho, diante de omissão e de compatibilidade, o art. 918 e parágrafo único do CPC de 2015, sobre rejeição liminar dos embargos à execução.

A matéria que pode ser alegada nos embargos à execução, nos termos do art. 884, § 1.º, da CLT, restringe-se "às alegações de cumprimento da decisão ou do acordo, quitação ou prescrição da dívida". Entende-se que essa regra é aplicável apenas na execução de título executivo judicial.

Ainda assim, o entendimento que prevalece é no sentido de que o mencionado dispositivo não esgota todo o rol de matérias que podem ser alegadas em embargos à execução, aplicando-se o atual art. 525 do CPC de 2015, ao prever que a impugnação (no caso do processo do trabalho, os embargos à execução) somente pode versar sobre:

> I – falta ou nulidade da citação se, na fase de conhecimento, o processo correu à revelia;
>
> II – ilegitimidade de parte;
>
> III – inexequibilidade do título ou inexigibilidade da obrigação;
>
> IV – penhora incorreta ou avaliação errônea;
>
> V – excesso de execução ou cumulação indevida de execuções;
>
> VI – incompetência absoluta ou relativa do juízo da execução;
>
> VII – qualquer causa modificativa ou extintiva da obrigação, como pagamento, novação, compensação, transação ou prescrição, desde que supervenientes ao trânsito em julgado da sentença.

Na execução trabalhista, há entendimento de que a falta ou nulidade da citação não pode ser alegada nos embargos à execução, uma vez que, no processo do trabalho, o revel é intimado da sentença (art. 852 da CLT). Sendo assim, caberia ao revel, ao ser intimado da sentença, interpor recurso ordinário. De acordo com essa corrente, ainda que o revel não tenha sido intimado da sentença, de forma válida, na fase de conhecimento, se a ciência quanto à sentença condenatória ocorrer somente ao ser citado na execução, deve interpor o recurso ordinário.

Não obstante, defende-se a possibilidade de se alegar a referida matéria nos embargos do devedor, por se tratar de questão de ordem pública, ligada ao princípio constitucional do contraditório e essencial à própria validade do processo.

O pagamento extingue a dívida (art. 304 do Código Civil de 2002).

A novação ocorre: quando o devedor contrai com o credor nova dívida para extinguir e substituir a anterior; quando novo devedor sucede ao antigo, ficando este quite com o credor; quando, em virtude de obrigação nova, outro credor é substituído ao antigo, ficando o devedor quite com este (art. 360 do Código Civil de 2002).

A transação somente é admitida quanto a direitos patrimoniais de caráter privado (art. 841 do Código Civil de 2002). Nesses casos, é lícito aos interessados prevenirem ou terminarem o litígio mediante concessões mútuas (art. 840 do Código Civil de 2002).

Entretanto, no processo do trabalho, em especial no caso de conflito decorrente da relação de emprego, prevalece o entendimento de que a transação que pode ser admitida no processo ou fase de execução é a de natureza judicial, isto é, a conciliação homologada judicialmente (art. 764, § 3.º, da CLT).

É certo que existe a possibilidade de transação perante a Comissão de Conciliação Prévia (art. 625-E da CLT), mas ela só pode ser alegada, como matéria de defesa, na contestação, isto é, na fase de conhecimento, e não na de execução de título judicial.

A prescrição é entendida como a perda da exigibilidade da pretensão. Nos termos do art. 189 do Código Civil de 2002, violado o direito, nasce para o titular a pretensão, a qual se extingue, pela prescrição, nos prazos estabelecidos na lei.

A prescrição que pode ser alegada nos embargos à execução fundada em título judicial é apenas a ocorrida posteriormente à sentença condenatória.

Caso se entendesse que a execução é iniciada por meio de ação autônoma, dando origem a processo distinto do processo de conhecimento, seria possível sustentar que essa prescrição, que pode ser alegada nos embargos à execução, é a prescrição da pretensão executiva, contada a partir do trânsito em julgado da sentença condenatória (pois a execução provisória, quando possível, é mera faculdade do credor), até o ajuizamento da ação de execução. Nessa hipótese, se a ação de execução for proposta após dois anos do trânsito em julgado da condenação, e o contrato de trabalho já estiver encerrado, estaria consumada a prescrição da pretensão executiva. Nesse sentido é a Súmula 150 do STF.

Anteriormente, prevalecia na jurisprudência o entendimento de que a prescrição intercorrente, ou seja, a que se consuma no curso da ação, mais especificamente durante a execução, era inaplicável na Justiça do Trabalho (Súmula 114 do TST), pois a execução trabalhista, em certas hipóteses, poderia ser iniciada de ofício pelo juiz (art. 878 da CLT), o mesmo ocorrendo quanto ao impulso processual (art. 765 da CLT).

Efetivamente, segundo o art. 765 da CLT, os juízos e Tribunais do Trabalho terão ampla liberdade na direção do processo e devem velar pelo andamento rápido das causas, podendo determinar qualquer diligência necessária ao esclarecimento delas.

É certo que, consoante o art. 884, § 1.º, da CLT, a matéria que pode ser alegada em embargos à execução é restrita às alegações de cumprimento da decisão ou do acordo, quitação ou *prescrição* da dívida.

Essa prescrição, entretanto, não é a intercorrente, pois não se confunde com a prescrição da pretensão executiva.

Assim, apesar do disposto na Súmula 327 do STF, anteriormente, entendia-se que não se aplicava ao processo do trabalho a prescrição intercorrente, isto é, durante o processamento da ação e da execução trabalhistas. O art. 2.º, inciso VIII, da Instrução Normativa 39/2016 do TST previa que não se aplicavam ao processo do trabalho, em razão de inexistência de omissão ou por incompatibilidade, o art. 921, §§ 4.º e 5.º, e o art. 924, inciso V, do CPC, sobre prescrição intercorrente.

O art. 2.º, inciso VIII, da Instrução Normativa 39/2016 do TST foi revogado pela Instrução Normativa 41/2018 do TST, pois o art. 11-A da CLT, incluído pela Lei 13.467/2017, passou a versar sobre a prescrição intercorrente, ou seja, no curso da execução trabalhista.

No presente, o art. 11-A da CLT, acrescentado pela Lei 13.467/2017, dispõe que ocorre a *prescrição intercorrente* no processo do trabalho no prazo de dois anos.

Adota-se o prazo bienal no caso da prescrição intercorrente, independentemente de o contrato de trabalho estar extinto ou não. Cabe registrar que o art. 7.º, inciso XXIX, da Constituição da República não trata especificamente de prescrição intercorrente.

Na esfera cível, a prescrição intercorrente observará o mesmo prazo de prescrição da pretensão, observadas as causas de impedimento, de suspensão e de interrupção da prescrição previstas no Código Civil e observado o disposto no art. 921 do Código de Processo Civil (art. 206-A do Código Civil, com redação dada pela Lei 14.382/2022).

A fluência do prazo prescricional intercorrente inicia-se quando o exequente deixa de cumprir determinação judicial no curso da execução (art. 11-A, § 1.º, da CLT).

O fluxo da prescrição intercorrente conta-se a partir do descumprimento da determinação judicial a que alude o § 1.º do art. 11-A da CLT, desde que feita após 11 de novembro de 2017, por ser a data da entrada em vigor da Lei 13.467/2017 (art. 2.º da Instrução Normativa 41/2018 do TST).

A declaração da prescrição intercorrente pode ser requerida ou declarada de ofício em qualquer grau de jurisdição (art. 11-A, § 2.º, da CLT).

Foi adotada a posição da Súmula 327 do STF. Deixa de prevalecer, assim, o entendimento firmado na Súmula 114 do TST.

Desse modo, extingue-se a execução quando ocorrer a prescrição intercorrente (art. 924, inciso V, do CPC). A extinção só produz efeito quando declarada por sentença (art. 925 do CPC).

No caso da prescrição intercorrente, a sua declaração pode decorrer de requerimento da parte ou ser feita de ofício pelo juiz.

O art. 40, *caput*, da Lei 6.830/1980 prevê que o juiz suspenderá o curso da execução, enquanto não for localizado o devedor ou encontrados bens sobre os quais possa recair a penhora, e, nesses casos, não correrá o prazo de prescrição.

Pode-se defender a aplicabilidade desse preceito à execução trabalhista, na forma do art. 889 da CLT.

Suspenso o curso da execução, deve ser aberta vista dos autos ao exequente (art. 40, § 1.º, da Lei 6.830/1980).

Decorrido o prazo máximo de um ano, sem que seja localizado o devedor ou encontrados bens penhoráveis, o juiz ordenará o arquivamento dos autos. Encontrados que sejam, a qualquer tempo, o devedor ou os bens, os autos devem ser desarquivados para prosseguimento da execução (art. 40, §§ 2.º e 3.º, da Lei 6.830/1980).

O art. 40, § 4.º, da Lei 6.830/1980, incluído pela Lei 11.051/2004, prevê, ainda, que se da decisão que ordenar o arquivamento tiver decorrido o prazo prescricional, o juiz, depois de ouvido o exequente, "poderá, de ofício, reconhecer a prescrição intercorrente e decretá-la de imediato".

No caso de execução fiscal propriamente, o art. 40, § 5.º, da Lei 6.830/1980 prevê que a manifestação prévia da Fazenda Pública será dispensada no caso de cobranças judiciais cujo valor seja inferior ao mínimo fixado por ato do Ministro de Estado da Fazenda.

Em execução fiscal de crédito tributário, o Supremo Tribunal Federal fixou a seguinte tese de repercussão geral (Tema 390): "É constitucional o art. 40 da Lei n.º 6.830/1980 (Lei de Execuções Fiscais – LEF), tendo natureza processual o prazo de 1 (um) ano de suspensão da execução fiscal. Após o decurso desse prazo, inicia-se automaticamente a contagem do prazo prescricional tributário de 5 (cinco) anos" (STF, Pleno, RE 636.562/SC, Rel. Min. Roberto Barroso, j. 22.02.2023).

Sendo assim, pode-se defender a aplicação do disposto no art. 40, §§ 4.º e 5.º, da Lei 6.830/1980, em execução fiscal, decorrente de penalidade administrativa imposta ao empregador pelo órgão de fiscalização das relações de trabalho, de competência da Justiça do Trabalho (art. 114, inciso VII, da Constituição da República).

Se a obrigação ainda não é exigível (por não ter vencido ou não ter ocorrido a condição suspensiva), a execução ainda não é admitida, revelando a ausência de interesse processual, quanto à necessidade e à adequação da tutela jurisdicional (executiva).

Para efeito do disposto no art. 525, § 1.º, inciso III, do CPC de 2015, considera-se também *inexigível* a obrigação reconhecida em título executivo judicial fundado em lei ou ato normativo considerado inconstitucional pelo Supremo Tribunal Federal, ou fundado em aplicação ou interpretação da lei ou do ato normativo tido pelo Supremo Tribunal Federal como incompatíveis com a Constituição Federal, em controle de constitucionalidade concentrado ou difuso (art. 525, § 12, do CPC de 2015).

Nesse caso, os efeitos da decisão do Supremo Tribunal Federal podem ser modulados no tempo, em atenção à segurança jurídica (art. 525, § 13, do CPC de 2015).

A decisão do Supremo Tribunal Federal referida no art. 525, § 12, do CPC de 2015 deve ser anterior ao trânsito em julgado da decisão exequenda (art. 525, § 14, do CPC de 2015). Se a mencionada decisão do STF for proferida após o trânsito em julgado da decisão exequenda, cabe ação rescisória, cujo prazo deve ser contado do trânsito em julgado da decisão proferida pelo Supremo Tribunal Federal (art. 525, § 15, do CPC de 2015).

Essas mesmas previsões são repetidas no art. 535, §§ 5.º a 8.º, do CPC de 2015, ao tratar da impugnação (ou seja, no processo do trabalho, dos embargos à execução) na execução contra a Fazenda Pública.

De forma semelhante, segundo o art. 884, § 5.º, da CLT, incluído pela Medida Provisória 2.180-35/2001, considera-se "inexigível o título judicial fundado em lei ou ato normativo declarados inconstitucionais pelo Supremo Tribunal Federal ou em aplicação ou interpretação tidas por incompatíveis com a Constituição Federal".

Discute-se a respeito da constitucionalidade dessa previsão, tendo em vista a garantia constitucional da coisa julgada (art. 5.º, inciso XXXVI, da CRFB/1988). A Constituição Federal de 1988 prevê a ação rescisória, ao dispor sobre a competência do STF (art. 102, inciso I, *j*), do STJ (art. 105, inciso I, *e*) e dos Tribunais Regionais Federais (art. 108, inciso I, *b*), a qual é o meio processual específico para a desconstituição da coisa julgada material.

De todo modo, o Supremo Tribunal Federal julgou ser válida (ou seja, constitucional) a previsão legal no sentido da inexigibilidade de título executivo judicial fundado em lei ou ato normativo que tiverem sido declarados inconstitucionais pelo STF (Pleno, ADI 2.418/DF, Rel. Min. Teori Zavascki, j. 04.05.2016).

Ressalte-se que o STF fixou a seguinte tese de repercussão geral: "A decisão do Supremo Tribunal Federal declarando a constitucionalidade ou a inconstitucionalidade de preceito normativo não produz a automática reforma ou rescisão das decisões anteriores que tenham adotado entendimento diferente. Para que tal ocorra, será indispensável a interposição de recurso próprio ou, se for o caso, a propositura de ação rescisória própria, nos termos do art. 485 do CPC [de 1973], observado o respectivo prazo decadencial (art. 495)" (STF, Pleno, RE 730.462/SP, Rel. Min. Teori Zavascki, *DJe* 09.09.2015).

O Supremo Tribunal Federal, ao julgar recurso extraordinário com repercussão geral, em demanda ajuizada por servidores públicos, declarou a incompetência da Justiça do Trabalho em relação ao período posterior à instituição do regime jurídico único (Lei 8.112/1990) e, em relação ao período anterior, declarou a insubsistência do título executivo judicial, conforme previsão do art. 884, § 5.º, da CLT (STF, Pleno, RE 590.880/CE, Red. p/ ac. Min. Cármen Lúcia, j. 21.08.2020).

Entende-se que as previsões do art. 525, §§ 12 a 15, do CPC (e do art. 535, §§ 5.º a 8.º, do CPC), não afastam o cabimento da ação rescisória após o trânsito em julgado da decisão rescindenda (art. 975 do CPC), com fundamento no art. 966, inciso V, do CPC (violação manifesta de norma jurídica), na hipótese em que a decisão rescindenda deixa de aplicar ou contraria decisão vinculante do Supremo Tribunal Federal proferida antes do trânsito em julgado da decisão que se objetiva rescindir[271].

---

[271] "Recurso ordinário em ação rescisória. Julgamento conjunto da ADPF n.º 324 e do RE n.º 958.252. Decisão vinculante do STF anterior ao trânsito em julgado da decisão rescindenda. Norma jurídica. Ação rescisória ajuizada com lastro no artigo 966, V, do CPC. Cabimento. 1. O Tribunal Regional, após indeferir o pedido de tutela provisória consistente na suspensão da execução que se processa nos autos da reclamação trabalhista subjacente, afastou o cabimento da ação rescisória, julgando extinto o processo sem resolução de mérito, nos termos do art. 485, IV, do CPC, ao fundamento de que a decisão rescindenda transitou em julgado em momento posterior ao julgamento conjunto da ADPF n.º 324, de relatoria do Ministro Luís Roberto Barroso, e do RE n.º 958.252 (Tema 725 da Repercussão Geral), de relatoria do Ministro Luiz Fux. 2. Ocorre que a Suprema Corte no julgamento da ADPF n.º 324 e do RE n.º 958.252 externou o conteúdo de norma jurídica vinculante e de aplicação imediata consubstanciada na licitude da terceirização ou de qualquer outra forma de divisão de trabalho entre pessoas jurídicas distintas, restando insubsistente a Súmula 331 do TST. 3. Portanto, considerando a ocorrência do trânsito em julgado do acórdão rescindendo em momento posterior à decisão vinculante do Supremo Tribunal Federal, admite-se o cabimento da ação rescisória, nos termos do art. 966, V, do CPC, pois, do contrário, estar-se-ia impondo obstáculo injustificável ao exercício do direito de ação consubstanciado na pretensão de corte rescisório sob a perspectiva do padrão decisório vinculante materializado no julgamento conjunto da ADPF n.º 324 e do RE n.º 958.252. 4. Nesse sentir, a previsão de impugnação à execução com base na inexigibilidade de título executivo judicial fundado em lei ou ato normativo considerado inconstitucional pelo Supremo Tribunal Federal, ou fundado em aplicação ou interpretação da lei ou do ato normativo tido pelo STF como incompatível com a Constituição Federal, em controle de constitucionalidade concentrado ou difuso (CPC, art. 525, § 1.º, III, e §§ 12 e 14), não afasta o manejo de ação rescisória após o trânsito em julgado da decisão rescindenda (art. 975, 'caput', do CPC). 5. Com efeito, impõe-se o cabimento de ação rescisória, nos termos do disposto no art. 966, V, do CPC, nas hipóteses em que a decisão rescindenda deixa de aplicar ou aplica equivocadamente padrão decisório vinculante do Supremo Tribunal Federal proferido antes do trânsito em julgado da decisão que se objetiva rescindir. Recurso ordinário conhe-

Há excesso de execução quando: I – o exequente pleiteia quantia superior à do título; II – ela recai sobre coisa diversa daquela declarada no título; III – ela se processa de modo diferente do que foi determinado no título; IV – o exequente, sem cumprir a prestação que lhe corresponde, exige o adimplemento da prestação do executado; V – o exequente não prova que a condição se realizou (art. 917, § 2.º, do CPC de 2015).

Quando o executado alegar que o exequente, em excesso de execução, pleiteia quantia superior à resultante da sentença, cumpre-lhe declarar de imediato o valor que entende correto, apresentando demonstrativo discriminado e atualizado de seu cálculo. Não apontado o valor correto ou não apresentado o demonstrativo, a impugnação (ou seja, os embargos à execução, no processo do trabalho) deve ser liminarmente rejeitada, se o excesso de execução for o seu único fundamento. Se houver outro fundamento, a impugnação (embargos à execução) deve ser processada, mas o juiz não examinará a alegação de excesso de execução (art. 525, §§ 4.º e 5.º, do CPC de 2015).

Admite-se, ainda, a apresentação da chamada *exceção* (ou objeção) *de pré-executividade*, para alegar, por exemplo, questões de ordem pública, como as previstas no art. 803 do CPC de 2015. Nos termos desse dispositivo legal, é nula a execução se o título executivo extrajudicial não corresponder a obrigação certa, líquida e exigível; o executado não for regularmente citado; ela for instaurada antes de se verificar a condição ou de ter ocorrido o termo.

A nulidade em questão deve ser pronunciada pelo juiz, de ofício ou a requerimento da parte, independentemente de embargos à execução. Embora a admissibilidade da exceção de pré-executividade não seja totalmente pacífica no processo do trabalho, o entendimento majoritário é no sentido afirmativo. Efetivamente, se até mesmo de ofício o juiz pode conhecer de certa matéria na execução, não seria coerente proibir a sua alegação pelo executado.

Na exceção de pré-executividade não se exige a prévia garantia do juízo, sendo admitida em situações excepcionais.

Se a exceção de pré-executividade for admitida, e o juiz extinguir a execução, é cabível agravo de petição, por se tratar de decisão final (art. 897, "a", da CLT). Entretanto, se o juiz rejeitar a alegação, ou não conhecer da exceção de pré-executividade, por se tratar de decisão interlocutória, não é cabível recurso de imediato (art. 893, § 1.º, da CLT).

Tratando-se de título extrajudicial, as matérias que podem ser alegadas em embargos à execução não sofrem a mencionada limitação, pois não se trata de fase seguinte no processo de conhecimento.

Deve-se aplicar, assim, o art. 917 do CPC de 2015, ao prever que, nos embargos, pode o executado alegar:

> I – inexequibilidade do título ou inexigibilidade da obrigação;
>
> II – penhora incorreta ou avaliação errônea;
>
> III – excesso de execução ou cumulação indevida de execuções;
>
> IV – retenção por benfeitorias necessárias ou úteis, nos casos de execução para entrega de coisa certa;
>
> V – incompetência absoluta ou relativa do juízo da execução;

cido e provido" (TST, SBDI-II, ROT-11492-19.2019.5.03.0000, Rel. Min. Morgana de Almeida Richa, *DEJT* 10.03.2023).

VI – qualquer matéria que lhe seria lícito deduzir como defesa em processo de conhecimento.

O art. 919 do CPC de 2015 prevê que os embargos à execução "não terão efeito suspensivo". Entretanto, o juiz pode, a requerimento do embargante, atribuir efeito suspensivo aos embargos quando verificados os requisitos para a concessão da tutela antecipada, e desde que a execução já esteja garantida por penhora, depósito ou caução suficientes. A decisão relativa aos efeitos dos embargos pode, a requerimento da parte, ser modificada ou revogada a qualquer tempo, em decisão fundamentada, cessando as circunstâncias que a motivaram.

Quando o efeito suspensivo atribuído aos embargos disser respeito apenas a parte do objeto da execução, esta prosseguirá quanto à parte restante. A concessão de efeito suspensivo aos embargos oferecidos por um dos executados não suspende a execução contra os que não embargaram, quando o respectivo fundamento disser respeito exclusivamente ao embargante. A concessão de efeito suspensivo não impede a efetivação dos atos de substituição, de reforço ou redução da penhora e de avaliação dos bens.

No processo do trabalho, contra a decisão sobre concessão, modificação ou revogação do efeito suspensivo não cabe recurso de imediato, por se tratar de decisão com natureza interlocutória (art. 895, § 1.º, do CLT).

2. IMPUGNAÇÃO DO EXEQUENTE

O exequente também pode apresentar impugnação, no caso, à decisão de liquidação, se não tiver incorrido na preclusão prevista no art. 879, § 2.º, da CLT.

O prazo, que deve ser contado da intimação do exequente quanto à penhora, é o mesmo dos embargos à execução, nos termos do art. 884, § 3.º, parte final, da CLT.

Se o exequente apresentar essa impugnação, o executado deve ser intimado para apresentar defesa, também no mesmo prazo.

A impugnação da decisão de liquidação pelo executado, por sua vez, deve ser apresentada juntamente com os embargos à execução.

Devem ser julgados na mesma sentença os embargos e as impugnações à liquidação apresentadas pelos credores trabalhista e previdenciário.

Da sentença que julga os embargos à execução e/ou a impugnação (quanto à decisão de liquidação) é cabível o recurso de agravo de petição (art. 897, "a", da CLT).

3. DESNECESSIDADE DE GARANTIA DO JUÍZO

O art. 884, § 6.º, da CLT, acrescentado pela Lei 13.467/2017, prevê que a exigência da garantia ou penhora não se aplica às entidades filantrópicas e/ou àqueles que compõem ou compuseram a diretoria dessas instituições.

As entidades filantrópicas podem ser entendidas como pessoas jurídicas que prestam assistência a pessoas necessitadas, não tendo fins lucrativos.

Nos casos indicados, assim, deixa de ser exigida a garantia da execução ou a nomeação de bens à penhora para a oposição dos embargos à execução.

✦ Jurisprudência

Constitucional. Legitimidade das normas estabelecendo prazo de trinta dias para embargos à execução contra a Fazenda Pública (art. 1.º-B da Lei 9.494/97) e prazo prescricional de cinco anos para ações de indenização contra pessoas de direito público e prestadoras de serviços públicos (art. 1.º-C da Lei 9.494/97). Legitimidade da norma processual que institui hipótese de inexigibilidade de título executivo judicial eivado de inconstitucionalidade qualificada (art. 741, parágrafo único, e art. 475-L, § 1.º, do CPC/73; art. 525, § 1.º, III e §§ 12 e 14, e art. 535, III, § 5.º, do CPC/15). 1. É constitucional a norma decorrente do art. 1.º-B da Lei 9.494/97, que fixa em trinta dias o prazo para a propositura de embargos à execução de título judicial contra a Fazenda Pública. 2. É constitucional a norma decorrente do art. 1.º-C da Lei 9.494/97, que fixa em cinco anos o prazo prescricional para as ações de indenização por danos causados por agentes de pessoas jurídicas de direito público e de pessoas jurídicas de direito privado prestadoras de serviços públicos, reproduzindo a regra já estabelecida, para a União, os Estados e os Municípios, no art. 1.º do Decreto 20.910/32. 3. São constitucionais as disposições normativas do parágrafo único do art. 741 do CPC, do § 1.º do art. 475-L, ambos do CPC/73, bem como os correspondentes dispositivos do CPC/15, o art. 525, § 1.º, III, e §§ 12 e 14, o art. 535, § 5.º. São dispositivos que, buscando harmonizar a garantia da coisa julgada com o primado da Constituição, vieram agregar ao sistema processual brasileiro um mecanismo com eficácia rescisória de sentenças revestidas de vício de inconstitucionalidade qualificado, assim caracterizado nas hipóteses em que (a) a sentença exequenda esteja fundada em norma reconhecidamente inconstitucional – seja por aplicar norma inconstitucional, seja por aplicar norma em situação ou com um sentido inconstitucionais; ou (b) a sentença exequenda tenha deixado de aplicar norma reconhecidamente constitucional; e (c) desde que, em qualquer dos casos, o reconhecimento dessa constitucionalidade ou a inconstitucionalidade tenha decorrido de julgamento do STF realizado em data anterior ao trânsito em julgado da sentença exequenda. 4. Ação julgada improcedente (STF, Pleno, ADI 2.418/DF, Rel. Min. Teori Zavascki, *DJe* 17.11.2016).

1. Ação Declaratória de Constitucionalidade. 2. Art. 4.º da Medida Provisória 2.180/2001. 3. Ampliação do prazo para interpor embargos à execução. Nova redação dada aos arts. 730 do CPC/73 e 884 da CLT. 4. Medida cautelar deferida. Precedente: ADI 2.418, Rel. Min. Teori Zavascki. 5. Ação julgada procedente para declarar a constitucionalidade do art. 4.º da MP 2.180/2001, confirmando a medida cautelar anteriormente deferida pelo Plenário (STF, Pleno, ADC 11/DF, Rel. Min. Gilmar Mendes, *DJe* 28.11.2019).

Constitucional e Processual Civil. Declaração de inconstitucionalidade de preceito normativo pelo Supremo Tribunal Federal. Eficácia normativa e eficácia executiva da decisão: distinções. Inexistência de efeitos automáticos sobre as sentenças judiciais anteriormente proferidas em sentido contrário. Indispensabilidade de interposição de recurso ou propositura de ação rescisória para sua reforma ou desfazimento. 1. A sentença do Supremo Tribunal Federal que afirma a constitucionalidade ou a inconstitucionalidade de preceito normativo gera, no plano do ordenamento jurídico, a consequência (= eficácia normativa) de manter ou excluir a referida norma do sistema de direito. 2. Dessa sentença decorre também o efeito vinculante, consistente em atribuir ao julgado uma qualificada força impositiva e obrigatória em relação a supervenientes atos administrativos ou judiciais (= eficácia executiva ou instrumental), que, para viabilizar-se, tem como instrumento próprio, embora não único, o da reclamação prevista no art. 102, I, "l", da Carta Constitucional. 3. A eficácia executiva, por decorrer da sentença (e não da vigência da norma examinada), tem como termo inicial a data da publicação do acórdão do Supremo no Diário Oficial (art. 28 da Lei 9.868/1999). É, consequentemente, eficácia que atinge atos administrativos e decisões judiciais supervenientes a essa publicação, não os pretéritos, ainda que formados com suporte em norma posteriormente declarada inconstitucional. 4. Afirma-se, portanto, como tese de repercussão geral que a decisão do Supremo Tribunal Federal declarando a constitucionalidade ou a inconstitucionalidade de preceito normativo não produz a automática reforma ou rescisão das sentenças anteriores que tenham adotado entendimento diferente; para que tal ocorra, será indispensável a interposição do recurso próprio ou, se for o caso, a propositura da ação rescisória própria, nos termos do art. 485, V, do CPC, observado o respectivo prazo decadencial (CPC, art. 495). Ressalva-se desse entendimento, quanto à indispensabilidade da ação rescisória, a questão relacionada à execução de efeitos futuros da sentença proferida em caso concreto sobre relações jurídicas de trato continuado. 5. No caso, mais de dois anos se passaram entre o trânsito em julgado da sentença no caso concreto reconhecendo, incidentalmente, a constitucionalidade do artigo 9.º da Medida Provisória 2.164-41 (que acrescentou o artigo 29-C na Lei 8.036/90) e a superveniente decisão do STF que, em controle concentrado, declarou a inconstitucionalidade daquele preceito normativo, a significar, portanto, que aquela sentença é insuscetível de rescisão. 6. Recurso extraordinário a que se nega provimento (STF, Pleno, RE 730.462/SP, Rel. Min. Teori Zavascki, *DJe* 09.09.2015).

Recurso de revista na execução fiscal da dívida ativa. Embargos do devedor. Prazo. Lei 6.830/1980. Aplicação. Nos termos do art. 16 da Lei 6.830/1980, aplicável na cobrança judicial da dívida ativa da Fazenda Pública, o executado oferecerá embargos, no prazo de 30 (trinta) dias, contados da garantia da execução. Logo, em ação de execução fiscal, não tem incidência o prazo de cinco dias fixado no art. 884 da CLT, que se restringe aos embargos à execução de sentença condenatória trabalhista. Dessa orientação divergiu o acórdão recorrido ao declarar a intempestividade dos embargos do devedor opostos no prazo de trinta dias, afrontando o art. 5.º, LIV e LV, da Constituição Federal (TST, 1.ª T., RR 30900-35.2008.5.15.0036, Rel. Min. Walmir Oliveira da Costa, *DEJT* 19.12.2011).

Agravo de instrumento. Recurso de revista interposto na vigência da Lei n.º 13.015/2014. Fase de execução. Justiça do Trabalho. Prescrição intercorrente. Inaplicabilidade. 1. Harmoniza-se com a iterativa, notória e atual jurisprudência do Tribunal Superior do Trabalho acórdão regional que reputa inaplicável a prescrição intercorrente na Justiça do Trabalho, salvo em execução fiscal. Incidência da Súmula n.º 114 do TST. 2. Agravo de instrumento do Executado de que se conhece e a que se nega provimento. (TST, 4.ª T., AIRR 78700-62.1998.5.17.0001, Rel. Min. João Oreste Dalazen, *DEJT* 11.03.2016).

Recurso de revista interposto na vigência da Lei n.º 13.015/2014. Execução. Prescrição intercorrente. Inaplicabilidade ao processo do trabalho. O instituto da prescrição na esfera trabalhista é regulado pelo artigo 7.º, inciso XXIX, da Constituição Federal. A referida disposição constitucional trata da prescrição para os trabalhadores deduzirem em Juízo pretensões de cunho trabalhista, da qual, absolutamente, não se extrai nem se deduz a possibilidade de incidência da denominada prescrição intercorrente, pois tanto a prescrição quinquenal quanto a bienal previstas nesses dispositivos foram instituídas para serem contadas, respectivamente, no curso do contrato de trabalho e até o limite de dois anos após a sua extinção. Assim, o Regional, ao aplicar a prescrição bienal intercorrente no curso da execução trabalhista, além de dissentir da jurisprudência uniforme desta Corte (Súmula n.º 114), violou direta e literalmente aquele dispositivo da Constituição Federal, que totalmente não dá respaldo a esse instituto na esfera laboral. Recurso de revista conhecido e provido (TST, 2.ª T., RR 54600-08.2006.5.02.0445, Rel. Min. José Roberto Freire Pimenta, *DEJT* 11.03.2016).

✦ Súmulas, Orientações Jurisprudenciais e Precedentes Normativos

Súmula 150 do STF: Prescreve a execução no mesmo prazo de prescrição da ação.

Súmula 327 do STF: O direito trabalhista admite a prescrição intercorrente.

Súmula 46 do STJ: Na execução por carta, os embargos do devedor serão decididos no juízo deprecante, salvo se versarem unicamente vícios ou defeitos da penhora, avaliação ou alienação dos bens.

Súmula 84 do STJ: É admissível a oposição de embargos de terceiro fundados em alegação de posse advinda do compromisso de compra e venda de imóvel, ainda que desprovido do registro.

Súmula 134 do STJ: Embora intimado da penhora em imóvel do casal, o cônjuge do executado pode opor embargos de terceiro para defesa de sua meação.

Súmula 195 do STJ: Em embargos de terceiro não se anula ato jurídico, por fraude contra credores.

Súmula 314 do STJ: Em execução fiscal, não localizados bens penhoráveis, suspende-se o processo por um ano, findo o qual se inicia o prazo da prescrição quinquenal intercorrente.

Súmula 393 do STJ: A exceção de pré-executividade é admissível na execução fiscal relativamente às matérias conhecíveis de ofício que não demandem dilação probatória.

Súmula 409 do STJ: Em execução fiscal, a prescrição ocorrida antes da propositura da ação pode ser decretada de ofício (art. 219, § 5.º, do CPC).

Súmula 487 do STJ: O parágrafo único do art. 741 do CPC não se aplica às sentenças transitadas em julgado em data anterior à da sua vigência.

Súmula 114 do TST: Prescrição intercorrente (mantida) – Res. 121/2003, *DJ* 19, 20 e 21.11.2003. É inaplicável na Justiça do Trabalho a prescrição intercorrente.

Súmula 266 do TST: Recurso de revista. Admissibilidade. Execução de sentença (mantida) – Res. 121/2003, *DJ* 19, 20 e 21.11.2003. A admissibilidade do recurso de revista interposto de acórdão proferido em agravo de petição, na liquidação de sentença ou em processo incidente na execução, inclusive os embargos de terceiro, depende de demonstração inequívoca de violência direta à Constituição Federal.

Súmula 362 do TST: FGTS. PRESCRIÇÃO.
I – Para os casos em que a ciência da lesão ocorreu a partir de 13.11.2014, é quinquenal a prescrição do direito de reclamar contra o não recolhimento de contribuição para o FGTS, observado o prazo de dois anos após o término do contrato;

II – Para os casos em que o prazo prescricional já estava em curso em 13.11.2014, aplica-se o prazo prescricional que se consumar primeiro: trinta anos, contados do termo inicial, ou cinco anos, a partir de 13.11.2014 (STF-ARE-709212/DF).

Súmula 397 do TST: Ação rescisória. Art. 966, IV, do CPC de 2015. Art. 485, IV, do CPC de 1973. Ação de cumprimento. Ofensa à coisa julgada emanada de sentença normativa modificada em grau de recurso. Inviabilidade. Cabimento de mandado de segurança. Não procede ação rescisória calcada em ofensa à coisa julgada perpetrada por decisão proferida em ação de cumprimento, em face de a sentença normativa, na qual se louvava, ter sido modificada em grau de recurso, porque em dissídio coletivo somente se consubstancia coisa julgada formal. Assim, os meios processuais aptos a atacarem a execução da cláusula reformada são a exceção de pré-executividade e o mandado de segurança, no caso de descumprimento do art. 514 do CPC de 2015 (art. 572 do CPC de 1973).

Súmula 419 do TST: Competência. Embargos de terceiro. Execução por carta precatória. Juízo deprecado. Na execução por carta precatória, os embargos de terceiro serão oferecidos no juízo deprecado, salvo se indicado pelo juízo deprecante o bem constrito ou se já devolvida a carta (art. 676, parágrafo único, do CPC de 2015).

Orientação Jurisprudencial 54 da SBDI-II do TST: Mandado de segurança. Embargos de terceiro. Cumulação. Penhora. Incabível. Ajuizados embargos de terceiro (art. 674 do CPC de 2015 – art. 1.046 do CPC de 1973) para pleitear a desconstituição da penhora, é incabível mandado de segurança com a mesma finalidade.

Orientação Jurisprudencial 76 da SBDI-II do TST: Ação rescisória. Ação cautelar proposta sob a vigência do CPC de 1973. Suspensão da execução. Juntada de documento indispensável. Possibilidade de êxito na rescisão do julgado. É indispensável a instrução da ação cautelar proposta sob a vigência do CPC de 1973 com as provas documentais necessárias à aferição da plausibilidade de êxito na rescisão do julgado. Assim sendo, devem vir junto com a inicial da cautelar as cópias da petição inicial da ação rescisória principal, da decisão rescindenda, da certidão do trânsito em julgado da decisão rescindenda e informação do andamento atualizado da execução.

Orientação Jurisprudencial 131 da SBDI-II do TST: Ação rescisória. Ação cautelar para suspender execução da decisão rescindenda. Pendência de trânsito em julgado da ação rescisória principal. Efeitos (*DJ* 04.05.2004). A ação cautelar não perde o objeto enquanto ainda estiver pendente o trânsito em julgado da ação rescisória principal, devendo o pedido cautelar ser julgado procedente, mantendo-se os efeitos da liminar eventualmente deferida, no caso de procedência do pedido rescisório ou, por outro lado, improcedente, se o pedido da ação rescisória principal tiver sido julgado improcedente.

Súmula 32 do TFR: Execução por Carta. Embargos do Devedor. Juízo da Decisão. Na execução por carta (CPC, art. 747 c/c art. 658), os embargos do devedor serão decididos no Juízo deprecante, salvo se versarem unicamente vícios ou defeitos da penhora, avaliação ou alienação dos bens.

Súmula 33 do TFR: Juízo Competente. Execução por Carta. Julgamento dos Embargos de Terceiro. O Juízo deprecado, na execução por carta, é o competente para julgar os embargos de terceiro, salvo se o bem apreendido foi indicado pelo Juízo deprecante.

Súmula 184 do TFR: Execução contra sociedade por quotas. Sócio citado em nome próprio. Legitimidade para opor embargos de terceiro. Constrição judicial de bens particulares. Em execução movida contra sociedade por quotas, o sócio, citado em nome próprio, não tem legitimidade para opor embargos de terceiro, visando livrar da constrição judicial seus bens particulares.

Seção IV – Do Julgamento e dos Trâmites Finais da Execução

Art. 885. Não tendo sido arroladas testemunhas na defesa, o juiz ou presidente, conclusos os autos, proferirá sua decisão, dentro de 5 (cinco) dias, julgando subsistente ou insubsistente a penhora.

1. JULGAMENTO E TRÂMITES FINAIS DA EXECUÇÃO

Se não tiverem sido arroladas testemunhas na defesa, o juiz, uma vez conclusos os autos, deve proferir a sentença relativa aos embargos dentro de cinco dias, julgando subsistente ou insubsistente a penhora.

Se a parte tiver arrolado testemunhas, e o juiz entender que os seus depoimentos são necessários, marcará audiência para a produção das provas, a qual deverá realizar-se dentro de cinco dias (art. 884, § 2.º, da CLT).

Como a CLT é omissa quanto ao número de testemunhas nos embargos à execução, aplicando-se o art. 16, § 2.º, da Lei 6.830/1980, no prazo dos embargos, o executado deve alegar toda matéria útil à defesa, requerer provas e juntar aos autos os documentos e rol de testemunhas, até três, ou, a critério do juiz, até o dobro desse limite.

Art. 886. Se tiverem sido arroladas testemunhas, finda a sua inquirição em audiência, o escrivão ou secretário fará, dentro de 48 (quarenta e oito) horas, conclusos os autos ao juiz ou presidente, que proferirá sua decisão, na forma prevista no artigo anterior.

§ 1.º Proferida a decisão, serão da mesma notificadas as partes interessadas, em registrado postal, com franquia.

§ 2.º Julgada subsistente a penhora, o juiz, ou presidente, mandará proceder logo à avaliação dos bens penhorados.

1. DECISÃO DOS EMBARGOS À EXECUÇÃO

Se tiverem sido arroladas testemunhas, após a sua oitiva em audiência, o escrivão ou o diretor de Secretaria deve fazer os autos conclusos ao juiz em 48 horas, que proferirá a sentença no já mencionado prazo de cinco dias. Trata-se, entretanto, de prazo impróprio, que nem sempre tem como ser rigorosamente observado, em razão do elevado número de processos na fase de execução.

Uma vez proferida essa decisão, as partes devem ser notificadas em registrado postal, com franquia.

Se os embargos à execução forem rejeitados, a penhora é julgada subsistente, prosseguindo-se a execução.

Art. 887. A avaliação dos bens penhorados em virtude da execução de decisão condenatória, será feita por avaliador escolhido de comum acordo pelas partes, que perceberá as custas arbitradas pelo juiz, ou presidente do tribunal trabalhista, de conformidade com a tabela a ser expedida pelo Tribunal Superior do Trabalho.

§ 1.º Não acordando as partes quanto à designação de avaliador, dentro de cinco dias após o despacho que o determinou a avaliação, será o avaliador designado livremente pelo juiz ou presidente do tribunal.

§ 2.º Os servidores da Justiça do Trabalho não poderão ser escolhidos ou designados para servir de avaliador.

1. AVALIAÇÃO

A avaliação do bem penhorado é realizada pelo oficial de justiça, quando da apreensão do bem, inclusive para que se possa verificar a garantia do juízo, com fundamento no art. 7.º, inciso V, da Lei 6.830/1980.

O art. 13 da Lei 6.830/1980 confirma que o termo ou auto de penhora também deve conter a avaliação dos bens penhorados, efetuada por quem o lavrar.

Essa avaliação, assim, deve ser feita, pelo oficial de justiça, no prazo de dez dias (arts. 721, § 3.º, e 888, *caput*, da CLT).

Entende-se que todo o art. 887 da CLT, que previa a avaliação dos bens penhorados "por avaliador escolhido de comum acordo pelas partes", ou designado pelo juiz, foi tacitamente revogado pela Lei 5.442/1968, que deu nova redação ao art. 721 da CLT.

Atualmente, a avaliação é feita pelo oficial de justiça avaliador, no momento da penhora, no prazo de dez dias.

O art. 870 do CPC de 2015 também prevê que a avaliação deve ser feita pelo oficial de justiça. Se forem necessários conhecimentos especializados e o valor da execução o comportar, o juiz deve nomear avaliador, fixando-lhe prazo não superior a dez dias para entrega do laudo.

A avaliação pode ser objeto de impugnação.

Se a avaliação for impugnada pelo executado ou pelo exequente, antes de publicado o edital para expropriação do bem, o juiz, após ouvir a outra parte, deve nomear avaliador oficial para proceder a nova avaliação dos bens penhorados (art. 13, § 1.º, da Lei 6.830/1980).

Se não houver, na circunscrição ou comarca, avaliador oficial, ou este não puder apresentar o laudo de avaliação no prazo de 15 dias, deve ser nomeada pessoa ou entidade habilitada a critério do juiz (art. 13, § 2.º, da Lei 6.830/1980).

Uma vez apresentado o laudo, o juiz deve decidir de plano sobre a avaliação (art. 13, § 3.º, da Lei 6.830/1980).

Além disso, admite-se nova avaliação se, após penhora, houver necessidade de reavaliação do bem, com fundamento nos arts. 886, § 2.º, e 888, *caput*, da CLT.

Art. 888. Concluída a avaliação, dentro de dez dias, contados da data da nomeação do avaliador, seguir-se-á a arrematação, que será anunciada por edital afixado na sede do juízo ou tribunal e publicado no jornal local, se houver, com a antecedência de vinte (20) dias.

§ 1.º A arrematação far-se-á em dia, hora e lugar anunciados e os bens serão vendidos pelo maior lance, tendo o exequente preferência para a adjudicação.

§ 2.º O arrematante deverá garantir o lance com o sinal correspondente a 20% (vinte por cento) do seu valor.

§ 3.º Não havendo licitante, e não requerendo o exequente a adjudicação dos bens penhorados, poderão os mesmos ser vendidos por leiloeiro nomeado pelo Juiz ou Presidente.

§ 4.º Se o arrematante, ou seu fiador, não pagar dentro de 24 (vinte e quatro) horas o preço da arrematação, perderá, em benefício da execução, o sinal de que trata o § 2.º deste artigo, voltando à praça os bens executados.

1. ARREMATAÇÃO

A execução por quantia certa tem por objeto expropriar bens do devedor (executado), a fim de satisfazer o direito do credor (art. 824 do CPC de 2015).

A arrematação é ato público de execução, sendo modalidade de expropriação do bem para a satisfação do direito do credor.

Hasta pública é um termo mais genérico, englobando a praça e o leilão. O edital deve anunciar a hasta pública, isto é, praça ou leilão, que é o ato processual público de execução, quando a arrematação pode ocorrer. A arrematação, em si, é o ato de alienação pública ou estatal do bem penhorado, por meio do qual se concretiza a expropriação, com a aquisição do bem pelo arrematante. O referido edital normalmente é publicado no *Diário Oficial*, o que também é previsto no art. 22, *caput*, da Lei 6.830/1980.

Entende-se necessária a comunicação às partes, isto é, a intimação quanto à data da praça ou leilão. Quanto ao exequente, essa intimação decorre do próprio art. 22, § 2.º, da Lei 6.830/1980. Para que sejam observados os princípios da igualdade e do contraditório, e como as partes têm o direito de participar dos atos processuais, essa intimação também deve ser feita quanto ao executado.

Nos termos do art. 804 do CPC de 2015, a alienação de bem gravado por penhor, hipoteca ou anticrese será ineficaz em relação ao credor pignoratício, hipotecário ou anticrético que não houver sido intimado.

O arrematante deve garantir o lance com o sinal correspondente a 20% do seu valor. O sinal, portanto, é de 20% do valor do lance. Se o arrematante, ou seu fiador, não pagar dentro de 24 horas o preço da arrematação, perderá, em benefício da execução, o sinal antes referido, voltando à praça os bens executados.

Entende-se que o exequente, pessoalmente, pode participar da praça e ser arrematante, pois a arrematação não se confunde com a adjudicação. Nesse sentido, o art. 892, § 1.º, do CPC é expresso ao prever que, *se o exequente arrematar os bens* e for o único credor, não está obrigado a exibir o preço. Entretanto, se o valor dos bens exceder ao seu crédito, deve depositar, dentro de três dias, a diferença, sob pena de tornar-se sem efeito a arrematação, e, nesse caso, os bens serão levados a novo leilão, à custa do exequente.

Se não houver licitante, e se o exequente não requerer a adjudicação dos bens penhorados, podem estes ser vendidos por leiloeiro nomeado pelo juiz. No processo do trabalho, em vez de leilão propriamente, muitas vezes o que se designa é a segunda praça.

O art. 891 do CPC de 2015 determina que não deve ser aceito lance que ofereça preço vil. Defende-se a aplicabilidade da proibição da arrematação por preço vil (isto é, quando o valor for comprovadamente vil, podendo, com isso, acarretar manifesto e desproporcional prejuízo ao executado), tendo em vista, inclusive, a incidência do mandamento da execução menos gravosa ao executado (art. 805 do CPC de 2015).

O valor vil deve ser examinado em cada caso concreto, de acordo com a situação do bem levado à praça. Considera-se vil o preço inferior ao mínimo estipulado pelo juiz e constante do edital. Não tendo sido fixado preço mínimo, considera-se vil o preço inferior a cinquenta por cento do valor da avaliação (art. 891, parágrafo único, do CPC de 2015).

A arrematação deve constar de *auto* que será lavrado de imediato e pode abranger bens penhorados em mais de uma execução, nele mencionadas as condições pelas quais foi alienado o bem (art. 901 do CPC de 2015).

A ordem de entrega do bem móvel ou a *carta de arrematação do bem imóvel*, com o respectivo mandado de imissão na posse, deve ser expedida depois de efetuado o depósito ou prestadas as garantias pelo arrematante, bem como realizado o pagamento da comissão do leiloeiro (se for o caso) e das demais despesas da execução.

A carta de arrematação deve conter a descrição do imóvel, com remissão à sua matrícula ou individuação e aos seus registros, a cópia do auto de arrematação e a prova de pagamento do imposto de transmissão, além da indicação da existência de eventual ônus real ou gravame.

Qualquer que seja a modalidade de leilão (e de praça, na execução trabalhista), assinado o auto pelo juiz, pelo arrematante e pelo leiloeiro, a arrematação deve ser considerada perfeita, acabada e irretratável, ainda que venham a ser julgados procedentes os embargos do executado ou a ação autônoma de que trata o § 4.º do art. 903, ressalvada a possibilidade de reparação pelos prejuízos sofridos (art. 903 do CPC de 2015).

Entretanto, ressalvadas outras situações previstas no Código de Processo Civil, a arrematação pode ser: I – invalidada, quando realizada por preço vil ou com outro vício; II – considerada ineficaz, se não observado o disposto no art. 804 do CPC de 2015; III – resolvida, se não for pago o preço ou se não for prestada a caução (art. 903, § 1.º, do CPC de 2015).

O juiz deve decidir acerca das situações anteriormente referidas, se for provocado em até dez dias após o aperfeiçoamento da arrematação (o que ocorre com a assinatura do auto de arrematação, conforme art. 903, *caput*, do CPC).

Passado esse prazo de dez dias sem que tenha havido alegação de qualquer das situações previstas no § 1.º do art. 903 do CPC de 2015, deve ser expedida a carta de arrematação e, conforme o caso, a ordem de entrega ou mandado de imissão na posse.

Após a expedição da carta de arrematação ou da ordem de entrega, a invalidação da arrematação pode ser pleiteada por *ação autônoma*, em cujo processo o arrematante deve figurar como litisconsorte necessário (art. 903, § 4.º, do CPC de 2015).

O arrematante pode *desistir da arrematação*, sendo-lhe imediatamente devolvido o depósito que tiver feito: I – se provar, nos dez dias seguintes, a existência de ônus real ou gravame não mencionado no edital; II – se, antes de expedida a carta de arrematação ou a ordem de entrega, o executado alegar alguma das situações previstas no § 1.º do art. 903 do CPC, acima indicado; III – uma vez citado para responder a *ação autônoma* de que trata o § 4.º do art. 903, desde que apresente a desistência no prazo de que dispõe para responder a essa ação (art. 903, § 5.º, do CPC de 2015).

Considera-se *ato atentatório à dignidade da justiça* a suscitação infundada de vício com o objetivo de ensejar a desistência do arrematante, devendo o suscitante ser condenado, sem prejuízo da responsabilidade por perdas e danos, ao pagamento de multa, a ser fixada pelo juiz e devida ao exequente, em montante não superior a vinte por cento do valor atualizado do bem (art. 903, § 6.º, do CPC de 2015).

2. ADJUDICAÇÃO

A adjudicação é o ato processual pelo qual se transfere a propriedade do bem penhorado ao patrimônio do exequente (credor).

Uma das modalidades de expropriação é justamente a adjudicação (art. 825, inciso I, do CPC de 2015).

Trata-se de forma de satisfação do direito do exequente. Nos termos do art. 904 do CPC de 2015, a satisfação do crédito exequendo é feita: pela entrega do dinheiro; pela adjudicação dos bens penhorados.

A adjudicação é admitida para bens móveis e imóveis, com fundamento no art. 888, §§ 1.º e 3.º, da CLT.

O exequente tem preferência para a adjudicação, em face do arrematante. Desse modo, se o arrematante oferecer certo lance, e o exequente oferecer o mesmo valor para a adjudicação, este último tem preferência. Portanto, a preferência apenas ocorre se os valores forem iguais.

Se não comparecer ninguém à praça, ou não houver nenhum lance, a adjudicação só poderá ser deferida pelo valor da avaliação (art. 24, inciso II, "a", da Lei 6.830/1980).

O art. 876 do CPC de 2015 prevê ser lícito ao exequente, oferecendo preço não inferior ao da avaliação, requerer lhe sejam adjudicados os bens penhorados.

Se houver licitantes, a adjudicação deve ser deferida pelo valor do maior lance. Ou seja, havendo licitantes, a adjudicação deve ser deferida, com preferência, em igualdade de condições com a melhor oferta (art. 24, inciso II, "b", da Lei 6.830/1980).

Se o preço da avaliação ou o valor da melhor oferta (lance) for superior ao dos créditos do exequente, a adjudicação somente será deferida pelo juiz se a diferença for depositada, pela exequente, à ordem do juízo, no prazo de 30 dias (art. 24, parágrafo único, da Lei 6.830/1980). Exige-se, portanto, o depósito de diferença do preço.

Quanto ao prazo, entende-se que a adjudicação só pode ocorrer antes da *assinatura* do auto de arrematação, o que não se confunde com a sua lavratura, sabendo-se que, atualmente, o auto de arrematação deve ser lavrado de imediato, ou seja, após a arrematação, conforme art. 901 do CPC de 2015. Efetivamente, *assinado o auto de arrematação* pelo juiz, pelo arrematante e (se for o caso) pelo leiloeiro, a arrematação é considerada perfeita, acabada e irretratável (art. 903 do CPC de 2015).

Ademais, prevalece o entendimento de que a adjudicação, na execução trabalhista, só pode ocorrer depois da praça ou do leilão, ou mesmo durante a hasta pública, e não de forma antecipada.

Idêntico direito, ou seja, de adjudicação, pode ser exercido por aqueles indicados no art. 889, incisos II a VIII, do CPC de 2015[272], pelos credores concorrentes que hajam penhorado o mesmo bem, pelo cônjuge, pelo companheiro, pelos descendentes ou pelos ascendentes do executado (art. 876, § 5.º, do CPC de 2015).

Apesar da previsão do art. 888, § 3.º, da CLT, é possível defender a aplicabilidade do mencionado dispositivo ao processo do trabalho, argumentando-se que a CLT não é exaustiva quanto à legitimidade para requerer a adjudicação.

Se houver mais de um pretendente, deve-se proceder entre eles a licitação, tendo preferência, em caso de igualdade de oferta, o cônjuge, o companheiro, o descendente ou o ascendente, nessa ordem.

---

272 "Art. 889. Serão cientificados da alienação judicial, com pelo menos 5 (cinco) dias de antecedência: [...] II – o coproprietário de bem indivisível do qual tenha sido penhorada fração ideal; III – o titular de usufruto, uso, habitação, enfiteuse, direito de superfície, concessão de uso especial para fins de moradia ou concessão de direito real de uso, quando a penhora houver recaído sobre bem gravado com tais direitos reais; IV – o proprietário do terreno submetido ao regime de direito de superfície, enfiteuse, concessão de uso especial para fins de moradia ou concessão de direito real de uso, quando a penhora recair sobre tais direitos reais; V – o credor pignoratício, hipotecário, anticrético, fiduciário ou com penhora anteriormente averbada, quando a penhora houver recaído sobre bens com tais gravames, caso não seja o credor, de qualquer modo, parte na execução; VI – o promissário comprador, quando a penhora recair sobre bem em relação ao qual haja promessa de compra e venda registrada; VII – o promitente vendedor, quando a penhora recair sobre direito aquisitivo derivado de promessa de compra e venda registrada; VIII – a União, o Estado e o Município, no caso de alienação de bem tombado".

Transcorrido o prazo de cinco dias, contado da última intimação, e decididas eventuais questões, o juiz deve ordenar a lavratura do *auto de adjudicação* (art. 877 do CPC de 2015).

Considera-se perfeita e acabada a adjudicação com a lavratura e a assinatura do auto pelo juiz, pelo adjudicatário, pelo escrivão ou chefe de secretaria, e, se estiver presente, pelo executado, expedindo-se: se bem imóvel, a *carta de adjudicação* e o mandado de imissão na posse; se bem móvel, ordem de entrega ao adjudicatário.

Portanto, na adjudicação, tal como ocorre na arrematação, deve ser lavrado o respectivo auto e, tratando-se de imóvel, também a carta.

A carta de adjudicação deve conter a descrição do imóvel, com remissão à sua matrícula e registros, a cópia do auto de adjudicação e a prova de quitação do imposto de transmissão.

No caso de bem móvel, a transferência do domínio ocorre por meio da tradição (art. 1.267 do Código Civil de 2002). Tratando-se de bem imóvel, a transmissão da propriedade decorre do registro do título de aquisição (art. 1.245 do Código Civil de 2002), isto é, da carta de adjudicação.

Na atualidade, após a expedição da carta de adjudicação (tratando-se de bens imóveis) ou a ordem de entrega (no caso de bens móveis), entende-se cabível *ação autônoma* (tal como na hipótese de arrematação, conforme art. 903, § 4.º, do CPC de 2015), com pedido de invalidação da adjudicação.

A sentença que julga essa ação autônoma, por ter como objeto ato praticado na execução trabalhista, pode ser impugnada por meio do agravo de petição (art. 897, "a", da CLT).

3. REMIÇÃO

A remição da execução significa o resgate dos bens penhorados pelo executado, com o pagamento do valor devido.

Na execução trabalhista, consoante o art. 13 da Lei 5.584/1970, em qualquer hipótese, a remição só pode ser deferida ao executado se este oferecer preço igual ao valor da condenação.

O art. 826 do CPC de 2015 dispõe que, antes de adjudicados ou alienados os bens, o executado pode, a todo tempo, remir a execução, pagando ou consignando a importância atualizada da dívida, mais juros, custas e, se for o caso, honorários advocatícios.

Portanto, o prazo para a remição é até a assinatura do auto de arrematação ou de adjudicação (arts. 901 e 877 do CPC de 2015).

Entende-se que a remição da execução tem preferência em face da adjudicação e da arrematação (arts. 13 da Lei 5.584/1970 e 902 do CPC de 2015). A adjudicação, como já estudado, tem preferência em face da arrematação (art. 888, § 1.º, da CLT).

A remição do bem penhorado (pelo cônjuge, descendente ou ascendente do devedor) era prevista na redação original do art. 787 do CPC de 1973, contudo não existe mais previsão nesse sentido.

Com isso, o que se admite, como já referido, é o direito de adjudicação, que pode ser exercido por aqueles indicados no art. 889, incisos II a VIII, do CPC, pelos credores concorrentes que hajam penhorado o mesmo bem, pelo cônjuge, pelo companheiro, pelos descendentes ou pelos ascendentes do executado (art. 876, § 5.º, do CPC de 2015).

4. EXTINÇÃO DA EXECUÇÃO

Extingue-se a execução quando: a petição inicial for indeferida; a obrigação for satisfeita; o executado obtiver, por qualquer outro meio, a extinção total da dívida; o exequente renunciar ao crédito; ocorrer a prescrição intercorrente (art. 924 do CPC).

Não obstante, a renúncia de crédito trabalhista, sem justificativa fundada, em princípio, não seria admitida, ainda mais na fase de execução (em que o direito deve ser líquido, certo e exigível, por constar do título executivo), pois não se confunde com a conciliação, fundada em transação, na qual se verificam concessões recíprocas em face de divergências entre as partes.

Cabe esclarecer ainda que, no processo do trabalho, em se tratando de execução relativa à relação de emprego, a transação admitida, no curso da execução, para a sua extinção é aquela de natureza judicial, isto é, a conciliação homologada em juízo, na forma do art. 764, § 3.º, da CLT.

Ocorre a prescrição intercorrente no processo do trabalho no prazo de dois anos (art. 11-A da CLT). A fluência do prazo prescricional intercorrente inicia-se quando o exequente deixa de cumprir determinação judicial no curso da execução (art. 11-A, § 1.º, da CLT). O fluxo da prescrição intercorrente conta-se a partir do descumprimento da determinação judicial a que alude o § 1.º do art. 11-A da CLT, desde que feita após 11 de novembro de 2017, por ser a data da entrada em vigor da Lei 13.467/2017 (art. 2.º da Instrução Normativa 41/2018 do TST). A declaração da prescrição intercorrente pode ser requerida ou declarada de ofício em qualquer grau de jurisdição (art. 11-A, § 2.º, da CLT).

Nos termos do art. 925 do CPC, a extinção da execução só produz efeito quando declarada por sentença.

O Supremo Tribunal Federal fixou a seguinte tese de repercussão geral (Tema 1.184): "1. É legítima a extinção de execução fiscal de baixo valor pela ausência de interesse de agir tendo em vista o princípio constitucional da eficiência administrativa, respeitada a competência constitucional de cada ente federado. 2. O ajuizamento da execução fiscal dependerá da prévia adoção das seguintes providências: a) tentativa de conciliação ou adoção de solução administrativa; e b) protesto do título, salvo por motivo de eficiência administrativa, comprovando-se a inadequação da medida. 3. O trâmite de ações de execução fiscal não impede os entes federados de pedirem a suspensão do processo para a adoção das medidas previstas no item 2, devendo, nesse caso, o juiz ser comunicado do prazo para as providências cabíveis" (STF, Pleno, RE 1.355.208/SC, Rel. Min. Cármen Lúcia, j. 19.12.2023).

✦ Súmulas, Orientações Jurisprudenciais e Precedentes Normativos

Súmula 458 do STF: O processo da execução trabalhista não exclui a remição pelo executado.

Súmula 121 do STJ: Na execução fiscal o devedor deverá ser intimado, pessoalmente, do dia e hora da realização do leilão.

Súmula 399, inciso I, do TST: É incabível ação rescisória para impugnar decisão homologatória de adjudicação ou arrematação.

Orientação Jurisprudencial 66 da SBDI-II do TST: Mandado de segurança. Sentença homologatória de adjudicação. Incabível.

I – Sob a égide do CPC de 1973 é incabível o mandado de segurança contra sentença homologatória de adjudicação, uma vez que existe meio próprio para impugnar o ato judicial, consistente nos embargos à adjudicação (CPC de 1973, art. 746).

II – Na vigência do CPC de 2015 também não cabe mandado de segurança, pois o ato judicial pode ser impugnado por simples petição, na forma do art. 877, *caput*, do CPC de 2015.

Orientação Jurisprudencial 129 da SBDI-II do TST: Ação anulatória. Competência originária (*DJ* 04.05.2004). Em se tratando de ação anulatória, a competência originária se dá no mesmo juízo em que praticado o ato supostamente eivado de vício.

Art. 889. Aos trâmites e incidentes do processo da execução são aplicáveis, naquilo em que não contravierem ao presente Título, os preceitos que regem o processo dos executivos fiscais para a cobrança judicial da dívida ativa da Fazenda Pública Federal.

1. NORMAS APLICÁVEIS

Tendo em vista a possibilidade de omissão das normas de processo do trabalho a respeito da execução, cabe verificar quais os diplomas legais a serem aplicados.

Na execução na Justiça do Trabalho, primeiramente, devem ser aplicadas a CLT e outras leis esparsas, de natureza processual trabalhista (como a Lei 5.584/1970).

Havendo omissão das leis sobre processo do trabalho, deve-se aplicar a Lei 6.830/1980, que atualmente disciplina a execução fiscal, nos termos do art. 889 da CLT.

Se mesmo assim persistir a omissão, devem ser aplicadas as normas relativas ao processo civil, com destaque para o CPC, com fundamento no art. 769 da CLT.

Entretanto, especificamente quanto à ordem preferencial de nomeação de bens à penhora, deve-se aplicar o art. 835 do Código de Processo Civil de 2015, segundo a previsão do art. 882 da CLT.

Nos termos do art. 1.º da Instrução Normativa 39/2016 do TST, aplica-se o Código de Processo Civil, subsidiária e supletivamente, ao processo do trabalho, em caso de omissão e desde que haja compatibilidade com as normas e princípios do Direito Processual do Trabalho, na forma dos arts. 769 e 889 da CLT e do art. 15 da Lei 13.105, de 17 de março de 2015.

Conforme o art. 771, parágrafo único, do CPC de 2015, aplicam-se *subsidiariamente* à execução as disposições que regem o processo (ou fase) de conhecimento.

Cabe registrar, por fim, que se aplicam as disposições relativas ao cumprimento da sentença (isto é, referentes à execução de título judicial), provisório ou definitivo, e à liquidação, no que couber, às decisões que concederem tutela provisória (art. 519 do CPC de 2015).

✦ **Referência legislativa**

- Lei 6.830/1980 (Execuções Fiscais).

Art. 889-A. Os recolhimentos das importâncias devidas, referentes às contribuições sociais, serão efetuados nas agências locais da Caixa Econômica Federal ou do Banco do Brasil S.A., por intermédio de documento de arrecadação da Previdência Social, dele se fazendo constar o número do processo.

§ 1.º Concedido parcelamento pela Secretaria da Receita Federal do Brasil, o devedor juntará aos autos a comprovação do ajuste, ficando a execução da contribuição social correspondente suspensa até a quitação de todas as parcelas.

§ 2.º As Varas do Trabalho encaminharão mensalmente à Secretaria da Receita Federal do Brasil informações sobre os recolhimentos efetivados nos autos, salvo se outro prazo for estabelecido em regulamento.

1. RECOLHIMENTO DAS CONTRIBUIÇÕES SOCIAIS

Os recolhimentos das importâncias devidas, referentes às contribuições sociais, devem ser efetuados nas agências locais da Caixa Econômica Federal ou do Banco do Brasil S.A., por meio de documento de arrecadação da Previdência Social, dele fazendo constar o número do processo.

Se for concedido parcelamento pela Secretaria da Receita Federal do Brasil, cabe ao devedor juntar aos autos a comprovação do ajuste, ficando a execução da contribuição social correspondente suspensa até a quitação de todas as parcelas.

As Varas do Trabalho devem encaminhar mensalmente à Secretaria da Receita Federal do Brasil informações sobre os recolhimentos efetivados nos autos, salvo se outro prazo for estabelecido em regulamento.

Seção V – Da Execução por Prestações Sucessivas

Art. 890. A execução para pagamento de prestações sucessivas far-se-á com observância das normas constantes desta Seção, sem prejuízo das demais estabelecidas neste Capítulo.

Art. 891. Nas prestações sucessivas por tempo determinado, a execução pelo não pagamento de uma prestação compreenderá as que lhe sucederem.

Art. 892. Tratando-se de prestações sucessivas por tempo indeterminado, a execução compreenderá inicialmente as prestações devidas até a data do ingresso na execução.

1. EXECUÇÃO DE PRESTAÇÕES SUCESSIVAS

A *execução de prestações sucessivas* é prevista nos arts. 890 a 892 da CLT.

As prestações sucessivas podem ser por tempo determinado ou por tempo indeterminado.

Nas prestações sucessivas por tempo determinado, a execução pelo não pagamento de uma prestação deve compreender, também, as que lhe sucederem.

Tratando-se de prestações sucessivas por tempo indeterminado, a execução deve compreender, inicialmente, as prestações devidas até a data do ingresso na execução.

Pode-se dizer, por meio de interpretação teleológica, que as prestações vencidas após o início da execução podem ser cobradas posteriormente, nos mesmos autos (isto é, em prosseguimento à execução já existente), inclusive em razão do art. 323 do CPC de 2015[273], sempre observando o procedimento legal da fase de execução e o contraditório.

[273] "Art. 323. Na ação que tiver por objeto cumprimento de obrigação em prestações sucessivas, essas serão consideradas incluídas no pedido, independentemente de declaração expressa do autor, e serão incluídas na condenação, enquanto durar a obrigação, se o devedor, no curso do processo, deixar de pagá-las ou de consigná-las". Da mesma forma, na ação de consignação em pagamento, nos termos do art. 541 do CPC/2015: "Tratando-se de prestações sucessivas, consignada uma delas, pode o devedor continuar a depositar, no mesmo processo e sem mais formalidades, as que se forem vencendo, desde que o faça em até 5 (cinco) dias contados da data do respectivo vencimento".

Como se nota, embora a obrigação tenha natureza pecuniária, cabe ao empregador cumprir o comando condenatório, por meio de obrigação de fazer, inserindo o valor devido na folha de pagamento do empregado. Se essa obrigação de fazer for descumprida, o valor resultante pode ser objeto de execução por quantia certa.

✦ **Súmulas, Orientações Jurisprudenciais e Precedentes Normativos**

Orientação Jurisprudencial 172 da SBDI-I do TST: Adicional de insalubridade ou periculosidade. Condenação. Inserção em folha de pagamento (inserida em 08.11.2000). Condenada ao pagamento do adicional de insalubridade ou periculosidade, a empresa deverá inserir, mês a mês e enquanto o trabalho for executado sob essas condições, o valor correspondente em folha de pagamento.

CAPÍTULO VI – DOS RECURSOS

Art. 893. Das decisões são admissíveis os seguintes recursos:

I – embargos;

II – recurso ordinário;

III – recurso de revista;

IV – agravo.

§ 1.º Os incidentes do processo são resolvidos pelo próprio Juízo ou Tribunal, admitindo-se a apreciação do merecimento das decisões interlocutórias somente em recursos da decisão definitiva.

§ 2.º A interposição de recurso para o Supremo Tribunal Federal não prejudicará a execução do julgado.

1. TEORIA GERAL DOS RECURSOS

Os remédios contra as decisões judiciais, como gênero, podem ser classificados, como espécies, em recursos e ações autônomas de impugnação[274].

Os recursos, por não terem a natureza de ação autônoma, são interpostos e dão continuidade ao processo já existente.

O recurso pode ser conceituado como o remédio processual voluntário, apto a operar, dentro do mesmo processo, reforma, invalidação, esclarecimento ou integração de decisão judicial impugnada[275].

O reexame necessário, ou remessa de ofício (duplo grau de jurisdição obrigatório), por não ser voluntário, não tem natureza recursal propriamente, mas sim de condição para a eficácia da sentença[276].

O recurso tem natureza jurídica de extensão do direito de ação exercido no processo[277].

---

274 Cf. BARBOSA MOREIRA, José Carlos. *Comentários ao Código de Processo Civil*. 8. ed. Rio de Janeiro: Forense, 1999. v. 5, p. 227-230.

275 Cf. BARBOSA MOREIRA, José Carlos. *Comentários ao Código de Processo Civil*. 8. ed. Rio de Janeiro: Forense, 1999. v. 5, p. 231.

276 Cf. NERY JUNIOR, Nelson. *Princípios fundamentais*: teoria geral dos recursos. São Paulo: RT, 1990. p. 135-137.

277 Cf. BARBOSA MOREIRA, José Carlos. *Comentários ao Código de Processo Civil*. 8. ed. Rio de Janeiro: Forense, 1999. v. 5, p. 234.

Da mesma forma, o recurso tem natureza de ônus processual, no sentido de que cabe à parte exercê-lo, para que possa afastar uma situação contrária ao seu interesse, ou para obter um benefício em sua condição jurídica[278].

2. IRRECORRIBILIDADE DE IMEDIATO DAS DECISÕES INTERLOCUTÓRIAS

O *princípio do duplo grau de jurisdição* significa a possibilidade de se impugnar a decisão judicial.

Não se trata de princípio absoluto ou de incidência ilimitada[279], podendo a lei restringir o cabimento de recursos.

A Lei 5.584/1970, ao tratar do procedimento de alçada, aplicável quando o valor da causa é inferior a dois salários mínimos, estabelece que salvo se versarem sobre matéria constitucional, nenhum recurso é cabível das sentenças proferidas nos dissídios da alçada, considerado, para esse fim, o valor do salário mínimo à data do ajuizamento da ação (art. 2.º, § 4.º). Sobre o assunto, cf. Súmula 71 do TST.

A respeito da constitucionalidade dessa restrição quanto ao cabimento de recurso, cf. Súmula 356 do TST. Cf. ainda Súmula 640 do STF.

Logo, no procedimento de alçada, em se tratando de matéria constitucional e presente a repercussão geral, seria imediatamente cabível o recurso extraordinário, de competência do STF. Entretanto, em sentido divergente, há entendimento de que nas causas de valor de alçada não excedente a dois salários mínimos, quando versarem sobre *matéria constitucional*, é cabível recurso ordinário (TST, RR 267-73.2012.5.09.0325).

Na verdade, as referências legislativas da Súmula 640 do STF revelam que as causas de alçada indicadas dizem respeito ao art. 34 da Lei 6.830/1980, sobre execução fiscal, e não ao processo do trabalho. Sendo assim, nas causas de alçada do art. 2.º, § 4.º, da Lei 5.584/1970, aplica-se a Súmula 281 do STF, ao prever ser inadmissível o recurso extraordinário, quando couber, na Justiça de origem, recurso da decisão impugnada. Cf. STF, 2.ª T., AgR-RE 638.224/SP, Rel. Min. Celso de Mello, *DJe* 21.06.2011. STF, 1.ª T., AgR-RE 632.365/RJ, Rel. Min. Dias Toffoli, *DJe* 11.11.2011. Cf. ainda os comentários ao art. 851 da CLT, item 2.

O *princípio da taxatividade* significa que os recursos são enumerados pela lei, em rol exaustivo.

No processo do trabalho, o art. 893, *caput*, da CLT, prevê que das decisões são admissíveis os seguintes recursos: embargos, recurso ordinário, recurso de revista e agravo.

O art. 2.º, inciso XII, da Instrução Normativa 39/2016 do TST estabelece que não se aplicam ao processo do trabalho, em razão de inexistência de omissão ou por incompatibilidade, os arts. 1.043 e 1.044 do CPC de 2015, sobre embargos de divergência.

Os embargos de divergência, tal como previstos nos mencionados dispositivos do CPC, não são aplicáveis ao processo do trabalho, pois não integram o rol dos recursos cabíveis na Justiça do Trabalho, conforme o princípio da taxatividade dos recursos (art. 893 da CLT).

Na verdade, os embargos de divergência em questão são cabíveis de acórdãos de órgãos fracionários em recurso extraordinário (de competência do STF) ou em recurso especial (de competência do STJ), o que afasta a sua incidência na Justiça do Trabalho.

278 Cf. NERY JUNIOR, Nelson. *Princípios fundamentais*: teoria geral dos recursos. São Paulo: RT, 1990. p. 35-37.

279 Cf. NERY JUNIOR, Nelson. *Princípios fundamentais*: teoria geral dos recursos. São Paulo: RT, 1990. p. 125.

O que se observa no processo do trabalho, na esfera do TST, são os embargos previstos no art. 894 da CLT.

O *princípio da singularidade* ou da unirrecorribilidade revela ser normalmente cabível um único tipo de recurso para cada decisão recorrível. Não se admite, em regra, a interposição de mais de um recurso contra a mesma decisão, ao mesmo tempo, para se alcançar idêntica finalidade[280].

O *princípio da fungibilidade* indica que havendo dúvida objetiva sobre qual o recurso cabível, e inexistindo erro grosseiro, pode-se conhecer o recurso erroneamente interposto. Nesse contexto, preveem a Súmula 421 do TST e as Orientações Jurisprudenciais 69 e 152 SBDI-II do TST.

Tratando de caso em que *não* se aplica o princípio da fungibilidade, em razão da existência de erro grosseiro, destaca-se a Orientação Jurisprudencial 412 da SBDI-I do TST.

O *princípio da dialeticidade* estabelece que o recurso deve ser dialético, ou seja, discursivo. Desse modo, o recorrente deve apresentar as razões do recurso, contendo os motivos da impugnação da decisão, permitindo que a parte contrária ofereça as contrarrazões, em respeito ao contraditório[281].

O *princípio da voluntariedade* significa que a vontade de recorrer deve ser manifestada pelo recorrente, expressando a insatisfação com a decisão impugnada[282].

O *princípio da complementariedade* indica que o recurso deve ser interposto no prazo legal juntamente com as razões que fundamentam o inconformismo. Entretanto, o recorrente poderá complementar a fundamentação do recurso anteriormente interposto se houver modificação ou integração da decisão em razão de acolhimento de embargos de declaração[283].

O *princípio da proibição da reforma para pior* ("reformatio in pejus") é no sentido de ser vedado proferir decisão mais desfavorável ao único recorrente.

A Súmula 45 do STJ entende aplicável esse princípio também para a remessa de ofício.

O *princípio da consumação* é no sentido de que se o recurso já foi interposto, ou seja, se o direito de recorrer já foi exercido, consumou-se a oportunidade de impugnar a decisão, de modo que o recorrente não pode apresentar novo recurso contra a mesma decisão[284].

Cabe fazer menção, ainda, ao *princípio da irrecorribilidade em separado (ou de imediato) das decisões interlocutórias*, adotado no art. 893, § 1.º, da CLT, bem como no art. 799, § 2.º, da CLT. A respeito do tema, cf. Súmula 214 do TST.

Ademais, em se tratando de decisão que reconhece a incompetência da Justiça do Trabalho, determinando a remessa dos autos a outro ramo do Poder Judiciário, também é

---

280 Cf. BUENO, Cassio Scarpinella. *Manual de direito processual civil*. 4. ed. São Paulo: Saraiva, 2018. p. 787

281 Cf. NERY JUNIOR, Nelson. *Princípios fundamentais*: teoria geral dos recursos. São Paulo: RT, 1990. p. 194-195.

282 Cf. NERY JUNIOR, Nelson. *Princípios fundamentais*: teoria geral dos recursos. São Paulo: RT, 1990. p. 196-197.

283 Cf. NERY JUNIOR, Nelson. *Princípios fundamentais*: teoria geral dos recursos. São Paulo: RT, 1990. p. 198-199. Nos termos do art. 1.024, § 4.º, do CPC: "Caso o acolhimento dos embargos de declaração implique modificação da decisão embargada, o embargado que já tiver interposto outro recurso contra a decisão originária tem o direito de complementar ou alterar suas razões, nos exatos limites da modificação, no prazo de 15 (quinze) dias, contado da intimação da decisão dos embargos de declaração". No processo do trabalho, entende-se que o referido prazo de complementação, em regra, é de oito dias (exceto no caso de recurso extraordinário, em que o prazo é de 15 dias).

284 Cf. NERY JUNIOR, Nelson. *Princípios fundamentais*: teoria geral dos recursos. São Paulo: RT, 1990. p. 204-205.

cabível recurso ordinário, por se tratar de decisão terminativa do feito na Justiça do Trabalho (art. 799, § 2.º, da CLT).

Há diversas classificações dos recursos[285].

Quanto ao alcance ou abrangência das matérias impugnadas, o recurso pode ser parcial ou total. Nesse sentido, segundo o art. 1.002 do CPC, a "decisão pode ser impugnada no todo ou em parte".

O recurso, relativamente à forma de interposição, pode ser principal ou adesivo. Vale dizer, o recurso pode ser interposto de forma principal ou adesivamente, nesta última hipótese quando assim admitido pela lei.

O recurso pode ser de fundamentação livre ou de fundamentação vinculada.

O recurso ordinário, por exemplo, é de fundamentação livre, ao admitir alegações de fato e de direito.

O recurso de revista e o recurso extraordinário, diversamente, são admitidos apenas nas hipóteses especificamente previstas na lei e na Constituição.

O recurso também pode ser classificado em ordinário e extraordinário (em sentido amplo). Essa classificação não se confunde com as espécies recursais de mesmos nomes.

Nessa classificação, são recursos de natureza ordinária os mais comuns, julgados pelas instâncias ordinárias, normalmente de fundamentação livre, como o recurso ordinário e o agravo de petição. São recursos de natureza extraordinária, voltados a questões de direito, de competência de tribunais superiores, o recurso de revista, os embargos em recurso de revista e o próprio recurso extraordinário.

O juízo de admissibilidade dos recursos refere-se ao conhecimento ou ao não conhecimento do recurso pelo juízo *ad quem* (isto é, competente para julgar o recurso)[286].

Os pressupostos recursais normalmente também são verificados pelo juízo *a quo* (isto é, que proferiu a decisão impugnada), acarretando o processamento ou não do recurso.

Logo, antes de se examinar o mérito do recurso, é necessário verificar se estão presentes os pressupostos recursais ou requisitos de admissibilidade dos recursos.

Os pressupostos recursais podem ser classificados em subjetivos e objetivos[287].

Os pressupostos recursais subjetivos são a legitimidade (ou legitimação), a capacidade e o interesse.

Os pressupostos recursais objetivos são a recorribilidade do ato, a previsão legal do recurso, a adequação (cabimento), a inexistência de fato extintivo ou impeditivo do direito de recorrer, a tempestividade, a regularidade formal, a regularidade de representação e o preparo.

Cabe esclarecer que são normalmente considerados pressupostos recursais *intrínsecos* o cabimento, a legitimação, o interesse e a inexistência de fato impeditivo ou extintivo do direito de recorrer. São pressupostos recursais *extrínsecos*, por sua vez, a tempestividade, a regularidade formal e o preparo[288].

---

285 Cf. BARBOSA MOREIRA, José Carlos. *Comentários ao Código de Processo Civil*. 8. ed. Rio de Janeiro: Forense, 1999. v. 5, p. 249-254

286 Cf. BARBOSA MOREIRA, José Carlos. *Comentários ao Código de Processo Civil*. 8. ed. Rio de Janeiro: Forense, 1999. v. 5, p. 258-265.

287 Cf. GRECO FILHO, Vicente. *Direito processual civil brasileiro*. 20. ed. São Paulo: Saraiva, 2009, v. 2, p. 303.

288 Cf. BARBOSA MOREIRA, José Carlos. *Comentários ao Código de Processo Civil*. 8. ed. Rio de Janeiro: Forense, 1999. v. 5, p. 260.

3. RECURSO EXTRAORDINÁRIO E EXECUÇÃO

No processo do trabalho, os recursos, em regra, *não possuem efeito suspensivo*, como se verifica nos arts. 896, § 1.º, 897, § 2.º, 899, *caput*, da CLT.

Conforme a Súmula 414, inciso I, parte final, do TST, é "admissível a obtenção de efeito suspensivo ao recurso ordinário mediante requerimento dirigido ao tribunal, ao relator ou ao presidente ou ao vice-presidente do tribunal recorrido, por aplicação subsidiária ao processo do trabalho do artigo 1.029, § 5.º, do CPC de 2015".

Com fundamento no art. 1.029, § 5.º, do CPC de 2015, com redação dada pela Lei 13.256/2016, o pedido de concessão de efeito suspensivo a recurso extraordinário pode ser formulado por requerimento dirigido ao: tribunal superior respectivo (STF), no período compreendido entre a publicação da decisão de admissão do recurso e sua distribuição, ficando o relator designado para seu exame prevento para julgá-lo; ministro relator do STF, se já distribuído o recurso extraordinário; presidente ou ao vice-presidente do tribunal recorrido (TST), no período compreendido entre a interposição do recurso e a publicação da decisão de admissão do recurso, assim como no caso de o recurso ter sido sobrestado, nos termos do art. 1.037 do CPC, que trata do julgamento do recurso extraordinário repetitivo.

O recurso extraordinário, assim, em regra, não suspende os efeitos da decisão, admitindo, em princípio, a *execução provisória*.

Conforme a previsão do art. 995 do CPC de 2915, os recursos não impedem a eficácia da decisão, salvo disposição legal ou decisão judicial em sentido diverso. A eficácia da decisão recorrida pode ser suspensa por decisão do relator, se da imediata produção de seus efeitos houver risco de dano grave, de difícil ou impossível reparação, e ficar demonstrada a probabilidade de provimento do recurso.

Entretanto, especificamente quanto ao processo do trabalho, o art. 893, § 2.º, da CLT estabelece que a "interposição de recurso para o Supremo Tribunal Federal não prejudicará a execução do julgado".

Em face da redação não muito clara desse dispositivo, anteriormente, chegou a se consolidar o entendimento de que, mesmo se ainda pendente o recurso extraordinário, de competência do STF, a execução da sentença condenatória trabalhista seria *definitiva*.

Nessa direção, a Súmula 228 do STF, aprovada na Sessão Plenária de 13.12.1963, assim dispunha: "Não é provisória a execução na pendência de recurso extraordinário, ou de agravo destinado a fazê-lo admitir".

O referido verbete jurisprudencial tinha como fundamento legal, além do já referido art. 893, § 2.º, da CLT, os arts. 808, parágrafo único, e 882, inciso II, do Código de Processo Civil de 1939, vigentes à época.

Não obstante, com o Código de Processo Civil de 1973, assim como com o CPC de 2015, de forma lógica e coerente, passou-se a estabelecer que a pendência do recurso extraordinário (e mesmo do agravo interposto contra a decisão que denegou seguimento a esse recurso) impede o trânsito em julgado (art. 502, parte final, do CPC de 2015).

Com isso, no sistema processual em vigor, a execução, nesse caso, só pode ser transitória, e não definitiva, justamente em razão do recurso ainda pendente (sem efeito suspensivo), mesmo que no âmbito do Supremo Tribunal Federal.

Efetivamente, consoante a previsão do art. 520 do CPC de 2015, o cumprimento provisório da sentença (ou seja, a execução provisória de título judicial) ocorre quando esta é "impugnada por recurso desprovido de efeito suspensivo".

Desse modo, o próprio Supremo Tribunal Federal, como se verifica nos Recursos Extraordinários 84.334, 82.926 e 85.761, passou a entender que, havendo recurso extraordinário pendente, a execução é de natureza *provisória*.

Ainda assim, no âmbito trabalhista, tendo em vista que a disciplina do processo civil apenas pode ser aplicada na omissão da lei relativa ao processo do trabalho, exigindo-se, ainda, a compatibilidade (arts. 769, 882 e 889 da CLT), mesmo após a entrada em vigor do Código de Processo Civil de 1973, a questão permaneceu controvertida, em razão da disposição específica, presente no já mencionado art. 893, § 2.º, da CLT.

No entender de Valentin Carrion: "*A execução de sentença, pendente o recurso extraordinário*, é definitiva no processo do trabalho. Deve continuar prevalecendo o entendimento da velha Súmula 228 do STF, específica exegese da CLT, art. 893, § 2.º"[289].

Entretanto, no presente, o entendimento majoritário é no sentido de que, conforme a interpretação sistemática e lógica do dispositivo da CLT, na pendência de recurso extraordinário, admite-se a *execução provisória* da sentença condenatória trabalhista, e não definitiva, justamente porque ainda não há trânsito em julgado. Nesse sentido é a Orientação Jurisprudencial 56 da SBDI-II do TST.

Ou seja, se o recurso extraordinário (ou mesmo o agravo em recurso extraordinário) está pendente de julgamento, a execução não tem como se processar de forma definitiva, mesmo porque a decisão (correspondente ao título executivo de natureza judicial) ainda poderá sofrer modificação no julgamento desse recurso pelo Supremo Tribunal Federal.

Aplica-se ao caso, assim, a disciplina da execução provisória, conforme o art. 899, parte final, da CLT e o art. 520 do CPC de 2015.

✦ Jurisprudência

Recurso de revista. Não conhecimento do recurso ordinário. Alçada recursal. Valor da causa inferior a dois salários mínimos. Ação de nulidade de cláusulas de convenção coletiva que vedam o trabalho aos domingos no comércio. Discussão que envolve o reconhecimento de norma coletiva. Matéria disciplinada em dispositivo constitucional (art. 7.º, XXVI). Recurso ordinário cabível. 1. A Corte de origem não conheceu do recurso ordinário do Ministério Público do Trabalho ao entendimento de que, "nas causas de valor de alçada não excedente a dois salários mínimos na data do ajuizamento da ação e que envolvam matéria de natureza constitucional, a parte deverá recorrer apenas via recurso extraordinário, de competência funcional do Supremo Tribunal Federal". 2. Conforme dispõe o art. 2.º, § 4.º, da Lei n.º 5.584/70 ("Salvo se versarem sobre matéria constitucional, nenhum recurso caberá das sentenças proferidas nos dissídios da alçada a que se refere o parágrafo anterior, considerado, para esse fim, o valor do salário mínimo à data do ajuizamento da ação"), é incabível a apresentação de recurso contra a decisão que julga processos sujeitos ao procedimento sumário, de alçada inferior a dois salários mínimos, salvo na hipótese em que a insurgência verse a respeito de matéria constitucional. 3. Na hipótese dos autos, o recurso ordinário interposto pelo Ministério Público do Trabalho à sentença que suspendera os efeitos jurídicos de cláusulas coletivas de vedam o trabalho aos domingos no comércio, versa sobre matéria constitucional, uma vez que, além de invocar o direito fundamental ao lazer (art. 6.º, *caput*), articula com o reconhecimento das convenções e acordos coletivos de trabalho (art. 7.º, XXVI). 4. Aplicável, pois, a exceção prevista no § 4.º do art. 2.º da Lei 5.584/70. Recurso de revista conhecido e provido (TST, 1.ª T., RR 267-73.2012.5.09.0325, Rel. Min. Hugo Carlos Scheuermann, *DEJT* 17.08.2018).

✦ Súmulas, Orientações Jurisprudenciais e Precedentes Normativos

Súmula 279 do STF: Para simples reexame de prova não cabe recurso extraordinário.

Súmula 281 do STF: É inadmissível o recurso extraordinário, quando couber na justiça de origem, recurso ordinário da decisão impugnada.

289 CARRION, Valentin. *Comentários à Consolidação das leis do trabalho*. 31. ed., atualizada por Eduardo Carrion. São Paulo: Saraiva, 2006. p. 773.

Súmula 282 do STF: É inadmissível o recurso extraordinário, quando não ventilada, na decisão recorrida, a questão federal suscitada.

Súmula 283 do STF: É inadmissível o recurso extraordinário, quando a decisão recorrida assenta em mais de um fundamento suficiente e o recurso não abrange todos eles.

Súmula 284 do STF: É inadmissível o recurso extraordinário, quando a deficiência na sua fundamentação não permitir a exata compreensão da controvérsia.

Súmula 287 do STF: Nega-se provimento ao agravo, quando a deficiência na sua fundamentação, ou na do recurso extraordinário, não permitir a exata compreensão da controvérsia.

Súmula 289 do STF: O provimento do agravo por uma das Turmas do Supremo Tribunal Federal, ainda que sem ressalva, não prejudica a questão do cabimento do recurso extraordinário.

Súmula 292 do STF: Interposto o recurso extraordinário por mais de um dos fundamentos indicados no art. 101, III, da Constituição, a admissão apenas por um deles não prejudica o seu conhecimento por qualquer dos outros.

Súmula 355 do STF: Em caso de embargos infringentes parciais, é tardio o recurso extraordinário interposto após o julgamento dos embargos, quanto à parte da decisão embargada que não fora por eles abrangida.

Súmula 356 do STF: O ponto omisso da decisão, sobre o qual não foram opostos embargos declaratórios, não pode ser objeto de recurso extraordinário, por faltar o requisito do prequestionamento.

Súmula 456 do STF: O Supremo Tribunal Federal, conhecendo do recurso extraordinário, julgará a causa, aplicando o direito à espécie.

Súmula 528 do STF: Se a decisão contiver partes autônomas, a admissão parcial, pelo Presidente do Tribunal *a quo*, de recurso extraordinário que, sobre qualquer delas se manifestar, não limitará a apreciação de todas pelo Supremo Tribunal Federal, independentemente de interposição de agravo de instrumento.

Súmula 634 do STF: Não compete ao Supremo Tribunal Federal conceder medida cautelar para dar efeito suspensivo a recurso extraordinário que ainda não foi objeto de juízo de admissibilidade na origem.

Súmula 635 do STF: Cabe ao presidente do tribunal de origem decidir o pedido de medida cautelar em recurso extraordinário ainda pendente do seu juízo de admissibilidade.

Súmula 636 do STF: Não cabe recurso extraordinário por contrariedade ao princípio constitucional da legalidade, quando a sua verificação pressuponha rever a interpretação dada a normas infraconstitucionais pela decisão recorrida.

Súmula 640 do STF: É cabível recurso extraordinário contra decisão proferida por juiz de primeiro grau nas causas de alçada, ou por Turma Recursal de Juizado Especial Cível e Criminal.

Súmula 45 do STJ: No reexame necessário, é defeso, ao Tribunal, agravar a condenação imposta à Fazenda Pública.

Súmula 490 do STJ: "A dispensa de reexame necessário, quando o valor da condenação ou do direito controvertido for inferior a 60 salários mínimos, não se aplica a sentenças ilíquidas".

Súmula 71 do TST: Alçada (mantida) – Res. 121/2003, *DJ* 19, 20 e 21.11.2003. A alçada é fixada pelo valor dado à causa na data de seu ajuizamento, desde que não impugnado, sendo inalterável no curso do processo.

Súmula 214 do TST: Decisão interlocutória. Irrecorribilidade (nova redação) – Res. 127/2005, *DJ* 14, 15 e 16.03.2005. Na Justiça do Trabalho, nos termos do art. 893, § 1.º, da CLT, as decisões interlocutórias não ensejam recurso imediato, salvo nas hipóteses de decisão:

a) de Tribunal Regional do Trabalho contrária à Súmula ou Orientação Jurisprudencial do Tribunal Superior do Trabalho;

b) suscetível de impugnação mediante recurso para o mesmo Tribunal;

c) que acolhe exceção de incompetência territorial, com a remessa dos autos para Tribunal Regional distinto daquele a que se vincula o juízo excepcionado, consoante o disposto no art. 799, § 2.º, da CLT.

Súmula 283 do TST: Recurso adesivo. Pertinência no processo do trabalho. Correlação de matérias. O recurso adesivo é compatível com o processo do trabalho e cabe, no prazo de 8 (oito) dias, nas hipóteses de interposição de recurso ordinário, de agravo de petição, de revista e de embargos, sendo desnecessário que a matéria nele veiculada esteja relacionada com a do recurso interposto pela parte contrária.

Súmula 303 do TST: Fazenda Pública. Reexame necessário.

I – Em dissídio individual, está sujeita ao reexame necessário, mesmo na vigência da Constituição Federal de 1988, decisão contrária à Fazenda Pública, salvo quando a condenação não ultrapassar o valor correspondente a: a) 1.000 (mil) salários mínimos para a União e as respectivas autarquias e fundações de direito público; b) 500 (quinhentos) salários mínimos para os estados, o Distrito Federal, as respectivas autarquias e fundações de direito público e os

municípios que constituam capitais dos estados; c) 100 (cem) salários mínimos para todos os demais municípios e respectivas autarquias e fundações de direito público.
II – Também não se sujeita ao duplo grau de jurisdição a decisão fundada em: a) súmula ou orientação jurisprudencial do Tribunal Superior do Trabalho; b) acórdão proferido pelo Supremo Tribunal Federal ou pelo Tribunal Superior do Trabalho em julgamento de recursos repetitivos; c) entendimento firmado em incidente de resolução de demandas repetitivas ou de assunção de competência; d) entendimento coincidente com orientação vinculante firmada no âmbito administrativo do próprio ente público, consolidada em manifestação, parecer ou súmula administrativa.
III – Em ação rescisória, a decisão proferida pelo Tribunal Regional do Trabalho está sujeita ao duplo grau de jurisdição obrigatório quando desfavorável ao ente público, exceto nas hipóteses dos incisos anteriores.
IV – Em mandado de segurança, somente cabe reexame necessário se, na relação processual, figurar pessoa jurídica de direito público como parte prejudicada pela concessão da ordem. Tal situação não ocorre na hipótese de figurar no feito como impetrante e terceiro interessado pessoa de direito privado, ressalvada a hipótese de matéria administrativa.

Súmula 356 do TST: Alçada recursal. Vinculação ao salário mínimo (mantida) – Res. 121/2003, *DJ* 19, 20 e 21.11.2003. O art. 2.º, § 4.º, da Lei 5.584, de 26.06.1970, foi recepcionado pela CF/1988, sendo lícita a fixação do valor da alçada com base no salário mínimo.

Súmula 383 do TST: Recurso. Mandato. Irregularidade de representação. CPC de 2015, arts. 104 e 76, § 2.º.
I – É inadmissível recurso firmado por advogado sem procuração juntada aos autos até o momento da sua interposição, salvo mandato tácito. Em caráter excepcional (art. 104 do CPC de 2015), admite-se que o advogado, independentemente de intimação, exiba a procuração no prazo de 5 (cinco) dias após a interposição do recurso, prorrogável por igual período mediante despacho do juiz. Caso não a exiba, considera-se ineficaz o ato praticado e não se conhece do recurso.
II – Verificada a irregularidade de representação da parte em fase recursal, em procuração ou substabelecimento já constante dos autos, o relator ou o órgão competente para julgamento do recurso designará prazo de 5 (cinco) dias para que seja sanado o vício. Descumprida a determinação, o relator não conhecerá do recurso, se a providência couber ao recorrente, ou determinará o desentranhamento das contrarrazões, se a providência couber ao recorrido (art. 76, § 2.º, do CPC de 2015).

Súmula 414 do TST: Mandado de segurança. Tutela provisória concedida antes ou na sentença (nova redação em decorrência do CPC de 2015).
I – A tutela provisória concedida na sentença não comporta impugnação pela via do mandado de segurança, por ser impugnável mediante recurso ordinário. É admissível a obtenção de efeito suspensivo ao recurso ordinário mediante requerimento dirigido ao tribunal, ao relator ou ao presidente ou ao vice-presidente do tribunal recorrido, por aplicação subsidiária ao processo do trabalho do artigo 1.029, § 5.º, do CPC de 2015.
II – No caso de a tutela provisória haver sido concedida ou indeferida antes da sentença, cabe mandado de segurança, em face da inexistência de recurso próprio.
III – A superveniência da sentença, nos autos originários, faz perder o objeto do mandado de segurança que impugnava a concessão ou o indeferimento da tutela provisória.

Súmula 421 do TST: Embargos de declaração. Cabimento. Decisão monocrática do relator calcada no art. 932 do CPC de 2015. Art. 557 do CPC de 1973.
I – Cabem embargos de declaração da decisão monocrática do relator prevista no art. 932 do CPC de 2015 (art. 557 do CPC de 1973), se a parte pretende tão somente juízo integrativo retificador da decisão, e não modificação do julgado.
II – Se a parte postular a revisão no mérito da decisão monocrática, cumpre ao relator converter os embargos de declaração em agravo, em face dos princípios da fungibilidade e celeridade processual, submetendo-o ao pronunciamento do Colegiado, após a intimação do recorrente para, no prazo de 5 (cinco) dias, complementar as razões recursais, de modo a ajustá-las às exigências do art. 1.021, § 1.º, do CPC de 2015.

Súmula 435 do TST: Decisão monocrática. Relator. Art. 932 do CPC de 2015. Art. 557 do CPC de 1973. Aplicação subsidiária ao processo do trabalho. Aplica-se subsidiariamente ao processo do trabalho o art. 932 do CPC de 2015 (art. 557 do CPC de 1973).

Orientação Jurisprudencial 5 do Pleno do TST: Recurso ordinário. Cabimento (conversão da Orientação Jurisprudencial 70 da SBDI-I, *DJ* 20.04.2005). Não cabe recurso ordinário contra decisão em agravo regimental interposto em reclamação correicional ou em pedido de providência.

Orientação Jurisprudencial 310 da SBDI-I do TST: Litisconsortes. Procuradores distintos. Prazo em dobro. Art. 229, *caput* e §§ 1.º e 2.º, do CPC de 2015. Art. 191 do CPC de 1973. Inaplicável ao processo do trabalho. Inaplicável ao processo do trabalho a norma contida no art. 229, *caput* e §§ 1.º e 2.º, do CPC de 2015 (art. 191 do CPC de 1973), em razão de incompatibilidade com a celeridade que lhe é inerente.

Orientação Jurisprudencial 334 da SBDI-I do TST: Remessa *ex officio*. Recurso de Revista. Inexistência de recurso ordinário voluntário de ente público. Incabível (*DJ* 09.12.2003). Incabível recurso de revista de ente público que não interpôs recurso ordinário voluntário da decisão de primeira instância, ressalvada a hipótese de ter sido agravada, na segunda instância, a condenação imposta.

Orientação Jurisprudencial 412 da SBDI-I do TST: Agravo interno ou agravo regimental. Interposição em face de decisão colegiada. Não cabimento. Erro grosseiro. Inaplicabilidade do princípio da fungibilidade recursal. É incabível agravo interno (art. 1.021 do CPC de 2015, art. 557, § 1.º, do CPC de 1973) ou agravo regimental (art. 235 do RITST) contra decisão proferida por órgão colegiado. Tais recursos destinam-se, exclusivamente, a impugnar decisão monocrática nas hipóteses previstas. Inaplicável, no caso, o princípio da fungibilidade ante a configuração de erro grosseiro.

Orientação Jurisprudencial 56 da SBDI-II do TST: Mandado de Segurança. Execução. Pendência de recurso extraordinário (inserida em 20.09.2000). Não há direito líquido e certo à execução definitiva na pendência de recurso extraordinário, ou de agravo de instrumento visando a destrancá-lo.

Orientação Jurisprudencial 69 da SBDI-II do TST: Fungibilidade recursal. Indeferimento liminar de ação rescisória ou mandado de segurança. Recurso para o TST. Recebimento como agravo regimental e devolução dos autos ao TRT (inserida em 20.09.2000). Recurso ordinário interposto contra despacho monocrático indeferitório da petição inicial de ação rescisória ou de mandado de segurança pode, pelo princípio de fungibilidade recursal, ser recebido como agravo regimental. Hipótese de não conhecimento do recurso pelo TST e devolução dos autos ao TRT, para que aprecie o apelo como agravo regimental.

Orientação Jurisprudencial 152 da SBDI-II do TST: Ação rescisória e mandado de segurança. Recurso de revista de acórdão regional que julga ação rescisória ou mandado de segurança. Princípio da fungibilidade. Inaplicabilidade. Erro grosseiro na interposição do recurso (*DJe* divulgado em 03,04 e 05.12.2008). A interposição de recurso de revista de decisão definitiva de Tribunal Regional do Trabalho em ação rescisória ou em mandado de segurança, com fundamento em violação legal e divergência jurisprudencial e remissão expressa ao art. 896 da CLT, configura erro grosseiro, insuscetível de autorizar o seu recebimento como recurso ordinário, em face do disposto no art. 895, "b", da CLT.

Art. 894. No Tribunal Superior do Trabalho cabem embargos, no prazo de 8 (oito) dias:

I – de decisão não unânime de julgamento que:

a) conciliar, julgar ou homologar conciliação em dissídios coletivos que excedam a competência territorial dos Tribunais Regionais do Trabalho e estender ou rever as sentenças normativas do Tribunal Superior do Trabalho, nos casos previstos em lei; e

b) Vetado.

II – das decisões das Turmas que divergirem entre si ou das decisões proferidas pela Seção de Dissídios Individuais, ou contrárias a súmula ou orientação jurisprudencial do Tribunal Superior do Trabalho ou súmula vinculante do Supremo Tribunal Federal.

Parágrafo único. (Revogado)

§ 2.º A divergência apta a ensejar os embargos deve ser atual, não se considerando tal a ultrapassada por súmula do Tribunal Superior do Trabalho ou do Supremo Tribunal Federal, ou superada por iterativa e notória jurisprudência do Tribunal Superior do Trabalho.

§ 3.º O Ministro Relator denegará seguimento aos embargos:

I – se a decisão recorrida estiver em consonância com súmula da jurisprudência do Tribunal Superior do Trabalho ou do Supremo Tribunal Federal, ou com iterativa, notória e atual jurisprudência do Tribunal Superior do Trabalho, cumprindo-lhe indicá-la;

II – nas hipóteses de intempestividade, deserção, irregularidade de representação ou de ausência de qualquer outro pressuposto extrínseco de admissibilidade.

§ 4.º Da decisão denegatória dos embargos caberá agravo, no prazo de 8 (oito) dias.

1. EMBARGOS NO TST

No âmbito do Tribunal Superior do Trabalho, são cabíveis embargos, no prazo de oito dias.

Na atualidade, os embargos no TST podem ser das seguintes modalidades: *infringentes*, de competência da Seção de Dissídios Coletivos, e *de divergência*, de competência da Seção de Dissídios Individuais (SBDI-I).

No caso dos embargos de divergência, essa divergência não pode ser oriunda da mesma Turma do TST. Nesse sentido, é o disposto na Orientação Jurisprudencial 95 da SBDI-I do TST.

A Lei 7.701/1988, no art. 2.º, inciso II, "c", prevê que compete à Seção especializada em Dissídios Coletivos do TST, em última instância, julgar os embargos infringentes interpostos contra decisão não unânime proferida em processo de dissídio coletivo de sua competência originária, salvo se a decisão atacada estiver em consonância com procedente jurisprudencial do Tribunal Superior do Trabalho ou da Súmula de sua jurisprudência predominante.

O mesmo diploma legal, no art. 3.º, inciso III, "b", com redação dada pela Lei 11.496/2007, estabelece que compete à Seção de Dissídios Individuais julgar, em última instância, os embargos das decisões das Turmas que divergirem entre si, ou das decisões proferidas pela Seção de Dissídios Individuais.

Logo, não são mais cabíveis embargos de nulidade no TST, que tinham como fundamento violação de preceitos da lei federal ou da Constituição República.

Conforme o atual § 2.º do art. 894 da CLT, com redação dada pela Lei 13.015/2014, a divergência apta a ensejar o recurso de embargos ao TST deve ser atual, assim não sendo considerada aquela que for ultrapassada por súmula do Tribunal Superior do Trabalho ou do Supremo Tribunal Federal, ou superada por iterativa e notória jurisprudência do TST.

Também se aplicam ao recurso em estudo as Súmulas 23, 126, 184, 221, 296, 297 e 337 do TST. Especificamente quanto aos embargos no TST, merece destaque a Súmula 353 do TST.

Tratando-se de decisão monocrática (e não de Turma do TST), decorrente das previsões dos arts. 932, incisos III, IV e V, do CPC de 2015, a Orientação Jurisprudencial 378 da SBDI-I do TST afasta o cabimento de embargos no TST, em consonância com a previsão do art. 894, inciso II, da CLT.

Em se tratando de procedimento sumaríssimo, apesar da restrição quanto ao cabimento de recurso de revista (art. 896, § 9.º, da CLT), os embargos no TST são cabíveis (art. 894, inciso II, da CLT), conforme explicita a Súmula 458 do TST.

Os embargos no TST, com a Lei 11.496/2007, passaram a ter o papel, essencialmente, de unificação da jurisprudência, internamente, do TST.

Tratando dos poderes do relator no âmbito dos embargos no TST, o § 3.º do art. 894 da CLT dispõe que o ministro relator deve negar seguimento aos embargos nas seguintes hipóteses: a) se a decisão recorrida estiver em consonância com súmula da jurisprudência do Tribunal Superior do Trabalho ou do Supremo Tribunal Federal, ou com iterativa, notória e atual jurisprudência do TST, cumprindo-lhe indicá-la; b) nas hipóteses de intempestividade, deserção, irregularidade de representação ou de ausência de qualquer outro pressuposto recursal extrínseco de admissibilidade.

O art. 2.º do Ato 491/2014 da Presidência do TST dispõe ainda que, sem prejuízo da competência do ministro relator do recurso de embargos, prevista no § 3.º do art. 894 da CLT, o presidente de Turma, na forma do Regimento Interno do Tribunal Superior do Trabalho, denegar-lhe-á seguimento nas hipóteses ali previstas e quando a divergência apresentada não se revelar atual, nos termos do art. 894, § 2.º, da CLT.

Proferida essa decisão pelo ministro relator, que denega seguimento aos embargos no TST, é cabível agravo (interno), no prazo de oito dias (art. 894, § 4.º, da CLT).

✦ Súmulas, Orientações Jurisprudenciais e Precedentes Normativos

Súmula 23 do TST: Recurso (mantida) – Res. 121/2003, *DJ* 19, 20 e 21.11.2003. Não se conhece de recurso de revista ou de embargos, se a decisão recorrida resolver determinado item do pedido por diversos fundamentos e a jurisprudência transcrita não abranger a todos.

Súmula 126 do TST: Recurso. Cabimento (mantida) – Res. 121/2003, *DJ* 19, 20 e 21.11.2003. Incabível o recurso de revista ou de embargos (arts. 896 e 894, "b", da CLT) para reexame de fatos e provas.

Súmula 184 do TST: Embargos declaratórios. Omissão em recurso de revista. Preclusão (mantida) – Res. 121/2003, *DJ* 19, 20 e 21.11.2003. Ocorre preclusão se não forem opostos embargos declaratórios para suprir omissão apontada em recurso de revista ou de embargos.

Súmula 221 do TST: Recurso de revista. Violação de lei. Indicação de preceito. Interpretação razoável (alterada em decorrência da redação do inciso II do art. 894 da CLT, incluído pela Lei 11.496/2007) – Res. 181/2012, *DEJT* divulgado em 19, 20 e 23.04.2012.

I – A admissibilidade do recurso de revista por violação tem como pressuposto a indicação expressa do dispositivo de lei ou da Constituição tido como violado (ex-OJ 94 da SBDI-1 – inserida em 30.05.1997).

II – Interpretação razoável de preceito de lei, ainda que não seja a melhor, não dá ensejo à admissibilidade ou ao conhecimento de recurso de revista com base na alínea "c" do art. 896 da CLT. A violação há de estar ligada à literalidade do preceito (ex-Súmula 221 – alterada pela Res. 121/2003, *DJ* 21.11.2003).

Súmula 296 do TST: Recurso. Divergência jurisprudencial. Especificidade (incorporada a Orientação Jurisprudencial 37 da SBDI-1) – Res. 129/2005, *DJ* 20, 22 e 25.04.2005.

I – A divergência jurisprudencial ensejadora da admissibilidade, do prosseguimento e do conhecimento do recurso há de ser específica, revelando a existência de teses diversas na interpretação de um mesmo dispositivo legal, embora idênticos os fatos que as ensejaram.

II – Não ofende o art. 896 da CLT decisão de Turma que, examinando premissas concretas de especificidade da divergência colacionada no apelo revisional, conclui pelo conhecimento ou desconhecimento do recurso.

Súmula 297 do TST: Prequestionamento. Oportunidade. Configuração (nova redação) – Res. 121/2003, *DJ* 19, 20 e 21.11.2003.

I – Diz-se prequestionada a matéria ou questão quando na decisão impugnada haja sido adotada, explicitamente, tese a respeito.

II – Incumbe à parte interessada, desde que a matéria haja sido invocada no recurso principal, opor embargos declaratórios objetivando o pronunciamento sobre o tema, sob pena de preclusão.

III – Considera-se prequestionada a questão jurídica invocada no recurso principal sobre a qual se omite o Tribunal de pronunciar tese, não obstante opostos embargos de declaração.

Súmula 337 do TST: Comprovação de divergência jurisprudencial. Recursos de revista e de embargos.

I – Para comprovação da divergência justificadora do recurso, é necessário que o recorrente:

a) Junte certidão ou cópia autenticada do acórdão paradigma ou cite a fonte oficial ou o repositório autorizado em que foi publicado; e

b) Transcreva, nas razões recursais, as ementas e/ou trechos dos acórdãos trazidos à configuração do dissídio, demonstrando o conflito de teses que justifique o conhecimento do recurso, ainda que os acórdãos já se encontrem nos autos ou venham a ser juntados com o recurso.

II – A concessão de registro de publicação como repositório autorizado de jurisprudência do TST torna válidas todas as suas edições anteriores.

III – A mera indicação da data de publicação, em fonte oficial, de aresto paradigma é inválida para comprovação de divergência jurisprudencial, nos termos do item I, "a", desta súmula, quando a parte pretende demonstrar o

conflito de teses mediante a transcrição de trechos que integram a fundamentação do acórdão divergente, uma vez que só se publicam o dispositivo e a ementa dos acórdãos.
IV – É válida para a comprovação da divergência jurisprudencial justificadora do recurso a indicação de aresto extraído de repositório oficial na internet, desde que o recorrente:
a) transcreva o trecho divergente;
b) aponte o sítio de onde foi extraído; e
c) decline o número do processo, o órgão prolator do acórdão e a data da respectiva publicação no *Diário Eletrônico da Justiça do Trabalho*.
V – A existência do código de autenticidade na cópia, em formato *pdf*, do inteiro teor do aresto paradigma, juntada aos autos, torna-a equivalente ao documento original e também supre a ausência de indicação da fonte oficial de publicação.

Súmula 353 do TST: Embargos. Agravo. Cabimento. Não cabem embargos para a Seção de Dissídios Individuais de decisão de Turma proferida em agravo, salvo: a) da decisão que não conhece de agravo de instrumento ou de agravo pela ausência de pressupostos extrínsecos; b) da decisão que nega provimento a agravo contra decisão monocrática do Relator, em que se proclamou a ausência de pressupostos extrínsecos de agravo de instrumento; c) para revisão dos pressupostos extrínsecos de admissibilidade do recurso de revista, cuja ausência haja sido declarada originariamente pela Turma no julgamento do agravo; d) para impugnar o conhecimento de agravo de instrumento; e) para impugnar a imposição de multas previstas nos arts. 1.021, § 4.º, do CPC de 2015 ou 1.026, § 2.º, do CPC de 2015 (art. 538, parágrafo único, do CPC de 1973, ou art. 557, § 2.º, do CPC de 1973); f) contra decisão de turma proferida em agravo em recurso de revista, nos termos do art. 894, II, da CLT.

Súmula 433 do TST: Embargos. Admissibilidade. Processo em fase de execução. Acórdão de turma publicado na vigência da Lei 11.496, de 26.06.2007. Divergência de interpretação de dispositivo constitucional. A admissibilidade do recurso de embargos contra acórdão de Turma em recurso de revista em fase de execução, publicado na vigência da Lei 11.496, de 26.06.2007, condiciona-se à demonstração de divergência jurisprudencial entre Turmas ou destas e a Seção Especializada em Dissídios Individuais do Tribunal Superior do Trabalho em relação à interpretação de dispositivo constitucional.

Súmula 458 do TST: Embargos. Procedimento sumaríssimo. Conhecimento. Recurso interposto após vigência da Lei 11.496, de 22.06.2007, que conferiu nova redação ao art. 894 da CLT (conversão da Orientação Jurisprudencial 405 da SBDI-1 com nova redação). Em causas sujeitas ao procedimento sumaríssimo, em que pese a limitação imposta no art. 896, § 6.º, da CLT à interposição de recurso de revista, admitem-se os embargos interpostos na vigência da Lei 11.496, de 22.06.2007, que conferiu nova redação ao art. 894 da CLT, quando demonstrada a divergência jurisprudencial entre Turmas do TST, fundada em interpretações diversas acerca da aplicação de mesmo dispositivo constitucional ou de matéria sumulada.

Orientação Jurisprudencial Transitória 79: Embargos. Recurso interposto antes da vigência da Lei 11.496, de 22.06.2007, que conferiu nova redação ao art. 894 da CLT. Revista não conhecida por má aplicação de Súmula ou de Orientação Jurisprudencial. Exame do mérito pela SDI (conversão da Orientação Jurisprudencial 295 da SBDI-1 com nova redação). A SDI, ao conhecer dos embargos, interpostos antes da vigência da Lei 11.496/2007, por violação do art. 896 – por má aplicação de súmula ou de orientação jurisprudencial pela Turma –, julgará desde logo o mérito, caso conclua que a revista merecia conhecimento e que a matéria de fundo se encontra pacificada neste Tribunal.

Orientação Jurisprudencial 95 da SBDI-I do TST: Embargos para SDI. Divergência oriunda da mesma turma do TST. Inservível (inserida em 30.05.1997). ERR 125320/1994, SDI-Plena. Em 19.05.1997, a SDI-Plena, por maioria, decidiu que acórdãos oriundos da mesma Turma, embora divergentes, não fundamentam divergência jurisprudencial de que trata a alínea "b" do artigo 894 da Consolidação das Leis do Trabalho para embargos à Seção Especializada em Dissídios Individuais, Subseção I.

Orientação Jurisprudencial 378 da SBDI-I do TST: Embargos. Interposição contra decisão monocrática. Não cabimento. Não encontra amparo no art. 894 da CLT, quer na redação anterior quer na redação posterior à Lei n.º 11.496, de 22.06.2007, recurso de embargos interposto à decisão monocrática exarada nos moldes do art. 932 do CPC de 2015 (art. 557 do CPC de 1973), pois o comando legal restringe seu cabimento à pretensão de reforma de decisão colegiada proferida por Turma do Tribunal Superior do Trabalho.

Art. 895. Cabe recurso ordinário para a instância superior:

I – das decisões definitivas ou terminativas das Varas e Juízos, no prazo de 8 (oito) dias; e

II – das decisões definitivas ou terminativas dos Tribunais Regionais, em processos de sua competência originária, no prazo de 8 (oito) dias, quer nos dissídios individuais, quer nos dissídios coletivos.

§ 1.º Nas reclamações sujeitas ao procedimento sumaríssimo, o recurso ordinário:

I – *Vetado.*

II – será imediatamente distribuído, uma vez recebido no Tribunal, devendo o relator liberá-lo no prazo máximo de dez dias, e a Secretaria do Tribunal ou Turma colocá-lo imediatamente em pauta para julgamento, sem revisor;

III – terá parecer oral do representante do Ministério Público presente à sessão de julgamento, se este entender necessário o parecer, com registro na certidão;

IV – terá acórdão consistente unicamente na certidão de julgamento, com a indicação suficiente do processo e parte dispositiva, e das razões de decidir do voto prevalente. Se a sentença for confirmada pelos próprios fundamentos, a certidão de julgamento, registrando tal circunstância, servirá de acórdão.

§ 2.º Os Tribunais Regionais, divididos em Turmas, poderão designar Turma para o julgamento dos recursos ordinários interpostos das sentenças prolatadas nas demandas sujeitas ao procedimento sumaríssimo.

1. RECURSO ORDINÁRIO

O recurso ordinário é cabível, no prazo de oito dias, para impugnar sentenças definitivas (de mérito) e terminativas, proferidas pelas Varas do Trabalho (ou Juízos de Direito no exercício da jurisdição trabalhista), nos termos do art. 895, inciso I, da CLT.

Nesse caso, o julgamento do recurso é de competência do TRT.

Se a decisão da Vara do Trabalho reconhece a incompetência da Justiça do Trabalho, remetendo os autos a outro ramo do Poder Judiciário, também se entende cabível o recurso, no caso, ordinário (art. 799, § 2.º, da CLT).

Ademais, a Súmula 214, alínea "c", do TST, por meio de interpretação ampliativa, admite o recurso de imediato também nas hipóteses de decisão que acolhe exceção de incompetência territorial.

O recurso ordinário é interposto perante o juízo *a quo*, de primeiro grau (art. 1.010, *caput*, do CPC de 2015), no caso, a Vara do Trabalho.

Nesse sentido, interposto o recurso ordinário, o juiz deve dar vista ao recorrido para responder, isto é, para apresentar contrarrazões (art. 1.010, § 1.º, do CPC de 2015).

Se o recorrido interpuser recurso ordinário adesivo, o juiz deve intimar o recorrente para apresentar contrarrazões (art. 1.010, § 2.º, do CPC de 2015).

Mesmo com a subida dos autos ao TRT, os pressupostos recursais são examinados pelo juízo *ad quem*, que conhece ou não do recurso ordinário.

O art. 1.010, § 3.º, do CPC de 2015 determina que, após as formalidades previstas nos §§ 1.º e 2.º do mesmo dispositivo legal, os autos devem ser remetidos ao tribunal pelo juiz, *independentemente de juízo de admissibilidade*.

Com o CPC de 2015, portanto, não cabe mais ao juízo de primeiro grau examinar os pressupostos recursais da apelação, nem negar-lhe seguimento.

Não obstante, de acordo com o art. 2.º, inciso XI, da Instrução Normativa 39/2016 do TST, que dispõe sobre as normas do Código de Processo Civil de 2015 aplicáveis e inaplicáveis ao processo do trabalho, de forma não exaustiva, não se aplica ao processo do trabalho, em razão de inexistência de omissão ou por incompatibilidade, o art. 1.010, § 3.º, do CPC de 2015, sobre a desnecessidade de o juízo *a quo* exercer controle de admissibilidade na apelação.

Com isso, prevalece o entendimento de que o juízo *a quo* continua verificando, inicialmente, os pressupostos de admissibilidade do recurso ordinário no processo do trabalho.

As questões de fato não propostas no juízo inferior podem ser suscitadas no recurso ordinário, se a parte provar que deixou de fazê-lo por motivo de força maior (art. 1.014 do CPC).

O art. 5.º da Instrução Normativa 39/2016 do TST dispõe que se aplicam ao processo do trabalho as normas do art. 356, §§ 1.º a 4.º, do CPC[290], que regem o julgamento antecipado parcial do mérito, cabendo recurso ordinário de imediato da sentença.

Por se tratar, entretanto, na verdade, de decisão interlocutória, essa previsão contraria o princípio da irrecorribilidade de imediato das decisões interlocutórias, incidente na esfera trabalhista, conforme o art. 893, § 1.º da CLT, ao prever que se admite a apreciação do merecimento das decisões interlocutórias somente em recursos da decisão definitiva.

Além disso, o art. 895, inciso II, da CLT prevê o cabimento do recurso ordinário, também no prazo de oito dias, "das decisões definitivas ou terminativas dos Tribunais Regionais, em processos de sua competência originária", nos dissídios individuais e nos dissídios coletivos.

Exemplificando, em se tratando de dissídio coletivo, ação rescisória, mandado de segurança, de competência originária do TRT, é cabível recurso ordinário da decisão definitiva (isto é, de mérito) ou terminativa do Regional, a ser julgado pelo Tribunal Superior do Trabalho.

Nesse caso, o recurso é interposto perante o TRT que efetua o seu processamento e posterior remessa ao TST. Este, figurando como juízo *ad quem*, examina os pressupostos recursais, para conhecer ou não do recurso ordinário.

Isso é confirmado pela Lei 7.701/1988, no art. 2.º, inciso II, "a" e "b", ao prever que compete à Seção Especializada em Dissídios Coletivos do TST, em última instância julgar:

a) os recursos ordinários interpostos contra as decisões proferidas pelos Tribunais Regionais do Trabalho em dissídios coletivos de natureza econômica ou jurídica;

b) os recursos ordinários interpostos contra as decisões proferidas pelos Tribunais Regionais do Trabalho em ações rescisórias e mandados de segurança pertinentes a dissídios coletivos.

O art. 3.º, inciso III, "a", da Lei 7.701/1988 também estabelece que compete à Seção de Dissídios Individuais julgar, em última instância, os recursos ordinários interpostos contra

290 "Art. 356. O juiz decidirá parcialmente o mérito quando um ou mais dos pedidos formulados ou parcela deles: I – mostrar-se incontroverso; II – estiver em condições de imediato julgamento, nos termos do art. 355. § 1.º A decisão que julgar parcialmente o mérito poderá reconhecer a existência de obrigação líquida ou ilíquida. § 2.º A parte poderá liquidar ou executar, desde logo, a obrigação reconhecida na decisão que julgar parcialmente o mérito, independentemente de caução, ainda que haja recurso contra essa interposto. § 3.º Na hipótese do § 2.º, se houver trânsito em julgado da decisão, a execução será definitiva. § 4.º A liquidação e o cumprimento da decisão que julgar parcialmente o mérito poderão ser processados em autos suplementares, a requerimento da parte ou a critério do juiz".

decisões dos Tribunais Regionais em processos de dissídio individual de sua competência originária. A respeito do tema, cf. Súmula 158 do TST.

Em se tratando de mandado de segurança, cabe destacar a Súmula 201 do TST.

Nas ações sujeitas ao procedimento sumaríssimo, o recurso ordinário deve ser imediatamente distribuído, uma vez recebido no Tribunal, devendo o relator liberá-lo no prazo máximo de dez dias, e a Secretaria do Tribunal ou Turma colocá-lo imediatamente em pauta para julgamento, sem revisor.

Ainda no procedimento sumaríssimo, se o representante do Ministério Público presente à sessão de julgamento entender necessário o parecer, este deve ser oral, com registro na certidão.

O julgamento do recurso ordinário no procedimento sumaríssimo deve ter "acórdão consistente unicamente na certidão de julgamento, com a indicação suficiente do processo e parte dispositiva, e das razões de decidir do voto prevalente". Se a sentença for confirmada pelos seus próprios fundamentos, "a certidão de julgamento, registrando tal circunstância, servirá de acórdão". Nesse caso, o TRT adotaria, como *fundamentação*, a qual é exigência constitucional (art. 93, inciso IX, da Constituição da República), aquela constante da sentença, o que não é comum na prática.

Esclareça-se que, segundo a jurisprudência, revela-se "legítima, e plenamente compatível com a exigência imposta pelo art. 93, inciso IX, da Constituição da República, a utilização, por magistrados, da técnica da motivação 'per relationem', que se caracteriza pela remissão que o ato judicial expressamente faz a outras manifestações ou peças processuais existentes nos autos, mesmo as produzidas pelas partes, pelo Ministério Público ou por autoridades públicas, cujo teor indique os fundamentos de fato e/ou de direito que justifiquem a decisão emanada do Poder Judiciário" (STF, Pleno, ED-MS 25.936/DF, Rel. Min. Celso de Mello, *DJe* 18.09.2009). Cf. ainda TST, 2.ª T., Ag-AIRR-3040-51.2013.5.02.0002, Rel. Min. Maria Helena Mallmann, *DEJT* 24.05.2019.

De acordo com o art. 2.º, inciso X, da Instrução Normativa 39/2016 do TST, não se aplica ao processo do trabalho, em razão de inexistência de omissão ou por incompatibilidade, o art. 944 do CPC de 2015, sobre notas taquigráficas para substituir acórdão.

Prevaleceu, assim, o entendimento de que a publicação do acórdão é imprescindível no processo do trabalho, não podendo ser substituído por notas taquigráficas, como se observa nos arts. 678, inciso I, "c", 2, 746, "d", 748, "c", 750, "g", 836, parágrafo único, 895, § 1.º, inciso IV, 896-C, § 11, e 897-A da CLT, bem como arts. 2.º, inciso II, "d", 3.º, inciso III, "d", 5.º, "d", e 7.º da Lei 7.701/1988.

Ademais, os Tribunais Regionais, divididos em Turmas, podem designar Turma para o julgamento dos recursos ordinários interpostos das sentenças prolatadas nas demandas sujeitas ao procedimento sumaríssimo.

As medidas acima têm como objetivo maior celeridade no julgamento do recurso ordinário, por se tratar de procedimento sumaríssimo.

O art. 1.011 do CPC de 2015 dispõe que, recebido o recurso de apelação (no processo do trabalho, o recurso ordinário) no tribunal e distribuído imediatamente, o relator: I – deve decidi-lo monocraticamente apenas nas hipóteses do art. 932, incisos III a V do mesmo diploma legal; II – se não for o caso de decisão monocrática, deve elaborar seu voto para julgamento do recurso pelo órgão colegiado.

Sendo assim, nos termos do art. 932, incisos III a V, do CPC de 2015, incumbe ao relator: III – não conhecer de recurso inadmissível, prejudicado ou que não tenha impugnado especificamente os fundamentos da decisão recorrida; IV – negar provimento a recurso que for contrário a: a) súmula do Supremo Tribunal Federal, do Superior Tribunal de Justiça (no processo do trabalho, do TST) ou do próprio tribunal; b) acórdão proferido pelo Supremo Tribunal Federal ou pelo Superior Tribunal de Justiça (no processo do trabalho, pelo TST) em julgamento de recursos repetitivos; c) entendimento firmado em incidente de resolução de demandas repetitivas ou de assunção de competência; V – depois de facultada, quando for o caso, a apresentação de contrarrazões, dar provimento ao recurso se a decisão recorrida for contrária a: a) súmula do Supremo Tribunal Federal, do Superior Tribunal de Justiça (no processo do trabalho, do TST) ou do próprio tribunal; b) acórdão proferido pelo Supremo Tribunal Federal ou pelo Superior Tribunal de Justiça em julgamento de recursos repetitivos; c) entendimento firmado em incidente de resolução de demandas repetitivas ou de assunção de competência.

É importante registrar que, antes de considerar inadmissível o recurso, o relator deve conceder o prazo de cinco dias ao recorrente para que seja sanado vício ou complementada a documentação exigível (art. 932, parágrafo único, do CPC de 2015).

A medida indicada tem por fundamento a celeridade processual, buscando atender ao comando do inciso LXXVIII do art. 5.º da Constituição Federal de 1988, no sentido de assegurar "a razoável duração do processo", bem como "os meios que garantam a celeridade de sua tramitação".

O recurso ordinário devolve ao tribunal o conhecimento da matéria impugnada (art. 1.013 do CPC de 2015).

Serão, porém, objeto de apreciação e julgamento pelo tribunal todas as questões suscitadas e discutidas no processo, ainda que não tenham sido solucionadas, desde que relativas ao capítulo impugnado.

Quando o pedido ou a defesa tiver mais de um fundamento e o juiz acolher apenas um deles, o recurso ordinário devolve ao tribunal o conhecimento dos demais.

Se o processo estiver em condições de imediato julgamento, o tribunal deve decidir desde logo o mérito quando: I – reformar sentença fundada no art. 485 do CPC de 2015; II – decretar a nulidade da sentença por não ser ela congruente com os limites do pedido ou da causa de pedir; III – constatar a omissão no exame de um dos pedidos, hipótese em que poderá julgá-lo; IV – decretar a nulidade de sentença por falta de fundamentação.

Quando reformar sentença que reconheça a decadência ou a prescrição, o tribunal, se possível, deve julgar o mérito, examinando as demais questões, sem determinar o retorno do processo ao juízo de primeiro grau.

Registre-se ainda que o capítulo da sentença que confirma, concede ou revoga a tutela antecipada é impugnável no recurso ordinário, no caso do processo do trabalho (art. 1.013, § 5.º, do CPC de 2015).

O art. 3.º, inciso XXVIII, da Instrução Normativa 39/2016 do TST prevê que se aplicam ao processo do trabalho, diante de omissão e de compatibilidade, os arts. 1.013 a 1.014 do CPC de 2015, sobre efeito devolutivo do recurso ordinário e força maior.

Conforme o art. 2.º, inciso IX, da Instrução Normativa 39/2016 do TST, não se aplicam ao processo do trabalho, em razão de inexistência de omissão ou por incompatibilidade, o art. 942 e parágrafos do CPC de 2015, sobre o prosseguimento de julgamento não unânime de apelação.

Como a mencionada previsão substituiu os antigos embargos infringentes previstos nos arts. 530 a 534 do CPC de 1973, os quais não eram cabíveis no processo do trabalho, prevaleceu o entendimento de que a medida prevista no art. 942 do CPC de 2015, embora não tenha mais natureza de recurso, por não ser voluntária, da mesma forma, permanece incompatível com o sistema recursal trabalhista, inclusive por acarretar desdobramentos procedimentais que contrariam a celeridade exigida na Justiça do Trabalho.

✦ Jurisprudência

Mandado de segurança. Medida liminar indeferida. Decisão fundamentada. Motivação 'per relationem'. Compatibilidade dessa técnica de fundamentação com o ordenamento constitucional (CF, art. 93, IX). [...] Revela-se legítima, e plenamente compatível com a exigência imposta pelo art. 93, inciso IX, da Constituição da República, a utilização, por magistrados, da técnica da motivação 'per relationem', que se caracteriza pela remissão que o ato judicial expressamente faz a outras manifestações ou peças processuais existentes nos autos, mesmo as produzidas pelas partes, pelo Ministério Público ou por autoridades públicas, cujo teor indique os fundamentos de fato e/ou de direito que justifiquem a decisão emanada do Poder Judiciário. Precedentes (STF, Pleno, ED-MS 25.936/DF, Rel. Min. Celso de Mello, *DJe* 18.09.2009).

Agravo. Agravo de instrumento. Recurso de revista. Negativa de prestação jurisdicional. Despacho. Não se configura negativa de prestação jurisdicional a adoção, como razões de decidir, dos próprios fundamentos constantes da decisão da instância recorrida, em acolhimento à técnica da motivação *per relationem*, uma vez que atendida a exigência constitucional e legal da motivação das decisões emanadas do Poder Judiciário (artigos 93, inciso IX, da Constituição Federal, 489 do CPC, e 832 da CLT). Agravo não provido (TST, 2.ª T., Ag-AIRR-3040-51.2013.5.02.0002, Rel. Min. Maria Helena Mallmann, *DEJT* 24.05.2019).

✦ Súmulas, Orientações Jurisprudenciais e Precedentes Normativos

Súmula 153 do TST: Prescrição. Não se conhece de prescrição não arguida na instância ordinária (ex-Prejulgado 27).

Súmula 158 do TST: Ação rescisória (mantida) – Res. 121/2003, *DJ* 19, 20 e 21.11.2003. Da decisão de Tribunal Regional do Trabalho, em ação rescisória, é cabível recurso ordinário para o Tribunal Superior do Trabalho, em face da organização judiciária trabalhista.

Súmula 201 do TST: Recurso Ordinário em Mandado de Segurança (mantida) – Res. 121/2003, *DJ* 19, 20 e 21.11.2003. Da decisão de Tribunal Regional do Trabalho em mandado de segurança cabe recurso ordinário, no prazo de 8 (oito) dias, para o Tribunal Superior do Trabalho, e igual dilação para o recorrido e interessados apresentarem razões de contrariedade.

Súmula 214, alínea "c", do TST: Na Justiça do Trabalho, nos termos do art. 893, § 1.º, da CLT, as decisões interlocutórias não ensejam recurso imediato, salvo nas hipóteses de decisão que acolhe exceção de incompetência territorial, com a remessa dos autos para Tribunal Regional distinto daquele a que se vincula o juízo excepcionado, consoante o disposto no art. 799, § 2.º, da CLT.

Súmula 246 do TST: Ação de cumprimento. Trânsito em julgado da sentença normativa (mantida) – Res. 121/2003, *DJ* 19, 20 e 21.11.2003. É dispensável o trânsito em julgado da sentença normativa para a propositura da ação de cumprimento.

Súmula 279 do TST: Recurso contra sentença normativa. Efeito suspensivo. Cassação (mantida) – Res. 121/2003, *DJ* 19, 20 e 21.11.2003. A cassação de efeito suspensivo concedido a recurso interposto de sentença normativa retroage à data do despacho que o deferiu.

Súmula 393 do TST: Recurso ordinário. Efeito devolutivo em profundidade. Art. 1.013, § 1.º, do CPC de 2015. Art. 515, § 1.º, do CPC de 1973.

I – O efeito devolutivo em profundidade do recurso ordinário, que se extrai do § 1.º do art. 1.013 do CPC de 2015 (art. 515, § 1.º, do CPC de 1973), transfere ao Tribunal a apreciação dos fundamentos da inicial ou da defesa, não examinados pela sentença, ainda que não renovados em contrarrazões, desde que relativos ao capítulo impugnado.

II – Se o processo estiver em condições, o tribunal, ao julgar o recurso ordinário, deverá decidir desde logo o mérito da causa, nos termos do § 3.º do art. 1.013 do CPC de 2015, inclusive quando constatar a omissão da sentença no exame de um dos pedidos.

Orientação Jurisprudencial 120 da SBDI-I do TST: Recurso. Assinatura da petição ou das razões recursais. Art. 932, parágrafo único, do CPC de 2015.

I – Verificada a total ausência de assinatura no recurso, o juiz ou o relator concederá prazo de 5 (cinco) dias para que seja sanado o vício. Descumprida a determinação, o recurso será reputado inadmissível (art. 932, parágrafo único, do CPC de 2015).

II – É válido o recurso assinado, ao menos, na petição de apresentação ou nas razões recursais.

Orientação Jurisprudencial 69 da SBDI-II do TST: Fungibilidade recursal. Indeferimento liminar de ação rescisória ou mandado de segurança. Recurso para o TST. Recebimento como agravo regimental e devolução dos autos ao TRT. Recurso ordinário interposto contra despacho monocrático indeferitório da petição inicial de ação rescisória ou de mandado de segurança pode, pelo princípio de fungibilidade recursal, ser recebido como agravo regimental. Hipótese de não conhecimento do recurso pelo TST e devolução dos autos ao TRT, para que aprecie o apelo como agravo regimental.

Orientação Jurisprudencial 100 da SBDI-II do TST: Recurso ordinário para o TST. Decisão de TRT proferida em agravo regimental contra liminar em ação cautelar ou em mandado de segurança. Incabível. Não cabe recurso ordinário para o TST de decisão proferida pelo Tribunal Regional do Trabalho em agravo regimental interposto contra despacho que concede ou não liminar em ação cautelar ou em mandado de segurança, uma vez que o processo ainda pende de decisão definitiva do Tribunal *a quo*.

Orientação Jurisprudencial 148 da SBDI-II do TST: Custas. Mandado de segurança. Recurso ordinário. Exigência do pagamento. É responsabilidade da parte, para interpor recurso ordinário em mandado de segurança, a comprovação do recolhimento das custas processuais no prazo recursal, sob pena de deserção.

✦ Referência legislativa

- Arts. 96 e 102 da CF.

Art. 896. Cabe Recurso de Revista para Turma do Tribunal Superior do Trabalho das decisões proferidas em grau de recurso ordinário, em dissídio individual, pelos Tribunais Regionais do Trabalho, quando:

a) derem ao mesmo dispositivo de lei federal interpretação diversa da que lhe houver dado outro Tribunal Regional do Trabalho, no seu Pleno ou Turma, ou a Seção de Dissídios Individuais do Tribunal Superior do Trabalho, ou contrariarem súmula de jurisprudência uniforme dessa Corte ou súmula vinculante do Supremo Tribunal Federal;

b) derem ao mesmo dispositivo de lei estadual, Convenção Coletiva de Trabalho, Acordo Coletivo, sentença normativa ou regulamento empresarial de observância obrigatória em área territorial que exceda a jurisdição do Tribunal Regional prolator da decisão recorrida, interpretação divergente, na forma da alínea *a*;

c) proferidas com violação literal de disposição de lei federal ou afronta direta e literal à Constituição Federal.

§ 1.º O recurso de revista, dotado de efeito apenas devolutivo, será interposto perante o Presidente do Tribunal Regional do Trabalho, que, por decisão fundamentada, poderá recebê-lo ou denegá-lo.

§ 1.º-A. Sob pena de não conhecimento, é ônus da parte:

I – indicar o trecho da decisão recorrida que consubstancia o prequestionamento da controvérsia objeto do recurso de revista;

II – indicar, de forma explícita e fundamentada, contrariedade a dispositivo de lei, súmula ou orientação jurisprudencial do Tribunal Superior do Trabalho que conflite com a decisão regional;

III – expor as razões do pedido de reforma, impugnando todos os fundamentos jurídicos da decisão recorrida, inclusive mediante demonstração analítica de cada dispositivo de lei, da Constituição Federal, de súmula ou orientação jurisprudencial cuja contrariedade aponte.

IV – transcrever na peça recursal, no caso de suscitar preliminar de nulidade de julgado por negativa de prestação jurisdicional, o trecho dos embargos declaratórios em que foi pedido o pronunciamento do tribunal sobre questão veiculada no recurso ordinário e o trecho da decisão regional que rejeitou os embargos quanto ao pedido, para cotejo e verificação, de plano, da ocorrência da omissão.

§ 2.º Das decisões proferidas pelos Tribunais Regionais do Trabalho ou por suas Turmas, em execução de sentença, inclusive em processo incidente de embargos de terceiro, não caberá Recurso de Revista, salvo na hipótese de ofensa direta e literal de norma da Constituição Federal.

§ 3.º Revogado.

§ 4.º Revogado.

§ 5.º Revogado.

§ 6.º Revogado.

§ 7.º A divergência apta a ensejar o recurso de revista deve ser atual, não se considerando como tal a ultrapassada por súmula do Tribunal Superior do Trabalho ou do Supremo Tribunal Federal, ou superada por iterativa e notória jurisprudência do Tribunal Superior do Trabalho.

§ 8.º Quando o recurso fundar-se em dissenso de julgados, incumbe ao recorrente o ônus de produzir prova da divergência jurisprudencial, mediante certidão, cópia ou citação do repositório de jurisprudência, oficial ou credenciado, inclusive em mídia eletrônica, em que houver sido publicada a decisão divergente, ou ainda pela reprodução de julgado disponível na internet, com indicação da respectiva fonte, mencionando, em qualquer caso, as circunstâncias que identifiquem ou assemelhem os casos confrontados.

§ 9.º Nas causas sujeitas ao procedimento sumaríssimo, somente será admitido recurso de revista por contrariedade a súmula de jurisprudência uniforme do Tribunal Superior do Trabalho ou a súmula vinculante do Supremo Tribunal Federal e por violação direta da Constituição Federal.

§ 10. Cabe recurso de revista por violação a lei federal, por divergência jurisprudencial e por ofensa à Constituição Federal nas execuções fiscais e nas controvérsias da fase de execução que envolvam a Certidão Negativa de Débitos Trabalhistas (CNDT), criada pela Lei n.º 12.440, de 7 de julho de 2011.

§ 11. Quando o recurso tempestivo contiver defeito formal que não se repute grave, o Tribunal Superior do Trabalho poderá desconsiderar o vício ou mandar saná-lo, julgando o mérito.

§ 12. Da decisão denegatória caberá agravo, no prazo de 8 (oito) dias.

§ 13. Dada a relevância da matéria, por iniciativa de um dos membros da Seção Especializada em Dissídios Individuais do Tribunal Superior do Trabalho, aprovada pela maioria dos integrantes da Seção, o julgamento a que se refere o § 3.º poderá ser afeto ao Tribunal Pleno.

§ 14. O relator do recurso de revista poderá denegar-lhe seguimento, em decisão monocrática, nas hipóteses de intempestividade, deserção, irregularidade de representação ou de ausência de qualquer outro pressuposto extrínseco ou intrínseco de admissibilidade.

1. RECURSO DE REVISTA

O recurso de revista é cabível, essencialmente, nas hipóteses de divergência jurisprudencial (art. 896, "a", da CLT), divergência de interpretação (art. 896, "b", da CLT) e violação de lei ou da Constituição Federal (art. 896, "c", da CLT).

Por se tratar de recurso de natureza extraordinária, exige-se o prequestionamento, como ainda será analisado a seguir.

O seu efeito é meramente devolutivo. O recurso de revista deve ser interposto perante o Presidente do Tribunal Regional do Trabalho, que, por decisão fundamentada, pode recebê-lo ou denegá-lo (art. 896, § 1.º, da CLT).

Portanto, a análise inicial dos requisitos de admissibilidade do recurso de revista é realizada pelo Tribunal Regional do Trabalho. Caso o recurso de revista tenha o seguimento negado pelo TRT, é cabível agravo de instrumento ao TST (art. 897, "b", da CLT), com o objetivo de que o recurso de revista seja processado e julgado (art. 897, §§ 4.º a 7.º, da CLT).

O Tribunal Superior do Trabalho fixou a seguinte tese jurídica: "o agravo de instrumento que impugna óbice processual eleito no despacho denegatório do recurso de revista não necessita renovar as razões do mérito do recurso, as quais não foram examinadas no despacho agravado" (TST, Pleno, E-ED-ED-RR - 291-13.2016.5.08.0124, Red. Min. Luiz Philippe Vieira de Mello Filho, j. 19.04.2021).

Nos termos do art. 896 da CLT, o recurso de revista, para Turma do Tribunal Superior do Trabalho, é cabível das decisões proferidas em grau de recurso ordinário, em dissídio individual, pelos Tribunais Regionais do Trabalho, nas seguintes hipóteses previstas nas alíneas "a", "b" e "c".

A divergência jurisprudencial, portanto, não pode ser entre decisões oriundas do mesmo Tribunal Regional do Trabalho.

Para a divergência jurisprudencial, deve-se indicar decisão de outro TRT, ou decisão da Seção de Dissídios Individuais do TST, ou Súmula do TST ou súmula vinculante do STF.

O art. 4.º do Ato 491/2014 da Presidência do TST dispõe que a comprovação da existência da súmula regional ou da tese jurídica prevalecente no Tribunal Regional do Trabalho e não conflitante com súmula ou orientação jurisprudencial do Tribunal Superior do Trabalho servirá para os efeitos do art. 896, "a", da CLT, desde que regularmente demonstrada sua fonte de publicação.

Para a demonstração de divergência jurisprudencial, é possível invocar Orientação Jurisprudencial do TST, desde que devidamente indicada (quanto ao número ou conteúdo) nas razões recursais. Nesse sentido explicita a Orientação Jurisprudencial 219 da SBDI-I.

Na hipótese de recurso de revista com fundamento em divergência jurisprudencial, cabe ressaltar a previsão da Súmula 23 do TST.

A divergência jurisprudencial, para a admissibilidade, o processamento e o conhecimento do recurso de revista, deve ser específica, nos termos da Súmula 296 do TST. A divergência jurisprudencial, entretanto, não se configura com a indicação de decisão já superada na jurisprudência do TST, consoante a Súmula 333 do TST.

Na atualidade, a divergência apta a ensejar o recurso de revista deve ser atual, não se considerando como tal a ultrapassada por súmula do Tribunal Superior do Trabalho ou do Supremo Tribunal Federal, ou superada por iterativa e notória jurisprudência do Tribunal Superior do Trabalho (art. 896, § 7.º, da CLT).

O atual art. 896, § 8.º, da CLT, acrescentado pela Lei 13.015/2014, dispõe que, quando o recurso de revista fundar-se em dissenso de julgados, incumbe ao recorrente o ônus de produzir prova da divergência jurisprudencial, por meio de certidão, cópia ou citação do repertório de jurisprudência, oficial ou credenciado, inclusive em mídia eletrônica, em que houver sido publicada a decisão divergente, ou ainda pela reprodução de julgado disponível da *internet*, com indicação da respectiva fonte, devendo mencionar, em qualquer caso, as circunstâncias que identifiquem ou assemelhem os casos confrontados.

Ainda quanto à forma de demonstração da divergência jurisprudencial, destaca-se a Súmula 337 do TST.

A divergência jurisprudencial também pode ser demonstrada por meio da juntada do julgado obtido na Internet.

Quanto ao art. 896, alínea "b", a Súmula 312 do TST confirma a sua constitucionalidade.

Na hipótese *supra*, o dispositivo de lei estadual, de convenção coletiva, o dispositivo de acordo coletivo, de sentença normativa, ou de regulamento de empresa, devem ser de observância obrigatória em área territorial que exceda a competência do Tribunal Regional prolator da decisão recorrida. Nesse sentido, destaca-se a previsão da Orientação Jurisprudencial 147 da SBDI-I do TST.

Quanto ao art. 896, alínea "c", no sentido do cabimento do recurso de revista com fundamento em violação *literal* de lei, ou afronta *direta e literal* à Constituição Federal, cabe fazer menção à Súmula 221 do TST.

Exige-se, ainda, o prequestionamento, isto é, deve constar da decisão impugnada a adoção de tese explícita a respeito. Nesse sentido dispõe a Súmula 297 do TST.

O prequestionamento deve ser explícito, conforme se observa na Orientação Jurisprudencial 151 da SBDI-I do TST. Ainda quanto ao tema, conforme o art. 1.025 do CPC de 2015, consideram-se incluídos no acórdão os elementos que o embargante pleiteou, para fins de prequestionamento, *ainda que os embargos de declaração sejam inadmitidos ou rejeitados*, caso o tribunal superior considere existentes erro, omissão, contradição ou obscuridade.

O TST examina com rigor a presença do prequestionamento, para a admissibilidade do recurso de revista, como se observa na Orientação Jurisprudencial 256 da SBDI-I do TST. Embora se exija que a decisão contenha tese explícita sobre a matéria recorrida, não é necessário que ela faça referência expressa ao dispositivo legal, conforme a Orientação Jurisprudencial 118 da SBDI-I do TST.

A Orientação Jurisprudencial 119 da SBDI-I do TST trata da hipótese em que a violação ao dispositivo legal ou constitucional surge somente na decisão recorrida.

Se a decisão a ser objeto do recurso de revista for omissa quanto à adoção da tese de forma explícita, para a obtenção do prequestionamento, cabe à parte opor embargos de declaração com esse objetivo, conforme a Súmula 184 do TST.

Mesmo no caso de questão que deva ser conhecida de ofício, exige-se o prequestionamento, como se observa na Orientação Jurisprudencial 62 da SBDI-I do TST.

Tendo em vista que o art. 896, *caput*, da CLT estabelece o cabimento do recurso de revista das decisões proferidas *em grau de recurso ordinário*, em dissídio individual, pelos Tribunais Regionais do Trabalho, cabe registrar a previsão da Súmula 218 do TST, no sentido de ser incabível recurso de revista interposto de acórdão regional prolatado em agravo de instrumento.

O recurso de revista é dotado de efeito apenas devolutivo, e deve ser interposto perante o Presidente do Tribunal Regional do Trabalho recorrido, que, por meio de decisão fundamentada, pode recebê-lo ou denegá-lo (art. 896, § 1.º, da CLT).

É ônus da parte (recorrente), sob pena de não conhecimento do recurso de revista, observar as determinações do art. 896, § 1.º-A, da CLT.

Das decisões proferidas pelos Tribunais Regionais do Trabalho ou por suas Turmas, em execução de sentença, inclusive em processo incidente de embargos de terceiro, não é cabível recurso de revista, salvo na hipótese de ofensa direta e literal de norma da Constituição Federal (art. 896, § 2.º, da CLT). Nesse sentido é a Súmula 266 do TST.

Entretanto, de forma mais ampla, cabe salientar que, nos termos do atual art. 896, § 10, da CLT, acrescentado pela Lei 13.015/2014, é cabível recurso de revista por violação a lei federal, por divergência jurisprudencial e por ofensa à Constituição Federal nas execuções fiscais e nas controvérsias da fase de execução que envolvam a Certidão de Débitos Trabalhistas, criada pela Lei 12.440/2011.

O recurso de revista é interposto perante o TRT, mas, se admitido, deve ser enviado ao TST, que é competente para o seu julgamento.

De acordo com o art. 12 da Instrução Normativa 39/2016 do TST, aplica-se ao processo do trabalho o parágrafo único do art. 1.034 do CPC de 2015.

Assim, admitido o recurso de revista por um fundamento, devolve-se ao Tribunal Superior do Trabalho o conhecimento dos demais fundamentos para a solução *apenas do capítulo impugnado*.

Ainda quanto ao tema, a Instrução Normativa 40/2016 do TST dispõe sobre o cabimento de agravo de instrumento em caso de admissibilidade parcial de recurso de revista no Tribunal Regional do Trabalho e dá outras providências.

De acordo com o seu art. 1.º, em vigor a partir de 15 de abril de 2016, admitido apenas parcialmente o recurso de revista, constitui ônus da parte impugnar, mediante agravo de instrumento, o capítulo denegatório da decisão, sob pena de preclusão.

Se houver omissão no juízo de admissibilidade do recurso de revista quanto a um ou mais temas, é ônus da parte interpor embargos de declaração para o órgão prolator da decisão embargada supri-la (art. 1024, § 2.º, do CPC de 2015), sob pena de preclusão.

Incorre em nulidade a decisão regional que se abstiver de exercer controle de admissibilidade sobre qualquer tema objeto de recurso de revista, não obstante interpostos embargos de declaração (Constituição Federal de 1988, art. 93, inciso IX, e § 1.º do art. 489 do CPC de 2015).

No caso do parágrafo anterior, sem prejuízo da nulidade, a recusa do Presidente do Tribunal Regional do Trabalho a emitir juízo de admissibilidade sobre qualquer tema equivale a decisão denegatória. É ônus da parte, assim, após a intimação da decisão dos embargos de declaração, impugná-la mediante agravo de instrumento (art. 896, § 12, da CLT), sob pena de preclusão.

Faculta-se ao Ministro Relator, por decisão irrecorrível, determinar a restituição do agravo de instrumento ao Presidente do Tribunal Regional do Trabalho de origem para que complemente o juízo de admissibilidade, desde que interpostos embargos de declaração.

O art. 5.º do Ato 491/2014 da Presidência do TST dispõe que, no caso de decisão regional em consonância com súmula ou orientação jurisprudencial do Tribunal Superior do Trabalho, o relator denegará seguimento ao recurso.

Quando o recurso de revista for tempestivo, mas contiver algum defeito formal que não se repute grave, o Tribunal Superior do Trabalho pode desconsiderar o vício, ou mandar saná-lo, julgando o mérito (art. 896, § 11, da CLT). Trata-se de previsão em consonância com o princípio da instrumentalidade das formas, o qual, assim, deveria ser aplicado, de maneira extensiva, não apenas ao recurso de revista, mas também às demais modalidades de recursos.

O relator do recurso de revista pode denegar-lhe seguimento, em *decisão monocrática*, nas hipóteses de intempestividade, deserção, irregularidade de representação ou de ausência de qualquer outro pressuposto extrínseco ou intrínseco de admissibilidade (art. 896, § 14, da CLT, incluído pela Lei 13.467/2017).

A decisão denegatória (monocrática, no âmbito do TST) do recurso de revista pode ser recorrida por meio de *agravo*, no prazo de oito dias (art. 896, § 12, da CLT).

Nas causas sujeitas ao procedimento sumaríssimo, somente é admitido recurso de revista por contrariedade a súmula de jurisprudência uniforme do Tribunal Superior do Trabalho ou a súmula vinculante do Supremo Tribunal Federal e por violação direta da Constituição Federal (art. 896, § 9.º, da CLT). Ainda quanto ao tema, cabe ressaltar a previsão da Orientação Jurisprudencial 260 da SBDI-I do TST. O cabimento do recurso de revista no caso de procedimento sumaríssimo, portanto, é bem mais restrito, sendo admitido apenas nos casos de violação de súmula do Tribunal Superior do Trabalho ou a súmula vinculante do Supremo Tribunal Federal e de violação direta da Constituição da República. Isso é confirmado pela Súmula 442 do TST.

A Lei 7.701/1988, no art. 5.º, "a", prevê que as Turmas do Tribunal Superior do Trabalho têm, cada uma, competência para julgar os recursos de revista interpostos de decisões dos Tribunais Regionais do Trabalho, nos casos previstos em lei.

Por se tratar de recurso de natureza extraordinária, destaca-se a Súmula 126 do TST. Logo, entende-se que o TRT, ao julgar o recurso ordinário, é soberano no exame de matéria de fato.

2. UNIFORMIZAÇÃO DE JURISPRUDÊNCIA

Os §§ 3.º, 4.º, 5.º e 6.º do art. 896 da CLT foram revogados pela Lei 13.467/2017.

Os referidos dispositivos tratavam dos deveres dos Tribunais Regionais do Trabalho de proceder, obrigatoriamente, à uniformização de sua jurisprudência, bem como de aplicar, nas causas da competência da Justiça do Trabalho, no que couber, o incidente de uniformização de jurisprudência.

Desse modo, a previsão expressa sobre o incidente de uniformização de jurisprudência no âmbito dos Tribunais Regionais do Trabalho deixa de existir.

Ainda assim, segundo o art. 926 do CPC de 2015, os tribunais devem *uniformizar sua jurisprudência* e mantê-la estável, íntegra e coerente.

Cabe lembrar que compete privativamente aos tribunais eleger seus órgãos diretivos e *elaborar seus regimentos internos*, com observância das normas de processo e das garantias processuais das partes, dispondo sobre a competência e o funcionamento dos respectivos órgãos jurisdicionais e administrativos (art. 96, inciso I, "a", da Constituição da República).

Com o CPC de 2015, aplica-se o disposto nos arts. 926 a 928.

O art. 3.º, inciso XXIII, da Instrução Normativa 39/2016 do TST prevê que se aplicam ao processo do trabalho, em face de omissão e de compatibilidade, os arts. 926 a 928 do CPC, sobre jurisprudência dos tribunais.

✦ Jurisprudência

Recurso de revista. Procedimento sumaríssimo. Adicional de insalubridade. Base de cálculo. Edição de Súmula Vinculante-STF-4. Incorporação à jurisprudência uniforme do TST. Suspensão liminar da Súmula-TST-228. Declaração de inconstitucionalidade do artigo 192 da CLT sem declaração de nulidade. Inicialmente, cumpre salientar que, apesar de não estar prevista na letra do artigo 896 da CLT, a hipótese de contrariedade expressa à Súmula Vinculante do excelso STF como causa de admissibilidade do recurso de revista não pode deixar de ser considerada. Com efeito, o artigo 103-A da Constituição Federal preceitua que – *O Supremo Tribunal Federal poderá, de ofício ou por provocação, mediante decisão de dois terços dos seus membros, após reiteradas decisões sobre matéria constitucional, aprovar Súmula que, a partir de sua publicação na imprensa oficial, terá efeito vinculante em relação aos demais órgãos do Poder Judiciário e à administração pública direta e indireta, nas esferas federal, estadual e municipal, bem como proceder à sua revisão ou cancelamento, na forma estabelecida em lei* (sem grifo no original). Destarte, a Súmula vinculante, a partir de sua publicação, por expressa previsão constitucional, passa automaticamente a integrar a jurisprudência dos órgãos do Poder Judiciário, devendo ser considerada, no caso específico do Tribunal Superior do Trabalho, para efeito de admissibilidade de recurso de revista. Outrossim, nos termos do r. despacho do e. Presidente do excelso Pretório, fixando a inteligência do julgamento que ensejou a edição da Súmula Vinculante-STF-4 – *o adicional de insalubridade deve continuar sendo calculado com base no salário mínimo, enquanto não superada a inconstitucionalidade do art. 192 da CLT, por meio de lei ou convenção coletiva* – (Rcl-6266/DF). Precedentes deste colendo Tribunal. Recurso de revista conhecido e provido (TST, 3.ª T., RR 70300-28.2009.5.04.0521, Rel. Min. Horácio Raymundo de Senna Pires, *DEJT* 02.03.2012).

Embargos. Divergência jurisprudencial. Comprovação. Transcrição do trecho do acórdão paradigma. Juntada do inteiro teor extraído da Internet. Indicação do sítio. Necessidade. A indicação do Diário de Justiça como fonte de publicação não é suficiente para demonstrar a autenticidade do aresto paradigma, pois, consignada a tese divergente na fundamentação do acórdão, deve a parte trazer cópia do seu inteiro teor e, caso extraia da Internet, apontar a que sítio pertence. Dessa forma, deixando a embargante de indicar o sítio da Internet do qual extraiu o inteiro teor do acórdão paradigma anexado ao recurso de revista, a divergência não atende à formalidade exigida na referida Súmula 337 do TST (TST, SBDI-I, E-A-RR-5.308/2003-026-12-00.0, Rel. Min. Vantuil Abdala, *DEJT* 13.02.2009).

✦ Súmulas, Orientações Jurisprudenciais e Precedentes Normativos

Súmula 23 do TST: Recurso (mantida) – Res. 121/2003, *DJ* 19, 20 e 21.11.2003. Não se conhece de recurso de revista ou de embargos, se a decisão recorrida resolver determinado item do pedido por diversos fundamentos e a jurisprudência transcrita não abranger a todos.

Súmula 126 do TST: Recurso. Cabimento (mantida) – Res. 121/2003, *DJ* 19, 20 e 21.11.2003. Incabível o recurso de revista ou de embargos (arts. 896 e 894, "b", da CLT) para reexame de fatos e provas.

Súmula 184 do TST: Embargos declaratórios. Omissão em recurso de revista. Preclusão (mantida) – Res. 121/2003, *DJ* 19, 20 e 21.11.2003. Ocorre preclusão se não forem opostos embargos declaratórios para suprir omissão apontada em recurso de revista ou de embargos.

Súmula 218 do TST: Recurso de revista. Acórdão proferido em agravo de instrumento. É incabível recurso de revista interposto de acórdão regional prolatado em agravo de instrumento.

Súmula 221 do TST: Recurso de revista. Violação de lei. Indicação de preceito. A admissibilidade de recurso de revista por violação tem como pressuposto a indicação expressa do dispositivo de lei ou da Constituição tido como violado.

Súmula 266 do TST: Recurso de revista. Admissibilidade. Execução de sentença. A admissibilidade do recurso de revista interposto de acórdão proferido em agravo de petição, na liquidação de sentença ou em processo incidente na execução, inclusive os embargos de terceiro, depende de demonstração inequívoca de violência direta à Constituição Federal.

Súmula 333 do TST: Recursos de revista. Conhecimento. Não ensejam recurso de revista decisões superadas por iterativa, notória e atual jurisprudência do Tribunal Superior do Trabalho.

Súmula 296 do TST: Recurso. Divergência jurisprudencial. Especificidade (incorporada a Orientação Jurisprudencial 37 da SBDI-1) – Res. 129/2005, *DJ* 20, 22 e 25.04.2005.

I – A divergência jurisprudencial ensejadora da admissibilidade, do prosseguimento e do conhecimento do recurso há de ser específica, revelando a existência de teses diversas na interpretação de um mesmo dispositivo legal, embora idênticos os fatos que as ensejaram.

II – Não ofende o art. 896 da CLT decisão de Turma que, examinando premissas concretas de especificidade da divergência colacionada no apelo revisional, conclui pelo conhecimento ou desconhecimento do recurso.

Súmula 297 do TST: Prequestionamento. Oportunidade. Configuração (nova redação) – Res. 121/2003, *DJ* 19, 20 e 21.11.2003.

I – Diz-se prequestionada a matéria ou questão quando na decisão impugnada haja sido adotada, explicitamente, tese a respeito.

II – Incumbe à parte interessada, desde que a matéria haja sido invocada no recurso principal, opor embargos declaratórios objetivando o pronunciamento sobre o tema, sob pena de preclusão.

III – Considera-se prequestionada a questão jurídica invocada no recurso principal sobre a qual se omite o Tribunal de pronunciar tese, não obstante opostos embargos de declaração.

Súmula 312 do TST: Constitucionalidade. Alínea "b" do art. 896 da CLT (mantida) – Res. 121/2003, *DJ* 19, 20 e 21.11.2003. É constitucional a alínea "b" do art. 896 da CLT, com a redação dada pela Lei 7.701, de 21.12.1988.

Súmula 333 do TST: Recursos de revista. Conhecimento (alterada) – Res. 155/2009, *DEJT* 26 e 27.02.2009 e 02.03.2009. Não ensejam recurso de revista decisões superadas por iterativa, notória e atual jurisprudência do Tribunal Superior do Trabalho.

Súmula 337 do TST: Comprovação de divergência jurisprudencial. Recursos de revista e de embargos.

I – Para comprovação da divergência justificadora do recurso, é necessário que o recorrente:

a) Junte certidão ou cópia autenticada do acórdão paradigma ou cite a fonte oficial ou o repositório autorizado em que foi publicado; e

b) Transcreva, nas razões recursais, as ementas e/ou trechos dos acórdãos trazidos à configuração do dissídio, demonstrando o conflito de teses que justifique o conhecimento do recurso, ainda que os acórdãos já se encontrem nos autos ou venham a ser juntados com o recurso.

II – A concessão de registro de publicação como repositório autorizado de jurisprudência do TST torna válidas todas as suas edições anteriores.

III – A mera indicação da data de publicação, em fonte oficial, de aresto paradigma é inválida para comprovação de divergência jurisprudencial, nos termos do item I, "a", desta súmula, quando a parte pretende demonstrar o conflito de teses mediante a transcrição de trechos que integram a fundamentação do acórdão divergente, uma vez que só se publicam o dispositivo e a ementa dos acórdãos.

IV – É válida para a comprovação da divergência jurisprudencial justificadora do recurso a indicação de aresto extraído de repositório oficial na internet, desde que o recorrente:

a) transcreva o trecho divergente;

b) aponte o sítio de onde foi extraído; e

c) decline o número do processo, o órgão prolator do acórdão e a data da respectiva publicação no *Diário Eletrônico da Justiça do Trabalho*.

V – A existência do código de autenticidade na cópia, em formato *pdf*, do inteiro teor do aresto paradigma, juntada aos autos, torna-a equivalente ao documento original e também supre a ausência de indicação da fonte oficial de publicação.

Súmula 442 do TST: Procedimento sumaríssimo. Recurso de revista fundamentado em contrariedade a orientação jurisprudencial. Inadmissibilidade. Art. 896, § 6.º, da CLT, acrescentado pela Lei 9.957, de 12.01.2000 (conversão da Orientação Jurisprudencial 352 da SBDI-1). Nas causas sujeitas ao procedimento sumaríssimo, a admissibilidade de recurso de revista está limitada à demonstração de violação direta a dispositivo da Constituição Federal ou contrariedade a Súmula do Tribunal Superior do Trabalho, não se admitindo o recurso por contrariedade a Orientação Jurisprudencial deste Tribunal (Livro II, Título II, Capítulo III, do RITST), ante a ausência de previsão no art. 896, § 6.º, da CLT.

Súmula 459 do TST: Recurso de revista. Nulidade por negativa de prestação jurisdicional. O conhecimento do recurso de revista, quanto à preliminar de nulidade, por negativa de prestação jurisdicional, supõe indicação de violação do art. 832 da CLT, do art. 489 do CPC de 2015 (art. 458 do CPC de 1973) ou do art. 93, IX, da CF/1988.

Orientação Jurisprudencial 62 da SBDI-I do TST: Prequestionamento. Pressuposto de admissibilidade em apelo de natureza extraordinária. Necessidade, ainda que se trate de incompetência absoluta (republicada em decorrência de erro material) – *DEJT* divulgado em 23, 24 e 25.11.2010. É necessário o prequestionamento como pressuposto de admissibilidade em recurso de natureza extraordinária, ainda que se trate de incompetência absoluta.

Orientação Jurisprudencial 111 da SBDI-I do TST: Recurso de Revista. Divergência jurisprudencial. Aresto oriundo do mesmo Tribunal Regional. Lei 9.756/1998. Inservível ao conhecimento (nova redação) – *DJ* 20.04.2005. Não é servível ao conhecimento de recurso de revista aresto oriundo de mesmo Tribunal Regional do Trabalho, salvo se o recurso houver sido interposto anteriormente à vigência da Lei 9.756/1998.

Orientação Jurisprudencial 118 da SBDI-I do TST: Prequestionamento. Tese explícita. Inteligência da Súmula 297 (inserida em 20.11.1997). Havendo tese explícita sobre a matéria, na decisão recorrida, desnecessário contenha nela referência expressa do dispositivo legal para ter-se como prequestionado este.

Orientação Jurisprudencial 119 da SBDI-I do TST: Prequestionamento inexigível. Violação nascida na própria decisão recorrida. Súmula 297. Inaplicável (inserido dispositivo) – *DEJT* divulgado em 16, 17 e 18.11.2010. É inexigível o prequestionamento quando a violação indicada houver nascido na própria decisão recorrida. Inaplicável a Súmula 297 do TST.

Orientação Jurisprudencial 147 da SBDI-I do TST: Lei estadual, norma coletiva ou norma regulamentar. Conhecimento indevido do recurso de revista por divergência jurisprudencial (nova redação em decorrência da incorporação da Orientação Jurisprudencial 309 da SBDI-1) –*DJ* 20.04.2005.
I – É inadmissível o recurso de revista fundado tão somente em divergência jurisprudencial, se a parte não comprovar que a lei estadual, a norma coletiva ou o regulamento da empresa extrapolam o âmbito do TRT prolator da decisão recorrida.
II – É imprescindível a arguição de afronta ao art. 896 da CLT para o conhecimento de embargos interpostos em face de acórdão de Turma que conhece indevidamente de recurso de revista, por divergência jurisprudencial, quanto a tema regulado por lei estadual, norma coletiva ou norma regulamentar de âmbito restrito ao Regional prolator da decisão.

Orientação Jurisprudencial 151 da SBDI-I do TST: Prequestionamento. Decisão regional que adota a sentença. Ausência de prequestionamento (inserida em 27.11.1998). Decisão regional que simplesmente adota os fundamentos da decisão de primeiro grau não preenche a exigência do prequestionamento, tal como previsto na Súmula 297.

Orientação Jurisprudencial 219 da SBDI-I do TST: Recurso de revista ou de embargos fundamentado em Orientação Jurisprudencial do TST (inserida em 02.04.2001). É válida, para efeito de conhecimento do recurso de revista ou de embargos, a invocação de Orientação Jurisprudencial do Tribunal Superior do Trabalho, desde que, das razões recursais, conste o seu número ou conteúdo.

Orientação Jurisprudencial 256 da SBDI-I do TST: Prequestionamento. Configuração. Tese explícita. Súmula 297 (inserida em 13.03.2002). Para fins do requisito do prequestionamento de que trata a Súmula 297, há necessidade de que haja, no acórdão, de maneira clara, elementos que levem à conclusão de que o Regional adotou uma tese contrária à lei ou à Súmula.

Orientação Jurisprudencial 257 da SBDI-I do TST: Recurso de revista. Fundamentação. Violação de lei. Vocábulo violação. Desnecessidade (alterada em decorrência da redação do inciso II do art. 894 da CLT, incluído pela Lei 11.496/2007) – Res. 182/2012, *DEJT* divulgado em 19, 20 e 23.04.2012. A invocação expressa no recurso de revista dos preceitos legais ou constitucionais tidos como violados não significa exigir da parte a utilização das expressões "contrariar", "ferir", "violar" etc.

Orientação Jurisprudencial 260 da SBDI-I do TST: Agravo de Instrumento. Recurso de Revista. Procedimento sumaríssimo. Lei 9.957/2000. Processos em curso (inserida em 27.09.2002).
I – É inaplicável o rito sumaríssimo aos processos iniciados antes da vigência da Lei 9.957/2000.
II – No caso de o despacho denegatório de recurso de revista invocar, em processo iniciado antes da Lei 9.957/2000, o § 6.º do art. 896 da CLT (rito sumaríssimo), como óbice ao trânsito do apelo calcado em divergência jurisprudencial ou violação de dispositivo infraconstitucional, o Tribunal superará o obstáculo, apreciando o recurso sob esses fundamentos.

Orientação Jurisprudencial 352 da SBDI-I do TST: Procedimento sumaríssimo. Recurso de Revista fundamentado em contrariedade a Orientação Jurisprudencial. Inadmissibilidade. Art. 896, § 6.º, da CLT, acrescentado pela Lei 9.957, de 12.01.2000 (Redação alterada pelo Tribunal Pleno na sessão realizada em 06.02.2012). Nas causas sujeitas ao procedimento sumaríssimo, a admissibilidade de recurso de revista está limitada à demonstração de violação direta a dispositivo da Constituição Federal ou contrariedade a Súmula do Tribunal Superior do Trabalho, não se admitindo o recurso por contrariedade a Orientação Jurisprudencial deste Tribunal (Livro II, Título II, Capítulo III, do RITST), ante a ausência de previsão no art. 896, § 6.º, da CLT.

Art. 896-A. O Tribunal Superior do Trabalho, no recurso de revista, examinará previamente se a causa oferece transcendência com relação aos reflexos gerais de natureza econômica, política, social ou jurídica.

§ 1.º São indicadores de transcendência, entre outros:

I – econômica, o elevado valor da causa;

II – política, o desrespeito da instância recorrida à jurisprudência sumulada do Tribunal Superior do Trabalho ou do Supremo Tribunal Federal;

III – social, a postulação, por reclamante-recorrente, de direito social constitucionalmente assegurado;

IV – jurídica, a existência de questão nova em torno da interpretação da legislação trabalhista.

§ 2.º Poderá o relator, monocraticamente, denegar seguimento ao recurso de revista que não demonstrar transcendência, cabendo agravo desta decisão para o colegiado.

§ 3.º Em relação ao recurso que o relator considerou não ter transcendência, o recorrente poderá realizar sustentação oral sobre a questão da transcendência, durante cinco minutos em sessão.

§ 4.º Mantido o voto do relator quanto à não transcendência do recurso, será lavrado acórdão com fundamentação sucinta, que constituirá decisão irrecorrível no âmbito do tribunal.

§ 5.º É irrecorrível a decisão monocrática do relator que, em agravo de instrumento em recurso de revista, considerar ausente a transcendência da matéria.

§ 6.º O juízo de admissibilidade do recurso de revista exercido pela Presidência dos Tribunais Regionais do Trabalho limita-se à análise dos pressupostos intrínsecos e extrínsecos do apelo, não abrangendo o critério da transcendência das questões nele veiculadas.

1. TRANSCENDÊNCIA NO RECURSO DE REVISTA

O art. 896-A da CLT, incluído pela Medida Provisória 2.226/2001, estabelece que o Tribunal Superior do Trabalho, no recurso de revista, examinará *previamente* se a causa oferece transcendência em relação aos reflexos gerais de natureza econômica, política, social ou jurídica.

O art. 896-A, § 1.º, da CLT, acrescentado pela Lei 13.467/2017, dispõe que são indicadores de *transcendência*, entre outros: econômica, o elevado valor da causa; política, o desrespeito da instância recorrida à jurisprudência sumulada do Tribunal Superior do Trabalho ou do Supremo Tribunal Federal; social, a postulação, por reclamante-recorrente, de direito social constitucionalmente assegurado; jurídica, a existência de questão nova em torno da interpretação da legislação trabalhista.

A transcendência, assim, é semelhante à repercussão geral no recurso extraordinário (art. 102, § 3.º, da Constituição da República, acrescentado pela Emenda Constitucional 45/2004 e art. 1.035 do CPC).

Com isso, conseguir o exame do mérito do recurso de revista pelo TST certamente se torna tarefa ainda mais difícil.

Poderá o relator, monocraticamente, denegar seguimento ao recurso de revista que não demonstrar transcendência, cabendo agravo dessa decisão para o colegiado (art. 896-A, § 2.º, da CLT, acrescentado pela Lei 13.467/2017).

Em relação ao recurso que o relator considerou não ter transcendência, o recorrente pode realizar sustentação oral sobre a questão da transcendência, durante cinco minutos em sessão (art. 896-A, § 3.º, da CLT, acrescentado pela Lei 13.467/2017).

Mantido o voto do relator quanto à não transcendência do recurso, deve ser lavrado acórdão com fundamentação sucinta, que constituirá decisão irrecorrível no âmbito do tribunal (art. 896-A, § 4.º, da CLT, acrescentado pela Lei 13.467/2017).

É irrecorrível a decisão monocrática do relator que, em agravo de instrumento em recurso de revista, considerar ausente a transcendência da matéria (art. 896-A, § 5.º, da CLT, acrescentado a Lei 13.467/2017). Essa previsão de irrecorribilidade da decisão monocrática é passível de crítica, pois impede que a questão seja decidida pelo órgão colegiado competente do Tribunal. Com fundamento nas garantias fundamentais do devido processo legal e da ampla defesa (art. 5.º, incisos LIV e LV, da Constituição da República), deve ser aplicado o art. 1.021 do CPC, ao dispor que contra decisão proferida pelo relator cabe agravo interno para o respectivo órgão colegiado.

O Tribunal Superior do Trabalho, em arguição de inconstitucionalidade, decidiu ser inconstitucional o art. 896-A, § 5.º, da CLT, ao prever a irrecorribilidade da decisão monocrática do relator que considera ausente a transcendência da matéria no agravo de instrumento em recurso de revista, entre outros fundamentos, por violação dos princípios da colegialidade, do juiz natural, do devido processo legal, da segurança jurídica, da proteção da confiança e da isonomia (TST, Pleno, ArgInc 1000845-52.2016.5.02.0461, Rel. Min. Cláudio Mascarenhas Brandão, *DEJT* 17.12.2020). Admite-se, assim, a interposição de agravo interno contra a decisão monocrática do relator que nega seguimento a agravo de instrumento em recurso de revista por ausência de transcendência da matéria.

O juízo de admissibilidade do recurso de revista exercido pela Presidência dos Tribunais Regionais do Trabalho limita-se à análise dos pressupostos intrínsecos e extrínsecos do apelo, não abrangendo o critério da transcendência das questões nele veiculadas (art. 896-A, § 6.º, da CLT, acrescentado pela Lei 13.467/2017).

O art. 5.º, inciso III, da Lei 13.467/2017 *revogou* o art. 2.º da Medida Provisória 2.226/2001, o qual previa que o Tribunal Superior do Trabalho regulamentaria, em seu regimento interno, o processamento da transcendência do recurso de revista, assegurada a apreciação da transcendência em sessão pública, com direito a sustentação oral e fundamentação da decisão.

Essa previsão, de todo modo, não havia sido regulamentada pelo TST.

✦ Jurisprudência

Arguição de inconstitucionalidade. Artigo 896-A, § 5.º, da CLT. Norma que disciplina a irrecorribilidade de decisão unipessoal proferida pelo relator em recurso de competência do colegiado. Afronta aos princípios do juiz natural (artigos 5.º, LIII, e 111, II, CF/88); do devido processo legal (artigo 5.º, LIV e LV, CF/88) da isonomia (artigo 5.º, caput, CF/88); da colegialidade (de acordo com o STF, integrante da formação histórica da organização judiciária nacional, portanto, princípio constitucional implícito); das garantias da segurança jurídica e da proteção da confiança (artigo 5.º, caput, CF/88). Óbice ao exame da matéria objeto do

apelo pelo Supremo Tribunal Federal. Incongruência dos procedimentos adotados pela Lei no julgamento dos recursos de revista e de agravos de instrumento. Falta de razoabilidade da interpretação literal do dispositivo (STF, ADI n.º 1.511-MC). É inconstitucional a regra inserida no artigo 896-A, § 5.º, da CLT, ao prever a irrecorribilidade da decisão monocrática proferida pelo relator que rejeita a transcendência da questão jurídica versada no agravo de instrumento em recurso de revista. Tal prática viola os princípios da colegialidade, do juiz natural, do devido processo legal, da segurança jurídica, da proteção da confiança e da isonomia; impede o exame futuro da controvérsia pelo Supremo Tribunal Federal; revela a incongruência de procedimentos adotados no julgamento de recursos de revista e de agravos de instrumento, o que viola o princípio da razoabilidade; obstaculiza o exercício da competência reservada, por lei, às Turmas deste Tribunal; dificulta a fixação de precedentes por este Tribunal, considerando a ausência de parâmetros objetivos fixados para o reconhecimento da transcendência e a atribuição de elevado grau de subjetividade por cada relator - que não constitui órgão julgador, mas, sim, instância de julgamento, cuja atuação decorre de delegação do Colegiado. Arguição acolhida, para se declarar a inconstitucionalidade do dispositivo, no caso concreto (TST, Pleno, ArgInc-1000845-52.2016.5.02.0461, Rel. Min. Cláudio Mascarenhas Brandão, *DEJT* 17.12.2020).

Art. 896-B. Aplicam-se ao recurso de revista, no que couber, as normas da Lei n.º 5.869, de 11 de janeiro de 1973 (Código de Processo Civil), relativas ao julgamento dos recursos extraordinário e especial repetitivos.

1. JULGAMENTO DE RECURSOS DE REVISTA REPETITIVOS

Conforme o art. 896-B da CLT, acrescentado pela Lei 13.015/2014, são aplicáveis ao recurso de revista, no que couber, as normas do Código de Processo Civil relativas ao julgamento dos recursos extraordinário e especial repetitivos.

A Instrução Normativa 38/2015 do TST, que regulamenta o procedimento do Incidente de Julgamento dos Recursos de Revista e de Embargos à SBDI-I repetitivos, no art. 1.º, também prevê que as normas do Código de Processo Civil relativas ao julgamento dos recursos extraordinário e especial repetitivos aplicam-se, no que couber, ao recurso de revista e ao recurso de embargos repetitivos (CLT, arts. 894, II, e 896 da CLT).

Com isso, passa a ser aplicável ao recurso de revista o disposto nos arts. 1.036 a 1.041 do Código de Processo Civil de 2015.

Nesse sentido, segundo o art. 1.036 do CPC, sempre que houver *multiplicidade de recursos extraordinários ou especiais* (recurso de revista, no caso do processo do trabalho) *com fundamento em idêntica questão de direito*, deve haver *afetação* para julgamento de acordo com as disposições do Código de Processo Civil, observado o disposto no regimento interno do Supremo Tribunal Federal e do Superior Tribunal de Justiça (do Tribunal Superior do Trabalho, no caso do processo trabalhista).

O presidente ou vice-presidente de tribunal de justiça ou de tribunal regional federal (tribunal regional do trabalho, tratando-se do processo trabalhista) deve selecionar *dois ou mais recursos representativos da controvérsia*, que serão encaminhados ao Supremo Tribunal Federal ou ao Superior Tribunal de Justiça (no caso, ao TST) para fins de *afetação*, determinando a *suspensão* do processamento de todos os processos pendentes, individuais ou coletivos, que tramitem no Estado ou na região, conforme o caso (art. 1.036, § 1.º, do CPC).

O interessado pode requerer, ao presidente ou ao vice-presidente, que exclua da decisão de sobrestamento e inadmita o recurso especial (recurso de revista) ou o recurso extraordinário que tenha sido interposto intempestivamente. O recorrente tem o prazo de cinco dias para se manifestar sobre esse requerimento.

Da decisão que indeferir esse requerimento cabe apenas agravo interno (art. 1.036, § 3.º, do CPC, com redação dada pela Lei 13.256/2016).

A escolha feita pelo presidente ou vice-presidente do tribunal de justiça ou do tribunal regional federal (TRT) não vincula o relator no tribunal superior (STF ou TST, conforme o caso), que pode selecionar outros recursos representativos da controvérsia.

O relator em tribunal superior (STF ou TST) também pode selecionar dois ou mais recursos representativos da controvérsia para julgamento da questão de direito independentemente da iniciativa do presidente ou vice-presidente do tribunal de origem.

Somente podem ser selecionados recursos admissíveis que contenham abrangente argumentação e discussão a respeito da questão a ser decidida.

Uma vez selecionados os recursos, o relator, no tribunal superior (ou seja, STF ou TST), constatando a presença do pressuposto do *caput* do art. 1.036 do CPC, supraindicado, deve proferir *decisão de afetação*, na qual:

> I – identificará com precisão a questão a ser submetida a julgamento;
>
> II – determinará a suspensão do processamento de todos os processos pendentes, individuais ou coletivos, que versem sobre a questão e tramitem no território nacional;
>
> III – poderá requisitar aos presidentes ou vice-presidentes de todos os tribunais de justiça ou tribunais regionais federais (TRT, no caso do processo do trabalho) a remessa de um recurso representativo da controvérsia (art. 1.037 do CPC).

Se, após receber os recursos selecionados pelo presidente ou vice-presidente do Tribunal de Justiça ou do Tribunal Regional Federal (TRT), não se proceder à afetação, o relator, no tribunal superior (STF ou TST), deve comunicar o fato ao presidente ou vice-presidente que os houver enviado, para que seja revogada a decisão de suspensão referida no art. 1.036, § 1.º, do CPC, anteriormente indicado.

Havendo mais de uma afetação, deve ser prevento o relator que primeiro tiver proferido a decisão a que se refere o inciso I do *caput* do art. 1.037 do CPC.

Os recursos afetados devem ser julgados no prazo de um ano e ter preferência sobre os demais feitos, ressalvados os que envolvam réu preso e o pedido de *habeas corpus*.

Quando os recursos requisitados na forma do inciso III do *caput* do art. 1.037 do CPC contiverem outras questões além daquela que é objeto da afetação, cabe ao tribunal decidir esta em primeiro lugar e depois as demais, em acórdão específico para cada processo.

As partes devem ser intimadas da decisão de suspensão de seu processo, a ser proferida pelo respectivo juiz ou relator, quando informado da decisão a que se refere o inciso II do *caput* do art. 1.037 do CPC.

Demonstrando distinção entre a questão a ser decidida no processo e aquela a ser julgada no recurso especial (recurso de revista) ou extraordinário afetado, a parte pode requerer o prosseguimento do seu processo.

O requerimento acima deve ser dirigido ao: I – juiz, se o processo sobrestado estiver em primeiro grau; II – relator, se o processo sobrestado estiver no tribunal de origem; III – relator do acórdão recorrido, se for sobrestado, no tribunal de origem, recurso especial (recurso de revista) ou extraordinário; IV – relator, no tribunal superior, de recurso especial (recurso de revista) ou de recurso extraordinário cujo processamento houver sido sobrestado (art. 1.037, § 10, do CPC).

A outra parte deve ser ouvida sobre o requerimento de prosseguimento do processo, anteriormente indicado, no prazo de cinco dias.

Reconhecida a distinção no caso:

> I – dos incisos I, II e IV do § 10 do art. 1.037 do CPC, já mencionado, o próprio juiz ou relator deve dar prosseguimento ao processo;
>
> II – do inciso III do § 10 do art. 1.037 do CPC, o relator deve comunicar a decisão ao presidente ou vice-presidente que houver determinado o sobrestamento, para que o recurso especial (recurso de revista) ou recurso extraordinário seja encaminhado ao respectivo tribunal superior (TST ou STF), na forma do art. 1.030 do CPC.

Da decisão que resolver o requerimento de prosseguimento do processo cabe: I – no processo civil, agravo de instrumento, se o processo estiver em primeiro grau (no processo do trabalho, entretanto, não cabe recurso de imediato, por se tratar de decisão interlocutória, podendo-se admitir, em tese, o mandado de segurança, na hipótese de violação de direito líquido e certo); II – agravo interno (ou seja, regimental), se a decisão for de relator.

O relator pode: I – solicitar ou admitir manifestação de pessoas, órgãos ou entidades com interesse na controvérsia, considerando a relevância da matéria e consoante dispuser o regimento interno; II – fixar data para, em audiência pública, ouvir depoimentos de pessoas com experiência e conhecimento na matéria, com a finalidade de instruir o procedimento; III – requisitar informações aos tribunais inferiores a respeito da controvérsia e, cumprida a diligência, intimará o Ministério Público para manifestar-se (art. 1.038 do CPC).

No caso do inciso III, os prazos respectivos são de 15 dias, e os atos devem ser praticados, sempre que possível, por meio eletrônico.

Transcorrido o prazo para o Ministério Público e remetida cópia do relatório aos demais ministros, haverá inclusão em pauta, devendo ocorrer o julgamento com preferência sobre os demais feitos, ressalvados os que envolvam réu preso e os pedidos de *habeas corpus*.

O conteúdo do acórdão deve abranger a análise de todos os fundamentos da tese jurídica discutida.

Decididos os recursos afetados, os órgãos colegiados devem declarar prejudicados os demais recursos versando sobre idêntica controvérsia ou devem decidi-los aplicando a tese firmada (art. 1.039 do CPC).

Negada a existência de repercussão geral no recurso extraordinário afetado e no representativo da controvérsia, devem ser considerados automaticamente inadmitidos os recursos extraordinários cujo processamento tenha sido sobrestado.

Publicado o acórdão paradigma:

> I – o presidente ou vice-presidente do tribunal de origem deve negar seguimento aos recursos especiais (no processo do trabalho, aos recursos de revista) ou extraordinários sobrestados na origem, se o acórdão recorrido coincidir com a orientação do tribunal superior;
>
> II – o órgão que proferiu o acórdão recorrido, na origem, deve reexaminar a causa de competência originária, a remessa necessária ou o recurso anteriormente julgado, na hipótese de o acórdão recorrido contrariar a orientação do tribunal superior (ou seja, do STF ou do TST);
>
> III – os processos suspensos em primeiro e segundo graus de jurisdição retomarão o curso para julgamento e aplicação da tese firmada pelo tribunal superior;
>
> IV – se os recursos versarem sobre questão relativa a prestação de serviço público objeto de concessão, permissão ou autorização, o resultado do julgamento será comunicado

ao órgão, ao ente ou à agência reguladora competente para fiscalização da efetiva aplicação, por parte dos entes sujeitos a regulação, da tese adotada (art. 1.040 do CPC).

A parte pode desistir da ação em curso no primeiro grau de jurisdição, antes de proferida a sentença, se a questão nela discutida for idêntica à resolvida pelo recurso representativo da controvérsia.

Se a desistência ocorrer antes de oferecida contestação, a parte fica isenta do pagamento de custas e de honorários de sucumbência.

A desistência apresentada na forma referida independe de consentimento do réu, ainda que apresentada contestação.

Mantido o acórdão divergente pelo tribunal de origem, o recurso especial (recurso de revista) ou extraordinário deve ser remetido ao respectivo tribunal superior (TST ou STF), na forma do art. 1.036, § 1.º, do CPC.

Realizado o juízo de retratação, com alteração do acórdão divergente, o tribunal de origem (TRT), se for o caso, deve decidir as demais questões ainda não decididas, cujo enfrentamento se tornou necessário em decorrência da alteração.

Quando ocorrer a hipótese do inciso II do *caput* do art. 1.040 do CPC, anteriormente indicado, e o recurso versar sobre outras questões, cabe ao presidente ou ao vice-presidente do tribunal recorrido, depois do reexame pelo órgão de origem e independentemente de ratificação do recurso, sendo positivo o juízo de admissibilidade, determinar a remessa do recurso ao tribunal superior para julgamento das demais questões (art. 1.041, § 2.º, do CPC, com redação dada pela Lei 13.256/2016).

Art. 896-C. Quando houver multiplicidade de recursos de revista fundados em idêntica questão de direito, a questão poderá ser afetada à Seção Especializada em Dissídios Individuais ou ao Tribunal Pleno, por decisão da maioria simples de seus membros, mediante requerimento de um dos Ministros que compõem a Seção Especializada, considerando a relevância da matéria ou a existência de entendimentos divergentes entre os Ministros dessa Seção ou das Turmas do Tribunal.

§ 1.º O Presidente da Turma ou da Seção Especializada, por indicação dos relatores, afetará um ou mais recursos representativos da controvérsia para julgamento pela Seção Especializada em Dissídios Individuais ou pelo Tribunal Pleno, sob o rito dos recursos repetitivos.

§ 2.º O Presidente da Turma ou da Seção Especializada que afetar processo para julgamento sob o rito dos recursos repetitivos deverá expedir comunicação aos demais Presidentes de Turma ou de Seção Especializada, que poderão afetar outros processos sobre a questão para julgamento conjunto, a fim de conferir ao órgão julgador visão global da questão.

§ 3.º O Presidente do Tribunal Superior do Trabalho oficiará os Presidentes dos Tribunais Regionais do Trabalho para que suspendam os recursos interpostos em casos idênticos aos afetados como recursos repetitivos, até o pronunciamento definitivo do Tribunal Superior do Trabalho.

§ 4.º Caberá ao Presidente do Tribunal de origem admitir um ou mais recursos representativos da controvérsia, os quais serão encaminhados ao Tribunal Superior do Trabalho, ficando suspensos os demais recursos de revista até o pronunciamento definitivo do Tribunal Superior do Trabalho.

§ 5.º O relator no Tribunal Superior do Trabalho poderá determinar a suspensão dos recursos de revista ou de embargos que tenham como objeto controvérsia idêntica à do recurso afetado como repetitivo.

§ 6.º O recurso repetitivo será distribuído a um dos Ministros membros da Seção Especializada ou do Tribunal Pleno e a um Ministro revisor.

§ 7.º O relator poderá solicitar, aos Tribunais Regionais do Trabalho, informações a respeito da controvérsia, a serem prestadas no prazo de 15 (quinze) dias.

§ 8.º O relator poderá admitir manifestação de pessoa, órgão ou entidade com interesse na controvérsia, inclusive como assistente simples, na forma da Lei n.º 5.869, de 11 de janeiro de 1973 (Código de Processo Civil).

§ 9.º Recebidas as informações e, se for o caso, após cumprido o disposto no § 7.º deste artigo, terá vista o Ministério Público pelo prazo de 15 (quinze) dias.

§ 10. Transcorrido o prazo para o Ministério Público e remetida cópia do relatório aos demais Ministros, o processo será incluído em pauta na Seção Especializada ou no Tribunal Pleno, devendo ser julgado com preferência sobre os demais feitos.

§ 11. Publicado o acórdão do Tribunal Superior do Trabalho, os recursos de revista sobrestados na origem:

I – terão seguimento denegado na hipótese de o acórdão recorrido coincidir com a orientação a respeito da matéria no Tribunal Superior do Trabalho; ou

II – serão novamente examinados pelo Tribunal de origem na hipótese de o acórdão recorrido divergir da orientação do Tribunal Superior do Trabalho a respeito da matéria.

§ 12. Na hipótese prevista no inciso II do § 11 deste artigo, mantida a decisão divergente pelo Tribunal de origem, far-se-á o exame de admissibilidade do recurso de revista.

§ 13. Caso a questão afetada e julgada sob o rito dos recursos repetitivos também contenha questão constitucional, a decisão proferida pelo Tribunal Pleno não obstará o conhecimento de eventuais recursos extraordinários sobre a questão constitucional.

§ 14. Aos recursos extraordinários interpostos perante o Tribunal Superior do Trabalho será aplicado o procedimento previsto no art. 543-B da Lei n.º 5.869, de 11 de janeiro de 1973 (Código de Processo Civil), cabendo ao Presidente do Tribunal Superior do Trabalho selecionar um ou mais recursos representativos da controvérsia e encaminhá-los ao Supremo Tribunal Federal, sobrestando os demais até o pronunciamento definitivo da Corte, na forma do § 1.º do art. 543-B da Lei n.º 5.869, de 11 de janeiro de 1973 (Código de Processo Civil).

§ 15. O Presidente do Tribunal Superior do Trabalho poderá oficiar os Tribunais Regionais do Trabalho e os Presidentes das Turmas e da Seção Especializada do Tribunal para que suspendam os processos idênticos aos selecionados como recursos representativos da controvérsia e encaminhados ao Supremo Tribunal Federal, até o seu pronunciamento definitivo.

§ 16. A decisão firmada em recurso repetitivo não será aplicada aos casos em que se demonstrar que a situação de fato ou de direito é distinta das presentes no processo julgado sob o rito dos recursos repetitivos.

§ 17. Caberá revisão da decisão firmada em julgamento de recursos repetitivos quando se alterar a situação econômica, social ou jurídica, caso em que será respeitada a segurança jurídica das relações firmadas sob a égide da decisão anterior, podendo o Tribunal Superior do Trabalho modular os efeitos da decisão que a tenha alterado.

1. INCIDENTE DE RECURSOS DE REVISTA REPETITIVOS

Em regra, o recurso de revista é julgado pelas Turmas do Tribunal Superior do Trabalho (art. 896, *caput*, da CLT).

Entretanto, quando houver *multiplicidade de recursos de revista fundados em idêntica questão de direito*, a questão pode ser afetada à Seção Especializada em Dissídios Individuais ou ao Tribunal Pleno, do TST, por decisão da maioria simples de seus membros, por meio de requerimento de um dos Ministros que compõem a Seção Especializada, considerando a relevância da matéria ou a existência de entendimentos divergentes entre Ministros dessa Seção ou das Turmas do Tribunal Superior do Trabalho (art. 896-C, *caput*, da CLT).

Trata-se, no caso, de *incidente de recursos de revista repetitivos*, no âmbito do Tribunal Superior do Trabalho.

Desse modo, nos termos do art. 2.º da Instrução Normativa 38/2015 do TST, havendo multiplicidade de recursos de revista ou de embargos para a Subseção de Dissídios Individuais I (SBDI-I) fundados em idêntica questão de direito, a questão pode ser afetada a essa Subseção ou ao Tribunal Pleno, por decisão da maioria simples de seus membros, mediante requerimento de um dos Ministros que a compõem, considerando a relevância da matéria ou a existência de entendimentos divergentes entre os Ministros dessa Subseção ou das Turmas do Tribunal.

O *requerimento fundamentado* de um dos Ministros da Subseção de Dissídios Individuais I de afetação da questão a ser julgada em incidente de recursos repetitivos deve indicar um ou mais recursos de revista ou de embargos representativos da controvérsia e ser formulado por escrito diretamente ao Presidente da SBDI-I ou, oralmente, em questão preliminar suscitada quando do julgamento de processo incluído na pauta de julgamentos da Subseção.

De forma concorrente, quando a Turma do Tribunal Superior do Trabalho entender necessária a adoção do procedimento de julgamento de recursos de revista repetitivos, seu Presidente deve submeter ao Presidente da Subseção de Dissídios Individuais I a proposta de afetação do recurso de revista, para os efeitos dos arts. 896-B e 896-C da CLT.

O Presidente da Subseção deve submeter a proposta de afetação ao colegiado, se formulada por escrito, no prazo máximo de 30 dias de seu recebimento, ou de imediato, se suscitada em questão preliminar, quando do julgamento de determinado processo pela SBDI-I, após o que: I – acolhida a proposta, por maioria simples, o colegiado também deve decidir se a questão será analisada pela própria SBDI-I ou pelo Tribunal Pleno; II – acolhida a proposta, a desistência da ação ou do recurso não impede a análise da questão objeto de julgamento de recursos repetitivos; III – na hipótese do inciso I, o processo deve ser distribuído a um relator e a um revisor do órgão jurisdicional correspondente, para sua tramitação nos termos do art. 896-C da CLT; IV – rejeitada a proposta, se for o caso, os autos devem ser devolvidos ao órgão julgador respectivo, para que o julgamento do recurso prossiga regularmente.

Não é admitida sustentação oral versando, de forma específica, sobre a proposta de afetação.

A critério do Presidente da Subseção, as propostas de afetação formuladas por escrito por um dos Ministros da Subseção de Dissídios Individuais I ou pelo Presidente de Turma do Tribunal Superior do Trabalho podem ser apreciadas pela SBDI-I por meio eletrônico, nos termos e para os efeitos do inciso I, supraindicado, do que serão as partes cientificadas pelo *Diário da Justiça*.

Caso surja alguma divergência entre os integrantes do colegiado durante o julgamento eletrônico, este ficará imediatamente suspenso, devendo a proposta de afetação ser apreciada em sessão presencial.

O Ministro Presidente da Turma ou da Seção Especializada do TST, por indicação dos relatores, deve *afetar* um ou mais recursos (de revista) representativos da controvérsia, para julgamento pela Seção Especializada em Dissídios Individuais ou pelo Tribunal Pleno, sob o rito dos recursos repetitivos (art. 896-C, § 1.º, da CLT).

O Ministro Presidente da Turma ou da Seção Especializada do TST que afetar um processo para julgamento sob o rito do recurso repetitivo deve expedir comunicação aos demais Presidentes de Turmas ou Seção Especializada, que *podem afetar outros processos sobre a questão*, para julgamento conjunto, a fim de conferir ao órgão julgador no TST (isto é, à Seção Especializada em Dissídios Individuais ou ao Tribunal Pleno) uma visão global da questão (art. 896-C, § 2.º, da CLT).

Sendo assim, conforme o art. 3.º da Instrução Normativa 38/2015 do TST, o Presidente da Subseção de Dissídios Individuais I que afetar processo para julgamento sob o rito dos recursos repetitivos deve expedir comunicação aos demais Presidentes de Turma, que podem afetar outros processos sobre a questão para julgamento conjunto, a fim de conferir ao órgão julgador visão global da questão.

O art. 4.º da Instrução Normativa 38/2015 do TST prevê que somente podem ser afetados recursos representativos da controvérsia que sejam admissíveis e que, a critério do relator do incidente de julgamento dos recursos repetitivos, contenham abrangente argumentação e discussão a respeito da questão a ser decidida.

O relator desse incidente não fica vinculado às propostas de afetação de que trata o art. 3.º da Instrução Normativa 38/2015 do TST, podendo recusá-las por desatenderem aos requisitos supraprevistos e, ainda, selecionar outros recursos representativos da controvérsia.

De acordo com o art. 5.º da Instrução Normativa 38/2015 do TST, uma vez selecionados os recursos, o relator, na Subseção Especializada em Dissídios Individuais ou no Tribunal Pleno, constatada a presença do pressuposto do art. 896-C, *caput*, da CLT, deve proferir decisão de afetação, *sempre fundamentada*, na qual: I – identificará com precisão a questão a ser submetida a julgamento; II – poderá determinar a suspensão dos recursos de revista ou de embargos de que trata o art. 896-C, § 5.º, da CLT; III – poderá solicitar aos Tribunais Regionais do Trabalho informações a respeito da controvérsia, a serem prestadas no prazo de 15 dias, e requisitar aos Presidentes ou Vice-Presidentes dos Tribunais Regionais do Trabalho a remessa de até dois recursos de revista representativos da controvérsia; IV – concederá o prazo de 15 dias para a manifestação escrita das pessoas, órgãos ou entidades interessados na controvérsia, que poderão ser admitidos como *amici curiae*; V – informará aos demais Ministros sobre a decisão de afetação; VI – poderá conceder vista ao Ministério Público e às partes, nos termos e para os efeitos do art. 896-C, § 9.º, da CLT.

O Presidente do Tribunal Superior do Trabalho deve expedir ofícios aos Presidentes dos Tribunais Regionais do Trabalho para que *suspendam os recursos interpostos em casos idênticos aos afetados como recursos repetitivos*, até o pronunciamento definitivo do TST (art. 896-C, § 3.º, da CLT).

A respeito do tema, o art. 6.º da Instrução Normativa 38/2015 do TST prevê que o Presidente do Tribunal Superior do Trabalho deve oficiar os Presidentes dos Tribunais Regionais do Trabalho, com cópia da decisão de afetação, para que suspendam os recursos de revista interpostos em casos idênticos aos afetados como recursos repetitivos e ainda não encaminhados a esse Tribunal, bem como os recursos ordinários interpostos contra as sentenças proferidas em casos idênticos aos afetados como recursos repetitivos, até o pronunciamento definitivo do Tribunal Superior do Trabalho.

Cabe ainda ao Presidente do Tribunal de origem, caso receba a requisição de que trata o art. 5.º, inciso III, da Instrução Normativa 38/2015 do TST, admitir até dois recursos representativos da controvérsia, que devem ser encaminhados ao Tribunal Superior do Trabalho (art. 7.º).

Cabe ao Presidente do Tribunal de origem (TRT) admitir um ou mais recursos representativos da controvérsia, os quais devem ser encaminhados ao Tribunal Superior do Trabalho, *ficando suspensos os demais recursos de revista até o pronunciamento definitivo do TST* (art. 896-C, § 4.º, da CLT).

De acordo com o art. 8.º da Instrução Normativa 38/2015 do TST, se, após receber os recursos de revista selecionados pelo Presidente ou Vice-Presidente do Tribunal Regional do Trabalho, não se proceder à sua afetação, o relator, no Tribunal Superior do Trabalho, deve comunicar o fato ao Presidente ou Vice-Presidente que os houver enviado, para que seja revogada a decisão de suspensão referida no art. 896-C, § 4.º, da CLT.

O ministro relator do Tribunal Superior do Trabalho *pode* determinar a *suspensão dos recursos de revista ou de embargos no TST que tenham, como objeto, controvérsia idêntica à do recurso afetado como repetitivo* (art. 896-C, § 5.º, da CLT).

As partes devem ser intimadas da decisão de suspensão de seu processo, a ser proferida pelo respectivo relator (art. 9.º da Instrução Normativa 38/2015 do TST).

A parte pode, entretanto, requerer o prosseguimento de seu processo se demonstrar a intempestividade do recurso nele interposto ou a existência de distinção entre a questão de direito a ser decidida no seu processo e aquela a ser julgada sob o rito dos recursos repetitivos.

O requerimento em questão deve ser dirigido: I – ao juiz, se o processo sobrestado estiver em primeiro grau; II – ao relator, se o processo sobrestado estiver no tribunal de origem; III – ao relator do acórdão recorrido, se for sobrestado recurso de revista no tribunal de origem; IV – ao relator, no Tribunal Superior do Trabalho, do recurso de revista ou de embargos cujo processamento houver sido sobrestado.

Para a preservação do contraditório, a outra parte deve ser ouvida sobre o requerimento, no prazo de cinco dias.

Reconhecida a distinção no caso: dos incisos I, II e IV, o próprio juiz ou relator dará prosseguimento ao processo; do inciso III, o relator comunicará a decisão ao presidente ou ao vice-presidente que houver determinado o sobrestamento, para que este dê normal prosseguimento ao processo.

A decisão que resolver o mencionado requerimento é irrecorrível de imediato, nos termos do art. 893, § 1.º, da CLT.

O recurso repetitivo deve ser distribuído entre um dos ministros membros da Seção Especializada ou do Tribunal Pleno e a um ministro revisor (art. 896-C, § 6.º, da CLT).

O ministro relator pode solicitar informações, a serem prestadas no prazo de 15 dias, aos Tribunais Regionais do Trabalho a respeito da controvérsia (art. 896-C, § 7.º, da CLT).

O ministro relator pode admitir manifestações de pessoas, órgãos ou entidades com interesse na controvérsia, inclusive como assistente simples, na forma do Código de Processo Civil (art. 896-C, § 8.º, da CLT).

Trata-se de previsão que tem como objetivo concretizar o contraditório no incidente em questão, dando maior legitimidade à decisão a ser proferida pelo TST.

Ainda quanto ao tema, segundo o art. 10 da Instrução Normativa 38/2015 do TST, para instruir o procedimento, pode o relator fixar data para, em audiência pública, ouvir depoimentos de pessoas com experiência e conhecimento na matéria, sempre que entender necessário o esclarecimento de questões ou circunstâncias de fato subjacentes à controvérsia objeto do incidente de recursos repetitivos.

O relator pode também admitir, tanto na audiência pública quanto no curso do procedimento, a manifestação, como *amici curiae*, de pessoas, órgãos ou entidades com interesse na controvérsia, considerando a relevância da matéria e assegurando o contraditório e a isonomia de tratamento. Entretanto, essa manifestação somente será admitida até a inclusão do processo em pauta.

Recebidas as informações e, se for o caso, depois de cumprido o disposto no art. 896-C, § 7.º, da CLT, supraindicado, o Ministério Público do Trabalho deve ter vista pelo prazo de 15 dias (art. 896-C, § 9.º, da CLT).

Transcorrido o prazo para o Ministério Público se manifestar e remetida cópia do relatório aos demais ministros, o processo deve ser incluído em pauta na Seção Especializada ou no Pleno do TST, devendo ser julgado com preferência em face dos demais feitos (art. 896-C, § 10, da CLT).

Frise-se que os recursos afetados devem ser julgados no prazo de um ano e terão preferência sobre os demais feitos (art. 11 da Instrução Normativa 38/2015 do TST).

O conteúdo do *acórdão paradigma* deve abranger a análise de todos os fundamentos da tese jurídica discutida (art. 12 da Instrução Normativa 38/2015 do TST).

É vedado ao órgão colegiado decidir, para os fins do art. 896-C da CLT, questão não delimitada na decisão de afetação.

Publicado o acórdão do Tribunal Superior do Trabalho, os recursos sobrestados na origem: I – devem ter o *seguimento denegado* na hipótese de o acórdão recorrido coincidir com a orientação a respeito da matéria no TST; II – ou devem ser *novamente examinados* pelo Tribunal de origem (TRT) na hipótese de o acórdão recorrido divergir da orientação do TST a respeito da matéria (art. 896-C, § 11, da CLT).

Na hipótese do art. 896, § 11, inciso II, da CLT, se for mantida a decisão divergente pelo Tribunal de origem (TRT), deve ser feito o exame de admissibilidade do recurso de revista (art. 896-C, § 12, da CLT).

Assim, uma vez decidido o recurso representativo da controvérsia, os órgãos jurisdicionais respectivos devem declarar prejudicados os demais recursos versando sobre idêntica controvérsia ou os decidirão, aplicando a tese firmada (art. 13 da Instrução Normativa 38/2015 do TST).

Quando os recursos requisitados do Tribunal Regional do Trabalho contiverem outras questões além daquela que é objeto da afetação, cabe ao órgão jurisdicional competente, em acórdão específico para cada processo, decidir esta em primeiro lugar e depois as demais.

Publicado o *acórdão paradigma*: I – o Presidente ou Vice-Presidente do Tribunal de origem negará seguimento aos recursos de revista sobrestados na origem, se o acórdão recorrido coincidir com a orientação do Tribunal Superior do Trabalho; II – o órgão que proferiu o acórdão recorrido, na origem, reexaminará o processo de competência originária ou o recurso anteriormente julgado, na hipótese de o acórdão recorrido contrariar a orientação do Tribunal Superior do Trabalho; III – os processos porventura suspensos em primeiro e segundo graus de jurisdição retomarão o curso para julgamento e aplicação da tese firmada pelo Tribunal Superior do Trabalho (art. 14 da Instrução Normativa 38/2015 do TST).

Para fundamentar a decisão de manutenção do entendimento, o órgão que proferiu o acórdão recorrido deve demonstrar a existência de distinção, por se tratar de caso particularizado por hipótese fática distinta ou questão jurídica não examinada, a impor solução diversa (art. 15 da Instrução Normativa 38/2015 do TST). Nessa hipótese, o recurso de revista deve ser submetido a novo exame de sua admissibilidade pelo Presidente ou Vice-Presidente do Tribunal Regional, retomando o processo seu curso normal.

Realizado o juízo de retratação, com alteração do acórdão divergente, o Tribunal de origem, se for o caso, deve decidir as demais questões ainda não decididas, cujo enfrentamento se tornou necessário em decorrência da alteração.

Quando for alterado o acórdão divergente e o recurso anteriormente interposto versar sobre outras questões, o Presidente ou Vice-Presidente do Tribunal Regional, independentemente de ratificação do recurso, deve proceder a novo juízo de admissibilidade, retomando o processo o seu curso normal.

A parte pode desistir da ação em curso no primeiro grau de jurisdição, antes de proferida a sentença, se a questão nela discutida for idêntica à resolvida pelo recurso representativo da controvérsia (art. 16 da Instrução Normativa 38/2015 do TST).

Se a desistência ocorrer antes de oferecida a defesa, a parte, se for o caso, fica dispensada do pagamento de custas e de honorários de advogado. Nesse caso específico, a desistência apresentada independe de consentimento do reclamado, ainda que apresentada contestação.

Caso a questão afetada e julgada sob o rito do recurso repetitivo também contenha questão constitucional, a decisão proferida pelo Tribunal Pleno (do TST) não deve obstar o conhecimento de eventuais recursos extraordinários sobre a questão constitucional (art. 896-C, § 13, da CLT).

Nesse sentido, segundo o art. 18 da Instrução Normativa 38/2015 do TST, caso a questão afetada e julgada sob o rito dos recursos repetitivos também contenha questão constitucional, a decisão proferida pelo Tribunal Pleno não obsta o conhecimento de eventuais recursos extraordinários sobre a questão constitucional.

Com fundamento no art. 896-C, § 14, da CLT, aos recursos extraordinários interpostos perante o Tribunal Superior do Trabalho deve ser aplicado o procedimento previsto no Código de Processo Civil para o julgamento dos recursos extraordinários repetitivos, cabendo ao Presidente do Tribunal Superior do Trabalho selecionar um ou mais recursos representativos da controvérsia e encaminhá-los ao Supremo Tribunal Federal, sobrestando os demais até o pronunciamento definitivo da Corte, na forma ali prevista (art. 19 da Instrução Normativa 38/2015 do TST).

O Presidente do Tribunal Superior do Trabalho pode expedir ofícios aos Tribunais Regionais do Trabalho e aos Presidentes das Turmas e da Seção Especializada do TST para que *suspendam os processos idênticos aos selecionados como recursos representativos da con-*

trovérsia e encaminhados ao Supremo Tribunal Federal, até o seu pronunciamento definitivo (art. 896-C, § 15, da CLT).

É importante registrar que a decisão proferida em recurso repetitivo não deve ser aplicada em casos em que se demonstrar que a situação de fato ou de direito é distinta das presentes no processo julgado sob o rito dos recursos repetitivos (art. 896-C, § 16, da CLT).

É cabível a revisão da decisão proferida em julgamento de recursos repetitivos, quando se alterar a situação econômica, social ou jurídica, caso em que deve ser respeitada a segurança jurídica das relações firmadas sob a égide da decisão anterior, podendo o Tribunal Superior do Trabalho modular os efeitos da decisão que a tenha alterado (art. 896-C, § 17, da CLT).

O art. 17 da Instrução Normativa 38/2015 do TST também reitera que cabe *revisão da decisão firmada em julgamento de recursos repetitivos* quando se alterar a situação econômica, social ou jurídica, caso em que será respeitada a segurança jurídica das relações firmadas sob a égide da decisão anterior, podendo o Tribunal Superior do Trabalho modular os efeitos da decisão que a tenha alterado.

Frise-se ainda que, nos termos do art. 21 da Instrução Normativa 38/2015, o Tribunal Superior do Trabalho deve manter e dar publicidade às questões de direito objeto dos recursos repetitivos já julgados, pendentes de julgamento ou já reputadas sem relevância, bem como daquelas objeto das decisões proferidas por sua composição plenária, nos termos do art. 896, § 13, da CLT e do art. 20 da referida Instrução Normativa do TST.

As decisões, organizadas por questão jurídica julgada, devem ser divulgadas, preferencialmente, na rede mundial de computadores e constarão do Banco Nacional de Jurisprudência Uniformizadora (Banjur), instituído pelo art. 7.º da Instrução Normativa 37/2015, aprovada pela Resolução 195/2015, do Tribunal Superior do Trabalho.

2. INCIDENTE DE ASSUNÇÃO DE COMPETÊNCIA

O Código de Processo Civil de 2015 disciplina o *incidente de assunção de competência.*

Nesse sentido, é admissível a assunção de competência quando o julgamento de recurso, da remessa necessária ou de causa de competência originária envolver *relevante questão de direito, com grande repercussão social, sem repetição em diversos processos* (art. 947 do CPC de 2015).

O art. 2.º, inciso XXV, da Instrução Normativa 39/2016 do TST prevê que se aplicam ao processo do trabalho, diante de omissão e de compatibilidade, o art. 947 e §§ do CPC de 2015, sobre incidente de assunção de competência.

Sendo assim, conforme o art. 20 da Instrução Normativa 38/2015 do TST, quando o julgamento dos embargos à SBDI-I envolver relevante questão de direito, com grande repercussão social, sem repetição em múltiplos processos, mas a respeito da qual seja *conveniente a prevenção ou a composição de divergência entre as turmas ou os demais órgãos fracionários do Tribunal Superior do Trabalho*, pode a SBDI-I, por iniciativa de um de seus membros e após a aprovação da maioria de seus integrantes, afetar o seu julgamento ao Tribunal Pleno.

Aplica-se a esse incidente, no que couber, o que a Instrução Normativa 38/2015 do TST dispõe sobre o incidente de julgamento de recursos repetitivos.

Ocorrendo a hipótese de assunção de competência, o relator deve propor, de ofício ou a requerimento da parte, do Ministério Público ou da Defensoria Pública, seja o recurso, a remessa necessária ou a causa de competência originária julgado pelo órgão colegiado que o regimento indicar.

Em tese, não há violação ao princípio do juiz natural nessa assunção de competência, pois tudo ocorrerá no âmbito interno do próprio tribunal competente para o julgamento da causa (art. 5.º, incisos XXXVII e LIII, da Constituição Federal de 1988).

Conforme expressa autorização legal, o órgão colegiado deve ser indicado pelo regimento interno. Além disso, esse órgão será do próprio tribunal com competência, segundo a lei e a Constituição, para julgar o recurso, a remessa necessária ou a causa de competência originária. Frise-se que a própria Constituição da República, em seu art. 96, inciso I, "a", expressamente determina que compete privativamente aos tribunais "elaborar seus *regimentos internos*, com observância das normas de processo e das garantias processuais das partes, *dispondo sobre a competência e o funcionamento dos respectivos órgãos jurisdicionais* e administrativos", o que fundamenta o dispositivo legal em questão.

O órgão colegiado deve julgar o recurso, a remessa necessária ou a causa de competência originária se reconhecer interesse público na assunção de competência.

O acórdão proferido em assunção de competência vincula todos os juízes e órgãos fracionários, exceto se houver revisão de tese.

O disposto no art. 947 do CPC de 2015 é aplicável quando ocorrer *relevante questão de direito a respeito da qual seja conveniente a prevenção ou a composição de divergência entre câmaras ou turmas do tribunal.*

Cabe salientar que, segundo o art. 988, inciso IV, do CPC de 2015, cabe *reclamação* da parte interessada ou do Ministério Público para garantir a observância de acórdão proferido em julgamento de incidente de resolução de demandas repetitivas ou de *incidente de assunção de competência*.

O art. 3.º, inciso XXVII, da Instrução Normativa 39/2016 do TST prevê que se aplicam ao processo do trabalho, diante de omissão e de compatibilidade, os arts. 988 a 993 do CPC de 2015, sobre reclamação.

O art. 111-A, § 3.º, da Constituição da República, acrescentado pela Emenda Constitucional 92/2016, dispõe que compete ao Tribunal Superior do Trabalho processar e julgar, originariamente, a *reclamação* para a preservação de sua competência e garantia da autoridade de suas decisões.

Art. 897. Cabe agravo, no prazo de 8 (oito) dias:

a) de petição, das decisões do Juiz ou Presidente, nas execuções;

b) de instrumento, dos despachos que denegarem a interposição de recursos.

§ 1.º O agravo de petição só será recebido quando o agravante delimitar, justificadamente, as matérias e os valores impugnados, permitida a execução imediata da parte remanescente até o final, nos próprios autos ou por carta de sentença.

§ 2.º O agravo de instrumento interposto contra o despacho que não receber agravo de petição não suspende a execução da sentença.

§ 3.º Na hipótese da alínea *a* deste artigo, o agravo será julgado pelo próprio tribunal, presidido pela autoridade recorrida, salvo se se tratar de decisão de Juiz do Trabalho de 1.ª Instância ou de Juiz de Direito, quando o julgamento competirá a uma das Turmas do Tribunal Regional a que estiver subordinado o prolator da sentença, observado o disposto no art. 679, a quem este remeterá as peças necessárias para o exame da matéria controvertida, em autos apartados, ou nos próprios autos, se tiver sido determinada a extração de carta de sentença.

§ 4.º Na hipótese da alínea *b* deste artigo, o agravo será julgado pelo Tribunal que seria competente para conhecer o recurso cuja interposição foi denegada.

§ 5.º Sob pena de não conhecimento, as partes promoverão a formação do instrumento do agravo de modo a possibilitar, caso provido, o imediato julgamento do recurso denegado, instruindo a petição de interposição:

I – obrigatoriamente, com cópias da decisão agravada, da certidão da respectiva intimação, das procurações outorgadas aos advogados do agravante e do agravado, da petição inicial, da contestação, da decisão originária, do depósito recursal referente ao recurso que se pretende destrancar, da comprovação do recolhimento das custas e do depósito recursal a que se refere o § 7.º do art. 899 desta Consolidação; (Redação dada pela Lei 12.275, de 2010.)

II – facultativamente, com outras peças que o agravante reputar úteis ao deslinde da matéria de mérito controvertida.

§ 6.º O agravado será intimado para oferecer resposta ao agravo e ao recurso principal, instruindo-a com as peças que considerar necessárias ao julgamento de ambos os recursos.

§ 7.º Provido o agravo, a Turma deliberará sobre o julgamento do recurso principal, observando-se, se for o caso, daí em diante, o procedimento relativo a esse recurso.

§ 8.º Quando o agravo de petição versar apenas sobre as contribuições sociais, o juiz da execução determinará a extração de cópias das peças necessárias, que serão autuadas em apartado, conforme dispõe o § 3.º, parte final, e remetidas à instância superior para apreciação, após contraminuta.

1. AGRAVO DE PETIÇÃO

No processo do trabalho, o agravo de petição é o recurso cabível na execução, no prazo de oito dias.

Pode-se exemplificar o cabimento do agravo de petição em face da sentença de embargos à execução, à arrematação, à adjudicação, bem como sentença em ação de embargos de terceiro, incidente à execução.

No processo do trabalho, da decisão interlocutória que acolher ou rejeitar o incidente de desconsideração da personalidade jurídica na fase de execução, cabe agravo de petição, independentemente de garantia do juízo (art. 855-A, § 1.º, inciso II, da CLT).

Como pressuposto recursal específico do agravo de petição, exige-se a delimitação de matérias e valores impugnados, conforme art. 897, § 1.º, da CLT. Quanto ao tema, cf. Súmula 416 do TST.

A exigência de delimitação de valores tem como objetivo possibilitar a execução imediata da parte incontroversa. Desse modo, prevalece o entendimento de que o mencionado pressuposto de admissibilidade do agravo de petição (art. 897, § 1.º, da CLT) somente é exigível em recurso interposto pelo executado, não sendo destinado ao exequente, pois este, em regra, tem como objetivo obter acréscimo ao valor apurado, para fins de execução. Cf. TST, SBDI-I, E-RR-143500-80.2004.5.01.0342, Rel. Min. Hugo Carlos Scheuermann, *DEJT* 11.05.2018.

Se a decisão recorrida for do juiz de 1.º grau, o julgamento do agravo de petição compete a uma das Turmas do Tribunal Regional a que estiver subordinado o prolator da sentença (ou ao Tribunal Pleno, se não houver divisão em Turmas), a quem este deve remeter as peças necessárias para o exame da matéria controvertida, em autos apartados, ou nos próprios autos, se tiver sido determinada a extração de carta de sentença (art. 897, § 3.º, da CLT).

Quando o agravo de petição versar apenas sobre as contribuições sociais, o juiz da execução deve determinar a extração de cópias das peças necessárias, que devem ser autuadas em apartado (conforme o § 3.º do art. 897, parte final), e remetidas à instância superior para apreciação, após contraminuta (art. 897, § 8.º, da CLT).

2. AGRAVO DE INSTRUMENTO

O agravo de instrumento, no processo do trabalho, tem como finalidade impugnar decisão que nega seguimento a outro recurso.

Na realidade, o agravo de instrumento é interposto contra decisão que nega seguimento a recurso, e não despacho propriamente, justamente porque não se trata de ato com conteúdo de mero andamento processual.

O prazo do agravo de instrumento é de oito dias, de acordo com a previsão do art. 897, *caput*, da CLT.

Diferentemente do processo civil, o agravo de instrumento, no âmbito da Justiça do Trabalho, não é cabível, genericamente, em face de quaisquer decisões interlocutórias, mas apenas no caso acima destacado.

Ademais, no âmbito trabalhista prevalece a regra da irrecorribilidade de imediato das decisões interlocutórias, conforme art. 893, § 1.º, da CLT.

Na hipótese em que os embargos no TST tiveram seguimento denegado, o recurso cabível é o agravo regimental, conforme o art. 3.º, III, "c", da Lei 7.701/1988.

No processo do trabalho, entende-se que o agravo de instrumento deve ser *dirigido* à autoridade judiciária prolatora da decisão agravada, no prazo de oito dias de sua intimação, e processado em autos apartados (Instrução Normativa 16/1999 do TST).

O agravo de instrumento, protocolado e autuado, deve ser concluso ao juiz prolator da decisão agravada, para reforma ou confirmação da decisão impugnada, observada a competência estabelecida nos arts. 659, inciso VI, e 682, inciso IX, da CLT. Devem ser certificadas nos autos principais a interposição do agravo de instrumento e a decisão que determina o seu processamento ou a decisão que reconsidera a decisão agravada.

Mantida a decisão agravada, deve ser intimado o agravado a apresentar contrarrazões relativas ao agravo e, simultaneamente, ao recurso principal, juntando as peças que entender necessárias para o julgamento de ambos, encaminhando-se, após, os autos do agravo de instrumento ao juízo competente.

O agravo de instrumento é julgado pelo Tribunal que seria competente para conhecer o recurso cuja interposição foi denegada (art. 897, § 4.º, da CLT).

A respeito da formação dos autos do agravo de instrumento (art. 897, § 5.º, da CLT), cabe destacar as seguintes Orientações Jurisprudenciais: 283 e 286 da SBDI-I do TST.

Não obstante, cabe salientar que, conforme a Resolução Administrativa 1.418, de 30 de agosto de 2010, do Órgão Especial do Tribunal Superior do Trabalho, a qual regulamenta o processamento do agravo de instrumento interposto contra decisão que nega seguimento a recurso de competência do TST (por exemplo, recurso de revista), o agravo de instrumento interposto contra decisão (no âmbito do TRT) que nega seguimento a recurso para o Tribunal Superior do Trabalho "deve ser processado nos autos do recurso denegado" (art. 1.º).

De todo modo, com a generalização e a efetivação do processo eletrônico, a tendência é de não haver mais autos físicos e, por consequência, tornar-se desnecessária a formação de autos de agravo de instrumento (art. 1.017, § 5.º, do CPC de 2015).

Quanto às contrarrazões, o agravado deve ser intimado para oferecer resposta ao agravo e ao recurso principal, instruindo-a com as peças que considerar necessárias ao julgamento de ambos os recursos.

Provido o agravo, a Turma deve deliberar sobre o julgamento do recurso principal (como o recurso ordinário, o agravo de petição, o recurso de revista), observando, se for o caso, daí em diante, o procedimento relativo a esse recurso. A esse respeito, estabelece a Orientação Jurisprudencial 282 da SBDI-I do TST.

De acordo com a Lei 7.701/1988, art. 2.º, inciso II, "f", compete à Seção Especializada em Dissídios Coletivos, em última instância, julgar os agravos de instrumento interpostos contra decisão denegatória de recurso ordinário nos processos de sua competência.

Ainda segundo o art. 3.º, inciso III, "f", do mesmo diploma legal, compete à Seção de Dissídios Individuais julgar, em última instância, os agravos de instrumento interpostos contra decisão denegatória de recurso ordinário em processo de sua competência.

O art. 5.º, "b", da mesma Lei 7.701/1988, prevê que as Turmas do Tribunal Superior do Trabalho têm, cada uma, competência para julgar, em última instância, os agravos de instrumento das decisões de Presidente de Tribunal Regional que denegarem seguimento a recurso de revista, explicitando em que efeito a revista deve ser processada, caso providos.

Como compete ao TST julgar agravo de instrumento contra decisão que nega seguimento a recurso de revista, a decisão de TRT que nega processamento ao agravo de instrumento avança sobre matéria de competência exclusiva do TST, sendo cabível reclamação (art. 988, inciso I, do CPC de 2015). Cf. TST, Rcl-1000513-96.2018.5.00.0000, Rel. Min. Maria Cristina Irigoyen Peduzzi.

Após a Lei 12.275/2010, cabe ao agravante não apenas comprovar o depósito recursal referente ao recurso principal, que teve o seu seguimento denegado, mas também o depósito recursal relativo ao próprio agravo de instrumento em si. Nesse sentido, de acordo com o art. 899, § 7.º, da CLT, no ato de interposição do agravo de instrumento, o depósito recursal corresponderá a 50% do valor do depósito do recurso ao qual se pretende destrancar.

Não obstante, conforme o atual § 8.º do art. 899 da CLT, acrescentado pela Lei 13.015/2014, quando o agravo de instrumento tem a finalidade de destrancar recurso de revista que se insurge contra decisão que contraria a jurisprudência uniforme do TST, consubstanciada nas suas súmulas ou em orientação jurisprudencial, não há obrigatoriedade de efetuar o depósito supramencionado, previsto no art. 899, § 7.º, da CLT.

Trata-se de previsão adequada, que afasta a necessidade de depósito recursal em casos nos quais o agravo de instrumento certamente será provido, com o consequente processamento do recurso principal (de revista) que teve o seu seguimento denegado por TRT.

A respeito do tema, o art. 23 do Ato 491/2014 da Presidência do TST, referendado pela Resolução Administrativa 1.699, de 6 de outubro de 2014, explicita que a dispensa de depósito recursal a que se refere o § 8.º do art. 899 da CLT *não será aplicável* aos casos em que o agravo de instrumento se refira a uma parcela de condenação, pelo menos, que não seja objeto de arguição de contrariedade a súmula ou a orientação jurisprudencial do Tribunal Superior do Trabalho. Além disso, quando a arguição mencionada (ou seja, de contrariedade a súmula ou a orientação jurisprudencial do TST) revelar-se *manifestamente* infundada, temerária ou artificiosa, o agravo de instrumento será considerado *deserto*, no caso, justamente em razão da ausência do respectivo depósito recursal.

É da responsabilidade da parte providenciar a exatidão dos valores depositados. O depósito recursal deve ser comprovado nos autos, pelo recorrente, no prazo do recurso a que se refere, independentemente da sua antecipada interposição, observado o limite do valor vigente na data da efetivação do depósito. No caso de agravo de instrumento, o depósito recursal deve ser comprovado no ato de interposição do recurso, nos ternos do art. 899, § 7.º, da CLT, com a redação da Lei 12.275/2010 (Instrução Normativa 3 do TST, item VIII).

Ou seja, mesmo se interposto o agravo de instrumento antes do final do prazo legal, cabe à parte comprovar o respectivo depósito recursal quando da sua interposição. Se essa comprovação ocorrer posteriormente, o agravo de instrumento certamente não será conhecido, em razão da deserção. Por se tratar de norma especial, não se aplica a previsão geral da Súmula 245 do TST.

Julgado procedente o pedido em ação rescisória e imposta condenação em pecúnia, será exigido apenas um depósito recursal, com valor máximo equivalente ao valor do depósi-to em recurso de revista, dispensado novo depósito para os recursos subsequentes, salvo o depósito do agravo de instrumento, previsto no § 7.º do art. 899 da CLT (Instrução Normativa 3 do TST, item III).

Sendo assim, com a Lei 12.275/2010, no caso de negativa de seguimento de recurso ordinário em ação rescisória, cabe ao agravante efetuar e comprovar o depósito recursal não apenas quanto ao recurso principal denegado, mas também em relação ao agravo de instrumento interposto, na forma do art. 899, § 7.º, da CLT.

3. AGRAVO REGIMENTAL OU AGRAVO INTERNO

À primeira vista, o agravo regimental ou agravo interno, consoante a sua denominação, seria o recurso previsto nos regimentos internos dos Tribunais.

Entretanto, como os regimentos internos não podem criar recursos, pois a competência para legislar em Direito Processual é privativa da União (art. 22, inciso I, da Constituição da República), o mencionado agravo, na verdade, deve ter previsão na lei, ainda que o seu processamento seja regulado pelos regimentos, com fundamento no art. 96, inciso I, "a", da Constituição Federal de 1988.

O recurso em questão normalmente é cabível para impugnar decisão monocrática, proferida pelo relator, isto é, juiz (desembargador), no âmbito do Tribunal Regional do Trabalho, ou por ministro, na esfera do TST, quando o processo ali está em curso. Nesse sentido, conforme a Orientação Jurisprudencial 412 da SBDI-I do TST.

O julgamento do agravo interno, assim, é da competência do respectivo órgão colegiado no tribunal. Isso é confirmado pela Orientação Jurisprudencial 69 da SBDI-II do TST.

Fazendo menção ao agravo regimental em ação rescisória (de competência originária do TRT), com posterior recurso ordinário ao TST, destaca-se a Súmula 411 do TST.

O art. 12 da Lei 14.824/2024 estabelece que das decisões do Corregedor-Geral da Justiça do Trabalho cabe recurso de agravo para o Pleno do Conselho Superior da Justiça do Trabalho. Quanto ao tema, cf. Orientação Jurisprudencial 5 do Pleno do TST.

Da decisão interlocutória que acolher ou rejeitar o incidente de desconsideração da personalidade jurídica, cabe agravo interno se proferida pelo relator em incidente instaurado originariamente no tribunal (art. 855-A, § 1.º, inciso III, da CLT).

O efeito do recurso em estudo é meramente devolutivo.

Quanto ao prazo, deve-se observar a previsão constante no regimento interno, sendo normalmente de oito dias.

Com o CPC de 2015, o art. 1.070 prevê ser de 15 dias o prazo para a interposição de qualquer agravo, previsto em lei ou em regimento interno de tribunal, contra decisão de relator ou outra decisão unipessoal proferida em tribunal. Entretanto, no processo do trabalho, entende-se que esse prazo é de oito dias, nos termos da regra específica prevista no art. 6.º da Lei 5.584/1970.

O art. 2.º, inciso XIII, da Instrução Normativa 39/2016 do TST prevê que não se aplica ao processo do trabalho, em razão de inexistência de omissão ou por incompatibilidade, o art. 1.070 do CPC de 2015, sobre prazo para interposição de agravo.

A Lei 7.701/1988, no art. 2.º, inciso II, "d", estabelece que compete à Seção especializada em Dissídios Coletivos do TST, em última instância, julgar os embargos de declaração opostos aos seus acórdãos e os *agravos regimentais pertinentes aos dissídios coletivos*.

O mesmo diploma legal, no art. 3.º, inciso III, "c", estabelece que compete à Seção de Dissídios Individuais julgar, em última instância, os *agravos regimentais de decisões denegatórias dos Presidentes das Turmas, em matéria de embargos*, na forma estabelecida no Regimento Interno.

As Turmas do Tribunal Superior do Trabalho têm, cada uma, a competência para julgar, em última instância, os agravos regimentais (art. 5.º, "c", da Lei 7.701/1988). Ainda quanto ao tema, dispõe a Orientação Jurisprudencial 132 da SBDI-I do TST.

No agravo regimental ou agravo interno é normalmente previsto o juízo de retratação (*efeito regressivo* do recurso), isto é, a possibilidade de reconsideração pelo magistrado que proferiu, no âmbito do Tribunal, a decisão (monocrática) impugnada. Não havendo a reconsideração, o agravo é julgado pelo órgão colegiado.

O Código de Processo Civil de 2015, no art. 1.021, prevê o cabimento do agravo interno *contra decisão proferida pelo relator*, para o respectivo órgão colegiado, observadas, quanto ao processamento, as regras do regimento interno do tribunal.

Na petição de agravo interno, o recorrente deve impugnar especificadamente os fundamentos da decisão agravada. O agravo deve ser dirigido ao relator, que intimará o agravado para manifestar-se sobre recurso. Se não houver retratação, o relator deverá levá-lo a julgamento pelo órgão colegiado, com inclusão em pauta.

É vedado ao relator se limitar à reprodução dos fundamentos da decisão agravada para julgar improcedente o agravo interno.

Quando o agravo interno for declarado manifestamente inadmissível ou improcedente em votação unânime, o órgão colegiado, em decisão fundamentada, deve condenar o agravante a pagar ao agravado multa fixada entre um e cinco por cento do valor da causa atualizado (art. 1.021, § 4.º, do CPC).

A interposição de qualquer outro recurso está condicionada ao depósito prévio do valor da multa já referida, com exceção do beneficiário de gratuidade da justiça e da Fazenda Pública, que devem fazer o pagamento ao final.

O art. 3.º, inciso XXIX, da Instrução Normativa 39/2016 do TST prevê que se aplica ao processo do trabalho, diante de omissão e de compatibilidade, o art. 1.021 do CPC de 2015, salvo quanto ao prazo do agravo interno. No processo do trabalho, entende-se que o prazo de interposição do recurso e de contrarrazões é de oito dias (art. 6.º da Lei 5.584/1970 e art. 900 da CLT).

✦ Jurisprudência

I - Agravo de instrumento. Recurso de revista interposto na vigência da Lei n.º 13.015/2014 e da Instrução Normativa n.º 40 do TST. Anterior à Lei n.º 13.467/2017. Preliminar de não conhecimento arguida contrarrazões do agravo de instrumento. 1 - O art. 897, § 5.º, da CLT, que atribui às partes, e não apenas ao agravante, o ônus de juntar as peças para a formação do agravo de instrumento, foi editado em 1998, quando tramitavam na Justiça do Trabalho somente processos físicos. 2 - Essa sistemática ficou superada após a adoção do sistema de processo eletrônico, por força da Lei n.º 11.419, de 19 de dezembro de 2006, pois passou o agravo de instrumento a ser processado nos autos principais digitalizados pelo TRT de origem, quando evidentemente ficou sem sentido exigir das partes que juntem cópias de peças. 3 - No caso, tendo sido o agravo de instrumento sido interposto após a vigência da mencionada lei e da Resolução Administrativa n.º 1.418/2010, aprovada pelo Órgão Especial do TST, não há a irregularidade mencionada. 4 - Preliminar rejeitada (TST, 6.ª T., ARR-24490-91.2015.5.24.0091, Rel. Min. Kátia Magalhães Arruda, *DEJT* 02.03.2018).

Reclamação. Preservação da competência do TST. Decisão do TRT que nega processamento ao agravo de instrumento. 1. É da competência do TST julgar Agravo de Instrumento contra despacho denegatório de Recurso de Revista. Inteligência dos arts. 5.º, "b", da Lei n.º 7.701/1988; 897, § 4.º, da CLT; e 79, III, do RITST. 2. A decisão reclamada avançou sobre matéria de competência exclusiva desta Corte Superior ao negar processamento ao Agravo de Instrumento. Reclamação julgada procedente (TST, 8.ª T., Rcl-1000513-96.2018.5.00.0000, Rel. Min. Maria Cristina Irigoyen Peduzzi, *DEJT* 25.10.2019).

Recurso de embargos em recurso de revista. Interposição sob a égide da Lei 13.015/2014. Execução. Agravo de petição do exequente. Delimitação de valores prevista no art. 897, § 1.º, da CLT. Inexigibilidade. Violação do art. 5.º, LV, da Constituição Federal. A exigência da delimitação dos valores prevista no § 1.º do art. 897 da CLT, que se constitui em pressuposto de admissibilidade do agravo de petição, visa à execução imediata da parte incontroversa e, em decorrência, somente é exigível do executado, porquanto o exequente, via de regra, objetiva obter um acréscimo ao valor já apurado e o descumprimento desta norma não acarreta qualquer prejuízo ao prosseguimento da execução. Portanto, se inexiste norma que exige do exequente a delimitação dos valores no agravo de petição, o não conhecimento do seu recurso, tão somente, porque não delimitou os valores, importa em violação direta do art. 5.º, LV, da CF. Recurso de embargos conhecido e provido (TST, SBDI-I, E-RR-143500-80.2004.5.01.0342, Rel. Min. Hugo Carlos Scheuermann, *DEJT* 11.05.2018).

Recurso de embargos em agravo de instrumento. Multa aplicada pela C. Turma. Art. 1.021, § 4.º, do CPC. Agravo manifestamente improcedente. Aplicação automática de multa no âmbito da Turma. Acesso à jurisdição. Ampla defesa. A aplicação de multa pela interposição de agravo manifestamente infundado ou improcedente tem fundamento no art. 1.021, § 4.º, do CPC. Contudo, não é a mera interposição de agravo ou o fato de a decisão ser unânime que autoriza a imposição de multa à parte que se utiliza do recurso previsto em lei. Insta uma reflexão mais abrangente sobre o tema, em face do princípio do acesso à jurisdição e tendo em vista a jurisprudência atual e reiterada do c. STJ, no sentido de que a multa prevista no § 4.º do art. 1.021 do CPC não é decorrência lógica e automática do não provimento do agravo interno em votação unânime, sendo necessário que sua oposição ocorra de forma abusiva ou protelatória. O fundamento da decisão embargada, de se tratar de recurso infundado ou improcedente, não tem *per se* indicação de má-fé da parte ao recorrer, de intuito procrastinatório ou abuso no ato de recorrer, sob pena de se afastar do princípio que assegura o acesso à jurisdição. Não fora isso, a necessidade de esgotamento dos recursos para alçar a matéria à instância recursal impõe à parte a interposição do recurso adequado, sob pena de inviabilizar o acesso à jurisdição, em ofensa aos princípios que regem a ampla defesa e o contraditório, nos termos dos arts. 5.º, XXXV, LIV e LV, da Constituição Federal. Cabe, assim, que o julgador, na aplicação da multa, o faça levando em consideração o teor das alegações da parte e da matéria recursal trazida, não sendo suficiente a afirmação de improcedência do recurso ou de ser infundado ou improcedente, aplicando multa à parte de forma automática, sem definir as razões pelas quais, na interposição de recurso, se portou com abuso ou interesse protelatório. Em especial quando o art. 1.021, § 3.º, do CPC, veda ao relator limitar-se à reprodução dos fundamentos da decisão agravada para julgar improcedente o agravo interno, torna-se relevante uma reflexão crítica do julgador na aplicação da multa. Embargos conhecidos e providos (TST, SBDI-I, E-Ag-AIRR-101425-23.2016.5.01.0013, Rel. Min. Aloysio Correa da Veiga, *DEJT* 03.03.2023).

✦ Súmulas, Orientações Jurisprudenciais e Precedentes Normativos

Súmula 245 do TST: Depósito recursal. Prazo (mantida) – Res. 121/2003, *DJ* 19, 20 e 21.11.2003. O depósito recursal deve ser feito e comprovado no prazo alusivo ao recurso. A interposição antecipada deste não prejudica a dilação legal.

Súmula 283 do TST: Recurso adesivo. Pertinência no processo do trabalho. Correlação de matérias (mantida) – Res. 121/2003, *DJ* 19, 20 e 21.11.2003. O recurso adesivo é compatível com o processo do trabalho e cabe, no prazo de 8 (oito) dias, nas hipóteses de interposição de recurso ordinário, de agravo de petição, de revista e de embargos, sendo desnecessário que a matéria nele veiculada esteja relacionada com a do recurso interposto pela parte contrária.

Súmula 411 do TST: Ação rescisória. Sentença de mérito. Decisão de Tribunal Regional do Trabalho em agravo regimental confirmando decisão monocrática do relator que, aplicando a Súmula 83 do TST, indeferiu a petição inicial da ação rescisória. Cabimento (conversão da Orientação Jurisprudencial 43 da SBDI-2) – Res. 137/2005, *DJ* 22, 23 e 24.08.2005. Se a decisão recorrida, em agravo regimental, aprecia a matéria na fundamentação, sob o enfoque das Súmulas nos 83 do TST e 343 do STF, constitui sentença de mérito, ainda que haja resultado no indeferimento da petição inicial e na extinção do processo sem julgamento do mérito. Sujeita-se, assim, à reforma pelo TST, a decisão do Tribunal que, invocando controvérsia na interpretação da lei, indefere a petição inicial de ação rescisória.

Súmula 416 do TST: Mandado de Segurança. Execução. Lei 8.432/1992. Art. 897, § 1.º, da CLT. Cabimento (conversão da Orientação Jurisprudencial 55 da SBDI-2) – Res. 137/2005, *DJ* 22, 23 e 24.08.2005. Devendo o agravo de petição delimitar justificadamente a matéria e os valores objeto de discordância, não fere direito líquido e certo o prosseguimento da execução quanto aos tópicos e valores não especificados no agravo.

Orientação Jurisprudencial 5 do Pleno do TST: Recurso ordinário. Cabimento (conversão da Orientação Jurisprudencial 70 da SBDI-1) – *DJ* 20.04.2005. Não cabe recurso ordinário contra decisão em agravo regimental interposto em reclamação correicional ou em pedido de providência.

Orientação Jurisprudencial 91 da SBDI-II do TST: Mandado de Segurança. Autenticação de cópias pelas secretarias dos Tribunais Regionais do Trabalho. Requerimento indeferido. Art. 789, § 9.º, da CLT (inserida em 27.05.2002). Não sendo a parte beneficiária da assistência judiciária gratuita, inexiste direito líquido e certo à autenticação, pelas Secretarias dos Tribunais, de peças extraídas do processo principal, para formação do agravo de instrumento.

Orientação Jurisprudencial 132 da SBDI-I do TST: Agravo regimental. Peças essenciais nos autos principais (inserida em 27.11.1998). Inexistindo lei que exija a tramitação do agravo regimental em autos apartados, tampouco previsão no Regimento Interno do Regional, não pode o agravante ver-se apenado por não haver colacionado cópia de peças dos autos principais, quando o agravo regimental deveria fazer parte dele.

Orientação Jurisprudencial 282 da SBDI-I do TST: Agravo de Instrumento. Juízo de admissibilidade "ad quem" (*DJ* 11.08.2003). No julgamento de Agravo de Instrumento, ao afastar o óbice apontado pelo TRT para o processamento do recurso de revista, pode o juízo "ad quem" prosseguir no exame dos demais pressupostos extrínsecos e intrínsecos do recurso de revista, mesmo que não apreciados pelo TRT.

Orientação Jurisprudencial 283 da SBDI-I do TST: Agravo de Instrumento. Peças essenciais. Traslado realizado pelo agravado. Validade (*DJ* 11.08.2003). É válido o traslado de peças essenciais efetuado pelo agravado, pois a regular formação do agravo incumbe às partes e não somente ao agravante.

Orientação Jurisprudencial 286 da SBDI-I do TST: Agravo de Instrumento. Traslado. Mandato tácito. Ata de audiência. Configuração (alterada) – Res. 167/2010, *DEJT* divulgado em 30.04.2010 e 03 e 04.05.2010.

I – A juntada da ata de audiência, em que consignada a presença do advogado, desde que não estivesse atuando com mandato expresso, torna dispensável a procuração deste, porque demonstrada a existência de mandato tácito.

II – Configurada a existência de mandato tácito fica suprida a irregularidade detectada no mandato expresso.

Orientação Jurisprudencial 374 da SBDI-I do TST: Agravo de instrumento. Representação processual. Regularidade. Procuração ou substabelecimento com cláusula limitativa de poderes ao âmbito do Tribunal Regional do

Trabalho. É regular a representação processual do subscritor do agravo de instrumento ou do recurso de revista que detém mandato com poderes de representação limitados ao âmbito do Tribunal Regional do Trabalho, pois, embora a apreciação desse recurso seja realizada pelo Tribunal Superior do Trabalho, a sua interposição é ato praticado perante o Tribunal Regional do Trabalho, circunstância que legitima a atuação do advogado no feito.

Orientação Jurisprudencial 412 da SBDI-I do TST: Agravo interno ou agravo regimental. Interposição em face de decisão colegiada. Não cabimento. Erro grosseiro. Inaplicabilidade do princípio da fungibilidade recursal. É incabível agravo interno (art. 1.021 do CPC de 2015, art. 557, § 1.º, do CPC de 1973) ou agravo regimental (art. 235 do RITST) contra decisão proferida por órgão colegiado. Tais recursos destinam-se, exclusivamente, a impugnar decisão monocrática nas hipóteses previstas. Inaplicável, no caso, o princípio da fungibilidade ante a configuração de erro grosseiro.

Orientação Jurisprudencial Transitória 23 da SBDI-I do TST: Autenticação. Documento único. Cópia. Verso e anverso (inserida em 13.02.2001). Inexistindo impugnação da parte contrária, bem como o disposto no art. 795 da CLT, é válida a autenticação aposta em uma face da folha que contenha documento que continua no verso, por constituir documento único.

Orientação Jurisprudencial 69 da SBDI-II do TST: Fungibilidade recursal. Indeferimento liminar de ação rescisória ou mandado de segurança. Recurso para o TST. Recebimento como agravo regimental e devolução dos autos ao TRT (inserida em 20.09.2000). Recurso ordinário interposto contra despacho monocrático indeferitório da petição inicial de ação rescisória ou de mandado de segurança pode, pelo princípio de fungibilidade recursal, ser recebido como agravo regimental. Hipótese de não conhecimento do recurso pelo TST e devolução dos autos ao TRT, para que aprecie o apelo como agravo regimental.

Art. 897-A. Caberão embargos de declaração da sentença ou acórdão, no prazo de cinco dias, devendo seu julgamento ocorrer na primeira audiência ou sessão subsequente a sua apresentação, registrado na certidão, admitido efeito modificativo da decisão nos casos de omissão e contradição no julgado e manifesto equívoco no exame dos pressupostos extrínsecos do recurso.

§ 1.º Os erros materiais poderão ser corrigidos de ofício ou a requerimento de qualquer das partes.

§ 2.º Eventual efeito modificativo dos embargos de declaração somente poderá ocorrer em virtude da correção de vício na decisão embargada e desde que ouvida a parte contrária, no prazo de 5 (cinco) dias.

§ 3.º Os embargos de declaração interrompem o prazo para interposição de outros recursos, por qualquer das partes, salvo quando intempestivos, irregular a representação da parte ou ausente a sua assinatura.

1. EMBARGOS DE DECLARAÇÃO

Segundo os arts. 994, inciso IV, e 1.022 do CPC de 2015, os embargos de declaração são previstos como modalidade específica de recurso. Logo, conclui-se que possuem natureza recursal.

O art. 9.º da Instrução Normativa 39/2016 do TST dispõe que o cabimento dos embargos de declaração no processo do trabalho, para impugnar qualquer decisão judicial, rege-se pelo art. 897-A da CLT e, supletivamente, pelo Código de Processo Civil (arts. 1.022 a 1.025; §§ 2.º, 3.º e 4.º do art. 1.026), excetuada a garantia de prazo em dobro para litisconsortes (art. 1.023, § 1.º, do CPC de 2015), a qual é inaplicável à esfera trabalhista, como se observa na Orientação jurisprudencial 310 da SBDI-I do TST.

No processo do trabalho, são cabíveis embargos de declaração da sentença ou acórdão, no prazo de cinco dias, devendo seu julgamento ocorrer na primeira audiência ou sessão subsequente à sua apresentação, registrado na certidão. Admite-se o *efeito modificativo* da decisão nos casos de omissão e contradição no julgado, bem como manifesto equívoco no exame dos pressupostos extrínsecos do recurso.

Eventual efeito modificativo dos embargos de declaração somente pode ocorrer em virtude de correção de vício na decisão embargada e desde que ouvida a parte contrária, no prazo de cinco dias (art. 897-A, § 2.º, da CLT). Trata-se de previsão que tem como objetivo assegurar o contraditório. A respeito do tema, cabe fazer referência à Orientação Jurisprudencial 142 da SBDI-I do TST.

O art. 1.023, § 2.º, do CPC de 2015 também determina que o juiz deve intimar o embargado para, querendo, manifestar-se sobre os embargos opostos, no prazo de cinco dias, caso seu eventual acolhimento implique a modificação da decisão embargada.

Os erros materiais podem ser corrigidos de ofício ou a requerimento de qualquer das partes (art. 897-A, § 1.º, da CLT). Ainda assim, admite-se o exame dessa matéria também por meio de embargos de declaração.

O art. 833 da CLT explicita que, se na decisão houver evidentes erros ou enganos de escrita, de datilografia (atualmente, de digitação) ou de cálculo, podem ser corrigidos, antes da execução, de ofício ou a requerimento dos interessados ou do Ministério Público do Trabalho.

Os embargos de declaração são cabíveis nas hipóteses de obscuridade, omissão ou contradição.

Nesse sentido, o art. 1.022 do CPC de 2015 prevê o cabimento dos embargos de declaração contra *qualquer decisão judicial* para: esclarecer obscuridade ou eliminar contradição; suprir omissão de ponto ou questão sobre o qual devia se pronunciar o juiz de ofício ou a requerimento; corrigir erro material.

A obscuridade significa ausência de clareza da decisão, impedindo ou dificultando a compreensão sobre o que foi decidido ou sobre algum aspecto da fundamentação. A contradição significa afirmar algo na decisão, mas depois negar. A contradição pode ocorrer entre partes da sentença ou acórdão, ou mesmo dentro de uma mesma parte da decisão.

Os embargos de declaração não são cabíveis para o reexame de provas ou de questões já decididas, nem se a parte discorda da decisão adotada, da fundamentação, da tese adotada pelo órgão julgador, ou da valoração das provas constantes da decisão.

A omissão pode existir inclusive em decisão monocrática, no âmbito de tribunal, tornando os embargos de declaração cabíveis, como dispõe a Súmula 421 do TST.

Ainda quanto ao tema, consideram-se incluídos no acórdão os elementos que o embargante pleiteou, para fins de prequestionamento, ainda que os embargos de declaração sejam inadmitidos ou rejeitados, caso o tribunal superior considere existentes erro, omissão, contradição ou obscuridade (art. 1.025 do CPC de 2015).

Conforme o art. 9.º, parágrafo único, da Instrução Normativa 39/2016 do TST, a omissão para fins do prequestionamento ficto a que alude o art. 1.025 do CPC dá-se no caso de o Tribunal Regional do Trabalho, mesmo instado mediante embargos de declaração, recusar-se a emitir tese sobre questão jurídica pertinente, na forma da Súmula 297, item III, do Tribunal Superior do Trabalho.

O juiz deve julgar os embargos em cinco dias (art. 1.024 do CPC de 2015). Nos tribunais, o relator deve apresentar os embargos de declaração em mesa na sessão subsequente, proferindo voto. Não havendo julgamento nessa sessão, deve ser o recurso incluído em pauta automaticamente (art. 1.024, § 1.º, do CPC de 2015).

Quando os embargos de declaração forem opostos contra decisão de relator ou outra decisão unipessoal proferida em tribunal, o órgão prolator da decisão embargada deve decidi-los monocraticamente (art. 1.024, § 2.º, do CPC de 2015).

Nos termos do art. 1.024, § 3.º, do CPC, o órgão julgador conhecerá dos embargos de declaração como agravo interno se entender ser este o recurso cabível, desde que determine previamente a intimação do recorrente para, no prazo de cinco dias, complementar as razões recursais, de modo a ajustá-las às exigências do art. 1.021, § 1.º, do CPC.

Os embargos de declaração *não possuem efeito suspensivo e interrompem o prazo para a interposição de recurso* (art. 1.026 do CPC de 2015). Portanto, a decisão embargada permanece eficaz, pois os embargos de declaração não possuem efeito suspensivo.

Entretanto, os embargos de declaração *interrompem* o prazo para a interposição de outros recursos, por qualquer das partes.

O efeito, portanto, é a interrupção do prazo para a interposição de outros recursos, e não a mera suspensão (na qual o prazo já transcorrido é levado em consideração). Logo, com os embargos de declaração, devolve-se por completo o prazo para os recursos seguintes, que recomeça por inteiro, inclusive para a parte que não opôs os embargos de declaração.

Não obstante, se os embargos de declaração forem intempestivos, ou mesmo não conhecidos por irregularidade de representação, entende-se que não interrompem o prazo para os recursos subsequentes. Isso é atualmente previsto, de forma expressa, pelo art. 897-A, § 3.º, da CLT, ao prever que os embargos de declaração interrompem o prazo para a interposição de outros recursos, por qualquer das partes, *salvo quando eles forem intempestivos, irregular a representação da parte ou ausente a sua assinatura*.

Nesses últimos casos, entende-se que os embargos de declaração não devem ser nem mesmo conhecidos, em razão da ausência de pressuposto extrínseco de admissibilidade.

Se os embargos de declaração forem rejeitados ou não alterarem a conclusão do julgamento anterior, o recurso interposto pela outra parte, antes da publicação do julgamento dos embargos de declaração, deve ser processado e julgado independentemente de ratificação (art. 1.024, § 5.º, do CPC de 2015). Logo, interpretando-se *a contrario sensu* o dispositivo referido, se os embargos de declaração forem acolhidos ou alterarem a conclusão do julgamento anterior, o recurso interposto pela outra parte (antes da publicação do julgamento dos embargos de declaração) depende de ratificação para ser processado e julgado.

Caso o acolhimento dos embargos de declaração implique modificação da decisão embargada, o embargado que já tiver interposto outro recurso contra a decisão originária tem o direito de *complementar ou alterar suas razões, nos exatos limites da modificação*, no prazo de oito dias (no processo do trabalho), contados da intimação da decisão dos embargos de declaração (art. 1.024, § 4.º, do CPC de 2015).

Cabe salientar, ainda, o entendimento de que os embargos de declaração também são cabíveis em face de decisão interlocutória, para que possa ser sanada eventual omissão, obscuridade ou contradição, de modo que a parte tenha como compreender o que foi efetivamente decidido.

Nesse sentido, o art. 1.022 do CPC de 2015 admite o cabimento de embargos de declaração *contra qualquer decisão judicial*.

De acordo com o art. 1.º da Instrução Normativa 40/2016 do TST, admitido apenas parcialmente o recurso de revista, constitui ônus da parte impugnar, mediante agravo de instrumento, o capítulo denegatório da decisão, sob pena de preclusão.

Se houver omissão no juízo de admissibilidade do recurso de revista quanto a um ou mais temas, é ônus da parte interpor embargos de declaração para o órgão prolator da decisão embargada supri-la (art. 1.024, § 2.º, do CPC de 2015), sob pena de preclusão.

Incorre em nulidade a decisão regional que se abstiver de exercer controle de admissibilidade sobre qualquer tema objeto de recurso de revista, não obstante interpostos embargos de declaração (art. 93, inciso IX, da Constituição Federal de 1988 e art. 489, § 1.º, do CPC de 2015).

No caso do parágrafo anterior, sem prejuízo da nulidade, a recusa do Presidente do Tribunal Regional do Trabalho a emitir juízo de admissibilidade sobre qualquer tema equivale a decisão denegatória. É ônus da parte, assim, após a intimação da decisão dos embargos de declaração, impugná-la mediante agravo de instrumento (art. 896, § 12, da CLT), sob pena de preclusão.

Faculta-se ao Ministro Relator, por decisão irrecorrível, determinar a restituição do agravo de instrumento ao Presidente do Tribunal Regional do Trabalho de origem para que complemente o juízo de admissibilidade, desde que interpostos embargos de declaração.

Quando manifestamente protelatórios os embargos de declaração, o juiz ou o tribunal, em decisão fundamentada, deve condenar o embargante a pagar ao embargado *multa não excedente a dois por cento sobre o valor atualizado da causa* (art. 1.026, § 2.º, do CPC de 2015).

Na *reiteração de embargos de declaração manifestamente protelatórios*, a multa deve ser *elevada a até dez por cento sobre o valor atualizado da causa* e a interposição de qualquer recurso fica condicionada ao depósito prévio do valor da multa, à exceção do beneficiário de gratuidade da justiça e da Fazenda Pública, que a devem recolher ao final (art. 1.026, § 3.º, do CPC de 2015).

Reiteração, no caso, significa a oposição de embargos de declaração, considerados protelatórios, e novos embargos de declaração pela mesma parte, também considerados protelatórios.

Logo, apenas na *reiteração* dos embargos de declaração protelatórios é que a interposição de outro recurso fica condicionada ao depósito da referida multa (*elevada* a até 10% sobre o valor da causa). Trata-se, assim, de pressuposto recursal, exigido para o processamento ou para o conhecimento do recurso seguinte.

Parte da jurisprudência admite a cumulação da multa decorrente de embargos de declaração manifestamente protelatórios com a indenização decorrente de litigância de má-fé (art. 81, *caput*, segunda parte, do CPC de 2015), entendendo que não se caracteriza, no caso, *bis in idem*. Cf. STJ, Corte Especial, REsp 1.250.739/PA, Red. p/ ac. Min. Luis Felipe Salomão, j. 04.12.2013, *DJe* 17.03.2014.

No entanto, prevalece na jurisprudência do Tribunal Superior do Trabalho "o entendimento de que, verificado o intuito protelatório dos embargos declaratórios, é aplicável a penalidade específica a ele cominada no art. 1.026, § 2.º, do CPC/2015, não sendo possível a aplicação simultânea da indenização por litigância de má-fé em decorrência do mesmo fato gerador (interposição de embargos de declaração protelatórios)" (TST, 2.ª T., RR-10486-76.2015.5.08.0129, Rel. Min. Maria Helena Mallmann, *DEJT* 26.02.2021).

De forma mais rigorosa, *não devem ser admitidos novos embargos de declaração se os dois anteriores houverem sido considerados protelatórios* (art. 1.026, § 4.º, do CPC de 2015).

A Lei 7.701/1988, no art. 2.º, inciso II, "d", prevê que compete à Seção especializada em Dissídios Coletivos do TST, em última instância, julgar os embargos de declaração opostos aos seus acórdãos.

Segundo o art. 3.º, inciso III, "d", do mesmo diploma legal, compete à Seção de Dissídios Individuais julgar, em última instância, os embargos de declaração opostos aos seus acórdãos.

O art. 5.º, "d", da Lei 7.701/1988 dispõe que as Turmas do Tribunal Superior do Trabalho têm, cada uma, competência para julgar os embargos de declaração opostos aos seus acórdãos.

✦ Jurisprudência

Processual civil. Recurso especial representativo de controvérsia. Art. 543-C do CPC [de 1973]. Interposição de embargos de declaração com intuito manifestamente protelatório. Cumulação da multa prevista no art. 538 do CPC [de 1973] com indenização por litigância de má-fé, prevista no art. 18, § 2.º, do mesmo diploma [CPC de 1973]. Cabimento, por se tratar de sanções que têm naturezas diversas. 1. Para fins do art. 543-C do CPC [de 1973]: a multa prevista no art. 538, parágrafo único, do Código de Processo Civil [de 1973] tem caráter eminentemente administrativo – punindo conduta que ofende a dignidade do tribunal e a função pública do processo –, sendo possível sua cumulação com a sanção prevista nos arts. 17, VII, e 18, § 2.º, do Código de Processo Civil [de 1973], de natureza reparatória. 2. No caso concreto, recurso especial não provido (STJ, Corte Especial, REsp 1.250.739/PA (2011/0090177-3), Red. p/ ac. Min. Luis Felipe Salomão, j. 04.12.2013, *DJe* 17.03.2014).

Pagamento de duas multas por embargos protelatórios. Litigância de má-fé. Cumulação pelo mesmo fato gerador. Impossibilidade. Por ocasião do julgamento dos embargos de declaração, o Tribunal Regional aplicou duas multas de 2% sobre o valor da causa, por reputá-los protelatórios, e, ainda, determinou o pagamento de indenização de 5% por litigância de má-fé. Esta Corte tem o entendimento de que, verificado o intuito protelatório dos embargos declaratórios, é aplicável a penalidade específica a ele cominada no art. 1.026, § 2.º, do CPC/2015, não sendo possível a aplicação simultânea da indenização por litigância de má-fé em decorrência do mesmo fato gerador (interposição de embargos de declaração protelatórios). Precedentes. No que tange à determinação de pagamento duas multas pela interposição de embargos declaratórios, a previsão constante no art. 1.026, § 2.º e § 3.º, do NCPC, estabelece o pagamento da penalidade não excedente a dois por cento sobre o valor atualizado da causa, assim como a elevação do valor até dez por cento em caso de reiteração de embargos de declaração manifestamente protelatórios. No caso, embora o Tribunal Regional tenha evidenciado elementos suficientes para divisar o intuito procrastinatório da parte, não há previsão legal para aplicação quantitativa da referida penalidade processual, bem como não se constata a reiteração de embargos considerados protelatórios, o que torna forçoso limitar a aplicação de uma multa no valor de 2% sobre o valor da causa. Recurso de revista conhecido e parcialmente provido (TST, 2.ª T., RR-10486-76.2015.5.08.0129, Rel. Min. Maria Helena Mallmann, *DEJT* 26.02.2021).

✦ Súmulas, Orientações Jurisprudenciais e Precedentes Normativos

Súmula 98 do STJ: Embargos de declaração manifestados com notório propósito de prequestionamento não têm caráter protelatório.

Súmula 184 do TST: Embargos declaratórios. Omissão em recurso de revista. Preclusão. Ocorre preclusão se não forem opostos embargos declaratórios para suprir omissão apontada em recurso de revista ou de embargos.

Súmula 278 do TST: Embargos de declaração. Omissão no julgado. A natureza da omissão suprida pelo julgamento de embargos declaratórios pode ocasionar efeito modificativo no julgado.

Súmula 421 do TST: Embargos de declaração. Cabimento. Decisão monocrática do relator calcada no art. 932 do CPC de 2015. Art. 557 do CPC de 1973.

I – Cabem embargos de declaração da decisão monocrática do relator prevista no art. 932 do CPC de 2015 (art. 557 do CPC de 1973), se a parte pretende tão somente juízo integrativo retificador da decisão e, não, modificação do julgado.

II – Se a parte postular a revisão no mérito da decisão monocrática, cumpre ao relator converter os embargos de declaração em agravo, em face dos princípios da fungibilidade e celeridade processual, submetendo-o ao pronunciamento do Colegiado, após a intimação do recorrente para, no prazo de 5 (cinco) dias, complementar as razões recursais, de modo a ajustá-las às exigências do art. 1.021, § 1.º, do CPC de 2015.

Orientação Jurisprudencial 310 da SBDI-I do TST: Litisconsortes. Procuradores distintos. Prazo em dobro. Art. 229, *caput* e §§ 1.º e 2.º, do CPC de 2015. Art. 191 do CPC de 1973. Inaplicável ao processo do trabalho. Inaplicável ao processo do trabalho a norma contida no art. 229, *caput* e §§ 1.º e 2.º, do CPC de 2015 (art. 191 do CPC de 1973), em razão de incompatibilidade com a celeridade que lhe é inerente.

Orientação Jurisprudencial 142 da SBDI-I do TST: Embargos de declaração. Efeito modificativo. Vista prévia à parte contrária (cancelado o item II em decorrência do CPC de 2015). É passível de nulidade decisão que acolhe embargos de declaração com efeito modificativo sem que seja concedida oportunidade de manifestação prévia à parte contrária.

Orientação Jurisprudencial 192 da SBDI-I do TST: Embargos declaratórios. Prazo em dobro. Pessoa jurídica de direito público. Decreto-lei 779/1969 (inserida em 08.11.2000). É em dobro o prazo para a interposição de embargos declaratórios por pessoa jurídica de direito público.

Art. 898. Das decisões proferidas em dissídio coletivo que afete empresa de serviço público, ou, em qualquer caso, das proferidas em revisão, poderão recorrer, além dos interessados, o Presidente do Tribunal e a Procuradoria da Justiça do Trabalho.

1. LEGITIMIDADE RECURSAL

A *legitimação* é a pertinência subjetiva para a interposição do recurso, que se estende às partes, aos terceiros e ao Ministério Público do Trabalho (art. 83, inciso VI, da Lei Complementar 75/1993).

Nos termos do art. 996 do CPC de 2015, o "recurso pode ser interposto pela parte vencida, pelo terceiro prejudicado e pelo Ministério Público, como parte ou fiscal da ordem jurídica".

O terceiro deve demonstrar a possibilidade de a decisão sobre a relação jurídica submetida à apreciação judicial atingir direito de que se afirme titular ou que possa discutir em juízo como substituto processual (art. 996, parágrafo único, do CPC de 2015). Na realidade, deve demonstrar a interdependência entre a relação jurídica em que é parte e aquela em discussão no processo.

Aquele que poderia ter intervindo no processo na fase de conhecimento, por exemplo, como assistente, por ter interesse jurídico, figurando em relação jurídica com o assistido ou com seu adversário, mas não o fez, tem legitimidade para interpor recurso como terceiro prejudicado.

O Ministério Público tem legitimidade para recorrer tanto no processo em que é parte como naqueles em que oficiou como fiscal da ordem jurídica (art. 996, *caput*, do CPC de 2015).

O Ministério Público do Trabalho, ademais, pode interpor recurso, impugnando a sentença, em razão de nulidade processual, decorrente da ausência de intimação para intervir durante a instrução processual, como *custos legis*.

De acordo com o art. 114, §§ 2.º e 3.º, da Constituição da República, não mais se autoriza a instauração de ofício do dissídio coletivo, pelo presidente do tribunal.

O recurso é ato processual voluntário da parte, tendo como objetivo, conforme o caso, a reforma, a invalidação, bem como o esclarecimento ou a integração da decisão judicial.

Logo, não mais se admite recurso interposto pelo presidente do tribunal, por não ser voluntário, o que indica a derrogação, nesse aspecto, também do art. 898 da CLT.

O próprio reexame necessário, ou remessa de ofício (art. 1.º, inciso V, do Decreto-lei 779/1969, art. 496 do CPC de 2015 e Súmula 303 do TST), não tem natureza recursal propriamente, mas sim de condição para a eficácia da sentença.

O art. 3.º, inciso X, da Instrução Normativa 39/2016 do TST prevê que se aplicam ao processo do trabalho, diante de omissão e de compatibilidade, o art. 496 e §§ do CPC de 2015, sobre remessa necessária.

Não transita em julgado a sentença por haver omitido a remessa de ofício (Súmula 423 do STF).

✦ Súmulas, Orientações Jurisprudenciais e Precedentes Normativos

Orientação Jurisprudencial 237 da SBDI-I do TST: Ministério Público do Trabalho. Legitimidade para recorrer. Sociedade de economia mista. Empresa pública.

I – O Ministério Público do Trabalho não tem legitimidade para recorrer na defesa de interesse patrimonial privado, ainda que de empresas públicas e sociedades de economia mista.

II – Há legitimidade do Ministério Público do Trabalho para recorrer de decisão que declara a existência de vínculo empregatício com sociedade de economia mista ou empresa pública, após a Constituição Federal de 1988, sem a prévia aprovação em concurso público, pois é matéria de ordem pública.

Art. 899. Os recursos serão interpostos por simples petição e terão efeito meramente devolutivo, salvo as exceções previstas neste Título, permitida a execução provisória até a penhora.

§ 1.º Sendo a condenação de valor até 10 (dez) vezes o salário mínimo regional, nos dissídios individuais, só será admitido o recurso inclusive o extraordinário, mediante prévio depósito da respectiva importância. Transitada em julgado a decisão recorrida, ordenar-se-á o levantamento imediato da importância de depósito, em favor da parte vencedora, por simples despacho do juiz.

§ 2.º Tratando-se de condenação de valor indeterminado, o depósito corresponderá ao que for arbitrado, para efeito de custas, pela Junta ou Juízo de Direito, até o limite de 10 (dez) vezes o salário mínimo da região.

§ 3.º Revogado pela Lei 7.033, de 05.10.1982.

§ 4.º O depósito recursal será feito em conta vinculada ao juízo e corrigido com os mesmos índices da poupança.

§ 5.º Revogado.

§ 6.º Quando o valor da condenação, ou o arbitrado para fins de custas, exceder o limite de 10 (dez) vezes o salário mínimo da região, o depósito para fins de recursos será limitado a este valor.

§ 7.º No ato de interposição do agravo de instrumento, o depósito recursal corresponderá a 50% (cinquenta por cento) do valor do depósito do recurso ao qual se pretende destrancar.

§ 8.º Quando o agravo de instrumento tem a finalidade de destrancar recurso de revista que se insurge contra decisão que contraria a jurisprudência uniforme do Tribunal Superior do Trabalho, consubstanciada nas suas súmulas ou em orientação jurisprudencial, não haverá obrigatoriedade de se efetuar o depósito referido no § 7.º deste artigo.

§ 9.º O valor do depósito recursal será reduzido pela metade para entidades sem fins lucrativos, empregadores domésticos, microempreendedores individuais, microempresas e empresas de pequeno porte.

§ 10. São isentos do depósito recursal os beneficiários da justiça gratuita, as entidades filantrópicas e as empresas em recuperação judicial.

§ 11. O depósito recursal poderá ser substituído por fiança bancária ou seguro garantia judicial.

1. INTERPOSIÇÃO DO RECURSO

A *regularidade formal* exige que o recurso seja interposto por meio de petição escrita, contendo as razões.

O art. 1.010 do CPC de 2015, apesar de mencionar a apelação, pode ser aplicado ao recurso ordinário, bem como interpretado, de forma extensiva, às demais modalidades de recursos. Segundo esse dispositivo, a apelação, interposta por petição dirigida ao juízo de primeiro grau, deve conter: os nomes e a qualificação das partes; a exposição do fato e do direito; as razões do pedido de reforma ou de decretação de nulidade; o pedido de nova decisão.

Não obstante, cabe ressaltar que o art. 899 da CLT prevê que os recursos devem ser interpostos "por simples petição".

Em razão disso, há entendimento no sentido de que, se o recorrente estiver no exercício do *jus postulandi*, poderia simplesmente manifestar, por escrito, o intuito de recorrer.

Entretanto, em caso de recurso ao TST, o entendimento majoritário exige que o recorrente apresente os fundamentos do apelo, isto é, as razões pelas quais impugna a decisão recorrida, inclusive para que a parte contrária possa se manifestar, em respeito ao contraditório. Ademais, essa exigência também seria necessária para que se possa saber o limite do recurso, ou seja, da matéria que foi objeto de impugnação, uma vez que, se parte da decisão não foi recorrida, pode já transitar em julgado. A respeito do tema, cabe fazer referência à Súmula 422 do TST.

2. EFEITO MERAMENTE DEVOLUTIVO DOS RECURSOS TRABALHISTAS

Os recursos possuem efeitos diversos, como o de *obstar o trânsito em julgado*.

O *efeito devolutivo* significa submeter a matéria impugnada ao órgão *ad quem*, para reexame. O efeito devolutivo pode ser analisado na extensão e na profundidade.

O *efeito suspensivo* do recurso, por sua vez, adia (isto é, prolonga) o impedimento da produção imediata dos efeitos da decisão.

No processo do trabalho, o art. 899, *caput*, da CLT estabelece o efeito meramente devolutivo dos recursos.

Logo, no processo do trabalho, o recurso, em regra, não tem efeito suspensivo, o que só pode ser obtido, em tese, por meio de ação cautelar.

Mesmo no processo civil, o art. 995 do CPC de 2015 dispõe que os recursos *não impedem a eficácia da decisão*, salvo disposição legal ou decisão judicial em sentido diverso.

Além disso, a eficácia da decisão recorrida pode ser suspensa por decisão do relator, se da imediata produção de seus efeitos houver risco de dano grave, de difícil ou impossível reparação, e ficar demonstrada a probabilidade de provimento do recurso.

O recurso ordinário em dissídio coletivo, em regra, não tem efeito suspensivo, mas meramente devolutivo (Lei 4.725/1965, art. 6.º, *caput*).

O efeito suspensivo, entretanto, pode ser obtido por meio de requerimento formulado ao Presidente do TST, a quem cabe decidir a respeito. A respeito do tema, de acordo com o art. 14 da Lei 10.192/2001, "o recurso interposto de decisão normativa da Justiça do Trabalho terá efeito suspensivo, na medida e extensão conferidas em despacho do Presidente do Tribunal Superior do Trabalho".

Portanto, na hipótese de dissídio coletivo, no caso de recurso ordinário interposto em face de acórdão proferido pelo TRT, o efeito suspensivo, como exceção, só existirá se for deferido pelo Presidente do TST. Na realidade, trata-se de requerimento com natureza nitidamente cautelar (tutela provisória de urgência cautelar). Assim, cabe à parte demonstrar que a ausência do efeito suspensivo pode acarretar prejuízo irreparável, ou de difícil reparação, bem como a probabilidade do direito que alega, no sentido da provável modificação da decisão recorrida, por meio do recurso.

A Lei 4.725/1965, no art. 6.º, § 3.º, determina que o "provimento do recurso não importará na restituição dos salários ou vantagens pagos, em execução do julgado".

Portanto, no Direito Processual do Trabalho, os recursos são dotados de efeito meramente devolutivo (art. 899 da CLT), sendo que, no dissídio coletivo em específico, os efeitos da sentença normativa são produzidos desde logo, independentemente do trânsito em julgado do acórdão (Súmula 246 do TST e Lei 4.725/1965, art. 6.º, § 3.º).

Sobre o deferimento do efeito suspensivo em dissídio coletivo, mas posterior modificação dessa decisão, no julgamento do recurso, cf. Súmula 279 do TST.

3. EXECUÇÃO PROVISÓRIA

A execução pode ser definitiva ou provisória. A *execução definitiva* é aquela de sentença transitada em julgado. Nesse caso, a execução pode prosseguir até os seus termos finais, visando à integral satisfação do exequente. A execução fundada em título extrajudicial é definitiva. O que pode ocorrer é a concessão de efeito suspensivo aos embargos à execução, conforme art. 919, § 1.º, do CPC de 2015.

A *execução provisória* se funda em sentença impugnada mediante recurso ao qual não foi atribuído efeito suspensivo (art. 520 do CPC de 2015).

A eficácia do provimento jurisdicional não se confunde com o seu trânsito em julgado.

A eficácia da tutela jurisdicional é autônoma da coisa julgada material. Portanto, é possível que a decisão de mérito, mesmo não tendo transitado em julgado, produza seus efeitos externamente ao processo. Nesse caso, essa eficácia apenas não será dotada do qualificativo da imutabilidade.

Uma vez proferida sentença sujeita a recurso com efeito suspensivo, a interposição deste mantém suspensos os efeitos contidos no provimento jurisdicional. Caso a tutela seja concedida e o recurso cabível não possua efeito suspensivo, mas meramente devolutivo, sua eficácia será imediata, independentemente do trânsito em julgado.

No processo do trabalho, o art. 899, *caput*, da CLT prescreve que os recursos têm efeito meramente devolutivo, sendo permitida a execução provisória até a penhora.

Logo, na Justiça do Trabalho, mesmo havendo recurso pendente na fase de conhecimento, como o efeito, em regra, é meramente devolutivo, autoriza-se a execução provisória.

O art. 520, *caput*, do CPC de 2015 dispõe que o cumprimento provisório da sentença, ou seja, a execução provisória, deve ser realizada da mesma forma que a execução definitiva.

A Súmula 417, no inciso III, do TST assim previa: "Em se tratando de execução provisória, fere direito líquido e certo do impetrante a determinação de penhora em dinheiro, quando nomeados outros bens à penhora, pois o executado tem direito a que a execução se processe da forma que lhe seja menos gravosa, nos termos do art. 620 do CPC [de 1973]". Entretanto, esse item III da Súmula 417 foi cancelado pela Resolução 212/2016 do TST, modulando-se os efeitos da atual redação de forma a atingir unicamente as penhoras em dinheiro em execução provisória que tiverem sido efetivadas a partir de 18.03.2016, data de vigência do CPC de 2015.

A execução provisória corre por iniciativa e responsabilidade do exequente, que se obriga, se a sentença for reformada, a reparar os danos que o executado haja sofrido (art. 520, inciso I, do CPC de 2015).

Nesse contexto, a execução provisória fica sem efeito se sobrevier decisão que modifique ou anule a sentença objeto da execução, restituindo-se as partes ao estado anterior e liquidados eventuais prejuízos nos mesmos autos (art. 520, inciso II, do CPC de 2015).

Se a sentença objeto de cumprimento provisório (execução provisória) for modificada ou anulada apenas em parte, somente nesta deve ficar sem efeito a execução (art. 520, inciso III, do CPC de 2015).

Como se nota, o exequente deve ressarcir ao executado os danos que este sofreu, quando a sentença, transitada em julgado, declarar inexistente, no todo ou em parte, a obrigação que ensejou a execução (art. 776 do CPC de 2015).

O art. 520, inciso IV, do CPC de 2015 prevê que "o levantamento de depósito em dinheiro e a prática de atos que importem transferência de posse ou alienação de propriedade ou de outro direito real, ou dos quais possa resultar grave dano ao executado, dependem de caução suficiente e idônea, arbitrada de plano pelo juiz e prestada nos próprios autos".

Entretanto, o art. 899, *caput*, da CLT estabelece que a execução provisória é permitida "até a penhora". Em razão dessa previsão específica quanto ao processo do trabalho, há entendimento no sentido de não ser aplicável o disposto no inciso IV do art. 520 do CPC de 2015, no que tange à "prática de atos que importem transferência de posse ou alienação de propriedade". Nessa corrente de entendimento, ainda que se admita a apreciação dos embargos à execução, não seria possível, em princípio, a alienação de bens ou o levantamento de valores na execução provisória trabalhista.

Não obstante, na realidade, nota-se que a atual disciplina da execução provisória no processo civil é mais avançada do que aquela prevista na CLT. Com isso, por meio de interpretação sistemática e teleológica, fundada nos valores e princípios constitucionais, defende-se a aplicabilidade das disposições sobre o tema, previstas no CPC, que estejam em consonância com a efetividade da tutela jurisdicional.

Ademais, tratando-se de efetivação de tutela antecipada, também se admite a aplicação do mencionado dispositivo do CPC, em razão da urgência quanto à satisfação imediata do direito postulado ou da evidência quanto a fazer jus à pretensão formulada.

Efetivamente, nos termos do art. 519 do CPC de 2015, aplicam-se as disposições relativas ao cumprimento da sentença (ou seja, execução da sentença), provisório ou definitivo, e à liquidação, no que couber, às decisões que concederem tutela provisória.

A execução provisória (cumprimento provisório da sentença) deve ser requerida por petição dirigida ao juízo competente.

Não sendo eletrônicos os autos, essa petição deve ser acompanhada de cópias das seguintes peças do processo, cuja autenticidade pode ser certificada pelo próprio advogado, sob sua responsabilidade pessoal: decisão exequenda; certidão de interposição do recurso não dotado de efeito suspensivo; procurações outorgadas pelas partes; decisão de habilitação, se for o caso; facultativamente, outras peças processuais consideradas necessárias para demonstrar a existência do crédito (art. 522 do CPC de 2015).

4. DEPÓSITO RECURSAL

O *preparo* é pressuposto recursal voltado a exigir que o recorrente recolha e comprove as custas e despesas processuais relativas ao recurso interposto, sob pena de deserção.

No processo do trabalho, quanto ao preparo, merecem destaque as custas e o depósito recursal.

Conforme o art. 10 da Instrução Normativa 39/2016 do TST, aplicam-se ao processo do trabalho as normas do parágrafo único do art. 932 do CPC de 2015, §§ 1.º a 4.º do art. 938 e §§ 2.º e 7.º do art. 1.007 do mesmo Diploma Legal.

Desse modo, antes de considerar inadmissível o recurso, o relator deve conceder o prazo de cinco dias ao recorrente para que seja sanado vício ou complementada a documentação exigível (art. 932, parágrafo único, do CPC de 2015).

Constatada a ocorrência de vício sanável, inclusive aquele que possa ser conhecido de ofício, o relator deve determinar a realização ou a renovação do ato processual, no próprio tribunal ou em primeiro grau de jurisdição, intimadas as partes (art. 938, § 1.º, do CPC de 2015).

Cumprida essa diligência, o relator, sempre que possível, deve prosseguir no julgamento do recurso (art. 938, § 2.º, do CPC de 2015).

Reconhecida a necessidade de produção de prova, o relator deve converter o julgamento em diligência, que se realizará no tribunal ou em primeiro grau de jurisdição, decidindo-se o recurso após a conclusão da instrução (art. 938, § 3.º, do CPC de 2015).

Quando não determinadas pelo relator, as providências indicadas nos §§ 1.º e 3.º do art. 938 do CPC podem ser determinadas pelo órgão competente para julgamento do recurso (art. 938, § 4.º, do CPC de 2015).

As medidas em questão concretizam o princípio da instrumentalidade das formas.

Ainda quanto ao tema, cabe ressaltar que a insuficiência no valor do preparo, inclusive porte de remessa e de retorno, implicará deserção se o recorrente, intimado na pessoa de seu advogado, não vier a supri-lo no prazo de cinco dias (art. 1.007, § 2.º, do CPC de 2015).

Quanto ao recolhimento insuficiente das custas processuais ou do depósito recursal, cf. Orientação Jurisprudencial 140 da SBDI-I do TST.

O equívoco no preenchimento da guia de custas, por sua vez, não implicará a aplicação da pena de deserção, cabendo ao relator, na hipótese de dúvida quanto ao recolhimento, intimar o recorrente para sanar o vício no prazo de cinco dias (art. 1.007, § 7.º, do CPC de 2015).

Nos termos do art. 1.007, § 4.º, do CPC, o recorrente que *não comprovar*, no ato de interposição do recurso, o recolhimento do preparo, deve ser intimado, na pessoa de seu advogado, para realizar o recolhimento *em dobro*, sob pena de deserção. Há entendimento (minoritário) de que esse dispositivo também é aplicável ao processo do trabalho (arts. 769 da CLT e 15 do CPC). Cf. TST, RR – 10007-80.2014.5.15.0046. No entanto, prevalece a posição de que "não se aplica ao Processo do Trabalho, por haver norma específica na CLT (art. 789, § 1.º) quanto ao momento de comprovação do recolhimento do tributo, a hipótese prevista no § 4.º do art. 1.007 do CPC/2015" (TST, SBDI-II, RO-148-24.2016.5.11.0000, Rel. Min. Evandro Pereira Valadão Lopes, *DEJT* 28.05.2021). Cf. ainda TST, SBDI-I, E-ED--ARR-2876-24.2015.5.10.0801, Rel. Min. Cláudio Mascarenhas Brandão, *DEJT* 13.12.2019.

No âmbito do recurso de revista, segundo o art. 896, § 11, da CLT, acrescentado pela Lei 13.015/2014, quando o recurso tempestivo contiver defeito formal que não se repute grave, o Tribunal Superior do Trabalho pode desconsiderar o vício ou mandar saná-lo, julgando o mérito.

O depósito recursal a que se refere o art. 899 da CLT, por sua vez, é sempre exigível como requisito extrínseco do recurso, quando houver condenação em pecúnia.

O art. 899, § 4.º, da CLT, com redação dada pela Lei 13.467/2017, dispõe que o depósito recursal deve ser feito em *conta vinculada ao juízo* e corrigido com os mesmos índices da poupança. Com isso, o depósito recursal deixou de ser feito na conta vinculada do empregado do FGTS.

Essa previsão decorrente da Lei 13.467/2017, quanto aos índices de correção, foi objeto de ações de controle concentrado de constitucionalidade (STF, ADC 58/DF, ADC 59/DF, ADI 5.867/DF e ADI 6.021/DF).

O Supremo Tribunal Federal conferiu interpretação conforme à Constituição ao art. 879, § 7.º, e ao art. 899, § 4.º, da CLT, na redação dada pela Lei 13.467/2017, definindo-se que, até que sobrevenha solução legislativa, devem ser aplicados à atualização dos créditos decorrentes de condenação judicial e à correção dos depósitos recursais em contas judiciais na Justiça do Trabalho os mesmos índices de correção monetária e de juros vigentes para as hipóteses de condenações cíveis em geral (art. 406 do Código Civil), à exceção das dívidas da Fazenda Pública que possui regramento específico (art. 1.º-F da Lei 9.494/1997, com a redação dada pela Lei 11.960/2009), com a interpretação conferida pelo STF na ADI 4.357, ADI 4.425, ADI 5.348 e no RE 870.947-RG (tema 810). Sendo assim, em relação à fase extrajudicial, ou seja, a que antecede o ajuizamento das ações trabalhistas, deve ser utilizado como indexador o IPCA-E acumulado no período de janeiro a dezembro de 2000. A partir de janeiro de 2001, deve ser utilizado o IPCA-E mensal (IPCA-15/IBGE), em razão da extinção da UFIR como indexador, nos termos do art. 29, § 3.º, da Medida Provisória 1.973-67/2000. Além da indexação, devem ser aplicados os juros legais (art. 39, *caput*, da Lei 8.177/1991). Em relação à fase judicial (a partir do ajuizamento da ação), a atualização dos débitos judiciais deve ser efetuada pela taxa referencial do Sistema Especial de Liquidação e Custódia (SELIC), considerando que ela incide como juros moratórios dos tributos federais (art. 13 da Lei 9.065/1995, art. 84 da Lei 8.981/1995, art. 39, § 4.º, da Lei 9.250/1995, art. 61, § 3.º, da Lei 9.430/1996 e art. 30 da Lei 10.522/2002). A incidência de juros moratórios com base na variação da taxa SELIC não pode ser cumulada com a aplicação de outros índices de atualização monetária, cumulação que representaria *bis in idem* (STF, Pleno, ADC 58/DF, Rel. Min. Gilmar Mendes, *DJe* 07.04.2021).

Sendo assim, no caso de depósito recursal feito na Justiça do Trabalho, por não dizer respeito à fase extrajudicial, mas sim judicial, passa a incidir a taxa SELIC (Sistema Especial de Liquidação e Custódia). Cf. comentários ao art. 879, § 7.º, da CLT. A mencionada decisão do STF é passível de crítica, pois a SELIC engloba juros moratórios e correção monetária, mas o art. 899, § 4.º, da CLT prevê que o depósito recursal feito em conta vinculada ao juízo deve ser *corrigido*, ou seja, estabelece apenas a correção monetária, e não a incidência de juros.

O art. 899, § 5.º, da CLT foi revogado pela Lei 13.467/2017 (art. 5.º, inciso I, "p").

O mencionado dispositivo previa que, se o empregado ainda não tivesse conta vinculada aberta em seu nome, a empresa procederia à respectiva abertura, para efeito do depósito recursal.

O depósito recursal, segundo os arts. 899, § 1.º, da CLT, e 40 da Lei 8.177/1991 (com a redação determinada pelo art. 8.º da Lei 8.542/1992), é exigido nos processos de dissídios individuais, na hipótese de condenação em pecúnia. Nesse sentido dispõe a Súmula 161 do TST.

A sua natureza é de garantia da futura execução, e não de taxa judiciária. Logo, diferencia-se das custas e dos emolumentos. Tanto é assim que a expedição de Mandado de Citação, Penhora e Avaliação em fase definitiva ou provisória de execução deverá levar em conta a dedução dos valores já depositados nos autos, em especial o depósito recursal. Por outro lado, com o trânsito em julgado da decisão que absolver o demandado da condenação, deve-se autorizar o levantamento do valor depositado e seus acréscimos (Instrução Normativa 3/1993 do TST, item II, "g", "h").

Nesse sentido, a Instrução Normativa 3 do TST, item I, ressalta que o depósito recursal não tem natureza jurídica de taxa de recurso, "mas de garantia do juízo recursal, que pressupõe decisão condenatória ou executória de obrigação de pagamento em pecúnia, com valor líquido ou arbitrado".

Conforme a Instrução Normativa 3 do TST, item V: "Nos termos do § 3.º do art. 40 da Lei n.º 8.177/1991, não é exigido depósito para recurso ordinário interposto em dissídio coletivo, uma vez que a regra aludida atribui apenas valor ao recurso, com efeitos limitados, portanto, ao cálculo das custas processuais".

O art. 899, § 9.º, da CLT, acrescentado pela Lei 13.467/2017, prevê que o valor do depósito recursal deve ser *reduzido pela metade* para entidades sem fins lucrativos, empregadores domésticos, microempreendedores individuais, microempresas e empresas de pequeno porte.

A Lei Complementar 123/2006 estabelece normas gerais relativas ao tratamento diferenciado e favorecido a ser dispensado às microempresas e empresas de pequeno porte (art. 1.º). Ainda nesse contexto, o microempreendedor individual é previsto no art. 18-A da Lei Complementar 123/2006.

O art. 899, § 10, da CLT, acrescentado pela Lei 13.467/2017, dispõe que são *isentos* do depósito recursal os beneficiários da justiça gratuita, as entidades filantrópicas e as empresas em recuperação judicial.

A Instrução Normativa 3 do TST, em seu item X, dispõe não ser exigido depósito recursal, em qualquer fase do processo ou grau de jurisdição, dos entes de direito público externo e das pessoas de direito público contempladas no Decreto-lei 779, de 21.08.1969, e, bem assim, da massa falida e da herança jacente.

Ainda quanto ao tema, conforme a Súmula 86 do TST, não ocorre deserção de recurso da massa falida por falta de pagamento de custas ou de depósito do valor da condenação. Esse privilégio, todavia, não se aplica à empresa em liquidação extrajudicial.

Ademais, o já mencionado Decreto-lei 779/1969, no art. 1.º, inciso IV, prevê que, nos processos perante a Justiça do Trabalho, constitui prerrogativa da União, dos Estados, do Distrito Federal, dos Municípios e das autarquias ou fundações de direito público federais, estaduais ou municipais que não explorem atividade econômica, a dispensa de depósito para interposição de recurso.

A respeito do prazo para se efetuar e comprovar o depósito recursal, destaca-se a Súmula 245 do TST. Especificamente quanto ao *agravo de instrumento*, entende-se que a comprovação do depósito recursal deve ser feita no ato de interposição desse recurso (art. 899, § 7.º, da CLT).

O art. 899, § 11, da CLT, acrescentado pela Lei 13.467/2017, estabelece que o depósito recursal pode ser substituído por fiança bancária ou seguro garantia judicial.

Atualmente, no processo ou fase de conhecimento dos dissídios individuais trabalhistas, o depósito recursal é limitado ao valor divulgado pelo TST (valor corrigido) para o *recurso ordinário*, e a outro valor, também divulgado pelo TST (valor corrigido), para cada um dos recursos subsequentes, isto é, *de revista* e *de embargos*, bem como para *recurso em ação rescisória* (Instrução Normativa 3 do TST, item II).

Para o recurso de agravo de instrumento, o valor do depósito recursal corresponde a 50% do valor do depósito do recurso ao qual se pretende destrancar (Instrução Normativa 3 do TST, item II, "a").

Para que se possa saber o valor a ser objeto de depósito recursal, toda decisão condenatória ilíquida deve conter o arbitramento do valor da condenação. Da mesma forma, o acréscimo de condenação, em grau recursal, quando ilíquido, deve ser arbitrado também para fins de depósito (Instrução Normativa 3 do TST, item VII).

Cabe destacar, ainda, que, justamente por se tratar de garantia do juízo, visando à futura execução da condenação em obrigação de pagar, uma vez tendo sido depositado o valor total da condenação, nenhum outro depósito deve ser exigido nos recursos das decisões posteriores, salvo se o valor da condenação vier a ser ampliado (Instrução Normativa 3 do TST, item II, "b"). Nesse sentido, cabe fazer menção à Súmula 128 do TST.

Entretanto, se o valor constante do primeiro depósito recursal, efetuado no limite legal, for inferior ao valor da condenação, torna-se devida a complementação de depósito em recurso posterior, observado o valor nominal remanescente da condenação, bem como os limites legais para cada novo recurso (Instrução Normativa 3 do TST, item II, "c").

No caso de acréscimo ou redução da condenação em grau recursal, cabe ao juízo prolator da decisão arbitrar novo valor à condenação. Trata-se de medida necessária para a exigibilidade de depósito ou complementação do já depositado, na hipótese de recurso posterior, ou mesmo para a liberação do valor excedente decorrente da redução da condenação (Instrução Normativa 3 do TST, item II, "d").

Registre-se o entendimento de que o depósito recursal só seria devido no caso de condenação de *empregador* a obrigação de pagar[291]. Na atualidade, o depósito recursal deve ser feito em conta vinculada ao juízo (art. 899, § 4.º, da CLT, com redação dada pela Lei

[291] Cf. LEITE, Carlos Henrique Bezerra. *Curso de direito processual do trabalho*. 9. ed. São Paulo: LTr, 2011. p. 755.

13.467/2017), e não mais em conta vinculada do empregado do FGTS. Ainda assim, são isentos do depósito recursal os beneficiários da justiça gratuita (art. 899, § 10, da CLT, incluído pela Lei 13.467/2017), o que pode ser aplicável em recurso de empregado contra decisão que o condenou a obrigação de pagar.

No caso de reclamações trabalhistas plúrimas e nas em que houver substituição processual, deve ser arbitrado o valor total da condenação, para o atendimento da exigência legal do depósito recursal (Instrução Normativa 3 do TST, item II, "f").

O Supremo Tribunal Federal decidiu que não é necessário o depósito recursal para a admissibilidade de recurso extraordinário, tendo fixado a seguinte tese de repercussão geral: "Surge incompatível com a Constituição Federal exigência de depósito prévio como condição de admissibilidade do recurso extraordinário, no que não recepcionada a previsão constante do § 1.º do artigo 899 da Consolidação das Leis do Trabalho, sendo inconstitucional a contida na cabeça do artigo 40 da Lei n.º 8.177 e, por arrastamento, no inciso II da Instrução Normativa n.º 3/1993 do Tribunal Superior do Trabalho" (STF, Pleno, RE 607.447/PR, Rel. Min. Marco Aurélio, j. 22.05.2020).

O art. 1.007, § 1.º, do CPC de 2015 confirma que são dispensados de preparo os recursos interpostos pelo Ministério Público, pela União, pelo Distrito Federal, pelos Estados, pelos Municípios, e respectivas autarquias, e pelos que gozam de isenção legal.

Atendendo ao princípio da instrumentalidade das formas, em consonância com o art. 1.007, § 2.º, do CPC de 2015, determina-se que a insuficiência no valor do preparo implicará deserção, *se o recorrente, intimado na pessoa de seu advogado, não vier a supri-lo no prazo de cinco dias*.

Por fim, como já mencionado, o equívoco no preenchimento da guia de custas não implica a aplicação da pena de deserção, cabendo ao relator, na hipótese de dúvida quanto ao recolhimento, intimar o recorrente para sanar o vício no prazo de cinco dias art. 1.007, § 7.º, do CPC de 2015.

Em caso de equívoco no preenchimento da guia de recolhimento do depósito recursal, o relator deve conceder o prazo de cinco dias previsto no § 7.º do art. 1.007 do CPC de 2015 para o recorrente sanar o vício, sob pena de deserção (Instrução Normativa 3/1993 do TST, item XIV).

✦ Jurisprudência

Recurso de revista interposto em face de decisão publicada na vigência da Lei 13.015/2014. Deserção do recurso ordinário. Depósito recursal. Juntada de mero comprovante de agendamento de pagamento. Recurso interposto na vigência do CPC/2015. Possibilidade de concessão de prazo para comprovação. Recolhimento em dobro. Aplicação do artigo 1.007, § 4.º, do CPC/2015. 1. Caso em que o Tribunal Regional não conheceu do recurso ordinário da Reclamada, por deserção, haja vista que, para comprovação do pagamento do depósito recursal, foi juntado apenas o comprovante de agendamento. O comprovante do pagamento do depósito recursal em guia própria é exigência de admissibilidade recursal, cujo descumprimento acarreta a deserção do recurso. Desse modo, juntada de mero comprovante de agendamento de pagamento não é suficiente para satisfazer o pressuposto de admissibilidade previsto em lei. 2. Contudo, tratando-se de recurso de revista interposto sob a égide do Novo Código de Processo Civil, com vigência a partir de 18/03/2016, aplica-se, no tocante ao depósito recursal, o § 4.º do artigo 1.007, consoante o qual "O recorrente que não comprovar, no ato de interposição do recurso, o recolhimento do preparo, inclusive porte de remessa e de retorno, será intimado, na pessoa de seu advogado, para realizar o recolhimento em dobro, sob pena de deserção". 3. Nesse contexto e verificando-se que o Tribunal Regional não concedeu o referido prazo à Recorrente, determina-se o retorno dos autos à Corte de origem, a fim de que seja concedido prazo à Reclamada para que efetive o recolhimento do depósito recursal em dobro, conforme previsto no artigo 1.007, § 4.º do CPC de 2015. Recurso de revista conhecido e provido (TST, 5.ª T., RR – 10007-80.2014.5.15.0046, Rel. Min. Douglas Alencar Rodrigues, *DEJT* 06.04.2018).

Recurso de embargos em embargos de declaração em recurso de revista com agravo regido pela Lei n.º 13.015/2014. Guia GFIP sem autenticação bancária. Comprovação do pagamento do preparo recursal após o prazo legal de interposição do recurso. Vício insanável. Inaplicabilidade da Orientação Jurisprudencial n.º 140 da SBDI-1 do Tribunal Superior do Trabalho. Essa Corte Superior firmou posicionamento no sentido de que a diretriz da Orientação Jurisprudencial n.º 140 da SBDI-1 do TST aplica-se tão somente às situações em que se verificar a insuficiência do recolhimento das custas processuais e do depósito recursal, não havendo de se cogitar em concessão de prazo para regularizar o pagamento do preparo recursal em casos de ausência total de recolhimento do depósito recursal ou de não comprovação do seu pagamento dentro do prazo recursal. Precedentes. Dessa forma, não há de se falar que a ausência de comprovação do recolhimento das custas processuais e do depósito recursal dentro do prazo recursal trata-se de vício formal não grave e sanável referido no art. 896, § 11, da CLT. Ressalte-se, ainda, que o Órgão Especial desta Corte, em sessão realizada no dia 06/05/2019, retificou a ata da sessão realizada no dia 17/12/2018, para nela constar haver sido rejeitada a proposta de alteração da Instrução Normativa n.º 3 do TST, por mim encaminhada, quanto à aplicabilidade da regra contida no artigo 1.007, § 4.º, do CPC no processo do trabalho, que prevê que "o recorrente que não comprovar, no ato de interposição do recurso, o recolhimento do preparo, inclusive porte de remessa e de retorno, será intimado, na pessoa de seu advogado, para realizar o recolhimento em dobro, sob pena de deserção". Como, na hipótese em exame, as guias de recolhimento das custas e do depósito recursal foram apresentadas sem autenticação bancária e a comprovação do recolhimento do preparo do recurso de revista patronal ocorreu após o prazo recursal, reconhece-se a deserção do apelo. Recurso de embargos conhecido e provido (TST, SBDI-I, E-ED-ARR-2876-24.2015.5.10.0801, Rel. Min. Cláudio Mascarenhas Brandão, *DEJT* 13.12.2019).

Embargos. Artigo 475-O do CPC [de 1973]. Levantamento do depósito recursal. Inaplicabilidade ao processo do trabalho. O procedimento tratado pelo artigo 475-O do CPC [de 1973] possui disciplina própria na lei processual trabalhista – artigo 899 da CLT –, que limita a execução provisória à penhora. Assim, não há falar, na espécie, em aplicação supletiva da norma processual comum. Precedentes das 2.ª, 3.ª, 4.ª, 5.ª, 7.ª e 8.ª Turmas do TST (TST, SBDI-I, E-ED-RR 34500-47.2007.5.03.0064, Rel. Min. Maria Cristina Irigoyen Peduzzi, *DEJT* 01.07.2011).

✦ Súmulas, Orientações Jurisprudenciais e Precedentes Normativos

Súmula 86 do TST: Deserção. Massa falida. Empresa em liquidação extrajudicial (incorporada a Orientação Jurisprudencial n.º 31 da SBDI-1) – Res. 129/2005, *DJ* 20, 22 e 25.04.2005. Não ocorre deserção de recurso da massa falida por falta de pagamento de custas ou de depósito do valor da condenação. Esse privilégio, todavia, não se aplica à empresa em liquidação extrajudicial.

Súmula 99 do TST: Ação rescisória. Deserção. Prazo (incorporada a Orientação Jurisprudencial n.º 117 da SBDI-2) – Res. 137/2005, *DJ* 22, 23 e 24.08.2005. Havendo recurso ordinário em sede de rescisória, o depósito recursal só é exigível quando for julgado procedente o pedido e imposta condenação em pecúnia, devendo este ser efetuado no prazo recursal, no limite e nos termos da legislação vigente, sob pena de deserção.

Súmula 128 do TST: Depósito recursal (incorporadas as Orientações Jurisprudenciais n.os 139, 189 e 190 da SBDI-1) – Res. 129/2005, *DJ* 20, 22 e 25.04.2005.

I – É ônus da parte recorrente efetuar o depósito legal, integralmente, em relação a cada novo recurso interposto, sob pena de deserção. Atingido o valor da condenação, nenhum depósito mais é exigido para qualquer recurso (ex-Súmula n.º 128 – alterada pela Res. 121/2003, *DJ* 21.11.03, que incorporou a OJ n.º 139 da SBDI-1 – inserida em 27.11.1998).

II – Garantido o juízo, na fase executória, a exigência de depósito para recorrer de qualquer decisão viola os incisos II e LV do art. 5.º da CF/1988. Havendo, porém, elevação do valor do débito, exige-se a complementação da garantia do juízo (ex-OJ n.º 189 da SBDI-1 – inserida em 08.11.2000).

III – Havendo condenação solidária de duas ou mais empresas, o depósito recursal efetuado por uma delas aproveita as demais, quando a empresa que efetuou o depósito não pleiteia sua exclusão da lide.

Súmula 161 do TST: Depósito. Condenação a pagamento em pecúnia (mantida) – Res. 121/2003, *DJ* 19, 20 e 21.11.2003. Se não há condenação a pagamento em pecúnia, descabe o depósito de que tratam os §§ 1.º e 2.º do art. 899 da CLT.

Súmula 217 do TST: Depósito recursal. Credenciamento bancário. Prova dispensável (mantida) – Res. 121/2003, *DJ* 19, 20 e 21.11.2003. O credenciamento dos bancos para o fim de recebimento do depósito recursal é fato notório, independendo da prova.

Súmula 245 do TST: Depósito recursal. Prazo (mantida) – Res. 121/2003, *DJ* 19, 20 e 21.11.2003. O depósito recursal deve ser feito e comprovado no prazo alusivo ao recurso. A interposição antecipada deste não prejudica a dilação legal.

Súmula 279 do TST: Recurso contra sentença normativa. Efeito suspensivo. Cassação (mantida) – Res. 121/2003, *DJ* 19, 20 e 21.11.2003. A cassação de efeito suspensivo concedido a recurso interposto de sentença normativa retroage à data do despacho que o deferiu.

Súmula 393 do TST: Recurso ordinário. Efeito devolutivo em profundidade. Art. 1.013, § 1.º, do CPC de 2015. Art. 515, § 1.º, do CPC de 1973.
I – O efeito devolutivo em profundidade do recurso ordinário, que se extrai do § 1.º do art. 1.013 do CPC de 2015 (art. 515, § 1.º, do CPC de 1973), transfere ao Tribunal a apreciação dos fundamentos da inicial ou da defesa, não examinados pela sentença, ainda que não renovados em contrarrazões, desde que relativos ao capítulo impugnado.
II – Se o processo estiver em condições, o tribunal, ao julgar o recurso ordinário, deverá decidir desde logo o mérito da causa, nos termos do § 3.º do art. 1.013 do CPC de 2015, inclusive quando constatar a omissão da sentença no exame de um dos pedidos.

Súmula 417 do TST: Mandado de segurança. Penhora em dinheiro (Resolução 212/2016 – *DEJT* 20.09.2016, alterado o item I, atualizado o item II e cancelado o item III, modulando-se os efeitos da presente redação de forma a atingir unicamente as penhoras em dinheiro em execução provisória efetivadas a partir de 18.03.2016, data de vigência do CPC de 2015).
I – Não fere direito líquido e certo do impetrante o ato judicial que determina penhora em dinheiro do executado para garantir crédito exequendo, pois é prioritária e obedece à gradação prevista no art. 835 do CPC de 2015 (art. 655 do CPC de 1973).
II – Havendo discordância do credor, em execução definitiva, não tem o executado direito líquido e certo a que os valores penhorados em dinheiro fiquem depositados no próprio banco, ainda que atenda aos requisitos do art. 840, I, do CPC de 2015 (art. 666, I, do CPC de 1973).

Súmula 422 do TST: Recurso. Fundamento ausente ou deficiente. Não conhecimento.
I – Não se conhece de recurso para o Tribunal Superior do Trabalho se as razões do recorrente não impugnam os fundamentos da decisão recorrida, nos termos em que proferida.
II – O entendimento referido no item anterior não se aplica em relação à motivação secundária e impertinente, consubstanciada em despacho de admissibilidade de recurso ou em decisão monocrática.
III – Inaplicável a exigência do item I relativamente ao recurso ordinário da competência de Tribunal Regional do Trabalho, exceto em caso de recurso cuja motivação é inteiramente dissociada dos fundamentos da sentença.

Súmula 426 do TST: Depósito recursal. Utilização da Guia GFIP. Obrigatoriedade (editada em decorrência do julgamento do processo TST-IUJEEDRR 91700 – 09.2006.5.18.0006) – Res. 174/2011, *DEJT* divulgado em 27, 30 e 31.05.2011. Nos dissídios individuais o depósito recursal será efetivado mediante a utilização da Guia de Recolhimento do FGTS e Informações à Previdência Social – GFIP, nos termos dos §§ 4.º e 5.º do art. 899 da CLT, admitido o depósito judicial, realizado na sede do juízo e à disposição deste, na hipótese de relação de trabalho não submetida ao regime do FGTS.

Orientação Jurisprudencial 120 da SBDI-I do TST: Recurso. Assinatura da petição ou das razões recursais. Art. 932, parágrafo único, do CPC de 2015.
I – Verificada a total ausência de assinatura no recurso, o juiz ou o relator concederá prazo de 5 (cinco) dias para que seja sanado o vício. Descumprida a determinação, o recurso será reputado inadmissível (art. 932, parágrafo único, do CPC de 2015).
II – É válido o recurso assinado, ao menos, na petição de apresentação ou nas razões recursais.

Orientação Jurisprudencial 140 da SBDI-I do TST: Depósito recursal e custas processuais. Recolhimento insuficiente. Deserção (nova redação em decorrência do CPC de 2015). Em caso de recolhimento insuficiente das custas processuais ou do depósito recursal, somente haverá deserção do recurso se, concedido o prazo de 5 (cinco) dias previsto no § 2.º do art. 1.007 do CPC de 2015, o recorrente não complementar e comprovar o valor devido.

Orientação Jurisprudencial 264 da SBDI-I do TST: Depósito recursal. PIS/PASEP. Ausência de indicação na guia de depósito recursal. Validade (inserida em 27.09.2002). Não é essencial para a validade da comprovação do depósito recursal a indicação do número do PIS/PASEP na guia respectiva.

✦ **Referência legislativa**

- Art. 897, § 5.º, I, desta Consolidação.
- Lei 8.036/1990 (FGTS).
- Lei 8.542/1992 (Política Nacional de Salários).

Art. 900. Interposto o recurso, será notificado o recorrido para oferecer as suas razões, em prazo igual ao que tiver tido o recorrente.

1. CONTRARRAZÕES

O *princípio do contraditório* deve ser observado na fase recursal.

Nesse sentido, uma vez interposto o recurso, a parte contrária (recorrido) tem direito de apresentar as suas contrarrazões.

No processo do trabalho, o art. 6.º da Lei 5.584/1970 estabelece o prazo de oito dias "para interpor e contra-arrazoar qualquer recurso" (CLT, art. 893). No mesmo sentido, dispõe o art. 900 da CLT.

Deve-se observar que o Código de Processo Civil de 2015 passou a estabelecer, de forma expressa, que "será considerado tempestivo o ato praticado antes do termo inicial do prazo" (art. 218, § 4.º).

Logo, o recurso interposto antes de publicado o acórdão impugnado deve ser considerado tempestivo, inclusive em razão do princípio da instrumentalidade. Isso é confirmado pelo cancelamento da Súmula 434 do TST, cujo inciso I previa em sentido diverso.

Sendo a matéria unicamente de direito (e não de fato), a ausência de apresentação da resposta ao recurso, pelo réu, não acarreta qualquer confissão ou os efeitos da revelia (art. 344 do CPC de 2015). Pode-se dizer que não ocorre nem mesmo a revelia em si, justamente porque as contrarrazões do recurso não se confundem com a contestação; a mera ausência de apresentação de resposta a recurso não tem como acarretar esta consequência processual ao recorrido.

Art. 901. Sem prejuízo dos prazos previstos neste Capítulo, terão as partes vistas dos autos em cartório ou na secretaria.

Parágrafo único. Salvo quando estiver correndo prazo comum, aos procuradores das partes será permitido ter vista dos autos fora do cartório ou secretaria.

1. VISTAS DOS AUTOS

O direito de consultar os autos de processo que tramite em segredo de justiça e de pedir certidões de seus atos é restrito às partes e aos seus procuradores.

O terceiro que demonstrar interesse jurídico pode requerer ao juiz certidão do dispositivo da sentença (bem como de inventário e partilha resultante de divórcio ou separação), conforme art. 189, §§ 1.º e 2.º, do CPC de 2015.

Nos termos da Lei 8.906/1994, art. 7.º, inciso XIII, com redação dada pela Lei 13.793/2019, um dos direitos do advogado é examinar, em qualquer órgão dos Poderes Judiciário e Legislativo, ou da Administração Pública em geral, autos de processos findos ou em andamento, mesmo sem procuração, quando não estiverem sujeitos a sigilo ou segredo de justiça, assegurada a obtenção de cópias, com possibilidade de tomar apontamentos

O art. 107 do CPC de 2015 prevê ainda que o advogado tem direito a: I – examinar, em cartório de fórum e secretaria de tribunal, mesmo sem procuração, autos de qualquer processo, independentemente da fase de tramitação, assegurados a obtenção de cópias e o registro de anotações, salvo na hipótese de segredo de justiça, nas quais apenas o advogado constituído terá acesso aos autos; II – requerer, como procurador, vista dos autos de qualquer processo, pelo prazo de cinco dias; III – retirar os autos do cartório ou da secretaria, pelo prazo legal, sempre que neles lhe couber falar por determinação do juiz, nos casos previstos em lei.

Ao receber os autos, o advogado deve assinar carga em livro ou documento próprio (art. 107, § 1.º, do CPC de 2015).

É certo que o art. 901, parágrafo único, da CLT, incluído pela Lei 8.638/1993, dispõe que, "salvo quando estiver correndo prazo comum, aos procuradores das partes será permitido ter vista dos autos fora do cartório ou secretaria".

Entretanto, de forma mais detalhada, nos termos do art. 107, § 2.º, do CPC de 2015, sendo o prazo comum às partes, os procuradores podem retirar os autos somente em conjunto ou mediante prévio ajuste, por petição nos autos.

Na hipótese *supra* (prazo comum às partes), é lícito ao procurador retirar os autos para obtenção de cópias, *pelo prazo de duas a seis horas*, independentemente de ajuste e sem prejuízo da continuidade do prazo (art. 107, § 3.º, do CPC de 2015).

Em cada caso concreto, em conformidade com as suas especificidades, é que deve ser fixado o referido prazo de duas a seis horas.

O procurador perderá no mesmo processo o direito suprarreferido (ou seja, de retirar os autos para obtenção de cópias, pelo prazo de duas a seis horas, independentemente de ajuste e sem prejuízo da continuidade do prazo), se não devolver os autos tempestivamente, salvo se o prazo for prorrogado pelo juiz (art. 107, § 4.º, do CPC de 2015).

Trata-se de previsão específica, não disciplinada expressamente pela norma processual trabalhista, mas com ela compatível, sendo possível defender a sua aplicação subsidiária na Justiça Laboral (art. 769 da CLT).

O disposto no inciso I do art. 107 do CPC (examinar, em cartório de fórum e secretaria de tribunal, mesmo sem procuração, autos de qualquer processo, independentemente da fase de tramitação, assegurados a obtenção de cópias e o registro de anotações, salvo na hipótese de segredo de justiça, nas quais apenas o advogado constituído terá acesso aos autos) aplica-se integralmente a *processos eletrônicos* (art. 107, § 5.º, do CPC, incluído pela Lei 13.793/2019).

Art. 902. Revogado pela Lei 7.033, de 05.10.1982.

CAPÍTULO VII – DA APLICAÇÃO DAS PENALIDADES

Art. 903. As penalidades estabelecidas no título anterior serão aplicadas pelo juiz, ou tribunal que tiver de conhecer da desobediência, violação recusa, falta, ou coação, *ex officio*, ou mediante, representação de qualquer interessado ou da Procuradoria da Justiça do Trabalho.

1. EQUÍVOCO NA REDAÇÃO DO DISPOSITIVO

Conforme explica Valentin Carrion: "Houve equívoco na redação do texto *supra*, pois o título anterior (IX) é dedicado ao Ministério Público. No título VIII (Justiça do Trabalho), estão previstas sanções em caso de *lockout*, greve, desrespeito a decisão judicial que determina reintegração, represália de empregador contra empregado testemunha, violação de dissídio coletivo, recusa a depor, além de outras (art. 722 e segs.)"[292].

✦ **Referência legislativa**

- Arts. 102, I, "c", 105, I, "a", e 108, I, "a", da CF.

Art. 904. As sanções em que incorrerem as autoridades da Justiça do Trabalho serão aplicadas pela autoridade ou Tribunal imediatamente superior, conforme o caso, *ex officio*, ou mediante representação de qualquer interessado ou da Procuradoria.

Parágrafo único. Tratando de membro do Tribunal Superior do Trabalho será competente para a imposição de execuções o Conselho Federal.

1. NÃO RECEPÇÃO DO DISPOSITIVO PELA CONSTITUIÇÃO FEDERAL

O Senado não tem mais a competência prevista no dispositivo em questão, o qual não foi recepcionado pela Constituição da República Federativa do Brasil de 1988.

Nos termos do art. 102, inciso I, alínea "c", da Constituição da República, compete ao Supremo Tribunal Federal, precipuamente, a guarda da Constituição, cabendo-lhe processar e julgar, originariamente, nas infrações penais comuns e nos crimes de responsabilidade, os membros dos Tribunais Superiores.

Em conformidade com o art. 105, inciso I, alínea "a", da Constituição da República, compete ao Superior Tribunal de Justiça processar e julgar, originariamente, nos crimes comuns e nos de responsabilidade, os desembargadores dos Tribunais de Justiça dos Estados e do Distrito Federal, os membros dos Tribunais de Contas dos Estados e do Distrito Federal, os dos Tribunais Regionais Federais, dos Tribunais Regionais Eleitorais e do Trabalho, os membros dos Conselhos ou Tribunais de Contas dos Municípios e os do Ministério Público da União que oficiem perante tribunais.

Os juízes das Varas do Trabalho respondem, em termos administrativos e disciplinares, perante as Corregedorias dos Tribunais Regionais do Trabalho.

Os desembargadores dos Tribunais Regionais do Trabalho estão administrativamente submetidos, em termos disciplinares, à Corregedoria-Geral da Justiça do Trabalho, presente no âmbito do TST.

Compete ao Tribunal Pleno do TST determinar a disponibilidade ou a aposentadoria de Ministro do Tribunal (art. 75, inciso V, do Regimento Interno do TST).

[292] CARRION, Valentin. *Comentários à Consolidação das Leis do Trabalho*. 31. ed. São Paulo: Saraiva, 2006. p. 809.

Compete ao Conselho Nacional de Justiça, criado pela Emenda Constitucional 45/2004, o controle da atuação administrativa e financeira do Poder Judiciário e do cumprimento dos deveres funcionais dos juízes, cabendo-lhe, além de outras atribuições que lhe forem conferidas pelo Estatuto da Magistratura: I – zelar pela autonomia do Poder Judiciário e pelo cumprimento do Estatuto da Magistratura, podendo expedir atos regulamentares, no âmbito de sua competência, ou recomendar providências; II – zelar pela observância do art. 37 da Constituição Federal de 1988 e apreciar, de ofício ou mediante provocação, a legalidade dos atos administrativos praticados por membros ou órgãos do Poder Judiciário, podendo desconstituí-los, revê-los ou fixar prazo para que se adotem as providências necessárias ao exato cumprimento da lei, sem prejuízo da competência do Tribunal de Contas da União; III – receber e conhecer das reclamações contra membros ou órgãos do Poder Judiciário, inclusive contra seus serviços auxiliares, serventias e órgãos prestadores de serviços notariais e de registro que atuem por delegação do poder público ou oficializados, sem prejuízo da competência disciplinar e correicional dos tribunais, podendo avocar processos disciplinares em curso e determinar a remoção, a disponibilidade ou a aposentadoria com subsídios ou proventos proporcionais ao tempo de serviço e aplicar outras sanções administrativas, assegurada ampla defesa; IV – representar ao Ministério Público, no caso de crime contra a administração pública ou de abuso de autoridade; V – rever, de ofício ou mediante provocação, os processos disciplinares de juízes e membros de tribunais julgados há menos de um ano; VI – elaborar semestralmente relatório estatístico sobre processos e sentenças prolatadas, por unidade da Federação, nos diferentes órgãos do Poder Judiciário; VII – elaborar relatório anual, propondo as providências que julgar necessárias, sobre a situação do Poder Judiciário no País e as atividades do Conselho, o qual deve integrar mensagem do Presidente do Supremo Tribunal Federal a ser remetida ao Congresso Nacional, por ocasião da abertura da sessão legislativa (art. 103-B, § 4.º, da Constituição da República Federativa do Brasil).

✦ **Referência legislativa**

- Art. 105 da CF.

Art. 905. Tomando conhecimento do fato imputado, o Juiz, ou Tribunal competente, mandará notificar o acusado, para apresentar, no prazo de 15 (quinze) dias, defesa por escrito.

§ 1.º É facultado ao acusado, dentro do prazo estabelecido neste artigo, requerer a produção de testemunhas, até ao máximo de 5 (cinco). Nesse caso, será marcada audiência para a inquirição.

§ 2.º Findo o prazo de defesa, o processo será imediatamente concluso para julgamento, que deverá ser proferido no prazo de 10 (dez) dias.

1. REVOGAÇÃO DO DISPOSITIVO

O dispositivo em questão trata da aplicação de penalidades, previstas nos arts. 726 e seguintes, pelos órgãos da Justiça do Trabalho.

Pode-se dizer que o dispositivo em questão foi revogado pela Lei Complementar 35/1979, que dispõe sobre a Lei Orgânica da Magistratura Nacional, que trata das penalidades e penas disciplinares nos arts. 40 a 48[293].

---

293 No sentido da revogação do presente dispositivo, cf. CARRION, Valentin. *Comentários à Consolidação das Leis do Trabalho*. 31. ed. São Paulo: Saraiva, 2006. p. 809-810.

Art. 906. Da imposição das penalidades a que se refere este Capítulo, caberá recurso ordinário para o Tribunal Superior, no prazo de 10 (dez) dias, salvo se a imposição resultar de dissídio coletivo, caso em que o prazo será de 20 (vinte) dias.

1. PRAZO PARA INTERPOSIÇÃO DE RECURSOS

O prazo para a interposição de recursos na Justiça do Trabalho, ainda que em matéria administrativa, passou a ser de oito dias, conforme art. 6.º da Lei 5.584/1970.

Art. 907. Sempre que o infrator incorrer em pena criminal far-se-á remessa das peças necessárias à autoridade competente.

1. REMESSA DE PEÇAS À AUTORIDADE COMPETENTE

Quanto ao dispositivo em questão, cabe salientar que, segundo dispõe o art. 40 do Código de Processo Penal, quando, "em autos ou papéis de que conhecerem, os juízes ou tribunais verificarem a existência de crime de ação pública, remeterão ao Ministério Público as cópias e os documentos necessários ao oferecimento da denúncia".

Art. 908. A cobrança das multas estabelecidas neste Título será feita mediante executivo fiscal, perante o Juiz competente para a cobrança de dívida ativa da Fazenda Pública Federal.

Parágrafo único. A cobrança das multas será promovida, no Distrito Federal e nos Estados em que funcionarem os Tribunais Regionais pela Procuradoria da Justiça do Trabalho, e, nos demais Estados, de acordo com o disposto no Decreto-lei 960, de 17 de dezembro de 1938.

1. COBRANÇA JUDICIAL DA DÍVIDA ATIVA

Na atualidade, a Lei 6.830/1980 é a que dispõe sobre a cobrança judicial da Dívida Ativa da Fazenda Pública.

A competência para a cobrança de multas aplicadas aos magistrados da Justiça do Trabalho, quando por meio de execução fiscal da dívida ativa, é de competência da Justiça Federal, nos termos do art. 109, inciso I, da Constituição Federal de 1988.

✦ **Referência legislativa**

- Lei 6.830/1980 (Execuções Fiscais).

CAPÍTULO VIII – DISPOSIÇÕES FINAIS

Art. 909. A ordem dos processos no Tribunal Superior do Trabalho será regulada em seu regimento interno.

1. REGIMENTO INTERNO DO TST

O art. 1.º, parágrafo único, da Lei 7.701/1988 prevê que o Regimento Interno do Tribunal disporá sobre a constituição e o funcionamento de cada uma das seções especializadas do Tribunal Superior do Trabalho, bem como sobre o número, composição e funcionamento das respectivas Turmas do Tribunal.

Frise-se que a Constituição da República, no art. 96, inciso I, "a", determina que compete privativamente aos tribunais "elaborar seus *regimentos internos*, com observância das normas de processo e das garantias processuais das partes, dispondo sobre a competência e o funcionamento dos respectivos órgãos jurisdicionais e administrativos".

Cf. Regimento Interno do Tribunal Superior do Trabalho, aprovado pela Resolução Administrativa 1.937/2017.

Art. 910. Para os efeitos deste Título, equiparam-se aos serviços públicos os de utilidade pública, bem como os que forem prestados em armazéns de gêneros alimentícios, açougues, padarias, leiterias, farmácias, hospitais, minas, empresas de transportes e comunicações, bancos e estabelecimentos que interessem à segurança nacional.

1. SERVIÇOS OU ATIVIDADES ESSENCIAIS

O art. 9.º, § 1.º, da Constituição Federal de 1988 remete à lei a definição dos serviços ou atividades essenciais, bem como a disposição sobre o atendimento das necessidades inadiáveis da comunidade.

Regulamentando essa disposição, a Lei 7.783/1989, no art. 10, arrola os serviços ou atividades essenciais: tratamento e abastecimento de água, produção e distribuição de energia elétrica, gás e combustíveis; assistência médica e hospitalar; distribuição e comercialização de medicamentos e alimentos; funerários; transporte coletivo; captação e tratamento de esgoto e lixo; telecomunicações; guarda, uso e controle de substâncias radioativas, equipamentos e materiais nucleares; processamento de dados ligados a serviços essenciais; controle de tráfego aéreo e navegação aérea; compensação bancária; atividades médico-periciais relacionadas com o regime geral de previdência social e a assistência social; atividades médico-periciais relacionadas com a caracterização do impedimento físico, mental, intelectual ou sensorial da pessoa com deficiência, por meio da integração de equipes multiprofissionais e interdisciplinares, para fins de reconhecimento de direitos previstos em lei, em especial na Lei 13.146/2015 (Estatuto da Pessoa com Deficiência); outras prestações médico-periciais da carreira de Perito Médico Federal indispensáveis ao atendimento das necessidades inadiáveis da comunidade; atividades portuárias.

O art. 11 da Lei 7.783/1989 estabelece regra para garantir, quanto aos mencionados serviços ou atividades essenciais, durante a greve, a prestação dos serviços indispensáveis ao atendimento das necessidades inadiáveis da comunidade.

Desse modo, nos serviços ou atividades essenciais, os sindicatos, os empregadores e os trabalhadores ficam obrigados, de comum acordo, a garantir, durante a greve, a prestação dos serviços indispensáveis ao atendimento das necessidades inadiáveis da comunidade. São necessidades inadiáveis da comunidade aquelas que, não atendidas, coloquem em perigo iminente a sobrevivência, a saúde ou a segurança da população.

No caso de inobservância do disposto no art. 11 da Lei 7.783/1989, o poder público deve assegurar a prestação dos serviços indispensáveis (art. 12 da Lei 7.783/1989).

✦ Súmulas, Orientações Jurisprudenciais e Precedentes Normativos

Orientação Jurisprudencial 38 da SDC do TST: Greve. Serviços essenciais. Garantia das necessidades inadiáveis da população usuária. Fator determinante da qualificação jurídica do movimento. É abusiva a greve que se realiza em setores que a lei define como sendo essenciais à comunidade, se não é assegurado o atendimento básico das necessidades inadiáveis dos usuários do serviço, na forma prevista na Lei 7.783/1989.

TÍTULO XI – DISPOSIÇÕES FINAIS E TRANSITÓRIAS

Art. 911. Esta Consolidação entrará em vigor em 10 de novembro de 1943.

1. *VACATIO LEGIS* E ENTRADA EM VIGOR

A Consolidação das Leis do Trabalho foi promulgada em 1.º de maio de 1943, e publicada no *Diário Oficial da União* de 09.08.1943.

O dispositivo em questão estabelece prazo de *vacatio legis* quanto à entrada em vigor da CLT, que ocorreu em 10 de novembro de 1943.

A data em questão leva em conta que, em 10 de novembro, do ano de 1937, a Constituição de 1937 entrou em vigência.

Art. 912. Os dispositivos de caráter imperativo terão aplicação imediata às relações iniciadas, mas não consumadas, antes da vigência desta Consolidação.

1. EFICÁCIA NO TEMPO DAS NORMAS DE DIREITO MATERIAL DO TRABALHO

O art. 6.º da Lei de Introdução às Normas do Direito Brasileiro adota a teoria do efeito imediato, ao estabelecer que a lei em vigor terá efeito imediato e geral, respeitados o ato jurídico perfeito, o direito adquirido e a coisa julgada.

A teoria do *efeito imediato* da norma jurídica é a que apresenta maior adequação no Direito do Trabalho.

Desse modo, as novas disposições normativas têm aplicação imediata, ou seja, incidem sobre as relações de emprego em curso, regulando apenas os fatos ocorridos daí para frente, sem atingir eventos anteriores.

Frise-se que as modificações decorrentes de lei não tratam de alteração contratual imposta pelo empregador ou oriunda da vontade das partes, pois decorrem de nova determinação legislativa, o que, a rigor, afasta a incidência dos requisitos do art. 468 da CLT a respeito.

Os contratos de trabalho já extintos não são alcançados pela norma jurídica posterior à cessação do vínculo, mas a relação de emprego iniciada após a entrada em vigor da nova disposição normativa é por esta regulada.

Conforme o princípio da irretroatividade das leis, estas devem dispor para o futuro, não atingindo fatos passados. Cabe ressalvar, no entanto, admitir a retroatividade benéfica, como ocorre no Direito Penal, conforme o art. 5.º, inciso XL, da Constituição Federal de 1988, e mesmo no Direito Tributário.

O princípio da irretroatividade, na verdade, decorre da exigência de *segurança jurídica* (art. 5.º, *caput*, da Constituição da República), como pressuposto fundamental à adequada vida em sociedade.

Ainda nesse contexto, a decisão administrativa, controladora ou judicial que estabelecer *interpretação ou orientação nova sobre norma de conteúdo indeterminado*, impondo novo dever ou novo condicionamento de direito, deve *prever regime de transição* quando indispensável para que o novo dever ou condicionamento de direito seja cumprido de modo proporcional, equânime e eficiente e sem prejuízo aos interesses gerais (art. 23 da Lei de Introdução às Normas do Direito Brasileiro, incluído pela Lei 13.655/2018).

Tendo em vista a necessidade de *segurança jurídica*, conforme o art. 24 da Lei de Introdução às Normas do Direito Brasileiro, incluído pela Lei 13.655/2018, a *revisão*, nas esferas administrativa, controladora ou judicial, quanto à validade de ato, contrato, ajuste, processo ou norma administrativa cuja produção já houver se completado deve levar em conta as *orientações gerais da época*, sendo vedado que, com base em mudança posterior de orientação geral, se declarem inválidas situações plenamente constituídas.

Consideram-se *orientações gerais* as interpretações e especificações contidas em atos públicos de caráter geral ou em jurisprudência judicial ou administrativa majoritária, e ainda as adotadas por prática administrativa reiterada e de amplo conhecimento público.

Além disso, as autoridades públicas devem atuar para aumentar a *segurança jurídica* na aplicação das normas, inclusive por meio de regulamentos, súmulas administrativas e respostas a consultas (art. 30 da Lei de Introdução às Normas do Direito Brasileiro, acrescentado pela Lei 13.655/2018). Os referidos instrumentos terão *caráter vinculante em relação ao órgão ou entidade a que se destinam*, até ulterior revisão.

A Constituição Federal de 1988, no art. 5.º, inciso XXXVI, determina que a lei não prejudicará o direito adquirido, o ato jurídico perfeito e a coisa julgada.

Assim, ficam resguardados: os atos consumados à época da lei anterior; os direitos já integrados definitivamente ao patrimônio das pessoas antes da vigência da nova disposição; as questões definitivamente decididas pelos tribunais.

O *direito adquirido* é aquele que integra o patrimônio jurídico da pessoa. O direito é considerado adquirido no momento em que o titular preenche os seus requisitos, podendo, assim, exercê-lo quando quiser[294].

Antes do cumprimento dos requisitos para a sua aquisição, a pessoa tem mera expectativa de direito. Nesse enfoque, segundo a jurisprudência do Supremo Tribunal Federal, não há direito adquirido a regime jurídico (Pleno, RE 575.089/RS, Rel. Min. Ricardo Lewandowski), ou seja, de permanecer em certo regime jurídico (formado por normas jurídicas, em regra genéricas e abstratas, que compõem o ordenamento jurídico ou o Direito objetivo), mesmo depois da sua modificação legal.

---

294 Cf. MARTINS, Sergio Pinto. *Direito do trabalho*. 28. ed. São Paulo: Atlas, 2012. p. 334.

Considerando o exposto, no caso da Lei 13.467/2017, que instituiu a reforma trabalhista, entende-se que a sua eficácia no tempo deve ocorrer de forma imediata, embora não retroativa.

Ainda assim, quanto aos contratos em curso, deve-se respeitar a norma constitucional que prevê a *irredutibilidade do salário*, salvo o disposto em convenção ou acordo coletivo (art. 7.º, inciso VI, da Constituição da República). Nesse contexto, cabe lembrar a atual previsão da Súmula 191 do TST, notadamente em seu inciso III.

O art. 2.º da Medida Provisória 808/2017 previa que o disposto na Lei 13.467/2017 seria aplicável, na integralidade, aos contratos de trabalho vigentes. Entretanto, a Medida Provisória 808/2017 perdeu eficácia em 24 de abril de 2018, desde a edição, por não ter sido convertida em lei (art. 62, § 3.º, da Constituição da República).

Com isso, ganhou força o entendimento de que as previsões decorrentes da Lei 13.467/2017 que estabeleçam condições de trabalho menos benéficas ao empregado, ou seja, em patamar inferior ao anteriormente estabelecido, apenas seriam aplicáveis aos contratos de trabalho pactuados a partir da vigência do referido diploma legal, em respeito ao ato jurídico perfeito e ao direito adquirido (arts. 5.º, inciso XXXV, 7.º, *caput*, da Constituição da República).

Ainda assim, no âmbito administrativo, notadamente para fins de fiscalização trabalhista, de acordo com o Parecer 00248/2018/CONJUR-MTB/CGU/AGU, de 14 de maio de 2018, aprovado pelo Ministro do Trabalho (*Diário Oficial da União* de 15.05.2018), "entende-se que mesmo a perda de eficácia do artigo 2.º da MP 808/2017, a qual estabelecia de forma explícita, apenas a título de esclarecimento, a aplicabilidade imediata da Lei 13.467/2017 a todos os contratos de trabalho vigentes, não modifica o fato de que esta referida lei é aplicável de forma geral, abrangente e imediata a todos os contratos de trabalho regidos pela CLT (Decreto-lei 5.542, de 1.º de maio de 1943), inclusive, portanto, àqueles iniciados antes da vigência da referida lei e que continuaram em vigor após 11/11/2017, quando passou a ser aplicável a Lei 13.467/2017".

Cf. TST, IncJulgRREmbRep - 528-80.2018.5.14.0004.

2. EFICÁCIA NO TEMPO DAS NORMAS DE DIREITO PROCESSUAL DO TRABALHO

As normas sobre Direito Processual, em regra, também apresentam eficácia imediata, de modo que incidem nas relações jurídicas processuais em curso, desde que respeitados o direito adquirido, o ato jurídico perfeito e a coisa julgada (art. 5.º, inciso XXXVI, da Constituição Federal de 1988)[295].

Confirmando o exposto, o art. 14 do CPC prevê que a norma processual não retroagirá e será aplicável imediatamente aos processos em curso, respeitados os atos processuais praticados e as situações jurídicas consolidadas sob a vigência da norma revogada.

O Superior Tribunal de Justiça aprovou os seguintes enunciados administrativos, adotando critérios que podem ser adaptados ao tema em estudo, ou seja, quando se analisa a eficácia no tempo das alterações ao processo do trabalho decorrentes da Lei 13.467/2017:

[295] Cf. NERY JUNIOR, Nelson. *Atualidades sobre o processo civil*. 2. ed. São Paulo: RT, 1996. p. 20-21: "A lei processual é de aplicação imediata, atingindo os processos em curso. Os atos processuais já praticados sob a égide da lei antiga, bem como as situações jurídicas já consolidadas (*facta praeterita*), não poderão ser atingidas pela nova lei, sob pena de ferir-se o ato (processual) jurídico perfeito e/ou o direito adquirido (art. 5.º, XXXVI)".

Enunciado administrativo 3: "Aos recursos interpostos com fundamento no CPC/2015 (relativos a decisões publicadas a partir de 18 de março de 2016) serão exigidos os requisitos de admissibilidade recursal na forma do novo CPC".

Enunciado administrativo 4: "Nos feitos de competência civil originária e recursal do STJ, os atos processuais que vierem a ser praticados por julgadores, partes, Ministério Público, procuradores, serventuários e auxiliares da Justiça a partir de 18 de março de 2016, deverão observar os novos procedimentos trazidos pelo CPC/2015, sem prejuízo do disposto em legislação processual especial".

Enunciado administrativo 7: "Somente nos recursos interpostos contra decisão publicada a partir de 18 de março de 2016, será possível o arbitramento de honorários sucumbenciais recursais, na forma do art. 85, § 11, do novo CPC".

No Direito Processual do Trabalho, a mesma regra deve ser aplicada. Em razão disso, entrando em vigor nova disposição processual, há a sua aplicação não apenas quanto aos processos que se iniciem daí em diante, mas também aos processos trabalhistas já em andamento (pendentes), no que se refere aos atos processuais ainda não praticados.

Os atos processuais a serem praticados na vigência da nova lei processual são regidos por esta, adotando-se, em princípio, o sistema do *isolamento dos atos processuais*[296].

Logo, prevalece a aplicação imediata da nova previsão processual, o que não se confunde com a eficácia retroativa, a qual não é admitida. Por essa razão, mesmo havendo a sua incidência aos processos em curso, apenas os atos ainda não praticados são alcançados. Os atos processuais já praticados não são atingidos pela alteração da lei processual, conforme o princípio da irretroatividade das Cf. STF, 1.ª T., AgR-ARE 1.014.675/MG.

São resguardados, assim, os atos processuais consumados à época da lei anterior, os direitos processuais já integrados ao patrimônio das pessoas antes da vigência da nova disposição, bem como as questões definitivamente decididas pelos tribunais[297]. Cf. ainda art. 915 da CLT.

3. INSTRUÇÃO NORMATIVA 41/2018 DO TST

O Pleno do Tribunal Superior do Trabalho aprovou a Instrução Normativa 41/2018, que dispõe sobre a aplicação das normas processuais da Consolidação das Leis do Trabalho alteradas pela Lei 13.467, de 13 de julho de 2017, tendo sido editada pela Resolução 221, de 21 de junho de 2018.

A aplicação das *normas processuais* previstas na Consolidação das Leis do Trabalho, alteradas pela Lei 13.467/2017, com eficácia a partir de 11 de novembro de 2017, é *imediata*, sem atingir, no entanto, *situações pretéritas iniciadas ou consolidadas sob a égide da lei revogada* (art. 1.º da Instrução Normativa 41/2018).

Embora seja adotada, em princípio, a eficácia *imediata* das novas disposições de natureza processual, esta é amenizada ao se resguardar as situações anteriores que se iniciaram ou se

[296] Cf. CINTRA, Antonio Carlos de Araújo; GRINOVER, Ada Pellegrini; DINAMARCO, Cândido Rangel. *Teoria geral do processo*. 11. ed. São Paulo: Malheiros, 1995. p. 97-98.

[297] Cf. LACERDA, Galeno. *O novo direito processual civil e os efeitos pendentes*. Rio de Janeiro: Forense, 1974. p. 13: "Em regra, porém, cumpre afirmar que a lei nova não pode atingir situações processuais já constituídas ou extintas sob o império da lei antiga, isto é, não pode ferir os respectivos direitos processuais adquiridos".

consolidaram na vigência da lei revogada, como forma de se preservar o direito adquirido, o ato jurídico perfeito processual e a coisa julgada (art. 5.º, inciso XXXVI, da Constituição da República), com o objetivo de não causar surpresa às partes, tendo como fundamento as exigências de segurança jurídica, do contraditório efetivo e de previsibilidade.

Em termos práticos, pode-se notar que foram adotados pelo TST, conforme a matéria em discussão, os sistemas do *isolamento dos atos processuais*, das *fases processuais* e da *unidade processual*[298].

O fluxo da *prescrição intercorrente* conta-se a partir do *descumprimento da determinação judicial* a que alude o § 1.º do art. 11-A da CLT, desde que feita após 11 de novembro de 2017 (Lei 13.467/2017), conforme explicita o art. 2.º da Instrução Normativa 41/2018.

Para os fins em questão, a determinação judicial no curso da execução deve ter sido feita quando em vigor a Lei 13.467/2017. Nesse caso, o prazo de prescrição intercorrente tem início a partir do descumprimento, pelo exequente, dessa determinação judicial.

De acordo com o art. 3.º da Instrução Normativa 41/2018, a obrigação de formar o *litisconsórcio necessário* a que se refere o art. 611-A, § 5.º, da CLT dar-se-á nos processos iniciados a partir de 11 de novembro de 2017 (Lei 13.467/2017).

Prevaleceu o entendimento de que em ação individual ou coletiva que tenha como objeto a *anulação de cláusulas de convenção coletiva ou de acordo coletivo de trabalho*, a exigência legal de que os sindicatos subscritores desses instrumentos participem como litisconsortes necessários apenas é aplicável às ações ajuizadas a partir da entrada em vigor da Lei 13.467/2017, não alcançando, assim, os processos iniciados anteriormente.

Cabe lembrar que o litisconsórcio será necessário por disposição de lei *ou* quando, pela natureza da relação jurídica controvertida, a eficácia da sentença depender da citação de todos que devam ser litisconsortes (art. 114 do CPC).

Desse modo, mesmo antes da vigência da Lei 13.467/2017, em se tratando de *litisconsórcio unitário*, ou seja, quando, pela natureza da relação jurídica, o juiz tiver de decidir o mérito de modo uniforme para todos os litisconsortes, o litisconsórcio, em regra, é necessário, como ocorre na ação de declaração de nulidade de cláusula de acordo coletivo ou convenção coletiva ajuizada pelo Ministério Público do Trabalho (art. 83, inciso IV, da Lei Complementar 75/1993)[299].

O art. 789, *caput*, da CLT aplica-se nas decisões que fixem custas, proferidas a partir da entrada em vigor da Lei 13.467/2017 (art. 4.º da Instrução Normativa 41/2018).

Quanto a esse aspecto, considerando a eficácia imediata da norma processual e em consonância com o *sistema do isolamento dos atos processuais*, nos dissídios individuais e nos dissídios coletivos do trabalho, a previsão legal de que nas ações e procedimentos de competência da Justiça do Trabalho, bem como nas demandas propostas perante a Justiça Estadual, no exercício da jurisdição trabalhista, as custas relativas ao processo de conhecimento devem incidir à base de 2%, observado o mínimo de R$ 10,64 e o *máximo de quatro vezes o limite máximo dos benefícios do Regime Geral de Previdência Social*, aplica-se mesmo aos processos

298 Cf. CINTRA, Antonio Carlos de Araújo; GRINOVER, Ada Pellegrini; DINAMARCO, Cândido Rangel. *Teoria geral do processo*. 11. ed. São Paulo: Malheiros, 1995. p. 97-98.

299 Cf. GARCIA, Gustavo Filipe Barbosa. *Intervenção de terceiros, litisconsórcio e integração à lide no processo do trabalho*. São Paulo: Método, 2008. p. 92.

em curso quando do início da vigência da Lei 13.467/2017, ou seja, quanto às decisões que fixem custas e sejam proferidas a partir de 11 de novembro de 2017.

Nos termos do art. 5.º da Instrução Normativa 41/2018, o art. 790-B, *caput* e §§ 1.º e 4.º, da CLT não se aplica aos processos iniciados antes de 11 de novembro de 2017 (Lei 13.467/2017).

Logo, especificamente quanto à *responsabilidade pelo pagamento dos honorários periciais*, certamente em razão de envolver aspectos normativos com natureza jurídica de certo modo híbrida, adotou-se critério diverso, ou seja, no sentido da incidência do art. 790-B da CLT apenas aos processos iniciados a partir da vigência da Lei 13.467/2017. Cf. STF, ADI 5.766.

Na mesma linha, seguindo o *sistema da unidade processual*, em consonância com o art. 6.º da Instrução Normativa 41/2018, na Justiça do Trabalho, a *condenação em honorários advocatícios sucumbenciais*, prevista no art. 791-A, e parágrafos, da CLT, será aplicável apenas às ações propostas após 11 de novembro de 2017 (Lei 13.467/2017). Nas ações propostas anteriormente, subsistem as diretrizes do art. 14 da Lei 5.584/1970 e das Súmulas 219 e 329 do TST. Cf. STF, ADI 5.766.

Sendo assim, os honorários advocatícios de sucumbência previstos no art. 791-A da CLT apenas são devidos nas ações ajuizadas a partir da vigência da Lei 13.467/2017, não alcançando os processos iniciados anteriormente (mesmo que a sentença seja proferida depois de 11 de novembro de 2017).

Os arts. 793-A, 793-B e 793-C, § 1.º, da CLT têm aplicação *autônoma e imediata* (art. 7.º da Instrução Normativa 41/2018).

Desse modo, as previsões sobre responsabilidade por perdas e danos decorrente de *litigância de má-fé* incidem de forma imediata, inclusive nos processos em andamento quando da entrada em vigor da Lei 13.467/2017, mesmo porque a matéria é prevista nos arts. 79 a 81 do Código de Processo Civil, os quais eram aplicáveis de forma subsidiária ao processo do trabalho (art. 769 da CLT e art. 15 do CPC).

Entretanto, conforme o art. 8.º da Instrução Normativa 41/2018, a *condenação* de que trata o art. 793-C, *caput*, da CLT aplica-se apenas às ações ajuizadas a partir de 11 de novembro de 2017 (Lei 13.467/2017).

Com isso, prevaleceu o entendimento de que a condenação do litigante de má-fé a pagar multa (que deve ser superior a 1% e inferior a 10% do valor corrigido da causa), a indenizar a parte contrária pelos prejuízos que esta sofreu, bem como a arcar com os honorários advocatícios e com todas as despesas que efetuou, somente é aplicável aos processos iniciados quando em vigor a Lei 13.467/2017, não alcançando as demandas que tiveram início antes de 11 de novembro de 2017.

Essa posição, fundada no *sistema da unidade processual*, de certa forma, não se harmoniza com a previsão do art. 7.º da Instrução Normativa 41/2018, que estabelece a eficácia imediata de dispositivos voltados à litigância de má-fé, sabendo-se que o art. 793-C, *caput*, da CLT corresponde ao art. 81, *caput*, do CPC.

Na mesma linha, o art. 9.º da Instrução Normativa 41/2018 dispõe que o art. 793-C, §§ 2.º e 3.º, da CLT tem aplicação apenas nas ações ajuizadas a partir de 11 de novembro de 2017 (Lei 13.467/2017).

De acordo com o § 2.º do art. 793-C da CLT, quando o valor da causa for irrisório ou inestimável, a multa pode ser fixada em até duas vezes o limite máximo dos benefícios do

Regime Geral de Previdência Social. O valor da indenização deve ser fixado pelo juízo ou, caso não seja possível mensurá-lo, liquidado por arbitramento ou pelo procedimento comum, nos próprios autos (art. 793-C, § 3.º, da CLT).

Entendeu-se, assim, que as referidas previsões não são aplicáveis a processos que tiveram origem em ações ajuizadas antes da vigência da Lei 13.467/2017. Apesar disso, deve-se salientar que o art. 793-C, §§ 2.º e 3.º, da CLT corresponde ao art. 81, §§ 2.º e 3.º do CPC, o qual, anteriormente, seria subsidiariamente aplicável ao processo do trabalho, na forma do art. 769 da CLT e do art. 15 do CPC.

O art. 10 da Instrução Normativa 41/2018 estabelece que o disposto no *caput* do art. 793-D da CLT será aplicável às ações ajuizadas a partir de 11 de novembro de 2017 (Lei 13.467/2017).

Portanto, entende-se que a aplicação da *multa* prevista no art. 793-C da CLT à *testemunha* que intencionalmente alterar a verdade dos fatos ou omitir fatos essenciais ao julgamento da causa somente é aplicável aos processos iniciados sob a vigência da Lei 13.467/2017, não alcançando as ações iniciadas anteriormente, em conformidade com o *sistema da unidade processual*.

Após a colheita da prova oral, a aplicação de multa à testemunha dar-se-á na sentença e deve ser precedida de instauração de incidente mediante o qual o juiz indicará o ponto ou os pontos controvertidos no depoimento, assegurados o contraditório, a defesa, com os meios a ela inerentes, além de possibilitar a retratação (art. 10, parágrafo único, da Instrução Normativa 41/2018).

Procura-se, com isso, preservar o devido processo legal no incidente voltado à aplicação da multa à testemunha, assegurando o contraditório e a ampla defesa, além de permitir a reconsideração com o objetivo de excluir a incidência da referida penalidade.

Em harmonia com o exposto, mesmo no *crime de falso testemunho*, o fato deixa de ser punível se, antes da sentença no processo em que ocorreu o ilícito, o agente se retrata ou declara a verdade (art. 342, § 2.º, do Código Penal).

Segundo o art. 11 da Instrução Normativa 41/2018, a *exceção de incompetência territorial*, disciplinada no art. 800 da CLT, é *imediatamente aplicável aos processos trabalhistas em curso*, desde que o recebimento da notificação seja posterior a 11 de novembro de 2017 (Lei 13.467/2017).

Adotou-se, no caso, a eficácia imediata da nova disciplina relativa à exceção de incompetência em razão do lugar, fixando como parâmetro a *data do recebimento da notificação pelo reclamado* (art. 841, § 1.º, da CLT). Assim, caso a citação do réu tenha ocorrido quando a Lei 13.467/2017 já estava em vigor, aplica-se a atual previsão do art. 800 da CLT.

Os arts. 840 e 844, §§ 2.º, 3.º e 5.º, da CLT, com as redações dadas pela Lei 13.467, de 13 de julho de 2017, *não retroagirão*, aplicando-se, exclusivamente, às ações ajuizadas a partir de 11 de novembro de 2017 (art. 12 da Instrução Normativa 41/2018).

Logo, quanto aos requisitos da petição inicial trabalhista, a exigência de que o pedido deve ser certo, determinado e com indicação de seu valor não é aplicável às ações propostas antes da entrada em vigor da Lei 13.467/2017, em conformidade com o *sistema da unidade processual*.

De todo modo, cabe lembrar que no procedimento sumaríssimo, o art. 852-B, inciso I, da CLT, incluído pela Lei 9.957/2000, determina que "o pedido deverá ser certo ou determinado e indicará o valor correspondente".

Da mesma forma, as atuais previsões do art. 844, §§ 2.º, 3.º e 5.º, da CLT incidem apenas nos processos iniciados já na vigência da Lei 13.467/2017.

Em consonância com o § 5.º do art. 844 da CLT, ainda que ausente o reclamado, presente o advogado na audiência, devem ser aceitos a contestação e os documentos eventualmente apresentados. Essa determinação, entretanto, segundo o entendimento que prevaleceu no TST, não se aplica aos processos iniciados antes da entrada em vigor da Lei 13.467/2017, o que, a rigor, diverge do sistema do isolamento dos atos processuais.

Aplica-se o disposto no art. 843, § 3.º, da CLT somente às audiências trabalhistas realizadas após 11 de novembro de 2017 (art. 12, § 1.º, da Instrução Normativa 41/2018).

Logo, a previsão de que o preposto não precisa ser empregado da parte reclamada (empregador) é aplicável às audiências trabalhistas ocorridas quando em vigor a Lei 13.467/2017, mesmo que o processo tenha iniciado antes dessa data.

Para as audiências ocorridas antes de 11 de novembro de 2017, aplica-se o entendimento constante da Súmula 377 do TST, a qual exigia que o preposto devesse ser necessariamente empregado do reclamado, exceto quanto à reclamação de empregado doméstico, ou contra micro ou pequeno empresário.

Para fim do que dispõe o art. 840, §§ 1.º e 2.º, da CLT, *o valor da causa será estimado*, observando-se, *no que couber*, o disposto nos arts. 291 a 293 do Código de Processo Civil (art. 12, § 2.º, da Instrução Normativa 41/2018).

Como se pode notar, prevaleceu a posição de que não se exige a apresentação de planilha de cálculo para a indicação de exato valor da causa, o qual deve ser apenas *estimado*, isto é, indicado de forma aproximada. Com esse objetivo, são aplicáveis os arts. 291 a 293 do CPC.

Nesse sentido, a toda causa deve ser atribuído valor certo, ainda que não tenha conteúdo econômico imediatamente aferível (art. 291 do CPC).

O valor da causa deve constar da petição inicial ou da reconvenção e será: I – na ação de cobrança de dívida, a soma monetariamente corrigida do principal, dos juros de mora vencidos e de outras penalidades, se houver, até a data de propositura da ação; II – na ação que tiver por objeto a existência, a validade, o cumprimento, a modificação, a resolução, a resilição ou a rescisão de ato jurídico, o valor do ato ou o de sua parte controvertida; III – na ação de alimentos, a soma de 12 prestações mensais pedidas pelo autor; IV – na ação de divisão, de demarcação e de reivindicação, o valor de avaliação da área ou do bem objeto do pedido; V – na ação indenizatória, inclusive a fundada em dano moral, o valor pretendido; VI – na ação em que há cumulação de pedidos, a quantia correspondente à soma dos valores de todos eles; VII – na ação em que os pedidos são alternativos, o de maior valor; VIII – na ação em que houver pedido subsidiário, o valor do pedido principal (art. 292 do CPC).

Quando se pedirem prestações vencidas e vincendas, deve-se considerar o valor de umas e outras (art. 292, § 1.º, do CPC).

O valor das prestações vincendas deve ser igual a uma prestação anual, se a obrigação for por tempo indeterminado ou por tempo superior a um ano, e, se por tempo inferior, deve ser igual à soma das prestações (art. 292, § 2.º, do CPC).

O juiz deve corrigir, de ofício e por arbitramento, o valor da causa quando verificar que não corresponde ao conteúdo patrimonial em discussão ou ao proveito econômico perseguido pelo autor, caso em que se procederá ao recolhimento das custas correspondentes (art. 292, § 3.º, do CPC).

O réu pode impugnar, em *preliminar da contestação*, o valor atribuído à causa pelo autor, sob pena de preclusão, e o juiz deve decidir a respeito, impondo, se for o caso, a complementação das custas (art. 293 do CPC).

Nos termos do art. 843, § 3.º, e do art. 844, § 5.º, da CLT, *não se admite a cumulação* das condições de advogado e preposto (art. 12, § 3.º, da Instrução Normativa 41/2018).

Isso significa que, embora o preposto não precise ser empregado do réu (empregador), não se permite que a pessoa exerça, de forma cumulativa, as funções de advogado e preposto na audiência do mesmo processo.

Confirmando o exposto, o art. 3.º do Regulamento Geral do Estatuto da Advocacia e da OAB prevê que é defeso (ou seja, proibido) ao advogado funcionar no mesmo processo, simultaneamente, como patrono e preposto do empregador ou cliente.

A partir da vigência da Lei 13.467/2017, a *iniciativa do juiz* na execução de que trata o art. 878 da CLT e no incidente de desconsideração da personalidade jurídica a que alude o art. 855-A da CLT fica limitada aos casos em que as partes não estiverem representadas por advogado (art. 13 da Instrução Normativa 41/2018).

Com a entrada em vigor da Lei 13.467/2017, a execução de ofício (ou seja, iniciada pelo juiz) e a instauração do incidente de desconsideração da personalidade jurídica de ofício (isto é, por iniciativa do juiz) restringem-se às hipóteses em que as partes estiverem no exercício do *jus postulandi* (art. 791 da CLT e Súmula 425 do TST).

A regra inscrita no art. 879, § 2.º, da CLT, quanto ao *dever* de o juiz conceder prazo comum de oito dias para impugnação fundamentada da conta de liquidação, não se aplica à liquidação de julgado iniciada antes de 11 de novembro de 2017 (art. 14 da Instrução Normativa 41/2018).

O critério adotado quanto ao tema, assim, é a data de início da fase de liquidação.

Com isso, a determinação do art. 879, § 2.º, da CLT, com redação dada pela Lei 13.467/2017, apenas é aplicável à liquidação que se iniciou quando esse diploma legal já havia entrado em vigor, o que representa a adoção, no caso, do *sistema das fases processuais*.

Na mesma linha, o *prazo* previsto no art. 883-A da CLT, para as medidas de execução indireta nele especificadas, aplica-se somente às execuções iniciadas a partir de 11 de novembro de 2017 (art. 15 da Instrução Normativa 41/2018).

As referidas medidas de *execução indireta* são o protesto da decisão judicial transitada em julgado, bem como a inscrição do nome do executado em órgãos de proteção ao crédito ou no Banco Nacional de Devedores Trabalhistas (BNDT), sendo aplicáveis se não houver garantia do juízo.

Prevaleceu o entendimento de que *o prazo de 45 dias a contar da citação do executado* apenas é aplicável se a execução teve início quando já estava em vigor a Lei 13.467/2017.

Cabe esclarecer que nas execuções iniciadas antes de 11 de novembro de 2017 as medidas de execução indireta são aplicáveis, pois já previstas no sistema jurídico processual, não incidindo, entretanto, o mencionado prazo mais longo, previsto no art. 883-A da CLT, com redação dada pela Lei 13.467/2017.

O art. 884, § 6.º, da CLT aplica-se às entidades filantrópicas e seus diretores, em processos com execuções iniciadas após 11 de novembro de 2017 (art. 16 da Instrução Normativa 41/2018).

Logo, novamente adotando o *sistema das fases processuais*, nas execuções que tiveram início antes da entrada em vigor da Lei 13.467/2017, entendeu-se inaplicável a previsão de que a exigência da garantia ou penhora não se aplica às entidades filantrópicas e/ou àqueles que compõem ou compuseram a diretoria dessas instituições.

O *incidente de desconsideração da personalidade jurídica*, regulado pelo CPC (arts. 133 a 137), aplica-se ao processo do trabalho, com as inovações trazidas pela Lei 13.467/2017 (art. 17 da Instrução Normativa 41/2018).

Efetivamente, nos termos do art. 855-A da CLT, incluído pela Lei 13.467/2017, aplica-se ao processo do trabalho o incidente de desconsideração da personalidade jurídica previsto nos arts. 133 a 137 do Código de Processo Civil.

Da decisão interlocutória que acolher ou rejeitar o incidente: na fase de cognição, não cabe recurso de imediato, na forma do § 1.º do art. 893 da CLT; na fase de execução, cabe agravo de petição, independentemente de garantia do juízo; cabe agravo interno se proferida pelo relator em incidente instaurado originariamente no tribunal.

A instauração do incidente suspende o processo, sem prejuízo de concessão da tutela de urgência de natureza cautelar de que trata o art. 301 do CPC[300].

O dever de os Tribunais Regionais do Trabalho uniformizarem a sua jurisprudência faz incidir, subsidiariamente ao processo do trabalho, o art. 926 do CPC, por meio do qual os Tribunais devem manter sua jurisprudência *íntegra, estável e coerente* (art. 18 da Instrução Normativa 41/2018).

Trata-se, no caso, de aplicação subsidiária autorizada pelos arts. 769 da CLT e 15 do CPC.

Os *incidentes de uniformização de jurisprudência* suscitados ou iniciados antes da vigência da Lei 13.467/2017, no âmbito dos Tribunais Regional do Trabalho ou por iniciativa de decisão do Tribunal Superior do Trabalho, deverão observar e serão concluídos sob a égide da legislação vigente ao tempo da interposição do recurso, segundo o disposto nos respectivos Regimentos Internos (art. 18, § 1.º, da Instrução Normativa 41/2018).

O art. 896, § 3.º, da CLT, com redação dada pela Lei 13.015/2014, previa que os Tribunais Regionais do Trabalho deveriam proceder, obrigatoriamente, à uniformização de sua jurisprudência e aplicariam, nas causas da competência da Justiça do Trabalho, no que coubesse, o incidente de uniformização de jurisprudência previsto nos termos do Capítulo I do Título IX do Livro I do CPC de 1973.

Esse dispositivo, entretanto, foi *revogado* pela Lei 13.467/2017.

Ainda assim, prevaleceu o entendimento de que os incidentes de uniformização de jurisprudência suscitados ou iniciados antes de 11 de novembro de 2017, no âmbito dos Tribunais Regional do Trabalho ou por iniciativa de decisão do TST, devem observar e ser concluídos conforme a legislação que vigorava *quando da interposição do recurso*, observando-se os respectivos Regimentos Internos.

Aos recursos de revista e de agravo de instrumento no âmbito do Tribunal Superior do Trabalho, conclusos aos relatores e ainda não julgados até a *edição* da Lei 13.467/2017, não

300 "Art. 301. A tutela de urgência de natureza cautelar pode ser efetivada mediante arresto, sequestro, arrolamento de bens, registro de protesto contra alienação de bem e qualquer outra medida idônea para asseguração do direito".

se aplicam as disposições contidas nos §§ 3.º a 6.º do art. 896 da Consolidação das Leis do Trabalho (art. 18, § 2.º, da Instrução Normativa 41/2018).

Como os §§ 3.º a 6.º do art. 896 da CLT foram expressamente *revogados* pela Lei 13.467/2017, entendeu-se que as suas previsões não são aplicáveis aos recursos de revista e de agravo de instrumento no TST conclusos aos relatores e ainda não julgados até a "edição" da Lei 13.467/2017. De todo modo, cabe esclarecer que, embora a Lei 13.467, de 13 de julho de 2017, tenha sido publicada em 14.07.2017, a sua entrada em vigor apenas ocorreu em 11 de novembro de 2017 (art. 6.º).

As teses jurídicas prevalecentes e os enunciados de Súmulas decorrentes do julgamento dos incidentes de uniformização de jurisprudência suscitados ou iniciados anteriormente à edição da Lei 13.467/2017, no âmbito dos Tribunais Regionais do Trabalho, conservam sua *natureza vinculante* à luz dos arts. 926, §§ 1.º e 2.º, e 927, incisos III e V, do CPC (art. 18, § 3.º, da Instrução Normativa 41/2018).

Conforme o art. 926, § 1.º, do CPC, na forma estabelecida e segundo os pressupostos fixados no regimento interno, os tribunais devem editar *enunciados de súmula correspondentes a sua jurisprudência dominante*.

Ao editar enunciados de súmula, os tribunais devem ater-se às circunstâncias fáticas dos precedentes que motivaram sua criação (art. 926, § 2.º, do CPC).

Os juízes e os tribunais devem observar, entre outros: os acórdãos em incidente de assunção de competência ou de resolução de demandas repetitivas e em julgamento de recursos extraordinário e especial (de revista, no processo do trabalho) repetitivos; a orientação do plenário ou do órgão especial aos quais estiverem vinculados (art. 927, incisos III e V, do CPC).

O exame da *transcendência* deve seguir a regra estabelecida no art. 246 do Regimento Interno do Tribunal Superior do Trabalho, incidindo apenas sobre os acórdãos proferidos pelos Tribunais Regionais do Trabalho *publicados* a partir de 11 de novembro de 2017, excluídas as decisões em embargos de declaração (art. 19 da Instrução Normativa 41/2018).

Quanto ao tema, adotou-se o critério da *data de publicação* do acórdão proferido pelo TRT, em consonância com a eficácia imediata das normas processuais.

Nesse sentido, de acordo com o art. 246 do Regimento Interno do TST (aprovado pela Resolução Administrativa 1.937/2017), as normas relativas ao exame da *transcendência dos recursos de revista*, previstas no art. 896-A da CLT, somente incidirão naqueles interpostos contra decisões proferidas pelos Tribunais Regionais do Trabalho publicadas a partir de 11 de novembro de 2017, data da vigência da Lei 13.467/2017.

As disposições contidas nos §§ 4.º, 9.º, 10 e 11 do art. 899 da CLT, com a redação dada pela Lei 13.467/2017, devem ser observadas para os recursos interpostos contra as decisões proferidas a partir de 11 de novembro de 2017 (art. 20 da Instrução Normativa 41/2018).

O depósito recursal deve ser feito em conta vinculada ao juízo (art. 899, § 4.º, da CLT).

O valor do depósito recursal deve ser reduzido pela metade para entidades sem fins lucrativos, empregadores domésticos, microempreendedores individuais, microempresas e empresas de pequeno porte (art. 899, § 9.º, da CLT).

São isentos do depósito recursal os beneficiários da justiça gratuita, as entidades filantrópicas e as empresas em recuperação judicial (art. 899, § 10, da CLT).

O depósito recursal pode ser substituído por fiança bancária ou seguro garantia judicial (art. 899, § 11, da CLT).

Prevaleceu o entendimento de que essas disposições, decorrentes da Lei 13.467/2017, devem ser observadas, de forma imediata, para os *recursos interpostos contra as decisões proferidas a partir de 11 de novembro de 2017.*

A Instrução 41/2018 do TST entrou em vigor na data da sua publicação (art. 21), ocorrida no Diário Eletrônico da Justiça do Trabalho de 21.06.2018.

Foram revogados o art. 2.º, inciso VIII, e o art. 6.º da Instrução Normativa 39/2016 do TST.

O art. 2.º, inciso VIII, da Instrução Normativa 39/2016 do TST previa que não se aplicavam ao processo do trabalho os arts. 921, §§ 4.º e 5.º, e 924, inciso V do CPC, sobre prescrição intercorrente.

Essa previsão foi revogada pela Instrução Normativa 41/2018 do TST, pois o art. 11-A da CLT, incluído pela Lei 13.467/2017, passou a versar sobre a prescrição intercorrente, ou seja, no curso da execução trabalhista.

O art. 6.º da Instrução Normativa 39/2016 do TST dispunha que se aplicava ao processo do trabalho o incidente de desconsideração da personalidade jurídica regulado no Código de Processo Civil (arts. 133 a 137), "assegurada a iniciativa também do juiz do trabalho na fase de execução (CLT, art. 878)".

Esse dispositivo foi revogado pela Instrução Normativa 41/2018 do TST, uma vez que o art. 878 da CLT, com redação dada pela Lei 13.467/2018, passou a estabelecer que a execução será promovida pelas partes, permitida a execução de ofício pelo juiz ou pelo Presidente do Tribunal *apenas nos casos em que as partes não estiverem representadas por advogado.*

✦ Jurisprudência

INSS. Aposentadoria. Contagem de tempo. Direito adquirido. Art. 3.º da EC 20/1998. Contagem de tempo de serviço posterior a 16.12.1998. Possibilidade. Benefício calculado em conformidade com normas vigentes antes do advento da referida emenda. Inadmissibilidade. RE improvido. I – Embora tenha o recorrente direito adquirido à aposentadoria, nos termos do art. 3.º da EC 20/98, não pode computar tempo de serviço posterior a ela, valendo-se das regras vigentes antes de sua edição. II – Inexiste direito adquirido a determinado regime jurídico, razão pela qual não é lícito ao segurado conjugar as vantagens do novo sistema com aquelas aplicáveis ao anterior. III – A superposição de vantagens caracteriza sistema híbrido, incompatível com a sistemática de cálculo dos benefícios previdenciários. IV – Recurso extraordinário improvido (STF, Pleno, RE 575.089/RS, Rel. Min. Ricardo Lewandowski, *DJe* 24.10.2008).

Contribuições previdenciárias. Sentença anterior a Emenda Constitucional 20/1998. Competência da Justiça do Trabalho. Por força do princípio do efeito imediato das leis processuais trabalhistas (art. 912 da CLT), sua aplicação deve ser realizada no início de sua vigência (TRT 5.ª R., 1.ª T., AP 0083500-46.1997.5.05.0311, Rel. Vânia Chaves, *DJ* 03.04.2009).

Agravo interno. Recurso extraordinário com agravo. Honorários advocatícios no processo do trabalho. Art. 791-A da Consolidação das Leis do Trabalho, introduzido pela Lei 13.467/2017. Inaplicabilidade a processo já sentenciado. 1. A parte vencedora pede a fixação de honorários advocatícios na causa com base em direito superveniente – a Lei 13.467/2017, que promoveu a cognominada "Reforma Trabalhista". 2. O direito aos honorários advocatícios sucumbenciais surge no instante da prolação da sentença. Se tal crédito não era previsto no ordenamento jurídico nesse momento processual, não cabe sua estipulação com base em lei posterior, sob pena de ofensa ao princípio da irretroatividade da lei. 3. Agravo interno a que se nega provimento (STF, 1.ª T., AgR-ARE 1.014.675/MG, Rel. Min. Alexandre de Moraes, *DJe* 12.04.2018).

5. Outrossim, a jurisprudência do STJ é pacífica no sentido de que a sucumbência é regida pela lei vigente na data da sentença. 6. Esclarece-se que os honorários nascem contemporaneamente à sentença e não preexistem à propositura da demanda. Assim sendo, nos casos de sentença proferida a partir do dia 18.3.2016, aplicar-se-ão as normas do CPC/2015 (STJ, 2.ª T., REsp 1.636.124/AL (2016/0288549-8), Rel. Min. Herman Benjamin, *DJe* 27.04.2017).

✦ Súmulas, Orientações Jurisprudenciais e Precedentes Normativos

Súmula 191 do TST: Adicional de periculosidade. Incidência. Base de cálculo. I – O adicional de periculosidade incide apenas sobre o salário básico e não sobre este acrescido de outros adicionais. II – O adicional de periculosidade do empregado eletricitário, contratado sob a égide da Lei n.º 7.369/1985, deve ser calculado sobre a totalidade das parcelas de natureza salarial. Não é válida norma coletiva mediante a qual se determina a incidência do referido adicional sobre o salário básico. III – A alteração da base de cálculo do adicional de periculosidade do eletricitário promovida pela Lei n.º 12.740/2012 atinge somente contrato de trabalho firmado a partir de sua vigência, de modo que, nesse caso, o cálculo será realizado exclusivamente sobre o salário básico, conforme determina o § 1.º do art. 193 da CLT.

Súmula 425 do TST: *Jus postulandi* na Justiça do Trabalho. Alcance. O *jus postulandi* das partes, estabelecido no art. 791 da CLT, limita-se às Varas do Trabalho e aos Tribunais Regionais do Trabalho, não alcançando a ação rescisória, a ação cautelar, o mandado de segurança e os recursos de competência do Tribunal Superior do Trabalho.

Orientação Jurisprudencial 41 da SBDI-I do TST: Preenchidos todos os pressupostos para a aquisição de estabilidade decorrente de acidente ou doença profissional, ainda durante a vigência do instrumento normativo, goza o empregado de estabilidade mesmo após o término da vigência deste.

Enunciado 98 da 2.ª Jornada de Direito Material e Processual do Trabalho (2017): Honorários de sucumbência. Inaplicabilidade aos processos em curso. Em razão da natureza híbrida das normas que regem honorários advocatícios (material e processual), a condenação à verba sucumbencial só poderá ser imposta nos processos iniciados após a entrada em vigor da Lei 13.467/2017, haja vista a garantia de não surpresa, bem como em razão do princípio da causalidade, uma vez que a expectativa de custos e riscos é aferida no momento da propositura da ação.

Art. 913. O Ministro do Trabalho, Indústria e Comércio expedirá instruções, quadros, tabelas e modelos que se tornarem necessários à execução desta Consolidação.

Parágrafo único. O Tribunal Superior do Trabalho adaptará o seu regimento interno e o dos Tribunais Regionais do Trabalho às normas contidas nesta Consolidação.

1. NORMAS TRABALHISTAS COMPLEMENTARES

O Ministro do Trabalho, por meio da Portaria 3.214/1978, estabeleceu normas relativas à Segurança e Medicina do Trabalho (Normas Regulamentadoras), com fundamento no art. 200 da CLT.

Em razão do art. 96, inciso I, da Constituição Federal de 1988, não mais se admite que o Tribunal Superior do Trabalho adapte o regimento interno dos Tribunais Regionais do Trabalho, os quais têm competência privativa para elaborar os seus respectivos regimentos internos.

✦ Jurisprudência

Sistema mediador. Depósito de instrumentos coletivos de trabalho. Transmissão via eletrônica. Legalidade. A informatização do sistema de depósito e registro das convenções e acordos coletivos de trabalho no Ministério do Trabalho e Emprego visa adequar o art. 614 e o parágrafo único do art. 613 da CLT à evolução tecnológica existente na atualidade, sem necessidade de alteração do texto legal. A digitalização de dados e informações é uma realidade, podendo o ato administrativo (Portaria 282/2007) perfeitamente regular a matéria, com fundamento no art. 87, parágrafo único, inciso II, da Constituição Federal, e art. 913 da CLT. Recurso a que se nega provimento (TRT 9.ª R., 4.ª T., 15480-2009-2-9-0-3, Rel. Luiz Celso Napp, *DJ* 04.06.2010).

✦ Referência legislativa

- Arts. 5.º, § 1.º, 87, par. ún., II, e 96 da CF.

Art. 914. Continuarão em vigor os quadros, tabelas e modelos, aprovados em virtude de dispositivos não alterados pela presente Consolidação.

1. QUADROS, TABELAS E MODELOS ANTERIORES À CLT

O dispositivo em questão mantém em vigor quadros, tabelas e modelos que tenham sido aprovados por normas não modificadas pela CLT.

O Ministério do Trabalho possui a importante atribuição de regulamentar as matérias pertinentes à Segurança e Medicina do Trabalho, podendo, com isso, aprovar quadros, tabelas e modelos.

Art. 915. Não serão prejudicados os recursos interpostos com apoio em dispositivos alterados ou cujo prazo para interposição esteja em curso à data da vigência desta Consolidação.

1. EFICÁCIA DAS NORMAS DE DIREITO PROCESSUAL DO TRABALHO NO TEMPO E RECURSO

A entrada em vigor da norma refere-se ao início de sua vigência em abstrato. Nesse sentido, pode-se entender a *vigência* como o período de tempo em que a norma jurídica pode ser invocada para produzir seus efeitos.

A *eficácia* da norma jurídica, por sua vez, concerne à capacidade de produção dos seus efeitos, o que se liga à sua aplicação e incidência nas relações jurídicas e fatos em concreto.

A *efetividade* da norma jurídica, por seu turno, significa a sua observância e cumprimento de suas disposições pela sociedade.

A Lei de Introdução às Normas do Direito Brasileiro, no art. 1.º, estabelece que, salvo disposição contrária, a lei começa a vigorar em todo o País 45 dias depois de ser publicada. Nos Estados estrangeiros, a obrigatoriedade da lei, quando admitida, inicia-se três meses depois de oficialmente publicada.

Muitas vezes a entrada em vigor da lei ocorre na data de sua publicação. O período desde a publicação da lei até a sua entrada em vigor chama-se *vacatio legis*, podendo ser fixado prazo diferenciado nesse sentido.

De acordo com o art. 8.º da Lei Complementar 95/1998, a qual dispõe sobre a elaboração, a redação, a alteração e a consolidação das leis: "A vigência da lei será indicada de forma expressa e de modo a contemplar prazo razoável para que dela se tenha amplo conhecimento, reservada a cláusula 'entra em vigor na data de sua publicação' para as leis de pequena repercussão".

O § 1.º do art. 8.º da Lei Complementar 95/1998, incluído pela Lei Complementar 107/2001, prevê que: "A contagem do prazo para entrada em vigor das leis que estabeleçam período de vacância far-se-á com a inclusão da data da publicação e do último dia do prazo, entrando em vigor no dia subsequente à sua consumação integral".

As leis que estabeleçam período de vacância deverão utilizar a cláusula "esta lei entra em vigor após decorridos (o número de) dias de sua publicação oficial" (art. 8.º, § 2.º, da Lei Complementar 95/1998, incluído pela Lei Complementar 107/2001).

Quanto ao término da vigência, o art. 2.º da Lei de Introdução às Normas do Direito Brasileiro dispõe que, não se destinando à vigência temporária, a lei terá vigor até que outra a modifique ou revogue.

Tratando de conflitos das normas no tempo, os parágrafos desse mesmo art. 2.º da Lei de Introdução às Normas do Direito Brasileiro apresentam os seguintes esclarecimentos:

- a lei posterior revoga a anterior quando expressamente o declare, quando seja com ela incompatível ou quando regule inteiramente a matéria de que tratava a lei anterior;
- a lei nova, que estabeleça disposições gerais ou especiais a par das já existentes, não revoga nem modifica a lei anterior;
- salvo disposições em contrário, a lei revogada não se restaura por ter a lei revogadora perdido a vigência (ou seja, afasta-se, em regra, a repristinação).

Em conformidade com o art. 9.º da Lei Complementar 95/1998, com redação determinada pela Lei Complementar 107/2001: "A cláusula de revogação deverá enumerar, expressamente, as leis ou disposições legais revogadas".

As normas de Direito Processual, em regra, apresentam *eficácia imediata*, de modo que incidem nas relações jurídicas processuais em curso, desde que respeitados o direito adquirido, o ato jurídico perfeito e a coisa julgada (art. 5.º, inciso XXXVI, da Constituição Federal de 1988).

Tanto é assim que o Código de Processo Civil de 2015, em seu art. 1.046, estabeleceu que, ao entrar em vigor o mencionado Código, as suas disposições se aplicarão desde logo aos processos pendentes, ficando revogada a Lei 5.869, de 11 de janeiro de 1973.

Conforme o art. 14 do CPC de 2015, a norma processual não retroagirá e será aplicável imediatamente aos processos em curso, respeitados os atos processuais praticados e as situações jurídicas consolidadas sob a vigência da norma revogada.

Como visto acima, o Direito Processual do Trabalho adota a teoria do efeito imediato, ao estabelecer que a lei em vigor terá efeito imediato e geral.

A aplicação imediata da nova previsão processual não se confunde com a eficácia retroativa, a qual não é admitida. Por essa razão, mesmo havendo a sua incidência aos processos em curso, apenas os atos ainda não praticados são alcançados. Com isso, os atos processuais já praticados não são atingidos pela alteração da lei processual.

Essa aplicação imediata, portanto, não pode violar o direito adquirido de natureza processual, o ato jurídico perfeito de natureza processual e mesmo a coisa julgada material.

Tendo em vista o princípio da irretroatividade das leis e de sua eficácia imediata, estas dispõem, em regra, para o futuro, sem atingir fatos passados e já consumados. Nesse sentido, a Constituição Federal de 1988, no art. 5.º, inciso XXXVI, estabelece que a lei não prejudicará o direito adquirido, o ato jurídico perfeito e a coisa julgada, resguardando, no caso, os atos processuais consumados à época da lei anterior, os direitos processuais já integrados ao patrimônio das pessoas antes da vigência da nova disposição, bem como as questões definitivamente decididas pelos tribunais.

Portanto, o prazo recursal a ser aplicado é aquele em vigor quando da publicação da decisão[301].

---

[301] Cf. BARBOSA MOREIRA, José Carlos. *Comentários ao Código de Processo Civil*. 8. ed. Rio de Janeiro: Forense, 1999. v. 5, p. 266- 267.

Se o prazo do recurso é reduzido pela nova lei, mas o recurso foi interposto antes da sua entrada em vigor, no prazo anteriormente previsto, deve ser admitido como tempestivo.

Caso a lei posterior deixe de prever o recurso, o apelo interposto quando da vigência da lei deve ser processado e julgado.

Se, quando a decisão foi publicada, o recurso era previsto na lei em vigor nessa época, o recurso também deve ser processado e julgado. Isso é confirmado pelo art. 915 da CLT.

Da mesma forma, a alteração da legislação processual não alcança a pretensão julgada por sentença de mérito transitada em julgado.

Art. 916. Os prazos de prescrição fixados pela presente Consolidação começarão a correr da data da vigência desta, quando menores do que os previstos pela legislação anterior.

1. PRESCRIÇÃO

A prescrição torna *inexigível* a pretensão referente ao direito subjetivo material, em razão de inércia do seu titular.

Violado o direito subjetivo, o seu titular passa a ter a *pretensão* na sua satisfação; após o prazo prescricional, essa pretensão torna-se inexigível.

Nesse sentido, de acordo com o art. 189 do Código Civil de 2002: "Violado o direito, nasce para o titular a pretensão, a qual se extingue, pela prescrição [...]".

2. REGRA DE TRANSIÇÃO: PRESCRIÇÃO

Nos termos do art. 2.028 do Código Civil de 2002: "Serão os da lei anterior os prazos, quando reduzidos por este Código, e se, na data de sua entrada em vigor, já houver transcorrido mais da metade do tempo estabelecido na lei revogada".

Em relação aos acidentes de trabalho ocorridos antes da entrada em vigor do Código Civil de 2002, caso não tenha transcorrido mais da metade do prazo prescricional de 20 anos na data da entrada em vigor do diploma Civil de 2002, o atual prazo prescricional neste previsto é que se aplica.

Exemplo: acidente do trabalho ocorrido em 10 de janeiro de 2003 – observa-se o prazo prescricional do Código Civil de 2002, pois não transcorrido mais da metade do prazo anterior (dez anos) quando da entrada em vigor do Código Civil de 2002, sabendo-se que, de acordo a corrente de entendimento que for seguida, aplica-se o prazo prescricional geral de dez anos (conforme art. 205), ou o prazo prescricional especial de três anos (conforme art. 206, § 3.º, inciso V, sendo este o entendimento que prevalece na atual jurisprudência). Cf. TST, RR-36-43.2010.5.15.0133, Rel. Min. Luiz Philippe Vieira de Mello Filho.

De todo modo, nessa última situação, o entendimento pacificado é de que o atual prazo prescricional, com previsão no Código Civil de 2002, deve ser aplicado somente a partir da entrada em vigor do referido diploma legal (caso contrário, se o novo prazo prescricional começasse a correr desde a data do ilícito, ter-se-ia aplicação retroativa, não admitida pelo Direito, com a inaceitável conclusão de que o Código Civil de 2002 já estava em vigor quando o ilícito foi cometido, ou seja, antes da vigência do novo diploma legal).

Ainda para a corrente que entende ser aplicado ao caso o prazo prescricional do Direito Civil, em relação aos acidentes de trabalho ocorridos após a entrada em vigor do Código Civil de 2002, aplica-se o prazo de prescrição nele previsto. Exemplo: acidente do trabalho ocorrido em 12 de janeiro de 2003 – observa-se o prazo prescricional do Código Civil de 2002 (conforme a corrente de entendimento, o prazo prescricional geral de dez anos, previsto no art. 205, ou o prazo prescricional especial de três anos, previsto no art. 206, § 3.º, inciso V, que prevalece na jurisprudência).

Conforme conhecida regra de aplicação do Direito, havendo disposição mais específica regulando a hipótese, esta prevalece perante a regra genérica.

O fluxo da prescrição intercorrente conta-se a partir do descumprimento da determinação judicial a que alude o § 1.º do art. 11-A da CLT, desde que feita após 11 de novembro de 2017, por ser a data da entrada em vigor da Lei 13.467/2017 (art. 2.º da Instrução Normativa 41/2018 do TST).

✦ Jurisprudência

Recurso de revista. Prescrição. Termo inicial. Indenização por danos morais. Acidente de trabalho ocorrido antes da vigência do Código Civil de 1916 e antes do advento da Emenda Constitucional 45/2004. Ação proposta na vigência do novo Código Civil. Regra de transição. A SBDI-1 desta Corte pacificou o entendimento de que às ações de indenização por danos morais ou patrimoniais decorrentes de acidente de trabalho em que o reclamante teve ciência da lesão antes da vigência da Emenda Constitucional 45/2004, aplica-se o prazo prescricional previsto no Código Civil, não se adotando o prazo previsto no art. 7.º, XXIX, da Constituição Federal. Quando a ciência da lesão ocorre antes da entrada em vigor do atual Código Civil, em 11.1.2003, deve ser observada a regra de transição contida em seu art. 2.028: se na data em que entrou em vigor o Código Civil de 2002 ainda não havia transcorrido mais da metade do prazo de vinte anos previsto no art. 177 do Código Civil de 1916, aplica-se a prescrição trienal prevista no art. 206, § 3.º, do novo Código Civil. Entretanto, a contagem do novo prazo prescricional deve ser feita a partir da vigência do novo Código Civil, em face da aplicação por analogia do art. 916 da CLT, projetando o termo final do prazo prescricional para 12 de janeiro de 2006. Há precedentes do STF e desta Corte. Na presente hipótese, o acidente de trabalho ocorreu em 1995 e a ação reparatória foi ajuizada em 03.09.2004, ou seja, antes de decorrido o prazo de três anos contados do início da vigência do novo Código Civil. Recurso de revista conhecido e provido (TST, 6.ª T., RR 83600-65.2006.5.02.0441, Rel. Augusto César Leite de Carvalho, j. 07.08.2012, *DEJT* 10.08.2012).

Recurso de embargos. Indenização por dano moral e material. Doença profissional. Empregado aposentado por invalidez. Lesão anterior à vigência do CC. Ação ajuizada após a edição da EC 45/2004. Prescrição aplicável. Necessário examinar a prescrição da pretensão a indenização por dano moral, em face de acidente de trabalho, quando o reconhecimento da lesão é anterior à vigência do Código Civil de 2002 (vigência a partir de 11.01.2003), em 13.04.2001, e a ação trabalhista foi ajuizada após a vigência da EC 45/2004, em 17.01.2006. Diante da tese da c. Turma de que o marco para verificação da doença profissional deve se dar pela data da concessão de aposentadoria por invalidez, é de se aplicar a regra de transição, para consagrar a prescrição trienal, no presente caso, conforme determinam os arts. 206, § 3.º, c/c o 2.028 do Código Civil de 2002, iniciando-se a contagem em 11.01.2003, data da vigência do novo Código. Se a prescrição começou a correr, da data da lesão, antes da EC 45, não é possível aplicar-se a prescrição trabalhista, sob pena de ferimento ao princípio da segurança jurídica, sendo relevante para o exame da prescrição que se observe a data da lesão, com o fim de estabilização das relações jurídicas. Embargos conhecidos e desprovidos (TST, SBDI-I, E-RR 2700-23.2006.5.10.0005, Rel. Min. Aloysio Corrêa da Veiga, *DEJT* 22.08.2014).

Embargos interpostos sob a égide da Lei n.º 13.015/2014 e do CPC/2015. Indenização por danos morais e materiais decorrentes da morte de trabalhador por suposta doença ocupacional. Ação ajuizada pela viúva e filhos do de cujus. Direito pleiteado em nome próprio. Controvérsia relativa à prescrição incidente (cível ou trabalhista). 1. Nos termos do art. 114 da Constituição Federal (com a redação que lhe foi conferida pela Emenda Constitucional n.º 45/2004), competem à Justiça do Trabalho o processamento e o julgamento das ações reparatórias de danos materiais, morais e estéticos oriundos de acidentes de trabalho ou moléstias profissionais. 2. Nesse sentido, pacificou-se o entendimento nesta Corte de que a pretensão referente à reparação por danos material e moral oriundos de infortúnios do trabalho caracteriza-se como direito eminentemente trabalhista, atraindo a incidência do art. 7.º, XXIX, da Constituição Federal, com a aplicação das regras de transição, conforme a decisão proferida pelo Supremo Tribunal Federal no Conflito de Competência n.º 7.204-1, publicada em 9/12/2005. 3. Contudo, em se tratando de ações propostas pelos sucessores do trabalhador em decorrência de acidente ou moléstia profissional, que se inserem na competência desta Justiça Especial, na conformidade da parte final da Súmula n.º 392 do TST, é necessário fazer uma distinção relativamente à natureza do direito pleiteado para efeito de definição da prescrição incidente. 4. Com efeito, distintas são as situações em que os sucessores pugnam na condição de substitutos processuais pelo pagamento de indenização por danos causados ao de cujos no curso da relação de emprego, que poderá vir a integrar seu patrimônio por força de herança, daquelas em que pleiteiam a indenização pelo dano a si mesmos causado em razão do acidente ou moléstia que vitimou seu ente querido (dano reflexo ou em ricochete). 5. Trata-se, no segundo caso, de direito personalíssimo e autônomo dos familiares da vítima, que, embora tenha origem no mesmo evento e, por essa razão, esteja inserido na jurisdição trabalhista, destaca-se do dano sofrido pelo próprio trabalhador, ostentando natureza eminentemente civil, o que atrai a incidência da prescrição prevista no art. 206, § 3.º, do Código Civil. Recurso de embargos conhecido e desprovido (TST, SBDI-I, E-RR 10248-50.2016.5.03.0165, Rel. Min. Luiz Philippe Vieira de Mello Filho, *DEJT* 15.06.2018).

Recurso de revista. Apelo anterior à vigência da Lei n.º 13.015/2014. Acidente de trabalho. Morte do ex-empregado após a promulgação da Emenda Constitucional n.º 45/2004 e julgamento do conflito de competência n.º 7.204/MG. Indenização por danos morais. Ação ajuizada pelos sucessores e viúva do ex-empregado falecido. Incidência da prescrição trabalhista total. 1. A jurisprudência desta Corte é no sentido de que a prescrição aplicável, nos casos de acidente do trabalho, deve considerar a data da lesão, se ocorrida antes ou depois da Emenda Constitucional n.º 45/2004, pois somente após a sua promulgação é que se reconheceu a competência da Justiça do Trabalho para processar e julgar as ações de reparação por danos materiais, morais e estéticos oriundos de acidentes de trabalho ou doenças profissionais. 2. Essa norma, no entanto, restou obtemperada em nome da segurança jurídica, vindo a ser solucionada por decisão do Supremo Tribunal Federal (CC 7.204-1, publicado em 9/12/2005). 3. Em se tratando de pretensão à indenização por danos morais e materiais ocorridos antes da vigência do Código Civil de 2002, se na vigência deste, que se deu em 11/1/2003 (art. 2.044 do Código Civil), já havia transcorrido mais de dez anos (metade do tempo previsto no art. 177 do Código Civil de 1916), aplica-se a prescrição vintenária, conforme regra de transição estabelecida no art. 2.028 do referido diploma legal. Caso não transcorrida a metade do prazo prescricional vintenário, incide a prescrição trienal, prevista no art. 206, § 3.º, do Código Civil. 4. Frise-se que a prescrição prevista no art. 7.º, XXIX, da Constituição da República somente não irá incidir nos casos em que o evento danoso ou a ciência da lesão se derem antes da decisão do Supremo Tribunal Federal no Conflito de Competência n.º 7.204/MG, que interpretou a Emenda Constitucional n.º 45/2004 e resolveu, definitivamente, deslocar a competência para o exame de matéria para a Justiça do Trabalho. Se o acidente de trabalho ou a doença ocupacional ocorreu antes da edição da Emenda Constitucional n.º 45/2002 e da decisão do Supremo Tribunal Federal no Conflito de Competência n.º 7.204/MG, deve ser aplicada a prescrição civil, porque a competência material para o julgamento da lide era da Justiça dos Estados e do Distrito Federal, e não da Justiça do Trabalho. 5. No caso dos autos, a ação ajuizada pelos sucessores e pela viúva do ex-empregado falecido, para postular direito em nome próprio e que tem por objeto indenização por danos morais decorrentes da morte de ente querido, causada por acidente de trabalho sofrido pelo *de cujus*, insere-se na competência desta Justiça Especial e aplica-se a prescrição atinente aos créditos trabalhistas, nos termos da fundamentação supra. 6. Nesse passo, no caso concreto, tendo como data da ciência inequívoca da lesão o dia do falecimento do ex-empregado da reclamada, em 25/4/2006, portanto, após a Emenda Constitucional n.º 45/2004 e o julgamento do Conflito de Competência n.º 7.204-1, publicado no DJU em 9/12/2005, não pairam dúvidas de que incide a prescrição bienal trabalhista, consequentemente, a pretensão dos autores encontra-se fulminada pela prescrição, pois a demanda fora proposta apenas em 16/4/20 0 9, quando já transcorridos mais de dois anos a contar do óbito do ex-empregado. Precedentes. Recurso de revista conhecido e provido (TST, 7.ª T., RR-36-43.2010.5.15.0133, Rel. Min. Luiz Philippe Vieira de Mello Filho, *DEJT* 23.08.2019).

Art. 917. O Ministro do Trabalho, Indústria e Comércio marcará prazo para adaptação dos atuais estabelecimentos às exigências contidas no capítulo "Da Higiene e Segurança do Trabalho". Compete ainda àquela autoridade fixar os prazos dentro dos quais, em cada Estado, entrará em vigor a obrigatoriedade do uso da Carteira Profissional, para os atuais empregados.

Parágrafo único. O Ministro do Trabalho, Indústria e Comércio fixará, para cada Estado e quando julgar conveniente, o início da vigência de parte ou de todos os dispositivos contidos no Capítulo "Da Segurança e da Medicina do Trabalho".

1. PERÍODO DE ADAPTAÇÃO ÀS REGRAS DA CLT

O dispositivo em questão teve relevância quando da entrada em vigor da Consolidação das Leis do Trabalho, no que tange ao cumprimento das normas pertinentes à Segurança e Medicina do Trabalho, previstas nos arts. 154 a 201 da CLT.

Art. 918. Enquanto não for expedida a Lei Orgânica da Previdência Social, competirá ao presidente do Tribunal Superior do Trabalho julgar os recursos interpostos com apoio no art. 1.º, alínea "c", do Decreto-lei n.º 3.710, de 14 de outubro de 1941, cabendo recurso de suas decisões nos termos do disposto no art. 734, alínea "b", desta Consolidação. (Cf. Lei n.º 3.807, de 1960)

Parágrafo único. Ao diretor do Departamento de Previdência Social incumbirá presidir as eleições para a constituição dos Conselhos Fiscais dos Institutos e Caixas de Aposentadoria e Pensões e julgar, com recurso para a instância superior, os recursos sobre matéria técnico-administrativa dessas instituições. (Cf. Lei n.º 3.807, de 1960)

1. SEGURIDADE SOCIAL

Na atualidade, a Lei 8.212/1991 dispõe sobre a organização da Seguridade Social e institui Plano de Custeio (do Regime Geral de Previdência Social). A Lei 8.213/1991, por seu turno, dispõe sobre os Planos de Benefícios da Previdência Social (Regime Geral).

O julgamento das controvérsias sobre questões previdenciárias é, em regra, de competência da Justiça Federal (art. 109, inciso I, da Constituição Federal de 1988).

No caso de conflitos relativos a benefícios previdenciários decorrentes de acidentes do trabalho, a competência é da Justiça Comum Estadual (art. 109, inciso I, parte final, da Constituição Federal de 1988).

✦ **Súmulas, Orientações Jurisprudenciais e Precedentes Normativos**

Súmula 15 do STJ: Competência – Acidente do Trabalho. Compete à Justiça Estadual processar e julgar os litígios decorrentes de acidente do trabalho.

Art. 919. Ao empregado bancário, admitido até a data da vigência da presente Lei, fica assegurado o direito à aquisição da estabilidade nos termos do art. 15 do Decreto 24.615, de 9 de julho de 1934.

1. EMPREGADO BANCÁRIO

Antes da entrada em vigor da CLT, o empregado bancário adquiria a estabilidade com dois anos de serviço, conforme o Decreto 24.615/1934, art. 15. Os empregados bancários que adquiriram esse direito até a entrada em vigor da CLT (10.11.1943) possuem direito adquirido à mencionada estabilidade.

Art. 920. Enquanto não forem constituídas as confederações, ou, na falta destas, a representação de classes, econômicas ou profissionais, que derivar da indicação desses órgãos ou dos respectivos presidentes, será suprida por equivalente designação ou eleição realizada pelas correspondentes federações.

1. CONSTITUIÇÃO DE CONFEDERAÇÕES

O sistema sindical brasileiro é *confederativo* (art. 8.º, inciso IV, da Constituição Federal de 1988), ou seja, composto de sindicatos, federações e confederações, além de ser fundado na representação de categorias (art. 8.º, incisos II e III, da Constituição Federal de 1988).

Desse modo, os sindicatos são os entes sindicais de base e as organizações sindicais de grau superior são as federações e as confederações (art. 533 da CLT).

As *federações* são formadas por número não inferior a cinco sindicatos, sendo constituídas por Estados (art. 534 da CLT). As *confederações*, por sua vez, são formadas por no mínimo três federações, com âmbito nacional, e sede na Capital da República (art. 535 da CLT).

Art. 921. As empresas que não estiverem incluídas no enquadramento sindical de que trata o art. 577 poderão firmar contratos coletivos de trabalho com os sindicatos representativos da respectiva categoria profissional.

1. ENQUADRAMENTO SINDICAL

O enquadramento sindical no Brasil, na atualidade, deve observar o sistema confederativo e a organização por categoria, sendo feito em conformidade com a atividade preponderante do empregador, conforme disposto no art. 581, § 1.º, da CLT.

Entende-se por *atividade preponderante* a que caracterizar a unidade de produto, operação ou objetivo final, para cuja obtenção todas as demais atividades convirjam, exclusivamente em regime de conexão funcional (art. 581, § 2.º, da CLT).

No grupo de empresas, cada empresa deve ter o seu respectivo enquadramento sindical específico. Assim, não se pode dizer que o grupo como um todo pertence à mesma categoria, representada pelo mesmo sindicato.

No caso da terceirização lícita, o empregador do empregado terceirizado é a empresa prestadora de serviço, sendo esta a sua atividade econômica.

Logo, é possível concluir que o empregado da empresa prestadora de serviço não integra a categoria profissional da empresa contratante (tomadora), mas sim a categoria dos empregados de empresas de prestação de serviços.

Com isso, em tese, não se aplicam os direitos decorrentes das normas coletivas (como piso da categoria) dos empregados da empresa tomadora (contratante) aos empregados das prestadoras dos serviços, gerando possível tratamento não isonômico entre trabalhadores terceirizados e contratados diretamente pela tomadora, ainda que inseridos no mesmo setor e contexto de atividade.

Ainda assim, se a empresa contratante (tomadora) tiver empregados próprios (contratados diretamente) e empregados terceirizados (contratados pela empresa prestadora) exercendo as mesmas funções, em idênticas condições, tendo em vista a incidência do princípio da igualdade (art. 5.º, *caput*, da Constituição da República), é possível sustentar a aplicação do mesmo patamar remuneratório e de outros direitos trabalhistas a ambos os tipos de empregados, sob pena de se caracterizar tratamento discriminatório entre trabalhadores, o que não é admitido pelo sistema jurídico (arts. 3.º, inciso IV, 5.º, inciso XLI, e 7.º, incisos XXX, XXXI e XXXII, da Constituição Federal de 1988).

Entretanto, adotando posicionamento diverso, o Supremo Tribunal Federal fixou a seguinte tese de repercussão geral: "A equiparação de remuneração entre empregados da empresa tomadora de serviços e empregados da empresa contratada (terceirizada) fere o princípio da livre iniciativa, por se tratar de agentes econômicos distintos, que não podem estar sujeitos a decisões empresariais que não são suas" (STF, Pleno, RE 635.546/MG, Red. p/ ac. Min. Roberto Barroso, *DJe* 19.05.2021).

✦ Jurisprudência

Dissídio coletivo de natureza econômica. 1. Recurso ordinário do Ministério Público do Trabalho. 2. Recurso ordinário do sindicato dos empregados no comércio hoteleiro e similares de Mossoró. Análise conjunta. Legitimidade ativa. Cinge-se a presente controvérsia em definir se o Sindicato Suscitante – Sindicato dos Empregados no Comércio Hoteleiro e Similares de Mossoró – é parte legítima para representar os interesses dos empregados das empresas de terceirização de mão de obra, vinculadas ao Sindicato Patronal das Empresas Prestadoras de Serviço, que atuam como terceirizados nas funções de despenseiro, auxiliar de nutrição, merendeiro, camareiro, costureira, passador, garçom, cumim, copeiro, cozinheiro, auxiliar de cozinha, carregador e trabalhador em lavanderia. A Constituição da República fixa a categoria profissional como elemento referencial para a representação dos sindicatos obreiros (art. 8.º, II, da CF/88). Entretanto, não concretiza, explicitamente, o conceito jurídico de categoria. No Direito brasileiro, esse conceito é dado pela CLT, em seu art. 511, § 2.º (conceito de categoria profissional) e § 3.º (conceito de categoria profissional diferenciada). O fenômeno da terceirização, entre as inúmeras dificuldades que traz à sua regulação civilizatória pelo Direito do Trabalho, apresenta ainda manifesto desajuste à estrutura do sistema sindical do País, fundado na ideia matriz da categoria. É que os trabalhadores terceirizados não constituem, do ponto de vista real e sob a ótica jurídica, uma categoria profissional efetiva, uma vez que não apresentam, regra geral, similitude de condições de vida oriunda da profissão ou trabalho em comum, em situação de emprego na mesma atividade econômica ou em atividades econômicas similares ou conexas, compondo a expressão social elementar compreendida como categoria profissional (art. 511, § 2.º, CLT). Ora, os trabalhadores terceirizados são ofertados a distintos tomadores de serviços, muitas vezes laborando em períodos diversos e sequenciais, para empresas sumamente diferentes, às vezes integrantes de categorias econômicas sem qualquer similitude entre si. São trabalhadores dispersados pela fórmula de contratação trabalhista a que se submetem. Revela-se, aí, um dos motivos pelos quais a terceirização é fenômeno tão prejudicial ao trabalhador. No caso, verifica-se que havia um Sindicato específico para representar os empregados de empresas de terceirização no Estado do Rio Grande do Norte, qual seja o SINDCOM/RN – Sindicato dos Empregados em Condomínios e em Empresas Prestadores de Serviço de Locação de Mão de Obra no Estado do Rio Grande do Norte. Todavia, na Ação Civil Pública n.º 160400-45.2009.5.21.0007, determinou-se a dissolução do referido Sindicato, pois se verificou que sua criação se deu por grupo familiar e empresarial articulado, com grave fraude a direitos trabalhistas. Constatou-se que tal Sindicato era utilizado para sonegar e suprimir direitos básicos e indisponíveis dos empregados, contratuais e rescisórios. Em decorrência da dissolução do SINDCOM/RN, os trabalhadores prestadores de serviços terceirizados no Rio Grande do Norte ficaram sem representatividade sindical. Para suprir essa lacuna, o Sindicato Patronal das Empresas Prestadoras de Serviços de Mão de Obra do Rio Grande do Norte – SINDPREST – firmou um TAC perante o MPT, em que se definiu que "o SINDPREST firmará acordos e convenções coletivas de trabalho com o Sindicato dos Trabalhadores em Hotéis e Restaurantes do Rio Grande do Norte quanto às atividades terceirizadas de passador, garçom, copeira, cozinheiro, auxiliar de cozinha e carregador" (Cláusula 10). Ora, tendo em conta o contexto de dissolução de um sindicato fraudulento e de celebração de um TAC perante o MPT, para suprir a lacuna remanescente de representatividade sindical, e considerando que a categoria profissional é formada por trabalhadores terceirizados, não há como se chancelar o rigor formal do entendimento do TRT, o qual, em face da inexistência de correspondência entre os ramos empresariais em que atuam os Sindicatos Suscitante e Suscitado, entendeu pela ilegitimidade do primeiro para ajuizar o presente dissídio em face do segundo, recusando a homologar o acordo firmado em juízo pelas partes. Assim, impõe-se o devido respeito ao TAC firmado perante o MPT e, por conseguinte, o reconhecimento da legitimidade do Sindicato Suscitante – Sindicato dos Empregados no Comércio Hoteleiro e Similares de Mossoró, devendo os autos retornar ao TRT de origem, para que prossiga no julgamento do feito, como entender de direito. Por oportuno, registre-se que esta SDC, em recente julgado, apreciou controvérsia idêntica, envolvendo o mesmo TAC, o mesmo sindicato da categoria econômica e a mesma categoria profissional, com diferença apenas quanto à abrangência territorial do sindicato obreiro, com decisão no sentido de afastar a ilegitimidade ativa do Sindicato obreiro para instaurar o dissídio coletivo, na forma reconhecida pelo Tribunal Regional. Recursos ordinários conhecidos e providos (TST, SDC, RO 18-89.2015.5.21.0000, Rel. Min. Mauricio Godinho Delgado, *DEJT* 17.06.2016).

Art. 922. O disposto no art. 301 regerá somente as relações de empregos iniciadas depois da vigência desta Consolidação.

1. TRABALHO EM MINAS DE SUBSOLO

O art. 301 da CLT versa sobre o trabalho em minas de subsolo, ao dispor que o trabalho no subsolo somente deve ser permitido a homens, com idade compreendida entre 21 e 50 anos, assegurada a transferência para a superfície nos termos previstos no art. 300. Essa disposição só incide quanto às relações de emprego iniciadas a partir da entrada em vigor da Consolidação das Leis do Trabalho, ou seja, 10 de novembro de 1943.

ANEXO

Quadro a que se refere o art. 577 da Consolidação das Leis do Trabalho

CONFEDERAÇÃO NACIONAL DA INDÚSTRIA	CONFEDERAÇÃO NACIONAL DOS TRABALHADORES NA INDÚSTRIA
1.º GRUPO – Indústria da alimentação Atividades ou categorias econômicas	**1.º GRUPO – Trabalhadores na indústria de alimentação Categorias profissionais**
Indústria do trigo Indústria do milho e da soja Indústria da mandioca	Trabalhadores na indústria do trigo, milho e mandioca
Indústria do arroz	Trabalhadores na indústria do arroz
Indústria do açúcar Indústria do açúcar de engenho	Trabalhadores na indústria do açúcar
Indústria de torrefação e moagem de café Indústria de refinação do sal Indústria de panificação e confeitaria Indústria de produtos de cacau e balas Indústria do mate Indústria de laticínio e produtos derivados Indústria de massas alimentícias e biscoitos	Trabalhadores na indústria de torrefaçao e moagem de café Trabalhadores na indústria da refinação do sal Trabalhadores na indústria de panificação e confeitaria Trabalhadores na indústria de produtos de cacau e balas Trabalhadores na indústria do mate Trabalhadores na indústria de laticínio e produtos derivados Trabalhadores na indústria de massas alimentícias e biscoitos
Indústria da cerveja de baixa fermentação Indústria da cerveja e de bebidas em geral	Trabalhadores na indústria de cerveja e bebidas em geral
Indústria do vinho Indústria de águas minerais Indústria de azeite e óleos alimentícios Indústria de doces e conservas alimentícias Indústria de carnes e derivados Indústria do fio Indústria do fumo Indústria da imunização e tratamento de frutas	Trabalhadores na indústria do vinho Trabalhadores na indústria de águas minerais Trabalhadores na indústria do azeite e óleos alimentícios Trabalhadores na indústria de doces e conservas alimentícias Trabalhadores na indústria de carnes e derivados Trabalhadores na indústria de fio Trabalhadores na indústria do fumo Trabalhadores na indústria de imunização e tratamento de frutas

CONFEDERAÇÃO NACIONAL DA INDÚSTRIA	CONFEDERAÇÃO NACIONAL DOS TRABALHADORES NA INDÚSTRIA
2.º GRUPO – Indústria do vestuário Atividades ou categorias econômicas	**2.º GRUPO – Trabalhadores nas indústrias do vestuário Categorias profissionais**
Indústria de calçados Indústria de camisas para homem e roupas brancas Indústria de alfaiataria e de confecção de roupas de homem Indústria de guarda-chuvas e bengalas Indústria de luvas, bolsas e peles de resguardo Indústria de pentes, botões e similares Indústria de chapéus Indústria de confecção de roupas e chapéus de senhora	Trabalhadores na indústria do calçado Oficiais alfaiates, costureiras a trabalhadores na indústria de confecção de roupas Trabalhadores na indústria de guarda-chuvas e bengalas Trabalhadores na indústria de luvas, bolsas e peles do resguardo Trabalhadores na indústria de pentes, botões e similares Trabalhadores na indústria de chapéus Trabalhadores na indústria de confecção de roupas e chapéus de senhora
3.º GRUPO – Indústrias da construção e do mobiliário Atividades ou categorias econômicas	**3.º GRUPO – Trabalhadores nas indústrias da construção e do mobiliário Categorias profissionais**
Indústria da construção civil Indústria de olaria Indústria do cimento, cal e gesso Indústria de ladrilhos hidráulicos e produtos de cimento Indústria da cerâmica para construção Indústria de mármores e granitos Indústria de pinturas, decorações, estuques e ornatos Indústria de serrarias, carpintarias e tanoarias Indústria da marcenaria (móveis da madeira) Indústria de móveis de junco a vime e de vassouras Indústria de cortinados e estofos	Trabalhadores na indústria da construção civil (pedreiros, carpinteiros, pintores e estucadores, bombeiros hidráulicos e trabalhadores em geral, de estradas, pontes, portos e canais) Trabalhadores na indústria de olaria Trabalhadores na indústria do cimento, cal a gesso Trabalhadores na indústria de ladrilhos hidráulicos e produtos de cimento Trabalhadores na indústria de cerâmica para construção Trabalhadores na indústria de mármores e granitos Oficiais eletricistas Oficiais marceneiros e trabalhadores nas indústrias de serrarias e de moveis de madeira Trabalhadores na indústria de moveis de junco e vime e de vassouras
4.º GRUPO – Indústrias urbanas Atividades ou categorias econômicas	**4.º GRUPO – Trabalhadores nas indústrias urbanas Categorias profissionais**
Indústria da purificação e distribuição de água Indústria de energia hidroelétrica Indústria da energia termoelétrica Indústria da produção do gás Serviços de esgotos	Trabalhadores na indústria da purificação e distribuição de água Trabalhadores na indústria da energia hidroelétrica Trabalhadores na indústria da energia termoelétrica Trabalhadores na indústria da produção do gás Trabalhadores em serviços de esgotos
5.º GRUPO – Indústrias extrativas Atividades ou categorias econômicas	**5.º GRUPO – Trabalhadores nas indústrias extrativas Categorias profissionais**
Indústria da extração de ouro e metais preciosos Indústria da extração do ferro e metais básicos Indústria da extração do carvão	Trabalhadores na indústria da extração de ouro e metais preciosos Trabalhadores na indústria da extração do ferro e metais básicos

CONFEDERAÇÃO NACIONAL DA INDÚSTRIA	CONFEDERAÇÃO NACIONAL DOS TRABALHADORES NA INDÚSTRIA
5.º GRUPO – Indústrias extrativas Atividades ou categorias econômicas	**5.º GRUPO – Trabalhadores nas indústrias extrativas Categorias profissionais**
Indústria da extração de diamantes e pedras preciosas Indústria da extração de mármores, calcários e pedreiras Indústria da extração de areias e barreiras Indústria da extração do sal Indústria da extração do petróleo Indústria da extração de madeiras Indústria da extração de resinas Indústria da extração da lenha Indústria da extração da borracha Indústria da extração de fibras vegetais e do descaroçamento do algodão Indústria da extração de óleos vegetais e animais	Trabalhadores na indústria da extração do carvão. Trabalhadores na indústria da extração de diamantes e pedras preciosas Trabalhadores na indústria da extração de mármores, calcários e pedreiras Trabalhadores na indústria da extração de areias e barreiras Trabalhadores na indústria da extração do sal Trabalhadores na indústria do petróleo Trabalhadores na indústria da extração de madeiras Trabalhadores na indústria da extração de resinas Trabalhadores na indústria da extração da lenha Trabalhadores na indústria da extração da borracha Trabalhadores na indústria da extração de fibras vegetais e do descaroçamento do algodão Trabalhadores na indústria da extração de óleos vegetais e animais
6.º GRUPO – Indústria de fiação e tecelagem Atividades ou categorias econômicas	**6.º GRUPO – Trabalhadores nas indústrias de fiação e tecelagem Categorias profissionais**
Indústria da cordoalha e estopa Indústria da malharia e meias Indústria de fiação e tecelagem em geral Indústria de especialidades têxteis (passamanarias, rendas, tapetes)	Mestres e contramestres na indústria de fiação e tecelagem Trabalhadores na indústria de fiação e tecelagem
7.º GRUPO – Indústria de artefatos de couro Atividades ou categorias econômicas	**7.º GRUPO – Trabalhadores nas indústrias de artefatos de couro Categorias profissionais**
Indústria de curtimento de couros e de peles Indústria de malas e artigos de viagem Indústria de correias em geral e arreios	Trabalhadores na indústria de curtimento de couros e peles Trabalhadores na indústria de artefatos de couro
8.º GRUPO – Indústria dos artefatos de borracha Atividades ou categorias econômicas	**8.º GRUPO – Trabalhadores nas indústrias de artefatos de borracha Categorias profissionais**
Indústria de artefatos de borracha	Trabalhadores nas indústrias de artefatos de borracha
9.º GRUPO – Indústria de joalheria e lapidação de pedras preciosas Atividades ou categorias econômicas	**9.º GRUPO – Trabalhadores nas Indústrias da joalheria e lapidação de pedras preciosas Categorias profissionais**
Indústria da joalheria e ourivesaria Indústria da lapidação de pedras preciosas	Oficiais joalheiros e ourives Oficiais lapidários

CONFEDERAÇÃO NACIONAL DA INDÚSTRIA	CONFEDERAÇÃO NACIONAL DOS TRABALHADORES NA INDÚSTRIA
10.º GRUPO – Indústrias químicas e farmacêuticas Atividades ou categorias econômicas	**10.º GRUPO – Trabalhadores nas Indústrias químicas e farmacêuticas Categorias profissionais**
Indústrias de produtos químicos para fins industriais Indústria de produtos farmacêuticos Indústria de preparação de óleos vegetais e animais Indústria de resinas sintéticas Indústria de perfumarias e artigos de toucador Indústria de sabão e velas Indústria da fabricação do álcool Indústria de explosivos Indústria de tintas e vernizes Indústria de fósforos Indústria de adubos e colas Indústria de formicidas e inseticidas Indústria de lavanderia e tinturaria do vestuário Indústria de destilação e refinação de petróleo Indústria de material plástico	Trabalhadores na indústria de produtos químicos para fins industriais Trabalhadores na indústria de produtos farmacêuticos Trabalhadores na preparação de óleos vegetais e animais Trabalhadores na indústria de resinas sintéticas Trabalhadores na indústria de perfumarias e artigos de toucador Trabalhadores na indústria de sabão e velas Trabalhadores na indústria de fabricação do álcool Trabalhadores na indústria de explosivos Trabalhadores na indústria de tintas e vernizes Trabalhadores na indústria de fósforos Trabalhadores na indústria de adubos e colas Trabalhadores na indústria de formicidas e inseticidas Trabalhadores na indústria de lavanderia e tinturaria do vestuário Trabalhadores na indústria de destilação e refinação de petróleo Trabalhadores na indústria de material plástico
11.º GRUPO – Indústrias do papel, papelão e cortiça Atividades ou categorias econômicas	**11.º GRUPO – Trabalhadores nas Indústrias do papel, papelão e cortiça Categorias profissionais**
Indústria do papel Indústria do papelão Indústria de cortiça Indústria de artefatos de papel, papelão e cortiça	Trabalhadores na indústria de papel, papelão e cortiça (Corrigido pelo Decreto-lei n.º 6.353, de 1944) Trabalhadores na indústria de artefatos de papel, papelão e cortiça
12.º GRUPO – Indústrias gráficas Atividades ou categorias econômicas	**12.º GRUPO – Trabalhadores nas Indústrias gráficas Categorias profissionais**
Indústria da tipografia Indústria da gravura Indústria da encadernação	Oficiais gráficos Oficiais encadernadores
13.º GRUPO – Indústrias de vidros, cristais, espelhos, cerâmica de louça e porcelana Atividades ou categorias econômicas	**13.º GRUPO – Trabalhadores nas Indústrias de vidros, cristais, espelhos, cerâmica de louça e porcelana Categorias profissionais**
Indústria de vidros e cristais planos Indústria de vidros e cristais ocos (frascos, garrafas, copos e similares Indústria de espelhos de polimento (lapidação de vidro) Indústria de cerâmica de louça de pó de pedra, da porcelana e da louça de barro	Trabalhadores na indústria de vidros, cristais e espelhos Trabalhadores na indústria de cerâmica de louça de pó de pedra, da porcelana e da louça de barro

CONFEDERAÇÃO NACIONAL DA INDÚSTRIA	CONFEDERAÇÃO NACIONAL DOS TRABALHADORES NA INDÚSTRIA
14.º GRUPO – Indústrias metalúrgicas, mecânica e de material elétrico Atividades ou categorias econômicas	**14.º GRUPO – Trabalhadores nas Indústrias metalúrgicas, mecânica e de material elétrico Categorias profissionais**
Indústria do ferro (siderurgia) Indústria da fundição Indústria de artefatos de ferro e metais em geral Indústria da serralheria Indústria da mecânica Indústria da galvanoplastia e de niquelação Indústria de máquinas Indústria de cutelaria Indústria de balanças, pesos e medidas Indústria de funilaria Indústria de estamparia de metais Indústria de moveis de metal Indústria da construção e montagem de veículos Indústria de reparação de veículos e acessórios Indústria da construção naval Indústria de lâmpadas e aparelhos elétricos de iluminação Indústria de condutores elétricos e de trefilação Indústria de aparelhos elétricos e similares Indústria de aparelhos de radiotransmissão	Trabalhadores metalúrgicos (siderurgia e fundição) Trabalhadores em oficinas mecânicas Trabalhadores na indústria do material elétrico
15.º GRUPO – Indústrias de instrumentos musicais e brinquedos Atividades ou categorias econômicas	**15.º GRUPO – Trabalhadores nas Indústrias de instrumentos musicais e brinquedos Categorias profissionais**
Indústrias de instrumentos musicais Indústrias de brinquedos	Trabalhadores na indústria de instrumentos musicais Trabalhadores na indústria de brinquedos

CONFEDERAÇÃO NACIONAL DO COMÉRCIO	CONFEDERAÇÃO NACIONAL DOS TRABALHADORES NO COMÉRCIO
1.º GRUPO – Comércio atacadista Atividades ou categorias econômicas	**1.º GRUPO – Empregados no comércio Categorias profissionais**
Comércio atacadista de algodão e outras fibras vegetais Comércio atacadista de café Comércio atacadista de carnes frescas e congeladas Comércio atacadista de carvão vegetal e lenha Comércio atacadista de gêneros alimentícios Comércio atacadista de tecidos, vestuário e armarinho Comércio atacadista de louças, tintas e ferragens Comércio atacadista de maquinismos em geral Comércio atacadista de material de construção Comércio atacadista de material elétrico Comércio atacadista de minérios e combustíveis minerais	Empregados no comércio (prepostos do comércio em geral) Empregados vendedores e viajantes do comércio Trabalhadores em empresas comerciais de minérios e combustíveis minerais

CONFEDERAÇÃO NACIONAL DO COMÉRCIO	CONFEDERAÇÃO NACIONAL DOS TRABALHADORES NO COMÉRCIO
1.º GRUPO – Comércio atacadista **Atividades ou categorias econômicas**	**1.º GRUPO – Empregados no comércio** **Categorias profissionais**
Comércio atacadista de produtos químicos para a indústria e lavoura Comércio atacadista de drogas e medicamentos Comércio atacadista de pedras preciosas Comércio atacadista de joias e relógios Comércio atacadista de papel e papelão	
2.º GRUPO – Comércio varejista219 **Atividades ou categorias econômicas**	
Lojistas do comércio (estabelecimentos de tecidos de vestuário, adorno e acessórios, de objetos de arte, de louças finas, de ótica, de cirurgia, de papelaria e material de escritório, de livraria, de material fotográfico, de moveis e congêneres) Comércio varejista de carnes frescas Comércio varejista de gêneros alimentícios Comércio varejista de produtos farmacêuticos Comércio varejista de maquinismos, ferragens e tintas (utensílios e ferramentas) Comércio varejista de material elétrico Comércio varejista de automóveis e acessórios Comércio varejista de carvão vegetal e lenha Comércio varejista de combustíveis minerais Comércio de vendedores ambulantes (trabalhadores autônomos) Comércio varejista dos feirantes	Práticos de farmácia
3.º GRUPO – Agentes autônomos do comércio **Atividades ou categorias econômicas**	**2.º GRUPO – Empregados de agentes autônomos de comércio** **Categorias profissionais**
Corretores de mercadorias Corretores de navios Corretores de imóveis Despachantes aduaneiros Despachantes de estrada de ferro Leiloeiros Representantes comerciais Comissários e consignatários	Empregados de agentes autônomos do comércio
4.º GRUPO – Comércio armazenador **Atividades ou categorias econômicas**	**3.º GRUPO – Trabalhadores no comércio armazenador** **Categorias profissionais**
Trapiches Armazéns gerais (de café, algodão e outros produtos) Entreposto (de carnes, leite e outros produtos)	Trabalhadores no comércio armazenador (Trapiches, armazéns gerais e entrepostos) Carregadores e ensacadores de café Carregadores e ensacadores de sal

CONFEDERAÇÃO NACIONAL DO COMÉRCIO	CONFEDERAÇÃO NACIONAL DOS TRABALHADORES NO COMÉRCIO
5.º GRUPO – Turismo e hospitalidade Atividades ou categorias econômicas	**4.º GRUPO – Empregados em Turismo e hospitalidade Categorias profissionais**
Empresa de turismo Hotéis e similares (restaurantes, pensões, bares, cafés, leiterias e confeitarias Hospitais, clínicas casa de saúde Casas de diversões Salões de barbeiros e de cabeleireiros, institutos de beleza e similares Empresas de compra e venda e de locação de imóveis Serviços de lustradores de calçados	Intérpretes e guias de turismo Empregados no comércio hoteleiro e similares (inclusive porteiros e cabineiros de edifícios) Enfermeiros e empregados em hospitais e casas de saúde, inclusive duchistas e massagistas Empregados em casas de diversões Lustradores de calçados Oficiais, barbeiros, cabeleireiros e similares

CONFEDERAÇÃO NACIONAL DOS TRANSPORTES MARÍTIMOS, FLUVIAIS E AÉREOS	CONFEDERAÇÃO NACIONAL DOS TRABALHADORES EM TRANSPORTES MARÍTIMOS, FLUVIAIS E AÉREOS
1.º GRUPO – Empresa de navegação marítima e fluvial Atividades ou categorias econômicas	**1.º GRUPO – Trabalhadores em transportes marítimos e fluviais Categorias profissionais**
Empresa de navegação marítima	Oficiais de náutica da Marinha Mercante Oficiais de máquinas da Marinha Mercante Comissários da Marinha Mercante Motoristas e condutores da Marinha Mercante Conferentes de carga da Marinha Mercante Práticos, arrais e mestres de cabotagem em transportes marítimos Contramestres, marinheiros e moços em transportes marítimos Radiotelegrafistas da Marinha Mercante Taifeiros, culinários e panificadores marítimos Foguistas na Marinha Mercante (inclusive carvoeiros) Médicos da Marinha Mercante Enfermeiros da. Marinha Mercante Empregados em escritórios das empresas de navegação marítima Mestres e encarregados de estaleiros das empresas de navegação marítima Operários navais (trabalhadores em estaleiros de navegação marítima e calafates navais) Carpinteiros navais
Empresa de navegação fluvial e lacustre Agências de navegação	Oficiais de náutica em transportes fluviais Oficiais de máquinas em transportes fluviais Comissários em transportes fluviais Motoristas e condutores em transportes fluviais Conferentes de carga em transportes fluviais

CONFEDERAÇÃO NACIONAL DOS TRANSPORTES MARÍTIMOS, FLUVIAIS E AÉREOS	CONFEDERAÇÃO NACIONAL DOS TRABALHADORES EM TRANSPORTES MARÍTIMOS, FLUVIAIS E AÉREOS
1.º GRUPO – Empresa de navegação marítima e fluvial Atividades ou categorias econômicas	**1.º GRUPO – Trabalhadores em transportes marítimos e fluviais Categorias profissionais**
Empresa de navegação fluvial e lacustre Agências de navegação	Práticos, arrais e mestres de cabotagem em transportes fluviais Contramestres, marinheiros e moços em transportes fluviais Radiotelegrafistas em transportes fluviais Taifeiros, culinários e panificadores em transportes fluviais Foguistas em transportes fluviais (inclusive carvoeiros) Médicos em transportes fluviais Enfermeiros em transportes fluviais Empregados em escritórios das empresas de navegação fluvial Mestres e encarregados de estaleiros das empresas de navegação fluvial Operários fluviais (trabalhadores em estaleiros de navegação fluvial e calafates fluviais) Carpinteiros fluviais Enfermeiros da Marinha Mercante
2.º GRUPO – Empresas aeroviárias Atividades ou categorias econômicas	**2.º GRUPO – Trabalhadores em transportes aéreos Categorias profissionais**
Empresas aeroviárias	Aeronautas Aeroviários
3.º GRUPO – Empresários e administradores de portos Atividades ou categorias econômicas	**3.º GRUPO – Estivadores Categorias profissionais**
Empresários e administradores de portos Carregadores e transportadores de bagagem dos portos (trabalhadores autônomos)	Estivadores Trabalhadores em estiva de minérios
4.º GRUPO	**4.º GRUPO – Portuários Categorias profissionais**
	Trabalhadores nos serviços portuários Motoristas em guindastes dos portos Conferentes e consertadores de carga e descarga nos portos

CONFEDERAÇÃO NACIONAL DOS TRANSPORTES TERRESTRES	CONFEDERAÇÃO NACIONAL DOS TRANSPORTES EM TRANSPORTES TERRESTRES
1.º GRUPO – Empresas ferroviárias **Atividades ou categorias econômicas**	**1.º GRUPO – Trabalhadores ferroviários** **Categorias profissionais**
Empresas ferroviárias Carregadores e transportadores de bagagens em estações ferroviárias (trabalhadores autônomos)	Trabalhadores em empresas ferroviárias
2.º GRUPO – Empresas de transportes rodoviárias **Atividades ou categorias econômicas**	**2.º GRUPO – Trabalhadores em transportes rodoviários** **Categorias profissionais**
Empresas de transportes de passageiros Empresas de veículos de carga Empresas de garagens Carregadores e transportadores de volumes de bagagens em geral (trabalhadores autônomos)	Empregados em escritórios de empresas de transportes rodoviárias Condutores de veículos rodoviários (inclusive ajudantes e carregadores, trocadores de ônibus, lavadores de automóveis)
3.º GRUPO – Empresas de carris urbanos (inclusive cabos aéreos) **Atividades ou categorias econômicas**	**3.º GRUPO – Trabalhadores em empresas de carris urbanos (inclusive cabos aéreos)** **Categorias profissionais**

CONFEDERAÇÃO NACIONAL DE COMUNICAÇÕES E PUBLICIDADE	CONFEDERAÇÃO NACIONAL DOS TRABALHADORES EM TRANSPORTES TERRESTRES
1.º GRUPO – Empresas de comunicações **Atividades ou categorias econômicas**	**1.º GRUPO – Trabalhadores em empresas de comunicações** **Categorias profissionais**
Empresas telegráficas terrestres Empresas telegráficas submarinas Empresas radiotelegráficas e radiotelefônicas Empresas telefônicas Empresas mensageiras	Trabalhadores em empresas telegráficas Trabalhadores em empresas radiotelegráficas Trabalhadores em empresas radiotelefônicas Trabalhadores em empresas telefônicas Trabalhadores em empresas mensageiras
2.º GRUPO – Empresas de publicidade **Atividades ou categorias econômicas**	**2.º GRUPO – Trabalhadores em empresas de publicidade** **Categorias profissionais**
Empresas de publicidade comercial (inclusive preparação de material para publicidade) Empresa de radiofusão	Agenciadores de publicidade e propagandistas Trabalhadores em empresas de radiodifusão
3.º GRUPO – Empresas jornalísticas **Atividades ou categorias econômicas**	**3.º GRUPO – Trabalhadores em empresas jornalísticas** **Categorias profissionais**
Empresas proprietárias de jornais e revistas Distribuidores e vendedores de jornais e revistas (trabalhadores autônomos)	Jornalistas profissionais (redatores, repórteres, revisores, fotógrafos etc.)

CONFEDERAÇÃO NACIONAL DAS EMPRESAS DE CRÉDITO	CONFEDERAÇÃO NACIONAL DOS TRABALHADORES NAS EMPRESAS DE CRÉDITO
1.º GRUPO – Estabelecimentos bancários **Atividades ou categorias econômicas**	**1.º GRUPO – Empregados em estabelecimentos bancários** **Categorias profissionais**
Bancos Casas bancárias	Empregados em estabelecimentos bancários
2.º GRUPO – Empresas de seguros privados e capitalização **Atividades ou categorias econômicas**	**2.º GRUPO – Empregados em empresas de seguros privados e capitalização** **Categorias profissionais**
Empresas de seguros Empresas de capitalização	Empregados de empresas de seguros privados e capitalização
3.º GRUPO – Agentes autônomos de seguros privados e de crédito **Atividades ou categorias econômicas**	**3.º GRUPO – Empregados de agentes autônomos de seguros privados e de crédito** **Categorias profissionais**
Corretores de seguros e de capitalização Corretores de fundos públicos e câmbio	Empregados de agentes autônomos de seguros e de crédito

	CONFEDERAÇÃO NACIONAL DOS TRABALHADORES EM ESTABELECIMENTOS DE EDUCAÇÃO E CULTURA
1.º GRUPO – Estabelecimentos de ensino **Atividades ou categorias econômicas**	**1.º GRUPO – Trabalhadores em estabelecimentos de ensino** **Categorias profissionais**
Universidades e faculdades superiores reconhecidas Estabelecimentos de ensino de artes Estabelecimentos de ensino secundário e primário Estabelecimentos de ensino técnico-profissional	Professores do ensino superior Professores do ensino de arte Professores do ensino secundário e primário Mestres e contramestres de ensino técnico-profissional Auxiliares de administração escolar (empregados de estabelecimentos de ensino)
2.º GRUPO – Empresa de difusão cultural e artística **Atividades ou categorias econômicas**	**2.º GRUPO – Trabalhadores em empresas de difusão cultural e artística** **Categorias profissionais**
Empresas editoras de livros e publicações culturais Empresas teatrais Biblioteca Empresas de gravação de discos Empresas cinematográficas Empresas exibidoras cinematográficas Museus e laboratórios de pesquisas (tecnológicas) Empresas de orquestras Empresas artes plásticas Empresas de arte fotográfica	Empregados de empresas editoras de livros e publicações culturais Empregados de empresas teatrais e cinematográficas Cenógrafos e cenotécnicos Atores teatrais (inclusive corpos corais e bailados) Empregados de biblioteca Empregados em empresas de gravação de discos Atores cinematográficos Operadores cinematográficos Empregados de museus e laboratórios de pesquisas (tecnologistas)

	CONFEDERAÇÃO NACIONAL DOS TRABALHADORES EM ESTABELECIMENTOS DE EDUCAÇÃO E CULTURA
	Músicos profissionais Artistas plásticos profissionais Fotógrafos profissionais
3.º GRUPO – Estabelecimentos de cultura física Atividades ou categorias econômicas	**3.º GRUPO – Trabalhadores em estabelecimentos de cultura física Categorias profissionais**
Estabelecimentos de esportes terrestres Estabelecimentos de esportes aquáticos Estabelecimentos de esportes aéreos	Atletas profissionais Empregados de clubes esportivos

CONFEDERAÇÃO NACIONAL DAS PROFISSÕES LIBERAIS

GRUPOS

1.º Advogados

2.º Médicos

3.º Odontologistas

4.º Médicos veterinários

5.º Farmacêuticos

6.º Engenheiros (civis, de minas, mecânicos, eletricistas, industriais, arquitetos e agrônomos)

7.º Químicos (químicos industriais, químicos Industriais agrícolas e engenheiros químicos)

8.º Parteiros

9.º Economistas

10.º Atuários

11.º Contabilistas

12.º Professores (privados)

13.º Escritores

14.º Autores teatrais

15.º Compositores artísticos, musicais e plásticos

BIBLIOGRAFIA

ALEXY, Robert. *Teoria dos direitos fundamentais*. Tradução de Virgílio Afonso da Silva. São Paulo: Malheiros, 2008.

ALMEIDA, Amador Paes de. *Execução de bens dos sócios:* obrigações mercantis, tributárias, trabalhistas: da desconsideração da personalidade jurídica (doutrina e jurisprudência). 7. ed. São Paulo: Saraiva, 2004.

ALMEIDA, Gregório Assagra de. *Direito processual coletivo brasileiro*: um novo ramo do direito processual. São Paulo: Saraiva, 2003.

ALMEIDA, Ísis de. A intervenção de terceiro no processo trabalhista. In: BARROS, Alice Monteiro de (Coord.). *Compêndio de direito processual do trabalho*: obra em memória de Celso Agrícola Barbi. São Paulo: LTr, 1998.

______. *Manual de direito individual do trabalho*. São Paulo: LTr, 1998.

ALVES, Alexandre Ferreira de Assumpção. A desconsideração da personalidade jurídica e o direito do consumidor: um estudo de direito civil constitucional. In: TEPEDINO, Gustavo (Coord.). *Problemas de direito civil-constitucional*. Rio de Janeiro: Renovar, 2000.

ALVIM, Arruda. *Manual de direito processual civil*: processo de conhecimento. 7. ed. São Paulo: RT, 2000. v. 2.

ALVIM, Eduardo Arruda. *Curso de direito processual civil*. São Paulo: RT, 2000. v. 1.

______. *Curso de direito processual civil*. São Paulo: RT, 2000. v. 2.

AMARAL, Maria Alice B. G. do. Empresário e sociedade empresária: as novas denominações de empregador criadas pela Lei 10.406/2002 (Novo Código Civil). *Revista LTr*, São Paulo, LTr, ano 67, n. 03, p. 312, mar. 2003.

AMORIM FILHO, Agnelo. Critério científico para distinguir a prescrição da decadência e identificar as ações imprescritíveis. *Revista dos Tribunais*, São Paulo, RT, v. 300, p. 7-37, out. 1960.

ARAGÃO, Egas Dirceu Moniz de. *Comentários ao Código de Processo Civil*. 9. ed. Rio de Janeiro: Forense, 1998. v. 2.

ARAÚJO, Giovanni Moraes de. *Normas Regulamentadoras comentadas*. 6. ed. Rio de Janeiro: GVC, 2007.

ARAUJO, Luiz Alberto David; NUNES JÚNIOR, Vidal Serrano. *Curso de direito constitucional*. 10. ed. São Paulo: Saraiva, 2006.

ARAUJO PINTO, Cristiano Paixão; FLEURY, Ronaldo Curado. *A modernização dos portos e as relações de trabalho no Brasil*. Porto Alegre: Síntese, 2004.

AROUCA, José Carlos. *Curso básico de direito sindical*. São Paulo: LTr, 2006.

ASSIS, Araken de. *Comentários ao Código de Processo Civil*. Rio de Janeiro: Forense, 1999. v. 6.

AZEVEDO, Álvaro Villaça. Proposta de classificação da responsabilidade objetiva: pura e impura. Alguns casos de indenização no direito do trabalho. *Revista de Direito do Trabalho*, São Paulo, RT, ano 26, n. 100, p. 37, out.-dez. 2000.

______. *Teoria geral dos contratos típicos e atípicos*. 2. ed. São Paulo: Atlas, 2004.

AZEVEDO, Dorotéia Silva de. Amianto e trabalho. *Trabalho em Revista* (doutrina), Curitiba, Decisório Trabalhista, ano 25, n. 304, p. 4.170-4.174, nov. 2007.

BARBAGELATA, Héctor-Hugo. *O particularismo do direito do trabalho*. Revisão técnica de Irany Ferrari. Tradução de Edilson Alkmim Cunha. São Paulo: LTr, 1996.

BARBI, Celso Agrícola. *Comentários ao Código de Processo Civil*. 10. ed. Rio de Janeiro: Forense, 1999. v. 1.

BARBOSA, Rui. *Oração dos Moços*. Rio de Janeiro: Casa de Rui Barbosa, 1956.

BARBOSA MOREIRA, José Carlos. *Comentários ao Código de Processo Civil*. 8. ed. Rio de Janeiro: Forense, 1999. v. 5.

______. *O novo processo civil brasileiro*: exposição sistemática do procedimento. 20. ed. Rio de Janeiro: Forense, 1999.

BARROS, Alice Monteiro de. Aspectos jurisprudenciais da prescrição trabalhista. In: BARROS, Alice Monteiro de (Coord.). *Curso de direito do trabalho*: estudos em memória de Célio Goyatá. 3. ed. São Paulo: LTr, 1997. v. 1.

______. *Contratos e regulamentações especiais de trabalho*. 2. ed. São Paulo: LTr, 2002.

______. *Curso de direito do trabalho*. 2. ed. São Paulo: LTr, 2006.

BASTOS, Celso Ribeiro. *Curso de direito administrativo*. São Paulo: Saraiva, 1994.

______; MARTINS, Ives Gandra da Silva. *Comentários à Constituição do Brasil*: promulgada em 5 de outubro de 1988. 3. ed. São Paulo: Saraiva, 2004. v. 2 (arts. 5.º a 17).

BATALHA, Wilson de Souza Campos. *Tratado de direito judiciário do trabalho*. 3. ed. São Paulo: LTr, 1995. v. 1.

______. *Tratado de direito judiciário do trabalho*. 3. ed. São Paulo: LTr, 1995. v. 2.

BEBBER, Júlio César. A competência da Justiça do Trabalho e a nova ordem constitucional. In: COUTINHO, Grijalbo Fernandes; FAVA, Marcos Neves (Coord.). *Nova competência da Justiça do Trabalho*. São Paulo: LTr, 2005.

______. Aspectos processuais decorrentes da Lei 9.958/2000 – Comissões de Conciliação Prévia. *Síntese Trabalhista*, Porto Alegre, n. 135, p. 148, set. 2000.

______. *Princípios do processo do trabalho*. São Paulo: LTr, 1997.

______. *Recursos no processo do trabalho*: teoria geral dos recursos. São Paulo: LTr, 2000.

BEDAQUE, José Roberto dos Santos. Apelação: questões sobre admissibilidade e efeitos. In: NERY JR., Nelson; WAMBIER, Teresa Arruda Alvim (Coord.). *Aspectos polêmicos e atuais dos recursos cíveis e de outros meios de impugnação às decisões judiciais*. São Paulo: RT, 2003.

______. *Direito e processo*: influência do direito material sobre o processo. 2. ed. São Paulo: Malheiros, 2001.

______. *Efetividade do processo e técnica processual*. São Paulo: Malheiros, 2006.

______. *Poderes instrutórios do juiz*. 3. ed. São Paulo: RT, 2001.

______. *Tutela cautelar e tutela antecipada*: tutelas sumárias e de urgência (tentativa de sistematização). 2. ed. São Paulo: Malheiros, 2001.

BELTRAN, Ari Possidonio. *Direito do trabalho e direitos fundamentais*. São Paulo: LTr, 2002.

BIAVASCHI, Magda Barros. *O direito do trabalho no Brasil*: 1930-1942: a construção do sujeito de direitos trabalhistas. São Paulo: LTr, 2007.

BITTAR, Carlos Alberto. *Curso de direito civil*. Rio de Janeiro: Forense Universitária, 1994. v. 1.

______. *Curso de direito civil*. Rio de Janeiro: Forense Universitária, 1994. v. 2.

BOBBIO, Norberto. *A era dos direitos*. Trad. Carlos Nelson Coutinho. Rio de Janeiro: Campus, 1992.

______. *Teoria do ordenamento jurídico*. Tradução de Maria Celeste Cordeiro Leite dos Santos. Revisão técnica de Claudio De Cicco. 10. ed. Brasília: Editora Universidade dc Brasília, 1997.

BOMFIM, B. Calheiros; SANTOS, Silvério dos; KAWAI, Cristina (Org.). *Dicionário de decisões trabalhistas*. 30. ed. Rio de Janeiro: Edições Trabalhistas, 2000.

BONAVIDES, Paulo. *Curso de direito constitucional*. 7. ed. São Paulo: Malheiros, 1997.

______. *Curso de direito constitucional*. 18. ed. São Paulo: Malheiros, 2006.

BORGES, Leonardo Dias. A tutela antecipada no processo do trabalho. In: MENEZES, Cláudio Armando Couce de; BORGES, Leonardo Dias. *Tutela antecipada e ação monitória na Justiça do Trabalho*. São Paulo: LTr, 1998.

______. Da tutela específica. In: MENEZES, Cláudio Armando Couce de; BORGES, Leonardo Dias. *Tutela antecipada e ação monitória na Justiça do Trabalho*. São Paulo: LTr, 1998.

BRITO FILHO, José Cláudio Monteiro de. *Direito sindical*. 2. ed. São Paulo: LTr, 2007.

______. *O Ministério Público do Trabalho e a ação anulatória de cláusulas convencionais*. São Paulo: LTr, 1998.

______. Trabalho com redução à condição análoga à de escravo: análise a partir do tratamento decente e de seu fundamento, a dignidade da pessoa humana. In: VELLOSO, Gabriel; FAVA, Marcos Neves (Coord.). *Trabalho escravo contemporâneo*: o desafio de superar a negação. São Paulo: LTr, 2006. p. 125-150.

______. *Trabalho decente*: análise jurídica da exploração do trabalho: trabalho forçado e outras formas de trabalho indigno. São Paulo: LTr, 2004.

BUENO, Cassio Scarpinella. *Manual de direito processual civil*. 4. ed. São Paulo: Saraiva, 2018.

______. *Partes e terceiros no processo civil brasileiro*. São Paulo: Saraiva, 2003.

CADETTI, Rubens Fernando. A oposição. In: CRUZ NETO, Eurico; XAVIER, Alberto Moreira; CADETTI, Rubens Fernando. *Temas relevantes no processo do trabalho*. São Paulo: LTr, 2003.

CALMON DE PASSOS, José Joaquim. *Comentários ao Código de Processo Civil*. 8. ed. Rio de Janeiro: Forense, 1998. v. 3.

CALSING, Maria de Assis; CALSING, Renata de Assis. A imunidade de jurisdição do Estado estrangeiro e das organizações internacionais e o processo do trabalho. In: BOUCINHAS FILHO, Jorge Cavalcanti; PEREIRA, José Luciano de Castilho; FAVA, Marcos Neves (Org.). *O direito material e processual do trabalho dos novos tempos*: estudos em homenagem ao Professor Estêvão Mallet. São Paulo: LTr, 2009.

CALVET, Otavio Amaral. A nova competência da Justiça do Trabalho: relação de trabalho x relação de consumo. *Revista LTr*, São Paulo, LTr, v. 69, n. 1, p. 56-57, jan. 2005.

CAMARGO SOBRINHO, Mário de. *Do litisconsórcio e seus efeitos*: um estudo sobre os aspectos fundamentais da pluralidade de partes à luz do CPC. São Paulo: Interlex, 2002.

CAMERLINCK, G. H.; LYON-CAEN, Gérard. *Précis de droit du travail*. 5. ed. Paris: Dalloz, 1972.

CAMINO, Carmen. *Direito individual do trabalho*. 2. ed. Porto Alegre: Síntese, 1999.

CARELLI, Rodrigo de Lacerda. *Cooperativas de mão de obra*: manual contra a fraude. São Paulo: LTr, 2002.

______. *Formas atípicas de trabalho*. São Paulo: LTr, 2004.

CARLOS, Vera Lúcia. *Discriminação nas relações de trabalho*. São Paulo: Método, 2004.

CARMO, Júlio Bernardo do. Salário "in natura" ou em utilidades. In: BARROS, Alice Monteiro de (Coord.). *Curso de direito do trabalho*: estudos em memória de Célio Goyatá. 3. ed. São Paulo: LTr, 1997. v. 2.

CARNEIRO, Athos Gusmão. *Intervenção de terceiros*. 9. ed. São Paulo: Saraiva, 1997.

______. *Jurisdição e competência*. 14. ed. São Paulo: Saraiva, 2005.

CARRION, Valentin. *Comentários à Consolidação das Leis do Trabalho*. 23. ed. São Paulo: Saraiva, 1998.

______. *Comentários à Consolidação das Leis do Trabalho*. 29. ed. atualizada por Eduardo Carrion. São Paulo: Saraiva, 2004.

______. *Comentários à Consolidação das Leis do Trabalho*. 31. ed. atualizada por Eduardo Carrion. São Paulo: Saraiva, 2006.

______. *Nova jurisprudência em direito do trabalho*, 2000, 2.º semestre, organizada por Eduardo Carrion. São Paulo: Saraiva, 2001.

CARVALHO, Francisco Edivar. *Trabalho portuário avulso*: antes e depois da lei de modernização dos portos. São Paulo: LTr, 2005.

CASILLO, João. Desconsideração da pessoa jurídica. *Revista dos Tribunais*, São Paulo, RT, ano 68, v. 528, p. 24-40, out. 1979.

CASSAR, Vólia Bomfim. *Direito do trabalho*. 2. ed. Niterói: Impetus, 2008.

CASTELO, Jorge Pinheiro. A renúncia e a transação no direito individual e coletivo do trabalho, no velho direito civil e no moderno direito civil, e a solução mandarim. In: FREDIANE, Yone (Coord.). *Tendências do direito material e processual do trabalho*. São Paulo: LTr, 2000.

CAVALCANTE, Jouberto de Quadros Pessoa; JORGE NETO, Francisco Ferreira. *O empregado público*. São Paulo: LTr, 2002.

CHAVES, Luciano Athayde. *A recente reforma no processo comum e seus reflexos no direito judiciário do trabalho*. 3. ed. São Paulo: LTr, 2007.

CINTRA, Antonio Carlos de Araújo; GRINOVER, Ada Pellegrini; DINAMARCO, Cândido Rangel. *Teoria geral do processo*. 11. ed. São Paulo: Malheiros, 1995.

COELHO, Fábio Ulhoa. A teoria da desconsideração da personalidade jurídica. *Estudos de direito público*, Associação dos Advogados da Prefeitura do Município de São Paulo, ano III, n. 1, p. 43-50, jan.-jun. 1984.

______. *Comentários ao Código de Proteção do Consumidor*. Coordenador: Juarez de Oliveira. São Paulo: Saraiva, 1991.

______. *Manual de direito comercial*. 10. ed. São Paulo: Saraiva, 1999.

______. Teoria da desconsideração da personalidade jurídica e o devido processo legal. *Repertório IOB de Jurisprudência*, n. 2, caderno 3, p. 48-45, 2.ª quinzena de jan. 2000.

COMPARATO, Fábio Konder. *A afirmação histórica dos direitos humanos*. 3. ed. São Paulo: Saraiva, 2004.

______. *O poder de controle na sociedade anônima*. São Paulo: RT, 1976.

CORDEIRO, Pedro. A desconsideração da personalidade jurídica das sociedades comerciais. *Novas perspectivas do direito comercial*. Coimbra: Livraria Almedina, 1988.

CORREIA, Marcus Orione Gonçalves; CORREIA, Érica Paula Barcha. *Curso de direito da seguridade social*. 3. ed. São Paulo: Saraiva, 2007.

______. *Direito processual constitucional*. 3. ed. São Paulo: Saraiva, 2007.

______. *Teoria geral do processo*. 3. ed. São Paulo: Saraiva, 2005.

COSTA, Marcus Vinícius Americano da. *Grupo empresário no direito do trabalho*. 2. ed. São Paulo: LTr, 2000.

CRISTOVAM, José Sérgio da Silva. Considerações acerca das máximas da razoabilidade e da proporcionalidade. *ADV – Seleções Jurídicas*, Rio de Janeiro, COAD, p. 3-19, jan. 2012.

DALAZEN, João Oreste. Apontamentos sobre Comissão de Conciliação Prévia. In: GIORDANI, Francisco Alberto da Motta Peixoto; MARTINS, Melchíades Rodrigues;

VIDOTTI, Tarcio José (Coord.). *Fundamentos do direito do trabalho*: estudos em homenagem ao Ministro Milton de Moura França. São Paulo: LTr, 2000. p. 342-354.

______. A reforma do Judiciário e os novos marcos da competência material da Justiça do Trabalho no Brasil. In: COUTINHO, Grijalbo Fernandes; FAVA, Marcos Neves (Coord.). *Justiça do Trabalho*: competência ampliada. São Paulo: LTr, 2005.

DALLEGRAVE NETO, José Affonso. A prescrição em ação trabalhista reparatória e acidentária. *Revista Trabalho*, Curitiba, Decisório Trabalhista, ano 24, n. 288, p. 3369-3375, jul. 2006.

______. *Contrato individual de trabalho*: uma visão estrutural. São Paulo: LTr, 1998.

______. *Inovações na legislação trabalhista*. São Paulo: LTr, 2000.

______. *Responsabilidade civil no direito do trabalho*. 2. ed. São Paulo: LTr, 2007.

______. Primeiras linhas sobre a nova competência da Justiça do Trabalho fixada pela Reforma do Judiciário (EC n. 45/2004). In: COUTINHO, Grijalbo Fernandes; FAVA, Marcos Neves (Coord.). *Nova competência da Justiça do Trabalho*. São Paulo: LTr, 2005.

DELGADO, Mauricio Godinho. *Alterações contratuais trabalhistas*. São Paulo: LTr, 2000.

______. *Contrato de trabalho*. São Paulo: LTr, 1999.

______. *Curso de direito do trabalho*. São Paulo: LTr, 2002.

______. *Curso de direito do trabalho*. 4. ed. São Paulo: LTr, 2005.

______. *Curso de direito do trabalho*. 9. ed. São Paulo: LTr, 2010.

______. *Curso de direito do trabalho*. 10. ed. São Paulo: LTr, 2011.

______. *Curso de direito do trabalho*. 11. ed. São Paulo: LTr, 2012.

______. *Curso de direito do trabalho*. 15. ed. São Paulo: LTr, 2016.

______. *Curso de direito do trabalho*. 17. ed. São Paulo: LTr, 2018.

______. Direitos fundamentais na relação de trabalho. *Revista LTr*, São Paulo, LTr, ano 70, n. 06, p. 657-667, jun. 2006.

______. Direitos fundamentais na relação de trabalho. *Revista do Ministério Público do Trabalho*, Brasília, LTr, ano XVI, n. 31, p. 38, mar. 2006.

______. *Introdução ao direito do trabalho*. 2. ed. São Paulo: LTr, 1999.

______. *Jornada de trabalho e descansos trabalhistas*. 2. ed. São Paulo: LTr, 1998.

______. O fim do trabalho e do emprego no capitalismo atual – realidade ou mito? *Trabalho em Revista*, O Trabalho, Curitiba, Decisório Trabalhista, ano 23, n. 278, encarte 103, p. 2924, set. 2005.

______. Princípios da dignidade humana, da proporcionalidade e/ou razoabilidade e da boa-fé no direito do trabalho – Diálogo do ramo juslaborativo especializado com o universo jurídico geral. *Revista de Direito do Trabalho*, São Paulo, RT, ano 27, n. 102, p. 87, abr.-jun. 2001.

______. *Salário*: teoria e prática. Belo Horizonte: Del Rey, 1997.

DENARI, Zelmo. *Código brasileiro de defesa do consumidor*: comentado pelos autores do anteprojeto. Ada Pellegrini Grinover *et al.* 5. ed. Rio de Janeiro: Forense Universitária, 1998.

DI PIETRO, Maria Sylvia Zanella. *Direito administrativo*. 9. ed. São Paulo: Atlas, 1998.

______. *Direito administrativo*. 19. ed. São Paulo: Atlas, 2006.

DINAMARCO, Cândido Rangel. *A instrumentalidade do processo*. 11. ed. São Paulo: Malheiros, 2003.

______. *A reforma da reforma*. São Paulo: Malheiros, 2002.

______. *A reforma do Código de Processo Civil*. 3. ed. São Paulo: Malheiros, 2002.

______. *Execução civil*. 5. ed. São Paulo: Malheiros, 1997.

______. *Fundamentos do direito processual civil moderno*. 3. ed. São Paulo: Malheiros, 2000. t. 1.

______. *Fundamentos do direito processual civil moderno*. 3. ed. São Paulo: Malheiros, 2000. t. 2.

______. *Instituições de direito processual civil*. São Paulo: Malheiros, 2001. v. 1.

______. *Instituições de direito processual civil*. 8. ed. São Paulo: Malheiros, 2016. v. 1.

______. *Instituições de direito processual civil*. São Paulo: Malheiros, 2001. v. 2.

______. *Instituições de direito processual civil*. São Paulo: Malheiros, 2001. v. 3.

______. *Instituições de direito processual civil*. São Paulo: Malheiros, 2004. v. 4.

______. *Instituições de direito processual civil*. 4. ed. São Paulo: Malheiros, 2019. v. 4.

______. *Intervenção de terceiros*. São Paulo: Malheiros, 1997.

______. *Nova era do processo civil*. São Paulo: Malheiros, 2003.

DINAMARCO, Cândido Rangel; LOPES, Bruno Vasconcelos Carrilho. *Teoria geral do novo processo civil*. São Paulo: Malheiros, 2016.

DINAMARCO, Pedro da Silva. *Ação civil pública*. São Paulo: Saraiva, 2001.

DINIZ, Maria Helena. *Compêndio de introdução à ciência do direito*. 19. ed. São Paulo: Saraiva, 2008.

______. *Curso de direito civil brasileiro*: responsabilidade civil. 9. ed. São Paulo: Saraiva, 1995. v. 7.

______. *Lei de Introdução ao Código Civil brasileiro interpretada*. 11. ed. São Paulo: Saraiva, 2005.

DIREITO, Carlos Alberto Menezes. A desconsideração da personalidade jurídica. In: ALVIM, Arruda; CÉSAR, Joaquim Portes de Cerqueira; ROSAS, Roberto. *Aspectos controvertidos do novo Código Civil*: escritos em homenagem ao Ministro José Carlos Moreira Alves. Coordenadores: São Paulo: RT, 2003.

DORIA, Dylson. *Curso de direito comercial*. 7. ed. São Paulo: Saraiva, 1991. v. 1.

DUBUGRAS, Regina Maria Vasconcelos. O cancelamento do Enunciado n. 310 do Tribunal Superior do Trabalho e a substituição processual. *Revista LTr*, São Paulo, LTr, ano 67, n. 10, p. 1.181, out. 2003.

______. *Substituição processual no processo do trabalho*. São Paulo: LTr, 1998.

ENGEL, Ricardo José. *O "jus variandi" no contrato individual de trabalho*. São Paulo: LTr, 2003.

ERMIDA URIARTE, Oscar. *A proteção contra os atos antissindicais*. Tradução de Irany Ferrari. São Paulo: LTr, 1989.

FERNANDES, António Monteiro. *Direito do trabalho*. 13. ed. Coimbra: Almedina, 2006.

FERRARI, Irany; MARTINS, Melchíades Rodrigues. *Dano moral*: múltiplos aspectos nas relações de trabalho. São Paulo: LTr, 2006.

______. *Julgados trabalhistas selecionados*. São Paulo: LTr, 1998. v. 5.

______. *Julgados trabalhistas selecionados*. São Paulo: LTr, 1999. v. 6.

______; NAHAS, Thereza Christina. Prescrição trabalhista – decretação de ofício. *Revista LTr*, São Paulo, v. 64, n. 11, nov. 2000, p. 1386.

FERREIRA FILHO, Manoel Gonçalves. *Curso de direito constitucional*. 22. ed. São Paulo: Saraiva, 1995.

______. *Direitos humanos fundamentais*. 7. ed. São Paulo: Saraiva, 2005.

______. *O poder constituinte*. 4. ed. São Paulo: Saraiva, 2005.

FRAGOSO, Rui Celso Reali. Da desconsideração da personalidade jurídica. *Revista da Faculdade de Direito das Faculdades Metropolitanas Unidas de São Paulo*, v. 4, p. 119-126, out. 1990.

FRANÇA, Rubens Limongi. *A irretroatividade das leis e o direito adquirido*. 3. ed. São Paulo: RT, 1982.

FRANCO FILHO, Georgenor de Sousa. A Convenção n. 132 da OIT e seus reflexos nas férias. *Revista do Tribunal Regional do Trabalho da 8.ª Região*, Belém, v. 34, n. 67, p. 33, jul.-dez. 2001.

______. A prescrição do dano moral trabalhista. *Revista LTr*, São Paulo, v. 69, n. 04, p. 402-407, abr. 2005.

FREITAS, Elizabeth Cristina Campos Martins de. *Desconsideração da personalidade jurídica*: análise à luz do Código de Defesa do Consumidor e do novo Código Civil. São Paulo: Atlas, 2002.

GAGLIANO, Pablo Stolze; PAMPLONA FILHO, Rodolfo. *Novo curso de direito civil*: parte geral. 6. ed. São Paulo: Saraiva, 2005. v. 1.

______. *Novo curso de direito civil*: obrigações. 3. ed. São Paulo: Saraiva, 2003. v. 2.

______. *Novo curso de direito civil*: responsabilidade civil. 3. ed. São Paulo: Saraiva, 2005. v. 3.

GARCIA, Gustavo Filipe Barbosa. *Coisa julgada*: novos enfoques no direito processual, na jurisdição metaindividual e nos dissídios coletivos. São Paulo: Método, 2007.

______. *Competência da Justiça do Trabalho*: da relação de emprego à relação de trabalho. Rio de Janeiro: Forense, 2012.

______. *Cumprimento da sentença e outros estudos da terceira fase da reforma do Código de Processo Civil*. 2. ed. São Paulo: Método, 2008.

______. *Curso de direito do trabalho*. 9. ed. Rio de Janeiro: Forense, 2015.

______. *Curso de direito processual do trabalho*. 4. ed. Rio de Janeiro: Forense, 2015.

______. *Direitos fundamentais e relação de emprego*: trabalho, constituição e processo. São Paulo: Método, 2008.

______. *Intervenção de terceiros, litisconsórcio e integração à lide no processo do trabalho*. São Paulo: Método, 2008.

______. *Introdução ao estudo do direito*: teoria geral do direito. 3. ed. São Paulo: Método, 2015.

______. *Meio ambiente do trabalho*: direito, segurança e medicina do trabalho. São Paulo: Método, 2006.

______. *Novidades sobre a prescrição trabalhista*. São Paulo: Método, 2006.

______. *Novidades no direito civil*. São Paulo: Método, 2007.

______. *Terceira fase da reforma do Código de Processo Civil*. São Paulo: Método, 2006.

GARCIA, Pedro Carlos Sampaio. *O sindicato e o processo:* a coletivização do processo do trabalho. São Paulo: Saraiva, 2002.

GIGLIO, Wagner D. *A conciliação nos dissídios individuais do trabalho*. 2. ed. Porto Alegre: Síntese, 1997.

______. *Direito processual do trabalho*. 10. ed. São Paulo: Saraiva, 1997.

______. *Justa causa*. 7. ed. São Paulo: Saraiva, 2000.

______; CORRÊA, Claudia Giglio Veltri. *Direito processual do trabalho*. 16. ed. São Paulo: Saraiva, 2007.

GOMES, Luiz Roldão de Freitas. Desconsideração da personalidade jurídica. *Revista de Direito Civil, Imobiliário, Agrário e Empresarial*, São Paulo, ano 12, v. 46, p. 27-49, out.-dez. 1988.

GOMES, Orlando. *Contratos*. 26. ed. atualizada por Antonio Junqueira de Azevedo e Francisco Paulo de Crescenzo Marino. Rio de Janeiro: Forense, 2008.

______. *Obrigações*. 12. ed. rev. e atual. por Humberto Theodoro Júnior. Rio de Janeiro: Forense, 1999.

______. Dispensa coletiva na reestruturação da empresa (aspectos jurídicos do desemprego tecnológico). *Revista Legislação do Trabalho*, São Paulo, LTr, ano 38, p. 575-579, jan. 1974.

______; GOTTSCHALK, Elson. *Curso de direito do trabalho*. 18. ed. atual. por José Augusto Rodrigues Pinto e Otávio Augusto Reis de Sousa. Rio de Janeiro: Forense, 2007.

GONÇALVES, Emílio. *Competência territorial no processo trabalhista*. São Paulo: Lejus, 1997.

GONÇALVES, Marcus Vinicius Rios. *Direito processual civil esquematizado*. 9. ed. São Paulo: Saraiva, 2018.

GONÇALVES, Rogério Magnus Varela. *Direito constitucional do trabalho*: aspectos controversos da automatização. Porto Alegre: Livraria do Advogado Editora, 2003.

GONÇALVES, Simone Cruxên. *Limites do "jus variandi" do empregador*. São Paulo: LTr, 1997.

GRAU, Eros Roberto. *A ordem econômica na Constituição de 1988*. 3. ed. São Paulo: Malheiros, 1997.

______. *Ensaio e discurso sobre a interpretação/aplicação do direito*. 4. ed. São Paulo: Malheiros, 2006.

______. *O direito posto e o direito pressuposto*. São Paulo: Malheiros, 1996.

GRECO FILHO, Vicente. *Da intervenção de terceiros*. 2. ed. com a colaboração de Antônio Cláudio da Costa Machado. São Paulo: Saraiva, 1986.

______. *Direito processual civil brasileiro*. 12. ed. São Paulo: Saraiva, 1996. v. 1.

______. *Direito processual civil brasileiro*. 21. ed. São Paulo: Saraiva, 2009. v. 1.

______. *Direito processual civil brasileiro*. 20. ed. São Paulo: Saraiva, 2009. v. 2.

______. *Direito processual civil brasileiro*. 20. ed. São Paulo: Saraiva, 2009. v. 3.

GRINOVER, Ada Pellegrini. *Código Brasileiro de Defesa do Consumidor*: comentado pelos autores do anteprojeto. 8. ed. Rio de Janeiro: Forense Universitária, 2005.

GUIMARÃES, Flávia Lefèvre. *Desconsideração da personalidade jurídica no Código do Consumidor*: aspectos processuais. São Paulo: Max Limonad, 1998.

HADDAD, José Eduardo. *Precedentes jurisprudenciais do TST comentados*. São Paulo: LTr, 1999.

HERKENHOF FILHO, Helio Estellita. *Nova competência da Justiça do Trabalho*: EC n. 45/04 e outros estudos de processo do trabalho. Rio de Janeiro: Lumen Juris, 2006.

JAUERNIG, Othmar. *Direito processual civil*. 25. ed. totalmente refundida, da obra criada por Friedrich Lent. Tradução de F. Silveira Ramos. Prefaciada pelo Prof. Doutor José Lebre de Freitas. Coimbra: Almedina, 2002.

JOÃO, Paulo Sergio. A dívida do FGTS e os efeitos trabalhistas da vigência da Lei Complementar n. 110, de 29 de junho de 2001. *Revista LTr*, São Paulo, LTr, ano 65, n. 11, p. 1329, nov. 2001.

JORGE NETO, Francisco Ferreira; CAVALCANTE, Jouberto de Quadros Pessoa. *Direito processual do trabalho*. 3. ed. Rio de Janeiro: Lumen Juris, 2007. t. 2.

KELSEN, Hans. *Teoria pura do direito*. 4. ed. Coimbra: Arménio Amado, 1976.

KOURY, Susy Elizabeth Cavalcante. *A desconsideração da personalidade jurídica (disregard doctrine) e os grupos de empresas*. 2. ed. Rio de Janeiro: Forense, 1997.

KRIGER FILHO, Domingos Afonso. Aspectos da desconsideração da personalidade societária na Lei do Consumidor. *Revista de Direito do Consumidor*, São Paulo, n. 13, p. 78-86, jan.-mar. 1995.

LACERDA, Galeno. *Comentários ao Código de Processo Civil*. 8. ed. Rio de Janeiro: Forense, 1999. v. VIII, t. I.

______. *O novo direito processual civil e os efeitos pendentes*. Rio de Janeiro: Forense, 1974.

LAMBERT, Soraya Galassi. Súmula 02, do TRT da 2.ª Região. Comissão de Conciliação Prévia – extinção do processo. *Revista da Amatra II*, ano IV, n. 8, jan. 2003, p. 49-50.

LEAL, Câmara. *Da prescrição e da decadência*. 3. ed. Rio de Janeiro: Forense, 1978.

LEAL, Ronaldo José Lopes. A jurisdição trabalhista e a tutela dos direitos coletivos. In: SILVESTRE, Rita Maria; NASCIMENTO, Amauri Mascaro. (Coord.). *Os novos paradigmas do direito do trabalho:* homenagem a Valentin Carrion. São Paulo: Saraiva, 2001.

LEITE, Carlos Henrique Bezerra. *Ação civil pública*: nova jurisdição trabalhista metaindividual: legitimação do Ministério Público. São Paulo: LTr, 2001.

______. Ações coletivas e tutela antecipada no direito processual do trabalho. *Revista LTr*, São Paulo, LTr, ano 64, n. 07, p. 856, jul. 2000.

______. *Curso de direito processual do trabalho*. 6. ed. São Paulo: LTr, 2008.

______. *Curso de direito processual do trabalho*. 9. ed. São Paulo: LTr, 2011.

______. *Ministério Público do Trabalho*: doutrina, jurisprudência e prática. 3. ed. São Paulo: LTr, 2006.

LENZA, Pedro. Competência na ação civil pública: dano de âmbito local, regional e nacional – art. 93 do CDC. In: LUCON, Paulo Henrique dos Santos (Coord.). *Tutela coletiva*: 20 anos da Lei da Ação Civil Pública e do Fundo de Defesa de Direitos Difusos, 15 anos do Código de Defesa do Consumidor. São Paulo: Atlas, 2006.

______. *Direito constitucional esquematizado*. 8. ed. São Paulo: Método, 2005.

______. *Direito constitucional esquematizado*. 10. ed. São Paulo: Método, 2006.

______. *Direito constitucional esquematizado*. 15. ed. São Paulo: Saraiva, 2011.

LIEBMAN, Enrico Tullio. *Eficácia e autoridade da sentença e outros escritos sobre a coisa julgada*. 4. ed. atualizada por Ada Pellegrini Grinover. Tradução de Alfredo Buzaid e Benvindo Aires, tradução dos textos posteriores à edição de 1945 de Ada Pellegrini Grinover. Rio de Janeiro: Forense, 2006.

______. *Manual de direito processual civil*. Tradução e notas de Cândido Rangel Dinamarco. 3. ed. São Paulo: Malheiros, 2005. v. 1.

LIMA, Francisco Meton Marques de. As implicações recíprocas entre o meio ambiente e o custo social do trabalho. *Revista LTr*, São Paulo, LTr, ano 70, n. 06, p. 686-694, jun. 2006.

LISBOA, Daniel. O conceito de *usuário final* para a determinação da competência da Justiça do Trabalho. *Revista LTr*, São Paulo, LTr, ano 70, n. 05, p. 602, maio 2006.

LISBOA, Roberto Senise. *Manual de direito civil*: obrigações e responsabilidade civil. 3. ed. São Paulo: RT, 2004. v. 2.

______. *Manual de direito civil*: contratos e declarações unilaterais: teoria geral e espécies. 3. ed. São Paulo: RT, 2005. v. 3.

LOBO, Jorge. A desconsideração da personalidade jurídica no Código Nacional de Defesa do Consumidor. In: GUSMÃO, Paulo Dourado de; GLANZ, Semy (Coord.). *O direito na década de 1990:* novos aspectos: estudos em homenagem ao Prof. Arnoldo Wald. São Paulo: RT, 1992.

LOPES, João Batista. Desconsideração da personalidade jurídica no novo Código Civil. *Revista dos Tribunais*, São Paulo, RT, ano 92, v. 818, p. 36-46, dez. 2003.

LOPES, Miguel Maria de Serpa. *Curso de direito civil*: introdução, parte geral e teoria dos negócios jurídicos. 9. ed. rev. e atual. pelo Prof. José Serpa de Santa Maria. Rio de Janeiro: Freitas Bastos, 2000. v. 1.

LOPES, Otavio Brito. Limites constitucionais à negociação coletiva. *Revista LTr*, São Paulo, LTr, ano 64, n. 06, p. 718, jun. 2000.

LORENZETTI, Ari Pedro. *A responsabilidade pelos créditos trabalhistas*. São Paulo: LTr, 2003.

LUCON, Paulo Henrique dos Santos. Efeitos imediatos da decisão e impugnação parcial e total. In: ALVIM, Eduardo Pellegrini de Arruda, NERY JR., Nelson; WAMBIER, Teresa Arruda Alvim (Coord.). *Aspectos polêmicos e atuais dos recursos*. São Paulo: RT, 2000.

______. *Embargos à execução*. São Paulo: Saraiva, 1996.

MACHADO, Antônio Cláudio da Costa. *Código de Processo Civil interpretado (artigo por artigo, parágrafo por parágrafo)*. 3. ed. São Paulo: Saraiva, 1997.

MACHADO, Hugo de Brito. *Curso de direito tributário*. 15. ed. São Paulo: Malheiros, 1999.

MACIEL, José Alberto Couto. Inconstitucionalidade da Certidão Negativa de Débito Trabalhista. *Trabalho em Revista*: doutrina, *O Trabalho*, Curitiba, Decisório Trabalhista, Fascículo n. 178, dez. 2011.

______. Fiscal do trabalho não é juiz. *Trabalho em Revista*, Curitiba, Decisório Trabalhista, ano 20, n. 244, p. 37-38, nov. 2002.

MAGANO, Octavio Bueno. *Manual de direito do trabalho*: direito individual do trabalho. 3. ed. São Paulo: LTr, 1992. v. 2.

______. *Manual de direito do trabalho*: direito tutelar do trabalho. 2. ed. São Paulo: LTr, 1992. v. 4.

MALLET, Estêvão. Apontamentos sobre a competência da Justiça do Trabalho após a Emenda Constitucional n. 45. In: COUTINHO, Grijalbo Fernandes; FAVA, Marcos Neves (Coord.). *Justiça do Trabalho*: competência ampliada. São Paulo: LTr, 2005.

______. A prescrição na relação de emprego rural após a Emenda Constitucional n. 28. *Revista LTr*, São Paulo, v. 64, n. 08, ago. 2000, p. 999.

______. *Factum principis* no direito do trabalho. *Temas de direito do trabalho*. São Paulo: LTr, 1998.

______. O processo do trabalho e as recentes modificações do Código de Processo Civil. *Revista Magister de Direito Trabalhista e Previdenciário*. Porto Alegre, Magister, ano II, n. 11, p. 86-100, mar.-abr. 2006.

______. Primeiras linhas sobre as comissões de conciliação. In: COUTINHO, Aldacy Rachid; DALLEGRAVE NETO, José Afonso (Coord.). *Transformações do direito do trabalho*: estudos em homenagem ao Professor Doutor João Régis Fassbender Teixeira. Curitiba: Juruá, 2000. p. 451-465.

______. *Procedimento monitório no processo do trabalho*. São Paulo: LTr, 2000.

______. *Procedimento sumaríssimo trabalhista*. São Paulo: LTr, 2002.

MALTA, Christovão Piragibe Tostes. *Prática do processo trabalhista*. 29. ed. São Paulo: LTr, 1999.

MANNRICH, Nelson. A Administração Pública do Trabalho em face da Autonomia Privada Coletiva. In: MALLET, Estêvão; ROBORTELLA, Luiz Carlos Amorim (Coord.). *Direito e processo do trabalho*: estudos em homenagem ao prof. Octavio Bueno Magano. São Paulo: LTr, 1996.

______. *A modernização do contrato de trabalho*. São Paulo: LTr, 1998.

______. *Dispensa coletiva*: da liberdade contratual à responsabilidade social. São Paulo: LTr, 2000.

MANUS, Pedro Paulo Teixeira. *Negociação coletiva e contrato individual de trabalho*. São Paulo: Atlas, 2001.

______. A subordinação jurídica e o vínculo de emprego. *Consultor Jurídico*, 3 de dezembro de 2021. Disponível em: <https://www.conjur.com.br/2021-dez-03/reflexoes-trabalhistas-subordinacao-juridica-vinculo-emprego>.

MARANHÃO, Délio. *Instituições de direito do trabalho*. 18. ed. São Paulo: LTr, 1999. v. 1.

MARANHÃO, Ney. Meio ambiente do trabalho: descrição jurídico-conceitual. *Revista LTr*, São Paulo, LTr, ano 80, n. 04, p. 420-430, abr. 2016.

MARINONI, Luiz Guilherme. *Tutela específica*: arts. 461, CPC e 84, CDC. 2. ed. São Paulo: RT, 2001.

______; ARENHART, Sérgio Cruz. *Processo de conhecimento*. 9. ed. São Paulo: RT, 2011. v. 2.

______; LIMA JÚNIOR, Marcos Aurélio de. Fraude – configuração – prova – desconsideração da personalidade jurídica. *Revista dos Tribunais*, São Paulo, RT, ano 90, vol. 783, p. 153, jan. 2001.

MARQUES, Claudia Lima. *Contratos no Código de Defesa do Consumidor*: o novo regime das relações contratuais. 5. ed. São Paulo: RT, 2005.

MARQUES, José Frederico. *Manual de direito processual civil*. Atualização de Vilson Rodrigues Alves. 2. ed. Campinas: Millennium, 2001. v. 1.

MARTINS, Adalberto. *Manual didático de direito processual do trabalho*. 3. ed. São Paulo: Malheiros, 2006.

MARTINS, Sergio Pinto. *A continuidade do contrato de trabalho*. São Paulo: Altas, 2000.

______. Alienação na recuperação judicial e sucessão trabalhista. *Revista do Direito Trabalhista*, Brasília, Consulex, ano 13, n. 8, p. 25, ago. 2007.

______. A substituição processual e o cancelamento do Enunciado n.º 310 do TST. *Repertório IOB de Jurisprudência*, n. 23, v. II, p. 635, 1.ª quinzena de dezembro de 2003.

______. *A terceirização e o direito do trabalho*. 3. ed. São Paulo: Malheiros, 1997.

______. *Comentários à CLT*. 4. ed. São Paulo: Atlas, 2001.

______. *Comentários à CLT*. 5. ed. São Paulo: Atlas, 2002.

______. *Comentários à CLT*. 10. ed. São Paulo: Atlas, 2006.

______. *Comentários à CLT*. 12. ed. São Paulo: Atlas, 2008.

______. *Comissões de Conciliação Prévia e procedimento sumaríssimo*. São Paulo: Atlas, 2000.

______. Declaração de ofício da prescrição pelo juiz. *Revista IOB Trabalhista e Previdenciária*, São Paulo, IOB Thomson, ano XVII, n. 206, p. 7-12, ago. 2006.

______. *Dano moral decorrente do contrato de trabalho*. São Paulo: Atlas, 2007.

______. *Direito da seguridade social*. 8. ed. São Paulo: Atlas, 1997.

______. *Direito da seguridade social*. 25. ed. São Paulo: Atlas, 2008.

______. *Direito do trabalho*. 5. ed. São Paulo: Malheiros, 1998.

______. *Direito do trabalho*. 22. ed. São Paulo: Atlas, 2006.

______. *Direito do trabalho*. 24. ed. São Paulo: Atlas, 2008.

______. *Direito do trabalho*. 26. ed. São Paulo: Atlas, 2010.

______. *Direito do trabalho*. 28. ed. São Paulo: Atlas, 2012.

______. *Direito processual do trabalho*. 21. ed. São Paulo: Atlas, 2004.

______. *Direito processual do trabalho*. 30. ed. São Paulo: Atlas, 2010.

______. *Direito processual do trabalho*. 38. ed. São Paulo: Saraiva, 2016.

______. *Manual do FGTS*. São Paulo: Malheiros, 1997.

______. *Manual do trabalho doméstico*. 3. ed. São Paulo: Atlas, 1998.

______. *O pluralismo do direito do trabalho*. São Paulo: Atlas, 2001.

______. *Tutela antecipada e tutela específica no processo do trabalho*. São Paulo: Malheiros, 1996.

MARTINS FILHO, Ives Gandra. *Processo coletivo do trabalho*. 2. ed. São Paulo: LTr, 1996.

______. Breve história da Justiça do Trabalho. In: FERRARI, Irany; NASCIMENTO, Amauri Mascaro; MARTINS FILHO, Ives Gandra da Silva. *História do direito do trabalho e da Justiça do Trabalho*: homenagem a Armando Casimiro Costa. 2. ed. São Paulo: LTr, 2002.

______. *Manual esquemático de direito e processo do trabalho*. 13. ed. São Paulo: Saraiva, 2005.

______. *Processo coletivo do trabalho*. 4. ed. São Paulo: LTr, 2009.

MASCARO, Alysson Leandro. *Introdução ao estudo do direito*. São Paulo: Quartier Latin, 2007.

MAUAD, Marcelo. *Os direitos dos trabalhadores na lei de recuperação e de falência de empresas*. São Paulo: LTr, 2007.

MAZZILLI, Hugo Nigro. *A defesa dos interesses difusos em juízo*: meio ambiente, consumidor, patrimônio cultural, patrimônio público e outros interesses. 17. ed. São Paulo: Saraiva, 2004.

______. *A defesa dos interesses difusos em juízo*: meio ambiente, consumidor, patrimônio cultural, patrimônio público e outros interesses. 19. ed. São Paulo: Saraiva, 2006.

MEDEIROS, Alexandre Alliprandino; LAET, Flávio Antônio Camargo de. As novidades no sistema jurídico das férias individuais. Convenção n. 132 da Organização Internacional do Trabalho. *Revista Trabalho & Doutrina*, São Paulo, Saraiva, n. 26, dez. 2001, p. 21-29.

MEDEIROS NETO, Xisto Tiago de. *Dano moral coletivo*. 2. ed. São Paulo: LTr, 2007.

MEIRELLES, Hely Lopes. *Direito administrativo brasileiro*. 21. ed. atualizada por Eurico de Andrade Azevedo, Délcio Balestero Aleixo e José Emmanuel Burle Filho. São Paulo: Malheiros, 1996.

______. *Direito administrativo brasileiro*. 26. ed. atualizada por Eurico de Andrade Azevedo, Délcio Balestero Aleixo e José Emmanuel Burle Filho. São Paulo: Malheiros, 2001.

MELHADO, Reginaldo. Da dicotomia ao conceito aberto: as novas competências da Justiça do Trabalho. In: COUTINHO, Grijalbo Fernandes; FAVA, Marcos Neves (Coord.). *Nova competência da Justiça do Trabalho*. São Paulo: LTr, 2005.

MELLO, Celso Antônio Bandeira de. *Curso de direito administrativo*. 21. ed. São Paulo: Malheiros, 2006.

______. *O conteúdo jurídico do princípio da igualdade*. 3. ed., 19. tir. São Paulo: Malheiros, 2010.

MELO, Luís Antônio Camargo de. Ação coletiva no combate ao trabalho escravo. In: RIBEIRO JÚNIOR, José Hortêncio; CORDEIRO, Juliana Vignoli; FAVA, Marcos Neves; CAIXETA, Sebastião Vieira (Org.). *Ação coletiva na visão de juízes e procuradores do trabalho*. São Paulo: LTr, 2006. p. 157-179.

______. Premissas para um eficaz combate ao trabalho escravo. *Revista do Ministério Público do Trabalho*, Brasília, LTr, ano XIII, n. 26, p. 11-33, set. 2003.

MELO, Raimundo Simão de. *Ação civil pública na Justiça do Trabalho*. São Paulo: LTr, 2002.

______. *Ação civil pública na Justiça do Trabalho*. 3. ed. São Paulo: LTr, 2008.

______. Ajuizamento de dissídio coletivo de comum acordo. *Revista LTr*, São Paulo, LTr, ano 70, n. 04, p. 404, abr. 2006.

______. *Direito ambiental do trabalho e saúde do trabalhador*: responsabilidades legais, dano material, dano moral, dano estético. São Paulo: LTr, 2004.

______. Vínculo mantido. Aposentadoria espontânea não extingue o contrato de trabalho. *Revista Jus Navigandi*, Teresina, ano 10, n. 638, 7 abr. 2005. Disponível em: <https://jus.com.br/artigos/6460>.

MENEZES, Cláudio Armando Couce de. Ação monitória no processo do trabalho. In: MENEZES, Cláudio Armando Couce de; BORGES, Leonardo Dias. *Tutela antecipada e ação monitória na Justiça do Trabalho*. São Paulo: LTr, 1998.

______. Breves notas sobre a intervenção de terceiros no processo civil e no processo do trabalho. *Revista de Direito do Trabalho*, São Paulo, n. 90, p. 16, jun. 1995.

______. Os novos contornos das relações de trabalho e de emprego – direito do trabalho e a nova competência trabalhista estabelecida pela Emenda n. 45. *Revista LTr*, São Paulo, LTr, v. 69, n. 5, p. 563-564, maio 2005.

MERÇON, Paulo Gustavo de Amarante. Relação de trabalho – contramão dos serviços de consumo. *Revista LTr*, São Paulo, LTr, ano 70, n. 05, p. 591, maio 2006.

MINHARRO, Francisco Luciano. Diretor de sociedade anônima. *Revista LTr*, São Paulo, LTr, ano 66, n. 11, p. 1340-1347, nov. 2002.

MIRANDA, Jediael Galvão. *Direito da seguridade social*. Rio de Janeiro: Elsevier, 2007.

MONTEIRO, Washington de Barros. *Curso de direito civil*: direito das obrigações – 1.ª parte. 25. ed. São Paulo: Saraiva, 1991. v. 4.

______. *Curso de direito civil*: parte geral. 40. ed. revista e atualizada por Ana Cristina de Barros Monteiro França Pinto. São Paulo: Saraiva, 2005. v. 1.

MONTOYA MELGAR, Alfredo; GALIANA MORENO, Jesús M.; SEMPERE NAVARRO, Antonio V.; RÍOS SALMERÓN, Bartolomé. *Curso de procedimiento laboral*. 7. ed. Madrid: Tecnos, 2005.

MORAES, Alexandre de. *Direito constitucional*. 27. ed. São Paulo: Atlas, 2011.

______. *Jurisdição constitucional e tribunais constitucionais*: garantia suprema da Constituição. 2. ed. São Paulo: Atlas, 2003.

MORAES, Márcio André Medeiros. *A desconsideração da personalidade jurídica no Código de Defesa do Consumidor*. São Paulo: LTr, 2002.

NAHAS, Thereza Christina. *Legitimidade ativa dos sindicatos*: defesa dos direitos e interesses individuais homogêneos no processo do trabalho, processo de conhecimento. São Paulo: Atlas, 2001.

NASCIMENTO, Amauri Mascaro. *Compêndio de direito sindical*. 2. ed. São Paulo: LTr, 2000.

______. *Curso de direito do trabalho*. 12. ed. São Paulo: Saraiva, 1996.

______. *Curso de direito do trabalho*. 19. ed. São Paulo: Saraiva, 2004.

______. *Curso de direito do trabalho*. 24. ed. São Paulo: Saraiva, 2009.

______. *Curso de direito do trabalho*. 26. ed. São Paulo: Saraiva, 2011.

______. *Curso de direito processual do trabalho*. 16. ed. São Paulo: Saraiva, 1996.

______. *Curso de direito processual do trabalho*. 24. ed. São Paulo: Saraiva, 2009.

______. *Direito do trabalho na Constituição de 1988*. 2. ed. São Paulo: Saraiva, 1991.

______. *Direito sindical*. São Paulo: Saraiva, 1989.

______. Equiparação salarial e o inciso VI da Súmula 6 do C. TST. *Revista LTr*. São Paulo, LTr, ano 71, n. 09, p. 1.031-1.036, set. 2007.

______. *Iniciação ao direito do trabalho*. 28. ed. São Paulo: LTr, 2002.

______. *Iniciação ao direito do trabalho*. 31. ed. São Paulo: LTr, 2005.

______. O avulso não portuário e a intermediação do sindicato. *Revista LTr*, São Paulo, LTr, ano 68, n. 02, p. 135-145, fev. 04.

______. O debate sobre negociação coletiva. *Revista LTr*, São Paulo, LTr, ano 64, n. 9, p. 1.121, set. 2000.

______. Origens históricas e natureza jurídica dos sindicatos. In: FRANCO FILHO, Georgenor de Sousa (Coord.). *Curso de direito coletivo do trabalho*: estudos em homenagem a Orlando Teixeira da Costa. São Paulo: LTr, 1998.

______. *Teoria geral do direito do trabalho*. São Paulo: LTr, 1998.

______. *Teoria jurídica do salário*. 2. ed. São Paulo: LTr, 1997.

NEGRÃO, Theotonio (Org.). *Código de Processo Civil e legislação processual em vigor*. 32. ed. com a colaboração de José Roberto Ferreira Gouvêa. São Paulo: Saraiva, 2001.

NERY JUNIOR, Nelson. *Atualidades sobre o processo civil*. 2. ed. São Paulo: RT, 1996.

______. *Código brasileiro de defesa do consumidor: comentado pelos autores do anteprojeto*. 8. ed. Rio de Janeiro: Forense Universitária, 2005.

______. O processo do trabalho e os direitos individuais homogêneos – um estudo sobre a ação civil pública trabalhista. *Revista LTr*, São Paulo, LTr, ano 64, n. 2, p. 159, fev. 2000.

______. *Princípios fundamentais*: teoria geral dos recursos. São Paulo: RT, 1990.

______. *Princípios do processo na Constituição Federal*. 10. ed. São Paulo: RT, 2010.

______; NERY, Rosa Maria de Andrade. *Código Civil comentado e legislação extravagante*. 3. ed. São Paulo: RT, 2005.

______. *Código de Processo Civil comentado e legislação processual civil extravagante em vigor*. 5. ed. São Paulo: RT, 2001.

NEVES, Celso. *Comentários ao Código de Processo Civil*. 7. ed. Rio de Janeiro: Forense, 1999. v. 7.

NEVES, Daniel Amorim Assumpção. *Competência no processo civil*. São Paulo: Método, 2005.

______. *Manual de direito processual civil*. 9. ed. Salvador: Juspodivm, 2017.

NUNES, Rizzatto. *Curso de direito do consumidor*. 3. ed. São Paulo: Saraiva, 2008.

OLIVEIRA, Carlos Alberto Alvaro de. O processo civil na perspectiva dos direitos fundamentais. *Revista de Processo*, São Paulo, RT, ano 29, n. 113, p. 17, jan.-fev. 2004.

OLIVEIRA, Francisco Antonio de. *A execução na Justiça do Trabalho*. 4. ed. São Paulo: RT, 1999.

______. *Ação civil pública*: enfoques trabalhistas. São Paulo: RT, 1998.

______. *Alterações do CPC*: aspectos processuais trabalhistas e civis. São Paulo: RT, 1997.

______. *Comentários aos Enunciados do TST*. 4. ed. São Paulo: RT, 1997.

______. *Comentários às Súmulas do TST*. 9. ed. São Paulo: RT, 2008.

______. *Consolidação das Leis do Trabalho comentada*. 2. ed. São Paulo: RT, 2000.

______. *Mandado de segurança e controle jurisdicional*: mandado de segurança coletivo, enfoques trabalhistas e jurisprudência. 2. ed. São Paulo: RT, 1996.

______. *Manual de audiências trabalhistas*. 2. ed. São Paulo: 1999.

______. *Manual de direito individual e coletivo do trabalho*. 2. ed. São Paulo: RT, 2000.

______. *Manual de penhora*: enfoques trabalhistas e jurisprudência. São Paulo: RT, 2001.

______. *Manual de processo do trabalho*. 2. ed. São Paulo: RT, 1999.

OLIVEIRA, Jean Marcel Mariano de. *O contrato de trabalho do atleta profissional de futebol*. São Paulo: LTr, 2009.

OLIVEIRA, José Lamartine Corrêa de. *A dupla crise da pessoa jurídica*. São Paulo: Saraiva, 1979.

OLIVEIRA, Paulo Eduardo Vieira de. *O dano pessoal no direito do trabalho*. São Paulo: LTr, 2002.

______. Sujeitos da relação de emprego: o empregador. In: GIORDANI, Francisco Alberto da Motta Peixoto; MARTINS, Melchíades Rodrigues; VIDOTTI, Tarcio José (Coord.). *Fundamentos do direito do trabalho*: *estudos em homenagem ao Ministro Milton de Moura França*. São Paulo: LTr, 2000.

OLIVEIRA, Regis Fernandes de; HORVATH, Estevão. *Manual de direito financeiro*. 2. ed. São Paulo: RT, 1997.

OLIVEIRA, Sebastião Geraldo de. *Indenizações por acidente do trabalho ou doença ocupacional*. 2. ed. São Paulo: LTr, 2006.

PAMPLONA FILHO, Rodolfo. Responsabilidade civil nas relações de trabalho e o novo Código Civil brasileiro. *Revista LTr*, São Paulo, LTr, v. 67, n. 5, p. 560-561, maio 2003.

PASSOS, José Joaquim Calmon de. *Comentários ao Código de Processo Civil*. 8. ed. Rio de Janeiro: Forense, 1998. v. 3.

PEREIRA, Caio Mário da Silva. *Instituições de direito civil*: contratos. 12. ed. revista e atualizada por Regis Fichtner. Rio de Janeiro: Forense, 2006. v. 3.

______. *Instituições de direito civil*: introdução ao direito civil; teoria geral de direito civil. 21. ed., revista e atualizada por Maria Celina Bodin de Moraes. Rio de Janeiro: Forense, 2006. v. 1.

PERES, Antonio Galvão. *Contrato internacional de trabalho*: acesso à justiça; conflitos de jurisdição e outras questões processuais. Rio de Janeiro: Elsevier, 2009.

PIERRI, Deborah. Desconsideração da personalidade jurídica no Novo Código Civil e o papel do Ministério Público. In: REIS, Selma Negrão Pereira dos (Coord.); OLIVEIRA, Rogério Alvarez de; FRANCO, Eloísa Virgili Canci (Org.). *Questões de direito civil e o novo Código*. Organização: São Paulo: Ministério Público. Procuradoria-Geral de Justiça: Imprensa Oficial do Estado de São Paulo, 2004.

PIMENTA, José Roberto Freire. A nova competência da Justiça do Trabalho para lides não decorrentes da relação de emprego: aspectos processuais e procedimentais. In: COUTINHO, Grijalbo Fernandes; FAVA, Marcos Neves (Coord.). *Justiça do Trabalho*: competência ampliada. São Paulo: LTr, 2005.

PINTO, José Augusto Rodrigues. Ação rescisória de sentença normativa. *Revista LTr*, São Paulo, LTr, ano 66, n. 10, p. 1.196-1.201, out. 2002.

______. Reconhecimento *ex officio* da prescrição e processo do trabalho. *Revista LTr*, São Paulo, LTr, ano 70, n. 04, p. 391-395, abr. 2006.

PINTO, Raymundo Antonio Carneiro. Intervenção de terceiro no processo do trabalho. In: PAMPLONA FILHO, Rodolfo (Coord.). *Processo do trabalho*: estudos em homenagem ao professor José Augusto Rodrigues Pinto. São Paulo: LTr, 1997.

PIOVESAN, Flávia. *Direitos humanos e o direito constitucional internacional*. 11. ed. São Paulo: Saraiva, 2010.

PIRES, Maria Coeli Simões. *Direito adquirido e ordem pública*: segurança jurídica e transformação democrática. Belo Horizonte: Del Rey, 2005.

PLÁ RODRIGUEZ, Américo. *Princípios de direito do trabalho*. Tradução e revisão técnica de Wagner D. Giglio. Tradução das atualizações de Edilson Alkmim Cunha. 3. ed. São Paulo: LTr, 2004.

POLITO, André Guilherme. *Michaelis: dicionário escolar italiano:* italiano-português, português-italiano. São Paulo: Melhoramentos, 2003.

PONTES DE MIRANDA, Francisco Cavalcanti. *Comentários ao Código de Processo Civil*. Rio de Janeiro: Forense, 1973. t. 2.

PÔRTO, Marcos da Silva. Trabalho rural e jornada de trabalho. In: GIORDANI, Francisco Alberto da Motta Peixoto; MARTINS, Melchíades Rodrigues; VIDOTTI, Tarcisio José (Coord.). *Direito do trabalho rural*: homenagem a Irany Ferrari. 2. ed. São Paulo: LTr, 2005.

PROENÇA, Luis Roberto. *Inquérito civil*: atuação investigativa do Ministério Público a serviço da ampliação do acesso à justiça. São Paulo: RT, 2001.

PRUNES, José Luiz Ferreira. *Contrato de trabalho com cláusula de experiência*. 2. ed. São Paulo: LTr, 2001.

______. *Contrato de trabalho doméstico e trabalho a domicílio*. Curitiba: Juruá, 1995.

______. *Direito do trabalho para advogados e empregadores rurais*. Curitiba: Juruá, 2000.

______. *Trabalho terceirizado e composição industrial*. 2. ed. Curitiba: Juruá, 2000.

RAMALHETE, Clóvis. Sistema de legalidade na "desconsideração da personalidade jurídica". *Revista dos Tribunais*, São Paulo, RT, ano 73, v. 586, p. 09-14, ago. 1984.

RAMOS, André de Carvalho. *Teoria geral dos direitos humanos na ordem internacional*. Rio de Janeiro: Renovar, 2005.

RAMOS, Elival da Silva. *A proteção aos direitos adquiridos no direito constitucional brasileiro*. São Paulo: Saraiva, 2003.

REALE, Miguel. *Lições preliminares de direito*. 18. ed. São Paulo: Saraiva, 1991.

______. *Filosofia do direito*. 5. ed. São Paulo: Saraiva, 1969. v. 2.

REQUIÃO, Rubens. Abuso de direito e fraude através da personalidade jurídica. *Revista dos Tribunais*, São Paulo, RT, ano 58, v. 410, p. 12-24, dez. 1969.

______. *Curso de direito comercial*. 21. ed. São Paulo: Saraiva, 1993. v. 1.

______. *Curso de direito comercial*. 19. ed. São Paulo: Saraiva, 1993. v. 2.

REZEK, José Francisco. *Direito internacional público*: curso elementar. 5. ed. São Paulo: Saraiva, 1995.

RIBEIRO, Rafael E. Pugliese. Comissão de Conciliação Prévia: faculdade ou obrigatoriedade? *Revista Trabalho & Doutrina*, Saraiva, n. 26, dez. 2001, p. 131-133.

RIVERO, Jean. *Libertés publiques*. Paris: PUF, 1973. v. 1.

ROCHA, Andréa Presas. *Manual de competências da Justiça do Trabalho*. Rio de Janeiro: Elsevier, 2008.

RODRIGUES, Silvio. *Direito civil*: parte geral. 28. ed. São Paulo: Saraiva, 1998. v. 1.

______. *Direito civil*: parte geral das obrigações. 26. ed. São Paulo: Saraiva, 1998. v. 2.

RODRIGUES, Simone Gomes. Desconsideração da personalidade jurídica no Código de Defesa do Consumidor. *Revista de Direito do Consumidor*, São Paulo, n. 11, p. 07-20, jul.-set. 1994.

ROMAR, Carla Teresa Martins. A Emenda Constitucional n.º 45, de 2004, e a competência da Justiça do Trabalho – Análise dos incisos I e IX do art. 114 da Constituição Federal. In: MANUS, Pedro Paulo Teixeira; ROMAR, Carla Teresa Martins; GITELMAN, Suely Ester. *Competência da Justiça do Trabalho e EC n.º 45/2004*. São Paulo: Atlas, 2006.

______. Nova competência da Justiça do Trabalho fixada pela Emenda Constitucional n.º 45, de 2004 – Análise dos incisos II, III e IV do art. 114 da Constituição Federal. In: MANUS, Pedro Paulo Teixeira; ROMAR, Carla Teresa Martins; GITELMAN, Suely Ester. *Competência da Justiça do Trabalho e EC n.º 45/2004*. São Paulo: Atlas, 2006.

ROMITA, Arion Sayão. *Diretos fundamentais nas relações de trabalho*. 2. ed. São Paulo: LTr, 2007.

______. Prestação de serviços por trabalhadores autônomos: relação de trabalho ou relação de consumo? *Revista LTr*, São Paulo, LTr, ano 70, n. 08, p. 909, ago. 2006.

RUSSOMANO, Mozart Victor. *Curso de direito do trabalho*. 6. ed. Curitiba: Juruá, 1997.

______. *Princípios gerais de direito sindical*. 2. ed. Rio de Janeiro: Forense, 1997.

SAAD, Eduardo Gabriel. *Consolidação das Leis do Trabalho comentada*. 31. ed. São Paulo: LTr, 1999.

SALOMÃO FILHO, Calixto. A teoria da desconsideração da personalidade jurídica. *O novo direito societário*. 2. ed. São Paulo: Malheiros, 2002.

SALVADOR, Antonio Raphael Silva. *Do procedimento monitório*. São Paulo: Juarez de Oliveira, 2003.

SANCHES, Sydney. *Denunciação da lide no direito processual civil brasileiro*. São Paulo: RT, 1984.

SANTOS, Enoque Ribeiro dos. *Direitos humanos na negociação coletiva*: teoria e prática jurisprudencial. São Paulo: LTr, 2004.

______. *O dano moral na dispensa do empregado*. 3. ed. São Paulo: LTr, 2002.

______. Responsabilidade civil subjetiva e objetiva da empresa em face do novo Código Civil. *Revista Síntese Trabalhista*, Porto Alegre, ano XV, n. 175, p. 36-55, jan. 2004.

SANTOS, Moacyr Amaral. *Comentários ao Código de Processo Civil*. Rio de Janeiro: Forense, 1976. v. 4.

______. *Primeiras linhas de direito processual civil*. 15. ed. São Paulo: Saraiva, 1992. v. 1.

______. *Primeiras linhas de direito processual civil*. 14. ed. São Paulo: Saraiva, 1991. v. 2.

______. *Primeiras linhas de direito processual civil*. 25. ed. atualizada por Maria Beatriz Amaral Santos Köhnen. São Paulo: Saraiva, 2011. v. 3.

SANTOS, Ronaldo Lima dos. *Sindicatos e ações coletivas*: acesso à justiça, jurisdição coletiva e tutela dos interesses difusos, coletivos e individuais homogêneos. São Paulo: LTr, 2003.

______. *Teoria das normas coletivas*. São Paulo: LTr, 2007.

SARAIVA, Renato. *Curso de direito processual do trabalho*. 5. ed. São Paulo: Método, 2008.

SARLET, Ingo Wolfgang. *A eficácia dos direitos fundamentais*. 7. ed. Porto Alegre: Livraria do Advogado, 2007.

SCHIAVI, Mauro. *Manual de direito processual do trabalho*. São Paulo: LTr, 2008.

SENA, Adriana Goulart de. *A nova caracterização da sucessão trabalhista*. São Paulo: LTr, 2000.

SENTO-SÉ, Jairo Lins de Albuquerque. *Trabalho escravo no Brasil na atualidade*. São Paulo: LTr, 2000.

SHIEBER, Benjamin M. *Iniciação ao direito trabalhista norte-americano*. São Paulo: LTr, 1988.

SILVA, Alexandre Couto. *Aplicação da desconsideração da personalidade jurídica no direito brasileiro*. São Paulo: LTr, 1999.

______. Desconsideração da personalidade jurídica: limites para sua aplicação. *Revista dos Tribunais*, São Paulo, RT, ano 89, v. 780, p. 47-58, out. 2000.

SILVA, Antônio Álvares da. *Pequeno tratado da nova competência trabalhista*. São Paulo: LTr, 2005.

SILVA, Homero Batista Mateus da. A discreta vigência da Convenção 132 da OIT sobre férias anuais remuneradas. *Revista da Amatra II*, São Paulo, ano I, n. 3, p. 5-8, ago. 2000.

______. *Estudo crítico da prescrição trabalhista*. 2003. Dissertação (Mestrado em Direito) – Faculdade de Direito da Universidade de São Paulo.

SILVA, José Afonso da. *Curso de direito constitucional positivo*. 10. ed. São Paulo: Malheiros, 1994.

SILVA, Luiz de Pinho Pedreira da. A autonomia coletiva e os direitos individuais dos trabalhadores. *Revista de Direito do Trabalho*, São Paulo, RT, ano 26, n. 99, p. 74-75, jul.-set. 2000.

SILVA, Otavio Pinto e. *A contratação coletiva como fonte do direito do trabalho*. São Paulo: LTr, 1998.

______. *Subordinação, autonomia e parassubordinação nas relações de trabalho*. São Paulo: LTr, 2004.

SILVA, Walküre Lopes Ribeiro da. Arbitragem nos conflitos coletivos de trabalho. *Revista de Direito do Trabalho*. São Paulo, RT, ano 27, n. 101, p. 152, jan.-mar. 2001.

______. *Representação e participação dos trabalhadores na gestão da empresa*. São Paulo: LTr, 1998.

SIMÓN, Sandra Lia. *A proteção constitucional da intimidade e da vida privada do empregado*. São Paulo: LTr, 2000.

SORDI, Paolo; AMENDOLA, Fabrizio. *Il processo del lavoro privato e pubblico*. Torino: G. Giappichelli, 2004.

SOUTO MAIOR, Jorge Luiz. A jurisprudência como fonte do direito e seu efeito paradoxal de negação do próprio direito. In: ARRUDA PINTO, Roberto Parahyba de (Coord.). *O direito e o processo do trabalho na sociedade contemporânea:* homenagem a Francisco Ary Montenegro Castelo. São Paulo: LTr, 2005.

______. A terceirização sob uma perspectiva humanista. *Revista de Direito do Trabalho*, São Paulo, RT, ano 30, n. 115, p. 93, jul.-set. 2004.

______. Comissões de Conciliação Prévia. *Temas de processo do trabalho*. São Paulo: LTr, 2000. p. 130-144.

______. *Direito processual do trabalho*: efetividade, acesso à justiça e procedimento oral. São Paulo: LTr, 1998.

______. Implicações da terceirização no processo do trabalho: legitimidade; condenação solidária ou subsidiária e intervenção de terceiros. *Temas de processo do trabalho*. São Paulo: LTr, 2000.

______. Intervenção de terceiros no processo do trabalho. *Temas de processo do trabalho*. São Paulo: LTr, 2000.

______. *O direito do trabalho como instrumento de justiça social*. São Paulo: LTr, 2000.

______. Petição inicial trabalhista. *Temas de processo do trabalho*. São Paulo: LTr, 2000.

______. *Relação de emprego e direito do trabalho*: no contexto da ampliação da competência da Justiça do Trabalho. São Paulo: LTr, 2007.

______. Responsabilidade civil objetiva do empregador com relação a danos pessoais e sociais no âmbito das relações de trabalho. *Revista Trabalhista*, Rio de Janeiro, Forense, ano 4, v. XIII, p. 108, jan.-mar. 2005.

SOUZA, Marcelo Papaléo de. *A nova lei de recuperação e falência e suas consequências no direito e no processo do trabalho*. 2. ed. São Paulo: LTr, 2006.

SOUZA, Rodrigo Trindade de. *Competência da Justiça do Trabalho para relações de trabalho*. Curitiba: Juruá, 2008.

SÜSSEKIND, Arnaldo. *Direito internacional do trabalho*. 3. ed. São Paulo: LTr, 2000.

______. *Instituições de direito do trabalho*. 18. ed. São Paulo: LTr, 1999. v. 1.

TALAMINI, Eduardo. *Tutela relativa aos deveres de fazer e de não fazer*: CPC, art. 461; CDC, art. 84. São Paulo: RT, 2001.

TEIXEIRA FILHO, João de Lima. *Instituições de direito do trabalho*. 18. ed. São Paulo: LTr, 1999. v.1.

TEIXEIRA FILHO, Manoel Antonio. *A prova no processo do trabalho*. 7. ed. São Paulo: LTr, 1997.

______. *As ações cautelares no processo do trabalho*. 4. ed. São Paulo: LTr, 1996.

______. *A sentença no processo do trabalho*. 2. ed. São Paulo: LTr, 1996.

______. As novas leis alterantes do processo civil e sua repercussão no processo do trabalho. *Revista LTr*, São Paulo, LTr, ano 70, n. 03, p. 274-299, mar. 2006.

______. *Ação rescisória no processo do trabalho*. 3. ed. São Paulo: LTr, 1998.

______. *Breves comentários à reforma do Poder Judiciário (com ênfase à Justiça do Trabalho)*: emenda constitucional 45/2004. São Paulo: LTr, 2005.

______. *Execução no processo do trabalho*. 6. ed. São Paulo: LTr, 1998.

______. *Litisconsórcio, assistência e intervenção de terceiros no processo do trabalho*. 3. ed. São Paulo: LTr, 1995.

______. *O procedimento sumaríssimo no processo do trabalho*. São Paulo: LTr, 2000.

______. *Petição inicial e resposta do réu*. São Paulo: LTr, 1996.

______. *Sistema dos recursos trabalhistas*. 10. ed. São Paulo: LTr, 2003.

TESORIERE, Giovanni. *Diritto processuale del lavoro*. 4. ed. Padova: Cedam, 2004.

THEODORO JÚNIOR, Humberto. *Curso de direito processual civil*. 24. ed. Rio de Janeiro: Forense, 1998. v. 1.

______. *Curso de direito processual civil*. 46. ed. Rio de Janeiro: Forense, 2007. v. 1.

______. *Curso de direito processual civil*. 50. ed. Rio de Janeiro: Forense, 2009. v. 1.

______. Processo justo e contraditório dinâmico. *Revista Magister de Direito Civil e Processual Civil*, Porto Alegre, Magister, ano 6, n. 33, p. 6-18, nov.-dez. 2009.

______; NUNES, Dierle José Coelho. Uma dimensão que urge reconhecer ao contraditório no direito brasileiro: sua aplicação como garantia de influência, de não surpresa e de aproveitamento da atividade processual. *Revista de Processo*, São Paulo, RT, v. 168, p. 108, fev. 2009.

TRUEBA URBINA, Alberto. *Nuevo derecho procesal del trabajo*: teoría integral. 3. ed. México: Porrúa, 1975.

TUPINAMBÁ, Carolina. *Competência da Justiça do Trabalho à luz da reforma constitucional*. Rio de Janeiro: Forense, 2006.

USTÁRROZ, Daniel. *A intervenção de terceiros no processo civil brasileiro*. Porto Alegre: Livraria do Advogado, 2004.

VIANA, Márcio Túlio. Adicional de horas extras. In: BARROS, Alice Monteiro de (Coord.). *Curso de direito do trabalho*: estudos em memória de Célio Goyatá. 3. ed. São Paulo: LTr, 1997. v. 2.

______. O acesso à justiça e a nova prescrição do rurícola. *Revista LTr*, São Paulo, LTr, ano 64, n. 08, p. 1006-1008, ago. 2000.

______. O trabalhador rural. In: BARROS, Alice Monteiro de (Coord.). *Curso de direito do trabalho*: estudos em memória de Célio Goyatá. 3. ed. São Paulo: LTr, 1997. v. 1.

VIGLIAR, José Marcelo Menezes. *Tutela jurisdicional coletiva*. 3. ed. São Paulo: Atlas, 2001.

VILHENA, Paulo Emílio Ribeiro de. *Recursos trabalhistas e outros estudos de direito e de processo do trabalho*. São Paulo: LTr, 2001.

VILLELA, João Batista. Sobre renúncia e transação no direito do trabalho. In: BARROS, Alice Monteiro de (Coord.). *Curso de direito do trabalho*: estudos em memória de Célio Goyatá. 3. ed. São Paulo: LTr, 1997. v. 1.

WALD, Arnoldo. *Obrigações e contratos*. 16. ed. São Paulo: Saraiva, 2005.

WATANABE, Kazuo. *Código Brasileiro de Defesa do Consumidor*: comentado pelos autores do anteprojeto. 5. ed. Rio de Janeiro: Forense Universitária, 1998.

______. *Código Brasileiro de Defesa do Consumidor*: comentado pelos autores do anteprojeto. 8. ed. Rio de Janeiro: Forense Universitária, 2005.

ZAINAGHI, Domingos Sávio. *A justa causa no direito do trabalho*. São Paulo: Malheiros, 1995.

ZANITELLI, Leandro Martins. Abuso da pessoa jurídica e desconsideração. In: MARTINS-COSTA, Judith (Org.). *A reconstrução do direito privado*: reflexos dos princípios, diretrizes e direitos fundamentais constitucionais no direito privado. São Paulo: RT, 2002.

ÍNDICE ALFABÉTICO-REMISSIVO

A

B

C

EXCEÇÕES

EXECUÇÃO

F

FERIADOS

FÉRIAS

FÉRIAS COLETIVAS

FERROVIÁRIOS

G

H

I

J

T

EDITORA
JusPODIVM
www.editorajuspodivm.com.br

Impressão e Acabamento
PlenaPrint
Indústria Gráfica

JUS3379